Wendl / Staudigl

Das Unterhaltsrecht in der familienrichterlichen Praxis

Das Unterhaltsrecht in der familienrichterlichen Praxis

Die neuere Rechtsprechung des Bundesgerichtshofs und die Leitlinien der Oberlandesgerichte zum Unterhaltsrecht und zum Verfahren in Unterhaltsprozessen

von

Philipp Wendl
Vorsitzender Richter
am Oberlandesgericht München

Siegfried Staudigl
Richter am Oberlandesgericht
München (Augsburger Senat)

C. H. Beck'sche Verlagsbuchhandlung
München 1986

CIP-Kurztitelaufnahme der Deutschen Bibliothek

Wendl, Philipp:
Das Unterhaltsrecht in der familienrichterlichen Praxis : d. neuere Rechtsprechung d. Bundesgerichtshofs u. d. Leitlinien d. Oberlandesgerichte zum Unterhaltsrecht u. zum Verfahren in Unterhaltsprozessen / von Philipp Wendl ; Siegfried Staudigl. – München : Beck, 1986.
ISBN 3 406 31037 0
NE: Staudigl, Siegfried:

ISBN 3 406 31037 0

Umschlag- und Einbandentwurf von Bruno Schachtner, Dachau
Druck der C. H. Beck'schen Buchdruckerei, Nördlingen

Vorwort

Das vorliegende Buch ist gedacht als praktische Informations- und Arbeitshilfe für Familienrichter, Rechtsanwälte und an Unterhaltsfragen interessierte Personen.

Es ist entstanden aus konkreten Klärungs- und Orientierungsbedürfnissen der familienrichterlichen Praxis zu typisch wiederkehrenden Problemen und Fallkonstellationen in Unterhaltsprozessen. Die Anregungen hierzu stammen aus der eigenen familienrichterlichen Tätigkeit der Verfasser in Familiensenaten des Oberlandesgerichts München, aus Referententätigkeiten der Verfasser auf Tagungen für Familienrichter in Bayern und an der Richterakademie in Trier, sowie aus Richterbesprechungen, die der 2. Familiensenat des OLG München seit 1980 in jährlichen Abständen regelmäßig mit erstinstanziellen Familienrichtern seines Zuständigkeitsbereichs zu Problemen des Unterhaltsrechts durchgeführt hat. Ferner aus Informations-, Koordinations- und Erfahrungsaustauschgesprächen mit Mitgliedern der anderen Familiensenate des Oberlandesgerichts München.

Gegenstand der Ausführungen im Buch ist das Unterhaltsrecht einschließlich Verfahrensrecht unter besonderer Berücksichtigung der einschlägigen höchstrichterlichen Rechtsprechung und der Leitlinien der Oberlandesgerichte. Die Ausführungen sind beschränkt auf das Unterhaltsrecht, soweit es in familienrichterlichen Unterhaltsprozessen eine Rolle spielt. Nicht erörtert werden deshalb das Nichtehelichenunterhaltsrecht sowie das sonstige Verwandtenunterhaltsrecht.

Das Buch besteht aus zwei Hauptteilen:

1. Materielles Unterhaltsrecht in der familienrichterlichen Praxis, bearbeitet von VRiOLG Philipp Wendl

2. Verfahrensrecht in familienrichterlichen Unterhaltssachen, bearbeitet von RiOLG Staudigl

Jeder Hauptteil besteht aus einem Überblick (A und C) und aus einem dazugehörigen Rechtsprechungsteil mit Originaltexten (B und D).

A. Der Überblick enthält zum jeweiligen Gliederungspunkt Informationen zu den einschlägigen gesetzlichen Regelungen, zu den rechtlichen und tatsächlichen Problemen sowie zu den Lösungen oder Lösungshinweisen aufgrund der bisherigen Rechtsprechung des BGH und der Oberlandesgerichte. In der Regel wird auf Fundstellen in der NJW und FamRZ sowie auf die Randnummern der Originaltexte in Teil B oder D verwiesen. Bei Bedarf wird der Lösungsweg anhand von Rechenbeispielen praktisch dargestellt. Abschließend werden im materiellen Teil zu den jeweiligen Gliederungspunkten auch die hierzu einschlägigen Texte der oberlandesgerichtlichen Leitlinien abgedruckt.

B. Bei den Originaltexten handelt es sich um die wörtliche Wiedergabe oder um etwas verkürzte Zusammenfassungen aus wichtigen einschlägigen Entscheidungen des Bundesgerichtshofs (BGH) und des Bundesverfassungsgerichts (BVerfG). Die einzelnen Entscheidungen sind mit fortlaufenden Randnummern versehen und zwar für jeden Hauptteil (B und D) jeweils mit 1 beginnend.

Dieser Aufbau hat den Vorteil, daß man sich zu dem jeweiligen Gliederungspunkt unter A über die Gesamtproblematik informieren kann und dann, falls nötig, sofort wichtige einschlägige Originaltexte höchstrichterlicher Entscheidungen oder oberlandesgerichtlicher Leitlinien nachlesen kann, ohne sie mühsam in den entsprechenden Fundstellen (NJW oder FamRZ) suchen zu müssen.

Für Richter ist dieser Aufbau vor allem vorteilhaft bei der Sitzungsvorbereitung und Urteilsabfassung, aber auch während der Verhandlung, weil den Parteien und ihren Vertretern sofort die Originaltexte der einschlägigen Fundstellen vorgelesen werden können. Entsprechende Vorteile ergeben sich auch für Rechtsanwälte.

Der Nachteil dieser Art des Aufbaus besteht darin, daß unliebsame Wiederholungen unvermeidlich sind. Dieser Nachteil wurde bewußt in Kauf genommen, weil im Normalfall für eine Orientierung die Ausführungen im Überblick genügen werden. Nur wenn Zweifel bestehen, oder wenn aus sonstigen Gründen ein Nachlesen oder genaueres Studium der Originaltexte nötig wird, kann und wird man zusätzlich auf diese Originaltexte zurückgreifen und sich anhand dieser Texte für den zur Entscheidung anstehenden Fall eine eigene Meinung bilden. Die Rechtsprechung ist in beiden Hauptteilen bis Ende November 1985 verarbeitet.

München/Augsburg, Dezember 1985 — Die Verfasser

Inhaltsverzeichnis

1. Hauptteil: Materielles Unterhaltsrecht in der familienrichterlichen Praxis

A. Überblick und Grundlagen

3. Abschnitt: Darlegungs- und Beweislast sowie tatrichterliche Ermittlung und Schätzung nach § 287 ZPO

4. Abschnitt: Klage auf Auskunft und Vorlage von Belegen

Teil II: Der Unterhaltsanspruch ehelicher Kinder

1. Abschnitt: Anspruchsvoraussetzungen und Dauer des Unterhaltsanspruchs (Elementar- und Ausbildungsunterhalt)

2. Abschnitt: Art der Unterhaltsgewährung, Gleichwertigkeit von Barunterhalt und Betreuungsunterhalt bei Minderjährigen sowie Bestimmungsrecht der Eltern

3. Abschnitt: Unterhaltsbedarf und Unterhaltsbemessung im Regelfall; Tabellenunterhalt als Regelunterhalt für Minderjährige

4. Abschnitt: Unterhaltsbemessung bei Minderjährigen in „Normalfällen" und „Ausnahmefällen" sowie bei besonderen Fallkonstellationen

5. Abschnitt: Zur Anrechnung von eigenem Einkommen, Kindergeld und Kindesvermögen auf den Kindesunterhalt, sowie zur erweiterten Haftung und Leistungsfähigkeit der Eltern gegenüber minderjährigen Kindern

6. Abschnitt: Unterhalt volljähriger Kinder

3. Abschnitt: Die Bemessung des Ehegattenunterhalts nach den ehelichen Lebensverhältnissen (§ 1578 BGB)

Teil IV: Rangverhältnisse, Unterhaltsberechnung in Mangelfällen und Sonstiges

1. Abschnitt: Rangverhältnisse und Konkurrenzen

2. Abschnitt: Unterhaltsberechnung in Mangelfällen und Konkurrenzen

3. Abschnitt: Sonstiges

2. Hauptteil: Verfahrensrecht in familienrechtlichen Unterhaltssachen

C. Überblick und Grundlagen

1. Hauptteil: Materielles Unterhaltsrecht in der familienrichterlichen Praxis

A. Überblick und Grundlagen

I. Überlick zur Gliederung

1. Die Gliederung in diesem Hauptteil hält sich im wesentlichen an die Art und Weise des rechtlichen Vorgehens bei der Beurteilung eines geltendgemachten Unterhaltsanspruchs. Danach ist bei jedem Unterhaltsanspruch in der Regel normativ zu prüfen:

a) Das Vorliegen der Tatbestandsvoraussetzungen einer (oder mehrerer) spezieller Unterhaltsanspruchsnorm(en),
b) die Bedürftigkeit des (oder der) Unterhaltsberechtigten (Lebensbedarf),
c) die Bemessung der Unterhaltshöhe (angemessener Unterhalt),
d) die Leistungsfähigkeit des Unterhaltsverpflichteten,
e) besondere zusätzliche Voraussetzungen und Probleme bei besonderen Fallkonstellationen und sonstige Besonderheiten.

2. Dem entspricht im wesentlichen die Gliederung des zweiten Teils (Unterhalt minderjähriger und volljähriger Kinder) und des dritten Teils (Getrenntlebens- und Geschiedenenunterhalt von Ehegatten). Zur Beurteilung des Kindes- und Ehegattenunterhalts ist in der Praxis zuerst das anrechenbare monatliche Durchschnittseinkommen und das verwertbare Vermögen für jeden Unterhaltsbeteiligten zu ermitteln. Nach diesem sogenannten bereinigten Nettoeinkommen und Vermögen bemißt sich die Bedürftigkeit des Berechtigten (1b), die Anspruchshöhe (1c) und die Leistungsfähigkeit des Verpflichteten (1d). Da diese Ermittlungen für jeden Unterhaltsanspruch in gleicher Weise durchzuführen sind, werden sie vorweg im ersten Teil einheitlich erörtert.

Im vierten Teil erfolgt die Auseinandersetzung mit den Problemen und Berechnungsschwierigkeiten, die sich bei Konkurrenzen mehrerer Unterhaltsberechtigter und vor allem bei den in der Praxis häufigen Mangelfällen ergeben.

Ferner werden abschließend solche Probleme behandelt, die für den Kindes- oder Ehegattenunterhalt eine gleichwertige Rolle spielen und deshalb einheitlich erörtert werden können.

Die Untergliederung der einzelnen Teile erfolgt ebenfalls nach praktischen Prüfungs- und Klärungsbedürfnissen.

II. Zu den Tabellen und Leitlinien der Oberlandesgerichte

1. Die Unterhaltstabellen und Leitlinien der Oberlandesgerichte sind von den Berufungsgerichten entwickelt worden im Interesse der Einheitlichkeit der Rechtsprechung der Instanzgerichte und im Interesse der Rechtssicherheit (Gleichbehandlung und Berechenbarkeit gleichliegender typischer Fälle), weil das Gesetz zur Bestimmung des angemessenen Unterhalts keine festen Maßstäbe sondern ausfüllungsbedürftige unbestimmte Rechtsbegriffe enthält. Die Tabellen und Leitlinien besitzen daher selbst keinen Rechtssatzcharakter und keine einer Rechtsnorm vergleichbare Verbindlichkeit. Es handelt sich bei ihnen um Hilfsmittel, die der Richter zur Ausfüllung des unbestimmten Rechtsbegriffes „angemessener Unterhalt" verwendet, um eine möglichst gleichmäßige Behandlung gleichartiger Lebenssachverhalte zu erreichen (BGH, FamRZ 84/374, 375 = NJW 84/1458, 1459 = B 1a). Sie beinhalten aus der Erfahrung und richterlichen Praxis gewonnene Richtwerte und ermöglichen eine Orientierung für den Regelfall sowie eine möglichst gleichmäßige Behandlung gleichartiger Lebenssachverhalte. Deshalb kann und muß von ihnen abgewichen werden, wenn und soweit im konkreten Einzelfall besondere Umstände eine andere Beurteilung erfordern. Nach ständiger Rechtsprechung des BGH ist eine

Orientierung des Tatrichters an Tabellen und Leitlinien revisionsrechtlich bedenkenfrei, sofern nicht im Einzelfall besondere Umstände eine Abweichung bedingen (BGH, FamRZ 82/365, 366 = NJW 82/1050, 1051 = B 1b; FamRZ 83/473, 474 = NJW 83/1429, 1430 = B 1c; FamRZ 82/887, 888 = NJW 82/1983, 1984 und FamRZ 84/39, 40 = NJW 84/303, 304 = B 1d; FamRZ 85/354, 356 = B 34d). Die Anwendung von Tabellen und Leitlinien obliegt dem tatrichterlichen Ermessen. Revisionsrechtlich kann nur überprüft werden, ob die Richtwerte den anzuwendenden Rechtsvorschriften entsprechen, ob ein entsprechender Lebenserfahrungssatz aufgestellt werden kann, ob besondere Umstände des Einzelfalles hinreichend berücksichtigt sind und ob sich das Gericht an die selbstgesetzten Maßstäbe gehalten hat (BGH, FamRZ 82/365 = NJW 82/1050 = B 1b; FamRZ 83/678 = NJW 83/1733 = B 1e; FamRZ 79/692 = NJW 79/1985 = B 170; nicht veröffentlichte BGH-Entscheidung vom 4. 11. 81, zitiert nach Lohmann, Seite 71).

Aus den Vorbemerkungen der Tabellen und Leitlinien ist ersichtlich, daß diese auch von ihren Verfassern nur in diesem Sinn als Orientierungshilfe gemeint sind und so verstanden werden sollen (siehe 3, Vorbemerkungen in den Leitlinien, Seite 3).

2. Am verbreitetsten ist die Düsseldorfer Tabelle, die inzwischen von fast allen Oberlandesgerichten (Ausnahme OLG Nürnberg mit eigener Nürnberger Tabelle) als Richtschnur genommen wird und in unterschiedlichem Umfang durch je eigene oberlandesgerichtliche Leitlinien ergänzt bzw. zu einzelnen Punkten abgeändert wird.

Ein guter Gesamtüberblick der Leitlinien der OLG befindet sich in der NJW 85/721, 722.

Derzeit gibt es folgende, in der Praxis verwendete Tabellen und Leitlinien, die in dem Buch berücksichtigt werden:

a) Düsseldorfer Tabelle, Stand 1. 1. 85 = FamRZ 84/961–963 = NJW 84/2330–2331, künftig abgekürzt D.T.

b) Rechtsprechungshinweise der Münchner Familiensenate des Oberlandesgerichts München, Stand 1. 1. 85 = FamRZ 85/244, 245 = NJW 85/724, 725, künftig abgekürzt M.R.

c) Leitlinien der Familiensenate des Oberlandesgerichts Hamm zum Unterhaltsrecht, Stand 1. 1. 85 = FamRZ 84/963–967 = NJW 84/2331–2334, künftig abgekürzt H.L.

d) Unterhaltsrichtlinien der Familiensenate des Oberlandesgerichts Köln, Stand 1. 1. 85 = FamRZ 85/24–28 = NJW 85/308–310, künftig abgekürzt K.L.

e) Leitlinien zum Unterhaltsrecht der Familiensenate des Oberlandesgerichts Bremen, Stand 1. 1. 85 = FamRZ 85/28–31 = NJW 85/305–307, künftig abgekürzt B.L.

f) Unterhaltsrechtliche Grundsätze der Familiensenate des Hanseatischen Oberlandesgerichts in Hamburg, Stand 1. 1. 85 = FamRZ 84/1197–1198 = NJW 85/307, künftig abgekürzt Ha.L.

g) Unterhaltsrechtliche Hinweise des Oberlandesgerichts Stuttgart, Stand 1. 1. 85, FamRZ 84/1197 = NJW 85/310, abgekürzt S.L.

h) Unterhaltsrechtliche Leitlinien des OLG Koblenz, Stand 1. 1. 1984 = NJW 85/283, künftig abgekürzt Ko.L.

i) Unterhaltsrechtliche Leitlinien des Oberlandesgerichts Celle, Stand 1. 1. 85 = NJW 85/723, 724, abgekürzt C.L.

k) Zur Anwendung der Düsseldorfer Tabelle durch die Familiensenate des Schleswig-Holsteinischen Oberlandesgerichts, veröffentlicht in FamRZ 85/134 und in SchlHA 84/18, 84/8, 83/18, 82/17, 81/21, 80/49, abgekürzt Schl.L.

l) Nürnberger Tabelle, Stand 1. 1. 85, abgekürzt N.T. = BBZ-Verlags-GmbH Nürnberg, Friedrichstr. 16

m) Die Düsseldorfer Tabelle nach Frankfurter Praxis, Stand 1. 1. 85 = FamRZ 84/1072 = NJW 85/116, 117, künftig abgekürzt F.L.

n) Darstellung der Rechtsprechungsgrundsätze aller Senate für Familiensachen des Oberlandesgerichts Frankfurt von Dr. Weychardt, in „Der Amtsvormund" 1984, 81ff., 241ff. und 337ff., Stand 1984, künftig abgekürzt F.W.

o) Die Düsseldorfer Tabelle wird ferner angewandt von den Oberlandesgerichten Bamberg, Braunschweig, Karlsruhe, Oldenburg, Saarbrücken, Schleswig, Zweibrücken und dem Kammergericht Berlin, teilweise mit Modifikationen bei den Selbstbehaltssätzen, Bedarfskontrollbeträgen, Ehegattenquoten und pauschalierten berufsbedingten Aufwendungen. Eigene Leitlinien bestehen bei diesen Gerichten nicht.

3. Vorbemerkungen in den Leitlinien

a) OLG München. Die Münchner Familiensenate wenden im Regelfall die D.T. als Orientierungshilfe unter Beachtung der Rechtsprechung des BGH mit folgenden Ergänzungen und Abweichungen an. Soweit die D.T. und die nachfolgenden Regelungen keinen Aufschluß geben, können die H.L. herangezogen werden (M.R.).

b) OLG Düsseldorf. Die neue Tabelle nebst Anmerkungen beruht auf Koordinierungsgesprächen, die zwecks Vereinheitlichung der Unterhaltsrechtsprechung zwischen Richtern der Familiensenate der Oberlandesgerichte Köln, Hamm und Düsseldorf sowie Mitgliedern der Unterhaltskommission des deutschen Familiengerichtstags e.V. stattgefunden haben (D.T. Anm. 2).

c) OLG Hamm. Die Leitlinien sind von Mitgliedern aller Familiensenate des OLG Hamm erarbeitet worden, um eine möglichst einheitliche Rechtsprechung im gesammten OLG-Bezirk zu erzielen. Sie stellen keine verbindlichen Regeln dar – das verbietet sich schon mit Rücksicht auf die richterliche Unabhängigkeit – und sollen dazu beitragen, angemessene Lösungen zu finden, ohne aber den Spielraum einzuengen, der erforderlich ist, um den jeweiligen Besonderheiten des Einzelfalls gerecht zu werden (= H.L.).

d) OLG Bremen. Die Leitlinien sind von den Mitgliedern der Familiensenate des OLG Bremen in Anlehnung an die Düsseldorfer Tabelle unter Berücksichtigung der Besonderheiten in der Rechtsprechung im Bereich des OLG Bremen und der inzwischen bekannt gewordenen Rechtsprechung des BGH erarbeitet worden, um eine möglichst einheitliche Rechtsprechung im Bezirk des OLG Bremen zu erzielen. Sie stellen keine verbindlichen Regeln dar; das verbietet sich schon mit Rücksicht auf die richterliche Unabhängigkeit. Sie sind als Orientierungshilfe für den Regelfall gedacht, die dazu beitragen sollen, angemessene Lösungen zu finden, ohne aber den Spielraum einzuengen, der erforderlich ist, um den jeweiligen Besonderheiten des Einzelfalls gerecht zu werden (= B.L.).

e) OLG Celle. Die von den Familiensenaten zusammengestellten Leitlinien dienen dem Ziel, die Rechtsprechung der Senate möglichst weitgehend zu vereinheitlichen. Sie werden der Entwicklung des Unterhaltsrechts angepaßt und lassen bewußt Raum für weitere Überlegungen und Konkretisierungen. Eine bindende Wirkung kommt ihnen nicht zu (= C.L.).

f) OLG Köln. Die Kölner Unterhaltsrichtlinien sind von den Richtern der Familiensenate des OLG Köln erarbeitet worden. Ziel der Richtlinien ist eine in praktischen Unterhaltsfragen möglichst einheitliche Rechtsprechung. Die Richtlinien können den Richter nicht binden. Sie sollen die angemessene Lösung des Einzelfalls – das gilt auch für die Tabellenunterhaltssätze – nicht antasten (= K.L.).

Teil I: Die Ermittlung des anrechenbaren monatlichen Durchschnittseinkommens (= bereinigtes Nettoeinkommen) und des anzurechnenden Vermögens

1. Zur Gliederung

a) Wie bereits ausgeführt, wird in der Praxis in der Regel zuerst einmal das bereinigte Nettoeinkommen und anzurechnende Vermögen ermittelt, weil erst bei deren Kenntnis die Bedürftigkeit des Berechtigten, die Höhe des angemessenen Unterhaltsanspruchs und die Leistungsfähigkeit des Verpflichteten beurteilt werden kann. Bei dieser Ermittlung gilt sowohl für den Berechtigten als auch den Verpflichteten der Grundsatz der unterschiedslosen Erfassung aller unterhaltsrechtlich relevanten Einkünfte, d.h. es sind auf beiden Seiten grundsätzlich alle zufließenden Einkünfte anzurechnen, gleichgültig welcher Art sie sind und aus welchem Anlaß sie gezahlt werden (BGH, FamRZ 80/342 = B 2a; FamRZ 80/771, 772 = NJW 80/2081, 2082 = B 2c; FamRZ 80/1109, 1110 = NJW 81/168, 169 = B 2d; FamRZ 80/984 = NJW 80/2251; FamRZ 81/541, 542 = NJW 81/2462, 2463; FamRZ 81/338; FamRZ 82/250, 251 = NJW 82/822 = B 2b; FamRZ 85/354, 356 = B 163b).

Es ist daher zunächst das gesamte Bruttoeinkommen jedes Unterhaltsbeteiligten aus jeder Einkunftsart festzustellen. Von der Summe der Bruttoeinkünfte sind dann anschließend alle unterhaltsrechtlich berücksichtigungsfähigen Belastungen abzuziehen. Erst der Saldo, das sogenannte bereinigte Nettoeinkommen, ist wichtig für die Beurteilung von Bedürftigkeit, Unterhaltshöhe und Leistungsfähigkeit. Dieser Vorgehensweise entspricht die Gliederung des ersten Teils in drei Hauptabschnitte.

b) Im ersten Abschnitt geht es um die Ermittlung aller anrechenbaren Einkünfte aus allen Einkunftsarten unter Berücksichtigung der jeweils speziellen Ermittlungsweisen. Da in der Praxis die Einkünfte bei den verschiedenen Einkunftsarten aus wirtschaftlichen und steuerrechtlichen Gründen unterschiedlich ermittelt werden (z.B. als Gewinneinkünfte oder als Überschußeinkünfte) erscheint es im Interesse einer systematischen Gleichbehandlung aller Einkunftsarten zweckmäßig, in dem ersten Abschnitt die Einnahmen wie im Steuerrecht und in der Wirtschaft zu ermitteln als Saldo aus reinen Bruttoeinnahmen abzüglich notwendiger einkunftsspezifischer Ausgaben (Betriebsausgaben) oder Werbungskosten (z.B. berufsbedingter Aufwendungen). Demgemäß ist der erste Abschnitt untergliedert nach den unterschiedlichen Einkunftsarten. Bei jeder Einkunftsart wird ausgeführt, was alles als Bruttoeinkommen anzurechnen ist und was einkunftsspezifisch als Ausgaben oder Werbungskosten abgezogen werden kann. Der Saldo ist das bereinigte Bruttoeinkommen (Gewinn oder Überschuß).

c) Im zweiten Abschnitt wird erörtert, was von dem bereinigten Bruttoeinkommen einheitlich für jede Einkunftsart zusätzlich als berücksichtigungsfähige Belastungen, wie z.B. Steuern, Vorsorgeaufwendungen, Verbindlichkeiten u.ä. abgezogen werden kann. Der Saldo der Beträge aus Abschnitt 1 und Abschnitt 2 ist dann das sogenannte bereinigte Nettoeinkommen, das zur unterhaltsrechtlichen Beurteilung maßgeblich ist. Ein solcher Saldo ist gesondert festzustellen für jeden Unterhaltsberechtigten und für jeden Unterhaltsverpflichteten. Dabei gelten für beide Seiten im Prinzip die gleichen Ermittlungsgrundsätze. Sofern einzelne Positionen ausnahmsweise unterschiedlich zu beurteilen sind, je nachdem, ob sie auf Seiten des Berechtigten oder auf Seiten des Verpflichteten vorliegen, wird hierauf besonders hingewiesen.

d) In der Praxis wird eine zuverlässige Einkommensermittlung oft dadurch erschwert, daß die Parteien ungenaue, lückenhafte und auch falsche Angaben machen bzw. ihre Behauptungen nicht nachweisen können. Deshalb folgen in einem dritten Abschnitt Ausführungen zur Darlegungs- und Beweislast, sowie zu den Auskunfts- und Vorlegungspflichten bezüglich der Angaben, die zur Ermittlung des anrechenbaren bereinigten Nettoeinkommens und des berücksichtigungsfähigen Vermögens notwendig sind.

2. Vereinfachte Berechnungsweise bei nur einer Einkunftsart

In der Praxis besteht sehr oft nur eine Einkunftsart. Zumeist sind es Einkünfte aus abhängiger Arbeit. In solchen Fällen empfiehlt sich folgende vereinfachte Berechnungsweise:
a) Summe aller reinen Bruttoeinkünfte
b) abzüglich berufsbedinger Aufwendungen oder sonstiger Werbungskosten (aus Abschnitt 1) und sonstiger abziehbarer Belastungen (aus Abschnitt 2).

3. Zum monatlichen Durchschnittseinkommen

a) Der geschuldete Unterhalt ist durch Entrichtung einer monatlich vorauszahlbaren Geldrente zu gewähren (§ 1612 Abs. 1 und 3 BGB). Da erfahrungsgemäß die monatlichen Einkünfte nicht in stets gleichbleibender Höhe zufließen, bemißt sich das für den geltendgemachten gegenwärtigen Unterhaltsanspruch maßgebliche durchschnittliche monatliche Nettoeinkommen in der Regel nach den Einkünften der letzten 12 Monate (BGH, FamRZ 83/996, 998 = NJW 83/2243, 2244).

Dabei wird auch ein regelmäßiges wöchentliches Einkommen (z. B. Arbeitslosengeld) auf das Jahr hochgerechnet und durch 12 geteilt (= W × 52 : 12 oder W × 4,3452).

Außerdem werden alljährlich wiederkehrende Sonderzuwendungen, wie z. B. Urlaubs- und Weihnachtsgeld oder sonstige einmalige Zahlungen im allgemeinen als im Lauf des ganzen Jahres verdient angesehen und auf den Jahresdurchschnitt umgelegt.

b) Dagegen sind einmalig hohe Sonderzuwendungen, wie z. B. aus Anlaß eines Jubiläums oder einer Abfindung bei Arbeitsplatzverlust aufgrund eines Sozialplans oder bei überdurchschnittlich hohen Erträgen aus selbständiger Erwerbstätigkeit auf mehrere Jahre zu verteilen (BGH, FamRZ 82/250, 252 = NJW 82/822, 823 = B 3a; H.L. 2).

Bei jährlich schwankendem Einkommen, wie bei Gewerbetreibenden und Freiberuflern und bei Einkünften aus Kapitalvermögen ist der Durchschnittswert aus einem längeren Zeitraum (in der Regel drei Jahre) zugrundezulegen und auch die mit einiger Sicherheit feststellbare künftige Entwicklung in Betracht zu ziehen (BGH, FamRZ 82/680, 681 = NJW 82/1642 = B 4a; FamRZ 83/680 = B 4b; FamRZ 82/151, 152 = NJW 82/1645, 1646).

Wenn mit einer stetigen Weiterentwicklung der Einkünfte zu rechnen ist, kann im Einzelfall vom Tatrichter auch das zuletzt erreichte Einkommen der Berechnung zugrundegelegt werden (BGH, FamRZ 85/471, 472 = B 4d).

c) Bei Vorliegen besonderer Umstände kann zur Ermittlung des Mehrjahresdurchschnitts auch ein Zeitraum von mehr als 3 Jahren herangezogen werden. Wie weit hierbei in die Vergangenheit zurückgegangen werden soll ist Sache des Tatrichters. Der Mehrjahresdurchschnitt darf allerdings nur aus den Jahreseinkünften gebildet werden, die nach Abzug der jeweils auf das einzelne Jahr entfallenden Steuer verbleiben (BGH, FamRZ 85/357, 358, 359 = NJW 85/909, 910 = B 4c).

Eine ähnliche Durchschnittsberechnung gilt auch bei einmalig hohen, oder der Höhe nach schwankenden Abzügen.

d) Den für die Durchschnittsberechnung maßgeblichen Zeitraum bemessen die Gerichte unterschiedlich entweder nach dem abgelaufenen Kalenderjahr(en), nach dem mit der letzten mündlichen Verhandlung endenden Jahr oder nach einem dazwischenliegenden zwölfmonatigen Zeitraum. Bei im wesentlichen gleichbleibenden Einkünften empfiehlt es sich, zur Errechnung der durchschnittlichen Monatseinkünfte von dem abgelaufenen Kalenderjahr bzw. von den abgelaufenen letzten drei Kalenderjahren auszugehen. Nur so können alle die Höhe des Einkommens bestimmenden Faktoren angemessen berücksichtigt werden. Dies gilt gerade auch bei unselbständig Erwerbstätigen, denn auch bei ihnen fließen bis zum Ende des Kalenderjahres nicht regelmäßig erfolgende Zahlungen (z. B. zu viel entrichtete Steuern) oder es sind nicht unerhebliche einmalige Abzüge, z. B. wegen Steuernachzahlungen zu machen, die sämtlich dann auf das jeweilige Monatseinkommen dieses Kalenderjahres umzulegen sind (so OLG München, FamRZ 84/173, 174).

e) Der Jahres- bzw. Dreijahressaldo wird dann zur Errechnung des monatlichen Durchschnittseinkommens durch 12 bzw. 36 geteilt. Eine Korrektur des nach dem abgelaufenen

Kalenderjahr berechneten durchschnittlichen Einkommens hat jedoch dann zu erfolgen, wenn sich aus dem Inbegriff der mündlichen Verhandlung ergibt, daß sich das laufende Einkommen mit Sicherheit wesentlich und nachhaltig geändert hat (OLG München, FamRZ 84/173, 174). In einem solchen Fall empfiehlt es sich, als Zeitraum die letzten 12 (36) Monate vor der letzten mündlichen Verhandlung zu nehmen.

4. Leitlinien zur Einkommensermittlung

a) OLG Hamm. Auszugehen ist von dem Nettoeinkommen, d. h. vom Bruttoeinkommen abzüglich Steuern und Vorsorgeaufwendungen (= H.L. I 1).

b) OLG Celle. Anrechenbares Einkommen: Grundlage der Unterhaltsbemessung ist das Nettoeinkommen (Bruttoeinkommen abzüglich der Steuern unter Ausnutzung von Steuervorteilen sowie notwendiger Aufwendungen für Altersvorsorge, Arbeitslosen- und Krankenversicherung) (= C.L. I 1).

c) OLG Bremen. Grundsatz: Volle Anrechnung aller Einkünfte (= B.L. AB I 1).

d) OLG Frankfurt. Das bereinigte Nettoeinkommen: Die Höhe des Unterhaltsanspruchs eines Unterhaltsberechtigten orientiert sich an dem Einkommen, das er selbst hat und insbesondere an dem Einkommen des Unterhaltspflichtigen. Es gilt der Grundsatz der unterschiedslosen Erfassung des Gesamteinkommens. Es ist also zunächst das gesamte Bruttoeinkommen der Unterhaltsbeteiligten festzustellen. Davon sind dann anschließend wieder die einzelnen laufenden Belastungen abzuziehen. Erst an den Saldo knüpft dann die weitere Bestimmung der Unterhaltshöhe an. Der Umfang der Bedürftigkeit des Berechtigten und der Leistungsfähigkeit des Pflichtigen bezieht sich auf das jeweilige Währungsgebiet, in dem die Beteiligten jeweils wohnen (F.W. DAV 84/87).

1. Abschnitt: Die Ermittlung aller anrechenbaren Einkünfte

1. Zur Ermittlung der unterhaltsrechtlich relevanten Einkünfte

a) In der Praxis bereitet die Ermittlung der unterhaltsrechtlich relevanten Einkünfte oft große Schwierigkeiten, weil die Unterhaltsbeteiligten hierzu ungenaue, verschleierte, unvollständige und – nicht selten – auch bewußt falsche Angaben machen. Subjektiv ist dies zwar verstehbar als Auswirkung des „Scheidungskampfes" und der gegensätzlichen Interessen und Erwartungen im „Unterhaltsstreit". In rechtlicher Wertung ist es oft ein versuchter Prozeßbetrug. Dieser Umstand verpflichtet das Gericht zur genauen Nachprüfung unzuverlässiger Angaben.

b) Rechtlich sind die Unterhaltsbeteiligten gegenseitig verpflichtet, vollständige Angaben zu ihren unterhaltsrechtlich relevanten Einkommens- und Vermögensverhältnissen zu machen und sich gegenseitig darüber Auskunft zu erteilen. Der jeweils Auskunftsberechtigte hat gegenüber dem anderen einen Anspruch auf Vorlage einer systematischen Aufstellung der erforderlichen Angaben, die ihm ohne übermäßigen Arbeitsaufwand die Berechnung des Unterhaltsanspruchs ermöglicht (BGH, FamRZ 83/996, 998 = NJW 83/2243, 2244 = B 5a). Um seiner Darlegungslast gegenüber dem Gericht zu genügen muß der Verpflichtete – und bei eigenem Einkommen auch der Berechtigte – nach den vom BGH (FamRZ 80/770, 771 = NJW 80/2083, 2084 = B 5b) aufgestellten Grundsätzen seine Einnahmen und behaupteten Aufwendungen im einzelnen so darstellen, daß die allein steuerrechtlich beachtlichen Aufwendungen von solchen, die unterhaltsrechtlich von Bedeutung sind, abgegrenzt werden können. Eine nur ziffernmäßige Aneinanderreihung einzelner Kostenarten, wie Abschreibungen, allgemeine Kosten, Kosten für Versicherungen usw. genügt solchen Anforderungen nicht. Die erforderliche Darlegung kann nicht durch Antrag auf Vernehmung eines Steuerberaters oder Buchhalters ersetzt werden. Eine Beweiserhebung (z. B. durch Zeugenvernehmung oder Sachverständigengutachten) kommt erst in Betracht, wenn die Richtigkeit detailliert behaupteter Einnahmen und Ausgaben vom Gegner bestritten wird (BGH, FamRZ 80/770, 771 = NJW 80/2083, 2084 = B 5b, FamRZ 85/357, 358 = NJW 85/909, 910 = B 5c). Erst dann muß der Richter solche ausreichend detaillierte Angaben auf ihre Richtigkeit überprüfen.

c) Zuverlässige Feststellungen hierzu lassen sich in der Regel nur an Hand schriftlicher Unterlagen treffen, deren Beschaffung und unterhaltsrechtliche Auswertung deshalb zu den wichtigsten richterlichen Aufgaben gehört. Zu solchen Unterlagen zählen in der Regel Verdienstbescheinigungen des Arbeitgebers und Steuerbescheide (Einkommens- und Umsatzsteuer) mit entsprechenden Steuererklärungen nebst dazugehörigen Belegen und Unterlagen, die für die steuerrechtlichen Ermittlungen oder aus wirtschaftlichen Gründen notwendig sind, wie Aufzeichnungen, Buchführungsunterlagen, Handelsbücher, Gewinn- und Verlustrechnungen, Bilanzen u. ä. Eine Verpflichtung zur Vorlage solcher Belege, auch der Steuerbescheide und Erklärungen, besteht nach §§ 1580 S. 2, 1605 Abs. 1 S. 2 BGB (BGH, FamRZ 82/151, 152 = NJW 82/1645, 1646 = B 103a; FamRZ 82/680, 682 = NJW 82/1642, 1643 = B 103b; FamRZ 83/996, 998 = NJW 83/2243, 2244 = B 101a u. a.). Genaueres siehe dazu Seite 110, 111.

d) Vom Gericht kann die Vorlage solcher Belege nach § 273 ZPO von Amts wegen oder auf Antrag nach § 421 ZPO angeordnet werden. Die Vorlage von Handelsbüchern (§ 38 HGB) kann auch in Unterhaltssachen nach § 45 HGB verlangt werden. Kommt eine Partei einer solchen Anordnung nicht nach, so können entsprechend § 427 ZPO die Behauptungen des Beweisführers über den Inhalt der zurückgehaltenen Unterlagen als bewiesen angesehen werden.

2. Zur steuerrechtlichen Einkommensermittlung und zu steuerrechtlichen Einkunftsarten

a) Um die Angaben in solchen steuerrechtlichen Unterlagen besser auf ihre unterhaltsrechtliche Relevanz überprüfen und auswerten zu können ist es hilfreich, wenn man Sinn, Zweck und Bedeutung solcher Angaben im Rahmen der steuerrechtlichen Ermittlungen versteht und wenn man die Positionen kennt, bei denen die entsprechenden Angaben mit besonderer Aufmerksamkeit auf ihre unterhaltsrechtliche Relevanz überprüft werden müssen. Das unterhaltsrechtlich relevante Einkommen ist nicht identisch mit dem steuerpflichtigen Einkommen (BGH, FamRZ 80/770, 771 = NJW 80/2083, 2084 = B 5b und BGH FamRZ 85/357, 358 = NJW 85/909, 910 = B 5c).

Es ist zumeist höher als das steuerpflichtige Einkommen. Das liegt einerseits daran, daß z. B. unterhaltsrechtlich vieles als Einkommen angerechnet wird (z. B. Renten), was nicht versteuert werden muß und daß andererseits nicht alles, was steuerrechtlich als Werbungskosten oder Betriebsausgaben abgezogen werden kann, auch unterhaltsrechtlich als berechtigter Abzugsposten anzuerkennen ist. Im Steuerrecht herrscht, besonders in bezug auf Abschreibungen, eine gewisse Großzügigkeit, die unterhaltsrechtlich nicht verantwortet werden kann. Deshalb dürfen auch unterhaltsrechtlich nur solche Beträge abgeschrieben werden, die für die Erhaltung der Einkommensquelle tatsächlich erforderlich sind bzw. waren. Alles was darüber hinausgeht und aus wirtschaftspolitischen Gründen auf eine Steuerersparnis hinausläuft, der Vermögensmehrung dient oder in sonstiger Weise zu einer unterhaltsrechtlich nicht zumutbaren Minderung des Unterhaltsanspruchs führt, hat außer Betracht zu bleiben (BGH, FamRZ 80/770, 771 = NJW 80/2083, 2084 = B 5b; FamRZ 85/357, 358 = NJW 85/909, 910 = B 5c; OLG Koblenz, FamRZ 84/1225).

b) Dennoch ist es ratsam, wegen der Art der handelsrechtlichen und steuerrechtlichen Belege, die für die Einkommensermittlung zur Verfügung stehen, sich bei der unterhaltsrechtlichen Überprüfung an die unterschiedlichen steuerrechtlichen Einkunftsermittlungsweisen bei jeder Einkunftsart zu halten und dabei aufmerksam die jeweiligen unterhaltsrechtlichen Besonderheiten zu erkennen und korrigierend zu berücksichtigen.

c) Das Steuerrecht kennt sieben Einkunftsarten. Die Einkünfte aus den drei ersten Einkunftsarten (= Einkünfte aus Land- und Forstwirtschaft, aus Gewerbebetrieb und aus selbständiger Arbeit) sind wegen der Art ihrer Ermittlung sogenannte Gewinneinkünfte (Gewinn = Betriebseinnahmen abzüglich Betriebsausgaben), wobei die Gewinnermittlung je nach Größe und Art des Betriebes im Weg des Betriebsvermögensvergleichs (Bilanzierung) oder auf vereinfachte Weise durch eine Einnahmen-Überschußrechnung erfolgt. Die Einkünfte aus den vier weiteren Einkunftsarten (= Einkünfte aus nichtselbständiger Arbeit, Kapitalvermögen, Vermietung und Verpachtung und sonstige Einkünfte im Sinn des § 22 EStG) sind wegen der Art ihrer Ermittlung sog. Überschußeinkünfte (Überschuß = Einnahmen abzüglich Werbungskosten). Die steuerrechtlichen Einkünfte sind also in allen Fällen sogenannte Reineinkünfte, die sich errechnen aus der Summe aller zugeflossenen, zu versteuernden Bruttoeinnahmen abzüglich von Aufwendungen, die zur Erwerbung, Sicherung oder Erhaltung der Einnahmen notwendig sind (= Betriebsausgaben und Werbungskosten).

3. Zu den unterhaltsrechtlich relevanten Einkünften

a) Die gleiche Berechnungsweise gilt im Prinzip auch für die unterhaltsrechtlich relevanten Einkünfte. Beim Arbeitseinkommen werden die Werbungskosten unterhaltsrechtlich berufsbedingte Aufwendungen genannt.

b) Zu den steuerrechtlich relevanten Einkunftsarten kommen zusätzlich noch unterhaltsrechtlich relevante vermögenswerte Vorteile, nicht zu versteuerndes Einkommen und fiktives Einkommen aus zuzurechnender Arbeit sowie aus nicht verantwortlich genutztem Vermögen. Einer besonderen Erörterung bedürfen Einkünfte aus unzumutbarer Tätigkeit, weil diese nach § 242 BGB und § 1577 I BGB nur teilweise anzurechnen sind.

4. Zur Gliederung der Einkünfte

Aus Gründen der unterhaltsrechtlichen Praxis hält sich die nachfolgende Gliederung zwar nicht an die Reihenfolge der steuerrechtlichen Einkunftsarten, wohl aber an die jeweilige Art der steuerrechtlichen Einkommensermittlung bei jeder Einkunftsart. In diesem Sinne wird die Ermittlung der unterhaltsrechtlich relevanten Einkünfte in folgender Reihenfolge erörtert:

1.1. Einkünfte aus abhängiger Arbeit sowie Nebeneinkünfte und Lohnersatzleistungen bei oder nach einem bestehenden Arbeitsverhältnis.

1.2. Einkünfte von Freiberuflern, sonstigen Selbständigen und Gewerbetreibenden, die nicht buchführungspflichtig sind und auch freiwillig keine Bücher führen.

1.3. Einkünfte von Vollkaufleuten, Gewerbetreibenden und sonstigen Selbständigen, die ihren Gewinn nach § 5 EStG durch Betriebsvermögensvergleich ermitteln.

1.4. Einkünfte aus Land- und Forstwirtschaft.

1.5. Einkünfte aus Vermietung und Verpachtung, aus Wohn- oder Mietvorteilen und aus Wohngeld.

1.6. Einkünfte aus Kapitalvermögen und aus sonstigem Vermögen, fiktive Einkünfte aus unterlassener Vermögensnutzung und Verwertung des Vermögensstammes für den Unterhalt.

1.7. Einkünfte aus Pensionen, Renten und ähnlichen wiederkehrenden Bezügen Nichterwerbstätiger, sowie aus Unterhalt.

1.8. Sonstige Einkünfte aus sozialstaatlichen Zuwendungen, Steuervorteilen, freiwilligen Zuwendungen Dritter und aus Versorgungsleistungen für Dritte, sowie nicht anzurechnende vermögenswerte Vorteile.

1.9. Fiktives Einkommen aus unterlassener zumutbarer Erwerbstätigkeit.

1.10. Zur Anrechnung von Einkünften aus unzumutbarer Erwerbstätigkeit.

1. Unterabschnitt: Einkünfte aus abhängiger Arbeit sowie Nebeneinkünfte und Lohnersatzleistungen bei oder nach einem bestehenden Arbeitsverhältnis

I. Überblick zur Einkommensermittlung bei abhängiger Arbeit

1. Bruttoeinnahmen und berufsbedingte Aufwendungen

Die Einkünfte aus abhängiger Arbeit sind Überschußeinkünfte. Sie errechnen sich aus der Summe aller Bruttoeinnahmen eines Kalenderjahres abzüglich aller in diesem Kalenderjahr entstandenen Ausgaben, die notwendig geworden sind, um die Einkunftsquelle zu erwerben oder zu erhalten (= berufsbedingte Aufwendungen oder Werbungskosten).

Überschuß = Bruttoeinnahmen abzüglich berufsbedingte Aufwendungen.

Zu den Bruttoeinnahmen zählen grundsätzlich alle Einkünfte, die ein Arbeitnehmer aus einem Arbeits- oder Dienstverhältnis laufend, unregelmäßig oder einmalig bezieht, einschließlich Sonderzuwendungen, Zulagen, Zuschlägen, Zuschüssen und sonstigen Nebeneinnahmen (BGH, FamRZ 80/342, 343 = B 6; FamRZ 80/771, 772 = NJW 80/2081, 2082 = B 2c; FamRZ 82/250, 251 = NJW 82/822 = B 2b). Das laufende Entgelt sowie gesetzliche oder tarifliche Zulagen und Zuwendungen sind in der Regel anhand einer jährlichen Verdienstbescheinigung des Arbeitgebers, der Lohnsteuerkarte oder des Steuerbescheides nebst Steuererklärung festzustellen. Zwischen den Berufseinnahmen und den berufsbedingten Aufwendungen muß ein zweckbedingter wirtschaftlich notwendiger Zusammenhang bestehen. Anders als im Steuerrecht, wo Werbungskosten in der Regel anerkannt werden, wenn der Pflichtige sie als berufsnotwendig beurteilt, sind berufsbedingte Aufwendungen unterhaltsrechtlich unter Berücksichtigung ihrer Auswirkungen auf die Unterhaltsverpflichtung stets vom Gericht auf ihre objektive Notwendigkeit und Angemessenheit zu überprüfen und gegebenenfalls in geminderter Höhe nach § 287 ZPO zu schätzen (= K.L. 19.03. und W in DAV 84/92).

Deshalb sind konkrete Darlegungen zur Notwendigkeit und zur Höhe berufsbedingter Aufwendungen nötig, wenn ein konkreter (nicht pauschaler) Abzug verlangt wird.

2. Nicht berufsbedingte Aufwendungen

Nicht zu den berufsbedingten Aufwendungen zählen Ausgaben zur Vermögensbildung und alle Kosten der privaten Lebensführung, wie Aufwendungen für Ernährung, Wohnung, Kleidung, Repräsentation, Kinder und für Wirtschaftsgüter, deren Nutzung im privaten Bereich üblich ist. Betreffen sogenannte gemischte Aufwendungen sowohl die private Lebensführung als auch den beruflichen Bereich, so sind sie grundsätzlich nicht absetzbar. Ausnahmsweise ist eine Aufteilung in einen nicht abziehbaren Anteil für die private Lebensführung und in einen abziehbaren berufsbedingten Anteil nur zulässig, wenn objektive Merkmale und Unterlagen eine zutreffende und leicht nachprüfbare Trennung und Anteilsschätzung nach § 287 ZPO ermöglichen (z. B. bei Kraftfahrzeug-, Telefon- und Reisekosten aufgrund von zuverlässigen und genauen Einzelangaben).

II. Überblick zu typischen Bruttoeinnahmen

Hierzu zählen im wesentlichen:

1. Barbezüge aller Art wie Löhne, Gehälter, Provisionen, Tantiemen, Prämien für besondere Leistungen, Umsatz- und Gewinnbeteiligungen (K.L. 10.0.), nebst Zuschlägen, Zulagen und Sonderzuwendungen aller Art (F.W. in DAV 84/87)

a) Beamtengehalt nebst Ortszuschlag (OLG Köln, FamRZ 83/750, 753; K.L. 10.0.), einschließlich kinderbezogener Bestandteile der Dienstbezüge (BGH, FamRZ 83/49, 51 = NJW 83/933L = B 7; FamRZ 84/374, 376 = NJW 84/1458, 1459; OLG Köln, FamRZ 83/750, 753; OLG Düsseldorf FamRZ 82/1109; F.W. in DAV 84/87, 89).

b) Kinderzuschüsse, die das Kindergeld übersteigen (BGH, FamRZ 83/49, 51 = NJW 83/933L = B 7; FamRZ 81/28, 29 = NJW 81/172, 173 = B 59a; FamRZ 80/1112, 1113 = NJW 81/167, 168 = B 45; OLG Hamburg, FamRZ 80/190, 193).

c) erhöhte Auslandsdienstbezüge nebst Zuschlägen und Zulagen (BGH, FamRZ 80/342, 344 = B 6; F.W. in DAV 84/88).

d) Urlaubs- und Weihnachtsgeld sowie sonstige Sonderzuwendungen (BGH, FamRZ 80/984 = NJW 80/2251; FamRZ 82/250, 251 = NJW 82/822; = B 2b; H.L. I 2; B.L. AB I 2f bb; K.L. 10.0; F.W. in DAV 84/87).

e) berufsübliche Prämien wie Treue- und Leistungsprämien; Prämien wegen Verbesserungsvorschlägen u. ä. (BGH, FamRZ 80/984 = NJW 80/2251; FamRZ 70/636 = NJW 71/137; FamRZ 82/250, 251 = NJW 82/822 = B 2b; K.L. 10.0).

f) 13. oder 14. Monatsgehalt (BGH, FamRZ 70/636 = NJW 71/137; F.W. in DAV 84/87).

g) Montagezulagen (BGH, FamRZ 82/887 = NJW 82/1983; F.W. in DAV 84/88).

h) vermögenswirksame Leistungen des Arbeitnehmers, mit Ausnahme der Arbeitnehmersparzulagen, welche nicht als Einkommen anzurechnen ist (BGH, FamRZ 80/984, 985 = NJW 80/2251, 2252 = B 8; H.L. I 5; K.L. 14.5; Schl.L.; abweichend F.W. in DAV 84/91, wonach entgegen BGH, vermögensbildende Aufwendungen des Pflichtigen nicht absetzbar sein sollen). Nicht anzurechnen sind ferner Zusatzleistungen des Arbeitgebers zu einer vermögenswirksamen Anlage des Arbeitnehmers (H.L. I 5; C.L. I 2; K.L. 14.5.; Schl.L.; N.T. 1.2; F.W. in DAV 84/91).

i) Ministerialzulage (K.L. 10.0.; OLG Köln, FamRZ 82/706, 707).

k) Berlinzulage (OLG Frankfurt, FamRZ 79/173; F.W. in DAV 84/87).

l) Heimarbeiterzuschlag.

m) Abgeordnetenentschädigungen und Diäten (OLG Hamm FamRZ 80/997).

n) Sitzungsgelder bei Mitwirkung in kommunaler Bezirksvertretung (BGH, FamRZ 83/670, 672, 673 = B 9).

o) Entschädigungen für Schöffentätigkeit und für die Führung einer Vormundschaft (BGH, FamRZ 83/670, 673 = B 10), sowie für ähnliche ehrenamtliche Tätigkeiten.

p) Vergütungen des Krankenhauspersonals aus Liquidationseinnahmen der Chefärzte oder aus einem Mitarbeiterfond (Liqudationspool).

q) Trinkgelder.

r) Erfindervergütungen.

2. Zweckbestimmte Entgelte für berufsbedingte Mehraufwendungen wie Spesen, Reisekosten u. a.

Im Prinzip sind solche Entgelte einerseits voll anzurechnen. Andererseits können die nachweisbaren tatsächlichen berufsbedingten Aufwendungen auch voll abgezogen werden (z. B. BGH, FamRZ 83/670, 672, 673 zu Sitzungsgeldern = B 9). Dem entspricht, daß solche Entgelte unberücksichtigt bleiben können, wenn sie im konkreten Fall oder nach der Lebenserfahrung nur den tatsächlichen Mehraufwand ausgleichen (z. B. BGH, FamRZ 83/670, 673 = B 10 zur Entschädigung für Schöffen und Vormund). Oft sind solche Entschädigungen allerdings pauschaliert oder erkennbar bzw. erfahrungsgemäß höher als der tatsächliche Aufwand (so BGH zum Auslandszuschlag, FamRZ 80/342, 343, 344 = B 6). Dann empfiehlt sich eine konkrete Differenzberechnung unter Anrechnung des Betrages, der den tatsächlichen Mehraufwand übersteigt. Dieser anrechenbare Differenzbetrag kann auch nach § 287 ZPO geschätzt werden. Zuweilen ermöglichen die zweckbestimmten Entgelte eine häusliche Ersparnis bei den privaten Lebenshaltungskosten. Diese kann nach BGH, VersR 60/801 häufig etwa ⅓ bis ½ der Aufwandsentschädigung betragen. In solchen Fällen kann die zu schätzende Ersparnis als Einkommen angerechnet werden. In der Praxis ist bei der Prüfung der Anrechenbarkeit solcher Entgelte trotz subtiler Einzelfeststellungen eine Schätzung nach § 287 ZPO oder eine gewisse, der Lebenserfahrung entsprechende Pauschalierung nötig.

Im einzelnen:

a) Spesen und Reisekosten, die zu versteuern sind, gelten nach OLG München in der Regel voll als Einkommen (M.R. I 1), weil angenommen werden kann, daß sie keine tatsächlichen Aufwendungen abgelten, sondern ein verschleiertes Einkommen beinhalten. Dagegen sind steuerfreie Spesen und Reisekosten nicht anzurechnen, weil sie erfahrungsgemäß angefallene Aufwendungen decken (M.R. I 1). Nach OLG Hamm (H.L. I 4) ist über die Anrechenbarkeit von Auslösungen und Spesen nach Maßgabe des Einzelfalls zu entscheiden. Im Zweifel kann davon ausgegangen werden, daß eine Ersparnis eintritt, die mit einem Drittel der Nettobeträge zu bewerten ist und insoweit dem Nettoeinkommen zuzurechnen ist (so auch im wesentlichen B.L. AB I 2f dd; C.L. I 4 und Schl.L., teils mit dem Zusatz, daß eine geringere Ersparnis nachgewiesen werden kann). Die Ersparnisrechnung wird allerdings in der Regel nur relevant bei Spesen für Abwesenheit von zu Haus (so OLG Bamberg, FamRZ 82/519, 520), wie bei Tagesspesen, Essenspesen, Trennungsentschädigungen, Trennungsgeldern, Auslösungen, Montageprämien und Aufwandsentschädigungen. Fraglich ist eine häusliche Ersparnis auch bei Übernachtungsgelder, Kleider- und Schmutzzulagen. Nach OLG Köln sind Spesen voll dem Einkommen zuzurechnen, soweit sie tatsächlich verschleiertes Einkommen sind oder eine eigene Ersparnis ermöglichen. Im übrigen ist für die Quote einer Anrechnung als Einkommen der konkrete, vom Spesenempfänger darzulegende Aufwand maßgebend (K.L. 12.1.).

b) Kraftfahrzeugspesen, z.B. Kilometergeld (für Fahrten mit dem eigenen Pkw), dekken wegen der gestiegenen Treibstoffpreise oft nicht die tatsächlichen Kosten und sind dann nicht anzurechnen. Es empfiehlt sich in solchen Fällen konkret abzurechnen, d.h. die Spesen voll anzurechnen und die nachgewiesen höheren tatsächlichen Unkosten als berufsbedingte Aufwendungen voll abzuziehen (siehe Seite 20f.).

Etwas anderes gilt allerdings, wenn der Spesensatz offensichtlich höher ist als der tatsächliche Aufwand, der vergleichbar nach entsprechenden Tabellen, z.B. des ADAC, ermittelt werden kann, oder wenn und soweit es sich sonst bei den Spesen um verschleiertes Arbeitseinkommen handelt, was im konkreten Einzelfall festzustellen ist.

c) Entsprechendes gilt für Auslandszulagen und sonstige pauschale Zuschläge für berufliche Mehraufwendungen. Sie sind zunächst voll anzurechnen. Der tatsächlich entstandene und nachgewiesene konkrete Mehraufwand kann abgezogen werden (BGH, FamRZ 83/352, 353 = NJW 83/2318, 2319 = B 11).

3. Vergütungen und Zuschläge für Überstunden, Mehrarbeit, Urlaubsabgeltung und sonstige überobligationsmäßige Belastungen, wie bei Zuschlägen für Schicht-, Nacht-, Feiertags- und Sonntagsarbeit sowie bei Zulagen für Schmutz-, Schwer- und Schwerstarbeit

a) Solche Vergütungen sind in der Regel voll anzurechnen, wenn sie berufstypisch sind und entweder in geringem Umfang anfallen oder zumindest das im Beruf des Pflichtigen übliche Maß nicht übersteigen (BGH, FamRZ 80/984 = NJW 80/2251, 2252 = B 12a; FamRZ 82/779, 780 = NJW 82/2664, 2665 = B 12b; FamRZ 83/886 = NJW 83/2321; H.L. I 3; C.L. I 3; Schl.L.; B.L. AB I 2f cc; K.L. 11.1.; F.W. in DAV 84/88).

Im Regelfall wird man Überstunden bis zu 10% der normalen Arbeitszeit als Überstunden in geringem Umfang ansehen können und voll anrechnen. Bei Berufskraftfahrern können in der Regel Überstunden bis zu 25% der normalen Arbeitszeit noch als berufstypisch beurteilt werden (OLG Köln, FamRZ 84/1109).

Geht das Überstundenmaß oder die sonstige Mehr- bzw. Sonderarbeit deutlich über diesen üblichen Rahmen hinaus, sind sie wie Einkünfte aus unzumutbarer Arbeit zu bewerten und nach Treu und Glauben unter Berücksichtigung der Umstände des Einzelfalls anzurechnen (BGH, FamRZ 80/984 = NJW 80/2251, 2252 = B 12a; FamRZ 79/210, 211; so im Ergebnis auch H.L. I 3; C.L. I 3; K.L. 11.1.1; B.L. AB If cc; F.W. in DAV 84/88). Beim unterhaltsberechtigten Ehegatten erfolgt eine Anrechnung unzumutbarer Überstunden nach § 1577 Abs. 2 BGB, sonst nach § 242 BGB. Genaueres hierzu siehe 10. Unterabschnitt (Seite 86ff.).

b) Ähnliches gilt bei Zuschlägen für Schicht-, Sonntags-, Feiertags- und Nachtarbeit sowie bei Zuschlägen für sonstige überobligationsmäßige Belastungen. Sie sind voll anzurechnen, wenn sie berufstypisch sind und in geringem Umfang anfallen (K.L. 10.0.). Übersteigen sie dieses Maß können sie ebenfalls wie Einkünfte aus unzumutbarer Erwerbstätigkeit behandelt werden. Es handelt sich dann auch insoweit um Einkünfte aus überobligationsmäßigen Leistungen, mit der Folge, daß der Mehrverdienst um einen gewissen „Bonus" vermindert werden kann. Nach OLG München kann in solchen Fällen etwa ein Drittel der Zuschläge als Kompensation für die erheblichen Belastungen anrechnungsfrei verbleiben. Der Pflichtige soll sich hierdurch eine etwas aufwendigere Freizeit und Erholungsgestaltung leisten können und einen Anreiz erhalten, die belastenden Schicht- und Feiertagsarbeiten im Interesse der Unterhaltsberechtigten auch weiterhin auszuüben (OLG München, NJW 82/835).

c) Urlaubsabgeltung. Auch Einkünfte, die durch Verzicht auf den tarifgemäßen Urlaub erzielt werden (sog. Urlaubsabgeltung) sind wie Einkünfte aus unzumutbarer Arbeit zu behandeln. Sie resultieren aus überobligationsmäßigen Anstrengungen, weil einem Arbeitnehmer nach allgemeiner Überzeugung und sozialer Gepflogenheit ein Verzicht auf den Jahresurlaub nicht zugemutet werden kann (OLG Köln, FamRZ 84/1108, 1109).

d) Einkünfte aus überobligationsmäßiger und damit unzumutbarer Tätigkeit können vom Berechtigten und vom Verpflichteten jederzeit beendet werden (BGH, FamRZ 83/ 146, 149 = B 80a; FamRZ 83/152 = NJW 82/1986 = B 14a; OLG Hamburg, FamRZ 84/ 1257).

e) Ergibt die tatrichterliche Beurteilung, daß es sich um eine unzumutbare überobligationsmäßige Tätigkeit handelt, müssen die daraus erzielten Einkünfte bei der Bestimmung der ehelichen Lebensverhältnisse vollständig außer Betracht bleiben (BGH, FamRZ 85/ 360, 362 = NJW 85/907, 909 = B 14b).

4. Sachbezüge, d.h. zusätzliche Leistungen des Arbeitgebers, die in einem geldwerten Vorteil bestehen

Die Bewertung solcher Sachbezüge erfolgt mit dem Betrag, der am Verbrauchsort für eine vergleichbare Ware oder Leistung üblicherweise zu zahlen ist. Der jeweilige Wert ist im Einzelfall nach § 287 ZPO zu schätzen, wobei die Eigenersparnis infolge der Sachzuwendung mitzuberücksichtigen ist. Im einzelnen zählen dazu:

a) Freie Wohnung (oder Unterkunft), Dienstwagen, Zuschüsse zu den Energiekosten, zur Verpflegung und zu den Aufwendungen für Dienstpersonal (BGH, FamRZ 83/ 352, 353 = NJW 83/2318, 2319 = B 11).

b) verbilligte Dienst- oder Werkswohnung oder sonstige Miet- und Wohnvorteile (K.L. 10.0.).

c) verbilligter Warenbezug und sonstige Einkaufs- oder Sonderrabatte.

d) Deputate in der Land- und Forstwirtschaft.

e) unentgeltliche Überlassung eines Dienst- oder Geschäftswagens für private Zwecke

f) Gewährung von Zuschüssen für private Anschaffungen.

g) privater Anteil der vom Arbeitgeber übernommenen festen und laufenden Kosten eines Telefonanschlusses in der Wohnung des Arbeitnehmers.

h) Aufwendungen des Arbeitgebers für Verpflegungsmehraufwendungen und für doppelte Haushaltsführung.

i) verbilligte Überlassung von Aktien zu einem Vorzugskurs.

k) Zuschüsse des Arbeitgebers zur freiwilligen Weiterversicherung in der Altersversorgung.

l) Freifahrten und Freiflüge für private Zwecke.

Bei all diesen Sachbezügen kommt es unterhaltsrechtlich darauf an, ob durch sie ein beruflicher Mehraufwand abgegolten werden soll, weil ein Mehraufwand nur berücksichtigt werden darf, wenn er tatsächlich entstanden ist und nachgewiesen wird. Im konkreten Einzelfall kann ein beruflicher Mehraufwand (z. B. für Auslandsaufenthalt und berufsbedingte Repräsentation) durch die zusätzlichen Sachleistungen des Arbeitgebers für freie Wohnung, Dienstwagen und sonstige Zuschüsse ausgeglichen sein (= BGH, FamRZ 83/ 352, 353 = NJW 83/2318, 2319 = B 11).

5. Einmalige Zahlungen und Sonderzuwendungen wie z.B. Abfindungen u.ä.

Abfindungen haben Lohnersatzfunktion und sind deshalb als Einkommen zu bewerten. Sie sind, wie sonstige einmalige Zuwendungen, je nach Höhe auf einen größeren Zeitraum (ein Jahr und länger) angemessen zu verteilen (BGH, FamRZ 82/250, 252 = NJW 82/822, 823 = B 13; siehe auch B 4a–c; H.L. I 2; B.L. I 2f, bb; F.W. in DAV 84/88).

Im einzelnen zählen hierzu:

a) Gratifikationen und Jubiläumszuwendungen (BGH FamRZ 70/636 = NJW 71/137; B.L. AB I 2f bb).

b) Abfindungen bei Verlust eines Arbeitsplatzes aufgrund eines Sozialplans (BGH, FamRZ 82/250, 252 = NJW 82/822, 823 = B 13).

c) Sonstige Abfindungen, Übergangsgelder oder Übergangsbeihilfen bei Entlassung aus einem Dienst- oder Arbeitsverhältnis.

6. Einkünfte aus Nebentätigkeiten und sonstiger Zweitarbeit neben einer hauptberuflichen Tätigkeit

a) Bei Einnahmen aus Nebentätigkeiten sind in der Regel Zumutbarkeitsgesichtspunkte zu berücksichtigen. Sie sind (zumindest teilweise) anzurechnen, vor allem, wenn sie die ehelichen Lebensverhältnisse geprägt haben (BGH, FamRZ 83/152, 153 = NJW 82/1986 = B 14a).

aa) Besteht die Nebentätigkeit neben einer tarifüblich vollen Haupttätigkeit, so handelt es sich bei ihr um eine überobligationsmäßige zusätzliche Arbeitsbelastung, die mit der Situation eines Überstunden leistenden Arbeitnehmers vergleichbar ist (siehe Ausführungen zu 3). Deshalb sind bei der Anrechnung solcher Einkünfte – wie bei Einkünften aus unzumutbarer Arbeit – Zumutbarkeitsgesichtspunkte zu beachten. Der Umfang der Anrechnung richtet sich nach Treu und Glauben unter Berücksichtigung der Umstände des Einzelfalls (BGH, FamRZ 83/152, 153 = NJW 82/1986 = B 14a; FamRZ 80/984 = NJW 80/2251, 2252 = B 12a; FamRZ 80/771, 772 = NJW 80/2081, 2082 = B 81b; FamRZ 85/360, 362 = NJW 85/907, 909 = B 14b).

bb) Was dem Einzelnen nach der jeweils geltenden Sozialauffassung an Arbeit zumutbar ist, ist bei abhängiger Arbeit weitgehend durch Tarifverträge oder Gesetze geregelt. Grundsätzlich besteht bei abhängiger Arbeit nur eine Verpflichtung zu tarifgemäßer oder dienstzeitgemäßer Erwerbstätigkeit. Im Einzelfall kann es bei entsprechender tatrichterlicher Würdigung trotz hoher Zusatzbelastungen zumutbar und gerechtfertigt sein, die Einkünfte so lange voll anzurechnen, als sie tatsächlich erzielt werden (BGH, FamRZ 83/152, 153 = NJW 82/1986 = B 14a). Bei dieser Abwägung ist auch zu berücksichtigen, daß sich eine volle Anrechnung von Einkünften aus einer Nebentätigkeit auf Dauer zuungunsten des Berechtigten als nebentätigkeitshemmend auswirken wird, weil bei voller Anrechnung der Anreiz zu überobligationsmäßigen Leistungen entfällt. Da die Erbringung solcher überobligationsmäßigen Leistungen vom Berechtigten nicht verlangt werden kann, können sie vom Verpflichteten stets eingeschränkt oder aufgegeben werden. Eine dadurch bedingte Minderung des Gesamteinkommens und damit auch des Unterhalts ist im Weg einer Abänderungsklage geltend zu machen (BGH, FamRZ 83/152, 153 = NJW 82/1986 = B 14a).

cc) Hat der Verpflichtete 6 oder 7 Jahre lang bis in die Zeit nach der Trennung der Parteien eine zusätzliche Wochenendarbeit ausgeübt, kann es fraglich sein, ob dies als überobligationsmäßige Nebentätigkeit zu beurteilen ist. Es liegt nahe, daß die aus einem derart beständigen Nebenerwerb erzielten Einkünfte die für das Maß des Unterhalts entscheidenden Lebensverhältnisse geprägt haben. Ergibt die tatrichterliche Beurteilung, daß es sich hierbei um eine unzumutbare überobligationsmäßige Tätigkeit gehandelt hat, dann müssen die daraus erzielten Einkünfte bei der Bestimmung der ehelichen Lebensverhältnisse vollständig außer Betracht bleiben (BGH, FamRZ 85/360, 362 = NJW 85/907, 909 = B 14b; FamRZ 83/146, 149 = NJW 83/933, 935 = B 80a). In Mangelfällen ist eine Anrechnung (zumindest in größerem Umfang) zumutbar (BGH, FamRZ 83/569, 571 = NJW 83/1548, 1549 = B 75b).

dd) Das OLG München hält bei zusätzlichen Einkünften aus Nebentätigkeiten (Kommentatortätigkeit neben Beamtentätigkeit) einen Abschlag von ⅓ der Nebeneinkünfte nach Treu und Glauben für angemessen (OLG München, FamRZ 82/801, 802).

ee) Nach OLG Köln wird die Erwerbsobliegenheit grundsätzlich durch Arbeit im üblichen Tarifumfang hinreichend erfüllt. Ob und in welchem Umfang tatsächlich erzieltes Einkommen aus unzumutbarer Mehrarbeit, Nebentätigkeit oder Zweitarbeit anrechenbar ist, ist nach Billigkeit entsprechend den Umständen des Einzelfalles (hohe Schuldenbelastung, Sicherung des Mindestbedarfs, übermäßige Arbeitsleistung auch des Berechtigten) zu entscheiden (K.L. 11.2.).

b) Einkünfte aus Werkstudentenarbeit oder ähnliche Nebeneinkünfte bei Schülern, Lehrlingen und Studenten

aa) Bei Schülern, Lehrlingen und Studenten besteht eine vergleichbare, sozialadäquate Haupttätigkeit in Schulbesuch, Ausbildung, Fortbildung und Studium. Deshalb sind sie im Prinzip nach den gleichen Grundsätzen wie zu a) unter Zumutbarkeitsgesichtspunkten anzurechnen. Es ist im konkreten Einzelfall zu prüfen, ob ihnen die Nebentätigkeit im Hinblick auf Art, Ziel, Dauer, Intensität und Stand von Ausbildung oder Studium einerseits sowie Art und Umfang der Nebentätigkeit andererseits ohne Gefährdung von Ausbildung oder Studium möglich und zumutbar ist. In der Regel wird die Nebentätigkeit nicht mehr zumutbar sein, wenn sie eine zielstrebige Ausbildung, vor allem einen bald bevorstehenden Examensabschluß verzögern oder gefährden würde (BGH, FamRZ 83/140, 141 = NJW 83/814, 815 = B 15a; FamRZ 80/126, 127 = NJW 80/393, 395 = B 15b).

bb) Andererseits ist das Entgelt aus einer solchen Nebentätigkeit stets voll anzurechnen, wenn der Student „bummelt" und seiner Ausbildungsverpflichtung nicht in einer von ihm zu erwartenden Weise nachkommt.

cc) Nach OLG Bremen sind Einkünfte aus Werkstudentenarbeit stets voll anzurechnen. Bei unzumutbarer Werkstudentenarbeit (= Regelfall) wird zum Ausgleich der Unterhaltszeitraum angemessen verlängert (B.L. AB I 2c). Nach OLG Köln soll ein geringer Verdienst aus Werkstudenten- und Schülerarbeit generell anrechnungsfrei bleiben (K.L. 9.3.). Nach OLG Frankfurt ist bei Einkünften eines Werkstudenten zwischen Art, Ziel und Dauer der Ausbildung einerseits und den Belangen des Berechtigten andererseits abzuwägen. Sie sind aufgrund aller Umstände des konkreten Einzelfalls als ganz oder teilweise anrechnungsfrei bzw. anrechnungspflichtig zu qualifizieren (F.W. in DAV 84/89).

7. Einkommensersatzleistungen mit Lohnersatzfunktion

Dazu zählen im einzelnen:

a) Arbeitslosengeld (H.L. I 11; K.L. 8.4 und 13.5; B.L. AB I 2f ff; F.W. in DAV 84/84).

b) Arbeitslosenhilfe auf Seiten des Verpflichteten (H.L. 1.11; K.L. 13.5; B.L. AB I 2 h).

aa) Nach BGH haben Arbeitslosengeld und Arbeitslosenhilfe eine Lohnersatzfunktion. Beide dienen unterschiedslos der Sicherung eines Leistungsanspruchs bei Arbeitslosigkeit; sie werden nach dem früheren Arbeitsentgelt bemessen und setzen keine Bedürftigkeit im Sinn der Sozialhilfevorschriften voraus (= BGH, NJW 84/1811, 1813 = B 16a). Arbeitslosenhilfe ist als unterhaltsrechtlich relevantes Einkommen zu berücksichtigen, da sie auch dem Lebensunterhalt des Ehegatten zu dienen bestimmt ist (BGH, FamRZ 82/587, 588; BSG, FamRZ 85/379, 380 = B 16b).

bb) Arbeitslosenhilfe ist auch auf Seiten des Berechtigten zumindest dann als Einkommen anzusehen, wenn das Arbeitsamt die Unterhaltsansprüche nicht nach § 140 AFG auf den Bund übergeleitet hat. Ohne eine solche Überleitung ist der Unterhaltspflichtige trotz der §§ 134 Abs. 1 Nr. 3, 137 Abs. 1 und 138 AFG nicht zur Erstattung verpflichtet (OLG Schleswig, FamRZ 85/68, 69). So im Ergebnis auch OLG Köln, wonach Arbeitslosenhilfe im Einzelfall anzurechnen ist, wenn sie gesetzlich unabhängig vom Unterhalt des Unterhaltspflichtigen gezahlt wird (K.L. 8.5.).

cc) Abweichend hiervon OLG Frankfurt, (FamRZ 82/917, 918 und F.W. in DAV 84/91) sowie OLG Hamburg (FamRZ 82/710, 711 und FamRZ 84/711), wonach Arbeitslosenhilfe als subsidiäre Unterhaltsersatzleistung wie Sozialhilfe auf Seiten des Berechtigten generell nicht zu berücksichtigen sein soll (so auch B.L. AB I 2h).

c) Krankengeld (H.L. I 8; K.L. 8.4. und 13.3.); Lohnfortzahlung, Zuschüsse und Beihilfen im Krankheitsfall.

d) Mutterschaftsgeld.

e) Streikgelder (K.L. 13.4.) und Aussperrungsgelder.

f) Kurzarbeitergeld (K.L. 13.5.).

g) Schlechtwettergeld (K.L. 13.5.).

h) Ausbildungs- und Lehrlingsvergütungen sowie Ausbildungsbeihilfen und Anlernzuschüsse (BGH, FamRZ 81/541, 542 = NJW 81/2462, 2463 = B 17; H.L. I 7; M.R. 2.3; D.T. A8; F.L. A9; B.L. AB I 2a; Schl.L.; F.W. in DAV 84/89).

e) Unterhaltszuschüsse für Beamte im Vorbereitungsdienst u. ä.

k) Stipendien.

l) Überbrückungsgelder eines Strafgefangenen (nicht das Hausgeld) (BGH, FamRZ 82/792, 794 = NJW 82/1812, 1813 = B 18; FamRZ 82/913 = NJW 82/2491).
m) Bezüge aus Renten, Pensionen und ähnlichen Geldern, die genau genommen auch Lohnersatzleistungen sind, werden in Abschnitt 1.7. (Seite 60ff.) gesondert erörtert.

8. Leitlinien der Oberlandesgerichte zum Bruttoeinkommen

a) OLG München. Spesen und Reisekosten, die zu versteuern sind, gelten in der Regel als Einkommen; steuerfreie gelten nicht als Einkommen, da sie erfahrungsgemäß angefallene Aufwendungen decken. (M.R. 1.1.)
b) OLG Hamm. Ermittlung des anrechenbaren Einkommens
Auszugehen ist vom Nettoeinkommen, d. h. vom Bruttoeinkommen abzüglich Steuern und Vorsorgeaufwendungen. (H.L. 1.1.)
Urlaubs- und Weihnachtsgeld sowie sonstige Zuwendungen, auch Tantiemen und Gewinnbeteiligungen sind als Einkommen anzusehen. Sie werden auf das Jahr umgelegt und voll mit den Nettobeträgen angerechnet. Höhere einmalige Zuwendungen (etwa Abfindungen und Jubiläumszuwendungen) können auf einen längeren Zeitraum umgelegt werden. (H.L. 1.2.)
Überstundenvergütungen werden in der Regel im vollen Umfang dem Einkommen zugerechnet. (H.L. 1.3.)
Über die Anrechenbarkeit von Auslösungen und Spesen ist nach Maßgabe des Einzelfalles zu entscheiden. Im Zweifel kann davon ausgegangen werden, daß eine Ersparnis eintritt, die mit einem Drittel der Nettobeträge zu bewerten ist und insoweit dem anrechenbaren Einkommen zuzurechnen ist. (H.L. 1.4.)
Vermögenswirksame Leistungen vermindern das Einkommen nicht. Jedoch sind dem Pflichtigen etwaige Zusatzleistungen des Arbeitgebers für die vermögenswirksame Anlage (mit dem Nettobetrag) sowie die staatliche Sparzulage voll zu belassen. (H.L. 1.5.)
Ausbildungsbeihilfen (Lehrlingsvergütungen) sind Einkommen. (H.L. 1.7.)
Krankengeld ist wie Einkommen zu behandeln. Besteht infolge der Krankheit ein erhöhter Bedarf, ist ein angemessener Betrag abzusetzen. (H.L. 1.8.)
Arbeitslosengeld ist wie Einkommen zu behandeln, Arbeitslosenhilfe jedenfalls auf Seiten des Pflichtigen. (H.L. 1.11.)
c) OLG Köln. Anrechenbares Einkommen des Unterhaltsberechtigten. (K.L. 8.0.)
Ausbildungsnettovergütung. (K.L. 8.2.)
Kranken- und Arbeitslosengeld. (K.L. 8.4.)
Arbeitslosenhilfe im Einzelfall, wenn sie gesetzlich unabhängig vom Unterhalt des Unterhaltsverpflichteten gezahlt wird. (K.L. 8.5.)
Nichtanrechenbares Einkommen des Unterhaltsberechtigten. (K.L. 9.0.)
Geringer Verdienst aus Nebenarbeit insbesondere aus Werkstudenten- und Schülerarbeit. (K.L. 9.3.)
Anrechenbares bereinigtes Nettoeinkommen des Unterhaltsverpflichteten.
Arbeitseinkommen für normale Arbeitsbemühungen:
Normales Arbeitsentgelt jeder Art, auch soweit es in Sachbezügen oder ähnlichen Zuwendungen (z. B. verbilligter Einkauf, verbilligtes Essen, verbilligtes Wohnen usw.) besteht. Dazu gehören insbesondere auch: Weihnachtsgeld, Urlaubsgeld, Ortszuschlag, Ministerialzulage, Entgelt für die Betreuung anderer (z. B. verdienender Kinder, anderer Verwandten, von Lebensgefährten) Erschwerniszulagen, Leistungsprämien und Zulagen (wenn berufsüblich), Gewinnbeteiligung- Sonn- und Feiertagszuschläge, wenn Arbeit an Sonn- und Feiertagen (auch Schichtarbeit) berufstypisch oder betriebsbedingt. (K.L. 10.0.)
Arbeitseinkommen aus zusätzlicher Arbeitsbemühung. (K.L. 11.0.)
Überstunden und Mehrarbeit: Anrechenbar, wenn geringfügig, berufstypisch oder betriebsbedingt, im übrigen nach Billigkeit. (K.L. 11.1.)
Nebentätigkeit oder Zweitarbeit: Die Arbeitsobliegenheit wird grundsätzlich durch Arbeit im üblichen Tarifumfang hinreichend erfüllt. Ob und in welchem Umfang tatsächlich erzieltes Einkommen aus unzumutbarer Mehrarbeit anrechenbar ist, ist nach Billigkeit entsprechend den Umständen des Einzelfalls (hohe Schuldenbelastung, Sicherung des Mindestbedarfs, übermäßige Arbeitsleistung auch des Berechtigten) zu entscheiden. (K.L. 11.2.)
Entgelt für berufsbedingte Aufwendungen. (K.L. 12.0.)
Spesen sind voll dem unterhaltspflichtigen Einkommen zuzurechnen, wenn sie tatsächlich verschleiertes Arbeitseinkommen sind. In jedem Fall ist die Eigenersparnis Einkommen. Im übrigen ist für die Quote einer Anrechnung als Einkommen der konkrete vom Spesenempfänger darzulegende Aufwand maßgebend. (K.L. 12.1.)

Für Auslösungen, Trennungsgelder, Trennungsentschädigung, Montageprämien u. a. gilt 12.1. entsprechend. (K.L. 12.2.)

Auslandszulagen, z. B. im diplomatischen Dienst, sind in Höhe des ,,Kaufkraftausgleichs" nicht, in Höhe des ,,Auslandszuschlags" aber dem unterhaltspflichtigen Einkommen zuzurechnen, es sei denn, der Unterhaltsverpflichtete bewiese konkret auch insoweit einen Mehrbedarf. (K.L. 12.3)

Einkommen nicht Arbeitender. (K.L. 13.0.)

Bezüge bei Krankheit (Lohnfortzahlung, Krankengeld) sind anrechenbar. (K.L. 13.3.)

Streikgeld ist anrechenbar. (K.L. 13.4.)

Arbeitslosengeld, Kurzarbeitergeld, Schlechtwettergeld sind anrechenbar. Beim Unterhaltsverpflichteten ist auch Arbeitslosenhilfe unterhaltspflichtiges Einkommen. (K.L. 13.5.)

Sozialstaatliche Zuwendungen. (K.L. 14.0.)

Die staatliche Sparzulage und Zusatzleistungen des Arbeitgebers zur vermögenswirksamen Anlage sind kein unterhaltspflichtiges Einkommen. Die vermögenswirksamen Leistungen des Arbeitnehmers gehören dagegen zum unterhaltspflichtigen Einkommen. (K.L. 14.5.)

d) OLG Bremen. Anrechnung von Einkünften:

Grundsatz: Volle Anrechnung aller Einkünfte.

2. Typische Fallgruppen und Ausnahmen:

a) Ausbildungsvergütung,

c) Einkünfte aus Werkstudentenarbeit:

Regelfall Arbeit unzumutbar;

Anrechnung falls unzumutbar: 100%, falls zumutbar: Zwar 100% anrechenbar, dann jedoch angemessene Verlängerung des Unterhaltszeitraums.

f) Einkünfte aus Erwerbstätigkeit:

aa) Bruttoeinkommen.

bb) Urlaubs- und Weihnachtsgeld und sonstige Zuwendungen, auch Tantiemen und Gewinnbeteiligungen; 100% anrechenbar (Umlegung auf ganzes Jahr mit Nettobeträgen). Höhere einmalige Zuwendungen (Abfindungen, Jubiläumszuwendungen) können auf längeren Zeitraum umgelegt werden.

cc) Überstundenvergütungen: 100%ige Anrechnung soweit zumutbar oder berufs- oder betriebsbedingt.

dd) Auslösung und Spesen: In der Regel Anrechnung eines Drittels der Nettobeträge, es sei denn, daß geringere Ersparnis nachgewiesen wird.

ff) Arbeitslosengeld: 100%ig anzurechnen als Einkommen.

h) Arbeitslosenhilfe:

Auf Seiten des Unterhaltsberechtigten keine Anrechnung; beim Unterhaltspflichtigen voll als Einkommen anzusetzen. (B.L. AB I 1 und 2).

e) OLG Celle.

I. Anrechenbares Einkommen.

1. Grundlage der Unterhaltsbemessung ist das Nettoeinkommen.
2. Eigene vermögenswirksame Leistungen werden nicht abgesetzt; Zuschüsse des Arbeitgebers, die Arbeitnehmersparzulage und Prämien werden dem Einkommen nicht hinzugerechnet.
3. Zuschläge, Sonderzuwendungen und Überstundenvergütungen sind dem anrechenbaren Einkommen hinzuzuzählen. In Ausnahmefällen kann ein angemessener Abschlag erfolgen.
4. Spesen und Ablösungen werden pauschal zu einem Drittel dem Einkommen hinzugerechnet, soweit nicht nachgewiesen wird, daß die Zulagen notwendigerweise in weitergehendem Umfang verbraucht werden. (C.L. I 1 mit 4).

Erzielt der unterhaltspflichtige Ehegatte Einkommen aus einer Tätigkeit, die er über das an sich gebotene Maß hinaus ausübt, dann kann ein Teilbetrag dieses (Mehr-)Einkommens aus Billigkeitsgründen bei der Unterhaltsbemessung unberücksichtigt bleiben. (C.L. III 5.)

f) OLG Schleswig. Die Überstundenvergütung zählt in der Regel voll zum Einkommen. Wann ausnahmsweise ein Teil der Überstundenvergütung nicht als Einkommen angerechnet wird, bedarf der Entscheidung im Einzelfall. Der Bruttobetrag der vermögenswirksamen Leistung des Arbeitgebers und die Arbeitnehmersparzulage gehören nicht zum Einkommen; der vermögenswirksam gesparte Betrag mindert nicht das anrechenbare Einkommen.

Der Zahlung von Spesen stehen regelmäßig ersparte häusliche Aufwendungen gegenüber. Die Ersparnis wird in der Regel mit einem Drittel des Spesenbetrages bewertet und mit diesem Betrag dem Einkommen zugerechnet. (Schl.L.)

g) OLG Frankfurt. (= F.W. in DAV 84/87–91). Das reale Einkommen.

Zum Bruttoeinkommen zählen alle geldwerten Einkünfte aus Vermögen, aus selbständiger oder nichtselbständiger Arbeit, gleichgültig, wie sie rechtlich bezeichnet sind. Es ist also belanglos, woher die Mittel stammen und worauf ihre Zuwendung beruht. Dies gilt insbesondere auch für Renten aller Art, nebst Zulagen und einschließlich der Kinderzuschüsse, ferner Arbeitslosen- und Krankengeld,

Sozialzuschüsse und -zulagen, Gefahren- und Schmutzzulagen, Auslösungen, Berlinzulagen, Spesen, Steuerrückerstattungen, Tantiemen, 13. Gehalt, Weihnachtsgratifikationen, Urlaubsgeld, erhöhte Auslandsdienstbezüge, Auslands- und Montagezulagen sowie Sachzuwendungen, deren Wert im Einzelfall gemäß § 287 ZPO zu schätzen ist.

Bei Überstunden wird nach dem Grundsatz von Treu und Glauben auf Zumutbarkeitsgesichtspunkte abgestellt. Besteht eine Betriebsübung, daß sie regelmäßig zu leisten sind, werden sie, weil berufstypisch, voll als Einkommen eingesetzt. Soweit es sich aber um ,,überobligationsmäßige" Leistungen handelt, darf der Mehrverdienst um einen gewissen ,,Bonus" vermindert werden; dies gilt auch bei einer Nebentätigkeit; die früher in der Frankfurter Rechtsprechung übliche hälftige Anrechnung derartiger Einkünfte ist in dieser pauschalierten Form – leider – nicht mehr zulässig.

Jährlich einmalige Einkünfte, z. B. Weihnachtsgratifikationen, Urlaubsgeld, sind zu zwölfteln und auf den Monat umzulegen, öffentliche Einkommen, z. B. Arbeitslosengeld, sind auf den Monat hochzurechnen (Faktor 4.3452). Einmalige Zuwendungen z. B. aus Anlaß eines Jubiläums, sind auf einen größeren Zeitraum angemessen zu verteilen. Abfindungen des Arbeitgebers aus einem Sozialplan, haben Lohnersatzfunktion und sind deshalb Teil des Einkommens.

Die kindbezogenen Bestandteile der Dienst- oder Versorgungsbezüge im öffentlichen Dienst sind als Einkommen zu berücksichtigen.

Zu den Einkünften eines Werkstudenten ist zwischen Art, Ziel und Dauer der Ausbildung einerseits und den Belangen des Berechtigten andererseits abzuwägen. Eine Nebentätigkeit ist nicht mehr zumutbar, wenn sie den alsbald bevorstehenden Examensabschluß verzögern oder gefährden würde. Die früher üblichen festen Boni gelten – leider – nicht mehr. Etwaige (Ferien-)Nebeneinkünfte sind vielmehr aufgrund aller Umstände des konkreten Einzelfalls als ganz oder teilweise anrechnungsfrei bzw. -pflichtig zu qualifizieren.

Die Lehrlingsvergütung, Ausbildungsbeihilfe, Umschulungsbeihilfe usw. stellen Einkommen des an sich unterhaltsberechtigten Kindes dar. Auch insoweit muß eine genaue Saldierung der Einnahmen und Ausgaben vorgenommen werden. Der früher pauschalierter gewährte Freibetrag ist – zu Recht – nicht mehr zulässig.

Soweit nach der Zweckbestimmung der Einkünfte ein Mehrbedarf des Beziehers abgedeckt werden soll, kann später das Bruttoeinkommen bereinigt werden; andernfalls könnte dann nicht das gesamte Einkommen erfaßt werden, wenn der tatsächliche Mehraufwand nicht so hoch ist wie der Umfang der Sonderzuwendungen. Bei Spesen ist in der Regel eine Ersparnis von einem Drittel dem Einkommen zuzuschlagen.

Kein Einkommen stellen die von dem Pflichtigen bezogenen vermögenswirksamen Leistungen des Arbeitgebers dar, da diese für ihn nicht frei verfügbar sind, also kein derzeitiges Einkommen darstellen. Auf der Kehrseite sind entsprechend vermögensbildende Aufwendungen des Pflichtigen in gleicher Höhe nicht von seinem Einkommen abzugsfähig: Solche Vorgänge, die sich oft recht klar auf den Verdienstbescheinigungen der Arbeitgeber spiegeln, sind also als unterhaltsrechtlich neutral auszuscheiden.

Kein Einkommen stellt auch das Hausgeld eines Strafgefangenen dar, da dies seiner Resozialisierung dienen soll.

Kein Einkommen stellen die ebenfalls nur subsidiär gewährten Leistungen der Sozial- und der Arbeitslosenhilfe dar (F.W. in DAV 84/87).

III. Überblick zu den abziehbaren berufsbedingten Aufwendungen

1. Zur Pauschalierung für berufsbedingte Aufwendungen

a) Grundsätzlich können berufsbedingte Aufwendungen und Kosten eines etwaigen sonstigen erhöhten Bedarfs nicht pauschal mit einem Prozentsatz der Vergütung angenommen werden. Vielmehr sind sie grundsätzlich den besonderen Verhältnissen des Einzelfalls entsprechend vom Gericht festzustellen. Dabei können dem Richter jedoch Richtsätze, die auf die gegebenen Verhältnisse abgestellt sind und der Lebenserfahrung entsprechen, als Anhalt dienen, soweit nicht im Einzelfall besondere Umstände eine Abweichung bedingen (BGH, FamRZ 81/541, 543 = NJW 81/2462, 2463 = B 19a).

b) Erfahrungsgemäß gibt es bei Einkünften aus abhängiger Arbeit im Regelfall berufsbedingte Aufwendungen, z. B. für Fahrten zur Arbeitsstätte, außerhäusliche Verpflegung, höherer Verschleiß an Kleidung u. ä. Dem entspricht steuerrechtlich die Zuerkennung eines Werbungskostenpauschalbetrages von jährlich 564,– DM, sofern nicht konkret höhere Werbungskosten geltendgemacht und nachgewiesen werden. In ähnlicher Weise sieht ein Teil der oberlandesgerichtlichen Leitlinien eine Pauschalierung der berufsbedingten

Aufwendungen vor. Nach der Düsseldorfer Tabelle sind berufsbedingte Aufwendungen vom Einkommen abzuziehen, wobei ohne Nachweis eine Pauschale von 5% – mindestens 80,– DM, höchstens 240,– DM monatlich – des Nettoeinkommens geschätzt werden kann. Über diese Pauschale hinausgehende berufsbedingte Aufwendungen sind auf konkreten Nachweis abzuziehen, soweit sie von den privaten Lebenshaltungskosten nach objektiven Merkmalen eindeutig abgrenzbar sind (= D.T. A 3).

aa) Nach M.R. 1.4) kann eine Pauschale von 5% des Nettoeinkommens ohne eine Mindest- und Höchstbegrenzung in Ansatz gebracht werden.

bb) Das OLG Stuttgart pauschaliert berufsbedingte Aufwendungen ohne Mindest- und Höchstbegrenzungen in der Regel mit mindestens 10% des Nettoeinkommens (St.L. II). Der BGH hat solche Pauschalierungen für berufsbedingte Aufwendungen in Höhe von 5% und 10% des Nettoeinkommens als im Rahmen des tatrichterlichen Ermessens liegend anerkannt (BGH, FamRZ 82/579, 581 = NJW 82/1594L = B 19b; FamRZ 84/151, 153 = NJW 84/294, 296 = B 19c; FamRZ 82/887 = NJW 82/1983 = B 19d).

cc) Mit der Inanspruchnahme der Pauschale sind alle berufsbedingten Aufwendungen aus abhängiger Arbeit abgegolten. Es kann dann neben der Pauschale nicht auch noch teilweise konkret abgerechnet werden.

dd) Gegen eine Pauschalierung und für nur konkrete Abrechnung sind:

OLG Hamm (H.L. 1.6.), OLG Köln (K.L. 19.0.3.), OLG Hamburg (Ha.L. 3), OLG Schleswig (Schl.L.), OLG Frankfurt (F.L. A 3 und F.W. in DAV 84/92).

c) Umstritten ist ferner, ob ein pauschaler Abzug erst dann gerechtfertigt ist, wenn berufsbedingte Aufwendungen zwar konkret behauptet, aber nicht nachgewiesen wurden (so OLG München FamRZ 84, 174, 175 = 26. und 12. Senat), oder ob ein pauschaler Abzug auch ohne nähere Darlegungen zur Höhe geltendgemacht werden kann, weil nach der allgemeinen Lebenserfahrung bei abhängiger Arbeit solche Mehraufwendungen entstehen, die nach § 287 ZPO in pauschaler Höhe geschätzt werden können (so OLG München, 2. und 16. Senat; OLG Düsseldorf, FamRZ 83/1139; OLG Zweibrücken, FamRZ 83/505, 506). Der BGH hat in den unter b bb) zitierten Entscheidungen die Pauschalierung bestätigt, ohne daß konkrete berufsbedingte Aufwendungen behauptet worden waren. Außerdem werden auch bei der Ausbildungsvergütung ohne konkrete Darlegung Pauschbeträge für ausbildungsbedingte Aufwendungen abgezogen.

d) Abweichende Meinungen: Nach OLG Bremen (B.L. B 2; II 1 a) und OLG Celle (C.L. I.7) sollen normale berufsbedingte Aufwendungen durch die Ehegattenquote (1/5 bzw. 1/7) und den erhöhten Selbstbehalt des Erwerbstätigen mitabgegolten sein und nur Aufwendungen, die den üblichen Rahmen überschreiten, abgezogen werden können. Nach OLG Karlsruhe sollen berufsbedingte Aufwendungen nur berücksichtigt werden können, wenn und soweit sie den Quotenvorteil (1/5 bzw. 1/7) übersteigen. Diese Auffassungen verkennen, daß nach ständiger Rechtsprechung des BGH der Quotenvorteil vor allem auch den Anreiz zur Erwerbstätigkeit steigern oder zumindest aufrechterhalten soll. Da die berufsbedingten Aufwendungen oft höher sein werden als der Quotenvorteil, würde für die „Anreizfunktion" nichts verbleiben. Ferner gäbe es beim Kindesunterhalt keinen „Anreiz", weil dort der Quotenvorteil keine Rolle spielt. Systemwidrig erscheint auch die Auffassung des OLG Koblenz (Ko.L. A 3), wonach berufsbedingte Aufwendungen bei entsprechendem Nachweis nur durch Erhöhung des notwendigen Selbstbehalts, also nur in Mangelfällen berücksichtigt werden und nicht auch in den vielen Normalfällen.

2. Berufliche Mehraufwendungen, für die Zulagen (z.B. Auslands-, Kleider-, Schmutzzulagen) oder ähnliche Entgelte (z.B. Aufwandsentschädigungen, Spesen, Reisekosten) gezahlt werden

a) Wie bereits unter II ausgeführt, sind solche Zulagen und Entgelte unabhängig von ihrer Zweckbestimmung als Entschädigung für Mehraufwand voll dem Bruttoeinkommen zuzurechnen. Als Ausgleich kann der Empfänger einen ihm tatsächlich beruflich entstandenen Mehraufwand vom Bruttoeinkommen abziehen, wenn er unbestritten oder nachgewiesen ist (BGH, FamRZ 83/352, 353 = NJW 83/2318, 2319 = B 20a; FamRZ 80/342, 344 = B 20b). Sind die pauschalen Entschädigungen und die konkreten Mehraufwendungen – wie in der Regel – der Höhe nach unterschiedlich, so ist der Differenzbetrag als Einkommen (wenn die Entschädigung höher ist) oder als Ausgabe (wenn die Mehraufwendungen höher sind) zu berücksichtigen. Sind die Entschädigungen und Mehraufwendungen im wesentlichen gleich, so können beide Posten unterhaltsrechtlich unberücksichtigt bleiben (BGH, FamRZ 83/670, 673 = B 10). Der Wert eines behaupteten und nachgewiesenen Mehraufwandes kann nach § 287 ZPO geschätzt werden. Mißlingt der Nachweis eines tatsächlich entstandenen Mehraufwandes, bleibt es bei der vollen Anrechnung der Entschädigung.

b) Der BGH hat in den vorher zitierten Entscheidungen als zu prüfende Mehraufwendungen u. a. anerkannt:

aa) Bei behaupteten besonderen Repräsentationskosten im Ausland die Kosten für Dienstboten, Putzfrau, Taxifahrten, Casinobeitrag, Betrag für deutsche Delegation und Kosten für Mobiliar (= B 20a und B 20b)

bb) Bei der Mitwirkung an Sitzungen einer kommunalen Bezirksvertretung die Fahrtkosten, Kosten für gelegentliche Stärkungen während der Sitzung und einen an die Partei abzuführenden Geldbetrag (=B 9)

cc) Die Entschädigungen für eine Schöffentätigkeit und für die Führung einer Vormundschaft hat der BGH nach Sachlage im Hinblick auf fast gleich hohe konkrete Mehrausgaben unberücksichtigt gelassen (= B 10)

c) Notwendige Fahrt- und Reisekosten, für die vom Arbeitgeber Zuschüsse (z. B. für den Kauf eines Pkw oder Kilometergeld) oder Spesen gewährt werden, sind im Prinzip nach den gleichen Grundsätzen konkret abzurechnen.

3. Berufsbedingte Aufwendungen und sonstige einschlägige Werbungskosten in alphabetischer Reihenfolge

Diese Zusammenstellung soll wie eine Chekliste die Prüfung der möglichen Abzugsposten erleichtern, wenn eine konkrete Abrechnung verlangt wird:

a) Abschreibungen oder AfA (Absetzungen für Abnutzung). Bezüglich der Anschaffungskosten von berufsbedingt benötigten Gegenständen. Genaueres zur AfA Seite 25f., 30f. u. 40f. Abschreibungen sind bei Einkünften aus abhängiger Arbeit selten. Ausnahmsweise können z. B. darunterfallen die Anschaffungskosten für ein beruflich benötigtes Auto (siehe f), für notwendige Einrichtungsgegenstände eines beruflich benötigten eigenen Arbeitszimmers (siehe d) oder für sonstige wichtige Gegenstände oder Werkzeuge wie z. B. für das Musikinstrument eines Musikers. Bei der Abschreibung handelt es sich um die Verteilung der Anschaffungskosten auf die Gesamtzeit der Verwendung. Das kann auch unterhaltsrechtlich sinnvoll und geboten sein, damit der Unterhaltsanspruch nicht zu sehr durch solche einmaligen Ausgaben gemindert wird. Eine Bindung an steuerliche Abschreibungssätze besteht nicht. Die Verteilung ist vielmehr unter unterhaltsrechtlichen Zumutbarkeitsgesichtspunkten bei Berücksichtigung der beiderseitigen Interessen vorzunehmen. Das OLG Bremen läßt nur ausnahmsweise einen Vorwegabzug beim Nachweis einkommensbedingter Notwendigkeit zu (B.L. AB II 2).

b) Anzeigen und sonstige Bewerbungskosten eines Arbeitslosen oder Arbeitsuchenden; z. B. auch entsprechende Schreib- und Telefonkosten, Reisekosten für Vorstellungsgespräche u. ä.

c) Arbeitsmittel, wie Aufwendungen für Fachliteratur, die nicht dienstlich zur Verfügung steht oder für spezifische Berufskleidung, die von den durchschnittlichen Verhältnissen im Sozialbereich des Pflichtigen erheblich abweicht (OLG Köln, FamRZ 82/706, 707) oder für Werkzeuge und Gegenstände, die dringend zur Berufsausübung benötigt werden, z. B. das Instrument eines Musikers u. ä. In der Regel sind solche Arbeitsmittel vom Arbeitgeber zu stellen und deshalb nur ausnahmsweise abziehbar.

d) Arbeitszimmer. In der Regel sind Aufwendungen hierfür ausnahmsweise nur abziehbar, wenn der Arbeitgeber ein solches nicht zur Verfügung stellt, obwohl es dringend benötigt wird, wie es z. B. bei Provisionsvertretern und Heimarbeitern möglich sein kann. Bei nur gelegentlichem beruflichen Arbeiten zu Hause entfällt ein zwingendes Erfordernis für ein Arbeitszimmer (OLG Köln, FamRZ 83/750, 753). Ein Abzug entfällt außerdem, wenn die private Wohnung zum Arbeiten (z. B. bei Heimarbeit) genutzt wird, weil das Arbeitszimmer von der privaten Nutzung klar abgegrenzt sein muß. Wird die Absetzbarkeit anerkannt, sind auch beruflich dringend benötigte Einrichtungsgegenstände absetzbar.

e) Ausbildungsbedingte Mehrkosten und Aufwendungen. aa) Der Abzugsbetrag kann nicht pauschal mit der Hälfte der Ausbildungsvergütung angenommen werden; vielmehr ist er grundsätzlich den besonderen Verhältnissen des Einzelfalls entsprechend vom Gericht festzustellen, wobei Richtsätze, die auf die gegebenen Verhältnisse abgestellt sind und der Lebenserfahrung entsprechen als Anhalt dienen können, soweit nicht im Einzelfall besondere Umstände eine Abweichung bedingen (BGH, FamRZ 81/541, 543 = NJW 81/2462, 2463 = B 21). Der BGH hat in dieser Entscheidung einen Abzugsbetrag von DM 120,– akzeptiert.

bb) Das OLG München erkennt in der Regel ohne Nachweis einen Betrag von DM 130,– an (= M.R. 1.2.). Die Leitlinien der Oberlandesgerichte Düsseldorf, Hamm, Köln und Bremen sehen derzeit pauschal einen ausbildungsbedingten Mehrbedarf von monatlich DM 145,– vor, wenn nach den Verhältnissen des Einzelfalles hinreichende Anhaltspunkte für eine solche Pauschalierung bestehen (H.L. 18; D.T. A 8; K.L. 8.2.2.; B.L. A 5b). Der Kasseler Familiensenat zieht pauschal DM 120,– ab, während die übrigen Senate des OLG Frankfurt einen pauschalen Abzug nicht mehr praktizieren (F.W. in DAV 84/96).

f) Beiträge zu berufswichtigen Verbänden wie Gewerkschaften (OLG Frankfurt, DAV 83/92, F.W. in DAV 84/92), Beamtenbund, Richterbund, Ärztekammer u. a. (OLG Köln, FamRZ 83/751, 753; K.L. 19.03).

g) Betriebsrat. Abziehbar sind Aufwendungen, die notwendig mit einer Betriebsratstätigkeit zusammenhängen.

h) Doppelte Haushaltführung. Mehraufwendungen für einen doppelten Haushalt sind unterhaltsrechtlich nur abziehbar, wenn sowohl die Begründung als auch die Aufrechterhaltung einer doppelten Haushaltsführung beruflich notwendig ist und ein Umzug an den Beschäftigungsort nicht möglich oder nicht zumutbar ist. In der Regel wird eine solche Notwendigkeit nur bei verheirateten Ehegatten oder im Interesse von Kindern bejaht werden können, nicht aber bei getrennt lebenden oder geschiedenen Ehegatten. Bei nachgewiesener berechtigt doppelter Haushaltsführung sind abziehbar die tatsächlichen Kosten der zweiten Unterkunft am Beschäftigungsort, Mehraufwendungen für Verpflegung und Kosten für wöchentliche Familienheimfahrten. Zuschüsse des Arbeitgebers sind anzurechnen.

i) Fachliteratur (siehe dazu c), Arbeitsmittel.

k) Fahrten zwischen Wohnung und Arbeitsstätte mit öffentlichen Verkehrsmitteln.

aa) Grundsätzlich besteht unterhaltsrechtlich die Verpflichtung für Fahrten zwischen Wohn- und Arbeitsstätte, die billigeren öffentlichen Verkehrsmittel zu benützen. Die entsprechenden Beträge können durch Fahrtausweis oder Auskünfte von den Verkehrsträgern ohne Schwierigkeiten ermittelt werden. Kraftfahrzeugkosten dürfen nicht als Bedarfsposten geltend gemacht werden, wenn die Arbeitsstätte mit einem billigeren öffentlichen Verkehrsmittel erreicht werden kann (BGH, FamRZ 82/360, 362 = NJW 82/1869, 1870 = B 22a; FamRZ 84/988, 990 = B 22c).

bb) Nach BGH ist bei einem Nettoeinkommen des Mannes von DM 3100 und der Frau von DM 2700 die Haltung eines Pkw den ehelichen Lebensverhältnissen zuzurechnen. Für die berufsbedingten Fahrten zur Arbeitsstelle können dann nicht die gesamten Betriebskosten (mtl. DM 800) sondern allenfalls die durch solche Fahrten entstehenden Mehrkosten vom Einkommen abgezogen werden. Wenn auch diese Kosten noch einen unverhältnismäßig großen Teil des Einkommens in Anspruch nehmen, bedarf es der Prüfung, ob nach den Umständen des Falles nicht die Inanspruchnahme öffentlicher Verkehrsmittel zumutbar ist und dadurch die Fahrtkosten gesenkt werden können (BGH, FamRZ 84/988, 990 = B 22c).

cc) Auch für dienstliche Fahrten muß sich der Pflichtige mit dem Verkehrsmittel begnügen, dessen dienstliche Notwendigkeit vom Dienstherrn anerkannt wird. Wenn der Dienstherr zeitsparende Pkw-Reisen im Dienst nicht nach den Reisekostenvorschriften ersetzt, muß davon ausgegangen werden, daß er die Zeitersparnis dienstlich nicht für notwendig hält (OLG Köln, FamRZ 82/707, 708).

dd) In all diesen Fällen dürfen trotz Benutzung des eigenen Pkw nur die Kosten abgezogen werden, die bei Benutzung öffentlicher Verkehrsmittel entstanden wären.

l) Fahrtkosten bei berechtigter Benutzung eines eigenen Kraftfahrzeugs.

aa) Der Ersatz von Kraftfahrzeugkosten kann verlangt werden, wenn die Arbeitsstätte mit öffentlichen Verkehrsmitteln nicht oder nur in verkehrsmäßig nicht zumutbarer Weise zu erreichen ist, wenn das Fahrzeug auch während der Berufstätigkeit beruflich benötigt wird (z. B. im Außendienst oder bei mehreren Beschäftigungsorten) oder wenn der Verpflichtete aus persönlichen Gründen (z. B. Krankheit, Gehbehinderung oder sonstiger wesentlicher Körperbehinderung) auf die Benutzung eines Pkw dringend angewiesen ist. Bei berechtigter Pkw-Benützung zählen zu den abziehbaren Mehraufwendungen sowohl die Betriebskosten als auch die Anschaffungskosten. Für eine notwendig werdende Neuanschaffung dürfen Rücklagen gebildet werden (BGH, FamRZ 82/360, 362 = NJW 82/1869, 1870 = B 22a). Wird der Pkw – wie meist – auch privat genutzt, sind die Gesamtkosten im Verhältnis der beruflichen und privaten Nutzung zu teilen (BGH, FamRZ 82/360, 362 = NJW 82/1869, 1870 = B 22a). Der berufliche Anteil ist auf der Grundlage entsprechender Feststellungen nach § 287 ZPO zu schätzen, vor allem, wenn eine eindeutige Abgrenzung der berufsbedingten Fahrten von den privaten Lebenshaltungskosten nicht möglich ist (OLG München, FamRZ 84/173, 174).

bb) Die Betriebskosten (Steuer, Versicherung, Treibstoff, Wartung und Reparaturen) sind entweder konkret abzurechnen oder nach § 287 ZPO unter Anlehnung an die steuerrechtliche Kilometerpauschale von derzeit 0,42 DM bei Reisekosten und 0,36 DM bei Fahrten zwischen Wohnung und Arbeitsstätte zu schätzen. Das OLG Schleswig nimmt seit 1981 einen Unkostensatz von 0,35 DM pro gefahrenen Kilometer an (Schl.L. A 3). Nach OLG Köln können für Pkw-Kosten in der Regel die Kostensätze gemäß § 9 Abs. 3 S. 1 ZSEG (= 0,32 DM) herangezogen werden (= K.L. 19.0.3). Betriebskosten sind nicht abzuziehen, wenn und soweit sie durch Kilometergeldzahlungen des Arbeitgebers gedeckt sind.

cc) Die Anschaffungskosten des Pkws sind auf die voraussichtliche Laufzeit des Fahrzeugs umzulegen und auch im Verhältnis der beruflichen zur privaten Nutzung aufzuteilen. Werden die Aufwendungen für Anschaffung und Haltung eines Pkw in Anlehnung an ADAC-Tabellen geschätzt, so sind in einer solchen Schätzung in der Regel die vollen Anschaffungs- und Betriebskosten enthalten. Deshalb ist zu beachten, daß Zuschüsse zu den Anschaffungskosten zusätzlich betragsmindernd zu berücksichtigen sind (BGH, FamRZ 82/579, 581 = NJW 82/1594L = B 22b).

dd) Stellt der Arbeitgeber einen Betriebs-Pkw für Fahrten zwischen Wohnung und Arbeitsstätte unentgeltlich zur Verfügung, so liegt darin ein geldwerter Vorteil, der zu schätzen und anzurechnen ist. In der steuerrechtlichen Praxis wird dieser geldwerte Vorteil beim Arbeitnehmer mit 0,84 DM pro gefahrenen Kilometer bemessen. Auch sonstige Zuschüsse des Arbeitgebers zu den Fahrtkosten sind zu berücksichtigen. Bei Nichtanrechnung des Vorteils entfällt ein Abzug für berufsbedingte Aufwendungen.

m) Fehlgelder. Fehlgelder bei der Kassenführung durch Arbeitnehmer sind abziehbar, wenn sie nach vertraglicher Vereinbarung vom Arbeitnehmer zu tragen sind und der Fehlbestand nachgewiesen ist.

n) Fernsprechgebühren sind ausnahmsweise nur absetzbar, wenn nachgewiesen werden kann, daß Telefongespräche dringend für berufliche Zwecke geführt werden mußten. Im Zweifel handelt es sich um Kosten der privaten Lebensführung. Nur ausnahmsweise wird der berufliche Anteil eindeutig vom privaten Anteil abgegrenzt und geschätzt werden können.

o) Fortbildungskosten. Fortbildungskosten sind Aufwendungen, um in einem bereits ausgeübten Beruf auf dem laufenden zu bleiben und den jeweiligen Anforderungen des Berufs gerecht zu werden. Dazu zählt der Besuch von notwendigen Fachtagungen und Fachlehrgängen. Abziehbar sind Lehrgangskosten, Tagungsgebühr, Fahrt, Verpflegungs- und Übernachtungskosten, abzüglich der vom Arbeitgeber übernommenen oder erstatteten Leistungen.

p) Instandhaltungs- und Reparaturkosten sind nur abziehbar, wenn sie sich auf berufsnotwendige Arbeitsmittel und sonstige berufsnotwendige Gegenstände beziehen.

q) Kinderbetreuungskosten. Hierbei handelt es sich um abziehbare Kosten, die dem Sorgeberechtigten für die Betreuung seiner Kinder entstehen, damit er einer Erwerbstätigkeit nachgehen kann (z. B. Entgelt für Pflege- oder Aufsichtsperson u. ä.) (BGH, FamRZ 85/908, 910). Die Anrechnung solcher Kosten als berufsbedingte Aufwendung wird dem Grundsatz von Treu und Glauben besser gerecht als die Nichtanrechnung eines Teils des Einkommens wegen unzumutbarer Erwerbstätigkeit (BGH, FamRZ 82/779, 780 = NJW 82/2664, 2665 = B 23a; FamRZ 79/210, 211; FamRZ 80/771, 772 = NJW 80/2081). Abzugsfähig sind hierbei nach BGH auch Aufwendungen, die dem Sorgeberechtigten in seiner allgemeinen Lebens- und Haushaltsführung entstehen, weil er wegen der Berufstätigkeit durch die Kinder in erhöhtem Maß in Anspruch genommen wird (BGH, FamRZ 83/689, 691 = NJW 83/2082, 2083 = B 124).

r) Prozeßkosten und Rechtsberatungskosten in Arbeitsgerichtsverfahren, z. B. wegen Kündigung.

s) Reinigungskosten bei spezieller Berufskleidung.

t) Reisekosten für beruflich veranlaßte Reisen. Hierzu gehören u. a. Fahrtkosten, Mehraufwendungen für Verpflegung, Übernachtungskosten, Nebenkosten und unter Umständen auch Kosten für Zwischenheimfahrten. Erstattungen durch den Arbeitgeber sind anzurechnen.

u) Repräsentationskosten und Bewirtungskosten sind regelmäßig nicht abziehbare Kosten der privaten Lebensführung. Dies gilt auch, wenn sie der Förderung des Berufs dienen.

v) Steuerberatungskosten, wenn die Zuziehung eines Steuerberaters zweckdienlich erscheint.

w) Taxifahrten, wenn sie beruflich unbedingt notwendig waren und nicht als unangemessen anzusehen sind.

x) Umzugskosten, wenn und soweit sie beruflich veranlaßt sind, z. B. durch Betriebsverlegung an einen anderen Ort, nicht bei Wohnungswechsel innerhalb desselben Ortes. Die Kosten sind konkret nachzuweisen. Erstattungen durch den Arbeitgeber sind anzurechnen.

y) Unfallkosten, wenn der Unfall sich im Beruf oder während einer beruflich veranlaßten Fahrt ereignet.

z) Verpflegungsmehraufwendungen, wenn sie auf Reisen (= t), anläßlich einer doppelten Haushaltsführung (= h), anläßlich sonstiger berufsbedingter längerer Abwesenheit von zu Hause oder bei ständig wechselnden Arbeitsstellen entstehen.

4. Leitlinien zu abziehbaren berufsbedingten Aufwendungen

a) OLG München. Berufsbedingte Aufwendungen sind vom Arbeitseinkommen abzuziehen, wobei ohne Nachweis ihrer Höhe eine Pauschale von 5% des Nettoeinkommens in Ansatz gebracht werden kann. Über die Pauschale hinausgehende notwendige berufsbedingte Aufwendungen sind auf konkreten Nachweis abzuziehen, soweit sie von den privaten Lebenshaltungskosten nach objektiven Merkmalen eindeutig abgrenzbar sind. (M.R. 1.4.)

Zum Abzug von Ausbildungskosten. (= M.R. 2.2.)

Abzug bis zur hälftigen Ausbildungsnettovergütung nach vorheriger Verringerung um nachgewiesene Ausbildungskosten (ohne Nachweis in der Regel DM 130,– : 2 = 65) (aus M.R. 2.2.)

b) OLG Düsseldorf. Berufsbedingte Aufwendungen sind vom Einkommen abzuziehen, wobei ohne Nachweis eine Pauschale von 5% – mindestens 80,– DM, höchstens 240,– DM monatlich – des Nettoeinkommens geschätzt werden kann. Über die Pauschale hinausgehende berufsbedingte Aufwendungen sind auf konkreten Nachweis abzuziehen, soweit sie von den privaten Lebenshaltungskosten nach objektiven Merkmalen eindeutig abgrenzbar sind. (D.T. A. 3)

Die Ausbildungsvergütung eines in der Berufsausbildung stehenden Kindes, das im Haushalt der Eltern oder eines Elternteils wohnt, ist vor ihrer Anrechnung in der Regel um einen ausbildungsbedingten Mehrbedarf von monatlich 145,– DM zu kürzen. (D.T. A. 8).

Hinsichtlich berufsbedingter Aufwendungen und berücksichtigungsfähiger Schulden gelten die Anmerkungen A 3 und 4 auch für den erwerbstätigen Unterhaltsberechtigten entsprechend. Jedoch sind diejenigen berufsbedingten Aufwendungen, die sich nicht nach objektiven Merkmalen eindeutig von den privaten Lebenshaltungskosten abgrenzen lassen, pauschal in der Differenzquote von 1/7 enthalten. (D.T. Anm. zu I bis III)

c) OLG Hamm. Notwendige berufsbedingte Aufwendungen von Gewicht sind voll abzuziehen. Zu den berufsbedingten Aufwendungen zählen in der Regel auch Gewerkschaftsbeiträge. (H.L. 6)

Ausbildungsbeihilfen (Lehrlingsvergütungen) sind Einkommen und nach Kürzung um den ausbildungsbedingten Mehrbedarf (Ziff. 18 Abs. 3) auf den von den Eltern zu leistenden Unterhalt anzurechnen bei Berücksichtigung der Rechtsprechung des BGH im Fall der Minderjährigkeit des Kindes in der Regel je zur Hälfte auf den Bar- und den Naturalunterhalt bei Volljährigkeit nach Lage des Einzelfalles. (H.L. 7)

Der Mehrbedarf für berufsbedingte (ausbildungsbedingte) Aufwendungen eines in der Berufsausbildung oder im Erwerbsleben stehenden Kindes, das im Haushalt eines Elternteils lebt, bestimmt sich nach den Verhältnissen des Einzelfalls. Er kann, wenn hinreichend Anhaltspunkte für eine Pauschalierung bestehen, mit 145,– DM angenommen werden. (H.L. 18)

d) OLG Köln. Beruflich notwendige Aufwendungen, z. B. Aufwendungen für Fahrtkosten und Arbeitsmittel – sie sind konkret darzulegen und zu belegen – sowie übliche Beiträge zu berufsständischen Verbänden und ähnlichen Organisationen. Gegebenenfalls kann unter den Voraussetzungen des § 287 ZPO eine Schätzung über die Höhe der Aufwendungen stattfinden. Für Pkw-Kosten können in der Regel die Kostenansätze gemäß § 9 Abs. 3 S. 1 des Gesetzes über die Entschädigung von Zeugen und Sachverständigen herangezogen werden. (K.L. 19.0)

Ausbildungsnettovergütung (= Bruttovergütung abzüglich Steuern und Sozialabgaben, abzüglich berufs- und ausbildungsbedingter Mehraufwendungen und etwaiger sonstiger im Vergleich zu gleichaltrigen Schülern bestehender Mehraufwendungen. Der Mehraufwand kann bei hinreichenden tatsächlichen Anhaltspunkten pauschal mit 145,– DM angesetzt werden. (K.L. 8.2.)

e) OLG Bremen. Infolge der Differenzierung bei notwendigem Selbstbehalt zwischen erwerbstätigen und nicht erwerbstätigen Unterhaltspflichtigen findet für normale berufsbedingte Aufwendungen des Unterhaltspflichtigen entsprechend der Bremer Praxis kein Vorwegabzug dieser Unkosten statt (Abweichung von der Düsseldorfer Tabelle). (Aus B.L. A 4a)

Die Ausbildungsvergütung eines in der Berufsausbildung stehenden Kindes ist grundsätzlich als Eigeneinkommen vom Bedarf abzusetzen; ist ausbildungsbedingter Mehraufwand vorhanden und vorgetragen, ist dieser gemäß § 287 ZPO zu schätzen und kann bis 145,– DM monatlich vorweg als Freibetrag abgesetzt werden. (Aus B.L. A 5b)

Normale berufsbedingte Aufwendungen sind nicht vom Nettoeinkommen vorweg abzuziehen. Diese sind pauschal dadurch berücksichtigt, daß dem Unterhaltspflichtigen eine Quote von 3/5 seines Einkommens verbleibt bzw. ein erhöhter Selbstbehalt in Ansatz gebracht worden ist. (Aus B.L. B 2)

Berücksichtigung von Ausgaben, Grundsatz: Private Lebenshaltungskosten sind grundsätzlich nicht abzugsfähig, sondern aus dem dem Unterhaltspflichtigen nach Abzug des Unterhalts verbleibenden Resteinkommen zu decken. Er muß erforderlichenfalls seinen Lebensbedarf – ebenso wie der Unterhaltsberechtigte – bis zur Grenze des Selbstbehalts einschränken. (B.L. AB II 1)

Zu berücksichtigende, außergewöhnliche berufsbedingte Aufwendungen sowie Verbindlichkeiten, soweit sie den Unterhaltsberechtigten (auch Kindern) entgegengehalten werden können (ehebedingt), sind wie bisher in der Regel vom Nettoeinkommen des Unterhaltspflichtigen vorweg abzuziehen (§§ 1581 S. 1, 1603 Abs. 1 BGB). (B.L. AB II 1a)

Absetzung für Abnutzung (Wertverzehr; AfA): Grundsatz: Nicht zu berücksichtigen. Ausnahmsweise Vorwegabzug vom anrechnungsfähigen Nettoeinkommen bei Nachweis einkommensbedingter Notwendigkeit. (B.L. AB II 2)

f) OLG Hamburg. Berufsbedingte Aufwendungen (Werbungskosten) werden nicht pauschal sondern nach den Umständen des Einzelfalls bei der Bereinigung des Einkommens berücksichtigt. (Ha.L. 3)

g) OLG Stuttgart. Auch für die berufsbedingten Aufwendungen und für den notwendigen und den angemessenen Eigenbedarf des Unterhaltspflichtigen (Selbstbehalt) und für einen ausbildungsbedingten Mehrbedarf des Kinds werden weitgehend die Pauschsätze in Anmerkung 3, 5 und 8 der Düsseldorfer Tabelle zugrundegelegt. (Aus St.L. I)

Zuvor sind vom Nettoeinkommen berufsbedingte Mehraufwendungen abzuziehen, die je nach tatsächlichem Aufwand in der Regel mit mindestens 10% des Nettoeinkommens pauschaliert werden. (Aus St.L. II)

h) OLG Koblenz. Berufsbedingte Aufwendungen werden – wie bisher – grundsätzlich nicht vorab vom Einkommen des Unterhaltspflichtigen abgezogen. Bei entsprechendem Nachweis werden sie durch Erhöhung des notwendigen Eigenbedarfs (Selbstbehalt) berücksichtigt. (K.L. A 3)

i) OLG Celle. Notwendige berufsbedingte Aufwendungen sind, soweit sie den üblichen Rahmen überschreiten, zusätzlich abzusetzen. Die üblichen Aufwendungen werden bereits dadurch berücksichtigt, daß das Einkommen zwischen den (geschiedenen) Ehegatten im Verhältnis von 40:60 aufgeteilt wird. (C.L. I 7)

Eigenes Einkommen des Kindes, z. B. Ausbildungsvergütungen, BAföG-Zuschüsse, ist nach Abzug ausbildungs- oder berufsbedingter Mehraufwendungen, die pauschaliert werden können, gegenüber dem barunterhaltspflichtigen und dem naturalunterhaltspflichtigen Elternteil je zur Hälfte anzurechnen. (C.L. II A 5)

k) OLG Schleswig. Im übrigen verbleibt es bei den veröffentlichten Grundsätzen (SchlA 80/49; 81/21, 82/17), insbesondere bei dem Unkostensatz von 0,35 DM je km als berufsbedingte Aufwendung für die Benutzung eines Pkw. (FamRZ 85/134)

Berufsbedingte Aufwendungen. Der Unkostensatz, der gegebenenfalls für die Benutzung eines Pkw zuzubilligen ist, beträgt 0,35 DM je km. Es handelt sich um einen Bruttobetrag; steuerliche Vergünstigungen (Werbungskosten, Freibetrag) sind im Rahmen des Lohnsteuerjahresausgleichs zu berücksichtigen. (Aus Schl. H.A. 81 A 3)

Berufsbedingte Aufwendungen sind vom Einkommen des Unterhaltspflichtigen abzuziehen. Eine Pauschale wird nicht gewährt. (Aus Schl. H.A. 80 A 3)

l) OLG Frankfurt, Berufsbedingte Aufwendungen sind vom Einkommen des Unterhaltspflichtigen abzuziehen. (F.L. A 3)

Werbungskosten sind unterhaltsrechtlich nur auf konkreten Nachweis hin berücksichtigungsfähig; die Frankfurter Familiensenate haben die Pauschale der original Düsseldorfer Tabelle bewußt nicht übernommen, allerdings kann im Einzelfall mit Hilfe des § 287 ZPO geschätzt werden. Hierzu zählen berufsbedingte Fahrtkosten. Das günstigste Entgelt für die Benutzung öffentlicher Verkehrsmittel ist jedenfalls absetzbar. Der Pflichtige darf es auch absetzen, falls er einen privaten Pkw benutzt und zwar bei Einzelnachweis, aber auch noch die Mehrkosten (abzüglich eines geschätzten Privatanteils), falls die Benutzung öffentlicher Verkehrsmittel unzumutbar ist. Die Bezugnahme auf allgemeine Übersicht über Pkw-Kosten reicht in der Regel nicht aus.

Auch Gewerkschaftsbeiträge sind absetzbar.

Bei Mehraufwand, z. B. für auswärtiges Essen, insbesondere Kleideraufwand (etwa bei Handelsvertretern), für Krankheit oder für einen Unfall, sind die fixen Kosten ebenfalls absetzbar, jedoch sind sie auch hier um einen Privatanteil zu kürzen, die der Pflichtige für regelmäßige sonst anfallende Ausgaben erspart (z. B. für häusliches Essen oder für die Anschaffung eigener Garderobe). (F.W. in DAV 84/92)

Das Einkommen des Kindes muß beiden Elternteilen im Verhältnis ihrer Haftungsquote zugute kommen. Es soll nach Ansicht des BGH auch dann gelten, wenn die Mutter nur den Betreuungsunterhalt erbringt, sowie ,,im Einzelfall auch in den ersten Jahren nach dem Eintritt der Volljährigkeit eines Kindes“. Auch der frühere pauschale Abzug bzw. Freibetrag bei Lehrlingen in Höhe einer fixen Summe widerspricht dem Gedanken der Gleichbehandlung der Unterhaltsbeteiligten und wird daher von den Frankfurter Familiensenaten nicht mehr praktiziert. Der Kasseler Familiensenat setzt dagegen – mangels gegenteiliger Anhaltspunkte – einen pauschalen Betrag von DM 120 monatlich zur Abgeltung berufsbedingten und sonstigen Mehrbedarfs ein (dies letztlich in Anwendung des § 287 ZPO. (F.W. in DAV 84/96).

2. Unterabschnitt: Einkünfte von Freiberuflern, sonstigen Selbständigen und Gewerbetreibenden, die nicht buchführungspflichtig sind und auch freiwillig keine Bücher führen

I. Überblick zum Personenkreis und zur Einkommensermittlung
(= Gewinnermittlung durch Einnahmen-Überschußrechnung)

1. Zum Personenkreis

a) Zu diesem Personenkreis zählen u. a.: alle Freiberufler wie Ärzte, Zahnärzte, Anwälte, Notare, Architekten, Ingenieure, Steuerberater, Wirtschaftsprüfer, Gutachter, Journalisten, freie Rundfunk- und Fernsehschaffende, Übersetzer, Dolmetscher, freie Handelsvertreter und ähnliche Berufsgruppen, selbständig tätige Wissenschaftler, Künstler, Schriftsteller, Lehrer, Erzieher usw. sowie Gewerbetreibende aller Art (Handelsgewerbe, Handwerk, sonstiges Gewerbe, Kleinunternehmen).

b) Gewerbetreibende sind erst dann buchführungspflichtig, wenn im Kalenderjahr der Umsatz 360000,– DM, ihr Betriebsvermögen 100000,– DM oder ihr Gewinn 24000,– DM übersteigt und wenn sie deshalb vom Finanzamt aufgefordert worden sind, Bücher zu führen (§ 141 AO). Dann gelten für sie die Ausführungen im nächsten Unterabschnitt (1.3. Seite 31 ff.). Freiberufler und Selbständige sind auch bei sehr hohem Einkommen nicht buchführungspflichtig. Sie können aber – wie auch Gewerbetreibende – freiwillig Bücher führen und dann ihren Gewinn durch Betriebsvermögensvergleich ermitteln (siehe 1.3.).

c) Wenn diese Personen – wie in der Regel – nicht freiwillig Bücher führen, können sie ihren Unternehmensgewinn oder ihre Berufseinnahmen auf vereinfachte Weise mit einer sogenannten Einnahmen-Überschußrechnung ermitteln (§ 4 Abs. 3 EStG).

2. Zur Einnahmen-Überschußrechnung

a) Die Einnahmen-Überschußrechnung ist eine reine Geldrechnung. Sie erfaßt als Gewinn den jährlichen Überschuß der Betriebseinnahmen über die Betriebsausgaben nach der Formel: Gewinn oder Überschuß = Betriebseinnahmen abzüglich Betriebsausgaben. Betriebseinnahmen sind alle eingehenden Entgelte für Leistungen, Waren und sonstige Umsätze (z. B. Sachentnahmen). Betriebsausgaben sind alle zur Aufrechterhaltung und Weiterentwicklung des Betriebes notwendigen Unkosten und sonstigen zu diesem Zweck verausgabten Beträge.

b) Die Einnahmen-Überschußrechnung erfaßt nur Geldpositionen, die im laufenden Kalenderjahr zu- oder abgeflossen sind, da für sie nicht die Entstehung sondern nur die Erfüllung einer Zahlungsverpflichtung maßgeblich ist. Deshalb hat es der Pflichtige in der Hand, Zahlungen in andere Wirtschaftsjahre zu verlagern und dadurch jährlich sehr unterschiedliche und wirtschaftlich unzutreffende oder verzerrte Gewinne zu erzielen. Unterhaltsrechtlich kann sich dies auswirken, wenn er z. B. in dem Jahr, in dem von ihm Unterhalt verlangt wird, vermehrt solche Zahlungen für Anschaffungen, Waren und dergl. leistet, die seinen Gewinn trotz Vermögensmehrung in diesem Jahr mindert und im nächsten Jahr voraussichtlich erhöht. Deshalb ist es ratsam, für die Unterhaltsberechnung stets Überschußrechnungen für die letzten drei Kalenderjahre zu verlangen. Sachlich entspricht eine Einnahmen-Überschußrechnung im wesentlichen dem im 1. Unterabschnitt bereits erörterten Prinzip des Abzugs berufsbedingter Aufwendungen (= Werbungskosten oder Betriebsausgaben) von den Einnahmen.

3. Zum Betriebsvermögen und zur Abschreibung

a) Das Betriebsvermögen spielt für die Einnahmen-Überschußrechnung unmittelbar keine Rolle. Zwar gibt es ein Betriebsvermögen, wenn auch kein gewillkürtes. Es wird aber als solches weder auf der Einnahmen-, noch auf der Ausgabenseite als Verrechnungsposten ausgewiesen. Trotzdem wirken sich betriebsbedingte Mehrungen des abnutzbaren Anlagevermögens gewinnmindernd aus, weil sie als Betriebsausgaben abgeschrieben werden können. Auf diese Weise finanziert der Unterhaltsberechtigte indirekt solche Vermögensmehrungen mit, weil sich sein Unterhaltsanspruch nach dem um die Betriebsausgaben verminderten Überschußgewinn bemißt. Diese Mitfinanzierung ist unterhaltsrechtlich nur vertretbar unter dem Gesichtspunkt, daß einerseits auch mit diesem neuen Betriebsvermögen der derzeitige und künftige unterhaltsrechtlich relevante Gewinn erwirtschaftet wird und daß andererseits nur abnutzbares Anlagevermögen abgesetzt werden darf, d. h., daß es sich nicht um einen dauerhaft verbleibenden, sondern nur um einen sich durch Zeitablauf wieder verringernden Vermögenszuwachs handelt. Dieser Umstand rechtfertigt es, auch unterhaltsrechtlich im Prinzip solche Abschreibungen verteilt auf den Zeitraum der voraussichtlich objektiven Nutzungsdauer des Abschreibungsgegenstandes zuzulassen, weil auch der Unterhaltsberechtigte während dieser Zeit einen indirekten Nutzen von solchen betrieblichen Vermögensgegenständen hat.

b) Die steuerliche Abschreibung (AfA = Absetzung für Abnutzung) ist eine reine Verteilungsabschreibung der Anschaffungs- oder Herstellungskosten von abnutzbaren Wirtschaftsgütern auf die generell festgelegte voraussichtliche Gesamtdauer der Nutzung ohne Rücksicht auf die tatsächliche Inanspruchnahme und Nutzungsmöglichkeit der Wirtschaftsgüter. Auch steuerrechtlich liegt der Grund, weshalb solche Unkosten nicht sofort in voller Höhe steuermindernd geltend gemacht werden dürfen darin, daß mit langfristig nutzbaren Gegenständen auch das Einkommen langfristig finanziert wird. In den steuerlichen Abschreibungssätzen ist für generell festgelegte Zeiträume der Verschleiß von Gegenständen des Anlagevermögens pauschal berücksichtigt. Wegen dieser Pauschalierung entspricht den steuerrechtlichen Abschreibungssätzen oft keine tatsächliche Wertminderung in gleicher Höhe (BGH, FamRZ 80/770, 771 = NJW 80/2083, 2084 = B 5b). Das heißt mit solchen Wirtschaftsgütern kann erfahrungsgemäß auch noch nach Ablauf der steuerlichen Abschreibungszeit wirtschaftlich sinnvoll weitergearbeitet werden. Bei bilanzierenden Unternehmen entstehen auf diese Weise sogenannte stille Vermögensreserven. Bei nicht bilanzierenden Personen, die ihren Gewinn als Überschuß errechnen, hat dies zur Folge, daß der Unterhaltspflichtige einen zumindest noch auf längere Zeit verbleibenden Vermögenszuwachs des Pflichtigen vor- bzw. mitfinanziert, was ihm nicht zugemutet werden muß. Wenn dies nach der Lebenserfahrung bei einzelnen Wirtschaftsgütern vorauszusehen ist, können die steuerrechtlich geltend gemachten Abschreibungssätze unterhaltsrechtlich angemessen auf die voraussichtliche tatsächliche Abnutzungszeit verlängert werden und damit die entsprechenden Betriebsausgaben für eine längere Zeit mit kleineren Abschreibungsbeträgen abgesetzt werden, wodurch sich der jährliche Überschußgewinn erhöht. Entsprechendes gilt bei sogenannten geringwertigen Wirtschaftsgütern des Anlagevermögens, die steuerlich nach § 6 Abs. 2 EStG sofort in voller Höhe abgesetzt werden können, wenn die Anschaffungs- oder Herstellungskosten des einzelnen Wirtschaftsgutes DM 800,– nicht übersteigen. Bei diesen ist unterhaltsrechtlich fast immer eine Verteilung auf einen längeren Zeitraum gerechtfertigt. Selbstverständlich sind solche Abschreibungskorrekturen bei späteren Abänderungsklagen entsprechend mitzuberücksichtigen, wenn sie sich im Abänderungszeitraum noch auswirken.

c) Bei Abschreibungen ist außerdem stets darzulegen, zu überprüfen und bei berechtigtem Zweifel auf Verlangen nachzuweisen, ob und warum die fraglichen Investitionen betriebsnotwendig und betriebswirtschaftlich sinnvoll waren, denn unterhaltsrechtlich ist es dem Berechtigten in der Regel nicht zuzumuten, leichtfertige Risikogeschäfte oder sonstige Fehlspekulationen indirekt mitzufinanzieren, obwohl für ihn daraus voraussehbar kein Nutzen entstehen wird (Verlust statt Gewinn). Maßgeblich für eine solche Beurteilung ist die vergleichbare Auffassung und Handlungsweise eines auch im Interesse des Unterhaltsberechtigten vorsichtig überlegenden und vernünftig wirtschaftenden Unternehmers.

d) Abzulehnen ist eine weitverbreitete Ansicht, wonach Abschreibungen reine Buchungsvorgänge darstellen und deshalb unterhaltsrechtlich generell nicht berücksichtigt werden dürfen. Diese Ansicht trifft keinesfalls zu auf betriebsbedingte Aufwendungen für abnutzbare Wirtschaftsgüter, die sich in einem betriebswirtschaftlich vernünftigen Rahmen halten.

e) Bei Finanzierung der Anschaffung eines abnutzbaren betrieblichen Gegenstandes durch Kreditaufnahme dürfen neben der Abschreibung nur Kreditzinsen, nicht auch Tilgungsleistungen abgesetzt werden. Andernfalls würde der Berechtigte den Vermögenszuwachs indirekt doppelt mitfinanzieren.

4. Zu sonstigen Besonderheiten der Einnahmen-Überschußrechnung

a) Bei der Einnahmen-Überschußrechnung bleiben außer dem Betriebsvermögen u. a. auch unberücksichtigt:

Barentnahmen und Bareinlagen, durchlaufende Posten wie im Namen und für Rechnung eines anderen verausgabte Fremdgelder (z. B. Anwalt zahlt für Mandanten den Gerichtskostenvorschuß gegen spätere Erstattung), die Aufnahme oder Rückzahlung betrieblicher Darlehen, Anschaffungskosten für Grundstücke und sonstige nicht abnutzbare Wirtschaftsgüter sowie Aufwendungen für die private Lebensführung.

b) Demgegenüber muß die Einnahmen-Überschußrechnung auf der Einnahmenseite den Erlös ausweisen, der bei Veräußerung des Betriebes oder von Teilen des Betriebsvermögens erzielt wird; auf der Ausgabenseite können dann auch die Anschaffungskosten für nicht abnutzbares Anlagevermögen sowie eine noch bestehende Restabschreibung (z. B. Buchwert) bei abnutzbarem Anlagevermögen abgesetzt werden.

5. Zu Aufzeichnungspflichtigen

a) Steuerrechtlich besteht bei der Einnahmen-Überschußrechnung keine ausdrückliche gesetzliche Aufzeichnungspflicht für Betriebseinnahmen und Betriebsausgaben. Das bedeutet jedoch nicht, daß der Steuerpflichtige ohne Belege und Aufzeichnungen auskommt, denn er muß dem Finanzamt auf Anforderung die erklärten Betriebseinnahmen erläutern und die betriebliche Veranlassung der einzelnen, als Betriebsausgaben geltend gemachten Aufwendungen darlegen und auf Verlangen glaubhaft machen. Dafür genügt eine geordnete Ablage von Belegen (sog. offene Posten-Buchhaltung) oder die Speicherung auf Datenträgern. In der Regel ist daher unabdingbare Grundlage für eine Steuererklärung eine Belegsammlung über Betriebseinnahmen und Betriebsausgaben mit jeweils genauer Bezeichnung der Art der Aufwendungen, des Betrags und des Schuldners oder Gläubigers. Bei Nachweisschwierigkeiten hat das Finanzamt die Beweislast für Betriebseinnahmen, der Steuerpflichtige für Betriebsausgaben.

b) Auch bei der Überschußrechnung sind zum Nachweis bestimmter Steuervergünstigungen zusätzlich besondere Aufzeichnungen vorgeschrieben:

aa) Verzeichnis der Wirtschaftsgüter des nicht abnutzbaren Anlagevermögens (§ 4 Abs. 3 S. 5 EStG).

bb) Verzeichnis der geringwertigen Wirtschaftsgüter (§ 6 Abs. 2 S. 5 EStG).

cc) Verzeichnis der degressiv abgeschriebenen Wirtschaftsgüter (§ 7 Abs. 2 S. 5 EStG).

dd) Verzeichnis der Sonderabsetzungen nach § 7a Abs. 9 EStG.

ee) Verzeichnis des Gewinns aus der Veräußerung des Grund und Bodens bei Übertragung stiller Reserven nach § 6c Abs. 2 EStG.

ff) Aufwendungen für Geschenke, für Bewirtung von Geschäftsfreunden, für Gästehäuser, Jagd usw.; Mehraufwendungen für Verpflegung und andere Mehraufwendungen, die die Lebensführung des Steuerpflichtigen berühren, nach § 4 Abs. 6d EStG.

c) Alle gewerblichen Unternehmer sind unabhängig von der Art der Gewinnermittlung darüberhinaus verpflichtet, gemäß §§ 143, 144 AO den Wareneingang und in besonderen Fällen auch den Warenausgang gesondert aufzuzeichnen, u. U. in Form einer geordneten Belegablage (§ 146 Abs. 5 AO) mit Ausnahmemöglichkeiten nach § 148 AO.

d) Unabhängig von der Gewinnermittlung haben alle umsatzsteuerpflichtigen Personen (auch Freiberufler) Aufzeichnungspflichten nach § 22 UStG. Danach muß der Unternehmer über seine Umsätze und die Vorsteuer Aufzeichnungen machen. Diese Aufzeichnungen müssen so beschaffen sein, daß sich ein sachverständiger Dritter innerhalb eines angemessenen Zeitraums einen Überblick über die Umsätze sowie die abziehbare Vorsteuer verschaffen und die Grundlagen der Steuerberechnung feststellen kann (§ 63 Abs. 1 UStdV). Aufzuzeichnen sind die vereinnahmten Entgelte (Einnahmen ohne Umsatzsteuer) und bei Eigenverbrauch die Bemessungsgrundlage. Bei einem Kleinunternehmer unter 20000,– DM Umsatz genügt die Aufzeichnung des Werts der erhaltenen Gegenleistungen sowie des Eigenverbrauchs (§ 65 Abs. 1 UStdV). Eine besondere Aufzeichnungspflicht (Führung eines Steuerheftes) hat ein Unternehmer, der ohne Begründung einer gewerblichen Niederlassung von Haus zu Haus oder auf öffentlichen Straßen oder anderen öffentlichen Plätzen Umsätze ausführt (§ 22 Abs. 5 UStG).

e) Arbeitgeber haben außerdem lohnsteuerrechtliche Aufzeichnungspflichten nach § 41 EStG.

6. Zur Einkommensermittlung und Einkommensschätzung

a) Da bei dem Personenkreis der Selbständigen und Gewerbetreibenden oftmals korrekte, lückenlose Aufzeichnungen der Betriebseinnahmen fehlen, ist man hierzu auf die schwer überprüfbaren freiwilligen Angaben des Pflichtigen angewiesen. Auch die steuerrechtlichen Angaben zu den Bruttoeinnahmen sind oft nicht wahrheitsgemäß, vor allem wenn – wie bei Kleingewerbetreibenden – Leistungen und Waren ohne Quittungsbelege bar bezahlt werden und deshalb entsprechende Gelder „schwarz" vereinnahmt und verbraucht werden können. Dies mindert das unterhaltspflichtige Einkommen zugunsten erhöhter Lebensstandardmöglichkeiten des Verpflichteten.

b) Bei berechtigten konkreten Zweifeln an der Zuverlässigkeit der Angaben kann das Einkommen vom Finanzamt nach § 162 AO und vom Richter nach § 287 ZPO höher als angegeben geschätzt werden. Solche Zweifel können sich ergeben bei unvollständigen Aufzeichnungen, bei Widersprüchen in den Angaben und vorgelegten Belegen, bei einem auffälligen Mißverhältnis zwischen Umsatz und Gewinn oder bei sonstigem konkreten Nachweis von Unrichtigkeiten. Zweifel können sich auch ergeben, wenn – wie oft – die Einnahmenbelege nicht mit gleicher Sorgfalt gesammelt wurden wie Ausgabenbelege. Zuweilen wird eine etwas zuverlässigere Klärung des Einkommens dadurch möglich, daß der berechtigte Ehegatte infolge konkreter Kenntnisse aus der früheren Zeit mit einer Anzeige beim Finanzamt die Durchführung einer Betriebsprüfung erreicht, deren Ergebnis dann für den Unterhaltsstreit verwendet werden kann. In allen streitigen Fällen ist es daher wichtig, sich alle erreichbaren Aufzeichnungen und Belege vorlegen zu lassen und die Gewinnangaben anhand dieser Unterlagen notfalls von einem Sachverständigen unter Berücksichtigung unterhaltsrechtlicher Gesichtspunkte auf ihre Vollständigkeit und Richtigkeit überprüfen und gegebenenfalls die Einnahmen schätzen zu lassen.

c) Eine solche Schätzung kann auch erfolgen in Anlehnung an die von den Finanzbehörden aus Erfahrungswerten erstellten Richtsatzsammlungen für Umsätze (= Gewinnermittlung aus Umsatzzahlen). Bekannt sind die Richtsatzsammlungen für Gewerbetreibende, die regional gegliedert jährlich neu herausgegeben werden und zwar von der OFD Stuttgart für die Länder Baden-Württemberg, Bayern, Hessen, Rheinland-Pfalz und Saarland und von der OFD Köln für die OFD-Bezirke Düsseldorf, Köln und Münster. Diese Richtsatzsammlungen können im Buchhandel bezogen werden.

7. F.W. in DAV 84/88 zum Einkommen Selbständiger

Bei der Einkommensbeurteilung Selbständiger ist regelmäßig auf den Zeitraum von 3 Jahren abzustellen. Lassen sich allerdings schon jetzt ganz konkrete, greifbare Prognosen für die Zukunft stellen, so sind auch diese zu berücksichtigen; gegebenenfalls ist der Unterhaltsanspruch für die einzelnen Zeiträume unterschiedlich hoch festzusetzen. Das reale, effektive Einkommen des Selbständigen läßt sich anhand seiner ordnungsgemäß geführten Betriebsbücher und der Steuerbescheide, anhand seiner eigenen Entnahmen, anhand seines eigenen Lebensführungsstils ermitteln bzw. schätzen.

II. Überblick zu typischen Betriebseinnahmen

Trotz der individuellen Vielfalt und Verschiedenheit von Einnahmemöglichkeiten bei Freiberuflern, Selbständigen und Gewerbetreibenden gibt es doch einige für alle Personen gemeinsame typische Einnahmearten, in welche die unterschiedlichen Einnahmen eingeordnet werden können. Es handelt sich um folgende typische Einnahmearten:

1. Leistungsentgelte

Eingenommene Entgelte und Honorare für berufliche und gewerbliche Leistungen; alle laufenden Einnahmen für Warenlieferungen oder Dienstleistungen.

2. Zuschüsse

In Rechnung gestellte und erhaltene Zuschüsse, Zulagen, Spesen und sonstige Entgelte für Aufwendungsersatzleistungen, Fahrtkosten u. ä., wenn diese höher sind als die tatsächlich entstandenen Aufwendungen und die letzteren als Betriebsausgaben abgesetzt werden (z. B. als Unkosten des Betriebs-Pkw)

3. Sachentnahmen

Der Wert von Sachentnahmen für den Unternehmer und für Dritte sowie der Eigenverbrauch von Waren und Leistungen auf Kosten der Betriebsausgaben (z. B. privater Anteil bei privater Nutzung eines Betriebs-Pkw; Gastwirt verschenkt privat Getränke und Essen oder verwendet betrieblich eingekaufte Waren wie Getränke und Lebensmittel für die private Lebenshaltung).

4. Umsatzerlöse

Erhaltene Erlöse bei Veräußerung von Umlaufvermögen (z. B. Waren), sowie bei Veräußerung von abnutzbarem und nichtabnutzbarem Anlagevermögen als auch bei Veräußerung des gesamten Betriebes (oder der Praxis).

5. Zinsen

Zinsen aus betrieblich gegebenen Darlehen. Nicht zu berücksichtigen ist die Aufnahme oder Rückzahlung eines Betriebsdarlehens, da es sich insoweit – wie bei Barentnahmen – nur um eine vermögensumschichtende Geldbewegung handelt.

6. Steuern

Die vereinnahmte Mehrwertsteuer und vom Finanzamt erstattete Vorsteuer; ferner die Mehrwertsteuer auf den Eigenverbrauch.

III. Überblick zu typischen Betriebsausgaben

1. Zur Abzugsfähigkeit

Grundsätzlich sind Betriebsausgaben jeder Art wie Werbungskosten nur abzugsfähig, wenn und soweit sie tatsächlich entstanden sind, betriebsbedingt notwendig waren und im Abrechnungsjahr bezahlt worden sind. Ferner müssen sie sich wegen ihrer Auswirkung auf die Unterhaltsverpflichtung in einem betriebswirtschaftlich vernünftigen, dem Unterhaltsberechtigten zumutbaren und angemessenen Rahmen halten. Besonders unter letzterem Gesichtspunkt ist jede Ausgabe kritisch zu überprüfen.

2. Alphabetischer Katalog der wichtigsten Betriebsausgaben

Der Art nach sind Betriebsausgaben bei Freiberuflern, Selbständigen und Gewerbetreibenden ebenso vielfältig und unterschiedlich wie deren Einnahmen. Da die Betriebsausgaben im Prinzip den berufsbedingten Aufwendungen bei Arbeitnehmern oder sonstigen Werbungskosten entsprechen, wird zunächst auf den Katalog der berufsbedingten Aufwendungen (S. 19ff.) verwiesen zur Überprüfung, ob im konkreten Fall vergleichbare Positionen auch für den Unternehmer zutreffen. Ergänzend hierzu werden nachfolgend zusätzliche typische Ausgabenpositionen und deren Besonderheiten im Rahmen einer Einnahmen-Überschußrechnung aufgelistet:

a) Abschreibungen für in früheren Jahren angeschaffte oder hergestellte, aber noch nicht vollständig abgeschriebene abnutzbare Wirtschaftsgüter mit dem unterhaltsrechtlich vertretbaren Abschreibungssatz, u. U. in Abweichung vom steuerrechtlichen Buchwert (siehe dazu Seite 25f.).

b) Abschreibungen für selbständig abnutzbare Wirtschaftsgüter des Anlagevermögens im Abschreibungsjahr, wenn die Anschaffungs- oder Herstellungskosten 800,– DM übersteigen, z. B. für Maschinen, maschinelle Anlagen, Gebäude, Gebäudeteile, Umbauten und Anbauten, Gegenstände der Betriebs- und Geschäftsausstattung wie Büromöbel, Betriebs-Pkw; ferner auch Rechte, Patente und Erfindungen. Bei der Ausbeutung von Bodenschätzen gibt es eine eigene Abschreibung der Anschaffungskosten für Substanzverringerung. Steuerrechtlich erfolgt die Abschreibung linear (in gleichen Jahresbeträgen) oder degressiv (in fallenden Steuerbeträgen) entsprechend der betriebsgewöhnlichen Nutzungsdauer des Wirtschaftsgutes, die nach AfA-Tabellen bemessen wird. Danach beträgt die gewöhnliche Nutzungsdauer bei Pkw 4 Jahre, bei Büromaschinen 5 Jahre, bei Ladeneinrichtungen 8 Jahre und bei Büromöbel sowie bei Maschinen der Stoffver- und bearbeitung 10 Jahre. Unterhaltsrechtlich können zumutbare Investitionen entsprechend ihrer voraussichtlichen tatsächlichen Nutzungsdauer im Betrieb auf längere Zeiträume gleichmäßig verteilt werden (vgl. dazu S. 40f.). Dies gilt vor allem bei Sonderabschreibungen für staatlich geförderte Investitionen.

c) Abschreibung für sogenannte geringwertige abnutzbare bewegliche Wirtschaftsgüter des Anlagevermögens im Abrechnungsjahr, wenn die Anschaffungs- oder Herstellungskosten DM 800,– nicht übersteigen wie z. B. auch Werkzeuge, Arbeitsmittel, Bedarfsartikel, spezifische Kleidung, Fachliteratur und sonstige Gegenstände, die im Betrieb benötigt werden. Obwohl solche geringwertige Wirtschaftsgüter steuerrechtlich nach § 6 Abs. 2 EStG sofort absetzbar sind, können sie unterhaltsrechtlich entsprechend ihrer voraussichtlichen Nutzungsdauer auf mehrere Jahre verteilt werden (vgl. S. 25f., 40f.).

d) Anschaffungskosten für Umlaufvermögen (z. B. Waren). Handelsbetriebe müssen den Wareneingang und -ausgang gesondert aufzeichnen (§§ 143, 144 AO).

e) Beiträge für Berufsverbände und berufsständische Organisationen.

f) Betriebliche Steuern und Versicherungen (= nur betriebliche oder berufliche Haftpflichtversicherung). Hier schleichen sich oft auch Privatversicherungen und Privatsteuern (z. B. Einkommensteuer) ein. Betriebliche Steuern sind nur die Gewerbesteuer und die Umsatzsteuer einschließlich einer an andere Unternehmer gezahlten Vorsteuer.

g) Betriebsveranstaltungsunkosten (z. B. für Betriebsausflug oder betriebliche Weihnachtsfeier).

h) Bewachungskosten für Betriebsgebäude oder Betriebsgelände.

i) Bewirtungskosten für Geschäftsfreunde oder Kunden unter besonderer Prüfung der unterhaltsrechtlichen Zumutbarkeit. Steuerrechtlich besteht eine Einzelnachweispflicht nach § 4 Abs. 5 Nr. 1 und Abs. 6 EStG.

k) Büroausgaben für Porto, Schreibwaren, Kopierkosten u. ä. in durch Belege nachgewiesener Höhe; zuweilen wird in unzulässiger Weise ein Privatbedarf mitabgedeckt.

l) Energiekosten (Strom, Öl, Gas, Wasser) für Betriebsräume und für Betriebsgebäude.

m) Fernsprechgebühren. Bei privater Nebenverwendung des Betriebstelefons ist ein zu schätzender Anteil für die private Nutzung abzuziehen. Wird das private Telefon auch geschäftlich genutzt, erfolgt eine Aufteilung der Grund- und Gesprächsgebühren im Verhältnis der beruflich und privat geführten Gespräche.

n) Geldverkehrskosten und Geldbeschaffungskosten, z. B. Bankspesen für Betriebskonto und Schuldzinsen für betrieblich aufgenommene Kredite.

o) Geschenke für Geschäftsfreunde, Kunden und Arbeitnehmer sowie Schmiergelder unter besonders sorgfältiger Berücksichtigung der unterhaltsrechtlichen Auswirkung. Steuerrechtlich bestehen besondere Aufzeichnungspflichten und Vorschriften nach §§ 4 Abs. 1 S. 1 EStG, 20 Abs. 9, Abs. 26 EStR, 160 AO.

p) Instandhaltungs- und Reparaturkosten bezüglich betrieblicher Wirtschaftsgüter, Gegenstände, Maschinen u. ä.

q) Kraftfahrzeugaufwendungen für Betriebs-Pkw (Anschaffungskosten mit AfA und laufende Betriebskosten für Steuer, Versicherung, Wartung und Reparaturen) unter Abzug eines zu schätzenden Privatanteils bei privater Nutzung.

r) Löhne, Gehälter und Sozialausgaben nebst Zulagen, Zuschlägen und sonstigen Aufwendungen für Arbeitnehmer. Arbeitet die Ehefrau als Mitarbeiterin gegen Entlohnung im Betrieb mit, so muß sie der Unternehmer nicht vom ausgeworfenen Gewinn unterhalten, weil sie eigenes Einkommen bezieht. Wird einem nahen Angehörigen oder der Freundin) eine der Arbeitsleistung nicht entsprechende unangemessene Entlohnung gezahlt, ist unterhaltsrechtlich nur ein „angemessenes" Entgelt (§ 287 ZPO) als Ausgabe abzuziehen.

s) Mietzins für Geschäfts-, Büro- oder Praxisräume. Anteilige Hausunkosten sind im Verhältnis der betrieblich zu den privat genutzten Flächen abziehbar, wenn sich die Betriebsräume im eigenen Privathaus befinden.

t) Pauschale Lohnsteuer (1% des Arbeitslohnes), die der Unternehmer für Aushilfskräfte und Teilzeitbeschäftigte bezahlt.

u) Prozeß- und Rechtsberatungskosten bei betriebsbedingten Streitigkeiten.

v) Reklamekosten und sonstige Aufwendungen für die betriebliche Werbung.

w) Steuerberatungskosten.

x) Sonstige Betriebsausgaben, die vergleichbar wie beim Arbeitnehmer möglich sind: siehe dortige Stichworte: Arbeitsmittel, Arbeitszimmer, doppelte Haushaltsführung, Fachliteratur, Fahrten, Fortbildungskosten, Kinderbetreuungskosten, Mehraufwendungen, Reinigungskosten, Reisekosten, Repräsentationskosten, Taxifahrten, Umzugskosten, Unfallkosten, Verpflegungsmehraufwendungen – Seite 19ff.

y) Sonstige betrieblich veranlaßte Verluste.

z) Veräußerung von nicht abnutzbarem Anlagevermögen (z. B. für Grund und Boden, Lizenzen) oder des Betriebes (der Praxis). Vom Veräußerungserlös oder Entnahmegewinn, die als Einnahmen zu verbuchen sind, können die ursprünglichen Anschaffungskosten abgezogen werden.

3. Unterabschnitt: Einkünfte von Vollkaufleuten, Gewerbetreibenden und sonstigen Selbständigen, die ihren Gewinn nach § 5 EStG durch Betriebsvermögensvergleich ermitteln

I. Überblick zum Personenkreis und zur Einkommensermittlung durch Betriebsvermögensvergleich

1. Zum Personenkreis

Eine Gewinnermittlung durch Betriebsvermögensvergleich erfolgt bei:

a) Vollkaufleuten und Gewerbetreibenden, die nach Handelsrecht (§§ 38ff. HGB) zur ordnungsgemäßen Buchführung verpflichtet sind (§ 140 AO).

b) Gewerbetreibenden, bei denen im Kalenderjahr der Umsatz DM 360000,–, das Betriebsvermögen DM 100000,– und der Gewinn DM 24000,– übersteigt und die deshalb vom Finanzamt aufgefordert worden sind, Bücher zu führen (§ 141 AO). Ohne eine solche Aufforderung besteht für sie keine Buchführungspflicht.

c) Gewerbetreibende, Freiberufler und sonstige Selbständige, die freiwillig entsprechende Bücher führen und regelmäßig Jahresabschlüsse machen (§ 4 Abs. 1 EStG).

2. Zum Gewinn

Beim Betriebsvermögensvergleich gilt als Gewinn der Unterschiedsbetrag zwischen dem Betriebsvermögen am Schluß des Wirtschaftsjahres und dem Betriebsvermögen am Schluß des vergangenen Wirtschaftsjahres, vermehrt um den Wert der Entnahmen und vermindert um den Wert der Einlagen. Das jeweilige Betriebsvermögen wird als Bilanzsaldo aus Aktiva (Summe der Vermögenswerte) und Passiva (Schulden und sonstige Ausgaben und Belastungen) ermittelt. Es stimmt überein mit dem in der jeweiligen Bilanz (Eröffnungsbilanz, Jahresabschlußbilanz) zum Bilanzstichtag ausgewiesenen Kapital. Die Zu- und Abrechnung von Entnahmen und Einlagen beim Vermögensvergleich beruht auf dem Grundsatz, daß der Gewinn durch außerbetriebliche (zumeist private Vorgänge) nicht verändert werden darf.

3. Zu den Jahresabschlußunterlagen

a) Um eine Bilanz (genaueres Seite 38) erstellen zu können, bedarf es einer geordneten Buchführung mit laufenden Aufzeichnungen der maßgeblichen Geschäftsvorfälle in Büchern, auf Karteien oder Datenträgern. Im Regelfall der heute üblichen doppelten Buchführung (genaueres Seite 33) tritt neben die Bilanzen die Gewinn- und Verlustrechnung (genaueres Seite 37), mit welcher der Gewinn zusätzlich (doppelt) als Saldo des Gewinn- und Verlustkontos ermittelt wird.

b) Außerdem wird jährlich sehr oft auch eine Hauptabschlußübersicht erstellt. Diese Hauptabschlußübersicht übernimmt die Summen der einzelnen Konten (= Summenbilanz), zieht aus diesen die Salden (= Saldenbilanz) und nimmt die Abschlußbuchungen auf.

c) Vorbereitet wird der Vermögensvergleich durch eine jährliche Inventur des Vorratsvermögens, d. h. die Aufnahme aller zum Betriebsvermögen gehörenden Wirtschaftsgüter (Vermögensgegenstände und Schulden) in einem Verzeichnis. Diese Aufzeichnungen bilden das Inventar. Zu einem ordnungsgemäßen Jahresabschluß gehört somit in der Regel die Jahresabschlußbilanz, das sie vorbereitende Inventar, die Gewinn- und Verlustrechnung, die Bilanz und die Hauptabschlußübersicht nebst allen entsprechenden Buchungsunterlagen. Nach den Grundsätzen ordnungsgemäßer Buchführung darf keine Buchung ohne entsprechenden Beleg erfolgen. Für die Bücher und Belege gelten Aufbewahrungspflichten (§§ 44 HGB, 147 AO).

4. Zu unterhaltsrechtlichen Besonderheiten beim Betriebsvermögensvergleich

Sachlich handelt es sich bei der Gewinnermittlung durch Vermögensvergleich zunächst um die gleichen Positionen, die bereits bei der Einnahmen- und Überschußrechung erörtert worden sind (= Seite 25 f.). Sie erscheinen allerdings hier in einem veränderten Ordnungszusammenhang. Außerdem spielt zusätzlich das gesamte notwendige und gewillkürte Betriebsvermögen (auch das nichtabnutzbare Betriebsvermögen) mit speziellen Bewertungs- und Abschreibungsproblem sowie die Problematik auflösbarer stiller Vermögensreserven eine entscheidende Rolle. Ferner gibt es Sonderprobleme bezüglich der Entnahmen und Einlagen. Bei all diesen Problembereichen können bezüglich der jeweiligen Einzelpositionen unterhaltsrechtliche Abweichungen gerechtfertigt sein, weil unterhaltsrechtlich nicht berücksichtigt werden darf, was der Vermögensmehrung dient oder aus betriebswirtschaftlichen Gründen auf eine Steuerersparnis hinausläuft oder was dem Unterhaltsberechtigten nicht zugemutet zu werden braucht. Genaueres dazu V, Seite 40 ff.).

5. Zu den unterhaltsrechtlichen Darlegungspflichten des bilanzierenden Unternehmers

a) Auch der bilanzierende Unternehmer ist – trotz bestehender Schwierigkeiten – unterhaltsrechtlich verpflichtet, sein Gewinneinkommen im einzelnen so darzustellen, daß die steuerrechtlich und betriebswirtschaftlich beachtlichen Aufwendungen und Vermögensmehrungen von solchen abgegrenzt werden können, die unterhaltsrechtlich bedeutsam sind. Denn auch das steuerrechtlich durch Vermögensvergleich ermittelte Einkommen ist nicht identisch mit dem unterhaltsrechtlich relevanten Einkommen. Das Steuerrecht erkennt in bestimmten Zusammenhängen Aufwendungen als steuermindernd an und gewährt Abschreibungen und Absetzungen, die einer tatsächlichen Vermögenseinbuße nicht oder nicht in diesem Umfang entsprechen. Die steuerrechtlichen Absetzungen haben daher auch beim bilanzierenden Unternehmer unterhaltsrechtlich außer Betracht zu bleiben, soweit sie sich nicht mit einer tatsächlichen Verringerung der für den Lebensbedarf verfügbaren Mittel decken. Die in einer Bilanz oder Gewinn- und Verlustrechnung enthaltene nur ziffernmäßige Aneinanderreihung einzelner Kostenarten wie Abschreibungen, allgemeine Kostenrückstellungen, Entnahmen und dergl. genügt den erforderlichen Angaben nicht. Die erforderlichen Darlegungen können auch nicht durch den Antrag auf Vernehmung des Steuerberaters ersetzt werden (BGH, FamRZ 85/357, 358, 359 = NJW 85/909, 910, 911 = B 5c; FamRZ 80/770, 771 = NJW 80/2083, 2084 = B 5b; so auch OLG Koblenz, FamRZ 84/1225, 1226). Es gelten insoweit die gleichen Grundsätze wie bei den übrigen Einkunftsarten.

b) Diesen Anforderungen wird in der Praxis sehr oft nicht oder nicht in ausreichendem Maße entsprochen. Zum Teil geschieht dies, weil den Parteien und ihren Anwälten selbst nicht genau bekannt ist, welche Einzelpositionen der Bilanz oder der Gewinn- und Verlustrechnung unterhaltsrechtlich anders zu beurteilen sind, zum Teil werden auch bewußt entsprechende Angaben unterlassen.

c) Fehlen solche erforderlichen Angaben oder sind sie unvollständig bzw. nicht ausreichend begründet, so bleiben die entsprechenden Positionen unberücksichtigt, wodurch sich das Bilanzergebnis aus unterhaltsrechtlicher Sicht ändert.

Werden solche Angaben von der Gegenseite bestritten, ist darüber auf Antrag entsprechender Beweis zu erheben. In der Regel ist eine Überprüfung auf Zuverlässigkeit und

Richtigkeit nur möglich, wenn dazu auch die entsprechenden Bilanzen, Gewinn- und Verlustrechnungen, Inventarliste, Jahresabschlüsse, Bücher und dazugehörige sonstige Belege der letzten drei Jahre oder im Einzelfall auch eines längeren Zeitraums vorgelegt werden (BGH, FamRZ 82/860, 861 = NJW 82/1642 = B 4a; FamRZ 83/680 = B 4b; FamRZ 85/357, 358, 359 = NJW 85/909, 910, 911 = B 4c).

6. Zur Auswertung von Geschäftsunterlagen und zur Beauftragung eines Sachverständigen

a) Die Auswertung und Verwertung solcher Unterlagen im Prozeß erfordert allerdings in der Regel die Überprüfung und Begutachtung durch einen Wirtschaftsprüfer als Sachverständigen. Dabei ist zu bedenken, daß solche Sachverständige aufgrund ihrer Wirtschaftsprüfererfahrungen in erster Linie nach betriebswirtschaftlichen und steuerrechtlichen Gesichtspunkten vorgehen. Oftmals ist auch ihnen nicht ausreichend bekannt, wie und bei welchen Positionen sie unterhaltsrechtliche Gesichtspunkte mitberücksichtigen können oder sollen. Deshalb ist es ratsam, wenn ihnen der Richter dazu spezielle Anweisungen erteilt.

b) Generell beinhaltet eine solche Beauftragung in der Regel folgende Fragenbereiche:

aa) Sind die Unterlagen vollständig? Entsprechen sie den Bilanzierungsgrundsätzen und den Grundsätzen einer ordnungsgemäßen Buchführung?

bb) Wurde nach diesen Unterlagen der Betriebsgewinn ordnungsgemäß ermittelt und sind die Entnahmen ordnungsgemäß erfaßt?

cc) Sind bei den einzelnen Positionen unter Berücksichtigung unterhaltsrechtlicher Grundsätze die Vermögensbewertungen anders vorzunehmen? Sind abweichende Abschreibungszeiten gerechtfertigt? Bestehen stille Reserven, die in zumutbarer Weise für Unterhaltszwecke aktiviert und verwertbar gemacht werden können?

dd) Welche Prognosen lassen sich aus den Ergebnissen der letzten drei (oder mehr) Jahre für die durchschnittliche weitere künftige Gewinn- oder Geschäftsentwicklung stellen?

c) Noch besser ist es, die vorgelegten Unterlagen unter ähnlichen Gesichtspunkten vorzuprüfen und dann dem Sachverständigen bezüglich konkreter Einzelpositionen gezielte Überprüfungsaufträge zu erteilen. Um allerdings solche Vorprüfungen sachdienlich vornehmen zu können und die Ausführungen des Sachverständigen kritisch nachvollziehen zu können, bedarf es einiger Vorkenntnisse des Richters und des Rechtsanwalts in einfacher und doppelter Buchführung sowie ein Wissen darüber, zu welchem Zweck und in welcher Weise Bilanzen, Gewinn- und Verlustrechnungen und sonstige Unterlagen erstellt werden und wie die darin unter steuerrechtlichen und wirtschaftlichen Gesichtspunkten erfaßten Positionen unterhaltsrechtlich zu bewerten sind. Das notwendigste hierzu soll nachfolgend unter II mit V erörtert werden.

II. Überblick zur einfachen und doppelten Buchführung

1. Allgemeines zur Buchführung

Die Buchführung beinhaltet generell die Aufzeichnungen aller Geschäftsvorfälle in Büchern, auf Karteikarten oder Datenträgern mit dem Ziel, die notwendigen Jahresabschlüsse erstellen zu können. Dabei sind u. a. folgende Grundsätze einer ordnungsgemäßen Buchführung zu beachten:

a) Jeder Geschäftsvorfall muß erfaßt werden.

b) Jeder Geschäftsvorfall muß sachlich richtig aufgezeichnet sein.

c) Die Geschäftsvorfälle müssen zeitgerecht (chronologisch) in Grundaufzeichnungen festgehalten werden.

d) Die Geschäftsvorfälle müssen durchgängig in der vorgesehenen Ordnung festgehalten werden.

e) Änderungen von Buchungen müssen so vorgenommen werden, daß die Ursprungsbuchung erkennbar bleibt.

f) Alle Bücher und sonstigen Unterlagen einschließlich der Belege sind geordnet und zugänglich während bestimmter Zeiträume aufzubewahren (§§ 146, 147 AO).

Bei schweren Verstößen gegen diese Grundsätze kann die Buchführung verworfen werden und der Gewinn nach § 287 ZPO geschätzt werden. Nach steuerrechtlicher Auffassung liegt ein schwerwiegender Mangel dann vor, wenn einem Buchsachverständigen (z. B. Betriebsprüfer) eine Nachprüfung innerhalb angemessener Frist nicht möglich ist.

2. Zur einfachen Buchführung, zu den Grundbüchern und zum „Geschäftsfreundebuch"

Bei der einfachen Buchführung werden alle Geschäftsvorfälle nur in zeitlicher Reihenfolge in Grundbüchern (z. B. im Kassen- und Bankbuch) erfaßt. Daneben werden die Kundenforderungen (Debitoren) und Lieferantenschulden (Kreditoren) im Geschäftsfreundebuch (Kontokorrent; Personenbuch) festgehalten und zwar getrennt nach Geschäftsfreunden. Aufgrund dieser Bücher kann man zusammen mit dem Inventar eine Bilanz erstellen, aber keine Gewinn- und Verlustrechnung. Die einfache Buchführung ist unüblich geworden und wird nur noch ausnahmsweise bei ganz einfach strukturierten Betrieben praktiziert.

a) In den Grundbüchern werden alle Geschäftsvorfälle zeitgerecht gebucht und zwar getrennt nach Entstehung und Abwicklung. Einzutragen ist jeweils die Nummer des maßgeblichen Belegs, des Datums des Vorfalls, der Geschäftsvorfall selbst sowie der Geldbetrag. Solche Grundbücher gibt es vor allem für Kreditgeschäfte mit Lieferanten (= Rechnungseingangsbuch und Tagebuch für Lieferanten), für Kreditgeschäfte mit Kunden (= Rechnungsausgangsbuch und Tagebuch für Kunden), für den Kassenverkehr (= Kassenbuch für alle Bareinnahmen und Barausgaben und alle Geldzu- und abflüsse aus dem privaten Bereich) und für den Bankverkehr (Bankbuch).

Kasseneinnahmen- und ausgaben sollen täglich festgehalten werden (§ 146 Abs. 1 S. 1 AO). Einzelhändler können die Tageskasseneinnahmen durch sog. Tageskassenberichte ermitteln, wenn sie Waren von geringerem Wert an eine unbestimmte Vielzahl nicht feststellbarer Personen verkaufen. Diese Tageseinnahmen errechnen sich aus der Summe von Betriebsausgaben, Privatentnahmen und Kassenbestand bei Geschäftsschluß abzüglich Privateinlagen und Kassenbestand am Ende des Vortages. Für die grundbuchmäßige Aufzeichnung des Bankverkehrs genügt eine geordnete Ablage der Kontoauszüge, wenn die Überweisungsträger beigefügt sind und wenn sich ein Hinweis auf die jeweilige Eingangs- und Ausgangsrechnung ergibt.

b) Das „Geschäftsfreundebuch" ist eine Sammelbezeichnung für alle Personenkonten. Ein gesondertes Personenkonto muß für jeden einzelnen Geschäftspartner (für Kunden und Lieferanten) eingerichtet werden, mit dem der Unternehmer laufend Kreditgeschäfte führt. Auf einem solchen Konto werden jede Warenlieferung, jeder Warenverkauf, die einzelnen Preisnachlässe, die Rücksendungen und die Begleichungen der Rechnungen erfaßt.

c) Der jeweilige Saldo jedes dieser Personenkonten weist also die Höhe der Forderungen und Verbindlichkeiten gegenüber jedem Kunden und Lieferanten aus allen Geschäften aus, die bis zur Feststellung dieses Saldos entstanden sind und abgewickelt wurden. Auf diese Weise kann der Unternehmer jederzeit feststellen, wie hoch seine Forderung gegenüber dem einzelnen Kunden ist. Mit den Personenkonten kann die Begleichung von Forderungen und Verbindlichkeiten überwacht werden. Am Schluß des Wirtschaftsjahres werden die Salden der Kundenpersonenkonten in einer Saldenliste für Kunden und die Salden der Lieferantenpersonenkonten in einer Saldenliste für Lieferanten zusammengestellt. Steuerrechtlich können die Grundbücher für Kreditgeschäfte und die Personenkonten durch eine genau vorgeschriebene Belegablage ersetzt werden.

3. Zur doppelten Buchführung und zu den verschiedenen Konten

Die doppelte Buchführung erfaßt einerseits – wie die einfache Buchführung – alle Geschäftsvorfälle in zeitlicher Reihenfolge in Grundbüchern und Personenkonten. Insoweit gelten die Ausführungen zu 2a und 2b. Darüber hinaus werden alle Geschäftsvorfälle zusätzlich in Sachbücher übertragen (doppelte Buchführung wegen der zeitlichen **und** sachlichen Verbuchung aller Geschäftsvorfälle).

Die Sachbücher enthalten als Sachkonten die Bestandskonten, Erfolgskonten und gemischte Konten. Darüber hinaus gibt es noch spezielle Konten wie das Gewinn- und Verlustkonto, das Privatkonto und das Kapitalkonto.

a) Die Bestandskonten weisen die Aktiva und Passiva eines Betriebs aus, sind also bilanzbezogen. Für jeden Bestandsposten ist ein eigenes Bestandskonto eingerichtet (z. B. Grundstückskonto, Gebäudekonto, Maschinenkonto, Kassenkonto, Darlehenskonto usw.). Auf diesen Konten werden alle Zugänge und Abgänge der Bestände im einzelnen gebucht. Der Schlußsaldo jedes Kontos ist der Posten der Schlußbilanz. Aus den Konten kann man daher die Entwicklung und Veränderung jedes einzelnen Bestandspostens von der Anfangsbilanz bis zur Schlußbilanz ersehen. Die Bestände der Aktivseite der Anfangsbilanz bzw. der Vorjahresbilanz werden als Anfangsbestände auf den Sollseiten der Aktivkonten vorgetragen. Die Zugänge auf den Aktivkonten werden auf deren Sollseite, die Abgänge auf ihrer Habenseite gebucht. Die Endbestände der Aktivkonten sind deren Salden. Diese werden als Aktivposten in die Schlußbilanz übernommen. Die Bestände der Passivseite sind als Anfangsbestände auf der Habenseite der Passivkonten vorgetragen. Die Zugänge auf den Passivkonten werden auf deren Habenseite, die Abgänge auf deren Sollseite gebucht. Die Endbestände der Passivkonten werden als Passivposten in die Schlußbilanz übernommen.

b) Die Erfolgskonten enthalten die Aufwendungen der Erträge eines Wirtschaftsjahres ohne Vorträge aus dem Vorjahr. Ihre Salden werden in die Gewinn- und Verlustrechnung übernommen. Solche Konten sind z. B. das Erlöskonto, Lohnkonto, Mietzinsertragskonto usw. Betriebliche Kapitalveränderungen wirken sich auf den Geschäftserfolg aus. Deshalb werden sie auf solchen Erfolgskonten gegengebucht und zwar ein Aufwand auf dem Aufwandskonto und ein Ertrag auf dem Ertragskonto. Ein entsprechender Aufwand liegt vor, wenn das Kapital durch einen betrieblichen Vorgang gemindert wird, ein Ertrag liegt vor, wenn sich das Kapital durch einen betrieblichen Vorgang erhöht.

Bei der doppelten Buchführung wird also derselbe Vorfall auf mindestens zwei Erfolgskonten erfaßt und zwar einerseits im Soll und andererseits im Haben, wobei der Sollbetrag identisch sein muß mit dem Habenbetrag. Die Buchung erfolgt als Buchungsanordnung in Form eines Buchungssatzes (Doppik). Bei diesem Buchungssatz werden zuerst die Sollkonten (und die Beträge) genannt, dann nach dem Wort „an" die entsprechenden Habenkonten (und Beiträge). Im Unterschied zur Einnahmen-Überschußrechnung (Seite 25ff.) werden bei der Gewinnermittlung durch Betriebsvermögensvergleich Geschäftserfolge nicht erst beim Zufluß von Einnahmen und Abfluß von Ausgaben gebucht, sondern bereits dann, wenn sich das Betriebsvermögen geändert hat. Die Salden solcher Erfolgskonten werden als Posten auf dem Gewinn- und Verlustkonto gesammelt.

c) Gemischte Konten weisen Bestände und Erfolge aus, wie z. B. das Warenkonto, die Warenbestände und den Rohgewinn. Auf diesem Konto wird der Warenbestand der Anfangsbilanz oder des Vorjahres vorgetragen. Während des Wirtschaftsjahres werden auf ihm die Warenerlöse als Erträge und die Wareneinkäufe als Aufwendungen gesammelt. Am Jahresende wird der durch die Inventur ermittelte Warenendbestand eingebucht. Dieser wird in die Jahresschlußbilanz übernommen. Als Differenz zwischen Anfangs- und Endbestand bleibt der Rohgewinn, der ebenfalls in die Gewinn- und Verlustrechnung übernommen wird.

d) Das Gewinn- und Verlustkonto enthält als Abschlußkonto die Salden der Erfolgskonten und zwar als Posten auf der Habenseite die Salden der Ertragskonten und als Posten auf der Sollseite die Salden der Aufwandskonten mit den jeweiligen Postenbezeichnungen der Erfolgskonten. Auf der Habenseite des Gewinn- und Verlustkontos stehen somit die Summe der Erträge des abgelaufenen Wirtschaftsjahres und auf der Sollseite die Summe der Aufwendungen des abgelaufenen Wirtschaftsjahres. Die Differenz zwischen den Erträgen und Aufwendungen, also der Saldo des Gewinn- und Verlustkontos, ist somit der Geschäftserfolg des Wirtschaftsjahres. Ein Gewinn wurde erwirtschaftet, wenn die Erträge die Aufwendungen übersteigen. Ein Verlust liegt vor, wenn die Aufwendungen höher sind als die Erträge. Da ein Gewinn das Kapital erhöht und ein Verlust das

Kapital mindert, wird das Gewinn- und Verlustkonto über das Kapitalkonto abgeschlossen.

e) Auf dem Privatkonto werden privat bedingte Minderungen des Kapitals (= Entnahmen) und privat bedingte Erhöhungen des Kapitals (= Einlagen) gebucht. Dies ist notwendig, weil sich auf den Geschäftserfolg nur betriebliche Vorgänge auswirken dürfen. Deshalb müssen privat bedingte Veränderungen des Betriebsvermögens wieder neutralisiert werden. Dies geschieht dadurch, daß die auf dem Privatkonto gesammelten Summen der Entnahmen dem Kapital in der Bilanz zugerechnet werden, die Summe der auf dem Privatkonto ausgewiesenen Einlagen abgezogen werden. Die Buchungen auf dem Privatkonto erfolgen in der Weise, daß Entnahmen auf der Sollseite und Einlagen auf der Habenseite des Privatkontos gegengebucht werden. Sind die Einlagen höher als die Entnahmen wird insgesamt das Kapital um den Unterschiedsbetrag, den Saldo des Privatkontos erhöht. Übersteigen die Entnahmen die Einlagen, wird das Kapital um den Unterschiedsbetrag gemindert. Dieser Saldo des Privatkontos wird auf dem Kapitalkonto gegengebucht.

f) Das Kapitalkonto hat eine Sonderstellung. Es erfaßt als Bestandskonto das jeweilige Eigenkapital (= Betriebsvermögen) des Betriebsinhabers. Es wird erst abgeschlossen, wenn es den Gewinn bzw. Verlust (= d) sowie den Saldo von Entnahmen und Einlagen des Privatkontos (= e) aufgenommen hat. Dadurch ergibt sich auf diesem Konto im Prinzip folgende Gleichung: Kapital laut Anfangs- oder Vorjahresbilanz zuzüglich Gewinn (bzw. abzüglich Verlust) zuzüglich Einlagen und abzüglich Entnahmen = neues Kapital laut Schlußbilanz.

4. Zum Inventarverzeichnis und zum Anlagenverzeichnis

a) Neben diesen Konten ist jährlich aufgrund der Inventur ein Inventarverzeichnis zu errichten. Aus diesem ergeben sich die Bestände des Vorratsvermögens zum Jahresende. Das Inventarverzeichnis enthält alle Vermögensgegenstände und Schulden unter Angabe ihrer Werte. Dabei spielt die mengenmäßige Erfassung und Bewertung der einzelnen Wirtschaftsgüter eine besondere Rolle. Inventare und Uraufzeichnungen müssen zehn Jahre lang aufbewahrt werden (§ 147 Abs. 1, Abs. 3 AO). Vor allem durch eine zu hohe oder zu geringe Bewertung kann ein Gewinn oder Verlust zu Lasten des Unterhaltsanspruchs verschleiert werden.

b) Außerdem muß bei jeder Buchführung ein Anlageverzeichnis aller abnutzbaren und nicht abnutzbaren Anlagegegenstände erstellt werden. Bei abnutzbaren Anlagegegenständen werden die Anschaffungs- oder Herstellungskosten auf die Gesamtdauer der Verwendungen oder Nutzungen verteilt. Diese sogenannte betriebsgewöhnliche Nutzungsdauer kann nur geschätzt werden. Schätzungsgrundlage sind meist die auf Erfahrungen der steuerlichen Betriebsprüfung beruhenden Abschreibungstabellen (= AfA-Tabellen). Entsprechend diesen Abschreibungen kommt es zu einer jährlich sich verringernden Wertfortschreibung dieser Anlagegüter. Das Anlageverzeichnis dient der Ermittlung des Werts der Bestände des Anlagevermögens. Da die pauschal erfolgenden AfA-Abschreibungen oft nicht dem wirklichen Wertverlust entsprechen bilden sich faktisch stille Vermögensreserven, die buchmäßig nicht erfaßt werden und sich deshalb gewinnmindernd auswirken.

5. Zu verschiedenen Arten der doppelten Buchführung

In der Praxis gibt es verschiedene Arten der doppelten Buchführung wie „Amerikanisches Journal“, „Durchschreibebuchführung“, „Elektronische Datenverarbeitung“ und „Offene Postenbuchhaltung“. All diese Arten unterscheiden sich nur in der Buchungstechnik. Das System der doppelten Buchführung (Grund- und Sachbuchungen sowie Buchungssatz) ist bei allen gleich. Gemeinsam ist auch, daß der Gewinn doppelt ermittelt wird, nämlich als Saldo des Gewinn- und Verlustkontos und als Unterschiedsbetrag beim Betriebsvermögensvergleich.

III. Überblick zur Gewinn- und Verlustrechnung

1. Aufbau einer Gewinn- und Verlustrechnung

Die Gewinn- und Verlustrechnung ist im Prinzip wie die Einnahmen-Überschußrechnung aufgebaut (1.2.). Sie entnimmt aus den Sachkonten einer doppelten Buchführung die Salden der Erfolgskonten (II 3b) und die Erfolgsausweise der gemischten Konten (II 3c), oder, wenn ein Gewinn- und Verlustkonto besteht, deren Salden (II 3d). Sie ist praktisch eine Abschrift des abgeschlossenen Gewinn- und Verlustkontos in geordneter Form (II 3d). Der Saldo der Gewinn- und Verlustrechnung ist identisch mit dem Saldo des Gewinn- und Verlustkontos (= Differenz zwischen Erträgen und Aufwendungen). Dieser Saldo kann abschließend erst nach Durchführung der Inventur erstellt werden, weil Wareneinsatz, Verbrauch an Roh-, Hilfs- und Betriebsstoffen und der Ersatz an fertigen und unfertigen Erzeugnissen im Geschäftsjahr nicht laufend gebucht werden sondern erst durch die Inventur ermittelt werden. Der Saldo der Gewinn- und Verlustrechnung beinhaltet den Reingewinn oder den Verlust des Unternehmens.

2. Muster einer Gewinn- und Verlustrechnung

In der Gewinn- und Verlustrechnung werden auf der linken Seite, der Sollseite, alle Aufwendungen oder Betriebsausgaben verbucht. Auf der rechten Seite, der Habenseite, erscheinen alle Erträge oder Betriebseinnahmen. Die Differenz der beiden Seiten ist der Gewinn oder Verlust.

Als Muster einer gesonderten Gliederung all dieser Posten dient in der Praxis das Gliederungsschema des § 157 AktG, das auf ein Einzelunternehmen reduziert etwa im Prinzip so aussieht:

I. linke Seite: Aufwendungen (oder Betriebsausgaben)
   1. Wareneinsatz und halbfertige Arbeiten
   2. Löhne, Gehälter, soziale Abgaben
   3. Abschreibungen und Wertberichtigungen
   4. Verluste aus Abgang von Anlagevermögen
   5. Zinsen und ähnliche Aufwendungen
   8. Betriebssteuern
   7. Verlustübernahmen
   8. Sonstige Aufwendungen
   9. Gewinn (alternativ zu II 8)

II. Rechte Seite: Erträge (oder Betriebseinnahmen)
   1. Umsatzerlös
   2. Gewinnübernahmen
   3. Beteiligungserträge
   4. Zinserträge
   5. Erträge aus dem Abgang von Anlagevermögen
   6. Erträge aus der Auflösung von Wertberichtigungen, Rückstellungen
   7. Sonstige Erträge
   8. Verlust (alternativ zu I 9)

3. Zu den Betriebsausgaben

Sachlich handelt es sich bei den Aufwendungen im wesentlichen um den gleichen Ausgabenkatalog, wie er bei der Einnahmen-Überschußrechnung (1.2.) unter III (Seite 29ff. in alphabetischer Reihenfolge erörtert worden ist. Auch hinsichtlich der unterhaltsrechtlichen Überprüfung gibt es im wesentlichen ähnliche Probleme wie bei einer Einnahmen-Überschußrechnung (siehe dort Seite 24ff. und Seite 28ff.). Zu beachten ist allerdings, daß beim Vermögensvergleich die Umsatzsteuer als durchlaufender Posten behandelt wird und deshalb weder als Erlös noch als Aufwand erscheint. Ferner erhöhen Betriebseinnahmen ausnahmsweise den Jahresgewinn nicht, wenn eine bereits im Vorjahr bilanzierte Forderung erst in diesem Jahr, z. B. infolge Stundung des Kaufpreises, erfüllt wurde.

IV. Überblick zur Jahresbilanz

1. Handelsbilanz und Steuerbilanz

Vollkaufleute (§§ 1 bis 3 HGB), Aktiengesellschaften (§ 148 AktG), Gesellschaften mit beschränkter Haftung (GmbHG) und Genossenschaften (§ 33 GenG) müssen nach Handelsrecht und Steuerrecht (§ 141 AO) eine Bilanz erstellen, alle übrigen Unternehmer nur nach Steuerrecht (§ 141 AO). Die Handelsbilanz und die Steuerbilanz sind nach dem gleichen Schema aufgebaut. Sie sind nach Bilanzierungsgrundsätzen zu erstellen, die sich aus den Grundsätzen einer ordnungsgemäßen Buchführung ergeben (vgl. II 1.). Eine Bilanz gibt zum Stichtag an, welches Vermögen im Unternehmen vorhanden ist, aus welchen Wirtschaftsgütern es sich zusammensetzt, was die einzelnen Wirtschaftsgüter wert sind, wem das in dem Vermögen steckende Kapital gehört und welcher Bilanzgewinn oder Bilanzverlust erwirtschaftet wurde.

a) Die Handelsbilanz verfolgt im Interesse der Gläubiger und der Erhaltung des haftenden Kapitals das Ziel, Überbewertungen zu verhindern. Dagegen sind Unterbewertungen der Wirtschaftsgüter erlaubt. Solche Unterbewertungen des Anlage- und Umlaufvermögens mindern wie ein zu hoher Ansatz der Passiva den Gewinn, was sich unterhaltsrechtlich zum Nachteil des Berechtigten und steuerrechtlich zum Nachteil des Fiskus auswirkt. Deshalb sind bei einer Handelsbilanz aus unterhaltsrechtlichen Gesichtspunkten vor allem alle Vermögensbewertungen kritisch zu überprüfen und mit großer Vorsicht zu beurteilen.

b) Die Steuerbilanz versucht mit Hilfe der steuerlichen Bewertungsvorschriften eine solche willkürliche Unterbewertung zu verhindern und ist deshalb unterhaltsrechtlich besser geeignet. Aber auch die Steuerbilanz gibt nicht den wahren Wert des Betriebsvermögens wieder, der regelmäßig über dem ausgewiesenen Wert (Kapital) liegt, denn auch diese Bilanz enthält stille Reserven. Solche stillen Reserven entstehen wegen des Aktivierungsverbots für unentgeltlich erworbene immaterielle Wirtschaftsgüter des Betriebsvermögens (z. B. für einen selbst geschaffenen Geschäftswert) sowie wegen der zahlreichen steuerrechtlichen Bewertungsfreiheiten, erhöhten Abschreibungsmöglichkeiten und Sonderabschreibungen.

Nicht ausgewiesen werden in der Bilanz der noch nicht realisierte Gewinn, der Wertzuwachs von Wirtschaftsgütern (z. B. Immobilien) und die Bildung von stillen Rücklagen. Die stillen Reserven werden erst bei Betriebsveräußerung, Geschäftsübertragung oder Entnahme bzw. Veräußerung einzelner Wirtschaftsgüter ganz oder teilweise aufgedeckt.

c) Viele Unternehmen begnügen sich in der Praxis mit einer Handelsbilanz, die gleichzeitig auch den steuerlichen Bewertungsvorschriften entspricht. Eine solche Bilanz ist dann wie unter b) beschrieben zu beurteilen.

2. Aufbau und Muster einer Jahresbilanz

Die Jahresbilanz ist ein Geschäftsabschluß, der zu einem bestimmten Stichtag (Jahresende) in einer übersichtlichen Gliederung das Verhältnis des betrieblich gebundenen Vermögens zu den betrieblichen Schulden und sonstigen Belastungen darstellt.

a) In der Bilanz (lateinisch: doppelte Waage) werden in Balance auf der linken Seite die Vermögenswerte (Aktiva) und auf der rechten Seite die Schulden und sonstigen Belastungen (Passiva) dargestellt, jeweils mit einer Bezeichnung und Wertangabe. Die Differenz ist das Kapital. Wenn die Vermögenswerte die Schulden und Belastungen übersteigen, wird das Kapital auf der rechten Seite ausgewiesen und beinhaltet dort ein positives Kapitalkonto, den sogenannten Bilanzgewinn. Im umgekehrten Fall erscheint es auf der linken Seite als negatives Kapitalkonto, dem sogenannten Bilanzverlust. Auf diese Weise ist die Balance stets ausgeglichen, d. h. die linke (Aktiva) und rechte Seite (Passiva) sind immer gleich groß. Die durch den Differenzbetrag auf der linken oder rechten Seite hergestellte Gleichheit gibt Aufschluß über den Stand des Unternehmens am Jahresende (= Bilanzverlust oder Bilanzgewinn bzw. überschuldet oder kapitalkräftig).

b) Die Bilanzerstellung setzt voraus, daß das Inventar durch eine Inventur ermittelt wurde und die Konten abgeschlossen werden konnten. Als Schlußbilanz eines Geschäftsjahres schließt die Bilanz die Buchführung ab. Die Salden der abgeschlossenen Bestandskonten werden durch Buchungen auf das Schlußbilanzkonto übernommen. Aus Gründen der Übersichtlichkeit werden Posten des Schlußbilanzkontos in der Bilanz gruppenweise zusammengefaßt, d. h. alle zu einer Gruppe gehörenden Wirtschaftsgüter werden mit dem Gesamtbetrag als Bilanzposten ausgewiesen. Die Bilanzposten werden aus Gründen der Klarheit geordnet gegliedert. Für die Aktiengesellschaft enthält § 151 AktG ein Gliederungsschema. Im allgemeinen sieht das vereinfachte Schema der Bilanz etwa so aus:

Aktiva	Passiva
I. Anlagevermögen	I. Eigenkapital
1. Bebaute Grundstücke	
2. unbebaute Grundstücke	
3. Maschinen und maschinelle Anlagen	
4. Betriebs- und Geschäftsausstattung	
5. Anlagen im Bau und Anzahlungen auf Anlagen	
6. Konzessionen, gewerbliche Schutzrechte und ähnliche Rechte sowie Lizenzen	
II. Umlaufvermögen	II. Fremdkapital
1. Roh-, Hilfs- und Betriebsstoffe	1. Rückstellungen
2. Unfertige Erzeugnisse	2. langfristige Verbindlichkeiten
3. Fertige Erzeugnisse	3. kurzfristige Verbindlichkeiten
4. Waren	4. Wechselschulden
5. Forderungen und Lieferungen und sonstigen Leistungen	5. Sonstige Verbindlichkeiten
6. Wechselforderungen	
7. Sonstige Forderungen	
8. Kassenbestand und Postscheckguthaben	
9. Guthaben bei Kreditinstituten	
III. Rechnungsabgrenzungsposten	III. Rechnungsabgrenzungsposten
IV. Bilanzverlust	IV. Bilanzgewinn
Summe der Aktiva	Summe der Passiva

3. Zur Ermittlung des Unternehmensgewinns

Die Bilanz selbst besagt noch nichts über den Unternehmensgewinn. Dieser ist erst noch zu ermitteln als Unterschiedsbetrag zwischen dem Betriebsvermögen am Schluß des vorangegangenen Geschäftsjahres, ausgewiesen durch die damalige Schlußbilanz (oder Anfangsbilanz) und dem jetzigen Betriebsvermögen, ausgewiesen durch die neue Schlußbilanz, vermindert um den Wert der privaten Einlagen und vermehrt um den Wert der privaten Entnahmen. Die Werte hierzu sind aus dem Privatkonto zu entnehmen (II 3e). Dieser so errechnete Gewinn muß übereinstimmen mit dem Saldo der Gewinn- und Verlustrechnung (III.) bzw. dem Saldo des Gewinn- und Verlustkontos (II 3e).

V. Überblick über unterhaltsrechtlich relevante Problembereiche bei dieser Gewinnermittlungsart

Aus den bisherigen Ausführungen ist bereits deutlich geworden, daß es ohne Zuziehung eines Sachverständigen sehr schwierig ist, das unterhaltsrechtlich relevante Einkommen in Abgrenzung zu dem steuerrechtlich relevanten Gewinn genau festzustellen. Im Zweifel wird es höher sein. Besonders wichtig wird eine solche Überprüfung, wenn die Jahresabschlüsse nur einen geringen Gewinn oder gar einen größeren Verlust ausweisen. In solchen Fällen wird man die Einkommenserklärungen und die hierzu vorgelegten Unterlagen unter folgenden Gesichtspunkten genauer auf ihre unterhaltsrechtliche Relevanz ansehen und überprüfen:

1. Unterhaltsrechtlich relevante Angaben

Hat der Unterhaltspflichtige, der sich auf sein zu versteuerndes Einkommen bezieht, alle (auch nicht zu versteuernde) Einkünfte, vollständig angegeben und hat er die abgesetzten Beträge so dargelegt, daß die allein steuerrechtlich beachtlichen Ausgaben von den unterhaltsrechtlich abzugsfähigen Aufwendungen abgegrenzt werden können? (BGH, FamRZ 80/770, 771 = NJW 80/2083, 2084 = B 5b; FamRZ 85/357, 358, 359 = NJW 85/909, 910, 911 = B 5c). Insoweit hat der Unterhaltspflichtige, der sich auf seine Leistungsunfähigkeit beruft, die Darlegungs- und Beweislast (vgl. Seite 103ff.).

2. Überprüfung der Angaben

Diese Angaben zu den Betriebseinnahmen und Betriebsausgaben sind zweckmäßigerweise zunächst anhand der Gewinn- und der Verlustrechnung sowie der entsprechenden Konten und Belege zu überprüfen. Insoweit gelten in entsprechender Weise die Ausführungen zur Einnahmen- und Überschußrechnung (= Seite 25ff.). Auf der Einnahmeseite ist zu klären, ob es nicht verbuchte Einnahmen gibt, vor allem auch in der Form von Sachentnahmen und Eigenverbrauch von Waren und Leistungen für sich und Dritte. Oftmals erhält man durch den Unterhaltsberechtigten oder durch Vergleich von Wareneinsatz, Umsatzerlösen und Angaben bei der Umsatzsteuererklärung mit dem aus Richtsatzsammlungen bekannten branchenüblichen Erfahrungssätzen Hinweise auf solche Schwarzumsätze, unberechtigte Zuwendungen an Dritte oder verschwiegene Sach- und Leistungsentnahmen für private Zwecke. Auf der Ausgabenseite ist zu überprüfen, ob diese wirklich betriebsbedingt sind und nicht auch verschleierte Aufwendungen für den privaten Lebensbedarf enthalten, ob sie der Höhe nach angemessen sind (z. B. der Arbeitslohn für den neuen Ehegatten), ob bei Mischausgaben der private Anteil zu niedrig angesetzt wurde, ob Neuinvestitionen unterhaltsrechtlich zumutbar oder mißbräuchlich sind, ob Wirtschaftsgüter zu niedrig bewertet wurden, ob die Abschreibungssätze für abnutzbare Wirtschaftsgüter unterhaltsrechtlich der Höhe nach zu ermäßigen und zeitlich zu verlängern sind und ob Rücklagen berechtigt oder der Höhe nach angemessen sind (siehe auch Seite 33).

3. Bewertungen, Abschreibungen, stille Reserven und Investitionskosten

a) Anhand der Bilanz in Verbindung mit den zugehörigen Unterlagen können vor allem Bewertungs- und Abschreibungsfragen bezüglich der Wirtschaftsgüter des Anlage- und Umlaufvermögens genau überprüft werden und es kann geklärt werden, ob stille Reserven bestehen, die aktiviert werden können und für Unterhaltszwecke verwertbar gemacht werden können. Zu solchen stillen Reserven kommt es, weil der Unternehmer bei der Bewertung der Anlagegüter knapp kalkuliert und sie so schnell wie möglich abschreibt. Da der steuerrechtlich legitimen pauschalen Abschreibung sehr oft kein tatsächlich korrespondierender Wertverzehr entspricht, kann das Wirtschaftsgut nach vollzogener Abschreibung noch voll einsatzfähig sein. Es hat dann zwar keinen buchmäßigen, in der Bilanz sich auswirkenden Wert, wohl aber noch einen faktischen Vermögenswert, der allerdings nur bei einer Veräußerung zu einer Gewinnerhöhung führen würde. Unterhaltsrechtlich beinhalten solche stillen Reserven eine unzumutbare Vermögensbildung auf Kosten des Unterhaltsberechtigten.

b) Außerdem ist die Bilanz wichtig zur Gegenkontrolle bei strittigen Positionen. In Zweifelsfällen wird man notfalls auch auf die einschlägigen Buchhaltungsunterhalten und Belege zurückgreifen. Der Unterhaltspflichtige hat eine Aufklärungs- und Darlegungslast, wenn sich bei der Überprüfung seiner Angaben und Unterlagen entsprechende Zweifel ergeben. Er muß z. B. aufklären und konkret darlegen, warum der von ihm vorgenommenen pauschalen Abschreibung konkret ein Wertverzehr in gleicher Höhe entspricht und warum für ihn die bereits voll abgeschriebenen Wirtschaftsgüter keinen Vermögenswert mehr haben und betrieblich nicht mehr genutzt werden können, bzw. wo sie sich jetzt befinden. In einer Entscheidung zu Einkünften aus Vermietung und Verpachtung, die sachlich auch für Abschreibungen bei unbeweglichem Betriebsvermögen und für betriebliche Instandsetzungskosten zutrifft, hat der BGH ausgeführt, daß das unterhaltsrechtliche Einkommen durch Abschreibungen für die Abnutzung von Gebäuden nicht berührt wird, weil den Abschreibungen lediglich ein Verschleiß von Gegenständen des Vermögens zugrundeliege, wobei die steuerlichen Pauschalen vielfach über das tatsächliche Ausmaß hinausgingen. Auch sei zu berücksichtigen, daß diese Wertminderungen durch eine günstige Entwicklung des Immobilienmarktes ausgeglichen werden können. Instandsetzungskosten dürfen nur insoweit einkommensmindernd berücksichtigt werden, als es sich um einen notwendigen Erhaltungsaufwand handle und nicht um Aufwand für Vermögensbildung, wie er etwa vorliege, wenn Ausbauten und wertsteigernde Verbesserungen vorgenommen worden sind (BGH, FamRZ 84/39, 41 = NJW 84/303, 304, 305 = B 24; siehe ferner Seite 25f.).

c) Auch Investitionskosten wirken sich unangemessen zu Lasten des Unterhaltsberechtigten aus, solange sie im Betrieb keine zusätzlichen Gewinne bzw. Erträge abwerfen, sich also nicht amortisieren. Das OLG Düsseldorf unterscheidet insoweit zwischen anerkennungsfähigen, zur Bestanderhaltung notwendigen Investionen und nicht anerkennungsfähigen, bloß zweckmäßigen Investitionen (DAV 81/293, 295). Meines Erachtens wird durch diese Unterscheidung der auch im Interesse des Unterhaltsberechtigten einzuräumende unternehmerische Spielraum zu eng gezogen. Da der Unterhaltsberechtigte auf lange Sicht auch teil hat am wirtschaftlichen Erfolg von Investitionen, sind ihm in der Regel vorübergehende Risiken und Nachteile wirtschaftlich vertretbarer Investitionen zuzumuten. Die Zumutbarkeitsgrenze ist aber überschritten bei leichtfertigen Risikogeschäften, voraussehbaren Fehlspekulationen, „Luxusinvestitionen", aus denen voraussehbar kein Nutzen für den Berechtigten entstehen kann oder sonstigen mißbräuchlichen Investitionen. Ob ein solcher Mißbrauch zu bejahen ist, wird man danach bemessen können, ob ein vernünftig vorausdenkender, planender und handelnder Unternehmer unter Berücksichtigung der konkreten wirtschaftlichen Verhältnisse und der Interessen des Unterhaltsberechtigten von solchen Investitionen abgesehen hätte.

4. Einkommensschätzung

Ergeben sich aufgrund sorgfältiger Überprüfung der vorgelegten Unterlagen berechtigte Zweifel an dem behaupteten unterhaltsrechtlich relevanten Einkommen, kann dieses vom Sachverständigen oder vom Gericht nach § 287 ZPO unter Berücksichtigung der konkreten Umstände des Falles erhöht geschätzt werden (siehe auch Seite 33 und Seite 27f.).

5. Einkommensbemessung nach den Entnahmen

a) Sind die Entnahmen höher als der bilanzmäßig ausgewiesene oder geschätzte Gewinn, so kann der Unterhaltsanspruch in der Regel statt nach dem Gewinn nach den Entnahmen bemessen werden. In solchen Fällen kann das negative Kapital durch Kreditaufnahmen abgedeckt sein mit der Folge, daß der Unterhaltsberechtigte selbst von der Substanz des Betriebsvermögens lebt und auch den Unterhaltsanspruch nur aus der Substanz des Betriebsvermögens durch weitere Kreditaufnahmen finanzieren kann. Ob die Entnahmen den Grundsätzen einer ordnungsgemäßen Wirtschaft entsprochen haben, kann für die Vergangenheit dahingestellt bleiben, denn die Entnahmen haben dem Pflichtigen tatsächlich zur Verfügung gestanden. Deshalb muß er den Berechtigten daran auch teilhaben lassen. Außerdem muß er nach der Rechtsprechung des BGH in Ermangelung sonstiger Mittel grundsätzlich auch den Stamm seines Vermögens zur Bestreitung des Unterhalts angreifen, solange für ihn die Verwertung des Vermögensstammes nicht einen für ihn nicht mehr vertretbaren Nachteil mit sich bringen würde. Außerdem kann ihm zugemutet werden, sich die für den Unterhaltsbeitrag notwendigen Mittel durch Aufnahme eines Kredits zu beschaffen (BGH FamRZ 80/43, 44, 45 = NJW 80/340, 341, 342 = B 25). Für das Vorliegen von Ausnahmeumständen hat der Verpflichtete die Beweislast (siehe Seite 103ff.).

b) Das OLG Düsseldorf meint, daß der Unterhalt nicht mehr nach den Privatentnahmen bemessen werden dürfe, wenn das Betriebsvermögen schon im wesentlichen durch Kredite belastet oder durch eingetretene Geschäftsverluste erschöpft sei, der Unternehmer aber weitere Gelder von Dritten ausleihe und diese Gelder im Weg der Privatentnahme ganz oder teilweise dem Unternehmen entziehe (OLG Düsseldorf, FamRZ 83/397, 399). In einem solchen Fall wird es dem Unternehmer in der Regel zuzumuten sein, seinen Betrieb zu veräußern und eine besser bezahlte abhängige Arbeit anzunehmen. Es ist ihm dann ein fiktives Einkommen zuzurechnen, wenn er nicht darlegt, daß er sich ernsthaft und mit der nötigen Energie um eine solche Stelle bemüht hat (OLG Koblenz, FamRZ 84/1225, 1226; OLG Köln, FamRZ 83/87, 89).

c) Wird der Unterhalt nach den Privatentnahmen bemessen, sind vorher für den gleichen Zeitraum geleistete Privateinlagen und von den Entnahmen gezahlte persönliche Steuern und Vorsorgeaufwendungen in angemessener Höhe abzuziehen (OLG Düsseldorf, FamRZ 83/397, 399 und DAV 81/293, 295).

4. Unterabschnitt: Einkünfte aus Land- und Forstwirtschaft

I. Überblick zu den Einkünften aus Land- und Forstwirtschaft

1. Einkünfte

Hierzu zählen u. a. Einkünfte aus Ackerbau, Freilandwirtschaft, Tierzucht, Tierhalterei, Forstwirtschaft, Weinbau, Gartenbau, Obstbau, Blumen- und Zierpflanzenanbau, Gemüseanbau, Baumschulen, Gärtnereien, Fischzucht, Binnenfischerei, Teichwirtschaft, Imkerei, Wanderschäferei, Saatzucht, Jagd, Hopfenanbau sowie Einkünfte aus land- und forstwirtschaftlichen Nebenbetrieben.

2. Gewinnermittlungsarten

Die Gewinnermittlung bei Land- und Forstwirtschaft erfolgt seit 1980,

a) nach Durchschnittssätzen gemäß § 13a EStG (näheres siehe II).

b) Durch Betriebsvermögensvergleich nach § 4 Abs. 1 EStG, wenn der Landwirt selbst bewirtschaftete Flächen mit einem Wirtschaftswert von mehr als 40000,– DM (§ 141 Abs. 1 Nr. 3 AO) oder einen Gewinn von mehr als 36000,– DM (§ 141 Abs. 1 Nr. 5 AO) oder einen Umsatz von mehr als 360000,– DM gehabt hat und vom Finanzamt aufgefordert worden ist, Bücher zu führen. Für solche Landwirte gelten die Ausführungen zu Unterabschnitt 3, Seite 31ff. Der Warenausgang muß gesondert ausgezeichnet werden (§ 144 Abs. 5 AO); zur gesonderten Aufzeichnung des Wareneingangs besteht keine Verpflichtung (§ 143 AO).

c) Durch Einnahmeüberschußrechnung nach § 4 Abs. 3 EStG in allen sonstigen Fällen. Die Voraussetzung ist, daß entsprechende Aufzeichnungen gemacht werden. Es gelten dann die Ausführungen zu Unterabschnitt 2, Seite 24ff. Fehlen solche Aufzeichnungen, wird der Gewinn nach den Grundsätzen über die Gewinnermittlung durch Betriebsvermögensvergleich geschätzt.

3. Betriebseinnahmen

Zu den wichtigsten Einnahmen aus Land- und Forstwirtschaft zählen u. a.:

a) Verkaufserlöse von Naturalien, Waren, Tieren und sonstigen land- oder forstwirtschaftlichen Erzeugnissen.
b) Der Nutzungswert der Wohnung, wenn diese die bei Betrieben gleicher Art übliche Größe nicht überschreitet. Dagegen gehört der Mietwert für ein großes Gutshaus oder Schloß zu den Einkünften aus Vermietung und Verpachtung.
c) Vereinnahmte Pachtzinsen.
c) Entnahmen für den Privatgebrauch (Eigenverbrauch).
e) Erlöse aus Grundstücksveräußerungen.
f) Verkauf gebrauchter Landmaschinen und ähnlicher Gegenstände.

4. Betriebsausgaben

Zu den wichtigsten Betriebsausgaben zählen u. a.:

a) Schuldzinsen
b) Verausgabe Pachtzinsen
c) Dauernde Lasten
d) Kaufpreis für Betriebsmittel, Maschinen und ähnliche Waren und Gegenstände.

II. Die Ermittlung des land- und forstwirtschaftlichen Gewinns nach Durchschnittssätzen (§ 13a EStG)

1. Voraussetzungen

Diese Ermittlungsart ist möglich, wenn der Land- oder Forstwirt nicht buchführungspflichtig ist, der sogenannte Ausgangswert (= der im maßgeblichen Einheitswert ausgewiesene Vergleichswert der Nutzungen) ohne Sondernutzungen und Sonderkulturen nicht höher als 32000,– DM ist, die Tierbestände 40 Vieheinheiten nicht übersteigen und keine andere Art der Gewinnermittlung (Vermögensvergleich oder Überschußrechnung) gewählt wurde.

2. Die Ermittlung des Durchschnittsgewinns

Der Durchschnittsgewinn errechnet sich aus der Summe folgender Einzelpositionen:

a) Dem Grundbetrag, das ist ⅙ des Ausgangswerts bei einem Ausgangswert bis zu 25000,– DM und ⅕ des Ausgangswertes bei einem Ausgangswert über 25000,– DM.
b) Dem Wert der Arbeitsleistungen des Betriebsinhabers und seiner im Betrieb beschäftigten Angehörigen. Dieser Wert ist pauschaliert bei volljährigen Arbeitskräften unter 65 Jahren auf DM 8000,– bei einem Ausgangswert bis 8000,– auf DM 10000,– bei einem Ausgangswert von 8000,– bis 12000,– auf DM 12000,– bei einem Ausgangswert von 12000,– bis 25000,– und auf DM 14000,– bei einem Ausgangswert über 25000,–.
c) Vereinnahmte Pachtzinsen.
d) Nutzungswert der Wohnung des Betriebsinhabers mit ⅛ des im Einheitswert besonders ausgewiesenen Wohnungswertes.
e) Gewinne aus Sonderkulturen, Sondernutzungen und Veräußerung oder Entnahme von Grund und Boden, soweit diese DM 30000,– übersteigen.

3. Unterhaltsrechtliche Bewertung dieser Gewinnermittlungsart

Diese Gewinnermittlung nach Durchschnittssätzen erscheint unterhaltsrechtlich sehr problematisch, weil die Berechnung pauschal nach Bruchteilen des verhältnismäßig niedrigen land- und forstwirtschaftlichen Einheitswertes erfolgt. Bei erheblichen Zweifeln an der Maßgeblichkeit des so errechneten steuerrechtlichen Gewinns für Unterhaltszwecke wird man unterhaltsrechtlich eine Einnahmenüberschußrechnung verlangen und gegebenenfalls den Gewinn nach § 287 ZPO schätzen oder durch einen Sachverständigen ermitteln lassen.

5. Unterabschnitt: Einkünfte aus Vermietung und Verpachtung, aus Wohn- oder Mietvorteilen und aus Wohngeld

I. Überblick zu den Einkünften aus Vermietung und Verpachtung

1. Zur Einkunfts- und Gewinnermittlungsart

a) Die Einkünfte aus Vermietung und Verpachtung werden wie bei Einkünften aus abhängiger Arbeit (1.1.) ermittelt durch Abzug der Werbungskosten von den Bruttoeinnahmen.

b) Vermietet oder verpachtet werden gegen Miet- oder Pachtzins Grundstücke, Gebäude, Gebäudeteile, möblierte Zimmer, bewegliche Gegenstände, Betriebe, Geschäfte, Praxen, Entnahme von Bodenschätzen (Sand, Kies). Das vermietete oder verpachtete Objekt selbst zählt zum Vermögen. Deshalb können Aufwendungen für den Erwerb des Objekts oder für werterhöhende Maßnahmen nicht als Werbungskosten abgesetzt werden, wohl aber Zinsen und Finanzierungskosten, die für einen Erwerbskredit aufgenommen worden sind und noch laufend abgezahlt werden müssen. Andererseits ist der Wertzuwachs, der sich aus der Entwicklung des Immobilienmarktes oder aus sonstigen Gründen ergibt, kein Einkommen. Auch Nießbraucher und Untervermieter erzielen Einkünfte aus Vermietung und Verpachtung.

2. Einnahmen

Zu den Einnahmen zählen in der Regel:

a) Miet- oder Pachtzinsen.
b) Mietvorauszahlungen, Mietzuschüsse und Baukostenzuschüsse.
c) Alle Nebenleistungen des Mieters für Strom, Wasser, Müllabfuhr, Straßenreinigung u. ä. sowie sonstige Erstattungen von Werbungskosten durch den Mieter.
d) Entschädigungen, die als Ersatz für entgangene Miet- oder Pachtzinsen gezahlt werden.
e) Schadensersatzleistungen des Mieters oder Pächters, die auf einer Vertragsverletzung beruhen.
f) Wert von Sachleistungen oder Dienstleistungen des Mieters anstelle eines Barzinses.
g) Bau- oder Reparaturaufwendungen des Mieters, die mit der Miete verrechnet werden.
h) Nutzungswert der unentgeltlichen Wohnung im eigenen Haus oder der verbilligt an nahe Angehörige überlassenen Wohnung (genaueres hierzu siehe II).

3. Abziehbare Ausgaben

Abziehbare Werbungskosten, jeweils bezogen auf ein konkretes Objekt, für das Einnahmen erzielt werden

a) Allgemeine Hausunkosten als Werbungskosten: Grundsteuer und öffentliche Gebühren für Müllabfuhr, Abwasser, Straßenreinigung, Kaminkehrer, Wasser, Strom, Gas u. ä.
Kosten für Zentralheizung, Warmwasserbereitung, Fahrstuhl, Hauslicht, Hausmeister.
Ausgaben für Hausverwaltung,
notwendige Reisekosten zum Mietobjekt,
notwendige Prozeßkosten für Miet- und Räumungsprozesse,
Beiträge zum Haus- und Grundbesitzerverein,
Prämien für notwendige Hausversicherungen (Sach-Haftpflicht-, Brand- und sonstige Schadensversicherungen).

b) Notwendige Erhaltungsaufwendungen (= Kosten für Instandhaltungs- und Schönheitsreparaturen).
Instandsetzungskosten können unterhaltsrechtlich nur insoweit einkommensmindernd berücksichtigt werden, als es sich um einen notwendigen Erhaltungsaufwand handelt und nicht um einen Aufwand für Vermögensbildung, wie er etwa vorliegt, wenn Ausbauten und wertsteigernde Verbesserungen vorgenommen worden sind (BGH, FamRZ 84/39, 41 = NJW 84/303, 304, 305 = B 24). Gegebenenfalls ist durch einen Sachverständigen der

Anteil der notwendigen Erhaltungsaufwendungen und der Anteil für wertsteigernde Vermögensverbesserungen festzustellen.

Größere notwendige Erhaltungsaufwendungen können nach einem wirtschaftlich sinnvollen Zeitplan auf etwa zwei bis fünf Jahre verteilt werden.

c) Abschreibungen für Gebäudeabnutzungen. Steuerrechtlich sind solche Abschreibungen möglich. Sie betragen 2,5% der Anschaffungs- und Herstellungskosten für vor dem 1. 1. 1925 fertiggestellte Gebäude und 2% für nach dem 1. 1. 1925 hergestellte Gebäude. Außerdem gibt es für bestimmte Gebäude und für bestimmte Instandsetzungs- und Modernisierungsaufwendungen erhöhte Abschreibungsmöglichkeiten. Solche steuerrechtlich zulässigen Abschreibungen für Gebäudeabnutzung und Instandsetzungskosten berühren vor allem bei Einkünften aus Vermietung und Verpachtung das unterhaltsrechtlich maßgebliche Einkommen nicht, weil diesen lediglich ein pauschal angerechneter Verschleiß von Vermögensgegenständen zugrundeliegt, der erfahrungsgemäß entweder konkret nicht vorliegt oder zumindest über das tatsächliche Ausmaß der Wertminderung hinausgeht und in der Regel ausgeglichen sein kann durch eine günstige Entwicklung des Immobilienmarktes (BGH, FamRZ 84, 39, 41 = NJW 84/303, 304, 305 = B 24). Im Zweifel wird der Vermieter einen durch gleichzeitige Werterhöhungen nicht ausgeglichenen konkreten Wertverlust behaupten und nachweisen müssen.

d) Laufend noch zu zahlende Kredit- und Finanzierungskosten (z. B. Zinsen für Darlehen u. ä.). Nicht abziehbar sind Tilgungsbeträge, da diese der Vermögensbildung dienen.

4. Verluste

Verluste aus Vermietung und Verpachtung mindern unterhaltsrechtlich das sonstige Einkommen nicht. Es unterbleibt lediglich eine Erhöhung dieses Einkommens (OLG Hamburg, FamRZ 84/59, 61).

II. Wohn- und Mietvorteile

1. Allgemeines

a) Steuerrechtlich zählt der Nutzungswert einer Wohnung im eigenen Haus oder einer verbilligt überlassenen Wohnung zu den Einkünften aus Vermietung und Verpachtung.

b) Unterhaltsrechtlich gehören die Ausgaben für das Wohnen zu den Kosten der privaten Lebensführung und damit zum Unterhaltsbedarf des Berechtigten und zum Eigenbedarf des Verpflichteten. Dementsprechend müssen die laufende Miete und die Mietnebenkosten vom Berechtigten aus seinem Unterhalt und vom Verpflichteten aus dem ihm verbleibenden quotenmäßigen Einkommensteil bestritten werden. Deshalb beinhaltet ein kostenloses Wohnen (z. B. im eigenen Haus oder in einer Eigentumswohnung), oder ein vergleichsweise verbilligtes Wohnen (z. B. bei Angehörigen oder Freunden) unterhaltsrechtlich einen vermögenswerten Vorteil, der bei der Unterhaltsberechnung zu berücksichtigen ist (BGH, FamRZ 84/358, 360 = NJW 84/1237, 1239, 1240 = B 26a; FamRZ 82/892, 893 = NJW 82/2439, 2440 = B 27; FamRZ 85/471, 472, 473 = B 28a; FamRZ 85/357, 358, 359 = NJW 85/909, 910, 911 = B 28b; FamRZ 85/354, 356 = B 163e; M.R. 1.3.; OLG München, FamRZ 84/173, 174, 175; KG, FamRZ 84/898, 900, 901; OLG Hamm, FamRZ 84/791, 792, OLG Karlsruhe, FamRZ 84/1020, 1021 u. a.).

c) Wohnt der Verpflichtete im eigenen Haus, erspart er sich die Miete für eine Wohnung. Deshalb ist sein Einkommen um die angemessenen Wohnkosten zu erhöhen, soweit diese nicht durch laufende Verbindlichkeiten für das Haus aufgezehrt werden. Ob im Einzelfall eine Verbindlichkeit zu berücksichtigen ist, kann nur im Rahmen einer umfassenden Interessenabwägung nach billigem Ermessen beurteilt werden (BGH, FamRZ 84/358, 360 = NJW 85/1237, 1239, 1240 = B 26a, M.R. 1.3.).

Einer solchen einkommenserhöhenden Anrechnung liegt der Gedanke zugrunde, daß sich der Verpflichtete ohne eine solche Anrechnung besser stellen würde als der Berechtigte, weil seine Quote faktisch um den Teil höher wäre, den er nicht zur Deckung seiner

Wohnbedürfnisse aufwenden muß. Die Quotenbalance stimmt bei einer Erhöhung des Einkommens um die angemessenen Wohnkosten.

d) Wohnt der Berechtigte mietkostenfrei (z. B. in einer Eigentumswohnung) und hat er eigenes Einkommen, so wird dieses, wie bei dem Verpflichteten (= c) um angemessene Wohnkosten erhöht und aus dem beiderseitigen Einkommen in üblicher Weise der Unterhaltsanspruch errechnet. In der Regel erfolgt die Unterhaltsberechnung nach der Differenzmethode (Seite 225 ff.), weil im Normalfall die ehelichen Lebensverhältnisse durch das kostenfreie Wohnen mitgeprägt sein werden (BGH, FamRZ 85/471, 472, 473 = B 28a; FamRZ 85/357, 358, 359 = NJW 85/909, 910, 911 = B 28b). Wird letzteres ausnahmsweise verneint, ist der Wohnvorteil vom errechneten Unterhalt nach der Anrechnungsmethode abzuziehen.

e) Hat der Berechtigte kein eigenes Einkommen, mindert das kostenfreie Wohnen seine Bedürftigkeit (M.R. 1.3.). Ob dies den Unterhaltsbedarf mindert, wird vor allem auch davon abhängen, welche Kosten dem Pflichtigen für seine eigene Wohnung entstehen (BGH, FamRZ 82/892, 893 = NJW 82/2439 = B 27). Im Regelfall ist dem Berechtigten der Wohnwert als eigenes Einkommen anzurechnen und sein Unterhalt nach der Differenzmethode zu berechnen, weil die ehelichen Lebensverhältnisse durch das kostenfreie Wohnen mitgeprägt sein werden (BGH, FamRZ 85/471, 472, 473 = B 28a; FamRZ 85/357, 358, 359 = NJW 85/909, 910, 911 = B 28b). Ausnahmsweise ist der Wohnkostenvorteil vom errechneten Quotenunterhalt nach der Anrechnungsmethode abzuziehen, wenn die ehelichen Lebensverhältnisse durch das kostenfreie Wohnen nicht mitgeprägt worden sind.

f) Wohnen beide Parteien mietkostenfrei und sind die Wohnungen wertgleich, wird man in der Regel auf beiden Seiten die Wohnkosten unberücksichtigt lassen. Ähnliches gilt, wenn beide Parteien die Nichtanrechnung der Wohnwerte vereinbart haben (OLG München, FamRZ 84/174).

g) Einem unterhaltsberechtigen minderjährigen Kind ist nur dann ein Wohnwert anzurechnen, wenn es selbst (Mit)Eigentümer einer Wohnung ist. (OLG München, FamRZ 84/174, 175 und FamRZ 83/926). In den Bedarfssätzen der D.T. ist bereits mitberücksichtigt, daß ein minderjähriges Kind wohnkostenfrei im Haushalt eines Elternteils lebt und deshalb einen verminderten Unterhaltsbedarf hat.

h) Wohnt ein volljähriges Kind noch bei einem Elternteil, so besteht im Vergleich zu einem außerhalb des Elternhauses lebenden Kind eine Wohnkostenersparnis, weil der betreffende Elternteil den Wohnbedarf des Kindes als Naturalunterhalt erfüllt (genaueres dazu, Seite 158 ff., sowie Seite 167).

i) Auch die ehelichen Lebensverhältnisse der Parteien können dadurch mitgeprägt worden sein, daß sie im Zeitpunkt der Scheidung in ihnen gehörenden (oder einem Partner gehörenden) Häusern gewohnt haben. Dadurch entfielen bei ihnen Mietzahlungen. Andererseits waren die allgemeinen Grundstücksunkosten und gegebenenfalls Zins- und Tilgungsleistungen aufzubringen. Soweit bei einer Gegenüberstellung mit den mit dem Grundeigentum verbundenen Unkosten der Vorteil der ersparten Miete überwiegt ist der Differenzbetrag für die Bestimmung der ehelichen Lebensverhältnisse den Einkünften hinzuzurechnen (BGH, FamRZ 85/357, 358, 359 = NJW 85/909, 901, 911 = B 28b; FamRZ 85/471, 472, 473 = B 28a; FamRZ 85/354, 356 = B 163e).

2. Zur Wertermittlung des Wohnvorteils

a) Der Wert des kostenlosen oder verbilligten Wohnens ist tatrichterlich festzustellen und nach § 287 ZPO zu schätzen. Als Orientierung für eine solche Schätzung dient der Mietwert einer dem Eigentum oder der verbilligten Wohnung nach Ortslage, Zuschnitt und Bequemlichkeit vergleichbaren Wohnung (BGH, NJW 85/49, 50, 51 = B 29).

b) Dabei ist allerdings zu beachten, daß in der Regel sowohl der Berechtigte als auch der Verpflichtete von der jeweiligen Unterhaltsquote etwa ein Drittel abzweigen muß, um seinen Wohnbedarf zu decken. Nach der Lebenserfahrung wird von dem zur Verfügung stehenden Einkommen etwa bis zu einem Drittel für den Wohnbedarf ausgegeben. Deshalb ist im Normalfall der zusätzliche Wohnwert nach oben zu begrenzen auf ein Drittel des Unterhaltsanpruchs oder des Eigenbedarfsanspruchs des Verpflichteten (M.R. 1.3. OLG Karlsruhe, FamRZ 84/1020). Im konkreten Einzelfall kann bei Vorliegen besonderer Umstände diese Drittelobergrenze überschritten werden. Ist der tatsächliche Wohnwert niedriger, als die Drittelobergrenze, dann ist der tatsächliche Wohnwert maßgeblich. Nicht zutreffend erscheint mir die Ansicht des OLG München (26. Senat), wonach die Dritteloberbegrenzung nur für den Unterhaltsberechtigten gelten soll mit der Begründung, daß diesem durch die Anrechnung nicht der notwendige Barunterhalt entzogen werden soll (OLG München, FamRZ 84/173, 175). Der Grund für diese Obergrenze ist für den Berechtigten und Verpflichteten der gleiche, nämlich daß nach der Lebenserfahrung in der Regel etwa bis zu einem Drittel des als Eigenbedarf oder Unterhalt zur Verfügung stehenden Einkommens für Wohnzwecke ausgegeben wird. Die Quotenbalance erfordert auch insoweit eine Gleichbehandlung des Berechtigten und des Verpflichteten.

c) Aus Vereinfachungsgründen kann bei der Schätzung der Drittelobergrenze (§ 287 ZPO) ein Wohnwert noch unberücksichtigt bleiben.

d) Die Drittelobergrenze errechnet sich dementsprechend wie folgt:
aa) Beim Berechtigten ohne eigenes Einkommen bis zu ⅓ seiner Unterhaltsquote.
Rechenbeispiel:
Tatsächlicher Wohnvorteil: DM 1000,–
Einkommen des Verpflichteten: DM 2800,–
Einkommen des Berechtigten: DM 0
Drittelobergrenze für den Berechtigten: 2800 × 3/7 = 1200 : 3 = 400 Anzurechnender Wohnvorteil: DM 400,–
bb) Beim Berechtigten mit eigenem Einkommen bis zu ⅓ aus der Summe von eigenem Einkommen und seiner Unterhaltsquote.
Rechenbeispiel:
Einkommen des Berechtigten: DM 700,–; sonst wie Beispiel aa.
Drittelobergrenze für Berechtigten: 2800 – 700 × 3/7 = 900; 900 + 700 = 1600 : 3 = 533.
Anzurechnender Wohnvorteil: DM 533,–.
cc) Beim Verpflichteten bis zu ⅓ des ihm nach Abzug aller seiner Unterhaltsverpflichtungen verbleibenden Anteils an seinem bereinigten Vermögen.
Rechenbeispiel:
Fall wie aa:
2800 × 4/7 = 1600 : 3 = 533.
Sein Einkommen ist um DM 533,– auf DM 3333,– zu erhöhen und daraus der Quotenunterhalt des Berechtigten zu errechnen.
Fall wie bb:
2800 – 700 = 2100 × 3/7 = 900 (Differenzunterhalt).
Dem Verpflichteten verbleiben DM 2100,– (= 3000 – 900).
Drittelobergrenze: 2100 : 3 = 700.
Das Einkommen des Verpflichteten ist um DM 700,– auf DM 3500,– zu erhöhen und daraus der Differenzunterhalt des Berechtigten zu errechnen (3500 – 700 = 2800 × 3/7 = 1200).

e) Ist der konkrete Wohnvorteil erheblich größer als diese Drittelobergrenze, ist zu prüfen, ob es dem Betreffenden nach den konkreten Umständen des Falles künftig zugemutet werden kann, sich im Wohnkomfort einzuschränken oder anderweitig eine geeignetere Wohnung zu nehmen und das Haus wirtschaftlich günstiger zu verwerten durch ganz oder teilweises Vermieten oder durch Veräußerung und Vermögensumschichtung. Entsprechendes gilt bei einer sehr teuren Mietwohnung.

3. Zu abziehbaren und nichtabziehbaren Aufwendungen und Verbindlichkeiten

a) Abziehbar sind in der Regel notwendige Instandhaltungsaufwendungen, nicht jedoch wertsteigernde Um- und Ausbauten sowie Modernisierungsmaßnahmen, die der Vermögensbildung dienen. (BGH, FamRZ 84/39, 41 = NJW 84/303, 304, 305 = B 24) *b)* Nicht abziehbar sind in der Regel die Hausnebenkosten für Heizung, Strom, Gas, Grundsteuer, Kaminkehrer, Müllabfuhr, Wasser, Abwasser, Brandversicherung u. ä. (M.R. 1.3.), weil diese zusätzlich im Rahmen der normalen Lebenshaltungskosten aus dem für den Unterhalt oder Eigenbedarf zur Verfügung stehenden Betrag aufzubringen sind (BGH, FamRZ 84/358, 360 = NJW 84/1237, 1239, 1240 = B 26a).

c) Abziehbar sind außerdem laufend zu zahlende Zinsen für Kreditbelastungen, die das Haus betreffen, weil diese nicht der Vermögensbildung dienen.

d) Ob auch die Tilgungskosten abgezogen werden können (so M.R. 1.3.), kann nach BGH im konkreten Einzelfall nur im Rahmen einer umfassenden Interessenabwägung nach billigem Ermessen beurteilt werden. Bedeutsame Umstände sind dabei insbesondere der Zweck der Verbindlichkeit, der Zeitpunkt und die Art der Entstehung, die Dringlichkeit der beiderseitigen Bedürfnisse, die Kenntnis der Unterhaltsverpflichteten von Grund und Höhe der Unterhaltsschuld, seine Möglichkeiten, die Leistungsfähigkeit in zumutbarer Weise ganz oder teilweise wieder herzustellen und gegebenenfalls noch schutzwürdige Belange des Drittgläubigers. Bei der Anwendung dieser Grundsätze auf Kreditverbindlichkeiten aus einem Hausbau kann gegen eine Berücksichtigung sprechen, daß die Tilgungsleistungen der Vermögensbildung dienen. Andererseits kann bei der Abwägung positiv berücksichtigt werden, ob eine wirtschaftlich zumutbare Verwertung durch eine eingetragene Reallast erschwert wird, daß es sich um ein Eigentum handelt, das der Betreffende zur Befriedigung seiner Wohnbedürfnisse errichtet oder erworben hat, ob und inwieweit sich die Annuitäten in einem angemessenen Rahmen halten, ob aus dem Hausbesitz zumutbarerweise Mieteinnahmen erzielt werden könnten oder ob es zumutbar ist, aus dem Haus auszuziehen und so u. U. eine wirtschaftlich günstige anderweitige Verwertung des Hauses zu ermöglichen (BGH, FamRZ 84/358, 360 = NJW 84/1237, 1239, 1240 = B 26a). Weitere BGH-Entscheidungen zum Abzug von Kosten und Kreditverbindlichkeiten für ein Haus oder eine Eigentumswohnung: BGH, FamRZ 82/157, 158 = NJW 82/380, 381 = B 26b; FamRZ 82/898, 899 = NJW 82/1999, 2000 = B 26c). Wegen der Abziehbarkeit von Schulden siehe auch Seite 96ff., und die dort abgedruckten Leitlinien der Oberlandesgerichte (Seite 100).

Außerdem ist bei der Beurteilung der Abzugsfähigkeit danach zu differenzieren, ob Trennungsunterhalt oder Scheidungsunterhalt verlangt wird.

4. Typische Fallkonstellationen beim Wohnen im eigenen Haus, bzw. bei Mietzinszahlungen während der Trennungszeit

a) Der Berechtigte bewohnt nach der Trennung das Eigenheim. Der Verpflichtete zahlt die Zins- und Tilgungsraten sowie sonstige Hausunkosten.

aa) Im Rahmen eines Unterhaltsanspruchs nach § 1361 BGB sind in der Regel Schulden voll vom Einkommen abziehbar, wenn sie schon zur Zeit des Zusammenlebens der Eheleute entstanden sind und aus ihrer gemeinsamen Lebensführung herrühren. Der unterhaltsberechtigte Ehegatte soll nach § 1361 BGB durch die Trennung nicht schlechter, aber auch nicht besser gestellt werden. Ebenso wie er bei der Fortdauer der ehelichen Lebensgemeinschaft die Folgen der Schulden mitzutragen gehabt hätte, hat er sich daher auch im Fall der Trennung solche Schulden entgegenhalten zu lassen (BGH FamRZ 82/23, 24 = NJW 82/232, 233 = B 30).

bb) Dies gilt im Prinzip auch für Belastungen (Zins- und Tilgungsleistungen) aus dem Bau oder Erwerb eines Eigenheims, soweit dieser auf einer gemeinsamen Planung und einem gemeinsamen Entschluß der Eheleute beruhte (OLG Düsseldorf, FamRZ 82/268; OLG Saarbrücken, FamRZ 82/919; OLG Köln, FamRZ 81/1174; K.G., FamRZ 84/898, 900). Da das Familieneinkommen bis zur Trennung durch die laufenden Zins- und Tilgungsleistungen belastet war, muß sich dies auch auf die Höhe des Unterhaltsanspruchs des Berechtigten auswirken. Das gilt auch, wenn bei Trennung der Bezug des Hauses erst bevorstand und bis dahin zur Überbrückung Zwischenfinanzierungskredite in Anspruch genommen worden sind (OLG Saarbrücken, FamRZ 82/920). Ohne Bedeutung ist ferner, daß mit den Tilgungsleistungen auf einer oder beiden Seiten Vermögen gebildet wird, denn auch diese Vermögensbildung beruht auf einem Entschluß im Rahmen der gemeinsamen Lebensführung (OLG Köln, FamRZ 81/1175). Deshalb spielen beim Trennungsunterhalt für den Vorwegabzug von Zins- und Tilgungsraten die Eigentumsverhältnisse am Haus keine Rolle.

cc) Unterhaltsrechtlich besteht keine Verpflichtung zur Zahlung der Hauslasten. Eine solche Verpflichtung kann sich aber aus anderen Rechtsgründen ergeben (z. B. Eigentum, Nutzungsvereinbarung oder sonstige vertragliche Regelungen). Während des Getrenntlebens kann eine Veräußerung des Hauses in der Regel bis zur Rechtskraft der Scheidung nicht zugemutet werden, denn die Eheleute sollen nach der Trennung nicht genötigt werden, Maßnahmen zu treffen, die geeignet sein könnten, das endgültige Scheitern der Ehe zu verursachen (OLG Düsseldorf, FamRZ 82/268, 269). Außerdem steht bis zur Scheidung nicht fest, ob die Trennung von Dauer ist und zur Scheidung führen wird (KG FamRZ 84/889, 900; OLG Hamm, FamRZ 84/791).

dd) Bei dieser Sachlage sind zur Berechnung des Unterhalts zunächst die Zins- und Tilgungsleistungen und sonstige vom Verpflichteten bezahlte Hausunkosten von seinem Nettoeinkommen abzuziehen. Hat der Berechtigte, der das Haus bewohnt, kein eigenes Einkommen, so ist ihm der Wohnwert des Hauses unter Berücksichtigung der Drittelobergrenze gemäß den Ausführungen zu 2 als Einkommen anzurechnen. Die Unterhaltsberechnung erfolgt nach der Differenzmethode, wenn – wie in der Regel – das kostenfreie Wohnen die ehelichen Lebensverhältnisse mitgeprägt hat (siehe 1 e Seite 46).

Rechenbeispiel:
Einkommen des Mannes: DM 3000,–
Einkommen der Frau: DM 0
Tatsächlicher Wohnwert: DM 1200,–
Drittelobergrenze: $3000 \times \frac{3}{7} = 1285 : 3 = 428$
Als Einkommen anzurechnender Wohnwert DM 428,–
Unterhalt nach Differenzmethode: $3000 - 428 = 2572 \times \frac{3}{7} = 1102$

Hat die Frau zusätzlich ein eigenes Einkommen aus zumutbarer Erwerbstätigkeit in Höhe von DM 390,–, ergibt sich folgende Berechnung:
Drittelobergrenze: $(3000 - 390) \times \frac{3}{7} = 1118 + 390 = 1508 : 3 = 502$ Unterhalt nach Differenzmethode: $3000 - (502 + 390) = 2108$; $2108 \times \frac{3}{7} = 903$ (Differenzunterhalt).

Die Anrechnungsmethode ist anzuwenden, wenn die ehelichen Lebensverhältnisse durch den Wohnvorteil und das Zusatzeinkommen des Berechtigten nicht geprägt worden sind.

Der Verpflichtete kann seine Zahlungen für Zins- und Tilgungsleistungen nicht als Naturalunterhaltsleistung mit dem Unterhaltsanspruch verrechnen, auch wenn seine Zahlungen höher sind als der verrechnete Wohnkostenvorteil. Er kann allenfalls bei Vorliegen entsprechender Gründe nach §§ 3, 5 HausratsVO versuchen, eine andere Wohnungszuteilung zu erreichen.

ee) Wohnt der Verpflichtete seinerseits auch wohnkostenfrei (z. B. in Eigentumswohnung), ist sein Einkommen um seinen Wohnkostenvorteil zu erhöhen. Sind die Wohnwerte etwa gleich, können sie auf beiden Seiten unberücksichtigt bleiben (siehe 1 b).

ff) Etwas Entsprechendes gilt, wenn der Verpflichtete nach der Trennung im Haus wohnen bleibt. Sein Einkommen ist vor Berechnung der Quote um die Zins- und Tilgungsleistungen (nicht sonstige Hausunkosten) zu mindern und um den Wohnwert des Hauses zu erhöhen. Wohnt auch der Berechtigte kostenfrei und hat er eigenes Einkommen, so ist auch dieses um den Wohnwert zu erhöhen. Hat er kein eigenes Einkommen, ist ihm in der Regel der Wohnwert (bis zur Drittelobergrenze) als Einkommen anzurechnen.

Nach OLG Celle ist der Vorteil des mietfreien Wohnens im eigenen oder dem anderen Ehegatten gehörenden Haus, das bisher Ehewohnung war, nur in Höhe einer den Einkommensverhältnissen angemessenen ersparten Miete anzurechnen. Dingliche Belastungen sind in der Regel in vollem Umfang von anrechenbaren Einkommen abzuziehen (C.L. 1.9.).

b) Der Grundsatz, daß während der Trennungszeit der bisherige Zustand nach Möglichkeit aufrechtzuerhalten ist (= a) gilt nicht mehr, wenn die Eheleute nach der Trennung bezüglich der Verwaltung und Nutzung des beiden als Miteigentümer gehörenden Hauses eine Vereinbarung getroffen haben (dann gilt diese), wenn ein Teil sich hartnäckig weigert, dem anderen den Mitgebrauch zu gestatten oder wenn ein Ehegatte eine Neuregelung der Verwaltung und Nutzung verlangt (BGH, FamRZ 83/795, 796 = NJW 83/1845, 1846, 1847 = B 31 a; OLG Frankfurt, FamRZ 84/303, 304).

aa) Grundsätzlich haften Miteigentümer nach §§ 748, 755 BGB für Verbindlichkeiten im Verhältnis ihrer Anteile am Haus. Abweichungen ergeben sich jedoch durch die eheliche Lebensgemeinschaft, welche die Miteigentumsgemeinschaft überlagert. Danach gibt es zwischen Ehegatten unabhängig von der Art des Güterstandes grundsätzlich keine interne Ausgleichsansprüche wegen finanzieller Mehrleistungen eines Ehegatten (BGH a. a. O.). Eine endgültige Trennung und nachfolgende Scheidung bedeutet demgegenüber eine so grundlegende Änderung der Verhältnisse, daß jeder Ehegatte eine Neuregelung der Verwaltung und Benutzung verlangen kann. Eine solche Neuregelung kann nicht nur darin bestehen, daß der Ehegatte, der das Haus nach der Trennung allein benutzt, dem anderen ein angemessenes Entgelt bezahlt, sondern auch darin, daß der das Haus bewohnende Ehegatte die Kosten des Hauses, insbesondere die Bezahlung der für das Haus aufgenommenen Kredite übernimmt (BGH a. a. O.). Eine Neuregelung kann erst ab dem Zeitpunkt wirksam werden, in dem ein Ehepartner sie erstmals verlangt hat. Da sich der Anspruch auf Neuregelung der Verwaltung und Nutzung aus dem Gesetz ergibt und vom Richter nur festgestellt, nicht aber erst im Weg einer Gestaltungsklage begründet wird, kann der Anspruch sowohl im Weg einer Leistungsklage wie auch als Einwendung in einem Gerichtsverfahren auf Beteiligung an den Hauskosten geltend gemacht werden (BGH, FamRZ 83/795, 796 = NJW 83/1845, 1846, 1847 = B 31 a; FamRZ 82/355, 356 = NJW 82/1753, 1754 = B 31 b).

bb) Nach der zuletzt genannten Entscheidung ist über einen Anspruch aus § 745 BGB das Prozeßgericht zuständig. Dies gilt allerdings nicht, wenn ein solcher Anspruch im Zusammenhang mit einer Scheidung geltend gemacht wird, weil die Innenbeziehungen zwischen Ehegatten zumindest bis zur Scheidung familienrechtlicher Natur sind. Deshalb hat der Familienrichter darüber zu entscheiden, ob gegebenenfalls nach der Hausratsverordnung eine Nutzungsentschädigung zu zahlen ist (OLG Hamm, FamRZ 84/1016, 1017, 1018 und OLG Schleswig, FamRZ 84/1228, 1229). In diesem Sinn wohl auch BGH, FamRZ 78/496, 497, 498 = NJW 78/1529, 1530). Das Prozeßgericht kann erst nach Abschluß eines Scheidungsverfahrens zuständig sein, wenn bis dahin keine solche Regelung getroffen worden ist. Wurde während der Scheidung eine solche Regelung getroffen, ist diese unterhaltsrechtlich maßgeblich mit der Folge, daß ein anrechenbarer Wohnvorteil im Hinblick auf die zu erbringenden Gegenleistungen abgegolten ist.

c) Der einkommenslose Berechtigte bleibt nach der Trennung in der gemieteten Ehewohnung.

aa) Auch eine Ehewohnung muß während der Trennungszeit nicht aufgegeben werden, weil im Interesse der Erhaltung der Möglichkeit zur Wiederherstellung der ehelichen Lebensgemeinschaft tunlichst wenig in den sozialen Status der Ehegatten eingegriffen werden soll. Der Weg für die Rückkehrmöglichkeit des anderen Partners und für eine Aussöhnung soll auf diese Weise möglichst lange offengehalten werden. Dies gilt auch, wenn die Ehewohnung für die Restfamilie zu groß oder zu teuer ist. Es hat zur Folge, daß die Ehewohnung während der Trennungszeit vom gemeinsam zur Verfügung stehenden Einkommen weiterfinanziert werden muß (OLG Hamm, FamRZ 84/790, 791, 792; OLG Saarbrücken, FamRZ 82/919; OLG Zweibrücken, FamRZ 82/269). Es handelt sich insoweit um eine unterhaltsrechtliche Sonderposition, die wie gemeinsame Eheschulden vorab zu befriedigen ist, was am besten dadurch geschieht, daß der Pflichtige die Miete weiterhin bezahlt und diese Zahlungen von seinem Einkommen abgezogen werden. Um vor Berechnung des Quotenunterhalts die Unterhaltsbalance herzustellen, ist dann vorab auch für den Verpflichteten ein Betrag abzuziehen, den dieser zur Deckung seines eigenen angemessenen Wohnkostenbedarfs braucht. Die Schätzung dieses Betrags wird sich in der Regel an seinen tatsächlichen Wohnkosten orientieren, kann aber auch niedriger ausfallen, wenn es sich um eine unangemessen große, teure, oder luxuriöse Wohnung handelt, weil bei der Wahl der neuen Wohnung die Trennungssituation mitberücksichtigt werden muß. Der von dem so bereinigten Einkommen errechnete Quotenunterhalt beinhaltet dann den bei beiden Ehegatten um den Wohnkostenbedarf verminderten Unterhalt bzw. Eigenbedarf. Daß mit solchen Unterhaltsteilen gerechnet werden kann, ist in der Rechtsprechung anerkannt (z. B. Vorsorgeunterhalt). Der Gesamtunterhalt besteht somit in der konkreten Mietzinszahlung zuzüglich Restunterhalt. Dem Pflichtigen verbleibt als Eigenbedarf seine Quote zuzüglich des Betrags für seinen angemessenen Wohnbedarf. Eine solche Berechnung erscheint mir praktikabler als eine quotenmäßige Verteilung der Mietzinszahlung auf alle Unterhaltsbeteiligten, wie sie das OLG Hamm vorschlägt (FamRZ 84/790, 791).

Auf den so errechneten Unterhalt des Berechtigten ist nicht zusätzlich ein Wohnwert anzurechnen, weil bei beiden Eheleuten die Wohnkosten vorab bereits berücksichtigt worden sind.

bb) Wohnt auch der Pflichtige wohnkostenfrei, ist von seinem Einkommen kein Wohnkostenbetrag abzuziehen.

cc) Haben beide Eheleute eigenes Einkommen, wird der Berechtigte in der Regel die Miete selbst zahlen. Er kann dann von seinem Einkommen die erhöhten Aufwendungen für die (größere) Ehewohnung absetzen, der Verpflichtete von seinem Einkommen seinen eigenen (niedrigeren) Wohnkostenanteil. Aus dem Rest wird der Differenzunterhalt berechnet. Das OLG Zweibrücken meint, in einem ähnlichen Fall seien vom eigenen Einkommen mindestens die halben Mietaufwendungen abzusetzen, dafür aber beim anderen Ehepartner nicht (OLG Zweibrücken, FamRT 82/269).

dd) Zahlt bei beiderseitigem Einkommen ausnahmsweise der Pflichtige auch die Mietkosten für die Ehewohnung weiter, kommt man zum gleichen Ergebnis, wenn man diese Mietzahlungen nur als Verrechnungsposten behandelt. Man rechnet wie vorher (wie wenn der Berechtigte selbst die Miete zahlen würde) und zieht dann von dessen Unterhalt die Mietzahlung des Verpflichteten ab.

ee) Entsprechendes gilt auch, wenn der Verpflichtete nach der Trennung in der Ehewohnung bleibt. Er kann die Kosten der Ehewohnung von seinem Einkommen voll abziehen sowie einen Betrag für den angemessenen Wohnkostenbedarf des Berechtigten. Aus dem Rest wird der Quotenunterhalt berechnet. Als Unterhalt zahlt er an den Berechtigten diesen Unterhaltsteil zuzüglich den Betrag für den angemessenen Wohnkostenbedarf.

5. Typische Fallkonstellationen für die Zeit nach der Scheidung

a) Veränderte Beurteilung für die Zeit nach der Scheidung. Für die Zeit nach der Scheidung sind die Eheleute grundsätzlich verpflichtet, ihre Bereiche zu trennen und für sich selbst zu sorgen. Allerdings wird der Grundsatz der wirtschaftlichen Eigenverantwortung geschiedener Eheleute (§ 1569 BGB) durch den Grundsatz der nachwirkenden Mitverantwortung der Ehegatten im wirtschaftlichen Bereich eingeschränkt, sofern einer der Unterhaltsausnahmetatbestände der §§ 1570ff. BGB oder 58ff. EheG vorliegt. In der Regel werden die Eheleute sich bezüglich des Hausgrundstücks auf Dauer im Weg des Zugewinnausgleichs (§§ 1363ff. BGB), der Gesamtgutsauseinandersetzung (§§ 1471ff. BGB), der Grundstücksveräußerung oder Zwangsversteigerung vermögensrechtlich auseinandersetzen oder in sonstiger vertraglicher Weise eindeutige Eigentums- und Nutzungsverhältnisse am Hausgrundstück schaffen. Dies dauert aber oft noch einige Zeit nach der Scheidung, vor allem wenn sich ein Ehegatte sperrt in sachdienlicher Weise an einer solchen Auseinandersetzung mitzuwirken. Dadurch ergeben sich Probleme für den Scheidungsunterhalt. Bei der Lösung solcher Probleme ist, wenn Vereinbarungen fehlen, von folgenden Grundsätzen auszugehen:

aa) Wer ein Haus nutzt, hat grundsätzlich auch die Lasten zu tragen. Wer eine Wohnung bewohnt, hat den Mietzins zu zahlen. Eine zu kleine oder zu große Wohnung (Ehewohnung) muß vom anderen Teil nicht mehr mitfinanziert werden. Ein Wohnungswechsel kann zugemutet werden.

bb) Tilgungsleistungen dienen der Vermögensbildung. Sie können nicht mehr zu Lasten des Unterhalts vom Einkommen abgesetzt werden. Der Berechtigte hat keinen Anspruch darauf, daß ihm eine Vermögensbildung durch den Unterhalt finanziert wird. Eine Hausveräußerung kann ihm zugemutet werden.

cc) Wohn- und Mietvorteile sind auf beiden Seiten bis zur Drittelobergrenze anzurechnen. Notfalls muß eine Entscheidung im Hausratsverfahren herbeigeführt werden.

dd) Eine Veräußerung, Vermietung oder Teilvermietung des Hauses bzw. eine Untervermietung von Räumen in einer zu großen Wohnung kann zugemutet werden.

Es ergeben sich dadurch für den Scheidungsunterhalt weitere Fallkonstellationen, die unter Berücksichtigung dieser Grundsätze nachfolgend besprochen werden, wobei „Zinsen“ für abziehbare Hausunkosten stehen und „Tilgungsbeiträge“ für nichtabziehbare Aufwendungen zur Vermögensbildung.

Nach OLG Celle wird es im allgemeinen nach langer Trennungszeit und nach der Scheidung zuzumuten sein, das Haus (Eigentumswohnung) anderweitig zu verwerten (Vermietung, Verkauf); dann ist der volle Mietzins anzurechnen. Darüberhinausgehende Belastungen sind nicht mehr zusätzlich absetzbar (C.L. 1.9.).

Nach OLG Köln kann sich dieser Zeitpunkt für eine gewisse Übergangszeit (bis etwa ein Jahr nach der Scheidung) aus dem Grundsatz der nachwirkenden Mitverantwortung hinausschieben (OLG Köln, FamRZ 82/707, 708).

Weitere OLG-Entscheidungen zur Nutzung und zur Nichtanrechnung von Hausbelastungen für die Zeit vor und nach der Scheidung: OLG Köln, FamRZ 83/751, 753; OLG Koblenz, FamRZ 84/1225, 1226; OLG Saarbrücken, FamRZ 82/919; OLG Zweibrücken, FamRZ 82/269.

b) Das vom Verpflichteten bewohnte Haus gehört diesem allein. Der Verpflichtete muß sich den Wohnwert des Hauses anrechnen lassen abzüglich der Kreditzinsen. Die Tilgungsleistungen kann er nicht abziehen, weil sie seiner Vermögensbildung dienen.

c) Das vom Verpflichteten bewohnte Haus gehört noch beiden Eheleuten zu gleichem Miteigentum.

In diesem Fall kommen die vom Verpflichteten geleisteten Zins- und Tilgungsraten zur Hälfte dem Berechtigten zugute durch Schuldentilgung und Vermögensvermehrung. Andererseits hat der Verpflichtete den vollen Nutzen des Hauses, das ihm nur zur Hälfte gehört. Deshalb sind seine Zins- und Tilgungszahlungen zur Hälfte ein Entgelt für diesen Nutzen des Hälfteanteils, eventuell zuzüglich eines weiteren Nutzungsentgeltes. Es ist eine echte Gegenleistung für einen Nutzen und deshalb auch kein Naturalunterhalt. Deshalb ist vom Wohnwert des Verpflichteten das gesamte Nutzungsentgelt als Ausgabe abzuziehen (= Hälfte der Tilgungsleistungen und zusätzlich vereinbarte Nutzungsentschädigung). Gleichzeitig erhält der Berechtigte in gleicher Höhe ein Nutzungsentgelt, das bei ihm als Einkommen anzusetzen ist. Es kann keinen Unterschied machen, ob er ein solches Entgelt vom Unterhaltsverpflichteten oder einem Dritten erhält. Das KG hat in einem ähnlich gelagerten Fall auf eine Mietwertschätzung verzichtet mit der Begründung, der Mietwert sei nicht höher als die Zins- und Tilgungsbelastungen, welche auch der Antragsgegnerin zugute kämen (KG, 84/894, 901).

d) Das vom Verpflichteten bewohnte Haus gehört allein dem Berechtigten. Entsprechen die vom Verpflichteten bezahlten Zins- und Tilgungsleistungen dem Wohnwert des Hauses, so sind diese – wie Mietzins – beim Verpflichteten nicht zu berücksichtigen und beim Berechtigten als Einkommen anzurechnen. Sind sie erheblich niedriger als der Wohnwert, gelten die Ausführungen zu c) entsprechend.

e) Der Berechtigte bewohnt das ihm gehörende Haus

aa) Der Berechtigte zahlt die Zins- und Tilgungsbeiträge. Der Wohnwert des Hauses ist ihm als Einkommen zuzurechnen. Zinsen können abgezogen werden, nicht aber Tilgungsraten, weil diese seiner Vermögensbildung dienen.

Hat der Berechtigte eigenes Einkommen, erhöht sich dieses um den Wohnwert abzüglich Zinsen.

Hat der Berechtigte kein sonstiges eigenes Einkommen, ist ihm der Wohnwert als eigenes Einkommen abzüglich Zinsen anzurechnen.

Der Unterhalt ist nach der Differenzmethode zu berechnen, sofern die ehelichen Lebensverhältnisse – wie in der Regel – durch das kostenfreie Wohnen mitgeprägt worden sind. Andernfalls erfolgt ein Abzug der Wohnkosten vom Unterhalt nach der Anrechnungsmethode.

Wohnt auch der Verpflichtete wohnkostenfrei, ist dessen Einkommen ebenfalls um den Wohnwert zu erhöhen.

bb) Zahlt der Verpflichtete die Zins- und Tilgungsbeiträge für den Berechtigten, so beinhalten diese Zahlungen nicht ein Entgelt für die Hausnutzung, sondern sind praktisch Teilunterhaltsleistungen. Der Verpflichtete erfüllt im Einverständnis mit dem Berechtigten einen Teil seiner Unterhaltspflicht durch diese Zahlungen für den Bedarfsbereich Wohnen. § 1612 Abs. I S 1 BGB gilt dann nach Treu und Glauben insoweit stillschweigend als abbedungen. Wegen des beiderseitigen Einverständnisses bestehen hinsichtlich dieser Unterhaltsverrechnung auch keine Bedenken in Bezug auf das Aufrechnungsverbot.

f) Der Berechtigte bewohnt das dem Verpflichteten gehörende Haus.

aa) Der Berechtigte zahlt die Zins- und Tilgungsbeiträge. Diese Zahlungen sind praktisch ein Entgelt für das Wohnen. Entsprechen sie in etwa dem Wohnwert, so ist dem Berechtigten – wie bei einer Mietzinszahlung – kein Wohnwertbetrag zuzurechnen. Sind die Zahlungen erheblich niedriger als der Wohnwert, kann gegebenenfalls ein Differenzbetrag zugerechnet werden.

Beim Verpflichteten sind die Tilgungsbeiträge in der Regel als Einnahmen einkommenserhöhend anzurechnen.

bb) Zahlt der Verpflichtete Zins- und Tilgungsbeiträge, ist seinem Einkommen kein Vermögenswert zuzurechnen und auch nichts abzuziehen, es sei denn, er wohnt selbst auch wohnkostenfrei.

Dem Berechtigten ist der Wohnwert als Einkommen zuzurechnen.

Die Unterhaltsberechnung erfolgt nach der Differenzmethode, wenn – wie in der Regel – die ehelichen Lebensverhältnisse durch das kostenfreie Wohnen mitgeprägt worden sind.

g) Der Berechtigte bewohnt das den Eheleuten noch zu gleichem Miteigentum gehörende Haus.

aa) Der Berechtigte zahlt die Zins- und Tilgungsraten. Diese Zahlungen kommen hälftig beiden Eheleuten zugute. Der für den Verpflichteten bezahlte Hälfteanteil zählt bei diesem als Einkommen, beim Berechtigten als Entgelt für die Hausnutzung. Entspricht dieser Hälfteanteil dem Wohnwert, ist dem Berechtigten nichts als Einkommen zuzurechnen, sonst der Differenzbetrag zwischen Wohnwert und Hälfteanteil abzüglich Zinsen. Unterhaltsberechnung wie bei f.

bb) Zahlt der Verpflichtete die Zins- und Tilgungsrate, so bleibt sein Einkommen dadurch unverändert. Der Berechtigte hat den alleinigen Nutzen des Hauses ohne dafür etwas zu zahlen. Deshalb ist ihm der Wohnwert des Hauses als Einkommen zuzurechnen. Unterhaltsberechnung wie bei f.

h) Der Verpflichtete zahlt die Miet- und Mietnebenkosten für die Wohnung des Berechtigten nach der Scheidung weiter.

aa) Vom Einkommen des Verpflichteten kann nichts abgezogen werden, weil es sich insoweit um eine Teilunterhaltsleistung zur Deckung des Wohnbedarfs des Berechtigten handelt. Es gelten hierfür die Ausführungen zu e bb entsprechend.

Dem Berechtigten ist der Wohnwert bis zur Drittelobergrenze als eigenes Einkommen anzurechnen, weil in der Regel nur ein Drittel des Unterhalts zur Deckung des Wohnbedarfs aufgewendet werden kann und muß (so auch OLG Karlsruhe FamRZ 84/1020, 1022, mit der Abweichung, daß der Höchstbetrag auf 30% des Unterhalts angesetzt wird).

Die Unterhaltsberechnung erfolgt wie bei f.

bb) Will der Verpflichtete einen höheren Betrag angerechnet haben, muß er nach §§ 3, 5 HausratsVO die Höhe des Mietzinses festsetzen lassen (OLG Karlsruhe, a. a. O.). Nach der Festsetzung kann er den neuen Betrag als Teilunterhalt von der Unterhaltsquote absetzen, gegebenenfalls in einem neuen Unterhaltsabänderungsverfahren nach § 323 ZPO. Er kann aber auch als Geschiedener das Mietverhältnis auflösen und dann anstelle eines Mietzinses (Teilunterhalt) den vollen Barunterhalt zahlen. Es ist dann Sache des Berechtigten, sich eine kostengünstigere andere Wohnung zu suchen, wenn er die alte Ehewohnung mit diesem Unterhalt nicht bezahlen kann.

6. Fiktive Mieteinnahmen aus unterlassener zumutbarer Vermietung

a) Mieteinnahmen sind ein Ertrag des Vermögens. Vermögen ist grundsätzlich unterhaltsrechtlich in ertragbringender, zumutbarer Weise zu nutzen. Dies gilt auch, wenn der Berechtigte das Haus im Weg des Zugewinnausgleichs erworben hat. Es ist zu prüfen, ob das Haus oder ein Teil des Hauses vermietet werden kann. Auch sonst ist es für die Unterhaltsberechnung stets bedeutsam, ob und in welcher Höhe aus einem Hausbesitz ein Mieteinkommen erzielt werden kann (BGH FamRZ 84/358, 360 = NJW 84/1237, 1238, 1240 = B 26a). In einer weiteren Entscheidung hat der BGH ebenfalls grundsätzlich die Zuerkennung fiktiver Mieteinnahmen durch das OLG gebilligt (FamRZ 84/559, 561 = B 32). Unterläßt ein Beteiligter eine ihm zumutbare Vermietung oder Teilvermietung, ist ihm ein fiktives Mieteinkommen wegen unterlassener Vermietung zuzurechnen. Als Orientierung für die Schätzung (§ 287 ZPO) dient der voraussichtlich erzielbare Mietzins für ein nach Ortslage, Zuschnitt und Bequemlichkeit vergleichbares Mietobjekt (BGH, NJW 85/49, 50, 51 = B 29). Da eine solche weitergehende Nutzung des gemeinsamen Hauses oder der zu großen Ehewohnung in der Regel noch nicht während des Getrenntlebens zugemutet werden kann, spielen fiktive Mieteinnahmen insoweit erst für den Scheidungsunterhalt eine Rolle. Sie sind, wenn sie erstmals bei Scheidungsunterhalt berücksichtigt werden, auf seiten des Verpflichteten dessen Einkommen zuzurechnen und auf Seiten des Berechtigten nicht mittels der Differenzmethode zu berücksichtigen sondern direkt vom Unterhaltsanspruch abzuziehen (Subtraktions- oder Anrechnungsmethode), weil die ehelichen Verhältnisse durch diese Vermietungsmöglichkeit nicht geprägt worden sind.

b) Bei allgemeiner Gütergemeinschaft hat der BGH die Zuerkennung fiktiver Mieteinnahmen abgelehnt mit der Begründung, die Eheleute könnten ab Beendigung der Gütergemeinschaft durch die Scheidung bis zur Auseinandersetzung über das Gesamtgut, zu dem das Hausgrundstück gehört, dieses gemeinsam verwalten. Zinserlöse stünden nicht einem Ehepartner allein zu sondern würden bis zur Auseinandersetzung in das Gesamtgut fallen. Bei der Auseinandersetzung partizipieren beide Eheleute an Mietzinseinnahmen nach § 1474ff. BGB zu gleichen Teilen. Deshalb dürften derartige faktische oder fiktive Mieteinnahmen nicht nochmals einseitig einem Ehegatten zugerechnet werden (BGH, FamRZ 84/559, 561 = B 32).

c) Für die unentgeltliche Aufnahme des neuen Partners ist eine fiktive Miete nicht anzusetzen, wenn der Verpflichtete daraus selbst keinen finanziellen Vorteil zieht und es ihm auch sonst nicht zuzumuten ist, einen Nutzen durch Untervermietung zu erzielen. Es handelt sich um eine unterhaltsrechtlich nicht beachtliche unentgeltliche Leistung (OLG München, FamRZ 84/174).

7. Wohnvorteile durch freiwillige Zuwendungen Dritter

Wegen Wohnvorteilen, die auf freiwilliger Zuwendung eines Dritten (z. B. Angehörigen) beruhen oder sich aufgrund des Zusammenlebens mit einem neuen Partner in nichtehelicher Lebensgemeinschaft ergeben sowie wegen Wohngeldanrechnung, siehe Seite 64f., Seite 71ff.

8. Leitlinien zu Wohn- und Mietvorteil

a) OLG München. Wohnwert eines Hauses: Beim Wohnen im eigenen Haus ist der angemessene Wohnwert (bis zu einem Drittel des den ehelichen Lebensverhältnissen entsprechenden Unterhalts) als anrechenbares eigenes Einkommen zu werten. Gleiches gilt, wenn der Unterhaltsberechtigte oder auch Unterhaltsverpflichtete mietfrei in einem Haus wohnt, das ihm nicht oder nur zum Teil gehört. Von dem zu schätzenden Wohnwertbetrag kann der Wohnende etwaige von ihm getragene Zins- und Tilgungsraten, nicht jedoch Hausnebenkosten (Heizung, Strom, Gas, Grundsteuer, Kaminkehrer, Müllabfuhr, Wasser, Abwasser, Brandversicherung udgl.) abziehen (M.R. 1.3.).

b) OLG Celle. Der Vorteil des mietfreien Wohnens im eigenen oder dem anderen Ehegatten gehörenden Haus (Eigentumswohnung), das bisher Ehewohnung war, wird während der Trennungszeit nur in Höhe einer den Einkommensverhältnissen angemessenen ersparten Miete angerechnet. Dingliche Belastungen sind in der Regel in vollem Umfang vom anrechenbaren Einkommen abzuziehen. Nach langer Trennungszeit und nach der Ehescheidung wird es im allgemeinen zumutbar sein, das Haus (Eigentumswohnung) anderweitig zu verwerten (Vermietung; Verkauf). Dann ist die Anrechnung des vollen Mietwertes gerechtfertigt. Darüberhinausgehende Belastungen sind nicht mehr zusätzlich absetzbar (C.L I.9.).

c) OLG Bremen. Der Nettonutzungswert eines bewohnten Hauses – Eigentumswohnung – ist in der Regel bis zur güterrechtlichen Auseinandersetzung nicht als fiktives Einkommen sondern bedarfsmindernd zu berücksichtigen (B.L. AB I 2 1dd).

Im Selbstbehalt sind Miet- und Mietnebenkosten enthalten (B.L. A 3c und B 4).

d) OLG Köln. In der Regel beträgt der Bedarf eines Studenten oder sonstigen Auszubildenden 800,– DM. Darin sind berufs- oder ausbildungsbedingter Mehraufwand und 240,– DM Miete sowie 80,– DM Mietnebenkosten enthalten (K.L. 4.1.).

Der Mindestbedarf erwerbstätiger Unterhaltsverpflichteter beträgt 990,– DM – darin sind 270,– DM Miete und 120,– DM Mietnebenkosten enthalten (Erhöhung des Selbstbehalts, wenn konkret eine erhebliche und nach den Umständen nicht vermeidbare Überschreitung dieser Mietkosten dargelegt und nachgewiesen ist (K.L. 21.1.1.).

6. Unterabschnitt: Einkünfte aus Kapitalvermögen, sonstigem Vermögen, fiktive Einkünfte aus unterlassener Vermögensnutzung und Verwertung des Vermögensstammes für den Unterhalt

1. Zur Einkommensermittlung

Vermögenseinkommen ist voll anzurechnen (K.L. 13.1). Die Ermittlung der Einkünfte erfolgt ebenfalls durch Abzug der Werbungskosten von den Bruttoeinnahmen. Bei solchen Einkünften (z. B. aus Kommanditbeteiligung) gibt es – wie bei Freiberuflern und Gewerbetreibenden – oft erhebliche Einkommensschwankungen. Deshalb ist unterhaltsrechtlich auch hier in der Regel der Durchschnittswert aus einem längeren Zeitraum zugrundezulegen (siehe BGH, B 4a–d).

Wer Kapitaleinkünfte bezieht, die vom Gewinn einer Kapitalgesellschaft abhängen (z. B. der Gesellschafter und Geschäftsführer einer GmbH) ist verpflichtet, auf Verlangen die Bilanzen nebst Gewinn- und Verlustrechnung sowie sonstige Belege, aus denen der Unternehmensgewinn ermittelt werden kann, vorzulegen. Er kann die Vorlage solcher Belege nicht mit dem Hinweis auf Belange der Kapitalgesellschaft (GmbH) oder daran beteiligter Mitgesellschafter verweigern. Solche Belange müssen regelmäßig hinter den berechtigten Belangen des Unterhaltsberechtigten zurückstehen (BGH, FamRZ 82/680, 682 = NJW 82,/1642, 1643 = B 33). Zumeist sind die Einkünfte aus Kapital Zinseinkünfte. Es kann die Vorlage der entsprechenden Bankbelege, Sparbücher, Darlehensverträge und sonstiger Verträge verlangt werden.

Bei Einkünften aus sonstigem Vermögen handelt es sich um Vermögen jeder Art, z. B. auch aus Erbansprüchen oder größeren Forderungen wie Pflichtteilsforderung u. ä. sowie Einnahmen aus Gesamtgutsverwaltung.

2. Zur Anrechnung von Vermögenseinkommen

Kapitalerträge und sonstige Nutzungen vom Vermögen mindern beim Berechtigten stets dessen Bedürftigkeit. Sie sind nach § 1577 Abs. 1 BGB beim berechtigten Ehegatten zwingend anzurechnen. Dabei kommt es nicht auf die Herkunft des ertragbringenden Vermögens an oder darauf, ob die Anrechnung der Erträge der Billigkeit entspricht (BGH, FamRZ 85/357, 358, 359 = NJW 85/909, 911 = B 34b; FamRZ 85/354, 355 = B 34d). Entscheidend ist nur, ob und in welcher Höhe der Ehegatte Vermögenseinkünfte erzielt oder in zumutbarer Weise erzielen könnte (BGH, FamRZ 85/354, 356 = B 34d; FamRZ 80/126, 128 = NJW 80/393, 395 = B 35).

Das Vermögen kann auch aus einem Zugewinnausgleich oder aus der Versteigerung von Grundstücksanteilen oder aus einem Verkaufserlös aus der Veräußerung des ehemaligen Familienheims stammen (BGH, FamRZ 85/582, 583 = NJW 85/1343, 1344 = B 34a; FamRZ 85/354, 355 = B 34d). Erzielte Zinsen sind selbst dann anzurechnen, wenn das entsprechende Kapital aus Unterhaltsleistungen erspart wurde (BGH, FamRZ 85/357, 358, 359 = NJW 85/909, 910, 911 = B 34b).

Alle Einkünfte und Nutzungen des Vermögens (§ 100 BGB) sind in jedem Fall und einschränkungslos anzurechnen. Anders als bei der Prüfung, ob der Vermögensstamm zu verwerten ist (§ 1577 Abs. 3 BGB) findet eine Billigkeitsabwägung nicht statt. Entscheidend ist allein, ob und in welcher Höhe der Ehegatte seinen Unterhaltsbedarf aus dessen Nutzungen bestreiten kann (BGH, FamRZ 85/357, 358, 359 = NJW 85/909, 910, 911 = B 34b).

Der Unterhaltsschuldner ist nicht verpflichtet, dem Berechtigten den Erwerb von Wohneigentum zu ermöglichen. Deshalb kann der Berechtigte nicht verlangen, daß ihm Kapitalerträge verbleiben, um sich daraus Rücklagen für den Erwerb einer Eigentumswohnung zu verschaffen (BGH, unveröffentlichte Urteile vom 27. 4. 83 – IVb ZR 376/81 und vom 27. 6. 84 – IVb/ZR 20/83, zitiert nach Lohmann, 4. Aufl., S. 86).

3. Einnahmen aus Kapitaleinkommen

Zu den Einnahmen aus Kapitaleinkommen zählen:
Sparzinsen, Bausparzinsen, Darlehenszinsen, Hypothekenzinsen, Zinsen aus Anleihen, Einlagen und Konten bei Kreditinstituten, Diskonterträge bei Wechselgeschäften, Ausschüttungen von Investmentgesellschaften, Stückzinsen, Gewinnanteile aus der Beteiligung an Kapitalgesellschaften, Dividenden, Einkünfte aus stiller Gesellschaft und aus sonstigen Wertpapieren. Bei Kapitalbeteiligung an einer Handelsgesellschaft ist auch der Umfang des zustehenden Entnahmerechts zu berücksichtigen (BGH, VersR 68/770).

4. Abziehbare Werbungskosten

Abziehbare Werbungskosten sind:
Depotgebühren, Bankspesen für Verwaltung, Schließfachmiete, Kosten für Teilnahme an Hauptversammlung, einschlägige Versicherungsbeträge, Kosten für einen notwendigen Vermögensverwalter.
Keine Werbungskosten sind Aufwendungen für das Kapital oder das sonstige Vermögen selbst sowie der Verlust des Kapitals oder des Vermögens; ferner Aufwendungen zur Wertverbesserung.

5. Fiktives Einkommen aus unterlassener Vermögensnutzung oder Vermögensverwertung

a) Vermögen ist in zumutbarer, ertragbringender Weise anzulegen und zu nutzen. Risiken müssen dabei nicht eingegangen werden. Unterbleibt eine solche Nutzung, ist der durchschnittlich erzielbare Ertrag einer zumutbaren, gewinnbringenden Anlegung oder Nutzung als fiktives Einkommen anzurechnen (z. B. angemessene Verzinsung einer Zugewinnausgleichsleistung oder Mietzins für leerstehende Wohnung). Wer in Kenntnis der Unterhaltspflicht oder Unterhaltsbedürftigkeit erhebliche Vermögenswerte verschenkt, verschleiert oder in sonstiger unverantwortlicher Weise verbraucht und dadurch Einkünfte verliert, ist fiktiv so zu behandeln, als hätte er diese Vermögenswerte und Einkünfte noch (B.L. AB I 21). Der Nutzwert des selbst bewohnten Hauses (Eigentumswohnung) ist bis zur güterrechtlichen Auseinandersetzung nicht als fiktives Einkommen sondern als Wohnvorteil zu berücksichtigen (siehe Seite 45ff. und B.L. AB I 21). Fiktive Beträge sind auch anzurechnen, wenn Forderungen oder sonstige vermögenswerte Ansprüche gegen Dritte nicht realisiert werden, obwohl deren Geltendmachung, zugemutet werden kann. Wenn entgegen einer nach §§ 1577 III, 1581 S. 2, 1603 II BGB, §§ 58, 59 EheG hierzu bestehenden Verpflichtung der Stamm des Vermögens oder einzelne Vermögensgegenstände nicht veräußert oder zum Zweck der Kreditaufnahme nicht belastet werden, kann der erzielbare Erlös geschätzt und in angemessener Weise auf den Unterhalt angerechnet werden. Bei einer ertraglosen Vermögensanlage ist der durchschnittliche Ertrag einer möglichen und zumutbaren gewinnbringenden Anlegung fiktiv zuzurechnen.

b) Einkünfte sind auch Beträge, die der Unterhaltsberechtigte in zumutbarer Weise einziehen könnte, aber nicht einzieht. Deshalb sind BAföG-Leistungen als fiktives Einkommen anzurechnen, wenn und soweit der Berechtigte sie bei Antragstellung erhalten hätte (BGH, FamRZ 80/126, 128 = NJW 80/393, 395 = B 35). Dies gilt nunmehr auch für darlehensweise zu gewährende BAföG-Leistungen, sofern im konkreten Fall die Zumutbarkeit der Inanspruchnahme bejaht wird (BGH, FamRZ 85/916, 917 = NJW 85/2331, 2332 = B 56b).

c) Ein Vermögenswert, der nicht geltendgemacht wird (in diesem Fall ein Pflichtteilsanspruch) ist fiktiv zu berücksichtigen, wenn er auch bei fortbestehender intakter Ehe zum Familienunterhalt zur Verfügung gestanden hätte. Er bleibt unberücksichtigt, wenn er aus wirtschaftlichen und moralischen Gründen auch bei intakter Ehe nicht geltend gemacht worden wäre (BGH, FamRZ 82/996, 997, 998 = NJW 82/2771, 2772 = B 36).

d) Reicht das erzielbare Einkommen zur Erfüllung der Unterhaltspflicht nicht aus, muß der Unterhaltspflichtige notfalls auch ein ihm gehörendes Baugrundstück verwerten, sei es, daß er auf diese Weise Barmittel erlangt oder daß er mit Hilfe des Erlöses die Schulden auf ein Maß zurückführt, das ihm wieder größeren finanziellen Bewegungsspielraum verschafft (BGH, FamRZ 82/23, 25 = NJW 82/232, 233 = B 37). Auch eine Kreditbeschaffung durch Beleihung eines Erbteils kann zugemutet werden (BGH, FamRZ 80/43, 45 = NJW 80) 340, 341 = B 41; FamRZ 80/43, 45 = NJW 80/340, 341 = B 38; Kreditbeschaffung durch Beleihung eines Erbteils).

e) Der Unterhaltsschuldner ist verpflichtet, sich im Weg der Beleihung seines Vermögens Mittel für den Unterhalt zu verschaffen (BGH, FamRZ 82/365, 366 = NJW 82/1050 = B 72a; FamRZ 85/916, 917 = NJW 85/2331, 2332 = B 56b; FamRZ 82/678, 679 = NJW 82/1641 = B 38). Für den Unterhaltsberechtigten gilt Entsprechendes. Auch er hat die Möglichkeit einer Kreditaufnahme auszunutzen, um nicht unterhaltsbedürftig zu werden. Eine solche Obliegenheit zur Selbsthilfe besteht allerdings nur im Rahmen des Zumutbaren. Minderjährige Kinder sind wegen § 1602 II BGB nicht zur Kreditaufnahme verpflichtet (BGH, FamRZ 85/916, 917 = NJW 85/2331, 2332 = B 56b). Ist der Verpflichtete allerdings bereits so sehr überschuldet, daß die Kreditrückzahlung seine finanziellen Möglichkeiten übersteigt, kann ihm eine weitere Erhöhung der Schulden nicht zugemutet werden (BGH, FamRZ 82/678, 679 = NJW 82/1641 = B 38). Die Verpflichtung, Mittel für den Unterhalt durch Inanspruchnahme eines Real- oder Personalkredits flüssig zu machen, ist begrenzt durch die Möglichkeit, Zins und Tilgungszahlungen für das Darlehen aufbringen zu können (BGH, FamRZ 66/28, 29).

f) Ein begründeter Rentenanspruch des geschiedenen Ehegatten stellt schon vor Bewilligung der Rente einen Vermögenswert dar, der wirtschaftlich schon jetzt in zumutbarer Weise genutzt werden kann, indem der Verpflichtete dem Berechtigten zur Abwendung der Bedürftigkeit ein zins- und tilgungsfreies Darlehen anbietet mit der Verpflichtung, im Fall der endgültigen Ablehnung des Rentenantrags auf dessen Rückzahlung zu verzichten. Der Berechtigte ist dann verpflichtet, ein solches Angebot anzunehmen und zur Sicherheit auf Verlangen den Anspruch auf Rentennachzahlung abzutreten. Tut er dies nicht, muß er sich so behandeln lassen, als habe er seiner Obliegenheit nicht genügt. Denn es verstößt gegen Treu und Glauben, wenn er durch die Ablehnung eines solchen zumutbaren Kreditangebots seine Bedürftigkeit zu Lasten des Verpflichteten aufrechtzuerhalten trachtet (BGH, FamRZ 83/574, 575 = NJW 83/1481, 1482 = B 39).

6. Verwertung der Vermögenssubstanz (Vermögensstamm)

In Ermangelung sonstiger Mittel muß der Unterhaltsbedürftige (Ehegatte und volljährige Kinder) vor Inanspruchnahme des Verpflichteten (der Unterhaltsverpflichtete bei beschränkter Leistungsfähigkeit) seinen Vermögensstamm verwerten, soweit die Verwertung nicht unwirtschaftlich oder unter Berücksichtigung der beiderseitigen wirtschaftlichen Verhältnisse nicht unbillig ist (§§ 1577 Abs. 1, Abs. 3, 1602 Abs. 1, 1581, 1603 BGB, 68, 69 EheG).

a) Verwertung beim Scheidungsunterhalt.

aa) Auch Vermögen, das aus der Veräußerung eines früher gemeinsam benutzten Anwesens herrührt, soll, wie alle Vermögenswerte eines Unterhaltsberechtigten, dazu dienen, ergänzend dessen Unterhaltsbedarf auf Lebenszeit sichern. Unter diesem Gesichtspunkt kann die Beurteilung zur – unter Umständen zunächst teilweisen – Verwertung des Vermögensstammes nach § 1577/III BGB im Einzelfall maßgeblich von der voraussichtlichen Dauer der Unterhaltsbedürftigkeit des berechtigten Ehegatten sowie davon abhängen, welche Ertragsmöglichkeiten das zur Verfügung stehende Vermögen – dauerhaft – bietet (BGH, FamRZ 85/354, 356 = B 40e).

bb) Die Billigkeitsabwägung gemäß § 1577/III BGB ist wesentlich Sache des Tatrichters und kann nur nach den Umständen des Einzelfalls beurteilt werden (BGH, FamRZ 85/582, 583 = NJW 85/1343, 1344 = B 40a; BGH, FamRZ 85/357, 359 = NJW 85/909, 911 = B 40b; FamRZ 85/354, 356 = B 40e).

Eine solche Unbilligkeit kann sich auch im Hinblick auf Belange naher Angehöriger (Eltern und Kindern) ergeben (BGH, FamRZ 80/126, 127 = NJW 80/393, 395 = B 40c). Bei der Billigkeitsbewertung kann auch dem Umstand, daß ein Vermögenswert aus dem Verkauf eines gemeinsamen Hauses stammt und daß der andere Ehegatte einen entsprechenden Erlösanteil zu seiner freien Verfügung erhalten hat, wesentliche Bedeutung zukommen (BGH, FamRZ 85/354, 356 = B 40e).

cc) Unbilligkeit kann auch bejaht werden, wenn der Berechtigte sein Vermögen auflösen müßte, während der Verpflichtete den Unterhalt aus seinen laufenden Einkünften erfüllen könnte. Erforderlich ist ein gerechter Ausgleich der beiderseitigen Interessen, dazu gehört auch, daß sich der Berechtigte gewisse Rücklagen für Not und Krankheitsfälle reservieren kann. Ferner können bei der Beurteilung Alter und angegriffener Gesundheitszustand des Berechtigten beachtlich sein. Andererseits sind auch die Vermögensverhältnisse des Pflichtigen in die Abwägung einzubeziehen. Je weniger der Eigenbedarf des Verpflichteten gesichert ist, umso eher entspricht es der Billigkeit, daß der Berechtigte sein Vermögen verwertet. (BGH, FamRZ 84/364, 367 = B 43; FamRZ 85/354, 356 = B 40e).

Zur Billigkeitsprüfung gehört die Feststellung, ob und ggf. in welcher Höhe auch der Berechtigte sonstiges Vermögen besitzt. Ein hälftiger Hausmiteigentumsanteil kann dabei unberücksichtigt bleiben im Hinblick auf den hälftigen Miteigentumsanteil des anderen Ehegatten (BGH, FamRZ 85/360, 361, 362 = NJW 85/907, 908, 909 = B 40d).

dd) Besteht der Vermögensstamm in einem Sparguthaben und erzielt der Berechtigte keine laufenden Erwerbseinkünfte, so ist ihm zumindest eine „Reserve" als „Notgroschen" für Fälle plötzlich auftretenden Sonderbedarfs zu belassen. Der Miteigentumsanteil an einem Einfamilienhaus macht eine solche Rücklage nicht entbehrlich, weil er erfahrungsgemäß nur unter Schwierigkeiten, daher nicht kurzfristig und häufig nur unwirtschaftlich zu verwerten ist (BGH, FamRZ 85/360, 361, 362 = NJW 85/907, 908, 909 = B 40d).

Hat der Verpflichtete seinerseits kein Vermögen, das er zur Deckung plötzlich auftretenden Sonderbedarfs (z. B. wegen Krankheit u. ä.) verwenden könnte, wäre es unbillig, dem Berechtigten zu gestatten, einen Teil seines Vermögens auf Kosten des Verpflichteten als „Notgroschen" unangegriffen zu lassen (BGH, FamRZ 84/364, 367 = B 43).

b) Verwertung beim Trennungsunterhalt. Beim Trennungsunterhalt fehlt eine den §§ 1577/III, 1581 BGB entsprechende Bestimmung. Eine Verwertungspflicht ergibt sich nach BGH jedoch aus § 1361 BGB, wenn der Unterhalt des Berechtigten aus dem Stamm seines Vermögens bestritten werden kann.

aa) Diese Verpflichtung geht allerdings beim Trennungsunterhalt weniger weit als bei Scheidungsunterhalt, wo jeder der beiden Scheidungspartner im Grundsatz wirtschaftlich auf eigenen Füßen stehen soll, während beim Trennungsunterhalt die wirtschaftliche Grundlage der ehelichen Gemeinschaft nicht beeinträchtigt werden soll und offengehalten werden soll, daß die Ehegatten nach Möglichkeit zur ehelichen Gemeinschaft wieder zurückfinden (BGH, FamRZ 85/360, 361, 362 = NJW 85/907, 908, 909 = B 40d).

bb) Eine andere Beurteilung kann angebracht sein, wenn die Ehegatten schon während intakter Ehe ihr Vermögen zur Unterhaltsdeckung verwendet haben (BGH, FamRZ 85/360, 361, 362 = NJW 85/907, 908, 909 = B 40d).

cc) Eine Verpflichtung, den Vermögensstamm zu verwerten, kann auch bestehen, wenn die Ehegatten nach ihrem gemeinsamen Lebensplan während intakter Ehe den

Vermögensstamm nicht oder nur in besonderen Fällen angegriffen haben. Mit der Aufgabe der häuslichen Gemeinschaft tritt eine wesentliche Änderung ihrer Verhältnisse ein. Nunmehr sind nicht mehr beide Ehegatten einander verpflichtet, die Familie angemessen zu unterhalten. Vielmehr handelt es sich jetzt um einen Unterhaltsanspruch des einen Ehegatten gegen den anderen, wobei vielfach ein trennungsbedürftiger Mehrbedarf zu berücksichtigen ist. Dehalb kann ein entsprechender früherer gemeinsamer Lebensplan bezüglich einer Nichtverwertung des Vermögensstammes nur als ein Umstand unter mehreren anderen bei der Billigkeitsabwägung bedeutsam werden (BGH, FamRZ 85/360, 361, 362 = NJW 85/907, 908, 909 = B 40d).

dd) Als weitere Umstände kommen neben der Höhe des dem Unterhaltsberechtigten zur Verfügung stehenden Vermögens besonders die Einkommens- und Vermögensverhältnisse des Verpflichteten in Betracht. Auch die Dauer des Getrenntlebens kann bedeutsam sein, weil bei kurzer Trennung noch eher eine Aussicht auf eine Wiederaufnahme der ehelichen Lebensgemeinschaft besteht. Je länger die Trennung währt, desto eher kann eine Verpflichtung zur Verwertung des Vermögensstammes bejaht werden (BGH, FamRZ 85/360, 361, 362 = NJW 85/907, 908, 909 = B 40d).

c) Verwertung bei minderjährigen Kindern. Das minderjährige Kind braucht im Verhältnis zu den Eltern den Vermögensstamm nicht zu verwerten, solange die Eltern leistungsfähig sind. (§ 1602 Abs. 1 BGB = sog. verstärkter Unterhaltsanspruch minderjähriger Kinder). Die Eltern können aber nach § 1603 Abs. 2 BGB das Kind auf den Stamm seines Vermögens verweisen, wenn andernfalls ihr eigener angemessener Unterhalt gefährdet wäre (BGH, FamRZ 85/360, 361, 362 = NJW 85/907, 908, 909 = B 40d).

Hinterlegtes Vermögen ist vom Vormundschaftsgericht in einem solchen Fall freizugeben (BayObLG 1/315). Bei der Verwertung von Kindesvermögen brauchen keine unwirtschaftlichen Maßnahmen getroffen zu werden.

d) Das Vermögen dient, zusammen mit Einkünften, der lebenslangen Unterhaltssicherung. Es soll nicht den Erben erhalten werden, wenn davon zu Lebzeiten der Unterhalt bestritten werden kann. Das Vermögen ist daher so zu verwerten, daß bei Berücksichtigung der überschaubaren wirtschaftlichen Entwicklung der Unterhaltsbedarf während der voraussichtlichen Lebensdauer erfüllt werden kann (BGH, FamRZ 66/28, 29).

e) Die Tatsache, daß bei sofortiger Verwertung künftige Preissteigerungen nicht ausgenützt werden können, beinhaltet keine Unzumutbarkeit und Unwirtschaftlichkeit (hier Verwertung eines Erbanteils an einem Baugrundstück). Möglicherweise kann der Erbanteil auch zur Kreditbeschaffung für den Unterhalt verwendet werden (BGH, FamRZ 80/43, 44 = NJW 80/340, 341 = B 41).

f) Wenn wirtschaftlich vertretbare Rückzahlungsmöglichkeiten bestehen, kann auch die Inanspruchnahme eines Real- oder Personalkredits für Unterhaltszwecke sowie eine entsprechende Vermögensbelastung zugemutet werden. Der Berechtigte kann als Miteigentümer eines gemeinsamen Hauses, das vom Verpflichteten bewohnt wird, seinen Miteigentumsanteil in der Weise verwerten, daß er die Aufhebung der Gemeinschaft durch Verkauf oder Zwangsversteigerung und Erlösteilung (§ 753 BGB) betreibt. Er verstößt nicht gegen unterhaltsrechtliche Obliegenheiten, wenn er sich auf die Durchsetzung dieser Verwertung beschränkt, weil die Wirtschaftlichkeit am ehesten durch Verwertung im Weg der Aufhebung der Miteigentumsgemeinschaft gewährleistet ist. Bei einem Verkauf oder einer Beleihung des Miteigentumsanteils ist demgegenüber erfahrungsgemäß ein geringerer Erlös zu erwarten (BGH, FamRZ 84/662, 663 = NJW 84/2358, 2359 = B 42).

Einer Teilungsversteigerung können allerdings in der Regel nicht unerhebliche rechtliche Hindernisse entgegenstehen. Nach § 1365 BGB bedarf der Antrag sowohl vor, als auch nach einer Scheidung der Zustimmung des anderen Ehegatten, wenn die Ehegatten im gesetzlichen Güterstand leben und der Grundstücksanteil des Antragstellers dessen ganzes Vermögen darstellt. Die Zustimmung kann verweigert werden, wenn durch sie der Zugewinnausgleichsanspruch konkret gefährdet wäre, oder wenn voraussichtlich nach Beendigung des Güterstandes gemäß § 242 BGB ein Anspruch auf Übereignung des Grundstücksanteils an sich selbst bestehen wird (BayObLG, FamRZ 81/46, 47). Hinderlich kann auch eine auf § 1353/I BGB gestützte Klage nach § 771 ZPO sein (BGH, FamRZ 72/363).

7. Leitlinien zu Einkünften und fiktiven Einkünften aus Vermögen und Vermögensstamm

a) OLG Köln. Das Vermögenseinkommen Nichtarbeitender ist voll anrechenbar (K.L. 13.1.).

b) OLG Bremen. Verwertung des Vermögensstammes: Grundsatz ja, falls der angemessene Unterhalt des Unterhaltsberechtigten durch das Einkommen des Unterhaltspflichtigen nicht gedeckt werden kann. Ausnahmsweise nicht bei § 58 EheG und nach neuem Recht, falls unwirtschaftlich oder unbillig (§ 1581 S. 2 BGB, B.L. AB I 2m).

Fiktive Einkünfte: aa) Ist unterhaltsrechtlich fiktives Einkommen zugrundezulegen, ist das erzielbare Einkommen maßgebend.

bb) Wer seine Arbeitsstelle verloren hat muß substantiiert darlegen und gegebenenfalls nachweisen, daß er alles in seinen Kräften stehende unternommen hat, um eine zumutbare neue Beschäftigung zu finden.

cc) Entsprechendes gilt dann, wenn der Unterhaltspflichtige in Kenntnis der Unterhaltspflicht (erhebliche) Vermögenswerte verschenkt oder verschleudert. Er wird dann jedenfalls fiktiv so behandelt, als hätte er sie noch.

dd) Der Nettonutzungswert eines selbst bewohnten Hauses – Eigentumswohnung – ist in der Regel bis zur güterrechtlichen Auseinandersetzung nicht als fiktives Einkommen sondern bedarfsmindernd zu berücksichtigen (B.L. AB I l).

c) OLG Frankfurt. Einkommen ist auch dasjenige, was der Pflichtige tatsächlich erzielen oder einziehen könnte, wenn er sich nur darum bemühte. Ist die Leistungsfähigkeit verschuldet, so ist dem Unterhaltspflichtigen ein fiktives, imaginäres Einkommen zuzurechnen (F.W. in DAV 84/89).

7. Unterabschnitt: Einkünfte aus Pensionen, Renten und ähnlichen wiederkehrenden Bezügen Nichterwerbstätiger sowie aus Unterhalt

1. Allgemeines

Laufende Einkünfte aus Pensionen und Renten aller Art nebst Zuschlägen und Zulagen sind unterhaltsrechtlich wie Erwerbseinkommen zu berücksichtigen (H.L. 1.8.; K.L. 8.6. und 13.6.). Das gilt auch für andere Bezüge, Vorteile und Zulagen, die wegen Erreichens der Altersgrenze, Berufsunfähigkeit, Erwerbsunfähigkeit oder für Witwen und Waisen gewährt werden, für Leibrenten und sontige private Rentenzahlungen aus Anlaß von Vermögensübertragungen, für private Versorgungsrenten und Schadensrenten aus Versicherungsverträgen, für betriebliche Renten wie andere wiederkehrende Leistungen wie Altenleistungen in der Landwirtschaft u. ä.).

Bei diesen Einkommensersatzleistungen gibt es keine berufsbedingten Aufwendungen (Werbungskosten) und deshalb auch keinen entsprechenden pauschalen oder konkreten Abzug (BGH, FamRZ 82/579, 581 = NJW 82/1594L = B 44).

Dafür kann ein nachgewiesener konkreter Mehrbedarf abgezogen werden (siehe 3.).

2. BGH-Entscheidungen zur Anrechnung von Versorgungsbezügen und Renten nebst Zulagen und Zuschlägen

a) Pensionen und kinderbezogene Bestandteile der Bezüge eines Beamten oder Ruhestandsbeamten (BGH, FamRZ 83/49 = NJW 83/933L = B 7; H.L. 1.14.; K.L. 13.8.).

b) Renten und Kinderzuschuß zu Renten, abzüglich eines Betrages in Höhe des fiktiven Kindergeldes. Der Zuschuß dient der Deckung des Bedürfnisses des Rentenempfängers und nicht – wie das Kindergeld – ausschließlich der Erleichterung der Unterhaltslast aller Unterhaltspflichtigen gegenüber Kindern (BGH, FamRZ 80/1112, 1113 = NJW 81/167, 168 = B 45).

c) Grundrente nach § 31 BVerfG. Diese gilt als Teil der Kriegsopferversorgung zwar nach der Zielsetzung des BVersG als Entschädigung für den Verlust der körperlichen Integrität und als Ausgleich für Mehraufwendungen wegen der Schädigung. Sie steht dem beschädigten aber auch tatsächlich zur Deckung seines Lebensbedarfs zur Verfügung, und zwar je nach den Verhältnissen des Einzelfalls sowohl des schädigungsbedingten besonderen als auch seines normalen Bedarfs. Deshalb ist sie grundsätzlich geeignet, auch den möglicherweise erhöhten Lebensbedarf des Beschädigten zu befriedigen (BGH, FamRZ

81/338, 339 = NJW 81/1313, 1314 = B 46; FamRZ 82/252, 253 = NJW 82/1593; FamRZ 82/579, 580, 581 = NJW 82/1594L; FamRZ 81/1165, 1166, 1167 = NJW 82/41, 42, 43; FamRZ 82/898, 899 = NJW 82/1999; FamRZ 83/674 = NJW 82/1783; H.L. 1.8.; C.L. 1.5.).

d) Schwerstbeschädigten- und Pflegezulage nach §§ 31 und 35b VersG. Sie wird, wie die Grundrente, als pauschaler Ausgleich für die Beeinträchtigung der körperlichen Unversehrtheit und für Mehraufwendungen gewährt (BGH, FamRZ 81/1165, 1166, 1167 = NJW 82/41, 42, 43 = B 47; FamRZ 82/252, 253 = NJW 82/1593; FamRZ 83/674, 675 = NJW 83/1783, 1784; H.L. 1.9.; B.L. AB I 2e).

e) Ausgleichsrente nach § 32b VersG. Diese hat Einkommensersatzfunktion (BGH, FamRZ 82/252, 253 = NJW 82/1593 = B 48a; FamRZ 83/674 = NJW 83/1783, 1784; C.L. I.5.).

f) Berufsschadensausgleichsrente nach § 30 BVersG. Diese hat Einkommensersatzfunktion (BGH, FamRZ 83/674 = NJW 83/1783; BGH vom 6. 10. 82 – IVb/ZR 313/81, unveröffentlicht).

g) Ehegattenzuschlag nach § 33a BVersG. Dieses soll die Erfüllung einer Unterhaltspflicht erleichtern (BGH, FamRZ 82/252, 253 = NJW 82/1593 = B 48a).

h) Kleiderzulage nach § 15b VersG. Diese deckt einen erhöhten Bedarf und befriedigt, wie die Grundrente, allgemeine Unterhaltsbedürfnisse (BGH, FamRZ 82/579, 580 = NJW 82/1594L = B 48b; FamRZ 83/674 = NJW 83/1783).

i) Verletztenrente aus der gesetzlichen Unfallversicherung. Diese hat Einkommensersatzfunktion (BGH, FamRZ 82/252, 253 = NJW 82/1593 = B 48a; FamRZ 83/674, 675 = NJW 83/1783, 1784; H.L. 1.8.; B.L. AB I 2e).

k) Renten nach dem BEG wegen Schadens an Körper und Gesundheit (§§ 28ff. BEG) und wegen Schadens im beruflichen Fortkommen (§§ 64ff. BEG), weil sie Einkommensersatzfunktion haben (BGH, FamRZ 83/674, 675 = NJW 83/1783, 1784 = B 49).

l) Waisenrente und Halbwaisenrente. Diese sind als eigenes Einkommen des Kindes anzurechnen. Sie kommen beiden Eltern im Verhältnis ihrer Haftungsanteile zugute, weil sich der Unterhalt um den Rentenbetrag mindert und die Haftung der Eltern für den Restbetrag bestehenbleibt. Die Halbwaisenrente kommt dem überlebenden Elternteil in voller Höhe zugute. Wird die Halbwaisenrente nach dem Tod des Stiefvaters gewährt, kommt die Entlastung durch die Halbwaisenrente wie sonstiges Kindesvermögen beiden Eltern im Verhältnis ihrer Haftungsanteile zugute. Im Verhältnis zwischen Kind und betreuendem Elternteil bleibt die Handhabung dem Einzelfall überlassen (BGH, FamRZ 80/1109, 1110, 1111, 1112 = NJW 81/168, 169, 170 = B 50; H.L. 1.16.; B.L. AB I 2e).

m) Blindengeld (H.L. 1.9.; K.L. 13.7.; B.L. AB 2e).

3. Berücksichtigung von konkretem Mehrbedarf und Mehraufwand

a) Nach der Rechtsprechung des BGH ist ein Mehrbedarf des Rentenempfängers, der durch eine Zulage pauschal ausgeglichen werden soll, nur in dem Umfang bedarfserhöhend durch Vorabzug beim Einkommen zu berücksichtigen, als er tatsächlich entsteht. Der Betroffene muß den konkreten Mehrbedarf substantiiert darlegen. Die Feststellung des konkreten Mehrbedarfs muß in jedem Einzelfall den besonderen Bedürfnissen des Betroffenen entsprechen. Das Gericht kann den Aufwand, der mit bestimmten vermehrten Bedürfnissen eines Beschädigten üblicherweise verbunden ist, nach § 287 ZPO schätzen, wobei auch der ideelle Zweck der Grundrenten in billiger Weise berücksichtigt werden kann. Je nach den Umständen des Einzelfalls kann eine großzügigere Beurteilung geboten sein, wenn und soweit es dem Beschädigten nicht zumutbar ist, seine Mehraufwendungen in allen Einzelheiten spezifiziert darzulegen (BGH, FamRZ 81/338, 339, 340 = NJW 81/1313, 1314 = B 51; FamRZ 82/898, 899 = NJW 82/1199; FamRZ 81/1165, 1166, 1167 = NJW 82/41, 42, 43 = B 47).

b) Ist nach den konkreten Umständen wegen der Art der Beschädigung eine genaue Trennung zwischen allgemeinem Lebensbedarf und schädigungsbedingtem Mehrbedarf nur sehr schwer möglich, kann der Aufwand für beides einheitlich bemessen werden, indem z. B. die Kosten einer Heimunterbringung um einen angemessenen Zuschlag erhöht werden (BGH, FamRZ 81/1165, 1166, 1167 = NJW 82/41, 42, 43 = B 47).

c) Ist der Beschädigte lebensnotwendig (z. B. beiderseits oberschenkelamputiert) auf die Benutzung eines Pkw angewiesen, sind seine Aufwendungen für die Anschaffung, Umrüstung und Benützung des Pkw sowie für eine Pflegekraft und eine Haushaltshilfe als schädigungsbedingter Mehrbedarf zu berücksichtigen. Zuschüsse Dritter sind auf den Mehrbedarf anzurechnen (BGH, FamRZ 82/579, 580, 581 = NJW 82/1594L = B 52).

d) Die Berücksichtigung eines konkreten Mehraufwands erfolgt dadurch, daß der Mehraufwand in festgestellter Höhe von der Rente abgezogen wird. Ein solcher Abzug unterbleibt, wenn ein Mehrbedarf nicht konkret geltend gemacht wird oder nicht vorhanden ist (BGH, FamRZ 82/579, 580, 581 = NJW 80/1594L = B 52).

4. Berücksichtigung von Nebeneinkünften

a) Nebeneinkünfte von Rentnern und Pensionisten sind in der Regel anrechnungsfrei oder nur unter Billigkeitsgesichtspunkten teilweise anzurechnen.

b) Nach dem Erreichen des 65. Lebensjahres entfällt nach den sozialen Gepflogenheiten eine Verpflichtung zu weiterer Erwerbstätigkeit. Kein Ehegatte kann vom anderen erwarten, daß er nach Erreichen des Ruhestandsalters weiterarbeiten wird. Deshalb bleiben Einkünfte, die aus Erwerbstätigkeit nach dem 65. Lebensjahr noch erzielt werden, unterhaltsrechtlich unberücksichtigt, es sei denn, eine solche Tätigkeit ist ausnahmsweise aus besonderen Gründen geboten. Dann erfolgt wie bei unzumutbarer Tätigkeit eine Anrechnung nach Treu und Glauben unter besonderer Berücksichtigung der Umstände des Einzelfalls (OLG Köln, FamRZ 84/269, 270).

5. Berücksichtigung einer Rentennachzahlung

a) Eine größere Rentennachzahlung, die der Pflichtige nach Rentenbewilligung für eine zurückliegende Zeit erhält, ist für die Zwecke der Unterhaltsbemessung einem längeren Zeitraum ab Erhalt des Nachzahlungsbetrags zuzurechnen und nicht rückwirkend fiktiv auf Monatsbasis umzulegen. Auch bei Fortbestehen der Ehe hätte eine solche Zahlung zur Befriedigung des künftigen Bedarfs zur Verfügung gestanden. Ein bereits bestehender Titel kann im Rahmen des § 323 ZPO abgeändert werden (BGH, FamRZ 85/155, 156, 157 = NJW 85/486, 487 = B 53).

Ein Unterhaltsverpflichteter, der eine Rente beantragt hat, kann sich im Hinblick auf die erwartete Bewilligung zwar möglicherweise anderweitig Kredit beschaffen. Läßt er den Berechtigten an seiner auf diese Weise konkret verbesserten Leistungsfähigkeit nicht teilhaben, können sich nach Treu und Glauben Folgen für die Möglichkeit ergeben, die Verpflichtungen aus einem solchen Kredit dem Berechtigten einkommensmindernd entgegenzuhalten (BGH, FamRZ 85/155, 156, 157 = NJW 85/486, 487 = B 53).

Ähnliches gilt auch beim Berechtigten (vgl. dazu BGH, FamRZ 83/574, 575 = NJW 83/1481, 1482 = B 39).

6. Berücksichtigung von Unterhaltszahlungen

a) Auch Unterhaltszahlungen sind Einkommen. Sie lösen allerdings in der Regel keine weitere Unterhaltspflicht aus, wenn und soweit die Unterhaltsleistung (eventuell auch zusammen mit sonstigem Einkommen) den eigenen angemessenen Unterhalt des Empfängers nicht übersteigt. Denn nach § 1603 Abs. 1 BGB ist nicht unterhaltspflichtig, wer bei Berücksichtigung seiner sonstigen Verpflichtungen außerstande ist, ohne Gefährdung seines eigenen angemessenen Unterhalts an andere Unterhalt zu zahlen.

b) Anders ist es jedoch bei der erweiterten Unterhaltspflicht der Eltern nach § 1603 Abs. 2 BGB gegenüber minderjährigen Kindern. In einem solchen Fall sind die Eltern verpflichtet, auch Beträge (= auch aus Ehegattenunterhalt) die sie für den eigenen angemessenen Unterhalt benötigen würden, zu ihrem und der Kinder Unterhalt gleichmäßig zu verwenden (BGH, FamRZ 80/555, 556 = NJW 80/934, 935 = B 54c). Diese Verpflichtung, für den Kindesunterhalt Mittel zu verwenden, die der Elternteil für den eigenen angemessenen Unterhalt benötigen würde, tritt jedoch nicht ein, wenn ein anderer unterhaltspflichtiger Verwandter vorhanden ist. Das kann auch der andere Elternteil sein, wenn er nach Maßgabe des § 1603 Abs. 1 BGB leistungsfähig ist, d. h. wenn der sorgeberechtigte Elternteil neben der Pflege und Erziehung des Kindes auch dessen Barbedarf ohne Gefährdung seines angemessenen Unterhalts tragen kann (BGH, FamRZ 80/555, 556 = NJW 80/934, 935 = B 54c).

c) Grundsätzlich dient allerdings der Unterhalt der Deckung des eigenen Bedarfs. Er soll dem Empfänger nicht dazu verhelfen, seinerseits Unterhalt an Dritte (Kind) leisten zu können (BGH, FamRZ 85/273, 274 = NJW 85/806, 807 = B 54a).

d) Dem Berechtigten bleibt es unbenommen, die Unterhaltsrente teilweise anzusparen. Durch eine solche freiwillige Einschränkung der Lebensführung mindert sich die Bedürftigkeit nicht. Der Berechtigte kann seinen Unterhalt grundsätzlich nach freiem Belieben verwenden. Es ist ihm nicht verwehrt, durch einen freiwilligen Konsumverzicht Rücklagen zu bilden. Dies ändert sich erst, wenn er seinen Bedarf aus eigenen Kräften und mit eigenen Mitteln decken kann (BGH, FamRZ 85/582, 583 = NJW 85/1343, 1344 = B 54b).

7. Leitlinien zu Renten, Mehraufwand und Unterhalt

a) OLG Hamm. Krankengeld ist wie Einkommen zu behandeln. Das gleiche gilt für Unfall- und Versorgungsrenten. Besteht infolge der Krankheit oder des Unfalls ein erhöhter Bedarf, ist ein angemessener Betrag abzusetzen. (H.L. 1.8.)

Blindengeld ist grundsätzlich dem Einkommen zuzurechnen, soweit es nicht durch den tatsächlichen Mehrbedarf aufgezehrt wird; so auch die Schwerstbeschädigten- und Pflegezulage. (H.L. 1.9.)

Kinderzulagen und Kinderzuschüsse zur Rente sind, wenn die Gewährung des staatlichen Kindergeldes entfällt, in Höhe des fiktiven Kindergeldes wie Kindergeld zu behandeln. Im übrigen sind Zuschüsse und Zulagen zur Rente, die an den Pflichtigen gezahlt werden, in der Regel als Teil seines Einkommens anzusehen. Sie sind dem Kind auszukehren, wenn und soweit sie höher sind als der nach Ziff. 18ff. errechnete Unterhalt. Das gilt auch für den Fall, daß dem Pflichtigen dadurch weniger verbleibt als der notwendige Eigenbedarf. (H.L. 1.14.)

Waisenrente, die ein Kind nach einem Elternteil erhält (Halbwaisenrente), wird auf den Unterhaltsanspruch gegen den anderen Elternteil voll angerechnet (H.L. 16.).

b) OLG Köln. Renten jeder Art, Pensionen und sonstige Ruhestands- oder Nichtarbeitsbezüge sind anrechenbar. (K.L. 8.6. und 13.6.)

Blindengeld ist anrechenbar. (K.L. 13.7.)

Kinderzuschüsse und Kinderzulagen bei Renten soweit nicht ganz oder teilweise kindergeldgleich, sind anrechenbar. (K.L. 13.8.)

Mehraufwand als konkrete Folge des Anlastens einer Zuwendung ist nach allgemeinen Grundsätzen bedarfserhöhend zu berücksichtigen. (K.L. 16.0.)

c) OLG Bremen. Waisenrente 100%ige Anrechnung, gegebenenfalls anteilig auf Bar- und Naturalunterhalt.

Wiederaufgelebte Witwenrente keine Anrechnung.

Unfall- und Versorgungsrenten (einschließlich Grundrenten (100%ige Anrechnung, es sei denn, daß nachgewiesener erhöhter Bedarf vorliegt. Dafür ist ein angemessener Betrag abzusetzen.

Blindengeld, Schwerstbeschädigten- und Pflegezulagen 100%ige Anrechnung, soweit nicht tatsächlicher Mehrbedarf nachgewiesen wird. Dafür ist ein angemessener Betrag abzusetzen. Ein notwendiger Mehrbedarf (z. B. Pflegekosten, Diätkosten usw. bei Nachweis) ist vom anrechnungsfähigen Nettoeinkommen vorweg abzuziehen. Pauschale Schätzungen nch § 287 ZPO sind in Höhe der von der Sozialhilfe gewährten Krankenkostzulagen zulässig (B.L. AB I 2e und AB II 1b).

d) OLG Celle. Bei den Versorgungsrenten ist neben der Ausgleichsrente auch die Grundrente anrechnungsfähig. Jedoch sind zusätzliche Aufwendungen, gegebenenfalls auch pauschal, ohne konkreten Einzelnachweis abzusetzen. Dasselbe gilt für Unfallrenten und Blindengeld. (C.L. I. 5.)

f) OLG Frankfurt. Zum Bruttoeinkommen zählen Renten aller Art, Grundrenten im Sinn des § 31 GVG trotz ihres Zwecks, tiefgreifende Verluste an Lebensentfaltungsmöglichkeiten auszugleichen, alle Renten nach dem BEG, Verletztenrente aus der gesetzlichen Unfallversicherung im Sinn der §§ 32, 32a BVG nebst Zulagen und einschließlich der Kinderzuschüsse (F.W. in DAV 84/87)

Eigene Unterhaltsansprüche und Pflichtteilsansprüche gelten als weiteres Einkommen, weil grundsätzlich alle Einkünfte und Vermögenswerte zu berücksichtigen sind, die geeignet sind, die Unterhaltsbedürfnisse der Familie zu decken (F.W. in DAV 84/88).

8. Unterabschnitt: Sonstige Einkünfte aus sozialstaatlichen Zuwendungen, Steuervorteilen, freiwilligen Zuwendungen Dritter und aus Versorgungsleistungen für Dritte, sowie nicht anzurechnende vermögenswerte Vorteile

I. Überblick zu sozialstaatlichen Zuwendungen

1. Allgemeines

Nach der Rechtsprechung des BGH sind auch sozialstaatliche Zuwendungen unabhängig von ihrer sozialpolitischen Zweckbestimmung grundsätzlich unterhaltsrechtlich als Einkommen anzurechnen, soweit sie geeignet sind, den allgemeinen Lebensunterhalt des Empfängers zu decken. Dies trifft zu für das Wohngeld, für BAföG-Leistungen und für Pflegegelder. Ferner, wie bereits erörtert, für vermögenswirksame Leistungen, Arbeitslosenhilfe und sozialstaatliche Renten (z. B. nach dem BEG u. ä.) sowie für das Überbrükkungsgeld des Strafgefangenen. Eine Sonderstellung nimmt das Kindergeld ein.

Nicht als Einkommen anzurechnen sind wegen Subsidiarität die Sozialhilfe sowie wegen sonstiger besonderer Umstände die Sparzulage und das Hausgeld des Strafgefangenen.

2. Zur Wohngeldanrechnung

a) Nach der Rechtsprechung des BGH und der Oberlandesgerichte ist Wohngeld bei der Unterhaltsbemessung grundsätzlich einkommenserhöhend zu berücksichtigen, soweit es nicht lediglich erhöhte Aufwendungen für den Wohnbedarf ausgleicht (BGH, FamRZ 80/771, 772 = NJW 80/2081, 2082, 2083 = B 55a; FamRZ 83/587, 589 = NJW 83/684, 686 = B 55b; FamRZ 82/898, 899 = NJW 82/1999, 2000 = B 55c; FamRZ 83/364, 366; FamRZ 84/772, 773 = B 55d; FamRZ 85/374, 375 = B 153h; H.L. 1.10.; K.L. 8.7. und 14.2.; B.L. AB I 2f ee; C.L. 1.6.; F.W. in DAV 84/89).

Im allgemeinen kann man annehmen, daß den Wohngeldempfänger Wohnkosten treffen, die unterhaltsrechtlich als erhöht zu bezeichnen sind. Das ist aber nicht stets der Fall (BGH, FamRZ 84/772, 773 = B 55d). Der Wohngeldempfänger muß darlegen, daß das Wohngeld im konkreten Fall Wohnkosten ausgleicht. Tut er das nicht, ist das Wohngeld als Einkommen anzurechnen (BGH, FamRZ 85/374, 375 = B 153h).

b) Wohngeld ist danach voll anzurechnen, wenn die tatsächlich gezahlte Miete niedriger ist als der im Unterhaltsanspruch oder Eigenbedarf enthaltene Mietkostenanteil, weil dann das Wohngeld nicht nur vermeidbare erhöhte Aufwendungen für den Wohnbedarf ausgleicht (BGH, FamRZ 82/898, 899 = NJW 82/1199, 2000 = B 55c). Ist dagegen die tatsächlich gezahlte Miete höher als der im Unterhaltsanspruch oder Eigenbedarf enthaltene Mietkostenanteil, so bleibt ein Betrag in Höhe der Differenz zwischen Mietkostenanteil und tatsächlich gezahlter Miete anrechnungsfrei. Nur der überschießende Rest ist als Einkommen anzurechnen (BGH, FamRZ 83/587, 589 = NJW 83/684, 686 = B 55b).

Um festzustellen, ob und in welcher Höhe Wohngeld als Einkommen anzurechnen ist, sind nach BGH folgende Punkte zu klären:

aa) Wie hoch ist der tatsächlich gezahlte Mietzins und für wieviel Personen deckt dieser den Mietbedarf?

Wird die Wohnung z. B. vom Berechtigten nicht allein bewohnt sondern zusammen mit dem neuen Partner und zwei Kindern, so sind die Mietkosten anteilig im Verhältnis von ⅓ : ⅓ : ⅙ : ⅙ umzulegen (BGH a. a. O. B 55b).

bb) Wie hoch ist der im Unterhaltsanspruch oder Eigenbedarf enthaltene Wohnkostenanteil?

Dieser Anteil am Lebensbedarf, dessen Einsatz für Wohnkosten unterhaltsrechtlich zuzumuten ist, kann nicht ohne weiteres mit dem Umfang der Selbstbeteiligung gleichgesetzt werden, die das Wohngeldgesetz dem Wohngeldempfänger zumutet. Vielmehr ist dieser Anspruch an der konkreten Unterhaltshöhe zu orientieren. Er ist Schwankungen unterworfen, die von der Art des jeweiligen Unterhaltsanspruchs aber auch von sonstigen

Einflüssen der Parteien beeinflußt sein können (BGH a. a. O. B 55b). In der Regel, d. h. bei Fehlen besonderer Umstände, wird dieser Anteil nicht höher als mit ⅓ des Unterhaltsanspruchs anzusetzen sein, weil nach der Lebenserfahrung für Wohnzwecke nicht mehr als ⅓ des Unterhalts (= des für den Gesamtlebensbedarf zur Verfügung stehenden Einkommens) ausgegeben werden kann. In der Regel kann man diesen Anteil eher niedriger ansetzen, in Großstädten höher.

cc) Für welche Personen wird das Wohngeld bezogen? Bei mehreren Personen erfolgt die Aufschlüsselung des Wohngeldes nach den gleichen Grundsätzen wie die Aufteilung der Wohnungsmiete. Das Wohngeldgesetz selbst sieht keine anteilige Aufschlüsselung des Wohngeldes vor (BGH a. a. O. = B 55b).

Ist die Differenz zwischen Mietzins (Anteil) gemäß aa und Unkostenanteil gemäß bb niedriger als das Wohngeld (Wohngeldanteil) gemäß cc, so bleibt das Wohngeld in Höhe dieser Differenz anrechnungsfrei. Der überschießende Betrag ist anzurechnen. Ergibt sich als Differenz ein Minusbetrag, ist das Wohngeld voll anzurechnen.

c) Rechenbeispiele:

aa) Der einkommenslose Berechtigte zahlt für die von ihm allein bewohnte Wohnung DM 180,– Mietzins. Er erhält DM 900,– Unterhalt und DM 180,– Wohngeld. Der Mietkostenanteil wird mit ⅓ des Unterhalts angenommen (900 : 3 = 300).

Differenzrechnung: 180 (Mietzins) – 300 (Mietkostenanteil) = – 120 (= negativer Wohnbedarf).

Das Wohngeld ist voll als Einkommen anzurechnen, weil es keinen erhöhten Wohnbedarf ausgleicht, was aus dem negativen Wohnbedarf von – 120 ersichtlich ist. Allein das Wohngeld würde bereits die konkrete Miete decken.

Bei einer Miete von monatlich DM 400,– wäre das Wohngeld nur in Höhe von DM 80,– als Einkommen anzurechnen (400 – 300 = 100), weil es in Höhe von DM 100,– einen erhöhten Wohnbedarf ausgleicht (positiver Wohnbedarf) und insoweit anrechnungsfrei bleibt.

bb) 2. Beispiel:

Der einkommenslose Berechtigte erhält DM 900,– Ehgattenunterhalt und DM 300,– Wohngeld für sich und zwei Kinder. Der Mietzins beträgt DM 400,–. Mietkostenanteil wie vorher 900 : 3 = 300; Mietzinsanteil = 2 : 1 : 1 = 400 : 2 = 200; Wohngeldanteil = 2 : 1 : 1 = 300 : 2 = 150.

Differenzrechnung: 200 (Mietzinsanteil) – 300 (Mietkostenanteil) = – 100 (= negativer Wohnbedarf). Deshalb volle Anrechnung des Wohngeldes.

cc) Bei einer Miete von monatlich DM 1000,– wäre das Wohngeld nicht anzurechnen, weil es nicht ausreicht, um den erhöhten Wohnbedarf auszugleichen.

Differenzrechnung: 500 (anteiliger Mietzins von 1000 : 2) – 300 (Mietkostenanteil) = 200 (positiver Wohnbedarf). Jetzt besteht ein erhöhter Wohnbedarf, der durch den Wohngeldanteil von 150 (= 300 : 2) nicht abgedeckt wird. Das Wohngeld bleibt anrechnungsfrei.

In der Praxis wird – wohl auch wegen dieser komplizierten Berechnung – das Wohngeld oft anrechnungsfrei gelassen mit der Begründung, nach der Lebenserfahrung könne davon ausgegangen werden, daß den Wohngeldempfänger Wohnkosten treffen, die auch unterhaltsrechtlich als erhöht bezeichnet werden können (vgl. z. B. OLG Hamburg, FamRZ 85/291, 292; OLG Karlsruhe, FamRZ 85/286, 288 und FamRZ 81/783, 784; OLG Hamm, FamRZ 84/783).

d) Leitlinien zum Wohngeld

aa) OLG Hamm. Wohngeld ist unter Beachtung des Wohnkostenbedarfs als Einkommen zu berücksichtigen (H.L. 1.10.).

bb) OLG Köln. Wohngeld, soweit es unter Berücksichtigung der konkreten Mietbelastung nicht zur Deckung übermäßiger Mietbelastung verwendet werden muß (K.L. 8.7. und 14.2.).

cc) OLG Bremen. Staatliches Wohngeld ist nicht als Einkommen anzurechnen, wenn es lediglich überhöhten Wohnkostenbedarf ausgleicht (B.L. AB I 2f ee).

dd) OLG Celle. Wohngeld ist grundsätzlich anzurechnen, soweit nicht die Miete übermäßig hoch ist (C.L. I.6.).

ee) OLG Frankfurt. Das Wohngeld ist trotz seiner Rechtsnatur als staatliche Sozialleistung, als Einkommen im unterhaltsrechtlichen Sinn anzusehen, sofern es nicht durch erhöhte Mietaufwendungen aufgezehrt wird. Das Wohngeld ist auf die Differenz der Mietkosten und der tatsächlich gezahlten Miete anzurechnen. Ein etwa verbleibender Teil ist dann dem Einkommen zuzurechnen (F.W. in DAV 84/89).

3. Zur Anrechnung von BAföG-Leistungen

a) BAföG-Leistungen sind als Einkommen anzurechnen, weil sie im Verhältnis zwischen Eltern und Kinder sowie zwischen Ehegatten nicht subsidiär gewährt werden. Nach § 1 BAföG kommt es allein darauf an, daß dem Auszubildenden die erforderlichen Mittel nicht anderweitig zur Verfügung stehen. Die Förderung ist auch dann zu gewähren, wenn ein Unterhaltsanspruch besteht, aber nicht erfüllt wird (BGH, FamRZ 80/126, 128 = NJW 80/393, 395 = B 56a). Unbestritten gilt diese Anrechnung für endgültige BAföG-Leistungen. Etwas anderes gilt nur, wenn die Ausbildungsförderung als Vorausleistung im Sinn von § 36 BAföG gewährt wird. Solche Vorausleistungen sind subsidiär, weil sie nach Überleitung oder infolge Überganges nach § 37/I BAföG von dem Verpflichteten zurückgefordert werden können (BGH, FamRZ 85/916, 917 = NJW 85/2331, 2332 = B 56b).

b) Infolge der Neufassung des BAföG vom 6. 6. 83 wird seither die Förderung nur noch darlehensweise gewährt. Auch solche Darlehen beinhalten wegen ihrer besonders günstigen Konditionen einen erheblichen unterhaltsrechtlich relevanten wirtschaftlichen Vorteil. Sie sind grundsätzlich unverzinslich und nach Maßgabe der §§ 18ff. BAföG nur in einkommensabhängigen Raten nach Abschluß der Ausbildung zurückzuzahlen. Außerdem ist ein leistungsabhängiger Teilerlaß des Darlehens möglich. In vielen Fällen ist die Darlehensrückzahlung unwahrscheinlich.

Durch die darlehensweise gewährten Leistungen wird die augenblickliche Bedürftigkeit des Empfängers in gleicher Weise gemindert, wie durch endgültig gewährte Leistungen. Würden sie nicht auf den Unterhalt angerechnet, würde sie der Auszubildende zusätzlich zum Unterhalt beziehen, d. h. er würde mehr erhalten, als ihm unterhaltsmäßig zustünde. Da der Beginn und die Art der Rückzahlung von seinen späteren Einkommensverhältnissen und seinem Leistungseinsatz abhängig ist, belastet ihn die Rückzahlungsverpflichtung nicht unangemessen hart. Deshalb sind auch darlehensweise gewährte BAföG-Leistungen auf den Unterhalt anzurechnen, wenn sie in Anspruch genommen werden.

Wegen dieser günstigen Darlehensbedingungen ist einem Studierenden in der Regel die Kreditaufnahme in Form eines BAföG-Darlehens zumutbar. Bei dieser Zumutbarkeitsprüfung sind die beiderseitigen Interessen zu berücksichtigen. Hierbei gelten die Eltern nach dem System der Einkommens- und Vermögensanrechnung (§§ 21ff. und 26ff. BAföG) in Höhe der als Ausbildungsförderung in Betracht kommenden Darlehensbeträge als nicht leistungsverpflichtet, so daß nicht davon ausgegangen werden kann, daß ihnen die Unterhaltsgewährung leicht fällt. Außerdem haben sie im allgemeinen ihre Kinder bereits über die übliche Ausbildungszeit hinaus bis zur Erlangung der Hochschulreife unterhalten (BGH, FamRZ 85/916, 917 = NJW 85/2331, 2332 = B 56b).

Das Vorliegen besonderer Umstände müßte – als Abweichung vom Regelfall – der Studierende behaupten und nachweisen (siehe Seite 104f.). Wenn die Zumutbarkeit bejaht wird und der Student bei Antragstellung ein BAföG-Darlehen erhalten könnte, ist ihm bei Unterlassung einer Antragstellung in Höhe der BAföG-Leistungen ein fiktives Einkommen zuzurechnen (BGH, FamRZ 80/126, 128 = NJW 80/393, 395 = B 35 und B 56a, sowie FamRZ 85/916, 917 = NJW 85/2331, 2332 = B 56b; siehe ferner Seite 81ff.).

c) Für eine Anrechnung der darlehensweisen BAföG-Leistungen haben sich bisher ausgesprochen: OLG München (M.R. 2.3.), OLG Bremen (B.L. AB I 2b) und OLG Frankfurt (F.W. in DAV 84/91). Nach OLG Köln sind sie im Einzelfall nach Billigkeit anzurechnen (K.L. 8.3. und 14.4.).

d) Nicht anzurechnen sind sie nach OLG Hamm (H.L. 1.13.) und OLG Celle (C.L. II B 2). Das OLG Karlsruhe lehnt eine Anrechnung ab mit der Begründung, dem Studenten sei nicht zuzumuten, zur Entlastung seiner Eltern seine Ausbildung selbst durch Übernahme einer Verpflichtung zu zukünftigen Leistungen zu finanzieren (OLG Karlsruhe, FamRZ 84/927). M. E. wird bei dieser Argumentation übersehen, daß der Student bei Nichtanrechnung den vollen Unterhalt erhält und zusätzlich die besonderen staatlichen Vergünstigungen, von denen nicht feststeht, ob und in welchem Umfang er sie später zurückzuzahlen haben wird.

e) Leitlinien zum BAföG.

aa) OLG München. Volle Anrechnung des Kindergeldes, der Ausbildungsvergütung, der BAföG-Leistungen (auch Darlehen) sowie sonstiger Einkünfte des Unterhaltsberechtigten (M.R. 2.3.).

bb) OLG Hamm. BAföG-Leistungen sind als Einkommen anzusehen, soweit sie nicht nur als Darlehen gewährt werden (H.L. 1.13.).

cc) OLG Köln. Endgültige BAföG-Leistungen. Darlehensweise gewährte BAföG-Leistungen sind im Einzelfall nach Billigkeit anzurechnen (K.L. 8.3. und 14.4.).

dd) OLG Bremen. BAföG: 100%ige Anrechnung, auch bei darlehensweise Gewährung (Ausnahme: Vorausleistungen nach § 36 BAföG) (B.L. AB I 2b).

ee) OLG Celle. BAföG-Leistungen zählen zum Einkommen, soweit sie nicht ledglich darlehensweise gewährt werden (C.L. II B 2).

ff) OLG Frankfurt. Kein Einkommen stellen an sich Förderungen nach dem BAföG in der Fassung vom 6. 6. 83 dar, weil es sich insoweit um subsidiäre staatliche Leistungen handelt. Soweit diese Leistungen als echter verlorener Zuschuß gewährt werden, gelten sie als Einkommen. Es ist also jeweils ganz konkret die Rechtslage anhand des Förderungsbescheids zu überprüfen. Ob ein BAföG-Darlehen als Einkommen zu gelten hat, ist zweifelhaft. In Anbetracht der hohen Wahrscheinlichkeit, daß es einmal nicht zurückgezahlt werden muß, könnte man u. U. die Einkommensqualität bejahen (so ständig der 5. Familiensenat des OLG F.) (F.W. in DAV 84/91).

4. Kindergeld

a) Das staatliche Kindergeld nach dem BKGG dient dem allgemeinen Familienlastenausgleich. Es ist eine öffentliche Sozialleistung, die den Eltern zu dem Zweck gewährt wird, ihnen ihre Unterhaltslast gegenüber den Kindern zu erleichtern. Wegen dieser ausschließlich unterhaltsbezogenen Zweckbestimmung wird es bei den Eltern nicht als Einkommen angerechnet (H.L. 1.15.; B.L. AB I 2d; C.L. II A 2; F.W. in DAV 84/90, 91; K.L. 3.1. und 14.1.).

aa) Das Kindergeld steht nicht den Kindern zu, sondern beiden Eltern. Die Auszahlung an einen Elternteil beruht vorwiegend auf Gründen verwaltungsmäßiger Vereinfachung. Zwischen den Eltern findet ein Ausgleich im Verhältnis ihrer jeweils konkreten Unterhaltspflichten statt.

bb) In der Rechtsprechung hat sich aus Vereinfachungsgründen die Übung entwickelt, daß dieser Kindergeldausgleich unmittelbar im Rahmen der Bemessung des Kindesunterhalts vorgenommen wird. Wenn ein Elternteil barunterhaltspflichtig ist, während der andere Elternteil, dem das Kindergeld ausbezahlt wird und der das minderjährige Kind versorgt, führt dies im Regelfall des § 1606 Abs. 3 S. 2 BGB wegen der Gleichwertigkeit von Barunterhaltsleistungen zu einer hälftigen Anrechnung des Kindergeldes auf den Barunterhalt. Sind beide Eltern barunterhaltspflichtig, wie in der Regel gegenüber volljährigen Kindern, oder bestehen ausnahmsweise aus sonstigen Gründen unterschiedliche Haftungsquoten, so wird das Kindergeld im Verhältnis solcher konkreter Quoten anteilig verrechnet (BGH, FamRZ 83/49, 50 = NJW 83/933L = B 57a; FamRZ 81/26, 27 = NJW 81/170, 171 = B 57b; FamRZ 81/650, 651 = B 57c; FamRZ 78/177, 178 = NJW 78/753, 754; FamRZ 80/1112, 1113 = NJW 81/167, 168; FamRZ 81/541, 542 = NJW 81/2462, 2463; FamRZ 82/887, 889 = NJW 82/1983; H.L. 1.15.; B.L. AB I 2d; C.L. II A 2; K.L. 3.1. und 14.1.; F.W. in DAV 84/90, 91).

cc) In der Praxis wirkt sich diese unmittelbare Kindergeldverrechnung vergleichbar so aus, wie wenn das Kind in der entsprechenden Höhe ein anteiliges eigenes Einkommen hätte, das dem Kind auszukehren ist und auf den Unterhaltsanspruch bedarfsmindernd anzurechnen ist.

b) In der Praxis erfolgt die Verrechnung konkret in der Weise, daß bei Auszahlung des Kindergeldes an den sorgeberechtigten Elternteil vom Unterhaltsanspruch die Hälfte des Kindergeldes (bzw. der Anteil des barunterhaltspflichtigen Elternteils) abgezogen wird.

aa) Erhält der barunterhaltspflichtige Elternteil das Kindergeld, so wird die Hälfte des Kindergeldes (bzw. der Anteil des anderen Elternteils) zum errechneten Unterhaltsanspruch dazugerechnet.

bb) Bei volljährigen Kindern erfolgt eine Auskehrung und Anrechnung des Kindergeldes im Verhältnis der anteiligen Haftung der Eltern für den Gesamtunterhalt. Praktisch geschieht dies in der Weise, daß das Kindergeld in voller Höhe an den Volljährigen ausbezahlt wird und von dessen Unterhaltsanspruch wie eigenes Einkommen abgezogen wird. Aus dem verbleibenden Rest wird dann im Verhältnis der beiderseitigen Haftungsanteile der Eltern der jeweilige Unterhaltsanspruch errechnet (H.L. 1.15.; C.L. II A 2; K.L. 3.1., 4.3. und 5.2.; F.W. in DAV 84/97).

cc) Abweichende Vereinbarungen können von den Eltern getroffen werden (BGH, FamRZ 81/541, 542 = NJW 81/2462, 2463 = B 57d).

c) Bei mehreren Kindern ist die Summe aller Kindergeldbeträge gleichmäßig auf alle kindergeldberechtigten gemeinschaftlichen Kinder der Eheleute zu verteilen. Bei drei Kindern zu Kindergeldbeträge von 50 + 70 + 120 wird die Summe von 240 durch die Kinderzahl (3) geteilt und dann pro Kind DM 40 anteilig verrechnet, sofern die Eltern keine abweichende Regelung getroffen haben (BGH, FamRZ 81/541, 542 = NJW 81/2462, 2463 = B 57d; FamRZ 81/650, 651; FamRZ 83/49, 50 = NJW 83/933L; H.L. 1.15.; B.L. AB I 2d; F.W. in DAV 84/97).

d) Zum Zählkindervorteil. Im Hinblick auf den Zweck des BKGG, die Unterhaltslast aller Unterhaltspflichtigen des Kindes zu erleichtern, kann nur das an den vorrangig Berechtigten gezahlte Kindergeld (§ 3 Abs. 1 BKGG) für das (die) gemeinsame(n) Kind(er) zwischen den Unterhaltsschuldnern – in der Regel den Eltern – ausgeglichen werden. Soweit einem Elternteil wegen der Berücksichtigung eines weiteren nicht gemeinsamen Kindes ein „Zählkindervorteil" erwächst, ist dieser dem Kindergeld für die gemeinsamen ehelichen Kinder weder ganz noch teilweise zuzurechnen und damit auch nicht in den Ausgleich der unterhaltsberechtigten Eltern einzubeziehen. Denn die Unterhaltslast, die den Eltern gegenüber den Kindern obliegt, wird nicht dadurch erhöht, daß einer von ihnen oder auch beide ein weiteres Kind haben und mit der Unterhaltslast für dieses Kind belastet sind. Für die Einbeziehung von Zählkindervorteilen in einen unterhaltsrechtlichen Ausgleich fehlt ein rechtfertigender Grund. Der Zählkindervorteil kommt allein dem Elternteil des Zählkindes zu. Auf den Unterhaltsanspruch der gemeinsamen Kinder ist daher jeweils nur die Hälfte des fiktiven Kindergeldes anzurechnen, das der betreffende Elternteil erhalten würde, wenn es keine Zählkinder gäbe (so auch OLG Karlsruhe, FamRZ 83/85). Ungereimtheiten, die sich aus den besonderen Umständen des Einzelfalls ergeben, müssen nach BGH demgegenüber hingenommen werden (BGH, FamRZ 81/26, 27, 28 = NJW 81/170, 171, 172 = B 58a; FamRZ 81/650, 651 = B 58b; FamRZ 81/1000, 1001 = N 84/2694 = B 58c; H.L. I.15.; B.L. AB I 2d; K.L. 3.1.; C.L. II A 3a; F.W. in DAV 84/97).

e) Kinderzuschüsse und Kinderzulagen zu Renten sind in Höhe des durch sie verdrängten Kindergeldes wie Kindergeld zu behandeln und anteilig auf die Eltern zu verrechnen. In Höhe des überschießenden Betrages gelten sie – wie kinderbezogene Bestandteile der Dienst- und Versorgungsbezüge – als anrechenbares Einkommen des betreffenden Elternteils. Sie sind lediglich ein Element für die Berechnung der Versorgungsbezüge und deshalb auch nicht zwischen den Eltern auszugleichen (BGH, FamRZ 81/28, 29 = NJW 81/172, 173 = B 59a; FamRZ 84/374, 376 = NJW 84/1458, 1459 = B 59b; vgl. ferner BGH, FamRZ 83/49, 51 = NJW 83/933L = B 7).

f) Besonderheiten der Verrechnung ergeben sich noch bei Mangelfällen. Genaueres dazu Seite 290.

Im übrigen wird dazu auf die weiteren Ausführungen Seite 146ff., 153 verwiesen. Dort sind auch die einschlägigen Leitlinien abgedruckt (Seite 146ff.).

5. Zum Pflegegeld und Kindergeld für Pflegepersonen

a) Pflegegeld steht nach § 6 JWG rechtlich zwar dem Kind zu, ist aber unterhaltsrechtlich als Einkommen der Pflegeperson zu berücksichtigen, soweit es, wie in der Regel, den für den Unterhalt des Pflegekindes benötigten Betrag übersteigt und als Anerkennung für die Betreuung und erzieherischen Bemühungen der Pflegeperson gezahlt wird. Der Bedarf des Pflegekindes umfaßt alles, was dieses zum Lebensunterhalt benötigt, insbesondere die Aufwendungen für Ernährung, Bekleidung, Reinigung, Körper- und Gesundheitspflege, Hausrat, Unterkunft, Heizung, Beleuchtung, Schulbedarf, Bildung und Unterhaltung (BGH, FamRZ 84/769, 771, 772 = NJW 84/2355, 2357 = B 60a).

Dieser Bedarf ist festzustellen (§ 287 ZPO) und vom Pflegegeld abzuziehen.

b) Das staatliche Kindergeld, das der Pflegeperson zusteht, ist ausnahmsweise unterhaltsrechtlich als Einkommen der Pflegeperson zu berücksichtigen, wenn die zu einer angemessenen Versorgung des Kindes erforderlichen Mittel bereits anderweitig (z. B. durch das Pflegegeld) gedeckt sind (BGH, FamRZ 84/769, 772 = NJW 84/2355, 2357 = B 60b).

c) Pflegegeld nach dem ZGHG gilt als Einkommen des Behinderten. Es ist von dessen Unterhaltsbedarf abzuziehen (BGH, FamRZ 85/917, 919 = NJW 85/2590, 2592).

II. Überblick zu steuerrechtlichen Vorteilen

1. Grundsätzliches zur Anrechnung oder Abziehbarkeit steuerrechtlicher Vorteile

a) Steuern sind grundsätzlich in der Höhe abzusetzen, in der sie tatsächlich in dem für die Unterhaltsbemessung maßgeblichen Jahr entrichtet werden. Wegen der erheblichen Unsicherheiten, mit denen eine Prognose behaftet ist, können spätere Veränderungen erst dann beachtet werden, wenn sie tatsächlich eingetreten sind. Das bedeutet, daß sich solche später ergebenden Veränderungen (z. B. erhöhte Steuerlast der Geschiedenen) in der Steuerhöhe erst in dem Jahr zu berücksichtigen sind, in dem sie sich konkret steuerlich auswirken. Das gilt grundsätzlich auch bei einer Wiederverheiratung des unterhaltspflichtigen Ehegatten bzw. des Splittingvorteils aus der neuen Ehe (BGH, FamRZ 80/984, 985 = NJW 80/2251, 2252 = B 61a; FamRZ 83/152, 153 = NJW 82/1986 = B 61b; FamRZ 83/576 = NJW 83/1545; FamRZ 83/670, 673; FamRZ 85/911, 912 = NJW 85/2268, 2269).

b) Deshalb sind auch Steuererstattungen oder Steuernachzahlungen erst im Jahr der tatsächlichen Leistung als Einkommen anzurechnen bzw. vom Einkommen abzusetzen (M.R. 1.2.). Sie sind gegebenenfalls im Rahmen einer Unterhaltsneubemessung (§ 323 ZPO) zu berücksichtigen. Eine Steuerrückerstattung erhöht das anrechenbare Einkommen im Jahr der Erstattung (BGH, FamRZ 85/374, 375 = B 153h).

2. Zum Steuersplittingvorteil

Wenn der neue Ehegatte des wiederverheirateten Unterhaltspflichtigen ebenfalls erwerbstätig ist, kann der Unterhaltspflichtige in steuerrechtlich zulässiger Weise erreichen, daß der Steuersplittingvorteil allein seinem neuen Ehegatten zugute kommt, indem er für sich die Steuerklasse V und für den Ehegatten die Steuerklasse III wählt. In einem solchen Fall ist in entsprechender Anwendung der Grundsätze zur Behandlung verschleierter Einkünfte (§ 850h ZPO) die vom Arbeitslohn des Pflichtigen tatsächlich einbehaltene Lohnsteuer durch einen Abschlag zu korrigieren, durch den die mit der Einstufung in Steuerklasse V verbundene Verschiebung der Steuerbelastung möglichst behoben wird. Diesen Abschlag hat das Gericht in tatrichterlicher Verantwortung unter Berücksichtigung der Einkommen beider Ehegatten zu bemessen (BGH, FamRZ 80/984, 985 = NJW 80/2251, 2252 = B 61a).

Geht der geschiedene Ehegatte eines wieder verheirateten Unterhaltspflichtigen dem neuen Ehegatten nach § 1582 I BGB vor, so ist sein Unterhaltsanspruch im allgemeinen nach § 1579 I Nr. 4 BGB zu kürzen, soweit er an dem steuerlichen Splittingvorteil des Unterhaltspflichtigen teilhaben würde und dieser den Betrag der Steuerersparnis für den Unterhalt seines neuen Ehegatten benötigt (BGH, FamRZ 85/911, 912 = NJW 85/2268, 2269).

3. Zum Realsplitting

a) Aus dem Wesen der Ehe ergibt sich für beide Ehegatten die auch nach der Scheidung noch nachwirkende Verpflichtung, die finanziellen Lasten des anderen Teils nach Möglichkeit zu erleichtern, soweit dies ohne Verletzung eigener Interessen möglich ist (BGH, FamRZ 83/576, 577 = NJW 83/1545, 1546 = B 62; FamRZ 77/38, 40 = NJW 77/378).

Daraus ergibt sich die Verpflichtung der Ehegatten einer steuerlichen Zusammenveranlagung (BGH, a. a. O.) und dem sogenannten begrenzten Realsplitting nach § 10 Abs. 1 EGStG zuzustimmen (BGH, FamRZ 83/576, 577 = NJW 83/1545, 1546 = B 62).

b) Eine solche Zustimmungsverpflichtung ist allerdings davon abhängig, daß der Unterhaltspflichtige die finanziellen Nachteile ausgleicht, die dem Berechtigten daraus erwachsen. Die Zustimmung kann nur Zug um Zug gegen eine bindende Erklärung verlangt werden, durch die sich der Unterhaltsverpflichtete zur Freistellung des Unterhaltsberechtigten von den ihm entstehenden steuerlichen Nachteilen verpflichtet. Von einer entsprechenden Verpflichtung zum Ausgleich sonstiger Nachteile kann der Unterhaltsberechtigte seine Zustimmung nur abhängig machen, wenn er diese Nachteile im Einzelfall substantiiert darlegt. Von einer Sicherheitsleistung kann der Unterhaltsberechtigte seine Zustimmung nur abhängig machen, wenn zu besorgen ist, daß der Unterhaltspflichtige seine Verpflichtung zum Ausgleich der finanziellen Nachteile nicht oder nicht rechtzeitig erfüllen wird. Die Zustimmung kann nicht davon abhängig gemacht werden, daß der Verpflichtete den Berechtigten an der Steuerersparnis beteiligt, die er als Folge des begrenzten Realsplittings zu erwarten hat. Dessen finanzielle Vorteile sind vielmehr – nach Eintritt der Steuerersparnis – im Rahmen einer Unterhaltsneubemessung (§ 323 ZPO) zu berücksichtigen. Die erhöhte steuerliche Belastung, von der der Pflichtige den Bedürftigen freizustellen hat, erwächst erst mit der Festsetzung der neuen Steuer durch den Steuerbescheid, nicht schon mit Abgabe der Zustimmungserklärung (BGH, FamRZ 84/1211, 1212 = NJW 85/195, 196 = B 63b; FamRZ 83/576, 577 = NJW 83/1545, 1546 = B 62; FamRZ 83/670, 673).

c) Die Steuererstattung ist bei einer Abänderungsklage als einmalige Einnahme in die Berechnung des für die Unterhaltsbemessung maßgeblichen durchschnittlichen Nettoeinkommens einzubeziehen und auf einen längeren Zeitraum zu verteilen. Führt das Realsplitting zu keiner wesentlichen Änderung der Einkommensverhältnisse im Sinn des § 323 ZPO, ist der Ausschluß einer Änderung des bestehenden Unterhaltstitels nicht unbillig, denn bei einer unwesentlichen Einkommensminderung ergibt sich die gleiche Folge für den Unterhaltsverpflichteten (BGH, FamRZ 84/1211, 1212 = NJW 85/195, 196 = B 63b).

4. Leitlinien zur Anrechnung von Steuervorteilen und zum Abzug von Steuerzahlungen

a) OLG München. Steuerzahlungen oder Erstattungen sind im Jahr der tatsächlichen Leistungen anzurechnen (M.R. 1.2.).

b) OLG Köln. Steuervorteile sind im allgemeinen unterhaltspflichtiges Einkommen, auch wenn sie nur aufgrund neuer Familienverhältnisse des Verpflichteten entstehen (K.L. 15.1.).

Den Unterhaltsverpflichteten trifft die Obliegenheit, Steuervergünstigungen (insbesondere „Realsplitting" nach § 10/I Nr. 1 EStG) in Anspruch zu nehmen. Der Unterhaltsberechtigte hat dazu (formgerecht) eine Einwilligung zu erteilen gegen die Erklärung des Verpflichteten, ihn von daraus folgenden Steuerlasten freizustellen (K.L. 15.2.).

Vom Bruttoeinkommen sind abzuziehen: Steuern, insbesondere also Einkommen-, Lohn-, Kirchensteuern, und zwar nach der dem Familienstand und ggf. dem der Einkommensquote des Verpflichteten und dessen Ehegatten wirtschaftlich angemessenen Steuerklasse. Maßgebend ist jeweils die effektive Jahres-Steuerschuld unter Berücksichtigung erzielbarer Steuervergünstigungen (K.L. 17.0.).

c) OLG Bremen. Steuervorteile: Steuerrückzahlungen sind ebenso wie Steuerersparnisse infolge Geltendmachung von Freibeträgen nach § 33a EStG dem Einkommen voll zuzurechnen, soweit deren Inanspruchnahme möglich ist (B.L. AB I 2K).

d) OLG Frankfurt. Waren die ehelichen Lebensverhältnisse durch die günstige Steuerklasse III geprägt und entfällt diese bei dauerndem Getrenntleben bzw. der Scheidung der Eheleute, d. h. wird der Unterhaltspflichtige nunmehr nach der ungünstigen Steuerklasse I veranlagt, so vermindert sich ohne weiteres ein verteilungsfähiges Nettoeinkommen. Das ist für die einzelnen Unterhaltszeiträume genau zu beachten. Der Gesetzgeber möchte dieses mißliche Ergebnis durch die Einführung des sog. begrenzten Realsplittings mildern.

Danach darf der Unterhaltspflichtige sich auf seine Lohnsteuerkarte einen monatlichen Freibetrag bis zu DM 750,– eintragen lassen oder im Rahmen des Lohnsteuerjahresausgleichs bzw. der Einkommenssteuererklärung einen Freibetrag bis DM 9000,– als Sonderausgaben geltend machen. Das hat allerdings zur Folge, daß dann der unterhaltsberechtigte Ehegatte auch die Unterhaltszahlungen – unter Umständen zusammen mit seinen sonstigen Einkünften – versteuern muß. Aus diesem Grund verlangt das Finanzamt die Zustimmung des Unterhaltsberechtigten zur steuerlichen Geltendmachung der Unterhaltszahlungen in der Form einer Unterschrift unter die Anlage ,,U" zur Einkommensteuererklärung. Hierzu ist der Unterhaltsberechtigte verpflichtet, wenn ihn der Unterhaltspflichtige von der steuerlichen (Mehr-)Belastung und sonstigen konkret zu erwartenden Nachteilen freistellt. An dem danach noch verbleibenden steuerlichen Vorteil des Unterhaltspflichtigen ist der Unterhaltsberechtigte entsprechend der im Ehegattenunterhalt üblichen Verteilungsquote zu beteiligen.

Soweit die Parteien in Vergleichsgesprächen diesen Vorteil schon konkret übersehen können oder der Entlastungsbetrag sonst schon exakt feststeht (etwa bei einem Urteil, das sich auf einen bereits rechtskräftig abgeschlossenen Veranlagungszeitraum bezieht), ist dieser Betrag zu zwölfteln, auf den Monat umzulegen und dem laufenden Nettoeinkommen des Unterhaltspflichtigen zuzuschlagen. Wie in anderen Fällen zu verfahren ist, ist offen und von Senat zu Senat bei dem OLG Frankfurt verschieden. Während etwa der 3. Familiensenat den steuerlichen ,,Vorteil" = Entlastungsbetrag schon für das laufende Steuerkalenderjahr exakt errechnet und in die Ehegattenunterhaltsberechnung voll miteinbezieht, sieht etwa der 1. Familiensenat davon ab, weil die Unsicherheitsfaktoren auf Seiten beider Ehegatten so hoch seien, daß die Einbeziehung des sog. begrenzten Realsplittings schon in die laufende Unterhaltsberechnung zu einem unkalkulierbaren Risiko wird (ob die spätere Nachforderung im Weg der Abänderungs- oder wohl im Wege der Zusatzklage geltend zu machen ist, ist offen) (F.W. in DAV 84/284).

Einkommen sind auch Steuervergünstigungen z. B. aus Sonder-AfA, aus 7b-Abschreibung. Dazu OLG Stuttgart: Hat ein Unterhaltsschuldner Zins- und Tilgungsleistungen für ein Darlehen aufzubringen, das er zum Zweck des Erwerbs und Umbaus eines Hausanwesens, also zum Zweck der Vermögensbildung aufgenommen hat, so sind bei der Bemessung des seinem ehelichen Kind zustehenden Unterhalts diese Leistungen bei der Bedarfs- und Leistungsfähigkeitsbestimmung nicht zu berücksichtigen; Steuervergünstigungen in Form von Freibeträgen oder Steuerrückzahlungen, ferner sonstige wirtschaftliche Vorteile, die auf diesen nicht zu berücksichtigenden Zins- und Tilgungsleistungen beruhen oder ihretwegen gewährt werden, sind dann ebenfalls bei der Unterhaltsbemessung nicht zu berücksichtigen (F.W. in DAV 84/288).

Von dem Gesamtbruttoeinkommen des Unterhaltspflichtigen (aber auch des Unterhaltsberechtigten, wenn dieser wegen eigenen Einkommens nur einen ergänzenden Unterhaltsanspruch geltend machen kann) sind anschließend zunächst alle an das Einkommen anknüpfende Steuerabgaben abzuziehen. Der Unterhaltspflichtige hat die jeweilige Steuerklasse oder Veranlagungsart zu wählen, die für den Unterhaltsberechtigten per saldo am günstigsten ist.

Der Pflichtige hat ihm gesetzlich zustehende Steuervorteile durch Eintragung der Steuerfreibeträge in der Steuerkarte auszunutzen. Der unterhaltsberechtigte Ehegatte muß dem sog. begrenzten Realsplitting des § 10 Abs. 1 Nr. 1 EStG grundsätzlich zustimmen, wenn der unterhaltspflichtige Ehegatte die finanziellen Nachteile ausgleicht, die dem Berechtigten daraus erwachsen; inwieweit der sich daraus per saldo ergebende Steuer-,,Vorteil" in die (laufende) Unterhaltsberechnung einfließen kann, wird im Ehegattenunterhalt näher erörtert werden (F.W. in DAV 84/92).

III. Überblick zu freiwilligen unentgeltlichen Zuwendungen eines Dritten

1. Freiwilligkeit der Zuwendungen

a) Freiwillige Zuwendungen eines Dritten (z. B. durch nahe Angehörige) können in Bar- und Sachleistungen (z. B. kostenlose Wohnungsgewährung) bestehen.

b) Solche Leistungen an den Unterhaltsberechtigten, durch die einer nur sittlichen Pflicht entsprochen wird, werden den Zuwendungen aufgrund rechtlicher Verpflichtung nicht gleichgestellt und mindern in der Regel die Bedürftigkeit des Berechtigten nicht. Es ist daher stets zu klären, ob der Berechtigte einen rechtlichen Anspruch auf solche Leistungen hat.

c) Besteht kein solcher rechtlicher Anspruch (wie in der Regel bei freiwilligen Leistungen) hängt die Anrechenbarkeit einer solchen Leistung grundsätzlich vom Willen des Zuwendenden ab. Geht dieser Wille, wie in der Regel, dahin, den Berechtigten zusätzlich zu unterstützen, ohne den Verpflichteten von dessen Unterhaltspflicht zu entlasten, dann ist die Zuwendung unterhaltsrechtlich nicht zu berücksichtigen (BGH, FamRZ 80/40, 42 = NJW 80/124, 126 = B 64a; FamRZ 80/879, 880 = B 64b; FamRZ 85/584, 585 = NJW 85/1339, 1340 = B 64d; K.L. 9.1. und 13.2.; B.L. AB I 2i; F.W. in DAV 84/90).

2. Zur Berücksichtigung von Gegenleistungen

Am Merkmal einer unentgeltlichen Zuwendung fehlt es in der Regel, wenn der Berechtigte seinerseits gegenüber dem Dritten unentgeltliche Leistungen (z. B. Versorgungsleistungen) erbringt. Wirtschaftlich gesehen handelt es sich hierbei in Wirklichkeit um vermögenswerte Gegenleistungen, die geeignet sein können, die Zuwendungen des Dritten abzugelten. In Höhe des Wertes der Gegenleistungen sind dann die Zuwendungen als Einkommen anzurechnen. Die Höhe des anzurechnenden Betrages hat das Gericht unter Berücksichtigung der Umstände des Einzelfalls zu ermitteln und gegebenenfalls nach § 287 ZPO zu schätzen (BGH, FamRZ 80/40, 42 = NJW 80/124, 126 = B 64a; F.W. in DAV 84/90).

3. Zuwendungen eines Elternteils

Dritter in diesem Sinn ist beim Kindesunterhalt auch der andere Elternteil. Wenn ein Elternteil bei Unterhaltspflicht beider Eltern mit seinen Unterhaltszahlungen den anderen Elternteil nicht von dessen Unterhaltspflicht entlasten will, muß sich das Kind dessen Zahlungen nicht als Erfüllung des Unterhaltsanspruchs gegen den anderen Elternteil anrechnen lassen. Wenn eine Leistung durch einen Dritten erfolgt (hier durch den Vater) muß dieser nach § 267 BGB den Willen haben, eine fremde Schuld zu tilgen und dies auch zum Ausdruck bringen (BGH, FamRZ 85/584, 585 = NJW 85/1339, 1340 = B 64d; NJW 80/452).

4. Freigebige Leistungen

Sogenannte freigebige Leistungen, die der Pflichtige gegenüber Kindern über den festgesetzten Unterhalt hinaus erbringt oder die er erbringt, obwohl keine Unterhaltspflicht mehr besteht (z. B. wegen eigenen ausreichenden Erwerbseinkommens des Kindes), sind Geschenke, die dem unterhaltsberechtigten Ehegatten nicht einkommensmindernd entgegengehalten werden können (OLG Karlsruhe, FamRZ 85/286, 288; OLG Zweibrücken, FamRZ 82/1016, 1017).

5. Leitlinien zu freiwilligen Zuwendungen Dritter

a) OLG Köln. Freiwillige Zuwendungen Dritter sind dann nicht anrechenbar, wenn sie den Unterhaltsverpflichteten von seiner Unterhaltspflicht nicht entlasten sondern vielmehr dem Bedachten zusätzliches Einkommen gewähren sollen (K.L. 9.1. und 13.2.).

b) OLG Bremen. Freiwillige Zuwendungen Dritter: Grundsatz keine Anrechnung. Ausnahme: 100%ige Anrechnung, wenn sie zwecks Entlastung des Unterhaltspflichtigen gewährt werden (B.L. AB I 2i).

c) OLG Frankfurt. Keine Einkünfte sind freiwillige Zuwendungen Dritter, solange und soweit dem keine konkreten Gegenleistungen gegenüberstehen (F.W. in DAV 84/90).

IV. Überblick zu Zuwendungen des neuen Partners an den Berechtigten sowie zu Gegenleistungen des Berechtigten an den neuen Partner

1. Allgemeines

Grundsätzlich gelten die Ausführungen zu III auch für das Verhältnis von Personen, die in eheähnlicher Lebensgemeinschaft zusammenleben, da die eheähnliche Lebensgemeinschaft als solche keine Rechtsbeziehungen und gegenseitige Rechtsansprüche zwischen den Partnern schafft. Deshalb mindern an sich Zuwendungen des neuen Partners an den Berechtigten dessen Bedürftigkeit nicht, weil der Berechtigte auf solche Zuwendungen keinen Rechtsanspruch hat und sein neuer Partner nach der Lebenserfahrung nur ihn unterstützen will, aber nicht den früheren Partner von dessen Unterhaltspflicht entlasten will. Dies gilt im Prinzip für Leistungen aller Art des neuen Partners, z. B. auch für Wohnungsgewährung, finanzielle Zuwendungen und ähnliche Leistungen (BGH, FamRZ 80/40, 42 = NJW 80/124, 126 = B 64a; FamRZ 80/879, 880 = B 64b).

2. Zur Anrechnung von Leistungen des neuen Partners

a) Übernimmt es, wie in der Regel, der Berechtigte, seinem neuen Partner den Haushalt zu führen oder erbringt er ihm sonstige Leistungen (z. B. Versorgungsleistungen, Wohnungsgewährung u. ä.), so können die Bar- und Sachleistungen des neuen Partners nicht mehr als unentgeltlich beurteilt werden sondern beinhalten wirtschaftlich eine Vergütung für die ihm erbrachten Versorgungsleistungen des Berechtigten. Dabei kommt es nicht darauf an, ob die beiden Partner insoweit entsprechende Absprachen getroffen haben. Den wirklichen Wert der Leistungen, die der Berechtigte von seinem neuen Partner erhält, muß sich der Berechtigte als angemessene Vergütung bedarfsmindernd auf seinen Unterhaltsanspruch anrechnen lassen (BGH, FamRZ 80/40, 42 = NJW 80/124, 126 = B 64a; FamRZ 80/879, 880 = B 64b; FamRZ 80/665, 668 = NJW 80/1686, 1688, 1689 = B 64c und FamRZ 84/356, 357 = NJW 84/1537, 1538 = B 136d).

b) Zur Ermittlung der angemessenen Vergütung ist daher stets zu klären, welche Zuwendungen dem Berechtigten von seinem neuen Partner, gleich welcher Art, zufließen und welchen anrechenbaren Wert diese haben. Dabei ist ein Abzug in Höhe des Betrages zu machen, der erforderlich ist, um die durch die Versorgung des neuen Partners verursachten (Mehr-)Ausgaben zu bestreiten. Im allgemeinen werden die gesamten Zuwendungen des neuen Partners abzüglich eines solchen Abschlags für Mehraufwendungen zur Abgeltung der hauswirtschaftlichen Tätigkeit und sonstiger Versorgungsleistungen des Berechtigten bestimmt sein, so daß es in der Regel gerechtfertigt sein wird, die Zuwendungen in diesem Umfang beim Berechtigten als Einkommen zu berücksichtigen (BGH, FamRZ 80/40, 42 = NJW 80/124, 126 = B 64a).

3. Zur fiktiven Anrechnung einer angemessenen Vergütung für Versorgungsleistungen

a) Erbringt der neue Partner seinerseits keine Leistungen oder bleibt sein Beitrag hinter dem tatsächlichen Wert der Versorgungsleistungen zurück, die ihm der Berechtigte gewährt, muß der wirkliche Wert der vom Berechtigten erbrachten Leistungen in entsprechender Anwendung des § 850h ZPO als maßgeblich angesehen werden. Eine solche kostenlose und verhältnismäßig gering vergütete Leistung für den neuen Partner kann hier ebensowenig zu Lasten des unterhaltspflichtigen Ehegatten gehen, wie im Bereich des § 850h ZPO zum Nachteil eines Gläubigers. Deshalb muß sich der Berechtigte in derartigen Fällen grundsätzlich eine angemessene Vergütung für seine Dienste anrechnen lassen (BGH, FamRZ 80/879, 880 = B 64b; FamRZ 80/665, 668 = NJW 80/1686, 1688, 1689 = B 64c; B.L. AB I 2j).

b) Ist der neue Partner zu einer solchen Vergütung nicht in der Lage, muß geprüft werden, ob der Berechtigte nicht zumindest im Umfang einer solchen angemessenen Vergütung anderweitig eine Erwerbstätigkeit finden könnte, wobei dem neuen Partner eine Mithilfe zugemutet werden kann, weil er sonst kostenlos die Leistungen des Berechtigten erhalten würde. Denn Zuwendungen des neuen Partners können nicht angerechnet werden, wenn dieser als leistungsunfähig anzusehen ist (BGH, FamRZ 85/273 = NJW 85/806 = B 125).

4. Zur Bemessung der angemessenen Vergütung

a) Die Höhe des einkommensmindernd anzurechnenden Betrages ist vom Gericht zu ermitteln. Dabei ist vor allem auf den objektiven Wert abzustellen, den die Haushaltsführung und die sonstigen Vermögensleistungen für den Partner unter Berücksichtigung von dessen Einkommen haben. Bei dieser Ermittlung können Richtsätze, die auf die angegebenen Verhältnisse abgestimmt sind und der Lebenserfahrung entsprechen, sowie Richtlinien und Erfahrungssätze, die zur Bestimmung von Schadensersatzrenten für die Verletzung oder Tötung von Hausfrauen entwickelt worden sind, als Anhalt dienen, soweit nicht im Einzelfall besondere Umstände eine Abweichung bedingen (BGH, FamRZ 84/662, 663 = NJW 84, 2358, 2359 = B 65a; FamRZ 80/40, 42 = NJW 80/124, 126 = B 64a; FamRZ 79/687 = NJW 79/1501). Siehe ferner dazu die Ausführungen Seite 84f.

b) Die Annahme des Gerichts, der Berechtigte sei trotz nachgewiesener erfolgloser Bemühungen um eine ihm nach seinem Gesundheitszustand zumutbare (Neben-)Erwerbstätigkeit dennoch in der Lage gewesen, durch wechselnde Aushilfs- und Gelegenheitsarbeiten regelmäßig monatlich wenigstens DM 370,— zu verdienen, muß in nachprüfbarer Weise dargelegt und begründet werden. Dazu gehören Angaben zur Art der in Betracht kommenden Tätigkeiten, zum „Markt" für solche Gelegenheitsarbeiten in dem für den Betreffenden erreichbaren Einzugsgebiet sowie zu dem möglichen persönlichen Zugang des Berechtigten zu diesem Markt (BGH, FamRZ 84/682, 686 = NJW 84/1613, 1616 = B 65b). Siehe außerdem BGH, NJW 85/318, 319 (= B 74e) zur hypothetischen Ermittlung eines fiktiven Erwerbseinkommens bei Übernahme der „Hausmanns/Hausfrauenrolle" in einer neuen Ehe.

c) Nach OLG München ist die Haushaltsführung einer Ehefrau und Nurhausfrau beim Lebensgefährten im Durchschnittsfall im Rahmen des Unterhaltsanspruchs gegen den getrenntlebenden oder geschiedenen Ehemann mit DM 400,– bis DM 800,– zu bewerten. In diesem Betrag ist in in der Regel der entsprechende Mietwert, der durch die Aufnahme in die Wohnung des Lebensgefährten tatsächlich geboten wird, mitenthalten (= M.R. 3.5.).

d) Leistungen des neuen Partners gegenüber Kindern (z. B. Hausaufgabenüberwachung) können bei der Schätzung nicht berücksichtigt werden, weil der Vater des Kindes unterhaltsrechtlich nicht verpflichtet ist, dem neuen Partner die Beaufsichtigung der Kinder zu entgelten. Der Wert der Versorgungsleistungen für den neuen Partner ist daher ohne Abzug wegen Betreuungsleistungen für Kinder zu ermitteln (BGH, FamRZ 83/146, 148 = NJW 83/933, 934, 935 = B 66a).

5. Zur Wohnungsgewährung für Kinder durch den neuen Partner

Anders zu beurteilen ist die kostenlose Wohnungsgewährung des neuen Partners für die in die Wohnung mitaufgenommenen Kinder aus der früheren Ehe, da insoweit in der Regel einerseits keine Gegenleistungen der Kinder angenommen werden können und andererseits nach der Lebenserfahrung ein Wille des neuen Partners auf Entlastung des Verpflichteten von dessen Unterhaltspflicht gegenüber den Kindern nicht angenommen werden kann (BGH, FamRZ 80/665, 669 = NJW 80/1686, 1689 = B 66b).

6. Leitlinien zur Bewertung von Versorgungsleistungen

a) OLG München. Bewertung der Haushaltsführung: Die Haushaltsführung einer Ehefrau und Nurhausfrau beim Lebensgefährten ist im Durchschnittsfall im Rahmen des Unterhaltsanspruchs gegen den getrenntlebenden oder geschiedenen Ehemann mit DM 400,– bis DM 800,– zu bewerten. In diesem Betrag ist in der Regel der entsprechende Mietwert, der durch die Aufnahme in die Wohnung des Lebensgefährten tatsächlich geboten wird, mitenthalten (M.R. 3.5.).

b) OLG Bremen. Versorgungsleistungen. Erbringt der getrennt lebende/geschiedene Ehegatte gegenüber einem Partner Versorgungsleistungen (z. B. Haushaltsführung, Wohnungsgewährung), sind diese in entsprechender Anwendung der Vorschrift des § 850h ZPO wertmäßig zu schätzen und als anrechnungsfähiges Nettoeinkommen fiktiv zu berücksichtigen (B.L. AB I 2j).

V. Überblick zu den nicht als Einkommen anzurechnenden vermögenswerten Vorteilen

Hierunter zählen im wesentlichen die Sozialhilfe, die wiederaufgelebte Witwenrente (bzw. Pension), die staatliche Sparzulage und das Hausgeld des Strafgefangenen.

1. Sozialhilfe

a) Sozialhilfe, die dem Unterhaltsbedürftigen geleistet wird, hat auf den Unterhaltsanspruch keinen Einfluß. Sie mindert die Bedürftigkeit nicht, da sie wegen ihres subsidiären Charakters den Unterhaltspflichtigen nicht von einer Leistungspflicht befreien soll. Darauf, ob der Sozialhilfeträger später von seiner Befugnis Gebrauch macht, den Unterhaltsanspruch auf sich überzuleiten und seine Aufwendungen ersetzt verlangt, kommt es nicht an (BGH, FamRZ 84/364, 366 = B 67a; FamRZ 83/574 = NJW 83/1481; FamRZ 81/30, 31 = NJW 81/48, 49; H.L. 1.12.; K.L. 14.3.; B.L. AB I 2g).

b) Die Überleitung des Unterhaltsanspruchs auf den Träger der Sozialhilfe nach § 90b SHG hindert den Unterhaltsberechtigten nicht, für die Zukunft auf Unterhaltszahlung an sich selbst zu klagen (BGH, FamRZ 82/23, 25 = NJW 82/232, 233 = B 67b; FamRZ 83/574 = NJW 83/1481).

c) Wenn die Sozialverwaltung für ein behindertes Kind ein erhöhtes Pflegegeld als erweiterte Hilfe im Sinn des § 29 Abs. 1 BSHG gewährt hat und vom Pflichtigen Erstattung (DM 1250,– monatlich) verlangt, ist dieser Betrag von dessen Einkommen als Belastung abzuziehen. In Höhe dieses Betrages stand das Einkommen auch bisher schon nicht für den laufenden Unterhalt der Ehegatten zur Verfügung (BGH, FamRZ 85/357, 358 = NJW 85/909, 910 = B 68).

d) Leitlinien zur Sozialhilfe

aa) OLG Hamm. Sozialhilfe bleibt unberücksichtigt (H.L. 1.12.).
bb) OLG Köln. Sozialhilfe, die nur dem Bedarf des Unterhaltsverpflichteten dient, ist kein unterhaltspflichtiges Einkommen (K.L. 14.3.).
cc) OLG Bremen. Sozialhilfe: Keine Anrechnung (B.L. AB I 2g).

2. Zur wiederaufgelebten Witwenrente

Die wiederaufgelebte Witwenrente nach BVersG und AVG einer geschiedenen Frau aus vorangegangener Ehe bleibt unberücksichtigt, weil sie gegenüber dem Unterhaltsanspruch subsidiär ist. Der Unterhaltsanspruch ist so zu berechnen, als existiere diese Rente nicht. Nach Rechtskraft des Unterhaltsurteils wird der Versorgungsträger die Rente entsprechend kürzen (BGH, FamRZ 77/314; FamRZ 79/211, 212 = NJW 79/815, 816, 817; FamRZ 79/470, 471).

3. Zur Arbeitnehmersparzulage

Die Arbeitnehmersparzulage ist nicht anzurechnen (BGH, FamRZ 80/984, 985 = NJW 80/2251, 2252; H.L. 1.5.; K.L. 14.5.; B.L. AB II 4a; C.L. I.2.; F.W. in DAV in 84/91).

4. Zum Hausgeld des Strafgefangenen

Das Hausgeld des Strafgefangenen ist auch bei gesteigerter Unterhaltspflicht nach § 1603 Abs. 2 S. 1 BGB nicht anzurechnen, weil dieses der Resozialisierung dienen soll (BGH, FamRZ 82/913, 914 = NJW 82/2491, 2492 = B 69; FamRZ 82/792, 794 = NJW 82/1812, 1813 = B 18).

9. Unterabschnitt: Fiktives Einkommen aus unterlassener zumutbarer Erwerbstätigkeit

I. Überblick zur Erwerbsobliegenheit des Unterhaltspflichtigen und zum fiktiven Einkommen bei unterlassener zumutbarer Erwerbstätigkeit

1. Allgemeine Grundsätze

a) Beim Unterhaltspflichtigen handelt es sich hierbei um ein Problem seiner Leistungsfähigkeit.

Ob und inwieweit ein Unterhaltspflichtiger leistungsfähig ist, wird nicht allein durch sein tatsächlich vorhandenes Einkommen und Vermögen bestimmt, sondern auch durch seine Erwerbsfähigkeit. Ihn trifft unterhaltsrechtlich die Obliegenheit, die ihm zumutbaren Einkünfte zu erzielen, insbesondere seine Arbeitsfähigkeit so gut wie möglich einzusetzen und eine ihm zumutbare und mögliche Erwerbstätigkeit auszuüben. Soweit er dieser Obliegenheit schuldhaft nicht nachkommt, muß er sich so behandeln lassen, als ob er das Einkommen, das er bei gutem Willen durch eine zumutbare Erwerbstätigkeit erzielen könnte, tatsächlich hätte. Ein solches Einkommen wird ihm dann fiktiv zugerechnet (BGH, FamRZ 85/158, 159 = NJW 85/732, 733, 734 = B 70a; FamRZ 80/555, 557 = NJW 80/934, 936; FamRZ 80/43, 44 = NJW 80/340, 341; FamRZ 82/25, 26 = NJW 82/175; FamRZ 82/913, 914 = NJW 82/2491; FamRZ 84/374, 377 = NJW 84/1458, 1460; F.W. in DAV 84/89).

b) Gegenüber minderjährigen Kindern haben Eltern eine verstärkte Unterhaltspflicht und daraus folgend auch eine verstärkte Arbeitspflicht. Deshalb müssen Eltern im Verhältnis zu minderjährigen Kindern ihre Arbeitsfähigkeit so gut wie möglich einsetzen und sich Einkünfte anrechnen lassen, die sie durch zumutbare Erwerbstätigkeit erreichen könnten. Diese Verpflichtung legt ihnen nicht nur bei der Wahl ihres Arbeitsplatzes, sondern auch bei der Aufgabe einer Stellung Beschränkungen auf. Den Eltern kann sogar in zumutbaren Grenzen sowohl ein Orts- als auch ein Berufswechsel angesonnen werden, wenn sie auf diese Weise ihre Unterhaltspflicht erfüllen können (BGH, FamRZ 82/365, 366 = NJW 82/1050, 1051 = B 70b; FamRZ 80/1113, 1114 = NJW 80/2414, 2415 = B 70c).

aa) Gegenüber dieser, sich als höherwertig erweisenden familienrechtlichen Unterhaltspflicht muß u. U. auch das Recht des pflichtigen Elternteils auf freie Entfaltung seiner Persönlichkeit in und außerhalb einer neuen Ehe sowie auf freie Berufswahl zurücktreten (BGH, FamRZ 81/341, 344 = B 70d; FamRZ 81/539, 540 = NJW 81/1609, 1610; FamRZ 82/365, 366 = NJW 82/1050, 1051 = B 70b).

bb) Es kann auch eine Verpflichtung zur beruflichen Weiterbildung bestehen, wenn auf diese Weise der Kindesunterhalt gesichert werden kann. Andererseits müssen unterhaltspflichtige Eltern im Interesse der Kinder auf eine Weiterbildung (z. B. weiterführende Schule oder Hochschulstudium) verzichten, wenn sie dadurch früher eine zumutbare Erwerbstätigkeit finden können (BGH, FamRZ 80/1113, 1114 = NJW 80/2414, 2415; FamRZ 81/539, 540 = NJW 81/1609, 1610 = B 70e).

cc) Der gesteigert Unterhaltspflichtige muß sich besonders intensiv um Arbeit bemühen und Aushilfstätigkeiten und Gelegenheitsarbeiten annehmen (OLG Hamburg, FamRZ 84/924, 925; OLG Koblenz, FamRZ 84/1225, 1226).

c) Gleiches gilt gegenüber dem geschiedenen Ehegatten, der dem minderjährigen unverheirateten Kind im Rang grundsätzlich gleich steht (§§ 1609 Abs. 2 BGB, 59 Abs. 1 EheG) (BGH, FamRZ 81/539, 540 = NJW 81/1609, 1610 = B 70e).

d) Gegenüber volljährigen Kindern besteht keine verstärkte Erwerbsobliegenheit. Der Volljährige ist, wenn er sich nicht in Berufsausbildung befindet, verpflichtet, für seinen Lebensunterhalt selbst aufzukommen. Wenn er in seinem erlernten Beruf nicht genügend verdient, muß er auch berufsfremde Tätigkeiten oder Arbeiten unterhalb seiner gewohnten Lebensstellung übernehmen. Ehe er von seinen Eltern Geldopfer oder eine Erwerbstätigkeit verlangen kann, muß er selbst zunächst Opfer bis zur Zumutbarkeitsgrenze auf sich nehmen. Es ist ihm zuzumuten, vorher im gesamten Bundesgebiet nach einer Arbeitsstelle als ungelernter Arbeiter zu suchen (BGH, FamRZ 85/273, 274 = NJW 85/806, 807 = B 75c; OLG Köln, FamRZ 83/942; OLG Zweibrücken, FamRZ 84/1250, 1251). Diese eigene Erwerbspflicht des Volljährigen ist bei der Beurteilung einer Erwerbsobliegenheit der Eltern mitzuberücksichtigen. Siehe dazu auch Seite 153f.

2. Schuldhafte freiwillige Aufgabe eines Arbeitsplatzes

a) Bei freiwilliger Aufgabe eines Arbeitsplatzes (z.B. durch eigene Kündigung) ist stets zu prüfen, ob der Verpflichtete seine sich daraus ergebende Leistungsunfähigkeit selbst schuldhaft herbeigeführt hat. Im Gegensatz zur Bedürftigkeit enthält das Gesetz keine Regelungen zur selbst herbeigeführten Leistungsunfähigkeit. Der BGH löst diese Lücke mit dem Grundsatz von Treu und Glauben (§ 242 BGB) unter Berücksichtigung der Regelungen zum Wegfall der Bedürftigkeit. Wer seine Leistungsunfähigkeit unfreiwillig selbst herbeigeführt hat, kann sich hierauf nicht berufen, wenn dies gegen Treu und Glauben verstoßen würde. In Anlehnung an die Regelungen zum Wegfall der Bedürftigkeit bejaht der BGH einen solchen Verstoß und damit auch die Anrechnung eines fiktiven Einkommens wegen fortbestehender Unterhaltspflicht nur bei schuldhaftem Verhalten, nämlich wenn,

aa) der Pflichtige seinen Arbeitsplatz aufgibt, um sich der Unterhaltspflicht zu entziehen oder um seine Einkünfte zu vermindern oder zu verschleiern,

bb) wenn der Pflichtige bewußt seine wirtschaftliche Existenz zerstört oder absichtlich gebummelt hat,

cc) wenn er seinen Arbeitsplatz infolge eines mutwilligen oder verantwortungslosen, oder zumindest leichtfertigen Verhaltens verloren hat.

An früheren Formulierungen, wie Aufgabe des Arbeitsplatzes „ohne zureichenden Grund" oder „ohne vernünftigen Grund" hält der BGH nicht mehr fest. Er verlangt stets ein schuldhaftes Verhalten in der Form eines zumindest leichtfertigen Verhaltens (BGH, FamRZ 85/185, 158, 160, 161 = NJW 85/732, 733, 734 = B 71a; BGH, FamRZ 85/273, 274 = NJW 85/806, 807 = B 71b).

b) Eine Arbeitsplatzaufgabe kann aus persönlichen Gründen gerechtfertigt sein (OLG Celle, FamRZ 83/717, 719; OLG Schleswig, F 85/69, 70; OLG Düsseldorf, F 84/493, 494).

3. Fiktives Einkommen bei Berufswechsel, Arbeitsplatzwechsel oder unterlassener Veränderung einer Erwerbstätigkeit

Grundsätzlich hat die Erfüllung von Unterhaltspflichten Vorrang vor beruflichen Interessen des Verpflichteten (BGH, FamRZ 82/365, 366 = NJW 82/1050 = B 72a; FamRZ 83/140, 141 = NJW 83/814 = B 72b; FamRZ 85/782, 786, 787 = NJW 85/1695, 1696 = B 72c).

a) Gibt der Unterhaltspflichtige seinen Arbeitsplatz auf, um sich selbständig zu machen und hat dies eine für ihn voraussehbare zeitweise rückläufige Einkommensentwicklung zur Folge, so muß er vorher sicherstellen, daß ihm die Unterhaltspflichterfüllung vorerst auch bei geringeren Einkünften möglich ist. Dies kann durch Kreditaufnahme oder durch Bildung von Rücklagen geschehen. Sonst darf er seinen Beruf nicht wechseln (BGH, FamRZ 82/365, 366 = NJW 82/1050 = B 72a; FamRZ 85/782, 786, 787 = NJW 85/1695, 1696 = B 72c).

Gibt der Verpflichtete seine gesicherte Position als Angestellter ohne Not und ohne zwingende Gründe in Zeiten krisenhafter Wirtschaftsentwicklung auf in der vagen Hoffnung, nach ca. zwei bis drei Jahren mehr verdienen zu können, muß er sich als Verdienst anrechnen lassen, was er bei Fortführung seiner bisherigen Tätigkeit verdient hätte (OLG Hamburg, FamRZ 82/412, 413).

b) Einem selbständigen Unternehmer kann unter bestimmten, einengenden Voraussetzungen zugemutet werden, eine andere, besser bezahlte Arbeit anzunehmen, wenn er auf absehbare Zeit sonst die zur Unterhaltsdeckung erforderlichen Mittel nicht erzielen kann.

Dabei sind alle Umstände des Falles sorgfältig abzuwägen und es ist ihm eine Karenzzeit zuzubilligen (OLG Köln, FamRZ 83/87, 89, 90). Unterläßt er dies, ist ihm fiktiv als Einkommen anzurechnen, was er voraussichtlich verdienen könnte (OLG Koblenz, FamRZ 84/1225, 1226).

c) Bei Vorliegen besonderer Umstände kann es für den Verpflichteten, der seine ärztliche Ausbildung abgeschlossen hat, unzumutbar sein, seine Niederlassung als praktischer Arzt erst nach Sicherstellung der weiteren Unterhaltsleistungen vorzunehmen. Es liegt im Rahmen einer normalen beruflichen Ausbildung, daß sich ein Mediziner nach Abschluß seiner Ausbildung als selbständiger Arzt niederläßt. Die Tatsache, daß der Wegfall der Unterhaltsleistungen nur vorübergehender Art ist und die zu erwartende berufliche Verbesserung des Verpflichteten auch dem Berechtigten zugute kommen wird, macht es für den Berechtigten zumutbar, den grundsätzlichen Vorrang, der der Erfüllung von Unterhaltspflichten vor den beruflichen Interessen des Verpflichteten, zukommt unter den vorliegenden Umständen vorübergehend auszusetzen (BGH, FamRZ 782, 786, 787 = NJW 85/1695, 1696 = B 72c).

d) Auch einem Arbeitnehmer kann ein Arbeitsplatzwechsel zugemutet werden, selbst wenn er mit einem Umzug verbunden ist, wenn er dadurch leistungsfähiger wird (F.W. in DAV 84/90).

4. Kündigung des Arbeitsplatzes durch den Arbeitgeber

a) Fiktives Einkommen ist jedenfalls dann zuzurechnen, wenn der Pflichtige durch ein verantwortungsloses, leichtfertiges Verhalten eine berechtigte Kündigung durch den Arbeitgeber verschuldet hat. In der Regel kann es dem Pflichtigen bei einer Kündigung durch den Arbeitgeber auch zugemutet werden, die Kündigungsschutzvorschriften auszunutzen (OLG Frankfurt, FamRZ 83/392, F.W. in DAV 84/89).

b) Um seinen Arbeitsplatz zu erhalten darf der Pflichtige eine Gehaltskürzung akzeptieren. Erklärt er sich mit einer wegen schwieriger Auftrags- und Beschäftigungslage beabsichtigten Änderungskündigung (geplante 10%ige Lohnkürzung) nicht einverstanden und wird ihm deshalb ordnungsgemäß gekündigt, kann ihm ein fiktives Einkommen in um 10% gekürzter Lohnhöhe zugerechnet werden (OLG Celle, FamRZ 84/704, 705).

5. Arbeitsaufgabe wegen beruflicher Weiterbildung oder Zweitausbildung

a) Grundsätzlich ist der Unterhaltspflichtige nicht berechtigt, seinen Beruf, der der Familie eine auskömmliche Lebensgrundlage bietet, zum Zweck einer weiteren Ausbildung aufzugeben. Tut er dies trotzdem ohne Rücksicht auf eine bereits bestehende Bedürftigkeit der von ihm abhängenden Familienangehörigen und ohne deren Einverständnis, muß er sie selbst dann abbrechen, wenn sie zwischenzeitlich bereits weiter fortgeschritten ist. Es ist ihm ein fiktives Einkommen zuzurechnen (BGH, FamRZ 83/140, 141 = NJW 83/814 = B 72b).

Hatte der Pflichtige die Zweitausbildung zunächst im Einvernehmen mit seiner Frau aufgenommen und war der Unterhalt durch eine Erwerbstätigkeit der Frau gesichert, dann ist ihm ein Abbruch der Zweitausbildung nicht mehr zuzumuten, wenn einerseits der Frau wegen der Geburt eines weiteren Kindes eine weitere Erwerbstätigkeit unmöglich geworden ist und andererseits der Abschluß der Zweitausbildung alsbald bevorsteht (= ca. 1 bis 2 Jahre), so daß ein Abbruch unwirtschaftlich und unvernünftig wäre (BGH a. a. O. B 72 b).

b) Generell ist es einem Unterhaltsberechtigten zuzumuten, eine vorübergehende Unterhaltsminderung, u. U. sogar einen zeitweiligen Wegfall von Unterhaltszahlungen hinzunehmen, wenn die Zweitausbildung des Pflichtigen bereits weit fortgeschritten ist und nur noch eine verhältnismäßig kurze Zeit in Anspruch nimmt, erhöhte Einkommens- und Aufstiegschancen bietet und nicht gegen den Willen der Berechtigten aufgenommen wurde. Denn schließlich steigert die verbesserte berufliche Situation des Pflichtigen auch den Unterhaltsanspruch des Berechtigten und bietet auch diesem seinerseits bessere Ausbildungs- und Berufsaussichten (BGH, FamRZ 83, 140, 141 = NJW 83/814 = B 72b).

c) Die Tatsache, daß eine nach Aufgabe des Arbeitsplatzes beabsichtigte oder durchgeführte Umschulung mit öffentlichen Mitteln gefördert wird, ist unterhaltsrechtlich ohne Bedeutung und hat, bei Vorliegen der sonstigen Voraussetzungen, die Anrechnung eines fiktiven Einkommens in früherer Höhe zur Folge (OLG Stuttgart, FamRZ 83/1233, 1234, 1235).

Anders ist es allerdings, wenn das Arbeitsamt einem unverschuldet arbeitslos gewordenen Verpflichteten die Förderung einer Umschulungsmaßnahme aus Gründen besserer Vermittelbarkeit bewilligt hat. Dann kann während der Förderungszeit kein fiktives Einkommen angerechnet werden (OLG Düsseldorf, FamRZ 84/392, 393).

6. Fiktives Einkommen bei einem Strafgefangenen

Die Leistungsfähigkeit infolge längerer Strafhaft befreit von der Unterhaltspflicht, es sei denn, die Berufung auf die Leistungsfähigkeit verstieße gegen Treu und Glauben (§ 242 BGB), etwa wenn die Straftat sich gegen den Unterhaltsberechtigten oder seine Angehörigen gerichtet hat, wenn sie verübt worden ist, um sich absichtlich einer Unterhaltspflicht zu entziehen, oder wenn sie sonst in einer Weise im Zusammenhang mit der Unterhaltspflicht steht, daß die Vorstellungen und Antriebe, die ihr zugrundelagen, sich auf die Leistungsfähigkeit als Folge des strafbaren Verhaltens erstreckten. Dies ist bei einem Strafgefangenen der Fall, der eine längere Strafhaft gerade wegen Unterhaltspflichtverletzung verbüßt oder wenn gerade die bestrafte vorsätzliche Tat dazu geführt hat, daß der Berechtigte, etwa durch Schädigung seines Vermögens, durch Körperverletzung oder durch die Tötung eines vorrangig Unterhaltsverpflichteten unterhaltsbedürftig geworden ist. In einem solchen Fall besteht die Unterhaltsverpflichtung fort, weil die Leistungsunfähigkeit durch ein Verhalten herbeigeführt worden ist, das seinerseits eine schuldhafte Verletzung der Unterhaltspflicht darstellt. Es ist dann ein entsprechendes fiktives Einkommen anzurechnen (BGH, FamRZ 82/913, 914 = NJW 82/2491, 2492 = B 73a; FamRZ 82/792, 793 = NJW 82/1812, 1813 = B 73b). Vgl. außerdem B 18 und B 69 zum Überbrückungsgeld und Hausgeld des Strafgefangenen.

7. Erwerbspflicht und fiktives Einkommen bei „Hausmann“ oder „Hausfrau“

a) Die unterhaltsrechtliche Obliegenheit zur Aufnahme oder Fortsetzung einer Erwerbstätigkeit gegenüber minderjährigen unverheirateten Kindern, die bei dem anderen Elternteil geblieben sind, entfällt nicht dadurch, daß der Unterhaltspflichtige eine neue Ehe eingeht und im Einvernehmen mit dem neuen Ehegatten Aufgaben der Haushaltsführung in der neuen Ehe übernimmt. Gleiches gilt, wenn er auch Kinder aus der neuen Ehe betreut oder wenn der barunterhaltspflichtige Elternteil nachträglich das Sorgerecht für ein aus der früheren Ehe stammendes Kind erhält und dieses Kind in seinen neuen Haushalt aufnimmt, während die anderen Kinder im Haushalt des anderen Elternteils bleiben.

aa) Diese Obliegenheit zum Nebenerwerb oder zur Beibehaltung einer bisherigen Erwerbstätigkeit beruht nach der Rechtsprechung des BGH nicht auf der verstärkten Unterhaltspflicht nach § 1603 BGB, sondern in erster Linie auf der Gleichrangigkeit der Unterhaltsansprüche von Kindern aus erster und zweiter Ehe (§ 1609 BGB). Wegen dieses Gleichranges darf sich der Pflichtige nicht allein oder überwiegend der Betreuung der neuen Kinder widmen, sondern muß auch für die anderen Kinder sorgen, d. h. er muß erwerbstätig bleiben, um einen entsprechenden Barunterhalt zahlen zu können. Er darf seine Erwerbstätigkeit nicht zu Lasten dieser, auf Barunterhalt angewiesen bleibenden Kinder beliebig einschränken (BGH, FamRZ 84/374, 375 = NJW 84/1458, 1460 = B 74a; FamRZ 82/590, 591, 592 = NJW 82/1590, 1591, 1592 = B 74c).

bb) Auf der anderen Seite können auch die barunterhaltsberechtigten Kinder nicht verlangen, daß der ihnen zur Leistung verpflichtete Elternteil in gleichem Umfang wie bisher erwerbstätig bleibt, sobald er einem unterhaltsrechtlich im gleichen Rang stehenden anderen Kind Betreuungsunterhalt gewähren muß. Derartige Konfliktsfälle sind nach Zumutbarkeitsgesichtspunkten zu lösen, d. h. es ist jeweils zu prüfen, inwieweit dem

Pflichtigen trotz einer ihm obliegenden Betreuung des neuen Kindes zugemutet werden kann, einer Erwerbstätigkeit nachzugehen, aus deren Ertrag die Ansprüche der barutnerhaltsberechtigten Kinder gedeckt oder auf der Grundlage eines abzuändernden Titels neu berechnet werden können. Aufgrund dieser Nebenerwerbsverpflichtung wird ihm allerdings neben seiner selbst gewählten Hausmanns- (Hausfrauen)Rolle nur eine nicht über das Normalmaß hinaus erweiterte zusätzliche Arbeit zugemutet werden können (BGH, FamRZ 84/374, 375 = NJW 84/1458, 1460 = B 74a; FamRZ 82/25, 26 = NJW 82/175, 176 = B 74b; FamRZ 82/590, 591, 592 = NJW 82/1590, 1591, 1592 = B 74c; FamRZ 81/341, 343 = B 74d; FamRZ 80/43, 44 = NJW 80/340, 341 = B 74g).

cc) Die Tatsache, daß der BGH die Erwerbsobliegenheit des Hausmanns (bzw. der Nurhausfrau) aus der Gleichrangigkeit (§ 1609 BGB) der Kinder herleitet und nicht aus der erweiterten Unterhaltspflicht des § 1603 Abs. 2 S. 1 BGB ist im Hinblick auf die Subsidiarität der erweiterten Unterhaltspflicht von erheblicher praktischer Bedeutung. Ein anderer unterhaltspflichtiger Verwandter im Sinn des § 1603 Abs. 2 S. 2 kann auch der andere Elternteil sein. Dies hätte zur Folge, daß ein Unterhaltsanspruch des Kindes gegen den anderen Elternteil entfiele, wenn dieser zur Unterhaltsleistung ohne Beeinträchtigung seines eigenen angemessenen Unterhalts nicht in der Lage wäre, während der sorgeberechtigte Elternteil neben der Betreuung des Kindes auch dessen Barbedarf ohne Gefährdung des eigenen angemessenen Unterhalts tragen könnte (BGH, FamRZ 82/590, 591, 592 = NJW 82/1590, 1591, 1592 = B 74c; FamRZ 80/555, 556 = NJW 80/934, 936 = B 128; FamRZ 80/994, 995 = NJW 80/2306, 2307; NJW 85/318, 319 = B 74e).

dd) Die obere Grenze der Erwerbsobliegenheit kann sich allerdings im Fall der gleichzeitig gesteigerten Unterhaltspflicht nach § 1603 Abs. 2 S. 1 BGB noch zugunsten der Kinder verlagern (BGH, FamRZ 82/590, 591, 592 = NJW 82/1590, 1591, 1592 = B 74c).

b) Der neue Ehegatte kann, selbst bei einer förmlichen Vereinbarung über die Aufgabenverteilung in der Ehe im Verhältnis zu den minderjährigen Kindern der ersten Ehe nicht verlangen, daß der Pflichtige in der neuen Ehe unter Verzicht auf eine Erwerbstätigkeit die Haushaltsführung und Kinderbetreuung übernimmt. Der neue Ehegatte ist vielmehr gehalten, den Unterhaltspflichtigen durch eine Teilübernahme von Pflegeaufgaben die erforderliche Zeit und damit die Möglichkeit zu verschaffen, seine Arbeitskraft nicht vollständig für Mitglieder der neuen Familie, sondern auch für minderjährige Kinder aus erster Ehe zur Erfüllung der diesen gegenüber bestehenden Unterhaltsverpflichtung zu verwenden. Gegebenenfalls ist es dem Unterhaltspflichtigen zuzumuten, sich die Erwerbsmöglichkeit durch den zeitlich eng begrenzten Einsatz einer Hilfskraft zu verschaffen (BGH, FamRZ 82/25, 26 = NJW 82/175, 176 = B 74b; FamRZ 82/590, 591, 592 = NJW 1590, 1591, 1592 = B 74c; FamRZ 81/341, 343 = B 74d; FamRZ 80/43, 44 = NJW 80/340, 341 = B 74g; NJW 85/318, 319 = B 74e; F.W. in DAV 84/90).

c) Eine Obliegenheit zum Nebenerwerb könnte u. U. entfallen, wenn der Hausmann (die Hausfrau) im Verhältnis zum anderen Elternteil des Kindes aus erster Ehe unverhältnismäßig belastet würde. Dabei ist auch zu berücksichtigen, daß der Familienunterhalt in der neuen Ehe sich durch die Erwerbstätigkeit des neuen Ehegatten wesentlich günstiger gestalten kann, als wenn der Pflichtige die Rolle des voll erwerbstätigen Teils übernehmen würde. Deshalb wird in der Regel nur die Übernahme einer Nebentätigkeit oder Teilzeitbeschäftigung zugemutet werden können, durch deren Ertrag wenigstens ein Beitrag zum Unterhalt der Kinder aus erster Ehe geleistet werden kann.

Dem Pflichtigen können seiner Hausmanns- (oder Hausfrauen)Rolle entsprechende Nebentätigkeiten oder Büroarbeiten in Heimarbeit, Tätigkeiten als Nachtpförtner u. ä. zugemutet werden, auch wenn er qualifiziert ausgebildet ist (Amtmann). Etwaige mit der Nebentätigkeit verbundene Auslagen muß er zu zusätzlich verdienen. Sein Verdienst ist voll anzurechnen, auch wenn er unter dem Selbstbehalt bleibt, weil sein Eigenbedarf bereits durch den Unterhalt gesichert ist, den sein gut verdienender Ehegatte nach §§ 1360, 1360a BGB schuldet. Die Nebenerwerbsobliegenheit reicht in einem solchen Fall nur soweit, daß die unterhaltsberechtigten Kinder aus der früheren Ehe nicht schlechter gestellt werden, als sie stünden, wenn dieser Elternteil erwerbstätig geblieben wäre und von seinem Verdienst auch die neue Familie zu unterhalten gehabt hätte. In dieser Höhe kann er durch Zurechnung eines fiktiven Einkommens als leistungsfähig angesehen werden (BGH, FamRZ 82/590, 591, 592 = NJW 82/1590, 1591, 1592 = B 74c; FamRZ 82/23, 25 = NJW 82/232, 233; FamRZ 80/43, 44 = NJW 80/340, 341 = B 74g; NJW 85/318, 319 = B 74e; FamRZ 81/341, 343 = B 74d; FamRZ 82/25, 27 = NJW 82/175, 176 = B 74b). Siehe dazu auch die Ausführungen Seite 151f.

d) Diese vom BGH aus den Grundsätzen der Gleichrangigkeit entwickelte Rechtsprechung gilt auch in bezug auf einen geschiedenen Ehegatten, da dieser minderjährigen Kindern im Range gleichsteht (OLG Stuttgart, FamRZ 83/185, 186).

Diese Rechtsprechung ist allerdings im Verhältnis zu einem während der Ehe gemeinsam adoptierten, beim anderen Elternteil lebenden Kind dann nicht anwendbar, wenn der geschiedene Unterhaltspflichtige kein eigenes Einkommen hat, weil er ein nachehelich geborenes uneheliches Kind betreuen muß, nicht wiederverheiratet ist und deshalb einer eigenen Erwerbstätigkeit nicht nachgehen kann (OLG Stuttgart, FamRZ 84/611, 612).

e) Das BVerfG hält die Rechtsprechung des BGH (Hausmannsurteil = B 74 g) für verfassungsgemäß. Nach dieser Entscheidung bestimmt sich die Leistungsfähigkeit eines geschiedenen, seinen Kindern aus 1. Ehe unterhaltspflichtigen Elternteils nicht allein durch sein tatsächlich vorhandenes Einkommen und Vermögen sondern auch durch seine Arbeits- und Erwerbsfähigkeit sowie durch ein fiktives Einkommen bei unterlassener zumutbarer Erwerbstätigkeit (BVerfG, FamRZ 85/143, 145, 146 = B 74f).

8. Fiktives Einkommen bei unentgeltlichen oder unterbezahlten Dienstleistungen gegenüber Dritten

Leistet der Verpflichtete einem Dritten ständig ganz oder teilweise unentgeltliche oder unterbezahlte Dienste, die normalerweise vergütet werden, so muß er sich, wie im Vollstreckungsrecht gemäß § 850a Abs. 2 ZPO, grundsätzlich eine angemessene Vergütung für seine Dienste anrechnen lassen. Der BGH hat dies für den in eheähnlicher Gemeinschaft lebenden Berechtigten entschieden (vgl. dazu Seite 72ff. sowie B 64a, 64b, 64c, 65a, 65b, 66a und 66; F.W. in DAV 84/90). Erst recht gilt dieser Rechtsgedanke bei Trennung und Scheidung für den Verpflichteten.

II. Überblick zur Erwerbsobliegenheit des Berechtigten und zum fiktiven Einkommen bei unterlassener zumutbarer Erwerbstätigkeit

1. Zum Problem der Bedürftigkeit und der Anrechnung von fiktivem Einkommen

a) Beim Unterhaltsberechtigten handelt es sich hierbei um ein Problem seiner Bedürftigkeit. Zum Wegfall oder zur Minderung seiner Bedürftigkeit enthält das Gesetz besondere Vorschriften (vgl. BGH, FamRZ 85/158, 160, 161 = NJW 85/732, 733, 734 = B 71a; FamRZ 85/273, 274 = NJW 85/806, 807 = B 71b).

Danach entfällt oder mindert sich ein Unterhaltsanspruch:

aa) wenn und solange sich der Berechtigte aus seinen Einkünften und Vermögen selbst unterhalten kann (z.B. §§ 1361/II, 1577/I, 1602 BGB),

bb) wenn der Berechtigte seine Bedürftigkeit mutwillig herbeigeführt hat (§§ 1579/I, III und § 1361/III i.V. 1579/I S. 3 BGB),

cc) wenn der Berechtigte durch ein sittliches Verschulden bedürftig geworden ist oder eine grobe Unbilligkeit vorliegt (§§ 1611/I und II BGB, 65 EheG).

Sofern nach diesen Bestimmungen eine Unterhaltspflicht entfällt, erübrigt sich eine Anrechnung von fiktivem Einkommen. Das Problem einer Berechnung entsteht erst, wenn die Bedürftigkeit ganz oder zumindest teilweise bejaht wird (siehe b).

Genaueres zur mutwilligen Herbeiführung der Bedürftigkeit in Teil III. Seite 83f., 250ff. sowie BGH, FamRZ 85/158, 160, 161 = NJW 85/732, 733, 734 = B 71a und BGH, FamRZ 85/273, 274 = NJW 85/806, 807 = B 71b.

b) Der Berechtigte ist grundsätzlich verpflichtet, seine Bedürftigkeit durch den Einsatz seiner Arbeitskraft so weitgehend wie möglich zu mindern. Wenn und soweit ihm nach den Umständen des Falles eine angemessene Erwerbstätigkeit (§ 1574/I BGB) zugemutet werden kann. Nimmt er eine zumutbare Erwerbstätigkeit nicht auf oder gibt er sie ganz oder teilweise wieder auf, ist er insoweit nicht mehr bedürftig, d. h. es verringert sich sein Unterhaltsanspruch entsprechend.

Praktisch erfolgt in solchen Fällen die Unterhaltsbemessung in der Weise, daß dem Berechtigten auf seinen Unterhaltsbedarf im Umfang einer bestehenden Erwerbsobliegenheit ein hieraus erzielbares angemessenes Einkommen als fiktives Einkommen angerechnet wird (BGH, FamRZ 81/752, 753 = NJW 81/1782, 1784 = B 75a; FamRZ 85/374, 375, 376 = B 153h).

2. Zur Erwerbsobliegenheit des Berechtigten

a) Ob und in welchem Umfang eine Erwerbsobliegenheit des Berechtigten besteht, ist im Rahmen der Unterhaltsansprüche nach §§ 1361, 1570ff., 1601ff. BGB und 59ff. EheG zu prüfen und wird im einzelnen beim Ehegatten- und Kindesunterhalt erörtert werden. Die meisten BGH-Entscheidungen gibt es hierbei zur Frage, ob und inwieweit trotz Betreuung von Kindern noch eine Erwerbsobliegenheit besteht (§ 1570 BGB), zum Aufstockungsunterhalt (§ 1573 BGB) sowie zur Angemessenheit einer Erwerbstätigkeit (§ 1574 BGB). Es wird auf die dortigen Ausführungen Seite 177ff., Seite 185ff., Seite 192ff. und Seite 200f. verwiesen.

b) Allgemein ist zu sagen, daß der Berechtigte in gleicher Weise wie der Verpflichtete (siehe I) seine Arbeitskraft wirtschaftlich sinnvoll so einsetzen muß, daß sie einen möglichst hohen Ertrag bringt, um den sich dann seine Bedürftigkeit mindert. Der Berechtigte muß sich mit hinreichendem Nachdruck um eine Eingliederung in den Arbeitsprozeß bemühen und eine angebotene Erwerbstätigkeit aufnehmen (BGH, FamRZ 85/374, 375 = B 153h).

c) Seiner Erwerbsobliegenheit kommt er nur dann nach, wenn er unter Einsatz aller ihm möglichen und zumutbaren Mittel angemessene Anstrengungen unternimmt, um die ihm zumutbare Erwerbstätigkeit finden und aufnehmen zu können (siehe dazu Seite 76ff. sowie OLG Hamm, FamRZ 83/927).

d) Der Berechtigte darf – wie der Verpflichtete – seinen Arbeitsplatz nicht verantwortungslos oder durch ein leichtfertiges Verhalten aufgeben bzw. verlieren (wie I.2.). Er darf nicht ohne triftige Gründe in eine schlechter entlohnte oder weniger sichere Arbeitsstellung überwechseln. Dagegen kann ihm zugemutet werden, eine besser bezahlte Arbeit anzunehmen (= wie I.3. Seite 77f.).

e) Auch der Berechtigte ist zur beruflichen Ausbildung und Fortbildung verpflichtet (§§ 1574 BGB, 41, 47 AFG), wenn er nach deren Abschluß voraussichtlich eine geeignete Erwerbstätigkeit aufnehmen oder ausweiten kann.

f) Der Berechtigte muß sich eine angemessene Vergütung anrechnen lassen für Leistungen, die er unentgeltlich für einen anderen, z. B. für seinen neuen Partner oder andere Dritte erbringt (vgl. dazu Seite 71f. und Seite 72ff. sowie F.W. in DAV 84/90).

g) Ob und inwieweit im Einzelfall eine Erwerbsobliegenheit besteht, ist nach objektiven Kriterien zu entscheiden. Bei der zur Beurteilung der Zumutbarkeit vorzunehmenden Abwägung der Umstände des Einzelfalls spielen die persönlichen Verhältnisse des Berechtigten eine große Rolle, wie Alter, Gesundheitszustand, Berufsausbildung und frühere berufliche Betätigung; ferner die Dauer der Ehe sowie die wirtschaftlichen Verhältnisse der Parteien. Bei Betreuung eines Kindes außerdem dessen Betreuungsbedürftigkeit, Alter, Gesundheitszustand, schulischer und sonstiger Entwicklungsstand sowie möglicherweise aufgetretene Verhaltensstörungen (BGH, FamRZ 85/50, 51 = NJW 85/429, 430 = B 148c; FamRZ 82/148, 150 = NJW 82/326, 328 = B 148a).

Hat der Verpflichtete nach § 1581 BGB nur nach Billigkeitsgrundsätzen Unterhalt zu leisten, weil sein eigener angemessener Unterhalt gefährdet ist, so kann dies zu einer Verschärfung der Anforderungen führen, die an die Erwerbsobliegenheit des Berechtigten zu stellen sind (BGH, FamRZ 83/569, 571 = NJW 83/1548, 1549 = B 75b).

h) Einem Studierenden kann während der Semesterferien häufig eine gewisse Erwerbstätigkeit zugemutet werden, wenn durch diese der Examensabschluß nicht verzögert oder gefährdet wird (BGH, FamRZ 83/140, 141 = NJW 83/814, 815 = B 15a; FamRZ 80/126, 127 = NJW 80/393, 395 = B 15b).

i) Ein volljähriges Kind, das in seinem erlernten Beruf keine Anstellung findet, muß jede Arbeit ergreifen, bevor ihm ein Elternteil Unterhalt zahlen muß (BGH, FamRZ 85/273, 274 = NJW 85/806, 807 = B 75c).

Es muß auch eine von einem Elternteil angebotene Stelle annehmen (OLG Zweibrücken, FamRZ 84/1250, 1251).

III. Zu den Bemühungen um eine Arbeitsstelle und zur „Rentenneurose"

1. Zu den Bemühungen um eine Arbeitsstelle

Wer zur Aufnahme einer Erwerbstätigkeit verpflichtet ist, muß darlegen und beweisen, daß er alle ihm zumutbaren Anstrengungen, einen Arbeitsplatz zu finden, ernsthaft unternommen und ausgeschöpft hat. Die Meldung beim Arbeitsamt zum Zweck der Arbeitsvermittlung reicht hierzu nicht aus, weil erfahrungsgemäß nicht alle Arbeitsstellen über das Arbeitsamt vermittelt werden. Das Arbeitsamt hat zwar das staatliche Monopol für die Arbeitsvermittlung. Gleichwohl suchen viele Arbeitnehmer ohne Einschaltung des Arbeitsamts für offene Arbeitsplätze benötigte Kräfte über Stellenanzeigen in Tageszeitungen und Anzeigenblättern. Deshalb gehört zur ordnungsgemäßen Darlegung, daß solche Zeitungen und Anzeigen regelmäßig auf entsprechende Anzeigen überprüft wurden. Der Arbeitslose muß dartun, wo er sich um welche Stellen beworben hat und was aus diesen Bewerbungen geworden ist, sowie was er sonst konkret unternommen hat, um Arbeit zu finden (z. B. Erkundigungen im Bekanntenkreis u. ä.). Wird dies nicht dargelegt oder nicht nachgewiesen, ist von einer entsprechenden Erwerbsmöglichkeit auszugehen (BGH, FamRZ 82/255, 257 = NJW 82/1873, 1874, 1875 = B 76; OLG Stuttgart, FamRZ 83/1233, 1235; OLG Zweibrücken, FamRZ 84/1250, 1251; OLG Hamburg, FamRZ 84/1245, 1246; F.W. in DAV 84/90).

2. Zur krankheitsbedingten Arbeitsunfähigkeit

Wer behauptet, aus gesundheitlichen Gründen arbeitsunfähig oder beschränkt arbeitsfähig zu sein, hat seine gesundheitlichen Beeinträchtigungen genau anzugeben und das Ausmaß der Minderung seiner Arbeitsfähigkeit nachzuweisen. Beim Verpflichteten hat der Nachweis eine Beschränkung oder einen Wegfall seiner Leistungsfähigkeit zur Folge; beim Bedürftigen entfällt oder verringert sich eine Erwerbsobliegenheit, die seinen Unterhaltsanspruch mindern könnte.

a) Im Fall einer Krankheit trifft den Berechtigten wie den Verpflichteten die Obliegenheit, alles zur Wiederherstellung seiner Arbeitskraft erforderliche zu tun um seine Unterhaltsbedürftigkeit zu mindern bzw. seine Leistungsfähigkeit wieder herzustellen. Wer leichtfertig oder fahrlässig die Möglichkeit ärztlicher Behandlung und Behebung der der Aufnahme einer Erwerbstätigkeit entgegenstehenden Schwierigkeiten nicht nutzt, muß sich unterhaltsrechtlich so behandeln lassen, als hätte er das Notwendige getan. Der Verpflichtete kann als leistungsfähig angesehen werden. Der Bedürftige kann seinen Unterhaltsanspruch verwirken, weil er seine Bedürftigkeit mutwillig herbeigeführt bzw. aufrechterhalten hat (BGH, FamRZ 81/1042, 1043, 1044, 1045 = NJW 81/2805 bis 2808 = B 182b; OLG Hamburg, FamRZ 82/702, 703; OLG Düsseldorf, FamRZ 82/518, 519; siehe ferner dazu Seite 250ff.).

b) Bei psychischen Fehlhaltungen, die der sogenannten „Rentenneurose" oder „Prozeßneurose" des Haftpflichtrechts und Sozialrechts vergleichbar sind, ist eine Unterhaltsbedürftigkeit zu verneinen, wenn keine Versuche unternommen werden, beruflich tätig zu werden. Zwar ist grundsätzlich auch derjenige bedürftig, der infolge einer seelischen Störung erwerbsunfähig ist. Anders ist die Bedürftigkeit jedoch zu beurteilen, wenn die seelische Störung erst durch das – wenn auch unbewußte – Begehren nach einer Lebenssicherung oder durch die Ausnutzung einer vermeintlichen Rechtsposition ihr Gepräge erhält und der Unterhaltsanspruch zum Anlaß genommen wird, den Schwierigkeiten des Arbeitslebens auszuweichen. In solchen Fällen wird durch die Bewilligung eines Unterhaltsanspruchs die „Flucht in die seelische Krankheit" honoriert und der Krankheitszustand verfestigt. Deshalb ist eine Bedürftigkeit ganz oder teilweise zu verneinen, wenn vorausgesagt werden kann, daß sich bei Anlehnung oder Minderung des Unterhaltsanspruchs der neurotische Zustand infolge der notwendig werdenden Aktivierung eigener Kräfte verändern kann. Ist dagegen die seelische Störung so übermächtig, daß die Arbeitsunfähigkeit auch nach Versagung des Unterhaltsanspruchs bleibt, dann ist die Unterhaltsbedürftigkeit zu bejahen. Wegen der Simulationsnähe ist stets Wachsamkeit des Tatrichters und des Sachverständigen geboten. In Grenzfällen obliegt dem Berechtigten die Beweislast dafür, daß bei ihm keine Rentenneurose gegeben ist oder daß seine seelische Abartigkeit so übermächtig ist, daß sie auch nach Aberkennung eines Unterhaltsanspruchs nicht überwunden werden kann (BGH, FamRZ 81/1042, 1043 = NJW 81/2805, 2806 = B 77 und B 182b; FamRZ 84/660, 661 = NJW 84/1816, 1817, 1818 = B 78; OLG Hamburg, FamRZ 82/702, 703).

c) Neurosen haben Krankheitswert und sind durch eine therapeutische Behandlung veränderbar. Es besteht daher die unterhaltsrechtliche Verpflichtung, sich zur Wiederherstellung der Arbeitsfähigkeit in eine solche therapeutische Behandlung zu begeben und in dieser aktiv an der Veränderung der psychischen Arbeitsunwilligkeit mitzuarbeiten. Unterläßt er dies, oder bricht er eine solche Behandlung ab, so muß er sich unterhaltsrechtlich so behandeln lassen, als sei eine solche Behandlung erfolgreich durchgeführt worden (OLG Düsseldorf, FamRZ 82/518, 519).

IV. Zur Bemessung und Dauer der fiktiven Einkünfte

1. Zur Bemessung fiktiver Einkünfte

a) Die Höhe fiktiver Einkünfte ist nach § 287 ZPO zu schätzen (OLG Köln, FamRZ 82/707, 709). Geschätzt wird ein Nettobetrag, der nach Abzug von Steuern und Versorgungsaufwendungen erzielt werden könnte. Zur Orientierung dient ein früherer Verdienst, wenn eine Arbeitsstelle aufgegeben worden ist (OLG Hamburg, FamRZ 82/611). Sonst ist maßgeblich ein vergleichbares Einkommen, das der Betreffende nach Vorbildung und Fähigkeiten erzielen könnte (BGH, FamRZ 84/374, 376 = NJW 84/1458, 1460 = B 79; NJW 80/340, 341).

b) Bei einem zumutbaren Berufs- oder Ortswechsel ist das erzielbare Einkommen zugrundezulegen, z. B. bei einem Ausländer der Verdienst, den er bei Rückkehr in die BRD erhalten könnte (KG, FamRZ 84/592, 593). Maßgeblich ist stets das erzielbare Einkommen (B.L. AB I 21; F.W. in DAV 84/89). Wenn im Einzelfall verläßliche konkrete Anhaltspunkte für eine Schätzung fehlen, können als vergleichbare Beträge die in den Anlagen zum Fremdrentengesetz (BGB C III 884/2) aufgeführten Bruttojahresentgelte herangezogen werden. Diese Bruttojahresentgelte beruhen auf zuverlässigen, für die gesamte BRD geltenden Erhebungen und Feststellungen und sind daher für eine vergleichbare Schätzung besonders geeignet (OLG Düsseldorf, FamRZ 81/255, 256, 257).

c) Bei einer Schätzung ist auf den objektiven Wert der Leistungen abzustellen. Für Versorgungsleistungen und Haushaltsführung können Richtsätze, die auf die gegebenen Verhältnisse abgestimmt sind und der Lebenserfahrung entsprechen (z. B. M.R. 3.5.) sowie Richtlinien und Erfahrungssätze, die zur Bestimmung von Schadensrenten für die Verletzung oder Tötung von Hausfrauen entwickelt worden sind, als Anhalt dienen, soweit nicht im konkreten Einzelfall besondere Umstände eine Abweichung bedingen (BGH, FamRZ 84/662, 663 = NJW 84/2358, 2359 = B 65a; FamRZ 80/40, 42 = NJW 80, 124, 126 = B 64a; siehe dazu auch Seite 73f.).

d) Die fiktive Annahme eines Verdienstes aus wechselnden Aushilfs- und Gelegenheitsarbeiten muß vom Gericht in nachprüfbarer Weise dargelegt und begründet werden. Nötig sind dazu Angaben zur Art der in Betracht kommenden Gelegenheits- und Aushilfstätigkeiten, zum ,,Markt" für solche Tätigkeiten in dem für den Berechtigten erreichbaren Einzugsgebiet sowie zu dem möglichen persönlichen Zugang des Berechtigten zu diesem ,,Markt". Außerdem ist der Gesundheitszustand mitzuberücksichtigen (BGH, FamRZ 84/682, 686 = NJW 84/1613, 1616 = B 65b). Siehe ferner die Entscheidung des

BGH (NJW 85/318, 319 = B 74e) zur hypothetischen Ermittlung eines fiktiven Erwerbseinkommens bei Übernahme der „Hausmanns"- oder „Hausfrauenrolle" in einer neuen Ehe.

2. Zur Dauer fiktiver Einkünfte

a) Ein fiktives Einkommen ist so lange zuzurechnen, als sich die maßgeblichen Umstände, die nach § 242 BGB zur Bejahung eines fiktiven Einkommens geführt haben, nicht wesentlich geändert haben (OLG Karlsruhe, FamRZ 83/931, 932).

b) Erfolgt die Zurechnung wegen freiwilliger Aufgabe eines Arbeitsplatzes oder wegen fehlender Bemühungen um einen Arbeitsplatz, so kann ein fiktives Einkommen nur solange angerechnet werden (bzw. eine Bedürftigkeit nur solange verneint werden) als sich der Betreffende nicht hinreichend um einen neuen Arbeitsplatz bemüht. Ein solches ernsthaftes und intensives, wenn auch wegen der augenblicklichen Arbeitsmarktlage, evtl. in Verbindung mit fortgeschrittenem Alter oder verschlechtertem Gesundheitszustand erfolgloses Bemühen kann im Weg einer Abänderungsklage geltend gemacht werden (OLG Schleswig, FamRZ 85/69, 70; OLG Celle, FamRZ 83/717, 718, 719; OLG Karlsruhe, FamRZ 83/931, 932).

c) Die Beurteilung, wie lang nach Eintritt der Arbeitslosigkeit bzw. nach Bejahung eines fiktiven Einkommens mit der Erhebung der Abänderungsklage gewartet werden muß, ist im Einzelfall aufgrund der jeweiligen Umstände, wie Alter, Gesundheitszustand, Art des erlernten Berufs, Besonderheiten der jeweiligen Branche u. ä. zu beurteilen. Der Umstand, daß eine staatliche Förderung in Form einer Umschulung gewährt wird, reicht in der Regel noch nicht aus (OLG Hamburg, FamRZ 84/1245, 1246; F.W. in DAV 84/89).

d) Hat das chronische Leiden eines Unterhaltspflichtigen schon vor dem im Sinne des § 323 Abs. 2 ZPO maßgebenden Stichtag ein Stadium erreicht, in dem es dem Unterhaltspflichtigen aus objektiver (medizinischer) Sicht unzumutbar war, seine vollschichtige Berufstätigkeit uneingeschränkt fortzusetzen, ist es selbst dann nicht ausgeschlossen, eine Abänderungsklage auf eine spätere Beschränkung der Berufstätigkeit zu stützen, wenn sich das Leiden nach dem maßgeblichen Stichtag nicht mehr wesentlich verschlimmert hat. Auch das Bewußtwerden auf Seiten des Unterhaltspflichtigen, daß ihm die Aufrechterhaltung des bisherigen Arbeitsumfangs immer schwerer fällt und er zur Schonung seiner gesundheitlichen Kräfte seine Berufstätigkeit einschränken muß, sowie die daraus tatsächlich gezogenen Konsequenzen können als wesentliche Veränderung im Bereich der wirtschaftlichen Leistungsfähigkeit angesehen werden (OLG Düsseldorf, FamRZ 84/493, 494).

e) In ähnlicher Weise kann eine Unterhaltsabänderung erfolgen, wenn sich der Berechtigte zur Minderung seiner Bedürftigkeit später nicht in ausreichendem Maß um einen Arbeitsplatz bemüht (OLG Stuttgart, FamRZ 83/1233, 1234, 1235).

V. Leitlinien zu den fiktiven Einkünften

a) OLG Bremen. Fiktive Einkünfte:

aa) Ist unterhaltsrechtlich fiktives Einkommen zugrundezulegen, ist das erzielbare Einkommen maßgebend.

bb) Wer seine Arbeitsstelle verloren hat, muß substantiiert darlegen und gegebenenfalls nachweisen, daß er alles in seinen Kräften stehende unternommen hat, um eine zumutbare neue Beschäftigung zu finden (B.L. AB I 21).

b) OLG Frankfurt. Einkommen ist auch dasjenige, was der Pflichtige tatsächlich erzielen oder einziehen könnte, wenn er sich nur darum bemühte. Ist die Leistungsunfähigkeit verschuldet, so ist dem Unterhaltspflichtigen ein fiktives, imaginäres Einkommen zuzurechnen. Wer beispielsweise seinen Arbeitsplatz ohne Not oder zwingenden Grund, z. B. in Reaktion auf die Trennung des Partners, aufgibt oder wechselt, muß nach den Rechtsgedanken des § 162 BGB sowohl für die voraussehbaren Übergangsschwierigkeiten Vorsorge treffen als auch sich fiktiv seine früheren Einkünfte entgegenhalten lassen; auch bei niedrigerem Verdienst oder Totalverlust der Einkünfte ist der Pflichtige als im bisherigen Umfang leistungsfähig anzusehen. In welchem Umfang und insbesondere wie lange die Fiktion des alten Einkommens aufrechterhalten bleiben kann, richtet sich nach den konkreten Umständen des Einzelfalls. Bei Kündigung des Arbeitsvertrages durch den Arbeitgeber sind alle tatsächlichen und rechtlichen Möglichkeiten auszuschöpfen, um den Arbeitsplatz zu erhalten. Der Pflichtige hat sowohl die Kündigungsschutzvorschriften voll auszunutzen als auch im Arbeitsgerichtsprozeß die Sachgerechtigkeit der Kündigung zur Nachprüfung zu stellen. Der 1. Familiensenat des OLG Frankfurt hat entschieden, der Unterhaltsverpflichtete darf sein Arbeitsverhältnis in der Regel nicht von sich aus kündigen; er muß vielmehr die ihm nach dem Kündigungsschutzgesetz und Betriebsverfassungsgesetz zustehenden Rechte voll ausschöpfen; inwieweit dies ihm zugemutet werden kann, richtet sich allein nach bundesdeutschen Maßstäben.

Den Kranken trifft die Obliegenheit zur Wiederherstellung seiner Arbeitskraft.

Pflichtigen wird u. U. auch ein Arbeitswechsel zuzumuten sein, selbst wenn er mit einem Umzug verbunden ist, oder der Wechsel von selbständiger zu unselbständiger Arbeit bzw. umgekehrt, damit die Mindereinnahmen der bisherigen Tätigkeit auf Dauer wieder ausgeglichen werden. Die Bemühungen eines Arbeitslosen um einen neuen Arbeitsplatz sind konkret darzulegen. Das bloße Melden beim Arbeitsamt genügt nicht, vielmehr sind eigene Initiativen zu entwickeln wie z. B. Aufgabe von Annoncen, Melden auf solche.

Den sogenannten Hausmann trifft die Pflicht zum Nebenerwerb. Die Haushaltsführung in der neuen Ehe befreit ihn nicht von der Unterhaltspflicht; vielmehr stehen reale oder fiktive Nebenerwerbseinkünfte ohne Rücksicht auf einen Selbstbehalt den Unterhaltsberechtigten zur Verfügung, denn der Hausmann hat gegen seine Ehefrau einen Unterhaltsanspruch. Dies gilt auch für die „Nurhausfrau" in einer neuen Ehe. Auch sie kann sich nicht aus ihrer unterhaltsrechtlichen Verantwortung wegstehlen.

Liegt ein Fall des § 850h Abs. 2 ZPO vor, so ist eine angemessene Vergütung zu unterstellen; maßgebend ist der wirkliche Marktwert der Versorgungsleistung ohne Rücksicht darauf, ob überhaupt etwas und was im Einzelfall mit dem Partner vereinbart ist. Der Pflichtige ist u. U. sogar gehalten, auf den Stamm seines Vermögens zurückzugreifen; er muß u. U. eigene Aus- oder Fortbildungswünsche zurückstellen (es sei denn, die Schicksalsgemeinschaft Familie hätte während intakter Ehe etwas anderes vereinbart) (F.W. in DAV 84/89, 90).

10. Unterabschnitt: Zur Anrechnung von Einkommen aus unzumutbarer Erwerbstätigkeit

I. Anrechnung von Einkünften aus unzumutbarer Erwerbstätigkeit beim berechtigten Ehegatten nach § 1577/II BGB

1. Zum Anwendungsbereich und zum Verständnis des § 1577/II BGB

a) § 1577/II BGB ist eine rechtspolitisch mißglückte, unklar gefaßte und schwer verständliche Bestimmung, die verschiedene Auslegungsmöglichkeiten zuläßt. Der BGH hat in seiner Entscheidung vom 24. 11. 1982 (FamRZ 83/146–150 = NJW 83/933–936 = B 80a) eine eingehende Interpretation vorgenommen und dabei einige wichtige Grundsätze aufgestellt, die nachfolgend erörtert werden. Die sich aus diesen Grundsätzen ergebende Berechnungsweise ist recht kompliziert. Empfehlenswert zur Abrechnungsproblematik sind außerdem die Aufsätze von Dr. Kränzler in FamRZ 83/683ff. und Dr. Hampel in FamRZ 84/629ff.

b) § 1577/II 2 BGB betrifft nur Einkünfte des Berechtigten Ehegatten aus unzumutbarer Erwerbstätigkeit. Ob auch sonstige Einkünfte (etwa aus Vermögen), deren Erzielung dem Berechtigten nicht zugemutet werden kann, erfaßt werden, hat der BGH nicht entschieden, dürfte aber zu bejahen sein (so Kränzler a. a. O. S. 653 und Lohmann a. a. O. S. 79). Die Anwendung des § 1577/II BGB hängt nach BGH nicht davon ab, daß die Aufnahme der unzumutbaren Erwerbstätigkeit durch die Nichterfüllung oder unvollständige Erfüllung der Unterhaltspflicht veranlaßt worden ist (BGH a. a. O.). § 1577/II BGB ist grundsätzlich nicht anwendbar auf alle anderen unterhaltsrechtlich relevanten Einkünfte wie z. B. Einkommen aus einer zumutbaren Erwerbstätigkeit. Solche sind nach § 1577/I BGB grundsätzlich voll anzurechnen (BGH, FamRZ 83/146, 147, 148 = NJW 83/933, 934 = B 80a).

c) Die Grundsätze des § 1577/II BGB, der an sich nur für den nachehelichen Unterhalt gilt, sind auch im Rahmen der Unterhaltsbemessung nach § 1361 BGB (Trennungsunterhalt) zu berücksichtigen (BGH a. a. O. B 80a).

d) Nach § 1577/II S. 1 BGB bleiben Einkünfte aus unzumutbarer Erwerbstätigkeit nur dann anrechnungsfrei, wenn und soweit der Verpflichtete wegen fehlender Leistungsfähigkeit nicht den vollen angemessenen Unterhalt (§ 1578 BGB) leistet. Für den Umfang der Nichtanrechnung von Einkünften aus unzumutbarer Tätigkeit ist allein maßgeblich, inwieweit eine Unterhaltsleistung des Schuldners zusammen mit etwaigen Einkünften des Berechtigten aus anderweitiger zumutbarer Tätigkeit hinter dem vollen Unterhalt (§ 1578 BGB) zurückbleibt. Nur das verbleibende Defizit bietet den Rahmen, innerhalb dessen die betreffenden Einkünfte des Berechtigten nach § 1577/II S. 1 BGB von einer Anrechnung ausgenommen bleiben, während sich die Anrechnung der darüber hinausgehenden Einkünfte nach § 1577/II S. 2 bestimmt (BGH a. a. O. B 80a).

e) Zur Ermittlung des anrechnungsfreien Betrages nach § 1577/II S. 2 BGB muß als erstes geklärt werden, ob und in welcher Höhe eine Differenz zwischen dem nach den ehelichen Lebensverhältnissen angemessenen Unterhalt (§ 1578 BGB) und dem tatsächlich geschuldeten, d. h. dem nach der Leistungsfähigkeit des Verpflichteten errechneten (rechnerischen) Unterhalt besteht. Gibt es keine solche Differenz, ist das Einkommen aus unzumutbarer Erwerbstätigkeit unter Berücksichtigung von Billigkeitsgesichtspunkten nach § 1577/II S. 2 BGB anzurechnen (BGH a. a. O. B 80a).

2. Berechnungsschritte

Aus dem in 1. erörterten Verständnis ergeben sich für die Rechtsanwendung folgende Berechnungsschritte:

a) Ermittlung aller Einkünfte aus unzumutbarer Erwerbstätigkeit.

b) Ermittlung des Differenzbetrages zwischen vollem Unterhalt und geschuldetem rechnerischen Unterhalt. Dieser Differenzbetrag beinhaltet das sogenannte anrechnungsfreie Defizit im Sinn von § 1577/I S. 1 BGB.

Ist der Differenzbetrag negativ, wird das Einkommen aus unzumutbarer Erwerbstätigkeit nach § 1577/II 2 BGB angerechnet. Ist der Differenzbetrag positiv, so bleibt das Einkommen aus unzumutbarer Erwerbstätigkeit in Höhe des Differenzbetrages nach § 1577/II 1 BGB anrechnungsfrei. Ist der Differenzbetrag größer als das unzumutbare Einkommen, so bleibt letzteres insgesamt anrechnungsfrei.

c) Ermittlung der den vollen Unterhalt übersteigenden Einkünfte im Sinn von § 1577/II 2 BGB und Anrechnung des übersteigenden Betrages nach Billigkeitsgrundsätzen.

d) Direktabzug des nach § 1577/II 2 BGB ermittelten Anrechnungsbetrages vom geschuldeten Unterhalt.

3. Ermittlung der Höhe des Einkommens aus unzumutbarer Tätigkeit

a) Ob Einkünfte aus unzumutbarer Tätigkeit vorliegen, ist nach den Umständen des Einzelfalls zu beurteilen. Ein wichtiges Kriterium ist nach BGH, daß eine unzumutbare Erwerbstätigkeit unterhaltsrechtlich jederzeit beendet werden kann (BGH a. a. O. B 80a).

b) Es sind sämtliche Einkünfte aus unzumutbarer Tätigkeit in gleicher Weise zu beachten und zwar unabhängig von Gründen ihrer Veranlassung (BGH a. a. O. B 80a). Mehrere Einkünfte dieser Art sind zusammenzurechnen.

c) Der Anrechnungsbetrag, der für § 1577/II BGB eine Rolle spielt, betrifft nur den Teil des Einkommens, der aus der unzumutbaren Tätigkeit stammt. Ist die gesamte Tätigkeit des Berechtigten unzumutbar, so ist das gesamte hieraus erzielte Nettoeinkommen maßgeblich. Ist dem voll erwerbstätigen Ehegatten nur eine Halbtagsbeschäftigung zumutbar, ist der maßgebliche Betrag in der Regel die Hälfte seines Nettoeinkommens. Stammt nur ein Teil des Arbeitslohnes (z. B. Vergütung für überobligationsmäßige Überstunden) aus unzumutbarer Tätigkeit, so ist es nur der auf die Überstunden anzurechnende Betrag.

c) Alle anderen unterhaltsrechtlich relevanten Einkünfte sind nach § 1577/I BGB in voller Höhe anzurechnen.

4. Ermittlung des Differenzbetrags (D) zwischen vollem Unterhalt (V) und geschuldetem rechnerischen Unterhalt (R).

Die Ermittlung dieses Differenzbetrags bereitet in der Praxis oft Schwierigkeiten und setzt ein Verständnis der Rechtsprechung des BGH zur Bemessung des Ehegattenunterhalts nach den ehelichen Lebensverhältnissen im Zeitpunkt der Scheidung sowie zur Methodenwahl bei der Quotenberechnung voraus. Genaueres hierzu Teil 3 Abschnitt 3 Seite 202ff. und 4 Seite 219ff. Hier nur einige grundsätzliche Erwägungen:

a) Zur Unterhaltsberechnung in der Praxis. Der Unterhalt wird in der vom BGH gebilligten Rechtspraxis in der Regel bestimmt nach einer Quote (Ehegattenquote) des nach den ehelichen Lebensverhältnissen (§ 1578 BGB) zu berücksichtigenden Nettoeinkommens des Pflichtigen. Bei einer Doppelverdienerehe wird die Quote aus der Differenz der beiderseitigen anrechenbaren Einkünfte berechnet. Im Rahmen des § 1578 BGB dürfen allerdings bei beiden Ehegatten nur solche Einkünfte berücksichtigt werden, die im Zeitpunkt der Scheidung nachhaltig und dauerhaft erzielt werden oder wenigstens die Gewähr der Stetigkeit in sich tragen.

Nicht zu berücksichtigen sind:

Einkünfte aus einer während des Getrenntlebens aufgenommenen unzumutbaren Erwerbstätigkeit, Einkünfte aus einer zwischen Trennung und Scheidung aufgenommenen oder ausgeweiteten zumutbaren Erwerbstätigkeit, wenn sie ohne die Trennung nicht aufgenommen oder ausgeweitet worden wäre und Einkommen, das auf einer unerwarteten, vom Normalverlauf erheblich abweichenden Entwicklung der Erwerbsverhältnisse beruht. Nach BGH sind die ehelichen Lebensverhältnisse durch solche Einkünfte nicht nachhaltig und dauerhaft geprägt worden (BGH, FamRZ 84/364, 365, 366 = B 80b).

b) Quotenunterhalt und voller Unterhaltsbedarf. Die im Sinn von a) erfolgte Bedarfsberechnung bietet allerdings noch keine Gewähr dafür, daß die errechnete Quote zur vollen Bedarfsdeckung im Sinn des § 1578 BGB ausreicht. Infolge der Trennung können sogenannte trennungsbedingte Mehrkosten anfallen, die dazu führen, daß der Berechtigte mit den Mitteln der Quote seinen ehelichen Lebensstandard nicht mehr aufrechterhalten kann. Deshalb ist ein solcher Mehrbedarf bei der Bestimmung des vollen Unterhalts zusätzlich zum Quotenunterhalt zu berücksichtigen (BGH a. a. O. B 80a). Entsprechendes gilt bei Verpflichteten, wenn auch dieser einen trennungsbedingten Mehrbedarf hat.

Ein solcher trennungsbedingter Mehrbedarf des Bedürftigen ist bei der Bestimmung seines vollen Unterhalts zu berücksichtigen (BGH a. a. O. B 80a). Der volle Unterhalt im Sinn des § 1578 BGB errechnet sich somit nach BGH aus dem Quotenunterhalt zuzüglich eines Zuschlags bei trennungsbedingtem Mehrbedarf. Quotenunterhalt und voller Unterhalt sind daher im Prinzip zwei verschiedene Größen, die allerdings im Ergebnis dekkungsgleich sein können, wenn kein anrechenbarer trennungsbedingter Mehrbedarf behauptet oder ermittelt wird. Genaueres siehe Seite 215f. und Seite 225ff.

c) Zur Bemessung des trennungsbedingten Mehrbedarfs und des vollen Unterhaltsbedarfs.

aa) Der BGH hat es in mehreren Entscheidungen abgelehnt, den trennungsbedingten Mehrbedarf und damit auch den vollen Unterhalt generell oder pauschal nach einem prozentualen Anteil des ehelichen Lebensbedarfs zu bemessen (BGH, FamRZ 82/255, 257 = NJW 82/1873, 1875 = B 162a; FamRZ 83/886, 887 = NJW 83/2321, 2322 = B 168d und FamRZ 84/151, 153 = NJW 84/294, 296 = B 168a).

bb) Der BGH verlangt in diesen Entscheidungen auch, daß ein trennungsbedürftiger Mehrbedarf vom Bedürftigen konkret dargelegt und vom Tatrichter unter Berücksichtigung des Einzelfalls unter Zuhilfenahme von allgemeinen Erfahrungssätzen nach § 287 ZPO ermittelt werden muß. Fallen solche Mehrkosten auch auf Seiten des Verpflichteten an, so ist auch dessen Mehrbedarf im Rahmen einer umfassenden tatrichterlichen Würdigung angemessen mitzuberücksichtigen. Nähere Kriterien, nach denen der Tatrichter die trennungsbedingten Mehrkosten zu ermitteln hat und wie sich diese auf den vollen Unterhalt auswirken, lassen sich aus diesen Entscheidungen leider nicht entnehmen.

cc) Vielfach erfolgt in der Praxis die Berücksichtigung von trennungsbedingtem Mehrbedarf im Rahmen einer Schätzung nach § 287 ZPO durch eine angemessene Erhöhung der Ehegattenquote, was dann zulässig sein dürfte, wenn diese Erhöhung auf einer vorausgegangenen Ermittlung der trennungsbedingten Mehrkosten beruht. Eine konkrete gesonderte Feststellung von einzelnen trennungsbedingten Mehrkosten ist allerdings praktisch kaum möglich. Man wird solche Mehrkosten sicher nur in ihrer Gesamtheit auf beiden Seiten im Rahmen einer umfassenden tatrichterlichen Würdigung angemessen berücksichtigen können (so auch BGH, FamRZ 83/886, 887 = NJW 83/2321, 2322 = B 168d).

dd) Werden vom Bedürftigen keine trennungsbedingten Mehraufwendungen behauptet oder konkret dargelegt oder werden im obigen Sinn keine Mehraufwendungen tatrichterlich festgestellt, so gibt es keinen Differenzbetrag zwischen vollem Unterhalt und Quotenunterhalt. Einkünfte aus unzumutbarer Erwerbstätigkeit sind dann nach § 1577/II 2 BGB unter Billigkeitsgesichtspunkten anzurechnen.

d) Ermittlung des vollen Unterhalts (= Summe aus Quotenunterhalt und trennungsbedingtem Mehrbedarf). Nach § 1577/II 1 BGB sind Einkünfte nicht anzurechnen, soweit der Verpflichtete nicht den vollen Unterhalt leistet. Leistung in diesem Sinn ist nicht, was konkret an Unterhalt bezahlt wird (so Kränzler a. a. O. S. 654), sondern was der Verpflichtete ohne die Einkünfte des Berechtigten aus unzumutbarer Tätigkeit im Rahmen seiner Leistungsfähigkeit zu leisten hätte. Dies ist in der Regel der im Sinn der Ausführungen zu a) errechnete Quotenunterhalt (rechnerisch geschuldeter Unterhalt).

Hierbei ist allerdings zu differenzieren:

aa) Hat der Berechtigte keine zusätzliche Einkünfte aus zumutbarer Erwerbstätigkeit, so bleibt im Sinn des § 1577/II 1 BGB anrechnungsfrei der Differenzbetrag zwischen dem vollen Unterhalt und dem Quotenunterhalt (= anrechnungsfreies Defizit). Dieser anrechnungsfreie Betrag ist praktisch identisch mit dem auf den trennungsbedingten Mehrbedarf entfallenden Erhöhungsanteil des vollen Unterhalts.

bb) Hat der Berechtigte neben Einkünften aus unzumutbarer Tätigkeit zusätzlich auch solche aus zumutbarer Tätigkeit, so sind vom vollen Unterhalt der Quotenunterhalt und die Einkünfte aus zumutbarer Tätigkeit (nicht aus unzumutbarer Tätigkeit) abzuziehen, weil beide Posten zusammen dem Berechtigten zur Deckung seines Unterhaltsbedarfs zur Verfügung stehen. Ergibt sich bei diesem Abzug ein negativer Differenzbetrag, sind Einkünfte aus unzumutbarer Tätigkeit nach Maßgabe des § 1577/II 2 BGB anzurechnen. Ergibt sich ein positiver Differenzbetrag, so bleiben Einkünfte aus unzumutbarer Tätigkeit in Höhe dieses Differenzbetrages anrechnungsfrei (= anrechnungsfreies Defizit).

e) Obwohl Einkünfte nach § 1577/II 1 BGB in Höhe des anrechnungsfreien Defizits dem Berechtigten bleiben sollen, kann trotzdem eine Anrechnung erfolgen, wenn, wie in solchen Fällen in der Regel, der Verpflichtete im Sinn von § 1581 BGB in seiner Leistungsfähigkeit beschränkt ist. Nach § 1581 BGB braucht der Verpflichtete nur insoweit Unterhalt zu leisten, als es mit Rücksicht auf die Bedürfnisse und die Erwerbs- und Vermögensverhältnisse der geschiedenen Ehegatten der Billigkeit entspricht, wenn er nach seinen eigenen Erwerbs- und Vermögensverhältnissen unter Berücksichtigung seiner sonstigen Verpflichtungen ohne Gefährdung seines eigenen angemessenen Unterhalts außerstande ist, dem Berechtigten den nach den ehelichen Lebensverhältnissen geschuldeten Unterhalt zu zahlen. In die nach § 1581 BGB zu treffende Entcheidung ist nach BGH die Frage einzubeziehen, ob es die Billigkeit erfordert, die Einkünfte des Berechtigten über das in § 1577/II 1 BGB vorgesehene Maß hinaus anzurechnen, d. h. also auch den an sich anrechnungsfrei zu belassenden Betrag ganz oder teilweise anzurechnen (BGH, FamRZ 83/146, 150 = NJW 83/933, 936 = B 80a).

5. Zur Anrechnung der den vollen Unterhalt übersteigenden Einkünfte nach § 1577/II 2 BGB

Nach § 1577/II 2 BGB sind Einkünfte, die den vollen Unterhalt übersteigen, insoweit anzurechnen, als dies unter Berücksichtigung der beiderseitigen wirtschaftlichen Verhältnisse der Billigkeit entspricht.

a) Bei der Ermittlung des anrechnungsfähigen Betrages im Sinn von S. 2 werden sämtliche unzumutbaren Einkünfte berücksichtigt, soweit sie nicht nach S. 1 anrechnungsfrei sind. Gibt es keinen solchen anrechnungsfreien Betrag, sind alle Einkünfte aus unzumutbarer Tätigkeit anrechnungsfähig. Besteht ein anrechnungsfreies Defizit, so wird der anrechnungsfähige Betrag rechnerisch ermittelt, indem man dieses anrechnungsfreie Defizit von den Einkünften aus unzumutbarer Tätigkeit abzieht.

b) Der auf diese Weise errechnete anrechnungsfähige Betrag ist nur insoweit anzurechnen, als dies unter Berücksichtigung der beiderseitigen wirtschaftlichen Verhältnisse der Billigkeit entspricht. Außerdem ist bei dieser Billigkeitsabwägung in der Regel auch § 1581 BGB zugunsten des Verpflichteten mitzuberücksichtigen.

aa) Teilweise wird von den Oberlandesgerichten vertreten, der so ermittelte Betrag sei nach Billigkeitsgesichtspunkten in der Regel zur Hälfte auf den Unterhalt anzurechnen (so H.L. 3.32.; OLG Hamm, FamRZ 81/362; OLG Schleswig, FamRZ 84/800, 801; OLG Düsseldorf, FamRZ 84/589, 591; KG, FamRZ 81/869). Nach anderer Ansicht darf die Feststellung des anrechenbaren Einkommens nicht nach festen Quoten erfolgen, sondern muß aufgrund einer konkreten Billigkeitsbewertung vorgenommen werden (so OLG Frankfurt, FamRZ 84/798, 800 und OLG Köln, FamRZ 84/1108, 1110).

bb) Kriterien für eine solche individuelle Bemessung können u. a. sein: beiderseitige Einkommens- und Vermögensverhältnisse sowie sonstige wirtschaftliche Verhältnisse der Ehegatten; persönliche Verhältnisse, wie Alter, Gesundheitszustand, Erwerbsfähigkeit; Art und Ausmaß der Anstrengungen zur Erzielung der unzumutbaren Einkünfte; unterschiedlicher Lebensstandard; weitere Unterhaltspflichten; Betreuungsmehrbedarf für pflegebedürftige Kinder; sonstige besondere Belastungen u. ä.

6. Direktabzug des nach S. 2 anzurechnenden Teiles

Der nach § 1577/II 2 BGB zur Anrechnung kommende Teil des Einkommens aus unzumutbarer Tätigkeit ist im Wege des Direktabzugs auf den Unterhalt anzurechnen, den der Pflichtige ohne Berücksichtigung der Einkünfte aus unzumutbarer Erwerbstätigkeit schulden würde (BGH, FamRZ 83/146, 150 = NJW 83/933, 936 = B 80a).

7. Rechenbeispiel für eine Anrechnung nach § 1577/II BGB

a) Daten: DM 2600,– Einkommen des Mannes
DM 800,– Einkommen der Frau aus erstmals nach der Trennung trotz Betreuung eines fünfjährigen Kindes aufgenommener unzumutbarer Erwerbstätigkeit
DM 275,– Kindesunterhalt (+ Zuschlag nach DT).

b) Geschuldeter (rechnerischer) Quotenunterhalt: Hier nur Einkommen des Mannes maßgeblich = 2600,– – 275 = 2325 × 3/7 = DM 996,–.

c) Angemessener Unterhalt nach § 1587 BGB = geschuldeter Unterhalt (wie 2.) zuzüglich Erhöhungsbetrag wegen trennungsbedingtem Mehrbedarf.
Fall: 996,– + 104,– = 1100,–.
Der Betrag von DM 104,– beinhaltet einen im konkreten Fall unterstellten trennungsbedingten Mehrbedarf in dieser Höhe.

d) Anrechnungsfreies Defizit nach § 1577/II 1 BGB = DM 1100,– (voller Unterhalt) – DM 996,– (= geschuldeter Unterhalt) = DM 104,–.
Das anrechnungsfreie Defizit von DM 104,– ist identisch mit dem trennungsbedingten Mehrbedarf zu 3.

e) Nach Billigkeitsgrundsätzen gemäß §§ 1577/II 2, 1381 BGB anrechenbarer Betrag:
DM 800,– (unzumutbares Erwerbseinkommen) – DM 104,– (anrechnungsfreies Defizit nach § 1577/II 1 BGB) = DM 696,–.
Bei hälftiger Anrechnung nach Billigkeit bliebe ein Betrag von weiteren DM 348,– anrechnungsfrei. Die restlichen DM 348,– sind direkt auf den Unterhaltsanspruch der Frau zu verrechnen.

f) Unterhaltsanspruch der Frau bei hälftiger Anrechnung: DM 996,– – DM 348,– = DM 548,– Ehegattenunterhalt (+ DM 275,– Kindesunterhalt).

g) Mittel des Mannes = DM 2325,– – DM 548,– = DM 1777,– Mittel der Frau = DM 800,– + DM 548,– = DM 1348,– (+ DM 275,– Kindesunterhalt).

8. Leitlinien zu § 1577/II BGB

a) OLG Hamm. Im Fall des § 1577/II BGB kommt eine Anrechnung nicht zu erwartender Einkünfte erst in Betracht, wenn diese Einkünfte zusammen mit den sonstigen Einkünften und dem Unterhalt, der ohne die nicht zu erwartenden Einkünfte zu ermitteln ist, den vollen Unterhalt übersteigen. Der Betrag, der über die Grenze des vollen Unterhalt hinausgeht, ist nach Billigkeitsgesichtspunkten auf den Unterhalt anzurechnen, in der Regel zur Hälfte (H.L. 32).

b) OLG Köln. Erzielt der Unterhaltsberechtigte Einkommen aus unzumutbarer Arbeit, richtet sich das Maß der Anrechenbarkeit nach den Umständen des Einzelfalls (aus K.L. 6.1.).

Arbeitet der betreuende Elternteil (obwohl er wegen Kindesbetreuung keine Erwerbsobliegenheit hat) so ist von seinem Einkommen nur ein zumutbarer Teil nach Maßgabe der Regelung des § 1577/II BGB anzurechnen. Einkünfte, die den vollen Unterhalt im Sinn von §§ 1577/II, 1578 BGB übersteigen, sind unter Berücksichtigung der Umstände des Einzelfalls anzurechnen (aus K.L. 7.3.).

Die Anrechenbarkeit von Einkommen aus unzumutbarer Arbeit (z. B. unzumutbare Arbeit neben Kinderbetreuung) richtet sich nach § 1577/II BGB. Der Maßstab entspricht grundsätzlich dem für den Verpflichteten geltenden nach Rdnr. 11 (K.L. 9.4.).

Arbeitseinkommen aus zusätzlicher Arbeitsbemühung: Überstunden und Mehrarbeit anrechenbar, wenn geringfügig, berufstypisch oder betriebsbedingt, im übrigen nach Billigkeit (K.L. 11.1.).

Nebentätigkeiten oder Zweitarbeit:

Die Arbeitsobliegenheit wird grundsätzlich durch Arbeit im übrigen Tarifumfang hinreichend erfüllt, ob und in welchem Umfang tatsächlich erzieltes Einkommen aus unzumutbarer Mehrarbeit anrechenbar ist, ist nach Billigkeit entsprechend den Umständen des Einzelfalls (hohe Schuldenbelastung, Sicherung des Mindesbedarfs, übermäßige Arbeitsleistung auch des Berechtigten) zu entscheiden (K.L. 11.2.).

c) OLG Celle. Geht der berechtigte Ehegatte über das an sich zumutbare Maß hinaus einer Erwerbstätigkeit nach, so richtet sich die Anrechenbarkeit seines dadurch erzielten Einkommens auf den Unterhaltsanspruch nach § 1577/II BGB. Dabei ist zu beachten, daß nach § 1577/II 1 BGB eine Anrechnung des Einkommens aus unzumutbarer Arbeit auf den Unterhaltsanspruch nicht in Betracht kommt, solange für den Berechtigten nicht der volle angemessene Unterhaltsbedarf im Sinn von § 1578 BGB gewährleistet ist (C.L. III 5.).

II. Zur Anrechnung von Einkommen aus unzumutbarer Tätigkeit beim berechtigten Ehegatten nach altem Recht und bei berechtigten Kindern

1. Zur Anrechnung nach altem Recht (§§ 58ff. EheG)

Die §§ 58ff. EheG enthalten keine, dem § 1577/II BGB entsprechende Regelung. Andererseits kann § 1577/II BGB nicht rückwirkend auf Altfälle angewendet werden. Nach der Rechtsprechung des BGH erfolgt bei solchen Altfällen eine Anrechnung von Erwerbseinkommen nach den Grundsätzen von Treu und Glauben unter Berücksichtigung der besonderen Umstände des Einzelfalls durch den Tatrichter (BGH, FamRZ 83/146, 148 = NJW 83/933 = B 81a; FamRZ 80/771, 772 = NJW 80/2081, 2082 = B 81b; FamRZ 79/210, 211 = B 81c).

Der BGH hat es akzeptiert, wenn nach diesen Grundsätzen bei unzumutbarer Arbeit nur der halbe Arbeitsverdienst als Einkommen angerechnet wird (BGH, FamRZ 83/146, 148 = NJW 83/933, 935 = B 80a).

2. Anrechnung von Einkommen aus unzumutbarer Tätigkeit bei berechtigtem Kind

a) Bei volljährigen Kindern sind Einkünfte aus unzumutbarer Tätigkeit zwar selten, aber dennoch möglich.

Eine solche kann z. B. vorliegen: bei unzumutbarer Werkstudentenarbeit; wenn Kinder einer Erwerbstätigkeit nachgehen, obwohl sie kurz vor dem Examensabschluß stehen und nicht gebummelt haben; wenn sie im Rahmen einer anrechenbaren Tätigkeit überobligationsmäßige Leistungen erbringen.

b) Da eine gesetzliche Regelung fehlt, ist die Anrechenbarkeit solcher Leistungen in entsprechender Anwendung der Grundsätze, die der BGH im Rahmen der §§ 58ff. EheG entwickelt hat (siehe 1), nach Treu und Glauben unter Berücksichtigung der Umstände des Einzelfalls zu beurteilen (vgl. die Ausführungen Seite 13f.; ferner B.L. AB I 2c; K.L. 9.3.; F.W. in DAV 84/89).

III. Zur Anrechnung von Einkommen aus unzumutbarer Erwerbstätigkeit beim Verpflichteten

1. Einkünfte des Verpflichteten aus unzumutbarer Erwerbstätigkeit

Beim Verpflichteten ist ein solches Erwerbseinkommen aus unzumutbarer Tätigkeit u. a. möglich in folgenden Fällen:

a) Bei Überstunden, Urlaubsabgeltung und sonstigen überobligationsmäßigen, unüblichen Mehrarbeiten und Belastungen (vgl. Ausführungen Seite 11f.; ferner H.L. 1.3.; C.L. I.3.; K.L. 11.1.1.; B.L. AB I f cc; F.W. in DAV 84/88).

b) Bei Nebentätigkeit und sonstiger unzumutbarer Zweitarbeit (vgl. Ausführungen S. 13f.; ferner K.L. 11.2.).

c) Bei Berufstätigkeit des Verpflichteten trotz Kinderbetreuung.

d) Zusatzverdienst bei Renten- und Pensionsempfängern (vgl. Ausführungen Seite 62).

2. Zur Anrechnung solcher Einkünfte

a) Beim Verpflichteten fehlt ebenfalls eine dem § 1577 BGB entsprechende Bestimmung. Deshalb ist bei ihm ein Einkommen aus unzumutbarer Tätigkeit nach den allgemeinen unterhaltsrechtlichen Grundsätzen von Treu und Glauben unter Berücksichtigung der besonderen Umstände des Einzelfalls anzurechnen (BGH, FamRZ 82/779, 780 = NJW 82/2664 = B 82a; FamRZ 83/146, 148 = NJW 83/933, 934 = B 81a; FamRZ 83/569, 570 = NJW 83/1548, 1549; FamRZ 79/210, 211 = B 81c; FamRZ 80/771, 772 = NJW 80/2081, 2082 = B 81b; FamRZ 83/152, 153 = NJW 82/1986; vgl. ferner B 12a und B 12b).

b) In welchem Umfang bei der Bemessung des Ehegattenunterhalts das Mehreinkommen eines Ehegatten aus Erwerbstätigkeit zu berücksichtigen ist, die dieser neben der Betreuung von Kindern über das gebotene Maß hinaus ausübt, ist nach den Grundsätzen von Treu und Glauben unter Berücksichtigung der Umstände des Einzelfalls tatrichterlich zu beurteilen. Läßt der Ehegatte die Kinder in dem infolge der Erwerbstätigkeit erforderlichen Umfang gegen Entgelt anderweitig betreuen, kann sein Einkommen abzüglich des Betreuungsaufwands angerechnet werden (BGH, FamRZ 82/779, 780 = NJW 82, 2664 = B 82a; FamRZ 83/689, 691 = NJW 81/2082, 2084 = B 124).

c) Die einschlägigen Leitlinien sind auf S. 15ff. abgedruckt.

2. Abschnitt: Berechnung des bereinigten Nettoeinkommens durch unterhaltsrechtlich relevante Abzüge

1. Überblick

Das bereinigte Nettoeinkommen errechnet sich, indem von den Bruttoeinkünften zu 1 abgezogen wird, was zur Deckung des allgemeinen Lebensbedarfs nicht zur Verfügung steht, bzw. gestanden hat und unterhaltsrechtlich als zulässiger Abzugsposten anerkannt werden kann (BGH, FamRZ 85/357, 358 = NJW 85/909, 910 = B 84d).

Als den ehelichen Lebensstandard prägend können nur solche Einkünfte berücksichtigt werden, die für die allgemeine Lebensführung der Eheleute tatsächlich zur Verfügung standen. Das in die Unterhaltsberechnung einfließende Einkommen muß daher auf denjenigen Betrag „bereinigt" werden, der diesen Voraussetzungen entspricht. Bei den entsprechenden Abzugsbeträgen (hier Beträge für Alters- und Krankheitsvorsorge) muß tatrichterlich deren Angemessenheit überprüft werden (BGH, FamRZ 85/471, 472 = B 83a).

Solche Abzugsposten sind im wesentlichen:
Die Einkommens- und Kirchensteuer (2), Vorsorgeaufwendungen (3) und konkreter Mehrbedarf (4).
Beim Verpflichteten außerdem:
Berücksichtigungsfähige Verbindlichkeiten und sonstige außergewöhnliche Belastungen (5), in Ausnahmefällen auch Aufwendugnen zur Vermögensbildung (6).
Eine Sonderstellung haben trennungsbedingte Mehraufwendungen (vgl. dazu S. 88f.). Sie werden beim Ehegattenunterhalt genauer erörtert werden (siehe Seite 215f.).

2. Abzug von Steuern

a) Abziehbar sind nur die Einkommens- und Kirchensteuer, nicht sonstige Steuern. Die Höhe dieser Steuern ist nachprüfbar durch Vorlage von Verdienstbescheinigungen des Arbeitgebers, welche die steuerlichen Abzüge enthalten, sowie Einkommensteuerbescheide und Steuerjahresausgleichsbescheid des Finanzamts.
b) Die Einkommens- und Kirchensteuer ist grundsätzlich nur in der gegenwärtig entrichteten Höhe vom Nettoeinkommen abzuziehen. Ausnahmsweise kann die nach Steuerklasse V einbehaltene Lohnsteuer des Pflichtigen wie bei verschleierten Einkünften durch einen angemessenen Abschlag korrigiert werden, wenn dessen neuer Ehegatte nach Steuerklasse III besteuert wird und dadurch zu Lasten des Unterhaltsberechtigten allein in den vollen Genuß des Ehegattensplittings kommt.
c) Auch spätere Steuernachzahlungen sind erst im Jahr der tatsächlichen Leistung abzuziehen.
d) Steuererstattungen und Steuervorteile aufgrund des Realsplittings (§ 10 EStG) sind ebenfalls in Jahr der tatsächlichen Leistung oder des Vorteilseintritts dem Nettoeinkommen zuzurechnen.
e) Bezüglich einer Steuermehrbelastung infolge der Erklärung nach § 10 EStG teilt das Finanzamt auf Wunsch mit, ob und in welcher Höhe aufgrund der Berücksichtigung der Unterhaltsleistungen eine Mehrsteuerbelastung eingetreten ist.
f) Berechnung der Mehrbelastung: Differenz aus Steuerbelastung nach Steuertabelle bei Zugrundelegung des steuerpflichtigen Einkommens mit Unterhalt und aus steuerpflichtigem Einkommen ohne Unterhaltsleistungen.
g) Genauere Ausführungen zu den Steuern mit Hinweisen auf BGH-Entscheidungen und oberlandesgerichtlichen Leitlinien finden sich auf Seite 69ff.

3. Abzug von Vorsorgeaufwendungen für Krankenversicherung, Rentenversicherung, Sozialversicherung und Arbeitslosenversicherung

a) Bei Einkünften aus abhängiger Arbeit fallen hierunter alle gesetzlichen Abzüge für Krankheit, Unfall, Alter und Arbeitslosigkeit, soweit sie den Arbeitnehmer treffen (K.L. 18.0.; B.L. A 4a und AB I 2f aa; C.L. I 1.; F.W. in DAV 84/92). Diese Aufwendungen sind regelmäßig aus der Brutto- und Nettoeinkommensbestätigung des Arbeitgebers zu ersehen. Bei einer gesetzlichen Krankenversicherung ist nur der Arbeitnehmeranteil abzusetzen. Umfaßt der ausgewiesene Krankenkassenzahlungsbetrag auch den Arbeitgeberanteil (= voller Krankenkassenbeitrag), so ist vor Abzug des vollen Krankenkassenbeitrags das Bruttoeinkommen um den Arbeitgeberanteil zu erhöhen. Im Ergebnis führt dies dann auch in solchen Fällen dazu, daß nur der Arbeitnehmeranteil als Abzugsposten berücksichtigt wird (BGH, FamRZ 82/887, 888 = NJW 82/1983 = B 83b; FamRZ 84/39, 41 = NJW 84/303, 305; FamRZ 83/676, 677 = NJW 83/1552, 1555; FamRZ 80/555, 556 = NJW 80/934, 935).
b) Bei einem Selbständigen oder bei sonstigem Erwerbseinkommen können entsprechende Beiträge für eine freiwillige Krankenversicherung, Unfallversicherung oder Altersrentenversicherung abgezogen werden. Wenn keine sonstigen Ansprüche auf eine angemessene Altersversorgung bestehen, können bei Selbständigen auch Beiträge zu einer freiwilligen Lebensversicherung als Vorsorgeaufwendungsersatzleistungen abgezogen

werden, sofern es sich nicht um Überversicherungen handelt. Angemessen sind jedenfalls Beiträge, die sich an der gesetzlichen Rentenversicherung nach Beitragshöhe oder Anspruchshöhe orientieren (F.W. in DAV 84/92).

c) Macht der berechtigte Ehegatte als Unterhalt auch Vorsorgeaufwendungen für Alter oder Krankheit geltend, so ist das Einkommen des Pflichtigen vor Berechnung des Elementarunterhalts durch Vorabzug um die Beiträge zu bereinigen, die nach der gerichtlichen Entscheidung für Altersvorsorge und (oder) Krankheitsvorsorge zugesprochen werden. (BGH, FamRZ 82/887, 888 = NJW 82/1983 = B 84a; FamRZ 83/676, 677 = NJW 83/1552, 1554 = B 84b; FamRZ 83/888, 889 = NJW 83/2937, 2938 = B 84c; außerdem zum Vorsorgeunterhalt: FamRZ 82/781 = NJW 82/1988; FamRZ 83/152, 153, 154 = NJW 82/1986, 1987). Vergleiche ferner die Ausführungen Seite 229ff., 238ff.

Solange getrenntlebende Ehegatten noch nicht geschieden sind, sind sie in der Regel noch beim Ehegatten mitversichert, so daß dem Berechtigten kein zusätzlicher eigener Versicherungsbedarf erwächst. Nach der Scheidung kann ein solcher Bedarf entstehen, weil die Mitversicherung eine bestehende Ehe voraussetzt (BGH, FamRZ 82/887, 888 = NJW 82/1983 = B 84a).

Die Höhe einer vom berechtigten Ehegatten für eine angemessene Krankenversicherung aufzuwendenden Kosten kann danach bemessen werden, was bei einer freiwilligen Weiterversicherung beim gleichen Versicherungsträger und bei einem Einkommen in Höhe des Unterhalts gezahlt werden müßte (BGH, FamRZ 83/888, 889 = NJW 83/2937, 2938 = B 84c).

d) Freiwillige Vorsorgeaufwendungen sind in angemessener Höhe abziehbar, als Ersatz für gesetzliche Vorsorgeaufwendungen mindestens in deren Höhe (K.L. 18.0.). Soweit eine ausreichende Altersversorgung besteht (wie z.B. bei Beamten) sind sie grundsätzlich nicht absetzbar (F.W. in DAV 84/92). Keine Vorsorgeaufwendungen, sondern Aufwendungen zur Vermögensbildung sind in der Regel Beiträge zu Lebensversicherungen (BGH, FamRZ 84/149, 151 = NJW 84/292, 294; OLG Hamburg, FamRZ 84/59, 61, 62).

e) Aufwendungen für die Krankenversicherung sind bereits bei dem für die ehelichen Lebensverhältnisse maßgeblichen Einkommen in Abzug zu bringen, da das Einkommen in Höhe derartiger Aufwendungen für den allgemeinen Lebensbedarf nicht verfügbar ist (BGH, FamRZ 85/357, 358 = NJW 85/909, 910 = B 84d).

f) Leitlinien zu Vorsorgeaufwendungen

aa) *OLG Köln.* Gesetzliche Vorsorgeaufwendungen für Krankheit, Erwerbsunfähigkeit, Alter, Arbeitslosigkeit sind abziehbar. Freiwillige Vorsorgeaufwendungen in angemessener Höhe; soweit Ersatz für gesetzliche, mindestens in deren Höhe (K.L. 18.0.).

bb) *OLG Bremen.* Das für die Eingruppierung maßgebliche Nettoeinkommen des Unterhaltspflichtigen ist das Durchschnittseinkommen abzüglich Steuern, Sozial- und Krankenversicherungsbeiträgen sowie evtl. Kammerbeiträgen (B.L. A 4a).

Bruttoeinkommen abzüglich Steuern und Vorsorgeaufwendungen (notwendige Krankenversicherung, Rentenversicherung, ggf. Lebensversicherung bei Selbständigen, Arbeitslosenversicherung, Kammerbeiträge) (B.L. AB I 2f aa).

cc) *OLG Celle.* Grundlage der Unterhaltsbemessung ist das Nettoeinkommen (Bruttoeinkommen abzüglich der Steuern unter Ausnutzung von Steuervorteilen sowie notwendigen Aufwendungen für Altersvorsorge, Arbeitslosen- und Krankenversicherung) (C.L.I.1.).

dd) *OLG Hamm.* Auszugehen ist von dem Nettoeinkommen, d.h. vom Bruttoeinkommen abzüglich Steuern und Vorsorgeaufwendungen. Hierzu zählen Aufwendungen für die notwendige Krankenversicherung, Rentenversicherung und Arbeitslosenversicherung. Kapitalversicherungen sind in der Regel nicht notwendig (H.L.I.1.).

ee) *OLG Frankfurt.* Weiterhin kommen als Abzugsposten die Sozialversicherungsbeiträge in Betracht. Bei sog. Selbstabführen ist nur der Arbeitnehmeranteil abzugsfähig, denn der Arbeitgeberanteil ist Durchlaufposten. Er darf deshalb auch nicht als Einkommen gewertet werden; oder: man nimmt in einer Verdienstbescheinigung den Arbeitgeberanteil als Einkommen und zieht dann aber auch den von dem Unterhaltspflichtigen effektiv abgeführten Betrag wieder ab. Bei Ausgaben für Lebensversicherung ist zu unterscheiden: bei Selbständigen sind sie in Höhe bis höchstens 20% des Nettoeinkommens absetzbar, weil hier ein Vorsorgeaufwand notwendig ist; bei Beamten grundsätzlich nicht, weil sie altersversorgt sind (ausnahmsweise dann, wenn kein angemessener Sozialversicherungsschutz besteht) (F.W. in DAV 84/92).

4. Abzug von Kosten für erhöhten Bedarf

a) Daß und auf welche Weise ein konkreter Mehrbedarf unterhaltsrechtlich berücksichtigt werden kann, wurde bereits auf Seite 61 f. beim Renteneinkommen erörtert. Falls ein solcher Mehrbedarf bei der Ermittlung des Bruttoeinkommens berücksichtigt worden ist, kann er nicht ein zweitesmal abgezogen werden. Wegen des Mehrbedarfs bei Renteneinkommen wird auf die dortigen Ausführungen und Entscheidungen verwiesen.

b) Über die bei Renteneinkommen besprochenen Fälle hinaus kann ein notwendiger unterhaltsrechtlich relevanter Mehrbedarf oder erhöhter Bedarf entstehen infolge Krankheit, Unfall, Alter, Pflegebedürftigkeit, Gebrechlichkeit und ähnlicher besonderer Gründe, z. B. für Betreuung durch eine Pflegekraft, für notwendige Haushaltshilfe, für einen dringend benötigten Pkw oder Rollstuhl u. ä. Nach OLG Frankfurt kann das Nettoeinkommen im Interesse der Kinder auch um notwendige Fahrt- und Übernachtungskosten (erhöhter Bedarf) bereinigt werden, die dem Umgangsberechtigten bei großer Entfernung infolge der Ausübung seines Umgangsrechts mit den Kindern entstehen (OLG Frankfurt, FamRZ 84/178). Dies steht nicht im Gegensatz zur Entscheidung des BGH vom 8. 2. 84 (FamRZ 84/470, 472 = NJW 84/2826, 2827 = B 117), wonach der nicht-sorgeberechtigte Elternteil zu einer zeitweisen Unterhaltskürzung nicht berechtigt ist, wenn er in Ausübung seines Umgangsrechts das Kind während der Ferien für einige Wochen bei sich hat und versorgt.

c) Ein Mehrbedarf muß stets konkret geltend gemacht und nachgewiesen werden. Einen Pauschalabzug erkennt der BGH nicht an. Ein konkreter Nachweis zu Art und Höhe des Mehrbedarfs kann in der Regel durch Vorlage von Belegen über Ausgaben geführt werden, die gemacht werden mußten, um den Mehrbedarf zu decken. Die Ausgaben sind unter Berücksichtigung der beiderseitigen wirtschaftlichen und persönlichen Verhältnisse auf ihre Notwendigkeit und Angemessenheit zu überprüfen. Die angemessene Höhe kann erforderlichenfalls nach § 287 ZPO geschätzt werden.

d) Besteht ein Mehrbedarf beim Verpflichteten, erfolgt ein Abzug in entsprechender, konkret nachgewiesener Höhe von seinem Nettoeinkommen.

Besteht ein Mehrbedarf beim Bedürftigen, erfolgt ebenfalls ein Abzug von seinem anrechenbaren Einkommen, wenn er solches hat. Hat er keine eigenen Einkünfte, wird sein rechnerischer Unterhalt angemessen erhöht und der endgültige Unterhalt bei begrenzter Leistungsfähigkeit des Pflichtigen nach Billigkeitsgrundsätzen gemäß § 1581 BGB bemessen. Im übrigen gelten die bereits in Abschnitt 1.7 dargelegten Grundsätze, Seite 61 f.

e) Einschlägige BGH-Entscheidungen. Bei einer 100%igen Schwerbehinderung kann es nötig sein, einen erhöhten Eigenbedarf oder Sonderbedarf anzunehmen. Hat sich das Verhältnis der beiderseits für Unterhaltszwecke verbleibenden Beträge einseitig zugunsten des Berechtigten verschoben, kann aus diesem Grund der Ansatz eines besonderen Betrages für erhöhte Aufwendungen wegen Schwerbehinderung möglicherweise nicht mehr geboten sein (BGH, FamRZ 85/161, 164 = NJW 85/1026 = B 85a).

Beim Berechtigten, der eigenes Einkommen hat, sind die Aufwendungen für eine Haushaltshilfe, welche aus gesundheitlichen Gründen benötigt wird, einkommensmindernd zu berücksichtigen (BGH, FamRZ 84/151, 154 = NJW 84/294, 296 = B 85b). Im übrigen vgl. die Entscheidungen B 46, B 47, B 48a, B 48b, B 49, B 51 und B 52 zum berücksichtigungsfähigen Mehraufwand bei Rentnern.

f) Leitlinien

aa) *OLG Köln.* Mehraufwand als konkrete Folge des Anlasses einer Zuwendung ist nach allgemeinen Grundsätzen bedarfserhöhend zu berücksichtigen (K.L. 16.0.).

bb) *OLG Bremen.* Ein notwendiger privater Mehrbedarf (z. B. Pflegekosten, Diätkosten usw. bei Nachweis) ist vom anrechnungsfähigen Nettoeinkommen vorweg abzuziehen. Pauschale Schätzungen nach § 287 ZPO sind in Höhe der von der Sozialhilfe gewährten Krankenkostzulage zulässig (B.L. AB II 1b).

5. Berücksichtigung von Verbindlichkeiten des Verpflichteten

a) Obwohl Schulden an sich als Passiva zum Vermögensbereich gehören und nicht zum Einkommensbereich, sind sie nach §§ 1603/I, 1581 1 BGB und 59/I 1 EheG bei der Prüfung der Leistungsfähigkeit des Verpflichteten zu berücksichtigen, weil sie in der Regel aus dem laufenden Einkommen des Verpflichteten gezahlt werden müssen. Berücksichtigungswürdige Verbindlichkeiten mindern daher auf Seiten des Verpflichteten dessen Leistungsfähigkeit und sind von seinem Einkommen abzuziehen (BGH, FamRZ 82/23, 24 = NJW 82/232, 233 = B 30; D.T. A 4; H.L. 17.; K.L. 20.0.; B.L. AB II. 1; C.L. I 8.; F.L. A 4 und B 1; F.W. in DAV 84/93).

Dagegen sind Schulden auf Seiten des Berechtigten nicht zu berücksichtigen. Sein Unterhaltsanspruch umfaßt nur seinen Lebensbedarf. Zu diesem Lebensbedarf gehört im unterhaltsrechtlichen Sinn nicht sein Interesse an der Tilgung von Schulden oder am Erwerb eines Eigentums (BGH, FamRZ 64/585; FamRZ 66/630).

b) Verbindlichkeiten in diesem Sinn sind nicht Ausgaben des Verpflichteten zu seinem normalen Lebensbedarf, wie z. B. für Wohnung, Kleidung, Verpflegung, Urlaub u. ä. Diese müssen aus dem für den eigenen Unterhalt (Eigenbedarf) vorgesehenen Einkommensteil bestritten werden. Eine andere Beurteilung kann ausnahmsweise erwogen werden, wenn durch besondere, unabwendbare Gründe ein außergewöhnlicher Nachholbedarf (oder eine außergewöhnliche Belastung) entstanden wäre (BGH, FamRZ 82/250, 252 = NJW 82/822, 823 = B 86; B.L. AB II 1).

Zu den Kosten der privaten Lebensführung und damit zu nichtabziehbaren Verbindlichkeiten zählen vor allem auch die laufenden Miet- und Mietnebenkosten sowie die für ein Eigenheim zu entrichtenden Zins- und Tilgungsleistungen, soweit sie im Rahmen normaler Lebenshaltungskosten dem Wohnbedarf entsprechen (BGH, FamRZ 84/358, 360 = NJW 84/1237, 1238, 1239 = B 87).

c) Je nach Art, Anlaß und Entstehungszeit kann es angezeigt sein, Verbindlichkeiten voll, teilweise oder gar nicht zu berücksichtigen (BGH, FamRZ 82/898, 899 = NJW 82/1999, 2000 = B 26c).

aa) Dabei ist zwischen berücksichtigungswürdigen und nicht-berücksichtigungswürdigen Verbindlichkeiten zu unterscheiden, obwohl das Gesetz eine solche Differenzierung nicht vorsieht. Es kann aber nicht Sinn des Gesetzes sein, es dem Verpflichteten zu ermöglichen, durch unverantwortliches oder eigensüchtiges Schuldenmachen seiner Leistungspflicht zu entgehen (BGH, FamRZ 84/358, 360 = NJW 84/1237, 1238 = B 87; FamRZ 82/157, 158 = NJW 82/380, 381 = B 26b).

bb) Grundsätzlich sind die Fragen, ob und in welchem Umfang Schulden als abzugsfähig anerkannt werden, und welche Tilgungsraten als vernünftig und angemessen erscheinen, nach Treu und Glauben unter Berücksichtigung aller Umstände des Einzelfalls zu beurteilen. Bei dieser Interessenabwägung und Bewertung spielen in der Regel folgende Umstände eine wichtige Rolle:

Zweck der Verbindlichkeit (z. B. Vermögensbildung); der Zeitpunkt und die Art ihrer Entstehung; die Dringlichkeit der beiderseitigen Bedürfnisse; die Kenntnis des Pflichtigen von Grund und Höhe der Unterhaltsschuld; seine Leistungsfähigkeit; schutzwürdige Belange des Berechtigten und des Drittgläubigers sowie sonstiger dritter Personen; besondere Erschwernisse für die Rückzahlung der Verbindlichkeiten (BGH, FamRZ 84/358, 360 = NJW 84/1237, 1238, 1239 = B 87; FamRZ 82/157, 158, 159 = NJW 84/380, 381 = B 26b; FamRZ 82/898, 899 = NJW 84/1999, 2000 = B 26c; FamRZ 84/657, 658, 659 = NJW 84/2351, 2352, 2353 = B 90; FamRZ 82/678, 679 = NJW 82/1641 = B 91; FamRZ 82/23, 24 = NJW 82/232, 233 = B 30; F.W. in DAV 84/93).

Nach diesen Grundsätzen hat der BGH Verbindlichkeiten im Zusammenhang mit dem Erwerb einer Eigentumswohnung nur insoweit berücksichtigt, als der Verpflichtete dadurch teilweise einen Gegenwert in Form des freien Wohnens erlangt hat (BGH, FamRZ 82/898, 899 = NJW 82/1999, 2000 = B 26c).

cc) Berücksichtigungswürdige Schulden sind auch dann vom Einkommen des Verpflichteten abzuziehen, wenn dieses lediglich zur Deckung des notwendigen Lebensbedarfs ausreicht.

Ansprüche Unterhaltsberechtigter haben keinen Vorrang gegenüber anderen Verbindlichkeiten des Verpflichteten. Im Hinblick auf die vollstreckungsrechtlichen Regeln über die Pfändungsfreigrenze und das Pfändungsvorrecht des Unterhaltsberechtigten erscheint es allerdings gerechtfertigt, die Interessen der Drittgläubiger beim Ausgleich der Belange des Berechtigten, Verpflichteten und Drittgläubigers, nicht weitergehend zu berücksichtigen, als dies durch die Vollstreckungsvorschriften ohnehin gewährleistet wird, wenn sonst der Mindestbedarf des Berechtigten beeinträchtigt würde. Andererseits sind bei dieser Abwägung auch das Interesse des Verpflichteten an der Schuldtilgung und an der Vermeidung des Anwachsens seiner Verbindlichkeiten zu berücksichtigen sowie das Interesse des Berechtigten an der Sicherung seines notwendigen Unterhalts.

Die nach Billigkeitsgrundsätzen vorzunehmende Interessenabwägung kann im Einzelfall ergeben, daß die Zurücksetzung von Belangen des Schuldners und dessen Belastung mit Unterhaltsleistungen unzumutbar und ungerechtfertigt wäre. Das kann der Fall sein, wenn die Verbindlichkeiten im Einverständnis mit dem Unterhaltsberechtigten oder gar in seinem Interesse eingegangen worden sind und dieser dem Verpflichteten nicht der Vorwurf mangelnder Rücksichtnahme auf seine Belange machen kann (BGH, FamRZ 84/657, 658, 659 = NJW 84/2351, 2352, 2353 = B 90).

Hat sich ein Ehegatte im Einvernehmen mit dem anderen und im Zug der gemeinsamen Lebensführung durch die Eingehung von Verbindlichkeiten im Übermaß verschuldet und seine Leistungsfähigkeit entsprechend eingeschränkt, so kann der Berechtigte im Fall der Trennung und der damit verbundenen weiteren Belastung der finanziellen Verhältnisse nicht von vornherein seines notwendigen Unterhalts sicher sein. Zwar hat der Verpflichtete sich unter Ausnutzung aller zumutbaren Möglichkeiten um die Rückgängigmachung der getroffenen Dispositionen und die weitestmögliche Wiederherstellung seiner Leistungsfähigkeit – auch durch Verwertung von nicht dringend benötigten, von hohen Schulden belasteten Gegenständen – zu bemühen. Soweit das nicht gelingt, muß sich jedoch der Berechtigte daran festhalten lassen, daß die Einkünfte des Verpflichteten nur zu einem Teil für den Unterhalt zur Verfügung stehen. Er muß sich u. U. mit einer den notwendigen Unterhalt unterschreitenden Alimentierung zufrieden geben und sich die fehlenden Mittel unter äußerster Anspannung seiner Kräfte durch eine über das im allgemeinen Gebotene hinausgehenden Einsatz selbst verschaffen.

Dies gilt jedenfalls dann, wenn die Verschuldung des Verpflichteten ein Ausmaß erlangt, daß er nicht einmal zur Begleichung der laufenden Zinsen in der Lage ist und Unterhaltsleistungen an den Berechtigten daher nur auf Kosten einer entsprechenden Erhöhung des Schuldenstandes möglich sind, dessen Amortisation den Verpflichteten ohnehin auf Jahrzehnte im vollstreckungsrechtlich höchstzulässigen Maß belasten wird. Hier kann die Inanspruchnahme des Verpflichteten durch den berechtigten Ehegatten zu einer derartigen Beeinträchtigung des wirtschaftlichen Fortkommens führen, daß die Grenze des Zumutbaren überschritten wird (BGH, FamRZ 84/657, 658, 659 = NJW 84/2351, 2352, 2353 = B 90; FamRZ 82/678, 679 = NJW 82/1641 = B 91; vgl. ferner B 38).

Nach OLG Celle soll für den berechtigten Ehegatten möglichst der notwendige Mindestbedarf gesichert bleiben (C.L.I. 8.).

dd) Die vorstehend erörterten Grundsätze gelten auch nach §§ 1601 ff. BGB für den Kindesunterhalt. Bei der Interessenabwägung ist nach billigem Ermessen allerdings die verschärfte Haftung gegenüber minderjährigen Kindern nach § 1603/II 1 BGB mitzuberücksichtigen. Außerdem kann es eine Rolle spielen, daß die Kinder bei Eingehung der Verbindlichkeiten nicht mitentscheiden konnten und daß sie nicht in der Lage sind, durch eigene Anstrengung zur Deckung ihres Unterhaltsbedarfs beizutragen (BGH, FamRZ 84/657, 659 = NJW 84/2351, 2353 = B 92).

Nach OLG Celle soll hierbei für minderjährige Kinder mindestens der Regelbetrag gesichert bleiben (C.L.I. 8).

d) Berücksichtigungswürdig sind im allgemeinen: aa) Schulden, die noch vor der Trennungszeit entstanden sind und aus der gemeinsamen Ehezeit stammen sind grundsätzlich zu berücksichtigen. Solche Schulden hätte der Berechtigte auch bei Fortdauer der ehelichen Lebensgemeinschaft mittragen müssen. Er soll durch die Trennung nicht schlechter aber auch nicht besser gestellt werden, als während des ehelichen Zusammenlebens (BGH,

FamRZ 82/23, 24 = NJW 82/232, 233 = B30; FamRZ 82/678, 679 = NJW 82/1641 = B91; H.L. 1.17.; F.L. A 4 und B 1; C.L. I.8.; F.W. in DAV 84/93).

Der BGH hat mit obiger Begründung u. a. als abziehbar anerkannt: Schulden aus der Zeit vor der Trennung für Zahnarztkosten, Schulden aus einem Unternehmen (Tankstellenbetrieb und Kraftfahrzeughandel), sowie Schulden aus einem Hauserwerb bzw. Hausbau (BGH, FamRZ 84/657, 659 = NJW 84/2351, 2353 = B 92). Nach OLG Köln sind Schulden zu berücksichtigen, wenn sie einvernehmlich während der Ehe begründet wurden und nicht zumutbar abzulösen sind (z. B. für Hausrat und Wohnungsbeschaffung). Die Einvernehmlichkeit der Begründung von Schulden wird während der Zeit des ehelichen Zusammenlebens vermutet (K.L. 20.0. und 20.1.).

bb) Schulden, die als Folge der Trennung unumgänglich notwendig geworden sind, wie z. B. Kredit für notwendige Neueinrichtung (H.L. 1.17.; nach C.L. I.8. auch sonst unumgängliche Schulden).

cc) Im Rahmen des Getrenntlebensunterhalts auch Schulden, die sich auf das Grundeigentum der Eheleute beziehen (F.W. in DAV 84/93; genaueres zum Abzug von Verbindlichkeiten wegen Hausbau, Hauserwerb u. ä, siehe die Seite 47f.).

dd) Bei Gerichts- und Anwaltskosten ist zu prüfen, ob diese aus dem für den eigenen Unterhalt verbleibenden Einkommensteil beglichen werden können. Ist dies nicht möglich, hat die Tilgung im Rahmen eines vernünftigen Tilgungsplans zu erfolgen, der den Unterhaltsinteressen Rechnung trägt (BGH, FamRZ 82/250, 252 = NJW 82/822, 823 = B 93).

Aus dieser BGH-Entscheidung ist zu schließen, daß der BGH Prozeßkosten zu den Lebenshaltungskosten zählt, die aber im Einzelfall wie außergewöhnliche Belastungen beurteilt werden können. So im Ergebnis auch OLG Köln (FamRZ 83/750, 753 und K.L. 20.2.). Danach zählen Prozeßkosten zu den Kosten der allgemeinen Lebensführung. Ein Abzug kann nur erfolgen, wenn es sich um lebensnotwendige Prozesse gehandelt hat und die Kosten nicht außer Verhältnis zum Einkommen stehen. Notwendige Scheidungskosten sind abziehbar.

ee) Rechtlich vorrangige Unterhaltsverpflichtungen (K.L. 20.4.).

ff) Außerordentliche hohe Belastungen. Außerordentliche notwendige Aufwendungen für Beruf und Hausstand unter Berücksichtigung der nach den Lebensverhältnissen des Verpflichteten üblichen zumutbaren Gepflogenheiten der Kreditbeschaffung (K.L. 20.3.) und sonstige außerordentliche Aufwendungen (K.L. 20.5.).

gg) Verbindlichkeiten, die im Zusammenhang mit eingetretenen außergewöhnlichen Belastungen eingegangen werden mußten.

hh) Wenn mit dem sicheren Entstehen berücksichtigungsfähiger Verpflichtungen zu rechnen ist, können im allgemeinen in angemessenen Raten Rücklagen zur Begleichung solcher künftiger Verpflichtungen gebildet werden (z. B. für zu erwartende kostspielige Operationen).

e) Nicht berücksichtigungswürdige Verbindlichkeiten sind im allgemeinen: aa) Verbindlichkeiten, die erst nach Trennung einseitig eingegangen worden sind, sind in der Regel nicht absetzbar, weil sie die eheliche „Schicksalsgemeinschaft" nicht mehr zu vertreten hat (OLG Stuttgart, FamRZ 84/1105, 1107; F.W. DAV 84/93).

Eine Ausnahme ist möglich, wenn die Begründung dieser Verbindlichkeit gerade als Folge der Trennung unumgänglich geworden ist, z. B. ein Kredit für eine wegen der Trennung dringend notwendig gewordene neue Wohnungseinrichtung oder Prozeßkostenhilferaten für das Scheidungsverfahren.

Schulden für Anschaffungen nach der Trennung (z. B. für Wohnungseinrichtung) können aber dann nicht berücksichtigt werden, wenn solche Lasten beide Parteien gleichermaßen treffen oder wenn sie aus dem Erlös eines Hausverkaufs (oder aus sonstigem Vermögen) finanziert werden können (OLG Köln, FamRZ 82/706, 708).

bb) Verbindlichkeiten sind nach Treu und Glauben nicht abziehbar, wenn der Verpflichtete sie leichtfertig, für luxuriöse Zwecke oder ohne verstehbaren Grund und gegen den Willen seines Partners eingegangen ist (BGH, FamRZ 84/358, 360 = NJW 84/1237, 1238, 1239 = B 87; FamRZ 82/157, 158, 159 = NJW 82/380, 381 = B 26b).

cc) Vom Vater eines studierenden Kindes kann im allgemeinen verlangt werden, daß er auf dessen Unterhaltsbedürftigkeit bis zum Abschluß der Ausbildung Rücksicht nimmt, bevor er Verbindlichkeiten eingeht, die seine Leistungsfähigkeit erschöpfen. Das Vertrauen auf eine in der Vergangenheit gewährte öffentliche Ausbildungsbeihilfe ist nicht schutzwürdig, sofern ohne besondere Erkundigungen davon ausgegangen wird, sie werde auch in Zukunft ohne Rückgriff gewährt werden. Etwas anderes kann gelten bei Hausbauschulden, wenn das Haus in erster Linie der Befriedigung notwendiger Wohnbedürfnisse der Familie diente und nicht so sehr der Bildung von Vermögensreserven (BGH, FamRZ 82/157, 158 = NJW 82/380, 381 = B 88 und B 26b).

dd) Die Eltern können sich im Verhältnis zu den Kindern auf eine Darlehensverpflichtung für den Kauf eines Pkw mit Wohnwagen und Zubehör nicht berufen, wenn ihnen bei Darlehensabschluß die Unterhaltsverpflichtung bekannt war (BGH, FamRZ 83/258, 260 = NJW 82/2379, 2381 = B 94).

ee) Verbindlichkeiten, die ohne Notwendigkeit aufrechterhalten werden: Bereitstellungszinsen, die der Pflichtige im Hinblick auf die beabsichtigte Bebauung eines gemeinsamen Grundstücks zu zahlen hat, sind nicht abzuziehen, wenn der andere Teil nach der Trennung nicht mehr an einer Bebauung interessiert ist und zur Mitwirkung an der Rückgängigmachung des Projekts sowie der gemeinsam unterschriebenen Darlehensverträge bereit ist. Es handelt sich dann bei den weiterhin aufgewendeten Bereitstellungszinsen im Verhältnis zwischen den Parteien um ohne Notwendigkeit aufrechterhaltene Verpflichtungen (BGH, FamRZ 83/670, 673 = B 89).

ff) Schulden, deren Abzahlung der Vermögensbildung dient (OLG Stuttgart, FamRZ 84/1105, 1107; siehe dazu auch Seite 101).

gg) Unterhaltsleistungen für die keine gesetzliche Verpflichtung besteht oder Unterhaltsleistungen an nachrangige Unterhaltsberechtigte (B.L. AB II). Gleiches gilt für nicht einklagbare Verbindlichkeiten und Verpflichtungen aus Schenkungen sowie für mutwillig eingegangene Verbindlichkeiten.

hh) Rückständiger Unterhalt gegenüber dem Berechtigten oder einem anderen.

f) Die Schuldentilgung muß im Rahmen eines vernünftigen Tilgungsplans in angemessenen Raten erfolgen, wobei schutzwürdige Interessen der Berechtigten und des Drittgläubigers mitzuberücksichtigen sind (H.L. 1.17.; K.L. 20.0.; C.L. 8.; F.W. in DAV 84/93).

aa) Im Interesse des Berechtigten ist zu fragen, wie sich der Pflichtige verständigerweise bei Fortdauer der ehelichen Gemeinschaft verhalten hätte. Er kann sich daher auf diese Schulden nur im Rahmen eines vernünftigen Tilgungsplans berufen. Dementsprechend sind nur Beträge zu berücksichtigen, wie sie im Fall der Fortdauer der ehelichen Gemeinschaft bei verantwortlicher Abwägung der Unterhaltsbelange auf der einen und der Fremdgläuberinteressen auf der anderen Seite für die Schuldentilgung verwendet worden wären. Ihre Höhe ist anhand des verfügbaren oder erzielbaren Einkommens unter Berücksichtigung der Art und Höhe der Schulden tatrichterlich zu schätzen (BGH, FamRZ 82/23, 24 = NJW 82/232, 233 = B 30; FamRZ 82/678, 679 = NJW 82/1641 = B 91).

bb) Bei der Unterhaltsbemessung (und Berücksichtigung von Schulden) ist ein objektiver Maßstab anzulegen. Entscheidend ist derjenige Lebensstandard, der vom Standpunkt eines vernünftigen Betrachters aus angemessen erscheint, so daß weder eine nach den Verhältnissen zu dürftige Lebensführung noch ein übertriebener Aufwand zählt (BGH, FamRZ 82/678, 679 = NJW 82/1641 = B 91).

Für die Frage, wie hoch Tilgungsraten zur unterhaltsrechtlichen Berücksichtigung von Schulden anzusetzen sind, kommt es nicht allein und ausschlaggebend darauf an, in welcher Höhe der Verpflichtete die Schulden bislang abgetragen hat. Ist während des Zusammenlebens nur ein nach objektiven Maßstäben unvertretbar geringer Teil des Einkommens zur Rückführung von Verbindlichkeiten aufgewendet worden, so kann der Pflichtige hieran nicht für die Zukunft festgehalten werden, wenn er nunmehr zur Zahlung angemessener Tilgungsraten entschlossen ist (BGH, FamRZ 82/678, 679 = NJW 82/1641 = B 91; FamRZ 84/657, 658, 659 = NJW 84/2351, 2352, 2353 = B 90 und B 92).

cc) Einem bereits hoch verschuldeten Unterhaltspflichtigen, der zu einer den Schuldenstand mildernden Tilgung finanziell nicht in der Lage ist, kann es nicht zugemutet werden, seinen Schuldenstand durch Aufnahme weiterer Kredite zu vergrößern, nur um seiner Unterhaltspflicht nachkommen zu können. Auf jeden Fall ist dem Interesse an der Verhinderung einer weiteren Zunahme der Verbindlichkeiten keine geringere Bedeutung beizumessen als dem Interesse des Schuldners an einer planmäßigen Tilgung. Dies ist in die umfassende tatrichterliche Interessenabwägung einzubeziehen (BGH, FamRZ 82/678, 679 = NJW 82/1641 = B 91; FamRZ 84/657, 658 = NJW 84/2351, 2353 = B 90).

g) Leitlinien zu Schulden.

aa) *OLG Düsseldorf.* Berücksichtigungsfähige Schulden sind in der Regel vom Einkommen abzuziehen (D.T. A 4 und B).

bb) *OLG Hamm.* Schulden können das anrechenbare Einkommen vermindern, das des geschiedenen Ehegatten und Elternteils insbesondere dann, wenn die Verbindlichkeiten noch bei intakter Ehe eingegangen worden sind oder ihre Begründung als Folge der Trennung unumgänglich war (z. B. Kredit für die notwendige Neueinrichtung). Die Tilgung der Schulden hat in angemessenen Raten zu erfolgen (H.L. 1.17).

cc) *OLG Köln.* Schulden, in angemessenen Tilgungsraten (ggf. Tilgungsstreckung), insbesondere: (K.L. 20.0.)

einvernehmlich während der Ehe begründete und nicht zumutbar abzulösende, z. B. für Hausrat- und Wohnungsbeschaffung. Die Einvernehmlichkeit der Begründung von Schulden in der Zeit ehelichen Zusammenlebens wird vermutet (K.L. 20.1.).

Notwendige Scheidungskosten (K.L. 20.2.).

Außerordentliche notwendige Anwendungen für Beruf und Hausstand unter Berücksichtigung der nach den Lebensverhältnissen des Verpflichteten üblichen zumutbaren Gepflogenheiten der Kreditbeschaffung (K.L. 20.3.).

Rechtlich vorrangige Unterhaltsverbindlichkeiten (K.L. 20.4.).

Sonstige notwendige außerordentliche Aufwendungen (K.L. 20.5.).

dd) *OLG Bremen.* Private Lebenshaltungskosten sind grundsätzlich nich abzugsfähig sondern aus dem dem Unterhaltspflichtigen nach Abzug des Unterhalts verbleibenden Resteinkommen zu dekken. Er muß erforderlichenfalls seinen Lebensbedarf – ebenso wie der Unterhaltsberechtigte – bis zur Grenze des Selbstbehalts einschränken (B.L. AB II 1).

Zu berücksichtigende Verbindlichkeiten, soweit sie den Unterhaltsberechtigten (auch Kindern) entgegenhalten werden können (ehebedingt) sind wie bisher in der Regel vom Nettoeinkommen des Unterhaltspflichtigen vorweg abzuziehen (B.L. AB II 1a).

Nicht zu berücksichtigen sind Unterhaltszahlungen an nachrangige Unterhaltsberechtigte (B.L. AB II 3).

Vermögenswirksame Leistungen (624 DM-Gesetz): Nicht zu berücksichtigen gegenüber Kindern und gegenüber Ehegatten nach Beendigung der Zugewinngemeinschaft (B.L. AB II 4a).

Sonstige Vermögensbildung (z. B. Hauskauf während der Ehe). Hier nach Einzelfall. Ausgangspunkt: Die Lebensverhältnisse der Ehegatten (B.L. AB II 4b).

ee) *OLG Celle.* Ehebedingte, voreheliche oder sonst unumgängliche Schulden sind sowohl beim Ehegatten- als auch beim Kindesunterhalt zu berücksichtigen. Zins- und Tilgungsraten sind im Rahmen eines vernünftigen Tilgungsplans vom anrechenbaren Einkommen vorweg abzuziehen. Dabei soll möglichst für minderjährige Kinder mindestens der Regelbedarf und für den Unterhaltsberechtigten (früheren) Ehegatten der notwendige Mindestbedarf gesichert bleiben. Notfalls kann eine angemessene Kürzung der Unterhaltsrenten erfolgen (C.L. I 8.).

ff) *OLG Frankfurt.* Berücksichtigungsfähige Schuldtilgungs- und Zinsleistungen sind ebenfalls vom Einkommen abzuziehen (F.L. A 4 und B 1).

Bei Darlehens- oder sonstigen Schuldverbindlichkeiten ist auf ihren Zweck, den Zeitpunkt und die Art ihrer Entstehung, die Dringlichkeit der beiderseitigen Bedürfnisse, die Kenntnis des Pflichtigen von Grund und Höhe der Unterhaltsschuld, die Möglichkeit, die Leistungsfähigkeit ganz oder teilweise wiederherzustellen und die schutzwürdigen Belange der Drittgläubiger abzustellen: So sind z. B. erst nach Trennung der Eheleute begründete Kreditverbindlichkeiten grundsätzlich nicht abzugsfähig, weil sie die ,,Schicksalsgemeinschaft" nicht mehr mitzuvertreten hat; dagegen können notwendige Neuanschaffungen aus Anlaß der Trennung der Eheleute nach Maßgabe eines vernünftigen Tilgungsplans und unter Beachtung des notwendigen Unterhaltsbedarfs des Berechtigten abgesetzt werden. Die Tilgungsraten müssen tatsächlich geleistet werden; zumindest muß dargetan sein, daß der Pflichtige künftig ernstlich zu ihrer Zahlung entschlossen ist.

BGH: Im Einzelfall kann die Abgrenzung nur im Rahmen einer umfassenden Interessenabwägung nach billigem Ermessen erfolgen. Im Rahmen des Getrenntlebensunterhalts kann auch die Absetzung von Verbindlichkeiten in Betracht kommen, die sich u. a. auf das Grundeigentum der Eheleute beziehen. Klarzustellen bleibt, daß sonst eine Vermögensbildung auf Kosten des Unterhaltsberechtigten nicht zulässig ist (F.W. in DAV 84/93).

6. Aufwendungen zur Vermögensbildung

a) Aufwendungen zur Vermögensbildung sind beim Berechtigten grundsätzlich unterhaltsrechtlich ohne Bedeutung. Durch den Unterhalt wird nur sein laufender Lebensbedarf abgegolten. Aufwendungen zur Vermögensbildung gehören nicht zu diesem Lebensbedarf. Deshalb hat der Berechtigte keinen Anspruch auf Finanzierung einer Vermögensbildung oder auf Erwerb eines Eigenheims (BGH, FamRZ 84/358, 360, 361 = NJW 84/1237, 1239 = B 95; FamRZ 66/630).

Der Berechtigte kann sich allerdings durch Konsumverzicht oder durch eigene Erwerbstätigkeit Ersparnisse oder Vermögen schaffen. Seine unterhaltsrechtlich relevante Bedürftigkeit verringert sich nicht durch eine solche freiwillige Einschränkung in seiner Lebensführung (BGH, FamRZ 85/582, 583 = NJW 85/1344, 1345 = B 54b).

Eine weitere Vermögensbildung beim Verpflichteten kommt dem Berechtigten nach der Scheidung nicht mehr zugute (BGH, FamRZ 84/358, 360, 361 = NJW 84/1237, 1239 = B 95).

b) In gleicher Weise mindern beim Verpflichteten Aufwendungen zur Vermögensbildung dessen Leistungsfähigkeit nicht. Auch er kann sich Vermögensreserven schaffen. Dies darf aber nicht auf Kosten des Unterhaltsanspruchs des Berechtigten gehen, dessen Höhe sich nach den Lebensverhältnissen im Zeitpunkt der Scheidung bemißt. Deshalb dürfen Aufwendungen, die der Vermögensbildung des Verpflichteten dienen, nicht vom unterhaltsrechtlich relevanten Einkommen abgesetzt werden. Wenn, wie zumeist während der Ehe, Einkommen zur Vermögensbildung verwendet worden ist, muß der Verpflichtete, wenn nur auf diese Weise der eheliche Lebensstandard aufrechterhalten werden kann, einen geringeren Teil seines Einkommens der Vermögensbildung zuführen und den anderen bisherigen Teil zur Deckung der Unterhaltspflichten verwenden (BGH, FamRZ 84/149, 151 = NJW 84/292, 294 = B 162c; OLG Köln, FamRZ 82/170, 171).

c) Im Rahmen der Unterhaltsbemessung nach den ehelichen Lebensverhältnissen im Zeitpunkt der Scheidung (§ 1578 BGB) ist eine differenziertere Beurteilung bezüglich der Aufwendungen zur Vermögensbildung nötig. Da es sich insoweit aber um eine Spezialproblematik des Ehegattenunterhalts handelt, erfolgt eine Erörterung dieser Probleme in Teil III Seite 206f.

Gleiches gilt für die Probleme des trennungsbedingten Mehrbedarfs. Siehe dazu Teil III Seite 215f.

3. Abschnitt: Darlegungs- und Beweislast sowie tatrichterliche Ermittlung und Schätzung nach § 287 ZPO

I. Zur Darlegungs- und Beweislast

1. Allgemeiner Überblick

Grundsätzlich hat jede Partei die Voraussetzungen der ihr günstigen Normen darzulegen und zu beweisen, sofern nichts anderes bestimmt ist oder keine von der Regel abweichende Ausnahmesituation besteht. Nach dieser Grundregel richtet sich auch die Darlegungs- und Beweislast im Unterhaltsrecht.

a) Der Unterhaltsberechtigte ist beweispflichtig für seine Bedürftigkeit, für die maßgeblichen ehelichen Lebensverhältnisse, nach denen sich die Unterhaltshöhe bemißt und für die Tatbestandsvoraussetzungen der Normen, auf die er seinen Unterhaltsanspruch stützt (= 2).

b) Der Unterhaltsverpflichtete hat die Beweislast für die Beschränkung seiner Leistungsfähigkeit und für Einwendungen, z. B. nach § 1579 BGB (= 3).

c) Wenn und soweit Regelvorschriften oder Erfahrungsregeln bestehen, hat derjenige die Behauptungs- und Beweislast, der eine von der Regel abweichende Ausnahmesituation behauptet. Zu solchen Regeln zählen auch Tabellen und Leitlinien der Oberlandesgerichte (= 4).

d) Eine Umkehr der Beweislast tritt ein, wenn die Beweisführung durch den nicht beweisbelasteten Gegner schuldhaft vereitelt oder erschwert wird (= 5).

e) Soweit die Unterhaltsermittlung unter Abwägung sachlicher Gesichtspunkte nach billigem Ermessen vorzunehmen ist, hat jeder diejenigen für die Abwägung erheblichen Tatsachen nachzuweisen, aus denen er Vorteile herleiten kann.

2. Zur Darlegungs- und Beweislast des Unterhaltsberechtigten

a) Zur Bedürftigkeit. Wer Unterhalt begehrt, muß stets dartun und beweisen, daß, warum und in welchem Umfang er bedürftig ist. Nach der Rechtsprechung des BGH hat auch der berechtigte Ehegatte trotz des Wortlauts des § 1577/I BGB, der zu Zweifeln Anlaß geben könnte, wegen des Grundsatzes der wirtschaftlichen Eigenverantwortung die Darlegungs- und Beweislast für seine Bedürftigkeit (BGH, FamRZ 80/126, 128 = NJW 80/393, 395 = B 96a; FamRZ 83/150, 152 = NJW 83/683, 684 = B 96b; FamRZ 82/255, 257 = NJW 82/1873, 1874, 1875 = B 76; FamRZ 84/989, 990 = B 96c).

Der Berechtigte hat im Rahmen der Bedürftigkeit u. a. die Darlegungs- und Beweislast zu folgenden Umständen: Er muß beweisen, daß er vom Gegner behauptete Einkünfte nicht hat und auch nicht erzielen könnte, so z. B. aus BAföG oder aus Beträgen, die er einziehen könnte, aber nicht einzieht (BGH, FamRZ 80/126, 128 = NJW 80/393, 395 = B 96a). Gleiches gilt für unterhaltsrechtlich relevantes Vermögen.

aa) Wenn er eigene Einkünfte hat, muß er deren Höhe sowie die Berechtigung und den Umfang der von ihm geltend gemachten Abzugsposten beweisen;

bb) bei Aufnahme eines neuen Partners in seine Wohnung hat er die Höhe des Entgeltes für die Wohnungsgewährung und für sonstige Aufwendungen zu beweisen (BGH, a.a.O. B 96b). Gleiches gilt für Art und Umfang sowie Wert der eigenen Versorgungsleistungen (Haushaltsführung u. ä.) für den neuen Partner.

cc) Wer behauptet, er könne wegen seines Alters keine zumutbare Tätigkeit finden muß dartun und beweisen, was er im einzelnen in dieser Hinsicht unternommen hat. Unterläßt er dies, ist von einer Erwerbsmöglichkeit auszugehen (BGH, FamRZ 255, 257 = NJW 82/1873, 1874, 1875 = B 76).

dd) Wer behauptet, wegen Krankheit nicht arbeiten zu können muß beweisen, daß er wegen der Krankheit erwerbsunfähig oder gemindert erwerbsfähig ist und daß er seinerseits alles Notwendige getan hat bzw. tut, um wieder erwerbsfähig zu werden, wie z. B. die Aufnahme und Durchführung einer Therapie bei Krankheit, Alkoholismus oder „Rentenneurose" (OLG Düsseldorf, FamRZ 85/310; die zum Verpflichteten gemachten Ausführungen treffen auch beim Berechtigten zu, der behauptet, aus einem solchen Grund bedürftig zu sein).

ee) Ganz grundsätzlich muß der Bedürftige beweisen, daß ihn hinsichtlich einer Erwerbstätigkeit keine Obliegenheitsverletzung trifft, bzw. daß und warum er im konkreten Fall keine Erwerbsobliegenheit hat (OLG Hamburg, FamRZ 85/290, 291).

ff) Hat der Berechtigte Vermögen, muß er nachweisen, daß der Einsatz des Vermögens für ihn unzumutbar ist.

gg) Zu § 1577/II BGB muß der Berechtigte nachweisen, daß und warum eigene Einkünfte ausnahmsweise nicht anzurechnen sind.

hh) Macht der Bedürftige einen Mehrbedarf, erhöhten Bedarf oder Sonderbedarf geltend, muß er diesen nachweisen, weil er seine Bedürftigkeit erhöht (BGH, FamRZ 83/352, 353 = NJW 83/2318, 2319 = B 11 zum berufsbedingten Mehraufwand).

b) Darlegungs- und Beweislast zu den ehelichen Verhältnissen im Sinn von § 1578 BGB. Der Berechtigte hat auch die Darlegungs- und Beweislast für die Gestaltung der ehelichen Lebensverhältnisse, nach denen sich sein Unterhaltsanspruch bemißt (BGH, FamRZ 84/149, 150 = NJW 84/292, 293 = B 97a; FamRZ 83/352, 353 = NJW 83/2318, 2319 = B 97b).

Die entsprechende, sehr anspruchsvolle und umfangreiche Darlegungslast wird durch die Auskunftspflicht erleichtert. Ohne diese Auskunftspflicht könnte der Berechtigte seiner Darlegungslast, die sich im Rahmen des § 1578 BGB auch auf die Einkommensverhältnisse des Verpflichteten bezieht, nicht nachkommen. Näheres zu den Auskunfts- und Vorlegungspflichten im nächsten Abschnitt Seite 106ff.

Im Rahmen der ehelichen Lebensverhältnisse besteht eine Darlegungs- und Beweislast u. a. zu folgenden Punkten:

aa) Beim Trennungsunterhalt für die Höhe der gegenwärtigen Einkommensverhältnisse des Verpflichteten und des eigenen Einkommens und Vermögens (Bruttoeinnahmen und Abzüge) (BGH, FamRZ 83/352, 353 = NJW 83/2318, 2319 = B 97b).

bb) Beim Scheidungsunterhalt ist die Höhe der im Zeitpunkt der Scheidung maßgeblichen beiderseitigen Einkommensverhältnisse (Bruttoeinnahmen und Abzüge) nachzuweisen.

cc) Läßt sich nicht feststellen, daß eine Erwerbstätigkeit des Berechtigten auch ohne Trennung aufgenommen oder ausgeweitet worden wäre, so müssen die daraus erzielten Einkünfte bei der Bemessung des Unterhalts außer Betracht bleiben (BGH, FamRZ 84/149, 150 = NJW 84/292, 293 = B 97a).

dd) Trennungsbedingter Mehrbedarf ist konkret darzulegen und zu beweisen, soweit dieser für die Anspruchshöhe und für eine Anrechnung nach § 1577/II BGB bedeutsam wird.

ee) Für alle sonstigen Umstände, die für die Anspruchshöhe im Rahmen des § 1578 BGB bedeutsam werden können.

c) Zu den sonstigen Tatbestandsvoraussetzungen der unterhaltsanspruchsbegründenden Normen (§§ 1361, 1569ff., 1601ff. BGB, 59ff. EheG), so z. B. auch zum Eintritt eines Nachteils i. S. von § 1575/II BGB (BGH, FamRZ 84/989, 990 = B 96c).

3. Zur Darlegungs- und Beweislast des Verpflichteten

Der Verpflichtete hat die Darlegungs- und Beweislast für seine Leistungsfähigkeit. Macht er geltend, er könne den Unterhaltsbedarf des Berechtigten ohne Gefährdung des eigenen angemessenen Lebensbedarfs nicht bestreiten, so hat er die Voraussetzungen einer begründeten Beschränkung darzulegen und zu beweisen. Beruft er sich dabei auf sein steuerpflichtiges Einkommen, so braucht er zwar nicht sämtliche Belege vorzulegen, durch die gegenüber der Steuerbehörde die behaupteten Aufwendungen glaubhaft zu machen sind. Er muß jedoch seine Einnahmen und behaupteten Aufwendungen im einzelnen so darstellen, daß die allein steuerlich beachtlichen Aufwendungen von solchen, die unterhaltsrechtlich von Bedeutung sind, abgegrenzt werden können. Die allein ziffernmäßige Aneinanderreihung einzelner Kostenarten genügt diesen Anforderungen nicht (BGH, FamRZ 80/770, 771 = NJW 80/2083, 2084 = B 98a und B 5b).

Obwohl an sich die Leistungsfähigkeit zur Klagebegründung gehören würde, ist die Beweislast hier aus Zweckmäßigkeitsgründen umgekehrt worden, wie man aus §§ 603/I, 1581 BGB und § 59 EheG entnehmen kann.

Auch nach BVerfG ist es verfassungsrechtlich bedenkenfrei, daß die Darlegungs- und Beweislast für seine Leistungsfähigkeit den Verpflichteten trifft, weil die Leistungsfähigkeit nach § 1603/I BGB als Einwendung ausgestaltet ist (BVerfG, FamRZ 85/143, 146 = B 98b).

Danach muß der Verpflichtete u. a. beweisen:

a) die seinen Bedarf bestimmenden Tatsachen wie Alter, Lebensstellung, Höhe seines Vermögens und Einkommens nebst Verbindlichkeiten, Werbungskosten, Aufwendungen, Betriebsausgaben und sonstige einkommensmindernde Abzugsposten;
b) Art und Berechtigung einer Erwerbsminderung oder Erwerbsunfähigkeit und seine Bemühungen zu deren Behebung;
c) Bemühungen um eine Arbeitsstelle bei Erwerbslosigkeit sowie Tatsachen zur berechtigten Beendigung eines Arbeitsverhältnisses;
d) Tatsachen, die nach § 1581 BGB eine Billigkeitsabwägung zu seinen Gunsten ermöglichen;
e) beruflichen Mehraufwand (BGH, FamRZ 83/352, 353 = NJW 83/2318, 2319 = B 20a und B 11);

f) Für die Höhe von durchschnittlichen Aufwendungen zur Vermögensbildung während der Ehe;
g) Gründe, warum ein erzielbares Einkommen nicht erzielt worden ist;
h) Tatsachen zu den Einwendungen des § 1579 BGB.

4. Zur Regelausnahmesituation

Wenn und soweit Regelvorschriften oder Erfahrungsregeln bestehen, hat derjenige die Behauptungs- und Beweislast, der eine von der Regel abweichende Ausnahmesituation behauptet. Zu solchen Regeln zählen auch Tabellen und Leitlinien der Oberlandesgerichte.

Dazu BGH-Entscheidungen:

a) Zur Beweislast hinsichtlich der Zumutbarkeit einer Erwerbstätigkeit bei Kindesbetreuung.

aa) Die Darlegungs- und Beweislast für die Erwerbsobliegenheit einer Mutter, die ein noch nicht achtjähriges Kind betreut, hat der Vater, weil er eine Ausnahme von einer erfahrungsgemäßen Regel in Anspruch nimmt. Er muß Umstände vortragen, die für eine Erwerbsobliegenheit der Mutter trotz Betreuung des Kindes sprechen. Die pauschale Behauptung, das Kind sei bereits in einem Alter, in dem es in den Kindergarten gehen könne, genügt hierzu nicht. Eine Regel in diesem Sinn ist die Erfahrung, daß ein schulpflichtiges Kind zunächst noch einer verstärkten Beaufsichtigung und Fürsorge bedarf, die nicht auf bestimmte Zeitabschnitte des Tages beschränkt ist. Die gesunde Entwicklung eines Kindes dieser Altersstufe erfordert es in der Regel, daß sich ein Elternteil ihm noch jederzeit widmen kann, was einem Erwerbstätigen etwa bei ausfallenden Schulstunden oder einer Krankheit nicht möglich wäre. Die gleichen Gründe gelten in verstärktem Maß für ein Kindergartenkind (BGH, FamRZ 83/456, 458 = NJW 83/1427, 1428, 1429 = B 99a).

bb) Zur Beurteilung der Zumutbarkeit einer Berufstätigkeit gehören u. a. auch die Darlegung, daß die Mutter im Klagezeitraum neben der Kindesbetreuung in zumutbarer Weise ihren vollen Unterhalt selbst verdienen könnte und es gehören hierzu Angaben zu den wirtschaftlichen Verhältnissen des Unterhaltsverpflichteten, weil sich selbst bei Bejahung einer Erwerbsobliegenheit ein Aufstockungsunterhalt ergeben könnte (BGH, FamRZ 83/996, 997 = NJW 83/2243,2244 = B 148e).

cc) Im Rahmen der Prüfung der Voraussetzungen des § 1570 BGB kann nach Heranwachsen des Kindes in diese Altersstufe (18 Jahre) im allgemeinen davon ausgegangen werden, daß ein weiterer Aufschub der Aufnahme einer vollen Erwerbstätigkeit durch den betreuenden Elternteil nur gerechtfertigt ist, wenn besondere Gründe vorliegen. Im Prozeß hat derjenige, der eine Ausnahme von dieser auf der Lebenserfahrung beruhenden Regel für sich in Anspruch nimmt, die hierfür erforderlichen Voraussetzungen darzulegen und notfalls zu beweisen (BGH, FamRZ 85/50, 51 = NJW 85/429, 430 = B 148c).

b) Zur Darlegungs- und Beweislast für den Ausnahmefall einer unerwarteten, vom Normalverlauf erheblich abweichenden Einkommensentwicklung. Beim Trennungsunterhalt richtet sich die Anspruchshöhe im Regelfall nach den gegenwärtigen Einkommensverhältnissen. Deshalb hat der Berechtigte für diese die Darlegungs- und Beweislast. Für den Ausnahmefall einer unerwarteten, vom Normalverlauf erheblich abweichenden Entwicklung seit der Trennung ist der Pflichtige darlegungs- und beweispflichtig, wenn er hieraus Rechte herleiten will. Er muß darlegen, daß und warum seine derzeitige berufliche Stellung auf einer im Zeitpunkt der Trennung unerwarteten Entwicklung bestehe und nicht schon während des Zusammenlebens der Parteien angelegt gewesen sei und auf welchen Umständen sein seitheriger beruflicher Aufstieg beruhe (BGH, FamRZ 83/352, 353 = NJW 83/2318, 2319 = B 97b).

c) Darlegungs- und Beweislast, wenn ausnahmsweise auch der Sorgeberechtigte eines minderjährigen Kindes zum Barunterhalt herangezogen werden soll. Beruft sich der auf Barunterhalt in Anspruch genommene Elternteil darauf, daß der andere, das Kind betreuende Elternteil im Hinblick auf seine günstigen wirtschaftlichen Verhältnisse zum Barunterhalt beizutragen habe, so trägt er die Beweislast dafür, daß die Einkommens- und Vermögensverhältnisse des anderen Elternteils dessen Heranziehung zum Barunterhalt rechtfertigen. Im Hinblick auf § 1606/III 2 BGB, wonach der das Kind betreuende Elternteil durch seine persönliche Fürsorge seine Unterhaltspflicht vollständig erfüllt, entspricht die Inanspruchnahme des anderen Elternteils auf Barunterhalt regelmäßig auch dem Grundsatz anteiliger Haftung beider Elternteile. Damit macht das Kind mit seiner Barunterhaltsforderung weder eine Abweichung vom Grundsatz des § 1601 BGB geltend (= Inanspruchnahme des primär Verpflichteten) noch von dem Grundsatz der Gleichwertigkeit von Barunterhalt und Betreuungsleistung nach § 1606/III 2 BGB. Vielmehr macht der barunterhaltspflichtige Elternteil mit seiner Behauptung eine Abweichung vom Grundsatz des § 1606/III 2 BGB geltend (er meint, trotz dieser Bestimmung müsse Barunterhalt gezahlt werden), weshalb er die Voraussetzungen seiner Behauptung zu beweisen hat. Daß es dem unterhaltsberechtigten Kind häufig leichter möglich sein mag als dem Barunterhalt leistenden Elternteil, die wirtschaftlichen Verhältnisse des anderen Elternteils darzulegen, rechtfertigt keine abweichende Beurteilung (BGH, FamRZ 81/347, 349 = NJW 81/923, 924 = B 99b).

d) Beweislast, wenn ausnahmsweise ein Kind einen besonders hohen Unterhaltsbedarf geltend macht. Solange sich Unterhaltsforderungen an Bedarfsermittlungen anlehnen, wie sie nach Erfahrungswerten aufgestellten Unterhaltstabellen und Richtlinien zugrundeliegen, werden an die Darstellungslast im Unterhaltsprozeß keine besonderen Anforderungen gestellt. Wenn der Berechtigte aber im Blick auf eine weitergehende Leistungsfähigkeit geltend macht, muß er im einzelnen darlegen und beweisen, worin dieser Bedarf besteht und welche Mittel zu seiner Deckung im einzelnen erforderlich sind (BGH, FamRZ 83/473, 474 = NJW 83/1429, 1430 = B 99c).

e) Beweislast des Berechtigten für die mangelnde Leistungsfähigkeit des vorrangig Verpflichteten. Der Unterhaltsberechtigte hat die Beweislast für die mangelnde Leistungsfähigkeit des vorrangig Verpflichteten, wenn er einen nachrangig Verpflichteten in Anspruch nimmt. Dies liegt darin begründet, daß sich der Berechtigte mit dem Wegfall der Unterhaltspflicht des primär Verpflichteten auf eine Abweichung von dem in § 1601 BGB aufgestellten Grundsatz beruft, für deren Voraussetzungen er die Beweislast trägt (BGH, FamRZ 81/347, 348 = NJW 81/923, 924 = B 99b).

5. Zur Umkehr der Beweislast

a) Eine Umkehr der Beweislast kann angenommen werden, wenn eine Partei die Beweisführung, insbesondere die Benutzung eines Beweismittels, durch den Gegner schuldhaft vereitelt oder erschwert (BGH, FamRZ 81/347, 349 = NJW 81/923, 924 = B 100; NJW 80/887, 888; NJW 63/389, 390).

b) Eine solche Behinderung der gegnerischen Beweisführung kann nicht schon angenommen werden, wenn einer Partei angelastet wird, sie habe sich eines Verstoßes gegen die prozesszuale Wahrheitspflicht schuldig gemacht, indem sie sich in ihren Schriftsätzen teilweise unwahrhaftig oder unvollständig erklärt oder widersprüchliche Angaben gemacht habe. Ein derartiges Verhalten kann bei ihr im Rahmen der freien Beweiswürdigung und Überzeugungsbildung des Gerichts nach § 286/I 1 ZPO gebührend berücksichtigt werden (BGH, FamRZ 81/347, 349 = NJW 81/923, 924 = B 100).

II. Zur tatrichterlichen Ermittlung und Schätzung nach § 287 ZPO

1. Zur Anwendung des § 287 ZPO im Unterhaltsverfahren

a) § 287/II ZPO ist auch im Unterhaltsprozeß anzuwenden (BGH, FamRZ 81/1165, 1166 = NJW 82/41, 43 = B 47; FamRZ 81/338, 340 = NJW 81/1313, 1314 = B 51; FamRZ 84/149,151 = NJW 84/292, 294; FamRZ 84/151, 153 = NJW 84/294, 296; FamRZ 83/689, 690 = NJW 83/2082; FamRZ 83/456, 458 = NJW 83/1427, 1429; FamRZ 83/886, 887 = NJW 83/2321, 2322; FamRZ 82/255, 257 = NJW 82/1873, 1875).

b) Dies gilt sowohl hinsichtlich des gesamten Einkommens bei unvollständigen und zweifelhaften Angaben als auch zu einzelnen Posten des anrechnungsfähigen Einkommens, zu Abzugsposten, Bedarfsposten und vor allem zu konkretem Mehrbedarf sowie zu behaupteten Mehraufwendungen. Die Entscheidungen des BGH sind vor allem zum Mehrbedarf und zum Mehraufwand ergangen, sowie zum trennungsbedingten Mehrbedarf.

2. Zur Schätzung nach § 287 ZPO

a) Die Schätzung nach § 287/II BGB erfolgt unter Würdigung aller maßgeblichen Umstände nach freier tatrichterlicher Würdigung, wobei auch allgemeine Erfahrungssätze zu Hilfe genommen werden können (BGH, FamRZ 81/338, 340 = NJW 81/1313, 1314 = B 51; FamRZ 84/149, 151 = NJW 84/292, 294; FamRZ 84/151, 153 = NJW 84/294, 296; FamRZ 83/456, 458 = NJW 83/1427, 1429; FamRZ 83/886, 887 = NJW 83/2321, 2322; FamRZ 82/255, 257 = NJW 82/1873, 1873, 1875).

b) Dabei ist je nach den Umständen des Falles eine großzügigere Beurteilung geboten, wenn und soweit es dem Beschädigten nicht zumutbar ist, seine besonderen Mehraufnahmen spezifiziert darzulegen. Diese Voraussetzungen sind vor allem dann gegeben, wenn die Art einer Beschädigung eine genaue Trennung des allgemeinen Lebensbedarfs und des schädigungsbedingten Mehrbedarfs erschwert (BGH, FamRZ 81/1165, 1167 = NJW 82/41, 43 = B 47).

c) Im Rahmen einer Mehraufwandsschätzung bei einer Grundrente hat der Tatrichter zu erwägen, ob und inwieweit bei der Anerkennung eines schädigungsbedingten Mehraufwands auch der ideelle Zweck einer Grundrente besonders mitzuberücksichtigen ist (BGH, FamRZ 81/338, 340 = NJW 81/1313, 1314 = B 51).

d) Unerfreulichen und wirtschaftlich wenig ergiebigen Streitigkeiten kann der Tatrichter dadurch begegnen, daß er im Einzelfall die Darlegungs- und Beweisregeln – insbesondere im Rahmen des § 287 ZPO – in einer auch dem wirtschaftlichen Gewicht des jeweiligen Streitpunktes angemessenen Weise handhabt (BGH, FamRZ 84/144, 145 = NJW 84/484, 485 = B 101 i).

3. Zu den Schätzungsvoraussetzungen

Voraussetzung für eine Schätzung nach § 287/II ZPO ist, daß bei Streit über die Unterhaltshöhe die völlige Aufklärung unverhältnismäßig schwierig ist im Vergleich zur Bedeutung der gesamten Forderung oder eines Teils der Unterhaltsforderung. Der Richter entscheidet nach freier Überzeugung. Dabei darf er in zentralen Fragen allerdings nicht auf fachliche Kenntnisse verzichten, die nach Sachlage unerläßlich sind. Darüberhinaus sind angebotene Beweise nicht zu erheben. Der Richter muß aber das Parteivorbringen würdigen und die Ablehnung von angebotenen Beweisen begründen. In der Entscheidung müssen die tatsächlichen Grundlagen der Schätzung und deren Auswertung in objektiv nachprüfbarer Weise angegeben werden.

4. Abschnitt: Klage auf Auskunft und Vorlage von Belegen

I. Zum Auskunftsanspruch

1. Allgemeines

a) Ein Auskunftsanspruch über Einkünfte und Vermögen besteht für beide Ehegatten und in gerader Linie Verwandte und zwar sowohl für den Berechtigten als auch für den Verpflichteten (§§ 1580, 1605, 1361 BGB). Singgemäß gelten diese Bestimmungen auch für Altehen, weil der Auskunftsanspruch ein Ausfluß des § 242 BGB ist (BGH, FamRZ 82/680, 681 = NJW 82/1642, 1643 = B 101 a).

Eine Auskunftspflicht besteht auch zwischen Ehegatten im Hinblick auf den Unterhaltsanspruch des Kindes (OLG Braunschweig, FamRZ 81/383).

Zweck des Auskunftsanspruchs ist es, einer Beweisnot des Berechtigten abzuhelfen und dem Berechtigten Gewißheit über die Einkommensverhältnisse des Verpflichteten zu verschaffen, damit er seinen Unterhaltsanspruch richtig bemessen kann. Durch die Auskunft sollen die Parteien in die Lage versetzt werden, einen Rechtsstreit durch Abschluß einer gütlichen Unterhaltsvereinbarung vermeiden zu können oder in einem Prozeß ihre Forderung richtig berechnen und begründen und Einwendungen vorbringen zu können (BGH, FamRZ 83/473 = NJW 83/1429 = B 101b; FamRZ 82/680, 681 = NJW 82/1642 = B 101a).

b) Der Auskunftsanspruch von Ehegatten (§ 1580 BGB) besteht ab Rechtshängigkeit des Scheidungsantrags. Der Anspruch kann als Auskunftsklage oder als Stufenklage geltend gemacht werden und zwar auch im Verbundverfahren. Wird im Verbundverfahren nachehelicher Unterhalt im Wege einer Stufenklage verlangt, kann über das Auskunftsbegehren, das die Bezifferung des Unterhaltsanspruchs ermöglichen oder erleichtern soll, bereits vor Erlaß des Scheidungsurteils in einer gesonderten Entscheidung erkannt werden (BGH, FamRZ 83/674 = NJW 83/1783 = B 101c; FamRZ 82/151 = NJW 82/1645 = B 101d; FamRZ 82/996, 997 = NJW 82/2771 = B 101e).

c) Eine Auskunftspflicht besteht, wenn und soweit die Auskunft für die Unterhaltsbemessung von Bedeutung ist. Es müssen diejenigen materiellen Voraussetzungen eines Unterhaltsanspruchs vorliegen, die von den wirtschaftlichen Verhältnissen der Parteien unabhängig sind. Die Auskunftspflicht besteht nicht, wenn sie den Unterhaltsanspruch unter keinem Gesichtspunkt beeinflussen kann (BGH, FamRZ 85/791, 792, 793 = NJW 85/1699, 1670, 1671 = B 101f; FamRZ 82/996, 997 = NJW 82/2771 = B 101e; FamRZ 83/352, 354 = NJW 83/2318, 2320 = B 101g; FamRZ 83/473 = NJW 83/1429 = B 101b; FamRZ 83/674 = NJW 83/1783 = B 101c; FamRZ 83/996, 997 = NJW 83/2243 = B 101h; FamRZ 82/1189, 1192 = NJW 83/279, 281; FamRZ 82/151 = NJW 82/1645 = B 101d).

d) Entsprechendes gilt, wenn mit der Auskunft ein Schadensersatzanspruch aus unerlaubter Handlung (§§ 823 BGB, 263 StGB) wegen Überzahlung von Unterhalt vorbereitet werden soll. Es müssen dann die Voraussetzungen des Schadensersatzanspruchs vorliegen, die von den nach dem Auskunftsbegehren zu offenbarenden wirtschaftlichen Verhältnissen unabhängig sind (BGH, FamRZ 83/352, 354 = NJW 83/2318, 2320 = B 101g).

e) Nach diesen Grundsätzen besteht z. B. keine Auskunftspflicht, wenn die Leistungsfähigkeit eines Chefarztes für den geltendgemachten Kindesunterhalt außer Frage steht oder wenn auch bei höherem Einkommen kein höherer Unterhalt verlangt werden könnte (BGH, FamRZ 83/473 = NJW 83/1429), oder wenn ein Unterhalt infolge der Härteklausel des § 1579/II BGB entfällt (BGH, FamRZ 83/996, 997 = NJW 83/2243) oder bezüglich eines Arbeitsentgeltes, das die ehelichen Lebensverhältnisse nicht geprägt hat (BGH, FamRZ 85/791, 792, 793 = NJW 85/1699, 1700, 1701 = B 101f).

f) Ein nachrangig Unterhaltsverpflichteter muß eine Auskunft erst erteilen wenn feststeht, daß die vorrangig haftenden Kindeseltern leistungsunfähig sind (LG Osnabrück, FamRZ 84/1032).

2. Zur Auskunft

a) Die Auskunft ist nach §§ 260, 261 BGB zu erteilen durch Vorlage einer systematischen Aufstellung aller Angaben die nötig sind, damit der Berechtigte ohne übermäßigen Arbeitsaufwand seinen Unterhaltsanspruch berechnen kann. Dazu gehören Angaben zu allen Bruttoeinnahmen und Aufwendungen bzw. Ausgaben und sonstige unterhaltsrechtlich relevante Abzüge (OLG Karlsruhe, FamRZ 78/779, 781; BGH, FamRZ 83/996 = NJW 83/2243, 2244 = B 5a; FamRZ 80/770, 771 = NJW 80/2083, 2084 = B 5b; OLG Hamm, FamRZ 83/1232). Die Auskunft bezieht sich dem Wortlaut nach zwar nur auf Einkommen und Vermögen, gilt aber darüber hinaus sinngemäß als Ausfluß von § 242 BGB (BGH, FamRZ 82/680, 681 = NJW 82/1642, 1643 = 101a; FamRZ 83/473 = NJW 83/1429 = B 101b) für alle Umstände, deren Kenntnis zur Bemessung des Unterhaltsanspruch notwendig sind (OLG Schleswig, FamRZ 82/1018), z. B. auch für eine Fortdauer der die Arbeitsunfähigkeit begründenden Beschwerden. An einer geordneten systematischen Aufstellung fehlt es, wenn nur eine Reihe von Schriftstücken (Aufstellungen, Belege u.ä.) eingereicht werden. Letztere müssen vom Verpflichteten auch zu einem geschlossenen Werk zusammengefügt werden (OLG Hamm, FamRZ 83/1232).

b) Eine Auskunftspflicht besteht auch für den Rentner, z. B. über die Höhe einer BEG-Rente nebst Zulagen (BGH, FamRZ 83/674, 675 = NJW 83/1783, 1784 = B 101 c), oder auch zugunsten des Verpflichteten für Einwendungstatsachen (z. B. zu § 1579 BGB).

Abzulehnen ist die Ansicht des AG Biesigheim, wonach eine Auskunft über Ausgaben nicht verlangt werden könne (FamRZ 84/816, 817).

c) Die Auskunftspflicht erstreckt sich auf Einkommen und Vermögen sowie sonstige Umstände allerdings nur insoweit, als Angaben zur Feststellung der Unterhaltspflicht erforderlich sind (BGH, FamRZ 82/996, 997 = NJW 82/2771, 2772 = B 101e). Die Auskunft kann von einem Selbständigen auch dann verlangt werden, wenn sein Steuerberater die Gewinnermittlung noch nicht fertiggestellt hat. Es ist dann eine angemessene Frist zur Auskunftserteilung zu setzen (OLG Koblenz, FamRZ 81/922; OLG Düsseldorf, DAV 82/689).

d) Die Auskunft ist zu erteilen für den Zeitraum, der für die Unterhaltsbemessung maßgeblich ist, also in der Regel für ein Jahr, bei Selbständigen oder bei sonstigen sehr schwankenden Einkünften in der Regel für drei Jahre und im Einzelfall auch noch länger (BGH, FamRZ 82/250, 252 = NJW 82/822, 823 = B 3; FamRZ 82/680, 681 = NJW 82/1642 = B 4a; FamRZ 83/680, 681 = B 4b; FamRZ 85/357, 358, 359 = NJW 85/909, 910, 911 = B 4c; FamRZ 85/471, 472 = B 4d).

aa) Bei Einkünften aus abhängiger Arbeit sind für die letzten zwölf Monate das Bruttogehalt, Art und Umfang der Abzüge sowie Sonderzahlungen wie Weihnachts- und Urlaubsgeld, Spesen, Auslösungen, Tantiemen etc. anzugeben. Die Vorlage des Belegs für einen Monat genügt hierzu nicht. Eine insoweit unvollständige Auskunft ist zu ergänzen (BGH, FamRZ 83/996, 998 = NJW 83/2243, 2244 = B 101h; FamRZ 82/250, 252 = NJW 82/822, 823 = B 3).

bb) Bei Einkünften als GmbH-Gesellschafter ist über Gewinne und Zinsen für die letzten drei Jahre Auskunft zu erteilen (BGH, FamRZ 82/680, 681 = NJW 82/1642 = B 4a). Bei einem Selbständigen, der Einkünfte in wechselnder Höhe bezieht, reicht es regelmäßig aus, wenn Angaben für einen Zeitraum von drei Jahren gemacht werden (BGH, FamRZ 82/680, 681 = NJW 82/1642 = B 4a; vgl. ferner B 4b, 4c und 4d).

e) Ob der Verpflichtete die Auskunft mit der erforderlichen Sorgfalt erteilt hat, ist im wesentlichen Tatfrage. Revisibel ist nur, ob die Erwägungen des Tatrichters von Rechtsirrtum beeinflußt sind. Ist nach den Umständen anzunehmen, daß eine mangelhafte Auskunft auf unverschuldeter Unkenntnis oder einem entschuldbaren Irrtum des Auskunftspflichtigen beruht, besteht nur ein Anspruch auf ergänzende Auskunft, nicht auf Abgabe einer eidesstattlichen Versicherung (BGH, FamRZ 84/144, 145 = NJW 84/484, 485 = B 101i; siehe dazu ferner III. 1. Seite 111 f.).

f) Im Auskunftsverfahren einschließlich des Verfahrens auf Abgabe einer eidesstattlichen Versicherung ist Kleinlichkeit zu vermeiden (§§ 259/III, 260/III BGB). Wie auch sonst können Sachgesamtheiten und Inbegriffe von Gegenständen als solche aufgeführt werden, wenn und soweit der Verzicht auf eine detaillierte Aufschlüsselung im Verkehr üblich ist und eine ausreichende Orientierung des Auskunftsberechtigten nicht verhindert. An die Aufschlüsselung können um so geringere Anforderungen gestellt werden, je eher bei dem Empfänger der Auskunft eine persönliche Kenntnis vorausgesetzt werden kann (BGH, FamRZ 84/144, 146 = NJW 84/144, 146 = NJW 84/484, 485 = B 101i).

g) Für das Vorliegen der Voraussetzungen des § 260/II BGB ist der Auskunftsberechtigte darlegungs- und beweispflichtig (BGH, FamRZ 84/144, 147 = NJW 84/484, 486 = B 101i).

h) Kosten der Auskunftserteilung hat der Auskunftspflichtige als Schuldner zu tragen. Der BGH hat dies beim Zugewinnausgleichsanspruch bejaht für Kosten, die durch die Erteilung eines Vermögensverzeichnisses oder durch die Ermittlung und die Angabe des Vermögenswertes entstehen (BGH, NJW 75/1021 = FamRZ 75/405L). Dagegen trägt die Sachverständigenkosten für eine notwendig werdende Wertermittlung von Vermögensgegenständen der Auskunftsberechtigte (BGH, FamRZ 82/682 = NJW 82/1643).

3. Zum Auskunftsantrag und zur Entscheidung

a) Das Auskunftsurteil und damit auch der Klagantrag müssen einen nach § 888 ZPO vollstreckungsfähigen Inhalt haben. Deshalb ist das Auskunftsbegehren im Antrag genau in diesem Sinn zu spezifizieren. Der Klagantrag muß konkret und bestimmt gefaßt sein, die Umstände genau angegeben, zu denen Auskunft erteilt werden soll, und den Zeitraum bezeichnen, für den Auskünfte verlangt werden. Die Belege, die vorgelegt werden sollen, müssen genau bezeichnet werden. Nur bei genauer Bezeichnung der vom Beklagten erwarteten Leistung kann dieser prüfen, ob er den Anspruch anerkennen will oder ob er sich umfassend verteidigen will. Die Auseinandersetzung zur Reichweite von Mitwirkungs- und Vorlegungspflichten darf nicht durch einen unbestimmten Antrag formal in das Vollstreckungsverfahren verlagert werden. Dies ist auf die Entscheidung solcher Streitfragen nicht zugeschnitten und bietet dafür auch nicht die notwendigen Rechtsgarantien. Ein in diesem Sinn nicht hinreichend bestimmter Antrag ist nach § 253/II 2 ZPO unzulässig (BGH, FamRZ 83/454, 455 = NJW 83/1056 = B 102; so im Ergebnis auch OLG Karlsruhe, FamRZ 83/631 und FamRZ 80/1119 sowie OLG Hamm, FamRZ 83/1232).

Dies gilt auch bei fehlender Angabe des Zeitraums (OLG Karlsruhe, FamRZ 83/631, 632), für die notwendigen Angaben eines Selbständigen, sowie zu erläuternden Angaben zu vorzulegenden Belegen, wie Einnahmen-Überschußrechnung, Gewinn- und Verlustrechnung, Bilanzen u. ä. (OLG Hamm, FamRZ 80/455, 456).

Bei einem Selbständigen kann der Antrag auch nicht so gefaßt werden, daß Auskunft in der Weise zu erteilen sei, daß die allein steuerrechtlich beachtlichen Aufwendungen von unterhaltsrechtlich beachtlichen Aufwendungen abgesetzt werden können. Er wäre zu unbestimmt. Richtig ist vielmehr ein Antrag auf Verurteilung zur Auskunft über das Brutto- und Nettoeinkommen mit Erklärungen zu den behaupteten Einwendungen und zu sonstigen Abzügen (OLG Hamm, FamRZ 83/1232, 1233) sowie zu bestimmt bezeichneten sonstigen unterhaltsrechtlich relevanten Umständen, z. B. Art und Dauer einer Krankheit).

b) Im Rahmen eines so gestellten Auskunftsantrags ist die Auskunftspflicht durch Vorlage einer systematischen Aufstellung über Einnahmen und Ausgaben zu erfüllen. Erst im Betragsverfahren (Unterhaltsverfahren) ist es Aufgabe des Gerichts über die unterhaltsrechtliche Relevanz und die Richtigkeit der einzelnen Positionen zu entscheiden, nachdem der Pflichtige strittige Positionen zusätzlich erläutert hat (OLG Hamm, FamRZ 83/1232, 1233).

c) Das Urteil hat umfassend über Gegenstand und Umfang der Auskunftspflicht zu befinden und zwar ungeachtet von bereits vorliegenden Angaben des Pflichtigen (BGH, FamRZ 83/996, 998 = NJW 83/2243, 2247 = B 101 h).

Ist in der Urteilsformel nicht bestimmt, auf welchen Zeitraum sich die Auskunftserteilung beziehen soll, so kann das Urteil allenfalls dahin ausgelegt werden, daß die Auskunftspflicht die Zeit zwischen Klagzustellung und Urteilserlaß umfaßt (OLG Frankfurt, FamRZ 84/271, 272).

Die Auskunft ist eine unvertretbare Handlung. Deshalb erfolgt die Vollstreckung nach § 888 ZPO durch Androhung von Zwangsgeld und Zwangshaft. Nach Auskunftserteilung ist kein Zwangsgeld mehr zu bezahlen (OLG Schleswig, Schl.HA 79/228)

4. Erneute Antragstellung nach zwei Jahren (§§ 1605/II i. V. m. 1580 u. 1361 BGB).

a) Die Zweijahresfrist, nach deren Ablauf erneut Auskunft verlangt werden kann, beginnt mit der letzten mündlichen Verhandlung im Prozeß oder der vergleichsweisen Regelung des Unterhalts (OLG Hamburg, FamRZ 84/1142; OLG Koblenz, FamRZ 79/1021; abweichend OLG Schleswig, Schl.HA 83/136, wonach die Frist mit der letzten Auskunftserteilung beginnen soll).

b) Vor Ablauf von zwei Jahren kann eine erneute Auskunft nur verlangt werden, wenn glaubhaft gemacht wird, daß der Unterhaltspflichtige nach Urteilserlaß wesentlich höhere Einkünfte oder weiteres bzw. erstmaliges unterhaltsrechtlich relevantes Vermögen erworben hat (OLG Hamburg, FamRZ 84/1142, 1143 und FamRZ 83/209, 210). Der erneute Auskunftsanspruch kann in der Regel nur der Vorbereitung einer Abänderungsklage dienen. Dies soll nach dem Willen des Gesetzgebers nur bei wesentlichen Änderungen der individuellen Einkommens- und Vermögensverhältnisse geschehen können, nicht aber bei einer nur allgemeinen Lohn- Gehalts- und Lebenshaltungskostenentwicklung. Auf bloßen Verdacht hin kann keine Abänderung und daher auch keine neue Auskunft verlangt werden (OLG Hamburg, FamRZ 84/1142, 1143).

5. Schadensersatzanspruch bei Verstoß gegen die Auskunftspflicht

Gerät der Auskunftspflichtige mit der Erteilung der Auskunft in Verzug, so kann er dem Berechtigten zum Ersatz des daraus entstandenen Schadens verpflichtet sein (BGH, FamRZ 84/163, 165 = NJW 84/868, 869 = B 201 e).

II. Vorlage von Belegen über das Einkommen

1. Allgemeines

a) Der Auskunftspflichtige muß auf Verlangen nach §§ 1580 S. 2, 1605/I 2 BGB auch Belege über die Höhe seiner Einkünfte vorlegen.

Hinsichtlich des Vermögens besteht keine solche Verpflichtung. Insoweit ist wie beim Zugewinn ein Verzeichnis über den Vermögensbestand nebst Wertangaben zu fertigen. Diese Angaben sind gegebenenfalls eidesstattlich zu versichern.

b) Die Belege und Unterlagen, die verlangt werden, müssen im Antrag und im Urteilstenor genau bezeichnet werden. Ein Antrag „diejenigen Belege beizufügen, aus denen die Richtigkeit des Zahlenmaterials entnommen werden kann“ genügt diesen Anforderungen nicht. Er ist nicht hinreichend bestimmt und deshalb unzulässig (BGH, FamRZ 83/454, 455 = NJW 83/1056 = B 102; OLG Hamm, FamRZ 83/1232 und FamRZ 79/1012; OLG Düsseldorf, FamRZ 78/717).

c) Die Vollstreckung erfolgt nach § 888 ZPO.

2. Umfang der Vorlegungspflicht

a) Vorlage von Verdienstbescheinigungen des Arbeitgebers (BGH, FamRZ 83/996, 998 = NJW 83/2243, 2244 = B 101 h).

b) Einkommensteuerbescheid und dazugehörende Einkommensteuererklärungen. aa) Der Steuerbescheid ist regelmäßig geeignet, wenigstens das Mindesteinkommen als Grundlage der Unterhaltsbemessung zu belegen. Außerdem kann man aus ihm die Höhe der zu versteuernden Einkünfte und das steuerliche Nettoeinkommen entnehmen (BGH, FamRZ 82/151, 152 = NJW 82/1645, 1646 = B 103 a).

bb) Auf Verlangen muß der Pflichtige auch eine Kopie der dem Steuerbescheid zugrundeliegenden Erklärungen vorlegen. Meist kann aus dem Steuerbescheid erst zusammen mit der Steuererklärung erkannt werden, welche Einkommensteile steuerrechtlich unberücksichtigt geblieben sind und inwieweit steuerrechtlich anerkannte Absetzungen vorliegen, die unterhaltsrechtlich möglicherweise nicht als einkommensmindernd hinzunehmen sind (BGH, FamRZ 82/680, 682 = NJW 82/1642, 1643 = B 103 b).

cc) Rechtliche Bedenken gegen die Vorlage von Steuerbescheiden und Erklärungen bestehen nach BGH nicht. Soweit daraus auch auf die Ertragslage einer Gesellschaft oder auf die Einkommensverhältnisse von Mitgesellschaftern geschlossen werden kann, muß dies hingenommen werden. Auch ein selbständiger Gewerbetreibender oder sonstiger Freiberufler hat seine Einkommensteuerbescheide vorzulegen (BGH, FamRZ 82/151, 152 = NJW 82/1645, 1646 = B 103 a; FamRZ 82/680, 682 = NJW 82/1642, 1643 = B 103 b; FamRZ 83/680, 682 = NJW 83/1554, 1555 = B 103 c). Der Schutz des Steuergeheimnisses tritt gegenüber den Belangen des Unterhaltsberechtigten zurück.

dd) Wird in dem vorzulegenden Steuerbescheid der Pflichtige zusammen mit seinem neuen Ehegatten veranlagt, dann darf der Pflichtige in dem Bescheid und den dazugehörenden Steuererklärungen solche Betragsangaben abdecken oder sonst unkenntlich machen, die ausschließlich seinen Ehegatten betreffen, oder in denen Werte für ihn und seinen Ehegatten zusammengefaßt sind, ohne daß sein eigener Anteil daraus entnommen werden kann. Beträge, die beide Ehegatten gleichmäßig betreffen, müssen dagegen angegeben werden, weil andernfalls der Anteil des Pflichtigen nicht ersichtlich gemacht werden kann. Wenn und soweit aus dem Steueranteil Schlüsse auf die Verhältnisse der Ehegatten gezogen werden können, muß dies hingenommen werden (BGH, FamRZ 83/680, 682 = NJW 83/1554, 1555 = B 103c).

ee) Die Steuererklärung braucht nicht vorgelegt zu werden, wenn der Verpflichtete seine Einkünfte bereits in anderer Weise ausreichend belegt hat oder wenn ein schutzwürdiges Interesse des Verpflichteten an der Zurückhaltung bestimmter Angaben entgegensteht, die ihrerseits für den Unterhaltsanspruch ohne Bedeutung sind. Gleiches gilt, wenn aufgrund besonderer Umstände die Gefahr einer mißbräuchlichen Verwendung droht(BGH, FamRZ 82/680, 682 = NJW 82/1642, 1643 = B 103b).

c) Vorlage von Geschäftsunterlagen. aa) Vom bilanzierenden Kaufmann kann die Vorlage von Bilanzen nebst Gewinn- und Verlustrechnung verlangt werden, da hieraus am sichersten seine Einkünfte entnommen werden können. Wenn, wie in der Regel, die Unterhaltshöhe vom Unternehmensgewinn abhängig ist, sind die Belege vorzulegen, aus denen sich dieser Unternehmensgewinn ergibt bzw. ermitteln läßt. Dies gilt auch für Unterlagen einer GmbH, wenn der Auskunftspflichtige als Gesellschafter und Geschäftsführer der GmbH auch vom Gewinn der Gesellschaft abhängige Einkünfte bezieht. Belange der Gesellschaft oder von Mitgesellschaftern müssen in einem solchen Fall regelmäßig hinter dem Interesse des Unterhaltsberechtigten zurückstehen (BGH, FamRZ 82/680, 682 = NJW 82/1642, 1643 = B 103d und B 33).

bb) Bei Verdacht unvollständiger Angaben kann auch die Vorlage oder Einsicht in sonstige Geschäftsunterlagen (Bücher, Buchhaltungsunterlagen und Konten) verlangt werden.

cc) Die gleichen Grundsätze gelten auch für die Einnahmen- Überschußrechnung und sonstige Unterlagen bei nicht bilanzierenden Gewerbetreibenden und Freiberuflern. Es handelt sich insoweit nur um eine andere Gewinnermittlungsart.

d) Umsatzsteuerbescheide und Erklärungen. Diese ermöglichen eine Überprüfung der Angaben in den Einkommensteuererklärungen sowie in der Gewinn- und Verlustrechnung. Vor allem die Angaben zum Eigenverbrauch und zu Art und Höhe der Umsätze in den Umsatzsteuererklärungen lassen einen Rückschluß auf Geschäftsumfang und Lebensstil des Verpflichteten zu.

III. Die eidesstattliche Versicherung

1. Voraussetzungen der Abgabe einer eidesstattlichen Versicherung

a) Nach §§ 259, 260, 261 BGB kann eine eidesstattliche Versicherung verlangt werden, wenn der begründete Verdacht besteht, daß die ,,umfassende" Auskunft in einzelnen Punkten nicht mit der erforderlichen Sorgfalt erteilt worden ist. Es muß streitig sein, ob in einer äußerlich ordnungsgemäßen Aufstellung einzelne Posten falsch sind oder überhaupt fehlen. Es muß also stets bereits eine Auskunft erteilt worden sein (BGH, FamRZ 83/996, 998 = NJW 83/2243, 2244 = B 101h; FamRZ 84/144, 145 = NJW 84/484, 485 = B 101i).

b) Die Feststellung, die Auskunft (im Sinne der Vorlage einer geordneten systematischen Aufstellung gemäß I. 2. Seite 107f.) sei in einzelnen Punkten unvollständig oder unrichtig, begründet nicht ohne weiteres die Annahme mangelnder Sorgfalt. Der in solchen Fällen zunächst gegebene Verdachtsgrund ist entkräftet, wenn anzunehmen ist, daß die mangelhafte Auskunft auf unverschuldeter Unkenntnis oder auf einem entschuldbaren Irrtum des Auskunftspflichtigen beruht. In einem solchen Fall besteht nur ein Anspruch auf ergänzende Auskunft.

Die auf einem inhaltlichen Mangel gegründete Verurteilung zur Abgabe der eidesstattlichen Versicherung setzt deshalb neben der Unvollständigkeit oder Unrichtigkeit des Verzeichnisses die Feststellung voraus, daß sich die Unvollständigkeit oder Unrichtigkeit bei gehöriger Sorgfalt hätte vermeiden lassen (BGH, FamRZ 84/144, 145 = NJW 84/484, 485 = B 101i; siehe dazu ferner I. 2e und f, Seite 108).

c) Der Anspruch auf Abgabe einer eidesstattlichen Versicherung besteht nicht in Angelegenheiten von geringerer Bedeutung (§§ 260/III, 259/III BGB; BGH, FamRZ 84/144, 145 = NJW 84/484, 485 = B 101i).

2. Zur Durchsetzung des Anspruchs

Die eidesstattliche Versicherung kann freiwillig vor dem Gericht der freiwilligen Gerichtsbarkeit nach §§ 163, 79 FGG abgegeben werden. Wird sie verweigert, kann der Anspruch klageweise (meist im Weg einer Stufenklage nach § 254 ZPO) geltend gemacht werden. Ein Rechtsschutzinteresse kann fehlen, wenn der Berechtigte auf einfachere Weise eine umfassende Klarstellung erreichen kann. Die Urteilsvollstreckung erfolgt nach § 889 ZPO durch das Amtsgericht als Vollstreckungsgericht.

IV. OLG Frankfurt zur Darlegungs- und Beweislast und zur Auskunftspflicht

Zur Darlegungs- und Beweislast gilt:
daß jede Partei die ihr günstigen bzw. in ihrer Sphäre liegenden Umstände vortragen und ggf. unter Beweis stellen muß,
daß der Richter nicht von Amts wegen ermittelt,
daß ein Ausforschungsbeweis nicht zulässig ist (ggf. ist eben im Weg der Stufenklage vorab auf Auskunft zu klagen), daß es keine vorweggenommene Beweiswürdigung gibt.

So hat das OLG Frankfurt entschieden: Der Unterhaltspflichtige hat im Rahmen der Darlegungs- und Beweislast für seine angebliche Leistungs(un)fähigkeit auch dann seinen Steuerbescheid im Unterhaltsprozeß vorzulegen, wenn er mit einem neuen Ehegatten gemeinsam veranlagt wird und dieser der Vorlage bei Gericht widerspricht; legt der Unterhaltspflichtige den gemeinsamen Steuerbescheid nicht vor, so ist von der entsprechenden Behauptung des Unterhaltsberechtigten auszugehen.

Der BGH meint zwar, daß in einem Steuerbescheid diejenigen Teile abgedeckt werden dürften, die ausschließlich den neuen Ehegatten des Unterhaltspflichtigen beträfen, jedoch hat er dies sogleich wieder wie folgt eingeschränkt: Beträge, die beide Ehegatten gleichmäßig treffen, müssen dagegen angegeben werden, weil andernfalls der Anteil des Auskunftspflichtigen nicht ersichtlich gemacht werden kann; wenn insoweit aus dem Steueranteil des Auskunftspflichtigen zugleich Schlüsse auf die Verhältnisse seines Ehegatten gezogen werden können, muß dies hingenommen werden. Wenn man also beispielsweise eine Steuerrückerstattung anteilig auf den unterhaltspflichtigen Ehepartner aufteilen will, muß man eben auch die Einkünfte des anderen Ehegatten voll kennen: Wer also das „Geheimnis" nicht lüftet, wird einkommensmäßig so behandelt, wie es der Unterhaltsberechtigte incidenter seiner Forderung zugrundegelegt hat.

Ferner hat der BGH entschieden: Die unterhaltsrechtliche Auskunftspflicht ist durch Vorlage einer systematischen Aufstellung der erforderlichen Angaben zu erfüllen, die dem Berechtigten ohne übermäßigen Arbeitsaufwand die Berechnung des Unterhaltsanspruchs ermöglicht; sind die wirtschaftlichen Verhältnisse für zwölf Monate zu offenbaren, reichen bereits vorliegende Angaben über einen Monat nicht aus, um den Berechtigten auf das Verfahren zur Abgabe einer eidesstattlichen Versicherung zu verweisen. Die Verpflichtung zur Vorlage von Belegen ist auf die Vorlage (nicht Übergabe) des Originals gerichtet. Bei Selbständigen ist das Einkommen in der Regel für einen Zeitraum von drei Jahren zu belegen.

Auskunft ist auch zu erteilen, wenn möglicherweise ein Unterhaltsausschluß wegen Verwirkung in Betracht kommt. Da neben einem völligen Ausschluß auch nur eine teilweise Herabsetzung der Unterhaltsverpflichtung möglich ist und dies alles letztlich von einer umfassenden Billigkeitsabwägung abhängt, ist das Auskunftsbegehren in aller Regel begründet. Die Parteien sollten also ihre Animositäten nicht schon auf diesem Nebenkriegsschauplatz austragen. Was anderes ist es, wenn schon dem Grunde nach kein Unterhaltsanspruch besteht, dann entfällt natürlich auch der Auskunftsanspruch.

Es ist Sache des Klägers, die von ihm begehrte Auskunft nach Umfang und Zeitraum zu präzisieren. Tut er es nicht so können Klageantrag und (im Fall einer Verurteilung) Tenor, der eine zeitlich nicht beschränkte Auskunftspflicht enthält, allenfalls dahin ausgelegt werden, daß die zu erteilende Auskunft den Zeitraum zwischen Klagezustellung (Rechtshängigkeit) und Urteilserlaß umfaßt.

Auf die beweismäßigen Schwierigkeiten bei der Beurteilung des Nettoeinkommens Selbständiger ist bereits hingewiesen worden. Aufgrund der Sphärentheorie hat der unterhaltspflichtige Unternehmer zunächst schlüssig alles vorzutragen, was seine Leistungs(un)fähigkeit dartun soll. Geschieht dies nicht, so wird er einkommensmäßig so behandelt, wie es der Unterhaltsberechtigte incidenter seiner Forderung zugrundegelegt hat. Hat er aber schlüssig vorgetragen, dann kann u. U. gemäß § 287 ZPO geschätzt werden. Als Richter sollte man allerdings in Wirtschaftsdingen Zurückhaltung üben und eher die Hilfe eines Wirtschaftsprüfers in Anspruch nehmen oder zumindest den Steuerberater des Unterhaltsverpflichteten als Zeugen vernehmen (F. W. in DAV 84/354, 355).

Teil II: Der Unterhaltsanspruch ehelicher Kinder

1. Abschnitt: Anspruchsvoraussetzungen und Dauer des Unterhaltsanspruchs (Elementar- und Ausbildungsunterhalt)

I. Überblick zur gesetzlichen Regelung

1. Zum Anspruchsgrund

Die Unterhaltspflicht der Eltern gegenüber ihren Kindern beruht nach § 1601 BGB darauf, daß sie mit diesen in gerader Linie verwandt sind. Dieser Unterhaltsanspruch, der ausschließlich auf diesem Verwandtschaftsverhältnis beruht, ist weder auf seiten des Berechtigten noch auf seiten des Verpflichteten an Altersgrenzen gebunden. Er besteht daher dem Grunde nach lebenslang fort, solange die allgemeinen Voraussetzungen der Bedürftigkeit und Leistungsfähigkeit vorliegen. Kinder sind bedürftig, wenn und solange sie außerstande sind, sich selbst zu unterhalten (§ 1602/I BGB). Dazu zählt auch die Zeit einer Berufsausbildung (§ 1610/II).

Ebensowenig wie der Grund des Unterhaltsanspruchs wird seine Höhe allein durch den Eintritt der Volljährigkeit des unterhaltsberechtigten Kindes beeinflußt. Besonderheiten, die sich durch Eintritt der Volljährigkeit wegen des Wegfalls der Betreuungsbedürftigkeit und aus dem Nachrang des Unterhalts Volljähriger ergeben, rechtfertigen es nicht, den nach wie vor auf dem Verwandtschaftsverhältnis beruhenden Unterhaltsanspruch des volljährig gewordenen Kindes, nicht mehr als Fortsetzung des bisherigen Anspruchs anzusehen. Der Unterhaltsanspruch minderjähriger Kinder und volljähriger Kinder ist seinem Wesen nach identisch. Das hat praktische Konsequenzen für eine spätere Abänderung nach § 323 ZPO (BGH, FamRZ 84/682, 683 = NJW 84/1613 = B 104).

2. Zur Elternhaftung nach §§ 1606/III und 1612 BGB

Eltern haften ihren Kindern gegenüber nach § 1606/III 1 BGB anteilig nach ihren Erwerbs- und Vermögensverhältnissen. Sie leisten den Unterhalt als Barunterhalt (Geldrente) und (oder) als Naturalunterhalt (§ 1612/I BGB). Der sorgeberechtigte Elternteil, bei dem das Kind lebt, erfüllt seine Unterhaltspflicht grundsätzlich voll durch die Betreuung und Versorgung des Kindes (Betreuungsunterhalt – Naturalunterhalt), der andere Elternteil durch Barunterhalt (§ 1606/III 2 BGB). Sie haben nach § 1612/II BGB ein Bestimmungsrecht, in welcher Art und für welche Zeit sie Unterhalt gewähren wollen. Dieses Bestimmungsrecht übt bei Trennung und Scheidung der Sorgeberechtigte und bei Volljährigen unter bestimmten Voraussetzungen der barunterhaltspflichtige Elternteil aus.

3. Zum angemessenen Unterhalt

Geschuldet ist ein der Lebensstellung des Kindes angemessener Unterhalt, welcher den gesamten Lebensbedarf einschließlich der Kosten einer Berufsausbildung umfaßt (§ 1610 BGB). Die Lebensstellung des Kindes leitet sich von derjenigen der Eltern bzw. des barunterhaltspflichtigen Elternteils ab. Die Praxis hat hierzu Tabellen entwickelt, aus denen die entsprechenden Unterhaltssätze im Regelfall entnommen werden können (= D.T.).

4. Zum Unterhalt minderjähriger Kinder

a) Der Unterhaltsanspruch minderjähriger unverheirateter Kinder ist in bestimmten Fällen bevorzugt ausgestaltet.

Nach § 1606/III 2 BGB sind für die Dauer der Minderjährigkeit Barunterhalt und Betreuungsunterhalt gleichwertig. Den sorgeberechtigten Elternteil trifft im Regelfall keine Barunterhaltspflicht. Der Barunterhalt bemißt sich in diesen Fällen allein nach den Einkommens- und Vermögensverhältnissen des Barunterhaltspflichtigen. Ausnahmsweise können beide Eltern barunterhaltspflichtig werden. Dann bemißt sich die anteilige Haftung der Eltern nach ihren Erwerbs- und Vermögensverhältnissen (§ 1606/III 1 BGB), wobei der Verteilungsschlüssel unter Berücksichtigung der besonderen Umstände des Falles (Betreuungsleistungen, besondere Einkommensverhältnisse u. ä.) geändert werden kann. Hieraus ergeben sich in der Praxis besondere Fallkonstellationen.

b) Die Bedürftigkeit des Minderjährigen wird nicht dadurch behoben, daß er Vermögen besitzt. Er braucht nicht wie andere Verwandte (volljährige Kinder) auf den Stamm seines Vermögens zurückzugreifen, sondern kann von seinen Eltern Unterhalt insoweit verlangen, wie die Vermögenseinkünfte neben (evtl. anderen Einkünften) nicht ausreichen (§ 1602/II BGB). Außerdem wird die Leistungsfähigkeit der Eltern gegenüber ihren minderjährigen unverheirateten Kindern über die Grenze der Gefährdung des eigenen angemessenen Unterhalts hinaus erweitert; sie müssen alle verfügbaren Mittel zu ihrem und des Kindes Unterhalt gleichmäßig verwenden (§ 1603/II 1 BGB). In Konkurrenz zu anderen bedürftigen Verwandten geht in Mangelfällen das minderjährige unverheiratete Kind volljährigen Geschwistern und Verwandten vor (§ 1609/I BGB). Ein Fehlverhalten, das nach § 1601/I BGB die Beschränkung oder den Wegfall der Unterhaltspflicht aus Billigkeitsgründen rechtfertigen würde, können Eltern ihrem minderjährigen unverheirateten Kind nicht entgegenhalten (§ 1611/II BGB). Das minderjährige Kind, das im Haushalt eines Elternteils lebt, kann bis zur Vollendung des 18. Lebensjahres auf jeden Fall von dem anderen Elternteil den für ein nichteheliches Kind der entsprechenden Altersstufe gesetzlich festgesetzten Regelbedarf als Unterhalt verlangen (§ 1610/III BGB). Für die Anpassung der für einen Minderjährigen titulierten Unterhaltsrente an die allgemeine Entwicklung der wirtschaftlichen Verhältnisse besteht ein vereinfachtes Verfahren, § 1612a BGB (BGH, FamRZ 84/682, 683 = NJW 84/1613 = B 104).

c) Auf den Unterhaltsanspruch müssen sich Kinder eigenes Einkommen und Kindergeld anrechnen lassen, weil durch solche Leistungen ihre Bedürftigkeit gemindert wird (§ 1602/I BGB). Der barunterhaltspflichtige Elternteil muß in Höhe des errechneten Unterhalts leistungsfähig sein (§ 1603/I BGB). Ihn trifft, wie bereits erwähnt, gegenüber minderjährigen Kindern eine erweiterte Unterhaltsverpflichtung (§ 1603/II BGB).

5. Zum Unterhalt volljähriger Kinder

Für den Unterhalt Volljähriger (Ausbildungsunterhalt) ergeben sich wegen des Nachranges gegenüber minderjährigen Kindern und gegenüber Ehegattenunterhalt sowie aufgrund der Tatsache, daß wegen ihrer Volljährigkeit ein Betreuungsunterhalt entfällt, Besonderheiten. Ihnen gegenüber muß den Eltern der angemessene Unterhalt verbleiben (OLG Düsseldorf, FamRZ 84/1136, 1139).

6. Allgemeines in den Leitlinien zum Kindesunterhalt

OLG Frankfurt. Die grundsätzliche Berechtigung für den laufenden Kindesunterhalt gemäß den §§ 1601 ff. BGB ist im allgemeinen nicht sehr problematisch. Grundsätzlich sei aber hervorgehoben, daß das Kind seinen Unterhalt nicht völlig losgelöst von den Belangen seiner Eltern durchsetzen darf, denn „Eltern und Kind sind einander Beistand und Rücksicht schuldig" (§ 1618a BGB). So hat der Anspruchsteller zunächst etwaige sonstige Einkunftsquellen auszunützen; so muß sich das Kind etwa an vertretbare Vereinbarungen seiner Eltern während intakter Ehe festhalten lassen; auch eine „Rentenneurose" darf nicht auf dem Rücken der Eltern ausgelebt werden (F.W. 84/84).

II. Zur Anspruchsdauer

1. Beginn und Ende des Unterhaltsanspruchs

a) Der Unterhaltsanspruch beginnt mit der Geburt des Kindes und dauert dem Grunde nach lebenslang fort (BGH, FamRZ 84/682, 683 = NJW 84/1613 = B 104).

b) Praktisch endet der Kindesunterhalt in der Regel, wenn das Kind aufgrund einer Berufsausbildung in der Lage ist, für seinen Lebensunterhalt selbst durch eigene Erwerbstätigkeit zu sorgen (§ 1602/II, 1610/II BGB).

Dem Kind wird eine eigene Erwerbstätigkeit nicht zugemutet, solange und soweit es sich einer seiner Neigung, Begabung und seinem Leistungswillen entsprechenden Schul- oder Berufsausbildung unterzieht, um eine wirtschaftliche Selbständigkeit zu erlangen. Die Pflicht zur Ausbildungsfinanzierung besteht über die Volljährigkeit hinaus, wenn der berufsqualifizierende Abschluß nach Art der Ausbildung (z. B. Studium) oder nach Art der Umstände (z. B. Entwicklungsverzögerungen, Krankheit u. ä) erst später erreicht wird. Sie besteht für die Dauer normaler Ausbildungs- und Studienzeiten. Das Kind erhält in dieser Zeit den sog. Ausbildungsunterhalt.

c) Ohne eine solche Ausbildung endet die Unterhaltspflicht, sobald das Kind seinen notwendigen Lebensbedarf durch eigene Erwerbstätigkeit selbst decken kann.

2. Zum Wiederaufleben eines erloschenen Unterhaltsanspruchs

Ein bereits erloschener Unterhaltsanspruch kann auch nach Volljährigkeit jederzeit wieder aufleben, wenn und solange das Kind erneut bedürftig wird. Auf die Ursache der Bedürftigkeit kommt es beim Kindesunterhalt, vorbehaltlich der Regelung des § 1611/I BGB nicht an. Eine Unterhaltsverpflichtung der Eltern kann entstehen, wenn ein Volljähriger infolge Arbeitslosigkeit, Krankheit oder nichtehelicher Entbindung unterhaltsbedürftig wird. Die gesetzliche Regelung des Verwandtenunterhalts enthält keine dem Ehegattenunterhalt vergleichbare Aufzählung einzelner zum Unterhalt berechtigender Bedarfsgründe (BGH, FamRZ 85/273, 274 = NJW 84/806, 807 = B 105).

3. Zur Elternhaftung bei Bedürftigkeit der Tochter wegen Betreuung eines nichtehelichen Kindes

a) Bei Bedürftigkeit einer Tochter wegen Betreuung eines nichtehelichen Kindes haften deren Eltern nicht strenger als der Kindesvater nach § 1615/I BGB. Sie haften daher nur nachrangig und allgemein nur nach Erschöpfung aller Erwerbsmöglichkeiten der Tochter. Nach § 1615/I BGB besteht eine Unterhaltspflicht für die Zeit von sechs Wochen vor bis acht Wochen nach der Geburt. Für die Zeit von acht Wochen bis ein Jahr nach der Geburt besteht eine Unterhaltspflicht gegenüber der Mutter nur, wenn im Interesse des Kindes dessen Betreuung und Versorgung durch die Mutter objektiv erforderlich ist, weil die Möglichkeit zu anderer Versorgung (z. B. in einer Tagesheimstätte oder bei Verwandten oder durch den Kindsvater und jetzigen Lebenspartner) nicht besteht. Ein solcher Unterhaltsanspruch dient nur der Behebung der eigenen Unterhaltsbedürfnisse der Mutter, nicht der des Kindes (BGH, FamRZ 85/273, 274 = NJW 85/806, 807, 808 = B 105 und B 71 b).

b) Nach § 1611/I BGB mindert ein einfaches Verschulden an der eigenen Bedürftigkeit den Unterhaltsanspruch nicht, sondern nur ein vorwerfbares sittliches Verschulden von erheblichem Gewicht. Infolge gewandelter gesellschaftlicher Auffassungen wird heute nicht mehr allgemein der intime Umgang zwischen erwachsenen Partnern im Rahmen einer nicht nur flüchtigen Verbindung sittlich mißbilligt. Gleichwohl kann in Ausnahmefällen eine durch nichteheliche Mutterschaft verursachte Bedürftigkeit als auf einem sittlichen Verschulden beruhend angesehen werden, wenn z. B. eine gesunde volljährige Tochter den Mühen des Erwerbslebens zu entgehen trachtet und zu diesem Zweck über eine nichteheliche Mutterschaft und dadurch gegenüber den Eltern ausgelöste Unterhaltsansprüche weiter auf deren Kosten zu leben beabsichtigt. Ein schrankenloses Recht auf Selbstverwirklichung durch Mutterschaft auf Kosten Dritter (Eltern) kann nicht anerkannt werden (BGH, FamRZ 85/273, 274 = NJW 85/806, 807, 808 = B 105 und B 71 b).

Weitere neuere OLG-Entscheidungen zur Bedürftigkeit bei Muttschaft: OLG Bremen, FamRZ 84/84; OLG Hamburg, FamRZ 84/607; OLG Celle, FamRZ 84/1254).

4. Zur Unterhaltspflicht gegenüber einem Volljährigen, der nach Ausbildungsabschluß einkommenslos ist

a) Ein Volljähriger, der sich nicht mehr in Berufsausbildung befindet, ist primär ausschließlich für sich selbst verantwortlich. An die Beurteilung seiner Bedürftigkeit sind sehr strenge Anforderungen zu stellen. Er ist nach Abschluß seiner Ausbildung gehalten, auch berufsfremde Tätigkeiten aufzunehmen, wenn es ihm nicht möglich ist, in dem erlernten Beruf sein Auskommen zu finden. Dabei sind ihm auch Arbeiten unterhalb seiner gewohnten Lebensstellung zuzumuten. Für die Obliegenheit zur Ausnutzung seiner Arbeitskraft gelten ähnliche Maßstäbe wie für die Haftung von Eltern gegenüber minderjährigen Kindern (BGH, FamRZ 85/273, 274 = NJW 85/806, 807 = B 75c; vgl. auch die Ausführungen Seite 76f., 82f. und Seite 154.

b) Nach OLG Zweibrücken muß der Volljährige nach dem Grundsatz von Treu und Glauben auch eine von seinem Vater in dessen Geschäft angebotene Stelle annehmen (FamRZ 84/1250, 1251).

c) Faktisch kann ein Unterhaltsanspruch Volljähriger auch daran scheitern, daß ihm in Mangelfällen minderjährige Geschwister und der geschiedene Elternteil unterhaltsrechtlich rangmäßig vorgehen (§ 1609 BGB; genaueres siehe Teil IV, Seite 268 und Seite 283f.; F. W. in DAV 84/84).

III. Der Ausbildungsunterhalt

1. Der Ausbildungsanspruch

a) Eltern schulden nach § 1610/II BGB eine angemessene Vorbildung für einen Beruf. Das gilt sowohl für minderjährige wie für volljährige Kinder (BGH, FamRZ 77/629, 630 NJW 77/1474, 1475 = B 106a; FamRZ 80/1115 = B 106b). Es gilt in gleicher Weise für Söhne und Töchter.

b) ,,Angemessen" ist eine Ausbildung, die der Begabung und den Fähigkeiten, dem Leistungswillen und den beachtenswerten, nicht nur vorübergehenden Neigungen des einzelnen Kindes am besten entspricht.

Die Wahl der in diesem Sinn angemessenen Ausbildung haben die Eltern in gemeinsamer verantwortlicher Entscheidung mit dem Kind zu treffen, wobei den individuellen Umständen, vor allem den bei dem Kind vorhandenen persönlichen Voraussetzungen, maßgebliche Bedeutung zukommt.

Auf den Beruf oder die gesellschaftliche Stellung der Eltern kommt es nicht an, wohl aber auf deren wirtschaftliche Leistungsfähigkeit. Geschuldet ist eine den Eltern wirtschaftlich zumutbare Finanzierung einer optimalen, begabungsbezogenen Ausbildung des Kindes (BGH, FamRZ 77/629, 630 = NJW 77/1474, 1475 = B 106a; FamRZ 80/1115 = B 106b; FamRZ 81/344, 345; FamRZ 81/437).

2. Zur Berufswahl

a) Bei Minderjährigen bestimmt der sorgeberechtigte Elternteil im Interesse des Kindes unter Berücksichtigung der Kriterien zu 1) den Beruf. Dabei hat er aufgrund seiner Erfahrungen mit dem Kind eine Prognose anzustellen. Bei einer solchen Prognose müssen nur solche Meinungen und Begabungen berücksichtigt werden, deren Vorhandensein über einen längeren Zeitraum hinweg beobachtet werden konnten und die nicht auf einer flüchtigen Laune des Augenblicks beruhen (OLG Stuttgart, NJW 79/1166, 1167).

b) Volljährige können ihre Berufswahl in selbst verantwortlicher Entscheidung allein treffen, ggf. auch gegen den Willen ihrer Eltern. Sie müssen allerdings bei dieser Entscheidung ebenfalls die Kriterien zu 1) beachten.

Wirtschaftlich beengte Eltern sind nicht zur Finanzierung einer aufwendigen Ausbildung verpflichtet, auch wenn sie den Fähigkeiten des Kindes entsprechen würde. In solchen Fällen hat die staatliche Ausbildungsförderung einzugreifen.

Auch wirtschaftlich leistungsfähige Eltern sind zur Finanzierung eines ,,ins Blaue" hinein aufgenommenen Studiums nicht verpflichtet (OLG Stuttgart, NJW 79/1166, 1167).

Bestehen aufgrund der bisherigen Entwicklung des Kindes Zweifel, ob dieses für ein von ihm gewünschtes Studium die erforderliche Begabung besitzt, kann bei hervorragenden wirtschaftlichen Verhältnissen eines Elternteils gleichwohl eine Finanzierung des Studiums gerechtfertigt sein (OLG Düsseldorf, FamRZ 81/702, 703). Grundsätzlich sind

Eltern jedoch nicht verpflichtet, begabungsmäßig abwegige Berufswünsche und damit eine offensichtliche Fehlentwicklung zu finanzieren, die voraussehbar zu Enttäuschungen führen wird. Gleiches gilt bezüglich Berufen, die keinen gefestigten Ausbildungsgang aufweisen oder bei denen es sehr zweifelhaft erscheint, ob damit später der eigene Lebensunterhalt oder der einer Familie gesichert werden kann.

Ein Berufswunsch kann von den Eltern nicht mit der Begründung abgelehnt werden, daß später ungünstige Anstellungsaussichten bestünden, weil die Eltern nach Ausbildungsabschluß grundsätzlich kein Arbeitsplatzrisiko tragen müssen.

c) Besteht zwischen Eltern und Kindern Streit über die Angemessenheit eines Berufswunsches ist hierüber bei Volljährigen vom Familienrichter im Rahmen eines Unterhaltsprozesses selbst zu entscheiden. Es empfiehlt sich, hierzu einen psychologischen Sachverständigen oder Berufsberater zur Klärung der spezifischen Begabungserfordernisse eines bestimmten Berufs einzuschalten.

Bei Minderjährigen kann nach § 1666 BGB das Vormundschaftsgericht eingeschaltet werden, wenn Eltern eine mißbräuchliche Entscheidung getroffen haben.

3. Zu den Ausbildungsverpflichtungen des Kindes und zur Ausbildungsdauer

a) Voraussetzung des Ausbildungsunterhalts ist, daß das berechtigte Kind seine Ausbildung zielstrebig betreibt. Es ist im Verhältnis zum Verpflichteten gehalten, unter Einsatz von gehörigem Fleiß und gebotener Zielstrebigkeit die Ausbildung innerhalb angemessener und üblicher Dauer zu beenden. Dazu gehört es im allgemeinen, daß es seine Ausbildung nach etwaigen, für seinen Ausbildungsgang aufgestellten Plänen ausrichtet (BGH, FamRZ 84/777, 778 = NJW 84/1961, 1962 = B 107).

b) Auch ein Studierender hat grundsätzlich den für seinen Studiengang maßgeblichen Studienplan einzuhalten. Ihm ist allerdings ein gewisser Spielraum für die selbständige Auswahl der angebotenen Lehrveranstaltungen und für den eigenverantwortlichen Aufbau des Studiums zuzugestehen, sofern dadurch nicht der ordnungsgemäße Abschluß des Studiums innerhalb angemessener Frist gefährdet wird. Allein die Tatsache, daß eine vorgeschriebene Zwischenprüfung nicht rechtzeitig absolviert wurde, führt noch nicht zum Verlust des Anspruchs auf Ausbildungsunterhalt, wenn es auch sonst üblich ist, die Zwischenprüfung entgegen dem Wortlaut der Zwischenprüfungsordnung erst später abzulegen und wenn dadurch ein ordnungsgemäßer Abschluß des Studiums innerhalb angemessener und üblicher Zeit möglich bleibt (BGH, FamRZ 84/777, 778 = NJW 84/1961, 1962 = B 107; OLG Hamm, FamRZ 82/1099, 1100 = NJW 82/2325, 2326; FamRZ 81/493).

c) Parkstudium. Die Eltern sind unterhaltsrechtlich nicht verpflichtet, ein nicht berufszielbezogenes Parkstudium zu finanzieren (OLG München, DAV 79/596, 597; OLG Köln, FamRZ 81/809; F.W. im DAV 84/84). Gleiches gilt für die Finanzierung einer Zweitausbildung, wenn das Kind bewußt auf den Abschluß der ersten Ausbildung verzichtet hat, um sich die Möglichkeit eines weiteren Studiums zu erhalten (OLG Zweibrücken, FamRZ 78/929, 930). Wird während eines von den Eltern tolerierten Parkstudiums Unterhalt bezahlt, muß sich das Kind bereits während der Wartezeit intensiv mit den angestrebten Fächern befassen (OLG Celle, FamRZ 83/641). Bei vorausgegangenem Parkstudium kann während des späteren ordentlichen Studiums der Unterhaltsanspruch gekürzt werden (OLG Köln, FamRZ 81/809).

d) Studiendauer oder Studienabbruch. Von einem Volljährigen, der mit Zustimmung des Barunterhaltspflichtigen sein Studium aufgenommen hat, kann unter Beachtung von § 1618a BGB erwartet werden, daß er sich vor einem Studienwechsel oder einem Studienabbruch mit dem Pflichtigen hierüber berät. Unterläßt er dies, können die Unterhaltszahlungen eingestellt werden (OLG Frankfurt, FamRZ 84/193).

Ein Studienwechsel an der Universität wird ohne Einverständnis des Verpflichteten in der Regel nur bis zum zweiten, allenfalls dritten Semester in Frage kommen, keinesfalls mehr in der zweiten Studienhälfte. Der Berechtigte hat ohne Zustimmung des Verpflichteten dann nur die Wahl zwischen Fortsetzung der begonnenen Ausbildung oder Selbstfinanzierung einer anderen Ausbildung. Ein nach fortgeschrittener Ausbildung behaupteter ernsthafter Neigungswandel ist vor allem dann kein wichtiger Grund für einen Fachrichtungswechsel, wenn es dem Auszubildenden möglich und zumutbar war, die gegen die zuerst gewählte Fachrichtung sprechenden Gründe vorher zu erkennen (BVerwG, FamRZ 83/292).

e) Kontrollrechte der Eltern. Dem Grundsatz der Gegenseitigkeit (BGH, FamRZ 84/777, 778 = NJW 84/1961, 1962 = B 107; OLG Hamm, FamRZ 82/1099, 1100 = NJW 82/2325, 2326) widerspricht es, wenn der Berechtigte den zu Ausbildungszwecken gezahlten Unterhalt zu anderen Zwecken (Reisen, Bummeln) verwendet. Der Verpflichtete ist deshalb zu einer gewissen Kontrolle der Ausbildung berechtigt und kann die Vorlage von Zeugnissen (und ähnlichen Auskünften) verlangen (OLG Celle, FamRZ 80/914, 915).

Aus dem Gegenseitigkeitsprinzip folgt auch, daß sich der Berechtigte bei Verschlechterung der wirtschaftlichen Verhältnisse seiner Eltern oder bei eigenen Verstößen gegen die Obliegenheit zur zielstrebigen Ausbildung auf eine weniger kostspielige Ausbildung oder einen weniger kostspieligen Ausbildungsort verweisen lassen muß.

f) Ausbildungsdauer und Überschreitung der Regelstudienzeit. Ausbildungsunterhalt muß grundsätzlich nur bis zum Regelabschluß eines üblichen Ausbildungsverlaufs (Abschlußprüfung; Diplom) bezahlt werden. Lediglich dann, wenn der Berechtigte durch Krankheit oder sonstige besondere Umstände (z. B. einverständliches Parallelstudium) an der Einhaltung der Regelstudienzeit gehindert worden ist, kommt eine weitere Finanzierung durch den Pflichtigen in Betracht. Im Normalfall ist eine Unterhaltsbedürftigkeit längstens für zwei sich an die Regelstudienzeit der jeweiligen Fachrichtung anschließende Examenssemester anzuerkennen. Spätestens danach entfällt ohne Vorliegen besonderer Gründe ein Unterhaltsanspruch (OLG Hamm, FamRZ 82/1099, 1100 = NJW 82/2325, 2326).

4. Zur Finanzierung einer Zweitausbildung

a) Haben Eltern die ihnen obliegende Pflicht, ihrem Kind eine angemessene Ausbildung zu gewähren, in rechter Weise erfüllt, und hat das Kind einen Abschluß seiner Ausbildung erlangt, dann sind die Eltern ihrer Unterhaltspflicht aus § 1610/II BGB in ausreichender Weise nachgekommen. Sie sind unter diesen Umständen grundsätzlich nicht verpflichtet, noch eine weitere zweite Ausbildung zu finanzieren, der sich das Kind nachträglich nach Beendigung der ersten Ausbildung unterziehen will (BGH, FamRZ 77/629, 630 = NJW 77/1474, 1475 = B 108a; FamRZ 80/1115, 1116 = B 108b; FamRZ 81/344, 346 = B 108c; FamRZ 81/437, 438 = B 108e; NJW 85/1695, 1696 = B 138b; OLG Frankfurt FamRZ 84/926; F.W. in DAV 84/84). Insoweit ist auch unerheblich, ob und in welchem Umfang die Eltern finanziell zur Erstausbildung beigetragen haben, denn § 1610 Abs. 2 BGB verfolgt nur das Ziel, dem Kind eine angemessene Ausbildung zu verschaffen, verlangt aber nicht unter allen Umständen, daß die Eltern diese Ausbildung bezahlt haben oder bezahlen müssen (BGH, FamRZ 81/437, 438 = B 108e; NJW 85/1695, 1696 = B 138b).

Unerheblich ist auch, ob die Richtlinien der staatlichen Ausbildungsförderung die Förderung der zweiten Ausbildung vorsehen und ob das Kind die Studienberechtigung für die Zweitausbildung erlangt hat (BGH, FamRZ 77/629ff.; OLG Frankfurt, FamRZ 84/926). Entscheidend ist allein, ob die Erstausbildung angemessen war, d. h. der Begabung und den Fähigkeiten des Kindes, seinem Leistungswillen und beachtenswerten Neigungen entsprochen hat (OLG Frankfurt, FamRZ 84/926).

b) Ausnahmen. Wenn die Neigung des Kindes zu einem weiteren Schulbesuch ersichtlich erst in einem späteren Zeitpunkt (im entschiedenen Fall nach Beendigung einer Erstausbildung) hervortritt, besteht keine Verpflichtung zur Finanzierung des nachträglich vom Kind aufgenommenen Studiums. Eine derartige spätere Entwicklung mußten die Eltern bei ihrer Entscheidung über die ihrem Kind zu gewährende angemessene Ausbildung nicht in ihre Überlegung einbeziehen. Eine Finanzierungsverpflichtung könnte nur bestehen, wenn die Eltern das Kind gegen dessen Willen in eine unbefriedigende, seiner damaligen Neigung und Begabung nicht entsprechende Ausbildung gedrängt hätten oder wenn sie ihm eine entsprechende Unterhaltszusage gemacht hätten (BGH, FamRZ 80/1115, 1116 = B 108b).

Ein Anspruch auf Ausbildungsfinanzierung kann auch bestehen, wenn die Bildungsfähigkeit des Kindes bei der Wahl der Erstausbildung wegen schwieriger häuslicher Verhältnisse (Ehestreitigkeiten und nachfolgende Ehescheidung) nicht zutreffend erkannt worden ist. Nach der Lebenserfahrung wirken sich gestörte häusliche Verhältnisse vielfach nachteilig auf die schulische Entwicklung eines Kindes aus. Liegt eine solche Entwicklungsstörung vor, kann für die Eltern ein Anlaß bestanden haben zu der Annahme, die Anlagen und Neigungen des Kindes seien noch nicht vollständig entwickelt und könnten durch die aufgrund einer Fehleinschätzung der Begabung gewählte Ausbildung auf die Dauer nicht angemessen ausgeschöpft sein (BGH, FamRZ 81/437, 439 = B 109).

Ausnahmen sind daher im allgemeinen nur zu bejahen, wenn bei der Berufswahl entweder die eigentliche Begabung des Kindes von den Eltern falsch eingeschätzt, infolge einer Entwicklungsstörung nicht rechtzeitig entdeckt oder erst später erkennbar geworden wäre (OLG Frankfurt, FamRZ 84/926).

c) Ein Anspruch auf Ausbildungsunterhalt besteht vor allem dann nicht mehr, wenn das Kind nach einer abgeschlossenen Ausbildung bereits im Beruf gearbeitet hat.

Allein der Sinneswandel eines seit längerer Zeit im allseitigen Einverständnis in der Ausbildung zu einer Beamtin des gehobenen Dienstes befindlichen Kindes verpflichtet die Eltern nicht, ein Hochschulstudium zu finanzieren, das das Kind nach Aufgabe der Ausbildung eigenmächtig aufgenommen hat (BGH, FamRZ 81/344, 346 = B 108c).

Eine Verpflichtung zur Finanzierung eines Hochschulstudiums besteht jedenfalls nicht mehr, wenn sich die Fähigkeit zum neuen Beruf erst gezeigt hat, nachdem das Kind für einen seinen damals erkennbaren Fähigkeiten und Anlagen entsprechenden praktischen Beruf (Kfz-Mechaniker) ausgebildet worden ist und es diesen Beruf zunächst auch ausgeübt hat. Die Berücksichtigung einer sog. intellektuellen Spätentwicklung würde zu uferlosen Ansprüchen auf Ausbildungsfinanzierung führen, die der BGH nicht billigt. Die Vorschrift des § 1610/II BGB hat nicht den Sinn, Eltern in unübersehbarem und daher unangemessenem Umfang mit Unterhaltspflichten zu belasten (BGH, FamRZ 81/346, 147 = B 108d).

5. Zur Finanzierung einer Weiterbildung

a) Ein Anspruch auf Ausbildungsunterhalt kann ausnahmsweise auch dann in Betracht kommen, wenn die weitere Ausbildung als eine bloße Weiterbildung anzusehen ist und von vornherein angestrebt war. Dann haben die Eltern ihre Verpflichtung noch nicht erfüllt, weil die geplante Ausbildung noch nicht beendet ist. Gleiches gilt, wenn während der ersten Ausbildung eine besondere, die Weiterbildung erfordernde Begabung des Kindes deutlich geworden ist oder wenn sich herausstellt, daß der zunächst erlernte Beruf oder die Weiterbildung aus nicht vorhersehbaren Gründen keine ausreichende Lebensgrundlage bietet (BGH, FamRZ 77/629, 630 = NJW 77/1474, 1475 = B 108a; nicht veröffentlichtes Urteil vom 18. 4. 84 – IVb ZR 81/82, zitiert bei Lohmann, S. 167).

b) Im allgemeinen kann nicht darauf abgestellt werden, ob die weitere Ausbildung als Weiterbildung oder Zweitausbildung zu qualifizieren ist, zumal insoweit nicht selten erhebliche Abgrenzungsschwierigkeiten bestehen. Es genügt auch nicht, daß mit der Erstausbildung die formelle Berechtigung zum Studium erlangt wurde. Mit dieser Begründung würde sonst bereits jede im ersten oder zweiten Bildungsweg erlangte förmliche Studienberechtigung die Verpflichtung der Eltern zur Finanzierung des Studiums nach sich ziehen. Die Entscheidung, ob eine zu finanzierende Weiterbildung vorliegt, ist im Rahmen einer Zumutbarkeitsabwägung in tatrichterlicher Verantwortung aufgrund der Sachlage des konkreten Einzelfalls zu treffen (BGH, FamRZ 77/629, 630 = NJW 77/1474, 1475 = B 108a).

c) Nicht ausreichend ist es, wenn das Kind die erste Ausbildung gewählt hatte, weil es in seinem Wunschberuf (hier Modefach) keine Ausbildungsstelle gefunden hatte (OLG Frankfurt, FamRZ 82/1097, 1098).

d) Nach OLG Hamm ist eine Schulausbildung keine Zweitausbildung, sondern Weiterbildung, wenn sie auf einem Entschluß beruht, der bereits vor Antritt einer inzwischen abgeschlossenen artverwandten Lehre gefaßt worden ist. Wichtig ist, daß sich die Vorbildung als Teilschritt eines von vornherein geplanten Gesamtbildungswegs darstellt, wobei auch die „Durchlässigkeit der Bildungswege" berücksichtigt werden kann (OLG Hamm, FamRZ 84/503, 504).

e) Das OLG Düsseldorf sieht in einem unmittelbar nach Abschluß einer Banklehre aufgenommenen Studium der Betriebswirtschaft eine zu finanzierende Weiterbildung, wenn die Banklehre die Fähigkeiten des Kindes nicht ausgeschöpft hat und das nachfolgende Studium als auf der Banklehre aufbauend beurteilt werden kann. Das OLG hat es als unerheblich angesehen, ob der Entschluß zum Studium vor oder nach Beginn der Banklehre gefaßt worden ist. Bei seiner Entscheidung hat es außerdem berücksichtigt, daß das Studium baldmöglichst nach Abschluß der Banklehre mit Einverständnis der Eltern aufgenommen worden war und daß die Weiterbildung für den wirtschaftlich überdurchschnittlich gut gestellten Vater keine unzumutbare Doppelbelastung zur Folge hatte, weil das Kind während der Banklehre nur teilweise unterstützt werden mußte. Das OLG meint – insoweit wohl gegen den BGH – je geringer die Differenz der zusammengerechneten Kosten von Erst- und Zweiausbildung sei, um so eher müsse eine Pflicht zur Finanzierung der Weiterbildung bejaht werden (OLG Düsseldorf, FamRZ 84/924, 925; ähnlich auch OLG Celle, FamRZ 81/584, 585).

6. Leitlinien zum Ausbildungsunterhalt

OLG Frankfurt. Von wesentlicher Bedeutung ist nach wie vor die Frage, inwieweit ein Kind nach Abschluß einer ordentlichen Berufsausbildung von seinen Eltern auch noch die Finanzierung einer Weiter(fort)bildung, insbesondere einer Zweitausbildung verlangen darf. Die Abgrenzung der genannten Begriffe ist nicht immer ganz eindeutig zu ziehen. Grundsätzlich schulden die Eltern nur eine Berufsausbildung – was darüber hinausgeht, stellt die Ausnahme von der Regel dar. Eine gute Zusammenfassung dieser gesamten Problematik mit Beispielsangaben findet sich in einem Urteil des 3. Familiensenats des OLG Frankfurt (FamRZ 82/1097), worauf Bezug genommen wird. Bricht ein Kind eigenmächtig eine Lehre oder ein Studium ab oder verlängert es eigenmächtig ein solches, ohne triftige, zwingende Gründe zu haben, besteht dann allerdings kein Unterhaltsanspruch mehr. Auch ein sogenanntes Parkstudium löst einen Unterhaltsanspruch nicht aus.

Bereits an dieser Stelle sei darauf hingewiesen, daß die Durchsetzung des Unterhaltsanspruchs aber dann scheitern kann, wenn das etwa in Ausbildung befindliche Kind zwischenzeitlich volljährig wird: jetzt dürfen nämlich minderjährige (Stief)Geschwister und der geschiedene und/oder neue Ehegatte des Unterhaltspflichtigen vorab ihren Unterhaltsanspruch voll durchsetzen; jetzt darf der Unterhaltspflichtige seinen eigenen angemessenen Eigenbedarf (= großer Selbstbehalt) vorab geltend machen – erst am Rest kann der Volljährige dann teilhaben (F.W. in DAV 84/84).

2. Abschnitt: Art der Unterhaltsgewährung, Gleichwertigkeit von Barunterhalt und Betreuungsunterhalt bei Minderjährigen sowie Bestimmungsrecht der Eltern

I. Unterhaltsarten und Gleichwertigkeit von Barunterhalt- und Betreuungsunterhalt bei Minderjährigen

1. Barunterhalt und Naturalunterhalt

Nach § 1612/I 1 BGB ist der Unterhalt grundsätzlich in Form einer monatlich vorauszahlbaren Geldrente als sog. Barunterhalt zu gewähren.

Nach § 1612/II 2 BGB kann der Verpflichtete verlangen, daß ihm die Gewährung des Unterhalts in anderer Art gestattet wird, wenn besondere Gründe es rechtfertigen. Diese andere Art der Unterhaltsgewährung erfolgt durch Naturalleistung, also durch sog. Naturalunterhalt. Dieser Naturalunterhalt umfaßt alles, was in Natur zur Befriedigung der Lebensbedürfnisse erbracht wird, wie freie Kost, Wohnung und sonstige Versorgung im elterlichen Haus durch Gewährung von sonstigen Sachaufwendungen und Leistungen. Bei minderjährigen Kindern zählt hierzu auch der Betreuungsaufwand für Pflege und Erziehung des Kindes, der sog. Betreuungsunterhalt (§ 1606/III 2 BGB). Bei volljährigen Kindern entfällt ein entsprechender erzieherischer Anteil.

Nach § 1612 Abs. 2 BGB können die Eltern gegenüber einem unverheirateten Kind die Art des Unterhalts bestimmen.

2. Zur Gleichwertigkeit von Betreuungsunterhalt und Barunterhalt bei minderjährigen Kinder

a) Bei minderjährigen Kindern haften die Eltern als gleichnahe Verwandte nach § 1606/III 1 BGB anteilig nach ihren Erwerbs- und Vermögensverhältnissen für den gesamten Unterhaltsbedarf des Kindes (Barunterhalt und Naturalunterhalt im Sinn von § 1612/I BGB). Nach § 1606/II 2 BGB erfüllt der Elternteil, bei dem das Kind lebt, seinen Anteil an der gesamten Unterhaltspflicht durch die Pflege und Erziehung des Kindes. Dies bedeutet nicht nur seine Berechtigung hierzu, sondern auch, daß er in der Regel seine Unterhaltspflicht durch diese Kindesbetreuung vollständig erfüllt (BGH, FamRZ 80/994 = NJW 80/2306 = B 110; FamRZ 81/347, 348 = NJW 81/923 = B 99b; FamRZ 81/543, 544 = NJW 81/1559).

Der Teil des Gesamtunterhalts, der in persönlichen Fürsorge- und Erziehungsleistungen besteht und daher seinem Wesen nach Naturalunterhalt ist, heißt Betreuungsunterhalt. Er entspricht wertmäßig in der Regel dem vollen Barunterhalt (H.L. 1.22.).

Teilweise wird dieser Betreuungsunterhalt in der Rechtsprechung des BGH bei Minderjährigen in Abgrenzung zum Barunterhalt, der vom nicht sorgeberechtigten Elternteil zu leisten ist, Naturalunterhalt genannt, was er ja seinem Wesen nach auch ist.

Der Barunterhaltspflichtige trägt alle sonstigen Leistungen (außer Betreuung) und stellt die dafür benötigten Geldmittel als Barunterhalt zur Verfügung. Es ist durchaus möglich, wenn auch selten, daß er im Einvernehmen mit dem anderen Elternteil einen Teil seines Barunterhalts als Naturalunterhalt anderer Art erbringt, z. B. durch Wohnungsgewährung oder sonstige Sachleistungen (BGH, FamRZ 83/892, 894, 895; NJW 85/1339, 1340 = B 112f).

b) Mit der pauschalen Gleichbewertung wird das Gesetz nicht nur der gerade für das Unterhaltsrecht unabwendbaren Notwendigkeit gerecht, die Bemessung der anteilig zu erbringenden Leistungen zu erleichtern, sondern trägt auch der Tatsache Rechnung, daß eine auf den Einzelfall abzustellende rechnerische Bewertung des Betreuungsaufwands meist unzulänglich bleibt. Es erscheint bedenklich, den Geldwert der Betreuung, die im Einzelfall sehr unterschiedlich sein kann, durch den Ansatz von Aufwendungen, die für die Besorgung vergleichbarer Dienste durch Hilfskräfte erforderlich wäre, oder durch ähnliche Schätzungen zu ermitteln (BGH, FamRZ 80/994, = NJW 80/2306 = B 110).

Wegen der typisierenden Gleichbewertung von Barleistungen und Betreuungsleistungen scheidet ein Ansatz des Geldwertes für Betreuungsleistungen (sog. Monetarisierung der Betreuungsleistungen) aus. Dies schließt es aber nicht aus, bei der Berechnung des Ehegattenunterhalts den Aufwand zu ermitteln, der dem sorgeberechtigten Elternteil dadurch entsteht, daß er infolge seiner Berufstätigkeit die Betreuung des Kindes zum Teil Dritten übertragen muß (= Werbungskosten oder berufsbedingte Aufwendungen; genaueres dort, Seite 22; BGH, FamRZ 82/779, 780 = NJW 82/2662, 2664 = B 23).

c) Der Grundsatz der Gleichwertigkeit von Bar- und Naturalunterhalt (= Betreuungsunterhalt) gilt nach der Rechtsprechung des BGH im Regelfall für jede Altersstufe minderjähriger unverheirateter Kinder (BGH, FamRZ 80/994 = NJW 80/2306 = B 110; FamRZ 81/347, 348 = NJW 81/923, 924 = B 99b).

d) Für ihren jeweiligen Unterhaltsanteil haften die Eltern gegenüber dem Kind nicht als Gesamtschuldner sondern als Teilschuldner (BGH, FamRZ 81/347, 348 = NJW 81/923, 924 = B 99b; FamRZ 71/569, 571 = NJW 71/83, 85).

3. Zur Gleichwertigkeit in Regelfällen

Der BGH bejaht eine Gleichwertigkeit von Bar- und Betreuungsunterhalt und damit einen Regelfall im Sinn des § 1606/III 2 BGB,

a) wenn sich die Barunterhaltsleistungen im durchschnittlichen Rahmen halten, etwa den Sätzen der Düsseldorfer Tabelle entsprechen (BGH, FamRZ 80/994, 995 = NJW 80/

2306, 2307 = B 111a; FamRZ 78/177, 178 = NJW 78/753, 754; FamRZ 81/347, 348 = NJW 81/923),

b) wenn sich die Einkommensverhältnisse beider Eltern im mittleren Bereich halten und das Einkommen des sorgeberechtigten Elternteils nicht höher als das des anderen Elternteils ist und dieser auch leistungsfähig ist (BGH, FamRZ 81/543, 544 = NJW 81/1559 = B 111b; FamRZ 84/39, 40 = NJW 84/303, 304 = B 120).

c) An der Gleichwertigkeit ändert sich durch eine Erwerbstätigkeit des betreuenden Elternteils grundsätzlich nichts, solange dieser die Betreuung des Kindes wahrnimmt, oder sich wegen seiner Erwerbstätigkeit bei der Kindespflege zeitweilig der Hilfe von Verwandten bedient. In welcher Weise und zu welcher Zeit die Kindesbetreuung wahrgenommen wird ist weder für die Frage der Erfüllung der Unterhaltspflicht noch der Gleichwertigkeit ausschlaggebend (BGH, FamRZ 80/994, 995 = NJW 80/2306, 2307 = B 111a; FamRZ 81/543, 544 = NJW 81/1559 = B 111b; FamRZ 81/347, 348 = NJW 81/923).

4. Leitlinien zum Verhältnis Barunterhalt-Naturalunterhalt

a) OLG Hamm. Der Naturalunterhalt i. S. des § 1606/III 2 BGB entspricht wertmäßig in der Regel dem vollen Barunterhalt (H.L. 2.22).

Der sorgeberechtigte Elternteil, der in seinem Haushalt ein minderjähriges unverheiratetes Kind versorgt, braucht neben dem anderen Elternteil in der Regel keinen Barunterhalt zu leisten. Etwas anderes kann sich ergeben, wenn sein Einkommen bedeutend höher als das des anderen Elternteils ist (H.L. 2.23).

b) OLG Köln. Der das Kind betreuende Elternteil ist im allgemeinen nicht barunterhaltspflichtig. Der betreuende Elternteil ist dann zum Teil barunterhaltspflichtig, wenn sein Einkommen das Einkommen des nichtbetreuenden Elternteils erheblich übersteigt (K.L. 24.1.).

c) OLG Bremen. Der Naturalunterhalt entspricht i. S. von § 1606/III 2 BGB in der Regel wertmäßig dem Barunterhalt. Der sorgeberechtigte Elternteil, der in seinem Haushalt ein minderjähriges unverheiratetes Kind versorgt, braucht neben dem anderen Elternteil in der Rgel keinen Barunterhalt zu leisten, es sei denn, daß sein Einkommen bedeutend höher als das des anderen Elternteils ist (B.L. A. 5a).

d) OLG Celle. Die Barunterhaltspflicht des nicht sorgeberechtigten Elternteils bemißt sich allein nach der Höhe seines Einkommens und nicht nach der Summe der Einkommen beider Elternteile.

Der sorgeberechtigte Elternteil, der das minderjährige Kind versorgt und betreut, ist im allgemeinen auch bei eigenem Einkommen nicht barunterhaltspflichtig. Hat er jedoch infolge seines Einkommens oder Vermögens eine bessere Lebensstellung als der andere Elternteil, dann ist er verpflichtet, das Kind daran teilnehmen zu lassen.

Bei hohem Einkommen des Sorgeberechtigten kann es gerechtfertigt sein, die Barunterhaltspflicht des anderen Elternteils zu ermäßigen. In diesem Fall ist dem anderen Elternteil mindestens der angemessene Selbstbehalt (1300 DM) zu belassen (C.L.II A. 6.).

e) OLG Frankfurt. Der Unterhaltsanspruch des Minderjährigen gliedert sich der Höhe nach, wie der BGH ebenfalls bestätigt hat, in einen finanziellen Teil (= Barbedarf), den grundsätzlich der nicht sorgeberechtigte Elternteil zu erbringen hat und auf den er gewisse gelegentliche Bar- oder Sachleistungen nicht anrechnen darf, weil der sorgeberechtigte Elternteil mit festen Einnahmen rechnen muß und einen naturalen, persönlichen Teil (= Betreuungsbedarf), den der sorgeberechtigte Elternteil erbringt. Der Barunterhaltsbedarf des Kindes errechnet sich allein nach den Einkommensverhältnissen des nicht sorgeberechtigten Elternteils. Eine Ausnahme ist nur da anzunehmen, wo diese Regel zu einem erheblichen finanziellen Ungleichgewicht zwischen den Eltern führen würde, weil der sorgeberechtigte Elternteil über ein wesentlich höheres Einkommen verfügt. Für das Vorliegen dieser Ausnahmeregel trägt der Barunterhaltsverpflichtete die Darlegungs- und Beweislast. Der Naturalunterhalt wird im Regelfall auch dann dem Barunterhalt des anderen Elternteils gleichwertig erachtet, wenn der Sorgeberechtigte erwerbstätig ist und sich deswegen bei der Pflege des Kindes zeitweilig der Hilfe von Verwandten bedient. Sollte der allein erziehende Elternteil in diesem Fall aus Gründen der soeben genannten groben Disproportionalität doch auch barunterhaltspflichtig sein, so sind seine finanziellen Aufwendungen für die (Heim-, Hort-)Unterbringung des Kindes vorab als „Werbungskosten" von seinem Einkommen abzuziehen und erst der Rest, d. h. sein bereinigtes Nettoeinkommen der eigentlichen Berechnung des Kindesunterhalts zuzuführen (F.W. in DAV 84/84).

II. Bestimmungsrecht der Eltern nach § 1612/II BGB

1. Zum Bestimmungsrecht

Nach § 1612/II 1 BGB können Eltern gegenüber unverheirateten Kindern bestimmen, in welcher Art (Bar- oder Naturalunterhalt) und für welche Zeit im voraus Unterhalt gewährt werden soll.

a) Dieses Bestimmungsrecht gilt auch gegenüber volljährigen Kindern (BGH, FamRZ 83/369 = NJW 83/2198, 2199 = B 112a; FamRZ 84/37, 38 = NJW 84/305, 306 = B 112b; FamRZ 81/250, 251 = NJW 81/574, 575 = B 112c; FamRZ 83/892, 894 = NJW 83/2200, 2202).

Eine wirksame Bestimmung setzt allerdings voraus, daß der Unterhaltsanspruch als solcher nicht bestritten wird und nur die Art der Unterhaltsgewährung einseitig geregelt wird (OLG Stuttgart, FamRZ 84/504, 505).

b) Sachlich muß die Bestimmung nach § 1610/II 1 BGB den gesamten Lebensbedarf des Kindes umfassen. Das schließt es nicht aus, eine Bestimmung dahin zu treffen, daß der Unterhalt in einem abgrenzbaren Teil in Natur (z. B. Wohnung und Verpflegung im Elternhaus) und im übrigen in Geld (z. B. als Taschengeld sowie für sonstige Sachaufwendungen) gewährt wird. In solchen Fällen ist auch die Überlassung von Geldbeträgen ein Teil des in Form von Naturalleistungen gewährten Unterhalts (BGH, FamRZ 83/369 = NJW 83/2198, 2199 = B 112a; FamRZ 84/37, 38 = NJW 84/305, 306 = B 112b; FamRZ 81/250, 252 = NJW 81/574, 575 = B 112c; FamRZ 85/584, 585 = NJW 85/1339 = B 112f).

c) Das Bestimmungsrecht der Eltern nach § 1612/I 1 BGB hat auch den Zweck, diesen einen weitergehenden Einfluß auf die Lebensführung des Kindes zu verschaffen als es bei einer Unterhaltsgewährung in Geld möglich ist. Volljährige Kinder sind zwar zur Selbstbestimmung herangewachsen, doch gebietet die verwandtschaftliche Beziehung noch Rücksichtnahme auf die Eltern, von denen sie wirtschaftlich abhängig sind (BGH, FamRZ 81/250, 252 = NJW 81/574, 575 = B 112c; FamRZ 85/917, 918 = NJW 85/2590, 2591). Außerdem werden die Eltern bei einer solchen Bestimmung in der Regel wirtschaftlich entlastet.

d) Das Bestimmungsrecht ist ein Gestaltungsrecht. Es ist gegenüber bereits volljährigen Kindern durch eine rechtsgeschäftliche, empfangsbedürftige Willenserklärung auszuüben. Da für die Bestimmung keine besondere Form vorgeschrieben ist, kann sie auch durch schlüssiges Verhalten erfolgen. Letzteres setzt allerdings voraus, daß der Verpflichtete wußte, oder wenigstens mit der Möglichkeit rechnete, einer von ihm durch konkludentes Verhalten abgegebenen Willenserklärung könne rechtliche Bedeutung zukommen. Bei der Prüfung, ob im Einzelfall eine den gesetzlichen Anforderungen gerecht werdende Bestimmung vorliegt, gelten die allgemeinen Grundsätze zur Ermittlung des Erklärungsinhalts empfangsbedürftiger Willenserklärungen. Dabei ist davon auszugehen, wie die Erklärung von dem Erklärungsempfänger aufgefaßt wurde oder bei unbefangener Würdigung nach Treu und Glauben aufgefaßt werden mußte (BGH, FamRZ 83/369, 370 = NJW 83/2198, 2199 = B 112d).

Haben die Eltern vereinbart, der Vater solle Unterhalt in Natur gewähren, so kann in der tatsächlichen Handhabung der Unterhaltsgewährung in der Folgezeit eine dieser Vereinbarung entsprechende elterliche Unterhaltsbestimmung durch schlüssiges Verhalten gesehen werden (BGH, FamRZ 85/584, 585 = NJW 85/1339 = B 112f).

e) Eine Bestimmung kann nur ausnahmsweise unwirksam sein, wenn sie offensichtlich mißbräuchlich aus sachfremden Erwägungen oder zu sachfremden Zwecken getroffen worden ist oder ein Fall tatsächlicher oder rechtlicher Undurchführbarkeit angenommen werden kann. Das Vorliegen besonderer Gründe reicht hierzu nicht aus (BGH, FamRZ 81/250, 251 = NJW 81/574, 575 = B 112e).

Nach OLG Düsseldorf ist eine rechtsmißbräuchliche Ausnutzung des Bestimmungsrechts grundsätzlich durch Anrufung des Vormundschaftsgerichts geltend zu machen (FamRZ 84/610, 611).

f) Zum Schutz des Kindes ist und bleibt eine Verweisung auf ausschließlichen Naturalunterhalt nur dann wirksam, wenn der Naturalunterhalt für das Kind tatsächlich erreichbar ist und das Kind nicht ohne eigenes Verschulden außerstande ist, der entsprechenden Unterhaltsbestimmung Folge zu leisten. Dieser Grundsatz der Unwirksamkeit einer Bestimmung bei tatsächlicher Undurchführbarkeit ist gerade bei Streitigkeiten der Eltern angenommen worden, etwa wenn das Kind den Unterhalt in Natur beim Vater entgegennehmen sollte, die Mutter es diesem aber widerrechtlich vorenthält. Bei einer solchen faktischen Undurchführbarkeit einer Bestimmung lebt der grundsätzlich bestehende Anspruch auf Unterhalt durch Gewährung einer Geldrente nach § 1612/I 1 BGB wieder auf (BGH, FamRZ 85/584, 585 = NJW 85/1339, 1340 = B 112f).

2. Zur Bestimmungsberechtigung

a) Das Bestimmungsrecht steht nach § 1612/II 1 BGB den Eltern zu. Leben die Eltern getrennt oder sind sie geschieden, steht es nach § 1631 BGB bei minderjährigen Kindern als Teil der Personensorge dem Inhaber des Sorgerechts zu. Der nicht sorgeberechtigte Elternteil kann eine Bestimmung nur für die Zeit treffen, in der das Kind in seinen Haushalt aufgenommen ist (§ 1612/II 2 BGB). Solange beide Eltern das Sorgerecht gemeinsam besitzen, müssen sie versuchen, sich zu einigen (§ 1627 S. 2 BGB). Mißlingt das, können sie eine Regelung mit Hilfe des Vormundschaftsgerichts anstreben (BGH, FamRZ 84/37, 38 = NJW 84/305, 306 = B 113; FamRZ 83/892, 894 = NJW 83/2200, 2202). Eine Unterhaltsbestimmung ist unwirksam, wenn sie das Aufenthaltsbestimmungsrecht eines anderen (z. B. wg. Gebrechlichkeitspflegens) verletzt (BGH, FamRZ 85/917, 918 = NJW 85/2590, 2591).

b) Bei volljährigen Kindern legt es der unterhaltsrechtliche Zusammenhang nahe, im Regelfall das Bestimmungsrecht dem Elternteil zuzubilligen, der von dem volljährigen Kind in Anspruch genommen wird. Ein solches einseitiges Bestimmungsrecht des auf Unterhalt in Anspruch genommenen kann schutzwürdige Belange des anderen Elternteils berühren, wenn dieser z. B. auch Unterhalt (Bar- oder Naturalunterhalt) leistet, oder wenn das Kind bis zur Volljährigkeit beim anderen Elternteil gewohnt hatte und weiterhin dort wohnen bleiben will. Der BGH hat es noch unentschieden gelassen, ob in solchen Fällen einer unangebrachten Handhabung des Bestimmungsrechts durch Anrufung des Vormundschaftsgerichts nach § 1612/II 2 BGB ausreichend begegnet werden kann oder ob die Wirksamkeit der Bestimmung zur Vermeidung ungerechtfertigter Auswirkungen von einer Mitwirkung des anderen Elternteils abhängig gemacht werden muß (BGH, FamRZ 84/37, 39 = NJW 84/305, 306 = B 113). Nach OLG Düsseldorf steht das Bestimmungsrecht beiden Elternteilen unabhängig voneinander zu und kann von jedem wirksam ausgeübt werden, der bereit und in der Lage ist, den gesamten Lebensbedarf des Kindes in Natur (einschließlich gewisser Geldbeträge als Teil des Naturalunterhalts) zu gewähren. Der Volljährige braucht dann nicht Teilleistungen beider Eltern anzunehmen. Außerdem kann er bei Vorliegen besonderer Gründe einen Antrag nach § 1612/II 2 BGB beim Vormundschaftsgericht stellen (FamRZ 84/610, 611; so im Ergebnis auch OLG Hamm, NJW 83/2204; KG, FamRZ 82/835; OLG Koblenz, FamRZ 82/422). Das OLG Stuttgart leitet aus der Entscheidung des BGH (FamRZ 83/892, 895 = NJW 83/2200, 2202 = B 114) ab, daß der Grundsatz der einheitlichen Bestimmung des gesamten Lebensbedarfs nicht für getrennt lebende Eltern gilt, da beide anteilig Unterhalt an das bei einem von ihnen wohnende Kind zu leisten haben (FamRZ 84/308, 309).

c) Haben getrennt lebende Eltern in einem Unterhaltsvergleich vereinbart, in welcher Art jeder von ihnen dem (minderjährigen oder volljährigen) Kind den Unterhalt gewährt, so kann sich ein Elternteil von dieser Vereinbarung jedenfalls nicht ohne besondere Gründe durch anderweitige Bestimmung der Unterhaltsgewährung lösen. Eine solche Vereinbarung wird auch durch den Eintritt der Volljährigkeit nicht wirkungslos (BGH, FamRZ 83/892, 895 = NJW 83/2200, 2202 = B 114).

3. Folgen einer wirksamen Bestimmung

a) Haben die Eltern eine wirksame Naturalunterhaltsbestimmung getroffen, kann das Kind keinen Barunterhalt verlangen. Nimmt es den Unterhalt in der bestimmten Art nicht an, kann es weder eine Teilunterhaltsrente noch ein ihm ausgesetztes Taschengeld, noch den Wert des von den Eltern ersparten Unterhalts beanspruchen (BGH, FamRZ 84/37, 38 = NJW 84/305, 306 = B 112b; FamRZ 81/250, 252 = NJW 81/574, 575 = B 112c).

b) Eine wirksame Bestimmung der Art der Unterhaltsgewährung bindet im Unterhaltsrechtsstreit das Prozeßgericht, solange die Bestimmung nicht gemäß § 1612/II 2 BGB durch das Vormundschaftsgericht geändert worden ist. Die Bestimmung entfaltet auch gegenüber dem Träger der Ausbildungsförderung Wirkung, der den Unterhaltsanspruch des Kindes nach § 37 BAFöG auf sich übergeleitet hat, führt also bei Ablehnung der Entgegennahme von Naturalunterhalt dazu, daß ein überleitungsfähiger Anspruch auf Unterhalt in Geld nicht besteht (BGH, FamRZ 84/37, 38 = NJW 84/305, 306 = B 112b; FamRZ 81/250, 252 = NJW 81/574, 575 = B 112c).

Den Antrag nach § 1612/II 2 BGB auf Änderung durch das Vormundschaftsgericht kann nur das Kind selbst stellen, nicht der Träger der Ausbildungsförderung oder eine sonstige Person (BGH, FamRZ 81/250, 252 = NJW 81/574, 575).

Wird ein solcher Antrag vom Kind gestellt, kann der Unterhaltsprozeß nach § 148 ZPO bis zur Entscheidung durch das Vormundschaftsgericht ausgesetzt werden (OLG Hamburg, FamRZ 83/643).

4. Leitlinien zum Bestimmungsrecht der Eltern

OLG Frankfurt. Lebt das volljährige Kind weiterhin in der Wohnung seines seither sorgeberechtigten Elternteils, so ist die in Naturalien (sprich Wohnungsgewährung, Wäschewaschen etc.) gewährte Unterhaltsleistung irgendwie zu monetarisieren, zu schätzen und von dem nach Maßgabe der Düsseldorfer Tabelle (s. u.) errechneten Unterhaltsanspruch des Kindes abzuziehen. Andererseits ist der Volljährige unterhaltsrechtlich nicht befugt, ohne triftigen Grund ohne weiteres zu Hause auszuziehen, einen eigenen Hausstand zu gründen und dadurch seinen Unterhaltsbedarf erheblich zu erhöhen.

Den Eltern steht auch gegenüber einem volljährigen, unverheirateten Kind das Recht zu, Art und Umfang der Unterhaltsgewährung selbst zu bestimmen, d. h. ob sie bar oder naturaliter etwa durch Unterkunftsgewährung, leisten wollen: dies ist sozusagen die faire Kehrseite ihrer weiterhin andauernden Unterhaltsverpflichtung; darüber, ob ein getrennt lebender oder geschiedener Elternteil, der von seinem unverheirateten volljährigen Kind auf Unterhaltsleistung in Anspruch genommen wird, das Bestimmungsrecht des § 1612/II 1 BGB im Widerspruch zur Bestimmung des anderen Elternteils rechtswirksam allein ausüben kann, gehen die Meinungen in Rechtsprechung und Schrifttum auseinander. In diesem Zusammenhang sei auch eine Entscheidung des 20. Zivilsenats des OLG Frankfurt zitiert: Der Generationenkonflikt muß bewältigt werden, verlangt auch von dem erwachsenen Kind Rücksichnahme auf die Eltern und kann nicht ohne weiteres dazu führen, daß die Eltern zur Unterhaltszahlstelle degradiert werden; auch bedeutet die Anerkennung des Strebens nach Selbständigkeit nicht, daß der Unterhaltsanspruch des Kindes sich nur und allein dadurch, daß es älter wird, zunehmend in einen Anspruch auf Zahlung einer Geldrente verwandelt. Dieser Zusammenhang legt es für den Regelfall nahe, das Bestimmungsrecht nach § 1612/II BGB dem Elternteil zuzubilligen, der von dem (volljährigen) Kind auf Barunterhalt in Anspruch genommen wird. (F.W. in DAV 84/86, 87).

3. Abschnitt: Unterhaltsbedarf und Unterhaltsbemessung im Regelfall; Tabellenunterhalt als Regelunterhalt für Minderjährige

I. Unterhaltsbedarf und Unterhaltsbemessung nach der Lebensstellung des Kindes

1. Zur „Lebensstellung"

a) Nach § 1610/II 1 BGB bestimmt sich das Maß des angemessenen Unterhalts nach der Lebensstellung des Kindes (Bedürftigen). Da Kinder in aller Regel noch keine eigene Lebensstellung haben sondern an der Lebensstellung der Familie teilhaben, in der sie aufwachsen, muß ihre Lebensstellung von der ihrer Umgebung abgeleitet werden. Sie richtet sich daher wegen der wirtschaftlichen Unselbständigkeit der Kinder nach der Lebensstellung der Eltern, wobei es insbesondere auf deren Einkommens- und Vermögensverhältnisse ankommt (BGH, FamRZ 80/665, 669 = NJW 80/1686, 1689 = B 115a; FamRZ 81/543, 544, 545 = NJW 81/1559, 1560 = B 115b; FamRZ 83/473, 474 = NJW 83/1429, 1430 = B 115c und FamRZ 84/39, 40 = NJW 84/303, 304 = B 115d).

b) Trotz der Verknüpfung mit den wirtschaftlichen Verhältnissen der Eltern oder eines Elternteils ist die Lebensstellung in erster Linie auch durch das ,,Kindsein" geprägt (BGH, FamRZ 83/473, 474 = NJW 83/1429, 1430 = B 115c).

Dazu gehört einerseits die wirtschaftliche Abhängigkeit sowie Betreuungs- und Erziehungsbedürftigkeit des Kindes und andererseits als Entwicklungstendenz das Hineinwachsen des Kindes in eine seiner Begabung entsprechende persönliche und wirtschaftliche Selbständigkeit. Dem Kind obliegt es mit zunehmendem Alter, sich mit eigenen Kräften eine eigene Lebensstellung zu verschaffen und von den Eltern und deren Lebensstellung sowohl persönlich wie wirtschaftlich unabhängig zu werden. Diesem Ziel dient auch der Ausbildungsunterhalt.

c) Zur Lebenstellung des Kindes, die sich von derjenigen der Eltern ableitet, gehört außerdem die Tatsache der Trennung oder Scheidung mit den daraus resultierenden ungünstigen persönlichen und wirtschaftlichen Folgen für das Kind (BGH, FamRZ 81/543, 545 = NJW 81/1559, 1560 = B 120).

2. Maßgeblichkeit der Einkommensverhältnisse des barunterhaltspflichtigen Elternteils

a) Der Umfang des zu leistenden Barunterhalts bestimmt sich bei einer intakten Ehe grundsätzlich nach dem gesamten Einkommen beider Ehegatten und dem dadurch geprägten Lebensstil. Sind beide Eltern berufstätig, so richtet sich die Aufteilung des Barunterhalts und des Naturalunterhalts danach, wie die Ehegatten sich hinsichtlich der Versorgung von Haushalt und Kindern absprachemäßig geeinigt haben. Im Ergebnis sind beide Eltern am Unterhaltsgesamtaufwand (Bar- und Naturalunterhalt) prinzipiell zu gleichen Teilen beteiligt (BGH, FamRZ 85/466, 467, 468 = B 116).

b) Leben die Eltern getrennt oder sind sie geschieden, sind für den Barunterhaltsbedarf eines Kindes regelmäßig die Einkommensverhältnisse des barunterhaltspflichtigen Elternteils maßgeblich. Unbestritten ist es, wenn nur der barunterhaltspflichtige Elternteil Einkommen hat (BGH, FamRZ 81/543, 545 = NJW 81/1559, 1560). Dies gilt nach der Rechtsprechung des BGH auch, wenn der betreuende Elternteil eigenes Einkommen hat, sofern sich die Einkünfte beider Eltern im mittleren Bereich halten und die Einkünfte des sorgeberechtigten Elternteils nicht höher sind als die des anderen (BGH, FamRZ 83/473, 474 = NJW 83/1429, 1430 = B 115c; FamRZ 81/543, 545 = NJW 81/1559, 1560 = B 115b; FamRZ 84/39, 40 = NJW 84/303, 304 = B 120). In der zuletzt genannten Entscheidung (BGH a. a. O. B 120) hält der BGH an dieser Auffassung selbst dann fest, wenn der sorgeberechtigte Elternteil ein höheres Einkommen hat. Nach Ansicht des BGH wäre es nicht angemessen, im Sinn des § 1610/I BGB einen Unterhaltsverpflichteten allein deshalb zu höheren, als seinem Einkommen entsprechenden Leistungen heranzuziehen, weil die finanzielle Lage des anderen Elternteils besser ist und dadurch die Lebensstellung des Kindes erhöht wird. Allerdings kann der nach dem Einkommen des barunterhaltspflichtigen Elternteils bemessene Unterhaltsanspruch zusätzlich gekürzt werden, wenn die wirtschaftliche Lage des betreuenden Elternteils besonders günstig ist und dessen Einkommen das des anderen erheblich übersteigt (BGH a. a. O. = B 120). Außerdem nimmt das Kind ohnehin durch das Zusammenleben mit dem wirtschaftlich besser gestellten Elternteil an dessen erhöhtem Lebensstandard teil (so auch BGH, FamRZ 81/543, 545 = NJW 81/1559, 1560 = B 115b). Der BGH hat es ausdrücklich abgelehnt, in einem solchen Fall die Lebensstellung des Kindes nach den zusammengerechneten Einkommen beider Eltern zu bestimmen und danach den Unterhalt zu bemessen (BGH, FamRZ 84/39, 40 = NJW 84/303, 304 = B 120 und FamRZ 81/543, 544, 545 = NJW 81/1559, 1560 = B 115b).

c) Die Lebensstellung des Kindes wird, anders als der Scheidungsunterhalt von Ehegatten, nicht durch den Zeitpunkt der Auflösung der Ehe festgelegt. Deshalb nimmt das Kind am weiter steigenden Lebensstandard des barunterhaltspflichtigen Elternteils in ähnlicher Weise teil, wie während der Zeit der intakten Ehe der Eltern. Es partizipiert damit an allen Einkommensveränderungen des barunterhaltspflichtigen Elternteils, auch wenn diese nicht vorauszusehen waren und auf einer vom Normverlauf abweichenden Entwicklung beruhen (BGH, FamRZ 83/473, 474 = NJW 83/1429, 1430 = B 115c).

Maßgeblich sind daher die Einkommens- und Vermögensverhältnisse des Verpflichteten in den Zeiträumen, für die Unterhalt gefordert wird (BGH, FamRZ 85/371, 373 = NJW 85/1340, 1343 = B 115d).

3. Zur Unterhaltsbemessung bei überdurchschnittlich hohem Einkommen des Barunterhaltspflichtigen

a) Für den Kindesunterhalt gibt es grundsätzlich keine allgemein gültige obere Grenze, die nicht überschritten werden dürfte (Sättigungsgrenze). Andererseits bedeutet die Ableitung des Kindesunterhalts von der Lebensstellung der Eltern nicht, daß bei überdurchschnittlich guten wirtschaftlichen Verhältnissen der Eltern den Kindern eine entsprechende Lebensgestaltung ermöglicht werden müßte (BGH, FamRZ 69/205, 207; FamRZ 80/665, 669 = NJW 80/1686, 1689 = B 115a; FamRZ 83/473, 474 = NJW 83/1429, 1430 = B 115c).

b) Eine Unterhaltsbegrenzung ergibt sich vor allem aus der besonderen Lage, in der sich minderjährige Kinder während ihrer Schul- und Ausbildungszeit sowie während des Heranwachsens befinden. Trotz der Verknüpfung mit den wirtschaftlichen Verhältnissen der Eltern oder eines Elternteils ist ihre Lebensstellung in erster Linie durch ihr Kindsein geprägt. Anders als Ehegatten, für die jedenfalls in dem noch nicht der Vermögensbildung zuzurechnenden Einkommensbereich der Grundsatz der gleichmäßigen Teilhabe gilt, können Kinder nicht einen bestimmten Anteil an dem durch sein Einkommen bestimmten Lebensstandard des Unterhaltspflichtigen verlangen. Unterhaltsgewährung für Kinder bedeutet stets Befriedigung ihres gesamten, auch eines gehobenen Lebensbedarfs, nicht aber Teilhabe am Luxus. Auch in besten Verhältnissen lebende Eltern schulden dem Kind nicht, was es wünscht, sondern was es braucht. Außerdem darf die Unterhaltsbemessung weder einem gedeihlichen Sorgerechtsverhältnis entgegenwirken noch dazu führen, die Lebensstellung des sorgeberechtigten Elternteils anzuheben (BGH, FamRZ 83/473, 474 = NJW 83/1429, 1430 = B 115c).

c) Wenn das Kind im Hinblick auf die Leistungsfähigkeit des Verpflichteten einen besonders hohen Unterhaltsbedarf geltend macht, muß es im einzelnen darlegen (und beweisen), worin sein erhöhter Bedarf besteht und welche Mittel zu seiner Deckung im einzelnen erforderlich sind (BGH, FamRZ 83/473, 474 = NJW 83/1429, 1430 = B 99c).

II. Tabellenunterhalt als Regelunterhalt für minderjährige Kinder

1. Allgemeines zu den Tabellen

In Durchschnittsfällen sind Unterhaltstabellen ein revisionsrechtlich anerkanntes Hilfsmittel für die richterliche Unterhaltsbemessung. Der Richter verwendet sie zur Ausfüllung des unbestimmten Rechtsbegriffs „angemessener Unterhalt“, um eine möglichst gleichmäßige Behandlung gleichartiger Lebenssachverhalte zu erreichen (BGH, FamRZ 84/374, 375 = NJW 84/1458, 1459 = B 1a).

Sie beinhalten Erfahrungsregeln, die auf der allgemeinen Lebenserfahrung beruhen und ermöglichen eine Vereinfachung der Unterhaltsbemessung, eine gleichmäßige, konkrete Rechtsanwendung und eine Vereinheitlichung der Rechtsprechung im Regelfall. Von ihnen kann abgewichen werden, wenn im Einzelfall besondere Umstände eine Abweichung bedingen (BGH, FamRZ 82/365, 366 = NJW 82/1050, 1051 = B 1b; FamRZ 83/473, 474 = NJW 83/1429, 1430 = B 1c; FamRZ 84/39, 40 = NJW 84/303, 304 = B 1d; FamRZ 79/692, 693 = NJW 79/1985; FamRZ 82/148, 149).

2. Zur Düsseldorfer Tabelle (D.T.)

a) Die D.T., die inzwischen von allen Oberlandesgerichten (Ausnahme OLG Nürnberg) als Orientierungshilfe angewendet wird, entspricht diesen Grundsätzen. Sie beruht auf Koordinierungsgesprächen von Richtern der Oberlandesgerichte Düsseldorf, Hamm und Köln sowie Mitgliedern des Deutschen Familiengerichtstags. Sie baut auf auf dem für nichteheliche Kinder geltenden Regelbedarf nach der RegelbedarfsunterhaltsVO, berücksichtigt das Alter der Kinder entsprechend den drei Altersstufen jener VO und gliedert sich in zehn Einkommensgruppen von 0 bis über DM 7000 der Höhe des anrechenbaren Nettoeinkommens des Verpflichteten. Sie wird der jeweiligen Wirtschaftslage angepaßt.

b) Die Tabellenwerte beinhalten aufgrund richterlicher Erfahrung den durchschnittlichen Lebensbedarf minderjähriger Kinder, die mit wenigstens einem Elternteil noch in familiärer Gemeinschaft leben.

In diesem Bedarf sind enthalten:
Die Kosten für Nahrung, Wohnung, Krankenvorsorge, Ferien, Pflege musischer und sportlicher Interessen sowie Taschengeld (BGH, FamRZ 83/473, 474 = NJW 83/1429, 1430 = B 99c).

Da die Tabellenwerte am Einkommen des Pflichtigen orientiert sind, beinhalten sie nicht den objektiven Bedarf eines Minderjährigen. Dieser liegt in der Regel über den Bedarfssätzen (F.W. in DAV 84/94).

c) In diesem Regelbedarf sind nicht enthalten: Krankenversicherungsbeiträge, wenn das Kind nicht in der gesetzlichen Familienversicherung mitversichert ist sowie erhöhter Bedarf und Sonderbedarf (K.L. 2.0 bis 2.3).

Nach Treu und Glauben gehört es mit zur Unterhaltspflicht des erwerbstätigen Elternteils, neben dem Barunterhalt die Inanspruchnahme ihrer Rechte aus der kostenfreien Versicherung im Rahmen der Familienhilfe der gesetzlichen Krankenversicherung auf dem von der Krankenversicherung und der RVO vorgeschriebenen Weg zu ermöglichen (z. B. Krankenscheine für die Kinder anfordern) (OLG Bremen, FamRZ 84/415).

d) Die Werte der D.T. gehen rechtlich bedenkenfrei davon aus, daß mit ihnen nur der anteilige Barbedarf des Kindes gedeckt wird, zu dem noch der Betreuungsunterhalt des anderen Elternteils hinzutreten muß. Sie beinhalten den Höchstbetrag dessen, was nach den jeweiligen Einkommensgruppen an Barunterhalt verlangt werden kann. Bei besonders günstigen wirtschaftlichen Verhältnissen des betreuenden Elternteils kann der Tabellenunterhalt auch unterschritten werden (BGH, FamRZ 84/39, 40 = NJW 84/303, 304 = B 115d).

Der Unterhaltsbedarf eines Kindes kann sich auch dann vermindern, wenn sein Lebensbedarf teilweise anderweitig gedeckt wird, z. B. durch Gewährung von Wohnung und Verpflegung durch Dritte oder durch den Pflichtigen selbst, der einen Teil des Kindesunterhalts in anderer Weise als durch Zahlung einer Geldrente befriedigt. Es muß sich hierbei allerdings um eine gleichmäßig anhaltende anderweitige Unterhaltsgewährung handeln (BGH, FamRZ 84/470, 472 = NJW 84/2826, 2828 = B 117).

e) Die Unterhaltspauschalierung vermeidet aus praktischen Gründen im allgemeinen die Berücksichtigung von bedarfserhöhenden und bedarfsmindernden Einzelumständen. Etwas anderes gilt ausnahmsweise nur bei Sonderbedarf im Sinn von § 1613/II 1 BGB, der unregelmäßig und außerordentlich hoch sein muß und überraschend sowie der Höhe nicht abschätzbar aufgetreten sein muß. Liegt kein solcher ,,Sonderbedarfsausnahmefall" vor, kann der Regelunterhalt weder erhöht noch gekürzt werden. Dies liegt im Interesse der Befriedigung und Beruhigung des Unterhaltsverhältnisses, das durch häufige Einzelanforderungen sonst in unerwünschter Weise belastet würde. Dies gilt auch, wenn der nicht sorgeberechtigte Elternteil das Kind im Rahmen seines üblichen Umgangsrechts während der Ferien einige Wochen bei sich hat und in dieser Zeit voll betreut und versorgt. Solche Teildeckungen des Unterhalts durch Naturalleistungen sind nicht unvorhersehbar und berechtigen nicht zu einer Unterhaltskürzung (BGH, FamRZ 84/470, 472, 473 = NJW 84/2826, 2828 = B 117).

f) Solange sich Unterhaltsforderungen an Bedarfsermittlungen anlehnen, wie sie solchen nach Erfahrungswerten aufgestellten Unterhaltstabellen und Richtlinien zugrunde liegen, werden an die Darlegungslast im Prozeß keine besonderen Anforderungen gestellt. Wenn der Berechtigte aber im Blick auf eine weitergehende Leistungsfähigkeit des Verpflichteten einen über die schon bestehende Befriedigung des allgemeinen Bedarfs hinausgehenden besonderen höheren Bedarf geltend macht, muß er im einzelnen darlegen, worin dieser Bedarf besteht und welche Mittel zur Deckung im einzelnen erforderlich sind (BGH, FamRZ 83/473, 474 = NJW 83/1429, 1430 = B 99c).

Bei Bemessung eines höheren Bedarfs sind erzieherische Gesichtspunkte mit zu berücksichtigen (F.W. in DAV 84/94).

III. Zur Anwendung der Düsseldorfer Tabelle in der Praxis

1. Die Düsseldorfer Tabelle, Stand 1. 1. 1985 einschließlich der Zahlenwerte der D.T., Stand 1. 1. 1982

A. Kindesunterhalt

Altersstufe		bis Vollendg. des 6. Lebensjahrs	vom 7. bis Vollendg. des 12. Lebensjahrs	vom 13. bis Vollendg. des 18. Lebensjahrs (vgl. Anm. 8)	ab Vollendg. des 18. Lebensjahrs (vgl. Anm. 7, 8)	
Nichteheliche Kinder nach VO 1984 BGBl. 1984 I 1035)		228	276	327		
Eheliche Kinder nach Nettoeinkommen des Unterhaltspflichtigen in DM Gruppe						*Bedarfskontrollbetrag* in DM gemäß Anmerkung 6
1.	bis 1850	228	276	327		910/990
2.	1850–2100	240	290	345		955/990
3.	2100–2400	260	315	375		1045
4.	2400–2800	295	360	425		1185
5.	2800–3400	330	400	475		1320
6.	3400–4000	365	440	525		1455
7.	4000–4800	420	510	605		1685
8.	4800–5800	480	580	685		1910
9.	5800–7000	545	660	785		2185
	über 7000		nach den Umständen des Falles.			

Zahlenwerte der D.T., Stand 1. 1. 82:

1.	bis 1750	207	251	297	825/900
2.	1750–2000	220	265	310	865/900
3.	2000–2300	240	290	340	950
4.	2300–2700	260	315	370	1030
5.	2700–3200	290	350	415	1155
6.	3200–3800	320	390	460	1280
7.	3800–4500	360	440	520	1445
8.	4500–5400	415	500	595	1650
9.	5400–6500	475	580	685	1900
	über 6500		nach den Umständen des Falles		
nichteheliche Kinder nach der RegelbedarfsVO 1981		207	251	297	

Einfacher Anwendungsfall zur Tabelle ohne Berücksichtigung von Kindergeld:
Bereinigtes Nettoeinkommen DM 3700; Unterhalt für Frau und zwei Kinder im Alter von vier und acht Jahren; Maßgebliche Gruppe = 6 (3400–4000);
Unterhalt für vierjähriges Kind, Altersstufe 1 = DM 365
Unterhalt für achtjähriges Kind, Altersstufe 2 = DM 440

2. Zu- und Abschläge zu den Tabellenwerten

a) Die Tabellensätze der D.T. sind auf den Fall zugeschnitten, daß der Unterhaltspflichtige einem Ehegatten und zwei Kindern Unterhalt zu gewähren hat. Bei einer größeren Anzahl von Unterhaltsberechtigten können Abschläge, bei einer geringeren Anzahl Zuschläge in Höhe eines Zwischenbetrags oder die Einstufung in eine höhere (niedrigere) Gruppe angemessen sein.

Die Zu- oder Abschläge sind in der Regel durch die nächstniedrigere oder nächsthöhere Gruppe begrenzt. Diese Regelbegrenzung gilt nicht, wenn eine Unterhaltsverpflichtung nur gegenüber einem Kind besteht (= D.T. A 1; H.L. 2.19; K.L. 1.1.; B.L. A 1a; Ha.L. 1; St.L.).

In einem solchen Fall kann auch eine Höhergruppierung um mehr als nur eine Einkommensgruppe in Betracht kommen (Ha.L. 2.19.). Das OLG Köln berechnet in einem solchen Fall für die Feststellung des unterhaltspflichtigen Einkommens den ersparten Ehegatten- und Kindesunterhalt dem tatsächlichen Einkommen zu und setzt als Kindesunterhalt den Tabellenbetrag der zweiten Altersstufe der entsprechenden Einkommensgruppe an (K.L. 1.1.).

Das OLG Düsseldorf stuft bei nur einem unterhaltsberechtigten Kind um zwei Gruppen höher (DAV 84/486).

b) Die Einstufung in eine höhere Gruppe der Tabelle wegen des Vorhandenseins einer geringeren Anzahl von Unterhaltsberechtigten, als sie den Tabellensätzen für den Regelfall zugrundeliegt, begegnet revisionsrechtlich keinen Bedenken. Der Umfang des Ehegattenunterhalts (Elementarunterhalt und Vorsorgeunterhalt) beeinflußt die Einstufung des Kindes in eine Gruppe nicht, weil der Ehegattenunterhalt erst nach Abzug des Kindesunterhalts vom Nettoeinkommen errechnet wird (BGH, FamRZ 82/887, 888 = NJW 82/1983, 1984 = B 118).

c) Im Regelfalle entspricht die Höhe der Zu- oder Abschläge bei mehr oder weniger Kindern pro Kind dem halben Differenzbetrag zur nächsthöheren bzw. nächstniedrigeren Gruppe, bei Wegfall eines vollen Ehegattenunterhalts oder bei mehreren vollen Ehegattenunterhalten (z. B. neu Ehe) pro Ehegatten dem vollen Differenzbetrag zur nächsthöheren bzw. nächstniedrigeren Gruppe. Abweichungen von solchen Regelpauschalierungen sind möglich, wenn das konkrete bereinigte Nettoeinkommen in der Nähe einer Gruppengrenze liegt oder wenn der Ehegattenunterhalt infolge von Eigenverdienst niedriger als üblich ist.

aa) Beispiele für pauschalierte Zuschläge:
1 Kind = Differenz zur nächsthöheren Gruppe × 1,5
2 Kinder = Differenz zur nächsthöheren Gruppe
1 Ehegatte = 1 Kind = Differenz zur nächsthöheren Gruppe × 0,5

bb) Beispiele für pauschalierte Abschläge:
1 Ehegatte und 3 Kinder oder 5 Kinder = Differenz zur nächstniedrigeren Gruppe × 0,5
1 Ehegatte und 4 Kinder oder 2 Ehegatten und 2 Kinder = Differenz zur nächstniedrigeren Gruppe usw.

Die Ab- und Zuschläge können nach § 287 ZPO auch angemessen geschätzt werden.

d) Zwei einfache konkrete Fälle zu den Zu- und Abschlägen ohne Berücksichtigung von Kindergeld:

aa) Beispiel für pauschalierten Zuschlag:
Nettoeinkommen DM 3700; 3 Kinder im Alter von 1, 3 und 5 Jahren; kein Ehegattenunterhalt
Gruppe 6 (3400–4000); Differenz zwischen Gruppe 6 und 7 = 55 (420 − 365)
Kindesunterhalt = 365 + 0,5 × Differenz (55) = 392,50

bb) Beispiel für pauschalierten Abschlag
Fall wie vorher zuzüglich Ehegattenunterhalt Gruppe 6; Differenz zwischen Gruppe 6 und Gruppe 5 = 365 – 330 = 35;
Kindesunterhalt = 365 – 0,5 × 35 = 357,50

3. Zu den Bedarfskontrollbeträgen

a) Der Bedarfskontrollbetrag des Unterhaltspflichtigen ist eine Rechengröße. Er ist ab Gruppe 3 nicht mehr identisch mit dem Eigenbedarf des Unterhaltspflichtigen. Er soll eine ausgewogene Verteilung des Einkommens zwischen dem Unterhaltspflichtigen und den unterhaltsberechtigten Kindern gewährleisten. Wird er unter Berücksichtigung des Ehegattenunterhalts unterschritten, ist der Tabellenbetrag der nächstniedrigeren Gruppe, deren Bedarfskontrollbetrag nicht unterschritten wird, oder ein Zwischenbetrag anzusetzen (D.T. A 6; ähnlich auch H.L. 2.19; K.L. 1.2.).

Nach H.L. 19 und K.L. 1.2 setzt die Eingruppierung in eine höhere Einkommensgruppe voraus, daß dem Pflichtigen nach Abzug des Kindes und Ehegattenunterhalts der für die höhere Einkommensgruppe maßgebende Bedarfskontrollbetrag (nicht nur der notwendige Eigenbedarf) verbleibt. Unterschreitet dieser Betrag den Bedarfskontrollbetrag, ist der Kindesunterhalt nach einer niedrigeren Einkommensgruppe zu bestimmen.

b) Die Bedarfskontrollberechnung erfordert oftmals mehrere komplizierte und unangenehme Rechnungsdurchgänge, bis das angemessene Endergebnis erreicht ist. Deshalb werden die Bedarfskontrollberechnungen in der Praxis oftmals nicht durchgeführt. Ausdrücklich werden die Bedarfskontrollbeträge nicht angewandt vom OLG Hamburg (Ha.L. 1) sowie vom OLG Frankfurt (Frankfurter Tabelle) und vom OLG Bremen (Bremer Tabelle). Nach B.L. A 1a ist bei der Einstufung des Kindesunterhalts im Weg einer freien Bedarfskontrollrechnung in jedem Fall die Relation zum Selbstbehalt – Selbstbedarf beider Eltern – zu beachten; erforderlichenfalls ist eine weitere Herabstufung der Kinder bis zu den Regelunterhaltssätzen vorzunehmen. Wenn der notwendige Bedarf aller Unterhaltsberechtigten nicht gedeckt werden kann, sind alle anteilig zu kürzen. Die Bedarfskontrollbeträge der D.T. wurden früher auch vom OLG München nicht beachtet. Seit Mitte 1985 werden sie im Interesse einer ausgewogenen Verteilung des Einkommens zwischen Unterhaltspflichtigem und unterhaltsberechtigten Kindern und unter Berücksichtigung des Ehegattenunterhalts vom 2. und 16. Senat des OLG München angewandt. Im Unterhaltscomputerprogramm der Bayerischen Justiz sind sie einprogrammiert.

c) Den Bedarfs- und Bedarfskontrollbeträgen der Gruppen 2–9 entsprechen folgende auf- und abgerundete Zuschläge auf den Basisbetrag der ersten Gruppe in %: 5, 15, 30, 45, 60, 85, 110 und 140 (= D.T. A 2 und K.L. Tabelle).

d) Rechenbeispiel für eine Bedarfskontrollrechnung ohne Kindergeldberücksichtigung:
Nettoeinkommen DM 2150; Unterhalt für Frau und 15jähriges Kind
Gruppe 3 (2100–2400) = 375 + 0,5 Differenz zu Gruppe 4 = 25
Kindesunterhalt = 400
Ehegattenunterhalt = 2150 – 400 = 1750 × 3/7 = 750
Bedarfskontrollrechnung: 2150 – (400 + 750) = 2150 – 1150 = 1000.
Dies ist weniger als der Bedarfskontrollbetrag der Gruppe 3 (= 1045). Deshalb Herabstufung um eine Gruppe auf Gruppe 2 und neue Rechnung:
Kindesunterhalt = 345
Ehegattenunterhalt = 2150 – 345 = 1775 × 3/7 = 760
Bedarfskontrollrechnung: 2150 – (345 + 760) = 1045.
Dieser Betrag entspricht dem Bedarfskontrollbetrag (1045).
Der Kindesunterhalt beträgt somit abschließend DM 345.

e) Bei einer Mehrzahl von Unterhaltsberechtigten (z. B. Frau und fünf Kindern) ist oftmals ein mehrfacher Rechendurchgang nötig, bis das endgültig angemessene Verhältnis zwischen allen Beteiligten festgestellt ist. Vereinfacht ist die Berechnung bei Benützung des programmierten Computers.

f) Noch weitergehend sind solche Kürzungen in Mangelfällen. Näheres dazu Teil IV, Seite 288 ff.

4. Leitlinien zur Anwendung der Düsseldorfer Tabelle

a) OLG Düsseldorf. Monatliche Unterhaltsbedarfsbeträge nach BGB, bezogen auf einen gegenüber einem Ehegatten und zwei Kindern Unterhaltspflichtigen.

Bei einer größeren/geringeren Anzahl Unterhaltsberechtigter sind Ab- und Zuschläge in Höhe eines Zwischenbetrages oder durch Einstufung in eine niedrigere/höhere Gruppe angemessen. Die Zu- und Abschläge sind in der Regel durch die nächstniedrigere/höhere Gruppe begrenzt. Die Regelbegrenzung gilt nicht, wenn eine Unterhaltsverpflichtung nur gegenüber einem (1) Kind besteht (D.T. A 1).

Den Bedarfs- und Bedarfskontrollbeträgen der Gruppen 29 entsprechen folgende auf- und abgerundete Zuschläge auf den Basisbetrag der ersten Gruppe in %: 5, 15, 30, 45, 60, 85, 110 und 140 (D.T. A 2).

Der Bedarfskontrollbetrag des Unterhaltspflichtigen ab Gruppe 3 ist nicht identisch mit dem Eigenbedarf. Er soll nur eine ausgewogene Verteilung des Einkommens zwischen dem Unterhaltspflichtigen und den unterhaltsberechtigten Kindern gewährleisten. Wird er unter Berücksichtigung des Ehegattenunterhalts unterschritten, ist der Tabellenbetrag der nächstniedrigeren Gruppe, deren Bedarfskontrollbetrag nicht unterschritten wird, oder ein Zwischenbetrag anzusetzen (D.T. A 6).

b) OLG Hamm. Der Barunterhalt minderjähriger unverheirateter Kinder bestimmt sich nach der anliegenden Tabelle (diese ist identisch mit der D.T.) (H.L. 18).

Die Tabellensätze sind auf den Fall zugeschnitten, daß der Unterhaltspflichtige einem Ehegatten und zwei Kindern Unterhalt zu gewähren hat. Bei einer größeren Anzahl von Unterhaltsberechtigten können Abschläge, bei einer geringeren Anzahl Zuschläge angemessen sein. Eine Eingruppierung in eine höhere Einkommensgruppe setzt jedoch voraus, daß dem Pflichtigen nach Abzug des Kinder- und Ehegattenunterhalts der für die höhere Einkommensgruppe maßgebende Bedarfskontrollbetrag verbleibt, nicht nur der notwendige Eigenbedarf. Besteht eine Unterhaltspflicht lediglich gegenüber einem Kind (also nicht auch gegenüber einem Ehegatten und einem weiteren Kind), kann eine Höhergruppierung um mehr als nur eine Einkommensgruppe in Betracht kommen.

Der Kindesunterhalt muß in einem angemessenen Verhältnis zu dem Betrag stehen, der dem Pflichtigen nach Abzug des Kinder- und des Ehegattenunterhalts für den eigenen Bedarf verbleibt. Dieser Betrag soll den in der Tabelle bestimmten Bedarfskontrollbetrag derjenigen Gruppe nicht unterschreiten, die für den jeweiligen Kindesunterhalt maßgeblich ist. Erforderlichenfalls ist der Kinderunterhalt nach einer niedrigeren Einkommensgruppe zu bestimmen (H.L. 2.19.).

c) OLG Köln. Die Kölner Tabelle ist identisch mit der D.T. Sie enthält zusätzlich Prozentangaben zu den Steigerungssätzen, die denen der D.T. entsprechen.

Monatliche Unterhaltsbedarfsbeträge nach BGB, bezogen auf einen gegenüber einem Ehegatten und zwei Kindern Unterhaltsverpflichteten. Bei einer größeren/geringeren Anzahl Unterhaltsberechtigter sind Ab- oder Zuschläge in Höhe eines Zwischenbetrags oder durch Einstufung in eine niedrigere/höhere Gruppe angemessen. Die Zu- und Abschläge sind in der Regel durch die nächstniedrigere/höhere Gruppe begrenzt. Die Regelbegrenzung gilt nicht, wenn eine Unterhaltsverpflichtung gegenüber nur einem (1) Kind besteht. Dann kann für die Feststellung des unterhaltspflichtigen Einkommens der ersparte Ehegatten- und Kindesunterhalt dem tatsächlichen Einkommen zugerechnet werden. Als Kindesunterhalt wird der Tabellenbetrag der zweiten Altersstufe der entsprechenden Einkommensgruppe angesetzt (K.L. 1.1).

Der Bedarfskontrollbetrag des Unterhaltsverpflichteten soll eine gleichmäßige Verteilung des Einkommens zwischen dem Unterhaltsverpflichteten und den unterhaltsberechtigten Kindern gewährleisten. Wird er unter Berücksichtigung des Ehegattenunterhalts unterschritten, ist der Tabellenbetrag in der Regel einer niedrigeren Gruppe zu entnehmen oder ein Zwischenbetrag in Ansatz zu bringen (K.L. 1.2.).

Im Regelfall sind nicht enthalten:

a) Krankenversicherungsbeiträge, soweit nicht das Kind in einer gesetzlichen Familienversicherung schon mitversichert ist,
b) Sonderbedarf (§ 1613/II BGB),
c) erhöhter Bedarf (z. B. Berufsausbildungskosten) (K.L. 2.0.–2.3.).

d) OLG Bremen. Die Bremer Tabelle entspricht der D.T., allerdings ohne Bedarfskontrollbeträge. Sie enthält den Zusatz ,,über 7000 (Nettoeinkommen) nach dem Umständen des Einzelfalles".

Die Unterhaltssätze für eheliche Kinder einschließlich der geänderten Einkommensgruppen sind der ab. 1. 1. 1985 geltenden D.T. entnommen. Sie tragen dem Umstand Rechnung, daß ab 1. 1. 1985 auch der Regelbedarf für nichteheliche Kinder neu festgesetzt worden ist. Die Tabellensätze sind auf den Fall zugeschnitten, daß der Unterhaltspflichtige einem Ehegatten und zwei Kindern Unterhalt zu gewähren hat. Bei einer größeren oder geringeren Anzahl von Unterhaltsberechtigten ist die Einstufung in die entsprechend niedrigere/höhere Einkommensgruppe vorzunehmen. Bei der Einstufung des Kindesunterhalts ist im Wege einer Bedarfskontrollrechnung in jedem Fall die Relation zum Selbstbehalt/Selbstbedarf beider Eltern zu beachten; erforderlichenfalls ist eine weitere Herabstufung der Kinder bis zu den Regelunterhaltssätzen vorzunehmen. Wenn der notwendige Bedarf aller Unterhaltsberechtigten nicht gedeckt werden kann, sind alle anteilig zu kürzen (B.L. A 1a).

e) OLG Hamburg. Im Interesse einer einheitlichen Rechtsanwendung übernehmen die Senate die Unterhaltsrichtsätze für eheliche Kinder aus der D.T. 85. Die Tabellensätze sind darauf zugeschnitten, daß der Unterhaltspflichtige einen Ehegatten und zwei Kinder zu unterhalten hat. Abweichungen von diesem Ausgangsfall sind durch angemessene Zu- oder Abschläge zu berücksichtigen. Diese sind in der Regel durch die nächsthöhere/niedrigere Gruppe begrenzt. Die Regelbegrenzung gilt nicht, wenn eine Unterhaltsverpflichtung nur gegenüber einem Kind besteht. Die Bedarfskontrollbeträge werden nicht übernommen. Es wird aber darauf zu achten sein, daß der Kindesunterhalt in einem angemessenen Verhältnis zu dem Betrag steht, der dem Unterhaltspflichtigen für den Eigenbedarf zu verbleiben hat (Ha.L. 1.).

f) OLG Stuttgart. Nach wie vor liegen alle Familiensenate des OLG Stuttgart – vorbehaltlich eines besonderen individuellen Bedarfs – die Bedarfssätze der D.T. mit etwaigen Ab- oder Zuschlägen zugrunde (St.L.)

g) OLG Schleswig-Holstein. Zu Anm. 1): Die Unterhaltsbedarfsbeträge sind auf den gegenüber einem Ehegatten und zwei Kindern Unterhaltspflichtigen abgestellt. Umstufungen bei größerer oder geringerer Anzahl von Unterhaltsberechtigten.

Zu Anm. 5): Bezüglich des Bedarfskontrollbetrages ist es nicht zu einer abschließenden Meinungsbildung gekommen (aus Schl.HA 1980).

h) OLG Frankfurt. Die Tabelle nach Frankfurter Praxis ist im Prinzip identisch mit der D.T. Sie enthält jedoch keine Bedarfskontrollbeträge; dafür eine Gruppe 10 für Einkommen über 7000 DM mit dem Zusatz (⅖ aus 2800) nach den besonderen konkreten Umständen des Falles.

Die monatlichen Unterhaltsbedarfsbeträge gem. §§ 1601 ff. BGB sind bezogen auf einen gegenüber einem Ehegatten und zwei Kindern Unterhaltspflichtigen. Bei einer größeren/geringeren Anzahl Unterhaltsberechtigter sind Ab- oder Zuschläge in Höhe eines Zwischenbetrages oder durch Einstufung in eine niedrigere/höhere Gruppe angemessen. Die Zu- und Abschläge sind in der Regel durch die nächste niedrigere/höhere Gruppe begrenzt (F.L. A 1).

Bei der finanziellen Beteiligung des sorgeberechtigten Elternteils sollte man sehr zurückhaltend sein, denn dieser muß letztlich doch den von dem Barunterhaltspflichtigen nicht gedeckten Barbedarf des Kindes irgendwie aufbringen. Deshalb können kleinere Naturalleistungen des Barunterhaltspflichtigen seine laufende Zahlungspflicht nicht verringern; das gilt auch, wenn der nicht sorgeberechtigte Elternteil das Kind für eine kürzere (Ferien-)Zeit zu sich nimmt und es dabei versorgt, denn die laufenden Generalunkosten des sorgeberechtigten Elternteils bestehen ja weiter.

In den Richtsätzen der D.T. sind eingeschlossen: Die Kosten für Nahrung, Wohnung, Krankenvorsorge (diese ist aber im allgemeinen durch die Mitversicherung sicherzustellen), Ferien, Pflege musischer und sportlicher Interessen sowie Taschengeld.

Übersteigt das durchschnittliche bereinigte Nettoeinkommen des Unterhaltspflichtigen den Betrag von derzeit 1850 DM monatlich, so hat der Unterhaltspflichtige statt der Pflege nach der RegelunterhaltVO diejenigen Richtsätze zu bezahlen, die sich aus der D.T. für den jeweils maßgeblichen Beurteilungszeitraum ablesen lassen. Die D.T. wird jetzt in ganz Hessen angewandt.

Zur allgemeinen Anwendung der D.T. hat der BGH in FamRZ 83/473 näheres ausgeführt; hierauf wird Bezug genommen. In diesem Zusammenhang seien noch folgende Leitsätze des OLG Frankfurt genannt:

Die Düsseldorfer Tabelle ermittelt nicht den objektiven Lebensbedarf eines minderjährigen Kindes; sie orientiert sich vielmehr an der Leistungs(un-)fähigkeit des barunterhaltspflichtigen Elternteils; der objektive Bedarf eines Minderjährigen liegt im langjährigen Mittel über den Höchstsätzen der D.T.; verlangt ein Kind Unterhalt in einer Höhe, die über den Höchstsatz der D.T. hinausgeht, so hat es einen weitergehenden laufenden Bedarf konkret darzulegen und zu beweisen; bei der Bemessung des weitergehenden Unterhaltsanspruchs sind erzieherische Gesichtspunkte (z. B. Sparsamkeit) mitzuberücksichtigen (FamRZ 81/1061 und FamRZ 81/1100) (F.W. in DAV 84/94)

4. Abschnitt: Unterhaltsbemessung bei Minderjährigen in „Normalfällen" und „Ausnahmefällen" sowie bei besonderen Fallkonstellationen

I. Unterhaltsbemessung in „Normalfällen"

1. Zum Normalfall

Ein Normalfall ist zu bejahen, wenn eine Gleichwertigkeit von Bar- und Betreuungsunterhalt im Sinne von § 1606/III 2 BGB festgestellt wird. Siehe dazu die Ausführungen Seite 122, 123.

2. Unterhaltbemessung nach dem Nettoeinkommen des barunterhaltspflichtigen Elternteils

Der Unterhaltsanspruch des Kindes bemißt sich im „Normalfall" allein nach dem Nettoeinkommen des barunterhaltspflichtigen Elternteils. Siehe dazu die Ausführungen Seite 127f.

3. Unterhaltsbemessung nach der D.T.

Die Unterhaltsbemessung erfolgt nach D.T., wenn der Regelunterhalt verlangt wird oder nur Regelunterhalt zuerkannt wird. Siehe dazu die Ausführungen Seite 130ff.

4. Unterhaltsbemessung bei überdurchschnittlichen wirtschaftlichen Verhältnissen

Wird bei überdurchschnittlichen wirtschaftlichen Verhältnissen des unterhaltsverpflichteten Elternteils ein den Regelanspruch übersteigender Unterhalt verlangt, ist vom Kind im einzelnen darzulegen (und zu beweisen), worin der erhöhte Bedarf besteht. Anstelle des Regelunterhalts ist dann der so ermittelte Betrag zuzuerkennen. Genaueres dazu siehe die Ausführungen Seite 128.

II. Unterhaltsbemessung in „Ausnahmefällen"

1. Ausnahmefälle zur Regelbewertung nach § 1606/III 2 BGB

Wie bereits erörtert gibt es Ausnahmen zum Regelfall des § 1606/III 2 BGB mit der Folge, daß beide Eltern barunterhaltspflichtig werden (vgl. dazu Seite 122f.).

Der BGH bejaht solche Ausnahmefälle von der Regelbewertung,

a) wenn die Regelbewertung zu einem erheblichen finanziellen Ungleichgewicht zwischen den Eltern führen würde (BGH, FamRZ 80/994, 995 = NJW 80/2306, 2307 = B 111a; FamRZ 84/39, 40 = NJW 84/303, 304 = B 120; FamRZ 81/347, 348 = NJW 81/923),

b) wenn sie ein erhebliches Ungleichgewicht der Belastungen beider Eltern zur Folge hätte (BGH, FamRZ 81/543, 544 = NJW 81/1559, 1560 = B 115b; FamRZ 82/590, 592 = NJW 82/1590, 1592),

c) wenn der Betreuende in besseren Einkommens- und Vermögensverhältnissen ist, als der andere Teil (BGH, FamRZ 84/39, 40 = NJW 84/303, 304 = B 120; so auch H.L. 2.23.; K.L. 24.1.; C.L. II A 6; B.L. A 5a; F.W. in DAV 84/86) und

d) wenn sich Barunterhalt und Naturalunterhalt nicht mehr im Rahmen des üblichen halten, weil sie nur insoweit gleichbewertet werden können. Dies ist aber auch der Fall bei erhöhtem krankheitsbedingtem Zusatzbedarf des Kindes und erhöhtem Betreuungsbedarf. Erhöhter Zusatzbedarf und erhöhter Betreuungsbedarf stehen in keiner festen Wechselbeziehung (BGH, FamRZ 83/689, 690 = NJW 83/2082, 2083 = B 122).

e) Besonderheiten können sich auch ergeben, wenn der nicht betreuende Elternteil zu Unterhaltszahlungen nicht ohne Gefährdung des eigenen angemessenen Unterhalts in der Lage ist, während der andere Elternteil neben der Betreuung des Kindes auch dessen Barbedarf ohne Gefährdung des eigenen angemessenen Unterhalts tragen kann (BGH, FamRZ 80/555, 556 = NJW 80/934, 935 = B 128).

f) Beweislast für Ausnahmefall:
Macht der auf Barunterhalt in Anspruch genommene Elternteil einen solchen Ausnahmefall geltend, trägt er die Beweislast dafür, daß die Einkommens- und Vermögensverhältnisse des betreuenden Elternteils sowie die sonstigen Umstände dessen – zumindest teilweise – Heranziehung zum Barunterhalt rechtfertigen (BGH, FamRZ 81/347, 349 = NJW 81/923, 924 = B 100; F.W. in DAV 84/84).

2. Unterhaltsbemessung bei Barunterhaltspflicht beider Eltern ohne zusätzliche Besonderheiten

a) In den Fällen, in denen die Regel des § 1606/III 2 BGB nicht eingreift, ist an sich gemäß § 1606/III 1 BGB der volle Bedarf des Kindes zu ermitteln und nach dem Verhältnis des beiderseitigen Einkommens unter Anrechnung der Betreuungsleistungen des Sorgeberechtigten auf beide Eltern zu verteilen. Wenn, wie in der Regel, konkrete Anhaltspunkte für eine Schätzung der Betreuungsleistung fehlen, hat nach OLG Hamm (H.L. 1.24) jeder der Eltern den allein nach seinem Einkommen zu berechnenden Unterhalt zu bezahlen. Dies hat den Vorteil, daß dadurch die Bemessung des anteiligen Barunterhalts erleichtert wird und eine sonst erforderlich werdende rechnerische Bewertung des Betreuungsaufwands vermieden werden kann. Der BGH hat diese Berechnungsweise nach H.L. 1.24. ausdrücklich als rechtlich bedenkenfrei und grundsätzlich gangbar bestätigt. Er meint, es wäre nicht angemessen, im Sinn des § 1610/I BGB den Verpflichteten allein deshalb zu höheren Unterhaltsleistungen heranzuziehen, weil die finanzielle Lage des anderen Elternteils besser sei als seine (BGH, FamRZ 84/39, 40 = NJW 84/303, 304 = B 121).

Abweichend von dieser BGH-Entscheidung meint das OLG Köln, bei Barunterhaltspflicht beider Eltern richte sich die Eingruppierung nach der Summe der anrechnungsfähigen Nettoeinkommen abzüglich eines angemessenen Freibetrags wegen doppelter Haushaltsführung. Untergrenze sei stets das Einkommen des Elternteils mit dem höheren Einkommen (K.L. 24.4.).

b) Einfaches Rechenbeispiel zu a)
Einkommen des Nichtsorgeberechtigten DM 3000;
Einkommen des Sorgeberechtigten DM 4000;
4 Kinder im Alter von 5, 8, 10 und 15 Jahren

Barunterhalt aus Gruppe 5 (2800–3400) = 330 + 400 + 400 + 475.

Den verbleibenden Restbedarf muß der Sorgeberechtigte aufbringen, was ihm aufgrund seiner wirtschaftlich besseren Lebensstellung zugemutet werden kann.

c) Bei Vorliegen besonderer Umstände kann es angemessen sein, den für den Barunterhaltspflichtigen aufgrund seines Nettoeinkommens maßgeblichen Tabellensatz zusätzlich zu ermäßigen (so auch H.L. 2.24; C.L. A 6).

Dies kann nach BGH z. B. in Frage kommen, wenn die wirtschaftliche Lage des betreuenden Elternteils besonders günstig ist und sein Einkommen das des anderen Elternteils erheblich übersteigt.

In einem solchen Fall ist zunächst der um den Anteil des Sorgeberechtigten ergänzte Gesamtbedarf des Kindes im Sinn von §§ 1610, 1606/III 1 BGB zu ermitteln. Bei dieser Ermittlung ist nach BGH zu beachten, daß die Lebensstellung des Kindes während des Heranwachsens und in der Schul- und Ausbildungszeit wesentlich durch das Kindsein geprägt ist und nicht unbegrenzt mit dem Einkommen der Eltern steigt. Letztlich muß eine Orientierung an dem Verteilungsmaßstab des Gesetzes ergeben, ob der tabellenmäßig errechnete Anteil des nicht Sorgeberechtigten an dem so gesehenen Gesamtbedarf des Kindes im richtigen Verhältnis zu dem Anteil steht, der auf den Sorgeberechtigten entfällt (BGH, FamRZ 84/39, 40 = NJW 84/303, 304 = B 121). Der BGH verlangt in dieser Entscheidung eine konkrete Ermittlung des Gesamtbedarfs des Kindes und nicht eine Bemessung des Gesamtbedarfs aus der Summe der beiderseitigen Einkommen. So auch BGH, FamRZ 85/917, 919 = NJW 85/2590, 2592.

d) Rechenbeispiel zu c):
Einkommen des Barunterhaltspflichtigen DM 3000;
Einkommen des Sorgeberechtigten DM 9000;
verlangt wird der Unterhalt für ein 15jähriges Kind.

Der Unterhaltsgesamtbedarf des Kindes ergibt sich nicht aus der Summe der beiderseitigen Einkünfte (12000) sondern ist als konkreter individueller Bedarf des Kindes zu ermitteln. Es wird angenommen, daß im konkreten Fall mit DM 800 ermittelt wurde.

Nach § 1601/III 1 BGB haften die Eltern anteilig nach ihren Erwerbs- und Vermögensverhältnissen, d.h. im konkreten Fall im Verhältnis von 3000 : 9000 = ¼ : ¾. Der

Unterhaltsgesamtbedarf des Kindes wäre daher im Verhältnis von 200 : 600 zu verteilen. Der Barunterhaltspflichtige hätte DM 200 zu zahlen.

Bei einer Unterhaltsbemessung nach seinem Nettoeinkommen hätte er infolge des Zuschlags wegen Unterhalt für nur ein Kind (1,5 × Differenz zur nächsten Stufe = 75) DM 550 an Unterhalt zu bezahlen.

Der Betrag von DM 200 liegt unter dem Regelunterhaltssatz für nichteheliche Kinder (= unterste Gruppe der D.T.). Der BGH läßt in Anlehnung an die Haftung eines nichtehelichen Vaters einen Abzug vom Tabellenunterhalt, sowie auch ein Unterschreiten der Regelunterhaltssätze für nichteheliche Kinder zu (BGH, FamRZ 84/39, 40 = NJW 84/303, 304 = B 121). Für einen solchen Abzug sind auch OLG Hamm (H.L. 2.24) und OLG Celle (C.L. A. 6).

Bei der obigen Berechnung gemäß § 1601/I 1 BGB wurde ein Betreuungsbedarf des Kindes bzw. ein entsprechender Betreuungsaufwand des sorgeberechtigten Elternteils nicht berücksichtigt. Nach BGH kann bei der Bestimmung des Verteilungsschlüssels oder der Bemessung des Abzugsbetrages auch berücksichtigt werden, daß der Sorgeberechtigte zusätzliche Betreuungsleistungen für das Kind zu erbringen hat (BGH, FamRZ 83/689, 690 = NJW 83/2082, 2083 = B 122).

Bei einer entsprechenden Veränderung des Verteilungsschlüssels von ¼ auf ⅓ wäre der Unterhaltsanteil des Barunterhaltspflichtigen ca. DM 270, bei einem Verteilungsschlüssel 1 : 1 wäre er DM 400. Siehe dazu auch die nachfolgenden Ausführungen zu 3).

3. Unterhaltsbemessung bei Barunterhaltspflicht beider Elternteile und zusätzlichem erhöhtem Betreuungsaufwand (z. B. bei behindertem Kind)

a) Zunächst ist eine Rechnung aufzustellen, wie sie in Ziffer 2 beschrieben wurde. Diese Rechnung berücksichtigt allerdings nicht einen erhöhten Betreuungsbedarf des behinderten Kindes.

Nach BGH muß in einem solchen Fall vermieden werden, daß der Elternteil, der bereits in Ausübung der elterlichen Sorge erheblich mehr leisten muß als im Regelfall, durch die zusätzliche Heranziehung zu dem finanziellen Mehrbedarf im Verhältnis zum anderen Elternteil ungerecht belastet würde. Dies kann dadurch geschehen, daß die Verteilungsquote, die sich gemäß § 1606/III 1 BGB bei einem Vergleich der Einkommen beider Eltern ergibt, unter Berücksichtigung des Ausmaßes der Betreuungsleistungen des Sorgeberechtigten auf ihre Angemessenheit überprüft und ggf. zugunsten des Sorgeberechtigten verändert wird. Die Veränderung der Verteilungsquote ist nicht daran zu orientieren, was für gleichwertige Betreuungsleistungen an Dritte gezahlt werden müßte, da es sonst zu einer unangebrachten „Monetarisierung" der elterlichen Fürsorge käme.

Die Veränderung soll vielmehr die mit dem erhöhten Einsatz des Sorgeberechtigten verbundenen Belastungen auffangen, indem sie ihm als Ausgleich einen größeren Spielraum zur Befriedigung eigener Bedürfnisse ermöglicht.

Die Verteilung des finanziellen Mehrbedarfs auf beide Eltern bei erhöhten Betreuungsleistungen ist Sache des Einzelfalls und unter Zumutbarkeitsgesichtspunkten zu beurteilen. Wichtig hierzu sind Umfang und Art der erhöhten Betreuungsleistungen, Einkommensverhältnisse und Lebenszuschnitt der Beteiligten, sowie erhaltene Ausgleichsleistungen von dritter Seite, wie z. B. eine monatliche Beihilfe des Dienstherrn (BGH, FamRZ 83/689, 690 = NJW 83/2082, 2083 = B 122; FamRZ 85/917, 919).

b) Rechenbeispiel hierzu wie vorher (Einkommen 3000 und 9000; 15jähriges Kind:

Zunächst fällt bei einem behinderten Kind nicht nur ein erhöhter Betreuungsaufwand sondern in aller Regel ein erhöhter finanzieller Mehrbedarf (für Pflegekräfte, ärztliche Versorgung u. ä.) an. Dies ist bereits bei der Ermittlung des angemessenen Unterhaltsbedarfs zu berücksichtigen.

Ermittelter Gesamtbedarf nunmehr DM 1200 (statt DM 800).

Die Haftungsquote nach § 1606/III 1 BGB beträgt zunächst unverändert ¼ (3000) zu ¾ (9000).

Diese Haftungsquote ist nunmehr tatrichterlich unter Berücksichtigung von Art und Umfang der erhöhten Betreuungsleistungen, Einkommensverhältnisse, Lebenszuschnitt und erhaltenen Ausgleichsleistungen zu verändern. Unter Abwägung aller Umstände des Einzelfalls setzt der Tatrichter nunmehr den Verteilungsschlüssel auf 1 : 1 fest. Danach hätte der barunterhaltspflichtige Elternteil DM 600 an Unterhalt zu bezahlen (bei ⅓ : ⅔ DM 400).

4. Unterhaltsbemessung bei Barunterhaltspflicht beider Eltern und erheblich vermindertem Betreuungsaufwand des sorgeberechtigten Elternteils (z. B. bei Internatsunterbringung)

Die Berechnung erfolgt nach den gleichen Grundsätzen wie zu 3), wobei allerdings in diesem Fall eine faktische Entlastung des Sorgeberechtigten bezüglich seiner normalen Betreuungsleistungen zu berücksichtigen ist. Ist diese faktische Entlastung – wie oft – überdurchschnittlich groß, kann der Verteilungsschlüssel des § 1606/III 1 unverändert angewandt werden, falls die verbleibende Restbetreuung (z. B. während der Ferien- und Besuchszeiten) nicht erheblich ins Gewicht fällt. Der beiderseitige Haftungsanteil der Eltern bemißt sich dann nur anteilig nach ihren Einkommens- und Vermögensverhältnissen. Restliche Betreuungsleistungen bleiben unberücksichtigt.

5. Unterhaltsbemessung bei berechtigtem erheblichen Mehrbedarf des Kindes

a) Auch in den Fällen, in denen das Kind einen den Regelbedarfssatz übersteigenden zusätzlichen finanziellen Mehrbedarf hat, z. B. durch den Besuch einer Privatschule oder durch Mehrkosten durch einen benötigten Sonderunterricht, kann nach der Rechtsprechung des BGH ein Ausnahmeverhältnis im Sinn des § 1606/III 2 BGB vorliegen. Wie bereits erörtert, setzt diese Bestimmung im Weg einer typisierenden Wertung schon ihrem Wortlaut nach Barleistungen und Betreuungsleistungen nur für den „Regelfall" gleich, d. h. wenn Barbedarf und Betreuungsbedarf sich im Rahmen des Üblichen halten. Dieses vorausgesetzte Gleichgewicht kann auch gestört sein, wenn der Rahmen des Üblichen (Regelbedarfssatz) durch anfallende berechtigte Mehrkosten erheblich überschritten wird. Während ein erhöhter Betreuungsbedarf naturgemäß nicht verteilungsfähig ist, kann ein erhöhter Barbedarf nach § 1606/III 1 BGB ohne weiteres verteilt werden, wenn auch der sorgeberechtigte Elternteil ein eigenes Einkommen hat (BGH, FamRZ 83/689, 690 = NJW 83/2082, 2083 = B 122).

b) Die Verteilung der entstehenden Mehrkosten kann in der Weise geschehen, daß der den Regelbedarf übersteigende Mehrbedarf konkret ermittelt wird und im Verhältnis der beiderseitigen Einkommensverhältnisse nach § 1606/III 1 zusätzlich zum Regelunterhalt verteilt wird. Der BGH hat es in einem solchen Fall gebilligt, daß das OLG von einem Nettoeinkommen der Mutter von ca. 1000 DM und einem Nettoeinkommen des Vaters von ca. 3500 DM über freiwillig gezahlten Regelunterhalt hinaus weiter DM 213 (= ⅔ der Privatschulkosten) zugesprochen hat. Er meinte in dieser Entscheidung, durch die Geltendmachung von nur ⅔ der Privatschulkosten sei dem Umstand genügend Rechnung getragen worden, daß möglicherweise durch den Besuch des Privatgymnasiums mit Tagesheimschule ein geringer Teil des Betreuungsaufwands entfallen sein konnte (BGH, FamRZ 83/48, 49 = NJW 83/393, 394 = B 123).

c) Genaugenommen betrifft allerdings § 1606/III 1 BGB den gesamten Unterhaltsbedarf, also sowohl den Bar- als auch den Naturalunterhalt (Betreuungsbedarf). Dementsprechend muß bei einer Unterhaltsbemessung nach § 1606/III 1 BGB genaugenommen der Gesamtbedarf des Kindes (nicht nur der Mehrbedarf) verteilt werden und dabei auch ein Betreuungsbedarf mitberücksichtigt werden, den der nach dieser Regelung mit heranzuziehende Elternteil bereits leistet (BGH, FamRZ 83/689, 690 = NJW 83/2082, 2083 = B 122; siehe dazu auch die vorangegangenen Ausführungen zu 3) und 4) Seite 137.

Bei genauer Berechnungsweise ist daher, wie in den vorherigen Fällen zu 3) und 4), zunächst der gesamte Unterhaltsbedarf (Regelbedarf + Mehrbedarf) zu ermitteln, dann die nach den beiderseitigen Erwerbs- und Vermögensverhältnissen anteilige Haftungquote zu errechnen und schließlich diese Quote unter Berücksichtigung der Betreuungsleistungen des sorgeberechtigten Elternteils – auch wenn sich diese im normalen Rahmen halten – zu verändern. Eine Nichtberücksichtigung der Betreuungsleistungen könnte eine ungleiche Belastung des Sorgeberechtigten zur Folge haben. Auf jeden Fall trifft dies zu bei erhöhten Betreuungsleistungen (BGH, FamRZ 83/689, 690 = NJW 83/2082, 2083 = B 122; siehe vorher 3), gilt aber im Grund in gleicher Weise bei normalen (= vorher 2) und erheblich geminderten Betreuungsleistungen (= vorher 4).

d) Ein finanzieller Mehrbedarf im Sinn der vorstehenden Erörterungen ist in Abgrenzung zum Sonderbedarf (siehe Seite 298ff.) nur dann zu bejahen, wenn es sich um voraussehbare und regelmäßig anfallende Mehrkosten handelt. Die Unterhaltsrente des Kindes (und damit auch der jeweilige Haftungsanteil der Eltern) ist so zu bemessen, daß sie sämtliche voraussehbaren Bedürfnisse des Kindes abdeckt und hinreichenden Spielraum für eine vernünftige Planung voraussehbarer größerer Aufwendungen beläßt (BGH, FamRZ 83/689, 691 = NJW 83/2082, 2084 = B 124; FamRZ 84/470, 472 = NJW 84/2826, 2828 = B 117; FamRZ 82/145, 146 = NJW 82/328, 329).

III. Besondere Fallkonstellationen in der Praxis

In der Praxis gibt es eine Reihe typischer besonderer Fallkonstellationen, die in Anwendung der vorher erörterten Grundsätze gelöst werden können.

1. Schul- und ausbildungsbedingte Mehrkosten

a) Mehrkosten, die durch den Regelbedarf nicht gedeckt sind, können z. B. entstehen durch Sonderunterricht, Nachhilfeunterricht, den Besuch von Privatschulen und Privatgymnasien, durch private Tagesheimschulen, Internatsunterbringung u. ä. (BGH, FamRZ 83/48, 49 = NJW 83/393, 394 = B 123).

b) Zunächst ist zu klären, ob solche kostenverursachenden Maßnahmen im Interesse des Kindes zu Lasten des Verpflichteten berechtigt sind.

Der sorgeberechtigte Elternteil ist nach §§ 1671, 1631/I BGB berechtigt, die Ziele und Wege einer Ausbildung unter Berücksichtigung der Eignung und Neigung des Kindes verantwortlich festzulegen. Der barunterhaltspflichtige Elternteil muß solche Entscheidungen hinnehmen, auch wenn sie sich kostensteigernd für ihn auswirken und sie ihm nicht sinnvoll erscheinen. Fehlentscheidungen können nur durch das Vormundschaftsgericht nach §§ 1631, 1666 BGB korrigiert werden.

Deshalb können im Unterhaltsrechtsstreit Maßnahmen des Sorgerechtsinhabers auf ihre Rechtmäßigkeit überprüft werden. Das gilt auch bei der Wahl einer Mehrkosten verursachenden Privatschule. Trotz der generellen Bindung an eine Entscheidung des Sorgeberechtigten kann das Kind einen auf diese Weise entstandenen Mehrbedarf nicht unbeschränkt geltend machen. Die kostenverursachende Maßnahme muß sachlich begründet sein. Es müssen so gewichtige Gründe vorliegen, die es gerechtfertigt erscheinen lassen, die durch die Wahl verursachten Mehrkosten auch zu Lasten des Unterhaltspflichtigen als angemessene Bildungskosten anzuerkennen (BGH, FamRZ 83/48, 49 = NJW 83/393, 394 = B 123).

Ergibt diese Prüfung, daß die Mehrkosten nicht berechtigt sind, verbleibt es bei dem Tabellenregelunterhalt. Die Mehrkosten muß dann der sorgeberechtigte Elternteil tragen, der sie im Verhältnis zum barunterhaltspflichtigen Elternteil unberechtigt veranlaßt hat. Eine Berechtigung ist stets zu bejahen, wenn der barunterhaltspflichtige Elternteil mit der Maßnahme des Sorgeberechtigten einverstanden war.

Sind die Mehrkosten berechtigt, ist weiter zu differenzieren (siehe nachfolgend c).

c) Hat der betreuende Elternteil kein eigenes Einkommen, trägt der Verpflichtete den Gesamtbedarf des Kindes einschließlich der Mehrkosten allein, soweit er dazu im Rahmen seiner Leistungsfähigkeit unter Berücksichtigung seiner erhöhten Unterhaltspflicht gegenüber minderjährigen Kindern in der Lage ist (BGH, FamRZ 83/48, 49 = NJW 83/393, 394 = B 123).

Es verbleibt ihm also jedenfalls der notwendige Selbstbehalt. Den Rest trägt dann in einem solchen Fall der betreuende Elternteil.

d) Hat der betreuende Elternteil selbst eigenes Einkommen, so ist zunächst zu klären, ob im Hinblick auf die Höhe der Mehraufwendungen und unter Berücksichtigung der beiderseitigen Einkommensverhältnisse ein Ausnahmefall von der Regel des § 1603/II 1 BGB angenommen werden kann (Ungleichgewicht der Belastung) (siehe II.1. Seite 135 und II.5. Seite 138f.).

aa) Wird dies verneint, trägt der Barunterhaltspflichtige allein den Gesamtbedarf des Kindes einschließlich der Mehrkosten im Rahmen seiner Leistungsfähigkeit (= wie bei c).

bb) Wird eine beiderseitige Barunterhaltspflicht bejaht, ist der Gesamtbedarf des Kindes (Regelbedarf + Mehrbedarf) zu ermitteln und nach § 1606/III 1 BGB entsprechend den Ausführungen zu II.5. Seite 138f. anteilig im Verhältnis des Einkommens beider Eltern zu verteilen. Gegebenenfalls ist der so ermittelte Verteilungsschlüssel zu korrigieren, und zwar zugunsten des Sorgeberechtigten, wenn er nur ein verhältnismäßig geringes Einkommen hat und für das Kind normale oder erhöhte Betreuungsleistungen erbringt. Sehr oft, wie z. B. bei Internatsunterbringung u. ä., wird der Sorgeberechtigte erheblich entlastet in bezug auf Betreuungs- und Versorgungsleistungen. In solchen Fällen ist der Verteilungsschlüssel allenfalls geringfügig im Hinblick auf eine verbleibende Restbetreuung zu verändern (vgl. dazu die Ausführung zu II.3. und 4, Seite 137f. sowie F. W. in DAV 84/86).

2. Speziell zur Internatsunterbringung

a) Die Internatsunterbringung kann gerechtfertigt sein durch Gründe, die in der Person des Kindes liegen, wie z. B. Lernschwierigkeiten, Erziehungsschwierigkeiten und sonstige Behinderungen. Wegen der erheblichen Mehrkosten ist die Berechtigung hierzu im Sinn der Ausführungen zu III 1b, Seite 139 besonders sorgfältig zu überprüfen.

Die Internatsunterbringung kann außerdem dadurch mitgerechtfertigt sein, daß der betreuende Elternteil auf diese Weise einer eigenen Erwerbstätigkeit nachgehen kann und damit die Mehrkosten zu einem erheblichen Teil selbst mitfinanzieren kann. Dabei ist – vor allem bei verhältnismäßig geringem Erwerbseinkommen – außerdem zu prüfen, ob infolge der Entlastung von Betreuungs- und Versorgungsleistungen für das Kind nicht ein höheres Einkommen erzielt werden könnte. Bejahendenfalls ist ein solches als fiktives Einkommen zuzurechnen.

b) Die Berechnung des Unterhaltsanteils folgt gemäß den Ausführungen Seite 138.

c) Nach OLG München ist bei berechtigter oder einvernehmlicher Internatsunterbringung des Kindes jeder Elternteil barunterhaltspflichtig. Dem Elternteil, der die elterliche Sorge für dieses Kind hat und bei dem das Kind sich an den Ausgangswochenenden und in den Ferien aufhält, verbleibt aber ein gewisser Anteil an Naturalunterhalt und die sog. Restbetreuung. Bei Barunterhalt ist der Bedarf des Kindes entsprechend dem unterschiedlichen Einkommen der Eltern unter Berücksichtigung des Werts des Naturalunterhalts und der Regelbetreuung aufzuteilen. In anderen Fällen trägt der Sorgeberechtigte allein die Kosten der Internatsunterbringung (M.R. 2.1.).

Letzteres betrifft die Fälle einer nichtberechtigten Internatsunterbringung.

3. Unterhaltsbemessung bei einem pflegebedürftigen, behinderten Kind

a) Bei einem behinderten Kind trägt der barunterhaltspflichtige Elternteil den erhöhten Bedarf im Rahmen seiner Leistungsfähigkeit, falls er allein Einkommen hat.

Falls auch der sorgeberechtigte Elternteil eigenes Einkommen hat, wird der Gesamtbedarf des Kindes nach § 1606/III 1 BGB auf beide Eltern verteilt. Die sich aus einem Vergleich des jeweiligen Einkommens ergebende anteilige Verteilungsquote ist jedoch zugunsten des sorgeberechtigten Elternteils so zu verändern, daß er als Ausgleich für seine erhöhten Betreuungsleistungen einen größeren Spielraum zur Befriedigung seiner eigenen Bedürfnisse erhält. Dabei sind, jeweils bezogen auf den konkreten Einzelfall, in die umfassende Zumutbarkeitsabwägung auch Beihilfeleistungen miteinzubeziehen sowie sonstige Vergünstigungen, die der Sorgeberechtigte wegen der Pflegebedürftigkeit des Kindes erhält (BGH, FamRZ 83/689, 690 = NJW 83/2082, 2083 = B 122; FamRZ 85/917, 919; FamRZ 85/917, 919 = NJW 85/2590, 2592). Genaueres zur Berechnung siehe II.3. Seite 137, 138.

b) Der behinderungsbedingte finanzielle Zusatzbedarf des Kindes kann nach § 287 ZPO geschätzt werden.

Ein solcher Zusatzbedarf kann vorliegen bei:

aa) Mehrkosten für Stärkungs- und Pflegemittel,

bb) Kosten für die Hilfe eines Dritten, die nötig wird wegen Krankheit des Sorgeberechtigten oder des Kindes und einer dadurch bedingten Überforderung des Sorgeberechtigten,

cc) höherer Stundenlohn, der wegen besonderer Pflegebedürftigkeit gezahlt werden muß,

dd) Kosten für Sonderunterricht oder Stützunterricht,

ee) Kosten für die jährliche Teilnahme an einer Behindertenfreizeit

ff) erhöhte Aufwendungen, die dem Sorgeberechtigten in seiner allgemeinen Lebens- und Haushaltsführung wegen der erhöhten Inanspruchnahme durch das Kind entstehen. Es muß sich aber um konkret meßbare Mehrkosten handeln. Der verständliche Wunsch nach Anerkennung des erhöhten Einsatzes des Sorgeberechtigten kann nur bei der Bemessung des Verteilungsschlüssels berücksichtigt werden (BGH, FamRZ 83/689, 690, 691 = NJW 83/2082, 2083, 2084 = B 124; FamRZ 85/917, 919 = NJW 85/2590, 2592).

Kein berücksichtigungswürdiger Mehrbedarf sind die Aufwendungen eines Sorgeberechtigten, die dadurch entstehen, daß er sich der Hilfe eines Dritten bedient, um selbst berufstätig sein zu können. Insoweit handelt es sich um Verbindlichkeiten des Sorgeberechtigten, die er von seinem Bruttoeinkommen als berufsbedingte Aufwendungen abziehen kann, aber nicht um einen Unterhaltsbedarf des Kindes (BGH, FamRZ 83/689, 690, 691 = NJW 83/2082, 2083, 2084 = B 124).

c) Leistungen von dritter Seite für Mehraufwendungen wie z. B. Pflegegeld oder die monatliche Beihilfe, die der Sorgeberechtigte von einem Dienstherrn für die Beschäftigung einer Pflegekraft erhält, zählt als Einkommen des Sorgeberechtigten und erhöht damit seinen rechnerischen Haftungsanteil nach § 1606/III 1 BGB. Andererseits kann der Sorgeberechtigte den Beihilfebeitrag zur Deckung der auf ihn entfallenden Mehrkosten verwenden. In diesem Sinn kann eine solche Kostendeckung aus Mitteln der Beihilfe im Verhältnis der Eltern zueinander auch als Unterhaltsbeitrag des Beihilfeberechtigten angesehen werden. Das bedeutet im Ergebnis, daß dem Sorgeberechtigten die Beteiligung an den Mehrkosten in Höhe der Beihilfe nicht wehtut. Dieser Umstand ist bei der Bemessung des Verteilungsschlüssels in die Zumutbarkeitsabwägung einzubeziehen. Im Hinblick hierauf kann es angemessen sein, den auf den Sorgeberechtigten entfallenden Anteil so zu bemessen, daß über die Beihilfe hinaus auch ein Teil seines sonstigen Einkommens in Anspruch genommen wird (BGH, FamRZ 83/689, 690, 691 = NJW 83/2082, 2083, 2084 = B 124).

4. Eigener Hausstand des minderjährigen Kindes oder Bedarf bei auswärtiger Unterbringung

a) Wohnt das Kind berechtigterweise nicht bei einem Elternteil, sondern führt es mit Einverständnis des Sorgeberechtigten selbständig einen eigenen Haushalt und fallen auch sonst keine nennenswerten Betreuungsleistungen mehr an, so haften, abweichend vom Regelfall, beide Eltern nach § 1606/II 1 BGB anteilig für den Gesamtbedarf des Kindes entsprechend ihren Einkommens- und Vermögensverhältnissen. In solchen Fällen ist es ratsam, wie bei Volljährigen, im Regelfall feste Bedarfssätze anzunehmen, weil die Bedarfssätze der D.T. davon ausgehen, daß das Kind bei einem Elternteil lebt und infolge dieses Zusammenlebens verminderte Bedürfnisse hat. Durch das selbständige Wohnen entsteht ein erhöhter Bedarf. Dieser Bedarf beträgt bei Studierenden im Regelfall derzeit monatlich DM 800 (D.T. A 7. M.R. 2.3.; H.L. 2.26.; K.L. 4.1.; B.L. A 2b.; C.L. II B 1b; Schl.L. 3.; F.L. A 8.). Siehe dazu Seite 158.

Dieser Bedarfssatz kann auch für ein Kind mit eigenem Haushalt angesetzt werden (D.T. A 7; H.L. 2.26.; K.L. 4.1.; Schl.L. 3.; F.L. A 8).

b) Das OLG München differenziert bei einem eigenen Hausstand in einen Regelbedarf von Schülern und Auszubildenden, den es mit monatlich DM 650 annimmt und in einen Regelbedarf für Studenten, der mit monatlich DM 800 bemessen wird (M.R. 2.3.).

Das OLG Hamburg bewertet den angemessenen Unterhaltsbedarf eines in der Ausbildung befindlichen volljährigen Kindes pauschal mit monatlich DM 840 (HA. L. 4.).

c) Bei der Bemessung der Verteilungsquote nach § 1606/III 1 BGB kann berücksichtigt werden, daß vom Sorgeberechtigten noch eine, wenn auch erheblich geminderte Restbetreuung und sonstige auf den Unterhalt anzurechnende Naturalleistungen erbracht werden.

5. Unterhalt bei Geschwistertrennung

a) Bei Geschwistertrennung ist jeder Ehegatte, der mindestens eines von mehreren gemeinsamen Kindern betreut, gegenüber dem bei ihm befindlichen Kind zum Betreuungsunterhalt, gegenüber dem anderen Kind zum Barunterhalt verpflichtet. Die Höhe des dem anderen Kind zu zahlenden Barunterhalts richtet sich nach der Höhe des jeweiligen eigenen Nettoeinkommens. Ist dies bei beiden Eltern annähernd gleichwertig, empfiehlt sich eine einvernehmliche Vereinbarung, daß jeder jeweils in vollem Umfang für den gesamten Unterhalt (Bar- und Betreuungsbedarf) des bei ihm lebenden Kindes aufkommt. Dies geschieht rechtlich in zulässiger Weise durch eine wechselseitige Freistellungsvereinbarung der Eltern.

b) Besteht keine solche Vereinbarung, bemißt sich der zu zahlende Barunterhalt nach dem jeweils eigenen anrechenbaren Nettoeinkommen.

aa) Bei der Ermittlung dieses Nettoeinkommens (= wie Teil I) ist zu beachten, daß es sich, je nach Alter des (oder der) Kindes, das beim Barunterhaltspflichtigen lebt, möglicherweise um ein zumindest teilweises Einkommen aus unzumutbarer Erwerbstätigkeit handeln kann. Ein solches Einkommen ist beim Pflichtigen an sich nur mit den Einschränkungen des § 242 BGB anzurechnen (vgl. dazu die Ausführungen Seite 92). Bei der Zumutbarkeitsabwägung im Rahmen des § 242 BGB ist allerdings zu berücksichtigen, daß Eltern gegenüber minderjährigen Kindern nach § 1603/II 1 BGB alle verfügbaren Mittel zu ihrem und der Kinder Unterhalt gleichmäßig zu verwenden haben. Das sind auch verfügbare Mittel aus einer überobligationsmäßigen Erwerbstätigkeit. Deshalb wird in der Regel eine volle Anrechnung des gesamten Verdienstes in Frage kommen.

bb) Vom Bruttoeinkommen können aber alle Mehrkosten als berufsbedingte Aufwendungen abgezogen werden, die dem Verpflichteten dadurch entstehen, daß er trotz des bei ihm befindlichen Kindes einer Erwerbstätigkeit nachgeht. Eine derartige Berücksichtigung konkreter Umstände und Mehrkosten wird nach BGH dem Grundsatz von Treu und Glauben besser gerecht als die pauschale Nichtanrechnung eines Teils seines Einkommens (vgl. dazu die Ausführung Seite 22; ferner BGH, FamRZ 82/779, 780 = NJW 82/2664, 2665 = B 23; FamRZ 83/689, 691 = NJW 83/2082, 2084 = B 23b; FamRZ 79/210, 211; FamRZ 80/771, 772 = NJW 80/2081).

Diese Entscheidungen beziehen sich zwar in erster Linie auf Ehegattenunterhalt, gelten aber in gleicher Weise bei Inanspruchnahme auf Kindesunterhalt, weil insoweit bezüglich der Ermittlung des anrechnungsfähigen Nettoeinkommens keine Unterschiede bestehen (so im Ergebnis auch F.W. in DAV 84/86).

Abziehbar sind u. a.:

Kosten für Betreuungspersonen, Tagesmutter; Kosten für Hort, Kindergarten, Tagesheimschule, für zusätzlichen Verpflegungsmehraufwand, Hausaufgabenüberwachung; sonstige erhöhte Kosten, die dadurch enstehen, daß der Sorgeberechtigte trotz des Kindes einer Berufstätigkeit nachgeht; Kosten, die dem Sorgeberechtigten infolge der erhöhten Inanspruchnahme durch Arbeit und Kinder in der allgemeinen Lebens- und Haushaltsführung entstehen.

c) Nach OLG Hamm kann bei Geschwistertrennung jeder Elternteil, der mindestens eines von mehreren gemeinsamen Kindern zu betreuen hat, vor der Berechnung des Barunterhalts, den in diesem Fall grundsätzlich beide Elternteile zu erbringen haben, von dem anzurechnenden Einkommen eines jeden von ihnen in der Regel einen angemessenen Betrag für die Leistung des Naturalunterhalts absetzen, um eine Hilfe bei der Versorgung des Kindes etc. zu finanzieren; im Zweifel ein Betrag im Wert des Barunterhalts, den der jeweils (von dem anderen Kind) auf Barunterhalt in Anspruch genommene Elternteil dem von ihm betreuten Kind nach seinem Einkommen zu gewähren hat (= H.L. 2.25).

Gegen einen solchen Pauschalsatz eines Barunterhaltsbetrages in H.L. 2.25 bestehen m. E. aufgrund der vorher erwähnten BGH-Rechtsprechung erhebliche Bedenken. Weder darf der Betreuungsunterhaltsanteil ,,monetarisiert" werden, noch können in einem solchen Fall Mehraufwendungen pauschal angesetzt werden. Es kann allenfalls im Rahmen einer konkreten Zumutbarkeitsabwägung im Einzelfall nach § 242 i. V. 1603/II 1 BGB ein Teil des Einkommens anrechnungsfrei bleiben.

IV. Leitlinien zum Unterhalt Minderjähriger

1. OLG München. Internatsunterbringung: Bei berechtigter oder einvernehmlicher Internatsunterbringung des Kindes ist jeder Elternteil barunterhaltspflichtig. Dem Elternteil, der die elterliche Sorge für dieses Kind hat und bei dem das Kind sich an den Ausgangswochenenden und in den Ferien aufhält, verbleibt aber ein gewisser Anteil Naturalunterhalt und die sog. Restbetreuung. Beim Barunterhalt ist der Bedarf des Kindes entsprechend dem unterschiedlichen Einkommen der Kinder unter Berücksichtigung des Wertes des Naturalunterhalts und der Restbetreuung aufzuteilen. In anderen Fällen trägt der Sorgeberechtigte allein die Kosten der Internatsunterbringung (M.R. 2.1.).

2. OLG Hamm. Der sorgeberechtigte Elternteil, der in seinem Haushalt ein minderjähriges unverheiratetes Kind versorgt, braucht neben dem anderen Elternteil in der Regel keinen Barunterhalt zu leisten. Etwas anderes kann sich ergeben, wenn sein Einkommen bedeutend höher als das des anderen Elternteils ist (H.L. 2.23).

Sind ausnahmsweise beide Elternteile zum Barunterhalt verpflichtet, hat in der Regel jeder von ihnen den allein nach seinem Einkommen zu berechnenden Unterhalt zu zahlen. Ein Abzug kann gerechtfertigt sein, wenn beide Eltern ein hohes Einkommen haben (H.L. 2.24.).

Hat jeder Elternteil (mindestens) eines von mehreren gemeinsamen Kindern zu betreuen, ist vor der Berechnung des Barunterhalts, den in diesem Fall grundsätzlich beide Elternteile zu erbringen haben, von dem anzurechnenden Einkommen eines jeden von ihnen in der Regel ein angemessener Betrag für die Leistung des Naturalunterhalts abzusetzen, um eine Hilfe bei der Versorgung des Kindes etc. zu finanzieren; im Zweifel ein Betrag im Wert des Barunterhalts, den der jeweils (von dem anderen Kind) auf Barunterhalt in Anspruch genommene Elternteil dem von ihm betreuten Kind nach seinem Einkommen zu gewähren hat (H.L. 2.25.).

3. OLG Köln. Der betreuende Elternteil ist dann zum Teil barunterhaltspflichtig, wenn sein Einkommen das des nicht betreuenden Elternteils erheblich übersteigt (K.L. 24.1.).

Bleiben dem nicht betreuenden Elternteil weniger als 1300 DM (angemessener Unterhalt), ist der betreuende Elternteil barunterhaltspflichtig, soweit ihm nach Abzug des Kindesunterhalts 1300 DM zum eigenen Unterhalt verbleiben (K.L. 24.2.).

Für die Höhe des Unterhalts maßgebend ist das Einkommen des das Kind nicht betreuenden Elternteils. Das Einkommen des das Kind betreuenden Elternteils bleibt insoweit außer Betracht (siehe aber 24.1. und 24.2.). (K.L. 24.3.).

Sind beide Eltern barunterhaltspflichtig, so richtet sich die Eingruppierung nach der Summe der anrechnungsfähigen Nettoeinkommen abzüglich eines angemessenen Freibetrags wegen doppelter Haushaltsführung. Untergrenze ist stets das Einkommen des Elternteils mit dem höheren Einkommen (K.L. 24.4.).

4. OLG Celle. Die Barunterhaltspflicht des nicht sorgeberechtigten Elternteils bemißt sich allein nach der Höhe seines Einkommens und nicht nach der Summe der Einkommen beider Elternteile. Der sorgeberechtigte Elternteil, der das minderjährige Kind versorgt und betreut, ist im allgemeinen auch bei eigenem Einkommen nicht barunterhaltspflichtig. Hat er jedoch infolge seines Einkommens oder Vermögens eine bessere Lebensstellung als der andere Elternteil, dann ist er verpflichtet, das Kind daran teilnehmen zu lassen. Bei hohem Einkommen des Sorgeberechtigten kann es gerechtfertigt sein, die Barunterhaltspflicht des anderen Elternteils zu ermäßigen. In diesem Fall ist dem anderen Elternteil mindestens der angemessene Selbstbehalt (1300 DM) zu belassen (C.L.II. A 6).

5. OLG Bremen. Lebt ein Kind bei keinem Elternteil und haben beide Eltern Einkommen, so richtet sich der Anspruch des Kindes gegen jeden der beiden Eltern gesondert nach den Grundsätzen der Tabelle, jedoch begrenzt bis zum angemessenen Lebensbedarf des Kindes (B.L. A 4b).

Der sorgeberechtigte Elternteil, der in seinem Haushalt ein minderjähriges unverheiratetes Kind versorgt, braucht neben dem anderen Elternteil in der Regel keinen Barunterhalt zu leisten, es sei denn, daß sein Einkommen bedeutend höher als das des anderen Elternteils ist (B.L. A 5a).

Bei Unterhaltsansprüchen gegenüber Eltern mit überdurchschnittlich hohem Einkommen ist nach Maßgabe von § 1610 BGB eine individuelle Bedarfsrechnung vorzunehmen. Es gibt keine ziffernmäßig fixierte generelle Sättigungsgrenze als Obergrenze. Der für die Bedürfnisse des Kindes angemessene Betrag ist nach dem Lebenszuschnitt der Eltern zu ermitteln, ohne daß volle Teilhabe an der elterlichen Lebensgestaltung in Frage kommt (B.L. A 5c).

6. OLG Frankfurt. Ist der alleinerziehende Elternteil auch barunterhaltspflichtig, so sind seine finanziellen Aufwendungen für die (Heim-, Hort-)Unterbringung des Kindes vorab als ,,Werbungskosten" von seinem Einkommen abzuziehen und erst der Rest, d.h. sein bereinigtes Nettoeinkommen der eigentlichen Berechnung des Kindesunterhalts zuzuführen. Ist ein Kind etwa behindert und entsteht dadurch sowohl ein erhöhter Betreuungsbedarf als auch ein erhöhter Barbedarf, so ist die finanzielle Beteiligung der beiden Elternteile letztlich unter Zumutbarkeitsgesichtspunkten zu beurteilen. Der Umstand, daß eine Ehefrau und Mutter im Verhältnis zu den von ihr betreuten Kindern keine Verpflichtung zum Barunterhalt und damit zu einer Erwerbstätigkeit trifft, bedeutet noch nicht, daß sie auch hinsichtlich ihrer eigenen Unterhaltsansprüche gegen den Ehemann von der Obliegenheit freigestellt wäre, ihren Unterhalt ganz oder teilweise durch eine an sich zumutbare Erwerbstätigkeit selbst zu decken (F.W. in DAV 84/84).

Wie der Ausdruck Regelunterhalt schon anzeigt, sind von den Bedarfsbeträgen (der D.T.) nicht die Fälle erfaßt, wo eine klare Abweichung vom Normalfall vorliegt. Es kommt dann konkret auf die besonderen Lebensverhältnisse des Kindes an: bei einer erforderlichen Heimunterbringung des Kindes richtet sich der Bedarf des Kindes nicht nach der D.T., sondern nach den tatsächlich entstehenden Kosten. Grundsätzlich muß daher der barunterhaltspflichtige Elternteil auch die erhöhten Kosten für den Besuch einer privaten Schule tragen; doch kommt es letztlich auf die Prüfung der konkreten Umstände des Einzelfalls an. Gibt etwa eine sorgeberechtigte Mutter ihr Kind in einen Hort, um selbst arbeiten gehen zu können, so handelt es sich bei den Hortkosten nicht um vom barunterhaltspflichtigen Elternteil aufzubringenden (Sonder-, Ergänzungs-)Unterhalt, sondern um ihre eigenen „Werbungskosten", um die die Mutter ihr Einkommen bereinigen kann, bevor u.U. auch ihr Einkommen in eine Unterhaltsberechnung – sei es im Kindes-, sei es im Ehegattenunterhalt – miteinfließt. Davon zu unterscheiden ist ein eventueller einmaliger Sonderbedarf des unterhaltsberechtigten Kindes oder Ehegatten (§ 1613/II BGB). Inzwischen hat der BGH diese Gesetzesvorschrift etwas näher konkretisiert; letztlich aber auf eine Gesamtbetrachtung aller Umstände abgestellt (F.W. in DAV 84/86).

5. Abschnitt: Zur Anrechnung von eigenem Einkommen, Kindergeld und Kindesvermögen auf den Kindesunterhalt, sowie zur erweiterten Haftung und Leistungsfähigkeit der Eltern gegenüber minderjährigen Kindern

I. Anrechnung von eigenem Einkommen

1. Zur Anrechnung

Einkünfte des berechtigten Kindes sind bei der Ermittlung seiner Bedürftigkeit genauso umfassend zu berücksichtigen wie beim Verpflichteten. Deshalb mindert eigenes Einkommen des Kindes jeder Art unter Einschluß von Sozialleistungen den Unterhaltsanspruch des Kindes (BGH, FamRZ 80/771, 772 = NJW 80/2081, 2082 = B 2c; FamRZ 80/1109, 1110 = NJW 81/168, 169 = B 2d; FamRZ 81/541, 542, 543 = NJW 81/2462, 2463 = B 17 und B 21).

2. Einkommensarten

Derartige Einkünfte können wie beim Verpflichteten dem Grunde nach alle Einkünfte sein, die unter I 1.1 mit 10 erörtert worden sind. Bei Kindern kommen davon vor allem folgende in Betracht:

a) Einkünfte aus Werkstudentenarbeit oder ähnliche Nebeneinkünfte von Schülern und Studenten (siehe Ausführungen Seite 13f.).

b) Ausbildungs- und Lehrlingsvergütungen sowie Ausbildungsbeihilfen und Anlernzuschüsse (BGH; FamRZ 81/541, 542 = NJW 81/2462, 2463 = B 17, 21; siehe ferner die Ausführungen Seite 14). Von diesen Ausbildungsvergütungen können ausbildungsbedingte Mehrkosten und Aufwendungen in nachgewiesener Höhe oder pauschaliert (OLG München: DM 130; OLG Düsseldorf, Hamm, Köln und Bremen: DM 145) abgezogen werden.
Genaueres dazu Seite 20).

c) Stipendien

d) Einkünfte aus Vermietung, Kapital und sonstigem Vermögen (genaueres dazu Seite 44ff. und Seite 55ff.).

e) Einkünfte aus Renten, wie z. B. Waisenrente (BGH, FamRZ 80/1109 = NJW 81/168 = B 50); vergleiche ferner Ausführungen auf Seite 60ff., zur Waisenrente Seite 61.
f) Wohngeld (siehe dazu Ausführungen Seite 64f.).
g) BAföG-Leistungen (siehe dazu Seite 66f.).
h) Pflegegeld (siehe Ausführungen Seite 68f.).
i) Regelmäßige Zuwendungen Dritter, auf die ein Anspruch besteht (z. B. Leibrente; fiktive Einkünfte aus unterlassener zumutbarer Erwerbstätigkeit siehe dazu Seite 81 ff.).

Eine Verpflichtung zu eigener Erwerbstätigkeit ist bei einem Kind in erster Linie von seinem Lebensalter, seiner Erwerbsfähigkeit und seiner Ausbildungssituation abhängig. Beim Zusammenleben mit einem Partner in nicht ehelicher Lebensgemeinschaft muß sich auch das Kind ein fiktives Entgelt für Haushaltsführung und Versorgungsleistungen für den Partner anrechnen lassen (genaueres dazu Seite 72ff. und Seite 154). Die einschlägige Rechtsprechung des BGH zum Ehegattenunterhalt ist auch auf den Kindesunterhalt anzuwenden (BGH, FamRZ 85/273 = NJW 85/806 = B 125).

Auch im übrigen gelten die Ausführungen in Teil I, vor allem auch die Ausführungen zum Abzug von berufsbedingten Aufwendungen und Werbungskosten sowie zu sonstigen unterhaltsrechtlich relevanten Abzügen.

3. Ein Einkommen des Kindes muß nach BGH beiden Eltern im Verhältnis ihrer Haftungsanteile zugute kommen

a) Im Regelfall werden bei Minderjährigen die Eltern wegen der Gleichwertigkeit von Barunterhalt und Betreuungsleistung nach § 1606/III 2 BGB zu gleichen Teilen entlastet. Deshalb ist in solchen Fällen das Einkommen des Kindes nur zur Hälfte auf den Barunterhalt anzurechnen, zur anderen Hälfte steht es dem sorgeberechtigten Elternteil zu. Das gilt jedenfalls bis zur Volljährigkeit, falls nicht ein Ausnahmefall vorliegt (BGH, FamRZ 81/541, 543 = NJW 81/2462, 2463 = B 126; FamRZ 78/177, 178 = NJW 78/753; FamRZ 80/1109, 1111, 1112 = NJW 81/168, 169, 170 = B 50; siehe ferner die Ausführungen zur Gleichwertigkeit Seite 122f.

b) Sind ausnahmsweise beide Eltern barunterhaltspflichtig, so sind die Haftungsanteile beider Eltern unter Berücksichtigung der Betreuungsleistungen abweichend von der Regel des § 1606/III 1 BGB zu bemessen (BGH, FamRZ 84/39, 40 = NJW 83/303, 304 = B 120 und B 121). (Genaueres dazu Seite 135ff.).

In einem solchen Fall ist das anrechenbare Einkommen des Kindes insgesamt von dessen Unterhaltsansprüchen abzuziehen und der verbleibende Rest entsprechend den ermittelten Haftungsanteilen der Eltern auf diese zu verteilen (BGH, FamRZ 81/541, 543 = NJW 81/2462, 2463 = B 126).

c) Im Grundsatz gilt das gleiche (wie zu b) nach dem Eintritt der Volljährigkeit des Kindes. Vom Unterhaltsanspruch des Volljährigen wird eigenes Einkommen abgezogen und der Rest entsprechend den Haftungsanteilen der Eltern auf diese verteilt.

Wenn der früher sorgeberechtigte Elternteil zwar keinen Barunterhalt leistet, aber weiterhin Naturalleistungen für das Kind erbringt, muß ihm Einkommen des Kindes (im entschiedenen Fall eine Ausbildungsvergütung) anteilig zu seiner faktischen Unterhaltslast ebenfalls zugutekommen.

Im Einzelfall kann für eine gewisse Übergangszeit nach Eintritt der Volljährigkeit (Alter von 18 bis ca. 20 Jahren) unter bestimmten Voraussetzungen noch von einer Gleichwertigkeit des Barunterhalts und des Naturalunterhalts ausgegangen werden. Dies kann der Fall sein, wenn und solange sich der Barbedarf des Kindes gegenüber den üblichen Werten für minderjährige Kinder nicht unwesentlich erhöht und sich an den bisherigen Ausbildungs- und Wohnverhältnissen durch die Volljährigkeit nichts geändert hat. Es hat dann zur Folge, daß das Einkommen des Kindes wie früher nur zur Hälfte auf den Barunterhalt anzurechnen ist. Letztlich ist eine solche Beurteilung jedoch Sache des Tatrichters. Seine Aufgabe ist es, zu bestimmen, zu welchen Teilen eine Vergütung anteilig zu verrechnen ist (BGH, FamRZ 81/541, 543 = NJW 81/2462, 2463 = B 126). Siehe ferner Seite 165.

II. Anrechnung von Kindergeld und kindergeldgleichen Zuschüssen

1. Eltern als Kindergeldberechtigte

Das Kindergeld und kindergeldähnliche Zuschüsse stehen in Höhe des Kindergeldes nicht dem Kind, sondern den Eltern zu. Sie dienen der Erleichterung der Unterhaltslast beider Eltern. Es ist daher an sich kein anrechenbares Einkommen des Kindes sondern eine staatliche Sozialleistung, die wegen ihrer Zweckgebundenheit unter den Eltern im Verhältnis von deren anteiliger Unterhaltslast zu verteilen ist.

Im Regelfall steht das Kindergeld daher bei minderjährigen Kindern den Eltern je zur Hälfte zu.

2. Kindergeldausgleich in der Praxis

a) In der Rechtspraxis erfolgt der Kindergeldausgleich aus Vereinfachungsgründen in der Regel bereits bei der Bemessung des Kindesunterhalts. Erhält, wie meist, der sorgeberechtigte Elternteil das Kindergeld, so wird vom Unterhaltsanspruch das halbe Kindergeld abgezogen; erhält es der Barunterhaltspflichtige, wird die Hälfte zum Unterhalt dazugerechnet.

b) Bei volljährigen Kindern erfolgt eine Auskehrung und Anrechnung des Kindergeldes im Verhältnis der anteiligen Haftung der Elternteile für den Gesamtunterhalt (Bar- und Naturalunterhalt). Der Bedarf des Volljährigen mindert sich jedoch nur, wenn und soweit ihm das Kindergeld tatsächlich zugewendet wird (BGH, FamRZ 81/26, 27 = NJW 81/170, 171 = B 57b).

c) In den Fällen des § 1606/III 1 BGB kann die Anrechnung von Kindergeld rechnerisch auch auf die Weise erfolgen, daß erst vom Unterhaltsbetrag der Anrechnungsbetrag abgezogen wird und dann der Rest anteilig entsprechend der jeweiligen Unterhaltslast verteilt wird und mit dem anderen Elternteil verrechnet wird. Dies geschieht in ähnlicher Weise, wie es unter I) zum anrechenbaren Einkommen erörtert worden ist. Bei Volljährigen ist das Kindergeld anzurechnen, wenn es der Volljährige tatsächlich erhält (Seite 164).

d) Bei mehreren Kindern ist die Summe aller Kindergeldbeträge gleichmäßig auf alle kindergeldberechtigten Kinder zu verteilen.

3. Zählkindervorteil

Ein „Zählkindervorteil" bleibt unberücksichtigt. Genaueres zur Anrechnung von Kindergeld sowie zu Hinweisen auf die einschlägige Rechtsprechung des BGH Seite 69f.

4. Kindergeld bei Mangelfällen

Spezielle Verrechnungsprobleme entstehen bei Mangelfällen. Sie werden in Teil IV Seite 290 erörtert.

5. Leitlinien der Oberlandesgerichte zur Kindergeldanrechnung

a) OLG Hamm. Das staatliche Kindergeld bleibt bei der Berechnung des anrechenbaren Einkommens unberücksichtigt.

Wird das Kindergeld an den Pflichtigen ausgezahlt, ist der den Kindern zu gewährende Barunterhalt um die Hälfte des Kindergeldes, nämlich um den Anteil, der dem anderen Elternteil zuzurechnen ist, zu erhöhen. Bei volljährigen Kindern unterbleibt die Erhöhung, sofern nicht auch der andere Elternteil noch Unterhalt (Barunterhalt oder Naturalunterhalt) leistet. Das Kind hat auf jeden Fall einen Unterhaltsanspruch in Höhe des auf es entfallenden Kindergeldes.

Wird das Kindergeld nicht an den Pflichtigen ausgezahlt, sondern an den Elternteil, der das Kind betreut, wird das Kindergeld zur Hälfte (nämlich der Anteil, der dem pflichtigen Elternteil zuzurechnen ist) auf den Unterhaltsanspruch des Kindes angerechnet. Bei volljährigen Kindern wird es voll angerechnet, sofern nicht auch der Elternteil, bei dem es lebt, noch Unterhalt (Barunterhalt oder Naturalunterhalt) leistet.

Reicht das Einkommen des Pflichtigen zur Gewährung des Tabellenunterhalts nach der untersten Einkommensgruppe nicht aus, ist der Fehlbetrag (d. h. die Differenz zwischen dem ohne Berücksichtigung des Kindergeldes zu gewährenden Unterhalt und dem Tabellenunterhalt) mit dem Anteil des Kindergeldes, der an sich dem Pflichtigen zuzurechnen ist, wie folgt aufzufüllen: Wird dem Pflichtigen das Kindergeld ausgezahlt, tritt eine entsprechende zusätzliche Erhöhung des dem Kind zu gewährenden Unterhalts ein. Wird das Kindergeld dem anderen Elternteil ausgezahlt, entfällt insoweit die Anrechnung.

Kindergeld, das für mehrere gemeinschaftliche Kinder gezahlt wird, ist gleichmäßig auf die Kinder aufzuteilen. Ist das Kindergeld für ein gemeinschaftliches Kind deshalb höher, weil ein weiteres (nicht gemeinschaftliches) Kind als Zählkind berücksichtigt wird, ist von dem fiktiven Kindergeldbetrag auszugehen, der ohne Berücksichtigung des Zählkindes zu zahlen wäre. Umgekehrt bleibt der Zählkindervorteil unberücksichtigt, der einem Elternteil dadurch entsteht, daß ein gemeinschaftliches Kind als Zählkind für ein weiteres (nicht gemeinschaftliches) Kind berücksichtigt wird (H.L. 1.15.).

b) OLG Köln. Kindergeld ist weder Eltern- noch Kindeseinkommen; es dient der Entlastung der Eltern.

Der nicht betreuende Elternteil muß seinen Anteil am Kindergeld für den Kindesunterhalt verwenden, soweit er nach seinem Einkommen nicht leistungsfähig ist.

Es wird in der Regel zur Hälfte angerechnet, wenn es der Elternteil bezieht, bei dem das Kind lebt. Bezieht der nicht betreuende, barunterhaltspflichtige Elternteil das Kindergeld, so muß er die Hälfte des Kindergeldes zusätzlich zum Unterhalt zahlen.

Kindergeld, das für mehrere gemeinschaftliche Kinder gewährt wird, ist auf alle Kinder gleichmäßig aufzuteilen.

Zählkindervorteile für nicht gemeinschaftliche Kinder bleiben unberücksichtigt (K.L. 3.1.).

Kinderzuschüsse und Kinderzulagen.

Der Kinderzuschuß zum Altersruhegeld der gesetzlichen Rentenversicherung (Kindergeldersatz) ist wie das Kindergeld in dessen Höhe zur Hälfte anzurechnen. Entsprechendes gilt für die Dienst-, Erwerbs- und Berufsunfähigkeitsrente.

Mindestunterhalt ist in jedem Fall in Höhe des Kindergeldzuschusses zu zahlen (K.L. 3.2.).

c) OLG Celle. Das auf jedes Kind entfallende anteilige Kindergeld wird zur Hälfte auf die Unterhaltssätze der Düsseldorfer Tabelle angerechnet. Wird das Kindergeld an den barunterhaltspflichtigen Elternteil ausgezahlt, so hat dieser die Hälfte des anteiligen Kindergeldes zusätzlich abzuführen (C.L. II A 2.).

Der sog. Zählkindervorteil ist bei Kindern aus verschiedenen Verbindungen nicht auszugleichen.

Bei Kindern aus derselben Verbindung wird der Zählkindervorteil in der Regel dadurch ausgeglichen, daß das insgesamt für diese Kinder gezahlte Kindergeld auf sie gleichmäßig verteilt wird. Die Hälfte des auf jedes dieser Kinder entfallenden Kindergeldes hat dem sorgeberechtigten Elternteil anrechnungsfrei zu bleiben. (C.L. II A 3).

Kinderzuschläge und -zuschüsse zu Renten sind in Höhe des staatlichen Kindergeldes ebenso wie dieses zu behandeln. Darüber hinausgehende Mehrbeträge sind ebenso wie die kinderbezogenen Zulagen zum Ortszuschlag als Einkommen des Empfängers zu behandeln. Auch bei geringem Einkommen sind zumindest diese Zuschläge und Zulagen für den Kindesunterhalt zur Verfügung zu stellen (C.L. II. A 4).

d) OLG Schleswig-Holstein. Von dem Kindergeld für eine Zählkinderreihe entfällt auf jedes Kind ein gleich hoher Anteil. Die Hälfte des Anteils wird vom Tabellenbedarf abgezogen.

Kommt einem Elternteil bei der Auszahlung des Kindergeldes der Zählkindervorteil zugute, dann müßte der Mehrbetrag an den anderen Elternteil ausgezahlt werden. Das ist jedoch im Unterhaltsprozeß mit Rücksicht auf die prozessuale Lage häufig nicht möglich. In der Regel wird also der Unterhaltsanspruch des Kindes um den auszugleichenden Betrag zu verändern sein.

In Mangelfällen geht der auszugleichende Betrag nicht in die Kürzung zur Sicherung des Selbstbehalts ein. Vielmehr wird erst der Unterhaltsbetrag, der sich nach der Selbstbehaltsrechnung ergibt, um den Ausgleichsbetrag korrigiert (Schl.L. 1980).

e) OLG Bremen. Das staatliche Kindergeld bleibt bei der Berücksichtigung des anrechnungsfähigen Nettoeinkommens unberücksichtigt. Entsprechend der BGH-Rechtsprechung sind Kindergeldzahlungen für eheliche Kinder im Verhältnis der Elternteile zueinander fiktiv nach der Zahl der gemeinschaftlichen Kinder zu verrechnen.

Ein sog. Zählkindervorteil verbleibt dem kindergeldbezugsberechtigten Elternteil (B.L. AB I 2d).

f) OLG Frankfurt. Kindergeld und ihm gleichgestellte Leistungen im Sinn des § 1615g BGB in Verbindung mit § 2 RegelunterhaltVO sind unmittelbar im Anschluß an die Errechnung bzw. Festsetzung des Kindesunterhalts zum Zweck der Entlastung beider Eltern hälftig zu berücksichtigen. Das gilt uneingeschränkt während der Minderjährigkeit der Kinder. Nach Eintritt der Volljährigkeit wird das Kindergeld an sich von dem Kindesunterhalt voll abgezogen und dann der restliche Geldanspruch im Verhältnis der Einkommensverhältnisse der Elternteile anteilig aufgeteilt. Vermag beispielsweise aber die Mutter keinen Barunterhalt mangels Leistungsfähigkeit zu leisten, erbringt sie aber als seither Sorgeberechtigte auch weiterhin einen Betreuungsunterhalt, so ist „im Einzelfall auch in den ersten Jahren nach dem Eintritt der Volljährigkeit eines Kindes“ weiterhin eine hälftige

Aufteilung des Kindergeldes vorzunehmen. Der Kinderzuschuß, den beispielsweise die Mutter eines ehelichen Kindes zu einer Rente erhält, ist in der Regel in Höhe des verdrängten Kindergeldbetrages anteilig auf den von dem ehelichen Vater zu zahlenden Barunterhalt anzurechnen.

Eine Anrechnung des dem betreuenden Elternteil ausgezahlten Kindergeldes hat dagegen zu unterbleiben, wenn der Barunterhaltspflichtige noch nicht einmal die Regelbedarfssätze leisten kann.

Die Kindergelder ergeben sich im einzelnen aus dem BKGG, das inzwischen wiederholt geändert worden ist. Es ist daher bei den einzelnen Zeiträumen (Staffelurteil) der jeweils zutreffende Betrag zu berücksichtigen. Für die Zeit ab dem 1. 1. 1983 werden die Kindergeldbeträge bei „reichen" Eltern gekürzt, d. h. im ungünstigsten Fall stellen sich die Kindergeldbeträge wie folgt dar: DM 50 für das erste, DM 70 für das zweite, DM 140 für das dritte und für jedes weitere Kind (in diesem Fall liegt es an den Parteien, konkret vorzutragen und im Bestreitensfall urkundlich zu belegen, inwieweit bei dem Bezugsberechtigten das Kindergeld gekürzt worden ist).

Lebt also beispielsweise im obigen Fall bei der sorgeberechtigten Mutter noch ein weiteres Kind, sei es vorehelich oder nachehelich, werden nur die auf das gemeinsame Kind entfallenden DM 50 zwischen Vater und Mutter hälftig ausgeglichen. Hat der Vater in einer neuen Ehe ein weiteres Kind, so interessiert das dafür bezogene Kindergeld ebenfalls nicht.

Der BGH hat bisher nicht zu der Frage Stellung genommen, wie der Zählkindervorteil in einem sog. Mangelfall zu behandeln ist, wenn der Unterhaltsschuldner nur beschränkt leistungsfähig ist. Der 3. Familiensenat des OLG Frankfurt hat in einer Entscheidung offengelassen, ob hier das Kindergeld ausnahmsweise als zusätzliches Einkommen des Schuldners zu berücksichtigen und ganz oder teilweise in die Verteilung einzubeziehen ist. Der Sinn und Zweck der Kindergeldregelung legt es nahe, diese Frage zu bejahen, soweit die Tabellenbeträge der untersten Einkommensgruppe der Düsseldorfer Tabelle nicht erreicht werden; dies dürfte auch bedeuten, daß der Zählkindervorteil an die Zählkinder auszukehren ist, wenn der Unterhaltspflichtige ihnen mangels Leistungsfähigkeit nicht den geschuldeten Unterhalt erbringt.

Das in dem Kinderzuschuß einer gesetzlichen Rente enthaltene, d. h. verdrängte Kindergeld ist aus diesem Zuschuß herauszunehmen und entsprechend hälftig zwischen den Eltern aufzuteilen, der Rest des Zuschusses gilt weiterhin als Einkommen.

Eine Eigenart des BKGG ist das sog. Zählkind. Bei mehreren gemeinsamen Kindern getrennt lebender oder geschiedener Eltern ist zur Berechnung des auf jedes Kind entfallenden Ausgleichsbetrags die Summe aller Kindergeldbeträge gleichmäßig auf die Kinder zu verteilen (z. B. DM 50 + DM 70 = DM 120 : 2 = DM 60 je Kind). Haben Vater und Mutter weitere Kinder aus einer neuen Verbindung, so werden jeweils bei der Berechnung des Kindergeldes für diese die ersteehelichen Kinder unabhängig von der Regelung der elterlichen Sorge als Zählkinder mitberücksichtigt. Auf diese Weise erwächst dem betreffenden Elternteil durch das ihm zufließende erhöhte Kindergeld ein Zählkindervorteil. Die diesbezügliche Rechtsprechung des OLG Frankfurt zum Ausgleich dieses Vorteils ist durch die neuere Rechtsprechung des BGH überholt worden. Der Zählkindervorteil bleibt nunmehr gänzlich unberücksichtigt, soweit er nicht auf gemeinsamen Kindern der Eltern beruht, d. h. der Zählkindervorteil kommt nur dem Elternteil zugute, in dessen Person er begründet ist. Geht es um Unterhaltsansprüche von Kindern aus zweiter Ehe, für die wegen des einem Elternteil erwachsenen Zählkindervorteils ein höheres Kindergeld gezahlt wird, so folgt daraus, daß auch hier ein Zählkindervorteil unberücksichtigt bleibt, es sei denn, beide Eltern wären in gleicher Weise weiteren Kindern unterhaltspflichtig. Dem folgt das OLG Frankfurt (F.W. in DAV 84/97, 98).

4. Kindergeldtabelle seit 1. 1. 1979

Zeit	1	2	3	4
1. 1. 1979	50,–	80,–	200,–	und jedes weitere Kind
1. 7. 1979	50,–	100,–	200,–	und jedes weitere Kind
1. 2. 1981	50,–	120,–	240,–	und jedes weitere Kind
1. 1. 1982	50,–	100,–	220,–	240,– und jedes weitere Kind

Ab 1. 1. 1983 mindern sich diese Beträge stufenweise bei Ehepaaren mit zwei Kindern ab einem Jahresnettoeinkommen von DM 42000,– (DM 34000,– bei Alleinstehenden) auf die Sockelbeträge von DM 70 für Zweitkinder und DM 140,– für jedes weitere Kind. Maßgebend für diese Minderung sind Einkommensverhältnisse im vorletzten Kalenderjahr; für Kindergeldleistungen im Jahr 1984 ist das Einkommen von 1982 zugrundezulegen.

Kinder bis 16 werden stets berücksichtigt; Kinder zwischen 16 und 27 in der Regel, wenn sie sich noch in Schul- oder Berufsausbildung befinden. Bei der Unterhaltsbemessung sind die konkret ausbezahlten Kindergeldbeträge zu berücksichtigen; sind diese noch nicht bekannt, jedenfalls die Sockelbeträge.

III. Berücksichtigung von Kindesvermögen

1. Zur gesetzlichen Regelung bei minderjährigen Kindern

a) Ein minderjähriges, unterhaltsbedürftiges, unverheiratetes Kind muß nach § 1602/II BGB den Stamm des eigenen Vermögens nicht für Unterhaltszwecke verwerten. Diese Freistellung bezieht sich allerdings nur auf den Vermögensstamm, nicht auf Einkünfte aus dem Vermögen.

Eine Ausnahme kann sich nach § 1603/II 2 BGB ergeben, wenn der Kindesunterhalt aus dem Stamm des Kindesvermögens bestritten werden kann und die Eltern bei Berücksichtigung ihrer sonstigen Verpflichtungen außerstande sind, Unterhalt ohne Gefährdung ihres eigenen angemessenen Unterhalts zu gewähren.

2. Zur gesetzlichen Regelung bei Volljährigen

a) Das volljährige Kind hat – im Gegensatz zum minderjährigen Kind – grundsätzlich den Vermögensstamm zu verwerten, soweit die Verwertung nicht unwirtschaftlich oder unter Berücksichtigung der beiderseitigen wirtschaftlichen Verhältnisse unbillig wäre (BGH, VersR 66/283, 284; OLG Hamm, FamRZ 82/1099, 1100; OLG Hamburg, FamRZ 912, 913).

Das Vorliegen einer der beiden Alternativen reicht als Vermögensverwertungssperre aus.

b) Unwirtschaftlichkeit kann vorliegen, wenn das Kind aus dem Vermögensstamm angemessene Einkünfte erzielt oder wenn erhebliche Wertsteigerungen (Bauerwartungsland) bevorstehen. Unter Berücksichtigung dieser Einschränkungen ist auch die Möglichkeit der Kreditaufnahme – auch eines reinen Personalkredits – als ein die Bedürftigkeit ausschließender oder vermindernder Umstand zu berücksichtigen (BGH, VersR 1966/283, 284; OLG Hamburg, FamRZ 80/912, 913). Genaueres zur Verwertung des Vermögensstammes siehe Seite 57ff.).

IV. Leistungsfähigkeit der Eltern und erweiterte Haftung gegenüber minderjährigen Kindern

1. Überblick zur gesetzlichen Regelung

Die Verpflichtung zur Zahlung von Barunterhalt in der gemäß den bisherigen Ausführungen berechneten Höhe wird durch die Leistungsfähigkeit des Barunterhaltspflichtigen begrenzt. Nach § 1603/I BGB ist nicht unterhaltspflichtig, wer bei Berücksichtigung seiner sonstigen Verpflichtungen außerstande ist, ohne Gefährdung eines angemessenen Unterhalts den geschuldeten Unterhalt zu gewähren. Diese Beschränkung auf den angemessenen Unterhalt gilt im Hinblick auf § 1603/II BGB nur in bezug auf Unterhaltsansprüche von volljährigen Kindern und sonstigen Verwandten. Gegenüber minderjährigen Kindern besteht eine erweiterte Haftung nach § 1603/II BGB. Eltern sind ihnen gegenüber verpflichtet, alle verfügbaren Mittel gleichmäßig zu ihrem und der Kinder Unterhalt zu verwenden. Ausnahmsweise tritt diese Verpflichtung nicht ein, wenn ein anderer unterhaltspflichtiger Verwandter vorhanden ist, was auch der andere Ehegatte sein kann oder wenn der Unterhalt aus dem Vermögen des Kindes bestritten werden kann (§ 1603/II 2 BGB; BGH, FamRZ 80/555, 556 = NJW 80/934, 935 = B 128).

2. Zum notwendigen Selbstbehalt bei gesteigerter Unterhaltspflicht nach § 1603/II BGB

Im Rahmen gesteigerter Unterhaltspflicht haben die Eltern nach dem Wortlaut des Gesetzes alle verfügbaren Mittel gleichmäßig zu ihrem und dem Unterhalt der Kinder zu verwenden. Sie haben gleichsam „das Letzte" mit den Kindern zu teilen.

a) Diese gesteigerte Unterhaltspflicht findet erst dort ihre Grenze, wo die Möglichkeit der Fortexistenz des Unterhaltspflichtigen in Frage gestellt würde und ihm nicht mehr die Mittel zur Bestreitung seines eigenen unentbehrlichen Lebensbedarfs verbleiben würde. Diese Opfergrenze beinhaltet als unterste Grenze das, was den Eltern für ihren eigenen Lebensbedarf bleiben muß. Sie wird in der Praxis als notwendiger oder kleiner Selbstbehalt oder auch notwendiger Eigenbedarf des Pflichtigen bezeichnet BGH, FamRZ 84/1000 L = NJW 84/1614, 1615 = B 127a).

Dieser notwendige Mindestselbstbehalt wird weniger durch die individuellen Lebensumstände des Verpflichteten als vielmehr durch das Erfordernis bestimmt, die Grenzen seiner Inanspruchnahme generalisierend festzulegen (BGH, FamRZ 82/365, 366 = NJW 82/1050, 1051 = B 1b).

Es erscheint geboten, auch im Unterhaltsrecht dem Einzelnen einen mehr oder weniger pauschal berechneten Betrag oberhalb des Existenzminimums zu belassen, den er in den vorgeschriebenen engen Grenzen nach eigenem Gutdünken zur Bestreitung seines Lebensbedarfs verwenden kann (BSG, FamRZ 85/379, 380, 381 = B 127b).

aa) Die Tabellen und Leitlinien enthalten Beträge für den notwendigen Selbstbehalt (Mindestselbstbehalt), die etwas über den Sozialhilfesätzen liegen. Der BGH billigt ausdrücklich diese fast gewohnheitsrechtliche Handhabung, vor allem, wenn – wie in der Regel – der Unterhaltspflichtige und das Kind in getrennten Haushalten leben. Bei Unterschreitung der Selbsthilfesätze würde dem Pflichtigen in der Regel nur etwas genommen, was ihm dann vom Träger der Sozialhilfe wieder erstattet werden müßte (BGH, FamRZ 84/1000 L = NJW 84/1614 = B 127a; NJW 85/318, 319 = B 74e u. a.).

bb) Nach der Rechtsprechung des BGH ist die Bemessung des Selbstbehalts Sache des Tatrichters. Dabei ist es ihm nicht verwehrt, sich an Erfahrungs- und Richtwerte anzulehnen, sofern nicht im Einzelfall besondere Umstände eine Abweichung bedingen. Eine abweichende Bemessung kann dann veranlaßt sein, wenn der Pflichtige andere Wohnkosten hat als der Betrag, der in dem herangezogenen Richtsatz veranschlagt ist. Ob der Pflichtige eine durch den Unterhalt des Kindes zweckbestimmte Sozialleistung (hier Kinderzuschuß zur Berufs- oder Erwerbsunfähigkeitsrente oder zum Altersruhegeld) auszukehren hat, wenn ihm weniger verbleibt als der notwendige Eigenbedarf hält der BGH im Hinblick darauf für zweifelhaft, daß sich nach seiner Rechtsprechung die Zweckbestimmung von Sozialleistungen unterhaltsrechtlich nicht immer durchsetzt. Letztlich hat er im konkreten Fall die Entscheidung noch offengelassen (BGH, FamRZ 84/1000 L = NJW 84/1614 = B 127a).

b) Mindestselbstbehaltsätze (notwendiger Selbstbehalt) nach den Leitlinien. Die Mindestselbstbehaltssätze, differenziert in Mindestselbstbehalt bei Erwerbstätigen und Nichterwerbstätigen, liegen z. Zt. zwischen DM 900 und DM 1050. Den Mindestselbstbehaltsätzen entsprechen Mindestbedarfssätze (notwendiger Eigenbedarf des unterhaltsberechtigten Ehegatten).

aa) Notwendiger Selbstbehalt (Mindestbedarf) Erwerbstätiger
DM 990: Nach OLG Düsseldorf (D.T. A 5); OLG München (M.R. IV 1);
OLG Hamm (H.L. II 20 und III 33); OLG Köln (K.L. 21.1.1.);
OLG Hamburg (Ha.L. 2); OLG Stuttgart; OLG Celle (C.L. IV 1); KG; ferner die OLGe Bamberg, Braunschweig, Karlsruhe, Koblenz u. Saarbrücken.
DM 890 nach OLG Nürnberg;
DM 900 nach OLG Oldenburg;
DM 950 nach OLG Frankfurt (F.L. A 5, B IV und B V);
DM 1000 nach OLG Schleswig-Holstein (Schl.L. 85);
DM 1050 nach OLG Bremen (B.L.; A 3a und B 2).

bb) Notwendiger Selbstbehalt (Mindestbedarf)
Nichterwerbstätiger
DM 910 nach OLD Düsseldorf (D.T. A 5); OLG München (M.R. IV 1.);
OLG Hamm (H.L. II 20 und III 33); OLG Köln (K.L. 21.1.1.);
OLG Hamburg (Ha.L. 2); OLG Stuttgart; OLG Celle (C.L. IV 1) und OLG Bremen (B.L. A 3a); ferner die OLGe Bamberg, Braunschweig, Karlsruhe, Koblenz u. Saarbrücken.

DM 730 OLG Nürnberg;
DM 900 OLG Oldenburg;
DM 950 OLG Frankfurt (F.L. A 5, B 4 und B 5).

cc) In diesen Selbstbehaltssätzen sind Miet- und Mietnebenkosten enthalten. Sie sind in gesonderter Höhe ausgewiesen: In K.L. 21.1.1. mit 270 DM Miete und 120 DM Mietnebenkosten und in F.L. A 5 mit 400 DM für Wohnbedarf.

Die H.L. 33 enthalten einen weiteren Mindestbedafssatz für unterhaltsberechtigte Ehegatten in Höhe von DM 745, wenn der Ehegatte mit dem erwerbstätigen Pflichtigen zusammenlebt und in Höhe von DM 665, wenn der Pflichtige nicht erwerbstätig ist.

Im übrigen siehe zu Mindestselbstbehalt Seite 275ff. und Seite 280ff.

3. Strengere Verpflichtungen der Eltern

Bei gesteigerter Unterhaltspflicht ergeben sich folgende strengere Verpflichtungen:

a) Die Eltern haben eine erweiterte Erwerbsverpflichtung unter gesteigerter Ausnutzung ihrer Arbeitskraft. Es werden ihnen zusätzliche, auch überobligationsmäßige Anstrengungen (z.B. Überstunden) zugemutet. Sie müssen Nebenbeschäftigungen aufnehmen, sich verstärkt um Arbeit bemühen, auf eigene Aus- oder Fortbildungswünsche verzichten usw. Alles was sie auf solche Weise erwerben, also auch Einkommen aus unzumutbarer Tätigkeit, müssen sie mit den Minderjährigen teilen. Unterlassen sie eine zumutbare gesteigerte Erwerbstätigkeit, wird ihnen ein entsprechendes fiktives Einkommen zugerechnet (BGH, FamRZ 85/158, 159 = NJW 85/732, 733 = B 70a; FamRZ 82/365, 366 = NJW 82/1050, 1051 = B 70b; FamRZ 80/1113, 1114 = NJW 80/2414, 2415 = B 70c; FamRZ 81/341, 344 = B 70d; FamRZ 81/539, 540 = NJW 1609, 1610 = B 70e; FamRZ 82/25, 26 = NJW 82/175, 176 = B 74b; FamRZ 82/590, 591, 592 = NJW 82/1590, 1591, 1592 = B 74c; FamRZ 85/318, 319 = B 74e; FamRZ 80/555, 556 = NJW 80/934, 935 = B 54c). Genaueres hierzu nebst weiteren Entscheidungshinweisen auf Seite 76ff.

b) Der Elternteil, der selbst Unterhalt (z.B. angemessenen Ehegattenunterhalt) erhält, muß diesen Unterhalt bis zur Höhe seines Selbstbehalts (Mindestbedarfs) für den Kindesunterhalt mitverwenden. Die Verpflichtung, alle Mittel für den minderjährigen Unterhaltsberechtigten einsetzen zu müssen, besteht unabhängig davon, woher die Mittel stammen und worauf ihre Zuwendung beruht (BGH, FamRZ 80/555, 556 = NJW 80/934, 935 = B 54c; siehe auch Seite 62f.

c) In verstärktem Maße müssen die Eltern auch den Stamm ihres eigenen Vermögens angreifen, sowie sonstige Mittel, die sie sich zumutbarerweise verschaffen können, z.B. durch Kreditaufnahme, für den Unterhalt minderjähriger Kinder verwenden (siehe dazu die Ausführungen auf Seite 57ff.).

4. Wegfall der gesteigerten Elternhaftung

a) Die gesteigerte Haftung tritt nicht ein, wenn weitere leistungsfähige unterhaltspflichtige Verwandte (z.B. Großeltern) vorhanden sind, denen auch bei Unterhaltsleistung ihr eigener angemessener Unterhalt verbleibt (§ 1603/II 2 BGB). Die Eltern haften dann nur, soweit ihr Einkommen ihren eigenen angemessenen Unterhalt übersteigt.

b) Gleiches gilt, wenn der Unterhalt für die minderjährigen Kinder aus dem Vermögensstamm bestritten werden kann. Die Sätze für den angemessenen Selbstbehalt (= angemessener Eigenbedarf) des Pflichtigen liegen bei fast allen Oberlandesgerichten seit 1. 1. 85 bei DM 1300. Ausnahmen: OLG Oldenburg DM 1100 und OLG Schleswig DM 1200. Die OLGe München und Hamburg kennen neben dem angemessenen Selbstbehalt des Erwerbstätigen (1300) zusätzlich einen angemessenen Selbstbehalt des Nichterwerbstätigen (DM 1200). (Genaueres zu den Selbstbehaltssätzen Seite 278ff.).

c) Ein anderer unterhaltspflichtiger Verwandter im Sinn des § 1603/II 2 BGB kann auch der andere Elternteil sein (§ 1606/III 1 BGB), sofern er nach § 1603/I BGB leistungsfähig ist. Dies hat zur Folge, daß ein Unterhaltsanspruch des Kindes gegen den barunterhaltspflichtigen Elternteil nach § 1603/II 2 BGB entfällt, wenn dieser einerseits zur Unterhaltsleistung ohne Berücksichtigung seines eigenen angemessenen Unterhalts nicht in der Lage ist und andererseits der sorgeberechtigte Elternteil, bei dem das Kind lebt, auch dessen Barbedarf ohne Gefährdung seines eigenen angemessenen Unterhalts leisten kann (BGH, NJW 85/318, 319 = B 74e; BGH FamRZ 82/590, 591 = NJW 82/1590, 1591, 1592 = B 74c; FamRZ 80/555, 556 = NJW 934, 936 = B 128).

d) Daraus (c) ergeben sich unbefriedigende Konsequenzen in all den Fällen, in denen ein wiederverheirateter sorgeberechtigter Elternteil in einer neuen Ehe die ,,Hausmanns- oder Hausfrauenrolle" übernimmt und deshalb zu einer Unterhaltsleistung gegenüber einem gemeinschaftlichen Kind aus erster Ehe, das sich beim Ehegatten aus erster Ehe, der das Sorgerecht hat, befindet, nicht in der Lage wäre.

Der BGH hat solche Konsequenzen vermieden, indem er aus dem Grundsatz der Gleichrangigkeit der Unterhaltsansprüche von Kindern aus erster und zweiter Ehe (§ 1609 BGB) im Interesse der gemeinsamen Kinder eine Erwerbspflicht und damit auch eine Unterhaltspflicht ableitete. Der neue Ehegatte muß es ihm ermöglichen, einer solchen Erwerbsverpflichtung nachgehen zu können. Der Nebenerwerbsverdienst ist voll anzurechnen, wenn der Eigenbedarf bereits durch den guten Verdienst des neuen Ehegatten gesichert ist. Die Nebenerwerbsobliegenheit reicht allerdings nur soweit, daß die Kinder aus erster Ehe nicht schlechter gestellt werden dürfen als sie stehen würden, wenn dieser Elternteil erwerbstätig geblieben wäre und von seinem Verdienst auch die neue Familie zu unterhalten gehabt hätte. In dieser Höhe kann er durch Zurechnung eines fiktiven Einkommens als leistungsfähig angesehen werden. Dabei ist allerdings auch zu beachten, daß das Gleichgewicht der Unterhaltsleistungen beider Eltern im Sinn von § 1606/III 2 BGB auch im Fall einer nur fiktiven Erwerbstätigkeit des nicht betreuenden Elternteils so erheblich gestört sein kann, daß es in Ausnahmefällen über die Anwendung von § 1606/III 1 BGB einer Herabsetzung oder sogar einen Wegfall der Unterhaltspflicht zur Folge haben kann (BGH, FamRZ 84/374, 375 = NJW 84/1458, 1460 = B 74a; FamRZ 82/25, 26 = NJW 82/175, 176 = B 74b; FamRZ 82/590, 591, 592 = NJW 82/1590, 1591, 1592 = B 74c; FamRZ 81/341, 343 = B 74d; NJW 85/318, 319 = B 74e; siehe ferner die Ausführungen Seite 76ff. und Ausführungen Seite 135ff.

5. Keine verschärfte Haftung gegenüber Volljährigen

Gegenüber Volljährigen besteht keine gesteigerte Unterhaltspflicht. Ihnen muß unter dem Gesichtspunkt der Leistungsfähigkeit nur dann Unterhalt geleistet werden, als dies dem barunterhaltspflichtigen Elternteil ohne Gefährdung seines eigenen angemessenen Unterhalts möglich ist.

6. Zur Darlegungs- und Beweislast

a) Die Leistungsfähigkeit wird vom Gesetz grundsätzlich angenommen. Deshalb ist es Sache des Verpflichteten darzulegen und zu beweisen, daß er bei Berücksichtigung seiner sonstigen Verpflichtungen nicht imstande ist, ohne Gefährdung seines eigenen notwendigen (beim Volljährigen angemessenen) Unterhalts den ermittelten Unterhalt zu bezahlen (BGH, FamRZ 80/770, 771 = NJW 80/2083, 2084 = B 98a; zur Darlegungs- und Beweislast ferner Seite 101ff.; für die Ermittlung des bereinigten Nettoeinkommens, das für die Beurteilung seiner Leistungsfähigkeit maßgeblich ist, gelten die Ausführungen auf Seite 4ff.).

b) Scheitert ein Unterhaltsanspruch an der Leistungsfähigkeit des Verpflichteten, so kann neu Unterhalt verlangt werden, sobald eine Leistungsfähigkeit wieder eintritt. Der neu leistungsfähig gewordene Elternteil braucht aber nicht für frühere Zeiten Unterhalt nachzuzahlen.

7. Leitlinien zum notwendigen und angemessenen Selbstbehalt

a) Leitlinien siehe Seite 280ff.

b) F.W. in DAV 84/84 zur gesteigerten Elternhaftung: Bei gesteigerter Unterhaltsverpflichtung der Eltern gegenüber minderjährigen Kindern können diese u. U. zu einem Arbeitsplatz und/oder Ortswechsel gezwungen sein, wenn sie anders ihre Arbeitskraft nicht voll ausschöpfen können; die unterhaltsrechtliche Obliegenheit, eine zumutbare

Erwerbstätigkeit aufzunehmen, entfällt gegenüber minderjährigen unverheirateten Kindern nicht ohne weiteres dadurch, daß der Unterhaltspflichtige eine neue Ehe eingegangen ist und darin im Einvernehmen mit seinem Ehegatten allein die Haushaltsführung übernehmen will; der Unterhaltspflichtige darf sein Arbeitsverhältnis in der Regel nicht von sich aus kündigen, er muß vielmehr die ihm nach dem Kündigungsschutzgesetz und dem Betriebsverfassungsgesetz zustehenden Rechte voll ausschöpfen. Ist jemand arbeitslos, so genügt die Meldung beim Arbeitsamt allein noch nicht, um seinen unterhaltsrechtlichen Pflichten und Obliegenheiten nachzukommen; es sind vielmehr ganz konkrete Anstrengungen zu unternehmen, um wieder Arbeit zu finden (F.W. in DAV 84/84).

V. Berechnung des Unterhaltsanspruchs minderjähriger Schüler und Auszubildender beim Wohnen im Haushalt des sorgeberechtigten Elternteils

1. Bedarfsbemessung im Regelfall

Im Regelfall, d.h. bei mittleren Einkommens- und Vermögensverhältnissen bemißt sich der Unterhaltsbedarf des Kindes entsprechend den Einkommensverhältnissen des barunterhaltspflichtigen Elternteils nach der D.T. Die Betreuungsleistungen, die der sorgeberechtigte Elternteil erbringt, gelten als gleichwertig (§ 1606/III 2 BGB). Siehe dazu die Ausführungen Seite 121 ff., 126 ff., 135 ff.; Rechenbeispiel Seite 131 f.; 136 ff.

2. Anrechnung von Einkommen und Kindergeld

Auf diesen Unterhaltsanspruch ist das Kindergeld sowie sonstige Einkommen des Berechtigten (Lehrlingsvergütung, BAföG u. ä.) hälftig anzurechnen. Von der Lehrlingsvergütung und vom Arbeitseinkommen sind vorher nachgewiesene arbeits- oder ausbildungsbedingte Aufwendungen als Werbungskosten abzuziehen. Ohne besonderen Nachweis werden nach D.T. und anderen Leitlinien bis zu DM 145 als ausbildungsbedingte Aufwendungen anerkannt. Siehe dazu die Ausführungen Seite 144 ff.

3. Unterhaltsbemessung bei Barunterhaltspflicht beider Eltern

Sind beide Eltern barunterhaltspflichtig, errechnet sich die anteilige Unterhaltslast gemäß den Ausführungen Seite 135 ff. Eigenes Einkommen des Kindes und Kindergeld sind entsprechend diesen Anteilen zu verrechnen (siehe Seite 144 ff.). Die Barunterhaltspflicht dessen, bei dem das Kind wohnt, verringert sich um den Wert der Natural- und Betreuungsleistungen, die der Sorgeberechtigte erbringt. Rechenbeispiele auf Seite 136 f.

6. Abschnitt: Unterhalt volljähriger Kinder

I. Überblick über unterhaltsrechtlich relevante Auswirkungen der Volljährigkeit

1. Zum Unterhaltsanspruch Volljähriger und zur Identität des Unterhaltsanspruchs Minderjähriger und Volljähriger

a) Auch der Unterhaltsanspruch Volljähriger beruht nur auf dem Verwandtschaftsverhältnis (§ 1601 BGB). Mit dem Eintritt der Volljährigkeit wird das Kind lediglich rechtlich selbständig und kann sein Leben selbst gestalten. Es ist als Erwachsener zur Erwerbstätigkeit verpflichtet, um vom Ertrag seiner Arbeit zu leben. Eine Unterhaltspflicht der Eltern besteht nur, wenn und solange sich das Kind noch in Berufsausbildung befindet (= Ausbildungsunterhalt, siehe dazu Ausführungen Seite 117 ff.).

Ein Anspruch kann auch bestehen, wenn das Kind aus gesundheitlichen Gründen oder infolge außerehelicher Schwangerschaft oder aus sonstigen wichtigen Gründen seinen Unterhalt nicht selbst verdienen kann (§ 1602/II BGB; siehe Ausführungen Seite 115 f.).

b) Ist das Kind verheiratet, haftet dessen Ehegatte nach § 1608 BGB rangmäßig vor den Eltern. Dies gilt auch für eine Berufsausbildung, und zwar selbst dann, wenn die Eltern noch keine solche finanziert hatten.

aa) Die Elternhaftung besteht nach § 1608 BGB weiter oder lebt wieder auf, wenn der Ehegatte bei Berücksichtigung seiner sonstigen Verpflichtungen außerstande ist, ohne Gefährdung seines angemessenen Unterhalts den Unterhalt zu gewähren. Beweispflichtig für die Leistungsunfähigkeit des anderen Ehegatten ist das Kind, das seine nachrangig haftenden Eltern in Anspruch nimmt.

bb) Lebt das Kind mit einem Partner in nichtehelicher Lebensgemeinschaft zusammen, dann bleiben die Eltern unterhaltspflichtig. Das Kind muß sich aber eine Vergütung für Versorgungsleistungen anrechnen lassen, die es für seinen Lebensgefährten erbringt, falls dieser leistungsfähig ist (vgl. dazu die Ausführungen Seite 72ff., die in gleicher Weise auf die Kinder zutreffen; ferner Seite 145).

Unterläßt das Kind die Eheschließung nachweislich nur, um seinen Unterhaltsanspruch nicht zu verlieren, muß es sich entsprechend der vom BGH für geschiedene Eheleute entwickelten Grundsätze so behandeln lassen, als sei es verheiratet.

c) Die Unterhaltsansprüche Minderjähriger und Volljähriger sind identisch. Die Besonderheiten, die für minderjährige Kinder bestehen, rechtfertigen es nicht, den Anspruch des Volljährigen als eigenständigen Anspruch aufzufassen. Die unveränderte Fortdauer des die Unterhaltspflicht begründenden Verwandtschaftsverhältnisses über den Eintritt der Volljährigkeit hinaus unterscheidet den Verwandtenunterhalt grundsätzlich vom Ehegattenunterhalt, der für die Zeit vor und nach der Scheidung auf jeweils anderen Anspruchsgrundlagen beruht (BGH, FamRZ 84/682, 683 = NJW 84/1613 = B 104; BGH, FamRZ 83/582 i. V. OLG Hamm, FamRZ 83/208, 209 = B 129).

d) Deshalb gelten Unterhaltsurteile und Vergleiche, die zur Zeit der Minderjährigkeit eines Kindes ergangen sind, über den Zeitpunkt der Vollendung des 18. Lebensjahres hinaus (BGH, FamRZ 83/582 = B 129).

Hat ein Kind einen solchen Unterhaltstitel während seiner Minderjährigkeit gegen einen Elternteil erlangt, kann es auch nach Eintritt der Volljährigkeit ein Erhöhungsbegehren im Weg der Abänderungsklage (§ 323 ZPO) geltend machen. Es darf nicht auf die Erhebung einer (erneuten) Leistungsklage verwiesen werden (BGH, FamRZ 84/682, 683 = NJW 84/1613 = B 104).

2. Besonderheiten beim Unterhalt Volljähriger

a) Ab Volljährigkeit entfallen die Privilegien eines minderjährigen Kindes. Der Volljährige muß vor Inanspruchnahme der Eltern auch den Stamm seines Vermögens angreifen (§ 1602/II BGB). Während die Eltern einem Minderjährigen gegenüber infolge ihrer gesteigerten Unterhaltspflicht nach § 1603/II BGB bis an die Grenzen ihrer finanziellen Leistungsfähigkeit (kleiner Selbstbehalt) zum Unterhalt verpflichtet sind, steht ihnen gegenüber Volljährigen der angemessene Unterhalt (= großer Selbstbehalt) zu. Aus dem gleichen Grund entfällt gegenüber Volljährigen eine erhöhte Erwerbsobliegenheit der Eltern, d. h. eine Verpflichtung zur gesteigerten Ausnutzung ihrer Arbeitskraft. Der Volljährige selbst, der in seinem erlernten Beruf keine Anstellung findet, muß jede Arbeit ergreifen, bevor er einen Elternteil auf Unterhalt in Anspruch nimmt (OLG Zweibrücken, FamRZ 84/2050 und FamRZ 83/291; OLG Hamburg, FamRZ 84/607, 608; OLG Köln, FamRZ 83/942; ferner die Ausführungen zu Seite 82f.).

b) Mit dem Erlöschen des Sorgerechts durch Volljährigkeit entfallen auf seiten der Eltern im wesentlichen die sich aus dem Sorgerecht ergebenden Rechte und Pflichten zur Vertretung und Erziehung des Kindes. Zum Gesamtunterhaltsbedarf des Volljährigen zählen daher im Regelfall nicht mehr die Erziehungsleistungen der Eltern und damit auch nicht mehr der sog. Betreuungsunterhalt des früher sorgeberechtigten Elternteils. Die Haftung der Eltern für den Unterhalt volljähriger Kinder richtet sich ausschließlich nach § 1606/III 1 BGB, weil § 1606/III 2 BGB (Gleichsetzung von Barunterhalt und Betreuungsleistungen) nur für Minderjährige gilt (siehe dazu die Ausführungen Seite 122ff. und Seite 126ff.).

c) Bei Mangelfällen sind die Unterhaltsansprüche Volljähriger nachrangig gegenüber Unterhaltsansprüchen minderjähriger Kinder und unterhaltsbedürftiger Eltern, die den minderjährigen Kindern gleichgestellt sind (§ 1609 BGB). Volljährige erhalten daher nur dann und insoweit Unterhalt, als durch das Einkommen eines leistungsfähigen Elternteils vorweg der angemessene Unterhalt der Eltern und der minderjährigen Geschwister gedeckt ist (genaueres dazu siehe Seite 283ff.).

d) Der Nachrang volljähriger Kinder gilt auch bei einem körperlich oder geistig behinderten Kind. Auch auf die Geschäftsfähigkeit des Volljährigen kommt es insoweit nicht an. Nach dem Regelungsinhalt und Zweck der unterhaltsrechtlichen Vorschriften ist für das Rangverhältnis ausschließlich das Alter des Kindes maßgeblich (BGH, FamRZ 84/682, 684, 685, 686 = NJW 84/1813, 1815 = B 130b).

3. Zur rechtlichen Selbständigkeit bei gleichzeitiger wirtschaftlicher Abhängigkeit des Volljährigen

a) Solange ein Volljähriger bedürftig und damit unterhaltsberechtigt ist, bleibt er trotz seiner rechtlichen Selbständigkeit wirtschaftlich von den Eltern abhängig. Wegen dieser wirtschaftlichen Abhängigkeit und wegen der verwandtschaftlichen Beziehungen sind Volljährige verpflichtet, bei ihren Entscheidungen Rücksicht auf ihre Eltern zu nehmen. Andererseits haben die Eltern im Interesse des Kindes dessen Bestrebungen nach Selbständigkeit zu unterstützen und seine Entwicklung zu eigener verantwortlicher Lebensführung zu fördern (BGH, FamRZ 83/369 = NJW 83/2198, 2199 = B 112a; FamRZ 81/250, 252 = NJW 81/574, 575 = B 112c).

b) Über das nach § 1612/II 1 BGB eingeräumte Bestimmungsrecht zur Art der Unterhaltsgewährung können die Eltern in rechtlich anerkannter Weise direkten Einfluß auf die Lebensführung des Volljährigen nehmen (BGH, FamRZ 81/250, 252 = NJW 81/574, 575 = B 112c).

Im Regelfall hat bei Volljährigkeit derjenige Elternteil das Bestimmungsrecht, der vom Volljährigen auf Unterhalt in Anspruch genommen wird (BGH, FamRZ 83/37, 38, 39 = NJW 84/305, 306 = B 113). Eine Unterhaltsbestimmung ist unwirksam, wenn sie nicht den gesamten Lebensbedarf umfaßt.

Haben getrennt lebende Eltern vereinbart, in welcher Weise jeder von ihnen einem Kind Unterhalt leistet (Barunterhalt oder Naturalunterhalt), so kann sich ein Elternteil von dieser Vereinbarung auch nach Eintritt der Volljährigkeit nicht ohne besonderen Grund durch anderweitige Bestimmung der Art der Unterhaltsgewährung lösen (BGH, FamRZ 83/892, 895 = NJW 83/2200, 2202 = B 114). Genaueres zum Bestimmungsrecht der Eltern Seite 124ff.

4. Beschränkung oder Wegfall der Unterhaltsverpflichtung, wenn der Volljährige durch sein sittliches Verschulden bedürftig geworden ist.

a) Nach § 1611 BGB, der für Minderjährige nicht anzuwenden ist (§ 1611/II BGB) schulden Eltern nur einen Beitrag zum Unterhalt nach Billigkeit,
wenn der Volljährige durch sein eigenes Verschulden bedürftig geworden ist, oder,
wenn er früher seinerseits eine eigene Unterhaltspflicht gegenüber den Pflichtigen vernachlässigt hatte, oder,
wenn er sich vorsätzlicher oder schwerer Verfehlungen anderer Art gegen den Unterhaltspflichtigen oder einen nahen Angehörigen desselben (Ehegatten, Kind) schuldig gemacht hat.

Die Verpflichtung der Eltern entfällt ganz, wenn deren Inanspruchnahme grob unbillig wäre (§ 1611/I 2 BGB). Als Ausnahmevorschrift ist § 1611 BGB eng auszulegen.

b) Es muß sich um ein vorwerfbares sittliches Verschulden von erheblichem Gewicht handeln. Der Bedürftige muß in vorwerfbarer Weise anerkannte Gebote der Sittlichkeit außer acht gelassen haben. Ein solches sittliches Verschulden kann nicht bejaht werden bei Zusammenleben des Kindes mit einem anderen in nichtehelicher Lebensgemeinschaft, weil dies heute nicht mehr allgemein gültig als sittlich anstößig empfunden wird (BGH, FamRZ 85/273, 274 = NJW 85/806, 807 = B 71b; NJW 85/130, 131; NJW 82/1868 u. a.).

Eine solche Bewertung kann sich aber aus dem Bezug des Verhaltens des Kindes zur Unterhaltsverpflichtung der Eltern ergeben, so z. B., wenn eine gesunde volljährige Tochter den Mühen des Erwerbslebens zu entgehen trachtet und zu diesem Zweck über nichteheliche Mutterschaft und dadurch ausgelöste Unterhaltsansprüche oder aus sonstiger Arbeitsscheu weiter auf Kosten der Eltern zu leben beabsichtigt (BGH, FamRZ 85/273, 274 = NJW 85/806, 807 = B 71 b).

c) Die Unterhaltsbeschränkung muß der Schwere und Nachhaltigkeit der Verfehlung angemessen sein. Die Beweislast für das Vorliegen und Ausmaß einer solchen Verfehlung haben die Eltern wegen des Ausnahmecharakters von § 1611 BGB.

5. Kein Unterhalt für Wehrdienstleistende

Wehrdienstleistende sind nicht unterhaltsbedürftig, weil während dieser Zeit ihr Bedarf durch staatliche Leistungen gedeckt ist. Soldaten erhalten Wehrsold, Verpflegung, Unterkunft, Dienstkleidung und Heilfürsorge. Der Gesetzgeber hat insoweit ein auf die kasernierte Bedarfssituation des Wehrdienstleistenden sachgerecht bedarfsdeckendes Regelungssystem geschaffen. Soweit noch ein Restbedarf besteht, kann dieser durch den Wehrsold gedeckt werden (OLG Düsseldorf, FamRZ 84/1136, 1139).

II. Grundsätze und Berechnungsarten zur Ermittlung und anteiligen Bemessung des Unterhalts Volljähriger

1. Zum Lebensbedarf des Volljährigen

Der Unterhalt Volljähriger umfaßt dessen gesamten Lebensbedarf einschließlich der Ausbildungskosten (§ 1610 BGB). Zu diesem Lebensbedarf zählen im wesentlichen Kosten für Ernährung, Wohnung, Kleidung, Bildung und Ausbildung, Erholung, Gesundheits- und Krankheitsfürsorge, Freizeitgestaltung.

Nicht mehr zählen hierzu wegen der Volljährigkeit Erziehungs- und Betreuungsleistungen der Eltern. Der Volljährige hat auf solche keinen Anspruch mehr. Die Eltern sind ihm gegenüber zu solchen Leistungen nicht mehr verpflichtet.

2. Zur Unterhaltsbemessung nach der Lebensstellung des Volljährigen

a) Die Bedarfshöhe bemißt sich nach der Lebensstellung des Volljährigen (§ 1610 II und III BGB). Eine konkrete Bedarfsermittlung ist – wie bei Minderjährigen – in der Regel für die Masse der durchschnittlichen Alltagsfälle nicht praktikabel. Es müßte zunächst auf Jahresbasis anhand von spezifischen Wirtschaftsrechnungen der voraussichtliche durchschnittliche individuelle Bedarf ermittelt werden. Besonders schwierig würde dies, solange sich das Kind noch in Haus- und Wirtschaftsgemeinschaft mit einem Elternteil und weiteren Geschwistern befindet. Deshalb empfiehlt sich auch bei Volljährigen, die Methode pauschalierter Bedarfssätze anzuwenden, die sich bei Minderjährigen bewährt und durchgesetzt hat (OLG Düsseldorf, FamRZ 84/1136, 1137).

Danach stellt sich zunächst die Frage, wie die Lebensstellung eines Volljährigen generalisierend bemessen werden kann.

b) Hatte der Volljährige bereits eine eigene selbständige Lebensstellung erlangt, dann sind für seine Bedarfsbemessung diese seine eigenen Lebensverhältnisse maßgebend (OLG Düsseldorf, FamRZ 84/1136, 1139).

Dies kann der Fall sein, wenn der Volljährige nach Ausbildungsabschluß bereits berufstätig war, aber infolge eines schweren Unfalls bedürftig geworden ist. Seine Lebensstellung ist dann entscheidend geprägt durch seine frühere Berufsarbeit und die daraus bezogenen Einkünfte. Die Lebensstellung der Eltern spielt für die Bedarfsbemessung in einem solchen Fall keine Rolle. Sein angemessener Bedarf richtet sich dann nach den Sätzen des angemessenen Mindestbedarfs Erwachsener (mindestens ca. DM 1300), wenn er vorher bereits ein Einkommen in mindestens dieser Höhe hatte.

c) Hat der Volljährige – wie in der Regel, wenn er Ausbildungsunterhalt verlangt – noch keine eigene Lebensstellung erlangt, dann ist seine Lebensstellung in erster Linie noch geprägt von seinem Zustand des „Kindseins" und „des sich in Ausbildungbefindens". In zweiter Linie ist sie auch davon geprägt, daß er trotz rechtlicher Selbständigkeit wirtschaftlich noch von seinen Eltern abhängig ist (vgl. dazu Seite 126ff.).

aa) Diese wirtschaftliche Abhängigkeit des Volljährigen von der Lebensstellung der Eltern ist aber nicht mehr so ausschließlich wie bei Minderjährigen. Er hat mit der Volljährigkeit bereits eine rechtliche Entscheidungsfreiheit erlangt und könnte auch wirtschaftlich selbständig sein, wenn er seine Ausbildung schon abgeschlossen hätte. Seine Lebensstellung ist daher in erster Linie dadurch definiert, daß er sich noch in Ausbildung befindet und nur wegen dieser Ausbildung noch von den Eltern abhängig ist, d.h. von diesen als Unterhalt verlangen kann, was er für die von ihm intensiv zu betreibende Ausbildung braucht, um selbst bald wirtschaftlich selbständig werden zu können. Das Maß seiner wirtschaftlichen Selbständigkeit kann aber sicher nicht nur nach dem Lebensstandard bemessen werden, den die Eltern nach vielen Jahren der Erfahrung und des persönlichen Leistungseinsatzes erreicht haben, sondern muß auch nach seinem voraussichtlichen eigenen Beginn mit einer wirtschaftlichen Selbständigkeit durch eigene Berufsarbeit beurteilt werden. Seine Lebensstellung ist daher für die Zeit seiner Ausbildung bereits wesentlich vorgeprägt von der eigenen Lebensstellung, die er nach Abschluß der Ausbildung erwarten kann und die in der Regel nicht mehr mit der Lebensstellung und damit mit den Einkommensverhältnissen seiner Eltern identisch sein wird.

bb) Dazu kommt als weiterer Umstand, daß sich in der gesellschaftlichen Einschätzung der Lebensstellung von Auszubildenden und Studierenden in den letzten Jahrzehnten erhebliche Wandlungen in Richtung einer gleichförmigen, leistungsorientierten und nicht mehr so sehr am Einkommen und Vermögen der Eltern orientierten Beurteilung vollzogen haben. Kinder eines Handwerkers oder Arbeiters, die zielstrebig ihre Ausbildung betreiben, werden eher anerkannt und geachtet als verwöhnte leistungsschwache Kinder sehr vermögender Eltern, die unverhältnismäßig lange brauchen, bis sie ihre Ausbildung zum Abschluß bringen und dann immer noch nicht in der Lage sind, für ihren eigenen Lebensunterhalt selbst aufzukommen. Inzwischen ist in weiten Kreisen bekannt, daß hier oft ein direkter Zusammenhang besteht zwischen einer Verwöhnungssituation durch die Eltern und einer daraus resultierenden Leistungsschwäche und Lebensuntauglichkeit der Kinder, weil durch den „geschenkten Lebensstandard" die Entfaltung der für die Entwicklung der persönlichen und wirtschaftlichen Selbständigkeit notwendigen Kräfte gehemmt werden kann. Dies sollte – vor allem bei wirtschaftlich gutsituierten Eltern – nicht durch eine dieser Situation korrespondierende Unterhaltsbemessung gefordert werden, indem der Unterhalt nur – oder überwiegend – nach dem Einkommen der Eltern bestimmt wird. Wer seinen Lebensunterhalt „großzügig" per Unterhalt als selbstverständliche Lebensbasis gleichsam „geschenkt" erhält, ohne dafür besondere Leistungen erbringen zu müssen, gerät leicht in eine Anspruchsmentalität, die ganz selbstverständlich die Hilfe von anderen erwartet und nicht von eigener Leistung. Er ist gefährdet in seiner Eigenentwicklung zu persönlicher und wirtschaftlicher Selbständigkeit, vor allem auch, wenn er bei dem ohnehin meist hinausgezögerten Berufsbeginn auf einmal mehr und Anstrengenderes leisten sollte als je zuvor und dafür u. U. ein geringeres Entgelt erhält, als ihm vorher als Unterhalt ohne besondere Anstrengung zur Verfügung gestanden hatte.

d) Unter Berücksichtigung solcher Umstände erscheint es mir sinnvoll, den Unterhalt Volljähriger im Regelfall einheitlich an festen, vom Einkommen der Eltern unabhängigen Beträgen zu orientieren, die sich nach der Lebenserfahrung danach bemessen, wieviel ein Volljähriger durchschnittlich braucht, um seine Ausbildung zielstrebig betreiben und abschließen zu können.

Als unterer Orientierungsrahmen dienen dabei die BAföG-Sätze, die allerdings für den durchschnittlichen Regelfall erhöht werden müssen, weil mit den staatlichen Förderungsmitteln nur die Mindestbedürfnisse des Auszubildenden abgedeckt werden sollen, während unterhaltsrechtlich der angemessene Lebensbedarf des Volljährigen maßgebend ist.

3. Zu einheitlichen Bedarfssätzen für Volljährige

Der vorher (2.) geschilderten Tendenz entsprechen fast alle Leitlinien der Oberlandesgerichte, wenn sie als angemessenen Gesamtunterhaltsbedarf des Studierenden, der nicht bei seinen Eltern oder einem Elternteil wohnt, oder eines Kindes mit eigenem Hausstand mit einem festen Betrag bemessen.

Der BGH hat es als rechtlich unbedenklich anerkannt, wenn der Bedarf eines Studenten, der nicht bei einem Elternteil wohnt, auf höchstens DM 765 (= damaliger Höchstsatz) festgesetzt wird (BGH, FamRZ 85/916 = NJW 85/2331 = B 130a; FamRZ 85/917, 919 = NJW 85/2590, 2592).

a) Dieser Regelbedarf beträgt derzeit DM 800 nach OLG Düsseldorf (D.T. A 7), OLG München (M.R. 2.2.), OLG Hamm (H.L. 2.26), OLG Stuttgart (St.L.), OLG Celle (C.L. B 1b), OLG Schleswig-Holstein (Schl.L. 85), OLG Köln (K.L. 4.1.), OLG Bremen (B.L. A 2b) und OLG Frankfurt (F.L. A 8).

b) Das OLG Hamburg bewertet den angemessenen Unterhaltsbetrag derzeit pauschal mit DM 840 (H.L. 4).

c) Das OLG München differenziert in einen Regelbedarf für Studenten (DM 800) und in einen Regelbedarf für Schüler und Auszubildende (DM 650) (M.R. 2.2.).

d) Nach allen Leitlinien handelt es sich insoweit um einen Regelbedarfssatz. Von diesem kann im konkreten Einzelfall bei Vorliegen besonderer Umstände nach oben und unten abgewichen werden. Bei Abweichungen muß derjenige, der sich auf eine solche Abweichung beruft, besondere Umstände darlegen und nachweisen.

4. Zu einheitlichen Bedarfssätzen, wenn der Volljährige bei einem Elternteil wohnt

Umstritten ist bei den Oberlandesgerichten, ob ein einheitlicher Regelbedarfssatz auch angenommen werden kann, wenn der Volljährige noch bei einem Elternteil wohnt.

a) Bejaht wird dies von den Oberlandesgerichten Hamburg (Ha.L. 4), Stuttgart (St.L.), Celle (C.L. B 1) und KG (FamRZ 79/64, 65 und FamRZ 82/516), sowie 2. und 16. Senat des OLG München.

aa) Das OLG Hamburg meint, für den Unterhaltsbedarf eines volljährigen Menschen, der noch keine eigene soziale Stellung erworben habe, ändere sich nichts dadurch, ob der bei einem Elternteil oder in einem eigenen Haushalt lebe. Das Wohnen des Volljährigen im Elternhaus führe allenfalls zu einer Wohnkostenersparnis, während der sonstige Lebensbedarf nicht davon abhängig sei, wo das Kind wohne. Um diese Wohnkostenersparnis, die nach § 287 ZPO geschätzt oder pauschaliert werden könne, könne der Bedarfsbetrag für Volljährige gemindert werden. Außerdem seien die Tabellenbeträge der D.T. nicht bedarfsdeckend. Die D.T. sei auf den Unterhalt Minderjähriger zugeschnitten und berücksichtige nicht die Besonderheiten der Volljährigkeit (OLG Hamburg, FamRZ 84/190, 192).

bb) Das KG meint, der Bedarf eines noch in Ausbildung befindlichen volljährigen Kindes sollte grundsätzlich unabhängig vom Einkommen der Eltern weitgehend einheitlich festgelegt werden. Die Lebensstellung Volljähriger sollte sich, solange sie noch nicht selbst erwerbstätig seien, nicht wesentlich unterscheiden. Das gelte in gleicher Weise für Lehrlinge, Schüler und Studenten. Für die Wohnkostenersparnis infolge des Wohnens bei einem Elternteil sei ein Abschlag von DM 150 vom Regelsatz angebracht (KG, FamRZ 79/64; FamRZ 82/516).

b) Die Oberlandesgerichte Düsseldorf (D.T. A 7), München (12. und 26. Senat), Hamm (H.L. 2.18.), Schleswig (1980), Bremen (B.L. A 2a) und Frankfurt (F.L. A 7) berechnen demgegenüber den angemessenen Bedarfssatz nach der D.T. zuzüglich eines Zuschlags in Höhe der Differenz der zweiten und dritten Altersstufe der jeweiligen Gruppe. Im einzelnen erfolgt die Anteilsberechnung bei Doppelverdienern auf zwei unterschiedliche Arten, die später (7 und 8) näher erörtert werden.

aa) Begründet wird die Anwendung der pauschalierten Bedarfssätze der D.T. für Volljährige im Hause der Eltern damit, daß sich diese Methode bewährt und durchgesetzt habe und für die Masse der durchschnittlichen Alltagsfälle gegenüber einer konkreten Bedarfsermittlung praktikabel sei. Durch die gemeinsame Haushaltsführung mit einem Elternteil entstehe eine Bedarfsminderung (z.B. Miete und Mietnebenkosten), die durch die Anwendung der D.T. berücksichtigt werde (OLG Düsseldorf, FamRZ 84/1136, 1137).

bb) Das OLG Köln meint, es komme für die Unterhaltshöhe auf die Einkommensverhältnisse der Eltern an, da die Lebensstellung der Kinder bisher ausschließlich vom Einkommen der Eltern geprägt worden sei (FamRZ 85/90, 91).

c) Ich persönlich bin der Ansicht, daß die erstere Auffassung (a) besser den Besonderheiten des Unterhalts Volljähriger gerecht wird und auch praktikabel gehandhabt werden kann. Da sehr viele Oberlandesgerichte, u. a. auch Senate des Oberlandesgerichts München, die zweite Auffassung vertreten, werde ich nachfolgend beide Auffassungen bei den Erörterungen berücksichtigen.

d) Im Bereich mittlerer Einkommen der Eltern nähern sich die Ergebnisse an. Unterschiede, die im Bereich besonders niedriger oder besonders hoher Einkommen entstehen, können bei beiden Auffassungen individuell durch Abweichungen vom Regelsatz nach den besonderen Umständen des Einzelfalls gelöst werden. Allerdings scheint es mir notwendig im Sinn der Ausführungen zu 2) im Regelfall auch bei Anwendung der D.T. eine generalisierende Oberbegrenzung einzuführen. Dazu die folgenden Ausführungen zu 5):

5. Notwendigkeit einer generalisierenden Obergrenze für den Regelfall

Eine solche generalisierende Obergrenze wird, wie bei 3) erörtert, von allen Oberlandesgerichten praktiziert bei Volljährigkeit mit eigenem Hausstand. Feste Richtsätze (DM 800 bis 840 und 650) sind sowohl Unter- wie Obergrenzen.

a) Unbefriedigend bleibt für mich die Tatsache, daß bei strikter Anwendung der D.T. das gleiche Kind wohlhabender Eltern einen wesentlich höheren Unterhalt erhält, wenn es bei einem Elternteil lebt und nicht auswärts einen eigenen Hausstand hat. Unbefriedigend ist auch die Ungleichbehandlung von Volljährigen mit und ohne eigenen Hausstand.

aa) Beipiel: Lebt ein Volljähriger bei einem nichterwerbstätigen Elternteil, so erhält er bei einem Nettoeinkommen des anderen Elternteils in Höhe von DM 6000 von diesem – ohne Berücksichtigung eines Zuschlags – monatlich DM 910. Besteht sonst keine Unterhaltsverpflichtung, erhält er mit Zuschlag über DM 1000. Zusätzlich kann der Bedarf, z. B. nach H.L. 18, um weitere DM 145 für ausbildungsbedingte Aufwendungen erhöht werden. Außerdem erhält er zusätzlich anrechnungsfrei die gesamten, möglicherweise erheblichen Vorteile, die sich für ihn aus der Wohn-, Wirtschafts- und Haushaltsgemeinschaft mit einem Elternteil ergeben. Nach der Systematik und Zweckrichtung der D.T. ist es konsequent, solche Vorteile unberücksichtigt zu lassen, denn die Bedarfssätze der D.T., die in erster Linie für den Unterhalt Minderjähriger entwickelt worden sind, gehen für den Regelfall davon aus, daß ein Kind bei einem Elternteil lebt. Deshalb sind in den Bedarfssätzen der D.T. solche Ersparnisse bereits mitberücksichtigt und können konsequenterweise nicht zusätzlich abgezogen werden.

Ergebnis: Der Bedarf des Kindes beträgt ca. DM 1000 bis 1150, zuzüglich freies Wohnen und Leben bei einem Elternteil.

bb) Das gleiche Kind erhält nach der D.T. nur DM 800, wenn es selbständig auswärts lebt und muß mit diesem Betrag für alles aufkommen, einschließlich Kosten für Wohnung etc. Wird der Wohnvorteil mit ca. DM 200 bemessen, erhält es praktisch ca. ⅓ mehr an Unterhalt, wenn es bei einem Elternteil bleibt, statt selbständig auswärts zu leben.

cc) Noch krasser wird der Unterschied, wenn beide Eltern ein gutes Erwerbseinkommen haben und deshalb der Anspruch des Kindes entweder gegen jeden Elternteil nach dessen Einkommen (so H.L. 2.24) oder nach den zusammengerechneten Einkommen beider Eltern (so OLG Düsseldorf und Köln) berechnet wird.

dd) Dazu kommt die Ungleichbehandlung im Verhältnis zu anderen, sich in gleicher Ausbildungssituation befindlichen Kindern.

b) Um solche unbillige, auf einer Überbewertung der Einkommensverhältnisse der Eltern beruhende Ungleichbehandlung von Volljährigen, die noch bei einem Elternteil leben, zu vermeiden, sollte auch bei Anwendung der D.T. für den Regelfall eine Obergrenze eingeführt werden.

Eine solche Regelbegrenzung ist nicht zu verwechseln mit der vom BGH als absolute Grenze abgelehnten Sättigungsgrenze. Als Regelbegrenzung gilt sie nur für den Normalfall und ist deshalb zulässig. Bei Vorliegen besonderer Umstände kann ein über den Normalfall hinausgehender Bedarf nach wie vor geltend gemacht werden. Nur muß derjenige, der ihn geltend macht, konkret dartun und beweisen, worin sein besonderer Bedarf besteht und welche Mittel zur Deckung im einzelnen erforderlich sind. Dies entspricht den Anforderungen, die der BGH auch sonst verlangt, wenn ein Kind einen besonders hohen Unterhalt geltend macht (BGH, FamRZ 83/473, 474 = NJW 83/1429, 1430 = B 99c).

c) Als Regelbegrenzungssatz bietet sich der Richtsatz an, der von den Oberlandesgerichten nach Erfahrungswerten angenommen wird für ein Kind, das einen selbständigen Haushalt hat (DM 800 bzw. 840 und 650).

Dabei ist bei Barunterhaltspflicht nur eines Elternteils allerdings zu berücksichtigen, daß das auswärts wohnende Kind gegenüber einem bei einem Elternteil wohnenden Kind zumindest einen zusätzlichen Wohnkostenbedarf hat und daß das bei einem Elternteil wohnende Kind infolge der Haus- und Wirtschaftsgemeinschaft eine Wohnkostenersparnis hat. Das OLG Hamburg hat 1983 eine solche Wohnkostenersparnis des bei einem Elternteil lebenden Kindes in Anlehnung an die pauschale Bewertung in § 13 BAföG auf DM 125 monatlich geschätzt (FamRZ 84/190, 191). Das OLG Köln schätzte die vergleichbare Wohnkostenersparnis durch das Wohnen bei der Großmutter ebenfalls auf DM 125 (FamRZ 85/923, 924). Das OLG Stuttgart bemißt den verbleibenden Bedarf eines Volljährigen, der bei einem Elternteil lebt, nach Abzug der Wohnkostenersparnis mit DM 665 (St.L.). Nach OLG Celle beträgt der gesamte Unterhaltsbedarf eines volljährigen Kindes bei Unterbringung im Haushalt eines Elternteils mindestens DM 640 (C.L. II B 1a). Das KG hält einen Abschlag von DM 150 vom Regelsatz für angebracht (KG, FamRZ 82/516).

d) Ich schlage vor, in Anlehnung an § 13 BAFöG und an die vorher zitierte Rechtsprechung (c) die Wohnkostenersparnis für den Regelfall mit pauschal DM 125 zu bewerten.

e) Ergebnis.

aa) Wohnt ein Volljähriger bei einem Elternteil und ist nur der ander Elternteil barunterhaltspflichtig, sind bis zur Gruppe 7 die Beträge der D.T. maßgeblich. Ab Gruppe 7 gilt im Normalfall ein fester Betrag von DM 665. Konsequent wäre es, auch bei minderjährigen Kindern, die Sätze der D.T. nach oben für den Regelfall auf DM 665 zu begrenzen (= 3. Altersstufe bei Einkommen über DM 4800), damit in solchen Fällen der Unterhalt nicht mit Eintritt der Volljährigkeit von DM 685, bzw. DM 785 auf DM 665 absinkt.

bb) Ein Abschlag von DM 125 (für Wohnkostenvorteil) kann ausnahmsweise dann entfallen, wenn der Elternteil, bei dem das Kind wohnt, sich wirtschaftlich in so ungünstigen Verhältnissen befindet, daß er für das Wohnen des Kindes bei ihm von diesem einen angemessenen Betrag (z. B. Mietzins) in Höhe von mindestens DM 125 verlangt und auch erhält. Dann kann dieses Kind vergleichbar wie ein Volljähriger mit eigenem Hausstand behandelt werden mit der Folge, daß der Bedarfssatz für das Kind DM 800 beträgt.

cc) Der Bedarfssatz beträgt beim Wohnen bei einem Elternteil DM 800, wenn beide Eltern barunterhaltspflichtig sind. Dem Wohnung gewährenden Elternteil wird auf seinen Barunterhaltsanspruch mindestens die Wohnungskostenpauschale von DM 125 als Naturalunterhaltsleistung angerechnet.

6. Überblick zur bisherigen BGH-Rechtsprechung zur Bemessung des Kindesunterhalts

Entscheidungen des BGH zur „Lebensstellung" des Volljährigen und zur Unterhaltsberechnung bei Volljährigen gibt es noch nicht. Wohl aber gibt es eine Reihe von Entscheidungen zur Berechnung des Minderjährigenunterhalts, aus denen vom BGH entwickelte Grundsätze als Orientierungsmaßstäbe für den Unterhalt Volljähriger entnommen und übernommen werden können. Bei einer solchen Übernahme ist jedoch zu beachten, daß solche Ausführungen des BGH nicht übertragbar sind auf Fälle, bei denen der normale oder erhöhte Betreuungsaufwand oder Betreuungsbedarf (Betreuungsunterhalt) eine spezifische Rolle spielt. Ich werde nachfolgend die wichtigsten übertragbaren Grundsätze des BGH zusammengefaßt kurz wiederholen. Genaueres auf Seite 122ff.; Seite 126ff. und Seite 135ff.

a) Der BGH leitet die Lebensstellung des minderjährigen Kindes aus der Lebensstellung seiner Eltern ab. Den Barunterhalt nach Trennung der Eltern bemißt er im Regelfall generalisierend allein nach den Vermögens- und Einkommensverhältnissen des barunterhaltspflichtigen Elternteils. Er billigt für diese Bemessung ausdrücklich die Anwendung der D.T. und deren pauschalierende Bedarfssätze.

Bei überdurchschnittlichen Einkommens- und Vermögensverhältnissen des barunterhaltspflichtigen Elternteils kann der sich aus der D.T. ergebende oder konkret ermittelte Anspruch des Kindes der Höhe nach begrenzt werden, weil die Lebensstellung des Kindes infolge „seiner Lage während des Heranwachsens und seiner Lage in der Schul- und Ausbildungszeit" in erster Linie durch das „Kindsein" geprägt ist und die Befriedigung des Lebensbedarfs des Kindes nicht „Teilhabe am Luxus der Eltern" bedeutet (BGH, FamRZ 80/665, 669 = NJW 80/1686, 1689 = B 115a; FamRZ 81/543, 544, 545 = NJW 81/1559, 1560 = B 115b; FamRZ 83/473, 474 = NJW 83/1429, 1430 = B 115c; FamRZ 84/39, 40 = NJW 84/303, 304 = B 120).

b) In den Ausnahmefällen zu § 1606/III 2 BGB, in denen der BGH eine Barunterhaltspflicht beider Eltern und eine anteilige Unterhaltsbemessung nach § 1606/III 1 BGB gemäß den beiderseitigen Einkommensverhältnissen bejaht hat, hat sich der BGH dagegen ausgesprochen, die Lebensstellung des Kindes nach den zusammengerechneten Einkünften beider Eltern oder nach einem Mittelwert zu bestimmen. Er hat betont, daß auch im Fall des § 1606/III 1 BGB der Barunterhalt des Kindes allein am Einkommen des jeweils barunterhaltspflichtigen Elternteils auszurichten ist.

Der BGH hat es als rechtlich bedenkenfreie Bemessungsmethode angesehen, in einem solchen Fall (§ 1606/III 1) den anteiligen Unterhalt nach H.L. 2.24 zu berechnen, indem zunächst der von jedem Elternteil nach seinem Einkommen zu zahlende Betrag errechnet wird und dann bei hohem Einkommen beider Eltern die ermittelten Tabellensätze unter Orientierung am Verteilungsmaßstab des Gesetzes (§ 1606/III 1) gekürzt werden (BGH, FamRZ 84/39, 40 = NJW 84/303, 304 = B 121 und B 120; FamRZ 83/689, 690 = NJW 83/2082, 2083 = B 122). Behinderungsbedingter erhöhter Betreuungsaufwand kann durch Veränderung des Verteilungsschlüssels berücksichtigt werden (BGH, FamRZ 85/917, 919 = NJW 85/2590, 2592).

c) In einer Entscheidung hat es der BGH ausnahmsweise akzeptiert, daß ein Volljähriger während einer Übergangszeit ab Eintritt der Volljährigkeit unter besonderen Umständen unterhaltsrechtlich noch wie ein Minderjähriger behandelt wurde (BGH, FamRZ 81/541, 543 = NJW 81/2462, 2463 = B 126; genaueres dazu später zu 10, Seite 165).

d) Der BGH hat es als rechtlich unbedenklich anerkannt, wenn der Bedarf eines Studenten, der nicht bei einem Elternteil wohnt, auf höchstens DM 765 (= damaliger Höchstsatz) festgesetzt wird (BGH, FamRZ 85/916 = NJW 85/2331 = B 130a), oder wenn der angemessene Normalbedarf eines bei einem Elternteil wohnenden Volljährigen von rund DM 750 um behinderungsbedingte Mehrkosten erhöht wird (BGH, FamRZ 85/917, 919 = NJW 85/2590, 2592).

7. Zu unterschiedlichen Bedarfsberechnungsmethoden, wenn der Volljährige bei einem Elternteil wohnt

a) Soweit feste Bedarfssätze angenommen werden, wie generell von den Oberlandesgerichten Hamburg, Stuttgart, Celle und KG, 2. und 16. Senat des OLG München, sowie von allen Oberlandesgerichten in den Fällen einer auswärtigen Unterbringung von Volljährigen, ist die Bedarfsberechnung ohne Probleme. Es ist lediglich zu prüfen, ob im konkreten Fall aufgrund besonderer Umstände eine Abweichung nach oben oder unten gerechtfertigt erscheint.

b) Bedarfsberechnung nach der D.T., wenn der Volljährige im Haushalt eines Elternteils lebt und dieser leistungsunfähig ist.

aa) Ist nur ein Elternteil leistungsfähig, errechnet sich der Bedarf des Volljährigen ausschließlich nach dem bereinigten Nettoeinkommen dieses Elternteils unter Anwendung der D.T. mit notwendig werdenden Auf- und Abstufungen sowie entsprechenden Bedarfskontrollrechnungen. Der Volljährige erhält den Tabellenbetrag der dritten Altersstufe zuzüglich der Differenz zur zweiten Altersstufe aus der ermittelten Einkommensgruppe (entsprechend ergänzte Tabelle für Volljährige siehe 11, Seite 166) bis zur Regelbegrenzung von DM 765 (Seite 160).

bb) Das gleiche gilt, wenn ein Elternteil zwar eigenes Einkommen hat, dieses aber seinen eigenen angemessenen Bedarf nicht übersteigt. Dann ist dieser Elternteil gegenüber dem Volljährigen nicht leistungsfähig. Er muß ihm keinen anteiligen Unterhalt bezahlen (§ 1603/I BGB). Die (Unter)Grenze dieses eigenen angemessenen Unterhalts liegt derzeit bei den meisten Oberlandesgerichten bei DM 1300, kann aber im Einzelfall wegen § 1603 I BGB auch höher sein.

c) Bedarfsberechnung nach D.T. mit H.L. 2.24, wenn der Volljährige im Haushalt eines Elternteils lebt und beide Eltern barunterhaltspflichtig sind.

Die Anwendung von H.L. 2.24 ist vom BGH ausdrücklich als Bedarfsberechnungsmethode bei beiderseits barunterhaltspflichtigen Ehegatten zu § 1606/III 1 BGB gebilligt worden. Sie wird teilweise vom OLG München, vom OLG Köln (14. Senat, FamRZ 84/610) und wohl auch vom OLG Hamm angewendet. Die Handhabung der anderen Oberlandesgerichte, außer OLG Düsseldorf, ist nicht bekannt.

aa) Haben beide Eltern ein ihren angemessenen Eigenbedarf übersteigendes Einkommen, wird zunächst nach der D.T. (wie bei b aa) für jeden Ehegatten der nach seinem bereinigten Nettoeinkommen anteilige Unterhalt errechnet.

bb) Dieser beiderseitige „anteilige Unterhalt" ist nunmehr anteilig angemessen zu kürzen, weil sonst das Kind nach dem System der D.T. einen „doppelten Unterhalt" erhalten würde und dadurch gegenüber den Kindern mit nur einem barunterhaltspflichtigen Elternteil unverhältnismäßig bevorzugt wäre.

Die Werte der D.T. beinhalten den jeweiligen Gesamtbedarf eines Kindes. Sie gehen davon aus, daß der Barunterhaltspflichtige diesen Gesamtbedarf allein zu decken hat mit Ausnahme des Betreuungsbedarfs, der bis zur Volljährigkeit als gleichwertig angesehen wird und ab Volljährigkeit entfällt. Nach BGH soll mit den Werten der D.T. der gesamte Barbedarf des Kindes gedeckt werden, zu dem bei einem minderjährigen Kind der gleichwertige Betreuungsunterhalt des sorgeberechtigten Elternteils noch hinzutreten muß (BGH, FamRZ 84/39, 40 = NJW 84/303, 304 = B 121).

Ohne eine solche Kürzung würde daher der Volljährige seinen „Gesamtbedarf" doppelt erhalten, weil von jedem Elternteil einen vollen Unterhalt.

Bei einem Elterneinkommen von DM 4500 und DM 3000 wäre der Bedarf des Kindes im Verhältnis zu beiden Eltern ohne Auf- und Abstufung DM 550 und DM 700. Bei einer Addition beider Beträge erhielte das Kind DM 1250 Unterhalt.

Hätte nur ein Elternteil ein Einkommen von DM 3000, wäre sein Betrag DM 550, bei einem Einkommen von nur 2000 nur DM 390.

cc) Die danach notwendige Kürzung erfolgt in der Weise, daß als Obergrenze des Gesamtbedarfs bei Barunterhaltspflicht beider Eltern im Regelfall ein Betrag von DM 800 angenommen wird (Seite 159, 160). Von diesem Bedarf sind Kindergeld, das dem Kind zugewendet wird, und eigenes Einkommen des Kindes abzuziehen (Seite 164). Für den verbleibenden Restbedarf haften Eltern nach § 1603/III 1 BGB im Verhältnis ihres Einkommens. Auf den Haftungsanteil des Wohnung gewährenden Elternteils wird mindestes die Wohnkostenpauschale von DM 125 als Naturalunterhaltsleistung angerechnet (Seite 160).

dd) Ergebnis: Der Bedarf des Kindes beim Wohnen bei einem Elternteil beträgt bei Barunterhaltspflicht beider Eltern im Regelfall ab Gruppe 3 der D.T. (Seite 166) DM 800, dh. sobald ein Elternteil mehr als DM 2100 verdient, weil die Summe der nach H.L. 24 zu addierenden Einsatzbeträge beider Eltern die Obergrenze von DM 800 übersteigt.

d) Bedarfsberechnung nach OLG Düsseldorf (FamRZ 82/1101; FamRZ 84/1134; FamRZ 84/1136) und des 4. Senats des OLG Köln (FamRZ 85/90, 91 und FamRZ 84/1139), wenn beim Wohnen bei einem Elternteil beide Eltern barunterhaltspflichtig sind.

Nach diesen Oberlandesgerichten werden die ermittelten bereinigten Nettoeinkommen beider Eltern addiert und aus dem Additionsbetrag der Unterhaltsbedarf nach der D.T. errechnet.

Im vorigen Beispiel (Nettoeinkommen von DM 3000 + 4500 = Gesamtnetto 7500) also ein Betrag „nach den Umständen des Falles" aber jedenfalls über DM 910. Bei DM 2000 + DM 3000 wäre es ein Bedarf von DM 790.

aa) Diese Berechnung entspricht zwar einerseits dem Ziel der D.T. einen einheitlichen, am Einkommen beider Eltern orientierten Gesamtbedarf zu ermitteln und ermöglicht eine anteilsmäßige Verteilung dieses Gesamtbedarfs nach § 1606/III 1 ohne große Kürzungen, falls nicht auch für den Regelfall eine Höchstbegrenzung bei DM 675 angenommen wird.

In die Richtung einer Reduzierung des Unterhaltsbedarfs scheint der Versuch des OLG Köln zu gehen, überhöhte beiderseitige Einkommen und damit den entsprechenden Unterhaltsanspruch dadurch zu reduzieren, daß den Eltern ein Freibetrag von DM 500 wegen doppelter Haushaltsführung und damit verbundenen Mehrkosten zugebilligt wird (OLG Köln, FamRZ 85/90, 91). Das OLG Düsseldorf hat eine nach der D.T. notwendige Höherstufung im Hinblick auf Mehrkosten durch doppelte Haushaltsführung unterlassen (FamRZ 84/1137), während es in einer anderen Entscheidung (FamRZ 82/1101) abgelehnt hat, bei der Zuordnung zu einer Einkommensgruppe der D.T. zusätzliche Abzüge wegen trennungsbedingtem Mehrbedarf vorzunehmen mit der zutreffenden Begründung, daß die Tabelle Fälle der nicht intakten Ehe betreffe, also die Trennung bereits voraussetze. Andernfalls müßte auch bei minderjährigen Kindern eine Auf- oder Abstufung unterbleiben, oder ein Freibetrag zugebilligt werden.

bb) Diese Berechnungsmethode widerspricht der Auffassung des BGH insofern, als sich dieser dafür ausgesprochen hat, die Lebensstellung des Kindes grundsätzlich nach dem Einkommen des jeweils barunterhaltspflichtigen Elternteils zu bestimmen und es ausdrücklich abgelehnt hat, die Lebensstellung des Kindes nach den zusammengerechneten beiderseitigen Einkünften oder nach Mittelwerten beider Einkünfte zu bemessen (BGH, FamRZ 84/39, 40 = NJW 84/303, 304 = B 121; FamRZ 81/543, 544 = NJW 81/1559, 1560 = B 115b; FamRZ 83/473 = NJW 83/1429).

8. Zur Anteilsberechnung nach § 1606/III 1 BGB bei Doppelverdienern

a) Bei Doppelverdienern sind beide Eltern barunterhaltspflichtig, wenn jeder Elternteil zur Unterhaltsleistung ohne Gefährdung des eigenen angemessenen Unterhalts in der Lage ist (§ 1603 I BGB). Bei Ehegatten bestimmt sich auch im Verhältnis zu Kindern die Angemessenheit ihres Unterhalts nach den ehelichen Lebensverhältnissen, in der Regel also nach der Höhe des ihnen zustehenden Quotenunterhalts. Ein Ehegatte, der selbst Anspruch auf Aufstockungsunterhalt hat, wird daher im Regelfall gegenüber einem Volljährigen nicht barunterhaltspflichtig sein. Dem allein barunterhaltspflichtigen anderen Elternteil verbleibt infolge Vorabzug des Kinderunterhalts (Seite 216ff.) ebenfalls sein angemessener Quotenunterhalt.

b) Vor Berechnung des Anteils nach § 1606 III 1 BGB ist der Unterhaltsbedarf festzustellen. Dieser bemißt sich gemäß den vorangegangenen Ausführungen.

aa) Nach festen Bedarfssätzen bei eigenem Hausstand des Volljährigen (Seite 157, 158). DM 840,– nach OLG Hamburg (Ha.L. 4); DM 800,– für Studenten und DM 650,– für Schüler und Lehrlinge nach OLG München (M.R. 2.2.); DM 800,– nach allen anderen OLGen (D.T. A 7; H.L. 2.26; St.L.; C.L. B 1b; Schl.L. 85; K.L. 4.1.; B.L. A 2b; F.L. A 8).

bb) Nach festen Bedarfssätzen beim Wohnen des Volljährigen bei einem Elternteil (Seite 158). DM 840,– nach OLG Hamburg (Ha.L. 4 und FamRZ 84/190, 192); DM 800,– nach OLG Stuttgart (St.L.), OLG Celle (C.L. B 1b) und KG Berlin (FamRZ 82/516 und FamRZ 79/64, 65); DM 800,– bei Studenten und DM 650,– bei Lehrlingen und Schülern nach OLG München, 2. und 16. Senat.

cc) Nach flexiblen, um einen Zuschlag erhöhten Bedarfssätzen der D.T. (Seite 166) beim Wohnen bei einem Elternteil gemäß dem Einkommen jedes Elternteils (nach H.L. 2.24 Seite 162 unter c) oder den addierten Einkünften beider Eltern (nach OLG Düsseldorf und OLG Köln, Seite 162 unter d) mit angemessener Kürzung bei höherem Einkommen der Eltern, sofern nicht generalisierende Obergrenzen beachtet werden (Seite 159, 160).

c) Von dem ermittelten Bedarf sind Einkommen des Volljährigen und Kindergeld, das dem Volljährigen tatsächlich zugewendet wird, abzuziehen. Genaueres dazu Seite 164.

d) Der so ermittelte Restbedarf oder ungedeckte Bedarf ist bei beiderseitiger Barunterhaltspflicht der Eltern gemäß § 1606 III 1 BGB im Verhältnis der beiderseitigen Einkünfte aufzuteilen. Diese Verteilung muß jedoch nicht schematisch proportional zur Höhe der beiderseitigen Einkünfte erfolgen. Der Verteilungsschlüssel kann vielmehr wertend verändert werden, um angemessene Ergebnisse zu erreichen. Durch eine solche wertende Änderung kann z. B. ein erhöhter Betreuungsaufwand für ein behindertes Kind oder eine unterschiedliche Belastung der Eltern bei Bezug unterschiedlich hoher Einkünfte berücksichtigt werden. In welcher Weise dies geschieht, ist Sache des Tatrichters. Im Regelfall empfiehlt es sich, bei beiderseitiger Barunterhaltspflicht von den unterschiedlich hohen Einkünften vorweg einen Sockelbetrag in Höhe des jeweils angemessenen Selbstbehalts (derzeit DM 1300,–) abzuziehen und erst aus den Restbeträgen die Haftungsquote zu errechnen. Auf diese Weise kann vermieden werden, daß den Elternteil mit dem niedrigeren Einkommen die Barunterhaltspflicht nicht unverhältnismäßig stärker trifft, als den Elternteil mit dem höheren Einkommen (OLG München, M.R. 2.2., OLG Düsseldorf, FamRZ 84/1134, 1135 und OLG Stuttgart, FamRZ 84/1251).

Der jeweilige Haftungsanteil nach § 1606 III 1 BGB errechnet sich dann wie folgt:

Nettoeinkommen eines Elternteils (N 1 oder N 2) abzüglich 1300 mal Restbedarf (R) geteilt durch die Summe der Nettoeinkünfte beider Eltern nach Abzug von 2600.

Formel: Haftungsanteil A 1 = (N 1 − 1300) × R : (N 1 + N 2 − 2600).

e) Auf den Haftungsanteil des Wohnung gewährenden Elternteils ist mindestens die Wohnkostenpauschale von DM 125,– als Naturalunterhaltsleistung anzurechnen, wenn von festen Bedarfssätzen ausgegangen wird.

f) Beispiel: N 1 = 2000; N 2 = 4000; Regelbedarf = 800; zugewendetes Kindergeld = 50; Restbedarf = 750.

Anteiliger Unterhalt A 1 : (2000 − 1300) × 750 : (2000 + 4000 − 2600) = 700 × 750 : 3400 = 154, 41

Anteiliger Unterhalt A 2 : (4000 − 1300) × 750 : (2000 + 4000 − 2600) = 2700 × 750 : 3400 = 595, 59

Vergleichsrechnung, wenn kein Sockelbetrag von 1300 abgezogen wird:

A 1 = 2000 × 750 : 6000 = 250

A 2 = 4000 × 750 : 6000 = 500

9. Zur Anrechnung von Einkommen, Kindergeld und sonstigen unterhaltsrechtlich relevanten Vorteilen auf den Unterhaltsanspruch

a) Eigene Einkünfte des Volljährigen jeder Art mindern dessen Bedürftigkeit und sind daher von seinem Unterhaltsbedarf abzuziehen (Seite 144, 145). Hierzu zählen vor allem Einkünfte aus Werkstudentenarbeit und sonstigen Nebentätigkeiten (Seite 13, 14), BAföG-Leistungen, auch BAföG-Darlehen (Seite 66, 67), Wohngeld (Seite 64, 65), sowie Ausbildungs- und Lehrlingsvergütungen (Seite 14). Von den Ausbildungsvergütungen können ausbildungsbedingte Mehrkosten und Aufwendungen abgezogen werden, nach D.T. A 8 pauschal DM 145,–, nach H.L. 2.18 und K.L. 8.2. pauschal DM 145,–, wenn hinreichende Anhaltspunkte für eine solche Pauschalierung bestehen, nach OLG München und OLG Bremen (B.L. A 5b) behauptete Aufwendungen in nachgewiesener oder gemäß § 287 ZPO zu schätzender Höhe bis zu DM 145,–.

b) Kindergeld steht beiden Eltern und nicht dem Volljährigen zu. Anders als bei Minderjährigen gibt es bei Volljährigen keine direkte Verrechnungsmöglichkeit im Prozeß, weil in der Regel nur ein Elternteil und der Volljährige als Partei beteiligt sind. Kindergeld mindert daher die Bedürftigkeit des Volljährigen in der Regel nur, wenn es diesem tatsächlich zugewendet wird (M.R. 2.2.). Dies muß im Unterhaltsverfahren festgestellt werden.

Sinnvoll ist es, wenn das Kindergeld an den Volljährigen ausgezahlt wird, weil das Kindergeld die Unterhaltslast beider Eltern erleichtern soll. Andernfalls müssen die Eltern gegeneinander einen eigenen Prozeß führen über ihren internen Kindergeldausgleich. Die Auszahlung an einen Elternteil beruht auf Gründen verwaltungsmäßiger Vereinfachung und besagt nichts darüber, in welcher Weise das Kindergeld den Eltern im Innenverhältnis zusteht. Im Regelfall wird es ihnen im Verhältnis ihrer beiderseitigen Unterhaltspflicht zustehen (BGH, FamRZ 83/49, 50 = B 57a; FamRZ 81/26, 27 = NJW 81/170, 171 = B 57b; FamRZ 81/650, 651 = B 57c; ferner Seite 67, 68).

c) Ist nur ein Elternteil barunterhaltspflichtig, trägt dieser allein die gesamte Unterhaltslast. Vom Bedarf des Kindes werden eigenes Einkommen des Kindes (a) und zugewendetes Kindergeld (b) abgezogen. Der verbleibende Rest ist der zu zahlende Barunterhalt.

aa) Hat das Kind einen eigenen Hausstand, bestehen feste Bedarfssätze: DM 840,– nach OLG Hamburg, DM 800,– bzw. 650,– nach OLG München, sowie DM 800,– nach allen übrigen OLGen. (Seite 158, 163). Gleiches gilt, wenn das Kind zwar bei einem Elternteil wohnt, diesem aber für das Wohnen mindestens DM 125,– bezahlen muß. Es kann dann einem Kind mit eigenem Hausstand gleichgestellt werden.

bb) Wohnt das Kind wohnkostenfrei bei einem Elternteil, so hat es im Vergleich zu einem Kind mit eigenem Hausstand einen um die Wohnkosten geminderten Gesamtbedarf (Seite 160). Dieser geminderte Gesamtbedarf beträgt im Regelfall nach OLG Hamburg (FamRZ 84/190) DM 715,– (840 – 125), nach OLG Stuttgart (St.L.) DM 665,– (800 – 135), nach OLG Celle (C.L.II B 1a) mindestens DM 640,– (800 – 160), K.G. Berlin (FamRZ 82/516) DM 650,– (800 – 150) sowie OLG München, 2. und 16. Senat DM 675,– (800 – 125) bei Studenten und DM 525,– (650 – 125) bei Schülern und Auszubildenden. Das OLG Köln hat die vergleichbare Wohnkostenersparnis eines freien Wohnens bei der Großmutter auf DM 125,– geschätzt (FamRZ 85/923, 924).

cc) Wird der Bedarf des bei einem Elternteil wohnenden Kindes nach der D.T. bemessen (vgl. Seite 162, 166), darf für den Wohnkostenvorteil nichts abgezogen werden, weil in den Bedarfssätzen der D.T. bereits berücksichtigt ist, daß die Eltern getrennt leben und daß das Kind bei einem Elternteil lebt (Seite 163). Bei höherem Einkommen sollte eine generalisierende Obergrenze beachtet werden (Seite 159, 160).

d) Sind beide Eltern barunterhaltspflichtig, erfolgt die Unterhaltsberechnung gemäß den Ausführungen zu 8 (Seite 163).

10. Abweichende Unterhaltsbemessung entsprechend § 1606/III 2 BGB während einer Übergangszeit nach Eintritt der Volljährigkeit in Ausnahmefällen

a) Der BGH hat in einer Entscheidung zur Anrechnung einer Ausbildungsvergütung (BGH, FamRZ 81/541, 543 = NJW 81/2462, 2463 = B 126) u. a. ausgeführt, die Gleichbewertung von Barunterhalt und Naturalunterhalt nach § 1606/III 2 BGB betreffe zwar den Unterhalt minderjähriger Kinder. Das schließe jedoch nicht aus, im Einzelfall ausnahmsweise auch in den ersten Jahren nach Eintritt der Volljährigkeit eines Kindes weiterhin von der Gleichwertigkeit des Barunterhalts und der Betreuungsleistung auszugehen, etwa wenn und solange sich der Barbedarf gegenüber den üblichen Werten für minderjährige Kinder nicht wesentlich erhöhe. Letztlich sei diese Beurteilung jedoch Sache des Tatrichters. Praktisch ging es in dieser Entscheidung nur darum, zu welchem Anteil die Ausbildungsvergütung den Eltern zuzurechnen war, weil die Mutter selbst ohne eigenes Einkommen war.

b) In ähnlichen Fällen haben ebenfalls so entschieden: OLG Köln (FamRZ 83/747), OLG Düsseldorf (FamRZ 84/1138, FamRZ 82/88 und FamRZ 81/79) sowie OLG Hamm (FamRZ 81/996).

c) Vom OLG München wurde aus diesen Entscheidungen früher abgeleitet, es werde trotz der Regelung des § 1606/III BGB nach der Rechtsprechung des BGH wegen der von einem Elternteil faktisch noch in den ersten Jahren nach Eintritt der Volljährigkeit eines Kindes erbrachten Betreuungsleistungen und sonstigen Naturalleistungen weiterhin – zumindest bei mittleren Einkommensverhältnissen – von der Gleichwertigkeit des Barunterhalts und des Naturalunterhalts auszugehen sein, wenn und solange sich der Barbedarf gegenüber den üblichen Werten für minderjährige Kinder nicht wesentlich erhöhe.

Ich halte diese Verallgemeinerung einer Ausnahmeentscheidung des BGH als zu weitgehend. Die entsprechende Anwendung des § 1606/III 2 BGB bei Volljährigen sollte auf seltene Ausnahmefälle und auf einen eng begrenzten Zeitraum von höchstens 2 Jahren beschränkt bleiben. Ein Ausnahmefall könnte bejaht werden bei Pflegebedürftigkeit eines behinderten volljährigen Kindes (OLG Düsseldorf, FamRZ 84/1138); ferner, wenn eine noch laufende Schul- oder Lehrlingsausbildung sehr bald nach Eintritt der Volljährigkeit abgeschlossen werden kann und sich sonst an den übrigen wirtschaftlichen und persönlichen Verhältnissen, außer dem Eintritt der Volljährigkeit, nichts geändert hat (OLG Köln, FamRZ 83/746).

11. Unterhaltstabelle für Volljährige nach der Düsseldorfer Tabelle

a) für die Zeit ab 1. 1. 85

Einkommensgruppe	Stufe 2	Stufe 3	Differenz zwischen Stufe 1 und 2	Betrag für Volljährige	Bedarfs-kontrollbetrag
1 bis 1850	276	327 +	51 =	378	910/990
2 1850–2100	290	345 +	55 =	390	955/99
3 2100–2400	315	375 +	60 =	435	1045
4 2400–2800	360	425 +	65 =	490	1185
5 2800–3400	400	475 +	75 =	550	1320
6 3400–4000	440	525 +	85 =	610	1455
7 4000–4800	510	605 +	95 =	700	1685
8 4800–5800	580	685 +	105 =	790	1910
9 5800–7000	660	785 +	125 =	910	2185
über 7000			nach den Umständen des Falles.		

b) für die Zeit vom 1. 1. 82–1. 1. 85

Einkommensgruppe	Stufe 2	Stufe 3	Differenz zwischen Stufe 2 und 3	Betrag für Volljährige	Bedarfs-kontrollbetrag
1 bis 1750	251	297 +	46 =	343	825/900
2 1750–2000	265	310 +	45 =	355	865/900
3 2000–2300	290	340 +	50 =	390	950
4 2300–2700	315	370 +	55 =	425	1030
5 2700–3200	350	415 +	65 =	480	1155
6 3200–3800	390	460 +	70 =	530	1280
7 3800–4500	440	520 +	80 =	600	1445
8 4500–5400	500	595 +	95 =	680	1650
9 5400–6500	580	685 +	105 =	790	1900
über 6500	nach den Umständen des Falles				

III. Rechenbeispiele für die Unterhaltsberechnung

1. Bei eigenem Hausstand des Volljährigen

a) Barunterhaltspflicht eines Elternteils:

aa) feste Bedarfssätze bei allen OLGen (Seite 157, 158, 163)

bb) Abzug von Einkommen und zugewendetem Kindergeld (Seite 164, 165, 144ff.)

cc) Beispiel: Bedarf 800; Einkommen 150; zugewendetes Kindergeld 50.
Unterhaltsanspruch = 800 – 150 – 50 = 600

b) Barunterhaltspflicht beider Eltern:

aa) feste Bedarfssätze nach allen OLGen (Seite 157, 158, 163)

bb) Abzug von Einkommen und zugewendetem Kindergeld (Seite 164, 165, 144ff.)

cc) Anteilsberechnung nach § 1606 III 1 BGB nach Abzug von 1300 vom Einkommen gemäß den Ausführungen Seite 163, 164

dd) Beispiel: N 1 = 3500; N 2 = 2000; Einkommen = 150; zugewendetes Kindergeld = 50; Restbedarf = 600 (800 – 150 – 50).
Unterhaltsanteil A 1 = (3500 – 1300) × 600 : (3500 + 2000 – 2600) = 700 × 600 : 2900 = 455,17
Unterhaltsanteil A 2 = (2000 – 1300) × 600 : (3500 + 2000 – 2600) = 700 × 600 : 2900 = 144,83

2. Beim Wohnen des Volljährigen im Haushalt eines Elternteils

a) Barunterhaltspflicht eines Elternteils:

aa) Bei Barunterhaltspflicht eines Elternteils bestehen entweder feste Bedarfssätze unter Berücksichtigung einer Wohnkostenersparnis (so OLGe Hamburg, Celle, Stuttgart, Berlin und München, 2. und 16. Senat, vgl. Seite 158, 164, 165) oder der Bedarf wird nach der D.T. berechnet mit Kürzungen bzw. Regeloberbegrenzung bei höherem Einkommen (Seite 158 bis 164)

bb) Von diesem Bedarf werden Kindeseinkommen und zugewendetes Kindergeld abgezogen (Seite 164, 165, 144ff.)

cc) Der Rest ist der Unterhaltsanspruch

dd) Beispiel: Bedarf 675; Einkommen 150; zugewendetes Kindergeld 50.
675 – 150 – 50 = 475 (Unterhaltsanspruch)

b) Barunterhaltspflicht beider Eltern:

aa) Bei Barunterhaltspflicht beider Eltern bestehen nach allen OLGen feste Bedarfssätze, wenn das Kind einen eigenen Hausstand hat (Seite 158, 163, 164)

Feste Bedarfssätze bestehen auch, wenn das Kind bei einem Elternteil wohnt nach den OLGen Hamburg, Celle, Stuttgart, Berlin, München, 2. und 16. Senat (Seite 158, 163, 164).

Die anderen OLGe bemessen beim Wohnen bei einem Elternteil den Bedarf nach den flexiblen Bedarfssätzen der D.T. (Seite 166) entweder gemäß dem Einkommen jedes Elternteils (H.L. 2.24, Seite 162 unter c) oder nach den addierten Einkünften beider Eltern (OLGe Düsseldorf und Köln, Seite 162 unter d). Bei höherem Einkommen ist eine angemessene Kürzung des ermittelten Bedarfs erforderlich, sofern nicht generalisierende Obergrenzen beachtet werden (Seite 159, 160).

bb) Von dem so ermittelten Bedarf sind Kindeseinkommen und zugewendetes Kindergeld abzuziehen (Seite 164, 165, 144ff.)

cc) Der jeweilige Haftungsanteil bezüglich des Restbedarfs errechnet sich gemäß den Ausführungen zu Seite 163, 164

dd) Beispiel: Bedarf 800; Einkommen 250; zugewendetes Kindergeld 50; Restbedarf = 500
N 1 = 3000; N 2 = 2000
Unterhaltsanteil A 1 = (3000 – 1300) × 500 : (2000 + 3000 – 2600) =
1700 × 500 : 2400 = 354,17
A 2 = (2000 – 1300) × 500 : (2000 + 3000 – 2600) = 700 × 500 : 2400 = 145,83

ee) Auf den Haftungsanteil des Wohnung gewährenden Elternteils ist bei Anwendung fester Bedarfsätze mindestens die Wohnkostenpauschale von DM 125,– als Naturalleistung anzurechnen.

c) Die Leistungsfähigkeit der Eltern endet, wenn sie weniger als DM 1300 verdienen (= angemessener Selbstbehalt gegenüber Volljährigen). Der Selbstbehalt von DM 1300 kann unterschritten werden, wenn bei Wiederverheiratung der eigene Unterhaltsbedarf wenigstens teilweise durch den neuen Ehepartner gedeckt wird (entsprechende Anwendung der Grundsätze zum Hausmannsurteil S. 76ff.).

IV. Leitlinien zum Unterhalt für Volljährige

1. OLG Düsseldorf. Bei volljährigen Kindern, die noch im Haushalt der Eltern oder eines Elternteils wohnen, ist in der Regel ein Zuschlag in Höhe der Differenz der 2. und 3. Altersstufe der jeweiligen Gruppe angemessen. Der angemessene Gesamtunterhaltsbedarf eines Studierenden, der nicht bei seinen Eltern oder einem Elternteil wohnt, beträgt in der Regel monatlich DM 800. Dieser Bedarfssatz kann auch für ein Kind mit eigenem Haushalt angesetzt werden (D.T. A 7).

2. OLG München. Unterhalt volljähriger Schüler, Auszubildender und Studenten bei eigenem Hausstand des Volljährigen:

Anteilige Barunterhaltspflicht beider Eltern entsprechend ihrem Einkommen. Regelbedarf von Schülern und Auszubildenden: monatlich DM 650.

Regelbedarf der Studenten: monatlich DM 800.

In diesen Beträgen sind üblicherweise anfallende Ausbildungskosten bereits enthalten; außergewöhnlich hohe ausbildungsbedingte Unkosten sind im Einzelfall gegen Nachweis zu berücksichtigen. Volle Anrechnung des Kindergeldes, falls es dem Kind zugewendet wird, der Ausbildungsvergütung, der BAföG-Leistungen (auch Darlehen), sowie sonstiger Einkünfte des Unterhaltsberechtigten.

Bei Barunterhaltspflicht beider Eltern ist vor Berechnung des Haftungsanteils nach § 1606 III 1 BGB bezüglich des Restbedarfes vom Nettoeinkommen jedes Elternteils ein Sockelbetrag von DM 1.300,– abzuziehen.

Der jeweilige Haftungsteil nach § 1606 III 1 BGB errechnet sich nach der Formel:
Nettoeinkommen eines Elternteils (N_1 oder N_2) abzüglich DM 1.300,– mal Restbedarf (R) geteilt durch die Summe der Nettoeinkünfte beider Eltern nach Vorabzug von 2.600,– DM.

$$\text{Haftungsanteil } 1 = \frac{(N_1 - 1.300) \times R}{(N_1 + N_2 - 2.600)}$$

Der so ermittelte Haftungsanteil ist auf seine Angemessenheit zu überprüfen und kann bei Vorliegen besonderer Umstände (z.B. behindertes Kind) wertend verändert werden (M.R. 2.2).

3. OLG Hamm. Volljährige Kinder, die noch im Hausstand eines Elternteils leben, erhalten, wenn keine besonderen Umstände vorliegen, in der Regel den Tabellenbetrag der 3. Altersstufe zuzüglich der Differenz zur 2. Altersstufe (H.L. 2.18.).

Sind ausnahmsweise beide Elternteile zum Barunterhalt verpflichtet, hat in der Regel jeder von ihnen den allein nach seinem Einkommen zu berechnenden Unterhalt zu zahlen. Ein Abzug kann gerechtfertigt sein, wenn beide Eltern ein hohes Einkommen haben (H.L. 2.24).

Der Bedarf eines Studenten beträgt bei auswärtiger Unterbringung in der Regel DM 800. Dieser Bedarfssatz kann auch für ein Kind mit eigenem Hausstand angesetzt werden (H.L. 2.26.).

4. OLG Köln. Kinder, die außerhalb eines Elternhauses leben:
In der Regel beträgt der Bedarf eines Studenten oder sonstigen Auszubildenden DM 800. Darin sind berufs- oder ausbildungsbedingter Mehraufwand und DM 240 Miete sowie DM 80 Mietnebenkosten enthalten (K.L. 4.1.).
Die Höhe des weitergehenden Bedarfs richtet sich nach der Lebensstellung des Bedürftigen (§ 1610 BGB), für die die Lebensstellung der Eltern bedeutsam sein kann (K.L. 4.2.).
Kindergeldanteile des Unterhaltsverpflichteten dürfen vom Unterhalt nicht abgezogen werden. Ausgleichungen insoweit finden unmittelbar zwischen den Kindergeldberechtigten statt (K.L. 4.3.).
Kinder im Eltern-(Elternteil)Haushalt
Als Anhaltspunkt gilt der fortgeschriebene Tabellenunterhalt, Tabellenbetrag der 3. Altersstufe zuzüglich Differenz zur 2. Altersstufe (K.L. 5.1.).
Kindergeld, das dem nicht barunterhaltspflichtigen Elternteil, bei dem das Kind lebt, zufließt und dem Kind zugute kommt, ist anrechenbar.
Andernfalls finden Ausgleichungen unmittelbar zwischen den Kindergeldberechtigten statt (K.L. 5.2.).
Unterhalt für volljähriges Kind

Beide Eltern schulden Unterhalt nach dem Verhältnis ihrer beiderseitigen Einkommens- und Vermögensverhältnisse (K.L. 25.1.).
Naturalunterhaltsleistungen des Elternteils, bei dem das volljährige Kind lebt, sind mit ihrem Wert zu berücksichtigen (K.L. 25.2.).
Nach Maßgabe des Einzelfalls (z. B. normal fortdauernde Schulausbildung) kann die Naturalunterhaltsleistung eines Elternteils dem Barunterhalt gleichstehen (K.L. 25.3.).

5. OLG Bremen. Der Barunterhalt eines volljährigen, im Haushalt eines Elternteils lebenden Kindes richtet sich ebenfalls nach den Tabellensätzen (3. Altersstufe mit Zuschlag in Höhe der Differenz zur 2. Altersstufe nach der jeweiligen Einkommensgruppe); jedoch ist im Einzelfall eine Bedarfskontrolle erforderlich (B.L. A 2a).

Der Gesamtunterhaltsbedarf eines auswärts sich in der Ausbildung befindlichen Kindes beträgt ab 1. 1. 1985 in der Regel 800 DM monatlich. Eine Steigerung bis zum angemessenen Unterhalt bei entsprechenden Einkommensverhältnissen der Eltern ist denkbar (B.L. A 2b).

6. OLG Celle. Unterhalt volljähriger Kinder

Der gesamte Unterhaltsbedarf eines volljährigen Kindes beträgt bei Unterbringung im Haushalt eines Elternteils mindestens 640 DM (1a), bei auswärtiger Unterbringung mindestens 800 DM (1b).

Dabei sind ausbildungs- oder berufsbedingte Unkosten, soweit sie den üblichen Rahmen nicht überschreiten, bereits berücksichtigt. Krankenkassenbeiträge, die das Kind zu zahlen hat, erhöhen dessen Bedarf (C.L.B 1).

Auf den Unterhaltsbedarf sind eigenes Einkommen des Kindes sowie das anteilige Kindergeld in vollem Umfang anzurechnen. Der Bezieher des Kindergeldes hat das anteilige Kindergeld für den Unterhalt des Kindes zu verwenden. BAföG-Leistungen zählen zum Einkommen, soweit sie nicht lediglich darlehensweise gewährt werden (C.L. B 2).

Hinsichtlich des verbleibenden Unterhaltsbedarfs haften die Eltern anteilig nach ihren Einkommens- und Vermögensverhältnissen. Lebt ein Kind im Haushalt eines Elternteils, so wird im allgemeinen davon ausgegangen, daß dieser Elternteil durch Wohnungsgewährung und andere tatsächliche Leistungen zum Unterhalt beiträgt (C.L. B 3).

7. OLG Hamburg. Den angemessenen Unterhaltsbedarf eines in der Ausbildung befindlichen volljährigen Kindes bewerten die Senate pauschal mit monatlich 840 DM (Ha.L. 4.).

8. OLG Stuttgart. Kindesunterhalt

Nach wie vor legen alle Familiensenate des OLG Stuttgart – vorbehaltlich besonderen individuellen Bedarfs – die Bedarfssätze der Düsseldorfer Tabelle mit etwaigen Ab- oder Zuschlägen wie in Anm. 1 der Düsseldorfer Tabelle zugrunde. Jedoch wird bei einem volljährigen Kind, das im Haushalt eines Elternteils wohnt, im allgemeinen vom Gesamtunterhaltsbedarf für ein Kind mit eigenem Haushalt ausgegangen (nach Anm. 7 der Tabelle in der Regel monatlich 800 DM) und hiervon Eigenersparnis bei gemeinsamem Haushalt abgezogen (Anhalt für den verbleibenden Bedarf: 665 DM) (St.L. I).

9. Schleswig-Holstein. Der Gesamtunterhaltsbedarf eines Studierenden, der nicht bei einem Elternteil lebt, beträgt 800 DM. Der Betrag kann auch für andere Kinder mit eigenem Haushalt zugrundegelegt werden; in solchem Fall entfallen der Freibetrag und andere Absetzungen für berufsbedingte Aufwendungen (Schl.L. 85).

Der Bedarf des bei einem Elternteil wohnenden unterhaltsberechtigten volljährigen Kindes errechnet sich aus der Bedarfsstufe 3 zuzüglich des Unterschiedsbetrages zwischen den Stufen 2 und 3 (Schl.L. 1980).

10. OLG Frankfurt. Bei volljährigen Kindern, die noch im Haushalt der Eltern oder eines Elternteils wohnen, ist in der Regel ein Zuschlag in Höhe der Differenz der 2. und 3. Altersstufe der jeweiligen Gruppe angemessen (Volljährigenzuschlag) (F.L. A 7).

Der angemessene Gesamtunterhaltsbedarf eines Studierenden, der nicht bei seinen Eltern oder einem Elternteil wohnt, beträgt in der Regel monatlich 800 DM. Dieser Bedarfssatz kann auch für ein Kind mit eigenem Haushalt angesetzt werden (F.L. A 8).

Die für den Minderjährigen-Unterhalt charakteristische Unterscheidung zwischen Bar- und Betreuungsbedarf entfällt beim Eintritt der Volljährigkeit. Nunmehr sind – wenn das Kind weiterhin unterhaltsbedürftig ist – beide Eltern nach Maßgabe ihrer Einkommens- und Vermögensverhältnisse barunterhaltspflichtig. Die Eltern haften jedoch nicht als Gesamtschuldner, sondern nur anteilig als Teilschuldner, dies darf nicht unterlaufen werden.

Lebt das Kind weiterhin in der Wohnung seines seither sorgeberechtigten Elternteils, so ist die in Naturalien (sprich Wohnungsgewährung, Wäschewaschen etc.) gewährte Unterhaltsleistung irgendwie zu monetarisieren, zu schätzen und nach dem nach Maßgabe der Düsseldorfer Tabelle errechneten Unterhaltsanspruch des Kindes abzuziehen. Andererseits ist der Volljährige unterhaltsrechtlich nicht befugt, ohne triftigen Grund ohne weiteres von zu Hause auszuziehen, einen eigenen Hausstand zu gründen und dadurch seinen Unterhaltsbedarf erheblich zu erhöhen (F.W. in DAV 84/86). Auch die Haushaltsführung etwa einer Mutter für ihren volljährigen, berufstätigen Sohn ist zu monetarisieren und als ihr Einkommen in die jeweilige Untrhaltsberechnung einzusetzen (F.W. in DAV 84/88).

7. Abschnitt: Überleitung von Unterhaltsansprüchen und Sonstiges

1. Überleitungen von Unterhaltsansprüchen

a) Nach § 37 BAföG oder § 90 SHG können Ansprüche gegen den Verpflichteten auf den Träger der AfÖ oder der Sozialhilfe übergeleitet werden. Diese Überleitung ändert jedoch nichts an Natur, Inhalt und Umfang solcher Ansprüche (BGH, FamRZ 85/778 = B 132c).

Zivilgerichte sind an die Überleitungsanzeige (Verwaltungsakt) gebunden, solange diese nicht durch die zuständige Verwaltungsbehörde oder ein Verwaltungsgericht aufgehoben ist (BGH, FamRZ 85/778 = B 132c).

Erworben kann durch die Überleitung nur ein Anspruch werden, wenn und wie er bestanden hat. Der Sozialhilfeträger muß eine wirksame Bestimmung des Unterhaltsanspruchs nach § 1612/II BGB gegen sich gelten lassen (BGH, FamRZ 81/250, 252 = NJW 81/574, 576 = B 132a).

Der Verpflichtete muß in der Zeit, für die er in Regreß genommen wird, leistungsfähig gewesen sein. Ein späterer Eintritt der Leistungsfähigkeit läßt eine Unterhaltspflicht für eine frühere Zeit nicht entstehen und kann deshalb auch keine Nachzahlungspflicht begründen (BGH, FamRZ 83/140 = NJW 83/814 = B 132b).

b) Wirksam übergeleitete Unterhaltsansprüche können für die Vergangenheit geltend gemacht werden, wenn infolge einer Mahnung Verzug eingetreten war oder eine Rechtswahrungsanzeige zugegangen war. Die Rechtswahrungsanzeige hat eine der Mahnung vergleichbare Warnfunktion. Rechtswahrungsanzeige und Überleitungsanzeige können nach Maßgabe der Verwaltungszustellungsgesetze zugestellt werden (BGH, FamRZ 83/895, 896; NJW 85/2589, 2590).

Die Rechtswahrungsanzeige eröffnet die Inanspruchnahme des Verpflichteten auf Erfüllung des übergeleiteten Anspruchs für die Vergangenheit jedoch erst ab dem Zeitpunkt des Erlasses des Sozialhilfebescheides (BGH, FamRZ 85/793, 794 = B 132d).

c) Die Wirkung einer Rechtswahrungsanzeige bestimmt sich nach BGB. Sie wird nicht dadurch auf einen bestimmten Betrag beschränkt, daß der Unterhaltsanspruch zunächst nur in Höhe dieses Betrages übergeleitet wird. Der Verpflichtete darf nicht in schützenswerter Weise damit rechnen, daß die Behörde, der sein wahres Einkommen nicht bekannt ist, ihn nicht bis zur Höhe der tatsächlichen Aufwendungen nach Maßgabe seines verfügbaren Einkommens in Anspruch nehmen werde (BGH, FamRZ 85/586, 587 = B 132e; NJW 85/2589, 2590).

2. Bereicherungsanspruch des Scheinvaters nach wirksamer Ehelichkeitsanfechtung

a) Grundsätzlich gibt es bei Zahlung nicht geschuldeter Unterhaltsleistungen Bereicherungsansprüche.

b) Unterhaltsrechtlich kann sich ein Scheinvater gemäß § 1593 BGB auf die Nichtehelichkeit des Kindes erst nach deren rechtskräftiger Feststellung berufen. Ab diesem Zeitpunkt fällt rückwirkend auch seine bis dahin bestehende Unterhaltsverpflichtung weg. Er kann den bezahlten Unterhalt wegen Begleichung einer Nichtschuld zurückfordern.

§ 814 BGB steht der Kondiktion nicht entgegen, weil auf eine damals bestehende Unterhaltsschuld geleistet worden war.

Der Bereicherungsanspruch scheitert aber, weil das Kind nach § 818/III BGB nicht mehr bereichert ist, wenn, wie in der Regel, die Geldmittel bestimmungsmäßig für den Unterhalt verbraucht worden sind. Es besteht auch keine verschärfte Haftung nach § 819/I, 818/IV BGB, weil die Rechtsordnung von jedermann, auch vom „Scheinvater" im Zeitpunkt der Zahlungen die Beachtung der Stellung des Kindes verlangte (BGH, FamRZ 81/764, 765).

War der Unterhaltsanspruch des Kindes auf den Träger der Sozialhilfe übergeleitet und sind die Zahlungen an diesen geleistet worden, kann der „Scheinvater" vom Träger der

Sozialhilfe die Rückzahlung nach § 812 BGB verlangen, weil der Sozialhilfeträger nicht entreichert ist (BGH, FamRZ 81/764, 765 = B 133).

c) F.W. zu Bereicherungsansprüchen.

Ist ein Elternteil zu Kindesunterhalt verurteilt worden, so hat er gegen den anderen Elternteil keinen familienrechtlichen Ausgleichsanspruch, es sei denn, es liege eine diesbezügliche Vereinbarung vor.

Der Arglisteinwand ist begründet, wenn beispielsweise die Mutter als Beistand des klagenden Kindes in eine vergleichsweise Festsetzung des Unterhaltsanspruchs einwilligt, dann den durch Vergleich verminderten Betrag im Wege einer eigenen Erstklage (Aufwendungsersatzanspruch) geltend macht, obwohl Mutter und Kind „aus einem Topf" wirtschaften.

Nimmt ein Kind noch Unterhaltsleistungen entgegen, obwohl es dazu nicht mehr berechtigt ist, etwa weil es jetzt eine seine finanziellen Bedürfnisse abdeckende Ausbildungsvergütung erhält, so ist es verpflichtet, das Erlangte nach den Grundsätzen der ungerechtfertigten Bereicherung (§§ 812ff. BGB) herauszugeben. Dabei ist besonders zu prüfen, ob ein Wegfall der Bereicherung vorliegt (§ 818/III BGB) und ob wegen Kenntnis der Rechtslage – und daher unabhängig vom Wegfall der Bereicherung – die verschärfte Haftung der §§ 819/I, 818/IV, 292, 289 BGB gegeben ist. Trotz einer evtl. verschärften Haftung kann das Herausgabeverlangen des entreicherten Unterhaltspflichtigen rechtsmißbräuchlich sein, etwa wenn der Unterhaltspflichtige seither nicht den objektiv erforderlichen Unterhalt gewährt hatte (§ 242 BGB). (F.W. in DAV 84/267).

3. Titelabänderung im vereinfachten Verfahren

Unterhaltstitel für Minderjährige können im vereinfachten Verfahren nach § 1612a BGB an erhebliche Änderungen der allgemeinen wirtschaftlichen Entwicklungen angepaßt werden. Die letzte AnpassungsVO stammt vom 26. 7. 1984.

Liegen die Gründe für die Anpassung eines Unterhaltstitels nach § 323 ZPO vor, kann der Abänderungsberechtigte zunächst die Anpassung des Titels im vereinfachten Verfahren erwirken und anschließend die weitergehende Änderung der Klage begehren (BGB, FamRZ 82/915).

4. Zu Verzicht und Freistellungsvereinbarungen beim Kindesunterhalt

a) Auf den Kindesunterhalt kann nach § 1614 BGB im voraus für die Zukunft nicht verzichtet werden. Es ist allgemein anerkannt, daß dieses gesetzliche Verbot des Unterhaltsverzichts für die Zukunft nicht nur den völligen, sondern auch den teilweisen Unterhaltsverzicht betrifft. Andererseits steht § 1614/I BGB einer vertraglichen Regelung der Unterhaltsansprüche für die Zukunft nicht entgegen. Er läßt insoweit den Parteien auch für die Zukunft einen Spielraum für die konkrete Bemessung der Unterhaltshöhe. Ein Berechtigter kann sich im Vergleichsweg auch mit geringeren Beträgen begnügen, als ihm im Urteilswege zuzusprechen gewesen wären (OLG Köln, FamRZ 83/750, 752).

Für die Beurteilung der Zulässigkeit einer solchen Vereinbarung ist maßgebend, ob der vereinbarte Unterhalt unter Berücksichtigung aller Umstände seiner Ermittlung so wesentlich vom geschuldeten Unterhalt abweicht, daß es dem Berechtigten nicht zugemutet werden kann, sich auf Dauer mit dem damals vereinbarten Unterhalt zu begnügen. Ab einer Unterschreitung des geschuldeten Unterhalts um 20% wird im Einzelfall zu prüfen sein, ob nicht ein gegen § 1614 BGB verstoßender Verzicht vorliegt; ab einer Unterschreitung um ein Drittel wird ein Verstoß gegen § 1614 BGB im Regelfall bejaht werden können (OLG Köln, FamRZ 83/750, 752).

b) Zulässig ist in jedem Fall eine Freistellungsvereinbarung der Eltern, durch die ein Elternteil gegenüber dem anderen die Erfüllung der Unterhaltsverpflichtung übernimmt. Das Kind ist durch einen Scheidungsvergleich der Eltern oder durch eine solche Freistellungsvereinbarung nicht gehindert, einen erhöhten Unterhalt klageweise geltend zu machen, weil die Freistellungsvereinbarung am Unterhalsanspruch des Kindes selbst nichts ändert.

c) Eine Freistellungsvereinbarung gegen Verzicht auf das Sorge- und Umgangsrecht ist sittenwidrig (OLG Karlsruhe, FamRZ 83/417).

Verpflichtet sich die in dürftigen Verhältnissen lebende Mutter durch Vertrag mit dem Vater für den Unterhalt der gemeinsamen Kinder allein aufzukommen, um den Vater zu bewegen, der Übertragung der elterlichen Sorge auf sie zuzustimmen, so verstößt dieser Vertrag nach § 138/I BGB gegen die guten Sitten (OLG Hamburg, FamRZ 84/1223).

d) Zulässig ist ein Verzicht auf Unterhalt für die Vergangenheit.

e) F.W. zum Unterhaltsverzicht

Ein Unterhaltsverzicht ist zwar für die Vergangenheit zulässig, nicht aber für die Zukunft (§ 1614 BGB). Lediglich Ehegatten können auf nachehelichen Unterhalt verzichten (§ 1585c BGB). An die Wirksamkeit eines Verzicht sind jedoch strenge Anforderungen zu stellen (§ 138 BGB), damit nicht u. U. der Sozialstaat unnötig belastet wird.

Ein unwirksamer Verzicht im Sinne des § 1614 BGB liegt aber nicht vor, wenn die Parteien ihre unterhaltsrechtlichen Belange interessengemäß und situationskonform in einem Unterhaltsvertrag (-vergleich) regeln, denn insoweit steht ihnen ein gewisser Spielraum zu (F.W. in DAV 84/266, 267).

5. Sonstiges

a) Rangverhältnisse und Konkurrenzen siehe Teil IV 1 Seite 268 ff.

b) Sonderbedarf siehe Teil IV 3 I Seite 298 ff.

c) Unterhalt für Vergangenheit und Verzug siehe Teil IV 3 II Seite 300 ff.

Teil III: Ehegattenunterhalt

1. Abschnitt: Voraussetzungen des Trennungsunterhalts

I. Der Anspruch auf Getrenntlebensunterhalt nach § 1361/I BGB

1. Familienunterhalt und Trennungsunterhalt

a) Bei Trennung der Ehegatten im Sinn von § 1567 BGB wandelt sich der bisherige Anspruch auf einen Beitrag zum Familienunterhalt (§§ 1360, 1360a BGB) in einen persönlichen Unterhaltsanspruch des getrennt lebenden, bedürftigen Ehegatten (und der Kinder) (§§ 1361, 1602 BGB).

b) Nach § 1356 BGB n. F. ist die Aufgabenverteilung in der ehelichen Gemeinschaft den Partnern selbst überlassen. Das Leitbild der sog. Hausfrauenehe wurde aufgegeben. Deshalb orientiert sich nunmehr auch § 1357 BGB an der „angemessenen Deckung des Lebensbedarfs" der Familie, also an einem unterhaltsrechtlichen Begriff. Bei dessen Auslegung können daher die §§ 1360, 1360a BGB herangezogen werden. Wie weit der Lebensbedarf der Familie reicht, bestimmt sich familienindividuell. Die Mitverpflichtung nach § 1357/I BGB entfällt nicht bereits dadurch, daß ein Ehegatte das Geschäft zur angemessenen Deckung des Lebensbedarfs der Familie als Vertreter des anderen schließt. Hinzutreten muß die eindeutige Offenlegung des Ausschlusses der Mitverpflichtung. Im allgemeinen besteht kein Anlaß, an der Angemessenheit eines zur Deckung des Lebensbedarfs der Familie geschlossenen Rechtsgeschäfts zu zweifeln, wenn es erkennbar auf einer im Einzelfall erfolgten Abstimmung beider Ehegatten beruht (BGH, FamRZ 85/576, 577, 578 = NJW 85/1394, 1395 = B 134a).

c) Während intakter Ehe bestimmt sich die Aufgabenverteilung zwischen den Ehegatten nach den internen Absprachen. Im Regelfall wird sich beim Familienunterhalt der Anteil am Barunterhalt nach dem Verhältnis des Erwerbseinkommens der Eltern, der Anteil am Naturalunterhalt im umgekehrten Verhältnis dazu bewerten lassen, doch kann absprachegemäß auch eine andere Verteilung vereinbart worden sein. Im Ergebnis allerdings sind beide Eltern am Unterhaltsgesamtaufwand (Bar- und Naturalunterhalt) prinzipiell zu gleichen Teilen beteiligt, so daß für jeden in der Regel ein Mehr an Barunterhalt, ein Weniger an Naturalunterhalt bedingt und umgekehrt (BGH, FamRZ 85/466, 467, 468 = B 116).

Durch eine gemeinschaftliche elterliche Bestimmung werden auch die Unterhaltsansprüche von Kindern dem Lebenszuschnitt der Familie angepaßt, so daß sich auch Kinder solche Vereinbarungen innerhalb der Schicksalsgemeinschaft Familie entgegenhalten lassen müssen.

d) Nach § 1360 S 1 BGB sind Ehegatten einander verpflichtet, durch ihre Arbeit und mit ihrem Vermögen die Familie angemessen zu unterhalten. Der angemessene Unterhalt umfaßt alles, was nach den Verhältnissen der Ehegatten erforderlich ist, um die Kosten des Haushalts zu bestreiten und persönliche Bedürfnisse der Ehegatten zu befriedigen; § 1360 a/I BGB. Bei einem studierenden Ehegatten zählen dazu auch Aufwendungen für Bücher Lernmittel, Fahrten zur Universität u. ä. Solche Mittel dienen der Befriedigung der persönlichen Verhältnisse des studierenden Ehegatten. Soll nach dem einvernehmlichen Eheplan der Ehegatten (§ 1356/I 1 BGB) ein Ehegatte während der Ehe zunächst sein Studium abschließen, ist dieser während der Dauer des Studiums davon freigestellt, zum Familienunterhalt beizutragen. Nach §§ 1360 S 1, 1360 a/I BGB ist der andere Ehegatte allein verpflichtet, für den Familienunterhalt aufzukommen (BGH, FamRZ 85/353, 354 = NJW 85/803, 804 = B 134b).

Grundsätzlich wird ein berufstätiger Ehegatte durch die Unterhaltsbedürftigkeit seines Ehegatten und der Kinder an der Aufgabe seines Berufs und der Aufnahme einer Zweitausbildung gehindert. Dem Unterhaltsberechtigten ist es jedoch zuzumuten, eine vorübergehende Schmälerung des Familienunterhalts, u. U. sogar einen zeitweiligen Wegfall von Unterhaltszahlungen hinzunehmen, wenn die Zweitausbildung mit seinem Einverständnis aufgenommen worden war und nur noch eine verhältnismäßig kurze Zeit in Anspruch nimmt, sowie etwa für Kinder später erhöhte Einkommens- und Aufstiegschancen bietet. Denn letztlich steigert die verbesserte berufliche Situation des Unterhaltsverpflichteten auch den Unterhaltsanspruch des Berechtigten und bietet diesem (z. B. einem Kind) u. U. auch seinerseits bessere Ausbildungs- und Berufsaussichten (BGH, FamRZ 83/140, 141 = B 72b).

Ob und inwieweit eine während intakter Ehe getroffene Absprache auch nach der Trennung als weiter wirksam angesehen werden kann oder nach Treu und Glauben zu modifizieren oder aufzuheben ist, kann nur unter Berücksichtigung aller Umstände des Einzelfalls unter Zumutbarkeitsgesichtspunkten beurteilt werden.

e) Der Getrenntlebensanspruch gilt ab Trennung bis zur Rechtskraft der Scheidung (BGH, FamRZ 84/256, 257 = NJW 84/2041, 2042). Der Trennungsunterhalt ist ehelicher Unterhalt.

2. Trennung als Anspruchsvoraussetzung

a) Wichtigste Voraussetzung des Trennungsunterhalts ist das völlige Getrenntleben bei noch bestehender Ehe. Voraussetzung ist nicht, daß die Ehegatten vorher zusammengelebt haben und die Trennung durch Aufhebung der häuslichen Gemeinschaft herbeigeführt worden ist, oder ob die Ehegatten von Anfang an getrennt gelebt haben (BGH, FamRZ 82/573, 574 = NJW 82/1460, 1461 = B 135a).

Für den Trennungsunterhalt kommt es auch nicht darauf an, inwieweit es zur Verwirklichung der Lebensgemeinschaft und zur Verflechtung und Abhängigkeit der Lebenspositionen beider Ehegatten gekommen ist. Ebensowenig soll die Verpflichtung durch § 1361/I BGB davon abhängen, daß die Unterhaltsbedürftigkeit ihre Ursache in dem vorherigen Bestehen einer ehelichen Lebensgemeinschaft hat.

Die sachliche Rechtfertigung für die unterschiedliche Berücksichtigung der kurzen Ehedauer bei einem Unterhaltsanspruch des getrennt lebenden Ehegatten einerseits und des geschiedenen Ehegatten andererseits besteht darin, daß im Fall des Getrenntlebens das rechtliche Band der Ehe zwischen den Ehegatten noch besteht und im Regelfall auch noch nicht vorhersehbar ist, ob und wann die Ehe geschieden wird (BGH, FamRZ 82/573, 574 = NJW 82/1460, 1461 = B 135a).

Demgegenüber geht § 1579/I Nr. 1 BGB für den Scheidungsunterhalt davon aus, daß sich die Grundlage der nachehelichen Unterhaltspflicht mit zunehmender Dauer der Ehe verfestigt und verstärkt. Dem liegt die Erfahrung zugrunde, daß die Lebenssituation der Partner in der Ehe durch den gemeinschaftlichen Lebensplan entscheidend geprägt wird und mit der Zunahme der Ehedauer auch eine zunehmende Verflechtung und Abhängigkeit der beiderseitigen Lebensdispositionen sowie im allgemeinen eine wachsende wirtschaftliche Abhängigkeit des unterhaltsbedürftigen Ehegatten einhergeht (BGH, FamRZ 82/573, 574 = NJW 82/1460, 1461 = B 135a; FamRZ 81/140 = NJW 81/754).

b) Der Anspruch auf Trennungsunterhalt ist grundsätzlich nicht davon abhängig, in welchem Maß die Ehegatten im Einzelfall ihre beiderseitigen Einkünfte für den Unterhalt des anderen und für eine gemeinsame Lebensführung verwendet haben. Es kommt auch nicht darauf an, inwieweit die Ehegatten ihre Lebensgemeinschaft verwirklicht und ihre beiderseitigen – auch wirtschaftlichen – Lebensdispositionen aufeinander abgestimmt haben. ein Unterhaltsanspruch besteht auch, wenn die Ehegatten zu keinem Zeitpunkt ihres Lebens eine wirtschaftliche Gemeinschaft gebildet, sondern mit getrennten Kassen gelebt haben oder wenn sie von Anfang an getrennt gelebt haben (BGH, FamRZ 85/376, 378 = NJW 85/1345, 1347 = B 135c). Ein Anspruch auf Trennungsunterhalt besteht ferner, wenn die Ehegatten, die beide ihre frühere Erwerbstätigkeit nach der Heirat fortgesetzt hatten, nur etwa drei Wochen lang in der Wohnung der Ehefrau zusammengelebt haben und sich nach einem ebenso langen gemeinsamen Urlaub getrennt hatten, so daß es zu dem ursprünglich geplanten Umzug in eine gemeinschaftliche Wohnung nicht mehr gekommen ist (BGH, FamRZ 82/573, 574 = NJW 82/1460, 1461 = B 135a).

c) Begriff des Getrenntlebens. Ein Getrenntleben im Sinn des § 1361 BGB kann (unter den gleichen Voraussetzungen wie bei § 1567 BGB) bejahr werden, wenn keine häusliche Gemeinschaft besteht und ein Ehegatte sie erkennbar nicht herstellen will. Entscheidend ist allein der nach außen hervorgetretene Wille mindestens eines Ehepartners, mit dem anderen nicht mehr wie Mann und Frau zusammenleben zu wollen. Hinzukommen muß, daß die Trennung als solche äußerlich erkennbar ist.

3. Trennungsgründe und Trennungsverschulden

Nach § 1361/I BGB richtet sich der Anspruch auf Trennungsunterhalt tatbestandsmäßig allein nach den Lebens-, Erwerbs- und Vermögensverhältnissen der Ehegatten. Dagegen gehören Trennungsgründe und Trennungsverschulden nicht mehr zu den Anspruchsvoraussetzungen.

Dies ist nicht verfassungswidrig (BVerfG, FamRZ 81/745, 748 = NJW 81/1771 ff. = B 144a).

Aus der Tatsache der Trennung kann für sich allein noch nicht geschlossen werden, daß die Ehe bereits gescheitert ist oder mit Sicherheit scheitern wird. Die Ehe befindet sich zwar in einer Kriese, aber es ist noch offen, ob die Schwierigkeiten überwunden werden können und die weitere Entwicklung zur Heilung oder zum Scheitern der Ehe führt (BGH, FamRZ 79/569, 570 = NJW 79/1348, 1349 = B 135b; FamRZ 85/782–786 = NJW 85/1695–1699 = B 138b; FamRZ 79/571, 572 = NJW 79/1452,1453; FamRZ 81/438, 440 = NJW 81/1214, 1215; BVerfG, FamRZ 81/745, 748 = NJW 81/1771 ff.).

Die mit der Trennung verbundenen wirtschaftlichen Nachteile sind vom unterhaltsberechtigten Ehegatten grundsätzlich hinzunehmen.

Trennungsgründe und Trennungsverschulden können allerdings im Rahmen der über § 1361/III BGB entsprechend anwendbaren Härteklausel des § 1579/I Nr. 4 BGB Bedeutung erlangen (siehe Seite 253 ff.).

4. Ausbildungsunterhalt bei Trennung

a) Haben die Ehegatten ihre Lebensgemeinschaft vor der Trennung einverständlich dahin gestaltet, daß einer der Ehegatten einem Studium nachgeht, so ist diesem während der Trennung – bei im übrigen unveränderten Lebensverhältnissen – die Ausbildung weiter zu finanzieren und Ausbildungsunterhalt zu gewähren, wenn die Ausbildung dem von den Ehegatten im Lauf der Ehe einvernehmlich entwickelten Lebensplan entspricht. Dabei ist es unerheblich, ob es sich um eine Erst- oder Zweitausbildung handelt (BGH, FamRZ 85/782, 783, 784 = NJW 85/1695, 1696 = B 138b: FamRZ 81/439, 440 = NJW 81/1214, 1215 = B 138a).

Die gleichen Grundsätze gelten bezüglich der Finanzierung einer Ausbildung während intakter Ehe (BGH, FamRZ 85/353, 354 = NJW 85/803, 804 = B 134b).

Diese Grundsätze sind nicht anwendbar, wenn die Aufnahme der Ausbildung nicht auf einem gemeinsamen Lebensplan, sondern auf einem eigenen, allein gefaßten Entschluß des Ehegatten beruht (BGH, FamRZ 85/782, 783, 784 = NJW 85/1695, 1696 = B 138b).

b) Ohne einen solchen gemeinsamen Lebensplan kann ein Anspruch auf Ausbildungsunterhalt nach § 1361 BGB unter Heranziehung der Grundsätze zum Scheidungsunterhalt bestehen, weil getrenntlebende Ehegatten im Zweifel unterhaltsrechtlich nicht schlechter gestellt werden dürfen, als sie im Fall der Scheidung stehen würden. Grundsätzlich kommt jedoch während der Trennung ein Anspruch auf Ausbildungsunterhalt nur in soweit in Betracht, als er sich nach den Kriterien des § 1573 I i. V. § 1574/III BGB begründen läßt. Der Bedürftige muß nach § 1574/III BGB verpflichtet sein, sich einer zur Erlangung einer angemessenen Erwerbstätigkeit erforderlichen Ausbildung zu unterziehen, damit bei Scheidung eine baldige (Wieder-)Eingliederung in das Erwerbsleben möglich wird. Dies liegt in aller Regel auch im Interesse des Verpflichteten (BGH, FamRZ 85/782, 783, 784 = NJW 85/1695, 1696, 1697 = B 138b; Genaueres zum Ausbildungsunterhalt nach §§ 1573/I, 1574/III BGB Seite 197).

c) Auf § 1575 BGB kann während der Trennungszeit ein Ausbildungsunterhalt grundsätzlich nicht gestützt werden, weil ein Anspruch nach § 1575 BGB nicht der Erhaltung des ehelichen Lebensstandards dient, sondern auch ehebedingte Nachteile ausgleichen kann und gegenüber den ehelichen Lebensverhältnissen Niveausteigerungen ermöglicht. Es kann dem Verpflichteten im Hinblick auf den provisorischen Charakter des Getrenntlebens, d. h. solange die Wiederherstellung der ehelichen Lebensgemeinschaft noch möglich erscheint, in der Regel nicht zugemutet werden, für den Unterhalt des Berechtigten in größerem Maße aufkommen zu müssen, als es durch die Aufrechterhaltung des ehelichen Lebensstandards geboten ist. Ein Anspruch nach § 1575 BGB kann während der Trennungszeit aber bejaht werden – sofern dessen sonstige Voraussetzung vorliegen –, wenn nach den Umständen die Trennung auf eine Scheidung abzielt, wenn sich also z. B. der Berechtigte auf die Endgültigkeit einer von seinem Partner vollzogenen Trennung und auf dessen konkret zum Ausdruck gebrachte Scheidungsabsicht einstellen muß. Dann hat der ausbildungswillige Partner ein berechtigtes Interesse daran, seinen Ausbildungsanspruch nach § 1575 BGB sobald als möglich zu verwirklichen. Dieses Interesse zählt dann zu seinen „persönlichen Verhältnissen“ im Sinn von § 1361/II BGB und ist geeignet die Unzumutbarkeit einer Erwerbstätigkeit zu begründen. Dem anderen Ehepartner ist es billigerweise verwehrt, die Zurückstellung des Ausbildungswunsches bis zur Scheidung zu verlangen. In derartigen Fällen ist die Ausbildung während des Getrenntlebens nur eine Vorwegnahme des nachehelichen Ausbildungsbeginns (BGH, FamRZ 85/782, 784, 785 = NJW 1695, 1697, 1698 = B 138b; Genaueres zum Ausbildungsunterhalt nach § 1575 BGB Seite 195ff.).

5. Bedürftigkeit

Trennungsunterhalt steht nur demjenigen zu, der sich aus den einzusetzenden Eigenmitteln nicht nach dem Maßstab des § 1361/I 1 BGB angemessen zu unterhalten vermag, der also in diesem Sinn bedürftig ist. Fehlt es an der Bedürftigkeit, so scheidet ein Trennungsunterhalt aus, mag auch der andere Ehegatte über größere Mittel verfügen. Besteht eine Bedürftigkeit, muß der andere Trennungsunterhalt leisten, wenn er leistungsfähig ist, also Mittel zur Verfügung hat, die höher als sein eigener Lebensbedarf sind (BGH, FamRZ 81/1159, 1160 = NJW 81/2804, 2805 = B 136a; FamRZ 83/146, 147 = NJW 83/933, 934 = B 136b).

Eine Bedürftigkeit kann auch bestehen beim Zusammenleben des Ehegatten mit einem neuen Partner in nichtehelicher Lebensgemeinschaft, weil durch eine eheähnliche Gemeinschaft Unterhaltsansprüche zwischen den neuen Partnern nicht begründet werden. Der Berechtigte muß sich aber Versorgungsleistungen und Arbeitsleistungen, die er für den neuen Partner erbringt sowie Vergütungen, die er von diesem erhält, anrechnen lassen (BGH, FamRZ 81/752, 754 = NJW 81/1782, 1783 = B 136c und 75a; FamRZ 83/146, 147 = NJW 83/933, 934 = B 136b; FamRZ 84/356, 357 = NJW 84/1537, 1538 = B 136d).

Wegen weiterer Besonderheiten beim Trennungsunterhalt siehe Seite 45ff., 48ff., (wegen Wohnvorteilen während der Trennungszeit) und Seite 96ff., (wegen der Berücksichtigung von Verbindlichkeiten aus der Zeit vor der Trennung.)

II. Geschuldeter Unterhalt

1. Zur Bemessung des Trennungsunterhalts

Geschuldet ist nach § 1361/I BGB der nach den Lebensverhältnissen und den Erwerbs- und Vermögensverhältnissen der Ehegatten angemessene Unterhalt.

a) Das Maß des angemessenen Unterhalts bestimmt sich im Sinn des § 1361/I BGB inhaltsgleich mit § 1578/I BGB nach den ehelichen Lebensverhältnissen (BGH, FamRZ 84/356, 357 = NJW 84/1537, 1538 = B 137a; FamRZ 84, 148, 149 = NJW 84/291, 292 = B 137c).

Zu berücksichtigen sind dabei (ähnlich wie bei § 1578 BGB) sämtliche beiderseitigen Umstände der Ehegatten mit Ausnahme der Gründe, die zur Trennung geführt haben.

b) Maßgeblich sind die Verhältnisse während der Trennungszeit und deren weitere Entwicklung (nicht Zeitpunkt der Scheidung wie beim Scheidungsunterhalt). Da die

Eheleute trotz der Trennung weiter teilnehmen an den sich verändernden Verhältnissen des jeweils anderen Partners sind jeweils die Verhältnisse entscheidend, die in der Zeit vorherrschen, für die Unterhalt verlangt wird (BGH, FamRZ 83/146, 149 = NJW 83/933, 936 = B 136b; FamRZ 84/149, 150 = NJW 84/292, 293 = B 137d und B 97a).

c) Die Unterhaltsbemessung erfolgt – wie beim Scheidungsunterhalt – nach der Differenzmethode, wenn beide Ehegatten Einkommen aus zumutbarer Erwerbstätigkeit haben. Durch Einkommen aus unzumutbarer Erwerbstätigkeit werden die ehelichen Lebensverhältnisse im Sinn von § 1361 BGB (wie beim Scheidungsunterhalt) nicht geprägt. Es fehlt am Merkmal der Dauerhaftigkeit, weil eine unzumutbare Tätigkeit jederzeit wieder aufgegeben werden kann. Solche Einkünfte sind daher bei der Differenzmethode nicht einzusetzen sondern direkt vom errechneten Unterhalt abzuziehen (BGH, FamRZ 83/146, 149 = NJW 83/933, 934, 936 = B 136b; FamRZ 84/356, 357 = NJW 84/1537, 1538 = B 137a; FamRZ 81/752, 754 = NJW 81/1782, 1784 = B 137b; FamRZ 84/148, 159 = NJW 84/291, 292 = B 137c; FamRZ 84/149, 150 = NJW 84/292, 293 = B 137d und B 97a).

d) Der Getrenntlebensunterhalt darf nicht nach einem Mindestrichtsatz für den angemessenen Eigenbedarf eines volljährigen Unterhaltsberechtigten bemessen werden, wenn dieser nicht den maßgeblichen ehelichen Lebensverhältnissen entspricht. Es muß stets in einer angemessenen Relation zum verteilungsfähigen Einkommen und damit zum Mindesteigenbedarf des Verpflichteten stehen (BGH, FamRZ 84/356, 357 = NJW 84/1537, 1538 = B 137a).

e) Genaueres zur Bemessung des „angemessenen Trennungsunterhalts" der sich insoweit mit der Bemessung des nachehelichen Unterhalts deckt, siehe die Abschnitte 3), 4) und 5) Seite 202ff.

2. Vorsorgeunterhalt und Prozeßkostenvorschuß

a) Nach § 1361/I 2 BGB kann auch Vorsorgeunterhalt ab Eintritt der Rechtshängigkeit des Scheidungsverfahrens, d.h. ab Beginn des Monats, in dem das Scheidungsverfahren rechtshängig geworden ist, verlangt werden.

Genaueres zum Vorsorgeunterhalt für Alter, Erwerbsunfähigkeit und Krankheit siehe Abschnitt 5, Seite 229ff.

b) Für den Trennungsunterhalt kann der Bedürftige Prozeßkostenvorschuß nach § 1361/IV 3 BGB, der auf § 1360a/IV, S. 1 BGB verweist, verlangen. Dies ist ein Ausfluß der gesteigerten Verantwortung von Ehegatten füreinander während bestehender Ehe. Eine Prozeßkostenvorschußpflicht besteht nicht für den nachehelichen Unterhalt (BGH, FamRZ 84/148, 149 = NJW 84/291, 292 = B 137c). Nach Abschluß des Rechtsstreits kann kein P.K.V. mehr verlangt werden, auch nicht bei Abtretung (BGH, FamRZ 85/902, 903 = NJW 85/2265, 2266; FamRZ 85/802).

Vorgeschossene Prozeßkosten können nur ausnahmsweise zurückgefordert werden (BGH, BGHZ 56/92).

III. Zur Erwerbsobliegenheit des berechtigten Ehegatten nach § 1361/II BGB

1. Die Erwerbsobliegenheit bei Trennung

a) Grundsatz der Eigenverantwortung. Der gesetzlichen Regelung des § 1361/II BGB liegt ebenfalls der Grundsatz der gesteigerten Eigenverantwortung jedes Ehegatten für seinen eigenen Unterhalt zugrunde (BGH, FamRZ 84/149, 150 = NJW 84/292, 293 = B 137d; FamRZ 84/151, 153 = NJW 84/294, 295).

Die Verpflichtung zur Aufnahme einer Erwerbstätigkeit während des Getrenntlebens findet nach Maßgabe des § 1361/II BGB ihre Rechtfertigung vor allem darin, daß mit der Trennung der Eheleute das gemeinsame Leben ein Ende gefunden hat und daher die bisherige Funktionsteilung im Rahmen des gemeinschaftlichen Haushalts gegenstandslos geworden ist. In einem solchen Fall kann einem Ehegatten – insbesondere nach Wegfall der Mitarbeit im Haushalt – eine Erwerbstätigkeit angesonnen werden (BGH, FamRZ 81/439, 440 = NJW 81/1214, 1215 = B 138a).

b) Eine Erwerbsobliegenheit kann auch entstehen, wenn vor der Trennung einverständlich nicht gearbeitet wurde.

§ 1361/II BGB verweist den getrennt lebenden Ehegatten darauf, seinen Unterhalt durch Erwerbstätigkeit selbst zu verdienen, wenn dies ihm nach den gegebenen Verhältnissen zumutbar ist. Diese Regelung gilt nach BGH auch für solche Fälle, in denen der Ehegatte vor der Trennung im Einverständnis des anderen Ehepartners keiner oder nur einer eingeschränkten Erwerbstätigkeit nachgegangen war und bei Fortsetzung der Ehe die Erwerbstätigkeit nicht aufgenommen oder ausgeweitet hätte. Dem getrennt lebenden Ehegatten wird insoweit nach der Trennung eine gesteigerte Eigenverantwortung auferlegt, seinen Unterhaltsbedarf durch die Aufnahme oder Ausweitung einer Erwerbstätigkeit selbst zu decken (BGH, FamRZ 84/149, 150 = NJW 84/292, 293 = B 137d; FamRZ 79/571, 572 = NJW 79/1452 = B 139).

2. Einschränkungen der Erwerbsobliegenheit nach § 1361/II BGB

a) Schutzfunktion des § 1361/II BGB. § 1361/II BGB schützt den bisher nicht erwerbstätigen Ehegatten davor, auf die Aufnahme einer unzumutbaren Arbeit verwiesen zu werden. Das soll – einschränkend – nur dann geschehen, wenn eine eigene Erwerbstätigkeit von ihm nach seinen persönlichen Verhältnissen (b und c) insbesondere unter Berücksichtigung der Dauer der Ehe (d) und nach den wirtschaftlichen Verhältnissen beider Ehegatten erwartet werden kann (BGH, FamRZ 81/1159, 1160 = NJW 81/2804, 2805 = B 136a).

Es ist anerkannt, daß getrennt lebende Ehegatten im Zweifel unterhaltsrechtlich nicht schlechter gestellt werden dürfen, als sie im Fall der Scheidung stünden. Deshalb können die Tatbestände über den nachehelichen Unterhalt Maßstäbe für die Anwendung des § 1361 BGB liefern und insbesondere zur Konkretisierung des Begriffs „persönliche Verhältnisse" in § 1361/II BGB dienen (BGH, FamRZ 85/782, 783, 784 NJW 85/1695, 1696 = B 138b).

Außerdem soll zumindest für eine geraume Zeit der bisherige Ehestatus beibehalten werden können, damit das Scheitern der Ehe nicht zusätzlich durch Änderungen gefördert wird (BGH, FamRZ 81/439, 440 = NJW 81/1214, 1215 = B 138a).

b) Betreuung von Kindern. Zu den wichtigsten persönlichen Verhältnissen, die eine Erwerbstätigkeit unzumutbar machen können, gehört die Betreuung von Kindern (BGH, FamRZ 81/17, 18 = NJW 81/448, 449 = B 140; FamRZ 81/1159, 1160 = NJW 81/2804, 2805 = B 136a).

Insoweit gilt Vergleichbares wie zu § 1570 BGB, weshalb auf die dortigen Ausführungen verwiesen wird (Seite 185ff.). Hier werden nur solche Entscheidungen angeführt, die der BGH im Rahmen des Trennungsunterhalts erlassen hat.

aa) Beim Getrenntleben der Ehegatten kann – im Unterschied zum nachehelichen Unterhalt – auch das Vorhandensein und die Betreuungsbedürftigkeit von Kindern, die aus einer anderen Verbindung – nicht aus der gegenwärtig bestehenden Ehe – stammen, ein Grund sein, den „Betreuerehegatten" nicht auf eigene Erwerbstätigkeit zu verweisen. Für die Bedürftigkeitsprüfung nach § 1361/I und II BGB kommt es für die Pflicht des Unterhaltsberechtigten, eine Erwerbstätigkeit zu übernehmen u. a. auf seine persönlichen Verhältnisse an. Hierzu zählt jeder allein in der Person des Ehegatten begründete Umstand, der eine Erwerbstätigkeit unzumutbar macht, also auch die Inanspruchnahme durch eigene, nicht gemeinschaftliche Kinder. Die Tatsache, daß ein Kind nicht gemeinschaftlich ist, kann nur über § 1361/III BGB für die Anwendung der Härteregelungsvorschrift des § 1579 BGB eine Rolle spielen (BGH, FamRZ 79/569, 571 = NJW 79/1348 = B 141a; FamRZ 79/571, 572 = NJW 79/1452 = B 139 und B 141b; FamRZ 81/17, 18 = NJW 81/448, 449 = B 140).

bb) Auch die Betreuung eines Pflegekindes oder eines nicht gemeinschaftlichen nichtehelichen Kindes gehört zu den persönlichen Verhältnissen (BGH, FamRZ 82/463, 464 = NJW 82/1461, 1462 = B 141c; FamRZ 81/752, 754 = NJW 81/1782, 1783 = B 141d).

cc) BGH-Entscheidungen im Rahmen des Trennungsunterhalts zur Erwerbsobliegenheit bei Kindesbetreuung:

FamRZ 81/1159, 1160 = NJW 81/2804, 2805; FamRZ 83/146, 147 = NJW 83/933, 934, = B 136b; FamRZ 84/356, 357 = NJW 84/1537, 1538 = B 136d; FamRZ 81/752, 754 = NJW 81/1782, 1784 = B 137b; FamRZ 84/149, 150 = NJW 84/292, 293 = B 137d; FamRZ 81/17, 18 = NJW 81/448, 449 = B 140; FamRZ 79/569, 571 = NJW 79/1348, 1349 = B 141a; FamRZ 79/571, 573 = NJW 79/1452, 1453 = B 141b; FamRZ 81/463, 466 = NJW 82/1461, 1462; FamRZ 81/752, 754 = NJW 81/1782, 1783; FamRZ 81/17, 18 = NJW 81/448, 449; FamRZ 84/151, 153, 154 = NJW 84/294, 295 = B 142b; FamRZ 82/23, 24, 25 = NJW 82/232, 233 = B 142c).

Eine inhaltliche Zusammenstellung der Ausführungen des BGH zur Erwerbsobliegenheit bei Kindesbetreuung befindet sich im 2. Abschnitt zu § 1570 BGB Seite 185ff.

c) Sonstige persönliche Verhältnisse des Berechtigten. Solche sonstige persönliche Umstände sind u. a. vor allem Alter, Gesundheitszustand, frühere berufliche Tätigkeit, Art dieser Tätigkeit, Art der Vorbildung, Dauer der Arbeitsunterbrechung, typische Wiedereingliederungsprobleme in das Berufsleben nach längerer Arbeitspause, krankheitsbedingte Erwerbsunfähigkeit oder eingeschränkte Erwerbsunfähigkeit, bei länger dauernden Ehen die durch die Ehe erlangte gesellschaftliche Stellung.

Dazu BGH:

aa) Die Verweisung der Ehefrau auf eine Erwerbsfähigkeit entfällt nicht schon deshalb, weil sie in der Ehe nicht erwerbstätig war. Die Regelung in § 1361/II BGB, daß bei der Zumutbarkeit einer Erwerbstätigkeit auch auf die Dauer der Ehe abzustellen ist, hat auch die Bedeutung, daß sich der Unterhalt verlangende Ehegatte zur Begründung der Unzumutbarkeit einer Erwerbstätigkeit nicht auf einen erst durch die Eheschließung erlangten Status berufen kann, wenn die Ehe nur von kurzer Dauer war. In einem solchen Fall ist vielmehr die Zumutbarkeit der Erwerbstätigkeit nach den persönlichen Verhältnissen des Ehegatten zu beurteilen, die ohne die durch die Eheschließung erlangte Verbesserung dieser Verhältnisse bestanden hätte (BGH, FamRZ 79/571, 572 = NJW 79/1452 = B 139, 141b).

bb) Die Frage, ob eine Teilzeitbeschäftigung zugemutet werden kann, ist nach den gesamten persönlichen Verhältnissen zu beurteilen, wobei insbesondere eine frühere berufliche Betätigung zu berücksichtigen ist. Zu diesen persönlichen Verhältnissen gehört auch, daß die Klägerin nicht durch Krankheit an der Aufnahme einer auch nur zeitweise auszuübenden Erwerbstätigkeit gehindert sein darf (BGH, FamRZ 81/17, 18 = NJW 81/448, 449 = B 140).

cc) Die Aufnahme einer Erwerbstätigkeit hat der BGH einer jungen, seit 1972 verheirateten Frau trotz 15jähriger Arbeitsunterbrechung zugemutet mit der Begründung, bei einer ihrer früheren Tätigkeit als Spülerin vergleichbaren Beschäftigung würden die typischen Probleme einer Wiedereingliederung in das Berufsleben nach längerer Arbeitspause nicht eintreten (BGH, FamRZ 81/17, 18 = NJW 81/448, 449 = B 140).

d) Dauer der Ehe. Die Dauer der Ehe ist ausdrücklich eines der gemäß § 1361/II BGB zu berücksichtigenden Merkmale. Dagegen ist die kurze Dauer einer Ehe für einen Unterhaltsausschluß nach §§ 1361, 1579 BGB ohne Bedeutung (BGH, FamRZ 79/569, 570, 571 = NJW 79/1348, 1349, 1350 = B 143; FamRZ 79/571, 572 = NJW 79/1452 = B 139).

Das Abstellen auf die Dauer der Ehe in § 1361/II BGB hat nicht nur die Bedeutung, daß die erleichterte Wiedereingliederung in das Berufsleben durch eine durch die Ehe nur kurz unterbrochenen Berufstätigkeit berücksichtigt werden soll. Sie bedeutet darüber hinaus, daß sich der berechtigte Ehegatte nicht auf einen erst durch die Eheschließung erlangten Status berufen darf, wenn die Ehe nur von kurzer Dauer war (BGH, FamRZ 79/571, 572 = NJW 79/1452 = B 139).

e) Fälle, in denen der BGH eine unzumutbare Erwerbstätigkeit bejaht hat: aa) Bei Trennung befinden sich die Eheleute in einem Stadium in dem die eheliche Lebensgemeinschaft noch nicht endgültig aufgelöst ist und eine Wiederherstellung der ehelichen Lebensgemeinschaft nicht gänzlich ausgeschlossen ist. Deshalb sind bei einer Trennung einem Ehegatten zunächst solche Änderungen seiner Lebensstellung nicht zuzumuten, die sich im Fall der Wiederherstellung der ehelichen Lebensgemeinschaft als nachteilig herausstellen würden. Es muß zumindest für eine geraume Zeit der bisherige Status beibehalten werden, schon um nicht das endgültige Scheitern der Ehe zu fördern, indem die Scheidungsfolgen vorweggenommen werden und damit die Trennung vertieft wird (BGH, FamRZ 81/439, 440 = NJW 81/1214, 1215 = B 138a).

bb) Haben Ehegatten ihre Lebensgemeinschaft einverständlich dahin gestaltet, daß einer der Ehegatten einem Studium nachgeht, so kann diesem während der Trennung – bei im übrigen unveränderten Lebensverhältnissen – jedenfalls dann ein Abbruch des Studiums grundsätzlich nicht angesonnen werden, wenn dieses planvoll betrieben wird und seine Beendigung in absehbarer Zeit zu erwarten ist. Dabei kommt es nicht entscheidend darauf an, ob die ehelichen Verhältnisse von Anfang an so gestaltet waren, daß ein Ehegatte das Studium betrieb oder ob dies einvernehmlich erst im Lauf der Ehe geschehen ist (BGH, FamRZ 81/439, 440 = NJW 81/1214, 1215 = B 138a; FamRZ 80/126, 127 = NJW 80/393, 394).

cc) Eine Erwerbstätigkeit kann unzumutbar sein, wenn der ausbildungswillige Ehegatte sich bereits während der Trennungszeit einer zur Erlangung einer angemessenen Erwerbstätigkeit erforderlichen Ausbildung unterzieht (BGH, FamRZ 85/782, 783, 784 = NJW 85/1695, 1697 = B 138b; siehe dazu auch Seite 175f.).

f) Die Entscheidung darüber, ob und inwieweit von einem Ehegatten nach seinen persönlichen und wirtschaftlichen Verhältnissen eine Erwerbstätigkeit erwartet werden kann, ist weitgehend Sache tatrichterlicher Beurteilung (BGH, FamRZ 81/752, 754 = NJW 81/1782, 1783 = B 141d).

3. Anrechnung von Einkünften

a) Auf den Unterhaltsbedarf, der sich aus den festzustellenden ehelichen Lebensverhältnissen ergibt, muß sich die Klägerin den Verdienst aus einer Erwerbstätigkeit anrechnen lassen, die nach § 1361/II BGB von ihr erwartet werden kann, oder den sie erhält (BGH, FamRZ 81/752, 754 = NJW 81/1782, 1784 = B 137b).

b) Die Anrechnung richtet sich auch beim Trennungsunterhalt nach § 1577 BGB.

Es ist auch im Rahmen der Unterhaltsbemessung nach § 1361 BGB notwendig, die Anrechnung von Einkünften, die der unterhaltsberechtigte Ehegatte aus unzumutbarer Erwerbstätigkeit bezieht, nach den Grundsätzen zu beurteilen, die sich aus § 1577/II BGB ergeben. Es muß gewährleistet sein, daß bei an sich gleicher Sachlage der Anspruch auf Trennungsunterhalt nicht niedriger ausfällt als derjenige für die nacheheliche Zeit (BGH, FamRZ 83/146, 147, 148 = NJW 83/933, 934, 935 = B 80a).

c) Die Anrechnung von Einkünften aus zumutbaren und fiktiven Erwerbstätigkeiten erfolgt nach § 1577/I BGB, die Anrechnung von Einkünften aus unzumutbarer Erwerbstätigkeit nach § 1577/II BGB. Genaueres dazu Seite 86f.

d) Bei einer nach Trennung aufgenommenen, im Sinn von § 1361 II BGB angemessenen Erwerbstätigkeit des Berechtigten hängt die Berücksichtigung von Einkünften aus dieser Tätigkeit bei der Bestimmung der ehelichen Lebensverhältnisse davon ab, ob die Aufnahme der Erwerbstätigkeit in der Ehe angelegt war und damit auch ohne die Trennung erfolgt wäre. Ist dies zu bejahen, sind die Einkünfte als die ehelichen Lebensverhältnisse prägend zu berücksichtigen, ohne daß insoweit der Dauer des Getrenntlebens noch eine Bedeutung beigemessen werden kann (BGH, FamRZ 85/376, 378 = NJW 85/1345, 1347 = B 135c).

IV. Zur Anwendung der negativen Härteklausel beim Trennungsunterhalt (§ 1361/III i. V. § 1579 BGB)

1. Zur Verweisung auf § 1579 BGB

Der Anspruch auf Trennungsunterhalt kann infolge der Verweisung in § 1361/III BGB auf § 1579 BGB wie der Scheidungsunterhalt wegen grober Unbilligkeit ganz oder teilweise ausgeschlossen sein.

Nach der Rechtsprechung des BGH kann danach ein schwerwiegendes und klar bei einem Ehegatten liegendes Fehlverhalten auch beim Trennungsunterhalt geeignet sein, die Voraussetzungen des § 1579 Nr. 4 BGB zu erfüllen (BGH, FamRZ 83/150, 151 = NJW

83/683, 684 = B 187a; FamRZ 81/752, 753 = NJW 81/1782, 1783 = B 187c; FamRZ 81/439, 441 = NJW 81/1214, 1215 = B 185c; FamRZ 81/1042, 1043 = NJW 81/2805 = B 187b; FamRZ 83/569, 571 = NJW 83/1548, 1550 = B 188a. Genaueres hierzu in Abschnitt 7 Seite 253ff.

2. Kurze Ehedauer ist kein Ausschlußgrund

Nach § 1361 BGB ist eine kurze Ehedauer kein Ausschlußgrund für den Trennungsunterhalt. Nur in § 1361/II BGB spielt die Ehedauer zusammen mit weiteren Umständen eine Rolle bei der Beurteilung der Frage, ob der getrennt lebende Ehegatte darauf verwiesen werden kann, eine Erwerbstätigkeit aufzunehmen und sich dadurch selbst zu unterhalten (BGH, FamRZ 82/573, 574 = NJW 82/1460, 1461; FamRZ 79/569, 571 = NJW 79/1348, 1349, 1350 = B 143; FamRZ 79/571, 572 = NJW 79/1452, 1453).

Gleiches gilt, wenn die Ehegatten von Anfang an getrennt gelebt haben (BGH, FamRZ 82/573, 575 = NJW 82/1460).

V. Leitlinien zum Trennungsunterhalt

1. OLG Köln. Unterhalt getrennt lebender Ehegatten

Der Unterhalt bemißt sich nach einer Quote des Nettoeinkommens des unterhaltspflichtigen Ehegatten bis zur Grenze von dessen Mindestselbstbehalt.

Vorweg ist vom unterhaltspflichtigen Einkommen in der Regel der Unterhalt für minderjährige Kinder (Tabellensatz ohne Kindergeldabzug) abzuziehen.

Betreut der Barunterhaltspflichtige ein gemeinsames Kind, ist auch der Wert der Betreuungsleistung in angemessener Weise abzuziehen.

Das Nettoeinkommen des Unterhaltsberechtigten ist bei Anwendung der Differenzmethode vorweg vom Einkommen des Unterhaltsverpflichteten, bei Anwendung der Abzugsmethode von der Unterhaltsquote abzuziehen. Bei Anwendung der Abzugsmethode ist konkreter trennungsbedingter Mehrbedarf – ggf. auch auf seiten des Unterhaltsverpflichteten – zu berücksichtigen.

Erzielt der Unterhaltsberechtigte Einkommen aus unzumutbarer Arbeit, richtet sich das Maß der Anrechenbarkeit nach den Umständen des Einzelfalls.

Der Unterhalt wird nach oben stets begrenzt durch den vollen Unterhalt nach den ehelichen Lebensverhältnissen (§ 1578 BGB) (K.L. 6.1).

Die Quote des angemessenen Unterhalts beträgt zu Lasten des unterhaltspflichtigen erwerbstätigen Ehegatten 3/7 bis zur Grenze seines Selbstbehalts.

Krankenversicherungsbeiträge und Vorsorgeunterhalt sind darin nicht enthalten. Krankenversicherungsbeiträge, soweit nicht in der gesetzlichen Familienversicherung enthalten, und Vorsorgeunterhalt sind zuvor vom Nettoeinkommen abzuziehen (K.L. 6.2.).

Der nicht erwerbstätige Ehegatte schuldet im Prinzip 50% bis zur Grenze seines notwendigen Eigenbedarfs und unter Beachtung seiner etwaigen Mehrbedürfnisse (K.L. 6.3.).

Konkret belegter Mehrbedarf des Unterhaltsverpflichteten und -berechtigten infolge von Krankheit, altersbedingter, körperlicher oder geistiger Behinderung oder sonstiger die Lebensführung erschwerender Umstände ist vorweg vom Einkommen des Unterhaltsverpflichteten abzuziehen.

Dies gilt nicht, wenn auch ohne Abzug oder Hinzurechnung der Mehrbedarf aus der Quote in angemessener Weise gedeckt werden kann (K.L. 6.4).

Erwerbstätigkeit – im Rahmen des § 1361/II BGB – ist schon bei nur einem Kind unter 8 Jahren in der Regel nicht zumutbar (K.L. 6.5.).

2. OLG Frankfurt. Getrenntlebendenunterhalt. Hier ergibt sich die Anspruchsgrundlage aus § 1361 BGB. Gegenüber der früheren Darstellung ist besonders hervorzuheben, daß die Frankfurter Auffassung von der Identität des ehelichen und des nachehelichen Unterhalts vom BGH nicht anerkannt worden ist. Es ist also im Unterhaltsprozeß vielmehr davon auszugehen, daß es sich insoweit um zwei verschiedene Streitgegenstände handelt, die für die Zeit des Getrenntlebens und die für die Zeit nach der rechtskräftigen Scheidung jeweils gesondert zu titulieren sind: Grundstz der Nichtidentität. Daher kann ein Titel aus der Zeit des Getrenntlebens nach der rechtskräftigen Scheidung mit der Vollstreckungsabwehrklage des § 767 ZPO (nicht Abänderungsklage des § 323 ZPO) bekämpft werden, dem der auch nachehelichen Unterhalt in Anspruch nehmende Ehegatte mit der Widerklage auf Leistung entgegentreten kann. Wer also Kosten sparen will, sollte beide Ansprüche rechtzeitig in einem einzigen Vergleich titulieren lassen.

Trotz der angeblichen Nichtidentität gelten die obigen Darstellungen zum Geschiedenenunterhalt jedoch in etwa gleicher Weise auch für den Getrenntlebendenunterhalt. Auf einige Besonderheiten sei im folgenden hingewiesen. Leitender Gesichtspunkt sollte dabei der Gedanke des status quo sein, d. h. trotz der Trennung der Eheleute sollen die seitherigen ehelichen Lebensverhältnisse grundsätzlich in etwa aufrechterhalten, jedenfalls vorerst keine abweichenden, vollendeten Tatsachen geschaffen werden.

Die Unterhaltshöhe ist grundsätzlich wie im Geschiedenenunterhalt anhand der Düsseldorfer Tabelle nach Frankfurter Praxis zu berechnen. Die vier Frankfurter Familiensenate wenden durchgängig eine Quote von 2/5 an, der Kasseler Familiensenat in der Regel 3/7 entsprechend der original Düsseldorfer Tabelle. Der sog. trennungsbedingte Mehrbedarf ist auch hier ein Folgeproblem der Anrechnungsmethode und daher nur in ihrem Rahmen von Bedeutung; soweit die Differenzmethode anzuwenden ist, kommt es darauf nicht an. Grundsätzlich kann auch ein Mehrbedarf durch die Aufnahme eines Studiums nicht begründet werden.

Der Unterhaltspflichtige darf von seinem bereinigten Nettoeinkommen zusätzlich auch noch die während des Zusammenlebens begründeten Familienlasten abziehen: erst der Rest ist der Unterhaltsberechnung zuzuführen, denn der unterhaltsberechtigte Ehegatte soll nach § 1361 BGB durch die Trennung nicht schlechter, aber auch nicht besser gestellt werden. Deshalb ist der Unterhaltspflichtige u. a. auch nicht verpflichtet, eine teure Hausfinanzierung oder eine zu teure Ehewohnung aufzugeben oder einen Untermieter aufzunehmen.

Wie lange ein Unterhaltspflichtiger sich auf den status quo berufen darf, läßt sich in festen Jahreszahlen nicht angeben; es dürfte sich jedoch um einen Zeitraum zwischen einem und drei Jahren handeln (§ 1566 BGB). Schafft allerdings der Unterhaltspflichtige selbst vollendet Tatsachen, etwa durch die Aufnahme eines eheähnlichen Verhältnisses in der seitherigen ehelichen Wohnung, dann kommt ihm das Privileg des Vorwegabzuges gewisser Verbindlichkeiten nicht mehr uneingeschränkt zugute.

Auch gewisse durch die Trennung selbst entstandene Belastungen, Verbindlichkeiten sind berücksichtigungsfähig, etwa wenn neuer Hausrat angeschafft werden muß (insoweit ist jedoch der Rechtsgedanke des § 1579/I 4 BGB zu beachten). Wer sich weigert, Unterhalt zu zahlen und deshalb kostenpflichtig verurteilt wird, kann diese Kosten nicht als trennungsbedingten Mehrbedarf von seinem Einkommen abziehen.

Die Arbeitsverpflichtung des an sich unterhaltsberechtigten Ehegatten ist während des Getrenntlebens nicht in dem Umfange gegeben, wie nach der rechtskräftigen Scheidung. Jedoch hat der BGH dazu ausgeführt:

Die Betreuung minderjähriger Kinder führt im Rahmen des § 1361 BGB bei Berücksichtigung der wirtschaftlichen Verhältnisse beider Ehegatten nicht zwingend zu einer Freistellung von eigener Erwerbstätigkeit; eine Verpflichtung zur Arbeitsaufnahme während des Getrenntlebens der Ehegatten findet ihre Rechtfertigung vor allem darin, daß mit der Trennung der Eheleute das gemeinsame Leben ein Ende gefunden hat und daher die bisherige Funktionsteilung im Rahmen des gemeinschaftlichen Haushalts gegenstandslos geworden ist. Dazu ergänzend OLG Ffm: Geht eine Ehefrau wegen einer mit dem Ehemann gemeinsam ausgeübten Nebentätigkeit (Hausmeister) nur einer Teilzeitbeschäftigung nach und verläßt sie ihren Ehemann unter Aufgabe dieser Nebentätigkeit, so ist ihr danach eine Ganztagsbeschäftigung zuzumuten.

Gegenüber den Unterhaltsansprüchen des getrennt lebenden Ehegatten darf der Unterhaltspflichtige nur den notwendigen Eigenbedarf = kleiner Selbstbehalt verteidigen. Dieser beträgt ab dem 1. 1. 1984 monatlich DM 900,–, worin ein Wohnanteil von DM 300,– enthalten ist.

Im Getrenntlebendenunterhalt sind schließlich noch als weitere Besonderheit die Fälle zu erörtern, wo nach Auszug des einen oder anderen Ehegatten aus der bisher gemeinsam bewohnten Mietwohnung, der gemeinsam bewohnten Eigentumswohnung oder des gemeinsam bewohnten Hauses der eine Ehegatte weiterhin die entsprechenden Lasten abbezahlt. Wie bereits oben dargelegt, dürfen derartige gemeinsam eingegangene Familienlasten grundsätzlich in der bisherigen Form von dem bereinigten Nettoeinkommen des Unterhaltspflichtigen abgezogen werden: erst danach erfolgt die quotenmäßige Befriedigung des unterhaltsberechtigten Ehegatten. Dies gilt jedenfalls dann, wenn der Unterhaltspflichtige auszieht und der Unterhaltsberechtigte weiterhin in der seitherigen Wohnung „mietfrei" wohnt. Zieht dagegen der Unterhaltsberechtigte aus, so ist zunächst zu prüfen, ob dies unbedingt notwendig war, ob also etwa eine zumutbare Aufteilung der Wohnung/des Hauses möglich gewesen wäre – wenn ja, dann kann der Unterhaltsberechtigte nur an dem um die seitherigen Familienlasten verminderten Nettoeinkommen des Unterhaltspflichtigen teilhaben. Ist eine Aufteilung der Wohnung/des Hauses nicht möglich bzw. unzumutbar und zieht der Unterhaltsberechtigte also aus, dann soll nach einer gemeinsamen Besprechung der vier in Frankfurt ansässigen Familiensenate des OLG Ffm vom 7. 11. 1983 wie folgt verfahren werden: Der „zu Hause gebliebene" unterhaltspflichtige Ehegatte darf die (hohen) Miet- und Mietnebenkosten von seinem Nettoeinkommen voll absetzen, muß sich aber anschließend als auch sonst ersparte Mietkosten wieder einen fiktiven Anteil von DM 450,– monatlich anrechnen lassen – oder anders ausgedrückt: die effektiven

Mietausgaben sind um DM 450,– zu kürzen und erst der Rest ist von dem Nettoeinkommen abzusetzen.

Lebten die Eheleute dagegen in einem eigenen Haus oder einer Eigentumswohnung und zahlt der „zu Hause gebliebene" Unterhaltspflichtige weiterhin die effektiven Grundstückslasten, so darf er sie vorab von seinem Nettoeinkommen voll absetzen, erst der Rest fließt dann in die Unterhaltsberechnung ein. Eine fiktive Zurechnung ersparter „Miet"-Kosten findet in diesem Falle also nicht statt, denn „grundsätzlich löst der Umstand, daß ein Teilhaber ein im Mieteigentum stehendes Grundstück allein nutzt, keine Entschädigungsrechte des anderen Teilhabers aus". Selbstverständlich darf der Unterhaltspflichtige aber, sollten die finanziellen Verhältnisse sehr angespannt sein, nur den um den Wohnanteil verminderten kleinen Selbstbehalt von jetzt DM 600,– monatlich verteidigen. Offen ist der Fall, wo der im Hause verbliebene Ehegatte der Alleineigentümer ist, also weiterhin für sich alleine Vermögen bildet. Auch hier ist bei der unterhaltsrechtlichen Argumentation aber zu beachten, daß die bisherige Familienplanung, der status quo, durch die Unterhaltsforderungen des anderen Ehegatten nicht unterlaufen werden darf, denn auch der Zugewinnausgleich kann im Fall des Getrenntlebens nicht sofort verlangt werden, vielmehr hat der Gesetzgeber insoweit eine differenzierende Betrachtung angeordnet (§§ 1385, 1386 BGB; Art. 6 GG).

Wirtschaftsgeld. Während des Zusammenlebens der Eheleute kann der haushaltsführende Ehegatte von dem anderen Ehegatten Haushaltsgeld fordern (§ 1360 BGB). Zwischen diesem Anspruch und dem Getrenntlebendenunterhalt besteht keine Identität. (F.W. in: DAV 84/255–258).

2. Abschnitt: Der nacheheliche Unterhalt (Scheidungsunterhalt)

I. Allgemeine Grundsätze

1. Grundsatz der Eigenverantwortung und der nachwirkenden Mitverantwortung

a) Unterhaltsansprüche nach der Scheidung sollen nach § 1569 BGB nicht die Regel sondern die Ausnahme sein. Jeder Ehegatte ist nach der Scheidung (noch mehr als während der Trennung) grundsätzlich verpflichtet, für sich selbst zu sorgen (Grundsatz der Eigenverantwortung).

Jeder soll nach der Scheidung unabhängig vom anderen seine eigenen Wege gehen.

b) Dies ist allerdings in der Praxis vielen Geschiedenen nicht möglich oder nach Art ihrer Lebensumstände, etwa im Hinblick auf die Betreuung von Kindern nicht oder nur eingeschränkt zumutbar. In solchen Fällen kommt es zu einer Unterhaltsverpflichtung aufgrund nachwirkender Mitverantwortung.

Bei der Umgestaltung des Unterhaltsrechts vom Verschuldensprinzip zum Zerrüttungsprinzip hat der Gesetzgeber das als Konsequenz eines verschuldens-unabhängigen Scheidungsrechts eingeführte Prinzip der wirtschaftlichen Eigenverantwortung der Ehegatten nach ihrer Scheidung durch den Grundsatz der nachwirkenden Mitverantwortung der Ehegatten im wirtschaftlichen Bereich eingeschränkt. Diese nach Trennung und Scheidung fortwirkende personale Mitverantwortung reduziert sich im Unterhaltsbereich auf die einseitige Unterhaltsverpflichtung des wirtschaftlich stärkeren Ehegatten gegenüber dem bedürftigen Partner (BVerfGG, FamRZ 81/745–751 = NJW 81/1771–1774 = B 144a). Für diese Mitverantwortung ist nicht maßgeblich, daß ein kausaler Zusammenhang zwischen Ehe und Bedürftigkeit besteht. Ausreichend ist ein zeitlicher Zusammenhang zwischen Ehe und Bedürftigkeit (§§ 1571, 1572 BGB). (BGH, FamRZ 81/1163, 1164 = NJW 82/40, 41 = B 144b; FamRZ 82/28, 30 = NJW 82/929, 930 = B 150a; FamRZ 82/892, 893 = NJW 82/2439, 2440 = B 153a; FamRZ 83/800, 801 = B 155a).

2. Unterhaltsanspruch und Ehedauer

a) Die Grundlage der nachehelichen Unterhaltspflicht verfestigt und verstärkt sich mit zunehmender Dauer der Ehe. Dem liegt die Erfahrung zugrunde, daß die Lebenssituation der Partner in der Ehe durch einen gemeinsamen Lebensplan entscheidend geprägt wird und mit der Zunahme der Ehedauer auch eine zunehmende Verflechtung und Abhängigkeit der beiderseitigen Lebensdispositionen sowie im allgemeinen eine wachsende wirtschaftliche Abhängigkeit des unterhaltsbedürftigen Ehegatten einhergeht, gegenüber der sich dieser Ehegatte durch die unterhaltsrechtliche Solidarität des Ehepartners abgesichert zu fühlen pflegt (BGH, FamRZ 81/140, 142 = NJW 81/754, 755 = B 144c).

b) Je länger die Ehe gedauert hat, um so größer ist die nachwirkende Mitverantwortung für den Lebensunterhalt des wirtschaftlich schwächeren Teils. Durch die Dauer der Ehe werden die ehelichen Lebensverhältnisse wesentlich mitbestimmt, nach denen sich neben anderen Umständen richtet, welche Erwerbstätigkeit angemessen ist (BGH, FamRZ 80/981, 982 = NJW 80/2247, 2248 = B 145).

3. Gesetzliche Regelung der Unterhaltsansprüche als Ausnahmetatbestände zum Grundsatz der Eigenverantwortung

a) Eine Unterhaltspflicht besteht aufgrund nachehelicher Solidarität, wenn ein Ehegatte bedürftig ist, der andere leistungsfähig und einer der 7 Ausnahmetatbestände der §§ 1570 bis 1576 BGB, bei Altscheidungen der §§ 58ff. EheG vorliegt. Unterhaltsansprüche bestehen allerdings nur solange und soweit, als der Ehegatte aus einem der genannten Gründe an einer Erwerbstätigkeit gehindert ist.

b) Die Ausnahmetatbestände der §§ 1570ff. BGB können auch nacheinander wirksam werden (= sog. Anschlußunterhalt). So kann der Unterhaltsberechtigte zunächst wegen Kindesbetreuung, dann wegen Erwerbslosigkeit, Krankheit und schließlich wegen Alters Unterhalt verlangen. Der Unterhaltsbedürftige muß die Voraussetzungen eines solchen Ausnahmetatbestandes darlegen und nachweisen.

Anschlußunterhalt ist allerdings nur geschuldet, wenn die einzelnen Unterhaltsansprüche (Anschlußfälle) ohne zeitliche Lücke an einen im Zeitpunkt der Scheidung bestehenden Unterhaltsanspruch anschließen. Fehlt ein solcher lückenloser Anschluß, erlischt der Unterhaltsanspruch (OLG Stuttgart, FamRZ 82/1015 und FamRZ 83/501).

Auch bei Anschlußunterhalt an einen Teilunterhalt kann nur in Höhe des Teilunterhalts weiterer Unterhalt verlangt werden (OLG Stuttgart, FamRZ 83/501 und OLG Bamberg, FamRZ 84/897).

Die Unterhaltstatbestände beschreiben jeweils Konstellationen unter denen es einem Ehegatten nicht möglich oder zumutbar ist, seinen Unterhalt selbst durch eigene Erwerbstätigkeit zu verdienen.

c) Nach BGH setzt der Scheidungsunterhaltsanspruch voraus, daß von dem Bedürftigen eine angemessene Erwerbstätigkeit aus den näher bestimmten Gründen nicht erwartet werden kann (§§ 1570 bis 1572, 1576 BGB), daß er eine angemessene Erwerbstätigkeit nicht zu finden vermag (§ 1573 BGB) oder daß er zu ihrer Erlangung einer Ausbildung bedarf (§ 1575 BGB). Der Ausnahmecharakter dieser Vorschriften wird auch durch die in ihnen enthaltenen zahlreichen ,,soweit und solange-Klauseln" unterstrichen. Unterhalt soll nach dem Willen des Gesetzgebers nur Hilfe zur Selbsthilfe sein. Unterhaltsleistungen enden mit der angestrebten Widereingliederung in das Erwerbsleben.

Die gesetzliche Regelung geht also davon aus, daß ein Geschiedener, bei dem keiner dieser Tatbestände vorliegt, für seinen Lebensunterhalt grundsätzlich selbst aufzukommen hat (BGH, FamRZ 80/981, 982 = NJW 80/2247, 2248 = B 145).

d) In der Praxis ist dieses Regel-Ausnahmeverhältnis allerdings meist umgekehrt, vor allem im Hinblick auf den Aufstockungsunterhalt nach § 1573/II BGB.

4. Keine Identität zwischen Trennungsunterhalt und Scheidungsunterhalt

a) Zwischen dem Unterhaltsanspruch getrennt lebender Ehegatten während bestehender Ehe und dem Unterhaltsanspruch geschiedener Ehegatten besteht keine Identität. Deshalb umfaßt ein Urteil über den Getrenntlebensunterhalt auch nicht den Unterhaltsanspruch nach der Scheidung. Ebensowenig kan der nacheheliche Unterhaltsanspruch im Weg einer Abänderung des Titels über den Trennungsunterhalt gemäß § 323 ZPO bemessen werden. Es ist eine neue Klage nötig. Dies gilt sowohl für den Elementar-, als auch für den Vorsorgeunterhalt (BGH, FamRZ 81/242, 243 = NJW 81/978, 979 = 146a; FamRZ

82/465, 466 = NJW 82/1875, 1876 = B 146b; FamRZ 81/441, 442 = NJW 81/1609 L = B 146c; FamRZ 84/148, 149 = NJW 84/291/292 = B 137c).

Dies gilt auch für die Zeit vor der Eherechtsreform (BGH, FamRZ 80/1099 = NJW 80/2811).

b) Der nacheheliche Unterhaltsanspruch entsteht erst mit Rechtskraft der Scheidung; vor erfolgter Scheidung kann er nur als Folgesache einer Scheidungssache nach Maßgabe des § 623 ZPO anhängig gemacht werden (BGH, FamRZ 81/242, 243 = NJW 81/978, 979 = B 146a).

c) Einheitlichkeit des Scheidungsunterhalts. Bei dem Anspruch auf nachehelichen Unterhalt gemäß §§ 1569ff. BGB handelt es sich um einen einheitlichen Anspruch, dessen Umfang sich stets nach den ehelichen Lebensverhältnissen richtet (§ 1578/I 1 BGB). Dies hat zur Folge, daß ein Urteil über den nachehelichen Unterhaltsanspruch diesen in dem ausgeurteilten Umfang insgesamt erfaßt, d.h. ohne Rücksicht darauf, welcher der Tatbestände der §§ 1570ff. BGB in Betracht kommt und vom Gericht geprüft worden ist (BGH, FamRZ 84/353, 354).

d) Eine einstweilige Anordnung über den Ehegattenunterhalt (§ 620 Ziff. 6 ZPO) gilt bis zum Wirksamwerden einer anderweitigen Regelung auch für den nachehelichen Unterhalt (§ 620f. ZPO). Sie beinhaltet insofern eine Ausnahme vom Grundsatz der Nichtidentität (BGH, FamRZ 83/355, 356).

5. F. W. in DAV zum nachehelichen Unterhalt allgemein

Nach wie vor ist es wichtig zu beachten, daß der nacheheliche Unterhaltsanspruch sich je nach dem Zeitpunkt und Inhalt des Scheidungsurteils nach unterschiedlichen Gesetzen richtet. Die §§ 58ff. EheG stehen weiterhin voll neben den §§ 1569ff. BGB n.F. Der maßgebliche Stichtag ist also der 1. 7. 77. Beide Gesetze (hier Schuldprinzip, dort Zerrüttungsprinzip) regeln beispielsweise den Rang der Unterhaltsberechtigten und die Verwirkung in sehr unterschiedlicher Weise. Das darf also nicht übersehen werden (F.W. in DAV 84/241).

Der BGH hat zur Auslegung der einzelnen Unterhaltstatbestände die Behauptung aufgestellt, daß diese „nicht generell dem Erfordernis eines kausalen Zusammenhanges zwischen Ehe und Bedürftigkeit unterliegen und nicht auf ehebedingte Bedürfnislagen beschränkt sind". Daß eine derartige Gesetzesauslegung eine Reform der Eherechtsreform herausfordert, dürfte auf der Hand liegen; die Ehe(-schließung) würde sonst zu einem nicht mehr steuerbaren Risiko. Andererseits hat der BGH aber immer wieder auf das Spannungsverhältnis zwischen nachehelicher, wirtschaftlicher Eigenverantwortlichkeit und nachehelicher Solidarität hingewiesen und dabei auch den unterhaltsrechtlichen Grundsatz der Gegenseitigkeit „Waffengleichheit" fruchtbar gemacht (F.W. in DAV 84/243, 244).

II. Unterhalt wegen Betreuung eines Kindes

1. Überblick

a) Nach § 1570 BGB besteht ein Unterhaltsanspruch, solange und soweit vom sorgeberechtigten Elternteil wegen der Pflege oder Erziehung eines gemeinschaftlichen Kindes eine Erwerbstätigkeit nicht erwartet werden kann. Nicht hierunter fällt die Betreuung nichtgemeinschaftlicher Kinder (2).

b) Die Notwendigkeit der Kindesbetreuung muß ursächlich für die fehlende Erwerbsmöglichkeit sein. Ab wann und in welchem Umfang eine Erwerbstätigkeit zugemutet werden kann, hängt vom Alter des Kindes, der Zahl der Kinder, vom erforderlichen Umfang der Betreuung sowie davon ab, ob das Kind anderweitig zuverlässig beaufsichtigt oder betreut wird (3 mit 6).

c) Wenn der Berechtigte eine zumutbare Erwerbstätigkeit nicht aufnimmt oder aufgibt, ist er insoweit nicht mehr bedürftig. Er muß sich im Umfang einer bestehenden Erwerbsobliegenheit ein hieraus erzielbares angemessenes Einkommen als fiktives Einkommen anrechnen lassen. Er hat alle ihm zumutbaren Anstrengungen zu unternehmen, um eine angemessene Arbeit oder Teilzeitbeschäftigung zu finden (7).

d) Einkünfte aus unzumutbarer Erwerbstätigkeit sind nach Maßgabe des § 1577/II anzurechnen (8).

e) Nachfolgend sind auch BGH-Entscheidungen zu § 1361 BGB zitiert, soweit sie die gleiche auch für § 1570 BGB maßgebliche Beurteilung der Erwerbsobliegenheit wegen Betreuung von Kindern betreffen.

2. BGH zur Notwendigkeit der Betreuung gemeinschaftlicher Kinder

Anders als bei § 1361/II BGB setzt § 1570 BGB voraus, daß ein gemeinschaftliches Kind betreut wird.

Gemeinschaftlich im Sinn dieser Bestimmung sind sowohl leibliche als auch adoptierte Kinder, weil diese durch die Adoption die Stellung eines gemeinschaftlichen ehelichen Kindes erlangt haben (§ 1754/I BGB).

Nicht gemeinschaftlich ist ein Pflegekind, auch wenn es von beiden Ehegatten gemeinsam aufgenommen worden ist. Insoweit kann evtl. ein Unterhaltsanspruch nach § 1570 BGB bestehen (BGH, FamRZ 84/361, 362 = NJW 84/1538, 1539 = B 147a).

Als gemeinschaftliches Kind gilt auch ein scheineheliches Kind, solange die Vaterschaft nicht rechtswirksam angefochten ist (BGH, FamRZ 85/51, 52 = NJW 85/428, 429 = B 147b).

Im Rahmen der §§ 58, 59 EheG konnte (wie bei § 1361/II BGB) auch die Betreuung nichtgemeinschaftlicher Kinder berücksichtigt werden (BGH, FamRZ 82/365, 367 = NJW 84/1050).

3. BGH zu den im Rahmen des § 1570 BGB zu berücksichtigenden Umständen

a) Die Frage, wann im Sinn des § 1570 BGB Erwerbstätigkeit erwartet werden kann, läßt sich nicht einheitlich beurteilen. Trotzdem ist diese Frage, inwieweit eine Erwerbsobliegenheit besteht, nach objektiven Kriterien zu entscheiden. Bei der hierzu vorzunehmenden Abwägung aller Umstände des Einzelfalls kommt es neben den persönlichen Verhältnissen des fordernden Ehegatten (§ 1574/II BGB) vor allem auch auf die Betreuungsbedürftigkeit des Kindes an (BGH, FamRZ 85/50, 51 = NJW 85/429, 430 = B 148c).

b) Zu den persönlichen Umständen des Unterhalt begehrenden Ehegatten zählen u. a.: Alter, Gesundheitszustand und Berufsvorbildung, Ausmaß der Arbeitsfähigkeit, Bestehen einer Erwerbsbehinderung infolge Krankheit, frühere berufliche Betätigung, wie lange nicht mehr in dem früheren Beruf gearbeitet worden ist, welche Wiedereingliederungsschwierigkeiten in das Berufsleben bestehen, Ehedauer, persönliche Schwierigkeiten mit der Erziehung der Kinder, wirtschaftliche Verhältnisse der Parteien (BGH, FamRZ 82/148, 149, 150 = NJW 82/326, 328 = B 148a, FamRZ 84/364, 365 = B 148b, FamRZ 81/17, 18 = NJW 81/448, 449 = B 140).

War die Berechtigte bis wenige Jahre vor der Ehe über längere Zeit stundenweise als Raumpflegerin tätig, ist nicht ohne weiteres ersichtlich, warum ihr eine solche Tätigkeit nicht auch künftig wieder zugemutet werden könnte, auch wenn diese frühere Tätigkeit schon lange zurückliegt (BGH, FamRZ 79/571, 573 = NJW 79/1452, 1453 = B 141b).

c) Umstände, die sich aus der Person des oder der zu betreuenden Kinder ergeben: Anzahl der Kinder, persönliche Verhältnisse der Kinder, ob es sich um Problemkinder handelt, ob die Kinder zeitweise durch Besuch eines Kindergartens oder einer Schule oder eines Internats u. ä. keiner Betreuung oder Versorgung bedürfen, ob und in welchem Umfang die Kinder durch andere Personen ausreichend versorgt und betreut werden, Gesundheitszustand des Kindes, sein schulischer und sonstiger Entwicklungs-Zustand, sowie möglicherweise beim Kind aufgetretene Verhaltensstörungen (BGH, FamRZ 85/50, 51 = NJW 85/429, 430 = B 148c).

Zu berücksichtigen ist auch ein überdurchschnittlich hoher Betreuungsbedarf sog. Problemkinder (z. B. psychischer Labilität infolge Pubertät oder Scheidung) (BGH, FamRZ 84/769, 770 = NJW 84/2355, 2356 = B 148d).

4. Zur Berücksichtigung des Alters bei Kindern

a) Zur Erwerbsobliegenheit bei Betreuung eines Kindes unter 8 Jahren. Eine Ehefrau braucht sich im Regelfall dann nicht auf eine eigene Erwerbstätigkeit verweisen zu lassen, wenn sie ein Kleinkind, ein noch nicht schulpflichtiges Kind oder ein Kind unter 8 Jahren betreut. Dem liegt die Erfahrung zugrunde, daß auch ein schulpflichtiges Kind zunächst noch einer verstärkten Beaufsichtigung und Fürsorge bedarf, die nicht auf bestimmte Zeitabschnitte eines Tages beschränkt ist. Die gesunde Entwicklung eines Kindes in dieser Altersstufe (= unter 8 Jahren) erfordert es in der Regel, daß sich ein Elternteil ihm noch jederzeit widmen kann, was einem Erwerbstätigen etwa bei ausfallenden Schulstunden oder Krankheit nicht möglich wäre. Durch den Besuch eines Kindergartens ist dem betreuenden Elternteil regelmäßig noch keine Erwerbstätigkeit möglich (BGH, FamRZ 83/456, 458 = NJW 83/1427, 1428, 1429 = B 99a; FamRZ 81/1159, 1160 = NJW 81/2804, 2805 = B 136a; FamRZ 84/356, 357 = NJW 84/1537, 1538 = B 136d; FamRZ 83/996, 997 = NJW 83/2243, 2244 = B 148e).

Nach OLG München besteht keine Erwerbsobliegenheit bis bei einem oder zwei Kindern das jüngste Kind in die 3. Grundschulklasse kommt (M.R. 3.2.).

Nach OLG Köln kann bei einem Kind unter 8 Jahren der volle Unterhalt wegen Kindesbetreuung verlangt werden (K.L. 7.3.).

Nach OLG Bremen kommt eine Obliegenheit zur Aufnahme einer Teilzeitbeschäftigung in der Regel erst nach Vollendung des 11. Lebensjahres des Kindes in Betracht (B.L. B 6a).

Nach OLG Frankfurt ist die Mutter eines einzigen Kindes nach dem 4. Grundschuljahr in der Regel eine Halbtagsbeschäftigung zumutbar (F. W. in DAV 84/244).

b) Zur Erwerbsobliegenheit bei Betreuung eines Kindes zwischen 8 und 15 Jahren. Einer Ehefrau, die ein 11- bis 15jähriges Kind zu betreuen hat, ist eine Teilzeitbeschäftigung zumutbar, vor allem in den Vormittagsstunden, wenn das Kind die Schule besucht. Die Mutter ist durch den Schulbesuch und das Alter des Kindes in zeitlicher Hinsicht nicht mehr so gebunden, daß sie an der Übernahme einer Teilzeitbeschäftigung – die nicht den Umfang einer Halbtagsbeschäftigung erreichen muß – gehindert wäre, vor allem auch deshalb, weil das Kind während der Zeit des Schulbesuchs keiner Versorgung bedarf (BGH, FamRZ 81/17, 18 = NJW 81/448, 449 = B 142a und B 140; FamRZ 79/571, 572 = NJW 79/1452, 1453 = B 141b; FamRZ 80/40, 42 = NJW 80/124, 126 = B 149a; FamRZ 80/771, 772 = NJW 80/2081, 2082 = B 149b; FamRZ 81/752, 754 = NJW 81/1782, 1783 = B 141d; FamRZ 81/1159, 1160 = NJW 817/2804, 2805 = B 136a; FamRZ 81/541, 543 = NJW 81/2462, 2464 = B 149c; FamRZ 83/146, 147 = NJW 83/933, 934 = B 136b; FamRZ 84/358, 359; FamRZ 84/374, 375 = NJW 84/1458, 1460 = B 149d; FamRZ 84/769, 770 = NJW 84/2355, 2356 = B 148d).

Nach OLG München besteht ab Beginn der 3. Grundschulklasse bis zum Beginn des 15. Lebensjahres des jüngsten Kindes für den sorgeberechtigten Elternteil in der Regel eine Verpflichtung zur Halbtagsbeschäftigung (M.R. 3.2.).

Nach OLG Köln wohl bei einem Kind ab 8 Jahren. (K.L. 7.3.).

Nach OLG Bremen kommt eine Obliegenheit zur Aufnahme einer Teilzeitbeschäftigung in der Regel nach Vollendung des 11. Lebensjahres in Betracht (B.L. B 6a).

Nach OLG Celle kann im allgemeinen davon ausgegangen werden, daß ab Beendigung der Grundschule bis zur Volljährigkeit eine Teilzeitbeschäftigung in Betracht kommt (C. L. III. 4.).

Nach OLG Frankfurt ist der Mutter eines einzigen Kindes in der Regel nach dem 4. Grundschuljahr eine Halbtagsbeschäftigung zumutbar (F.W. in DAV 84/244).

c) Zur Erwerbsobliegenheit bei Betreuung eines Kindes ab etwa 15 Jahren. Der Jugendliche kann in diesem Alter für seine Pflege bereits weitgehend selbst sorgen. Eine größere Selbständigkeit ist für seine Entwicklung förderlich. Ein Kind im Alter von 15 bis 16 Jahren ermöglicht es in aller Regel dem betreuenden Elternteil, eine volle Beschäftigung aufzunehmen. Wenn in diesem Alter eine Halbtagstätigkeit zur Ganztagstätigkeit ausgeweitet wird, ist dies keine Aufnahme einer unzumutbaren Tätigkeit (BGH, FamRZ 84/149, 150 = NJW 84/292, 293 = B 137d).

Sind die Kinder im Zeitpunkt der Scheidung nahezu 15 und 16½ Jahre alt, ist die Fortsetzung einer bereits jahrelang ausgeübten vollen Berufstätigkeit weiterhin zumutbar (BGH, FamRZ 84/151, 153, 154 = NJW 84/294, 296 = B 142b).

Nach allgemeinen Grundsätzen steht die Betreuung einer 17jährigen Tochter einer vollen Erwerbstätigkeit nicht mehr entgegen (BGH, FamRZ 85/161 = NJW 85/1026, 1027 = B 149e).

Das Heranwachsen eines Kindes in das Alter von etwa 16 Jahren eröffnet dem betreuenden Elternteil in aller Regel die Möglichkeit, eine Vollzeitbeschäftigung aufzunehmen. Im rahmen der Prüfung der Voraussetzungen des § 1570 BGB kann deshalb nach Heranwachsen des Kindes in diese Altersstufe im allgemeinen davon ausgegangen werden, daß ein weiterer Aufschub der Aufnahme einer vollen Erwerbstätigkeit durch den betreuenden Elternteil nur gerechtfertigt ist, wenn besondere Gründe vorliegen. Im Prozeß hat derjenige, der eine Ausnahme von dieser auf der Lebenserfahrung beruhenden Regel für sich in Anspruch nimmt, die hier erforderlichen Voraussetzungen darzulegen und notfalls zu beweisen (BGH, FamRZ 85/50, 51 = NJW 85/429, 430 = B 148c).

Nach OLG München beginnt in der Regel ab Beginn des 15. Lebensjahres des jüngsten Kindes für den Sorgeberechtigten eine Verpflichtung zur Ganztagstätigkeit. Von einer solchen Regelzeit kann im Einzelfall bei Vorliegen besonderer Umstände abgewichen werden, vor allem bei mehreren Kindern (M.R. 3.2.).

5. Zur Erwerbsobliegenheit bei Betreuung mehrerer Kinder

Bei der Beurteilung der Erwerbsobliegenheit einer Mutter, die zwei Kinder im Alter von 11 oder 12 Jahren (oder mehr Kinder) zu betreuen hat, ist zu berücksichtigen, daß jedes Kind für seine Versorgung mit Nahrung und Kleidung, für Körper- und Gesundheitspflege, für Aufsicht und Anleitung, etwa zur Förderung seines schulischen Fortkommens, ein durch seine besonderen Bedürfnisse bestimmtes Maß an Arbeitsleistung der betreuenden Person bedarf. Der Arbeitsaufwand nimmt mit der Zahl der Kinder unvermeidbar zu. Außerdem bedarf es zum Gedeihen der Kinder einer auf ihre Eigenart eingehenden persönlichen und ungeteilten Zuwendung. Wer mehr als ein Kind betreut, dem kann grundsätzlich eine eigene Erwerbstätigkeit nur in geringerem Maße zugemutet werden, als wenn er nur ein Kind zu betreuen hat (BGH, FamRZ 82/148, 149, 150 = NJW 82/326, 328 = B 148a).

Bei einem 11jährigen Kind oder bei zwei schulpflichtigen Kindern scheidet eine Teilzeitbeschäftigung nicht von vornherein aus. Zu prüfen ist, ob eine stundenweise Beschäftigung zugemutet werden kann (BGH, FamRZ 82/23, 24 = NJW 82/232, 233 = B 142c; FamRZ 79/571, 573 = NJW 79/1452, 1453 = B 141b).

Eine Vollzeittätigkeit ist nicht zuzumuten bei drei minderjährigen Kindern von 9 und 17 (Zwillinge) Jahren. Im allgemeinen wird die Erziehung und Pflege eines Kindes dieses Alters (9 Jahren) eine jedenfalls ganztägige Erwerbstätigkeit der Mutter als unzumutbar erscheinen lassen (BGH, FamRZ 84/364, 365 = B 148b).

Nach OLG München kann von den Regelzeiten im Einzelfall bei Vorliegen besonderer Umstände abgewichen werden, vor allem bei mehreren Kindern (M.R. 3.2.).

Nach OLG Köln besteht keine Erwerbspflicht bei mehreren Kindern unter 14 Jahren (K.L. 7.3.).

6. Zur Erwerbsobliegenheit bei Fortsetzung einer bereits während der Ehe trotz Betreuung von Kindern ausgeübten Tätigkeit

a) Die Zumutbarkeit der Fortsetzung einer bereits während der Ehe ausgeübten Tätigkeit ist zu bejahen, wenn sie lediglich im gleichen Umfang fortgeführt wird. Die freiwillige Ausübung einer Berufstätigkeit kann ein bedeutsames Indiz für die vorhandene tatsächliche Arbeitsfähigkeit und Arbeitsmöglichkeit sein (BGH, FamRZ 81/1159, 1160 = NJW 81/2804, 2805 = B 136a; FamRZ 83/146, 147 = NJW 83/933, 934 = B 136b; FamRZ 79/210, 211 = B 81c; FamRZ 80/40, 43 = NJW 80/124, 126).

b) Ein Lehrer, der seine (12½jährige) Tochter in seinen Haushalt aufnimmt und betreut, ist nicht berechtigt, seine Lehrtätigkeit auf praktisch die Hälfte der Stunden einzuschränken. Als Lehrer hat er gegenüber anderen Berufen Vorteile in der Einteilung der Arbeitszeit und hinsichtlich der Anwesenheit im Haus. Da er wiederverheiratet ist, wird er auch im Haushalt teilweise entlastet. Deshalb muß er alle ihm möglichen und zumutbaren

Anstrengungen unternehmen, um seinen Unterhaltspflichten gegenüber drei weiteren, noch jüngeren, bei der Mutter lebenden Kindern nachkommen zu können. Er darf sich nicht zu Lasten der barunterhaltsberechtigten Kinder auf die Bevorzugung der betreuungsberechtigten Tochter konzentrieren (BGH, FamRZ 374, 375 = NJW 84/1458, 1460 = B 149d und B 74a).

c) In einer weiteren Entscheidung hat es der BGH offengelassen, ob der Unterhaltsverpflichtete im Hinblick auf die Betreuung von zwei ehelichen Kindern im Alter von 13 und 14 Jahren seine Ganztagstätigkeit hätte einschränken dürfen (BGH, FamRZ 82/779, 780 = NJW 82/2664, 2665).

7. Zur Anrechnung von fiktiven Einkünften, wenn der Berechtigte trotz Bestehens einer Erwerbsobliegenheit nicht arbeitet

a) Eine Erwerbsobliegenheit besteht trotz Kindesbetreuung auch bei Übernahme der Hausmanns- oder Hausfrauenrolle in einer neuen Ehe, und zwar auch in bezug auf einen geschiedenen Ehegatten, da dieser minderjährigen Kindern im Range gleichsteht. Genaueres dazu, wie zu einschlägigen BGH-Entscheidungen Seite 79ff., 151f.

b) Bei eheähnlichem Zusammenleben des bedürftigen Ehegatten mit einem neuen Partner muß sich der Bedürftige im Rahmen der Bedürftigkeitsprüfung den wirklichen Wert seiner gegenüber dem neuen Partner erbrachten Versorgungsleistungen analog § 850h ZPO anrechnen lassen. Erbringt er seine Leistungen unentgeltlich oder nur gegen geringe Vergütung, ist grundsätzlich eine angemessene Vergütung anzurechnen. Die Höhe des anzurechnenden Betrags ist zu ermitteln, wobei Richtsätze, die auf die gegebenen Verhältnisse abgestimmt sind und der Lebenserfahrung entsprechen, als Anhalt dienen, soweit nicht besondere Umstände eine Abweichung bedingen. Genaueres dazu mit Entscheidungshinweisen siehe Seite 72ff. und Seite 84f.

c) Genaueres zur Anrechnung von fiktivem Einkommen siehe Seite 81 ff.

8. Zur Anrechnung von Einkünften aus unzumutbarer Erwerbstätigkeit

Nimmt der Berechtigte eine Erwerbstätigkeit auf oder weitet er eine solche aus, obwohl er dazu wegen der Betreuung von Kindern nicht verpflichtet wäre, sind ihm entsprechende Einkünfte nur nach Maßgabe des § 1577/II BGB zuzurechnen. Genaueres dazu siehe Seite 86ff. sowie die dort zitierten BGH-Entscheidungen und Leitlinien der Oberlandesgerichte.

9. Zur vergleichsweisen Regelung einer Erwerbsobliegenheit

In einem Vergleich kann die Erwerbsobliegenheit abweichend von den in 1 mit 8 erörterten Grundsätzen geregelt werden (BGH, FamRZ 85/161 = NJW 85/1026, 1027 = B 149e).

10. Leitlinien zur Erwerbsobliegenheit bei Betreuung von Kindern

a) OLG München. Unterhalt wegen Betreuung eines Kindes. Eine Arbeitspflicht des Sorgeberechtigten besteht nicht, bis bei ein oder zwei Kindern das jüngste Kind in die 3. Grundschulklasse kommt. Ab Beginn der 3. Grundschulklasse bis zum Beginn des 15. Lebensjahres des jüngsten Kindes besteht für den Sorgeberechtigten in der Regel eine Verpflichtung zur Halbtagsbeschäftigung. Ab Beginn des 15. Lebensjahres des jüngsten Kindes besteht für den Sorgeberechtigten in der Regel eine Verpflichtung zur Ganztagsbeschäftigung. Von diesen Regelzeiten kann im Einzelfall bei Vorliegen besonderer Umstände abgewichen werden, vor allem bei mehreren Kindern (= M.R. 3.2.).

b) OLG Hamm. Betreut ein Ehegatte ein minderjähriges Kind, so bestimmt sich seine Verpflichtung zur Erwerbstätigkeit nach den Umständen des Einzelfalles.

Geht ein Ehegatte, der ein minderjähriges Kind betreut, einer Erwerbstätigkeit nach, so kann ihm für die Leistung des Naturalunterhalts des Kindes ein angemessener Betrag anrechnungsfrei gelassen werden, dessen Höhe sich nach den Umständen des Einzelfalles bemißt (H.L. 3.1).

c) OLG Köln. Voller Unterhalt wegen Kindesbetreuung (§ 1570 BGB) kann in der Regel jedenfalls verlangt werden bei einem Kind unter 8 Jahren und mehreren Kindern unter 14 Jahren (K.L. 7.3.).

d) OLG Bremen. Betreut ein Ehegatte ein minderjähriges Kind, so bestimmt sich seine Erwerbsverpflichtung nach den Umständen des Einzelfalls. Ist nur ein Kind zu betreuen, kommt eine Obliegenheit zur Aufnahme einer Teilzeitbeschäftigung in der Regel nach Vollendung des 11. Lebensjahres des Kindes in Betracht.

Betreut ein voll erwerbstätiger Elternteil ein minderjähriges Kind in seinem Haushalt, obgleich er in diesem Umfang wegen des Alters des Kindes nicht erwerbspflichtig wäre, können die dadurch entstehenden Mehrbelastungen im Wege der Schätzung nach § 287 ZPO bis zur Höhe des halben Barunterhaltssatzes des Kindes vorweg vom Einkommen abgezogen werden (B.L. B 6a und 6b).

e) OLG Celle. Betreut ein Ehegatte minderjährige Kinder, so richtet sich die Zumutbarkeit seiner eigenen Erwerbstätigkeit nach den Umständen des Einzelfalles. Dabei ist insbesondere auf die Zahl der Kinder und deren Alter, auf etwaige Schulprobleme sowie auf andere Betreuungsmöglichkeiten abzustellen.

Im allgemeinen kann davon ausgegangen werden, daß eine Erwerbstätigkeit nicht zumutbar ist, solange ein Kind noch die Grundschule besucht, und daß danach bis zur Volljährigkeit, jedenfalls soweit nur ein Kind zu betreuen ist, eine Teilzeitbeschäftigung in Betracht kommt (C.L. III 4).

f) OLG Frankfurt. Unter den einzelnen Unterhaltstatbeständen spielt der § 1570 BGB, d.h. der eigene sog. Betreuungsunterhaltsanspruch des sorgeberechtigten Elternteils die große Rolle. Die Hauptfrage ist, ab wann einem Ehegatten eine Erwerbstätigkeit im Falle der Kindererziehung zugemutet werden kann. Die früher gehandhabten festen Altersstufen sind jetzt – leider – nicht mehr anwendbar. Nach Ansicht des BGH kommt es nämlich auf die ganz konkreten Umstände des Einzelfalles an, wobei sich natürlich im Lauf der Zeit bestimmte Erfahrungswerte herausschälen.

Nach dem 4. (Grund)Schuljahr ist der Mutter eines einzigen Kindes in der Regel eine Halbtagsbeschäftigung zumutbar. Es liegt also an den Parteien, hierzu – mehr als bisher – Konkretes vorzutragen. Wer glaubt, einem sorgeberechtigten Elternteil gleichwohl eine höhere Arbeitsverpflichtung zumuten zu können, trägt dafür die volle Darlegungslast.

Steht beiden Ehegatten ein Unterhaltsanspruch aus § 1570 BGB gegen den jeweils anderen zu, so besteht per Saldo nur ein einziger Anspruch gegen den Mehrverdienenden (F.W. in DAV 84/244).

III. Unterhalt wegen Alters (§ 1571 BGB)

1. Überblick

a) Anspruchsvoraussetzung ist allein, daß von dem bedürftigen Gatten wegen seines Alters eine angemessene Erwerbstätigkeit im Sinn von § 1574 BGB nicht mehr erwartet werden kann. Der Berechtigte muß nicht während der Ehe alt geworden sein. Der Unterhaltsanspruch wegen Alters muß nicht ehebedingt sein. Wichtig sind allerdings die Einsatzzeitpunkte gemäß § 1571 Ziff. 1 mit 3 BGB. Zu diesen Zeitpunkten muß das ,,Alter" bereits erreicht sein. Ob wegen Alters eine Erwerbstätigkeit ganz oder teilweise nicht erwartet werden kann, hängt von vielen Umständen ab, insbesondere vom Gesundheitszustand, den ehelichen Verhältnissen, der Ehedauer und der Art der Erwerbstätigkeit, die angemessen wäre. Regelmäßig ist dies mit Erreichen des Rentenalters der Fall, aber es kann auch schon vorher bejaht werden. War vor Erreichung des Alters eine teilweise Berufstätigkeit (trotz Kindererziehung oder Krankheit) zumutbar, so besteht der sich daran anschließende Unterhaltsanspruch auch nur in Höhe dieses Restteils (2).

b) Anspruchsbeschränkungen können sich aus §§ 1574/II und 1579/I BGB ergeben (3).

2. Der Anspruch auf Altersunterhalt muß nicht ehebedingt sein

Eine Unterhaltspflicht nach § 1571 BGB besteht auch, wenn der bedürftige Ehegatte nicht während der Ehezeit alt geworden ist sondern bereits im Zeitpunkt der Eheschließung wegen Alters keiner Erwerbstätigkeit mehr nachgehen konnte (BGH, FamRZ 81/1163, 1164, 1165 = NJW 82/40, 41 = B 144b und B 151a; FamRZ 83/150, 151 = NJW 83/683 = B 150b; FamRZ 82/144, 145, 146 = B 150c).

§ 1571 Nr. 1 BGB enthält keine Einschränkung des altersbedingten Unterhaltsanspruchs in dem Sinn, daß der wegen Alters nicht mehr erwerbsfähige Ehegatte zusätzlich aus ehebedingten Gründen unterhaltsbedürftig geworden sein müßte, etwa weil er im Hinblick auf die Gestaltung der ehelichen Lebensverhältnisse nicht für eine Alterssicherung sorgen konnte. Ausschlaggebend ist allein, daß von dem bedürftigen Gatten wegen seines Alters eine Erwerbstätigkeit nicht mehr erwartet werden kann. Insoweit wirkt der

Grundsatz der Mitverantwortung über den Zeitpunkt der Scheidung hinaus fort. Diese Mitverantwortung ist aber eine Folge der Eheschließung und des ehelichen Zusammenlebens und sie ist unabhängig von dem Alter, in dem die Ehe geschlossen wurde (BGH, FamRZ 82/28, 29, 30 = NJW 82/929, 930 = B 150a; FamRZ 81/1163, 1164, 1165 = NJW 82/40, 41 = B 144b und B 151a; FamRZ 83/150, 151 = NJW 83/683 = B 150b).

3. Anspruchsbeschränkungen

Als Korrektiv eines Anspruchs nach § 1571 Nr. 1 BGB kann in den Fällen, in denen eine in höherem Alter geschlossene Ehe nicht lange bestanden hat und die Ehegatten sich deshalb in ihren beiderseitigen persönlichen und wirtschaftlichen Lebensverhältnissen nicht nachhaltig auf eine gemeinschaftliche Lebensführung eingestellt haben, die Regelung des § 1579 Abs. 1 Nr. 1 BGB eingreifen (BGH, FamRZ 82/28, 30 = NJW 82/929, 930 = B 150a).

Ob eine Erwerbstätigkeit erwartet werden kann, hängt auch davon ab, welche Art von entgeltlicher Beschäftigung in Betracht zu ziehen ist. Insoweit bestimmt § 1574 Abs. 1 BGB, daß diese eine angemessene Erwerbstätigkeit im Sinn von § 1574 Abs. 2 BGB sein muß (BGH, FamRZ 83/144, 145, 146 = B 150c).

Genaueres zur angemessenen Erwerbstätigkeit im Sinn von § 1574 BGB siehe Seite 200ff.

IV. Unterhalt wegen Krankheit oder Gebrechen (§ 1572 BGB)

1. Überblick

a) Der Anspruch besteht, solange und soweit wegen Krankheit oder Gebrechen eine angemessene volle oder teilweise Erwerbstätigkeit im Sinn von § 1574 BGB nicht erwartet werden kann. Die Erkrankung muß nicht ehebedingt sein. Sie kann auch schon vor Eheschließung bestanden haben. Der Pflichtige muß sie bei Eheschließung nicht gekannt haben. Erforderlich ist aber, daß sie entweder zum Zeitpunkt der Scheidung, nach Beendigung der Kindererziehung, nach einer Ausbildung oder nach einer Zeit der Arbeitslosigkeit bestanden hat. War es dem Ehegatten bereits gelungen, für seinen Anspruch ganz oder teilweise selbst aufzukommen und war aus diesem Grund zuvor die Unterhaltspflicht ganz oder teilweise entfallen, so kann wegen einer danach auftretenden Krankheit kein Unterhalt (mehr) verlangt werden (2).

b) Krankheit kann auch Drogen- und Alkoholabhängigkeit sein. Die Bedürftigkeit kann allerdings entfallen, wenn sich der Kranke in Kenntnis der Unterhaltsfolgen leichtfertig einer Behandlung (Entziehungskur) entzieht. Die Krankheit muß vom Bedürftigen nachgewiesen werden. Die reine Behauptung genügt nicht (3).

c) Anspruchsbeschränkungen können sich aus §§ 1574/II und 1579/I BGB ergeben (4).

2. Die Krankheit muß nicht ehebedingt sein

Die Unterhaltspflicht wegen Krankheit ist nicht davon abhängig, daß die Erkrankung des bedürftigen Ehegatten ehebedingt ist. Die von § 1572 BGB erfaßte Bedürftigkeitslage kann auch auf einer bereits vor der Ehe ausgebrochenen und im Zeitpunkt der Scheidung noch bestehenden Erkrankung beruhen. Der Anspruch kann auch nicht davon abhängig gemacht werden, ob der pflichtige Gatte im Zeitpunkt der Eheschließung bereits von der Erkrankung gewußt hat (BGH, FamRZ 81/1163, 1164, 1165 = NJW 82/40, 41 = B 151a).

3. BGH zur Krankheit und zum Krankheitsnachweis

a) Krankheitsunterhalt kann auch insoweit verlangt werden, als aus gesundheitlichen Gründen eine Teilzeitbeschäftigung nicht auf eine Vollzeitbeschäftigung ausgeweitet werden kann (BGH, FamRZ 85/50, 51 = NJW 85/429, 430 = B 151b).

Eine krankheitsbedingte Erwerbsunfähigkeit liegt nicht schon vor bei gewissen verbreiteten körperlichen Abnutzungserscheinungen und Unpäßlichkeiten (BGH, FamRZ 84/353, 356 = B 151d).

Bei ,,Rentenneurosen" kann ein Anspruch entfallen, wenn sich der Betreffende in Kenntnis der Unterhaltsfolgen leichtfertig einer Behandlung entzieht (BGH, FamRZ 84/660, 661 = NJW 84/1816, 1817, 1818 = B 78; gleiches gilt bei Drogen- und Alkoholabhängigkeit sowie bei sonstigen Erkrankungen. Genaueres siehe Seite 250ff, 83f.

b) Ist ein in erster Instanz erholtes amtsärztliches Gutachten nicht für den gesamten, in Frage stehenden Zeitraum aussagekräftig und liegen auch die im Weg des Urkundenbeweises verwertbaren Bescheinigungen des behandelnden Arztes bereits längere Zeit zurück, so daß eine abschließende sichere Prognose nicht getroffen werden kann, muß auf Antrag ein Sachverständigengutachten darüber eingeholt werden, daß sich die Folgen einer Erkrankung nicht kurzfristig oder nachhaltig bessern ließen (BGH, FamRZ 82/779, 781 = NJW 82/2664, 2665 = B 151c).

4. Zu Anspruchsbeschränkungen

Der Unterhaltsanspruch nach § 1572 BGB besteht, wenn eine angemessene Erwerbstätigkeit im Sinn von § 1574/II BGB nicht erwartet werden kann (BGH, FamRZ 83/144, 145, 146 = B 150c; genaueres zu § 1574/II siehe Seite 200f.).

Eine Unterhaltsbeschränkung kann evtl. auch in Betracht kommen nach § 1579/I Nr. 4 BGB, wenn der Berechtigte bereits vor Eingehung der Ehe über gesicherte Kenntnisse hinsichtlich seiner Erkrankung verfügte und diese Umstände verschwiegen hat. Der BGH hat die Entscheidung dieser Frage ausdrücklich offengelassen (BGH, FamRZ 81/1163, 1165 = NJW 82/40, 41 = B 151a).

V. Der Erwerbslosigkeitsunterhalt (§ 1573/I BGB) und der Aufstockungsunterhalt (§ 1573/II BGB)

1. Überblick

a) Der Anspruch nach § 1573/I BGB besteht, soweit und solange nach der Scheidung keine angemessene Erwerbstätigkeit im Sinn von § 1574 BGB gefunden werden kann (§ 1573/I 1 BGB). Der Bedürftige muß nicht vor oder während der Ehe erwerbstätig gewesen sein oder ehebedingt eine Erwerbstätigkeit unterlassen haben. Es genügt, daß seine reine Bedürfnislage irgendwie mit der Ehe in Verbindung steht und daß er während der Ehe bis zur Scheidung nicht erwerbstätig war. Ein Anspruch besteht nicht mehr, wenn er sich nach der Scheidung nicht um eine angemessene Erwerbstätigkeit bemüht oder eine angemessene Stelle ausschlägt (2).

b) Der Anspruch besteht nicht mehr, wenn der Berechtigte irgendwann nach der Scheidung erwerbslos wird, nachdem sein Unterhalt bereits ganz oder teilweise durch Erwerbstätigkeit nachhaltig gesichert war (§ 1573/IV BGB). Wer allerdings seinen Arbeitsplatz nach kurzer Zeit wieder verliert, weil sich herausstellt, daß er den Anforderungen wegen Alters oder Krankheit nicht gewachsen ist oder wer nach Ablauf einer Probezeit nicht weiterbeschäftigt wird, behält den Anspruch. Der Pflichtige trägt nach § 1573 BGB ein Arbeitsplatzrisiko für den geschiedenen Partner (3).

c) Der Anspruch auf Aufstockungsunterhalt (§ 1573/II BGB) setzt vor, daß durch eine angemessene Tätigkeit der den ehelichen Lebensverhältnissen angemessene Unterhalt (§ 1578 BGB) nicht voll befriedigt wird. Im Gegensatz zum Erwerbslosigkeitsunterhalt gemäß § 1573/I BGB, mit dem der Aufstockungsunterhalt nach § 1573/II BGB an sich in keinem Zusammenhang steht, setzt dieser Anspruch voraus, daß der Unterhalt begehrende Ehegatte bereits eine angemessene Erwerbstätigkeit ausübt, deren Einkünfte jedoch zur Befriedigung seines nach § 1578 BGB angemessenen Unterhalts nicht ausreichen (4).

d) Der Höhe nach besteht der Anspruch im Unterschiedsbetrag zwischen den eigenen Einkünften und dem vollen Unterhalt, der nach § 1578 BGB bemessen wird. Der Unterschiedsbetrag muß nicht ehebedingt sein. Der Ausgleich erfolgt nach der Differenzmethode, wenn und soweit die ehelichen Lebensverhältnisse durch das beiderseitige Einkommen geprägt waren, im übrigen nach der Anrechnungsmethode. Bei diesem Anspruch handelt es sich um eine Lebensstandardsgarantie als Ausfluß nachwirkender ehelicher Mitverantwortung für die Zeit nach der Scheidung (5).

e) Nach dem bisherigen Referentenentwurf soll dem § 1573 BGB ein neuer Absatz V angefügt werden mit folgendem Text: ,,Die Unterhaltsansprüche nach Abs. I bis Abs. IV können zeitlich begrenzt werden, soweit dies insbesondere unter Berücksichtigung der Dauer der Ehe der Billigkeit entspricht".

Erläuterungen und kritische Stellungnahmen hierzu: Eyrich, FamRZ 84/941ff; Dieckmann, FamRZ 84/946ff; Bosch, FamRZ 84/1165ff; Weychardt, DAV 84/839ff; Hahne, FamRZ 85/113ff.

2. BGH zum Erwerbslosigkeitsunterhalt

a) Nach § 1573/I BGB kann ein geschiedener Ehegatte, wenn er keinen Anspruch nach §§ 1570, 1572 BGB hat, Unterhalt verlangen, solange und soweit er nach Scheidung keine angemessene Erwerbstätigkeit zu finden vermag. § 1573/I BGB setzt nicht voraus, daß der Anspruchsteller unmittelbar vor oder während der Ehe erwerbstätig war. Unerheblich ist auch, ob er gerade wegen der Ehe keiner Erwerbstätigkeit nachgegangen ist. Es genügt, daß er während der Ehe bis zur Scheidung nicht erwerbstätig war. Eine ehebedingte Unterlassung der Erwerbstätigkeit im Sinne eines Kausalzusammenhangs mit der Ehe ist nicht erforderlich. Zur Begründung einer ehebedingten Mitverantwortung genügt es, wenn die Bedürfnislage irgendwie mit der Ehe in Verbindung steht (BGH, FamRZ 80, 126, 127 = NJW 80/393, 394 = B 152a).

b) Nach §§ 1573/I i.V. 1574/III kann Erwerbslosenunterhalt auch dann verlangt werden, wenn und solange sich der Berechtigte mit Aussicht auf einen erfolgreichen Abschluß fortbilden oder umschulen läßt, sofern dies zur Aufnahme einer angemessenen Erwerbstätigkeit erforderlich ist (BGH, FamRZ 84/561, 562 = NJW 84/1685, 1686 = B 152b).

c) Die Erwerbstätigkeit im Sinn von § 1571/I BGB muß angemessen sein im Sinn von § 1574/II BGB (BGH, FamRZ 83/144, 145, 146 = B 150c). Entscheidend ist, ob eine Erwerbstätigkeit nach dem Maßstab, nach dem die eheliche Lebensgemeinschaft in die soziale Umwelt gemäß interner Aufgabenverteilung eingeordnet war, derzeit angemessen ist. Der BGH hat einen Unterhaltsanspruch des Mannes nach § 1573/I BGB bejaht in einem Fall, in dem der Mann nach interner Aufgabenverteilung in der Ehe einem Studium nachgegangen war, während die Frau (auch weiterhin) das Geld verdiente, bis zum Abschluß des Studiums (nach Scheidung) innerhalb zumutbarer Zeit (BGH, FamRZ 80/126, 127 = NJW 80/393, 394 = B 152a).

d) Bei der Beurteilung der Zumutbarkeit einer Erwerbstätigkeit im Sinn von § 1574/II BGB muß auf Ausbildung und Fähigkeiten des Ehegatten Rücksicht genommen werden. Eine optimale berufliche Erfüllung kann allerdings nicht verlangt werden (BGH, FamRZ 84/989, 990 = B 96c; FamRZ 85/782, 784, 785 = NJW 85/1695, 1698). Grundsätzlich ist jede anständige Tätigkeit, wenn sie nicht aus gesundheitlichen oder anderen faktischen Gründen ausscheidet, auch angemessen (vgl. dazu Bosch in FamRZ 84/1165, 1168).

e) Ein Anspruch nach § 1573/I BGB kann sich an einen Anspruch nach § 1572 BGB anschließen, wenn dessen Voraussetzungen entfallen sind (BGH, FamRZ 80/126, 127 = NJW 80/393, 394 = B 152a).

f) Eine Bedürftigkeit setzt erst ein, wenn der Ehegatte überhaupt keine angemessene Erwerbstätigkeit findet (§ 1573/I BGB). Wenn zwar der künftige Verlust des bisherigen Arbeitsplatzes feststeht, aber der genaue Zeitpunkt noch nicht bekannt ist, darf noch nicht ohne weiteres von einer Bedürftigkeit ausgegangen werden, weil nicht gleichzeitig feststeht, daß der Ehegatte keine neue Erwerbstätigkeit zu finden vermag. Der Unterhalt begehrende Ehegatte hat die Beweislast für die Voraussetzungen seines Unterhaltsanspruchs und damit auch für den Eintritt seiner Bedürftigkeit (BGH, FamRZ 84/989, 990 = B 96c).

3. BGH zur nachhaltigen Sicherung einer Erwerbstätigkeit nach § 1573/IV BGB

a) Der Anspruch nach § 1573/I BGB findet mit der Aufnahme von der (ersten) angemessenen, zur Deckung des Unterhalts ausreichenden Erwerbstätigkeit nach der Scheidung sein Ende. Er lebt nach § 1573/IV BGB wieder auf, wenn Einkünfte aus der angemessenen Erwerbstätigkeit wieder wegfallen, weil es dem Berechtigten trotz seiner Bemühungen nicht gelungen war, den Unterhalt nach der Scheidung nachhaltig zu sichern (BGH, FamRZ 85/791, 792 = NJW 85/1699, 1670 = B 152d).

b) Maßgeblich für die Beurteilung, ob eine Erwerbstätigkeit im Sinn von § 1573/IV BGB nachhaltig gesichert ist, ist in Fällen vor der Scheidung begonnener Erwerbstätigkeit als frühest möglicher Zeitpunkt der der Scheidung. Ein Unterhaltsanspruch besteht, wenn im Zeitpunkt der Scheidung eine Erwerbslosigkeit vorliegt oder wenn sie zwar erst nach der Scheidung eintritt, aber im Scheidungszeitpunkt bereits wahrscheinlich oder sogar voraussehbar war. Deshalb ist in Fällen vor der Scheidung begonnener Erwerbstätigkeit als frühestmöglicher Zeitpunkt der Zeitpunkt der Scheidung maßgeblich. Dabei ist nach § 1573/IV BGB auf die nachhaltige Sicherung des Unterhalts, nicht auf die nachhaltige Sicherung eines bestimmten Arbeitsplatzes abzustellen (BGH, FamRZ 85/53, 54, 55 = NJW 85/430, 431, 432 = B 152c).

c) Der maßgebliche Zeitpunkt muß notwendigerweise später liegen, wenn bei Scheidung die erstrebte Erwerbstätigkeit noch nicht begonnen hatte und der Zeitpunkt ihrer Aufnahme noch nicht abzusehen war. Der BGH hat noch keine abschließende Entscheidung darüber getroffen, ob die Streitfrage der nachhaltigen Sicherung nach einer vorausschauenden Prognose im Zeitpunkt der Aufnahme der Tätigkeit („ex ante") oder auf nachträglicher Prognose („ex post") zu entscheiden ist. Die Vertreter einer „ex ante"-Betrachtung gehen davon aus, daß die nachhaltige Sicherung des Unterhalts aufgrund einer objektiven Betrachtung unter Einschluß aller Umstände geboten ist, die schon zu Beginn der Erwerbstätigkeit bestanden haben, auch wenn sie erst später zutage getreten sind. Die Vertreter einer „ex post"-Prognose meinen, daß von einer Nachhaltigkeit erst gesprochen werden könne, wenn die Unterhaltssicherung für eine angemessene Zeit gelungen sei, so daß sich der andere Ehegatte auf eine Inanspruchnahme durch Unterhalt nicht mehr einzustellen brauchte. Wenn eine ca. 30jährige Lehrerin zwei Tage nach ihrem Dienstantritt wegen einer Nervenerkrankung dienstunfähig wird und ihre Dienstfähigkeit im Lauf von zwei Jahren auch nicht vorübergehend wieder hergestellt werden kann, so rechtfertigt dies nach beiden Ansichten die Verneinung einer nachhaltigen Sicherung, auch wenn sich vorher die Krankheitssymptome nicht gezeigt haben sollten (BGH, FamRZ 85/791, 792 = NJW 85/1699, 1670 = B 152d).

4. BGH zum Aufstockungsunterhalt

a) Der Aufstockungsunterhalt ist verfassungsgemäß (BVerfG, FamRZ 81/745, 750 = NJW 81/1771, 1773 = B 144a).

b) § 1573/II BGB sieht, anders als § 1573/I BGB, einen Anspruch auf ergänzenden Unterhalt gerade für den Fall vor, daß der geschiedene Ehegatte eine angemessene Erwerbstätigkeit ausübt. Dieser Anspruch auf ergänzenden Unterhalt besteht, wenn der Berechtigte zwar eine angemessene Tätigkeit ausübt, die daraus bezogenen Einkünfte aber zu seinem vollen Unterhalt im Sinn von § 1578 BGB nicht ausreichen. Er kann dann den Unterschiedsbetrag zwischen den Einkünften und dem vollen Unterhalt verlangen (BGH, FamRZ 82/892, 893 = NJW 82/2439, 2440 = B 153a; FamRZ 82/360, 361 = NJW 82/1869 = B 153b; FamRZ 81/241, 242 = NJW 81/753, 754 = B 153c; FamRZ 85/161, 163 = NJW 85/1026 = B 153d u. a.).

c) Der Grundsatz der wirtschaftlichen Eigenverantwortung geschiedener Ehegatten wird bei dem Anspruch auf ergänzenden Unterhalt nach § 1573/II BGB durch den Grundsatz der nachwirkenden Mitverantwortung der Ehegatten im wirtschaftlichen Bereich eingeschränkt (BGH, FamRZ 82/892, 893 = NJW 82/2439, 2440 = B 153a; FamRZ 81/745, 750 = NJW 81/1771, 1773 = B 144a; FamRZ 85/161, 163 = NJW 85/1026 = B 153d).

5. Zur Bemessung des Aufstockungsunterhalts

a) Nach § 1573/II BGB kann der Unterschiedsbetrag zwischen eigenen Einkünften und dem vollen Unterhalt verlangt werden, wenn die Einkünfte zum vollen Unterhalt nicht ausreichen. Das Maß des Unterhalts bestimmt sich nach § 1578/I BGB nach den ehelichen

Lebensverhältnissen, d. h. in der Regel bei beiderseitiger Erwerbstätigkeit nach dem Einkommen beider Ehegatten. Unterschiede im Einkommen führen nicht zu einer unterschiedlichen Beurteilung der ehelichen Lebensverhältnisse, denn es ist davon auszugehen, daß die von beiden voll erwerbstätigen Ehegatten erzielten Einkünfte ihnen gleichmäßig zugute kommen, soweit nicht jedem von ihnen für erhöhte berufsbedingte Aufwendungen ein Anteil seines Einkommens vorab allein zugerechnet wird (BGH, FamRZ 82/575, 576 = NJW 82/2063 = B 153e).

b) Bei der Bemessung des Aufstockungsunterhalts ist davon auszugehen, daß beide Ehegatten grundsätzlich in gleicher Weise am ehelichen Lebensstandard teilnehmen. Diesem Grundsatz wird eine Rechtsprechung nicht gerecht, die bei einer Doppelverdienerehe dem weniger verdienenden Ehegatten eine Beteiligung am Mehreinkommen des anderen schlechthin verweigert. In einem solchen Fall führt in der Regel die Differenzmethode zu angemessenen Ergebnissen (BGH, FamRZ 82/892, 893 = NJW 82/2439, 2440 = B 153a).

c) Genaueres zur Unterhaltsbemessung nach den ehelichen Lebensverhältnissen, vor allem, wenn sich die Einkommensverhältnisse zwischen Trennung und Scheidung ändern, sieht III 3 Seite 202ff.

Genaueres zur Anwendung der Differenzmethode und der Anrechnungsmethode siehe Seite 225ff.

d) Die Anspruchsvoraussetzungen des Aufstockungsunterhalts müssen bereits im Zeitpunkt der Scheidung vorliegen, was der BGH damit begründet, daß § 1573/II BGB in bestimmten Sonderfällen, in denen der ,,Einsatzzeitpunkt" später als die Scheidung sein kann, entsprechend anzuwenden ist (BGH, FamRZ 83/886 = NJW 83/2321 = B 153f).

6. F.W. zum Unterhalt bei Arbeitslosigkeit

Weiterhin ist der Anspruch auf Ehegattenunterhalt wegen Arbeitslosigkeit und/oder Krankheit zu erwähnen. Das Problem stellt sich insbesondere für die Frau, die nach der Volljährigkeit der von ihr betreuten Kinder an sich zur vollen Arbeitsaufnahme verpflichtet ist. Hier genügt es nicht, sich lediglich beim Arbeitsamt zu melden. Es müssen vielmehr ganz konkrete Anstrengungen unternommen werden wie z. B. Melden auf Annoncen, Aufgabe eigener Anzeigen etc., Teilnahme an Umschulungskursen etc. Wer dieser Verpflichtung nicht nachkommt, dem wird entsprechend der beruflichen Ausbildung und der Arbeitsmarktsituation ein entsprechend erzielbares Einkommen fiktiv unterstellt. Andererseits ist aber einem älteren Ehegatten, der einen kündigungssicheren Halbtagsarbeitsplatz hat, bei der heutigen Arbeitsplatzmarktsituation nicht zuzumuten, diesen gegen eine Ganztagsbeschäftigung einzutauschen (F.W. in DAV 84/244).

VI. Der Ausbildungsunterhalt (§ 1575 BGB)

1. Überblick

Im Bereich des Scheidungsunterhalts dient die weitere Ausbildung der eigenverantwortlichen Lebensführung der geschiedenen Eheleute. Die Berufsausbildung soll den geschiedenen Ehegatten befähigen auf Dauer eine angemessene Erwerbstätigkeit auszuüben, damit die unterhaltsrechtlichen Beziehungen zwischen den ehemaligen Lebenspartnern endgültig gelöst werden können (BGH, FamRZ 85/353, 354 = NJW 85/803, 804 = B 134b).

a) Nach § 1575/I BGB kann Unterhalt zum Zweck einer Ausbildung, Fortbildung oder Umschuldung verlangt werden, wenn ein Ehegatte in Erwartung der Ehe oder während der Ehe eine Schul- oder Berufsausbildung nicht aufgenommen oder abgebrochen hat. Ein Abbruch während der Ehe muß nicht wegen der Ehe erfolgt sein. Die Ausbildung muß sobald wie möglich nach der Scheidung aufgenommen werden, um eine angemessene Erwerbstätigkeit, die den Unterhalt nachhaltig sichert, zu erlangen. Der Anspruch besteht nur für die normale Dauer einer solchen Ausbildung, wobei allerdings ehebedingte Verzögerungen zu berücksichtigen sind. Er umfaßt Unterhalt und Ausbildungskosten (2).

b) Ein solcher Ausbildungsunterhalt besteht nach § 1575/II BGB auch dann, wenn durch eine Fortbildung oder Umschulung ehebedingte Nachteile ausgeglichen werden sollen. Solche Nachteile können vielfältiger Art sein, müssen aber stets ehebedingt sein (3).

c) Einen Ausbildungsanspruch kann es auch ohne Vorliegen der Voraussetzungen des § 1575 BGB nach § 1575/I und III BGB geben, wenn nur bei Umschulung oder Fortbildung eine angemessene Erwerbstätigkeit erreicht werden kann (4).

2. BGH zum Anspruch nach § 1575/I BGB

a) Nach § 1575/I BGB besteht ein Anspruch, wenn ein Ehegatte während der Ehe oder in Erwartung der Ehe eine Schul- oder Berufsausbildung abgebrochen hat und wenn er diese sobald wie möglich aufnimmt, um eine angemessene Erwerbstätigkeit, die den Unterhalt nachhaltig sichert, zu erlangen. Außerdem muß der erfolgreiche Abschluß der Ausbildung zu erwarten sein. Ein Abbruch wegen der Ehe wird nicht vorausgesetzt. Ein Anspruch nach § 1575/I 1 BGB besteht längstens für die Zeit, in der eine solche Ausbildung im allgemeinen abgeschlossen wird (BGH, FamRZ 80/126, 127 = NJW 80, 993, 994 = B 154a).

b) Der Anwendungsbereich des § 1575/I BGB geht über den Fall, daß der Bedürftige ohne die Ausbildung zur Aufnahme und Ausübung einer angemessenen Erwerbstätigkeit nicht in der Lage ist, hinaus. Der Anspruch kann auch bestehen, wenn der Ehegatte eine nach § 1574/II BGB angemessene Erwerbstätigkeit an sich finden könnte. § 1575/I BGB hat neben der Erlangung oder Festigung der wirtschaftlichen Selbständigkeit vor allem den Ausgleich von Nachteilen zum Ziel, die ein Ehegatte in seinem beruflichen Fortkommen mit Rücksicht auf die Ehe auf sich genommen hat. Der Anspruch ermöglicht deshalb Niveausteigerungen gegenüber den ehelichen Verhältnissen (BGH, FamRZ 85/782, 784, 785 = NJW 85/1695, 1697 = B 138b).

c) Wenn der Ehepartner bereits über eine abgeschlossene Berufsausbildung verfügt, die ihm die Ausübung einer einträglichen, angemessenen Erwerbstätigkeit ermöglicht, besteht keine Verpflichtung zur Finanzierung einer Zweitausbildung. Das ginge über den Bereich gebotener ehelicher Solidarität hinaus. Dies gilt sowohl, wenn die Erstausbildung teilweise in vollem Umfang vor der Ehe, als auch während der Ehe oder nach der Scheidung stattgefunden hat. Nicht entscheidend ist hierbei, inwieweit der Ehepartner die mit der Ausbildung verbundenen finanziellen Nachteile getragen hat. Es gilt vor allem, wenn die weitere Ausbildung ein Studium erfordert, weil eine solche Ausbildungsmaßnahme nicht im Rahmen des § 1575/II BGB von vornherein unberücksichtigt bleibt (BGH, FamRZ 85/782, 785, 786 = NJW 85/1695, 1698 = B 138b).

d) Ein Unterhaltsanspruch nach § 1575 BGB kann auch wegen § 1581 BGB zweifelhaft sein, wenn – in einem Mangelfall – der angemessene Lebensbedarf des Verpflichteten infolge des Ausbildungsunterhalts gefährdet wäre. Nach § 1581 BGB hätte der Verpflichtete dann nur den sogenannten Billigkeitsunterhalt zu leisten. Dies setzt grundsätzlich voraus, daß der Bedarf des Berechtigten anders nicht aufzubringen ist und daß die mit den Unterhaltsleistungen verbundenen Belastungen und Einschränkungen für den Verpflichteten nur zumutbar erscheinen, wenn auch dem Berechtigten Einschränkungen und Opfer zugemutet werden (BGH, FamRZ 85/782, 785, 786 = NJW 85/1695, 1698 = B 138b).

3. BGH zum Anspruch nach § 1575/II BGB

a) Ein Ehegatte kann nach § 1575/II BGB einen Ausbildungsunterhalt verlangen, wenn er sich fortbilden und umschulen läßt, um Nachteile auszugleichen, die durch die Ehe eingetreten sind. Solche Nachteile müssen ehebedingt sein. Ein solcher Anspruch kann wichtig werden, wenn eine Ausbildung infolge ehebedingter Verzögerung nicht in der Zeit beendet werden konnte, in der eine solche Ausbildung im allgemeinen abgeschlossen wird. Verzögerungen, die auf rein persönlichen Gründen beruhen, bleiben hier jedoch außer Betracht. Eine krankheitsbedingte Verzögerung kann dann berücksichtigt werden, wenn ein innerer Zusammenhang der Verzögerung mit der Ehe insofern besteht, daß sie als solche von den Ehegatten planmäßig und einverständlich in Kauf genommen worden ist. Das ist insbesondere der Fall, wenn der ausbildungswillige Ehegatte nach der Aufgabenverteilung studieren sollte und die Ehegatten an dieser Aufgabenverteilung trotz einer sogar längeren Erkrankung festgehalten haben. Dann entspricht auch die verzögerte Ausbildung noch dem sozialen Zuschnitt der Ehe. Eine krankheitsbedingte Verzögerung der Ausbildung, die von einem einverständlich aufrechterhaltenen Plan der Ehegatten gedeckt ist, steht einer ehebedingten Verzögerung im Sinn des § 1575/II 2 BGB jedenfalls gleich, mag auch die Krankheit selbst nichts mit der Ehe zu tun haben. Der Ausbildungsanspruch kann dann von dem ausbildungswilligen Ehegatten für die Zeit nach Scheidung verlangt werden, innerhalb deren er unter Berücksichtigung der ehebedingten Verzögerungen nunmehr unter vergleichbaren Bedingungen die wieder aufgenommene Ausbildung im allgemeinen abgeschlossen haben kann (BGH, FamRZ 80/126, 127 = NJW 80, 393, 394 = B 154a).

b) ,,Nachteile" im Sinn dieser Bestimmung können vielfältiger Art sein. Soweit es um berufliche Nachteile geht, ergeben sich diese aus einem Vergleich der beruflichen Stellung, die der Ehegatte ohne die Eheschließung haben könnte mit der derzeitigen Situation. Ein solcher Nachteil liegt nicht nur dann vor, wenn die jetzt offenstehende berufliche Stellung ihm einen geringeren Lebensstandard ermöglicht als die Stellung, die er ohne die Eheschließung haben könnte, sondern auch dann, wenn sie ihm keine angemessene Entfaltung seiner Fähigkeiten und Kenntnisse erlaubt (BGH, FamRZ 84/988, 989, 990 = B 96c).

c) Eine Zweit- oder gar Drittausbildung, die ein Studium erfordert, kann nicht verlangt werden, weil für das Verständnis der Begriffe Fortbildung (§ 41/I AFG) und Umschulung (§ 47/I AFG) in § 1575/II BGB das AFG maßgeblich sein soll (Begr. des Entw. zum 1. EheRG S. 132). § 34/IV AFG schließt die Hochschul- und Fachhochschulbildung aus seinem Förderbereich aus (BGH, FamRZ 85/782, 786 = NJW 85/1695, 1698 = B 138b).

4. Zum Ausbildungsanspruch nach §§ 1573/I i. V. 1574 BGB

Nach BGH kann ein Ausbildungsanspruch auch ohne Vorliegen der Voraussetzungen des § 1575 BGB nach § 1573/I und III BGB bestehen, wenn sich der Bedürftige umschulen oder fortbilden lassen muß, um eine angemessene Erwerbstätigkeit aufnehmen zu können. Für die Dauer einer aus diesem Grund notwendigen Ausbildung besteht dann ein direkter Anspruch aus § 1573/I (BGH, FamRZ 84/561, 563 = NJW 84/1685, 1686 = B 154b; FamRZ 85/782, 784, 785 = NJW 85/1695, 1697 = B 138b).

Genaueres zur ,,Erforderlichkeit der Ausbildung" im Sinn von § 1574/III auf Seite 201.
Zum Ausbildungsunterhalt vor der Scheidung siehe Seite 175f.

5. F.W. zum Ausbildungsunterhalt

An den Ausbildungsunterhaltstatbestand des § 1575/I BGB sind strenge Anforderungen zu stellen: es müssen ganz konkrete Maßnahmen zur Verwirklichung des Berufszieles getroffen worden sein; geäußerte Berufswünsche allein reichen nicht aus. Soweit beide geschiedene Ehegatten arbeiten, stellt sich die Problematik des sog. Aufstockungsunterhalts des § 1573/II BGB. Bei allem ist sehr wichtig zu wissen, daß man jetzt den jeweiligen Einsatzzeitpunkt beachten muß: ist die Kontinuität des Ehegattenunterhaltsanspruchs einmal abgerissen, dann ist ein späteres Wiederaufleben eines Anspruchs nicht mehr möglich. Das sollten alle Rechtsanwender beachten, wenn ein Unterhaltsvergleich im Raum steht (F.W. in DAV 84/244).

VII. Der Billigkeitsunterhalt (§ 1576 BGB)

1. Überblick

a) Der Anspruch besteht, soweit und solange von den geschiedenen Ehegatten aus sonstigen schwerwiegenden Gründen eine Erwerbstätigkeit nicht erwartet werden kann und die Versagung von Unterhalt unter Berücksichtigung der Belange beider Ehegatten grob unbillig wäre (§ 1576 BGB). § 1576 BGB ist ein gegenüber dem § 1570ff. BGB subsidiärer Auffangtatbestand. Er ist eine Härteklausel für Ausnahmefälle. Ein ,,sonstiger schwerwiegender Grund" muß nicht ehebedingt sein. Hauptanwendungsgebiet ist Unterhalt wegen Betreuung eines nicht gemeinschaftlichen Kindes. Mit anderen Fällen war der BGH bisher nicht befaßt.

b) Die Versagung von Unterhalt muß zusätzlich zum ,,schwerwiegenden Grund" dem Gerechtigkeitsempfinden in unerträglicher Weise widersprechen. Insoweit ist eine zusätzliche und umfassende Billigkeitsprüfung vorzunehmen. Deshalb greift § 1579 BGB gegenüber dem Anspruch des § 1576 BGB nicht ein. Bestehen die schwerwiegenden Gründe im Sinn von § 1576 BGB in der Betreuung eines gemeinsam aufgenommenen Pflegekindes, so kommt bei der Prüfung der groben Unbilligkeit dem Kindeswohl gegenüber einem Fehlverhalten des Ehegatten ein besonderes Gewicht zu (3 und 4).

2. BGH zum Anwendungsbereich des § 1576 BGB

a) § 1576 BGB soll als Auffangtatbestand Regelungslücken schließen und die Vermeidung von Härten gewährleisten, die sich aus dem enumerativen Tatbestandskatalog der §§ 1570 bis 1575 BGB ergeben könnten. Wenn schon die Tatbestände der §§ 1570 bis 1575 BGB nicht auf ehebedingte Bedürfnisse beschränkt sind, so müssen auch die in § 1576 BGB vorausgesetzten schwerwiegenden Gründe nicht ehebedingt sein. Deshalb kann die Betreuung eines eigenen, nicht gemeinschaftlichen Kindes durch den unterhaltsbedürftigen Ehegatten ein möglicher Unzumutbarkeitsgrund im Sinn von § 1576 BGB sein.

Bei der Auslegung des Merkmals ,,sonstiger schwerwiegender Grund" dienen die den Tatbeständen der §§ 1570 bis 1572 BGB zugrundeliegenden Gründe als Orientierungspunkte. In diesem Sinn hat die Betreuung eines nicht gemeinschaftlichen Kindes ein gleiches Gewicht wie die Betreuung gemeinschaftlicher Kinder, zumal auch nach den §§ 58ff. EheG und nach § 1361 BGB die Betreuung nicht gemeinschaftlicher Kinder eine Erwerbstätigkeit zumutbar machen. ,,Sonstige schwerwiegende Gründe" rechtfertigen den Anspruch nur, wenn seine Versagung unter Berücksichtigung der Belange beider Ehegatten grob unbillig wäre, d. h. seine Ablehnung dem Gerechtigkeitsempfinden in unerträglicher Weise widerspräche. Damit wird § 1576 BGB zu einer Härteklausel für Ausnahmefälle (BGH, FamRZ 83/800, 801 = B 155a).

b) Der Unterhaltsanspruch aus § 1576 BGB ist gegenüber demjenigen aus § 1570 BGB subsidiär. Er ist nur anzuwenden, wenn und soweit die anderen genau umschriebenen Unterhaltstatbestände nicht zutreffen. Er soll nach Art eines Auffangtatbestandes Regelungslücken schließen. Deshalb muß der Richter erst solche anderen in Frage kommenden Tatbestände verneinen, ehe er § 1576 BGB als Anspruchsgrundlage heranziehen kann.

Ist z. B. der Anspruch wegen Betreuung eines gemeinschaftlichen Kindes nur zum Teil nach § 1570 BGB gerechtfertigt, ist dieser Teil zu beziffern. Nur der darüber hinaus geltend gemachte Anspruchsteil kann auch nach § 1576 BGB überprüft werden (BGH, FamRZ 84/361, 362, 363 = NJW 84/1538, 1540 = B 155b; FamRZ 84/769, 770 = NJW 84/2355, 2356 = B 155c).

c) Die Härteklausel des § 1579 BGB greift gegenüber einem Unterhaltsanspruch nach § 1576 BGB nicht ein. Umstände, die gegen die Zubilligung des Unterhalts sprechen, einschließlich des Verhaltens des Unterhalts begehrenden Ehegatten, sind vielmehr bereits im Rahmen der Prüfung nach § 1576 BGB zu würdigen, wie z. B., ob die Versagung von Unterhalt unter Berücksichtigung der Belange beider Ehegatten grob unbillig wäre, bzw. ob und in welcher Höhe nach der positiven Härteregelung des § 1576 BGB aus Billigkeitsgründen ein Unterhaltsanspruch gewährt werden kann (BGH, FamRZ 84/361, 363, 364 = NJW 84/1538, 1540, 1541 = B 156a).

3. BGH zu den bei der Billigkeitsabwägung zu berücksichtigenden Umständen

a) Für die Anwendung des § 1576 BGB genügt nicht die Bejahung eines ,,sonstigen schwerwiegenden Grundes", der in der Betreuung eines Pflegekindes gegeben sein kann. Es müssen noch weitere Umstände hinzukommen, die die Versagung von Unterhalt unter Berücksichtigung der Belange beider Ehegatten als grob unbillig erscheinen ließe. Es ist daher zusätzlich eine Billigkeitsprüfung durchzuführen, bei der alle Umstände des Falles zu berücksichtigen sind (BGH, FamRZ 84/361, 363, 364 = NJW 84/1538, 1540, 1541 = B 156a).

b) Im Rahmen dieser Billigkeitsprüfung kann u. a. berücksichtigt werden:
ein Zusammenhang der Bedürfnislage mit den ehelichen Lebensverhältnissen;

ein Verhalten des in Anspruch genommenen Ehegatten, aufgrund dessen der bedürftige Ehegatte auf die Mitverantwortung des anderen Ehegatten für eine nacheheliche betreuungsbedingte Unterhaltsbedürftigkeit vertrauen durfte;
ein Verhalten des unterhaltsbedürftigen Ehegatten, z. B. wenn er für die Lebensgemeinschaft oder den anderen Ehegatten besondere Opfer gebracht hat beim Aufbau oder bei der Sicherung der Existenz oder auch in Zeiten von Krankheit oder in sonstigen Notlagen;
eine lange Dauer der Ehe, weil diese die nachwirkende eheliche Mitverantwortung erhöht;
Umstände, die an sich unter §§ 1571, 1572 BGB fallen;
wirtschaftliche Verhältnisse, die es dem in Anspruch genommenen Ehegatten unschwer ermöglichen, für den Unterhalt aufzukommen;
Alter des Kindes und Dauer der Zeit, in der es bereits in den neuen Lebenskreis eingegliedert ist;
Alter und gesundheitliche Beschwerden des Betreuenden;
Betreuung weiterer gemeinschaftlicher Kinder (BGH, FamRZ 83/800, 802, 803 = B 156b).

c) Der auf die positive Billigkeitsklausel des § 1576 BGB gestützte Unterhaltsanspruch bedarf keines Korrektivs um der Billigkeit willen, weil er selbst nur Unterhalt aufgrund Billigkeit gewährt. § 1579/I BGB ist im Rahmen des § 1576 BGB nicht anzuwenden. Bei der Billigkeitsabwägung nach § 1576 BGB sind andere Ergebnisse möglich als es nach § 1579/I BGB in Frage kommen könnte.

§ 1576 S. 2 BGB schließt es nicht aus, eheliches Fehlverhalten als einen anspruchsversagenden Umstand zu berücksichtigen. Unter dem Gesichtspunkt der Zumutbarkeit kann im Rahmen der Billigkeitsprüfung einem ehezerstörenden Verhalten oder dem Vorwurf der Erstattung einer unberechtigten Strafanzeige nicht allgemein und von vornherein eine Bedeutung abgesprochen werden (BGH, FamRZ 84/361, 363, 364 = NJW 84/1538, 1540, 1541 = B 156a).

4. Bisher vom BGH entschiedene Fälle zu § 1576 BGB bei Betreuung eines nicht gemeinschaftlichen Kindes

a) Der bedürftige geschiedene Ehegatte betreut ein Pflegekind, das die Eheleute gemeinsam während der Ehe auf Dauer aufgenommen hatten. Hier spricht für die Zubilligung eines Unterhaltsanspruchs in erster Linie der Gesichtspunkt der gemeinschaftlich übernommenen Verantwortung für das Pflegekind. Auch die gesetzgeberische Grundentscheidung in den §§ 1570, 1579/II BGB für das Kindeswohl und gegen das Interesse des nicht betreuenden Ehegatten von einer wegen eines Fehlverhaltens des anderen Ehegatten an sich unzumutbaren Unterhaltslast befreit zu werden, muß bei der Abwägung mitberücksichtigt werden. Bei der Abwägung kommt dem Wohl des Kindes gegenüber einem etwaigen Fehlverhalten des Ehegatten ein besonderes Gewicht zu. Ferner ist zu berücksichtigen, in welchem Alter das Kind aufgenommen wurde und wie lange es in den neuen Lebenskreis eingegliedert ist. Daneben gelten natürlich auch alle anderen Gründe (= 3) (BGH, FamRZ 84/361, 363 = NJW 84/1538, 1540 = B 157a und B 156a).

b) Betreuung des leiblichen Kindes eines Elternteils, das während der Ehe mit Einwilligung des Stiefvaters in den häuslichen Haushalt aufgenommen worden war. Hier genügt die Einwilligung bei Aufnahme noch nicht, um einen Unterhaltsanspruch zu begründen. Es müssen gewichtige besondere Umstände hinzutreten (= 3), um einen Anspruch nach § 1576 zubilligen zu können (BGH, FamRZ 83/800, 801 = B 156b).

c) Ähnlich wie bei b) ist der Fall zu beurteilen, wenn das Kind nur vom bedürftigen Ehegatten in Pflege genommen worden war und der andere Ehegatte der Aufnahme nur zugestimmt hatte. In diesem Fall hat der auf Unterhalt in Anspruch genommene Ehegatte die Verantwortung für das Kind nicht in gleicher Weise übernommen (wie im Fall a). Deshalb müssen auch hier noch gewichtige weitere Gründe hinzukommen (BGH, FamRZ 84/769, 770, 771 = NJW 84/2355, 2356 = B 157b).

VIII. Angemessene Erwerbstätigkeit (§ 1574 BGB)

1. Überblick

a) Nach § 1574/I BGB braucht der geschiedene Ehegatte nur eine angemessene Erwerbstätigkeit auszuüben. Angemessen ist nach § 1574/II BGB eine Erwerbstätigkeit, die der Ausbildung, den Fähigkeiten, dem Lebensalter und dem Gesundheitszustand sowie den ehelichen Lebensverhältnissen entspricht, wobei die Dauer der Ehe und die Dauer der Pflege und Erziehung gemeinschaftlicher Kinder zu berücksichtigen sind. § 1574/II BGB dient der Konkretisierung der Ansprüche wegen Alters (§ 1571 BGB), Krankheit (§ 1572 BGB) und Beschäftigungslosigkeit (§ 1573/I BGB). Entscheidend für die Beurteilung der Angemessenheit einer Erwerbstätigkeit ist neben den sonstigen Gründen vor allem der soziale Zuschnitt der ehelichen Lebensgemeinschaft und die von beiden Eheleuten während der Ehe einvernehmlich gewollte und praktizierte Aufgabenverteilung (2).

b) Nach § 1574/III BGB ist der Bedürftige verpflichtet, sich zur Erlangung eines Berufsabschlusses ausbilden, fortbilden oder umschulen zu lassen, soweit dies erforderlich ist, um eine angemessene Erwerbstätigkeit aufnehmen zu können. Ein erfolgreicher Abschluß einer solchen Ausbildung muß zu erwarten sein (3).

2. BGH zur Angemessenheit der Erwerbstätigkeit nach § 1574/I und II BGB

a) Angemessen ist nach § 1574/II BGB eine Erwerbstätigkeit, die der Ausbildung, den Fähigkeiten, dem Lebensalter und dem Gesundheitszustand sowie den ehelichen Lebensverhältnissen entspricht. Bei den ehelichen Lebensverhältnissen sind die Dauer der Ehe und die Dauer der Pflege oder Erziehung gemeinschaftlicher Kinder zu berücksichtigen. Die inhaltliche Beschränkung der Obliegenheit zur Aufnahme einer Erwerbstätigkeit auf eine angemessene berufliche Beschäftigung und die gesetzliche Umschreibung der Angemessenheit tragen damit zur Konkretisierung der Voraussetzungen des Anspruchs auf Unterhalt wegen Alters (§ 1571 BGB), wegen Krankheit (§ 1572 BGB) und Beschäftigungslosigkeit (§ 1573/I BGB) bei. Wenn aufgrund der Umstände des Falles allein die Aufnahme solcher beruflicher Tätigkeiten in Betracht kommt, die nach § 1574/II BGB als nicht angemessen anzusehen ist, kann von dem geschiedenen Ehegatten eine Erwerbstätigkeit nicht erwartet werden (BGH, FamRZ 83/144, 145, 146 = B 150c).

b) Zu den Umständen, von denen nach § 1574/II BGB die Angemessenheit einer Erwerbstätigkeit abhängig ist, gehören auch die ehelichen Lebensverhältnisse. Diese können ebenso wie das Lebensalter und der Gesundheitszustand des geschiedenen Ehegatten, die im Hinblick auf seine nachehelichen beruflichen Möglichkeiten notwendig aus der Sicht des Scheidungszeitpunkts gewürdigt werden, nur unter Beachtung der Entwicklung bis zur Auflösung der Ehe zutreffend bestimmt werden. Der Tatrichter muß dabei insoweit bei der ihm obliegenden Gesamtwürdigung auch die weitere Entwicklung der Verhältnisse bis zur Scheidung ins Auge fassen. Außergewöhnliche, nicht vorhersehbare Veränderungen können außer Betracht bleiben. Da die ehelichen Lebensverhältnisse mit zunehmender Ehedauer immer stärker zu beachten sind, spielt auch die Dauer der Ehe eine große Rolle. Ob dies auch im Fall einer längeren Zeit des Getrenntlebens gilt, wird nach den Umständen des Falles zu beurteilen sein. Das setzt die tatsächliche Prüfung voraus, inwieweit Entwicklungen, die erst nach der Trennung der Parteien eingetreten sind, noch imstande waren, die ehelichen Verhältnisse prägend zu beeinflussen. Deshalb ist die bis zum Zeitpunkt der letzten mündlichen Verhandlung eingetretene Entwicklung zu beachten, soweit Veränderungen bis zum Eintritt der Rechtskraft noch nicht absehbar sind. Lediglich außergewöhnliche, nicht vorhersehbare Entwicklungen bleiben unberücksichtigt (BGH, FamRZ 83/144, 145, 146 = B 150c; FamRZ 82/892, 893, 894 = NJW 82/2439, 2440 = B 153a; FamRZ 84/561, 562, 563 = NJW 84/1685, 1686 = B 152b; FamRZ 85/908, 909).

c) Für die Beurteilung der Angemessenheit einer Erwerbstätigkeit kann es auch bedeutsam werden, wenn der bedürftige Ehegatte an einer während der Trennung eingetretenen unerwarteten und außergewöhnlichen Einkommensverbesserung bei anderen Ehegatten durch Unterhaltszahlungen doer andere laufende Zahlungen dauerhaft beteiligt wird und dadurch sein Lebensstandard nachhaltig angehoben wird.

Jedoch kommt einem solchen Umstand für § 1574/II BGB nicht die gleiche Bedeutung zu, wie für § 1578/I BGB, da es dem geschiedenen Ehegatten entsprechend dem Gebot der wirtschaftlichen Eigenverantwortung grundsätzlich obliegt, selbst für seinen Unterhalt zu sorgen und § 1574/II BGB die Angemessenheit einer Erwerbstätigkeit nur neben mehreren anderen Kriterien auch von den ehelichen Lebensverhältnissen abhängig macht. Eine ausschlaggebende Bedeutung gewinnen die Einkommensverhältnisse für § 1574/II BGB auch dann nicht, wenn sie durch eine unerwartete Entwicklung während der Trennungszeit verbessert worden sind (BGH, FamRZ 84/561, 562, 563 = NJW 84/1685, 1686 = B 152b).

d) Entscheidend für die Beurteilung der Angemessenheit ist der soziale Zuschnitt der ehelichen Lebensgemeinschaft und die von beiden Eheleuten während der Ehe einvernehmlich gewollte und praktizierte Aufgabenverteilung. Bestand dieser Zuschnitt darin, daß der Kläger seinem Studium und die Beklagte ihrer Erwerbstätigkeit als Chefsekretärin nachging, ist eine Erwerbstätigkeit nicht angemessen, solange der Kläger nicht die Möglichkeit gehabt hat, sein erfolgreich begonnenes Studium innerhalb einer zumutbaren Zeit abzuschließen. Er muß allerdings sein Studium mit Nachdruck betreiben, um nicht Gefahr zu laufen, daß anderenfalls ein Unterhaltsanspruch nach § 1573/I BGB nur noch insoweit zu bejahen sein könnte, als der Kläger sich etwa auch als kaufmännischer Angestellter nicht selbst unterhalten kann. Daß der Kläger seine frühere Tätigkeit als Angestellter schon vor der Eheschließung aufgegeben hatte und mit dem Studium begonnen hatte, schließt einen Anspruch nach § 1573/I BGB nicht aus (BGH, FamRZ 80/126, 127 = NJW 80/393, 394 = B 152a und B 154a).

e) Die Frage, ob von der Ehefrau eine Tätigkeit als Verkäuferin oder Stenokontoristin als angemessene Erwerbstätigkeit erwartet werden kann, hängt auch vom beruflichen und sozialen Status des Ehemannes ab (Werkdozent im gehobenen Dienst oder Professor an der Hochschule für bildende Künste). Dei Prüfung, ob eine Erwerbstätigkeit angemessen ist, obliegt dem Tatrichter; dabei muß die gesamte Entwicklung der ehelichen Lebensverhältnisse bis hin zur Scheidung berücksichtigt werden (BGH FamRZ 83/144, 145, 146 = B 150c).

f) Die Frage, ob eine berufliche Erwerbstätigkeit nach § 1577/II BGB angemessen ist, muß unter Zumutbarkeitskriterien beantwortet werden. Eine optimale berufliche Erfüllung kann nicht verlangt werden (BGH, FamRZ 84/988, 989, 990 = B 96c).

3. BGH zu § 1574/III BGB

Ein Ausbildungsunterhalt kann auch nach § 1574/III BGB verlangt werden, wenn es zur angemessenen Erwerbstätigkeit erforderlich ist, sich ausbilden, fortbilden oder umschulen zu lassen. Dabei ist nicht jede berufliche Qualifikation, die die Aufnahme einer angemessenen Erwerbstätigkeit ermöglicht, auch erforderlich im Sinn des Abs. 3. Dies ist eine Ausbildung nur, wenn ohne sie die Ausübung einer angemessenen Erwerbstätigkeit nicht möglich ist. Zwar muß sich der bedürftige Ehegatte nicht ohne Rücksicht auf seine Neigungen einem Beruf zuwenden, der ihm nach möglichst kurzer, kostengünstiger Ausbildung den Zugang zu einer angemessenen Erwerbstätigkeit erschließt. Kommen auch andere Ausbildungsgänge in Betracht, so darf er sich einer besonders zeit- und kostenaufwendigen Ausbildung höchstens dann unterziehen, wenn außergewöhnliche Gründe vorliegen, die geeignet sind, die hohen Belastungen während der Ausbildungszeit gegenüber dem Unterhaltspflichtigen zu rechtfertigen (BGH, FamRZ 84/561, 563 = NJW 84/1685, 1686 = B 154b; FamRZ 85/782, 784, 785 = NJW 85/1695, 1697 = B 138b).

Die gesetzliche Einschränkung, daß die Ausbildung zu einer angemessenen Erwerbstätigkeit führen muß, stellt sicher, daß vom Verpflichteten kein Studium finanziert werden muß, das zum bloßen Vergnügen betrieben wird. Ob eine Erwerbstätigkeit als angemessen angesehen werden kann und dem Ehegatten eine ausreichende berufliche Entfaltung ermöglicht, ist unter Zumutbarkeitskriterien zu beantworten. Eine optimale berufliche Erfüllung kann nicht verlangt werden (BGH, FamRZ 85/782, 785 = NJW 85/1695, 1698 = B 138b).

3. Abschnitt: Die Bemessung des Ehegattenunterhalts nach den ehelichen Lebensverhältnissen (§ 1578 BGB)

I. Die unterhaltsrechtliche Bedeutung der ehelichen Lebensverhältnisse für den Ehegattenunterhalt

1. Überblick

Die ehelichen Lebensverhältnisse sind ein zentraler Maßstab für die Höhe des Unterhaltsanspruchs. Nach ihnen bemißt sich sowohl der Scheidungsunterhalt als auch der Trennungsunterhalt.

a) Für den Trennungsunterhalt sind die ehelichen Lebensverhältnisse während der Trennungszeit maßgeblich (2).

b) Die Höhe des nachehelichen Unterhalts (= voller Unterhalt) richtet sich nach den Lebensverhältnissen bei Rechtskraft der Scheidung, praktisch nach dem Zeitpunkt der letzten mündlichen Tatsachenverhandlung. Diese maßgeblichen ehelichen Lebensverhältnisse sind im Hinblick auf spätere Abänderungsverfahren bindend festzustellen (3).

c) In beiden Fällen werden die ehelichen Lebensverhältnisse im wesentlichen geprägt von dem in der Ehe verfügbaren bereinigten Nettoeinkommen im Sinn der Ausführungen von I 1) und 2), bei Doppelverdienern durch die Summe der bereinigten Nettoeinkünfte beider Ehegatten. Beide Ehegatten sollen grundsätzlich in gleicher Weise weiterhin an dem ehelichen Lebensstandard teilhaben. Dabei ist allerdings zu beachten, daß das Gesetz bei der Unterhaltsbemessung selbst nicht an die Einkommensverhältnisse, sondern an die ehelichen Lebensverhältnisse anknüpft und daß nur die Rechtsprechung insoweit die Einkommensverhältnisse aus praktischen Bedürfnissen zum entscheidenden Maßstab macht, um die vielschichtigen und äußerst unterschiedlichen familiären Lebensverhältnisse in einem berechenbaren Geldbetrag ausdrücken zu können (4).

d) Bei der Unterhaltsbemessung ist ein objektiver Maßstab anzulegen. Nicht zu berücksichtigen sind sowohl eine aus der Sicht eines vernünftigen Betrachters zu dürftige Lebensführung wie ein übertriebener Aufwand (5).

e) Da sich der Unterhaltsanspruch nach den ehelichen Lebensverhältnissen richtet, kann er nicht nach einem Mindestrichtsatz bemessen werden (6).

f) Der BGH geht in ständiger Rechtsprechung davon aus, daß es – von Extremfällen abgesehen – beim Ehegatten- und Kindesunterhalt keine Sättigungsgrenze gibt (7).

g) Dennoch ist es bei höheren Einkünften nicht angemessen, sie in vollem Umfang zur Deckung des laufenden Lebensbedarfs heranzuziehen, weil sie teilweise auch der Vermögensbildung gedient haben. Aufwendungen für Vermögensbildung sind in der Regel bei der Unterhaltsbemessung nicht zu berücksichtigen, weil sie nach der Lebensführung der Eheleute aufgrund deren ,,gemeinsamen Ehepolitik" während der Zeit des ehelichen Zusammenlebens nicht für den laufenden Lebensunterhalt zur Verfügung standen. Sie sind daher vor Berechnung der Ehegattenquote vom Einkommen abzuziehen.

Ein Abzug von Aufwendungen für die Vermögensbildung erfolgt nicht, wenn und soweit der angemessene, gegebenenfalls auch erhöhte Bedarf des Berechtigten wegen eingeschränkter Leistungsfähigkeit des Verpflichteten sonst nicht gedeckt werden könnte. Der Verpflichtete darf in einem solchen Fall nach der Scheidung nicht mehr einseitig eine Vermögensbildung fortsetzen, die sich zum Nachteil des nach den ehelichen Verhältnissen angemessenen Unterhalts auswirken würde (8).

h) Nach dem bisherigen Referentenentwurf soll in § 1578/I S. 1 BGB eingefügt werden:

,,Die Bemessung des Unterhaltsanspruchs nach den ehelichen Lebensverhältnissen kann zeitlich begrenzt werden, soweit dies insbesonders unter Berücksichtigung der Dauer der Ehe der Billigkeit entspricht".

Erläuterungen und kritische Stellungnahmen hierzu: Eyrich, FamRZ 84/941ff; Dieckmann, FamRZ 84/946ff; Bosch, FamRZ 84/1165ff; Weychardt, DAV 84/839ff; Hahne, FamRZ 85/113ff.

2. BGH zu den maßgeblichen Lebensverhältnissen beim Trennungsunterhalt

a) Bei einem Anspruch nach § 1361 BGB werden die Lebensverhältnisse in einer Ehe, in der beide Partner einer Erwerbstätigkeit nachgehen, im allgemeinen vom gemeinsamen Einkommen der Parteien bestimmt (BGH, FamRZ 81/752, 754 = NJW 81/1782, 1784 = B 137b; FamRZ 80/876, 877 = NJW 80/2349, 2350 = B 158).

b) Hatte beim Trennungsunterhalt nur der Beklagte im Zeitpunkt der Trennung ein eigenes Einkommen, so bestimmen sich die ehelichen Lebensverhältnisse nur nach diesem Einkommen im Zeitpunkt der Trennung. Auf diesen Unterhaltsbedarf muß sich die Klägerin den Verdienst aus einer Erwerbstätigkeit, die nach § 1361/II BGB von ihr erwartet werden kann, anrechnen lassen (BGH, FamRZ 81/752, 754, 755 = NJW 81/1782, 1784 = B 136c und B 137b).

c) Die ehelichen Lebensverhältnisse bestimmen beim Trennungsunterhalt nicht nur den Umfang des Bedarfs sowie das Maß der Leistungsfähigkeit und damit die Höhe des Unterhaltsanspruchs, sondern auch die Berücksichtigung von Einkünften und Vermögen, die zur vollständigen Bedarfsdeckung nicht ausreichen. Der Unterhaltsbedarf kann deshalb auf den Unterschied zwischen vollständiger Bedarfsdeckung und eigenen Deckungsmöglichkeiten gehen (BGH, FamRZ 80/876, 877 = NJW 80/2349, 2350 = B 158).

d) Zum Trennungsunterhalt siehe außerdem die Ausführungen auf Seite 176f.

3. BGH zum maßgeblichen Zeitpunkt für den Scheidungsunterhalt

a) Nach ständiger Rechtsprechung sind für die Bemessung des nachehelichen Unterhalts die ehelichen Lebensverhältnisse (§ 1578 BGB) im Zeitpunkt der Scheidung maßgeblich. Dies entspricht der seit Jahrzehnten schon unter Geltung früheren Rechts, das in §§ 58ff. EheG ebenfalls auf die Lebensverhältnisse der Ehegatten zum Zeitpunkt der Scheidung abgestellt hatte, herrschenden Auffassung. Sie beruht darauf, daß mit dem Eheband die daraus resultierende unterhaltsrechtliche Verantwortung der Ehegatten füreinander auch nach der Trennung fortbesteht und deshalb auch der bis zur Auflösung der Ehe erreichte Lebenszuschnitt der Ehegatten maßgeblich sein muß (BGH, FamRZ 84/149, 150 = NJW 84/292, 293 = B 159a; FamRZ 84/151, 152 = NJW 84/294, 295 = B 159b; FamRZ 82/576, 577, 578 = NJW 82/1870, 1871 = B 159c; FamRZ 83/886 = NJW 83/2321 = B 153f; FamRZ 82/892 = NJW 82/2439 = B 153a; FamRZ 82/360, 361 = NJW 82/1869 = B 153b; FamRZ 81/752, 754 = NJW 81/1782, 1784 = B 137b; FamRZ 81/539 = NJW 81/1609; FamRZ 81/241, 242 = NJW 81/753, 754 = B 153c; FamRZ 82/575, 576 = NJW 82/2063 = B 153e; FamRZ 83/352, 353 = NJW 83/2318, 2319; FamRZ 82/895, 896; FamRZ 85/161, 162 = NJW 85/1026, 1027 = B 166c; FamRZ 85/582, 583 = NJW 85/1343, 1344 = B 159d).

b) Der Endpunkt für die Entwicklung der ehelichen Lebensverhältnisse wird erst durch den Eintritt der Rechtskraft der Scheidung gesetzt. Deshalb müssen die bis zur Auflösung der Ehe absehbaren Entwicklungen berücksichtigt werden.

Wenn über nachehelichen Unterhalt als Folgesache im Verfahrensverbund und damit schon vor Eintritt der Rechtskraft zu entscheiden ist, können nur die bis zum Zeitpunkt der letzten mündlichen Verhandlung vor dem Tatrichter (auch Berufungsinstanz) erkennbar gewordenen Verhältnisse zugrundegelegt werden (BGH, FamRZ 85/357, 359 = NJW 85/909, 911 = B 159f; FamRZ 85/471, 472, 473 = NJW 85/1447L = B 159e; FamRZ 82/892, 893 = NJW 82/2439, 2440 = B 153a; FamRZ 84/149, 150 = NJW 84/292, 293 = B 159a; FamRZ 84/989, 990 = B 96c).

c) Bei einem Anspruch nach §§ 58, 59 EheG bestimmen sich die ehelichen Lebensverhältnisse, der danach angemessene Unterhalt und die Leistungsfähigkeit des Beklagten sowie der angemessene Eigenbedarf nach den ehelichen Lebensverhältnissen im Zeitpunkt der Scheidung (BGH, FamRZ 80/770 = NJW 80/2083; FamRZ 81/241, 242 = NJW 81/753, 754 = B 153c; FamRZ 79/692, 693 = NJW 79/1185).

d) Auch in späteren Zeiträumen (z. B. bei Änderungsklagen) ist die Unterhaltsbemessung an den festgestellten oder festzustellenden Lebensverhältnissen im Zeitpunkt der Scheidung auszurichten (BGH, FamRZ 85/371, 373 = NJW 85/1340, 1343 = B 153g).

Deshalb sind die maßgeblichen ehelichen Lebensverhältnisse im Urteil bindend festzustellen. Enthält das Urteil keine solchen bindenden Feststellungen der maßgeblichen Verhältnisse, so besteht in einem Abänderungsverfahren keine Bindung an eine im abzuändernden Urteil zugrunde gelegte Unterhaltsquote. Dies gilt auch, wenn die Unterhaltsquote unter Anwendung eines bei Urteilserlaß in der Praxis verwendeten Tabellenwerkes (z. B. H.L.) bestimmt worden war (BGH, FamRZ 85/374, 375 = B 153h).

e) Auch bei einer späteren Abänderung bleiben die im Zeitpunkt der Scheidung bestehenden oder für diesen Zeitpunkt festgestellten Lebensverhältnisse maßgeblich. Es sind lediglich weitere Feststellungen zu treffen in Bezug auf den Ausgleich von Kaufkraftverlusten und zur Anpassung an allgemeine Einkommenssteigerungen sowie zu zwischenzeitlich eingetretenen Einkommenserhöhungen, die im Zeitpunkt der Scheidung bereits vorauszusehen waren und deshalb als die ehelichen Lebensverhältnisse prägend beurteilt werden können (BGH, FamRZ 85/791, 792, 793 = NJW 85/1699, 1700, 1701 = B 101f).

4. BGH zu den maßgeblichen Verhältnissen beim Scheidungsunterhalt

a) Für den nachehelichen Unterhalt nimmt der unterhaltsberechtigte Ehegatte grundsätzlich an der Entwicklung der ehelichen Lebensverhältnisse von der Trennung bis zur Scheidung teil (BGH, FamRZ 81/241, 242 = NJW 81/753, 754 = B 153c).

Da die Ehe auch während einer Trennung fortbesteht und die eheliche Lebensgemeinschaft grundsätzlich jederzeit wieder aufgenommen werden kann, sind Ehegatten bis zur Scheidung im unterhaltsrechtlichen Sinn auf der Grundlage ihrer „ehelichen Lebensverhältnisse" miteinander verbunden, auch wenn sich während der Trennung die Einkommenslage eines oder beider Ehegatten verändert. Deshalb werden die ehelichen Lebensverhältnisse grundsätzlich auch durch die Entwicklung in der Zeit zwischen Trennung und Scheidung noch beeinflußt (BGH, FamRZ 82/576, 577, 578 = NJW 82/1870, 1871 = B 159c; FamRZ 84/151, 152 = NJW 84/294, 295 = B 159b; FamRZ 83/146, 147, 149 = NJW 83/933, 934).

b) Bezog nur einer der Ehegatten Erwerbseinkommen, so werden die ehelichen Lebensverhältnisse und damit auch der nacheheliche Unterhaltsbedarf regelmäßig nur durch dieses Einkommen bestimmt (BGH, FamRZ 81/539, 541 = NJW 81/1609, 1611 = B 161a; FamRZ 85/791, 792, 793 = NJW 85/1699, 1700, 1701 = B 101f; FamRZ 85/374, 375 = B 153h).

c) Eheliche Lebensverhältnisse werden insbesondere durch die Einkommensverhältnisse der Ehegatten geprägt. Deshalb bestimmen sie sich in einer Ehe, in der beide Ehegatten einer Erwerbstätigkeit nachgehen, regelmäßig nach den zusammengerechneten Einkünften beider Eheleute (BGH, FamRZ 84/149, 150 = NJW 84/292, 293 = B 159a; FamRZ 84/151, 153 = NJW 84/294, 295 = B 159b; FamRZ 82/575, 576 = NJW 82/2063 = B 153e; FamRZ 82/892, 893, 894 = NJW 82/2439, 2440 = B 153a; FamRZ 82/360, 361 = NJW 82/1869 = B 153b; FamRZ 80/876, 877 = NJW 80/2349, 2350 = B 158; FamRZ 81/241, 242 = NJW 81/753, 754 = B 153c; FamRZ 85/374, 375 = B 153h).

e) Wenn die beiderseitigen Einkünfte verschieden hoch sind, hat dies nicht zur Folge, daß dementsprechend auch die ehelichen Lebensverhältnisse für beide Ehegatten jeweils unterschiedlich zu beurteilen sind. Die Berücksichtigung des besonderen Aufwands, der mit einer Berufstätigkeit verbunden ist, kann zwar dazu führen, daß bei der Berechnung des Unterhaltsbedarfs den Erwerbstätigen jeweils mehr als die Hälfte ihres Einkommens zugerechnet wird. Davon abgesehen bleibt jedoch das gemeinsame Einkommen für die ehelichen Lebensverhältnisse beider Ehegatten bestimmend (BGH, FamRZ 81/241, 242 = NJW 81/753, 754 = B 153c; FamRZ 80/876, 877 = NJW 80/2349, 2350 = B 158; FamRZ 79/692, 694 = NJW 79/1985, 1986; FamRZ 82/575, 576 = NJW 82/2063 = B 153e).

5. Leitlinien und F.W. zu den ehelichen Lebensverhältnissen

a) OLG Hamm. Der Anspruch des geschiedenen Ehegatten wird nach oben begrenzt durch den Bedarf nach den ehelichen Lebensverhältnissen (H.L. 3.29).

b) F.W. in DAV. Während im Kindesunterhalt die Anspruchsberechtigung sich nach der Lebensstellung der Eltern richtet (§ 1615c BGB analog), sind im Ehegattenunterhalt die ehelichen Lebensverhältnisse maßgebend (§ 1578/I 1 BGB). Dieser Begriff ist im Gesetz nicht näher erläutert. Zusammengefaßt gilt folgendes:

Die ehelichen Lebensverhältnisse stellen sich als ein dynamischer Prozeß zwischen der Eheschließung und dem Zeitpunkt der Scheidung (u. U. letzte mündliche Verhandlung in der Berufungsinstanz) dar, der also alle Planungen und künftigen Erwartungen sowie Höhen und Tiefen der ehelichen Schicksalsgemeinschaft mitumfaßt, an der beide Eheleute in gleicher Weise in guten wie in bösen Tagen teilhaben. Eine nach den Einkommensverhältnissen aus der Sicht eines vernünftigen Betrachters zu dürftige Lebensführung bleibt ebenso außer Betracht wie ein übertriebener Aufwand; aber auch Einkünfte aus einer während des Getrenntlebens der Ehegatten aufgenommenen unzumutbaren Erwerbstätigkeit haben außer Betracht zu bleiben. Bei der Unterhaltsberechnung ist typisiert an das jeweilige zumutbare erzielbare bereinigte Einkommen der geschiedenen Ehegatten anzuknüpfen, und zwar so, wie es sich im Klagezeitraum aufgrund der tatsächlichen Steuerbelastung darstellt; jedoch darf eine steuerliche Wahlmöglichkeit der neuen Ehegatten nicht zu Lasten des unterhaltsberechtigten geschiedenen Ehegatten gehen, notfalls ist insoweit zu „korrigieren". Eine reine inflationsbereinigte Fortschreibung ab dem Zeitpunkt der Trennung und Scheidung der Parteien kommt also nicht in Betracht. Auch das Einfrieren der Einkommensverhältnisse auf die seitherige berufliche Situation des Unterhaltspflichtigen ist nicht zulässig. Es gilt vielmehr die sog. Keimtheorie, wonach auch berufliches Weiterkommen, Beförderungen letztlich als schon während des Zusammenlebens angesehen werden – es sei denn, es liegen ausnahmsweise ganz außergewöhnliche Umstände vor, wofür der Unterhaltspflichtige die volle Darlegungs- und Beweislast trägt. Als außergewöhnlich kann man ansehen den Aufstieg eines Facharbeiters zum Staatsminister oder eines Kürschners zum Millionär – der Keimtheorie dürfte dagegen noch zuzurechnen sein, wenn ein Oberarzt sich selbständig macht und Chefarzt wird, wenn ein Lehrer aus der DDR nach hier flüchtet und zunächst als Frachtarbeiter einer Luftfahrtgesellschaft anfängt und es dann aber dort zum Frachtgebietsleiter bringt (F.W. in DAV 84/245).

6. BGH zum objektiven Maßstab und zu Mindestrichtsätzen bei der Unterhaltsbemessung sowie zur Bedarfsbeschränkung

a) Bei der Unterhaltsbemessung ist ein objektiver Maßstab anzulegen. Eine nach den Einkommensverhältnissen aus der Sicht eines vernünftigen Betrachters zu dürftige Lebensführung muß ebenso außer Betracht bleiben wie ein übertriebener Aufwand (BGH, FamRZ 83/678, 679 = NJW 83/1733, 1734 = B 161c; FamRZ 82/151, 152 = NJW 82/1645, 1646 = B 161b; FamRZ 84/358, 360, 361 = NJW 84/1237, 1239 = B 95; FamRZ 85/582, 583 = NJW 85/1343, 1344 = B 159d).

Nur in diesem Rahmen kann das tatsächliche Konsumverhalten der Ehegatten während des ehelichen Zusammenlebens berücksichtigt werden. Außerdem ist zu beachten, daß sich ein geschiedener Ehegatte an einem während intakter Ehe zugunsten der Vermögensbildung gewahrten Konsumverzicht nicht festhalten lassen muß, weil die personalen Grundlagen einer derartig eingeschränkten Lebensführung, die während intakter Ehe ihre Berechtigung hatten, nach dem Scheitern der Ehe entfallen sind (BGH, FamRZ 84/358, 361 = NJW 84/1237, 1239 = B 95).

b) Der Unterhalt eines geschiedenen Ehegatten kann nicht nach einem Mindestrichtsatz für den angemessenen Eigenbedarf eines volljährigen Unterhaltsberechtigten bemessen werden, wenn dieser nicht den maßgeblichen ehelichen Lebensverhältnissen entspricht. Deshalb ist zunächst der nach den ehelichen Lebensverhältnissen angemessene Unterhaltsbedarf festzustellen, der in einem angemessenen Verhältnis zu dem angemessenen Eigenbedarf des Verpflichteten stehen muß (Grundsatz der gleichmäßigen Teilhabe; BGH, FamRZ 84/356, 357 = NJW 84/1537, 1538 = B 137a).

c) Daraus, daß der Ehegatte mit dem höheren Einkommen seiner Verpflichtung zum Unterhalt anderer Ehegatten beizutragen nicht oder nur unzureichend nachkommt, kann keine Beschränkung des Unterhaltsbedarfs des Ehegatten mit dem geringeren Einkommen abgeleitet werden (BGH, FamRZ 83/352, 353 = NJW 83/2318, 2319; FamRZ 80/876, 877 = NJW 80/2349, 2350 = B 158).

d) Unterhaltsrechtlich besteht keine Verpflichtung Schulden des anderen Ehegatten zu tilgen (BGH, FamRZ 85/902 = NJW 85/2265; FamRZ 64/558, 559).

7. BGH und Leitlinien zur Sättigungsgrenze bei besonders guten wirtschaftlichen Verhältnissen

a) Das Maß des ehelichen Unterhalts richtet sich nach den ehelichen Lebensverhältnissen, die insbesondere von den Einkommens- und Vermögensverhältnissen bestimmt werden. Der Lebensbedarf des unterhaltsberechtigten Ehegatten kann danach nicht in einer absoluten Größe bemessen werden, sondern es hängt entscheidend von den wirtschaftlichen Verhältnissen der Ehegatten ab, welcher Lebensstandard angemessen ist. Auch eine absolute Höchstgrenze des Lebensbedarfs läßt sich nicht ziehen. Das gilt für den Trennungsunterhalt, den Scheidungsunterhalt und für den Kindesunterhalt (BGH, FamRZ 82/151, 152 = NJW 82/1645, 1646 = B 161b; FamRZ 69/205 = NJW 69/919; FamRZ 82/680, 681 = NJW 82/1642, 1643 = B 160a; FamRZ 80/665, 669 = NJW 80/1686; 1689 = B 115a).

Eine Sättigungsgrenze wird allenfalls in seltenen Ausnahmefällen bei besonders hohen Einkünften als Beschränkung des Unterhalts auf die Mittel, die eine Einzelperson auch bei Berücksichtigung hoher Ansprüche für billigenswerten Lebensbedarf sinnvoll ausgeben kann, in Betracht gezogen werden können. Eine solche Grenze ist nicht erreicht, wenn sich die Einkünfte im Normalbereich halten (BGH, FamRZ 83/150, 151 = NJW 83/683 = B 160b).

Bei einem monatlichen Barunterhalt von DM 2500 zuzüglich Sachleistungen (für Wohnung, Auto etc.) von ca. 1300 DM ist eine Sättigungsgrenze jedenfalls nicht erreicht (nicht veröffentlichte Entscheidung des BGH vom 26. 10. 83, zitiert nach Lohmann, Seite 76).

b) OLG Bremen. Bei höherem Einkommen des Unterhaltspflichtigen ist die starre mathematische Anwendung von Berechnungsschlüsseln nicht sachgerecht, weil die Einkommen nicht mehr voll zur Deckung des angemessenen Lebensbedarfs verbraucht sondern teilweise auch für andere Zwecke, z. B. Vermögensbildung) verwendet werden. Maßgebend für die Höhe des Unterhaltsbedarfs und für den Umfang der Unterhaltsbedürftigkeit sind deshalb die Umstände des Einzelfalls. Der Maßstab ist der Bedarf nach den ehelichen Lebensverhältnissen (B.L. B 3c).

c) OLG Frankfurt. Weil sich der Bedarf immer an den ehelichen Lebensverhältnissen orientiert, läßt sich eine absolute Höchstgrenze des Lebensbedarfs nicht festlegen; ob eine Sättigungsgrenze in extremen Ausnahmefällen in Betracht kommt, d. h. daß eine weitere Steigerung des Unterhalts schlechthin nicht mehr gebilligt werden könnte, hat der BGH offengelassen. Auch bei hohem Einkommen hängt es in erster Linie von der individuellen Entscheidung der Ehegatten ab, wieviel sie von ihrem Einkommen verleben und wieviel sie der Vermögensbildung zuführen: dies kann nicht Gegenstand eines allgemeinen Erfahrungssatzes sein. Deshalb erhöht sich der für den laufenden Unterhalt angemessen erscheinende Bedarf mit der Erhöhung der Gesamteinkünfte der Ehegatten. Weil aber – nach objektivem Maßstab – derjenige Lebensstandard für die Bemessung des ehelichen wie des nachehelichen Lebensunterhalts entscheidend ist, der nach den ehelichen Lebensverhältnissen vom Standpunkt eines vernünftigen Betrachters aus angemessen erscheint, bleibt ein übertriebener Aufwand ebenso wie eine nach den Verhältnissen zu dürftige Lebensgestaltung außer Betracht. Die Grenze wird in seltenen Ausnahmefällen bei besonders hohen Einkünften bei den Mitteln in Betracht zu ziehen sein, die eine Einzelperson auch bei Berücksichtigung hoher Ansprüche für billigenswerten Lebensbedarf noch sinnvoll ausgeben kann (F.W. in DAV 84/259).

Das außergewöhnliche Einkommen oder Weiterkommen eines oder beider geschiedener Ehegatten kann dazu führen, daß das rein quotenmäßige Zusprechen von Ehegattenunterhalt schließlich an einen Punkt stößt, den man plakativ als Sättigungsgrenze bezeichnen könnte. Eine absolute Zahl gibt es allerdings nicht. In diesem Zusammenhang hat der 1. Familiensenat des OLG Frankfurt entschieden: verlangt ein Ehegatte Unterhalt in einer Höhe, der über einem Betrag von etwa DM 2600 hinausgeht (⅖ aus einem bereinigten Nettoeinkommen des Verpflichteten von derzeit DM 6500), so hat er einen weitergehenden laufenden Bedarf bzw. den ihm während des ehelichen Zusammenlebens tatsächlich laufend zur Verfügung überlassenen Geldbetrag (einschließlich der Sachleistungen) konkret darzulegen und zu beweisen; bei der Monetarisierung der seitherigen ehelichen Lebensverhältnisse haben jedoch frühere großzügige Geschenke, ferner auch eine seither sehr aufwendige Urlaubsgestaltung durch den Verpflichteten außer Ansatz zu bleiben. Zu beachten ist in letzterem Zusammenhang, daß der übertriebene oder großzügige Aufwand auch dazu gedient haben kann, um in der jeweiligen Berufssparte „in", „am Ball" bleiben zu können; dann könnte man insoweit auch von vorab abzugsfähigen Werbungskosten des Unterhaltspflichtigen sprechen (F.W. in DAV 84/246).

8. BGH zur Verwendung von Einkünften zur Vermögensbildung

a) Bei höheren Einkünften ist es nicht angemessen, sie in vollem Umfang zur Deckung des laufenden Unterhaltsbedarfs zu verwenden. Sie sind z. T. auch zur Vermögensbildung bestimmt. Jedoch erhöht sich auch in solchen Fällen der Betrag, der für den laufenden

Unterhalt angemessen erscheint mit der Erhöhung der Gesamteinkünfte. Zusätzlich wirkt sich darauf noch die Vermögenslage aus. Ob extreme Fälle denkbar sind, in denen der Lebensstandard bereits ein solches Maß erreicht, daß eine weitere Steigerung schlechthin nicht mehr gebilligt werden könnte, hat der BGH bisher nicht entschieden (BGH FamRZ 82/151, 152 = NJW 82/1645, 1646 = B 161 b).

Bei der Unterhaltsbemessung ist zu beachten, daß das Einkommen des Beklagten möglicherweise nicht mehr mit dem zu verteilenden Einkommen gleichgesetzt werden kann, weil es bei vernünftiger Lebensführung nicht in vollem Umfang der Deckung des laufenden Lebensbedarfs sondern teilweise der Vermögensbildung diente und deshalb nicht in voller Höhe der Bemessung des ehelichen Lebensstandards zugrundegelegt werden kann (BGH, FamRZ 80/665, 669 = NJW 80/1686, 1689 = B 162b).

Auch bei Ansprüchen nach §§ 58, 59 EheG waren Aufwendungen zur Vermögensbildung nicht zu berücksichtigen (BGH, FamRZ 79/692, 693 = NJW 79/1985, 1986 = B 162e; FamRZ 80/771 = NJW 80/2081 = B 162f).

b) Wenn die Einkünfte des Mannes überdurchschnittlich hoch sind, ist es zu billigen, wenn der Elementarunterhalt nicht nach einer Quote des Einkommens bemessen wird, sondern nach dem konkreten Bedarf der Frau, weil das Einkommen des Mannes während des Bestehens der Ehe nicht ausschließlich dem Unterhalt der Parteien gedient hat, sondern teilweise auch der Vermögensbildung. In solchen Fällen bedarf es für den Vorsorgeunterhalt keiner zweistufigen Berechnung des Elementarunterhalts, da dieser lediglich sicherstellen soll, daß nicht zu Lasten des Unterhaltsverpflichteten von dem Grundsatz der gleichmäßigen Teilhabe der Ehegatten am ehelichen Lebensstandard abgewichen wird (BGH, FamRZ 82/1187, 1188 = B 162d).

c) Es hängt von der individuellen Entscheidung der Ehegatten ab, ob und gegebenenfalls wieviel sie von ihrem Einkommen monatlich der Vermögensbildung zuführen. Dies kann aber nicht Gegenstand eines Erfahrungssatzes sein. Es gibt auch keinen Erfahrungssatz der dahingeht, daß höheres Einkommen bei wirtschaftlich vernünftigem Verhalten nicht in voller Höhe für den angemessenen Lebensbedarf verbraucht wird und daß der nicht verbrauchte Teil mit der Höhe des Einkommens steigt. Vielmehr bedarf es stets konkreter Feststellungen im Einzelfall, wobei beachtet werden muß, daß Sparleistungen häufig nur dazu dienen, eine größere Ausgabe anzusparen, die aber gleichwohl den Lebenshaltungskosten zuzurechnen sind (z. B. Urlaubsreisen, Pkw-Kauf u. ä.). (BGH, FamRZ 83/678, 679 = NJW 83/1733, 1734 = B 161c; FamRZ 84/151, 153 = NJW 84/294, 296 = B 168a; FamRZ 84/988, 990 = B 161d).

Die Nürnberger Tabelle, die zu dieser Entscheidung Anlaß gegeben hatte, berücksichtigt in ihrer Neufassung nach dem Stand vom 1. 4. 1984 diese Rechtsprechung des BGH.

d) Es entspricht der Lebenserfahrung, daß der gleiche finanzielle Aufwand, der während des Zusammenlebens den erreichten Lebensstandard ermöglicht hat, nicht ausreicht, ihn auch im Fall einer Trennung zu sichern. Die durch die doppelte Haushaltsführung entstehenden Mehrkosten erfordern regelmäßig zusätzliche Mittel, was den Gesamtbedarf erhöht. Ist dies der Fall, müßten frühere Aufwendungen zur Vermögensbildung zur Deckung dieses erhöhten Bedarfs verwendet werden (BGH, FamRZ 83/678, 679 = NJW 83/1733, 1734 = B 161c).

Aufwendungen zur Vermögensbildung können sein: ein für eine Lebensversicherung aufgewendeter Betrag. Ähnlich ist es mit sonstigen Aufwendungen, die nach der Lebensführung schon während des Zusammenlebens nicht für den laufenden Lebensunterhalt zur Verfügung standen (BGH, FamRZ 84/149, 151 = NJW 84/292, 294 = B 162c).

Nicht der Vermögensbildung dient die Anschaffung von Gebrauchsgegenständen, wie Foto- oder Filmausrüstung, Wohnwagen, Pkw, Motorrad und Orgelbausatz, auch wenn die Gegenstände einen höheren Wert haben, weil es sich hierbei um Aufwendungen für Bedarfsgüter handelt, die der Lebensführung dienen und deren Wert mit zunehmendem Gebrauch laufend abnimmt; dabei ist es gleichgültig, ob solche Interessen mehr aus den Bedürfnissen des Mannes oder der Frau entstanden sind (BGH, FamRZ 84/149, 151 = NJW 84/292, 294 = B 162c).

II. Bei den ehelichen Verhältnissen zu berücksichtigende Veränderungen zwischen Trennung und Scheidung

1. Überblick

a) Maßgeblich sind für die Unterhaltsbemessung nur diejenigen Einkommens- und Vermögensverhältnisse beider Ehegatten, die während der Ehe den Lebensstandard nachhaltig geprägt haben und dauernden Bestand gewonnen haben oder wenigstens die Gewähr der Stetigkeit in sich tragen. Da die ehelichen Lebensverhältnisse für beide Ehegatten gleich sind, nehmen beide im Normalfall in gleicher Weise an einer günstigen und ungünstigen Weiterentwicklung der ehelichen Lebensverhältnisse bis zur Scheidung teil (2).

b) Veränderungen der Einkommensverhältnisse des Berechtigten und des Verpflichteten sowie sonstige Umstände, die die Einkommensverhältnisse mitbestimmen, prägen im Normalfall die ehelichen Lebensverhältnisse zur Zeit der Scheidung, auch wenn sie nach der Trennung eingetreten sind (3).

c) Einkommen aus der Aufnahme oder Ausweitung einer zumutbaren Erwerbstätigkeit während der Trennungszeit prägt die ehelichen Lebensverhältnisse, wenn die Aufnahme oder Ausweitung schon während bestehender Ehe geplant oder angelegt war (4).

d) Auch durch Unterhaltszahlungen können die Lebensverhältnisse im Zeitpunkt der Scheidung mitbestimmt werden (5).

2. BGH zur nachhaltigen Prägung des Lebensstandards

a) Es ist anerkannt, daß der Unterhaltsbedarf nur an solchen Lebensverhältnissen während der Ehe ausgerichtet werden kann, die dauernden Bestand gewonnen haben oder wenigstens die Gewähr der Stetigkeit in sich tragen. Soweit es hierfür auf das Einkommen des Ehegatten ankommt, kann nur auf nachhaltig erzielte, dauerhafte Einkünfte abgestellt werden, die den Lebensstandard prägen. Einkommen, das die ehelichen Lebensverhältnisse zu keiner Zeit entscheidend geprägt hat, ist als Unterhaltsmaßstab ungeeignet und daher bei der Ermittlung der ehelichen Lebensverhältnisse nicht zu berücksichtigen (BGH, FamRZ 83/146, 149 = NJW 83/933, 936 = B 80a; FamRZ 82/255, 257 = NJW 82/1873, 1875 = B 162a; FamRZ 84/561, 562, 563 = NJW 84/1685, 1686 = B 152b; FamRZ 84/149, 150 = NJW 84/292, 293 = B 159a; FamRZ 84/151, 153 = NJW 84/294, 295 = B 159b; FamRZ 84/364, 365).

b) Der Grundsatz, daß auch solche Veränderungen der Einkommensverhältnisse, die erst nach Trennung bis zur Scheidung eingetreten sind, die ehelichen Lebensverhältnisse prägen, sofern sie nicht auf ganz außergewöhnlichen, vom Normalverlauf erheblich abweichenden Entwicklungen beruhen, gilt sowohl bei Einkommensveränderungen des Verpflichteten als auch des Berechtigten (BGH, FamRZ 82/892, 893 = NJW 82/2439, 2440 = B 163a; FamRZ 85/354, 356 = B 163e).

c) Dieser Grundsatz gilt nicht nur für die von den Ehegatten erzielten Einkünfte, sondern auch für alle sonstigen Umstände, die die Einkommensverhältnisse mitbestimmen. Deshalb sind auch Veränderungen im Ausgabenbereich in gleicher Weise mitzuberücksichtigen (z. B. geringere Fahrtkosten durch Wohnungswechsel oder Umzug) (BGH, FamRZ 82/575, 576 = NJW 82/2063, 2064 = B 163b).

d) Die ehelichen Lebensverhältnisse können auch durch Nutzungen aus einem gemeinsamen Haus mitgeprägt worden sein. Bei solchen Nutzungen entfällt einerseits die Notwendigkeit einer Mietzahlung, die in der Regel einen Teil des allgemeinen Lebensbedarfs ausmacht. Andererseits sind die allgemeinen Grundstücksunkosten und Lasten, sowie Zins- und Tilgungsleistungen zu tragen. Soweit bei einer Gegenüberstellung der ersparten Mietaufwendungen mit den mit dem Grundeigentum verbundenen Unkosten der Nutzwert des Hauses den Aufwand übersteigt, die Eigentümer also billiger wohnen als Eheleute, die für eine vergleichbare Wohnung Miete zu zahlen haben, ist der Differenzbetrag bei der Bestimmung der ehelichen Lebensverhältnisse im Sinn vom § 1578 BGB den Einkünften der Eheleute hinzuzurechnen. Der Wert eines solchen Vorteils ist tatrichterlich festzustellen (BGH, FamRZ 85/354, 356 = B 163e).

e) Zu den Einkünften, die im Rahmen des § 1578 BGB zu berücksichtigen sind, gehören nicht Zinserträge aus der Anlage eines Verkaufserlöses, wenn der Verkauf (z.B. des gemeinsamen Familienheimes) erst nach der Scheidung erfolgt ist. Solche Erträge haben im Zeitpunkt der Scheidung noch nicht für den Lebensbedarf zur Verfügung gestanden. Ohne die Scheidung wäre es voraussichtlich nicht zur Veräußerung gekommen (BGH, FamRZ 85/354, 356 = B 163e).

3. BGH zur Normalentwicklung

Als Normalentwicklung ist es anzusehen, wenn die Klägerin bereits während der Ehe neben der Kinderbetreuung und Haushaltsführung in der tierärztlichen Praxis des Beklagten mitgearbeitet hatte und dann nach Trennung wieder in ihrem früheren Beruf tätig geworden ist. Ihr Einkommen ist daher voll zu berücksichtigen (BGH, FamRZ 82/892, 893 = NJW 82/2439, 2440 = B 163a).

Eine außergewöhnliche, vom Normalverlauf abweichende Entwicklung liegt nicht vor, wenn die Frau während des Getrenntlebens ihre Halbtagstätigkeit zu einer Ganztagstätigkeit ausgeweitet hat, nachdem ihre Tochter 16 Jahre alt geworden war. Das Heranwachsen eines Kindes in diesem Alter ermöglicht es dem das Kind betreuenden Elternteil in aller Regel, eine Vollzeitbeschäftigung aufzunehmen. In der Ausweitung auf eine Ganztagstätigkeit wird daher keine unerwartete, vom Normalverlauf abweichende Entwicklung noch die Aufnahme einer unzumutbaren Tätigkeit gesehen werden (BGH, FamRZ 84/149, 150 = NJW 84/292, 293 = B 137d und B 97a).

4. BGH zur Aufnahme oder Ausweitung einer zumutbaren Erwerbstätigkeit während der Trennungszeit

a) Nach § 1361/II BGB ist ein getrenntlebender Ehegatte verpflichtet, seinen Unterhalt durch eine Erwerbstätigkeit selbst zu verdienen, wenn ihm dies nach den gegebenen Verhältnissen zumutbar ist. Für die Frage, ob und inwieweit eine Erwerbstätigkeit nicht nur einer Erwerbsobliegenheit nach § 1361/II BGB, sondern zugleich auch den ehelichen Lebensverhältnissen entspricht, und damit das Maß des Unterhalts mitbestimmt, kommt es entscheidend darauf an, ob die Aufnahme oder Ausweitung der Erwerbstätigkeit in der Ehe angelegt war und damit auch ohne Trennung erfolgt wäre. Die Entscheidung hierüber ist vom Tatrichter unter Würdigung aller Umstände des Einzelfalls zu treffen. Läßt sich nicht feststellen, daß die Erwerbstätigkeit auch ohne Trennung aufgenommen oder ausgeweitet worden wäre, so müssen die daraus erzielten Einkünfte bei der Bemessung des Unterhaltsbedarfs außer Betracht bleiben, da der Unterhaltskläger die Beweislast für die Gestaltung der ehelichen Lebensverhältnisse trägt, nach denen sich sein Unterhalt bemißt (BGH, FamRZ 84/149, 150 = NJW 84/292, 293 = B 97a).

b) Hat im Zeitpunkt der Trennung bereits eine Halbtagstätigkeit bestanden und ist diese nur infolge der Trennung später, aber noch vor der Scheidung auf eine Ganztagstätigkeit ausgeweitet worden, so werden die ehelichen Lebensverhältnisse im Sinn des § 1578 BGB nur durch das frühere Einkommen aus Halbtagstätigkeit bestimmt mit der Folge, daß nur dieses in die Differenzberechnung einbezogen werden darf. Hätte die Frau ihre Halbtagstätigkeit auch ohne die Trennung nachweislich auf eine Ganztagstätigkeit ausgeweitet, wäre ihr Einkommen aus der Ganztagstätigkeit voll in die Differenzberechnung einzustellen gewesen (BGH, FamRZ 84/149, 150 = NJW 84/292, 293 = B 137d).

Einkünfte eines Ehegatten aus einer zwischen Trennung und Scheidung aufgenommenen Erwerbstätigkeit wirken sich auf das Maß des ehelichen und nachehelichen Unterhalts aus, wenn die Erwerbstätigkeit auch ohne Trennung aufgenommen worden wäre (BGH, FamRZ 84/151, 152, 153 = NJW 84/294, 295 = B 159b). Wesentlich ist, ob die Aufnahme der Erwerbstätigkeit bereits in der Ehe angelegt war und damit auch ohne die Trennung erfolgt wäre (BGH, FamRZ 85/376, 378 = NJW 85/1345, 1347 = B 135c).

5. BGH zur Auswirkung von Unterhaltszahlungen auf den Lebensstandard

Die ehelichen Lebensverhältnisse können auch dadurch mitgeprägt werden, daß während der Trennungszeit freiwillig oder aufgrund einer einstweiligen Anordnung erhöhte

Unterhaltszahlungen geleistet werden oder der Ehegatte durch sonstige Zuwendungen an einer außergewöhnlich guten, aber vom Normalverlauf abweichenden Einkommensentwicklung des Ehemannes beteiligt wird und dadurch sein Lebensstandard nachhaltig angehoben wird (BGH, FamRZ 82/576, 579 = NJW 82/1870, 1872, 1873 = B 163c; FamRZ 84/561, 562, 563 = NJW 84/1685, 1686 = B 152b; FamRZ 83/352, 353 = NJW 83/2318, 2319 = B 163d).

III. Bei den ehelichen Verhältnissen nicht zu berücksichtigende Veränderungen zwischen Trennung und Scheidung

1. Überblick

Veränderungen der Einkünfte eines oder beider Ehegatten, die auf einer unerwarteten, vom Normalverlauf der Ehe erheblich abweichenden Entwicklung seit der Trennung der Eheleute beruhen, werden bei den ehelichen Lebensverhältnissen nicht berücksichtigt, weil sie die ehelichen Lebensverhältnisse nicht dauerhaft und nachhaltig prägen bzw. geprägt haben.

Danach bleiben unberücksichtigt:

a) Einkünfte des Berechtigten aus einer während des Getrenntlebens aufgenommenen unzumutbaren Erwerbstätigkeit (2).

b) Einkünfte aus einer zwischen Trennung und Scheidung aufgenommenen oder ausgeweiteten zumutbaren Erwerbstätigkeit, wenn sie in der Ehe nicht angelegt waren und ohne die Trennung nicht aufgenommen oder ausgeweitet worden wären (3).

c) Einkommen, das auf einer unerwarteten, vom Normalverlauf erheblich abweichenden Entwicklung der Erwerbsverhältnisse beruht. Solche außergewöhnlichen Veränderungen sind auch beim Trennungsunterhalt nicht zu berücksichtigen. Bei solchen nicht zu berücksichtigenden Einkommensveränderungen kann ein vergleichbares fiktives Einkommen durch Heranziehung der Indexzahlen der statistischen Jahrbücher errechnet werden (4).

d) Die Darlegungs- und Beweislast für solche außergewöhnliche Verhältnisse hat derjenige, der Rechte aus ihnen herleitet (5).

2. BGH zur Aufnahme oder Ausweitung einer unzumutbaren Erwerbstätigkeit

a) Einkünfte aus einer während des Getrenntlebens aufgenommenen unzumutbaren Tätigkeit bleiben unberücksichtigt, weil sie die Lebensverhältnisse der Ehegatten nicht dauerhaft prägen und damit als Maßstab für den nachehelichen Unterhalt ungeeignet sind. Die Beurteilung einer Tätigkeit als unzumutbar bedeutet zugleich, daß derjenige, der sie ausübt, unterhaltsrechtlich nicht gehindert ist, sie jederzeit zu beenden, gleichgültig, ob er Unterhaltsschuldner ist und möglicherweise seine Leistungsfähigkeit herabsetzt oder ob er sich in der Rolle des Unterhaltsgläubigers befindet und seine Bedürftigkeit erhöht. Nimmt ein Unterhaltsgläubiger nach der Trennung eine unzumutbare Tätigkeit auf, so geschieht dies in aller Regel nicht zur Verbesserung der beiderseitigen Lebensverhältnisse oder zur Entlastung des unterhaltspflichtigen Partners, sondern zur Erhöhung des eigenen Lebensstandards oder sonst zur Erlangung zusätzlicher Mittel. Diese Möglichkeit wird ihm durch die nach § 1577/II BGB vorgesehene Einschränkung der Anrechnung von Einkünften aus solcher Tätigkeit eröffnet. Deshalb kann sich ein Unterhaltsschuldner, dessen getrennt lebender Partner eine derartige Tätigkeit aufnimmt, bei der Gestaltung seiner eigenen Lebensverhältnisse weder auf Fortdauer dieser Tätigkeit noch darauf einrichten, durch die aus der Tätigkeit fließenden Einkünfte nachhaltig entlastet zu werden. Bei dieser Sachlage können solche Einkünfte nicht als ein die Lebensverhältnisse beider Ehegatten dauerhaft prägender Umstand gewertet werden.

b) Die Aufnahme einer unzumutbaren Tätigkeit kann außerdem als eine auf einer unerwarteten, vom Normalverlauf erheblich abweichenden Entwicklung beruhende Veränderung der Einkommensverhältnisse beurteilt werden. Deshalb bleiben derartige Einkünfte bei der Unterhaltsbemessung unberücksichtigt (BGH, FamRZ 83/146, 149 = NJW 83/

933, 935, 936 = B 80a; FamRZ 84/149, 150 = NJW 84/292, 293 = B 137d und B 159a; FamRZ 84/151, 152 = NJW 84/294, 295 = B 159b; FamRZ 84/364, 365 = B 164).

c) Dies trägt dem Grundsatz der Eigenverantwortung jedes Ehegatten für seinen eigenen Unterhalt Rechnung. Auf diesen Betrag muß sich die Klägerin ihr eigenes bereinigtes Einkommen voll anrechnen lassen (BGH, FamRZ 84/151, 153 = NJW 84/294, 295 = B 159b).

3. BGH zur Aufnahme oder Ausweitung einer Erwerbstätigkeit, die ohne die Trennung nicht erfolgt wäre

a) Einkünfte eines Ehegatten aus einer zwischen Trennung und Scheidung aufgenommenen Erwerbstätigkeit wirken sich auf die Bestimmung der ehelichen Lebensverhältnisse im Sinn von § 1578 BGB nur aus, wenn die Tätigkeit auch ohne die Trennung der Parteien aufgenommen worden wäre.

Ist das nicht der Fall oder nicht feststellbar, dann bleiben solche Einkünfte bei der Bestimmung der ehelichen Lebensverhältnisse unberücksichtigt. Der Unterhaltsbedarf wird dann allein nach dem Einkommen des anderen Ehegatten bemessen (BGH, FamRZ 84/151, 153 = NJW 84/294, 295 = B 159b; FamRZ 84/149, 150 = NJW 84/292, 293 = B 91a und B 137d; FamRZ 85/161, 162 = NJW 85/1026, 1027 = B 166c).

b) Gleiches gilt, wenn ein Ehegatte, der bereits vor der Trennung erwerbstätig war und diese Tätigkeit nach der Trennung ausweitet, etwa von einer Teilzeit- zu einer Vollzeit-Arbeit übergeht.

Der Fall, daß die Erwerbstätigkeit auch ohne die Trennung nicht aufgenommen oder ausgeweitet worden wäre, wird vom BGH auch dann bejaht, wenn die berufliche Tätigkeit zwar vor der Trennung, aber bereits im Hinblick auf das vorauszusehende Scheitern der Ehe aus Gründen der Unterhaltssicherung für sich und die Kinder ausgeweitet worden ist. Eine solche Mehrarbeit ist nicht anders zu behandeln als eine erst nach der Trennung aufgenommene Arbeit (BGH, FamRZ 84/364, 365 = B 164).

c) Der BGH begründet seine Auffassung, in solchen Fällen einen Mehrverdienst für § 1578 BGB nicht zu berücksichtigen, im wesentlichen damit, daß sich der getrennt lebende Ehegatte nach § 1361/II BGB grundsätzlich darauf verweisen lassen muß, seinen Unterhaltsbedarf durch eigene Erwerbstätigkeit selbst zu decken, wenn dies nach den gegebenen Verhältnissen von ihm erwartet werden kann. Kommt er dieser seiner Obliegenheit nach, kann dies nicht zur Folge haben, daß seine auf diese Weise erzielten Einkünfte die ehelichen Lebensverhältnisse mitbestimmen und damit den Unterhaltsbedarf der Ehegatten steigern (BGH, FamRZ 84/149, 150 = NJW 84/292, 293 = B 137d; FamRZ 81/752, 754 = NJW 81/1782, 1784 = B 137b).

d) Anders ist dies nur dann zu beurteilen, wenn die Aufnahme oder Ausweitung der Erwerbstätigkeit noch während des Zusammenlebens der Eheleute geplant oder vorauszusehen war. Dann wäre die Erwerbstätigkeit auch ohne die Trennung erfolgt und hätte die ehelichen Lebensverhältnisse mitbestimmt. Das muß dann auch für den Fall der Trennung gelten (BGH, FamRZ 84/149, 150 = NJW 84/292, 293 = B 137d).

4. BGH zu Einkommensentwicklungen, die vom Normalverlauf abweichen

Ein Grund, von den Verhältnissen im Zeitpunkt der Scheidung abzuweichen, kommt auch in Betracht, wenn das Einkommen eines oder beider Ehegatten während des Getrenntlebens der Parteien eine unerwartete, außerhalb des Normalverlaufs liegende Entwicklung genommen hat, die auch für die Bemessung des Trennungsunterhalts nach § 1361 BGB außer Betracht hätte bleiben müssen (BGH, FamRZ 82/360, 361 = NJW 82/1869 = B 153b; FamRZ 82/892, 893 = NJW 82/2439, 2440 = B 163a; FamRZ 82/575 = NJW 82/2063; FamRZ 82/576, 578 = NJW 82/1870, 1871, 1872 = B 165b; FamRZ 83/352, 353 = NJW 83/2318, 2319 = B 165a).

b) Liegen derartige ungewöhnliche Umstände vor, kann nicht mehr davon ausgegangen werden, daß die Einkommensverhältnisse der Ehegatten, wie sie sich im Zeitpunkt der Scheidung darstellen, Ausdruck der ehelichen Lebensverhältnisse seien und diese maßgeblich geprägt hätten (BGH, FamRZ 82/576, 578 = NJW 82/1870, 1872 = B 165b; FamRZ 84/149, 150 = NJW 84/292, 293 = B 137d).

c) Der BGH hat einen solchen Fall bejaht, bei dem der Beklagte ein kleines Pelzgeschäft seit der Trennung mit Hilfe seiner neuen Partnerin zu einem gutgehenden, gewinnbringenden Unternehmen mit einem Jahresumsatz von 1 Million ausgeweitet hat. An diesem ungewöhnlichen Aufschwung erhält die Ehefrau keinen Anteil, weil dieser sich nicht mehr als eine dem Normalverlauf entsprechende allgemein günstige Entwicklung der durch die Ehe begründeten Lebensverhältnisse darstellte. Der geschäftliche Aufschwung beruhte vielmehr erkennbar auf besonderen, im Verlauf der 18 Jahre andauernden Trennung der Parteien erbrachten unternehmerischen Leistungen, die ihre Grundlage nicht in den früheren gemeinsamen Arbeits- und Lebensverhältnissen der Parteien hatten. In einem solchen Fall kann nach BGH ein fiktiver Aufstockungsanspruch mit Hilfe der statistischen Jahrbücher in der Weise errechnet werden, daß das Einkommen im Zeitpunkt der Scheidung hochgerechnet wird und auf die sich hierauf ergebende Unterhaltsquote die heutigen eigenen Einkünfte der Klägerin angerechnte werden (BGH, FamRZ 82/576, 578 = NJW 82/1870, 1871, 1872 = B 165b).

d) Soweit ein Ehegatte, dessen Einkommens- und Vermögensverhältnisse sich während des Getrenntlebens in unerwarteter, außergewöhnlicher Weise verbessern, dem getrennt lebenden anderen Ehegatten – etwa aufgrund eines gerichtlichen Titels oder Vergleichs – an dieser Einkommensverbesserung teilhaben läßt, haben seine Leistungen den Lebensstandard des anderen Ehegatten entsprechend angehoben. Die Unterhaltszahlungen können in einem solchen Fall dazu führen, daß die ehelichen Lebensverhältnisse – durch ehebedingte Zuwendungen – in einer Weise mitgeprägt werden, die auch bei der Bemessung des nachehelichen Unterhaltsanspruchs mit zu beachten sind (BGH, FamRZ 82/576, 579 = NJW 82/1870, 1873 = B 163c).

5. BGH zur Beweislast

Da sich die Höhe des Anspruchs auf Trennungsunterhalt im Regelfall nach den gegenwärtigen Einkommensverhältnissen richtet, braucht der klagende Ehegatte nur diese darzulegen und zu beweisen. Für den Ausnahmefall einer unerwarteten, vom Normalverlauf erheblich abweichenden Entwicklung seit der Trennung ist der Ehegatte darlegungs- und beweispflichtig, der daraus Rechte herleiten will. Ist es der Pflichtige, muß er vortragen, welche Position er bei der Trennung erreicht hatte, wieviel er verdient hatte, worauf seine derzeitige Stellung beruht, warum eine seit Trennung unerwartete Entwicklung nicht schon während des Zusammenlebens der Parteien angelegt gewesen sei (BGH, FamRZ 83/352, 353 = NJW 83/2318, 2319 = B 97b; siehe auch Seite 104).

IV. Veränderungen nach der Scheidung (bei Änderungsklagen)

1. Überblick

a) Veränderungen nach einer Scheidung können berücksichtigt werden, wenn ihre Erwartung die ehelichen Lebensverhältnisse im Zeitpunkt der Scheidung bereits so geprägt hatte, daß Ehegatten ihren ehelichen Zuschnitt schon zu dieser Zeit im Hinblick auf die mit hoher Wahrscheinlichkeit voraussehbare Einkommensentwicklung gestalten konnten, z. B. bei vom Besoldungsdienstalter abhängigen Gehaltserhöhungen von Beamten oder bei regelmäßig zu erwartenden zukünftigen Beförderungen im öffentlichen Dienst (2).

b) Wird der Berechtigte erstmals nach der Scheidung erwerbstätig, können die ehelichen Lebensverhältnisse durch Einkünfte aus einer solchen Erwerbstätigkeit nicht mehr nachhaltig geprägt werden. Deshalb sind solche Einkünfte nach der Anrechnungsmethode voll auf den nur nach dem Einkommen des Unterhaltsverpflichteten zu bemessenden Unterhalt anzurechnen. Die Differenzmethode darf insoweit nicht angewendet werden (3).

2. BGH zur Berücksichtigung von Einkommensveränderungen nach der Scheidung

a) Sowohl nach altem wie auch nach neuem Recht schließt die Ausrichtung des Unterhaltsanspruchs an den zur Zeit der Scheidung bestehenden ehelichen Lebensverhältnissen nicht aus, auch später eintretende Veränderungen der Lebenshaltungskosten und allgemeinen Einkommensentwicklung zu berücksichtigen. Weil aber die rechtskräftige Scheidung einen Endpunkt setzt, können spätere Entwicklungen im Einzelfall nur dann rechtlich Bedeutung gewinnen, wenn ihre Erwartung die ehelichen Lebensverhältnisse bereits geprägt hat, die Ehegatten also ihren Lebenszuschnitt schon im Blick auf die bevorstehende Einkommensentwicklung gestalten konnten. So sind vom Reichsgericht die allein vom Besoldungsdienstalter abhängigen Gehaltserhöhungen von Beamten berücksichtigt worden. In jedem Fall ist es jedoch erforderlich, daß die Beruteilung, die Einkommensverhältnisse würden sich künftig mit hoher Wahrscheinlichkeit verbessern, bereits aus der Sicht der Zeitpunkts der Scheidung getroffen werden konnte. Nur dann kann eine erst erwartete Einkommenssteigerung die ehelichen Lebensverhältnisse bereits geprägt haben (BGH, FamRZ 82/895, 896 = B 166a).

b) Im Rahmen der normalen Erwartung liegende Beförderungen im öffentlichen Dienst, zu denen es regelmäßig kommt, werden üblicherweise als künftige Stationen der Einkommensentwicklung von Eheleuten schon voraussschauend auf ihren Lebenszuschnitt berücksichtigt, etwa bei Entscheidungen im Zusammenhang mit dem Aufbau einer Altersversorgung, dem Entschluß zum Erwerb eines Familienheims und den Dispositionen über die Ausbildung der Kinder. Sie prägen mithin bereits die für die Höhe des nachehelichen Unterhalts maßgebenden ehelichen Lebensverhältnisse zur Zeit der Scheidung. Deshalb kann ihnen im Fall der späteren Realisierung der Regelbeförderungserwartung sowohl nach altem wie auch nach neuem Recht ein Einfluß auf die Höhe des nachehelichen Unterhalts nicht abgesprochen werden (BGH, FamRZ 82/684, 686 = B 166b; FamRZ 85/791, 793 = NJW 85/1699, 1700 = B 166d).

c) Einkommen aus einer erst nach der Scheidung realisierten Anstellung als Kfz-Meister hat die ehelichen Lebensverhältnisse bereits bei der Scheidung geprägt, wenn der Verpflichtete die Meisterprüfung noch während der Ehe abgelegt hatte und sich seine Anstellung als Meister nur deshalb verzögert hatte, weil bei seinem Arbeitgeber erst eine entsprechende Stelle frei werden mußte (BGH, FamRZ 85/791, 793 = NJW 85/1699, 1701 = B 166d).

d) Grundsätzlich ist eine nacheheliche berufliche Entwicklung nur ausnahmsweise zu berücksichtigen. War der Verpflichtete bei Scheidung wissenschaftlicher Mitarbeiter im Hochschuldienst auf Zeit und war bei Scheidung noch ungewiß, welche Tätigkeit er nach Auslaufen des Anstellungsvertrages ausüben würde, so ist ihm eine später besser bezahlte Stellung in der Computerindustrie nicht anzurechnen, weil nicht angenommen werden kann, daß diese Stelle die ehelichen Lebensverhältnisse bereits im Zeitpunkt der Scheidung geprägt hat. Ob es der Lebenserfahrung entpricht, daß er nicht auf Dauer wissenschaftlicher Mitarbeiter bleiben würde, vielmehr nach Abschluß der Promotion eine höher dotierte Stellung erreichen werde, ist kein ausschlaggebender Gesichtspunkt (BGH, FamRZ 85/791, 793 = NJW 85/1699, 1701 = B 166b).

e) Die Frage, ob sich das für die Bemessung nach § 1578 BGB maßgebliche Einkommen erhöht, wenn nach der Scheidung Unterhaltsverpflichtungen gegenüber Kindern entfallen, weil diese selbständig geworden sind, hat der BGH noch nicht entschieden. Sie dürfte zu bejahen sein, weil die Ehegatten bereits im Zeitpunkt der Scheidung mit dem späteren Wegfall der Unterhaltspflicht rechnen konnten und ihren Lebensstandard danach gestalten konnten.

3. BGH zur Berücksichtigung von Einkommen aus einer erst nach der Scheidung aufgenommenen oder ausgeweiteten Erwerbstätigkeit

a) Bezog bei Scheidung nur einer der Ehegatten Erwerbseinkommen, so wird der nacheheliche Unterhaltsbedarf nur durch dieses bestimmt, auch wenn der Ehegatte nach der Scheidung gleichfalls eine Erwerbstätigkeit aufgenommen hat. Es darf dann die Unterhaltsbemessung nicht im Weg der Differenzberechnung erfolgen (BGH, FamRZ 81/539, 541 = NJW 81/1609, 1611 = B 161a; FamRZ 82/255, 257 = NJW 82/1873, 1875 = B 162a).

b) Bei einer erst nach der Scheidung aufgenommenen Erwerbstätigkeit ist das hieraus erzielte Einkommen nicht mehr Ausdruck der ehelichen Lebensverhältnisse der Parteien im Sinn von § 1578 BGB. Denn Veränderungen, die erst nach der Scheidung eintreten, können die ehelichen Lebensverhältnisse grundsätzlich nicht mehr bestimmen. Ausgenommen sind nur allgemeine Einkommenssteigerungen und Entwicklungen, die bereits in der Ehe angelegt waren und deshalb Ausdruck der ehelichen Lebensverhältnisse sind (BGH, FamRZ 85/161, 162, 163 = NJW 85/1026, 1027, 1028 = B 166c; FamRZ 82/684, 686 = B 166b).

c) Es entspricht ständiger Rechtsprechung des BGH, daß Einkünfte, die ein bis zur Scheidung nicht erwerbstätiger Ehegatte aus einer nach der Scheidung aufgenommenen Erwerbstätigkeit erzielt, die Lebensverhältnisse nicht mitbestimmt. Dieser Grundsatz gilt auch, wenn der Berechtigte nach der Scheidung zwar nicht erstmalig eine Erwerbstätigkeit aufgenommen hat, jedoch seine während der Ehe ausgeweitete Halbtagsbeschäftigung nach der Scheidung zu einer Vollerwerbstätigkeit ausweitet (BGH, FamRZ 85/161, 162, 163 = NJW 85/1026, 1027, 1028 = B 166c).

Der BGH hat es in dieser Entscheidung offengelassen, wie der Fall zu entscheiden gewesen wäre, wenn die Parteien bereits vor der Trennung geplant hätten, daß der Berechtigte nach Beendigung der Betreuungsbedürftigkeit des Kindes eine Vollerwerbstätigkeit aufnehmen soll.

4. Berücksichtigung von fiktiv anzurechnenden Einkünften, wenn der Berechtigte nach der Scheidung keine zumutbare Erwerbstätigkeit aufnimmt.

War der Verpflichtete im Zeitpunkt der Scheidung allein erwerbstätig, wurden die ehelichen Lebensverhältnisse nur durch sein Einkommen maßgeblich geprägt. Demgemäß ist auch für die Bemessung des Aufstockungsunterhalts grundsätzlich nur von diesem seinem Einkommen auszugehen. Von dem so errechneten Unterhalt ist unter Anwendung der Anrechnungsmethode (nicht Differenzmethode) der Betrag voll abzuziehen, den sich der Berechtigte als fiktives Einkommen nach der Scheidung wegen Nichtaufnahme einer zumutbaren Erwerbstätigkeit anrechnen lassen muß (BGH, FamRZ 85/374, 375, 376 = B 153h; FamRZ 85/908, 910).

5. Leitlinien zur Erwerbstätigkeit nach Trennung oder Scheidung

a) OLG Hamm. Für den Fall, daß einer der Ehegatten erst nach der Trennung oder Scheidung eine Erwerbstätigkeit aufgenommen hat, besteht unter den Richtern der Hammer Familiensenate angesichts der Rechtsprechung des BGH keine volle Übereinstimmung. Einhelligkeit besteht jedoch darüber, daß der Anspruch auf jeden Fall nach oben begrenzt wird durch den Bedarf nach den ehelichen Lebensverhältnissen und daß kein Anspruch mehr besteht, wenn das eigene Einkommen diesen Bedarf deckt (H.L. 3.30).

b) OLG Bremen. Hat einer der Ehegatten erst nach der Trennung oder Scheidung eine Erwerbstätigkeit aufgenommen, so kann dies je nach den ehelichen Lebensverhältnissen des Einzelfalls nach der BGH-Rechtsprechung zur Anwendung der Anrechnungs- oder Differenzmethode führen (B.L. B 3d).

c) OLG Celle. Wenn der Unterhaltsberechtigte erst nach der Trennung oder Ehescheidung eine Erwerbstätigkeit aufgenommen hat, ist zu beachten, ob die ehelichen Lebensverhältnisse allein durch das Einkommen des anderen Ehegatten bestimmt wurden. Der danach zu bemessende volle Unterhalt im Sinn von § 1578 BGB darf durch das eigene anzurechnende Einkommen und den zu leistenden Unterhalt nicht überschritten werden. Auf die Rechtsprechung des BGH zur sog. Anrechnungsmethode wird verwiesen. Bei der Ermittlung des vollen Unterhaltsbedarfs im Sinn von § 1578 BGB sind das bisher für den gemeinsamen Bedarf verfügbare Einkommen sowie die trennungsbedingten Mehrkosten zu berücksichtigen, die im Einzelfall festgestellt oder geschätzt werden müssen. Im allgemeinen kann ein Betrag in Höhe von 60 bis 65 % des vor der Trennung verfügbaren Einkommens als Anhaltspunkt dienen (C.L. III 1).

V. Trennungsbedingter Mehrbedarf

1. Überblick

a) Mit der Trennung kann infolge getrennter Wohnungen und getrennter Haushaltführung sowohl auf seiten des Berechtigten, wie auch auf seiten des Pflichtigen ein trennungsbedingter Mehrbedarf entstehen. Dies spielt in der Regel eine Rolle bei der Bemessung des Trennungsunterhalts. Sofern ein trennungsbedingter Mehrbedarf besteht, ist er nach BGH zu berücksichtigen. Seine Höhe darf allerdings nicht nach einem prozentualen Anteil des Bedarfs während der Ehe bemessen werden bzw. tatrichterlich unter Berücksichtigung der Umstände des Einzelfalls ermittelt werden (2).

b) Wird der Ehegattenunterhalt, wie in der Regel, nach Quoten bemessen und ist kein Teil des Einkommens für die Vermögensbildung verwendet worden, bewirkt ein zu berücksichtigender trennungsbedingter Mehrbedarf (wie auch sonstiger Mehrbedarf) einen Mangelfall, weil das zu verteilende Einkommen nicht ausreicht, um den Gesamtbedarf zu decken (§§ 1578, 1577/II und 1581 BGB).

Bei einer Doppelverdienerehe ist in solchen Mangelfällen die Differenzmethode bei durchschnittlichen Einkommensverhältnissen regelmäßig geeignet, auch einen beiderseitigen trennungsbedingten Mehrbedarf angemessen mit zu berücksichtigen.

Hat nur der Unterhaltspflichtige Einkünfte und besteht auf beiden Seiten ein trennungsbedürfiger Mehrbedarf, wird dieser in der Regel durch die übliche Quote mitabgedeckt, weil nicht mehr verteilt werden kann, als es Verteilungsmasse gibt (3).

c) Beim nachehelichen Unterhalt erscheint es zweifelhaft, ob in der Regel noch ein trennungsbedingter Mehrbedarf anzuerkennen sein wird, vor allem, wenn die Scheidung erst nach jahrelanger Trennung erfolgt, wenn sich die Einkommensverhältnisse während der Trennungszeit erheblich verändert haben oder wenn die Eheleute ihre Verhältnisse während der Trennungszeit bereits ganz auf den jeweils neuen Lebenszuschnitt eingerichtet haben (4).

d) Hat der Pflichtige während der Ehe einen Teil seiner Einkünfte zur Vermögensbildung verwendet, darf er die Vermögensbildung bei Bejahung eines trennungsbedingten Mehrbedarfs nicht mehr fortsetzen, sondern muß diesen Teil seines Einkommens zur Deckung des Mehrbedarfs verwenden. Desgleichen kann ein Eigenverdienst des Berdürftigen auf einen durch Zahlung des Pflichtigen nicht abgedeckten eigenen trennungsbedingten Mehrbedarf angerechnet werden (5).

2. BGH zur Berücksichtigung und Ermittlung von trennungsbedingtem Mehrbedarf beim Trennungsunterhalt

a) Trennungsbedingter Mehrbedarf (für getrennte Wohnung und Haushaltsführung) ist grundsätzlich zu berücksichtigen. Seine Höhe darf nicht nach einem pauschalen prozentualen Anteil des Bedarfs während der Ehe bemessen werden. Vielmehr sind die Mehrkosten konkret vom Bedürftigen darzulegen und vom Tatrichter unter Berücksichtigung der Umstände des Einzelfalls unter Zuhilfenahme von allgemeinen Erfahrungssätzen nach § 287 ZPO zu ermitteln (BGH, FamRZ 84/151, 153 = NJW 84/294, 296 = B 168a; FamRZ 82/255, 257 = NJW 82/1873, 1875 = B 162a; FamRZ 83/886, 887 = NJW 83/2321 = B 168d; FamRZ 83/146, 149 = NJW 83/933, 936 = B 80a; FamRZ 84/149, 151 = NJW 84/292, 294 = B 168b; FamRZ 84/772, 773, 774 = B 168e). Trennungsbedingter Mehrbedarf ist nicht zu berücksichtigen, wenn er nicht geltend gemacht wird (BGH, FamRZ 85/374, 376 = B 153h).

b) Trennungsbedingter Mehrbedarf kann auch auf seiten des Verpflichteten anfallen und im Rahmen einer umfassenden tatrichterlichen Würdigung zu berücksichtigen sein (BGH, FamRZ 83/886, 887 = NJW 83/2321 = B 168d; FamRZ 82/255, 257 = NJW 82/1873, 1875 = B 162a; FamRZ 84/772, 773, 774 = B 168e).

3. BGH zum trennungsbedingten Mehrbedarf in Mangelfällen

a) Wenn bei einer Doppelverdienerehe der Unterhaltsanspruch nach der Differenzmethode ermittelt wird, so ist es in sog. Mangelfällen, in denen für die Deckung des durch die Trennung erhöhten Bedarfs nicht mehr Mittel zur Verfügung stehen als für die Bedarfsdeckung während des Zusammenlebens, die Differenzmethode jedenfalls bei durchschnittlichen Einkommen regelmäßig geeignet, auch dem beiderseitigen Mehrbedarf angemessen Rechnung zu tragen. Andernfalls muß der Mehrbedarf vom Unterhaltsgläubiger konkret dargelegt und unter Berücksichtigung der Umstände des Einzelfalls tatrichterlich ermittelt werden (BGH, FamRZ 84/149, 151 = NJW 84/292, 294 = B 168b; FamRZ 82/892, 893, 894 = NJW 82/2439, 2440 = B 153a; FamRZ 84/358, 359 = NJW 84/1237, 1238 = B 168c).

b) Bei der Feststellung eines nicht gedeckten trennungsbedingten Mehrbedarfs auf seiten des Bedürftigen bestehen grundsätzlich keine Bedenken, einen Eigenverdienst des Bedürftigen auf seinen höheren Bedarf anzurechnen. Fallen solche Mehrkosten auch auf seiten des Verpflichteten an, ist auch dessen Mehrbedarf im Rahmen einer umfassenden tatrichterlichen Würdigung angemessen mitzuberücksichtigen (BGH, FamRZ 82/255, 257 = NJW 82/1873, 1875 = B 162a).

4. BGH zum trennungsbedingten Mehrbedarf beim Scheidungsunterhalt

Es erscheint zweifelhaft, ob ein für die Zeit der Trennung berücksichtigter Mehrbedarf in gleicher Weise nach jahrelanger Trennung auch noch für den Zeitpunkt der Scheidung zutrifft, wenn in der Zwischenzeit das Einkommen des Verpflichteten erheblich gestiegen ist. Jedenfalls müßte ein noch bestehender etwaiger Mehrbedarf konkret dargelegt und unter Berücksichtigung der Umstände des Einzelfalls, wenn auch gegebenenfalls unter Heranziehung allgemeiner Erfahrungssätze nach § 287 ZPO tatsächlich ermittelt werden. Die Höhe des Mehrbedarfs kann nicht generell bestimmt und nach einem prozentualen Anteil während der Ehe festgelegt werden (BGH, FamRZ 84/151, 153 = NJW 84/294, 296 = B 168a).

5. BGH zum trennungsbedingten Mehrbedarf und zur Vermögensbildung

Wenn der in der Ehe übliche Lebensstandard wegen des trennungsbedingten Mehrbedarfs durch die zur Verfügung stehenden Mittel nicht mehr voll gedeckt wäre, darf der Pflichtige nach der Scheidung nicht mehr einseitig zu seinen Gunsten eine Vermögensbildung fortsetzen und sich gegenüber dem Bedürftigen nicht auf mangelnde Leistungsfähigkeit berufen (BGH, FamRZ 84/149, 151 = NJW 84/292, 294 = B 168b).

VI. Vorabzug des Kindesunterhalts vom Nettoeinkommen vor Quotenberechnung

1. Überblick

a) Von dem nach den ehelichen Lebensverhältnissen angemessenen Bedarf ist vor Errechnung der Unterhaltsquote der Unterhaltsbedarf für Kinder abzuziehen, weil auch dieser bei bestehender Ehe von den Eheleuten für die Kinder verwendet werden mußte und daher nicht zum Verbrauch für eigene Bedürfnisse zur Verfügung gestanden hätte.

b) Danach ist vom bereinigten Nettoeinkommen der volle Tabellenbetrag für minderjährige Kinder und der angemessene Betrag für Volljährige abzuziehen, und zwar ohne Vorabzug von Kindergeld, weil es sich bei dem Kindergeld um einen Verrechnungsposten der Eltern handelt und nicht um ein anzurechnendes Kindeseinkommen. So im Ergebnis auch OLG Bamberg, FamRZ 81/59, OLG Hamburg, FamRZ 84/706, KG, FamRZ 82/386 und FamRZ 84/898 sowie OLG Hamm (H.L. 3.36). Bei Mangelfällen sind angemessene Kürzungen vorzunehmen (2 und 3).

c) Der Vorwegabzug von Kindesunterhalt entspricht der obergerichtlichen Rechtsprechung, jedenfalls soweit es sich um Unterhalt für Minderjährige handelt (siehe dazu die Leitlinien zu 3) Seite 218f.).

Er gilt aber auch für Volljährige (BGH, FamRZ 84/151, 153 = NJW 84/294, 296 = B 168a; FamRZ 81/241, 242 = NJW 81/753 = B 167a; FamRZ 85/912, 916; FamRZ 85/912, 916 = NJW 85/2713, 2716; KG, 84/898; OLG Köln, FamRZ 81/966, 968 und OLG Koblenz, FamRZ 84/270).

aa) Der eigentliche Grund für die Berechtigung des Vorabzugs besteht darin, daß auch bei intakter Ehe der Teil des Einkommens, der für den Unterhalt der Kinder (minderjährige und volljährige) verwendet werden mußte, für den Lebensbedarf der Eheleute ähnlich wie abzugsfähige Sozialversicherungsbeiträge und sonstige abzugsfähige Verbindlichkeiten nicht zur Verfügung gestanden hatte. Deshalb kann dieser Teil des Einkommens auch nicht die ehelichen Lebensverhältnisse im Sinn des § 1578 BGB nachhaltig geprägt haben. Außerdem war während bestehender Ehe vorhersehbar, daß die Kinder bis zu ihrer Selbständigkeit einen altersgemäß sich steigernden Bedarf haben werden und daß dieser Bedarf von den Eltern als Unterhaltsverpflichtung erfüllt werden muß. Deshalb können auch die ehelichen Lebensverhältnisse nach § 1578 BGB im Zeitpunkt der Scheidung nicht durch den Einkommensteil geprägt worden sein, der konkret und voraussehbar für den Unterhalt der Kinder verwendet werden muß (BGH, FamRZ 85/912, 916 = NJW 85/2713, 2716).

bb) Ferner würde ohne einen solchen Vorwegabzug der Grundsatz der gleichmäßigen Teilhabe der Ehegatten am ehelichen Lebensstandard verletzt. Denn wenn die Ehegattenquote ohne Vorwegabzug des Kindesunterhalts errechnet würde, dann hätte der Verpflichtete aus seinem gleichwertigen Quotenanteil zusätzlich den Kindesunterhalt zu zahlen. Es bliebe ihm dann stets im Ergebnis weniger zur Befriedigung seines eigenen Lebensbedarfs als dem unterhaltsberechtigten Ehegatten. Dies wäre nach BGH nicht zulässig (siehe Seite 221 f.).

cc) Aus dieser Begründung folgt zwingend, daß der Vorwegabzug nicht nur bei Kindern gilt, die im Haushalt eines Elternteils leben, weil dann ohnehin alle Unterhaltsbeträge allen Berechtigten zugute kommen (so z. B. OLG Bamberg, FamRZ 81/59), sondern auch bei Kindern mit eigenem Hausstand.

d) Diesem Ergebnis stehen Rangverhältnisse nicht entgegen (z. B. §§ 1609 und 1582 BGB), weil die Rang- und Konkurrenzfragen auf der Ebene der Ermittlung des angemessenen Unterhalts im Sinn von § 1578 BGB ohne Bedeutung sind. Diese sind ein Sonderproblem der Leistungsfähigkeit und werden dann erst relevant, wenn zu prüfen ist, ob der nach § 1578 BGB ermittelte angemessene Unterhalt vom Verpflichteten wegen beschränkter Leistungsfähigkeit nicht erfüllt werden kann. Rangverhältnisse werden erst in sog. Mangelfällen rechtlich bedeutsam (siehe Seite 268 ff.).

e) Nach der Rechtsprechung des BGH können sich Eltern sogar einigen über eine unterhaltsmäßig gleichrangige Behandlung minderjähriger und volljähriger Kinder. Dann besteht auch kein Vorrangverhältnis (BGH, FamRZ 81/341, 343 = B 197g). Haben die Eheleute vor der Trennung beschlossen, ihrem volljährigen Kind ein Studium zu finanzieren, so entfällt nach OLG Frankfurt ein Vorrang des Ehegatten vor dem Ausbildungsunterhaltsanspruch des Kindes. Die Regel des § 1609/II BGB ist bei einem solchen Entschluß stillschweigend abbedungen (OLG Frankfurt, FamRZ 84/176, 177).

f) Ist der zum Ehegattenunterhalt Verpflichtete bezüglich eines oder mehrerer Kinder sorgeberechtigt und kommt er im übrigen allein für den gesamten Kindesunterhalt auf, weil der andere Elternteil nicht leistungsfähig ist, dann kann vor Errechnung der Ehegattenquote nicht nur der nach seinem Einkommen zu berechnende Tabellenunterhalt abgezogen werden, sondern zusätzlich ein weiterer Betrag zur Abgeltung seiner nach § 1606/III S. 2 BGB als gleichwertig zu beurteilenden Betreuungsleistungen. Eine solche Erhöhung des Tabellenbetrags soll die mit den Betreuungsleistungen des Sorgeberechtigten verbundenen erhöhten Belastungen auffangen, indem sie ihm als Ausgleich für die Betreuung einen größeren Spielraum für die Befriedigung eigener Bedürfnisse gewährt. Der BGH hat dies zwar entschieden zur Unterhaltsbemessung bei Betreuungsleistungen für ein behindertes Kind. Die gleichen Grundsätze müssen aber auch gelten, wenn der sorgeberechtigte Elternteil allein für den gesamten Kindesunterhalt (Bar- und Betreuungsunterhalt) aufkommt. Im Regelfall wird es angebracht sein, den Tabellenunterhalt zum Ausgleich der mit den Betreuungsleistungen verbundenen Mehrbelastungen um etwa die

Hälfte zu erhöhen. Unabhängig hiervon können Kosten, die für die Betreuung der Kinder an Dritte geleistet werden müssen, um einer Erwerbstätigkeit nachgehen zu können, als berufsbedingte Aufwendungen abgezogen werden.

2. BGH zum Vorabzug des Kindesunterhalts vom Nettoeinkommen bei minderjährigen und volljährigen Kindern

a) Der Vorwegabzug von Unterhaltsbeträgen für Kinder entspricht der Berechnungsweise der DT und der HL (= Tabellenbetrag ohne Abzug von Kindergeld) und ist für den Regelfall nicht zu beanstanden, wenn die sich daraus ergebende Verteilung der zum Unterhalt von Ehegatten und Kindern zur Verfügung stehenden Mittel nicht in einem Mißverhältnis zum wechselseitigen Lebensbedarf der Beteiligten steht (BGH, FamRZ 81/241, 242 = NJW 81/753 = B 167a; FamRZ 82/579, 581 = NJW 82/1594 L = B 167b).

b) Die Tatsache, daß neben dem Elementarunterhalt auch Vorsorgeunterhalt beansprucht wird, ist für die Berechnung des Kindesunterhalts unerheblich. Der Umfang des Ehegattenunterhalts wird in der Regel erst nach Abzug des Kindesunterhalts von dem anrechenbaren Nettoeinkommen des Unterhaltspflichtigen bestimmt und beeinflußt daher die Höhe des Kindesunterhalts nicht (BGH, FamRZ 82/887, 888 = NJW 82/1983, 1984 = B 118).

c) Von dem maßgeblichen Nettoeinkommen ist vor der quotenmäßigen Aufteilung der Unterhalt für minderjährige und volljährige Kinder abzuziehen (BGH, FamRZ 84/151, 153 = NJW 84/294, 296 = B 168a; FamRZ 81/241, 242 = NJW 81/753 = B 167a). Der Vorwegabzug unterbleibt nur, wenn der angemessene Bedarf des Berechtigten durch die verbleibenden Einkünfte nicht mehr gedeckt wird (BGH, FamRZ 85/912, 916 = NJW 85/2713, 2716).

3. Leitlinien zum Vorabzug des Kindesunterhalts

a) OLG Düsseldorf. Monatliche Unterhaltsrichtsätze des berechtigten Ehegatten mit von ihm versorgten gemeinsamen unterhaltsberechtigten minderjährigen Kindern wie zu I bzw. II, jedoch wird vorab der Kindesunterhalt (Tabellenbetrag ohne Abzug von Kindergeld) vom Nettoeinkommen des Pflichtigen abgezogen (D.T. B III).

b) OLG Hamm. Die Kinder erhalten den Tabellenunterhalt wie zu II (Ziff. 17), der Ehegatte die Sätze wie zu III (Ziff. 27 ff.). Bei der Berechnung des Ehegattenunterhalts ist jedoch vom anrechenbaren Einkommen des Pflichtigen vorab der volle Tabellenunterhalt der Kinder abzusetzen, und zwar ohne Berücksichtigung der erst später vorzunehmenden Erhöhung oder Anrechnung des Kindergeldes entsprechend Ziff. 15 (H.L. 4.36).

c) OLG Köln. Vorweg ist vom unterhaltspflichtigen Einkommen in der Regel der Unterhalt für minderjährige Kinder (Tabellensatz ohne Kindergeldabzug) abzuziehen.

Betreut der Barunterhaltspflichtige ein gemeinsames Kind, ist auch der Wert der Betreuungsleistungen in angemessener Weise abzuziehen (K.L. 6.1.).

d) OLG Bremen. Soweit der Ehegattenunterhalt nach Vorwegabzug des Unterhalts der minderjährigen Kinder ermittelt werden soll, ist der Kindesunterhalt vom Einkommen des Unterhaltspflichtigen in Höhe des vollen Tabellensatzes nach der Düsseldorfer Tabelle und nicht der bereits um 1/2-Kindergeldanteil geminderte Zahlbetrag vorweg abzusetzen (B.L. A 1b und B 1).

e) OLG Celle. Bei einer Unterhaltspflicht gegenüber Ehegatten und Kindern ist, soweit nicht wegen mangelnder Leistungsfähigkeit eine Kürzung zu erfolgen hat, der Kindesunterhalt in Höhe der Bedarfssätze der Düsseldorfer Tabelle vom anrechenbaren Einkommen vorweg abzuziehen. Dabei wird davon ausgegangen, daß das Kindergeld sowie eigenes Einkommen des Kindes je zur Hälfte dem barunterhaltspflichtigen und dem naturalunterhaltspflichtigen Elternteil zugute kommen und sich daher auf die Differenz der beiderseits anrechenbaren Einkommensbeträge nicht auswirken (C.L. III 2).

f) OLG Stuttgart. Außerdem sind vom Nettoeinkommen der geschuldete Barunterhaltsbedarf der Kinder und solche Verbindlichkeiten abzuziehen, die schon die ehelichen Lebensverhältnisse geprägt haben (St.L. II).

g) OLG Frankfurt. Monatliche Unterhaltsrichtsätze des berechtigten Ehegatten mit von ihm versorgten gemeinsamen unterhaltsberechtigten minderjährigen Kindern: Wie zu I bzw. II, jedoch wird vorab der Kindesunterhalt (Tabellenbetrag ohne Abzug von Kindergeld) vom bereinigten Nettoeinkommen des Pflichtigen abgezogen (F.L. B III).

Hat der unterhaltspflichtige Ehegatte auch minderjährige Kinder zu alimentieren, so wird der für sie aus der D.T. abgelesene Richtsatz (hier ohne Berücksichtigung des Kindergeldes) oder der sonst konkret errechnete Unterhaltsbedarf vorab von seinem bereinigten Nettoeinkommen abgezogen und erst von dem so verminderten Betrag der Ehegattenunterhalt quotenmäßig errechnet. Wird das Kind volljährig, so wird nunmehr erst der Ehegattenunterhalt quotenmäßig von dem unverminderten Nettoeinkommen des Unterhaltspflichtigen errechnet und dann der Kindesunterhalt wie üblich – aus der Tabelle – richtsatzmäßig abgelesen (F.W. in DAV 84/247).

4. Abschnitt: Bemessung des Elementarunterhalts nach Ehegattenquoten und Berechnungsmethoden bei beiderseitigem Einkommen der Ehegatten

I. Unterhaltsbedarf und Elementarunterhalt

1. Überblick

a) Der nach den ehelichen Lebensverhältnissen geschuldete Unterhalt umfaßt den gesamten Lebensbedarf. Dazu zählt in erster Linie der laufende Unterhalt nach §§ 1361/IV und 1578/I BGB, der auch Elementarunterhalt genannt wird. Dieser Elementarunterhalt wird normalerweise durch Zahlung einer Geldrente gewährt. Mit ihm müssen alle Aufwendungen abgedeckt werden, die regelmäßig anfallen und die für die Parteien nach dem gewöhnlichen Lauf der Dinge voraussehbar sind. In diesem Elementarunterhalt sind in der Regel auch die Kosten einer Schul- oder Berufsausbildung, Fortbildung oder Umschulung nach § 1578/II BGB (= Ausbildungsunterhalt) enthalten.

Neben dem Elementarunterhalt gibt es noch besondere Unterhaltsteile wie den Altersvorsorgeunterhalt (§§ 1578/III, 1361/I und II BGB, den Krankheitsvorsorgeunterhalt (§ 1578/II BGB und den Sonderbedarf (§§ 1585b/I und 1630/II BGB). Hierbei handelt es sich um Unterhaltsteile, die in der Ehegattenquote nicht enthalten sind und deshalb gesondert geltend zu machen sind. Es sind unselbständige Teile des einheitlichen Unterhaltsanspruchs, die sich der Höhe nach allerdings gegenseitig beeinflussen. Genaueres zum Alters- und Krankheitsvorsorgeunterhalt Seite 229ff. sowie zum Sonderbedarf Seite 298ff. (2).

b) Der Betrag des angemessenen Elementarunterhalts bestimmt sich zwar grundsätzlich nach den Umständen des Einzelfalls. Der BGH hat aber die übliche Rechtspraxis gebilligt, daß bei der Betragsbemessung von Richtsätzen (Ehegattenquoten) ausgegangen wird. Der Unterhaltsbedarf bestimmt sich in diesen Fällen nach einer Quote (= Ehegattenquote) des nach den ehelichen Lebensverhältnissen im Sinn der Ausführungen in Abschnitt 3 zu berücksichtigenden Einkommens. Die wichtigsten, von den Oberlandesgerichten angewandten Quoten sind 3/7 : 4/7 und 2/5 : 3/5. Genaueres dazu Seite 222ff. Wenn und soweit die ehelichen Lebensverhältnisse durch das Einkommen beider Ehegatten bestimmt worden sind, wird das für den Quotenunterhalt maßgebliche Einkommen nach der Differenzmethode errechnet. Ein Einkommen des Berechtigten, das die maßgeblichen Lebensverhältnisse nicht geprägt hat, bleibt bei der Differenzmethode unberücksichtigt. Solche Einkünfte werden nachträglich auf den errechneten Quotenunterhalt angerechnet (Anrechnungsmethode). Genaueres dazu Seite 225ff. in Verbindung mit den Ausführungen Seite 210ff.

Wird der Ehegattenunterhalt nach einer Einkommensquote bemessen, besteht eine wechselseitige Abhängigkeit zwischen den unselbständigen Unterhaltsbestandteilen (Elementarunterhalt, Vorsorgeunterhalt und Sonderbedarf), die eine Trennung des hierauf bezogenen Streitstoffes ausschließt. So hat z. B. eine veränderte Bemessung des Vorsorgeunterhalts Auswirkungen auf die Bemessung des Elementarunterhalts (3).

c) Bei besonders günstigen wirtschaftlichen Verhältnissen des Pflichtigen kann der Unterhaltsbedarf auch konkret ermittelt werden. Er bemißt sich dann nicht nach einer Einkommensquote.In einem solchen Fall besteht auch keine wechselseitige Abhängigkeit zwischen Elementarunterhalt und Vorsorgeunterhalt (4).

2. BGH zum Elementarunterhalt und zu besonderen Unterhaltsteilen

a) Der als Elementarunterhalt zu gewährende Lebensbedarf umfaßt den gesamten Lebensbedarf des Berechtigten. Dazu gehört auch ein angemessener Wohnbedarf (BGH,

FamRZ 84/358, 360 = NJW 84/1237, 1238 = B 26a; FamRZ 85/471, 472, 473 = B 28a; FamRZ 85/357, 358, 359 = NJW 85/909, 911 = B 28b; genaueres dazu Seite 45ff.).

b) Bei dem Anspruch auf Altersvorsorgeunterhalt, auf Bezahlung der Kosten einer angemessenen Krankenversicherung und der Kosten einer Schul- oder Berufsausbildung, einer Fortbildung oder Umschulung handelt es sich um unselbständige Bestandteile des einheitlichen, den Lebensbedarf betreffenden Unterhaltsanspruchs. Solche Teile können nicht im Weg einer objektiven Klagenhäufung oder isoliert geltend gemacht werden. Wird der Unterhalt, wie in der Praxis üblich, nach Quoten des Einkommens bemessen, so besteht eine wechselseitige Abhängigkeit zwischen Elementar- und Vorsorgeunterhalt, die eine Trennung des hierauf bezogenen Streitstoffes ausschließt. Eine Änderung des Vorsorgeunterhalts hat Auswirkungen auf die Bemessung des Elementarunterhalts (BGH, FamRZ 82/255, 257 = NJW 82/1873, 1874 = B 169 und B 174d; FamRZ 82/465, 466 = NJW 82/1875, 1876 = B 173f und B 146b).

c) Die Leistungsfähigkeit des Unterhaltsverpflichteten ist für Elementar- und Vorsorgeunterhalt einheitlich zu beurteilen. Es handelt sich insoweit um unselbständige Teile eines einheitlichen Unterhaltsanspruchs, die sich der Höhe nach gegenseitig beeinflussen (BGH, FamRZ 82/890, 892 = NJW 82/2438, 2439 = B 174b).

d) Zwischen geschiedenen Ehegatten besteht keine Prozeßkostenvorschußpflicht, weil § 1360a/IV BGB auf § 1578 BGB nicht entsprechend anzuwenden ist (BGH, FamRZ 84/148, 149 = NJW 84/291, 292 = B 137c).

3. BGH zur Unterhaltsbemessung nach Quoten

a) Der Betrag des angemessenen Unterhalts bestimmt sich zwar nach den Umständen des Einzelfalls. Bei der Bemessung des Betrags kann aber von Richtsätzen ausgegangen werden, die auf die gegebenen Verhältnisse abgestimmt sind und der Lebenserfahrung entsprechen, soweit nicht im Einzelfall besondere Umstände eine Abweichung bedingen (BGH, FamRZ 79/692, 693, 694 = NJW 79/1985, 1986 = B 170; FamRZ 69, 205 = NJW 69/919).

b) Die Bemessung des Unterhalts nach Quoten dient dem Zweck, die für den allgemeinen Lebensbedarf der Ehegatten verfügbaren Einkünfte entsprechend dem Grundsatz der gleichmäßigen Teilhabe an den ehelichen Lebensverhältnissen angemessen zu verteilen (BGH, FamRZ 82/890, 891 = NJW 82/2438, 2439 = B 174b). Genaueres zum Grundsatz der gleichmäßigen Teilhabe beider Ehegatten am ehelichen Lebensstandard und zu den Ehegattenquoten siehe Seite 221 ff., zur Berechnung des Quotenunterhalts Seite 225 ff.

4. BGH zur Unterhaltsbemessung bei besonders günstigen wirtschaftlichen Verhältnissen

In Fällen besonders günstiger wirtschaftlicher Verhältnisse des Verpflichteten kann der Elementarunterhalt statt nach einer Einkommensquote nach dem konkreten Bedarf des Berechtigten bemessen werden. In solchen Fällen dient das Einkommen nicht ausschließlich dem Unterhalt der Parteien sondern wurde während der gemeinsamen Zeit vor allem auch zur Vermögensbildung verwendet. Bei einer konkreten Unterhaltsbemessung besteht keine Notwendigkeit zur zweistufigen Berechnung des Vorsorgeunterhalts. Diese soll beim Quotenunterhalt nur sicherstellen, daß nicht zu Lasten des Verpflichteten vom Grundsatz der gleichmäßigen Teilhabe der Ehegatten an den ehelichen Lebensverhältnissen abgewichen wird (BGH, FamRZ 82/1187, 1188 = B 162d). Siehe dazu ferner die Ausführungen zur Sättigungsgrenze Seite 205f. und zur Vermögensbildung Seite 206f.

5. F.W. zu Unterhaltsteilen

Ist nach allem ein nachehelicher Unterhaltsanspruch dem Grunde nach gegeben, so geht es nunmehr um dessen höhenmäßige Berechnung, die sich auch hier u.a. wieder entsprechend der D.T. bemißt. Dabei ist vorab zu beachten die Unterscheidung zwischen

- Elementar-(Basis)Unterhalt einerseits, der der Abdeckung der täglichen Bedürfnisse dient, und
- Vorsorgeunterhalt andererseits, der der Krankheitsabsicherung und insbesondere der Fortsetzung des Versorgungsausgleichs dient.

Erst beide Teile bilden den einheitlichen Unterhaltsanspruch, was Bedeutung für die Rechtsmittel und insbesondere für die Rechtskraft hat. Ein in der Klage und dementsprechend im Urteil „vergessener" Vorsorgeunterhalt kann also nicht mehr im Weg einer (weiteren) Zusatzklage geltend gemacht werden (F.W. in DAV 84/245).

II. Grundsatz der gleichmäßigen Teilhabe beider Ehegatten am ehelichen Lebensstandard und Ehegattenquote

1. Überblick

a) Es entspricht ständiger Rechtsprechung des BGH, daß bei der Unterhaltsbemessung an sich jedem Ehegatten grundsätzlich die Hälfte des anrechnungsfähigen Einkommens zuzubilligen ist, weil die Ehegatten grundsätzlich in gleicher Weise am ehelichen Lebensstandard teilnehmen. Dieser Grundsatz ist sowohl bei der Betragsbemessung nach Quoten zugunsten des Berechtigten als auch beim Verpflichteten zu beachten, wenn ihm aufgrund der Unterhaltsbemessung weniger als die Hälfte verbleiben würde.

Diesem Grundsatz widersprechen beim erwerbstätigen Ehegatten unterschiedliche Quoten nicht, weil dadurch der Anreiz zur Erwerbstätigkeit gesteigert wird und in maßvoller Weise auch einem erhöhten berufsbedingten Mehrbedarf Rechnung getragen wird. Eine Quotierung, die diese Umstände berücksichtigt, kommt nach Ansicht des BGH praktisch einer hälftigen Aufteilung gleich (2).

b Mit dieser Begründung hat der BGH Quotierungen von $4/7 : 3/7$, $3/5 : 2/5$ und $2/3 : 1/3$ anerkannt, nicht aber eine Quotierung von $1/4 : 3/4$ (3).

c) Bei Rentnern und Erwerbslosen, bei denen die Gründe Arbeitsanreiz und erhöhter arbeitsbedingter Aufwand fehlen, bedarf es nach BGH bei einer Abweichung vom Grundsatz der gleichmäßigen Teilhabe beider Ehegatten am ehelichen Lebensstandard besonderer anderer Gründe, die tatrichterlich im konkreten Fall festzustellen sind. Sonst gilt die Quote 50 : 50. Entsprechendes trifft zu auf Erwerbseinkommen aus Kapital- und Grundvermögen, weil auch hier die Gründe Arbeitsanreiz und arbeitsbedingte Aufwendungen in der Regel fehlen. Andererseits hat der BGH beim Erwerbseinkommen eine über den Quotenunterhalt hinausgehende Zahlungsverpflichtung (Vorsorgeunterhalt) abgelehnt mit der Begründung, sie störe das Gleichgewicht, weil die Quotierung in Wirklichkeit bereits einer hälftigen Verteilung entspreche (4).

d) In der Rechtsprechung werden im Normalfall weitgehend in Übereinstimmung mit den Empfehlungen der D.T. Quoten von $3/7 : 4/7$ angewandt, teilweise auch Quoten von $2/5 : 3/5$. Der nicht verdienende Teil erhält die niedrigere Quote des anrechnungsfähigen Nettoeinkommens. Hat der Berechtigte eigenes, aber niedrigeres Einkommen, erhält er den niedrigeren Quotenbetrag aus dem Differenzeinkommen. Von solchen konkreten Quoten kann nach den Umständen des Falls abgewichen werden, vor allem wenn Billigkeitsgesichtspunkte eine Rolle spielen (5).

2. BGH zum Grundsatz der gleichmäßigen Teilhabe am ehelichen Lebensstandard

a) Es entspricht der ständigen Rechtsprechung des BGH, daß bei der Bemessung des Trennungsunterhalts und des Scheidungsunterhalts an sich jedem Ehegatten die Hälfte des anrechnungsfähigen Einkommens zuzubilligen ist, weil die Ehegatten grundsätzlich in gleicher Weise am ehelichen Lebensstandard teilnehmen (BGH, FamRZ 79/692, 694 = NJW 79/1985, 1986 = B 170; FamRZ 81/442, 444 = NJW 81/1556, 1558 = B 173c; FamRZ 81/1165, 1166 = NJW 82/41, 42 = B 171a; FamRZ 82/894, 895 = NJW 82/2442, 2443 = B 171b; FamRZ 83/888, 889 = NJW 83/2937, 2938, 2939 = B 174c; FamRZ 83/150, 151 = NJW 83/683 = B 172c; FamRZ 84/662, 664 = NJW 84/2358, 2359, 2360 = B 172a; FamRZ 85/161, 163 = NJW 85/1026 = B 172b; FamRZ 81/241, 242 = NJW 81/753, 754 = B 153c; FamRZ 82/892, 893, 894 = NJW 82/2439, 2440 = B 153a; FamRZ 84/988, 990 = B 161d; FamRZ 85/374, 375 = B 153h) *b)* Diesem Grundsatz widerspricht es nicht, wenn im Fall der Erwerbstätigkeit des Unterhaltspflichtigen oder beider Ehegatten das Einkommen bzw. die Einkommensdifferenz nach unterschiedlichen Quoten, wie sie die D.T. für derartige Fälle vorsieht, zwischen den Ehegatten aufgeteilt wird, weil dadurch dem erhöhten Aufwand, der mit der Berufstätigkeit verbunden ist, in maßvoller Weise Rechnung getragen wird und zugleich erreicht wird, daß der Anreiz der Ehegatten zur Erwerbstätigkeit gesteigert wird (BGH, FamRZ 81/1165, 1166, 1167 = NJW 82/41, 42, 43 = B 171a; FamRZ 82/894, 895 = NJW 82/2442, 2443 = B 171b; FamRZ 83/150, 151 = NJW 83/683 = B 172c; FamRZ 83/662, 664 = NJW 84/2358, 2359, 2360 = B 172a; FamRZ 82/892, 893, 894 = NJW 82/2439, 2440 = B 153a; FamRZ 84/988, 990 = B 161d; FamRZ 85/908, 910).

c) Die Bemessung des Elementarunterhalts nach Quoten kommt in Wirklichkeit einer hälftigen Verteilung gleich. Deshalb geht jede darüber hinausgehende Zahlungsverpflichtung zu Lasten dessen, was dem Pflichtigen zum Ausgleich seiner erhöhten Aufwendungen zusätzlich zugebilligt worden ist. Mit diesen Erwägungen ist es nicht zu vereinbaren, wenn der Vorsorgeunterhalt zusätzlich zu dem als Quote des Nettoeinkommens errechneten Elementarunterhalts zugebilligt wird, weil damit der Grundsatz gleichmäßiger Aufteilung des Nettoeinkommens auf die Ehegatten durchbrochen wird und das Gleichgewicht gestört wird (BGH, FamRZ 81/442, 444, 445 = NJW 81/1556, 1558 = B 173c).

Eine tatrichterliche Quotenbemessung muß sich an den selbst gestzten Verteilungsmaßstäben messen lassen. So darf der Mehranteil des Unterhaltspflichtigen nicht dadurch aufgezehrt werden, daß ihm angesonnen wird, davon notwendige berufsbedingte Aufwendungen zu bestreiten (nicht veröffentliche BGH-Entscheidung vom 4. 11. 81, zitiert nach Lohmann, Seite 71).

d) Ungeachtet des Grundsatzes gleichmäßiger Teilhabe am ehelichen Lebensstandard kann auf seiten des Berechtigten und auf seiten des Verpflichteten der Anreiz zu eigener Erwerbstätigkeit dadurch gesteigert werden, daß dem Erwerbstätigen von den erzielten Einkünften ein gewisser, wenn auch begrenzter Mehranteil verbleibt (BGH, FamRZ 82/892, 894 = NJW 82/2439, 2440 = B 153a; FamRZ 81/1165, 1166, 1167 = NJW 82/41, 42, 43 = B 171a).

Die in den Richtsätzen und Leitlinien der Oberlandesgerichte übliche Höherquotierung zugunsten des erwerbstätigen Ehegatten berücksichtigt den mit einer Berufausübung verbundenen besonderen Aufwand und trägt zugleich dazu bei, den Anreiz zur Erwerbstätigkeit zu erhalten. Ist dagegen der Unterhaltspflichtige aus dem Erwerbsleben bereits ausgeschieden, entfallen diese Gesichtspunkte als Rechtfertigung für die Minderung der Unterhaltsquote des Berechtigten. Dies gilt auch bei der Differenzmethode (BGH, FamRZ 82/894, 895 = NJW 82/2442, 2443 = B 171b).

3. BGH zur Quotenbildung

a) Der BGH hat in folgenden Entscheidungen die Quote von 4/7 : 3/7 gebilligt:
FamRZ 82/360, 361 = NJW 82/1869; FamRZ 82/894, 895 = NJW 82/2442; FamRZ 82/887, 889 = NJW 82/1983; FamRZ 82/890, 892 = NJW 82/2438; FamRZ 82/255, 256 = NJW 82/1873; FamRZ 82/679, 680 = NJW 82/1987; FamRZ 83/888, 889 = NJW 83/2937; FamRZ 83/670, 673).

b) Der BGH hat in folgenden Entscheidungen die Quote von 2/5 : 3/5 gebilligt:
FamRZ 79/692, 694 = NJW 79/1985; FamRZ 81/442, 444 = NJW 81/1556; FamRZ 82/254 = NJW 82/823; FamRZ 83/352, 353 = NJW 83/2318; FamRZ 83/152, 153 = NJW 83/1986).

c) Der BGH hat in folgenden Entscheidungen die Quote von 2/3 : 1/3 gebilligt:
FamRZ 81/241, 242 = NJW 81/753; FamRZ 79/692, 693 = NJW 79/1985; FamRZ 80/981, 982 = NJW 80/2247, 2248).

d) Eine Quotierung von 1/4 : 3/4 hat der BGH als der Lebenserfahrung widersprechend abgelehnt (BGH, FamRZ 79/692, 694 = NJW 79/1985, 1986 = B 170).

e) Die Bemessung der Quote ist nach BGH Sache der tatrichterlichen Beurteilung. Die Quote kann nur insoweit rechtlich nachgeprüft werden, als der Grundgedanke der gleichmäßigen Teilhabe am ehelichen Lebensstandard unter maßvoller Berücksichtigung von erhöhten Mehraufwendungen und von Arbeitsanreiz gewahrt bleiben muß (BGH, FamRZ 81/442, 444 = NJW 81/1556, 1558 = B 173c; FamRZ 81/1165, 1166 = NJW 82/41, 42, 43 = B 171a).

4. BGH zur Quote bei Nichterwerbstätigen (Rentnern)

Bezieht der Unterhaltspflichtige Ruhegehalt oder Rente, gibt es für eine unterschiedliche Quotierung weder aus dem Gedanken der Erhaltung der Arbeitsfreude (Arbeitsanreiz) noch wegen berufsbedingter zusätzlicher Aufwendungen einen hinreichenden Grund. Deshalb ist bei der Aufteilung des Einkommens jedem Ehegatten grundsätzlich die Hälfte zuzubilligen, bei Differenzberechnung also die Hälfte der verteilungsfähigen Einkommensdifferenz, weil beide Ehegatten in gleicher Weise am ehelichen Lebensstandard teilhaben (BGH, FamRZ 84/662, 664 = NJW 84/2358, 2359, 2360 = B 172a; FamRZ 82/894, 895 = NJW 82/2442, 2443 = B 171b; FamRZ 81/1165, 1166, 1167 = NJW 82/41, 42, 43 = B 171a; FamRZ 85/161, 163 = NJW 85/1026 = B 172b; FamRZ 83/150, 151 = NJW 83/683 = B 172c).

b) Ausnahmsweise kann trotzdem eine unterschiedliche Quotierung in Betracht kommen, wenn im konkreten Einzelfall besondere andere Gründe hinzukommen. Solche besondere Gründe sind tatrichterlich festzustellen (BGH, FamRZ 82/894, 895 = NJW 82/2442, 2443 = B 171b; FamRZ 84/662, 664 = NJW 84/2358, 2359, 2360 = B 172a).

c) Entsprechendes gilt in der Regel, wenn jemand nie erwerbstätig war oder Einkünfte aus Vermögen bezieht, bei denen ebenfalls die Gründe „Arbeitsanreiz" und „erhöhte berufsbedingte Aufwendungen" entfallen.

5. Überblick zu den von den Oberlandesgerichten angewandten Quoten, soweit diese aus den Leitlinien zu ersehen sind

a) Quoten von 3/7 : 4/7 bei erwerbstätigen Ehegatten:
OLG Düsseldorf (D.T. B I 1); OLG München (M.R. 3.3.); OLG Hamm (H.L. 3.27); OLG Köln (K.L. 6.2.); OLG Hamburg (Ha.L. 1); Kasseler Senat des OLG Frankfurt/M (F.T. B 13).

b) Quoten von 2/5 : 3/5 bei erwerbstätigen Ehegatten:
OLG Bremen (B.T. B Ia und b); OLG Celle (C.L. III.1.); OLG Frankfurt (F.T. B I 1).

c) Quoten von 1/2 : 1/2 bei erwerbstätigen Ehegatten:
OLG Stuttgart (St.L. II).

d) Quoten von 1/2 : 1/2 bei nichterwerbstätigen Unterhaltspflichtigen (Rentnern):
OLG Düsseldorf (D.T. B I 2); OLG München (M.R. 3.3.); OLG Hamm (H.L. 3.27); OLG Köln (K.L. 6.3.); OLG Bremen (B.L. B 3b)

e) Differenzierte Regelungen

aa) OLG Bremen:
Die Ehegattenquote beträgt im Normalfall 2/5 : 3/5. Ist der Unterhaltsberechtigte voll oder überwiegend (ab etwa 3/4tags) erwerbstätig, beträgt seine Unterhaltsquote 1/2 (B.L. B 3a)

bb) OLG Koblenz:
Quote im Normalfall 2/5 : 3/5; ist der Unterhaltspflichtige nicht erwerbstätig, beträgt die Quote 3/7 zu 4/7 (Ko.L. zu B I 1). Ein Senat wendet die 3/7- zu 4/7-Quote auch bei Erwerbstätigen an.

cc) OLG Schleswig:
Quote 2/5 : 3/5 im Normalfall; Quote 3/7 : 4/7 bei Nichterwerbseinkommen.

Die 3/7 : 4/7-Quotierungen des OLG Koblenz und OLG Schleswig widersprechen der vorher zitierten BGH-Rechtsprechung zu Rentnern.

f) Für Ansprüche aus §§ 58, 59, 60 und 61 EheG gibt es noch einige Sonderregelungen in den Leitlinien, die vor allem bei Abänderungsklagen rechtlich relevant werden können.

6. Leitlinien der Oberlandesgerichte zu den Quoten

a) OLG Düsseldorf. B. Ehegattenunterhalt

I. Monatliche Unterhaltsrichtsätze des nach neuem Recht berechtigten Ehegatten ohne gemeinsame unterhaltsberechtigte Kinder aus §§ 1361, 1569, 1578, 1581 BGB

1. gegen einen erwerbstätigen Unterhaltspflichtigen

a) wenn der Berechtigte kein Einkommen hat, 3/7 des anrechnungsfähigen Nettoeinkommens des Pflichtigen, nach oben begrenzt durch den vollen Unterhalt, gemessen an den zu berücksichtigenden ehelichen Verhältnissen.

b) wenn der Berechtigte ebenfalls Einkommen hat (z. B. Rente, Arbeitslohn, Zinsen), 3/7 des Unterschiedsbetrags der anrechnungsfähigen Nettoeinkommen beider Ehegatten, wenn das des Pflichtigen höher ist, nach oben begrenzt durch den vollen Unterhalt, gemessen an den zu berücksichtigenden ehelichen Verhältnissen;

2. gegen einen nicht erwerbstätigen Unterhaltspflichtigen (z. B. Rentner), wie zu 1 a und b), jedoch 50 %.

II. Monatliche Unterhaltsrichtsätze des nach bisherigem Recht (§§ 58ff. EheG) berechtigten Ehegatten ohne gemeinsame unterhaltsberechtigte Kinder:

1. aus §§ 58, 59 EheG in der Regel wie I
2. aus § 60 EheG in der Regel ½ des Unterhalts zu I
3. aus § 61 EheG nach Billigkeit bis zu den Sätzen I.

b) OLG München. Zur Ehegattenquote: Die Münchner Familiensenate wenden einheitlich die 3/7 : 4/7-Quotierung der Düsseldorfer Tabelle an; bei nicht Erwerbstätigen wird 50 : 50 geteilt (M.R. 3.3.).

c) OLG Hamm. Besteht Anspruch auf angemessenen Unterhalt (§ 58 EheG, §§ 1361, 1569ff. BGB), sind in der Regel 3/7 des anrechenbaren Einkommens zu zahlen; die Hälfte dann, wenn der Pflichtige nicht erwerbstätig ist (Rentner, Pensionär, Arbeitsloser). (H.L. 3.27).

Hat der Berechtigte eigenes Einkommen, kann er 3/7 des Unterschiedsbetrages der anrechenbaren Einkommen beider Ehegatten beanspruchen; die Hälfte dann, wenn der Pflichtige nicht erwerbstätig ist (H.L. 3.30).

Der Anspruch auf einen Unterhaltsbeitrag nach § 60 EheG ist in der Regel halb so hoch wie der Anspruch auf den angemessenen Unterhalt (H.L. 3.34).

Der Anspruch aus § 61/II EheG (Billigkeitsunterhalt) kann die Höhe des angemessenen Unterhalts erreichen, ist aber in der Regel etwas niedriger (H.L. 3.35).

d) OLG Köln. Die Quote des angemessenen Unterhalts beträgt zu Lasten des unterhaltspflichtigen erwerbstätigen Ehegatten 3/7 bis zur Grenze seines Selbstbehalts (K.L. 6.2.).

Der nicht erwerbstätige Ehegatte schuldet im Prinzip 50% bis zur Grenze seines notwendigen Eigenbedarfs und unter Beachtung seiner etwaigen Mehrbedürfnisse (K.L. 6.3.).

Für den Unterhaltsanspruch geschiedener Ehegatten gilt Entsprechendes (K.L. 7.2.).

e) OLG Bremen. Die Ehegattenunterhaltsquote beträgt weiterhin für den nicht erwerbstätigen oder in geringem Umfang teilzeitbeschäftigten Unterhaltsberechtigten 2/5. Ist der Unterhaltsberechtigte voll oder überwiegend (ab etwa 3/4tags) erwerbstätig, beträgt seine Unterhaltsquote ½ (B.L. B 3a).

Ist der Unterhaltspflichtige nicht oder nicht mehr erwerbstätig (Rentner), beträgt die Unterhaltsquote ½, weil berufsbedingte Aufwendungen nicht vorhanden sind (B.L. B 3b).

Im übrigen gibt es eine Düsseldorfer Tabelle nach Bremer Praxis, die mit Ausnahme der veränderten Quoten im wesentlichen der Düsseldorfer Tabelle entspricht.

f) OLG Stuttgart. Abweichend von den Quoten der Düsseldorfer Tabelle steht nach der Rechtsprechung des OLG Stuttgart dem unterhaltsberechtigten getrennt lebenden oder geschiedenen Ehegatten aus §§ 1361, 1569ff., 1578 BGB oder 58 EheG als Bedarf die Hälfte der berücksichtigungsfähigen Einkünfte nach den ehelichen Lebensverhältnissen zu, d. h. bei einer Doppelverdienerehe als ungedeckter Bedarf des weniger verdienenden Ehegatten die Hälfte des verteilungsfähigen Einkommensunterschieds, bei Alleinverdiener-Ehe die Hälfte des bereinigten Nettoeinkommens des Verpflichteten (St.L. II).

g) OLG Koblenz. Der Unterhaltsanspruch des unterhaltsberechtigten Ehegatten bemißt sich gegenüber dem erwerbstätigen Unterhaltsschuldner – wie bisher – auf 2/5 des anrechnungsfähigen Nettoeinkommens. Ist der Unterhaltspflichtige nicht erwerbstätig, bemißt sich der Anspruch des Berechtigten ebenfalls wie bisher auf 3/7 des anrechnungsfähigen Einkommens des Schuldners (Ko.L. B I 1).

h) OLG Celle. Als angemessener Ehegattenunterhalt sind in der Regel 40% des anrechenbaren Einkommens des Unterhaltspflichtigen zu zahlen, bei eigenem Einkommen des Berechtigten 40% des Differenzbetrages zwischen den beiderseitigen anrechenbaren Einkommen. Ist der unterhaltspflichtige Ehegatte nicht erwerbstätig, dann erhöht sich der Anteil im Regelfall auf 50% (C.L. III 1).

i) OLG Schleswig. Bedarf des nach neuem Recht berechtigten Ehegatten ohne gemeinsame unterhaltsberechtigte Kinder:

a) wenn der Berechtigte kein Einkommen hat:
2/5 des anzurechnenden Arbeitseinkommens, 3/7 des anzurechnenden sonstigen Einkommens, Renten, Einkünfte aus Vermögen (des Unterhaltspflichtigen),

b) wenn der Berechtigte ebenfalls (geringeres) Einkommen hat: 2/5 des Unterschiedsbetrags der Arbeitseinkommen; 3/7 des Unterschiedsbetrags der sonstigen Einkommen (Schl.L. 1980).

j) OLG Frankfurt, Frankfurter Senate. Es gibt eine Düsseldorfer Tabelle nach Frankfurter Praxis, welche der Düsseldorfer Tabelle entspricht, mit Ausnahme der Quoten, die bei Erwerbstätigen 2/5 : 3/5 und bei nicht Erwerbstätigen 50% beträgt.

Der 2. Senat für Familiensachen des OLG Frankfurt mit Sitz in Kassel wendet statt 2/5 entsprechend der original Düsseldorfer Tabelle eine Quote von 3/7 an.

Der Elementarunterhaltsanspruch des bedürftigen Ehegatten ergibt sich aus einer Quote von dem bereinigten Nettoeinkommen des unterhaltspflichtigen Ehegatten. Für die vier in Frankfurt ansässigen Familiensenate beträgt die Quote des Elementarunterhalts durchgängig 2/5 (40%). Der 2. Familiensenat folgt hier der original Düsseldorfer Tabelle, also in der Regel 3/7 (42,9%). Bezieht der Unterhaltspflichtige lediglich Renteneinkommen, bedarf eine vom Grundsatz der gleichmäßigen Teilhabe beider Ehegatten am ehelichen Lebensstandard abweichende Unterhaltsbemessung besonderer Gründe: so der BGH. Nun ist es aber bei Rentnern vielfach doch so, daß sie an gewissen Krankheits- und Alterserscheinungen leiden, die einen Mehraufwand bedingen, der von der Krankenkasse aufgrund der allgemeinen Kostendämpfung nicht mehr getragen wird, der aber auch andererseits konkret oft schwer nachzuweisen bzw. abzuschätzen ist. Aus diesem Grunde wendet der 1. Familiensenat, wenn insoweit Entsprechendes schlüssig vorgetragen wird, in der Regel weiterhin die 2/5-Quote an. Ein ganz konkret belegter Mehraufwand etwa für die Zugehfrau eines gelähmten Rentners wäre dagegen vorab vom Einkommen des Rentners abzuziehen; ein auch dann immer noch nicht voll abgedeckter restlicher Mehraufwand im obigen Sinn wäre dann über die Anwendung der 2/5-Quote zu realisieren (F. W. in DAV 84/247).

III. Zur Differenz- und Anrechnungsmethode, wenn beide Ehegatten Einkünfte haben

1. Überblick

a) Bei der Differenzmethode wird vom anrechnungsfähigen Einkommen des Pflichtigen das anrechnungsfähige Einkommen des Berechtigten abgezogen und aus der Differenz beider Einkommen die Ehegattenquote genommen. Dem Berechtigten steht dann für seinen Lebensbedarf sein eigenes Einkommen zuzüglich diesem Quotenunterhalt aus dem Differenzeinkommen zur Verfügung (2).

b) Die Anrechnungs- oder Subtraktionsmethode findet Anwendung, wenn der Berechtigte eigenes Einkommen hat, das die ehelichen Lebensverhältnisse im Sinn von § 1578 BGB nicht nachhaltig geprägt hat. Es wird dann die Ehegattenquote nur aus dem Einkommen des Pflichtigen errechnet. Auf diesen Unterhalt ist voll das eigene Einkommen des Berechtigten anzurechnen. Sein Unterhaltsteil ergibt sich somit durch Subtraktion seines eigenen Einkommens von dem nur aus dem Einkommen des Pflichtigen errechneten Quotenunterhalt (3).

c) Es gibt Fälle, in denen beide Methoden nebeneinander Anwendung finden können, z. B. wenn der Berechtigte sowohl berücksichtigungsfähige Einkünfte im Sinn der Ausführungen Seite 208ff. hat, als auch nicht berücksichtigungsfähige Einkünfte im Sinn der Ausführungen Seite 210ff.

Beide Methoden sind sowohl beim nachehelichen Unterhalt als auch beim Trennungsunterhalt anwendbar. Die Wahl der anzuwendenden Methode ist zwar Sache des Tatrichters, muß aber dem Grundsatz der gleichmäßigen Teilhabe beider Ehegatten am beiderseitigen Erwerbseinkommen gerecht werden (4).

d) Die Differenzmethode geht von der Vorstellung aus, daß beide Ehegatten mit ihrem Einkommen zum ehelichen Lebensaufwand beigetragen haben. Sie kann deshalb nur angewendet werden, wenn und soweit die beiderseitigen Einkünfte die ehelichen Lebensverhältnisse nachhaltig geprägt haben. Soweit dies bei Einkünften nicht der Fall ist, wie z. B. bei Einkünften aus unzumutbarer Erwerbstätigkeit, gilt die Anrechnungsmethode. Die

Differenzmethode trägt nach BGH dem Umstand der beiderseitigen Erwerbstätigkeit grundsätzlich in angemessener Weise Rechnung, weil sie jedem Ehegatten mehr als die Hälfte seines Einkommens beläßt und damit sowohl einen pauschalen Ausgleich für erhöhten berufsbedingten Aufwand und einen Anreiz zur Erwerbstätigkeit bietet und in Mangelfällen geeignet erscheint, dem beiderseitigen Mehrbedarf der Ehegatten Rechnung zu tragen. Wegen dieser Begründung des BGH erscheint es fraglich, ob sie in der Regel auch auf nicht arbeitsbedingtes Einkommen (Einkünfte aus Kapital, Grundvermögen, Renten und fiktive Einkünfte) angewendet werden kann, weil diese ähnlich der Rentenentscheidung des BGH zur Ehegattenquote, den Berechtigten einseitig begünstigt im Hinblick auf Arbeitsanreiz und erhöhte Aufwendungen. Wenn solche Gründe nicht vorliegen, bedarf wohl auch hier die Anwendung der Differenzmethode als Abweichung vom Grundsatz der gleichmäßigen Teilhabe einer besonderen anderen Begründung.

2. BGH zur Methodenwahl

Die Feststellung des Lebensbedarfs sowie die Wahl der anzuwendenden Methode ist Sache des Tatrichters. Die Methodenwahl muß dem Grundsatz der gleichmäßigen Teilhabe beider Ehegatten am beiderseitigen Einkommen gerecht werden (BGH, FamRZ 82/892, 893, 894 = NJW 84/2439, 2440 = B 153a).

3. BGH zur Differenzmethode

a) Die Differenzmethode geht davon aus, daß in einer Ehe, in der beide Ehegatten einer Erwerbstätigkeit nachgehen, die Lebensverhältnisse regelmäßig von dem beiderseitigen Einkommen bestimmt werden. Der mit Hilfe dieser Berechnungsart bemessene Unterhalt des Berechtigten geht daher von einem Unterhaltsbedarf aus, wie er durch die ehelichen Lebensverhältnisse einer Doppelverdienerehe bestimmt wird (BGH, FamRZ 81/752, 754 = NJW 81/1782, 1784 = B 137b; FamRZ 80/876, 877 = NJW 80/2349, 2350 = B 158; FamRZ 81/241, 242 = NJW 81/753, 754 = B 153c; FamRZ 81/539, 541 = NJW 81/1609, 1611 = B 161a; FamRZ 85/161, 163 = NJW 85/1026 = B 153d).

b) Die Differenzmethode trägt dem Umstand beiderseitiger Erwerbstätigkeit grundsätzlich in angemessener Weise Rechnung, weil sie jedem Ehegatten mehr als die Hälfte seines Einkommens beläßt und damit sowohl einen pauschalen Ausgleich für den mit der Berufstätigkeit verbundenen erhöhten Aufwand schafft als auch einen gewissen Anreiz zur Erwerbstätigkeit bietet (BGH, FamRZ 79/692, 693, 694 = NJW 79/1985, 1986 = B 170; FamRZ 81/539, 541 = NJW 81/1609, 1611 = B 161a; FamRZ 85/908, 910).

c) Bei der Bemessung des Unterhaltsanspruchs nach Trennung oder Scheidung der Ehegatten ist an sich eine Reihe verschiedenartiger Umstände zu berücksichtigen, so im Regelfall neben dem ehelichen Lebenstandard und den zu seiner Aufrechterhaltung nötigen Mitteln der besondere Aufwand, der dem oder den berufstätigen Ehegatten durch die Erwerbstätigkeit entsteht sowie die durch die Trennung entstehenden Mehrkosten der Lebenshaltung. Ungeachtet des Grundsatzes der gleichmäßigen Teilhabe am ehelichen Lebensstandard kann ferner auf seiten des Unterhaltspflichtigen wie des Berechtigten der Anreiz zu eigener Erwerbstätigkeit dadurch gesteigert werden, daß dem Erwerbstätigen ein gewisser, wenn auch begrenzter Mehranteil bleibt. Die Differenzmethode, die bei einer sog. Doppelverdienerehe dem weniger verdienenden Ehegatten einen Ergänzungsanspruch in Höhe einer der von der Praxis entwickelten Quote der Einkommensdifferenz zubilligt, vermag diesen verschiedenen Anforderungen an die Bemessung des Unterhalts regelmäßig befriedigend Rechnung zu tragen. Das gilt jedenfalls bei Einkommen durchschnittlicher Größenordnung und vorbehaltlich weiterer Umstände des Einzelfalls, die besonderer Berücksichtigung bedürfen (BGH, FamRZ 82/892, 894 = NJW 82/2439, 2440 = B 153a).

d) Die Differenzmethode kann auch bei Trennungsunterhalt angewendet werden, wenn und soweit sich die ehelichen Lebensverhältnisse nach der Summe des beiderseitigen Einkommens der Ehegatten bemessen (BGH, FamRZ 83/146, 150 = NJW 83/933, 936 = B 136b).

e) In Mangelfällen ist die Differenzmethode bei durchschnittlichem Einkommen regelmäßig auch geeignet, dem beiderseitigen Mehrbedarf der Ehegatten Rechnung zu tragen. Andernfalls muß der Mehrbedarf konkret dargelegt und unter Berücksichtigung der Umstände des Einzelfalls tatrichterlich ermittelt werden (BGH, FamRZ 84/149, 151 = NJW 84/292, 294 = B 168b; FamRZ 82/892, 894 = NJW 82/2439, 2440 = B 153a; genaueres zu trennungsbedingtem Mehrbedarf und Differenzmethode Seite 215f.

4. BGH zu Fällen, bei denen die Differenzmethode nicht angewendet werden darf

Der Unterhaltsanspruch darf nicht nach der Differenzmethode bemessen werden, wenn die ehelichen Lebensverhältnisse der Parteien im Zeitpunkt der Scheidung allein durch die Einkünfte des Pflichtigen geprägt worden sind (BGH, FamRZ 84/151, 152 = NJW 84/294, 295 = B 159b; FamRZ 81/539, 541 = NJW 81/1609, 1611 = B 161a; genaueres dazu Seite 210ff.).

a) Wird ein Ehegatte erst nach der Scheidung erwerbstätig, so wird die Ehegattenquote nur nach dem berücksichtigungsfähigen Einkommen des von Anfang an erwerbstätigen Ehegatten berechnet, weil nur dieses Erwerbseinkommen die ehelichen Lebensverhältnisse bestimmt hat. Auf diese Quote ist das spätere Einkommen des Berechtigten voll anzurechnen. Diese Aufteilung muß – wie jede andere Berechnungsmethode – vom Tatrichter auf ihre Angemessenheit überprüft werden (BGH, FamRZ 81/539, 541 = NJW 81/1609, 1611 = B 161a; FamRZ 82/255, 257 = NJW 82/1873, 1875 = B 162a). Bei Anwendung der Anrechnungsmethode kann im Interesse einer Gleichbehandlung erwerbstätiger Ehegatten als Anreiz zur Erwerbstätigkeit und als Ausgleich für erhöhte Aufwendungen beim Berechtigten ein angemessener Teil seines Einkommens anrechnungsfrei gelassen werden (BGH, FamRZ 85/908, 910).

b) Die Differenzmethode ist nicht anzuwenden bezüglich Einkünften aus einer von einem Ehegatten nach der Trennung aufgenommenen unzumutbaren Erwerbstätigkeit (BGH, FamRZ 84/151, 152 = NJW 84/294, 295 = B 159b; FamRZ 83/146, 149 = NJW 83/933, 934, 936 = B 136b).

c) Sie ist ferner nicht anzuwenden auf Einkünfte, die aus einer während der Trennung aufgenommenen oder ausgeweiteten Erwerbstätigkeit stammen, wenn diese Erwerbstätigkeit in der Ehe nicht angelegt war und ohne die Trennung nicht erfolgt wäre (BGH, FamRZ 84/151, 152 = NJW 84/294, 295 = B 159b; FamRZ 85/161, 162 = NJW 85/1026, 1027 = B 166c; FamRZ 84/364, 365 = B 164; FamRZ 84/149, 150 = NJW 84/292, 293 = B 137d; FamRZ 81/752, 754 = NJW 81/1782, 1784 = B 137b).

d) Soweit Einkünfte aus unzumutbarer Tätigkeit den nach § 1577/II 1 BGB anrechnungsfrei zu belassenden Betrag übersteigen und nach Maßgabe des § 1577/II 2 BGB anzurechnen sind, ist dieser Betrag nicht wie das sonstige Einkommen des Berechtigten in die Differenzberechnung des beiderseitigen Einkommens einzubeziehen, sondern von dem Unterhaltsbetrag, den der Pflichtige ohne Berücksichtigung der Einkünfte aus unzumutbarer Tätigkeit an sich schulden würde, abzurechnen. Das ergibt sich aus dem Verständnis der für die Bestimmung des vollen Unterhalts maßgebenden ehelichen Verhältnisse. Insoweit gelten für die Berücksichtigung des anzurechnenden Teils des Einkommens aus unzumutbarer Tätigkeit die gleichen Erwägungen wie für die Anrechnung von Einkünften aus einer nach der Ehescheidung einsetzenden Erwerbstätigkeit, die die ehelichen Lebensverhältnisse gleichfalls nicht beeinflussen (BGH, FamRZ 83/146, 147, 150 = NJW 83/933, 934, 936 = B 136b).

Nach dieser Entscheidung sind die Differenzmethode und die Anrechnungsmethode im gleichen Fall nebeneinander anzuwenden. Die Differenzmethode gilt bei den Einkünften, welche die ehelichen Lebensverhältnisse geprägt haben, die Anrechnungsmethode gilt bezüglich des Teils der Einkünfte des Berechtigten, welche die ehelichen Lebensverhältnisse nicht geprägt haben.

5. Leitlinien der Oberlandesgerichte zur Differenz- und Anrechnungsmethode, soweit sie nicht bei II. (Quoten) angeführt sind

a) OLG München. Zur Differenz- und Subtraktionsmethode: Bei der Abgrenzung folgen die Senate der Rechtsprechung des BGH (M.R. 3.4.).

b) OLG Hamm. Für den Fall, daß einer der Ehegatten erst nach der Trennung oder Scheidung eine Erwerbstätigkeit aufgenommen hat, besteht unter den Richtern der Hammer Familiensenate angesichts der Rechtsprechung des BGH keine volle Übereinstimmung. Einhelligkeit besteht jedoch darüber, daß der Anspruch auf jeden Fall nach oben begrenzt wird durch den Bedarf nach den ehelichen Lebensverhältnissen und daß kein Anspruch mehr besteht, wenn das eigene Einkommen diesen Bedarf deckt (H.L. 3.30).

c) OLG Köln. Das Nettoeinkommen des Unterhaltsberechtigten ist bei Anwendung der Differenzmethode vorweg von dem Einkommen des Unterhaltsverpflichteten, bei Anwendung der Abzugsmethode von der Unterhaltsquote abzuziehen. Bei Anwendung der Abzugsmethode ist konkreter trennungsbedingter Mehrbedarf – gegebenenfalls auch auf seiten des Unterhaltsverpflichteten – zu berücksichtigen. Der Unterhalt wird nach oben stets begrenzt durch den vollen Unterhalt nach den ehelichen Lebensverhältnissen (K.L. 6.1.).

d) OLG Bremen. Hat einer der Ehegatten erst nach der Trennung oder Scheidung eine Erwerbstätigkeit aufgenommen, so kann dies je nach ehelichen Lebensverhältnissen des Einzelfalls nach der BGH-Rechtsprechung zur Anwendung der Anrechnungs- oder der Differenzmethode führen. Bei der Unterhaltsbemessung ist zu beachten, daß der sich danach rechnerisch ergebende Quotenunterhalt u. U. nicht mit dem vollen Unterhaltsanspruch nach den ehelichen Lebensverhältnissen identisch ist (B.L. B 3d).

e) OLG Celle. Wenn der Unterhaltsberechtigte erst nach der Trennung oder Ehescheidung eine Erwerbstätigkeit aufgenommen hat, ist zu beachten, ob die ehelichen Lebensverhältnisse allein durch das Einkommen des anderen Ehegatten bestimmt wurden. Der danach zu bemessende volle Unterhalt i. S. von § 1578 BGB darf durch das eigene anzurechnende Einkommen und den zu leistenden Unterhalt nicht überschritten werden. Auf die Rechtsprechung des BGH zur sog. Anrechnungsmethode wird verwiesen. Bei der Ermittlung des vollen Unterhaltsbedarfs sind das bisher für den gemeinsamen Bedarf verfügbare Einkommen sowie trennungsbedingte Mehrkosten zu berücksichtigen, die im Einzelfall festgestellt oder geschätzt werden müssen. Im allgemeinen kann ein Betrag in Höhe von 60 bis 65% des vor der Trennung verfügbaren Einkommens als Anhaltspunkt dienen (C.L. III 1.).

f) OLG Frankfurt. Haben nun beide Ehegatten ein anrechenbares fiktives oder reales Einkommen, so ist die Berechnung des Unterhaltsanspruchs des bedürftigen, weniger verdienenden Ehegatten nicht mehr einfach aufgrund einer Quote vom Einkommen des mehrverdienenden vorzunehmen, jetzt kommt vielmehr die Differenzmethode oder die Subtraktionsmethode (Anrechnungsmethode, Direktabzug) zur Anwendung. Alteingeführt war nur die Differenzmethode, d. h. dem weniger verdienenden Ehegatten stand der aus der Differenz (= Unterschiedsbetrag) der beiderseitigen Einkommen eine Quote von ⅖ zu.

Nunmehr kommt es nach Ansicht des BGH darauf an, ob die ehelichen Lebensverhältnisse im wesentlichen von einer Alleinverdiener- oder Doppelverdienerehe geprägt waren, wozu u. U. ein fiktives Einkommen gemäß § 1361/II BGB gehört; Einkommen aus unzumutbarer Arbeit gehört jedoch nicht hierher. Nimmt der unterhaltsberechtigte Ehegatte erst nach der Trennung oder Scheidung eine Arbeit auf, so ist für die Unterhaltsberechnung von einer Alleinverdienerehe auszugehen. In diesem letzteren Fall errechnet sich der Unterhaltsanspruch des weniger verdienenden Ehegatten in Höhe von ⅖ aus dem ungekürzten Einkommen des besser verdienenden Ehegatten, von dem Ergebnis wird das nunmehrige eigene Einkommen des unterhaltsberechtigten Ehegatten voll (soweit ein „Bonus" zu gewähren ist: nur teilweise) abgezogen; bleibt dann noch etwas zu seinen Gunsten übrig, so ist das sein endgültiger Elementarunterhaltsanspruch. Diese BGH-Differenzierung soll an einem Fallbeispiel veranschaulicht werden:

Der Mann verdient monatlich bereinigt DM 2000 netto,
die Frau verdient nichts.
⅖ = 800 = Ehegattenanspruch
Die Frau geht schon während der Ehe arbeiten:
Mann DM 2000, Frau DM 750
Differenzmethode 2000 − 750 = 1250; davon ⅖ = 500 =
Unterhaltsanspruch der Frau
Kontrolle: Mann 2000 − 500 = 1500
Frau = 750 + 500 = 1250
Die Frau geht erst nach der Scheidung arbeiten:
Anrechnungsmethode
Mann DM 2000; Frau DM 750
⅖ aus DM 2000 = DM 800 − 750 = DM 50 = Unterhaltsanspruch der Frau
Kontrolle: Mann DM 2000 − 50 = DM 1950
Frau = 750 + 50 = 800

Dieses Ergebnis beläßt der Frau noch nicht einmal einen dem kleinen Selbstbehalt des Mannes vergleichbaren Eigenbedarf, es nimmt ihr jeden Anreiz zur Arbeitsaufnahme. Das hat auch der BGH eingesehen und ausgeführt: „Dabei muß diese Aufteilung jedoch letztlich – wie auch diejenige nach anderen Berechnungsmethoden – vom Tatrichter auf ihre Angemessenheit überprüft werden". Damit war das – hausgemachte – Problem des „trennungsbedingten Mehrbedarfs" geboren. Hierzu wiederum der BGH: Vielmehr sind die erforderlichen Mehrkosten ggf. vom Unterhaltsberechtigten konkret darzulegen und vom Tatrichter unter Berücksichtigung der Umstände des Einzelfalls zu ermitteln, wobei es diesem nicht verwehrt ist, unter Zuhilfenahme allgemeiner Erfahrungssätze nach § 287 ZPO zu verfahren; diese Überlegungen gelten auch für den Unterhaltsverpflichteten.

Trennungsbedingte Mehraufwendungen entstehen allerdings dann nicht, wenn der unterhaltsberechtigte Ehegatte eine Gemeinschaft mit einem anderen Partner aus Ersparnisgründen aufnimmt, ohne daß es darauf ankommt, ob diese Gemeinschaft als eheähnlich anzusehen ist; dies gilt auch dann, wenn der andere Teil der Gemeinschaft Sozialhilfeempfänger ist.

Zwei Dinge sollte man trotz der praxisfernen BGH-Anrechnungsmethode nicht übersehen: Mögen die trennungsbedingten Mehraufwendungen des unterhaltsberechtigten Ehegatten auch noch so groß sein, mehr als das, was ihm nach der reinen Differenzmethode zustünde, kann er nicht verlangen: sie bildet immer die Obergrenze. Einschränkungen der Anrechnungsmethode sind jedenfalls auch dann geboten, wenn der Eigenverdienst zuzüglich der Unterhaltsleistungen nicht den großen Selbstbehalt des Berechtigten erreicht. Unabhängig von diesen beiden Grenzpunkten gibt es doch auch Fallkonstellationen, wo es auf die zahlenmäßige Bewertung der trennungsbedingten Mehraufwendungen ankommt. Hier haben zunächst die Parteien ganz Konkretes vorzutragen wie z. B. eine höhere Miete, die Inanspruchnahme eines Flickschneiders usw. Weniger greifbar sind die bei nunmehr zwei getrennten Haushalten auch doppelt anfallenden Generalunkosten. Im Rahmen der insoweit gemäß § 287 ZPO vorzunehmenden Schätzung kann man sozusagen als Faustregel, Richtschnur einen Aufschlag auf die Unterhaltsquote vornehmen. Die vier in Frankfurt ansässigen Familiensenate haben sich insoweit auf rund 20% verständigt. Das „offizielle" Beispiel sieht wie folgt aus:
Wenn von einem Nettoeinkommen des Mannes von DM 4000 und einem jetzigen Einkommen der früher nicht berufstätigen Ehefrau von DM 1500 ausgegangen wird: DM 4000 × 40% = DM 1620 + 20% Aufschlag = DM 1920 – DM 1500 = DM 420 = ergänzender Unterhaltsanspruch der geschiedenen Frau nach der modifizierten Anrechnungsmethode (F. W. in DAV 84/250 bis 252).

5. Abschnitt: Altersvorsorgeunterhalt und Krankheitsvorsorgeunterhalt

I. Gemeinsames zum Vorsorgeunterhalt für Alter und Krankheit

1. Überblick

a) Der Vorsorgeunterhalt für Alter und Krankheit ist nicht verfassungswidrig. Er ist, im Gegensatz zu den sonstigen Kosten der allgemeinen Lebensgestaltung in der Ehegattenquote nicht enthalten und deshalb gesondert als Betrag geltend zu machen. Er ist zweckgebunden und steht zur Deckung des allgemeinen Lebensbedarfs nicht zur Verfügung. Trotzdem kann der Verpflichtete nicht verlangen, Zahlungen unmittelbar an den Versicherer zu leisten. Zur Substantiierung muß nicht dargelegt werden, in welcher Weise die Vorsorgeleistungen beabsichtigt sind (2).

b) Bei nicht bestimmungsgemäßer Verwendung der Vorsorgebeträge ist der Verpflichtete dadurch geschützt, daß der Berechtigte im Krankheits- oder Rentenfall unterhaltsrechtlich so behandelt wird, als hätten die Beiträge zu einer entsprechenden Versicherung geführt. Im Hinblick auf die Zweckbindung des Vorsorgeunterhalts ist es geboten, den darauf entfallenden Betrag im Urteilstenor gesondert auszuweisen. Die Leistungsfähigkeit des Verpflichteten ist für Elementar- und Vorsorgeunterhalt einheitlich zu beurteilen (3).

2. BGH zur Verfassungsmäßigkeit und zur Geltendmachung des Vorsorgeunterhalts

a) Die Zubillingung von Vorsorgeunterhalt verstößt nicht gegen Verfassungsrecht (BGH, FamRZ 82/887, 889 = NJW 82/1983, 1985 = B 173a; FamRZ 81/442, 443 = NJW 81/1556, 1557; FamRZ 81/864, 865 = NJW 81/2192, 2193 = B 174e).

b) Die Aufwendungen für eine angemessene Alterssicherung sind – im Gegensatz zu den sonstigen Kosten der allgemeinen Lebenshaltung – in den in der Praxis verbreiteten Tabellen und Richtlinienwerten für die Bemessung des Unterhalts nicht enthalten. Infolgedessen ist der Vorsorgeunterhalt zusätzlich zu den für die Befriedigung des allgemeinen Lebensbedarfs bestimmten Beträgen zu gewähren, auch wenn diese in Anlehnung an Tabellenwerte zu ermitteln sind (BGH, FamRZ 82/887, 888 = NJW 82/1983, 1985 = B 173a; FamRZ 82/781, 782 = NJW 82/1988, 1989 = B 173b; FamRZ 81/442, 444, 445 = NJW 81/1556, 1557, 1558, 1559 = B 173c).

c) Der Vorsorgeunterhalt muß betragsmäßig geltend gemacht werden. Zur Substantiierung des Anspruchs braucht der Berechtigte allerdings nur darzulegen, daß er die Kosten einer angemessenen Altersvorsorge verlange. Er ist nicht verpflichtet, eine bestimmte Form der Vorsorgeversicherung und der hiermit verbundenen konkret anfallenden Vorsorgeaufwendungen anzugeben. Er kann sowohl beim Trennungsunterhalt als auch beim Scheidungsunterhalt sich darauf beschränken, den ihm zustehenden Vorsorgebetrag geltend zu machen, um ihn sodann dem gesetzlichen Zweck entsprechend zu verwenden. Er braucht bei der Geltendmachung im Prozeß keine bestimmte Form der Vorsorgeversicherung anzugeben und die hierfür erforderlichen Beiträge nicht konkret auszuweisen, weil er, unbeschadet seiner Verpflichtung, die Aufwendungen möglichst gering zu halten, ein Wahlrecht hinsichtlich der Versicherungsform besitzt (BGH, FamRZ 83/152, 153, 154 = NJW 83/1986, 1987 = B 173d; FamRZ 82/887, 889, 890 = NJW 82/1983, 1985 = B 173a; FamRZ 82/1187, 1188, 1189 = NJW 83/1547, 1548 = B 173e; FamRZ 85/912, 915 = NJW 85/2713, 2716).

d) Ob der Berechtigte neben dem Elementarunterhalt auch Vorsorgeunterhalt verlangt, steht in seinem Ermessen. Von Amts wegen wird Vorsorgeunterhalt nicht zugesprochen. Motiv für eine unterlassene Geltendmachung kann sein, daß der Berechtigte nicht zugunsten einer Altersvorsorge auf Konsum verzichten will. Dies schließt bei der Geltendmachung von Quotenunterhalt die Annahme eines erkennbaren Vorbehalts der Nachforderung von Vorsorgeunterhalt aus. Auch wenn sich der Berechtigte nicht bewußt war, Vorsorgeunterhalt verlangen zu können, kann ein solcher Vorbehalt nicht bejaht werden (BGH, FamRZ 85/690, 691 = NJW 85/1701, 1702 = B 173g).

e) Wurde im Vorprozeß der Gesamtunterhalt ohne Vorsorgeunterhalt eingeklagt, kann der Vorsorgeunterhalt nur im Weg einer Abänderungsklage für die Zukunft verlangt werden. Dazu müssen sich aber erst die seinerzeit maßgebend gewesenen Verhältnisse wesentlich geändert haben. Ein weiteres Festhalten an der Nichtforderung von Vorsorgeunterhalt wäre dann ebensowenig mit den Grundsätzen der Billigkeit zu vereinbaren wie die Bindung an das Urteil im Vorprozeß, in dem weniger an Unterhalt verlangt worden war, als zugesprochen hätte werden können. Kommt es bei einer derartigen Nachforderung zu einer zweistufigen Berechnung des Elementarunterhalts, kann das Abänderungsverfahren zwar zu einem höheren Gesamtunterhalt führen, aber zu einem gegenüber dem Urteil des Vorprozesses verringerten laufenden Unterhalt. Auch das Abänderungsurteil hat den Anteil des Gesamtunterhalts, der auf den Vorsorgeunterhalt entfällt, im Hinblick auf dessen Zweckbindung im Entscheidungssatz besonders auszuweisen (BGH, FamRZ 85/690, 691 = NJW 85/1701, 1702 = B 173g).

3. BGH zur Zweckbestimmung des Vorsorgeunterhalts

a) Der Unterhaltsverpflichtete kann grundsätzlich nicht verlangen, die Zahlungen unmittelbar an den Versorgungsträger zu leisten. Ausnahmen kommen nur in Betracht, wenn besondere Umstände vorliegen, die das Verlangen des Gläubigers auf Zahlung an sich selbst als einen Verstoß gegen Treu und Glauben erscheinen lassen. Im Regelfall ist der Verpflichtete insoweit geschützt, als der Berechtigte bei zweckwidriger Verwendung der als Krankheits- oder Altersvorsorge geleisteten Beiträge später so zu behandeln ist, als hätten diese zu einer entsprechenden Versicherung geführt (BGH, FamRZ 83/676, 677, 678 = NJW 83/1552, 1553, 1554 = B 175; FamRZ 82/1187, 1189 = NJW 83/1547, 1548 = B 173e).

b) Der Vorsorgeunterhalt unterliegt der besonderen Zweckbindung, die Alterssicherung des Berechtigten zu gewährleisten und den Pflichtigen nach Eintritt des Versicherungsfalls unterhaltsrechtlich zu entlasten. Deshalb darf der Berechtigte die Vorsorgeunterhaltbeträge nicht nach freiem Ermessen für den laufenden Unterhalt verwenden (BGH, FamRZ 82/887, 890 = NJW 82/1983, 1985 = B 173a; FamRZ 82/1187, 1888 = NJW 83/1547, 1548 = B 173e).

c) Im Hinblick auf die Zweckbestimmung des Vorsorgeunterhalts ist es geboten, den darauf entfallenden Betrag im Urteilstenor besonders auszuweisen (BGH, FamRZ 83/152, 154 = NJW 83/1986, 1987 = B 173d; FamRZ 81/442, 445 = NJW 81/1556, 1558 = B 173c; FamRZ 82/1187, 1888 = NJW 83/1547, 1548 = B 173e; FamRZ 82/465, 466 = NJW 82/1875, 1876 = B 173f).

II. Vorsorgeunterhalt wegen Alters, Berufs- oder Erwerbsunfähigkeit

1. Überblick

a) Der Altersvorsorgeunterhalt wird in der Regel nur Vorsorgeunterhalt genannt. Bei ihm wird der Berechtigte so behandelt, als hätte er aus einer versicherungspflichtigen Tätigkeit ein Einkommen in Höhe des Elementarunterhalts (2).

b) Dieser Elementarunterhalt wird, da er ein Nettoeinkommen darstellt, mittels der Tabellenwerte der sog. Bremer Tabelle (9) hochgerechnet auf ein fiktives Bruttoarbeitseinkommen. Dieses fiktive Bruttoeinkommen wird multipliziert mit dem jeweiligen Beitragssatz zur Sozialversicherung. Das Ergebnis ist der Vorsorgeunterhalt. Wenn der Elementarunterhalt nach einer Einkommensquote (Ehegattenquote) berechnet wurde, so ist das nach den ehelichen Lebensverhältnissen maßgebliche Einkommen um den errechneten Vorsorgeunterhalt zu kürzen und erst aus dem auf diese Weise in einem zweiten Rechnungsschritt bereinigten Einkommen der endgültige Elementarunterhalt nach der maßgebenden Quote zu bemessen. Es ist davon auszugehen, daß Vorsorgeleistungen für den allgemeinen Lebensbedarf der Eheleute nicht zur Verfügung stehen und deshalb von dem Einkommen dessen, der sie erbringt, abzuziehen sind. Dies gilt beim Trennungsunterhalt, Scheidungsunterhalt und Aufstockungsunterhalt. Die Anknüpfung des Vorsorgeunterhalts an den Elementarunterhalt hat auch dann zu erfolgen, wenn der Elementarunterhalt nicht durch den Pflichtigen, sondern in anderer Weise gedeckt wird (z. B. durch Zuwendungen eines Partners in nichtehelicher Lebensgemeinschaft).

c) Wenn in Fällen besonders günstiger wirschaftlicher Verhältnisse des Verpflichteten der Elementarunterhalt nicht nach einer Einkommmensquote, sondern nach dem konkreten Bedarf des Berechtigten bestimmt wird, besteht keine Notwendigkeit zu einer zweistufigen Berechnung des Elementarunterhalts. Die zweistufige Berechnung soll lediglich sicherstellen, daß nicht zu Lasten des Verpflichteten vom Grundsatz der gleichmäßigen Teilhabe der Ehegatten am ehelichen Lebensstandard abgewichen wird (4).

d) Der Vorsorgeunterhalt kann ab Beginn des Monats verlangt werden, in dem das Scheidungsverfahren rechtshängig geworden ist (5).

e) Wenn der nach Ermittlung des Vorsorgeunterhalts verbleibende Elementarunterhalt für den laufenden Unterhaltsbedarf nicht ausreicht, hat der Elementarunterhalt Vorrang vor dem Vorsorgeunterhalt. Gegebenenfalls ist in tatrichterlicher Verantwortung eine den Interessen der Parteien gerecht werdende anderweitige Unterhaltsbemessung vorzunehmen, bei der zugunsten des Verpflichteten der Grundsatz der gleichmäßigen Teilhabe der Ehegatten am ehelichen Lebenstandard zu beachten ist. Die Zubilligung von Vorsorgeunterhalt darf nicht dazu führen, daß der Berechtigte im Ergebnis mehr als die ihm hiernach zustehende Quote des anrechenbaren Einkommens erhält. Der Tatrichter hat den Parteien Gelegenheit zu geben, insoweit der Rechtslage angepaßte Anträge zu stellen (6).

f) Hinsichtlich des Versorgungsbeitrags ist ein Unterhaltsbedürfnis erst zu verneinen, wenn der Berechtigte eine Altersversorgung zu erwarten hat, die diejenige des Pflichtigen erreicht (7).

g) Zum Abschluß ein Rechenbeispiel (8) und die Bremer Tabelle (9), die zur Berechnung des Vorsorgeunterhalts benötigt wird.

2. BGH zum maßgeblichen Zeitpunkt und zum Zweck des Vorsorgeunterhalts

Der nacheheliche Vorsorgeunterhalt bestimmt sich, wie der Elementarunterhalt, nach den ehelichen Verhältnissen im Zeitpunkt der Scheidung. Nach dem Zweck der Regelung des Vorsorgeunterhalts sollen mit unterhaltsrechtlichen Mitteln die Nachteile ausgeglichen werden, die den Berechtigten aus der ehebedingten Behinderung seiner Erwerbstätigkeit erwachsen (BGH, FamRZ 81/864, 865 = NJW 81/2192, 2193 = B 174e; FamRZ 81/442, 443 = NJW 81/1556, 1557 = B 173c; FamRZ 82/679, 680 = NJW 82/1987, 1988).

Dies läßt es gerechtfertigt erscheinen, den Berechtigten hinsichtlich der Altersvorsorge so zu behandeln, wie wenn er aus einer versicherungspflichtigen Tätigkeit ein Einkommen in Höhe des Elementarunterhalts hätte. Die Tatsache, daß der wirkliche Unterhaltsbedarf (in Mangelfällen) durch den errechneten Elementarunterhalt oft nicht gedeckt wird, hindert nicht, auch in einem solchen Fall die Vorsorgeleistungen nach dem nicht ausreichenden Elementarunterhalt zu bemessen. Das führt dazu, daß die Rente für den laufenden Unterhalt grundsätzlich die Obergranze des Betrags bildet, aus dem nach einer Hochrechnung zu einem Bruttobetrag der Vorsorgeunterhalt errechnet wird. Ein auf dieser Grundlage errechneter Vorsorgeunterhalt ist auch dann als angemessen anzusehen, wenn der Berechtigte seinen laufenden Unterhalt anderweitig deckt (z.B. aufgrund eines eheähnlichen Verhältnisses), ohne dabei eine entsprechende Altersversorgung begründen zu können. Daß der Unterhaltspflichtige hierbei ersichtlich entlastet wird, gebietet es nicht, ihn hinsichtlich des Vorsorgeunterhalts in größerem Umfang heranzuziehen (BGH, FamRZ 82/679, 680 = NJW 82/1987, 1988 = B 174a).

3. BGH zur Berechnung des Vorsorgeunterhalts

a) Zunächst ist – als erster Rechenschritt – der Elementarunterhalt festzustellen, der ohne Einfluß des Vorsorgeunterhalts geschuldet wäre.

Dann wird – in einem zweiten Rechenschritt – der Vorsorgeunterhalt nach den Versicherungsbeiträgen bemessen, die an die gesetzliche Rentenversicherung zu entrichten wären, wenn der Berechtigte Nettoeinkünfte in Höhe des vorläufigen Elementarunterhalts aus einer versicherungspflichtigen Erwerbstätigkeit erzielte. Hierzu ist der vorläufige Elementarunterhalt zu einem fiktiven Bruttoeinkommen hochzurechnen und diesem der effektive Beitrag zur gesetzlichen Rentenversicherung zu entnehmen. Dies geschieht nach der Bremer Tabelle (Seite 235f.).

Der auf diese Weise ermittelte Vorsorgeunterhalt ist sodann – in einem dritten Rechenschritt – für die abschließende Bemessung des Elementarunterhalts von dem für den Unterhalt heranzuziehenden Einkommen des Pflichtigen abzuziehen, so daß sich dadurch eine Verringerung des endgültigen Elementarunterhalts ergibt (BGH, FamRZ 82/890, 891, 892 = NJW 82/2438, 2439 = B 174b; FamRZ 82/679, 680 = NJW 82/1987, 1988 = B 174a; FamRZ 82/781, 782 = NJW 82/1988, 1989 = B 173b; FamRZ 81/442, 444 = NJW 81/1556, 1557 = B 173c; FamRZ 81/864, 865 = NJW 81/2192, 2193 = B 174e; FamRZ 82/255, 257 = NJW 82/1873, 1874 = B 174d; FamRZ 82/465, 466 = NJW 82/1875, 1876 = B 173f; FamRZ 82/887, 889, 890 = NJW 82/1983, 1985 = B 173a; FamRZ 83/153, 154 = NJW 83/1986, 1987 = B 173d; FamRZ 82/1187, 1188 = NJW 83/1547, 1548 = B 173e; FamRZ 82/579, 582, 583 = NJW 82/159L; FamRZ 83/888, 889, 890 = NJW 83/2937, 2938, 2939 = B 174c).

b) Diese Berechnungsweise gilt für den Trennungsunterhalt, Scheidungsunterhalt sowie Aufstockungsunterhalt. Die Zubilligung des Vorsorgeunterhalts führt zu einer Kürzung des nach Quoten berechneten Elementarunterhalts. Es wird vom Nettoeinkommen vorab der Vorsorgeunterhalt abgezogen. Erst danach erfolgt aus dem verbleibenden Einkommen die endgültige Bemessung des Elementarunterhalts nach der maßgebenden Quote (BGH, FamRZ 81/864, 865 = NJW 81/2192, 2193 = B 174e).

c) Bei einer Anpassung des laufenden Unterhalts an das gestiegene Einkommen des Pflichtigen ist der Vorsorgeunterhalt in gleicher Weise wie bei einer erstmaligen Geltendmachung zu berechnen, weil auch das gestiegene Einkommen im Hinblick auf den neu hinzukommenden Vorsorgebedarf nicht mehr in vollem Umfang für den laufenden Bedarf der Parteien zur Verfügung steht (BGH, FamRZ 82/465, 466 = NJW 82/1875, 1876 = B 173f).

d) Bei der Hochrechnung des vorläufigen Elementarunterhalts nach der Bremer Tabelle auf ein Bruttoarbeitsentgelt geht es weder um die exakte Bemessung der Arbeitnehmerbeiträge zur Sozialversicherung noch um die genaue Berechnung der Lohnsteuer. Durch den Berechnungsschritt soll vielmehr auf möglichst einfachem Weg ein Hilfsmittel zur Bestimmung der Vorsorgekosten gewonnen werden, die neben dem Elementarunterhalt und dem Aufwand für Krankheitsvorsorge als Unterhalt gemäß § 568/III zu leisten sind. Die Bremer Tabelle wird den Grundsätzen des Unterhaltsrechts und den praktischen Erfordernissen in ausreichendem Maß gerecht. Eine Korrektur ist nicht erforderlich in den Fällen, in denen auch Krankenversicherungskosten neben den nach einer Quote bemessenen Elementarunterhalt zugebilligt werden, zumal weder beim Trennungsunterhalt noch beim Scheidungsunterhalt stets ein zusätzlicher Bedarf für Krankenversicherungskosten erwächst. Die Außerachtlassung der Versicherungsbeiträge zur gesetzlichen Krankenversicherung bei der Hochrechnung führt gegenüber den Ergebnissen, die bei strikter Anwendung des § 14/II SGB entstehen, zu verhältnismäßig geringen Differenzen, die im Hinblick auf die Vorzüge eines einheitlichen Berechnungsweges hingenommen werden können. Es erscheint daher gerechtfertigt, bei der Hochrechnung die Beitragspflicht zur Krankenversicherung in allen Fällen außer acht zu lassen. Es führt zu angemessenen Ergebnissen und vermeidet unnötige Differenzierungen. Die praktischen Vorteile dieser Berechnungsart überwiegen den Nachteil, daß sich die Vernachlässigung eines Teils der Sozialversicherungsabgaben nicht für alle denkbaren Fälle befriedigend begründen läßt.

e) Für die an der Regel des § 14/II SGB IV orientierte Hochrechnung auf ein fiktives Bruttoarbeitsentgelt reicht es nicht aus, nur die Sozialversicherungsbeiträge zu berücksichtigen. Die vom BGH gebilligte Berechnungsmethode (Bremer Tabelle, Seite 235f.) geht vielmehr davon aus, daß außer den Beiträgen zur gesetzlichen Rentenversicherung und dem Beitrag an die Bundesanstalt für Arbeit auch die aus dem Bruttoeinkommen abzuführende Lohnsteuer bei der Hochrechnung einbezogen wird (BGH, FamRZ 85/471, 472, 473 = B 174g).

f) Der Vorsorgeunterhalt kann auch nach der Tabelle von Gröning (FamRZ 84/736, Stand 1. 1. 84, abgedruckt unter 9b, Seite 236f.) ermittelt werden. Diese Tabelle knüpft entsprechend der Rechtsprechung des BGH an den Elementarunterhalt an und vermeidet den Nachteil der Berechnungsmethode des OLG Bremen auf ein fiktives Nettoeinkommen abzustellen, das über dem endgültigen Elementarunterhalt, also zu hoch liegt (OLG Düsseldorf, FamRZ 84/393).

g) Auch bezüglich der unterhaltsrechtlichen Beurteilung der künftigen Versorgungssituation muß von der gleichmäßigen Verteilung des Einkommens ausgegangen werden. Deshalb ist hinsichtlich eines Vorsorgebeitrags ein Unterhaltsbedürfnis erst zu verneinen, wenn der Berechtigte eine Altersversorgung zu erwarten hat, die diejenige des Unterhaltspflichtigen erreicht (BGH, FamRZ 81/442, 444, 445 = NJW 81/1556, 1559 = B 173c; FamRZ 82/1187, 1188 = NJW 83/1547, 1548 = B 173e).

h) Wie zu rechnen ist, wenn die Erwerbstätigkeit des Berechtigten (oder sein fiktives anzurechnendes Einkommen) in einer Teilzeitbeschäftigung ohne entsprechende Altersvorsorge besteht, hat der BGH bisher nicht entschieden. Er hat aber einen normal errechneten Vorsorgeunterhalt als angemessen angesehen, bei dem der Elementarunterhalt teilweise durch Zuwendungen des neuen Partners in einer nichtehelichen Lebensgemeinschaft gedeckt war (BGH, FamRZ 82/679, 680 = NJW 82/1987, 1988 = B 174a).

4. BGH zur Berechnung des Vorsorgeunterhalts bei besonders guten wirtschaftlichen Verhältnissen

In Fällen besonders günstiger wirtschaftlicher Verhältnisse des Verpflichteten, in denen der Elementarunterhalt nicht nach einer Einkommensquote, sondern nach dem konkreten Bedarf des Berechtigten bemessen wird, besteht keine Notwendigkeit zur zweistufigen Berechnung des Elementarunterhalts. Die zweistufige Berechnung soll lediglich sicherstellen, daß nicht zu Lasten des Verpflichteten vom Grundsatz der gleichmäßigen Teilhabe der Ehegatten am ehelichen Lebensstandard abgewichen wird (BGH, FamRZ 82/1187, 1188 = NJW 83/1547, 1548 = B 173e).

5. BGH zum Zeitpunkt, ab dem Vorsorgeunterhalt verlangt werden kann

Vorsorgeunterhalt nach § 1361 BGB kann ab Beginn des Monats zugebilligt werden, in dem das Scheidungsverfahren rechtshängig geworden ist. Eintritt der Rechtshängigkeit ist im Sinn einer unmittelbaren Anknüpfung an des Ende der vom Versorgungsausgleich erfaßten Ehezeit nach § 1587/II BGB auszulegen (BGH, FamRZ 81/442, 445 = NJW 81/1556, 1559 = B 173c).

6. BGH zum Vorang des Elementarunterhalts vor dem Vorsorgeunterhalt

Wenn der nach Ermittlung des Vorsorgeunterhalts verbleibende Elementarunterhalt für den laufenden Unterhaltsbedarf nicht ausreicht, hat der Elementarunterhalt Vorrang vor dem Vorsorgeunterhalt. Gegebenenfalls ist in tatrichterlicher Verantwortung eine den Interessen der Parteien gerecht werdende anderweitige Bemessung des Unterhalts vorzunehmen (BGH, FamRZ 82/887, 890 = NJW 82/1983, 1985 = B 173a; FamRZ 81/442, 445 = NJW 81/1556, 1558 = B 173c; FamRZ 82/890, 892 = NJW 82/2438, 2439 = B 174b; FamRZ 82/887, 890 = NJW 82/1983, 1985 = B 173a).

7. BGH zur Wahl der Altersvorsorge

Die Möglichkeit, zwischen verschiedenen Formen der Altersvorsorge zu wählen, findet ihre Schranken in der Obliegenheit, die Aufwendungen möglichst gering zu halten. Wenn der Unterhaltsberechtigte die Möglichkeit der freiwilligen dynamischen Versicherung hat, ist die gesetzliche Rentenversicherung als regelmäßige Form der Altersvorsorge im Sinn der §§ 1361, 1578 BGB anzusehen (BGH, FamRZ 81/442, 443 = NJW 81/1556, 1558 = B 173c).

Wenn der Berechtigte im Rahmen einer Teilzeitbeschäftigung Pflichtbeiträge zur gesetzlichen Rentenversicherung bezahlt, erscheint es wenig sinnvoll, höhere Versicherungsbeiträge zu zahlen, weil aus diesen keine dynamischen Versicherungsleistungen erwachsen. Evtl. kommen privatrechtliche Versicherungsmöglichkeiten in Frage (BGH, FamRZ 82/579, 581, 582 = NJW 82/1594 L).

8. Rechenbeispiel zum Vorsorgeunterhalt

(Nach BGH, FamRZ 83/888, 890 = NJW 83/2937, 2939 = B 174c)

Beträge in DM und monatlich

a) Unterhaltspflichtiges Einkommen des Ehemannes		6468
abzüglich Unterhalt für Kinder	1050	
abzüglich Krankenversicherungsunterhalt Ehefrau	205	
b) Bereinigtes Nettoeinkommen		5213
c) Vorläufige Quote von 3/7 (fiktives Nettoarbeitsentgelt)		2234
d) Fiktives Bruttoarbeitsentgelt (vgl. Bremer Tabelle, Stand 1981, ohne Beitrag zur gesetzlichen Krankenversicherung). Nach dem Stand vom 1. 1. 1985 betrüge der Zuschlag 49% aus DM 2234 = DM 1055, das Bruttoarbeitsentgelt somit DM 3329.–		3306
e) Vorsorgeunterhalt (= damals 18,5% aus d)		612
f) Verbleibendes bereinigtes Nettoeinkommen		4601
g) Elementarunterhalt (3/7 aus f)		1972
h) Krankenversicherungsvorsorge (10,42% aus g)		205

Aus den Positionen e, g und h ergibt sich ein Unterhaltsanspruch in Höhe von insgesamt DM 2789.

9a) Bremer Tabelle zur Berechnung des Vorsorgeunterhalts

Stand: 1. 1. 1985

Nettobemessungs-grundlage in DM	Zuschlag in Prozent zur Berechnung der Bruttobe-messungsgrundlage
1– 500	13%
501– 520	14%
521– 540	15%
541– 565	16%
566– 585	17%
586– 610	18%
611– 640	19%
641– 670	20%
671– 695	21%
696– 735	22%
736– 775	23%
776– 820	24%
821– 870	25%
871– 910	26%
911– 965	27%
966–1015	28%
1016–1075	29%
1076–1145	30%
1146–1220	31%
1221–1315	32%
1316–1420	33%
1421–1520	34%
1521–1605	35%
1606–1670	36%
1671–1725	37%
1726–1780	38%
1781–1830	39%
1831–1880	40%
1881–1930	41%
1931–1975	42%
1976–2020	43%

Stand: 1. 1. 1985

Nettobemessungs-grundlage in DM	Zuschlag in Prozent zur Berechnung der Bruttobe-messungsgrundlage
2021–2060	44%
2061–2105	45%
2106–2145	46%
2146–2185	47%
2186–2225	48%
2226–2265	49%
2266–2305	50%
2306–2340	51%
2341–2380	52%
2381–2415	53%
2416–2450	54%
2451–2485	55%
2486–2520	56%
2521–2560	57%
2561–2595	58%
2596–2625	59%
2626–2660	60%
2661–2695	61%
2696–2730	62%
2731–2765	63%
2766–2800	64%
2801–2830	65%
2831–2865	66%
2866–2900	67%
2901–2935	68%
2936–2970	69%
2971–3000	70%
3001–3035	71%
3036–3070	72%
3071–3110	73%
3110	73.59%

Stand: 1. 9. 1983 bis 1. 1. 1985

Nettobemessungs-grundlage in DM	Zuschlag in Prozent zur Berechnung der Bruttobe-messungsgrundlage
1– 500	13%
501– 520	14%
521– 540	15%
541– 565	16%
566– 585	17%
586– 610	18%
611– 640	19%

Stand: 1. 9. 1983 bis 1. 1. 1985

Nettobemessungs-grundlage in DM	Zuschlag in Prozent zur Berechnung der Bruttobe-messungsgrundlage
641– 670	20%
671– 695	21%
696– 735	22%
736– 775	23%
776– 820	24%
821– 870	25%
871– 910	26%

Stand: 1. 9. 1983 bis 1. 1. 1985

Nettobemessungs-grundlage in DM	Zuschlag in Prozent zur Berechnung der Bruttobe-messungsgrundlage
911– 965	27%
966–1015	28%
1016–1075	29%
1076–1145	30%
1146–1220	31%
1221–1315	32%
1316–1420	33%
1421–1520	34%
1521–1605	35%
1606–1670	36%
1671–1725	37%
1726–1780	38%
1781–1830	39%
1831–1880	40%
1881–1930	41%
1931–1975	42%
1976–2020	43%
2021–2060	44%
2061–2105	45%
2106–2145	46%
2146–2185	47%
2186–2225	48%
2226–2265	49%
2266–2305	50%
2306–2340	51%

Stand: 1. 1. 1985

Nettobemessungs-grundlage in DM	Zuschlag in Prozent zur Berechnung der Bruttobe-messungsgrundlage
2341–2380	52%
2381–2415	53%
2416–2450	54%
2451–2485	55%
2486–2520	56%
2521–2560	57%
2561–2590	58%
2591–2625	59%
2626–2660	60%
2661–2695	61%
2696–2730	62%
2731–2765	63%
2766–2790	64%
2791–2800	65%
2801–2810	66%
2811–2820	67%
2821–2830	68%
2831–2840	69%
2841–2855	70%
2856–2860	71%
2861–2870	72%
2871–2880	73%
2883.52	73.40%

b) Tabelle von Gröning, FamRZ 84/740

Tabelle zur Errechnung des Vorsorgeunterhalts (VoU) in % des Nettoeinkommens des Pflichtigen bzw. der Einkommensdifferenz der Beteiligten (Stand: 1. 1. 1984)

Netto-einkommen bis	VoU bei Quote 3/7	VoU bei Quote 2/5	Netto-einkommen bis	VoU bei Quote 3/7	VoU bei Quote 2/5
1200	8,75		2300	9,83	9,15
1270		8,21	2400	9,89	9,21
1300	8,93	8,26	2500	9,94	9,27
1400	9,08	8,40	2600	9,99	9,32
1500	9,20	8,54	2700	10,04	9,36
1600	9,30	8,64	2800	10,08	9,40
1700	9,40	8,73	2900	10,12	9,44
1800	9,49	8,82	3000	10,17	9,48
1900	9,56	8,90	3100	10,20	9,52
2000	9,62	8,96	3200	10,22	9,55
2100	9,70	9,03	3300	10,25	9,58
2200	9,77	9,08	3400	10,28	9,61

Netto-einkommen bis	VoU bei Quote 3/7	VoU bei Quote 2/5	Netto-einkommen bis	VoU bei Quote 3/7	VoU bei Quote 2/5
3500	10,32	9,63	5900	11,84	10,87
3600	10,34	9,66	6000	11,92	10,94
3700	10,37	9,68	**6034**	**11,96**	
3800	10,41	9,71	6100	11,99	11,01
3900	10,45	9,75	6200	12,05	11,08
4000	10,51	9,78	6300	12,10	11,16
4100	10,56	9,80	6400	12,16	11,23
4200	10,62	9,85	**6414**		**11,25**
4300	10,68	9,90	6500	12,21	11,29
4400	10,73	9,95	6600	12,27	11,33
4500	10,79	10,00	6700	12,33	11,39
4600	10,86	10,04	6800	12,38	11,44
4700	10,92	10,10	6900	12,57	11,49
4800	10,99	10,16	7000	12,75	11,54
4900	11,07	10,21	7100	12,95	11,59
5000	11,13	10,27	7200	13,02	11,65
5100	11,20	10,33	7300	13,09	11,77
5200	11,28	10,40	**7333,26**	**13,12**	
5300	11,35	10,46	7400		11,94
5400	11,43	10,52	7500		12,11
5500	11,51	10,59	7600		12,24
5600	11,59	10,65	7700		12,30
5700	11,68	10,73	**7788,35**		**12,35**
5800	11,75	10,80			

10. Leitlinien zum Altersvorsorgeunterhalt

a) OLG Hamm. Zur Frage, in welcher Weise die Kosten einer Versicherung für den Fall des Alters sowie der Berufs- und Erwerbsunfähigkeit zu berücksichtigen sind wird, auf die Rechtsprechung des BGH verwiesen (H.L. 3.28).

b) OLG Bremen. Der Vorsorgeunterhalt ist entsprechend den Grundsätzen der BGH-Rechtsprechung anhand der sog. Bremer Tabelle zu berechnen (B.L. B 5).

c) OLG Celle. Vorsorgeunterhalt des berechtigten Ehegatten ist zusätzlich zu zahlen. Der Betrag ist vom anrechenbaren Einkommen vorweg abzuziehen. Bei eingeschränkter Leistungsfähigkeit ist der gegenwärtige Unterhaltsbedarf gegenüber dem Altersvorsorgeunterhalt vorrangig zu befriedigen (C.L. III 3).

d) OLG Stuttgart. Geltend gemachter Vorsorgeunterhalt nach §§ 1361 und 1578 BGB und der letztlich verbleibende Elementarunterhalt ist nach den Grundsätzen des BGH zur Bemessung des Vorsorgeunterhalts zu berechnen (St.L. II.).

e) OLG Frankfurt. Der Vorsorgeunterhalt ist von der Tabelle nicht erfaßt. Wird neben dem Elementarunterhalt, der sich nach der Tabelle errechnet auch der Vorsorgeunterhalt noch gesondert geltend gemacht, so ist die diesbezügliche Berechnung nach den Grundsätzen des BGH anhand der Bremer Tabelle vorzunehmen (F.T. 2).

Zum Unterhaltsanspruch gehören auch die Kosten einer angemessenen Versicherung für den Fall des Alters sowie der Berufs- und Erwerbsunfähigkeit. Nach BGH gilt folgendes: Dieser Vorsorgeunterhaltsanspruch ist ein unselbständiger Teil des einheitlichen Ehegattenanspruchs; es handelt sich also nicht um eine Klagehäufung.

Dieser Anspruch ist mehrstufig zu errechnen. Zunächst ist von dem durchschnittlichen monatlichen bereinigten Nettoeinkommen des Unterhaltspflichtigen der Krankenkassenbeitrag des Unterhaltsberechtigten abzuziehen. Danach wird durch Quotenbildung (2/5 bzw. 3/7) der Elementarunterhaltsanspruch des Unterhaltsberechtigten vorläufig ermittelt. Der sich danach ergebende Betrag gilt als Nettobemessungsgrundlage des Unterhaltsberechtigten, die auf ein fiktives Bruttoarbeitsentgelt hochzurechnen ist. Statt des Abtastverfahrens hat der BGH zum Zweck der Hochrechnung die sog.

Bremer Tabelle übernommen; auch dies ist natürlich nur ein ,,wertvolles Orientierungsmittel". Man nimmt also den zunächst errechneten Elementarunterhaltsbetrag, steigt in die Bremer Tabelle links ein und liest rechts den Prozentsatz ab, um den der Elementarunterhalt anzuheben ist (etwaige Beträge zur Krankenversicherung spielen bei dieser Hochrechnung keinerlei Rolle). Es ergibt sich damit die fiktive Bruttobemessungsgrundlage. Von diesem Betrag wird der Beitragssatz zur gesetzlichen Rentenversicherung abgezogen (ab 1. 9. 83:8,5%). Das Ergebnis ist der Vorsorgeunterhaltsanspruch des Unterhaltsberechtigten, der im Urteil (Vergleich) konkret zu bezeichnen ist; auch hier ist die Bestimmung des bestimmten Versicherungsträgers im Regelfall nicht erforderlich. In einer weiteren Stufe ist dieser Vorsorgeunterhaltsanspruch von dem bereinigten Nettoeinkommen des Unterhaltsberechtigten – neben dem bereits abgezogenen Krankenkassenbeitrag für den Unterhaltsberechtigten – erneut abzuziehen, um dann erneut im Weg der Quotenbildung den Elementarunterhaltsanspruch des Unterhaltsberechtigten zu errechnen (der sich nunmehr geringer darstellt). Der jetzt errechnete Betrag ist der endgültige, in den Urteilstenor (Vergleich) aufzunehmende laufende Elementarunterhalt. Es ist also möglich, daß ein Unterhaltstitel sich aus drei Einzelpositionen zusammensetzt. Der so errechnete Vorsorgeunterhaltsanspruch ist aber noch abschließend wie folgt zu überprüfen:
Ist der Selbstbehalt des Unterhaltspflichtigen gewahrt? Denn die Leistungsfähigkeit des Unterhaltspflichtigen ist einheitlich zu beurteilen.

Ist der angemessene Elementarunterhalt des Unterhaltsberechtigten gewahrt? Denn der laufende Unterhalt geht dem Vorsorgeunterhalt vor.

Ist in diesen Fällen die jeweilige Grenze unterschritten, dann ist jeweils entsprechend zu kürzen, mit anderen Worten: In erster Linie ist der Selbstbehalt des Unterhaltspflichtigen zu wahren, in zweiter Linie ist der Elementarunterhalt durchzusetzen und zuletzt ist – soweit noch verteilbare Masse beim Unterhaltspflichtigen vorhanden ist – der Vorsorgeunterhalt zuzusprechen. Weiterhin ist in den Fällen, in denen beim Unterhaltsberechtigten eine versicherungspflichtige Tätigkeit besteht, nicht an eine Höherversicherung zu denken, vielmehr kommen hier privatrechtliche Vorsorgemöglichkeiten in Betracht. Daran ist auch zu denken, wenn der konkrete Vorsorgeunterhaltsanspruch nicht den jeweils gültigen Mindestbeitrag zur gesetzlichen Rentenversicherung erreicht: dann etwa Einzahlung auf eine Lebensversicherung. Überschreitet der konkret ausgerechnete Vorsorgeunterhaltsanspruch die jeweils gültige Höchstbeitragsgrenze in der gesetzlichen Rentenversicherung, dann ist der Vorsorgeunterhalt einfach auf den entsprechenden Höchstbetrag herabzusetzen. Schließlich ist ein Vorsorgeunterhaltsanspruch dann nicht gegeben, wenn in der ,,sozialen Biographie" des Unterhaltsberechtigten nichts (mehr) auszugleichen ist oder wenn durch die Beitragszahlung eine Übersicherung des Unterhaltsberechtigten einträte: in diesem Falle wäre aufgrund des Paritätsgrundsatzes eine teilweise oder vollständige Kürzung vorzunehmen. Ist nach allem ein Vorsorgeunterhaltsanspruch gegeben, so ist er – im zeitlichen Anschluß an den Versorgungsausgleich – zum Ende der Ehezeit – ab Beginn des Monats, in dem das Ehescheidungsverfahren rechtshängig geworden ist, zuzusprechen (FW in DAV 84/255).

III. Vorsorgeunterhalt wegen Krankheit

1. Überblick

a) Auch Krankenversicherungskosten sind nicht in der Quote des Elementarunterhalts enthalten. Solange die Ehe noch nicht geschieden ist, erwächst dem Berechtigten in der Regel noch kein zusätzlicher eigener Bedarf, weil die Krankheitsvorsorge durch Mitversicherung beim erwerbstätigen Ehegatten sichergestellt ist (in der gesetzlichen Krankenversicherung nach § 205 RVO, bei Ersatzkassen und Privatkassen nach Maßgabe der jeweiligen Satzung). Diese Mitversicherung erlischt mit Rechtskraft der Scheidung (§ 176b/I 1 und II S. 2 RVO).

Letzteres gilt nicht bei einer Privatversicherung.

Es kann ein zusätzlicher eigener Bedarf für die Krankenversicherung entstehen, wenn der Berechtigte keiner versicherungspflichtigen Erwerbstätigkeit nachgeht (2).

b) Der angemessene Krankenversicherungsschutz nach der Scheidung bestimmt sich nach den ehelichen Lebensverhältnissen im Zeitpunkt der Scheidung. Bestand während der Ehe eine Privatversicherung mit Beihilfeberechtigung, kann nach der Scheidung eine gleichwertige Privatversicherung abgeschlossen werden. Die geschiedene Ehefrau eines gesetzlich Versicherten ist nach § 156b/II RVO berechtigt, mit Rechtskraft der Scheidung der gesetzlichen Krankenversicherung beizutreten. Im Verhältnis zum Unterhaltspflichtigen muß sie dies tun, weil es sich hierbei um die kostengünstigste Art angemessener Krankenversicherung handelt. Der Betrag errechnet sich mit dem Beitragssatz aus dem Elementarunterhalt (3).

c) Krankenkassenbeiträge sind bei Doppelverdienern vom jeweiligen Bruttoeinkommen abzuziehen. Wenn der Berechtigte vom Verpflichteten Krankenversicherungskosten verlangt, sind sie zur Vermeidung eines Ungleichgewichts vom Einkommen des Verpflichteten abzuziehen, sofern ihre Höhe bereits feststeht oder jedenfalls konkret berechnet werden kann (4).

2. BGH zum Krankenversicherungsschutz bei Trennung oder Scheidung

a) Bei der Bemessung des Ehegattenunterhalts ist zu beachten, daß auch dem Berechtigten Kosten für einen angemessenen Krankenversicherungsschutz entstehen können, die sodann ebenfalls gesondert berücksichtigt werden müssen. Andernfalls ergäbe sich ein Ungleichgewicht der für die allgemeine (sonstige) Lebenshaltung zur Verfügung stehenden Mittel auf seiten des Pflichtigen einerseits und des Berechtigten andererseits. Solange Ehegatten noch nicht geschieden sind und – nur – getrennt leben, kann in der Regel davon ausgegangen werden, daß die Krankheitsvorsorge durch Mitversicherung beim erwerbstätigen Ehegatten sichergestellt ist. Dem Berechtigten erwächst dadurch kein zusätzlicher eigener Bedarf. Mit Rechtskraft des Ehescheidungsurteils erlischt die Mitversicherung, da sie eine bestehende Versicherung voraussetzt (§ 176b/I Nr. 1 und II S. 2 RVO). Dadurch kann dem unterhaltsberechtigten Ehegatten ein eigener zusätzlicher Aufwand für eine Krankenversicherung entstehen (BGH, FamRZ 82/887, 888 = NJW 82/1983 = B 84a; FamRZ 83/888, 889 = NJW 83/2937, 2938 = B 174c).

b) Welcher Krankenversicherungsschutz angemessen ist, bestimmt sich, wie allgemein, nach den ehelichen Lebensverhältnissen im Zeitpunkt der Scheidung. Bestand während der Ehe eine Beihilfeberechtigung und eine ergänzende Privatversicherung, kann nach der Scheidung eine private Krankenversicherung abgeschlossen werden, um diesen Schutz in gleichwertiger Weise aufrechtzuerhalten (BGH, FamRZ 83/676, 677 = NJW 83/1552, 1553, 1554 = B 175 und B 84b).

3. BGH zur Höhe einer angemessenen Krankenversicherung

Die Höhe der für eine angemessene Krankenversicherung aufzuwendenden Kosten kann danach bemessen werden, was zu zahlen wäre, wenn sich der Berechtigte bei dem gleichen Versicherungsträger wie dieser freiwillig weiterversichern ließe und ein Einkommen in Höhe des Unterhalts bezöge. Die Art einer solchen Versicherung entspricht den ehelichen Lebensverhältnissen bis zur Scheidung, die auch für die Krankenversicherungskosten als Unterhaltsbestandteil maßgebend bleiben. Mit der Rechtskraft der Scheidung erlischt die bis dahin bestehende Mitversicherung; doch ist die geschiedene Ehefrau eines Versicherten gemäß § 176b/I Nr. 1 RVO berechtigt, der gesetzlichen Krankenversicherung beizutreten (§ 176b/II RVO). Im Verhältnis zum unterhaltspflichtigen Mann obliegt es ihr, von dieser Möglichkeit Gebrauch zu machen, da es sich hierbei um die kostengünstigste Art angemessener Krankenversicherung handelt. Der Betrag errechnet sich mit dem Beitragssatz (damals 10,42%) aus dem Elementarunterhalt (BGH, FamRZ 83/888, 889 = NJW 83/2937, 2938 = B 84c).

4. BGH zum Abzug der Krankenkassenbeiträge zum Nettoeinkommen

a) Zu billigen ist die Praxis, Krankenkassenbeiträge vor Anwendung der Unterhaltstabellen vom zu verteilenden Einkommen abzuziehen, und zwar bei Doppelverdienern auf beiden Seiten (BGH, FamRZ 83/676, 677 = NJW 83/1552, 1553, 1554 = B 84b und B 175; FamRZ 82/887, 888 = NJW 82/1983 = B 84a).

Die Aufwendungen für eine Krankenversicherung sind bereits bei dem für die ehelichen Lebensverhältnisse maßgeblichen Einkommen abzuziehen, weil das Einkommen in Höhe derartiger Aufwendungen für den allgemeinen Lebensbedarf nicht verfügbar ist (BGH, FamRZ 85/357, 358 = NJW 85/909, 910 = B 84d).

b) Wenn auf seiten des Unterhaltspflichtigen dessen Kosten für eine angemessene Krankenversicherung vor Anwendung des Verteilungsschlüssels abgesetzt worden sind, müssen zur Vermeidung eines Ungleichgewichts auch die Krankenversicherungskosten des Unterhaltsberechtigten vorab berücksichtigt werden, wenn sie der Höhe nach bereits feststehen oder jedenfalls konkret berechnet werden können (BGH, FamRZ 83/888, 889 = NJW 83/2937, 2938 = B 84c).

Siehe dazu ferner Seite 93f.

5. BGH zur Geltendmachung der Krankenversicherungskosten

Der Verpflichtete kann nicht Zahlung an die Krankenkasse verlangen. Ausnahmen können nur in Betracht kommen, wenn besondere Umstände vorliegen, die das Verlangen der Zahlung an sich als Verstoß gegen Treu und Glauben erscheinen ließe. Der Verpflichtete ist bei nicht bestimmungsgemäßer Verwendung der Krankenkassenbeiträge dadurch geschützt, daß der Berechtigte im Krankheitsfall so zu behandeln ist, als hätten die Beiträge zu einer entsprechenden Versicherung geführt. Es wäre dann § 1579/I Nr. 3 anzuwenden (BGH, FamRZ 83/676, 678 = NJW 83/1552, 1554 = B 175; ferner dazu Seite 230).

6. Leitlinien zum Krankheitsvorsorgeunterhalt

a) OLG Hamm. Die Kosten für die notwendige Krankenversicherung des berechtigten Ehegatten, die nicht von dritter Seite (insbesondere vom Arbeitgeber) zu tragen sind und auch nicht vom eigenen Einkommen des Berechtigten bestritten werden, sind zusätzlich zu zahlen. Bei der Berechnung des 3/7- bzw. 1/2-Anteils des Berechtigten sind die Kosten dieser Versicherung von dem anzurechnenden Einkommen des Pflichtigen vorweg abzuziehen (H.L. 3.27).

b) OLG Celle. Die Kosten einer notwendigen Krankenversicherung sind zusätzlich zu zahlen. Der Betrag ist vom anrechenbaren Einkommen vorweg abzuziehen (C.L. III 3).

c) OLG Frankfurt. Soweit der unterhaltsberechtigte Ehegatte nicht aufgrund eines Arbeitsverhältnisses in einer Krankenkasse pflichtversichert ist, hat der unterhaltspflichtige Ehegatte zusätzlich auch die Kosten für eine angemessene, d. h. den seitherigen ehelichen Lebensverhältnissen entsprechende, aber auch kostengünstigste Krankenversicherung aufzubringen. Es handelt sich insoweit um einen unselbständigen Bestandteil des einheitlichen Ehegattenunterhaltsanspruchs. Der unterhaltsberechtigte Ehegatte hat diese Kosten konkret zu beziffern. Sie werden sodann vom bereinigten Nettoeinkommen des Pflichtigen – nach Ansicht des BGH – vorab abgezogen und erst dann erfolgt die quotenmäßige Berechnung des laufenden Elementarunterhaltsanspruchs des Unterhaltsberechtigten – MaW, die 2/5-Quote deckt im allgemeinen die Krankenkasse nicht (mehr) mit ab. Dieser Vorsorgeunterhalt ist im Urteil (Vergleich) konkret zu bezeichnen; allerdings muß nicht auf unmittelbare Zahlung an eine bestimmte Krankenkasse erkannt werden, es sei denn, es liegen besondere Umstände vor, die das Verlangen des Unterhaltsgläubigers auf Zahlung an sich selbst als einen Verstoß gegen Treu und Glauben erscheinen lassen. Der Unterhaltsverpflichtete ist bei nicht bestimmungsgemäßer Verwendung der auf die Krankenvorsorge entfallenden Beträge dadurch gechützt, daß der Berechtigte im Krankheitsfall unterhaltsrechtlich so zu behandeln ist, als hätten die Beiträge zu einer entsprechenden Versicherung geführt (W.F. in DAV 84/252, 253).

6. Abschnitt: Zur Unterhaltsbedürftigkeit und zur Leistungsfähigkeit

I. Zur Unterhaltsbedürftigkeit des berechtigten Ehegatten

1. Überblick

a) Unterhalt kann ein Ehegatte wegen fehlender Bedürftigkeit nicht verlangen, solange und soweit er seinen angemessenen Lebensbedarf aus seinen Einkünften und Vermögen selbst bestreiten kann. In der Praxis geht es hierbei vor allem um die Fragen der Erwerbspflicht, des Erwerbseinkommens, der Vermittelbarkeit eines Arbeitsplatzes, sowie der Anrechnung von Einkommen aus unzumutbarer Erwerbstätigkeit (2).

b) Unterhaltsbedürftig ist auch nicht, wer die mögliche Aufnahme einer angemessenen und zumutbaren Erwerbstätigkeit unterläßt oder wer seine Bedürftigkeit dadurch herbeiführt, daß er notwendige und zumutbare Maßnahmen zur Herstellung seiner Erwerbstätigkeit unterläßt. Dies kann der Fall sein, wenn bei einer Krankheit (z. B. Alkohol- oder Drogenabhängigkeit) der Ehegatte es leichtfertig unterläßt, sich einer erfolgversprechenden Behandlung zur Wiederherstellung seiner Arbeitsfähigkeit zu unterziehen. Es geht hierbei um die Zurechnung von fiktivem Einkommen (3).

(c) In entsprechender Weise gibt es einen geminderten Unterhalt bei geminderter Bedürftigkeit, d. h. wenn und soweit die erzielten oder erzielbaren Einkünfte den vollen angemessenen Unterhaltsbedarf nicht decken. Den Stamm des Vermögens braucht der Berechtigte nicht zu verwerten, soweit die Verwertung unwirtschaftlich oder unter Berücksichtigung der beiderseitigen wirtschaftlichen Verhältnisse unbillig wäre (§ 1577/III BGB) (4).

d) Die Beweislast für seine Bedürftigkeit trägt der Unterhaltsberechtigte. Er muß daher darlegen und beweisen, daß und warum er bestimmte Einkünfte weder hat, noch in zumutbarer Weise erzielen kann (5).

2. Zum anrechenbaren Einkommen

a) Einkünfte des Berechtigten sind gemäß den Ausführungen in Teil I, Seite 4ff. zu ermitteln. Es kommen alle dort erwähnten Einkunftsmöglichkeiten in Frage.

Eine Anrechnung von Einkommen aus zumutbarer Erwerbstätigkeit kann trotz § 1577/II BGB unterbleiben, wenn und soweit der Quotenunterhalt oder die Summe von Unterhalt und eigenem Einkommen den notwendigen Mindestunterhalt des Erwerbstätigen nicht übersteigt. Es handelt sich bei Unterschreitung des angenommenen Mindestunterhalts stets um einen Mangelfall wegen fehlender Leistungsfähigkeit des Verpflichteten und damit um einen Fall des § 1581 BGB. Wenn dem Verpflichteten in einem solchen Mangelfall nach § 1581 BGB wenigstens der Selbstbehalt verbleiben soll, so entspricht es der Billigkeit, Einkünfte des Berechtigten ebenfalls bis zur Deckung des Mindestunterhalts anrechnungsfrei zu belassen.

b) Einkünfte aus zumutbarer Tätigkeit sind grundsätzlich nach § 1577/I BGB voll anzurechnen (Seite 86).

c) Einkünfte aus unzumutbarer Tätigkeit sind nach § 1577/II BGB entsprechend den vom BGH hierzu entwickelten Grundsätzen anzurechnen. Genaueres dazu Seite 86ff.

Bei Altehen erfolgt die Anrechnung nach Treu und Glauben. Siehe dazu Seite 91f.

Der häufigste Fall ist Erwerbseinkommen des Berechtigten, obwohl wegen der Betreuung von minderjährigen Kindern keine Erwerbsobliegenheit besteht. Zur Erwerbsobliegenheit wegen Betreuung von Kindern siehe Seite 178ff., 185ff.

d) Wegen der Anrechnung von Zuwendungen des neuen Partners bei nichtehelicher Lebensgemeinschaft siehe Seite 72ff.

3. Zum fiktiv anrechenbaren Einkommen

Kann der Unterhalt begehrende Ehegatte nach Trennung darauf verwiesen werden, seinen Unterhalt durch eine Erwerbstätigkeit selbst zu verdienen, so ist er, falls er die mögliche Aufnahme einer zumutbaren Erwerbstätigkeit unterläßt, nicht als unterhaltsbedürftig anzusehen, weil er in der Lage ist, sich selbst zu unterhalten (§ 1602/I BGB). Entsprechendes gilt, wenn der Ehegatte zwar zur Aufnahme einer Erwerbstätigkeit außerstande ist, aber die notwendigen und zumutbaren Maßnahmen zur Herstellung seiner Erwerbstätigkeit unterläßt und dadurch seine Bedürftigkeit herbeiführt. Dies kann der Fall sein, wenn er bei einer Krankheit (z. B. Alkoholmißbrauch) es leichtfertig unterläßt, sich einer erfolgversprechenden Behandlung zur Wiederherstellung seiner Arbeitsfähigkeit zu unterziehen (BGH, FamRZ 81/1042, 1043 = NJW 81/2805, 2806 = B 77 siehe ferner Seite 83f. u. 250ff.).

4. Zur Anrechnung von Einkünften aus Vermögen und zur Verwertung des Vermögensstammes

Siehe BGH, FamRZ 85/360, 361, 362 = NJW 85/907, 908, 909 = B 40d und die Ausführungen Seite 55ff.

5. Zur Beweislast des Berechtigten

Siehe die Ausführungen zu Seite 102ff.

6. F.W. zur Bedürftigkeit und zum anrechenbaren (auch fiktiven) Einkommen des Berechtigten

Muß der unterhaltsberechtigte Ehegatte aufgrund des Eigenverantwortlichkeitsgrundsatzes durch Aufnahme einer ihm angemessenen Erwerbstätigkeit (§ 1574/I BGB) zu seinem eigenen Unterhalt selbst beitragen und kommt er dieser Verpflichtung nicht nach, so ist ihm ein imaginäres, fiktives Arbeitseinkommen zuzurechnen und bei der weiteren Unterhaltsberechnung mitzuberücksichtigen. Als „Einkommen" gilt auch das, was jemand einem Lebensgefährten als hausfrauliche Tätigkeit oder als Wohnungsgewährung „zuwendet". Das OLG München schätzt einen Monatsbetrag zwischen DM 400 und DM 700. Lebt der neue Lebensgefährte in bescheidenen Verhältnissen, legt er bei der gemeinsamen Haushaltsführung auch Hand an, so ist zunächst davon auszugehen, daß die Generalunkosten der beiden Lebensgefährten geringer sind, als wenn sie allein lebten, so daß von der ⅗-Quote etwa 20% wegen ersparter Aufwendungen abzuziehen wären. Vor allem darf aber nicht übersehen werden, daß ein fiktiver Erstattungsanspruch dann nicht unterstellt werden darf, wenn beim Lebensgefährten effektiv mangels Leistungsfähigkeit nichts zu holen ist und deswegen der Betreuungsunterhaltsanspruch des sorgeberechtigten Ehegatten gefährdet wäre (§§ 1570, 1579/II BGB).

Als Einkommen des anspruchsberechtigten Ehegatten gelten auch Leistungen des anderen Ehegatten (nicht freiwillige Leistungen Dritter) die sich bei dem Berechtigten bedarfsmindernd auswirken. Man kann diese Naturalleistungen entweder von dem Einkommen des Unterhaltspflichtigen vorab abziehen und dann die quotenmäßige Unterhaltsberechnung vornehmen oder erst den Unterhaltsanspruch quotenmäßig berechnen und dann den natural geleisteten Anteil (z. B. mietfreies Wohnen) wieder pauschal herausrechnen. Wem die billige Ehewohnung aufgrund der Hausratsverordnung zugeteilt wird, der hat sich insoweit ersparte, verminderte Mietaufwendungen einkommensmäßig anrechnen zu lassen.

Einkommen ist ferner auch der Erlös (Kapital und Zinsen) aus einem Zugewinnausgleich. Da Zugewinnausgleich hälftig ausgeglichen wird, könnte man davon ausgehen, den Gewinn auf beiden Seiten unterhaltsrechtlich zu vergessen, ihn also außer Ansatz zu lassen. Im Fall eines Hausverkaufs und der hälftigen Aufteilung des Erlöses könnte man, anknüpfend an die bisherigen ehelichen Lebensverhältnisse, von einem seitherigen „mietfreien" Wohnen ausgehen und deshalb aus der ⅗-Quote einen entsprechenden Wohnanteil herausrechnen, weil er bereits anderweitig gedeckt ist, d. h. durch den Erlös bzw. die Zinseinkünfte aus dem Zugewinnausgleich (die ⅗-Quote würde dann zunächst aber an dem vollen derzeitigen Nettoeinkommen des Unterhaltspflichtigen anknüpfen). Ein Anhaltspunkt für die konkrete Berechnung könnte der Wohnanteil im großen Selbstbehalt sein, der zur Zeit 37,5% beträgt. Selbstverständlich darf der etwaige Übernehmer von Grundeigentum die zur Finanzierung der Auszahlung des Zugewinns an den anderen Ehegatten aufgenommenen Schulden nicht von seinem unterhaltsrechtlich bedeutsamen Einkommen abziehen, denn andernfalls würde ja der Unterhaltsberechtigte seinen eigenen Zugewinnausgleich finanzieren.

Hat der unterhaltsberechtigte Ehegatte also ein fiktives oder auch reales Einkommen, ist dies bei der weiteren Unterhaltsberechnung grundsätzlich mitzuberücksichtigen. Eine Berücksichtigung findet aber jedenfalls dann nicht statt, wenn ein Unterhaltspflichtiger keinerlei Zahlungen leistet und so den anderen Ehegatten, der wegen des gehobenen ehelichen Standards eine niedere Tätigkeit nicht aufnehmen muß (§ 1574 BGB) oder der wegen einer Kindesbetreuung nicht arbeitspflichtig ist, zur Arbeitsaufnahme zwingt, um wenigstens den angemessenen Mindesteigenbedarf sicherzustellen. Würde man nämlich in derartigen Fällen die Eigeneinkünfte des Unterhaltsberechtigten irgendwie berücksichtigen, dann hätte der böswillige Unterhaltsschuldner sein Ziel erreicht; dem Unterhaltsberechtigten muß die Möglichkeit belassen werden, nach Erlangung des Unterhalts seine Arbeit wieder aufzugeben.

Braucht der Unterhaltsberechtigte wegen der Betreuung eines oder mehrerer minderjähriger Kinder nicht arbeiten zu gehen, tut er es aber freiwillig doch, so leistet er überobligationsmäßiges; es fiel früher an dieser Stelle das Stichwort Bonus. Die diesbezüglichen früheren Ausführungen des BGH sind aber aufgrund der neueren BGH-Rechtsprechung als überholt anzusehen: es gibt – leider – keine starren Boni mehr. Der BGH stellt vielmehr auf die Grundsätze von Treu und Glauben, auf die Billigkeit, die Zumutbarkeit ab. Um einen anrechnungsfreien Betrag (Bonus) gutgebracht zu bekommen, muß der Unterhaltsberechtigte also ganz konkret vortragen, worin bei ihm die erziehungsbedingte Mehrbelastung liegt: beispielsweise durch die Aufbringung von Kosten für eine Putzhilfe, einen Kinderhort oder bei – Ganztagstätigkeit – durch die fehlende Möglichkeit, Sonderangebote etc. im Supermarkt ausnutzen zu können, einen Flickschneider, eine Wäscherei beanspruchen zu müssen.

Je nachdem ist dann dem sorge- und unterhaltsberechtigten Ehegatten von seinem Eigeneinkommen ein gewisser Teil anrechnungsfrei vorab zu belassen und nur der Rest ist der weiteren Unterhaltsberechnung zuzuführen. Naturgemäß ist die gemäß § 287 ZPO vorzunehmende Schätzung schwierig und deshalb prozeßträchtig. Die vier in Frankfurt ansässigen Familiensenate haben sich deshalb darauf verständigt, im Fall einer Ganztagsbeschäftigung beim Unterhaltsberechtigten ohne konkreten Nachweis vorab einen fixen Pauschalbetrag von DM 300 monatlich anrechnungsfrei zu belassen (die Betreuung mehrerer Kinder erhöht diesen Betrag allerdings nicht); der konkrete Nachweis darüber hinausgehender Mehraufwendungen ist zulässig. Diese Überlegungen gelten natürlich auch für den unterhaltspflichtigen Ehegatten, der selbst ein Kind versorgt und insoweit Überobligationsmäßiges vollbringt und deshalb entsprechende Mehraufwendungen hat (F.W. in DAV 84/248-250).

II. Zur Leistungsfähigkeit des verpflichteten Ehegatten

1. Voller Unterhalt und Leistungsfähigkeit

a) Die Leistungsfähigkeit muß während der Zeit bestehen, für die der Unterhalt verlangt wird. Tritt sie erst später ein, so entsteht dadurch keine Unterhaltspflicht und damit auch keine Nachzahlungspflicht für die zurückliegende Zeit (BGH, FamRZ 83/140 = NJW 83/814 = B 132b).

b) Das Gesetz geht von der Leistungsfähigkeit aus. Deshalb hat der Verpflichtete die Darlegungs- und Beweislast für seine beschränkte oder fehlende Leistungsfähigkeit (BGH, FamRZ 80/770, 771 = NJW 80/2083, 2084 = B 98a).

Genaueres dazu siehe Seite 103f.

c) Für die Ermittlung des bereinigten Nettoeinkommens, das für die Beurteilung der Leistungsfähigkeit maßgeblich ist, gelten die Ausführungen zu Seite 4ff. und Seite 92ff.

2. Beschränkte Leistungsfähigkeit

a) Grundsätzlich ist die untere Grenze der Leistungsfähigkeit nach dem zu bemessen, was für den Verpflichteten erforderlich ist, um seinen eigenen angemessenen Unterhalt nicht zu gefährden. Lebt der berechtigte Ehegatte mit einem minderjährigen Kind zusammen, bemißt sich diese untere Grenze nach dem notwendigen Selbstbehalt.

b) Ist der Verpflichtete ohne Gefährdung seines eigenen angemessenen Unterhalts zur Leistung des angemessenen Ehegattenunterhalts nicht in der Lage, so braucht er nach § 1581 BGB nur insoweit zu leisten, als es mit Rücksicht auf die Bedürfnisse und die Erwerbs- und Vermögensverhältnisse der geschiedenen Ehegatten der Billigkeit entspricht (§ 1581 S. 1 BGB). Den Stamm des Vermögens braucht er nicht zu verwerten, soweit die Verwertung unwirtschaftlich oder unter Berücksichtigung der beiderseitigen wirtschaftlichen Verhältnisse unbillig wäre (§ 1581 S. 2 BGB).

Bei einer solchen Unterhaltsbemessung nach Billigkeit (sog. Billigkeitsunterhalt) ist Voraussetzung, daß ein Mangelfall vorliegt. Dies ist der Fall, wenn der volle Unterhalt (§ 1578 BGB) ohne Gefährdung des eigenen angemessenen Unterhalts nicht gezahlt werden kann. Dabei sind auch Unterhaltsansprüche anderer und Rangverhältnisse mitzuberücksichtigen.

c) Eine solche Unterhaltsbemessung in Mangelfällen nach Billigkeitsgrundsätzen ist nach neuem und altem Recht stufenweise vorzunehmen:

aa) Zunächst ist der nach den ehelichen Lebensverhältnissen angemessene volle Unterhalt für den Ehegatten und andere Unterhaltsberechtigte (Kinder) festzustellen, damit alle zu berücksichtigenden Ansprüche zu dem insgesamt für Unterhaltszahlungen verfügbaren Betrag in Relation gesetzt werden können (BGH, FamRZ 83/678, 679, 680 = NJW 83/1733, 1735 = B 176; FamRZ 79/692, 693, 694 = NJW 79/1985, 1986 = B 177).

bb) Erst auf der zweiten Berechnungsstufe findet eine Kürzung der Ansprüche nach Billigkeitsgesichtspunkten zur Anpassung an die Leistungsfähigkeit des Verpflichteten statt (BGH, FamRZ 83/678, 679 = NJW 83/1733, 1734, 1735 = B 176; FamRZ 79/692, 693, 694 = NJW 79/1985, 1986 = B 177).

Bei der nach § 1581 BGB vorzunehmenden Entscheidung ist auch die Frage zu prüfen, ob es die Billigkeit erfordert, Einkünfte aus unzumutbarer Erwerbstätigkeit über das in

§ 1577/II 1 BGB vorgesehene Maß hinaus anzurechnen (BGH, FamRZ 83/146, 150 = NJW 83/933, 936 = B 80a).

Die nach Billigkeitsgrundsätzen zu bemessende Leistungspflicht setzt grundsätzlich voraus, daß der Bedarf des Unterhalt begehrenden Ehegatten nicht anders aufzubrigen ist und daß die mit den Unterhaltsleistungen verbundenen Belastungen nur zumutbar erscheinen, wenn auch dem anderen Ehegatten Einschränkungen und Opfer zugemutet werden (BGH, FamRZ 85/782, 785 = NJW 85/1695, 1698 = B 138b).

d) Diese Zweistufigkeit muß nicht in allen Fällen dazu führen, daß der Betrag des angemessenen Unterhalts zunächst konkretisiert wird. Er kann offenbleiben, wenn die Leistungsfähigkeit des Verpflichteten offensichtlich unzureichend ist und die Billigkeitsentscheidung ohne Festlegung der Höhe des angemessenen Unterhalts möglich ist, etwa wenn es nach Sachlage nur darum geht, das geringe Einkommen des Verpflichteten unter den verschiedenen Unterhaltsberechtigten nach Billigkeitsgrundsätzen aufzuteilen. Bei mehreren Berechtigten wird es erforderlich sein, die Beträge des angemessenen Unterhalts der verschiedenen Berechtigten und den für die Unterhaltszahlungen insgesamt zur Verfügung stehenden Betrag zueinander in Relation zu setzen, um eine Kürzung nach Billigkeit zu ermöglichen (BGH, FamRZ 79/692, 693 = NJW 79/1985, 1986 = B 177).

e) Genaueres zur Unterhaltsberechnung bei Mangelfällen und zu Konkurrenzen Seite 268ff.

7. Abschnitt: Ausschluß, Herabsetzung und Verwirkung von Unterhaltsansprüchen wegen grober Unbilligkeit

I. Allgemeines zur unterhaltsrechtlichen Härteklausel des § 1579/I BGB

1. Zum Sinn und zur Verfassungsmäßigkeit des § 1579/I BGB

a) Die bisher erörterten Unterhaltstatbestände und Probleme stellen wegen des mit der Eherechtsreform eingeführten Zerrüttungsprinzips nur auf die Situation des wirtschaftliche schutzbedürftigen Berechtigten und die Leistungsfähigkeit des Verpflichteten ab, nicht aber auch auf sonstige Umstände, die mit der Trennung und Scheidung zusammenhängen. Demgegenüber beinhaltet § 1579 BGB eine negative Härteklausel zugunsten des Unterhaltsschuldners, die es ermöglicht, bei der Beurteilung seiner Unterhaltslast auch außerhalb des wirtschaftlichen Bereichs liegende Gründe zu berücksichtigen, wenn sich wegen solcher Gründe die Inanspruchnahme des Verpflichteten auf Unterhalt als grob unbillig darstellt. Nach § 1579/I BGB besteht ein Unterhaltsanspruch nicht, soweit bei Vorliegen besonderer, in § 1579/I Nr. 1 bis Nr. 4 BGB aufgeführter Gründe die Inanspruchnahme des Verpflichteten auf Unterhalt grob unbillig wäre. Voraussetzung ist das Vorliegen eines der enumerativ aufgeführten Gründe. Außerhalb muß die Inanspruchnahme des Verpflichteten wegen eines solchen Grundes zusätzlich grob unbillig sein.

b) Nach BVerfG ist § 1579/I BGB verfassungsmäßig. Der Gesetzgeber hat beim Übergang zum verschuldensunabhängigen Unterhaltsrecht nicht gegen das Gebot verstoßen, ehebeeinträchtigende Wirkungen bei seinen Regelungen zu vermeiden. Er hat in § 1579/I BGB die Möglichkeit vorgesehen, Unterhaltsansprüche aus Gründen grober Unbilligkeit zu versagen. Neben den Ausschlußtatbeständen der kurzen Ehedauer (Nr. 1), der Straftaten gegenüber dem Verpflichteten oder einem seiner nahen Angehörigen (Nr. 2) und der mutwillig herbeigeführten Bedürftigkeit (Nr. 3) ermöglicht es vor allem die allgemeine negative Billigkeitsklausel des § 1579/I Nr. 4 BGB den Gerichten, den Verhältnissen des Einzelfalls Rechnung zu tragen. Allerdings soll über die Anwendung dieser Generalklausel das Schuldprinzip nicht wieder aufleben. Entsprechend diesem gesetzgeberischen Willen wird in Rechtsprechung und Schrifttum überwiegend der Ausnahmecharakter des § 1579/I Nr. 4 BGB betont: nur ein schwerwiegendes und auch klar bei einem Ehegatten liegendes evidentes Fehlverhalten soll geeignet sein, die Voraussetzungen dieses Ausschlußtatbestandes zu erfüllen. Mit dieser Regelung hat der Gesetzgeber sichergestellt, daß der Eingriff in die Handlungsfreiheit des Verpflichteten die vom Grundsatz der Verhältnismäßigkeit gezogenen Grenzen nicht überschreitet. Die Grenze des Zumutbaren eines schuldunabhängigen Unterhaltsanspruchs wäre dort überschritten, wo ein getrennt lebender oder geschiedener Ehegatte Unterhaltsansprüche seines Partners zu erfüllen hätte, obwohl dieser sich gegen ihn oder einen seiner Angehörigen eines Verbrechens oder vorsätzlichen Vergehens schuldig gemacht und damit bewußt von jeglicher ehelicher Bindung gelöst hat. Das gleiche gilt für die übrigen Ausschlußtatbestände des § 1579/I BGB (BVerfG, FamRZ 81/745, 748, 749 = NJW 81/1771, 1772 = B 178).

c) BGH zur Verfassungsmäßigkeit. § 1579/I BGB gewährleistet die Verfassungsmäßigkeit des verschuldensunabhängigen Unterhaltsrechts. Mit dieser Vorschrift hat der Gesetzgeber sichergestellt, daß der mit der Auferlegung von Unterhaltsleistungen verbundene Eingriff in die Handlungsfreiheit des Verpflichteten nicht gegen den Grundsatz der Verhältnismäßigkeit verstößt. Die Grenze der Zumutbarkeit eines schuldunabhängigen Unterhaltsanspruchs wäre dort überschritten, wo ein getrennt lebender oder geschiedener Ehegatte Unterhaltsansprüche seines Partners zu erfüllen hätte, obwohl dieser sich durch eine Verhaltensweise, wie sie in den Ausschlußtatbeständen der Nr. 2 bis 4 BGB normiert ist, ganz bewußt von jeglichen ehelichen Bindungen gelöst hat. In einem solchen Fall wäre die mit der Inanspruchnahme verbundene Beschränkung der Dispositionsfreiheit des Verpflichteten im finanziellen Bereich nicht mehr Bestandteil der verfassungsmäßigen Ordnung und könnte vor dem Grundrecht des Art. 2/I GG nicht bestehen (BGH, FamRZ 83/569, 571 = NJW 83/1548, 1550 = B 188a).

2. Zur groben Unbilligkeit in § 1579/I BGB

Das Merkmal der groben Unbilligkeit ist in jedem Einzelfall zusätzlich zu den enumerativ aufgezählten Ausschlußgründen zu prüfen und zu bejahen, wenn der Unterhaltsanspruch ausgeschlossen werden soll. Hierzu sind konkrete Umstände festzustellen. Dabei kommt es bevorzugt darauf an, in welcher Weise die Unterhaltspflicht den Schuldner trifft. Dagegen kommt es nicht darauf an, wie ein Ehegatte stände, wenn er nicht geheiratet hätte (BGH, FamRZ 82/582, 583 = NJW 82/2064, 2065 = B 180d; FamRZ 79/569, 570, 571 = NJW 79/1348, 1349 = B 143 u. a.).

3. Ausschluß oder Minderung des Unterhaltsanspruchs

Aus der Formulierung „soweit" ergibt sich, daß die Inanspruchnahme des Verpflichteten ganz oder zum Teil, möglicherweise auch zeitweilig, als unzumutbar erscheinen kann, was dann zu einem Wegfall, einer Minderung oder auch zeitweise zu Wegfall oder Minderung des Unterhaltsanspruchs führen kann. Eine Minderung kommt in Frage, wenn der völlige Ausschluß nicht geboten erscheint, um einen groben Widerspruch zu dem Gerechtigkeitsempfinden zu vermeiden (BGH, FamRZ 84/364, 367 = B 182c; FamRZ 82/582, 583 = NJW 82/2064, 2065 = B 180d).

Das Gesetz hält es in § 1579/I Nr. 4 BGB für möglich, daß nach der Scheidung eintretende Veränderungen in den Lebensverhältnissen der früheren Ehepartner die weitere Inanspruchnahme des Unterhaltspflichtigen ganz oder zum Teil – möglicherweise auch zeitweilig – als unzumutbar erscheinen lassen (BGH, FamRZ 83/569, 571, 572 = NJW 83/1548, 1550 = B 188a).

4. Zur Darlegungs- und Beweislast

Gesetzestechnisch ist § 1579 BGB als Einwendung konstruiert, d. h. Härtefälle sind von Amts wegen zu berücksichtigen, auch wenn sich der Schuldner nicht auf die grobe Unbilligkeit seiner Inanspruchnahme beruft. Ferner hat der Pflichtige wegen des Charakters als Einwendung die Darlegungs- und Beweislast für die tatsächlichen Voraussetzungen des jeweiligen Ausschlußgrundes (BGH, FamRZ 84/364, 368 = B 182c; FamRZ 87/463, 464 = NJW 82/1461, 1462 = B 186b).

Eine Partei, die das Nichtvorhandensein von Tatumständen behauptet („Negativtatsachen") ist nicht von der sie hierfür treffenden Darlegungspflicht befreit. Der Gegner darf sich in einem solchen Fall aber nicht mit einfachem Bestreiten begnügen, sondern muß im einzelnen darlegen, daß die bestrittene Behauptung unrichtig ist, soweit er dazu in der Lage ist (BGH, NJW 81/576, 577 = B 191).

5. Zum Anwendungsbereich des § 1579/I BGB

a) § 1579 BGB findet über § 1361/III BGB bis auf die Regelung in § 1579 Nr. 1 BGB (kurze Ehedauer) auch beim Trennungsunterhalt Anwendung (BGH, FamRZ 83/150, 151 = NJW 83/683, 684 = B 187a u. a; genaueres Seite 180f.

b) § 1579/I BGB ist nicht anwendbar bei Altehen. Bei diesen gelten die §§ 65, 66, 67 EheG. Genaueres dazu Seite 265ff. (BGH, FamRZ 83/803, 804 = NJW 83/2315 L = B 195b; FamRZ 80/40, 41 = NJW 80/124, 125 = B 195d; FamRZ 82/259, 261 = NJW 82/578, 580 = B 196c).

c) § 1579 BGB ist ferner nicht anwendbar bei einem Anspruch aus § 1576 BGB (siehe Seite 199).

6. Zur gesetzlichen Neuregelung

a) Nach dem bisherigen Referentenentwurf soll § 1579 BGB wie folgt neu gefaßt werden:

,,Ein Unterhaltsanspruch ist zu versagen, herabzusetzen oder zeitlich zu begrenzen, soweit die Inanspruchnahme des Verpflichteten auch unter Berücksichtigung der Belange eines dem Berechtigten zur Pflege oder Erziehung anvertrauten gemeinschaftlichen Kindes grob unbillig wäre, weil

1. die Ehe von kurzer Dauer war; der Ehedauer steht die Zeit gleich, in welcher der Berechtigte wegen der Pflege oder Erziehung eines gemeinschaftlichen Kindes nach § 1570 Unterhalt verlangen konnte,
2. der Berechtigte sich eines Verbrechens oder eines schweren vorsätzlichen Vergehens gegen den Verpflichteten oder einen nahen Angehörigen des Verpflichteten schuldig gemacht hat,
3. der Berechtigte seine Bedürftigkeit mutwillig herbeigeführt hat,
4. der Berechtigte sich über schwerwiegende Vermögensinteressen des Verpflichteten mutwillig hinweggesetzt hat,
5. der Berechtigte vor der Trennung längere Zeit hindurch seine Pflicht, zum Familienunterhalt beizutragen, gröblich verletzt hat,
6. dem Berechtigten ein offensichtlich schwerwiegendes, eindeutig bei ihm liegendes Fehlverhalten gegen den Verpflichteten oder einen nahen Angehörigen des Verpflichteten zur Last fällt oder
7. ein anderer Grund vorliegt, der ebenso schwerwiegt wie die in den Nummern 1 bis 6 aufgeführten Gründe.“

Erläuterungen und kritische Stellungnahmen hierzu: Eyrich, FamRZ 84/941ff; Dieckmann, FamRZ 84/946ff; Bosch, FamRZ 84/1165ff; Weychardt, DAV 84/439ff.

b) Da der Entwurf weitgehend auf der bisherigen BGH-Rechtsprechung basiert, wird diese auch künftig für die Auslegung der neuen Bestimmungen Bedeutung behalten.

II. Ehe von kurzer Dauer (§ 1579/I Nr. 1 BGB)

1. Überblick

a) Die in Nr. 1 BGB enthaltene Billigkeitsklausel knüpft allein an die Dauer der Ehe an, ohne Anhaltspunkte dafür zu geben, wie der Begriff der kurzen Ehedauer näher zu bestimmen ist. Nach dem BGH gilt als Ehedauer im Sinn dieser Bestimmung die Zeit ab Eheschließung bis zur Rechtshängigkeit des Scheidungsverfahrens, nicht die Zeit des tatsächlichen Zusammenlebens. Ob innerhalb dieses zeitlichen Rahmens eine Ehedauer als kurz beurteilt werden kann, ist grundsätzlich nach der Lebenssitutation der Ehegatten im Einzelfall zu beurteilen. Der Ehedauer steht die Zeit gleich, in der dem Berechtigten wegen Kindererziehung Unterhalt nach § 1570 BGB zusteht (2).

b) Im Interesse der praktischen Handhabung hat der BGH für den Regelfall diesen zeitlichen Rahmen eingrenzend dahin konkretisiert, daß er in der Regel eine Dauer bis zu zwei Jahren als kurz beurteilt und eine Dauer über drei Jahren in der Regel nicht mehr für kurz hält (3 und 4).

c) Bei einer Dauer zwischen zwei und drei Jahren, sowie auch sonst, wenn besondere, vom Regelfall abweichende Umstände vorliegen, hält der BGH eine verstärkte tatrichterliche Würdigung der konkreten Einzelumstände der Parteien für erforderlich. In solchen Fällen ist für die Beurteilung von Bedeutung, inwieweit die Ehegatten ihre Lebensführung bereits aufeinander eingestellt und in wechselseitiger Abhängigkeit auf ein gemeinsames Lebensziel ausgerichtet haben. Auch bei Vorliegen sonstiger besonderer Umstände ist im Einzelfall eine Abweichung von der Regel möglich. Dagegen sieht der BGH keine entscheidungserheblichen Kriterien für eine Regelabweichung bei langjährigem Getrenntleben, selbst in Fällen, in denen die Eheleute nur kurz zusammengelebt haben, wenn die Eheleute beiderseits die zweite Ehe erst in vorgerücktem Lebensalter geschlossen haben, oder sonst bei Altersehen und Rentnern (5).

2. BGH zur „Ehedauer" und zum Verständnis der Nr. 1

a) § 1579/I Nr. 1 BGB knüpft die Prüfung, ob die Inanspruchnahme des Verpflichteten grob unbillig wäre, allein an die Dauer der Ehe und nicht an die Dauer des tatsächlichen Zusammenlebens an (BGH, FamRZ 80/981, 983 = NJW 81/2247, 2248 = B 180a).

Als Ehedauer ist in diesem Sinn die Zeit von Eheschließung bis zur Rechtshängigkeit des Scheidungsantrags (nicht Rechtskraft des Scheidungsverfahrens) zu verstehen. In aller Regel vollzieht der Antragsteller den entscheidenden Schritt zur Beendigung einer Ehe mit der Rechtshängigmachung seines Antrags. Aus seiner Sicht dient das weitere Verfahren, vor allem, wenn es im Verbund mit den Folgesachen abläuft, im allgemeinen nur noch der Abwicklung der ehelichen Beziehungen und der Regelung der Folgesachen. Auch für den Antragsgegner wird mit der Rechtshängigkeit des Antrags zumeist das Scheitern des gemeinsamen Lebensplans und das Ende der gemeinschaftlichen Lebensgestaltung deutlich. Damit erscheint es auch im Hinblick auf die eheliche Situation, wie sie sich den Ehepartnern darstellt, als sachgerecht, die Zeit des Scheidungsrechtsstreits nicht in die Bemessung der Ehedauer miteinzubeziehen (BGH, FamRZ 81/140, 141 = NJW 81/754, 755 = B 180b; FamRZ 82/254 = NJW 82/823 = B 180c; FamRZ 82/582, 583 = NJW 82/2064, 2065 = B 180d; FamRZ 82/894, 895 = NJW 82/2442 = B 180e; FamRZ 83/150, 151 = NJW 83/683 = B 180f).

b) Zum Verständnis des § 1579/I Nr. 1 BGB ist es notwendig, auf die Grundlagen der nachehelichen Unterhaltspflicht zurückzugreifen. Diese Grundlagen sind in den Prinzipien der nachehelichen Solidarität und der in Verbindung mit der Ehe stehenden Bedürftigkeit zu erblicken. Dabei geht das Gesetz ersichtlich davon aus, daß sich diese Grundlagen mit zunehmender Dauer der Ehe verfestigen. Dies ergibt sich auch aus § 1582 BGB, der dem geschiedenen Ehegatten gegenüber einem neuen Ehegatten u. a. dann einen erhöhten unterhaltsrechtlichen Vorrang einräumt, wenn die Ehe mit dem geschiedenen Ehegatten von langer Dauer war. Je länger eine Ehe dauert, um so stärker ist die Frage der wirtschaftlichen Sicherung des Ehegatten mit dem Bestand dieser Ehe verbunden. Dem liegt die Erfahrung zugrunde, daß die Lebenssituation der Partner in der Ehe durch den gemeinschaftlichen Lebensplan entscheidend geprägt wird und mit der Zunahme der Ehedauer auch eine zunehmende Verflechtung und Abhängigkeit der beiderseitigen Lebensdispositionen sowie im allgemeinen eine wachsende wirtschaftliche Abhängigkeit des unterhaltsbedürftigen Ehegatten einhergeht, gegenüber der sich dieser Ehegatte durch die unterhaltsrechtliche Solidarität des Ehepartners abgesichert zu fühlen pflegt (BGH, FamRZ 81/140, 142 = 81/754, 755 = B 144c).

3. BGH zur „kurzen" Ehedauer

Für die Bemessung der Ehedauer als kurz können keine festen abstrakten Maßstäbe zugrundegelegt werden. Es kommt vielmehr auf die Lebenssituation der Ehegatten im

Einzelfall an. Das schließt es allerdings nicht aus, im Interesse der praktischen Handhabung der Vorschrift die zeitlichen Bereiche zu konkretisieren, innerhalb deren eine Ehe in aller Regel von kurzer oder nicht mehr kurzer Dauer ist.

Hat die Ehe nicht länger als zwei Jahre bestanden, so wird sie in aller Regel auch dann als kurz zu beurteilen sein, wenn sich die Ehegatten bei der Eheschließung bereits in vorgerücktem Alter befunden haben (BGH, FamRZ 81/140, 141, 142 = NJW 81/754, 755, 756 = B 180b; FamRZ 82/254 = NJW 82/823 = B 180c; FamRZ 82/582, 583 = NJW 82/2064, 2065 = B 180d).

4. BGH zur „nicht mehr kurzen Ehedauer“

Der BGH beurteilt im Regelfall eine Ehedauer von mehr als drei Jahren nicht mehr als kurz (BGH, FamRZ 81/140, 142 = NJW 81/754, 756 = B 144c; FamRZ 82/254 = NJW 82/823 = B 180c; FamRZ 82/582, 583 = NJW 82/2064, 2065 = B 180d; FamRZ 82/894, 895 = NJW 82/2442 = B 180e; FamRZ 83/150, 151 = NJW 83/683 = B 180f; FamRZ 82/28, 29, 30 = NJW 82/929, 930 = B 150a).

5. BGH zur Ehedauer zwischen zwei und drei Jahren sowie zu Sonderfällen

a) In den Fällen, die durch besondere, vom Regelfall abweichende Umstände in den Lebensverhältnissen der Ehegatten gekennzeichnet sind (und in den Fällen im Zwischenbereich von zwei und drei Jahren) ist die Beurteilung davon abhängig zu machen, ob die Ehegatten ihre Lebenspositionen in der Ehe bereits soweit aufeinander eingestellt und in wechselseitiger Abhängigkeit auf ein gemeinschaftliches Lebensziel ausgerichtet haben, daß die unterhaltsrechtliche Verpflichtung des einen Ehegatten gegenüber dem anderen für die Zeit nach der Scheidung nicht mehr dem Billigkeits- und Gerechtigkeitsempfinden in grober Weise widerspricht (BGH, FamRZ 81/140, 142 = NJW 81/754, 755 = B 180b; FamRZ 82/254 = NJW 82/823 = B 180c; FamRZ 82/894, 895 = NJW 82/2442 = B 180e).

Der BGH hat solche Besonderheiten bei einer noch nicht länger als zwei Jahre bestandenen Rentnerehe verneint. Beide Ehegatten waren bei Eingehung der Ehe rentenberechtigt und bezogen die ihnen bis dahin zufließenden Altersruhegelder und Pensionen weiter. Besondere Umstände, die eine wechselseitige Abhängigkeit der Lebenspositionen begründet haben könnten, konnten nicht festgestellt werden (BGH, FamRZ 81/140, 141, 142 = NJW 81/754, 756 = B 180b).

Bei einer 41 Monate dauernden Ehe hat der BGH die Beurteilung als kurz abgelehnt mit der Begründung, die Parteien hätten sich bei der Eheschließung bereits in vorgerücktem Alter (63 und 55 Jahre) befunden. Infolgedessen sei die mögliche Dauer ihrer Ehe im Vergleich zu einer in jungen Jahren geschlossenen Ehe von vornherein begrenzt gewesen. Hinzu komme, daß die Berechtigte auf Wunsch des Verpflichteten ihre Erwerbstätigkeit als Büro- und Haushaltshilfe aufgegeben habe und dadurch dokumentiert habe, daß sie sich unter Aufgabe ihrer bisherigen Lebensbedingungen auf ein gemeinsames Leben eingerichtet habe (BGH, FamRZ 82/254 = NJW 82/823 = B 180c).

b) Je länger eine Ehe über zwei Jahres hinaus gedauert habe, um so mehr hängt die Anwendung der Härteklausel von der Feststellung konkreter Umstände ab, die die Inanspruchnahme des Unterhaltspflichtigen als unerträglichen Widerspruch zum Gerechtigkeitsempfinden erscheinen lassen. Dabei kommt es bevorzugt darauf an, in welcher Weise die Unterhaltspflicht den Schuldner trifft (BGH, FamRZ 82/582, 583 = NJW 82/2064, 2065 = B 180d).

c) Keine tatsächliche Besonderheit, die die Anwendung der für Regelfälle entwickelten Grundsätze ausschließt, liegt darin, daß die Parteien die – beiderseits zweite – Ehe erst in vorgerücktem Lebensalter geschlossen haben. Es besteht kein durchgreifender Grund, für Altehen andere Grenzen zu ziehen als bei Ehen, die im jüngeren Alter geschlossen werden. Entscheidungserheblich ist auch nicht, daß die Parteien nur 10 Monate lang zusammengelebt, danach aber bis zur Rechtshängigkeit des Scheidungsantrags bereits mehrere Jahre getrennt gelebt haben. Ein langjähriges Getrenntleben führt selbst in Fällen, in denen die

Ehegatten nur kurz zusammengelebt haben, nicht zu einer Beschränkung des Unterhaltsanspruchs nach Nr. 1 (BGH, FamRZ 82/894, 895 = NJW 82/2442 = B 180e; FamRZ 80/981, 982 = NJW 80/2247, 2248 = B 180a; FamRZ 82/582, 583 = NJW 72/2064, 2065 = B 180d).

d) Auch eine Ehe von drei Jahren und vier Monaten kann noch als „kurz" beurteilt werden, wenn der durch die Krankheit unterhaltsbedürftig gewordene Ehegatte sich bei Ausbruch seiner Krankheit noch nicht darauf eingestellt hatte, in dauernder wirtschaftlicher Abhängigkeit von der damals noch jugendlichen Ehefrau zu leben (unveröffentlichte BGH-Entscheidung vom 15. 6. 83 – IVb ZR 381/81, zitiert nach Lohmann, S. 30).

e) Der BGH hat bei einer Ehedauer von ca. 39 Monaten eine Unterhaltsminderung um die Hälfte gebilligt mit der Begründung, dies sei in tatrichterlicher Würdigung der gesamten Umstände einschließlich des Alters und der Vermögenslage der Parteien bei Eingehung der Ehe erfolgt. Die Entscheidung trage sowohl der ehelichen Lebensgestaltung der Parteien während der Dauer ihres Zusammenlebens als auch der altersbedingten Unterhaltsbedürftigkeit beider Eheleute in angemessener Weise Rechnung (BGH, FamRZ 82/28, 30 = NJW 82/929, 930 = B 150a).

6. Einschlägige neuere OLG-Entscheidungen mit Billigkeitsabwägungen

Das OLG Düsseldorf hat unter entsprechender Billigkeitsabwägung bei einer Ehedauer von vier Jahren eine Unterhaltskürzung um die Hälfte bejaht und dabei insbesondere die wirtschaftliche Selbständigkeit sowie die früh eingetretene Ehezerrüttung berücksichtigt (OLG Düsseldorf, FamRZ 83/1139, 1140).

Das OLG Hamm hat eine Ehe von kurzer Dauer bei einem Ehezeitraum von knapp drei Jahren auch dann angenommen, wenn die Heirat zu einem Wegfall der Witwenrente der Ehefrau nach ihrem früheren Mann geführt hat (OLG Hamm, FamRZ 84/903, 904).

Beide Entscheidungen enthalten gute Billigkeitsabwägungen.

III. Verbrechen oder schweres vorsätzliches Vergehen gegen den Verpflichteten oder einen nahen Angehörigen (§ 1579/I Nr. 2 BGB)

1. Überblick

a) Nach der Nr. 2 besteht ein Unterhaltsanspruch nicht, wenn der Berechtigte sich eines Verbrechens oder eines schweren vorsätzlichen Vergehens gegen den Verpflichteten oder einen nahen Angehörigen des Verpflichteten schuldig gemacht hat. Beispiele für solche Straftaten sind Mord, Totschlag, Eigentumsdelikte, Unterhaltspflichtverletzungen, schwere Verletzung der Fürsorge- und Erziehungspflicht gegenüber Kindern sowie körperliche Mißhandlung von Kindern. So kann z. B. ein Mann, der jahrelang seiner Familie keinen Unterhalt zahlt, obwohl er genügend verdient oder verdienen könnte, später, wenn seine Frau gut verdient, und er selbst arbeitslos ist, von ihr keinen Unterhalt verlangen.

Da die Verwirklichung strafrechtlicher Tatbestände stets schuldhaftes Verhalten und damit Schuldfähigkeit voraussetzt, kann verminderte Schuldfähigkeit die grobe Unbilligkeit beseitigen oder mindern (2).

b) Auch fortgesetzte schwere Beleidigungen, Verleumdungen und schwerwiegende falsche Anschuldigungen können zum völligen oder teilweisen Ausschluß des Unterhaltsanspruchs führen. Beschimpfungen und Verleumdungen des anderen Teils reichen aus, wenn sie geeignet sind, dem anderen nachhaltig persönlich und beruflich in der Öffentlichkeit zu schaden (3).

c) Ob ein strafbares vorsätzliches Vergehen gegen den Unterhaltsverpflichteten schwer im Sinn dieser Vorschrift ist, hat im wesentlichen der Tatrichter zu entscheiden (4a).

Ausschluß oder Herabsetzung des Unterhaltsanspruchs gemäß Nr. 2 tritt grundsätzlich nur für die Zeit ein, während die vor der Tat bereits entstandenen Unterhaltsansprüche unberührt bleiben (4b).

2. BGH zur Schuldfähigkeit des Bedürftigen

Die Verwirklichung der Nr. 2 setzt ein schuldhaftes Verhalten und damit Schuldfähigkeit des unterhaltsbedürftigen Ehegatten voraus, die im Zeitpunkt der Begehung der strafbaren Handlung vorhanden sein muß. Verminderte Schuldfähigkeit kann die grobe Unbilligkeit nach § 1579/I BGB beseitigen. Deshalb muß die Schuldfähigkeit oder verminderte Schuldfähigkeit für den jeweils in Betracht kommenden Zeitraum festgestellt werden (BGH, NJW 82/100, 101 = B 181a).

3. BGH zu Beleidigungen, Verleumdungen und Belästigungen

Fortgesetzte schwere Beleidigungen, Verleumdungen und schwerwiegende falsche Anschuldigungen können zum völligen oder teilweisen Ausschluß des Unterhaltsanspruchs führen. Zwar sind Ehrverletzungen und Tätlichkeiten, die den Rahmen typischer Eheverfehlungen nach § 43 EheG nicht übersteigen, in der Regel nicht als schwere vorsätzliche Vergehen im Sinn der Nr. 2 zu behandeln. Dies schließt jedoch eine andere Beurteilung in Fällen wiederholter, schwerwiegender Beleidigungen und Verleumdungen insbesondere dann nicht aus, wenn derartige Verletzungen mit nachteiligen Auswirkungen auf die persönliche berufliche Entfaltung sowie die Stellung des Unterhaltsverpflichteten in der Öffentlichkeit verbunden sind. Unter solchen Umständen können auch Beleidigungen und Verleumdungen – je nach Dauer und Intensität ihrer Begehung – die Voraussetzungen des Nr. 2 BGB erfüllen. Dasselbe gilt für die vorsätzlich falsche Anzeige wegen eines angeblich begangenen Mordversuchs, die zu einem strafrechtlichen Ermittlungsverfahren gegen den Unterhaltsverpflichteten oder einen seiner nahen Angehörigen führt. Dabei ist auch zu prüfen, ob die Verfehlungen ganz oder teilweise verziehen worden sind und welche Auswirkungen eine Verzeihung auf den Unterhaltsanspruch haben könnte (BGH, NJW 82/100, 101 = B 181a).

4. BGH zur tatrichterlichen Ermittlung der „Schwere" der Verfehlung, sowie zur Verwirkung „nur für die Zukunft"

a) Ob ein strafbares vorsätzliches Verhalten gegen den Unterhaltsverpflichteten schwer im Sinn dieser Vorschrift ist, hat im wesentlichen der Tatrichter zu entscheiden. Das Revisionsgericht prüft nur, ob er dabei von richtigen Rechtsvorstellungen ausgegangen ist. Im Urteil bedarf es nicht des ausdrücklichen Eingehens auf alle Gesichtspunkte, die für und wider ein bestimmtes Ereignis sprechen. Es muß lediglich aus dem Gesamtinhalt der Gründe hinreichend deutlich sein, daß insgesamt eine sachentsprechende Beurteilung stattgefunden hat (BGH, FamRZ 84/34, 35 = NJW 84/296, 297 = B 181b).

b) Nr. 2 BGB ist vergleichbar mit § 66 EheG, wonach der nach früherem Recht unterhaltsberechtigte geschiedene Ehegatte den Unterhaltsanspruch verwirkt, wenn er sich einer schweren Verfehlung gegen den Verpflichteten schuldig macht. Nach einhelliger Auffassung in Rechtsprechung und Schrifttum tritt eine Verwirkung nach § 66 EheG nur für die Zukunft ein und läßt bis zur Tat bereits entstandene Unterhaltsansprüche unberührt. Dies gilt auch für die Ausschlußwirkung der Nr. 2 BGB (BGH, FamRZ 84/34, 35 = NJW 84/296, 297 = B 181b).

IV. Mutwillige Herbeiführung der Bedürftigkeit (§ 1579/I Nr. 3 BGB)

1. Überblick

a) Ein weiterer Verwirkungsgrad ist die unterhaltsbezogene mutwillige Herbeiführung der eigenen Bedürftigkeit durch den Berechtigten selbst.

Nach BGH begründet nicht nur ein vorsätzliches, sondern auch ein leichtfertiges Verhalten des Unterhaltsberechtigten die Annahme der Mutwilligkeit im Sinn von Nr. 3 BGB. Für den Fall der Leichtfertigkeit, die gewöhnlich bewußte Fahrlässigkeit sein wird, ergibt sich damit das Erfordernis, daß der unterhaltsberechtigte Ehegatte die Möglichkeit des Eintritts der Bedürftigkeit als Folge seines Verhaltens erkennt und im Bewußtsein dieser Möglichkeit, wenn auch im Vertrauen auf den Nichteintritt jener Folgen handelt, wobei er sich unter grober Nichtachtung dessen, was jedem einleuchten muß, oder in Verantwortungslosigkeit und Rücksichtslosigkeit gegen den Unterhaltspflichtigen über die erkannte Möglichkeit nachteiliger Folgen für seine Bedürftigkeit hinwegsetzt. Außerdem muß die Mutwilligkeit in diesem Sinn unterhaltsbezogen sein. Die Vorstellungen und Antriebe, die dem zu beurteilenden Verhalten zugrundeliegen, müssen sich auch auf die Bedürftigkeit als Folge des Verhaltens erstrecken (2).

b) Bedürftig ist nicht, wer nach der Trennung oder Scheidung darauf verwiesen werden kann, seinen Unterhalt selbst zu verdienen. Gleiches gilt, wenn er sich außerstande setzt, eine solche Erwerbstätigkeit aufzunehmen oder wenn er notwendige und zumutbare Maßnahmen zur Herstellung seiner Erwerbsfähigkeit unterläßt (3).

c) Im Fall der Alkoholabhängigkeit ist es entscheidungserheblich, ob der Bedürftige eine ihm angeratene Entziehungskur noch zu einer Zeit unterlassen hatte, als seine Einsichts- und Handlungsfähigkeit einen entsprechend sinnvollen Entschluß noch zugelassen hätte. Außerdem muß sich der Bedürftige zu dieser Zeit der Möglichkeit bewußt gewesen sein, er werde infolgedessen im Fall einer etwaigen Trennung außerstande sein, eine Berufstätigkeit aufnehmen und seinen Unterhalt selbst verdienen zu können (4).

d) Ansprüche nach früherem Recht sind nur nach §§ 65, 66, 67 EheG zu beurteilen (5).

2. BGH zur leichtfertigen Herbeiführung der Bedürftigkeit

Nicht nur ein vorsätzliches, sondern auch ein leichtfertiges Verhalten des Unterhaltsberechtigten kann die Annahme der Mutwilligkeit im Sinn des Nr. 3 BGB begründen. Dagegen mindert ein einfaches Verschulden den Unterhaltsanspruch nicht (BGH, FamRZ 85/273, 274 = NJW 85/806, 807 = B 71b; FamRZ 82/463, 464 = NJW 82/1461, 1462 = B 182a; FamRZ 81/1042, 1044 = NJW 81/2805, 2806 = B 182b; FamRZ 85/158, 160 = NJW 85/732, 733, 734 = B 71a).

Dem Wortlaut und dem Regelungszusammenhang des Nr. 3 BGB entspricht es, daß der Begriff mutwillig nicht nur in dem einschränkenden Sinn eines zweckgerichteten Verhaltens zu interpretieren ist, sondern auch leichtfertiges Verhalten des Unterhaltsberechtigten umfaßt. Erforderlich ist eine unterhaltsbezogene Mutwilligkeit. Die Vorstellungen und Antriebe, die dem zu beurteilenden Verhalten zugrundeliegen, müssen sich auch auf die Bedürftigkeit als Folge dieses Verhaltens erstrecken. Für den Fall der Leichtfertigkeit, die gewöhnlich bewußte Fahrlässigkeit sein wird, ergibt sich damit das Erfordernis, daß der unterhaltsberechtigte Ehegatte die Möglichkeit des Eintritts der Bedürftigkeit als Folge seines Verhaltens erkennt und im Bewußtsein dieser Möglichkeit, wenn auch im Vertrauen auf den Nichteintritt jener Folge handelt, wobei er sich unter grober Nichtachtung dessen, was jedem einleuchten muß, oder unter Verantwortungslosigkeit und Rücksichtslosigkeit gegen den Unterhaltspflichtigen über die erkannte Möglichkeit nachteiliger Folgen für seine Bedürftigkeit hinwegsetzt (BGH, FamRZ 81/1042, 1043, 1044, 1045 = NJW 81/2805, 2806, 2807, 2808 = B 182b; FamRZ 84/364, 366 = B 182c).

Unter Anwendung dieser Grundsätze muß sich auch der Verpflichtete nach BGH ein fiktives Einkommen zurechnen lassen, wenn er leichtfertig seinen Arbeitsplatz aufgibt und sich dadurch leistungsunfähig macht (BGH, FamRZ 85/158, 160, 161 = NJW 85/732, 733, 734 = B 71a; siehe ferner dazu Seite 76ff.).

3. BGH zur unterlassenen Aufnahme einer zumutbaren Erwerbstätigkeit

Kann der Unterhalt begehrende Ehegatte nach der Trennung darauf verwiesen werden, seinen Unterhalt durch eine Erwerbstätigkeit selbst zu verdienen, so ist er, falls er die mögliche Aufnahme einer zumutbaren Erwerbstätigkeit unterläßt, nicht als unterhaltsbedürftig anzusehen, weil er in der Lage ist, sich selbst zu unterhalten. Setzt sich der Ehegatte außerstande, eine solche Erwerbstätigkeit aufzunehmen, so kann darin ein Verhalten liegen, das die Härteregelung der Nr. 3 BGB erfüllt. Entsprechendes muß auch gelten, wenn der Ehegatte zwar zur Aufnahme der Erwerbstätigkeit außerstande ist, aber die notwendigen und zumutbaren Maßnahmen zur Herstellung seiner Erwerbsfähigkeit unterläßt und dadurch seine Bedürftigkeit herbeiführt (BGH, FamRZ 81/1042, 1043, 1044 = NJW 82/2805, 2806, 2807 = B 182b).

Der BGH hat eine Mutwilligkeit in einem Fall verneint, in dem dem Ehegatten die Gewährung von Arbeitslosenhilfe versagt worden war, weil er infolge verspäteter Antragstellung die Voraussetzungen des § 134 AFG nicht erfüllte (nicht veröffentlichte BGH-Entscheidung vom 29. 6. 83, IVb ZR 395, 81, zitiert bei Lohmann, Seite 33).

Eine mutwillige Herbeiführung der Bedürftigkeit ist nicht schon dann anzunehmen, wenn ein Mann, der allein lebt und in erster Linie von der Substanz eines Vermögens zehrt, mehr ausgibt, als seinem angemessenen Eigenbedarf entspricht. Von grober Mißachtung dessen, was jedem einleuchtet, oder von Verantwortungs- und Rücksichtslosigkeit kann erst dann gesprochen werden, wenn wesentlich mehr ausgegeben wird, als es die im Einzelfall vorliegenden Verhältnisse unter Beachtung individuellen, insbesondere trennungs-, alters- und krankheitsbedingten Mehrbedarfs auch angesichts der wirtschaftlichen Verhältnisse des potentiell Unterhaltspflichtigen angemessen erscheinen lassen (BGH, FamRZ 84/364, 367 = B 182c).

Wer sein Vermögen verbraucht, obwohl er notwendig voraussieht, daß er nach Erschöpfung dieses Vermögens unterhaltsbedürftig sein wird, kann die Nr. 3 erfüllen, wenn der Verbrauch der Mittel leichtfertig war. Dazu ist zu prüfen, ob und gegebenenfalls bis zu welchem Betrag das Vermögen angegriffen werden mußte. Dabei können das Alter und der angegriffene Gesundheitszustand des Bedürftigen sowie die Vermögensverhältnisse des anderen Teils eine Rolle spielen. Stand dem anderen Teil kein Vermögen zur Verfügung, mit dem er etwa auf seiner Seite entstehenden Sonderbedarf decken konnte, so wird es unter Billigkeitsgesichtspunkten nicht gerechtfertigt sein, einen Teil des Vermögens auf Kosten des Unterhaltspflichtigen als ,,Notgroschen" unangegriffen zu lassen. Brauchte er dagegen einen bestimmten Teil seines Vermögens nicht anzugreifen, so wird der Verbrauch dieses Teils nicht als mutwillige Herbeiführung der Bedürftigkeit gewertet werden können, weil dann die unterhaltsrechtlich relevante Bedürftigkeit schon vor dem Verbrauch dieser finanziellen Reserve erreicht war (BGH, FamRZ 84/364, 367 = B 182c).

Hat ein Ehegatte unterlassen, durch zumutbare Arbeit Anwartschaften in der gesetzlichen Rentenversicherung zu begründen, so kann sein Unterhaltsanspruch (hier nach § 58 EheG) nicht ohne weiteres um fiktive Rentenbeträge verkürzt werden. Sein Verhalten ist vielmehr nach den jeweils geltenden Vorschriften (§§ 1579 Nr. 3 oder 65/I EheG) zu beurteilen (BGH, FamRZ 83/803, 804 = NJW 83/2315L = B 195b).

4. BGH zur Erwerbsunfähigkeit wegen Alkoholabhängigkeit

Bei einer Erwerbsunfähigkeit durch Alkoholabhängigkeit kommt es für die Anwendungen der Nr. 3 vor allem darauf an, ob es der Bedürftige in mutwilliger Weise unterlassen hat, sich rechtzeitig, insbesondere, als sich die Trennung anbahnte, einer erfolgversprechenden Behandlung zur Wiederherstellung seiner Arbeitsfähigkeit zu unterziehen.

Dementsprechend ist die Unterhaltsbedürftigkeit eines Alkoholikers zu verneinen, wenn Ärzte ihn auf seinen Alkoholismus und auf die dringende Notwendigkeit einer Entziehungskur hingewiesen hatten, er sich deshalb seines Krankheitszustands und der dadurch bedingten Erwerbsunfähigkeit sowie der Notwendigkeit einer Entziehungskur bewußt war. Er hat dann eine derartige Entziehungsbehandlung als einen erfolgversprechenden und notwendigen Schritt zur Wiedererlangung der Erwerbsfähigkeit erkannt und damit als mögliche Folge der Verweigerung einer solchen Behandlung seine Unfähigkeit voraussehen können, nach der Trennung den Unterhalt selbst verdienen zu können. Die Leichtfertigkeit steht außer Zweifel, wenn der Alkoholiker die ihm gebotenen Möglichkeiten einer Entziehungsbehandlung deshalb ungenutzt gelassen hat, weil er der Meinung war, er könne seinen Zustand auch ohne eine Entziehungskur bessern und seine Erwerbsfähigkeit wieder erlangen (BGH, FamRZ 81/1042, 1043, 1044, 1045 = NJW 81/2805–2808 = B 182b; siehe ferner dazu Seite 83f.).

5. Mutwilligkeit bei Verschleuderung des Zugewinns

Nach OLG Karlsruhe führt ein Ehegatte seine Bedürftigkeit mutwillig herbei, wenn er den ihm vorzeitig ausbezahlten Zugewinnausgleich bis zur Rechtskraft der Scheidung für

Luxusausgaben verwendet und sich dadurch mittellos gemacht hat. Nicht erforderlich ist, daß der Handelnde die Bedürftigkeit herbeiführen wollte. Es genügt, daß er mit der Möglichkeit gerechnet hat (OLG Karlsruhe, FamRZ 83/506, 507).

6. BGH zur Darlegungs- und Beweislast

Im Fall des Nr. 3 muß der Unterhaltsschuldner darlegen und beweisen, daß der Unterhaltsgläubiger seine Bedürftigkeit mutwillig herbeigeführt hat. Dazu gehört grundsätzlich, daß er ein Vorbringen der Gegenseite, welches im Fall seiner Richtigkeit gegen die Annahme einer mutwilligen Herbeiführung der Bedürftigkeit sprechen würde, zu widerlegen hat (BGH, FamRZ 84/364, 368 = B 182c).

Um darzutun, daß der Ehemann seine Bedürftigkeit mutwillig herbeigeführt hatte, obliegt der Ehefrau die Widerlegung dieses Vortrages, soweit sie die geltend gemachten Aufwendungen und deren Angemessenheit bestreitet. Gelingt ihr der Nachweis nicht, daß der Ehemann Ausgaben vorgenommen hat, die den Rahmen des nach der individuellen Bedürfnislage unter Berücksichtigung auch ihrer wirtschaftlichen Verhältnisse erforderlichen und angemessenen Aufwandes deutlich überstiegen haben, so muß das zu ihren Lasten gehen. Sie dringt dann mit der Einwendung aus Nr. 3 BGB nicht durch (BGH, FamRZ 84/364, 367 = B 182c).

Es gibt allerdings keine Vermutung, daß der Alkoholismus verschuldet ist (BAG, NJW 83/2659).

V. Andere Gründe, die ebenso schwer wiegen, wie die Gründe zu Nr. 1 bis Nr. 3 (§ 1579/I Nr. 4 BGB)

1. Überblick

a) Die als Generalklausel ausgestattete Ziff. 4 beinhaltet einen Auffangtatbestand für schwerwiegende Unbilligkeitsgründe. Wesentlich ist, ob die aus der Unterhaltspflicht erwachsenen wirtschaftlichen Belastungen des Verpflichteten die Grenzen der Zumutbarkeit überschreiten.

Eine solche Unzumutbarkeit kann sich nach der Rechtsprechung des BGH sowohl aus objektiven Gegebenheiten und Entwicklungen der beiderseitigen Lebensverhältnisse der Parteien ergeben, als auch, trotz Abkehr vom Schuldprinzip, aus einem einseitigen, schwerwiegenden Fehlverhalten eines Partners. Wegen der Bezugnahme in Nr. 4 auf die Schwere der in Nr. 1 bis 3 aufgeführten Gründe und wegen des Merkmals der groben Unbilligkeit muß es sich stets um schwerwiegende Gründe und damit auch um ein schwerwiegendes, klar bei einem Ehegatten liegendes evidentes Fehlverhalten handeln (2).

b) Der BGH hat ein solches schwerwiegendes Fehlverhalten für die Zeit vor und während der Trennung der Eheleute bejaht, wenn sich der Bedürftige gegen den Willen seines Partners von diesem abwendet und mit einem Dritten in eheähnlicher Gemeinschaft lebt (3a), wenn er ohne Begründung eines eheähnlichen Verhältnisses, aber unter Trennung vom Ehegatten, ein nachhaltiges, auf Dauer angelegtes intimes Verhältnis zu einem Dritten aufnimmt und fortführt (3b), wenn er während der Ehe laufende ehebrecherische Beziehungen zu einem Dritten unterhält oder wenn er während der Ehe intime Beziehungen zu wechselnden Partnern aufnimmt (3c). Der BGH sieht in all diesen Fällen eine so schwerwiegende Abkehr des Bedürftigen von seinen ehelichen Bindungen, daß eine Inanspruchnahme des anderen grob unbillig erscheint.

c) In die Beurteilung eines solchen Fehlverhaltens ist ein behauptetes Fehlverhalten des Pflichtigen miteinzubeziehen, weil sonst kein einseitiges, klar bei einem Ehegatten liegendes evidentes Fehlverhalten bejaht werden kann. Wegen der Abkehr vom Schuldprinzip muß im Rahmen der Prüfung der Einseitigkeit von Fehlverhalten nicht jeglichen Vorwürfen nachgegangen werden sondern nur konkret vorgebrachten, gewichtigen Verfehlungen, die dem Bedürftigen das Festhalten an der Ehe erschwert haben und sein eigenes Fehlverhalten in einem milderen Licht erscheinen lassen. Demgemäß hat der BGH die Voraussetzungen der Härteklausel verneint, wenn sich der Pflichtige bereits vor dem

Fehlverhalten des Bedürftigen seinerseits von seinen ehelichen Bindungen losgesagt hatte, als erster Scheidungsabsichten geäußert und die Trennung betrieben hatte, oder wenn er auch seinerseits schwere Eheverfehlungen begangen hatte, die dem Bedürftigen das Festhalten an der Ehe erschwert haben (5).

d) Der BGH hat die Anwendung der Härteklausel auch für den nachehelichen Unterhalt bejaht, wenn der Bedürftige, der durch die Aufnahme einer eheähnlichen Lebensgemeinschaft während der Ehe seinen Anspruch auf Trennungsunterhalt bereits eingebüßt oder verkürzt hatte, dieses Verhältnis auch nach der Scheidung fortsetzt. Er hat eine, den nachehelichen Unterhaltsanspruch ausschließende oder mindernde Unzumutbarkeit auch bejaht, wenn der Bedürftige nach der Scheidung mit einem neuen Partner in einer festen sozialen Bindung zusammenlebt und das Erscheinungsbild dieser neuen Verbindung in der Öffentlichkeit dazu führt, daß die Fortdauer der nachehelichen Unterhaltsbelastungen und des damit verbundenen Eingriffs in die Lebensgestaltung für den Unterhaltsverpflichteten unzumutbar wird. Das gilt etwa, wenn kein verständlicher Grund dafür ersichtlich ist, weshalb die neuen Partner nicht zu einer „ehegleichen ökonomischen Solidarität" gelangen. Als grob unbillig erscheint es in solchen Fällen, daß der geschiedene Ehegatte unter großen wirtschaftlichen und persönlichen eigenen Belastungen das neue Verhältnis mit einem Dritten durch seinen Unterhalt wie ein versorgender Elternteil weiter mitfinanzieren soll, während es angebracht wäre, daß der Bedürftige mit seinem neuen Partner für die neue Lebensgemeinschaft selbst eigenverantwortlich aufkommt (6).

e) Sachverhalte, die an sich unter Nr. 1 bis 3 zu subsumieren sind aber nicht ausreichen, um deren Voraussetzungen zu erfüllen, gelten nicht als „anderer Grund" im Sinn von Nr. 4 (z. B. eine Ehedauer von vier Jahren). Bei Trennungsunterhalt kann selbst eine kurze Ehedauer von einem Jahr nicht unter die Nr. 4 subsumiert werden, weil dies einer Umgehung des § 1361/I BGB gleichkäme, der ausdrücklich die Nr. 1 unanwendbar läßt. Auch voreheliche Täuschungshandlungen der in § 33 EheG bezeichneten Art können jedenfalls dann nicht zu einer Beschränkung nach Nr. 4 führen, wenn sie bereits erfolglos in einem Eheaufhebungsverfahren geltend gemacht worden sind (7).

f) Im Fall der Nr. 4 hat der Verpflichtete zu beweisen, daß es sich um ein einseitiges Fehlverhalten handelt. Deshalb muß er auch etwaige Gegenvorwürfe ausräumen. Die Gegenvorwürfe selbst, die ein eigenes Gewicht haben müssen, müssen hinreichend substantiiert sein. Sind sie nicht konkret vorgetragen oder haben sie kein ausreichendes eigenes Gewicht, brauchen sie nicht berücksichtigt zu werden. Die Beurteilung des beiderseitigen Fehlverhaltens einschließlich seiner Abwägung ist im wesentlichen Sache tatrichterlicher Würdigung (8).

2. BGH zur Berücksichtigung eines schwerwiegenden ehelichen Fehlverhaltens

a) Die Beseitigung des Verschuldensprinzips in der Regelung des Ehegattenunterhalts im Fall des Getrenntlebens und der Ehescheidung schließt es nicht aus, daß im Rahmen der Billigkeitsklausel des § 1579/I Nr. 4 BGB auch ein ehewidriges Fehlverhalten berücksichtigt wird. Aus der in Nr. 4 BGB enthaltenen Bezugnahme auf die Schwere der in Nr. 1 bis Nr. 3 aufgeführten Gründe und aus dem Merkmal der groben Unbilligkeit ergibt sich, daß nur ein schwerwiegendes Fehlverhalten dafür ausreichen kann. Die Beurteilung, ob ein schwerwiegendes Fehlverhalten vorliegt, bewegt sich weitgehend auf tatrichterlichem Gebiet (BGH, FamRZ 79/571, 573 = NJW 79/1452, 1453 = B 183a).

Wer eine eheliche Lebensgemeinschaft mit einem anderen Partner aufnimmt, kehrt sich damit in einem Maß von seiner Ehe und dem Ehepartner ab, daß er, der sich von seinen eigenen ehelichen Bindungen distanziert und die dem anderen Ehegatten geschuldete Hilfe und Betreuung einem Dritten zuwendet, nicht seinerseits den Ehepartner aus dessen ehelicher Mitverantwortlichkeit für sein wirtschaftliches Auskommen in Anspruch nehmen kann. Eine solche Inanspruchnahme liefe dem Grundsatz der Gegenseitigkeit zuwider, der dem ehelichen Unterhaltsrecht zugrundeliegt. Deshalb schafft eine solche Abkehr von der Ehe in aller Regel einen Grund, der den in Nr. 1 bis Nr. 3 BGB aufgeführten Tatbeständen gleichgestellt werden muß und dazu führt, daß die Inanspruchnahme des anderen Ehegatten, dem die Erfüllung eines derartigen Unterhaltsverlangens als Mitfinanzierung des

Zusammenlebens eines Ehepartners mit dem Dritten erscheinen muß, grob unbillig wäre (BGH, FamRZ 80/665, 666, 667 = NJW 80/1686, 1687 = B 183b).

Im Hinblick auf das Anliegen des Nr. 4, Ergebnisse zu vermeiden, die der allgemeinen Gerechtigkeit zuwiderlaufen, ist es gerechtfertigt, auch persönliche Eheverfehlungen eines Ehegatten zu berücksichtigen (BGH, FamRZ 79/569, 570, 571 = NJW 79/1348, 1349 = B 143).

b) Mit der Härteklausel sollen Unbilligkeiten abgewendet werden, die sich aus dem Verzicht auf das Schuldprinzip ergeben. Sowohl hieraus, wie aus dem Sinnzusammenhang der Vorschrift ergibt sich, daß zu anderen, ebenso schwerwiegenden Gründen auch mit der Trennung zusammenhängende Umstände und Vorkommnisse gehören können, die der unterhaltsberechtigte Ehegatte zu verantworten hat. Demgemäß ist davon auszugehen, daß sich die Generalklauseln der §§ 1361/III und 1569/I Nr. 4 BGB der Berücksichtigung von ehelichem Fehlverhalten eines Ehegatten, das zur Trennung geführt hat oder das sonst zugrundeliegt, nicht grundsätzlich verschließt. Daß es sich bei den Gründen um solche aus dem wirtschaftlichen Bereich der Ehe handeln müßte und das Fehlverhalten daher nur beachtlich wäre, wenn es wirtschaftlich nachteilige Folgen hätte, läßt sich der Vorschrift nicht entnehmen. Vielmehr ist es im Hinblick auf das Anliegen der gesetzlichen Regelung, Ergebnisse zu vermeiden, die der allgemeinen Gerechtigkeit zuwiderlaufen, nicht zu rechtfertigen, Gründe, die eine Inanspruchnahme grob und unbillig machen können, wegen ihrer Zugehörigkeit zum innerehelichen Bereich als unbeachtlich anzusehen und deshalb auszuschließen. Dies ergibt sich sowohl aus der in Nr. 4 enthaltenen Bezugnahme auf die Schwere der in Nr. 1 bis Nr. 3 aufgeführten Gründe als auch aus dem Merkmal der groben Unbilligkeit. Diese Einschränkung läßt allerdings nur ein schwerwiegendes und klar bei einem Ehegatten liegendes evidentes Fehlverhalten als geeignet erscheinen, die Voraussetzungen des Nr. 4 BGB zu erfüllen (BGH, FamRZ 79/569, 570, 571 = NJW 79/1348, 1349, 1350 = B 143; FamRZ 84/154, 155 = NJW 84/297, 298 = B 184a; FamRZ 83/142, 143 = NJW 83/451 = B 184b; FamRZ 84/356, 357, 358 = NJW 84/1537, 1538 = B 184c; FamRZ 82/466, 467, 468 = NJW 82/1216, 1217, 1218 = B 185a; FamRZ 82/779, 780 = NJW 82/2664 = B 185b; FamRZ 81/439, 440, 441 = NJW 81/1214, 1215 = B 185c; FamRZ 83/670, 671, 672 = B 186a; FamRZ 82/463, 464 = NJW 82/1461, 1462 = B 186b; FamRZ 83/150, 152 = NJW 83/683, 684 = B 187a; FamRZ 81/1042, 1043 = NJW 81/2805, 2806 = B 187b; FamRZ 81/752, 753 = NJW 81/1782, 1783 = B 187c; FamRZ 83/569, 571, 572 = NJW 83/1548, 1550 = B 188a; FamRZ 83/996, 997, 998 = NJW 83/2243, 2244 = B 188d; FamRZ 85/267, 268 = B 189a; FamRZ 80/981, 982, 983 = NJW 80, 2247, 2249 = B 190a; FamRZ 79/571, 573 = NJW 79/1452, 1453 = B 183a; FamRZ 80/665, 666, 667 = NJW 80/1686, 1687 = B 183b).

3. Fallgruppen, bei denen der BGH für den Trennungsunterhalt ein schwerwiegendes eheliches Fehlverhalten bejaht hat

a) Wenn sich der Unterhalt begehrende Ehegatte gegen den Willen seines Partners von diesem abwendet und mit einem Dritten in ehelicher Lebensgemeinschaft zusammenlebt (BGH, FamRZ 80/665, 666, 667 = NJW 80/1686, 1687 = B 183b; FamRZ 84/154, 155 = NJW 84/297, 298 = B 184a; FamRZ 83/142, 143 = NJW 83/451 = B 184b; FamRZ 84/356, 357, 358 = NJW 84/1537, 1538 = B 184c; FamRZ 84/662, 664, 665 = NJW 84/2358, 2359 = B 184d; FamRZ 82/779, 780 = NJW 82/2664 = B 185b; FamRZ 81/439, 440, 441 = NJW 81/1214, 1215 = B 185c; FamRZ 83/150, 151 = NJW 83/683, 684 = B 187a; FamRZ 81/1042, 1043 = NJW 71/2805, 2806 = B 187b; FamRZ 83/569, 571, 572 = NJW 83/1548, 1550 = B 188a; FamRZ 83/676, 677 = NJW 83/1552, 1553 = B 188b; FamRZ 84/986, 987 = NJW 84/2692, 2693 = B 188c).

Ein Zusammenleben in eheähnlicher Gemeinschaft kann bejaht werden, wenn der Bedürftige in Wohn- und Wirtschaftsgemeinschaft mit einem Dritten lebt. Ein derartiges Verständnis entspricht nicht nur der Interpretation des Begriffs der eheähnlichen Gemeinschaft auf dem Gebiet des Sozialhilferechts (§ 122 BSHG); vielmehr gilt dieses Verständnis auch für den Bereich des Unterhaltsrechts. Als solcher Beitrag zur Wohn- und Wirtschaftsgemeinschaft kommen Überlassung der Wohnung, Haushaltsführung, Besorgungen und Verrichtungen in Betracht, die der haushaltführende Partner üblicherweise für den anderen verrichtet (BGH, FamRZ 84/154, 155 = NJW 84/297, 298 = B 184a).

Eine eheähnliche Gemeinschaft liegt nicht vor, wenn es zwar eine Wohn- aber keine Wirtschaftsgemeinschaft zwischen dem Bedürftigen und dem Dritten gibt, d.h. wenn keine gemeinsame Haushaltsführung vorliegt und dem anderen keine ins Gewicht fallenden Betreuungs- und Versorgungsleistungen erbracht werden (BGH, FamRZ 81/1042, 1043 = NJW 81/2805, 2806 = B 187b).

b) Ein schwerwiegendes eheliches Fehlverhalten ist auch zu bejahen, wenn der Ehegatte während der Ehe ein nachhaltiges, auf längere Dauer angelegtes intimes Verhältnis zu einem anderen Partner gegen den Willen des Pflichtigen aufnimmt und fortführt, auch wenn es zu keiner eheähnlichen Gemeinschaft kommt (BGH, FamRZ 83/142, 143 = NJW 83/451 = B 184b).

Ein eheliches Fehlverhalten kann insbesondere in der Aufnahme eines nachhaltigen, auf längere Dauer angelegten intimen Verhältnisses mit einem anderen Partner liegen, weil darin eine so schwerwiegende Abkehr von den ehelichen Bindungen zu sehen ist, daß nach dem Grundsatz der Gegenseitigkeit, der dem ehelichen Unterhaltsrecht zugrunde liegt, die Inanspruchnahme des anderen Ehegatten auf Unterhalt grob unbillig erscheint (BGH, FamRZ 82/466, 467 = NJW 82/1216, 1217 = B 185a; FamRZ 82/779, 780 = NJW 82/2664 = B 185b).

Auch ohne Begründung eines eheähnlichen Zusammenlebens beinhaltet die Aufnahme eines nachhaltigen, auf längere Dauer angelegten intimen Verhältnisses mit einem anderen Partner unter Trennung vom Ehegatten eine so schwerwiegende Distanzierung von den eigenen ehelichen Bindungen, daß das nach dem Grundsatz der Gegenseitigkeit, der dem ehelichen Unterhaltsrecht zugrundeliegt, die Inanspruchnahme des gegen seinen Willen verlassenen Ehegatten auf Unterhalt grob unbillig sein kann. Dies kann in besonderem Maße gelten, wenn der verlassene Ehegatte in der Ehe mit besonderen finanziellen Aufwendungen für den anderen Partner einverstanden war, zu denen er ursprünglich rechtlich nicht verpflichtet gewesen wäre und an denen er nunmehr aufgrund der geschaffenen Lebensverhältnisse festgehalten werden soll (BGH, FamRZ 81/439, 440, 441 = NJW 81/1214, 1215 = B 185c; FamRZ 83/670, 671, 672 = B 186a; FamRZ 82/463, 464 = NJW 82/1461, 1462 = B 186b; FamRZ 81/1042, 1043 = NJW 81/2805, 2806 = B 187b; FamRZ 81/752, 753 = NJW 81/1782, 1783 = B 187c; FamRZ 83/569, 571, 572 = NJW 83/1548, 1550 = B 188a).

c) Ein schwerwiegendes eheliches Fehlverhalten kann auch bejaht werden, wenn der Ehegatte während der Ehe intime Beziehungen zu wechselnden Partnern aufnimmt. Es besteht kein Grund, einen solchen Ehegatten unterhaltsrechtlich milder zu behandeln als denjenigen, der sich einem einzelnen anderen Partner zuwendet. Im entschiedenen Fall hatte die Klägerin nach 30jährigem Bestand der Ehe in den letzten Jahren vor der Trennung der Parteien zu vier Männern ehebrecherische Beziehungen aufgenommen. Nach den Feststellungen des OLG hatte der Beklagte erst kurz vor der Trennung von den Ehebrüchen erfahren. Danach kam es nach einer tätlichen Auseinandersetzung zur Trennung, nachdem der Beklagte in der Zwischenzeit von der Klägerin Abbitte für ihr Fehlverhalten verlangt und das Haushaltsgeld mit der Begründung gekürzt hatte, daß sie Geld mit anderen Männern durchgebracht habe. Das OLG hat diesem Hergang entnommen, daß die Ehebrüche der Klägerin der auslösende Grund für die Trennung der Parteien gewesen sei und daraus geschlossen, daß danach nicht davon ausgegangen werden könnte, daß sich der Beklagte unabhängig von dem Verhalten der Klägerin seinerseits von der Ehe abgekehrt habe. Die innere Rechtfertigung für die Berücksichtigung ehelichen Fehlverhaltens liegt in dem Gedanken der Lösung aus der ehelichen Solidarität und Abkehr von den ehelichen Bindungen. Äußert sich diese, wie im vorliegenden Fall, in der Bereitschaft zur Aufnahme intimer Kontakte zu wechselnden Partner, so macht es für die Unterhaltsbemessung keinen greifbaren Unterschied, ob solche Kontakte zu vier oder zu sieben anderen Partnern aufgenommen worden sind (BGH, FamRZ 83/670, 671, 672 = B 186a).

Es ist aus Rechtsgründen nicht zu beanstanden, daß das OLG in den außerehelichen Beziehungen der Klägerin zu anderen Männern ein schwerwiegendes Fehlverhalten gesehen hat (BGH, FamRZ 82/463, 464 = NJW 82/1461, 1462 = B 186b).

d) In all diesen Fällen (a mit c) ist eine so schwerwiegende Abkehr von den ehelichen Bindungen zu sehen, daß die Inanspruchnahme des anderen Ehegatten auf Unterhalt grob unbillig erscheint. Ein Ehegatte, der sich auf diese Weise einerseits von seinen ehelichen Bindungen distanziert und seine Ehe faktisch als nicht mehr bestehend betrachtet, kann nicht seinerseits den Ehepartner aus dessen ehelicher Mitverantwortlichkeit für sein wirtschaftliches Auskommen in Anspruch nehmen und indirekt eine Mitfinanzierung seines Zusammenlebens mit einem Dritten verlangen (BGH, FamRZ 80/665, 666 = NJW 80/1686, 1687 = B 183b; FamRZ 84/154, 155 = NJW 84/296, 297 = B 184a; FamRZ 83/569, 571, 572 = NJW 83/1548, 1550, 1551 = B 188a).

4. BGH zur Einseitigkeit des evidenten schwerwiegenden Fehlverhaltens

a) Die Zuwendung zu einem anderen Partner läßt das Unterhaltsbegehren nur dann als grob unbillig erscheinen, wenn sie als einseitiges evidentes Fehlverhalten gewertet werden kann. Das eheliche Verhalten des anderen Ehegatten kann daher auch in solchen Fällen nicht außer Betracht bleiben. Demgemäß liegt ein solcher schwerwiegender Bruch der ehelichen Solidarität dann nicht vor, wenn der andere Ehegatte sich vorher seinerseits von seinen ehelichen Bindungen losgesagt hatte, als erster Scheidungsabsichten geäußert hatte und selbst die Trennung sowie den Auszug seiner Ehefrau aus dem gemeinsam bewohnten Haus gewünscht hatte (BGH, FamRZ 81/752, 753 = 81/1782, 1783 = B 187c).

Eine einseitige Abkehr hat der BGH in einem Fall verneint, in dem sich die Ehefrau erst vier Monate nach der einverständlichen Trennung und nach Einreichung der Scheidungsklage einem Dritten zugewendet hat (BGH, FamRZ 81/1042, 1043 = NJW 81/2805, 2806 = B 187b).

Ähnliches gilt, wenn der Verpflichtete als erster Scheidungsabsichten geäußert hat, die Trennung gewünscht hat, eine Wiederaufnahme der ehelichen Lebensgemeinschaft beharrlich abgelehnt hat und seinerseits die Scheidung betrieben hat (BGH, FamRZ 83/150, 151 = 83/683, 684 = B 187a).

Eine Abkehr des Klägers von seinen ehelichen Bindungen kann dann nicht mehr als schwerwiegender Bruch der ehelichen Solidarität angesehen werden, wenn sich die Beklagte bereits vorher ihrerseits von den ehelichen Bindungen losgesagt hatte, ehe sich der Kläger von ihr abgewandt und eine intime Beziehung zu einer anderen Frau aufgenommen hat (BGH, FamRZ 81/439, 440, 441 = NJW 81/1214, 1215 = B 185c).

b) Ähnliches gilt, wenn dem Partner seinerseits Verfehlungen von einigem Gewicht anzulasten sind, die dem Unterhaltsbedürftigen das Festhalten an der Ehe erschwert hätten und die sein eigenes Fehlverhalten deshalb in einem milderen Licht erscheinen lassen (BGH, FamRZ 83/142, 143 = NJW 83/451 = B 184b).

c) Aus der grundsätzlichen Abkehr des Gesetzgebers vom Schuldprinzip ist zu folgern, daß im Rahmen der Prüfung der Einseitigkeit eines Fehlverhaltens nicht jeglichen Vorwürfen nachzugehen ist, die gegen den unterhaltspflichtigen Ehegatten erhoben werden, sondern daß nur konkret vorgebrachte Verfehlungen von einigem Gewicht Bedeutung erlangen können, die dem Unterhalt begehrenden Ehegatten das Festhalten an der Ehe erheblich erschwert haben und sein eigenes Fehlverhalten in einem milderen Licht erscheinen lassen (BGH, FamRZ 82/463, 464 = NJW 82/1461, 1462 = B 186b).

d) Die Beurteilung des beiderseitigen Verhaltens in diesem Rahmen einschließlich seiner Abwägung ist wesentlich Sache der tatrichterlichen Würdigung (BGH, FamRZ 83/996, 997, 998 = NJW 83/2243, 2244 = B 188d).

5. BGH zur Unzumutbarkeit beim Scheidungsunterhalt

a) Auch bezüglich des nachehelichen Unterhaltsanspruchs erfüllt der unterhaltsberechtigte Ehegatte, der durch die Aufnahme einer eheähnlichen Gemeinschaft mit einem anderen Partner während der Ehe seinen Anspruch auf Trennungsunterhalt eingebüßt oder verkürzt hatte, jedenfalls dann die Voraussetzungen der Härteregelung, wenn er das Verhältnis nach der Scheidung fortsetzt (BGH, FamRZ 84/154, 155 = NJW 84/297, 298 = B 184a; FamRZ 83/676, 677 = NJW 83/1552, 1553 = B 188b).

Die Unzumutbarkeit der Inanspruchnahme des Unterhaltsverpflichteten bei Aufnahme einer eheähnlichen Gemeinschaft oder eines nachhaltigen intimen Verhältnisses mit einem anderen Partner gilt auch für den nachehelichen Unterhalt. Dies um so mehr, als das Gesetz während der Ehe auch für die Zeit des Getrenntlebens eine gesteigerte Verantwortung der Ehegatten füreinander vorsieht, während es nach der Scheidung grundsätzlich von der Eigenverantwortung jedes Ehegatten für seinen Unterhalt ausgeht. Demgemäß ist für den Regelfall davon auszugehen, daß Gründe, die zum vollständigen oder teilweise Ausschluß des Anspruchs auf Trennungsunterhalt geführt haben, jedenfalls dann auch für den nachehelichen Unterhaltsanspruch die Voraussetzungen der Härteregelung erfüllen, wenn das Verhältnis mit dem anderen Partner nach der Scheidung fortgesetzt wird (BGH, FamRZ 83/569, 571, 572 = NJW 83/1548, 1550, 1551 = B 188a).

b) Eine Unzumutbarkeit kann sich für den Verpflichteten nicht nur aus einem Fehlverhalten des Berechtigten ergeben, sondern auch aus objektiven Gegebenheiten und Veränderungen der Lebensverhältnisse der früheren Ehepartner. Lebt der Unterhaltsberechtigte mit einem neuen Partner in einer festen sozialen Bindung zusammen, kann das Erscheinungsbild dieser Verbindung in der Öffentlichkeit dazu führen, daß die Fortdauer der nachehelichen Unterhaltsbelastung und des damit verbundenen Eingriffs in die Lebensgestaltung für den Pflichtigen unzumutbar wird. Das gilt etwa, wenn kein verständlicher Grund dafür ersichtlich ist, weshalb die Partner nicht zu einer ,,ehegleichen ökonomischen Solidarität" gelangen, obwohl der den Haushalt und gemeinsame Kinder versorgende Partner – wie in einer Ehe – von dem anderen unterhalten wird. Nach diesen Grundsätzen können die Voraussetzungen der Härteregelung auch bei einem Anspruch auf nachehelichen Unterhalt bei späterer Aufnahme einer eheähnlichen Gemeinschaft jedenfalls nach einer gewissen Dauer des Zusammenlebens des Bedürftigen mit dem Dritten bejaht werden, auch wenn der Anspruch auf Trennungsunterhalt mangels einseitigem Fehlverhalten nicht eingebüßt worden ist (BGH, FamRZ 83/996, 997, 998 = NJW 83/2243, 2244 = B 188d).

Aus der Verweisung des § 1579/I Nr. 4 BGB auf die Nr. 1 (Ehedauer), für die es nicht auf ein vorwerfbares Verhalten, sondern auf die Lebenssituation der Ehepartner, auf die Verflechtung und Abhängigkeit der beiderseitigen Lebensdispositionen ankommt, folgt, daß sich eine Unzumutbarkeit für den Verpflichteten auch aus objektiven Gegebenheiten und Entwicklungen der beiderseitigen Lebensverhältnisse ergeben kann. Demgemäß hält es das Gesetz in § 1579/I Nr. 4 BGB für möglich, daß nach der Scheidung eintretende Veränderungen in den Lebensverhältnissen der früheren Ehepartner die weitere Inanspruchnahme des Verpflichteten ganz oder zum Teil – möglicherweise auch zeitweilig – als unzumutbar erscheinen lassen. Eine solche Beurteilung kommt dann in Betracht, wenn der Unterhaltsberechtigte mit einem neuen Partner in einer festen sozialen Verbindung zusammenlebt. Dafür kann sprechen, daß der Bedürftige mit den gemeinsamen Kindern und dem Dritten ,,wie eine normale Familie" zusammenleben, daß beide Verlobungsringe tragen, um ihre Beziehung ,,etwas zu legalisieren" und daß sie gemeinsam in einem Zeitungsinserat die Eröffnung einer Gaststätte angezeigt haben (BGH, FamRZ 83/569, 571, 572 = NJW 83/1548, 1550, 1551 = B 188a).

Für die Anwendung der Nr. 4 kommt es im allgemeinen darauf an, ob die aus der Unterhaltspflicht erwachsende Belastung für den Verpflichteten die Grenzen des Zumutbaren überschreitet. Eine Unzumutbarkeit kann sich unabhängig von der Frage der Vorwerfbarkeit bestimmter Verhaltensweisen auch aus objekten Entwicklungen der beiderseitigen Lebensverhältnisse ergeben. Insbesondere kann bei Aufnahme eines länger dauernden Verhältnisses zu einem neuen Partner das Erscheinungsbild dieser Verbindung in der Öffentlichkeit dazu führen, daß die Fortdauer der Unterhaltsbelastung und des damit verbundenen Eingriffs in die Handlungsfreiheit und Lebensgestaltung für den Unterhaltspflichtigen unzumutbar wird. In diesem Zusammenhang wird die Anwendung der Härteklausel im allgemeinen nur gerechtfertigt sein, wenn der Unterhaltsberechtigte mit einem neuen Partner ,,in einer festen sozialen Verbindung" zusammenlebt. Diese setzt nicht notwendig einen gemeinsamen Haushalt voraus. Auch bei einer anders gestalteten dauerhaften Verbindung kann je nach deren Erscheinungsbild in der Öffentlichkeit ein Grund zur Anwendung der Härteklausel bestehen (BGH, FamRZ 84/986, 987 = NJW 84/2692,

2693 = B 188c). Bei Vorrang des früheren Ehegatten nach § 1582 BGB und Unterhaltsbedürftigkeit des neuen Ehegatten kann nach Nr. 4 der Unterhaltsanspruch des früheren Ehegatten auf denjenigen Betrag gekürzt werden, der sich nach dem Einkommen des Pflichtigen ohne Splittingvorteil ergibt (BGH, FamRZ 85/911, 912 = NJW 85/2268, 2269).

6. BGH zu sonstigen Fällen des § 1579/I Nr. 4 BGB

a) Nachhaltig ist ein auf längere Dauer angelegtes intimes Verhältnis mit einem Dritten nur, wenn subjektiven Vorstellungen der Beteiligten wenigstens soweit verwirklicht sind, daß die Beziehung über eine flüchtige Augenblicksbeziehung hinausgeht (nicht veröffentlichte Entscheidung des BGH vom 15. 6. 1983 – IVb ZR 392/81, zitiert nach Lohmann, Seite 38).

b) Die Äußerung des Wunsches „der andere möge mit dem Auto an den Baum fahren" oder „sie werde selbst mit dem Auto des anderen an dessen Haus fahren, damit das Auto kaputtgehe", genügt nicht als „schwerwiegendes Fehlverhalten", vor allem wenn diese Äußerungen im Zusammenhang mit der Weigerung des Beklagten, die Lebensgemeinschaft mit der Klägerin wieder aufzunehmen, sowie mit der Einleitung des Scheidungsverfahrens in Zusammenhang gestanden haben. Sie konnten auf einer verständlichen Verärgerung beruhen (BGH, FamRZ 82/573, 575 = NJW 82/1460, 1461 = B 190b).

c) Ein schwerwiegendes Fehlverhalten nach Nr. 4 ist zu bejahen, wenn eine Frau ihrem Mann nach der Empfängnis eines Kindes wahrheitswidrig beteuert, das Kind stamme von ihm und wenn sie ihn jahrelang in diesem Glauben beläßt, obwohl sie mindestens damit rechnete, daß ein anderer Mann der Vater ist. Entscheidend ist allein, daß in einem solchen Fall die Auferlegung von Unterhaltszahlungen für den Verpflichteten die Grenze des Zumutbaren übersteigt. Das ist der Fall, wenn einem Mann Unterhaltszahlungen an seine geschiedene Frau angesonnen werden, nachdem bekannt geworden war, daß sie ihm jahrelang, sei es auch nur mit bedingtem Vorsatz, ein fremdes Kind unterschoben hat. Ein solches Fehlverhalten erfährt durch die Scheidung keine Veränderung (BGH, FamRZ 85/267, 268 = NJW 85/2266, 2267 = B 189a).

d) Grob unbillig im Sinn der Nr. 4 ist es auch, wenn die geschiedene Ehefrau den Mann von der rechtzeitigen Anfechtung der Ehelichkeit eines Kindes abgehalten hat. Sie ist dadurch mitverantwortlich, daß dieser nun auf Dauer Kindesunterhalt zahlen muß, was er durch rechtzeitige Ehelichkeitsanfechtung hätte vermeiden können. Eine solche Situation ist insofern noch belastender, als das Unterschieben eines fremden Kindes (wie vorher c), weil das wahre Abstammungsverhältnis nicht mehr korrigiert werden kann (BGH, FamRZ 85/51, 52, 53 = NJW 85/428, 429 = B 189b).

e) Voreheliche Täuschungshandlungen der in § 33 EheG bezeichneten Arten führen jedenfalls dann nicht zu einer Unterhaltsbeschränkung nach Nr. 4, wenn sie bereits erfolglos in einem Eheaufhebungsverfahren geltend gemacht worden sind. Eine andere Beurteilung würde dem Zweck des § 37/II EheG zuwiderlaufen, wonach die Verwirklichung von Rechten des vor der Eheschließung unlauter handelnden Ehegatten von einer binnen bestimmter Frist abzugebenden Erklärung des anderen Teils abhängt (BGH, FamRZ 83/456, 457 = NJW 83/1427, 1428 = B 190c).

f) Wird die Eheschließung mit einem neuen Partner absichtlich unterlassen, um den Unterhaltsanspruch gegen den früheren Ehegatten nicht zu verlieren, ist zu prüfen, ob die aus der Unterhaltspflicht erwachsende Belastung für den Verpflichteten die Grenzen des Zumutbaren überschreitet. Das kann sich, wenn der Unterhaltsberechtigte mit dem neuen Partner in einer festen sozialen Bindung zusammenlebt, aus dem Erscheinungsbild dieser Verbindung in der Öffentlichkeit ergeben, etwa wenn die Partner nicht gleichwohl zu einer „ehegleichen ökonomischen Solidarität" gelangen, bei der der den Haushalt und die gemeinsamen Kinder versorgende Partner wie in einer Ehe von dem anderen unterhalten wird. Dies gilt auch, wenn an sich infolge der wirtschaftlichen Lage ein beachtlicher Grund vorliegt, von der Eheschließung abzusehen (BGH, FamRZ 84/986, 987 = NJW 84/2692, 2693 = B 188c). So im Ergebnis auch OLG Düsseldorf (FamRZ 82/1075).

Ob eine Eheschließung absichtlich unterlassen wird, um den Unterhaltsanspruch nicht zu verlieren, ist Frage einer auf einem Willensentschluß beruhenden individuellen Verhaltensweise, die dem Anscheinsbeweis nicht zugänglich ist (BGH, FamRZ 83/569, 572 = NJW 83/1548, 1551 = B 188a).

§ 1586/I BGB, wonach der Unterhaltsanspruch mit der Wiederheirat des Berechtigten erlischt, ist auf die Eingehung einer eheähnlichen Gemeinschaft nicht anwendbar (BGH, FamRZ 80/40, 41 = NJW 80/124, 125 = B 195d).

7. BGH zum Verhältnis des § 1579/I Nr. 4 BGB zu Nr. 1 mit Nr. 3 BGB

Ein Sachverhalt, der an sich nach Nr. 1 bis Nr. 3 zu subsumieren wäre aber nicht ausreicht, um danach einen Unterhaltsanspruch wegen grober Unbilligkeit auszuschließen, kann auch nicht über Nr. 4 zu einem Anspruchsausschluß führen. Eine nur kurze Dauer der ehelichen Lebensgemeinschaft stellt einen Sachverhalt dar, der an sich dem Regelungsbereich der Nr. 1 zuzurechnen ist. Wenn aber diese Vorschrift aufgrund von § 1361/III BGH für den Trennungsunterhalt als Ausschlußregelung ausscheidet, so geht es nicht an, jenen Sachverhalt zur Rechtfertigung eines Ausschlusses nach Nr. 4 BGB heranzuziehen. Eine derartige Handhabung liefe auf eine Umgehung des § 1361/III BGB hinaus (BGH, FamRZ 82/573, 575 = NJW 82/1460, 1461 = B 190b; FamRZ 80/981, 982, 983 = NJW 80/2247, 2249 = B 190a).

8. Zur Darlegungs- und Beweislast bei Nr. 4 BGB

Der Unterhaltspflichtige muß, wenn er die Herabsetzung eines Unterhalts nach Nr. 4 wegen eines schwerwiegenden ehelichen Fehlverhaltens des anderen Teils (oder eines anderen schweren Grundes) erstrebt, außer dem Fehlverhalten als solchem auch beweisen, daß es sich um ein einseitiges Fehlverhalten handelt. Er hat daher etwaige Gegenvorwürfe auszuräumen, die dem Fehlverhalten des Unterhaltsberechtigten den Charakter eines einseitigen Fehlverhaltens nehmen können. Indessen ist aus der grundsätzlichen Abkehr des Gesetzgebers vom Verschuldensprinzip zu folgern, daß im Rahmen der Prüfung der Einseitigkeit des Fehlverhaltens nur Verfehlungen von einigem Gewicht nachzugehen ist, die dem Unterhalt begehrenden Ehegatten das Festhalten an der Ehe erheblich erschwert haben und sein eigenes Fehlverhalten in einem milderen Licht erscheinen lassen. Die Gegenvorwürfe müssen zudem hinreichend substantiiert sein. Hierzu reicht das allgemeine – nicht durch die Schilderung bestimmter Vorkommnisse konkretisierte – Vorbringen der Klägerin „daß der Beklagte seinerseits in erheblichem Maß gegen die eheliche Treuepflicht verstoßen habe“ und sie „ständig beschimpft und geprügelt habe“ nicht aus. Wenn ein Verhalten des Beklagten die Abwehr der Klägerin von der Ehe nicht veranlaßt hat, ist es nicht geeignet, deren eigenes Fehlverhalten in einem milderen Licht erscheinen zu lassen und braucht daher nicht berücksichtigt zu werden (BGH, FamRZ 83/670, 671, 672 = B 186a).

Der Vorwurf, die Beklagte sehe von einer Eheschließung mit ihrem Lebensgefährten ab, um sich den Unterhaltsanspruch aus der Ehe zu erhalten, erfordert die Feststellung einer auf einem Willensentschluß beruhenden individuellen Verhaltensweise in einer bestimmten Lebenslage, die keiner generalisierenden Beurteilung aufgrund allgemeiner Erfahrungssätze unterworfen werden kann und für die es daher nach der Rechtsprechung des BGH keinen Anscheinsbeweis gibt (BGH, FamRZ 83/569, 572 = NJW 83/1548, 1550, 1551 = B 188a).

Die tatsächlichen Voraussetzungen der Nr. 4 – einer rechtshindernden Einwendung – hat der Verpflichtete darzulegen und zu beweisen wozu grundsätzlich gehört, daß er das Vorbringen der Gegenpartei, die im Falle der Richtigkeit gegen die Annahme einer groben Unbilligkeit sprechen würde, zu widerlegen hat. Soweit er ein derartiges Vorbringen lediglich bestreitet, sind allerdings an die Substantiierung seiner Darlegungen nach § 242 BGB keine allzu hohen Anforderungen zu stellen, da es sich im wesentlichen um die Behauptungen sog. negativer Tatsachen handelt (BGH, FamRZ 82/463, 464 = NJW 82/1461, 1462 = B 186b).

Eine Partei, die das Nichtvorhandensein von Tatumständen behauptet, ist nicht von der sie hierfür treffenden Darlegungspflicht befreit. Der Gegner darf sich in einem solchen Fall aber nicht mit einem einfachen Bestreiten begnügen, sondern muß im einzelnen darlegen, daß die bestrittenen Behauptungen unrichtig sind, soweit er dazu in der Lage ist (BGH, NJW 81/576, 577 = B 191).

Der Verpflichtete hat Gegenvorwürfe des Anspruchstellers auszuräumen, soweit diese von ihrem Gewicht her geeignet sind, dem etwaigen Fehlverhalten des Anspruchstellers den Charakter eines Fehlverhaltens zu nehmen. Nach diesen Grundsätzen ist es nicht zu beanstanden, daß das OLG vom Beklagten verlangt hat, den Vortrag der Klägerin über seinen übermäßigen Alkoholkonsum und die damit zusammenhängenden Vorgänge auszuräumen und daß es angesichts des nicht widerlegten Vortrags die Voraussetzungen der Nr. 4 BGB verneint hat (BGH, FamRZ 82/779, 780 = NJW 82/2664 = B 185b).

9. F.W. zu § 1579/I BGB

Die einzelnen Verwirkungstatbestände des § 1579/I BGB sind, wie der BGH klargestellt hat, zusätzlich einer Billigkeitserwägung zu unterwerfen, um abschließend beurteilen zu können, ob die Inanspruchnahme des Unterhaltspflichtigen in grobem Widerspruch mit dem Gerechtigkeitsempfinden steht. Es handelt sich also um eine eng zu handhabende Ausnahmeregelung. Dieser Gesichtspunkt gilt insbesondere auch für die Generalklausel der Nr. 4 des § 1579/I BGB. Als Leitgedanke muß immer die Abwehr der Wiedereinführung des allgemeinen Verschuldensprinzips durch die Hintertür vor Augen stehen. Deshalb kann die Nr. 4 nur angewandt werden bei einem einseitigen, klar bei einem Ehegatten liegenden evidenten Fehlverhalten von einigem Gewicht. Eine solche Unzumutbarkeit kann aber nicht nur aus einem Fehlverhalten des Berechtigten folgen, sondern auch aus objektiven Gegebenheiten und Veränderungen der Lebensverhältnisse der früheren Ehepartner: Lebt der Unterhaltsberechtigte mit einem neuen Partner in einer festen sozialen Bindung zusammen, so kann etwa das Erscheinungsbild dieser Verbindung in der Öffentlichkeit dazu führen, daß die Fortdauer der nachehelichen Unterhaltsbelastung und des damit verbundenen Eingriffs in die Lebensgestaltung für den Unterhaltspflichtigen unzumutbar wird. Jedoch können Verfehlungen des unterhaltspflichtigen Ehegatten von einigem Gewicht Bedeutung erlangen, die dem Unterhalt begehrenden Gatten das Festhalten an der Ehe erheblich erschwert haben und dessen eigenes Fehlverhalten in einem milderen Licht erscheinen lassen: es kommt also darauf an, ob sich beispielsweise die Hinwendung zu dem Dritten als evidente Abkehr aus einer intakten Ehe darstellt oder die Folge eines Fehlverhaltens des anderen Ehegatten bzw. die reaktive Flucht aus einer bereits gescheiterten Ehe ist.

Letztere Gesichtspunkte können u.a. dazu führen, daß entweder eine Verwirkung noch nicht gegeben ist, oder eine teilweise oder zeitweilige Minderung bzw. Herabsetzung des Unterhaltsanspruchs in Frage kommt. Hier ist also ein gewisser Beurteilungsspielraum gegeben. Sollte ein eheähnliches Verhältnis des Unterhaltsberechtigten nicht zum Unterhaltsausschluß führen, so ist dieser Sachverhalt erneut bei der Unterhaltshöhe (Bedürftigkeit) zu prüfen. Gerade weil ein Beurteilungsspielraum gegeben ist, bei dem auch die wirtschaftlichen Verhältnisse der Beteiligten zu berücksichtigen sind, ist in aller Regel der Auskunftsanspruch des unterhaltsberechtigten Ehegatten zunächst uneingeschränkt zu erfüllen. Der Unterhaltspflichtige riskiert also den Prozeß, wenn er bereits in diesem ersten Teil seiner Stufenklage die ihn emotional bedrängende Verwirkungsfrage durch das Gericht geklärt wissen will; der Schwerpunkt der nachehelichen Auseinandersetzung kann nur im Betragsverfahren liegen.

Ein praktisch bedeutsamer Ausschlußtatbestand ist auch die Nr. 1 des § 1579/II BGB, wonach eine Ehe von kurzer Dauer in der Regel dann nach der Rechtsprechung des BGH anzunehmen ist, wenn die Ehezeit drei Jahre nicht überschritten hat, und zwar gerechnet von der Eheschließung bis zur Rechtshängigkeit des Scheidungsantrags; allerdings hat der BGH für ganz besondere Ausnahmetatbestände eine weitere Ausdehnung der Drei-Jahresfrist nicht ausgeschlossen.

Ein einmal verwirkter Unterhaltsanspruch lebt in der Regel später nicht mehr auf.

Die Darlegungs- und Beweislast trägt derjenige, der sich auf den Ausschlußtatbestand beruft, wobei allerdings bei sog. negativen Tatsachen eine Beweiserleichterung besteht (F.W. in DAV 84/243).

VI. Besonders gelagerter Härtefall bei Kindesbetreuung gemäß § 1579/II BGB

1. Überblick

a) Nach § 1579/II BGB kommt die Härteklausel des Abs. 1 nicht zur Anwendung, solang und soweit von dem Berechtigten wegen Kindesbetreuung eine Erwerbstätigkeit nicht erwartet werden kann. Diese Bestimmung ist wegen Verstoßes gegen den Grundsatz der Verhältnismäßigkeit verfassungswidrig (2).

b) Abs. 2 kann im Interesse des Kindeswohls vom Gericht nur angewendet werden, wenn der Bedürftige das Kind mit Einverständnis des Verpflichteten oder aufgrund einer gerichtlichen Sorgerechtsentscheidung betreut und wenn kein besonders gelagerter Härtefall vorliegt. Insoweit ist eine verfassungskonforme Auslegung möglich (3).

c) Verneint das Gericht einen besonderen Härtefall, kann es selbst entscheiden mit der Folge, daß ein Unterhaltsanspruch nach § 1579/I BGB weder ausgeschlossen noch gemindert werden kann. Bejaht das Gericht einen besonderen Härtefall, muß es das Verfahren bis zu einer gesetzlichen Neuregelung aussetzen (4).

d) Nach BGH ist entsprechend dem Sinnzusammenhang der verfassungsgerichtlichen Entscheidungsgründe ein besonderer Härtefall zu bejahen, wenn und soweit die unverkürzte Zubilligung des eheangemessenen Unterhalts zu einer mit dem Verfassunggrundsatz der Verhältnismäßigkeit unvermeidbaren Belastung des Unterhaltspflichtigen führen würde, etwa weil sie nicht oder nicht in vollem Umfang durch das Kindesinteresse erfordert wird oder weil der bedürftige Ehegatte die Voraussetzungen eines Grundes im Sinn von Nr. 4 BGB in besonders krasser Weise verwirklicht hat. Die Suspendierung der Härteklausel durch Abs. 2 soll vor allem verhindern, daß der Lebensstandard des betreuten Kindes wegen des von ihm nicht zu verantwortenden Fehlverhaltens des sorgeberechtigten Elternteils absinkt. Insofern kommt den Belangen des Kindes gegenüber denen des unterhaltsverpflichteten Elternteils der Vorrang zu. Das Vorliegen eines besonderen Härtefalls ist unter umfassender Würdigung aller in Betracht kommenden Umstände, vor allem des Kindeswohls, der wirtschaftlichen Verhältnisse des Unterhaltspflichtigen und eines besonders krassen Fehlverhaltens des Berechtigten, tatrichterlich zu beurteilen (3).

2. BVerfG zur Verfassungswidrigkeit des § 1579/II BGB

a) § 1579/II BGB ist mit Art. 2/I GG nicht vereinbar, soweit danach die Anwendung der Härteklausel des § 1579/I BGB auch in besonders gelagerten Härtefällen ausgeschlossen ist. Die stringente Formulierung des § 1579/II BGB trägt nicht in ausreichendem Maß dem Verfassungsgrundsatz der Verhältnismäßigkeit Rechnung. Der Staat muß auch bei der Regelung des Privatrechtsverhältnisses der Ehegatten während ihrer Trennung und nach ihrer Scheidung unverhältnismäßige Belastungen des einen Ehegatten zugunsten des anderen vermeiden. Dies gilt auch für die Fälle des Abs. 2 BGB, in denen die Auferlegung von Unterhaltsleistungen, die zu einer starken Belastung des Verpflichteten führen können, ihre Rechtfertigung nicht mehr in der eigenen Bedürfnislage des anderen Ehegatten, sondern in dem Anspruch des Kindes auf Pflege und Erziehung durch einen Elternteil finden. Der Richter ist nicht in der Lage, diesen Mangel zu beheben. Es hat daher der Gesetzgeber eine Regelung zu treffen, die dem Verhältnismäßigkeitgesetz Rechnung trägt. Ob er diesem Erfordernis durch eine ergänzende Regelung oder durch eine Umgestaltung des § 1579/II BGB entspricht, liegt dabei in seiner Gestaltungsfreiheit (BVerfG, FamRZ 81/745, 750 = NJW 81/1771, 1773 = B 179).

b) Hiervon abgesehen ist § 1579/II dahin verfassungskonform auszulegen, daß ein Unterhaltsanspruch nur dann besteht, wenn der Berechtigte das Kind mit Einverständnis des Verpflichteten oder aufgrund einer gerichtlichen Sorgerechtsentscheidung betreut. Den Belangen des Kindes kommt gegenüber denen des unterhaltsverpflichteten Elternteils grundsätzlich der Vorrang zu. Das Kind bedarf des Schutzes und der Hilfe, um sich zu einer eigenverantwortlichen Persönlichkeit innerhalb der sozialen Gemeinschaft zu entwickeln. Der Gesetzgeber ist daher verpflichtet, die Lebensbedingungen des Kindes zu sichern, die für sein gesundes Aufwachsen erforderlich sind. Insoweit ist der verfassungsrechtliche Anspruch des verpflichteten Elternteils, unter den Voraussetzungen des § 1579/I BGB von Unterhaltszahlungen ganz oder teilweise freigestellt zu werden, durch die Interessen des Kindes begrenzt. § 1579/II BGB ist aber nur mit dem Grundgesetz vereinbar, wenn und soweit seine Auslegung und Notwendigkeit auch tatsächlich zu Entscheidungen führt, die allein am Kindeswohl orientiert sind, die keine ehebeeinträchtigenden Wirkungen zeitigen und die dem Grundsatz der Verhältnismäßigkeit Rechnung tragen. Dies setzt voraus, daß seine Anwendung auf Fälle beschränkt wird, in denen die Betreuung des Kindes durch eine Vereinbarung der Eltern oder durch eine staatliche Sorgerechtsentscheidung dem Unterhaltsberechtigten übertragen worden ist (BVerfG, FamRZ 81/745, 749 = NJW 81/1771, 1773 = B 179).

3. BGH zur verfassungskonformen Auslegung des Abs. 2 bei Einigung der Eltern zur Kindesbetreuung oder bei Sorgerechtsentscheidung

a) Nach den Grundsätzen des BVerfG gebietet es die verfassungskonforme Auslegung des § 1579/II BGB grundsätzlich, den Anspruch des unterhaltsbedürftigen Ehegatten davon abhängig zu machen, daß er die Kindesbetreuung entweder im Einverständnis mit dem anderen Ehegatten oder aber aufgrund einer gerichtlichen Entscheidung wahrnimmt. Die Tatsache der Kindesbetreuung als solche reicht nicht aus, um einem Ehegatten, der sich die Betreuung des Kindes unter dessen Herausnahme aus dem bisherigen Lebensbereich sowie unter Verstoß gegen das Elternrecht des verlassenen Ehepartners verschafft hat, einen Unterhaltsanspruch als für ihn vorteilhafte wirtschaftliche Folge seines rechtswidrigen Verhaltens zukommen zu lassen.

Das gilt sowohl für den Unterhaltsanspruch eines geschiedenen Ehegatten als auch für den Trennungsunterhalt. Hierzu hat das BVerfG ausdrücklich hervorgehoben, auch bei getrennt lebenden Ehegatten müsse für eine Anwendung des § 1579/II BGB von Verfassungs wegen verlangt werden, daß die Kindesbetreuung – wenn nicht auf einem Einverständnis der Ehegatten – auf einer richterlichen Entscheidung beruhe, sei es auf einer nach Anhängigkeit einer Ehesache zulässigen einstweiligen Anordnung, sei es auf einer isolierten sorgerechtlichen Entscheidung, die nach § 1572 BGB möglich sei, wenn die Ehegatten nicht nur vorübergehend getrennt leben (BGH, FamRZ 83/142, 143 = NJW 83/451, 452 = B 192a; FamRZ 80/665, 666, 668 = NJW 80/1686, 1687, 1688 = B 192b; BVerfG, FamRZ 81/745, 749 = NJW 81/1771, 1772 = B 179).

b) Aus diesen Gründen kann dem Ehegatten, dem ein eheliches Fehlverhalten im Sinn von § 1579/I Nr. 4 BGB zur Last fällt ein Unterhaltsanspruch nur und erst von dem Zeitpunkt an zuerkannt werden, zu dem die Betreuung der Kinder durch eine wirksame gerichtliche Sorgerechtsentscheidung oder durch eine einvernehmliche Regelung legitimiert wird. Eine für die Zeit des Getrenntlebens getroffene Sorgerechtsentscheidung wird nach § 16/I FGG i. V. §§ 621/I Nr. 1, 621 a/I ZPO bereits mit ihrem Erlaß wirksam und kann von diesem Zeitpunkt an, solange sie bestehen bleibt, zu einem Unterhaltsanspruch führen. Für die Zeit vor dem Wirksamwerden der Sorgerechtsentscheidung bleibt jedoch die eigenmächtig unter Verstoß gegen das Elternrecht des anderen Ehegatten übernommene Kindesbetreuung ohne Legitimation. Sinn des Erfordernisses einer Sorgerechtsentscheidung ist es zu verhindern, daß der Ehegatte, der die Kinder eigenmächtig mit sich nimmt, aus seinem rechtswidrigen Verhalten wirtschaftliche Vorteile ziehen kann. Diesem Ziel entspricht es, einen Unterhaltsanspruch in solchen Fällen grundsätzlich erst vom Wirksamwerden der Übertragung der elterlichen Sorge auf den Unterhalt begehrenden Ehegatten zuzubilligen. Danach kann eine in einem Verbundurteil für die Zeit nach der Scheidung getroffene Sorgerechtsregelung grundsätzlich nicht zu einem Unterhaltsanspruch schon für die Zeit des Getrenntlebens führen, und zwar auch nicht in der Zeit zwischen dem Erlaß des Verbundurteils und dem Wirksamwerden der Sorgerechtsregelung (BGH, FamRZ 83/142, 143 = NJW 83/451, 452 = B 192a; FamRZ, 80/665, 667, 668 = NJW 80/1686, 1687, 1688 = B 192b).

c) Aus dem Sinnzusammenhang der verfassungsgerichtlichen Entscheidungsgründe ist zu folgern, daß Sachverhalte gemeint sind, in denen die unverkürzte Zubilligung des eheangemessenen Unterhalts aufgrund des § 1579/II BGB zu einer mit dem Verfassungsgrundsatz der Verhältnismäßigkeit unvereinbaren Belastung des Unterhaltspflichtigen führen würde. Die Suspendierung der Härteklausel durch § 1579/II BGB soll vornehmlich verhindern, daß der Lebensstandard des betreuten Kindes wegen des von ihm nicht zu verantwortenden Fehlverhalten des sorgeberechtigten Elternteils absinkt. Insofern kommt den Belangen des Kindes gegenüber denen des unterhaltsverpflichteten Elternteils der Vorrang zu. Im Einzelfall kann die Auferlegung von Unterhaltsleistungen aber zu einer unverhältnismäßigen Belastung des Verpflichteten führen, etwa weil sie nicht oder nicht in vollem Umfang durch das Kindesinteresse erfordert wird. Darüber hinaus kann sich eine unverhältnismäßige Belastung des Verpflichteten auch daraus ergeben, daß der Unterhalt begehrende Ehegatte die Voraussetzungen des § 1579/I Nr. 4 BGB in besonders krasser Weise verwirklicht hat (BGH, FamRZ 84/154, 155, 156 = NJW 84/297, 299 = B 193a; FamRZ 83/676, 677 = NJW 83/1552, 1553 = B 193b).

d) Die Frage, ob ein Fall besonderer Härte vorliegt, kann nur nach umfassender Abwägung aller Umstände des Einzelfalls unter besonderer Berücksichtigung der Belange des Kindeswohls beantwortet werden. Dabei ist stets von Bedeutung, inwieweit Unterhaltsleistungen des Verpflichteten, die ihn in Anbetracht seiner Einkommensverhältnisse stark belasten, für das Wohl des Kindes überhaupt erforderlich sind. So kann eine eigene Erwerbstätigkeit des Betreuenden möglich sein, wenn das Kind von dessen Eltern wie ein eigenes Enkelkind aufgezogen und mindestens an mehreren Tagen der Woche mehrere Stunden täglich in einer Weise betreut wird, daß der bedürftige Ehegatte außer Haus sein kann (BGH, FamRZ 83/676, 677 = NJW 83/1552, 1553 = B 193b).

Bei der Abwägung sind auch die Einkommensverhältnisse des Unterhaltspflichtigen zu berücksichtigen, weil diesem für die Frage, ob die unterhaltsrechtliche Inanspruchnahme zu einer unverhältnismäßigen Belastung führt, stets eine wesentliche Bedeutung zukommt (BGH, FamRZ 84/154, 156 = NJW 84/297, 299 = B 193a; FamRZ 83/996, 998 = NJW 83/2243, 2244 = B 193c; FamRZ 84/34, 35 = NJW 84/296, 297 = B 194a).

Bei der umfassenden Abwägung der Umstände des Einzelfalls ist den Belangen des Kindeswohls stets vorrangige Bedeutung beizumessen. Denn Abs. 2 BGB will, in dieser Zielsetzung verfassungsrechtlich unbedenklich, nach Möglichkeit verhindern, daß der betreuende Elternteil zu einer Erwerbstätigkeit gezwungen wird, die zum Nachteil des Kindes dessen geordnete Betreuung und Erziehung erschwert. Ein besonders gelagerter Härtefall kann sich zwar auch daraus ergeben, daß der Unterhalt begehrende Ehegatte die Voraussetzungen des Nr. 4 in besonders krasser Weise verwirklicht hat. Aus dem Vorrang der Belange des Kindes ergibt sich indessen, daß der zuletzt genannte Gesichtspunkt auf (seltene) Ausnahmefälle zu beschränken ist. Die Entscheidung muß letztlich dem Tatrichter überlassen werden (BGH, FamRZ 84/986, 988 = NJW 84/2693, 2694 = B 194b).

Ein besonders gelagerter Härtefall kann in der Regel nicht angenommen werden, wenn die Klägerin ihren Mindestbedarf durch die Versorgung ihres neuen Partners decken kann, ohne dadurch in der Betreuung der Kinder behindert zu sein. Das Fehlverhalten der Klägerin allein ist noch kein Grund zur Annahme eines derartigen Härtefalls. Diese Beurteilung kann sich nicht deshalb generell ändern, weil der Unterhaltsbedürftige durch die Versorgungsleistungen, die er im Rahmen des eheähnlichen Verhältnisses seinem neuen Partner erbringt, seinen Mindestbedarf selbst decken kann. Gerade dieser Umstand bewirkt nämlich für den Unterhaltspflichtigen eine Erleichterung der Unterhaltslast, weil es damit für ihn nur noch um die Inanspruchnahme auf Ergänzungs- oder Aufstockungsunterhalt geht. So hat auch das BVerfG in einem Fall, in dem die unterhaltsbedürftige Ehefrau eine eheähnliche Verbindung mit einem anderen Mann eingegangen war, und das OLG der Ehefrau für die ihrem neuen Partner erbrachten Leistungen ein fiktives Einkommen zugerechnet hatte, mit Beschluß des Vorprüfungsausschusses entschieden, daß durch die Zurechnung des fiktiven Einkommens der Unterhaltsanspruch gegen den Ehemann reduziert und damit eine mit dem Verfassungsgrundsatz der Verhältnismäßigkeit unvereinbare Belastung des Ehemanns vermieden worden sei (BGH, FamRZ 84/154, 156 = NJW 84/297, 298 = B 184a; BVerfG, FamRZ 82/991 = NJW 82/2859 = B 193e).

Die Annahme eines besonderen Härtefalles liegt jedenfalls dann nahe, wenn der auf Unterhalt in Anspruch genommene Ehemann von der rechtzeitigen Anfechtung der Ehelichkeit des nicht von ihm stammenden Kindes dadurch abgehalten worden ist, daß ihn die Ehefrau in die falsche Sicherheit gewiegt hat, nicht für das Kind aufkommen zu müssen (BGH, FamRZ 85/51, 53 = NJW 85/428, 429 = B 194c).

4. BGH zur Verfahrensaussetzung bei Bejahung eines besonderen Härtefalles

Nach der Entscheidung des BVerfG ist § 1579/II BGB mit Art. 2 GG nicht vereinbar, soweit danach die Anwendung der Härteklausel auch in besonders gelagerten Härtefällen ausgeschlossen ist. Für derartige Fälle hat der Gesetzgeber nach dem Auftrag des Gerichts eine Regelung zu treffen, die dem Verhältnismäßigkeitsgebot Rechnung trägt. Demgemäß dürfen Gerichte bis zu einer gesetzlichen Neuregelung nur dann abschließend entscheiden, wenn ein besonderer Härtefall im Sinn dieser Bestimmung nicht gegeben ist. Gelangt das Gericht bei seiner tatrichterlichen Prüfung zur Verneinung eines besonderen Härtefalls, hat es § 1579/II BGB uneingeschränkt anzuwenden und ist dann gehindert, den Unterhaltsanspruch nach § 1579/I BGB auszuschließen oder zu begrenzen.

Kommt das Gericht zu einer Bejahung eines besonderen Härtefalls, hat es sich einer sachlichen Entscheidung zu enthalten und das Verfahren bis zur verfassungskonformen Neuregelung des Abs. 2 BGB durch den Gesetzgeber auszusetzen (BGH, FamRZ 84/676, 677 = NJW 83/1552, 1553 = B 193b; FamRZ 83/569, 572, 573 = NJW 83/1548, 1551 = B 193d; FamRZ 84/34, 35 = NJW 84/296, 297 = B 194a; FamRZ 84/986, 988 = NJW 84/2693, 2694 = B 194b; FamRZ 85/51, 53 = NJW 85/428, 429 = B 194c).

Zur geplanten gesetzlichen Neuregelung siehe Seite 246.

5. Zur Dauer des Ausschlusses

a) Hat ein Ehegatte durch die Aufnahme einer eheähnlichen Lebensgemeinschaft mit einem anderen Partner während der Ehe seinen Anspruch auf Trennungsunterhalt ganz oder teilweise eingebüßt, so erfüllt sein Verhalten jedenfalls dann die Voraussetzungen der Härteregelung auch für den nachehelichen Unterhalt, wenn er die eheähnliche Gemeinschaft nach der Scheidung fortsetzt (BGH, FamRZ 83/569, 571, 572 = NJW 83/1548, 1550 = B 188a; FamRZ 83/676, 677 = NJW 83/1552, 1553 = B 188b).

Darüber hinaus hat der BGH bisher noch nicht entschieden, ob ein Ausschluß des Trennungsunterhalts wegen grober Unbilligkeit ohne weiteres auch für den nachehelichen Unterhalt gilt und ob ein ausgeschlossener Unterhaltsanspruch wieder aufleben kann, wenn der Ehegatte das zum Ausschluß führende Verhalten später aufgibt. Nach OLG Hamm (FamRZ 81/257), OLG Celle (FamRZ 82/697), OLG Düsseldorf (FamRZ 80/779 und FamRZ 82/699), OLG Oldenburg (FamRZ 81/775) und OLG Zweibrücken (FamRZ 83/1039) lebt ein wirksam ausgeschlossener Unterhaltsanspruch später nicht wieder auf.

Je nach Fallgestaltung wird die Verwirkung dauerhaft (zB bei Nr. 1) oder zeitlich begrenzt sein (wohl teilweise möglich bei Nr. 2 und 4). Die Verwirkungsdauer wird daher in jedem konkreten Einzelfall unter eingehender Würdigung aller Einzelumstände festzustellen sein.

6. F.W. zu § 1579/II BGB

Die Verwirkungstatbestände des § 1579/I BGB sind solange suspendiert, d. h. nicht zu berücksichtigen, „soweit von dem Berechtigten wegen der Pflege und der Erziehung eines gemeinschaftlichen Kindes eine Erwerbstätigkeit nicht erwartet werden kann". Diesen Satz hat das Bundesverfassungsgericht inzwischen für teilweise verfassungswidrig erklärt und dem Gesetzgeber eine Neuregelung aufgegeben, die allerdings noch aussteht. In der Zwischenzeit gilt nach Ansicht des BGH folgendes: Es ist zu prüfen, ob der unter die einzelnen Tatbestände des Abs. 1 zu subsumierende Sachverhalt sich im Einzelfall als besonderer Härtefall darstellt (griffig: Superhärte) oder nur als durchschnittliche Härte zu beurteilen ist. Ist letzteres der Fall, dann ist der Abs. 2 des § 1579 BGB ohne weiteres anzuwenden, d. h. liegen seine Voraussetzungen vor, insbesondere ist das Sorgerecht bereits (einstweilig) dem Anspruchsteller übertragen, dann entfällt die Anwendung des gesamten Abs. 1: der Unterhaltspflichtige muß uneingeschränkt zahlen. Liegt dagegen eine Superhärte vor, so darf über den Unterhaltsanspruch nicht abschließend entschieden werden, vielmehr ist der Unterhaltsprozeß solange auszusetzen, bis der Gesetzgeber eine verfassungskonforme Lösung gefunden hat (F.W. in DAV 84/243).

VII. Verwirkung nach §§ 242 BGB, 67 EheG und notdürftiger Unterhalt nach § 65 EheG

1. Verwirkung des Unterhaltsanspruchs nach § 242 BGB

Eine Verwirkung tritt nach allgemeinen Grundsätzen ein, wenn der Berechtigte ein Recht längere Zeit nicht geltend macht, obwohl er dazu in der Lage wäre und der Verpflichtete sich mit Rücksicht auf das Gesamtverhalten des Berechtigten darauf einrichten durfte, daß dieser sein Recht auch in Zukunft nicht geltend machen werde.

Dies kann auch für Unterhaltsrückstände zutreffen, wenn auch die kurze Verjährungsfrist von vier Jahren (§§ 197, 218/II BGB) dem Anwendungsbereich der Verwirkung enge Grenzen setzt (BGH, FamRZ 82/898 = NJW 82/1999, 2000 = B 195a).

2. Verwirkung des Unterhaltsrechts als solches nach § 242 BGB

Das Unterhaltsrecht als solches kann im Sinn der Ausführungen zu 1) nicht verwirken, weil das Gesetz für den Wegfall des Unterhaltsrechts aufgrund eines Verhaltens des Unterhaltsberechtigten besondere Voraussetzungen aufstellt, die als abschließende Regelung verstanden werden müssen. Dies gilt für einen Anspruch nach altem Recht gemäß § 66 EheG, für einen Anspruch unter Verwandten nach § 1611/I, 2 BGB für den Scheidungsunterhalt nach § 1579 BGB und für den Trennungsunterhalt über § 1361/III BGB ebenfalls nach § 1579 BGB. Nach all diesen Bestimmungen tritt ein Verlust des Unterhaltsrechts aufgrund des Verhaltens des Unterhaltsberechtigten nur ein, wenn sich dieser in besonders schwerwiegender Weise fehlverhalten hat und infolgedessen die Inanspruchnahme des Unterhaltsverpflichteten grob unbillig wäre. Die dem zugrundeliegende Wertung des Gesetzes würde zunichte gemacht, wenn schon die „illoyal verspätete Geltendmachung" des Anspruchs auf Unterhalt zum Verlust des Unterhaltsrechts führen könnte. Daher können die allgemeinen Regeln der Verwirkung für das Unterhaltsrecht als Beendigungsgrund keine eigenständige Bedeutung haben (BGH, FamRZ 82/898, 899 = NJW 82/1999, 2000 = B 195a; FamRZ 83/803, 804 = NJW 83/2315L = B 195b; FamRZ 85/376, 378 = NJW 85/1345, 1347 = B 135c).

3. Verwirkung nach § 66 EheG

a) Nach § 66 EheG verwirkt der Berechtigte seinen Unterhaltsanspruch endgültig, wenn er sich nach der Scheidung einer schweren Eheverfehlung gegen den Verpflichteten schuldig macht oder gegen dessen Willen einen ehrlosen oder unsittlichen Lebenswandel führt. Wegen der schwerwiegenden Folgen (Anspruchsverlust) muß der ehrlose und unsittliche Lebenswandel den Unterhaltspflichtigen ebenso schwer treffen wie der Verlust des Unterhaltsanspruchs den Berechtigten (BGH, FamRZ 84/32, 33 = B 196a; FamRZ 81/539, 540 = NJW 81/1609, 1610 = B 195c).

b) Eine langdauernde Beziehung des geschiedenen Ehegatten mit einem neuen Partner begründet als solche noch keine Verwirkung im Sinn des § 66 EheG. Der Verwirkungsgrund des ehrlosen oder unsittlichen Lebenswandels kommt nur in Betracht, wenn der Unterhaltsverpflichtete in seinen rechtlich geschützten Interessen durch den Lebenswandel seines geschiedenen Ehegatten betroffen wird. Dies ist aber nur bei einer Lebensführung der Fall, die einen besonders groben, nach außen in Erscheinung tretenden Verstoß gegen die sittliche Ordnung darstellt und so belastend für den früheren Ehegatten ist, daß die sich aus § 66 EheG ergebenden schweren Rechtsfolgen in einem angemessenen Verhältnis zu jenen Belastungen stehen (BGH, FamRZ 80/40, 41 = NJW 80/124, 125).

Auch Verfehlungen, die ihren Grund in einer vom Verpflichteten selbst geschaffenen Lage haben, begründen keine Verwirkung (BGH, FamRZ 81/539, 540 = NJW 81/1609, 1610 = B 195c).

c) Bei unrichtigen Angaben zur Erlangung von Unterhalt genügt für die Bejahung des § 66 EheG, daß der dadurch bewirkte Schaden den Unterhaltsverpflichteten „empfindlich" trifft, oder daß der Berechtigte aus besonders verwerflicher oder gehässiger Gesinnung handelt (BGH, FamRZ 84/32, 33, 34 = B 196a; FamRZ 81/539, 540 = NJW 81/1609, 1610 = B 195c; FamRZ 73/182, 183).

d) Eine Verwirkung kann eintreten, wenn sich der Geschiedene mit dem neuen Partner zwar verbindet, aber ihn nicht heiratet, um den Unterhaltsanspruch nicht zu verlieren (BGH, FamRZ 80/40, 41 = NJW 81/124, 125 = B 195d; FamRZ 82/896, 897 = NJW 82/1983 = B 196b).

4. Zu § 65 EheG

Ein Unterhaltsberechtigter, der seine Bedürftigkeit ganz oder teilweise selbst herbeigeführt hat, hat nach § 65/I EheG nur einen Anspruch auf den notdürftigen Unterhalt. Die Bedürftigkeit muß jedoch durch Verhaltensweisen herbeigeführt worden sein, die bei objektiver Wertung sittlich zu mißbilligen sind, wie Arbeitsscheu, Trunksucht, Spielleidenschaft u. ä. Für das Vorliegen derartiger Gründe ist der Verpflichtete darlegungs- und beweispflichtig (BGH, FamRZ 83/803, 804 = NJW 83/2315L = B 195b).

Teil IV: Rangverhältnisse, Unterhaltsberechnung in Mangelfällen und Sonstiges

1. Abschnitt: Rangverhältnisse und Konkurrenzen

1. Rangverhältnisse und Mangelfälle

Rangverhältnisse (Gleichrang und Nachrang) gibt es, wenn ein Unterhaltspflichtiger an mehrere Personen Unterhalt zu leisten hat und wenn mehrere Personen auf Unterhalt in Anspruch genommen werden können.

a) Solche Rangverhältnisse sind praktisch ohne Bedeutung, solange der Inanspruchgenommene voll leistungsfähig und leistungswillig ist, denn dann können alle angemessenen Unterhaltsbedürfnisse voll befriedigt werden. Die Unterhaltsberechnung folgt in solchen Fällen bezüglich eines jeden Berechtigten und Verpflichteten gemäß den bisherigen Ausführungen im Teil I mit III.

b) Rechtlich bedeutsam werden Rangverhältnisse praktisch erst bei beschränkter oder fehlender Leistungsfähigkeit des Verpflichteten, also in sog. Mangelfällen (BGH, FamRZ 85/912, 916 = NJW 85/2713, 2716).

Deshalb sind Rangverhältnisse praktisch eine Sonderfrage bei der Beurteilung der Leistungsfähigkeit des Verpflichteten. Nach § 1609 BGB tritt eine Rangfolge nur ein, wenn der Verpflichtete außerstande ist, den vollen Unterhalt zu gewähren (so auch BGH, FamRZ 84/378, 379 = NJW 84/1176L = B 197e; BVerfG, FamRZ 84/346, 347 = NJW 84/1523, 1524 = B 198a).

Bei beschränkter Leistungsfähigkeit des Verpflichteten, also in Mangelfällen, wird aus den Rangverhältnissen ein Konkurrenzproblem.

2. Rangverhältnisse bei mehreren berechtigten minderjährigen und volljährigen Kindern

a) Gleichrang besteht zwischen minderjährigen Kindern untereinander (§ 1609/I BGB).

b) Vorrang haben minderjährige Kinder gegenüber ihren volljährigen Geschwistern (§ 1609/II BGB) (BGH, FamRZ 80/555, 557 = NJW 80/934, 935 = B 197a; FamRZ 84/378, 379 = NJW 84/1176L = B 197e).

c) Unterhaltsansprüche von Adoptivkindern sind gleichrangig mit den leiblichen Kindern des Annehmenden. Nach der Intention des neuen Adoptivrechts wird das Kind rechtlich aus der alten Familie gelöst und voll in die neue Familie eingegliedert; es soll sich uneingeschränkt als Kind der neuen Familie fühlen können. Außerdem beruht die Gleichrangigkeit auf einer generellen Wertung der familienrechtlichen Beziehung zu dem Unterhaltsverpflichteten, ohne daß aus den Umständen des Einzelfalls oder aus Grundsätzen der Billigkeit etwas anderes hergeleitet werden könnte. Mit dieser generalisierenden Wertung des Gesetzes wäre es unvereinbar, bei Adoptivkindern darauf abzustellen, aus welchen Gründen die Annahme als Kind erfolgt ist. Damit würde die aus § 1754/I BGB folgende Rechtsstellung des Adoptivkindes ausgehöhlt. Die Gleichrangigkeit gilt in gleicher Weise für Ansprüche nach vollzogener Adoption wie für Ansprüche während der vorbereitenden Adoptionspflege aus § 1557/IV BGB (BGH, FamRZ 84/378, 379 = NJW 84/1176L = B 197e).

d) Ein volljähriges Kind, das infolge einer körperlichen und geistigen Behinderung nicht erwerbsfähig ist, kann unterhaltsrechtlich nicht wie ein minderjähriges Kind behandelt werden. Es steht rangmäßig einem volljährigen Kind gleich. Auf die Geschäftsfähigkeit kommt es für das Rangverhältnis nicht an. Der Rang bestimmt sich ausschließlich nach dem Alter des Kindes (BGH, FamRZ 85/357, 358, 359 = NJW 85/909, 910, 911 = B 197c; FamRZ 84/683, 684 = NJW 84/1813, 1814 = B 197f).

3. Rangverhältnisse zwischen Kindern und unterhaltsberechtigten Ehegatten

a) Gleichrang besteht zwischen unterhaltsberechtigten Ehegatten und minderjährigen Kindern (§ 1609/II 1 BGB).

b) Vorrang hat der unterhaltsberechtigte Ehegatte gegenüber volljährigen Kindern, verheirateten Kindern und sonstigen Verwandten des Verpflichteten (§ 1609/II 2 BGB) (BGH, FamRZ 80/555, 556 = NJW 80/934, 935 = B 197a; FamRZ 81/541, 543 = NJW 81/2462, 2463 = B 197b; FamRZ 85/357, 358, 359 = NJW 85/909, 910, 911 = B 197c; FamRZ 85/471, 472 = NJW 85/1347 L = B 197d; FamRZ 84/683, 684 = NJW 84/1813, 1814, 1815 = B 197f und B 199).

c) Die Stellung des geschiedenen Ehegatten im Verhältnis zu minderjährigen unverheirateten Kindern ist zwar in § 1609 BGB nicht ausdrücklich geregelt. Es werden aber als Ehegatten im Sinn des § 1609/II BGB alle Ehepartner des Verpflichteten verstanden, weil sonst der Vorrang des geschiedenen Ehegatten vor dem neuen Ehegatten nicht zu verwirklichen wäre (BVerfG, 84/346, 347 = NJW 84/1523, 1524 = B 198a).

Auch der BGH teilt die allgemeine Auffassung, daß der geschiedene Ehegatte mit den minderjährigen unverheirateten Kindern des Verpflichteten ranggleich ist, auch wenn dazu eine ausdrückliche Bestimmung fehlt (BGH, FamRZ 83/678, 679 = NJW 83/1733, 1734 = B 176).

4. Rangverhältnis zwischen mehreren unterhaltsberechtigten Ehegatten (§ 1582 BGB)

a) Bei mehreren unterhaltsberechtigten Ehegatten besteht nach § 1582 BGB im Grundsatz ein Vorrang des geschiedenen Ehegatten vor dem neuen Ehegatten.

Dieser Vorrang gilt nicht, d. h. die Ehegatten sind gleichrangig, wenn der neue Ehegatte bei entsprechender Anwendung der §§ 1569–1574, 1575 und 1577/I BGB unterhaltsberechtigt wäre. Dabei ist, ausgehend von der hypothetischen Annahme, er sei im Beurteilungszeitpunkt geschieden, zu prüfen, ob er dann unterhaltsberechtigt (und bedürftig) wäre. Der geschiedene Ehegatte bleibt gleichwohl vorrangig, wenn er aus §§ 1570 oder 1576 BGB unterhaltsberechtigt ist, oder wenn die geschiedene Ehe von langer Dauer war. Der Ehedauer steht die Zeit gleich, in der ein Ehegatte wegen der Pflege oder Erziehung eines gemeinschaftlichen Kindes unterhaltsberechtigt war (§ 1582 S. 3 BGB).

b) Es ist mit Art. 6/I, 3/I GG vereinbar, wenn nach § 1582 BGB in den Fällen, in denen das verfügbare Einkommen des Unterhaltsverpflichteten nicht zur Befriedigung des Mindestbedarfs aller Unterhaltsberechtigten ausreicht (Mangelfall), dem Unterhaltsanspruch des wegen Kindesbetreuung bedürftigen geschiedenen Ehegatten selbst dann der Vorrang eingeräumt wird, wenn auch der neue Ehegatte an einer Erwerbstätigkeit durch die Pflege und die Erziehung eines Kindes gehindert ist (BVerfG, 84/346, 350 = NJW 84/1523, 1526 = B 198a).

§ 1582/I S. 2 BGB ist mit dem GG auch für den Fall vereinbar, daß der Vorrang des geschiedenen Ehegatten vor einem neuen Ehegatten auf der langen Dauer der geschiedenen Ehe beruht und keiner von beiden wegen der Pflege oder Erziehung eines Kindes (§ 1570 BGB) unterhaltsberechtigt ist oder wäre. Für den unterhaltsrechtlichen Vorrang der geschiedenen Frau ist in erster Linie maßgebend, daß deren Anspruch schon besteht und demgemäß das wirtschaftliche Leistungsvermögen des Verpflichteten von vornherein belastet, wenn die neue Ehe geschlossen wird. Hierauf muß sich ein neuer Ehegatte des Unterhaltsverpflichteten ebenso einstellen wie auf dessen möglicherweise aus anderen Rechtsgründen bestehende Verbindlichkeiten. Als weiteren Sachgrund durfte der Gesetzgeber berücksichtigen, daß sich ein unterhaltsbedürftiger Ehegatte nach dem Scheidungsrecht auf Dauer dem Scheidungsbegehren des anderen nicht widersetzen kann und damit nicht verhindern kann, daß der Pflichtige eine neue Ehe eingeht. Demgegenüber wird die Verfassungsmäßigkeit des § 1582 BGB nicht in Frage gestellt, wenn der Vorrang der geschiedenen Ehefrau bewirkt, daß die dem unterhaltspflichtigen Ehegatten verbleibenden Mittel nicht ausreichen, seine neue Familie gemäß § 1360 BGB angemessen zu unterhalten (BGH, FamRZ 85/362, 363 = NJW 85/1029, 1030 = B 198c).

c) Nach der Rechtsprechung des BGH besteht kein Vorrang der geschiedenen Ehefrau des Verpflichteten gegenüber seiner jetzigen Ehefrau, wenn die jetzige Ehefrau des Verpflichteten bei einer Scheidung der neuen Ehe gemäß §§ 1569 bis 1574, 1577/I BGB unterhaltsberechtigt wäre. Sie wäre es z. B., wenn von ihr wegen der Pflege und Erziehung eines gemeinschaftlichen Kindes gegenwärtig eine Erwerbstätigkeit nicht erwartet werden könnte. Die geschiedene Ehefrau geht auch nicht ausnahmsweise im Rang vor, wenn ihr Unterhaltsanspruch nicht auf § 1570 oder § 1576 BGB beruht oder ihre Ehe mit dem Beklagten nicht von langer Dauer war. Das Gesetz erläutert zwar nicht näher, wann von einer langen Dauer einer Ehe im Sinn dieser Vorschrift gesprochen werden kann. Aus der Begründung des Regierungsentwurfs ergibt sich jedoch, daß die Gewährung eines Vorrangs in solchen Fällen auf dem Gedanken beruht, das Vertrauen desjenigen Ehegatten auf fortdauernde Unterhaltsgewährung zu schützen, der sich in der Ehe langjährig unter Verzicht auf eine eigene berufliche Entwicklung vorwiegend dem Haushalt und der Pflege und Erziehung von Kindern gewidmet hat. Wenn unter Würdigung der tatsächlichen Verhältnisse eine kinderlos gebliebene und durch beiderseitige volle Erwerbstätigkeit geprägte Ehe der Parteien bei einer zwischen Eheschließung und Zustellung des Scheidungsantrags erreichten Dauer von etwas über 8 Jahren nicht als von langer Dauer angesehen wird, ist das rechtlich nicht zu beanstanden (BGH, FamRZ 83/678, 679 = NJW 83/1733, 1734 = B 176).

d) Als Ehedauer im Sinn dieser Bestimmung gilt – wie bei § 1579/I Nr. 1 BGB – die Zeit von der Eheschließung bis zur Rechtshängigkeit des Scheidungsantrags (BGH, FamRZ 83/886, 887 = NJW 83/2321, 2322 = B 198b).

Nach Ansicht des BGH kann nach Ablauf von 15 Jahren eine den Unterhaltsvorrang sichernde lange Ehedauer bejaht werden. Gleiches ist möglich, wenn Ehen diese Zeit nicht ganz erreichen, aber dafür besondere Umstände des Einzelfalls vorliegen. Der Unterhaltsvorrang beruht – jedenfalls auch – auf dem Gedanken, daß das Vertrauen desjenigen Ehegatten, auf den Erhalt fortwährenden Unterhalts zu schützen ist, wenn sich dieser Ehegatte in der Ehe langjährig unter Verzicht auf eine eigene berufliche Entwicklung vorwiegend dem Haushalt und der Pflege und Erziehung von Kindern gewidmet hat. Eine Verfestigung der eigenen Lebensposition im Sinn einer über lange Zeit beiderseits ausgeübten Erwerbstätigkeit hingegen wird im allgemeinen gegen die Annahme einer schon vor dem Ablauf von 15 Jahren erreichten, den Unterhaltsvorrang sichernden „Ehe von langer Dauer" sprechen (BGH, FamRZ 83/886, 887 = NJW 83/2321, 2322, 2323 = B 198b; FamRZ 85/362, 363 = NJW 85/1029, 1030 = B 198c).

e) Wird im Rahmen einer Billigkeitsentscheidung nach § 1581 BGB der Anspruch der geschiedenen Ehefrau auf Ergänzungsunterhalt vollständig ausgeschlossen, so verstößt dies gegen die Grundentscheidung des Gesetzes über die Rangfolge der Unterhaltsansprüche eines geschiedenen Ehegatten neben dem neuen Ehegatten. Nach § 1582 BGB besteht unter bestimmten Voraussetzungen ein Vorrang des geschiedenen Ehegatten; in allen anderen Fällen besteht gleicher Rang, der gesetzestechnisch schon als Ausnahme ausgestaltet ist. Ein Vorrang des neuen Ehegatten besteht nach dem Gesetz nicht. Ihn im Weg der Billigkeitsentscheidung anzuordnen, kann daher allenfalls in einem seltenen Sonderfall in Betracht kommen (BGH, FamRZ 83/678, 679 = NJW 83/1733, 1734, 1735 = B 176; FamRZ 85/911, 912 = NJW 85/2268, 2269).

Bei einer Billigkeitsabwägung im Rahmen der §§ 1581, 1582 BGB kann allerdings berücksichtigt werden, wenn die neue Ehefrau eines seiner geschiedenen Ehefrau unterhaltsverpflichteten Mannes neben dem eigenen Kind aus der neuen Ehe auch Kinder aus der ersten Ehe des Mannes betreut (nicht veröffentlichte Entscheidung des BGH vom 29. 6. 1983 – IV ZR 379/81, zitiert nach Lohmann S. 104).

f) Der Umstand, daß einerseits Ehegatten untereinander verschiedenen Rang haben können (§ 1582 BGB) und daß andererseits unverheiratete minderjährige Kinder gegenüber dem geschiedenen und dem neuen Ehegatten gleichen Rang haben, kann zu schwierigen Berechnungsfragen führen. Bisher fehlt hierzu eine BGH-Entscheidung.

g) Das alte Eherecht (EheG) enthält keine entsprechende Regelung der Rangverhältnisse. § 1582 BGB gilt nur für Ansprüche von Ehegatten, die nach dem 1. 1. 1977 geschieden worden sind. Der BGH hat eine „Vorwirkung" des § 1582 BGB auf Altehen abgelehnt (nicht veröffentlichte BGH-Entscheidung vom 27. 6. 1984–IVb ZR 23/83, zitiert nach Lohmann, S. 103).

Für Altehen wird im allgemeinen ein Gleichrang der Unterhaltsansprüche des geschiedenen und des neuen Ehegatten angenommen (BVerfG, FamRZ 84/346, 347 = NJW 84/1523, 1524 = B 198a).

5. Rangverhältnis zwischen dem verpflichteten Ehegatten und Verwandten des unterhaltsberechtigten Ehegatten

a) Nach §§ 1609 S. 1, 1584 S. 1 BGB haftet der unterhaltspflichtige Ehegatte vor den Verwandten des berechtigten Ehegatten, sofern und solange er voll leistungsfähig ist. Wegen des Vorrangs besteht gegen Verwandte zunächst kein Anspruch. Mit der Eheschließung übernehmen die Ehegatten eine gegenseitige Unterhaltspflicht, deren Ausgestaltung ihrem gemeinsamen Lebensplan entspricht. Darin liegt keine verfassungsmäßige Erschwerung der Eheschließung (BGH, FamRZ 353, 354 = NJW 85/803, 804 = B 143b).

b) In Mangelfällen, d. h. wenn der Verpflichtete zu Unterhaltsleistungen ohne Gefährdung seines eigenen angemessenen Unterhalts nicht in der Lage ist, haften die Verwandten vor dem Ehegatten. Damit ändert sich in einem solchen Fall der Haftungsvorrang. Die Verwandten sind dann primär zum Unterhalt verpflichtet, ehe vom Ehegatten im Rahmen einer Billigkeitsentscheidung nach § 1581 BGB Unterhalt verlangt werden kann. Wegen der Klausel „soweit“ in § 1584 BGB gilt dies allerdings nur in bezug auf den Teil des eigenen angemessenen Unterhaltsbedarfs, der gefährdet wäre, wenn der Pflichtige den Unterhaltsanspruch seines Ehegatten begleichen würde.

c) Wenn und soweit der Unterhaltsberechtigte einen Anspruch gegen den vorrangig Haftenden hat, ist er gegenüber den nachrangig Haftenden nicht bedürftig. Er hat dann ihnen gegenüber keinen Unterhaltsanspruch, vorbehaltlich der entsprechend anwendbaren Sonderregel des § 1607/II BGB.

Besteht gegen den vorrangig haftenden Ehegatten wegen seiner mangelnden Leistungsfähigkeit kein Anspruch, sind nachrangig haftende Verwandte in vollem Sinn Unterhaltsschuldner. Beruft sich der in Anspruch genommene Ehegatte auf den Verwandtenvorrang nach § 1584 S. 2 BGB, muß er beweisen, daß er ohne Gefährdung seines eigenen angemessenen Unterhalts nicht leistungsfähig ist. Der Unterhaltsberechtigte hat die Darlegungs- und Beweislast für alle Tatsachen, aus denen sich ergeben soll, daß ihm gegen Verwandte kein Unterhaltsanspruch zusteht.

6. Zur rangmäßigen Auswirkung einer verschärften Elternhaftung nach § 1606/III BGB

Eltern haften Kindern gegenüber als gleichnahe Verwandte der aufsteigenden Linie an sich gleichrangig (§ 1606/II BGB mit den Besonderheiten des § 1606/III BGB). Sie haften vorrangig vor entfernteren Verwandten, solange sie leistungsfähig sind im Sinn des § 1603/I BGB. Gegenüber minderjährigen Kindern besteht eine verschärfte Haftung nach Abs. 3. Nach § 1607 BGB besteht eine (nachrangige) Ersatzhaftung entfernter Verwandter bei beschränkter Leistungsfähigkeit. Genaueres dazu Seite 149ff. und Seite 288ff.

2. Abschnitt: Unterhaltsberechnung in Mangelfällen und Konkurrenzen

I. Überblick

1. Zum Mangelfall

In der richterlichen Praxis geht es leider in einem sehr großen Teil der Unterhaltsprozesse nicht um die Verteilung reichlich vorhandener Einkünfte auf Unterhaltsberechtigte und den Verpflichteten, sondern um die Verteilung eines Mangels. Ein Mangelfall liegt vor, wenn die wirtschaftlichen Mittel des Unterhaltsverpflichteten nach Trennung oder Scheidung nicht ausreichen, um den eigenen angemessenen Unterhaltsbedarf (Eigenbedarf) und die angemessenen Unterhaltsbedürfnisse der Berechtigten zu befriedigen. Es entsteht dann das Problem, nachrangig Unterhaltsberechtigte auszuschließen und die zur Verfügung stehenden, aber nicht ausreichenden Mittel angemessen auf die gleichrangigen Unterhaltsberechtigten und den Unterhaltsverpflichteten zu verteilen.

Unter solchen rechtlichen Aspekten liegt allerdings ein Mangelfall nicht schon dann vor, wenn ein Berechtigter oder Verpflichteter glaubt, mit den zur Verfügung stehenden Mitteln seine Lebensbedürfnisse nicht befriedigen zu können, sondern erst dann, wenn die nach den zur Verfügung stehenden Mitteln berechneten angemessenen Unterhaltsansprüche mit diesen Mitteln nicht befriedigt werden können.

2. Berechnungsstufen bei der Mangelfallberechnung

In der Regel ist dieses Mangelproblem beim Ehegattenunterhalt sowohl nach neuem Recht (§ 1581 BGB) als auch nach altem Recht (§§ 58, 59 EheG) im Weg einer mehrstufigen Berechnung zu lösen.

Gleiches gilt, wenn Ehegattenunterhalt und Kindesunterhalt verlangt wird.

a) Zunächst ist auf einer ersten Berechnungsstufe der nach den ehelichen Lebensverhältnissen angemessene Bedarf der Kinder (nach der D.T.) und beider Ehegatten festzustellen, damit alle zu berücksichtigenden Ansprüche zu dem insgesamt für Unterhaltszahlungen verfügbaren Betrag in Relation gesetzt werden können (II.).

b) Als nächster Schritt erhalten nachrangig Berechtigte etwas, wenn und soweit nach Befriedigung des angemessenen Bedarfs der vorrangig Berechtigten noch ein zu verteilender Rest bleibt. Sonst gehen sie leer aus (III.).

c) Nunmehr, d. h. wenn die zu verteilenden Mittel auch nach Ausscheiden nachrangig Berechtigter immer noch nicht zur Befriedigung des Bedarfs gleichrangig Berechtigter ausreichen, findet auf einer zweiten Berechnungsstufe eine Kürzung der Ansprüche nach Billigkeitsgesichtspunkten zur Anpassung an die Leistungsfähigkeit des Verpflichteten statt. Hierbei ist die gesteigerte Haftung der Eltern gegenüber minderjährigen Kindern zu beachten, d. h. der angemessene Bedarf der Kinder ist zu befriedigen, solange den Eltern der notwendige Bedarf verbleibt (IV.).

In krassen Mangelfällen bedarf es keiner solchen mehrstufigen Berechnung, wenn die Leistungsfähigkeit des Verpflichteten offensichtlich so unzureichend ist, daß eine Billigkeitsentscheidung nach § 1581 (oder § 59 EheG) ohne Kenntnis der Höhe des jeweils angemessenen Unterhalts möglich ist.

3. BGH zur mehrstufigen Berechnungsweise

Eine solche, im Prinzip mehrstufige Berechnungsweise entspricht der bisherigen Rechtsprechung des BGH:

a) Die Regelung in § 1581 BGB entspricht im Grundsatz derjenigen, die gemäß § 59 EheG für Unterhaltsansprüche nach altem Recht gilt. Zum alten Recht hat der BGH entschieden, daß die Bemessung des Unterhaltsanspruchs nach Billigkeitsgrundsätzen stufenweise vorzunehmen ist:

Zunächst muß der nach den ehelichen Lebensverhältnissen der geschiedenen Ehegatten erforderliche volle Unterhalt ermittelt werden; auf der gleichen Stufe sind die Beträge des angemessenen Unterhalts für andere Unterhaltsberechtigte festzustellen, damit alle zu berücksichtigenden Ansprüche zu den insgesamt für Unterhaltszahlungen verfügbaren Betrag in Relation gesetzt werden können.

Erst auf der zweiten Berechnungsstufe findet eine Kürzung der Ansprüche nach Billigkeitsgesichtspunkten zur Anpassung an die Leistungsfähigkeit des Verpflichteten statt (BGH, FamRZ 83/678, 679, 680 = NJW 83/1733, 1734, 1735 = B 176; FamRZ 79/692, 693, 694 = NJW 79/1985, 1986 = B 177).

b) Vermehrt sich die Unterhaltslast nach Auflösung der früheren Ehe durch den Hinzutritt weiterer Unterhaltsberechtigter, ist zu prüfen, ob und ggf. in welcher Weise sich dadurch der Lebensstandard des Verpflichteten ändert. Dies entscheidet sich indessen erst, wenn sich nach Ermittlung des Unterhaltsbedarfs aller Beteiligten ergibt, daß die Erwerbs- und Vermögensverhältnisse des Verpflichteten nicht ausreichen, um die Ansprüche aller Berechtigten voll zu erfüllen, mit der Folge, daß Kürzungen unter Billigkeitsgesichtspunkten durchgeführt werden müssen (zweite Berechnungsstufe).

Es besteht kein Grund, schon auf der ersten Berechnungsstufe, wo es nur um die Ermittlung des vollen Unterhaltsbedarfs geht, im Verhältnis der Parteien zueinander von unterschiedlichen Bedarfsgrößen auszugehen; beide nehmen vielmehr in gleicher Weise an dem bis zur Scheidung erreichten und dadurch die Einkünfte aus der beiderseitigen vollen Erwerbstätigkeit geprägten Lebensstandard teil (BGH, FamRZ 83/678, 679 = NJW 83/1733, 1734 = B 176).

c) Die Bemessung des Unterhaltsanspruchs nach §§ 58, 59 EheG geht stufenweise vor sich. Ausgangspunkt ist der nach den Lebensverhältnissen der Ehegatten angemessene Unterhalt gemäß § 58 EheG. Der Anspruch ist jedoch nach Billigkeitsgrundsätzen zu beschränken, wenn der Verpflichtete nicht voll leistungsfähig im Sinn des § 59 EheG ist. Diese Zweistufigkeit der gesetzlichen Regelung muß nicht in allen Fällen dazu führen, daß der Betrag des angemessenen Unterhalts nach § 58 EheG zunächst konkretisiert wird. Er kann offenbleiben, wenn die Leistungsfähigkeit des Verpflichteten offensichtlich unzureichend ist und die Billigkeitsentscheidung nach § 59 EheG ohne Festlegung der Höhe des angemessenen Unterhalts möglich ist, etwa wenn es nach Sachlage nur darum geht, das geringe Einkommen des Verpflichteten unter den geschiedenen Ehegatten nach Billigkeitsgrundsätzen aufzuteilen. Wenn auch der Unterhaltsbedarf des neuen Ehegatten des Verpflichteten zu berücksichtigen ist, wird es jedoch auch bei offensichtlich unzulänglicher Leistungsfähigkeit des Verpflichteten zumindest erforderlich sein, die Beträge des angemessenen Unterhalts der verschiedenen Berechtigten und den für die Unterhaltszahlungen insgesamt zur Verfügung stehenden Betrag zueinander in Relation zu setzen, um eine Kürzung der Ansprüche nach Billigkeit zu ermöglichen. (BGH, FamRZ 79/692, 693, 694 = NJW 79/1985, 1986 = B 177).

Erst auf einer zweiten Berechnungsstufe findet eine Kürzung der Ansprüche nach Billigkeitsgesichtspunkten zur Anpassung an die Leistungsfähigkeit des Verpflichteten statt. Eine solche proportionale Herabsetzung ist gerechtfertigt, wenn feststeht, daß die Bedürfnisse der betroffenen Unterhaltsberechtigten gleichwertig sind und die dem Unterhaltsverpflichteten aufgrund dieser Kürzung verbleibenden Mittel ausreichen, seinen notwendigen Lebensbedarf zu decken. (BGH, FamRZ 83/678, 679, 680 = NJW 83/1733, 1734, 1735 = B 176).

d) Bei dem Vergleich der Unterhaltsbedürfnisse einerseits und des verfügbaren Einkommens andererseits ist in einem Mangelfall ein behindertes Kind der Parteien von vornherein außer Betracht zu lassen, wenn es volljährig ist und infolgedessen der Ehefrau und minderjährigen Kindern im Range nachgeht (BGH, FamRZ 85/357, 358 = NJW 85/909, 910, 911 = B 197c). Die Leistungsfähigkeit des Ehemannes mindert sich nicht um die Beträge, die er als Unterhalt an seine volljährigen Söhne zahlt; denn diesen gegenüber kommt dem Unterhalt der geschiedenen Ehefrau Vorrang zu (BGH, FamRZ 85/471, 472, 473 = NJW 85/1347 L = B 197d).

Ein volljähriges Kind geht mit seinem Unterhaltsanspruch den Ansprüchen des minderjährigen Kindes sowie der geschiedenen und der jetzigen Ehefrau des Vaters im Rang nach (§ 1609 BGB). Es hat auch keinen erweiterten Unterhaltsanspruch nach § 1603/II BGB. Es kommt daher erst zum Zug, wenn nach Befriedigung der vorrangigen Unterhaltsansprüche und Deckung des angemessenen Unterhalts des Vaters noch ein freier Betrag verbleibt (BGH, FamRZ 80/555, 557 = NJW 80/934, 935 = B 197a).

II. Bedarfsfeststellung und Feststellung eines Mangels (Fehlbedarf)

1. Der angemessene Bedarf

Nach der Rechtsprechung des BGH ist im Regelfall als erster Schritt der nach den ehelichen Lebensverhältnissen angemessene Eigenbedarf des Verpflichteten sowie der Unterhaltsbedarf aller Unterhaltsberechtigten festzustellen, und zwar zunächst gesondert für jeden Beteiligten (siehe Seite 272).

a) Bei minderjährigen Kindern bemißt sich im Regelfall der angemessene Bedarf als Tabellenunterhalt nach der D.T. gemäß der Einkommensgruppe des Verpflichteten und der jeweiligen Altersstufe der Kinder, bereinigt durch Zu- oder Abschläge, sowie aufgrund einer Bedarfskontrollrechnung (siehe dazu die Ausführungen Seite 128ff. und Seite 134ff. sowie Seite 144ff.

b) Bei volljährigen Kindern wird der angemessene Bedarf gemäß den Ausführungen Seite 153ff. berechnet, bei Kindern mit eigenem Hausstand also z. B. DM 800 abzüglich Kindergeld und anrechenbares Einkommen.

c) Zur Berechnung des angemessenen Bedarfs der Ehegatten wird zunächst vom bereinigten Nettoeinkommen des Unterhaltsverpflichteten der angemessene Kindesbedarf (ohne Vorabzug von Kindergeld) abgezogen, bei mehreren Kindern die Summe der angemessenen Bedarfsbeträge.

aa) Die Ehegattenquote und damit der Ehegattenbedarf bestimmt sich nach den Einkünften, die den Ehegatten nach den ehelichen Lebensverhältnissen bei Scheidung zur Deckung der konkreten eigenen Bedürfnisse zur Verfügung stehen. Dies rechtfertigt den Vorabzug des Kindesunterhalts von dem bereinigten Nettoeinkommen, da der entsprechende Aufwand selbst bei bestehender Ehe den Eheleuten nicht zu ihrem persönlichen Bedarf zur Verfügung gestanden hätte.

bb) Dies gilt auch bezüglich des Bedarfs unterhaltsberechtigter volljähriger Kinder, denn auch für diese mußten und müssen die Eltern weiter in angemessener Weise sorgen. Auch deren Bedarf hätte bei Weiterbestehen der Ehe nicht für den Ehegattenbedarf zur Verfügung gestanden.

cc) Rangverhältnisse sind bei der Berechnung des angemessenen Unterhalts im Sinn von § 1578 BGB noch nicht zu berücksichtigen.

dd) Genaueres zum Vorabzug von Kindergeld siehe Seite 216ff.

d) Gemäß den Ausführungen Seite 219ff. werden nunmehr aus dem Differenzbetrag die Ehegattenquoten errechnet.

Diese Quoten betragen nach der D.T. 3/7 : 4/7 beim Erwerbstätigen und 1 : 1 bei Rentnern. Bei einem weiteren Ehegatten erfolgt die Verteilung im Verhältnis 4 : 3 : 3 bzw. bei Rentnern im Verhältnis 1/3 : 1/3 : 1/3.

Auch beim Vorhandensein mehrerer Ehegatten spielt bei der Feststellung des angemessenen Unterhalts im Sinn des § 1578 BGB das Rangverhältnis noch keine Rolle.

Im Einzelfall kann es zu einer Erhöhung der Ehegattenquoten kommen, wenn trennungsbedingter Mehrbedarf dargelegt und nachgewiesen wird (siehe dazu Seite 215f.).

2. Zur Feststellung des Mangelfalls

Nunmehr kann festgestellt werden, ob ein Mangelfall vorliegt. Dies geschieht auf die Weise, daß die gemäß 1 errechneten angemessenen Unterhaltsansprüche der Berechtigten und der angemessene Eigenbedarf des Verpflichteten (4/7 Ehegattenquote) addiert werden und die Summe mit dem gesamten anrechenbaren Nettoeinkommen verglichen wird.

a) Deckt das anrechenbare Nettoeinkommen die Summe aller Ansprüche, dann ist der Verpflichtete voll leistungsfähig. Es liegt kein Mangelfall vor.

Gleiches gilt, wenn das anrechenbare Nettoeinkommen höher ist. Das kann der Fall sein, wenn ein Teil des Einkommens während der Ehe der Vermögensbildung diente und deshalb bei der Unterhaltsbemessung nach § 1578 BGB unberücksichtigt geblieben ist (siehe dazu Seite 204ff. und Seite 206f.).

Es kann auch der Fall sein, wenn bei Doppelverdienern die Unterhaltsquote nach der Differenzmethode berechnet wird.

b) Ist das anrechenbare Nettoeinkommen niedriger als die Summe der Ansprüche gemäß 1, dann liegt ein Mangelfall vor, weil der Unterhaltsverpflichtete mit seinem Einkommen nicht alle angemessenen Unterhaltsansprüche einschließlich seines angemessenen Eigenbedarfs voll erfüllen kann.

c) Ein Mangelfall ist außerdem zu bejahen, wenn sich bei der Berechnung der Ehegattenquote ein geringerer Betrag ergibt, als er dem angemessenen Mindesteigenbedarf (großer Selbstbehalt) des Verpflichteten oder dem angemessenen Mindestbedarf des berechtigten Ehegatten entspricht (siehe dazu die nachfolgenden Ausführungen (3 mit 9) zu Selbstbehalts- und Mindestbedarfssätzen).

3. Allgemeines zu Selbstbehalts- und Mindestbedarfssätzen

a) Zur Bemessung des angemessenen Eigenbedarfs des Unterhaltsverpflichteten haben die Gerichte in den von ihnen angewandten Unterhaltstabellen und Leitlinien Pauschalbeträge als Mindestrichtsätze entwickelt, die dem Pflichtigen als sog. angemessener Selbstbehalt zu belassen sind. Es sind dies Untergrenzen des angemessenen eigenen Bedarfs im Sinn von § 1603/I BGB.

aa) Diese Mindestrichtsätze werden Selbstbehalt oder Eigenbedarf des Pflichtigen genannt. Dabei wird der angemessene eigene Bedarf des Pflichtigen auch als sog. großer Selbstbehalt bezeichnet.

bb) Nach BGH können die in Tabellen und Leitlinien festgesetzten Selbstbedarfssätze bei der Unterhaltsbemessung angewendet werden, weil der notwendige Eigenbedarf des Pflichtigen weniger durch dessen individuelle Lebensstellung bestimmt ist als durch das Erfordernis, die Grenze einer Inanspruchnahme generalisierend festzulegen (BGH, FamRZ 82/365, 366 = NJW 82/1050, 1051 = B 1b; NJW 84/1614 = B 127a).

cc) Wird ein solcher Selbstbehaltssatz unterschritten, ist ein Mangelfall anzunehmen, weil dann die angemessenen Mindestbedürfnisse mit den vorhandenen Mitteln nicht mehr gedeckt werden können.

b) Dieser große Selbstbehalt (Eigenbedarf des Pflichtigen) beträgt seit dem 1. 1. 85 nach fast allen Leitlinien DM 1300,– (genaueres dazu Seite 278f.).

c) Mit diesem, dem Pflichtigen zu belassenden Selbstbehalt hat dieser sämtliche Aufwendungen seiner privaten Lebensführung zu bestreiten, also vor allem seine effektiven Lebenshaltungskosten für Ernährung, Kleidung, Wohnung, Körperpflege, Urlaub, kulturelle Freizeit- und Gesundheitsbedürfnisse.

aa) In diesem Selbstbehalt sind Mietkosten oder Wohnkosten inbegriffen. Diese können vor allem in Großstädten wegen der dort vergleichbar erhöhten Aufwendungen für das Wohnen erheblich höher liegen als der in den Selbstbehaltssätzen veranschlagte Wohnbedarf von ca. ⅓ des Gesamtunterhalts. Nach OLG Frankfurt entfallen bei DM 1300 auf den Wohnbedarf DM 500 und den übrigen Lebensbedarf DM 800 (F.L. IVb).

Nach OLG Köln betragen bei einem Bedarf von DM 990 die Aufwendungen für Miete und Mietnebenkosten DM 390 (K.L. 21.1.1.).

bb) In solchen Fällen ist eine abweichende Bemessung des Eigenbedarfs veranlaßt. Nach BGH ist die Bemessung des Selbstbehalts Sache des Tatrichters, wobei sich dieser an Erfahrungs- und Richtwerte anlehnen kann, sofern nicht im Einzelfall besondere Umstände eine Abweichung bedingen (BGH, FamRZ 82/365, 366 = NJW 82/1050, 1051 = B 1b; FamRZ 84/614 = B 127a; FamRZ 84/683, 684 = NJW 84/1813, 1814 = B 199).

Nach BGH ist eine abweichende Bemessung des Selbstbehalts vor allem dann geboten, wenn die Wohnkosten des Unterhaltspflichtigen anders liegen, als der Betrag, der in dem herangezogenen Richtsatz hierfür veranschlagt ist (BGH, NJW 84/1614 = B 127a).

Der angemessene Eigenbedarf kann geringer bemessen werden, wenn der Pflichtige mietfrei wohnt, weil in den Selbstbehaltssätzen ein Anteil für Wohnkosten enthalten ist (BGH, FamRZ 84/683, 684 = NJW 84/1813, 1814 = B 199).

Im Normalfall wird sich das mietfreie Wohnen bei der Einkommensberechnung als zusätzliche Einkunftsposten auswirken (siehe Seite 45ff.).

cc) In den Fällen eines wegen erhöhter Mietkosten erhöhten Selbstbehalts wird in der Regel ein Mangelfall zu bejahen sein.

d) Den angemessenen Selbstbehaltsmindestsätzen korrespondieren im Regelfall notwendigerweise angemessene Mindestunterhaltsbedarfssätze des Unterhaltsberechtigten.

aa) Bei Kindern ergeben sich solche Mindestbedarfssätze aus der untersten Einkommensgruppe der D.T.

bb) Bei nichterwerbstätigen Ehegatten entspricht wegen des Grundsatzes der gleichmäßigen Teilhabe am ehelichen Lebensstandard dessen angemessener Mindestbedarf im Regelfall einer Ehegattenquote, die dem angemessenen Selbstbehalt des erwerbstätigen Ehegatten als dessen Ehegattenquote entspricht. Nach der Rechtsprechung des BGH sind die unterschiedlichen Beträge der Ehegattenquoten (3/7 : 4/7) infolge Berücksichtigung von Arbeitsanreiz und arbeitsbedingten Mehraufwendungen im Sinn von § 1578 BGB als gleichwertig anzusehen (siehe dazu die Ausführungen Seite 221 f.).

cc) Der angemessene Mindestunterhaltsbedarf des berechtigten Ehegatten beträgt daher DM 975 (3/7), wenn DM 1300 eine Ehegattenquote von 4/7 beinhalten. Dies entspricht einem für die Bemessung des Ehegattenunterhalts zur Verfügung stehenden Einkommen von 2275 DM.

Einer solchen Relation (975:1300) entsprechen auch die Tabellensätze der D.T. für den Kindesunterhalt, wenn die Bedarfskontrollbeträge angewendet werden.

Bei einer Quote von 2/5 : 3/5 wären die entsprechenden Beträge DM 866 + 1300 = 2166. Der Betrag von DM 866 ist m. E. zu niedrig, weil damit selbst der Mindestrichtsatz gemäß § 1603 BGB von derzeit DM 910 unterschritten wäre. Genaueres zu diesem Mindestrichtsatz nachfolgend unter f) und g) Seite 276 f. sowie bei Seite 279 ff.

dd) An dieser Stelle genügt die Feststellung, daß bei einer Unterschreitung des notwendigen Mindestbedarfssatzes ebenfalls ein Mangelfall zu bejahen ist.

Im übrigen gelten auch bei solchen Mindestbedarfssätzen die Ausführungen zu c, wonach solche Bedarfssätze im konkreten Fall auch abweichend festgesetzt werden können, wenn besondere Umstände, z. B. erhöhte Mietkosten oder entfallende Wohnkosten vorliegen.

ee) Die Annahme eines Mindestrichtsatzes widerspricht nicht der Rechtsprechung des BGH, wonach der Ehegattenunterhalt nicht generell nach einem Mindestrichtsatz für den angemessenen Eigenbedarf eines volljährigen Unterhaltsberechtigten bemessen werden darf, wenn dieser nicht den maßgeblichen ehelichen Lebensverhältnissen entspricht (BGH, FamRZ 84/356, 357 = NJW 84/1537, 1538 = B 137a).

Ein Mindestrichtsatz bedeutet nicht, daß damit generell der angemessene Lebensbedarf des berechtigten Ehegatten nach diesem Mindestrichtsatz bemessen wird. Es wird vielmehr lediglich – wie beim Selbstbehalt – eine untere Grenze generalisierend festgelegt, bei deren Unterschreitung ein Mangelfall angenommen werden kann, mit der Folge einer Mangelfallberechnung nach den Grundsätzen der §§ 1581, 1577 BGB. Beim Selbstbehalt des Pflichtigen hat der BGH ausdrücklich eine solche generalisierende Festlegung einer unteren Bedarfsgrenze anerkannt (BGH, FamRZ 82/365, 366 = NJW 82/1050, 1051 = B 1 b; BGH, FamRZ 84/1614 = B 127a).

e) Bei erwerbstätigen Ehegatten, deren Aufstockungsunterhalt nach der Differenzmethode berechnet wird, empfiehlt es sich, den angemessenen Selbstbehaltsmindestsatz in gleicher Höhe anzusetzen, wie beim unterhaltsverpflichteten Ehegatten, also im Regelfall mit DM 1300. Auch für ihn gelten in gleicher Weise die Gesichtspunkte „Arbeitsanreiz" und „arbeitsbedingter Mehraufwand". Für eine unterschiedliche Behandlung besteht kein sachlich rechtfertigender Grund, wenn beide Ehegatten erwerbstätig sind. Ein solcher rechtfertigender Grund kann jedenfalls nicht in der unterschiedlichen Höhe ihres jeweiligen Einkommens gesehen werden. Allenfalls kann ein Unterschied hinsichtlich Intensität und Ausmaß der Erwerbstätigkeit gesehen werden z. B. im Verhältnis von nur stundenweiser sporadischer Aushilfstätigkeit und Vollerwerbstätigkeit. Dann kann die Annahme eines niedrigeren angemessenen Selbstbehaltsmindestsatzes gerechtfertigt sein.

f) Neben dem sogenannten großen Selbstbehalt (angemessener Eigenbedarf des Pflichtigen) gibt es auch noch den notwendigen oder kleinen Selbstbehalt (notwendiger Eigenbedarf) des Pflichtigen gegenüber minderjährigen Kindern. Hierbei handelt es sich um generalisierende Untergrenzen, die sich bei einer gesteigerten Haftung der Eltern gegenüber minderjährigen Kindern nach § 1603/II BGB ergeben. Genaueres dazu siehe Seite 149 ff.

aa) Die gesteigerte Unterhaltspflicht der Eltern in Sinn des § 1603/II BGB findet nach BGH zu Recht dort eine untere „Opfergrenze", wo dem Verpflichteten nicht mehr die Mittel für seinen eigenen existenznotwendigen Lebensbedarf bleiben würden. Die Tabellen und Leitlinien enthalten Beträge für diesen notwendigen Selbstbehalt (Mindestselbstbehalt oder kleiner Selbstbehalt), die etwas über den Sozialhilfesätzen liegen. Der BGH billigt ausdrücklich diese fast gewohnheitsrechtliche Handhabung (BGH, NJW 84/1614 =

B 127a; NJW 85/318, 319 = B 74e). Auch nach dem BSG ist dem Verpflichteten als Mindestselbstbehalt ein pauschal berechneter Betrag oberhalb des Existenzminimums zu belassen, den er nach freiem Belieben zur Deckung seines Unterhaltsbedarfs verwenden kann. Verbliebe ihm nicht einmal der Sozialhilfebedarf, würde er selbst anspruchsberechtigt nach dem BSHG werden (BSG, FamRZ 85/379, 380, 381 = B 127b).

bb) In den Leitlinien ist meist differenziert in einen notwendigen Selbstbehalt Erwerbstätiger, der zumeist mit DM 990 angenommen wird und einem notwendigen Selbstbehalt Nichterwerbstätiger, der zumeist mit DM 910 angenommen wird. Eine genaue Zusammenstellung der Mindestselbstbehaltssätze nach den oberlandesgerichtlichen Leitlinien befindet sich auf Seite 279ff.

cc Auch von solchen Mindestselbstbehaltssätzen, die ja nur für den Regelfall gelten, kann im konkreten Einzelfall abgewichen werden, wenn dies nach den konkreten Umständen des Einzelfalls (z. B. infolge erhöhter Wohnkosten oder entfallender Wohnkosten) notwendig erscheint. Nach OLG Frankfurt darf der notwendige Selbstbehalt keinesfalls unterschritten werden (OLG Frankfurt, FamRZ 84/593).

g) Dem notwendigen Selbstbedarf des Verpflichteten im Sinn von § 1603/II BGB entspricht ein notwendiger Mindestbedarf des Berechtigten bei Unterhaltsansprüchen minderjähriger Kinder.

aa) Dieser notwendige Mindestbedarf soll wie beim Verpflichteten abdecken, was der unterhaltsberechtigte Ehegatte im Sinn einer untersten Opfergrenze zur Bestreitung seines eigenen notwendigen Lebensbedarfs benötigt.

bb) Da es sich bei der gesteigerten Haftung der Eltern gegenüber minderjährigen Kindern ohnehin um einen speziellen Mangelfall handelt, der nicht normal nach § 1603/I BGB über die für den angemessenen Unterhalt geltenden Grundsätze gelöst werden darf, sondern nach § 1603/II BGB als Ausnahmesituation, braucht bei dieser Ausnahmesituation bei der Bemessung des Ehegattenunterhalt nicht mehr – wie beim angemessenen Unterhalt – die Quotenrelation zwischen erwerbstätigen und nicht-erwerbstätigen Ehegatten eingehalten zu werden. Deshalb ist diese „unterste existentielle Opfergrenze" beim berechtigten und beim verpflichteten Ehegatten im wesentlichen in gleicher Höhe zu bemessen.

cc) Dementsprechend enthalten die oberlandesgerichtlichen Leitlinien gleich hohe Mindestbedarfssätze für den Berechtigten und Mindestselbstbehaltssätze für den Verpflichteten. Sie betragen zumeist beim erwerbstätigen Ehegatten DM 990 und beim nicht erwerbstätigen Ehegatten DM 910. Genaueres siehe dazu Seite 280ff.

h) Aus den Ausführungen zu f und g ergibt sich ferner, daß bei Vorhandensein minderjähriger Kinder im Verhältnis zum Ehegattenunterhalt stets ein Mangelfall vorliegt, wenn dem verpflichteten Ehegatten nicht der angemessene Mindestunterhalt von DM 1300 und dem berechtigten Ehegatten von DM 975 verbleibt (genaueres dazu Seite 288f.).

4. Rechenbeispiele (drei Fälle) zur Berechnung des Fehlbedarfs bei einer Quotelung von $\frac{3}{7} : \frac{4}{7}$

a) Ob ein Mangelfall vorliegt, kann man im Regelfall am einfachsten daran erkennen, ob der nach Abzug des Kindesunterhalts zur Berechnung der Ehegattenquote verbleibende Betrag kleiner als DM 2275 ist, weil sich dann den angemessenen Mindestbedarf von DM 1300 ($\frac{4}{7}$) und DM 975 ($\frac{3}{7}$) nicht erreichende Ehegattenquoten ergeben.

b) Die Höhe eines Fehlbedarfs und damit das Ausmaß einer mangelnden Leistungsfähigkeit kann man feststellen, indem man alle ermittelten Unterhaltsbedarfsbeträge (für Ehegatten und Kinder) addiert und von der Summe das bereinigte Nettoeinkommen des Pflichtigen abzieht.

c) Fall 1

aa) Nettoeinkommen des Mannes DM 4205

Unterhaltsberechtigt sind ein 16jähriger Schüler, ein 24jähriger Student mit eigenem Hausstand und eine erwerbslose geschiedene Frau.

bb) Berechnung:

Angemessener Kindesunterhalt = 605 + 800 = 1405

Ehegattenquote = 4205 – 1405 = 2800 × $\frac{3}{7}$ = 1200

cc) Kein Mangelfall, weil die Frau DM 1200 als angemessenen Mindestbedarf (= mehr als DM 975) erhält. Der Verpflichtete ist leistungsfähig. Er kann die Ansprüche aller Unterhaltsberechtigten befriedigen. Er behält DM 1600 ($^4/_7$) als seine Ehegattenquote (= mehr als DM 1300).

d) Fall 2

aa) Nettoeinkommen des Mannes DM 3025; sonst wie Fall 1

bb) Berechnung:

Angemessener Kindesunterhalt = 475 + 800 = 1275
Angemessener Ehegattenunterhalt = 3025 – 1275 = 1750 × $^3/_7$ = 750

cc) Mangelfall, weil die Frau weniger als DM 975 erhält und dem Mann weniger als DM 1300 verbleiben bzw. weil das für den Ehegattenunterhalt zur Verfügung stehende Einkommen weniger als DM 2275 ist (= nur 1750).

dd) Die Berechnung des Fehlbedarfs ist wegen des regelmäßigen Vorabzugs von Kindesunterhalt und der dadurch bedingten Abhängigkeit des Fehlbedarfs von dem für den Ehegattenunterhalt zur Verfügung stehenden Einkommen auf einfache Weise möglich, indem von dem angemessenen Mindestbedarf beider Ehegatten (= 2275) der für den Ehegattenunterhalt nach Abzug des Kindesunterhalts verbleibende Einkommensteil (3025 – 1275 = 1750) abgezogen wird.

Der Fehlbedarf beträgt somit in unserem Fall DM 525 (2275 – 1750 = 525).

Fortsetzung der Lösung des Falles Seite 285f.

e) Fall 3

aa) Ausgangsdaten wie bei Fall 2, aber konkret auf DM 1200 erhöhter Bedarf der Frau infolge trennungsbedingten Mehrbedarf und überdurchschnittlich hoher Wohnkosten. Beim Mann keine Besonderheiten.

bb) Berechnung:

Kindesunterhalt = 1275 (475 + 800)
Bedarf der Frau = 1200
Mindestbedarf des Mannes = 1300
Bedarf beider Ehegatten: 2500 (1200 + 1300)
Für den Ehegattenunterhalt maßgebliches Einkommen = 1750 (3025 – 1225)
Fehlbedarf = 750 (2500 – 1750).

5. Richtsätze für den großen Selbstbehalt (= angemessener Mindesteigenbedarf), soweit sie aus den Leitlinien zu entnehmen sind

Siehe dazu die Ausführungen vorher zu 3a bis c Seite 275 und die Leitlinien zu 9 Seite 280ff.

a) Großer Selbstbehalt des erwerbstätigen Ehegatten gegenüber dem bedürftigen Ehegatten

aa) DM 1300

Nach OLG München (M.R. 4.1.), OLG Köln (K.L. 22.0), OLG Hamburg (Ha.L. 2), OLG Celle (C.L. IV 2), OLG Bremen (B.L. C 2) und OLG Frankfurt (F.L. IVb).

Nach OLG Hamburg ist ein Unterschreiten des Satzes nach Billigkeit bis zur Grenze des notwendigen Eigenbedarfs möglich (Ha.L. 2).

Nach OLG Celle beträgt der Satz bei Billigkeitsunterhalt nach § 1581 BGB DM 1150 (C.L. IV. 3.).

Nach OLG Frankfurt entfallen auf den Wohnbedarf DM 500 und den übrigen Lebensbedarf DM 800 (F.L. IVb).

Nach OLG Hamm beträgt der angemessene Eigenbedarf gegenüber Volljährigen im Regelfall mindestens DM 1300 (H.L. 2.22). Er beträgt DM 990, wenn bei dem berechtigten Ehegatten minderjährige Kinder leben. In anderen Fällen kann ein höherer Eigenbedarf anerkannt werden, der sich nach Billigkeitsgesichtspunkten bestimmt; ab 1. 1. 85 kommt ein Betrag von 1150 DM (billiger Eigenbedarf) in Betracht (H.L. 3.33).

bb) DM 1200

Nach OLG Koblenz (Ko.L.) und OLG Schleswig-Holstein (Schl.L. 85)

cc) DM 1110 nach OLG Oldenburg

b) Großer Selbstbehalt des nicht erwerbstätigen Ehegatten gegenüber dem bedürftigen Ehegatten

aa) DM 1300

Nach OLG Köln (K.L. 22.0), OLG Celle C.L IV) und wohl auch anderen Oberlandesgerichten, die nicht zwischen erwerbstätigen und nicht erwerbstätigen Ehegatten differenzieren.

bb) DM 1200

Nach OLG München (M.R. 4.1.) und OLG Hamburg (Ha.L. 2).

Nach OLG Hamburg ist ein Unterschreiten nach Billigkeit bis zur Grenze des notwendigen Eigenbedarfs möglich (Ha.L. 2).

cc DM 1100 nach OLG Oldenburg

c) Großer Selbstbehalt gegenüber volljährigen Kindern

aa) DM 1300

Nach OLG München (M.R. 4.1.), OLG Düsseldorf (D.T.A. 5.), OLG Hamm (H.L. 2.20), OLG Köln (K.L. 22.0), OLG Hamburg (Ha.L. 2.), OLG Stuttgart (St.L.), OLG Celle (C.L. IV.2.), OLG Bremen (B.L.C 2) und OLG Frankfurt (F.T. V.).

Nach OLG Frankfurt entfallen von den DM 1300 DM 500 auf den Wohnbedarf und DM 800 auf den übrigen Lebensbedarf.

bb) DM 1200

OLG Koblenz (Ko.L.) und OLG Schleswig Holstein (Schl.L. 85).

cc) DM 1100 nach OLG Oldenburg

6. Richtsätze für den angemessenen Mindestbedarf des berechtigten Ehegatten, soweit solche aus den Leitlinien zu entnehmen sind

Siehe dazu die vorherigen Ausführungen zu 3d und e Seite 275f.

a) DM 1300 nach OLG Frankfurt (F.T.Vb)

b) DM 1200 nach OLG Koblenz (Ko.L. zu B IV und VII)

c) Die übrigen Leitlinien enthalten keine eigenen Sätze für den angemessenen Mindestbedarf, während die Oberlandesgerichte Frankfurt und Koblenz solche Bedarfssätze in gleicher Höhe wie den angemessenen großen Selbstbehalt für den Verpflichteten ansetzen. Dies ist m. E. nur zutreffend, wenn beide Ehegatten erwerbstätig sind.

Ist der bedürftige Ehegatte nicht erwerbstätig, stößt eine solche Gleichbewertung beim angemessenen Unterhalt gegen den Grundsatz der gleichmäßigen Teilhabe an den ehelichen Lebensverhältnissen, der es gebietet, dem erwerbstätigen Ehegatten als Arbeitsanreiz und für arbeitsbedingte Aufwendungen einen Quotenvorteil zukommen zu lassen. Dieser Quotenvorteil muß sich auch im Verhältnis der angemessenen Mindestsätze auswirken, solange dadurch nicht die notwendigen Mindestbedarfssätze unterschritten werden.

Siehe dazu die Ausführungen Seite 275f.; 221f.

d) Deshalb mein Vorschlag:

aa) Der Mindestbedarf des nicht erwerbstätigen Ehegatten beträgt DM 975

bb) Dieser Betrag errechnet sich aus einem für den Ehegattenunterhalt zur Verfügung stehenden Einkommen von DM 2275; 4/7 hieraus sind DM 1300 (großer Selbstbehalt des Pflichtigen); 3/7 hieraus sind DM 975 (= angemessener Mindestbedarf des Berechtigten).

cc) Beim erwerbstätigen Ehegatten ist in der Regel eine Gleichbehandlung mit dem Verpflichteten geboten. Deshalb ist der angemessene Mindestunterhalt bei Doppelverdienern einheitlich mit DM 1300 zu bemessen.

Ein Mangelfall ist anzunehmen, wenn die Summe aus Eigenverdienst und errechnetem Differenzunterhalt unter DM 1300 bleibt.

7. Richtsätze für den kleinen Selbstbehalt des Pflichtigen (= notwendiger Mindesteigenbedarf) bei Unterhaltspflicht gegenüber minderjährigen Kindern, soweit aus den Leitlinien solche Sätze zu entnehmen sind

Siehe dazu die Ausführungen Seite 276f. und Seite 149ff.

a) Notwendiger Selbstbehalt des Erwerbstätigen gegenüber minderjährigen Kindern und sorgeberechtigten Ehegatten

aa) DM 990
nach OLG Düsseldorf (D.T. A 5), OLG München (M.R. 4.1.), OLG Hamm (H.L. 3.33 und 2.20), OLG Köln (K.L. 23.1.), OLG Hamburg (Ha.L. 2), OLG Stuttgart (St.L.) und OLG Celle (C.L. IV. 1.).

bb) DM 1000 nach OLG Schleswig Holstein (Schl.L. 85)

cc) DM 1050 nach OLG Bremen (B.L.A. 3a)

dd) DM 950 nach OLG Frankfurt (F.L.A. 5)

ee) DM 900 nach OLG Oldenburg

b) Notwendiger Selbstbehalt des nicht Erwerbstätigen gegenüber minderjährigen Kindern und sorgeberechtigtem Ehegatten

aa) DM 910
nach OLG Düsseldorf (D.T. A 5), OLG München (M.R. 4.1.), OLG Hamm (H.L. 3.33 und 2.20), OLG Köln (K.L. 23.2.), OLG Hamburg (Ha.L. 2), OLG Stuttgart (St L.) und OLG Celle (C.L. IV.1.) und OLG Bremen (B.L.A 3a und B 2)

bb) DM 950 nach OLG Frankfurt (F.L. A 5, B IV und V)

cc) DM 900 nach OLG Oldenburg

c) In diesen Selbstbehaltssätzen sind Miet- und Mietnebenkosten enthalten und teilweise in gesonderter Höhe ausgewiesen. Nach OLG Köln sind im Selbstbehalt DM 270 für Miete und DM 120 für Mietnebenkosten enthalten (K.L. 21.1.1.).

Nach OLG Frankfurt sind DM 400 für Wohnbedarf enthalten (F.L.A. 5. und B. IV).

8. Richtsätze für den notwendigen Mindesteigenbedarf des berechtigten Ehegatten beim Unterhalt minderjähriger Kinder, soweit solche Sätze aus den Leitlinien zu entnehmen sind

Siehe dazu die Ausführungen zu 3g Seite 277.

a) Notwendiger Mindestbedarf des erwerbstätigen bedürftigen Ehegatten

aa) DM 990
nach OLG Hamm (H.L. 3.33), OLG Köln (K.L. 23.1.) und OLG Celle (C.L. IV 1) sowie OLG Düsseldorf (D.T. B V 1a).

bb) DM 900
nach OLG Koblenz (Ko.L.) und OLG Schleswig (Schl.L. 85)

cc) DM 1050 nach OLG Bremen (B.L. C 1)

b) Notwendiger Mindestbedarf des nicht erwerbstätigen bedürftigen Ehegatten

aa) DM 910
nach OLG Düsseldorf (D.T. V 1b), OLG Hamm (H.L. 3.33), OLG Köln (K.L. 23.2.), OLG Celle (C.L. IV 1) und OLG Bremen (B.L. C 1)

bb) DM 900 nach OLG Schleswig Holstein (Schl.L. 85)

cc) DM 825 nach OLG Koblenz (Ko.L.)

c) Die H.L. 3.33 und D.T. B V 2 enthalten einen weiteren Mindestbedarfssatz für den unterhaltsberechtigten Ehegatten in Höhe von DM 745, wenn der Ehegatte mit dem erwerbstätigen Pflichtigen zusammenlebt und deshalb eine Haushaltsersparnis hat. Dieser Bedarfssatz ermäßigt sich nochmals aus DM 665, wenn der Pflichtige nicht erwerbstätig ist.

9. Leitlinien zu Selbstbehalts- und Mindestbedarfssätzen

a) OLG Düsseldorf. Der notwendige Eigenbedarf (Selbstbehalt) des nicht erwerbstätigen Unterhaltspflichtigen beträgt monatlich 910 DM, des erwerbstätigen Unterhaltspflichtigen mindestens monatlich 990 DM. Der angemessene Eigenbedarf beträgt gegenüber volljährigen Kindern in der Regel mindestens monatlich 1300 DM (D.T.A. 5.).

Monatlicher notwendiger Eigenbedarf (Selbstbehalt) gegenüber dem getrennt lebenden und dem geschiedenen Berechtigten:

1. Wenn der Unterhaltspflichtige **erwerbstätig** ist:	990 DM
2. Wenn der Unterhaltspflichtige **nicht erwerbstätig** ist: (D.T. B IV)	910 DM

Monatlicher notwendiger Eigenbedarf (Mindestbedarf) des unterhaltsberechtigten Ehegatten:

1. **Als Haushaltungsvorstand:**
   a) falls erwerbstätig: 990 DM
   b) falls nicht erwerbstätig: 910 DM
2. **Bei gemeinsamen Haushalt mit dem Unterhaltspflichtigen:**
   a) falls erwerbstätig: 745 DM
   b) falls nicht erwerbstätig: 665 DM
   (D.T. B V)

b) OLG München. Der Selbstbehalt gegenüber minderjährigen Kindern und Ehegatten mit minderjährigen Kindern beträgt in der Regel
beim Erwerbstätigen DM 990,
beim nicht Erwerbstätigen DM 910.

Der Selbstbehalt gegenüber getrennt lebenden oder geschiedenen Ehegatten (ohne minderjährige Kinder) sowie gegenüber volljährigen Kindern beträgt in der Regel
beim Erwerbstätigen DM 1300,
beim nicht Erwerbstätigen DM 1200 (M.R. 4.1.)

c) OLG Hamm. Der Eigenbedarf des Pflichtigen (Selbstbehalt) einschließlich der Kosten für die Wohnung beträgt ab 1. 1. 1985 gegenüber Minderjährigen im Fall des § 1603/II BGB mindestens 910 DM, bei Erwerbstätigkeit des Pflichtigen mindestens 990 DM (notwendiger Eigenbedarf); gegenüber Volljährigen (§ 1603/I BGB) im Regelfall mindestens 1300 DM (angemessener Eigenbedarf) (H.L. 2.20).

Der Eigenbedarf (Selbstbehalt) des Pflichtigen gegenüber dem Anspruch des Ehegatten entspricht dem notwendigen Eigenbedarf (Ziff. 20), wenn bei dem berechtigten Ehegatten Kinder leben, die ebenfalls Unterhaltsansprüche gegen den Pflichtigen haben. In anderen Fällen kann ein höherer Eigenbedarf anerkannt werden, der sich nach Billigkeitsgesichtspunkten bestimmt; ab 1. 1. 85 wird vielfach ein Betrag von 1100 DM in Betracht kommen (billiger Eigenbedarf).

Der Mindestbedarf des unterhaltsberechtigten Ehegatten beträgt in der Regel 910 DM, bei Erwerbstätigkeit 990 DM; für den Fall, daß der Ehegatte mit dem Pflichtigen zusammenlebt, in der Regel 665 DM, bei Erwerbstätigkeit 745 DM. Der Mindestbedarf soll in der Regel erst dann unterschritten werden, wenn dem Pflichtigen andernfalls nicht mehr der Eigenbedarf nach Abs. 1 verbleiben würde.

Ein Teil der Richter hat angesichts der Rechtsprechung des BGH (NJW 84/1537 = FamRZ 84/356) Bedenken gegen die Festlegung von Mindestbedarfssätzen für den berechtigten Ehegatten (H.L. 3.33).

d) OLG Köln. Eigenbedarf des Unterhaltsverpflichteten (= Selbstbehalt)

Mindestbedarf (notwendiger Selbstbehalt) des erwerbstätigen Unterhaltsverpflichteten bei Ansprüchen minderjähriger Kinder und getrennt lebender Ehegatten

DM 990 – darin sind 270 DM Miete und 120 DM Mietnebenkosten enthalten (Erhöhung des Selbstbehalts, wenn konkret eine erhebliche und nach den Umständen nicht vermeidbare Überschreitung dieser Mietkosten dargelegt und nachgewiesen ist)

Mindestbedarf (notwendiger Selbstbehalt) des nicht erwerbstätigen Unterhaltsverpflichteten DM 910 (Miete und Mietnebenkosten wie vorher (K.L. 21.1.)

Mindestbedarf des Verpflichteten bei Ansprüchen geschiedener Ehegatten

Nach §§ 59, 58 EheG und § 1581 BGB wie vorher (21.1); im Einzelfall kann ein höherer Betrag billig sein; bei § 60 EheG mindestens DM 1300 (K.L. 21.2.)

Angemessener Bedarf (angemessener Selbstbehalt) mindestens 1300 DM (K.L. 22.0.)

Eigenbedarf (Mindestbedarf) des unterhaltsberechtigten Ehegatten
falls erwerbstätig 990 DM (K.L. 23.1.)
falls nicht erwerbstätig 910 DM (K.L. 23.2.).

e) OLG Hamburg. Den angemessenen Eigenbedarf (Selbstbehalt) gegenüber volljährigen Kindern bewerten die Senate mit monatlich 1300 DM, bei endgültig aus dem Erwerbsleben ausgeschiedenen mit 1200 DM. Beim Ehegattenunterhalt können diese Beträge nach Billigkeit bis zur Grenze des notwendigen Eigenbedarfs unterschritten werden.

Den notwendigen Eigenbedarf (Selbstbehalt) gegenüber minderjährigen Kindern bemessen die Senate
bei erwerbstätigen Unterhaltspflichtigen mit 990 DM,
bei nicht Erwerbstätigen mit 910 DM (Ha.L. 2.).

f) OLG Stuttgart. Für den notwendigen und den angemessenen Eigenbedarf des Unterhaltspflichtigen (Selbstbehalt) werden weitgehend die Pauschsätze der D.T. zugrundegelegt (St.L.).

g) OLG Koblenz. Der notwendige Eigenbedarf (Selbstbehalt) wird gemäß den Empfehlungen der D.T. auf DM 825 bei nicht erwerbstätigen Unterhaltspflichtigen und auf 900 DM bei erwerbstätigen

Unterhaltspflichtigen angehoben. Der angemessene Eigenbedarf beträgt gegenüber volljährigen Kindern in der Regel mindestens 1200 DM monatlich (Ko.L. zu A 5).

Der monatlich notwendige Eigenbedarf (Selbstbehalt) des erwerbstätigen Unterhaltspflichtigen beträgt 900 DM, des nicht erwerbstätigen Unterhaltspflichtigen 825 DM. Liegen die Voraussetzungen des § 1581 BGB vor, ist nach den Umständen des Einzelfalls dem Unterhaltspflichtigen mindestens der notwendige Eigenbedarf und höchstens der angemessene Eigenbedarf zu belassen. Der monatliche angemessene Eigenbedarf des Unterhaltspflichtigen beträgt in der Regel mindestens 1200 DM. Die angegebenen Sätze für den notwendigen und den angemessenen Eigenbedarf gelten auch für den Unterhaltsberechtigten (Ko.L. zu B IV bis VII).

h) OLG Celle. Der notwendige Selbstbehalt des Unterhaltspflichtigen gegenüber minderjährigen Kindern (§ 1603/II BGB) sowie der notwendige Mindestbedarf des unterhaltsberechtigten Ehegatten betragen 990 DM oder – wenn keine Berufstätigkeit ausgeübt wird – 910 DM (C.L. IV 1).

Der angemessene Selbstbehalt des Unterhaltspflichtigen (§§ 1603/I, 1581 BGB) sowie der angemessene Mindestbedarf des unterhaltsberechtigten Ehegatten betragen 1300 DM (C.L. IV 2).

Der Selbstbehalt gegenüber Ehegatten liegt im Bereich zwischen diesen Beträgen (in der Regel 1150 DM), wenn bei mangelnder Leistungsfähigkeit trotz Gefährdung des angemessenen Eigenbedarfs dem Ehegatten nach Billigkeitsgesichtspunkten Unterhalt zu leisten ist (§§ 1581 BGB, 59 EheG a. F.) (C.L. IV 3.).

i) OLG Schleswig-Holstein. Der Selbstbehalt des Unterhaltspflichtigen beträgt – unabhängig davon, ob der Unterhaltspflichtige erwerbstätig ist oder nicht – gegenüber minderjährigen Kindern 1000 DM, gegenüber volljährigen Kindern 1200 DM, gegenüber Ehegatten 1200 DM.

Der Mindestbedarf des unterhaltsberechtigten Ehegatten beträgt – unabhängig davon, ob der Unterhaltsberechtigte erwerbstätig ist oder nicht – DM 900 (Schl.L. 85).

k) OLG Bremen. Der notwendige Selbstbehalt gegenüber minderjährigen Kindern und getrennt lebendem Ehegatten beträgt beim nicht erwerbstätigen Unterhaltspflichtigen DM 910, beim erwerbstätigen Unterhaltspflichtigen DM 1050 (B.L.C 1).

Der angemessene Selbstbehalt gegenüber volljährigen Kindern und gegenüber Ehegatten nach §§ 1569 ff. BGB (hier jedoch gemäß § 1581 BGB Kürzung aus Billigkeitsgründen bis auf den notwendigen Selbstbehalt möglich) beträgt bei nicht erwerbstätigen Unterhaltspflichtigen und beim erwerbstätigen Unterhaltspflichtigen je DM 1300 (B.L.C 2).

Der notwendige Selbstbehalt eines Unterhaltspflichtigen gegenüber minderjährigen Kindern im Fall des § 1603/II BGB beträgt ab 1. 1. 1985 bei nicht erwerbstätigen Unterhaltspflichtigen 910 DM, bei erwerbstätigen Unterhaltspflichtigen 1050 DM.

Der angemessene Selbstbehalt gegenüber volljährigen Kindern beträgt sowohl beim Erwerbstätigen sowie nicht erwerbstätigen Unterhaltspflichtigen einheitlich 1300 DM.

Im Selbstbehalt sind Miet- und Mietnebenkosten enthalten (B.L.A. 3a bis c).

Der notwendige Selbstbehalt gegenüber Ehegatten beträgt ab 1. 1. 1985 bei nicht erwerbstätigen Unterhaltspflichtigen 910 DM, bei erwerbstätigen Unterhaltspflichtigen 1050 DM.

Der angemessene Selbstbehalt gegenüber Ehegatten beträgt ab 1. 1. 1985 bei nachehelichem Unterhalt 1300 DM; jedoch ist gemäß § 1581 BGB eine Kürzung bis auf den notwendigen Selbstbehalt nach Billigkeitsgesichtspunkten möglich (B.L. B 2).

Im Selbstbehalt sind Miet- und Mietnebenkosten enthalten (B.L. B 4).

l) OLG Oldenburg. Für den Selbstbehalt gelten ab 1. 1. 1985 folgende Werte:
Großer Selbstbehalt: 1100 DM
Kleiner Selbstbehalt: 900 DM
Einsatzbetrag für die Ehefrau in Mangelfällen: 900 DM

Der kleine Selbstbehalt gilt gegenüber minderjährigen und verheirateten Kindern, der große Selbstbehalt gegenüber allen anderen Unterhaltsberechtigten.

m) OLG Frankfurt. Der notwendige Eigenbedarf (= kleiner Selbstbehalt) des Unterhaltspflichtigen beträgt gegenüber minderjährigen Kindern monatlich 950 DM, davon entfallen 400 DM auf den Wohnbedarf und 550 DM auf den übrigen Lebensbedarf.

Der angemessene Eigenbedarf (= große Selbstbehalt) beträgt gegenüber volljährigen Kindern mindestens monatlich 1300 DM, davon entfallen 500 DM auf den Wohnbedarf und 800 DM auf den übrigen Lebensbedarf (F.L. A 5).

Monatlicher Selbstbehalt (Eigenbedarf) des Unterhaltspflichtigen gegenüber dem getrennt lebenden Berechtigten (= kleiner Selbstbehalt) DM 950

gegenüber dem geschiedenen Berechtigten (= großer Selbstbehalt) in der Regel DM 1300.

Der Wohnbedarf beträgt auch hier 400 DM bzw. 500 DM (F.L. B IV).

Monatlicher notwendiger Mindestbedarf (Eigenbedarf) des berechtigten Ehegatten DM 950

Monatlicher angemessener Mindestbedarf (Eigenbedarf) des berechtigten Ehegatten DM 1300 (F.L. B V)

F.W. in DAV 84/98, 99

Zum Selbstbehalt hat der BGH klargestellt, daß der notwendige Eigenbedarf des Unterhaltspflichtigen weniger durch dessen individuelle Lebensstellung bestimmt ist als durch das Erfordernis, die Grenze der Inanspruchnahme generalisierend festzulegen. Die schematische Festlegung eines notwendigen (= kleinen Selbstbehalts) Eigenbedarfs und eines angemessenen (= großen Selbstbehalts) Eigenbedarfs mit jeweils Untergliederung in Wohnbedarf und sonstigen Lebensbedarf ist wohl höchstrichterlich gebilligt. Die jeweils gültigen Selbstbehaltssätze dürfen nicht überschritten werden. Ist allerdings in einer gesetzlichen Rente ein Kinderzuschuß für Kinder enthalten, die nicht bei dem barunterhaltspflichtigen Rentenempfänger leben, so ist dieser auf jeden Fall an das Kind auszukehren, auch wenn danach der Selbstbehalt des Rentenempfängers unterschritten sein sollte. Ob im Einzelfall etwas „dazugelegt" werden darf, ist systemgerecht lediglich bei der „Bereinigung" des Einkommens des Unterhaltspflichtigen zu erörtern, etwa durch Absetzung gewisser Diätkosten, d. h. der Selbstbehalt wird nicht angehoben, es wird vielmehr das Einkommen vorab vermindert und erst dann weitergerechnet. Das OLG Frankfurt praktiziert nur zwei Selbstbehalte: nur den notwendigen Eigenbedarf (Selbstbehalt) darf der Unterhaltspflichtige gegenüber seinen minderjährigen Kindern und seinen getrennt lebenden Ehegatten verteidigen. Dagegen darf er den angemessenen Mindesteigenbedarf (großer Selbstbehalt) gegenüber den Volljährigen und dem geschiedenen Ehegatten geltend machen. Diese Zweiteilung im Bereich des nachehelichen Unterhalts ist im Hinblick auf § 1581 BGB an sich etwas problematisch: nach bisheriger Ansicht der Frankfurter Familiensenate wird der „eigene angemessene Unterhalt" des Verpflichteten durch die ihm belassene höhere Unterhaltsquote gewährleistet, während die Berücksichtigung der „Billigkeit" sich in dem fixen Betrag des großen Selbstbehalts (mit dem man ja trotz seiner „Größe" keine großen Sprünge machen kann) manifestiert. Nach Ansicht des Kasseler Familiensenats kann dagegen der große Selbstbehalt im Einzelfall bis zur Grenze des kleinen Selbstbehalts unterschritten werden. Dem hat sich nunmehr im Ergebnis auch der 1. Familiensenat in einem konkreten Einzelfall angeschlossen (F.W. in DAV 84/98, 99).

Der Mindestbedarf eines Ehegatten entspricht nach wie vor in bewußter Vereinfachung gegenüber der original Düsseldorfer Tabelle nach der Rechtsprechung des OLG Frankfurt den Selbstbehaltssätzen des Verpflichteten. Es handelt sich bei diesen Beträgen um eine bewußte Parallele zum kleinen bzw. großen Selbstbehalt des Pflichtigen. Mit ihnen sollen feste Einsatzbeträge bereitgestellt werden. Im Fall des § 1577/II BGB ist der angemessene Mindestbedarf die regelmäßige Anhaltsgröße.

Wenn es um den Erlaß einer einstweiligen Verfügung geht, ist der notwendige Mindestbedarf maßgeblich. Auch für Vergleichsgespräche und bei der Herabsetzung eines Unterhaltsanspruchs gemäß § 1579/I BGB können diese Beträge als Anhaltspunkte dienen. Ansonsten verbleibt es aber grundsätzlich bei der quotenmäßigen Errechnung des Unterhaltsanspruchs des berechtigten Ehegatten (F.W. in DAV 84/258).

III. Die Berücksichtigung von Rangverhältnissen in Mangelfällen durch Ausscheidung nachrangig Berechtigter

1. Feststellung und Klärung der Rangverhältnisse

a) Als nächster Schritt ist nunmehr zu klären, ob zwischen den Unterhaltsberechtigten Vorrang oder Nachrang besteht.

Vorrangige Unterhaltsberechtigte erhalten ihren auf der ersten Berechnungsstufe errechneten vollen angemessenen Bedarf.

Nachrangige Unterhaltsberechtigte gehen leer aus, sofern nach Befriedigung des angemessenen Bedarfs bis zur Grenze des angemessenen Mindestbedarfs der vorrangig Berechtigten nicht noch ein verteilungsfähiger Rest verbleibt.

b) Nach BGH geht das volljährige Kind mit seinen Unterhaltsansprüchen minderjähriger Kinder sowie der geschiedenen und der jetzigen Frau des Verpflichteten im Rang nach (§ 1609 BGB). Es hat auch keinen erweiterten Unterhaltsanspruch nach § 1603/II BGB. Es kommt daher erst zum Zug, wenn nach Befriedigung der vorrangigen Unterhaltsansprüche und Deckung des angemessenen Unterhalts des Verpflichteten für den Volljährigen noch ein freier Betrag verbleibt (BGH, FamRZ 80/555, 556 = NJW 80/934, 935 = B 197a, FamRZ 81/541, 543 = NJW 81/2462, 2463 = B 197b; FamRZ 85/357, 358, 359 = NJW 85/909, 910, 911 = B 197c; FamRZ 84/378, 379 = NJW 84/1176L = B 197e und FamRZ 84/683, 686 = NJW 84/1813, 1816 = B 197f).

Die Leistungsfähigkeit des verpflichteten Ehegatten mindert sich nicht um die Beträge, die er als Unterhalt an volljährige Kinder zahlt, wenn dies zum Nachteil des angemessenen Unterhalts vorrangiger Berechtigter (hier des Ehegatten) geht (BGH, FamRZ 85/471, 472 = NJW 85/1347L = B 197d).

Haben sich die Eltern allerdings geeinigt über eine unterhaltsmäßig gleichrangige Behandlung minderjähriger und volljähriger Kinder, dann besteht auch kein Vorrangverhältnis (BGH, FamRZ 81/341, 343 = B 197g).

Nach OLG Frankfurt kann ein Ehegattenvorrang auch stillschweigend dadurch abbedungen werden, daß die Eheleute vor der Trennung beschlossen haben, ihrem volljährigen Kind ein Studium zu finanzieren (OLG Frankfurt, FamRZ 84/176, 177).

2. Nach §§ 1609, 1582 bestehen folgende Rangstufen

a) Minderjährige unverheiratete Kinder und Ehegatten, gleichgültig ob noch verheiratet oder geschieden
b) Volljährige und verheiratete Kinder, sowie im Verhältnis zum geschiedenen Ehegatten nachrangige Ehegatten nach § 1582 BGB
c) Andere Abkömmlinge der absteigenden Linie wie z. B. Enkelkinder
d) Verwandte der aufsteigenden Linie wie z. B. Eltern und Großeltern
e) Genaueres zu den Rangverhältnissen bei Seite 268ff.

3. Unterhaltsberechnung für nachrangig Berechtigte in Mangelfällen

a) Ist der bei der ersten Berechnungsstufe (siehe vorher Seite 273ff.) errechnete Fehlbedarf größer als der auf nachrangig Berechtigte treffende Bedarf, so entfällt demgemäß deren Unterhaltsanspruch ganz.

Ein nachrangig Unterhaltsberechtigter kommt also nur zum Zug, wenn und soweit nach Befriedigung aller vorrangigen angemessenen Unterhaltsansprüche und Deckung des angemessenen Eigenbedarfs des Verpflichteten noch ein frei verteilbarer Betrag des bereinigten Nettoeinkommens des Verpflichteten bleibt.

b) Ist der bei Stufe 1 errechnete Fehlbedarf kleiner als der auf einen nachrangig Berechtigten treffende Bedarf, erhält der nachrangig Berechtigte einen Unterhalt in Höhe des Differenzbetrags zwischen seinem Bedarf und dem Fehlbedarf. Der Fehlbedarfsbetrag selbst ist zur Deckung der entsprechenden angemessenen Unterhaltsansprüche der vorrangig Berechtigten zu verwenden.

Handelt es sich um mehrere nachrangig Berechtigte (z. B. zwei oder drei volljährige Kinder), so wird der Fehlbetrag anteilig im Verhältnis der für diese errechneten Bedarfsbeträge verteilt.

c) Entsprechendes gilt bei einem gemäß § 1582 BGB nachrangig berechtigten Ehegatten.

4. Nichtberücksichtigung titulierter Ansprüche nachrangig Berechtigter

Ein nachrangig Berechtigter ist bei beschränkter Leistungsfähigkeit selbst dann nicht, bzw. in dem erörterten Sinn nur eingeschränkt zu berücksichtigen, wenn sein Anspruch bereits tituliert ist.

Es ist in Rechtsprechung und Literatur anerkannt, daß es nicht zu Lasten des bevorrechtigten Unterhaltsgläubigers gehen kann, wenn ein nachrangig Berechtigter früher einen Titel gegen den Unterhaltspflichtigen erwirkt hat. Der Anspruch des bevorrechtigten Unterhaltsgläubigers ist trotz eines solchen rechtskräftigen Titels so zu beurteilen, wie es im Fall gleichzeitiger Entscheidung über die Ansprüche zu geschehen hätte. Der Unterhaltspflichtige kann nur im Weg einer Abänderungsklage nach § 323 ZPO Abhilfe suchen. Der titulierte Unterhaltsanspruch des volljährigen Kindes ist nicht zu berücksichtigen, wenn bei Erfüllung aller vorrangigen Ansprüche des Unterhaltsberechtigten dem Verpflichteten weniger als sein angemessener Unterhalt verbleiben würde (BGH, FamRZ 80/555, 556 = NJW 80/934, 935 = B 197a).

5. Rechenbeispiele zum Unterhalt nachrangig Berechtigter

a) Nettoeinkommen des Mannes DM 3025; unterhaltsberechtigt sind ein 16jähriger Schüler und ein 24jähriger Student mit eigenem Hausstand sowie eine erwerbslose geschiedene Frau. Sonst bestehen keine Besonderheiten.

aa) Berechnung
Angemessener Kinderunterhalt = 475 + 800 = 1275
Angemessener Unterhalt der Frau = 3025 – 1275 = 1750 × $^3/_7$ = 750
bb) Mangelfall, weil die Frau als $^3/_7$-Quote weniger als 975 DM erhalten würde und dem Mann weniger als 1300 (1000) verbleiben würde.
Fehlbedarf: 2275 – 1750 = 525
cc) Um diesen Betrag (Fehlbedarf) ist der Unterhaltsanspruch des Volljährigen zu mindern. Er erhält statt DM 800 nur DM 275 als Unterhalt.

b) Bei mehreren volljährigen Kindern wäre der Betrag von DM 275 im Verhältnis der jeweiligen Bedarfsbeträge der Volljährigen auf diese zu verteilen. Bei zwei Studenten mit eigenem Hausstand erhielte jeder DM 137,50 an Unterhalt.

c) Ist der Fehlbetrag größer als DM 800, z. B. weil der Vater nur DM 2000 verdient, hätte keiner der beiden Studenten einen Unterhaltsanspruch.

IV. Mangelfall bei Unterhaltspflicht gegenüber geschiedenem Ehegatten

1. Zunächst ist gemäß den Ausführungen zu Seite 202ff. und 219ff. der nach § 1578 BGB angemessene Unterhaltsanspruch und das Vorliegen eines Fehlbedarfs festzustellen (siehe ferner Seite 272 und Seite 273ff.).

a) Ist nur der Verpflichtete erwerbstätig, dann erhält der Berechtigte im Normalfall den Quotenunterhalt.

aa) Ist in einem Normalfall das bereinigte Nettoeinkommen höher als DM 2225, dann erhält der Berechtigte mehr als seinen Mindestbedarf (975) und dem Verpflichteten bleiben mehr als sein großer Selbstbehalt (1300). Ein Mangelfall liegt nicht vor.

bb) Steht dem Berechtigten aufgrund der konkreten Umstände (z. B. wegen trennungsbedingtem Mehrbedarf oder besonders hohen Wohnkosten) als angemessener Unterhalt ein Aufschlag zum Quotenunterhalt zu und ist der Verpflichtete ohne Minderung seines eigenen angemessenen Unterhalts nicht in der Lage, diesen Mehrbedarf zu bezahlen (z. B. keine verwendbaren Aufwendungen für Vermögensbildung) dann ist ein Mangelfall zu bejahen. Der Fehlbedarf entspricht in einem solchen Fall dem konkret zu ermittelnden Aufschlag zum Quotenunterhalt.

cc) Entsprechendes gilt, wenn aufgrund der konkreten Umstände des Einzelfalls der angemessene Unterhaltsbedarf des Verpflichteten höher wäre als sein Quotenunterhalt ($^4/_7$), z. B. wegen trennungsbedingtem Mehrbedarf oder besonders hohen Mietkosten auf seiner Seite.

dd) Entsprechendes gilt auch bei Erhöhungen auf beiden Seiten.

b) Ist der Berechtigte ebenfalls erwerbstätig, wird der Quotenunterhalt im Regelfall nach der Differenzmethode berechnet (siehe Seite 225ff.).

Der danach gemäß § 1578 BGB berechtigte Bedarf ist für beide Ehegatten festzustellen. Bei dem berechtigten Ehegatten ergibt er sich aus der Summe seines eigenen Nettoeinkommens zuzüglich des Aufstockungsunterhalts.

Bei Doppelverdienern beträgt der angemessene Mindestunterhalt in der Regel für beide Ehegatten je DM 1300.

aa) Ergibt sich aufgrund der Differenzberechnung in einem Regelfall, daß der Berechtigte aufgrund seines eigenen Einkommens zuzüglich dem Aufstockungsunterhalt insgesamt mehr als DM 1300 erhält und daß dem Verpflichteten ebenfalls mehr als DM 1300 für seinen Eigenbedarf verbleiben, dann liegt kein Mangelfall vor. Der errechnete angemessene Bedarf (jeweils mehr als 1300) ist gedeckt.

bb) Ein Mangelfall ist zu bejahen, wenn bei einer Berechnung nach Maßgabe von b1) entweder für den Berechtigten oder den Verpflichteten weniger als DM 1300 zur Bestreitung des eigenen Lebensbedarfs zur Verfügung stehen würden.

cc) Ein Mangelfall kann auch vorliegen, wenn aufgrund der konkreten Umstände des Einzelfalls (trennungsbedingter Mehrbedarf o. ä.) auf einer oder beiden Seiten ein ausnahmsweise DM 1300 übersteigender angemessener Bedarf festgestellt wird und der einseitig oder beiderseitig erhöhte Bedarf durch das „Doppelverdienereinkommen" nicht gedeckt werden könnte (siehe Seite 215f.).

c) Nach BGH setzt eine angemessene Unterhaltskürzung nach § 1581 BGB stets die vorherige Feststellung des angemessenen Unterhaltsbedarfs aller Berechtigten und des Verpflichteten voraus (BGH, FamRZ 83/678, 679, 680 = NJW 83/1733, 1734, 1735 = B 176; FamRZ 83/146, 150 = NJW 83/933, 936 = B 80a; FamRZ 85/357, 358, 359 = NJW 85/909, 910, 911 = B 197c).

Nur ausnahmsweise kann eine solche Feststellung des angemessenen Bedarfs unterbleiben, wenn die Leistungsfähigkeit des Verpflichteten offensichtlich unzureichend ist und eine Billigkeitsentscheidung ohne Festlegung der Höhe des angemessenen Unterhalts möglich ist. Letzteres empfiehlt sich in krassen Mangelfällen, wo es nur darum geht, das geringe Einkommen des Verpflichteten unter den Ehegatten nach Billigkeitsgrundsätzen aufzuteilen (FamRZ 79/692, 693, 694 = NJW 79/1985, 1986 = B 177).

2. Elementarunterhalt und Vorsorgeunterhalt im Mangelfall

Wird in einem Mangelfall auch Vorsorgeunterhalt verlangt und reicht der nach Ermittlung des Vorsorgeunterhalts verbleibende Elementarunterhalt nicht aus, um den angemessenen laufenden Elementarunterhaltsbedarf ohne Gefährdung des angemessenen Eigenbedarfs des Verpflichteten zu befriedigen, dann hat zunächst der Elementarunterhalt Vorrang vor dem Vorsorgeunterhalt. Das heißt, es ist erst der Vorsorgeunterhalt zu kürzen bzw. zu streichen. Ggf. ist in tatrichterlicher Verantwortung nach §§ 1581, 1577 BGB eine den Parteien gerecht werdende anderweitige Bemessung des Unterhalts vorzunehmen (BGH, FamRZ 82/887, 890 = NJW 82/1983, 1985 = B 173a; FamRZ 82/890, 892 = NJW 82/2438, 2439 = B 174b; FamRZ 81/442, 445 = NJW 81/1556, 1559 = B 173c).

3. Vorrangige Unterhaltsverpflichtung von Verwandten in Mangelfällen

a) Nach § 1584 S. 2 BGB haften in Mangelfällen leistungsfähige Verwandte des bedürftigen Ehegatten vorrangig, soweit der verpflichtete Ehegatte ohne Gefährdung seines eigenen angemessenen Unterhalts nicht oder nur beschränkt leistungsfähig ist. Das Opfer, unter Einschränkung des eigenen angemessenen Bedarfs (§ 1581 BGB) Unterhalt zu leisten, kann vom verpflichteten Ehegatten billigerweise nur dann verlangt werden, wenn der Bedarf des Berechtigten anders nicht zu decken ist. Letzteres ist möglich, wenn leistungsfähige Verwandte des bedürftigen Ehegatten vorhanden sind.

b) Der Vorrang der Verwandtenhaftung bezieht sich allerdings nur auf den Unterhaltsteil, um den der eigene angemessene Bedarf des Verpflichteten gefährdet wäre, wenn er den vollen angemessenen Unterhalt des Berechtigten zahlen würde. Hinsichtlich des Teils, den der Verpflichtete leisten kann, ohne seinen angemessenen Unterhalt zu gefährden, verbleibt es bei seiner vorrangigen Haftung gemäß § 1584 S. 1 BGB.

c) Beruft sich der Verpflichtete auf den Verwandtenvorrang, muß er seine Leistungsfähigkeit bzw. den Umfang seiner Leistungsunfähigkeit beweisen. Der Unterhaltsberechtigte hat die Darlegungs- und Beweislast dafür, daß ihm gegen Verwandte kein Unterhaltsanspruch zusteht, also auch für deren Leistungsunfähigkeit.

d) Besteht ein solcher vorrangiger Unterhaltsanspruch, unterbleibt eine Billigkeitsabwägung nach § 1581 BGB. Der Verpflichtete hat den Unterhaltsteil zu zahlen, zu dessen Erfüllung er ohne Gefährdung seines eigenen angemessenen Bedarfs in der Lage ist. Den restlichen Teil muß der Berechtigte von seinen leistungsfähigen Verwandten verlangen.

4. Angemessene Kürzung nach §§ 1581, 1577/II BGB, 58, 59 EheG

a) Zur gesetzlichen Regelung

aa) Wird ein Mangel im Sinn der Ausführungen zu 1) festgestellt, hat der verpflichtete Ehegatte nach § 1581 BGB nur insoweit Unterhalt zu leisten, als dies mit Rücksicht auf die Bedürfnisse sowie die Erwerbs- und Vermögensverhältnisse des geschiedenen Ehegatten wirtschaftlich der Billigkeit entspricht. Den Stamm des Vermögens braucht er nicht zu verwerten, soweit die Verwertung unwirtschaftlich oder unter Berücksichtigung der beiderseitigen wirtschaftlichen Verhältnisse unbillig wäre.

bb) Hat der Berechtigte eigene Einkünfte, ist bei dieser Billigkeitsabwägung nach § 1581 BGB auch § 1577/II S. 1 BGB mit zu berücksichtigen.

cc) Bei Altehen erfolgt nach §§ 58, 59 EheG eine vergleichbare Unterhaltskürzung nach Billigkeitsgrundsätzen.

b) Wie bereits ausgeführt, setzt nach der Rechtsprechung des BGH eine angemessene Unterhaltskürzung aus Billigkeit gemäß § 1581 BGB in der Regel die vorherige Feststellung des angemessenen Unterhaltsbedarfs aller Berechtigten und des Eigenbedarfs des Verpflichteten voraus (BGH, FamRZ 83/678, 679, 680 = NJW 83/1733, 1734 = B 176; FamRZ 83/146, 150 = NJW 83/933, 936 = B 80a; FamRZ 85/357, 358, 359 = NJW 85/909, 910, 911 = B 197c).

Nachdem solche Feststellungen getroffen worden sind, kann nach BGH auf der zweiten Berechnungsstufe eine Kürzung der Ansprüche nach Billigkeitsgesichtspunkten zur Anpassung an die Leistungsfähigkeit des Verpflichteten stattfinden. Diese Kürzung kann proportional erfolgen, wenn feststeht, daß die Bedürfnisse der betroffenen Unterhaltsberechtigten gleichwertig sind und die vom Unterhaltsverpflichteten aufgrund dieser Kürzung verbleibenden Mittel ausreichen, seinen notwendigen Lebensbedarf zu decken (BGH, FamRZ 83/678, 680 = NJW 83/1733, 1735 = B 176).

c) Bei einer proportionalen Kürzung, d. h. wenn im konkreten Fall aufgrund der besonderen Umstände keine hiervon abweichende Billigkeitserwägung erforderlich ist, wird der festgestellte Mangel im Verhältnis der beiderseitigen angemessenen Bedarfsansprüche verteilt.

aa) Praktisch geschieht eine solche Berechnung des proportional gekürzten Unterhalts (U 1), indem der angemessene Unterhaltsbetrag (A 1) multipliziert wird mit dem zur Verfügung stehenden Einkommen (E) und das Ergebnis geteilt wird mit der Summe der beiden angemessenen Unterhaltsbeträge (A 1 und A 2 = S). Es geht also nach der Formel: U 1 = A 1 × E : S.

bb) Praktisches Beispiel:
Nettoeinkommen DM 2000
Angemessener Unterhalt infolge trennungsbedingtem Mehrbedarf o. ä. DM 1100 und DM 1300.

$U\,1 = 1100 \times \frac{2000}{2400} = 916{,}67$ = proportional gekürzter Anspruch des Berechtigten.

$U\,2 = 1300 \times \frac{2000}{2400} = 1083{,}33$ = für den Verpflichteten verbleibender gekürzter Betrag des Eigenbedarfs.

cc) Bei Doppelverdienern ist auf seiten des Berechtigten stets die Summe aus seinem Verdienst und dem errechneten Aufstockungsunterhalt einzusetzen.

d) Ist die Leistungsfähigkeit des Verpflichteten so beschränkt, daß ihm bei einer proportionalen Berechnung weniger als der kleine Selbstbehalt (= unterste Opfergrenze) verbleiben würde, kann der Anspruch des Berechtigten auch vereinfacht in der Weise errechnet werden, daß vom verteilungsfähigen Nettoeinkommen (z. B. 1400) lediglich der Betrag des kleinen Selbstbehalts (= 990) abgezogen wird, sofern es der Billigkeit entspricht, den Verpflichteten bis zu diesem Betrag in Anspruch zu nehmen. Der Differenzbetrag ist dann der zu zahlende Unterhalt.

e) Im Rahmen des § 1581 kann auch eine von einer proportionalen Kürzung abweichende Billigkeitsentscheidung getroffen werden. Bei einer solchen Billigkeitsabwägung nach den konkreten Umständen des Einzelfalls sind im allgemeinen u. a. folgende Umstände zu berücksichtigen:

aa) Nach dem Gesetz sind in erster Linie die Bedürfnisse und die Erwerbs- und Vermögensverhältnisse beider Ehegatten maßgeblich.

bb) Von beiden Ehegatten sind im Grundsatz erhöhte Anstrengungen und Opfer zu erwarten. Beide müssen, ähnlich wie bei einer gesteigerten Haftung nach § 1603/II BGB – sich verstärkt um eine bedarfsdeckende Erwerbstätigkeit bemühen.

cc) Bezüglich der Abzugsfähigkeit von Verbindlichkeiten ist ein strengerer Maßstab anzulegen; die Aufnahme eines Kredits zur Bedarfsdeckung ist eher zuzumuten.

dd) Auch die Vermögensverwertung auf beiden Seiten ist strenger zu beurteilen; unwirtschaftliche Maßnahmen können allerdings nicht verlangt werden.

ee) Nicht berücksichtigt werden darf, wen die Schuld an der Scheidung trifft. Dies ist nur im Rahmen des § 1579/I BGB möglich.

ff) Anrechnung von Einkünften des Berechtigten aus unzumutbarer Erwerbstätigkeit über das in § 1577/II 1 BGB vorgesehene Maß hinaus.

f) Wichtig ist, daß bei der tatrichterlich zu treffenden Billigkeitsentscheidung sämtliche nach den Umständen des Falles in Frage kommenden Faktoren gegeneinander abgewogen werden. Auch bei einer Billigkeitsabwägung muß dem Verpflichteten mindestens der kleine Selbstbehaltbetrag (990 DM) für seinen eigenen Bedarf (notwendiger Selbstbehalt) verbleiben, es sei denn, er wohnt wohnkostenfrei.

g) BGH-Entscheidungen zur Billigkeitskürzung

aa) Erst auf der zweiten Berechnungsstufe findet eine Kürzung der Ansprüche nach Billigkeitsgesichtspunkten zur Anpassung an die Leistungsfähigkeit des Verpflichteten statt (BGH, FamRZ 83, 678, 679, 680 = NJW 83/1733, 1734, 1735 = B 176).

bb) Für die erforderlich werdende anteilige Kürzung ist von dem vollen angemessenen Unterhalt auszugehen (BGH, FamRZ 85/357, 358, 359 = NJW 85/909, 910, 911 = B 197c).

cc) Kommt das Gericht bei seiner Entscheidung zu dem Ergebnis, daß der Beklagte außerstande ist, den Unterhaltsbedarf ohne Gefährdung seines eigenen angemessenen Unterhalts zu decken, so ist er nur nach Maßgabe einer billigen Wertung nach § 1581 BGB zur Unterhaltsleistung verpflichtet. Bei der erforderlichen Billigkeitsabwägung nach § 1581 BGB ist auch die Frage einzubeziehen, ob es die Billigkeit erfordert, die Einkünfte der Klägerin aus unzumutbarer Erwerbstätigkeit über das in § 1577/II 1 vorgesehene Maß hinaus anzurechnen (BGH, FamRZ 83/146, 150 = NJW 83/933, 936 = B 80a).

Die nach Billigkeitsgrundsätzen zu bemessende Leistungspflicht setzt grundsätzlich voraus, daß der Bedarf des Unterhalt begehrenden Ehegatten nicht anders aufzubringen ist und daß die mit den Unterhaltsleistungen verbundenen Belastungen nur zumutbar erscheinen, wenn auch dem anderen Ehegatten Einschränkungen und Opfer zugemutet werden (BGH, FamRZ 85/782, 785 = NJW 85/1695, 1698 = B 138b).

6. Mangelfall bei einer „Doppelverdienerehe“

Bei einer Doppelverdienerehe ist in Mangelfällen nach BGH die Differenzmethode bei durchschnittlichem Einkommen regelmäßig auch geeignet, dem beiderseitigen Mehrbedarf der Ehegatten Rechnung zu tragen (BGH, FamRZ 84/149, 151 = NJW 84/292, 294 = B 168b; FamRZ 84/358, 359 = NJW 84/1237, 1238 = B 168c; FamRZ 82/892, 893, 894 = NJW 82/2439, 2440 = B 153a; siehe ferner Seite 216).

Es genügt in der Regel, wenn der nach der Differenzmethode errechnete Unterhaltsbetrag ohne weitere Kürzungen oder Erhöhungen nach § 1581 BGB zuerkannt wird, sofern dem Verpflichteten mindestens sein notwendiger Selbstbehalt verbleibt.

V. Mangelfall bei Unterhaltspflicht gegenüber minderjährigen Kindern

1. Gesteigerte Haftung der Eltern gegenüber minderjährigen Kindern

a) Minderjährigen Kindern gegenüber sind Eltern nach § 1603/II BGB verpflichtet, alle verfügbaren Mittel zu ihrem und der Kinder Unterhalt gleichmäßig zu verwenden. Beide Eltern haben insoweit eine erweiterte Unterhaltspflicht. Dies hat für den Barunterhaltsverpflichteten zur Folge, daß er statt des angemessenen Unterhalts nach § 1603/I BGB nur mehr einen Anspruch auf den notwendigen Unterhalt, den sog. notwendigen oder kleinen Selbstbehalt, hat. Ihm wird nur soviel belassen, wie es zur Erhaltung seiner Arbeitskraft notwendig ist oder, falls er sein Einkommen nicht aus einer Erwerbstätigkeit bezieht, wie es zur Bestreitung des unbedingt existenznotwendigen Lebensbedarfs erforderlich ist.

b) Nach BGH folgt aus § 1603/I BGB, daß im Normalfall eine Unterhaltsleistung, die den eigenen angemessenen Unterhalt des Empfängers nicht übersteigt, diesen keiner weiteren Unterhaltspflicht aussetzen kann. Die erweiterte Unterhaltspflicht der Eltern nach § 1603/II BGB im Verhältnis der Eltern zu ihren minderjährigen Kindern beruht auf der besonderen familienrechtlichen Verantwortung der Eltern, die es nach dem Willen des Gesetzes nicht zuläßt, daß im Fall nicht ausreichender Mittel vorweg die Eltern ihren eigenen angemessenen Unterhalt voll decken und die Kinder auf den Überrest verweisen. Dieser Rechtsgedanke ist im Grundsatz unabhängig davon, woher die zur Verfügung stehenden Mittel stammen, und worauf ihre Zuwendung beruht (BGH, FamRZ 80/555, 556 = NJW 80/934, 935 = B 54c).

Genaueres zur verschärften Haftung nach § 1603/II BGB siehe Seite 149ff.

2. Mindestselbstbehaltssätze

a) Die Mindestselbstbehaltssätze (kleiner Selbstbehalt) des Verpflichteten betragen bei Erwerbstätigkeit DM 990, bei Nichterwerbstätigkeit DM 910. So jedenfalls nach den Oberlandesgerichten Düsseldorf, München, Hamm, Köln, Hamburg und Stuttgart.

Davon abweichend: OLG Bremen (DM 1050), OLG Schleswig-Holstein (DM 1000), OLG Frankfurt (DM 950) und OLG Oldenburg (DM 900). Genaueres dazu siehe II 7 mit 9, Seite 279ff.

b) Die notwendigen Selbstbehaltssätze des Pflichtigen sind in der Regel unterste „Opfergrenzen". Ein rechnerisches Unterschreiten ist aber möglich, wenn der Verpflichtete z. B. wohnkostenfrei wohnt, weil in den Selbstbehaltssätzen anteilsmäßig Wohnkosten berücksichtigt sind (BGH, FamRZ 84/683, 684 = NJW 84/1813, 1814 = B 199; NJW 84/1614 = B 127a).

3. Mangelfallberechnung

Im Mangelfall erhalten minderjährige Kinder ihren Tabellenunterhalt, wenn und solange dem barunterhaltspflichtigen Elternteil durch Abzug des nach der D. T. errechneten Kindesunterhalts der notwendige Selbstbehalt (kleine Selbstbehalt) verbleibt.

a) Für die angemessene Relation zwischen Kindesunterhalt und Eigenbedarf des Pflichtigen erweisen sich die Bedarfskontrollbeträge der D. T. als sehr bedeutsam und hilfreich auch im Rahmen des nach § 1603/II BGB zu berücksichtigenden angemessenen Kindesunterhalts. Zu beachten ist allerdings, daß die D.T. und damit auch die Relationen der Bedarfskontrollbeträge auf die Unterhaltspflicht gegenüber einem Ehegatten und zwei Kindern bezogen sind.

b) Reicht das Nettoeinkommen des Verpflichteten nicht aus, um ohne Gefährdung des notwendigen Selbstbehalts die Sätze der D.T. zu befriedigen, dann ist der notwendige Selbstbehaltssatz (990 oder 910) von dem Nettoeinkommen abzuziehen und der verbleibende Rest unter die Kinder im Verhältnis der Einsatzbeträge der untersten Einkommensgruppen der jeweiligen Altersstufe zu verteilen (so auch D.T.C., H.L. 3.21, Ha.L. 6 und F.L.C).

4. Rechenbeispiele

a) Fall 1

aa) Nettoeinkommen 2500; vier Schulkinder im Alter von 14, 15, 16 und 17 Jahren

bb) Berechnung

Kindesunterhalt nach D.T. Gruppe 4 = 4 × 425 = 1700

Bedarfskontrollbetrag nach D.T. von 1185 unterschritten (2500 − 1700 = 800)

Neue Bedarfsrechnung aus Gruppe 3: 4 × 375 = 1500

Bedarfskontrollbetrag aus Gruppe 3 von 1045 unterschritten (2500 − 1500 = 1000)

Neue Bedarfsrechnung aus Gruppe 2: 4 × 345 = 1380

Bedarfskontrollbetrag aus Gruppe 2 = 990 überschritten (2500 − 1380 = 1120)

cc) Ergebnis:

Die vier Kinder erhalten je 345 DM Unterhalt. Dem Pflichtigen verbleiben DM 1120 für den Eigenbedarf.

b) Fall 2
aa) Fall wie a, aber Nettoeinkommen DM 1790
bb) Berechnung
Kindesunterhalt nach D.T. aus Gruppe 1 = 4 × 327 = 1308. Eine Bedarfskontrollkürzung ist nicht mehr möglich, weil bereits unterste Gruppe.

Auch im Verhältnis zu minderjährigen Kindern muß dem Verpflichteten der notwendige Mindestbedarf von DM 990 bleiben.

Verteilungsfähig für die Kinder sind daher nur DM 800 (1790 − 990)

Dieser Betrag ist auf die vier Kinder entsprechend ihren gleich hohen Anteilen (4 × 327) zu verteilen.

cc) Ergebnis:
Jedes Kind erhält DM 200 (800 : 4) an Unterhalt

5. Kindergeld im Mangelfall

Reicht – wie vorher im Fall 2 – das Einkommen des Pflichtigen zur Gewährung des Tabellenunterhalts nach der untersten Einkommensgruppe nicht aus, ist der Fehlbetrag (Differenz zwischen dem ohne Berücksichtigung des Kindesgeldes zu gewährenden Unterhalt und dem Tabellenunterhalt) mit dem Anteil des Kindergeldes, der an sich dem Pflichtigen anzurechnen wäre, wie folgt aufzufüllen:

Wird dem Pflichtigen das Kindergeld ausbezahlt, tritt eine entsprechende zusätzliche Erhöhung des dem Kind zu gewährenden Unterhalts ein. Wird das Kindergeld an den anderen Ehegatten ausbezahlt, entfällt insoweit eine Anrechnung (H.L. 1.15).

Auch nach OLG Köln (K.L. 3.2.), OLG Celle (C.L. II A 4), OLG Schleswig (Schl.L. 1980) und OLG Frankfurt (F.W. in DAV 84/97) sind in Mangelfällen Kindergeld und Kinderzuschüsse für den Kindesunterhalt zur Verfügung zu stellen. Nach OLG Bamberg bleibt in Mangelfällen der sonst vorzunehmende Kindergeldausgleich außer Betracht (OLG Bamberg, FamRZ 83/210 und FamRZ 82/519).

Hinsichtlich der Leitlinien hierzu wird auf Seite 146ff. verwiesen.

VI. Mangelfall bei Unterhaltspflicht gegenüber gleichrangigen Ehegatten und minderjährigen Kindern

1. Besonderheiten

Im Prinzip gelten hierzu die Ausführungen Seite 285ff. und Seite 288ff. Bei der praktischen Durchführung sind einige Besonderheiten zu beachten, die sich daraus ergeben, daß es einerseits bei allen Berechtigten zu anteiligen Unterhaltskürzungen kommt, daß aber andererseits die §§ 1581, 1577 BGB nur für den Ehegattenunterhalt gelten und daß die Billigkeitskürzung nach § 1581 BGB an sich bereits beginnt, wenn der angemessene Unterhalt des Verpflichteten gefährdet ist, während die Eltern im Verhältnis zu minderjährigen Kindern nach § 1603/II BGB bis zum notwendigen Selbstbehalt für den Unterhaltsanspruch der Kinder haften. Die praktische Notwendigkeit der Unterhaltsberechnung erfordert eine einheitliche Berücksichtigung der unterschiedlichen Gesichtspunkte.

2. Ermittlung des angemessenen Bedarfs aller Beteiligten

Zunächst ist – wie bei IV und V ausgeführt – für jeden Unterhaltsberechtigten (Ehegatten und Kinder) gesondert der angemessene Unterhalt festzustellen.

a) Auf der Ebene dieser Bedarfsfeststellung (erste Berechnungsstufe) ist erst der Kindesunterhalt nach der D.T. zu ermitteln und dann nach Vorabzug des Kindesunterhalts die Ehegattenquote.

b) Ein Mangelfall besteht, wenn die zu verteilenden Mittel auch nach Ausscheiden nachrangiger Unterhaltsberechtigter (z. B. volljähriger Kinder und nachrangiger Ehegatten) zur Bedarfsdeckung aller verbleibenden gleichrangigen Unterhaltsberechtigten nicht ausreichen und die Ehegatten weniger als den angemessenen Mindestbedarf erhalten. Erhalten sie mehr als den angemessenen Mindestbedarf, liegt kein Mangelfall vor. Desgleichen fehlt ein Mangelfall, wenn leistungsfähige, vorrangig haftende Verwandte vorhanden sind.

3. Mangelfall ohne zusätzliche Anteilskürzung bei den Berechtigten

a) In all den Fällen, in denen die errechnete Ehegattenunterhaltsquote zwischen DM 1200 und DM 1300 beim Verpflichteten und zwischen DM 910 und DM 975 bei dem Berechtigten bleibt, bedarf es keiner anteilsmäßigen Kürzungen, weil die Kinder ihren Unterhalt erhalten und den Eltern mindestens ihr Mindestselbstbehalt bzw. Mindestbedarf bleibt.

b) Fall 1

aa) Nettoeinkommen des Mannes DM 2775

Die Frau ist nicht erwerbstätig; sie erhält das Kindergeld.

Zwei Kinder im Alter von fünf und acht Jahren; sonst keine Besonderheiten.

bb) Berechnung:

Kindesunterhalt: Gruppe 4 = 295 + 360 = 655

Bedarfskontrollrechnung 2775 − 655 = 2120 × $\frac{3}{7}$ = 909 + 655 = 1564

2775 − 1564 = 1211.

Keine weitere Herabstufung, weil dem Mann mehr als der Bedarfskontrollbetrag verbleibt.

Die Kinder erhalten als Regelunterhalt DM 295 und 360. Die Frau erhält an sich DM 909, der Mann DM 1211. Die DM 909 sind knapp unter dem Mindestunterhaltsbedarf von DM 910. Es erscheint bei dieser geringen Verschiebung gerechtfertigt, den Unterhalt der Frau auf DM 910 festzusetzen mit der Folge, daß dem Mann für seinen Eigenbedarf DM 1210 verbleiben. Einer weiteren Anteilskürzung bedarf es nicht. Ein Mangelfall ist insofern gegeben, als die Eheleute wegen ihrer gesteigerten Haftung gegenüber minderjährigen Kindern selbst nicht ihren angemessenen Bedarf erhalten.

4. Mangelfall mit zusätzlichen Anteilskürzungen bei den Berechtigten

a) Bleibt den Ehegatten bei der Berechnung des Quotenunterhalts weniger als der notwendige Mindestbedarf von DM 990 (für den Erwerbstätigen) und DM 910 (für den nicht Erwerbstätigen) wird eine andere Berechnung nötig, weil dem erwerbstätigen Verpflichteten die Mittel seines notwendigen Lebensbedarfs auf jeden Fall verbleiben müssen.

aa) Deshalb ist zunächst vom bereinigten Nettoeinkommen der notwendige Selbstbehaltsbetrag (990) abzuziehen. Der verbleibende Restbetrag ist nach BGH nunmehr im Verhältnis des errechneten angemessenen Bedarfs der Berechtigten zu verteilen.

bb) In solchen Mangelfällen, bei denen dem Verpflichteten selbst keine DM 990 verbleiben, bemißt sich der Bedarf der Kinder fast immer nach den Mindestbedarfssätzen der D.T. (unterste Einkommensgruppe).

Demgegenüber liegt der errechnete Quotenunterhalt des nicht erwerbstätigen Ehegatten stets wesentlich unter dessen Mindestbedarf von DM 910. Dies macht es nötig, die für eine anteilige Kürzung notwendigen Vergleichsmaßstäbe nach den Mindestbedarfssätzen der Berechtigten zu bemessen, da diese in ihrer Relation aufeinander abgestimmt sind und deshalb allein zu angemessenen und befriedigenden Ergebnissen führen.

cc) Solche „stimmige" Einsatzbeträge sind bei solchen extremen Mangelfällen:

Beim Ehegatten die Mindestbedarfssätze von DM 910 bzw. 990 (bei Erwerbstätigkeit); bei Kindern die Tabellensätze der untersten Einkommensgruppe der jeweils in Betracht kommenden Altersstufe (so auch H.L. 3.37; D.T. C; Ha.L. 6 und F.L. C).

Abweichend hiervon ist nach OLG Köln das Resteinkommen im Verhältnis der Ehegatten mit Kindern im Verhältnis von 2 : 1 aufzuteilen (K.L. 29.0).

dd) Bei solchen krassen Mangelfällen bedarf es nach BGH in der Regel auch nicht der vorherigen Berechnung des angemessenen Unterhalts (Berechnungsstufe 1). Es kann sofort vom bereinigten Nettoeinkommen des Verpflichteten dessen notwendiger Selbstbehalt abgezogen werden und der verbleibende Restbetrag anteilsmäßig auf die Berechtigten verteilt werden (BGH, FamRZ 79/692, 693, 694 = NJW 79/1985, 1986 = B 177).

Eine solche Verteilung ohne vorherige Unterhaltsberechnung kann aber nur erfolgen, wenn Mindestsätze als Vergleichsmaßstab für die anteilsmäßige Minderung verwendet werden, weil konkret errechnete Beträge nicht zur Verfügung stehen.

ee) Außerdem ist in solchen Mangelfällen Kindergeld nicht unterhaltsmindernd zu verrechnen.

b) Fall 2

aa) Nettoeinkommen des Mannes DM 1790

Zwei Kinder im Alter von 12 und 15 Jahren; die Frau ist nicht erwerbstätig; sie erhält das Kindergeld; sonst keine Besonderheiten.

bb) Berechnung auf vereinfachte Weise, weil krasser Mangelfall

Notwendiger Eigenbedarf des Verpflichteten DM 990

Verteilungsmasse = 1790 − 990 = 800

Notwendiger Mindestbedarf der Berechtigten = 910 (Frau), 276 (Kind 1) und 327 (Kind 2) = 1513

Unterhalt der Frau $= 910 \times \frac{800}{1513} = 481{,}16 = 481$

Unterhalt Kind 1 $= 276 \times \frac{800}{1513} = 145{,}94 = 146$

Unterhalt Kind 2 $= 327 \times \frac{800}{1513} = 172{,}90 = 173$

cc) Die sich hieraus ergebende Relation von 481 : 173 : 146 ist angemessen.

c) Werden im vorhergehenden Fall (b) die Anteile unter Zugrundelegung von errechneten Unterhaltsbeträgen gekürzt, ergibt sich ein unbilliges Relationsverhältnis, das sich zum Nachteil der Frau bei einem noch niedrigeren Nettoeinkommen noch weiter verschlechtern würde.

Berechnung:

Kindesunterhalt = 276 + 327 = 603

Ehegattenunterhalt $= 1790 - 603 = 1187 \times \frac{3}{7} = 508$

Verteilungsmasse = 800 (1790 − 990)

Errechneter Bedarf der Berechtigten = 276 + 327 + 508 = 1111

Unterhalt der Frau $= 508 \times \frac{800}{1111} = 366$

Unterhalt Kind 1 $= 276 \times \frac{800}{1111} = 199$

Unterhalt Kind 2 $= 327 \times \frac{800}{1111} = 235$

d) Ein weiteres Berechnungsbeispiel findet sich bei D.T. C.; siehe dazu die Leitlinien bei VII, Seite 293.

5. Mangelfall bei mehreren minderjährigen Kindern und zwei gleichrangigen unterhaltsberechtigten Ehegatten

a) Die Kinder erhalten den Tabellenunterhalt nach der D.T., im Mangelfall in der Regel aufgrund der Bedarfskontrollrechnung den Mindestsatz aus der untersten Einkommensgruppe.

b) Gleichrangige Ehegatten erhalten grundsätzlich als Ehegattenquote den gleichen Anteil an dem nach Vorabzug des Kindesunterhalts verbleibenden Nettoeinkommen. Die Verteilung erfolgt also im Verhältnis 4 : 3 : 3. Ist der Pflichtige nicht erwerbstätig, erfolgt die Verteilung im Verhältnis 11 : 9 : 9 (H.L. 4.40 und 4.44).

c) Lebt ein Ehegatte mit dem Pflichtigen zusammen, ist mit Rücksicht auf die Ersparnisse durch gemeinsame Haushaltführung in der Regel ein Ausgleich zugunsten des anderen Ehegatten in der Weise vorzunehmen, daß sich ein Verhältnis von 4 : 3,3 : 2,7 ergibt, wenn der Pflichtige nicht erwerbstätig ist, ein Verhältnis von 11 : 9,9 : 8,1 (= H.L. 4.41).

d) In krassen Mangelfällen erfolgt die Berechnung wie zu 4., Seite 291, wobei das nach Abzug des Mindestselbstbehalts verbleibende Einkommen im Verhältnis des jeweiligen Mindestbedarfs der Ehegatten und der Mindestbedarfssätze der Kinder verteilt wird (H.L. 4.45 und 4.37).

6. Mangelfall, wenn bei zwei gleichrangigen Ehegatten der geschiedene Ehegatte ein eigenes Einkommen hat

a) Zunächst ist der Unterhalt des zweiten Ehegatten (ohne Einkommen) nach dem anrechenbaren Einkommen des Pflichtigen unter Berücksichtigung beider Ehegatten (Ehefrauen), aber ohne Berücksichtigung des Einkommens des geschiedenen Ehegatten zu berechnen.

b) Sodann ist in einem zweiten Gang der Anspruch des geschiedenen Ehegatten zu errechnen, wobei jedoch zuvor von dem Einkommen des Pflichtigen der im ersten Gang ermittelte Unterhalt des zweiten Ehegatten vorab als Verbindlichkeit abzuziehen ist.

c) Wird bei dieser Berechnung der notwendige Eigenbedarf des Pflichtigen unterschritten, ist in einem dritten Gang der nach Abzug des Eigenbedarfs verbleibende Rest des Einkommens auf die beiden Ehegatten im Verhältnis der Werte aufzuteilen, die sich bei der Berechnung im zweiten Gang ergeben haben (H.L. 4.42).

VII. Leitlinien zu Mangelfällen und Konkurrenzen

1. OLG Düsseldorf. Reicht das Einkommen zur Deckung des notwendigen Bedarfs des Unterhaltspflichtigen und der gleichrangigen Unterhaltsberechtigten nicht aus (sog. Mangelfälle), ist die nach Abzug des notwendigen Eigenbedarfs (Selbstbehalt) des Unterhaltspflichtigen verbleibende Verteilungsmasse auf die Unterhaltsberechtigten im Verhältnis ihrer Mindestbedarfssätze (Kindesunterhalt: Gruppe 1; Ehegattenunterhalt gemäß B V) gleichmäßig zu verteilen. Das Kindergeld ist bis zur Deckung des Mindestbedarfs in die Verteilungsmasse einzubeziehen.

Beispiel (monatlich aus Vereinfachungsgründen ohne Kindergeld):
Bereinigtes Nettoeinkommen des Unterhaltspflichtigen (V): 2000 DM
Unterhaltsberechtigte: eine nicht erwerbstätige Ehefrau (F) und zwei minderjährige Kinder (K1 und K2) (erste und zweite Altersstufe).

Notwendiger Eigenbedarf des V: 990 DM
Verteilungsmasse: 2000 − 990 DM = 1010 DM
Notwendiger Gesamtbedarf der Unterhaltsberechtigten:
910 DM (F) + 228 DM (K1) + 276 DM (K2) = 1414 DM

Unterhaltsansprüche: $F = 910\,\text{DM} \times \frac{1010}{1414} = 650\,\text{DM};$

$K1 = 228\,\text{DM} \times \frac{1010}{1414} = 163\,\text{DM};$

$K2 = 276\,\text{DM} \times \frac{1010}{1414} = 197\,\text{DM}$ (Summe: 1010 DM = Verteilungsmasse).

(D.T. C).

2. OLG Hamm. Reicht das Einkommen des Pflichtigen nach Abzug des Eigenbedarfs (Selbstbehalt) zur Gewährung des Tabellenunterhalts nach der untersten Einkommensgruppe nicht aus, ist der Rest auf die Kinder im Verhältnis des ihnen zustehenden Tabellenunterhalts (der untersten Einkommensgruppe) aufzuteilen. Die volljährigen Kinder gehen jedoch den minderjährigen im Rang nach (§ 1609/I BGB) (H.L. 2.21).

Für den Fall, daß das restliche Einkommen auch bei Eingruppierung der Kinder in der untersten Einkommensgruppe unter den notwendigen Mindesteigenbedarf sinkt, ist das nach Abzug des Eigenbedarfs verbleibende Einkommen des Pflichtigen im Verhältnis folgender Einsatzbeträge auf den Ehegatten und die Kinder zu verteilen: Der Einsatzbetrag des Ehegatten entspricht dem Mindestbedarf (990 bzw. 910); die Einsatzbeträge der Kinder entsprechen den Tabellensätzen der untersten Einkommensgruppe der jeweils in Betracht kommenden Altersstufe (H.L. 3.31).

Konkurrenz von Unterhaltsansprüchen

a) Minderjährige Kinder und getrennt lebende Ehegatten

Die Kinder erhalten den Tabellenunterhalt wie zu Ziff. 18ff., der Ehegatte die Sätze wie zu Ziff. 27ff. Bei der Berechnung des Ehegattenunterhalts ist jedoch vom anrechenbaren Einkommen des Pflichtigen vorab der volle Tabellenunterhalt der Kinder abzusetzen, und zwar ohne Berücksichtigung der erst später vorzunehmenden Erhöhung oder Anrechnung des Kindergeldes entsprechend Ziff. 15.

Hat der Pflichtige Kosten für die Krankenversicherung des Ehegatten zu zahlen (Ziff. 27), vermindert sich auch für die Berechnung des Kindesunterhalts das anrechenbare Einkommen des Pflichtigen um diese Kosten (H.L. 4.36).

Für den Fall, daß das restliche Einkommen auch bei Eingruppierung der Kinder in der untersten Einkommensgruppe unter den notwendigen Mindesteigenbedarf (Ziff. 20) sinkt, ist das nach Abzug des Eigenbedarfs verbleibende Einkommen des Pflichtigen im Verhältnis folgender Einsatzbeträge auf den Ehegatten und die Kinder zu verteilen: Der Einsatzbetrag des Ehegatten entspricht dem Mindestbedarf (Ziff. 33); die Einsatzbeträge der Kinder entsprechen den Tabellensätzen der untersten Einkommensgruppe der jeweils in Betracht kommenden Altersstufe (H.L. 4.37).

b) Minderjährige Kinder und geschiedener Ehegatte
Beim Anspruch des Ehegatten nach § 58 EheG empfiehlt sich – jedenfalls im Grundsatz – die gleiche Handhabung wie zu Ziff. 36 und 37, wenngleich sich das Rangverhältnis nicht nach § 1609/II 1 BGB sondern nach § 59 EheG bestimmt und weniger starr ist (H.L. 4.38).

Beim Unterhaltsanspruch des geschiedenen Ehegatten nach neuem Recht (§§ 1569ff. BGB) wird man Gleichrangigkeit anzunehmen haben, so daß ebenfalls die Leitlinien wie zu Ziff. 36 und 37 angewendet werden können (H.L. 4.39).

c) Mehrere gleichrangige Ehegatten
Die Ehegatten (etwa die geschiedene Ehefrau und die zweite Ehefrau) erhalten grundsätzlich den gleichen Anteil. Die Verteilung erfolgt also im Verhältnis 4 : 3 : 3; ist der Pflichtige nicht erwerbstätig, im Verhältnis 1 : 1 : 1 (vgl. Ziff. 27) (H.L 40).

Lebt ein Ehegatte mit dem Pflichtigen zusammen, ist mit Rücksicht auf die Ersparnis durch gemeinsame Haushaltsführung in der Regel ein Ausgleich zugunsten des anderen Ehegatten in der Weise vorzunehmen, daß sich ein Verhältnis von 4:3,3:2,7 ergibt; wenn der Pflichtige nicht erwerbstätig ist, von 3,3:3,3:2,7 (H.L. 4.41).

Hat der geschiedene Ehegatte eigenes Einkommen, kann folgende Lösung erwogen werden:

Zunächst ist der Unterhalt des zweiten Ehegatten (ohne Einkommen) nach dem anrechenbaren Einkommen des Pflichtigen unter Berücksichtigung beider Ehegatten (Ehefrauen), aber ohne Berücksichtigung des Einkommens des geschiedenen Ehegatten zu berechnen. Sodann ist in einem zweiten Gang der Anspruch des geschiedenen Ehegatten nach den Leitlinien (Ziff. 28ff.) zu errechnen, wobei jedoch zuvor von dem Einkommen des Pflichtigen der im ersten Gang ermittelte Unterhalt des zweiten Ehegatten vorab als Verbindlichkeit abzuziehen ist.

Wird bei dieser Berechnung der notwendige Eigenbedarf des Pflichtigen unterschritten, ist in einem dritten Gang der nach Abzug des Eigenbedarfs verbleibende Rest des Einkommens auf die beiden Ehegatten im Verhältnis der Werte aufzuteilen, die sich bei der Berechnung im zweiten Gang ergeben haben (H.L. 4.42).

Für den Fall, daß der zweite Ehegatte Einkommen hat, wird von einem Lösungsvorschlag abgesehen (H.L. 4.43).

d) Mehrere gleichrangige Ehegatten und minderjährige Kinder
Die Kinder erhalten den Tabellenunterhalt wie zu II (Ziff. 18ff), die Ehegatten die Anteile wie zu Ziff. 40 nach Vorwegabzug des Kindesunterhalts entsprechend Ziff. 36 (H. L. 4.44).

Für den Fall, daß bei dieser Berechnung das Einkommen des Pflichtigen nicht ausreicht (Ziff. 37) ist das nach Abzug des Eigenbedarfs verbleibende Einkommen im Verhältnis der Einsatzbeträge (Ziff. 37) auf die Ehegatten und Kinder zu verteilen (H.L. 4.45).

e) Mehrere Ehegatten bei Vorrang des geschiedenen Ehegatten (§ 1582 BGB)
Hat der geschiedene Ehegatte gemäß § 1582 BGB Vorrang vor dem neuen Ehegatten, kann folgende Lösung erwogen werden:

Der neue Ehegatte kann in der Regel erst dann berücksichtigt werden, wenn dem Verpflichteten der Eigenbedarf (Selbstbehalt) nach Ziff. 33 I verbleibt und der geschiedene Ehegatte den Mindestbedarf nach Ziff. 33 II erhält.

Haben neben dem Ehegatten minderjährige unverheiratete Kinder Unterhaltsansprüche, so errechnet sich deren Unterhalt im Fall der Gleichrangigkeit beider Ehegatten (Ziff. 44f.). Der bei dieser Berechnung auf die beiden Ehegatten insgesamt entfallende Betrag ist wie folgt zu verteilen:

Der geschiedene Ehegatte erhält den Mindestbedarf (Ziff. 33); sofern er ohne Berücksichtigung des neuen Ehegatten einen geringeren Betrag erhielte, nur diesen geringeren Betrag. Den Rest erhält der neue Ehegatte. Ist der Rest größer als der Betrag, den nach dieser Regelung der geschiedene Ehegatte zu erhalten hat, erfolgt die Verteilung wie im Fall der Gleichrangigkeit (H.L. 4.46).

3. OLG Hamburg. Reicht das Einkommen zur Deckung des notwendigen Bedarfs des Unterhaltspflichtigen und der gleichrangigen Unterhaltsberechtigten nicht aus (sog. Mangelfälle), ist die nach Abzug des notwendigen Eigenbedarfs (Selbstbehalts) des Unterhaltspflichtigen verbleibende Verteilungsmasse auf die Unterhaltsberechtigten im Verhältnis ihrer Mindestbedarfssätze gleichmäßig zu verteilen. Am Kindergeld nimmt der Unterhaltspflichtige erst teil, wenn er den Mindestbedarf deckt (Ha.L. 6).

4. OLG Köln. Konkurrenz von Unterhaltsansprüchen bei beschränkten Einkommens- und Vermögensverhältnissen des Unterhaltsverpflichteten.

Reicht der Betrag, der zur Erfüllung mehrerer Unterhaltsansprüche zur Verfügung steht, nicht aus, um allen einen angemessenen oder auch nur notwendigen Bedarf zu garantieren, so muß der verschiedene Rang der Unterhaltsansprüche (§§ 1609, 1582 BGB) bzw. die Gleichrangigkeit von Ansprüchen beachtet werden.

Der Kindesunterhalt kann nicht mehr vorweg vom Nettoeinkommen mit dem Tabellensatz abgezogen werden, wenn dadurch der Ehegattenunterhalt unverhältnismäßig gekürzt wird (K.L. 26.0).

Die zur Verteilung stehende Summe soll dann nach dem Verhältnis der Einsatzbeträge (1.3.) oder nach folgendem Schlüssel zwischen den Unterhaltsberechtigten aufgeteilt werden:

Unterhaltsverpflichteter zu Ehegatte zu Kind wie 8 : 6 : 3 (pro Kind)

Verbleibt dem Unterhaltsverpflichteten danach weniger als der notwendige Selbstbehalt, so kann nur der diesen Mindestbedarf übersteigende Betrag entsprechend auf die Unterhaltsberechtigten aufgeteilt werden (H.L. 27.0).

Der auf mehrere Kinder entfallende Gesamtanteil soll bei unterschiedlichem Alter im Verhältnis der Regelbedarfssätze (Einkommensgruppe 1 der Tabelle) zueinander verteilt werden (K.L. 28.0.).

Bei unteren Einkommen (jedenfalls Einkommensgruppe 1 der Tabelle) kann dem Unterhaltsverpflichteten nur der Mindestbedarf (notwendiger Selbstbehalt) verbleiben. Das Resteinkommen ist dann im Verhältnis von Ehegatten und Kindern mit 2 : 1 aufzuteilen (K.L. 29.0.).

5. OLG Bremen. Wenn der notwendige Bedarf aller Unterhaltsberechtigten nicht gedeckt werden kann, sind alle anteilig zu kürzen (B.L.A. 1 a)

Soweit der Ehegattenunterhalt nach Vorwegabzug des Unterhalts der minderjährigen Kinder ermittelt werden soll, ist der Kindesunterhalt vom Einkommen des Unterhaltspflichtigen in Höhe des vollen Tabellensatzes nach der Düsseldorfer Tabelle und nicht der bereits um ½ Kindergeld-Anteil geminderte Zahlbetrag vorweg abzusetzen (B.L.A. 1 b).

Bei der Konkurrenz zwischen Ehegattenunterhalt und Unterhalt gemeinschaftlicher minderjähriger Kinder wie oben unter A 1 a und 1 b (B.L.C 1)

Unterhaltszahlungen an gleichrangige, nicht erwerbstätige Ehegatten:

a) Für den neuen Ehegatten (bei Haushaltsgemeinschaft) ⅓ des anrechnungsfähigen Nettoeinkommens;

b) bei geschiedenen und getrennt lebenden Ehegatten ⅖-Quote (B.L.C 2)

6. OLG Schleswig-Holstein. Mangelfälle. Wenn Kinder und Ehegatte konkurrieren, entfallen auf die Kinder vorweg 150 DM (Differenz der Selbstbehaltssätze). Der verbleibende Bedarf der Kinder und der Bedarf des Ehegatten werden anteilig gekürzt.

Muß als Bedarf des Ehegatten der Mindestbedarf angesetzt werden, dann ist als Unterhaltsbedarf der Kinder der Bedarf nach Gruppe 1 anzusetzen (Schl.L. 80).

7. OLG Koblenz. Der monatliche notwendige Eigenbedarf (Selbstbehalt) des erwerbstätigen Unterhaltspflichtigen beträgt 900 DM, des nicht erwerbstätigen Unterhaltspflichtigen 825 DM. Liegen die Voraussetzungen des § 1581 BGB vor, ist nach den Umständen des Einzelfalls dem Unterhaltspflichtigen mindestens der notwendige Eigenbedarf, höchstens der angemessene Eigenbedarf zu belassen. Der monatliche Eigenbedarf des Unterhaltspflichtigen beträgt in der Regel mindestens 1200 DM. Die angegebenen Sätze für den notwendigen und den angemessenen Eigenbedarf gelten auch für den Unterhaltsberechtigten (Ko.L. zu B IV bis VII).

8. OLG Oldenburg. Der sog. Einsatzbetrag von 900 DM kommt nur in Mangelfällen zum Tragen. Mangelfälle sind die, in denen der über den großen Selbstbehalt liegende Teil des Einkommens des Pflichtigen nicht zur Deckung der Ansprüche des Berechtigten ausreicht. In diesen Fällen wird der über dem großen Selbstbehalt liegende Einkommensteil anteilig unter die Berechtigten (Ehefrau und minderjährige Kinder) aufgeteilt, wobei die Frau mit 900 DM (= Einsatzbetrag) und die Kinder mit dem Mindestsatz (Gruppe 1) der Düsseldorfer Tabelle angesetzt werden.

Sind z. B. zwei Kinder von 3 und 9 Jahren vorhanden, so wird der Bedarf des ersten Kindes mit 276 DM, des zweiten Kindes mit 278 DM und der Ehefrau mit 900 DM angesetzt; diese erhält also $\frac{900}{1404}$ des über 1100 DM liegenden Einkommensteils des pflichtigen Ehemannes.

9. OLG Frankfurt

Mangelfälle

Reicht das Einkommen zur Deckung des notwendigen Bedarfs des Unterhaltspflichtigen und der gleichrangigen Unterhaltsberechtigten nicht aus (sog. Mangelfälle) so ist die nach Abzug des Eigenbedarfs (Selbstbehalt) des Unterhaltspflichtigen verbleibende Verteilungsmasse auf die Unterhaltsberechtigten entsprechend ihren Einsatzbeträgen (Mindestbedarfssätze beim Kindesunterhalt nach

Gruppe 1, beim Ehegattenunterhalt gemäß B V) gleichmäßig zu verteilen. Das Kindergeld ist bis zur Deckung des Mindestbedarfs in die Verteilungsmasse einzubeziehen (F.T.C).

F.W. in DAV

Im Hinblick auf den unterhaltsrechtlichen Vorrang des unterhaltsberechtigten Ehegatten gegenüber dem volljährigen Kind und im Hinblick auf den großen Selbstbehalt, der dem Unterhaltspflichtigen gegenüber dem volljährigen Kind zusteht, kann es sich ergeben, daß der Volljährige u. U. ganz oder teilweise leer ausgeht. Andererseits steht dem Volljährigen aber nunmehr auch gegenüber seinem seither sorgeberechtigten Elternteil ein Barunterhaltsanspruch zu, den er insoweit realisieren kann, als dieser Elternteil auch über Einkünfte verfügt, die den großen Selbstbehalt übersteigen. Zu den Einkünften dieses Elternteil rechnet nämlich auch der Unterhaltsanspruch gegen den anderen, geschiedenen Ehegatten (Elternteil). Entweder nimmt das Kind nunmehr beide Eltern auf Unterhalt in Anspruch: dann wird aus dem zusammengezählten Gesamteinkommen der Elternteile der Kindesunterhalt anhand der Düsseldorfer Tabelle errechnet und dann entsprechend den unterschiedlich hohen Einzeleinkommen der Eltern wieder auf diese aufgeteilt oder man beläßt es bei dem – u. U. titulierten – Kindesunterhalt und prüft bei dem seither allein barunterhaltspflichtigen Elternteil, wie dieser sich nach Abzug des Ehegattenunterhalts und des Kindesunterhalts im Ergebnis steht: Hat dieser danach im Ergebnis weniger als der andere, unterhaltsberechtigte Ehegatten, dann ist im Weg der Paritätskontrolle der Ehegattenunterhalt entsprechend herabzusetzen. Es ist also ratsam, entweder einen Gesamtvergleich zwischen allen Unterhaltsbeteiligten zu schließen oder einen bisher nicht am Unterhaltsprozeß beteiligten weiteren Unterhaltsberechtigen im Weg der Widerklage mit hineinzuziehen, um ein einheitliches Urteil zu erlangen. Gelegentlich haben Frankfurter Familiensenate auch am § 242 BGB orientierte Einzelfallentscheidungen getroffen (F.W. in DAV 84/248).

Es ist ferner zu prüfen, ob der angemessene Eigenbedarf (= großer Selbstbehalt des Unterhaltspflichtigen) nach Abzug seiner gesamten Unterhaltsverpflichtungen noch immer voll gewahrt ist; wenn nein, ist der Unterhaltsanspruch grundsätzlich so lange zu kürzen, bis der große Selbstbehalt des Unterhaltspflichtigen wieder erreicht ist. Tritt der unterhaltsberechtigte Ehegatte dabei mit anderen unterhaltsberechtigten Kindern oder Ehegatten aus früherer oder neuer Ehe in Konkurrenz, wird das später erörtert.

Der große Selbstbehalt darf nach bisheriger Ansicht der vier in Frankfurt ansässigen Familiensenate nicht unterschritten werden. Nach Ansicht des Kasseler Familiensenats darf dieser Betrag im Einzelfall im Rahmen des § 1581 BGB bis zur Grenze des notwendigen Eigenbedarfs (= kleiner Selbstbehalt) unterschritten werden. Nach dem vorläufigen Abschluß dieses Aufsatzes hat nunmehr auch der 1. Familiensenat des OLG Frankfurt entschieden, daß der große Selbstbehalt im konkreten Einzelfall ausnahmsweise dann unterschritten werden darf, wenn die Billigkeit im Sinn des § 1581 BGB dies zwingend erfordere (F.W. in DAV 84/255).

Konkurrenz von Unterhaltsansprüchen

Reicht die Differenz zwischen dem bereinigten Nettoeinkommen und dem Selbstbehalt des Unterhaltsverpflichteten nicht aus, um alle Unterhaltsberechtigten zu befriedigen, stellt sich die Frage nach den Rangverhältnissen und – bei Gleichrangigkeit – der Mangelbedarfsrechnung.

Solange vorrangige Unterhaltsansprüche nicht voll befriedigt sind, gehen nachrangig Berechtigte vollkommen leer aus.

Daran ändert auch nichts, wenn ein nachrangiger Bedürftiger einen rechtskräftigen Unterhaltstitel erwirbt; der Unterhaltsanspruch des Vorrangigen ist so zu beurteilen, wie es im Fall gleichzeitiger Entscheidung über die Ansprüche zu geschehen hätte; der Verpflichtete ist darauf zu verweisen, ggf. gegenüber dem Nachrangigen im Weg der Abänderungsklage nach § 323 ZPO Abhilfe zu suchen.

Die Rangverhältnisse

Trotz grundsätzlichen Gleichrangs aller unterhaltsberechtigter Ehegatten zu allen Kindern trifft das Gesetz für einzelne Fallgestaltungen Sonderregelungen.

Minderjährige unverheiratete Kinder gehen den anderen Kindern, also volljährigen oder verheirateten, unabhängig von deren Bedürftigkeit, vor (§ 1609/I BGB). Wegen der erweiterten Unterhaltsverpflichtung des § 1603/II BGB gegenüber den minderjährigen Kindern hat der Unterhaltsverpflichtete ihnen gegenüber nur den kleinen Selbstbehalt, sofern sie nicht bereits verheiratet sind. Im übrigen gilt gegenüber den Kindern der große Selbstbehalt. Ausnahmsweise kann dieser auch den minderjährigen unverheirateten Kindern entgegengehalten werden, wenn die erweiterte Unterhaltspflicht des § 1603/II 1 BGB deswegen nicht eintritt, weil der andere Elternteil den Kindesunterhalt ohne Gefährdung seines eigenen angemessenen Unterhalts gewähren kann (F.W. in DAV 84/259).

Den privilegierten minderjährigen unverheirateten Kindern steht der jetzige Ehegatte gleich (§ 1609/II 1 BGB). Dies gilt trotz fehlender ausdrücklicher gesetzlicher Regelung auch für den geschiedenen Ehegatten. Allerdings kann diesem wegen der Fassung des § 1581 BGB der große Selbstbehalt als „eigener angemessener Unterhalt" entgegengehalten werden. Dem geschiedenen Ehegatten, der nach §§ 1569ff. BGB Unterhaltsansprüche geltend machen darf, kann nach § 1582/I BGB u. U. (etwa bei Kindesbetreuung oder langdauernder Ehe) der Vorrang vor dem neuen Ehegatten eingeräumt sein.

Nach § 850d ZPO kann das Vollstreckungsgericht das Rangverhältnis anders festsetzen. Diese Vorschrift hat bei den Senaten bisher keine praktische Bedeutung erlangt – wohl mit Rücksicht auf die Möglichkeiten des § 323 ZPO gegenüber Titeln, die im Fall des Hinzutretens neuer Unterhaltsberechtigter eröffnet sind (F.W. in DAV 84/260).

Mangelbedarfsfälle

Stehen die Höhe der Selbstbehalte und die Rangverhältnisse unabhängig voneinander fest, so stellt sich bei Gleichrangigkeit – und nur dann – die Frage nach der Lösung von Mangelfällen. Ergibt sich nämlich, daß alle gleichrangigen tabellarischen Unterhaltsansprüche aus der Differenz zwischen dem bereinigten Nettoeinkommen und dem jeweiligen Selbstbehalt des Unterhaltspflichtigen nicht voll befriedigt werden können, so wird eine Mangelbedarfsberechnung erforderlich. Dabei wird das den Selbstbehaltssatz übersteigende bereinigte Nettoeinkommen in einer Dreisatzrechnung der Summe der gleichrangigen Unterhaltsansprüche gegenübergestellt, um eine verhältnismäßige Kürzung aller Unterhaltsansprüche zu erreichen.

Dabei kann wegen der zwei unterschiedlichen Selbstbehalte eine zweistufige Berechnung erforderlich sein, wenn etwa die gleichrangige geschiedene Ehefrau mit minderjährigen und unverheirateten Kindern oder einer zweiten Ehefrau konkurriert. Die geschiedene Ehefrau teilt sich mit den anderen gleichrangigen Unterhaltsberechtigten zunächst den DM 1300 übersteigenden Teil des Verfügungseinkommens. Die Differenz zwischen DM 950 und DM 1300 verbleibt zur Deckung des Restbedarfs der anderen. Dabei stellt sich die Frage nach den Einsatzbeträgen in diese Kürzungsmathematik.

Nach ständiger Rechtsprechung der in Frankfurt ansässigen Senate wird mit Mindestbeträgen gerechnet, also bei minderjährigen unverheirateten Kindern mit der Gruppe 1 der D.T., bei getrennt lebenden oder geschiedenen Ehegatten mit dem kleinen Selbstbehalt als dem notwendigen Bedarf.

Sind zwei unterhaltsberechtigte Ehegatten vorhanden, versteht es sich ohnehin von selbst, daß nicht beide mit je ⅖ am Verfügungseinkommen teilhaben können, weil dem Unterhaltsverpflichteten dann nur ⅕ verbliebe. Hat einer der Unterhaltsberechtigten Ehegatten eigenes Einkommen, so wird dieses – unabhängig davon, ob die Anrechnungs- oder die Differenzmethode eigentlich geboten wäre – von dem kleinen Selbstbehalt als Einsatzbetrag abgezogen (eine nochmalige Berücksichtigung gegenüber dem so ermittelten (Mangel)Restbedarf erfolgt aber auch bei der Anrechnungsmethode dann nicht mehr). Auf diese Berechnungsweise haben sich die Frankfurter Senate in einer großen Senatsbesprechung erneut mit Rücksicht darauf verständigt, daß aus dem Urteil des BGH (FamRZ 83/678) keine Notwendigkeit zur Aufgabe der bisherigen Frankfurter Mangelbedarfsrechnung herzuleiten ist. Für die Billigkeitsentscheidung nach § 1581 BGB ist es nämlich nicht zwingend geboten, in die Kürzungsberechnung mit angemessenen Unterhaltssätzen einzutreten, vielmehr bleibt es dabei, den Mangelbedarfsfall mit Mindestbedarfssätzen zu lösen (F.W. in DAV 84/261).

Anstelle eines Einsatzbetrages ist aber von dem bereits rechtskräftig titulierten Bedarf Minderjähriger auszugehen; er kann bei der Berechnung des zu verteilenden, den Selbstbehalt übersteigenden bereinigten Verfügungseinkommens sogar vorweg abgezogen werden.

Im übrigen darf die Mangelbedarfsrechnung selbstverständlich nicht dazu führen, daß ein Berechtigter im Ergebnis mehr zugesprochen erhält, als ihm nach der D.T. eigentlich höchstens zustünde; in einem solchen Fall wäre das Ergebnis entsprechend zu korrigieren (F.W. in DAV 84/262).

Nach der Unterhaltsrechtsprechung des Kasseler Senats kann der angemessene Selbstbehalt des Unterhaltsverpflichteten, der gegenüber dem geschiedenen Ehegatten – ebenso wie gegenüber den volljährigen Kindern – grundsätzlich DM 1300 monatlich beträgt, im Verhältnis zu diesen im Rahmen des § 1581 BGB bis zur Grenze des notwendigen Selbstbehalts im Einzelfall unterschritten werden.

In Mangelfällen, in denen das zu Unterhaltszwecken zur Verfügung stehende Einkommen zur Deckung auch des Kindesunterhalts der niedrigsten Stufe des Mindestbedarfs des unterhaltsberechtigten Ehegatten sowie des notwendigen Selbstbehalts des Unterhaltsverpflichteten nicht ausreicht, ist nach der Rechtsprechung des Kasseler Senats zunächst das Kindergeld, notfalls im vollen Umfang, zur Bedarfsdeckung heranzuziehen. Erst dann, wenn auf diese Weise eine solche nicht erreicht wird, sind die Ansprüche der Unterhaltsberechtigten entsprechend dem für ihren Unterhalt verbleibenden Betrag verhältnismäßig zu kürzen (F.W. in DAV 84/268).

3. Abschnitt: Sonstiges

I. Sonderbedarf

1. Voraussetzungen für einen Sonderbedarf

a) Nach der Legaldefinition des § 1613/II 1 BGB ist Sonderbedarf ein unregelmäßiger außerordentlich hoher Bedarf.

Es muß sich um einen Lebensbedarf handeln, der überraschend ist und der Höhe nach nicht abschätzbar auftritt.

„Unregelmäßig" ist ein solcher Bedarf, wenn er nicht mit Wahrscheinlichkeit voraussehbar war und deshalb bei der laufenden Unterhaltsrente nicht berücksichtigt werden konnte.

Ob er außergewöhnlich hoch ist, muß unter Berücksichtigung der Frage entschieden werden, ob und inwieweit im konkreten Einzelfall dem Berechtigten bei einer Gesamtbetrachtung zugemutet werden kann, den Bedarf selbst ganz oder teilweise zu bestreiten. Es kommt außerdem auf die Umstände des Einzelfalls an, vor allem auf die Höhe der laufenden Unterhaltsrente und die sonstigen Einkünfte des Berechtigten, auf den Lebenszuschnitt der Beteiligten sowie auf den Anlaß und den Umfang der besonderen Aufwendungen.

Ob Sonderbedarf vorliegt, kann nicht generell nach allgemein gültigen Maßstäben festgelegt werden. Es kann grundsätzlich nur von Fall zu Fall für die jeweils in Frage stehende Aufwendung entschieden werden, ob sie als Sonderbedarf zu behandeln ist (BGH, FamRZ 83/29, 30 = NJW 23/224, 225 = B 200a; FamRZ 82/145, 146, 147 = NJW 328, 329, 330 = B 200b; FamRZ 84/470, 472 = NJW 84/2826, 2828 = B 117).

b) Sonderbedarf kann u. a. sein:
Unvorhergesehene Krankheit, Operations- und ähnliche Kosten, Aufwendungen für die Renovierung einer Wohnung, Aufwendungen, die durch die Wahl eines aus Gesundheitsrücksicht oder aus anderen zwingenden Gründen gebotenen teuren Wohnorts verursacht werden, sowie unvorhergesehene Kosten als Folge eines Stellungs-, Berufs- oder Wohnungswechsels, sowie hierdurch erforderlich werdende Umzugskosten (BGH, FamRZ 83/29, 30 = NJW 83/224, 225, 226 = B 200a).

c) In der Wortwahl des Gesetzes, das nur einen „außergewöhnlich" hohen Bedarf als Sonderbedarf gelten läßt, kommt zum Ausdruck, daß es im Zweifel bei der laufenden Unterhaltsrente sein Bewenden haben muß und nur in Ausnahmefällen die gesonderte Ausgleichung zusätzlicher unvorhergesehener Ausgaben erfolgen soll. Das gilt auch im Interesse einer Befriedung und Beruhigung des Verhältnisses von Unterhaltsgläubiger und Unterhaltsschuldner, das durch häufige Einzelanforderungen in unerwünschter Weise belastet werden könnte (BGH, FamRZ 82/145, 146 = NJW 82/328, 329 = B 200b; FamRZ 84/470, 472 = NJW 84/2826, 2828 = B 117).

2. Sonderbedarf und laufender Unterhalt

a) Bei monatlichen Unterhaltsbeträgen, seien sie vereinbart oder gerichtlich festgesetzt, handelt es sich um pauschalierte Summen. Der erwartete Unterhaltsbedarf, den zu erfüllen der Schuldner gehalten ist, wird durch gleichmäßig über das Jahr verteilte monatliche Rentenbeträge ausgedrückt.

Eine ausdrückliche Regelung, ob und ggf. unter welchen Voraussetzungen der barunterhaltspflichtige Elternteil von diesen pauschalierten Rentenbeträgen einen Abzug machen kann, wenn und soweit das Unterhaltsbedürfnis eines Kindes für gewisse Zeit anderweitig erfüllt wird, enthält das Gesetz nicht. Jedoch liegt es aufgrund der Unterhaltspauschalierung von vornherein nahe, daß dabei geringfügige Bedarfsminderungen – wie auch umgekehrt geringfügige Erhöhungen –, mit deren Auftreten zu rechnen ist, außer Betracht bleiben müssen.

Für die insoweit erforderliche nähere Abgrenzung gibt die Regelung, die das Gesetz für das Entstehen höheren als des erwarteten Unterhaltsbedarfs bereitstellt, einen bedeutsamen Hinweis. Die Unterhaltspauschalierung vermeidet aus praktischen Gründen im allgemeinen die Berücksichtigung von bedarfserhöhenden Einzelumständen. Solche gewinnen nur ausnahmsweise unter dem Gesichtspunkt des Sonderbedarfs Bedeutung (BGH, FamRZ 84/470, 472 = NJW 84/2826, 2828 = B 117).

b) Selbst eine im Verhältnis zum laufenden Unterhalt außergewöhnlich hohe Einzelausgabe ist kein Sonderbedarf, wenn sie unter den Verhältnissen der Parteien nach dem gewöhnlichen Lauf der Dinge voraussehbar war. In einem solchen Fall kann der Berechtigte darauf verwiesen werden, daß er sich beizeiten auf die Ausgabe hätte einstellen können. Aufwendungen, mit denen zu rechnen ist, gehören grundsätzlich zum laufenden Unterhalt. Dieser ist so zu bemessen, daß sämtliche voraussehbaren Ausgaben abgedeckt werden und bei größeren voraussehbaren Ausgaben genügend Spielraum für eine vernünftige Planung verbleibt (BGH, FamRZ 82/145, 146, 147 = NJW 82/328, 329, 330 = B 200b).

Kein Sonderbedarf, sondern erhöhter Unterhaltsbedarf sind daher z. B. die Kosten einer Privatschule, wenn der Sorgeberechtigte ins Ausland zieht.

c) Andererseits können unregelmäßig entstehende und außergewöhnlich hohe Krankheitskosten nicht dadurch aus dem Bereich des Sonderbedarfs ausgeschieden werden, daß sie nachträglich (fiktiv) auf einen längeren Zeitraum verteilt werden und auf diese Weise eine tragbare monatliche Durchschnittsbelastung des Unterhaltsberechtigten errechnet wird (BGH, FamRZ 82/145, 146 = NJW 82/328, 329 = B 200b).

3. Beteiligung des Unterhaltsberechtigten bei Finanzierung von Sonderbedarf

a) In Fällen des Ehegattenunterhalts ist jeweils auch zu prüfen, inwieweit der Unterhaltsberechtigte an den Aufwendungen zur Deckung des Sonderbedarfs zu beteiligen ist. Es ist nämlich im allgemeinen davon auszugehen, daß bereits durch die laufende Unterhaltsrente eine angemessene Aufteilung derjenigen Mittel herbeigeführt wird, die für den Lebensbedarf beider Ehegatten zur Verfügung stehen. Das kann nicht selten dazu führen, daß der Unterhaltsberechtigte einen Teil seines Sonderbedarfs selbst zu tragen hat und nur die Erstattung des Restes wird verlangen können. Ob und gegebenenfalls und in welchem Umfang eine solche Beteiligung des Unterhaltsberechtigten an den Kosten des Sonderbedarfs geboten ist, hängt von den Umständen des Einzelfalls ab und muß in erster Linie der Entscheidung des Tatrichters vorbehalten bleiben (BGH, FamRZ 83/29, 31 = NJW 83/224, 226 = B 200a; FamRZ 82/145, 147 = NJW 82/328, 330 = B 200b).

4. Rückwirkende Geltendmachung von Sonderbedarf

Sonderbedarf kann auch im Rahmen eines Unterhaltsanspruchs nach § 58 EheG in entsprechender Anwendung des § 1613/II BGB ohne vorherige Inverzugsetzung des unterhaltsverpflichteten Ehegatten bis zu einem Jahr rückwirkend geltend gemacht werden (BGH, FamRZ 83/29, 31 = NJW 83/224, 226 = B 200a).

5. Keine Unterhaltskürzung wegen Ferienaufenthalts des Kindes beim umgangsberechtigten Elternteil

Das Verlangen des Unterhaltsschuldners nach einer Unterhaltskürzung, das ebenso wie eine Mehrforderung des Gläubigers wegen bedarfserhöhender Umstände der Befriedung und Beruhigung des Verhältnisses zwischen beiden im Weg stehen kann, muß auf Fälle beschränkt werden, in denen die Deckung eines Teils des Unterhaltsbedürfnisses des Gläubigers unvorhersehbar eintritt. Sie muß zudem der Höhe nach gegenüber dem Umfang der laufenden Unterhaltspflichten ins Gewicht fallen. Teildeckungen des Unterhaltsbedarfs geringeren Umfangs sowie insbesondere solche, die nach Eintritt und Höhe vorhersehbar waren, sind dagegen allgemein als in der zuerkannten oder vereinbarten Unterhaltsrente bereits berücksichtigt anzusehen.

Die Anforderungen, die für ein Verlangen auf eine zeitweilige Kürzung gelten, sind nicht erfüllt, wenn der nicht-sorgeberechtige Elternteil ein Kind im Rahmen der Ausübung seines üblichen Umgangsrechts während der Ferien einige Wochen bei sich hat und in dieser Zeit durch Naturalleistungen versorgt. Solche Besuche von der hier in Rede stehenden Dauer sind als Wahrnehmung des gesetzlich vorgesehenen Rechts zum persönlichen Umgang mit dem Kind nicht unvorhersehbar und geben deshalb dem nicht-sorgeberechtigten Elternteil kein Recht, die pauschalierte monatliche Unterhaltsrente zu kürzen. Wenn Eltern eine andere Regelung wünschen, steht es ihnen frei, eine entsprechende Vereinbarung zu treffen (BGH, FamRZ 84/470, 472 = NJW 84/2826, 2828 = B 117).

II. Unterhalt für die Vergangenheit und Verzug

1. Rückwirkender Unterhalt nur ab Verzug oder Rechtshängigkeit

Nach § 1613/I BGB kann für die Vergangenheit Unterhalt nur von der Zeit an gefordert werden, zu welcher der Verpflichtete in Verzug gekommen ist oder der Unterhaltsanspruch rechtshängig geworden ist. Zur Inverzugsetzung gehört grundsätzlich eine Mahnung nach Eintritt der Fälligkeit (BGH, FamRZ 81/866, 867 = B 201 a; FamRZ 83/352, 354 = NJW 83/2318, 2319 = B 202 c).

Dies gilt auch für den Trennungsunterhalt nach §§ 1361/IV 4, 1360 a/III; 1613/I BGB (BGH, FamRZ 85/155, 158 = NJW 85/486, 488 = B 201 d).

Auch Vorsorgeunterhalt muß konkret angemahnt werden (BGH, FamRZ 82/887 = NJW 82/1983).

2. Anforderungen an eine wirksame Mahnung

a) Die in der Mahnung liegende Leistungsaufforderung des Gläubigers muß eindeutig und bestimmt sein. Hieraus ergibt sich auch für den Bereich familienrechtlicher Unterhaltsschulden, daß die Mahnung des Berechtigten die geschuldeten Leistungen der Höhe nach genau bezeichnen muß. Dem Unterhaltsschuldner muß dessen Schuld nicht nur nach seiner Existenz sondern auch nach Umfang und Höhe des geschuldeten Betrags bekannt sein (BGH, FamRZ 85/155, 158 = NJW 85/486, 487 = B 201 d; FamRZ 84/163, 164 = NJW 84/868, 869 = B 201 e; FamRZ 83/51, 52 = B 201 f; FamRZ 82/887, 890 = NJW 82/1983, 1985 = B 201 b).

b) Dies gilt auch bei einem Forderungsübergang nach § 140 AFG, durch den der Charakter des übergeleiteten Rechts nicht verändert wird (BGH, FamRZ 83/51, 53 = B 201 f; FamRZ 81/866, 867 = B 201 a).

c) Das Erfordernis, den beanspruchten Betrag nach Grund und Höhe zu konkretisieren, bedeutet allerdings nicht, daß es ausnahmslos einer ziffernmäßigen Angabe bedürfte. Vielmehr kommt es darauf an, daß nach dem Inhalt der Mahnung und den gesamten Umständen des Falles für den Unterhaltsschuldner klar ist, welchen genauen Unterhaltsbetrag der Gläubiger von ihm fordert (BGH, FamRZ 84/163, 164 = NJW 84/868, 869 = B 201 e).

d) Für die Eindeutigkeit einer Mahnung ist es nicht ausreichend, wenn der unterhaltspflichtige Elternteil, dem das Kindesalter und sein eigenes Nettoeinkommen als für die Unterhaltsbemessung maßgebliche Faktoren bekannt sind, imstande ist, zumindest unter Inanspruchnahme fachkundiger Hilfe oder Beratung den geschuldeten Unterhalt ziffernmäßig zu ermitteln. Abzulehnen ist auch die Ansicht, ein in dem Mahnschreiben enthaltenes Zahlungsverlangen stelle trotz fehlender Bezifferung eine Mahnung dar, weil der Verpflichtete das Alter der Klägerin gekannt habe und es ihm möglich gewesen sei, den in der Regelunterhaltsverordnung für ein nichteheliches Kind der entsprechenden Altersstufe festgesetzten Regelbedarf als durch § 1610/III BGB festgelegten Mindestbedarf eines ehelichen Kindes und damit als den an die Klägerin zu zahlenden Unterhaltsbetrag festzustellen. Eine derartige Beurteilung überspannt die Anforderungen, die an den Verpflichteten gestellt werden können (BGH, FamRZ 84/163, 164 = NJW 84/868, 869 = B 201 e).

3. Auskunftsbegehren und Mahnung

Das an den Verpflichteten gerichtete Verlangen über seine Einkommensverhältnisse Auskunft zu erteilen, steht der konkreten Aufforderung der Leistung von Unterhalt nicht gleich und ist daher keine wirksame Mahnung. Gerät der zur Auskunft Verpflichtete mit der Erteilung der Auskunft in Verzug, kann dies zur Schadensersatzpflicht aus dem Gesichtspunkt des Verzugsschadens führen (BGH, FamRZ 84/163, 164 = NJW 84/868, 869 = B 201 e; FamRZ 85/155, 158 = NJW 85/486, 488 = B 201 d).

Eine Mahnung liegt jedoch in der Erhebung einer Stufenklage mit zunächst unbeziffertem Leistungsantrag (OLG Hamburg, FamRZ 83/602).

4. Anmahnung eines betragsmäßig zu hohen oder zu niedrigen Unterhalts

a) Wegen der Schwierigkeit der Berechnung einer Unterhaltsforderung kann eine Mahnung in der Regel nicht deshalb als unwirksam angesehen werden, weil sie eine Zuvielforderung enthält. Sie ist vielmehr als Aufforderung zur Bewirkung der tatsächlich geschuldeten Leistung zu werten, zumal kein Zweifel daran bestehen kann, daß ein Unterhaltsgläubiger auch zur Annahme einer Minderleistung bereit ist (BGH, FamRZ 83/352, 355 = NJW 83/2318, 2319 = B 201 c).

b) Bei familienrechtlichen Unterhaltsschulden tritt Verzug des Verpflichteten nur ein, wenn ihm seine Schuld nicht nur nach ihrer Existenz, sondern auch nach ihrem Umfang, also auch nach der Höhe des geschuldeten Betrags, bekannt ist. Dementsprechend muß die Mahnung die geschuldete Leistung der Höhe nach genau bezeichnen. Zwar ist eine Zuvielforderung unschädlich. Die Forderung einer geringeren Summe begründet hingegen keinen Verzug auf einen höheren als den begehrten Betrag (BGH, FamRZ 82/887, 890 = NJW 82/1983, 1985 = B 201 b; FamRZ 83/352, 354 = NJW 83/2318, 2319 = B 201 c; FamRZ 84/163, 164 = NJW 84/868, 869 = B 201 e).

Etwas anderes kann nur dann gelten, wenn der Unterhaltsschuldner bei einer zu geringen Anmahnung erkannte oder erkennen mußte, daß der gesamte Schuldbetrag angemahnt werden sollte (BGH, FamRZ 83/51, 53 = B 201 f).

5. Verzug ohne Mahnung nach § 284/II BGB

a) Ein Verzug ohne Mahnung setzt voraus, daß dem Verpflichteten seine Schuld sowohl nach ihrer Existenz als auch nach ihrem Umfang, also nach der Höhe des geschuldeten Betrags bekannt ist, wie es insbesondere bei vertraglichen oder vereinbarten Unterhaltsleistungen oder auch nach gerichtlicher Verurteilung der Fall ist (BGH, FamRZ 81/866, 867 = B 201 a; FamRZ 83/352, 354 = NJW 83/2318 = B 201 c).

Bei vertraglich vereinbartem Unterhalt ist Mahnung entbehrlich (OLG Bremen, FamRZ 81/972).

Gleiches gilt bei länger dauernden freiwilligen Zahlungen in bestimmter Höhe (OLG Frankfurt, FamRZ 82/731).

b) Schließlich kann eine Mahnung entbehrlich sein, wenn der Schuldner Unterhaltsleistungen eindeutig und endgültig verweigert, was auch schon in der Einstellung bisher regelmäßig erbrachter Zahlungen gesehen werden kann. In der bloßen Nichtleistung von Unterhalt kann eine Mahnung entbehrlich machende Unterhaltsverweigerung nicht gesehen werden (BGH, FamRZ 83/352, 355 = NJW 83/2318, 2319 = B 201 c).

Eine bestimmte und endgültige Leistungsverweigerung ist in ihren Wirkungen nicht anders zu beurteilen als eine Mahnung selbst und die ihr gleichstehenden Ereignisse. Auch im Fall einer endgültigen und ernsthaften Erfüllungsverweigerung treten die Verzugsfolgen erst von dem Zeitpunkt an ein, zu dem die Weigerung erklärt wird (BGH, FamRZ 85/155, 158 = NJW 85/486, 488 = B 201 d).

6. Zum Ausschluß des Schuldnerverzugs nach § 285 BGB

Gemäß § 285 BGB kommt ein Schuldner zwar trotz Mahnung solange nicht in Verzug, als die Leistung infolge eines von ihm darzulegenden und nicht zu vertretenden Umstandes unterbleibt. Ein auf einem Rechtsirrtum beruhendes Unterlassen der Zahlung hat er aber in der Regel zu vertreten.

Der BGH knüpft an den Ausschluß des Schuldnerverzugs wegen unverschuldeten Rechtsirrtums (§ 285 BGB) strenge Voraussetzungen. So entschuldigt nicht einmal das Vertrauen auf eine Rechtsauffassung, die in den Gründen eines zwischen den Parteien ergangenen rechtskräftigen oberlandesgerichtlichen Urteils zum Ausdruck gekommen ist, wenn mit einer abweichenden Beurteilung anderer Gerichte oder des BGH gerechnet werden mußte. Bei Anwendung der im Verkehr erforderlichen Sorgfalt durfte der Beklagte nicht darauf vertrauen, daß damit die Frage seiner Unterhaltspflicht endgültig und zutreffend beurteilt worden ist. Er mußte vielmehr mit einer abweichenden Entscheidung im ordentlichen Unterhaltsprozeß rechnen, die ohne weiteres noch möglich war (BGH, FamRZ 83/352, 355 = NJW 83/2318, 2319 = B 201 c).

Der BGH hat entschieden, daß der Unterhaltsschuldner das Risiko eines Rechtsirrtums nicht dem Unterhaltsgläubiger zuschieben kann und nicht einmal einer Rechtsauffassung vertrauen darf, die in gerichtlichen Urteilen zum Ausdruck gekommen ist, wenn mit einer abweichenden Beurteilung anderer Gerichte oder des BGH gerechnet werden mußte. Erst recht kann ihn unterhaltsrechtlich nicht entlasten, wenn er eine Rechtsauffassung vertritt, die im Widerspruch zu einer bereits in mehreren Entscheidungen veröffentlichten Rechtsprechung des BGH steht (BGH, FamRZ 85/155, 158 = NJW 85/486, 487 = B 201 d).

7. Verzugszinsen

Auch bei Unterhaltsrückständen sind Verzugszinsen zu leisten (so OLG München, FamRZ 84/310; OLG Hamm, FamRZ 84/478 und OLG Hamburg, FamRZ 84/87; bestritten).

8. Erlöschen rückständiger Unterhaltsansprüche

Wird ein Anspruch auf Leistung oder Erstattung rückständigen Unterhalts ohne vorherige Mahnung oder Klageerhebung geltend gemacht, so führt § 1613/I BGB dazu, daß der Anspruch für die Vergangenheit als erloschen gilt. Deshalb kann gegen einen solchen erloschenen rückständigen Unterhaltsanspruch auch nicht mit einer Forderung aufgerechnet werden (BGH, FamRZ 84/775, 776, 777 = NJW 84/2158, 2159 = B 202).

9. Beweislast

Der Berechtigte hat die Beweislast für eine wirksame Mahnung oder für die Entbehrlichkeit einer Mahnung. Der Verpflichtete hat die Beweislast für eine rechtzeitige Leistung sowie für Entschuldigungsgründe. Beruft er sich auf einen Rechtsirrtum, muß er darlegen und beweisen, daß der Irrtum entschuldbar war.

III. Familienrechtlicher Ausgleichsanspruch und Bereicherungsanspruch

1. Familienrechtlicher Ausgleichsanspruch

Wird der Unterhalt von einem anderen, als dem Verpflichteten geleistet, gibt es einen gesetzlichen Forderungsübergang nach § 1615b BGB nur bei nichtehelichen Kindern sowie im Rahmen des § 1607 II 2 BGB nur bei „anderen Verwandten". Bei ehelichen Kindern gibt es im Verhältnis der Eltern zueinander keinen solchen gesetzlichen Forderungsübergang.

Ein Elternteil, der ein eheliches Kind allein unterhalten hatte, obwohl der andere dazu im Innenverhältnis verpflichtet gewesen wäre, kann aber einen familienrechtlichen Ausgleichsanspruch haben, wenn er das Kind in der Absicht versorgt hatte, vom anderen Elternteil Ersatz zu verlangen. Ein solcher Anspruch kann neben Ansprüchen aus GOA (§§ 683, 670 BGB) und ungerechtfertigter Bereicherung (§ 812 BGB) bestehen.

Solche Ansprüche sind zwar ihrer Rechtsnatur nach Erstattungsansprüche. Wirtschaftlich gesehen handelt es sich allerdings bei den geforderten Ausgleichsleistungen praktisch um rückständige Unterhaltsleistungen, die anstelle der ursprünglichen Unterhaltsleistungen für das Kind nun an ihn als Dritten gezahlt werden sollen.

Auch ein solcher Ausgleichsanspruch (in gleicher Weise Ansprüche aus §§ 683, 670 und 812 BGB) besteht für die Vergangenheit aus Gründen des Schuldnerschutzes nur in den Grenzen des § 1613/I BGB, also wie Unterhaltsleistungen nur ab Verzug oder Rechtshängigkeit. Ohne Verzugseintritt erlöschen solche Ansprüche für die Vergangenheit (BGH, FamRZ 84/775, 776, 777 = NJW 84/2158, 2159, 2160 = B 202).

2. Bereicherungsanspruch wegen überzahltem Unterhalt

Wenn eine einstweilige Anordnung über Ehegattenunterhalt über Bestand oder Höhe des materiell-rechtlichen Unterhaltsanspruchs hinausgeht, leistet der Schuldner insoweit „ohne rechtlichen Grund" im Sinn des § 812/I 1 BGB, weil § 620 Nr. 6 ZPO rein prozessualer Natur ist und nur eine einstweilige Vollstreckungsmöglichkeit wegen eines vorläufig als bestehend angenommenen Anspruchs schafft. Der Schuldner kann in solchen Fällen die Bereicherungsklage erheben, ohne daß es auf die förmliche Aufhebung der einstweiligen Anordnung ankäme. Das zusprechende Urteil auf diese Klage ist zugleich eine anderweitige Regelung im Sinn von § 620f S. 1 ZPO. Bei einer Überzahlung von Unterhalt kommt es hinsichtlich des Wegfalls der Bereicherung nach § 818/III BGB vor allem darauf an, ob der Empfänger die Beträge restlos für seine Lebensbedürfnisse aufgewendet oder sich damit noch vorhandene Vermögensvorteile geschaffen hat, wie etwa durch Bildung von Ersparnissen, durch Anschaffung oder durch Tilgung von Schulden. Ist das erstere der Fall, wird im allgemeinen ein Wegfall der Bereicherung anzunehmen sein, es sei denn, der Empfänger habe infolge der Unterhaltszahlung anderweitige Mittel erspart, die ihm zur Verfügung standen und die er sonst angegriffen hätte. Dies wird bei einem Unterhaltsgläubiger, der vermögenslos ist und in beengten Verhältnissen lebt in aller Regel ausscheiden, vor allem dann, wenn er ohne die Unterhaltszahlungen Sozialhilfe hätte in Anspruch nehmen müssen (BGH, FamRZ 84/767, 768, 769 = NJW 84/2095, 2096, 2097 = B 203a; FamRZ 85/368, 370 = NJW 85/1074, 1076 = B 203b).

b) Die verschärfte Haftung nach § 818 IV BGB tritt für den Empfänger von Unterhaltsleistungen, die aufgrund einer dem materiellen Recht nicht entsprechenden einstweiligen Anordnung erbracht worden sind, nicht schon mit Rechtshängigkeit der Klage auf Feststellung des Nichtbestehens der Unterhaltspflicht ein. Nötig ist die Rechtshängigkeit der Bereicherungsklage. Der Schuldner kann sich auch durch einen Antrag auf einstweilige Einstellung der Zwangsvollstreckung aus der einstweiligen Anordnung schützen (BGH, FamRZ 85/368, 369, 370 = NJW 85/1074, 1075, 1076 = B 203b).

c) § 820 BGB ist nicht anzuwenden, weil es sich nicht um eine Vermögensverschiebung aufgrund eines Rechtsgeschäfts handelt. Dem Leistungsempfänger würde auch Unzumutbares angesonnen, sollte er sich schon auf eine als entfernt angesehene Möglichkeit, daß die erlassene einstweilige Anordnung nicht der Rechtslage entspreche, einrichten müssen, zumal, wenn ihm anderweitige Mittel zur Bestreitung seines Lebensbedarfs nicht zur Verfügung stehen (BGH, FamRZ 84/767, 768, 769 = NJW 84/2095, 2096 = B 203a).

d) In solchen Fällen besteht auch kein Schadensersatzanspruch entsprechend §§ 717/II, 745 ZPO. Der Gesetzgeber wollte das Risiko des Ehegatten, der eine einstweilige Anordnung nach § 620 ZPO erwirkt und aus ihr vollstreckt, bewußt klein halten und damit den einstweiligen Rechtsschutz in Ehesachen erleichtern. Mit diesen Intentionen wäre eine entsprechende Anwendung der §§ 717, 945 ZPO nicht vereinbar (BGH, FamRZ 84/767, 769 = NJW 84/2095, 2096 = B 203a; FamRZ 85/368, 369 = NJW 85/1074, 1075 = B 203b).

IV. Zur Unwirksamkeit von Unterhaltsvereinbarungen

1. Unterhaltsverzicht

a) Für die Regelung nachehelicher Unterhaltsansprüche besteht, anders als für den künftigen Unterhalt während bestehender Ehe (§§ 1360a/II, 1361/IV, 1614/I BGB), volle

Vertragsfreiheit. Eine solche Vereinbarung kann als vorsorgende Vereinbarung grundsätzlich schon in Zusammenhang mit der Eheschließung und auch schon vorher abgeschlossen werden. In einer solchen Vereinbarung kann auch auf Unterhalt verzichtet werden und zwar einschließlich Unterhalt wegen Betreuung von Kindern (BGH, NJW 85/1833 = B 204a).

b) Eine Verzichtsvereinbarung kann im Einzelfall nach § 138 I BGB nichtig sein, wenn sie gegen das Anstandsgefühl aller billig und gerecht Denkenden verstößt. Ob dies der Fall ist, hängt entscheidend von dem aus der Zusammenfassung von Inhalt, Beweggrund und Zweck zu entnehmenden Gesamtcharakter der Vereinbarung ab. Eine vorsorgende Verzichtsvereinbarung kann nicht schon deshalb als sittenwidrig angesehen werden, weil sie sich irgendwann einmal dahin auswirken kann, daß ein Elternteil nach einer Scheidung erwerbstätig sein muß, obwohl er ein Kind zu betreuen hat.

Wer sich auf die Sittenwidrigkeit einer Unterhaltsverzichtsvereinbarung beruft, muß deren Voraussetzungen darlegen und beweisen. Bei familienrechtlichen Vereinbarungen ist ein solcher Vortrag auch dann nicht entbehrlich, wenn die objektiven Gegebenheiten einen Rückschluß auf die subjektive Einstellung zulassen (BGH, NJW 85/1833, 1834, 1835 = B 204a; FamRZ 83/137, 140 = NJW 83/1851, 1853 = B 204b).

Verzichtet ein nicht erwerbsfähiger, nicht vermögender Ehegatte in einer Scheidungsvereinbarung auf nachehelichen Unterhalt mit der Folge, daß er zwangsläufig der Sozialhilfe anheimfallen muß, so kann der Verzicht nach dem aus Inhalt, Beweggrund und Zweck zu entnehmenden Gesamtcharakter der Vereinbarung sittenwidrig und daher nichtig sein, wenn sich die Eheleute entweder bewußt waren, daß durch ihre Vereinbarung der Träger der Sozialhilfe geschädigt werden kann oder wenn sie sich einer solchen Erkenntnis fahrlässig verschlossen haben (BGH, FamRZ 83/137, 138, 140 = NJW 83/1851, 1852, 1853 = B 204b; NJW 85/1833, 1834 = B 204a).

Eine Verzichtsvereinbarung kann allerdings nicht stets schon dann als sittenwidrig angesehen werden, wenn sie eine Belastung des Sozialhilfeträgers zur Folge hat. Der Unterhaltsverzicht kann auch in solchen Fällen sittlich anzuerkennen sein, wenn z. B. der verzichtende Ehegatte auf andere Weise wirtschaftlich ausreichend gesichert erscheint (BGH, FamRZ 83/137, 138, 140 = NJW 83/1851, 1852, 1853 = B 204b).

2. Freistellung von Unterhaltspflicht gegen Verzicht auf Umgangsrecht

Ein Elternteil kann den anderen durch Vertrag wirksam von seiner Unterhaltspflicht gegenüber einem Kind freistellen. Eine solche Vereinbarung ist jedoch regelmäßig wegen Verstoßes gegen die guten Sitten (§ 138/I BGB) nichtig, wenn sie in einer gegen die guten Sitten verstoßenden Weise mit einer Unterhaltsfreistellungsverpflichtung des anderen Elternteils gekoppelt wird, also in Fällen, in denen ein Kind nach einem übereinstimmenden Vorschlag der Eltern über die Regelung des Sorgerechts zum Gegenstand eines Handelns gemacht oder bei Vereinbarungen, durch die das Sorgerecht über ein Kind als Tauschobjekt für die Freistellung von Unterhaltspflichten benutzt wird. Eine solche Vereinbarung, bei der die zugesagte Unterhaltsfreistellung einen ständigen Anreiz bieten kann, ohne Rücksicht auf das Wohl des Kindes aus finanziellen Gründen von der Ausübung des Umgangsrechts abzusehen, ist als unzulässige Kommerzionalisierung des elterlichen Umgangsrechts regelmäßig als sittenwidrig und damit nichtig gemäß § 138/I BGB anzusehen. Davon, daß eine in diesem Sinn unzulässige Koppelung zwischen einer Regelung über das elterliche Sorgerecht und einer Unterhaltsfreistellungsverpflichtung vorliegt, ist in der Regel auszugehen, wenn die beiderseitigen Verpflichtungen als gegenseitige, in ihrer Wirksamkeit voneinander abhängige Vereinbarungen getroffen worden sind (BGH, FamRZ 84/778, 779, 780 = NJW 84/1951, 1952 = B 205).

3. Rechtsmißbräuchliche Berufung auf einen wirksamen Unterhaltsverzicht.

Trotz der grundsätzlichen Zulässigkeit eines umfassenden, auch den Fall der Kindesbetreuung einschließenden Verzichts auf nachehelichen Unterhalt in einer vorsorgenden Vereinbarung ist der dadurch begünstigte Ehegatte nicht berechtigt, sich im Fall der Scheidung unter allen Umständen auf den Verzicht zu berufen. Wie jedes andere Recht darf auch das aus dem Verzicht herzuleitende nicht mißbräuchlich ausgeübt werden. Daher kann es einem auf Unterhalt in Anspruch genommenen Ehegatten im Einzelfall verwehrt sein, sich auf den vereinbarten Verzicht zu berufen, wenn dies – etwa aufgrund der späteren Entwicklung – mit dem auch im Unterhalt geltenden Grundsatz von Treu und Glauben unvereinbar ist (BGH, NJW 85/1833 = B 204a).

Der BGH hat dies wegen nachträglich veränderter Umstände bejaht in einem Fall, in dem die Ehefrau erstmals nach dem Verzicht ein Kind geboren hat. Der Unterhaltsverzicht war zu einem Zeitpunkt vereinbart worden, als die – bereits gescheiterte Ehe – der Parteien noch kinderlos war und beide Eheleute davon ausgingen, daß jeder von ihnen in der Lage sein würde, seinen Unterhalt einschließlich Vorsorge für Alter und Krankheit durch eigene Erwerbstätigkeit sicher zu stellen. Die so geplanten Verhältnisse haben sich durch die spätere Geburt eines gemeinschaftlichen Kindes in einer Weise geändert, daß die Ehefrau ihre beruflichen Vorstellungen – zur Zeit – nicht in vollem Umfang verwirklichen und nicht, wie vorgesehen, voll erwerbstätig sein kann, sondern einen Teil ihrer Zeit der Pflege und Erziehung ihres Kindes widmen muß. Sie erfüllt damit eine Aufgabe, die als Nachwirkung der geschiedenen Ehe dem Wohl und Interesse des Kindes dient und dazu bestimmt ist, diesem eine von der Zerrüttung der Familie möglichst wenig beeinträchtigte, intensive persönliche Betreuung zu gewähren. Auf eine solche Betreuung und Erziehung hat das Kind auch im Verhältnis zu dem Beklagten als seinem ehelichen Vater einen grundrechtlich geschützten Anspruch. Die Klägerin, die mit seinem Einverständnis die Betreuung und Erziehung des Kindes übernommen hat, hat dieser Aufgabe ihre eigenen beruflichen Pläne untergeordnet. Solange und soweit die Klägerin durch die Pflege und Erziehung des Kindes an einem eigenen Erwerb gehindert ist, verstößt es unter diesen Umständen gegen Treu und Glauben, wenn der Beklagte sich gegenüber ihrem Unterhaltsbegehren auf den unter anderen tatsächlichen Verhältnissen erklärten Verzicht beruft (BGH, NJW 85/1835, 1836 = B 206).

4. Verzichtsvereinbarung und Wegfall der Geschäftsgrundlage im Hinblick auf das geänderte Scheidungsrecht

Die Geschäftsgrundlage eines Vertrages wird nach der ständigen Rechtssprechung des BGH gebildet durch die nicht zum eigentlichen Vertragsinhalt erhobenen, bei Vertragsschluß aber zutage getretenen gemeinsamen Vorstellungen beider Vertragsparteien oder die dem Geschäftspartner erkennbaren und von ihm nicht beanstandeten Vorstellungen der einen Vertragspartei von dem Vorhandensein oder dem künftigen Eintritt bestimmter Umstände, auf denen der Geschäftswille der Parteien aufbaut. Derartige Umstände können auch in dem Fortbestand der bestehenden Gesetzeslage liegen. Dazu muß vorgetragen und nachgewiesen werden, daß sich der Geschäftswille auf die unveränderte Fortgeltung des bei Vertragsabschluß geltenden Scheidungsrechts gegründet hat, daß dies dem andern Teil bekannt oder erkennbar war und daß er dies nicht beanstandet hat. Nicht ausreichend ist die Behauptung, die Parteien hätten mit einer Änderung des Scheidungsrechts nicht gerechnet. Es kommt vielmehr entscheidend darauf an, ob der Geschäftswille für den Fall der Scheidung auf Unterhalt zu verzichten auf dem Fortbestand des im wesentlichen verschuldensabhängigen früheren Scheidungsrechts aufbaute (BGH, FamRZ 85/1833, 1835 = B 207).

5. Wirksamkeit einer Unterhaltsverzichtsvereinbarung nach § 779 BGB

Eine Verzichtsvereinbarung kann nach § 779 BGB nur unwirksam sein, wenn die Parteien bei ihrem Abschluß irrigerweise vom gegenwärtigen Bestehen eines bestimmten Sachverhalts ausgegangen sind. Wenn sich die Parteien irrige Vorstellungen über das Eintreten oder Ausbleiben künftiger Ereignisse gemacht haben, hat eine andere Entwicklung, als die von ihnen erwartete, nicht die Nichtigkeit des Vertrages nach § 779 BGB zur Folge. Gleiches gilt, wenn die Parteien bei Abschluß des Vertrages an eine bestimmte künftige Entwicklung (z. B. Geburt eines gemeinsamen Kindes) gar nicht gedacht haben (BGH, NJW 85/1835, 1836 = B 208).

B. Rechtsprechungsteil mit Originaltexten

1. BGH zu Tabellen und Leitlinien

1a) FamRZ 84/374, 375 = NJW 84/1458, 1459

(Hilfsmittel zur Bemessung des angemessenen Unterhalts)

Bei den Tabellen und Leitlinien handelt es sich um Hilfsmittel, die der Richter zur Ausfüllung des unbestimmten Rechtsbegriffs ,,angemessener Unterhalt" verwendet, um eine möglichst gleichmäßige Behandlung gleichartiger Lebenssachverhalte zu erreichen.

1b) FamRZ 82/365, 366 = NJW 82/1050, 1051

(Richtsätze für Selbstbehalt)

Indessen ist der Tatrichter bei der Unterhaltsbemessung nicht gehindert, sich an Richtsätze und Leitlinien anzulehnen, die auf die gegebenen Verhältnisse abgestellt sind und der Lebenserfahrung entsprechen, soweit nicht im Einzelfall besondere Umstände eine Abweichung bedingen (FamRZ 79/692, 693 = NJW 79/1185 und FamRZ 80/40, 42 = NJW 80/124). Dies gilt auch für den notwendigen Eigenbedarf des Unterhaltsverpflichteten, der weniger durch dessen individuelle Lebensstellung bestimmt ist als durch das Erfordernis, die Grenze der Inanspruchnahme generalisierend festzulegen. Da im vorliegenden Fall besondere Umstände, die für eine abweichende Bemessung sprechen könnten, nicht geltend gemacht worden sind, ist aus Rechtsgründen nicht zu beanstanden, daß das OLG ohne weitere Darlegungen die Tabellenwerte angesetzt hat, die für den Selbstbehalt eines Erwerbstätigen gegenüber dem geschiedenen Ehegatten ausgeworfen sind (FamRZ 82/365, 366 = NJW 82/ 1050, 1051).

1c) FamRZ 83/473, 474 = NJW 83/1429, 1430

(Richtsätze für durchschnittliche Lebenshaltungskosten)

Obwohl Tabellenwerten keine den Rechtsnormen vergleichbare Verbindlichkeit beizumessen ist, kommt ihnen doch die Bedeutung als Orientierungshilfe zu, denn sie berücksichtigen aufgrund richterlicher Erfahrung die durchschnittlichen Lebenshaltungskosten.

1d) FamRZ 82/887, 888 = NJW 82/1983, 1984

(Orientierung an Leitlinien)

Daß sich ein Richter an Tabellen ausrichtet, ist revisionsrechtlich bedenkenfrei (so auch FamRZ 84/39, 40 = NJW 84/303, 304).

1e) FamRZ 83/678 = NJW 83/1733

(Leitlinien als Orientierungshilfen)

Es ist zwar revisionsrechtlich regelmäßig nicht zu beanstanden, wenn der Tatrichter sich bei der Bemessung von Unterhalt der Orientierungshilfen bedient, die in einzelnen Gerichtsbezirken zur Gewährleistung einer möglichst einfachen und gleichmäßigen Rechtsanwendung entwickelt worden sind. Die durch den Gebrauch solcher Hilfsmittel erzielten Ergebnisse müssen im Einzelfall jedoch daran gemessen werden, ob sie den anzuwendenden Rechtsgrundsätzen Rechnung tragen und angemessen sind; falls erforderlich, müssen sie nach den besonderen Umständen des zu entscheidenden Falles berichtigt werden (FamRZ 1979, 692, 693). Verschieden hohe Einkünfte der Ehegatten aus beiderseitiger Erwerbstätigkeit führen nicht dazu, daß die ehel. Lebensverhältnisse für die Ehegatten unterschiedlich zu beurteilen wären; beide nehmen vielmehr in gleicher Weise an dem durch die beiderseitigen Einkünfte geprägten ehel. Lebensstandard teil (FamRZ 1982, 894, 895 m. w. N.).

2. Zur Einkunftserfassung

2a) FamRZ 80/342

(Berücksichtigung aller Einkünfte des Verpflichteten)

Bei der Ermittlung der Leistungsfähigkeit des Unterhaltsverpflichteten sind zur Feststellung seines Einkommens grundsätzlich alle Einkünfte heranzuziehen, die ihm zufließen. Demgemäß sind als

Arbeitseinkommen regelmäßig alle Leistungen anzusehen, die ihm im Hinblick auf das Arbeits- oder Dienstverhältnis gewährt werden, gleichgültig aus welchem Anlaß sie im einzelnen gezahlt werden. Sonderzuwendungen gehören dazu ebenso wie Zulagen und sonstige Nebeneinnahmen. Auch die Bestimmung einer Leistung zum Ausgleich besonderer Aufwendungen oder ähnlichen Verwendungszwecken führt nicht dazu, daß sie von vornherein außer Ansatz zu lassen wäre. Vielmehr kommt es insoweit auf den tatsächlichen Mehraufwand an, den der Empfänger einer solchen Zulage hat. Daß solche Leistungen steuerfrei gewährt werden, rechtfertigt keine andere Behandlung (so im Ergebnis auch BGH, FamRZ 80/771, 772 = NJW 80/2081, 2082; FamRZ 80/984 = NJW 80/2251; FamRZ 81/541, 542 = NJW 81/2462, 2463; FamRZ 81/338).

2b) FamRZ 82/250/251 = NJW 82/822

(Arbeitseinkommen)

Es entspricht der gefestigten Rechtsprechung des BGH, daß bei der Ermittlung der Leistungsfähigkeit des Unterhaltsschuldners wie der Bedürftigkeit des Unterhaltsgläubigers zur Feststellung des Einkommens grundsätzlich alle Einkünfte heranzuziehen sind. Als Arbeitseinkommen sind danach regelmäßig alle Leistungen anzusehen, die im Hinblick auf das Arbeits- oder Dienstverhältnis, gleichgültig aus welchem Anlaß im einzelnen, gewährt werden. Überstundenvergütungen im Rahmen des üblichen gehören dazu ebenso wie Prämien, Zulagen, Urlaubs- und Weihnachtsgeld sowie sonstige Nebeneinnahmen.

2c) FamRZ 80/771, 772 = NJW 80/2081, 2082

(Alle Einkünfte des Berechtigten)

Auszugehen ist von dem Grundsatz, daß tatsächliches Einkommen des Berechtigten dessen Bedürftigkeit mindert oder aufhebt. Das gleiche gilt für Einkünfte jeder Art.

2d) FamRZ 80/1109, 1110 = NJW 81/168, 169

(Einkommen des Kindes)

Eigenes Einkommen des Kindes mindert dessen Unterhaltsbedürftigkeit und damit seinen Unterhaltsanspruch. Das gilt grundsätzlich für Einkommen jeder Art unter Einschluß von Sozialleistungen.

3. BGH zur Durchschnittsberechnung

FamRZ 82/250, 252 = NJW 82/822, 823

Der Ehemann mußte den ihm zugeflossenen Betrag (aus Sozialplanabfindung) im Rahmen einer durch die beengten wirtschaftlichen Verhältnisse beider Parteien offensichtlich gebotenen sparsamen Wirtschaftsführung im Laufe der Zeit zur Deckung des Unterhalts der getrennt lebenden Familie verwenden. Das rechtfertigt es, die Abfindung für die Zwecke der Unterhaltsbemessung als Einkommen auf eine entsprechend lange Zeit zu verteilen. Alljährlich wiederkehrende Sonderzuwendungen werden allgemein als im Lauf des ganzen Jahres verdient angesehen. Einmalige hohe Sonderzuwendungen, z. B. aus Anlaß eines Jubiläums, oder überdurchschnittlich hohe Jahreserträge aus selbständiger Erwerbstätigkeit werden üblicherweise und zu Recht unterhaltsrechtlich auf mehrere Jahre verteilt.

4. BGH zum Mehrjahreszeitraum

4a) FamRZ 82/680, 681 = NJW 82/1642

(Dreijahreszeitraum bei Selbständigen)

Ein Erwerbstätiger, der wie der Beklagte als Geschäftsführer einer GmbH ein festes Gehalt bezieht, daneben aber aus seiner Kapitalbeteiligung an dieser Gesellschaft Gewinne erzielt, hat insoweit Einkünfte in wechselnder Höhe, ähnlich wie ein selbständiger Gewerbetreibender. Die Mitteilung der Gehaltshöhe reicht daher zur zuverlässigen Beurteilung seines Einkommens nicht aus. Erforderlich ist vielmehr, ein durchschnittliches Einkommen unter Einbeziehung der Gewinnanteile zu ermitteln, da sich erst daraus die tatsächlichen Einkommensverhältnisse ergeben. Es ist in Rechtsprechung und Literatur anerkannt, daß in solchen Fällen Auskunft über einen zurückliegenden Zeitraum bis zu drei Jahren verlangt werden kann, um für die Durchschnittsberechnung eine ausreichend sichere Grundlage zu erhalten.

4b) FamRZ 83/680
(Auskunft für zurückliegende 3 Jahre)

Es kann auch Auskunft für die Vergangenheit gefordert werden, wenn die Angaben der Einkünfte aus zurückliegender Zeit zur zuverlässigen Feststellung des (gegenwärtigen) Unterhaltsanspruchs benötigt werden. Bei einem selbständig Erwerbstätigen ist dies der Fall. Da er Einkünfte in wechselnder Höhe erzielt, bedarf es der Angaben der Einkünfte aus einem längeren Zeitraum, um die durchschnittlichen Verhältnisse zuverlässig beurteilen zu können. Wie in Rechtsprechung und Literatur allgemein anerkannt ist, reicht jedoch auch in einem solchen Fall regelmäßig die Angabe der Einkünfte über einen Zeitraum von drei Jahren als Beurteilungsgrundlage aus. Das Gericht hat zutreffend dargelegt, daß hier keine Umstände ersichtlich sind, die eine Abweichung von dieser Regel rechtfertigen würden. Auch wenn das Einkommen des Beklagten starken Schwankungen unterworfen ist, ermöglicht die Einkommenslage über drei Jahre hin eine ausreichend sichere Beurteilung der durchschnittlichen Lage. Dabei ist zu berücksichtigen, daß sich die Bemessung des Unterhalts an den im Unterhaltszeitraum gegebenen Verhältnissen ausrichten muß. Eine über den Zeitraum von drei Jahren hinausgehende, weiter in die Vergangenheit zurückreichende Auskunft könnte allenfalls dann in Betracht kommen, wenn gerade diesem Zeitraum entscheidende Relevanz auch für die Verhältnisse im Unterhaltszeitraum zukäme.

4c) FamRZ 85/357, 358, 359 = NJW 85/909, 910, 911
(Angaben für mehr als 3 Jahre)

Zwar hat sich in Rechtsprechung und Schrifttum die Regel herausgebildet, daß bei einer freiberuflichen Erwerbstätigkeit auf das Durchschnittseinkommen in den letzten drei Jahren abzustellen sei. Es begegnet jedoch keinen durchgreifenden rechtlichen Bedenken, daß das Berufungsgericht hier von dieser Regel abgewichen ist. Die Vorhaben eines Bauträgers ziehen sich bekanntermaßen jeweils über Jahre hin. Phasen der Vorbereitung ohne nennenswerten Gewinn oder sogar mit Verlusten folgen solche mit schubartiger Realisierung von Gewinnen. Hinzu kommt hier, daß in der Geschäftsentwicklung des Bauträgerunternehmens des Ehemannes gerade in den Jahren 1980 und 1981 ein auffälliger und zu Verlusten führender Einbruch erfolgt ist, während davor und auch wieder im Jahre 1982 Gewinne erzielt worden sind. Unter diesen Umständen ist es rechtlich nicht zu beanstanden, daß das Berufungsgericht einen Zeitraum von mehr als drei Jahren herangezogen hat, um sich ein Bild von den durchschnittlich erzielten Gewinnen des Ehemannes aus seiner Betätigung als Bauträger zu verschaffen.

Das Berufungsgericht ist jedoch insofern fehlerhaft verfahren, als es bei der Bildung eines Durchschnittseinkommens aus mehreren Jahren zunächst die Steuerbelastung unbeachtet gelassen und erst von dem so gewonnenen Brutto-Durchschnittswert die darauf entfallende Steuerquote in Abzug gebracht hat. Eine solche Handhabung läßt die Steuerprogression außer acht und übersieht, daß die Steuern bei Bruttoeinkünften, die über den Mehrjahresdurchschnitt hinausgehen, stärker steigen als sie sich bei Einkünften, die hinter dem Mehrjahresdurchschnitt zurückbleiben, ermäßigen. Deshalb darf ein Mehrjahresdurchschnitt nur aus den Jahreseinkünften gebildet werden, die nach Abzug der jeweils auf das einzelne Jahr entfallenden Steuern verbleiben. Eine andere Handhabung kommt nur für den Fall in Betracht, daß das Einkommen durchgehend nach dem Höchststeuersatz zu versteuern ist. Bei der Neuverhandlung einer Sache ist die weitere Verschiebung des Zeitraumes zu beachten. Wie weit bei der Bildung des Mehrjahresdurchschnitts in die Vergangenheit zurückgegangen werden soll, ist Sache des Tatrichters.

4d) FamRZ 85/471, 472 = NJW 85/1347 L
(Maßgeblichkeit des zuletzt erzielten Einkommens bei stetiger Weiterentwicklung der Einkünfte)

Um Zufallsergebnisse zu vermeiden, darf bei Einkünften aus selbständiger Tätigkeit von einem mehrjährigen Durchschnitt ausgegangen werden, wenn mit Schwankungen in der Zukunft zu rechnen ist (FamRZ 82/151; FamRZ 82/680 und FamRZ 83/680). Es wird im Einzelfall allerdings auch in Betracht kommen, daß der Tatrichter das zuletzt erreichte Einkommen zugrundelegt, wenn mit einer stetigen Weiterentwicklung der Einkünfte zu rechnen ist.

5. BGH zu unterhaltsrechtlich und steuerrechtlich bedeutsamen Angaben

5a) FamRZ 83/996, 998 = NJW 83/2243, 2224
(Anspruch auf systematische Aufstellung)

Der Auskunftsberechtigte hat einen Anspruch auf eine systematische Aufstellung der erforderlichen Angaben, die ihm ohne übermäßigen Arbeitsaufwand die Berechnung seines Unterhaltsanspruchs ermöglicht.

5b) FamRZ 80/770, 771 = NJW 80/2083, 2084
(Steuerrechtlich und unterhaltsrechtlich relevantes Einkommen)

Die Höhe des die Leistungsfähigkeit bestimmenden Einkommens ist nicht identisch mit dem steuerrechtlichen Einkommen. Das Steuerrecht privilegiert einzelne Einkommensarten und erkennt Aufwendungen als einkommensmindernd an, die wie Beiträge zu Kapitalversicherung, Bausparkassen oder Wohnungsbaudarlehen keine Vermögenseinbuße zum Gegenstand haben. Dem durch das steuerrechtliche Rechtsinstitut der Abschreibung pauschal berücksichtigten Verschleiß von Gegenständen des Anlagevermögens entspricht oft keine tatsächliche Wertminderung in Höhe des steuerlich anerkennungsfähigen Betrages. Wer sich auf sein steuerrechtliches Einkommen beruft, braucht zwar nicht sämtliche steuerrechtlich relevanten Belege vorzulegen, durch die gegenüber der Steuerbehörde die behaupteten Aufwendungen glaubhaft zu machen sind. Er muß jedoch seine Einnahmen und behaupteten Aufwendungen im einzelnen so darstellen, daß die allein steuerlich beachtlichen Aufwendungen von solchen, die unterhaltsrechtlich von Bedeutung sind, abgegrenzt werden können. Die allein ziffernmäßige Aneinanderreihung einzelner Kostenarten wie Abschreibungen, allgemeine Kosten, Kosten für Versicherungen und dergl. genügt diesen Anforderungen nicht. Die erforderliche Darlegung kann nicht durch den Antrag auf Vernehmung eines Steuerberaters oder Buchhalters ersetzt werden. Eine Zeugenvernehmung kommt erst in Betracht, wenn die Richtigkeit detailliert behaupteter Aufwendungen vom Unterhaltsgläubiger bestritten wird.

5c) FamRZ 85/357, 358, 359 = NJW 85/909, 910, 911
(Unterhaltsrechtlich notwendige Angaben)

Das Berufungsgericht hat nämlich – vor allem bei den Einkünften des Ehemannes aus seiner Betätigung als Bauträger, teilweise aber auch bei seinen Einkünften als Studiendirektor (Werbungskosten) sowie durch unbesehenen Abzug der allgemeinen Steuerfreibeträge – fälschlich auf das steuerpflichtige Einkommen abgestellt.

In der Tat sind das steuerlich relevante Einkommen und das unterhaltspflichtige Einkommen nicht identisch. Das Steuerrecht erkennt in bestimmten Zusammenhängen Aufwendungen als einkommensmindernd an und gewährt Abschreibungen und Absetzungen, denen eine tatsächliche Vermögenseinbuße nicht oder nicht in diesem Umfange entspricht. Die steuerlichen Absetzungen haben daher unterhaltsrechtlich außer Betracht zu bleiben, soweit sie sich nicht mit einer tatsächlichen Verringerung der für den Lebensbedarf verfügbaren Mittel decken. Der Unterhaltspflichtige, der sich auf sein zu versteuerndes Einkommen bezieht, muß die hierbei abgesetzten Beträge so darlegen, daß die allein steuerrechtlich beachtlichen von den auch unterhaltsrechtlich abzugsfähigen Aufwendungen abgegrenzt werden können. Die ziffernmäßige Aneinanderreihung einzelner Kostenarten wie Abschreibungen, allgemeine Kosten, Rückstellungen, Entnahmen und dergleichen genügt diesen Anforderungen nicht; die erforderlichen Darlegungen können auch nicht durch den Antrag auf Vernehmung des Steuerberaters ersetzt werden.

6. BGH zu Aufwandsbezügen und Zuschlägen FamRZ 80/342, 343, 344

Bei der Ermittlung der Leistungsfähigkeit des Unterhaltsverpflichteten sind zur Feststellung seines Einkommens grundsätzlich alle Einkünfte heranzuziehen, die ihm zufließen. Demgemäß sind als Arbeitseinkommen regelmäßig alle Leistungen anzusehen, die ihm im Hinblick auf das Arbeits- oder Dienstverhältnis gewährt werden, gleichgültig aus welchem Anlaß sie im einzelnen gezahlt werden. Sonderzuwendungen gehören dazu ebenso wie Zulagen und sonstige Nebeneinnahmen (so auch FamRZ 80/984 = NJW 80/2251; FamRZ 70/636 = NJW 71/137; FamRZ 80/771, 772 = NJW 80/2081; FamRZ 80/250, 251 = NJW 82/822). Auch die Bestimmung einer Leistung zum Ausgleich besonderer Aufwendungen oder ähnlichen Verwendungszwecken führt nicht dazu, daß sie von vornherein außer Ansatz zu lassen wären; vielmehr kommt es insoweit auf den tatsächlichen Mehraufwand an, den der Empfänger einer derartigen Zulage hat. Daß solche Leistungen steuerfrei gewährt werden, rechtfertigt keine andere Behandlung. Erfahrungsgemäß liegt der wirkliche Mehraufwand vielfach unter der Zulage, so daß gerade dieser Umstand mit ein Anreiz sein kann, die Auslandstätigkeit zu übernehmen. Diese Mittel sind bei der Einkommensermittlung auch nicht deshalb außer acht zu lassen, weil sie, wie es etwa für Aufwandsentschädigungen und sonstige soziale Zulagen für auswärtige Beschäftigungen gilt, nicht allgemein (§ 850a Nr. 3 ZPO), sondern sogar für die bevorrechtigten Unterhaltsgläubiger unpfändbar sind (§ 850d Abs. 1 S. 1 ZPO). Diese Unpfändbarkeit soll zwar sicherstellen, daß der Schuldner mit den zweckgebundenen Zuwendungen seine Mehraufwendungen decken kann; sie hat aber nicht zur Folge, daß sich diese Mittel bei der Pfändung wegen bevorrechtigter Unterhaltsansprüche überhaupt nicht zugunsten der Gläubiger auswirken könnten. Vielmehr sind sie wie alle anderen Einnahmequellen des Schuldners bei der Sicherstellung des verringerten pfändungsfreien Betrages des Schuldners (§ 850d Abs. 1 S. 2 ZPO) mitzuberücksichtigen.

Hierdurch können sie im Ergebnis den Zugriff auf das der Pfändung unterliegende Arbeitseinkommen des Schuldners erweitern. Damit ist auch der umstrittene Auslandszuschlag im Sinn von § 55b BesG bei der Einkommensermittlung anzurechnen. Daß er den Mehraufwand übersteigt, läßt bereits seine gesetzliche Zweckbestimmung erkennen nach der er, wie sich aus § 55b BesG ergibt, nicht nur dem Ausgleich materieller, sondern auch der Abgeltung immaterieller, aus den Besonderheiten des Dienstes und den Lebensbedingungen im Ausland folgender Erschwernisse und Belastungen dient.

7. BGH zum Ortszuschlag FamRZ 83/49, 51 = NJW 83/933L

Die kindbezogenen Bestandteile der Beamtenbezüge sind dem unterhaltspflichtigen Einkommen des Empfängers zuzurechnen, weil hierzu unbeschadet einer öffentlich-rechtlichen Zweckbestimmung grundsätzlich alle Einkünfte gehören, die einem Unterhaltsschuldner zufließen. Ein zusätzlicher Ausgleich dieser Bestandteile nach den für das Kindergeld geltenden Regeln würde auf eine doppelte Berücksichtigung zum Nachteil des Beamten hinauslaufen.

8. BGH zu vermögenswirksamen Leistungen FamRZ 80/984, 985 = NJW 80/2251, 2252

Die Sparzulage, die durch § 12 des 3. VermBG eingeführt wurde und an die Stelle der früheren Steuerentlastung durch die Absetzbarkeit der vermögenswirksamen Leistungen getreten ist, erhöht zwar die Einkünfte des Arbeitnehmers, auch wenn sie nach § 12 Abs. 2 des 3. VermBG weder als steuerpflichtige Einnahme im Sinn des EStG noch als Einkommen, Verdienst oder Entgelt im Sinn der Sozialversicherung oder als Bestandteil des Lohnes im Sinn des Arbeitsrechts gilt. Sie stellt keine Vergütung für die Dienstleistungen des Arbeitnehmers, sondern eine staatliche Prämie dar, mit der die Vermögensbildung gefördert werden soll. Ihre Auszahlung durch den Arbeitgeber bedeutet nur, daß dieser damit treuhänderisch Aufgaben des Finanzamts übernimmt. Auch ist in der Rechtsprechung anerkannt, daß die Sparzulage, die dem Arbeitnehmer zur freien Verfügung steht, gepfändet werden kann. Diese Umstände sprechen an sich dafür, die Sparzulage dem unterhaltspflichtigen Einkommen zuzurechnen. Andererseits ist zu berücksichtigen, daß die vermögenswirksamen Leistungen, von deren Erhalt und Höhe die Sparzulage abhängt, Teil des Lohnes oder Gehalts des Arbeitnehmers sind und, da sie der Bildung des eigenen Vermögens des Arbeitnehmers dienen, keine einkommensmindernden Ausgaben im unterhaltsrechtlichen Sinn darstellen, mithin bei der Unterhaltsbemessung nicht abgezogen werden können, obwohl sie für den Unterhaltsschuldner derzeit nicht verfügbar sind. Hieraus rechtfertigt sich die in Rechtsprechung und Schrifttum einhellige Auffassung, zum Ausgleich für die Nichtabsetzbarkeit der vermögenswirksamen Leistungen auch die damit zusammenhängende Arbeitnehmersparzulage nicht (einkommenserhöhend) zu berücksichtigen (BGH, FamRZ 80/984, 985 = NJW 80/2251, 2252).

9. BGH zu Sitzungsgeldern für die Mitwirkung in einer kommunalen Bezirksvertretung FamRZ 83/670, 672, 673

Nach der ständigen Rechtsprechung des BGH sind bei der Ermittlung der Leistungsfähigkeit des Unterhaltsverpflichteten sämtliche Einkünfte heranzuziehen, die ihm zufließen. Der Einwand der Revision, daß die Sitzungsgelder von ihrem Zweck her lediglich zur Abgeltung der Auslagen bestimmt seien, greift nicht durch. Zu öffentlich-rechtlichen Sozialleistungen – etwa Wohngeld oder Bezüge nach dem BVersG – hat der Senat wiederholt entschieden, daß deren Zweckbestimmung der Anwendung als unterhaltspflichtiges Einkommen nicht entgegensteht. Entscheidend ist vielmehr, ob sich die betreffenden Bezüge dahin auswirken, daß mehr Geld für den Familienunterhalt zur Verfügung steht. Sie sind daher als unterhaltspflichtiges Einkommen anzusehen, soweit sie nicht durch konkreten Mehrbedarf aufgezehrt werden. Diese Grundsätze gelten auch für die hier in Frage stehenden Sitzungsgelder. Infolgedessen sind von dem Betrag von 130,– DM monatlich lediglich 50,– DM monatlich, die der Beklagte an seine Partei abzuführen hat, und diejenigen Kosten abzuziehen, die für die Fahrten zu den Sitzungen und gelegentliche Stärkungen während der Sitzung anfallen. Die Bemessung dieser Kosten durch das OLG mit 55,– DM monatlich läßt keinen Rechtsfehler erkennen.

10. BGH zur Entschädigung für Schöffentätigkeit und für die Führung einer Vormundschaft FamRZ 83/670, 673

Soweit diese Entschädigung auf notwendige Fahrtkosten und andere konkrete Mehraufwendungen entfällt, scheidet eine Anrechnung ohnehin aus. Soweit – etwa für Zeitversäumnis und bei den

Tagegeldern – eine pauschale Entschädigung gewährt wird, sind diese an sich grundsätzlich anzurechnen. Indessen sind auch hier ähnlich wie bei den Sitzungsgeldern – die Unkosten abzusetzen, die der ehrenamtliche Richter von den bescheiden bemessenen Pauschbeträgen etwa für außerhäusliche Mahlzeiten zu bestreiten hat. Im Ergebnis werden im allgemeinen keine Überschüsse von Gewicht zustandekommen. Im konkreten Fall ist eine Schöffenentschädigung in Höhe von monatsdurchschnittlich 31,80 DM gezahlt worden. Der nach Abzug der notwendigen Kosten und der konkreten Mehrausgaben verbleibende Betrag kann unter den hier gegebenen Verhältnissen wegen Geringfügigkeit außer Betracht bleiben. Aus ähnlichen Erwägungen trägt der Senat auf der anderen Seite keine durchgreifenden Bedenken dagegen, daß das OLG bei den Einkünften des Beklagten die von diesem bezogene Entschädigung für die Führung einer Vormundschaft außer acht gelassen hat.

11. BGH zur Berücksichtigung und Kompensation von Sachbezügen und Mehraufwendungen FamRZ 83/352, 353 = NJW 83/2318, 2319

Nach der ständigen Rechtsprechung des Senats kommt es unterhaltsrechtlich nicht entscheidend auf die Zweckbestimmung von Einkünften an. Ein beruflicher Mehraufwand kann nur berücksichtigt werden, soweit er tatsächlich erwachsen ist. Der Beklagte hat durch die Zuschüsse des Arbeitgebers nicht gedeckte besondere Aufwendungen teils nicht dargelegt, teils nicht bewiesen. Soweit er sich hierzu auf allgemeine Ausführungen beschränkt hat, konnte sie das OLG als unsubstantiiert unbeachtet lassen. Soweit er zusätzliche Kosten für fünf Dienstboten sowie zusätzliche Taxikosten behauptet hat, sind seine Ausführungen bestritten worden, ohne daß er für seine Behauptungen Beweis angetreten hat. Die Annahme des OLG, seine Mehraufwendungen würden durch die Zuschüsse seiner Arbeitgeberin ausgeglichen, ist daher aus Rechtsgründen nicht zu beanstanden. Mehraufwendungen für Auslandsaufenthalte und berufsbedingte Repräsentation hatte das OLG nicht abgesetzt, weil diese durch zusätzliche Leistungen der Arbeitgeberin ausgeglichen würden, nämlich freie Wohnung, Dienstwagen und Zuschüsse zu den Energiekosten, zur Verpflegung und zu den Aufwendungen für Dienstpersonal.

12. BGH zu Überstunden

12a) FamRZ 80/984 = NJW 80/2251, 2252
(Zur Anrechenbarkeit)

Was die Vergütung von Überstunden betrifft, so ist diese grundsätzlich in voller Höhe miteinzusetzen. Dies gilt jedenfalls dann, wenn sie nur in geringem Umfang anfällt oder wenn die Ableistung von Überstunden im fraglichen Ausmaß in dem vom Unterhaltsschuldner ausgeübten Beruf üblich ist. Geht das Maß der Überstunden allerdings deutlich über den üblichen Rahmen hinaus, so ergeben sich in der Frage der Anrechnung der dafür anfallenden Vergütungen gewisse Parallelen zu den Einkünften aus einer an sich nicht zuzumutenden Erwerbstätigkeit. Hinsichtlich derartiger Einkünfte hat der BGH entschieden, daß die Anrechenbarkeit unter Berücksichtigung der Umstände des Einzelfalls nach Treu und Glauben zu beurteilen ist (BGH FamRZ 79/210, 211). In Anlehnung hieran mag es auch bei Überstundenvergütungen, die aus einer an sich nicht zumutbaren erheblichen unüblichen Mehrarbeit resultieren, im Einzelfall aus Gründen der Billigkeit gerechtfertigt erscheinen, von einer vollen Anrechnung dieser Einkünfte abzusehen.

12b) FamRZ 82/779, 780 = NJW 82/2664, 2665
(Zum Ausmaß der Überstunden)

Überstunden sind beim Ehegattenunterhalt auch vom Ausmaß her zu berücksichtigen, wenn es sich bei ihnen um einen geradezu „typischen, regulären und untrennbaren Bestandteil des ausgeübten Berufs“ handelt und die Überstundenvergütung während intakter Ehe die Lebensverhältnisse der Ehegatten mitgeprägt hat (so auch FamRZ 83/886 = NJW 83/2321).

13. BGH zur Abfindung aufgrund eines Sozialplanes FamRZ 82/250, 252 = NJW 82/822, 823

Bei Sozialleistungen auf öffentlich-rechtlicher Grundlage (z. B. Wohngeld u. a.) ist deren Zweckbestimmung für die Feststellung der unterhaltsrechtlichen Leistungsfähigkeit nicht ohne weiteres maßgebend. Es liegt nahe auch der Zweckbestimmung sozialer Leistungen aus dem Bereich des Arbeitsrechts keine weitere Bedeutung beizumessen. Eine Abfindung aufgrund eines Sozialplanes dient dem Ausgleich oder der Milderung wirtschaftlicher Nachteile, die den Arbeitnehmern infolge der geplanten Betriebsänderung entstehen. Er dient nicht dem Ausgleich immaterieller Nachteile. Eine solche

Abfindung ist als Einkommen zum Familienunterhalt einzusetzen und im Rahmen einer, durch die beengten wirtschaftlichen Verhältnisse der Parteien gebotenen sparsamen Wirtschaftsführung im Laufe der Zeit zur Unterhaltsdeckung der getrennt lebenden Familie zu verwenden. Das rechtfertigt es, die Abfindung für die Zwecke der Unterhaltsbemessung als Einkommen auf eine entsprechend lange Zeit zu verteilen. Alljährlich wiederkehrende Sonderzuwendungen werden allgemein als im Lauf des ganzen Jahres verdient angesehen. Einmalige hohe Sonderzuwendungen z. B. aus Anlaß eines Jubiläums oder überdurchschnittlich hohe Jahreserträge aus selbständiger Erwerbstätigkeit werden üblicherweise und zu Recht unterhaltsrechtlich auf mehrere Jahre verteilt.

14. BGH zu Nebentätigkeiten

14a) FamRZ 83/152, 153 = NJW 82/1986

(Zur Prägung der ehelichen Lebensverhältnisse durch eine Nebentätigkeit)

Hinsichtlich der Einkünfte als Komponist hat das OLG ausgeführt, der Ehemann trage selbst vor, daß sein eigentlicher Beruf das Komponieren sei und daß er die Lehrtätigkeit an der Hochschule nur zur materiellen Absicherung angenommen habe. Es handle sich daher trotz der damit verbundenen zusätzlichen Arbeitsbelastung im Grund nicht um eine unzumutbare Nebentätigkeit, die mit der Situation eines Überstunden leistenden Arbeitnehmers vergleichbar sei. Der Ehemann betätige sich vielmehr schwerpunktmäßig als schöpferischer Künstler, dem die entsprechende Tätigkeit Erfolg und Anerkennung einbringe und innere Befriedigung verschaffe. Auf die unterhaltsrechtliche Berücksichtigung der dadurch erzielten Einkünfte werde kein unzulässiger Zwang ausgeübt, die entsprechende Tätigkeit künftig fortzusetzen. Es stehe dem Ehemann frei, diese einzuschränken oder aufzugeben und die etwa dadurch eintretende Minderung des Gesamteinkommens im Weg der Abänderungsklage geltend zu machen. Diese Beurteilung ist rechtsbedenkenfrei. Der Ehemann hat sich bereits mehrere Jahre als Komponist betätigt und dadurch beträchtliche Einkünfte erzielt. Die ehelichen Lebensverhältnisse wurden mit durch diese Einkünfte geprägt. Zwar sind bei der Anrechnung von Einkünften aus einer Nebentätigkeit Zumutbarkeitsgesichtspunkte zu berücksichtigen (BGH FamRZ 79/210, 211). Wenn jedoch das OLG trotz der von ihm nicht verkannten hohen Belastungen für den Ehemann in tatrichterlicher Würdigung des Anlasses seiner Mehrleistung hier zu dem Ergebnis gelangt ist, er müsse sich diese Einkünfte jedenfalls so lange anrechnen lassen, als er sie tatsächlich erziele, ist dies nicht zu beanstanden.

14b) FamRZ 85/360, 362 = NJW 85/907, 909

(Überobligationsmäßige Wochenendarbeit)

Die Zurückverweisung gibt der Ehefrau Gelegenheit, ihre Bedenken gegen den nur hälftigen Ansatz der Einkünfte des Ehemanns aus seiner Wochenendarbeit geltend zu machen. Er hat diese Tätigkeit nach dem unwidersprochenen Vortrag der Ehefrau sechs oder sieben Jahre lang bis in die Zeit nach der Trennung der Parteien ausgeübt. Das kann die Beurteilung des OLG, es habe sich um eine überobligationsmäßige Nebentätigkeit gehandelt, in Frage stellen (FamRZ 83/152, 153). Es liegt vielmehr nahe, daß die aus einem derart beständigen Nebenerwerb erzielten, regelmäßig für den Familienunterhalt eingesetzten Einkünfte die für das Maß des Unterhalts entscheidenden Lebensverhältnisse (§ 1587/I BGB) mitgeprägt haben. Soweit es sich bei der vom OLG als überobligationsmäßig bezeichneten Nebentätigkeit um eine unzumutbare Tätigkeit handelt, müßten die daraus erzielten Einkünfte bei der Bestimmung der ehelichen Lebensverhältnisse vollständig außer Betracht bleiben (FamRZ 83/146, 149).

15. BGH zur Zumutbarkeit einer Werkstudentenarbeit

15a) FamRZ 83/140, 141 = NJW 83/814, 815

(Zur Ferienarbeit)

Einem Studierenden kann häufig während der Semesterferien eine gewisse Erwerbstätigkeit zugemutet werden. Eine solche Erwerbstätigkeit ist im allgemeinen allerdings nicht mehr zumutbar, wenn sie den Examensabschluß verzögern oder gefährden würde.

15b) FamRZ 80/126, 127 = NJW 80/393, 395

(Unzumutbarkeit einer Arbeit, wenn der Studiumsabschluß verzögert würde)

Das OLG mutet dem Kläger nicht zu, während der Semesterferien zu verdienen, sei es als kaufmännischer Angestellter oder durch Erteilung von Nachhilfestunden. Eine gewisse Erwerbstätigkeit während der Semesterferien wird einem studierenden, unterhaltsberechtigten, geschiedenen Ehegatten zwar häufig zuzumuten sein. Hier ist jedoch dem OLG beizutreten. Nach der unbestrittenen

Bescheinigung der Universität führte der Kläger zum damaligen Zeitpunkt abschließende Untersuchungen für seine Diplomarbeit durch, die voraussichtlich zum Wintersemester fertiggestellt sein sollte. In diesem Stadium der Ausbildung kann vom Kläger – auch mit Rücksicht auf seine vorherige längere Erkrankung – eine Nebentätigkeit in den Ferien nicht mehr verlangt werden. Er muß seine Arbeitskraft jetzt auf den Abschluß des Studiums konzentrieren.

16. Arbeitslosengeld, Arbeitslosenhilfe und Krankengeld

16a) NJW 84/1811, 1812, 1813

(BGH zu Arbeitslosengeld, Arbeitslosenhilfe und Krankengeld)

Der Rechtsanspruch auf Arbeitslosenunterstützung entsteht nicht schon durch die bloße Tatsache der Arbeitslosigkeit. Er setzt voraus, daß der Arbeitslose arbeitsfähig ist und sich der Arbeitsvermittlung zur Verfügung stellt, seine Arbeitskraft also dem Arbeitsmarkt anbietet. Sind diese Voraussetzungen erfüllt, so wird dem Arbeitslosen in Grenzen das soziale und von ihm regelmäßig nicht beeinflußbare Risiko der Arbeitslosigkeit abgenommen. Die dem Arbeitslosen gezahlte Unterstützung soll ihm einen Ausgleich für entgangenen Arbeitsverdienst verschaffen. Das zeigt sich auch deutlich darin, daß sie sich in ihrem Umfang an der Höhe des gewöhnlich erzielten Arbeitsentgelts ausrichtet (§§ 111, 136 AVG). Arbeitslosengeld und Arbeitslosenhilfe treten – so gesehen – an die Stelle des Arbeitsverdienstes; ihnen kommt in diesem Sinn eine Lohnersatzfunktion zu. Daß auch dem Krankengeld eine sogenannte Lohnersatzfunktion zukommt, weil es ebenso wie der Arbeitslohn dem Lebensunterhalt des Versicherten dient, ist in der Rechtsprechung anerkannt. Dasselbe gilt, wie bereits gesagt, auch für das Arbeitslosengeld und die Arbeitslosenhilfe. Daß der Anspruch auf Arbeitslosenhilfe nicht allein von der Vermittlungsfähigkeit (Verfügbarkeit) des Arbeitslosen abhängt, sondern zusätzlich dessen Bedürftigkeit voraussetzt, macht trotz des dahinterstehenden Gedankens der Fürsorge die Arbeitslosenhilfe nicht zu einer Leistung der Sozialhilfe, da sie ebenso wie das Arbeitslosengeld an die Eingliederung des Anspruchsberechtigten in das Arbeitsleben anknüpft, deshalb ebenfalls nach dem Arbeitsentgelt bemessen wird und keine Bedürftigkeit im Sinn der Sozialhilfevorschriften voraussetzt. Die zusätzliche Voraussetzung der Bedürftigkeit beschränkt im Verhältnis zum Arbeitslosengeld lediglich den Kreis der Berechtigten. Arbeitslosengeld und Arbeitslosenhilfe sind Ausfluß eines einheitlichen Systems gestufter Leistungen zur Sicherung gegen die finanziellen Folgen der Arbeitslosigkeit. Der Rechtsanspruch auf ihre Bewährung gilt, soweit nichts anderes bestimmt ist, kraft gesetzlicher Einordnung (§ 134 Abs. 4 AfG) als einheitlicher Anspruch auf Leistungen bei Arbeitslosigkeit. Zwischen beiden Sozialleistungen kann daher kein Unterschied gemacht werden.

16b) FamRZ 85/379, 380

(BSG zur Arbeitslosenhilfe als unterhaltsrechtlich anzurechnendem Einkommen)

Nach § 48 I S. 1 SGB können laufende Geldleistungen, die der Sicherung des Lebensunterhalts zu dienen bestimmt sind, in angemessener Höhe an den Ehegatten oder an die Kinder des Leistungsberechtigten ausbezahlt werden, wenn dieser ihnen gegenüber seiner gesetzlichen [ges.] Unterhaltspflicht nicht nachkommt. Die Auszahlung (Abzweigung) nach § 48 I SGB I als solche steht zwar im pflichtgemäß auszuübenden Ermessen der Bekl. Eine Ermessensausübung kommt jedoch erst in Betracht, wenn die in § 48 I SGB I dafür vorgesehenen Tatbestandsvoraussetzungen erfüllt sind. Deren Beurteilung richtet sich nicht nach – wenn auch pflichtgemäßem – Belieben der Bekl., sondern nach dem ges. Inhalt der Regelung. Insoweit unterliegen Entscheidungen der Bekl. über Abzweigungen nach § 48 SGB I mithin der vollen richterlichen Kontrolle.

Zutreffend ist die Bekl. davon ausgegangen, daß es sich bei der dem Kl. gewährten Alhi um eine laufende Geldleistung zur Sicherung des Lebensunterhalts i. S. von § 48 I SGB I handelt. Daß die Alhi nicht nur den persönlichen Bedürfnissen des Leistungsberechtigten, sondern auch dem Lebensunterhalt des Ehegatten zu dienen bestimmt ist, ergibt sich nicht nur allgemein aus ihrer Lohnersatzfunktion, sondern läßt sich auch der ges. Regelung des § 137 I Arbeitsförderungsgesetz [AFG] entnehmen, wonach der Arbeitslose i. S. von § 134 I Nr. 3 AFG bedürftig ist, soweit er den eigenen Unterhalt und den seines Ehegatten nicht auf andere Weise als durch Alhi bestreiten kann. Die Erreichung dieses Zweckes der Alhi kann somit grundsätzlich gemäß § 48 SGB I durch eine unmittelbare Auszahlung eines Teilbetrages an eine unterhaltsberechtigte Ehefrau erleichtert und beschleunigt werden.

Die Unterhaltspflichten zwischen getrenntlebenden Ehegatten richten sich nach § 1361 BGB. Danach kann ein Ehegatte von dem anderen den nach den Lebensverhältnissen und den Erwerbs- und Vermögensverhältnissen der Ehegatten angemessenen Unterhalt verlangen. Zwar hat der Kl. der Beigel. keinen Unterhalt geleistet; daraus rechtfertigt sich jedoch noch nicht die Annahme einer Unterhaltspflichtverletzung des Kl. Eine „abstrakte“ Unterhaltsverpflichtung aufgrund einer bestimmten familienrechtlichen Beziehung reicht nämlich dafür nicht aus. Vielmehr ergibt sich die

Pflicht zur Gewährung von Unterhalt erst aus den konkreten Lebens- und Einkommensverhältnissen dieser Beteiligten, insbesondere muß die Beigel. unterhaltsbedürftig und der Kl. zur Zahlung einer Geldrente (§ 1361 IV BGB) leistungsfähig gewesen sein. Ersteres läßt sich aus dem Zusammenhang der Feststellungen des LSG ohne weiteres bejahen; für die Bestimmung des letzteren hat die Bekl. einen unzulässigen rechtlichen Maßstab zugrundegelegt, der zur Rechtswidrigkeit des angefochtenen Verwaltungsaktes führt.

Ob und in welchem Umfange der Kl. der Beigel. gegenüber als zur Erbringung von Unterhalt leistungsfähig anzusehen ist, richtet sich allgemein nach den ehel. Lebensverhältnissen und zudem nach dem Vorhandensein anderer – gleich- bzw. vorrangiger – Unterhaltsberechtigter. Was die Einkommens- und Vermögensverhältnisse des Kl. angeht, so steht fest, daß er in der fraglichen Zeit Alhi i. H. von 208,80 DM wöchentlich (entsprechend 904,80 DM im Monat) bezogen hat. Diese Leistung ist bei ihm als unterhaltsrechtlich relevantes Einkommen zu berücksichtigen (BGH, FamRZ 1982, 587, 588; OLG Bamberg, FamRZ 1979, 914), da sie – wie bereits dargelegt – auch dem Lebensunterhalt des Ehegatten zu dienen bestimmt ist. Soweit in der Literatur eine abweichende Auffassung vertreten wird ist ihr nicht zu folgen. Offenbar bezieht sich diese noch auf den alten Rechtszustand (vor der Änderung des § 137 AFG durch das Einführungsgesetz zum Einkommensteuer-Reformgesetz [EG-EStRG] v. 21. 12. 1974, BGBl I 3656), da teilweise noch von „Familienzuschlägen" die Rede ist.

17. BGH zur Ausbildungsvergütung und Lehrlingsbeihilfe FamRZ 81/541, 542, 543 = NJW 81/2462, 2463

Der BGH hat bereits für den Unterhaltsschadensanspruch eines Lehrlings entschieden, daß die von diesem bezogene Lehrlingsbeihilfe als Arbeitsertrag anzusehen und je nach Bedarfsfall und Höhe zumindest teilweise anzurechnen ist. Hiervon ist auch bei der Berücksichtigung derartiger Bezüge im Rahmen des Unterhaltsrechts auszugehen. Wie der Senat bereits wiederholt entschieden hat, sind im Unterhaltsrecht auch im Verhältnis zwischen Verwandten bei der Ermittlung der Leistungsfähigkeit des Unterhaltsverpflichteten zur Feststellung des Einkommens grundsätzlich alle Einkünfte heranzuziehen, die ihm zufließen, gleich welcher Art diese Einkünfte sind und aus welchem Anlaß sie im einzelnen gezahlt werden. Die gleiche umfassende Berücksichtigung etwaiger Einkünfte ist grundsätzlich auch auf seiten des Unterhaltsberechtigten bei der Ermittlung seiner Bedürftigkeit geboten. Aus der Minderjährigkeit des Klägers ergibt sich lediglich die Besonderheit, daß das Kind nicht den Stamm seines Vermögens zum Unterhalt verwenden muß (§ 1602 Abs. 2 BGB). Der Ertrag seiner Arbeit mindert seine Bedürftigkeit dagegen ebenso wie bei einem erwachsenen Unterhaltsberechtigten. Als ein derartiges Arbeitseinkommen ist auch die Ausbildungsvergütung (Lehrlingsvergütung) anzusehen. Wenn sie auch vom Umfang und dem Wert der Arbeit weitgehend unabhängig ist, so kann ihr doch angesichts der heute üblichen Höhe sowie im Hinblick darauf, daß sie mit der Dauer der Ausbildung ansteigt, nicht der Charakter eines Entgelts für geleistete Arbeit abgesprochen werden, der die Behandlung als Arbeitseinkommen im unterhaltsrechtlichen Sinn rechtfertigt. Das führt dazu, daß die Ausbildungsvergütung grundsätzlich voll bedarfsmindernd anzurechnen ist.

18. BGH zum Überbrückungsgeld und Hausgeld eines Strafgefangenen FamRZ 82/792, 794 = NJW 82/1812, 1813

Das Überbrückungsgeld eines Strafgefangenen soll nach § 51 Abs. 1 StVollzG dazu dienen, den Lebensunterhalt nicht nur des Gefangenen, sondern auch seiner Unterhaltsberechtigten in den ersten vier Wochen nach der Entlassung zu sichern. Unterhaltsrechtlich gilt es daher als Einkommen in dem Monat der Entlassung, in dem es in der angesammelten Höhe ausbezahlt wird. Für den laufenden Unterhaltsbedarf während der Strafhaft kann es deswegen nicht herangezogen werden, weil der Gefangene vor seiner Entlassung darüber nicht verfügen kann und damit eine Unterhaltsschuld auch nicht freiwillig begleichen könnte. Kein anrechnungsfähiges Einkommen ist das Hausgeld.

19. BGH zu berufsbedingten Aufwendungen

19a) FamRZ 81/541, 543 = NJW 81/2462, 2463

(Zur Pauschalabgeltung)

Berufsbedingte Aufwendungen sind grundsätzlich den besonderen Verhältnissen des Einzelfalls entsprechend vom Gericht festzustellen. Dabei können ihm jedoch Richtsätze, die auf die gegebenen Verhältnisse abgestellt sind und der Lebenserfahrung entsprechen, als Anhalt dienen, soweit nicht im Einzelfall besondere Umstände eine Abweichung bedingen.

19b) FamRZ 82/579, 581 = NJW 82/1594L

(Keine berufsbedingten Aufwendungen bei Nichterwerbstätigen)

Die Einkünfte der Antragsgegnerin hat das OLG vor der Gegenüberstellung mit dem für Unterhaltszwecke zur Verfügung stehenden Renteneinkommen des Antragstellers um einen Betrag von „ca. 10%“ für berufsbedingte Mehraufwendungen bereinigt, die der Antragsgegnerin durch ihre Halbtagsbeschäftigung erwachsen. Hiermit hat sich das OLG im Rahmen des ihm als Tatrichter obliegenden Bemessungsspielraums für die erhöhten Aufwendungen der erwerbstätigen Ehegatten gehalten. Da der Antragsteller einer Erwerbstätigkeit nicht nachgeht, entfallen bei ihm entsprechende berufsbedingte Aufwendungen.

19c) FamRZ 84/151, 153 = NJW 84/294, 296

(Pauschale für berufsbedingte Aufwendungen)

Wie das Berufungsgericht festgestellt hat, beträgt das Nettoeinkommen monatlich 3594,48 DM abzüglich einer Pauschale von 5% wegen berufsbedingter Aufwendungen, mithin monatlich 3414,76 DM.

19d) FamRZ 82/887 = NJW 82/1983

(pauschale Kürzungen um 5%)

Das OLG hat zur Festlegung der Höhe der den Kl. geschuldeten Unterhaltsrenten die Leistungsfähigkeit des Bekl. auf der Grundlage seines bereinigten Nettoeinkommens ermittelt. Es ist dabei von dem Grundsatz ausgegangen, daß alle Einkünfte zu berücksichtigen seien, die dem Bekl. im Hinblick auf sein Arbeitsverhältnis zufließen, einschließlich der Montage-Zuschläge und der Vergütungen für die – sich in zumutbarem Rahmen haltenden – Überstunden. Von den auf diese Weise ermittelten Bruttoeinkünften hat das OLG die Steuern und Versicherungsbeiträge abgezogen. Die sich damit ergebenden Nettobeträge hat es alsdann für berufsbedingte Mehraufwendungen pauschal um 5% gekürzt. Auf dieser Basis hat das OLG für die Zeit vom 1. 8. bis 31. 12. 1979 ein bereinigtes monatl. Nettoeinkommen des Bekl. in Höhe von 3728,52 DM und für die Zeit ab 1. 1. 1980 in Höhe von 2871,66 DM festgestellt.

Der Bekl. greift die Berechnungen des OLG an mit der Rüge, das Gericht habe sein für Unterhaltszwecke zur Verfügung stehendes Nettoeinkommen zu hoch angesetzt.

Diese Rüge hat keinen Erfolg.

20. BGH zum beruflichen Mehraufwand

20a) FamRZ 83/352, 353 = NJW 83/2318, 2319

(Nachweis eines konkret geltend gemachten beruflichen Mehraufwands)

Mehraufwendungen für Auslandsaufenthalt und berufsbedingte Repräsentation hat das OLG nicht abgesetzt, weil diese durch zusätzliche Leistungen der Arbeitgeberin ausgeglichen würden, nämlich freie Wohnung, Dienstwagen und Zuschüsse zu den Energiekosten zur Verpflegung und zu den Aufwendungen für Dienstpersonal. Letzteres beanstandet der Beklagte mit der Begründung, das OLG habe den Auskünften seiner Arbeitgeberin entnehmen müssen, daß auch ein Teil der laufenden Bezüge nur wegen eines besonderen Repräsentationsaufwandes und wegen der erhöhten Lebenshaltungskosten in Indien gezahlt würden. Diese Rüge greift nicht durch. Nach der ständigen Rechtsprechung des Senats kommt es unterhaltsrechtlich nicht entscheidend auf die Zweckbestimmung von Einkünften an; ein beruflicher Mehraufwand kann nur berücksichtigt werden, soweit er tatsächlich erwachsen, dargelegt und nachgewiesen ist.

20b) FamRZ 80/342, 344

(Verrechnung von Zuschlägen für besondere Mehraufwendungen)

Die Bestimmung einer Leistung zum Ausgleich besonderer Aufwendungen (hier Auslandszuschlag) oder ähnlicher Verwendungszwecke führt nicht dazu, daß sie von vornherein außer Ansatz zu lassen wäre. Vielmehr kommt es insoweit auf den tatsächlichen Mehraufwand an, den der Empfänger einer derartigen Zulage hat. Erfahrungsgemäß liegt der wirkliche Mehraufwand vielfach unter der Zulage, so daß gerade dieser Umstand mit ein Anreiz sein kann, die Auslandstätigkeit zu übernehmen (deshalb ist die Zulage voll anzurechnen und der nachgewiesene tatsächliche konkrete Mehraufwand abzuziehen). Bei der weiteren Erhöhung der Auswirkung des Auslandszuschlags auf die Leistungsfähigkeit des Beklagten hat das OLG eine von diesem vorgelegte Zusammenstellung der durch den Auslandsaufenthalt bedingten Mehraufwendungen überprüft und ist zu dem Ergebnis gelangt, daß darin verschiedene Positionen nicht berücksichtigungsfähig seien, weil diese Kosten in gleicher Weise auch im Fall einer Diensttätigkeit im Inland anfallen würden. Anstatt jedoch die Gesamtsumme der vom Beklagten geltend gemachten Mehraufwendungen um jenen Betrag zu kürzen und den Rest als Erhöhung des Lebensbedarfs des Beklagten zu berücksichtigen mit der Folge, daß sich der Auslandszuschlag letztlich nur in einer um diesen Betrag reduzierten Höhe einkommenssteigernd auswirkt, hat das OLG den Betrag der nicht berücksichtigten Aufwendungen dem Inlandseinkommen des Beklagten hinzugerechnet und das Ergebnis als maßgebliches Einkommen angesehen. Diese Berechnung wäre nur für den Fall zutreffend, daß die Summe der vom Beklagten geltend gemachten Mehraufwendungen und der Auslandszuschlag gleich hoch sind. Das ist jedoch nicht festgestellt. Wäre der Betrag des Auslandszuschlags dagegen geringer, so wäre das OLG mit seinem Rechnungsansatz zum Nachteil des Beklagten zu einem unrichtigen Ergebnis gelangt. Damit ergibt sich die Notwendigkeit, das Urteil im gesamten Umfang seiner Anfechtung aufzuheben und die Sache zur erneuten Entscheidung zurückzuverweisen. Hierbei wird das OLG auch Gelegenheit haben, sich mit den Angriffen der Revision gegen die Berücksichtigung verschiedener Positionen aus der Übersicht des Beklagten über seine Mehraufwendungen, insbesondere gegen die Pos. 1 (Putzfrau), 13 (Kasinobeitrag und Beitrag für deutsche Delegation) und 17 (Mobilar) auseinanderzusetzen.

21. BGH zu ausbildungsbedingten Aufwendungen
FamRZ 81/541, 543 = NJW 81/2462, 2463

Die Ausbildungsvergütung ist grundsätzlich voll bedarfsmindernd anzurechnen. Allerdings sind dabei vorweg die berufsbedingten Aufwendungen sowie auch die Kosten eines etwaigen sonstigen im Verhältnis zu gleichaltrigen Schülern gegebenen erhöhten Bedarfs abzuziehen. Diese Abzüge können jedoch nicht, wie es vertreten wird, pauschal mit der Hälfte der Vergütung angenommen werden; vielmehr sind sie grundsätzlich den besonderen Verhältnissen des Einzelfalls entsprechend vom Gericht festzustellen. Dabei können ihm jedoch Richtsätze, die auf die gegebenen Verhältnisse abgestellt sind und der Lebenserfahrung entsprechen, als Anhalt dienen, soweit nicht im Einzelfall besondere Umstände eine Abweichung bedingen. Diesen Erfordernissen werden die Ausführungen des OLG, das den Mehrbedarf des Klägers mit 120,– DM monatlich angenommen hat, gerecht. Vor allem trifft es entgegen der Ansicht der Revision nicht zu, daß das OLG dabei die Besonderheiten des vorliegenden Falles nicht berücksichtigt hätte. So hat das Gericht dem Kläger im Berufungsverfahren eigens aufgegeben, seine aus der Lehrlingsvergütung aufzubringenden besonderen Auslagen darzulegen und die von ihm daraufhin angeführten Kosten von 135,80 DM für eine einmalige überbetriebliche Unterweisung und 67,50 DM für einen Zeichenkurs bei der Ermittlung des angegebenen Betrags ausdrücklich gewürdigt. Hiernach hat das OLG zu Recht angenommen, daß die Ausbildungsvergütung in Höhe des 120,– DM übersteigenden Betrages die Bedürftigkeit des Klägers mindert.

22. BGH zu Pkw-Kosten und Fahrtkosten

22a) FamRZ 82/360, 362 = NJW 82/1869, 1870
(Beruflich benötigter Pkw und Abzug für private Nutzung)

Das OLG ist davon ausgegangen, daß der Beklagte den Pkw beruflich benötigt. Er arbeitet im Außendienst und erhält für die dienstliche Nutzung seines Fahrzeugs Kilometergeld, bedient sich also des Wagens nicht nur zur Fahrt zwischen Wohnung und Arbeitsstelle. Anders als im letztgenannten Fall, in dem der Unterhaltspflichtige im allgemeinen auf die Benutzung öffentlicher Verkehrsmittel wird verwiesen werden können und infolgedessen nur die dann entstehenden Beförderungskosten Berücksichtigung verdienen, können die Kosten eines Kraftwagens als Bedarfsposten geltend gemacht werden, wenn der Unterhaltspflichtige das Fahrzeug zur Ausübung seines Berufs benötigt. Zu den Kosten eines Kraftfahrzeuges gehören auch diejenigen seiner Anschaffung, wobei es im Grundsatz nicht darauf ankommt, ob der Berufstätige den Kauf auf Kredit tätigt und infolgedessen durch die Verpflichtung zur Verzinsung und Rückzahlung des Darlehens belastet wird oder ob er vor dem Kauf entsprechende Rücklagen bildet. Das OLG ist davon ausgegangen, daß ein Teil des Neuanschaffungsbedarfs durch Überschüsse aus dem Kilometergeld nicht gedeckt werden kann. Diesen – nach seiner Schätzung – sogar größeren Teil der allmonatlich für eine Neuanschaffung bereitzustellenden Mitteln hat es jedoch die unterhaltsrechtliche Berücksichtigung insgesamt versagt, weil der Beklagte das Fahrzeug auch privat nutze. Nähere Feststellungen zur Höhe der für die Neuanschaffung monatlich aufzubringenden Mittel und zum Umfang der dienstlichen und der privaten Nutzung des Wagens hat es nicht getroffen. Das läßt die Möglichkeit offen, daß – bei einem Fahrzeug – beruflich verursachte Aufwendungen zu Unrecht unberücksichtigt geblieben sind. Deshalb muß die Sache zur Nachholung der erforderlichen Feststellungen an das OLG zurückverwiesen werden.

22b) FamRZ 82/579, 581 = NJW 82/1594 L

(Ermittlung der Aufwendungen für einen Pkw)

Ist jemand lebensnotwendig auf die Benutzung eines Pkw angewiesen, sind seine Aufwendungen für das Fahrzeug als Mehrbedarf vorab zu berücksichtigen. Die Höhe des Mehrbedarfs hat das OLG auf DM 550,– geschätzt. Dies greift die Revision an mit dem Hinweis darauf, daß der Antragsteller nach seinem eigenen Vorbringen Zuschüsse für die Anschaffung eines Fahrzeugs erhalte. Da das OLG die Mehraufwendungen für die Haltung eines Pkw in Anlehnung an die ADAC-Tabelle geschätzt hat, liegt die Annahme nahe, daß es in die Schätzung die Anschaffungskosten für das Fahrzeug miteinbezogen hat. Ob dabei auch die genannten Zuschüsse – unter Beachtung der erforderlichen Kosten für die Umrüstung des Fahrzeugs – berücksichtigt worden sind, kann dem Berufungsurteil nicht mit hinreichender Sicherheit entnommen werden. Die erforderliche Aufhebung des angefochtenen Urteils und Zurückverweisung der Sache an das OLG gibt den Parteien Gelegenheit, hierzu näher Stellung zu nehmen.

22c) FamRZ 84/988, 990

(Zumutbarkeit der Inanspruchnahme öffentlicher Verkehrsmittel)

Zu Unrecht hat das OLG bei der Ermittlung des anrechenbaren Einkommens des Ehemannes die Betriebskosten von dessen Pkw mit monatlich 800 DM in voller Höhe abgesetzt. Bei Nettoeinkommen der vorliegenden Größenordnung (Mann 3100 DM und Frau 2700 DM) ist die Haltung eines Pkw den ehelichen Lebensverhältnissen zuzurechnen. Für die berufsbedingten Fahrten zur Arbeitsstätte können dann nicht die gesamten Betriebskosten sondern allenfalls die durch diese Fahrten entstehenden Mehrkosten vom Einkommen abgezogen werden. Wenn auch diese Kosten noch einen unverhältnismäßig großen Teil des Einkommens in Anspruch nehmen, bedarf es der Prüfung, ob nach den Umständen des Falles nicht die Inanspruchnahme öffentlicher Verkehrsmittel zumutbar ist und dadurch die Fahrtkosten gesenkt werden können (FamRZ 82/360, 362).

23. BGH zum berufsbedingten Aufwand für Kindesbetreuung

FamRZ 82/779, 780 = NJW 82/2664, 2665

(Abzug als berufsbedingte Aufwendungen)

Es kann dahingestellt bleiben, ob bei der hier gegebenen Sachlage dem Beklagten trotz der Betreuungsbedürftigkeit der bei ihm lebenden ehelichen Kinder im Verhältnis zur Klägerin die unterhaltsrechtliche Obliegenheit traf, seine Erwerbstätigkeit in dem vor der Trennung der Parteien ausgeübten Umfang beizubehalten. Selbst wenn er seine Erwerbstätigkeit hätte einschränken dürfen, um die Betreuung der Kinder in größerem Umfang persönlich wahrnehmen zu können, würde dies nicht zur Folge haben, daß das Einkommen aus der über das gebotene Maß hinaus ausgeübten Erwerbstätigkeit bei der Unterhaltsbemessung unberücksichtigt bleiben müsse. Die Frage, in welchem Umfang ein solches (Mehr-)Einkommen bei der Unterhaltsbemessung anzurechnen ist, muß nach den Grundsätzen von Treu und Glauben und Berücksichtigung der Umstände des Einzelfalls beantwortet werden. Damit steht es im Einklang, das Einkommen aus einer trotz der Kinderbetreuung ausgeübten Berufstätigkeit unter Abzug des Betrags anzusetzen, der für die infolge dieser Berufstätigkeit notwendig gewordenen anderweitigen Betreuung der Kinder aufgewendet werden mußte. Dies hat der BGH bereits für einen Fall entschieden, in dem die nach § 58 EheG unterhaltsberechtigte Ehefrau eine Erwerbstätigkeit aufgenommen hat und die Kinder in Ganztagsschulen versorgen ließ (FamRZ 79/210, 211 und FamRZ 80/771, 772). Die dem zugrunde liegende Billigkeitserwägung gilt in gleicher Weise für den hier vorliegenden Fall, daß der (nach § 1361 BGB) Unterhaltspflichtige eine Erwerbstätigkeit ausübt und dafür die Kinder anderweitig betreuen läßt. Danach stellt es keinen Rechtsfehler zum Nachteil des Beklagten dar, wenn das OLG seine Zuwendungen für die bei ihm lebende Frau, die die Kinder mitversorgt, vom anzurechnenden Einkommen abgesetzt, im übrigen aber das Einkommen angerechnet hat. Eine derartige Berücksichtigung der konkreten Umstände wird in Fällen, in denen der berufstätige Ehegatte die mit seiner Berufstätigkeit verbundene Einschränkung der persönlichen Sorge für die Kinder dadurch ausgleicht, daß er die Kinder im erforderlichen Umfang gegen Entgelt anderweitig versorgen läßt, dem Grundsatz von Treu und Glauben besser gerecht als die pauschale Nichtanrechnung eines Teils des Einkommens. Der konkreten Bewertung des zusätzlichen Aufwands für die Kinderbetreuung steht nicht entgegen, daß in bezug auf die Unterhaltspflicht der Eltern gegenüber minderjährigen unverheirateten Kindern Bar- und Betreuungsunterhalt grundsätzlich als gleichwertig anzusehen sind und insoweit ein Ansatz des Geldwerts der Betreuungsleistungen ausscheidet (FamRZ 80/994). Das hat seinen Grund in der Vorschrift des § 1606 Abs. 3 S. 2 BGB, die insoweit die Betreuungsleistungen des einen Elternteils und Barleistungen des anderen im Weg einer typisierenden Wertung für den Regelfall gleichsetzt. Das schließt jedoch nicht aus, bei der Berechnung des Ehegattenunterhalts den Aufwand zu ermitteln, der dem sorgeberechtigten Elternteil dadurch entsteht, daß er infolge seiner Berufstätigkeit die Betreuung der Kinder (z. T.) auf Dritte übertragen muß.

24. BGH zur Abschreibung bei Gebäuden und zu Instandsetzungskosten FamRZ 84/39, 41 = NJW 84/303, 304, 305

Die zu versteuernden Einkünfte eines Unterhaltspflichtigen sind in der Regel geringer als das Einkommen, nach dem sich der Unterhalt bemißt, weil eine Vielzahl von steuerspezifischen Absetzungs- und Abschreibungsmöglichkeiten unterhaltsrechtlich nicht einkommensmindernd berücksichtigt werden kann (FamRZ 80/770 m. w. N.). Dies gilt besonders bei Einkünften aus Vermietung und Verpachtung. Hierbei wirken sich erfahrungsgemäß Abschreibungen für die Abnutzung von Gebäuden sowie Instandsetzungskosten erheblich zugunsten des Steuerpflichtigen aus, ohne daß diese Posten unterhaltsrechtlich in gleicher Weise berücksichtigt werden können. Abschreibungen für die Abnutzung von Gebäuden berühren das unterhaltsrechtlich maßgebende Einkommen nicht, weil ihnen lediglich ein Verschleiß von Gegenständen des Vermögens zugrundeliegt. Die zulässigen steuerlichen Pauschalen gehen vielfach über das tatsächliche Ausmaß der Wertminderung hinaus; auch ist zu berücksichtigen, daß sie durch eine günstige Entwicklung des Immobilienmarkts ausgeglichen werden können. Instandsetzungskosten können unterhaltsrechtlich nur insoweit einkommensmindernd berücksichtigt werden, als es sich um notwendigen Erhaltungsaufwand handelt und nicht um den Aufwand für eine Vermögensbildung wie er etwa vorliegt, wenn Ausbauten und wertsteigernde Verbesserungen vorgenommen worden sind. Im vorliegenden Fall hat die Klägerin substantiiert geltend gemacht, daß das steuerliche Einkommen des Beklagten für die Unterhaltsbesmessung jährlich um 20262,– DM wegen entsprechender Abschreibungen und um erhebliche Summen wegen des Abzugs von Instandsetzungskosten zu erhöhen sei, ohne daß das OLG darauf eingegangen ist. Das angefochtene Urteil beruht somit auf der unvollständigen Würdigung des Parteivorbringens (§ 287 ZPO), die sich zum Nachteil der Klägerin ausgewirkt haben kann.

25. BGH zur Verwertung eines Baugrundstücks FamRZ 80/43, 44, 45 = NJW 80/340, 341, 342

Das OLG hat zu Unrecht eine Verpflichtung des Beklagten abgelehnt, mittels eines Erbanteils an dem aus einem Baugrundstück bestehenden Nachlaß zum Unterhalt der Klägerin beizutragen. In Ermangelung sonstiger Mittel muß ein Unterhaltspflichtiger – auch abgesehen von der gesteigerten Unterhaltspflicht von Eltern im Fall des § 1603 Abs. 2 BGB – grundsätzlich auch den Stamm seines Vermögens zur Bestreitung des Unterhalts angreifen. Allerdings erleidet dieser Grundsatz eine Einschränkung, wenn die Verwertung des Vermögensstammes für den Unterhaltsverpflichteten einen wirtschaftlich nicht mehr vertretbaren Nachteil mit sich bringen würde (vgl. auch BGH, FamRZ 57/120). Aus den Ausführungen des OLG ergibt sich nicht, daß der Beklagte seinen Anteil an dem Nachlaß nicht zum Verkehrswert verwerten könnte, sondern nur, daß ihn diese Verwertung an der Ausnützung künftiger Preissteigerungen hindern würde. Dies allein ist kein Grund, der die Verwertung des Vermögens zur Bestreitung des Unterhalts als wirtschaftlich nicht mehr vertretbar und zumutbar erscheinen läßt. Im übrigen hätte es in Anbetracht der verhältnismäßig geringen Höhe der geforderten Unterhaltsbeträge der Prüfung bedurft, ob es der Wert seines Erbanteils dem Beklagten nicht ermöglicht hätte, sich die für den Unterhaltsbeitrag notwendigen Mittel durch Aufnahme eines Kredits zu beschaffen.

26. BGH zur Berücksichtigung von Wohnkosten beim Verpflichteten für das Wohnen im eigenen Haus

26a) FamRZ 84/358, 360 = NJW 84/1237, 1238, 1239

(Berücksichtigungswürdige und nicht berücksichtigungswürdige Kosten und Verbindlichkeiten)

Auf seiten des Pflichtigen ist das Einkommen um die angemessenen Wohnkosten (für das Wohnen im eigenen Haus) zu erhöhen, soweit diese nicht durch laufende Verbindlichkeiten, die bei der Beurteilung seiner Leistungsfähigkeit zu berücksichtigen sind, aufgezehrt werden. So können die Annuitäten für das Haus insoweit nicht einkommensmindernd berücksichtigt werden, als sie den Wohnkosten entsprechen, die der in jenem Haus wohnende AGg. im Rahmen seiner normalen Lebenshaltungskosten aufzubringen hat. In diesem Umfang hat der AGg. Kreditverbindlichkeiten aus dem für seinen Unterhalt zur Verfügung stehenden Betrag zu bestreiten und kann sie der ASt nicht einkommensmindernd entgegenhalten. Im übrigen hat der Senat zur Berücksichtigung von Verbindlichkeiten bei der Leistungsfähigkeit des Unterhaltsverpflichteten (FamRZ 82/23, 24 und

FamRZ 82/157, 158) ausgeführt, daß zwischen berücksichtigungswürdigen und anderen Verbindlichkeiten zu differenzieren ist. Da jede Rechtsposition unter dem Vorbehalt von Treu und Glauben steht, kann sich der Unterhaltspflichtige nicht auf Verbindlichkeiten berufen, die er leichtfertig, für luxuriöse Zwecke oder ohne verständigen Grund eingegangen ist. Ob im Einzelfall eine Verbindlichkeit zu berücksichtigen ist, kann nur im Rahmen einer umfassenden Interessenabwägung nach billigem Ermessen beurteilt werden. Bedeutsame Umstände sind dabei insbesondere der Zweck der Verbindlichkeiten, der Zeitpunkt und die Art der Entstehung, die Dringlichkeit der beiderseitigen Bedürfnisse, die Kenntnis des Unterhaltsverpflichteten von Grund und Höhe der Unterhaltsschuld, seine Möglichkeiten, die Leistungsfähigkeit in zumutbarer Weise ganz oder teilweise wiederherzustellen und gegebenenfalls auch schutzwürdige Belange eines Drittgläubigers. Diese Grundsätze hat der Senat in der letztgenannten Entscheidung gerade auch für die Berücksichtigung von Kreditverbindlichkeiten für einen Hausbau festgestellt. Daß dieser Entscheidung ein Fall zugrundelag, in dem es um die Unterhaltspflicht eines Elternteils gegenüber dem volljährigen Kind ging, stellt die Anwendung der Grundsätze auf den vorliegenden Fall des Ehegattenunterhalts nicht in Frage. Eine danach notwendige, in umfassender Interessenabwägung nach billigem Ermessen vorzunehmende Beurteilung ist bislang nicht erfolgt. Das OLG hat lediglich ausgeführt, daß die auf das Haus des AGg. entfallenden Zins- und Tilgungsleistungen nicht zu berücksichtigen seien, weil es sich insoweit um „reine Vermögensbildung" zugunsten des AGg. und zu Lasten der ASt. handle. Zwar spricht es gegen die Berücksichtigung einer Verbindlichkeit, wenn ihre Erfüllung der Bildung von Vermögensreserven dient. Auf der anderen Seite hat der AGg. darauf hingewiesen, daß gerade bei diesem Hausgrundstück eine wirtschaftlich zumutbare Verwertung durch die zugunsten der Mutter des AGg. eingetragene Reallast erschwert wird. Diese Erschwernisse für eine Rückführung der Verbindlichkeit und eine insoweit anzustrebende Wiederherstellung der Leistungsfähigkeit sind in die umfassende Interessenabwägung gleichfalls einzubeziehen. Ebenso bedarf auch die Frage, ob die auf das Haus entfallenden Annuitäten zu berücksichtigen sind, einer umfassenden Beurteilung anhand der angeführten Grundsätze. Daß sich in diesem Haus die eheliche Wohnung befunden hat und der AGg. weiterhin dort wohnt, kann insoweit nicht allein entscheidend sein. Allerdings spricht es für eine einkommensmindernde Berücksichtigung derartiger Verbindlichkeiten, wenn es sich bei dem betreffenden Haus um ein Eigenheim handelt, das der Unterhaltsverpflichtete zur Befriedigung seines Wohnbedürfnisses errichtet oder erworben hat. Daneben muß die Berücksichtigung jedenfalls auch davon abhängig gemacht werden, ob und inwieweit sich die Annuitäten in einem angemessenen und zumutbaren Rahmen halten. Hierzu bedarf es im vorliegenden Fall angesichts der Einkommensverhältnisse der Parteien der näheren Prüfung. Dabei kann sich auch die Frage stellen, ob es dem AGg. möglich und zumutbar ist, statt in seinem Haus künftig anderweitig Wohnung zu nehmen und so u. U. eine wirtschaftlich günstige Verwertung seines Hauses zu ermöglichen. Überhaupt kann es für die Unterhaltsberechnung von Bedeutung sein, ob und in welcher Höhe der AGg. aus seinem Hausbesitz Mieteinnahmen erzielen kann.

26b) FamRZ 82/157, 158 = NJW 82/380, 381
(Zu Kreditverbindlichkeiten für Hausbau)

Kreditverbindlichkeiten für einen Hausbau wird vielfach entgegengehalten, der Unterhaltsschuldner könne nicht auf Kosten des Unterhaltsberechtigten sein Aktivvermögen mehren; teilweise werden die Aufwendungen in diesem Rahmen lediglich bis zu Höhe fiktiver Mietkosten berücksichtigt. Da es nicht der Sinn des Gesetzes sein kann, dem Unterhaltsschuldner die Möglichkeit zu geben, durch unverantwortliches oder eigensüchtiges Schuldenmachen seiner Unterhaltspflicht zu entgehen, ist der Meinung nicht zu folgen, § 1603 Abs. 1 BGB verbiete die Differenzierung zwischen berücksichtigungswürdigen und anderen Verbindlichkeiten. Es ist auch zu eng und verhilft in vielen Fällen nicht zu einer befriedigenden Lösung, nur den Einwand der Arglist (§ 242 BGB) bei einer festgestellten oder unter bestimmten Voraussetzungen zu vermutenden Benachteiligungsabsicht zuzulassen. Da jede Rechtsposition unter dem Vorbehalt von Treu und Glauben steht, kann sich der Unterhaltspflichtige nicht auf Verbindlichkeiten berufen, die er leichtfertig, für luxuriöse Zwecke oder ohne verständigen Grund eingegangen ist. Im Einzelfall kann die Abgrenzung nur im Rahmen einer umfassenden Interessenabwägung nach billigem Ermessen erfolgen, wobei die in der Rechtspraxis bereits entwickelten Maßstäbe brauchbare Ansatzpunkte abgeben. Bedeutsame Umstände sind insbesondere der Zweck der Verbindlichkeiten, der Zeitpunkt und die Art ihrer Entstehung, die Dringlichkeit der beiderseitigen Bedürfnisse, die Kenntnis des Unterhaltsverpflichteten von Grund und Höhe der Unterhaltsschuld, seine Möglichkeiten, die Leistungsfähigkeit in zumutbarer Weise ganz oder teilweise wiederherzustellen und gegebenenfalls auch schutzwürdige Belange des Drittgläubigers. Der Hausbau hat nach der Geburt des Kindes der Befriedigung der Wohnbedürfnisse des Beklagten und seiner Familie gedient und nicht so sehr der Bildung von Vermögensreserven. Der Beklagte hat in diesem Zusammenhang Beweis dafür angeboten, daß seine frühere Mietwohnung für ein Ehepaar mit Kind zu klein und ungeeignet gewesen sei und daß er eine kindgerechte andere

Mietwohnung zu angemessenen Bedingungen nicht habe erlangen können. Diese Beweisangebote sind für die Frage der Dringlichkeit und Unaufschiebbarkeit des Hausbaus erheblich.

26c) FamRZ 82/898, 899 = NJW 82/1999, 2000

(Zum Abzug von Kosten für Eigentumswohnung der neuen Lebensgefährtin)

Das OLG hat es abgelehnt, die vom Beklagten im Zusammenhang mit dem Erwerb einer Eigentumswohnung durch seine neue Partnerin übernommenen Verbindlichkeiten sowie die von ihm getragenen Kosten für eine gemeinsame Mietwohnung als seine Leistungsfähigkeit aufhebend zu berücksichtigen mit der Begründung, diese Verbindlichkeiten wurzelten letztlich in einer von der Rechtsordnung nicht anerkannten nichtehelichen Lebensgemeinschaft und hätten daher gegenüber dem besonders geschützten Unterhaltsanspruch der Klägerin zurückzutreten. Nach den Lebensverhältnissen des Beklagten überstiegen sie jedes vertretbare Maß. Die Zahlungen im Zusammenhang mit dem Erwerb der Eigentumswohnung hätten ausschließlich der Vermögensbildung für seine Lebensgefährtin gedient, da er weder Miteigentümer geworden sei, noch bei der Veräußerung auch nur teilweise eine Erstattung seiner Aufwendungen erhalten habe. Wenn er die Verbindlichkeiten für die Eigentumswohnung in der Erwartung eingegangen sei, aufgrund des Einkommens seiner Lebensgefährtin tatsächlich in Anspruch genommen zu werden, hätte eine Veräußerung des Objekts früher stattfinden müssen. Auch die Miete für eine gemeinsame Wohnung mit der Lebensgefährtin könne er nicht voll in Ansatz bringen sondern nur denjenigen Betrag, der für seine eigene Person und für sein Unterkommen erforderlich sei. Es bestehe keine Veranlassung, diesen eigenen Wohnbedarf vor und nach dem Auszug aus der Eigentumswohnung mit mehr als 250,– DM monatlich zu veranschlagen, da der Beklagte nicht dargetan habe, daß es nicht möglich gewesen sei, für sich eine Wohnung zu diesem Preis zu finden. Diese Ausführungen halten den Angriffen der Revision stand. Der Senat hat zur Berücksichtigung von Verbindlichkeiten bei der Leistungsfähigkeit des Verpflichteten (FamRZ 82/83, 24 und FamRZ 82/157, 158 = NJW 82/380) ausgeführt, daß es je nach Art, Anlaß und Entstehungszeit angezeigt sein kann, diese voll, teilweise oder gar nicht in Rechnung zu stellen. Nach Treu und Glauben kann sich der Unterhaltsverpflichtete nicht auf Schulden berufen, die er leichtfertig, für luxuriöse Zwecke oder ohne verständigen Grund eingegangen ist. Im Einzelfall ist unter Abwägung aller bedeutsamen Umstände eine Interessenabwägung vorzunehmen, die weitgehend auf tatrichterlichem Gebiet liegt. Nach diesen Grundsätzen ist es nicht zu beanstanden, daß das OLG die Verbindlichkeiten des Beklagten im Zusammenhang mit dem Erwerb der Eigentumswohnung nur insoweit berücksichtigt hat, als er dadurch teilweise einen Gegenwert in Form des freien Wohnens erlangt hat. Im Interesse eigener Altersvorsorge ist der Beklagte nicht tätig geworden; dies geht nicht zuletzt daraus hervor, daß er bei der späteren Veräußerung der Wohnung in keiner Weise an dem Erlös beteiligt worden ist.

27. BGH zur Berücksichtigung von mietfreiem Wohnen und Wohnkosten FamRZ 82/892, 893 = NJW 82/2439, 2440

Eine Zurückverweisung ist auch deshalb geboten, weil bisher nicht tatrichterlich gewürdigt worden ist, ob und in welcher Weise es sich auf den Unterhaltsanspruch auswirkt, daß die Ehefrau mietfrei in einer Eigentumswohnung wohnt. Ob dies ihren Unterhaltsbedarf mindert, wird insbesondere davon abhängen, welche Kosten dem Ehemann für seine eigene Wohnung entstehen.

28. BGH zur Berücksichtigung eines Mietvorteils bei den ehelichen Lebensverhältnissen

28a) FamRZ 85/471, 472, 473 = NJW 85/1347 L

(Zur Berücksichtigung des mietfreien Wohnens bei den ehelichen Lebensverhältnissen

Die ehelichen Lebensverhältnisse können durch das mietfreie Wohnen in dem den Eheleuten gehörenden Haus mitgeprägt worden sein, jedenfalls soweit die Mietaufwendungen für ein vergleichbares Objekt höher gewesen wären als die für Finanzierung und Grundstückslasten des Eigenheims aufzubringenden Mittel (unveröffentlichtes Senatsurteil vom 27. 6. 84 = IVb ZR 20/83). Dem steht die hierzu von ihnen abgegebene Erklärung, das mietfreie Wohnen solle nicht als Einkommen berücksichtigt werden, nicht entgegen; sie gibt lediglich eine Rechtsansicht wieder. Soweit der Ertrag des aus dem Verkauf des Hauses erzielten Barkapitals den danach zu berücksichtigenden Nutzungswert des Hauses überstieg, darf der Mehrbetrag bei der Bestimmung der ehelichen Lebensverhältnisse außer Betracht gelassen werden, weil die Eheleute das Haus allein im Hinblick auf das Scheitern ihrer Ehe veräußert haben.

28b) FamRZ 85/357, 358, 359 = NJW 85/909, 910, 911
(Mietfreies Wohnen in zwei Häusern)

Die ehelichen Lebensverhältnisse der Parteien können dadurch geprägt worden sein, daß sie beide in dem Ehemann gehörenden Häusern gewohnt haben. Dadurch entfielen Mietzahlungen. Andererseits waren die allgemeinen Grundstücksunkosten und gegebenenfalls Zins- und Tilgungsleistungen für Finanzierungsdarlehen aufzubringen. Soweit bei einer Gegenüberstellung mit den mit dem Grundeigentum verbundenen Unkosten der Vorteil der ersparten Miete überwiegt, ist er für die Bestimmung der ehelichen Lebensverhältnisse den Einkünften hinzuzurechnen (Urteil vom 27. 6. 1984, IVb ZR 20/83, nicht veröffentlicht). Auch für die unterhaltsrechtliche Leistungsfähigkeit des Ehemannes ist – ähnlich wie bei den ehelichen Lebensverhältnissen – gegebenenfalls der Vorteil des Wohnens im eigenen Haus zu berücksichtigen. Wenn hierdurch bei Gegenüberstellung mit den Belastungen Mietaufwendungen erspart werden, ist das unterhaltsrechtliche Einkommen entsprechend höher anzusetzen.

29. BGH zu angemessenem Wohnbedarf NJW 85/49, 50, 51

Es wird an der Rechtsprechung des BGH festgehalten, daß die zum Familienunterhalt gehörende Sorge für einen angemessenen Wohnbedarf in der Regel nicht Aufwendungen umfaßt, die zur Errichtung eines Eigenheims (oder einer Eigentumswohnung) bzw. zur Tilgung der auf einem bereits erworbenen Hausgrundstücks lastenden Schulden erforderlich sind. Zum angemessenen Unterhalt gehört der Aufwand einer derartigen Vermögensbildung nicht. Der Schädiger ist nicht verpflichtet, dem Überlebenden das Wohnen in seinem Eigenheim oder wenigstens in einem seinen reduzierten Bedürfnissen entsprechenden Mietshaus vergleichbarer Qualität als Alleinbenutzer zu erhalten. Der Geschädigte muß sich vielmehr eine qualitative Verschlechterung dahingehend gefallen lassen, daß der Schädiger ihm nicht den Wohngenuß eines Eigenheims zu finanzieren hat. Er kann nur denjenigen Mietzins in die „fixen Kosten" einkehren, der erforderlich wäre, um eine dem bewohnten Eigenheim nach Ortslage, Zuschnitt und Bequemlichkeit vergleichbare, insoweit qualitativ gleichwertige Wohnung anzumieten. Insoweit sind die bis zum Tod seines Ehegatten tatsächlich getragenen Belastungen für das Eigenheim auf die unterhaltsrechtliche Komponente zurückzuführen.

30. BGH zu Schulden im Rahmen des § 1369 BGB FamRZ 82/23, 24 = NJW 82/232, 233

Auf Schulden des Unterhaltsverpflichteten ist bei der Bemessung des Unterhaltsanspruchs in angemessener Weise Bedacht zu nehmen. Dabei kann es je nach Art, Anlaß und Entstehungszeit der Schulden angezeigt sein, sie voll, teilweise oder gar nicht in Rechnung zu stellen. Im Rahmen des Unterhaltsanspruchs nach § 1361 I BGB kommt dem Umstand besondere Bedeutung zu, ob die Schulden schon zur Zeit des Zusammenlebens der Eheleute entstanden sind und aus ihrer gemeinsamen Lebensführung herrühren. Ist dies der Fall, sind die Schulden im Rahmen des § 1361 I BGB der Beurteilung der Leistungsfähigkeit des Unterhaltsverpflichteten grundsätzlich zu berücksichtigen. Das ergibt sich daraus, daß nach § 1361 I BGB der nach den Lebens-, Erwerbs- und Einkommensverhältnissen der Ehegatten angemessene Unterhalt verlangt werden kann. Der unterhaltsberechtigte Ehegatte soll nach § 1361 Abs. 1 BGB durch die Trennung nicht schlechter, aber auch nicht besser gestellt werden. Ebenso wie er bei Fortdauer der ehelichen Gemeinschaft die Folgen von Schulden mitzutragen gehabt hätte, hat er sich daher auch im Fall der Trennung solche Schulden entgegenhalten zu lassen. Dies bedeutet freilich nicht, daß der Beklagte die Schuldentilgung ohne Rücksicht auf die Unterhaltsinteressen der Kl. vornehmen darf und ihr Unterhaltsanspruch bis zur Tilgung der Schulden zurückstehen muß. Vielmehr ist auch insoweit zu fragen, wie sich der Unterhaltspflichtige verständigerweise bei Fortdauer der ehelichen Gemeinschaft verhalten hätte. Er kann sich daher auf die anderweitigen Schulden nur im Rahmen eines vernünftigen Tilgungsplanes berufen. Dementsprechend sind nur Beträge zu berücksichtigen, wie sie im Fall der Fortdauer der ehelichen Gemeinschaft bei verantwortlicher Abwägung der Unterhaltsbelange auf der einen und der Fremdgläubigerinteressen auf der anderen Seite für die Schuldentilgung verwendet worden wären. Ihre Höhe ist anhand des verfügbaren oder erzielbaren Einkommens und unter Berücksichtigung der Art und Höhe der Schulden tatrichterlich zu schätzen.

31. BGH zu Anspruch nach § 745 Abs. 2 BGB auf Neuregelung der Verwaltung und Nutzung eines Hauses bei Scheidung

31a) FamRZ 83, 795, 796 = NJW 83/1845, 1846

(Zum Anspruch nach § 745/II BGB bei Scheitern der Ehe)

Wesentliches Indiz für die Gründung einer Ehegattengesellschaft ist, daß die Ehegatten einen über die Verwirklichung der ehelichen Lebensgemeinschaft hinausgehenden gemeinschaftlichen Zweck verfolgen. Das ist bei der Schaffung eines Familienheims nicht der Fall (FamRZ 82/910, 911 m. w. N.). Aus den gesetzlichen Bestimmungen über die Bruchteilsgemeinschaft (§§ 748, 755 BGB) läßt sich der Grundsatz ableiten, daß die Teilhaber für Verbindlichkeiten, die sie in bezug auf den gemeinschaftlichen Gegenstand eingegangen sind, im Innenverhältnis nach dem Verhältnis ihrer Anteile an dem Gegenstand haften, wenn sich nicht aus der Vereinbarung oder besonderen Umständen des Falles etwas anderes ergibt (vgl. BGH, WM 75/196). Die Miteigentumsgemeinschaft wird durch die eheliche Lebensgemeinschaft überlagert. Daraus können sich für ihr Verhältnis als Miteigentümer und Gesamtschuldner der aufgenommenen Kredite Abweichungen gegenüber den Regeln der Bruchteilsgemeinschaft ergeben. Für die Zeit bis zum Scheitern der Ehe liegt es nahe, die alleinige Haftung des Klägers für die Darlehensschulden aus der konkreten Gestaltung des ehelichen Verhältnisses zu folgern. Erwerben Ehegatten ein Haus und übernimmt einer von ihnen, der nach den Einkommens- und Vermögensverhältnissen allein dazu in der Lage ist, die Zins- und Tilgungsleistungen für die zur Finanzierung des Hauses gemeinschaftlich aufgenommenen Kredite, so bringen sie durch den Erwerb von Miteigentum je zur Hälfte in aller Regel zum Ausdruck, es solle so angesehen werden, wie wenn jeder gleichviel zu den Kosten beigetragen habe. Wenn ein Ehegatte allein über ein Einkommen verfügt, während der andere den Haushalt versorgt, ist es üblich, daß der verdienende Teil die gemeinschaftlichen finanziellen Verpflichtungen trägt, auch wenn sie dem gemeinsamen Vermögenserwerb dienen. Dem liegt die Anschauung zugrunde, daß die finanziellen Leistungen des einen und die Haushaltsführung des anderen Teils grundsätzlich gleichwertige Beiträge zur ehelichen Lebensgemeinschaft darstellen. Ein Ausgleichsanspruch wegen finanzieller Mehrleistungen des einen Teils kommt dann grundsätzlich nicht in Betracht. Das haben bereits der 2. Zivilsenat des BGH für die Partner einer nichtehelichen Lebensgemeinschaft (FamRZ 80/664; FamRZ 83/349) und der erkennende Senat für Ehegatten, die Gütertrennung vereinbart hatten, entschieden. Gleiches gilt erst recht, wenn Ehegatten im gesetzlichen Güterstand leben.

War die eheliche Lebensgemeinschaft der Grund dafür, daß der Kl. die Zins- und Tilgungsleistungen für die Darlehen im Verhältnis der Parteien zueinander allein übernommen hat, so haben sich die maßgebenden Umstände durch das Scheitern der Ehe geändert. Der Grund für die frühere Handhabung ist dann mit der Erhebung der Scheidungsklage, die das Scheitern der Ehe anzeigt, entfallen. Denn nach Aufhebung der ehelichen Lebensgemeinschaft besteht im allgemeinen kein Grund mehr für einen Ehegatten, dem anderen eine weitere Vermögensmehrung zukommen zu lassen. Das Gegenseitigkeitsverhältnis, in dem die beiderseitigen Beiträge zur gemeinsamen Lebensführung standen, ist aufgehoben. Seit der Trennung besteht kein gemeinsamer Haushalt mehr, in dem die Beklagte Leistungen erbringen könnte, die auch dem Kläger zugutekommen.

Grundsätzlich löst der Umstand, daß ein Teilhaber ein im Miteigentum stehendes Grundstück allein nutzt, kein Entschädigungsrecht des anderen Teilhabers aus (BGH, NJW 66/1707). Daß ein Teilhaber von der ihm zustehenden Gebrauchsbefugnis aus § 743 Abs. 2 BGB keinen Gebrauch macht, ist deshalb kein Grund, die Kosten des gemeinschaftlichen Gegenstandes abweichend von der Regel zu verteilen. Eine Ausnahme gilt, wenn die Teilhaber eine anderweitige Vereinbarung getroffen haben oder wenn der eine Teilhaber dem anderen den Mitgebrauch des gemeinschaftlichen Grundstücks hartnäckig verweigert (BGH a. a. O.).

Darüber hinaus bedeutet die endgültige Trennung von Ehegatten, die bisher das gemeinschaftliche Haus bewohnt haben, eine so grundlegende Änderung der Verhältnisse, daß jeder Ehegatte gemäß § 745 Abs. 2 BGB eine Neuregelung der Verwaltung und Benutzung verlangen kann (FamRZ 82/355 = NJW 82/1753). Die Neuregelung kann nicht nur darin bestehen, daß der Ehegatte, der das Haus nach der Trennung allein nutzt, dem anderen ein angemessenes Entgelt zahlt; vielmehr kann ein angemessener Ausgleich für die alleinige Nutzung auch darin bestehen, daß der das Haus bewohnende Ehegatte die Kosten des Hauses, insbesondere die Bedienung der für das Haus aufgenommenen Kredite übernimmt. Da der Anspruch auf Neuregelung der Verwaltung und Benutzung sich aus dem Gesetz ergibt und vom Richter nur festgestellt, nicht aber erst im Weg der Gestaltungsklage begründet wird, ist es möglich, den Anspruch nicht nur im Weg einer Zahlungs- oder sonstigen Leistungsklage gerichtlich geltend zu machen; vielmehr kann der Anspruch auch in einem gerichtlichen Verfahren, in dem der das Haus bewohnende Teilhaber den anderen auf Beteiligung an den Kosten des Hauses in Anspruch nimmt, im Weg der Einwendung geltend gemacht werden (BGH LM § 745 Nr. 2 BGB).

Jede Neuregelung nach § 745 Abs. 2 BGB setzt voraus, daß die erstrebte Verwaltung und Benutzung im Interesse beider Parteien nach billigem Ermessen entspricht. Zu berücksichtigen sind der Mietwert des Hauses, die Lasten und Kosten im Sinne des § 748 BGB, die Zins- und Tilgungsleistungen des Klägers seit der Erhebung der Scheidungsklage und die ihm zufließenden Mieteinnahmen. Eine Neuregelung kann erst ab dem Zeitpunkt wirksam werden, in dem die Beklagte sie erstmals verlangt hat.

Die Vorschriften über den Zugewinnausgleich stehen dem Ausgleichsanspruch des Klägers nicht entgegen. Ein Vorrang der güterrechtlichen Bestimmungen gilt jedenfalls nicht, wenn Leistungen für die Zeit nach Rechtshängigkeit des Scheidungsverfahrens auszugleichen sind.

31b) FamRZ 82/355, 356 = NJW 82/1753, 1754

(Zur Neuregelung nach § 745/II BGB und zur Zuständigkeit)

Obwohl die Parteien letztlich über die Art der Benutzung der früheren Ehewohnung streiten, ist das Prozeßgericht zuständig und nicht etwa der Richter der freiwilligen Gerichtsbarkeit. Das Verfahren nach der HausratsVO findet nach ihrem § 1 I nur statt, wenn sich die Ehegatten anläßlich der Scheidung nicht darüber einigen, wer von ihnen die Ehewohnung künftig bewohnen soll. Dieser Fall liegt nicht vor. Die Klägerin ist aus der Ehewohnung ausgezogen und verlangt nicht, daß ihr die Benutzung oder Mitbenutzung der Wohnung wieder eingeräumt wird. Sie hat im Gegenteil durch ihr Verlangen nach einer Nutzungsentschädigung zum Ausdruck gebracht, daß sie die Wohnung nicht mehr selbst bewohnen oder mitbewohnen will. Damit hat sie die Ehewohnung endgültig aufgegeben und es ist kein Raum mehr für eine Regelung der Rechtsverhältnisse an der Ehewohnung durch den Richter der freiwilligen Gerichtsbarkeit.

Ob der Beklagte der Klägerin für die alleinige Benutzung der Wohnung ein Entgelt zahlen muß, richtet sich also allein nach §§ 743ff. BGB.

Nach § 745 Abs. 2 BGB kann jeder Teilhaber, sofern nicht die Verwaltung und Benutzung durch Vereinbarung oder durch Mehrheitsbeschluß geregelt ist, eine dem Interesse aller Teilhaber nach billigem Ermessen entsprechende Verwaltung und Benutzung verlangen und notfalls gerichtlich durchsetzen. Für Ehegatten, die eine ihnen gehörende Eigentumswohnung bewohnen, bedeutet die Trennung, die mit dem Auszug eines Ehegatten verbunden ist, eine grundlegende Änderung der Verhältnisse, die für die vorangegangene einverständliche Regelung der Benutzung maßgebend waren. Jedenfalls von dem Zeitpunkt an, zu dem die Trennung endgültig erscheint, kann jeder Ehegatte, sofern keine Einigung zustandekommt, eine angemessene Neuregelung der Verwaltung und Benutzung verlangen. Kommt der andere Teil diesem Verlangen nicht nach, so kann Klage auf Neuregelung der Verwaltung und Benutzung erhoben werden. Es handelt sich um eine Leistungsklage, die auf Zustimmung zu einer bestimmt zu bezeichnenden Art der Verwaltung und Benutzung zu richten ist. Möglich ist aber auch eine Zahlungsklage, mit der ein Zahlungsanspruch als Ergebnis der beanspruchten Neuregelung geltend gemacht wird. Denn der Anspruch auf Neuregelung ergibt sich aus dem Gesetz und wird vom Richter nur festgestellt und nicht etwa erst im Weg eines Gestaltungsurteils begründet. Das kann auch als Vorfrage bei der Entscheidung über eine Zahlungsklage geklärt werden. Nur muß dann ebenfalls die beanspruchte Neuregelung mit hinreichender Deutlichkeit angegeben werden (BGH NJW 74/364).

Zieht bei der Trennung ein Ehegatte aus der bisher gemeinsam bewohnten Ehewohnung aus, so ist die nächstliegende Regelung nach § 745 Abs. 2 BGB die, daß die Wohnung nunmehr dem zurückbleibenden Ehegatten gegen Zahlung eines entsprechenden Entgelts zur alleinigen Benutzung überlassen wird. Es ist in der Rechtsprechung anerkannt, daß damit in der Regel ein Mietverhältnis begründet wird.

32. BGH zu fiktiven Mieteinnahmen wegen unterlassener Vermietung FamRZ 84/559, 561

Das OLG hat der Unterhaltsbemessung auf seiten der Ehefrau zusätzlich den Mietwert ihrer Wohnung und auf seiten des Ehemannes fiktive Einkünfte wegen der unterlassenen Vermietung bewohnbarer Dachgeschoßräume im Haus der Parteien abzüglich der von ihm zu tragenden monatlichen Grundstückskosten berücksichtigt. Die Revision vertritt die Auffassung, die dem Ehemann zuzurechnenden fiktiven Einkünfte aus Vermietung hätten erheblich höher angesetzt werden müssen. Die Revision übersieht, daß durch die Scheidung der Ehe die Gütergemeinschaft der Parteien endet und sie danach bis zur Auseinandersetzung über das Gesamtgut – zu dem das mit den genannten Gebäuden bebaute Grundstück gehört – dieses gemeinsam verwalten (§§ 1471, 1472 BGB). Das gilt unbeschadet eines möglicherweise bisher gegebenen Alleinverwaltungsrechts des Ehemannes. Ihre Vorstellungen über die Nutzung des Grundstücks könnte die Ehefrau im Rahmen der gemeinsamen Verwaltung verwirklichen. Einnahmen, die nach der Scheidung aus der Vermietung von Gebäuden auf dem zum Gesamtgut gehörenden Grundstück erzielt werden würden, stünden auch nicht dem Ehemann allein zu, sondern würden in das Gesamtgut fallen (§ 1473 Abs. 1 BGB). Hieran partizipieren beide Parteien bei der anschließenden Auseinandersetzung nach §§ 1474ff. BGB ohnehin zu gleichen Teilen. Derartige Einkünfte können daher bei der Unterhaltsbemessung nicht nochmals einseitig dem Ehemann zugerechnet werden. Es bedarf danach keiner Entscheidung der weiteren Frage, ob die Vermietung in dem von der Revision eingelegten Umfang im Hinblick darauf wirtschaftlich vernünftig und daher zumutbar wäre, daß wegen eines bei der Auseinandersetzung zu zahlenden Wertausgleichs der Verkauf oder die Versteigerung des Grundstücks erforderlich werden könne.

Soweit das OLG gleichwohl dem Ehemann fiktive Mieteinkünfte nach der Scheidung zugerechnet hat, wirkt sich dies nicht zuungunsten der Rechtsmittelführerin aus.

33. BGH zu Belegvorlage bei Beteiligung an einer GmbH FamRZ 82/680, 682 = NJW 1642, 1643

Der Beklagte ist als Gesellschafter und Geschäftsführer einer GmbH zur Vorlage von deren Bilanzen nebst Gewinn- und Verlustrechnungen in der Lage. Er kann die Vorlage nicht mit dem (allgemeinen) Hinweis auf die Belange der GmbH oder eines anderen daran beteiligten Gesellschafters verweigern. Diese müssen regelmäßig hinter dem Interesse des Unterhaltsberechtigten zurücktreten. Insoweit kann nichts anderes gelten als für die Auskunftsansprüche des Pflichtteilsberechtigten gemäß § 2314 BGB und des Ehegatten bei Beendigung des gesetzlichen Güterstandes gemäß § 1379 Abs. 1 BGB. Für diese hat der BGH bereits entschieden, daß die Vorlage der Geschäftsunterlagen gefordert werden darf, wenn zum Nachlaß oder zum Endvermögen ein gewerbliches Unternehmen oder eine Unternehmensbeteiligung gehört (FamRZ 80/37, 38 m. w. N.). Für die GmbH kann eine Einschränkung dieser Grundsätze um so weniger gelten, als die neuere Rechtsentwicklung in zunehmendem Maße dazu führt, die in dieser Rechtsform betriebenen Kapitalgesellschaften einer allgemeinen Pflicht zur Offenlegung ihrer Jahresabschlüsse zu unterwerfen.

34. BGH zur Anrechnung von Einkünften aus Vermögen

34a) FamRZ 85/582, 583 = NJW 85/1343, 1344

(Zu Zinsen aus einem vom Unterhalt ersparten Kapital)

Der Kläger behauptet, die Beklagte habe seit der Trennung aufgrund des ihr zugesprochenen Unterhalts monatlich mindestens 5000,– DM angespart und dieses Geld verzinslich angelegt. Daß das OLG dem nicht nachgegangen ist, rügt die Revision zu Recht. Im vorangegangenen Urteil sind auf den Unterhaltsbedarf der Klägerin monatlich 1045,– DM als erzielbare Erträgnisse aus Spareinlagen von insgesamt 188000,– DM angerechnet worden. Dies entspricht der zwingenden Vorschrift des § 1577 Abs. 1 BGB. Dabei kommt es nicht auf die Herkunft des ertragbringenden Vermögens an oder darauf, ob die Anrechnung der Erträge der Billigkeit entspricht. Zwar muß im vorliegenden Fall Vermögen, das die Beklagte in dem Zeitraum von der Trennung bis zur letzten Tatsachenverhandlung im Ausgangsverfahren durch Ersparnisse gebildet haben soll, wegen der Präklusionsvorschrift des § 323 Abs. 2 ZPO außer Betracht bleiben. Danach sind aber bis zur Entscheidung des OLG im vorliegenden Verfahren rund 30 Monate verstrichen, in denen, wenn die Behauptungen des Klägers zutreffen, insgesamt 150000,– DM angespart worden wären. Da aus einem solchen Kapital Erträgnisse erzielt werden können, die im Sinn von § 323 ZPO wesentlich sind, mußte der vom Kläger angetretene Beweis erhoben werden. Das OLG hat bereits erzielbare Erträge aus einem Kapital von 246467 DM berücksichtigt, das der Beklagten aus der Versteigerung von Grundstücksanteilen zugeflossen ist. Eine Anrechnung auf den Unterhaltsanspruch der Beklagten hat es nur deshalb nicht vorgenommen, weil dieser in Höhe der früher freiwillig vom Kläger bezahlten Beträge von monatlich 2000,– DM nicht tituliert sei und die Erträge jedenfalls diese Grenze nicht überschritten. Wenn aber der bisher übergangene Vortrag des Klägers über weitere Ersparnisse von 5000,– DM im Monat richtig wäre, wird diese Grenze überschritten.

34b) FamRZ 85/357, 358, 359 = NJW 85/909, 910, 911

(Zu Einkünften und Nutzungen von Vermögen, das durch Zugewinnausgleich oder Hausveräußerung erworben wurde)

Für die neue Entscheidung kommt es darauf an, wieweit sich die Ehefrau auf ihren Unterhaltsanspruch die Vermögensvorteile anrechnen zu lassen hat, die sich für sie aus dem Zugewinnausgleich ergeben. Der Unterhaltsbedarf kann sich um solche Einkünfte vermindern, die dem unterhaltsberechtigten Ehegatten aus seinem Anteil an dem Verkaufserlös aus der Veräußerung des ehemaligen Famlilienheims zufließen. Für Einkünfte oder sonstige Vermögensvorteile, die sich über den Zugewinnausgleich ergeben, kann nichts anderes gelten. Nach § 1577 BGB kann ein geschiedener Ehegatte Unterhalt insoweit nicht verlangen, als er sich aus seinen Einkünften und seinem Vermögen selbst unterhalten kann. Einkünfte, auch Nutzungen des Vermögens (§ 100 BGB), sind dabei in jedem Fall und einschränkungslos anzurechnen. Anders als bei der Prüfung, ob der Vermögensstamm zu verwerten ist (§ 1577 Abs. 3 BGB), findet eine Billigkeitsabwägung nicht statt. Auf die Herkunft des Vermögens kommt es nicht an. Entscheidend ist allein, ob und in welcher Höhe der Ehegatte seinen Unterhaltsbedarf aus dessen Nutzungen bestreiten kann. Daher zählen zu den Nutzungen, die der Unterhaltsberechtigte zur Deckung seines Unterhaltsbedarfs einzusetzen hat, auch diejenigen aus einem Vermögen, welches im Weg des Zugewinnausgleichs erlangt worden ist. Die Auffassung des Berufungsgerichts, daß Einkünfte aus im Weg des Zugewinnausgleichs erlangten Vermögens bei der Beurteilung der Unterhaltsbedürftigkeit aus Billigkeitsgründen außer Betracht zu bleiben hätten, findet im Gesetz keine Grundlage.

34c) FamRZ 85/471, 472, 473 = NJW 85/1347L

(Zu Erträgen aus Verkaufserlös für gemeinschaftliches Haus)

Entgegen der vom Berufungsgericht vertretenen Auffassung wird die Bedürftigkeit der Ehefrau dadurch gemindert, daß sie aus der Verwertung ihres Grundeigentums Kapital erlangt hat und daraus Nutzungen zieht. § 1577 I BGB bestimmt, daß der geschiedene Ehegatte Unterhalt nicht verlangen kann, solange und soweit er sich aus seinen Einkünften und seinem Vermögen selbst unterhalten kann. Erträge aus Kapitalvermögen mindern dabei – im Gegensatz zum Stamm des Vermögens (vgl. dazu § 1577 III BGB) – in jedem Fall den Unterhaltsbedarf des Berechtigten (nicht veröffentlichtes Senatsurteil vom 4. 4. 84 – IVb ZR 77/82). Da das Gesetz nicht nach der Herkunft des Kapitals unterscheidet, ist es unerheblich, ob es erst als Zugewinnausgleich oder aus dem Verkauf gemeinschaftlichen Eigentums der Eheleute erwachsen ist (FamRZ 85/357 = NJW 85/909 = B 34b). Das Berufungsgericht wird daher bei der erneuten Entscheidung den Vortrag des Ehemannes berücksichtigen müssen, wonach die Ehefrau aus der Anlage eines Verkaufserlöses von 220000,– DM Kapitalerträge von monatlich mehr als 1700,– DM erzielt und es wird feststellen müssen, in welcher Höhe diese Erträge nach Abzug von Steuern und Werbungskosten unterhaltsdeckend verfügbar sind.

34d) FamRZ 85/354, 355, 356

(BGH zu Zinseinkünften aus Hausverkaufserlös)

Gegen die Behandlung der Zinseinkünfte aus dem durch den Verkauf des gemeinsamen ehel. Anwesens erzielten Erlös in dem angefochtenen Urteil erhebt die Revision zu Recht Bedenken.

Das OLG hat unter Bezugnahme auf die Ausführungen in dem familiengerichtlichen Urteil eine Berücksichtigung der Zinseinkünfte sowohl bei der Ermittlung der Bemessungsgrundlage für den Unterhaltsanspruch als auch im Rahmen der Prüfung der Leistungsfähigkeit und der Unterhaltsbedürftigkeit aus Billigkeitsgründen abgelehnt. Das FamG hatte dazu ausgeführt: Es gehe nicht an, daß sich die Kl. ihre Zinseinkünfte auf ihren Unterhaltsanspruch anrechnen lassen müsse, während der Bekl. seinen Anteil aus dem Erlös der von beiden Parteien in der Ehe gemeinsam erarbeiteten Wirtschaftsgüter zinsbringend anlegen könne, ohne daß der Unterhalt der Kl. erhöht werde, weil die ehel. Lebensverhältnisse der Parteien hierdurch nicht mehr berührt würden. Auf diese Weise würde nämlich wirtschaftlich gesehen dem Bekl. die gesamte Nutzung des gemeinsam erarbeiteten Vermögens zufließen. Hinzu komme, daß die Nutzung des veräußerten gemeinsamen Anwesens die Lebensverhältnisse der Parteien in der Ehe mit geprägt habe; denn die Parteien hätten von ihren Einkommen mehr für den täglichen Bedarf zur Verfügung gehabt als Eheleute, die Miete zahlen müßten. Ein solcher erhöhter Lebensstandard werde aber nach den Grundsätzen der Nürnberger Tabelle vernachlässigt, da diese nur auf das tatsächlich vorhandene Einkommen abstelle. Wenn es dann zur Auflösung des Vermögens komme, ersetzten die nunmehr zur Verfügung stehenden Zinsen nur den Teil des schon früher erreichten höheren Lebensstandards, der nach der Nürnberger Tabelle nicht berücksichtigt werde.

Diese aus den Grundsätzen der Nürnberger Tabelle gezogenen Folgerungen für die unterhaltsrechtliche Behandlung der Zinseinkünfte aus dem Erlös des gemeinsamen Hauses der Parteien halten der rechtlichen Überprüfung nicht in vollem Umfang stand.

Daß das OLG für die Bemessung des Unterhaltsanspruchs der Kl. nach § 1573 II BGB die Richtsätze der Nürnberger Tabelle herangezogen hat, ist allerdings revisionsrechtlich nicht grundsätzlich zu beanstanden. Wie der Senat wiederholt entschieden hat, ist der Tatrichter bei der Unterhaltsbemessung nicht gehindert, sich an Richtsätze und Leitlinien anzulehnen, die auf die gegebenen Verhältnisse abgestellt sind und der Lebenserfahrung entsprechen, soweit nicht im Einzelfall besondere Umstände eine Abweichung bedingen (FamRZ 1982, 365, 366; ständige Rechtsprechung). Bedenken gegen die Ansätze der Nürnberger Tabelle, die der Senat in der Entscheidung v. 27. 4. 1983 (FamRZ 1983, 678) für gewisse Fallgestaltungen erhoben hat, wirken sich im vorliegenden Fall jedenfalls nicht zum Nachteil des Bekl. aus.

Die Revision greift hingegen zu Recht an, daß das OLG bei der Beurteilung der Unterhaltsbedürftigkeit der Kl. die ihr zufließenden Zinseinkünfte außer Betracht gelassen hat.

Nach dem allgemeinen Grundsatz des § 1602 I BGB ist unterhaltsberechtigt nur derjenige, der außerstande ist, sich selbst zu unterhalten. Diesem Grundsatz entspricht für den nachehel. Unterhalt die Regelung des § 1577 I BGB, nach der ein geschiedener [gesch.] Ehegatte Unterhalt insoweit nicht verlangen kann, als er sich aus seinen Einkünften und den Erträgen seines Vermögens selbst unterhalten kann (vgl. auch Senatsurteil v. 4. 4. 1984 – IV b ZR 77/82 – nicht veröffentlicht). Auf die Herkunft des Vermögens kommt es dabei nicht an. Entscheidend ist vielmehr nur, ob und in welcher Höhe der Ehegatte Vermögenseinkünfte erzielt oder doch in zumutbarer Weise erzielen könnte (FamRZ 1980, 126, 128; Senatsurteil v. 27. 4. 1983 – IV b ZR 376/81 – nicht veröffentlicht), mit denen er seinen Unterhaltsbedarf bestreiten kann (Senatsurteil v. 4. 4. 1984). Zu den Einkünften, die ein unterhaltsberechtigter Ehegatte wie hier die Kl. – vorrangig – zur Deckung seines Unterhaltsbedarfs einzusetzen hat, gehören daher auch Erträge, die er aus dem Erlös beim Verkauf eines bis zur Scheidung als Familienwohnung genutzten gemeinsamen Anwesens zieht. Für eine Außerachtlassung solcher Einkünfte bestehen – entgegen der Auffassung des OLG – keine rechtfertigenden Gründe.

35. BGH zur fiktiven Anrechnung von BAföG-Leistungen FamRZ 80/126, 128 = NJW 80/393, 395

Leistungen nach dem BAföG, die der Kläger zu beanspruchen hätte, wären, soweit sie nicht nur darlehensweise gewährt würden, als Einkünfte grundsätzlich auf seinen Unterhaltsanspruch gegen die Beklagte als seine geschiedene Ehefrau anzurechnen (§ 1577 Abs. 1 BGB). Einkünfte sind auch Beträge, die der Unterhaltsberechtigte zumutbarerweise einziehen könnte aber nicht einzieht.

Die erwähnten Angaben des Klägers reichen nicht aus, um einen Anspruch nach dem BAföG auszuschließen. Es ist nicht festgestellt, daß der Kläger mit einem entsprechenden Antrag bei vollständiger Darlegung der maßgebenden Umstände abgewiesen worden wäre. Das OLG hätte zur Frage der Anspruchsberechtigung des Klägers zumindest eine amtliche Auskunft der zuständigen Behörde (§ 273 Abs. 2 Nr. 2 ZPO) einholen müssen.

36. BGH zur Zumutbarkeit der Geltendmachung eines dem Berechtigten zustehenden Pflichtteilsanspruchs FamRZ 82/996, 997, 998 = NJW 82/2771, 2772

Es unterliegt grundsätzlich der freien Entscheidung des Pflichtteilsberechtigten, ob er einen ihm zustehenden Pflichtteil verlangen will oder nicht (§ 852 Abs. 1 ZPO). Ausgehend von der Überlegung, daß im Unterhaltsrecht grundsätzlich alle Einkünfte und Vermögenswerte der Ehegatten zu berücksichtigen sind, die geeignet sind, die Unterhaltsbedürfnisse der Familie zu decken (FamRZ 80/342, 343; FamRZ 80/984; ständige BGH-Rechtsprechung) ist maßgeblich darauf abzustellen, ob ein Vermögenswert – für den hierzu entscheidenden Fall der Wert eines Pflichtteils – auch bei fortbestehender intakter Ehe zum Unterhalt der Familie zur Verfügung gestanden hätte. Unter diesem Gesichtspunkt ist im vorliegenden Fall eine Obliegenheit des Ehemanns zur Geltendmachung des Pflichtteilsanspruchs zu verneinen. Denn es ist angesichts der in dem Testament der Eltern enthaltenen Verfallklausel davon auszugehen, daß der Ehemann auch bei fortbestehender Ehe und weiterem Zusammenleben mit der Ehefrau von einer Geltendmachung des Pflichtteils abgesehen hätte mit der Folge, daß der Pflichtteil auch unter diesen Umständen für den Familienunterhalt nicht zur Verfügung gestanden hätte. Dem Ehemann ist eine Geltendmachung des Pflichtteilsanspruchs gegen den Willen seines verstorbenen Vaters sowohl aus moralischen Gründen als auch unter wirtschaftlichen Gesichtspunkten nicht zuzumuten. In wirtschaftlicher Hinsicht kann es im übrigen durchaus im wohlverstandenen Interesse der unterhaltsberechtigten Ehefrau und des Kindes der Parteien liegen, daß der Ehemann mit dem Verzicht auf eine Geltendmachung des Pflichtteils die Aussicht auf seine spätere erbrechtliche Teilhabe an dem gesamten Nachlaß seiner Eltern bewahrt.

37. BGH zur Verwertung eines Baugrundstücks FamRZ 82/23, 25 = NJW 82/232, 233

Reicht das verfügbare oder erzielbare Einkommen des Beklagten für den Unterhalt der Klägerin nicht aus, muß der Beklagte zur Erfüllung seiner Unterhaltspflicht notfalls das ihm gehörende Baugrundstück verwerten (BGH, FamRZ 80/43 ff.) sei es, daß er auf diese Weise Barmittel erlangt oder daß er mit Hilfe des Erlöses die Schulden auf ein Maß zurückführt, das ihm wieder größeren finanziellen Bewegungsspielraum verschafft.

38. BGH zur Kreditaufnahmeverpflichtung FamRZ 82/678, 679 = NJW 82/1641

Ein Unterhaltsschuldner ist nicht von vornherein der Pflicht enthoben, durch die Aufnahme eines Kredits, insbesondere im Wege der Beleihung seines Vermögens, Mittel für den Unterhalt zu beschaffen und einzusetzen. Ist er jedoch ohnehin schon mit Schulden belastet, deren Amortisation seine finanziellen Möglichkeiten übersteigt, so kann ihm eine Erhöhung dieser – unterhaltsrechtlich an sich zu berücksichtigenden – Verschuldung zur Aufbringung zusätzlicher für Unterhaltszwecke einzusetzender Mittel grundsätzlich nicht zugemutet werden. Auf jeden Fall ist dem Interesse an der Verhinderung einer weiteren Zunahme der Verbindlichkeiten keine geringere Bedeutung beizumessen als dem Interesse des Schuldners an einer planmäßigen Tilgung. Es ist daher gleichfalls in die umfassende Interessenabwägung einzubeziehen, die nach der Rechtsprechung des Senats bei der Frage der unterhaltsrechtlichen Berücksichtigung von Verbindlichkeiten vorzunehmen ist (FamRZ 82/157, 158). Zu dieser Abwägung der Belange, insbesondere zur tatrichterlichen Feststellung des Betrags, um den das Einkommen des Beklagten hiernach im Hinblick auf seine Zinslast zu mindern ist, muß der Rechtsstreit an das OLG zurückverwiesen werden.

39. BGH zur Frage der Unterhaltsbedürftigkeit, solange über einen Antrag auf Erwerbsunfähigkeitsrente nicht entschieden ist FamRZ 83/574, 575 = NJW 83/1481, 1482

Rentenzahlungen stellen wegen ihrer Lohnersatzfunktion Einkünfte im Sinn des § 1577 Abs. 1 BGB dar und beeinflussen daher die Bedürftigkeit des Berechtigten. Der Berechtigte bedarf, solang er tatsächlich eine Rente noch nicht erhält, weiterhin der Unterhaltsleistung durch den Verpflichteten. Er darf nicht auf die Inanspruchnahme von (subsidiärer) Sozialhilfe verwiesen werden. Solang ein Antrag auf Bewilligung einer Rente wegen Erwerbsunfähigkeit noch nicht verbeschieden ist, kommt regelmäßig auch nicht die Zahlung von Vorschüssen in Betracht.

Der Unterhaltsverpflichtete kann dem Berechtigten, der den Antrag auf Bewilligung einer Erwerbsunfähigkeitsrente gestellt hat, zur Abwendung der Bedürftigkeit zins- und tilgungsfreie Darlehen mit der Verpflichtung anbieten, im Fall der endgültigen Ablehnung des Rentenantrags auf deren Rückzahlung zu verzichten. Zur Sicherung des Anspruchs auf Rückzahlung solcher Darlehen kann der Anspruch auf Rentennachzahlung gemäß § 53 SGB abgetreten werden. Dem Berechtigten obliegt es, einen in dieser Weise angebotenen Kredit zur Behebung oder Verminderung seiner Bedürftigkeit aufzunehmen und zur Sicherung auf Verlangen den Anspruch auf Rentennachzahlung abzutreten.

Ein begründeter Rentenanspruch stellt schon vor Bewilligung der Rente einen Vermögenswert dar; ihn kann der berechtigte Ehegatte in der dargelegten Art in zumutbarer Weise wirtschaftlich nutzen. Tut er es nicht, muß er sich so behandeln lassen, als habe er seiner Obliegenheit genügt. Denn es verstößt gegen Treu und Glauben, wenn der Berechtigte durch die Ablehnung eines solchen zumutbaren Kreditangebots seine Bedürftigkeit zu Lasten des Unterhaltsverpflichteten aufrechtzuerhalten trachtet.

Der Verpflichtete kann auf diese Weise die Bedürftigkeit des Berechtigten allerdings nicht mehr beheben, wenn er entweder von der Beantragung einer Erwerbsunfähigkeitsrente nichts erfährt oder nicht über die zur Beschreitung dieses Weges erforderliche Rechtskunde verfügt. In Fällen, in denen der Anspruch auf Rente für die Zeit zwischen Antragstellung und Einsetzen der laufenden Rentenzahlungen nicht an den Unterhaltspflichtigen abgetreten und die Rente demzufolge in vollem Umfang dem Unterhaltsberechtigten nachgezahlt worden ist, könnte aber ein Erstattungsanspruch des Pflichtigen in der Höhe in Betracht kommen, in der sich der Unterhaltsanspruch des Berechtigten ermäßigt hätte, wenn die Rente sofort bewilligt worden wäre. Ein solcher Anspruch ließe sich aus dem Grundsatz von Treu und Glauben herleiten, der auch das gesetzliche Unterhaltsschuldverhältnis zwischen geschiedenen Ehegatten beherrscht und es ausschließt, dem Unterhaltsberechtigten die nachträglich gezahlte Rente ungeschmälert für einen Zeitraum zu belassen, in dem der Verpflichtete Unterhalt geleistet hat.

40. BGH zur Verwertung des Vermögensstammes

40a) FamRZ 85/582, 583, 584 = NJW 85/1343, 1344

(Zur Verwertung nach § 1577/III BGB)

In einem vorausgegangenen Verfahren ist u. a. ausgeführt, der Kläger könne die Beklagte nicht auf den Stamm ihres Vermögens verweisen, weil dies unter Berücksichtigung der beiderseitigen wirtschaftlichen Verhältnisse unbillig wäre. Was die Beklagte aus der vom Kläger bereits eingeleiteten Teilungsversteigerung erhalten werde und dann erst zinsbringend anlegen könne, sei unbekannt und müsse dabei außer Betracht bleiben. Das OLG hat aus diesen Ausführungen eine Bindung in der

Weise gefolgert, daß auch jetzt nicht zu prüfen sei, ob die Beklagte den Stamm ihres Vermögens für ihren Unterhalt angreifen müsse. Dies begegnet rechtlichen Bedenken. Eine Veränderung der Verhältnisse ist zwischenzeitlich insoweit eingetreten, daß die Beklagte nunmehr anstelle von nicht ohne weiteres verwertbaren Miteigentumsanteilen ein erhebliches Barvermögen besitzt. Bei richtigem Verständnis ist im Ausgangsverfahren eine Einbeziehung des zu erwartenden Versteigerungserlöses in die damalige Billigkeitsabwägung nach § 1577 Abs. 3 unterblieben, weil seinerzeit die Höhe und der Zeitpunkt des Zuflusses dieses Erlöses nicht sicher abgeschätzt werden konnten. Das OLG hat daher zu Unrecht eine Bindung angenommen, die einer Prüfung der Frage des § 1577 Abs. 3 BGB aufgrund der nunmehr gegebenen Verhältnisse entgegensteht. Die Billigkeitsabwägung gemäß § 1577 Abs. 3 BGB ist wesentlich Sache des Tatrichters. Hier kommt hinzu, daß gegebenenfalls weiter ersparte Barmittel zu berücksichtigen sind, sofern der Kläger seine diesbezüglichen Behauptungen beweisen kann.

40b) FamRZ 85/357, 359 = NJW 85/909, 911

(Zur Verwertung von Vermögen aus Zugewinnausgleich)

Eine andere Frage ist es, ob der Ehemann die Ehefrau auf die Möglichkeit verweisen kann, zunächst den Stamm ihres im Weg des Zugewinnausgleichs erlangten Vermögens zu verwerten (§ 1577 Abs. 3 BGB). Dem steht der Umstand, daß das Vermögen aus dem Zugewinnausgleich stammt, nicht von vornherein entgegen. Das Gesetz stellt auch in diesem Zusammenhang nicht auf die Herkunft des Vermögens ab. Zur Verwertung des Vermögensstammes ist ein unterhaltsberechtigter geschiedener Ehegatte allerdings nicht gehalten, wenn dies unter Berücksichtigung der beiderseitigen wirtschaftlichen Verhältnisse unbillig wäre. Unter diesem Gesichtspunkt kann dem Umstand, daß das betreffende Vermögen aus dem Zugewinnausgleich herrührt und dem anderen Ehegatten entsprechende Vermögenswerte zur freien Verfügung verbleiben, wesentliche Bedeutung zukommen. Ob es unbillig ist, den Ehegatten auf die Verwertung solchen Vermögens zu verweisen, läßt sich jedoch nicht allgemein, sondern nur nach den Umständen des Einzelfalls beurteilen.

40c) FamRZ 80/126, 128 = NJW 80/393, 395

(Zur Unbilligkeit der Vermögensverwertung)

Die Verwertung des Vermögensstammes nach § 1577 Abs. 3 BGB könnte unter Berücksichtigung der wirtschaftlichen Verhältnisse der Parteien unbillig sein. Die Unbilligkeit kann sich auch im Hinblick auf Belange naher Angehöriger ergeben. Der Kläger könnte seiner Mutter für den Verlust des Wohnrechts, der mit einer Verwertung verbunden sein könnte, sowie der Pachteinnahmen keinen Ersatz bieten. Auch die Mutter wäre nach ihren Einkommensverhältnissen offenbar nicht ohne weiteres in der Lage, sich einen gleichwertigen Ersatz zu beschaffen. Dann wäre dem Kläger die Verwertung des möglicherweise nur bescheidenen Besitzes nicht zumutbar.

40d) FamRZ 85/360, 361, 362 = NJW 85/907, 908, 909

(Zur Verwertung eines Sparguthabens und zur Vermögensverwertung bei Trennungsunterhalt)

Die bisher getroffenen Feststellungen rechtfertigen es nicht, die Ehefrau zur Deckung ihres Unterhaltsbedarfs auf den Verbrauch ihres Sparguthabens zu verweisen.

Richtig ist, daß der Anspruch auf Trennungsunterhalt nur besteht, soweit ein Ehegatte außerstande ist, für seinen angemessenen Unterhalt zu sorgen. Er setzt also Bedürftigkeit voraus.

Bedürftigkeit wird im allgemeinen nicht nur durch Erwerbseinkommen oder Vermögenserträge ausgeschlossen, sondern sie besteht im Grundsatz auch dann nicht, wenn der Anspruchsteller seinen Unterhalt aus dem Stamm seines Vermögens bestreiten kann.

Auch beim Trennungsunterhalt ist die Verweisung auf den Stamm des Vermögens nicht von vornherein ausgeschlossen. Allerdings ergibt sich das nicht daraus, daß § 1361/I 1 BGB außer auf die Erwerbs- auch auf die Vermögensverhältnisse der Ehegatten abstellt. Denn diese waren schon nach der früheren Fassung der Bestimmung zu berücksichtigen. Gleichwohl entsprach es der früher herrschenden Meinung, daß der nach § 1361 BGB a. F. unterhaltsberechtigte Ehegatte sich nicht auf den Verbrauch seines Vermögens verweisen zu lassen brauchte. Wegen des veränderten unterhaltsrechtlichen Ansatzes der neuen Regelung, die vom Grundsatz der Eigenverantwortung ausgeht, kann § 1361 BGB n. F. die den Unterhaltsanspruch unabhängig vom Trennungsverschulden des anderen gewährt, jedoch nicht ebenso verstanden werden. Nunmehr genießt allein noch das minderjährige unverheiratete Kind nach § 1602/II BGB gegenüber seinen Eltern – mit der Ausnahme des § 1603/II S. 2 BGB – den Vorzug, seinen Unterhalt nicht aus dem Stamm seines Vermögens bestreiten zu müssen.

Indes erleidet die Verweisung auf die Substanz des Vermögens Einschränkungen. Im Bereich des Geschiedenenunterhalts enthält das Gesetz für den Berechtigten in § 1577/III BGB – wie auch für den Verpflichteten in § 1581 S. 2 BGB – die Vorschrift, daß der Vermögensstamm nicht verwertet zu werden braucht, soweit die Verwertung unwirtschaftlich oder unter Berücksichtigung der beiderseitigen wirtschaftlichen Verhältnisse unbillig wäre. Das setzt zugleich eine äußerste Grenze, bis zu der der unterhaltsberechtigte Ehegatte im Fall des Getrenntlebens auf den Vermögensstamm allenfalls verwiesen werden darf. Unter den noch miteinander verheirateten Ehegatten besteht eine stärkere personale Verantwortung füreinander als nach der Scheidung. Daher kann in der Trennungszeit die Obliegenheit, den Stamm des Vermögens für den eigenen Unterhalt anzugreifen, nicht weitergehen, als wenn die Ehe geschieden ist und jeder der ehemaligen Partner im Grundsatz wirtschaftlich auf eigenen Füßen stehen soll.

Schon danach rechtfertigen es die Feststellungen des OLG nicht, die Ehefrau auf den Verbrauch ihres Sparguthabens zu verweisen. Daß sie daraus bereits bisher ihren Unterhaltsbedarf gedeckt hat, besagt nichts für die gegenteilige Auffassung des OLG. Ohne Unterhaltsleistungen und Erwerbseinkommen hatte die Ehefrau keine andere Wahl, als ihr Vermögen anzugreifen. Die Annahme des OLG, sie habe das Sparguthaben für den Unterhalt zu verwerten, wird auch nicht durch die Erwägung getragen, der Ehefrau verbleibe mit dem hälftigen Miteigentum an dem schuldenfreien Einfamilienhaus der Eheleute ein finanzieller Rückhalt. Nach § 1577/III BGB braucht der unterhaltsberechtigte geschiedene Ehegatte den Stamm seines Vermögens nicht zu verwerten, soweit dies unwirtschaftlich oder unter Berücksichtigung der beiderseitigen wirtschaftlichen Verhältnisse unbillig wäre. Eine Unwirtschaftlichkeit der Verwertung wird bei einem Sparguthaben allerdings nicht in Betracht kommen. Ob die Verwertung des Vermögensstammes unbillig wäre, muß jedoch schon nach dem Wortlaut der Vorschrift unter Berücksichtigung der beiderseitigen wirtschaftlichen Verhältnisse entschieden werden. Dazu gehört neben der – hier bisher nicht angestellten – Prüfung in welchem Maß den Verpflichteten die Unterhaltsgewährung aus seinem Einkommen belastet, die Feststellung, ob und ggf. in welcher Höhe auch er Vermögen besitzt (FamRZ 84/364, 367). Insoweit ist dem Berufungsurteil nur zu entnehmen, daß dem Ehemann ein hälftiger Miteigentumsanteil an dem Haus der Parteien zusteht. Dieser Vermögensbestandteil wird die Entscheidung nicht beeinflussen, weil ihm ein entgegenstehender auf seiten der Ehefrau gegenübersteht. Hingegen kann bedeutsam sein, welches Vermögen der Ehemann sonst besitzt. Je nachdem kann es schon bei einer Beurteilung nach § 1577/III BGB fernliegen, der Ehefrau zuzumuten, ihr Vermögen zu verbrauchen.

Sofern eine Verweisung auf den Vermögensstamm in Betracht kommt, stellt sich die Frage, ob die Ehefrau ihr Sparguthaben vollständig aufbrauchen muß. Weil sie im Gegensatz zu dem Ehemann keine laufenden Erwerbseinkünfte erzielt, ist ihr zumindest eine Vermögensreserve als „Notgroschen" für Fälle plötzlich auftretenden (Sonder-)Bedarfs zu belassen. Ihr Miteigentumsanteil an dem Einfamilienhaus macht diese Rücklage nicht entbehrlich. Er ist erfahrungsgemäß nur unter Schwierigkeiten, daher nicht kurzfristig und häufig nur unwirtschaftlich zu verwerten; zudem würde seine Verwertung der Ehefrau und der Tochter der Parteien die Möglichkeit des mietfreien Wohnens nehmen.

Weil mithin auf der Grundlage der vom OLG getroffenen Feststellungen seine Auffassung, die Ehefrau müßte sich zur Deckung ihres Unterhaltsbedarfs auf den Verbrauch ihres (gesamten) Sparguthabens verweisen lassen, selbst bei der Anlegung des ihr ungünstigsten, in § 1577/III BGB für Fälle des nachehelichen Unterhalts vorgesehenen Maßstabes der rechtlichen Überprüfung nicht standhält, muß das angefochtene Urteil aufgehoben werden.

Bei seiner erneuten Entscheidung wird das OLG beachten müssen, daß die Obliegenheit eines getrennt lebenden Ehegatten, zur Deckung seines Unterhaltsbedarfs den Stamm seines Vermögens einzusetzen, im allgemeinen nicht so weit geht wie diejenige eines Geschiedenen gemäß § 1577/III BGB. Die Aufhebung der ehelichen Gemeinschaft bedeutet nicht in jedem Falle, daß es auch zur Scheidung kommt. Die in § 1565/II und in § 1566 BGB vorgesehenen Trennungsfristen dienen der Aufrechterhaltung der Ehe bei einer möglicherweise nur vorübergehenden, noch beherrschbaren Krise in den Beziehungen der Ehegatten. Diesem Ziel liefe ein vermeidbarer Verbrauch von vorhandenem Vermögen in der Zeit des Getrenntlebens zuwider; er würde die wirtschaftliche Grundlage der ehelichen Gemeinschaft beeinträchtigen, zu der die Ehegatten nach Möglichkeit zurückfinden sollen.

Eine andere Beurteilung kann dann angebracht sein, wenn die Ehegatten schon zur Zeit intakter Ehe vorhandenes Vermögen zur Unterhaltsdeckung einzusetzen pflegten. Das bedeutet aber nicht, daß eine Obliegenheit zur Verwertung des Vermögensstammes in der Zeit des Getrenntlebens ausschließlich unter dieser Voraussetzung in Betracht käme. Wenn Partner während des Bestehens ihrer häuslichen Gemeinschaft den Vermögensstamm nicht oder nur in besonderen Fällen angegriffen haben, so hat die damit praktizierte Vermögenserhaltung zwar ihre Lebensverhältnisse mitgeprägt. Mit der Aufgabe der häuslichen Gemeinschaft tritt aber eine wesentliche Änderung dieser Verhältnisse ein. Nunmehr sind nicht mehr beide Ehegatten einander verpflichtet, die Familie angemessen zu unterhalten (§ 1360 BGB). Vielmehr handelt es sich jetzt um den Unterhaltsanspruch des einen Ehegatten gegen den anderen, wobei vielfach ein trennungsbedingter Mehrbedarf zu berücksichtigen ist. Eine für die Zeit intakter Ehe etwa bestehende, den gemeinsamen Lebensplan der Partner entsprechende Übung, vorhandenes Vermögen nicht zu verwerten, kann daher für die Entscheidung, ob während des Getrenntlebens eine Obliegenheit zum Einsatz des Vermögensstammes besteht, nur als ein Umstand unter mehreren Bedeutung gewinnen. Als weitere kommen neben der Höhe des dem Unterhaltsberechtigten zur Verfügung stehenden Vermögens insbesondere die Einkommensverhältnisse des in Anspruch genommenen Ehegatten und dessen Vermögenssituation in Betracht.

Auch die Dauer des Getrenntlebens kann insoweit Bedeutung gewinnen. Bei einer erst kurzen Trennung liegt es näher als bei einer bereits länger andauernden, daß es zu einer Wiederaufnahme der ehelichen Gemeinschaft kommt. Je länger die Trennung währt, desto eher kann deshalb eine Obliegenheit zum Einsatz des Vermögensstammes angenommen werden.

Nach der bisherigen Sachlage werden die Einkommensverhältnisse des Ehemannes, die seine Belastung mit dem Unterhalt möglicherweise nicht als besonders drückend erscheinen lassen werden, ferner die noch verhältnismäßig kurze Dauer des Getrenntlebens sowie die anscheinend während des Zusammenlebens der Parteien geübte Praxis der Vermögensbildung gegen eine Verweisung der Ehefrau auf den Verbrauch des Stammes ihres – nicht sehr umfangreichen – Vermögens sprechen.

Wenn sich ergibt, daß die Ehefrau ihr Sparguthaben nicht oder nur bis zu einer bestimmten Grenze einsetzen muß, wird festzustellen sein, ob sie zur Deckung ihres verbleibenden Unterhaltsbedarfs nach § 1361/II BGB auf eine eigene Erwerbstätigkeit verwiesen werden kann.

40e) FamRZ 85/354/356

(zur Verwertung des Veräußerungserlöses aus dem Verkauf eines gemeinsamen Hauses)

Die Revision hält dem Unterhaltsbegehren der Kl. weiter entgegen, diese sei gehalten, den Stamm ihres aus der Veräußerung des ehel. Anwesens erhaltenen Vermögens zu verwerten, bevor sie den Bekl. auf Unterhaltszahlungen in Anspruch nehme.

Die Revision stellt insoweit zu Recht auf § 1577 III BGB ab. Nach dieser Vorschrift braucht der unterhaltsberechtigte gesch. Ehegatte – der nach § 1577 I BGB keinen Unterhaltsanspruch gegenüber dem anderen Ehegatten hat, solange und soweit er sich ,,aus seinen Einkünften und seinem Vermögen" selbst unterhalten kann – den Stamm seines Vermögens nicht zu verwerten, soweit die Verwertung unwirtschaftlich oder unter Berücksichtigung der beiderseitigen wirtschaftlichen Verhältnisse unbillig wäre.

Dies gilt auch für Vermögen, das aus der Veräußerung eines früher gemeinsam genutzten Anwesens herrührt. Auch solches Vermögen soll, wie alle Vermögenswerte eines Unterhaltsberechtigten, in der Regel dazu dienen, ergänzend zu dessen sonstigen Einkünften seinen Unterhaltsbedarf auf Lebenszeit zu sichern. Unter diesem Gesichtspunkt kann die Beurteilung einer Obliegenheit zur – unter Umständen zunächst teilweisen – Verwertung des Vermögensstammes nach § 1577 III BGB im Einzelfall maßgeblich von der voraussichtlichen Dauer der Unterhaltsbedürftigkeit des unterhaltsberechtigten Ehegatten sowie davon abhängen, welche Ertragsmöglichkeiten das zur Verfügung stehende Vermögen – dauerhaft – bietet. Im übrigen werden dem Unterhaltsberechtigten stets gewisse Rücklagen für Not- und Krankheitsfälle zuzubilligen sein (FamRZ 1984, 364, 367).

Zu einer Verwertung seines Vermögensstammes ist ein unterhaltsberechtigter gesch. Ehegatte darüber hinaus grundsätzlich dann nicht gehalten, wenn dies unter Berücksichtigung der beiderseitigen wirtschaftlichen Verhältnisse unbillig wäre. Unter diesem Gesichtspunkt kann dem Umstand, daß ein Vermögenswert aus dem Verkauf eines gemeinsamen Hauses der gesch. Ehegatten stammt und daß der andere Ehegatte einen entsprechenden Erlösanteil zu seiner freien Verfügung erhalten hat, wesentliche Bedeutung zukommen. Das zu beurteilen, ist indessen der tatrichterlichen Entscheidung des OLG vorbehalten.

41. BGH zur Verwertung eines Erbanteils FamRZ 80/43, 44 = NJW 80/340, 341

Zu Unrecht hat das OLG eine Verpflichtung abgelehnt, mittels eines Erbanteils aus dem aus einem Baugrundstück bestehenden Nachlaß zum Unterhalt beizutragen. Das OLG meinte, der Beklagte sei nicht verpflichtet, seine Grundstücksbeteiligung zu verwerten, da dies im gegenwärtigen Zeitpunkt nicht im Rahmen des wirtschaftlich Vertretbaren liege. Das Baugrundstück sei noch nicht erschlossen. Die Erbengemeinschaft könne es aus finanziellen Gründen nicht selbst bebauen. Ein Käufer sei noch nicht gefunden. Dem Beklagten müsse noch eine Zeitspanne eingeräumt werden, um ihm eine finanziell vernünftige Verwertung des Anteils zu ermöglichen. Aus diesen Ausführungen des OLG ergibt sich nicht, daß der Beklagte seinen Anteil am Nachlaß nicht zum Verkehrswert verwerten könnte, sondern nur, daß ihn diese Verwertung an der Ausnützung künftiger Preissteigerungen hindern würde. Dies allein ist kein Grund, der die Verwertung des Vermögens zur Bestreitung des Unterhalts der Klägerin als wirtschaftlich nicht mehr vertretbar unzumutbar erscheinen läßt.

Im übrigen hätte es in Anbetracht der verhältnismäßig geringen Höhe der geforderten Unterhaltsbeträge der Prüfung bedurft, ob es der Wert seines Erbanteils dem Bekl. nicht ermöglicht hätte, sich die für den Unterhaltsbeitrag benötigten Mittel durch die Aufnahme eines Kredits zu beschaffen.

42. BGH zur Verwertung des Miteigentumsanteils am gemeinsamen Haus FamRZ 84/662, 663 = NJW 84/2358, 2359

Rechtlich unbedenklich ist die Beurteilung des OLG, daß die Bedürftigkeit der Ehefrau wegen ihres Miteigentumsanteils an einem Familienheim noch nicht entfalle. Das OLG ist davon ausgegangen, daß der Ehefrau die Verwertung ihres Anteils zu Unterhaltszwecken zuzumuten sei. Allerdings könne von ihr keine Verwertung in Form einer Kreditaufnahme unter Belastung ihres Anteils verlangt werden. Es sei für sie nicht zumutbar, zur Finanzierung ihres Unterhalts ihren Anteil zu belasten, obwohl sie Anspruch auf Auseinandersetzung der Miteigentumsgemeinschaft habe und diesen Anspruch auch verfolgt. Danach vertritt das OLG letztlich den Standpunkt, daß der Ehefrau zugestanden werden müsse, die Verwertung des Miteigentumsanteils im Wege der Aufhebung der Gemeinschaft durch Verkauf oder Zwangsversteigerung des gemeinschaftlichen Hausgrundstücks und Teilung des Erlöses (§ 753 BGB) vorzunehmen und daß sie nicht gegen ihre unterhaltsrechtlichen Obliegenheiten verstoße, wenn sie sich auf die Durchsetzung dieser Verwertung beschränke. Das ist aus Rechtsgründen nicht zu beanstanden. § 1577 Abs. 3 BGB bestimmt, daß der Berechtigte den Stamm des Vermögens nicht zu verwerten braucht, soweit die Verwertung unwirtschaftlich wäre. Eine Gewähr der Wirtschaftlichkeit besteht indessen in einem Fall wie dem vorliegenden am ehesten bei der Verwertung im Weg der Aufhebung der Miteigentumsgemeinschaft. Bei einem Verkauf oder einer Beleihung nur des Miteigentumsanteils wäre demgegenüber erfahrungsgemäß ein geringerer Erlös zu erwarten.

43. BGH zur Billigkeit der Verwertung des Vermögensstammes FamRZ 84/364, 367

Das OLG geht offenbar davon aus, daß der Ehemann gehalten gewesen sei, sein Vermögen für seinen Lebensunterhalt vollständig auszugeben, ehe er die Ehefrau auf Unterhalt habe in Anspruch nehmen können. Bereits dieser Ansatzpunkt ist nicht frei von rechtlichen Bedenken. Das OLG hätte vielmehr prüfen müssen, ob und gegebenenfalls bis zu welchem Betrag der Ehemann überhaupt gehalten war, sein Vermögen anzugreifen, ehe er Unterhaltsansprüche erhob. Nach § 1577 Abs. 3 BGB braucht der Berechtigte den Stamm seines Vermögens nicht zu verwerten, soweit dies unter Berücksichtigung der beiderseitigen wirtschaftlichen Verhältnisse unbillig wäre. Insoweit können im vorliegenden Fall einerseits das Alter und der angegriffene Gesundheitszustand des Ehemannes beachtlich sein; diese Umstände legten es möglicherweise nahe, Vorkehrungen für den Fall plötzlich auftretenden erhöhten (Sonder)Bedarfs zu treffen. Andererseits werden jedoch, weil das Gesetz die Berücksichtigung der beiderseitigen wirtschaftlichen Verhältnisse vorsieht, auch die bisher ungeklärten Vermögensverhältnisse der Ehefrau in die Abwägung einzubeziehen sein. Stand nämlich der Ehefrau kein Vermögen zur Verfügung, mit dem sie etwa auf ihrer Seite entstehenden Sonderbedarf decken konnte, so wird es unter Billigkeitsgesichtspunkten nicht gerechtfertigt sein, dem Ehemann zu gestatten, einen Teil seines Vermögens auf Kosten der ihm Unterhalt gewährenden Ehefrau als „Notgroschen" unangegriffen zu lassen. Wenn das OLG bei der erneuten Prüfung zu dem Ergebnis kommt, daß der Ehemann einen bestimmten Teil seines Vermögens nicht anzugreifen braucht, so wird der Verbrauch dieses Teils nicht als mutwillige Herbeiführung der Bedürftigkeit gewertet werden können, weil dann die unterhaltsrechtlich relevante Bedürftigkeit schon vor dem Verbrauch dieser finanziellen Reserve erreicht war.

44. BGH zu Werbungskosten und Ehegattenquote beim Nichterwerbstätigen FamRZ 82/579, 581 = NJW 81/1594L

Die Einkünfte der AGg. hat das OLG vor der Gegenüberstellung mit dem für Unterhaltszwecke zur Verfügung stehenden Renteneinkommen des ASt. um einen Betrag von ca. 10√ für berufsbedingte Mehraufwendungen bereinigt, die der AGg. durch ihre Halbtagsbeschäftigung erwachsen. Damit hat sich das OLG im Rahmen des ihm als Tatrichter obliegenden Bemessungsspielraums für die erhöhten Aufwendungen des erwerbstätigen Ehegatten gehalten. Da der ASt. einer Erwerbstätigkeit nicht nachgeht, entfallen bei ihm entsprechende berufsbedingte Aufwendungen. Die vom OLG sodann vorgenommene hälftige Aufteilung des gesamtbereinigten Nettoeinkommens der Parteien entspricht dem Gedanken, daß bei der Bemessung des Ehegattenunterhalts an sich jedem Ehegatten die Hälfte des anrechnungsfähigen Einkommens zuzubilligen ist, weil beide grundsätzlich in gleicher Weise am ehelichen Lebensstandard teilnehmen.

45. BGH zur Frage der Anrechnung des Kinderzuschusses zu einer dem Stiefvater gewährten Erwerbsunfähigkeitsrente auf die Unterhaltsverpflichtung der Eltern eines ehelichen Kindes FamRZ 80/1112, 1113 = NJW 81/167, 168

Der Kinderzuschuß zur Rente soll in erster Linie dem Ausgleich des durch die eingeschränkte Leistungsfähigkeit erhöhten Aufwands des Empfängers dienen, etwa weil dieser nicht in der Lage ist, alle ihm sonst obliegenden Betreuungsaufgaben zu erfüllen und deshalb zur Versorgung des Kindes fremde Hilfe in Anspruch nehmen muß. Entsprechend dieser sozialpolitischen Zielsetzung der Leistung ist der Kinderzuschuß zur Rente in dem hier zu entscheidenden Rahmen für die Bedürfnisse des Rentenempfängers bestimmt und nicht – wie das Kindergeld – ausschließlich zur Erleichterung der Unterhaltslast aller Unterhaltspflichtigen. Der Kinderzuschuß ist deshalb in dem aufgezeigten Umfang einem Ausgleich im Verhältnis zwischen den unterhaltspflichtigen Eltern entzogen.

46. BGH zur Grundrente FamRZ 81/338, 339 = NJW 81/1313, 1314

Die Bezüge, die der ASt. nach dem BVersG erhält, sind zwar Leistungen der sozialen Entschädigung für bestimmte Zwecke. Die sozialpolitische Zweckbestimmung einer öffentlich-rechtlichen Leistung ist für die unterhaltsrechtliche Beurteilung der Leistungsfähigkeit des Empfängers nicht ohne weiteres maßgebend. Auch zweckbestimmte Sozialleistungen können im privaten Unterhaltsrecht wie sonstiges Einkommen des Empfängers zu behandeln sein, soweit sie geeignet sind, den allgemeinen Lebensunterhalt des Leistungsempfängers und seiner Familie zu decken. Das ist bei der Grundrente nach § 31 BVersG unabhängig von ihrer öffentlich-rechtlichen Zweckbestimmung und dem im Einzelfall durch sie auszugleichenden schädigungsbedingten Mehrbedarf des Beschädigten grundsätzlich der Fall. Allerdings muß im Einzelfall der tatsächliche Mehraufwand ermittelt und berücksichtigt werden, den der Grundrentenempfänger infolge seiner Schädigung hat und für dessen Ausgleich die Rente nach § 31 BVersG gewährt wird. Die zur Erfüllung dieses Mehraufwands erforderlichen Mittel sind dem Beschädigten aus der Kriegsopferrente vorweg zu belassen. Alsdann ist aus dem verbleibenden Einkommen der Unterhaltsanspruch zu ermitteln.

47. BGH zur Grundrente, Schwerbeschädigtenzulage und Pflegezulage sowie zum Abzug von konkretem Mehrbedarf FamRZ 81/1165, 1166, 1167 = NJW 82/41, 42, 43

Ausgehend von dem Grundsatz, daß zur Feststellung des unterhaltspflichtigen Einkommens sämtliche dem Unterhaltsschuldner zufließenden Einkünfte heranzuziehen sind, hat der Senat (FamRZ 81/338) bereits entschieden, daß die Grundrente, die der Unterhaltsschuldner während der Ehe bezogen hat, grundsätzlich sowohl den Einkünften zuzurechnen ist, durch welche die für den Unterhaltsanspruch maßgeblichen ehelichen Lebensverhältnisse in wirtschaftlicher Hinsicht bestimmt werden als auch bei der Ermittlung der Leistungsfähigkeit des Unterhaltsschuldners zu berücksichtigen ist und die zur Befriedigung des konkreten Mehrbedarfs des Rentenempfängers tatsächlich erforderlichen Mittel vorab in Abzug zu bringen sind. Dazu hat der Senat ausgeführt, daß die Grundrente als Teil der Kriegsopferversorgung zwar nach der Zielsetzung des BVersG den Beschädigten für den Verlust seiner körperlichen Integrität entschädigen und seine Mehraufwendungen ausgleichen solle, die ihm infolge der Schädigung gegenüber einem gesunden Menschen erwachsen und somit aus der Sicht des öffentlichen Sozialrechts zur Bestreitung des Lebensunterhalts nur insofern gewährt werden, als sie den zum Lebensunterhalt gehörenden Mehraufwand ausgleichen sollen. Das stehe ihrer Berücksichtigung im Bereich des privaten Unterhaltsrechts jedoch nicht entgegen. Insoweit sei ausschlaggebend, daß die Grundrente dem Beschädigten tatsächlich zur Deckung seines Lebensbedarfs zur Verfügung stehe, und zwar je nach den Verhältnissen des Einzelfalls sowie des schädigungsbedingten besonderen als auch seines normalen Bedarfs und daß sie grundsätzlich geeignet sei, den möglicherweise erhöhten Lebensbedarf des Beschädigten zu decken. Entsprechende Erwägungen träfen auf die Schwerstbeschädigtenzulage zu. Sie wird nach § 31 BVersG erwerbsunfähigen Beschädigten gewährt, die durch die Schädigungsfolgen gesundheitlich außergewöhnlich betroffen sind. Die Zulage ist nicht Bestandteil der Grundrente, sondern eine selbständige Leistung, die neben jener gezahlt wird, aber deren Funktion erfüllt. Sie wird nach der versorgungsrechtlichen Zielsetzung wie die Grundrente als Ausgleich für die Beeinträchtigung der körperlichen Unversehrtheit und den Mehraufwand gewährt. Sie ist, wie die Grundrente, geeignet, den erhöhten Lebensbedarf des Beschädigten zu decken und Unterhaltsbedürfnisse zu befriedigen.

Die in ihrer Anrechenbarkeit zwischen den Parteien ferner umstrittene Pflegezulage wird nach § 35 Abs. 1 BVersG gezahlt, solange der Beschädigte infolge der Schädigung so hilflos ist, daß er für die gewöhnlichen und regelmäßig wiederkehrenden Verrichtungen im Ablauf des täglichen Lebens in erheblichem Umfang fremder Hilfe dauernd bedarf. Ihr Zweck ist der pauschale Ausgleich der für die Pflege erforderlichen Aufwendungen. Sie ist, wie die Grundrente, dem unterhaltspflichtigen Einkommen zuzurechnen, soweit sie nicht durch tatsächlichen Mehraufwand aufgezehrt wird. Das Erfordernis, den konkreten Mehrbedarf des Beschädigten dessen besonderen Verhältnissen entsprechend festzustellen, schließt nicht aus, daß das Gericht den Aufwand nach § 287 ZPO schätzt. Dabei ist, je nach den Umständen des Falles, eine großzügigere Beurteilung geboten, wenn und soweit es dem Beschädigten nicht zumutbar ist, seine besonderen Mehraufwendungen in allen Einzelheiten spezifiziert darzulegen. Diese Voraussetzungen sind im vorliegenden Fall gegeben, in denen die Art der Beschädigung des Beklagten eine genaue Trennung des allgemeinen Lebensbedarfs und des schädigungsbedingten Mehrbedarfs besonders erschwert. Unter diesen Umständen kann es nicht beanstandet werden, daß das OLG den Aufwand für beides einheitlich bemessen hat, indem es die Kosten der Heimunterbringung berücksichtigt und diesen Betrag um einen angemessenen Zuschlag erhöht hat.

48. BGH zur Anrechnung von Ausgleichsrente, Unfallrente, Ehegattenzuschlag und zum Abzug von Mehraufwendungen

48a) FamRZ 82/252, 253 = NJW 82/1593

(Ausgleichsrente, Ehegattenzuschlag und Unfallrente)

Die Ausgleichsrente wird gemäß § 32 Abs. 1 BVersG an Schwerbeschädigte gewährt, wenn sie infolge ihres Gesundheitszustandes oder hohen Alters oder aus einem von ihnen nicht zu vertretenden Grunde eine ihnen zumutbare Erwerbstätigkeit nicht oder nur in beschränktem Umfang oder nur mit überdurchschnittlichem Kräfteaufwand ausüben können. Die Ausgleichsrente hat somit die Funktion des Lohn- bzw. Einkommensersatzes. Sie ist daher in gleicher Weise wie Berufseinkommen zur Befriedigung des Unterhaltsbedarfs geeignet.

Der Ehegattenzuschlag wird nach § 33a Abs. 1 BVersG an Schwerbeschädigte für den Ehegatten gezahlt, und zwar auch dann, wenn die Ehe aufgelöst oder für nichtig erklärt ist, sofern der Beschädigte im eigenen Haushalt für ein Kind zu sorgen hat. Sinn des Ehegattenzuschlags ist es somit gerade, dem Schwerbeschädigten die Erfüllung seiner Unerhaltspflichten zu erleichtern.

Die Unfallrente wird gemäß § 580 Abs.1 RVO gewährt, wenn die zu entschädigende Minderung der Erwerbsfähigkeit über die 13. Woche nach einem Arbeitsunfall hinaus andauert. Sie gewährt dem Berechtigten einen Ausgleich für die durch den Berufsunfall bedingte Erwerbsminderung und hat somit ebenfalls Lohn- bzw . Einkommensersatzfunktion. Daher bestehen keine Bedenken, sie unterhaltsrechtlich als Einkommen anzurechnen. Ähnlich wie bei der Beschädigtengrundrente sind dem Verletzten auch bei der Unfallrente die zur Bestreitung tatsächlicher unfallbedingter Mehraufwendungen erforderlichen Mittel vorweg zu belassen.

48b) FamRZ 82/579, 580 = NJW 82/1594L

(Kleiderzulage nach § 15 BVersG und konkreter Mehrbedarf)

Die Zulage für Kleiderverschleiß wird nach § 15 BVersG an Beschädigte gewährt, deren anerkannte Schädigungsfolgen einen außergewöhnlichen Verschleiß an Kleidung oder Wäsche verursachen. Der zu gewährende Pauschbetrag wird unter Zugrundelegung einer Bewertungszahl für den jeweiligen Verschleißtatbestand errechnet, wobei tatsächlich höhere Aufwendungen unter bestimmten Voraussetzungen erstattungsfähig sind (§ 15 S. 3 BVersG). Die Kleiderzulage ist hiernach aus unterhaltsrechtlicher Sicht – ähnlich wie die Grundrente – geeignet, einen erhöhten Bedarf des Beschädigten zu decken und in diesem Sinn allgemeine Unterhaltsbedürfnisse zu befriedigen. Die öffentlich-rechtliche Zweckbestimmung führt jedoch nicht dazu, daß die Zulage bei der Ermittlung des unterhaltserheblichen Einkommens von vornherein außer Ansatz zu lassen wäre. Vielmehr kommt es auch hier auf den tatsächlichen Mehrbedarf an, den der Empfänger der Kleiderzulage hat. Im Umfang eines solchen Mehrbedarfs wird die Zulage von den tatsächlichen Aufwendungen aufgezehrt. Soweit ein Mehrbedarf nicht vorhanden oder nicht dargetan ist, ist auch die Zulage nach § 15 BVersG dem unterhaltserheblichen Einkommen zuzurechnen und damit bei der Ermittlung der ehelichen Lebensverhältnisse im Sinn von § 1578 BGB heranzuziehen.

49. BGH zu Renten nach dem Bundesentschädigungsgesetz wegen Schadens an Körper oder Gesundheit und wegen Schadens im beruflichen Fortkommen FamRZ 83/674, 675 = NJW 83/1783, 1784

Auch Renten wegen Schadens an Körper und Gesundheit (§§ 28ff. BEG) und wegen Schadens im beruflichen Fortkommen (§§ 64ff. BEG) rechnen schon deshalb, weil sie insgesamt Einkommensersatzfunktion haben, zum unterhaltsrechtlich relevanten Einkommen des Empfängers. Für Entschädigungsleistungen wegen einer Schädigung in unselbständiger Erwerbstätigkeit (§§ 87ff. BEG) gilt Entsprechendes. Nach alledem sind solche wiedergutmachungsrechtliche Renten für die Unterhaltsbemessung heranzuziehen. Auf ihre Pfändbarkeit kommt es nicht an.

50. BGH zur Anrechnung einer Waisenrente FamRZ 80/1109, 1110, 1111, 1112 = NJW 81/168, 169, 170

Eigenes Einkommen eines Kindes mindert dessen Unterhaltsbedürftigkeit und damit seinen Unterhaltsanspruch. Das gilt grundsätzlich für Einkommen jeder Art unter Einschluß von Sozialleistungen (FamRZ 80/771, 772). Für Bezüge aus der Rentenversicherung ist keine Ausnahme begründet. § 1615g/III BGB betreffend die Nichtanrechnung von Waisenrenten auf den Regelbedarf eines nichtehelichen Kindes ist auf den Unterhaltsanspruch eines ehelichen Kindes nicht entsprechend anzuwenden.

Als gleich nahe Verwandte der aufsteigenden Linie haften beide Elternteile ihren Kindern nach § 1606 Abs. 3 S. 1 BGB anteilig nach ihren Erwerbs- und Vermögensverhältnissen für den Unterhalt. Soweit der Unterhalt in vollem Umfang durch Entrichtung einer Geldrente zu gewähren ist, kommt ein eigenes Einkommen des Kindes, das dessen Unterhaltsbedürftigkeit mindert, beiden Elternteilen im Verhältnis ihrer Haftungsanteile zugute, weil sich der Unterhaltsbetrag insgesamt um den Betrag des Kindeseinkommens mindert und die Haftung der Eltern für den Restbetrag anteilig bestehenbleibt. Soweit eine Halbwaisenrente nach dem Tod eines Elternteils gewährt wird, sei es des barleistungspflichtigen oder des andern Teils, bereitet die Anrechnung der Rente auf den Unterhaltsanspruch regelmäßig keine Schwierigkeiten. Der Unterhaltsanspruch richtet sich dann in Höhe des vollen Bedarfs gegen den überlebenden Elternteil, so daß diesem auch die Minderung der Unterhaltsbedürftigkeit durch die Waisenrente in voller Höhe zugutekommt. Wenn dagegen die Waisenrente nach dem Tod des Stiefvaters gewährt wird, während die unterhaltspflichtigen Eltern des Kindes weiterhin beide in Anspruch genommen werden können, kann die Waisenrente nicht einseitig als Entlastung eines Elternteils dienen. Sie soll zwar nach ihrer sozialen Zweckrichtung die vermögenswerten Vorteile ersetzen, die dem Stiefkind durch die Aufnahme in den Haushalt des Stiefvaters tatsächlich zugutekommen konnten. Der Stiefvater war jedoch dem Kind nicht unterhaltspflichtig. Er war auch gegenüber dem mit ihm verheirateten Elternteil für den Unterhalt des Stiefkindes rechtlich nicht verantwortlich. Die Waisenrente nach dem Stiefvater kann daher nicht ausschließlich auf den Unterhaltsanspruch gegen den Elternteil bezogen werden, der mit dem Stiefelternteil verheiratet war. Sie steht vielmehr einem sonstigen Einkommen des Kindes gleich, das keine Grundlage in der zivilrechtlichen Unterhaltspflicht hat. Danach verbietet sich eine einseitige Anrechnung nur zugunsten eines Elternteils. Es wäre mit der anteiligen Haftung beider Eltern unvereinbar, wenn mit dem im Anschluß an die Waisenrente verbleibenden Unterhaltsbedarf des Kindes ein Elternteil unter Außerachtlassung des Haftungsverhältnisses der Eltern einseitig belastet würde. Die Entlastung durch die Waisenrente muß vielmehr beiden Eltern im Verhältnis ihrer Haftungsanteile zugute kommen. Entsprechendes gilt für sonstiges Einkommen des Kindes. Besondere praktische Schwierigkeiten stehen dem nicht entgegen. Im Verhältnis zwischen dem Kind und dem betreuenden Elternteil muß die Handhabung dem Einzelfall überlassen bleiben.

51. BGH zum Vorabzug von Mehraufwendungen FamRZ 81/338, 339, 340 = NJW 81/1313, 1314

Vor der Verteilung der für den allgemeinen Lebensunterhalt bestimmten Mittel ist der konkrete Mehrbedarf, den der Rentenempfänger als Folge seiner Schädigung hat, vorab auszugleichen.

Das OLG hat nicht festgestellt, welchen konkreten Mehrbedarf der ASt. als Folge seiner Kriegsbeschädigung bei seiner Lebensgestaltung und den Verrichtungen des täglichen Lebens im Verhältnis zu einem gesunden Menschen tatsächlich hat. Diesem Mehrbedarf muß, soweit er nicht durch Schwerstbeschädigtenzuschlag und Pflegezulage gedeckt wird, durch Zubilligung eines vorweg zu berücksichtigenden Ausgleichsbetrages an den ASt. Rechnung getragen werden. Bei der Bemessung des Ausgleichsbetrages ist die Zweckbestimmung der Grundrente in ihrer sowohl ideellen als auch – diese u. U. überlagernden – materiellen Ausgleichsfunktion zu beachten. Dabei lassen sich nach Auffassung des Senats die verschiedenen Elemente der Rente nach § 31 BVersG und ihre Auswirkungen auf den Bedarf des Beschädigten nicht für jeden Fall in der Weise verbindlich festlegen, daß generell ein bestimmter Anteil der Grundrente dem Beschädigten vorab zuzuweisen wäre und deshalb bei der Festsetzung der Unterhaltsansprüche seiner unterhaltsberechtigten Angehörigen außer Ansatz bleiben müßte. Die Feststellung des konkreten Mehrbedarfs muß vielmehr in jedem Einzelfall den besonderen Verhältnissen des Betroffenen entsprechen. Das schließt nicht aus, daß das Gericht unter Zuhilfenahme allgemeiner Erfahrungssätze den Aufwand, der mit bestimmten vermehrten Bedürfnissen eines Beschädigten üblicherweise verbunden ist (vgl. z. B. die Zusammenstellung bei Vorberg,

VersorgBl 1966, 26/33), nach Maßgabe des § 287 ZPO schätzt. Hierbei wird – je nach den Umständen des Einzelfalles – eine großzügigere Beurteilung geboten sein, wenn und soweit es dem Beschädigten nicht zumutbar ist, seine besonderen Mehraufwendungen in allen Einzelheiten spezifiziert darzulegen. Im Rahmen der Schätzung nach § 287 ZPO wird der Tatrichter auch jeweils zu erwägen haben, ob und inwieweit bei der Anerkennung eines schädigungsbedingten Mehraufwandes dem ideellen Zweck der Grundrente in billiger Weise besonders Rechnung zu tragen ist.

52. BGH zum Abzug eines konkreten Mehrbedarfs für Pkw bei einem beiderseits Oberschenkelamputierten FamRZ 82/579, 580, 581 = NJW 82/1594L

Auf die Grundrente, die Schwerstbeschädigtenzulage und die Pflegezulage sind, wie dargelegt, zunächst die tatsächlichen Mehraufwendungen anzurechnen, die dem ASt. als Folge seiner Beschädigung erwachsen. Das OLG hat den schädigungsbedingten Mehrbedarf mit insgesamt 1150 DM angenommen, von denen 600 DM auf die Kosten für die Betreuung durch die Halbtagskraft und 550 DM auf die Kosten für die Haltung eines Pkw entfallen.

Der ASt. ist beiderseits oberschenkelamputiert. Er ist daher in seiner Fortbewegung – selbst mit Hilfe von Prothesen – in einer Weise behindert, die die Benutzung eines besonders ausgerüsteten Fahrzeugs unerläßlich macht. Der ASt. kann öffentliche Verkehrsmittel nicht benutzen. Er ist statt dessen auf den Pkw als einziges Beförderungsmittel angewiesen, wenn er seine Wohnung verlassen will.

Hieraus ergibt sich, daß die Aufwendungen für die Haltung und Benutzung eines Fahrzeugs im Fall des ASt. einen konkreten Mehrbedarf abdecken, den er – im Gegensatz zu einem Nicht-Beschädigten – als Folge seiner Beschädigung hat. Dabei kommt es nicht darauf an, ob auch ein Nicht-Beschädigter mit einem Einkommen der hier gegebenen Höhe einen Pkw halten würde. Die Verhältnisse lassen sich insoweit nicht vergleichen. Einem Nicht-Beschädigten in der Einkommenssituation des ASt. steht es frei, ein Fahrzeug zu halten oder darauf zu verzichten und sich dadurch Mittel für andere Bedürfnisse freizuhalten. Demgegenüber ist der ASt. lebensnotwendig auf die Benutzung des Pkw angewiesen. Er ist nicht in der Lage, in freier Entscheidung auf die Fahrzeughaltung zu verzichten. Deshalb sind die Aufwendungen für das Fahrzeug des ASt. als schädigungsbedingter Mehrbedarf vorab zu berücksichtigen.

Vor einer Verteilung der für den allgemeinen Lebensunterhalt bestimmten Mittel ist vorweg der konkrete Mehrbedarf auszugleichen, den der Rentenempfänger als Folge seiner Schädigung hat (FamRZ 81/338, 339). Dasselbe gilt für die Schwerstbeschädigtenzulage und die Pflegezulage. Auch sie sind grundsätzlich dem Einkommen hinzuzurechnen, soweit sie nicht durch tatsächlichen Mehrbedarf aufgezehrt werden (FamRZ 81/1165, 1166).

53. BGH zur unterhaltsrechtlichen Auswirkung einer Rentennachzahlung, die ein Verpflichteter erhält FamRZ 85/155, 156, 157 = NJW 85/486, 487

Eine unmittelbare quotenmäßige Beteiligung des Unterhaltsberechtigten am Gesamtbetrag einer Rentennachzahlung, die der Unterhaltspflichtige nach der Bewilligung einer Berufsunfähigkeitsrente für einen zurückliegenden Zeitraum erhält, findet im Gesetz keine Stütze und stellt kein geeignetes Mittel zur Anpassung einer vereinbarten monatl. Unterhaltsrente an veränderte Verhältnisse gemäß § 323 ZPO dar.

Laufenden Unterhalt hat der Pflichtige durch Entrichtung einer Geldrente zu gewähren, die monatlich im voraus zu zahlen ist (vgl. §§ 1361 IV, 1585 I, 1612 I und IV BGB). Für die Bestimmung dieser Leistung kommt es sowohl bei der erstmaligen Bemessung wie bei einer Anpassung aufgrund wesentlich veränderter Verhältnisse – neben der Bedürftigkeit des Berechtigten – auf die Leistungsfähigkeit des Verpflichteten während der Zeit an, für die der Unterhalt verlangt wird. Steigert sich die Leistungsfähigkeit erst zu einem späteren Zeitpunkt, wird der Umfang der Unterhaltspflicht für eine zurückliegende Zeit dadurch nicht mehr beeinflußt mit der Folge, daß Nachzahlungen für die Vergangenheit nicht zu leisten sind (FamRZ 1983, 140). Dies gilt unabhängig davon, ob die Steigerung der Leistungsfähigkeit auf einer Erhöhung des laufenden Einkommens des Verpflichteten oder auf einem einmaligen Vermögenszuwachs oder auf beidem beruht. Die abweichende Beurteilung des OLG – das von den dargelegten Grundsätzen zunächst ebenfalls ausgegangen ist – läßt sich nicht damit begründen, daß in dem in Frage stehenden Zeitraum ein erheblicher Nachholbedarf entstanden sei, weil in dieser Zeit gerade der notwendige Unterhaltsbedarf der Kl. in Höhe von monatlich 750 DM gedeckt gewesen sei, nicht hingegen ein mit monatlich 1100 DM anzusetzender sog. objektivierter angemessener Mindestbedarf. Der Senat hat es bereits abgelehnt, den Unterhalt eines getrennt lebenden Ehegatten nach einem Mindestrichtsatz für den angemessenen Eigenbedarf eines volljährigen Unterhaltsberechtigten zu bemessen, wenn dieser nicht den maßgeblichen ehelichen [ehel.] Lebensverhältnissen entspricht (FamRZ 1984, 356). Dem geltenden Unterhaltsrecht kann der Begriff eines objektivierten Nachholbedarfs, den der Verpflichtete bei später gesteigerter Leistungsfähigkeit nachträglich noch abzudecken hätte, nicht entnommen werden.

Ein solcher Nachholbedarf läßt sich auch nicht dem „Sonderbedarf" zuordnen, dessen Erfüllung für die Vergangenheit der Berechtigte ohne die Einschränkungen des § 1613 I BGB in den zeitlichen Grenzen des § 1613 II S. 2 BGB verlangen kann. Denn ein Bedarf, der bei der Bemessung des Unterhalts nach den ehel. Lebensverhältnissen laufend in bestimmter Höhe ungedeckt geblieben ist, ist jedenfalls nicht unregelmäßig und zumeist auch nicht in außergewöhnlicher Höhe entstanden. Gerade diese Kriterien sind es jedoch, die eine Minderung des Schuldnerschutzes gegen die Inanspruchnahme auf Unterhalt für die Vergangenheit rechtfertigen. Die unmittelbare Beteiligung des unterhaltsberechtigten Ehegatten an einer Rentennachzahlung stellt sich daher in Wahrheit als eine gesetzlich nicht gerechtfertigte (teilweise) Vermögensauseinandersetzung dar. Der Versuch des OLG, das Ergebnis durch eine Vergleichsberechnung des der Kl. bei „rückschauender Betrachtung" monatlich zur Verfügung stehenden Unterhalts zu rechtfertigen, vermag schon deshalb nicht zu überzeugen, weil es sich damit in Widerspruch zu seinem (zutreffenden) eigenen Ausgangspunkt setzt, wonach eine rückwirkende fiktive Umlegung der Nachzahlung auf Monatsbasis nicht möglich ist.

Die Versagung einer unmittelbaren Beteiligung an einer Rentennachzahlung auf seiten des Unterhaltsberechtigten bedeutet nicht, daß eine solche Zahlung auf die Unterhaltsbemessung ohne Einfluß bliebe. Bei Fortbestehen der ehel. Lebensgemeinschaft hätte sie zur Befriedigung des Unterhaltsbedarfs beider Parteien neben den übrigen Einkünften zur Verfügung gestanden. Das rechtfertigt grundsätzlich ihre Einbeziehung in eine Anpassung der laufenden Unterhaltsrente. Daß es sich um eine einmalige Einnahme gehandelt hat, die rückwirkend für einen vergangenen Zeitraum gezahlt worden ist, steht nicht entgegen; dem ist vielmehr für die Zwecke der Unterhaltsbemessung durch eine Verteilung des Einkommens auf einen längeren Zeitraum Rechnung zu tragen. Insoweit gelten ähnliche Grundsätze, wie sie der Senat für die Fälle entwickelt hat, in denen der Unterhaltspflichtige aufgrund des sog. begrenzten Realsplittings eine Steuererstattung zu einem Zeitpunkt erlangt, in dem die der Steuerbemessung zugrundeliegenden Unterhaltsleistungen längst abgewickelt sind.

Auch in Fällen wie dem vorliegenden können dabei die Belange des unterhaltsberechtigten Ehegatten in der Weise berücksichtigt werden, daß der Nachzahlungsbetrag allein einem künftigen Zeitraum zugerechnet wird. Dem steht nicht entgegen, daß in anderen Fällen bestimmte Einkünfte, die jährlich nur einmal gezahlt werden, auf alle Monate des betreffenden Jahres, also auch auf vergangene Monate, angerechnet werden. Die Umrechnung solcher Einmalzahlungen auch auf zurückliegende Zeiträume begegnet nämlich keinen Bedenken, wenn es sich dabei (wie z. B. bei Urlaubs- oder Weihnachtsgeld) um alljährlich in vergleichbarer Größe wiederkehrende Einkünfte handelt, die ähnlich zuverlässig wie regelmäßig in jedem Monat erlangte Einkünfte vorhersehbar sind.

Eine Steigerung seiner Leistungsfähigkeit kann dem Unterhaltsverpflichteten, der die Bewilligung einer Berufsunfähigkeitsrente beantragt hat, auch noch nicht fiktiv vom Zeitpunkt der Antragstellung an mit der Begründung zugerechnet werden, er könne vom zuständigen Leistungsträger Vorschüsse (§ 42 I SGB I) verlangen. Anders als vielfach beim Antrag auf Altersruhegeld gemäß § 25 V AVG (bei Vollendung des 65. Lebensjahres) steht der Anspruch auf Berufsunfähigkeitsrente nicht dem Grunde nach von vornherein fest. Die Berufsunfähigkeit muß ebenso erst festgestellt werden wie der Zeitpunkt ihres möglichen Eintritts. Wie der vorliegende Fall zeigt, kann das Bewilligungsverfahren eine lange Zeit in Anspruch nehmen, in der der Antragsteller keine rechtliche Möglichkeit hat, im Wege des Vorschusses bereits Leistungen des Versicherungsträgers zu erlangen. Ein Unterhaltspflichtiger, der eine Rente beantragt hat, kann sich mit Blick auf die erwartete Bewilligung zwar möglicherweise anderweitig Kredit verschaffen; läßt er den unterhaltsberechtigten Ehegatten an seiner auf diese Weise verbesserten Leistungsfähigkeit nicht teilhaben, können sich nach Treu und Glauben Folgen für die Möglichkeit ergeben, die Verpflichtungen aus einem solchen Kredit dem Unterhaltsberechtigten einkommensmindernd entgegenzuhalten (FamRZ 1984, 358, 360 m. w. N.).

54. BGH zur Verwendung des Unterhalts

54a) FamRZ 85/273, 274 = NJW 85/806, 807

(Unterhalt zur Deckung des eigenen Lebensbedarfs)

Der Unterhaltsanspruch dient der Behebung eigenen Unterhaltsbedürfnisses. Sein Zweck geht nicht dahin, dem Empfänger die Möglichkeit zu bieten, seinerseits aus der Unterhaltsleistung Verbindlichkeiten zu erfüllen. Insbesondere erhöhen – ungeachtet der unter den Voraussetzungen der erweiterten Unterhaltspflicht nach § 1603/II 1 BGB bestehenden Pflicht des Empfängers, auch für den eigenen Unterhalt erhaltene Leistungen gleichmäßig zu seinem und der Kinder Unterhalt zu verwenden (FamRZ 80/555 = NJW 80/934) – gegen den Empfänger gerichtete Unterhaltsforderungen nicht dessen Bedarf. Andernfalls würde man zu einer mittelbaren Unterhaltsgewährung an den nicht – oder noch nicht – Unterhaltspflichtiger gelangen. Darum geht es hier aber nicht. Die Tochter soll durch die vom Beklagten zu zahlende Geldrente nicht in den Stand versetzt werden, ihrerseits daraus Barunterhalt zu leisten. Der Unterhalt soll vielmehr der Deckung ihres eigenen Lebensbedarfs dienen, den selbst zu verdienen sie ggf. durch die Kindesbetreuung außerstande war.

54b) FamRZ 85/582, 583 = NJW 85/1343, 1344

(Verwendung des Unterhalts zur Rücklagenbildung)

Der an den ehelichen Lebensverhältnissen ausgerichtete nacheheliche Unterhalt wird durch eine Unterhaltsrente gewährt, die der Unterhaltsberechtigte mit Ausnahme der Beträge, die zweckbestimmt für den Vorsorgeunterhalt gemäß § 1578/II und III BGB zugesprochen worden sind (FamRZ 82/1187, 1188 und FamRZ 83/676, 677) grundsätzlich nach seinem Belieben verwenden kann; es ist ihm auch nicht verwehrt, durch einen freiwilligen Konsumverzicht Rücklagen zu bilden. Unerheblich ist die Behauptung des Pflichtigen, die Beklagte lebe nunmehr weniger aufwendig. Es kommt nicht darauf an, ob die Beklagte für einzelne Bedürfnisse weniger verbraucht als es den Ansätzen im früheren Urteil entspricht. Denn der in diesem Urteil rechtskräftig festgesetzte Unterhalt ist nicht davon abhängig, daß die Beklagte mindestens gleichhohe Aufwendungen für ihre Lebensführung macht wie im Zeitpunkt der Scheidung. Vielmehr bleibt ihr unbenommen, die ihrer Lebensstellung zu diesem Zeitpunkt entsprechende Unterhaltsrente teilweise anzusparen oder für andere Bedürfnisse auszugeben als diejenigen, die im Ausgangsurteil angeführt sind. Die unterhaltsrechtlich relevante Bedürftigkeit des Unterhaltsberechtigten verringert sich nicht durch eine freiwillige Einschränkung seiner Lebensführung, sondern nur dann, wenn er durch eine Veränderung der Verhältnisse in die Lage versetzt wird, seinen Bedarf aus eigenen Kräften und mit eigenen Mitteln zu decken.

54c) FamRZ 80/555, 556 = NJW 80/934, 935

(Anrechnung von Unterhaltszahlungen im Falle der erweiterten Unterhaltspflicht nach § 1603/II 1 BGB)

Das OLG hat insoweit lediglich ausgeführt, daß Unterhaltszahlungen keine Leistungsfähigkeit des Empfängers zur Zahlung von Unterhalt an einen Dritten begründen könnten, weil der zivilrechtliche Unterhaltsanspruch immer nur den eigenen Lebensbedarf umfasse. Diese Erwägung ist sicher für die Fälle zutreffend, in denen der Empfänger der Unterhaltszahlungen dieser Leistungen bedarf, um seinen angemessenen Unterhalt decken zu können, und in denen die weitere Unterhaltsverpflichtung des Empfängers der Leistungen gegenüber Dritten nach § 1603/I BGB davon abhängt, daß durch die Unterhaltsgewährung sein eigener angemessener Unterhalt nicht gefährdet wird. Für diese Fälle ergibt sich unmittelbar aus § 1603/I BGB, daß seine Unterhaltsleistung, die den eigenen angemessenen Unterhalt des Empfängers nicht übersteigt, diesen keiner weiteren Unterhaltspflicht aussetzen kann.

Im Verhältnis von Eltern zu ihren minderjährigen Kindern kann jedoch nach § 1603/II BGB eine erweiterte Unterhaltsverpflichtung der Eltern eintreten; in einem solchen Fall sind die Eltern verpflichtet, auch Beträge, die sie für ihren eigenen angemessenen Unterhalt benötigen würden, zu ihrem und der Kinder Unterhalt gleichmäßig zu verwenden. Das OLG hat ersichtlich angenommen, daß auch in einem solchen Fall Unterhaltsleistungen, die einem Elternteil zufließen, von diesem ausschließlich für seinen eigenen angemessenen Unterhalt verwendet werden dürfen und keine Unterhaltspflicht gegenüber dem Kind auslösen könnten. Dies ergibt sich aus den Literaturnachweisen, die das OLG zur Stützung seiner Auffassung angeführt hat und aus dem Umstand, daß das OLG nicht geprüft hat, ob ein Fall der erweiterten Unterhaltspflicht nach § 1603/II BGB vorliegt.

Der Senat kann sich dieser Meinung nicht anschließen. Die erweiterte Unterhaltspflicht der Eltern nach § 1603/II BGB beruht auf der besonderen familienrechtlichen Verantwortung von Eltern gegenüber ihren minderjährigen unverheirateten Kindern, die es nach dem Willen des Gesetzes nicht zuläßt, daß im Fall nicht ausreichender Mittel vorweg die Eltern ihren eigenen angemessenen Unterhalt voll decken und die Kinder auf den Überrest verweisen. Dieser Rechtsgedanke ist im Grundsatz unabhängig davon, woher die zur Verfügung stehenden Mittel stammen und worauf ihre Zuwendung beruht. Der Motivation der Regelung kommt auch ein Gewicht zu, das es ausschließt, empfangene Unterhaltsleistungen von der gleichmäßigen Verwendung der zur Verfügung stehenden Mittel unter Berufung auf das letztlich formale Argument auszunehmen, daß damit entgegen dem System des Gesetzes der geleistete Unterhalt mittelbar auch einem Dritten zugute kommen könne, der dem Unterhaltsverpflichteten gegenüber nicht unterhaltsberechtigt sei. Die Aufteilung der Mittel berührt nur das Verhältnis zwischen Eltern und Kind und belastet den gegenüber dem Elternteil Unterhaltspflichtigen nicht. Andererseits bleibt die – gesetzlich gebotene – Verwendung der Mittel abweichend von ihrer ursprünglichen Zweckbestimmung auch auf die Leistungspflicht des gegenüber dem Elternteil Unterhaltsverpflichteten ohne Einfluß. Nach alledem ist kein Grund ersichtlich, der es rechtfertigen könnte, von einem Elternteil empfangene Unterhaltsleistungen im Fall der erweiterten Unterhaltspflicht nach § 1603/II BGB von der gleichmäßigen Verwendung für Elternteil und Kind auszunehmen.

55. BGH zum Wohngeld

55a) FamRZ 80/771, 772 = NJW 80/2081, 2082, 2083

(Grundsatz der Berücksichtigung von Wohngeld)

Auszugehen ist von dem Grundsatz, daß tatsächliches Einkommen des Berechtigten dessen Bedürftigkeit mindert oder aufhebt. Das gilt für Einkünfte jeder Art. Daß es sich beim Wohngeld um Sozialleistungen handelt, begründet allein noch keine Ausnahme.

Soweit in diesem Zusammenhang auf den besonderen Zweck des Wohngeldes hingewiesen wird, erscheint es zweifelhaft, ob es im privaten Unterhaltsrecht für die Frage der Anrechnung von Sozialleistungen als Einkommen des Bedürftigen oder des Verpflichteten generell auf die konkrete Zweckbestimmung ankommt. Speziell beim Wohngeld erweist sich dieses Kriterium für die Frage der Anrechnung als nicht stichhaltig. So läßt die Zweckbestimmung des Wohngeldes nicht erkennen, daß die nach dem Gesetz gewährten Leistungen bei der Regelung unterhaltsrechtlicher Ansprüche außer Betracht gelassen werden müßten. Nach § 54/III SGB 1 ist es zulässig, einen Wohngeldanspruch wegen gesetzlicher Unterhaltsansprüche wie Arbeitseinkommen zu pfänden. Wegen anderer Ansprüche ist eine derartige Pfändung möglich, soweit nach den Umständen des Falles, insbesondere nach den Einkommens- und Vermögensverhältnissen des Wohngeldberechtigten, der Art des beizutreibenden Anspruchs sowie der Höhe und der Zweckbestimmung des Wohngeldanspruchs, die Pfändung der Billigkeit entspricht, und der Wohngeldberechtigte daraus nicht hilfsbedürftig im Sinn der Vorschriften des BSHG über die Hilfe zum Lebensunterhalt wird. Ferner ist anerkannt, daß § 30/I Nr. 2 WoGG, wonach der Bewilligungsbescheid widerrufen ist, wenn die zuständige Stelle von der Verwendung des Wohngeldes zu anderen Zwecken als zur Bezahlung der Miete Kenntnis erhält, insoweit nicht gilt, als das Wohngeld zur Deckung der vorgenannten Leistungen, wegen derer auch eine Pfändung möglich wäre, verwendet wird. Hieraus ergibt sich, daß die Ausschließlichkeit des Verwendungszweckes, dem das Wohngeld dienen mag, im Verhältnis zu den Verpflichtungen aus gesetzlichen Unterhaltsverhältnissen durchbrochen ist. Damit ist auch eine Berücksichtigung des Wohngeldes bei der Abwicklung derartiger Rechtsverhältnisse sowohl auf seiten des Unterhaltsverpflichteten als auch beim Unterhaltsberechtigten aus der Sicht der öffentlichen Zweckbestimmung unbedenklich. Der Hinweis auf die entstehenden Anrechnungsschwierigkeiten ist nicht stichhaltig. Derartige Probleme treten auch sonst nicht auf, wenn öffentliche Unterstützungen und private Unterhaltsleistungen zusammentreffen und aufeinander Einfluß haben. Unter diesen Umständen ist der Ansicht beizutreten, daß das Wohngeld bei der Unterhaltsbemessung zu berücksichtigen ist.

55b) FamRZ 82/587, 589 = NJW 82/684, 686

(Anteilige Anrechnung von Wohngeld)

Die Berücksichtigung des Wohngeldes auf der Einkommensseite und der tatsächlichen Wohnkosten auf der Bedarfsseite läßt es zu, das Wohngeld zunächst auf den erhöhten Wohnkostenbedarf anzurechnen. Im Ergebnis mag daher das Wohngeld vielfach nicht zur Erhöhung des anrechenbaren Einkommens führen, weil es nur unvermeidbare erhöhte Aufwendungen für die Wohnung ausgleicht und der Bedarf lediglich auf das unter den gegebenen wirtschaftlichen Verhältnissen „normale" Maß zurückgeführt wird. Daß das immer der Fall wäre und deshalb der „normale" Wohnkostenbedarf durch den Bezug des Wohngeldes stets unberührt bliebe, kann jedoch nicht angenommen werden. Vor allem kann der Anteil am Lebensbedarf, dessen Einsatz für Wohnkosten unterhaltsrechtlich zuzumuten ist, nicht stets mit dem Umfang der Selbstbeteiligung gleichgesetzt werden, die das Wohngeldgesetz dem Wohngeldempfänger zumutet. Vielmehr ist jener Anteil Schwankungen unterworfen, die von der Art des jeweiligen Unterhaltsanspruchs, aber auch von sonstigen Verhältnissen der Parteien beeinflußt sein können.

Solche Besonderheiten bestehen im vorliegenden Fall. Nach § 1603/II S 1 BGB hat der Kl. für den die Bekl. aus gesteigerter Unterhaltspflicht aufzukommen hat, alle verfügbaren Mittel zu seinem und der Bekl. Unterhalt gleichmäßig zu verwenden. Unter diesen Umständen kann nicht davon ausgegangen werden, daß die dem Kl. nach dem Wohngeldgesetz zugemutete Selbstbeteiligung an den Wohnkosten sich mit dem unterhaltsrechtlich zuzumutenden Anteil deckt. Deshalb kommt eine Anrechnung des Wohngeldes nicht nur auf den erhöhten Wohnkostenbedarf, sondern auch auf den übrigen Lebensbedarf in Betracht mit der Folge, daß sich der für den Unterhalt der Bekl. zur Verfügung stehende Teil des Einkommens erhöht.

Zur Prüfung dieser Frage bedarf es der Feststellung der Mietkosten, die in den vom OLG als notwendiger Eigenbedarf des Kl. angesetzten Beträgen enthalten sind, sowie der tatsächlich gezahlten Miete. Das Wohngeld ist zunächst auf die Differenz dieser Kosten anzurechnen und mit dem etwa noch verbleibenden Teil dem zu verteilenden Einkommen zuzurechnen.

Über die im notwendigen Eigenbedarf des Kl. enthaltenen sowie über die tatsächlich angefallenen Mietkosten hat das OLG bislang ebensowenig Feststellungen getroffen, wie über die Höhe des in den Vorjahren bezogenen Wohngeldes. Diese Fragen bedürfen daher noch der Klärung. Dabei wird zu beachten sein, daß die für die Wohnung des Kl. entrichtete Miete nicht in voller Höhe angesetzt werden kann, weil der Kl. die Wohnung nicht allein, sondern zusammen mit seiner jetzigen Ehefrau und deren beiden Kindern bewohnt. Ebensowenig kommt die Anrechnung des gesamten Wohngeldes in Betracht, weil der Kl. dieses für die ganze in seinem Haushalt lebende Familie bezieht. Das Wohngeldgesetz selbst sieht eine anteilige Aufschlüsselung des Wohngeldes nicht vor. Sie ist jedoch für die in Frage stehende unterhaltsrechtliche Berücksichtigung dieser Sozialleistung notwendig und kann nach den gleichen Grundsätzen erfolgen, wie die Aufteilung der Wohnungsmiete.

55c) FamRZ 82/898, 899 = NJW 82/1999, 2000

(Wohngeld und erhöhter Wohnbedarf)

Nach der Rechtsprechung des Senats ist Wohngeld bei der Unterhaltsbemessung als Einkommen zu berücksichtigen, soweit es nicht lediglich unvermeidbare erhöhte Aufwendungen für den Wohnbedarf ausgleicht (FamRZ 82/587). Hier hat das OLG festgestellt, daß die monatliche Miete der Kl. 180 DM zuzüglich ca. 10 bis 20 DM für Nebenkosten beträgt, während diese selbst angegeben hat, ihr sei seit 1. 4. 1980 ein monatliches Wohngeld von 190 DM bewilligt worden. Danach kann nicht davon ausgegangen werden, daß ein Teil des Wohngeldes durch erhöhten Wohnbedarf der Kl. ausgeglichen wird, sondern es ist im vollen Umfang als ihr Einkommen zu berücksichtigen.

55d) FamRZ 84/772, 773

(Wohngeld und erhöhter Wohnkostenbedarf)

Wohngeld ist zwar im Grundsatz als Einkommen zu berücksichtigen. Es bleibt jedoch außer Betracht, wenn ihm ein entsprechend erhöhter Wohnkostenbedarf gegenübersteht. Im allgemeinen wird angenommen werden können, daß den Wohngeldempfänger Wohnkosten treffen, die auch unterhaltsrechtlich als erhöht zu bezeichnen sind. Das ist aber nicht stets der Fall.

56. BGH zu BAföG-Leistungen

56a) FamRZ 80/126, 128 = NJW 80/993, 995

(BGH zur Subsidarität der Ausbildungsförderung)

Eine etwaige Ausbildungsförderung nach dem BAföG wäre allerdings nicht anzurechnen, wenn sie nur subsidiär gewährt würde und Vorleistungen nach Überleitungen des entsprechenden Unterhaltsanspruchs vom Unterhaltsverpflichteten zurückgefordert werden könnten. Dann wären es keine Einkünfte im Sinn von § 1577 I BGB. Das BAföG bestimmt indessen ausdrücklich, wessen Einkommen und Vermögen zu berücksichtigen ist und gegen wen gerichtete Unterhaltsansprüche überleitungsfähig sind (§§ 21 bis 30, 37, 38). Der geschiedene Ehegatte ist hierbei nicht genannt. Ihm gegenüber fördert das BAföG also nicht nur subsidiär. Auf die Eltern des Auszubildenden kann, wenn der geschiedene Ehegatte leistungsfähig ist, ebenfalls nicht durch Überleitung eines Unterhaltsanspruchs nach § 37 BAföG zurückgegriffen werden (vgl. § 58 EheG).

Die Förderung ist auch nicht deshalb subsidiär gegenüber dem Unterhaltsanspruch, weil § 1 BAföG sie davon unabhängig macht, daß „dem Auszubildenden die ... erforderlichen Mittel anderweitig nicht zur Verfügung stehen“. Dabei kommt es nicht auf einen etwaigen sonstigen Rechtsanspruch, sondern darauf an, ob die Mittel tatsächlich zur Verfügung stehen; Förderung ist selbst dann zu gewähren, wenn ein Unterhaltsanspruch besteht, aber nicht erfüllt wird.

Soweit der Kl. Ausbildungsförderung zu beanspruchen hat oder hatte, Leistungen für die Vergangenheit aber nicht erhält, scheidet eine Anrechung als Einkünfte im Sinn von § 1577/I BGB allerdings aus, falls dem Kl. etwa die weitere Verfolgung des Anspruchs im Hinblick auf die negative mündliche Auskunft, die „man“ ihm erteilte, nicht zumutbar gewesen sein sollte.

56b) FamRZ 85/916, 917 = NJW 85/2331, 2332

(BAföG-Leistungen als Darlehen)

Unterhaltsberechtigt gegenüber Verwandten ist nur, wer außerstande ist, sich selbst zu unterhalten (§ 1602 Abs. 1 BGB). Das Berufungsgericht geht zu Recht davon aus, daß als Zuschuß gewährte Förderungsleistungen nach dem BAföG den Unterhaltsbedarf des Empfängers – ganz oder teilweise –

decken und deshalb seinen bürgerlich-rechtlichen Unterhaltsanspruch ausschließen oder veringern. Etwas anderes würde gelten, wenn die Ausbildungsförderung in dem Sinne subsidiär gewährt würde, daß Vorausleistungen nach Überleitung (oder infolge Übergangs; § 37 Abs. 1 BAföG i. d. Fassung vom 6. Juni 1983) des Unterhaltsanspruchs von dem Unterhaltsverpflichteten zurückgefordert werden könnten (FamRZ 1980, 126, 128). Das ist indes hier nicht der Fall; die Förderung erfolgt nicht durch Vorausleistungen i. S. von § 36 BAföG.

Die BAföG-Leistungen mindern auch insoweit die Bedürftigkeit der Kläger, als sie darlehnsweise gewährt werden.

Allerdings hat der Bundesgerichtshof in dem bereits genannten Urteil in einem Fall, der nachehelichen Unterhalt betraf, lediglich für solche BAföG-Leistungen, die nicht nur darlehnsweise gewährt werden, ausgesprochen, sie seien nach § 1577 Abs. 1 BGB als Einkünfte auf den Unterhaltsanspruch gegen den geschiedenen Ehegatten anzurechnen (aaO S. 128). Eine nähere Begründung für diese Einschränkung, auf die es in jenem Falle für die Entscheidung nicht ankam, enthält das Urteil nicht. Die Rechtsprechung der Oberlandesgerichte ist jedoch der Meinung, BAföG-Darlehen beeinflußten den Unterhaltsanspruch des Geförderten nicht, überwiegend gefolgt (vgl. zuletzt OLG Karlsruhe FamRZ 1984, 927; weitere Nachweise bei Graba FamRZ 1985, 118, 119 Fn. 24), wenn sich auch neuerdings in Leitlinien und Rechtsprechungshinweisen zunehmend die gegenteilige Beurteilung findet; s. Kölner Unterhaltsrichtlinien FamRZ 1985, 24, 26 unter A IV 8.3: Anrechnung von darlehnsweise gewährten BAföG-Leistungen nach Billigkeit; Leitlinien der Familiensenate des OLG Bremen FamRZ 1985, 28, 29 zu A und B Anm. I 2b: vollständige Anrechnung auch bei darlehnsweiser Gewährung (Ausnahme: Vorausleistungen nach § 36 BAföG); Hinweise der Münchner Familiensenate FamRZ 1983, 20, 21 unter Kindesunterhalt 2.3: volle Anrechnung der BAföG-Leistungen (auch Darlehen); ebenso Graba aaO.

Im Unterhaltsrecht obliegt es unter Umständen dem Verpflichteten, zur Erhaltung seiner Leistungsfähigkeit einen Kredit aufzunehmen (FamRZ 1982, 365, 366f.). Für den Unterhaltsberechtigten gilt Entsprechendes. Er hat die Möglichkeit zur Kreditaufnahme auszunutzen, um nicht unterhaltsbedürftig zu werden. Diese Obliegenheit zur Selbsthilfe besteht freilich nur im Rahmen des Zumutbaren (FamRZ 1982, 678, 679 – FamRZ 1966, 28, 29; OLG Hamburg FamRZ 1980, 912, 913). Eine weitere Einschränkung gilt bei minderjährigen unverheirateten Kindern, die nach § 1602 Abs. 2 BGB schon den Stamm ihres Vermögens und erst recht möglichen Kredit nicht in Anspruch zu nehmen brauchen. Die Kläger sind jedoch volljährig.

Von diesen Grundsätzen ist das Berufungsgericht ausgegangen. Es hat – wie schon das Amtsgericht – ausgeführt, die Aufnahme des Kredites in Form der darlehnsweise gewährten BAföG-Leistungen sei den Klägern bei angemessener Berücksichtigung der beiderseitigen Interessen im Hinblick auf die außerordentlich günstigen Darlehensbedingungen zumutbar. Das hält der rechtlichen Überprüfung stand:

Bei dem Besuch von Höheren Fachschulen, Akademien und Hochschulen wird Ausbildungsförderung nunmehr – abgesehen von dem Ausnahmefall der Übergangsregelung in § 66a Abs. 4 BAföG, die für den Kläger zu 2. eingreift – nur noch als Darlehen gewährt (§ 17 Abs. 2 BAföG i. d. Fassung vom 6. Juni 1983, BGBl I 645). Das Darlehen ist zinslos (§ 18 Abs. 1 BAföG). Es ist in gleichbleibenden monatlichen Raten, mindestens solchen von 120 DM innerhalb von 20 Jahren zurückzuzahlen. Die erste Rate ist erst fünf Jahre nach dem Ende der Förderungshöchstdauer (vgl. § 15 BAföG) zu leisten (§ 18 Abs. 3 BAföG). Das Darlehen kann vorzeitig zurückgezahlt werden; dann wird auf Antrag ein Nachlaß von der Darlehensschuld gewährt (§ 18 Abs. 5b BAföG). Der Darlehensnehmer ist zur Rückzahlung nur verpflichtet, soweit sein Einkommen bestimmte, nach Familienstand und Kinderzahl gestaffelte Beträge übersteigt (§ 18a BAföG). 25 vom Hundert der Darlehensschuld werden ihm erlassen, wenn er nach dem Ergebnis der Abschlußprüfung zu den ersten 30 vom Hundert der Geförderten gehört, die die Prüfung in demselben Kalenderjahr abgelegt haben. 5000 DM werden auf Antrag bei erfolgreichem Abschluß des Studiums vor Ende der Förderungshöchstdauer erlassen. Weiterhin können bestimmte soziale Gründe zu einem Teilerlaß führen (§ 18b BAföG).

Das Darlehen nach § 17 Abs. 2 BAföG wird mithin unter sehr günstigen Bedingungen gewährt. Die Zinslosigkeit und zudem die schonenden Vorschriften über die Rückzahlung lassen die Belastung des nach dem Studium mit einer hochqualifizierten Ausbildung in das Berufsleben eintretenden Geförderten als gering erscheinen. Im vorliegenden Fall sind bei gleichbleibend hoher Förderung und ohne einen Teilerlaß der Rückzahlungsverpflichtung für den Kläger zu 1. monatliche Rückzahlungsraten von weniger als 150 DM und für den Kläger zu 2. solche von nur 120 DM zu erwarten. Besondere Anhaltspunkte dafür, daß die Einkommensmindestbeträge, von deren Überschreiten nach § 18b BAföG die Rückzahlungspflicht abhängt, zum Unterhalt der Kläger nicht ausreichen würden, sind nicht ersichtlich.

Auf der anderen Seite haben die nach bürgerlichem Recht Unterhaltspflichtigen, im Regelfall also die Eltern, ihre Kinder, die jetzt Ausbildungsförderung durch Darlehen erhalten können, im allgemeinen bereits über die sonst übliche Ausbildungszeit hinaus bis hin zur Erlangung der Hochschulreife unterhalten. Sie selbst gelten nach dem System der Einkommens- und Vermögensanrechnung in §§ 21 ff. und 26 ff. BAföG in Höhe der als Ausbildungsförderung in Betracht kommenden Darlehensbeträge als nicht leistungsverpflichtet, so daß jedenfalls nicht von besonders günstigen wirtschaftlichen Verhältnissen und deshalb nicht davon ausgegangen werden kann, daß ihnen die Unterhaltsgewährung leicht fällt. All dies gilt auch im vorliegenden Fall.

Eine Gesamtschau dieser Umstände rechtfertigt es, die eigene Finanzierung des eine gehobene Berufsausbildung vermittelnden Studiums durch die günstigen BAföG-Darlehen, auf die nach den Einkommens- und Vermögensverhältnissen ein Anspruch besteht, im Falle der Kläger als zumutbar anzusehen. Besondere Umstände, die eine andere Beurteilung veranlassen könnten, sind weder festgestellt noch behauptet.

57. BGH zur Kindergeldanrechnung

57a) FamRZ 83/49, 50 = NJW 83/933L

(Zweck der Kindergeldzahlungen und Kindergeldausgleich)

Das staatliche Kindergeld ist eine Maßnahme des allgemeinen Familienlastenausgleichs, bei dem es auf die Einkommens- und Erwerbsverhältnisse der Eltern nicht ankommt. Anspruchsberechtigt sind beide Elternteile; die Regelung über die Auszahlung an einen von ihnen in § 3 BKGG beruht vorwiegend auf Gründen der verwaltungsmäßigen Vereinfachung (FamRZ 78/177, 178; BVerfG = FamRZ 77/611, 613).

Daran knüpft die Rechtsprechung über den unterhaltsrechtlichen Ausgleich des Kindergeldes im Falle gestörter oder gescheiterter Ehen an. Weil das Kindergeld dazu bestimmt ist, die Unterhaltslast beider Eltern zu erleichtern, soll es weiterhin beiden entsprechend ihrer Haftung für den Unterhalt eines Kindes zugute kommen. Wenn ein Elternteil barunterhaltspflichtig ist, während der andere das Kind versorgt und das Kindergeld voll ausbezahlt erhält, führt dies in der Regel zu einer hälftigen Anrechnung des Kindergeldes auf den Barunterhalt (FamRZ 78/177, 178; seither ständige Rechtsprechung des BGH).

57b) FamRZ 81/26, 27 = NJW 81/170, 171

(BGH zur Kindergeldregelung und zur anteilsmäßigen Verrechnung)

Wie der BGH (FamRZ 78/177, 178) ausgeführt hat, soll das staatliche Kindergeld, das nicht dem Kinde selbst, sondern den Unterhaltsschuldnern des Kindes zusteht, deren Unterhaltslast erleichtern und ohne Rücksicht darauf, wer öffentlich-rechtlich der Empfänger des Kindergeldes ist, allen Unterhaltspflichtigen zugute kommen. Deshalb muß, wenn das Kindergeld an einen von mehreren Unterhaltspflichtigen gezahlt wird, unter ihnen ein Ausgleich stattfinden, wobei es im allgemeinen angemessen sein wird, den Ausgleich entsprechend den Anteilen der Unterhaltspflichtigen an der Erfüllung der Unterhaltspflicht vorzunehmen. Wenn ein minderjähriges unverheiratetes Kind von seinen Eltern in der Weise unterhalten wird, daß der eine Elternteil das Kind pflegt und erzieht und der andere – im durchschnittlichen Rahmen – für den Barunterhalt aufkommt, so wird darin in der Regel eine Unterhaltsleistung der Eltern zu gleichen Anteilen zu erblicken sein (§ 1606 III S. 2 BGB) mit der Folge, daß ihnen im allgemeinen das Kindergeld je zur Hälfte zusteht. Diese Beurteilung gibt indessen nur Antwort auf die Frage nach der Verteilung des Kindergeldes auf die Eltern im Verhältnis zueinander sowie nach dem zwischen ihnen vorzunehmenden Ausgleich. Unmittelbare Auswirkungen auf den Unterhaltsanspruch der Kinder ergeben sich daraus noch nicht. Im Gegensatz zur gesetzlichen Regelung über den Unterhalt nichtehelicher Kinder, die in § 1615g BGB eine Vorschrift über die Anrechnung des Kindergeldes auf den Regelbedarf des Kindes enthält, fehlt es im Unterhaltsrecht der ehelichen Kinder an einer Bestimmung über entsprechende Auswirkungen des Kindergeldbezuges auf den Kindesunterhalt. Indessen hat sich in der Rechtspraxis aus Gründen einer einfachen und reibungslosen Abwicklung derartiger alltäglicher Unterhaltsausgleichsfälle die Übung entwickelt, den fraglichen Kindergeldausgleich der Eltern im Wege einer entsprechenden Bemessung des Kindesunterhalts mit zu erledigen.

57c) FamRZ 81/650, 651

(BGH zur anteilsmäßigen Anrechnung des Kindergeldes)

Bei der Ermittlung der Unterhaltsansprüche ehelicher Kinder ist grundsätzlich davon auszugehen, daß eine Minderung ihres Unterhaltsbedarfs und demgemäß auch ihres Unterhaltsanspruches im Einzelfall nur insoweit eintreten kann, als ihnen das Kindergeld durch Zuwendung des sorgeberechtigten Elternteils tatsächlich zugute kommt. Hierbei ist von wesentlicher Bedeutung, zu welchen Anteilen das Kindergeld den Eltern im Verhältnis zueinander zusteht, weil der Sorgeberechtigte in der Regel nur die danach begründete Quote dem Kind als Anteil des barunterhaltspflichtigen Elternteils am Kindergeld zukommen lassen wird. In diesem Umfang ist das Kindergeld sodann – anteilig – auf die Unterhaltsleistung des barunterhaltspflichtigen Elternteils anzurechnen (FamRZ 81/541 ff.). Dabei ist maßgeblich dem Umstand Rechnung zu tragen, daß das Kindergeld dazu bestimmt ist, die Unterhaltslast aller Unterhaltspflichtigen, also sowohl des sorgeberechtigten, persönlich betreuenden als auch des barunterhaltspflichtigen Elternteils, gleichermaßen zu erleichtern.

57d) FamRZ 81/541, 542 = NJW 81/2462, 2463

(BGH zur Kindergeldanrechnung bei mehreren Kindern und bei abweichender Regelung)

Beziehen Eltern für mehrere Kinder Kindergeld, so ist als auf die einzelnen Kinder entfallend nicht der Betrag anzusehen, der staatlicherseits für das jeweilige Kind ausgezahlt wird. Vielmehr ist nach § 12 IV BKGG die Summe aller Kindergeldbeträge gleichmäßig auf die Kinder zu verteilen. Davon ist auch bei der hier in Frage stehenden Anrechnung des Kindergeldes im Rahmen der Unterhaltsbemessung auszugehen, da keine Anhaltspunkte dafür vorliegen, daß die Kl. zu 1. und der Bekl. über die Aufteilung des Kindergeldes auf die einzelnen Kinder eine – im Rahmen des Ausgleichs der Kindergeldbezüge zwischen den Eltern an sich mögliche – abweichende Regelung getroffen haben.

58. BGH zum Zählkindervorteil

58a) FamRZ 81/26, 27, 28 = NJW 81/170, 171, 172.

(BGH zur Nichtberücksichtigung des ,,Zählkindervorteils")

Die Frage der Auswirkungen eines dem unterhaltspflichtigen Elternteil zukommenden ,,Zählkindervorteils" auf den Unterhaltsanspruch seiner ehelichen Kinder ist in erster Linie kein Problem des Rechtsverhältnisses zwischen dem Elternteil und seinen unterhaltsberechtigten Kindern, sondern, ebenso wie die Frage der Kindergeldanrechnung, der Rechtsbeziehungen zwischen den Eltern. Es kommt darauf an, ob der ,,Zählkindervorteil" die Verpflichtung der Eltern beeinflußt oder gar aufhebt, das Kindergeld unter sich auszugleichen. Allein daraus würde sich – als zu erwartende tatsächliche Folge – ergeben, inwieweit bei den unterhaltsberechtigten Kindern der Grad ihrer Bedürftigkeit durch Zuwendungen von seiten des sorgeberechtigten Elternteils zum Ausgleich des Kindergeldes sinken und sich ihr Barunterhaltsanspruch mindern würde. Demgemäß geht es bei der Berücksichtigung des ,,Zählkindervorteils" im Rahmen der Kindergeldanrechnung nicht um den Ausgleich eines Vorteils zwischen dem barunterhaltspflichtigen Elternteil und den Kindern, sondern zwischen den Eltern.

Nach dem Grundsatz des § 3 I BKGG wird für jedes Kind nur jeweils einer Person Kindergeld gewährt. Das bedeutet, daß weder der gesetzliche Betrag des Kindergeldes für ein und dasselbe Kind mehrfach gewährt wird noch eine Aufteilung des Kindergeldes unter mehreren Personen, die die Anspruchsvoraussetzungen erfüllen, stattfindet. Hieraus ergibt sich, daß die durch ein Kind verursachte volle Familienlast nur einmal, und zwar durch die einmalige Zahlung des Kindergeldes an den vorrangig Berechtigten, ausgeglichen wird. Nur dieses an den vorrangig Berechtigten bezahlte Kindergeld kann deshalb auch dem Ausgleich zugrundegelegt werden, der – im Hinblick auf die mit dem Kindergeld bezweckte Erleichterung der Unterhaltslast aller Unterhaltspflichtigen des Kindes – zwischen diesen Unterhaltsschuldnern vorzunehmen ist. Der ,,Zählkindervorteil" der dem nachrangig berechtigten, barunterhaltspflichtigen Elternteil im Rahmen des ihm zufließenden erhöhten Kindergeldes erwächst, kann jenem Kindergeld weder ganz noch teilweise zugerechnet und damit auch nicht in den Ausgleich jener Unterhaltspflichtigen einbezogen werden, weil die ihnen im Hinblick auf das gemeinsame Kind obliegende Unterhaltslast nicht dadurch erhöht wird, daß einer von ihnen ein weiteres Kind hat. Deshalb ist die häufig vertretene Ansicht abzulehnen, daß im Fall eines derartigen ,,Zählkindervorteils" das gesamte Kindergeld, das sowohl der vorrangig berechtigte Elternteil für gemeinsame Kinder als auch der andere Elternteil für nur von ihm zu unterhaltende Kinder erhält, zusammengerechnet und – für die Frage der Kindergeldanrechnung – nach Kopfteilen aller Kinder gleichmäßig zugerechnet werden müßte. Diese Ansicht steht sowohl im Gegensatz zu § 12 IV BKGG als auch zu den dargelegten Grundsätzen des BKGG. Sie ist auch aus sonstigen Erwägungen nicht zu rechtfertigen. Fällt der ,,Zählkindervorteil" nicht auf seiten des Barunterhaltspflichtigen, sondern bei dem anderen Elternteil, etwa der Mutter an, die neben den von ihr versorgten gemeinsamen Kindern weitere Kinder aus der ersten Ehe hat und für diese erhöhtes Kindergeld erhält, so leuchtet ohne weiteres ein, daß dieser Vorteil nicht dem nur gegenüber den gemeinsamen Kindern barunterhaltspflichtigen geschiedenen Ehemann, sondern allein der Mutter zugute kommen muß, weil sie zusätzlich mit dem Naturalunterhalt für die Kinder aus der zweiten Ehe belastet ist. In gleicher Weise hat aber auch für den umgekehrten Fall des ,,Zählkindervorteils" auf seiten des barunterhaltspflichtigen Elternteils zu gelten, daß diesem der Vorteil allein verbleiben muß, weil nur er – ohne den anderen Elternteil – für die gemeinsamen und das oder die weiteren Kinder Unterhalt zu leisten hat. Hierin ist keine ungerechtfertigte ,,Doppelbegünstigung", sondern eine Rechtsfolge zu sehen, die vom Regelungszweck des Kindergeldgesetzes, auf dem die unterhaltsrechtliche Behandlung des Kindergeldes auch sonst maßgeblich beruht, umfaßt wird.

58b) FamRZ 81/650, 651
(BGH zum Zählkindervorteil)

Im Hinblick auf die mit dem BKGG verfolgten Zweck kann nur das an den vorrangig Berechtigten gezahlte Kindergeld für das gemeinsame Kind zwischen den Unterhaltsschuldnern – in der Regel den Eltern – ausgeglichen werden. Soweit einem Elternteil wegen der Berücksichtigung eines weiteren, nicht gemeinsamen Kindes ein ,,Zählkindervorteil" erwächst, ist dieser dem Kindergeld für die gemeinsamen ehelichen Kinder weder ganz noch teilweise zuzurechnen und damit auch nicht in den Ausgleich der unterhaltspflichtigen Eltern einzubeziehen. Denn die Unterhaltslast, die den Eltern gegenüber den gemeinsamen ehelichen Kindern obliegt, wird nicht dadurch erhöht, daß einer von ihnen – oder auch beide – ein weiteres Kind hat und mit der Unterhaltspflicht für dieses Kind belastet ist. Es verbietet sich demnach die gleichmäßige Berücksichtigung sämtlicher Kindergelder, die die Mutter der Kl. und der Bekl. – für insgesamt fünf Kinder – beziehen. Vielmehr sind der Ausgleich und die anteilige Anrechnung der Kindergeldbeträge, ausschließlich auf das für die Kl. als diejenigen Kinder gezahlte Kindergeld zu beschränken, denen gegenüber der Bekl. und seine gesch. Ehefrau gemeinsam unterhaltspflichtig sind.

58c) FamRZ 84/1000, 1001 = NJW 84/2694
(BGH zur Nichtanrechenbarkeit des ,,Zählkindervorteils" bei allen Fallgestaltungen)

Nach der Rechtsprechung des Senats zum sogenannten Zählkindvorteil (FamRZ 81/26 = NJW 81/170 und FamRZ 81/650) hat ein unterhaltsrechtlicher Ausgleich des staatlichen Kindergeldes unter den getrenntlebenden oder geschiedenen Ehegatten nur insoweit stattzufinden, als dieses für gemeinschaftliche Kinder gezahlt wird. Soweit einem Elternteil wegen der Berücksichtigung eines weiteren, nicht gemeinsamen Kindes ein Zählkindervorteil erwächst, ist dieser dem Kindergeld für die gemeinsamen ehelichen Kinder weder ganz noch teilweise zuzurechnen und damit auch nicht in den Ausgleich einzubeziehen. Denn die Unterhaltslast, die den Eltern gegenüber den gemeinsamen ehelichen Kindern obliegt und die das staatliche Kindergeld erleichtern soll, wird nicht dadurch erhöht, daß einer von ihnen – oder jeder – ein weiteres Kind hat. Danach kommt im Innenverhältnis der Elternteile demjenigen, der eine zusätzliche Unterhaltslast für ein nicht gemeinsames Kind hat, auch der damit verbundene Zählkindvorteil allein zugute.

Der Senat hält es nicht zuletzt wegen der Fülle von verschiedenartigen Fallgestaltungen, in denen sich für einen oder beide Ehegatten ein Zählkindvorteil ergeben kann, für geboten, an dem Grundsatz der Nichtanrechenbarkeit dieses Vorteils festzuhalten. Die öffentlichrechtliche Regelung über die Gewährung von Kindergeld läßt die zivilrechtliche Unterhaltspflicht unberührt. Der für das Unterhaltsrecht entwickelte Ausgleich des Kindergeldes unter getrenntlebenden oder geschiedenen Ehegatten will gewährleisten, daß diese ohne Rücksicht darauf, wer von ihnen öffentlichrechtlich als Empfangsberechtigter bestimmt ist, weiterhin beiden entsprechend ihrer beiderseitigen Haftung für den Unterhalt des Kindes zugute kommt (NJW 78/753). Dabei ist vorausgesetzt, daß an sich beide Teile das Kindergeld beanspruchen könnten und die Regelung in § 3 BKGG über die Auszahlung an einen von ihnen vorwiegend auf Gründen der Verwaltungsvereinfachung beruht. Dies trifft auf Zählkindvorteile, die auf dem Vorhandensein nicht gemeinschaftlicher Kinder beruhen, nicht zu. Für die Einbeziehung auch dieser Vorteile in einen unterhaltsrechtlichen Ausgleich zwischen den Ehegatten fehlt ein rechtfertigender Grund. Ungereimtheiten, die sich aus besonderen Umständen des Einzelfalles ergeben, müssen demgegenüber hingenommen werden. Soweit daher für die Kl. mehr Kindergeld als für ein erstes Kind ausbezahlt wird, muß dieser Vorteil allein ihrer Mutter zukommen. Die Revision beanstandet daher vergeblich, daß das OLG auf den Unterhaltsanspruch der Kl. lediglich 30 bzw. 25 DM angerechnet hat, also die Hälfte des Kindergeldes, das ihre Mutter ohne Berücksichtigung des nicht gemeinsamen Kindergeldes beziehen würde.

59. BGH zu Kinderzuschüssen und zu kinderbezogenen Bestandteilen von Dienstbezügen

59a) FamRZ 81/28, 29 = NJW 81/172, 173)
(BGH zum Kinderzuschuß zu einer Berufsunfähigkeitsrente)

Der Kinderzuschuß, den die Mutter eines ehelichen Kindes zu einer Berufsunfähigkeitsrente erhält, ist in der Regel in Höhe des nach § 81 BKGG verdrängten Kindergeldbetrages anteilig auf den vom

Vater zu zahlenden Barunterhalt anzurechnen. Die Zuschüsse dienen, wie das Kindergeld, dem Familienlastenausgleich. Dies läßt es geboten erscheinen, die Zuschüsse in Höhe des durch sie verdrängten Kindergeldes anteilig auf die Unterhaltspflicht der beiden Eltern anzurechnen.

59b) FamRZ 84/374, 376 = NJW 84/1458, 1459
(BGH zu Kinderbezogenen Zuschlägen zu Dienst- und Versorgungsbezügen)

Kinderbezogene Bestandteile der Dienstbezüge, die ein beamteter Elternteil gemäß § 40 III BBesG als Teil seines Einkommens bezieht, ist zwischen den Eltern nicht auszugleichen. Der Ausgleich des staatlichen Kindergeldes beruht entscheidend auf der Erwägung, daß es sich um eine öffentliche Sozialleistung handelt, auf die beide Elternteile bei Erfüllung der gesetzlichen Voraussetzungen gleichermaßen Anspruch haben. Auf kindbezogene Zuschläge zu Dienstbezügen treffen diese Voraussetzungen nicht zu; sie sind lediglich ein Element für die Berechnung der Dienst- oder Versorgungsbezüge innerhalb eines nur auf den Empfänger dieser Leistung bezogenen Rechtsverhältnisses.

60. BGH zu Pflegeverhältnissen, Pflegegeld und Kindergeld für Pflegepersonen

60a) FamRZ 84/769, 771, 772 = NJW 84/2355, 2357
(BGH zu Pflegeverhältnissen und zu Pflegegeld)

Bei dem Pflegegeld handelt es sich um eine Leistung nach § 6 II JWG und § 1, § 5 I Nr. 3 JWG (Gewährung von Lebensunterhalt und erzieherischen Bedarf). Bei Minderjährigen in Familienpflege (§§ 27ff. JWG) geht mit der im Vordergrund stehenden Erfüllung des erzieherischen Bedarfs, der im wesentlichen mit der Aufnahme des Kindes in die Pflegefamilie bewirkt wird, die wirtschaftliche Hilfe zur Sicherung des Lebensbedarfs (§ 6 II JWG) notwendig einher. Die Höhe des Pflegegeldes ist gesetzlich nicht bestimmt. Die gezahlten Beträge liegen jedoch deutlich über den Sätzen, welche die gängigen Unterhaltstabellen, etwa die DT, bei einfachen und mittleren Verhältnissen für den Barunterhalt von Kindern vorsehen. Indes enthält das Pflegegeld auch einen Bestandteil, der als Anerkennung für die Leistungen der Pflegepersonen bei der Gewährung des Naturalunterhalts, also bei der Pflege und Erziehung des Kindes dienen soll. Dieser liegt allerdings unter dem marktgerechten Entgelt für die Erfüllung der verantwortungsvollen und insbesondere mit der Erziehung auch dem allgemeinen Wohl dienenden Aufgaben der Pflegeeltern. Das rechtfertigt jedoch ebensowenig seine unterhaltsrechtliche Außerachtlassung wie die Erwägung, andernfalls werde die Verringerung oder gar Aufgabe der Betreuung von Pflegekindern zugunsten marktmäßig honorierter Tätigkeiten induziert. Ausschlaggebend ist, daß Einkünfte tatsächlich zur (Teil-)Deckung des Lebensbedarfs zur Verfügung stehen; die sozialpolitische Zweckbestimmung einer öffentlich-rechtlichen Leistung ist für die unterhaltsrechtliche Beurteilung der Leistungsfähigkeit des Empfängers nicht ohne weiteres maßgebend. (FamRZ 81/338, 339 und FamRZ 81/1165, 1166). Daß das Pflegegeld nach der gesetzlichen Regelung (§ 6 JWG) rechtlich nicht den Pflegeeltern, sondern dem Kind zusteht, stellt die hier vertretene unterhaltsrechtliche Beurteilung nicht in Frage. Das Pflegegeld wird den Pflegeeltern überwiesen; diese versorgen den Minderjährigen daraus. Nach aller Erfahrung des Lebens wird das Geld zusammen mit den sonst der Lebensführung der Familie dienenden Beträgen dazu eingesetzt, „aus einem Topf zu wirtschaften". Bei dieser Art der Verwertung des Geldes, der die Jugendämter aus vernünftigen Gründen nicht näher nachzugehen haben, verbessert ein verbleibender Überschuß die wirtschaftliche Lage der Pflegepersonen. Es erscheint daher unbedenklich, ihnen für die Zwecke des Unterhaltsrechts denjenigen Betrag des Pflegegeldes, der durch die angemessene Versorgung des aufgenommenen Kindes nicht verbraucht wird, als eigenes Einkommen zuzurechnen. Die Widmung für das Kind wird damit nicht unterlaufen. Der Bedarf eines bei Pflegeeltern untergebrachten Minderjährigen umfaßt all das, was dieser zum Lebensunterhalt benötigt. Dazu gehören insbesondere die Aufwendungen für Ernährung, Bekleidung, Reinigung, Körper- und Gesundheitspflege, Hausrat, Unterkunft, Heizung und Beleuchtung, Schulbedarf, Bildung und Unterhaltung.

Dieser Beurteilung entspricht es, daß auch Pflegegeld (und Kindergeld) für ein Pflegekind die ehelichen Lebensverhältnisse der Pflegeeltern mitbestimmt. Davon, daß der den Bedarf des Pflegekindes übersteigende Teil des Pflegegeldes zur Befriedigung des allgemeinen Lebensbedarfs der Familie eingesetzt wird, geht weiter bereits das unveröffentlichte Urteil des Senats vom 12. 1. 1983 (IV b ZR 346/81) aus.

60b) FamRZ 84/769, 772 = NJW 84/2355, 2357
(BGH zum staatlichen Kindergeld für die Pflegeperson)

Das staatliche Kindergeld zählt nicht zum Einkommen des Kindes. Der Anspruch darauf steht denjenigen zu, die die Voraussetzungen des § 1 BKGG erfüllen, hier also nach Nr. 1 i. V. Nr. 2 I S. 1 Nr. 6 des BKGG der Ehefrau als Pflegeperson. Durch die Gewährung des Kindergeldes wird der

Unterhaltsanspruch des Kindes nicht erhöht, da die Zuwendung den Zweck hat, die Unterhaltslast des oder der Unterhaltsverpflichteten zu erleichtern (FamRZ 78/177, 178). Bei angemessener Versorgung des Kindes wird daher die Weiterreichung des Kindergeldes an das Kind nicht geschuldet. Ob etwas anderes zu gelten hat, wenn der Empfänger des Kindergeldes gehalten ist, dieses Geld für das unzureichend versorgte Kind auszugeben, kann hier auf sich beruhen. Jedenfalls dann, wenn die zu einer angemessenen Versorgung des Kindes erforderlichen Mittel bereits als Pflegegeld zur Verfügung stehen, erscheint es rechtlich bedenkenfrei, das für den Bedarf des Kindes nicht einzusetzende Kindergeld unterhaltsrechtlich als Einkommen des Empfängers anzusehen.

61. BGH zu Steuerrückzahlungen, Nachforderung und zum Steuerklassenvorteil

61a) FamRZ 80/984, 985 = NJW 80/2251, 2252

(BGH zur Geltendmachung von Steuerrückzahlungen und Steuernachforderungen sowie zur Korrektur von Steuerklassenvorteilen)

Im Falle der Wiederverheiratung des unterhaltspflichtigen Ehegatten sind von dessen Bruttoeinkommen die tatsächlich entrichteten Steuern abzusetzen. Ergeben sich später im Zuge einer etwaigen Einkommensteuerveranlagung oder eines Lohnsteuerjahresausgleichs Veränderungen in der Steuerhöhe, können diese grundsätzlich erst berücksichtigt werden, nachdem die Rückzahlung oder die Nachforderung erfolgt ist. Von diesem Grundsatz ist jedoch in einem Fall, in dem beide Ehegatten erwerbstätig sind, der unterhaltspflichtige Ehegatte sich in die Lohnsteuerklasse V einstufen läßt und dadurch seinem Ehepartner die Einreihung in die günstigere Steuerklasse III ermöglicht, eine Ausnahme zu machen. Insoweit übernimmt der Bekl. im Interesse seiner jetzigen Ehefrau, die im Rahmen der Steuerklasse III in den vollen Genuß des Splitting-Vorteils gelangt, eine Steuerbelastung, die er dem Anspruch der Kl. nicht entgegenhalten kann. Die Lösung dieses Falles kann jedoch nicht darin gefunden werden, daß anstelle der tatsächlich entrichteten Lohnsteuer eine fiktive Steuer nach der Steuerklasse I in Ansatz gebracht wird. Vielmehr ist nach ähnlichen Grundsätzen zu verfahren, wie sie etwa im Falle verschleierter Einkünfte (§ 850a ZPO) zur Anwendung gelangen (FamRZ 80/40, 41 f.; FamRZ 80/665). Hiernach ist vom Arbeitslohn des Unterhaltspflichtigen tatsächlich einbehaltene Lohnsteuer durch einen Abschlag zu korrigieren, durch den die mit der Einstufung in Steuerklasse V verbundene Verschiebung der Steuerbelastung auf den unterhaltspflichtigen Ehegatten möglichst behoben wird. Diesen Abschlag hat das Gericht in tatrichterlicher Verantwortung unter Berücksichtigung der Einkommen beider Ehegatten zu bemessen, wobei es zu vermeiden gilt, daß sich aus der Umverteilung der Steuerbelastung auf Grund der Sachlage des Einzelfalls Unbilligkeiten für den neuen Ehegatten des Unterhaltspflichtigen ergeben.

61b) FamRZ 83/152, 153 = NJW 82/1986

(BGH zur Berücksichtigung späterer Veränderungen der Steuerlast)

Steuern sind unterhaltsrechtlich grundsätzlich in der gegenwärtig entrichteten Höhe zu berücksichtigen. Wegen der erheblichen Unsicherheiten, mit der eine Prognose behaftet ist, können spätere Veränderungen in der Regel erst dann beachtet werden, wenn sie tatsächlich eingetreten sind (FamRZ 80/984, 985). Diesen Grundsätzen entspricht es, wenn sich das OLG hier im Hinblick auf eine Reihe von Unsicherheitsfaktoren außerstande gesehen hat, für die Zeit nach der Ehescheidung von einer im Endergebnis wesentlich höheren Steuerbelastung des Ehemannes auszugehen. Daß bereits nach den derzeit gegebenen Verhältnissen der Ehemann höhere als die vom OLG berücksichtigten Steuern schulde, ist im Verfahren nicht geltend gemacht worden.

62. BGH zur Zustimmungsverpflichtung bezüglich Zusammenveranlagung und Realsplitting FamRZ 83/576, 577 = NJW 83/1545, 1546

Der BGH hat zur Frage der gemeinsamen Veranlagung geschiedener Eheleute zur Einkommensteuer entschieden, daß sich aus dem Wesen der Ehe grundsätzlich für beide Ehegatten die Verpflichtung ergebe, die finanziellen Lasten des anderen Teils nach Möglichkeit zu vermindern, soweit dies ohne Verletzung eigener Interessen möglich sei; die Ehefrau sei daher ihrem Ehemann gegenüber verpflichtet, in eine Zusammenveranlagung einzuwilligen, wenn dadurch die Steuerschuld des Ehemannes verringert, die Ehefrau aber keiner zusätzlichen steuerlichen Belastung ausgesetzt werde; falls sich infolge der Zusammenveranlagung zwar für den Ehemann eine geringere, für die Ehefrau aber eine höhere Steuerbelastung ergebe als bei getrennter Veranlagung, sei der Ehemann zum internen Ausgleich verpflichtet; die hiernach begründete familienrechtliche Verpflichtung, der Zusammenveranlagung zuzustimmen, bleibe auch nach der Scheidung als Nachwirkung der Ehe bestehen (FamRZ 77/38, 40).

Als Ausprägung des Grundsatzes von Treu und Glauben im Rahmen des zwischen den gesch. Ehegatten bestehenden gesetzlichen Unterhaltsverhältnisses ist der Unterhaltsberechtigte grundsätzlich gehalten, bei Maßnahmen mitzuwirken, die die finanzielle Belastung des Unterhaltsverpflichteten vermindern und damit seine Leistungsfähigkeit erhöhen, soweit dem Unterhaltsgläubiger keine Nachteile hieraus erwachsen. Für den Unterhaltsverpflichteten besteht seinerseits die entsprechende Obliegenheit, im Interesse der Unterhaltsbelange des Berechtigten den Steuervorteil des begrenzten Realsplittings nach § 10 Nr. 1 EStG in Anspruch zu nehmen, wenn die Zustimmung des Berechtigten vorliegt.

Da dieser durch die Zustimmung keine Nachteile erleiden soll, muß ihm die Mitwirkung bei dem begrenzten Realsplitting aus unterhaltsrechtlicher Sicht bei Abwägung der beiderseitigen Interessen zumutbar sein. Das ist nur der Fall, wenn gewährleistet ist, daß dem Berechtigten der ihm zustehende Nettounterhalt im Ergebnis ungeschmälert verbleibt.

63. BGH zur Zustimmung zum begrenzten Realsplitting

63a) FamRZ 83/576, 577, 578 = NJW 83/1545, 1546, 1547

(BGH zur Verpflichtung des Unterhaltsschuldners den Berechtigten von steuerlichen Nachteilen freizustellen, die durch das Realsplitting entstehen)

Da der Abzug der Unterhaltszahlungen – bis zu einer Höhe von jährlich 9000 DM – als Sonderausgaben bei den Unterhaltsverpflichteten auf seiten des Unterhaltsberechtigten zur Folge hat, daß dieser die empfangenen Unterhaltsleistungen als Einkünfte versteuern muß (§§ 10 I Nr. 1, 22 Nr. 1a EStG), führt das begrenzte Realsplitting, soweit der Betrag des steuerlichen Existenzminimums (§ 32a I Nr. 1 EStG) überschritten ist, zu einer Steuerbelastung oder Steuermehrbelastung des Unterhaltsempfängers. Diese steuerliche Belastung des Berechtigten als unmittelbare Auswirkung des begrenzten Realsplittings hat der Unterhaltsverpflichtete auszugleichen. Er muß den Unterhaltsempfänger daher von der Einkommensteuerschuld freistellen, die diesem als Folge der Besteuerung der anhaltenden Unterhaltszahlungen erwächst.

Die Freistellungsverpflichtung ist nach ihrer rechtlichen Grundlage regelmäßig so eng mit dem Anspruch auf Zustimmung zu dem begrenzten Realsplitting verbunden, daß der Zustimmungsanspruch im Grundsatz von vornherein nur auf Zustimmung gegen die Verpflichtung zur Freistellung des Unterhaltsberechtigten von den entstehenden steuerlichen Nachteilen gerichtet ist. Die Zustimmung kann mithin nur Zug um Zug gegen eine bindende Erklärung verlangt werden, durch die sich der Unterhaltspflichtige zur Freistellung des Unterhaltsberechtigten von den ihm entstehenden steuerlichen Nachteilen verpflichtet. Das setzt jedoch voraus, daß der Unterhaltsberechtigte jeweils im Einzelfall substantiiert die öffentlichen Leistungen – nach der Höhe und den Grundlagen der Berechnung – angibt, die er bezieht und die durch die steuerrechtliche Erhöhung seiner Einkünfte als Folge des begrenzten Realsplittings voraussichtlich beeinflußt werden. Während nämlich die Verpflichtung des Unterhaltsberechtigten, seine Einnahmen aus Unterhaltsleistungen zu versteuern, soweit sie von dem Unterhaltgeber nach § 10 I Nr. 1 EStG abgezogen werden, unmittelbare gesetzliche Folge der Zustimmung zu dem begrenzten Realsplitting ist (§ 22 Nr. 1a EStG), treten die sogenannten Nachteile nur unter besonderen Umständen des Einzelfalles ein, die sich nicht selten der Kenntnis des Unterhaltspflichtigen entziehen werden. Er kann daher ohne substantiierte Darlegung des Berechtigten nicht beurteilen, ob und in welcher voraussichtlichen Höhe der steuerliche Abzug der Unterhaltsleistungen auf seiner Seite zu belastenden Auswirkungen auf seiten des Berechtigten führen wird. Die Kenntnis derartiger in Betracht kommender Belastungen ist jedoch für den Unterhaltsschuldner schon deshalb erforderlich, damit er die Vor- und Nachteile eines begrenzten Realsplittings sowohl für sich als auch für den anderen Ehegatten umfassend gegeneinander abwägen kann.

Der Senat hält für den Regelfall eine verbindliche Verpflichtungserklärung des Unterhaltsschuldners zur Freistellung des Unterhaltsgläubigers von den ihm infolge des begrenzten Realsplittings entstehenden steuerlichen Nachteilen für angemessen und ausreichend. Dabei ist zu berücksichtigen, daß es sich bei den jeweils für den Veranlagungszeitraum eines Jahres anfallenden Steuer(mehr)belastungen in der Regel nicht um übermäßig hohe Beträge handeln wird. Auf die Erfüllung der eingegangenen Verpflichtung zur Erstattung dieser Beträge wird der Unterhaltsschuldner im allgemeinen schon im eigenen Interesse bedacht sein, um nicht die Zustimmung des Unterhaltsgläubigers zu dem begrenzten Realsplitting für kommende Jahre zu gefährden. Die Verpflichtungserklärung sollte aus Beweisgründen grundsätzlich schriftlich abgegeben werden. Sie wird in Fällen, in denen die Parteien vorprozessual keine Einigung erzielen konnten, noch im Verlauf des Rechtsstreits schriftsätzlich nachgeholt werden können.

Soweit allerdings konkrete Anhaltspunkte die Gefahr begründen, daß der Unterhaltsschuldner nicht bereit oder in der Lage sein wird, eine Verpflichtung zur Freistellung des Unterhaltsberechtigten von den ihm entstehenden steuerlichen Nachteilen – unverzüglich nach Festsetzung der Steuer des Berechtigten – einzuhalten, wird der Unterhaltsempfänger eine Sicherheitsleistung beanspruchen können. Unter solchen Umständen wird eine Verurteilung des Unterhaltsempfängers zur Abgabe der Zustimmungserklärung Zug um Zug gegen Sicherheitsleistung durch Hinterlegung eines Betrages in Höhe der zu erwartenden steuerlichen Mehrbelastung des Unterhaltsempfängers in Betracht kommen.

63b) FamRZ 84/1211, 1212 = NJW 85/195, 196

(BGH zur Auswirkung einer Steuererstattung auf Grund des Realsplittings)

Es besteht eine Verpflichtung zur Zustimmung als Ausprägung des Grundsatzes von Treu und Glauben im Rahmen des zwischen den Beteiligten bestehenden Unterhaltsrechtsverhältnisses schon dann, wenn der Unterhaltsverpflichtete die finanziellen Nachteile ausgleicht, die dem Berechtigten aus der Zustimmung erwachsen. Dieser kann hingegen nicht verlangen, unmittelbar an der Steuerersparnis des Unterhaltsverpflichteten beteiligt zu werden, die als Folge des Abzuges der Unterhaltszahlungen als Sonderausgaben entsteht. Soweit sich dadurch das dem Unterhaltsverpflichteten zur Verfügung stehende Einkommen erhöht, ist dieser Umstand – nach dem die Steuerersparnis eingetreten ist – gegebenenfalls im Rahmen einer Unterhaltsneubemessung zu berücksichtigen. An die Zusage einer Beteiligung an der zu erwartenden Steuerersparnis kann der Unterhaltsberechtigte die ihm ansonsten zuzumutende Zustimmung daher nicht knüpfen.

Mangels einer positiven gesetzlichen Regelung hat die Verpflichtung des unterhaltsberechtigten Ehegatten einem Sonderausgabenabzug zuzustimmen ihre Grundlage allein in § 242 BGB. Nach Treu und Glauben ist der Unterhaltsberechtigte gehalten, schon dann bei Maßnahmen mitzuwirken, die die finanzielle Belastung des Unterhaltsverpflichteten vermindern, wenn dadurch ihm selbst keine Nachteile erwachsen. Die Grundsätze der Billigkeit verlangen keine „Belohnung" in Form einer Beteiligung an der Entlastung. Die Unterhaltspflicht geht dahin, den angemessenen Lebensbedarf des berechtigten Ehegatten durch eine Geldrente zu gewährleisten, ohne daß dieser einen Anspruch hätte, gerade an einem bestimmten Vermögensgegenstand des Verpflichteten beteiligt zu werden. Es kann auch nicht gesagt werden, daß das begrenzte Realsplitting stets zu einer Erhöhung des Unterhaltsanspruchs führe. Dies ist etwa nicht der Fall, wenn in dem Jahr, in dem sich eine Steuerersparnis tatsächlich ergibt, das Nettoeinkommen des Unterhaltsverpflichteten aus anderen Gründen entsprechend sinkt oder ein anzurechnendes eigenes Einkommen des Unterhaltsberechtigten sich entsprechend erhöht. Auch ist bei überdurchschnittlich günstigen wirtschaftlichen Verhältnissen des Unterhaltsverpflichteten denkbar, daß der angemessene Lebensbedarf des Berechtigten ohne Rückgriff auf die Steuerersparnis abgedeckt wird und die Höhe des Unterhaltsanspruchs durch diese unberührt bleibt. Auch in diesen Fällen muß aber eine Verpflichtung zur Zustimmung zum Realsplitting angenommen werden, wenn gewährleistet ist, daß dem Berechtigten daraus kein Nachteil erwächst.

Soweit die Revision geltend macht, in den Fällen, in denen sich eine Erhöhung des Unterhaltsanspruchs ergebe, habe der Berechtigte Anspruch darauf, daß der Unterhaltsverpflichtete dem „zeitnah" und ohne die Einschränkungen des § 323 ZPO nachkomme, kann dem nicht gefolgt werden. Abgesehen davon, daß eine vorausschauende Berechnung des Steuervorteils in der Regel praktischen Schwierigkeiten begegnen würde, veranlaßt die Zustimmung zum begrenzten Realsplitting auch insoweit keine Ausnahme von allgemeinen unterhaltsrechtlichen Grundsätzen. In geeigneten Fällen mag eine „zeitnahe" Verwirklichung des erhöhten Unterhaltsanspruchs dadurch ermöglicht werden, daß schon der Eintragung eines entsprechenden Freibetrages auf der Lohnsteuerkarte des Verpflichteten oder einem Antrag auf Herabsetzung von Einkommensteuer-Vorauszahlungen aufgrund des Realsplittings zugestimmt wird. Handelt es sich hingegen um die Veranlagung zur Einkommensteuer nach Ablauf des Jahres, in dem die als Sonderausgaben geltend zu machenden Unterhaltsleistungen erbracht worden sind, kann eine Anhebung der Leistungsfähigkeit des Unterhaltsschuldners erst ab dem Zeitpunkt angenommen werden, in dem es tatsächlich zu einer Steuererstattung gekommen ist. Diese ist sodann als einmalige Einnahme in die Berechnung des für die Unterhaltsbemessung maßgebenden durchschnittlichen Nettoeinkommens einzubeziehen und auf einen längeren Zeitraum zu verteilen (FamRZ 82/250, 252 = NJW 82/822). Dabei können die Belange unterhaltsberechtigter Ehegatten in der Weise berücksichtigt werden, daß eine Zurechnung auf zurückliegende Zeiträume vermieden wird. Sofern die Erhöhung des Unterhaltsanspruchs im Weg des § 323 ZPO durchgesetzt werden muß, kann im Rahmen einer Stufenklage (§ 254 ZPO) vorab auf Auskunft über die neuen Einkommensverhältnisse geklagt werden (§ 1580 BGB). Dadurch werden die schutzwürdigen Interessen des Unterhaltsberechtigten auch im Hinblick auf die Zeitschranke des § 323 III ZPO hinreichend gewahrt. Hat das Realsplitting zu keiner „wesentlichen" Änderung der Einkommensverhältnisse i. S. des § 323 I ZPO geführt, ist der Ausschluß einer Änderung des bestehenden Unterhaltstitels nicht unbillig; denn bei einer unwesentlichen Einkommensminderung ergibt sich die gleiche Folge für den Unterhaltsverpflichteten.

64. BGH zu freiwilligen Zuwendungen Dritter und zu Zuwendungen des neuen Partners des Berechtigten

64a) FamRZ 80/40, 42 = NJW 80/124, 126

(BGH zur Anrechnung freiwilliger Zuwendungen Dritter und von Zuwendungen des neuen Partners des Berechtigten)

Im Unterhaltsrecht werden Leistungen an den Unterhaltsberechtigten, durch die einer sittlichen Pflicht entsprochen wird, den Zuwendungen aufgrund rechtlicher Verpflichtung nicht gleichgestellt. Soweit der Unterhaltsberechtigte auf ihm von dritter Seite gemachte Zuwendungen keinen Anspruch hat, stellen diese freiwillige Leistungen dar, deren Anrechenbarkeit grundsätzlich von dem Willen des Dritten abhängt. Geht dieser Wille dahin, daß nur der Beschenkte selbst unterstützt werden soll, so berührt die Zuwendung dessen Bedürftigkeit im allgemeinen nicht. Diese Grundsätze gelten auch für das Verhältnis von Personen, die in eheähnlicher Gemeinschaft leben, da diese als solche keine Rechtsbeziehungen und gegenseitigen Rechtsansprüche zwischen den Parteien schafft. Damit aber muß die Möglichkeit, an eine derartige Gemeinschaft eine § 16 BSHG entsprechende Vermutung zu knüpfen, entfallen. Um die Frage zu entscheiden, inwieweit sich aus dem eheähnlichen Verhältnis, in dem der unterhaltsberechtigte Ehegatte lebt, Auswirkungen auf seine Bedürftigkeit ergeben, bedarf es zunächst der Feststellung, welche Zuwendungen ihm von seiten seines Lebensgefährten unmittelbar oder über dessen Beiträge zur gemeinsamen Lebensführung zufließen. Hieran schließt sich die Prüfung der Anrechenbarkeit dieser Leistungen als Einkommen des Berechtigten. Insoweit ist zunächst ein Abzug in Höhe des Betrages zu machen, der erforderlich ist, um die durch die Versorgung des Partners verursachten Mehrausgaben zu bestreiten. Hinsichtlich des übrigen ist zwar der Grundsatz zu beachten, daß freiwillige Leistungen, die nach dem erkennbaren Willen des Partners nur den Beschenkten selbst unterstützen sollen, die Bedürftigkeit im allgemeinen nicht einschränken. Es ist jedoch weiter zu berücksichtigen, daß in Fällen wie dem vorliegenden, in dem die Kl. den Partner in ihre Wohnung aufgenommen hat, ihn versorgt und den Haushalt führt, in den von dem Partner geleisteten Beiträgen und Zuwendungen zumindest teilweise ein Entgelt für die Wohnungsgewährung, Haushaltsführung und sonstige Versorgungsleistungen zu erblicken ist. Dabei kommt es nicht darauf an, ob die beiden Partner insoweit entsprechende Absprachen getroffen haben. Wie in Rechtsprechung und Schrifttum für den Fall, daß der Unterhaltsberechtigte gegenüber Angehörigen entsprechende Versorgungsleistungen erbringt und von ihnen seinerseits Zuwendungen erhält, anerkannt ist, muß es insoweit als ausreichend angesehen werden, daß die Zuwendungen der Angehörigen in den ihnen gegenüber erbrachten Versorgungsleistungen ein wirtschaftlicher Gegenwert gegenübersteht, der geeignet ist, die Zuwendungen insoweit abzugelten. In Höhe dieses Gegenwertes sind die Zuwendungen als Einkommen anzurechnen. Dasselbe hat für die hier betroffenen Zuwendungen zu gelten, die dem Unterhaltsberechtigten von seiten seines Partners zufließen oder in dessen Beiträgen zur Haushaltsführung enthalten sind. Die Höhe des hiernach anzurechnenden Betrages hat das Gericht zu ermitteln. Dabei können ihm Richtsätze, die auf die gegebenen Verhältnisse abgestellt sind und der Lebenserfahrung entsprechen, als Anhalt dienen, soweit nicht im Einzelfall besondere Umstände eine Abweichung bedingen (FamRZ 79/692). Im allgemeinen werden sogar die gesamten Zuwendungen und Beiträge des Partners – von dem genannten, zur Bestreitung der Mehraufwendungen erforderlichen Abschlag abgesehen – zur Abgeltung der hauswirtschaftlichen Tätigkeit und sonstigen Versorgung bestimmt sein, so daß es in der Regel gerechtfertigt sein wird, die Zuwendung in diesem Umfang auch als Einkommen zu berücksichtigen.

64b) FamRZ 80/879, 880

(BGH zur Anrechnung einer angemessenen Vergütung für Versorgungsleistungen des Berechtigten für dessen neuen Partner)

Die Kl. hat auf Unterhaltsleistungen, die G. ihr tatsächlich erbringt, keinen Rechtsanspruch. Ob freiwillige Zuwendungen, die ein Dritter dem Unterhaltsberechtigten erbringt, auf dessen Unterhaltsanspruch anzurechnen sind, hängt grundsätzlich von dem Willen des Dritten ab. Geht dessen Wille dahin, nur den Empfänger der Zuwendungen selbst zu unterstützen, so berührt die Zuwendung dessen Bedürftigkeit im allgemeinen nicht. Wie schon dargelegt worden ist (FamRZ 80/40, 41 und FamRZ 80/665), gilt das grundsätzlich auch für das Verhältnis von Personen, die in eheähnlicher Gemeinschaft leben, weil eine derartige Gemeinschaft als solche keine Rechtsbeziehungen und gegenseitigen Rechtsansprüche zwischen den Partnern schafft.

Die Kl. hat unstreitig G. in ihre Wohnung aufgenommen und führt mit ihm einen gemeinsamen Haushalt. Die Feststellungen des OLG, daß G. (als Angestellter bei den Stadtwerken) berufstätig ist, während die Kl. einer Erwerbstätigkeit nicht nachgeht, lassen in diesem Zusammenhang den Schluß zu, daß sie zumindest einen Teil der Arbeiten verrichtet, die die Führung des gemeinsamen Haushalts mit sich bringt. Nach der vom Senat fortgeführten Rechtsprechung des BGH (FamRZ 80/668) ist in einem Fall wie dem vorliegenden in den von dem Partner geleisteten Beträgen und Zuwendungen zumindest teilweise ein Entgelt für Wohnungsgewährung, Haushaltsführung und sonstige Versorgungsleistungen zu erblicken. Insoweit sind die Zuwendungen dem Unterhaltsberechtigten auch ohne entsprechende Absprache mit dem Partner als Einkommen anzurechnen. In Höhe des ihr hiernach zustehenden Betrages ist die Kl. daher nicht als unterhaltsbedürftig anzusehen.

Nach den gesamten Umständen des Falles kann davon ausgegangen werden, daß die Kl. für ihre Leistungen bei der Führung des gemeinsamen Haushalts jedenfalls den noch streitigen, nach der Lebenserfahrung zumindest angemessenen Betrag von 260 DM monatlich beanspruchen kann. Allerdings hat das OLG nicht festgestellt, welche Zuwendungen G. der Kl. erbringt, welcher Teil davon auf die durch seine eigene Versorgung verursachten Mehraufwendungen entfällt und welcher Teil mithin als Entgelt für die Leistungen der Kl. anzusehen ist. Wie der erkennende Senat (FamRZ 80/668) unter Hinweis auf die Regelung in § 850h II ZPO ausgesprochen hat, kann es jedoch nicht zu Lasten des Unterhaltsverpflichteten gehen, wenn der Unterhaltsberechtigte einem Dritten ständig und ganz oder teilweise unentgeltliche Dienste leistet, die normalerweise vergütet werden. Die Kl. müßte sich daher eine angemessene Vergütung für ihre Dienste selbst dann anrechnen lassen, wenn G. ihre Leistungen im Haushalt nicht vergüten oder das Entgelt hinter dem Betrag von monatlich 260 DM zurückbleiben sollte.

64c) FamRZ 80/665, 668 = NJW 80/1686, 1688, 1689

(BGH zur Ermittlung und Anrechnung einer angemessenen Vergütung, wenn die Versorgungsleistungen ganz oder teilweise unentgeltlich erbracht wurden)

Durch eine eheähnliche Gemeinschaft als solche werden keine Rechtsbeziehungen und gegenseitigen Rechtsansprüche, insbesondere unterhaltsrechtlicher Art, zwischen den Parteien begründet (FamRZ 80/42). Übernimmt es der Ehegatte jedoch, seinem neuen Partner den Haushalt zu führen und ihn zu versorgen, und erbringt der Partner seinerseits finanzielle Beiträge zur gemeinsamen Lebensführung oder gewährt er ihm sonstige Zuwendungen, so ist darin grundsätzlich ein Entgelt für die Haushaltsführung und sonstige Versorgung zu erblicken, ohne daß es darauf ankommt, ob die beiden Partner insoweit entsprechende Absprachen getroffen haben (FamRZ 80/41, 42).

Danach ist es unbedenklich, daß das OLG den Wohnbedarf der Kl. zu 1. bei der Bemessung ihres Unterhalts außer Ansatz gelassen hat, weil die Wohnungsmiete bisher von ihrem Partner getragen wird. Daran ändert auch der Umstand nichts, daß die Kl. zu 1. Mitmieterin der Wohnung ist und deshalb ebenso wie ihr Partner auf Zahlung des Mietzinses haftet.

Von dieser Zuwendung abgesehen, die sich aus der Begleichung des auf sie entfallenden Teiles des Mietzinses ergibt, hat die Kl. zu 1. jedoch in Abrede gestellt, von ihrem Partner irgendwelche Bar- oder Sachleistungen zu erhalten. Hiernach liegt die Annahme nahe, daß der ihr von seiten des Partners zukommende Betrag hinter dem tatsächlichen Wert der Versorgungsleistungen zurückbleibt, welche die Kl. zu 1. ihrem Partner gewährt. In einem solchen Fall muß der wirkliche Wert der erbrachten Leistungen als maßgebend angesehen werden. Das Vollstreckungsrecht kennt in § 850h II ZPO die dem Gläubigerschutz dienende Regelung, daß in Fällen, in denen ein Schuldner einem Dritten ständig Dienste leistet, die üblicherweise vergütet werden, im Verhältnis des Gläubigers zu dem Empfänger der Dienstleistungen eine angemessene Vergütung als geschuldet gilt. Dabei ist ohne Belang, ob im Verhältnis des Empfängers zum Schuldner tatsächlich eine Vergütung vereinbart worden ist oder nicht. Eine Minderung oder gar ein Wegfall der Vergütungspflicht des Dienstleistungsempfängers gegenüber dem Gläubiger aus Gründen besonderer Beziehungen zwischen dem Dienstleistenden und dem Leistungsempfänger kommt grundsätzlich nicht in Betracht. Selbst eine Arbeitsleistung, die im Rahmen der familienrechtlichen Mitarbeitspflichten erbracht wird, wirkt sich nicht mindernd auf die Vergütungspflicht im Verhältnis zum Gläubiger aus. Der dieser Regelung zugrunde liegende Rechtsgedanke ist auch heranzuziehen, wenn ein unterhaltsbedürftiger Ehegatte einem Dritten ständig und ganz oder teilweise unentgeltlich Dienste leistet, die normalerweise vergütet werden. Eine solche kostenlose oder unverhältnismäßig gering vergütete Hilfeleistung für den Dritten kann hier ebensowenig zu Lasten des unterhaltspflichtigen Ehegatten gehen wie im Bereich des § 805h II ZPO zum Nachteil des Gläubigers. Aus diesem Grunde muß sich der bedürftige Ehegatte in derartigen Fällen grundsätzlich eine angemessene Vergütung für seine Dienste anrechnen lassen. Hiernach ergibt sich auch für die Beurteilung der Bedürftigkeit der Kl. zu 1. die Notwendigkeit, die Höhe des anzurechnenden Betrages zu ermitteln, wobei dem OLG Richtsätze, die auf die gegebenen Verhältnisse abgestellt sind und der Lebenserfahrung entsprechen, als Anhalt dienen können, soweit sich nicht besondere Umstände ergeben, die eine Abweichung bedingen (FamRZ 80/40, 42).

64d) FamRZ 85/584, 585 = NJW 85/1339, 1340

(BGH zur Willensrichtung des zuwendenden Dritten, der auch ein Elternteil sein kann)

Die unterhaltsrechtliche Bedürftigkeit der Kl. (volljähriges Kind) ist durch die tatsächliche Unterhaltsgewährung des Vaters nicht entfallen. Die Kl. selbst hatte aus der von der Bekl. (Mutter) geltend gemachten Elternvereinbarung jedenfalls keinen Rechtsanspruch auf Gewährung vollen Unterhalts gegen den Vater. In der Vereinbarung lag weder ein entsprechender echter Vertrag zu ihren Gunsten (FamRZ 82/587 = NJW 83/684) noch konnte durch sie zu ihren Lasten der Unterhaltsanspruch gegen die Bekl. eingeschränkt oder aufgehoben werden (FamRZ 80/342, 343). Bei Zuwendungen Dritter, auf die der Unterhaltsberechtigte keinen Anspruch hat, hängt die Anrechenbarkeit von der Willensrichtung des Zuwendenden ab; eine Entlastung des Unterhaltsverpflichteten tritt nicht ein, wenn dieser nur den Unterhaltsberechtigten selbst unterstützen wollte (FamRZ 80/40 = NJW 80/344; FamRZ 80/879). Nach der Erklärung der Bekl. in der Berufungsverhandlung will sie selbst nicht behaupten, der Vater habe der Kl. Unterhalt mit dem Willen geleistet, dadurch die Verpflichtung beider Elternteile zu erfüllen. Das OLG hat zusätzlich aus einem Anwaltschreiben gefolgert, daß der Vater mit der Unterhaltsgewährung an die Kl. die Bekl. nicht entlasten wollte. Insgesamt ist die tatrichterliche Würdigung, die nach den gegebenen Umständen naheliegt, rechtlich bedenkenfrei. Daß die Unterhaltsleistungen des Vaters keine Erfüllung der auf eine Unterhaltsrente gerichteten Ansprüche der Kl. gegen die Bekl. bewirkt haben, wurde zutreffend dargelegt. Wenn die Leistung durch einen Dritten erfolgt (§ 267 BGB), muß dieser den Willen haben, die fremde Schuld zu tilgen, und dies auch zum Ausdruck bringen (NJW 80/452). Der Anspruch der Kl. auf eine Geldrente gegen die Bekl. ist danach unter keinen rechtlichen Gesichtspunkten durch die tatsächliche Unterhaltsgewährung des Vaters berührt worden.

65. BGH zur Bemessung und nachprüfbaren Begründung einer angemessenen Vergütung

65a) FamRZ 84/662, 663 = NJW 84/2358, 2359

(Bemessung der Vergütung)

Bei der Bemessung der Vergütung, die sich der bedürftige Ehegatte in derartigen Fällen für die seinem Partner erbrachten Dienste anrechnen lassen muß, kann es nicht darum gehen, den Anteil an dem für die Haushaltsführung insgesamt notwendigen Arbeitsaufwand zu ermitteln und zu bewerten, der auf die einzelnen zum Haushalt gehörenden Personen entfällt. Erst recht kann der auf den Partner entfallende Versorgungsaufwand nicht mit dem Mehraufwand an Arbeit gleichgesetzt werden, welchen die Ehefrau deshalb hat, weil sie zu der ihr ohnehin obliegenden Versorgung der Kinder und ihrer eigenen Person noch die Versorgung ihres Partners übernommen hat. Bei einer derartigen Betrachtung wäre der dem Partner zuzurechnende Versorgungsaufwand noch deutlich niedriger als mit ¼ des Gesamtaufwandes zu veranschlagen, weil bei der Führung eines Haushalts ein erheblicher Anteil des Zeitbedarfs nicht personenbezogen ist und deshalb auch anfiele, wenn die Ehefrau nur für sich und die Kinder sorgen würde. Vielmehr ist vor allem auf den objektiven Wert abzustellen, den die Haushaltsführung und sonstige Versorgungsleistungen für den Partner haben.

Zur Frage der Anrechnung einer angemessenen Vergütung für Versorgungsleistungen, die in einer eheähnlichen Gemeinschaft von dem haushaltsführenden Partner für den anderen erbracht werden, können dem Tatrichter Richtsätze, die auf die gegebenen Verhältnisse abgestellt sind und der Lebenserfahrung entsprechen, als Anhalt dienen, soweit sich nicht besondere, eine Abweichung bedingende Umstände ergeben (FamRZ 80/665, 666). Das gilt etwa für die Richtlinien und Erfahrungssätze, die zur Bemessung von Schadensersatzrenten bei Verletzung oder Tötung von Hausfrauen entwickelt worden sind (vgl. etwa Schulz-Borck/Hofmann, Schadensersatz bei Ausfall von Hausfrauen und Müttern im Haushalt mit Berechnungstabellen, 1978) und Eingang in die Rechtsprechung gefunden haben.

65b) FamRZ 84/682, 686 = NJW 84/1613, 1616

(Nachprüfbare Begründung für ein fiktives Einkommen aus Aushilfs- oder Gelegenheitsarbeiten)

Der Kl. ist nach seinem Gesundheitszustand nur für leichte körperliche Arbeiten einsatzfähig. Aushilfs- oder Gelegenheitsarbeiten, die mit schwerem körperlichem Einsatz verbunden sind, kommen also für ihn nicht in Betracht. Unter diesem Gesichtspunkt kann der Kreis der möglichen Aushilfs- und Gelegenheitstätigkeiten bei Berücksichtigung der – ungünstigen – Lage auf dem Arbeitsmarkt nach allgemeiner Erfahrung bereits erheblich eingeschränkt sein. Wenn das OLG gleichwohl zu der Auffassung gelangt ist, der Kl. könne Aushilfs- oder Gelegenheitsarbeiten ausüben, bei denen er trotz seiner eingeschränkten körperlichen Einsatzfähigkeit regelmäßig monatlich mindestens 180 bzw. 370 DM netto im Durchschnitt verdienen könne, so mußte es die tatsächlichen Gründe für die Annahme – etwa nach der Art der in Betracht kommenden Tätigkeiten, dem „Markt" für solche Gelegenheitsarbeiten in dem für den Kl. erreichbaren Einzugsgebiet und dem möglichen persönlichen Zugang des Kl. hierzu – in nachprüfbarer Weise darlegen.

66. BGH zu Leistungen des neuen Partners in nichtehelicher Lebensgemeinschaft

66a) FamRZ 83/146, 148 = NJW 83/933, 934, 935

(Zu Betreuungsleistungen des neuen Partners für Kinder)

Leistungen des neuen Partners für Kinder, die z. B. in der Beaufsichtigung der Hausaufgaben der Kinder bestehen, führen nicht dazu, daß der Wert der Versorgungsleistungen, welche die Kl. dem neuen Partner gegenüber erbringt, im Verhältnis zum Bekl. entsprechend niedriger angesetzt werden können. Zwar trifft es zu, daß die Kl. für ihre Leistungen von dem neuen Partner wegen dessen im Gegenzuge erbrachten Betreuungsleistungen gegenüber den Kindern nur ein entsprechend geringeres Entgelt verlangen kann. Im Verhältnis zum Bekl., den unterhaltsrechtlich keine Verpflichtung trifft, dem Dritten die Beaufsichtigung der Kinder zu entgelten, kann diese Kompensation jedoch keine Berücksichtigung finden. Insoweit ist der Wert der von der Kl. gegenüber dem neuen Partner erbrachtenVersorgungsleistungen daher in vollem Umfang und ohne Abzug wegen der Betreuungsleistungen gegenüber den Kindern zu ermitteln und als Einkommen der Kl. zugrunde zu legen.

66b) FamRZ 80/665, 669 = NJW 80/1686, 1689

(BGH zur Wohnungsgewährung für Kinder durch den neuen Partner)

Bei der Bemessung des Unterhaltsbedarfs der Kinder darf deren Wohnbedarf nicht unberücksichtigt gelassen werden. Die kostenlose Wohnungsgewährung von seiten des Partners der Mutter stellt eine vorgelegte freiwillige Leistung an die Kinder dar, deren Anrechenbarkeit auf den Unterhaltsanspruch gegen den Bekl. von dem Willen des Dritten abhängt (FamRZ 80/40, 42). Daß dessen Wille hier auf eine entsprechende Entlastung des Bekl. von seiner Unterhaltspflicht gerichtet wäre, ist nicht festgestellt und kann nach der Lebenserfahrung nicht angenommen werden.

67. BGH zur Sozialhilfe und zur Anspruchsüberleitung auf den Sozialhilfeträger

67a) FamRZ 84/364, 366

(BGH zur Auswirkung der Sozialhilfe auf den Unterhalt)

Sozialhilfe, die dem Unterhaltsbedürftigen geleistet wird, hat auf den Unterhaltsanspruch keinen Einfluß. Sie mindert die Bedürftigkeit nicht, weil sie den Unterhaltspflichtigen nicht von seiner Leistungspflicht befreien soll (FamRZ 81/30, 31; FamRZ 83/574). Darauf, ob der Sozialhilfeträger später von seiner Befugnis Gebrauch macht, den Unterhaltsanspruch auf sich überzuleiten, und seine Aufwendungen ersetzt verlangt, kommt es nicht an.

67b) FamRZ 82/23, 25 = NJW 82/232, 233

(BGH zur Auswirkung der Anspruchsüberleitung auf den Sozialhilfeträger)

Keinem Bedenken begegnet es, daß das OLG trotz der Überleitung der Unterhaltsansprüche der Kl. auf den Träger der Sozialhilfe nach § 90 BSHG für den künftigen Unterhalt nicht auf Zahlung an den Träger der Sozialhilfe, sondern auf Zahlung an die Kl. selbst erkannt hat. Die Überleitung erfaßt zwar, wie sich aus § 90 II BSHG ergibt, grundsätzlich auch die künftigen Unterhaltsansprüche. Sie steht aber insoweit unter der aufschiebenden Bedingung, daß Unterstützungsleistungen der Sozialbehörde tatsächlich erbracht werden (FamRZ 56/144, 145). Infolgedessen bleibt die Aktivlegitimation des Unterhaltsberechtigten für die künftigen Unterhaltsraten unberührt. Es stünde nicht im Einklang mit dem in § 2 I BSHG verankerten Subsidiaritätsprinzip, wenn dem Unterhaltsberechtigten die Möglichkeit genommen würde, seine Unterhaltsansprüche selbst durchzusetzen und damit von der Sozialhilfe unabhängig zu werden. Der Unterhaltsberechtigte kann nach alledem ungeachtet der Überleitung des Unterhaltsanspruchs nach § 90 BSHG für die Zukunft Leistung an sich selbst fordern.

68. BGH zur Einkommensminderung durch Pflegegelderstattung an die Sozialverwaltung FamRZ 85/357, 358 = NJW 85/909, 910

Das für die ehelichen Lebensverhältnisse und damit für die Bemessung des Unterhaltsanspruchs der Ehefrau maßgebliche Einkommen des Ehemannes vermindert sich um den Betrag, den der Ehemann an die Sozialverwaltung zu erstatten hat, die für den behinderten Sohn der Parteien ein erhöhtes Pflegegeld als erweiterte Hilfe im Sinne des § 29 S. 1 BSHG gewährt. In Höhe dieses Betrages (1250 DM monatlich) steht das Einkommen des Ehemannes auch bisher schon für den laufenden Unterhalt der Ehegatten nicht zur Verfügung.

69. BGH zum Hausgeld eines Strafgefangenen
FamRZ 82/913, 914 = NJW 82/2491, 2492

Auch bei gesteigerter Unterhaltspflicht nach § 1603 II BGB ist das Hausgeld eines Strafgefangenen bei der Beurteilung seiner Leistungsfähigkeit nicht zu berücksichtigen. Zwar hat der Strafgefangene keine Aufwendungen für Unterkunft, Verpflegung und Bekleidung. Das Hausgeld übersteigt jedoch nicht das Minimum, das ihm für andere notwendige Ausgaben des täglichen Lebens zu belassen ist. Dem geringen Nutzen, den ein Zugriff auf das Hausgeld den Unterhaltsberechtigten oder der Sozialhilfe brächte, steht eine erhebliche Beeinträchtigung des Haftziels der Resozialisierung und eine Gefährdung der Anstaltsordnung gegenüber.

70. BGH zur Leistungsfähigkeit und Erwerbsobliegenheit des Verpflichteten

70a) FamRZ 85/158, 159 = NJW 85/732, 733, 734
(Erwerbsobliegenheit und fiktives Einkommen)

Die gesetzlichen Unterhaltspflichten gegenüber Ehegatten und ehelichen Kindern setzen u. a. Leistungsfähigkeit des Unterhaltspflichtigen voraus. Dies folgt für die Verpflichtung gegenüber einem geschiedenen Ehegatten aus § 1581 BGB, gilt aber ebenso für den Unterhalt während bestehender Ehe (§§ 1360, 1361 I 1 BGB). Für den Verwandtenunterhalt ist es in § 1603 I BGB ausdrücklich bestimmt. Ob und inwieweit ein Unterhaltspflichtiger leistungsfähig ist, wird nicht allein durch sein tatsächlich vorhandenes Einkommen (und Vermögen) bestimmt, sondern auch durch seine Erwerbsfähigkeit. Ihn trifft unterhaltsrechtlich die Obliegenheit, die ihm zumutbaren Einkünfte zu erzielen, insbesondere seine Arbeitsfähigkeit so gut wie möglich einzusetzen und eine ihm zumutbare und mögliche Erwerbstätigkeit auszuüben. Soweit er dieser Obliegenheit nicht nachkommt, muß er sich so behandeln lassen, als ob er das Einkommen, das er bei gutem Willen durch eine zumutbare Erwerbstätigkeit erzielen könnte, tatsächlich erzielt hätte (FamRZ 81/539, 540; FamRZ 81/1042, 1044; FamRZ 82/365 366 std. Rechtspr.).

70b) FamRZ 82/365, 366 = NJW 82/1050, 1051
(Arbeitsplatzaufgabe)

Ein unterhaltspflichtigter Ehegatte muß seine Arbeitskraft so gut wie möglich einsetzen und sich Einkünfte anrechnen lassen, die er bei gutem Willen durch zumutbare Erwerbstätigkeit erreichen könnte (FamRZ 81/539, 530). Diese Verpflichtung legt ihm nicht nur bei der Wahl des Arbeitsplatzes, sondern auch bei der Aufgabe einer Stellung Beschränkungen auf. Gibt er seinen Arbeitsplatz auf und vermindert er dadurch in nicht zu verantwortender Weise sein Einkommen (FamRZ 81/1042, 1044 = NJW 81/2805, 2807), muß er sich weiterhin als leistungsfähig behandeln lassen. Verfassungsrechtliche Bedenken stehen dem wegen der Wechselwirkung zwischen den Grundrechten auf freie Berufswahl (Art. 12 GG) und freie Entfaltung der Persönlichkeit (Art. 2 GG) und dem aus Art. 6 GG folgenden Grundsatz der gegenseitigen Verantwortung der Ehegatten nach der Scheidung nicht entgegen.

70c) FamRZ 80/1113, 1114 = NJW 80/2414, 2415
(Orts- und Berufswechsel bei erhöhter Arbeitspflicht)

Die aus § 1603 II BGB folgende verstärkte Unterhaltsverpflichtung gegenüber minderjährigen Kindern legt den Eltern eine erhöhte Arbeitspflicht unter gesteigerter Ausnutzung ihrer Arbeitskraft auf. Den Eltern kann unter diesem Gesichtspunkt – in zumutbaren Grenzen – sowohl ein Orts- als auch ein Berufswechsel angesonnen werden, wenn sie nur auf diese Weise ihre Unterhaltspflicht erfüllen und den Unterhalt ihrer minderjährigen Kinder sicherstellen können.

70d) FamRZ 81/341, 344
(Erwerbsobliegenheit bei minderjährigen Kindern)

Die sich aus § 1603 II BGB ergebende Verpflichtung, alle verfügbaren Mittel für den Unterhalt minderjähriger Kinder zu verwenden, schließt grundsätzlich die Pflicht ein, im Interesse der unterhaltsberechtigten minderjährigen Kinder alle zumutbaren Erwerbsmöglichkeiten auszuschöpfen. Dabei muß unter Umständen das Recht des unterhaltspflichtigen Elternteils auf freie Entfaltung seiner Persönlichkeit – in und außerhalb einer neuen Ehe – sowie auf freie Berufswahl hinter die sich als höherwertig erweisende familienrechtliche Unterhaltspflicht zurücktreten (FamRZ 80/1113ff.).

70e) FamRZ 81/539, 540 = NJW 81/1609, 1610

(Berufsaufgabe wegen Weiterbildung)

Für das Unterhaltsrechtsverhältnis zwischen Vater und Kind hat der Senat (FamRZ 80/113 = NJW 80/2414) bereits entschieden, daß der Vater, der arbeitslos geworden war und sich zur Aufnahme einer Ausbildung an einer weiterführenden Schule entschlossen hatte, vor dem Antritt der Ausbildung alle ihm zumutbaren Schritte hätte unternehmen müssen, um doch noch in seinem erlernten oder auch einem anderen Beruf unterzukommen, und dazu sogar – in zumutbaren Grenzen – einen Ortswechsel hätte hinnehmen müssen, um den Unterhalt des Kindes zu sichern. Eine Berufung auf die ohne Rücksicht auf die Unterhaltsansprüche des Kindes aufgenommene Schulausbildung wurde dem Vater verwehrt und seine Leistungsfähigkeit auf der Grundlage seiner letzten regelmäßigen Arbeitseinkünfte bestimmt.

Diese Beurteilung beruht zwar wesentlich auf der verstärkten Unterhaltspflicht der Eltern gegenüber ihren minderjährigen unverheirateten Kindern (§ 1603 II BGB) und der daraus folgenden erhöhten Arbeitspflicht. Für das Rechtsverhältnis eines unterhaltspflichtigen Ehegatten zu seinem geschiedenen Partner, der dem minderjährigen unverheirateten Kinde im Rang grundsätzlich gleichsteht (§ 1609 II 1 BGB; § 59 I EheG), kann jedoch regelmäßig nichts anderes gelten. Deshalb muß auch ein unterhaltspflichtiger Ehegatte seine Arbeitsfähigkeit so gut wie möglich einsetzen und sich Einkünfte anrechnen lassen, die er bei gutem Willen durch zumutbare Erwerbstätigkeit, unter Umständen auch im Wege eines Arbeitsplatz- oder gar Berufswechsels, erreichen könnte. Diese Verpflichtung erlegt ihm nicht nur bei der Wahl des Arbeitsplatzes, sondern auch bei der Aufgabe seiner Stellung Beschränkungen auf. Vor allem hat er grundsätzlich kein Recht, zwecks weiterer Ausbildung seinen Beruf aufzugeben und seinen Ehegatten der Hilfe Dritter oder der Sozialhilfe zu überantworten. Hat er seinen Arbeitsplatz ohne zureichenden Grund aufgegeben und sich dadurch (weitgehend) einkommenslos gemacht, so muß er sich weiterhin als leistungsfähig behandeln lassen.

71. BGH zur Leichtfertigkeit und zu sittlichem Verschulden

71a) FamRZ 85/158, 160, 161 = NJW 85/732, 733, 734

(Leichtfertige Arbeitsplatzaufgabe durch den Verpflichteten)

Es stellt sich die Frage, ob die Leistungsfähigkeit des Verpflichteten anders beurteilt werden muß, weil er seine Erwerbsobliegenheit durch Kündigung seines Arbeitsverhältnisses selbst herbeigeführt hat.

Das Gesetz, das die gesetzlichen Unterhaltspflichten u. a. von der Leistungsfähigkeit abhängig macht, trifft keine besonderen Bestimmungen für den Fall, daß der unterhaltspflichtige Ehegatte oder Verwandte seine Leistungsunfähigkeit selbst herbeigeführt hat. Darin unterscheidet sich die Regelung der Leistungsfähigkeit von der der Bedürftigkeit des Unterhaltsberechtigten, die Voraussetzung der Unterhaltsansprüche nach §§ 1361, 1570ff., 1601 BGB ist (§§ 1569, 1602 BGB). Der Anspruch auf Ehegattenunterhalt besteht nicht, soweit die Inanspruchnahme des Verpflichteten grob unbillig wäre, weil der Berechtigte seine Bedürftigkeit mutwillig herbeigeführt hat (§ 1579 I Nr. 3 BGB; § 1361 III i. V. § 1579 I Nr. 3 BGB). Die Unterhaltspflicht gegenüber Verwandten – außer der von Eltern gegenüber ihren minderjährigen Kindern – beschränkt sich auf einen Beitrag zum Unterhalt, wenn der Berechtigte durch sein sittliches Verschulden bedürftig geworden ist; wäre die Inanspruchnahme des Verpflichteten grob unbillig, fällt die Unterhaltspflicht sogar ganz weg (§ 1611 I und II BGB; vgl. auch § 65 I EheG). Aus dem Fehlen entsprechender Vorschriften für die Leistungsfähigkeit des Unterhaltspflichtigen folgt, daß Leistungsunfähigkeit des Pflichtigen grundsätzlich auch dann zu beachten ist, wenn er sie selbst – auch schuldhaft – herbeigeführt hat (FamRZ 82/792, 794; FamRZ 82/913, 914; FamRZ 83/995). Das bedeutet freilich nicht, daß ein Mangel an Leistungsfähigkeit, den der Unterhaltspflichtige selbst herbeigeführt hat, den gegen ihn erhobenen Unterhaltsanspruch unter allen Umständen scheitern läßt. In den genannten Entscheidungen, die Fälle betrafen, in denen der Pflichtige durch Verbüßung einer gegen ihn verhängten Freiheitsstrafe leistungsunfähig geworden war, hat der Senat die Berufung auf die Leistungsunfähigkeit verwehrt, wenn sie gegen Treu und Glauben (§ 242 BGB) verstoßen würde (FamRZ 82/794 und FamRZ 82/914). Da der Grundsatz, daß Rechte nur nach Maßgabe von Treu und Glauben wahrgenommen werden dürfen, die gesamte Rechtsordnung beherrscht, gelten die dieser Entscheidung zugrundeliegenden Erwägungen über die dort behandelten Sachverhalte hinaus für alle Fälle, in denen ein Unterhaltspflichtiger seine Leistungsunfähigkeit selbst herbeigeführt hat.

In den genannten Entscheidungen hat der Senat den Unterhaltspflichtigten die Berufung auf ihre Leistungsunfähigkeit nicht schon deshalb verwehrt, weil sie diese durch vorsätzlich begangene Straftaten herbeigeführt hatten. Eine Bewertung als gegen Treu und Glauben verstoßend hat er vielmehr Fällen vorbehalten, in denen die Straftat in einer Verletzung der Unterhaltspflicht gegenüber dem Unterhaltsberechtigten besteht oder einen sonstigen Unterhaltsbezug aufweist oder in denen es sich um besonders schwere Verfehlungen, wie Delikte gegen das Leben des Unterhaltsberechtigten oder seiner Angehörigen handelt. Die Maßstäbe, die diesen Erwägungen zugrundeliegen, gelten auch in anderen Fällen selbst herbeigeführter Leistungsunfähigkeit. Nur schwerwiegende Gründe verwehren dem Unterhaltspflichtigen nach Treu und Glauben die Berufung auf seine Leistungsunfähigkeit, wobei der in den genannten Entscheidungen als Beurteilungsmaßstab herangezogene „Unterhaltsbezug" eines Verhaltens je nach den Umständen des Einzelfalles erschwerend wirken kann. Die Anlegung solcher Maßstäbe ist auch im Hinblick auf die Regeln geboten, die das Gesetz für den Fall gibt, daß der Unterhaltsberechtigte seine Bedürftigkeit selbst herbeigeführt hat. Wie oben dargelegt, führt nur Mutwilligkeit (§ 1579 I Nr. 3 BGB) bzw. sittliches Verschulden (§ 1611 I BGB, § 65 I EheG) zur Herabsetzung oder zum Ausschluß des Unterhaltsanspruchs, also dazu, daß die Bedürftigkeit teilweise oder gänzlich unberücksichtigt bleibt. Auch wenn der Senat als mutwillig in diesem Sinn nicht nur vorsätzliches, sondern auch leichtfertiges Verhalten gewertet hat (FamRZ 81/1042, 1044), handelt es sich doch – ebenso wie beim „sittlichen Verschulden" i. S. der §§ 1611 I BGB, 61 EheG – jeweils um Vorwerfbarkeit von erheblichem Gewicht. Das kann bei der Beurteilung des Verhaltens eines Unterhaltspflichtigen, der seine Leistungsunfähigkeit selbst herbeigeführt hat, nicht außer Betracht bleiben. Denn wie der Senat zum Ehegattenunterhalt ausgeführt hat, trifft den unterhaltsverpflichteten wie den unterhaltsberechtigten Ehegatten die (nach der Scheidung fortwirkende) personale Verantwortung für den anderen, die die Unterhaltspflicht des einen begründet und dem anderen die Obliegenheit zur Minderung seiner Bedürftigkeit auferlegt (FamRZ 81/1042, 1044). Entsprechendes ist beim Verwandtenunterhalt aus der verwandtschaftlichen Beziehung herzuleiten.

Was den Grad der Vorwerfbarkeit des Verhaltens angeht, das dem Unterhaltspflichtigen die Berufung auf seine Leistungsunfähigkeit verwehrt, hat der Senat sich bereits gegen die Auffassung gewandt, seinem Verhalten müsse die Absicht zugrunde gelegen haben, sich der Unterhaltspflicht zu entziehen. Im Urteil vom 8. 4. 1981 (FamRZ 81/539, 540) hat er die Ansicht des damaligen Berufungsgerichts abgelehnt, die Berufung auf die Leistungsunfähigkeit sei nur dann unbeachtlich, wenn der Pflichtige wegen Verstoßes gegen seine Unterhaltspflicht auf Schadensersatz hafte, was ein gegen den Unterhaltsberechtigten gerichtetes Verschulden, eine (zumindest bedingt) vorsätzliche Handlung voraussetze. Welche Verhaltensweisen in dem damit gegebenen Rahmen die Berufung des Pflichtigen auf seine selbst herbeigeführte Leistungsunfähigkeit als Verstoß gegen Treu und Glauben kennzeichnen, läßt sich nicht mit einer alle in Betracht kommenden Fallgruppen umfassenden Formel umschreiben, sondern erschließt sich nur einer wertenden Betrachtung des Einzelfalles. Speziell für den hier vorliegenden Fall, daß der Pflichtige sich durch Kündigung seines Arbeitsplatzes erwerbslos gemacht hat, geben die im Schrifttum hervorgehobenen typischen Verhaltensweisen brauchbare Anhaltspunkte. So wird die Unterhaltspflicht gegenüber dem (getrennt lebenden oder geschiedenen) Ehegatten sowie gegenüber minderjährigen unverheirateten Kindern dann als fortbestehend angenommen, wenn der Schuldner den Arbeitsplatz aufgegeben hat, um sich der Unterhaltspflicht zu entziehen oder um seine Einkünfte zu vermindern oder zu verschleiern, wenn er bewußt seine wirtschaftliche Existenz zerstört oder absichtlich „gebummelt" hat. Der Senat selbst hat sich in dem Urteil vom 8. 4. 1981 (FamRZ 81/539, 540) der Wendung bedient, der Pflichtige müsse sich weiterhin als leistungsfähig behandeln lassen, wenn er seinen Arbeitsplatz ohne zureichenden Grund aufgegeben habe (ähnlich – „ohne vernünftigen Grund" im Urteil vom 8. 7. 1981, FamRZ 81/1042, 1044). In dem damals entschiedenen Fall hatte der auf Unterhalt in Anspruch genommene Mann seinen Arbeitsplatz nach den Feststellungen des OLG allerdings gerade wegen der Vollstreckungsmaßnahmen seiner Unterhalt begehrenden Ehefrau und der damit verbundenen Unannehmlichkeiten aufgegeben, so daß es über die damals vom Senat angestellten Überlegungen hinaus einer näheren Bestimmung des anzulegenden Maßstabes nicht unbedingt bedurfte. Soweit die Formulierung „ohne zureichenden Grund" vorwerfbares Verhalten von geringerem Gewicht, gar jeden Grad von Verschulden, einbeziehen würde, hält der Senat daran jedenfalls nicht fest. Im Urteil vom 20. 1. 1980 (FamRZ 82/365, 366) hat er bereits verlangt, daß der Pflichtige durch die Aufgabe des Arbeitsplatzes sein Einkommen in nicht zu verantwortender Weise vermindert hat. Nach den Maßstäben, die sich hierin wie in den vom Schrifttum genannten Fallbeispielen abzeichnen, wird es sich um ein verantwortungsloses, zumindest leichtfertiges Verhalten des Unterhaltspflichtigen handeln müssen, wobei sich eine solche Bewertung vielfach aus dem Bezug dieses Verhaltens zu der Unterhaltspflicht ergeben wird.

Ein Verhalten des Bekl. derart schwerwiegender Art ist im vorliegenden Fall bisher nicht festgestellt. Der Vorwurf, der Bekl. habe übereilt von sich aus gekündigt, statt alle seine Rechte voll auszuschöpfen, ist ersichtlich schwächer. Indes hat das OLG den Sachverhalt noch nicht nach den vorstehend dargestellten Maßstäben geprüft. Das veranlaßt die Zurückweisung der Sache, damit festgestellt werden kann, ob der Bekl. seinen Arbeitsplatz mutwillig aufgegeben hat, um sich der Unterhaltspflicht zu entziehen, oder ob ihm insoweit jedenfalls der Vorwurf einer – auch ihm nach seinen Erkenntnismöglichkeiten einsichtigen – Verantwortungslosigkeit gemacht werden muß. Insoweit kann möglicherweise auch das zeitliche Zusammentreffen der Arbeitsaufgabe mit der Trennung der Familie Bedeutung gewinnen.

Bei der erneuten Befassung wird das OLG auch den Vortrag der Kl. näher nachzugehen haben, der Bekl. hätte bei gebotener Bemühung nach der Aufgabe seiner Tätigkeit wieder anderweitig Arbeit finden können. Insoweit heißt es im angefochtenen Urteil nur, die bisherigen Anstrengungen des Bekl., einen neuen Arbeitsplatz zu finden, entsprächen nicht den von der Rechtsprechung gesetzten Maßstäben; gegebenenfalls sei auch eine untergeordnete Tätigkeit aufzunehmen. Diese Wendung zeigt die dem Bekl. zum Vorwurf gemachte Unterlassung nicht auf. Zumal angesichts der vom OLG getroffenen Feststellung, für den Bekl. bestehe zur Zeit wenig Aussicht, wieder in das Erwerbsleben eingegliedert zu werden, fehlt die Darlegung, daß und ab wann er schuldhaft verabsäumt habe, an anderer Stelle wieder Arbeitseinkünfte zu erzielen und zwar insbesondere solche, die der Höhe nach seinem früheren Lohn entsprochen hätten, an dem das OLG die zugesprochenen Unterhaltsleistungen ausgerichtet hat.

71b) FamRZ 85/273, 274 = NJW 85/806, 807

(Mutwilligkeit und sittliches Verschulden des Berechtigten)

Das Gesetz trifft keine besondere Bestimmung für den Fall, daß der Unterhaltspflichtige seine Leistungsunfähigkeit selbst herbeigeführt hat. Darin unterscheidet sich die Regelung der Leistungsunfähigkeit des Verpflichteten von derjenigen der Bedürftigkeit des Unterhaltsberechtigten. Nach der Regelung der Bedürftigkeit nämlich beschränkt sich die Unterhaltspflicht gegenüber Verwandten – außer derjenigen von Eltern gegenüber ihren minderjährigen Kindern – auf einen Beitrag zum Unterhalt, falls die Berechtigte durch ein sittliches Verschulden bedürftig geworden ist, oder sie fällt sogar ganz weg, wenn die Inanspruchnahme des Verpflichteten darüber hinaus grob unbillig wäre (§ 1611 I und II BGB). Der Anspruch auf Ehegattenunterhalt besteht nicht, soweit die Inanspruchnahme des Verpflichteten grob unbillig wäre, weil der Berechtigte seine Bedürftigkeit mutwillig herbeigeführt hat (§ 1579 I Nr. 3 BGB; § 1361 III i. V. § 1579 I Nr. 3 BGB). Aus dem Fehlen entsprechender Vorschriften für die Leistungsfähigkeit des Unterhaltspflichtigen hat der Senat gefolgert, daß Leistungsunfähigkeit des Pflichtigen grundsätzlich auch dann zu beachten ist, wenn er sie selbst – auch schuldhaft – herbeigeführt hat (FamRZ 82/792 = NJW 82/812; FamRZ 82/913 = NJW 82/2491; FamRZ 83/995 = NJW 83/2317 und NJW 85/732). Allerdings kann dem Unterhaltspflichtigen die Berufung auf seine Leistungsunfähigkeit nach dem auch das Unterhaltsrecht beherrschenden Grundsatz, daß Rechte nur nach Maßgabe von Treu und Glauben (§ 242 BGB) wahrgenommen werden dürfen, unter bestimmten Umständen verwehrt sein (NJW 82/1812; NJW 82/2491 und NJW 85/732).

Demgegenüber stellt das Gesetz für die Fälle selbstverschuldeter Bedürftigkeit Regelungen bereit (§ 1611 I BGB, § 1579 I Nr. 3, § 1361 III i. V. § 1579 I Nr. 3 BGB; § 65 I EheG). Dem volljährigen Verwandten wird, wenn er durch sein sittliches Verschulden bedürftig geworden ist, nach § 1611 I BGB nur ein Beitrag zum Unterhalt in der Höhe geschuldet, die der Billigkeit entspricht; die Verpflichtung entfällt in einem solchen Fall sogar ganz, wenn die Inanspruchnahme des Verpflichteten grob unbillig wäre. Diese Sondervorschrift schließt – ebenso wie diejenigen des § 1579 I Nr. 3 BGB und des § 65 I EheG – in ihrem Geltungsbereich den Rückgriff auf allgemeine Grundsätze aus. § 1611 I BGB sieht eine Sanktion für den Fall vor, daß der Unterhaltsberechtigte seine Bedürftigkeit ganz oder teilweise selbst herbeigeführt hat. Andererseits schützt die Bestimmung ihn insoweit, als sein Verhalten keine Auswirkung auf den Unterhaltsanspruch haben soll, wenn ihm sittliches Verschulden nicht vorgeworfen werden kann (FamRZ 83/803 = NJW 83/2815). Ein einfaches Verschulden an der eigenen Bedürftigkeit hindert oder mindert also den Anspruch auf Unterhalt nicht.

Bei einem sittlichen Verschulden handelt es sich um Vorwerfbarkeit von erheblichem Gewicht (NJW 85/732). Es liegt vor, wenn das Verhalten, das die Bedürftigkeit herbeigeführt hat, sittliche Mißbilligung verdient. Der Bedürftige muß in vorwerfbarer Weise anerkannte Gebote der Sittlichkeit außer acht gelassen haben. Diese sind nicht frei von Wandlungen. Heute läßt sich eine allgemein gültige Auffassung, das Zusammenleben nicht miteinander verheirateter Personen sei sittlich anstößig, nicht mehr feststellen (NJW 1985/130; FamRZ 82/774 = NJW 82/1868). Das impliziert das Fehlen einer allgemein anerkannten sittlichen Mißbilligung intimen Umgangs zwischen erwachsenen Partnern im Rahmen einer nicht nur flüchtigen Verbindung.

Allerdings ist damit nicht von vornherein ausgeschlossen, daß gleichwohl in Ausnahmefällen die durch nichteheliche Mutterschaft verursachte Bedürftigkeit als auf einem sittlichen Verschulden beruhend angesehen wird und deshalb nicht oder nur in verringertem Maße zum Verwandtenunterhalt berechtigt. Eine solche Bewertung kann sich insbesondere aus dem Bezug des Verhaltens der Bedürftigen zu der Unterhaltsverpflichtung ihrer Eltern ergeben (vgl. FamRZ 81/1042 = NJW 81/2805 zur Bedeutung des Unterhaltsbezuges im Rahmen des Tatbestandsmerkmals der mutwilligen Herbeiführung der Bedürftigkeit in § 1579 I Nr. 3 BGB). Das kann etwa in Betracht kommen, wenn eine gesunde volljährige Tochter den Mühen des Erwerbslebens zu entgehen trachtet und zu diesem Zweck über nichteheliche Mutterschaft und die dadurch gegenüber ihren Eltern ausgelösten Unterhaltsansprüche weiter auf deren Kosten zu leben beabsichtigt (Arbeitsscheu). Ein schrankenloses

Recht auf Selbstverwirklichung durch Mutterschaft auf Kosten Dritter kann nicht anerkannt werden. Hingegen kann das Unwerturteil im Regelfall nicht davon abhängig gemacht werden, ob die Partner in dem sensiblen Bereich des intimen Umgangs (sichere) Maßnahmen der Familienplanung getroffen haben.

72. BGH zum Berufswechsel, zur Arbeitsplatzaufgabe wegen Zweitausbildung und zur beruflichen Verselbständigung

72a) FamRZ 82/365, 366 = NJW 82/1050

(Vorsorge bei Berufswechsel)

Im vorliegenden Fall hat das OLG von dem Bekl. im Hinblick auf seine Unterhaltsverpflichtung gefordert, Vorsorge für die voraussehbaren Übergangsschwierigkeiten zu treffen, insbesondere für den zunächst zu erwartenden Rückgang seiner Einkünfte. Dem ist im Ergebnis beizupflichten. Wenn ein Unterhaltsschuldner nach seinem freien Willensentschluß eine voraussehbare rückläufige Entwicklung in seinen Einkünften herbeiführt, ist ihm zuzumuten, seinen Plan erst dann ins Werk zu setzen, wenn er in geeigneter Weise sichergestellt hat, daß ihm die Erfüllung seiner Unterhaltspflicht jedenfalls vorerst auch bei geringeren Einkünften möglich ist. Ob dies durch Aufnahme eines Kredits geschieht oder in anderer Weise, etwa durch Bildung von Rücklagen, ist gleichgültig. Die Revision vermißt daher zu Unrecht Feststellungen dazu, ob dem Bekl. im Zeitpunkt seines Berufswechsels eine Kreditaufnahme überhaupt möglich gewesen ist. War er dazu nicht in der Lage und konnte er auch nicht auf andere Weise Vorsorge schaffen, hatte er seinen Plan jedenfalls zunächst zurückzustellen. Daß er einen Rückgang seiner Einkünfte durch den Berufswechsel vorausgesehen hat, hat er selbst vorgetragen. Im übrigen hat er keine zwingenden Gründen geltend gemacht, die ihn zum Berufswechsel während des schwebenden Unterhaltsprozesses bewogen haben.

72b) FamRZ 83/140, 141 = NJW 83/814

(Arbeitsplatzaufgabe wegen Zweitausbildung)

Ein Unterhaltspflichtiger hat grundsätzlich kein Recht, zum Zweck einer weiteren Ausbildung einen Beruf aufzugeben, der der Familie eine auskömmliche Lebensgrundlage bietet, und sie damit der Hilfe Dritter oder der Sozialhilfe zu überantworten. Er muß sich unterhaltsrechtlich weiterhin als leistungsfähig behandeln lassen, wenn er ohne zureichenden Grund seinen Arbeitsplatz aufgegeben und sich dadurch (weitgehend) einkommenslos gemacht hat. Diese Beschränkungen bestehen nicht nur nach § 1603 II 1 BGB gegenüber minderjährigen unverheirateten Kindern, sondern regelmäßig auch im Verhältnis zum ranggleichen Ehegatten (§ 1609 II 1 BGB). In den bisher entschiedenen Fällen hatte der Unterhaltspflichtige indessen zwecks weiterer Ausbildung seiner Erwerbstätigkeit ohne Rücksicht auf eine bereits bestehende Bedürftigkeit der von ihm abhängigen Familienangehörigen und ohne deren Einverständnis aufgegeben. Hierzu hat der Senat entschieden, daß eine solchermaßen begonnene Zweitausbildung selbst dann abzubrechen ist, wenn sie zwischenzeitlich weit fortgeschritten ist, da dem Unterhaltspflichtigen die nachträgliche Berufung auf einen im Widerspruch zur Rechtsordnung geschaffenen Zustand nach Treu und Glauben verwehrt ist.

Konnte jedoch der Bekl. im Zeitpunkt der Aufgabe seines bisherigen Berufes davon ausgehen, daß der Unterhalt seiner damaligen Familienmitglieder sichergestellt war, war er nicht gehalten, darüber hinaus Vorsorge für die Zeit seiner durch die Aufnahme des Studiums bedingten Einkommensminderung durch vorherige Bildung von ausreichenden Rücklagen zu treffen (FamRZ 82/365). Daß der Bekl. bei der Aufnahme des Studiums die später eingetretene Änderung der Unterhaltslage, insbesondere die Hinderung der Ehefrau an einer Fortführung ihrer Erwerbstätigkeit durch die Geburt eines zweiten Kindes, bewußt in Kauf genommen oder sogar geplant hätte, ist weder festgestellt noch auch nur behauptet. Danach war der Bekl. unter den besonderen Umständen des vorliegenden Falles durch die Unterhaltsansprüche seiner Angehörigen an der Aufnahme der Zweitausbildung nicht gehindert.

Einem Unterhaltsberechtigten ist es zuzumuten, eine vorübergehende Schmälerung, unter Umständen sogar einen zeitweiligen Wegfall von Unterhaltszahlungen hinzunehmen, wenn die Zweitausbildung des Unterhaltspflichtigen bereits weit vorangeschritten ist und nur noch eine verhältnismäßig kurze Zeit in Anspruch nimmt, erhöhte Einkommens- und Aufstiegschancen bietet und nicht gegen den Willen des Berechtigten aufgenommen wurde. Denn letztlich steigert die verbesserte berufliche Situation des Unterhaltspflichtigen auch den Unterhaltsanspruch des Berechtigten und bietet diesem, insbesondere wenn es sich um ein Kind handelt, unter Umständen seinerseits bessere Ausbildungs- und Berufsaussichten. Die nach diesen Gesichtspunkten vorzunehmende Abwägung zwischen Art, Ziel und Dauer der Ausbildung einerseits und den Belangen der Unterhaltsgläubiger andererseits rechtfertigt im vorliegenden Fall, daß der Abbruch des Studiums und die Wiederaufnahme der früheren Berufstätigkeit für den Bekl. unzumutbar waren. Insbesondere ist die Erwägung des

OLG, daß der Bekl. sich zu dem Zeitpunkt, als die Unterhaltsbedürftigkeit seiner Ehefrau und der Kinder einsetzte, bereits im 6. Semester befand und bis zu dem am Ende des 8. Semesters abgelegten Examen nur noch eine Studiendauer von rund 1½ Jahren vor sich hatte, ebensowenig aus Rechtsgründen zu beanstanden wie der Schluß, der Bekl. sei damit in seiner Ausbildung bereits soweit fortgeschritten gewesen, daß ein Abbruch unwirtschaftlich und unvernünftig gewesen wäre. Daß der grundsätzliche Vorrang, den die Erfüllung der Unterhaltspflicht vor einer Zweitausbildung genießt, unter solchen Umständen nicht gelten kann, hat das OLG zutreffend angenommen.

72c) FamRZ 85/782, 786, 787 = NJW 85/1695, 1699

(Vorsorge bei beruflicher Verselbständigung im Anschluß an eine Ausbildung)

Das BerGer. hat den Unterhaltsanspruch der Kl. auf die Zeit bis Ende Juni 1983 begrenzt, weil die seit Juli 1983 vom Bekl. betriebene Arztpraxis noch keine Gewinne abwarf. Auch insoweit hat die Entscheidung Bestand. Allerdings weist die Revision zutreffend auf den im Senatsurt. vom 20. 1. 1982 (NJW 1982, 1050 = FamRZ 1982, 365 [366f.]) dargelegten Grundsatz hin, daß einem Unterhaltsschuldner, der im Zuge wirtschaftlicher Dispositionen nach seinem freien Willensentschluß eine voraussehbare rückläufige Entwicklung in seinen Einkünften herbeiführt, zuzumuten ist, seinen Plan erst dann ins Werk zu setzen, wenn er in geeigneter Weise – sei es durch Aufnahme eines Kredits oder auf anderer Art, etwa durch Bildung von Rücklagen – sichergestellt hat, daß ihm die Erfüllung seiner Unterhaltspflicht jedenfalls vorerst auch bei geringeren Einkünften möglich ist.

Diesen rechtlichen Ausgangspunkt hat das BerGer. jedoch nicht verkannt; es ist vielmehr zu dem Ergebnis gekommen, daß es nach den besonderen Umständen des Falles für den Bekl. nicht zumutbar gewesen sei, seine Niederlassung als praktischer Arzt erst nach Sicherstellung weiterer Unterhaltsleistungen an die Kl. vorzunehmen. Es hat dazu ausgeführt: Der Bekl. habe vor seiner Niederlassung nicht bereits eine feste und gut dotierte Stelle als angestellter Arzt gehabt, sondern sich noch in der Ausbildung befunden und ein Einkommen erzielt, das unter dem eines bereits praktizierenden Arztes gelegen habe. Es liege im Rahmen einer normalen beruflichen Entwicklung, daß ein fertig ausgebildeter Mediziner sich als selbständiger Arzt niederlasse. Weiter seien die eigenen guten Erwerbsmöglichkeiten der Kl. zu berücksichtigen. Im übrigen könne auch davon ausgegangen werden, daß die Kl. im Falle weiteren Zusammenlebens der Parteien durch ihr Einkommen während der Anlaufphase der Praxis den Familienunterhalt mit sichergestellt hätte. Aus diesem Grunde erscheine es auch nicht gerechtfertigt, daß der Bekl. einen Teil des Darlehens, das er zur Bestreitung von Praxisunkosten sowie des eigenen Lebensunterhalts aufgenommen habe, für die Kl. verwende.

Diese Ausführungen, die in ihrem Kern eine tatrichterliche Würdigung der Umstände des vorliegenden Einzelfalles enthalten, werden vergebens angegriffen. Zu der Feststellung, daß die Kl. im Falle des Zusammenlebens der Parteien während der Anlaufphase der Praxis mit ihrem Einkommen den Familienunterhalt mit sichergestellt hätte, ist das BerGer. ersichtlich nicht aufgrund des Parteivortrags, sondern in nicht zu beanstandender Weise aufgrund der Lebenserfahrung gelangt. Die Entscheidung des BerGer. steht einer Beteiligung der Kl. an der zu erwartenden Verbesserung der Wirtschaftslage des Bekl. nicht entgegen. Gerade auch die Tatsache, daß der Wegfall der Unterhaltsleistungen nur zeitweiliger Art ist und die zu erwartende Verbesserung der beruflichen Situation des Bekl. auch der Kl. zugute kommt, macht es für sie zumutbar, den grundsätzlichen Vorrang, der der Erfüllung von Unterhaltspflichten vor dem beruflichen Interesse des Unterhaltsschuldners zukommt, unter den vorliegenden Umständen vorübergehend auszusetzen (NJW 1983, 814 = FamRZ 1983, 140 [141]).

73. BGH zur Leistungsunfähigkeit und zu fiktiven Einkünften bei Strafgefangenen

73a) FamRZ 82/913, 914 = NJW 82/2491, 2492

(BGH zur Unterhaltspflicht eines Strafgefangenen)

Eine Leistungsunfähigkeit in Folge längerer Strafhaft befreit von der Unterhaltspflicht, es sei denn, die Berufung auf die Leistungsunfähigkeit verstieße gegen Treu und Glauben (§ 242 BGB; FamRZ 82/792 = NJW 82/1212).

Eine Ausnahme von der Regel, daß Leistungsunfähigkeit ohne Rücksicht auf Verschulden von der Unterhaltspflicht befreit, ergibt sich indessen bereits daraus, daß ein Unterhaltsschuldner seine Arbeitsfähigkeit so gut wie möglich einsetzen und sich Einkünfte anrechnen lassen muß, die er zwar nicht erzielt hat, bei gutem Willen aber durch zumutbare Erwerbstätigkeit hätte erzielen können. (FamRZ 82/792 = NJW 82/1812). Sie ist deshalb gerechtfertigt, weil die mangelnde Leistungsfähigkeit, die in einem solchen Fall auf einem Fehlverhalten des Verpflichteten beruht, das sich gerade auf seine Unterhaltspflicht bezieht. Bei anderer Beurteilung würde sich aus der Verletzung einer unterhaltsrechtlich begründeten Obliegenheit die unterhaltsrechtliche Leistungsfreiheit ergeben.

Diesem Fall verwandt ist es, wenn der Unterhaltsschuldner dadurch leistungsunfähig wird, daß er gerade deshalb eine längere Strafhaft verbüßt, weil er seine Unterhaltspflicht gegenüber dem Berechtigten verletzt hat. Auch dann muß, soll nicht die schuldhafte Verletzung der Pflicht zur Unterhaltszahlung zur Befreiung von eben der Unterhaltspflicht führen, dem Unterhaltsschuldner die Berufung auf die Leistungsunfähigkeit infolge der Haft nach Treu und Glauben (§ 242 BGB) versagt sein.

In beiden Sachverhaltsgruppen besteht mithin die Verpflichtung zum Unterhalt fort, weil die Leistungsunfähigkeit durch ein Verhalten herbeigeführt worden ist, das seinerseits eine Verletzung der Unterhaltspflicht darstellt. Um die Regel des § 1603 I BGB zu verdrängen, ist also typischerweise – entsprechend den Rechtsprechungsgrundsätzen zur Anwendung des § 1579 Nr. 3 BGB bei selbstverschuldeter Bedürftigkeit (FamRZ 81/1042) – ein unterhaltsbezogenes Fehlverhalten erforderlich. Dieses kann bei Leistungsunfähigkeit infolge Strafhaft auch dann vorliegen, wenn der Unterhaltsschuldner die Tat, derentwegen er die Freiheitsstrafe verbüßt, begangen hat, um sich der Unterhaltspflicht zu entziehen, oder wenn die Strafhaft sonst in einer Weise im Zusammenhang mit der Unterhaltspflicht steht, daß die Vorstellungen und Antriebe, die ihr zugrundeliegen, sich auf die Leistungsunfähigkeit als Folge des strafbaren Verhaltens erstrecken (FamRZ 82/792 = NJW 82/1812). Schließlich wird der Bezug zu dem Unterhaltsanspruch dann nicht zu verneinen sein, wenn gerade die bestrafte vorsätzliche Tat dazu geführt hat, daß der Unterhaltsberechtigte, etwa durch eine Schädigung seines Vermögens, durch eine Körperverletzung oder die Tötung eines vorrangig Unterhaltsverpflichteten (vermehrt) unterhaltsbdürftig geworden ist. Hingegen genügt die ursächliche Verknüpfung zwischen der haftbedingten Leistungsunfähigkeit und der Straftat für sich allein nicht, um dem Unterhaltsverpflichteten die Berufung auf seine durch die Strafhaft bedingte Leistungsunfähigkeit zu verwehren.

73b) FamRZ 82/792, 793 = NJW 82/1812, 1813

(BGH zur Zurechnung fiktiver Einkünfte bei einem Strafgefangenen)

Rechtsbedenkenfrei hat das OLG abgelehnt, den Kl. unter dem Gesichtspunkt selbstverschuldeter Leistungsunfähigkeit so zu behandeln, als erziele er weiterhin Einkünfte wie in Freiheit. Das Gesetz sieht zwar in schwerwiegenden Fällen selbstverschuldeter Unterhaltsbedürftigkeit des Unterhaltsberechtigten einen Verlust des Unterhaltsanspruchs vor (§§ 1611 I, 1579 I Nr. 3 BGB), kennt aber keine entsprechenden Vorschriften in bezug auf die Leistungsunfähigkeit des Unterhaltsverpflichteten. Diese ist daher grundsätzlich auch dann beachtlich, wenn sie durch eigenes Verschulden verursacht worden ist. Eine Ausnahme von diesem Grundsatz ergibt sich allerdings aus der Rechtsprechung, wonach ein Unterhaltspflichtiger seine Arbeitsfähigkeit so gut wie möglich einsetzen und sich Einkünfte anrechnen lassen muß, die er durch zumutbare Erwerbstätigkeit, unter Berücksichtigung der konkreten Verhältnisse auch im Weg eines Arbeitsplatz- oder Berufungswechsels erreichen könnte (FamRZ 81/539 = NJW 81/ 1609; FamRZ 81/1042 = NJW 81/2805; NJW 82/1050).

Beim Strafgefangenen wird dann eine Ausnahme zu machen sein, wenn die Berufung auf die Leistungsunfähigkeit infolge der Strafhaft gegen Treu und Glauben (§ 242 BGB) verstoßen würde. Das kommt etwa in Betracht, wenn die Straftat gegen den Unterhaltsberechtigten oder seine Angehörigen gerichtet war, wenn sie verübt wurde, um sich absichtlich der Unterhaltspflicht zu entziehen oder wenn sie in einer Weise im Zusammenhang mit der Unterhaltspflicht steht, daß die Vorstellungen und Antriebe, die ihr zugrunde liegen, sich auch auf die Leistungsunfähigkeit als Folge des strafbaren Verhaltens erstrecken.

74. BGH zur Erwerbsobliegenheit gegenüber Kindern und Ehegatten aus erster Ehe aus dem Grundsatz der Gleichbehandlung, wenn ein Elternteil in der neuen Ehe die „Hausmanns-“ oder „Hausfrauenrolle“ übernommen hat

74a) FamRZ 84/374, 375 = NJW 84/1458, 1460

(BGH zum Unterhaltsanspruch aus dem Grundsatz der Gleichbehandlung)

Der Senat hat wiederholt entschieden, daß die unterhaltsrechtliche Obliegenheit zur Aufnahme oder Fortsetzung einer Erwerbstätigkeit gegenüber minderjährigen unverheirateten Kindern, die bei dem anderen Elternteil geblieben sind, nicht dadurch entfällt, daß der Unterhaltspflichtige eine neue Ehe eingeht und im Einvernehmen mit seinem neuen Ehegatten Aufgaben der Haushaltsführung und der Betreuung von Kindern aus der neuen Ehe übernehmen will (NJW 80/340; FamRZ 82/25; FamRZ 82/590 = NJW 82/1590). Nichts anderes hat zu gelten, wenn der barunterhaltspflichtige Elternteil ein aus der früheren Ehe stammendes Kind nachträglich in seinen neuen Haushalt aufnimmt und ihm für dieses Kind das Sorgerecht übertragen wird. Da die Unterhaltsansprüche aller minderjährigen unverheirateten Kinder gleichen Rang haben (§ 1609 I BGB), darf sich der Unterhaltspflichtige nicht allein oder überwiegend der Betreuung des nunmehr seiner Sorge anvertrauten Kindes widmen und deswegen seine Erwerbstätigkeit zu Lasten der übrigen auf den Barunterhalt angewiesen bleibenden Kinder beliebig einschränken. Auf der anderen Seite können auch die barunterhaltsberechtigten Kinder nicht verlangen, daß der ihnen zur Leistung verpflichtete Elternteil in gleichem Umfang wie bisher erwerbstätig bleibt, sobald er einem unterhaltsrechtlich im gleichen Rang stehenden anderen Kind Betreuungsunterhalt gewähren muß. Derartige Konfliktsfälle sind nach Zumutbarkeitsgesichtspunkten zu lösen, d.h. es ist jeweils zu prüfen, inwieweit trotz einer dem Unterhaltspflichtigen obliegenden Betreuung eines Kindes ihm zugemutet werden kann, einer Erwerbstätigkeit nachzugehen, aus deren Ertrag die Ansprüche der barunterhaltsberechtigten Kinder gedeckt oder auf der Grundlage eines abzuändernden Titels neu berechnet werden können.

74b) FamRZ 82/25, 26 = NJW 82/175, 176
(BGH zur Zumutbarkeit einer Nebenerwerbstätigkeit)

Ob und inwieweit die Bekl. die tatsächlich keine Einnahmen aus einer Erwerbstätigkeit hat, gleichwohl im Hinblick auf ihre Arbeitskraft als leistungsfähig anzusehen ist, richtet sich danach, ob sie in zumutbarer Weise eine Erwerbstätigkeit hätte aufnehmen können (und noch könnte) und welche Einnahmen daraus erzielbar gewesen wären. Unterhaltsrechtlich ist sie so zu behandeln, als ob sie solche Einnahmen erzielt hätte (NJW 1980/340).

Wie der BGH in der eben genannten Entscheidung aufgezeigt hat, ist anerkannt, daß ein wiederverheirateter Elternteil durch die Übernahme der Haushaltsführung in der neuen Ehe von seiner Unterhaltspflicht gegenüber minderjährigen unverheirateten Kindern aus einer früheren Ehe jedenfalls dann nicht (völlig) entlastet wird, wenn in der neuen Ehe keine betreuungsbedürftigen Kinder vorhanden sind (NJW 80/340). Das Vorhandensein eines betreuungsbedürftigen Kindes in der neuen Ehe ändert jedoch im Grundsatz nichts daran, daß die Unterhaltsansprüche der minderjährigen unverheirateten Kinder aus den verschiedenen Ehen gleichrangig sind und der Unterhaltspflichtige seine Arbeitskraft zum Unterhalt aller Kinder einsetzen muß. Die Übernahme der Betreuung des Kindes aus der neuen Ehe durch den Elternteil, der noch einem gleichrangig unterhaltsberechtigten Kind aus einer früheren Ehe unterhaltspflichtig ist, muß jedoch jedenfalls dann hingenommen werden, wenn sich der Familienunterhalt in der neuen Ehe dadurch, daß der andere Ehegatte voll erwerbstätig ist, wesentlich günstiger gestaltet, als es der Fall wäre, wenn dieser die Kindesbetreuung übernehmen würde und der unterhaltspflichtige Elternteil voll erwerbstätig wäre (NJW 80/340). So liegen die Dinge zweifelsfrei im Streitfall. Denn der Ehemann der Bekl. ist Studienrat, während sie – nach dem beiderseitigen Parteivortrag – früher als Buchhalterin tätig war. Die Gleichrangigkeit des Unterhaltsanspruchs des Kindes aus der früheren Ehe gebietet es jedoch auch unter diesen Umständen, die Beeinträchtigung dieses Anspruchs so gering wie möglich zu halten. Der unterhaltspflichtige Elternteil wird daher im allgemeinen seine Auslastung durch die Betreuung des Kindes aus der neuen Ehe und die Haushaltsführung auf das infolge der Funktionsteilung zwischen den Ehegatten unbedingt notwendige Maß beschränken und im übrigen wenigstens eine Nebentätigkeit aufnehmen müssen, um auch zum Unterhalt eines Kindes aus der früheren Ehe beitragen zu können. Dies gilt jedenfalls insoweit (NJW 80/340), als er dadurch im Verhältnis zu anderen, gleichrangig Unterhaltsverpflichteten nicht unverhältnismäßig belastet wird. Der neue Ehegatte des Unterhaltspflichtigen kann unter diesen Voraussetzungen nicht verlangen, daß der unterhaltspflichtige Ehepartner seine Arbeitskraft voll der Haushaltsführung und Kinderbetreuung widmet. Er muß ihn hiervon vielmehr gegebenenfalls entsprechend entlasten, ebenso wie er es im Fall der Vollerwerbstätigkeit des unterhaltspflichtigen Teils hinnehmen müßte, daß die Einnahmen daraus nicht voll zur Bestreitung des Familienunterhalts zur Verfügung ständen, sondern zum Teil auch zum Unterhalt des gleichrangig berechtigten Kindes aus der früheren Ehe verwendet würden.

Bei Anwendung dieser Grundsätze rechtfertigen es die bisherigen Feststellungen des OLG nicht, die Aufnahme einer – geringen – Nebentätigkeit durch die Bekl. zur Aufbringung von 100 DM an monatlichem Barunterhalt für den Kl. für unzumutbar zu erachten. Der Unterhaltsbedarf ihrer jetzigen Familie wird durch das Studienratsgehalt ihres Ehemannes ersichtlich gedeckt. Die Bekl. hätte durch eine Tätigkeit kleinen Umfangs zum Unterhalt des Kl. beitragen können. Ob und gegebenenfalls welche Tätigkeit sich insoweit hätte finden lassen, bleibt der tatrichterlichen Prüfung überlassen. Zu denken wäre etwa, wenn nicht gar eine Teilzeitbeschäftigung im früher ausgeübten Beruf in Betracht gekommen wäre, an die häusliche Erledigung einfacher Lohnarbeiten. Die Zurückverweisung gibt weiterhin Gelegenheit, die Zumutbarkeit des Nebenerwerbes für die Zeit der Schwangerschaft der Bekl. und später nach der Entbindung tatrichterlich zu beurteilen. Zwar braucht die Ehefrau, die Unterhalt von ihrem Mann verlangt, sich im Regelfall nicht auf eigene Erwerbstätigkeit verweisen zu lassen, wenn sie ein noch nicht schulpflichtiges Kind betreut (FamRZ 79/571 = NJW 79/1452; FamRZ 81/17 = NJW 81/448). Eine andere Beurteilung kann aber Platz greifen, soweit die Ehefrau von einem minderjährigen unverheirateten Kind aus einer früheren Ehe auf Barunterhalt in Anspruch genommen wird. Wegen der Gleichrangigkeit der Unterhaltsansprüche der Kinder aus beiden Ehen (NJW 80/340) ist es in einem solchen Fall nicht ausgeschlossen, auch der Mutter eines noch kleinen Kindes zuzumuten, sich durch eine Erwerbstätigkeit geringen Umfanges

Mittel zu beschaffen, um jedenfalls einen Beitrag zum Barunterhalt des anderen Kindes zu leisten. Ihr Ehemann ist dann nach den in der Entscheidung NJW 80/340 aufgestellten Grundsätzen gehalten, ihr durch eine Teilübernahme der Pflegeaufgaben die für die Erwerbstätigkeit erforderliche Zeit zu verschaffen.

74c) FamRZ 82/590, 591, 592 = NJW 82/1590, 1591, 1592

(BGH zur Erwerbsobliegenheit nach § 1609 BGB und zur erweiterten Unterhaltspflicht nach § 1603 II 1 BGB)

Die Annahme einer Nebenerwerbsobliegenheit des wiederverheirateten Hausmannes (NJW 80/340) und gleichermaßen der Hausfrau (NJW 82/175) beruht nicht auf der gesetzlich verstärkten Unterhaltspflicht gegenüber minderjährigen Kindern. Es ist zwar anerkannt, daß die aus § 1603 II 1 BGB abgeleitete erweiterte Pflicht zur Beschaffung aller erreichbaren Mittel auch Einfluß auf das Ausmaß hat, in dem die vorhandene Arbeitskraft zu nutzen ist. Die erhöhte Unterhaltspflicht erlegt dem Elternteil insoweit eine erweiterte Arbeitspflicht unter gesteigerter Ausnutzung seiner Arbeitskraft auf, die ihn sogar verpflichtet, in zumutbaren Grenzen einen Orts- und Berufswechsel vorzunehmen, wenn er nur auf diese Weise seine Unterhaltspflicht erfüllen kann (FamRZ 80/1113 = NJW 80/2414). Auf diesen Gesichtspunkt hat der BGH die Nebenerwerbsobliegenheit und fortdauernde Unterhaltspflicht in beiden Vorentscheidungen jedoch nicht gestützt. Er hat die Obliegenheit zum Nebenerwerb trotz Hausmanns- (Hausfrauen-)Tätigkeit und Kindesbetreuung vielmehr aus der Gleichrangigkeit der Unterhaltsansprüche der Kinder aus erster und zweiter Ehe (§ 1609 BGB) abgeleitet. Die Nebenerwerbsobliegenheit des barunterhaltspflichtigen wiederverheirateten Elternsteils statt auf die Gleichrangigkeit der Unterhaltsansprüche nach §§ 1603 I, 1609 BGB auf die nach § 1603 II 1 BGB erweiterte Unterhaltspflicht gegenüber unverheirateten minderjährigen Kindern zu stützen, ist auch im Blick auf die Art und den Umfang der dem Elternteil angesonnenen Erwerbstätigkeit – jedenfalls im Grundsatz – nicht veranlaßt. Es handelt sich nicht darum, daß der Unterhaltspflichtige anstelle seiner bisherigen beruflichen Tätigkeit eine andere ergreifen müßte (FamRZ 80/1113 = NJW 80/2414). Ihm wird nur der Einsatz neben der selbst gewählten Hausmanns-(Hausfrauen-)Rolle und auch keine über das Normalmaß hinaus erweiterte, zusätzliche Arbeit abverlangt. Der neue Ehegatte ist gehalten, dem Unterhaltspflichtigen durch eine Teilübernahme der Pflegeaufgaben die erforderliche Zeit (FamRZ 82/25 = NJW 82/175) und damit die Möglichkeit zu verschaffen, seine Arbeitskraft nicht vollständig für die Mitglieder der neuen Familie, sondern auch für die minderjährigen unverheirateten Kinder aus der früheren Ehe zur Erfüllung der diesen gegenüber bestehenden Unterhaltsverpflichtung zu verwenden. Ob es insoweit auch geboten sein kann, dem Unterhaltspflichtigen die Erwerbsmöglichkeit durch den zeitlich eng begrenzten Einsatz einer geeigneten Hilfskraft zu verschaffen, mag hier auf sich beruhen; die tatrichterlichen Feststellungen zeigen eine solche Notwendigkeit im Streitfall nicht auf.

Über den aufgezeigten Rahmen hinaus mag unter den Voraussetzungen des § 1603 II 1 BGB eine noch weitergehende Verpflichtung des barunterhaltspflichtigen wiederverheirateten Elternteils zur entgeltlichen Nutzung seiner Arbeitskraft für den Unterhalt von Kindern aus einer früheren Ehe neben der Erfüllung der in der neuen Ehe übernommenen Hausmanns-(Hausfrauen-) Tätigkeit bestehen. Insoweit veranlaßt der vorliegende Sachverhalt bisher keine weiteren Erwägungen.

Eine Obliegenheit zum Nebenerwerb besteht nach den dargelegten Rechtsgrundsätzen unter Umständen dann nicht, wenn der wiederverheiratete Elternteil damit im Verhältnis zu anderen, gleichrangig Verpflichteten unverhältnismäßig belastet würde. Im vorliegenden Fall können die vom Tatrichter in Betracht gezogenen Erwerbsmöglichkeiten nicht wegen der früheren Beamtentätigkeit und qualifizierten Ausbildung des Bekl. als für ihn unzumutbar angesehen werden. Dem Bekl. wird, nachdem er nunmehr seiner Beamtentätigkeit freiwillig entraten hat, nicht eine geringer qualifizierte Arbeit anstelle oder auch nur neben einer Tätigkeit als Verwaltungsamtmann angesonnen, sondern neben der von ihm gewählten Rolle des Hausmannes. Sollte er eine anspruchsvollere und ihn selbst eher befriedigende Nebentätigkeit als eine solche von der Art, die das OLG in den von ihm angeführten Beispielen in Betracht gezogen hat, nicht finden können, so kann er derartige Erwerbsmöglichkeiten nicht als gegenüber seiner sonstigen Beschäftigung zu unqualifiziert und daher unzumutbar ablehnen. Das gilt auch deshalb, weil die Nebenbeschäftigung ihm nur in dem begrenzten Umfange abverlangt wird, der sich aus der Notwendigkeit ergibt, den für die Kl. erforderlichen Barunterhalt zu verdienen.

Die Annahme der unterhaltsrechtlichen Leistungsfähigkeit des ein Kind betreuenden Hausmannes oder der Hausfrau in gleicher Lage wegen einer Obliegenheit zum Nebenerwerb beruht auf dem Grundsatz der Gleichrangigkeit der Unterhaltsansprüche der minderjährigen unverheirateten Kinder aus beiden Ehen (NJW 80/340 und NJW 82/175). Diese Gleichrangigkeit gebietet es, auch bei der hinzunehmenden Wahl der Hausmanns-(Hausfrauen-)Rolle die Beeinträchtigung des Unterhaltsanspruchs der Kinder aus der früheren Ehe so gering wie möglich zu halten. Der neue Ehegatte muß den unterhaltsverpflichteten Ehepartner von der Haushaltsführung und Kindesbetreuung entsprechend entlasten (§ 1356 II 2 BGB), ebenso wie er es im Fall von dessen Vollerwerbstätigkeit hinnehmen müßte, daß die Einnahmen daraus nicht ganz zur Bestreitung des Familienunterhalts zur Verfügung ständen, sondern zum Teil auch zum Unterhalt der gleichrangig berechtigten Kinder aus der früheren Ehe verwendet würden. Diese rechtliche Begründung der Nebenerwerbsobliegenheit zeigt zugleich ihre obere Grenze auf: Die Obliegenheit kann nur soweit reichen, daß die unterhaltsberechtigten Kinder aus der früheren Ehe nicht schlechter gestellt werden, als sie ständen, wenn der ihnen Unterhaltspflichtige sich in seiner neuen Ehe nicht auf die Rolle des Hausmanns (der Hausfrau) zurückgezogen hätte, sondern erwerbstätig geblieben wäre.

Für diesen – gedachten – Fall wird aber im allgemeinen nicht ohne weiteres davon ausgegangen werden können, daß auch der jetzige Ehegatte dann in der Lage gewesen wäre, erwerbstätig zu bleiben und so zum Unterhalt der neuen Familie beizutragen. Der den Kindern aus der früheren Ehe Unterhaltspflichtige wäre in diesem Fall bei Fortführung seiner Vollerwerbstätigkeit nicht nur zur Aufbringung des Barunterhalts für diese verpflichtet, sondern er müßte – jedenfalls in der Regel – aus dem dann von ihm allein, wenn auch in einer günstigeren Steuerklasse, erzielten Einkommen auch seine neue Familie unterhalten. Von einer dadurch bedingten Schmälerung ihres Barunterhalts wären die Kinder aus der früheren Ehe nicht geschützt. Allerdings kann sich diese obere Grenze der Erwerbsobliegenheit im Fall der gesteigerten Unterhaltspflicht nach § 1603 II 1 BGB noch zugunsten der Kinder verlagern.

74d) FamRZ 81/341, 343

(Zur Übernahme der Haushaltsführung in der neuen Ehe und zu den Verpflichtungen des neuen Ehegatten)

Zwar sind Ehegatten im Verhältnis zueinander berechtigt, die Haushaltsführung in gegenseitigem Einvernehmen in dem Sinn zu regeln, daß einer von ihnen, etwa der Ehemann, allein – oder auch abwechselnd mit dem anderen Ehegatten – die Führung des Haushalts übernimmt. Unter dem Gesichtspunkt unterhaltsrechtlicher Verpflichtungen entlastet die Übernahme der Haushaltsführung und Kinderbetreuung den Ehegatten jedoch nur gegenüber den Mitgliedern der durch die jetzige Ehe gegründeten Familie. Eine solche Gestaltung der neuen Ehe kommt aber minderjährigen unverheirateten Kindern aus einer früheren Ehe, die nicht in der neuen Familie leben, weder unmittelbar noch mittelbar zugute. Da diese Kinder und die frühere Ehefrau den Mitgliedern der neuen Familie unterhaltsrechtlich nicht nachstehen (§ 1609 BGB) ist der unterhaltsverpflichtete Ehegatte nicht berechtigt, seine Leistungsfähigkeit in erster Linie zugunsten der Mitglieder seiner neuen Familie einzusetzen, wenn hierdurch der Unterhaltsanspruch anderer, gleichrangig Unterhaltsberechtigter beeinträchtigt wird. Eine darauf hinauslaufende Vereinbarung vermag keine Rechtswirksamkeit gegen die Unterhaltsberechtigten zu entfalten. In einem solchen Fall muß der Unterhaltspflichtige im Hinblick auf die Unterhaltsansprüche der mit den Mitgliedern seiner neuen Familie gleichrangig Berechtigten gegebenenfalls von seinem – auch gegenüber dem jetzigen Ehegatten bestehenden – Recht auf Ausübung einer Erwerbstätigkeit Gebrauch machen. Der neue Ehegatte ist insoweit nach § 1356 II BGB grundsätzlich verpflichtet, auf die bestehenden Unterhaltspflichten seines Gatten gebührend Rücksicht zu nehmen mit der Folge, daß er diesem – unter den dargelegten Voraussetzungen – den Einsatz seiner Arbeitskraft im Erwerbsleben ermöglichen muß.

Eine andere Regelung kann unter unterhaltsrechtlichen Gesichtspunkten dann angemessen und sachgerecht erscheinen, wenn der Unterhaltsverpflichtete nur ein wesentlich geringeres Einkommen erzielen kann als sein neuer Ehepartner. Sofern sich also der Familienunterhalt in der neuen Ehe dadurch, daß der andere Ehegatte voll erwerbstätig ist, erheblich günstiger gestaltet, als es der Fall wäre, wenn dieser die Kindesbetreuung übernähme und der unterhaltspflichtige Ehegatte seine volle Erwerbstätigkeit ausübte, kann es den Ehegatten grundsätzlich nicht zugemutet werden, eine für ihren Familienunterhalt wesentlich ungünstigere Verteilung der Aufgaben in der Ehe nur deshalb zu wählen, weil auf diese Weise der Unterhaltsanspruch weiterer Unterhaltsberechtigter aus der früheren Ehe eines Elternteils verbessert werden könnte. Selbst in einem derartigen Fall muß aber der Unterhaltspflichtige seine Auslastung durch die Haushaltsführung und Betreuung der Kinder in der neuen Ehe auf das unbedingt notwendige Maß beschränken und darüber hinaus gegebenenfalls eine Nebentätigkeit aufnehmen, um auf diese Weise den Unterhaltsbedarf seiner unterhaltsberechtigten Kinder aus der früheren Ehe so weit wie möglich sicherzustellen (FamRZ 80/43, 44).

74e) NJW 85/318, 319

(Zur hypothetischen Bemessung eines fiktiven Nebenerwerbseinkommens und zur gesteigerten Haftung nach § 1603 II 1 BGB)

Die Unterhaltspflicht des Elternteils, dem nur ein fiktives Einkommen zugerechnet wird, gegenüber einem minderjährigen Kind endet nicht bereits bei Gefährdung des eigenen angemessenen

Unterhalts. Zur Bestimmung der oberen Grenze der Nebenerwerbsobliegenheit ist die fiktive Bemessung des Barunterhaltsanspruchs unter Berücksichtigung des sogenannten notwendigen Selbstbehalts erforderlich.

Aus dem Grundsatz der Gleichrangigkeit der Unterhaltsansprüche von Kindern aus mehreren Ehen (§ 1609 BGB) hat der Senat nicht nur die Nebenerwerbsobliegenheit des in neuer Ehe als Hausfrau (oder Hausmann) tätigen Elternteils hergeleitet, sondern zugleich deren Begrenzung entnommen, die sich Kinder aus der früheren Ehe entgegenhalten lassen müssen: wäre der ihnen unterhaltsverpflichtete Elternteil voll erwerbstätig geblieben, könnte im allgemeinen nicht ohne weiteres davon ausgegangen werden, daß dessen neuer Ehegatte zusätzlich erwerbstätig sein könnte; der Unterhaltspflichtige müßte vielmehr aus dem (fiktiv) von ihm allein erzielten Einkommen auch seine neue Familie unterhalten; vor einer dadurch bedingten Schmälerung ihres Barunterhalts wären die Kinder aus der früheren Ehe nicht geschützt (FamRZ 82/592 = NJW 82/1590). Es besteht kein hinreichender Grund, bei der Unterhaltsbemessung zugunsten des Kindes aus früherer Ehe in solchen Fällen die Verhältnisse zugrunde zu legen, die sich für den unterhaltspflichtigen Elternteil aus der Regelung der Aufgabenverteilung mit dessen möglicherweise besser verdienendem neuen Ehegatten ergeben haben. Das OLG hätte daher ermitteln müssen, wie deren Unterhalt in dem gedachten Fall einer umgekehrten Aufgabenverteilung in der neuen Ehe der Bekl. zu bemessen gewesen wäre. Zwar wird es nicht in allen Fällen möglich sein, ein fiktives Einkommen unter Berücksichtigung der ebenfalls nur hypothetisch feststellbaren Belastungen mit einem solchen Nettobetrag zu ermitteln. Da es vorliegend jedoch darum geht, das Ausmaß einer Nebenerwerbsobliegenheit und der davon abhängigen Leistungsfähigkeit eines in Wirklichkeit nicht erwerbstätigen Elternteils zu bestimmen, wobei Zumutbarkeitsgesichtspunkte eine wesentliche Rolle spielen, reicht es aus, bei der notwendigen Vergleichsberechnung zu den nach den Umständen des Falles erreichbaren Annäherungswerten zu gelangen.

Bei der Bestimmung der Leistungsfähigkeit eines unterhaltspflichtigen Elternteils, der in neuer Ehe die Aufgaben der Haushaltsführung und Kinderbetreuung übernimmt, gegenüber einem minderjährigen unverheirateten Kind aus früherer Ehe kommt es jedoch nicht nur auf das im Fall einer gedachten Erwerbstätigkeit erzielbare Nettoeinkommen des Verpflichteten und die Anzahl der gemäß § 1609 BGB ihm gegenüber ranggleichen Unterhaltsberechtigten an. Vielmehr sind zusätzlich die Regelungen des § 1603 I und II BGB zu beachten. Ebenso wie bei einem tatsächlich Erwerbstätigen endet die Unterhaltspflicht des Elternteils, dem nur ein fiktives Einkommen zugerechnet wird, gegenüber einem minderjährigen unverheirateten Kinde nicht bereits bei Gefährdung des eigenen angemessenen Unterhalts. Ihn trifft vielmehr eine gesteigerte Unterhaltspflicht gemäß § 1603 II 1 BGB. Auch in Fällen der vorliegenden Art ist daher zur Bestimmung der oberen Grenze der Nebenerwerbsobliegenheit die fiktive Bemessung des Barunterhaltsanspruchs unter Berücksichtigung des sogenannten notwendigen Selbstbehaltes erforderlich. Dabei darf sich der Tatrichter ebenso wie bei der Unterhaltsbemessung aus einem realen Einkommen des Pflichtigen an Richtsätze und Leitlinien anlehnen, soweit nicht im Einzelfall besondere Umstände eine Abweichung bedingen (FamRZ 82/365 = NJW 82/1050 und NJW 84/1614).

Ebenso wie bei einer tatsächlich ausgeübten kann sich auch bei einer nur gedachten vollen Erwerbstätigkeit der Bekl. eine Einschränkung ihrer Verpflichtung, zum Unterhalt der Kl. beizutragen, wieder aus § 1603 II 2 BGB ergeben. Nach dieser Bestimmung tritt die Verpflichtung des in Anspruch genommenen Elternteils, zum Kindesunterhalt auch Mittel zu verwenden, die er über den notwendigen Selbstbehalt hinaus für den eigenen angemessenen Unterhalt benötigen würde, nicht ein, wenn ein anderer unterhaltspflichtiger Verwandter vorhanden ist. Das kann, falls er leistungsfähig ist, auch der andere Elternteil sein (§ 1606 III 1 BGB). Zwar erfüllt dieser, wenn er das minderjährige Kind betreut, seine Unterhaltspflicht regelmäßig in vollem Umfang durch dessen Pflege und Erziehung (§ 1606 III 2 BGB); er ist daneben grundsätzlich nicht zum Barunterhalt verpflichtet. Das gilt nach der vom Senat weiter entwickelten Rechtsprechung des BGH (FamRZ 80/555 = NJW 80/934; FamRZ 80/994 = NJW 80/2306; FamRZ 81/347 = NJW 81/923 und FamRZ 81/543 = NJW 81/1559) jedenfalls in Fällen, in denen der erwerbstätige Ehegatte leistungsfähig ist und mindestens so hohe Einkünfte hat wie der betreuende Elternteil. Wenn das anders ist und das Gleichgewicht der Unterhaltsleistungen beider Elternteile erheblich gestört wird, kann aber eine andere Regelung in Betracht kommen. Dies kann – auch im Fall einer nur fiktiven Erwerbstätigkeit des nicht betreuenden Elternteils – in Ausnahmefällen zu einer Herabsetzung oder sogar zu einem Wegfall seiner Unterhaltspflicht führen.

74f) FamRZ 85/143, 145, 146

(BVerfG zum „Hausmannsurteil" des BGH)

Es verstößt nicht gegen Art. 6 I und II GG, daß nach der Rechtsprechung des BGH (FamRZ 80/43) die Leistungsfähigkeit eines geschiedenen, seinen Kindern aus erster Ehe unterhaltspflichtigen Elternteils nicht allein durch sein tatsächlich vorhandenes Vermögen und Einkommen bestimmt wird, sondern auch durch seine Arbeits- und Erwerbsfähigkeit.

Der BGH hat in seinem sog. Hausmann-Urteil entschieden, daß der Vater seiner Tochter aus erster Ehe zur Leistung von Unterhalt verpflichtet sei, obwohl dieser zwei Jahre nicht berufstätig war, sondern in seiner zweiten Ehe den Haushalt führte und eine – im Zeitpunkt der Klageerhebung etwa sechsjährige – Tochter erzog. Eine entsprechende Entscheidung hat der BGH im Fall einer geschiedenen und wiederverheirateten Frau mit einem Kind aus erster Ehe getroffen, das bei seinem Vater lebt, während die Mutter ein Kind aus zweiter Ehe betreut (FamRZ 82/25 = NJW 82/175).

Der BGH vertritt seitdem in ständiger Rechtsprechung die Auffassung, daß die Leistungsfähigkeit eines Unterhaltsverpflichteten nicht allein durch sein tatsächlich vorhandenes Vermögen und Einkommen bestimmt werde, sondern auch durch seine Arbeits- und Erwerbsfähigkeit. Diese müsse er so gut wie möglich einsetzen und sich Einkünfte zurechnen lassen, die er bei gutem Willen erzielen könnte (FamRZ 81/341; FamRZ 81/539). Die Verpflichtung zur Aufnahme einer zumutbaren Erwerbstätigkeit entfalle gegenüber unterhaltsberechtigten Kindern nicht ohne weiteres dadurch, daß der Unterhaltsverpflichtete eine neue Ehe eingehe und darin allein die Haushaltsführung übernehme (FamRZ 80/43). Das gelte grundsätzlich auch dann, wenn in dieser Ehe Kinder zu betreuen seien. Gestalte sich der Familienunterhalt bei voller Erwerbstätigkeit des neuen Ehegatten wesentlich günstiger, so müsse es allerdings hingenommen werden, daß der Unterhaltspflichtige die Haushaltsführung und Kinderbetreuung übernehme (FamRZ 82/25). Aus dem Gleichrang der Unterhaltsansprüche der Kinder aus den verschiedenen Ehen folge aber, daß der wiederverheiratete Ehegatte, soweit er im Verhältnis zu anderen, gleichrangig Unterhaltsverpflichteten nicht unverhältnismäßig belastet werde, im allgemeinen seine Auslastung durch Haushaltsführung und Kinderbetreuung auf das unbedingt notwendige Maß beschränken und im übrigen wenigstens eine Nebentätigkeit aufnehmen müsse, um zum Unterhalt seiner Kinder aus der früheren Ehe beitragen zu können (FamRZ 82/590). Letztlich sei die Frage, ob und inwieweit den wiederverheirateten Elternteil eine Erwerbsobliegenheit treffe unter dem Gesichtspunkt der Zumutbarkeit zu beurteilen.

Der BGH hat die Nebenerwerbsobliegenheit und fortdauernde Unterhaltspflicht eines wiederverheirateten haushaltsführenden Ehegatten gegenüber seinen Kindern aus erster Ehe aus der Gleichrangigkeit der Unterhaltsansprüche der Kinder aus erster und zweiter Ehe abgeleitet (FamRZ 82/590). Diese Auslegung der gesetzlichen Regelung ist mit dem Grundgesetz vereinbar.

Die Verantwortung der Eltern für ihre Kinder aus erster Ehe, einschließlich der Befriedigung ihres Lebensbedarfs, erlischt weder durch die Ehescheidung noch durch das Eingehen einer neuen Ehe unabhängig von der Übertragung der elterlichen Sorge (BVerfG, FamRZ 71/421). Dem entspricht es, daß sich aus § 1609 BGB der Gleichrang der Unterhaltsansprüche aller minderjährigen unverheirateten Kinder ergibt und der BGH den geschiedenen Ehegatten, der sich auf die Versorgung seiner zweiten Familie beschränken will, für verpflichtet hält, wenigstens eine zumutbare Nebenbeschäftigung aufzunehmen, um zum Unterhalt seiner Kinder aus erster Ehe beitragen zu können.

Zu der selbstverantwortlichen Lebensführung von Ehegatten, die Kinder haben, gehört der Entschluß, daß ein Ehepartner allein das Familieneinkommen erwirtschaftet und der andere sich der Kinderbetreuung widmet (BVerfG, FamRZ 83/129). Den Ehepartnern steht es danach grundsätzlich frei, diese Entscheidung in der Weise zu treffen, daß der geschiedene Ehegatte, der Kinder aus einer früheren und der jetzigen Ehe hat, zu Hause bleibt und der neue Partner erwerbstätig ist. Eine damit verbundene Leistungsunfähigkeit des Geschiedenen darf aber nicht in unzumutbarer Weise seine Kinder aus der aufgelösten Ehe treffen. Dabei ist auch von Bedeutung, daß der geschiedene Ehegatte, der die Kinder aus der früheren Ehe pflegt und erzieht, eine Aufgabe erfüllt, für die der andere Elternteil ebenfalls aufzukommen hätte, und der geschiedene Ehegatte, soweit er durch Betreuung eines gemeinschaftlichen Kindes an einer Erwerbstätigkeit gehindert ist, sogar nach neuem Recht (§ 1570 BGB) für sich Unterhalt verlangen kann (BVerfG, FamRZ 84/346).

Verfassungsrechtlich kann daher eine Entlassung des Geschiedenen, zur Leistung von Kindesunterhalt grundsätzlich verpflichteten Elternteils aus dem Pflichtenverhältnis, das durch die Gründung der ersten Familie entstanden ist, nicht mit der Ehegestaltungsfreiheit der Partner in einer neuen Ehe gerechtfertigt werden. Nach der Rechtsprechung des BGH haben geschiedene und wiederverheiratete Ehegatten auch entgegen ihrer Planung und Erfüllung von Barunterhaltsverpflichtungen Nebenerwerbstätigkeiten aufzunehmen. Wenn sie diese nicht mit der Betreuung eines Kindes aus der neuen Ehe verbinden können – wie etwa bei Heimarbeit –, müssen sie während der Dauer ihrer beruflichen Tätigkeit von Haushaltsaufgaben durch ihren Ehepartner entlastet werden. Der BGH hat diese Verpflichtung zur Teilübernahme von Pflegeaufgaben trotz Berufstätigkeit aus § 1356 II BGB hergeleitet (FamRZ 80/43). Diese Vorschrift bestimmt, daß Ehegatten zwar grundsätzlich berechtigt sind, berufstätig zu sein; bei der Wahl und Ausübung einer Erwerbstätigkeit haben sie aber auf die Belange des Ehegatten und der Familie Rücksicht zu nehmen. Mit der Verpflichtung zur zeitweisen Übernahme der Versorgung des gemeinschaftlichen Kindes wird der voll erwerbstätige Ehegatte zwar indirekt mit den Folgen aus der Barunterhaltspflicht seines Ehepartners gegenüber dessen Kindern aus erster Ehe belastet; indessen liegt darin keine Verletzung von Art. 6 I GG. Der Partner, mit dem der Unterhaltspflichtige eine neue Ehe eingegangen ist, wußte von der ,,wirtschaftlichen Hypothek", mit der seine Verbindung belastet ist (BVerfG, FamRZ 84/346). Diese Belastung mußten die Ehegatten bei ihrer Entscheidung berücksichtigen, ob der Unterhaltspflichtige seine Erwerbstätigkeit in vollem Umfang aufgeben könne, um sich seiner neuen Familie ausschließlich widmen zu können.

Das OLG geht ferner verfassungsrechtlich bedenkenfrei davon aus, die Bf. müsse ihr Taschengeld zur Befriedigung der Unterhaltsansprüche ihrer Kinder aus erster Ehe einsetzen. Darin liegt insbesondere kein Eingriff in den inneren Bereich der Ehe der Bf. Ob der Schutzbereich des Art. 6 I GG überhaupt berührt ist, wenn es sich um den Zugriff auf Zahlungsansprüche eines Ehegatten handelt, die er gegen seinen Partner hat, kann dahingestellt bleiben; denn jedenfalls ist der Rückgriff auf den Taschengeldanspruch wegen der Elternverantwortung der Bf. für ihre Kinder aus erster Ehe gerechtfertigt. Dadurch kann auch ihr zweiter Ehemann in seinem Grundrecht aus Art. 6 I GG schon deshalb nicht verletzt sein, weil er ohnehin keinen Einfluß auf die Art der Verwendung des Taschengeldes durch seine Frau hat.

74g) FamRZ 80/43, 44 = NJW 80/340, 341
(Hausmannsurteil des BGH)

Die Auffassung des OLG, vom Bekl. habe nicht einmal die Aufnahme einer Nebentätigkeit verlangt werden können, um zum Unterhalt der Kl. beitragen zu können, hält der rechtlichen Nachprüfung nicht stand.

Nach den Feststellungen des OLG hat der Bekl. tatsächlich keine Einnahmen aus einer Erwerbstätigkeit. Ob und inwieweit er gleichwohl im Hinblick auf seine Arbeitskraft als leistungsfähig anzusehen ist, richtet sich danach, ob er in zumutbarer Weise eine Erwerbstätigkeit hätte aufnehmen können (und noch könnte) und welche Einnahmen daraus hätten erzielt werden können. Er ist unterhaltsrechtlich so zu behandeln, als ob er diese Einnahmen tatsächlich erzielt hätte und erzielen würde.

Die unterhaltsrechtliche Obliegenheit, eine zumutbare Erwerbstätigkeit aufzunehmen, entfällt gegenüber minderjährigen unverheirateten Kindern nicht ohne weiteres dadurch, daß der Unterhaltspflichtige eine neue Ehe eingegangen ist und darin im Einvernehmen mit seinem Ehegatten allein die Haushaltsführung übernehmen will. Die Ehegatten können allerdings nach § 1356 I BGB die Haushaltsführung im gegenseitigen Einvernehmen regeln und dabei einem von ihnen – auch dem Ehemann – die Haushaltsführung allein überlassen. Unterhaltsrechtlich entlastet die Haushaltsführung den Ehegatten jedoch nur gegenüber den Mitgliedern der durch die Ehe begründeten Familie und auch dies nur im Regelfall (vgl. §§ 1360 S. 2, 1606 III S. 2 BGB). Minderjährigen unverheirateten Kindern aus einer früheren Ehe, die nicht innerhalb der neuen Familie leben, kommt die Haushaltsführung in dieser Familie weder unmittelbar noch mittelbar zugute. Da diese Kinder den Mitgliedern der neuen Familie unterhaltsrechtlich nicht nachstehen (§ 1609 BGB), darf sich der unterhaltspflichtige Ehegatte nicht ohne weiteres auf die Sorge für die Mitglieder seiner neuen Familie beschränken. Er ist auch dem anderen Ehegatten gegenüber hierzu nicht verpflichtet. Vielmehr darf er gerade im Hinblick auf Unterhaltspflichten gegenüber den mit den Mitgliedern seiner neuen Familie gleichrangig Berechtigten grundsätzlich von seinem auch gegenüber dem anderen Ehegatten bestehenden Recht auf Erwerbstätigkeit Gebrauch machen. Der andere Ehegatte ist nach § 1356 II BGB verpflichtet, insoweit auf die bestehenden Unterhaltspflichten seines Gatten gebührend Rücksicht zu nehmen. Das kann dazu führen, daß er eine Beschränkung der Tätigkeit des Ehegatten im Haushalt und in zumutbarem Umfang auch eine etwa durch die arbeitsbedingte Abwesenheit des Ehegatten verursachte Beeinträchtigung des gemeinschaftlichen Lebens hinnehmen muß.

Im Einklang mit diesen Grundsätzen ist in Rechtsprechung und Literatur einhellig anerkannt, daß ein wiederverheirateter Elternteil durch die Übernahme der Haushaltsführung in der neuen Ehe von seiner Unterhaltspflicht gegenüber minderjährigen unverheirateten Kindern aus einer früheren Ehe jedenfalls dann nicht (völlig) entlastet wird, wenn in der neuen Ehe keine betreuungsbedürftigen Kinder vorhanden sind.

Wenn in der neuen Ehe ein betreuungsbedürftiges Kind vorhanden ist, ändert sich im Grundsatz nichts daran, daß die Unterhaltsansprüche der minderjährigen unverheirateten Kinder aus den verschiedenen Ehen gleichrangig sind und der Unterhaltspflichtige seine Arbeitskraft zum Unterhalt aller Kinder einsetzen muß. Die Übernahme der Betreuung des Kindes aus der neuen Ehe durch den Elternteil, der noch einem gleichrangig unterhaltsberechtigten Kind aus einer früheren Ehe unterhaltspflichtig ist, muß jedoch jedenfalls dann hingenommen werden, wenn sich der Familienunterhalt in der neuen Ehe dadurch, daß der andere Ehegatte voll erwerbstätig ist, wesentlich günstiger gestaltet, als es der Fall wäre, wenn dieser die Kindesbetreuung übernehmen würde und der unterhaltspflichtige Elternteil voll erwerbstätig wäre. In einem solchen Fall – kann es den Ehegatten nicht zugemutet werden, eine für den Familienunterhalt wesentlich ungünstigere Verteilung der Aufgaben in der Ehe nur deshalb zu wählen, um den Unterhaltsanspruch eines weiteren Kindes eines Elternteils aus einer früheren Ehe besser auszugestalten. Insbesondere ist auch der andere Ehegatte nicht verpflichtet, insoweit auf die Unterhaltspflicht seines Partners außerhalb der Ehe nach § 1356 II S. 2 BGB Rücksicht zu nehmen und zum Nachteil seiner Familie eine Erwerbstätigkeit zu unterlassen und stattdessen die Kindesbetreuung zu übernehmen.

Die Gleichrangigkeit des Unterhaltsanspruchs des Kindes aus der früheren Ehe gebietet es allerdings auch unter diesen Umständen, die Beeinträchtigung dieses Anspruchs so gering wie möglich zu halten. Der unterhaltspflichtige Elternteil wird daher im allgemeinen seine Auslastung durch die Betreuung des Kindes aus der neuen Ehe und die Haushaltsführung auf das infolge der Funktionsteilung zwischen den Ehegatten unbedingt notwendige Maß beschränken und im übirgen wenigstens eine Nebentätigkeit aufnehmen müssen, um auch zum Unterhalt seines Kindes aus der früheren Ehe beitragen zu können. Dies gilt jedenfalls insoweit, als er dadurch im Verhältnis zu anderen, gleichrangig Unterhaltsverpflichteten nicht unverhältnismäßig belastet wird. Der neue Ehegatte des Unterhaltspflichtigen kann unter diesen Voraussetzungen nicht verlangen, daß der unterhaltspflichtige Ehepartner seine Arbeitskraft voll der Haushaltsführung und Kindesbetreuung widmet, sondern er muß ihn gegebenenfalls hiervon entsprechend entlasten, ebenso wie er es im Falle einer Vollerwerbstätigkeit des unterhaltspflichtigen Teils hinnehmen müßte, daß die Einnahmen daraus nicht voll zur Bestreitung des Familienunterhalts zur Verfügung stehen, sondern zum Teil auch zum Unterhalt des gleichrangig berechtigten Kindes aus der früheren Ehe verwendet werden.

Bei Anwendung dieser Grundsätze rechtfertigen es die pauschalen Erwägungen des OLG nicht, die Aufnahme einer Nebentätigkeit durch den Bekl. zur Aufbringung von Mitteln für den Unterhalt der Kl. für unzumutbar zu erachten. Da der finanzielle Unterhaltsbedarf der Familie des Bekl. nach den Feststellungen des OLG durch das Gehalt der Ehefrau des Bekl. ausreichend sichergestellt ist, könnte der Bekl. schon aus einer Tätigkeit geringen Umfangs zum Unterhalt der Kl. beitragen. In dem von ihm bereits früher ausgeübten Beruf des Kellners könnte er diese Nebentätigkeit offensichtlich auch zu Zeiten ausüben, in denen ihn seine Ehefrau von der Kindesbetreuung entlasten könnte, etwa abends oder am Wochenende. Daß der Bekl. insoweit von seinem Gesundheits- oder Kräftezustand her Behinderungen unterliegt, ist nicht festgestellt. Ebenso enthält das Urteil keine Feststellungen darüber, daß die Aufnahme einer solchen Nebentätigkeit den Bekl. etwa in Anbetracht besonders günstiger Erwerbs- und Vermögensverhältnisse der gleichrangig unterhaltspflichtigen Mutter der Kl. (§ 1606 III BGB) unverhältnismäßig belasten würde.

Bei den vorstehenden Ausführungen sind die §§ 1356, 1360 BGB in der seit 1. 7. 1977 geltenden Neufassung durch das 1. EheRG berücksichtigt. Für die davor liegende Zeit, für die die Kl. ebenfalls Unterhalt verlangt, ist die Leistungsfähigkeit des Bekl. im Ergebnis nicht anders zu beurteilen. Die Möglichkeit und Zumutbarkeit der Aufnahme einer Erwerbstätigkeit war für den Bekl. auch nach dem früheren Rechtszustand im dargelegten Umfang gegeben.

75. Zur Erwerbsobliegenheit des Berechtigten

75a) FamRZ 81/752, 753 = NJW 81/1782, 1784

(Erwerbsobliegenheit nach § 1361 II BGB)

Auf den Unterhaltsbedarf, der sich aus den festzustellenden ehelichen Lebensverhältnissen ergibt, muß sich die Kl. den Verdienst aus einer Erwerbstätigkeit, die nach § 1361 II BGB von ihr erwartet werden kann, anrechnen lassen. Da das OLG offengelassen hat, ob sie tatsächlich eine entsprechende Arbeitsstelle finden konnte oder nicht, ist zugunsten des Bekl. für dieses Revisionsverfahren davon auszugehen, daß sie durch Halbtagstätigkeit das vom OLG für erzielbar gehaltene Einkommen tatsächlich erzielen konnte.

75b) FamRZ 83/569, 571 = NJW 83/1548, 1549

(Zur Verschärfung der Erwerbsobliegenheit bei § 1581 BGB)

Im Rahmen der Zumutbarkeitsprüfung ist nicht berücksichtigt worden, daß der Kl. neben der Betreuung zweier, noch dazu jüngerer gemeinschaftlicher Kinder einer Ganztagstätigkeit nachgeht. Außerdem ist seine Leistungsfähigkeit trotz des vollständigen Einsatzes seines Einkommens so begrenzt, daß die neben dem Kindesunterhalt aufzubringenden Unterhaltsleistungen für die Bekl. nach der Beurteilung des OLG den eigenen angemessenen Unterhalt des Kl. beeinträchtigen und damit die Voraussetzungen des § 1581 BGB begründet sind. Dieser Umstand kann auf die im Rahmen von § 1570 BGB vorzunehmende Zumutbarkeitsprüfung nicht ohne Einfluß bleiben. Er muß zu einer Verschärfung der in diesem Zusammenhang an den Unterhaltsberechtigten zu stellenden Anforderungen führen. Das gilt zumindest dann, wenn dadurch die Interessen des zu betreuenden Kindes nicht beeinträchtigt werden. Davon ist hier jedoch auszugehen. Jedenfalls hat die in der Obhut der Bekl. lebende eheliche Tochter Kerstin im Zeitpunkt der Berufungsentscheidung mit 15½ Jahren bereits ein Alter erreicht, in dem ein Kind den betreuenden Elternteil in zeitlicher Hinsicht regelmäßig nicht mehr so beansprucht, daß sich die Pflege und Erziehung des Kindes bei entsprechend erhöhtem Einsatz grundsätzlich nicht auch neben einer Vollerwerbstätigkeit bewältigen lassen.

75c) FamRZ 85/273, 274 = NJW 85/806, 807
(Zur Erwerbspflicht und zur Bedürftigkeit Volljähriger)

Wenn es sich darum handelt, ob ein erwachsenes, gesundes Kind seine Eltern auf Unterhalt in Anspruch nehmen kann, sind an die Beurteilung, dieses sei außerstande, seinen Lebensunterhalt selbst zu verdienen, strenge Anforderungen zu stellen. Die Vorschrift des § 1602 I BGB gibt der wirtschaftlichen Eigenverantwortung den Vorrang. Demnach ist ein Volljähriger, der sich nicht in der Berufsausbildung befindet, zunächst ausschließlich für sich selbst verantwortlich. Eine Unterhaltspflicht Verwandter für ihn setzt daher erst ein, wenn er sich nicht selbst unterhalten kann (OLG Köln, FamRZ 83/942). Er ist nach Abschluß seiner Ausbildung gehalten, auch berufsfremde Tätigkeiten aufzunehmen, wenn es ihm nicht möglich ist, in dem erlernten Beruf sein Auskommen zu finden. Dabei sind ihm auch Arbeiten unterhalb seiner gewohnten Lebensstellung zuzumuten. Erst danach kommt eine Inanspruchnahme der Eltern in Betracht (OLG Zweibrücken, FamRZ 83/291). Für die Obliegenheit des erwachsenen Unterhaltsgläubigers zur Nutzung seiner Arbeitskraft gelten mithin ähnliche Maßstäbe wie für den barunterhaltspflichtigen Elternteil im Verhältnis zu dem minderjährigen Kind.

Die strengere Beurteilung der Bedürftigkeit beeinflußt auch die Antwort auf die Frage, ob und unter welchen Umständen ein erwachsener Abkömmling wegen der Betreuung eines Kindes von der Erwerbsobliegenheit freigestellt und deshalb seinen Eltern gegenüber als unterhaltsbedürftig anzusehen ist.

76. BGH zu den Bemühungen um eine Arbeit
FamRZ 82/255, 256, 257 = NJW 82/1873, 1874, 1875

Das OLG hat zunächst den Elementarunterhalt der AGg. bemessen. Dabei ist es davon ausgegangen, daß die AGg. zu einer Erwerbstätigkeit verpflichtet sei, die ihr allerdings wegen ihres Alters und ihrer Krankheit nur im Umfange einer Halbtagstätigkeit zugemutet werden könne. Da sie über Erfahrungen als Kontoristin im Verwaltungs- und kaufmännischen Bereich verfüge und in der Lage sei, wenigstens einfache englische Korrespondenz zu erledigen, könne sie im Weg einer Halbtagstätigkeit monatlich 800 DM netto verdienen. Diesen Betrag hat das OLG daher als erzielbares eigenes Einkommen der AGg. zugrunde gelegt und ihr lediglich einen ergänzenden Unterhalt nach § 1573 II BGB zugesprochen. Hiergegen wendet sich die AGg. ohne Erfolg. Sie macht geltend, daß sie aufgrund ihres Alters eine Tätigkeit, wie sie ihr vom OLG zugemutet werde, nicht finden könne, und rügt, sie habe in der Berufungsinstanz unter Beantragung einer Auskunft des Arbeitsamtes vorgetragen, daß sie sich dort bereits dreimal um Arbeit bemüht habe, aber „absolut vermittlungsunfähig" sei.

Diese Rüge hat keinen Erfolg. Das OLG hat den Vortrag, daß die AGg. sich dreimal erfolglos beim Arbeitsamt um eine Erwerbstätigkeit bemüht habe, als wahr unterstellt, damit indessen noch nicht den Beweis als erbracht angesehen, daß sie keine Stellung zu finden vermöge. Es hat den Standpunkt vertreten, daß sich die AGg. auch auf sonstige Weise, insbesondere durch Bewerbungen auf Stellenangebote in Zeitungsanzeigen, um eine Beschäftigung hätte bemühen müssen, weil sich auf diesem Wege erfahrungsgemäß auch bei Erfolglosigkeit der Vermittlung des Arbeitsamtes insbesondere auch für ältere weibliche Angestellte mit Erfahrungen im kaufmännischen und im Verwaltungsbereich Chancen zur Erlangung einer Anstellung ergäben. Da ihr der Beweis für ihre Unterhaltsbedürftigkeit obliege, habe sie im einzelnen dartun und beweisen müssen, was sie in dieser Hinsicht unternommen habe. Da das jedoch nicht geschehen sei, müsse von ihrer Erwerbsmöglichkeit ausgegangen werden. Das ist aus Rechtsgründen nicht zu beanstanden.

77. BGH zu zumutbaren Maßnahmen zur Wiederherstellung der Erwerbsfähigkeit
FamRZ 81/1042, 1043 = NJW 81/2805, 2806

Kann der Unterhalt begehrende Ehegatte nach der Trennung darauf verwiesen werden, seinen Unterhalt durch eine Erwerbstätigkeit selbst zu verdienen, so ist er, falls er die mögliche Aufnahme einer zumutbaren Erwerbstätigkeit unterläßt, nicht als unterhaltsbedürftig anzusehen, weil er in der Lage ist, sich selbst zu unterhalten (§ 1602 I BGB). Setzt sich der Ehegatte außerstande, eine solche Erwerbstätigkeit aufzunehmen, so kann darin ein Verhalten liegen, das die Härteregelung des § 1579 I Nr. 3 BGB erfüllt. Entsprechendes muß auch gelten, wenn der Ehegatte zwar zur Aufnahme der Erwerbstätigkeit außerstande ist, aber, wie es der Bekl. der Kl. entgegengehalten hat, die notwendigen und zumutbaren Maßnahmen zur Herstellung seiner Erwerbsfähigkeit unterläßt und dadurch seine Bedürftigkeit herbeiführt.

78. BGH zur „Rentenneurose" FamRZ 84/660, 661 = NJW 84/1816, 1817, 1818

Bedürftig ist auch, wer infolge einer seelischen Störung erwerbsunfähig ist. Allerdings hat der BGH im Schadensersatzrecht Grundsätze zur Haftungsbegrenzung entwickelt, die bei sog. Rentenneurosen dann eingreifen, wenn die seelische Störung erst durch das – wenn auch unbewußte – Begehren nach einer Lebenssicherung oder durch die Ausnutzung einer vermeintlichen Rechtsposition ihr Gepräge erhält und der Unfall zum Anlaß genommen wird, den Schwierigkeiten des Arbeitslebens auszuweichen (grundlegend BGHZ 20/137). Damit wird dem Gesichtspunkt Rechnung getragen, daß die Wiedereinführung neurotisch labiler Personen in den sozialen Lebens- und Pflichtenkreis durchweg gerade dann scheitert, wenn Aussicht besteht, ein bequemes Renteneinkommen weiterzuerhalten, und daß dem Rentenneurotiker, dessen Verhalten wesentlich von Begehrensvorstellungen bestimmt ist, seine Flucht in die Krankheit rechtlich nicht „honoriert" werden darf. Laufende Zahlungen sollen nicht zur Verfestigung eines Zustandes beitragen, der letztlich der körperlichen und seelischen Gesundung des Geschädigten abträglich ist (BGHZ 20/137).

Entsprechende Erwägungen gelten im Recht der gesetzlichen Rentenversicherung: Erforderlich für die Anerkennung ist dort, daß die seelische Störung aus eigener Kraft nicht überwindbar ist. Wenn vorhergesagt werden kann, daß eine Rentenablehnung die neurotischen Erscheinungen des Versicherten verschwinden läßt, so muß die Rente versagt werden, weil es mit dem Sinn und Zweck der Rentengewährung bei Berufsunfähigkeit nicht zu vereinbaren ist, daß gerade die Rente den Zustand aufrecht erhält, dessen nachteilige Folgen sie ausgleichen soll (BSG, NJW 64/2223, 2224).

Die Notwendigkeit, bestimmte Fälle der Rentenneurose nicht zu „honorieren", stellt sich auch im Unterhaltsrecht. Das hat das OLG indes nicht verkannt. Es hat in Anlehnung an die Rechtsprechung des BGH zum Haftungsrecht und an die Rechtsprechung des BSG darauf abgehoben, ob die seelische Störung der Kl. so übermächtig ist, daß sie sie auch nach Aberkennung des Unterhaltsanspruchs nicht wird überwinden können, sondern arbeitsunfähig bleiben wird. Im Unterhaltsrecht, das zwischen geschiedenen Ehegatten auf der Fortwirkung der ehelichen Beistandspflichten im Sinn einer nachehelichen Solidarität und im übrigen auf der Verwandtschaft von Gläubiger und Schuldner beruht, kann den Auswirkungen von seelischen Störungen und Fehlreaktionen jedenfalls keine geringere rechtliche Bedeutung beigemessen werden als im Haftungs- und Sozialversicherungsrecht. Freilich ist hier wie dort wegen der „Simulationsnähe" zahlreicher Neurosen stets Wachsamkeit des Sachverständigen und des Tatrichters geboten.

79. BGH zum fiktiven Einkommen FamRZ 84/374, 376 = NJW 84/1458, 1460

Es entspricht der übereinstimmenden Auffassung in Rechtsprechung und Schrifttum, daß ein Unterhaltspflichtiger, der einer zumutbaren und tatsächlich möglichen Erwerbstätigkeit nicht nachgeht, sich unterhaltsrechtlich so behandeln lassen muß, als wenn er das daraus erreichbare Einkommen tatsächlich erzielt hätte (NJW 80/340).

80. BGH zur Anrechnung von Einkünften aus unzumutbarer Erwerbstätigkeit nach § 1577 II BGB

80a) FamRZ 83/146 bis 150 = NJW 83/933 bis 936

(Zur Auslegung und Anwendung des § 1577 II BGB)

In § 1577 II BGB ist geregelt, inwieweit das Einkommen aus einer unzumutbaren Erwerbstätigkeit des Unterhaltsberechtigten anzurechnen ist. Die Vorschrift hat zwar ihren Platz im Recht des Geschiedenenunterhalts; ihre Grundsätze können aber auch bei einer Beurteilung des Trennungsunterhalts nicht außer acht gelassen werden. Vor allem muß gewährleistet sein, daß bei an sich gleicher Sachlage der Anspruch auf Trennungsunterhalt nicht niedriger ausfällt als derjenige für die nacheheliche Zeit. Aus diesem Grunde ist auch im Rahmen von § 1361 BGB notwendig, die Anrechnung der betreffenden Einkünfte nach den Grundsätzen zu beurteilen, die sich aus § 1577 II BGB ergeben.

Nach § 1577 II BGB sind Einkünfte aus unzumutbarer Erwerbstätigkeit nicht anzurechnen, soweit der Verpflichtete nicht den vollen Unterhalt (§ 1578) leistet. Einkünfte, die den vollen Unterhalt übersteigen, sind insoweit anzurechnen, als dies unter Berücksichtigung der beiderseitigen wirtschaftlichen Verhältnisse der Billigkeit entspricht. Über das Verständnis dieser Vorschrift herrscht Streit. Weitgehende Einigkeit besteht darüber, daß § 1577 II BGB nicht die Anrechnung von Einkünften aus zumutbarer Erwerbstätigkeit regelt. Davon geht auch der Senat aus.

Die Anwendung des § 1577 II BGB hängt nicht davon ab, daß der Unterhaltsschuldner die Aufnahme jener Erwerbstätigkeit durch seine Säumnis oder sonst eine unvollständige Erfüllung seiner Unterhaltspflicht veranlaßt hat. Überhaupt kommt es nicht darauf an, ob die Unterhaltsleistung des Schuldners seine jeweilige Unterhaltsverpflichtung erfüllt oder nicht. Für den Umfang der Nichtanrechnung der Einkünfte ist vielmehr maßgebend, inwieweit eine Unterhaltsleistung des Schuldners – zusammen mit etwaigen Einkünften des Berechtigten aus anderweitiger, zumutbarer Erwerbstätigkeit – hinter dessen vollem Unterhalt zurückbleibt. Das insoweit verbleibende Defizit bildet den Rahmen, innerhalb dessen die betreffenden Einkünfte des Berechtigten nach § 1577 II 1 BGB von einer Anrechnung ausgenommen bleiben, während sich die Anrechnung der darüber hinausgehenden Einkünfte nach § 1577 II 2 BGB bestimmt. Es ist nicht gerechtfertigt, dem Berechtigten die Vergünstigung des § 1577 II BGB nur für solche Einkünfte aus unzumutbaren Tätigkeiten zu eröffnen, die durch die Nichterfüllung der Unterhaltspflicht des Schuldners veranlaßt sind, und andere Einkünfte aus einer nicht gebotenen Arbeit, die etwa aus Neigung, zum Abbau drückender Lasten, zur Erhöhung des eigenen Lebensstandards oder (auch) zur Verbesserung der Lebensverhältnisse sorgebefohlener Kinder übernommen worden ist, nach § 1577 I BGB uneingeschränkt zur Anrechnung heranzuziehen. Eine derartige restriktive Anwendung der Vorschrift stände im Gegensatz zu den bereits dargelegten Grundsätzen, nach denen der Senat in ständiger Rechtsprechung die Berücksichtigung entsprechender Einkünfte auf seiten des Unterhaltspflichtigen beurteilt, und wäre so geeignet, die Waffengleichheit zwischen Unterhaltsgläubiger und Unterhaltsschuldner zu beeinträchtigen. Eine solche Anwendung ist nach der (freilich schwerverständlichen und auslegungsbedürftigen) Gesetzesfassung auch nicht geboten. Unter diesen Umständen erscheint es gerechtfertigt, sämtliche Einkünfte aus nicht zumutbarer Erwerbstätigkeit in der Frage der Anrechnung auf seiten des Unterhaltsberechtigten gleichermaßen nach den Regeln des § 1577 II BGB zu behandeln.

Zur Feststellung des Freibetrages nach § 1577 II 1 BGB hat das OLG den vollen Unterhaltsbedarf mit DM 2000 bemessen. Dabei ist es davon ausgegangen, daß als maßgebende eheliche Lebensverhältnisse im Sinne von § 1578 BGB die Verhältnisse zugrunde zu legen seien, die sich – unter Einschluß der Einkünfte aus unzumutbarer Tätigkeit – aus dem Gesamteinkommen der Parteien im Zeitpunkt der Scheidung ergeben. Das der gesamten fünfköpfigen Familie zur Verfügung stehende Einkommen habe sich in jenem Zeitpunkt und auch bereits längere Zeit zuvor auf 5662,69 DM netto im Monat belaufen. Davon seien den Parteien – nach Abzug der für den Unterhalt der Kinder anzusetzenden Beträge – 4112,69 DM für den vollen Unterhalt verblieben. Da der Bekl. den größeren Teil zu den Gesamteinkünften beigesteuert habe und wegen seiner unfallbedingten Behinderung im Rahmen seiner persönlichen Versorgung erhöhten Aufwand habe, erscheine es angemessen, von einem vollen Unterhaltsbedarf der Kl. in Höhe von 2000 DM auszugehen. Dieser Bedarf verringere sich allerdings um den Betrag von DM 300, der der Kl. für die Versorgung ihres Lebensgefährten zuzurechnen sei. Der sich danach ergebende (Rest)-Bedarf von 1700 DM monatlich stellt nach Ansicht des OLG den Betrag dar, bis zu dem die vom Bekl. geschuldete monatliche Unterhaltsrente durch die Erwerbseinkünfte anrechnungsfrei aufzustocken ist.

Nicht zu beanstanden ist, daß das OLG diesen Betrag von dem zunächst ermittelten Unterhaltsbetrag abgesetzt hat. Wie das OLG zutreffend ausgeführt hat, ist die Versorgung des Zeugen für die Kl. durchaus mit der Betreuung der Kinder in Einklang zu bringen. Damit besteht der Unterhaltsanspruch der Kl. nach § 1570 BGB von vornherein nur insoweit, als ihr voller Unterhalt nicht durch die Vergütung für jene einer zumutbaren Erwerbstätigkeit gleich zu erachtenden Versorgung gedeckt ist (FamRZ 80/40, 43). Einer solchen unterhaltsmindernden Berücksichtigung jenes Betrags steht § 1577 II BGB nicht entgegen, weil sich die Anrechnung von Einkünften aus zumutbarer Erwerbstätigkeit nicht nach dieser Vorschrift bestimmt. Bedenken bestehen dagegen, daß das OLG bei der Bestimmung der ehelichen Lebensverhältnisse, die für den vollen Unterhaltsbedarf der Kl. nach § 1578 I BGB maßgeblich sind, auch die Einkünfte der Kl. aus unzumutbarer Erwerbstätigkeit herangezogen hat. Allerdings hat die Kl. diese Tätigkeit nicht erst nach der Scheidung, sondern bereits während des Getrenntlebens der Parteien, mithin zu einer Zeit aufgenommen, als Veränderungen in den Einkommensverhältnissen der Parteien die ehelichen Eheverhältnisse grundsätzlich noch beeinflussen konnten (ständige Rechtsprechung des Senats, zuletzt FamRZ 82/892 m.w.N.; zur Aufnahme einer Erwerbstätigkeit nach der Scheidung, FamRZ 82/255, 257). Indessen ist anerkannt, daß der Unterhaltsbedarf nur an solchen Lebensverhältnissen während der Ehe ausgerichtet werden kann, die dauernden Bestand gewonnen haben oder wenigstens die Gewähr der Stetigkeit in sich tragen. Soweit es hierbei auf das Einkommen der Ehegatten ankommt, kann nur auf nachhaltig erzielte, dauerhafte Einkünfte abgestellt werden, die den ehelichen Lebensstandard prägen (FamRZ 82/255, 257; FamRZ 82/576, 577).

Von derartigen Einkünften kann bei der Aufnahme einer unzumutbaren Erwerbstätigkeit nicht ausgegangen werden. Die Beurteilung einer Tätigkeit als unzumutbar bedeutet zugleich, daß derjenige, der sie ausübt, unterhaltsrechtlich nicht gehindert ist, sie jederzeit zu beenden, gleichgültig, ob er Unterhaltsschuldner ist und möglicherweise seine Leistungsfähigkeit herabsetzt oder ob er sich in der

Rolle des Unterhaltsgläubigers befindet und seine Bedürftigkeit erhöht. Nimmt ein unterhaltsbedürftiger Ehegatte nach der Trennung eine unzumutbare Erwerbstätigkeit auf, so geschieht das in aller Regel nicht zur Verbesserung der beiderseitigen Lebensverhältnisse oder zur Entlastung des unterhaltspflichtigen Partners, sondern zur Erhöhung des eigenen Lebensstandards oder sonst zur Erlangung zusätzlicher Mittel. Diese Möglichkeit wird ihm durch die vom Gesetz vorgesehene Einschränkung der Anrechnung von Einkünften aus solcher Tätigkeit eröffnet. Deshalb kann sich ein Unterhaltsschuldner, dessen getrenntlebender Partner eine derartige Tätigkeit aufnimmt, bei der Gestaltung seiner eigenen Lebensverhältnisse weder auf die Fortdauer dieser Tätigkeit noch darauf einrichten, durch die aus der Tätigkeit fließenden Einkünfte des Gläubigers nachhaltig entlastet zu werden. Bei dieser Sachlage können jene Einkünfte nicht als ein die Lebensverhältnisse beider Ehegatten dauerhaft prägender Umstand gewertet werden. Zu demselben Ergebnis führt der in der Senatsrechtsprechung hervorgetretene Gesichtspunkt, daß Veränderungen im Einkommen der Ehegatten während der Trennung die ehelichen Lebensverhältnisse dann nicht mehr beeinflussen, wenn sie auf einer unerwarteten, vom Normalverlauf erheblich abweichenden Entwicklung beruhen (FamRZ 82/575, 576 und 576, 578). Als eine derartige, aus objektiver Sicht nicht zu erwartende, außergewöhnliche Entwicklung ist auch die Aufnahme einer unzumutbaren Erwerbstätigkeit anzusehen (FamRZ 82/892). Gegen die Berücksichtigung der daraus resultierenden Einkünfte im Rahmen der ehelichen Verhältnisse spricht schließlich auch ein schwerwiegender praktischer Grund. Würden die ehelichen Lebensverhältnisse und damit der volle Unterhaltsbedarf (§ 1578 I BGB) durch Einkünfte aus einer während des Getrenntlebens aufgenommenen unzumutbaren Erwerbstätigkeit beeinflußt, so hätte es ein getrenntlebender Unterhaltsgläubiger in der Hand, durch einen entsprechenden Einsatz seinen unterhaltsrechtlich anzuerkennenden Lebensbedarf zu erhöhen mit der Folge, daß ihm bei einer jederzeit möglichen Beendigung der Erwerbstätigkeit ein entsprechend höherer Unterhaltsanspruch zustände.

Unter diesen Umständen erscheint es geboten, derartige Einkünfte des unterhaltsberechtigten Ehegatten bei der Bemessung seines vollen Unterhaltsbedarfs unberücksichtigt zu lassen. Ob andererseits Einkünfte aus zumutbarer Tätigkeit stets die ehelichen Lebensverhältnisse prägen, braucht hier nicht entschieden zu werden.

Danach sind als maßgebend die Lebensverhältnisse zugrunde zu legen, die sich aus dem verbleibenden Einkommen der Ehegatten ergeben. Die Aufteilung dieses Einkommensbetrags auf die Ehegatten bietet allerdings noch keine Gewähr, daß die auf den Unterhaltsberechtigten entfallende Quote ausreicht, um dessen vollen Unterhaltsbedarf zu decken. Ein Zurückbleiben jener Quote hinter dem Betrag des vollen Unterhalts ist insbesondere im Hinblick auf etwaige Mehrkosten möglich, die den Ehegatten infolge ihrer Trennung erwachsen und dazu führen können, daß der Berechtigte mit den Mitteln der Unterhaltsquote den ehelichen Lebensstandard nicht mehr aufrechterhalten kann. Ein solcher Mehrbedarf ist bei der Bestimmung des vollen Unterhalts zu berücksichtigen. Seine Höhe ist vom Tatrichter unter Berücksichtigung der Umstände des einzelnen Falles zu ermitteln, wobei es diesem nicht verwehrt ist, unter Zuhilfenahme allgemeiner Erfahrungssätze nach § 287 ZPO zu verfahren (FamRZ 82/255). Soweit die Einkünfte der Kl. aus unzumutbarer Erwerbstätigkeit den nach § 1577 II 1 BGB anrechnungsfrei zu belassenden Betrag übersteigen und sie nach Maßgabe des Satzes 2 der Vorschrift anzurechnen sind, ist dieser Betrag nicht wie das sonstige Einkommen der Kl. in die Differenzberechnung des beiderseitigen Einkommens einzubeziehen, sondern vom Unterhaltsbetrag, den der Bekl. – ohne Berücksichtigung der Einkünfte der Kl. aus unzumutbarer Tätigkeit – an sich schulden würde, abzurechnen. Das ergibt sich aus dem dargelegten Verständnis der für die Bestimmung des vollen Unterhalts maßgebenden ehelichen Verhältnisse. Insoweit gelten für die Berücksichtigung des anzurechnenden Teils des Einkommens aus unzumutbarer Tätigkeit die gleichen Erwägungen wie für die Anrechnung von Einkünften aus einer nach der Ehescheidung einsetzenden Erwerbstätigkeit, die die ehelichen Lebensverhältnisse gleichfalls beeinflussen (FamRZ 82/255, 257).

Das OLG ist auf der Grundlage seiner bisherigen Bemessung des vollen Unterhalts zu dem Ergebnis gelangt, daß der Bekl. außerstande sei, den Unterhaltsbedarf der Kl. ohne Gefährdung seines eigenen angemessenen Unterhalts zu decken. Deshalb sei er nur nach Maßgabe einer Billigkeitswertung nach § 1581 BGB zur Unterhaltszahlung verpflichtet. Sollte das Gericht auch bei der neuen Verhandlung und Entscheidung zu dem Ergebnis gelangen, daß der Bekl. gemäß § 1581 S. 1 BGB nur insoweit Unterhalt zu leisten braucht, als es mit Rücksicht auf die Bedürfnisse und die Erwerbs- und Vermögensverhältnisse der Parteien der Billigkeit entspricht, so hat es in die nach § 1581 BGB vorzunehmende Entscheidung auch die Frage einzubeziehen, ob es die Billigkeit erfordert, die Einkünfte der Kl. aus unzumutbarer Erwerbstätigkeit über das in § 1577 II S. 1 BGB vorgesehene Maß hinaus anzurechnen.

80b) FamRZ 84/365, 366

(Keine Prägung der ehelichen Lebensverhältnisse durch Einkommen aus unzumutbarer Erwerbstätigkeit)

Das OLG hat die ehelichen Lebensverhältnisse, die nach § 1578 I BGB für den vollen Unterhaltsbedarf maßgebend sind, im Grundsatz zu Recht an den wirtschaftlichen Verhältnissen zur Zeit der Scheidung gemessen (FamRZ 82/360 und FamRZ 82/576). Bedenken bestehen jedoch, soweit es der Bestimmung der ehelichen Lebensverhältnisse das Einkommen der Ehefrau aus ihrer ganztägigen Erwerbstätigkeit zugrundegelegt hat, ohne zu prüfen, ob ihr diese Vollzeittätigkeit zuzumuten war. Der Senat kann nicht davon ausgehen, daß dies der Fall ist. Zur Zeit der Ehescheidung war der jüngste Sohn der Parteien erst neun Jahre alt. Die Ehefrau hatte für ihn zu sorgen. Im allgemeinen wird die Erziehung und Pflege eines Kindes dieses Alters eine – jedenfalls ganztägige – Erwerbstätigkeit der Mutter als unzumutbar erscheinen lassen (FamRZ 81/17, 18). Allerdings mögen, wie in der Revisionsverhandlung geltend gemacht worden ist, besondere Umstände in der Ehe der Parteien, die durch das sehr viel höhere Alter des Ehemannes und die – im Berufungsurteil als „einfach" bezeichneten – wirtschaftlichen Verhältnisse (FamRZ 81/17, 18 und FamRZ 82/148, 150) ihr Gepräge erhielten, unter Umständen eine abweichende Beurteilung rechtfertigen.

Wenn der Ehefrau die ganztätige Erwerbstätigkeit nicht zuzumuten war, bestehen Bedenken, bei der Ermittlung der ehelichen Lebensverhältnisse den Mehrerwerb zugrunde zu legen, den sie durch den Übergang zur Vollzeitarbeit erzielt hat. Denn das zur Zeit der Scheidung bezogene Arbeitseinkommen bestimmt die ehelichen Lebensverhältnisse nur insoweit, wie es sich um nachhaltig erzielte, dauerhafte Einkünfte handelt, die den ehelichen Lebensstandard prägen (FamRZ 82/255, 257 und FamRZ 82/576, 577). Von derartig dauerhaften Einkünften kann nicht ausgegangen werden, soweit sie aus einer unzumutbaren Tätigkeit stammen. Die Kennzeichnung einer Tätigkeit als unzumutbar bedeutet, daß derjenige, der sie ausübt, unterhaltsrechtlich nicht gehindert ist, sie jederzeit wieder zu beenden, gleichgültig ob er – wie hier die Ehefrau – Unterhaltsschuldner ist und dadurch möglicherweise seine Leistungsfähigkeit herabsetzt oder ob er sich in der Rolle des Unterhaltsgläubigers befindet und seine Bedürftigkeit erhöht. Das hat der Senat (FamRZ 83/146, 149) für einen Fall entschieden, in dem die unzumutbare Tätigkeit während der Trennung der Parteien aufgenommen war. Im vorliegenden Fall ist die Ehefrau nach ihrem unwidersprochenen Vortrag zwar vor der Trennung aber erst zur Zeit der Einreichung der Scheidungsklage, auf die die Ehe geschieden worden ist, von der zuvor halbtätigen Arbeit zur Vollzeiterwerbstätigkeit übergegangen. Zu dieser Zeit hatte sich der Ehemann nach ihrem Vorbringen bereits weithin von dem Zusammenleben mit ihr und den Kindern zurückgezogen. Die Ausdehnung der Berufstätigkeit beruhte somit nach dem Vortrag der Ehefrau anscheinend nicht auf einem gemeinsamen Entschluß der Ehegatten. Das Vorbringen der Ehefrau legt damit die Annahme nahe, daß sie sich zu der Ganztagsarbeit allein aus Gründen der Unterhaltssicherung für sich und die Kinder angesichts des bereits zutage getretenen Scheiterns der Ehe entschlossen hat. Diese Mehrarbeit ist nicht anders zu behandeln als eine nach der Trennung aufgenommene. Auch dann, wenn die Übernahme der Ganztagsbeschäftigung nicht unzumutbar war, ist der daraus herrührende Mehrverdienst nicht ohne weiteres bei der Bestimmung der ehelichen Lebensverhältnisse zu berücksichtigen. Einkünfte eines Ehegatten aus einer nach der Trennung aufgenommenen oder erweiterten Erwerbstätigkeit wirken sich auf die ehelichen Lebensverhältnisse nur dann aus, wenn die Arbeit ohnehin aufgenommen bzw. erweitert worden wäre (FamRZ 84/149ff.). Dasselbe muß im vorliegenden Fall gelten, wenn die Ehefrau ihre berufliche Tätigkeit angesichts des bereits zutage getretenen Scheiterns der Ehe ausgeweitet hat.

81. Zur Anrechnung von Einkommen aus unzumutbarer Tätigkeit des berechtigten Ehegatten nach altem Recht

81a) FamRZ 83/146, 148 = NJW 83/933

(Anrechnung nach Treu und Glauben)

Nach altem Recht ist die Frage der Anrechenbarkeit von Einkünften aus einer über das gebotene Maß hinaus ausgeübten Erwerbstätigkeit des unterhaltsbedürftigen Ehegatten nach Treu und Glauben zu beurteilen. Danach erscheint es angemessen, (in diesem Fall) der Kl. den halben Arbeitsverdienst als Einkommen anzurechnen.

81b) FamRZ 80/771, 772 = NJW 81/2081, 2082

(Bei der Anrechnung zu berücksichtigende konkrete Umstände)

Nicht ausdrücklich festgestellt ist allerdings, ob es sich bei der fraglichen Erwerbstätigkeit der Kl. um eine Voll- oder (wofür die Höhe des Lohnes spricht) um eine Teilzeitbeschäftigung handelt und wie lang die Arbeitszeit ist. Liegt diese über dem Maß dessen, was der Kl. neben der Kindesbetreuung an sich zuzumuten ist, so muß das nicht ohne weiteres dazu führen, daß ihr Einkommen bei der

Bemessung des Unterhalts in entsprechender Höhe unberücksichtigt gelassen werden müßte. Vielmehr ist die Frage der Anrechenbarkeit dann nach Treu und Glauben unter Berücksichtigung der Umstände des Einzelfalls zu beurteilen (FamRZ 79/210, 211). Daß der vorliegenden Entscheidung über die Nichtberücksichtigung des Einkommens der Kl. derartige, auf die konkreten Verhältnisse des Falles abgestellte Erwägungen zugrunde lägen, ist nicht ersichtlich. Dazu hätte es insbesondere auch einer näheren Auseinandersetzung damit bedurft, daß zugleich auf seiten des Bekl. mit den Erträgnissen aus dessen Überstunden in Höhe von etwa 203 DM monatlich Beträge mit berücksichtigt worden sind, bei denen sich in der Frage ihrer Anrechnung gewisse Parallelen zu dem fraglichen Einkommensteil der Kl. ergaben.

81c) FamRZ 79/210, 211

(Zumutbarkeitsgesichtspunkte, die bei der Anrechnung zu berücksichtigen sind)

Obwohl § 58 I EheG seinem Wortlaut nach die Anrechnung von Erträgnissen einer Erwerbstätigkeit auf den Unterhaltsanspruch ohne Einschränkung vorschreibt, sind nach der in Rechtsprechung und Schrifttum herrschenden Meinung Zumutbarkeitsgesichtspunkte bei der Anrechnung zu berücksichtigen. Das OLG hat sich dem angeschlossen und geprüft, in welchem Umfang der Kl. die Anrechnung ihres Einkommens auf den Unterhalt zumutbar war und ist.

Die Erwägungen des OLG, mit denen es zu einer Anrechenbarkeit des Einkommens in Höhe von monatlich 2000 DM gekommen ist, sind rechtlich nicht zu beanstanden. Der Umstand, daß die Kl. in der Ehe – jedenfalls im Zeitpunkt der Scheidung – nicht berufstätig war, machte die Aufnahme der Berufstätigkeit noch nicht unzumutbar. Ob und in welchem Umfang die Kl. von einer Erwerbstätigkeit hätte absehen dürfen, um ihre beiden minderjährigen Töchter persönlich zu betreuen und zu erziehen, kann dahingestellt bleiben. Wenn sich die Kl. freiwillig zur Aufnahme einer ganztägigen Berufstätigkeit entschloß, während die Kinder in Ganztagsschulen versorgt wurden, mußte das nicht ohne weiteres dazu führen, daß ihr Einkommen bei der Bemessung des Unterhaltsanspruchs nicht berücksichtigt werden durfte. Die Frage ist vielmehr nach Treu und Glauben unter Berücksichtigung der Umstände des Einzelfalles zu beurteilen. Das OLG hat seine Entscheidung, in welchem Umfang eine Anrechnung des Einkommens der Kl. auf ihren Unterhaltsanspruch zumutbar erscheint, anhand der konkreten Lebensumstände begründet. Die Beurteilung liegt im wesentlichen auf tatrichterlichem Gebiet. Daß das OLG die rechtliche Tragweite des Begriffs der Zumutbarkeit verkannt hätte, ist nicht ersichtlich.

82. BGH zur Anrechnung von Einkommen aus unzumutbarer Tätigkeit des Verpflichteten nach neuem Recht

82a) FamRZ 82/779, 780 = NJW 82/2664

(Anrechnung nach Treu und Glauben)

Selbst wenn der Verpflichtete seine Erwerbstätigkeit hätte einschränken dürfen, um die Betreuung der Kinder in größerem Umfang persönlich wahrnehmen zu können, würde dies nicht zu Folge haben, daß das Einkommen aus der über das gebotene Maß hinaus ausgeübten Erwerbstätigkeit bei der Unterhaltsbemessung unberücksichtigt bleiben müßte. Die Frage, in welchem Umfang ein solches (Mehr-)Einkommen bei der Unterhaltsbemessung anzurechnen ist, muß nach den Grundsätzen von Treu und Glauben unter Berücksichtigung der Umstände des Einzelfalls beantwortet werden. Damit steht es im Einklang, das Einkommen aus einer trotz der Kinderbetreuung ausgeübten Berufstätigkeit unter Abzug des Betrages anzusetzen, der für die infolge dieser Berufstätigkeit notwendig gewordenen anderweitigen Betreuung der Kinder aufgewendet werden mußte. Dies hat der BGH bereits für einen Fall entschieden, in dem die (nach § 58 EheG) unterhaltsberechtigte Ehefrau eine Erwerbstätigkeit aufgenommen hatte und die Kinder in Ganztagsschulen versorgen ließ (FamRZ 79/210, 211 und FamRZ 80/771, 772). Die dem zugrundeliegende Billigkeitserwägung gilt in gleicher Weise für den hier vorliegenden Fall, daß der (nach § 1361 BGB n.F.) Unterhaltspflichtige eine Erwerbstätigkeit ausübt und dafür die Kinder anderweitig betreuen läßt.

82b) FamRZ 80/984 = NJW 80/2251

(Anrechnung von Überstunden des Verpflichteten)

Geht das Maß der Überstunden des Verpflichteten deutlich über den üblichen Rahmen hinaus, so ergeben sich in der Frage der Anrechnung der dafür anfallenden Vergütung gewisse Parallelen zu den Einkünften aus einer an sich nicht zuzumutenden Erwerbstätigkeit. Hinsichtlich derartiger Einkünfte hat der BGH entschieden, daß die Anrechenbarkeit unter Berücksichtigung der Umstände des Einzelfalls nach Treu und Glauben zu beurteilen ist (FamRZ 79, 210, 211). In Anlehnung hieran mag es auch bei Überstundenvergütungen, die aus einer an sich nicht zumutbaren erheblichen unüblichen Mehrarbeit resultieren, im Einzelfall aus Gründen der Billigkeit gerechtfertigt erscheinen, von einer vollen Anrechnung dieser Einkünfte abzusehen.

83. BGH zum Abzug von Aufwendungen für eine angemessene Alters- und Krankheitsvorsorge

83a) FamRZ 85/471, 472 = NJW 85/1347 L

(Abzug beim Verpflichteten)

Es fehlt an einer tatrichterlichen Feststellung, ob die für die Alters- und Krankheitsvorsorge aufgewendeten Beträge angemessen sind, ferner an der Überprüfung, ob die steuerlich erklärten Einkünfte zur Ermittlung des unterhaltsrechtlich maßgebenden Einkommens um allein steuerrechtlich relevante Beträge (Abschreibungen, Freibeträge usw.) korrigiert werden müssen (FamRZ 80/770 und FamRZ 84/39, 41), und an der ebenfalls dem Tatrichter obliegenden Prognose, welches Einkommen für den in Frage stehenden Zeitraum zugrundezulegen ist. Die Revision rügt mit Erfolg, daß das Berufungsgericht auf seiten des Ehemanns von monatlichen Nettoeinkünften von 4200 DM ausgegangen ist, ohne hinreichend seinen Vortrag zu beachten, wonach er von diesen schriftsätzlich erklärten Einkünften noch erhebliche Aufwendungen für eine angemessene Alters- und Krankheitsvorsorge zu bestreiten hatte. Als den ehelichen Lebensstandard prägend können nur solche Einkünfte berücksichtigt werden, die für die allgemeine Lebensführung der Eheleute tatsächlich zur Verfügung gestanden haben. Das in die Berechnung des Unterhaltsbedarfs einfließende Einkommen muß daher zunächst auf denjenigen Betrag „bereinigt" werden, der dieser Voraussetzung entspricht.

83b) FamRZ 82/887, 888 = NJW 82/1983

(Arbeitgeberanteil)

Durch die Hinzurechnung des Arbeitgeberanteils der Krankenversicherungsbeiträge hat das OLG lediglich den vorherigen Abzug der vollen Krankenversicherungsbeiträge einschließlich ihres von dem Arbeitgeber getragenen Teils wieder ausgeglichen. Im Ergebnis ist damit bei der Festlegung des bereinigten Nettoeinkommens das Bruttoeinkommen des Bekl. einmal um den Arbeitnehmeranteil der Krankenversicherungsbeiträge vermindert worden. Hätte das OLG hingegen, den Arbeitgeberanteil nicht hinzugerechnet, dann wäre das unterhaltserhebliche Nettoeinkommen des Bekl. zu Lasten der unterhaltsberechtigten Kl. um den Arbeitgeberanteil verkürzt worden, den der Bekl. nicht aus seinem Einkommen geleistet, sondern von seinem Arbeitgeber zusätzlich zu dem Bruttolohn zur Weiterleitung an die Ersatzkasse erhalten hat. Insgesamt hat das OLG hiernach bei der Ermittlung der unterhaltsrechtlichen Leistungsfähigkeit des Bekl. nur den Arbeitnehmeranteil seiner Krankenversicherungsbeiträge vorweg von dem unter den Parteien zu verteilenden Einkommen abgezogen. Dies entspricht einer weit verbreiteten Praxis, die auch der erkennende Senat für einen Fall des Kindesunterhalts nach § 1603 BGB (FamRZ 80/555, 556) bereits gebilligt hat.

84. BGH zum Abzug von Krankenversicherungskosten des berechtigten Ehegatten

84a) FamRZ 82/887, 888 = NJW 82/1983

(Zur Entstehung eines solchen Aufwands)

Bei der Bemessung des Ehegattenunterhalts ist allerdings zu beachten, daß auch dem unterhaltsberechtigten Ehegatten Kosten für einen angemessenen Krankenversicherungsschutz entstehen können, die sodann ebenfalls gesondert berücksichtigt werden müssen. Anderenfalls ergäbe sich ein Ungleichgewicht der für die allgemeine (sonstige) Lebenshaltung zur Verfügung stehenden Mittel auf seiten des unterhaltspflichtigen Ehegatten einerseits und des unterhaltsberechtigten andererseits. Solange Ehegatten noch nicht geschieden sind und – nur – getrennt leben, kann in der Regel davon ausgegangen werden, daß die Krankheitsvorsorge durch Mitversicherung des nicht erwerbstätigen Ehegatten bei dem erwerbstätigen unterhaltsverpflichteten Ehepartner sichergestellt ist (in der gesetzlichen Krankenversicherung vgl. § 205 RVO; bei den Ersatzkassen und privaten Krankenkassen: nach Maßgabe der Satzungen). Dem unterhaltsberechtigten Ehegatten erwächst damit insoweit kein zusätzlicher eigener Bedarf.

Mit der Rechtskraft des Ehescheidungsurteils erlischt allerdings die Mitversicherung, da sie eine bestehende Ehe voraussetzt (für die gesetzliche Krankenversicherung § 176b I Nr. 1 und II S. 2 RVO). Ein eigener zusätzlicher Aufwand für eine Krankenversicherung, der dem unterhaltsberechtigten Ehegatten infolgedessen entstehen kann ist im vorliegenden Fall nicht geltend gemacht worden.

84b) FamRZ 83/676, 677 = NJW 83/1552, 1554

(Abzug von Krankenversicherungskosten bei der Differenzmethode)

Wie der Altersvorsorgeunterhalt nach § 1578 III BGB ist der auf die Krankheitsvorsorge entfallende Teil des Unterhalts zweckgebunden und steht nicht zur Deckung des allgemeinen Lebensbedarfs zur Verfügung. Er kann nicht als in der Quote enthalten angesehen werden, die in der Praxis üblicherweise in Anwendung von Unterhaltstabellen als Elementarunterhalt ausgeworfen wird. Der Senat hat bereits entschieden, daß die verbreitete Praxis, auf seiten des Unterhaltsverpflichteten Krankenkassenbeiträge vor Anwendung von Unterhaltstabellen vom zu verteilenden Einkommen abzuziehen zu billigen ist, und daß es andererseits zu einem Ungleichgewicht führt, wenn in diesen Fällen nicht auch auf seiten des Unterhaltsberechtigten die Kosten für eine angemessene Krankenversicherung gesondert berücksichtigt werden (FamRZ 82/887, 888 = NJW 82/1983 m. w. N.). Demgemäß ist es nicht zu beanstanden, sondern führt zu angemessenen Ergebnissen, wenn in Fällen, in denen zur Unterhaltsbemessung die Differenzmethode angewendet wird, sowohl beim Unterhaltsverpflichteten als auch beim Unterhaltsberechtigten vorab die Kosten einer angemessenen Krankenversicherung vom anrechnungsfähigen Einkommen abgezogen werden.

84c) FamRZ 83/888, 889 = NJW 83/2937, 2938

(Berücksichtigung und Bemessung von Krankenversicherungskosten des berechtigten Ehegatten)

Die Kosten einer angemessenen Versicherung für den Fall der Krankheit gehören gemäß § 1578 II BGB zum Lebensbedarf des Unterhaltsberechtigten. Sie sind im allgemeinen nicht in der Quote enthalten, die in der tatrichterlichen Praxis zur Ermittlung des Elementarunterhalts eines nicht erwerbstätigen unterhaltsberechtigten geschiedenen Ehegatten aus dem bereinigten Nettoeinkommen gebildet wird (FamRZ 82/887, 888 und FamRZ 83/676ff, beide m. w. N.). Wenn auf seiten des Unterhaltspflichtigen dessen Kosten für eine angemessene Krankenversicherung vor Anwendung des Verteilungsschlüssels gesondert abgesetzt worden sind, müssen zur Vermeidung eines Ungleichgewichts auch die Krankenversicherungskosten des Unterhaltsberechtigten vorab berücksichtigt werden, wenn sie der Höhe nach bereits feststehen oder jedenfalls wie hier konkret berechnet werden können. Im vorliegenden Fall hat das OLG zur Ermittlung des verteilungsfähigen Nettoeinkommens des Ehemannes die Beträge abgezogen, die er für die Techniker-Krankenkasse (monatlich DM 344) und für eine Krankentagegeldversicherung bei der DKV (monatlich 51,06 DM) zu leisten hat, und dazu festgestellt, daß sie sich durch die Scheidung nicht verringern, obwohl die Ehefrau nicht mehr durch Familienkrankenhilfe mitversichert ist. Dann aber steht es im Einklang mit der erwähnten, nach Erlaß der angefochtenen Entscheidung ergangenen Rechtsprechung des Senats, wenn das OLG auch den Beitrag, den die Ehefrau nach der Scheidung für eine den ehelichen Lebensverhältnissen entsprechende eigene Krankenversicherung in der gleichen Kasse aufbringen muß, nicht als durch die ihr zugemessene Quote für den Elementarunterhalt gedeckt angesehen, sondern diesen zusätzlich berücksichtigt hat.

Die Höhe der von der Ehefrau für eine angemessene Krankenversicherung aufzuwendenden Kosten hat das OLG danach bemessen, was sie zu zahlen hätte, wenn sie sich bei dem gleichen Versicherungsträger wie bisher freiwillig weiter versichern ließe und ein Einkommen in Höhe des Elementarunterhalts bezöge. Auch dies läßt einen Rechtsfehler nicht erkennen. Die Art einer solchen Versicherung entspricht den ehelichen Lebensverhältnissen bis zur Scheidung, die auch für die Krankenversicherungskosten als Unterhaltsbestandteil maßgebend bleiben. Mit der Rechtskraft der Scheidung erlischt die bis dahin bestehende Mitversicherung; doch ist die geschiedene Ehefrau eines Versicherten gemäß § 176b I Nr. 1 RVO berechtigt, der gesetzlichen Krankenversicherung beizutreten (§ 176b II RVO). Im Verhältnis zum unterhaltsverpflichteten Ehemann obliegt es ihr, von dieser Möglichkeit Gebrauch zu machen, da es sich nach der Feststellung des OLG um die kostengünstigste Art der angemessenen Krankenversicherung handelt. Lediglich der Betrag, der sich mit dem festgestellten Beitragssatz von 10,42% aus dem Elementarunterhalt ergibt, bedarf wegen der aus anderen Gründen erforderlichen Berichtigung des Elementarunterhalts einer Änderung.

84d) FamRZ 85/357, 358 = NJW 85/909, 910

(Zum Abzug der Krankenversicherungsaufwendung bei den ehelichen Lebensverhältnissen)

Ebenso sind auch die Aufwendungen des Ehemanns für die Krankenversicherung bereits bei dem für die ehelichen Lebensverhältnisse maßgeblichen Einkommen in Abzug zu bringen, da das Einkommen in Höhe derartiger Aufwendungen für den allgemeinen Lebensbedarf nicht verfügbar ist (FamRZ 83/676, 677; FamRZ 83/888, 889).

85. BGH zur Berücksichtigung eines erhöhten Bedarfs

85a) FamRZ 85/161, 164 = NJW 85/1026

(Erhöhter Eigenbedarf bei 100%iger Schwerbehinderung)

Die Revision beanstandet, daß das OLG bei der Unterhaltsbemessung den erhöhten Eigenbedarf des Kl. nicht berücksichtigt habe, der sich aus dessen 100%iger Schwerbehinderung ergebe. Das OLG hat in der Tat keinen Sonderbedarf des Kl. in seine Berechnung eingesetzt, obwohl in der einstweiligen Anordnung, die dem abzuändernden Vergleich zugrunde lag, der zunächst rechnerisch ermittelte Unterhaltsbetrag von 997 DM für die Bekl. wegen der erhöhten Aufwendungen des Kl. auf 900 DM ermäßigt worden war. Bei den damaligen Einkommensverhältnissen der Parteien stand einem für den Unterhalt der Bekl. verfügbaren Gesamtbetrag von DM 1606 (706 DM Eigenverdienst und 900 DM Unterhalt) – nur – ein für seinen Eigenbedarf verbleibendes Einkommen des Kl. in Höhe von 1957 DM (3282 DM abzüglich 425 DM Kindesunterhalt abzüglich Unterhalt für die Bekl.) zur Verfügung. Dieses Verhältnis der beiderseits für Unterhaltszwecke verbleibenden Beträge dürfte sich aufgrund der geänderten Einkommensverhältnisse der Parteien in einem solchen Maß zugunsten des Kl. verschoben haben, daß aus diesem Grund der Ansatz eines besonderen Betrags für erhöhte Aufwendungen wegen der Schwerbehinderung des Kl. möglicherweise nicht mehr geboten erscheint.

85b) FamRZ 84/151, 154 = NJW 84/294, 296

(Haushaltshilfe aus gesundheitlichen Gründen)

Die gesundheitlichen Beeinträchtigungen der Kl. wirken sich nicht auf die Zumutbarkeit ihrer beruflichen Tätigkeit aus, sondern hindern sie an der Verrichtung von Hausarbeiten, weshalb sie auf eine Haushaltshilfe angewiesen ist. Die Kl. muß ihre Haushaltshilfe nicht deshalb beschäftigen, weil sie einer 100%igen Erwerbstätigkeit nachgeht, sondern allein deshalb, weil sie wegen ihrer Gesundheitsbeeinträchtigung keine Hausarbeiten verrichten kann. Das bedeutet, daß sie auch dann eine Haushaltshilfe beschäftigen müßte, wenn sie etwa nur halbtags tätig wäre, da diese geringere Beschäftigung nichts daran ändern würde, daß sie zur Verrichtung von Hausarbeiten nicht in der Lage ist. Daher sind die Aufwendungen für die Haushaltshilfe, die die Kl. aus gesundheitlichen Gründen benötigt mit monatlich DM 300 einkommensmindernd zu berücksichtigen.

86. BGH zum normalen Lebensbedarf und Nachholbedarf FamRZ 82/250, 252 = NJW 82/822, 823

Daß der Verbrauch von finanziellen Mitteln, die unterhaltsrechtlich dem laufenden Einkommen zuzurechnen sind, für Kleidung und Urlaub den Unterhaltsanspruch der Ehefrau nicht zu schmälern vermag, liegt auf der Hand. Solche Ausgaben gehören zu dem normalen Lebensbedarf. Sie müssen aus dem für den eigenen Unterhalt vorgesehenen Einkommensanteil bestritten werden. Eine andere Beurteilung könnte nur bei solchem Nachholbedarf erwogen werden, die durch besondere unabwendbare Gründe entstanden wären.

87. BGH zu Kriterien wegen Kreditverbindlichkeiten FamRZ 84/358, 360 = NJW 84/1237, 1238, 1239

Die Annuitäten für das Haus können insoweit nicht einkommensmindernd berücksichtigt werden, als sie den Wohnkosten entsprechen, die der in jenem Haushalt wohnende AGg. im Rahmen seiner normalen Lebenshaltungskosten aufzubringen hat. In diesem Umfang hat der AGg. die Kreditverbindlichkeiten aus dem für seinen Unterhalt zur Verfügung stehenden Betrag zu bestreiten und kann sie auch der ASt. nicht einkommensmindernd entgegenhalten. Außerdem ist zwischen berücksichtigungswürdigen und anderen Verbindlichkeiten zu differenzieren (FamRZ 82/23, 24 und FamRZ 82/157, 158). Da jede Rechtsposition unter dem Vorbehalt von Treu und Glauben steht, kann sich der Unterhaltspflichtige nicht auf Verbindlichkeiten berufen, die er leichtfertig, für luxuriöse Zwecke oder ohne verständigen Grund eingegangen ist. Ob im Einzelfall eine Verbindlichkeit zu berücksichtigen ist, kann nur im Rahmen einer umfassenden Interessenabwägung nach billigem Ermessen beurteilt werden. Bedeutsame Umstände sind dabei insbesondere der Zweck der Verbindlichkeiten, der Zeitpunkt und die Art der Entstehung, die Dringlichkeit der beiderseitigen Bedürfnisse, die Kenntnis des Unterhaltsverpflichteten von Grund und Höhe der Unterhaltsschuld, seine Möglichkeiten, die Leistungsfähigkeit in zumutbarer Weise ganz oder teilweise wiederherzustellen, und gegebenenfalls auch schutzwürdige Belange des Drittgläubigers.

Diese Grundsätze hat der Senat in der letztgenannten Entscheidung gerade auch für die Berücksichtigung von Kreditverbindlichkeiten für einen Hausbau aufgestellt. Daß dieser Entscheidung ein Fall zugrunde lag, in dem es um die Unterhaltspflicht eines Elternteils gegenüber dem volljährigen Kind ging, stellt die Anwendung der Grundsätze auf den vorliegenden Fall des Ehegattenunterhalts nicht in

Frage. Eine danach notwendige, in umfassender Interessenabwägung nach billigem Ermessen vorzunehmende Beurteilung ist hier bislang nicht erfolgt. Das OLG hat lediglich ausgeführt, daß die auf das Haus des AGg. entfallenden Zins- und Tilgungsleistungen nicht zu berücksichtigen seien, weil es sich insoweit um ,,reine Vermögensbildung" zugunsten des AGg. und zu Lasten der ASt. handele. Zwar spricht es gegen die Berücksichtigung einer Verbindlichkeit, wenn ihre Erfüllung der Bildung von Vermögensreserven dient. Auf der anderen Seite hat der AGg. darauf hingewiesen, daß gerade bei diesem Hausgrundstück eine wirtschaftlich zumutbare Verwertung durch die zugunsten der Mutter des AGg. eingetragene Reallast erschwert wird. Diese Erschwernisse für eine Rückführung der Verbindlichkeiten und eine insoweit anzustrebende Wiederherstellung der Leistungsfähigkeit sind in die umfassende Interessenabwägung gleichfalls einzubeziehen. Ebenso bedarf auch die Frage, ob die auf das Haus in A. entfallenden Annuitäten zu berücksichtigen sind, einer umfassenden Beurteilung anhand der aufgeführten Grundsätze. Daß sich in diesem Haus die eheliche Wohnung befunden hat und der AGg. weiterhin dort wohnt, kann insoweit nicht allein entscheidend sein. Allerdings spricht es für die einkommensmindernde Berücksichtigung derartiger Verbindlichkeiten, wenn es sich bei dem betreffenden Haus um ein Eigenheim handelt, das der Unterhaltsverpflichtete zur Befriedigung seines Wohnbedürfnisses errichtet oder erworben hat. Daneben muß die Berücksichtigung jedenfalls aber auch davon abhängig gemacht werden, ob und inwieweit sich die Annuitäten in einem angemessenen und zumutbaren Rahmen halten. Hierzu bedarf es im vorliegenden Fall, in dem die laufenden, auf das Haus in A. entfallenden Verbindlichkeiten 2100 DM monatlich betragen sollen, angesichts der Einkommensverhältnisse der Parteien der näheren Prüfung. Dabei kann sich auch die Frage stellen, ob es dem AGg. möglich und zuzumuten ist, statt in seinem Haus in A. künftig anderweitig Wohnung zu nehmen und so u. U. eine wirtschaftlich günstige Verwertung des Hauses zu ermöglichen. Überhaupt kann es für die Unterhaltsberechnung von Bedeutung sein, ob und in welcher Höhe der AGg. aus seinem Hausbesitz auch in S. Mieteinnahmen erzielen kann.

88. BGH zur Berücksichtigung von sonstigen Verbindlichkeiten bei der Leistungsfähigkeit des Unterhaltspflichtigen FamRZ 82/157, 158, 159 = NJW 82/380, 381

Die Revision rügt zu Recht, daß nicht entscheidend sein kann, ob der Bekl. zu dem Zeitpunkt, als er den Plan zum Bau seines Eigenheimes ins Werk setzte, ,,bestimmt" oder nur ,,allgemein" mit einer Inanspruchnahme durch den Kl. hat rechnen müssen. Von dem Vater eines studierenden Sohnes kann im allgemeinen verlangt werden, daß er auf dessen Unterhaltsbedürftigkeit bis zum Abschluß der Ausbildung Rücksicht nimmt, bevor er seine Leistungsfähigkeit erschöpfende Verbindlichkeiten eingeht. Das Vertrauen auf eine in der Vergangenheit gewährte öffentliche Ausbildungsbeihilfe ist nicht schutzwürdig, sofern ohne besondere Erkundigungen davon ausgegangen wird, sie werde auch in Zukunft ohne Rückgriff gewährt werden.

89. BGH zu Bereitstellungszinsen für geplanten Hausbau nach der Trennung FamRZ 83/670, 673

Das OLG hat es zutreffend abgelehnt, von dem für die Unterhaltsbemessung maßgeblichen Einkommen die Bereitstellungszinsen in Abzug zu bringen, die der Bekl. im Hinblick auf die beabsichtigte Bebauung eines Grundstücks der Parteien aufwendet. Entgegen der Ansicht der Revision kommt es insoweit nicht darauf an, daß sich die Parteien zunächst über die Bebauung einig waren und die Darlehensanträge gemeinsam unterschrieben haben. Mit dem Auseinanderbrechen der ehelichen Gemeinschaft der Parteien war dem Bauvorhaben der Boden entzogen. Entsprechend den Ausführungen des OLG war für den Bekl. erkennbar, daß die Kl. daran nicht mehr interessiert und zur Mitwirkung an der Rückgängigmachung des Projekts bereit war. Es handelt sich danach bei den weiterhin aufgewendeten Bereitstellungszinsen im Verhältnis zwischen den Parteien um ohne Notwendigkeit aufrechterhaltene Verpflichtungen, die nach den Grundsätzen des Senats (FamRZ 82/157, 158) unterhaltsrechtlich nicht zu berücksichtigen sind.

90. BGH zur Berücksichtigung ,,sonstiger" Schulden bei beschränkter Leistungsfähigkeit FamRZ 84/657, 658, 659 = NJW 84/2351, 2352, 2353

Der Senat hält beim Trennungsunterhalt an seinem Standpunkt fest, daß bei einem lediglich zur Deckung des notwendigen Unterhalts ausreichenden Einkommen des Verpflichteten auch dessen sonstige Schulden zu berücksichtigen sind (FamRZ 82/24). Daß das Vollstreckungsrecht Unterhaltsberechtigte vor anderen Gläubigern bei der Pfändung bevorrechtigt, rechtfertigt keine andere Beurteilung.

Ansprüchen Unterhaltsberechtigter kommt kein allgemeiner Vorrang vor anderen Verbindlichkeiten des Unterhaltsverpflichteten zu. Andererseits dürfen diese Verbindlichkeiten auch nicht ohne Rücksicht auf die Unterhaltsinteressen getilgt werden. Vielmehr bedarf es eines Ausgleichs der Belange von Unterhaltsgläubiger, Unterhaltschuldner und Drittgläubiger (FamRZ 82/157, 158). Dabei erscheint es allerdings im Hinblick auf die vollstreckungsrechtlichen Regeln über die Pfändungsfreigrenzen und das Pfändungsvorrecht Unterhaltsberechtigter gerechtfertigt, die Interessen der Drittgläubiger in Fällen, in denen die Berücksichtigung ihrer Ansprüche den Mindestbedarf Unterhaltsberechtigter beeinträchtigen würde, nicht weiter zu berücksichtigen, als durch die Vollstreckungsvorschriften ohnehin gewährleistet wird. Auch in solchen Fällen bedarf es jedoch der Abwägung der Interessen von Unterhaltsgläubiger und Unterhaltsschuldner. Für deren sachgerechten Ausgleich bieten die vorgenannten vollstreckungsrechtlichen Regeln keine Gewähr. Insoweit sind insbesondere der Zweck der Verbindlichkeiten, der Zeitpunkt und die Art ihrer Entstehung, die Dringlichkeit der beiderseitigen Bedürfnisse, die Kenntnis des Unterhaltsschuldners von Grund und Höhe der Unterhaltsschuld und seine Möglichkeiten bedeutsam, die Leistungsfähigkeit in zumutbarer Weise ganz oder teilweise wieder herzustellen (FamRZ 82/157, 158). Zu einer Berücksichtigung dieser Umstände kommt es bei der vom OLG verfochtenen alleinigen Orientierung an den vollstrekkungsrechtlichen Regeln nicht in ausreichendem Maße.

Daß in Fällen, in denen es um die Deckung des Mindestbedarfs des Unterhaltsberechtigten geht, die Belange der Drittgläubiger über das durch die Vollstreckungsvorschriften gewährleistete Maß hinaus nicht berücksichtigt werden können, kann nicht bedeuten, daß auch das Interesse des Unterhaltsschuldners an der Schuldentilgung und vor allem an der Vermeidung eines weiteren Anwachsens seiner Verbindlichkeiten im Verhältnis zum Unterhaltsgläubiger von vornherein zurückstehen müßte. Wenn auch dessen Interesse an der Sicherung seines notwendigen Unterhalts besonderes Gewicht zukommt, so kann doch die nach Billigkeitsgrundsätzen vorzunehmende Interessenabwägung im Einzelfall ergeben, daß die Zurücksetzung der vorbezeichneten Belange des Schuldners und dessen Belastung mit Unterhaltsleistungen unzumutbar und ungerechtfertigt wäre. Das kommt insbesondere in Betracht, wenn die Verbindlichkeiten im Einverständnis mit dem Unterhaltsberechtigten oder gar in seinem Interesse eingegangen worden sind und dieser dem Verpflichteten nicht den Vorwurf mangelnder Rücksichtnahme auf seine Belange machen kann. Hat sich ein Ehegatte im Einvernehmen mit dem andern und im Zug der gemeinsamen Lebensführung durch die Eingehung von Verbindlichkeiten im Übermaß verschuldet und seine Leistungsfähigkeit entsprechend eingeschränkt, so kann der unterhaltsberechtigte Partner im Fall der Trennung und der damit verbundenen weiteren Belastung der finanziellen Verhältnisse nicht von vornherein seines notwendigen Unterhalts sicher sein. Zwar hat der Verpflichtete sich unter Ausnutzung aller zumutbaren Möglichkeiten um die Rückgängigmachung der getroffenen Dispositionen und die weitestmögliche Wiederherstellung seiner Leistungsfähigkeit – auch durch Verwertung von nicht dringend benötigten, mit hohen Schulden belasteten Gegenständen – zu bemühen. Soweit das nicht gelingt, muß sich jedoch der Unterhaltsberechtigte daran festhalten lassen, daß die Einkünfte des Verpflichteten nur zu einem Teil für den Unterhalt zur Verfügung stehen. Er muß sich unter Umständen mit einer den notwendigen Unterhalt unterschreitenden Alimentierung zufriedengeben und sich die fehlenden Mittel unter äußerster Anspannung seiner Kräfte durch einen über das im allgemeinen Gebotene hinausgehenden Einsatz selbst verschaffen. Das gilt jedenfalls, wenn die Verschuldung des Verpflichteten, wie im vorliegenden Fall, ein Ausmaß erlangt, daß er nicht einmal zur Begleichung der laufenden Zinsen in der Lage ist und Unterhaltsleistungen an den Berechtigten daher nur auf Kosten einer entsprechenden Erhöhung des Schuldenstandes möglich sind, dessen Amortisation den Verpflichteten ohnehin auf Jahrzehnte im vollstreckungsrechtlich höchstzulässigen Maß belasten wird. Hier kann die Inanspruchnahme des Verplichteten durch den getrennt lebenden oder geschiedenen Ehegatten zu einer derartigen Beeinträchtigung des wirtschaftlichen Fortkommens führen, daß die Grenze des Zumutbaren überschritten wird.

91. BGH zur Beurteilung der Leistungsfähigkeit eines hochverschuldeten Unterhaltspflichtigen, der zu einer den Schuldenstand mindernden Tilgung derzeit nicht in der Lage ist FamRZ 82/678, 679 = NJW 82/1641

Zwar gilt auch für die Berücksichtigung von Schulden, die bereits zur Zeit des Zusammenlebens der Ehegatten entstanden sind und aus der gemeinsamen Lebensführung herrühren, der aus § 1361 I BGB abzuleitende Grundsatz, daß der unterhaltsberechtigte Ehegatte durch die Trennung weder schlechter noch besser gestellt werden soll (FamRZ 82/23, 24). Dies spricht, wenn der Unterhaltspflichtige in den Jahren vor der Trennung von sich aus keine planmäßigen Zahlungen auf seine Schulden vorgenommen hat und es deshalb lediglich zu einer Rückführung der Verbindlichkeiten im Weg fortlaufender Lohnpfändungen gekommen ist, in der Tat dafür, bei der Unterhaltsbemessung die Leistungsfähigkeit nur im bisherigen Ausmaß als durch die bestehenden Verbindlichkeiten beeinflußt anzusehen und das einzusetzende Einkommen lediglich um die Pfändungsbeträge zu vermindern. Indessen ist bei der Unterhaltsbemessung ein objektiver Maßstab anzulegen und derjenige Lebensstandard entscheidend, der vom Standpunkt eines vernünftigen Betrachters aus angemessen erscheint, so daß weder eine nach den Verhältnissen zu dürftige Lebensführung noch ein übertriebener Aufwand zählt (FamRZ 82/151, 152). Unter diesen Umständen kann es auch in der Frage, wie hoch die Tilgungsraten zur unterhaltsrechtlichen Berücksichtigung von Schulden anzusetzen sind, nicht allein und ausschlaggebend darauf ankommen, in welcher Höhe der Unterhaltspflichtige die Schulden bislang laufend abgetragen hat. Ergibt sich etwa, daß während des Zusammenlebens ein nach objektiven Maßstäben unvertretbar geringer Teil des Einkommens zur Rückführung der Verbindlichkeiten aufgewendet worden ist, so kann der Unterhaltspflichtige nicht auch für die Zukunft daran festgehalten und bei der Beurteilung seiner Leistungsfähigkeit auch dann nur in Höhe der bisherigen Beiträge entlastet werden, wenn er nunmehr zur Zahlung angemessener Tilgungsraten entschlossen ist. Dementsprechend ist zu fragen, wie sich der Unterhaltspflichtige verständigerweise bei Fortdauer der ehelichen Gemeinschaft verhalten hätte, und es ist auf einen vernünftigen Tilgungsplan abzustellen (BGH FamRZ 82/23). Einkommensmindernd sind die Beträge zu berücksichtigen die im Fall der Fortdauer der ehelichen Gemeinschaft bei verantwortlicher Abwägung der Unterhaltsbelange und der Fremdgläubigerinteressen für die Schuldentilgung verwendet worden wären. Im vorliegenden Fall ist es angesichts der festgestellten wirtschaftlichen Verhältnisse nicht zu beanstanden, daß das OLG den Bekl. zu einer den Schuldenstand vermindernden Tilgung außerstande gesehen hat. Indessen reichen die Pfändungsbeträge, um die das OLG das Erwerbseinkommen gemindert hat, nicht einmal aus, um die laufenden Zinsen zu decken, die nach dem Vortrag des Bekl. monatlich 550 DM betragen. Unter diesen Umständen hat die Beurteilung des OLG zur Folge, daß der Schuldner für die Dauer seiner Unterhaltspflicht nicht nur außerstande ist, die bereits bestehenden Schulden zurückzuführen, sondern auch die Möglichkeit verliert, wenigstens die laufend anfallenden Schuldzinsen in größtmöglichem Umfang zu begleichen und damit gegen ein weiteres Anwachsen der Schulden anzugehen. Das führt im Ergebnis dazu, daß der Unterhalt, den das OLG den Kl. zugebilligt hat, teilweise mit den Mitteln aus einer weiteren ständig wachsenden Verschuldung des Bekl. aufzubringen ist.

92. BGH zur Berücksichtigung von Schulden beim Kindesunterhalt FamRZ 84/657, 659 = NJW 84/2351, 2353

Daß sonstige Schulden des Unterhaltsverpflichteten nicht von vornherein unberücksichtigt bleiben dürfen, wenn das Einkommen lediglich zur Deckung des notwendigen Lebensunterhalts ausreicht, hat nicht nur für den Unterhalt getrennt lebender oder geschiedener Ehegatten, sondern auch für den Verwandtenunterhalt nach § 1601 ff. BGB zu gelten. Gleichwohl hat die Verurteilung des Bekl. zu Unterhaltsleistungen an die Kl. im wesentlichen Bestand. Denn es erscheint ausgeschlossen, daß die nach Billigkeitsgrundsätzen vorzunehmende Abwägung der berechtigten Interessen des Bekl. und seiner minderjährigen unverheirateten Kinder, denen er nach § 1603 II S. 1 BGB verschärft unterhaltspflichtig ist, zu einer Unterhaltsbemessung führt, die den für ein nichteheliches Kind der entsprechenden Altersstufe festgesetzten Regelbedarf (§ 1610 III BGB) unterschreitet. Vor allem kann der Umstand, daß Verbindlichkeiten im Einverständnis mit der Frau und im Zuge der gemeinsamen Lebensführung eingegangen sind, nicht in gleicher Weise wie bei der Frau zu Lasten der Kinder gehen. Außerdem fällt entscheidend ins Gewicht, daß für die beiden Kinder bei ihrem Alter von vornherein jede Möglichkeit ausscheidet, durch eigene Anstrengungen zur Deckung ihres notwendigen Unterhaltsbedarfs beizutragen. Unter diesen Umständen wird die Herabsetzung des Kindesunterhalts von den im ersten Berufungsurteil zuerkannten Beträgen auf die Sätze der Regelunterhalts-VO den Belangen des Bekl. in ausreichendem Maße gerecht.

93. BGH zum Abzug von Prozeßkosten FamRZ 82/250, 252 = NJW 82/822, 823

Zu einer endgültigen Beurteilung der angeblichen Bezahlung von 9000 DM Gerichts- und Anwaltskosten des Vorprozesses aus der Abfindung von 15000 DM besteht bei dieser Sachlage jetzt kein Anlaß. Bemerkt sei aber für einen möglicherweise später erneut entstehenden Streit über eine Neufestsetzung des der Ehefrau zustehenden Unterhalts, daß der genannte Betrag von 9000 DM nach der in den Akten des Vorprozesses enthaltenen Kostenfestsetzung einer kritischen Überprüfung bedarf; er erscheint danach erheblich übersetzt. Soweit der Ehemann aus der Abfindung von 15000 DM tatsächlich noch Kosten des bereits mehr als zwei Jahre vorher beendeten Unterhaltsprozesses gezahlt haben soll, wird ferner gegebenenfalls zu prüfen sein, ob er diese Ausgaben aus dem ihm verbleibenden Einkommensteil begleichen konnte. Im anderen Fall wird zu beachten sein, daß der Unterhaltsberechtigte sich nach dem Senatsurteil vom 7. 10. 1981 (FamRZ 82/23ff.) die Tilgung von Schulden nur im Rahmen eines vernünftigen Tilgungsplanes, der seinen Unterhaltsinteressen Rechnung trägt, entgegenhalten lassen muß.

94. BGH zu Kreditverbindlichkeiten, die in Kenntnis der Unterhaltsverpflichtung gegenüber Kindern eingegangen wurden FamRZ 83/258, 260 = NJW 83/2379, 2381

Die Revision hat zu Recht die Auffassung des OLG beanstandet, die Eltern der Kl. könnten sich auf die Darlehensverpflichtungen, die sie in Kenntnis der Unterhaltsverpflichtung für ihre Tochter eingegangen seien, gegenüber dem Unterhaltsanspruch der Kl. nicht berufen. Für die hiermit behauptete Kenntnis der Eltern von einer ihnen obliegenden Unterhaltspflicht gegenüber ihrer Tochter läßt das Berufungsurteil eine tragfähige Begründung vermissen. Soweit das OLG die Darlehensschuld der Eltern in Höhe von insgesamt 25000 DM als nicht bewiesen ansieht, macht die Revision mit Recht geltend, daß die Kl. zum Nachweis der Verpflichtung entsprechende Unterlagen – über den Kauf eines Wohnwagens mit Zubehör und eines Pkw's – sowie eine Bescheinigung des Kreditinstituts vorgelegt hatte. Falls das OLG diese Unterlagen nicht für ausreichend hielt, hätte es die Kl. gegebenenfalls zu einer Ergänzung ihres Vortrags auffordern müssen (§ 139 ZPO).

95. BGH zur Vermögensbildung nach Scheidung und zur Unterhaltsbemessung nach objektiven Maßstäben FamRZ 84/358, 360, 361 = NJW 84/1237, 1239

Bei der Bemessung des Unterhalts ist nach ständiger Rechtsprechung des Senats ein objektiver Maßstab anzulegen und derjenige Lebensstandard entscheidend, der vom Standpunkt eines vernünftigen Betrachters bei Berücksichtigung der konkreten Einkommens- und Vermögensverhältnisse angemessen erscheint. Eine aus dieser Sicht zu dürftige Lebensführung bleibt ebenso außer Betracht wie ein übertriebener Aufwand (FamRZ 82/151). Nur in diesem Rahmen kann das tatsächliche Konsumverhalten der Ehegatten während des ehelichen Zusammenlebens Berücksichtigung finden. Dabei ist außerdem zu beachten, daß sich ein geschiedener Ehegatte an einem während intakter Ehe zugunsten der Vermögensbildung gewahrten Konsumverzicht nicht festhalten zu lassen braucht, weil die personalen Grundlagen einer derartigen eingeschränkten Lebensführung, die während intakter Ehe ihre Berechtigung haben kann, nach dem Scheitern der Ehe entfallen. Hinzu kommt, daß nach Beendigung der Ehe eine weitere Vermögensbildung beim Unterhaltsverpflichteten dem anderen Ehegatten nicht mehr zugute kommt. Hiernach können die Einkommen der Parteien aus unterhaltsrechtlicher Sicht nur insoweit der Vermögensbildung zugeordnet und damit für den laufenden Unterhaltsbedarf als unmaßgeblich behandelt werden, als es – vom Standpunkt eines vernünftigen Betrachters aus – nach den gegebenen Einkommensverhältnissen als angemessen erscheint.

96. BGH zur Darlegungs- und Beweislast des Berechtigten

96a) FamRZ 80/126, 128 = NJW 80/393, 395

(Zur Bedürftigkeit)

Darlegungs- und beweispflichtig hinsichtlich etwaiger Einkünfte ist der Unterhaltsberechtigte, entsprechend dem allgemeinen unterhaltsrechtlichen Grundsatz, daß er seine Bedürftigkeit nachweisen muß. Die erwähnten Angaben des Kl. reichen nicht aus, um einen Anspruch nach dem BAföG auszuschließen. Es ist nicht festgestellt, daß der Kl. mit einem entsprechenden Antrag bei vollständiger Darlegung der maßgebenden Umstände abgewiesen worden wäre.

96b) FamRZ 83/150, 152 = NJW 83/683, 684

(Zur Beweislast für das Entgelt bei Wohnungsgewährung an den neuen Partner des Unterhaltsberechtigten)

Zu den Zuwendungen, die dem Unterhaltsberechtigten, der einen neuen Partner in seine Wohnung aufgenommen hat, auch ohne entsprechende Absprache mit dem Partner als Einkommen anzurechnen sind, gehört auch das Entgelt für Wohnungsgewährung (FamRZ 80/879, 880). Unter diesen Umständen hätte die Unterhaltsbedürftigkeit der Ehefrau im Blick auf ein – vereinbartes oder nicht vereinbartes – Entgelt für die Wohnungsgewährung geprüft werden müssen. Die Unterhaltsbedürftigkeit steht als Voraussetzung jeden Anspruchs auf nachehelichen Unterhalt (§§ 1569ff., 1577 I BGB) trotz des an sich insoweit möglicherweise zu Zweifeln Anlaß gebenden Wortlauts der letztgenannten Bestimmung wegen des Grundsatzes der wirtschaftlichen Eigenverantwortung der geschiedenen Ehegatten zur Darlegungs- und Beweislast des Unterhaltsgläubigers (FamRZ 80/126, 128 m. W. Nachw.).

96c) FamRZ 84/988, 989, 990
(Zur Beweislast für Voraussetzungen des Unterhaltsanspruchs u. a.)

Wenn das Gericht im Rahmen eines Verbundverfahrens über den nachehelichen Unterhalt als Folgesache entscheidet, befindet es über einen erst in der Zukunft, nämlich mit Rechtskraft des Scheidungsurteils, entstehenden Anspruch (FamRZ 81/242, 243). Ebenso wie bei der Verurteilung zur Zahlung einer Unterhaltsrente aufgrund eines schon bestehenden Anspruchs (FamRZ 82/259, 260) muß das Gericht dabei eine Prognose der zukünftigen Entwicklung der für den Unterhaltsanspruch maßgebenden Verhältnisse anstellen und seiner Entscheidung zugrunde legen. Im vorliegenden Fall mußte das OLG im Rahmen dieser Prognose nicht schon deshalb von der Unterhaltsbedürftigkeit der Ehefrau ausgehen, weil feststand, daß sie ihre Stelle bei der Universität verlieren würde. Für den Eintritt der Unterhaltsbedürftigkeit ist es nicht entscheidend, daß eine bestimmte, insbesondere die bisherige Erwerbstätigkeit nicht mehr ausgeübt werden kann. Die Bedürftigkeit setzt vielmehr erst ein, wenn der geschiedene Ehegatte überhaupt keine angemessene Erwerbstätigkeit i. S. des § 1574 BGB zu finden vermag (§ 1573 I BGB). Wenn sich dies nicht absehen läßt, darf das Gericht, auch wenn der künftige Verlust des bisherigen Arbeitsplatzes feststeht, nicht vom Eintritt der Bedürftigkeit ausgehen. Das verbietet sich schon deshalb, weil der Unterhalt begehrende Ehegatte die Beweislast für die Voraussetzungen des Unterhaltsanspruchs und damit auch für den Eintritt der Unterhaltsbedürftigkeit trägt. Daß die Ehefrau insoweit ihrer Darlegungs- und Beweislast ausreichend nachgekommen wäre ist nicht geltend gemacht worden. Auch sonst sind keine Umstände ersichtlich, die die tatrichterliche Beurteilung des OLG, daß sich die Entwicklung insoweit nicht mit ausreichender Sicherheit vorhersehen lasse, rechtsfehlerhaft erscheinen ließen. In Fällen, in denen sich die künftige Entwicklung der maßgebenden Verhältnisse nicht mit hinreichender Sicherheit voraussehen läßt, wird es in Rechtsprechung und Literatur für angemessen erachtet, der Entscheidung die gegenwärtig bestehenden Verhältnisse zugrunde zu legen und es den Parteien zu überlassen, bei anderweitiger Entwicklung der Verhältnisse Abänderungsklage nach § 323 ZPO zu erheben. Als Alternative wird erwogen, eine endgültige Sachentscheidung für den Zeitraum, für den sich die Entwicklung noch nicht vorhersehen läßt, zu unterlassen. Wenn über den nachehelichen Unterhalt im Scheidungsverbundverfahren zu entscheiden ist, kommt nur die erstere Lösung in Frage, da nach Wortlaut und Sinn des Gesetzes die Regelung der Folgesachen zusammen mit der Scheidung vorzunehmen ist, ohne Rücksicht darauf, wie sicher sich die künftige Entwicklung im Einzelfall absehen läßt. Dementsprechend hat der Senat bereits mehrfach entschieden, daß für die Beurteilung der im Zeitpunkt der Rechtskraft der Scheidung gegebenen ehelichen Lebensverhältnisse einschließlich der Einkommensverhältnisse der Parteien auf die Lage zur Zeit der letzten mündlichen Verhandlung vor dem Tatrichter abgestellt werden kann, wenn die künftige Entwicklung noch nicht vorhersehbar ist (FamRZ 82/892 und FamRZ 83/144, 145).

Auch die Entscheidung des OLG, daß die Voraussetzungen des Unterhaltsanspruchs nach § 1575 II BGB nicht dargetan seien, enthält keinen Rechtsfehler zum Nachteil der Ehefrau.

Dem Urteil ist nicht eindeutig zu entnehmen, ob das OLG davon ausgegangen ist, daß die Ehefrau ohne Studium und Promotion eine Dozententätigkeit an einer Universität nicht auf Dauer werde ausüben können. Selbst wenn dies der Fall wäre, könnte in der fehlenden beruflichen Qualifikation der Ehefrau für diese Tätigkeit nicht unmittelbar ein ehebedingter Nachteil gesehen werden; denn auch ohne die Eheschließung hätte die Ehefrau kein Studium mit Promotion in der BRD durchlaufen und abgeschlossen. Für die Beurteilung, ob die Ehefrau durch die Ehe berufliche, durch Fortbildung ausgleichsfähige Nachteile erlitten hat, ist vielmehr die berufliche Stellung, die sie ohne die Eheschließung in der Sowjetunion innehaben könnte, mit derjenigen zu vergleichen, die ihr in der BRD (ohne Fortbildung) offen steht. Ein Nachteil wäre dabei gegeben, wenn die berufliche Tätigkeit in der BRD der Ehefrau nur einen geringeren Lebensstandard ermöglichen würde, als die zu vergleichende berufliche Tätigkeit in der Sowjetunion. Die Betrachtung kann aber nicht auf diesen materiellen Gesichtspunkt beschränkt bleiben. Unabhängig vom finanziellen Ertrag der beruflichen Tätigkeit läge ein Nachteil auch dann vor, wenn die Berufstätigkeit in der BRD der Ehefrau keine angemessene Entfaltung ihrer Fähigkeiten und Kenntnisse verschaffen würde. Daß bei der Betrachtung auch auf derartige Belange Rücksicht genommen werden muß, ergibt sich aus dem Rechtsgedanken des § 1574 II BGB. Ebenso wie dort für die Zumutbarkeit einer Erwerbstätigkeit auf Ausbildung und Fähigkeiten des Ehegatten Rücksicht genommen wird, muß dies auch im Rahmen des § 1575 II BGB geschehen. Unter beiden Gesichtspunkten ist es jedoch nicht zu beanstanden, daß das OLG den Eintritt eines Nachteils zu Lasten der Ehefrau, die insoweit die Beweislast trägt, als nicht feststehend erachtet hat. Wie bereits dargelegt, konnte das OLG rechtsfehlerfrei seiner Entscheidung zugrunde legen, daß die Ehefrau ein Einkommen, wie sie es im Zeitpunkt der Berufungsverhandlung erzielte, auch weiterhin erzielen werde. Daß ihr dieses Einkommen einen geringeren Lebensstandard als das Einkommen aus einer Erwerbstätigkeit in der Sowjetunion ermöglicht, hat die Ehefrau nicht geltend gemacht. Sie hat der Behauptung des Ehemannes, daß sie in der BRD wesentlich mehr verdiene, als sie in der Sowjetunion verdienen könne, nicht widersprochen. Die Frage, ob die beruflichen Tätigkeiten, die der

Ehefrau ohne Fortbildung offenstehen, ihr eine ausreichende berufliche Entfaltung ermöglichen, ist – ebenso wie die Angemessenheit einer Erwerbstätigkeit nach § 1574 II BGB – unter Zumutbarkeitskriterien zu beantworten. Eine optimale berufliche Erfüllung kann nicht verlangt werden. Danach enthält es keinen Rechtsfehler, wenn das OLG der Ehefrau zugemutet hat, sich nicht auf eine Tätigkeit als Dozentin zu beschränken, sondern auch andere Stellungen anzunehmen, in denen sie ihre Sprachkenntnisse angemessen verwerten kann. Davon, daß sie eine solche Stellung ohne Fortbildung nicht finden könne, mußte das OLG nach dem Sach- und Streitstand nicht ausgehen.

97. BGH zur Darlegungs- und Beweislast des Berechtigten zu den ehelichen Lebensverhältnissen (1578 BGB)

97a) FamRZ 84/149, 150 = NJW 84/292, 293

(Zur Beweislast für die Gestaltung der ehelichen Lebensverhältnisse)

Für die Frage, ob und inwieweit die Erwerbstätigkeit nicht nur einer Erwerbsobliegenheit nach § 1361 II BGB, sondern zugleich auch den ehelichen Lebensverhältnissen entspricht und damit das Maß des Unterhalts mitbestimmt, kommt es entscheidend darauf an, ob die Aufnahme oder Ausweitung der Erwerbstätigkeit in der Ehe angelegt war und damit auch ohne die Trennung erfolgt wäre. Die Entscheidung hierüber ist vom Tatrichter unter Würdigung aller Umstände des Einzelfalles zu treffen. Läßt sich nicht feststellen, daß die Erwerbstätigkeit auch ohne Trennung aufgenommen oder ausgeweitet worden wäre, so müssen die daraus erzielten Einkünfte bei der Bemessung des Unterhaltsbedarfs außer Betracht bleiben, da der Unterhaltskläger die Beweislast für die Gestaltung der ehelichen Lebensverhältnisse trägt, nach denen sich sein Unterhalt bemißt.

97b) FamRZ 83/352, 353 = NJW 83/2318, 2319

(Beweislast für eine vom Normalverlauf abweichende Entwicklung)

Da sich die Höhe des Anspruchs auf Trennungsunterhalt im Regelfall nach den gegenwärtigen Einkommensverhältnissen richtet, braucht der klagende Ehegatte nur diese darzulegen und notfalls zu beweisen. Für den Ausnahmefall einer unerwarteten, vom Normalverlauf erheblich abweichenden Entwicklung seit der Trennung ist der Ehegatte darlegungs- und beweispflichtig, der daraus Rechte herleiten will, hier also der Bekl. Dieser hat aber nicht dargelegt, seine derzeitige berufliche Stellung beruhe auf einer im Zeitpunkt der Trennung unerwarteten Entwicklung und sei nicht schon während des Zusammenlebens der Parteien angelegt gewesen. Er hat weder vorgetragen, welche Position er damals bereits erreicht hatte und auf welchen Umständen sein seitheriger beruflicher Aufstieg beruht, noch die Höhe seines Einkommens im Zeitpunkt der Trennung angegeben. Unstreitig ist hingegen, daß er für die D. L. bereits in Kairo und Beirut tätig war. Bei dieser Sachlage konnte das OLG die Lebensverhältnisse der Parteien im Zeitpunkt der letzten mündlichen Verhandlung als maßgebend ansehen.

98. BGH zur Darlegungs- und Beweislast des Verpflichteten

98a) FamRZ 80/770, 771 = NJW 80/2083, 2084

(Zur Leistungsfähigkeit)

Macht der Unterhaltsschuldner geltend, er könne den Unterhaltsbedarf des Gläubigers ohne Gefährdung des eigenen angemessenen Lebensbedarf nicht bestreiten, so hat er die Voraussetzungen einer so begründeten Beschränkung des Unterhaltsanspruchs darzulegen und im Bestreitensfall zu beweisen. Die Höhe des die Leistungsfähigkeit bestimmenden Einkommens ist dabei nicht mit dem steuerpflichtigen Einkommen identisch.

Beruft sich der Unterhaltsschuldner, der eine Beschränkung seiner Leistungsfähigkeit behauptet, auf sein steuerpflichtiges Einkommen, so braucht er zwar nicht sämtliche Belege vorzulegen, durch die gegenüber die Steuerbehörde behaupteten Aufwendungen glaubhaft zu machen sind. Er muß jedoch seine Einnahmen und behaupteten Aufwendungen im einzelnen so darstellen, daß die allein steuerlich beachtlichen Aufwendungen von solchen, die unterhaltsrechtlich von Bedeutung sind, abgegrenzt werden können. Die allein ziffernmäßige Aneinanderreihung einzelner Kostenarten genügt diesen Anforderungen nicht.

98b) FamRZ 85/143, 146

(BVerfG zur Beweislast bei Leistungsunfähigkeit)

Die Gerichte sind zu dem Ergebnis gekommen, die Bf. könnte eine Erwerbstätigkeit finden, die es ihr ermöglicht, ihre Unterhaltspflichten zu erfüllen. Dabei konnten die Gerichte verfassungsrechtlich bedenkenfrei von der Beweislast ausgehen, wie sie sich nach § 1603 I BGB darstellt. Die Leistungsunfähigkeit des Unterhaltsschuldners ist in dieser Vorschrift als Einwendung ausgestaltet; die Darlegungs- und Beweislast trifft den Verpflichteten.

99. BGH zur Regelausnahmesituation

99a) FamRZ 83/456, 458 = NJW 83/1427, 1428, 1429

(Zur Beweislast bei Kindesbetreuung)

Der Senat hat bisher entschieden, daß sich eine Ehefrau, die Unterhalt von ihrem Mann verlangt, im Regelfall dann nicht auf eine eigene Erwerbstätigkeit verweisen zu lassen braucht, wenn sie ein noch nicht schulpflichtiges Kind betreut (FamRZ 82/25, 27). Die der Praxis gebräuchlichen Unterhaltsrichtlinien gehen zum Teil weiter und verneinen – für den Regelfall – eine Erwerbsobliegenheit des Sorgeberechtigten, solange das Kind die ersten beiden Grundschulklassen besucht (so KL und MR) oder sogar, bis es die Grundschule beendet hat (CL). Dem liegt die Erfahrung zugrunde, daß auch ein schulpflichtiges Kind zunächst noch einer verstärkten Beaufsichtigung und Fürsorge bedarf, die nicht auf bestimmte Zeitabschnitte des Tages beschränkt ist. Die gesunde Entwicklung eines Kindes dieser Altersstufe erfordert es in der Regel, daß sich ein Elternteil ihm noch jederzeit widmen kann, was einem Erwerbstätigen etwa bei ausfallenden Schulstunden oder einer Krankheit nicht möglich sein würde. Daher billigt der Senat den Ausgangspunkt des OLG, daß im allgemeinen eine Erwerbsobliegenheit des Elternteils, der ein Kind unter 8 Jahren betreut, zu verneinen ist.

Der Revision ist zuzugeben, daß dieser Grundsatz nur gelten kann, wenn nicht die Umstände des Einzelfalls eine Abweichung bedingen. So wurde im Gesetzgebungsverfahren im Hinblick auf die Vielgestaltigkeit der zu erfassenden Lebenssachverhalte bewußt davon abgesehen, eine widerlegbare Vermutung des Inhalts zu schaffen, daß ein Ehegatte eine Erwerbstätigkeit erst aufnehmen könne, wenn das zu erziehende Kind ein bestimmtes Lebensalter erreicht habe. Wenn aber für eine bestimmte Annahme die Erfahrung spricht, ist es im Prozeß Sache desjenigen, der eine Ausnahme von der erfahrungsgemäßen Regel in Anspruch nimmt, die hierfür erforderlichen Voraussetzungen darzulegen und notfalls zu beweisen. Im vorliegenden Fall hätte daher der Bekl. Umstände vorbringen müssen, die für eine Erwerbsobliegenheit der Kl. zu 1. trotz der Betreuung der Kl. zu 2) hätten sprechen können. Er hat sich aber auf die pauschale Behauptung beschränkt, das Kind sei bereits in einem Alter, in dem es in den Kindergarten gehen könne. Dadurch, daß das Kind den Kindergarten besucht, wird indessen dem betreuenden Elternteil regelmäßig noch keine Erwerbstätigkeit ermöglicht. Die Gründe, aus denen der Eintritt des Kindes in die Grundschule im Regelfall noch nicht zu einer Erwerbsobliegenheit des betreuenden Elternteils führt, gelten insoweit entsprechend und in verstärktem Maße.

99b) FamRZ 81/347, 348, 349 = NJW 81/923, 924

(Zur Beweislast bei Barunterhaltspflicht beider Eltern)

Das OLG hat es nicht für erwiesen angesehen, daß die Mutter über weiteres nennenswertes Einkommen und Vermögen verfüge. Das gehe zu Lasten des Beklagten, der die Voraussetzungen für die ausnahmsweise Zuschußpflicht des betreuenden Elternteils zu beweisen habe. Hiergegen wendet sich die Revision des Bekl. ohne Erfolg. Sie vertritt die Ansicht, es sei Sache der Kl. darzulegen und zu beweisen, daß die Einkommens- und Vermögensverhältnisse der Mutter, deren Heranziehung zum Barunterhalt nicht rechtfertigen. Dieser Ansicht kann nicht gefolgt werden. Zwar trifft es zu, daß Eltern für den ihrem gemeinschaftlichen Kind zu gewährenden Unterhalt nicht als Gesamtschuldner, sondern als Teilschuldner haften (FamRZ 71/569 bis 571 = NJW 71/1983, 1985). Auch mag es naheliegen, die Beweislast im Fall der Inanspruchnahme eines Elternteils für den gesamten Unterhalt ebenso zu beurteilen, wie in den Fällen der Inanspruchnahme eines nachrangig Unterhaltspflichtigen (vgl. § 1607 BGB), für die anerkannt ist, daß die Beweislast für die mangelnde Leistungsfähigkeit des zunächst Verpflichteten nicht den Inanspruch-genommenen, sondern den Unterhaltsberechtigten trifft. Hieraus lassen sich indessen allenfalls Schlüsse für den Fall ziehen, daß das Kind von keinem Elternteil betreut wird, sondern beide Barunterhalt zu leisten haben. Dagegen können daraus für die Beweislastfrage im vorliegenden Fall keine entsprechenden Folgerungen abgeleitet werden. Daß der Unterhaltsgläubiger in Fällen der Ersatzhaftung die Leistungsunfähigkeit des vorrangig Verpflichteten zu beweisen hat, liegt darin begründet, daß er sich mit dem Wegfall der Unterhaltspflicht des primär Verpflichteten auf eine Abweichung von dem im § 1601 BGB aufgestellten Grundsatz beruft, für deren Voraussetzungen er die Beweislast trägt. Eine entsprechende Abweichung von der Regel des § 1601 BGB machen die Kl. mit ihrer Rechtsverfolgung gegen den Vater jedoch nicht geltend. Entgegen der Ansicht der Revision umfaßt die Inanspruchnahme des Bekl. nicht den gesamten Unterhalt der Kinder, sondern nur den durch Geldleistungen zu erbringenden Teil, den Barunterhalt. Der andere, in der persönlichen Fürsorge bestehende Teil des Unterhalts wird von der Mutter der Kl. erbracht. Beide Teile sind nach der Vorschrift des § 1606 III S. 2 BGB in der Regel gleichwertig. Daraus ergibt sich, daß die Kl. mit ihrer Barunterhaltsforderung gegen den

Bekl. eine Abweichung weder von dem Grundsatz des § 1601 BGB noch von demjenigen gleichrangiger Haftung der Eltern geltend machen. Im Hinblick auf § 1606 III S. 2 BGB, wonach der das Kind betreuende Elternteil durch seine persönliche Fürsorge seine Unterhaltspflicht vollständig erfüllt, entspricht die Inanspruchnahme des Bekl. auf den Barunterhalt regelmäßig auch dem Grundsatz anteiliger Haftung beider Elternteile.

Der Standpunkt des Bekl. hinsichtlich der Barunterhaltspflicht der Mutter der Kl. läuft auf die Behauptung hinaus, daß die Mutter durch die Betreuung der Kinder ihre Unterhaltspflicht nicht erfülle, weil sie aufgrund ihrer Erwerbs- und Vermögensverhältnisse den Unterhalt der Kinder zu mehr als der Hälfte tragen müsse. Mit dieser Behauptung macht der Bekl. eine Abweichung von dem im § 1606 III S. 2 BGB enthaltenen Grundsatz geltend, deren Voraussetzungen er daher zu beweisen hat. Daß es dem unterhaltsberechtigten Kinde häufig leichter möglich sein mag als dem Barunterhalt leistenden Elternteil, die wirtschaftlichen Verhältnisse des anderen Elternteils darzulegen, rechtfertigt keine abweichende Beurteilung, zumal die Verteilung der Beweislast nicht bedeutet, daß der Gegner des Beweispflichtigen jeder Darlegungspflicht enthoben wäre. Im übrigen ist dem Hinweis der Revision auf den Auskunftsanspruch des Kindes gegen seine Eltern entgegenzuhalten, daß auch die Eltern nicht selten aus der Abwicklung ihrer rechtlichen Beziehungen und einer etwaigen Auskunftspflicht nach § 1680 BGB nähere Kenntnisse über die Einkommens- und Vermögensverhältnisse des anderen haben werden.

99c) FamRZ 83/473, 474 = NJW 83/1429, 1430

(Zur Beweislast bei besonders hohem Bedarf des Kindes)

Der von den Klägern bereits zur Verfügung stehende Betrag je 842,50 DM im Monat einschließlich des anteiligen Kindergeldes übersteigt deutlich die höchsten Unterhaltssätze, die zur Zeit der Berufungsverhandlung bei der Unterhaltsbemessung für eheliche Kinder in der tatrichterlichen Praxis angewendet worden sind. Wenn solchen Werten auch keine den Rechtsnormen vergleichbare Verbindlichkeit beizumessen ist, kommt ihnen doch die Bedeutung als Orientierungshilfe zu, denn sie berücksichtigen aufgrund richterlicher Erfahrung die durchschnittlichen Lebenshaltungskosten. Darin sind bei minderjährigen Kindern, die mit wenigstens einem Elternteil noch in familiärer Gemeinschaft leben, die Kosten für Nahrung, Wohnung, Krankenvorsorge, Ferien, Pflege musischer und sportlicher Interessen sowie Taschengeld eingeschlossen. Solange sich Unterhaltsforderungen an Bedarfsermittlungen anlehnen, wie sie solchen nach Erfahrungswerten aufgestellten Unterhaltstabellen und Richtlinien zugrunde liegen, werden an die Darlegungslast im Unterhaltsprozeß keine besonderen Anforderungen gestellt. Wenn der Berechtigte aber im Blick auf eine weitergehende Leistungsfähigkeit des Verpflichteten einen über die schon bestehende reichlich bemessene Befriedigung des allgemeinen Bedarfs hinausgehenden besonders hohen Unterhaltsbedarf geltend machen will, muß er im einzelnen darlegen, worin dieser Bedarf besteht und welche Mittel zu seiner Deckung im einzelnen erforderlich sind. Wie das OLG zutreffend festgestellt hat, fehlt es im vorliegenden Fall an einem entsprechenden Sachvortrag. Die Auffassung der Revision, der Unterhaltsverpflichtete habe zunächst die Mittel zu verschaffen, erst dadurch werde es dem unterhaltsberechtigten Kind ermöglicht, einen höheren Lebensbedarf zu entwickeln und alsdann darzutun, teilt der Senat nicht. Dies würde zu einer praktisch unbegrenzten Steigerung des Unterhaltsanspruchs eines minderjährigen Kindes führen und damit dem Inhalt und Zweck der gesetzlichen Regelung in § 1610 II BGB widersprechen.

100. BGH zur Umkehr der Beweislast FamRZ 81/347, 349 = NJW 81/923, 924

Der Revision kann nicht darin zugestimmt werden, daß sich die Beweislast im vorliegenden Fall umkehre. Eine derartige Änderung der Beweislast hat die Rechtsprechung in Fällen angenommen, in denen eine Partei die Beweisführung, insbesondere die Benutzung eines Beweismittels durch den beweispflichtigen Gegner schuldhaft vereitelt oder erschwert hatte (NJW 63/389, 390 sowie NJW 80/887, 888 m. w. N.). Solche Behinderungen der gegnerischen Beweisführung können jedoch nicht schon angenommen werden, wenn eine Prozeßpartei, wie es hier der Klageseite angelastet wird, sich eines Verstoßes gegen die prozessuale Wahrheitspflicht schuldig macht, indem sie sich in ihren Schriftsätzen teilweise unwahrhaftig oder unvollständig erklärt, oder wenn sie, wie hier die gesetzliche Vertreterin der Kl., widersprüchliche Angaben macht. Ein derartiges Verhalten kann im Rahmen der freien Beweiswürdigung und Überzeugungsbildung des Gerichts nach § 286 I S. 1 ZPO gebührend berücksichtigt werden. In dieser Weise ist es ausweislich der Urteilsgründe auch im vorliegenden Fall vom OLG gewürdigt worden.

101. BGH zur Auskunftserteilung

101 a) FamRZ 82/680, 681 = NJW 82/1642, 1643

(zum Auskunftszweck)

Das OLG ist zutreffend davon ausgegangen, daß zwischen den Parteien aufgrund der Ehe ein Unterhaltsrechtsverhältnis besteht (§§ 1360, 1361 BGB) und die Parteien gemäß § 1361 IV S. 4 i. V. mit § 1605 I S. 1 BGB einander verpflichtet sind, auf Verlangen über ihre Einkünfte und ihr Vermögen Auskunft zu erteilen, soweit dies zur Feststellung eines Unterhaltsanspruchs erforderlich ist.

Die Kl. hat erstmals am 24. 1. 1979 den Bekl. auf Leistung von Unterhalt in Anspruch genommen. Die Revision macht geltend, da die Kl. für die zurückliegende Zeit Unterhalt nicht verlangen könne, habe sie auch keinen Anspruch auf Auskunft über die Einkünfte des Bekl. in der zurückliegenden Zeit. Dem kann nicht gefolgt werden.

§ 1605 I S. 1 BGB beschränkt zwar den Auskunftsanspruch in der Weise, daß die Auskunft erforderlich sein muß, um einen Unterhaltsanspruch festzustellen. Das bedeutet indessen nicht, der Verpflichtete müsse seine Einkünfte und sein Vermögen nur für den Zeitraum offenbaren, für den der Berechtigte Unterhalt verlangen kann. Wenn ein Ehegatte die Angabe der Einkünfte des Verpflichteten aus einer zurückliegenden Zeit benötigt, um seinen (gegenwärtigen) Anspruch dem Grund und der Höhe nach berechnen zu können, muß die Auskunft auch für die Vergangenheit erteilt werden. Das folgt aus dem Zweck des Auskunftsanspruchs, der einer Beweisnot des Berechtigten abhelfen soll. Schon vor dem Inkrafttreten des 1. EheRG, durch das § 1605 in das BGB eingefügt wurde, hatte die Rechtsprechung eine derartige Auskunftspflicht aus § 242 BGB hergeleitet. Daraus wird deutlich, daß es sich um die Ausprägung eines durch Treu und Glauben im Rechtsverkehr gebotenen Grundsatzes handelt, nach dem innerhalb eines bestehenden vertraglichen oder gesetzlichen Schuldverhältnisses derjenige, der entschuldbar über das Bestehen und den Umfang seiner Ansprüche in Unkenntnis ist, von dem Verpflichteten eine entsprechende Auskunft verlangen kann, wenn dieser zur Erteilung unschwer in der Lage ist (vgl. BGHZ 55, 201, 203).

101 b) FamRZ 83/473 = NJW 83/1429

(zum Auskunftszweck)

Nach § 1605 I S. 1 BGB haben Verwandte in gerader Linie einander auf Verlangen über ihre Einkünfte Auskunft zu erteilen, soweit dies zur Feststellung eines Unterhaltsanspruchs oder einer Unterhaltsverpflichtung erforderlich ist. Im vorliegenden Fall steht außer Streit, daß ein Unterhaltsanspruch der Kl. gegen den Bekl. dem Grunde nach besteht, so daß es zur Beurteilung dieser Frage einer Auskunft nicht bedarf. Die Parteien streiten allein darüber, ob der Bekl. über die von ihm an jeden der Kl. erbrachte Leistung hinaus weiteren Unterhalt schuldet.

Auch die Entscheidung einer solchen Frage erfordert indessen nicht ausnahmslos die Kenntnis der Höhe des Einkommens des Unterhaltsverpflichteten, zumal wenn dieser wie im vorliegenden Fall höhere Unterhaltszahlungen nicht aus mangelnder Leistungsfähigkeit verweigert. Der Grundsatz von Treu und Glauben, auf dem die Auskunftspflicht letztlich beruht, verbietet es, eine Auskunft noch zu verlangen, wenn fest steht, daß sie die Unterhaltsverpflichtung unter keinem Gesichtspunkt beeinflussen kann (FamRZ 1982, 996 m. w. N.). Der Zweck der Auskunft besteht darin, dem Unterhaltsberechtigten Gewißheit über die Einkommensverhältnisse des Verpflichteten zu verschaffen, um ihm die Bemessung seines Unterhaltsanspruchs zu ermöglichen; danach ist die Auskunft entbehrlich, wenn über das Einkommen eines Unterhaltsverpflichteten so viel feststeht, daß der gesamte Bedarf des Berechtigten voll gedeckt werden kann.

101 c) FamRZ 83/674 = NJW 83/1783

(Beginn der Auskunftspflicht ua.)

Nach § 1605 II BGB kann vor Ablauf von zwei Jahren eine erneute Auskunft nur unter bestimmten Voraussetzungen verlangt werden. Das OLG hat offen gelassen, ob der Bekl., wie er behauptet, der Stadt Köln innerhalb der letzten zwei Jahre Auskünfte über seine Einkommens- und Vermögensverhältnisse erteilt hat. Es hat ausgeführt, die Erfüllung der auf § 116 BSHG beruhenden Pflicht zur Auskunft gegenüber dem Sozialhilfeträger lasse den Auskunftsanspruch der Kl. aus §§ 1580, 1605 BGB unberührt. Das ist richtig; die Revision erhebt insoweit auch keine Bedenken.

Es steht der Verurteilung zur Auskunft ab 1. 7. 1980 nicht entgegen, daß die Ehe der Parteien erst seit dem 13. 11. 1980 rechtskräftig geschieden ist, ein Anspruch auf nachehelichen Unterhalt mithin erst von diesem Zeitpunkt an bestehen kann. Die Auskunftspflicht der Ehegatten nach § 1580 BGB besteht von der Rechtshängigkeit des Scheidungsantrages an (FamRZ 1982, 151 = NJW 1982, 1645).

Entgegen der Auffassung der Revision erstreckt sich die Pflicht des Bekl., der Kl. auf Verlangen über seine Einkünfte Auskunft zu erteilen, auch auf seine Renten nach dem BEG.

Ein geschiedener [gesch.] Ehegatte kann Auskunft nach § 1580 BGB i. V. mit § 1605 I S. 1 BGB verlangen, wenn sie für den Unterhaltsanspruch relevant ist, also für die Bemessung des Unterhalts von Bedeutung sein kann. Eine Verpflichtung zur Auskunfterteilung besteht nicht, wenn feststeht, daß die begehrte Auskunft den Unterhaltsanspruch unter keinem Gesichtspunkt beeinflussen kann (FamRZ 1982, 996 m. w. N. = NJW 1982, 2771). Danach hätte die Revision mit ihrem Angriff auf die Verurteilung des Bekl. zur Auskunftserteilung über seine beiden BEG-Renten Erfolg, wenn diese Renten bei der Feststellung seiner Unterhaltspflicht nicht, auch nicht teilweise, berücksichtigt werden dürften.

101d) FamRZ 82/151 = NJW 81/1645
(zum Beginn der Auskunftspflicht)

Der Senat tritt der Auffassung bei, daß die Auskunftspflicht nach § 1580 BGB schon von der Rechtshängigkeit des Scheidungsantrags an besteht (ebenso: KG, FamRZ 1981, 156, im Anschluß an OLG Düsseldorf, a. a. O.). Im gesetzlichen Güterrecht ist die Auskunftspflicht mit der Einfügung des § 1379 II BGB durch das 1. EheRG ausdrücklich in dieser Weise ausgedehnt worden. Dies ist im Gesetzgebungsverfahren damit begründet worden, daß es die nunmehr vorgesehene einheitliche Entscheidung über Scheidung und Scheidungsfolgen im Interesse des Ausgleichsberechtigten erforderlich mache, die Auskunftspflicht schon vorzusehen, sobald die Scheidung beantragt ist (FamRZ 1979, 690, 691). Die gleiche Erwägung gilt auch für den Auskunftsanspruch in bezug auf den nachehelichen Unterhalt. Wollte man insoweit – dem Wortlaut des § 1580 BGB entsprechend – den Auskunftsanspruch erst ab Rechtskraft der Scheidung gewähren, so wäre der Ehegatte, der zur Feststellung seines Anspruchs der Auskunft bedarf, gezwungen, entweder auf die Geltendmachung des nachehelichen Unterhalts im Verbund zu verzichten und zunächst die Rechtskraft der Scheidung abzuwarten oder aber seinen Anspruch aufgrund unzureichender Anhaltspunkte zu beziffern. Beides mutet das Gesetz dem unterhaltsbedürftigen Ehegatten grundsätzlich nicht zu. Jedem Ehegatten soll – vorbehaltlich der Fälle des § 628 ZPO – die Möglichkeit offen stehen, gleichzeitig mit dem Scheidungsausspruch auch die Regelung der Scheidungsfolgen einschließlich des nachehelichen Unterhalts zu erwirken; ebenso steht jedem Ehegatten zur Feststellung des Unterhaltsanspruchs der Auskunftsanspruch zu. Diese Grundsätze müßten zum Nachteil des unterhaltsbedürftigen Ehegatten durchbrochen werden, wenn § 1580 BGB dem Wortlaut nach zu verstehen wäre. Hierfür ist kein sachlicher Grund ersichtlich.

Der Umstand, daß der Gesetzgeber es unterlassen hat, in § 1580 BGB eine dem § 1379 II BGB entsprechende Regelung aufzunehmen, besagt nicht, daß damit eine solche Regelung für den Auskunftsanspruch bezüglich des nachehelichen Unterhalts ausgeschlossen sein sollte. Die unterschiedliche Ausgestaltung der Vorschriften mag ihren Grund darin haben, daß durch § 1361 IV S. 4 BGB eine Auskunftspflicht bezüglich des Unterhalts schon für die Zeit des Getrenntlebens ausdrücklich vorgeschrieben und deshalb ein Bedürfnis für die Einfügung einer dem § 1379 II BGB entsprechenden Regelung in § 1580 BGB möglicherweise nicht gesehen worden ist.

Daß § 1580 BGB im hier vertretenen Sinne zu verstehen ist, wird im übrigen dadurch besonders deutlich, daß die Vorschrift für den Versorgungsausgleich [VersAusgl] nach § 1587b BGB entsprechend gilt (§ 1587e I BGB). Der VersAusgl in den Fällen des § 1587b BGB ist nach § 623 III S. 1 ZPO von Amts wegen in das Verbundverfahren mit der Scheidungssache einzubeziehen, so daß darüber regelmäßig zusammen mit dem Scheidungsausspruch zu entscheiden ist. Die Auskunftspflicht nach § 1580 BGB hätte in diesen Fällen keinen Sinn, wenn die Auskunft erst nach Rechtskraft der Scheidung und damit in einem Zeitpunkt, in dem der VersAusgl bereits durchgeführt ist, verlangt werden könnte.

Die Pflicht zur Auskunftserteilung besteht allerdings nach §§ 1580 S. 2, 1605 I S. 1 BGB nur, soweit die Auskunft zur Feststellung des Unterhaltsanspruchs erforderlich ist. Zutreffend ist daher der Ausgangspunkt der Revision, daß Einkünfte und Vermögen nicht mehr offenbart werden müssen, wenn sich die Höhe des Unterhaltsanspruchs dadurch nicht mehr ändern kann.

101e) FamRZ 82/996, 997 = NJW 82/2771
(zur Auskunftspflicht)

Nach § 1580 BGB sind „geschiedene Ehegatten" einander verpflichtet, auf Verlangen über ihre Einkünfte und ihr Vermögen Auskunft zu erteilen. Mit Rücksicht auf die Möglichkeit, den Anspruch auf den nachehelichen Unterhalt im Verfahrensverbund bereits vor der Rechtskraft der Scheidung geltend zu machen, ist die Vorschrift jedoch auf das Verfahren nach Rechtshängigkeit des Scheidungsantrags auszudehnen (FamRZ 1982, 151). Über das Auskunftsbegehren kann in diesem Fall vor der Entscheidung über den Scheidungsantrag erkannt werden.

Auskunft ist nach § 1605 I S. 1 BGB zu erteilen, soweit dies zur Feststellung eines Unterhaltsanspruchs oder einer Unterhaltsverpflichtung erforderlich ist. Die begehrte Auskunft muß also für den Unterhaltsanspruch relevant sein. Dabei genügt es allerdings, daß die Auskunft für die Bemessung des Unterhalts von Bedeutung sein kann; der Auskunftsanspruch hängt nicht davon ab, daß sich das Ergebnis der Auskunft auf die Höhe des Unterhaltsanspruchs oder der Unterhaltsverpflichtung auswirkt.

Andererseits ist jedoch schon eine Verpflichtung zur Auskunftserteilung abzulehnen, wenn feststeht, daß die begehrte Auskunft den Unterhaltsanspruch oder die Unterhaltsverpflichtung unter keinem Gesichtspunkt beeinflussen kann (FamRZ 82/680).

101f) FamRZ 85/791, 792, 793 = NJW 85/1699, 1700, 1701
(zur Auskunftspflicht)

Die Verurteilung des Bekl. zur Auskunftserteilung über sein gegenwärtiges Einkommen und auf Vorlage einer Gehaltsbescheinigung des Arbeitgebers hat das BerGer. wie folgt begründet: Zu den für die Unterhaltsbemessung maßgeblichen ehelichen Lebensverhältnissen gehöre nicht lediglich das zur Zeit der Scheidung vom Bekl. erzielte Einkommen nach BAT IIa, sondern auch die bereits voraussehbare Einkommenssteigerung. Der Bekl. habe schon während der Ehe mit seiner Promotion begonnen. Es habe bereits damals der Lebenserfahrung entsprochen, daß er nicht auf Dauer wissenschaftlicher Mitarbeiter bleiben würde und daß seine Einkünfte sich nach der Promotion erheblich steigern würden. Demgegenüber vertritt die Revision den Standpunkt, daß die berufliche Entwicklung des Bekl. nach der Scheidung nicht vorhersehbar gewesen und deshalb auch nicht unterhaltsrechtlich zu berücksichtigen sei: Im Sommer 1978 habe lediglich festgestanden, daß der Arbeitsvertrag des Bekl. als wissenschaftliche Hilfskraft – nicht etwa als promovierter Hochschulassistent im Sinne des Hochschulrahmengesetzes – zum Ende des Jahres 1980 auslaufen werde und eine Weiterbeschäftigung an der Hochschule unwahrscheinlich sein würde. Die Promotion sei erst nach der Scheidung erfolgt. Die vom Bekl. 1981 angenommene Stelle als Systemprogrammierer habe seiner ursprünglichen Ausbildung nicht entsprochen. Das bei der Einstellung vereinbarte Gehalt sei nur möglich gewesen, weil die Thematik der Dissertation für die Computerfirma als Berufserfahrung habe gewertet werden können. Das heutige Einkommen des Bekl. beruhe dagegen darauf, daß er bei den jährlichen Leistungsbeurteilungen seiner Firma stets überdurchschnittlich abgeschnitten habe.

In diesem Punkt hat die Revision Erfolg; das Auskunftsverlangen der Kl. ist unbegründet.

Gem. § 1580 S. 1 BGB sind geschiedene Ehegatten verpflichtet, auf Verlangen über ihre Einkünfte und ihr Vermögen Auskunft zu erteilen. Nach dem gem. § 1580 S. 2 BGB entsprechend anwendbaren § 1605 I 1 BGB ist die Auskunft zu erteilen, soweit dies zur Feststellung eines Unterhaltsanspruchs oder einer Unterhaltsverpflichtung erforderlich ist. Der Senat hat daraus gefolgert, daß die Auskunft nach § 1580 BGB nur verlangt werden kann, wenn sie für den Unterhaltsanspruch relevant ist, also für die Bemessung des Unterhalts von Bedeutung sein kann; dagegen besteht eine Verpflichtung zur Auskunftserteilung nicht, wenn feststeht, daß die begehrte Auskunft den Unterhaltsanspruch unter keinem Gesichtspunkt beeinflussen kann (NJW 1982, 2771 = FamRZ 1982, 996 m. w. Nachw.).

b) Für die Feststellung der Unterhaltsverpflichtung des Bekl. bzw. des Unterhaltsanspruchs der Kl. ist nach den Ausführungen zu § 1573 BGB (oben unter I.) die Auskunft nicht erforderlich. Sie könnte sich nur noch auf die Höhe des zu gewährenden Unterhalts (die Unterhaltsbemessung) auswirken. Das BerGer. ist insoweit zutreffend davon ausgegangen, daß das Maß des Unterhaltsbedarfs der Kl. sich nach den ehelichen Lebensverhältnissen der Parteien (§ 1578 I BGB) im Zeitpunkt der Scheidung bestimmt (std. Rspr. des Senats, vgl. NJW 1982, 1870 = FamRZ 1982, 576 [577] m. w. Nachw.).

Die ehelichen Lebensverhältnisse werden im allgemeinen durch das Einkommen bestimmt (st. Rspr., vgl. Senatsurt., NJW 1982, 2771); in einer Ehe, in der nur einer der Ehegatten einer Erwerbstätigkeit nachgeht und keine sonstigen Einkünfte erzielt werden, prägt allein dessen Einkommen den Lebensstandard. Im vorliegenden Fall kommt es daher auf das Gehalt an, das der Bekl. im Zeitpunkt der Scheidung im Sommer 1978 aufgrund seiner damaligen Stellung als wissenschaftlicher Angestellter nach BAT IIa bezogen hat. Zu dessen Feststellung – einschließlich der seither zum Ausgleich von Kaufkraftverlsuten und zur Anpassung an allgemeine Einkommenssteigerungen etwa eingetretenen Erhöhungen – bedarf die Kl. nicht einer Auskunft über die gegenwärtigen, auf anderer Basis dem Bekl. von seinem jetzigen Arbeitgeber gewährten Vergütungen.

101g) FamRZ 83/352, 354 = NJW 83/2318, 2320
(zum Auskunftsanspruch bei Schadensersatz)

Einen Auskunftsanspruch des Bekl. auf Offenbarung des Nettoeinkommens der Kl. in der Zeit v. 1. 10. 1969 bis 31. 1. 1973 hat das OLG verneint, weil keine Anhaltspunkte dafür gegeben seien, daß die Kl. die einstw. Anordnung v. 6. 3. 1972 durch Täuschung erschlichen habe. Ohne Erfolg macht der Bekl. demgegenüber geltend, eine Auskunftspflicht bestehe bereits dann, wenn ein begründeter Verdacht für eine zum Schadensersatz verpflichtende Handlung bestehe.

Eine so weitgehende Verpflichtung kann aus den Grundsätzen von Treu und Glauben (§ 242 BGB) nicht hergeleitet werden:

Ein unterhaltsrechtlicher Auskunftsanspruch, sei es aufgrund der Bestimmungen der §§ 1580, 1605 BGB, sei es aufgrund von § 242 BGB, besteht nach dem Senatsurteil v. 22. 9. 1982 (FamRZ 1982, 1189, 1192) nur dann, wenn die Voraussetzungen des vorzubereitenden Unterhaltsanspruchs vorliegen, die von den wirtschaftlichen Verhältnissen unabhängig sind. Entsprechendes muß gelten, wenn – wie hier – ein Schadensersatzanspruch wegen Überzahlung von Unterhalt vorbereitet werden soll, der auf eine unerlaubte Handlung (§ 823 II BGB i. V. mit § 263 StGB) gestützt wird. Würde in diesen Fällen ein Auskunftsanspruch bereits auf einen Verdacht hin gewährt oder gar zu dem Zweck, eine unerlaubte Handlung erst zu ermitteln, liefe das auf eine allgemeine Auskunftspflicht hinaus, die dem deutschen Recht fremd ist (vgl. dazu BGH, Urteil v. 22. 1. 1964 – LM, BGB § 242 [Be] Nr. 19).

Dem OLG ist darin beizupflichten, daß der Bekl. nicht dargetan hat, die Kl. habe in dem Verfahren, das zu der einstw. Anordnung v. 6. 3. 1972 geführt hat, vorsätzlich das Gericht getäuscht. Selbst wenn unterstellt wird, sie habe – entsprechend der Vermutung des Bekl. – erhaltene Lohnsteuerrückzahlungen nicht angegeben, bliebe offen, ob diese Frage für die gerichtliche Entscheidung von Bedeutung war. Nach damaligem Recht (§ 627 ZPO a. F.) konnte eine einstw. Anordnung aufgrund einer bloß summarischen Prüfung unter Berücksichtigung der aus den typischen Verhältnissen gewonnenen allgemeinen Erfahrungen ergehen (BGHZ 24, 269, 272 = FamRZ 1957, 316, 317).

101h) FamRZ 83/996, 998 = NJW 83/2343, 2344
(zum Umfang der Auskunftspflicht)

Der geschiedene Ehegatte kann nicht gemäß §§ 1580, 1605 BGB auf Auskunft in Anspruch genommen werden, wenn unabhängig von seinen Einkommens- und Vermögensverhältnissen ein Unterhaltsanspruch gegen ihn nicht in Betracht kommt. Es müssen diejenigen Voraussetzungen eines Unterhaltsanspruchs vorliegen, die von den wirtschaftlichen Verhältnissen der Parteien unabhängig sind (näher: FamRZ 1982, 1189, 1192). Der Auffassung der Revision, im vorliegenden Fall stehe in diesem Sinne fest, daß die Kl. vom Bekl. keinen Unterhalt verlangen könne, kann aber nicht gefolgt werden.

Der Bekl. hat ferner über seine Einkünfte als GmbH-Geschäftsführer für die letzten zwölf Monate Auskunft zu erteilen, wobei das Bruttogehalt, Art und Umfang der Abzüge sowie Sonderzahlungen, wie Weihnachts- und Urlaubsgeld, Spesen, Auslösungen, Tantiemen etc. einzeln anzugeben sind. Auch insoweit hat er seine Verpflichtung nicht durch das zu den Akten gegebene Schreiben vom 19. 8. 1980 erfüllt, weil sich daraus allenfalls sein Gehalt für den Monat Juli 1980 nebst den Abzügen für Lohnsteuer und Sozialversicherung entnehmen läßt. Von einer – wenn auch unvollständigen – Erfüllung, an die sich lediglich noch ein Verfahren über die Abgabe einer eidesstattlichen Versicherung anschließen könnte, kann nicht ausgegangen werden. In dieses Verfahren gehört etwa der Streit darüber, ob in einer äußerlich ordnungsgemäßen Aufstellung einzelne Posten falsch sind oder überhaupt fehlen (RGZ 100/150, 152). Hier geht es nicht um derartige sachliche Mängel einer ordnungsgemäßen Aufstellung, sondern eine solche, die auch der Unterhaltsschuldner gemäß §§ 1580, 1605 I S. 3 i. V. § 260 I BGB vorzulegen hat, ist noch nicht vorhanden. Denn das Schreiben vom 29. 8. 1980 bezieht sich nicht auf den Zeitraum von 12 Monaten vor dem 29. 8. 1980 und enthält nichts über die für die Berechnung des Unterhaltsanspruchs bedeutsamen Sonderzuwendungen, insbesondere das Weihnachtsgeld. Bei der Abfassung war sich der Bekl. erkennbar noch nicht über den Umfang seiner Auskunftspflicht im klaren, so daß eine eidesstattliche Versicherung über die Vollständigkeit seiner Angaben (§ 1605 I S. 3 i. V. § 260 II BGB) ohne rechten Sinn wäre. In derartigen Fällen liegt auch eine beachtliche teilweise Erfüllung der Auskunftspflicht nicht vor, weil der Auskunftsberechtigte Anspruch auf eine systematische Zusammenstellung der erforderlichen Angaben hat, die ihm ohne übermäßigen Arbeitsaufwand die Berechnung seines Unterhaltsanspruchs ermöglicht (RGZ 100/150, 153). Die gerichtliche Entscheidung hat vielmehr ungeachtet der bereits vorliegenden Angaben umfassend über Gegenstand und Umfang der Auskunftspflicht zu befinden, wie dies im vorliegenden Fall geschehen ist.

101i) FamRZ 84/144, 145, 146, 147 = NJW 84/484, 485, 486
(Anspruch auf Auskunft, auf ergänzende Auskunft und auf Abgabe einer eidesstattlichen Versicherung)

Nach der Beendigung des Güterstandes – hier durch Scheidung – ist jeder Ehegatte verpflichtet, dem anderen über den Bestand seines Endvermögens Auskunft zu erteilen (§ 1379 I S. 1 BGB). Die

Auskunft ist gemäß § 260 I BGB durch Vorlage eines schriftlichen Bestandsverzeichnisses zu geben; es muß – bezogen auf den Zeitpunkt der Zustellung des Scheidungsantrags (§ 1384 BGB) – eine geordnete und für den Auskunftsberechtigten nachprüfbare Zusammenstellung der dem Zugewinnausgleich unterliegenden Vermögensgegenstände und Verbindlichkeiten des Auskunftspflichtigen enthalten, die dem Berechtigten als Grundlage für die Berechnung des Zugewinnausgleichs dienen kann. Besteht Grund zu der Annahme, daß das Verzeichnis nicht mit der erforderlichen Sorgfalt aufgestellt worden ist, so hat der Verpflichtete – ausgenommen in Angelegenheiten von geringer Bedeutung (§§ 260 III, 259 III BGB) – auf Verlangen an Eides Statt zu versichern, daß er nach bestem Wissen den Bestand seines Endvermögens so vollständig angegeben habe, als er dazu imstande sei (§ 260 II BGB). Davon geht das OLG zutreffend aus.

Rechtlichen Bedenken begegnet seine Auffassung, die Voraussetzungen des § 260 II BGB lägen vor, weil das Vermögensverzeichnis der AGg. mit zwei Ausnahmen den ihr gehörenden Hausrat und die Gegenstände ihres persönlichen Bedarfs nicht aufführe.

Die Feststellung, das Vermögensverzeichnis sei in einzelnen Punkten unvollständig oder unrichtig, ist für sich weder erforderlich noch ausreichend, um die Verpflichtung zur Abgabe der eidesstattlichen Versicherung zu begründen. Maßgebend ist allein, ob Grund zu der Annahme besteht, der Verpflichtete habe das Verzeichnis nicht mit der erforderlichen Sorgfalt aufgestellt. Dieser Verdacht kann begründet sein, auch wenn inhaltliche Mängel des Verzeichnisses nicht festgestellt sind.

Andererseits begründet die Feststellung, das Verzeichnis sei in einzelnen Punkten unvollständig oder unrichtig, nicht ohne weiteres die Annahme mangelnder Sorgfalt. Der in solchen Fällen zunächst gegebene Verdachtsgrund ist entkräftet, wenn den Umständen nach anzunehmen ist, daß die mangelhafte Auskunft auf unverschuldeter Unkenntnis oder auf einem entschuldbaren Irrtum des Auskunftspflichtigen beruht; in einem solchen Fall kommt nur ein Anspruch auf ergänzende Auskunft in Betracht. Die auf einen inhaltlichen Mangel des Vermögensverzeichnisses gegründete Verurteilung zur Abgabe der eidesstattlichen Versicherung setzt deshalb neben der Unvollständigkeit oder Unrichtigkeit des Verzeichnisses die Feststellung voraus, daß sich die Unvollständigkeit oder Unrichtigkeit bei gehöriger Sorgfalt hätte vermeiden lassen.

Ob der Verpflichtete die Auskunft mit der erforderlichen Sorgfalt erteilt hat, ist im wesentlichen Tatfrage. In der Revisionsinstanz kann nur geprüft werden, ob die Erwägungen des OLG von Rechtsirrtum beeinflußt und ob die von der Revision erhobenen Verfahrensrügen begründet sind

Für Gegenstände des persönlichen Bedarfs besteht eine gesetzliche Ausnahme nicht. Die Auffassung der Revisions, nur Wertobjekte, nicht aber einfache Gebrauchsgegenstände des täglichen Lebens fielen in den Zugewinnausgleich, findet im Gesetz insoweit keine Stütze, als es sich um Positionen von wirtschaftlichem Wert handelt. Es ist nicht zu verkennen, daß sich dadurch unerfreuliche und wirtschaftlich wenig ergiebige Streitigkeiten über den maßgeblichen Vermögensbestand entwickeln können, die das ohnehin oft langwierige Verfahren über den Zugewinnausgleich zusätzlich belasten. Dem läßt sich jedoch nur dadurch begegnen, daß der Tatrichter im Einzelfall die Darlegungs- und Beweisregeln – insbesondere im Rahmen des § 287 ZPO – in einer auch dem wirtschaftlichen Gewicht des jeweiligen Streitpunktes angemessenen Weise handhabt.

Auch im Auskunftsverfahren nach § 1379 BGB einschließlich des Verfahrens auf Abgabe der eidesstattlichen Versicherung ist Kleinlichkeit zu vermeiden (vgl. §§ 259 III, 260 III BGB). Wie auch sonst, können Sachgesamtheiten und Inbegriffe von Gegenständen im Vermögensverzeichnis als solche aufgeführt werden, wenn und soweit der Verzicht auf eine detaillierte Aufschlüsselung im Verkehr üblich ist und eine ausreichende Orientierung des Auskunftsberechtigten nicht verhindert. An die Aufschlüsselung können um so geringere Anforderungen gestellt werden, je eher bei dem Empfänger der Auskunft Kenntnis der persönlichen Habe des Verpflichteten vorausgesetzt werden kann (so, wenn zwischen der Trennung und der Zustellung des Scheidungsantrages – wie hier – nur ein kurzer Zeitraum liegt). Wertvolle Gegenstände (z. B. wertvoller Schmuck, Pelze) sind in jedem Fall einzeln anzugeben. Vorbehaltlich einer anderweitigen Vereinbarung (dazu unten dd) geht es jedoch nicht an, die Gegenstände des persönlichen Bedarfs im Vermögensverzeichnis vollständig zu übergehen.

Schon danach kann nicht ohne weiteres angenommen werden, die AGg. habe Hausrat verschwiegen, auf den sich die Auskunftspflicht bezieht. Der ASt. behauptet nicht, daß ihr am Stichtag Gegenstände gehörten, die als Kapitalanlage oder dem Beruf dienten oder für das Getrenntleben bestimmt waren. Das OLG nimmt zwar an, sie sei Alleineigentümerin von Hausratsgegenständen gewesen; das hatte sie im Hausratsverfahren behauptet. Der für die Voraussetzungen des § 260 II BGB darlegungspflichtige ASt. hat jedoch dort wie auch im vorliegenden Rechtsstreit vorgetragen, der Hausrat habe im Miteigentum der Parteien gestanden; er hat demgemäß nur bemängelt, daß die AGg. ihre Miteigentumsanteile an den Haushaltsgegenständen nicht in ihr Vermögensverzeichnis aufgenommen habe. Dazu war sie, wie dargelegt, nicht verpflichtet. Das Berufungsurteil steht insoweit nicht im Einklang mit dem eigenen Vorbringen des ASt.

102. BGH zum Auskunftsantrag FamRZ 83/454, 455 = NJW 83/1056

Das OLG ist zutreffend davon ausgegangen, daß der Bekl. seine Auskünfte belegen muß. Es hat indessen beanstandet, daß die Kl. entgegen § 253 II Nr. 2 ZPO die von ihr verlangten Belege nicht hinreichend bestimmt, sondern es unzulässigerweise dem Gericht überlassen haben herauszufinden, welche Art Beleg für eine bestimmte Einnahmen- oder Ausgabenposition in Betracht komme. Demgemäß hat das OLG der Klage nur entsprochen, soweit es im Wege der Auslegung des Klagantrags die Belege, deren Vorlage die Kl. begehrt hat, hat bestimmen können, nämlich über Telefonkosten, Versicherungsbeiträge und Rechts- und Beratungskosten, weil diese in Form von Rechnungen erteilt zu werden pflegten. Für die anderen Posten, die Gegenstand der Verurteilung zur Auskunft sind, hat das OLG eine Bestimmbarkeit durch Antragsauslegung verneint, weil jeweils mehrere Arten von Belegen in Betracht kämen. Diese Beurteilung hält der rechtlichen Prüfung stand.

Gemäß § 253 II Nr. 2 ZPO muß die Klageschrift die bestimmte Angabe des Gegenstandes und des Grundes des erhobenen Anspruchs sowie einen bestimmten Antrag enthalten. Daraus ergibt sich verfahrensrechtlich die Pflicht zur genügenden Konkretisierung des Leistungsinhalts. Die Geltendmachung des Anspruchs auf Vorlage von Belegen erfolgt im Wege der Leistungsklage. Bei einer solchen muß u. a. mit Rücksicht auf die Zwangsvollstreckung genau bezeichnet werden, welche Leistung der Bekl. erbringen soll; der Klagantrag muß einen vollstreckungsfähigen Inhalt haben. Der Bekl. muß dem Klagantrag auch entnehmen können, welches Risiko für ihn besteht und er muß sich umfassend verteidigen können (NJW 78, 1584 m. w. N.). Nur eine genaue Bezeichnung der von ihm erwarteten Leistung eröffnet dem Bekl. die Möglichkeit zu prüfen, ob er den Anspruch anerkennen oder sich gegen ihn zur Wehr setzen will. Die klagende Partei kann dem Risiko mit ihrer Auffassung im Prozeß (ganz oder teilweise) mit entsprechender Kostenlast zu unterliegen, wenn sie den Anspruch auf die Belegung von Einkünften überzieht, nicht dadurch entgehen, daß sie einen (unbestimmten) Rahmenantrag stellt. Schließlich darf, wenn – wie im vorliegenden Fall bei der Ermittlung von Einkünften eines selbständigen Gewerbetreibenden – im Einzelfall schwierige Abgrenzungsfragen zur Reichweite einer Mitwirkungs- oder Vorlegungspflicht auftreten können, die Auseinandersetzung darüber nicht durch eine unbestimmte Antrags- und Urteilsformel in das Vollstreckungsverfahren verlagert werden. Dieses ist auf die Entscheidung solcher Streitfragen nicht zugeschnitten und bietet dafür nicht die nötigen Rechtsgarantien. Der von der Kl. gestellte Klagantrag, den Bekl. zu verurteilen, „diejenigen Belege beizufügen, aus denen die Richtigkeit des Zahlenmaterials entnommen werden kann", genügt diesen Anforderungen nicht. Das OLG hat ihn daher – soweit es nicht im Wege der Auslegung teilweise zu einer Bestimmbarkeit der Leistung gelangt ist – zutreffend als nicht hinreichend bestimmt und damit unzulässig angesehen.

103. BGH zu Steuerbelegen

103a) FamRZ 82/151, 152 = NJW 82/1645, 1646

(Zur Vorlage von Einkommenssteuerbescheiden und zum Steuergeheimnis)

Nach §§ 1580 S. 2, 1605 I 2 BGB hat der zur Auskunftserteilung Verpflichtete auf Verlangen über die Höhe seiner Einkünfte Belege vorzulegen. Einen solchen Beleg bildet auch der Einkommenssteuerbescheid, da sich aus ihm jedenfalls die Höhe der zu versteuernden Einkünfte und des steuerlichen Nettoeinkommens entnehmen läßt. Für die Unterhaltsbemessung sind allerdings die tatsächlichen Einkünfte maßgebend, die den steuerrechtlich erfaßten Betrag übersteigen können (FamRZ 80/770). Jedoch ist der Steuerbescheid regelmäßig geeignet, wenigstens ein Mindesteinkommen als Grundlage der Unterhaltsbemessung zu belegen. Bei selbständigen Gewerbetreibenden wird sich der Auskunftsberechtigte vielfach damit begnügen, weil er nicht in der Lage ist, andere Belege, in der für eine Verurteilung notwendigen Bestimmtheit zu bezeichnen. Bedenken gegen die Vorlage von Steuerbescheiden im Rahmen der Auskunftspflicht nach §§ 1580, 1605 BGB bestehen nicht. Das Gebot, das Steuergeheimnis zu wahren, auf das sich die Revision in diesem Zusammenhang beruft, richtet sich nach § 30 AO nur an die Amtsträger und die diesen nach § 30 III AO gleichgestellten Personen. Der Steuerpflichtige ist daran nicht gebunden, sondern kann sogar nach § 30 IV Nr. 3 AO die an das Steuergeheimnis gebundenen Personen von der Geheimniswahrung entbinden. Die im Einzelfall denkbare Gefahr, daß mit dem Steuerbescheid Mißbrauch getrieben wird, kann für Belege jeder Art bestehen. Solchen Fällen kann nach Maßgabe des § 242 BGB Rechnung getragen werden. Hier ist die Gefahr einer mißbräuchlichen Verwendung des Steuerbescheids nicht dargetan. Auch die gesellschaftsrechtliche Bindung eines Ehegatten kann der unterhaltsrechtlichen Auskunftspflicht und der Vorlage des eigenen Einkommensteuerbescheids nicht grundsätzlich entgegenstehen. Der Einkommensteuerbescheid ergibt nur die Einkünfte des Ehegatten, die nach § 1580 BGB zur Feststellung des Unterhaltsanspruchs offenbart werden müssen. Soweit der andere Ehegatte aufgrund seiner Kenntnis der Verhältnisse in der Lage ist, daraus auf die Ertragslage der Gesellschaft die Einkünfte der übrigen Gesellschafter zu schließen, muß dies hingenommen werden.

103 b) FamRZ 82/680, 682 = NJW 82/1642, 1643

(Zum Einkommenssteuerbescheid und zur Steuererklärung sowie zu Ausnahmen bei der Vorlegungspflicht)

Die Verurteilung des Bekl. zur Vorlage seiner Steuererklärungen und -bescheide begegnet im Ergebnis keinen rechtlichen Bedenken. Sein Einkommensteuerbescheid ist regelmäßig geeignet, wenigstens ein Mindesteinkommen als Grundlage der Unterhaltsbemessung zu belegen. Die Verpflichtung zur Vorlage von Belegen gemäß § 1605 I 2 BGB erfaßt daher in aller Regel auch die Vorlage von Steuerbescheiden. Von noch zu erläuternden Ausnahmen abgesehen, muß der Auskunftspflichtige auf Verlangen außer dem Steuerbescheid auch die Kopie der zugrundeliegenden Steuererklärung vorlegen; denn in nicht seltenen Fällen reicht der Steuerbescheid allein nicht aus, um die unterhaltsrechtlich wesentlichen Einkünfte verständlich zu belegen. Den heute meist maschinell erstellten Einkommensteuerbescheid können für die verschiedenen Einkunftsarten nur die jeweiligen Salden entnommen werden. Erst im Zusammenhang mit der Steuererklärung läßt sich hinreichend deutlich erkennen, welche Einkommensteile steuerrechtlich unberücksichtigt geblieben sind und inwieweit steuerrechtlich anerkannte Absetzungen vorliegen, die unterhaltsrechtlich möglicherweise nicht als einkommensmindernd hinzunehmen sind (FamRZ 80/770 = NJW 80/2083). Der Umstand, daß Amtsträger und ihnen gleichgestellte Personen sowie Steuerbevollmächtigte, Steuerberater und Wirtschaftsprüfer die ihnen anvertrauten Angaben des Steuerpflichtigen ohne ausdrückliche gesetzliche Zulassung nicht weitergeben dürfen und sie in Gerichtsverfahren als Zeugen nicht zu offenbaren brauchen, besagt noch nichts darüber, in welchen Fällen der Betroffene selbst die gleichen Tatsachen, die er gegenüber dem Finanzamt aufgrund der §§ 149ff AO erklären muß, auch anderen mitzuteilen hat. Eine solche gesetzliche Pflicht besteht gerade im vorliegenden Fall gegenüber der Kl.

Das Verlangen des Berechtigten auf Vorlage der Steuererklärung als Beleg für die Höhe der Einkünfte unterliegt allerdings Einschränkungen. So braucht die Steuererklärung nicht mehr vorgelegt zu werden, wenn der Verpflichtete seine Einkünfte bereits in anderer Weise ausreichend belegt hat. Unabhängig davon kann der Verpflichtung zur Vorlage der vollständigen Steuererklärung ein schutzwürdiges Interesse des Auskunftsverpflichteten an der Zurückhaltung bestimmter Angaben entgegenstehen, die sich aus der Steuererklärung ergeben. So ist denkbar, daß sich aus der Geltendmachung einzelner steuerrechtlich relevanter Ausgaben Rückschlüsse auf Lebenssachverhalte ziehen lassen, die für einen Unterhaltsanspruch ohne Bedeutung sind und die der Verpflichtete dem Unterhaltsberechtigten daher nicht offenbaren muß. Im übrigen kann die Vorlage der Steuererklärung – ebenso wie die anderer Belege – verweigert werden, wenn aufgrund besonderer Umstände die Gefahr einer mißbräuchlichen Verwendung besteht. Die konkreten Tatsachen, die im Einzelfall zum Ausschluß oder zur Einschränkung der Vorlagepflicht für Steuererklärungen als Beleg der Einkünfte führen sollen, muß der Auskunftspflichtige im Prozeß nach allgemeinen Verfahrensregeln geltend machen. Im vorliegenden Fall fehlt es an einem derartigen Vortrag. Die vom OLG getroffene Feststellung, der Beklagte habe keine Umstände vorgetragen, die im vorliegenden Fall eine Beschränkung des Anspruchs auf Auskunftserteilung und auf Vorlage der geforderten Belege rechtfertigen könnten, ist nicht zu beanstanden.

103 c) FamRZ 83/680, 682 = NJW 83/1554, 1555

(Zur Vorlage bei Zusammenveranlagung mit dem neuen Ehegatten)

Richtig ist, daß der nach § 1605 BGB auskunftspflichtige Verwandte nur Auskunft über seine Einkünfte erteilen muß und nicht auch über diejenigen seines Ehegatten. Das kann aber nicht dazu führen, daß im Fall der Zusammenveranlagung von Ehegatten eine Pflicht des Auskunftsschuldners zur Vorlage des Steuerbescheids uneingeschränkt verneint wird. Vielmehr muß der Auskunftspflichtige dem Berechtigten wenigstens diejenigen Angaben aus dem Steuerbescheid zugänglich machen, die seine Einkünfte betreffen. Bei der Zusammenveranlagung von Ehegatten zur Einkommensteuer nach § 26 EStG werden zwar die Einkommen der Ehegatten für die Besteuerung zusammengefaßt; jedoch werden zunächst wie bei der getrennten Veranlagung die Einkünfte jedes Ehegatten gesondert ermittelt. Der Steuerbescheid kann je nach Lage des Falles neben Angaben, die die Verhältnisse allein des Ehemannnes betreffen, auch solche Angaben enthalten, die nur die Einkünfte der Ehefrau betreffen oder in denen Beträge für Ehemann und Ehefrau zusammengefaßt sind. Die Angaben, die ausschließlich die Ehefrau betreffen, werden vom Auskunftsanspruch nicht umfaßt. Auch zusammengefaßte Beträge, aus denen keine für den Auskunftspflichtigen maßgebenden Werte entnommen werden können, brauchen nicht geoffenbart zu werden, weil sie für die Beurteilung des Unterhaltsanspruchs keine Grundlage bilden können und danach insoweit auch nicht erforderlich sind i. S. des § 1605 I 1 BGB. Im übrigen muß es jedoch bei der Vorlegungspflicht verbleiben. Praktisch läßt sich diese in der Weise erfüllen, daß bei der Vorlegung des Einkommensteuerbescheids Betragsangaben, die ausschließlich die Verhältnisse (insbesondere die Einkünfte) der Ehefrau betreffen, sowie solche Betragsangaben, in denen die Werte für beide Ehegatten zusammengefaßt sind, ohne daß der Anteil des Auskunftspflichtigen daraus entnommen werden kann, abgedeckt oder in sonstiger Weise unkenntlich gemacht werden. Beträge, die beide Ehegatten gleichmäßig treffen, müssen dagegen angegeben werden, weil andernfalls der Anteil des Auskunftspflichtigen nicht ersichtlich gemacht werden kann. Wenn insoweit aus dem Steueranteil des Auskunftspflichtigen zugleich Schlüsse auf die Verhältnisse seines Ehegatten gezogen werden können, muß dies hingenommen werden.

103d) FamRZ 82/680, 682 = NJW 82/1642, 1643

(Vorlage von Bilanzen, Gewinn- und Verlustrechnungen und Jahresabschlüssen bei einer GmbH)

Bei einem Kaufmann lassen sich die Einkünfte am sichersten aus der Bilanz entnehmen, die aufgrund der Buchführungspflicht jährlich aufgestellt werden muß. Da in der Bilanz nur die Bestandskonten, bezogen auf den Bilanzstichtag, zusammengestellt sind, erscheint es unter dem Gesichtspunkt der Verständlichkeit sinnvoll, zusätzlich die Vorlage der Gewinn- und Verlustrechnung zu verlangen, die über den erfaßten Zeitraum hinsichtlich Aufwendungen und Erträge Aufschluß gibt. Es entspricht deshalb der einhelligen Auffassung in Rechtsprechung und Literatur, daß ein selbständiger Unternehmer im Rahmen des § 1605 BGB zur Vorlage von Bilanzen nebst Gewinn- und Verlustrechnungen verpflichtet ist. Ein entsprechendes Bedürfnis für die Vorlage der Bilanzen nebst Gewinn- und Verlustrechnungen eines Unternehmens besteht aber auch, wenn der Auskunftspflichtige nicht dessen Alleininhaber, aber daran beteiligt ist und seine Einkünfte insoweit vom Gewinn des Unternehmens abhängen. Die Belege, die den Unternehmensgewinn ergeben, sind in einem solchen Fall gleichzeitig Belege über die Höhe der von diesem Gewinn abhängigen Einkünfte des Auskunftspflichtigen.

104. BGH zum Unterhalt minderjähriger und volljähriger Kinder FamRZ 84/682, 683 = NJW 84/1613

Die Unterhaltspflicht des Bekl. beruht darauf, daß die Kl. als seine Tochter mit ihm in gerader Linie verwandt ist, § 1061 BGB. Die gesetzliche Unterhaltspflicht zwischen Eltern und Kindern, die sich allein aus dem Verwandtschaftsverhältnis herleitet, ist weder auf seiten des Berechtigten noch auf seiten des Verpflichteten an Altersgrenzen gebunden. Sie besteht daher – unter den allgemeinen Voraussetzungen einerseits der Bedürftigkeit und andererseits der Leistungsfähigkeit – dem Grunde nach lebenslang fort.

Ebensowenig wie der Grund des Unterhaltsanspruchs wird seine Höhe allein durch den Eintritt der Volljährigkeit des unterhaltsberechtigten Kindes beeinflußt. Allerdings weist das OLG zutreffend darauf hin, daß der Gesetzgeber den Unterhaltsanspruch eines minderjährigen unverheirateten Kindes in bestimmten Fällen bevorzugt ausgestaltet hat. So wird die Bedürftigkeit eines solchen Kindes noch nicht dadurch behoben, daß es Vermögen besitzt; es braucht nicht wie andere Verwandte auf den Stamm seines Vermögens zurückzugreifen, sondern kann von seinen Eltern Unterhalt insoweit verlangen, wie die Vermögenseinkünfte (neben eventuellem Arbeitseinkommen) nicht ausreichen (§ 1602 II BGB). Außerdem wird die Leistungsfähigkeit der Eltern gegenüber ihrem minderjährigen unverheirateten Kinde über die Grenze der Gefährdung des eigenen angemessenen Unterhalts erweitert; sie müssen alle verfügbaren Mittel zu ihrem und des Kindes Unterhalt gleichmäßig verwenden (§ 1603 II 1 BGB). In Konkurrenz zu anderen bedürftigen Verwandten geht in Mangelfällen das minderjährige unverheiratete Kind den anderen Geschwistern vor (§ 1609 I BGB). Ein Fehlverhalten, das nach § 1611 I BGB die Beschränkung oder den Wegfall der Unterhaltspflicht aus Billigkeitsgründen rechtfertigen würde, können Eltern ihrem minderjährigen unverheirateten Kind nicht entgegenhalten (§ 1611 II BGB). Schließlich bestehen in beschränktem Umfang auch Erleichterungen für das minderjährige Kind bei der Durchsetzung des Unterhaltsanspruchs: Als Mindestbedarf kann ein eheliches Kind, das in den Haushalt eines geschiedenen Elternteils aufgenommen ist, bis zur Vollendung des 18. Lebensjahres von dem anderen Elternteil den für ein nichteheliches Kind der entsprechenden Altersstufe gesetzlich festgesetzten Regelbedarf als Unterhalt verlangen (§ 1610 III 1 BGB); für die Anpassung der für einen Minderjährigen titulierten Unterhaltsrente an die allgemeine Entwicklung der wirtschaftlichen Verhältnisse besteht ein vereinfachtes Verfahren (vgl. § 1612a BGB). Diese Besonderheiten rechtfertigen es jedoch nicht, den Unterhaltsanspruch des volljährig gewordenen Kindes gegen seine Eltern als eigenständigen Anspruch aufzufassen, der mit dem zuvor während der Minderjährigkeit bestehenden Anspruch keine Einheit mehr bildet. Durch die genannten Erleichterungen in der Durchsetzung des Unterhalts für ein minderjähriges Kind sollte in erster Linie die Angleichung an einen zuvor bereits für nichteheliche Kinder bestehenden Rechtszustand erreicht werden. Weiterreichende Schlüsse auf eine besondere Rechtsnatur des Anspruchs lassen sich daraus nicht herleiten. Die für den Unterhaltsanspruch eines minderjährigen unverheirateten Kindes bestehenden materiellrechtlichen Begünstigungen wirken sich nur in einzelnen Fällen aus, in denen die dargelegten besonderen gesetzlichen Voraussetzungen eingreifen. Hat das Unterhalt begehrende Kind dagegen kein eigenes Vermögen und reichen die Mittel des in Anspruch genommenen Elternteils aus, um den Unterhaltsbedarf des Kindes neben dem anderer bedürftiger Verwandter ohne Gefährdung des eigenen angemessenen Unterhalts des Verpflichteten zu befriedigen, bleiben die Verhältnisse über die Vollendung des 18. Lebensjahres des Kindes hinaus unverändert. Die nur in den genannten Einzelfällen durch die Volljährigkeit – oder die Heirat – des Kindes eintretenden Änderungen haben nicht generell eine andere Wirkung als sonstige wesentliche Änderungen derjenigen Verhältnisse, die für die Verurteilung zu künftig fällig werdenden wiederkehrenden Leistungen maßgebend gewesen sind. Zur Geltendmachung solcher Änderungen sieht das Gesetz die Abänderungsklage (§ 323 ZPO) vor, soweit nicht bereits bei der Titulierung des Unterhalts für das noch nicht volljährige Kind die später eintretenden Änderungen abzusehen und geltend zu machen sind. Die Notwendigkeit von Modifizierungen der Unterhaltspflicht nach Eintritt der Volljährigkeit in bestimmten Einzelfällen rechtfertigt es nicht, den nach wie vor auf dem Verwandtschaftsverhältnis beruhenden Unterhaltsanspruch des volljährig gewordenen Kindes ohne Rücksicht darauf, ob die erörterten Änderungen im konkreten Fall tatsächlich eintreten, nicht mehr als Fortsetzung des bisherigen Anspruchs anzusehen. Die unveränderte Fortdauer des die Unterhaltspflicht begründenden Rechtsverhältnisses über den Eintritt der Volljährigkeit hinaus, unterscheidet den Verwandtenunterhalt auch grundsätzlich von dem Unterhaltsanspruch zwischen Ehegatten, den für die Zeit vor und nach der Scheidung der Ehe als einen einheitlichen Anspruch aufzufassen der Senat vor allem wegen der durch die Auflösung des Ehebandes veränderten Anspruchsgrundlagen abgelehnt hat.

105. BGH zur Haftung der Eltern gegenüber der Tochter als Mutter eines unehelichen Kindes FamRZ 85/273, 274 = NJW 85/806, 807, 808

Im Rahmen von Ansprüchen nach § 1601 BGB bestehen schärfere Anforderungen an die Erwerbsobliegenheit eines Erwachsenen. Diese strengere Beurteilung der Bedürftigkeit beeinflußt auch die Antwort auf die Frage, ob und unter welchen Umständen ein erwachsener Abkömmling wegen der Betreuung eines Kindes von der Erwerbsobliegenheit freigestellt und deshalb seinen Eltern gegenüber als unterhaltsbedürftig anzusehen ist. Zu diesem Punkt gibt das Gesetz in § 1615l BGB, also bei der Regelung der Unterhaltsverpflichtung des Vaters gegenüber der Mutter eines nichtehelichen Kindes, einen Anhaltspunkt. Diese Unterhaltspflicht, die derjenigen der Eltern der Kindesmutter vorgeht, im vorliegenden Fall aber die Verpflichtung des Bekl. nicht zurücktreten läßt, weil der Kindesvater leistungsunfähig ist, kann für die Zeit nach der Geburt von acht Wochen bis auf ein Jahr verlängert werden. Das Gesetz knüpft die Verlängerung an die Voraussetzung, daß die Mutter nicht oder beschränkt erwerbstätig ist, weil das Kind andernfalls nicht versorgt werden könnte. Damit steht es nicht im Belieben der Kindsmutter, ob sie selbst das Kind versorgen möchte. Das Gesetz hat vielmehr einen betont objektiven Maßstab gewählt. Voraussetzung der Anspruchserstreckung ist danach, daß die Betreuung und Versorgung des Kindes durch die Mutter in dessen Interesse erforderlich ist, weil eine Möglichkeit zu anderer Versorgung, z. B. in einer Tagesheimstätte oder bei Verwandten nicht besteht. Die Eltern der Kindsmutter, die dieser in der Zeit, für welche ein Unterhaltsanspruch aus § 1615l BGB gegen den Kindsvater besteht, nur nachrangig und allgemein nur nach Erschöpfung aller Erwerbsmöglichkeiten der Tochter unterhaltspflichtig sind, können nicht strenger haften. Danach bedarf es der Prüfung durch den Tatrichter, ob bereits in der genannten Zeit eine anderweitige Möglichkeit der Kindesbetreuung bestand, so daß die Tochter des Bekl. – mit den daraus resultierenden Ansprüchen auf Mutterschutz für die letzte Zeit der zweiten Schwangerschaft und für eine Zeitspanne nach der zweiten Geburt – in einem festen Anstellungsverhältnis halb- oder ganztägig erwerbstätig sein konnte. Insoweit kann neben den Möglichkeiten des Einsatzes von Verwandten oder der Kindesbetreuung in einer Tagesstätte, denen gegebenenfalls nachzugehen sein wird, auch der Umstand Bedeutung gewinnen, daß der nichterwerbstätige Vater der Kinder und jetzige Lebenspartner der Tochter des Bekl. nach dem von der Kl. nicht bestrittenen Vortrag des Bekl. in der mündlichen Verhandlung vor dem OLG bereits früher die Woche von montags bis freitags bei der Tochter verbracht hat und damit möglicherweise schon damals für Aufgaben der Kindesbetreuung zur Verfügung stand.

Auf die Ursache der Bedürftigkeit des Unterhaltsgläubigers kommt es bei dem Unterhaltsanspruch unter Verwandten nach der gesetzlichen Konzeption (vorbehaltlich des Eingreifens der Regelung in § 1611 I BGB) nicht an. § 1610 II BGB stellt klar, daß der dem Unterhaltspflichtigen zur Last fallende Unterhaltsbedarf auch die Erziehungs- und Ausbildungskosten umfaßt. Damit ist nichts darüber gesagt, daß einem anderen nach Eintritt der Volljährigkeit auftretenden Unterhaltsbedürfnis, etwa infolge von Arbeitslosigkeit, Krankheit oder auch einer nichtehelichen Entbindung, durch den Unterhaltsschuldner nicht abgeholfen zu werden brauchte.

106. BGB zur angemessenen Ausbildung

106a) FamRZ 77/629, 630 = NJW 77/1474, 1475

(Von den Eltern geschuldete Ausbildung)

Die Berufsausbildung ist von dem Unterhaltspflichtigen unabhängig davon zu finanzieren, ob das Kind minderjährig oder volljährig ist.

Als angemessene Vorbildung zu einem Beruf ist nach heutiger gewandelter Auffassung eine Berufsausbildung zu verstehen, die der Begabung und den Fähigkeiten, dem Leistungswillen und den beachtenswerten Neigungen des Kindes am besten entspricht, ohne daß es insoweit auf Beruf und gesellschaftliche Stellung der Eltern (Unterhaltspflichtigen) ankommt, und die sich hinsichtlich ihrer Finanzierung in den Grenzen der wirtschaftlichen Leistungsfähigkeit der Eltern hält. Die letztere Einschränkung ist, wenn nicht aus § 1610 I BGB, so jedenfalls aus der die Unterhaltspflicht allgemein begrenzenden Vorschrift des § 1603 BGB zu entnehmen. Geschuldet wird von den Eltern also eine ihnen wirtschaftlich zumutbare Finanzierung einer optimalen begabungsbezogenen Berufsausbildung ihres Kindes, die den Neigungen des Kindes entspricht, ohne daß jedwede Neigungen oder Wünsche berücksichtigt werden müssen, insbesondere nicht die, die sich als nur flüchtig oder vorübergehend erweisen oder mit den Anlagen und Fähigkeiten des Kindes oder den wirtschaftlichen Verhältnissen der Eltern nicht vereinbar sind.

Das BAföG enthält sich jeder Beeinflussung der Wahl des angestrebten Ausbildungsziels. Der geförderte Ausbildungsweg braucht daher nicht immer der begabungsgerechteste zu sein und kann im Einzelfall zu einer Überforderung des Auszubildenden führen. Demgegenüber besteht die von Eltern und Kind in gemeinsamer verantwortlicher Entscheidung gewählte angemessene Ausbildung darin, die aufgrund der individuellen Umstände, insbesondere der bei dem Kind vorhandenen persönlichen Voraussetzungen geeignetste zu sein. Dabei können auch die jeweils bestehenden Berufsaussichten mit in die Entscheidung einbezogen werden, während die staatliche Afö unabhängig von der wirtschaftlichen Markt- und beruflichen Bedarfslage geleistet wird. Es besteht daher, wie auch § 37 BAföG erkennen läßt, keine Übereinstimmung in den Voraussetzungen der staatlichen Afö und der privatrechtlichen Unterhaltspflicht. Sie ist auch nicht durch eine extensive Interpretation der privatrechtlichen Unterhaltspflicht herzustellen.

106b) FamRZ 80/1115

(Keine Pflicht zur Finanzierung einer Zweitausbildung)

Die Eltern schulden im Rahmen ihrer wirtschaftlichen Leistungsfähigkeit sowohl ihren minderjährigen als auch den volljährigen Kindern nach § 1610 II BGB eine optimale begabungsbezogene Berufsausbildung, d. h. eine Ausbildung, die der Begabung und den Fähigkeiten, dem Leistungswillen und den beachtenswerten, nicht nur vorübergehenden Neigungen des einzelnen Kindes am besten entspricht. Die Wahl der in diesem Sinn angemessenen Ausbildung haben die Eltern in gemeinsamer verantwortlicher Entscheidung mit dem Kind zu treffen, wobei den individuellen Umständen, vor allem den bei dem Kind vorhandenen persönlichen Voraussetzungen maßgebliche Bedeutung zukommt (FamRZ 77/629, 630).

Haben Eltern die ihnen obliegende Pflicht, ihrem Kind eine angemessene Ausbildung zu gewähren in rechter Weise erfüllt und hat das Kind einen Abschluß einer Ausbildung erlangt, dann sind die Eltern ihrer Unterhaltspflicht aus § 1610 II BGB in ausreichender Weise nachgekommen. Sie sind unter diesen Umständen grundsätzlich nicht verpflichtet, noch eine weitere, zweite Ausbildung zu finanzieren, der sich das Kind nachträglich nach Beendigung der ersten Ausbildung unterziehen will.

107. BGB zur Obliegenheit eines in der Ausbildung stehenden Unterhaltsberechtigten, seine Ausbildung zielstrebig zu betreiben FamRZ 84/777, 778 = NJW 84/1961, 1962

Ein in der Ausbildung stehender Unterhaltsberechtigter ist im Verhältnis zum Unterhaltspflichtigen gehalten, seine Ausbildung mit dem gehörigen Fleiß und der gebotenen Zielstrebigkeit zu betreiben, damit er sie innerhalb angemessener und üblicher Dauer beenden kann.

Hierzu gehört es im allgemeinen, daß der Berechtigte seine Ausbildung nach etwaigen für seinen Ausbildungsgang aufgestellten Plänen ausrichtet. Auch einem studierenden Unterhaltsberechtigten obliegt es grundsätzlich den für seinen Studiengang maßgeblichen Studienplan einzuhalten. Ihm ist allerdings ein gewisser Spielraum für die selbständige Auswahl der angebotenen Lehrveranstaltungen und für einen eigenverantwortlichen Aufbau des Studiums zuzugestehen, sofern dadurch nicht der ordnungsgemäße Abschluß des Studiums innerhalb angemessener Frist gefährdet wird.

Hiernach bestehen Bedenken, im vorliegenden Fall allein in dem Umstand, daß der Kl. die Zwischenprüfung noch nicht abgelegt hatte, einen Grund für den Wegfall des geltend gemachten Unterhaltsanspruchs zu erblicken. Nach den Feststellungen des OLG sieht § 3 der vorläufigen Zwischenprüfungsordnung allerdings vor, die Zwischenprüfung solle frühzeitig, möglichst zum Beginn des 5. Semesters abgelegt werden. § 1 II dieser Prüfungsordnung enthält die Regelung, daß ein Bestehen der Zwischenprüfung die Voraussetzung für die Aufnahme in das Hauptstudium bildet. Auf der anderen Seite ist für die revisionsgerichtliche Prüfung davon auszugehen, daß es üblich ist, die Zwischenprüfung, entgegen dem Wortlaut der vorläufigen Zwischenprüfungsordnung, erst kurz vor der Abschlußprüfung abzulegen. In diesem Fall könnte die praktische Handhabung der maßgeblichen Bestimmungen der Studienordnung von ihrem strikten Wortlaut abweichen und auch bei späterer Absolvierung der Zwischenprüfung noch ein ordnungsgemäßer Abschluß des Studiums innerhalb angemessener und üblicher Zeit möglich sein. Unter diesen Umständen begegnet es rechtlichen Bedenken, allein aus der Tatsache, daß sich der Kl. bis zum Ende des 6. Fachsemesters nicht der Zwischenprüfung unterzogen hat, auf eine so erhebliche Verletzung seiner Obliegenheit zur zielstrebigen Förderung des Studiums zu schließen, daß ihm von diesem Zeitpunkt ab der Unterhaltsanspruch abzuerkennen war.

Auch der Umstand, daß der Kl. bis zu der vom OLG in Bezug genommenen Auskunft zu Beginn des 10. Fachsemesters die Zwischenprüfung noch nicht abgelegt hatte, konnte es bei dieser Sachlage für sich allein noch nicht ohne weiteres rechtfertigen, den Anspruch auf Ausbildungsunterhalt abzusprechen. Vielmehr käme es darauf an, ob es ihm auch bei einer Ablegung der Zwischenprüfung in dieser fortgeschrittenen Ausbildungsphase noch möglich war, das Studium in ordnungsgemäßer Zeit zu beenden. Eine dahingehende Prüfung hat das OLG bisher nicht vorgenommen. Danach kann das angefochtene Urteil mit der bisherigen Begründung nicht bestehen bleiben. Vielmehr bedarf es der erneuten Prüfung, ob der Kl. seine Obliegenheit, das Studium mit der gebotenen Zielstrebigkeit zu betreiben, in einem Maße verletzt hat, daß er seinen Anspruch auf Ausbildungsunterhalt eingebüßt hat.

108. BGH zur Finanzierung einer Zweitausbildung

108a) FamRZ 77/629, 630 = NJW 77/1474, 1745

(Verpflichtung zur Finanzierung einer Zweitausbildung oder Weiterbildung in Ausnahmefällen)

Haben Eltern ihre Pflicht, die ihrem Kinde geschuldete Ausbildung zu gewähren, in rechter Weise erfüllt und hat das Kind den Abschluß einer Ausbildung erlangt, dann sind die Eltern der sich für sie aus § 1610 II BGB ergebenden Unterhaltspflicht in ausreichendem Maße nachgekommen. Sie sind grundsätzlich nicht verpflichtet, dem Kind danach noch eine zweite Ausbildung zu finanzieren. Insbesondere besteht eine solche Verpflichtung nicht schon deshalb, weil und wenn dem Kind hierfür eine staatliche Ausbildungsförderung zuteil wird.

Doch ist in besonderen Fällen auch in Anwendung des § 1610 II BGB eine Verpflichtung der Eltern anzunehmen, ihrem Kind eine weitere oder zweite Ausbildung zu finanzieren. Das ist der Fall, wenn sich die Notwendigkeit eines Berufswechsels herausstellt, etwa aus gesundheitlichen Gründen oder weil der zunächst erlernte Beruf aus Gründen, die bei Beginn der Ausbildung nicht vorhersehbar waren, keine ausreichende Lebensgrundlage bietet. Außerdem kann die Verpflichtung zur Finanzierung einer weiteren Ausbildung dann gegeben sein, wenn sich herausstellt, daß die erste Ausbildung auf einer deutlichen Fehleinschätzung der Begabung des Kindes beruhte oder das Kind von den Eltern in einen unbefriedigenden, seiner Begabung nicht hinreichend Rechnung tragenden Beruf gedrängt worden war. Im letzteren Fall ergibt sich die Verpflichtung zur Ausbildungsfinanzierung daraus, daß sie bis dahin noch nicht in rechter Weise erfüllt worden ist.

Liegen solche besonderen Fälle nicht vor, dann entfällt eine Pflicht der Eltern zur Finanzierung einer weiteren Ausbildung des Kindes. Dabei kann im allgemeinen auch nicht darauf abgestellt werden, ob die weitere Ausbildung als eine Weiterbildung oder eine Zweitausbildung zu qualifizieren ist, zumal insoweit nicht selten erhebliche Abgrenzungsschwierigkeiten bestehen. Doch kann dann, wenn die weitere Ausbildung zweifelsfrei als eine bloße Weiterbildung anzusehen ist (z. B. ein Aufbaustudium), eher angenommen werden, daß die Eltern ihrer Verpflichtung, die Kosten einer angemessenen Berufsausbildung zu tragen, noch nicht vollständig nachgekommen sind, wenn sie nicht auch die Kosten der Weiterbildung übernehmen, insbesondere dann, wenn die Weiterbildung von vornherein angestrebt war oder wenn während der ersten Ausbildung eine besondere, die Weiterbildung erfordernde Begabung des Auszubildenden deutlich geworden ist. Letztlich handelte es sich hier um eine in tatrichterlicher Verantwortung aufgrund der Sachlage des Einzelfalls und im Rahmen einer Zumutbarkeitsabwägung zu treffende Entscheidung. Eine Verpflichtung zur Finanzierung eines weiterführenden Studiums kann auch nicht mit der Begründung bejaht werden, das Kind habe mit der Erstausbildung die formelle Berechtigung zum Studium erlangt. Mit dieser Begründung würde jede im ersten oder zweiten Bildungsweg erlangte formelle Berechtigung zum Studium die Verpflichtung der Eltern zur Finanzierung des Studiums nach sich ziehen, ohne daß, wie es das Gesetz verlangt, auf die Angemessenheit der Ausbildung unter Berücksichtigung der Begabung und des Leistungswillens des Auszubildenden und der wirtschaftlichen Leistungsfähigkeit des Unterhaltspflichtigen abgestellt würde.

108b) FamRZ 80/1115, 1116

(Nicht zu berücksichtigende spätere Entwicklungen)

Wenn die erste Ausbildung auf einer deutlichen Fehleinschätzung der Begabung des Kindes durch die Eltern beruhte, oder wenn die Eltern das Kind gegen seinen Willen in einen unbefriedigenden, seiner Begabung und Neigung nicht hinreichend Rechnung tragenden Beruf gedrängt haben, haben die Eltern ihre Verpflichtung zur Finanzierung einer angemessenen Ausbildung bisher noch nicht in rechter Weise erfüllt. Wird festgestellt, daß die Ausbildung zum Werkzeugmacher der Begabung und den Fähigkeiten des Sohnes, wie sie bis zum Abschluß der Ausbildung hervorgetreten sind, entsprochen hat, dann besteht kein hinreichend sicherer Anhalt dafür, daß die gewählte Ausbildung zum Werkzeugmacher seinerzeit auf einer deutlichen Fehleinschätzung der Begabung des Sohnes durch die Bekl. beruhte. Die Tatsache, daß der Sohn später ein Kolleg absolvierte und sich erfolgreich dem Studium der Psychologie unterzog, läßt nicht zwingend auf eine Fehleinschätzung seiner Fähigkeiten im Zeitpunkt der ersten Berufswahl nach Beendigung der Realschule schließen. Die Neigung des Sohnes zu einem weiteren Schulbesuch und seine Fähigkeit zur Weiterbildung sind ersichtlich in einem späteren Zeitpunkt nach der Aufnahme seiner Tätigkeit als Werkzeugmacher hervorgetreten. Eine derartige spätere Entwicklung brauchten die Bekl. bei der Entscheidung über die ihrem Sohn zu gewährende angemessene Ausbildung nicht in ihre Überlegung einzubeziehen. Die Bekl. sind darüber hinaus auch nicht deshalb zur Finanzierung des Studiums verpflichtet, weil sie ihren Sohn gegen seinen Willen in einen für ihn unbefriedigenden Beruf gedrängt hätten. Das OLG hat in dem angegriffenen Urteil offengelassen, ob der Entschluß, den Schulbesuch nicht fortzusetzen, seinerzeit von den Bekl. gegen den Willen ihres Sohnes getroffen worden ist. Mit der Behauptung, der Sohn habe sich der Entscheidung seiner Eltern nicht ausreichend widersetzen können, ist noch nicht substantiiert dargetan, daß die Bekl. ihn gegen seinen Willen in eine ihn nicht befriedigende, seiner damaligen Neigung und Begabung nicht entsprechende Ausbildung gedrängt haben.

Eine Verpflichtung der Bekl. zur Finanzierung des nachträglich von ihrem Sohn aufgenommenen Studiums besteht schließlich auch nicht unter dem Gesichtspunkt einer entsprechenden Unterhaltszusage. Insoweit hat das OLG das Verhalten der Bekl. vor der Aufnahme des Studiums rechtsirrtumsfrei dahin gewertet, daß es keine Zusage zur Finanzierung der weiteren Ausbildung enthielt.

108c) FamRZ 81/344/346

(Keine Finanzierungsverpflichtung bei eigenmächtiger Änderung des Berufsziels)

Ebensowenig ist entscheidend, ob der Abschluß der höheren Handelsschule in dem Sinn „berufsqualifizierend" ist, daß er für manche Berufe bereits hinreichend befähigt. Die Angemessenheit einer Ausbildung muß sich – außer nach der wirtschaftlichen Leistungsfähigkeit des Unterhaltspflichtigen – insbesondere nach den persönlichen Bedingungen richten, wie sie gerade bei dem Kind vorliegen, um dessen Unterhaltsanspruch es geht. Daher kann nicht außer Betracht bleiben, daß die Tochter mit Einverständnis des Bekl. von vornherein die Absicht hatte, an den Besuch der Höheren Handelsschule eine Ausbildung für den gehobenen Dienst in der Finanzverwaltung anzuschließen und daß dieses Ausbildungsziel ihrer damals zutage getretenen Veranlagung entsprach. Auch bei Würdigung des Umstandes, daß die Tochter das seinerzeit angestrebte Berufsziel mit dem Abschluß der Höheren Handelsschule und auch bei der Änderung ihrer beruflichen Pläne noch nicht erreicht hatte, ist der Senat der Auffassung, daß der Bekl., der ihm nach § 1610 II BGB obliegenden Unterhaltspflicht hier jedenfalls soweit nachgekommen ist, daß er zur Finanzierung des Psychologie-Studiums seiner Tochter nicht verpflichtet war. Diese hatte sich im Einvernehmen mit ihm zum Besuch der Höheren Handelsschule entschlossen um sich anschließend zur Beamtin des gehobenen Dienstes in der Finanzverwaltung ausbilden zu lassen. Sie hat dieses Berufsziel auch über einen längeren Zeitraum verfolgt, indem sie zwei Jahre lang die Höhere Handelsschule besucht, dort die Abschlußprüfung abgelegt und anschließend den Vorbereitungsdienst aufgenommen hat. Sie hat ihre Pläne jedoch eigenmächtig geändert, ohne den Versuch zu unternehmen, sich darüber mit dem Bekl. zu verständigen. Gründe, die ihr die Aufgabe des ursprünglichen Berufsziels dringend nahegelegt hätten, sind nicht behauptet und aus dem vorgetragenen Sachverhalt auch nicht ersichtlich. Allein der Sinneswandel seiner Tochter konnte den Bekl. jedoch nicht verpflichten, die von ihr gewählte andere Ausbildung zu finanzieren, ohne daß es noch auf die weiteren Fragen ankommt, ob das Studium der Psychologie ihren Fähigkeiten und Neigungen am besten entsprach und die Finanzierung sich in den Grenzen seiner wirtschaftlichen Leistungsfähigkeit hielt.

108d) FamRZ 81/346, 347

(Keine Verpflichtung zur Finanzierung bei „intellektuellem Spätentwickler")

Eine Verpflichtung der Eltern zur Finanzierung einer Zweitausbildung setzt voraus, daß sich Anhaltspunkte für eine wesentlich höhere Ausbildungsfähigkeit des Kindes bis zum Ende seiner ersten Ausbildung ergeben haben. Die Behauptung, bei dem Sohn des Bekl. handle es sich um einen der sog. „intellektuellen Spätentwickler", bei denen sich die Ausbildungsziele „sukzessiv" änderten, kann nicht dazu führen, die Verpflichtung des Bekl. zur Gewährung des Ausbildungsunterhalts über die bisher gezogenen Grenzen hinaus zu erweitern. Eine solche Auffassung würde zu uferlosen Ansprüchen auf Ausbildungsfinanzierung führen, die nicht gebilligt werden kann. Die Vorschrift des § 1610 hat nicht den Sinn, Eltern in unübersehbarem und daher unangemessenem Umfang mit Unterhaltspflichten zu belasten. Das aber wäre im vorliegenden Fall zu besorgen, in dem der unterhaltsberechtigte Sohn nach mehreren von dem Bekl. finanziell getragenen, aber fehlgeschlagenen Versuchen im Alter von 19 Jahren seine erste vollständige Ausbildung abgeschlossen und mit 24 Jahren den Vorbereitungskurs beendet hat, dessen erfolgreicher Abschluß erst die Voraussetzung für die Aufnahme des Studiums an der PH schuf.

Nach diesen Grundsätzen konnte der Sohn des Bekl. von seinem Vater schon deshalb nicht die Finanzierung seines Studiums an der PH verlangen, weil er in Gestalt der Kraftfahrzeug-Mechanikerlehre mit erfolgreicher Gesellenprüfung eine abgeschlossene Berufsausbildung erhalten und sich seine weitere Ausbildungsfähigkeit erst danach gezeigt hat. Soweit die Revision geltend macht, der Besuch der privaten Wirtschaftsschule, bei dem sich die weitere Ausbildungsfähigkeit gezeigt habe, sei nach dem eigenen Vorbringen des Bekl. noch als Teil der Erstausbildung anzusehen, kann ihr nicht gefolgt werden. Der Bekl. hat nämlich ausdrücklich vorgetragen, der mit seiner Billigung erfolgte Besuch dieser Schule habe dem Sohn ursprünglich nur eine bessere Chance in seinem erlernten Beruf als Kfz-Mechaniker (wie etwa den Aufstieg zum Kundendienstberater oder Autoverkäufer) bieten, nicht aber ein Studium vorbereiten sollen. Es ist daher rechtlich nicht zu beanstanden, wenn der Tatrichter zu dem Ergebnis gelangt ist, daß die angemessene Erstausbildung mit der Gesellenprüfung zum Kfz-Mechaniker beendet wurde und durch den Besuch der privaten Wirtschaftsschule mit möglichem Realschulabschluß eine Verpflichtung des Bekl., eine weitere Ausbildung des Sohnes zu finanzieren, nicht wieder auflebte.

108e) FamRZ 81/437, 438

(Die Finanzierung einer Erstausbildung muß nicht durch die Eltern erfolgt sein)

Die Erlangung des Abschlusses einer Erstausbildung muß nicht auf finanziellen Leistungen der Eltern beruht haben. Entscheidend ist vielmehr, daß das Kind eine abgeschlossene Ausbildung besitzt. Die gegenteilige Auffassung des OLG würde schon in den Fällen versagen, in denen die angemessene „Erst"-Ausbildung dem Unterhaltspflichtigen Kosten nicht verursacht hat. Aber auch wenn solche Kosten entstanden, indes nicht von den unterhaltspflichtigen Eltern getragen worden sind, etwa weil das Kind die Kosten aus eigenem Vermögen oder Arbeitsverdienst getragen hat oder von dritter – öffentlicher oder privater – Seite unterstützt worden ist, kann dies nicht dazu führen, daß es von seinen Eltern die Finanzierung einer Zweitausbildung verlangen kann. Die Regelung des § 1610 II BGB verfolgt das Ziel, dem Kind eine angemessene Ausbildung zu verschaffen, verlangt aber nicht unter allen Umständen, daß die Eltern diese Ausbildung bezahlen.

109. BGH zur Fehleinschätzung bei der Erstausbildung FamRZ 81/437, 439

Nach der Lebenserfahrung wirken sich gestörte häusliche Verhältnisse vielfach nachteilig auf die schulische Entwicklung eines Kindes aus. Der Sachverhalt deutet darauf hin, daß dies bei Monika der Fall gewesen ist. Sie war nach dem Abschluß der Grundschule zunächst auf das Gymnasium übergewechselt. Anscheinend hatten also Schule und Elternhaus damals diese Schulart als ihren Anlagen entsprechend angesehen. Bei der Internatsschule, auf die sie im Alter von 13 Jahren überging, handelte es sich um eine Mittelschule. Über die Gründe dieses Wechsels der Schulart hat der Bekl. vorgetragen, seine Tochter habe sich den Anforderungen des Gymnasiums nicht gewachsen gefühlt. Die Mittlere Reife sei für sie die „Obergrenze des Zumutbaren" gewesen. Daß die schulischen Leistungen, die Monika im Alter von etwa 13 Jahren erbrachte, hiernach deutlich hinter den früher in sie gesetzten Erwartungen zurückgeblieben sind, kann zwar darauf beruhen, daß jene Erwartungen auf einer Fehleinschätzung beruhten. Jedoch läßt sich beim gegenwärtigen Stand des Rechtsstreits nicht ausschließen, daß die Ursache in einer Entwicklungsstörung, etwa durch ungünstige häusliche Verhältnisse zu sehen ist.

War letzteres der Fall, so könnte der Bekl. Anlaß gehabt haben, mit einer solchen Möglichkeit zu rechnen, als seine Tochter die Schule verließ. Auch wenn der Beruf der Arzthelferin den damals bei ihr zutage getretenen persönlichen Voraussetzungen zu entsprechen schien, bestand daher möglicherweise Anlaß zu der Annahme, ihre Anlagen und Neigungen seien noch nicht vollständig entwickelt und würden durch eine Ausbildung zur Arzthelferin auf die Dauer nicht angemessen ausgeschöpft. In diesem Fall könnte die Lehre, die Monika durchlaufen hat, nicht als angemessene Erstausbildung gelten. Kommt das OLG zu dem Ergebnis, jene Lehre sei auch unter Berücksichtigung aller Umstände die damals für Monika angemessene Ausbildung gewesen, wird es der von ihm bisher offengelassenen Frage nachgehen müssen, ob die erste Ausbildung auf einer deutlichen Fehleinschätzung ihrer Begabung beruht hatte (FamRZ 77/630).

110. BGH zu Barunterhalt, Naturalunterhalt und Betreuungsunterhalt FamRZ 80/894 = NJW 80/2306

Als gleich nahe Verwandte der aufsteigenden Linie haften die Eltern ihren Kindern nach § 1606 III S. 1 BGB anteilig nach ihren Erwerbs- und Vermögensverhältnissen. Dabei umfaßt diese Haftung nicht nur die erforderlichen Geldleistungen, den sog. Barunterhalt, sondern den gesamten Unterhalt der Kinder, also auch die persönlichen Fürsorgeleistungen durch Pflege und Erziehung (sogenannter Naturalunterhalt). Nach § 1606 III S. 2 BGB erfüllt der Elternteil, bei dem das minderjährige unverheiratete Kind lebt, seine Unterhaltsverpflichtung in der Regel durch die Pflege und Erziehung des Kindes. Das bedeutet nicht nur, daß dieser Elternteil (hier die Mutter) die Möglichkeit hat, seinen Unterhaltsbeitrag durch die Pflege und Erziehung des Kindes zu erbringen, sondern daß er durch die Kindesbetreuung in der Regel auch seine Unterhaltspflicht vollständig erfüllt. Dadurch stellt die Vorschrift klar, daß die mit der Pflege und Erziehung des Kindes erbrachten Leistungen und die Barleistungen des anderen Elternteils grundsätzlich gleichwertig sind. Mit dieser Regelung wird das Gesetz nicht nur der gerade für das Unterhaltsrecht unabweisbaren Notwendigkeit gerecht, die Bemessung der anteilig zu erbringenden Leistungen zu erleichtern, sondern trägt auch der Tatsache Rechnung, daß eine auf den Einzelfall abzustellende rechnerische Bewertung des Betreuungsaufwandes zumeist unzulänglich bleibt. Vor allem erscheint es bedenklich, den Geldwert der Betreuung, die im Einzelfall sehr unterschiedlich sein kann – ähnlich wie im Schadensersatzrecht beim Ausfall von Leistungen der Hausfrau und Mutter – durch den Ansatz der Aufwendungen, die für die Besorgung vergleichbarer Dienste durch Hilfskräfte erforderlich sind oder durch ähnliche Schätzungen zu ermitteln. Unter diesen Umständen ist es notwendig, dem in § 1606 III S. 2 BGB vorgesehenen Regel-Ausnahmeverhältnis auch bei der praktischen Anwendung der Vorschrift Geltung zu verschaffen und Ausnahmen nur dort anzunehmen, wo die Bestimmung zu einem erheblichen finanziellen Ungleichgewicht der Eltern führt.

Zwar entspricht es einer verbreiteten Auffassung in Rechtsprechung und Schrifttum, daß neben der Kindesbetreuung eine Barunterhaltspflicht einsetze, wenn der Betreuungsaufwand und damit der Wert des Naturalunterhalts mit zunehmendem Alter des Kindes abnehme. Dementsprechend wird die Ansicht vertreten, daß mit der Vollendung des 15. Lebensjahres eine 40 bis 50%ige Reduzierung des Betreuungsaufwands anzunehmen sei und der betreuende Elternteil im gleichen Umfang verpflichtet sei, eine Erwerbstätigkeit aufzunehmen und sich an dem Barunterhalt für das Kind zu beteiligen. Dieser Ansicht kann jedoch grundsätzlich nicht gefolgt werden. Abgesehen davon, daß das Gesetz eine derartige Trennung in verschiedene Altersgruppen nicht vorsieht, stehen dieser Auffassung einmal die bereits dargelegten Bedenken entgegen, die gegen eine konkrete rechnerische Bewertung des Betreuungsaufwandes zu erheben sind. Sie lassen derartige Schätzungen und übergangslose Reduzierungen des Naturalunterhalts mit dem Erreichen bestimmter Altersgrenzen, etwa des 15. Lebensjahres, als nicht vertretbar erscheinen. Umfang und Last der Betreuung sind nicht nur vom Alter des Kindes, sondern von zahlreichen anderen Umständen abhängig, die bewirken können, daß auch ältere Kinder – etwa im Hinblick auf eine andauernde Schul- oder Berufsausbildung und damit einhergehende Probleme oder auch nur wegen allgemeiner Entwicklungsschwierigkeiten Pflege- und Fürsorgeleistungen von seiten des betreuenden Elternteils erforderlich machen, die das bei jüngeren Kindern notwendige Maß überschreiten. Zum andern fällt der Umfang der Selbstversorgung und der Mithilfe im gemeinsamen Haushalt auch bei älteren Minderjährigen häufig nicht so ins Gewicht, daß sich daraus im Zusammenhang mit den sonstigen möglichen Erleichterungen in aller Regel eine entscheidende, den Betreuungsaufwand insgesamt auf einen Bruchteil reduzierende Entlastung des betreffenden Elternteils ergäbe. Unter diesen Umständen müssen die in § 1606 III S. 2 BGB für den Regelfall vorgesehene Gleichsetzung des Wertes von Naturalunterhalt und Barunterhalt sowie die Bestimmung, daß der betreuende Elternteil durch die Pflege und Erziehung des Kindes seine Unterhaltspflicht erfüllt, grundsätzlich auf jede Altersstufe minderjähriger unverheirateter Kinder angewandt werden.

111. BGH zur Gleichwertigkeit im Regelfall

111a) FamRZ 80/994, 995 = NJW 80/2306, 2307

(Gleichwertigkeit, solange der sorgeberechtigte Elternteil geringere Einkünfte hat)

Im allgemeinen bestehen keine Bedenken gegen die Gleichwertigkeit zwischen der von der Mutter ausgeübten Pflege und Erziehung sowie den finanziellen Leistungen des Vaters, wenn sich dessen Unterhaltszahlungen in einem durchschnittlichen Rahmen halten (FamRZ 78/177, 178). An diesem Gleichwertigkeitsurteil ändert sich durch die Erwerbstätigkeit selbst grundsätzlich nichts, solange die Mutter die Kindesbetreuung weiterhin in vollem Umfang wahrnimmt. In welcher Weise und zu welcher Zeit sie das tut, kann weder für die Frage der Erfüllung ihrer Unterhaltspflicht noch der Gleichwertigkeit der elterlichen Leistungen ausschlaggebend sein. Das OLG ist nicht von der behaupteten unzutreffenden Auffassung ausgegangen, daß die Mutter der Bekl. deshalb, weil sie Lehrerin ist, nur als halbtags beschäftigt anzusehen sei; vielmehr hat das Gericht insoweit lediglich den Umstand ,,der geringen festen Stundenzahl" hervorgehoben und damit ersichtlich auf die im Vergleich zu anderen Vollbeschäftigungen gegebene Besonderheit hingewiesen, daß die Mutter als Lehrerin ihre beruflichen Aufgaben teilweise zu Hause erledigen und dabei den Zeitplan weitgehend auf die Bedürfnisse der Familie ausrichten kann.

Ebensowenig wird das Gleichgewicht elterlicher Unterhaltsleistungen durch das der Mutter aus ihrer Erwerbstätigkeit zufließende Einkommen gestört. Das gilt jedenfalls, solange dieses Einkommen nicht die Einkünfte des barunterhaltspflichtigen Vaters übersteigt. Zwar hat das Einkommen der Mutter an sich nach § 1606 III S. 1 BGB Einfluß auf ihre anteilige Haftung für den Unterhalt der Kinder. Da dieser Unterhalt jedoch sowohl den Bar- als auch den Naturalunterhalt umfaßt und beide Unterhaltsbeiträge als gleichwertig anzusehen sind, erbringt die Mutter durch die Pflege und Erziehung der Kinder die Hälfte des diesen gebührenden Unterhalts. Zu einem höheren Anteil kann die Mutter auch im Hinblick auf ihr Einkommen grundsätzlich nicht verpflichtet sein.

111b) FamRZ 81/543, 544 = NJW 81/1559

(Ausnahmen nur bei erheblichem finanziellem Ungleichgewicht der wirtschaftlichen Verhältnisse)

Der Naturalunterhalt wird im Regelfall auch dann dem Barunterhalt des anderen Elternteils gleichwertig erbracht, wenn der dazu Verpflichtete sich zeitweilig der Hilfe von Verwandten bedient. Auch durch deren Betreuungsleistungen erfüllt er das Versorgungsbedürfnis des Kindes. Derartige Leistungen sind im allgemeinen der Betreuung durch den Pflegepflichtigen zuzurechnen. Mit ihrem Hinweis, die Großmutter erfülle mit der Übernahme eines Teils der Pflegeaufgaben eine eigene Unterhaltspflicht gegenüber dem Kinde, kann die Revision nicht durchdringen, weil der Tatrichter rechtlich bedenkenfrei festgestellt hat, daß die Großmutter des Kl. seine Betreuung nur ihrer Tochter zuliebe übernommen hat. Das Gleichgewicht der elterlichen Unterhaltsleistungen wird auch durch das Arbeitseinkommen der Mutter nicht gestört. Wenn der Elternteil, der das Kind pflegt und erzieht über eigenes Einkommen verfügt, so ist er gleichwohl jedenfalls dann nicht zum Barunterhalt verpflichtet, wenn der andere Elternteil leistungsfähig ist und mindestens ebenso hohe Einkünfte hat. Im Hinblick auf eigenes Einkommen des Naturalunterhalts leistenden Elternteils ist vielmehr nur dort eine Ausnahme von der Regel des § 1606 III S. 2 BGB anzunehmen, wo diese Regel zu einem erheblichen finanziellen Ungleichgewicht zwischen den Eltern führen würde. Davon kann hier nicht gesprochen werden, und zwar wiederum unabhängig davon, ob der vom Bekl. geschuldete Barunterhalt auf 170 oder bis 225 DM monatlich angesetzt wird. Die Einkünfte der Bekl. übersteigen diejenigen der Mutter des Kl. und seine in Betracht kommenden baren Unterhaltsleistungen führen jedenfalls nicht zu einer unverhältnismäßigen Mehrbelastung.

112. BGH zur Bestimmung des Naturalunterhalts nach § 1610 II 1 BGB

112a) FamRZ 83/369 = NJW 83/2198, 2199

(Bestimmung des gesamten Lebensbedarfs)

Nach § II 1 BGB können Eltern, die einem unverheirateten Kinde Unterhalt zu gewähren haben, bestimmen, in welcher Art der Unterhalt gewährt werden soll. Das gilt auch für die Unterhaltsgewährung nach Eintritt der Volljährigkeit des Kindes (FamRZ 81/250, 251). Das Bestimmungsrecht ist ein Gestaltungsrecht, das, jedenfalls gegenüber einem bereits volljährigen Kinde, durch eine rechtsgeschäftliche, empfangsbedürftige Willenserklärung ausgeübt wird.

Die Bestimmung muß den gesamten Lebensbedarf des unterhaltsbedürftigen Kindes umfassen. Das schließt es nicht aus, die Bestimmung dahin zu treffen, daß der Unterhalt zu einem abgrenzbaren Teil in Natur und im übrigen durch die Überlassung von Geldbeträgen gewährt wird. Derartige Regelungen, die geeignet sind, dem Streben herangewachsener Kinder nach Selbständigkeit entgegenzukommen und ihre Entwicklung zu eigenverantwortlicher Lebensführung zu fördern, kommen im Rechtsleben vor allem vor, wenn einem in der Berufsausbildung stehenden Kinde im Elternhaus Wohnung und/oder Verpflegung geboten und als Taschengeld sowie für Sachaufwendungen Barbeträge zur Verfügung gestellt werden. In Fällen dieser Art besteht der Unterhaltsanspruch des Kindes nicht teilweise in einem Anspruch auf Zahlung einer Geldrente. Vielmehr ist die Überlassung der Geldbeträge an das Kind ein Teil des in Form von Naturalleistungen gewährten Unterhalts (FamRZ 81/250, 252). Demgemäß muß die elterliche Bestimmung nicht nur die eigentlichen Sachleistungen, sondern auch die Leistungen zur Befriedigung der übrigen Unterhaltsbedürfnisse umfassen.

112b) FamRZ 84/37, 38, 39 = NJW 84/305, 306
(Auswirkung einer wirksamen Bestimmung)

Eine wirksame Bestimmung der Art der Unterhaltsgewährung bindet im Unterhaltsrechtsstreit das Prozeßgericht, solange sie nicht gemäß § 1612 II 2 BGB durch das Vormundschaftsgericht geändert worden ist. Die Bestimmung entfaltet Wirkung auch gegenüber dem Träger der Ausbildungsförderung, der den Unterhaltsanspruch des Kindes nach § 37 BAföG auf sich übergeleitet hat, führt also bei Ablehnung der Entgegennahme des Naturalunterhalts dazu, daß ein überleitungsfähiger Anspruch auf Unterhalt in Geld nicht besteht (FamRZ 81/250 = NJW 81/574). Da das OLG keine gegenteilige Feststellung getroffen hat, ist für das Revisionsverfahren zugunsten des Bekl. davon auszugehen, daß er seine Tochter mehrmals aufgefordert hat, zu ihm zurückzukehren und wieder zu den alten Bedingungen bei ihm zu wohnen. Darin kann die Bestimmung liegen, der Tochter statt in Form einer Geldrente (§ 1612 I 1 BGB) Unterhalt in anderer Art (§ 1612 II 1 BGB), nämlich – wie früher – durch Wohnung, Kost und Taschengeld zu leisten. Die Vorschrift des § 1612 II 1 BGB gilt fort, auch soweit sie die Unterhaltspflicht gegenüber einem volljährigen Kind regelt (FamRZ 81/250). Ihre Anwendung setzt voraus, daß die Bestimmung den gesamten Lebensbedarf des unterhaltsbedürftigen Kindes umfaßt (FamRZ 83/369 = NJW 83/2198). Dem Vortrag ist indessen zu entnehmen, daß der Bekl. auch das behaupten will.

Es fehlt an tatrichterlichen Feststellungen, ob der Bekl. seiner Tochter für den hier in Frage kommenden Zeitraum im Sinne einer Bestimmung gemäß § 1612 II 1 BGB Naturalunterhalt einschließlich der dazu erforderlichen Barmittel angeboten hat. Wenn das der Fall ist, so hatte die Ablehnung der Entgegennahme dieser Leistung durch die Richter zur Folge, daß sie für den Anspruchszeitraum keinen Barunterhalt verlangen konnte. Der Klaganspruch aus übergeleitetem Recht wird dann erfolglos bleiben müssen.

112c) FamRZ 81/250, 252 = NJW 81/574, 575
(Unterhaltsbestimmung bei volljährigen Kindern)

Das den unterhaltspflichtigen Eltern durch § 1612 II 1 BGB gegebene Recht, eine Unterhaltsgewährung durch Naturalleistungen zu bestimmen, hat auch den Zweck, ihnen einen weitergehenden Einfluß auf die Lebensführung des Kindes zu verschaffen, als dies bei einer Unterhaltsgewährung in Geld möglich ist. Volljährige Kinder sind zur Selbstbestimmung herangewachsen, doch gebietet die verwandtschaftliche Beziehung noch Rücksichtnahme auf die Eltern. Mit diesem Zweck des elterlichen Bestimmungsrechts wäre im vorliegenden Fall die von der Revision befürwortete Gewährung einer Teilrente nicht zu vereinbaren.

Die von dem Bekl. getroffene Bestimmung ging dahin, daß seine Tochter den ihr zustehenden Unterhalt durch Gewährung von Kost und Wohnung im elterlichen Haus erhalten solle. Zu einer solchen Art der Unterhaltsgewährung gehört es verständigerweise, daß das Kind neben den Naturalleistungen auch Geldbeträge zur Verfügung gestellt bekommt, zunächst in Form des Taschengeldes mit zunehmendem Alter aber auch, um bestimmte Anschaffungen für seinen Lebensbedarf in eigener Entscheidung und Verantwortung vornehmen zu können. Je älter das Kind wird, um so größer wird auch der Spielraum sein, den verständige Eltern ihm dabei einräumen. Das bedeutet indessen nicht, daß der Unterhaltsanspruch des Kindes sich dadurch zunehmend in einen Anspruch auf Zahlung einer Geldrente verwandelt. Eltern, die ihrem heranwachsenden oder schon volljährigen, im elterlichen Hause unterhaltenen Kind zu den beschriebenen Zwecken Geldbeträge zur freien Verfügung überlassen, pflegen ihm damit – neben etwaigen erzieherischen Zwecken – die Bindungen zu erleichtern, die sich aus der Gewährung von Naturalunterhalt notwendigerweise ergeben und – wie dargelegt – auch ergeben sollen. Die Überlassung von Geldbeträgen zur eigenverantwortlichen Verfügung ist dann gerade ein Teil des in der Form von Naturalleistungen gewährten Unterhalts und erfüllt nur zusammen mit diesem den ihr zugedachten Sinn. Nicht anders ist die Erklärung des Bekl. zu verstehen, auf die die Revision sich für ihre Ansicht beruft. Seine Erklärung, den Unterhalt durch Zahlung von Taschengeld und der Kosten von Sachaufwendungen leisten zu wollen, kann daher nicht von seiner Bestimmung gelöst werden, daß der Unterhalt durch Gewährung von Kost und Wohnung im elterlichen Hause geleistet werde.

Nahm die Tochter diesen Unterhalt nicht entgegen, so konnte sie auch nicht verlangen, daß ihr der Bekl. ein Taschengeld zahlte und die Kosten von Sachaufwendungen trug. Im Ergebnis ist daher der

Auffassung des OLG zuzustimmen, die Tochter habe ihren Unterhaltsanspruch für die in Rede stehende Zeit dadurch verloren, daß sie keinen Gebrauch von der Möglichkeit gemacht habe, den Unterhalt im Hause des Bekl. entgegenzunehmen. Aus denselben Gründen kann die Revision nicht mit ihrer weiteren Auffassung durchdringen, der Tochter stehe ein Anspruch auf Zahlung einer Geldrente in Höhe der Beträge zu, die der Bekl. durch die Ablehnung des Naturalunterhalts erspart habe.

112d) FamRZ 83/369, 370 = NJW 83/2198, 2199

(Unterhaltsbestimmung durch schlüssiges Verhalten)

Bei der Prüfung, ob im Einzelfall eine diesen Anforderungen gerecht werdende Bestimmung der Unterhaltsgewährung vorliegt, sind die allgemeinen Grundsätze zu berücksichtigen, die für die Ermittlung des Erklärungsinhalts empfangsbedürftiger Willenserklärungen gelten. Auszugehen ist davon, wie die Erklärung von dem Erklärungsempfänger aufgefaßt wurde oder bei unbefangener Würdigung nach Treu und Glauben aufgefaßt werden mußte. Dabei ist unter der Erklärung nicht nur das wörtlich oder schriftlich erklärte, sondern das Gesamtverhalten des Erklärenden zu verstehen und es sind alle Begleitumstände zu berücksichtigen. Da die Bestimmung i. S. des § 1612 II 1 BGB keiner besonderen Form bedarf, braucht sie nicht ausdrücklich erklärt zu werden, sondern kann auch durch schlüssiges Verhalten erfolgen. Auf diese Art wird sich die Unterhaltsbestimmung in der Lebenswirklichkeit häufig vollziehen. Dies gilt insbesondere in Fällen, in denen das Kind im Haushalt der Eltern heranwächst und durch Naturalleistungen unterhalten wird. Allerdings bietet die Tatsache der Unterhaltsgewährung in Natur allein noch keine Gewähr für eine Unterhaltsbestimmung durch schlüssiges Verhalten. Vielmehr ist hier, wie auch sonst in Fällen stillschweigender Willenserklärungen, zunächst zu ermitteln, ob das Verhalten überhaupt als eine auf eine Rechtsfolge gerichtete Willenserklärung zu werten ist. Der Erklärende muß in dem Bewußtsein handeln, daß eine Willenserklärung wenigstens möglicherweise erforderlich ist (NJW 73/1789). Demgemäß setzt auch eine Unterhaltsbestimmung durch konkludentes Verhalten voraus, daß der Unterhaltspflichtige wußte oder wenigstens mit der Möglichkeit rechnete, einer in diesem Zusammenhang von ihm abzugebenden Willenserklärung könne rechtliche Bedeutung zukommen.

112e) FamRZ 81/250, 251 = NJW 81/574, 575

(Zur Unwirksamkeit einer Bestimmung nach § 1610 II 1 BGB)

Das Gesetz schränkt das elterliche Bestimmungsrecht dadurch ein, daß das Vormundschaftsgericht aus bestimmten Gründen auf Antrag des Kindes die Bestimmung der Eltern ändern kann (§ 1612 II 2 BGB). Soll diese Regelung nicht ins Leere gehen, muß die von den Eltern getroffene Bestimmung grundsätzlich verbindlich sein, solange das Vormundschaftsgericht sie nicht geändert hat, also auch dann, wenn „besondere Gründe" vorliegen, aus denen eine solche Änderung in Betracht kommt. Eine Unwirksamkeit der elterlichen Bestimmung muß daher auf Fälle beschränkt bleiben, in denen eine Unterhaltsgewährung in der bestimmten Art auf jeden Fall ausscheidet. Das sind die anerkannten Fälle der rechtlichen oder tatsächlichen Undurchführbarkeit. Ob darüber hinaus Mißbrauchsfälle anzuerkennen sind, in denen die Bestimmung ebenfalls als unwirksam zu behandeln ist und im Unterhaltsprozeß nicht beachtet zu werden braucht, kann im vorliegenden Fall auf sich beruhen. Angesichts der gesetzlichen Regelung könnte ein solcher Mißbrauch allenfalls unter der strengen Voraussetzung bejaht werden, daß die elterliche Bestimmung offensichtlich aus sachfremden Erwägungen oder zu sachfremden Zwecken getroffen worden ist und unter keinem verständigen Gesichtspunkt Beachtung verdient. Daß ein solcher Fall hier gegeben sei, will die Revision ersichtlich selbst nicht geltend machen.

112f) FamRZ 85/584, 585 = NJW 85/1339, 1340

(Unwirksamkeit der Bestimmung wegen tatsächlicher Undurchführbarkeit)

Eine gemeinsame Unterhaltsbestimmung getrenntlebender Eltern gegenüber dem unverheirateten Kind, wonach dieses den vollen Unterhalt in Natur bei einem Elternteil entgegenzunehmen hat, wird wegen tatsächlicher Undurchführbarkeit unwirksam, wenn die gewählte Art der Unterhaltsgewährung für das Kind nicht mehr erreichbar ist, etwa weil dieser Elternteil sich einseitig von einer entsprechenden Vereinbarung löst.

Ein unverheiratetes Kind kann seinen Unterhalt nicht in Form einer Geldrente fordern, wenn die Eltern wirksam bestimmt haben, daß der Unterhalt durch Gewährung von Kost und Wohnung geleistet und Barbeträge lediglich als Taschengeld und für zweckbestimmte Sachaufwendungen zur Verfügung gestellt werden sollen (sog. Naturalunterhalt; FamRZ 81/250 = NJW 81/574). Die Bekl. hat vorgetragen, der Vater der Kl. habe nach ihrem Auszug aus der ehelichen Wohnung erklärt, er übernehme die Betreuung der Kinder und komme auch für deren Barbedarf allein auf. So sei die Unterhaltsgewährung auch bis nach Rechtskraft der Scheidung tatsächlich gehandhabt worden. Sie habe hierwegen keinen Unterhalt von dem Vater der Kl. verlangt. Da das OLG unterstellt hat, daß der Vater die behauptete Erklärung abgegeben hat, ist für die Revisionsinstanz von dem Zustandekommen einer elterlichen Vereinbarung des Inhalts auszugehen, daß der Vater den vollen Unterhalt in Natur gewähren und gegenüber den Kl. eine entsprechende gemeinsame Unterhaltsbestimmung der Eltern erfolgen sollte. In der tatsächlichen Handhabung der Unterhaltsgewährung gegenüber den Kl. in der Folgezeit kann auch eine dieser Vereinbarung entsprechende elterliche Unterhaltsbestimmung durch schlüssiges Verhalten gesehen werden (FamRZ 83/369 = NJW 83/2198).

Eine Bestimmung im Sinn von § 1612 II 1 BGB, die geschuldeten Unterhalt tatsächlich verweigert, ist unwirksam. Allerdings kann ein solcher Fall nicht schon dann angenommen werden, wenn der Verpflichtete nicht in Person, sondern durch einen Dritten Unterhalt leisten will. So ist eine elterliche Bestimmung als unbedenklich angesehen worden, den Unterhalt von einem anderen erwachsenen Kinde entgegenzunehmen, dem von den Eltern ein Grundstück überlassen worden war (KGJ 53, 25). Das RG hat die Bestimmung eines getrennt lebenden Vaters als wirksam angesehen, daß das Kind von der Mutter, der er die dafür erforderlichen Mittel zur Verfügung gestellt hatte, in Natur versorgt werde (WarnRspr. 1913 Nr. 188). Auch sonst grenzt das OLG den Spielraum der Eltern für eine einvernehmliche Unterhaltsbestimmung im Fall des Getrenntlebens zu eng ein. Es ist denkbar, daß sich im vorliegenden Fall der Vater zur Leistung vollen Unterhalts in Natur an die Kl. bereit erklärt hat, weil ihm die Bekl. auf anderem Gebiet Zugeständnisse gemacht hat. Eine darauf fußende elterliche Unterhaltsbestimmung wäre rechtlich bedenkenfrei gewesen. Davon ist der Senat bereits in seinem Urteil vom 26. 10. 1983 (FamRZ 84/37, 38 = NJW 84/305) ausgegangen. Für den von der Klage erfaßten Zeitraum kann sich die Bekl. aber aus einem anderen Grund nicht auf die von ihr geltend gemachte Unterhaltsbestimmung berufen.

Zum Schutz des Kindes ist in der Rechtsprechung des RG schon früh (JW 1901/870, 871) der Grundsatz entwickelt worden, daß die Verweisung auf ausschließlichen Naturalunterhalt nur dann wirksam ist und bleiben kann, wenn diese Art der Unterhaltsgewährung für das unterhaltsberechtigte Kind tatsächlich erreichbar ist und es nicht ohne eigenes Verschulden außerstande ist, der entsprechenden Unterhaltsbestimmung Folge zu leisten (RGZ 57/69, 77; RGJW 1911/53, 54; BGH NJW 81/574). Die tatsächliche Undurchführbarkeit, die einer elterlichen Unterhaltsbestimmung die Wirksamkeit nimmt, ist gerade für Fälle angenommen worden, in denen Streitigkeiten zwischen den Eltern aufgekommen waren, etwa wenn das Kind den Unterhalt in Natur beim Vater entgegennehmen sollte, die Mutter es diesem aber widerrechtlich vorenthielt. Im vorliegenden Fall ist den Kl. ein Unterhalt in der ursprünglich abredegemäß bestimmten Form tatsächlich nicht mehr angeboten worden. Sie könnten auf keinen Fall darauf verwiesen werden, den Vater zur Einhaltung der früheren Vereinbarung anzuhalten. Die rechtliche Folge ist vielmehr, daß die gewählte Art der Unterhaltsgewährung vom Standpunkt der Kläger aus undurchführbar geworden und ihr grundsätzlich bestehender Anspruch auf Unterhalt durch Gewährung einer Geldrente nach § 1612 I 1 BGB wieder aufgelebt ist.

Dem steht nicht das Urteil des Senats vom 1. 6. 1983 (FamRZ 83/892 = NJW 83/2200) entgegen, in dem u. a. dargelegt ist, daß sich ein Elternteil nicht ohne besondere Gründe einseitig von einer mit dem anderen Elternteil getroffenen Vereinbarung über die Art der Unterhaltsgewährung lösen kann. In dem zugrundeliegenden Fall war die tatsächliche Durchführbarkeit der der bestehenden Vereinbarung entsprechenden Unterhaltsbestimmung nicht in Frage gestellt, weil der nicht vertragstreue Elternteil ohnehin Barunterhalt leisten und nicht – wie hier – u. a. ausschließlich von seinem Willen abhängige Versorgungsleistungen erbringen sollte. Nur unter der Voraussetzung, daß die der Vereinbarung entsprechende Unterhaltsgewährung für das Kind erreichbar bleibt, kann jedenfalls an dem im Urteil vom 1. 6. 1983 aufgestellten Grundsatz, daß eine einseitige Lösung von einer derartigen Vereinbarung unbeachtlich ist, festgehalten werden. Hier hatte die Bekl. ohnehin gemäß § 1612 II 3 BGB in der Zeit, in der das Sorgerecht für die damals noch minderjährigen Kinder allein dem Vater übertragen war, kein Recht auf Unterhaltsbestimmung für dieses Kind, weil es nicht in ihren Haushalt, sondern in denjenigen des Vaters aufgenommen war. In dieser Zeit konnte der Vater wirksam eine anderweitige Unterhaltsbestimmung treffen.

113. BGH zur Bestimmungsberechtigung bei Minderjährigen und Volljährigen FamRZ 84/37, 38, 39 = NJW 84/305, 306

Ob es zur Wirksamkeit der Bestimmung nach § 1612 II 1 BGB erforderlich ist, daß diese Bestimmung gegenüber volljährigen Kindern von beiden Elternteilen gemeinsam getroffen wird, ist dem Gesetz nicht unmittelbar zu entnehmen. Dies regelt die Frage, wie die Bestimmung nach § 1612 1 BGB zu treffen ist, wenn die Eltern des Kindes getrennt leben oder geschieden sind, ausdrücklich nur für minderjährige Kinder: Als Teil des Personensorgerechts steht die Bestimmung dem Inhaber des Rechts zu (§ 1631 I BGB). Der Elternteil, dem die Sorge für die Person des Kindes nicht zusteht, kann eine Bestimmung nur für die Zeit treffen, in der das Kind in seinen Haushalt aufgenommen ist (§ 1612 II 3 BGB). Wenn beide Eltern das Sorgerecht gemeinsam besitzen, müssen sie versuchen, sich zu einigen (§ 1627 2 BGB). Mißlingt das, so können sie eine Regelung mit Hilfe des Vormundschaftsgerichts anstreben (FamRZ 83/892, 894 = NJW 83/2200, 2202). Für die Ausübung des Bestimmungsrechts gegenüber einem volljährigen Kind kann nicht an das elterliche Sorgerecht angeknüpft werden, da dieses nicht mehr besteht. In der Rechtsprechung und im Schrifttum haben sich zu den damit aufgeworfenen Rechtsfragen – bei variierenden Meinungen zu Einzelheiten und insbesondere zu den Möglichkeiten auftretende Konflikte zu lösen – zwei im Grundsatz unterschiedliche Ansichten gebildet, die der Senat in dem genannten Urteil vom 1. 6. 1983 (FamRZ 83/892, 894 = NJW 83/2200, 2202) näher dargestellt hat: Die eine Auffasssung geht dahin, daß getrennt lebende oder geschiedene Eltern das Bestimmungsrecht gegenüber volljährigen Kindern regelmäßig nur gemeinsam oder doch allein nur mit Zustimmung des anderen wirksam ausüben können. Nach anderer Meinung haben in Fällen der genannten Art beide Elternteile unabhängig voneinander das Bestimmungsrecht des § 1612 II 1 BGB; dieses kann von jedem der Elternteile wirksam allein ausgeübt werden.

Trotzdem braucht auch im vorliegenden Fall nicht allgemein entschieden zu werden, ob getrennt lebende oder geschiedene Eltern eine Bestimmung nur gemeinsam treffen können, oder ob ein Elternteil dazu auch ohne den anderen oder gar gegen dessen Willen befugt ist. Denn jedenfalls unter den hier gegebenen Umständen konnte der Bekl. das Bestimmungsrecht allein ausüben. Dabei kommt es nicht darauf an, ob die Mutter des Kindes, über deren Verhalten das OLG insoweit keine Feststellungen getroffen hat, zu einer vom Bekl. getroffenen Bestimmung lediglich geschwiegen oder ob sie ihr widersprochen hat. Auch eine einer Bestimmung des Bekl. zuwiderlaufende Willensäußerung der Mutter würde die Wirksamkeit der Bestimmung hier nicht in Frage stellen. Aus dem Wortlaut des Gesetzes, wonach die „Eltern" die Bestimmung treffen können, läßt sich nicht ohne weiteres herleiten, daß beide Eltern daran mitwirken müssen. Das Gesetz geht vom Regelfall der intakten Ehe aus; die Rechtslage bei Trennung der Eltern und Scheidung der Ehe ist – anders als bei Minderjährigkeit des Kindes – nicht besonders geregelt. Zudem ist der unterhaltsrechtliche Charakter der Vorschrift zu berücksichtigen. Sie erlaubt es den Eltern, ihre Unterhaltspflicht gegenüber dem Kind statt durch Zahlung einer – häufig besonders belastenden – Geldrente in anderer Weise nachzukommen, insbesondere durch Gewährung von Naturalunterhalt (einschließlich Barbeträgen als Taschengeld für Anschaffungen), wie es sich angesichts der persönlichen Beziehungen zwischen Eltern und Kindern vielfach anbieten wird. Die Vorschrift setzt damit Bestand und Geltendmachung einer Unterhaltsverpflichtung voraus und ist „sozusagen deren Kehrseite". Das kommt auch im Gesetzeswortlaut „haben Eltern Unterhalt zu gewähren" zum Ausdruck. Dieser Zusammenhang legt es für den Regelfall nahe, das Bestimmungsrecht nach § 1612 II 1 BGB dem Elternteil zuzubilligen, der von dem (volljährigen) Kind auf Unterhalt in Anspruch genommen wird. Das ist hier allein der Bekl.

Allerdings könnte ein einseitiges Bestimmungsrecht des Elternteils, der allein für den Unterhalt des Kindes aufkommt, schutzwürdige Belange des anderen Elternteils berühren. Dieser Fall könnte eintreten, wenn das Kind, das während seiner Minderjährigkeit – etwa aufgrund einer entsprechenden Sorgerechtsregelung – bei dem anderen Elternteil gelebt hat, nach Eintritt seiner Volljährigkeit dort wohnen bleibt. Wäre der (Bar-)Unterhalt leistende Elternteil auch in diesem Fall befugt, einseitig zu bestimmen, daß das Kind künftig bei ihm Naturalunterhalt entgegenzunehmen habe, so könnte er dadurch in womöglich zu mißbilligender Weise auf eine Veränderung lange bestehender Lebensverhältnisse nicht nur des Kindes, sondern auch des anderen Elternteils hinwirken. Ob in solchen und anderen Fällen einer unangebrachten Handhabung des Bestimmungsrechts durch Anrufung des VormG nach § 1612 II 2 BGB ausreichend begegnet werden kann, oder ob die Wirksamkeit der Bestimmung zur Vermeidung ungerechtfertigter Auswirkungen von einer Mitwirkung des anderen Elternteils abhängig gemacht werden muß, kann hier jedoch auf sich beruhen. Denn Belange der Mutter, bei der die Tochter sich nach ihrem Auszug aus der Wohnung des Bekl. unstreitig nur vorübergehend aufgehalten hat, werden durch die getroffene Bestimmung offensichtlich nicht berührt. Vielmehr bezweckt der Bekl., bei dem die Tochter seit der Scheidung ihrer Eltern jahrelang gelebt und der sie – abgesehen von Leistungen der Ausbildungsförderung – allein unterhalten hatte, mit der Bestimmung eine Wiederherstellung und Fortführung des früheren Zustandes. Jedenfalls unter diesen Umständen besteht kein Grund, deren Wirksamkeit von einer – wie immer gearteten – Mitwirkung der Mutter des Kindes abhängig zu machen.

114. BGH zur Bindung an eine in einem Vergleich getroffene Bestimmung FamRZ 83/892, 895 = NJW 83/2200, 2202

Allerdings kann in dem mit der Berufungsbegründung unterbreiteten Angebot, dem Kl. ein Zimmer und freie Verpflegung im väterlichen Haus zur Verfügung zu stellen, eine (einseitige) Bestimmung des Bekl. über die Art der Unterhaltsgewährung erblickt werden (FamRZ 83/369). Hier fehlt jedoch die Rechtswirkung, weil sich der Bekl. nicht einseitig von einer zuvor mit seiner Ehefrau vereinbarten anderweitigen Regelung lösen konnte. Unabhängig von seiner verfahrensrechtlichen Bedeutung liegt in dem Vergleich, den die Eltern im Scheidungsrechtsstreit über die Unterhaltsgewährung für den damals noch minderjährigen Kl. im Verhältnis zueinander geschlossen haben, eine materiell-rechtlich wirksame Vereinbarung darüber, daß der Ehemann den Barunterhalt und die Ehefrau den Naturalunterhalt leisten solle. Zudem hatte der Bekl. schon vor dem Vergleichsschluß freiwillig Unterhalt an seine Ehefrau für den bei ihr lebenden Kl. gezahlt. Das OLG hat außerdem festgestellt, daß die Mutter des Kl. weiterhin durch dessen Versorgung einen Teil des Unterhalts trägt. An die demnach durch jahrelange Anwendung bestätigte Vereinbarung mit seiner Ehefrau blieb der Bekl. gebunden. Es kann dahinstehen, ob im Einzelfall eine derartige Bindung aufgrund späterer Entwicklung gelöst werden kann. Im vorliegenden Fall ist dafür nichts vorgetragen. Insbesondere ist durch den Eintritt der Volljährigkeit des Kl. die Vereinbarung nicht wirkungslos geworden; denn die tatsächlichen Lebensverhältnisse der Beteiligten blieben davon unberührt, und die Aufteilung der Unterhaltsbeträge zwischen den Eltern des Kl. war nicht Folge einer Sorgerechtsregelung; eine solche hatte das FamG vielmehr im Einvernehmen mit beiden Parteien des Scheidungsverfahrens unterlassen. Einer wirksamen Bestimmung der Art der Unterhaltsgewährung steht nicht nur die fortwirkende Bindung an den Vergleich und das letztlich auf Treu und Glauben beruhende Verbot entgegen, sich mit eigenem früheren Verhalten in Widerspruch zu setzen. Hinzu kommt, daß die Bestimmung des Bekl. unvereinbar ist mit der seiner Ehefrau, die – wenn Eltern dieses nicht überhaupt nur gemeinsam ausüben können – ein gleichartiges Bestimmungsrecht besitzt und es hier – vor dem Beklagten, aber mit dessen Einverständnis – in der Weise ausgeübt hat, daß sie dem Kl. den Naturalunterhalt gewährt.

115. Maßgebliches Einkommen für die Unterhaltsbemessung

115a) FamRZ 80/665, 669 = NJW 80/1686, 1689

(Sättigungsgrenze beim Kindesunterhalt)

Nach § 1610 BGB können die Kl. von dem Bekl. einen ihrer Lebensstellung entsprechenden, ihren gesamten Lebensbedarf umfassenden Unterhalt verlangen, wobei sich ihre Lebensstellung im Hinblick auf ihre Unselbständigkeit nach derjenigen ihrer Eltern richtet. Das OLG ist zutreffend davon ausgegangen, daß es auch für den Kindesunterhalt grundsätzlich keine obere Grenze gibt, die unter keinen Umständen überschritten werden dürfte. Andererseits kann die Ableitung des Kindesunterhalts von der Lebensstellung der Eltern nicht bedeuten, daß den Kindern eine der Lebensführung und den überdurchschnittlich guten wirtschaftlichen Verhältnissen der Eltern entsprechende Lebensgestaltung ermöglicht werden müßte (FamRZ 69/205, 210). Aus diesem Grund begegnet es Bedenken, daß das OLG den Unterhalt der Kl. (ohne Kosten für Wohnbedarf und zuzüglich Kosten für Krankenversicherung) in der Weise ermittelt hat, daß es den in der sog. Düsseldorfer Tabelle ausgewiesenen, auf ein Nettoeinkommen bis zu 5000 DM bezogenen Betrag proportional erhöht hat. Hinzu kommt, daß dieser vom OLG ausdrücklich als maßgebend bezeichneten Tabelle eine degressive Steigerungsrate zugrunde liegt, so daß der prozentuale Anteil des Unterhaltsbetrags am jeweils zugehörigen Nettoeinkommen mit steigendem Einkommen abnimmt. Unter diesen Umständen ergibt sich ein Widerspruch zwischen der Hochrechnung des Unterhalts auf den Einkommensbetrag von 7000 DM und den als maßgebend bezeichneten Bemessungsgrundlagen.

115b) FamRZ 81/543, 544, 545 = NJW 81/1559, 1560

(Keine Zusammenrechnung des Einkommens beider Eltern)

Die Orientierung des angemessenen Unterhalts unselbständiger Kinder an der Lebensstellung beider Eltern bereitet in der Praxis Schwierigkeit. Der erkennende Senat folgt der Auffassung, daß die Bestimmung des Barunterhaltsbedarfs unselbständiger Kinder grundsätzlich an den Einkommensverhältnissen des zum Barunterhalt verpflichteten Elternteils auszurichten ist. Dies gilt jedenfalls dann, wenn die Einkünfte beider Eltern sich im mittleren Bereich halten und das Einkommen des Naturalunterhalt gewährenden Elternteils nicht höher ist als das des anderen. Daran hält der Senat fest. Die Gründe, die ausschlaggebend für diese Methode der Barunterhaltsermittlung sprechen, hat besonders das OLG Düsseldorf (FamRZ 80/721 ff. = NJW 80/1001) ausführlich erörtert. Die Ansicht, es sei auf das Einkommen allein des nicht Sorgeberechtigten abzustellen, führt jedenfalls in Fällen der vorliegenden Art zu angemessenen Ergebnissen.

Wenn der das Kind pflegende und erziehende, sorgeberechtigte Elternteil ohne eigene Einkünfte ist, bestimmt die Einkommenslage des anderen Elternteils dessen Barunterhaltsleistungen. Erzielt außer ihm auch der sorgeberechtigte Elternteil Arbeitseinkommen, so würde bei einer Zusammenrechnung der beiderseitigen Einkünfte der Barunterhaltspflichtige wegen der Erwerbstätigkeit des anderen Elternteils zu – allein von ihm zu erbringenden (§ 1606 III 2 BGB) – höheren Geldleistungen herangezogen werden, als er sie sonst schulden würde. Das wäre ebensowenig angemessen wie die gegenteilige Folge einer Entlastung des Barunterhaltspflichtigen durch die vom Sorgeberechtigten ausgeübte Berufstätigkeit; die Entlastung träte ein, wenn man an den Mittelwert des von den Barunterhaltspflichtigen erzielten und des – niedrigeren – Einkommens des sorgeberechtigten Elternteils anknüpfen wollte.

Der Auffassung, der Barunterhaltsbedarf des unselbständigen Kindes richte sich bei Trennung oder Scheidung der Eltern nach dem Einkommen allein des nicht sorgeberechtigten Elternteils, kann nicht mit Erfolg entgegengehalten werden, daß sich bei intakter Familie die Lebensstellung des ehelichen Kindes i. S. des § 1610 I BGB nach derjenigen beider Eltern richtet, bei beiderseitiger Erwerbstätigkeit also beide daraus erzielten Einkommen bedeutsam sind. Wie das OLG Düsseldorf, a. a. O., rechtsirrtumsfrei ausgeführt hat, gehört zur Lebensstellung des minderjährigen Kindes, die sich von derjenigen der Eltern ableitet, auch die Tatsache der Trennung oder Scheidung der Eltern mit den daraus resultierenden ungünstigen wirtschaftlichen Folgen. Im übrigen gewinnt das Kind dann, wenn der Sorgeberechtigte einer Erwerbstätigkeit nachgeht, schon über die damit im Regelfall verbundene Erhöhung des häuslichen Lebensstandards an Naturalunterhalt.

115c) FamRZ 83/473, 474 = NJW 83/1429, 1430

(Unterhaltsbegrenzung durch die Lebensstellung des Kindes bei überdurchschnittlich guten wirtschaftlichen Verhältnissen)

Bei minderjährigen Kindern richtet sich die Lebensstellung wegen ihrer wirtschaftlichen Unselbständigkeit nach der der Eltern (FamRZ 80/665, 669). Die Ermittlung dieser Lebensstellung stößt auf Schwierigkeiten, wenn die Eltern nicht mehr zusammenleben und ihre Einkommensverhältnisse sich unterschiedlich entwickeln. Hierzu hat der Senat bereits entschieden, daß für den Barunterhaltsbedarf der Kinder aus geschiedener Ehe, die bei einem sie betreuenden sorgeberechtigten Elternteil leben, regelmäßig die Einkommensverhältnisse des barunterhaltspflichtigen, nicht sorgeberechtigten Elternteils maßgebend sind, wenn die Einkünfte beider Eltern sich im mittleren Bereich halten und das Einkommen des Naturalunterhalt gewährenden Elternteils nicht höher ist als das des anderen (FamRZ 81/543, 545 m. w. N.). Anders als beim Unterhaltsanspruch der geschiedenen Ehefrau – dessen Maß sich nach den ehelichen Lebensverhältnissen bis zum Zeitpunkt der Scheidung bestimmt, – wird die Lebensstellung eines Kindes in wirtschaftlicher Hinsicht nicht durch den Zeitpunkt der Auflösung der Ehe seiner Eltern festgelegt. Das unterhaltsberechtigte Kind nimmt vielmehr am steigenden Lebensstandard des barunterhaltspflichtigen Elternteils in ähnlicher Weise teil wie während der Zeit der intakten Ehe seiner Eltern.

In der erwähnten Senatsentscheidung ging es um die Frage, ob bei der Ermittlung des Barunterhalts für das minderjährige Kind bedarfserhöhend zu berücksichtigen ist, daß auch der den Naturalunterhalt leistende sorgeberechtigte Elternteil seinerseits Einkommen erzielt. Die Außerachtlassung solcher Einkünfte bei der Bedarfsbestimmung eines Kindes, dessen Eltern in normalen wirtschaftlichen Verhältnissen leben, besagt jedoch noch nichts darüber, ob die Lebensstellung dieses Kindes auch dann noch (allein) nach den Einkommensverhältnissen des barunterhaltspflichtigen Elternteils bemessen werden darf, wenn dessen Einkommen ungewöhnliche Größen erreicht. Ob es in solchen Fällen für den Unterhaltsanspruch des Kindes bedarfsmindernd wirkt, daß der den Naturalunterhalt leistende Elternteil in wesentlich bescheideneren wirtschaftlichen Verhältnissen lebt als der Barunterhaltspflichtige, kann jedoch im vorliegenden Fall offenbleiben. Aus den dargelegten Grundsätzen folgt nämlich nicht, daß der Bekl. unbegrenzt um so höheren Barunterhalt schuldet, je mehr Einkünfte er hat. Der Senat hält zwar daran fest, daß es keine allgemeingültige, feste Obergrenze gibt, über die hinaus Barunterhalt für minderjährige Kinder nicht mehr in Betracht kommt. Aber selbst wenn für die Lebensstellung von Kindern geschiedener Eltern allein die wirtschaftlichen Verhältnisse des barunterhaltspflichtigen Elternteils zugrunde gelegt werden, bedeutet das nicht, daß den Kindern eine der Lebensführung und den überdurchschnittlich guten wirtschaftlichen Verhältnissen des Unterhaltspflichtigen entsprechende Lebensgestaltung ermöglicht werden müßte (FamRZ 80/665, 669; FamRZ 69/205, 210). Dem Barunterhaltspflichtigen ist es zwar verwehrt, seine eigenen erzieherischen Vorstellungen auf unterhaltsrechtlichem Weg zu verwirklichen, wenn er – wie regelmäßig – nicht zugleich die elterliche Sorge innehat. Das Recht und die Pflicht, ein Kind zu erziehen, ist gemäß § 1631 I BGB Teil der Personensorge; die insoweit vom Sorgeberechtigten zu treffende Entscheidung darf der andere Elternteil nicht mit unterhaltsrechtlichen Mitteln indirekt beeinflussen (FamRZ 83/48). Das schließt es aber nicht aus, auf die durch ein wesentlich geringeres Einkommen geprägte Lebensstellung des den Naturalunterhalt gewährenden Elternteils Rücksicht zu nehmen. Die Unterhaltsbemessung darf weder einem gedeihlichen Sorgerechtsverhältnis entgegenwirken noch dazu führen, die Lebensstellung des sorgeberechtigten Elternteils anzuheben. Eine Begrenzung des Unterhalts ergibt sich aber vor allem aus der besonderen Lage, in der minderjährige Kinder während des Heranwachsens und in ihrer Schul- oder Ausbildungszeit sich befinden. Trotz der Verknüpfung mit den wirtschaftlichen Verhältnissen der Eltern oder eines Elternteils ist ihre Lebensstellung in erster Linie durch ihr „Kindsein" geprägt. Anders als Ehegatten, für die jedenfalls in dem noch nicht der Vermögensbildung zuzurechnenden Einkommensbereich der Grundsatz der gleichmäßigen Teilhabe gilt, können Kinder nicht einen bestimmten Anteil an dem durch sein Einkommen bestimmten

Lebensstandard des Unterhaltsverpflichteten verlangen. Unterhaltsgewährung für Kinder bedeutet stets Befriedigung ihres gesamten – auch eines gehobenen – Lebensbedarfs (§ 1610 II BGB), nicht aber Teilhabe am Luxus. Auch in besten Verhältnissen lebend schuldet der Verpflichtete nicht das, was das Kind wünscht, sondern was es braucht.

115 d) FamRZ 85/371, 373 = NJW 85/1340, 1343
(für die Unterhaltsbemessung maßgeblichen Zeitraum)

Anders als beim Unterhaltsanspruch des gesch. Ehegatten, dessen Maß sich nach den ehel. Lebensverhältnissen richtet, wird die Lebensstellung eines Kindes (§ 1610 I BGB) in wirtschaftlicher Hinsicht nicht durch den Zeitpunkt der Auflösung der Ehe seiner Eltern festgelegt. Es nimmt an der Entwicklung des Lebensstandards des barunterhaltspflichtigen Elternteils in ähnlicher Weise teil wie während der intakten Ehe der Eltern (FamRZ 1983, 473). Danach ist der in diesem Zusammenhang wiederholte Hinweis der Revision auf eine sparsame Lebensführung der Familie während der Ehe unerheblich. Die Kl. zu 2) und 3) sind ungeachtet ihrer Volljährigkeit noch wirtschaftlich unselbständig, so daß es im wesentlichen auf die Einkommens- und Vermögensverhältnisse des Bekl. in den Zeiträumen ankommt, für die Unterhalt gefordert wird.

116. BGH zum Kindesunterhalt bei intakter Ehe
FamRZ 85/466, 467, 468 = NJW 85/1460, 1461

Der Umfang des zu leistenden Barunterhalts bestimmt sich bei intakter Ehe grundsätzlich nach dem gesamten Einkommen beider Ehegatten und dem dadurch geprägten Lebensstil. Sind beide Eltern berufstätig, so richtet sich die Aufteilung des Naturalunterhalts danach, wie die Ehegatten sich hinsichtlich der Versorgung von Haushalt und Kindern absprachegemäß geeinigt haben.

Es entspricht ständiger Rechtsprechung (BGHZ 77, 157, 162; VersR 84/79), das nach dem modernen Verständnis einer Ehe als eine Lebensgemeinschaft gleichberechtigter Partner und dem Fortfall des Leitbilds der früher maßgeblichen „Hausfrauenehe" sich Art und Ausmaß der gegenseitigen Unterhaltspflicht der Ehegatten nach der besonderen Ausgestaltung der wirtschaftlichen Sicherung der ehelichen Lebensgemeinschaft bestimmen, wie die Ehegatten sie im Einzelfall nach den §§ 1356 ff. BGB absprachegemäß geregelt haben. Allerdings setzt stets die Erforderlichkeit der Aufwendungen für Kosten des Haushalts, die persönlichen Bedürfnisse der Ehegatten und den Lebensbedarf der gemeinsamen unterhaltsberechtigten Kinder die Grenze möglicher Absprachen (FamRZ 84/980). Dies gilt auch hinsichtlich der Pflege und Erziehung der Kinder (Naturalunterhalt). Die in § 1606 III 2 BGB normierte Pflicht der Mutter, zum Unterhalt eines minderjährigen unverheirateten Kindes in der Regel durch Pflege und Erziehung beizutragen, orientiert sich nach h. M. an dem heute überholten gesetzlichen Leitbild der Hausfrauenehe. Diese Vorschrift ist bei verfassungskonformer Auslegung dahin zu verstehen, daß an die Stelle der Mutter auch der Vater treten kann, wenn er kraft einverständlicher Aufgabenteilung der Ehegatten die Pflege und Erziehung des Kindes tatsächlich übernommen hat (FamRZ 80/994). Vor allem aber greift der in dieser Vorschrift für den Regelfall normierte Grundsatz der Gleichwertigkeit von Bar-Unterhalt und Natural-Unterhalt (der im Interesse einer einfachen und reibungslosen Abwicklung alltäglicher Unterhaltsausgleichsfälle die wertgemäße Erfassung des Natural-Unterhalts erleichtern soll) lediglich für die Nur-Hausfrau, nicht aber dann ein, wenn die Erziehung und Pflege des Kindes beiden Eltern obliegt, was heute gerade in jüngeren Ehen im allgemeinen der Lebenswirklichkeit entsprechen dürfte, wenn beide Eltern berufstätig sind. Jedenfalls ist eine solche Absprache nicht, wie das Berufungsgericht es getan hat, von vornherein als Verstoß gegen § 1606 III 2 BGB auszuschließen. Deshalb ist in derartigen Fällen stets zu klären, ob die Mutter des Kindes trotz ihrer beruflichen Beanspruchung absprachegemäß den Natural-Unterhalt für das Kind allein übernommen hat. Teilen sich aber die Eltern in die Pflege und Erziehung der Kinder, so muß die anteilige Haftung jedes Ehegatten sowohl hinsichtlich des Bar-Unterhalts als auch hinsichtlich des Naturalunterhalts in Anwendung des § 1606 III 1 BGB errechnet werden.

Dem steht nicht die Rechtsprechung des IV b-Zivilsenats des BGH entgegen, nach der § 1606 III 2 BGB es grundsätzlich ausschließt, die Mutter des Kindes für den Unterhalt über ihren Beitrag für Pflege und Erziehung hinaus zu Bar-Leistungen heranzuziehen, wenn sie berufstätig ist. Dieser auf den Kindesunterhalt bei getrennten Ehen angewandte Grundsatz betrifft Fälle, in denen die Mutter aufgrund der gegebenen Umstände den Natural-Unterhalt für das Kind tatsächlich allein bestreitet und es nur darum geht, ob sie darüber hinaus – zur Entlastung des Vaters des Kindes – weiteren Bar-Unterhalt schuldet. Er besagt nichts für die Fälle intakter Ehen, in denen die Eltern Aufgaben zur Betreuung des Kindes untereinander anders verteilt haben. Dann erschöpft sich die Unterhaltspflicht der Mutter für das Kind selbstverständlich nicht in ihrem Beitrag an personalem Unterhalt, in den sie sich hier mit dem Vater des Kindes teilt, sondern sie hat sich mit dem Vater des Kindes ebenso in den Bar-Unterhalt zu teilen. Dies gilt natürlich auch im umgekehrten Fall für den Vater (FamRZ 82/779,

780). Sind also absprachegemäß beide Eltern berufstätig und teilen sie sich (möglicherweise unter zeitweiser Zuhilfenahme fremder Personen) in die Pflege und Erziehung des Kindes bzw. der Kinder, so ist eine individuelle Anteilsberechnung sowohl der Bar-Unterhaltspflicht als auch der Natural-Unterhaltspflicht erforderlich. Der Wert des Betreuungsaufwandes ist in Bruchteilen des Geldbedarfs zu errechnen.

Regelmäßig wird in derartigen Fällen der Anteil an Bar-Unterhalt nach dem Verhältnis des Erwerbseinkommens der Eltern, der Anteil am Natural-Unterhalt im umgekehrten Verhältnis dazu bewerten lassen, doch kann die Fallgestaltung eine andere Verteilung nahelegen. Im Ergebnis allerdings sind beide Eltern am Unterhalt-Gesamtaufwand (Bar- und Natural-Unterhalt) prinzipiell zu gleichen Teilen beteiligt, so daß für jeden von ihnen in der Regel ein Mehr an Bar-Unterhalt ein Weniger an Natural-Unterhalt bedingt und umgekehrt.

117. BGH zur Ablehnung von Unterhaltskürzungen, wenn der Verpflichtete während der Ferienzeit das Kind in Ausübung seines Umgangsrechtes versorgt FamRZ 84/470, 472 = NJW 84/2826, 2828

Das OLG hat ausgeführt, in Ferienzeiten, die die Kinder aufgrund des vereinbarten Umgangsrechtes bei dem Kl. verbrächten, decke dieser durch Betreuung und Beköstigung den größeren Teil ihres Unterhaltsbedarfs. Er schulde deshalb für solche Zeiten nur einen verringerten Barunterhalt.

Richtig ist allerdings, daß es die Bedürftigkeit eines unterhaltsberechtigten Kindes mindert, wenn sein Lebensbedarf zu einem Teil anderweitig gedeckt wird. Dies führt im Grundsatz zu einer entsprechenden Verringerung seines Unterhaltsanspruchs (§ 1602 I BGB). Wird mithin das Unterhaltsbedürfnis des Kindes durch Gewährung von Wohnung und Kost unentgeltlich erfüllt, so kann das die Höhe des Barunterhaltsanspruchs verringern. Diese Folge kann auch dann eintreten, wenn es der barunterhaltspflichtige Elternteil selbst ist, der den Unterhalt des Kindes zu einem Teil in anderer Weise als durch die Zahlung der Geldrente nach § 1612 I S. 1 BGB befriedigt.

Das besagt indes noch nichts zu der Frage, ob der nicht sorgeberechtigte barunterhaltspflichtige Elternteil das Recht hat, wegen einer solchen zeitweiligen Deckung des Unterhaltsbedarfs des Kindes, die durch dessen Beköstigung und Betreuung im Rahmen der Wahrnehmung des Umfangsrechtes eintritt, die Unterhaltsrente zu kürzen. Wie die Revision zu Recht geltend macht, handelt es sich bei den monatlichen Unterhaltsbeträgen, seien sie vereinbart oder gerichtlich festgesetzt, um pauschalierte Summen. Der erwartete Unterhaltsbedarf, den zu erfüllen der Schuldner gehalten ist, wird durch gleichmäßig über das Jahr verteilte monatliche Rentenbeträge ausgedrückt.

Eine ausdrückliche Regelung, ob und ggfs. unter welchen Voraussetzungen der barunterhaltspflichtige Elternteil von diesen pauschalierten Rentenbeträgen einen Abzug machen kann, wenn und soweit das Unterhaltsbedürfnis des Kindes für eine gewisse Zeit anderweitig – auch im Wege der Gewährung von Naturalunterhalt durch ihn selbst im Rahmen seines Umgangsrechtes – erfüllt wird, enthält das Gesetz nicht. Jedoch liegt es aufgrund der Unterhaltspauschalierung von vornherein nahe, daß dabei geringfügige Bedarfsminderungen – wie auch umgekehrt geringfügige Erhöhungen –, mit deren Auftreten zu rechnen ist, außer Betracht bleiben müssen.

Für die insoweit erforderliche nähere Abgrenzung gibt die Regelung, die das Gesetz für das Entstehen höheren als des erwarteten Unterhaltsbedarfs bereitstellt, einen bedeutsamen Hinweis.

Die Unterhaltspauschalierung vermeidet aus praktischen Gründen im allgemeinen die Berücksichtigung von bedarfserhöhenden Einzelumständen. Solche gewinnen nur ausnahmsweise unter dem Gesichtspunkt des Sonderbedarfs Bedeutung. Dabei handelt es sich nach der Legaldefinition des § 1613 II S. 1 BGB um einen „unregelmäßigen außerordentlich hohen Bedarf". Er muß überraschend und der Höhe nach nicht abschätzbar eintreten. Nur wenn er nicht mit Wahrscheinlichkeit voraussehbar war und deshalb bei der Bemessung der laufenden Unterhaltsrente nicht berücksichtigt werden konnte, ist der Unterhaltsgläubiger berechtigt, ihn neben der Geldrente geltend zu machen (FamRZ 1983, 29, 30). In der Wortwahl des Gesetzes, das nur einen „außergewöhnlich" hohen Bedarf als Sonderbedarf gelten läßt, kommt zum Ausdruck, daß es im Zweifel bei der laufenden Unterhaltsrente sein Bewenden haben und nur in Ausnahmefällen die gesonderte Ausgleichung zusätzlicher unvorhergesehener Ausgaben erfolgen soll. Das liegt auch im Interesse einer Befriedigung und Beruhigung des Verhältnisses von Unterhaltsgläubiger und Unterhaltsschuldner, das durch häufige Einzelanforderungen in unerwünschter Weise belastet werden könnte (FamRZ 1982, 145, 146).

Diese Erwägungen gelten in gleicher Weise, wenn es darum geht, ob der Verpflichtete die Unterhaltsrente mit Rücksicht darauf kürzen darf, daß das Unterhaltsbedürfnis des Kindes zeitweilig anderweitig gedeckt wird. Das Verlangen des Unterhaltsschuldners nach einer Unterhaltskürzung, das ebenso wie eine Mehrforderung des Gläubigers wegen bedarfserhöhender Umstände der Befriedigung und Beruhigung des Verhältnisses zwischen beiden im Wege stehen kann, muß daher dementsprechend auf Fälle beschränkt werden, in denen die Deckung eines Teiles des Unterhaltsbedürfnisses des Gläubigers unvorhersehbar eintritt; sie muß zudem der Höhe nach gegenüber dem Umfang der laufenden Unterhaltspflicht ins Gewicht fallen. Teildeckungen des Unterhaltsbedarfs geringeren Umfanges sowie insbesondere solche, die nach Eintritt und Höhe vorhersehbar waren, sind hingegen allgemein als in der zuerkannten (§ 258 ZPO) oder vereinbarten Unterhaltsrente bereits berücksichtigt anzusehen.

Die Anforderungen, die damit für ein Verlangen auf eine zeitweilige Kürzung gelten, sind nicht erfüllt, wenn der nicht sorgeberechtigte Elternteil das Kind im Rahmen der Ausübung seines üblichen Umgangsrechtes während der Ferien einige Wochen bei sich hat und in dieser Zeit durch Naturalleistungen versorgt. Dann wird zwar ein Teil des Unterhaltsbedarfs des Kindes, zu dessen Deckung dieser Elternteil Barunterhalt leistet, durch seine Naturalunterhaltsleistungen erfüllt. Ob diese Teildeckung des Bedarfs ins Gewicht fällt, ob insbesondere trotz fortlaufender Kosten für die Bereitstellung von Wohnraum, für über das Jahr verteilte Anschaffungen an Kleidung, für Versicherungen u. ä. die Annahme des OLG zutrifft, diese Teildeckung mache zwei Drittel des (täglichen) Bedarfs aus, mag auf sich beruhen. Jedenfalls sind Besuche von der hier in Rede stehenden Dauer als Wahrnehmung des gesetzlich vorgesehenen Rechts zum persönlichen Umgang mit dem Kind (§ 1634 BGB) nicht unvorhersehbar und geben deshalb dem nicht sorgeberechtigten Elternteil kein Recht, die pauschalierte monatliche Unterhaltsrente zu kürzen. Wenn Eltern eine andere Regelung wünschen, steht es ihnen frei, eine entsprechende Vereinbarung zu treffen.

118. BGH zur Höherstufung nach der D.T.
FamRZ 82/887, 888 = NJW 82/1983, 1984

Die Revision beanstandet zunächst die Einstufung des Bekl. in die jeweils höhere Einkommensgruppe der Tabelle. Sie macht dazu geltend, es gehe nicht an, dem Kl. zu 2. wegen des Fehlens eines dritten Unterhaltsberechtigten höhere Unterhaltsbeträge zuzusprechen und dabei nicht zu berücksichtigen, daß der Kl. zu 1. zusätzlich zu dem Tabellenunterhalt der in der Tabelle nicht enthaltene Vorsorgeunterhalt zugebilligt werde.

Diese Rüge ist nicht begründet. Die Einstufung in eine höhere Gruppe der Tabelle wegen des Vorhandenseins einer geringeren Anzahl von Unterhaltsberechtigten, als sie den Tabellensätzen für den Regelfall zugrundeliegt, entspricht dem Inhalt und der Anwendungsempfehlung der Düsseldorfer Tabelle. Daß sich das OLG nach den Grundsätzen dieser Tabelle ausgerichtet hat, begegnet revisionsrechtlich keinen Bedenken (FamRZ 1979, 692, 693). Das Gericht hat hierbei im übrigen den ihm als Tatrichter obliegenden Bemessungsspielraum nicht überschritten. Der Tatsache, daß die Kl. zu 1. neben dem Elementarunterhalt auch den – in der Düsseldorfer Tabelle nicht gesondert ausgewiesenen – Vorsorgeunterhalt beansprucht, kommt für die Berechnung des Kindesunterhalts keine maßgebliche Bedeutung zu. Der Umfang des Ehegattenunterhalts wird in der Regel erst nach dem Abzug des Kindesunterhalts von dem anrechenbaren Nettoeinkommen des Unterhaltspflichtigen bestimmt und beeinflußt die Höhe des Kindesunterhalts daher nicht.

119. BGH zur Ausnahme von der Regelbewertung nach § 1603 I 2 BGB
FamRZ 84/39, 40 = NJW 84/303, 304

Aufgrund dieser wirtschaftlichen Verhältnisse hat das OLG angenommen, daß kein Fall vorliegt, in dem gemäß § 1606 III S. 2 BGB die Mutter ihre Verpflichtung, zum Unterhalt des Kindes beizutragen, allein durch die Pflege und Erziehung (Naturalunterhalt) erfüllt, daß sie vielmehr auch am Barunterhalt zu beteiligen ist. Dies ist aus Rechtsgründen nicht zu beanstanden. Die Gleichstellung von Natural- und Barunterhalt gilt nach dem Wortlaut der Vorschrift nur für den Regelfall. Wenn die Mutter nach der Einschätzung des OLG Vermögenswerte besitzt, die diejenigen des Bekl. um mindestens 500000 DM bis zu einer Mio. DM übersteigen, und darüber hinaus ihre laufenden Einnahmen rund das Dreifache derjenigen des Bekl. ausmachen, kann von einem derartigen Regelfall nicht mehr gesprochen werden, weil die Anwendung der Vorschrift zu einem erheblichen finanziellen Ungleichgewicht zwischen den Eltern führen würde.

120. BGH zur Unterhaltsbemessung bei beiderseitiger Barunterhaltspflicht nach dem jeweiligen Einkommen
FamRZ 84/39, 40 = NJW 84/303, 304

Das OLG geht davon aus, daß in den Fällen, in denen die Regel des § 1606 III S. 2 BGB nicht eingreift, an sich gemäß Satz 1 der Vorschrift der volle Bedarf des Kindes zu ermitteln und nach dem Verhältnis der beiderseitigen Einkommen – unter Einrechnung der Betreuungsleistung der Mutter – auf beide Elternteile zu verteilen sei. Da aber für eine Schätzung des Bedarfs der Kl. kaum konkrete Anhaltspunkte vorhanden seien, hat es für die Unterhaltsbemessung auf Nr. 24 der Hammer Leitlinien zurückgegriffen. Danach hat bei Barunterhaltspflicht beider Elternteile in der Regel jeder von ihnen den allein nach seinem Einkommen zu berechnenden Unterhalt zu zahlen. Ein Abzug kann gerechtfertigt sein, wenn beide Eltern ein hohes Einkommen haben. Das OLG meint, diese Berechnungsmethode führe zu angemessenen Ergebnissen, weil die Werte der Düsseldorfer Tabelle davon ausgingen, daß mit ihnen nur der anteilige Barbedarf des Kindes gedeckt wird, zu dem der Betreuungsunterhalt des anderen Elternteils hinzutreten muß.

Auch nach Auffassung des *Senats* ist diese Bemessungsmethode im Ansatz rechtlich bedenkenfrei. Er hat bisher entschieden, daß der Barunterhaltsbedarf eines Kindes sich jedenfalls dann nach den Einkommensverhältnissen allein des nicht sorgeberechtigten Elternteils richtet, wenn die Einkünfte beider Eltern sich im mittleren Bereich halten und das Einkommen des Naturalunterhalt gewährenden Elternteils nicht höher ist als das des anderen (FamRZ 1981, 543). Hierbei hat er eine Auffassung abgelehnt, die die Lebensverhältnisse des Kindes bei unterschiedlichen Einkommen der Eltern nach dem Mittelwert der Einkünfte bestimmt. Im Schrifttum wird auch für die Fälle stark unterschiedlicher Einkünfte der Eltern befürwortet, den Barunterhalt des nicht betreuenden Elternteils allein nach seinem Einkommen zu bestimmen, weil unterstellt werden könne, daß der betreuende Elternteil den restlichen Anteil von sich aus aus seinem Einkommen bestreite.

Der Lösungsweg des OLG bietet gegenüber einer Quotierung des Gesamtunterhalts des Kindes in strikter Anwendung des § 1606 III S. 1 BGB zweifellos den Vorteil, die Bemessung des anteilig zu erbringenden Barunterhalts zu erleichtern und eine – sonst erforderliche – rechnerische Bewertung des Betreuungsaufwandes zu vermeiden. Der *Senat* hält ihn auch grundsätzlich für gangbar. Die vom OLG im Rahmen seines tatrichterlichen Ermessens herangezogene Düsseldorfer Tabelle liefert Werte, die den Höchstbetrag dessen darstellen, was nach den jeweiligen Einkommensgruppen an Barunterhalt verlangt werden kann. Es wäre nicht angemessen i. S. des § 1610 I BGB, einen Unterhaltsverpflichteten zu höheren Leistungen, als danach seinem Einkommen entspricht, allein deswegen heranzuziehen, weil die finanzielle Lage des anderen Elternteils besser ist und dadurch auch die Lebensstellung des Kindes erhöht wird.

121. BGH zu Anteilskürzungen bei beiderseitiger Barunterhaltspflicht FamRZ 84/39, 40 = NJW 84/303, 304

Schwieriger zu beantworten ist die Frage, ob es andererseits angemessen sein kann, bei einem erheblich höheren Einkommen des betreuenden Elternteils die für die Unterhaltspflicht der anderen maßgebenden Tabellensätze zu ermäßigen (so C.L. II A Nr. 6). Für den Unterhalt nichtehelicher Kinder ist anerkannt, daß besonders günstige wirtschaftliche Verhältnisse der Mutter es rechtfertigen können, den Regelunterhalt zu unterschreiten. Deswegen entbehrt eine teilweise vertretene Auffassung der Grundlage, wonach aus § 1610 III BGB zu folgern sei, daß der Vater eines ehelichen Kindes mindestens den Barunterhalt in Höhe des Regelunterhalts nichtehelicher Kinder zu leisten habe. Es ist nicht gerechtfertigt, den Vater eines ehelichen Kindes in dieser Hinsicht schlechter zu stellen als den eines nichtehelichen Kindes. Die Kürzung des nach der Methode des OLG errechneten Anteils des Vaters muß daher in Betracht gezogen werden, wenn die wirtschaftliche Lage der Mutter besonders günstig ist und ihr Einkommen das des Vaters erheblich übersteigt. Bei der Bemessung des (um den Anteil der Mutter ergänzten) Gesamtbarbedarfs des Kindes ist zu beachten, daß dieser während des Heranwachsens und in der Schul- und Ausbildungszeit wesentlich durch das „Kindsein" geprägt ist und nicht unbegrenzt mit dem Einkommen der Eltern steigt (FamRZ 1983, 473, 474). Letztlich muß eine Orientierung an dem Verteilungsmaßstab des Gesetzes (§ 1606 III S. 1 BGB) ergeben, ob der tabellenmäßig errechnete Anteil des Vaters an dem so gesehenen Gesamtbarbedarf des Kindes im richtigen Verhältnis zu dem Anteil steht, der auf die Mutter entfällt.

122. BGH zum erhöhten Bar- und Betreuungsbedarf eines behinderten Kindes FamRZ 83/689, 690 = NJW 83/2082, 2083

Bei der Verteilung des krankheitsbedingten Zusatzbedarfs auf die Eltern ist dem Umstand Rechnung zu tragen, daß die Mutter der Kl. in erhöhtem Umfange Betreuungsleistungen erbringt. Dies hat das OLG nicht genügend berücksichtigt.

Dem OLG ist zunächst darin zuzustimmen, daß in Fällen zusätzlichen Unterhaltsbedarfs eines Kindes § 1606 III S. 2 BGB keinen generell geeigneten Verteilungsmaßstab liefert. Diese Regelung setzt im Wege einer typisierenden Wertung schon ihrem Wortlaut nach die Betreuungsleistungen des einen Elternteils den Barleistungen des anderen nur „in der Regel" gleich, d. h. dort, wo sich sowohl der Bar- als auch der Naturalunterhaltsbedarf im Rahmen des Üblichen halten. Außerhalb dieses Rahmens läßt sich die Gleichbewertung von Bar- und Naturalunterhalt als Grundsatz nicht aufrechterhalten. Erhöhter Betreuungsbedarf und erhöhter Barbedarf stehen in keiner festen Wechselbeziehung. Es ist daher unabhängig von § 1606 III S. 2 BGB nach einer den Interessen der Beteiligten gerecht werdenden Lösung zu suchen. Bei erhöhtem Betreuungsbedarf kommt freilich, betrachtet man diesen für sich allein, eine teilweise Überwälzung auf den anderen Elternteil, dem das Sorgerecht nicht zusteht, nicht in Betracht. Auch eine Abrechnung zwischen den Elternteilen je nach der Vergütung, die für die erhöhten Betreuungsleistungen an einen Dritten zu zahlen wäre, findet nicht statt. Dergleichen läßt sich zwischen Eltern ebenso wie in intakten Familien auch nach Trennung oder Scheidung nicht aufrechnen (FamRZ 1980, 994, und FamRZ 1982, 779, 780). Dagegen ist ein erhöhter Barbedarf naturgemäß verteilungsfähig. Insoweit ist auf die Regelung des § 1606 III S. 1 BGB zurückzugreifen, derzufolge gleich nahe unterhaltspflichtige Verwandte – außerhalb des Anwendungsbereichs des § 1606 III S. 2 BGB also auch die Eltern – anteilig nach ihren Erwerbs- und Vermögensverhältnissen haften. Hiernach kann auch der die elterl. Sorge wahrnehmende Elternteil, sofern er über Einkommen und Vermögen verfügt, an finanziellem Zusatzbedarf des Kindes zu beteiligen sein.

Indessen betrifft § 1606 III S. 1 BGB den Unterhalt insgesamt, also sowohl den Bar- als auch den Naturalunterhalt. Dementsprechend ist es im Rahmen des § 1606 III S. 1 BGB zu berücksichtigen, wenn einer der nach dieser Regelung heranzuziehenden Verwandten bereits Naturalunterhalt leistet. Das bedeutet bei der vorliegend veranlaßten Anwendung des § 1606 III S. 1 BGB auf den behinderungsbedingten Mehrbedarf der Kl., daß die erhöhten Betreuungsleistungen, die die Mutter der Kl. wegen deren Krankheit zu erbringen hat, bei der Verteilung des finanziellen Mehrbedarfs auf die Eltern mit in Betracht zu ziehen sind. In Fällen, in denen – wie vorliegend – außer einem erhöhten Barbedarf auch erhöhter Betreuungsbedarf besteht, muß vermieden werden, daß der Elternteil, der bereits in Ausübung der elterl. Sorge erheblich mehr leisten muß als im Regelfall, durch die zusätzliche Heranziehung zu dem finanziellen Mehrbedarf im Verhältnis zu dem anderen Elternteil ungerecht belastet wird. In einem solchen Falle ist daher die Verteilungsquote, die sich bei einem Vergleich der – bereinigten – Einkommen der Eltern ergibt, unter Berücksichtigung der erhöhten Betreuungsleistungen des sorgeberechtigten Elternteils auf ihre Angemessenheit zu überprüfen und gegebenenfalls zugunsten des Sorgeberechtigten zu verändern. Auch diese Veränderung der Verteilungsquote ist nicht daran zu orientieren, was für gleichartige Betreuungsleistungen an einen Dritten gezahlt werden müßte, da es sonst zu einer unangebrachten „Monetarisierung" der elterl. Fürsorge käme. Vielmehr soll durch die Veränderung des Verteilungsschlüssels im Verhältnis der Eltern die mit dem erhöhten Einsatz des Sorgeberechtigten verbundene Belastung aufgefangen und ihm als Ausgleich hierfür im Vergleich zu dem anderen Teil ein größerer Spielraum zur Befriedigung persönlicher Bedürfnisse belassen werden.

In welchem Umfange die Verteilungsquote mit Rücksicht auf die erhöhten Betreuungsleistungen des sorgeberechtigten Teils zu verändern ist, ist Sache des Einzelfalles. Insbesondere kommt es darauf an, in welchem Umfange der sorgeberechtigte Elternteil erhöhte Betreuungsleistungen zu erbringen hat und worin diese im einzelnen bestehen. Daneben sind die Einkommensverhältnisse und der Lebenszuschnitt der Beteiligten von Bedeutung. Ferner ist gegebenenfalls zu berücksichtigen, wieweit der eine oder andere Elternteil aus dem die erhöhten Betreuungsleistungen auslösenden Anlaß bereits Leistungen von dritter Seite – wie hier die Mutter der Kl. eine monatliche Beihilfe ihres Dienstherrn – erhält. Letztlich ist die Frage der Verteilung des finanziellen Mehrbedarfs des Kindes auf die beiden Elternteile bei erhöhten Betreuungsleistungen des sorgeberechtigten Teils unter Zumutbarkeitsgesichtspunkten zu beurteilen.

123. BGH zur Tragung der Kosten einer Privatschule FamRZ 83/48, 49 = NJW 83/393, 394

Bei einem minderjährigen Kind, dessen Eltern geschieden sind, übt die elterl. Sorge der Elternteil aus, den das FamG bestimmt hat (§ 1671 BGB). Diesem obliegt damit allein das Recht und die Pflicht, im Rahmen seiner Erziehungsaufgabe (§ 1631 I BGB) die Ziele und Wege der Ausbildung unter Berücksichtigung der Eignung und Neigung des minderjährigen Kindes (vgl. § 1631 a I BGB) verantwortlich festzulegen. Der andere Elternteil, der durch die Bestimmung des Familienrichters das Personensorgerecht verloren hat, muß in aller Regel die Entscheidungen des Sorgeberechtigten hinnehmen, auch wenn sie ihm nicht sinnvoll erscheinen.

Fehlentscheidungen können gemäß §§ 1631 a II, 1666 BGB nur vom Vormundschaftsgericht korrigiert werden. Die Bindung des Unterhaltspflichtigen an die Entscheidungen des Inhabers der elterl. Sorge endet auch nicht, wenn und soweit solche Bestimmungen sich auf den Lebensbedarf des Kindes kostensteigernd auswirken. Der Unterhaltspflichtige kann im allgemeinen nicht durch eine Verweigerung des Finanzierungsbeitrages indirekt Einfluß auf den Inhalt von kostenverursachenden Sorgerechtsentscheidungen nehmen. Das bedeutet, daß auch im Unterhaltsrechtsstreit grundsätzlich kein Raum ist, die Maßnahmen des Sorgerechtsinhabers auf ihre Zweckmäßigkeit zu überprüfen.

Zum Inhalt des Erziehungsrechts gehören die Bestimmung des Bildungsweges und die Auswahl der weiterführenden Schulen.

Dieses Auswahlrecht umfaßt auch den Besuch einer genehmigten Privatschule. Es ist nicht von vornherein auf solche Einrichtungen beschränkt, die wie die staatlichen Schulen aufgrund der jeweiligen Landesverfassungen Schulgeld- und Lehrmittelfreiheit gewähren. Die Gewährleistung des Rechts zur Errichtung von privaten Schulen enthält zugleich eine Ablehnung des staatlichen Schulmonopols und schließt das nicht ausdrücklich erwähnte Recht von Erziehungsberechtigten ein, die ihnen anvertrauten Kinder jedenfalls nach Beendigung der für alle gemeinsamen Grundschule auch in eine anerkannte private Schule aufnehmen zu lassen, weil die Gewährleistung der privaten Schulfreiheit sonst keinen Sinn hätte. Unterhaltsrechtlich darf daher ein Berechtigter nicht ausnahmslos auf die Inanspruchnahme der landesrechtlichen Schulgeld- und Lehrmittelfreiheit verwiesen werden. Der Lebensbedarf des minderjährigen Kindes umfaßt vielmehr dort, wo es aufgrund der Entscheidung des Sorgeberechtigten in Betracht kommt, auch das Schulgeld und die Lernmittelkosten.

Trotz der generellen Bindung an die Entscheidung des Sorgeberechtigten, die auch die Wahl einer kostenverursachenden privaten Bildungseinrichtung zum Inhalt haben darf, kann der Unterhaltsberechtigte den auf diese Weise entstandenen Mehrbedarf nicht unbeschränkt geltend machen. Abgesehen von der stets durch die Leistungsfähigkeit des Verpflichteten gezogenen Grenze (§ 1603 II BGB) versagt nach allgemeinen Rechtsregeln die Bindungswirkung dort, wo der kostenverursachenden Maßnahme eine sachliche Begründung fehlt. Darüber hinaus bedarf es einer besonderen Prüfung der konkreten Umstände des Einzelfalles, wenn der Inhaber der elterl. Sorge mit seiner Entscheidung einen nicht unerheblichen Mehrbedarf im Vergleich zu anderen denkbaren Lösungen des zugrunde liegenden Schulauswahlproblems verursacht. Für den hier gegebenen Fall war daher abzuwägen, ob für den Besuch einer teureren Bildungseinrichtung, wie sie eine Privatschule im Vergleich zu einer von Schulgeld freigestellten staatlichen Schule regelmäßig darstellt, so gewichtige Gründe vorliegen, daß es gerechtfertigt erscheint, die dadurch verursachten Mehrkosten zu Lasten des Unterhaltspflichtigen als angemessene Bildungskosten anzuerkennen. Ähnliche Gesichtspunkte sind in Rechtsprechung und Literatur bei vergleichbaren Fällen entwickelt worden, z. B. wenn Mehrkosten für ein Studium an einem auswärtigen Hochschulort geltend gemacht werden, obwohl das Studium am Wohnsitz des Verpflichteten kostengünstiger möglich ist.

Ob und in welchem Umfang die Mutter der Kl. zu den Mehrkosten beitragen muß, die der Besuch des privaten Gymnasiums verursacht, hat das OLG nicht näher geprüft. Es hat im Hinblick auf die Relation der Einkommen beider Elternteile zumindest eine ⅔-Beteiligung des Bekl. an den Mehrkosten als gerechtfertigt angesehen. Auch diese Auffassung läßt keinen Rechtsfehler zum Nachteil des Bekl. erkennen. Nach den in der *Senats*rechtsprechung entwickelten Grundsätzen (FamRZ 1980, 994) erfüllt die Mutter der Kl. ihre Unterhaltspflicht vollständig durch deren Pflege und Erziehung. Der *Senat* hat auch bereits entschieden, daß sich an der Gleichwertigkeit von Natural- und Barunterhalt durch eine Erwerbstätigkeit des das Kind versorgenden Elternteils nichts ändert, solange dieser die Kindesbetreuung weiter in vollem Umfang wahrnimmt (FamRZ 1981, 347). Selbst wenn im vorliegenden Fall ein geringer Teil des Betreuungsaufwandes entfallen sein sollte, weil es sich bei dem von der Kl. besuchten privaten Gymnasium um eine Tagesheimschule handelt, hat dem die Kl. durch die Geltendmachung von nur ⅔ der Schulkosten in ausreichendem Maße Rechnung getragen.

Ein Unterhaltsanspruch der Kl. wäre trotz des festgestellten Mehrbedarfes (teilweise oder ganz) entfallen, wenn der Bekl. auch unter Berücksichtigung seiner erhöhten Leistungspflicht gegenüber einem minderjährigen unverheirateten Kinde (§ 1603 II S. 1 BGB) nicht leistungsfähig wäre.

124. BGH zur Bemessung des Zusatzbedarfes bei einem behinderten Kind FamRZ 83/689, 690, 691 = NJW 83/2082, 2083

Der behinderungsbedingte Bedarf kann nach § 287 ZPO geschätzt werden. Diese Vorschrift gilt auch in Unterhaltsprozessen (FamRZ 1981, 338, 340 und FamRZ 1981, 1165, 1167).

Bei den Mehrkosten für Stärkungs- und Pflegemittel wäre ein Hinweis nach § 139 ZPO angezeigt gewesen, wenn das OLG hinter der Schätzung des FamG zurückbleiben wollte. Hinsichtlich der Aufwendungen für die Pflegekraft während der Arbeitszeit der Mutter der Kl. ist zu unterscheiden.

a) Bedient sich der für den Naturalunterhalt verantwortliche Elternteil zeitweise der Hilfe eines Dritten, um selbst berufstätig sein zu können, hat er für dessen Entlohnung von sich aus aufzukommen. Es handelt sich insoweit um eine Verbindlichkeit des Naturalunterhaltspflichtigen und nicht um Unterhaltsbedarf des Kindes. Aufwendungen des Naturalunterhaltspflichtigen für die zeitweise Zuziehung einer Beaufsichtigungsperson wirken sich daher auf die Unterhaltsbeziehung des Kindes zu dem barunterhaltspflichtigen Elternteil grundsätzlich nicht aus.

b) Eigener Bedarf des Kindes ist anzunehmen, wenn die Heranziehung eines Dritten etwa wegen Krankheit des Sorgeberechtigten oder des Kindes und dadurch bedingter Überforderung des Sorgeberechtigten geboten ist. Auch sonst kann in besonderen Fällen je nach den berechtigten Belangen der Beteiligten im Interesse einer ausgewogenen Lösung eine abweichende Einordnung vorzunehmen sein. Dazu besteht hier Anlaß. Die Mutter der Kl. wäre zwar dank der pflegerischen Kenntnisse als Ärztin an sich in der Lage, die Kl. ohne fremde Hilfe selbst zu betreuen. Andererseits kann es ihr aber nicht verwehrt sein, einer Berufstätigkeit nachzugehen. Die Vergütung, die sie dieserhalb an eine Betreuungsperson zahlen muß, geht möglicherweise über die Vergütung hinaus, die für die Beaufsichtigung eines gesunden Kindes an eine Hilfskraft zu zahlen wäre, sei es, daß wegen der besonderen Pflegebedürftigkeit der Kl. ein höherer Stundenlohn gezahlt oder daß die Pflegekraft in größerem Umfang (z. B. auch während der Schulzeit der Kl.) eingesetzt werden muß, als dies bei einem gesunden Kind erforderlich wäre. Solchenfalls können die Aufwendungen für die Pflegekraft billigerweise nur in dem Umfang zu Lasten der Mutter der Kl. gehen, in dem sich normalerweise die Vergütung für eine Aufsichtsperson bewegt. In den darüber hinausgehenden Aufwendungen schlägt sich ein Zusatzbedarf des Kindes nieder, der sich nur solange der rechnerischen Bewertung entzieht, als ein Elternteil den Naturalunterhalt in eigener Person leistet.

c) Die Kosten für die Pflegekraft während der Arbeitszeit der Mutter sind im Rahmen des Unterhaltsanspruchs der Kl. gegen den Bekl. nur insoweit als ein zu verteilender finanzieller Zusatzbedarf zu berücksichtigen, als sie nicht auch unabhängig von der Erkrankung der Kl. für die Beaufsichtigung der beiden Kinder in der Arbeitszeit der Mutter aufzuwenden wären.

d) Die der Pflegekraft gewährte Verpflegung ist als Teil ihrer Vergütung anzusehen, wenn nicht davon ausgegangen werden kann, daß sie auch ohne derartige Zuwendungen zum gleichen Gehalt zur Verfügung stünde. Handelt es sich um einen Teil der Entlohnung, ist auch der Wert dieser Zuwendungen nach Maßgabe der vorstehenden Ausführungen dem Mehrbedarf der Kl. zuzurechnen, soweit entsprechende Zuwendungen nicht auch unabhängig von der Krankheit der Kl. für eine Beaufsichtigungskraft anfallen würden. Gelangt das OLG wiederum zu dem Ergebnis, daß der Pflegekraft lediglich ein Mittagessen angeboten zu werden brauche, wird es im Sinne der Revision zu bedenken haben, daß die Kosten für das Mittagessen den größeren Teil der geltend gemachten Verpflegungskosten ausmachen dürften.

Ebenso wie die Kosten für die Pflegekraft, die die Kl. während der Arbeitszeit der Mutter betreut, sind auch die Kosten für Ersatzhilfskräfte, die außerhalb der Arbeitszeit der Pflegekraft bei häuslicher Abwesenheit der Mutter zugezogen werden, nur in dem Umfang als Zusatzbedarf der Kl. anzuerkennen, in dem sie nicht auch ohne die Behinderung der Kl. für die Beaufsichtigung der beiden Kinder anfallen würden.

Die von der Kl. weiter geltend gemachten Aufwendungen für beabsichtigten Sonderunterricht und die jährliche Teilnahme an einer Behindertenfreizeit gehören – sofern diese Maßnahmen geboten sind – gleichfalls zum laufenden Unterhaltsbedarf der Kl. Die Unterhaltsrente ist so zu bemessen, daß sie sämtliche voraussehbaren Bedürfnisse abdeckt und hinreichenden Spielraum für eine vernünftige Planung voraussehbarer größerer Aufwendungen beläßt (FamRZ 1982, 145, 146).

Ein vorhandener Bedarf darf nicht deshalb unbeachtet bleiben, weil der Unterhaltsberechtigte nicht über die Mittel verfügt, diesen Bedarf zu befriedigen. Das OLG wird mithin zu prüfen haben, ob und in welchem Umfange Aufwendungen für Stützunterricht und die jährliche Teilnahme an einer Behindertenfreizeit geboten sind.

Von der Ermittlung des finanziellen Zusatzbedarfs der Kl. zu unterscheiden ist die Frage, wieweit das Einkommen der Mutter für die Zwecke der Verteilung dieses Zusatzbedarfs auf die beiden Elternteile zu bereinigen ist.

So sind die Beträge abzusetzen, die die Mutter für die infolge ihrer Berufstätigkeit notwendige anderweitige Betreuung der Kinder aufwendet. Hierhin gehören deshalb die Aufwendungen für die Pflegekraft, soweit sie sich mit den Kosten decken, die unabhängig von der Behinderung der Kl. für die Beaufsichtigung der Kinder während der Berufstätigkeit der Mutter zu zahlen wären. Das OLG hat daher in diesem Zusammenhang zutreffend den „Restlohn" der Pflegekraft in Ansatz gebracht.

Dagegen stellen Geschenke und Vergütungen für andere Aufsichtspersonen keine Aufwendungen dar, die infolge der Berufstätigkeit der Mutter erforderlich sind. Jene Aufsichtspersonen werden nämlich außerhalb der Arbeitszeit der Mutter eingesetzt, wenn sich diese außer Hauses aufhält. Die betreffenden Aufwendungen sind daher entweder, soweit durch die Behinderung der Kl. bedingt, deren Zusatzbedarf zuzurechnen oder Sache der Mutter.

Absetzungsfähig wären wiederum Aufwendungen, die der Mutter infolge ihrer erhöhten Inanspruchnahme durch die Kl. in ihrer allgemeinen Lebens- und Haushaltsführung entstehen. Das Vorbringen der Kl. hierzu ist jedoch, wie das OLG zu Recht angemerkt hat, bisher unscharf. Hinter einem Teil der hier geltend gemachten Positionen scheinen dem *Senat* nicht so sehr meßbare Mehrkosten als vielmehr der – verständliche – Wunsch nach einer Anerkennung des erhöhten Einsatzes der Mutter bei der Betreuung der Kl. zu stehen. Diesem Anliegen ist jedoch bei der Verteilung des behinderungsbedingten Mehrbedarfs der Kl. auf die Eltern Rechnung zu tragen.

Die monatliche Beihilfe, die die Mutter der Kl. wegen deren Krankheit von ihrem Dienstherrn für die Beschäftigung einer Pflegekraft erhält, stellt sich als Einkommen der Mutter dar und erhöht damit den Anteil, der von den behinderungsbedingten Mehrkosten nach dem rechnerischen Verhältnis der

Einkommen der Eltern auf sie entfallen würde. Andererseits kann sie den Beihilfebetrag für die auf sie entfallenden Mehrkosten verwenden. In diesem Sinne ist die Kostendeckung aus Mitteln der Beihilfe im Verhältnis der Eltern zueinander als Unterhaltsbeitrag des Beihilfeberechtigten anzusehen. Dies bedeutet im Ergebnis, daß der Mutter die Beteiligung an den Mehrkosten in Höhe der Beihilfe nicht wehtut. Dieser Umstand ist bei der Verteilung des behinderungsbedingten Mehrbedarfs der Kl. auf die Eltern in die Abwägung einzubeziehen. Im Hinblick hierauf kann es gerechtfertigt sein, den auf die Mutter entfallenden Anteil so zu bemessen, daß über die Beihilfe hinaus auch ein Teil ihres sonstigen Einkommens in Anspruch genommen wird.

125. BGH keine Zurechnung einer Vergütung für Versorgungsleistungen bei Leistungsunfähigkeit des neuen Partners FamRZ 85/273 = NJW 85/806

Allerdings mag sich die bisherige Betrachtung der Bedürftigkeit insoweit als richtig erweisen, als die Zurechnung einer Vergütung für Versorgungsleistungen, welche die Tochter des Bekl. ihrem jetzt bei ihr wohnenden Lebensgefährten erbracht hat (NJW 1980, 344 = FamRZ 1980, 40 [42]; NJW 1980, 1686 = FamRZ 1980, 665 [668f.]; FamRZ 1980, 879 [880]; NJW 1982, 1050 = FamRZ 1982, 365 [366] und NJW 1984, 2358 = FamRZ 1984, 662 [663]), hier ausscheiden muß, wenn dieser als leistungsunfähig anzusehen ist.

126. BGH zur anteilsmäßigen Anrechnung einer Ausbildungsvergütung FamRZ 81/541, 543 = NJW 81/2462, 2463

Hiernach hat das OLG zu Recht angenommen, daß die Ausbildungsvergütung in Höhe des 120 DM übersteigenden Betrages die Bedürftigkeit des Kl. zu 2 mindert. Fehlerhaft war es indessen, daß es dieses Einkommen allein auf den Teil des Unterhalts angerechnet hat, für den der Bekl. haftet, und die daneben bestehende Unterhaltspflicht der Kl. zu 1 außer Betracht gelassen hat. Wie der *Senat* mit Urteil v. 17. 9. 1980 (FamRZ 1980, 1109, 1111) entschieden hat, muß das Einkommen des Kindes beiden Elternteilen im Verhältnis ihrer Haftungsanteile zugute kommen. Kommen die Eltern, wie hier, in der Weise für den Unterhalt des Kindes auf, daß der Vater den Barunterhalt und die Mutter den Naturalunterhalt leistet, so ist entsprechend der Regel des § 1606 III S. 2 BGB davon auszugehen, daß das Kindeseinkommen die Eltern zu gleichen Teilen entlastet und damit nur zur Hälfte auf den Barunterhaltsanspruch anzurechnen ist.

Das hat auch im vorliegenden Fall jedenfalls für den Zeitraum bis zur Volljährigkeit des Kl. zu 2 zu gelten (§ 1606 III S. 2 BGB). Da die Mutter dem Kl. zu 2 auch seit jenem Zeitpunkt weiterhin Naturalleistungen erbringt, muß ihr die Ausbildungsvergütung des Kl. zu 2 jedoch auch weiterhin zu einem Teil zugute kommen. Daß die Regelung des § 1606 III S. 2 BGB den Unterhalt minderjähriger unverheirateter Kinder betrifft, schließt nicht aus, im Einzelfall auch in den ersten Jahren nach dem Eintritt der Volljährigkeit eines Kindes jedenfalls bei Verhältnissen, wie sie hier gegeben sind, weiterhin von der Gleichwertigkeit des Barunterhalts und der Betreuungsleistungen auszugehen, etwa wenn und solange sich der Barbedarf gegenüber den üblichen Werten für minderjährige Kinder nicht wesentlich erhöht. Letztlich ist diese Beurteilung jedoch Sache des Tatrichters. Deshalb ist es auch hier die Aufgabe des OLG zu bestimmen, zu welchem Teil die Ausbildungsvergütung des Kl. zu 2 nach dessen Volljährigkeit der Mutter zugute kommen muß und in welcher Höhe sie auf den Barunterhaltsanspruch gegen den Bekl. anzurechnen ist.

127. Notwendiger Mindestselbstbehalt

127a) FamRZ 84/1000 L = NJW 84/1614, 1615

(BGH zum notwendigen Mindestselbstbehalt eines Elternteils gegenüber minderjährigen Kindern)

Das *OLG* hat – ohne Feststellungen zum Vorhandensein anderer unterhaltspflichtiger Verwandter zu treffen – angenommen, daß im Verhältnis des Bekl. zur Kl. die Voraussetzungen der gesteigerten Unterhaltspflicht nach § 1603 II 1 BGB vorliegen. Dies ist nicht bedenkenfrei, weil die insoweit darlegungs- und beweispflichtige Kl. nicht dargetan hat, daß ihre Mutter, in deren Obhut sie lebt, außerstande ist, ohne Gefährdung des eigenen angemessenen Unterhalts neben dem Natural- auch den Barunterhalt zu gewähren (§ 1603 II 2 BGB; NJW 1980, 934 = FamRZ 1980, 555 und NJW 1982, 1590 = FamRZ 1982, 590f.). Indessen wird der Bestand des angefochtenen Urteils dadurch nicht gefährdet, weil der Bekl. auch dann, wenn ihn eine gesteigerte Unterhaltspflicht gem. § 1603 II 1 BGB trifft, derzeit nicht zu Unterhaltsleistungen für die Kl. herangezogen werden kann.

Im Rahmen der gesteigerten Unterhaltspflicht haben Eltern nach dem Wortlaut des Gesetzes alle verfügbaren Mittel gleichmäßig zu ihrem und dem Unterhalt der Kinder zu verwenden. Schon das *RG* hat jedoch ausgesprochen, daß jede Unterhaltspflicht ihre Grenze dort findet, wo die Möglichkeit der Fortexistenz des Unterhaltspflichtigen in Frage gestellt würde und ihm nicht mehr die Mittel zur Bestreitung des unentbehrlichen Lebensbedarfs verbleiben würden (vgl. JW 1903 Beil. S. 29). Praxis und Lehre stehen heute übereinstimmend auf dem Standpunkt, daß die Mittel, die auch in einfachsten Lebensverhältnissen einer Person für den eigenen Unterhalt verbleiben müssen, nicht als ,,verfügbar" i. S. des § 1603 II 1 BGB anzusehen sind, wobei diese Opfergrenze als notwendiger oder kleiner Selbstbehalt bezeichnet wird. In den in der Praxis verwendeten Unterhaltstabellen und -leitlinien wird der notwendige Selbstbehalt mit einem Betrag angesetzt, der etwas über den Sätzen der Sozialhilfe liegt.

Dieser Handhabung des § 1603 II 1 BGB, der nahezu gewohnheitsrechtlicher Charakter zukommt, tritt der *Senat* insbesondere für die Fälle bei, in denen – wie hier – der Unterhaltspflichtige und das Kind in getrennten Haushalten leben. Die Unterschreitung der Sozialhilfegrenze würde im übrigen regelmäßig nur dazu führen, daß das, was dem Unterhaltspflichtigen genommen würde, vom Träger der Sozialhilfe wieder erstattet werden müßte.

Im vorliegenden Fall hat das *OLG* den notwendigen Selbstbehalt des Bekl. in Anlehnung an die Düsseldorfer Tabelle mit monatlich 750 DM für das Jahr 1981 und mit monatlich 825 DM für das Jahr 1982 angesetzt. Es hat dazu ausgeführt, daß Gesichtspunkte, die für ein Abweichen von den Regelsätzen der Tabelle sprechen könnten, von keiner Seite dargetan und auch sonst nicht ersichtlich seien. Dies ist aus Rechtsgründen nicht zu beanstanden und wird von der Revision auch nicht angegriffen. Die Bemessung des Selbstbehalts ist Sache des Tatrichters. Dabei ist es ihm nicht verwehrt, sich an Erfahrungs- und Richtwerte anzulehnen, sofern nicht im Einzelfall besondere Umstände eine Abweichung bedingen (NJW 1982, 1050 = FamRZ 1982, 365 [366]). Eine abweichende Bemessung ist insbesondere dann veranlaßt, wenn die Wohnkosten des Unterhaltspflichtigen anders liegen als der Betrag, der in dem herangezogenen Richtsatz hierfür veranschlagt ist. Dafür besteht im vorliegenden Fall aber kein Anhalt. Überdies liegt die Erwerbsunfähigkeitsrente des Bekl. mit 633 DM monatlich im Jahre 1981 und mit 669,50 DM monatlich im Jahre 1982 noch beträchtlich unter den angesetzten Selbstbehaltsbeträgen.

Das *OLG* vertritt die Ansicht, daß der dem Bekl. an sich zustehende, wenn auch von der LVA ,,bis zur Klärung der Rechtslage" einbehaltene Kinderzuschuß zu seiner Erwerbsunfähigkeitsrente in Höhe von monatlich 152,90 DM nichts daran ändere, daß er insgesamt als leistungsunfähig anzusehen sei. Der Bekl. sei nicht etwa verpflichtet, Unterhalt wenigstens in Höhe der Kinderzuschüsse zu zahlen, da eine Fehlleitung von Sozialleistungen unterhaltsrechtlich nicht berichtigt werden könne.

Demgegenüber macht sich die Revision den in den unterhaltsrechtlichen Leitlinien mehrerer OLGe enthaltenen Grundsatz zu eigen, wonach eine zweckbestimmte Sozialleistung, wie sie der Kinderzuschuß nach § 1262 RVO darstellt, auch dann an das Kind ,,auszukehren" ist, wenn dem Unterhaltspflichtigen weniger verbleibt als der notwendige Eigenbedarf (so *OLG Hamm,* I 14, *OLG Celle,* II A 4, *OLG Bremen,* A und B Abschn. IV 2).

Ob diesem Grundsatz gefolgt werden könnte, mag im Hinblick darauf zweifelhaft sein, daß nach der ständigen Rechtsprechung des *Senats* sich die Zweckbestimmung von Sozialleistungen unterhaltsrechtlich nicht immer durchsetzt (NJW 1981, 1313 = FamRZ 1981, 338ff. zur Grundrente). Der *Senat* braucht aber zu dieser Frage nicht abschließend Stellung zu nehmen, weil im vorliegenden Fall die fraglichen Kinderzuschüsse von der LVA einbehalten und nicht an den Bekl. ausbezahlt worden sind. Diese könnten daher nach allgemeinen Grundsätzen nur dann als die Leistungsfähigkeit des Bekl. begründend angesehen werden, wenn er die Beträge hätte zumutbarerweise einziehen können (NJW 1980, 454 = FamRZ 1980, 126 [128]; NJW 1982, 2771 = FamRZ 1982, 996 [997]).

127b) FamRZ 85/379, 380, 381

(BSG zum ,,angenommenen" und ,,notwendigen" Unterhalt sowie zur generalisierenden Festlegung des Mindestselbstbehalts)

Zwar hat der Kl. nach der Systematik des § 1361 BGB und den Prinzipien der seinerzeit noch bestehenden Ehe grundsätzlich auch die ihm gewährte Alhi mit der Beigel. zu teilen. Das gilt jedoch nur bis zu einer gewissen Opfergrenze. Ist diese erreicht, so ist es unerheblich, ob ein vorliegender Unterhaltsbedarf der Beigel. vom Kl. überhaupt nicht oder nicht in vollem Umfange gedeckt wird. Wenn der Kl. die Beigel. nicht auf leistungspflichtige Verwandte (§§ 1601, 1608 BGB) verweisen kann, vermag er sich ihr gegenüber allerdings nicht auf seinen angemessenen Unterhalt (vgl. § 1603 I BGB) zu berufen, vielmehr hat er sich mit dem notwendigen Unterhalt zu begnügen.

Es entspräche nämlich nicht den ehel. Lebensverhältnissen i. S. von § 1361 BGB, wenn ein Ehegatte, der von seinem getrenntlebenden Ehegatten auf Unterhalt in Anspruch genommen wird, auf der Deckung seines vollen angemessenen Unterhalts bestehen und den anderen auf den Rest oder sogar auf den Bezug von Sozialhilfeleistungen verweisen könnte (*OLG Stuttgart,* FamRZ 1978, 590). Der dem Ehegatten danach zu belassende Betrag stimmt grundsätzlich der Höhe nach mit dem Mindestselbstbehalt überein, der ihm auch seinen minderjährigen unverheirateten Kindern gegenüber nach § 1603 II BGB zusteht, denn das Gesetz geht insoweit von einer Gleichbehandlung der Mitglieder des engsten Familienverbandes aus.

Bei der Bestimmung des notwendigen Unterhalts des Kl. ist davon auszugehen, daß der Begriff des Unterhalts den gesamten Lebensbedarf umfaßt (§ 1610 II BGB). Attribute wie „angemessen", „notwendig" und „notdürftig" kennzeichnen insoweit nur den Grad der Bedarfsbefriedigung, d.h. die Qualität und Quantität des zugestandenen „Warenkorbes". Diese Leitwerte unterscheiden sich lediglich in der Strenge des angelegten Maßstabes. Während der notwendige Unterhalt grundsätzlich dem Betrag entspricht, der bei bescheidenen Lebensverhältnissen zur Bestreitung des unbedingt notwendigen Bedarfs erforderlich erscheint, ist der notdürftige Unterhalt knapper, der angemessene großzügige bemessen. Die Grenzen zwischen ihnen sind allerdings fließend.

Aus dieser allgemeinen Umschreibung läßt sich allerdings noch kein konkreter Mindestselbstbehalt für den Kl. ableiten. Obgleich nicht nur das Familienrecht an den notwendigen Unterhalt anknüpft, sondern dieser Begriff auch in anderen Regelungsbereichen Bedeutung hat (siehe z.B. § 850d I S. 2 ZPO), fehlt es insoweit an einer einheitlichen, verbindlichen (ges.) Festsetzung. Aus dem Gesamtzusammenhang der Rechtsordnung ergibt sich lediglich, daß man sich bei der Ausfüllung des unbestimmten Rechtsbegriffs „notwendiger Lebensunterhalt" an dem Umfang der Hilfe zum Lebensunterhalt nach §§ 11 ff. BSHG als unterster Grenze zu orientieren hat.

Verbliebe dem Kl. nämlich nicht einmal der Sozialhilfebedarf, würde er selbst anspruchsberechtigt nach dem BSHG werden. Einer derartige Konsequenz unterhaltsrechtlicher Vorschriften stünde nicht im Einklang mit dem Grundgesetz, da die Menschenwürde des Kl. (Art. 1 I GG) und das Sozialstaatsgebot (Art. 20 I GG) verletzt wären. Demgemäß gehören zum notwendigen Lebensunterhalt insbesondere die Aufwendungen für Ernährung, Unterkunft, Kleidung, Körperpflege, Hausrat, Heizung und persönliche Bedürfnisse des täglichen Lebens.

Der für den notwendigen Unterhalt des Kl. erforderliche genaue Betrag ist somit eigentlich nur unter Berücksichtigung aller Umstände des Einzelfalles zu ermitteln (BGH, FamRZ 1969, 205 = NJW 1969, 919).

Ein solches Verfahren wird für die Anwendung des § 48 I SGB I jedoch nicht verlangt. So besteht bereits von einem rein unterhaltsrechtlichen Standpunkt aus ein Bedürfnis nach einer gewissen Pauschalierung des Mindestselbstbehalts Unterhaltspflichtiger. Schon aus Gründen der Rechtssicherheit und Rechtsgleichheit sind bloße Billigkeitsentscheidungen zu vermeiden, welche durch die Unbestimmtheit dieses Begriffes nahegelegt werden und die Gefahr individueller Fehleinschätzungen in sich bergen. Vielmehr verlangt der normative Charakter des Begriffes „notwendiger Unterhalt" nach einer möglichst allgemeingültigen Richtschnur für die Beurteilung von Regelfällen. Insofern wird der Mindestselbstbehalt weniger durch die individuellen Lebensumstände des Unterhaltspflichtigen als vielmehr durch das Erfordernis bestimmt, die Grenzen der Inanspruchnahme generalisierend festzulegen (BGH, FamRZ 1982, 365, 366). Schließlich wäre eine detaillierte Prüfung der Notwendigkeit jeder einzelnen Ausgabe zum Lebensunterhalt nicht nur praktisch undurchführbar, sondern verletzte auch die Menschenwürde des Betroffenen; denn es erscheint grundsätzlich (Art. 1 I, 6 I, 20 I GG) geboten, gerade auch im Unterhaltsrecht dem einzelnen einen mehr oder weniger pauschal berechneten Betrag oberhalb des absoluten Existenzminimums zu belassen, den er in den vorgegebenen engen Grenzen nach eigenem Gutdünken zur Bestreitung seines Lebensunterhalts verwenden kann. Diesen Gesichtspunkten hat der Gesetz- und Verordnungsgeber nicht nur durch § 22 BSHG, sondern hinsichtlich des Unterhalts für minderjährige eheliche und nichteheliche Kinder auch durch §§ 1610 III, 1612a, 1615f BGB (Regelunterhalt) Rechnung getragen.

Für die Feststellung der Mindestbedarfs von Ehegatten und Kindern kann die Bekl. in der gleichen Weise wie beim Unterhaltspflichtigen von pauschalen Werten ausgehen. Für die Beigel. kann dieser Betrag der Höhe nach grundsätzlich dem Selbstbehalt des Kl. entsprechen.

128. BGH zur Barunterhaltspflicht des leistungsfähigen sorgeberechtigten Elternteils FamRZ 80/555, 556 = NJW 80/934, 935

Die Verpflichtung, für den Kindesunterhalt auch Mittel zu verwenden, die der Elternteil für den eigenen angemessenen Unterhalt benötigen würde, tritt nicht ein, wenn ein anderer unterhaltspflichtiger Verwandter vorhanden ist. Dies kann auch der andere Elternteil sein (§ 1606 III BGB), wenn er nach Maßgabe des § 1603 I BGB leistungsfähig ist. Eine Unterhaltspflicht der Bekl. kommt daher nicht in Betracht, wenn der Vater der Kl. neben der Pflege und Erziehung des Kindes (§ 1606 III S. 2 BGB) auch dessen Barbedarf ohne Gefährdung seines angemessenen Unterhalts tragen kann.

129. BGH zur Weitergeltung von Unterhaltsurteilen, die zur Zeit der Minderjährigkeit eines Kindes ergangen sind, über den Zeitpunkt der Vollendung des 18. Lebensjahres hinaus. FamRZ 83/582

Der Senat teilt die vom Berufungsgericht [OLG Hamm, 7. FamS, FamRZ 1983, 208] im einzelnen begründete Auffassung, daß das am 18. 9. 1973 zugunsten der Klägerin ergangene (Abänderungs-)-Urteil des AmtsG Hamm (Az.: 15 C 319/73) auch für die Zeit nach Vollendung des 18. Lebensjahres der Klägerin gilt.

dazu: OLG Hamm, FamRZ 83/208, 209

1. Entgegen der Auffassung des 3. Familiensenats des OLG Hamm ist der Unterhaltsanspruch des mittlerweile volljährig gewordenen Kindes mit dem Anspruch aus der Zeit der Minderjährigkeit wesensgleich (identisch).

2. Für das minderjährige Kind ohne zeitliche Begrenzung erwirkte Unterhaltstitel wirken über das Datum der Volljährigkeit hinaus fort. Notwendige Änderungen in bezug auf die Unterhaltspflicht können mit der Abänderungsklage gemäß § 323 ZPO geltend gemacht werden.

3. Eine ohne Rücksicht auf den vorliegenden früheren Titel erhobene neue Klage auf volle Unterhaltsleistung wäre unzulässig.

Vor wie nach Volljährigkeit findet der Unterhaltsanspruch des Kindes seine Grundlage in § 1601 BGB, der die Verwandtschaft in gerader Linie zum entscheidenden Anknüpfungspunkt macht, ohne auf die Minderjährigkeit abzustellen. Wenn das Gesetz dann in den folgenden Regelungen den Unterhaltsanspruch des minderjährigen Kindes gegenüber dem übrigen Verwandtenunterhalt als dem Grund- und Ausgangsfall verstärkt, so läßt gerade dieser Gesetzesaufbau darauf schließen, daß der Unterhaltsanspruch des minderjährigen Kindes nur einen modifizierten, begünstigten Fall eines an sich einheitlichen Anspruchs darstellt. Der Eintritt der Volljährigkeit ändert – anders als im Falle der Scheidung im Verhältnis der Eheleute zueinander – nichts daran, daß das bedürftige Kind von den leistungsfähigen Eltern Unterhalt verlangen kann. Er läßt, was aber nur im Einzelfall wegen der besonderen Umstände Bedeutung gewinnt, lediglich die den Minderjährigen begünstigenden Regelungen entfallen. Der Eintritt der Volljährigkeit bringt den Anspruch weder dem Grunde noch der Höhe nach in Wegfall; die Volljährigkeit bewirkt nur, daß der Verpflichtete unter Berufung auf den Wegfall der im jeweiligen konkreten Fall auch tatsächlich angewandten Begünstigungen verlangen kann, den Unterhalt neu zu bemessen. Gerade einem Fortfall einer Begünstigung wird aber nach Auffassung des Senats prozessual am ehesten durch eine Abänderungsklage desjenigen Rechnung getragen, der aus diesem Fortfall Rechte herleitet. Hierbei verkennt der Senat nicht, daß auch eine Verschiebung der Beweissituation eintreten kann.

Die hier vertretene Lösung erscheint dem *Senat* auch aus anderen Gründen sachgerecht. Angesichts der sich ständig verlängernden Ausbildungszeiten wird die generelle Begrenzung eines Unterhaltstitels auf die Vollendung des 18. Lebensjahres der sozialen Wirklichkeit nicht gerecht. Das Problem der zeitlichen Begrenzung stellt sich im übrigen auch in einem dann neuen Prozeß erneut. Unterhaltsbedürftigkeit und Leistungsfähigkeit als die praktisch wichtigsten Kriterien jedes Unterhaltsanspruchs werden durch den Eintritt der Volljährigkeit nicht im Tatsächlichen berührt; sie werden nur anders gewertet. Die vom *Senat* vorgeschlagene Lösung vermeidet im übrigen – was bei der Identitätsfrage beim Ehegattenunterhalt bereits vielfach erörtert worden ist – die Notwendigkeit, neue Titel zu schaffen, und die damit verbundenen Kosten.

130. BGH zu festen Bedarfssätzen, wenn ein volljähriger Student nicht bei einem Elternteil wohnt, sowie zum Vorrang des Ehegatten gegenüber einem körperlich und geistig behinderten volljährigen Kind

130a) FamRZ 85/916 = NJW 85/2331

(Bedarf eines volljährigen Studenten, der nicht bei einem Elternteil wohnt)

In Anlehnung an die Düsseldorfer Tabelle ist das Berufungsgericht davon ausgegangen, daß der Bedarf jedes der Kläger höchstens 765 DM beträgt (monatlicher Bedarf eines Studenten, der nicht bei einem Elternteil wohnt). Das begegnet keinen rechtlichen Bedenken; auch die Revision erhebt solche nicht.

Dieser monatliche Bedarf, auf dessen Erfüllung die studierenden Kläger nach § 1610 Abs. 2 BGB Anspruch haben, ist nach der Auffassung des Berufungsgerichts durch das staatliche Kindergeld (je 123,33 DM im Oktober 1982 und je 86,67 DM ab Januar 1983), durch den gemäß dem Anerkenntnis zugesprochenen Unterhalt für die Zeit ab November 1982 und durch die BAföG-Leistungen gedeckt.

130b) FamRZ 84/682, 684, 685, 686 = NJW 84/1813, 1815
(BGH zum Vorrang des Ehegatten gegenüber einem behinderten Kind)

Volljährige Kinder, die infolge einer körperlichen oder geistigen Behinderung nicht erwerbsfähig sind, können gleichwohl unterhaltsrechtlich nicht den minderjährigen (unverheirateten) Kindern gleichgestellt werden.

Auf die Geschäftsfähigkeit kommt es insoweit nicht an.

Nach § 1609 II S. 1 BGB steht der Ehegatte des Unterhaltspflichtigen den mdj. unverheirateten Kindern gleich; den anderen, also u. a. den volljährigen Kindern, geht er nach § 1609 II S. 1 Halbs. 2 BGB im Rang vor. Die Rangordnung im Verhältnis zwischen Ehegatten und Kindern des Unterhaltsschuldners bestimmt sich also nach dem Wortlaut des Gesetzes ausschließlich nach dem Alter der Kinder.

Die Geschäftsfähigkeit, d. h. die Fähigkeit, im Rechtsverkehr Rechtsgeschäfte selbständig wirksam vorzunehmen, ist weder von Bedeutung für die Beurteilung der unterhaltsrechtlichen Bedürftigkeit und Schutzwürdigkeit, noch beeinflußt sie die Nähe der Familienbeziehung, auf welcher die Rangfolge des § 1609 II BGB letztlich beruht. Die Regeln über die Geschäftsunfähigkeit und die beschränkte Geschäftsfähigkeit in §§ 104 und 114 BGB geben daher keinen Aufschluß über die Einordnung eines Unterhaltsbedürftigen im Verhältnis zu anderen Unterhaltsgläubigern und die zwischen ihnen bestehende Rangfolge gegenüber dem Unterhaltsverpflichteten. Da im Unterhaltsrecht andere Kriterien den Ausschlag geben, als sie für die Beurteilung der Geschäftsfähigkeit gelten, kann die gesteigerte Eigenverantwortlichkeit im unterhaltsrechtlichen Sinn, die das Gesetz an den Eintritt der Volljährigkeit knüpft, nicht mit der Eigenverantwortlichkeit im rechtsgeschäftlichen Verkehr gleichgesetzt werden. Im übrigen bedingt Geschäftsunfähigkeit nicht notwendig auch Unterhaltsbedürftigkeit. So ist ein Geschäftsunfähiger, der über ausreichendes Vermögen verfügt, nicht außerstande, sich selbst zu unterhalten, und deshalb nicht unterhaltsbedürftig i. S. von § 1602 I BGB; ebenso zieht Geschäftsunfähigkeit nicht ohne weiteres Erwerbsunfähigkeit und damit – bei Vermögenslosigkeit – Unterhaltsbedürftigkeit nach sich.

Die Frage der Rangfolge im Unterhaltsrecht ist auch bei Berücksichtigung der berechtigten Belange volljähriger körperlich und geistig behinderter Kinder nach dem Regelungsinhalt und Zweck der unterhaltsrechtlichen Vorschriften zu beantworten.

Danach ist der gleiche Rang nur für das Verhältnis zwischen Ehegatten und mdj. unverheirateten Kindern vorgesehen, wobei die unterhaltsrechtliche Situation des – gegenwärtigen und früheren – Ehegatten als ebenso schutzwürdig behandelt wird wie die gesteigerte Unterhaltsberechtigung der mdj. unverheirateten Kinder gegenüber ihren Eltern nach § 1603 II BGB. Für den Fall der Konkurrenz mit anderen, also nicht (mehr) mdj. unverheirateten Kindern, ist dementsprechend den unterhaltsrechtlichen Belangen des Ehegatten der Vorrang eingeräumt.

Soweit das Gesetz hierbei allein auf das Alter des unterhaltsberechtigten Kindes abstellt und seine körperlichen und geistigen Fähigkeiten zum – dauernden – Erwerb unterhaltsrechtlicher Selbständigkeit nicht berücksichtigt, kann nicht von einer – ursprünglichen oder nachträglichen – Regelungslükke in den gesetzlichen Vorschriften ausgegangen werden.

Der Gesetzgeber hat den Umfang der Unterhaltsverpflichtung von Eltern gegenüber ihren – mdj. und volljährigen – Kindern und die daraus folgende Rangordnung zwischen Kindern und den ebenfalls unterhaltsbedürftigen Ehegatten erschöpfend und abschließend regeln wollen und sich dabei von Gesichtspunkten leiten lassen, die die unterschiedliche Behandlung der mdj. unverheirateten Kinder einerseits und der volljährigen, einschließlich geistig behinderter volljähriger Kinder andererseits, zu rechtfertigen vermögen. Im Gesetzgebungsverfahren ist ausdrücklich erörtert worden, daß die Gründe, auf denen die Anerkennung einer intensiveren Unterhaltspflicht der Eltern gegenüber Kindern beruhten, dahin zu führen schienen, jene intensivere Unterhaltspflicht auch zugunsten volljähriger, aber noch nicht zur Selbständigkeit gelangter Kinder anzuerkennen. Eine solche Ausdehnung wurde jedoch vom Standpunkt einer Gesetzgebung aus, die mit der Volljährigkeit des Kindes die elterl. Gewalt ohne Rücksicht darauf aufhören lasse, ob dieses im konkreten Fall noch nicht in der Lage sei, einen selbständigen Haushalt zu begründen, nicht als gerechtfertigt erachtet. Dabei wurde maßgeblich darauf abgestellt, daß mit der Volljährigkeit des Kindes die Stellung der Eltern ihm gegenüber eine tiefgreifende Änderung erfahre. So sei das volljährige Kind nicht mehr abhängig von seinen Eltern und könne insbesondere über sein Vermögen beliebig verfügen. Dieser Änderung in dem Verhältnis zwischen Eltern und Kind entspreche es, mit der Volljährigkeit die intensivere Unterhaltspflicht der Eltern aufhören zu lassen.

Diese Erwägungen treffen grundsätzlich auch für geistig und körperlich behinderte Kinder zu, bei denen die elterl. Sorge ebenfalls mit Eintritt der Volljährigkeit endet. Dem Kriterium der fortdauernden Unterhaltsbedürftigkeit wurde hingegen im Gesetzgebungsverfahren bewußt keine ausschlaggebende Bedeutung beigemessen. Da auch in der Zeit der Schaffung des BGB geistig und körperlich behinderte Kinder existierten, die trotz Volljährigkeit außerstande waren, sich selbst zu unterhalten, besteht nach den dargelegten gesetzgeberischen Motiven kein begründeter Anlaß zu der Annahme, der Gesetzgeber habe die Fälle von Unterhaltsbedürftigkeit wegen körperlicher oder geistiger Behinderung und daraus folgender Erwerbsunfähigkeit nicht gesehen und hätte sie, falls er sie berücksichtigt hätte, nach den Grundgedanken und dem Regelungsinhalt des Unterhaltsrechts durch Gleichstellung der volljährigen behinderten Unterhaltsberechtigten mit den mdj. unverheirateten Kindern regeln müssen.

Die ges. Regelung der §§ 1603 II, 1609 II BGB ist auch nicht durch die spätere Entwicklung seit Inkrafttreten des BGB in bezug auf die Berücksichtigung der Unterhaltsbelange volljähriger geistig oder körperlich behinderter Kinder lückenhaft geworden. Es mag zwar davon auszugehen sein, daß sich die Situation behinderter Kinder seit der Schaffung des BGB vor allem insofern geändert hat, als die Kinder nicht mehr so häufig wie früher in der Obhut eines – vielfach großen – Familienverbandes unterhalten werden. Außerdem kann durch eine Zunahme der Ehescheidungen das Problem der unterhaltsrechtlichen Rangfolge zwischen unterhaltsbedürftigen behinderten Kindern einerseits und – früherem und gegenwärtigem – Ehegatten andererseits eine größere Bedeutung erlangt haben. Die Auswirkungen solcher in der allgemeinen gesellschaftlichen Situation eingetretener Veränderungen haben aber jedenfalls nicht einen Grad erreicht, der zur Annahme einer Lücke der gegenwärtigen ges. Regelung führen und es daher gebieten könnte, daß der Richter im Wege einer Korrektur der ges. Vorschriften geistig oder körperlich behinderte volljährige Kinder unterhaltsrechtlich den mdj. unverheirateten Kindern gleichzustellen hätte.

131. BGH zum angemessenen Selbstbedarf des Unterhaltspflichtigen gegenüber einem volljährigen Kind und zu dem im Selbstbehaltsrichtsatz enthaltenen Mietkostenanteil FamRZ 84/683, 684 = NJW 84/1813, 1814

In diesem Zusammenhang weist die Revision allerdings zu Recht darauf hin, daß die Bekl. bei Abschluß des Vergleichs bereits volljährig war. Der Eigenbedarf des Kl. war daher schon für den Zeitpunkt des Vergleichsschlusses nicht nach den im Verhältnis zu einem mdj. Kind geltenden Sätzen der – als Richtlinie anwendbaren – *Düsseldorfer Tabelle* anzusetzen, sondern nach dem Maßstab des § 1603 I BGB mit dem Betrag, der dem Unterhaltspflichtigen gegenüber einem volljährigen Kind mindestens zu belassen war. Die Sätze der *Düsseldorfer Tabelle,* nach denen die Bekl. ihren Unterhaltsanspruch in dem Rechtsstreit bemessen hatte, der zu dem Abschluß des Vergleichs führte, enthalten hierzu keine Zahlenangaben. Der angemessene Selbstbedarf des Unterhaltspflichtigen gegenüber einem volljährigen Kind war jedenfalls höher anzusetzen als der nach § 1603 II BGB maßgebende Selbstbehaltssatz gegenüber einem mdj. Kind. Da in den Selbstbehaltssätzen grundsätzlich auch ein Anteil für die Mietkosten des Unterhaltspflichtigen enthalten ist und der Kl. bei Vergleichsabschluß mietfrei bei seiner geschiedenen Ehefrau wohnte, verringerte sich sein angemessener Unterhaltsbedarf im Verhältnis zu der Bekl. um den entsprechenden Anteil der Mietkosten. Den angemessenen Eigenbedarf, der einem Unterhaltsschuldner nach § 1603 I BGB stets zu belassen ist, hat das OLG unter Heranziehung der Sätze der *Hammer Leitlinien* i. Verbdg. m. der *Düsseldorfer Tabelle* ermittelt und danach mit monatlich 1100 DM für 1981 und monatlich 1200 DM für 1982 angesetzt. Hiergegen bestehen revisionsrechtlich keine Bedenken. Insbesondere ist es, entgegen der Auffassung der Revision, nicht zu beanstanden, daß das OLG bei der Bemessung des angemessenen Eigenbedarfs tabellenmäßige Richtlinien als Erfahrungswerte herangezogen hat (FamRZ 1982, 365, 366 m. w. N.).

132. BGH zur Überleitung von Unterhaltsansprüchen

132a) FamRZ 81/250, 252 = NJW 81/574, 576

(BGH zur Überleitung nach § 37 BAföG und zur Unterhaltsbestimmung nach § 1612/II BGB)

Durch die Überleitung nach § 37 BAföG hat die Kl. keine weitergehenden Ansprüche gegen den Bekl. erworben, als sie der ursprünglich Unterhaltsberechtigten zustanden. Sie muß daher die wirksam getroffene Bestimmung des Bekl. ebenfalls gegen sich gelten lassen. Etwas anderes bestimmt das BAföG nicht, das im Gegenteil in § 36 III ausdrücklich auf das elterl. Bestimmungsrecht nach § 1612 II BGB hinweist. Da das Recht, eine Änderung der elterl. Bestimmung durch das VormG zu beantragen, nach Satz 2 dieser Vorschrift allein dem Kinde zusteht, ergibt sich allerdings die Rechtsfolge, daß in der Person der Kl. ihrer Bindung an die elterl. Bestimmung kein Antragsrecht nach § 1612 II S. 2 BGB entspricht.

132b) FamRZ 83/140 = NJW 83/814

(Überleitungsanspruch und Leistungsfähigkeit)

Da die Kl. übergeleitete Unterhaltsansprüche der Ehefrau und der Kinder des Bekl. geltend macht, hängt die Entscheidung des Rechtsstreits davon ab, ob diese in der fraglichen Zeit vom Bekl. Zahlung von Barunterhalt verlangen konnten (FamRZ 1977, 629; FamRZ 1981, 250, 251). Nach den damit maßgebenden Voraussetzungen des Bürgerlichen Rechts bestanden diese Ansprüche nur, soweit der Bekl. während jener Zeit leistungsfähig war oder als leistungsfähig angesehen werden mußte. Ein späterer Eintritt der Leistungsfähigkeit ließ die Unterhaltspflicht für den zurückliegenden Zeitraum dagegen nicht entstehen und begründete keine Nachzahlungspflicht.

132c) FamRZ 85/778

(Rechtmäßigkeit und Bindungswirkung der Überleitungsanzeige)

Zutreffend geht das OLG von der Rechtmäßigkeit der Überleitungsanzeige aus. Sie stellt einen Verwaltungsakt dar (§ 90 III BSHG); ein solcher ist – abgesehen von dem hier nicht vorliegenden Fall der Nichtigkeit – für die Zivilgerichte bindend, solange er nicht durch die zuständige Behörde oder durch verwaltungsgerichtliche Entscheidung aufgehoben ist. Die Überleitungsanzeige hatte zur Folge, daß der Kl. mit unmittelbarer Wirkung die Rechtsstellung erlangte, die damals Frau B. hinsichtlich des übergeleiteten Anspruchs hatte. Der Kl. ist mithin forderungsberechtigter Gläubiger, wenn und soweit der übergeleitete Anspruch gegen die Bekl. besteht.

132d) FamRZ 85/793, 794

(Bei einer Rechtswahrungsanzeige kann der Verpflichtete ab dem Zeitpunkt des Erlasses des Sozialhilfebescheids in Anspruch genommen werden)

Der auf die Kl. übergeleitete Unterhaltsanspruch betrifft die Zeit vor der Klageerhebung, also die Vergangenheit. Insoweit kann nach bürgerlichem Recht Erfüllung erst von der Zeit an gefordert werden, in der der Unterhaltspflichtige in Verzug gekommen oder der Unterhaltsanspruch rechtshängig geworden ist (§ 1585b II BGB). Von diesen Voraussetzungen ist im vorliegenden Fall keine erfüllt. Die Ehefrau hat eine Unterhaltsklage erst später erhoben. Daß sie den Bekl. vorher gemahnt hätte, ist weder festgestellt noch vorgetragen. Verzug ohne Mahnung ist nicht eingetreten; die Anwendung des § 284 II S. 1 BGB auf familienrechtliche Unterhaltsschulden setzt voraus, daß dem Verpflichteten seine Schuld sowohl nach ihrer Existenz als auch nach ihrer Höhe bekannt ist (FamRZ 1981, 866, 867). Davon kann bei dem vorliegenden Mangelfall nicht ausgegangen werden, zumal der Bekl. – wenn auch unzureichend – Unterhalt gezahlt hat.

Außer unter den genannten Voraussetzungen des bürgerlichen Rechts sieht § 91 II BSHG die Inanspruchnahme eines Unterhaltspflichtigen für die Vergangenheit vor, wenn ihm die Gewährung der Sozialhilfe unverzüglich schriftlich mitgeteilt worden ist. Das OLG hat jedoch insoweit zu Recht ausgeführt, eine solche unverzügliche schriftliche Mitteilung („Rechtswahrungsanzeige") schaffe nur die Möglichkeit, den übergeleiteten Unterhaltsanspruch ab Bewilligung der Sozialhilfe geltend zu machen. Für die frühere Zeit kann der vorliegenden Klage aus übergeleitetem Recht daher nicht stattgegeben werden. Dies ergibt sich aus folgendem:

Zu der mit § 91 II BSHG nahezu gleichlautenden Vorschrift des § 37 IV, 2. Alt., BAföG in der bis zu ihrer Neufassung durch das 6. BAföGÄndG v. 16. 7. 1979 (BGBl I 1037) geltenden Fassung hat der *BGH* mit Urteil v. 28. 3. 1979 entschieden, daß die unverzügliche Mitteilung von der Bewilligung der Ausbildungsförderung (Rechtswahrungsanzeige) die Inanspruchnahme der Eltern des Auszubildenden auf Erfüllung des übergeleiteten Unterhaltsanspruchs für die Vergangenheit erst ab dem Zeitpunkt des Erlasses des Bescheides über die Vorausleistung eröffnet (FamRZ 1979, 475). Die Entscheidung, an der der *Senat* (FamRZ 1980, 674 – FamRZ 1981, 866, 867) festgehalten hat, beruht im wesentlichen darauf, daß die Möglichkeit, mit der Rechtswahrungsanzeige bereits vor der Überleitung des Unterhaltsanspruchs, also als Nichtgläubiger, eine der bürgerlich-rechtlichen Mahnung vergleichbare Wirkung herbeizuführen, auf einen eng umgrenzten Vorwirkungsrahmen beschränkt bleiben muß. Das Gesetz verlangt, daß die Rechtswahrungsanzeige unverzüglich auf die Leistungsbewilligung folgt. Das ergibt nur einen Sinn, wenn sie auch bis zu dieser Bewilligung zurückwirkt. Damit wird die Rückwirkung jedoch zugleich begrenzt. Wenn darüber hinaus auch für die davorliegende Zeit eine Inanspruchnahme auf Zahlung übergeleiteten Unterhalts eröffnet würde, so verlöre das Erfordernis der „unverzüglichen" Rechtswahrungsanzeige weitgehend seine Bedeutung. Der Zeitraum, der in der Masse der Fälle bei unverzüglicher Handhabung zwischen Bewilligungsbescheid und Zugang der Rechtswahrungsanzeige liegt, stände zu der regelmäßig sich über Monate erstreckenden rückwirkenden Bewilligung von BAföG-Vorausleistungen außer Verhältnis. Umfaßte also die Vorschrift auch diese Zeit rückwirkender Bewilligung, so würde der Gesichtspunkt des Schutzes des Schuldners, der ohne Rechtshängigkeit und Verzug seine Dispositionen darauf einrichten kann, keinen – weiteren – Unterhaltsforderungen ausgesetzt zu sein, nicht nur geringfügig durchbrochen, sondern nahezu völlig entwertet. Zudem könnte es bei einander widersprechenden Entscheidungen zu Rechtskraftdurchbrechungen kommen.

Die Revision wendet sich ohne Erfolg dagegen, daß das OLG diese Grundsätze auch auf die Rechtswahrungsanzeige des Sozialhilferechts (§ 91 II BSHG) angewandt hat. Die dort genannten

Gründe, insbesondere die Erwägungen zum Schutz des Schuldners gegen ihn überraschende, unter Umständen hohe Unterhaltsforderungen für zurückliegende Zeitabschnitte, sprechen auch hier dafür, die Möglichkeit rückwirkender Inanspruchnahme auf die Zeit bis zur Bewilligung der staatlichen Leistungen zu begrenzen.

Allerdings ist der Revision zuzugeben, daß im Gegensatz zum Recht der Ausbildungsförderung, in dem die rückwirkende Bewilligung von Vorausleistungen die Regel ist, das Sozialhilferecht von dem Prinzip beherrscht wird, gegenwärtiger Bedürftigkeit abzuhelfen. Nach *BVerwGE* 60, 236, 238, gehört der Grundsatz, daß Sozialhilfe für vergangene Zeitabschnitte (regelmäßig) nicht zu gewähren ist, zu den Strukturprinzipien des Sozialhilferechts. Das gilt jedoch zum einen nicht ausnahmslos, sondern nur „regelmäßig". Zum anderen bietet bereits die gesetzliche Regelung, wonach die Sozialhilfe einsetzt, sobald dem Träger der Sozialhilfe oder den von ihm beauftragten Stellen bekannt wird, daß die Voraussetzungen für die Gewährung vorliegen, die Möglichkeit, daß der Sozialhilfeträger zunächst noch Ermittlungen für erforderlich hält, später jedoch die Sozialhilfe ab Bekanntwerden der Hilfsbedürftigkeit, also insoweit rückwirkend, gewährt. Denn die Verpflichtung nach § 5 BSHG tritt nicht erst dann ein, wenn dem Sozialhilfeträger sämtliche Voraussetzungen der Hilfeleistungen bekannt geworden sind, sondern auch dann, wenn es noch aufklärender Feststellungen durch den Außendienst bedarf. Der vorliegende Sachverhalt, in dem sich durch Außendienstermittlungen die Bewilligung der Hilfe zum Lebensunterhalt v. 29. 4. 1981 als dem Tage der Antragstellung bis zum 2. 6. 1981 hingezogen hat, ist insoweit ein anschauliches Beispiel.

Daher ermöglicht auch die Rechtswahrungsanzeige des § 91 II BSHG aus den Gründen insbesondere des Schuldnerschutzes, die in der Rechtsprechung zu § 37 IV, 2. Alt., BAföG a. F. entwickelt worden sind, die rückwirkende Inanspruchnahme des Schuldners des übergeleiteten Unterhaltsanspruchs nur bis zurück zum Zeitpunkt der Leistungsbewilligung. Als insoweit maßgebenden Einschnitt hat das OLG im vorliegenden Fall den 2. 6. 1981 angenommen. Ob an diesem Tage die Sozialhilfe nur behördenintern verfügt, die Bewilligung jedoch erst später bekanntgegeben worden ist (FamRZ 1979, 475, 477), kann auf sich beruhen; durch eine hierin liegende zeitliche Abweichung wäre die Kl. nicht beschwert.

132e) FamRZ 85/586, 587
(Wirkung einer Rechtswahrungsanzeige)

Die Wirkung einer Rechtswahrungsanzeige wird nicht dadurch auf einen bestimmten Betrag beschränkt, daß der Unterhaltsanspruch zunächst nur in Höhe dieses Betrages übergeleitet wird.

Eine Rechtswahrungsanzeige hat zur Folge, daß der Unterhaltsschuldner von der Behörde – nach entsprechender Überleitung – auch für die Vergangenheit auf Unterhalt in Anspruch genommen werden kann (§ 91 II BSHG, hier i. V. mit §§ 85, 82 JWG). Daß vorliegend in der Rechtswahrungsanzeige offengeblieben – nämlich von einer Überprüfung der Leistungsfähigkeit des Bekl. abhängig gemacht worden – ist, ob und in welchem Umfange der Kl. den Unterhaltsanspruch überleiten und von dem Bekl. Zahlung verlangen werde, steht dem nicht entgegen. Wie der *Senat* (FamRZ 1983, 895, 896) entschieden hat, lassen sich daraus, daß die Rechtswahrungsanzeige Rechtsfolgen wie eine Mahnung herbeiführt und sie eine der Mahnung vergleichbare Warnungsaufgabe hat, keine Bestimmtheitsanforderungen ableiten, wie sie an eine Mahnung zu stellen sind. Nach § 91 II BSGF (hier i. V. mit §§ 85, 82 JWG) hängt vielmehr die Möglichkeit, Unterhalt auch für die Vergangenheit geltend zu machen, allein davon ab, daß dem Unterhaltspflichtigen die Gewährung der Sozialhilfe (hier: der öffentlichen Erziehungshilfe) mitgeteilt worden ist. Bereits diese Mitteilung zerstört sein Vertrauen, daß er mit einer Inanspruchnahme nicht zu rechnen brauche. Die Mitteilung des Kl. hat den Bekl. in diesem Sinne hinreichend deutlich davon in Kenntnis gesetzt, daß seinem Kinde freiwillige Erziehungsbeihilfe nach §§ 62ff. JWG gewährt werde, und hat ihn darüber hinaus ausdrücklich auf seine mögliche Inanspruchnahme aufmerksam gemacht.

Entgegen der Auffassung des OLG wurde dadurch, daß der Kl. im Anschluß an die Rechtswahrungsanzeige durch Bescheid den Unterhaltsanspruch des Kindes des Bekl. – zunächst – nur i. H. von 120 DM monatlich auf sich übergeleitet hat, die Wirkung der Rechtswahrungsanzeige nicht auf diesen Betrag beschränkt und eine spätere – auch rückwirkende – weitergehende Überleitung nicht ausgeschlossen.

Die Auswirkungen der Überleitungsanzeige auf die Rechtswirkungen der Rechtswahrungsanzeige sind nicht nach verwaltungsrechtlichen Grundsätzen zu beurteilen, wie sie etwa zum Vertrauensschutz bei begünstigenden Verwaltungsakten entwickelt worden sind, sondern nach den Maßstäben des bürgerlichen Rechts. Der Umfang des übergeleiteten Unterhaltsanspruchs bestimmt sich nach den Vorschriften des bürgerlichen Rechts. Dementsprechend ist auch die durch die Rechtswahrungsanzeige hinsichtlich des Unterhalts für die Vergangenheit verbesserte Rechtsposition – der Wirkung einer Mahnung vergleichbar (s. insoweit § 1614 I BGB) – bürgerlich-rechtlicher Natur. Daher ist auch die Frage, ob die Behörde der durch die Rechtswahrungsanzeige erlangten Rechtsposition wieder verlustig gegangen ist, nach bürgerlichem Recht zu beantworten.

Die Überleitungsanzeige des Kl., durch die eine Überleitung i. H. von – nur – 120 DM monatlich bewirkt wurde, enthält, wie keiner näheren Darlegung bedarf, nicht etwa einen Verzicht auf die weitergehenden Rechtswirkungen der vorangegangenen Rechtswahrungsanzeige; insoweit fehlt es an der Erklärung, eine Rechtsposition aufzugeben (FamRZ 1981, 763). Zu erwägen ist allein, ob der Kl. durch die Bezifferung des Überleitungsbetrages auf 120 DM monatlich einen Tatbestand geschaffen hat, der die Berufung auf weitergehende Rechtswirkungen der Rechtswahrungsanzeige und damit eine rückwirkende Überleitung über 120 DM monatlich hinaus i. S. des § 242 BGB nach Treu und Glauben verbietet. Der *Senat* verneint dies. Er vermag die Auffassung des OLG nicht zu teilen, daß ein derartiger Tatbestand schon dann verwirklicht sei, wenn die Behörde die Überleitung zu einem bestimmten Betrag bewirke, ohne sich eine Erhöhung vorzubehalten. Damit wird lediglich davon abgesehen, einen höheren Unterhaltsanspruch geltend zu machen. Dies allein kann den Einwand nicht rechtfertigen, daß eine spätere weitergehende Inanspruchnahme gegen Treu und Glauben verstoße. Der *Senat* hat es etwa abgelehnt, einen Unterhaltsanspruch, der lediglich längere Zeit nicht geltend gemacht worden ist, aus diesem Grunde schon als verwirkt anzusehen (vgl. Senatsurteil, a. a. O., S. 764). Vorliegend kommt freilich – schon mangels eines längeren Zeitablaufs bis zu der Überleitungsanzeige nicht der Gesichtspunkt der Verwirkung, sondern allenfalls der des widersprüchlichen Verhaltens („venire contra factum proprium") in Betracht. Auch hier gilt indessen, daß das in der bloßen Nichtverfolgung eines Rechtes liegende Verhalten ein späteres Zurückgreifen auf das betreffende Recht nicht unzulässig macht. Hinzukommen muß vielmehr, daß die nunmehrige Geltendmachung des Rechts unter den konkreten Umständen des Falles mißbräuchlich erscheint, weil durch das frühere Verhalten ein Vertrauenstatbestand geschaffen worden ist (vgl. *BGHZ* 32, 273, 279) und der Geschäftsgegner sich auf die bisher eingenommene Haltung der anderen Seite verlassen durfte (vgl. auch *BGHZ* 87, 169, 177ff. = FamRZ 1983, 686, 688, 689). Diese Voraussetzungen sind hier nicht erfüllt. Der Bekl. konnte nicht darauf vertrauen, daß es bei der – außerordentlich niedrigen – Unterhaltsleistung v. 120 DM monatlich selbst für den Fall sein Bewenden haben sollte, daß sein Einkommen die Heranziehung zu einem höheren Betrag erlaubte. Ihm mußte vielmehr, auch aufgrund der Hinweise in der Rechtswahrungsanzeige, klar sein, daß die Behörde bestrebt sein werde, ihn bis zur Höhe ihrer Aufwendungen nach Maßgabe seines verfügbaren Einkommens in Anspruch zu nehmen. Soweit er die Vorstellung gehabt haben sollte, daß er trotz eines eine höhere Unterhaltsleistung erlaubenden Einkommens nur den übergeleiteten Betrag v. 120 DM monatlich aufzubringen habe, solange die Behörde das höhere Einkommen nicht in Erfahrung bringe, wäre eine solche Vorstellung nicht schützenswert. Dementsprechend konnte der Bekl. auch nicht in schützenswerter Weise darauf vertrauen, daß sich die Wirkung der Rechtswahrungsanzeige – deren eigentlicher Zweck es ja gerade ist, die Inanspruchnahme auch für die Vergangenheit zu sichern – nach der Überleitung i. H. von 120 DM monatlich unabhängig von der Höhe seines Einkommens auf diesen Betrag beschränke. Hiernach konnte der Kl. unter den Gegebenheiten des Falles jedenfalls für die hier in Frage stehende Zeit auch rückwirkend eine weitergehende Überleitung bewirken, ohne sich dem Vorwurf der unzulässigen Rechtsausübung auszusetzen.

Ein besonderer Vertrauenstatbestand läßt sich auch nicht aus der Behördeneigenschaft des Kl. herleiten. Für ein schützenswertes Vertrauen des Bürgers in die Entscheidungen der Verwaltung ist jedenfalls dort kein Raum, wo die Verwaltung, für den Bürger erkennbar, über für die Entscheidung erhebliche Umstände aus seinem Verantwortungsbereich nicht oder nicht vollständig unterrichtet ist. So liegt es hier. Dem Bekl. mußte klar sein, daß der Behörde sein wahres Einkommen nicht bekannt war.

Auf die Ausführungen des OLG dazu, daß die in der Überleitungsanzeige v. 29. 8. 1977 bekundete Bereitschaft des Kl. zur Überprüfung des Überleitungsbetrages, da nur auf den Fall einer Verschlechterung der wirtschaftlichen Verhältnisse des Bekl. zugeschnitten, keinen Vorbehalt der Erhöhung des Überleitungsbetrages darstelle, kommt es nicht an, da es eines Erhöhungsvorbehalts zur Aufrechterhaltung der Rechtswirkungen der Rechtswahrungsanzeige nicht bedurfte.

133. BGH zur Unterhaltsrückforderung nach §§ 812, 814, 818 III, 819 BGB vom scheinehelichen Kind nach Ehelichkeitsanfechtung FamRZ 81/764, 765

Grundsätzlich kann bei nicht geschuldeter Unterhaltsleistung ein Ausgleich nach den Regeln über die ungerechtfertigte Bereicherung gesucht werden. Der Kl. hat auf einen ursprünglich bestehenden Unterhaltsanspruch gezahlt. Der Bekl. galt nach §§ 1591, 1593 BGB als sein ehel. Kind. Der Kl. konnte sich – auch unterhaltsrechtlich – gemäß § 1593 BGB auf die Nichtehelichkeit des Kindes erst berufen, nachdem diese rechtskräftig festgestellt war. Seine zunächst vorhandene Unterhaltspflicht ist später rückwirkend weggefallen, so daß er aus heutiger Sicht auf eine nicht bestehende Verbindlichkeit geleistet hat. Damit konnte eine Bereicherungslage (Rückforderung wegen Nichtschuld, condictio indebiti) entstehen (FamRZ 1965, 200, 203; FamRZ 1981, 30ff.).

Die Vorschrift des § 814 BGB steht der Kondiktion nicht entgegen. Der Kl. hat nicht wissentlich eine Nichtschuld erfüllt, sondern auf eine damals bestehende ges. Unterhaltspflicht geleistet. Ein einkommens- und vermögensloses Kind kann sich dem Rückforderungsanspruch gegenüber in aller Regel auf § 818 III BGB berufen. Ein Bereicherungsanspruch gegen das Kind wird daher nur in Ausnahmefällen bestehen können. Solange der Kl. gemäß § 1593 BGB als Vater galt, gab es keine für § 819 I BGB relevante Kenntnis des Mangels des rechtlichen Grundes der Unterhaltsleistungen des Scheinvaters auf seiten des Kindes oder der das Kind vertretenden Mutter. Es ist daher unerheblich, ob die Mutter des Bekl. dessen tatsächliche Abstammung kannte. Solange die Rechtsordnung von jedermann die Beachtung des – wenn auch unrichtigen – Status des Kindes verlangt, kann eine Kenntnis der Fehlerhaftigkeit dieser Zuordnung nicht schaden.

134. BGH zur Aufgabenverteilung in der Ehe (§ 1356 BGB), zur Mitverpflichtung des Ehegatten nach § 1357 BGB sowie zum Anspruch auf Familienunterhalt (§§ 1360, 1360a BGB)

134a) FamRZ 85/576, 577, 578 = NJW 85/1394, 1395

(Aufgabenverteilung in der Ehe und Mitverpflichtung des Ehegatten nach § 1357 BGB)

Nach § 1357 I BGB ist jeder Ehegatte berechtigt, Geschäfte zur angemessenen Deckung des Lebensbedarfs der Familie zu besorgen. Durch solche Geschäfte werden beide Ehegatten berechtigt und verpflichtet, es sei denn, daß sich aus den Umständen etwas anderes ergibt.

Der Zahlungspflicht des Bekl. nach dieser Vorschrift steht nicht von vornherein entgegen, daß er im Namen seiner Ehefrau und mit deren Vollmacht aufgetreten ist. Zwar wird durch Geschäfte dieser Art der Vertretene, nicht aber der Vertreter berechtigt und verpflichtet. Soweit daraus gefolgert wird, die Bestimmung des § 1357 BGB erstrecke die rechtsgeschäftlich gewollten Wirkungen (für den Vertretenen) nicht kraft Gesetzes auf den Vertreter, kann dem in dieser Allgemeinheit jedoch nicht gefolgt werden. Der Auffassung ist generell mit dem Argument widersprochen worden, der vermögende Ehegatte könne nicht durch ein Auftreten im Namen seines vermögenslosen Partners den Gläubigerschutz unterlaufen. Das Gesetz sieht eine Ausnahme von der Mitverpflichtung des anderen Ehegatten für den Fall vor, daß „sich aus den Umständen etwas anderes ergibt" (Abs. I S. 2 der Vorschrift). Eine derartige Ausnahme von der Mitverpflichtung kann in Fällen, in denen ein Ehegatte ein Geschäft zur angemessenen Deckung des Lebensbedarfs der Familie im Namen des anderen Ehegatten abschließt, nur angenommen werden, wenn der Ausschluß der eigenen Mitverpflichtung eindeutig offengelegt wird.

Das frühere Recht sah in § 1356 I S. 1 BGB a. F. vor, daß die Frau den Haushalt in eigener Verantwortung führte. Damit sie dieser Aufgabe nachkommen konnte, hatte sie die Berechtigung, Geschäfte, die innerhalb ihres häuslichen Wirkungskreises lagen, mit Wirkung für den Mann zu besorgen. Aus solchen Rechtsgeschäften wurde der Mann berechtigt und verpflichtet („Schlüsselgewalt", § 1357 I BGB a. F.). Zu den Rechtsgeschäften der Frau innerhalb ihres häuslichen Wirkungskreises hat der *BGH* es gerechnet, daß eine Ehefrau sich einer – im dortigen Fall fast ein Jahr andauernden und Honoraransprüche von rund 1330 DM verursachenden – Behandlung durch einen Facharzt für Orthopädie unterzogen hatte (*BGHZ* 47, 75 = LM, § 1357 BGB Nr. 3 = FamRZ 1967, 276ff.).

Die Rechtsmacht zur Verpflichtung auch des Partners, welche die auf dem Ersten Gesetz zur Reform des Ehe- und Familienrechts [1. EheRG] v. 14. 6. 1976 (BGBl I 1421) beruhende heutige Fassung des § 1357 BGB nunmehr jedem der Ehegatten einräumt, dient nicht mehr dem Zweck, dem Handelnden die Erfüllung von bestimmten, ihm zugewiesenen Aufgaben zu ermöglichen. § 1356 BGB n. F. überläßt die Aufgabenverteilung in der ehelichen Gemeinschaft den Partner selbst; das Leitbild der sogenannten Hausfrauenehe, an das die frühere Schlüsselgewalt anknüpfte, ist aufgegeben. Daher kann die – jetzt beiderseitige – Rechtsmacht nicht mehr funktional, nach dem zur Erfüllung vorgegebener Aufgaben Erforderlichen, bestimmt und begrenzt werden. Es bleibt jedoch, daß die Ehegatten einander verpflichtet sind, durch ihre Arbeit und mit ihrem Vermögen die Familie angemessen zu unterhalten (§ 1360 S. 1 BGB). Deshalb orientiert sich das Gesetz in § 1357 BGB nunmehr an der „angemessenen Deckung des Lebensbedarfs der Familie", also an einem unterhaltsrechtlichen Begriff bei dessen Auslegung die §§ 1360, 1360a BGB herangezogen werden können. Entsprechend deren Regelungsgehalt sind ärztliche Behandlungen zu den persönlichen Bedürfnissen der Ehegatten und deshalb zum Lebensbedarf (angemessenen Unterhalt) der Familie zu rechnen. Sie dienen der Gesundheit als dem „primären und ursprünglichen Lebensbedarf".

Das allein begründet aber noch nicht die Mitverpflichtung des anderen Ehegatten für das Arzthonorar, denn die Höhe der Verpflichtung, die im Einzelfall aus der Vereinbarung über die privatärztliche Behandlung resultiert, kann den Rahmen des nach §§ 1360, 1360a BGB Geschuldeten und damit zugleich denjenigen der Mitverpflichtung nach § 1357 BGB sprengen.

Wie weit der Lebensbedarf der Familie reicht, bestimmt sich familienindividuell nach den Verhältnissen der Ehegatten (s. § 1360a I BGB). Ihre Einkünfte und ihr Vermögen, die diese Verhältnisse in erster Linie prägen, werden dem Vertragspartner allerdings häufig verborgen bleiben. So ist es fraglos weder üblich noch zumutbar, daß ein Arzt bei der Übernahme der Behandlung Nachforschungen nach den Einkommensverhältnissen des Patienten und seines Ehegatten anstellt. Deshalb kommt es bei der Anwendung des § 1357 BGB – wie schon bei der Schlüsselgewalt des früheren Rechts – entscheidend auf den Lebenszuschnitt der Familie an, wie er nach außen in Erscheinung tritt. Übersteigt dieses Erscheinungsbild nach spezifischen und konkreten Anhaltspunkten den aufgrund der tatsächlichen wirtschaftlichen Verhältnisse der Ehegatten zu erwartenden Lebenszuschnitt, so erhöht das im Grundsatz den Umfang der nach § 1357 BGB möglichen Mitverpflichtung.

In diesem Zusammenhang hat das OLG bisher im wesentlichen erwogen, es sei nicht ersichtlich, daß kostspielige Behandlungsverträge über Wahlleistungen zum üblichen Zuschnitt des Haushalts des Bekl. und seiner Ehefrau gehörten, zumal der Kl. nicht dargetan habe, daß der Verdienst des Bekl., der damals als Angestellter tätig gewesen sei, ungewöhnlich hoch gewesen sei. Konkreten, nach außen in Erscheinung getretenen Anhaltspunkten, die dafür sprechen konnten, daß eine private Behandlung durch den Chefarzt dem Lebenszuschnitt der Familie des Bekl. entsprach, ist das OLG nicht nachgegangen. Insoweit hätte zunächst auf seine rechtliche Bedeutung hin untersucht werden müssen, daß die Ehefrau nach dem eigenen Vortrag des Bekl. jedenfalls bei den Geburten der Tochter Hanni i.J. 1976 und des Sohnes Rasmus i.J. 1978 ,,die zweite Klasse im Krankenhaus gewählt" hatte und daß sie sich sowohl am 27. 8. 1980 als auch am 9. 3. 1981 zur Untersuchung jeweils an den klagenden Chefarzt persönlich gewandt hatte. Darüber hinaus weist der vorliegende Sachverhalt die Besonderheit auf, daß der Bekl. seine Ehefrau am 9. 3. 1981 in das Krankenhaus begleitet und – wenn auch als ihr Vertreter – den Antrag auf Wahlleistungen unterzeichnet hat. Zudem soll er sich nach dem zwar bestrittenen, aber unter Beweis gestellten Vorbringen des Kl. am 9. 3. 1981 ausführlich an den Erörterungen mit diesem über die privatärztliche Behandlung der Ehefrau beteiligt haben. Beides könnte naheliegend als Indiz dafür verstanden werden, daß der Bekl. mit der persönlichen Behandlung seiner Ehefrau durch den Chefarzt einverstanden war und die Inanspruchnahme dieser Wahlleistung auf einer vorher getroffenen Absprache zwischen den Eheleuten beruhte. Dann wäre darin ein zusätzlicher, nach außen getretener Anhaltspunkt für einen entsprechenden Lebenszuschnitt der Familie des Bekl. zu sehen.

Die Vorschrift des § 1357 I BGB verlangt weiterhin, daß die Deckung des Lebensbedarfs der Familie ,,angemessen" sein muß. Dem liegt die im Gesetzgebungsverfahren geäußerte Vorstellung zugrunde, daß ,,Geschäfte größeren Umfangs, die ohne Schwierigkeiten zurückgestellt werden könnten", nicht unter § 1357 BGB fallen sollen. Die beabsichtigte Restriktion schützt den an dem Rechtsgeschäft nicht beteiligten Ehegatten vor einer ihn überraschenden Inanspruchnahme aus Alleingeschäften größeren Umfangs, die der andere Ehegatte abgeschlossen hat.

In der Formulierung des Gesetzes, insbesondere darin, daß die auf den Vorschlag des Rechtsausschusses zurückgehende heutige Fassung des § 1357 I BGB das Adjektiv ,,angemessen" nicht mehr auf den fmailiären Lebensbedarf, sondern auf dessen Deckung bezieht, kommt diese ratio legis allerdings nur sehr unvollkommen zum Ausdruck. Gleichwohl entspricht es herrschender Auffassung, daß das Gesetz nur bei solchen Geschäften auch den anderen Ehegatten in die Schuldnerstellung bringt, die wenigstens in der Regel – mit Differenzierung nach Bevölkerungskreisen – von einem Ehegatten selbständig erledigt zu werden pflegen.

Auf diese im allgemeinen zu billigende Weise werden dem von der sonstigen gesetzlichen Konzeption abweichenden Einstehenmüssen des Ehegatten, der sich selbst vertraglich nicht gebunden hat, insbesondere insoweit Grenzen gesetzt, als es sich um größere Anschaffungen (Investitionen) handelt.

Eine geringfügig andere, insbesondere in der neueren Rechtsprechung der Land- und Oberlandesgerichte häufig verwendete Formel, die auf Diederichsen zurückgeht, will die restriktive Tendenz durch die Anforderung verwirklichen, im Falle des § 1357 BGB müsse es sich um Geschäfte handeln, über deren Abschluß vor ihrer Eingehung eine Verständigung zwischen den Eheleuten gewöhnlich als nicht notwendig angesehen werde und über die in der Regel auch keine vorherige Abstimmung stattfinde.

Auch in Anwendung dieser Abgrenzungsformel hat es das OLG im vorliegenden Fall abgelehnt, den Arztbehandlungsvertrag, der ,,kein Geschäft des täglichen Lebens" sei, der Regelung in § 1357 BGB zu unterstellen. Dabei begegnet jedoch die Einengung auf Geschäfte des täglichen Lebens, die sich auch sonst in der Rechtsprechung (so in der Entscheidung *OLG Köln*, NJW 1981, 637) findet, rechtlichen Bedenken. Für eine solche Restriktion gibt es in der Vorschrift keinen zureichenden Anhalt. Bereits nach früherem Recht fielen unter die Geschäfte der Frau innerhalb ihres häuslichen Wirkungskreises (§ 1357 BGB a.F.) nicht nur die gewöhlichen Geschäfte des täglichen Lebens (*BGHZ* 47, 75, 81 = FamRZ 1967, 276, 278). Auf einen engeren Geltungsbereich läßt sich die an den §§ 1360, 1360g BGB orientierte neue Regelung nicht reduzieren.

Zudem vermögen die genannten einschränkenden Formeln das Tatbestandsmerkmal der angemessenen Deckung (des Lebensbedarfs der Familie) nicht in jedem Falle sachgerecht zu umschreiben. Die Angemessenheit der Bedarfsdeckung durch Alleingeschäfte eines der Ehegatten kann vielmehr nach den individuellen Verhältnissen der Eheleute insbesondere über das Übliche hinaus erweitert sein. Jedenfalls besteht im allgemeinen kein Anlaß, an der Angemessenheit eines zur Deckung des Lebensbedarfs der Familie geschlossenen Rechtsgeschäfts zu zweifeln, wenn es erkennbar auf einer im Einzelfall erfolgten Abstimmung beider Ehegatten beruht. Vor allem tritt dann die Notwendigkeit zurück, den mit dem Abschluß eines solchen Geschäfts einverstandenen Ehegatten vor einer Inanspruchnahme daraus zu bewahren und das möglicherweise bestehende Vertrauen des Geschäftspartners auf eine Mithaftung des Ehegatten zu enttäuschen. Eine Reduktion der Vorschrift auf einen kleineren Anwendungsbereich, als er sich aus dem Wortlaut des § 1357 I BGB (i. V. mit §§ 1360, 1360a BGB) ergibt, ist in einem solchen Falle nicht veranlaßt.

134b) FamRZ 85/353, 354 = NJW 85/803, 804

(Anspruch auf Familienunterhalt nach § 1360, 1360a BGB und Ausbildungsunterhalt)

Nach § 1360 S. 1 BGB sind Ehegatten einander verpflichtet, durch ihre Arbeit und mit ihrem Vermögen die Familie angemessen zu unterhalten. Der angemessene Unterhalt der Familie umfaßt alles, was nach den Verhältnissen der Ehegatten erforderlich ist, um die Kosten des Haushalts zu bestreiten und die persönlichen Bedürfnisse der Ehegatten (sowie den Unterhaltsbedarf der gemeinsamen unterhaltsberechtigten Kinder) zu befriedigen; § 1360a I BGB.

Das OLG ist ersichtlich davon ausgegangen, daß Wolfgang G. im Förderungszeitraum einen gemeinsamen Haushalt mit seiner Ehefrau geführt, also nicht von ihr getrennt am Universitätsort gelebt hat. Jedenfalls bei dieser Sachlage waren die für seinen Lebensunterhalt (Wohnen, Essen, Trinken usw.) anfallenden Kosten solche des Haushalts. Diese Kosten standen hier offenbar ganz im Vordergrund.

Daneben wird das Studium Aufwendungen für Bücher, Lernmittel, Fahrten zur Universität u. ä. erfordert haben. Die insoweit benötigten Mittel dienten der Befriedigung der persönlichen Bedürfnisse des studierenden Ehegatten. Sie gehörten damit ebenfalls – im Rahmen des nach den Verhältnissen der Ehegatten Erforderlichen – zum Unterhalt der Familie (§ 1360a I BGB). Zu ihrem Umfang haben die Parteien keine konkreten Behauptungen aufgestellt. Von einer außergewöhnlichen Höhe dieser Kosten, wie ein besonders kostspieliges Studium sie verursachen würde, ist mithin nicht auszugehen. Die rechtliche Beurteilung des Unterhaltsanspruchs bei besonders hohen Studienkosten kann daher hier unerörtert bleiben.

Nach den Feststellungen des OLG waren Wolfgang G. und seine Ehefrau darüber einig, daß er während der Ehe zunächst ein Studium abschließen sollte. Damit war er durch eine einvernehmliche Regelung (§ 1356 I S. 1 BGB) für die Dauer seines Studiums von der Pflicht befreit, zum Familienunterhalt beizutragen. Die Mittel für den angemessenen Unterhalt der Familie, soweit sie nach den Verhältnissen der Ehegatten für Haushalt und persönliche Bedürfnisse erforderlich waren, hatte mithin nach §§ 1360 S. 1, 1360a I BGB die Ehefrau aufzubringen.

Nach den Verhältnissen der Ehegatten waren sowohl die durch die Versorgung des Wolfgang G. im gemeinsamen Haushalt als auch die durch die Befriedigung seiner persönlichen Bedürfnisse während des Studiums anfallenden Kosten für den angemessenen Unterhalt der Familie erforderlich. Für ihre verhältnismäßig geringe Höhe gibt die gewährte BAföG-Förderung – mit monatlich nur rund 300 bis 350 DM – einen Anhaltspunkt. Das in der Ehe zur Verfügung stehende Einkommen der Ehefrau hat das OLG, wie im Tatbestand angegeben, mit monatlich rund 900–1150 DM festgestellt. Diese finanziellen Mittel, die neben der einverständlichen Ausgestaltung der Ehe als Gemeinschaft einer erwerbstätigen Frau und eines zunächst noch studierenden Mannes die Verhältnisse der Ehegatten prägten, erlaubten es in den Jahren 1972 bis 1975, gemäß dem Lebensplan der Eheleute die Ausbildung des Wolfgang G. zum Abschluß zu bringen. Das OLG hat festgestellt, die Ehefrau habe die für den Unterhalt des Wolfgang G. erforderlichen Mittel ohne Gefährdung ihres eigenen angemessenen Unterhalts aufbringen können.

Allerdings hat das OLG nicht festgestellt, die Ehegatten hätten bei der Übereinkunft hinsichtlich des Zuschnitts ihrer Gemeinschaft für die Zeit bis zur Beendigung des Studiums auch vereinbart, daß die Ehefrau den auf Wolfgang G. entfallenden Teil des Familienunterhalts tragen sollte. Möglicherweise begnügten sie sich insoweit mit der Erwartung, weiterhin BAföG-Leistungen zu erhalten. Das wäre jedoch nicht geeignet, die Ehefrau von der Verpflichtung freizustellen, den Familienunterhalt zu decken. Der Anspruch auf Familienunterhalt schließt den Bedarf des nach dem beiderseitigen Lebensplan noch studierenden Partners nicht deshalb ein, weil der andere sich zu dieser Leistung verpflichtet hat. Der Bestand eines gesetzlichen Anspruchs hängt nicht von der Bereitschaft des Schuldners ab, ihn zu erfüllen. Nach der einvernehmlichen Freistellung des Studierenden von der Pflicht, zum Familienunterhalt beizutragen, ergibt sich die Alleinverpflichtung seines Ehegatten aus der gesetzlichen Regelung in den §§ 1360 S.1, 1360a I BGB.

Der Einbeziehung von Ausbildungskosten in den Unterhalt der Familie steht nicht entgegen, daß für den Unterhalt unter Verwandten in § 1610 II BGB und für den nachehelichen Unterhalt in §§ 1575, 1578 II BGB die Verpflichtung, die Kosten einer Berufsausbildung des Unterhaltsberechtigten zu tragen, jeweils besonders vorgesehen ist, die Bestimmung des § 1360a BGB hingegen eine ausdrückliche Regelung dieses Inhalts nicht enthält. Die Vorschriften des § 1610 II BGB und der §§ 1575, 1578 II BGB erfüllen jeweils ein zutage liegendes Regelungsbedürfnis: Für das Unterhaltsrechtsverhältnis unter Verwandten, also insbesondere zwischen Eltern und ihren nach dem Gesetz zur Neuregelung des Volljährigkeitsalters v. 31. 7. 1974 mit der Vollendung des 18. Lebensjahres volljährigen Kindern, liegt die Frage nach der Rechtspflicht zur Finanzierung einer – weiteren – Ausbildung von bereits erwachsenen Abkömmlingen nahe. Sie stellt sich offensichtlich in einer großen Zahl von Fällen. Im Bereich des nachehelichen Unterhalts dient die weitere Ausbildung der eigenverantwortlichen Lebensführung geschiedener Eheleute. Die Berufsausbildung soll den geschiedenen Ehegatten befähigen, auf Dauer eine angemessene Erwerbstätigkeit auszuüben, damit die unterhaltsrechtlichen Beziehungen zwischen den ehemaligen Ehepartnern endgültig gelöst werden können. Dabei handelt es sich um ein Kernanliegen des Ersten Gesetzes zur Reform des Ehe- und Familienrechts – 1. EheRG – v. 14. 6. 1976. Eine Vorschrift, die der Verwirklichung dieses Anliegens dient, mußte daher als unumgänglich erscheinen. Demgegenüber war bei Erlaß des Gleichberechtigungsgesetzes v. 18. 6. 1957, das den früheren § 1360 BGB in die §§ 1360 bis 1360b BGB n. F. aufteilte und die heutige Fassung der hier auszulegenden Vorschrift des § 1360a BGB schuf, die in Rechtsprechung und Schrifttum erst wesentlich später behandelte Problematik der Ausbildungsfinanzierung unter Ehegatten noch nicht hervorgetreten.

Auf die Unterhaltspflicht der Ehefrau ist es ohne Einfluß, daß Wolfgang G. vor der Eheschließung einen Unterhaltsanspruch gegen den Bekl. hatte, der nach § 1610 II BGB die Kosten der Ausbildung einschloß. Gemäß § 1608 S. 1 BGB schuldet der Ehegatte Unterhalt vor den Verwandten des Bedürftigen. Damit löst er diese mit der Eheschließung in der Unterhaltsverpflichtung ab, soweit seine eigene Verpflichtung reicht.

Soweit die Revision geltend macht, es erscheine nicht vertretbar, die Unterhaltsverpflichtung von den Eltern des Studierenden auf den Ehepartner zu verlagern, weil das geeignet sei, Eheschließungen zu verhindern oder zu erschweren, vermag der Senat dem eine ausschlaggebende Bedeutung nicht beizumessen. Mit der Eheschließung nehmen die Ehegatten die gegenseitige Unterhaltspflicht um des Bestandes der Familie willen auf sich. In einer Unterhaltspflicht, deren Ausgestaltung dem gemeinsamen Lebensplan der Eheleute entspricht, einen von ihnen noch die Beendigung seines Studiums zu ermöglichen, kann daher eine verfassungswidrige Erschwerung der Eheschließung nicht erblickt werden.

Für die Zeit ab Eheschließung bestand mithin der übergeleitete Unterhaltsanspruch des Wolfgang G. gegen den Bekl. nicht. Der Kl. hatte keine rechtliche Möglichkeit, den nunmehr allein in Betracht kommenden Unterhaltsanspruch des Geförderten gegen seine Ehefrau auf sich als den Träger der staatlichen Ausbildungsförderung überzuleiten. Denn das BAföG rechnet zwar in § 11 II „Einkommen und Vermögen des Auszubildenden, seines Ehegatten und seiner Eltern in dieser Reihenfolge" auf den Bedarf des Auszubildenden an (s. auch §§ 24 I, 25, 25b BAföG i. d. F. der Bekanntmachung v. 6. 6. 1983, BGBl I 645). Auch die Verwaltungsvorschriften zu § 36 I und § 37 I BAföG berücksichtigen das Vorhandensein eines leistungsfähigen Ehegatten. Andererseits sieht § 37 I BAföG eine Überleitung von Unterhaltsansprüchen auf den Träger der Ausbildungsförderung nur insoweit vor, als diese sich gegen die Eltern des Geförderten richten.

135. Trennung als Anspruchsvoraussetzung, Nichtberücksichtigung von Trennungsverschulden, Ehedauer und langjährige Trennung

135a) FamRZ 82/573, 574, 575 = NJW 82/1460, 1461

(Trennung und Ehedauer)

Voraussetzung des Unterhaltsanspruchs nach § 1361 I S. 1 BGB ist das völlige Getrenntleben bei bestehender Ehe. Die Erfüllung dieses Erfordernisses ist nicht davon abhängig, ob die Ehegatten vorher zusammengelebt und die Trennung durch Aufhebung der häuslichen Gemeinschaft herbeigeführt haben oder ob sie von Anfang an getrennt gelebt haben. Ebensowenig wird vorausgesetzt, daß die Ehegatten begonnen haben, eine ehel. Lebensgemeinschaft zu verwirklichen und einen gemeinsamen Lebensplan ins Werk zu setzen oder durch sonstige Anstrengungen einen gemeinsamen Lebensbereich zu schaffen. Derartige Kriterien betreffen nicht die Grundlagen der Unterhaltspflicht während des Getrenntlebens, sondern diejenigen der nachehelichen Unterhaltspflicht, bei deren Regelung es das Gesetz für möglich erklärt, daß im Falle kurzer Ehedauer der Unterhaltsanspruch für den Unterhaltspflichtigen zu einer grob unbilligen Belastung werden und der Korrektur des § 1579 I Nr. 1 BGB unterfallen kann. Wie der Senat im Urteil v. 26. 11. 1980 (FamRZ 1981, 140) dargelegt hat, geht diese Regelung davon aus, daß sich die Grundlage der nachehelichen Unterhaltspflicht mit zunehmender Dauer der Ehe verfestigt und verstärkt. Dem liegt die Erfahrung zugrunde, daß die Lebenssituation der Partner in der Ehe durch den gemeinschaftlichen Lebensplan entscheidend geprägt wird und mit der Zunahme der Ehedauer auch eine zunehmende Verflechtung und Abhängigkeit der beiderseitigen Lebensdispositionen sowie im allgemeinen eine wachsende wirtschaftliche Abhängigkeit des unterhaltsbedürftigen Ehegatten einhergeht (a. a. O., S. 142).

Gerade dieser Ausschlußgrund der kurzen Ehedauer gelangt jedoch nach der ausdrücklichen Regelung des § 1361 III BGB im Rahmen des Unterhalts getrenntlebender Ehegatten nicht zur Anwendung, obwohl das Merkmal – bezogen auf den Zeitpunkt der Trennung – an sich auch bei noch fortbestehender Ehe geeignet wäre, als Kriterium und Anknüpfung für eine Billigkeitsregelung zu dienen. Vielmehr führt das Gesetz die Ehedauer nur als Merkmal der Regelung des Abs. II auf, in der sie zusammen mit weiteren Umständen zur Feststellung herangezogen wird, ob der getrenntlebende Ehegatte darauf verwiesen werden kann, eine Erwerbstätigkeit aufzunehmen und sich dadurch selbst zu unterhalten (FamRZ 1979, 569, 571 – FamRZ 1979, 571, 572). Damit gibt das Gesetz zu erkennen, daß es für den Bestand der ehel. Unterhaltspflicht nach § 1361 I S. 1 BGB nicht darauf ankommen soll, inwieweit es zur Verwirklichung der Lebensgemeinschaft und zur Verflechtung und Abhängigkeit der Lebensdispositionen beider Ehegatten gekommen ist. Ebensowenig soll die Verpflichtung nach § 1361 I S. 1 BGB davon abhängen, daß die Unterhaltsbedürftigkeit ihre Ursache in dem vorherigen Bestehen einer ehel. Lebensgemeinschaft hat.

Demgemäß hat der Senat die Voraussetzungen eines Unterhaltsanspruchs nach § 1361 I S. 1 BGB in einem Fall bejaht, in dem die Ehegatten, die beide ihre früheren Erwerbstätigkeiten nach der Heirat fortgesetzt hatten, nur etwa drei Wochen lang in der Wohnung der Ehefrau zusammengelebt und sich nach einem etwa ebenso langen gemeinsamen Urlaub getrennt hatten, so daß es zu dem ursprünglich beabsichtigten Umzug in eine gemeinschaftliche Wohnung nicht mehr gekommen war (FamRZ 1980, 876). In dieser Entscheidung ist der Senat der Ansicht entgegengetreten, daß der angemessene Unterhalt der Ehefrau durch die Eheschließung nicht erhöht worden sei, und hat ausgeführt, daß die durch das beiderseitige Einkommen bestimmten Lebensverhältnisse der Ehefrau durch die Tatsache, daß es zu dem beabsichtigten Bezug einer angemessenen Ehewohnung und einem längeren Zusammenleben nicht gekommen sei, nicht berührt würden.

Wenn die Kürze der bis zur Trennung verstrichenen Ehedauer den Bestand der Unterhaltspflicht nach § 1361 I S. 1 BGB nicht zu beeinträchtigen vermag, so kann das Gesetz verständigerweise nicht dahin ausgelegt werden, daß das Entstehen der Unterhaltspflicht dennoch von einem – wenn auch noch so kurzfristigen und flüchtigen – Zusammenleben der Ehegatten abhänge. Ein solches weder auf die Dauer noch auf die Intensität des Zusammenlebens abstellendes Erfordernis müßte als ein rein formales Kriterium erscheinen, das die unterschiedliche Behandlung weitgehend gleicher Lebenssachverhalte nicht zu rechtfertigen vermöchte. Die sachliche Rechtfertigung für die unterschiedliche Berücksichtigung der kurzen Ehedauer beim Unterhaltsanspruch des getrenntlebenden Ehegatten einerseits und des geschiedenen Ehegatten andererseits besteht darin, daß im Falle des Getrenntlebens das rechtliche Band der Ehe zwischen den Ehegatten noch besteht und im Regelfall auch noch nicht voraussehbar ist, ob und gegebenenfalls wann die Ehe geschieden wird oder ob die Schwierigkeiten überwunden werden können (FamRZ 1979, 572). Diese Gesichtspunkte treffen auch zu, wenn es (noch) nicht zur Aufnahme der ehel. Lebensgemeinschaft gekommen ist. Unter diesen Umständen ist mit der überwiegenden Meinung davon auszugehen, daß § 1361 I S. 1 BGB auch auf die Fälle anwendbar ist, in denen die Ehegatten von Anfang an getrennt gelebt haben, gefolgt werden. Die von Anfang an bestehende Trennung der Ehegatten stellt ebenso wie eine nur kurze Dauer ihrer ehel. Lebensgemeinschaft einen Sachverhalt dar, der an sich dem Regelungsbereich des § 1579 I Nr. 1 BGB zuzurechnen ist. Wenn aber diese Vorschrift aufgrund von § 1361 III BGB für den Trennungsunterhalt als Ausschlußregelung ausscheidet, so geht es nicht an, jenen Sachverhalt zur Rechtfertigung eines Ausschlusses nach § 1579 I Nr. 4 BGB heranzuziehen. Eine derartige Handhabung liefe auf eine Umgehung des § 1361 III BGB hinaus. Ihre Beurteilung hängt entgegen der Ansicht der Revision auch nicht von der im Senatsurteil v. 9. 7. 1980 (FamRZ 1980, 981, 983) offen gelassenen Frage ab, ob und inwieweit im Rahmen des *nachehelichen* Unterhalts bei einer Ehe von längerer Dauer, die mithin die Voraussetzungen des § 1579 I Nr. 1 BGB nicht erfüllt, der Umstand, daß die Ehegatten nur kurze Zeit zusammengelebt haben, zusammen mit weiteren Umständen einen ,,anderen Grund" i. S. von § 1579 I Nr. 4 BGB abgeben kann.

135b. FamRZ 79/569, 570 = NJW 79/1348, 1349

(BGH zur Nichtberücksichtigung von Trennungsverschulden beim Trennungsunterhalt)

Nach § 1361 I BGB richtet sich der Unterhaltsanspruch tatbestandsmäßig allein nach den Lebens-, Erwerbs- und Vermögensverhältnissen der Ehegatten. Die Kriterien der Trennungsgründe und damit des Trennungsverschuldens, die nach § 1361 I BGB a. F. im Rahmen der dort vorgesehenen

Billigkeitsentscheidung zu berücksichtigen waren, gehören damit nicht mehr zu den tatbestandlichen Merkmalen des Anspruches.

Aus der Tatsache der Trennung kann für sich allein noch nicht von vornherein geschlossen werden, daß die Ehe bereits gescheitert ist oder mit Sicherheit scheitern wird. Für den regelmäßigen Anwendungsbereich der fraglichen Unterhaltsvorschrift gilt vielmehr, daß sich die jeweilige Ehe in einem Stadium befindet, in dem es einerseits bereits zu Zerwürfnissen zwischen den Ehegatten gekommen ist und die Ehe sich in einer Krise befindet, andererseits aber noch offen ist, ob die Schwierigkeiten überwunden werden können und die weitere Entwicklung zur Heilung oder zum endgültigen Scheitern der Ehe führt. Für diese Situation ergibt sich daraus, daß die Neuregelung das Trennungsverschulden als Tatbestandsmerkmal aufgegeben hat, keine negative Auswirkung auf den Bestand der Ehe. Im Gegenteil kann gerade die nähere Erforschung der Trennungsursachen und des Verschuldens dazu verleiten, zur Begründung oder Abwehr des Unterhaltsanspruchs Vorwürfe gegen den anderen Ehegatten zu erheben. Die hierdurch häufig verstärkte beiderseitige Verbitterung und Verhärtung der entgegengesetzten Standpunkte können die Aussichten einer Heilung der Ehe erheblich vermindern und das endgültige Scheitern der Ehe fördern.

135c) FamRZ 85/376, 378 = NJW 85/1345, 1347

(BGH zum Anspruch auf Trennungsunterhalt bei langjährigem Getrenntleben sowie zur Berücksichtigung einer nach der Trennung aufgenommenen Erwerbstätigkeit)

Daß das OLG den geltend gemachten Unterhaltsanspruch nicht als verwirkt angesehen hat, ist entgegen der Ansicht der Revision aus Rechtsgründen nicht zu beanstanden. Hierzu weist die Revisionserwiderung zutreffend auf die Senatsrechtsprechung hin, wonach für den Anspruch auf laufenden Unterhalt, um den es im Abänderungsverfahren allein geht (§ 323 III ZPO), neben den unterhaltsrechtlichen Bestimmungen über den Verlust des Unterhaltsanspruchs die allgemeinen Regeln über die Verwirkung von Ansprüchen keine eigenständige Bedeutung haben (FamRZ 1982, 898). Daß die Kl. im landgerichtl. Verfahren den Schriftsatz v. 27. 6. 1957 mit der eingangs wiedergegebenen Erklärung eingereicht und seitdem ca. 25 Jahre lang einen Unterhaltsanspruch nicht geltend gemacht hat, kann den für den Trennungsunterhalt in Betracht kommenden Ausschlußtatbestand des § 1361 III i. V. mit § 1579 I Nr. 4 BGB nicht rechtfertigen.

Zur Bestimmung der gegenwärtigen ehel. Lebens- sowie der Erwerbs- und Vermögensverhältnisse der Parteien i. S. von § 1361 I S. 1 BGB hat das OLG ausgeführt, daß dafür zwar grundsätzlich nicht nur die bei der Trennung erreichten, sondern auch die sich später entwickelnden Verhältnisse wesentlich seien. Angesichts des mehr als 30jährigen Getrenntlebens der Parteien sei jedoch davon abzuweichen, weil diese lange Trennungsdauer dazu geführt habe, daß sich die wirtschaftlichen Verhältnisse der Parteien verselbständigt hätten. Das OLG ist davon ausgegangen, daß die für die Unterhaltsbemessung maßgebenden Verhältnisse allein durch das Einkommen des Bekl. bestimmt würden, weil den Ehegatten bei einem Fortbestand der ehel. Lebensgemeinschaft ,,zu den Bedingungen des Jahres 1951" dieses Einkommen zur Verfügung stände.

Diese Ausführungen veranlassen den Hinweis auf die – nach Erlaß des Berufungsurteils – ergangene Senatsentscheidung v. 23. 11. 1983 (*BGHZ* 89, 108 = FamRZ 1984, 149), wonach bei einer nach der Trennung aufgenommenen, einer Erwerbsobliegenheit nach § 1361 II BGB entsprechenden Erwerbstätigkeit eines Ehegatten die Berücksichtigung der daraus resultierenden Einkünfte bei der Bestimmung der ehel. Lebensverhältnisse davon abhängt, ob die Aufnahme der Erwerbstätigkeit in der Ehe angelegt war und damit auch ohne die Trennung erfolgt wäre. Ist das zu bejahen, so sind diese Einkünfte zu berücksichtigen, ohne daß der Dauer des Getrenntlebens insoweit noch Bedeutung beigemessen werden könnte. Der Anspruch auf Trennungsunterhalt nach § 1361 I S. 1 BGB ist grundsätzlich nicht davon abhängig, in welchem Maß die Ehegatten im Einzelfall ihre beiderseitigen Einkünfte für den Unterhalt des anderen und für eine gemeinsame Lebensführung verwendet haben. Es kommt nicht darauf an, inwieweit die Ehegatten die Lebensgemeinschaft verwirklicht und ihre beiderseitigen – auch wirtschaftlichen – Lebensdispositionen aufeinander abgestimmt haben. Demgemäß hat der Senat einen Anspruch auf Trennungsunterhalt auch dann bejaht, wenn die Ehegatten zu keinem Zeitpunkt ihres Zusammenlebens eine wirtschaftliche Gemeinschaft gebildet, sondern mit getrennten Kassen gelebt haben (vgl. Senatsurteil v. 21. 4. 1982 – IVb ZR 693/80 – nicht veröffentlicht), oder sogar, wenn sie von Anfang an getrennt gelebt haben (FamRZ 1982, 573). Ferner hat er in der letztgenannten Entscheidung dargelegt, daß es nicht zulässig ist, die von Anfang an bestehende Trennung der Ehegatten zur Rechtfertigung eines Ausschlusses oder einer Herabsetzung des Unterhaltsanspruchs nach § 1361 III i. V. mit § 1579 I Nr. 4 BGB heranzuziehen (a. a. O., S. 575). Ebensowenig kann auch im vorliegenden Fall in der Dauer des Getrenntlebens ein rechtfertigender Grund zur Kürzung des Unterhaltsanspruchs erblickt oder sonst ein Anlaß gesehen werden, durch ein abweichendes Verständnis der Bemessungskriterien den Trennungsunterhalt niedriger zu bemessen.

136. BGH zur Erwerbsobliegenheit und Bedürftigkeit beim Trennungsunterhalt

136a) FamRZ 81/1159, 1160 = NJW 81/2804, 2805

(Zur Fortsetzung einer bereits während der Ehe trotz Kindesbetreuung ausgeübten Erwerbstätigkeit)

Ein Anspruch auf Getrenntlebensunterhalt steht nach allgemeiner Auffassung nur demjenigen zu, der sich aus den einzusetzenden Eigenmitteln nicht nach dem Maßstab des § 1361 I S. 1 BGB angemessen zu unterhalten vermag, der also in diesem Sinne bedürftig ist. Fehlt es an der Bedürftigkeit, so scheidet ein Unterhaltsanspruch des getrenntlebenden Ehegatten aus, mag auch der andere Ehegatte über größere Mittel verfügen. Liegt Bedürftigkeit des einen vor, so steht diesem ein Unterhaltsanspruch zu, wenn der andere Ehegatte Mittel zur Verfügung hat, die höher sind als der eigene Lebensbedarf, Mittel also, die ihn leistungsfähig machen.

Im Rahmen dieser von Gesichtspunkten des Verschuldens an der Trennung der Parteien und des Rechts zum Getrenntleben befreiten Unterhaltsregelung schützt § 1361 II BGB den nicht erwerbstätigen Ehegatten davor, auf die Aufnahme einer unzumutbaren Arbeit verwiesen zu werden. Das soll nur dann geschehen, wenn eine eigene Erwerbstätigkeit von ihm nach seinen persönlichen Verhältnissen, insbesondere wegen einer früheren Erwerbstätigkeit unter Berücksichtigung der Dauer der Ehe, und nach den wirtschaftlichen Verhältnissen beider Ehegatten erwartet werden kann.

Bei der Anwendung dieser Vorschrift auf Ehegatten – im Regelfall: Ehefrauen –, die minderjährige Kinder pflegen und erziehen, hat sich in jüngerer Zeit in der Rechtsprechung die Auffassung durchgesetzt, daß schulpflichtige Kinder den sie betreuenden Elternteil nicht ohne weiteres an der Aufnahme jeglicher Beschäftigung hindern, eine Teilzeitarbeit bis hin zur Halbtagsbeschäftigung nach den Umständen des Einzelfalls vielmehr im Regelfall zumutbar sein wird, weil die Kinder einen Teil des Tages durch die Schule in Anspruch genommen werden und in dieser Zeit keiner Versorgung bedürfen (FamRZ 1979, 571, 572 = NJW 1979, 1452, 1453 m. w. N.; FamRZ 1981, 17 m. w. N., FamRZ 1981, 752). Eine entsprechende Beurteilung hat die Zumutbarkeit der Aufnahme eigener Erwerbstätigkeit trotz Erziehung und Pflege schulpflichtiger Kinder bei dem Anspruch auf Scheidungsunterhalt nach altem Recht gefunden (FamRZ 1980, 40, 42; FamRZ 1980, 771, 772 = NJW 1980, 2081, 2082, FamRZ 1981, 541).

Ist danach selbst solchen Kinder betreuenden Ehegatten, die nicht erwerbstätig waren, die Aufnahme einer Teilzeitbeschäftigung nach den Umständen des Falles zugemutet worden, so ist es umso eher möglich, „nach den Erwerbsverhältnissen der Ehegatten" (§ 1361 I S. 1 BGB) die Zumutbarkeit der *Fortsetzung einer bereits ausgeübten Arbeit* zu bejahen. Dies wird insbesondere dann angenommen werden können, wenn damit eine in der Ehe trotz der Belastung durch die zunächst noch kleinen Kinder beibehaltene Berufstätigkeit im lediglich gleichen Umfange fortgeführt wird. Dieser Gesichtspunkt wird es auch rechtfertigen, die Zumutbarkeit der Fortsetzung der Lehrertätigkeit hier nicht daran scheitern zu lassen, daß die jüngere der Töchter nach dem Parteivortrag erst Mitte 1979 eingeschult worden ist und vorher halbtägig einen Kindergarten besucht hat. Eine freien Willens – also nicht aus Not wegen unzureichender Versorgung durch den unterhaltspflichtigen Ehegatten – aufgenommene Tätigkeit sollte im allgemeinen Anlaß zu der Frage sein, ob nicht die Grenzen des Zumutbaren zunächst zu eng gezogen worden sind. Die Ausübung einer Berufstätigkeit kann ein bedeutsames Indiz für die vorhandene tatsächliche Arbeitsfähigkeit sein.

Es ist jedenfalls aus Rechtsgründen nicht zu billigen, daß das OLG in Anwendung von Ziff. 31 der *Hammer Richtlinien* ohne weiteres davon ausgeht, daß die Kl. zu einer Berufstätigkeit nicht verpflichtet sei, da sie nach Ziff. 23 dieser Richtlinien ihren Kindern gegenüber, weil nicht barunterhaltspflichtig, nicht arbeitspflichtig sei. Daß der Kl. auch ihrem Ehemann gegenüber nicht die Verpflichtung obliege, ihren Lebensunterhalt selbst zu verdienen, kann den Grundsätzen zur Anwendung des § 1606 III S. 2 BGB nicht entnommen werden. Denn diese regeln nur die Frage, ob der Ehegatte, der die Kinder pflegt und erzieht, ihnen auch noch Barunterhalt schuldet und deshalb *ihnen gegenüber* verpflichtet ist, einer Erwerbstätigkeit nachzugehen oder aus einer Erwerbstätigkeit erzielte Einkünfte für den Barunterhalt der Kinder einzusetzen. Wenn die Kl. im Verhältnis zu den von ihr betreuten Kindern keine Verpflichtung zum Barunterhalt und damit zu einer Erwerbstätigkeit trifft, folgt daraus noch nicht, daß sie auch hinsichtlich ihrer eigenen Unterhaltsansprüche gegen den Bekl. von der Obliegenheit freigestellt wäre, ihren Unterhalt ganz oder teilweise durch eine an sich zumutbare Erwerbstätigkeit selbst zu decken (FamRZ 1981, 541, 543, zum Falle einer Unterhaltsverpflichtung nach §§ 58ff. EheG). Insoweit gelten nicht die Maßstäbe des § 1606 BGB, die nur für die Frage der Barunterhaltspflicht gegenüber den Kindern bestimmend sind, sondern die für den Trennungs- bzw. Geschiedenenunterhalt aufgestellten Regeln des Gesetzes.

136b) FamRZ 83/146, 147, 149 = NJW 83/933, 934, 936

(Zur Erwerbsobliegenheit bei Betreuung von 3 Kindern und zur Unterhaltsbemessung)

Das OLG hat sowohl für die Zeit der Trennung als auch für die Zeit nach Rechtskraft des Scheidungsurteils die Unterhaltsbedürftigkeit der Kl. bejaht. Es hat die Auffassung vertreten, daß die Arbeitseinkünfte der Kl. nicht in vollem Umfang anzurechnen seien, weil eine Erwerbstätigkeit von der Kl. wegen der Betreuung der drei minderjährigen Kinder nicht erwartet werden könne.

Gegen die Beurteilung der Erwerbstätigkeit der Kl. als unzumutbare berufliche Leistung wendet sich die Revision ohne Erfolg. Allerdings hat der *BGH* zur Frage der Erwerbsobliegenheit getrennt lebender und vor allem gesch. Ehegatten wiederholt entschieden, daß schulpflichtige minderjährige Kinder den betreuenden Elternteil nicht ohne weiteres an der Aufnahme jeglicher Beschäftigung hindern, vielmehr nach den Umständen des Einzelfalles eine Teilzeitarbeit bis hin zur Halbtagsbeschäftigung in Betracht kommt (FamRZ 1981, 1159, 1160f., FamRZ 1982, 148, 149f. m. w. N.). Erst recht ist die Zumutbarkeit einer derartigen Erwerbstätigkeit zu bejahen, wenn diese bereits in der Ehe neben der Kindesbetreuung ausgeübt worden ist und es darum geht, ob die Tätigkeit beizubehalten ist. So hat der *Senat* einem Fall, in dem die Mutter zwei Kinder im Alter von 11 und knapp 7 Jahren zu betreuen hatte, aber schon vor der Trennung mit halber Arbeitskraft als Lehrerin tätig gewesen war und diese Tätigkeit nach der Trennung fortgesetzt hatte, die Beibehaltung dieser Tätigkeit für zumutbar erachtet (FamRZ 81/1159, 1160). Er hat ausgeführt, daß eine Erwerbstätigkeit, die nicht aus Not wegen unzureichender Versorgung durch den unterhaltspflichtigen Ehegatten, sondern aus freien Stücken aufgenommen wird, im allgemeinen Anlaß zu der Frage ist, ob nicht die Grenzen des Zumutbaren zunächst zu eng gezogen worden sind. Die Ausübung der Berufstätigkeit kann in diesem Zusammenhang ein bedeutsames Indiz sein (a. a. O., S. 1161).

Mit diesen Grundsätzen steht die Beurteilung des OLG indessen nicht in Widerspruch. Dieses hat zunächst zu Recht hervorgehoben, daß es hier drei Kinder im schulpflichtigen Alter sind, die die Kl. zu versorgen hat. Darüber hinaus ist die Arbeitsaufnahme der Kl. erst erfolgt, als der Bekl. aus der ehel. Wohnung ausgezogen war und die Trennung der Parteien vollzogen hatte. Daß aus der Tatsache der bis 1975 erfolgten Mitarbeit der Kl. im Betrieb des Bekl. keine Schlüsse auf die Zumutbarkeit der 1978 aufgenommenen, schließlich ganztägig ausgeübten Erwerbstätigkeit und ihrer Fortsetzung gezogen werden können, hat das OLG vor allem unter Hinweis darauf dargelegt, daß die Kl. jene Mitarbeit umfangs- und zeitmäßig selbst habe gestalten und mit ihren Pflichten als Hausfrau und Mutter habe abstimmen können, so daß diese Tätigkeit mit der später aufgenommenen Berufstätigkeit an einem fremden Arbeitsplatz nicht vergleichbar sei. Wenn das OLG unter diesen Umständen zu dem Ergebnis gelangt ist, daß die von der Kl. erzielten Arbeitseinkünfte aus einer Erwerbstätigkeit resultieren, die von ihr nicht erwartet werden kann, so ist das revisionsrechtlich nicht zu beanstanden.

Bei der Bemessung des Trennungsunterhalts hat das OLG dem einzusetzenden Einkommen des Bekl., das es in rechtlich nicht zu beanstandender Weise mit monatlich 2349,04 DM festgestellt hat, das monatl. Einkommen der Kl. einschließlich der zur Anrechnung herangezogenen Hälfte des Verdienstes aus unzumutbarer Erwerbstätigkeit (½ von 1381,65 DM zuzüglich 300 DM) gegenübergestellt und den Unterhalt im Wege der Differenzmethode mit 45% des Unterschiedsbetrages berechnet. Damit hat es bei den Lebensverhältnissen der Ehegatten, nach denen sich der Unterhaltsbedarf gemäß § 1361 I S. 1 BGB bemißt, die Summe des beiderseitig angesetzten Einkommens zugrunde gelegt. Soweit damit auf seiten der Kl. auch die Einkünfte aus unzumutbarer Erwerbstätigkeit – wenn auch nur zur Hälfte – einbezogen sind, bestehen dagegen die gleichen Bedenken wie gegen die Heranziehung dieser Einkünfte bei der Bemessung des nachehelichen Unterhalts.

136c) FamRZ 81/752, 754 = NJW 81/1782, 1783

(Keine Unterhaltsansprüche bei nichtehelichen Lebensgemeinschaft)

Erfolglos bleibt auch die Rüge der Revision, das OLG habe nicht geprüft, ob eine Unterhaltsbedürftigkeit der Kl. durch einen Unterhaltsanspruch gegen ihren neuen Lebensgefährten oder dessen tatsächliche Unterstützungsleistung in vollem Umfange beseitigt werde. In seinen Entscheidungen v. 26. 9. 1979 (FamRZ 1980, 41) und 23. 4. 1980 (FamRZ 1980, 668) hat der *BGH* sich mit den von der Revision in diesem Zusammenhang herangezogenen Vorschriften der §§ 16, 122 BSHG auseinandergesetzt und die aus ihnen abzuleitende Rechtsvermutung als nicht geeignet befunden, das Problem der eheähnlichen Verbindungen im Rahmen des ehel. Unterhaltsrechts zu lösen. In diesen Entscheidungen ist ferner ausgeführt worden, daß durch eine eheähnliche Gemeinschaft als solche Rechtsansprüche, insbesondere auf Unterhalt, zwischen den Partnern nicht begründet werden.

136d) FamRZ 84/356, 357 = NJW 84/1537, 1538

(Zur Unterhaltsbemessung nach den ehelichen Lebensverhältnissen sowie zur Differenz- und Anrechnungsmethode bei Einkommen aus Versorgungsleistungen für den neuen Partner)

Das OLG hat die Bekl. dem Grunde nach für berechtigt gehalten, von dem Kl. Unterhalt zu verlangen (für die Zeit bis zur Rechtskraft des Scheidungsurteils gemäß § 1361 I S. 1 und II BGB, für die Folgezeit gemäß §§ 1570, 1578 I BGB), weil von ihr wegen der Pflege oder Erziehung des gemeinschaftlichen Kindes eine Erwerbstätigkeit nicht erwartet werden könne. Die Bedürftigkeit der Bekl. entfalle jedoch, soweit ihr ein eigenes Einkommen zuzurechnen sei. Unter diesem Gesichtspunkt müsse sie sich monatlich 650 DM anrechnen lassen, die sie von ihrem jetzigen Partner teils in bar für die Haushaltsführung und im übrigen durch Wohnungsgewährung erhalte.

In diesem Ausgangspunkt läßt das angefochtene Urteil einen Rechtsfehler nicht erkennen. Insbesondere ist nicht zu beanstanden, daß das OLG der Bekl. zur weiteren Behebung ihrer Bedürftigkeit keine Erwerbstätigkeit angesonnen hat. Nach der Rechtsprechung des *Senats* besteht regelmäßig keine Erwerbsobliegenheit des getrennt lebenden oder gesch. Ehegatten, der ein gemeinschaftliches Kind im Alter von weniger als acht Jahren zu betreuen hat (FamRZ 1983, 456, 458). Besonderheiten, die eine abweichende Beurteilung erlauben, sind hier nicht ersichtlich.

Es bedarf zunächst einer Feststellung des nach den ehel. Lebensverhältnissen angemessenen Unterhaltsbedarfs der Bekl., die das OLG bisher noch nicht getroffen hat. Dabei wird auch zu prüfen sein, ob die ehel. Lebensverhältnisse bereits dadurch nachhaltig geprägt worden waren, daß der Kl. aus gesundheitlichen Gründen seinen Beruf als Fernfahrer hatte aufgeben müssen und die Möglichkeiten seiner künftigen Erwerbstätigkeit sowie deren Ertrag unsicher geworden waren. Es ist nicht auszuschließen, daß sich danach Unterhaltsbeträge ergeben, die unter Berücksichtigung der anzurechnenden Einkünfte der Bekl. unter denjenigen liegen, die in dem angefochtenen Urteil angenommen worden sind.

Die vom OLG zur Unterhaltsbemessung unter Billigkeitsgesichtspunkten herangezogenen sog. *Differenzmethode* erscheint im vorliegenden Fall nicht geeignet, um den Unterhaltsanspruch der Bekl. zu errechnen. Die Differenzmethode beruht auf der Vorstellung, daß beide Ehegatten mit ihrem Einkommen zum ehel. Lebensstandard beigetragen haben. Der so bemessene Unterhalt des Berechtigten geht daher von einem Bedarf aus, wie er durch die ehel. Lebensverhältnisse in einer Doppelverdienerehe bestimmt wird (FamRZ 1981, 539). Sind hingegen die ehel. Lebensverhältnisse allein von den Einkünften nur eines Ehegatten geprägt worden, trifft schon der Ausgangspunkt der Differenzmethode nicht mehr zu. Demgemäß hat der *Senat* sie im Falle einer erst nach der Scheidung einsetzenden Erwerbstätigkeit des anderen Ehegatten für unanwendbar gehalten (FamRZ 81/539). Wenn wie im vorliegenden Fall dem unterhaltsberechtigten Ehegatten Einkünfte deshalb zugerechnet werden, weil er einem neuen Partner den Haushalt führt und von ihm Unterkunft erhält, berührt dies die ehel. Lebensverhältnisse selbst dann nicht, wenn eine solche Entwicklung schon vor der Scheidung eingesetzt hat (FamRZ 1984, 149). Für die Unterhaltsbemessung kann daher auch hier nur von dem Einkommen des während der Ehe allein erwerbstätigen Kl. ausgegangen werden. Sofern dieses nach Quoten aufgeteilt wird, bietet es sich an, von dem auf diese Weise gebildeten Anteil der unterhaltsberechtigten Bekl. jenen Betrag abzuziehen, den sie sich nach den rechtsfehlerfrei getroffenen Feststellungen des OLG wegen der Wirtschaftsgemeinschaft mit ihrem jetzigen Partner zurechnen lassen muß (sog. *Anrechnungsmethode*). Das Ergebnis dieser Bemessungsweise ist jedoch wie stets vom Tatrichter auf seine Angemessenheit zu überprüfen (FamRZ 1982, 255).

137. BGH zur Unterhaltsbemessung, Mindestbedarfssätzen, angemessene Erwerbstätigkeit, Prozeßkostenvorschriftspflicht und Erwerbsobliegenheit

137a) FamRZ 84/356, 357 = NJW 84/1537, 1538

(zu Mindestrichtsätzen für angemessenen Eigenbedarf des Berechtigten)

Der Unterhalt eines getrennt lebenden oder geschiedenen Ehegatten kann nicht nach einem Mindestrichtsatz für den angemessenen Eigenbedarf eines volljährigen Unterhaltsberechtigten bemessen werden, wenn dieser nicht den maßgeblichen ehelichen Lebensverhältnissen entspricht. (L.S.)

Die Auffassung des OLG, der volle Unterhalt der Bekl. bemesse sich nach dem Betrag, der in der Düsseldorfer Tabelle als regelmäßiger Mindestbetrag für den angemessenen Eigenbedarf eines unterhaltsberechtigten Ehegatten ausgewiesen ist, steht nicht im Einklang mit der gesetzlichen Regelung. Nach dieser kann der getrennt lebende Ehegatte von dem anderen den „nach den Lebensverhältnissen und den Erwerbs- und Vermögensverhältnissen der Ehegatten angemessenen Unterhalt" verlangen (§ 1361 I S. 1 BGB); das Maß des Unterhalts für den gesch. Ehegatten bestimmt sich nach den „ehelichen Lebensverhältnissen" (§ 1578 I BGB), die sich inhaltlich mit jenen i. S. des § 1361 I BGB decken. Die für die Höhe eines Unterhaltsanspruchs danach maßgebenden ehel. Lebensverhältnisse werden im wesentlichen von dem in der Ehe verfügbaren Einkommen geprägt (FamRZ 1983, 886 m. w. N.). Geht nur einer der beiden Ehegatten einer Erwerbstätigkeit nach, bestimmt regelmäßig dessen Einkommen den Lebensstandard, an dem beide Ehepartner grundsätzlich in gleicher Weise teilnehmen.

Damit ist es nicht zu vereinbaren, in einem Fall wie dem vorliegenden – in dem nach den Feststellungen des OLG im Zeitpunkt der Scheidung das verteilungsfähige Einkommen des Kl. auf etwa

1050 DM abgesunken war – den eheangemessenen Unterhalt eines getrennt lebenden oder gesch. Ehegatten ohne weiteres nach einem generell zu ermittelnden Mindestlebensbedarf für Volljährige und damit nach Richtsätzen zu bemessen, wie sie in den von der Praxis verwendeten Tabellen für den angemessenen Unterhalt eines Unterhaltsberechtigten angegeben sind (FamRZ 1981, 241).

137b) FamRZ 81/752, 754 = NJW 81/1782, 1784

(Unterhaltsbemessung bei Aufnahme eines Halbtagsarbeit nach der Trennung)

Nach § 1361 I S. 1 BGB bemißt sich der Unterhaltsbedarf nach den Lebensverhältnissen der Ehegatten. Wie die von ihm angewandte sog. Differenzmethode (FamRZ 1979, 692 = NJW 1979, 1985) zeigt, hat das OLG bei der Ermittlung dieser Lebensverhältnisse die Summe des von beiden Parteien erzielten oder doch erzielbaren Einkommens zugrunde gelegt. Denn diese Methode geht davon aus, daß in einer Ehe, in der beide Ehegatten einer Erwerbstätigkeit nachgehen, die Lebensverhältnisse regelmäßig von dem beiderseitigen Einkommen bestimmt werden (FamRZ 1980, 876, 877; FamRZ 1981, 539). Von einer solchen Gestaltung der ehel. Lebensverhältnisse kann jedoch im vorliegenden Fall nicht ohne weiteres ausgegangen werden. Das ergibt sich allerdings nicht schon daraus, daß das OLG eine Verpflichtung der Kl. zur Aufnahme einer Halbtagsarbeit erst für die Zeit nach der Trennung der Parteien festgestellt hat, während diese vorher im Einverständnis mit dem Bekl. einer Erwerbstätigkeit nicht nachgegangen war. Denn wie der erkennende Senat für den nachehelichen Unterhaltsanspruch ausgesprochen hat, sind grundsätzlich die ehel. Lebensverhältnisse nicht im Zeitpunkt der Trennung der Eheleute, sondern der Scheidung maßgebend (FamRZ 1980, 770). An einer Entwicklung der Lebensverhältnisse von der Trennung bis zur Scheidung nimmt der unterhaltsberechtigte Ehegatte daher in aller Regel teil (FamRZ 81/211).

Im vorliegenden Fall hat das OLG aber ein Einkommen der Kl. in Höhe von 850 DM allein deshalb berücksichtigt, weil sie sich gemäß § 1361 II BGB darauf verweisen lassen müsse, durch Halbtagsarbeit ihren Unterhalt (teilweise) selbst zu verdienen. Der Unterhalt, den der getrenntlebende Ehegatte nach näherer Maßgabe des Gesetzes selbst zu verdienen hat, ist jedoch derselbe, der sich nach Abs. I der Vorschrift nach den Lebensverhältnissen der Ehegatten bemißt. Dieser war bis zur Trennung der Parteien allein durch das Einkommen des Bekl. (und in geringem Umfang durch das Pflege- und Kindergeld für das Pflegekind) bestimmt worden. Die Auffassung des OLG würde – durch Hinzurechnung des von der Kl. erzielbaren Einkommens – allein deshalb zu einer Verbesserung dieser Lebensverhältnisse führen, weil sie sich nach § 1361 II BGB auf Eigenverdienst verweisen lassen muß. Das wäre mit der gesetzlichen Regelung nicht zu vereinbaren. Die dem angefochtenen Urteil zugrunde liegende Beurteilung der ehel. Lebensverhältnisse der Parteien kann daher mit der bisherigen Begründung nicht bestehen bleiben; vielmehr bedarf es insoweit neuer tatrichterlicher Feststellungen.

Auf den Unterhaltsbedarf, der sich aus den festzustellenden ehel. Lebensverhältnissen ergibt, muß die Kl. sich den Verdienst aus einer Erwerbstätigkeit, die nach § 1361 II BGB von ihr erwartet werden kann, anrechnen lassen. Da das OLG offengelassen hat, ob sie tatsächlich eine entsprechende Arbeitsstelle finden konnte oder nicht, ist zugunsten des Bekl. für dieses Revisionsverfahren davon auszugehen, daß sie durch Halbtagsarbeit das vom OLG für erzielbar gehaltene Einkommen tatsächlich erzielen konnte. Unter diesen Umständen ist nicht auszuschließen, daß ihr gegen den Bekl. kein Unterhaltsanspruch verbleibt oder nur ein Anspruch in geringerer Höhe, als das OLG ihr zuerkannt hat. Das angefochtene Urteil kann daher keinen Bestand haben. Zur Nachholung der weiter erforderlichen tatrichterlichen Feststellungen ist die Sache an das OLG zurückzuverweisen.

137c) FamRZ 84/148, 149 = NJW 84/291, 292

(Prozeßkostenvorschußpflicht bei Trennungs- und Scheidungsunterhalt sowie Nichtidentität der Ansprüche)

§ 1360a IV BGB knüpft die gegenseitige Vorschußpflicht an den Bestand der Ehe und ordnet sie – wie die Einfügung der Vorschrift in die Bestimmungen über den Familienunterhalt erkennen läßt – dem Pflichtenkreis der Ehegatten während ihres Zusammenlebens zu. Aus der Anordnung einer entsprechenden Anwendung des § 1360a IV BGB gemäß § 1361 IV S. 4 BGB folgt, daß der Gesetzgeber davon ausgegangen ist, die Vorschrift könne bereits im Falle des Getrenntlebens der Ehegatten nicht mehr unmittelbar angewendet werden. Dies hat erst recht für das Rechtsverhältnis zwischen früheren Ehegatten nach der Auflösung ihrer Ehe zu gelten. Das Unterhaltsrecht für gesch. Ehegatten, das durch die §§ 1569ff. BGB in der Fassung des 1. EheRG vollkommen neu gestaltet worden ist, enthält jedoch zu keinem der eine Unterhaltspflicht auslösenden Tatbestände eine Bestimmung, die eine entsprechende Anwendung des § 1360a IV BGB vorschreibt. Eine solche läßt sich auch der neugestalteten verfahrensrechtlichen Behandlung einer Verpflichtung zur Leistung des PKV nicht entnehmen (vgl. §§ 127a, 620 Nr. 9, 621 I Nr. 5 ZPO). Denn die Verfahrensvorschriften setzen den Bestand eines materiell-rechtlichen Anspruchs voraus.

Die in Frage stehende Verpflichtung läßt sich auch nicht unmittelbar aus der Bestimmung des § 1578 I S. 2 BGB herleiten, wonach der Unterhaltsanspruch des gesch. Ehegatten den gesamten Lebensbedarf umfaßt. Mit diesem Begriff wird inhaltlich nichts anderes als das umschrieben, was auch sonst im Unterhaltsrecht das Maß des geschuldeten angemessenen Unterhalts ausmacht (FamRZ 1983, 29, 30 m. w. N.). Der gleiche Begriff des Unterhalts liegt auch den Regelungen in § 1360a I BGB für den Familienunterhalt und in § 1361 I BGB für den Trennungsunterhalt zugrunde. In beiden Vorschriften wird der Anspruch auf einen PKV jedoch ausdrücklich daneben erwähnt. Deshalb läßt sich aus der Fassung des § 1578 BGB, der sich zur Vorschußpflicht weder unmittelbar noch durch Verweisung verhält, eher schließen, daß der Gesetzgeber einen solchen Anspruch dem gesch. Ehegatten gerade nicht gewähren wollte. So bestehen, wie der *Senat* bereits in seiner eine Anspruchsidentität ablehnenden Entscheidung näher ausgeführt hat, zwischen der Unterhaltspflicht während der Ehe und derjenigen nach der Scheidung wesentliche Unterschiede (FamRZ 1984, 242, 243 m. w. N.; FamRZ 1980, 1099 zum früheren Recht). Während der Ehe tragen die Ehegatten füreinander eine gesteigerte Verantwortung, die über die Sicherstellung des angemessenen Unterhalts (§ 1360a I BGB) hinausgreift. Nach einer Scheidung hat dagegen grundsätzlich jeder für seinen Unterhalt selbst zu sorgen (§ 1569 BGB). Eine nacheheliche Unterhaltspflicht tritt nur noch als Nachwirkung früherer Verantwortung unter besonderen, enumerativ genannten Voraussetzungen ein (§§ 1570ff. BGB). Die Verpflichtung, dem anderen Ehegatten Prozeßkosten vorzuschießen, trägt aber ersichtlich dem Gedanken der Mitverantwortung Rechnung, der sich aus der Ehebindung ergibt. Nur so läßt es sich vertreten, einem Ehegatten zuzumuten, sogar eine gegen ihn selbst gerichtete Prozeßführung des anderen durch zusätzliche Vermögensopfer im Wege eines – in den meisten Fällen letztlich verlorenen – Vorschusses zu finanzieren. Dabei trifft selbst in Familiengemeinschaft zusammenlebende Ehegatten die Vorschußpflicht nur unter der doppelten Voraussetzung, daß der Rechtsstreit eine persönliche Angelegenheit des Berechtigten betrifft und die Leistung der Billigkeit entspricht.

Eine entsprechende Anwendung des § 1360a IV BGB auf andere Unterhaltsrechtsverhältnisse kann danach – außer in dem vom Gesetzgeber selbst geregelten Fall des Trennungsunterhalts – allenfalls dort in Betracht gezogen werden, wo die unterhaltsrechtliche Beziehung ebenfalls Ausdruck einer besonderen – Verantwortung des Verpflichteten für den Berechtigten ist, die derjenigen von Ehegatten vergleichbar ist. So könnte es etwa im Verhältnis von Eltern zu ihren minderjährigen, unverheirateten Kindern sein, ohne daß hier jedoch darüber zu entscheiden wäre. Im vorliegenden Fall fehlt es an der danach erforderlichen Voraussetzung, weil mit der Scheidung die unterhaltsrechtlichen Beziehungen der Parteien auf eine neue Grundlage gestellt sind, die vom Prinzip der Eigenverantwortung jedes früheren Ehegatten geprägt wird.

137d) FamRZ 84/149, 150 = NJW 84/292, 293

(Erwerbsobliegenheit bei Betreuung eines 16jährigen Kindes und Einkommensanrechnung bei Auswertung einer Halbtagstätigkeit auf eine Vollerwerbstätigkeit nach der Trennung)

§ 1361 II BGB verweist den getrennt lebenden Ehegatten darauf, „seinen Unterhalt" durch eine Erwerbstätigkeit selbst zu verdienen, wenn ihm dies nach den gegebenen Verhältnissen zumutbar ist. Diese Regelung gilt auch für solche Fälle, in denen der Ehegatte vor der Trennung im Einverständnis des anderen Ehepartners keiner oder nur einer eingeschränkten Erwerbstätigkeit nachgegangen war und bei Fortsetzung des Zusammenlebens in intakter Ehe die Erwerbstätigkeit nicht aufgenommen oder ausgeweitet hätte. Dem getrennt lebenden Ehegatten wird insoweit nach der Trennung eine gesteigerte Eigenverantwortung auferlegt, seinen Unterhaltsbedarf durch die Aufnahme oder Ausweitung einer Erwerbstätigkeit selbst zu decken. Wenn ein Ehegatte in einem solchen Fall dieser Obliegenheit nachkommt, kann dies nicht gleichzeitig zur Folge haben, daß die Einkünfte aus der Erwerbstätigkeit auch die ehel. Lebensverhältnisse und damit das Maß des Unterhalts mitbestimmen; insoweit ist an den Ausführungen des *Senats*urteils v. 20. 5. 1981 (FamRZ 1981, 752, 754f.) festzuhalten. Andererseits schließt das Bestehen einer Erwerbsobliegenheit nach § 1361 II BGB nicht aus, daß die Erwerbstätigkeit zugleich den ehel. Lebensverhältnissen entspricht und danach auch auf das Maß des Unterhalts von Einfluß ist. Es müßte auf Unverständnis stoßen, wenn bei der Bestimmung der ehel. Lebensverhältnisse ein Einkommen aus einer schon während des Zusammenlebens der Eheleute geplanten oder doch vorauszusehenden Erwerbstätigkeit nur deshalb außer Betracht bleiben sollte, weil es nicht erst nach, sondern schon vor der Aufnahme oder Ausweitung der Erwerbstätigkeit zur Trennung gekommen ist.

Der Ehemann war nach der Trennung unverändert in derselben beruflichen Stellung wie vorher erwerbstätig. Die Ehefrau hat zwar ihre Halbtagstätigkeit als Verwaltungsangestellte während des Getrenntlebens zu einer Ganztagstätigkeit ausgeweitet. Dies geschah jedoch, nachdem ihre Tochter 16 Jahre alt geworden war. Das Heranwachsen eines Kindes in dieses Alter eröffnet dem das Kind betreuenden Elternteil in aller Regel die Möglichkeit, eine Vollzeitbeschäftigung aufzunehmen, von der auch vielfach Gebrauch gemacht wird. Wenn auch hier die bereits halbtags berufstätig gewesene

Ehefrau diese Möglichkeit genutzt hat, kann darin weder eine unerwartete, vom Normalverlauf erheblich abweichende Entwicklung noch die Aufnahme einer unzumutbaren Tätigkeit gesehen werden (FamRZ 1982, 360, 361).

Nach diesen Grundsätzen kann das angefochtene Urteil keinen Bestand haben. Bei Anwendung der Differenzmethode, die als solche aus Rechtsgründen nicht zu beanstanden ist, ist nicht von den Einkünften auszugehen, die die Ehegatten im Zeitpunkt der Trennung bezogen haben. Vielmehr ist die weitere Einkommensentwicklung bei beiden Ehegatten zu berücksichtigen. Auf seiten der Ehefrau bedarf es dabei der Prüfung, ob sie ihre Halbtagstätigkeit auch ohne die Trennung zu einer Ganztagstätigkeit ausgeweitet hätte. Das OLG hat insoweit zwar ausgeführt, daß die Ehefrau erst infolge der Trennung und mit Blick auf die bevorstehende Scheidung ihre Erwerbstätigkeit ausgebaut habe. Indessen läßt das Berufungsurteil nicht erkennen, daß es sich dabei um das Ergebnis einer Würdigung der Umstände des Einzelfalles handelt. In diesem Zusammenhang ist, wie die Revision zu Recht geltend macht, insbesondere der Umstand von Bedeutung und in die tatrichterliche Würdigung einzubeziehen, daß die Ausweitung der – bereits seit mehreren Jahren ausgeübten – Halbtagsbeschäftigung zu einer Ganztagstätigkeit erfolgte, nachdem dies durch das Heranwachsen der Tochter der Parteien möglich geworden war. Führt die tatrichterliche Würdigung zu dem Ergebnis, daß die Ehefrau ihre Erwerbstätigkeit auch ohne die Trennung ausgeweitet hätte, sobald ihr dies durch das Heranwachsen der Tochter ermöglicht wurde, so ist das Einkommen der Ehefrau aus der Ganztagstätigkeit in die Differenzrechnung einzustellen. Andernfalls ist insoweit auf das (der Entwicklung bis zum Zeitpunkt der Scheidung bzw. der letzten mündlichen Verhandlung vor dem Tatrichter entsprechende) Einkommen aus einer Halbtagstätigkeit abzuheben.

138. BGH zur Fortsetzung eines Studiums und zum Ausbildungsunterhalt nach der Trennung

138a) FamRZ 81/439, 440 = NJW 81/1214, 1215

(BGH zur Fortsetzung eines Studiums nach der Trennung)

Haben Ehegatten ihre Lebensgemeinschaft einverständlich dahin gestaltet, daß einer von ihnen einem Studium nachgeht, so kann diesem während der Trennung jedenfalls dann ein Abbruch des Studiums grundsätzlich nicht angesonnen werden, wenn dieses planvoll betrieben wird und seine Beendigung in absehbarer Zeit zu erwarten ist. (L.S.)

Der *BGH* hat (FamRZ 1980, 126 = NJW 1980, 393) in einem ähnlichen Fall für den nachehelichen Unterhalt entschieden, daß der erwerbstätige Ehegatte dem studierenden nach der Scheidung der Ehe grundsätzlich zunächst weiterhin zum Unterhalt verpflichtet ist, wenn die Ehegatten ihre Lebensgemeinschaft vom Beginn der Ehe an so gestaltet hatten, daß der eine seiner Erwerbstätigkeit und der andere seinem Studium nachging. Im einzelnen hat der *BGH* hierzu ausgeführt: Der soziale Zuschnitt der ehelichen [ehel.] Lebensgemeinschaft sei darauf ausgerichtet gewesen, den studierenden Ehegatten aus seinem früheren Beruf herauszuführen und ihm eine akademische Ausbildung und zukünftige Betätigung im angestrebten Beruf zu ermöglichen. Danach sei eine Erwerbstätigkeit des studierenden Ehegatten unangemessen, solange dieser nicht die Möglichkeit gehabt habe, sein erfolgreich begonnenes Studium innerhalb einer zumutbaren Zeit abzuschließen. Daß die Ehegatten erwartet hätten, der studierende Gatte werde seine Ausbildung später für die ehel. Lebensgemeinschaft wirtschaftlich nutzbar machen, und sich dieser Erwartung als unerfüllbar erwiesen habe, könne bei der Beurteilung der Angemessenheit der Erwerbstätigkeit grundsätzlich nicht berücksichtigt werden.

Diese für die Unterhaltspflicht nach der Scheidung ausgesprochenen Grundsätze müssen auch – und erst recht – für den Unterhalt getrennt lebender Ehegatten gelten, der sich gemäß § 1361 I S. 1 BGB nach den Lebensverhältnissen und den Erwerbs- und Vermögensverhältnissen der Ehegatten bemißt. Diese befinden sich während des Getrenntlebens in einem Stadium, in dem die Ehe noch nicht endgültig aufgelöst und eine Wiederherstellung der ehel. Lebensgemeinschaft nicht gänzlich auszuschließen ist. In einem solchen Fall sind einem Ehegatten jedenfalls solche Änderungen seiner Lebensstellung nicht zuzumuten, die sich im Falle einer möglichen Aufhebung der Trennung und Wiederherstellung der ehel. Lebensgemeinschaft als nachteilig herausstellen würden. Es muß zumindest für eine geraume Zeit der bisherige Status des unterhaltsberechtigten Ehegatten beibehalten werden, schon um nicht das endgültige Scheitern der Ehe zu fördern, indem die Scheidungsfolgen vorweggenommen werden und damit die Trennung vertieft wird. Haben die Ehegatten daher, wie im vorliegenden Fall, ihre Lebensgemeinschaft einverständlich dahin gestaltet, daß einer der Ehegatten einem Stadium nachgeht, so kann diesem während der Trennung – bei im übrigen unveränderten Lebensverhältnissen – jedenfalls dann ein Abbruch des Studiums grundsätzlich nicht angesonnen werden, wenn dieses planvoll betrieben wird und seine Beendigung in absehbarer Zeit zu erwarten ist. Dabei kommt es nicht entscheidend darauf an, ob die ehel. Lebensverhältnisse, von Anfang an so gestaltet waren, daß ein Ehegatte ein Studium betrieb, oder ob dies einvernehmlich erst im Lauf der Ehe geschehen ist.

Eine Verpflichtung zur Aufnahme einer – regelmäßig der früheren – Erwerbstätigkeit während des Getrenntlebens der Ehegatten findet nach Maßgabe des § 1361 II BGB ihre Rechtfertigung vor allem darin, daß mit der Trennung der Eheleute das gemeinsame Leben ein Ende gefunden hat und daher die bisherige Funktionsteilung im Rahmen des gemeinschaftlichen Haushalts gegenstandslos geworden ist. In einem solchen Fall kann einem Ehegatten insbesondere nach Wegfall der Mitarbeit im Haushalt – eine Erwerbstätigkeit angesonnen werden. Anders liegt es hier. Die Trennung hat an den gemeinsam beschlossenen Aufgabenbereichen der Parteien nichts geändert, so daß sich aus diesem Gesichtspunkt eine Verpflichtung zur Aufnahme einer Erwerbstätigkeit nicht begründen läßt. Eine Aufgabe des Studiums kann dem getrennt lebenden Ehegatten nach § 1361 BGB jedenfalls dann nicht zugemutet werden, wenn das Studium – wie hier – im Zeitpunkt der Trennung bereits geraume Zeit angedauert hatte. Das OLG konnte es daher ohne Rechtsfehler offen lassen, ob für den Kl. die Möglichkeit einer Rückkehr in den früheren Beruf überhaupt bestanden hätte.

Bestand hiernach für den Kl. keine Pflicht zur Aufnahme einer Erwerbstätigkeit, so konnte er gemäß § 1361 BGB grundsätzlich auch nicht darauf verwiesen werden, sich mit dem notdürftigen Unterhalt zu begnügen.

Die Revision weist noch darauf hin, daß es sich bei dem Studium des Kl. um eine Zweitausbildung handele, und meint, jedenfalls eine solche Zweitausbildung werde entsprechend den Grundsätzen, die der *BGH* zur elterlichen Unterhaltspflicht gegenüber Kindern entwickelt hat (FamRZ 1977, 629), von der Unterhaltspflicht der Ehegatten nicht umfaßt.

Auch darin kann der Revision nicht gefolgt werden. Die Unterhaltspflicht der Eltern gegenüber ihren Kindern ist hinsichtlich der Berufsausbildung nicht mit der Unterhaltspflicht der Ehegatten vergleichbar. Für die vorliegende Entscheidung bedarf es keiner Auseinandersetzung mit der Frage, inwieweit Ehegatten einander grundsätzlich zur Finanzierung einer Berufsausbildung verpflichtet sind. Diese wird jedenfalls dann von der ehel. Unterhaltspflicht umfaßt, wenn sie den ehel. Lebensverhältnissen und dem von den Ehegatten entwickelten Lebensplan entspricht, wobei es dann unerheblich ist, ob es sich um eine Erst- oder Zweitausbildung handelt.

138b) FamRZ 85/782, 783, 784, 785, 786 = NJW 85/1695, 1696, 1697, 1698, 1699
(Ausbildungsunterhalt bei Trennung und Scheidung)

Zutreffend ist das BerGer. bei der Beurteilung des geltend gemachten Unterhaltsanspruchs von § 1361 BGB ausgegangen, der die Anspruchsgrundlage für den Unterhalt getrenntlebender Ehegatten darstellt. Es hat die von dieser Vorschrift nach allgemeinen unterhaltsrechtlichen Grundsätzen vorausgesetzte Bedürftigkeit (§ 1602 I BGB) nur insoweit bejaht, als der Unterhaltsbedarf der Kl. nicht durch das Einkommen aus einer Tätigkeit als Operationsschwester gedeckt sei. Das OLG hat eine Erwerbsobliegenheit der Kl. bejaht und ihr nach dem Grundsatz, daß ein Ast. sich so behandeln lassen muß, wie wenn er das aus der ihm obliegenden Erwerbstätigkeit erzielbare Einkommen tatsächlich erhielte, ein entsprechendes fiktives Einkommen angerechnet.

Der rechtliche Bestand dieser Beurteilung hängt davon ab, ob die Kl. sich nach § 1361 II BGB darauf verweisen lassen muß, ihren Unterhalt durch die ihr angesonnene Erwerbstätigkeit selbst zu verdienen. Nach der genannten Vorschrift darf der getrenntlebende nicht erwerbstätige Ehegatte nur darauf verwiesen werden, seinen Unterhalt durch eine Erwerbstätigkeit zu verdienen, wenn dies von ihm nach seinen persönlichen Verhältnissen, insbesondere wegen einer früheren Erwerbstätigkeit unter Berücksichtigung der Dauer der Ehe, und nach den wirtschaftlichen Verhältnissen beider Ehegatten erwartet werden kann. Für die Beurteilung der Ausgangsfrage ist daher wesentlich, ob der Kl. nach ihren persönlichen Verhältnissen die Aufnahme der Erwerbstätigkeit zugemutet werden kann.

Bereits vor dem Inkrafttreten des 1. EheRG ist die Auffassung vertreten worden, daß § 1361 BGB a. F. einen Anspruch auf Unterhalt zur Beendigung einer vor der Trennung im Einvernehmen mit dem anderen Ehegatten begonnenen Ausbildung sowie zur Erlangung einer den ehelichen Lebensverhältnissen entsprechenden Ausbildung gewähre. Zu § 1361 BGB in der Fassung des 1. EheRG hat der Senat in einem Fall, in dem die Ausbildung bereits geraume Zeit vor der Trennung begonnen hatte, entschieden, daß die Finanzierung der Ausbildung auch nach der Trennung von der ehelichen Unterhaltspflicht umfaßt wird, wenn sie den ehelichen Lebensverhältnissen und dem von den Ehegatten im Laufe der Ehe einvernehmlich entwickelten Lebensplan entspricht, wobei es dann unerheblich ist, ob es sich um eine Erst- oder Zweitausbildung handelt (NJW 1981, 1214 = FamRZ 1981, 439 [440]).

Aus diesen Grundsätzen läßt sich jedoch eine Verpflichtung des Bekl. zur Finanzierung der von der Kl. begonnenen Ausbildung nicht ableiten, auch wenn man den Vortrag der Kl. in Betracht zieht, zwischen den Ehegatten habe über das Medizinstudium der Kl. Einverständnis bestanden. Nach diesem von der Kl. behaupteten Einvernehmen sollte sie nämlich ihre Ausbildung erst aufnehmen, wenn der Bekl. sein Studium abgeschlossen und eine eigene Arztpraxis eingerichtet hatte. Während er sein Studium schon vor der Eheschließung der Parteien erfolgreich beendet hatte, stand seine Niederlassung als Arzt indessen noch bevor. Dabei war abzusehen, daß gerade diese Phase des beruflichen Werdegangs des Bekl. wegen der mit der Praxiseinrichtung verbundenen Kosten und der zu erwartenden vorübergehenden Einkommenseinbußen besondere wirtschaftliche Belastungen für die Ehegatten mit sich bringen würde. Wenn die Kl. dennoch, ohne die erfolgreiche Niederlassung des Bekl. abzuwarten, ihre bisherige Erwerbstätigkeit aufgab und ihre Ausbildung begann, so kann das nicht als von dem einvernehmlich entwickelten Lebensplan umfaßt angesehen werden; vielmehr geschah das gerade in Abweichung davon – im Hinblick auf den Verfall der Ehe und die befürchtete Hinfälligkeit des gemeinsamen Lebensplanes – zur Sicherung und Verbesserung der eigenen zukünftigen Lebensverhältnisse und damit in Verfolg ihres eigenen Lebensplanes. Unter diesen Umständen kann sich die Kl. zur Begründung ihres Unterhaltsbegehrens auf die obengenannte Senatsrechtsprechung nicht berufen.

Ebensowenig kann sie sich auf die Grundsätze stützen, die für die Verpflichtung zur Finanzierung einer Ausbildung während des ehelichen Zusammenlebens der Ehegatten gelten, da auch dort die Übereinstimmung der Ausbildung mit dem gemeinsamen Lebensplan der Ehegatten wesentlich ist (vgl. Senatsurt. NJW 1985, 803). Vielmehr kommt es für die Rechtfertigung ihres Anspruchs auf Trennungsunterhalt darauf an, ob der Kl. ein anzuerkennendes Interesse daran zuzugestehen war, ihre Erwerbstätigkeit als Operationsschwester aufzugeben und in Verfolg ihres eigenen Lebensplanes die Ausbildung zu beginnen.

Es ist anerkannt, daß getrennt lebende Ehegatten im Zweifel unterhaltsrechtlich nicht schlechter gestellt werden dürfen, als sie im Falle der Scheidung ständen. Deshalb können die Tatbestände über den nachehelichen Unterhalt Maßstäbe für die Anwendung des § 1361 liefern (vgl. Senatsurt., NJW 1980, 2247 = FamRZ 1980, 981 [982]). Das gilt auch für die Auslegung von § 1361 I BGB, wo die Unterhaltstatbestände der Konkretisierung des Begriffs ,,persönliche Verhältnisse" dienen können. Davon ist offensichtlich auch das BerGer. ausgegangen, das im Rahmen des Trennungsunterhalts einen Anspruch auf Finanzierung einer Ausbildung grundsätzlich bejahen und ihn den Grundsätzen des § 1575 BGB entsprechend beurteilen möchte. Dieser Standpunkt des OLG kann indessen nicht in vollem Umfang geteilt werden.

Ein Anspruch auf Ausbildungsunterhalt während des Getrenntlebens kommt in Betracht, wenn der Ehegatte sich darauf einzustellen hat, daß die eheliche Lebensgemeinschaft zerrüttet und die Trennung endgültig ist. Das wird einmal bei lange andauerndem Getrenntleben der Fall sein, kann aber auch sonst eintreten, etwa wenn ein Ehegatte sich auf die Scheidungsabsicht seines Ehepartners und die Endgültigkeit der von diesem vollzogenen Trennung einrichten muß. Es ist anerkannt, daß eine lange Dauer des Getrenntlebens oder die auf sonstige Weise erkennbare Zerrüttung der Ehe für den unterhaltsbedürftigen Ehegatten die Obliegenheit begründen kann, sich auf die neue Lage einzustellen und nach seinen Möglichkeiten um eine (Wieder-)Eingliederung in das Erwerbsleben zu bemühen. Die Verschärfung des Zumutbarkeitsmaßstabes, welcher der unterhaltsbedürftige Ehegatte unter diesen Umständen im Rahmen von § 1361 II BGB unterliegt und die eine weitgehende Annäherung an die Anforderungen des nachehelichen Unterhaltsrechts bewirkt, kann im Einzelfall dazu führen, daß, wie es § 1574 III BGB für die Zeit nach der Scheidung vorsieht, der bedürftige Ehegatte sich einer zur Erlangung einer angemessenen Erwerbstätigkeit erforderlichen Ausbildung unterziehen muß. Daß der Ehegatte, der einer derartigen Obliegenheit nachkommt, für die Zeit der Ausbildung zur Deckung seines Lebensbedarfs sowie der eigentlichen Ausbildungskosten (vgl. § 1578 II BGB) nach § 1361 BGB Unterhalt beanspruchen kann, steht außer Frage.

Darüber hinaus muß dem unterhaltsbedürftigen Ehegatten aber auch sonst bei entsprechender Dauer des Getrenntlebens oder einer auf Scheidung abzielenden Trennung die Möglichkeit offenstehen, im Interesse seiner wirtschaftlichen Selbständigkeit eine Ausbildung aufzunehmen, die zur Ausübung einer angemessenen Erwerbstätigkeit erforderlich ist. Eine derartige frühzeitige Bemühung um eine (Wieder-)Eingliederung in das Erwerbsleben kommt den Intentionen entgegen, die das von dem Grundsatz der Eigenverantwortung ausgehende Gesetz beim nachehelichen Unterhalt verfolgt, und liegt in aller Regel auch im Interesse des Ehepartners. Das rechtfertigt es, daß der Unterhaltsanspruch nach § 1361 BGB auch die solchermaßen entstehende Bedürfnislage des getrenntlebenden Ehegatten umfaßt.

Indessen geht der Anwendungsbereich des § 1575 I BGB über den Fall, daß der Unterhaltsbedürftige ohne die Ausbildung zur Aufnahme und Ausübung einer angemessenen Erwerbstätigkeit nicht in der Lage ist, hinaus. Im Gegensatz zu § 1573 I i. V. mit § 1574 III BGB kommt ein Unterhaltsanspruch nach § 1575 I BGB auch in Frage, wenn der Ehegatte eine nach § 1574 II BGB angemessene Erwerbstätigkeit an sich finden könnte. Insoweit hat die Bestimmung neben der Erlangung oder Festigung der wirtschaftlichen Selbständigkeit vor allem den Ausgleich von Nachteilen zum Ziel, die ein Ehegatte in seinem beruflichen Fortkommen mit Rücksicht auf die Ehe auf sich genommen hat.

Zwar hat die im Gesetzgebungsverfahren ursprünglich vorgesehene Fassung der Vorschrift (§ 1576 I RegE) auf Vorschlag des Rechtsausschusses des Deutschen Bundestages eine Einschränkung erfahren. Die Fassung wurde dahin geändert, daß die Ausbildung aufgenommen werden muß, „um eine angemessene Erwerbstätigkeit, die den Unterhalt nachhaltig sichert, zu erlangen". Daraus kann jedoch nicht abgeleitet werden, daß die Ausbildung zur Erlangung einer angemessenen Erwerbstätigkeit erforderlich sein muß und ein Anspruch entfällt, wenn der Ehegatte auch ohne die Ausbildung eine derartige Erwerbstätigkeit ausüben kann. Nicht jede berufliche Qualifikation, die die Aufnahme einer angemessenen Erwerbstätigkeit ermöglicht, ist auch erforderlich; das ist eine Ausbildung vielmehr nur, wenn ohne sie die Ausübung einer angemessenen Erwerbstätigkeit nicht möglich ist (NJW 1984, 1685 = FamRZ 1984, 561 [563]). Die gesetzliche Einschränkung, daß die Ausbildung zu einer angemessenen Erwerbstätigkeit führen muß, stellt lediglich sicher, daß nicht etwa ein Studium, das zum bloßen Vergnügen betrieben wird, von dem Unterhaltspflichtigen finanziert werden muß. Dagegen schließt sie den Ehegatten, der zwar eine angemessene Erwerbstätigkeit aufnehmen könnte, jedoch durch eine Ausbildung eine ohne die Ehe schon früher erreichte Verbesserung seines Status im Erwerbsleben anstrebt, nicht von dem Anspruch nach § 1575 I BGB aus.

Ob § 1575 BGB insoweit, als er derartige Bedürfnislagen anerkennt, zur Begründung eines Ausbildungsanspruchs im Rahmen des Trennungsunterhalts herangezogen werden kann, erscheint zweifelhaft. Dagegen spricht zunächst die Fassung des § 1361 I 1 BGB, wonach der bedürftige Ehegatte von dem andern den nach den ehelichen Lebensverhältnissen sowie den Erwerbs- und Vermögensverhältnissen der Ehegatten angemessen Unterhalt verlangen kann. Die Verknüpfung mit den ehelichen Lebensverhältnissen, die in dieser die Höhe des Unterhaltsanspruchs regelnden Bestimmung vorgesehen ist, ist schwerlich vereinbar mit einer Ausdehnung des Anspruchs auf Bedürfnislagen, deren Berücksichtigung letztlich nicht der Erhaltung des ehelichen Lebensstandards dient, sondern auch Niveausteigerungen gegenüber den ehelichen Lebensverhältnissen ermöglicht. Außerdem fällt auf, daß § 1361 I 2 BGB generell vom Zeitpunkt der Rechtshängigkeit des Scheidungsverfahrens an Anspruch auf einen angemessenen Vorsorgeunterhalt gewährt, während § 1578 III BGB den Anspruch auf Ausbildungsunterhalt nach § 1575 BGB ausdrücklich vom Kreis der Unterhaltstatbestände ausnimmt, aufgrund deren auch Vorsorgeunterhalt verlangt werden kann. Auch hierin kann ein Indiz dafür gesehen werden, daß das Gesetz einen allein von § 1575 BGB, nicht aber (auch) von § 1573 I i. V. mit § 1574 III BGB umfaßten Ausbildungsunterhalt im Rahmen des Trennungsunterhalts nicht berücksichtigt sehen will. Eine innere Rechtfertigung dafür kann darin erblickt werden, daß sich die Ehegatten während des Getrenntlebens in einem Stadium befinden, in dem die Ehe noch nicht endgültig aufgelöst, eine Wiederherstellung der ehelichen Lebensgemeinschaft nicht gänzlich auszuschließen und damit noch nicht klar ist, ob es letztlich zu einem Scheitern des gemeinsamen Lebensplanes kommt, an dessen Stelle der eigene voreheliche Lebensplan des seine berufliche Weiterentwicklung betreibenden Ehegatten treten könnte. Angesichts dieses provisorischen Charakters des Getrenntlebens sowie der für diesen Zeitraum konzipierten Unterhaltslösung kann es für den unterhaltspflichtigen Ehegatten als unzumutbar angesehen werden, für den Ehepartner in größerem Maße aufzukommen als durch die Aufrechterhaltung des ehelichen Lebensstandards geboten.

Hiernach muß als Grundsatz gelten, daß während der Trennung ein Anspruch auf Ausbildungsunterhalt nur insoweit in Betracht kommt, als er sich nach den Kriterien des § 1573 II i. V. mit § 1574 III BGB begründen läßt. Ein darüber hinausgehender, allein nach den Maßstäben des § 1575 BGB zu rechtfertigender Anspruch muß dagegen ausscheiden.

Dieser Grundsatz kann indessen nicht uneingeschränkt gelten. Deuten die Umstände darauf hin, daß die Trennung auf eine Scheidung abzielt und diese nur noch eine Frage der Zeit ist, so kann der Ehegatte, dem ein nachehelicher Anspruch auf Ausbildungsunterhalt nach § 1575 BGB zustehen wird, ein berechtigtes Interesse daran haben, seinen Ausbildungsentschluß ehestmöglich zu verwirklichen. Das gilt jedenfalls, wenn dieser Ehegatte sich auf die Endgültigkeit einer von seinem Ehepartner vollzogenen Trennung und auf dessen konkret zum Ausdruck gebrachte Scheidungsabsicht einstellen muß. Hier ist es dem Ehepartner billigerweise verwehrt, von dem anderen die Zurückstellung des Ausbildungswunsches und die (Wieder-)Aufnahme einer Erwerbstätigkeit bis zur Scheidung zu verlangen. Der alsbaldige Ausbildungsbeginn kommt unter solchen Umständen letztlich auch der Intention des Gesetzes entgegen, das in § 1575 I 1 BGB verlangt, daß die Ausbildung „sobald wie möglich" aufgenommen wird. Bei dieser Sachlage ist das Interesse des ausbildungswilligen Ehegatten an einer alsbaldigen Verwirklichung der Ausbildung seinen persönlichen Verhältnissen i. S. von § 1361 II BGB zuzurechnen und gegebenenfalls geeignet, die Unzumutbarkeit einer Erwerbstätigkeit nach dieser Vorschrift zu begründen. Allerdings kommt es auf diese Weise dazu, daß die Ausbildung noch während der Ehe aufgenommen und nach der Scheidung lediglich fortgesetzt wird, eine Konstellation, die an sich vom Wortlaut des § 1575 BGB nicht erfaßt wird. Gleichwohl muß sie aber jedenfalls hier in den Anwendungsbereich dieser Bestimmung fallen, weil die Ausbildung während des Getrenntlebens in derartigen Fällen nur in Vorwegnahme des nachehelichen Ausbildungsbeginns aufgenommen wird.

Ein Ausnahmefall der vorstehenden Art, in dem die Ausbildung während des Getrenntlebens im Vorgriff auf einen nachehelichen Unterhaltsanspruch nach § 1575 I BGB aufgenommen wird und deswegen eine Erwerbsobliegenheit nach § 1361 II BGB zu verneinen ist, kommt an sich auch im vorliegenden Fall in Betracht, weil nach den Feststellungen des BerGer. davon auszugehen ist, daß der Bekl. sich auf Dauer von der Kl. getrennt hat und endgültig die Scheidung betreibt. Indessen scheidet ein so begründeter Anspruch auf Trennungsunterhalt hier aus, weil der Kl. nach der Scheidung ein Unterhaltsanspruch nach § 1575 BGB nicht zusteht.

Zweifel an einem derartigen Unterhaltsanspruch ergeben sich bereits aus § 1581 BGB. Gemessen an den ehelichen Verhältnissen, in denen die Parteien gelebt haben, bevor die Kl. ihre Erwerbstätigkeit aufgab und die Ausbildung am Ruhr-Kolleg aufnahm, würde der angemessene Lebensbedarf des Bekl. gefährdet, wenn dieser aus seinen Einkünften den vollen Unterhalt der Kl. aufbringen müßte. Damit wäre er nach § 1581 BGB nur zur Leistung des sogenannten Billigkeitsunterhalts verpflichtet. Ob und inwieweit ein Ehegatte unter den Voraussetzungen des § 1581 BGB Unterhalt für eine Ausbildung verlangen kann, die nicht zur Erlangung einer angemessenen Erwerbstätigkeit erforderlich ist, sondern aufgenommen wird, um eine höhere berufliche Qualifikation zu erwerben, ist fraglich, weil die nach Billigkeitsgrundsätzen zu bemessende Leistungspflicht nach § 1581 BGB grundsätzlich voraussetzt, daß der Bedarf des Unterhalts begehrenden Ehegatten anders nicht aufzubringen ist, und die mit den Unterhaltsleistungen verbundenen Belastungen und Einschränkungen für den Schuldner nur zumutbar erscheinen, wenn auch dem anderen Ehegatten Einschränkungen und Opfer zugemutet werden. Dieser Frage braucht hier indessen nicht weiter nachgegangen zu werden, weil ein Unterhaltsanspruch der Kl. nach § 1575 BGB jedenfalls aus einem anderen Grund ausscheidet.

Wie bereits dargelegt, umfaßt § 1575 I BGB nicht nur Fälle, in denen der Unterhaltsbedürftige ohne die Ausbildung zur Ausübung einer angemessenen Erwerbstätigkeit außerstande wäre, sondern kommt auch dann in Betracht, wenn der Ehegatte an sich eine angemessene Erwerbstätigkeit finden könnte. Hieraus folgt indessen nicht, daß der Ehegatte den früheren Ehepartner auch dann noch auf Ausbildungsunterhalt in Anspruch nehmen kann, wenn er bereits über eine abgeschlossene Berufsausbildung verfügt, die ihm die Ausübung einer einträglichen, angemessenen Erwerbstätigkeit ermöglicht. Vielmehr ist in Übereinstimmung mit dem BerGer. davon auszugehen, daß in diesem Fall die Verpflichtung zur Finanzierung der Zweitausbildung über den Bereich ehelicher Solidarität hinausginge. Das leuchtet ohne weiteres ein, wenn der Ehegatte bereits die Erstausbildung nach der Scheidung absolviert und nach § 1575 I BGB von seinem früheren Ehepartner finanziert erhalten hat. Das gleiche gilt, wenn der Ehegatte die Ausbildung während der Ehe erlangt hat, wobei es nicht von ausschlaggebender Bedeutung sein kann, inwieweit sein Ehepartner die mit der Ausbildung verbundenen finanziellen Lasten (allein) getragen hat. Nichts anderes hat aber auch dann zu gelten, wenn die Berufsausbildung teilweise oder in vollem Umfang vor der Ehe stattgefunden hat.

Für dieses Verständnis des § 1575 I BGB spricht zunächst Abs. 2 der Vorschrift. Diese Bestimmung, die die nacheheliche Finanzierung von Fortbildung oder Umschulung des unterhaltsbedürftigen Ehegatten zum Gegenstand hat, beschränkt den Unterhaltsanspruch ausdrücklich auf Maßnahmen zum Ausgleich ehebedingter Nachteile und sieht damit insoweit strengere generelle Voraussetzungen vor als Abs. 1, wo außer dem ehebedingten Ausbildungsmangel auch ein solcher genügt, der lediglich in einem zeitlichen Zusammenhang mit der Ehe steht (vgl. auch Begr. des Entw. zum 1. EheRG, S. 132). Wenn aber die Finanzierung von Maßnahmen der Fortbildung, der in der Regel ebenfalls eine abgeschlossene Berufsausbildung vorausgegangen ist, die aber ihrem Umfang nach hinter einer weiteren vollständigen Berufsausbildung eher zurückbleibt, von Voraussetzungen abhängig gemacht wird, die über das in § 1575 I BGB bestimmte Maß hinausgehen, so wäre es ungereimt, wenn nach § 1575 I BGB und damit unter geringeren Voraussetzungen die Finanzierung von Zweit- (oder gar Dritt-)Ausbildungen verlangt werden könnte. Das gilt jedenfalls, wenn diese, wie im vorliegenden Fall, ein Studium erfordern. Eine derartige Ausbildungsmaßnahme bleibt im Rahmen von § 1575 II BGB von vornherein unberücksichtigt, weil das Arbeitsförderungsgesetz, dessen Verständnis der Begriffe Fortbildung (§ 41 I AFG) und Umschulung (§ 47 I AFG) auch für § 1575 II BGB maßgeblich sein soll, die Hochschul- und Fachhochschulbildung aus seinem Förderungsbereich ausschließt (§ 34 IV AFG).

Weitere Anhaltspunkte gegen eine Verpflichtung zur Finanzierung einer – nicht notwendigerweise aufgenommenen – Zweitausbildung nach § 1575 BGB ergeben sich auch aus dem Recht des Kindesunterhalts. Nach den Rechtsgrundsätzen, die der *IV. Zivilsenat des BGH* in *BGHZ* 69, 190 (= NJW 1977, 1774) entwickelt und die der erkennende Senat seither in ständiger Rechtsprechung fortgeführt hat, sind auch Eltern grundsätzlich nicht verpflichtet, ihren Kindern eine zweite Ausbildung zu finanzieren (FamRZ 1980, 1115 und FamRZ 1981, 437). Dabei kommt es nicht darauf an, ob die Eltern bereits für die Erstausbildung finanzielle Leistungen erbracht haben. Auch wenn diese Erstausbildung den Unterhaltspflichtigen keine Kosten verursacht hat oder wenn solche Kosten nicht von ihnen getragen worden sind, führt das nicht dazu, daß das Kind von seinen Eltern die Finanzierung einer Zweitausbildung verlangen kann (FamRZ 1981, 437 [438]). Entsprechend ist auch i. R. von § 1575 BGB davon auszugehen, daß die Verpflichtung zur Finanzierung einer Zweitausbildung, die zur Erlangung einer angemessenen Erwerbstätigkeit nicht erforderlich ist, über den Bereich gebotener Solidarität hinausgeht.

Hiernach kommt es im vorliegenden Fall darauf an, ob die Kl. aufgrund ihrer bisherigen abgeschlossenen Berufsausbildung bereits die Möglichkeit zu einer angemessenen Erwerbstätigkeit hat. Das hat das *OLG* zutreffend bejaht. Seine Beurteilung, die Kl. habe durch die während der Ehe vervollständigte Ausbildung in der Krankenpflege mit ihrer Qualifikation als Operationsschwester einen Beruf erreicht, der ihr eine angemessene Erwerbstätigkeit ermögliche, ist aus Rechtsgründen nicht zu beanstanden. Ob eine Erwerbstätigkeit als angemessen anzusehen ist und dem Ehegatten insbesondere eine ausreichende berufliche Entfaltung ermöglicht, ist unter Zumutbarkeitskriterien zu beantworten. Eine optimale berufliche Erfüllung kann nicht verlangt werden (FamRZ 1984, 988 [989]).

Danach läßt die Beurteilung, daß der Kl., die vor und während der Ehe bis nach der Trennung der Parteien als Krankenschwester tätig gewesen ist, die Fortsetzung ihrer Tätigkeit zuzumuten sei, keinen Rechtsfehler erkennen. Hieran vermag auch die von ihr behauptete Übereinkunft mit dem Bekl., daß sie im Anschluß an seine Berufsausbildung und Niederlassung als Arzt studieren solle, nichts zu ändern. Das gleiche gilt für den von der Revision geltend gemachten Umstand, daß die Kl. mit dem aus einer Tätigkeit als Operationsschwester erzielten Einkommen ihren nach den ehelichen Lebensverhältnissen zu bemessenden Unterhaltsbedarf nicht decken könne. Die für einen Ehegatten erreichbare Erwerbstätigkeit ist nicht erst dann angemessen, wenn das damit erzielte Einkommen den vollen Unterhalt deckt.

Damit ergibt sich, daß der Kl. ein nachehelicher Anspruch auf Ausbildungsunterhalt nach § 1575 BGB nicht zustehen wird, so daß auch für die Zeit des Getrenntlebens ein auf die Aufnahme der Ausbildung gestützter Unterhaltsanspruch ausscheidet. Die Kl. kann daher nach § 1361 BGB keinen Unterhalt verlangen, soweit sie sich durch Einkünfte aus der Ausübung ihres Berufs als Operationsschwester selbst zu unterhalten vermag.

139. BGH zur Berücksichtigung der Ehedauer beim Trennungsunterhalt FamRZ 79/571, 572 = NJW 79/1452

§ 1579 I Nr. 1 BGB, der die kurze Dauer der Ehe für den Unterhalt nach der Scheidung als Ausschlußgrund vorsieht, ist in § 1361 III BGB im Gegensatz zu den übrigen Vorschriften des § 1579 BGB nicht für entsprechend anwendbar erklärt. Wenn auch die Verhandlungen des Gesetzgebungsverfahrens hierzu keinen Aufschluß enthalten, so ist daraus doch zu schließen, daß sich für das Getrenntleben allein aus der Kürze der Ehe keine Rechtfertigung für den Ausschluß des Unterhaltsanspruchs ergeben soll. Die Neufassung des § 1361 BGB durch das 1. EheRG führt dagegen die Dauer der Ehe nur als Merkmal der Regelung des Abs. II auf und gibt damit zu erkennen, daß sie nur dort und nicht im Rahmen von Abs. III berücksichtigt werden soll.

Entgegen der Auffassung der Revision kann die unterschiedliche Berücksichtigung der kurzen Dauer der Ehe beim Unterhaltsanspruch des getrennt lebenden Ehegatten einerseits und des geschiedenen Ehegatten andererseits nicht als grob unbillig angesehen werden. Sie findet ihre sachliche Rechtfertigung darin, daß im Falle des bloßen Getrenntlebens, auch wenn ein Ehegatte die eheliche Lebensgemeinschaft ablehnt (§ 1567 I S. 1 BGB), das rechtliche Band der Ehe zwischen den Ehegatten noch besteht und im Regelfall auch noch nicht voraussehbar ist, ob und gegebenenfalls wann die Ehe geschieden werden wird. Aus der Tatsache der Trennung kann für sich allein nur entnommen werden, daß sich die Ehe in einer Krise befindet, wobei aber zunächst noch offen ist, ob die Schwierigkeiten überwunden werden können und die weitere Entwicklung zur Heilung oder zum Scheitern der Ehe führt. Der Gesetzgeber mußte daher das Ausmaß der Verantwortlichkeit des Ehegatten für den Unterhalt des anderen Ehepartners im Falle des Getrenntlebens nicht mit demjenigen nach Scheidung der Ehe gleichsetzen; er konnte vielmehr dem getrennt lebenden Ehegatten einen Unterhaltsanspruch unter weiteren Voraussetzungen zubilligen als dem gesch. Ehegatten.

Die Verweisung der Ehefrau des Bekl. auf eine Erwerbstätigkeit zur Bestreitung ihres Unterhalts entfiel nicht schon deshalb, weil sie in der Ehe bis zur Trennung der Ehegatten nicht erwerbstätig war. Die Regelung in § 1361 II BGB, daß bei der Zumutbarkeit einer Erwerbstätigkeit insbesondere auch auf die Dauer der Ehe abzustellen ist, hat nicht nur die Bedeutung, daß die erleichterte Wiedereingliederung in das Berufsleben nach einer durch die Ehe nur kurz unterbrochenen Berufstätigkeit berücksichtigt werden soll. Sie bedeutet darüber hinaus allgemein, daß sich der Unterhalt verlangende Ehegatte zur Begründung der Unzumutbarkeit einer Erwerbstätigkeit nicht auf einen erst durch die Eheschließung erlangten Status berufen kann, wenn die Ehe nur von kurzer Dauer war. In einem solchen Fall ist vielmehr die Zumutbarkeit der Erwerbstätigkeit nach den persönlichen Verhältnissen des Ehegatten zu beurteilen, die ohne die durch die Eheschließung erlangte Verbesserung dieser Verhältnisse bestanden hätten.

140. BGH zu den nach § 1361 II BGB zu prüfenden Verhältnissen und zur Erwerbsobliegenheit bei Betreuung eines 15jährigen Kindes FamRZ 81/17, 18 = NJW 81/448, 449

Bei der Entscheidung der grundsätzlichen Frage zur Berücksichtigung minderjähriger Kinder im Rahmen des § 1361 II BGB ist das OLG zutreffenderweise davon ausgegangen, daß auch die Pflege und Erziehung nicht gemeinschaftlicher Kinder zu den zu berücksichtigenden persönlichen Verhältnissen eines Ehegatten i. S. von § 1361 II BGB gehört. Hierzu hat der *BGH* in den – nach Erlaß des Berufungsurteils verkündeten – Urteilen v. 7. 3. 1979 (FamRZ 1979, 569/571) und v. 9. 5. 1979 (FamRZ 1979, 571/572) ausgeführt: Der Frage, ob ein Ehegatte nach der Trennung der Eheleute ein gemeinschaftliches oder ein nicht gemeinschaftliches Kind versorge und betreue, komme im Rahmen von § 1361 BGB nur bei der Anwendung des Abs. III Bedeutung zu, nach dem die Pflege und Erziehung gemeinschaftlicher Kinder in entsprechender Anwendung des § 1579 II BGB dazu führen könne, daß die Härteregelung nach § 1579 I Nr. 2 bis Nr. 4 BGB ausgeschaltet werde. Die dortige Voraussetzung könne indessen nicht auf die Bedürfnisprüfung nach Abs. I und II des § 1361 BGB übertragen werden. Zu den persönlichen Verhältnissen des Unterhalt verlangenden Ehegatten, auf die es für die Pflicht zur Übernahme einer Erwerbstätigkeit ankomme, sei – wie jeder andere allein in der Person dieses Ehegatten begründete Umstand, der eine Erwerbstätigkeit unzumutbar mache – auch die Inanspruchnahme durch eigene, nicht gemeinschaftliche Kinder zu rechnen.

Die Frage, ob ihr eine Teilzeitbeschäftigung tatsächlich zugemutet werden kann, ist gemäß § 1361 II BGB nach den gesamten persönlichen Verhältnissen der Kl. zu beurteilen, wobei insbesondere ihre frühere berufliche Betätigung, die Dauer der Ehe mit dem Bekl. und die wirtschaftlichen Verhältnisse der Parteien zu berücksichtigen sind. Das OLG hat in diesem Zusammenhang maßgebend darauf abgestellt, daß die Kl. seit etwa 15 Jahren nicht mehr gearbeitet habe. Diesem Gesichtspunkt kommt indessen für die Zumutbarkeit einer Teilzeitbeschäftigung der Kl. keine entscheidende Bedeutung zu, weil sich – worauf die Revision zutreffend hinweist – insbesondere eine angemessene Betätigung im Bereich der Raumpflege oder eine der früheren Beschäftigung der Kl. als Spülerin vergleichbare Arbeit anbieten dürfte. Bei derartigen Arbeiten treten die typischen Probleme einer Wiedereingliederung in das Berufsleben nach längerer Arbeitspause erfahrungsgemäß nicht auf. Die Dauer der (i. J. 1972 geschlossenen) Ehe der Parteien steht der Aufnahme einer Teilzeitbeschäftigung durch die i. J. 1938 geborene Kl. ebenfalls grundsätzlich nicht entgegen. Nach den wirtschaftlichen Verhältnissen der Parteien – der Bekl. verdient als städtischer Arbeiter monatlich ca. 1700 DM netto – kann hier gleichfalls erwartet werden, daß die Kl. nach der Aufhebung der ehelichen Lebensgemeinschaft einen Teil ihres Unterhaltsbedarfs durch Ausübung einer Teilzeitbeschäftigung selbst aufbringt.

Voraussetzung dafür ist allerdings – weiterhin unter dem Gesichtspunkt der nach § 1361 II BGB zu berücksichtigenden persönlichen Verhältnisse der Kl. –, daß sie nicht durch Krankheit an der Aufnahme einer – auch nur zeitweise auszuübenden – Erwerbstätigkeit gehindert sein darf. Da sich die Kl. nach § 1361 II BGB grundsätzlich auf eine Teilzeitbeschäftigung verweisen lassen muß, falls sie aus gesundheitlichen Gründen zur Aufnahme einer derartigen Tätigkeit imstande ist, kommt der Beurteilung ihrer Arbeitsfähigkeit für das weitere Verfahren entscheidende Bedeutung zu.

141. Unterhaltsanspruch bei Betreuung nicht gemeinschaftlicher eigener Kinder und Pflegekinder sowie Erwerbsobliegenheit

141a) FamRZ 79/569, 571 = NJW 79/1348, 1349

(Trennungsunterhalt bei Betreuung nicht gemeinschaftlicher Kinder)

Bei Getrenntleben der Ehegatten kann – im Unterschied zum Rechtszustand nach Ehescheidung – auch das Vorhandensein und die Betreuungsbedürftigkeit von Kindern, die aus einer anderen Verbindung – nicht aus der gegenwärtig bestehenden Ehe – stammen, ein Grund sein, den „Betreuer-Ehegatten“ nicht auf eigene Erwerbstätigkeit zu verweisen. (L.S.)

Schließlich ist der rechtlichen Beurteilung des OLG auch insoweit zuzustimmen, als es angenommen hat, daß die Kl. wegen der Pflege und Erziehung ihrer vier minderjährigen und größtenteils noch schulpflichtigen Kinder nach § 1361 II BGB nicht auf eine eigene Erwerbstätigkeit verwiesen werden kann. Daß es sich nicht um gemeinschaftliche Kinder der Parteien handelt, ist dabei nicht erheblich. Diesem Umstand kommt im Rahmen von § 1361 BGB nur bei der Anwendung von Abs. III Bedeutung zu, wo die Pflege und Erziehung gemeinschaftlicher Kinder in entsprechender Anwendung von § 1579 II BGB dazu führen, daß die Härteregelung des § 1579 I Nrn. 2 bis 4 BGB ausgeschaltet wird. Die dortige Voraussetzung kann insoweit nicht – auch nicht unter Heranziehung von § 1570 BGB – auf die Bedürftigkeitsprüfung nach Abs. I und II der Vorschrift übertragen werden. Dort kommt es für die Pflicht des unterhaltsberechtigten Ehegatten, eine Erwerbstätigkeit zu übernehmen, u. a. auf seine persönlichen Verhältnisse an. Hierzu ist – wie jeder andere, allein in der Person dieses Ehegatten begründete Umstand, der eine Erwerbstätigkeit unzumutbar macht – auch die Inanspruchnahme durch die eigenen Kinder zu rechnen.

141 b) FamRZ 79/571, 573 = NJW 79/1452, 1453

(Erwerbsobliegenheit bei Betreuung eigener, nicht gemeinschaftlicher Kinder im Alter von 11 und 15 Jahren)

Aufgrund der zu berücksichtigenden Umstände konnte das OLG rechtsfehlerfrei davon ausgehen, daß der Ehefrau des Bekl. jedenfalls die Aufnahme einer Vollzeitbeschäftigung nicht zuzumuten war. Hierfür reichte es schon aus, daß sie ihre im Zeitpunkt der Trennung 11 und 15 Jahre alten Kinder aus der früheren Ehe zu betreuen hatte. Daß es sich dabei nicht um gemeinschaftliche Kinder der Parteien handelte, ist in diesem Zusammenhang unerheblich. Diesem Umstand kommt im Rahmen von § 1361 BGB nur bei der Anwendung von Abs. III Bedeutung zu, wo die Pflege und Erziehung gemeinschaftlicher Kinder in entsprechender Anwendung von § 1579 II BGB dazu führen kann, daß die Härteregelung des § 1579 I Nr. 2 bis 4 BGB ausgeschaltet wird. Die dortige Voraussetzung kann insoweit nicht auf die Bedürfnisprüfung nach Abs. I und II der Vorschrift übertragen werden. Zu den persönlichen Verhältnissen des Unterhalt verlangenden Ehegatten, auf die es für die Pflicht zur Übernahme einer Erwerbstätigkeit ankommt, ist – wie jeder andere allein in der Person dieses Ehegatten begründete Umstand, der eine Erwerbstätigkeit unzumutbar macht – auch die Inanspruchnahme durch eigene Kinder zu rechnen.

Zweifelhaft kann nach den festgestellten Verhältnissen sein, ob der Ehefrau des Bekl. auch die Aufnahme einer Teilzeitbeschäftigung unzumutbar gewesen wäre. Bei Kindern im hier gegebenen Alter, die einen Teil des Tages durch die Schule in Anspruch genommen werden und in dieser Zeit keiner Versorgung bedürfen, wird in der neueren Rechtsprechung und Literatur weitgehend die Zumutbarkeit einer solchen Teilzeitarbeit im Grundsatz bejaht. Es bestehen auch rechtliche Bedenken gegen die Auffassung des OLG, daß der Ehefrau des Bekl. keinerlei Erwerbstätigkeit – also auch keine Teilzeitbeschäftigung – zumutbar gewesen wäre, weil ihre frühere Berufstätigkeit schon sehr lange zurückliege. Das OLG hat hierbei nicht ausreichend berücksichtigt, daß die Ehefrau des Bekl. bis wenige Jahre vor der Ehe über längere Zeit stundenweise als Raumpflegerin tätig gewesen ist. Es ist nicht ohne weiteres ersichtlich, warum ihr eine solche Tätigkeit nicht auch künftig wieder zuzumuten gewesen sein sollte. Die Frage bedarf jedoch letztlich keiner Entscheidung, weil der verlangte und zugesprochene Unterhaltsbetrag nach Sachlage den angemessenen Unterhalt der Ehefrau des Bekl. i. S. des § 1361 I BGB nicht voll deckte und nicht angenommen werden kann, daß die Ehefrau des Bekl. durch eine Teilzeittätigkeit im zumutbaren Umfang – etwa durch eine stundenweise Tätigkeit als Raumpflegerin – mehr als die Differenz zwischen dem zugesprochenen Betrag und dem angemessenen Unterhalt hätte hinzuverdienen können. Die Aufnahme einer Erwerbstätigkeit im zumutbaren Umfang hätte unter diesen Umständen nicht zu einer betragsmäßigen Beschränkung des eingeklagten Anspruchs geführt.

141 c) FamRZ 82/463, 464 = NJW 82/1461 1462

(Betreuung nichtehelicher Kinder – 2 Kleinkinder)

Das OLG ist zutreffend davon ausgegangen, daß die Kl. grundsätzlich nach § 1361 I S. 1 BGB den nach den Lebensverhältnissen der Ehegatten angemessenen Unterhalt verlangen kann. Ihre Unterhaltsberechtigung ist nicht dadurch entfallen, daß sie am 1. 7. 1978 eine eheähnliche Gemeinschaft mit einem anderen Mann begründet hat; eine Gleichstellung mit dem Fall der Wiederverheiratung und dem damit gemäß § 1586 I BGB verbundenen Erlöschen des Unterhaltsanspruchs scheidet aus (FamRZ 1980, 40, 41; FamRZ 1981, 752, 753).

Die Revision wendet sich auch ohne Erfolg dagegen, daß das OLG zu dem Ergebnis gelangt ist, die Kl. könne nach den gegebenen Umständen nicht auf eine Erwerbstätigkeit verwiesen werden (§ 1361 II BGB). Das OLG hat entscheidend darauf abgehoben, daß der Kl. eine Erwerbstätigkeit nicht zugemutet werden könne, weil sie zwei Kleinkinder zu betreuen habe. Dies ist aus Rechtsgründen nicht zu beanstanden. Daß auch die Pflege und Erziehung nicht gemeinschaftlicher Kinder zu den zu berücksichtigenden persönlichen Verhältnissen eines Ehegatten i. S. von § 1361 II BGB gehört, ist in der Rechtsprechung des *BGH* anerkannt (FamRZ 1979, 569, 571 und FamRZ 1979, 571, 572; FamRZ 1981, 17, 18). Dem Umstand, daß es sich hier um nichteheliche Kinder der Kl. handelt, kommt im Rahmen der Prüfung der Härteregelung nach § 1361 III BGB in Verbindung mit § 1579 BGB Bedeutung zu, die nach Abs. II dieser Vorschrift nur ausgeschlossen ist, wenn es sich um gemeinschaftliche Kinder handelt.

141 d) FamRZ 81/752, 754 = NJW 81/1782, 1783

(Betreuung eines 15jährigen Pflegekindes und Erwerbsobliegenheit)

Entgegen der Ansicht der Revision ist die Auffassung des OLG nicht zu beanstanden, wegen der Betreuung des Pflegekindes sei von der Kl., wenigstens vor rechtskräftiger Scheidung der Ehe, eine über eine Halbtagsbeschäftigung hinausgehende Erwerbstätigkeit nicht zu erwarten gewesen (§ 1361 II BGB).

Das OLG hat hierzu ausgeführt, selbst zwischen getrennt lebenden Ehegatten bestehe noch eine ehel. Fürsorge- und Beistandspflicht, welche jeden von ihnen verpflichte, auf die Verhältnisse des anderen Rücksicht zu nehmen. Diese Pflicht zur Rücksichtnahme bestehe im Rahmen des § 1361 II BGB gegenüber den Interessen eines Pflegekindes sowie der Pflegemutter jedenfalls dann, wenn die Ehegatten das Kind schon längere Zeit vor ihrer Trennung gemeinsam aufgenommen hätten und sich eine persönliche, dem Verhältnis Eltern-Kind ähnliche Beziehung mindestens zu einem von ihnen entwickelt habe. Auch wenn gegenüber einem Pflegekind nicht dieselbe unauflösliche natürliche Sorgepflicht bestehe wie gegenüber einem leiblichen Kind, könnten gewachsene Bindungen nicht ohne persönlichen Schaden für beide Beteiligten, Pflegeeltern und Kind, kurzfristig gelöst werden. Hierauf hätten Ehegatten auch während des Getrenntlebens wechselseitig Rücksicht zu nehmen. Infolgedessen sei ein Ehepartner, der unter solchen Voraussetzungen ein 15jähriges, noch schulpflichtiges Pflegekind nach der Trennung allein umfassend versorge und erziehe, regelmäßig berechtigt, dies gegenüber dem anderen Ehegatten als Grund für eine nur halbtätige Erwerbstätigkeit geltend zu machen. Von einer derartigen Sachlage sei im vorliegenden Fall auszugehen. Die Kl. habe unwidersprochen vorgetragen, die Parteien hätten nach längerer Zeit kinderlos gebliebener Ehe das Pflegekind nicht aus wirtschaftlichen Erwägungen aufgenommen, sondern um ein Kind in der Familie zu haben, das sie wie ein eigenes hätten großziehen wollen. Allein wegen der inzwischen gewachsenen persönlichen Beziehungen behalte sie, die Kl., das Kind; mehrere Kinder in Pflege zu nehmen und damit ihren Unterhalt zu verdienen, traue sie sich nicht zu. Das OLG hat offengelassen, ob der Bekl. von der Kl. auf längere Sicht eine Auflösung des Pflegeverhältnisses verlangen könne; jedenfalls vor einer Ehescheidung könne sie sich ihm gegenüber auf die persönliche Bindung zu dem Pflegekind berufen.

Diese Ausführungen sind aus Rechtsgründen nicht zu beanstanden. Es begegnet keinen rechtlichen Bedenken, daß das OLG jedenfalls unter den hier gegebenen Umständen die Betreuung des Pflegekindes zu den persönlichen Verhältnissen der Kl. gerechnet hat, die nach § 1361 II BGB für die Frage ihrer Erwerbspflicht von Bedeutung sind (FamRZ 1981, 17, 18). Solche Bedenken werden von der Revision auch nicht erhoben. Die Ansicht des OLG, neben der Betreuung eines 15jährigen, noch schulpflichtigen Mädchens sei der Kl. mehr als eine Halbtagsarbeit nicht zuzumuten gewesen, hält sich im Rahmen der bisherigen Rechtsprechung des *BGH* (FamRZ 1980, 771, 772 = NJW 1980, 2081, 2082). Die gegen sie erhobenen Einwendungen der Revision, die sich vornehmlich auf statistische Erhebungen über die Entwicklung der Frauenarbeit, insbesondere der Erwerbstätigkeit von Frauen mit Kindern stützen, geben zu einer anderen Beurteilung keinen Anlaß. Die Entscheidung darüber, ob und inwieweit von einem Ehegatten nach seinen persönlichen Verhältnissen eine Erwerbstätigkeit erwartet werden kann, ist weitgehend Sache tatrichterlicher Beurteilung. Daß die Auffassung des OLG besonderer Begründung unter Darlegung der für das Pflegekind zu erbringenden Erziehungs- und Pflegeleistungen bedurft hätte, kann der Revision nicht zugegeben werden.

142. Zur Erwerbsobliegenheit bei Betreuung gemeinschaftlicher Kinder

142a) FamRZ 81/17, 18 = NJW 81/448, 449

(Teilzeitbeschäftigung bei Betreuung eines 11jährigen Kindes)

Der Mutter eines 11jährigen Kindes, das für einen Teil des Tages die Schule besucht und in dieser Zeit keiner Versorgung bedarf, kann zur teilweisen Sicherstellung ihres Unterhaltsbedarfs im allgemeinen die Übernahme einer Teilzeitbeschäftigung – die nicht den Umfang einer Halbtagstätigkeit erreichen muß – angesonnen werden. (L. S.)

Insoweit macht die Revision zutreffend geltend, von der Mutter eines 11jährigen Kindes könne nach den Erfahrungen des täglichen Lebens grundsätzlich eine Teilzeitbeschäftigung, hier etwa im Bereich Raumpflege, erwartet werden. Bei einem Kind im Alter von 11 Jahren, das für einen Teil des Tages die Schule besucht und in dieser Zeit keiner Versorgung bedarf, ist die Mutter durch die Pflege und Erziehung in zeitlicher Hinsicht nicht mehr derart gebunden, daß sie auch an der Übernahme einer Teilzeitbeschäftigung – die nicht den Umfang einer Halbtagsbeschäftigung erreichen muß – gehindert wäre. Dies hat der *BGH* inzwischen in mehreren Entscheidungen (FamRZ 1979, 571/572; FamRZ 1980, 40/42; FamRZ 1980, 771/772 = NJW 1980, 2081/2082) in Übereinstimmung mit der neueren Rechtsprechung und Lehre ausgesprochen.

142b) FamRZ 84/151, 153, 154 = NJW 84/294, 295

(Erwerbsobliegenheit bei Betreuung von Kindern im Alter von 15 und 16½ Jahren)

Die jüngste Tochter S. der Parteien war im Zeitpunkt der Scheidung nahezu 15 Jahre, der außerdem noch von der Kl. betreute Sohn J.-H. fast 16½ Jahre alt. Bei diesem Alter der Kinder ist die

Fortsetzung der Berufstätigkeit, die die Kl. schon seit 1976 in Vollbeschäftigung ausgeübt hat, im Hinblick auf die Kinderbetreuung nicht als unzumutbar anzusehen (FamRZ 1981, 1159, 1161).

Daran ändert es nichts, wenn die Aufnahme der Berufsausbildung und ursprünglich auch die Ausübung des Lehrberufs – angesichts des Alters der Kinder – zunächst, i. J. 1967, nicht von der Kl. erwartet werden konnten. Inzwischen ist es ihr nach dem Heranwachsen der Kinder jedenfalls nicht unzumutbar, in dem erlernten Beruf weiter zu arbeiten.

Auch die gesundheitlichen Beeinträchtigungen der Kl. wirken sich, wie sich aus ihrem eigenen Vortrag ergibt, nicht auf die Zumutbarkeit ihrer beruflichen Tätigkeit aus, sondern hindern sie an der Verrichtung von Hausarbeiten, weshalb sie auf eine Haushaltshilfe angewiesen ist. Wie die Revision ausdrücklich hervorhebt, muß die Kl. ihre Haushaltshilfe nicht deshalb beschäftigen, weil sie einer 100%igen Erwerbstätigkeit nachgeht, sondern allein deshalb, weil sie wegen ihrer Gesundheitsbeeinträchtigung keine Hausarbeiten verrichten kann. Das bedeutet, daß sie auch dann eine Haushaltshilfe beschäftigen müßte, wenn sie etwa nur halbtags tätig wäre, da diese geringere Beschäftigung nichts daran ändern würde, daß sie zur Verrichtung von Hausarbeiten nicht in der Lage ist.

142c) FamRZ 82/23, 24, 25 = NJW 82/232, 233

(Erwerbsobliegenheit bei 2 Kindern im Alter von 11 und 14 Jahren und bei hoher Schuldenlast)

Die Revision beanstandet, daß das OLG die Kl. nicht für verpflichtet gehalten hat, ihren Unterhalt – wenigstens teilweise – selbst zu verdienen. Diese Rüge ist berechtigt, soweit das OLG eine Verpflichtung zur Erwerbstätigkeit schlechthin mit der Begründung verneint hat, daß die Kl. die beiden Kinder der Parteien zu versorgen habe. Die Betreuung minderjähriger Kinder führt im Rahmen des § 1361 BGB nicht zwingend zu einer Freistellung von eigener Erwerbstätigkeit. Vielmehr kommt es gemäß § 1361 II BGB darauf an, ob eine Erwerbstätigkeit von dem Unterhaltsberechtigten nach seinen persönlichen Verhältnissen, insbesondere wegen einer früheren Erwerbstätigkeit, unter Berücksichtigung der Dauer der Ehe und nach den wirtschaftlichen Verhältnissen beider Ehegatten erwartet werden kann. Hierbei ist die Betreuung minderjähriger Kinder ein zwar bedeutsamer, aber nicht immer ausschlaggebender Gesichtspunkt. So hat der Senat durch Urteil v. 5. 11. 1980 (FamRZ 1981, 17, 18 m. w. N.) entschieden, daß von der Mutter eines elfjährigen Kindes, das für einen Teil des Tages die Schule besucht und während dieser Zeit keiner Versorgung bedarf, grundsätzlich eine Teilzeitbeschäftigung erwartet werden kann. Auch bei zwei schulpflichtigen Kindern, wie sie vorliegendenfalls vorhanden sind, scheidet eine Teilzeitbeschäftigung nicht von vornherein aus (FamRZ 1979, 571, 572).

Das OLG wird daher unter Beachtung dieser Grundsätze gegebenenfalls erneut zu prüfen haben, ob der Kl. eine – stundenweise – Erwerbstätigkeit zugemutet werden kann. In diesem Zusammenhang wird mit zu berücksichtigen sein, daß die Kl. nach ihrem eigenen Vorbringen auch schon während des Zusammenlebens der Parteien „dann und wann" aushilfsweise als Kellnerin tätig war und auch nach der Trennung der Parteien gelegentlich als Kellnerin ausgeholfen hat. Unter diesen Umständen könnte ihr – jedenfalls angesichts der beengten wirtschaftlichen Verhältnisse der Parteien – zuzumuten sein, sich durch eine stundenweise Aushilfstätigkeit als Kellnerin einen Teil ihres Unterhalts selbst zu verdienen. Die wirtschaftlichen Verhältnisse werden hier insbesondere durch – noch aus der Zeit des Zusammenlebens der Parteien herrührende und ihre gemeinsame Lebensführung betreffende – beträchtliche Schulden bestimmt. Bei einer derartigen Verschuldung hätte eine stundenweise Erwerbstätigkeit der Kl. auch bei Fortdauer der ehel. Gemeinschaft nahegelegen. Von Gewicht bleibt freilich auch die Erwägung des OLG, daß die Kinder jetzt, da die Parteien getrennt leben und die Kinder den Vater entbehren müssen, besonderer Zuwendung und Betreuung bedürfen. Die Abwägung zwischen diesen verschiedenen Gesichtspunkten muß letztlich dem Tatrichter überlassen werden.

143. BGH zur Berücksichtigung von ehelichen Fehlverhalten und der Ehedauer beim Trennungsunterhalt FamRZ 79/569, 570, 571 = NJW 79/1348, 1349, 1350

Die Generalklausel der §§ 1361 III, 1579 I Nr. 4 BGB verschließt sich nicht grundsätzlich der Berücksichtigung des ehelichen Fehlverhaltens eines Ehegatten, das zur Trennung geführt hat oder ihr sonst zugrunde liegt. Auch persönliche Eheverfehlungen – ohne wirtschaftlich nachteilige Folgen – sind gegebenenfalls beachtlich. Jedoch kann nur ein schwerwiegendes und auch klar bei einem der Ehegatten liegendes, evidentes Fehlverhalten geeignet erscheinen, die Voraussetzungen des § 1579 I Nr. 4 BGB zu erfüllen.

Im Bereich des § 1361 BGB – Unterhalt bei Getrenntleben – ist allein aus der kurzen Dauer des ehelichen Zusammenlebens keine Rechtfertigung für den Ausschluß des Unterhaltsanspruchs zu entnehmen (zumal § 1579 I Nr. 1 in § 1361 III BGB ausdrücklich als nicht anwendbar bezeichnet wird).

Die Dauer der Ehe ist jedoch eines der gemäß § 1361 II BGB erheblichen Merkmale. (L.S.)

§ 1361 BGB enthält in Abs. III mit der Verweisung auf die entsprechend anzuwendende Vorschrift des § 1579 I Nr. 2 bis 4 BGB eine Härteregelung, die es ermöglicht, den Unterhaltsanspruch aus Gründen grober Unbilligkeit herabzusetzen oder zu versagen und damit ein gerechtes Ergebnis im Einzelfall zu erreichen.

Mit dieser Regelung hat das Gesetz auch die Möglichkeit geschaffen, unter gewissen, noch zu erörternden Umständen ein Fehlverhalten des Unterhaltsgläubigers im Zusammenhang mit der Herbeiführung der Trennung bei der Entscheidung über den Unterhaltsanspruch zu berücksichtigen. Das gilt einmal für den in § 1579 I Nr. 2 BGB ausdrücklich aufgeführten Fall, daß das fragliche Fehlverhalten in einem Verbrechen oder schweren vorsätzlichen Vergehen gegen den Verpflichteten oder dessen nahe Angehörige besteht. Daneben kommt eine solche Berücksichtigung aber auch nach der Regelung des § 1579 I Nr. 4 BGB in Betracht, wenn die Inanspruchnahme des Verpflichteten deshalb grob unbillig wäre, weil „ein anderer Grund vorliegt, der ebenso schwer wiegt wie die in den Nrn. 1 bis 3 aufgeführten Gründe". Zwar ergeben die Verhandlungen des Gesetzgebungsverfahrens, daß im Rahmen dieser Vorschrift nicht das Schuldprinzip in der unterhaltsrechtlichen Auseinandersetzung wieder aufleben sollte; andererseits bestand jedoch Einigkeit, daß mit der Härteklausel die Unbilligkeiten abgewendet werden sollen, die sich aus dem Verzicht auf das Schuldprinzip ergeben können. Sowohl hieraus wie aus dem Sinnzusammenhang der Vorschrift ergibt sich, daß zu den anderen, ebenso schwerwiegenden Gründen auch mit der Trennung zusammenhängende Umstände und Vorkommnisse gehören können, die der unterhaltsberechtigte Ehegatte zu verantworten hat.

Demgemäß ist davon auszugehen, daß sich die Generalklausel der §§ 1361 III, 1579 I Nr. 4 BGB der Berücksichtigung des ehelichen Fehlverhaltens eines Ehegatten, das zur Trennung geführt hat oder ihr sonst zugrunde liegt, nicht grundsätzlich verschließt. Daß es sich bei den Gründen um solche aus dem wirtschaftlichen Bereich der Ehe handeln müßte und das Fehlverhalten daher nur beachtlich wäre, wenn es wirtschaftlich nachteilige Folgen hätte, läßt sich der Vorschrift nicht entnehmen. Vielmehr ist es im Hinblick auf das Anliegen der gesetzlichen Regelung, Ergebnis zu vermeiden, die der allgemeinen Gerechtigkeit zuwiderlaufen, nicht zu rechtfertigen, Gründe, die eine Inanspruchnahme grob unbillig machen können, wegen ihrer Zugehörigkeit zum innerehelichen Bereich als unbeachtlich anzusehen und deshalb persönliche Eheverfehlungen eines Ehegatten von vornherein auszuschließen. Allerdings ergibt sich sowohl aus der in § 1579 I Nr. 4 BGB enthaltenen Bezugnahme auf die Schwere der in Nrn. 1 bis 3 aufgeführten Gründe als auch aus dem Merkmal der groben Unbilligkeit, das durch die Inanspruchnahme erfüllt sein muß, eine erhebliche Einschränkung für ihre Berücksichtigungsfähigkeit. Diese Einschränkung läßt nur ein schwerwiegendes und auch klar bei einem der Ehegatten liegendes, evidentes Fehlverhalten als geeignet erscheinen, die Voraussetzungen des § 1579 I Nr. 4 BGB zu erfüllen.

Entgegen der Ansicht der Revision kann auch darin kein Rechtsfehler erblickt werden, daß das OLG in der kurzen Dauer der Ehe keinen Umstand gesehen hat, der die Härteklausel des § 1361 III BGB erfüllt. In dieser Vorschrift wird § 1579 I Nr. 1 BGB, der die kurze Dauer der Ehe für den Unterhalt nach der Scheidung ausdrücklich als Ausschlußgrund vorsieht, nicht für entsprechend anwendbar erklärt.

144. BVerfG und BGH zum Grundsatz der Eigenverantwortung und nachwirkenden Mitverantwortung der Ehegatten

144a) BVerfG, FamRZ 81/745, 748, 749, 750, 751 = NJW 81/1771, 1772, 1773, 1774

Die nach Trennung und Scheidung fortwirkende personale Verantwortung beider Ehegatten füreinander reduziert sich im Unterhaltsbereich auf die einseitige Unterhaltsverpflichtung des wirtschaftlich stärkeren Ehegatten gegenüber dem bedürftigen Partner. Damit ist der im ehel. Unterhaltsrecht allgemein geltende Grundsatz der Gegenseitigkeit der Unterhaltspflicht (§ 1360 BGB) durchbrochen. Hinzu kommt, daß nach der Abkehr vom Verschuldensprinzip im Scheidungs- und Scheidungsfolgenrecht nicht mehr festgestellt werden kann, ob sich die Unterhaltsansprüche des Berechtigten auch mit dem ehezerstörenden Verhalten des Verpflichteten begründen lassen. Andererseits muß sich der Verpflichtete, selbst wenn er an der Ehe festhalten möchte und aus seiner Sicht die Verantwortung für das Scheitern der Ehe bei seinem Partner liegt, bei Erfüllung der Voraussetzungen eines der Unterhaltstatbestände der §§ 1570ff. BGB mit der finanziellen Belastung abfinden.

Der Grundsatz der wirtschaftlichen Eigenverantwortung der Ehegatten nach ihrer Scheidung als Konsequenz eines nicht auf Verschulden abhebenden Scheidungsrechts wird durch den der nachwirkenden Mitverantwortung eingeschränkt. Auf diese Weise soll insbesondere den Verhältnissen der Hausfrauenehe Rechnung getragen werden, bei der die Ehefrau im Einverständnis mit ihrem Mann auf eine Erwerbstätigkeit mit der Folge verzichtet, daß sie nach der Scheidung regelmäßig zumindest für eine Übergangszeit auch dann unterhaltsbedürftig sein wird, wenn sie keine Kinder zu betreuen hat. Die Fortwirkung der Ehe im wirtschaftlichen Bereich wird dabei nicht nur in den einzelnen Unterhaltstatbeständen deutlich; indem der Gesetzgeber in § 1578 I S. 1 BGB für das Maß des geschuldeten Unterhalts an die ehel. Lebensverhältnisse anknüpft, will er verhindern, daß der bedürftige Ehegatte – in der Regel die Ehefrau – zu einem sozialen Abstieg gezwungen wird, obwohl das erreichte ehel. Lebensniveau als das Ergebnis der Leistung beider Ehegatten anzusehen ist (vgl. *BVerfGE* 37, 217 [251] m. w. N. = FamRZ 1974, 579 [588]). Das soll auch dann gelten, wenn der gesch. Ehegatte schon während der Ehe berufstätig war, durch die Ehe keine beruflichen Aufstiegsmöglichkeiten versäumt hat und von seinen Einkünften auskömmlich leben könnte.

Der Gesetzgeber hatte davon auszugehen, daß die Ehegatten in gleichberechtigter Partnerschaft in ihrer auf Lebenszeit angelegten Gemeinschaft ihre persönliche und wirtschaftliche Lebensführung bestimmen (vgl. *BVerfGE* 53, 257 [296f.] = FamRZ 1980, 326 [333]). Sie sind daher auch frei in ihrer Entscheidung, beide berufstätig sein zu wollen. Die als Folge dieser Planung durch ein gesteigertes Gesamteinkommen geprägten ehel. Lebensverhältnisse durfte der Gesetzgeber durch die Regelung des § 1573 II BGB in gleicher Weise wie in den Fällen berücksichtigen, in denen sich die Ehepartner zur Führung einer Hausfrauenehe entschlossen hatten und in denen sich nacheheliche Unterhaltsansprüche ausschließlich nach den ehel. Lebensverhältnissen bestimmen. Etwas anderes kann auch dann nicht gelten, wenn ein Ehegatte erst nach der Scheidung eine angemessene Erwerbstätigkeit aufgenommen hat, zumal er damit den Unterhaltsverpflichteten entlastet.

§ 1573 II BGB ermöglicht zudem Entscheidungen, die dem Verhältnismäßigkeitsgrundsatz Rechnung tragen. Wie der Vertreter der Bundesregierung in der mündlichen Verhandlung dargelegt hat, muß seine Anwendung nicht zu einer schematischen hälftigen Quotelung der Einkommensdifferenz führen. § 1573 II BGB lasse es auch zu, daß nur diejenigen Einkommenstelle, die die ehel. Lebensverhältnisse geprägt hätten, ausgeglichen würden. So müßten etwa die Beträge, die während der Ehe für Kapitalanlagen frei gewesen seien, bei der Bemessung des Aufstockungsunterhalts ausscheiden.

144b) BGH, FamRZ 81/1163, 1164 = NJW 81/40, 41

(Einschränkung des Grundsatzes der wirtschaftlichen Eigenverantwortung geschiedener Ehegatten durch den Grundsatz nachwirkender Mitverantwortung sowie Ablehnung einer ehebedingten Bedürftigkeit)

Bei der Neugestaltung des Unterhaltsrechts hat der Gesetzgeber das als Konsequenz eines verschuldensunabhängigen Scheidungsrechts eingeführte Prinzip der wirtschaftlichen Eigenverantwortung der Ehegatten nach ihrer Scheidung durch den *Grundsatz der nachwirkenden Mitverantwortung der Ehegatten* eingeschränkt (vgl. *BVerfG,* FamRZ 1981, 745, 750). Diese Mitverantwortung soll nicht allgemein durch jede schicksalbedingte Bedürftigkeit stets und auf Lebensdauer ausgelöst werden; vielmehr soll der Grundsatz eingreifen, wenn eine Bedürfnislage in Verbindung mit der Ehe steht. Diese Verbindung hat der Rechtsausschuß des Deutschen Bundestages im Sinne eines kausalen Zusammenhangs zwischen Ehe und Bedürftigkeit akzentuiert und die „ehebedingte Unterhaltsbedürftigkeit" als das entscheidende Kriterium für den Unterhaltsausspruch nach neuem Recht bezeichnet.

Inwieweit dieser Gesichtspunkt der Kausalität zwischen Ehe und Bedürftigkeit letztlich Eingang in das Gesetz gefunden hat und der Regelung des nachehelichen Unterhalts zugrunde liegt, ist umstritten. Zum Teil wird der ehebedingten Bedürftigkeit im Rahmen der Gesetzesregelung generelle Geltung zugesprochen und die Ansicht vertreten, daß das Gesetz grundsätzlich nur dann einen Unterhaltsanspruch einräumen wolle, wenn die Bedürfnislage ehebedingt sei. Demgegenüber steht die Auffassung, daß das Gesetz die Erwägung, den tragenden Grund der Unterhaltsregelung durch eine kausale Verknüpfung mit der Ehe zu erfassen, nicht vollzogen habe und in den Unterhaltstatbeständen der §§ 1570 bis 1576 BGB nicht die ehebedingte Unterhaltsbedürftigkeit, sondern die *fortwirkende Verantwortung der Ehegatten füreinander* als entscheidendes Kriterium für die nacheheliche Unterhaltspflicht anzusehen sei. Weiterhin wird der Standpunkt vertreten, der Gedanke der ehebedingten Bedürftigkeit bestehe zwar als Tendenz des Gesetzes, er sei aber in §§ 1569ff. BGB nicht strikt durchgeführt und keine generelle Regel vorhanden, wonach Kausalität zwischen Ehe und Bedürftigkeit nachzuweisen wäre. Insbesondere auch im Rahmen von § 1572 BGB erfahre der Grundsatz der ehebedingten Bedürftigkeit eine Verwerfung.

Daß das Gesetz eine generelle Beschränkung nachehelicher Unterhaltsansprüche auf ehebedingte Bedürfnislagen enthielte, läßt sich den Vorschriften der §§ 1569ff. BGB, deren Tatbestände nicht alle auf eine durch die Ehe bedingte Unterhaltsbedürftigkeit zurückzuführen sind, nicht entnehmen. Eine solche, auf sämtliche Unterhaltstatbestände bezogene Beschränkung stände auch mit den Vorstellungen des Gesetzgebers, wie sie in den Gesetzesmaterialien zum Ausdruck kommen, nicht in Einklang. Das ergibt sich gerade aus der Begründung des RegE 1973 zur hier betroffenen Vorschrift über den Unterhalt wegen Krankheit (§ 1573 E). Dort wird es als nicht erforderlich bezeichnet, daß diese durch besondere körperliche oder seelische Belastungen während der Ehe hervorgerufen worden ist. Der dagegen mögliche Einwand, aus dem Gesichtspunkt der Nachwirkung der Ehe dürfe nur eine ehebedingte Krankheit zu einem Unterhaltsanspruch führen, sei unbegründet. Bis zum Zeitpunkt der Scheidung teilten die Ehegatten ihr gemeinsames Schicksal noch in einem solchen Umfang, daß der leistungsfähige für den kranken Ehegatten einstehen müsse. Es solle also jede Krankheit des geschiedenen Ehegatten, nicht nur die ehebedingte, die Unterhaltspflicht des anderen Ehegatten auslösen. Die diesen Ausführungen zugrunde liegende Vorschrift des RegE 1973 ist vom *Rechtsausschuß des Deutschen Bundestages* – mit einer hier nicht interessierenden Änderung in Nr. 4 – übernommen worden und in dieser Fassung in § 1572 BGB Gesetz geworden. Bericht und Antrag des Rechtsausschusses enthalten zur Frage der Ehebedingtheit in diesem Unterhaltstatbestand keine weiteren Ausführungen.

Unter diesen Umständen rechtfertigt sich die Annahme, daß die Tatbestände des nachehelichen Unterhalts nicht allgemein dem Erfordernis eines kausalen Zusammenhangs zwischen Ehe und Bedürftigkeit unterliegen und daß dieses Erfordernis auch für den hier in Frage kommenden Unterhaltstatbestand des § 1572 BGB nicht erfüllt zu sein braucht (FamRZ 1980, 981, 983).

144c) FamRZ 81/140, 142 = NJW 81/754, 755, 756
(Ehedauer und nacheheliche Solidarität)

Zum Verständnis des § 1579 I Nr. 1 BGB ist es notwendig, auf die Grundlagen der nachehelichen Unterhaltspflicht zurückzugreifen. Diese Grundlagen sind in den Prinzipien der nachehelichen Solidarität und der in Verbindung mit der Ehe stehenden Bedürftigkeit zu erblicken. Dabei geht das Gesetz ersichtlich davon aus, daß sich diese Grundlagen mit zunehmender Dauer der Ehe verfestigen. Das ergibt sich auch aus § 1582 I S. 2 BGB, der dem geschiedenen Ehegatten gegenüber einem neuen Ehegatten u. a. dann einen erhöhten unterhaltsrechtlichen Vorrang einräumt, wenn die Ehe mit dem geschiedenen Ehegatten „von langer Dauer“ war. Hierzu führt die Begründung des Entwurfs des 1. EheRG aus, dadurch, daß die Ehe lange bestanden habe, verstärke sich die Grundlage des Unterhaltsanspruchs so, daß es unbillig wäre, dem unterhaltsbedürftigen Geschiedenen das Maß der Sicherung vorzuenthalten, das ihm ein Vorrang gewähre. Je länger eine Ehe dauere, um so stärker sei die Frage der wirtschaftlichen Sicherung des Ehegatten mit dem Bestand dieser Ehe verbunden. Dem liegt die Erfahrung zugrunde, daß die Lebenssituation der Partner in der Ehe durch den gemeinschaftlichen Lebensplan entscheidend geprägt wird und mit der Zunahme der Ehedauer auch eine zunehmende Verflechtung und Abhängigkeit der beiderseitigen Lebensdispositionen sowie im allgemeinen eine wachsende wirtschaftliche Abhängigkeit des unterhaltsbedürftigen Ehegatten einhergeht, gegenüber der sich dieser Ehegatte durch die unterhaltsrechtliche Solidarität des Ehepartners abgesichert zu fühlen pflegt.

Im Zusammenhang mit der Vorschrift des § 1579 I Nr. 1 BGB ergibt sich aus diesen Erwägungen, daß von einer so erwachsenen ehelichen und unterhaltsrechtlichen Situation im allgemeinen erst nach einer gewissen Ehedauer ausgegangen werden kann. Bis zu deren Ablauf hält es das Gesetz für möglich, daß der im Falle einer Scheidung aus den Bestimmungen der §§ 1569ff. BGB an sich folgende Unterhaltsanspruch für den Unterhaltspflichtigen zu einer grob unbilligen Belastung werden kann mit der Folge, daß er der Korrektur des § 1579 I Nr. 1 BGB unterfällt.

Der Bemessung dieser Ehedauer können keine festen abstrakten Maßstäbe zugrunde gelegt werden, die etwa aus einem Vergleich mit der Durchschnittsdauer sei es aller geschiedenen Ehen oder der geschiedenen Ehen der jeweiligen Altersgruppe oder auch mit der Ehedauer, nach der die überwiegende Zahl aller Scheidungen erfolgt, gewonnen werden. Vielmehr kommt es auf die Lebenssituation der Ehegatten, insbesondere des Unterhaltsbedürftigen, im Einzelfall an. Das schließt allerdings nicht aus, im Interesse der praktischen Handhabung der Vorschrift die zeitlichen Bereiche zu konkretisieren, innerhalb deren eine Ehe in aller Regel von kurzer oder von nicht mehr kurzer Dauer ist, so daß sich nur in den Fällen eine Veranlassung zur näheren Prüfung ergibt, die sich entweder in keinen dieser zeitlichen Bereiche einordnen lassen oder die durch besondere, vom Regelfall abweichende Umstände in den Lebensverhältnissen der Ehegatten gekennzeichnet sind. In diesen Fällen ist die Beurteilung davon abhängig zu machen, ob die Ehegatten ihre Lebenspositionen in der Ehe bereits soweit aufeinander eingestellt und in wechselseitiger Abhängigkeit auf ein gemeinschaftliches Lebensziel ausgerichtet haben, daß die unterhaltsrechtliche Verpflichtung des einen Ehegatten gegenüber dem anderen für die Zeit nach der Scheidung nicht mehr dem Billigkeits- und Gerechtigkeitsempfinden in grober Weise widerspricht.

Im vorliegenden Fall die Ehe der Parteien als kurz zu bezeichnen, begegnet keinen Bedenken. Sie wären nur gegeben, wenn die Ehedauer mit der Revision auf 43 Monate zu bemessen wäre, weil eine Ehe dieser Dauer im Regelfall das in § 1579 I Nr. 1 BGB vorausgesetzte Maß überschreiten wird. Hat sie hingegen, wie hier, nicht länger als zwei Jahre bestanden, so wird sie in aller Regel auch dann als kurz zu beurteilen sein, wenn sich die Ehegatten bei der Eheschließung bereits im vorgerückten Alter befunden haben. Irgendwelche sonstigen in den Lebensverhältnissen der Parteien begründeten Besonderheiten, die ein Abweichen von dieser Regel notwendig machen, liegen nicht vor. Beide Ehegatten waren bei Eingehung der Ehe rentenberechtigt und bezogen die ihnen bis dahin zufließenden

Altersruhegelder und die Pension weiter. Umstände, die eine wechselseitige Abhängikeit der Lebenspositionen begründet haben könnten, sind nicht ersichtlich. Sie sind insbesondere auch nicht darin zu sehen, daß die Kl. die Beschäftigung, mit der sie sich nach ihrer Erklärung im amtsgerichtlichen Verhandlungstermin zu ihrer Rente „etwas hinzuverdient" hatte, mit ihrem 69. Geburtstag, der mit der Eheschließung zusammenfiel, aufgegeben hat.

Damit ist das OLG rechtsirrtumsfrei davon ausgegangen, daß der Unterhaltsanspruch der Kl. dem Korrektiv des § 1579 I Nr. 1 BGB unterliegt. Wenn es den Unterhaltsanspruch hiernach herabgesetzt und den monatl. Unterhaltsbetrag aufgrund der gesamten Umstände des Falles, insbesondere der beiderseitigen Einkommenssituationen, in tatrichterlicher Verantwortung auf 280 DM bemessen hat, so ist das aus Rechtsgründen nicht zu beanstanden. Vor allem trifft es nicht zu, daß der Umstand der früheren, zur Aufbesserung der Rente ausgeübten Beschäftigung der Kl. zur Zubilligung der vollen Differenz zwischen ihrem Unterhaltsbedarf und ihrer Altersrente hätte führen müssen. Im übrigen knüpft § 1579 I Nr. 1 BGB entgegen der Meinung der Revision die Prüfung, ob die Inanspruchnahme des Verpflichteten grob unbillig ist, allein an die Dauer der Ehe, (FamRZ 1980, 981). Ein Verschulden am Scheitern der Ehe, wie es hier die Kl. dem Bekl. anlastet, hat das OLG daher rechtsirrtumfrei außer Betracht gelassen.

145. BGH zum Anspruch auf Scheidungsunterhalt FamRZ 81/981, 982 = NJW 80/2247, 2248

Der Unterhaltsanspruch des geschiedenen Ehegatten (§§ 1569ff. BGB) setzt stets voraus, daß von ihm eine angemessene Erwerbstätigkeit aus näher bestimmten Gründen nicht erwartet werden kann (§§ 1570 bis 1572, 1576 BGB), daß er eine angemessene Erwerbstätigkeit nicht zu finden vermag (§ 1573 BGB) oder daß er zu ihrer Erlangung einer Ausbildung bedarf (§ 1575 BGB). Die gesetzliche Regelung geht also davon aus, daß ein Geschiedener, bei dem keiner dieser Tatbestände vorliegt, für seinen Lebensunterhalt grundsätzlich selbst aufzukommen hat. Die Dauer der Ehe ist dabei insofern von Bedeutung, als sie die ehelichen Lebensverhältnisse mitbestimmt, nach denen sich neben anderen Umständen richtet, welche Erwerbstätigkeit angemessen ist (§ 1574 II BGB).

146. BGH zur Nichtidentität von Trennungs- und Scheidungsunterhalt

146a) FamRZ 81/242, 243 = NJW 81/978, 979

(Nichtidentität und Unterschiede zwischen Trennungs- und Scheidungsunterhalt sowie prozessuale Konsequenzen)

Wie schon nach früherem Recht handelt es sich auch nach den Vorschriften des 1. EheRG bei dem Unterhaltsanspruch während des Getrenntlebens in der Ehe und dem Unterhaltsanspruch nach Scheidung der Ehe materiell-rechtlich jeweils um besondere Ansprüche, die wesentlich verschieden voneinander ausgestaltet sind.

Die Grundlagen der Unterhaltspflicht während des Getrenntlebens und nach der Scheidung der Ehe sind weiterhin – in § 1361 BGB n. F. einerseits und §§ 1569ff. BGB andererseits – gesetzlich gesondert geregelt. Die Anspruchshöhe ist jeweils am Maß des angemessenen Unterhalts ausgerichtet (§ 1361 I BGB; § 1578 BGB). Die Gründe, die zur Trennung der Ehegatten und zum Scheitern der Ehe geführt haben, wirken sich nach dem Wegfall des Verschuldensprinzips regelmäßig nicht mehr auf die Unterhaltsansprüche aus und können danach auch nicht mehr unterschiedlich für die eheliche und die nacheheliche Unterhaltspflicht berücksichtigt werden.

Gleichwohl bestehen weiterhin wesentliche Unterschiede zwischen der Unterhaltspflicht während des Getrenntlebens in der Ehe und derjenigen nach der Scheidung. Die mit der Eheschließung von den Ehegatten füreinander übernommene Verantwortung, die letztlich der eigentliche Entstehungsgrund sowohl für die eheliche wie für die nacheheliche Unterhaltspflicht ist (FamRZ 1956, 144, 146; FamRZ 1980, 1099), ist in der nachehelichen Unterhaltspflicht abgeschwächt. Das Gesetz geht nach der Ehescheidung grundsätzlich von der Eigenverantwortung jedes Ehegatten für seinen Unterhalt aus (§ 1569 BGB) und gewährt einen Unterhaltsanspruch nur noch unter besonderen, enumerativ genannten Voraussetzungen (§§ 1570ff. BGB). Während des Getrenntlebens in der Ehe besteht dagegen nach § 1361 BGB n. F. regelmäßig ein Unterhaltsanspruch nach Maßgabe der Lebensverhältnisse und der Erwerbs- und Vermögensverhältnisse der Ehegatten. Der gesteigerten Verantwortung der Ehegatten füreinander während des Bestehens der Ehe entspricht es insbesondere, daß der nicht erwerbstätige Ehegatte gemäß § 1361 II BGB nur unter wesentlich engeren Voraussetzungen darauf verwiesen werden kann, seinen Unterhalt durch Erwerbstätigkeit zu verdienen, als dies gemäß § 1574 BGB nach der Scheidung der Ehe der Fall ist.

Die Unterschiede in der Ausgestaltung der ehelichen und der nachehelichen Unterhaltspflicht schließen es auch nach neuem Recht aus, die Unterhaltsansprüche während des Getrenntlebens in der Ehe und nach deren Scheidung als einheitlichen und kontinuierlichen Anspruch aufzufassen. Die

§§ 1569ff. BGB enthalten der Sache nach nicht lediglich Vorschriften, die den bereits während der Ehe gegebenen Unterhaltsanspruch unter bestimmten Voraussetzungen einschränken oder zum Erlöschen bringen. Sie begründen vielmehr Ansprüche, die sich sowohl nach ihren Grundlagen wie nach ihren Bemessungskriterien vom Anspruch nach § 1361 BGB unterscheiden. Dabei kann denselben, unverändert gebliebenen Umständen für Grund und Betrag eines nachehelichen Unterhaltsanspruchs ein anderes Gewicht zukommen, als sie es für die Bemessung des Anspruchs während des Getrenntlebens in der Ehe hatten.

Der während des Getrenntlebens in der Ehe bestehende Unterhaltsanspruch erlischt nach alledem auch unter der Geltung des neuen Rechts mit der Scheidung der Ehe.

Dies hat in prozessualer Hinsicht zur Folge, daß ein Urteil über den Unterhaltsanspruch des getrenntlebenden Ehegatten nach § 1361 BGB regelmäßig nicht auch den Unterhaltsanspruch nach Scheidung der Ehe umfaßt. Zwar kann der prozessuale Anspruch, der Gegenstand eines Urteils ist, auf mehreren aus demselben Lebenssachverhalt sich ergebenden materiell-rechtlichen Ansprüchen beruhen, die auf dasselbe Ziel gerichtet sind. Die Scheidung der Ehe, durch die die unterhaltsrechtlichen Beziehungen der Parteien neu gestaltet werden, stellt jedoch einen neuen Lebenssachverhalt dar. Ein daraus abgeleitetes Begehren nachehelichen Unterhalts könnte im übrigen nicht in zulässiger Weise in einen Rechtsstreit einbezogen werden, in dem vor rechtskräftiger Scheidung der Ehe und unabhängig von einem Ehescheidungsverfahren Unterhalt nach § 1361 BGB verlangt wird. Der nacheheliche Unterhaltsanspruch entsteht erst mit der Rechtskraft der Scheidung der Ehe, so daß die Voraussetzungen für eine Verurteilung nach § 258 ZPO insoweit nicht vorliegen. Vor erfolgter Eheschließung kann der nacheheliche Unterhaltsanspruch nur als Folgesache einer Scheidungssache nach Maßgabe des § 623 ZPO anhängig gemacht werden.

146b) FamRZ 82/465, 466 = NJW 82/1875, 1876

(Konsequenzen für Elementar- und Vorsorgeunterhalt)

Wie der Senat wiederholt entschieden hat, besteht zwischen dem Unterhaltsanspruch getrennt lebender Ehegatten während bestehender Ehe und dem Unterhaltsanspruch geschiedener Ehegatten keine Identität. Deshalb umfaßt ein während der Ehe über den Unterhaltsanspruch des getrennt lebenden Ehegatten ergangenes Urteil nicht auch den Unterhaltsanspruch nach der Scheidung. Ebensowenig kann der nacheheliche Unterhaltsanspruch im Wege der Abänderung eines Titels über den Trennungsunterhalt gemäß § 323 ZPO bemessen werden (FamRZ 1980, 1099; FamRZ 1981, 242 und FamRZ 1981, 441). Hiernach war das OLG gehindert, den Elementarunterhalt der Kl. für die nacheheliche Zeit in entsprechender Abänderung des Betrages zu bestimmen, den es in Anlehnung an den titulierten Unterhaltsanspruch der Kl. für die Zeit während des Scheidungsprozesses als gerechtfertigt angesehen hatte. Vielmehr waren Elementarunterhalt und Vorsorgeunterhalt ohne Bindung an die Festsetzung des Unterhalts vor der Scheidung neu zu bemessen. Daß sich der nacheheliche Unterhalt danach insgesamt auf einen niedrigeren Monatsbetrag belaufen hätte als im Berufungsurteil zugesprochen, ist nicht auszuschließen.

146c) FamRZ 81/441, 442 = NJW 81/1609 L

(Nichtidentität und zeitliches Ende des Trennungsunterhalts)

Ein Urteil über den Unterhaltsanspruch des getrenntlebenden Ehegatten umfaßt nicht den Unterhaltsanspruch nach Scheidung der Ehe; der unterhaltsberechtigte Ehegatte ist für den nachehelichen Unterhalt auf eine neue Klage verwiesen. Dies hat der Senat im Urteil v. 24. 9. 1980 (FamRZ 1980, 1099) für die bis zum 30. 6. 1977 bestehende Rechtslage entschieden. In seinem Urteil v. 14. 1. 1981 (FamRZ 1981, 242) hat er an dieser Beurteilung für die durch das 1. EheRG geschaffene Rechtslage festgehalten, und zwar auch für den hier gegebenen Fall, daß das Urteil über den ehel. Unterhalt auf § 1361 BGB a. F. beruht, während sich der nacheheliche Unterhaltsanspruch nach den Vorschriften des 1. EheRG bestimmt. Der Schuldner kann sich, wie der Senat in dem letztgenannten Urteil ebenfalls ausgeführt hat, gegen die Inanspruchnahme aus dem Titel für die Zeit nach der Scheidung mit der Vollstreckungsabwehrklage zur Wehr setzen. Die Erwägungen des OLG, dessen Urteil vor den angeführten Senatsentscheidungen erlassen worden ist, können aus den in diesen Entscheidungen dargelegten Gründen zu keinem anderen Ergebnis führen. Die mit der Revision weiterverfolgte Vollstreckungsabwehrklage des Widerkl. ist daher hinsichtlich des nachehelichen Unterhalts begründet, und zwar unabhängig davon, ob und in welchem Umfang der Widerbekl. ein nachehelicher Unterhaltsanspruch gegen den Widerkl. zusteht.

Zeitlich endete der ehel. Unterhaltsanspruch, der Gegenstand des Unterhaltsurteils war, am 14. 4. 1978. Die Ehe der Parteien ist nicht schon mit der Rechtskraft des Scheidungsurteils, sondern erst von dem Zeitpunkt an aufgelöst worden, in dem erstinstanzlich über den VersAusgl. entschieden worden ist, weil bis dahin das Scheidungsurteil nach Art. 12 Nr. 7 Buchst. d des 1. EheRG nicht wirksam geworden war. Die Auflösung der Ehe tritt zwar nach § 1564 S. 2 BGB grundsätzlich mit der Rechtskraft des Scheidungsurteils ein. In den Übergangsfällen des Art. 12 Nr. 7 Buchst. d des 1. EheRG ist jedoch die Wirksamkeit des Scheidungsausspruchs unbeschadet der eingetretenen Rechtskraft bis zur erstinstanzlichen Entscheidung über die nach dieser Vorschrift fristgerecht anhängig gemachten Folgesachen hinausgeschoben. Dies hat zur Folge, daß erst zu diesem Zeitpunkt die Gestaltungswirkungen des Scheidungsurteils eintreten. Bis dahin richtet sich der Unterhaltsanspruch des (getrennt lebenden) Ehegatten noch nach § 1361 BGB.

147. BGH zu „gemeinschaftliches Kind“ im Sinn von § 1570 BGB

147a) FamRZ 84/361, 362 = NJW 84/1538, 1539

(Pflegekind ist kein gemeinschaftliches Kind)

Nach § 1570 BGB kann ein gesch. Ehegatte von dem anderen Unterhalt verlangen, solange und soweit von ihm wegen der Pflege oder Erziehung eines gemeinschaftl. Kindes eine Erwerbstätigkeit nicht erwartet werden kann. Das OLG hat offensichtlich angenommen, daß § 1570 BGB nur bei der Pflege oder Erziehung eines Kindes beider Ehegatten, nicht aber dann anzuwenden ist, wenn es sich bei dem Kind, dessen Betreuung einer Erwerbstätigkeit entgegensteht, um ein Pflegekind handelt. Diesem Verständnis des Gesetzes ist zuzustimmen. Es entspricht dem eindeutigen Wortlaut der Vorschrift, die den Unterhaltsanspruch nur für den Fall der Pflege oder Erziehung eines gemeinschaftlichen Kindes vorsieht. Dem steht die Pflege oder Erziehung eines von den Ehegatten adoptierten Kindes gleich, weil dieses nach § 1754 I BGB die rechtliche Stellung eines gemeinschaftl. ehel. Kindes erlangt, nicht aber die Betreuung eines Pflegekindes.

Daß beide Ehegatten gemeinsam das Kind aufgenommen haben, ändert daran nichts.

147b) FamRZ 85/51, 52 = NJW 85/428, 429

(scheineheliches Kind ist gemeinschaftliches Kind)

Daß in § 1570 BGB nicht von einem ehel., sondern von einem gemeinschaftlichen Kind die Rede ist, findet seinen Sinn darin, daß es gemeinschaftliche Kinder gibt, die nicht ehelich sind.

Jedoch ist ein ehel. Kind – und auch das scheinehel. Kind gilt für die Rechtsordnung als ehel. Kind – zugleich ein gemeinschaftliches Kind der Ehegatten.

Hinsichtlich der Voraussetzungen des § 1570 BGB vermag sich auch die Behauptung des Kl. nicht auszuwirken, daß es die Bekl. verstanden habe, ihn von der rechtzeitigen Anfechtung der Ehelichkeit des Kindes abzuhalten. Zwar wird teilweise vertreten, daß ein scheinehel. Kind nicht als gemeinschaftliches i. S. des § 1570 BGB anzusehen sei, wenn die Mutter der Ehelichkeitsanfechtung treuwidrig entgegengewirkt habe. Eine solche Ausnahme ist jedoch mit Wortlaut und Sinn des § 1570 BGB einerseits und der Schutzvorschrift des § 1593 BGB andererseits nicht zu vereinbaren.

148. BGH zur Erwerbsobliegenheit bei Betreuung minderjähriger Kinder

148a) FamRZ 82/148, 149, 150 = NJW 82/326, 328

(Zu den bei § 1570 BGB zu berücksichtigenden Umständen sowie zur Erwerbsobliegenheit bei Betreuung mehrerer Kinder).

Nach der Rechtsprechung des *BGH* ist für eine gesch. Ehefrau, die ein 11- bis 15jähriges Kind zu betreuen hat, eine Erwerbstätigkeit nicht von vornherein unzumutbar; vielmehr kommt eine Teilzeitbeschäftigung in Betracht, vor allem in den Vormittagsstunden, wenn das Kind die Schule besucht (FamRZ 1981, 17, 18; FamRZ 1981, 752, 754; FamRZ 1979, 571, 572 = NJW 1979, 1452, 1453; FamRZ 1980, 40, 42 = NJW 1980, 124, 126). Ob dies auch gilt, wenn der gesch. oder getrennt lebende Ehegatte zwei (oder mehr) Kinder zu versorgen hat, hat der *BGH* bisher noch nicht allgemein entschieden. In dem bereits erwähnten Urteil (FamRZ 79/571 = NJW 79/1452) ist eine Erwerbsobliegenheit auch für diesen Fall erwogen, aber letztlich offen gelassen worden. In einem neueren Urteil v. 23. 9. 1981 (FamRZ 1981, 1159) hat der erkennende Senat in einem Fall in dem eine Mutter von zwei Kindern schon vor der Trennung der Eheleute mit halber Arbeitskraft als Lehrerin berufstätig gewesen war und diese Tätigkeit nach der Trennung fortgesetzt hatte, deren Zumutbarkeit bejaht.

Die Rechtsprechung der Instanzgerichte scheint der Erwerbsobliegenheit bei der Betreuung von zwei und mehr Kindern des hier in Rede stehenden Alters eher ablehnend gegenüberzustehen. Das *OLG Stuttgart* (FamRZ 1978, 693, 694) hat bei der Betreuung von zwei schulpflichtigen, acht und elf Jahre alten Kindern eine Erwerbsobliegenheit schlechthin verneint. Auf demselben Standpunkt stehen die „Unterhaltsrichtlinien“ der Familiensenate des *OLG Köln* (abgedruckt FamRZ 1980, 649ff.), denen zufolge bei mehreren Kindern unter 14 Jahren der Kinderbetreuungsunterhalt nach § 1570 BGB „in der Regel jedenfalls" verlangt werden kann (a. a. O., S. 651). Die Empfehlungen des *3. Deutschen Familiengerichtstages* (abgedruckt in FamRZ 1980, 1178 ff.), die ab dem 14./15. Lebensjahr eines zu betreuenden Kindes dem Elternteil eine Teilzeitbeschäftigung zumuten, äußern sich dahin, daß bei mehreren Kindern die Anforderungen an die Erwerbsobliegenheit „reduziert" würden (a. a. O., S. 1173). Das neuere Schrifttum spricht sich in derartigen Fällen durchweg gegen eine Erwerbsobliegenheit des betreuenden Elternteils aus. Dem entspricht die Rechtsprechung des *BSG* (FamRZ 1971, 90, m. w. N.).

Nach Ansicht des erkennenden Senats läßt sich, die erörterte Frage nicht für alle Fälle gleich beurteilen. Neben den persönlichen Umständen des Unterhalt begehrenden Ehegatten wie Alter, Gesundheitszustand und Berufsausbildung kommt es vielmehr – wie bei der grundsätzlichen Frage, ob ihm trotz der Betreuung eines Kindes eine Erwerbstätigkeit überhaupt zuzumuten ist – in jedem Einzelfall auf die gesamten persönlichen Verhältnisse an, wobei auch hier insbesondere die frühere berufliche Betätigung des Ehegatten, die Dauer der Ehe und die wirtschaftlichen Verhältnisse der Parteien zu berücksichtigen sind (FamRZ 1981, 17, 18). Die bisher zu beurteilenden Sachverhalte haben den erkennenden Senat allerdings in Übereinstimmung mit der neueren Rechtsprechung der Instanzgerichte und der überwiegenden Meinung im Schrifttum zu der Ansicht gelangen lassen, daß der Mutter eines 11jährigen Kindes, das für einen Teil des Tages die Schule besucht und in dieser Zeit keiner Versorgung bedarf, zur teilweisen Sicherstellung ihres Unterhaltsbedarfs die Übernahme einer Teilzeitbeschäftigung grundsätzlich angesonnen werden kann (FamRZ 1980, 771, 772). Schon in einem solchen Fall hat der Senat aber hervorgehoben, daß die Teilzeitbeschäftigung den Umfang einer Halbtagsarbeit nicht erreichen müsse (FamRZ 81/17, 18).

Diese Beurteilung, die auch insoweit nur für den Regelfall Geltung beansprucht, läßt sich nicht in gleicher Weise auf den Fall übertragen, daß zwei (oder mehr) Kinder zu betreuen sind. Jedes Kind benötigt für seine Versorgung mit Nahrung und Kleidung für Körper und Gesundheitspflege, für Aufsicht und Anleitung, etwa zur Förderung seines schulischen Fortkommens, ein durch seine besonderen Bedürfnisse bestimmtes Maß an Arbeitsleistungen der betreuenden Person. Auch wenn einzelne dieser Leistungen ohne wesentlichen Zusatzaufwand für mehrere Kinder gleichzeitig erbracht werden können, nimmt der Arbeitsaufwand mit der Zahl der Kinder unvermeidbar zu. Außerdem ist zu bedenken, daß die Betreuung eines Kindes sich in den genannten Versorgungsleistungen nicht erschöpft, sondern daß es zum Gedeihen der auf seine Eigenart eingehenden, persönlichen und ungeteilten Zuwendung bedarf. Die besondere und zusätzliche Betreuung, die jedes weitere Kind braucht, schränkt daher jedenfalls in der Regel die Arbeitskraft und Leistungsfähigkeit des betreuenden Elternteils weiter ein. Hat dieser mehr als ein Kind zu betreuen, so kann ihm daher grundsätzlich eine eigene Erwerbstätigkeit zumindest nur in geringerem Maße zugemutet werden, als wenn nur ein Kind zu betreuen ist.

Diese Überlegungen brauchen nicht in allen Fällen dazu zu führen, daß einer Frau, die mehr als ein Kind der hier in Rede stehenden Altersstufe zu betreuen hat, eine Erwerbstätigkeit überhaupt nicht zugemutet werden kann. So hat der erkennende *Senat* in dem schon erwähnten Urteil v. 23. 9. 1981 (FamRZ 81/1159) einer Frau mit zwei schulpflichtigen Kindern die Fortsetzung einer schon während der Ehe ausgeübten Berufstätigkeit zugemutet. Ob eine Erwerbsobliegenheit wenigstens im Regelfall zu verneinen ist, braucht in der vorliegenden Sache nicht entschieden zu werden. Denn wie die Revision mit Recht rügt, hat das OLG bei seiner Entscheidung den *hier* gegebenen Besonderheiten der persönlichen und ehel. Verhältnisse nicht das ihnen zukommende Gewicht beigelegt. Die Ehefrau befindet sich bereits im vorgerückten Alter; der Altersunterschied zu den beiden Kindern der Parteien ist überdurchschnittlich groß. Diese Umstände sind erfahrungsgemäß geeignet, ihr die Betreuung der Kinder beträchtlich zu erschweren. Einer Erwerbstätigkeit ist sie während der Ehe nur i. J. 1967 nachgegangen, als sie in der von ihrer Schwester betriebenen Gaststätte Putzarbeiten verrichtete. Diese am Anfang der Ehe der Parteien ausgeübte Tätigkeit liegt verhältnismäßig weit zurück. Einen größeren zeitlichen Umfang kann sie schon deshalb nicht gehabt haben, weil in demselben Jahr 1967 das ältere der beiden Kinder geboren ist. Ob die Ehefrau jene Putzarbeiten nach der Geburt dieses Kindes (noch) ausgeübt hat, ist nicht festgehalten. Jedenfalls ist sie nach der Geburt des zweiten Kindes i. J. 1968 einer Erwerbstätigkeit nicht mehr nachgegangen. Angesichts der nicht unerheblichen Dauer der Ehe ist dies im Hinblick auf das Alter der Ehefrau ein Umstand, der ebenfalls dagegen spricht, ihr jetzt die Aufnahme einer Erwerbstätigkeit zuzumuten.

Das OLG hat der Belastung der Ehefrau durch die Betreuung der beiden Kinder in der Weise Rechnung tragen wollen, daß es ihre Erwerbsobliegenheit auf werktäglich drei Stunden beschränkt hat. Da aber – wie oben dargelegt – nicht einmal einer Frau, die *ein* 11jähriges Kind zu betreuen hat, in jedem Fall eine Halbtagsarbeit zugemutet wird, begegnet es unter den dargelegten Umständen rechtlichen Bedenken, von der Ehefrau eine auch nur auf drei Stunden täglich begrenzte Erwerbstätigkeit zu verlangen. Vielmehr haben die Gesamtumstände nach Ansicht des Senats ein solches Gewicht, daß eine Erwerbsobliegenheit der Ehefrau derzeit auszuschließen ist.

148b) FamRZ 84/364, 365
(Unzumutbare Vollerwerbstätigkeit bei Betreuung eines neunjährigen Kindes und von Zwillingen im Alter von 17 Jahren)

Das OLG hat die ehel. Lebensverhältnisse, die nach § 1578 I BGB für den vollen Unterhaltsbedarf maßgebend sind, im Grundsatz zu Recht an den wirtschaftlichen Verhältnissen zur Zeit der Scheidung gemessen (FamRZ 1982, 360; FamRZ 1982, 576). Bedenken bestehen jedoch, soweit es der Bestimmung der ehel. Lebensverhältnisse das Einkommen der Ehefrau aus ihrer ganztägigen Erwerbstätigkeit zugrundegelegt hat, ohne zu prüfen, ob ihr diese Vollzeittätigkeit zuzumuten war. Der *Senat* kann nicht davon ausgehen, daß dies der Fall ist. Zur Zeit der Ehescheidung war der jüngste Sohn der Parteien erst neun Jahre alt. (Dazu kommen Zwillinge im Alter von 17 Jahren.) Die Ehefrau hatte für ihn zu sorgen. Im allgemeinen wird die Erziehung und Pflege eines Kindes dieses Alters eine – jedenfalls ganztägige – Erwerbstätigkeit der Mutter als unzumutbar erscheinen lassen (FamRZ 1981, 17, 18). Allerdings mögen, wie in der Revisionsverhandlung geltend gemacht worden ist, besondere Umstände in der Ehe der Parteien, die durch das sehr viel höhere Alter des Ehemannes und die – im Berufungsurteil als „einfach" bezeichneten – wirtschaftlichen Verhältnisse (FamRZ 1981, 17, 18; FamRZ 1982, 148, 150) ihr Gepräge erhielten, u. U. eine abweichende Beurteilung rechtfertigen. Dazu sind dem angefochtenen Urteil jedoch keine zureichenden Feststellungen zu entnehmen.

148c) FamRZ 85/50, 51 = NJW 85/429, 430
(Obliegenheit zur Vollerwerbstätigkeit bei 17jährigem Schüler)

Das OLG nimmt einen Unterhaltsanspruch der Kl. zu 1) nach § 1570 BGB an und begründet dies wie folgt:

Die von der Kl. zu 1) betreute Kl. zu 2) sei zwar am 15. 4. 1983 18 Jahre alt und damit volljährig geworden. Dies bedeute jedoch nicht, daß damit die Betreuung durch die Mutter sofort ihre Beendigung als dem Barunterhalt gleichwertige Unterhaltsleistung (§ 1606 III S. 2 BGB) verliere. Vielmehr sei diese Frage nach den Umständen des Einzelfalles zu beurteilen. Dies gelte insbesondere, wenn sich der Barbedarf durch den Eintritt der Volljährigkeit nicht erhöhe. Letzteres sei hier der Fall. Die Kl. zu 2) besuche vor und nach ihrer Volljährigkeit das Gymnasium. Das AmtsG habe ihr nicht ab 15. 4. 1983 den in der Düsseldorfer Tabelle vorgeschlagenen erhöhten Unterhalt für ein volljähriges Kind zugesprochen. Die Lebensverhältnisse des Kindes und seiner Mutter hätten sich nicht verändert. Solange das Kind das Gymnasium besuche, erscheine es deswegen angemessen, daß die Mutter ihre Verpflichtung zur Leistung von Unterhalt weiterhin durch Betreuung in ihrem Haushalt und nicht durch Barleistungen erfülle. Die Kl. zu 1) brauche deswegen nicht eine Ganztagsbeschäftigung aufzunehmen, um sich ihren Unterhalt selbst zu verdienen.

Diese Ausführungen begegnen durchgreifenden rechtlichen Bedenken.

Es kann dahinstehen, ob die Kl. zu 1) ihre Unterhaltspflicht gegenüber der Kl. zu 2) auch nach deren Volljährigkeit allein durch Betreuungsleistungen erfüllt, weil nicht über einen Unterhaltsanspruch der Kl. zu 2) gegen die Kl. zu 1) zu befinden ist, sondern über einen solchen der Kl. zu 1) gegen den Bekl., ihren geschiedenen Ehegatten. Soweit das OLG die Frage, ob es der Kl. zu 1) unterhaltsrechtlich obliegt, ihre Teilzeitbeschäftigung zu einer Ganztagstätigkeit auszuweiten, für das Unterhaltsrechtsverhältnis zur Kl. zu 2) und für das zum Bekl. gleich beurteilen will, kann dem nicht gefolgt werden. Wie der *Senat* bereits mehrfach entschieden hat, folgt aus der Verneinung einer Erwerbsobliegenheit im Verhältnis zu betreuten Kindern nicht, daß der betreuende Ehegatte auch im Rahmen seines Anspruchs auf Trennungs- oder Geschiedenenunterhalt von der Obliegenheit freigestellt wäre, seinen Lebensbedarf ganz oder teilweise durch die Aufnahme einer Erwerbstätigkeit selbst zu decken (FamRZ 1981, 541, 543; FamRZ 1981, 1159, 1160). Daran ist festzuhalten. Insoweit gelten nicht die Maßstäbe des § 1606 III S. 2 BGB, die nur für die Frage der Barunterhaltspflicht gegenüber minderjährigen unverheirateten Kindern maßgebend sind, sondern die für den Trennungs- bzw. Geschiedenenunterhalt aufgestellten Regeln des Gesetzes.

Nach § 1570 BGB kann der geschiedene Ehegatte Unterhalt verlangen, solange und soweit von ihm wegen der Pflege und Erziehung eines gemeinschaftlichen Kindes eine Erwerbstätigkeit nicht erwartet werden kann. Inwieweit eine Erwerbsobliegenheit besteht, ist nach objektiven Kriterien zu entscheiden. Bei der vorzunehmenden Abwägung der Umstände des Einzelfalls kommt es neben den persönlichen Verhältnissen des Unterhalt fordernden Ehegatten, wie sie in § 1574 II BGB aufgeführt sind, vor allem auf die Betreuungsbedürftigkeit des Kindes an (FamRZ 1982, 148, 150 m. w. N.). Dabei spielt nicht nur das Alter des Kindes eine Rolle, sondern insbesondere auch sein Gesundheitszustand, sein schulischer und sonstiger Entwicklungsstand sowie möglicherweise bei ihm aufgetretene Verhaltensstörungen. Allerdings hat der *Senat* bereits ausgesprochen, daß das Heranwachsen eines Kindes in das Alter von etwa 16 Jahren dem betreuenden Elternteil in aller Regel die Möglichkeit eröffnet, eine Vollzeitbeschäftigung aufzunehmen. (FamRZ 1984, 149, 150 – FamRZ 1983, 569, 571; im letzteren Fall hat es sich um ein Kind im Alter von 15½ Jahren gehandelt.)

Im Schrifttum wird überwiegend die gleiche Auffassung vertreten, wobei etwa darauf hingewiesen wird, daß der Jugendliche ab diesem Alter für seine Pflege weitgehend selbst sorgen kann und eine größere Selbständigkeit für seine Entwicklung sogar förderlich ist.

Im Rahmen der Prüfung der Voraussetzungen des § 1570 BGB kann deswegen nach Heranwachsen des Kindes in diese Altersstufe im allgemeinen davon ausgegangen werden, daß ein weiterer Aufschub der Aufnahme einer vollen Erwerbstätigkeit durch den betreuenden Elternteil nur gerechtfertigt ist, wenn besondere Gründe vorliegen. Im Prozeß hat derjenige, der eine Ausnahme von dieser auf der Lebenserfahrung beruhenden Regel für sich in Anspruch nimmt, die hierfür erforderlichen Voraussetzungen darzulegen und notfalls zu beweisen. (FamRZ 1983, 456, 458 für den Fall der Betreuung eines Kindes unter acht Jahren).

Nach diesen Grundsätzen wird die Annahme des OLG, der Kl. zu 1) stehe gegen den Bekl. ein Unterhaltsanspruch gemäß § 1570 BGB zu, von den getroffenen Feststellungen nicht getragen. Am 1. 9. 1982, dem Zeitpunkt des Beginns der zugesprochenen Unterhaltsrente, war die Kl. zu 2), das einzige von der Kl. zu 1) betreute Kind, bereits 17½ Jahre alt. Der fortdauernde Besuch des Gymnasiums durch das Kind ist für sich allein nicht geeignet, den weiteren Aufschub der Aufnahme einer Ganztagstätigkeit durch die Kl. zu 1) unterhaltsrechtlich zu rechtfertigen. Es hätten daher sonstige Umstände hinzukommen müssen, um einen Unterhaltsanspruch nach § 1570 BGB bejahen zu können.

148d) FamRZ 84/769, 770 = NJW 84/2355, 2356

(Teilzeitbeschäftigung bei Betreuung eines 11- bis 15jährigen Kindes)

Nach § 1570 BGB kann ein geschiedener Ehegatte von dem anderen Unterhalt verlangen, solange und soweit von ihm wegen der Pflege oder Erziehung eines gemeinschaftlichen Kindes eine Erwerbstätigkeit nicht erwartet werden kann. Bei einem Kind von 11 bis 15 Jahren kommt im allgemeinen eine Teilzeitbeschäftigung des betreuenden Elternteils in Frage, die jedoch den Umfang einer Halbtagsarbeit nicht zu erreichen braucht (FamRZ 1981, 17, 18). Das Maß der zumutbaren Tätigkeit richtet sich nach den Umständen des Einzelfalles (vgl. – zum Umfang der Erwerbsobliegenheit einer Mutter, die ein noch jüngeres Kind pflegt und erzieht – FamRZ 1983, 456, 458). Ein überdurchschnittlich hoher Betreuungsbedarf sog. Problemkinder ist zu berücksichtigen (*Senats*urteil v. 11. 5. 1983 – IVb ZR 384/81, nicht veröffentlicht).

Die Revision wendet sich gegen die Annahme des OLG, die Ehefrau könne neben der Betreuung der (13jährigen) Tochter der Parteien eine Teilzeitbeschäftigung ausüben, so daß aus § 1570 BGB nur ein Teilunterhaltsanspruch abzuleiten sei. Sie rügt, dabei sei der Vortrag unberücksichtigt geblieben, die Tochter sei psychisch so labil, daß die Ehefrau sie ganztags betreuen müsse, so daß daneben keine, auch keine nur zeitweise ausgeübte Erwerbstätigkeit möglich sei.

Diese Rüge greift nicht durch. Das OLG ist davon ausgegangen, daß sich die Tochter in einem sehr labilen Zustand befindet. Daß dieser Zustand aber jegliche Erwerbstätigkeit der Mutter ausschließe, ist vor dem OLG nicht behauptet worden. Zwar hatte die Ehefrau das im ersten Rechtszug vorgetragen. Das AmtsG ist dem aber nicht gefolgt, und im zweiten Rechtszug ist die Ehefrau auf diese Behauptung nicht mehr zurückgekommen.

148e) FamRZ 83/996, 997 = NJW 83/2243, 2244

(Keine Erwerbsobliegenheit bei Betreuung eines Kindes im Alter von 7 Jahren und Beweislast)

Das OLG geht davon aus, daß der Kl. wegen der Betreuung des gemeinschaftlichen Kindes ein Unterhaltsanspruch gegen den Bekl. nach § 1570 BGB zusteht. Die Revision meint, die Kl. habe die Voraussetzungen für das Bestehen eines derartigen Unterhaltsanspruchs nicht nachgewiesen. Der Bekl. habe nämlich unwidersprochen vorgetragen, daß sie nach der Scheidung eine Zeitlang ungeachtet der Kindesbetreuung berufstätig gewesen sei und diese Berufstätigkeit nur im Hinblick auf eine erneute Schwangerschaft aufgegeben habe.

Diese Rüge geht zunächst von einer unzutreffenden Verteilung der Darlegungs- und Beweislast aus. Eine Mutter, die ein Kind im hier gegebenen Alter betreut, braucht sich im Regelfall nicht auf die eigene Erwerbstätigkeit verweisen zu lassen. Es ist Sache desjenigen, der im Prozeß eine Ausnahme von dieser Regel für sich in Anspruch nimmt, die Voraussetzungen hierfür darzutun (FamRZ 1983, 456, 458). Hier hat sich der Bekl. auf den nicht näher substantiierten Vortrag beschränkt, daß die Kl. zeitweise trotz der Betreuungsbedürftigkeit des Kindes „berufstätig" gewesen sei. Dies reichte nicht aus zur Darlegung, daß sie auch im Klagezeitraum neben der Kindesbetreuung in zumutbarer Weise ihren vollen Unterhalt selbst verdienen konnte. Die Frage der Zumutbarkeit einer Erwerbstätigkeit des Unterhaltsberechtigten kann im allgemeinen auch nicht ohne Kenntnis der wirtschaftlichen Verhältnisse des Unterhaltsverpflichteten beurteilt werden. Im übrigen ist in diesem Zusammenhang darauf hinzuweisen, daß sich selbst bei Annahme einer Obliegenheit der Kl. zur vollen Erwerbstätigkeit aufgrund günstiger wirtschaftlicher Verhältnisse des Bekl. ein Anspruch auf Aufstockungsunterhalt gemäß § 1573 II BGB ergeben könnte.

149. BGH zur Erwerbsobliegenheit bei Betreuung minderjähriger Kinder

149a) FamRZ 80/40, 42 = NJW 80/124, 126

(Erwerbsobliegenheit bei Betreuung eines 11jährigen Kindes und bei Behinderung durch Arm)

Ob der Unterhaltsanspruch der Kl. über den so zu ermittelnden Betrag hinaus noch weiter zu kürzen ist, hängt davon ab, ob ihr auch eine Tätigkeit im Erwerbsleben zugemutet werden könnte und das daraus zu erwartende Einkommen jenen Betrag überstiege. Hierzu hat das OLG – von seinem Rechtsstandpunkt aus folgerichtig – bisher keine Feststellungen getroffen. Vor allem ist offen, ob die Kl. im Hinblick auf die Behinderung ihres rechten Armes zu einer derartigen Erwerbstätigkeit in der Lage wäre. Daß sie das jetzt 11jährige Kind der Parteien zu betreuen hat, läßt eine Erwerbstätigkeit nicht von vornherein als unzumutbar erscheinen; vielmehr käme insoweit eine Teilzeitbeschäftigung, vor allem in den Vormittagsstunden, während das Kind die Schule besucht, in Betracht (FamRZ 1979, 571, 572). Keine Gründe für die Unzumutbarkeit einer derartigen Erwerbstätigkeit ergäben sich auch daraus, daß die Kl. durch die Tätigkeit gegebenenfalls an der weiteren Versorgung ihres Partners gehindert würde. Eine derartige Konsequenz könnte im Verhältnis zum unterhaltspflichtigen Bekl. keine Berücksichtigung finden.

149b) FamRZ 80/771, 772 = NJW 80/2081, 2082

(Erwerbsobliegenheit bei 11jährigem Kind)

Seiner Ansicht, daß für die Mutter eines elfjährigen, von ihr zu betreuenden Kindes von vornherein jede Erwerbstätigkeit unzumutbar sei, kann jedoch nicht gefolgt werden. Bei diesem Alter des Kindes ist die Mutter durch die Erziehung und Pflege in zeitlicher Hinsicht nicht mehr derart gebunden, daß sie auch an der Übernahme einer Teilzeitbeschäftigung gehindert wäre. Demgemäß hat der *BGH* in derartigen Fällen in Übereinstimmung mit der neueren Rechtsprechung und Lehre die Zumutbarkeit einer solchen Teilzeitarbeit im Grundsatz bejaht (FamRZ 1979, 571, 572; 1980, 40, 42). Daß der vorliegende Fall aus Gründen in der Person des Kindes oder sonstigen Umständen eine Ausnahme von dieser Beurteilung rechtfertigen würde, läßt sich den Feststellungen nicht entnehmen.

149c) FamRZ 81/541, 543 = NJW 81/2462, 2463

(Betreuung von 2 Kindern im Alter von 11 und 18 Jahren)

Die beiden bei der Kl. zu 1 lebenden Kinder sind i.J. 1976 10 und 17 Jahre alt geworden. Im Zeitpunkt der Berufungsentscheidung betrug ihr Alter 11½ und 18½ Jahre. Daß das OLG in der Betreuung von Kindern diesen Alters kein Hindernis für eine stundenweise Beschäftigung der Kl. zu 1 im Bereich der Alten- und Familienpflege gesehen hat, ist aus Rechtsgründen nicht zu beanstanden. Diese Auffassung des OLG steht ebenso in Einklang mit der Rechtsprechung des *BGH* (FamRZ 1981, 17 m. w. N.) wie die Ansicht, daß sich auch daraus keine Gründe für die Unzumutbarkeit der angesonnenen Erwerbstätigkeit ergeben, daß sich der Unterhaltsanspruch der Kl. zu 1 nach früherem Recht bestimmt. Die Ansicht der Revision, daß es der Kl. zu 1 freigestanden habe, von jeder Erwerbstätigkeit abzusehen und sich, wie in einer fortbestehenden Ehe, nur der Betreuung der Kinder zu widmen, kann nicht geteilt werden. Bei dem Alter der Kinder, deren Betreuung die Kl. zu 1 nicht mehr voll in Anspruch nimmt, ist es auch auf der Grundlage der früheren Vorschriften über den Geschiedenenunterhalt nicht zu beanstanden, daß der Tatrichter die Zumutbarkeit einer derartigen, nicht einmal den Umfang einer Halbtagstätigkeit erreichenden Teilzeitbeschäftigung bejaht hat (FamRZ 1980, 40, 42 m. w. N.), zumal er den Unterhalt der Kl. zu 1 im Hinblick auf die eingeschränkte Leistungsfähigkeit des Bekl. nach den Grundsätzen des § 59 EheG bemessen hat.

Daß die Kl. zu 1 im Verhältnis zu den von ihr betreuten Kindern keine Verpflichtung zum Barunterhalt und damit zur Aufnahme einer Erwerbstätigkeit trifft (FamRZ 1980, 994), führt nicht dazu, daß sie auch hinsichtlich ihres eigenen Unterhaltsanspruchs gegen den Bekl. von jeder Verpflichtung freigestellt wäre, einen Teil ihres Unterhaltsbedarfs durch die Aufnahme einer an sich zumutbaren Erwerbstätigkeit selbst zu decken.

149d) FamRZ 84/374, 375 = NJW 84/1458, 1460

(Zur Erwerbsobliegenheit bei Betreuung eines 13jährigen Kindes durch einen Lehrer)

Fraglich erscheint, ob sich Anhaltspunkte für die Zumutbarkeit des Umfangs der Erwerbstätigkeit für den Bekl. daraus ergeben, was die Mutter der Kl. neben deren Betreuung an beruflicher Belastung auf sich nimmt. Insoweit könnte eine überobligationsmäßige Erwerbstätigkeit vorliegen, die für die

Erwerbsobliegenheit des Bekl. keinen Maßstab liefern kann. Indessen tragen die übrigen Erwägungen des OLG in ausreichendem Maße die in erster Linie dem Tatrichter zukommende Beurteilung, daß der Bekl. trotz der Betreuung der Tochter Birgit seinen Lehrberuf in einem Umfang von ⅔ der vollen Pflichtstundenzahl ausüben könnte. Nach den Feststellungen des OLG war Birgit zu Beginn des Zeitraums, für den der Bekl. den Wegfall seiner Barleistungspflicht gegenüber den Kl. begehrt, 13 Jahre alt und erforderte keinen das normale Maß übersteigenden Betreuungsaufwand. Es ist rechtlich nicht zu beanstanden, wenn das OLG danach unter Berücksichtigung der Art der Berufstätigkeit des Bekl. die Überzeugung gewonnen hat, daß dem Bekl. im Verhältnis zu den Kl. unterhaltsrechtlich die Ausübung des Lehrerberufes mit ⅔ der normalen Pflichtstundenzahl zugemutet werden kann.

Andererseits wenden sich auch die Kl. ohne Erfolg dagegen, daß der Berechnung ihres Unterhalts eine Erwerbstätigkeit des Bekl. im Umfang von (nur) ⅔ der Pflichtstundenzahl eines vollbeschäftigten Lehrers statt einer vollen Erwerbstätigkeit zugrundegelegt worden ist.

Entgegen der Auffassung ihrer Revision kommt es nicht auf die Frage an, ob der Bekl. im Hinblick auf die gemäß § 1603 II BGB verstärkte Unterhaltspflicht der Eltern gegenüber ihren minderjährigen Kindern verpflichtet wäre, in vermehrtem Umfang erwerbstätig zu sein. Vielmehr ist darüber zu entscheiden, auf welche Weise den wesentlich veränderten Verhältnissen in der Erwerbstätigkeit des Bekl. wegen der inzwischen von ihm übernommenen Pflege und Betreuung der Tochter Birgit unter Zumutbarkeitsgesichtspunkten Rechnung getragen werden muß. Die tatrichterliche Beurteilung, von einer um ⅓ der vollen Arbeitsleistung verminderten Erwerbstätigkeit wegen der Betreuung eines im Zeitpunkt der Entscheidung 13 Jahre alten Kindes auszugehen, erscheint auch unter Berücksichtigung der Art der Berufstätigkeit des Bekl. nicht als rechtsfehlerhaft. Ob das weiterhin unverändert gilt, obwohl das zu betreuende Kind inzwischen ein Alter erreicht hat, in dem erfahrungsgemäß die elterlichen Erziehungsaufgaben weniger Zeit in Anspruch nehmen, wird das OLG bei der neuen Entscheidung zu prüfen haben.

Das OLG hat dem Umstand, daß die Mutter der Kl. seit 1978 durch Wiederaufnahme des Berufs einer Lehrerin mit halber Pflichtstundenzahl Bareinkommen erzielt, mit Recht keine Bedeutung für die Bemessung der Unterhaltsansprüche der Kl. gegen den Bekl. beigemessen. Zwar war bei Erlaß des abzuändernden Urteils die Mutter der Kl. nicht berufstätig. Diese Tatsache gehörte indessen nicht zu den Verhältnissen, deren wesentliche Änderung i. S. des § 323 ZPO eine Abänderung erlauben würde. Auch wenn die Mutter der Kl. schon damals im gleichen Umfang wie jetzt erwerbstätig gewesen wäre, hätte das den Barunterhaltsanspruch der Kl. gegen den Bekl. nicht beeinflußt, weil die Mutter der Kl. damals wie auch jetzt durch deren Pflege und Betreuung ihre Unterhaltspflicht vollständig erfüllt und zu ergänzenden Barunterhaltsleistungen jedenfalls solange nicht verpflichtet ist, wie ihr Einkommen das des Bekl. nicht erheblich übersteigt (FamRZ 1981, 543). Derartige Feststellungen sind nicht getroffen; der Bekl. hat insoweit auch keine Behauptungen aufgestellt.

149e) FamRZ 85/161 = NJW 85/1026, 1027

(Vergleichsweise Regelung der Erwerbsobliegenheit)

In dem Vergleich haben die Parteien durch vertragliche Vereinbarung einen Unterhaltsanspruch der Bekl. nach §§ 1570, 1573 II BGB – auf der Grundlage einer von ihr ausgeübten Halbtagsbeschäftigung – geregelt, obwohl die Tochter Heike im Zeitpunkt des Vergleichsabschlusses bereits 17 Jahre alt war, so daß ihre Betreuung einer vollen Erwerbstätigkeit der Bekl. nach allgemeinen Grundsätzen an sich nicht mehr entgegengestanden hätte (FamRZ 1984, 149, 150). Gleichwohl sind die Parteien davon ausgegangen, daß der Bekl. mit Rücksicht auf die ihr noch obliegende Betreuung der Tochter nur eine Halbtagsbeschäftigung zugemutet werden sollte. Sie haben damit der Betreuungsbedürftigkeit ihrer Tochter durch individuelle Vereinbarung eine über die allgemein vertretene Auffassung hinausreichende besondere Bedeutung nach § 1570 BGB beigemessen.

Nachdem die Bekl. jedoch inzwischen seit Juli 1982 eine Ganztagsbeschäftigung ausübt und in ihrer Erwerbstätigkeit nicht mehr durch die Betreuung der seit April 1982 volljährigen Tochter beeinträchtigt wird, liegen die Voraussetzungen für einen Unterhaltsanspruch nach § 1570 BGB – auch in der vertraglichen Ausgestaltung durch den Vergleich – nicht mehr vor.

150. BGH zum Altersunterhalt nach § 1571 BGB

150a) FamRZ 82/28, 29, 30 = NJW 82/929, 930

(Alters- aber nicht ehebedingte Erwerbsunfähigkeit und Ehedauer)

Der erkennende Senat hat sich in dem Urteil v. 23. 9. 1981 (FamRZ 1981, 1163ff.), auf das wegen der Begründung im einzelnen verwiesen wird, eingehend mit den ges. Voraussetzungen und dem Inhalt der nachehelichen Unterhaltsansprüche nach §§ 1569ff. BGB insbesondere unter dem Gesichtspunkt auseinandergesetzt, ob und in welchem Umfang diese Ansprüche eine generelle Beschränkung auf ehebedingte Bedürfnislagen enthalten. Er ist dabei – unter Einbeziehung der Gesetzesmaterialien – zu dem Ergebnis gelangt, daß der noch von dem Rechtsausschuß des Deutschen Bundestages als entscheidendes Kriterium für einen Unterhaltsanspruch nach neuem Recht hervorgehobene Gesichtspunkt der „ehebedingten Unterhaltsbedürftigkeit" in dieser Form keinen Eingang in das Gesetz gefunden hat und daß die Tatbestände des nachehelichen Unterhalts nicht allgemein dem Erfordernis eines kausalen Zusammenhangs zwischen Ehe und Bedürftigkeit unterliegen. Dies muß entsprechend den Ausführungen in dem genannten Urteil auch für den Unterhaltsanspruch nach § 1571 Nr. 1 BGB für die Fälle gelten, in denen der bedürftige Ehegatte nicht während der Ehezeit alt geworden ist, sondern bereits im Zeitpunkt der Eheschließung wegen Alters einer Erwerbstätigkeit nicht mehr nachgehen konnte.

Die ASt. war zwar bis zum Zeitpunkt der Eheschließung noch erwerbstätig. Sie stand jedoch wenige Monate vor der Vollendung des 60. Lebensjahres und damit vor dem Bezug des Altersruhegeldes. Daher ist auch sie – im Sinne der erwähnten Senatsentscheidung – nicht erst „während der Ehe alt" und aus Altersgründen erwerbsunfähig geworden. Gleichwohl steht ihr entgegen der Auffassung der Revision grundsätzlich ein Unterhaltsanspruch nach § 1571 Nr. 1 BGB gegenüber dem AGg. zu.

Die Vorschrift des § 1571 Nr. 1 BGB enthält keine Einschränkung des altersbedingten Unterhaltsanspruchs in dem Sinn, daß der wegen seines Alters nicht mehr erwerbsfähige Ehegatte zusätzlich aus ehebedingten Gründen unterhaltsbedürftig geworden sein müsse, etwa weil er im Hinblick auf die Gestaltung der ehel. Lebensverhältnisse nicht für eine Alterssicherung sorgen konnte.

Der Unterhaltsanspruch knüpft vielmehr lediglich an die Voraussetzung an, daß von dem bedürftigen Ehegatten wegen seines Alters eine Erwerbstätigkeit nicht mehr erwartet werden kann. Insoweit wirkt der Grundsatz der Mitverantwortung der Ehegatten füreinander (vgl. *BVerfG*, FamRZ 1981, 745, 750) über den Zeitpunkt der Scheidung hinaus fort. Die Mitverantwortung, die der leistungsfähige Ehepartner gegenüber dem Unterhaltsbedürftigen trägt, ist aber eine Folge der Eheschließung und des ehel. Zusammenlebens, und sie ist unabhängig von dem Alter, in dem die Ehe geschlossen wurde.

Als Korrektiv eines auf diese Weise nach § 1571 Nr. 1 BGB begründeten Unterhaltsanspruchs kann allerdings in Fällen, in denen die in höherem Alter geschlossene Ehe nicht lange bestanden hat und die Ehegatten sich deshalb in ihren beiderseitigen persönlichen und wirtschaftlichen Lebensverhältnissen nicht nachhaltig auf eine gemeinschaftliche Lebensführung eingestellt haben, die Regelung des § 1579 I Nr. 1 BGB eingreifen (FamRZ 1980, 980). Die in dieser Vorschrift enthaltene Billigkeitsklausel sieht für die Fälle einer kurzen Ehedauer die Möglichkeit des Ausschlusses oder der Minderung des nachehelichen Unterhaltsanspruchs vor, ohne indessen Anhaltspunkte dafür zu geben, wie der Begriff der kurzen Ehedauer zeitlich näher zu bestimmen ist. Der erkennende Senat hat hierzu im Urteil v. 26. 11. 1980 (FamRZ 1981, 140ff.) entschieden, daß eine nicht mehr als zwei Jahre betragende Ehedauer in der Regel als kurz, eine solche von 43 Monaten hingegen regelmäßig nicht mehr als kurz i. S. des § 1579 I Nr. 1 BGB zu bezeichnen sei.

In Anlehnung an diese Entscheidung ist es revisionsrechtlich nicht zu beanstanden, daß sich das OLG im vorliegenden Fall – in tatrichterlicher Würdigung der gesamten Umstände einschließlich des Alters und der Vermögenslage der Parteien bei Eingehung der Ehe – auf den Standpunkt gestellt hat, angesichts der Ehedauer von rund 39 Monaten erscheine es nicht grob unbillig, wenn der AGg. der ASt. die Hälfte des sich nach der Düsseldorfer Tabelle ergebenden Betrages als nachehelichen Unterhalt zu leisten habe. Diese Entscheidung trägt sowohl der ehel. Lebensgestaltung der Parteien während der Dauer ihres Zusammenlebens als auch der altersbedingten Unterhaltsbedürftigkeit beider Eheleute in angemessener Weise Rechnung (vgl. den ähnlich liegenden Fall in FamRZ 1981, 140ff.).

150b) FamRZ 83/150, 151 = NJW 83/683

(Die Unterhaltsbedürftigkeit muß nicht ehebedingt sein)

Wie der *Senat* inzwischen mit Urteil v. 21. 10. 1981 (FamRZ 1982, 28, 29f.) im Anschluß an das zu § 1572 BGB ergangene Urteil v. 23. 9. 1981 (FamRZ 1981, 1163, 1164f.) entschieden hat, hängt die Unterhaltspflicht wegen Alters nach § 1571 Nr. 1 BGB nicht davon ab, daß die Unterhaltsbedürftigkeit ehebedingt sein müsse. Sie besteht auch dann, wenn der um Unterhalt nachsuchende Ehegatte bereits im Zeitpunkt der Eheschließung wegen seines Alters keiner Erwerbstätigkeit mehr nachgehen konnte.

150c) FamRZ 83/144, 145, 146

(Altersunterhalt und angemessene Erwerbstätigkeit nach § 1574 II BGB)

Nach § 1571 Nr. 1 BGB kommt es darauf an, ob von dem geschiedenen Ehegatten im Zeitpunkt der Scheidung wegen seines Alters eine Erwerbstätigkeit nicht mehr erwartet werden kann.

Das ist nicht nur im Blick auf das Lebensalter des Unterhalt begehrenden Ehegatten von Bedeutung. Ob von ihm eine Erwerbstätigkeit erwartet werden kann, hängt auch davon ab, welche Art von entgeltlicher Beschäftigung in Betracht zu ziehen ist. Insoweit bestimmt § 1574 I BGB, daß der gesch. Ehegatte nur eine ihm angemessene Erwerbstätigkeit auszuüben braucht. Angemessen ist nach Abs. II der Vorschrift eine Erwerbstätigkeit, die der Ausbildung, den Fähigkeiten, dem Lebensalter und dem Gesundheitszustand des gesch. Ehegatten sowie den ehel. Lebensverhältnissen entspricht; bei den ehel. Lebensverhältnissen sind die Dauer der Ehe und die Dauer der Pflege oder Erziehung eines gemeinschaftlichen Kindes zu berücksichtigen. Die inhaltliche Beschränkung der Obliegenheit zur Aufnahme einer Erwerbstätigkeit auf angemessene berufliche Beschäftigungen und die gesetzliche Umschreibung der Angemessenheit tragen damit zur Konkretisierung der Voraussetzungen des Anspruchs auf Unterhalt wegen Alters (§ 1571 BGB) – ebenso wie der Unterhaltsansprüche wegen Krankheit (§ 1572 BGB) und Beschäftigungslosigkeit (§ 1573 I BGB) – bei: Sowohl bei den Tatbeständen der nicht Erwerbsfähigen (§§ 1571 und 1572 BGB) als auch bei demjenigen der Erwerbslosen (§ 1573 I BGB) ist der Maßstab die angemessene Erwerbstätigkeit. Wenn aufgrund der Umstände des Falles allein die Aufnahme solcher beruflichen Tätigkeiten in Betracht kommt, die nach § 1574 II BGB als nicht angemessen anzusehen sind, kann deshalb von dem gesch. Ehegatten – wegen seines Alters und/oder wegen seiner Krankheit oder allgemein – eine Erwerbstätigkeit nicht erwartet werden.

Zu den oben genannten Umständen, von denen nach § 1574 II BGB die Angemessenheit einer dem gesch. Ehegatten zuzumutenden Erwerbstätigkeit abhängt, gehören die ehel. Lebensverhältnisse. Diese können, ebenso wie das Lebensalter und der Gesundheitszustand des gesch. Ehegatten, die im Hinblick auf seine nachehelichen beruflichen Möglichkeiten notwendig aus der Sicht des Scheidungszeitpunktes gewürdigt werden müssen, nur unter Beachtung der Entwicklung bis zur Auflösung der Ehe zutreffend bestimmt werden. Soweit die ehel. Lebensverhältnisse gemäß § 1578 I BGB für das Maß des Unterhalts bedeutsam sind, sind sie nach der Rechtsprechung des *Senats* nicht nach den Umständen zur Zeit der Trennung, sondern – vorbehaltlich außergewöhnlicher, nicht vorhersehbarer Entwicklungen während der Trennungszeit – nach denjenigen zur Zeit der Auflösung der Ehe zu beurteilen (FamRZ 1982, 892 = NJW 1982, 2439 m. w. Nachw.). Auch soweit es auf die ehel. Lebensverhältnisse nach § 1574 II BGB als für die Angemessenheit einer Erwerbstätigkeit bedeutsamen Umstand ankommt, darf ihre Betrachtung nicht mit dem Zeitpunkt der Trennung abbrechen. Vielmehr ist bei der dem Tatrichter obliegenden Gesamtwürdigung auch die weitere Entwicklung der Verhältnisse bis hin zur Scheidung ins Auge zu fassen. Außergewöhnliche, nicht vorhersehbare Veränderungen werden dabei auch hier außer Betracht zu bleiben haben.

Im Schrifttum wird weithin die Auffassung vertreten, mit zunehmender Ehedauer seien die ehel. Lebensverhältnisse immer stärker zu beachten, so daß sie nach einer Ehe von langer Dauer mehr als die anderen Merkmale, wie etwa Ausbildung, Fähigkeiten usw., die Angemessenheit einer Erwerbstätigkeit zu bestimmen geeignet seien.

Ob das auch im Falle einer längeren Zeit des Getrenntlebens richtig ist, wird nach den Umständen des Falles zu beurteilen sein. Das setzt die tatrichterliche Prüfung voraus, inwieweit Entwicklungen, die erst nach der Trennung der Parteien eingetreten sind, noch imstande waren, die ehel. Lebensverhältnisse prägend zu beeinflussen.

Dem Umstand, daß der Anspruch auf nachehelichen Unterhalt als Folgesache gemäß § 623 ZPO im Scheidungsverbund geltend gemacht wird und daher der Zeitpunkt des Eintritts der Rechtskraft der Scheidung noch nicht feststeht, kann dadurch Rechnung getragen werden, daß die bis zum Zeitpunkt der letzten mündlichen Verhandlung eingetretene Entwicklung zugrunde gelegt wird, soweit Veränderungen bis zum Eintritt der Rechtskraft noch nicht absehbar sind (FamRZ 82, 892 = NJW 82, 2439).

Das OLG hatte mithin seine Entscheidung, daß von der Ehefrau eine Tätigkeit als Verkäuferin (an anderer Stelle des Berufungsurteils: als Stenokontoristin) erwartet werden könne, nicht darauf stützen dürfen, daß der Ehemann i. J. 1975, als sich die Parteien trennten, an der Hochschule für Bildende Künste in B. noch nicht Professor, sondern erst Werkdozent im gehobenen Dienst war. Zur Zeit der letzten mündlichen Verhandlung vor dem OLG bekleidete er das Professorenamt bereits seit nahezu einem Jahre. Es ist bisher weder festgestellt noch behauptet, daß dieser Aufstieg außergewöhnlich und unerwartet war. Mangels näherer Feststellungen über die berufliche Stellung des Ehemannes als Werkdozent im gehobenen Dienst einerseits, als Professor andererseits läßt die bisherige tatrichterliche Würdigung auch die Möglichkeit offen, daß die Frage der Angemessenheit einer nachehelichen Erwerbstätigkeit der Ehefrau anders zu beurteilen ist, wenn der jetzt erreichte berufliche und soziale Status des Ehemanns als Professor an der Hochschule für Bildende Künste berücksichtigt wird.

Bedenken bestehen auch gegen die bisherige Würdigung des Verhaltens der Ehefrau aus der Zeit, als sich die Trennung der Parteien abzeichnete. Daß sie damals einen Antritts- oder Vorstellungstermin für eine Verkäuferinnentätigkeit vereinbart, aber nicht eingehalten hat, durfte allenfalls als ein Anzeichen dafür gewertet werden, daß sie zu jener Zeit die Annahme einer derartigen Arbeit zunächst nicht als schlechthin unzumutbar empfunden und auch gemeint hat, einer solchen Beschäftigung nach Lebensalter und gesundheitlichem Zustand gewachsen zu sein. Entscheidend sind jedoch nicht diese eine Reihe von Jahren zurückliegenden Momente, sondern es kommt – wie dargelegt – auf die gesamte Entwicklung der Verhältnisse bis zur Ehescheidung an.

151. BGH zum Krankheitsunterhalt nach § 1572 BGB

151a) FamRZ 81/1163, 1164, 1165 = NJW 82/40, 41

(Unterhaltsanspruch auch bei vor Eheschließung ausgebrochener Krankheit)

Dadurch wird die Anwendbarkeit der Vorschrift nicht nur in den von der Entwurfsbegründung angeführten Fällen eröffnet, in denen die Krankheit, wegen der eine Erwerbstätigkeit nicht erwartet werden kann, während der Ehe, aber unabhängig von ihr eingetreten ist. Vielmehr ist als nicht ehebedingte, aber von § 1572 BGB erfaßte Bedürfnislage auch diejenige anzusehen, die auf einer bereits vor der Ehe ausgebrochenen, im Zeitpunkt der Scheidung oder zu den übrigen Einsatzzeitpunkten weiterhin bestehenden Erkrankung beruht. Ob die Krankheit während der Ehe oder vorher eingetreten ist, kann bei der in § 1572 BGB normierten Anknüpfung an die scheidungsbedingte Bedürftigkeit nicht den Ausschlag geben, weil sich die Bedürfnislage des sozial schwächeren Ehegatten im Zeitpunkt der Scheidung oder in den gleichgestellten Zeitpunkten in beiden Fällen gleich darstellt. Die vorliegende Problematik ist derjenigen zu § 1571 BGB vergleichbar, wenn der bedürftige Ehegatte nicht während der Ehezeit alt geworden ist, sondern bereits im Zeitpunkt der Eheschließung wegen Alters einer Erwerbstätigkeit nicht mehr nachgehen konnte. Auch hierzu ist in Rechtsprechung und Schrifttum die Auffassung vertreten worden, daß der Unterhaltsanspruch des Ehegatten nach § 1571 BGB besteht.

Das dargelegte Verständnis des § 1572 BGB kommt auch praktischen Bedürfnissen entgegen, deren Berücksichtigung im Rahmen des Unterhaltsrechts vom Gesetzgeber in anderem Zusammenhang hervorgehoben worden ist. Den Zeitpunkt des Beginns einer Erkrankung festzustellen, kann erhebliche Aufklärungsschwierigkeiten verursachen. Das gilt vor allem, wenn der in Frage kommende Zeitraum, wie es in den Anwendungsfällen des § 1572 BGB häufiger vorkommen wird, lange Zeit zurückliegt.

Die Anwendung des § 1572 BGB auf den Fall einer bereits vor der Ehe eingetretenen Krankheit kann auch, entgegen der Ansicht der Revision, nicht davon abhängig gemacht werden, ob der unterhaltspflichtige Ehegatte im Zeitpunkt der Eheschließung von der Erkrankung des anderen Ehegatten gewußt hat. Insbesondere kann in einer etwaigen Ahnungslosigkeit des Ehegatten allein grundsätzlich kein Umstand erblickt werden, der aus übergeordneten Rechtsgrundsätzen einer Inanspruchnahme nach § 1572 BGB entgegenstände. Hierfür spricht vor allem die gesetzliche Regelung über die unterhaltsrechtlichen Folgen im Falle einer Eheaufhebung. Vor der Ehe eingetretene Erkrankungen, die bei späterer Scheidung der Ehe weiterhin andauern und eine Erwerbstätigkeit des Ehegatten nicht erwarten lassen, werden häufig das Merkmal der persönlichen Eigenschaft i. S. der Vorschriften über die Eheaufhebung erfüllen. Auch im Falle des erheblichen Irrtums über eine derartige Eigenschaft eines Ehegatten (§ 32 I EheG) mutet das Gesetz dem Ehepartner grundsätzlich zu, im Falle der Aufhebung der Ehe die sich nach den Vorschriften über die Scheidungsfolgen bestimmenden Folgen der Aufhebung, darunter auch etwaigen Unterhalt, zu tragen. Seine Ahnungslosigkeit bei der Eingehung der Ehe bewahrt ihn damit nicht vor einer unterhaltsrechtlichen Inanspruchnahme durch den anderen. Nur wenn dieser Ehegatte die Aufhebbarkeit der Ehe bei der Eheschließung gekannt hat, kann der ahnungslose Ehegatte binnen sechs Monaten nach der Rechtskraft des Aufhebungsurteils die vermögensrechtlichen Folgen, und damit eine Unterhaltspflicht, ausschließen (§ 37 II EheG). Im Hinblick auf diese Regelung können auch im vorliegenden Fall aus der Ahnungslosigkeit der Bekl. bei Eingehung der Ehe keine durchgreifenden Bedenken gegen ihre Inanspruchnahme aus § 1572 BGB hergeleitet werden. Daß der Kl. damals bereits selbst über seine – erst im Frühjahr 1971 diagnostisch abgesicherte – Erkrankung im Bilde gewesen ist, ist weder festgestellt noch behauptet. Aus diesem Grunde bedarf es keiner Erörterung, inwieweit solchenfalls ein Ausschluß des Unterhaltsanspruchs insbesondere nach § 1579 I Nr. 4 BGB in Betracht käme.

151b) FamRZ 85/50, 51 = NJW 85/429, 430

(Zum Krankheitsnachweis)

Hiernach kommt es auf die vom OLG offen gelassene Frage an, ob die Kl. zu 1) aus gesundheitlichen Gründen außerstande war, eine volle Erwerbstätigkeit aufzunehmen. Ist dies der Fall, kann die Kl. zu 1) den Teil ihres angemessenen Unterhaltsbedarfs, den sie durch Teilzeitbeschäftigung nicht abdecken kann, vom Bekl. gemäß § 1572 BGB fordern. Dafür, daß sie zum Zeitpunkt der Scheidung aus gesundheitlichen Gründen eine Ganztagsbeschäftigung nicht aufnehmen konnte, könnte das von ihr vorgelegte fachärztliche Zeugnis v. 21. 5. 1981 sprechen, auf das sie sich in der Berufungsverhandlung ausdrücklich bezogen hat.

151c) FamRZ 82/779, 781 = NJW 82/2664, 2665

(Zum Krankheitsnachweis durch fachärztliches Gutachten)

Darüber hinaus rügt die Revision zu Recht, daß das OLG den Antrag des Bekl., ein fachärztliches Gutachten über die Arbeitsfähigkeit der Kl. einzuholen, unberücksichtigt gelassen hat. Der Bekl. hat substantiiert dargelegt, daß er das im ersten Rechtszug eingeholte amtsärztliche Gutachten ebenso wie die von der Kl. im zweiten Rechtszug vorgelegte Bescheinigung des behandelnden Arztes als für eine abschließende Beurteilung unzureichend erachtete. Sein Vorbringen, zur Frage der von ihm behaupteten Arbeitsfähigkeit der Kl. müsse „notfalls" ein fachärztliches Gutachten eingeholt werden, durfte unter diesen Umständen nicht lediglich als Anregung einer in das Ermessen des Gerichts gestellten Beweisaufnahme (vgl. *BGHZ* 66, 62, 69) aufgefaßt werden. Das Vorbringen des Bekl. genügte der Formvorschrift des § 403 ZPO. Die Einschränkung, daß das Gutachten „notfalls" eingeholt werden müsse, sollte ersichtlich nur zum Ausdruck bringen, daß nach Auffassung des Bekl. die Kl. beweisfällig geblieben war und das Gutachten vorsorglich für den Fall erbeten wurde, daß das Gericht diese Auffassung nicht teilte.

Wie das OLG nicht verkannt hat, war das amtsärztliche Gutachten aus dem ersten Rechtszug seinem Inhalt nach nicht für den gesamten in Frage stehenden Zeitraum aussagekräftig. Auch die – im Wege des Urkundenbeweises verwertbare – Bescheinigung des behandelnden Arztes lag im Zeitpunkt der Berufungsverhandlung bereits länger zurück und ergab keine abschließende, gesicherte Prognose. Beide Gutachten waren darüber hinaus sehr kurz gefaßt und beschrieben den Krankheitszustand nur pauschal. Unter diesen Umständen begegnet es durchgreifenden Bedenken, wenn das OLG „angesichts des Zustandsbildes der rheumatischen Erkrankung" der Kl. ohne Einholung des beantragten Sachverständigengutachtens darauf geschlossen hat, daß sich die Folgen der Erkrankung nicht kurzfristig beheben oder nachhaltig bessern ließen.

151d) FamRZ 84/353, 356

(Keine krankheitsbedingte Erwerbsunfähigkeit bei körperlichen Abnutzungserscheinungen und Unpäßlichkeiten)

Nach § 1572 BGB besteht Anspruch auf Unterhalt, wenn von dem geschiedenen Ehegatten zum maßgebenden Einsatzzeitpunkt wegen Krankheit oder anderer Gebrechen oder Schwäche seiner körperlichen oder geistigen Kräfte „eine Erwerbstätigkeit nicht erwartet werden kann". Das ist eine Umschreibung des Begriffs der Erwerbsunfähigkeit, zu dessen wesentlichem Inhalt es – auch sonst – nicht gehört, daß der Anspruchsteller, wäre er gesund, erwerbstätig sein würde. Soweit im familienrechtlichen Schrifttum die Notwendigkeit einer sorgfältigen Prüfung des ursächlichen Zusammenhangs zwischen Krankheit und Nichterwerbstätigkeit betont wird, geht es den Autoren ersichtlich darum, medizinisch in Wahrheit nicht gerechtfertigte Untätigkeiten auf Kosten des ehemaligen Ehepartners zu verhindern, zu denen es insbesondere wegen der moderneren weiten Fassung des Krankheitsbegriffs heute eher als in früherer Zeit kommen mag. So wird zu Recht darauf hingewiesen, daß nicht schon gewisse verbreitete körperliche Abnutzungserscheinungen und Unpäßlichkeiten eine Erwerbsunfähigkeit herbeiführen, vielmehr insbesondere zahlreiche Kriegsverletzte gezeigt haben, daß auch ein erheblich Versehrter noch zu einer Erwerbstätigkeit in der Lage ist.

152. BGH zum Unterhalt wegen Erwerbslosigkeit

152a) FamRZ 80/126, 127 = NJW 80/393, 394

(Angemessene Erwerbstätigkeit, einvernehmlich begonnenes aber noch nicht abgeschlossenes Studium sowie krankheitsbedingte Verzögerung des Studienabschlusses)

Nach § 1573 I BGB kann ein geschiedener (gesch.) Ehegatte, soweit er – wie hier der Kl. – keinen Unterhaltsanspruch nach den §§ 1570 bis 1572 BGB hat, Unterhalt verlangen, solange und soweit er nach der Scheidung keine angemessene Erwerbstätigkeit zu finden vermag.

Rechtsfehlerfrei hat das OLG angenommen, die Betätigung des Kl. in seinem früheren Beruf als kaufmännischer Angestellter wäre zur Zeit keine angemessene Erwerbstätigkeit i. S. der §§ 1573 I, 1574 II BGB.

Zwar bestünden nach der (früheren) Ausbildung, dem Alter und dem (jetzigen) Gesundheitszustand des Kl. gegen eine solche Betätigung keine Bedenken. Sie entsprach jedoch im Zeitpunkt der letzten mündlichen Verhandlung vor dem OLG jedenfalls nicht den ehelichen Lebensverhältnissen der Parteien, wie sie bis zur Scheidung im Frühjahr 1978 fortbestanden hatten. Die Bekl. hat den Kl. i.J. 1972 als Studenten geheiratet, einen Monat nach der mit „gut" bestandenen Vorprüfung in

Psychologie. Die Parteien hatten nach den Feststellungen des OLG ihre Lebensgemeinschaft von Anfang an einverständlich so gestaltet, daß der Kl. seinem Studium, die Bekl. ihrer Erwerbstätigkeit als Chefsekretärin nachging. Der soziale Zuschnitt der ehel. Lebensgemeinschaft war nach dieser Aufgabenverteilung darauf ausgerichtet, den Kl. aus dem Beruf des kaufmännischen Angestellten herauszuführen und ihm eine akademische Ausbildung und zukünftige Betätigung als Psychologe zu ermöglichen. Freilich verbanden die Ehegatten nach der Lebenserfahrung damit die Erwartung, der Kl. werde diese Ausbildung dereinst für die ehel. Lebensgemeinschaft auch wirtschaftlich nutzbar machen. Daß sich diese Erwartung noch vor Beendigung seines Studiums infolge der Scheidung der Ehe als unerfüllbar erwiesen hat, kann im Rahmen des § 1573 I i. Vbdg. m. § 1574 II BGB jedoch grundsätzlich nicht berücksichtigt werden. Entscheidend ist, daß eine Erwerbstätigkeit des Kl. dem Maßstab, nach dem die ehel. Lebensgemeinschaft der Parteien aufgrund der oben dargelegten Umstände in die soziale Umwelt eingeordnet war, derzeit nicht entspricht. Sie ist damit – auch unter Berücksichtigung der immerhin fast sechsjährigen Dauer der Ehe – nicht angemessen i. S. dieser Vorschriften, solange der Kl. nicht die Möglichkeit gehabt hat, sein erfolgreich begonnenes Studium innerhalb einer zumutbaren Zeit abzuschließen. Das OLG hat andererseits zutreffend ausgeführt, der Kl. müsse sein Studium mit Nachdruck betreiben, um nicht Gefahr zu laufen, daß andernfalls ein Unterhaltsanspruch nach § 1573 I BGB nur noch insoweit zu bejahren sein könnte, als der Kl. sich etwa auch als kaufmännischer Angestellter nicht selbst unterhalten kann.

Daß der Kl. schon vor der Eheschließung seine Tätigkeit als Angestellter aufgegeben und mit dem Studium begonnen hatte, schließt einen Anspruch nach § 1573 I BGB nicht aus.

Die Vorschrift setzt entgegen der Ansicht der Revision nicht voraus, daß der Anspruchsteller unmittelbar vor oder während der Ehe erwerbstätig war. Unerheblich ist auch, ob er gerade wegen der Ehe keiner Erwerbstätigkeit nachging; die bloße Tatsache, daß er während der Ehe bis zur Scheidung nicht erwerbstätig war, ist eine der Anspruchsvoraussetzungen. Eine „ehebedingte" Unterlassung der Erwerbstätigkeit im Sinne eines Kausalzusammenhangs mit der Ehe ist nach dem beschlossenen Text und Inhalt des Gesetzes nicht erforderlich; zur Begründung einer unterhaltsrechtlichen Mitverantwortung des anderen Ehegatten genügt es, wenn eine Bedürfnislage des einen Ehegatten irgendwie mit der Ehe in Verbindung steht.

Die Erwerbstätigkeit als kaufmännischer Angestellter ist für den Kl. auch nicht deshalb (bereits) angemessen, weil sich sein Studium ungewöhnlich lange hingezogen hat. Das OLG hat aufgrund des Sachverständigengutachtens festgestellt, er sei etwa Mitte 1974 an Paraphrenie, einer Krankheit aus der Gruppe der Schizophrenien, erkrankt. Dadurch sei seine gesamte Arbeitskraft „in Anspruch genommen" worden; infolge seiner wahnhaften Vorstellungen sei er nicht mehr in der Lage gewesen, sein erfolgreich begonnenes Studium zielstrebig fortzusetzen. Bis zu seiner Erkrankung war, wie das OLG feststellt, die Verzögerung nicht so auffallend, daß bei Berücksichtigung der bisherigen guten Studienergebnisse mit einem erfolgreichen Abschluß des Studiums nicht mehr zu rechnen wäre. Die anschließende Verzögerung beruht auf der Erkrankung des Kl. Nach seiner stationären Behandlung vom 25. 8. 1977 bis 1. 3. 1978 erscheint die Fortsetzung seines Studiums, das er inzwischen durch Fortführung seiner Diplom-Arbeit wiederaufgenommen hat, nach Feststellung des OLG erfolgversprechend. Dessen Ansicht, dem Kl. müsse diese – reale – Chance eines erfolgreichen Abschlusses des Studiums innerhalb angemessener Zeit verbleiben, ist unter diesen Umständen rechtsfehlerfrei. Der Unterhaltsanspruch nach § 1573 I BGB schließt sich gegebenenfalls an den vom AmtsG zuerkannten Unterhaltsanspruch nach § 1572 Nr. 1 BGB an, dessen Voraussetzungen entfallen sind (§ 1573 III BGB).

152b) FamRZ 84/561, 562, 563 = NJW 84/1685, 1686
(Kriterien für angemessene Erwerbstätigkeit nach §§ 1573 I, 1574 II BGB)

Unterhalt kann nach § 1573 I BGB ein geschiedener (gesch.) Ehegatte verlangen, solange und soweit er nach der Scheidung keine angemessene Tätigkeit zu finden vermag. Angemessen muß die Tätigkeit für denjenigen sein, der Unterhalt begehrt (§ 1574 I BGB); die Kriterien hierfür bestimmt § 1574 II BGB. Danach ist eine Erwerbstätigkeit angemessen, die der Ausbildung, den Fähigkeiten, dem Lebensalter und dem Gesundheitszustand des gesch. Ehegatten sowie den ehel. Lebensverhältnissen entspricht; bei den ehel. Lebensverhältnissen sind die Dauer der Ehe und die Dauer der Pflege oder Erziehung eines gemeinschaftlichen Kindes zu berücksichtigen. Damit besteht eine Obliegenheit zur Aufnahme einer im dargestellten Sinne angemessenen Erwerbstätigkeit. Erst wenn nach den Umständen des Falles gegenwärtig nur unangemessene Tätigkeiten in Betracht kommen, tritt an die Stelle der Obliegenheit zur Erwerbstätigkeit unter den in § 1574 III BGB genannten Voraussetzungen die Obliegenheit des gesch. Ehegatten, sich ausbilden, fortbilden oder umschulen zu lassen, soweit es zur Aufnahme einer angemessenen Erwerbstätigkeit erforderlich ist.

Die ehel. Lebensverhältnisse, die danach die Angemessenheit einer dem gesch. Ehegatten zuzumutenden Erwerbstätigkeit mitbestimmen, sind nicht nach den Umständen zur Zeit der Trennung, sondern regelmäßig unter Einbeziehung der Entwicklung bis zur Scheidung der Ehe zu beurteilen. Das hat der *Senat* nicht nur wiederholt für die Frage der Unterhaltsbemessung nach § 1578 I BGB entschieden (FamRZ 1980, 770; seither ständige Rechtsprechung, FamRZ 1984, 151 und 149 = NJW 1984, 292 und 294) sondern auch für die Prüfung, ob eine dem Unterhalt begehrenden Ehegatten angesonnene Erwerbstätigkeit „angemessen" i. S. des § 1574 II BGB ist (FamRZ 1983, 144, 145).

Das OLG, das diesen Grundsatz beachtet hat, ist ferner zu Recht davon ausgegangen, daß dabei solche Einkünfte auszunehmen sind, die auf einer unerwarteten, vom Normalverlauf erheblich abweichenden Entwicklung der Einkommensverhältnisse seit der Trennung der Eheleute beruhen; diese beeinflussen die bis zur Scheidung entstandenen ehel. Lebensverhältnisse daher regelmäßig nicht mehr. Nur wenn der getrennt lebende Ehegatte an der unerwarteten Einkommensverbesserung durch Unterhaltszahlungen oder andere laufende Zuwendungen dauerhaft beteiligt und dadurch sein Lebensstandard nachhaltig angehoben wird, kann das bei der Bemessung des nachehelichen Unterhalts gemäß § 1578 I BGB nicht unbeachtet bleiben (FamRZ 1982, 576). Auch davon ist das OLG an sich zutreffend ausgegangen. Entgegen seiner Auffassung bedeutet das indessen nicht, daß diesem Umstand die gleiche Relevanz für die Beurteilung der Frage zukommt, welche Erwerbstätigkeit für den Ehegatten angemessen ist, dem es nach der Scheidung obliegt, entsprechend dem Gebot der wirtschaftlichen Eigenverantwortung selbst für seinen Unterhalt zu sorgen. Die ehel. Lebensverhältnisse stellen in diesem Zusammenhang nur einen von mehreren Gesichtspunkten dar, deren Beachtung gemäß § 1574 II BGB das Gesetz verlangt. Eine ausschlaggebende Bedeutung gewinnen die Einkommensverhältnisse dabei auch dann nicht, wenn sie durch eine unerwartete Entwicklung während der Trennungszeit verbessert worden sind.

Eine umfassende Abwägung aller Umstände, die bei der Beurteilung der Angemessenheit einer Erwerbstätigkeit zu berücksichtigen sind, hat das OLG bisher nicht vorgenommen; zumindest sind dem angefochtenen Urteil insoweit keine zureichende Feststellungen zu entnehmen. Seine Auffassung, der Ehemann habe seit Anfang 1978 die Ehefrau nicht mehr auf eine Tätigkeit in ihrem erlernten Beruf als kaufmännische Angestellte verweisen können, hat das OLG allein auf die im Januar 1978 vertraglich vereinbarten Leistungen für den Trennungsunterhalt gestützt. Damit hat es seine Beurteilung rechtsfehlerhaft nur auf eines von mehreren zu beachtenden Kriterien gestützt.

152c) FamRZ 85/53, 54, 55 = NJW 85/430, 431, 432

(Nachhaltige Sicherung einer Erwerbstätigkeit gemäß § 1573 IV BGB)

Für die Beurteilung, ob der nacheheliche Unterhalt i. S. des § 1573 IV BGB nachhaltig gesichert ist, kommt es entgegen der Ansicht der Revision nicht auf die Aufnahme der Tätigkeit als den maßgebenden Zeitpunkt an; vielmehr kann diese Frage aus der Sicht keines früheren Zeitpunktes als der Scheidung beurteilt werden. Das leuchtet schon im Hinblick auf die Fälle ein, in denen der Ehegatte während der Ehe längere Zeit hindurch einer Erwerbstätigkeit nachgeht, die seinen künftigen Lebensunterhalt, auch nach einer Scheidung, nachhaltig zu sichern scheint, in denen der Ehegatte jedoch vor der Scheidung wider Erwarten arbeitslos wird und nach der Scheidung keine neue angemessene Erwerbstätigkeit zu finden vermag. Hier kann es nicht zweifelhaft sein, daß der Ehegatte nach § 1573 I BGB Unterhalt verlangen kann, da es für diesen Unterhaltstatbestand insoweit nur darauf ankommt, daß er im Zeitpunkt der Scheidung nicht erwerbstätig ist, nicht hingegen darauf, wie lange die Erwerbslosigkeit vor der Scheidung bereits bestanden hat. Steht aber in derartigen Fällen einer bereits vor der Scheidung eingetretenen Erwerbslosigkeit ein Unterhaltsanspruch zu, so muß dasselbe gelten, wenn der Verlust dieser Erwerbstätigkeit zwar erst nach der Scheidung eintritt, aber im Scheidungszeitpunkt bereits wahrscheinlich oder gar voraussehbar war. Eine unterschiedliche Behandlung dieser Fälle ließe das Ergebnis insoweit von Zufälligkeiten abhängen und müßte auf Unverständnis stoßen.

Deshalb ist in Fällen vor der Scheidung begonnener Erwerbstätigkeit als frühestmöglicher Zeitpunkt für die Beurteilung, ob der Unterhalt nachhaltig gesichert wird, der Zeitpunkt der Scheidung anzusehen. Einer noch weiteren Eingrenzung des Beurteilungszeitpunktes bedarf es im vorliegenden Falle nicht. Denn der Unterhalt der Kl. war, wie nachfolgend ausgeführt wird, durch ihre Erwerbstätigkeit, die sie Ende 1980 tatsächlich verloren hat, bereits aus der Sicht des Scheidungszeitpunktes nicht nachhaltig gesichert. Daher erübrigt sich, wie vom OLG zutreffend ausgeführt, eine nähere Auseinandersetzung mit der im Schrifttum umstrittenen Frage, ob die Nachhaltigkeit der Unterhaltssicherung generell rückschauend oder im Wege einer Prognose zu beurteilen ist.

152d) FamRZ 85/791, 792 = NJW 85/1699, 1700

(Bestimmung der ehelichen Lebensverhältnisse bei ungewisser beruflicher Entwicklung und nachhaltige Sicherung einer Erwerbstätigkeit)

Nach § 1573 I BGB kann ein geschiedener Ehegatte, dem grundsätzlich die Bestreitung seines Unterhalts durch Erwerbstätigkeit obliegt, gleichwohl Unterhalt verlangen, solange und soweit er nach der Scheidung keine angemessene Erwerbstätigkeit zu finden vermag. Dieser Anspruch findet mit der Aufnahme einer (ersten) angemessenen, zur Deckung des Unterhalts ausreichenden Erwerbstätigkeit nach der Scheidung sein Ende. Er lebt nach § 1573 I BGB indessen wieder auf, wenn die Einkünfte aus der angemessenen Erwerbstätigkeit wegfallen, weil es dem Berechtigten trotz seiner Bemühungen nicht gelungen war, den Unterhalt durch die aufgenommene Erwerbstätigkeit nach der Scheidung nachhaltig zu sichern.

Von welchem Zeitpunkt aus zu beurteilen ist, ob es dem Bedürftigen gelungen war, durch eine nach der Ehescheidung aufgenommene Erwerbstätigkeit seinen Unterhalt „nachhaltig zu sichern“, hatte der *Senat* bisher nicht zu entscheiden. Er hat lediglich in Fällen vor der Scheidung bereits begonnener Erwerbstätigkeit als frühest möglichen Zeitpunkt für diese Beurteilung den der Scheidung angesehen (NJW 1985, 430 = FamRZ 1985, 53 [55]). Daran kann indessen in Fällen, in denen zur Zeit der Scheidung die erstrebte Erwerbstätigkeit noch nicht begonnen hatte und der Zeitpunkt ihrer Aufnahme noch nicht sicher abzusehen war, nicht angeknüpft werden. Hier muß der Zeitpunkt notwendigerweise später liegen.

Der Gesetzgeber hat bewußt darauf verzichtet, näher zu bestimmen, was unter nachhaltiger Sicherung des Unterhalts zu verstehen sei. Im Gesetzgebungsverfahren sind die Versuche, den dem Wiedergutmachungsrecht (§ 75 BEG) entnommenen Begriff zu konkretisieren, mit der Begründung aufgegeben worden, daß dieses in gesetzestechnisch einwandfreier Weise nicht möglich sei. In der zur Heranziehung empfohlener Rechtsprechung zum Entschädigungsrecht (vgl. Amtl. Begr. des RegE zum 1. EheRG, BT-Dr 7/650, S. 127) hat der *BGH* die Frage, ob eine Erwerbstätigkeit nachhaltig eine Lebensgrundlage gewähre, danach beurteilt, ob sie vom Standpunkt eines optimalen Betrachters im Zeitpunkt der Aufnahme der Tätigkeit nach objektiven Maßstäben und allgemeiner Lebenserfahrung mit einer gewissen Sicherheit als dauerhaft angesehen werden könne (*BGH,* RzW 1958, 267; zu weiteren Entscheidungen vgl. die Zusammenstellung bei Vogt, FamRZ 1977, 105). Die Nachhaltigkeit der Unterhaltssicherung aus einer vorausschauenden Betrachtung im Zeitpunkt der Aufnahme der Tätigkeit zu beurteilen („ex ante“), wird demgemäß auch von einem Teil des Schrifttums vertreten (*Dieckmann,* FamRZ 1977, 89f., *Rolland,* § 1573 Rdnr. 18, *Gernhuber,* FamR, 3. Aufl., § 30 V 5; *Köhler,* Hdb. des UnterhaltsR, 6. Aufl., Rdnr. 294; *Erman-Ronke,* BGB, 7. Aufl., § 1573 Rdnr. 24; *Palandt-Diederichsen,* BGB, 44. Aufl., § 1573 Anm. 4acc). Demgegenüber halten andere Autoren die Heranziehung der Rechtsprechung zu § 75 BEG nicht für geeignet, um unterhaltsrechtlich vertretbare Ergebnisse zu erreichen; sie befürworten eine nachträgliche Sicht („ex post“), weil von Nachhaltigkeit erst gesprochen werden könne, wenn die Sicherung des Unterhalts auf eine angemessene Zeitdauer gelungen sei, so daß sich der andere Ehegatte auf eine Inanspruchnahme auf Unterhalt nicht mehr einzustellen brauchte (*Schwab,* Hdb. des ScheidungsR, Rdnrn. 262, 263; *Vogt,* FamRZ 1977, 105; *Soergel-Häberle,* BGB, 11. Aufl., § 1573 Rdnr. 26; *Richter,* in: MünchKomm, Ergbd. § 1573 Rdnr. 19; *Göppinger-Wenz,* UnterhaltsR, 4. Aufl. Rdnr. 270; *Bastian-Roth=Stielow-Schmeiduch,* 1. EheRG, § 1573 BGB Rdnr. 19).

Der vorliegende Fall nötigt nicht zu einer abschließendenEntscheidung der Streitfrage, denn hier führt die vorausschauende Betrachtung nicht zu einem von der nachträglichen Sicht abweichenden Ergebnis. Auch die Vertreter einer ex-ante-Betrachtung gehen davon aus, daß die nachhaltige Sicherung des Unterhalts nicht aufgrund einer subjektiven Vorausschau nach dem Erkenntnisstand des Unterhaltsberechtigten oder des Unterhaltsverpflichteten zur Zeit der Aufnahme der Erwerbstätigkeit zu beurteilen ist, sondern daß eine objektive Betrachtung unter Einschluß aller Umstände geboten ist, die schon bei Beginn der Erwerbstätigkeit bestanden, auch wenn sie erst später zutage getreten sind (treffend als „nachträgliche Prognose“ bezeichnet bei *Massfeller-Böhmer-Coester,* FamR, § 1573 BGB Anm. 4). Dazu gehörte hier neben der fachlichen auch die gesundheitliche Eignung der Kl. für die dauerhafte Ausübung der beabsichtigten Lehrtätigkeit. Wenn eine ca. 30 Jahre alte Lehrerin zwei Tage nach ihrem ersten Dienstantritt wegen einer Nervenerkrankung dienstunfähig wird und ihre Dienstfähigkeit auch im Laufe zweier Jahre nicht einmal vorübergehend wiederhergestellt werden kann, rechtfertigt das selbst dann die Beurteilung, daß ihr für diesen Beruf schon bei Aufnahme des Dienstes die erforderliche gesundheitliche Eignung fehlte, wenn sich Krankheitssymptome vorher nicht gezeigt haben sollten. Danach wäre die Beurteilung des BerGer. selbst dann nicht rechtsfehlerhaft, wenn die Frage, ob der Unterhalt der Kl. nachhaltig gesichert war, nach einer Prognose im Zeitpunkt der Aufnahme der Tätigkeit zu entscheiden wäre.

153. BGH zum Aufstockungsunterhalt nach § 1573 II

153a) FamRZ 82/892, 893, 894 = NJW 82/2439, 2440

(Maßgeblicher Zeitpunkt und Unterhaltsbemessung)

Gemäß §§ 1569, 1573 II BGB kann ein geschiedener Ehegatte, der selbst erwerbstätig ist, den Unterschiedsbetrag zwischen seinen Einkünften und dem vollen Unterhalt verlangen, wenn die

Einkünfte „zum vollen Unterhalt" nicht ausreichen; dieser bestimmt sich nach den ehel. Lebensverhältnissen (§ 1578), die im wesentlichen von dem in der Ehe verfügbaren Einkommen geprägt werden. In einer Ehe, in der beide Ehegatten einer Erwerbstätigkeit nachgehen, bestimmen daher regelmäßig die Einkünfte beider Ehegatten die ehel. Lebensverhältnisse (ständige Rechtsprechung des *Senats* seit dem Urteil v. 9. 7. 1980 – FamRZ 1980, 876, 877; FamRZ 1982, 360).

Das OLG legt der Beurteilung der ehel. Lebensverhältnisse das Einkommen der Ehegatten im Zeitpunkt der Trennung zugrunde. Das ergibt sich daraus, daß es nur die Einkünfte des Ehemannes berücksichtigt, nicht hingegen die der Ehefrau aus ihrer nach der Trennung aufgenommenen Erwerbstätigkeit als medizinisch-technische Assistentin. Nach der Rechtsprechung des *Senats* sind jedoch bei der Ermittlung der ehel. Lebensverhältnisse grundsätzlich alle Tatsachen zu berücksichtigen, die bis zur Auflösung der Ehe (§ 1564 S. 2 BGB) die Einkommensverhältnisse der Ehegatten beeinflußt haben; regelmäßig sind daher die Einkünfte beider Eheleute im Zeitpunkt der Scheidung maßgebend (FamRZ 1980, 770 = NJW 1980, 2083; FamRZ 1981, 241; FamRZ 1981, 539; – FamRZ 1981, 752, 754; FamRZ 1982, 360, 361; FamRZ 1982, 575). Hieran hat der Senat unter Auseinandersetzung mit den in der Rechtsprechung und Literatur teilweise erhobenen Einwänden festgehalten (FamRZ 1982, 576ff.). Davon abzugehen besteht auch im vorliegenden Fall kein Anlaß. Dem Umstand, daß der Anspruch auf nachehelichen Unterhalt als Folgesache gemäß § 623 ZPO im Scheidungsverbund geltend gemacht wird und daher der Zeitpunkt des Eintritts der Rechtskraft der Scheidung noch nicht feststeht, kann dadurch Rechnung getragen werden, daß die bis zum Zeitpunkt der letzten mündlichen Verhandlung eingetretene Entwicklung zugrundegelegt wird, soweit die bis zum Eintritt der Rechtskraft zu erwartende Einkommensentwicklung nicht vorhersehbar ist.

Die Ausführungen am Schluß des angefochtenen Urteils geben für die neue Berufungsverhandlung Anlaß zu dem Hinweis, daß der Grundsatz der wirtschaftlichen Eigenverantwortung geschiedener Ehegatten (§ 1569 BGB), auf den das OLG seine Entscheidung zusätzlich stützen möchte, durch den Grundsatz der nachwirkenden Mitverantwortung der Ehegatten im wirtschaftlichen Bereich eingeschränkt wird, wie er dem Anspruch auf ergänzenden Unterhalt nach § 1573 II BGB zugrundeliegt (vgl. dazu *BVerfG,* FamRZ 1981, 745, 750f. = NJW 1981, 1771, 1773f.). Dieser Anspruch setzt gerade voraus, daß der Unterhalt begehrende Ehegatte eine angemessene Erwerbstätigkeit ausübt, deren Einkünfte aber zu seinem vollen, nach den ehel. Lebensverhältnissen bestimmten Unterhalt i. S. des § 1578 BGB nicht ausreichen. Bei der Bemessung dieses Unterhalts ist davon auszugehen, daß beide Ehegatten grundsätzlich in gleicher Weise am ehel. Lebensstandard teilnehmen (FamRZ 1981, 241 = NJW 1981, 753; FamRZ 1981, 442, 444; FamRZ 1981, 1165, 1166 = NJW 1982, 41). Diesen Grundsätzen wird eine Rechtsprechung nicht gerecht, die im Falle einer sog. Doppelverdienerehe dem weniger verdienenden Ehegatten eine Beteiligung an dem Mehreinkommen des anderen schlechthin verweigert.

Wie oben schon hervorgehoben wurde, ist die Feststellung des Lebensbedarfs ebenso Sache des Tatrichters wie die Wahl der dazu anzuwendenden Berechnungsmethode. Gegenüber der Ablehnung der sog. Differenzmethode, wie sie in den Schlußbemerkungen des angefochtenen Urteils erblickt werden könnte, ist jedoch darauf hinzuweisen, daß diese Methode, die der *BGH* bereits mehrfach gebilligt hat (FamRZ 1981, 539, 541), auch im vorliegenden Fall zu angemessenen, rechtlich nicht zu beanstandenden Ergebnissen führen kann. Bei der Bemessung des Unterhaltsanspruchs nach Trennung oder Scheidung der Ehegatten sind an sich eine Reihe verschiedenartiger Umstände zu berücksichtigen, so im Regelfall neben dem ehel. Lebensstandard und den zu seiner Aufrechterhaltung benötigten Mitteln der besondere Aufwand, der dem oder den berufstätigen Ehegatten durch die Erwerbstätigkeit entsteht, sowie die durch die Trennung entstehenden Mehrkosten der Lebenshaltung (FamRZ 1982, 255, 257). Ungeachtet des Grundsatzes gleichmäßiger Teilhabe am ehel. Lebensstandard kann ferner auf seiten des Unterhaltspflichtigen wie des Berechtigten der Anreiz zu eigener Erwerbstätigkeit dadurch gesteigert werden, daß dem Erwerbstätigen von den erzielten Einkünften ein gewisser, wenn auch begrenzter Mehranteil verbleibt (FamRZ 1981, 1165, 1166). Die Differenzmethode, die bei einer sog. Doppelverdienerehe dem weniger verdienenden Ehegatten einen Ergänzungsanspruch in Höhe einer der von der Praxis entwickelten Quoten der Einkommensdifferenz zubilligt, vermag diesen verschiedenen Anforderungen an die Bemessung des Unterhalts regelmäßig befriedigend Rechnung zu tragen. Das gilt jedenfalls bei Einkommen durchschnittlicher Größenordnung, wie sie hier (noch) vorliegen, und vorbehaltlich besonderer weiterer Umstände des Einzelfalles, die besonderer Berücksichtigung bedürfen können.

153b) FamRZ 82/360, 361 = NJW 82/1869

(Maßgebliche eheliche Lebensverhältnisse im Zeitpunkt der Scheidung bei Änderungen nach der Trennung)

Entgegen der Auffassung der Revision sieht § 1573 II BGB – anders als Abs. I der Vorschrift – einen Anspruch auf ergänzenden Unterhalt gerade für den Fall vor, daß der gesch. Ehegatte eine angemessene Erwerbstätigkeit ausübt. Dieses Verständnis des Gesetzes ergibt sich schon aus dem

Wortlaut der Bestimmung und wird auch im Schrifttum nicht in Zweifel gezogen. Ein gesch. Ehegatte hat nach der – verfassungsrechtlich unbedenklichen (*BVerfG,* FamRZ 1981, 745, 750f. = NJW 1981, 1771, 1773f.) – Vorschrift des § 1573 II BGB Anspruch auf ergänzenden Unterhalt, wenn er zwar eine angemessene Erwerbstätigkeit ausübt, die daraus bezogenen Einkünfte aber zu seinem vollen Unterhalt i. S. des § 1578 BGB nicht ausreichen; er kann dann „den Unterschiedsbetrag zwischen den Einkünften und dem vollen Unterhalt verlangen". Das Maß des vollen Unterhalts wiederum bestimmt sich gemäß § 1578 I S. 1 BGB nach den ehel. Lebensverhältnissen.

Welche Umstände die ehel. Lebensverhältnisse prägen, ist im Gesetz nicht näher definiert. Es fehlt auch an einer gesetzlichen Festlegung des insoweit maßgeblichen Zeitpunktes. Nach der Rechtsprechung des Senats gehören zu den die ehel. Lebensverhältnisse prägenden Umständen insbesondere die Einkommensverhältnisse der Ehegatten. In einer Ehe, in der beide Partner einer Erwerbstätigkeit nachgehen, werden die Lebensverhältnisse regelmäßig von dem gemeinsamen Einkommen beider Ehegatten bestimmt (FamRZ 1980, 876, 877 – FamRZ 1981, 241). Maßgebend für den nachehelichen Unterhaltsanspruch sind im Grundsatz die ehel. Lebensverhältnisse im Zeitpunkt der Scheidung (FamRZ 1980, 770; FamRZ 1981, 539; FamRZ 1981, 752, 754). Ein Grund, davon abzuweichen, besteht im hier zu beurteilenden Falle nicht. Eine Abweichung käme unter Umständen in Betracht, wenn das Einkommen eines oder beider Ehegatten während des Getrenntlebens der Parteien eine unerwartete, außerhalb des Normalverlaufs liegende Entwicklung genommen hätte, die auch für die Bemessung des Trennungsunterhaltes nach § 1361 BGB außer Betracht hätte bleiben müssen. So aber liegt der Fall nicht. Der Bekl. war schon zur Zeit der Trennung der Parteien Betriebsingenieur bei den D.-Stadtwerken. Die Kl. hatte bereits damals ihre Erwerbstätigkeit in dem erlernten Beruf wieder aufgenommen; die spätere Erweiterung dieser Tätigkeit von einer Halbtags- zur Vollzeitbeschäftigung stellte nach der tatrichterlichen Feststellung einen normalen Vorgang dar. Es ist daher kein Grund ersichtlich, warum im Streitfall die Entwicklung des Einkommens zwischen Trennung und Scheidung bei der Bemessung des nachehelichen Unterhalts außer Betracht bleiben sollte (FamRZ 1981, 242). Es handelt sich hier nicht um den Fall, daß ein Ehegatte erst nach der Trennung eine Erwerbstätigkeit aufnimmt, zu der er nach § 1361 II BGB verpflichtet ist (FamRZ 1981, 754f.).

153c) FamRZ 81/241, 242 = NJW 81/753, 754

(Maßgebliche eheliche Lebensverhältnisse)

Das Maß des vollen Unterhalts, das für den Anspruch auf Ergänzungsunterhalt bestimmend ist, richtet sich gemäß § 1578 I S. 1 BGB nach den ehelichen Lebensverhältnissen. Dazu gehören insbesondere die Einkommensverhältnisse der Ehegatten. In einer Ehe, in der beide Partner einer Erwerbstätigkeit nachgehen, werden die Lebensverhältnisse regelmäßig von dem gemeinsamen Einkommen beider Ehegatten bestimmt (FamRZ 1980, 876, 877). Wenn die beiderseitigen Einkünfte verschieden hoch sind, hat dies nicht zur Folge, daß dementsprechend auch die ehel. Lebensverhältnisse für die beiden Ehegatten jeweils unterschiedlich zu beurteilen wären. Die Berücksichtigung des besonderen Aufwands, der mit einer Berufstätigkeit verbunden ist, kann zwar dazu führen, daß bei der Berechnung des Unterhaltsbedarfs den Erwerbstätigen jeweils mehr als die Hälfte ihres Einkommens zugerechnet wird (*BGH,* FamRZ 1979, 692, 694). Davon abgesehen, bleibt jedoch das gemeinsame Einkommen für die ehel. Lebensverhältnisse beider Ehegatten bestimmend.

Das OLG hat danach bei der Bemessung des Unterhaltsanspruchs der AGg, zu Recht auf die Einkommensverhältnisse beider Ehegatten abgestellt. Die von der Revision vertretene Auffassung, daß der nacheheliche Unterhaltsanspruch eines Ehegatten nach dem generell zu ermittelnden Lebensbedarf einer volljährigen Person und damit nach den Richtsätzen zu bemessen sei, die die in der Praxis verwendeten Unterhaltstabellen für den Selbstbedarf eines Unterhaltsverpflichteten aufgestellt haben, läßt außer acht, daß § 1578 I S. 1 BGB auf die Lebensverhältnisse in der jeweiligen Ehe abstellt.

153d) FamRZ 85/161, 163 = NJW 85/1026

(Unterhaltsberechnung)

Nach Ermittlung des vollen Unterhaltsbedarfs der Bekl. – aus ihrem fiktiven Halbzeiteinkommen zuzüglich der anteiligen Differenz zu dem Renteneinkommen des Kl. – hat das OLG schließlich den Wert des Aufstockungsanspruchs nach § 1573 II BGB in der Weise errechnet, daß es das tatsächliche Einkommen der Bekl. aus ihrer Ganztagsbeschäftigung von dem vollen Unterhaltsbedarf abgezogen hat. Der sich dabei ergebende Unterschiedsbetrag macht nach der Auffassung des OLG den Anspruch nach § 1573 II BGB aus.

Dem ist zuzustimmen. Die Berechnungsweise des OLG trägt dem Gedanken der Eigenverantwortung des gesch. Ehegatten für seinen eigenen Unterhalt nach der Scheidung in zutreffender Weise Rechnung (FamRZ 1984, 151, 152) und entspricht der gesetzlichen Regelung des § 1573 II BGB, nach der ein Anspruch auf Aufstockungsunterhalt insoweit besteht, als die – gesammten – Einkünfte eines gesch. Ehegatten aus einer von ihm ausgeübten angemessenen Erwerbstätigkeit gleichwohl zu seinem vollen Unterhalt i. S. von § 1578 BGB nicht ausreichen (FamRZ 1982, 360, 361).

153e) FamRZ 82/575, 576 = NJW 82/2063

(Unterhaltsbemessung)

Ein geschiedener Ehegatte, der eine angemessene Erwerbstätigkeit ausübt, kann nach §§ 1569, 1573 II BGB den Unterschiedsbetrag zwischen seinen Einkünften und dem vollen Unterhalt verlangen, wenn seine Einkünfte zum vollen Unterhalt nicht ausreichen. Das Maß des Unterhalts bestimmt sich nach den ehel. Lebensverhältnissen (§ 1578 BGB). In einer Ehe, in der beide Ehegatten einer Erwerbstätigkeit nachgehen, werden die Lebensverhältnisse regelmäßig von den Einkommen beider Ehegatten bestimmt (FamRZ 1980, 876, 877). Unterschiede im Einkommen der Ehegatten führen dabei nicht zu einer unterschiedlichen Beurteilung der ehel. Lebensverhältnisse (FamRZ 1981, 241 = NJW 1981, 753) denn es ist davon auszugehen, daß die von beiden voll erwerbstätigen Ehegatten erzielten Einkünfte ihnen gleichmäßig zugute kommen, soweit nicht jedem für erhöhte berufsbedingte Aufwendungen ein Anteil seines Einkommens vorab allein zugerechnet wird.

153f) FamRZ 83/886 = NJW 83/2321

(Unterhaltsbemessung)

§ 1573 II BGB sieht vor, daß ein geschiedener Ehegatte, dessen Einkünfte aus einer angemessenen Erwerbstätigkeit bereits zur Zeit der Scheidung (arg. zu diesem Einsatzzeitpunkt: § 1573 III und IV BGB) und danach zum vollen Unterhalt (§ 1578 BGB) nicht ausreichen, den Unterschiedsbetrag zwischen seinen Einkünften und dem vollen Unterhalt verlangen kann. Das Maß des vollen Unterhalts bestimmt sich gemäß § 1578 I Satz 1 BGB nach den ehel. Lebensverhältnissen. Diese wiederum werden insbesondere durch die Einkommensverhältnisse der Ehegatten geprägt. In einer Ehe, in der – wie hier – beide Partner einer Erwerbstätigkeit nachgehen, bestimmt regelmäßig das gemeinsame Einkommen beider Ehegatten die Lebensverhältnisse (FamRZ 1980, 876, 877 – FamRZ 1981, 241). Maßgebend für den nachehelichen Unterhaltsanspruch sind im Grundsatz die Verhältnisse im Zeitpunkt der Scheidung (FamRZ 1980, 770; ständige Rechtsprechung). Davon geht auch das OLG aus. Es bestimmt die ehel. Lebensverhältnisse nach den beiderseitigen Nettoeinkünften des Jahres 1977 mit einem Zuschlag für die bis zum Unterhaltszeitraum eingetretene Erhöhung der allgemeinen Lebenshaltungskosten.

153g) FamRZ 85/371, 373 = NJW 85/1340, 1342

(maßgebliche Verhältnisse bei späterer Unterhaltsänderung)

Darüber hinaus war es nach § 1578 I BGB notwendig, zunächst den den ehel. Lebensverhältnissen im Zeitpunkt der Scheidung entsprechenden Lebensbedarf festzustellen, weil an diesem die Bemessung des Unterhalts auch in späteren Zeiträumen auszurichten ist.

153h) FamRZ 85/374, 375, 376

(bindende Feststellung der maßgeblichen ehelichen Verhältnisse und Anrechnungsmethode bei fiktiven Einkünften)

Im Abänderungsverfahren besteht keine Bindung an eine im abzuändernden Urteil zugrunde gelegte Unterhaltsquote, wenn in diesem keine bindende Feststellung über die Bestimmung der ehelichen Lebensverhältnisse der Parteien getroffen worden ist.

Die ehelichen Lebensverhältnisse werden nur durch tatsächliche, nicht (auch) durch bloß fiktive Einkünfte geprägt (L. S.).

Als Einkommen des Bekl. hat das OLG auf der Grundlage der vorgelegten neuen Gehaltsabrechnungen – insoweit in Übereinstimmung mit dem FamG – einen Monatsbetrag von 1850 DM angenommen, der sich um eine Lohnsteuerrückerstattung für 1982 in Höhe von 500 DM, d. h. um monatlich 41,67 DM, auf monatlich 1891,67 DM erhöhe.

Hiergegen bestehen aus Rechtsgründen keine Bedenken.

Das OLG hat die Kl. in Höhe monatlicher Beträge von 600 DM weiterhin für nichtig bedürftig gehalten, weil sie insoweit durch zumutbaren Einsatz ihrer Arbeitskraft eigene Einkünfte erzielen könne. Hierzu hat das OLG ausgeführt:

Die Kl. habe sich trotz der seit Erlaß des Urteils verstrichenen langen Zeit nicht mit hinreichendem Nachdruck um eine Eingliederung in den Arbeitsprozeß bemüht. Ihr Verhalten gegenüber einem Ehepaar G., das bereit gewesen sei, sie zu einem Bruttoeinkommen von 600 DM als Kinderfrau in Teilzeitarbeit zu beschäftigen, zeige, daß Zweifel angebracht seien, ob sie ernstlich gewillt sei, eine Erwerbstätigkeit aufzunehmen. Die Tätigkeit bei den Eheleuten G. sei ihr, auch zu dem angebotenen Entgelt, zumutbar gewesen. Daneben hätte sie die Möglichkeit gehabt ihre Einkünfte durch einzelne

Putzstellen so weit aufzustocken, daß sie ein Gesamteinkommen von etwa 600 DM hätte erzielen können. Die Gründe, die sie vor dem *Senat* für die Ablehnung der Stelle angegeben habe, erschienen nicht glaubhaft, zumals sie bisher in dem gesamten Verfahren andere, völlig abweichende Begründungen vorgebracht habe.

Allerdings sei es nicht geboten, das der Kl. zuzurechnende Einkommen entsprechend der allgemeinen Einkommensentwicklung oder auch deshalb zu erhöhen, weil der Sohn der Parteien inzwischen volljährig geworden sei und die Kl. deshalb dem Arbeitsmarkt voll zur Verfügung stehe. Es entspreche der Erfahrung des *Senats,* daß gerade die Tätigkeiten, die der Kl. wegen ihrer fehlenden Berufsqualifikation offenstünden – nämlich Hilfstätigkeiten im Haushalt oder bei Reinigungsdiensten –, wohl wegen der verschärften Arbeitsmarktsituation derzeit nicht wesentlich höher entlohnt würden als im Zeitpunkt des abzuändernden Urteils. Zudem erscheine es nicht hinreichend sicher, ob die in fortgeschrittenem Alter stehende, beruflich unerfahrene Kl. mehr als ein monatl. Nettoeinkommen von 600 DM erzielen könnte, selbst wenn sie sich um eine vollschichtige Erwerbstätigkeit bemüht hätte.

Diese vom OLG vorgenommene tatrichterliche Würdigung der Erwerbsfähigkeit der Kl. ist aus Rechtsgründen nicht zu beanstanden.

Außer den durch zumutbaren Einsatz ihrer Arbeitskraft erzielbaren – fiktiven – Nettoeinkünften in Höhe von monatlich 600 DM hat das OLG der Kl. Wohngeld in Höhe von monatlich 135 DM als Einkommen zugerechnet, wobei es davon ausgegangen ist, daß der derzeit gezahlte Betrag des Wohngeldes auch den bisherigen Zahlungen – seit dem Zeitpunkt der begehrten Abänderung des früheren Urteils – entspreche.

Da das OLG den Wohngeldbezug der Kl. – erstmals – im Rahmen seiner Erörterungen über die derzeitigen, veränderten Einkommensverhältnisse der Parteien behandelt hat, ist dem angefochtenen Urteil zugleich die Feststellung zu entnehmen, daß die Kl. bei Erlaß des abzuändernden Titels noch kein Wohngeld erhalten hat und daß deshalb insoweit eine Änderung in ihren Einkommensverhältnissen eingetreten ist.

Der Höhe nach ist Wohngeld nach der Rechtsprechung des *Senats* grundsätzlich insoweit als Einkommen des Wohngeldempfängers anzurechnen, als es nicht unvermeidbare tatsächliche Aufwendungen ausgleicht, die über das dem Empfänger unterhaltsrechtlich zuzumutende Maß der Beteiligung an den Wohnkosten für „normalen Wohnbedarf" hinausgehen (FamRZ 1982, 587, 590).

Daß das Wohngeld in ihrem Fall dazu bestimmt sei, einen erhöhten Wohnbedarf auszugleichen, hat die Kl. nicht geltend gemacht. Infolgedessen hat das OLG das Wohngeld zu Recht als bei der Unterhaltsermittlung zu berücksichtigendes Einkommen der Kl. angesetzt.

Zur Bemessung des der Kl. bei den derzeitigen Einkommensverhältnissen zustehenden Unterhaltsanspruchs nach § 1573 II BGB hat das OLG ausgeführt:

Durch das Urteil v. 28. 11. 1979 sei rechtskräftig festgestellt worden, daß der Kl. ein Anspruch auf Aufstockungsunterhalt in Höhe eines Drittels der Einkommensdifferenz zwischen dem Einkommen des Bekl. nach Abzug des Unterhalts für den damals minderjährigen Sohn und dem der Kl. seinerzeit fiktiv als mögliches Einkommen zugerechneten Betrag von 600 DM zugestanden habe. Da im Abänderungsverfahren eine Änderung nur insoweit zulässig sei, als sich die dem Urteil zugrunde gelegten *tatsächlichen* Verhältnisse geändert hätten, gälten diese Maßstäbe des rechtskräftigen Urteils fort, soweit nicht eine Veränderung eingetreten sei. Infolgedessen sei der Unterhaltsanspruch der Kl. auch weiterhin auf ein Drittel des Unterschiedsbetrages zwischen dem anrechenbaren Einkommen des Bekl. und den möglichen Einkünften der Kl. zu begrenzen. Der Umstand, daß inzwischen nach der Rechtsprechung – auch des *OLG Hamm* – Ansprüche auf Differenzunterhalt in vergleichbaren Durchschnittsfällen üblicherweise nicht auf ⅓, sondern auf 3/7 der Einkommensdifferenz bemessen würden, rechtfertige hier kein Abgehen von der zwischen den Parteien rechtskräftig festgestellten Quote. Denn ein Wechsel der Rechtsprechung allein bedeute, jedenfalls in so engen Grenzen, keine wesentliche Veränderung der Verhältnisse i. S. von § 323 ZPO. Damit führe die Abänderungsklage zu einer Neufestsetzung des der Kl. zuzubilligenden Unterhalts auf (⅓ der Differenz zwischen 1891,67 DM und 735 DM = 1156,67 DM) 386 DM.

Diesen Ausführungen kann zwar in der Begründung nicht gefolgt werden. Gleichwohl ist das angefochtene Urteil im Ergebnis zu bestätigen.

In dem mit der vorliegenden Abänderungsklage angegriffenen Verbundurteil v. 28. 11. 1979 hat das AmtsG – ohne nähere Erläuterung – entschieden, der Anspruch der Kl. auf den Aufstockungsunterhalt nach § 1573 II BGB belaufe sich auf ⅓ des Unterschiedsbetrages zwischen dem damaligen Erwerbseinkommen des Bekl. und den fiktiven, als erzielbar angenommenen Nettoeinkünften der Kl. Dabei hat sich das AmtsG erkennbar nach den seinerzeit geltenden *Hammer Leitlinien* – Stand 1978 (FamRZ 1978, 850) – ausgerichtet, die bei der Bemessung des angemessenen Ehegattenunterhalts nach §§ 1569ff. BGB (a. a. O., Nr. 27) davon ausgingen, daß ein Berechtigter, der eigenes Einkommen hat, ⅓ des Unterschiedsbetrages der anrechenbaren Einkünfte beider Ehegatten beanspruchen könne (a. a. O., Nr. 30).

Die Entscheidung v. 28. 11. 1979 beruht mithin auf der Anwendung eines zur Zeit ihres Erlasses in der Praxis verwendeten Tabellenwerks, ohne daß das Gericht zunächst die ehel. Lebensverhältnisse der Parteien i. S. von § 1578 BGB bestimmt hätte, die nach der gesetzlichen Regelung der §§ 1569ff. BGB die Grundlage für die Bemessung jedes nachehel. Unterhaltsanspruchs bilden. Insbesondere hat das AmtsG in dem Urteil v. 28. 11. 1979 keine Feststellung dahin getroffen, daß die der Kl. zugerechneten fiktiven Einkünfte in Höhe von monatlich 600 DM Bestandteil der ehel. Lebensverhältnisse der Parteien im Zeitpunkt der Scheidung gewesen wären und diese mit geprägt hätten. Es liegt daher keine bindende Feststellung über die Bestimmung der ehel. Lebensverhältnisse der Parteien gemäß § 1578 BGB vor, die bei der Entscheidung in dem vorliegenden Abänderungsverfahren nach § 323 ZPO zu beachten wäre (FamRZ 1984, 374, 375).

Unter diesen Umständen ist für die Bemessung des Aufstockungsunterhalts der Kl. von der gegebenen Rechtslage auszugehen.

Danach werden die ehel. Lebensverhältnisse i. S. von § 1578 BGB im allgemeinen durch das Einkommen der Eheleute geprägt, und zwar in sog. Doppelverdienerehen durch die (addierten) Einkünfte beider Ehegatten, hingegen in Ehen, in denen nur ein Ehegatte über Einkommen verfügt, – nur – durch dieses Einkommen, welches auch tatsächlich allein für den Unterhalt der Ehegatten bzw. der Familie zur Verfügung gestanden hat (FamRZ 1981, 241; st. Rspr.).

Da im vorliegenden Fall nach der Feststellung des AmtsG in dem abzuändernden Urteil v. 28. 11. 1979 lediglich der Bekl. über (Erwerbs-)Einkommen verfügte, während die Kl. seit 21 Jahren nicht erwerbstätig gewesen war und keine eigenen Einkünfte hatte, wurden die ehel. Lebensverhältnisse der Parteien in dem – für die Entscheidung über den nachehel. Unterhalt maßgeblichen – Zeitpunkt der Scheidung allein durch das Einkommen des Bekl. bestimmt. Demgemäß ist auch für die Bemessung des Aufstockungsunterhalts der Kl. im vorliegenden Verfahren grundsätzlich nur von dem – derzeitigen – Einkommen des Bekl. als dem in der Ehe allein erwerbstätigen Ehegatten auszugehen. Von dem ihr hiernach zustehenden Unterhalt ist sodann der Betrag abzuziehen, den sie sich, wie dargelegt, als eigenes Einkommen anrechnen lassen muß (FamRZ 1984, 356, 357 m. w. N.).

Diesen Weg zur Ermittlung des Unterhaltsanspruchs der Kl. nach §§ 1573 II, 1578 BGB ist das OLG indessen nicht gegangen. Daher kann dem angefochtenen Urteil inhaltlich nicht gefolgt werden.

Das nötigt jedoch bei der hier gegebenen Sachlage nicht zur Aufhebung des Berufungsurteils und zur Zurückverweisung der Sache an das OLG. Denn die Kl. kann im Ergebnis – unter den für sie günstigsten Umständen – keinen höheren Aufstockungsunterhalt verlangen, als ihn ihr das OLG mit monatlich 386 DM zugesprochen hat.

Nach dem Grundsatz, daß beide Ehegatten in gleicher Weise an dem ehel. Lebensstandard teilhaben und daß demgemäß an sich jedem Ehegatten die Hälfte des anrechnungsfähigen Einkommens zuzubilligen ist, beläuft sich der Unterhaltsbedarf der Kl. auf höchstens die Hälfte des Einkommens des Mannes (FamRZ 1981, 1165, 1166 m. w. N.). Trennungsbedingten Mehrbedarf, der zur Zubilligung eines darüber hinausgehenden Unterhalts führen könnte (FamRZ 1983, 146, 150), hat die Kl. nicht geltend gemacht.

Das unterhaltserhebliche Nettoeinkommen des Bekl. beträgt nach der Feststellung des OLG monatlich im Durchschnitt 1891,67 DM. Die Hälfte hiervon, die die Kl., wie ausgeführt, äußerstenfalls als Unterhaltsbedarf beanspruchen könnte, beliefe sich auf monatlich 945,85 DM. Auf diesen Betrag muß sie sich ihre eigenen, vom OLG rechtsfehlerfrei in Höhe von monatlich 735 DM angesetzten Einkünfte anrechnen lassen. Danach verbliebe ein ungedeckter Restbetrag von monatlich 210,85 DM. Da dieser Betrag unter der der Kl. in dem angefochtenen Urteil zugebilligten Unterhaltsrente von monatlich 386 DM liegt und eine Abänderung des Berufungsurteils zu Lasten der Kl. als Revisionsklägerin nicht in Betracht kommt, hat es nach alledem bei dem angefochtenen Urteil sein Bewenden.

154. BGH zum Ausbildungsunterhalt nach § 1575 BGB

154a) FamRZ 80/126, 127 = NJW 80/393, 394

(Ausbildungsunterhalt bei krankheitsbedingter Verzögerung des Ausbildungsabschlusses)

Nach § 1575 I S. 1 BGB kann ein Ehegatte, der während der Ehe eine Schul- oder Berufsausbildung abgebrochen hat, Unterhalt verlangen, wenn er diese sobald wie möglich aufnimmt, um eine angemessene Erwerbstätigkeit, die den Unterhalt nachhaltig sichert, zu erlangen, und der erfolgreiche Abschluß der Ausbildung zu erwarten ist (die anderen Alternativen der Vorschrift können hier außer Betracht bleiben).

Die längere Erkrankung des Kl., die seine ganze Arbeitskraft aufzehrte, ist einem Abbruch des Studiums i. S. der Vorschrift zumindest gleichzuachten, zumal sie zuletzt sogar längere Zeit stationär behandelt wurde. Davon geht auch die Revision aus. Ein Abbruch *wegen* der Ehe wird entgegen ihrer

Ansicht nicht vorausgesetzt; das Gesetz nimmt in Kauf, daß auch bei Nichtursächlichkeit ein Anspruch auf Fortsetzung der Ausbildung besteht.

Der Anspruch nach § 1575 I S. 1 BGB besteht allerdings längstens für die Zeit, in der eine solche Ausbildung im allgemeinen abgeschlossen wird (Satz 2 a. a. O., 1. Halbs.). Da der Kl. sein Studium bereits 1968 begonnen hatte, ist diese Zeit hier an sich überschritten. Nach Halbsatz 2 der Vorschrift sind jedoch ehebedingte Verzögerungen zu berücksichtigen. Verzögerungen, die auf rein persönlichen Gründen des Anspruchstellers beruhen, bleiben grundsätzlich außer Betracht. D. *Schwab* (Handbuch des Eherechts, Rz. 282) will hiervon für krankheitsbedingte Verzögerungen generell eine Ausnahme machen, auch wenn die Krankheit nicht mit der Ehe zusammenhängt. Ob dem in dieser Allgemeinheit zugestimmt werden kann, bedarf hier keiner Entscheidung. Im Ergebnis ist *Schwab* jedenfalls dann beizupflichten, wenn mindestens die krankheitsbedingte *Verzögerung* der Ausbildung einen inneren Zusammenhang mit der Ehe dadurch aufweist, daß sie als solche von den Ehegatten planmäßig und einverständlich in Kauf genommen wurde. Das ist insbesondere der Fall, wenn der ausbildungswillige Ehegatte nach der ehel. Aufgabenverteilung studieren sollte und die Ehegatten an dieser Aufgabenverteilung trotz seiner sogar längeren Erkrankung festhielten. Damit entspricht auch die verzögerte Ausbildung noch dem sozialen Zuschnitt der Ehe. Eine solche Einigung der Ehegatten während der Ehe wirkt sich auch auf die Dauer des Unterhaltsanspruchs nach § 1575 I S. 2 BGB aus. Eine krankheitsbedingte Verzögerung der Ausbildung, die von dem einverständlich aufrechterhaltenen Plan der Ehegatten gedeckt ist, steht einer ehebedingten Verzögerung i. S. des § 1575 I S. 2, 2. Halbs., BGB jedenfalls gleich, mag auch die Krankheit selbst nichts mit der Ehe zu tun haben. Die aufgezeigten Voraussetzungen sind nach den bisherigen Feststellungen des OLG im vorliegenden Fall gegeben.

Der Unterhaltsanspruch besteht unter diesen Umständen auch dann, wenn etwa schon zu Beginn der Verzögerung der Ausbildung die Zeit, in der eine solche Ausbildung im allgemeinen abgeschlossen wird, abgelaufen war. Dem Gesetz ist nicht zu entnehmen, daß die Verzögerung in diesem Falle entgegen dem Wortlaut des § 1575 I S. 2, 2. Halbs., BGB nicht zu berücksichtigen und ein Unterhaltsanspruch nach der Scheidung trotz Vorliegens der Voraussetzungen des Satzes 1 a. a. O. von vornherein ausgeschlossen sein sollte. Vielmehr muß dem ausbildungswilligen Ehegatten auch in diesem Falle für diejenige Zeit nach der Scheidung Unterhalt gewährt werden, in der diese Ausbildung nach Wiederaufnahme nunmehr unter vergleichbaren Bedingungen, insbesondere unter Berücksichtigung der genannten Verzögerung, im allgemeinen abgeschlossen wird.

154b) FamRZ 84/561, 563 = NJW 84/1685, 1686
(Ausbildungsunterhalt nach § 1574 III, 1573 I BGB)

Die Tatsache, daß die Ehefrau noch während des letzten Ehejahres ein Hochschulstudium aufgenommen hat, rechtfertigt es für sich allein ebenfalls nicht, ihr einen Unterhaltsanspruch für die Zeit bis zum Abschluß dieser Ausbildung einschließlich einer Promotion zuzuerkennen.

Aus § 1575 BGB läßt sich ein solcher Anspruch unmittelbar nicht herleiten, weil die Ehefrau diese in der Trennungszeit begonnene Ausbildung nicht in Erwartung der Ehe unterlassen oder abgebrochen hatte (Abs. I) und sie auch nicht studiert, um durch die Ehe eingetretene Nachteile auszugleichen (Abs. II); beides macht sie auch nicht geltend.

Unterhalt für die Dauer einer Ausbildung kann allerdings ausnahmsweise auch ein gesch. Ehegatte beanspruchen, wenn die Voraussetzungen des § 1575 BGB nicht vorliegen, es ihm indessen gemäß § 1574 III BGB obliegt, sich ausbilden, fortbilden oder umschulen zu lassen, soweit es zur Aufnahme einer angemessenen Erwerbstätigkeit erforderlich ist. Für die Dauer der aus diesem Grunde notwendigen Ausbildung besteht ein Unterhaltsanspruch gemäß § 1573 I BGB.

Daß im vorliegenden Fall das Studium der Vorgeschichte und Archäologie erforderlich ist, um der Ehefrau die Aufnahme einer angemessenen Erwerbstätigkeit zu ermöglichen, hat das OLG nicht festgestellt. Es hat sich darauf beschränkt auszusprechen, daß sie sich mit der Aufnahme dieses Studiums „im Rahmen der ihr nach § 1574 III BGB obliegenden Ausbildung hielt“. Nicht jede berufliche Qualifikation, die die Aufnahme einer angemessenen Erwerbstätigkeit ermöglicht, ist indessen auch erforderlich; das ist eine Ausbildung nur, wenn ohne sie die Ausübung einer angemessenen Erwerbstätigkeit nicht möglich ist. Zwar braucht sich der gesch. Ehegatte nicht ohne Rücksicht auf seine Neigungen einem Beruf zuzuwenden, der ihm nach möglichst kurzer und kostengünstiger Ausbildung den Zugang zu einer angemessenen Erwerbstätigkeit erschließt. Kommen aber auch andere Ausbildungsgänge in Betracht, die dem Ehegatten die Aufnahme einer angemessenen Erwerbstätigkeit ermöglichen, so darf er sich einer besonders zeit- und kostenaufwendigen Ausbildung höchstens dann unterziehen, wenn außergewöhnliche Gründe vorliegen, die geeignet sind, die hohe Belastung des während der Ausbildungszeit unterhaltspflichtigen Ehegatten zu rechtfertigen. Die im vorliegenden Fall angestrebte Ausbildung nimmt nach den Feststellungen des OLG bis zur Magisterprüfung durchschnittlich etwa fünf Jahre und anschließend weitere drei Jahre bis zu der für unerläßlich gehaltenen Promotion in Anspruch. Im Hinblick auf diese lange Dauer, die auch wegen des Lebensalters der Ehefrau besondere Bedeutung gewinnt, hätte es daher der Feststellung außergewöhnlicher Gründe im dargelegten Sinne bedurft, um die Ausbildung gemäß § 1574 III BGB für erforderlich anzusehen. Dafür reicht es jedenfalls nicht aus, daß die Ehefrau das Studium im letzten Ehejahr bereits begonnen und der Ehemann davon erfahren hatte; denn für ihn bestand keine Möglichkeit, sie während der Trennungszeit an der Aufnahme dieses Studiums zu hindern oder auf eine Erwerbstätigkeit zu verweisen (§ 1361 BGB).

155. BGH zum Billigkeitsunterhalt nach § 1576 BGB

155a) FamRZ 83/800, 801

(§ 1576 BGB als subsidiärer Auffangtatbestand; Billigkeitsunterhalt bei Betreuung eines eigenen, nicht gemeinschaftlichen Kindes)

Es trifft zu, daß der Anwendungsbereich der Vorschrift entsprechend ihrer Ausgestaltung als allgemeine Härteklausel weder im Verhältnis zum Regelungsbereich der §§ 1570ff. BGB auf gegenständlich andere als die dort genannten Gründe begrenzt noch sonst Beschränkungen auf bestimmte Unterhaltstatbestände unterworfen ist. Nach der Vorstellung des *Rechtsausschusses* des *Deutschen Bundestages,* der die sog. positive Billigkeitsklausel in den Entwurf des 1. EheRG zusätzlich eingefügt hat, soll die Vorschrift sicherstellen, daß jede ehebedingte Unterhaltsbedürftigkeit erfaßt wird und es durch das Enumerationsprinzip zu keinen Ungerechtigkeiten kommt. Eine etwaige darin zum Ausdruck kommende Begrenzung des Anwendungsbereichs auf Fälle ehebedingter Bedürftigkeit ist indessen nicht Gesetz geworden. Das ergibt sich einmal aus der auch vom OLG hervorgehobenen Entstehungsgeschichte des § 1576 BGB, dessen Fassung im weiteren Gesetzgebungsverfahren dahin geändert wurde, daß die Beschränkung auf „in den ehelichen Lebensverhältnissen liegende" schwerwiegende Gründe entfiel. Darüber hinaus spricht dafür der Umstand, daß, wie der *Senat* im Urteil v. 23. 9. 1981 (FamRZ 1981, 1163, 1164) dargelegt hat, auch die in §§ 1570 bis 1575 BGB geregelten Tatbestände des nachehelichen Unterhalts nicht generell dem Erfordernis eines kausalen Zusammenhangs zwischen Ehe und Bedürftigkeit unterliegen und nicht auf ehebedingte Bedürfnislagen beschränkt sind. Zwar sollte der Grundsatz der nachwirkenden Mitverantwortung der Ehegatten, durch den das als Konsequenz des verschuldensunabhängigen Scheidungsrechts eingeführte Prinzip der wirtschaftlichen Eigenverantwortung der Ehegatten eingeschränkt wurde (vgl. *BVerfG.* FamRZ 1981, 745, 750), nach den ursprünglich im Gesetzgebungsverfahren verfolgten Vorstellungen nur eingreifen, wenn eine Bedürfnislage in Verbindung mit der Ehe steht. Dieser noch vom *Rechtsausschuß* des *Deutschen Bundestages* im Sinne eines kausalen Zusammenhangs zwischen Ehe und Bedürftigkeit akzentuierte, als entscheidendes Kriterium für einen Unterhaltsanspruch nach neuem Recht hervorgehobene Gesichtspunkt der „ehebedingten Unterhaltsbedürftigkeit" hat jedoch in dieser Form keinen Eingang in das Gesetz gefunden (FamRZ 1982, 28, 29). Wenn aber schon die Tatbestände der §§ 1570 bis 1575 BGB nicht auf ehebedingte Bedürfnislagen beschränkt sind, so kann das erst recht nicht für die Regelung des § 1576 BGB gelten, die nach Art eines Auffangtatbestandes Regelungslücken schließen und die Vermeidung von Härten gewährleisten soll, die sich aus dem enumerativen Tatbestandskatalog der §§ 1570 bis 1575 BGB für den Unterhaltsgläubiger ergeben können.

Danach ist mit dem OLG davon auszugehen, daß die in § 1576 BGB vorausgesetzten schwerwiegenden Gründe für die Unzumutbarkeit der Erwerbstätigkeit und die daraus resultierende Unterhaltsbedürftigkeit nicht ehebedingt sein müssen.

Unter diesen Umständen bestehen keine Bedenken, auch die Betreuung eines eigenen, nicht gemeinschaftlichen Kindes durch den unterhaltsbedürftigen Ehegatten als möglichen Grund für die Unzumutbarkeit der Erwerbstätigkeit i. S. von § 1576 BGB anzuerkennen.

155b) FamRZ 84/361, 362, 363 = NJW 84/1538, 1540

(Subsidiarität des § 1576 gegenüber §§ 1570ff.)

Das OLG hat den Sachverhalt dahin beurteilt, daß der Ehefrau jedenfalls wegen der Betreuung der ehel. Kinder und des Pflegekindes ein auf die §§ 1570 und 1576 BGB gestützter Unterhaltsanspruch zustehe.

Dieser Beurteilung kann keinen Bestand haben. Bei ihr ist nicht beachtet, daß ein Anspruch aus § 1576 BGB nicht in Betracht kommt, wenn und soweit der geltend gemachte Unterhaltsanspruch nach § 1570 BGB besteht, daß also der Billigkeitsanspruch des § 1576 BGB gegenüber dem auf die Betreuung eines gemeinschaftl. Kindes gestützten Unterhaltsanspruch des § 1570 BGB subsidiär ist.

Bereits der Wortlaut der Bestimmung des § 1576 BGB, die im Aufbau des Gesetzes den Unterhaltstatbeständen der §§ 1570 bis 1573 und des § 1575 BGB nachfolgt, gibt einen Hinweis darauf, daß § 1576 BGB erst dann eingreifen soll, wenn die der Vorschrift vorausgehenden Normen den erhobenen Unterhaltsanspruch nicht tragen. Denn § 1576 BGB gewährt Unterhalt aus Billigkeitsgründen dann, wenn von dem gesch. Ehegatten „aus sonstigen schwerwiegenden Gründen" eine Erwerbstätigkeit nicht erwartet werden kann.

Bei der Bestimmung des Verhältnisses der Unterhaltstatbestände ist weiterhin die unterschiedliche Struktur der anspruchsbegründenden Normen zu beachten. Insbesondere die Vorschriften der §§ 1570 bis 1572 und des § 1575 BGB enthalten scharf umrissene Tatbestände, wohingegen § 1576 BGB zur Gruppe der grundsätzlich offenen Tatbestände ohne Steuerung durch Begrenzung der relevanten Umstände, Betonung bestimmter Akzente oder auch durch Leitbeispiele gehört. Auch das legt die Annahme nahe, daß der Billigkeitsunterhalt des § 1576 BGB nicht im Einzelfall neben die durch die enumerative Nennung bestimmter Bedürfnislagen gekennzeichneten sonstigen Unterhaltsansprüche des Scheidungsfolgenrechts tritt, sondern lediglich dort vorhandene Lücken füllt und deshalb nur eingreift, wenn und soweit die anderen, genau umschriebenen Unterhaltsansprüche nicht bestehen.

Diesem Verständnis des Verhältnisses des Anspruchs aus § 1576 BGB zu den übrigen Tatbeständen des nachehel. Unterhalts, das sich aus Wortlaut, Stellung im Gesetz und Tatbestandsstruktur erschließt, entspricht auch der Gesetzeszweck des § 1576 BGB. Wie der *Senat* in dem Urteil v. 11. 5. 1983 (FamRZ 1983, 800, 801) anhand der Entstehungsgeschichte des Gesetzes dargelegt hat, soll die Vorschrift nach Art eines Auffangtatbestandes Regelungslücken schließen und die Vermeidung von Härten gewährleisten, die sich aus dem enumerativen Tatbestandskatalog der §§ 1570 bis 1575 BGB für den Unterhaltsgläubiger ergeben könnten. Sie stellt keinen Ersatz für die unterhaltsrechtliche Generalklausel dar, die der Gesetzgeber abgelehnt hat, und soll das vom Gesetz grundsätzlich angewandte Enumerationsprinzip nicht aushöhlen.

Der *Senat* nimmt Subsidiarität des Billigkeitsanspruchs gegenüber dem Anspruch wegen der Betreuung eines gemeinschaftlichen Kindes an. Deshalb ist jedenfalls dann, wenn ein Unterhaltsanspruch nach § 1570 BGB bestehen kann, zu fordern, daß der Richter einen solchen verneint, ehe er die geltend gemachte Unterhaltsforderung auf § 1576 BGB stützt. Kommt er zu dem Ergebnis, daß die Betreuung des gemeinschaftl. Kindes den erhobenen Anspruch nur zu einem Teil rechtfertigt, so ist dieser Teil zu beziffern; dann kann geprüft werden, ob der darüber hinaus geltend gemachte Teil des Unterhaltsanspruchs seine Stütze in § 1576 BGB findet.

155c) FamRZ 84/769, 770 = NJW 84/2355, 2356

(Konsequenzen aus dem Subsidiaritätsverhältnis und zeitliche Begrenzung des Billigkeitsunterhalts)

Wie der *Senat* mit Urteil v. 25. 1. 1984 (FamRZ 1984, 361, 363) entschieden hat, ist die Unterhaltsanspruch aus § 1576 BGB gegenüber demjenigen aus § 1570 BGB subsidiär. Wenn der Richter zu dem Ergebnis kommt, daß die Betreuung des gemeinschaftlichen Kindes den erhobenen Anspruch nur zu einem Teil rechtfertigt, so ist dieser Teil zu beziffern. Erst der darüber hinaus geltend gemachte Teil des Unterhaltsanspruchs kann seine Stütze in § 1576 BGB finden. Das OLG hätte also zunächst feststellen müssen, inwieweit der Ehefrau der Unterhaltsanspruch aus § 1570 BGB zusteht. Dieser Anspruch war der Höhe nach zu bestimmen. Er unterliegt nicht der Billigkeitsbemessung gemäß § 1576 BGB, die erst bei dem sodann zu prüfenden weiteren Unterhaltsanspruch nach dieser Bestimmung einsetzen kann.

Das Berufungsurteil kann auch nicht bestehen bleiben, soweit das OLG – wie die Entscheidungsgründe seines Urteils ergeben – für die folgende Zeit ab 1. 1. 1985 jeglichen Unterhaltsanspruch der Ehefrau verneint hat. Allerdings erschiene eine zeitliche Begrenzung des Billigkeitsanspruchs gemäß § 1576 BGB aus den vom OLG genannten Gründen rechtlich unbedenklich. Die Feststellungen des OLG tragen jedoch nicht die Annahme, daß die Ehefrau auch aus § 1570 BGB für die Zeit nach dem 31. 12. 1984 keinen Unterhalt mehr verlangen könne. Das angefochtene Urteil enthält zwar die Wendung, die Betreuung der Tochter werde bei einer normalen Entwicklung etwa ab Herbst 1984 eine volle Erwerbstätigkeit der Ehefrau zulassen. Darin kann indes nicht, jedenfalls nicht mit der erforderlichen Sicherheit, die – an sich mögliche – prognostische Feststellung des Tatrichters gesehen werden, ab Anfang 1985 werde die Entwicklung der Tochter so weit fortgeschritten sein, daß die von ihr benötigte Betreuung die Erwerbsmöglichkeiten der Ehefrau nicht mehr beeinträchtige. Es handelt sich lediglich um eine Erwägung im Zusammenhang mit Ausführungen zu der zeitlichen Begrenzung des Billigkeitsunterhalts nach § 1576 BGB. Zudem ist nicht festgestellt, daß es tatsächlich zu der dabei vorausgesetzten normalen Entwicklung der Tochter kommen werde.

156. BGH zu den bei § 1576 zu berücksichtigenden Umständen

156a) FamRZ 84/361, 363, 364 = NJW 84/1538, 1539, 1540

(Zu berücksichtigende Umstände bei gemeinsam aufgenommenem Pflegekind und Verhältnis zu §§ 1579 BGB)

Für die Anwendung des § 1576 BGB reicht es nicht aus, daß die Betreuung eines Pflegekindes als ein ,,sonstiger schwerwiegender Grund" dafür angesehen wird, daß von dem Unterhalt verlangenden gesch. Ehegatten eine Erwerbstätigkeit nicht erwartet werden kann. Auch beim Vorliegen dieser Tatbestandsvoraussetzung besteht der Anspruch vielmehr erst dann, wenn die Versagung von Unterhalt unter Berücksichtigung der Belange beider Ehegatten grob unbillig wäre, d. h. seine Vorenthaltung dem Gerechtigkeitsempfinden in unerträglicher Weise widerspräche. Durch diese Anforderung erfährt die Regelung eine (weitere) Einschränkung, die sie zu einer Ausnahmevorschrift, zu einer Härteklausel für Ausnahmefälle macht. Im Rahmen der damit dem Gericht aufgegebenen Billigkeitsprüfung sind nach der allgemeinen Fassung der Norm alle Umstände des Falles zu berücksichtigen.

Das OLG hat seine Auffassung, die Versagung von Unterhalt wäre im Hinblick auf die Belange beider Ehegatten grob unbillig, im wesentlichen auf die fortwirkenden Folgen der gemeinsamen Aufnahme des Pflegekindes durch beide Parteien gestützt. Damit hat es zu Recht den Gesichtspunkt der gemeinschaftlich übernommenen Verantwortung für das auf Dauer zur Familie genommene Kind in den Vordergrund gestellt. Mit dem Hinweis auf die „Verhältnisse der Parteien" hat das OLG offenbar die finanzielle Leistungsfähigkeit des Ehemannes berücksichtigt. Auch das ist rechtlich unbedenklich. Als ein für die Zuerkennung des Unterhaltsanspruchs aus § 1576 BGB sprechender Gesichtspunkt kann weiter herangezogen werden, daß das Pflegekind in noch sehr jungem Alter aufgenommen worden und daß es jetzt bereits über eine Reihe von Jahren in seinen neuen Lebenskreis eingegliedert ist.

Danach könnte – vorbehaltlich der im folgenden noch zu erörternden Gesichtspunkte, die gegen eine Gewährung des Anspruchs sprechen können, – die Zuerkennung des Unterhaltsanspruchs aus § 1576 BGB wegen der Betreuung des gemeinsam aufgenommenen Pflegekindes gebilligt werden.

Auf weitere Umstände, wie das Alter der Ehefrau und ihre etwaigen gesundheitlichen Beschwerden, unter denen zu leiden sie vorgetragen hat, wird es dann nicht mehr ankommen. Bemerkt sei jedoch, daß diese Gesichtspunkte ebenso wie die Betreuung der gemeinschaftl. Kinder, auch wenn sie einen Unterhaltsanspruch der Ehefrau nach den §§ 1571, 1572 oder 1570 BGB nicht zu begründen vermögen, im Rahmen der Billigkeitsprüfung nach § 1576 BGB berücksichtigt werden könnten.

Die Vorwürfe, die der Ehemann der Ehefrau im Blick auf ihr angeblich egoistisches, familienfeindliches Verhalten in der Ehe sowie mit dem Vortrag gemacht hat, sie habe ihre Bedürftigkeit mutwillig herbeigeführt, hat das OLG dahin geprüft, ob sie geeignet seien, den – zuvor bejahten – Unterhaltsanspruch in Anwendung der negativen Härteklausel des § 1579 I BGB wegen grober Unbilligkeit der Inanspruchnahme des Verpflichteten auszuschließen. Gegen eine solche Behandlung der Sache bestehen Bedenken. Der auf die positive Billigkeitsklausel des § 1576 BGB gestützte Unterhaltsanspruch bedarf keines Korrektivs um der Billigkeit willen, weil er selbst Unterhalt nur gewährt, wenn die Billigkeit es fordert. Es erscheint daher unrichtig, zunächst trotz Nichtvorliegens einer der in §§ 1570ff. BGB aufgeführten Bedürfnislagen ausnahmsweise gemäß § 1576 BGB einen Unterhaltsanspruch zu bejahen, weil es unter Berücksichtigung der Belange beider Ehegatten grob unbillig wäre, ihn vorzuenthalten, und sodann nach 1579 I BGB zu prüfen, ob es grob unbillig wäre, von dem damit Verpflichteten die Erfüllung eben dieses Anspruchs zu verlangen. Vielmehr sind bei Anwendung des § 1576 BGB alle Umstände des Falles, auch soweit sie bei einem anders begründeten Unterhaltsanspruch erst im Rahmen der negativen Härteklausel des § 1579 I BGB zu prüfen wären, bereits – und nur – in die Untersuchung einzubeziehen, ob und in welcher Höhe nach der positiven Härteregelung des § 1576 BGB aus Billigkeitsgründen ein Unterhaltsanspruch zu gewähren ist.

Es ist nicht auszuschließen, daß das OLG, welches die der Ehefrau gemachten Vorwürfe unter § 1579 I BGB eingeordnet und sie dort für nicht hinreichend schwerwiegend gehalten hat, ihnen im Rahmen der durch § 1576 BGB verlangten Billigkeitsprüfung Bedeutung beimessen wird. Während § 1579 I BGB Gründe verlangt, durch die ein sonst bestehender Unterhaltsanspruch ausgeschlossen wird, kommt es im Falle des § 1576 BGB darauf an, ob beim Vorliegen schwerwiegender Gründe, die eine Erwerbstätigkeit nicht erwarten lassen, ein sonst nicht bestehender Unterhaltsanspruch ausnahmsweise zuzuerkennen ist, weil die Versagung von Unterhalt unter Berücksichtigung der Belange beider Ehegatten grob unbillig wäre. Bereits dieser unterschiedliche Ansatz zeigt, daß das Ergebnis der Billigkeitsprüfung des § 1576 BGB ein anderes sein kann als das der bisher zu § 1579 I BGB angestellten Erwägungen.

Zu den nach dem bisherigen Sachvortrag in erster Linie in Betracht kommenden Umständen, die gegen die Zuerkennung des Billigkeitsanspruchs aus § 1576 BGB sprechen könnten, sei in sachlicher Hinsicht bereits folgendes bemerkt:

Es erscheint möglich, die Versagung von Unterhalt deshalb nicht i. S. des § 1576 BGB für grob unbillig zu halten, weil die Ehefrau, wie der Ehemann behauptet, die Ehe durch ehrgeizige und selbstsüchtige berufliche Aktivitäten und die Verweigerung des Zusammenlebens zerstört hat. § 1576 S. 2 BGB steht dem nicht entgegen. Diese Vorschrift soll verhindern, daß über die positive Billigkeitsklausel des § 1576 S. 1 BGB nachehelicher Unterhalt deshalb verlangt werden kann, weil der andere Ehepartner das Scheitern der Ehe zu verantworten hat. Mit ihr wird einer Wiedereinführung des im Ehescheidungsrecht aufgegebenen Verschuldensprinzips für das Scheidungsfolgenrecht entgegengewirkt. Sie betrifft nach Wortlaut und Sinn nur die von dem Unterhalt begehrenden Ehegatten vorgebrachten „schwerwiegenden Gründe", aus denen von ihm eine Erwerbstätigkeit nicht verlangt werden kann. Hier aber geht es darum, ob – angebliches – ehel. Fehlverhalten der Ehefrau, das zum Scheitern der Ehe geführt haben soll, im Rahmen der Billigkeitsprüfung des § 1576 BGB als ein gegen die Anspruchszuerkennung sprechender Umstand berücksichtigt werden darf. Das schließt § 1576 S. 2 BGB nicht aus.

Durchgreifende Bedenken gegen eine Berücksichtigung ehezerstörenden Verhaltens desjenigen Ehegatten, der Unterhalt nach § 1576 BGB begehrt, können auch allgemein aus der Abschaffung des Verschuldensprinzips jedenfalls dann nicht hergeleitet werden, wenn eine umfassende Würdigung des Sachverhalts ergibt, daß dieselben (einem der Ehegatten zum Verschulden gereichenden) Umstände, die die Zerrüttung der Ehe verursacht haben, zugleich ergeben, daß dem anderen Ehegatten deshalb eine Heranziehung zum Unterhalt unter Beachtung auch seiner Belange nicht zuzumuten ist. Insoweit kann auf die Grundsätze verwiesen werden, die der *BGH* zur Auslegung des § 1587c Nr. 1 Halbs. 2 BGB entwickelt hat. Nach dieser Vorschrift dürfen gegen die Durchführung des Versorgungsausgleichs sprechende Gründe nicht allein deshalb berücksichtigt werden, weil sie zum Scheitern der Ehe geführt haben. Das schließt jedoch ihre Berücksichtigung nicht schlechthin aus (FamRZ 1981, 477, 482; FamRZ 1983, 32, 33). Unter dem Gesichtspunkt der Zumutbarkeit der Leistung von Unterhalt nach § 1576 BGB kann im Rahmen der durch die Vorschrift geforderten allgemeinen Billigkeitsprüfung auch dem Vorwurf, die Ehefrau habe gegen den Ehemann eine unberechtigte Strafanzeige wegen Verletzung der Unterhaltspflicht erstattet und ihn deshalb außerhalb des Bereichs der Wahrnehmung berechtigter Interessen gekränkt und bloßgestellt, nicht allgemein und von vornherein die Bedeutung abgesprochen werden.

Andererseits ist zu erwägen, daß im vorliegenden Fall der Grund, der für die Zuerkennung des Anspruchs aus § 1576 BGB sprechen würde, darin läge, daß von der Ehefrau wegen der Betreuung eines Kindes eine Erwerbstätigkeit nicht erwartet werden könnte. Dabei handelt es sich zwar nicht um ein gemeinschaftl. Kind der Ehegatten, aber doch um ein von ihnen gemeinsam aufgenommenes Pflegekind. In § 1570 BGB dient die Unterhaltsgewährung letztlich dem Wohle des Kindes. Durch die Freistellung des Elternteils von der Erwerbsobliegenheit soll erreicht werden, daß sich das Kind in der Obhut eines Elternteils weiß, der es – je nach den Bedürfnissen seines Alters – pflegt oder erzieht und dabei hinreichend Zeit hat, auf seine Fragen, Wünsche und Nöte einzugehen (*BVerfG*, FamRZ 1981, 745, 749 m. w. Nachw.). Nach dem Willen des Gesetzgebers soll das gemeinschaftl. Kind nicht unter einem Fehlverhalten des ihn betreuenden Elternteils leiden, der im Falle einer wirtschaftlich erzwungenen Erwerbstätigkeit seiner Elternaufgabe nur noch unzureichend nachkommen könnte. Das ist der Grund dafür, daß der Unterhaltsanspruch aus § 1570 BGB durch § 1579 II BGB gegen Ausschluß oder Kürzung nach § 1579 I BGB geschützt ist (vgl. *BVerfG*, aaO., S. 749).

Die gesetzgeberische Grundentscheidung für das Kindeswohl und gegen das Interesse des nicht betreuenden Elternteils, von einer wegen eines Fehlverhaltens des anderen Ehegatten an sich unzumutbaren Unterhaltslast freigestellt zu werden, kann auch bei der Abwägung der für und gegen die Zubilligung des Anspruchs aus § 1576 BGB wegen der Betreuung eines gemeinsam aufgenommenen Pflegekindes sprechenden Umstände nicht völlig außer Betracht bleiben. Zwar würde eine der Regelung in § 1579 I BGB folgende Nichtbeachtung von Fehlverhalten des betreuenden Elternteils zu weit gehen. Denn damit würden die Unterschiede der gesetzlichen Regelung in unzulässiger Weise vernachlässigt: Der Unterhaltsanspruch wegen der Betreuung eines gemeinschaftl. Kindes wird durch § 1570 BGB strikt gewährt und durch § 1579 II BGB – vorbehaltlich der vom *BVerfG* (BVerfGE 57, 361 = FamRZ 1981, 745) gemachten Einschränkungen – strikt geschützt. Der bei der Aufnahme eines Pflegekindes in Betracht kommende Unterhaltsanspruch aus § 1576 BGB besteht hingegen nur dann, wenn eine umfassende Prüfung aller für und gegen die Zugestehung des Anspruchs sprechenden Umstände seine Zuerkennung verlangt, um eine grob unbillige Vorenthaltung von Unterhalt zu vermeiden. Bei dieser Prüfung ist indessen auch die gemeinsame Verantwortung zu berücksichtigen, die den Ehegatten gegenüber dem Pflegekind durch dessen gemeinschaftliche, nicht nur vorübergehende Aufnahme erwachsen ist und die das Maß dessen erhöht, was dem nicht betreuenden Ehegatten bei der Abwägung der beiderseitigen Interessen zugemutet werden kann. Nach Maßgabe dieser Erwägungen kommt bei der Prüfung der groben Unbilligkeit dem Wohl des Kindes gegenüber einem etwaigen Fehlverhalten des Ehegatten besonderes Gewicht zu.

156b) FamRZ 83/800, 802, 803

(Zu berücksichtigende Umstände bei Betreuung eines eigenen, nicht gemeinschaftlichen Kindes)

Ebensowenig bestehen Bedenken, die Erwerbsbehinderung durch eine derartige Kindesbetreuung als „sonstigen schwerwiegenden Grund" i. S. der Härteklausel anzusehen. Bei der Auslegung dieses Merkmals ist insbesondere an die Gründe anzuknüpfen, die den Tatbeständen der §§ 1570 bis 1572 BGB zugrunde liegen und für § 1576 BGB als Orientierungspunkte dienen. Der Erwerbsbehinderung, die mit der hier in Frage stehenden Kindesbetreuung verbunden ist, muß aber für den betreuenden Ehegatten grundsätzlich das gleiche Gewicht beigemessen werden wie derjenigen durch die Betreuung eines gemeinschaftlichen Kindes im Falle von § 1570 BGB. Demgemäß hat der *BGH* zum früheren Unterhaltsrecht (§§ 58ff. EheG) entschieden, daß auch die Betreuung nicht gemeinschaftlicher Kinder eines Ehegatten eine Erwerbstätigkeit unzumutbar macht und es dem anderen Ehegatten nicht gestattet, seinen bedürftigen Ehepartner auf eine eigene Erwerbstätigkeit zu verweisen (FamRZ 1979, 470, 471).

„Sonstige schwerwiegende Gründe" rechtfertigen den Unterhaltsanspruch aus § 1576 BGB nur dann, wenn seine Versagung unter Berücksichtigung der Belange beider Ehegatten grob unbillig wäre, d. h. seine Ablehnung dem Gerechtigkeitsempfinden in unerträglicher Weise widerspräche (FamRZ 1980, 877 m. w. N. zum Merkmal der groben Unbilligkeit in § 1381 BGB). Durch diese Anforderungen erfährt die Regelung eine (weitere) Einschränkung, die sie zu einer Ausnahmevorschrift, zu einer Härteklausel für Ausnahmefälle macht.

Deshalb reicht in den hier betroffenen Fällen der Unterhaltsbedürftigkeit durch Betreuung von nicht gemeinschaftlichen Kindern die Anerkennung dieser Betreuung als schwerwiegender Grund für die Erwerbsbehinderung des bedürftigen Ehegatten nicht aus, um einen Unterhaltsanspruch aus § 1576 BGB zu begründen. Ein solcher Anspruch kann sich vielmehr erst dann verwirklichen, wenn sich *aus den besonderen Umständen des Falles* ergibt, daß die Versagung des Unterhalts unter Berücksichtigung der beiderseitigen Belange grob unbillig wäre.

Ob hierfür, wie das OLG meint, nur Umstände in Betracht kommen, die einen sachlichen Bezug zur (geschiedenen) Ehe der Parteien oder zum Verhalten des in Anspruch genommenen Ehegatten – vor allem in, aber auch vor und nach der Ehe – haben, muß indessen fraglich erscheinen. Zwar trifft es zu, daß einem Zusammenhang der Bedürfnislage mit den ehelichen Lebensverhältnissen im Rahmen der Billigkeitsprüfung besonderes Gewicht zukommen wird. Das gleiche gilt für ein Verhalten des in Anspruch genommenen Ehegatten, aufgrund dessen der bedürftige Ehegatte auf die Mitverantwortung des anderen Ehegatten für eine nacheheliche betreuungsbedingte Unterhaltsbedürftigkeit vertrauen durfte. Das darf aber nicht zu dem Schluß verleiten, daß sich nur in solchen Umständen überzeugungskräftige Gründe für die grobe Unbilligkeit einer Unterhaltsversagung finden ließen. Die von einer solchen Annahme getragene Beurteilung liefe von vornherein Gefahr, der allgemeinen Fassung, welche die Billigkeitsnorm im Gesetzgebungsverfahren schließlich erlangt hat (vgl. oben a), nicht gerecht zu werden. Sie wird aber auch der Lebenswirklichkeit nicht gerecht. Vor allem ist nicht auszuschließen, daß auch dem Verhalten des unterhaltsbedürftigen Ehegatten im Rahmen der Billigkeitsabwägung durchschlagende Bedeutung zukommen kann, etwa, wenn er für die Lebensgemeinschaft und/oder für den anderen Ehegatten, sei es beim Aufbau oder bei der Sicherung der Existenz oder auch in Zeiten von Krankheit oder in sonstigen Notlagen, besondere Opfer gebracht hat. Ferner muß in diesem Zusammenhang – soweit das nicht bereits aufgrund der vom OLG vertretenen Auslegung möglich ist – einer langen Dauer der Ehe zugunsten des unterhaltsbedürftigen Ehegatten Bedeutung beigemessen werden, da sie auch nach der sonstigen Einschätzung des Gesetzes, etwa in § 1582 I S. 2 BGB, die nachwirkende eheliche Mitverantwortung erhöht. Auch solche Umstände, die ihrer Art nach an sich unter die übrigen Unterhaltstatbestände, insbesondere §§ 1571 oder 1572 BGB, fallen, zu deren Verwirklichung aber nicht ausreichen, können einbezogen werden. Schließlich können auch wirtschaftliche Verhältnisse zu berücksichtigen sein, die es dem in Anspruch genommenen Ehegatten unschwer ermöglichen, für den Unterhalt aufzukommen.

157. BGH zur Anwendung des § 1576 BGB bei Betreuung von Pflegekindern

157a) FamRZ 84/361, 363 = NJW 84/1538, 1540

(Billigkeitsunterhalt bei gemeinschaftlich aufgenommenem Pflegekind)

Wegen der Betreuung eines gemeinschaftlich aufgenommenen Pflegekindes kann nach allgemeiner Beurteilung, der das OLG gefolgt ist, die Zuerkennung von Unterhalt aufgrund der Billigkeitsvorschrift des § 1576 BGB in Betracht kommen.

Dem ist zuzustimmen. Wie der *Senat* (FamRZ 83/801), anhand der Entstehungsgeschichte des Gesetzes näher dargelegt hat, ist § 1576 BGB auch im Hinblick auf die Fälle der Unterhaltsbedürftigkeit infolge der Betreuung nicht gemeinschaftl. Kinder in das Gesetz aufgenommen worden.

157b) FamRZ 84/769, 770, 771 = NJW 84/2355, 2356

(Billigkeitsunterhalt bei Pflegekind, das vom unterhaltsbedürftigen Elternteil mit Billigung des anderen Elternteils in Pflege genommen worden ist)

Soweit es für die Entscheidung auf den Bestand des Unterhaltsanspruchs aus § 1576 BGB ankommt, wird zu beachten sein, daß nach dem eigenen Vortrag der Ehefrau nicht beide Parteien gemeinschaftlich das Pflegekind aufgenommen haben. Behauptet wird vielmehr, daß der Ehemann mit der Aufnahme des Kindes durch die Ehefrau einverstanden gewesen sei und ihr zugestimmt habe. Etwas anderes hat auch das OLG nicht festgestellt. Soweit es im angefochtenen Urteil heißt, der Junge müsse als gemeinsames Pflegekind der Parteien angesehen werden, ist das eine wertende Beurteilung. Diese wird jedoch durch die folgende Wiedergabe des Beweisergebnisses nicht getragen. Danach war der Ehemann mit der Aufnahme des Pflegekindes durch die Ehefrau einverstanden: jedenfalls hatte die als Zeugin vernommene Sozialarbeiterin Sch. keinen Anhaltspunkt dafür, daß er es nicht gewesen wäre. Den Umständen, daß die Pflegeerlaubnis (§ 28 JWG) auf beide Parteien ausgestellt worden ist und daß der Ehemann das Kind auf seiner Steuerkarte hat eintragen lassen, wird demgegenüber eine ausschlaggebende Bedeutung nicht beigemessen werden können. Die Ehefrau hatte die Pflegeerlaubnis allein und im eigenen Namen beantragt, und offenbar besaß allein der Ehemann eine Steuerkarte, so daß der Steuervorteil nur so wahrzunehmen war.

Das OLG wird sich daher die Frage vorlegen müssen, ob im Blick auf die Zubilligung eines Unterhaltsanspruchs aus § 1576 BGB die Zustimmung des Ehemannes zur Aufnahme des Kindes durch die Ehefrau einer gemeinschaftlichen Aufnahme des Pflegekindes gleichzuachten ist. In einem Falle der letztgenannten Art hat der *Senat* in dem bereits genannten Urteil v. 25. 1. 1984 (FamRZ 1984, 363) gebilligt, daß das OLG den Anspruch auf § 1576 BGB – insbesondere unter dem Gesichtspunkt der gemeinsam übernommenen Verantwortung für das Kind – zugesprochen hat, um durch die Unterhaltsgewährung für die Ehefrau den Fortbestand des der Entwicklung des Kindes förderlichen Pflegeverhältnisses zwischen ihr und dem Kind zu ermöglichen. Es fragt sich, ob das Vertrauen, daß die Ehefrau durch den fortwährenden Erhalt von Unterhalt in der Lage bleiben werde, das Kind weiter zu pflegen, in gleicher Weise gerechtfertigt ist, wenn der Ehemann das Pflegekind nicht selbst mit aufgenommen, sondern lediglich der Aufnahme durch die Ehefrau zugestimmt hat. Das OLG wird zu prüfen haben, ob dieser Fall eher demjenigen nahekommt, in dem ein Ehegatte der Aufnahme eines leiblichen Kindes des anderen in den gemeinsamen Haushalt zugestimmt hat (FamRZ 1983, 800). Dabei wird, da in die Billigkeitsprüfung unter Beachtung der Belange beider Ehegatten alle Umstände des Falles einzubeziehen sind, auch die zeitliche Nähe der Aufnahme des Kindes zu der Stellung des Scheidungsantrages zu beachten sein.

158. BGH zu den ehelichen Lebensverhältnissen bei Trennung

FamRZ 80/876, 877 = NJW 80/2349, 2350

Leben die Eheleute getrennt, so kann ein Ehegatte von dem anderen den nach den Lebensverhältnissen und den Erwerbs- und Vermögensverhältnissen der Ehegatten angemessenen Unterhalt verlangen (§ 1361 I S. 1 BGB). Diese Verhältnisse bestimmen nicht nur den Umfang des Bedarfs sowie das Maß der Leistungsfähigkeit und damit die Höhe des Unterhaltsanspruchs, sondern auch die Berücksichtigung von Einkünften und Vermögen, die zur vollständigen Bedarfsdeckung nicht ausreichen; der Unterhaltsanspruch kann deshalb auf den Unterschied zwischen vollständiger Bedarfsdeckung und eigenen Deckungsmöglichkeiten gehen. Die Lebensverhältnisse werden in einer Ehe, in der beide Partner einer Erwerbstätigkeit nachgehen, im allgemeinen vom gemeinsamen Einkommen beider Ehegatten bestimmt.

Die Tatsache, daß die Parteien eine diesen Lebensverhältnissen angemessene Wohnung noch nicht – wie ursprünglich beabsichtigt – bezogen hatten und es zu einem längeren Zusammenleben nicht kam, berührt die vom beiderseitigen Einkommen bestimmten Lebensverhältnisse der Kl. nicht. Jeder Ehegatte kann grundsätzlich die Beibehaltung des vor der Trennung erreichten Lebensstandards verlangen.

Ist in der „Doppelverdienerehe" der Ehegatte, der das höhere Einkommen erzielt, seiner Verpflichtung, zum Unterhalt des anderen Ehegatten entsprechend dem Lebensstandard beider Ehegatten beizutragen, nicht nachgekommen, so daß dessen Lebensstellung entgegen § 1360 BGB hinter der eigenen zurückblieb, kann hieraus keine Beschränkung des Unterhaltsbedarfs des Ehegatten mit dem geringeren Einkommen abgeleitet werden.

159. BGH zum maßgeblichen Zeitpunkt beim Scheidungsunterhalt

159a) FamRZ 84/149, 150 = NJW 84/292, 293

(Magebliche Lebensverhältnisse im Zeitpunkt der Scheidung)

Nach der ständigen Rechtsprechung des *Senats* sind für die Bemessung des nachehelichen Unterhalts nach §§ 1573 II, 1578 BGB die ehel. Lebensverhältnisse im Zeitpunkt der Scheidung maßgebend (FamRZ 1982, 892 m. w. N.). Dies entspricht der seit Jahrzehnten, schon unter der Geltung des früheren Rechts, das in § 58 EheG ebenfalls auf die „Lebensverhältnisse der Ehegatten" abgestellt hatte, herrschenden Auffassung. Sie beruht darauf, daß mit dem Eheband die daraus resultierende unterhaltsrechtliche Verantwortung der Ehegatten füreinander auch nach der Trennung fortbesteht und deshalb auch der bis zur Auflösung der Ehe erreichte Lebenszuschnitt der Ehegatten maßgeblich sein muß. Die Erwägungen des OLG rechtfertigen es nicht, hiervon abzugehen und nach der Trennung der Ehegatten eintretende Änderungen der Verhältnisse bei der Bemessung des (ehel. und nachehel.) Unterhalts grundsätzlich nicht mehr zu berücksichtigen. Im einzelnen kann auf das Senatsurteil v. 31. 3. 1982 (FamRZ 1982, 576) verwiesen werden, in dem sich der *Senat* mit den Ausführungen in dem vorliegenden Berufungsurteil auseinandergesetzt hat.

Da die ehel. Lebensverhältnisse insbesondere durch die Einkommensverhältnisse der Ehegatten geprägt werden, sind danach für die Unterhaltsbemessung regelmäßig die Einkommensverhältnisse im Zeitpunkt der Scheidung maßgebend.

Allerdings hat der *Senat* entschieden, daß Veränderungen in den Einkommensverhältnissen, die auf einer unerwarteten, vom Normalverlauf erheblich abweichenden Entwicklung seit der Trennung der Eheleute beruhen, nicht geeignet sind, die ehel. Lebensverhältnisse zu bestimmen und damit die Bemessung des nachehel. Unterhaltsanspruchs zu beeinflussen (FamRZ 1982, 576). Ferner müssen Einkünfte aus einer während des Getrenntlebens aufgenommenen unzumutbaren Tätigkeit außer Betracht bleiben, weil sie die Lebensverhältnisse der Ehegatten nicht dauerhaft prägen und damit als Maßstab für den nachehel. Unterhalt ungeeignet sind (FamRZ 1983, 146, 149).

Unter diese Fallgruppen läßt sich der vorliegende Sachverhalt jedoch nicht einordnen. Eine außergewöhnliche Entwicklung der Einkommensverhältnisse im dargelegten Sinne liegt weder beim Ehemann noch bei der Ehefrau vor.

159b) FamRZ 84/151, 152, 153 = NJW 84/294, 295

(Bei den ehelichen Lebensverhältnissen nicht zu berücksichtigende Einkünfte)

Der von der Kl. geltend gemachte Unterhaltsanspruch aus § 1573 II BGB bemißt sich mithin nach den im Zeitpunkt der Scheidung, i.J. 1980, gegebenen ehel. Lebensverhältnissen (FamRZ 1983, 886). Da diese insbesondere durch das Einkommen geprägt werden, bestimmen sie sich in einer Ehe, in der beide Ehegatten einer Erwerbstätigkeit nachgehen, regelmäßig nach den zusammengerechneten Einkünften beider Eheleute (FamRZ 1982, 575).

Das gilt allerdings nicht für Einkünfte aus einer von einem Ehegatten nach der Trennung aufgenommenen *unzumutbaren* Erwerbstätigkeit (FamRZ 1983, 146, 149), denn Einkünfte aus einer derartigen Tätigkeit können nicht als ein die Lebensverhältnisse beider Ehegatten dauerhaft prägender – und damit als Maßstab für einen nachehel. Unterhaltsanspruch geeigneter – Umstand gewertet werden (FamRZ 1983, 150). Unter diese Fallgruppe ist der vorliegende Sachverhalt indessen nicht einzuordnen. Die Tätigkeit, die die Kl. inzwischen seit 1971 ausübt, ist aus der Sicht der Verhältnisse i.J. 1980 weder im Hinblick auf das Alter der beiden noch von ihr betreuten Kinder S. und J.-H. noch unter gesundheitlichen Gesichtspunkten für sie unterhaltsrechtlich unzumutbar.

Für die Fälle, in denen ein Ehegatte erst nach der Trennung, aber vor der Scheidung eine Erwerbstätigkeit aufnimmt oder eine bereits zuvor ausgeübte Tätigkeit ausweitet, hat der *Senat* eigene Grundsätze aufgestellt, die auch im vorliegenden Fall eingreifen. Danach wirken sich Einkünfte eines Ehegatten aus einer zwischen Trennung und Scheidung aufgenommenen Erwerbstätigkeit auf die Bestimmung der ehel. Lebensverhältnisse i. S. von § 1578 BGB nur aus, wenn die Tätigkeit auch ohne die Trennung der Parteien aufgenommen worden wäre. Ist das nicht der Fall oder jedenfalls nicht feststellbar, dann haben die Einkünfte aus einer solchen Erwerbstätigkeit bei der Bestimmung der ehel. Lebensverhältnisse außer Betracht zu bleiben mit der Folge, daß der Unterhaltsbedarf allein nach dem Einkommen des anderen Ehegatten bemessen wird.

Auch wenn dies dazu führt, daß der nachträglich erwerbstätig gewordene Ehegatte wegen seines Unterhalts – letztlich – ganz oder überwiegend auf sein eigenes Einkommen verwiesen wird, während der andere Ehegatte sein Einkommen gegebenenfalls in voller Höhe für sich behält, liegt hierin kein Verstoß gegen Art. 3 II GG (anders etwa der der Entscheidung *BVerfGE* 17, 1ff. = FamRZ 1963, 496ff. zugrundeliegende Fall). Die Entscheidung trägt vielmehr dem Grundsatz der Eigenverantwortung jedes Ehegatten für seinen eigenen Unterhalt Rechnung, der der gesetzlichen Regelung der §§ 1361 II, 1569ff. BGB zugrunde liegt.

Im vorliegenden Fall hat die Kl. die Berufsausbildung und -ausübung, wie sie im Berufungsverfahren unbestritten vorgetragen hat, deshalb aufgenommen, weil der Bekl. ihr keinen Unterhalt zahlte. Wie das OLG festgestellt hat, war die Kl. vorher während der Ehe nicht erwerbstätig gewesen; das Einkommen des Bekl. gestattete den Parteien eine großzügige Lebensführung. Berücksichtigt man zudem, daß die Kl. die fünf Kinder der Parteien zu betreuen und zu erziehen hatte, so kann ohne weitere Feststellungen davon ausgegangen werden, daß die Kl. ohne die Trennung nicht erwerbstätig geworden wäre.

Unter diesen Umständen ist mithin davon auszugehen, daß die Einkünfte, die die Kl. aus ihrer nach der Trennung begonnenen Berufstätigkeit erzielt hat, die ehel. Lebensverhältnisse der Parteien nicht mit geprägt haben und folglich bei deren Ermittlung auch nicht heranzuziehen sind. Der nachehel. Unterhaltsanspruch der Kl. ist daher – insoweit in Übereinstimmung mit der Auffassung des OLG – allein auf der Grundlage der im Zeitpunkt der Scheidung erzielten Einkünfte des Bekl. zu bemessen.

Dem hält die Revision entgegen, der Unterhaltsanspruch der Kl. müsse jedenfalls deshalb unter Einbeziehung auch ihrer eigenen Einkünfte ermittelt werden, weil sie durch die Ausübung ihrer Berufstätigkeit und den damit verbundenen Erwerb einer eigenen Altersversorgung die dem Bekl. obliegende Ausgleichsverpflichtung im Versorgungsausgleich vermindert habe; es würde den Grundsätzen der Billigkeit widersprechen, wenn der Kl., die dem Bekl. durch ihre Berufstätigkeit nicht nur die Zahlung von Trennungsunterhalt erspart, sondern ihn auch im Bereich des VersAusgl entlastet habe, zum Ausgleich hierfür nicht wenigstens ein nachehel. Anspruch auf Aufstockungsunterhalt auf der Grundlage der durch die beiderseitigen Einkünfte bestimmten ehel. Lebensverhältnisse zugebilligt würde. – Damit kann sie jedoch keinen Erfolg haben. Die Regelung des nachehel. Unterhaltsrechts ist unabhängig von dem Umfang und Ausmaß des VersAusgl. Ebensowenig können bei der nach objektiven Kriterien vorzunehmenden Bestimmung der ehel. Lebensverhältnisse Billigkeitserwägungen herangezogen werden. Die Fälle, in denen Gesichtspunkte der Billigkeit im Unterhaltsrecht zu berücksichtigen sind, sind in den gesetzlichen Vorschriften ausdrücklich genannt (z. B. §§ 1576, 1577 II S. 2 und III, 1579, 1361 III BGB). § 1578 I BGB gehört nicht hierzu.

Da somit die ehel. Lebensverhältnisse der Parteien im Zeitpunkt der Scheidung allein durch die Einkünfte des Bekl. geprägt wurden, kann der Unterhaltsanspruch der Kl. nicht im Wege der Differenzmethode bemessen werden. Aus diesem Grund ist es revisionsrechtlich nicht zu beanstanden, wenn entsprechend der von dem OLG – wenn auch von seinem im Grundsatz abweichenden Standpunkt aus – gewählten Berechnungsmethode das berücksichtigungsfähige Einkommen des Bekl. nach der tatrichterlich für angemessen gehaltenen Quote von 4/7 zu 3/7 auf die Parteien verteilt und sodann von der auf die Kl. entfallenen Quote ihr eigenes Einkommen abgerechnet wird (FamRZ 1981, 539, 541; FamRZ 1982, 255, 257). Die Wahl der für den Unterhaltsbedarf anzuwendenden Berechnungsmethode obliegt grundsätzlich dem Tatrichter. Es bestehen daher keine Bedenken, die von dem OLG angewandte und auf ihre allgemeine Angemessenheit überprüfte quotenmäßige Berechnungsweise auch für die Beurteilung im Revisionsverfahren zu übernehmen.

159c) FamRZ 82/576, 577, 578 = NJW 82/1870, 1871

(eheliche Lebensverhältnisse im Zeitpunkt der Scheidung)

Der – nacheheliche – Aufstockungsunterhalt des § 1573 II BGB ist an den in § 1578 BGB zum Maßstab für die Bestimmung des vollen Unterhalts gemachten ehel. Lebensverhältnissen auszurichten (FamRZ 1981, 241). Danach sollen erkennbar diejenigen Verhältnisse maßgebend sein, die für den Lebenszuschnitt „in der Ehe" bestimmend waren. Da die Ehe auch während einer Trennung der Eheleute bis zur Scheidung fortbesteht und die ehel. Lebensgemeinschaft grundsätzlich jederzeit wieder aufgenommen werden könnte, sind die Ehegatten bis zum Zeitpunkt der Scheidung im unterhaltsrechtlichen Sinn auf der Grundlage ihrer „ehel. Lebensverhältnisse" miteinander verbunden.

Soweit demgegenüber geltend gemacht wird, von ehel. Lebensverhältnissen könne aus tatsächlichen Gründen seit der Trennung der Eheleute grundsätzlich nicht mehr gesprochen werden, weil in einem Zeitraum, in dem sie nicht mehr zusammenlebten, keine ehel. Lebensverhältnisse mehr bestünden, beruht dies auf einem zu engen Verhältnis des Begriffes „eheliche Lebensverhältnisse". Unter ehel. Lebensverhältnissen i. S. des § 1578 BGB – und der hieran anknüpfenden Regelung in § 1573 II BGB – sind vielmehr allgemein diejenigen Einkommens- und Vermögensverhältnisse zu verstehen, die während der Ehe den Lebensstandard beider Ehegatten – nachhaltig – prägen. Die in diesem Sinn verstandenen, für den Unterhaltsanspruch maßgebenden Lebensumstände können ihren Charakter als „eheliche" Lebensverhältnisse grundsätzlich auch während einer Trennungszeit der Ehegatten behalten, selbst wenn sich während der Trennung, etwa in Anlehnung an allgemeine wirtschaftliche Entwicklungen, die Einkommenslage eines oder beider Ehegatten verändert.

Die Anknüpfung an den Zeitpunkt der Trennung hält der Senat nicht nur unter rechtlichen Gesichtspunkten für bedenklich, sondern im Hinblick auf mögliche tatsächliche Entwicklungen auch nicht für angemessen. In einem Fall etwa, in dem die Trennung der Parteien über eine längere („geraume") Zeit hinaus (FamRZ 1981, 439, 440) einem nachhaltigen, nicht nur vorübergehenden Absinken ihres vor der Trennung erreichten Lebensstandards führt, ohne daß sie begründete Aussicht haben, den früheren Lebenszuschnitt wieder zu erlangen, dürfte die Bemessung des nachehelichen Unterhaltsanspruchs nach den Verhältnissen im Zeitpunkt der Trennung – und nicht nach den Umständen im Zeitpunkt der Scheidung – Bedenken auslösen. Führt die Trennung der Eheleute hingegen zu einer nur vorübergehenden, kurzfristigen Veränderung ihres bisherigen Lebensstandards und gleicht sich dieser während der Dauer des Getrenntlebens wieder an die früheren Verhältnisse an, so entspricht die Anknüpfung an die ehel. Lebensverhältnisse im Zeitpunkt der Scheidung auch unter diesen Umständen dem erkennbaren Sinn und Zweck der gesetzlichen Unterhaltsregelung. Dasselbe gilt für den Fall, in dem die – wirtschaftlichen – Verhältnisse der Eheleute, etwa im Zuge allgemeiner Einkommenssteigerungen, eine normale günstige Weiterentwicklung erfahren, deren Voraussetzungen bereits in den für die ehel. Lebensgestaltung maßgebenden Umständen vor der Trennung begründet waren. Auch hier erscheint die Beurteilung des nachehelichen Unterhaltsanspruchs nach den ehel. Lebensverhältnissen, wie sie sich im Zeitpunkt der Scheidung darstellen, als angemessen und sachgerecht.

159d) FamRZ 85/582, 583 = NJW 85/1343, 1344

(zu den urteilsmäßig festgestellten ehelichen Lebensverhältnissen sowie zur Unterhaltsabänderung, wenn der Lebensbedarf konkret festgestellt worden sind)

Zu den danach für das vorliegende Verfahren bindenden Grundlagen des Urteils vom 27. April 1981 gehört die Feststellung, daß die Beibehaltung des in der Ehe erreichten Lebensstandards der Beklagten monatlich 12632,36 DM zuzüglich 2086 DM als Kosten einer angemessenen Versicherung für den Fall des Alters sowie der Berufs- und Erwerbsunfähigkeit erfordert. Diese Beträge stellen den an den ehelichen Lebensverhältnissen orientierten Lebensbedarf der Beklagten im Zeitpunkt der Scheidung dar. Sie bestimmen gemäß § 1578 Abs. 1 BGB das Maß des nachehelichen Unterhalts und bleiben als rechnerische, auf einen vergangenen Zeitpunkt bezogene Bemessungsgrundlage von nachträglichen Änderungen der Verhältnisse grundsätzlich unberührt.

Der für die Unterhaltsbemessung maßgebende Lebensbedarf eines Ehegatten wird in der Regel ohne Rücksicht auf dessen tatsächliche Lebensführung bestimmt, indem etwa gemäß den in der Praxis verwendeten Unterhaltstabellen eine Quote des im Zeitpunkt der Scheidung für Unterhaltszwecke eingesetzten Einkommens gebildet wird. Dies trägt dem Grundsatz Rechnung, daß insoweit ein objektiver Maßstab anzulegen ist und eine nach den gegebenen Verhältnissen zu dürftige Lebensführung ebenso außer Betracht zu bleiben hat wie ein übertriebener Aufwand (FamRZ 1982, 151, 152 m. w. N.). Wenn vorliegend im Ausgangsverfahren der Lebensbedarf der Beklagten konkret errechnet worden ist, weil die vom Gericht allgemein verwendete Unterhaltstabelle bei einem monatlichen Familieneinkommen von 7700 DM ende, so ist die Frage der Bindung für nachfolgende Abänderungsverfahren nicht anders zu beantworten, als wenn der Lebensbedarf pauschal durch eine Einkommensquote bestimmt worden wäre. Es kommt im wesentlichen auf das gefundene Ergebnis an. Die Feststellung der einzelnen Bedarfsposten basiert auch auf der Lebensführung während einer (noch) bestehenden Ehe, die sich nach deren Scheitern naturgemäß anders entwickeln kann. Diese andere Entwicklung ist keine Änderung der Verhältnisse, die im Sinne des § 323 Abs. 1 ZPO für die Bestimmung der Höhe des Bedarfs maßgebend waren. Anders ist es, wenn der Unterhalt mit Rücksicht auf einen besonderen Bedarf des Unterhaltsberechtigten höher bemessen worden ist, als es sonst den ehelichen Lebensverhältnissen entsprochen hätte. Dann würde der Fortfall dieses besonderen Bedarfs den Unterhaltsanspruch entsprechend ermäßigen. So liegt es hier indessen nicht.

159e) FamRZ 85/471, 472, 473 = NJW 85/1347 L

(Zeitpunkt der letzten mündlichen Verhandlung bei Verbundverfahren)

Entgegen der Auffassung des Berufungsgerichts ist für die Bestimmung der ehelichen Lebensverhältnisse nicht der Zeitpunkt der letzten mündlichen Verhandlung maßgeblich, auf die in erster Instanz das Scheidungsurteil ergeht. Der Endpunkt für die Entwicklung der ehelichen Lebensverhältnisse wird (erst) durch den Eintritt der Rechtskraft der Scheidung gesetzt; bis zur Auflösung der Ehe (§ 1564 Satz 2 BGB) absehbare Entwicklungen müssen daher berücksichtigt werden (FamRZ 1979, 692, 693; FamRZ 1981, 241 m. w. N.). Wenn über den Anspruch auf nachehelichen Unterhalt als Folgesache im Verfahrensverbund und damit schon vor Eintritt der Rechtskraft zu entscheiden ist, können allerdings nur die bis zum Zeitpunkt der letzten mündlichen Verhandlung erkennbar gewordenen Verhältnisse zugrundegelegt werden. Als letzte Verhandlung ist dabei aber die vor dem Tatrichter über den Unterhaltsanspruch geführte zu verstehen und damit gegebenenfalls auch die neue mündliche Verhandlung vor dem Berufungsgericht, wenn nicht die Rechtskraft des Scheidungsausspruchs schon zu einem früheren Zeitpunkt eingetreten ist.

159f) FamRZ 85/357, 358, 359 = NJW 85/909, 910, 911

(letzte mündliche Verhandlung in der Tatsacheninstanz)

Das Berufungsgericht hat für die Beurteilung der ehelichen Lebensverhältnisse im Sinne des § 1578 Abs. 1 Satz 1 BGB auf den Zeitpunkt der letzten mündlichen Verhandlung abgestellt, auf die in erster Instanz das Scheidungsurteil ergangen ist. Das ist so nicht richtig. Die ehelichen Lebensverhältnisse sind nach dem Zeitpunkt der Scheidung oder – im Verbundverfahren – nach dem Zeitpunkt der letzten mündlichen Verhandlung zu bestimmen. Darunter ist die der Rechtskraft des Scheidungsausspruchs nächstgelegene mündliche Verhandlung und damit, solange der Scheidungsausspruch nicht gesondert rechtskräftig geworden ist, die letzte mündliche Verhandlung vor dem Tatrichter in der Unterhaltssache zu verstehen.

160. BGH zur „Sättigungsgrenze"

160a) FamRZ 82/680, 681 = NJW 82/1642, 1643

(Sättigungsgrenze und Auskunftsanspruch)

Nicht zu beanstanden ist die Rechtsauffassung des OLG, der Auskunftsanspruch der Kl. entfalle nicht deshalb, weil die Kl. ein eigenes Einkommen von etwa 1600 DM beziehe. Richtig ist zwar, daß Einkünfte und Vermögen nicht mehr offenbart werden müssen, wenn sich durch die Auskunft weder am Bestand noch an der Höhe eines Unterhaltsanspruchs etwas ändern kann. Ein solcher Fall ist hier jedoch nicht gegeben. Es steht gerade nicht fest, ob die Kl. den nach den Lebensverhältnissen und den Erwerbs- und Vermögensverhältnissen der Parteien angemessenen Unterhalt (§ 1361 I BGB) bereits durch ihr eigenes Einkommen decken kann. Der Lebensbedarf des Unterhaltsberechtigten kann nicht in einer absoluten Größe bemessen werden, vielmehr wird er maßgeblich durch die wirtschaftlichen Verhältnisse der Ehegatten bestimmt. Daß auch eine absolute obere Grenze für den Unterhaltsanspruch des getrennt lebenden Ehegatten nicht besteht, hat der *BGH* schon zum früheren Recht entschieden, das noch auf Billigkeitsgesichtspunkte abstellte (*BGH,* FamRZ 1969, 205 = NJW 1969, 919); für den Unterhaltsanspruch gemäß § 1361 BGB n. F. kann nichts anderes gelten (FamRZ 1981, 668, 670, sowie zum nachehelichen Unterhalt, FamRZ 82/152).

160b) FamRZ 83/150, 151 = NJW 83/683

(Keine „Sättigungsgrenze" bei Einkünften im Normalbereich)

Die Revision macht geltend, der Unterhaltsverurteilung, die das KG vorgenommen hat, stehe angesichts der Höhe des eigenen Einkommens der Ehefrau der Gesichtspunkt der sog. Sättigungsgrenze entgegen. Dem kann nicht gefolgt werden. Der *Senat* hat in den bisher von ihm entschiedenen Fällen eine solche obere Grenze für die Unterhaltsansprüche von Ehegatten nicht angenommen (FamRZ 1980, 665, 669; FamRZ 1982, 151, 152). Sie wird allenfalls in seltenen Ausnahmefällen bei besonders hohen Einkünften als Beschränkung des Unterhalts auf die Mittel, die eine Einzelperson auch bei Berücksichtigung hoher Ansprüche für billigenswerten Lebensbedarf sinnvoll ausgeben kann, in Betracht gezogen werden können. Diese Grenze wäre im vorliegenden Fall, in dem sich die Einkünfte im Normalbereich halten, offensichtlich nicht erreicht.

161. BGH zum objektiven Maßstab bei der Unterhaltsbemessung und zur Berücksichtigung von Aufwendungen zur Vermögensbildung sowie von trennungsbedingtem Mehrbedarf

161a) FamRZ 81/539, 541 = NJW 81/1609, 1611

(Unterhaltsbemessung bei erst nach der Scheidung aufgenommener Erwerbstätigkeit)

In Fällen beiderseitiger Einkommen aus Erwerbstätigkeit ist der Unterhaltsbedarf des berechtigten Ehegatten nicht nach einer Quote der addierten Einkommen zu bemessen (FamRZ 1979, 692, 693f.). Danach läge es an sich nahe, die Differenzmethode anzuwenden, die dem Umstand beiderseitiger Erwerbstätigkeit grundsätzlich in angemessener Weise Rechnung trägt, weil sie jedem Ehegatten mehr als die Hälfte seines Einkommens beläßt und damit sowohl einen pauschalen Ausgleich für den mit der Berufstätigkeit verbundenen erhöhten Aufwand schafft als auch einen gewissen Anreiz zur Erwerbstätigkeit bietet. Indessen geht diese Methode von der Vorstellung aus, daß beide Ehegatten mit ihrem Einkommen zum ehelichen (ehel.) Lebensaufwand beigetragen haben. Der mit Hilfe dieser Berechnungsart bemessene Unterhalt des Berechtigten geht daher von einem Unterhaltsbedarf aus, wie er durch die ehel. Lebensverhältnisse in einer Doppelverdienerehe bestimmt wird. Da sich die Höhe des Unterhaltsbedarfs nach den Lebensverhältnissen im Zeitpunkt der Scheidung richtet (FamRZ 1980, 770), führt die Methode zu angemessenen Ergebnissen, wenn beide Ehegatten bereits im Zeitpunkt der Scheidung berufstätig waren und ihre ehel. Lebensverhältnisse durch das beiderseitige Einkommen bestimmt wurden (FamRZ 1981, 241). Bezog aber nur einer der Ehegatten Erwerbseinkommen, so werden die ehel. Lebensverhältnisse und damit auch der nacheheliche Unterhaltsbedarf regelmäßig nur durch dieses Einkommen bestimmt, auch wenn der andere Ehegatte nach der Scheidung gleichfalls eine Erwerbstätigkeit aufgenommen hat. Damit kann die Unterhaltsbemessung in derartigen Fällen einer erst nach der Scheidung einsetzenden Erwerbstätigkeit des anderen Ehegatten nicht im Wege der Differenzberechnung erfolgen. Vielmehr liegt es, sofern die Aufteilung nach Quoten beibehalten werden soll, nahe, lediglich das berücksichtigungsfähige Einkommen des von Anfang an erwerbstätigen Ehegatten entsprechend aufzuteilen und von der auf den Berechtigten entfallenden Quote dessen eigenes Einkommen abzurechnen. Dabei muß diese Aufteilung jedoch letztlich – wie auch diejenige nach anderen Berechnungsmethoden – vom Tatrichter auf ihre Angemessenheit überprüft werden.

Die Kl. hat erst nach der Scheidung ihre Erwerbstätigkeit aufgenommen. Die ehel. Lebensverhältnisse der Parteien wurden allein durch das Einkommen des Bekl. bestimmt.

161b) FamRZ 83/678, 679 = NJW 83/1733, 1734

(Objektiver Maßstab bei Bemessung der ehelichen Lebensverhältnisse; Vermögensbildung und Sättigungsgrenze bei höheren Einkommen)

Das Maß des Unterhalts richtet sich gemäß § 1578 I BGB nach den ehel. Lebensverhältnissen, die insbesondere von den Einkommens- und Vermögensverhältnissen bestimmt werden. Der Lebensbedarf des unterhaltsberechtigten Ehegatten kann danach nicht in einer absoluten Größe bemessen werden, sondern es hängt entscheidend von den wirtschaftlichen Verhältnissen der Ehegatten ab, welcher Lebensstandard angemessen ist. Auch eine absolute Höchstgrenze des Lebensbedarfs läßt sich nicht ziehen (FamRZ 1969, 205 = NJW 1969, 919). Bei höheren Einkünften ist es allerdings regelmäßig nicht angemessen, sie in vollem Umfang zur Deckung des laufenden Unterhaltsbedarfs zu verwenden; sie sind zum Teil auch zur Vermögensbildung bestimmt. Jedoch erhöht sich auch in solchen Fällen der Betrag, der für den laufenden Unterhalt angemessen erscheint, mit der Erhöhung der Gesamteinkünfte. Zusätzlich wirkt sich darauf noch die Vermögenslage aus. Ob extreme Fälle denkbar sind, in denen der Lebensstandard bereits ein solches Maß erreicht hat, daß eine weitere Steigerung schlechthin nicht mehr gebilligt werden könnte, bedarf keiner Entscheidung, weil eine solche Ausnahmelage hier nicht in Betracht kommt.

Nach den bisherigen Feststellungen ist nicht auszuschließen, daß sich die Parteien während des ehel. Zusammenlebens auf einen Lebensstandard beschränkt haben, der bereits nach dem vom Bekl. nicht bestrittenen Mindesteinkommen angemessen wäre. Dies würde dem Auskunftsanspruch nicht entgegenstehen, denn bei besseren wirtschaftlichen Verhältnissen könnte sich gleichwohl ein höherer Unterhaltsanspruch ergeben. Bei der Bemessung des ehelichen und nachehelichen Unterhalts ist nach herrschender Rechtsauffassung ein objektiver Maßstab anzulegen. Entscheidend ist derjenige Lebensstandard, der nach den ehel. Lebensverhältnissen vom Standpunkt eines vernünftigen Betrachters aus angemessen erscheint. Eine nach den Verhältnissen zu dürftige Lebensführung bleibt ebenso außer Betracht wie ein übertriebener Aufwand. Ob unter besonderen Umständen auch die tatsächliche Lebensweise der Ehegatten für die Bemessung des Unterhalts Bedeutung erlangen kann, kann hier dahingestellt bleiben, weil der Auskunftsanspruch davon nicht berührt wird. Die wirtschaftlichen Verhältnisse bedürfen in jedem Fall der Klärung, um eine sachgerechte Beurteilung des Unterhaltsanspruchs zu ermöglichen.

161c) FamRZ 83/678, 679 = NJW 83/1733, 1734

(Objektiver Maßstab, Vermögensbildung und trennungsbedingter Mehrbedarf)

Gemäß §§ 1569, 1573 II BGB kann ein geschiedener Ehegatte, dessen Einkünfte aus einer eigenen angemessenen Erwerbstätigkeit zum vollen Unterhalt (§ 1578 BGB) nicht ausreichen, den Unterschiedsbetrag zwischen seinen Einkünften und dem vollen Unterhalt beanspruchen. Das Maß des Unterhalts bestimmt sich nach den ehel. Lebensverhältnissen, die im wesentlichen von dem in der Ehe verfügbaren Einkommen geprägt werden. In einer Ehe, in der beide Ehegatten einer Erwerbstätigkeit nachgehen (sog. Doppelverdienerehe), sind daher regelmäßig die Einkünfte beider Ehegatten maßgebend. Insoweit steht die angefochtene Entscheidung im Einklang mit der ständigen Rechtsprechung des *Senats* (FamRZ 1982, 892 m. w. N.).

Es ist zwar revisionsrechtlich regelmäßig nicht zu beanstanden, wenn der Tatrichter sich bei der Bemessung von Unterhalt der Orientierungshilfen bedient, die in einzelnen Gerichtsbezirken zur Gewährleistung einer möglichst einfachen und gleichmäßigen Rechtsanwendung entwickelt worden sind. Die durch den Gebrauch solcher Hilfsmittel erzielten Ergebnisse müssen im Einzelfall jedoch daran gemessen werden, ob sie den anzuwendenden Rechtsgrundsätzen Rechnung tragen und angemessen sind; falls erforderlich, müssen sie nach den besonderen Umständen des zu entscheidenden Falles berichtigt werden (FamRZ 1979, 692, 693). Verschieden hohe Einkünfte der Ehegatten aus beiderseitiger Erwerbstätigkeit führen nicht dazu, daß die ehel. Lebensverhältnisse für die Ehegatten unterschiedlich zu beurteilen wären; beide nehmen vielmehr in gleicher Weise an dem durch die beiderseitigen Einkünfte geprägten ehel. Lebensstandard teil (FamRZ 1982, 894, 895 m. w. N.). Diesem Grundsatz wird das Berufungsurteil jedenfalls bei den bisher getroffenen tatsächlichen Feststellungen nicht gerecht. Bei einer hälftigen Aufteilung der in der Ehe der Parteien zuletzt dauerhaft erzielten Einkünfte von monatlich 3850 DM würde auf jeden Ehegatten an sich ein Betrag von 1925 DM entfallen. Wenn die Kl. zur Deckung ihres vollen Unterhaltsbedarfes nur den vom OLG aus der *Nürnberger Tabelle* entnommenen Betrag von 1700 DM beanspruchen könnte, behielte der

Bekl. mit 2150 DM einen wesentlich höheren Anteil. Der ungleiche Verteilungsmaßstab des angefochtenen Urteils wird noch deutlicher, wenn allein die Einkommensdifferenz betrachtet wird, die zwischen den Parteien im Zeitpunkt der Scheidung nach den Feststellungen des OLG in Höhe von (2450–1400 =) 1050 DM bestanden hat: Die der Kl. zuerkannten 250 DM entsprechen weniger als einem Viertel des Unterschiedsbetrages.

Das vom OLG gewonnene Ergebnis läßt sich auch nicht mit der Überlegung begründen, der Bekl. benötige zur Deckung seines eigenen vollen Unterhaltsbedarfs bei Anwendung der *Nürnberger Tabelle* gleichfalls nur 1700 DM. Aus der Summe der zuletzt von beiden Parteien erzielten Einkünfte bliebe dann ein Teilbetrag von (3850–1700–1700 =) 450 DM für die Unterhaltsbemessung unberücksichtigt. Daß sie in dieser Höhe Teile ihres Einkommens regelmäßig nicht zur Bestreitung ihrer Lebenshaltung verwendet hätten, haben die Parteien indessen nicht vorgetragen. Das OLG hat hierzu konkrete Feststellungen auch nicht getroffen. Der Bezugnahme auf die Erläuterungen zur *Nürnberger Tabelle* in NJW 1981, 965 ff. läßt sich allerdings entnehmen, daß das OLG zu diesem Punkt eine nähere Begründung für entbehrlich gehalten hat und einen Erfahrungssatz hat zugrunde legen wollen. Im 5. Absatz der Grundsätze zum Aufbau der *Nürnberger Tabelle* (Stand 1. 1. 1981) heißt es nämlich: ,,Höheres Einkommen wird bei wirtschaftlich vernünftigem Verhalten erfahrungsgemäß nicht in voller Höhe für den angemessenen Lebensbedarf verbraucht. Der nicht verbrauchte Teil steigt mit der Höhe des Einkommens. Dieser Teil bleibt bei der Bemessung des angemessenen Bedarfs außer Ansatz." Auf einen solchen Grundsatz läßt sich die Außerachtlassung von 450 DM (= ca. 12%) des beiderseitigen Erwerbseinkommens bei der Bemessung der ehel. Lebensverhältnisse im vorliegenden Fall nicht stützen. Es hängt von der individuellen Entscheidung der Ehegatten ab, ob und gegebenenfalls wieviel sie von ihrem Einkommen monatlich der Vermögensbildung zuführen. Dies kann daher nicht Gegenstand eines Erfahrungssatzes sein. Vielmehr bedarf es konkreter Feststellungen im Einzelfall, wobei beachtet werden muß, daß Sparleistungen häufig nur dazu dienen, eine größere Ausgabe anzusparen, die aber gleichwohl den Lebenshaltungskosten zuzurechnen ist (z. B. Urlaubsreise, Kraftfahrzeug o. ä.).

Bei der Bemessung des Unterhalts ist zwar ein objektiver Maßstab anzulegen; eine nach den Einkommensverhältnissen aus der Sicht eines vernünftigen Betrachters zu dürftige Lebensführung muß ebenso außer Betracht bleiben wie ein übertriebener Aufwand (FamRZ 1982, 151, 152 m. w. N.). Bei den – eher durchschnittlichen – Einkommensverhältnissen, die die Parteien in ihrer Ehe erreicht haben, kann ein vollständiger Verbrauch der beiderseits erzielten Einkommen für die Lebenshaltung indessen nicht schon als unangemessener Aufwand betrachtet und demgemäß ein bestimmter Teil ihres Einkommens bei der Bestimmung des Unterhaltsbedarfs unberücksichtigt bleiben.

Gegen die aus der Anwendung der *Nürnberger Tabelle* folgende Annahme des OLG, die Kl. könne mit einem unter der Hälfte des früheren Familieneinkommens liegenden Betrag ihren vollen Unterhalt decken, spricht noch ein anderes Bedenken. Durch die Anknüpfung an die ehelichen Lebensverhältnisse (§§ 1573 II, 1578 I BGB) wollte der Gesetzgeber verhindern, daß der weniger verdienende Ehegatte durch die Scheidung einen sozialen Abstieg erleidet. In dem Ergänzungsanspruch des § 1573 II BGB hat das *BVerfG* demgemäß eine ,,Lebensstandardgarantie" gesehen (FamRZ 1981, 745, 750 ff. = NJW 1981, 1771, 1773 ff.). Im Falle der Scheidung wird durch eine Anwendung des Grundsatzes der hälftigen Teilhabe allein jedoch ein Absinken des im wesentlichen durch die Einkünfte bestimmten Lebensstandards noch nicht verhindert. Es entspricht vielmehr der Lebenserfahrung, daß der gleiche finanzielle Aufwand, der während des Zusammenlebens den erreichten Lebensstandard ermöglicht hat, nicht ausreicht, ihn auch im Falle einer Trennung zu sichern. Die durch eine doppelte Haushaltsführung entstehenden Mehrkosten (in erster Linie für Wohnung und Heizung) erfordern vielmehr regelmäßig zusätzliche Mittel (FamRZ 1982, 255, 257). Dieser Gedanke – dem im Prinzip auch in der *Nürnberger Tabelle* Rechnung getragen wird, indem für getrenntlebende Ehegatten ein höherer Bedarf angegeben wird als für in Haushaltsgemeinschaften lebende bei gleich hohem Einkommen – legt es nahe, den vollen Unterhaltsbedarf der Kl. bei den vorliegenden Einkommensverhältnissen eher über als noch unter der Hälfte des von den Parteien bis zur Scheidung erzielten beiderseitigen Einkommens anzusetzen.

161d) FamRZ 84/988, 990

(zum Aufstockungsunterhalt und zur Ehegattenquote bei Doppelverdienern)

Die Revision hat dagegen insoweit Erfolg, als das OLG der Ehefrau einen Anspruch auf *Aufstockungsunterhalt* nach § 1573 II BGB versagt hat:

Das Maß des nachehel. Unterhalts bestimmt sich gemäß § 1578 I BGB nach den ehel. Lebensverhältnissen, die im allgemeinen durch das Einkommen der Ehegatten geprägt werden. In einer Doppelverdienerehe, wie sie hier vorliegt, werden die ehel. Lebensverhältnisse durch die Einkommen beider Ehegatten bestimmt. Bei der Aufteilung der Einkommen ist grundsätzlich jedem Ehegatten die Hälfte zuzubilligen, denn beide nehmen am ehel. Lebensstandard in gleicher Weise teil. Abweichungen vom Grundsatz der gleichmäßigen Teilhabe bedürfen besonderer Gründe. Nicht zu beanstanden ist insoweit etwa die nach den Richtsätzen und Leitlinien der Oberlandesgerichte übliche Praxis, dem erwerbstätigen Ehegatten eine maßvoll höhere Quote seines Einkommens zu belassen, weil sie den mit einer Berufstätigkeit verbundenen besonderen Aufwand berücksichtigt und zugleich dazu beiträgt, den Anreiz zur Erwerbstätigkeit zu erhalten (FamRZ 1982, 894, 895 m. w. N.).

Die Tatsache, daß der Unterschied zwischen den Einkommen der Ehegatten, die das OLG errechnet hat, im vorliegenden Fall nicht mehr als 380 DM beträgt, kann es für sich allein nicht rechtfertigen, unter Durchbrechung des Grundsatzes der gleichmäßigen Teilhabe diesen Betrag allein dem Ehemann zugute kommen zu lassen. Bei hälftiger Aufteilung würden davon auf die Ehefrau monatl. 190 DM entfallen. Auch wenn den Ehegatten nach den Richtsätzen der Praxis von ihren Erwerbseinkommen jeweils eine maßvoll höhere Quote belassen würde, läge der Aufstockungsunterhalt noch in einer Größenordnung, die nicht vernachlässigt werden kann. So würde sich beispielsweise bei Zugrundelegung der Sätze der in der Praxis am meisten verbreiteten *Düsseldorfer Tabelle* (Stand 1. 1. 1982: FamRZ 1981, 1207) ein Unterhaltsanspruch in Höhe von mehr als 160 DM ergeben.

Allerdings wäre es nach der Größenordnung der Einkommen der Parteien möglich, daß diese im Rahmen einer angemessenen Lebensführung die beiderseitigen Einkommen nicht voll zur Deckung des laufenden Lebensbedarfs (einschließlich der Ansparungen für größere Anschaffungen) verbraucht, sondern einen Teil davon der Vermögensbildung zugeführt haben (FamRZ 1983, 678f.). Ein Anspruch auf Aufstockungsunterhalt könnte sich in diesem Fall nur nach Maßgabe der in der Ehe für den laufenden Lebensbedarf aufgewendeten Mittel zuzüglich des trennungsbedingten Mehrbedarfs der Ehefrau ergeben. Ob unter diesem Gesichtspunkt ein Anspruch auf Aufstockungsunterhalt ausscheidet, kann der *Senat* indessen nicht beurteilen, weil das OLG hierzu keine tatsächlichen Feststellungen getroffen hat.

162. BGH zum angemessenen Bedarf, trennungsbedingtem Mehrbedarf und zu Aufwendungen für die Vermögensbildung

162a) FamRZ 82/255, 257 = NJW 82/1873, 1875

(Unterhaltsbemessung bei Doppelverdienern, Differenzmethode, konkrete Ermittlung von trennungsbedingtem und sonstigem Mehrbedarf)

Nach § 1573 II BGB, der dem Unterhaltsanspruch der AGg. zugrunde liegt, beschränkt sich der Anspruch auf den Unterschiedsbetrag zwischen den Einkünften des Bedürftigen und dem vollen Unterhalt. Dieser bemißt sich gemäß § 1578 I BGB nach den ehelichen Lebensverhältnissen. Hat während der Ehe, wie hier, nur ein Ehegatte Einkommen bezogen, so ist regelmäßig davon auszugehen, daß die ehel. Lebensverhältnisse nur durch dieses Einkommen bestimmt wurden.Nach ihm richtet sich daher grundsätzlich auch das Maß des nachehelichen Unterhalts. Demgegenüber liegt der vom OLG angewandten sog. Differenzmethode die Vorstellung zugrunde, daß beide Ehegatten bereits während der Ehe erwerbstätig waren und mit ihren Einkünften die ehel. Lebensverhältnisse geprägt haben. Die Berechnungsart geht deshalb im Ansatz von einem Unterhaltsbedarf aus, wie er durch die ehel. Lebensverhältnisse in einer Doppelverdienerehe bestimmt wird. Aus diesem Grunde hat der Senat (FamRZ 1981, 539) entschieden, daß der Unterhalt in Fällen einer erst nach der Ehescheidung einsetzenden Erwerbstätigkeit des unterhaltsbedürftigen Ehegatten nicht im Wege der Differenzmethode zu bemessen sei. Vielmehr liege es, sofern die Aufteilung nach Quoten beibehalten werden solle, nahe, im Ansatz so zu verfahren, daß das Einkommen des von Anfang an erwerbstätigen Ehegatten aufgeteilt und von der auf den Berechtigten entfallenden Quote dessen eigenes Einkommen abgerechnet werde. Wie der *Senat* aaO. weiter dargelegt hat, ist diese Aufteilung jedoch vom Tatrichter an Hand der Umstände des Einzelfalles auf ihre Angemessenheit zu überprüfen und die Bemessung gegebenenfalls zu modifizieren. Vor allem darf nicht unberücksichtigt bleiben, daß die Quote, die dem Berechtigten am Einkommen des Verpflichteten zusteht, nicht immer ausreicht, um den vollen, an den dauerhaft gewordenen Lebensverhältnissen während der Ehe ausgerichteten Unterhaltsbedarf des Berechtigten zu decken. Das ist insbesondere im Hinblick auf etwaige Mehrkosten möglich, die den Ehegatten als Folge ihrer Trennung, etwa durch die getrennten Wohnungen und die getrennte Haushaltsführung, erwachsen und, dazu führen können, daß der Berechtigte mit den Mitteln jener Quote den ehel. Lebensstandard nicht mehr aufrechtzuerhalten vermag. Ein derartiger trennungsbedingter Mehrbedarf ist im Rahmen des vollen nachehelichen Unterhaltsbedarfs grundsätzlich zu berücksichtigen. Die Höhe dieses Mehrbedarfs kann allerdings nicht generell bestimmt und etwa nach einem prozentualen Anteil des Bedarfs während der Ehe bemessen werden. Vielmehr sind die erforderlichen Mehrkosten gegebenenfalls vom Unterhaltsberechtigten konkret darzulegen und vom Tatrichter unter Berücksichtigung der Umstände des einzelnen Falles zu ermitteln. Dabei ist es diesem nicht verwehrt, unter Zuhilfenahme allgemeiner Erfahrungssätze nach § 287 ZPO zu verfahren.

Gelangt das Gericht hiernach zur Feststellung eines trennungsbedingten Mehrbedarfs, so bestehen grundsätzlich keine Bedenken dagegen, den Eigenverdienst des Berechtigten auf dessen höheren Bedarf anzurechnen. Allerdings darf nicht außer acht gelassen werden, daß derartige Mehrkosten möglicherweise auch auf seiten des Unterhaltspflichtigen anfallen. Ist das der Fall, so ist auch dieser Mehrbedarf im Rahmen der umfassenden tatrichterlichen Würdigung angemessen zu berücksichtigen.

162b) FamRZ 80/665, 669 = NJW 80/1686, 1689

(Unterhaltsbemessung bei Verwendung von Einkünften für die Vermögensbildung)

Was die Höhe des bei der Unterhaltsbemessung zu berücksichtigenden Einkommen des Bekl. betrifft, wird das OLG Gelegenheit haben, sich mit den einzelnen Angriffen auseinanderzusetzen, welche die Revision des Bekl. im Rahmen der Erörterung über den Unterhalt der Kl. zu 2. und 3. gegen das Urteil richtet. Dabei kann es die Grundsätze heranziehen, die der *BGH* – (= FamRZ 1980, 342; FamRZ 1980, 555ff.) – zur Ermittlung der Leistungsfähigkeit dargelegt hat. Ferner wird zu beachten sein, daß das sich ergebende Einkommen des Bekl. möglicherweise nicht mit dem zu verteilenden Einkommen gleichgesetzt werden kann, weil es bei vernünftiger Lebensführung nicht in vollem Umfang der Deckung des laufenden Lebensaufwandes, sondern teilweise der Vermögensbildung dient und deshalb nicht in voller Höhe der Bemessung des ehel. Lebensstandards zugrunde gelegt werden kann.

162c) FamRZ 84/149, 151 = NJW 84/292, 294

(Aufwendungen zur Vermögensbildung im Mangelfall)

Das OLG hat von dem in die Differenzberechnung einbezogenen Nettoeinkommen des Ehemannes einen Betrag von monatlich 500 DM unberücksichtigt gelassen mit der Begründung, der Ehemann habe laufend mindestens diesen Betrag für Vermögensbildung und für persönliche, nicht dem normalen Lebensbedarf zurechenbare Anschaffungen und Ausgaben abgezweigt. An tatsächlichen Feststellungen liegt dem zugrunde, daß der Ehemann monatlich 113 DM für Lebensversicherungen aufgewendet und in den Jahren ab 1972 größere Geldbeträge für die Anschaffung einer Foto- und einer Filmausrüstung, eines Wohnwagens, eines Pkw, zweier Motorräder und eines Orgelbausatzes ausgegeben hatte (FamRZ 1981, 890f.).

Daran ist im Ansatz nicht zu beanstanden, daß das OLG den für die Lebensversicherungen aufgewendeten Betrag von monatlich 113 DM bei der Unterhaltsbemessung nicht berücksichtigt hat. Insoweit handelte es sich um Aufwendungen zur Vermögensbildung in einer nach den Lebensverhältnissen der Ehegatten angemessenen Höhe, die nach der Lebensführung der Parteien schon während ihres Zusammenlebens nicht für den laufenden Lebensbedarf zur Verfügung standen (FamRZ 1980, 665, 669; FamRZ 1983, 678, 679). Wenn allerdings der in der Ehe erreichte Lebensstandard wegen des trennungsbedingten Mehrbedarfs durch die zur Verfügung stehenden Mittel nicht mehr voll gedeckt wäre, könnte es dem Ehemann nicht mehr gestattet werden, nach der Scheidung die Vermögensbildung einseitig zu seinen Gunsten fortzusetzen und sich gegenüber der Ehefrau auf mangelnde Leistungsfähigkeit zu berufen.

Schon im Ansatz nicht gefolgt werden kann dagegen der Auffassung des OLG, daß die Mittel, die der Ehemann laufend für Anschaffungen der genannten Art aufgewendet hat, bei der Unterhaltsbemessung außer Betracht bleiben müssen. Insoweit handelt es sich, auch wenn die angeschafften Gegenstände einen höheren Vermögenswert haben, nicht um Vermögensbildung, sondern um Aufwendungen für Bedarfsgüter, die der Lebensführung dienen und deren Wert mit zunehmendem Gebrauch laufend abnimmt. Eine Vermögensbildung in entsprechender Höhe wäre auch nach den Verhältnissen der Parteien objektiv nicht geboten gewesen. Unabhängig davon, ob die in Frage stehenden Anschaffungen mehr den Interessen und Neigungen des Ehemannes oder denjenigen der Ehefrau entsprangen, sind die dafür aufgewendeten Beträge den Kosten der Lebenshaltung zuzurechnen und bei der Bemessung des nachehel. Unterhalts mit zu berücksichtigen (FamRZ 83/670).

162d) FamRZ 82/1187, 1188

(Bemessung des Elementar- und Vorsorgeunterhalts bei überdurchschnittlich guten Vermögensverhältnissen)

Allerdings ist im Regelfall der Betrag des Vorsorgeunterhalts von dem bereinigten Nettoeinkommen des Unterhaltsverpflichteten abzusetzen und aus dem verbleibenden Einkommen anhand der maßgebenden Quote ein neuer (endgültiger) Elementarunterhalt zu bestimmen. Daß das OLG hier eine anderweitige Bemessung des Elementarunterhalts nicht vorgenommen hat, sondern den vollen Betrag von 620 DM neben den bereits titulierten 2300 DM monatlich zugesprochen hat, begegnet nach den gegebenen besonderen Umständen jedoch keinen rechtlichen Bedenken. Da die Einkünfte des Ehemannes überdurchschnittlich hoch sind, ist der Elementarunterhalt der Ehefrau nicht nach einer Quote bemessen worden, sondern nach dem konkreten Lebensbedarf der Ehefrau, weil das Einkommen des Ehemannes während Bestehens der Ehe nicht ausschließlich dem Unterhalt der Parteien gedient hat, sondern teilweise auch der Vermögensbildung. – Das OLG hat weiter festgestellt, daß allein die nach steuerlichen Gesichtspunkten ermittelten Monatseinkünfte des Ehemannes fast das Dreifache der Summe von 2920 DM (2300 + 620 DM) erreichen. In derartigen Fällen besonders günstiger wirtschaftlicher Verhältnisse des Unterhaltsverpflichteten ergibt sich die Notwendigkeit einer zweistufigen Berechnung des Elementarunterhalts nicht, da diese lediglich sicherstellen soll, daß nicht zu Lasten des Unterhaltsverpflichteten von dem Grundsatz der gleichmäßigen Teilhabe der Ehegatte am ehelichen Lebensstandard abgewichen wird.

162e) FamRZ 79/692, 693 = NJW 79/1985, 1986

(Unterhaltsbemessung nach altem Recht)

Soweit der angemessene Unterhalt nach § 58 EheG in Frage steht, hat das OLG im Ausgangspunkt rechtsfehlerfrei auf die Einkommensverhältnisse der Parteien abgestellt und auch die späteren Änderungen der Einkommen berücksichtigt, die nicht auf einer Änderung der bereits während der Ehe gegebenen Lebensstellung der Parteien beruhten. Die Einkommen der Parteien lagen noch nicht in einer Größenordnung, die zwingend ergeben würde, daß bei vernünftiger Lebensführung ein Teil der Einkommen nicht mehr zur Deckung des laufenden ehel. Lebensaufwands, sondern zur langfristigen Vermögensbildung verwendet worden wäre. Die Einkommen konnten daher in voller Höhe der Bemessung des ehel. Lebensstandards zugrunde gelegt werden.

162f) FamRZ 80/771 = NJW 80/2081

(Verwendung von Einkünften zur Vermögensbildung und spätere Änderung des Verteilungsschlüssels bei besonders großen Einkommensveränderungen)

Geht es, wie im vorliegenden Fall, darum, die Unterhaltsrente im wesentlichen an veränderte Einkommensverhältnisse der Parteien anzupassen, so besteht die Entscheidung nicht zwangsläufig in einer schematischen prozentualen Abänderung des Rentenbetrages. Vielmehr kommt es zunächst darauf an, ob der abzuändernde Betrag ursprünglich den angemessenen Unterhalt des Unterhaltsgläubigers decken sollte. Trifft das zu, so gilt es, dieses Kriterium der Angemessenheit so, wie es die Parteien beim Abschluß des abzuändernden Vergleichs beurteilt haben, auf die veränderten Einkommensverhältnisse zu übertragen. Dies wird zwar häufig, aber nicht stets eine Übernahme der ursprünglichen Verteilungsquoten für die Neufestsetzung zur Folge haben. So wäre eine derartige Übernahme etwa in Frage gestellt, wenn bei einer Verteilung des Einkommens nach den bisherigen Quoten der angemessene Unterhalt des zahlungspflichtigen Ehegatten beeinträchtigt würde. Ebenso käme ein Abweichen von dem bisherigen Verteilungsschlüssel in Betracht, wenn das erzielte Einkommen eine Höhe erreicht, daß es bei vernünftiger Lebensführung nicht mehr in vollem Umfang der Deckung des laufenden Lebensaufwandes dient und deshalb nicht mehr mit dem zu verteilenden Einkommen gleichgesetzt werden kann. Aber auch sonst erscheint es, vor allem bei besonders großen Veränderungen der Einkommensverhältnisse, nicht von vornherein ausgeschlossen, daß die Verteilung des neuen Einkommens nach dem Kriterium der Angemessenheit im ursprünglich festgelegten Sinne zu einer Modifizierung der Verteilungsquote führt.

163. BGH zur Prägung der ehelichen Lebensverhältnisse bei normalen Veränderungen zwischen Trennung und Scheidung

163a) FamRZ 82/892, 893 = NJW 82/2439, 2440

(Normale Änderungen der Einkommensverhältnisse zwischen Trennung und Scheidung, angemessene Erwerbstätigkeit im Sinn von §§ 1361 II, 1574 II BGB sowie Prägung der ehelichen Lebensverhältnisse durch ein fiktives Einkommen)

Die Einkünfte der Ehefrau können bei der Bestimmung der ehel. Lebensverhältnisse nicht deshalb außer Betracht bleiben, weil sie ihren erlernten Beruf als medizinisch-technische Assistentin erst nach der Trennung der Parteien und ihrem Auszug aus der Ehewohnung wieder aufgenommen hat. Wie der *Senat* in jüngerer Zeit mehrfach entschieden hat, prägen auch solche Veränderungen der Einkommensverhältnisse, die erst nach der Trennung der Ehegatten bis zur Scheidung eingetreten sind, die ehel. Lebensverhältnisse, sofern sie nicht auf einer ganz außergewöhnlichen, vom Normalverlauf erheblich abweichenden Entwicklung beruhen. Die Entscheidungen betrafen zwar Einkommensänderungen beim unterhaltspflichtigen Ehegatten; doch ist die Frage beim Unterhaltsberechtigten nicht anders zu beurteilen. Im vorliegenden Fall haben sich die Einkommensverhältnisse der Parteien durch die nach der Trennung aufgenommene Erwerbstätigkeit der Ehefrau nicht in außergewöhnlicher

Weise verändert. Unstreitig hat sie sich schon vor der Trennung der Parteien nicht nur der Haushaltsführung und Kinderbetreuung gewidmet, sondern hat während der gesamten Dauer der Ehe bis zur Trennung in der tierärztlichen Praxis des Ehemannes mitgearbeitet. Dieser hat selbst vortragen lassen, sie habe in seiner Praxis ähnliche Funktionen wie in ihrem erlernten Beruf ausgeübt ... Danach hat die Ehefrau bereits vor der Trennung die ehel. Lebensverhältnisse auch in materieller Beziehung mitgeprägt, indem sie durch ihre Mitarbeit Kosten erspart oder durch Entlastung ihres Ehemannes dazu beigetragen hat, daß er seinen beruflichen Wirkungskreis in dem erreichten Umfang aufbauen und auf Dauer wahrnehmen konnte. Ob es auf diese Mitarbeit in der Praxis des Ehemannes entscheidend ankommt oder ob bereits die frühere Berufstätigkeit der Ehefrau zu demselben Ergebnis führen würde, kann auf sich beruhen: Daß sie nach der Trennung wieder in ihrem Beruf tätig geworden ist, lag jedenfalls nicht völlig außerhalb einer normalen Entwicklung, wie sie auch ohne die Trennung hätte eintreten können. Daher ist es gerechtfertigt, die Einkünfte, die die Ehefrau nach der Trennung durch ihre Berufsarbeit erzielt hat, bei der Ermittlung der ehel. Lebensverhältnisse in vollem Umfang heranzuziehen.

Das OLG hat die Berufstätigkeit der Ehefrau als angemessene Erwerbstätigkeit i. S. des § 1574 II BGB angesehen. Daraus könnte zu folgern sein, daß diese schon während der Trennung gemäß § 1361 II BGB darauf verwiesen werden kann, sich ihren Unterhalt selbst zu verdienen, weil dies nach den persönlichen Verhältnissen der Ehefrau, insbesondere wegen ihrer früheren Erwerbstätigkeit unter Berücksichtigung der Dauer der Ehe, und nach den wirtschaftlichen Verhältnissen beider Ehegatten von ihr erwartet werden kann. Ob der festgestellte Sachverhalt eine solche Folgerung zuläßt, kann indessen auf sich beruhen. Selbst wenn dies der Fall wäre, könnte das Einkommen der Ehefrau bei der Ermittlung der ehel. Lebensverhältnisse nicht außer Betracht bleiben. Wie oben ausgeführt worden ist, steht die Tatsache, daß die Ehefrau erst nach der Trennung erwerbstätig geworden ist, der Berücksichtigung der Einkünfte deshalb nicht entgegen, weil die Aufnahme der Erwerbstätigkeit keine ganz außergewöhnliche, vom Normalverlauf erheblich abweichende Entwicklung darstellt. An dieser Beurteilung könnte sich nichts ändern, wenn die Ehefrau durch die Aufnahme der Erwerbstätigkeit einer Obliegenheit nach § 1361 II BGB genügt hätte. Die Voraussetzungen, unter denen eine solche Obliegenheit besteht, sprechen im Gegenteil dafür, daß die Aufnahme einer ihr entsprechenden Erwerbstätigkeit für die Verhältnisse der Ehegatten nicht außergewöhnlich ist. Soweit im Urteil des erkennenden Senats v. 20. 5. 1981 (FamRZ 1981, 752, 754) eine andere Auffassung zum Ausdruck kommt, hält der Senat daran nach erneuter Prüfung nicht fest. Der jener Entscheidung zugrundeliegende Sachverhalt unterschied sich von dem hier zu beurteilenden allerdings dadurch, daß damals die Unterhalt begehrende Ehefrau tatsächlich nicht erwerbstätig war, sondern sich nach tatrichterlicher Feststellung gemäß § 1361 II BGB auf ein („fiktives") eigenes Einkommen verweisen lassen mußte. Ob auch ein solches fiktives Einkommen eines Ehegatten, der bis zur Trennung nicht oder nur in geringerem Umfang erwerbstätig war, geeignet ist, die ehel. Lebensverhältnisse im Zeitpunkt der Scheidung (mit) zu bestimmen, braucht im vorliegenden Fall nicht abschließend beurteilt zu werden. Der Senat neigt jedoch zu der Ansicht, daß insoweit zwischen tatsächlich erzieltem Einkommen und solchem, auf das ein Ehegatte sich nach § 1361 II BGB verweisen lassen muß, ein grundlegender Unterschied nicht zu machen ist.

163b) FamRZ 82/575, 576 = NJW 82/2063, 2064

(Prägung der ehelichen Lebensverhältnisse auch durch sonstige Umstände, wie z.B. durch Fahrtkostenersparnis infolge eines Umzugs)

Für die nach § 1578 I BGB gebotene Ermittlung der ehel. Lebensverhältnisse sind regelmäßig alle Tatsachen zu berücksichtigen, die bis zur Auflösung der Ehe (§ 1564 S. 2 BGB) die Einkommensverhältnisse der Ehegatten beeinflußt haben. Demgemäß hat der Senat – nach Erlaß des angefochtenen Urteils – mehrfach entschieden, daß für den nachehelichen Unterhaltsanspruch wie schon im früheren Recht die ehel. Lebensverhältnisse und damit regelmäßig die Einkünfte der Ehegatten im Zeitpunkt der Scheidung maßgebend sind. Danach prägen auch solche Veränderungen im Einkommen, die erst nach der Trennung der Ehegatten bis zur Scheidung eingetreten sind, die ehel. Lebensverhältnisse mit, sofern sie nicht auf einer unerwarteten, vom Normalverlauf erheblich abweichenden Entwicklung beruhen. Dieser Grundsatz gilt nicht nur für die von den Ehegatten jeweils erzielten Einkünfte, sondern auch für alle sonstigen Umstände, die ihre Einkommensverhältnisse mitbestimmten. Veränderungen im Ausgabenbereich sind daher in gleicher Weise zu berücksichtigen. Durch die Einsparung der monatl. Fahrtkosten von 397,70 DM infolge des Umzuges des Ehemannes von S. nach D. sind die ehel. Lebensverhältnisse ähnlich verbessert worden wie durch eine Steigerung des Einkommens. Da ein solcher Wohnungswechsel nicht außerhalb einer während der Ehe zu erwartenden Entwicklung lag, besteht kein ausreichender Grund, die damit verbundene Verbesserung bei der Feststellung der bis zur Scheidung eingetretenen ehel. Lebensverhältnisse zu übergehen. Die Veränderung hat auch nicht deshalb unberücksichtigt zu bleiben, weil der Umzug erst nach der Verkündung des die Scheidung aussprechenden Urteils des FamG erfolgt ist. Der im Verbundverfahren ergangene Scheidungsausspruch war bis zur Verhandlung der Sache vor dem OLG nicht rechtskräftig.

Die vom OLG für den Zeitpunkt der Scheidung ermittelten beiderseitigen Einkommen der Ehegatten rechtfertigen unter Zugrundelegung dieser Rechtsauffassung nicht die Feststellung, daß die Ehefrau ihren nach den ehel. Lebensverhältnissen zu bestimmenden vollen Unterhalt schon durch ihre eigenen Einkünfte nach der Scheidung verdiene. Zwar ist die vom [OLG als] Tatrichter zur Ermittlung eines Ergänzungsanspruchs angewendete Differenzmethode revisionsrechtlich nicht zu beanstanden. Sind jedoch bei der Ermittlung der ehel. Lebensverhältnisse Fahrtkosten des Ehemannes in Höhe von 397,70 DM monatlich nicht abzusetzen, besteht ein entsprechend größerer Unterschied zwischen den miteinander zu vergleichenden Einkünften der Parteien, als ihn das OLG seiner Entscheidung zugrundegelegt hat.

163c) FamRZ 82/576, 579 = NJW 82/1870, 1872, 1873

(Prägung der ehelichen Lebensverhältnisse durch Unterhaltszahlungen)

Soweit ein Ehegatte, dessen Einkommens- und Vermögensverhältnisse sich während des Getrenntlebens in unerwarteter, außergewöhnlicher Weise verbessern, den getrenntlebenden anderen Ehegatten – etwa aufgrund eines gerichtlichen Titels oder eines bestehenden Rechtsanspruchs – an dieser Einkommensverbesserung teilhaben läßt, heben seine Leistungen den Lebensstandard des anderen Ehegatten entsprechend an. Die Unterhaltszahlungen können in einem solchen Fall dazu führen, daß die ehel. Lebensverhältnisse – durch die ehebedingten Zuwendungen – in einer Weise mit geprägt werden, die auch bei der Bemessung des nachehelichen Unterhaltsanspruchs zu beachten ist. Ob und unter welchen Voraussetzungen eine solche Folge auch eintreten könnte, wenn ein getrenntlebender Ehegatte zwar einen Anspruch auf Trennungsunterhalt gegenüber seinem inzwischen in außergewöhnlich guten Einkommensverhältnissen lebenden Ehegatten hat, ihn aber nicht geltend macht oder aus besonderen Gründen nicht durchsetzen kann (FamRZ 1980, 876f. = NJW 1980, 2349, 2350), braucht hier nicht entschieden zu werden. Im vorliegenden Fall ist der Unterhaltstitel v. 11. 12. 1972 auf der Grundlage des früheren Rechts ergangen. Nach § 1361 BGB a. F. gab die Prüfung des Anspruchs auf Trennungsunterhalt Raum für Billigkeitserwägungen. Das kann dazu geführt haben, daß die Ehefrau unter Billigkeitsgesichtspunkten im Wege des Trennungsunterhalts – wenn auch in geringem Umfang – an der außergewöhnlich guten Einkommensentwicklung des Ehemannes beteiligt worden ist.

163d) FamRZ 83/352, 353 = NJW 83/2318, 2319

(Prägung der ehelichen Lebensverhältnisse durch Unterhaltszahlungen u. a.)

Die Revision macht weiter geltend, seit der Trennung hätten beide Ehegatten lediglich ihr eigenes Einkommen verbraucht, so daß das höhere Einkommen des Bekl. niemals Grundlage des ehel. Lebensstandards gewesen sei. Diesen Einwand greift nicht durch. Zum einen ist unstreitig, daß die Kl. aufgrund der einstw. Anordnung v. 6. 3. 1972 in der Zeit vom 1. 10. 1969 bis 30. 6. 1970 monatlich 700 DM und in der Zeit vom 1. 7. 1970 bis 31. 1. 1973 monatlich 800 DM an Unterhalt erhalten hat. Jedenfalls in dieser Zeit hat sie somit an dem höheren Einkommen des Bekl. partizipiert. Zum anderen kann daraus, daß der Ehegatte mit dem höheren Einkommen seiner Verpflichtung, zum Unterhalt des anderen Ehegatten entsprechend den ehel. Lebensverhältnissen beizutragen nicht oder nur unzureichend nachkommt, keine Beschränkung des Unterhaltsbedarfs des Ehegatten mit dem geringeren Einkommen abgeleitet werden (FamRZ 1980, 876, 877).

Soweit der Bekl. rügt, nach der Lebenserfahrung würde Einkommen in der Größenordnung, wie er es erziele, nicht vollständig zur Deckung des Lebensbedarfs verwendet, setzt er sich in Widerspruch zu einer Erklärung, die er in der letzten mündlichen Verhandlung vor dem OLG abgeben ließ. Sie lautete nach dem Protokoll, daß er nicht imstande sei, von seinen Einkünften Vermögen zu bilden. Daran muß er sich festhalten lassen. Zwar ist bei der Unterhaltsbemessung ein objektiver Maßstab anzulegen, so daß eine nach den Verhältnissen zu dürftige Lebensführung ebenso außer Betracht zu bleiben hat wie ein übertriebener Aufwand (FamRZ 1982, 151, 152). Da der Bekl. aber selbst außergewöhnlich hohe Kosten seiner Lebensführung in Indien behauptet hat, ist es aus Rechtsgründen nicht zu beanstanden, daß das OLG sein volles Einkommen berücksichtigt hat.

163e) FamRZ 85/354, 356

(Prägung der ehelichen Lebensverhältnisse durch Nutzungen aus einem gemeinsamen Haus sowie durch Zinserträge aus Hausverkauf)

Das OLG wird bei der neuen Entscheidung auch die Bemessungsgrundlage für den Unterhaltsanspruch der Kl. nach § 1573 II BGB nochmals zu überprüfen haben.

Für die Bemessung des nachehel. Unterhalts sind nach § 1578 BGB die ehel. Lebensverhältnisse maßgebend. Diese werden nach der ständigen Rechtsprechung des *Senats* (FamRZ 1981, 241 m. w. N.) im allgemeinen durch die – in einer Doppelverdienerehe zusammengerechneten – Einkünfte der Eheleute im Zeitpunkt der Scheidung bestimmt, soweit die Einkünfte die wirtschaftlichen Verhältnisse der Eheleute dauerhaft und nachhaltig geprägt haben. Dabei sind Einkünfte in diesem Sinn nicht nur die Erwerbseinkünfte, sondern in gleicher Weise auch Vermögenserträge und sonstige wirtschaftliche Nutzungen, die die Eheleute aus ihrem Vermögen ziehen.

Zu diesen Einkünften gehören im vorliegenden Fall nicht die Zinserträge, die die Kl. – und gegebenenfalls auch der Bekl. – aus der Anlage ihrer Erlösanteile aus dem Verkauf des früheren ehel. Anwesens erzielen. Denn die Zinserträge haben die ehel. Lebensverhältnisse der Parteien nicht geprägt. Sie haben ihnen während ihres Zusammenlebens und im Zeitpunkt der Scheidung noch nicht – auch nicht in anderer Höhe – zur Verfügung gestanden, sondern sind erst nach der Veräußerung des gemeinsamen Familieneigenheims als Folge der Scheidung erwachsen; ohne die Scheidung wäre es voraussichtlich nicht zur Veräußerung des Anwesens gekommen (FamRZ 1984, 149, 150).

Die ehel. Lebensverhältnisse der Parteien können hingegen durch Nutzungen aus ihrem gemeinsamen Anwesen mit geprägt worden sein.

Leben Eheleute – wie hier die Parteien – in einem in ihrem Eigentum stehenden Haus, so entfällt für sie einerseits die Notwendigkeit der Mietzahlung, die in der Regel einen Teil des allgemeinen Lebensbedarfs ausmacht. Zum anderen haben die Eheleute jedoch die allgemeinen Grundstücksunkosten und -lasten zu tragen und darüber hinaus bei Belastung ihres Einkommens die dafür anfallenden Zins- und Tilgungsleistungen aufzubringen. Soweit – bei einer Gegenüberstellung der ersparten Mietaufwendungen mit den mit dem Eigentum verbundenen Unkosten – der Nutzungswert eines Hauses im Einzelfall den von den Eigentümern zu tragenden Aufwand übersteigt, die Eigentümer also ,,billiger" wohnen als Eheleute, die für eine vergleichbare Wohnung Miete zu zahlen haben, ist die Differenz zwischen dem Nutzungswert des Grundeigentums einerseits und dem Aufwand andererseits für die Bestimmung der ehel. Lebensverhältnisse i. S. von § 1578 I BGB den Einkünften der Eheleute hinzuzurechnen.

Im vorliegenden Fall haben die Parteien bei der Veräußerung ihres Anwesens einen verteilungsfähigen Überschuß von rund 200000 DM erzielt. Das legt die Annahme nahe, daß ihnen während ihres Zusammenlebens in dem Haus der Vorteil eines – zumindest teilweise – ,,mietfreien" Wohnens zugeflossen ist. Den Wert dieses Vorteils wird das OLG bei der erneuten tatrichterlichen Prüfung festzustellen und sodann – als Bestandteil der ehel. Lebensverhältnisse der Parteien – mit in die Bemessungsgrundlage für den nachehel. Unterhaltsanspruch der Kl. einzubeziehen haben.

Sollte sich nach Klärung der aufgezeigten Fragen – zum Umfang der Unterhaltsbedürftigkeit der Kl. auf der Grundlage der maßgeblichen ehel. Lebensverhältnisse der Parteien – bei der Entscheidung über den geltendgemachten Unterhaltsanspruch nach § 1573 II BGB noch die Frage der Leistungsfähigkeit des Bekl. stellen, so sind auch auf seiner Seite die tatsächlich erzielten – oder in zumutbarer Weise erzielbaren (vgl. insoweit – zum Erwerbseinkommen – FamRZ 1981, 539, 540) – Erträge aus dem ihm zugefallenen Erlösanteil aus dem Verkauf des ehel. Anwesens zu berücksichtigen. Denn für die Obliegenheiten des Berechtigten und des Verpflichteten zum Einsatz ihrer wirtschaftlichen Mittel sind grundsätzlich die gleichen Maßstäbe anzulegen. Auch bei der Ermittlung der Leistungsfähigkeit des unterhaltspflichtigen gesch. Ehegatten sind regelmäßig alle Einkünfte heranzuziehen, die ihm zufließen, gleich welcher Art sie sind und auf welcher Grundlage er sie bezieht (FamRZ 1981, 338, ständige Rechtsprechung). Laufende Erträge aus dem Erlös eines nach der Scheidung veräußerten Familieneigenheims sind hiervon nicht ausgenommen.

164. BGH zur Prägung der ehelichen Lebensverhältnisse durch nachhaltig erzielte, dauerhafte Einkünfte. Dazu zählen auch Einkünfte aus einer nach Trennung aufgenommenen oder erweiterten Erwerbstätigkeit, wenn die Erwerbstätigkeit auch ohne die Trennung oder angesichts des Scheiterns der Ehe aufgenommenen oder ausgeweitet worden wäre bzw. wurde. Nicht zu berücksichtigen sind Einkünfte aus unzumutbarer Erwerbstätigkeit

FamRZ 84/364, 365

Wenn der Ehefrau die ganztägige Erwerbstätigkeit nicht zuzumuten war, bestehen Bedenken, bei der Ermittlung der ehel. Lebensverhältnisse den Mehrerwerb zugrunde zu legen, den sie durch den Übergang zur Vollzeitarbeit erzielt hat. Denn das zur Zeit der Scheidung bezogene Arbeitseinkommen bestimmt die ehel. Lebensverhältnisse nur soweit, wie es sich um nachhaltig erzielte, dauerhafte Einkünfte handelt, die den ehel. Lebensstandard prägen (FamRZ 1982, 255, 257; FamRZ 1982, 576, 577). Von derartig dauerhaften Einkünften kann nicht ausgegangen werden, soweit sie aus einer unzumutbaren Tätigkeit stammen. Die Kennzeichnung einer Tätigkeit als unzumutbar bedeutet, daß derjenige, der sie ausübt, unterhaltsrechtlich nicht gehindert ist, sie jederzeit wieder zu beenden, gleichgültig ob er – wie hier die Ehefrau – Unterhaltsschuldner ist und dadurch möglicherweise seine Leistungsfähigkeit herabsetzt oder ob er sich in der Rolle des Unterhaltsgläubigers befindet und seine Bedürftigkeit erhöht. Das hat der *Senat* (FamRZ 1983, 146, 149) für einen Fall entschieden, in dem die unzumutbare Tätigkeit während der Trennung der Parteien aufgenommen worden war. Im vorliegenden Fall ist die Ehefrau zwar vor der am 2. 4. 1976 vollzogenen Trennung der Parteien, aber erst zur Zeit der Einreichung der Scheidungsklage, auf die die Ehe geschieden worden ist, von der zuvor halbtägigen Arbeit zur Vollzeiterwerbstätigkeit übergegangen ... Zu dieser Zeit hatte sich der Ehemann nach ihrem Vorbringen bereits weithin von dem Zusammenleben mit ihr und den Kindern zurückgezogen. Die Ausdehnung der Berufstätigkeit beruhte somit nach dem Vortrag der Ehefrau anscheinend nicht auf einem gemeinsamen Entschluß der Ehegatten. Das Vorbringen der Ehefrau legt damit die Annahme nahe, daß sie sich zu der Ganztagsarbeit allein aus Gründen der Unterhaltssicherung für sich und die Kinder angesichts des bereits zutage getretenen Scheiterns der Ehe entschlossen hat. Diese Mehrarbeit ist nicht anders zu behandeln als eine nach der Trennung aufgenommene.

Auch dann, wenn die Übernahme der Ganztagsbeschäftigung nicht unzumutbar war, ist der daraus herrührende Mehrverdienst nicht ohne weiteres bei der Bestimmung der ehel. Lebensverhältnisse zu berücksichtigen. Einkünfte eines Ehegatten aus einer nach der Trennung aufgenommenen oder erweiterten Erwerbstätigkeit wirken sich auf die ehel. Lebensverhältnisse nur dann aus, wenn die Arbeit ohnehin aufgenommen bzw. erweitert worden wäre (FamRZ 1984, 149ff.). Dasselbe muß im vorliegenden Fall gelten, wenn die Ehefrau ihre berufliche Tätigkeit angesichts des bereits zutage getretenen Scheiterns der Ehe ausgeweitet hat.

165. BGH zu einer vom Normalverlauf abweichenden Entwicklung

165a) FamRZ 83/352, 353 = NJW 83/2318, 2319

(Nicht zu berücksichtigende, vom Normalverlauf abweichende Entwicklung)

Wie der *Senat* in jüngerer Zeit mehrfach entschieden hat, prägen Veränderungen der Einkommensverhältnisse, die erst nach der Trennung der Ehegatten bis zur Scheidung eingetreten sind, die für die Unterhaltsbemessung maßgebenden ehel. Lebensverhältnisse, soweit sie nicht auf einer unerwarteten und vom Normalverlauf erheblich abweichenden Entwicklung beruhen (FamRZ 1982, 575, 576; FamRZ 1982, 892, 893).

165b) FamRZ 82/576, 578 = NJW 82/1870, 1871, 1872

(Nicht zu berücksichtigende übermäßig gute Einkommensentwicklung während längerer Trennungszeit, wenn diese erkennbar auf besonderen unternehmerischen Leistungen beruht, die ihre Grundlage nicht mehr in den früheren gemeinsamen Arbeits- und Lebensbedingungen der Parteien haben. Fiktive und hypothetische Einkommensbemessung nach statistischen Vergleichszahlen)

Die ehel. Lebensverhältnisse, nach denen sich der nacheheliche Unterhaltsanspruch bemißt, werden in der Regel durch die Einkommensverhältnisse geprägt. Da es – wie dargelegt – auf die ehel. Lebensverhältnisse im Zeitpunkt der Scheidung ankommt, sind mithin regelmäßig die Einkommensverhältnisse in diesem Zeitpunkt maßgebend (FamRZ 1982, 360ff.). Das kann jedoch nicht gelten, soweit das Einkommen eines oder beider Ehegatten während des Getrenntlebens bis zur Scheidung eine unerwartete, vom Normalverlauf erheblich abweichende Entwicklung genommen hat, die etwa auch für die Bestimmung des Trennungsunterhalts nach § 1361 BGB außer Betracht hätte bleiben müssen. Liegen derartige außergewöhnliche Umstände vor, dann kann nicht mehr davon ausgegangen werden, daß die Einkommensverhältnisse der Ehegatten, wie sie sich im Zeitpunkt der Scheidung darstellen, Ausdruck ihrer „ehelichen" Lebensverhältnisse seien und diese maßgebend geprägt hätten.

Ein solcher Fall liegt hier vor. Nach den tatsächlichen – Feststellungen des OLG hat sich zwar das Einkommen der Ehefrau aus ihrer Tätigkeit als Anwaltssekretärin während der Dauer des Getrenntlebens der Parteien normal entwickelt; hingegen hat der Ehemann das kleine Pelzwarengeschäft, das er 1961 noch in gemieteten Räumen betrieb, zu einem gutgehenden, gewinnbringenden Unternehmen mit einem jährlichen Umsatz von etwa einer Million DM entfaltet, aus dem er durchschnittliche monatliche Nettoeinkünfte in einer (nach vorgelegten Aufstellungen einer Steuerberatungsgesellschaft) geschätzten Höhe von etwa 7227 DM erzielt. Aufgrund dieser „übermäßig" guten Einkommensentwicklung auf seiten des Ehemannes haben, seine finanziellen Lebensverhältnisse seit der Trennung von der Ehefrau einen – mit den früheren ehel. Lebensverhältnissen der Parteien nicht mehr vergleichbaren – ungewöhnlichen Aufschwung erfahren, an dem die Ehefrau keinen Anteil hat. In diesem Zusammenhang hat das OLG darauf hingewiesen, daß der Ehemann seit etwa 1964/1965 mit seiner jetzigen Partnerin zusammenlebt, die – nach seinem Vorbringen – den Pelzhandel und Kürschnereibetrieb in der jetzigen Form gemeinsam mit ihm aufgebaut hat.

Die aufgezeigte Entwicklung der Einkommens- und Vermögensverhältnisse des Ehemannes stellt sich nicht mehr als eine dem Normalverlauf entsprechende allgemein günstige Fortentwicklung der durch die Ehe begründeten Lebensverhältnisse dar. Der geschäftliche Aufschwung des Ehemannes beruht vielmehr erkennbar auf besonderen, im Verlauf der 18 Jahre andauernden Trennung der Parteien erbrachten unternehmerischen Leistungen, die ihre Grundlage nicht in den früheren gemeinsamen Arbeits- und Lebensverhältnissen der Parteien haben. In diesem Sinn ist dem OLG für den hier vorliegenden Fall darin zu folgen, daß sich die wirtschaftlichen und beruflichen Wege der Parteien seit 1961 in einer Weise getrennt haben, ,,die keine weiterwirkenden ehebezogenen Abhängigkeiten mehr bestehen ließ". Eine Bemessung des nachehelichen Unterhaltsanspruches nach den beiderseitigen Einkommensverhältnissen der Parteien im Zeitpunkt der *Scheidung* kommt daher, wie das OLG insoweit im Ergebnis zutreffend entschieden hat, hier nicht in Betracht.

Das OLG hat die Voraussetzungen des von der Ehefrau geltend gemachten Aufstockungsanspruches nach § 1573 II BGB danach beurteilt, welche Einkommensverhältnisse heute fiktiv dem gemeinsamen Einkommen der Parteien i.J. 1961 in Höhe von 986,09 DM monatlich entsprechen würden, und inwieweit der bei diesen fiktiven Einkommensverhältnissen angemessene Unterhaltsbedarf der Ehefrau bereits durch ihre heutige eigenen Einkünfte gedeckt ist. Zur Ermittlung des heutigen fiktiven Einkommens hat das OLG mangels einer allgemeinen Übersicht über die Entwicklung der Einkünfte selbständiger Gewerbetreibender seit 1961 – für eine Vergleichsberechnung – auf die in den Jahrbüchern des Statistischen Bundesamts niedergelegten Daten über die Entwicklung der Bruttomonatsverdienste der männlichen Angestellten in Industrie und Handel zurückgegriffen. Da sich diese durchschnittlichen Bruttomonatsverdienste – auf der Basis 1970 = 100% – von 1961 mit 53,6% bis 1978 auf 186,6% erhöht haben, ist das OLG davon ausgegangen, daß bei etwa gleichem Anstieg der Nettoeinkünfte einem gemeinschaftlichen Monatsnettoeinkommen der Parteien von 986,09 DM i.J. 1961 ein Monatsnettoeinkommen in Höhe von 3432,91 DM i.J. 1978 entsprechen würde. Bei einem heutigen gemeinsamen Einkommen der Parteien in dieser Höhe errechne sich ein Unterhaltsanspruch der AGg. nach den Grundsätzen der Düsseldorfer Tabelle mit höchstens ⅖ auf 1373,16 DM. Dieser Unterhaltsanspruch werde indessen durch das eigene monatl. Nettoeinkommen der Ehefrau, das bereits 1977 bei 1440,22 DM gelegen habe, voll gedeckt. Nachdem sich ihr Einkommen i.J. 1979 auf monatlich 1592,39 DM weiter gesteigert habe, habe sich daran, daß sie ihren angemessenen Unterhalt durch ihre eigenen Einkünfte bestreiten könne, auch seither nichts geändert.

Diese auf tatrichterlicher Wertung beruhenden Ausführungen des OLG werden von der Revision nicht angegriffen. Sie lassen auch in der unterhaltsrechtlichen Beurteilung der hier vorliegenden Verhältnisse keinen Rechtsfehler erkennen und halten sich bei der Bemessung des Ergänzungsanspruchs nach § 1573 II BGB im Rahmen der Grundsätze, die der erkennende Senat in ständiger Rechtsprechung (FamRZ 1982, 255ff.; FamRZ 1982, 360ff.) aufgestellt hat. Dabei ist ergänzend darauf hinzuweisen, daß die Vergleichsberechnung des OLG auch für das Jahr 1979, in dem die Scheidung der Parteien ausgesprochen wurde, zu einem entsprechenden Ergebnis führt. Nach den in dem Berufungsurteil herangezogenen Daten aus den Statistischen Jahrbüchern – ergänzt um die entsprechenden Indexzahlen aus dem Jahrbuch für 1981 – entwickelte sich ein Einkommen von 986,09 DM aus dem Jahre 1961 zu einem vergleichbaren Einkommen in Höhe von 3643,18 DM i.J. 1979. Der von dem OLG zugrunde gelegte Unterhaltsanspruch der Ehefrau von höchstens ⅖ dieses Betrages hätte sich mithin 1979 auf 1457,27 DM belaufen und damit weiterhin unter ihren eigenen Einkünften gelegen.

166. BGH zu Einkommensveränderungen nach der Scheidung

166a) FamRZ 82/895, 896

(Einkommensveränderungen nach der Scheidung sind nur zu berücksichtigen, wenn sie bereits im Zeitpunkt der Scheidung erwartet werden konnten und die Parteien im Zeitpunkt der Scheidung ihren Lebenszuschnitt bereits im Blick auf die bevorstehende Einkommensentwicklung gestalten konnten)

Maßgebend für den nachehelichen Unterhaltsanspruch sind die ehel. Lebensverhältnisse im Zeitpunkt der Scheidung. Das war unter dem hier anwendbaren früheren Recht für den Anspruch nach §§ 58, 59 EheG einhellig anerkannt (FamRZ 1980, 770 = NJW 1980, 2083).

Mithin kommt es auf die wirtschaftlichen Verhältnisse an, unter denen die Parteien im April 1946 lebten. Damals hatt der Bekl. der Ende 1945 aus sowjetischer Kriegsgefangenschaft zurückgekehrt war, gerade erst am 4. 4. 1946 eine eigene Arztpraxis eröffnet, nachdem er vorher nach seinen von der Kl. nicht bestrittenen Angaben als Bunker- und Polizeiarzt ein sehr geringes Einkommen gehabt hatte. Er war unter der damals im besetzten Deutschland herrschenden wirtschaftlichen Not erst im

Begriff, sich eine bürgerliche Existenz aufzubauen. Angesichts dieser ehel. Lebensverhältnisse muß ein Arbeitseinkommen der Kl. von netto knapp 2000 DM in den Jahren ab 1979 auch bei Beachtung der gestiegenen Lebenshaltungskosten und der allgemeinen Einkommensentwicklung (FamRZ 1979, 692, 693 = NJW 1979, 1985) als ausreichend angesehen werden. Die Einkünfte des Bekl. als Bunker- und Polizeiarzt von monatlich 230 bis 250 RM können der dreiköpfigen Familie Anfang 1946 allenfalls das Existenzminimum gewährleistet haben, und eine nennenswerte Einkommenssteigerung sogleich mit der Eröffnung der eigenen Praxis am 4. 4. 1946 behauptet die Kl. – in Übereinstimmung mit aller Erfahrung des Lebens – nicht. Ihr Unterhalt aus Arbeitseinkommen in den Jahren ab 1979 war also, gemessen an den notdürftigen Verhältnissen zur Zeit der Scheidung, auch unter Beachtung der seitdem allgemein eingetretenen Einkommensentwicklung ausreichend.

Die Kl. meint, sie habe Anspruch auf Teilhabe an den Einkünften, die der Bekl. nunmehr erziele. Die heutigen Einkommensverhältnisse des Arztes für Allgemeinmedizin müßten, weil die günstige wirtschaftliche Entwicklung schon zur Zeit der Ehescheidung voraussehbar gewesen sei, der Unterhaltsbemessung zugrunde gelegt werden. Damit kann sie nicht durchdringen.

Es ist allerdings richtig, daß sowohl im Rahmen der §§ 58, 59 EheG als auch nach neuem Recht (§ 1578 BGB n. F.) die Ausrichtung des Unterhaltsanspruchs an den zur Zeit der Scheidung bestehenden ehel. Lebensverhältnissen es nicht notwendig und in jedem Falle ausschließt, insoweit später eintretende Veränderungen – auch über die bereits genannten Änderungen der Lebenshaltungskosten und allgemeinen Einkommensentwicklung hinaus – zu berücksichtigen. Weil aber die rechtskräftige Scheidung den Endpunkt setzt, können spätere Entwicklungen im Einzelfall nur dann rechtliche Bedeutung gewinnen, wenn ihre Erwartung die ehel. Lebensverhältnisse bereits geprägt hat, die Ehegatten also ihren Lebenszuschnitt schon im Blick auf die bevorstehende Einkommensentwicklung gestalten konnten. So sind in der Rechtsprechung des *Reichsgerichts* die allein vom Besoldungsdienstalter abhängigen Gehaltserhöhungen der Beamten berücksichtigt worden (*RGZ* 75, 124, 126). Der Senat hat (FamRZ 1982, 684 ff.) darüber hinaus auch im Rahmen der normalen Erwartung liegenden zukünftigen Beförderungen im öffentlichen Dienst, zu denen es regelmäßig kommt, im Falle ihrer Realisierung Einfluß auf die Unterhaltshöhe beigemessen, weil derartige künftige Stationen der Einkommensentwicklung üblicherweise von Eheleuten schon vorausschauend für ihren Lebenszuschnitt berücksichtigt werden. Das entspricht einer auch im Schrifttum verbreiteten Beurteilung. In jedem Falle ist es jedoch erforderlich, daß die Beurteilung, die Einkommensverhältnisse würden sich künftig mit hoher Wahrscheinlichkeit verbessern, bereits aus der Sicht des Zeitpunktes der Scheidung getroffen werden konnte. Nur dann kann eine erst erwartete Einkommenssteigerung die ehel. Lebensverhältnisse bereits geprägt haben.

Nach den Feststellungen des OLG sind im vorliegenden Fall die ehel. Lebensverhältnisse der Parteien zur Zeit der Ehescheidung im April 1946 nicht durch sicher oder auch nur mit hoher Wahrscheinlichkeit erwartete zukünftige Einkommenssteigerungen geprägt worden. Vielmehr beurteilt das OLG die seinerzeit bestehenden Aussichten dahin, daß es in der damaligen wirtschaftlichen Notlage und Schwarzmarktzeit im besetzten Deutschland völlig ungewiß war, wie sich die eben erst eröffnete Praxis entwickeln würde. Diese tatrichterliche Würdigung, die den besonderen Verhältnissen der Nachkriegszeit Rechnung trägt, läßt einen Verstoß gegen allgemeine Erfahrungssätze oder einen sonstigen Rechtsfehler nicht erkennen. Danach ist für eine unterhaltsrechtliche Berücksichtigung der späteren günstigen Einkommensentwicklung des Bekl. in der Zeit nach der Ehescheidung kein Raum.

166b) FamRZ 82/684, 686

(Einkommenserhöhungen durch Beförderungen im öffentlichen Dienst sind zu berücksichtigen, wenn sie im Zeitpunkt der Scheidung als Normalentwicklung [Regelbeförderung] vorausgesehen und erwartet werden konnten)

Der Auffassung des OLG, die Laufbahn des Bekl. zwar nicht bis zur letztlich erreichten Versetzung auf einen herausgehobenen Dienstposten als Oberstleutnant in der Besoldungsgruppe A 15, aber doch bis zur Beförderung zum Oberstleutnant in der Besoldungsgruppe A 14 sei als eine sich seit 1963 abzeichnende, vorgegebene, planmäßige Laufbahn für die Höhe des nachehelichen Unterhalts zu beachten, würde der Senat auch sonst zustimmen. Wenn eine derartige Entwicklung bei einem kriegsgedienten Offizier, wie das OLG feststellt, „durchaus normal" war und die allgemeine, mit hoher Wahrscheinlichkeit sich verwirklichende, Laufbahnerwartung eines Hauptmannes wie des Bekl. i. J. 1963 für das Ende der noch bevorstehenden 15 Dienstjahre beim Oberstleutnant in der Besoldungsgruppe A 15 lag, spricht alles dafür, derartigen Beförderungen im Falle ihres Eintritts Einfluß auf die Höhe des nachehelichen Unterhalts einzuräumen. Die in diesem Zusammenhang bisweilen für die Gegenmeinung zitierte Entscheidung *RGZ* 75, 124, 126, in der spätere Beförderungen in ein besser besoldetes Amt als zur Zeit der Scheidung nicht einmal voraussehbar bezeichnet worden sind, trifft die dargestellte heutige Beförderungspraxis nicht. Im Rahmen der normalen Erwartung liegende zukünftige Beförderungen im öffentlichen Dienst, zu denen es regelmäßig kommt, werden üblicherweise als künftige Stationen der Einkommensentwicklung von Eheleuten schon vorausschauend für ihren Lebenszuschnitt berücksichtigt, etwa, bei Entscheidungen im Zusammenhang mit dem Aufbau einer Altersversorgung, dem Entschluß zum Erwerb eines Familienheims und den Dispositionen über die Ausbildung der Kinder. Sie prägen mithin bereits die – für die Höhe des nachehelichen Unterhalts maßgebenden – ehel. Lebensverhältnisses zur Zeit der Scheidung. Deshalb kann ihnen im Falle der späteren Realisierung der Regelbeförderungserwartung sowohl im Rahmen des alten Rechts (§§ 58ff. EheG) als auch nach § 1578 BGB n. F. ein Einfluß auf die Höhe des nachehelichen Unterhalts nicht abgesprochen werden.

Der Gegenmeinung, die nur sicher voraussehbare künftige Entwicklungen, nicht aber Beförderungen im öffentlichen Dienst berücksichtigen will, vermag der Senat aus den dargelegten Gründen nicht zu folgen.

166c) FamRZ 85/161, 162, 163 = NJW 85/1026, 1027, 1028

(Die ehelichen Lebensverhältnisse werden grundsätzlich durch nach der Scheidung eingetretene Veränderungen nicht mehr geprägt. Dies gilt auch bezüglich einer erst nach der Scheidung auf eine Vollerwerbstätigkeit ausgeweiteten Halbtagsbeschäftigung)

Zur Begründung und Bemessung des Aufstockungsanspruchs hat das OLG ausgeführt:

Der Unterhaltsanspruch der Bekl. richte sich nach den ehel. Lebensverhältnissen der Parteien im Zeitpunkt der Scheidung. Diese seien einerseits durch die Renteneinkünfte des Kl. und andererseits durch die Erwerbseinkünfte der Bekl. aus ihrer damaligen Halbtagsbeschäftigung bestimmt worden; außerdem habe die Unterhaltspflicht gegenüber der Tochter – und zwar auf seiten des Kl. die Barunterhaltspflicht und auf seiten der Bekl. die Pflicht zur persönlichen Betreuung – die ehel. Lebensverhältnisse im Zeitpunkt der Scheidung mitbestimmt. Nach dem Wegfall der Unterhaltsbedürftigkeit der Tochter erhielten die für einen Unterhaltsanspruch der Bekl. nach § 1573 II BGB maßgeblichen ehel. Lebensverhältnisse ihre Prägung nur noch durch die beiderseitigen Einkünfte, wie sie im Zeitpunkt der Scheidung absehbar gewesen seien. Das bedeute, daß der Wegfall der Unterhaltsverpflichtung gegenüber der Tochter zunächst insofern zu einer Besserstellung der Parteien führe, als die Mittel, die bisher für den Kindesunterhalt hätten verfügbar gehalten werden müssen, nunmehr den Parteien für ihre Lebensführung zur Verfügung stünden. Insofern erhöhe sich in gewissem Umfang der Unterhaltsanspruch der Bekl. Der Grundsatz der wirtschaftlichen Eigenverantwortung geschiedener [gesch.] Ehegatten nach § 1569 BGB gebiete jedoch, daß der zunächst durch die Betreuung minderjähriger Kinder an einer ganztägigen Erwerbstätigkeit gehinderte Ehegatte sich nach dem Wegfall der Betreuung um eine ganztägige Berufstätigkeit bemühe, damit der unterhaltspflichtige Ehegatte zumindest teilweise entlastet werde. Dieses Ziel würde nicht erreicht werden, wenn bei der Berechnung des Unterhaltsanspruches des anderen Ehegatten dessen nunmehr aus einer Vollerwerbstätigkeit erzieltes Einkommen im ganzen in die – hier grundsätzlich anzuwendende – Differenzmethode einbezogen würde. Sonst würde sich der Unterhaltsanspruch des berechtigten Ehegatten in einem Maße erhöhen, das nicht mehr den ehel. Lebensverhältnissen im Zeitpunkt der Scheidung entspräche. Die zu jenem Zeitpunkt wegen der bevorstehenden Volljährigkeit eines Kindes unter Umständen absehbare Aufnahme einer Ganztagstätigkeit des bisher mit Rücksicht auf die Kindesbetreuung nur teilzeitbeschäftigten unterhaltsberechtigten Ehegatten sei nicht Ausdruck der ehel. Lebensverhältnisse, sondern vielmehr durch den Grundsatz der Eigenverantwortung des Ehegatten nach der Scheidung geboten. Für die Neuberechnung des Unterhaltsanspruchs der Bekl. sei daher, auch nachdem sie eine Ganztagsbeschäftigung aufgenommen habe, weiterhin ihr gegebenenfalls fiktiv zu bestimmendes Einkommen aus einer Teilzeitbeschäftigung zugrunde zu legen und auf diese Grundlage ihr Unterhaltsbedarf mit Hilfe der Differenzmethode zu ermitteln. Dabei ergebe sich die obere Grenze des Unterhaltsbedarfs der Bekl. nach den Lebensverhältnissen der Parteien im Zeitpunkt der Scheidung aus ihrem (fiktiven) Teilzeiteinkommen zuzüglich $^{9}/_{20}$ der Differenz zu dem Renteneinkommen des Kl. Auf diesen Bedarf sei sodann ihr tatsächliches Einkommen aus der inzwischen ausgeübten Vollerwerbstätigkeit anzurechnen. Die Differenz zwischen dem eigenen Einkommen der Bekl. und ihrem vollen Unterhaltsbedarf nach dem Maßstab der ehel. Lebensverhältnisse bilde unter den gegebenen Umständen ihren Aufstockungsanspruch nach §§ 1569, 1573 II, 1578 BGB.

Diesen Ausführungen ist im Ansatz grundsätzlich zuzustimmen.

Der Aufstockungsanspruch gemäß § 1573 II BGB bemißt sich nach den ehel. Lebensverhältnissen i. S. von § 1578 BGB. Bei deren Bestimmung hat das OLG zu Recht auf die Einkommensverhältnisse der Parteien im Zeitpunkt der Scheidung, d. h. auf die Einkünfte der Bekl. aus der damals ausgeübten Halbtagsbeschäftigung einerseits und das Renteneinkommen des Kl. andererseits, abgestellt und diese gemäß §§ 1573 II, 1578 BGB zum Maßstab des nachehelichen Unterhaltsanspruchs der Bekl. nach § 1573 III i. V. mit § 1573 II BGB gemacht (FamRZ 1982, 255, 257).

Allerdings hat der erkennende *Senat* entschieden, daß Einkünfte aus einer erst zwischen der Trennung und der Scheidung der Eheleute aufgenommenen Erwerbstätigkeit die ehel. Lebensverhältnisse dann nicht mit bestimmen, wenn die Aufnahme der Erwerbstätigkeit nicht in der Ehe angelegt war und ohne die Trennung nicht erfolgt wäre (FamRZ 1984, 149, 150; FamRZ 1984, 151, 152). Im vorliegenden Fall hat die Bekl. ihre Halbtagsbeschäftigung erst nach der Trennung der Parteien aufgenommen, ohne daß jedoch im Berufungsurteil Feststellungen darüber getroffen sind, ob sie auch ohne die Trennung erwerbstätig geworden wäre.

Gleichwohl braucht der Frage hier nicht nachgegangen zu werden. Denn die Parteien haben in dem – auf der Grundlage der einstw. Anordnung v. 14. 10. 1980 geschlossenen – Vergleich v. 15. 6. 1981 die Einkünfte, die die Bekl. aus ihrer Halbtagsbeschäftigung erzielte, bei der Bestimmung der ehel. Lebensverhältnisse mit berücksichtigt.

Der Bekl. steht nunmehr unter den Voraussetzungen des § 1573 III i. V. mit § 1573 II BGB ein gesetzlicher Aufstockungsanspruch gegenüber dem Kl. zu. Nach § 1573 II BGB, der nach dem Wegfall eines Unterhaltsanspruches wegen Kindesbetreuung (§ 1570 BGB) – und dementsprechend auch hier nach dem Wegfall des durch den Prozeßvergleich ausgestalteten Anspruchs der Bekl. nach § 1570 BGB – zur Anwendung kommt (§ 1573 III BGB), kann ein Ehegatte, dessen Einkünfte aus einer angemessenen Erwerbstätigkeit zu seinem vollen Unterhalt nicht ausreichen, von dem anderen Ehegatten den Unterschiedsbetrag zwischen seinen eigenen Einkünften und dem vollen Unterhalt verlangen.

Einen solchen Aufstockungsanspruch hat das OLG der Bekl. dem Grunde nach rechtsfehlerfrei zugesprochen, wobei es unangefochten davon ausgegangen ist, daß die derzeit von ihr ausgeübte Tätigkeit bei der Firma B. eine für sie angemessene Erwerbstätigkeit i. S. von 1574 II BGB darstellt.

Seit dem 1. 7. 1982 ist die Bekl. vollerwerbstätig. Der Mehrerwerb, den sie hierdurch erzielt, ist nicht – mehr – Ausdruck der ehel. Lebensverhältnisse der Parteien i. S. von § 1578 BGB. Denn Veränderungen, die erst nach der Scheidung eintreten, können die ehel. Lebensverhältnisse grundsätzlich nicht mehr mit bestimmten (es sei denn, es handelt sich um allgemeine Einkommenssteigerungen und Entwicklungen, die bereits in der Ehe angelegt waren und daher Ausdruck der ehel. Lebensverhältnisse sind; (FamRZ 1982, 684, 686 m. N.). Es entspricht demgemäß der ständigen Rechtsprechung des *Senats,* daß Einkünfte, die ein bis zur Scheidung nicht erwerbstätiger Ehegatte aus einer nach der Scheidung aufgenommenen Erwerbstätigkeit erzielt, bei der Bestimmung der ehel. Lebensverhältnisse regelmäßig außer Betracht zu bleiben haben (FamRZ 1981, 539, 541; FamRZ 1982, 255, 257). Dieser Grundsatz hat auch im vorliegenden Fall zu gelten, in dem die Bekl. nach der Scheidung zwar nicht erstmalig eine Erwerbstätigkeit aufgenommen, jedoch ihre während der Ehe ausgeübte Halbtagsbeschäftigung zu einer Vollerwerbstätigkeit ausgeweitet hat. Wie der Fall zu beurteilen wäre, wenn die Parteien bereits vor der Trennung geplant hätten, daß die Bekl. nach Beendigung der Betreuungsbedürftigkeit der Tochter eine Vollerwerbstätigkeit aufnehmen sollte, braucht hier nicht entschieden zu werden. Etwas derartiges ist von keiner der Parteien behauptet worden.

Für die unterhaltsrechtliche Beurteilung ist die Haushaltsführung des nicht erwerbstätigen Ehegatten einschließlich der Kindesbetreuung in der Tat wirtschaftlich gesehen der Erwerbstätigkeit und der durch diese ermöglichten Geld-Unterhaltsleistung des anderen Ehegatten grundsätzlich gleichwertig (*BVerfG,* FamRZ 1963, 496, 500; für das Verhältnis gegenüber ehel. Kindern: FamRZ 1980, 994). Das ändert indessen nichts daran, daß an Barmitteln, die zum Lebensunterhalt der Familie zur Verfügung stehen, nur die Einkünfte des erwerbstätigen Ehegatten vorhanden sind. Die für die Unterhaltsbemessung maßgeblichen ehel. Lebensverhältnisse werden aber nach der ständigen Rechtsprechung des *Senats* grundsätzlich durch die vorhandenen Einkünfte – und nicht entscheidend durch den wirtschaftlichen Wert der von beiden Ehegatten erbrachten Leistungen – geprägt (FamRZ 1982, 360, 361 m. w. N.). Da die Parteien im vorliegenden Fall im Zeitpunkt der Scheidung – nur – über die Renteneinkünfte des Kl. einerseits und das Einkommen der Bekl. aus ihrer Teilzeitbeschäftigung andererseits verfügten, wurden ihre ehel. Lebensverhältnisse i. S. von § 1578 BGB mithin lediglich durch die Summe dieser Einkünfte bestimmt (FamRZ 1981, 241).

Der Bekl. steht auch nach der Scheidung grundsätzlich der volle Unterhalt nach dem Maßstab der ehel. Lebensverhältnisse im Zeitpunkt der Scheidung zu (§ 1573 III i. V. mit § 1573 II BGB). Für die Ermittlung dieses vollen Unterhalts hat das OLG zutreffend das derzeitige – im Zuge der allgemeinen Einkommensentwicklung gestiegene – Renteneinkommen des Kl. sowie ein fiktiv angenommenes Einkommen der Bekl. aus einer mutmaßlich weitergeführten Teilzeitbeschäftigung zugrunde gelegt.

Dieses – fiktive – Einkommen der Bekl. hat das Gericht zu Recht in voller Höhe, und nicht nur mit einem Anteil von ¾, in die Bemessung des Aufstockungsanspruchs einbezogen, obwohl in der Regelung der einstw. Anordnung v. 14. 10. 1980, die nach der Feststellung des OLG dem Vergleich v. 15. 6. 1981 zugrunde lag, das damalige Einkommen der Bekl. nur in Höhe von ¾ berücksichtigt worden war. Aus den Feststellungen des OLG ergibt sich insoweit nicht, ob die Parteien bei Abschluß des Vergleichs bewußt das berücksichtigungsfähige Einkommen der Bekl. – wegen der ihr noch obliegenden Betreuung der Tochter Heike – auf einen Anteil von ¾ ermäßigt haben. Selbst wenn das der Fall gewesen sein sollte, besteht inzwischen, nachdem die Bekl. eine volle Erwerbstätigkeit ausübt und nicht etwa geltend macht, daß es sich hierbei um eine überobligationsmäßige Betätigung handele, keine Veranlassung mehr, einen Teil ihres Einkommens bei der Ermittlung ihres Unterhaltsbedarfs (etwa nach § 1577 II BGB) außer Betracht zu lassen. In diesem Punkt haben die Verhältnisse, die dem Vergleich zugrunde lagen, nachträglich eine wesentliche Änderung erfahren. Das hat das OLG zu Recht veranlaßt, die in dem Vergleich enthaltene Regelung an die inzwischen geänderten Verhältnisse anzupassen und das den ehel. Lebensverhältnissen der Parteien entsprechende Einkommen der Bekl. in voller Höhe in die Unterhaltsbemessung einzubeziehen.

Etwas anderes könnte nur gelten, wenn die Parteien in dem Vergleich vereinbart hätten, daß sich die Bekl. unter allen Umständen stets nur ¾ ihres eigenen Einkommens auf ihren Unterhaltsanspruch gegenüber dem Kl. anrechnen lassen müsse.

Das OLG hat daher die Unterhaltsbemessung zu Recht auf seiten der Bekl. nach deren vollem – fiktiven – Einkommen aus einer Teil-Erwerbstätigkeit ausgerichtet. Daß es hierbei von den Einkünften ausgegangen ist, die die Bekl. in der Zeit von Januar bis Juni 1982 aus ihrer damaligen Halbtagsbeschäftigung erzielt hat, ist aus Rechtsgründen nicht zu beanstanden.

166d) FamRZ 85/791, 793 = NJW 85/1699, 1701

(Prägung der ehelichen Lebensverhältnisse nur wenn im Zeitpunkt der Scheidung eine künftige konkrete Einkommenssteigerung erwartet werden konnte)

Nach der Rechtsprechung des *Senats* können erst nach der Scheidung eintretende Einkommensverbesserungen in Ausnahmefällen noch die Höhe des nachehelichen Unterhalts beeinflussen, wenn ihnen eine Entwicklung zugrundeliegt, die aus der Sicht des Zeitpunkts der Scheidung mit hoher Wahrscheinlichkeit zu erwarten war, und die Ehegatten daher ihren Lebenszuschnitt im Hinblick auf die künftige Entwicklung gestalten konnten. Diese Voraussetzungen hat der *Senat* für eine wegen der Beförderungspraxis sich verwirklichende Laufbahnerwartung eines kriegsgedienten Offiziers der Bundeswehr bejaht (FamRZ 1982, 684 [686]). Ebensowenig hat der *Senat* beanstandet, daß eine nach der Scheidung realisierte Anstellung als Kraftfahrzeugmeister in einem Fall bereits den ehelichen Lebensverhältnissen zugerechnet worden ist, in dem der Ehegatte die Meisterprüfung schon während der Ehe abgelegt hatte, seine Mitprüflinge auch bereits eine Meisterstelle erreicht hatten und sich dies bei dem Betroffenen nur deshalb verzögert hatte, weil bei seinem Arbeitgeber eine entsprechende Stelle erst frei werden mußte (Urt. v. 27. 6. 1984 – IVb ZR 23/83 – nicht veröffentlicht). Auf der anderen Seite hat der *Senat* es gebilligt, daß der Tatrichter aus der Sicht einer im Jahre 1946 erfolgten Scheidung die Entwicklung einer gerade erst eröffneten Arztpraxis unter den besonderen Verhältnissen der Nachkriegszeit als ungewiß beurteilt und den später tatsächlich eingetretenen Einkommenssteigerungen keinen Einfluß auf die ehelichen Lebensverhältnisse beigemessen hatte (FamRZ 1982, 895 [896]).

Die Revision beanstandet zu Recht, daß das BerGer. einer danach nur ausnahmsweise zu berücksichtigenden nachehelichen beruflichen Entwicklung des erwerbstätigen Ehegatten im vorliegenden Fall Bedeutung beigemessen hat. Ob es der Lebenserfahrung entsprach, daß der Bekl. nicht auf Dauer wissenschaftlicher Mitarbeiter bleiben, vielmehr nach Abschluß seiner Promotion eine höher dotierte Stellung erreichen werde, ist nicht der ausschlaggebende Gesichtspunkt. Es kommt darauf an, ob die Erwartung einer künftigen konkreten Einkommenssteigerung schon die ehelichen Lebensverhältnisse zur Zeit der Scheidung geprägt hat. Dafür liefert der festgestellte Sachverhalt jedoch keine ausreichenden Anhaltspunkte. Zur Zeit der Scheidung bestand lediglich eine nach BAG IIa vergütete Anstellung des Bekl. im Hochschuldienst, die noch etwa zwei und ein halbes Jahr – bis Ende 1980 – weiterlief. Welche Tätigkeit der Bekl. nach Auslaufen dieses Anstellungsvertrages ausüben würde, lag noch im Ungewissen. Es war weder vorgegeben noch hinreichend wahrscheinlich, daß die Tätigkeit des Bekl. als wissenschaftlicher Mitarbeiter im Hochschuldienst nach der Promotion in eine besser bezahlte Stellung in der Computerindustrie einmünden werde.

167. BGH zum Vorabzug von Kindesunterhalt beim Ehegattenunterhalt

167a) FamRZ 81/241, 242 = NJW 81/753

(Berechtigter Vorabzug im Regelfall)

Bei der Ermittlung der aufzuteilenden Nettoeinkommen der Parteien hat das OLG vorweg die Unterhaltsbeträge abgezogen, die die Parteien für ihre (volljährige) Tochter Sabine aufgrund von Überleitungsanzeigen nach § 37 I und III BAföG an den Träger der Ausbildungsförderung zahlen. Dies entspricht der Berechnungsweise nach den in der Rechtsprechung verwendeten Unterhaltstabellen und ist für den Regelfall nicht zu beanstanden, wenn die sich daraus ergebende Verteilung der zum Unterhalt von Ehegatten und Kindern zur Verfügung stehenden Mittel nicht in einem Mißverhältnis zum wechselseitigen Lebensbedarf der Beteiligten steht. Letzteres ist hier nicht der Fall.

167b) FamRZ 82/579, 581 = NJW 82/1594 L

(Berechtigung des Vorabzuges)

Bei der Ermittlung des bereinigten Renteneinkommens des ASt. hat das OLG sodann noch den Unterhaltsbetrag von monatlich 475 DM vorweg abgezogen, den der ASt. für die Tochter Susanne zahlt. Dies entspricht der Berechnungsweise nach den in der Rechtsprechung verwendeten Unterhaltstabellen und ist für den Regelfall – so auch bei den hier gegebenen Einkommensverhältnissen – aus Rechtsgründen nicht zu beanstanden (FamRZ 1981, 241, 242).

168. BGH zur Berücksichtigung von trennungsbedingtem Mehrbedarf

168a) FamRZ 84/151, 153 = NJW 84/294, 296

(Trennungsbedingter Mehrbedarf muß konkret behauptet und ermittelt werden; er darf nicht nach einem prozentualen Anteil des Bedarfs während der Ehe fortgelegt werden. Vorabzug von Kindesunterhalt)

Das OLG hat allerdings das unterhaltserhebliche Einkommen des Bekl. um einen durch Schätzung ermittelten Pauschalbetrag von 1100 DM ermäßigt, den es bei den gegebenen Einkommensverhältnissen als einen für Zwecke der Vermögens- bzw. Reservebildung angemessenen Einkommensanteil angesehen hat. Dieser Beurteilung kann nicht beigetreten werden. Wie der *Senat* (FamRZ 1983, 678, 679) entschieden hat, hängt es von der jeweiligen individuellen Entscheidung der Ehegatten ab, ob und wieviel sie von ihrem Einkommen monatlich der Vermögensbildung zuführen. Dies kann daher nicht Gegenstand eines Erfahrungssatzes sein. Vielmehr bedarf es stets konkreter Feststellungen über die im Einzelfall vorgenommene Vermögensbildung.

Das mit monatlich 7880 DM anzusetzende unterhaltserhebliche Nettoeinkommen des Bekl. ist zunächst um eine Pauschale von 200 DM wegen berufsbedingter Aufwendungen des Bekl. sowie außerdem um seine Unterhaltsleistungen für die beiden jüngsten Kinder in Höhe von 887,50 DM (je 375 DM nebst 68,75 DM Kindergeld) und für die drei volljährigen Kinder in Höhe von zusammen 2250 DM auf einen Betrag von 4542,50 DM zu kürzen. Ein Vermögensbildungsanteil ist – zugunsten der Kl. – mangels tatsächlicher Feststellungen in dem angefochtenen Urteil nicht zu berücksichtigen, ebensowenig der Betrag von 300 DM für eine Haushaltshilfe, da diese Kosten im Zeitpunkt der Scheidung nicht den Bekl., sondern die Kl. belastet haben. Allerdings verringert sich das einzusetzende Einkommen des Bekl., noch um die Unterhaltsverpflichtung gegenüber seiner 1967 geborenen Tochter aus der Verbindung mit seiner jetzigen Ehefrau. Das AmtsG hat den für dieses Kind anzusetzenden Unterhaltsbetrag aus Gründen der Gleichbehandlung ebenso hoch bemessen wie den Unterhalt für die beiden derselben Altersstufe angehörenden jüngsten Kinder der Parteien. Hiergegen haben diese im Verlauf des weiteren Verfahrens keine grundsätzlichen Bedenken erhoben. Auch der *Senat* hält es angesichts der Lebensstellung der Eltern – sowohl die Kl. als auch die zweite Ehefrau des Bekl. sind Lehrerinnen – für angemessen, die nahezu gleichaltrigen Kinder unterhaltsrechtlich gleich zu behandeln (vgl. § 1615c BGB). Das Einkommen des Bekl. ist demgemäß um einen weiteren Unterhaltsbetrag von 375 DM zu ermäßigen. Damit sind seine für die Unterhaltsbemessung im Zeitpunkt der Scheidung maßgebenden Einkünfte mit monatlich 4167,50 DM zugrunde zu legen.

Von diesem Einkommen steht der Kl. nach dem von dem OLG gewählten Verteilungsmaßstab an sich ein Anteil von 3/7, also ein Betrag von 1786 DM, zu. Das OLG hat den 3/7-Unterhaltsbetrag für die Kl. um einen nach § 287 II ZPO geschätzten Zuschlag von 10% erhöht, den sie benötige, um ihren ehel. Lebensstandard trotz der durch die (Haushalts-)Trennung von dem Bekl. bewirkten Verteuerung der Lebenshaltungskosten aufrechterhalten zu können. Es erscheint nicht unzweifelhaft, ob dieser von dem OLG auf die Verhältnisse nach der Trennung der Parteien bezogene Gesichtspunkt auch – noch – für die Verhältnisse im Zeitpunkt der Scheidung nach jahrelanger Trennung der Eheleute (und dadurch bedingt erheblich gestiegenem Einkommen des Unterhaltsverpflichteten) in gleicher Weise zutrifft. Jedenfalls müßte aber ein etwaiger Mehrbedarf des Unterhaltsberechtigten, konkret dargelegt und von dem Tatrichter unter Berücksichtigung der Umstände des einzelnen Falles, wenn auch gegebenenfalls unter Heranziehung allgemeiner Erfahrungssätze nach § 287 ZPO, tatsächlich ermittelt werden. Die Höhe des Mehrbedarfs kann nicht generell bestimmt und nach einem prozentualen Anteil des Bedarfs während der Ehe festgelegt werden (FamRZ 1982, 255, 257; FamRZ 1983, 886, 887). Da das OLG diesen Weg gewählt hat, trägt die Begründung die angefochtene Entscheidung auch in diesem Punkt nicht.

Der Bekl. hat im Revisionsverfahren in Frage gestellt, ob der Kl. überhaupt ein trennungsbedingter Mehrbedarf zustehen könne, obwohl sie nach der Trennung der Parteien den bis dahin gemeinsamen Hausstand mit den Kindern weitergeführt habe. Die Kl. hat hierzu keine näheren Angaben gemacht. Insbesondere hat sie nicht behauptet, daß ein etwaiger ihr erwachsender Mehrbedarf höhere Unkosten als 10% des angenommenen Quotenunterhalts verursache.

168b) FamRZ 84/149, 151 = NJW 84/292, 294
(Trennungsbedingter Mehrbedarf in Mangelfällen und Differenzmethode)

Das OLG hat die Mehrkosten, die die Aufrechterhaltung des ehel. Lebensstandards infolge der Haushaltstrennung verursachte, mit einem pauschalen Zuschlag von 10% zu dem nach der Differenzmethode ermittelten Unterhalt berücksichtigt. Dies steht nicht in Einklang mit der Rechtsprechung des *Senats.* Wenn bei einer Doppelverdienerehe der Unterhaltsanspruch des weniger verdienenden Ehegatten nach der Differenzmethode ermittelt wird, so ist in sog. Mangelfällen, in denen für die Deckung des durch die Trennung eintretenden erhöhten Bedarfs nicht mehr Mittel zur Verfügung stehen als für die Bedarfsdeckung während des Zusammenlebens, die Differenzmethode jedenfalls bei durchschnittlichen Einkommen regelmäßig geeignet, auch dem beiderseitigen Mehrbedarf angemessen Rechnung zu tragen. Andernfalls muß der Mehrbedarf gegebenenfalls vom Unterhaltsgläubiger konkret dargelegt und vom Tatrichter unter Berücksichtigung der Umstände des einzelnen Falles festgestellt werden, wobei es ihm allerdings nicht verwehrt ist, unter Zuhilfenahme allgemeiner Erfahrungssätze nach § 287 ZPO zu verfahren (FamRZ 1982, 255, 257 – FamRZ 1983, 886, 887).

168c) FamRZ 84/358, 359 = NJW 84/1237, 1238
(Differenzmethode und trennungsbedingter Mehrbedarf in Mangelfällen)

Zutreffend ist das OLG davon ausgegangen, daß im vorliegenden Fall einer sog. *Doppelverdienerehe,* in der die ehel. Lebensverhältnisse durch das Einkommen beider Ehegatten bestimmt worden sind, der dem weniger verdienenden Ehegatten zuzubilligende Unterhalt nach der sog. Differenzmethode mit einer Quote des Unterschiedes zwischen dem eigenen Einkommen und dem Einkommen des anderen Ehegatten ermittelt werden kann (FamRZ 1983, 352, 353f. m. w. N.). Diese Quote in Höhe von 3/7 der Differenz anzunehmen, ist gleichfalls aus Rechtsgründen nicht zu beanstanden. Indessen unterliegt es rechtlichen Bedenken, daß das Einkommen des AGg., das das OLG in Höhe von 1711,11 DM in die Differenzberechnung einbezogen hat, den Betrag übersteigt, den das OLG bei der Beurteilung der Leistungsfähigkeit des AGg. als maßgebend angesehen hat. Insoweit hat das Gericht angenommen, daß (außer dem Kindesunterhalt) die gesamten Zins- und Tilgungsleistungen für das Haus in A. in Höhe von 2100 DM abzusetzen seien. Es ist so zu einem der Leistungsfähigkeit des AGg. zugrunde zu legenden Einkommen von (3411,11 – 300 – 2100 =) 1011,11 DM gelangt, wobei es davon ausgegangen ist, daß der Wohnbedarf durch das Wohnen im eigenen Haus gedeckt ist.

Diese unterschiedliche Beurteilung des maßgeblichen Einkommens bei der Differenzberechnung und bei der Leistungsfähigkeit des AGg. beruht auf einem unzutreffenden Verständnis der *Differenzmethode.* Zwar geht diese Berechnungsart davon aus, daß die ehel. Lebensverhältnisse durch die Einkommen beider Ehegatten bestimmt worden sind und daß beide Ehegatten auch weiterhin mit ihren Einkommen zu dem dadurch festgelegten Lebensbedarf (§ 1578 I BGB) beitragen müssen (FamRZ 1979, 692, 693f.). Dennoch sind in die Differenzberechnung selbst nicht die Einkommensbeträge einzubeziehen, die den ehel. Lebensstandard begründet haben; vielmehr kommt es auf die weitere Einkommensentwicklung an, soweit sie den ehel. Lebensverhältnissen entspricht. Der Differenzberechnung sind diejenigen Einkommensbeträge zugrunde zu legen, die (weiterhin) für den beiderseitigen Unterhalt zur Verfügung stehen und die unterhaltsrechtlich einzusetzen sind. Allerdings bietet der so errechnete Quotenunterhalt nicht die Gewähr, daß er den vollen, nach den ehel. Lebensverhältnissen bemessenen Unterhaltsbedarf (§ 1578 I BGB) deckt. Vielmehr bleibt er in der Regel – schon wegen des trennungsbedingten Mehrbedarfs – hinter dem vollen Unterhalt zurück und stellt nur den Unterhalt dar, der gemäß § 1581 BGB nach den Erwerbs- und Vermögensverhältnissen der geschiedenen [gesch.] Ehegatten der Billigkeit entspricht. Dennoch führt die Differenzmethode jedenfalls in Fällen, in denen sich die einzusetzenden Einkommen in durchschnittlichen Größenordnungen halten und zusätzliche Mittel fehlen, zur Gewährung von Beträgen an den weniger verdienenden Ehegatten, die den gesetzlichen Anforderungen an die Unterhaltsbemessung regelmäßig in ausreichendem Maße gerecht werden (FamRZ 1982, 892, 894). Aus diesem Grunde wird der Unterhalt in derartigen Fällen in der Praxis in der Regel nach der Differenzmethode bemessen, ohne daß auch die Höhe des vollen Unterhalts ermittelt wird.

Hiernach sind im vorliegenden Fall die beiderseitigen Einkommen in der Höhe in die Differenzberechnung einzubeziehen, in der sie unterhaltsrechtlich anzurechnen sind. Auf seiten des AGg. ist das insoweit der Fall, als der um die angemessenen Wohnkosten zu erhöhende Betrag seines Einkommens nicht durch laufende Verbindlichkeiten aufgezehrt wird, die bei der Beurteilung seiner Leistungsfähigkeit zu berücksichtigen sind.

168 d) FamRZ 83/886, 887 = NJW 83/2321, 2322

(Trennungsbedinger Mehrbedarf ist konkret zu ermitteln und nach § 287 ZPO zu schätzen)

Dieser Angriff der Revision, mit dem die pauschale Erhöhung des nach den ehel. Lebensverhältnissen sich errechnenden vollen Unterhaltsbedarfs um 3/10 durch Erhöhung der Teilnahmequote an dem Gesamteinkommen der Ehegatten von 50% auf 65% bekämpft wird, greift im wesentlichen durch. Es entspricht zwar einer im Vordringen befindlichen Rechtsauffassung, daß bei der Ermittlung des vollen Lebensunterhalts des gesch. Ehegatten trennungsbedingter Mehrbedarf, der erforderlich ist, um den ehel. Lebensstandard zu halten, nicht unbeachtet bleiben kann. Dem hat sich auch der *Senat* nicht verschlossen (FamRZ 1982, 255, 257). Er hat aber in dem genannten Urteil – nach der Entscheidung des Berufungsgerichts – ausgesprochen, daß die Höhe dieses Mehrbedarfs nicht generell bestimmt und etwa nach einem prozentualen Anteil des Bedarfs während der Ehe bemessen werden kann. Vielmehr sind die erforderlichen Mehrkosten gegebenenfalls vom Unterhaltsberechtigten konkret darzulegen und vom Tatrichter unter Berücksichtigung der Umstände des einzelnen Falles zu ermitteln, wobei es diesem nicht verwehrt ist, unter Zuhilfenahme allgemeiner Erfahrungssätze nach § 287 ZPO zu verfahren.

Mit diesen Grundsätzen ist der Ansatz von 65% des ehel. Gesamteinkommens als Unterhaltsbedarf der jetzt allein lebenden Kl. im Berufungsurteil nicht zu vereinbaren. Es fehlt – abgesehen von den höheren Mietkosten, die jedoch den vorgenommenen Zuschlag von 3/10 bei weitem nicht abdecken – an Vortrag und tatrichterlicher Würdigung von Umständen, die in ihrer Gesamtheit trennungsbedingte Mehrkosten in der vom OLG angenommenen Höhe ergeben. Das Fehlen entsprechenden Sachvortrags der Kl. beruht möglicherweise darauf, daß diese auf einen in der Praxis des OLG üblichen Pauschalansatz vertraut hat. Der *Senat* verweist die Sache deshalb an das OLG zurück, um Gelegenheit zu entsprechendem Sachvortrag und tatrichterlichen Ermittlungen zu geben. Diese können auch auf seiten des Bekl. geboten sein. Wenn er in der Zeit bis zu seiner Wiederverheiratung allein lebte und trennungsbedingten Mehrbedarf hatte, so ist auch das im Rahmen einer umfassenden tatrichterlichen Würdigung angemessen zu berücksichtigen.

168 e) FamRZ 84/772, 773, 774

(Trennungsbedingter Mehrbedarf ist auf beiden Seiten berücksichtigungsfähig)

Zum sog. trennungsbedingten Mehrbedarf wird bemerkt, daß ein solcher im Grundsatz auf beiden Seiten berücksichtigungsfähig ist (*Senats*urteil v. 24. 11. 1982 – IV b ZR 329/81 – nicht veröffentlicht). Seine Höhe kann nicht generell bestimmt und insbesondere nicht nach einem prozentualen Anteil des Bedarfs während der Ehe bemessen werden (FamRZ 83/836; FamRZ 82/587, 588 ff.; FamRZ 82/898, 899).

169. BGH zu unselbständigen Unterhaltsbestandteilen (Elementarunterhalt, Vorsorgeunterhalt u. a.) sowie zu deren wechselseitiger Abhängigkeit voneinander FamRZ 82/255 = NJW 82/1873

Entgegen einer in Rechtsprechung und Schrifttum vertretenen Ansicht handelt es sich bei dem Anspruch auf Vorsorgeunterhalt nicht um einen eigenständigen, von der AGg. im Wege objektiver Klagehäufung geltend gemachten Anspruch, sondern um einen unselbständigen Teil des einheitlichen, ihren Lebensbedarf betreffenden Unterhaltsanspruchs. Zu diesem Lebensbedarf gehört nach der ausdrücklichen Regelung des Gesetzes auch der Vorsorgebedarf (§ 1578 III BGB). Für ihn gilt damit nichts anderes als für die Kosten einer angemessenen Krankenversicherung oder die Kosten einer Schul- oder Berufsausbildung, einer Fortbildung oder einer Umschulung (§ 1578 II BGB), bei denen es sich anerkanntermaßen um unselbständige Unterhaltsbestandteile handelt. Wird der Unterhalt, wie es in der Praxis einem vor allem in Fällen beschränkter Leistungsfähigkeit verbreiteten Verfahren entspricht und auch im vorliegenden Fall erfolgt ist, nach Quoten des Einkommens bemessen, so ergibt sich, wie der Senat im Urteil v. 25. 2. 1981 (FamRZ 1981, 442) dargelegt hat, eine Abhängigkeit zwischen Elementarunterhalt und Vorsorgeunterhalt, die eine Trennung des hierauf bezogenen Streitstoffes ausschließt. Insbesondere hat die Zubilligung des Vorsorgeunterhalts Einfluß auf die Höhe des Elementarunterhalts, so daß sich aus einer Abänderung der Bemessung des Vorsorgeunterhalts Auswirkungen auf die Bemessung des Elementarunterhalts ergeben.

170. BGH zur Unterhaltsbemessung nach Quoten FamRZ 79, 692, 693, 694 = NJW 79/1585, 1586

Es ist auch nicht zu beanstanden, daß das OLG den Betrag des Unterhaltsanspruchs mittels eines Richtsatzes ermittelt hat, indem es der Kl. eine Quote des Unterschiedsbetrages der beiderseitigen

Nettoeinkommen zugesprochen hat. Der Betrag des angemessenen Unterhalts bestimmt sich zwar nach den Umständen des Einzelfalles. Bei der Bemessung des Betrages kann aber von Richtsätzen ausgegangen werden, die auf die gegebenen Verhältnisse abgestellt sind und der Lebenserfahrung entsprechen, soweit nicht im Einzelfall besondere Umstände eine Abweichung bedingen (*BGH*, FamRZ 1969, 205 = NJW 1969, 919).

Die Revisionen beider Parteien machen hierzu geltend, die Berechnungsmethode des OLG sei insoweit fehlerhaft, als das OLG nicht eine Quote der beiden addierten Einkommen abzüglich des Einkommens der Kl. als Bemessungsmaßstab genommen habe, sondern eine Quote der Differenz beider Einkommen. Hiermit dringen die Revisionen nicht durch. Das *BSozG* hat allerdings in einem Fall, in dem die Ehefrau zwar Einkommen aus Vermögen, aber nicht aus einer Erwerbstätigkeit bezogen hatte, deren angemessenen Unterhaltsbedarf mit einer Quote der addierten Einkommen bemessen (BSGE 32, 197 = NJW 1971, 1333 = FamRZ 1971, 432 Nr. 197 [LS.]). Jedenfalls bei der hier während und auch noch nach der Ehe gegebenen Berufstätigkeit beider Ehegatten ist jedoch die vom OLG angewandte Differenzberechnung aus Rechtsgründen nicht zu beanstanden. Sie berücksichtigt, daß beide Ehegatten mit ihrem Einkommen zum ehel. Lebensaufwand beitragen müssen, daß aber jedem Erwerbstätigen von seinem Einkommen mehr als die Hälfte zugebilligt werden muß, um den mit der Berufstätigkeit verbundenen erhöhten Aufwand auszugleichen. Zugleich wird damit erreicht, daß der Anreiz der Ehegatten zur Erwerbstätigkeit gesteigert wird.

Die Höhe der vom OLG angenommenen Quote widerspricht hier jedoch der Lebenserfahrung. Die Ehegatten nahmen am ehel. Lebensstandard grundsätzlich in gleicher Weise teil, was an sich zu einer Aufteilung der Einkommen je zur Hälfte führen würde. Die Berücksichtigung des besonderen Aufwands, der mit der Berufstätigkeit verbunden ist, führt zwar dazu, daß den Erwerbstätigen jeweils mehr als die Hälfte ihres Einkommens zugerechnet werden muß. Mangels besonderer Umstände, die hier nicht geltend gemacht sind, kann dieser Zuschlag im allgemeinen aber nur maßvoll sein. So geht beispielsweise die sog. ,,Düsseldorfer Tabelle", die in der Praxis weitgehend angewandt wird, in der Neufassung nach dem Stand vom 1. 1. 1979 (FamRZ 1978, 854 = NJW 1979, 25) insoweit davon aus, daß jedem Ehegatten sein Einkommen zu drei Fünfteln belassen werden müsse, so daß der Unterhaltsanspruch zwei Fünftel der Differenz der Einkommen betragen würde ($^2/_5$ des Einkommens des Bekl. zuzüglich $^3/_5$ des Einkommens der Kl. als angemessener Lebensbedarf, wovon dann das Einkommen der Kl. noch abzuziehen ist). Die vom OLG zugrunde gelegte Quote von einem Viertel der Einkommensdifferenz würde demgegenüber bedeuten, daß jedem Ehegatten sein Einkommen zu drei Vierteln verbleiben müßte. Eine derart ungleiche Aufteilung kann – jedenfalls unter den hier gegebenen Einkommensverhältnissen – nicht als angemessen erachtet werden.

171. BGH zum Grundsatz der gleichmäßigen Teilhabe am ehelichen Lebensstandard bei Erwerbstätigen und Rentnern

171a) FamRZ 81/1165, 1166, 1167 = NJW 82/41, 42, 43

(Unterschiedliche Quoten widersprechen bei Erwerbstätigen nicht dem Grundsatz der gleichmäßigen Teilhabe am ehelichen Lebensstandard, weil dadurch dem mit der Erwerbstätigkeit verbundenen erhöhten Aufwand angemessen Rechnung getragen wird und der Anreiz zur Erwerbstätigkeit gesteigert wird. Anders ist es bei Nichterwerbstätigen und Rentnern)

Es entspricht der ständigen Rechtsprechung des *BGH*, daß bei der Bemessung des Ehegattenunterhalts sowohl nach § 1361 I S. 1 BGB als auch nach §§ 1570ff., 1578 I BGB an sich jedem Ehegatten die Hälfte des anrechnungsfähigen Einkommens zuzubilligen ist, weil die Ehegatten grundsätzlich in gleicher Weise am ehel. Lebensstandard teilnehmen (FamRZ 1979, 692, 694; FamRZ 1981, 442, 444).

In den Entscheidungen hat der *BGH* aber zugleich ausgesprochen, daß es jenem Grundsatz nicht widerspricht, wenn im Falle der Erwerbstätigkeit des Unterhaltspflichtigen oder beider Ehegatten das Einkommen, bzw. die Einkommensdifferenz, nach unterschiedlichen Quoten, wie sie die Düsseldorfer Tabelle für derartige Fälle vorsieht, zwischen den Ehegatten aufgeteilt wird, weil dadurch dem erhöhten Aufwand, der mit der Berufstätigkeit verbunden ist, in maßvoller Weise Rechnung getragen und zugleich erreicht wird, daß der Anreiz der Ehegatten zur Erwerbstätigkeit gesteigert wird. Indessen sehen die (früheren) Unterhaltsrichtsätze der Düsseldorfer Tabelle auch für den Fall, daß der unterhaltspflichtige Ehegatte keiner Erwerbstätigkeit nachgeht, eine Quotierung vor, die dem Ehegatten mehr als die Hälfte des aufzuteilenden Einkommens zubilligt, wenn dieser Zuschlag auch geringer ist als im Falle der Erwerbstätigkeit.

Ob eine solche Bemessung, mit dem dargelegten Grundsatz der hälftigen Aufteilung des anrechnungsfähigen Einkommens in Einklang steht, mag – insbesondere in solchen Fällen, in denen der Unterhaltspflichtige nicht erst im Alter oder sonst nach längerer Berufstätigkeit aus dem Erwerbsleben ausgeschieden, sondern nie erwerbstätig gewesen ist – zweifelhaft sein.

Im vorliegenden Fall kann diese Frage jedoch auf sich beruhen, weil das OLG den Unterhalt der Kl. letztlich nicht in Höhe der zunächst angenommenen Quote, sondern in Höhe des Betrages zugesprochen hat, der unter Berücksichtigung des festgestellten – erhöhten – Bedarfs des Bekl. von seinem Einkommen verblieb. So hat das OLG hinsichtlich des Unterhalts dargelegt, daß dem Bekl. im Falle der Aufteilung der Einkommensdifferenz im Verhältnis 3 zu 4 nur 1320 DM monatlich verblieben. Die notwendigen Kosten seiner Heimunterbringung seien jedoch um 60 DM höher. Daneben benötige er noch einen weiteren Betrag für Kleidung, Reisen, Kosmetik, Literatur sowie zusätzliche Lebens- und Genußmittel. Diesen Betrag hat es mit 340 DM monatlich angenommen und den Unterhaltsanspruch der Kl. dementsprechend um insgesamt 400 DM auf 500 DM monatlich verkürzt. Zu höheren Leistungen hat es den Bekl. außerstande gesehen.

171b) FamRZ 82/894, 895 = NJW 82/2442, 2443

(Grundsatz der gleichmäßigen Teilhabe am ehelichen Lebensstandard und unterschiedliche Quoten bei Erwerbstätigen und Rentnern)

Das OLG hat die Differenz zwischen den Renteneinkommen der Parteien nicht gleichmäßig verteilt, sondern den Anteil der Ehefrau ohne nähere Begründung auf 3/7 bemessen. Auch insoweit begegnet das Urteil rechtlichen Bedenken.

Wenn wie regelmäßig die Einkünfte der Ehegatten nicht ausreichen, um ihren angemessenen Unterhaltsbedarf in vollem Umfang zu befriedigen, müssen die vorhandenen Mittel aufgeteilt werden. Es ist nicht zu beanstanden, dieses in der Weise vorzunehmen, daß der Ehegatte mit dem geringeren Einkommen einen Anteil an der Differenz zwischen seinem und dem (höheren) Einkommen des anderen Ehegatten erhält. Bei der Aufteilung ist indessen grundsätzlich jedem Ehegatten die Hälfte der verteilungsfähigen Einkommensdifferenz zuzubilligen, denn beide nehmen am ehelichen Lebensstandard in gleicher Weise teil (FamRZ 1979, 692, 694, zu §§ 58, 59 EheG; FamRZ 1980, 241; FamRZ 1981, 442, 444; FamRZ 1981, 1165, 1166; FamRZ 1982, 579, 581).

Abweichungen vom Grundsatz der hälftigen Teilung hat der Senat gebilligt, wenn der Zuschlag zugunsten des Unterhalftspflichtigen maßvoll geblieben und durch besondere Gründe gerechtfertigt war. Die in den Richtsätzen und Leitlinien der Oberlandesgerichte übliche Höherquotierung zugunsten eines erwerbstätigen Ehegatten berücksichtigt den mit einer Berufsausübung verbundenen besonderen Aufwand und trägt zugleich dazu bei, den Anreiz zur Erwerbstätigkeit zu erhalten (vgl. die oben genannten Urteile). Ist dagegen wie im vorliegenden Fall der Unterhaltspflichtige aus dem Erwerbsleben bereits ausgeschieden, entfallen diese Gesichtspunkte als Rechtfertigung für die Minderung der Unterhaltsquote des Berechtigten.

Es bedarf einer erneuten tatrichterlichen Prüfung, ob im vorliegenden Fall andere Gesichtspunkte gleichwohl eine Abweichung vom Grundsatz der hälftigen Aufteilung der Einkommensdifferenz zu rechtfertigen vermögen. In diesem Zusammenhang kann dem Umstand Gewicht zukommen, daß der Ehemann einen Teil der ihm zugerechneten Einkünfte nicht in bar erhält, ihm vielmehr Naturalleitstungen fiktiv zugerechnet werden, die er nicht in Anspruch nimmt. Auch in Frage des Selbstbehalts muß erneut tatrichterlich gewürdigt werden, wenn auf Grund der neuen Verhandlung eine höhere Unterhaltsleistung des Ehemannes in Betracht kommt als bisher angenommen.

172. BGH zur Ehegattenquote bei Rentnern

172a) FamRZ 84/662, 664 = NJW 84/2358, 2359, 2360

(Ausnahmen vom Grundsatz der Halbteilung bei Renten bei vorliegen besonderer Umstände)

Nach der ständigen Rechtsprechung des *Senats* ist bei der Aufteilung grundsätzlich jedem Ehegatten die Hälfte des verteilungsfähigen Einkommens zuzubilligen, weil beide am ehel. Lebensstandard in gleicher Weise teilnehmen. Als rechtfertigenden Grund für eine maßvolle Abweichung von diesem Grundsatz hat der *Senat* in Übereinstimmung mit den Richtsätzen und Leitlinien der Oberlandesgerichte die Erwerbstätigkeit des Unterhaltspflichtigen angesehen, weil hier durch eine Höherquotierung zugunsten des erwerbstätigen Ehegatten der mit einer Berufsausübung verbundene besondere Aufwand berücksichtigt und zugleich ein Anreiz zur Erwerbstätigkeit geschaffen wird. Ist dagegen der Unterhaltspflichtige aus dem Erwerbsleben bereits ausgeschieden, so entfallen diese Gesichtspunkte als Rechtfertigung für eine Aufteilung nach ungleichen Quoten. Demgemäß hat der *Senat* (FamRZ 1982, 894, 895) entschieden, daß eine vom Grundsatz hälftiger Teilung abweichende Unterhaltsbemessung in Fällen, in denen der Unterhaltspflichtige bereits aus dem Erwerbsleben ausgeschieden ist, ausreichender anderer Gründe bedarf.

Den Grundsätzen dieses Urteils, wird das angefochtene Urteil nicht gerecht. Vor allem kann in dem Hinweis auf die erhöhten Bedürfnisse, die der Ehemann als Nachwirkung seiner Berufstätigkeit, z. B. durch gesellschaftliche Verpflichtungen, noch habe, keine ausreichende Begründung für einen „Zuschlag" gesehen werden, durch den normalerweise der gesamte mit einer Berufsausübung verbundene besondere Aufwand ausgeglichen wird. Das gilt um so mehr, als der 3/5-Anteil, den das

OLG dem Ehemann zugestanden hat, eine selbst für erwerbstätige Unterhaltspflichtige besonders hohe Quote darstellt, die heute zumeist unterschritten wird.

Ebensowenig kann die Quote, ihre Rechtfertigung in der vom OLG angeführten mangelnden Fähigkeit des Ehemannes finden, „bestimmte, nicht in den Rahmen der ihm schon zugebilligten Haushaltshilfe fallende Tätigkeiten selbst zu verrichten". Mit dieser Begründung setzt sich das OLG in Widerspruch zu seiner Entscheidung, daß, nachdem der Ehemann Pensionär sei, die stundenweise Beschäftigung einer Haushaltshilfe mit einem Aufwand von 500 DM im Monat ausreiche und eine darüber hinausgehende Beschäftigung von Personal seine „Privatsache" sei und nicht zu Lasten der Ehefrau gehen dürfe.

Sonstige Gründe, die eine Abweichung vom Halbteilungsgrundsatz rechtfertigen könnten, sind vom OLG nicht festgestellt. Allerdings hat der Ehemann in Erwiderung auf den Vorwurf der Ehefrau, er habe sich „ohne Grund" pensionieren lassen, vorgetragen, er sei infolge schwerer Erkrankung berufsunfähig, leide unter empfindlichen Schmerzen, was das Gehen und Sitzen beeinträchtige und zu Schlafstörungen führe, sein Zustand verschlimmere sich, teilweise seien beide Arme funktionsunfähig. Ob und inwieweit sich daraus eine stärkere Abhängigkeit des Ehemannes von fremder Hilfe ergibt, die entweder eine entsprechende Erhöhung des vorweg zu berücksichtigenden Sonderaufwandes für seine Versorgung oder möglicherweise auch eine maßvolle Abweichung von der Halbteilung rechtfertigen könnte, wird das OLG in der neuen Verhandlung zu prüfen haben. Bisher sind zu diesem Vorbringen, das die Ehefrau bestritten hat, keine Feststellungen getroffen worden. Damit kann der *Senat* die Frage, ob die vorliegende Abweichung vom Halbteilungsgrundsatz sich im Ergebnis als gerechtfertigt erweist, nicht abschließend beurteilen; vielmehr muß er sie dem Tatrichter übertragen, der für ihre Beantwortung ohnehin in erster Linie berufen ist.

172b) FamRZ 85/161, 163 = NJW 85/1026

(Quote bei Renteneinkommen)

Dabei ist hier jedoch zu beachten, daß es sich bei dem Einkommen des Kl. um Renteneinkommen handelt, an dem die Bekl. nach allgemeinen Grundsätzen – soweit nicht durch besondere Gründe im Einzelfall eine Abweichung gerechtfertigt ist – zur Hälfte zu beteiligen wäre, weil der Kl. keinen erhöhten Aufwand hat, wie er üblicherweise mit der Ausübung einer Erwerbstätigkeit verbunden ist (FamRZ 1981, 1165, 1166, 1167; FamRZ 1982, 894, 895; FamRZ 1984, 662, 664).

172c) FamRZ 83/150, 151 = NJW 83/683

(Hälftige Teilung bei Renteneinkommen und Differenzmethode)

Das KG ist zutreffend davon ausgegangen, daß das Maß des Unterhalts sich gemäß § 1578 I S. 1 BGB nach den ehel. Lebensverhältnissen bestimmt. Es hat insoweit auf die ehel. Lebensverhältnisse im Zeitpunkt der Scheidung und, weil diese noch nicht rechtskräftig ist, auf die gegenwärtigen Verhältnisse beider Parteien abgestellt. Dabei hat es die Summe der beiderseitigen Einkünfte berücksichtigt. All das entspricht der ständigen Rechtsprechung des *Senats* (FamRZ 1982, 892).

Die Revision vertritt allerdings zur Frage der Bedürftigkeit – und damit auch zu derjenigen der Anspruchshöhe – den Standpunkt, es sei nicht gerechtfertigt, der Ehefrau 3/7 der Differenz der beiderseitigen Einkünfte zuzusprechen. Die Parteien seien nur verhältnismäßig kurze Zeit miteinander verheiratet gewesen, wobei das Schwergewicht der Tätigkeit der Ehefrau nicht in der Führung des ehel. Haushalts, sondern im eigenen Beruf gelegen habe. Diese Erwägungen stehen jedoch der Teilhabe der Ehefrau an dem Differenzbetrag der Einkommen beider Parteien nach dem vom KG gewählten Schlüssel nicht entgegen.

Die Verteilung der Einkommensdifferenz verletzt den Ehemann nicht durch die Höhe der gewählten Quotierung (4/7:3/7) in seinen Rechten. Nach der Rechsprechung des *Senats* wäre, weil der unterhaltspflichtige Ehemann Ruhegehalt und Rente bezieht, im Grundsatz eine hälftige Teilung geboten (FamRZ 1982, 894, 895). Denn nach dem Ausscheiden aus dem Erwerbsleben gibt es für einen Mehrbehalt weder aus dem Gedanken der Erhaltung der Arbeitsfreude noch wegen berufsbedingter zusätzlicher Aufwendungen mehr einen hinreichenden Grund.

173. BGH zur Geltendmachung, Berechnung und Zweckbindung des Vorsorgeunterhalts

173a) FamRZ 82/887, 889, 890 = NJW 82/1983, 1985

(Verfassungsmäßigkeit und Zweckbindung des Vorsorgeunterhalts. Keine Verpflichtung zur Angabe konkreter Vorsorgeaufwendungen bei der Geltendmachung. Nachrang des Vorsorgeunterhalts im Verhältnis zum laufenden Unterhalt)

Gegen die Zubilligung des Vorsorgeunterhalts erhebt die Revision zunächst verfassungsrechtliche Bedenken aus Art. 6 I i. V. mit Art. 3 II GG. Diese sind nicht begründet. Der Senat hat sie bereits im

Urteil v. 25. 2. 1981 (FamRZ 1981, 442, 443) für den Anspruch aus § 1361 I S. 2 BGB und im Urteil v. 24. 6. 1981 (FamRZ 1981, 864, 865) für den nachehelichen Vorsorgeunterhalt nach § 1578 III BGB für nicht durchgreifend erachtet. Hieran ist festzuhalten.

Die Revision rügt des weiteren, daß die Kl. zu 1. einen abstrakten Vorsorgeunterhalt geltend mache, ohne darzulegen, in welcher Weise und mit welchem konkreten Kostenaufwand sie ihre Alterssicherung durchführen wolle; schon hieran müsse der geltend gemachte Anspruch auf Leistung von Vorsorgeunterhalt scheitern. – Auch diese Rüge greift nicht durch. Wie der erkennende Senat in den bereits erwähnten Urteilen v. 25. 2. und 24. 6. 1981 jeweils der Entscheidung zugrundegelegt hat, ist der unterhaltsberechtigte Ehegatte grundsätzlich nicht verpflichtet, bei der Geltendmachung des Anspruchs aus Vorsorgeunterhalt eine bestimmte Form der Vorsorgeversicherung und die hiermit verbundenen konkret anfallenden Vorsorgeaufwendungen anzugeben. Er kann sich vielmehr sowohl im Fall des § 1361 I S. 2 BGB als auch in dem des § 1578 III BGB darauf beschränken, den ihm zustehenden Vorsorgeunterhalts*betrag* geltend zu machen, um ihn sodann dem gesetzlichen Zweck entsprechend zur Begründung einer angemessenen Alterssicherung zu verwenden.

Die Revision beanstandet schließlich, daß das OLG den Vorsorgeunterhalt zusätzlich zu dem sich aus der Düsseldorfer Tabelle ergebenden Elementarunterhalt zugesprochen hat. Sie vertritt die Auffassung, da sich die Tabellenwerte insgesamt nicht nach den einzelnen Faktoren des Unterhaltsbedarfs richteten, könne auch nicht für einen einzelnen Bedarfsfall, der noch dazu nach überwiegender Meinung gegenüber dem laufenden Unterhalt nachrangig sei, eine Ausnahme gemacht und daraus ein zusätzlicher Unterhaltsanspruch hergeleitet werden.

Auch hiermit kann die Revision im Ergebnis nicht durchdringen. Der Senat hat bereits im Urteil v. 25. 2. 1981 (a. a. O.) näher dargelegt, daß die Aufwendungen für eine angemessene Alterssicherung – im Gegensatz zu den sonstigen Kosten der allgemeinen Lebenshaltung – in den in der Praxis verbreiteten Tabellen und Richtlinienwerten für die Bemessung des Unterhalts nicht enthalten sind. Infolgedessen ist der Vorsorgeunterhalt zusätzlich zu den für die Befriedigung des allgemeinen Lebensbedarfs bestimmten Beträgen zu gewähren, auch wenn diese in Anlehnung an Tabellenwerte ermittelt werden.

Da der Vorsorgeunterhalt der besonderen Zweckbindung unterliegt, die Alterssicherung des Unterhaltsberechtigten zu gewährleisten, zugleich aber auch den Unterhaltspflichtigen nach Eintritt des Versicherungsfalls bei dem Berechtigten unterhaltsrechtlich zu entlasten, widerspräche es dem Sinn und Zweck der gesetzlichen Regelung, wenn dem Unterhaltsberechtigten allgemein das Recht zugestanden würde, auch die Vorsorgeunterhaltsbeträge nach freiem Ermessen in erster Linie für den laufenden Unterhalt zu verwenden. In Fällen, in denen der nach Ermittlung des Vorsorgeunterhalts verbleibende Elementarunterhalt für den laufenden Unterhaltsbedarf nicht ausreicht, muß allerdings dem laufenden Unterhalt im Verhältnis zum Vorsorgeunterhalt Vorrang eingeräumt werden (Senatsurteil v. 25. 2. 1981, a. a. O., S. 445). Auf diesen Gesichtspunkt hat das OLG die angefochtene Entscheidung jedoch nicht gestützt. Es hat sich vielmehr zur Begründung der vorgenommenen Aufteilung darauf berufen, daß die Kl. zu 1. in der mündlichen Verhandlung „klargestellt" habe, sie begehre in erster Linie den Elementarunterhalt und Vorsorgeunterhalt lediglich in der dann rechtlich noch in Betracht kommenden Höhe. Dieses Begehren der Kl. zu 1. ist für die zu treffende Entscheidung nicht verbindlich. Die Kl. zu 1. ist – im Fall, daß ihr neben dem Vorsorgeunterhalt noch ein ausreichender Elementarunterhalt zugesprochen werden kann – gehalten, den ihr zustehenden Vorsorgeunterhalt insgesamt zweckbestimmt zu verwenden. Der nach der zutreffenden Berechnung des OLG ermittelte Elementarunterhalt für die Kl. zu 1. beläuft sich für die Zeit vom 1. 1. bis 28. 2. 1980 auf 992,46 DM und für die Zeit ab 1. 3. 1980 auf monatlich 981,72 DM.

Anhaltspunkte dafür, daß diese Beträge nicht ausreichend wären, um den laufenden Bedarf der Kl. zu 1. zu decken, sind nicht ersichtlich. Damit bestehen keine Bedenken, die vom OLG vorgenommene Aufteilung im Rahmen der unverändert bestehenbleibenden Gesamtunterhaltspflicht entsprechend den vorstehenden Ausführungen zu berichtigen [was im Tenor geschehen ist].

173b) FamRZ 82/781, 782 = NJW 82/1988, 1989

(Vorsorgeunterhalt kann zusätzlich zum Elementarunterhalt verlangt werden. Berechnung des Vorsorgeunterhalts. Neuberechnung des Elementarunterhalts wegen des Grundsatzes der gleichmäßigen Teilhabe am ehelichen Lebensstandard. Bei Trennung besteht Anspruch auf Vorsorgeunterhalt ab Rechtshängigkeit des Scheidungsantrages. Dieser Anspruch ist keine Folgesache)

Wie der Senat – bereits entschieden hat, umfassen die in der gerichtlichen Praxis verbreiteten Tabellen und Richtlinien für die Bemessung des Unterhalts nur den sog. Elementar- oder Basisunterhalt; durch die ausdrückliche Einbeziehung der Kosten für eine Altersversicherung gemäß §§ 1361 I S. 2 und 1578 III BGB in den unterhaltsrechtlich zu berücksichtigenden Lebensbedarf ist klargestellt, daß der Vorsorgebedarf zum Elementarbedarf hinzukommt (FamRZ 1981, 442 = NJW 1981, 1556).

In welcher Art der Vorsorgeunterhalt zu bemessen ist, regelt das Gesetz weder für den Trennungsunterhalt (§ 1361 I S. 2 BGB) noch für den Geschiedenenunterhalt (§ 1578 III BGB). Da der Vorsorgeunterhalt als Teil des Unterhaltsanspruchs insgesamt nach den ehel. Lebensverhältnissen zu bestimmen ist, die ihrerseits wiederum wesentlich von den Einkommensverhältnissen der Eheleute geprägt werden, ist nicht zu beanstanden, daß das OLG von dem Betrag ausgeht, der dem Unterhaltsberechtigten für den allgemeinen Lebensbedarf als sog. Elementarunterhalt zukommt. Dies entspricht im Ansatz einer vom *Senat* mehrfach gebilligten Berechnungsmethode (FamRZ 1981, 864; FamRZ 1982, 255; FamRZ 1982, 465; FamRZ 1982, 679). Die vom OLG weiter vertretene Auffassung, der aus dem bereinigten Nettoeinkommen des Unterhaltspflichtigen mit 40√ bzw. (ab 1. 1. 1980) 3/7 ermittelte Elementarunterhalt des Berechtigten könne ohne weiteres dem Bruttoeinkommen eines Erwerbstätigen gleichgesetzt und demgemäß der Vorsorgeunterhalt hieraus mit 18√ (bis 31. 12. 1980 Beitragssatz zur ges. Rentenversicherung gemäß § 1385 I RVO) entnommen werden, steht dagegen mit den vom *Senat* zu dieser Berechnungsweise entwickelten Grundsätzen nicht im Einklang. Da die Versicherungsbeiträge nach dem Bruttoarbeitseinkommen berechnet werden, führt die Bemessung des Vorsorgeunterhalts nach den Beitragssätzen zur ges. Rentenversicherung nur dann zu überzeugenden Ergebnissen, wenn der Elementarunterhalt einem Netto-Arbeitsentgelt gleichgestellt wird. Er muß deshalb zunächst in ein (fiktives) Bruttoentgelt hochgerechnet werden (vgl. dazu § 14 II SGB IV und die vom *OLG Bremen* veröffentlichte Tabelle, FamRZ 1981, 854). Erst daraus kann der Vorsorgeunterhalt nach dem Beitragssatz der ges. Rentenversicherung entnommen werden.

Der auf die dargelegte Weise berechnete Betrag für den Vorsorgeunterhalt schmälert das zur Deckung des allgemeinen Lebensbedarfs (Elementarunterhalt) beider Ehegatten verfügbare Nettoeinkommen. Würde der der Ehefrau zustehende Elementarunterhalt gleichwohl auf den vom OLG zugrundegelegten Betrag bemessen, wäre der für die Verteilung angewendete Maßstab gestört, der trotz scheinbar unterschiedlicher Quoten oder Anteile am verfügbaren Nettoeinkommen in Wirklichkeit eine gleichmäßige Aufteilung dieses Einkommens zwischen den Ehegatten gewährleisten soll (FamRZ 1981, 444, 445). Deshalb muß in solchen Fällen in einer weiteren Berechnungsstufe von dem nach Abzug des Vorsorgebedarfs noch verfügbaren Nettoeinkommen des Unterhaltsverpflichteten erneut der (endgültige) Elementarunterhalt ermittelt werden. Da die Parteien sich hier bei der vorprozessualen Berechnung des Unterhaltsanspruchs der Ehefrau an die ihnen bekannte Rechtsprechung gehalten hatten, liegt die Annahme nahe, daß die Auswirkung der Leistung von Vorsorgeunterhalt auf die Bemessung des Elementarunterhalts entsprechend den vom Senat inzwischen entwickelten Rechtsgrundsätzen berücksichtigt werden soll.

Welche Beträge sich danach im vorliegenden Fall jeweils für die in Betracht kommenden Zeiträume als Vorsorgeunterhalt und als Elementarunterhalt ergeben, hat – unter Beachtung der dargelegten Grundsätze – der Tatrichter zu bestimmen, der den Parteien Gelegenheit zu geben hat, insoweit der Rechtslage angepaßte Anträge zu stellen. Ihm ist auch die abschließende Prüfung vorzubehalten, ob der nach Abzug von Vorsorge- und (berechtigtem) Elementarunterhalt verbleibende Einkommensteil ausreicht, den eigenen Lebensbedarf des Verpflichteten zu decken.

Beim Unterhaltsanspruch des getrennt lebenden Ehegatten handelt es sich nicht um eine Folgesache i. S. des § 623 I ZPO, über die gleichzeitig und zusammen mit der Scheidungssache zu verhandeln und zu entscheiden ist. Das gilt auch für den Teil des Unterhalts, den der getrennt lebende Ehegatte als Kosten einer angemessenen Versicherung für den Fall des Alters sowie der Berufs- oder Erwerbsunfähigkeit beanspruchen kann. Der Umstand, daß ein solcher Vorsorgeunterhalt erst vom Eintritt der Rechtshängigkeit des Scheidungsantrages an geschuldet wird (§ 1361 I S. 2 BGB), begründet entgegen der Annahme des OLG nicht die für den Verbund nach § 623 ZPO maßgebende Voraussetzung, daß die Entscheidung für den Fall der Scheidung zu treffen ist. Der Anspruch besteht vielmehr bereits ab Rechtshängigkeit des Scheidungsantrages und ist nicht davon abhängig, daß diesem stattgegeben wird; ebensowenig darf die Entscheidung über den Anspruch bis zum Scheidungsausspruch aufgeschoben werden. Kommt es nicht zur Scheidung, sind die als Teil des Trennungsunterhalts geleisteten Vorsorgekosten zwar möglicherweise für einen Zeitraum erbracht, der in die Zeit fällt, für die bei einem späteren Scheidungsverfahren der VersAusgl durchzuführen ist. Wie solche „Doppelversorgungen" rechtlich zu behandeln sind, braucht hier indessen nicht entschieden zu werden. Die Möglichkeit, daß ein solcher Fall eintritt, rechtfertigt es nicht, den Anspruch des getrennt lebenden Ehegatten auf Vorsorgeunterhalt als Folgesache gemäß § 623 ZPO zu behandeln.

173c) FamRZ 81/442, 444, 445 = NJW 81/1556, 1558, 1559

(Zusätzlicher Anspruch auf Vorsorgeunterhalt. Berechnung des Vorsorgeunterhalts. Vorrang des Elementarunterhalts vor dem Vorsorgeunterhalt in Mangelfällen. Zweckbindung des Vorsorgeunterhalts und gesonderte Ausweisung im Tenor. Fehlendes Bedürfnis für Vorsorgeunterhalt, wenn der Berechtigte eine dem Verpflichteten gleichwertige Altersversorgung erwarten kann. Bei Trennung Anspruch auf Vorsorgeunterhalt ab Beginn des Monats, in dem das Scheidungsverfahren rechtshängig wird)

Nach dem Zweck der Gesetzesregelung über den Vorsorgeunterhalt soll dem Ehegatten, der nach der Scheidung aus den im Gesetz aufgeführten Gründen gehindert ist, einer Erwerbstätigkeit nachzugehen und so auf den ihm durch den Versorgungsausgleich übertragenen Versorgungsanrechten aufzubauen, die Möglichkeit verschafft werden, seine Versorgung im Wege einer freiwilligen Weiterversicherung zu erhöhen, um damit die ansonsten entstehende Lücke in seiner ,,sozialen Biographie" zu verhindern. Entsprechende Gründe gelten auch für den Vorsorgeunterhalt nach Eintritt der Rechtshängigkeit des Scheidungsverfahrens gemäß § 1361 I S. 2 BGB. Danach sollen mit untehaltsrechtlichen Mitteln die Nachteile ausgeglichen werden, die dem Berechtigten aus der ehebedingten Behinderung seiner Erwerbstätigkeit erwachsen. Diese Beurteilung läßt es gerechtfertigt erscheinen, den Elementarunterhalt zu dem Entgelt aus einer Erwerbstätigkeit und den Vorsorgeunterhalt zu den Versicherungsbeiträgen in Beziehung zu setzen, die im Hinblick auf ein derartiges Erwerbseinkommen zu entrichten wären, und damit den Berechtigten hinsichtlich der Altersvorsorge so zu behandeln, wie wenn er aus einer versicherungspflichtigen Erwerbstätigkeit Einkommen in Höhe des ihm an sich zustehenden Elementarunterhalts hätte. Das gilt jedenfalls für einen Fall wie den vorliegenden, in dem der Berechtigte tatsächlich über kein eigenes Einkommen verfügt, sondern in vollem Umfang unterhaltsbedürftig ist.

Da die Beiträge zur ges. Rentenversicherung nach dem Bruttoarbeitseinkommen berechnet werden, hat das OLG den als Elementarunterhalt anzusetzenden Betrag dem Nettoarbeitsentgelt gleichgestellt und dieses zur Ermittlung der darauf entfallenden Versicherungsbeiträge in ein fiktives Bruttoeinkommen umgerechnet. Zu diesem Zweck hat es den Betrag errechnet, der, vermindert um die Lohnsteuer sowie die dem Arbeitnehmeranteil entsprechenden Beiträge zur Sozialversicherung und die Beiträge zur Bundesanstalt für Arbeit, den Nettobetrag ergibt. Das ist nicht zu beanstanden. Die Umrechnung des OLG entspricht im wesentlichen der Regelung des § 14 II SGB IV, nach der in den Fällen von sog. Nettolohnvereinbarungen das Nettoarbeitsentgelt zum sozialversicherungsrechtlichen Bruttolohn hochzurechnen ist. Die dort geltenden Grundsätze lassen sich auch auf die vorliegende Umrechnungsfrage anwenden, wobei in der praktischen Handhabung ebenso wie dort auf das sog. Abtastverfahren zurückgegriffen werden kann, wie es in Abschnitt 89 der Lohnsteuerrichtlinien 1978 beschrieben ist.

Das OLG, das von dem fiktiven Bruttobetrag den (bis Ende 1980 geltenden) vollen Beitragssatz der ges. Rentenversicherung von 18% als Vorsorgeunterhalt errechnet, billigt diesen und den Elementarunterhalt ungeschmälert nebeneinander zu und unterwirft beide Beträge nur der Beschränkung, daß sie zusammen nicht mehr als die Hälfte des insgesamt verfügbaren Nettoeinkommens ausmachen dürfen. Hiergegen bestehen durchgreifende rechtliche Bedenken.

In Übereinstimmung mit der Rechtsprechung des *BGH* (FamRZ 1979, 692, 694) geht das OLG davon aus, daß bei der Bemessung des Ehegattenunterhalts sowohl nach § 1361 I S. 1 BGB als auch nach §§ 1570ff., 1578 I BGB an sich jedem Ehegatten die Hälfte des anrechnungsfähigen Einkommens zuzubilligen ist, weil die Ehegatten grundsätzlich in gleicher Weise am ehel. Lebensstandard teilnehmen. Die hier vorgenommene, davon abweichende Aufteilung im Verhältnis von ⅖ zu ⅗ zugunsten des allein verdienenden unterhaltspflichtigen Bekl. stellt keine Durchbrechung dieses Grundsatzes dar, sondern trägt nur pauschal den erhöhten Aufwendungen des Unterhaltsverpflichteten Rechnung. Mit diesen Erwägungen ist es nicht zu vereinbaren, wenn das OLG den Vorsorgeunterhalt zusätzlich zu dem in Höhe von ⅖ des Nettoeinkommens berechneten Elementarunterhalt, der der Kl. aufgrund des Prozeßvergleichs zusteht, zubilligt und annimmt, daß der Grundsatz gleicher Aufteilung des Nettoeinkommens auf die Ehegatten so lange nicht durchbrochen werde, als der Gesamtunterhalt die Hälfte des Nettoeinkommens nicht überschreite. Das Gericht übersieht hierbei, daß die bei der Bemessung des Elementarunterhalts vorgenommene Aufteilung des Einkommens im Verhältnis ⅖ zu ⅗ in Wirklichkeit einer hälftigen Verteilung gleichkommt und daß jede darüber hinausgehende Zahlungsverpflichtung zu Lasten dessen geht, was dem Bekl. zum Ausgleich seiner erhöhten Aufwendungen zusätzlich zugebilligt worden ist, und damit das Gleichgewicht stört.

Das hier zur Anwendung gelangte, in der Praxis vor allem in Fällen beschränkter Leistungsfähigkeit verbreitete Verfahren, den Unterhalt nach Quoten des Einkommens zu bemessen, dient dem Zweck, das zur Befriedigung des laufenden, allgemeinen Lebensbedarfs der Ehegatten zur Verfügung stehende Einkommen zwischen ihnen aufzuteilen. Dieses Einkommen kann im vorliegenden Fall nicht mit dem Nettoeinkommen des Bekl. gleichgesetzt werden, da dieser Betrag nicht (mehr) in vollem Umfang für den allgemeinen Lebensbedarf der Parteien zur Verfügung steht. Hierfür verfügbar ist vielmehr nur noch der um den Vorsorgeunterhalt der Kl. reduzierte Betrag. Das rechtfertigt es, die Unterhaltsbemessung in einem solchen Fall in der Weise vorzunehmen, daß von dem bereinigten Nettoeinkommen (FamRZ 1980, 555, 556) vorab der Vorsorgeunterhalt abgezogen wird und erst danach, aus dem verbleibenden Einkommen, die (endgültige) Bemessung des Elementarunterhalts nach der maßgebenden Quote erfolgt. Für ein derartiges Verfahren spricht auch, daß bei der Festlegung des verfügbaren Einkommens etwaige Vorsorgeaufwendungen des Unterhaltspflichtigen für sich selbst gleichfalls vorweg abgezogen werden. Außerdem wird es dem Umstand gerecht, daß sich ein aus einer etwaigen Erwerbstätigkeit ergebender Mehraufwand grundsätzlich nur auf den normalen, durch den Elementarunterhalt abzudeckenden Lebensbedarf erstreckt, so daß es auch nur hinsichtlich desjenigen Teiles des verfügbaren Einkommens einer modifizierten Aufteilung bedarf, der der Befriedigung des Elementarunterhalts dient.

Daß eine derartige, mehrstufig erfolgende Verteilung des verfügbaren Einkommens auf die Ehegatten der Gesetzesregelung über den Vorsorgeunterhalt zuwiderliefe, läßt sich entgegen der Ansicht des OLG nicht feststellen. Ebensowenig lassen sich daraus Bedenken gegen diese Lösung herleiten, daß der bei der Berechnung des Vorsorgeunterhalts zugrundegelegte Elementarunterhalt höher ist als der insoweit schließlich als angemessen erachtete Betrag. Darin liegt kein Widerspruch. Die anfängliche Berechnung des Betrages, der – ohne Vorsorgeunterhalt – als Elementarunterhalt anzusehen wäre, dient nicht der Bemessung dieses Unterhaltsteiles, sondern ist lediglich Teil des hier beschrittenen Weges zur Berechnung des Vorsorgeunterhalts.

Sofern der für den Elementarunterhalt bleibende Betrag nicht mehr ausreicht, hat das OLG in tatrichterlicher Verantwortung eine den Interessen beider Parteien gerecht werdende Neubemessung des Unterhalts der Kl. vorzunehmen, wobei zu beachten sein wird, daß dem laufenden Unterhalt im Verhältnis zum Vorsorgeunterhalt der Vorrang zukommen muß. Im Hinblick auf die Zweckbindung des Vorsorgeunterhalts erscheint es ferner geboten, den auf den Vorsorgeunterhalt entfallenden monatl. Betrag in der Entscheidung besonders auszuweisen.

Außerdem ist darauf hinzuweisen, daß es nicht als zutreffend angesehen werden kann, wenn die Revision ein Unterhaltsbedürfnis für einen Vorsorgebeitrag verneint, weil die von der Kl. bereits erworbenen oder ihr im Zuge des VersAusgl noch zu übertragenden Versorgungsanwartschaften eine Rente in Höhe des derzeitigen laufenden Unterhalts erwarten ließen. Wie bereits ausgeführt, hängt der angemessene Lebensunterhalt von den ehel. Lebens- und damit von den Einkommensverhältnissen ab. Geht es um die unterhaltsrechtliche Beurteilung der künftigen Versorgungssituation der Parteien, so muß von der gleichmäßigen, hälftigen Verteilung des Einkommens ausgegangen werden. Damit ist der Ansicht des OLG zuzustimmen, daß hinsichtlich des Vorsorgebeitrags ein Unterhaltsbedürfnis erst zu verneinen ist, wenn für den Berechtigten eine Altersversorgung zu erwarten steht, die diejenige des Unterhaltsverpflichteten erreicht. Das ist hier indessen nicht der Fall.

Der ,,Eintritt der Rechtshängigkeit" nach § 1361 I S. 2 BGB ist im Sinne einer unmittelbaren Anknüpfung an das Ende der vom VersAusgl umfaßten Ehezeit nach § 1587 II BGB auszulegen. Damit kann der Vorsorgeunterhalt bereits ab Beginn des Monats zugebilligt werden, in dem das Scheidungsverfahren rechtshängig geworden ist. Im Gegensatz zum Unterhalt in der intakten Ehe, der auch die Kosten der Alterssicherung des nicht erwerbstätigen Ehegatten einschloß (FamRZ 1979, 477, 479) wurden derartige Aufwendungen nach früherem Recht vom Unterhaltsanspruch des geschiedenen oder getrenntlebenden Ehegatten nicht erfaßt. Demgemäß waren sie in den in der Rechtspraxis verbreiteten Tabellen und Richtlinien für die Bemessung des Unterhalts nicht enthalten und sind es, soweit ersichtlich, auch heute noch nicht. Durch die ausdrückliche Einbeziehung der Vorsorgekosten in den unterhaltsrechtlich zu berücksichtigenden Lebensbedarf ist nunmehr klargestellt, daß der Vorsorgeunterhalt zu den Aufwendungen zur Befriedigung des allgemeinen Lebensbedarfs (sog. Elementar- oder Basisunterhalt) hinzukommt, wobei zunächst offenbleibt, inwieweit dies auf deren Höhe Einfluß hat.

173d) FamRZ 83/153, 154 = NJW 82/1986, 1987

(Wahlrecht zur Geltendmachung von Vorsorgeunterhalt. Eine bestimmte Form der Vorsorgeversicherung muß nicht angegeben werden. Berechnung des Vorsorgeunterhalts und anschließende Kürzung des Elementarunterhalts. Gesonderte Ausweisung im Tenor.)

Eine Partei braucht grundsätzlich nicht mehr darzulegen und notfalls zu beweisen, als zur Erfüllung der abstrakten Tatbestandsmerkmale der ihr Prozeßbegehren rechtfertigenden Anspruchsnorm erforderlich ist. In § 1578 III BGB bestimmt das Gesetz, daß zum Lebensbedarf auch die Kosten einer angemessenen Versicherung für den Fall des Alters sowie der Berufs- oder Erwerbsunfähigkeit gehören. Nach dem Sinnzusammenhang der Vorschrift ist das Tatbestandsmerkmal ,,angemessen" – ebenso wie in Abs. II hinsichtlich der Kosten einer angemessenen Krankenversicherung – auf die Höhe der Kosten und die Bemessung des Anspruchs bezogen, nicht auf die Art und Weise der Altersvorsorge. In letzterer Hinsicht besteht nach der im Schrifttum herrschenden Ansicht ein Wahlrecht des Unterhaltsberechtigten. Es mag zwar zur Sicherstellung der Zweckbestimmung des Vorsorgeunterhalts erwünscht sein, daß der Berechtigte schon bei der erstmaligen Geltendmachung des darauf gerichteten Anspruchs die von der Revision angesprochenen Einzelheiten über die beabsichtigte Altersvorsorge darlegt; ein Zwang hierzu findet jedoch in der Fassung der maßgebenden Anspruchsnorm keine hinreichende Stütze. Demgemäß hat der *Senat* bereits entschieden (FamRZ 1982, 887), daß der unterhaltsberechtigte Ehegatte grundsätzlich nicht verpflichtet ist, bei der Geltendmachung von Vorsorgeunterhalt eine bestimmte Form der Vorsorgeversicherung und die hiermit verbundenen konkret anfallenden Vorsorgeaufwendungen anzugeben. Er kann sich vielmehr sowohl im Fall des § 1361 I S. 2 BGB als auch in dem des § 1578 III BGB darauf beschränken, den ihm zustehenden Vorsorgebetrag geltend zu machen, um ihn sodann dem gesetzlichen Zweck entsprechend zu verwenden.

Im vorliegenden Fall hat sich die Ehefrau im übrigen nicht auf die bloße Geltendmachung von Vorsorgeunterhalt beschränkt, sondern ihre Absicht zum Ausdruck gebracht, die aus dem VersAusgl erlangten Versorgungsanwartschaften bei der ges. Rentenversicherung mit dem Vorsorgeunterhalt weiterführen zu wollen. Hinsichtlich der Durchführbarkeit und der Zweckmäßigkeit dieses Planes bestehen keine Bedenken.

Bei der Bemessung des Vorsorgeunterhalts ist das OLG der Auffassung gefolgt, wonach an die Versicherungsbeiträge angeknüpft werden kann, die an die ges. Rentenversicherung zu entrichten wären, wenn der Unterhaltsberechtigte aus einer versicherungspflichtigen Erwerbstätigkeit Nettoeinkünfte in Höhe des Elementarunterhalts erzielte. Diese Lösung entspricht im Grundsatz der Berechnungsmethode, die der Senat bereits mehrfach gebilligt hat (FamRZ 1981, 442, 444f.; FamRZ 1981, 864, 865; FamRZ 1982, 255, 257; FamRZ 1982, 887). Allerdings hat das OLG dabei außer acht gelassen, daß die Zubilligung des so errechneten Vorsorgeunterhalts zu einer Kürzung des nach Quoten berechneten Elementarunterhalts führen muß, wie in der erstgenannten Senatsentscheidung ausführlich dargelegt ist. Hiernach kann das angefochtene Urteil nicht in vollem Umfang bestehen bleiben.

Damit bestehen keine Bedenken, das angefochtene Urteil entsprechend abzuändern, wobei im Hinblick auf die Zweckbestimmung des Vorsorgeunterhalts geboten war, den darauf entfallenden Betrag im Urteilstenor besonders auszuweisen (FamRZ 81/442, 445)

173e) FamRZ 82/1187, 1188, 1189 = NJW 83/1547, 1548

(Zulässigkeit einer Teilklage bei Elementar- und Vorsorgeunterhalt. Keine zweistufige Berechnung des Vorsorgeunterhalts, wenn bei besonders guten wirtschaftlichen Verhältnissen die Ehegattenquote konkret berechnet wird. Zweckbestimmte Verwendung des Vorsorgeunterhalts und Ausweisung im Tenor. Schutz des Verpflichteten bei zweckwidriger Verwendung des Vorsorgeunterhalts)

Entgegen der Rüge der Revision ist nicht zu beanstanden, daß die Ehefrau den Unterhalt für ihren laufenden Lebensbedarf und den Vorsorgeunterhalt in getrennten Verfahren geltend gemacht hat. Zwar handelt es sich bei dem Anspruch auf Vorsorgeunterhalt nicht um einen eigenständigen Anspruch, sondern um einen unselbständigen Teil des einheitlichen, den gesamten Lebensbedarf betreffenden Unterhaltsanspruchs (FamRZ 1982, 255). Dies bedeutet jedoch nicht, daß der Berechtigte gehalten ist, beide Unterhaltsteile in einem Verfahren geltend zu machen; denn Teilklagen sind auch sonst zulässig.

Allerdings ist im Regelfall der Betrag des Vorsorgeunterhalts von dem bereinigten Nettoeinkommen des Unterhaltsverpflichteten abzusetzen und aus dem verbleibenden Einkommen anhand der maßgebenden Quote ein neuer (endgültiger) Elementarunterhalt zu bestimmen (FamRZ 81/444f.). Daß das OLG hier eine anderweitige Bemessung des Elementarunterhalts nicht vorgenommen hat, sondern den vollen Betrag von 620 DM neben den bereits titulierten 2300 DM monatlich zugesprochen hat, begegnet nach den gegebenen besonderen Umständen jedoch keinen rechtlichen Bedenken. Da die Einkünfte des Ehemannes überdurchschnittlich hoch sind, ist der Elementarunterhalt der Ehefrau nicht nach einer Quote bemessen worden, sondern nach dem konkreten Lebensbedarf der Ehefrau, weil das Einkommen des Ehemannes während Bestehens der Ehe nicht ausschließlich dem Unterhalt der Parteien gedient hat, sondern teilweise auch der Vermögensbildung. – Das OLG hat weiter festgestellt, daß allein die nach steuerlichen Gesichtspunkten ermittelten Monatseinkünfte des Ehemannes fast das Dreifache der Summe von 2920 DM (2300 + 620 DM) erreichen. In derartigen Fällen besonders günstiger wirtschaftlicher Verhältnisse des Unterhaltsverpflichteten ergibt sich die Notwendigkeit einer zweistuftigen Berechnung des Elementarunterhalts nicht, da diese lediglich sicherstellen soll, daß nicht zu Lasten des Unterhaltsverpflichteten von dem Grundsatz der gleichmäßigen Teilhabe der Ehegatten am ehelichen Lebensstandard abgewichen wird.

Die Folgerungen, die die Revision daraus zieht, daß nach dem Gesetz ein „angemessener" Vorsorgeunterhalt geschuldet wird, sind unzutreffend. Wenn § 1578 III BGB davon spricht, daß zum Lebensbedarf auch die Kosten einer „angemessenen" Versicherung für den Fall des Alters sowie der

Berufs- oder Erwerbsunfähigkeit gehören, so ist das Tatbestandsmerkmal der Angemessenheit – wie in Abs. II der Vorschrift hinsichtlich der Krankenversicherung – im wesentlichen auf die Höhe der aufzuwendenden Kosten und die Bemessung des Anspruchs zu beziehen (NJW 1982, 1986). Die Ansicht, der Vorsorgeunterhalt sei so zu bemessen, daß er unter Berücksichtigung bereits vorhandener und noch zu erwartender Anwartschaften später zu angemessenen, den Lebensbedarf deckenden Versicherungsleistungen führt, hat der *Senat* bereits in seiner Entscheidung v. 25. 2. 1981 (FamRZ 81/444) abgelehnt. Hier ist auch ausgeführt, daß hinsichtlich der Vorsorgebeiträge ein Unterhaltsbedürfnis erst zu verneinen ist, wenn für den Berechtigten eine Altersversorgung zu erwarten steht, die diejenige des Unterhaltsverpflichteten erreicht. Der Auffassung der Revision, daß eine umfassende Abwägung der Versorgungslage beider Ehegatten unter besonderer Berücksichtigung der aus dem Versorgungs- und Zugewinnausgleich zu erwartenden Leistungen erforderlich sei, kann daher nicht gefolgt werden.

Aus der Zweckbindung des Vorsorgeunterhalts hat der Senat bisher die Folgerung gezogen, daß der darauf entfallende Betrag im Entscheidungssatz des Urteils besonders auszuweisen ist (FamRZ 81/445) und daß der Unterhaltsberechtigte den ihm zustehenden Gesamtunterhalt nicht nach freiem Ermessen auf den Elementar- und Vorsorgeunterhalt verteilen darf und den letzteren zweckbestimmt zu verwenden hat (FamRZ 1982, 887, 890). Andererseits hat er entschieden, daß vom Berechtigten nicht verlangt werden kann, bei der Geltendmachung im Prozeß schon eine bestimmte Form der Vorsorgeversicherung und die hierfür erforderlichen Beiträge konkret anzugeben, weil er – unbeschadet der Obliegenheit, die Aufwendungen möglichst gering zu halten – ein Wahlrecht hinsichtlich der Versicherungsform besitzt. Bereits in der Entscheidung v. 25. 2. 1981 hat der *Senat* ausgeführt, daß neben der ges. Rentenversicherung private Vorsorgemöglichkeiten in Betracht kommen, etwa wenn die geschuldete Vorsorgeleistung hinter der Mindestbeitragshöhe für die ges. Rentenversicherung zurückbleibt (§§ 1387 I, 1388 RVO), wenn in der ges. Rentenversicherung nur eine Höherversicherung möglich wäre (§ 1234 RVO), aus der keine dynamischen Versicherungsleistungen erwachsen (§ 1272 III RVO), oder wenn der Unterhaltsberechtigte seine Altersvorsorge bereits im Wege einer privaten Kapital- oder Rentenversicherung begonnen hat.

Die Frage, ob der Unterhaltsverpflichtete verlangen kann, den geschuldeten Vorsorgeunterhalt gegen den Willen des Unterhaltsberechtigten direkt auf ein Versicherungskonto zu zahlen, hat der Senat noch nicht entschieden. Keine Bedenken bestehen dagegen, daß das Gericht auf eine derartige Zahlungsweise auf Antrag oder mit Einverständnis der berechtigten Partei erkennt, sofern die Gewähr dafür besteht, daß die Zahlungen versicherungsrechtlich zu dem gewünschten Erfolg führen. Besteht der Berechtigte auf einer Zahlung an sich selbst, so ist zu beachten, daß nach dem Gesetz auch der Vorsorgeunterhalt als Teil des einheitlichen Unterhaltsanspruchs grundsätzlich durch Zahlung einer Geldrente zu gewähren ist (§§ 1361 IV S. 1, 1585 I S. 1 BGB); der Anspruch ist nicht, wie etwa derjenige nach § 1587b III BGB, darauf gerichtet, dem Berechtigten unmittelbar einen Versicherungsschutz zu verschaffen.

Der Senat tritt der herrschenden Ansicht bei. Zwar würde die unmittelbare Leistung auf ein Versicherungskonto dem berechtigten Anliegen Rechnung tragen, die Zweckbindung des Vorsorgeunterhalts nachhaltig zu sichern; doch findet ein dahingehendes Recht des Unterhaltsverpflichteten in den geltenden ges. Vorschriften keine Stütze. Der Unterhaltsschuldner ist insoweit geschützt, als der Unterhaltsgläubiger bei zweckwidriger Verwendung der als Vorsorgeunterhalt geleisteten Beträge später so zu behandeln ist, als hätten diese zu einer entsprechenden Versicherung geführt. Allenfalls bei Vorliegen besonderer Umstände, die das Verlangen des Unterhaltsgläubigers auf Zahlung an sich selbst als Verstoß gegen Treu und Glauben (§ 242 BGB) erscheinen lassen, ist das Gericht berechtigt, auf eine Zahlung an den Versicherungsträger zu erkennen.

173f) FamRZ 82/465, 466 = NJW 82/1875, 1876

(Berechnung des Vorsorgeunterhalts. Ausweisung im Tenor. Wegen Nichtidentität von Trennungs- und Scheidungsunterhalt kann auch der Vorsorgeunterhalt für die Zeit nach der Scheidung nicht durch Abänderung eines Titels über den Trennungsunterhalt bemessen werden)

Es begegnet nach der Rechtsprechung des Senats Bedenken, zunächst isoliert den nach den Einkommensverhältnissen angemessenen laufenden Unterhalt zu ermitteln, um dann in Anknüpfung an diese Bezüge – ohne Hochrechnung auf ein fiktives Bruttoeinkommen – nach dem Beitragssatz der ges. Rentenversicherung den Vorsorgeunterhalt zu bemessen und diesen Betrag in vollem Umfang zusätzlich zum Elementarunterhalt zuzusprechen (FamRZ 1981, 442, 444f., FamRZ 1981, 864, 865). Zwar lagen diesen Entscheidungen Fälle zugrunde, in denen der Elementarunterhalt nach Quoten des Einkommens bemessen worden war. Im vorliegenden Fall der Anpassung des laufenden Unterhalts der Kl. an das gestiegene Einkommen des Bekl. kann jedoch nichts anderes gelten, weil auch hier das gestiegene Einkommen im Hinblick auf den neu hinzukommenden Vorsorgebedarf der Kl. nicht mehr in vollem Umfang für den laufenden Unterhalt der Parteien zur Verfügung steht. Entsprechend der in den Senatsentscheidungen gebilligten Bemessungsmethode erscheint es daher gerechtfertigt, von dem Betrag der Einkommenssteigerung vorab den Vorsorgeunterhalt abzuziehen und erst danach die (endgültige) Anpassung des Elementarunterhalts vorzunehmen.

Diese Beanstandungen stellen die Entscheidung indessen im Ergebnis nicht in Frage, weil der zugebilligte monatl. Gesamtbetrag von 825 DM auch erreicht wird, wenn der Vorsorgeunterhalt in der oben angegebenen Weise ermittelt und berücksichtigt wird. Da der von der Kl. geltend gemachte Elementarunterhalt und der beanspruchte Vorsorgeunterhalt nicht Gegenstand eigenständiger Ansprüche, sondern lediglich Teile des einheitlichen, ihren Lebensbedarf betreffenden Unterhaltsanspruchs sind (vgl. Senatsurteil v. 4. 11. 1981 [FamRZ 1982, 255]), war das OLG nicht gehalten, bei der Bemessung des Vorsorgeunterhalts von dem Betrag auszugehen, den die Kl. im Rahmen ihres Klageanspruchs als Elementarunterhalt geltend gemacht hatte. Vielmehr war bei richtiger Beurteilung an den Betrag anzuknüpfen, auf den der Elementarunterhalt der Kl. im Hinblick auf die Einkommenssteigerung des Bekl. an sich zu erhöhen gewesen wäre. Dieser Betrag belief sich nach der Beurteilung des OLG auf 770 DM monatlich.

Bei der Bemessung des Vorsorgeunterhalts nach den Versicherungsbeiträgen in der ges. Rentenversicherung für entsprechende Arbeitsentgelte war der Betrag gemäß der Hochrechnung eines Nettoentgelts dieser Höhe zu einem sozialversicherungsrechtlichen Bruttolohn (§ 14 II SGB IV) um einen Zuschlag von 22% auf rund 939 DM zu erhöhen (vgl. die vom *OLG Bremen,* FamRZ 1981, 854f., aufgestellte Tabelle). 18% hiervon ergaben als Vorsorgeunterhalt einen Betrag von 169 DM. Bei dessen Absetzung von der Einkommenssteigerung des Bekl. verblieben 651 DM, die für die endgültige Anpassung des Elementarunterhalts einzusetzen waren und nach der Bemessungsweise des OLG eine Erhöhung des laufenden Unterhalts um etwa 50% auf rund 712 DM rechtfertigten. Zusammen mit dem Vorsorgeunterhalt ergab sich damit eine Summe, die den vom OLG zugebilligten Unterhaltsbetrag überstiegen und den Bekl. daher noch mehr belastet hätte.

Damit hat die angefochtene Entscheidung über den *Unterhalt der Kl. bis zur Rechtskraft des Scheidungsurteils* Bestand. Im Hinblick auf den Zweck des Vorsorgeunterhalts erscheint es lediglich geboten, den Betrag, der nach dem OLG-Urteil auf den Vorsorgeunterhalt entfällt, in der Entscheidung besonders auszuweisen.

Das OLG hat der Kl. für die Zeit bis zum rechtskräftigen Abschluß des Scheidungsverfahrens in Abänderung des bestehenden Unterhaltstitels einen monatl. Unterhaltsbetrag von insgesamt 825 DM zugebilligt, der sich aus 700 DM Elementarunterhalt und einem Zuschlag von rund 18% als Vorsorgeunterhalt zusammensetzt. Dazu hat es ausgeführt, daß der Vorsorgeunterhalt nach dem Beitragssatz der gesetzlichen [ges.] Rentenversicherung zu bemessen sei, der sich auf 18% des Bruttoarbeitsentgelts belaufe. Zwar ergebe sich für die Kl. im Hinblick auf die Steigerung des vormals 1300 DM betragenden Nettoeinkommens des Bekl. um rund 820 DM oder 63% an sich ein Anspruch auf Elementarunterhalt von rund 770 DM. Da sich die Kl. bei ihrer Unterhaltsforderung jedoch insoweit mit einem Betrag von 700 DM „begnügt" habe, sei für die Bemessung des Vorsorgeunterhalts von diesem Betrag auszugehen.

Die dargelegte Unterhaltsbemessung des OLG unterliegt durchgreifenden rechtlichen Bedenken. Wie der Senat wiederholt entschieden hat, besteht zwischen dem Unterhaltsanspruch getrennt lebender Ehegatten während bestehender Ehe und dem Unterhaltsanspruch geschiedener Ehegatten keine Identität. Deshalb umfaßt ein während der Ehe über den Unterhaltsanspruch des getrennt lebenden Ehegatten ergangenes Urteil nicht auch den Unterhaltsanspruch nach der Scheidung. Ebensowenig kann der nacheheliche Unterhaltsanspruch im Wege der Abänderung eines Titels über den Trennungsunterhalt gemäß § 323 ZPO bemessen werden (FamRZ 1980, 1099; FamRZ 1981, 242; FamRZ 1981, 441). Hiernach war das OLG gehindert, den Elementarunterhalt der Kl. für die nacheheliche Zeit in entsprechender Abänderung des Betrages zu bestimmen, den es in Anlehnung an den titulierten Unterhaltsanspruch der Kl. für die Zeit während des Scheidungsprozesses als gerechtfertigt angesehen hatte. Vielmehr waren Elementarunterhalt und Vorsorgeunterhalt ohne Bindung an die Festsetzung des Unterhalts vor der Scheidung neu zu bemessen. Daß sich der nacheheliche Unterhalt danach insgesamt auf einen niedrigeren Monatsbetrag belaufen hätte als im Berufungsurteil zugesprochen, ist nicht auszuschließen.

173g) FamRZ 85/690, 691 = NJW 85/1701, 1702

(Vorsorgeunterhalt muß gesondert geltend gemacht werden und kann nicht von amtswegen zugesprochen werden. Das Verlangen von Quotenunterhalt beinhaltet keinen Vorbehalt der Nachforderung von Vorsorgeunterhalt. Bei Abänderungsklage kann auch erstmals Vorsorgeunterhalt für die Zukunft verlangt werden sofern die sonstigen Voraussetzungen einer Abänderung vorliegen. Wegen der zweistufigen Berechnung des Vorsorgeunterhalts kann dies eine Kürzung des Elementarunterhalts zur Folge haben)

Die Revision weist mit Recht darauf hin, daß nicht davon ausgegangen werden kann, in einer Quote sei auch der Vorsorgeunterhalt gemäß § 1578 Abs. 2 oder Abs. 3 BGB enthalten (FamRZ

1982, 887, 890). Ihr kann aber nicht gefolgt werden, wenn sie daraus schließt, die Klägerin habe sich im Vorprozeß erkennbar die Nachforderung von Vorsorgeunterhalt vorbehalten. Ob ein Unterhaltsgläubiger neben dem laufenden Unterhalt (Elementarunterhalt) Vorsorgeunterhalt fordern will, steht in seinem freien Ermessen; von Amts wegen wird er nicht zugesprochen. Dies gilt gerade in den Fällen, in denen der Elementarunterhalt nach einer Quote des Einkommens des Unterhaltsverpflichteten berechnet wird und die Forderung von Vorsorgeunterhalt zu einer Verkürzung des sonst erreichbaren laufenden Unterhalts führt, ohne daß durch die Art der Antragstellung beeinflußt werden kann, welcher Teil des Gesamtunterhalts für den laufenden Verbrauch und welcher zweckbestimmt für Vorsorgekosten zu verwenden ist. Motiv für die unterlassene Geltendmachung von Vorsorgeunterhalt kann daher die fehlende Bereitschaft sein, unter Konsumverzicht Altersvorsorge zu betreiben. Dies schließt bei der Geltendmachung von Quotenunterhalt die Annahme eines erkennbaren Vorbehalts der Nachforderung von Vorsorgeunterhalt aus. Auch in den Fällen, in denen sich der Unterhaltsgläubiger hierbei nicht bewußt war, Vorsorgeunterhalt verlangen zu können, kann ein solcher Vorbehalt nicht bejaht werden. Aus der Sicht des Klägers ist nämlich der gesamte Unterhalt geltend gemacht worden, während die Annahme eines Vorbehalts voraussetzt, daß dieser sich des Bestehens einer weiteren Forderung bewußt war.

Hat somit die Klägerin im Vorprozeß ihren Gesamtunterhalt eingeklagt, kann sie wegen ihres dabei nicht geltend gemachten Vorsorgebedarfs nach § 1578 Abs. 3 BGB allenfalls im Wege der Abänderungsklage eine Erhöhung der zugesprochenen Unterhaltsrente erreichen. Soweit der Senat in seinem Urteil vom 24. November 1982 (IVb ZR 327/81) eine abweichende Behandlung gebilligt hat, hält er daran nicht mehr fest. Für den Sonderfall, daß ein bestehender Titel über Trennungsunterhalt nach Rechtshängigkeit des Scheidungsverfahrens und Eintritt der Voraussetzungen des § 1361 Abs. 1 Satz 2 BGB um die Kosten der Altersvorsorge erhöht werden sollte, ist er in seinem Urteil vom 17. Februar 1982 (FamRZ 1982, 465) schon von der Zulässigkeit der Abänderungsklage ausgegangen. Wie bereits eingangs ausgeführt, steht dem nicht entgegen, daß der Vorsorgeunterhalt, der zwar ein unselbständiger Unterhaltsbestandteil (FamRZ 1982, 255), aber im Hinblick auf seine Zweckbindung besonders geltend zu machen ist, noch nicht Gegenstand des Vorprozesses war und demgemäß keine Rechtskraftwirkung des dort ergangenen Urteils zu beseitigen ist. Daher ist in den Fällen, in denen erst nach der Titulierung des Gesamtunterhalts die Voraussetzungen des § 1361 Abs. 1 Satz 2 BGB oder diejenigen des § 1578 Abs. 3 BGB eintreten, die Abänderungsklage der allein mögliche Rechtsbehelf. In Fällen der vorliegenden Art haben allerdings die Voraussetzungen des § 1578 Abs. 3 BGB im wesentlichen bereits im Vorprozeß vorgelegen; gefehlt hat lediglich der Entschluß des Unterhaltsgläubigers, Altersvorsorge zu betreiben, ggf. unter Einschränkung des laufenden Verbrauchs. Es entspricht dem Sinn des § 323 ZPO, den Gläubiger bei ansonsten gleichgebliebenen Verhältnissen zunächst an der von ihm im Vorprozeß getroffenen Wahl festzuhalten. Erst wenn eine Unterhaltsanpassung dadurch eröffnet wird, daß sich die seinerzeit maßgebend gewesenen Verhältnisse wesentlich geändert haben, kann auch Vorsorgeunterhalt mit Wirkung für die Zukunft (§ 323 Abs. 3 ZPO) verlangt werden. Ein weiteres Festhalten an der Nichtforderung von Vorsorgeunterhalt wäre dann ebensowenig mit den Grundsätzen der Billigkeit zu vereinbaren, wie die Bindung an das Urteil eines Vorprozesses, in dem der Kläger weniger Unterhalt gefordert hat, als das Gericht nach den von ihm allgemein verwendeten Richtlinien als angemessen erachtet hat. Kommt es bei einer derartigen Nachforderung von Vorsorgeunterhalt zu einer zweistufigen Berechnung des Elementarunterhalts (FamRZ 1981, 442, 444f), kann das Abänderungsverfahren zwar zu einem höheren Gesamtunterhalt führen, aber zu einem gegenüber dem Urteil des Vorprozesses verringerten laufenden Unterhalt. Auch das Abänderungsurteil hat den Anteil des Gesamtunterhalts, der auf den Vorsorgeunterhalt entfällt, im Hinblick auf dessen Zweckbindung im Entscheidungssatz besonders auszuweisen.

174. BGH zur mehrstufigen Berechnung des Vorsorgeunterhalts und zur wechselseitigen Abhängigkeit unselbständiger Unterhaltsteile

174a) FamRZ 82/679, 680 = NJW 82/1987, 1988

(Zweckbestimmung des Vorsorgeunterhalts und Bemessung, wenn der Elementarunterhalt des Berechtigten durch ein „eheähnliches Verhältnis" gedeckt ist.

Wie der *Senat* in der Entscheidung v. 25. 2. 1981 (FamRZ 81/442) dargelegt hat, sollen nach dem Zweck der Gesetzesregelung über den Vorsorgeunterhalt mit unterhaltsrechtlichen Mitteln die Nachteile ausgeglichen werden, die dem Berechtigten aus der ehebedingten Behinderung seiner Erwerbstätigkeit erwachsen. Das läßt es gerechtfertigt erscheinen, den Berechtigten hinsichtlich der Altersvorsorge so zu behandeln, wie wenn er aus einer versicherungspflichtigen Erwerbstätigkeit Einkommen in Höhe des ihm an sich zustehenden Elementarunterhalts hätte (FamRZ 81/444). Hiernach ist das entscheidende Anknüpfungskriterium für die Bemessung des Vorsorgeunterhalts in der an sich zu gewährenden laufenden Unterhaltsrente zu erblicken. Dabei ist nicht zu verkennen, daß diese Unterhaltsrente den entsprechenden Unterhaltsbedarf des Berechtigten nicht immer vollständig deckt. Zwar ist ihre Bemessung darauf auszurichten, daß sie den gesamten, nach den dauerhaft gewordenen Lebensverhältnissen während der Ehe zu bestimmenden Lebensbedarf umfaßt (§ 1578 I BGB). Indessen kommt es vor allem bei dem in der Praxis verbreiteten Verfahren, den laufenden Unterhalt nach einer Quote des Einkommens zu bemessen, häufiger vor, daß die Quote, die dem Berechtigten am Einkommen des Verpflichteten zusteht, nicht ausreicht, um den Unterhaltsbedarf in vollem Umfang zu decken. Das ist, wie der *Senat* (FamRZ 82/151) ausgeführt hat, insbesondere im Hinblick auf etwaige Mehrkosten möglich, die den Ehegatten als Folge ihrer Trennung erwachsen und dazu führen können, daß der Berechtigte mit den Mitteln jener Quote den ehel. Lebensstandard nicht mehr aufrechtzuerhalten vermag. Diese mögliche Diskrepanz zwischen der dem Berechtigten an sich zustehenden Rente zur Deckung des laufenden Unterhaltsbedarfs und der tatsächlichen Höhe dieses Bedarfs macht es nach Ansicht des Senats jedoch nicht erforderlich, den laufenden Unterhalt als rechnerische Grundlage für die Bemessung des Vorsorgeunterhalts in Frage zu stellen und nur dann als Anknüpfungskriterium gelten zu lassen, wenn er den laufenden Unterhaltsbedarf des Berechtigten tatsächlich deckt. Vielmehr läßt es das gerade im Unterhaltsrecht bestehende Bedürfnis nach einer einfachen Abwicklung der alltäglichen Ausgleichsfälle gerechtfertigt erscheinen, die Vorsorgeleistungen, deren Einbeziehung in den Unterhalt getrenntlebender und geschiedener Ehegatten ohnehin erhebliche Schwierigkeiten bereitet, auch dann in Anknüpfung an den laufenden Unterhalt zu bemessen, wenn dieser zur Deckung des entsprechenden tatsächlichen Unterhaltsbedarfs nicht ausreicht. Das führt dazu, daß die Rente für den laufenden Unterhalt, wie sie im Falle der vollständigen Unterhaltsbedürftigkeit des Berechtigten anfiele, grundsätzlich die Obergrenze des Betrages bildet, aus dem nach seiner Hochrechnung zu einem Bruttobetrag entsprechend der Regelung des § 14 II SGB-IV der Vorsorgeunterhalt zu errechnen ist.

Diese Obergrenze wird auch im vorliegenden Fall erreicht, da das OLG mit dem monatl. Betrag von 662 DM einen laufenden Unterhalt zugrunde gelegt hat, wie er der ASt. im Falle vollständiger Unterhaltsbedürftigkeit von seiten des AGg. zustände. Ein auf dieser Grundlage errechneter Vorsorgeunterhalt ist auch dann als angemessen anzusehen, wenn der Berechtigte seinen laufenden Unterhaltsbedarf anderweitig deckt, ohne dabei zugleich eine entsprechende Altersvorsorge begründen zu können. Daß der Unterhaltsverpflichtete hierbei hinsichtlich des laufenden Unterhalts entlastet wird, gebietet es nicht ihn hinsichtlich des Vorsorgeunterhalts in größerem Umfang heranzuziehen.

Entgegen der Ansicht der Revision kann der ASt. der Betrag, um den das OLG den Vorsorgeunterhalt herabgesetzt hat, auch nicht als Elementarunterhalt zuerkannt werden. Eine solche Verurteilung scheidet schon deshalb aus, weil die ASt. nach dem festgestellten Sachverhalt in der Berufungsinstanz hinsichtlich des Elementarunterhalts keinen Unterhaltsbedarf mehr geltend gemacht hat.

174b) FamRZ 82/890, 891, 892 = NJW 82/2438, 2439

(Mehrstufige Berechnung des Vorsorgeunterhalts. Zweckbestimmung und Ausweisung im Tenor. Die Leistungsfähigkeit ist für Vorsorge- und Elementarunterhalt einheitlich zu beurteilen. Elementarunterhalt und Vorsorgeunterhalt sind unselbständige, in wechselseitiger Abhängigkeit stehende Teile des einheitlichen Unterhaltsanspruchs. Vorrang des Elementarunterhalts.)

Die Entscheidung des OLG stößt insofern auf Bedenken, als es davon ausgegangen ist, daß der sich aus einem Tabellenwerk wie der Düsseldorfer Tabelle ergebende Unterhalt auch dann unverändert zu zahlen sei, wenn – zusätzlich Vorsorgeunterhalt verlangt wird. Die Bemessung des Unterhalts nach Quoten dient dem Zweck, die für den allgemeinen Lebensbedarf der Ehegatten verfügbaren Einkünfte angemessen zwischen ihnen aufzuteilen. Auf seiten des Unterhaltspflichtigen steht jedoch, wenn er auch zur Zahlung von Vorsorgeunterhalt herangezogen wird, nurmehr das um diesen Vorsorgeunterhalt verminderte Einkommen für den allgemeinen Lebensbedarf zur Verfügung. Aus diesem Grunde ist sein Einkommen für die Zwecke der Unterhaltsberechnung um den Vorsorgeunterhalt zu bereinigen. Andererseits ist für die Bemessung des Vorsorgeunterhalts an den Elementarunterhalt anzuknüpfen. Im Hinblick auf die sich danach ergebende Wechselbeziehung zwischen Elementar- und Vorsorgeunterhalt hat der *Senat* in mehreren Entscheidungen die Auffassung gebilligt, daß in Fällen, in denen neben Elementar- auch Vorsorgeunterhalt geltend gemacht wird, eine mehrstufige Verteilung vorzunehmen ist:

Zunächst ist, gegebenenfalls im Wege der Quotenbildung, der Elementarunterhalt festzustellen, der ohne den Einfluß des Vorsorgeunterhalts geschuldet würde. Dieser Wert hat jedoch nur die Funktion eines Rechenschrittes. Hiervon ausgehend kann der Vorsorgeunterhalt, wie es die Kl. erstrebt, nach den Versicherungsbeiträgen bemessen werden, die an die gesetzliche Rentenversicherung zu entrichten wären, wenn der Unterhaltsberechtigte Nettoeinkünfte in Höhe des (vorläufigen) Elementarunterhalts aus einer versicherungspflichtigen Erwerbstätigkeit erzielte; hierzu ist der (vorläufige) Elementarunterhalt zu einem fiktiven Bruttoeinkommen hochzurechnen und diesem der fiktive Beitrag zur gesetzlichen Rentenversicherung zu entnehmen (s. hierzu die Tabelle des *OLG*

Bremen). Der auf diese Weise ermittelte Vorsorgeunterhalt ist sodann für die abschließende Bemessung des Elementarunterhalts von dem für den Unterhalt heranzuziehenden Einkommen des Unterhaltspflichtigen in Abzug zu bringen, so daß sich eine Verringerung des (endgültigen) Elementarunterhalts ergibt. Im Hinblick auf seine Zweckbindung ist der Vorsorgeunterhalt schließlich in der Entscheidung besonders auszuweisen. (FamRZ 1981, 442, 443ff.; FamRZ 1981, 864, 865; FamRZ 1982, 255, 257; FamRZ 1982, 465; FamRZ 1982, 579; FamRZ 1982, 679; FamRZ 1982, 781).

Mit diesen Grundsätzen steht es nicht in Einklang, daß das OLG den Bekl. lediglich zur Zahlung von Elementarunterhalt nach der in der Düsseldorfer Tabelle vorgesehenen Quote der Differenz der beiderseitigen Einkünfte verurteilt und sich im übrigen auf den Standpunkt gestellt hat, daß der Bekl. zur zusätzlichen Zahlung von Vorsorgeunterhalt nicht in der Lage sei. Da der (endgültige) Elementarunterhalt nach der dargelegten Verteilungsmethode geringer ausfällt, werden in demselben Umfange Mittel für den Vorsorgeunterhalt frei. Dies allein würde freilich, wenn man die Leistungsfähigkeit des Bekl. wie bisher das OLG gerade bei 3/7 der Differenz der beiderseitigen Einkünfte (= 596 DM) erschöpft sieht, lediglich zu einer anderen Aufteilung desselben Gesamtbetrages führen, welche der Senat auch selbst vornehmen könnte. Indessen hat das OLG die Leistungsfähigkeit des Bekl. für den Vorsorgeunterhalt nach anderen Maßstäben beurteilt als für den Elementarunterhalt. Dies ergibt sich insbesondere daraus, daß es sich gegenüber dem Anspruch auf Vorsorgeunterhalt für den Selbstbehalt des Bekl. an dem Betrag von 1100 DM orientiert hat, der nach den sog. Hammer Richtlinien für den „vollen Unterhalt" i. S. des § 1577 II BGB anzusetzen ist, während es als Elementarunterhalt einen Betrag zuspricht, der dem Bekl. weniger als 1100 DM – nämlich nur 996 DM – beläßt. Eine derartige unterschiedliche Beurteilung der Leistungsfähigkeit bei Elementar- und Vorsorgeunterhalt findet im Gesetz keine Stütze. In der Frage der Leistungsfähigkeit sind vielmehr für beide Unterhaltsposten dieselben Maßstäbe heranzuziehen. Das gilt umso mehr, als es sich um unselbständige Teile des einheitlichen Unterhaltsanspruchs handelt, die sich der Höhe nach gegenseitig beeinflussen (FamRZ 82/255, 257 und FamRZ 82/465). Hiernach ist nicht auszuschließen, daß das OLG zu einer anderen tatrichterlichen Einschätzung der Leistungsfähigkeit des Bekl. gelangt, wenn es insoweit einen einheitlichen Maßstab zugrundelegt und sich nach den aufgezeigten Grundsätzen einerseits für den (endgültigen) Elementarunterhalt ein geringerer Betrag als von dem OLG bisher angenommen und andererseits für den Vorsorgeunterhalt ein geringerer Betrag als von der Kl. bisher beansprucht ergibt. Außerdem bedarf es der tatrichterlichen Überprüfung, ob die Beträge, die für den endgültigen Elementarunterhalt der Kl. und als Selbstbehalt des Bekl. verbleiben, als ausreichend angesehen werden können (FamRZ 81/442, 445 und FamRZ 82/781). Gegebenenfalls ist in tatrichterlicher Verantwortung eine den Interessen beider Parteien gerecht werdende anderweitige Bemessung des Unterhalts vorzunehmen, wobei dem laufenden Unterhalt im Verhältnis zum Vorsorgeunterhalt der Vorrang zukommt (FamRZ 81/442).

Der Rechtsstreit wird aus diesen Gründen unter teilweiser Aufhebung des angefochtenen Urteils an das OLG zurückverwiesen. Auch soweit das angefochtene Urteil – nämlich in seinem zusprechenden Teil – bestehen bleibt, ist das OLG nicht gehindert, bei der Neubemessung des Unterhalts klarzustellen, wieweit der bisher schon zugesprochene Betrag auf den Vorsorgeunterhalt entfällt, da es sich, wie ausgeführt, lediglich um einen unselbständigen Teil des einheitlichen Unterhaltsanspruchs handelt.

174c) FamRZ 83/888, 889, 890 = NJW 83/2937, 2938, 2939

(Bemessung des Vorsorgeunterhalts ohne Berücksichtigung von Krankenversicherungsbeiträgen)

Bei der Berechnung des Vorsorgeunterhalts ist das OLG im Grundsatz der vom *Senat* bereits mehrfach gebilligten mehrstufigen Methode gefolgt, bei der zunächst – hier im Wege der Quotenbildung – der Elementarunterhalt festgestellt wird, der ohne den Einfluß des Vorsorgeunterhalts geschuldet würde (FamRZ 1981, 442ff.; FamRZ 1981, 864f.). Es hat jedoch die 3/7-Quote aus einem Nettoeinkommen von 5418 DM gebildet, ohne dieses zuvor um die Kosten der Krankenversicherung für die Ehefrau (205 DM) auf 5213 DM zu bereinigen. Dies steht nicht im Einklang mit dem Grundsatz der Gleichbehandlung beider Ehegatten. Wenn der Krankenkassenbeitrag der Ehefrau in dem durch Quotenbildung ermittelten Elementarunterhalt nicht enthalten ist, muß er schon bei der Ermittlung des verteilungsfähigen bereinigten Nettoeinkommens in gleicher Weise abgesetzt werden wie die Krankenkassenbeiträge des Ehemannes (FamRZ 1980, 555, 556). Das gilt jedenfalls in Fällen uneingeschränkter Leistungsfähigkeit des Unterhaltspflichtigen, in denen auch die anderen Teile des Unterhaltsanspruchs (Vorsorgekosten und Elementarunterhalt) ungekürzt zugemessen werden. Für die Berechnung des Vorsorgeunterhalts, der an den Elementarunterhalt anknüpft, kann daher im vorliegenden Fall nur von einer 3/7-Quote aus 5213 DM, mithin von 2234 DM, ausgegangen werden.

Im nächsten Berechnungsschritt, den die Bemessung des Vorsorgeunterhalts nach der gewählten mehrstufigen Methode erfordert, hat das OLG bei der Hochrechnung des (vorläufigen) Elementarunterhalts auf ein Bruttoarbeitsentgelt entgegen der vom *OLG Bremen* angewandten Berechnungsweise auch den Beitrag berücksichtigt, den ein Arbeitnehmer in der ges. Krankenversicherung zu entrichten hätte. Dem folgt der Senat nicht.

Dem OLG ist zwar darin zuzustimmen, daß die vom *OLG Bremen* für die Außerachtlassung dieses Arbeitnehmerbeitrages gegebene Begründung, die Kosten der Krankenversicherung seien bereits in dem nach einer Quote berechneten normalen Lebensbedarf enthalten (FamRZ 1979, 124), nicht überzeugt. Richtig ist ferner, daß bei einer Hochrechnung unter strikter Anwendung des § 14 II SGB IV der Beitrag zur ges. Krankenversicherung nicht außer Betracht bleiben dürfte; denn dieser bildet neben demjenigen zur ges. Rentenversicherung die „Beiträge zur Sozialversicherung", die außer Steuern und dem Beitrag an die Bundesanstalt für Arbeit den Einnahmen eines Beschäftigten hinzugerechnet werden müssen, um aus einem vereinbarten Nettoarbeitsentgelt (im Wege des in Abschnitt 89 der Lohnsteuer-Richtlinien näher beschriebenen Abtastverfahrens) die Bruttobezüge zu ermitteln.

Indessen geht es vorliegend weder um die exakte Bemessung der Arbeitnehmerbeiträge zur Sozialversicherung noch um die genaue Berechnung der Lohnsteuer. Durch den Berechnungsschritt soll vielmehr auf möglichst einfachem Wege ein Hilfsmittel zur Bestimmung der Vorsorgekosten für den Fall des Alters sowie der Berufs- und Erwerbsunfähigkeit gewonnen werden, die neben dem Elementarunterhalt und dem Aufwand für Krankheitsvorsorge als Unterhalt gemäß § 1578 III BGB zu leisten sind. Mangels näherer ges. Bestimmungen über die Art und Weise der Berechnung solcher Vorsorgekosten und der daraus in der gerichtlichen Praxis erwachsenen erheblichen Unsicherheit erschien es geboten, ein Verfahren zu entwickeln, das den Grundsätzen des Unterhaltsrechts in gleicher Weise Rechnung trägt wie praktischen Erfordernissen. Dem wird das vom *OLG Bremen* angewendete Berechnungsmuster mit den notwendigen Ergänzungen, die der Senat für die sich anschließende Neuberechnung des Elementarunterhalts (F 81/442, 444f.) dargelegt hat, in ausreichendem Maße gerecht. Es bedarf keiner Korrektur für Fälle, in denen Krankenversicherungskosten neben dem nach einer Quote bemessenen Elementarunterhalt zugebilligt werden. Dies würde zu der unerwünschten Folge führen, daß unterschiedliche Berechnungswege für den Vorsorgeunterhalt eingeschlagen werden müßten, je nachdem, ob beim unterhaltsberechtigten Ehegatten ein Bedarf für Krankenversicherungskosten zu berücksichtigen ist oder nicht. Für den Trennungsunterhalt nach § 1361 BGB wird das häufig schon deshalb nicht der Fall sein, weil die Krankheitsvorsorge durch die Mitversicherung des nicht erwerbstätigen Ehegatten in der Krankenversicherung des Erwerbstätigen sichergestellt ist (vgl. für die ges. Krankenversicherung § 205 RVO). Aber auch durch die Scheidung erwächst nicht stets ein zusätzlicher Bedarf für Krankenversicherungskosten; dieser ist insbesondere nicht gegeben, wenn ein nur Ergänzungsunterhalt (§ 1573 II BGB) begehrender Ehegatte auf Grund eigener Erwerbstätigkeit bereits einen ausreichenden Schutz in der ges. Krankenversicherung besitzt. Außerdem kann ein bestehender Bedarf für Krankheitsvorsorgekosten sich möglicherweise nicht auswirken, weil er im Verfahren nicht geltend gemacht wird. In derartigen Fällen fehlt es an einem rechtfertigenden Grund, für die Berechnung des Vorsorgeunterhalts die ges. Beitragspflicht zur Krankenversicherung zu berücksichtigen; dies würde sich allein in einer Erhöhung des Vorsorgeunterhalts und einer daraus folgenden Verminderung des verteilungsfähigen Nettoeinkommens für die Bemessung des Elementarunterhalts niederschlagen.

Die Außerachtlassung der Versicherungsbeiträge zur ges. Krankenversicherung bei der Hochrechnung führt gegenüber den Ergebnissen, die bei strikter Anwendung des § 14 II SGB IV entstehen, zu verhältnismäßig geringen Differenzen, die im Hinblick auf die Vorzüge eines einheitlichen Berechnungsweges hingenommen werden können.

Es erscheint daher gerechtfertigt, bei der Bemessung des Vorsorgeunterhalts durch Ermittlung eines fiktiven Bruttoeinkommens die Beitragspflicht zur ges. Krankenversicherung in allen Fällen außer acht zu lassen. Dies führt zu angemessenen Ergebnissen und vermeidet unnötige Differenzierungen; die praktischen Vorteile dieser Berechnungsweise überwiegen den Nachteil, daß sich die Vernachlässigung eines Teils der Sozialversicherungsabgaben nicht für alle denkbaren Fälle befriedigend begründen läßt.

Unter Zugrundelegung der vorstehenden Ausführungen ist der Unterhalt der Ehefrau anhand der vom OLG getroffenen Feststellungen wie folgt zu bemessen:

– Beträge in DM und monatlich –

a) Unterhaltspflichtiges Einkommen des Ehemannes		6468
./. Unterhalt für Kinder	1050	
./. Krankenversicherungsunterhalt Ehefrau	205	
b) Bereinigtes Nettoeinkommen		5213
c) Vorläufige Quoten von 3/7 (fiktives Nettoarbeitsentgelt)		2234
d) Fiktives Bruttoarbeitsentgelt (vgl. Bremer Tabelle, FamRZ 1981, 854f.) (ohne Beitrag zur ges. Krankenversicherung)		3306

e) Vorsorgeunterhalt (18,5% aus d)	612
f) Verbleibendes bereinigtes Nettoeinkommen	4601
g) Elementarunterhalt (3/7 aus f)	1972
h) Krankenversicherungsvorsorge (10,42% aus g)	205

Aus den Positionen e, g und h ergibt sich ein Unterhaltsanspruch der Antragsgegnerin von insgesamt 2789 DM, auf den das angefochtene Urteil abzuändern war.

174d) FamRZ 82/255, 257 = NJW 82/1873, 1874

(Vorsorgeunterhalt, Kosten für Krankenversicherung und Kosten für Schul- und Berufsausbildung sind unselbständige Teile des einheitlichen Unterhaltsanspruchs. Wechselseitige Abhängigkeit von Elementarunterhalt und Vorsorgeunterhalt. Vorsorgeunterhalt bei Teilzeitbeschäftigung

Zur Bemessung des nachehelichen Vorsorgeunterhalts im Falle teilweiser Erwerbstätigkeit des Unterhaltsberechtigten.

Entgegen einer in Rechtsprechung und Schrifttum vertretenen Ansicht handelt es sich bei dem Anspruch auf Vorsorgeunterhalt nicht um einen eigenständigen, von der AGg. im Wege objektiver Klagehäufung geltend gemachten Anspruch, sondern um einen unselbständigen Teil des einheitlichen, ihren Lebensbedarf betreffenden Unterhaltsanspruchs. Zu diesem Lebensbedarf gehört nach der ausdrücklichen Regelung des Gesetzes auch der Vorsorgebedarf (§ 1578 III BGB). Für ihn gilt damit nichts anderes als für die Kosten einer angemessenen Krankenversicherung oder die Kosten einer Schul- oder Berufsausbildung, einer Fortbildung oder einer Umschulung (§ 1578 II BGB), bei denen es sich anerkanntermaßen um unselbständige Unterhaltsbestandteile handelt. Wird der Unterhalt, wie es in der Praxis einem vor allem in Fällen beschränkter Leistungsfähigkeit verbreiteten Verfahren entspricht und auch im vorliegenden Fall erfolgt ist, nach Quoten des Einkommens bemessen, so ergibt sich, wie der *Senat* (FamRZ 1981, 442) dargelegt hat, eine Abhängigkeit zwischen Elementarunterhalt und Vorsorgeunterhalt, die eine Trennung des hierauf bezogenen Streitstoffes ausschließt. Insbesondere hat die Zubilligung des Vorsorgeunterhalts Einfluß auf die Höhe des Elementarunterhalts, so daß sich aus einer Abänderung der Bemessung des Vorsorgeunterhalts Auswirkungen auf die Bemessung des Elementarunterhalts ergeben.

Es entspricht der Rechtsprechung des Senats, daß bei der Bemessung des Vorsorgebeitrags an den laufenden Unterhalt angeknüpft werden kann. Ebenso hat es der Senat bereits gebilligt, wenn der Berechtigte hinsichtlich der Altersvorsorge so behandelt wurde, wie wenn er in Höhe des ihm an sich zustehenden Elementarunterhalts ein Nettoarbeitsentgelt aus einer versicherungspflichtigen Erwerbstätigkeit bezöge, und als Vorsorgeunterhalt der Betrag angesetzt wurde, der sich nach Hochrechnung jenes angenommenen Nettoentgelts zu einem sozialversicherungspflichtigen Bruttolohn als Beitrag ergab (FamRZ 1981, 442; FamRZ 1981, 864). Zwar betrafen die den vorgenannten Entscheidungen zugrundeliegenden Streitigkeiten Fälle, in denen der Unterhaltsberechtigte über kein eigenes Einkommen verfügte; die dortigen Grundsätze können jedoch auch für den vorliegenden Fall herangezogen werden, in dem der zugebilligte Elementarunterhalt lediglich in einem ergänzenden Unterhalt nach §§ 1571 Nr. 1, 1572 Nr. 1 i. V. mit § 1573 II BGB besteht, der zur Aufstockung des der AGg. zugemuteten eigenen Einkommens bestimmt ist. Denn es kann davon ausgegangen werden, daß die AGg. durch die ihr zuzumutende Erwerbstätigkeit eine der Höhe ihres Einkommens entsprechende Altersvorsorge begründen würde, so daß der zuzubilligende Vorsorgeunterhalt – ebenso wie der Elementarunterhalt – lediglich der Aufstockung einer durch die Erwerbstätigkeit erzielten Altersvorsorge dient. Dabei mag es in Fällen, in denen der Unterhaltsberechtigte im Rahmen der Teilzeitbeschäftigung Pflichtbeiträge an die gesetzliche Rentenversicherung entrichtet, zweifelhaft sein, ob es sinnvoll ist, auch die Aufstockung der Altersvorsorge im Rahmen der gesetzlichen Rentenversicherung vorzunehmen, weil neben den auf Grund der Versicherungspflicht gezahlten Beiträgen lediglich solche zum Zwecke der Höherversicherung entrichtet werden können (§ 1234 RVO, § 11 AVG) und aus dieser keine dynamischen Versicherungsleistungen erwachsen (§ 1272 III RVO, § 49 III AVG). Hier kommen auch privatrechtliche Vorsorgemöglichkeiten in Betracht. Gleichwohl bestehen keine grundsätzlichen Bedenken dagegen, die Aufwendungen für diese ergänzende Altersvorsorge nach den Grundsätzen zu bemessen, die in den vorgenannten Senatsentscheidungen dargelegt sind. Wie der Vorsorgeunterhalt zu ermitteln wäre, wenn der Bedürftige eine Teilzeitbeschäftigung ohne entsprechende Altersvorsorge ausüben würde, kann hier dahinstehen.

174e) FamRZ 81/864, 865 = NJW 81/2192, 2193

(Berechnung des Vorsorgeunterhalts nach den Verhältnissen im Zeitpunkt der Scheidung beim Scheidungsunterhalt)

§ 1578 I BGB sieht für den gesamten, sowohl den laufenden Lebensbedarf als auch den Vorsorgebedarf umfassenden Unterhalt einheitlich die Regelung vor, daß sich das Maß nach den ehel. Lebensverhältnissen bestimmt. Hierunter sind grundsätzlich die ehel. Lebensverhältnisse im Zeitpunkt der Scheidung zu verstehen. Das hat der Senat für einen Fall, in dem es (lediglich) um den nachehelichen Elementarunterhalt in Form des ergänzenden Unterhalts nach § 1573 II BGB ging, bereits entschieden (FamRZ 1981, 241; [FamRZ 1981, 752]). Entgegen der Ansicht der Revision gilt dies auch für die Bemessung des Vorsorgeunterhalts. Wie der Senat (FamRZ 1981, 442, 443) dargelegt hat, ist die Auffassung, der Vorsorgeunterhalt sei dem VersAusgl verwandt und solle dessen Wirkungen über den Zeitpunkt des § 1587 II BGB hinaus ausdehnen, nicht gerechtfertigt. Vielmehr sollen nach dem Zweck der Gesetzesregelung über den Vorsorgeunterhalt mit unterhaltsrechtlichen Mitteln die Nachteile ausgeglichen werden, die dem Berechtigten aus der ehebedingten Behinderung seiner Erwerbstätigkeit erwachsen (FamRZ 81/444). Hierzu bestimmt § 1578 III BGB, daß der Vorsorgebedarf – ebenso wie der Bedarf der laufenden Lebensführung – Teil des gesamten Lebensbedarfs ist, den der Unterhalt nach § 1578 I S. 2 BGB umfaßt. Diese Regelung hat zur Folge, daß der Bestimmung von Vorsorgeunterhalt und sonstigem Unterhalt nicht unterschiedliche ehel. Lebenssituationen zugrunde zu legen sind. Danach besteht weder eine Veranlassung noch die Möglichkeit, bei der Bemessung des Vorsorgeunterhalts die Lebensverhältnisse des Zeitpunkts zugrunde zu legen, der für den VersAusgl bestimmend ist, und auf die Einkommensverhältnisse bei Eintritt der Rechtshängigkeit des Scheidungsantrages abzustellen.

In der vorgenannten Entscheidung (FamRZ 81/442, 443) hat sich der Senat im einzelnen mit den verschiedenen in Rechtsprechung und Schrifttum vertretenen Auffassungen zur Berechnung des Vorsorgeunterhalts auseinandergesetzt. Er ist der auch im vorliegenden Fall vom OLG geteilten Ansicht beigetreten, daß bei der Bemessung des Vorsorgebeitrags an den laufenden Unterhalt angeknüpft werden kann, und hat es jedenfalls für den – hier gegebenen – Fall, in dem der Unterhaltsberechtigte über kein eigenes Einkommen verfügt, für gerechtfertigt erachtet, den Berechtigten hinsichtlich der Altersvorsorge so zu behandeln, wie wenn er in Höhe des ihm an sich zustehenden Elementarunterhalts ein Nettoarbeitsentgelt aus einer versicherungspflichtigen Erwerbstätigkeit bezöge. Als Vorsorgeunterhalt sei dann der Betrag anzusetzen, der sich nach Hochrechnung jenes angenommenen Nettoentgelts zu einem sozialversicherungsrechtlichen Bruttolohn (§ 14 II SGB-IV) als Beitrag zur ges. Rentenversicherung ergäbe.

An diesen Grundsätzen ist auch bei der Entscheidung des vorliegenden Falles festzuhalten. Daß es sich hier um nachehelichen Unterhalt handelt, während das Urteil v. 25. 2. 1981 (FamRZ 81/442) einen Rechtsstreit über den Vorsorgeunterhalt während des Scheidungsverfahrens (§ 1361 I S. 2 BGB) betraf, rechtfertigt keine abweichende Beurteilung. Die in der Rechtsprechung vertretenen Bedenken gegen die Verfassungsmäßigkeit der Gesetzesregelung, mit denen sich der Senat in der genannten Entscheidung bereits auseinandergesetzt und die er hinsichtlich der damals zur Anwendung gelangten Vorschrift des § 1361 I S. 2 BGB für nicht durchgreifend erachtet hat, werden auch im Falle von § 1578 III BGB nicht geteilt.

Da die Berechnung des Betrages, den das OLG als Vorsorgeunterhalt zugebilligt hat, mit den vorstehenden Grundsätzen in Einklang steht, ist die Bemessung des Vorsorgeunterhalts an sich nicht zu beanstanden. Indessen rügt die Revision zu Recht, daß dieser Betrag in vollem Umfang *zusätzlich zum Elementarunterhalt* zugesprochen worden ist. Das verstößt, wie die Revision zutreffend ausgeführt hat, gegen den Grundsatz gleicher Aufteilung des Nettoeinkommens auf die Ehegatten. Hierzu wird gleichfalls auf die Senatsentscheidung v. 25. 2. 1981 Bezug genommen (FamRZ 81/444f.). Dort ist dargelegt, daß die Zubilligung des Vorsorgeunterhalts zu einer Kürzung des nach Quoten berechneten Elementarunterhalts führt. Dessen Bemessung ist in einem solchen Fall in der Weise vorzunehmen, daß von dem Nettoeinkommen vorab der Vorsorgeunterhalt abgezogen wird und erst danach, aus dem verbleibenden Einkommen, die (endgültige) Bemessung des Elementarunterhalts nach der maßgebenden Quote erfolgt.

174f) FamRZ 82/579, 581, 582 = NJW 82/1594L

(Bemessung des Vorsorgeunterhalts bei Teilzeitbeschäftigung und Aufstockungsunterhalt)

Das OLG hat der AGg. die Hälfte des Unterschiedsbetrages zwischen den beiderseitigen bereinigten Einkünften zugesprochen. Nach dem Inhalt des angefochtenen Urteils kann nicht ausgeschlossen werden, daß es hierbei den Vorsorgeunterhalt gänzlich außer acht gelassen hat. Andererseits läßt das Urteil auch die Annahme zu, daß das OLG mit der der AGg. zugebilligten Unterhaltsquote den Elementarunterhalt einschließlich des Vorsorgeunterhalts abdecken wollte. In diesem Fall entspräche das Urteil allerdings nicht den Grundsätzen für die Bemessung des Vorsorgeunterhalts, die der Senat (FamRZ 1981, 442; FamRZ 1981, 864; FamRZ 1982, 255, 257) aufgestellt hat.

Der Senat ist zu einer eigenen Sachentscheidung nicht in der Lage. Vielmehr muß die Unterhaltsbemessung – unter Einschluß des Vorsorgeunterhalts – grundsätzlich dem Tatrichter vorbehalten bleiben. Das gilt im vorliegenden Fall insbesondere deshalb, weil bisher nicht geklärt ist, in welcher Weise eine Aufstockung der durch die Erwerbstätigkeit der AGg. bereits erzielten Altersvorsorge – um den ergänzenden Vorsorgeunterhalt – in Betracht kommen kann. Es mag in einem Fall, in dem der unterhaltsberechtigte Ehegatte im Rahmen einer Teilzeitbeschäftigung Pflichtbeiträge für die gesetzliche Rentenversicherung entrichtet, in der Regel zweifelhaft sein, ob es sinnvoll ist, auch die Aufstockung der Altersvorsorge im Wege der gesetzlichen Rentenversicherung vorzunehmen, wenn neben den aufgrund der Versicherungspflicht gezahlten Beiträgen lediglich solche zum Zwecke der Höherversicherung entrichtet werden können (§ 1234 RVO, § 11 AVG); denn aus dieser erwachsen keine dynamischen Versicherungsleistungen (§ 1272 III RVO, § 49 III AVG). Etwas anderes kann allerdings gelten, wenn die AGg. noch in der Lage ist, freiwillige Beiträge zur Angestelltenversicherung nachzuentrichten. Gegebenenfalls können auch privatrechtliche Vorsorgemöglichkeiten zu erwägen sein (FamRZ 82/255). Zu dieser Frage haben die Parteien bisher nicht Stellung genommen. Sie kann für die Art des zu leistenden Vorsorgeunterhalts von Bedeutung sein.

174g) FamRZ 85/471, 472, 473 = NJW 85/1347 L

(Bei der Hochrechnung auf ein fiktives Bruttoentgelt sind außer den Sozialversicherungsbeiträgen auch die Lohnsteuer zu berücksichtigen)

Die vom Berufungsgericht zur Bemessung des Vorsorgeunterhalts verwendete sogenannte mehrstufige Berechnungsmethode hat der Senat bereits mehrfach gebilligt (FamRZ 1983, 888 m. w. N.). Jedoch reicht es für die an der Regel des § 14 II SGB IV orientierte Hochrechnung des „vorläufigen" Elementarunterhalts auf ein fiktives Bruttoarbeitsentgelt nicht aus, die Sozialversicherungsbeiträge (seinerzeit 18,5V) zu berücksichtigen. Die vom Senat gebilligte Berechnungsmethode geht vielmehr davon aus, daß außer den Beiträgen zur gesetzlichen Rentenversicherung und dem Beitrag an die Bundesanstalt für Arbeit auch die aus dem Bruttoeinkommen abzuführende Lohnsteuer bei der Hochrechnung einbezogen wird (FamRZ 1981, 442, 444).

175. BGH zum Krankenversicherungsschutz des Berechtigten nach der Scheidung. Unmittelbare Zahlung an die Krankenversicherer kann nicht verlangt werden. Schutz des Verpflichteten gegen mißbräuchliche Verwendung FamRZ 83/676, 677, 678 = NJW 83/1552, 1553, 1554

Wie § 1578 II BGB klarstellt, gehören zum Lebensbedarf des Unterhaltsberechtigten auch die Kosten einer angemessenen Versicherung für den Fall der Krankheit. Welcher Versicherungsschutz angemessen ist, bestimmt sich wie allgemein nach den ehel. Lebensverhältnissen im Zeitpunkt der Scheidung. Hier bestand während der Ehe der für eine Beamtenfamilie kennzeichnende Versicherungsschutz durch die Beihilfeberechtigung des Bekl. und eine ergänzende Privatversicherung. Um diesen Schutz in gleichwertiger Weise aufrechtzuerhalten, kann die Kl. nach der Scheidung für sich eine private Krankenversicherung abschließen.

Soweit die Revision geltend macht, eine derartige Unterhaltsbemessung könne nicht die Zweckbindung des auf die Krankheitsvorsorge entfallenden Teils des Unterhalts sicherstellen, vielmehr müsse auf Zahlung unmittelbar an die Krankenkasse erkannt werden, kann dem nicht gefolgt werden. Der *Senat* hat für den Altersvorsorgeunterhalt nach § 1578 III BGB entschieden, daß der Unterhaltsverpflichtete grundsätzlich nicht verlangen kann, die Zahlungen unmittelbar an den Versorgungsträger zu leisten. Ausnahmen kommen nur in Betracht, wenn besondere Umstände vorliegen, die das Verlangen des Unterhaltsgläubigers auf Zahlung an sich selbst als einen Verstoß gegen Treu und Glauben (§ 242 BGB) erscheinen lassen (FamRZ 1982, 1187, 1188f.). Das gleiche muß für den Unterhaltsanspruch nach § 1578 II BGB gelten. Derartige besondere Umstände sind im vorliegenden Fall nicht ersichtlich. Der Unterhaltsverpflichtete ist bei nicht bestimmungsgemäßer Verwendung der auf die Krankheitsvorsorge entfallenden Beträge dadurch geschützt, daß der Berechtigte im Krankheitsfall unterhaltsrechtlich so zu behandeln ist, als hätten die Beträge zu einer entsprechenden Versicherung geführt.

176. BGH zum Billigkeitsunterhalt nach § 1581 BGB, zur 2-stufigen Unterhaltsberechnung im Mangelfall und zur anteilsmäßigen Kürzung mehrerer Unterhaltsansprüche sowie zum Rangverhältnis nach § 1582 bei mehreren Ehegatten und zum Nachrang Volljähriger FamRZ 83/678, 679, 680 = NJW 83/1733, 1734, 1735

Gemäß § 1581 BGB braucht der Bekl. nur insoweit Unterhalt zu leisten, als es mit Rücksicht auf die Bedürfnisse und die Erwerbs- und Vermögensverhältnisse der Parteien der Billigkeit entspricht, wenn er nach seinen Erwerbs- und Vermögensverhältnissen unter Berücksichtigung seiner sonstigen Verpflichtungen außerstande ist, ohne Gefährdung des eigenen angemessenen Unterhalts der Kl. Unterhalt zu gewähren. Diese Regelung entspricht im Grundsatz derjenigen, die gemäß § 59 I S. 1

EheG für Unterhaltsansprüche nach dem bis zum 30. 6. 1977 geltenden Scheidungsrecht angeordnet ist. Hierzu hat der *BGH* bereits entschieden (FamRZ 79/692, 693), daß die Bemessung des Unterhaltsanspruchs nach Billigkeitsgrundsätzen stufenweise vorzunehmen ist:

Zunächst muß der nach den ehel. Lebensverhältnissen der geschiedenen Ehegatten erforderliche volle Unterhalt ermittelt werden; auf der gleichen Stufe sind die Beträge des angemessenen Unterhalts für andere Unterhaltsberechtigte festzustellen, damit alle zu berücksichtigenden Ansprüche zu dem insgesamt für Unterhaltszahlungen verfügbaren Betrag in Relation gesetzt werden können. Erst auf der zweiten Berechnungsstufe findet eine Kürzung der Ansprüche nach Billigkeitsgesichtspunkten zur Anpassung an die Leistungsfähigkeit des Verpflichteten statt.

Auf der ersten Berechnungsstufe (Feststellung des angemessenen Unterhalts aller Berechtigten) ist das OLG im Grundsatz von zutreffenden Erwägungen ausgegangen.

Ohne Erfolg wendet sich die Revision dagegen, daß das OLG bei der Ermittlung der zur Deckung des vollen Unterhalts erforderlichen Beträge auf seiten des Bekl. den gleichen Wert angesetzt hat, der der Berechnung des vollen Unterhalts für die Kl. zugrundegelegt ist. Der Auffassung der Revision, der Bekl. habe nur Anspruch auf denjenigen Unterhalt, der sich unter Berücksichtigung der durch die neue Ehe hinzugekommenen Unterhaltsberechtigten aufgrund seines derzeitigen Einkommens ergebe, kann nicht gefolgt werden. Der Hinzutritt weiterer Unterhaltsberechtigter nach Auflösung der früheren Ehe vermehrt zwar die dem Bekl. insgesamt obliegende Unterhaltslast. Ob und gegebenenfalls in welcher Weise sich dadurch sein Lebensstandard ändert, entscheidet sich indessen erst, wenn sich nach Ermittlung des Unterhaltsbedarfs aller Beteiligten ergibt, daß die Erwerbs- und Vermögensverhältnisse des Bekl. nicht ausreichen, um die Ansprüche aller Berechtigten voll zu erfüllen, mit der Folge, daß Kürzungen unter Billigkeitsgesichtspunkten durchgeführt werden müssen (zweite Berechnungsstufe). Es besteht kein Grund, schon auf der ersten Berechnungsstufe, wo es nur um die Ermittlung des vollen Unterhaltsbedarfs geht, im Verhältnis der Parteien zueinander von unterschiedlichen Bedarfsgrößen auszugehen; beide nehmen vielmehr in gleicher Weise an dem bis zur Scheidung erreichten und durch die Einkünfte aus der beiderseitigen vollen Erwerbstätigkeit geprägten Lebensstandard teil.

Unabhängig von diesen Erwägungen ist allerdings in gleicher Weise wie beim Ansatz des vollen Unterhaltsbedarfs für die Kl. zu beanstanden, daß ein Betrag von 1700 DM auch für den Bekl. nicht ausreicht, um den bis zur Scheidung der Ehe der Parteien von beiden mit einem Gesamteinkommen von 3850 DM erreichten Lebensstandard unter Berücksichtigung trennungsbedingter Mehrkosten aufrecht zu erhalten.

Ohne Rechtsfehler hat das OLG die Unterhaltspflicht des Bekl. gegenüber seiner jetzigen Ehefrau berücksichtigt. Ihr gegenüber besteht ein Vorrang der Kl. weder nach § 1582 I S. 1 BGB noch nach Satz 2 dieser Bestimmung, so daß es keiner Prüfung der Frage bedarf, ob gegen § 1582 I S. 2 BGB verfassungsrechtliche Bedenken bestehen. Denn die Ehefrau des Bekl. wäre bei einer Scheidung der neuen Ehe gemäß §§ 1570, 1577 I BGB unterhaltsberechtigt, weil von ihr wegen der Pflege und Erziehung des 1979 geborenen gemeinschaftlichen Kindes Katrin gegenwärtig eine Erwerbstätigkeit nicht erwartet werden könnte. Die Kl. geht auch nicht ausnahmsweise im Rang vor, denn ihr Unterhaltsanspruch beruht nicht auf § 1570 oder § 1576 BGB und ihre Ehe mit dem Bekl. war nicht von langer Dauer. Das Gesetz erläutert zwar nicht näher, wann von einer langen Dauer einer Ehe im Sinne dieser Vorschrift gesprochen werden kann. Aus der Begründung des Regierungsentwurfs BGB ergibt sich jedoch, daß die Gewährung eines Vorrangs in solchen Fällen auf dem Gedanken beruht, das Vertrauen desjenigen Ehegatten auf fortdauernde Unterhaltsgewährung zu schützen, der sich in der Ehe langjährig unter Verzicht auf eine eigene berufliche Entwicklung vorwiegend dem Haushalt und der Pflege und Erziehung von Kindern gewidmet hat. Wenn das OLG danach unter Würdigung der tatsächlichen Verhältnisse im vorliegenden Fall die kinderlos gebliebene und durch beiderseitige volle Erwerbstätigkeit geprägte Ehe der Parteien bei einer – zwischen Eheschließung und Zustellung des Scheidungsantrages erreichten – Dauer von etwas über acht Jahren nicht als von „langer Dauer" angesehen hat, ist das rechtlich nicht zu beanstanden.

Auch die Unterhaltspflicht des Bekl. gegenüber seinem Kind Katrin hat das OLG mit Recht in die Verpflichtungen gemäß § 1581 BGB einbezogen. Die Kl. ist diesem Kind gegenüber nicht bevorrechtigt. Nach § 1582 II i. V. mit § 1609 II S. 2 BGB geht ein unterhaltsberechtigter geschiedener Ehegatte den volljährigen oder verheirateten Kindern des Unterhaltspflichtigen vor. Über das Rangverhältnis eines geschiedenen Ehegatten zu den minderjährigen unverheirateten Kindern des Verpflichteten enthält das Gesetz keine ausdrückliche Bestimmung. Es entspricht aber allgemeiner, auch von der Revision nicht bezweifelter Auffassung, die der *Senat* teilt, daß es danach bei der für familienrechtliche Unterhaltsansprüche geltenden Grundregel der Gleichrangigkeit verbleibt.

Die vom OLG getroffene Billigkeitsentscheidung kann jedoch keinen Bestand behalten, weil die mitgeteilten Erwägungen den vollständigen Wegfall jeglichen Unterhalts für die Kl. nicht zu begründen vermögen. Eine vom Tatrichter nach Billigkeitsgesichtspunkten getroffene Entscheidung unterliegt zwar nur eingeschränkt revisionsrechtlicher Prüfung. Sie muß indessen die angewendeten Maßstäbe erkennen lassen und darf nicht dazu führen, daß vom Gesetz vorgegebene Bewertungen außer acht bleiben oder sogar in ihr Gegenteil verkehrt werden.

Im vorliegenden Fall hat das OLG den von ihm – allerdings für Kl. und Bekl. in zu geringer Höhe – ermittelten Unterhaltsbedarf aller Beteiligten entsprechend der Leistungsfähigkeit des Bekl. gleichmäßig (um 22√) gekürzt. Eine solche proportionale Herabsetzung ist gerechtfertigt, wenn feststeht, daß die Bedürfnisse der betroffenen Unterhaltsberechtigten gleichwertig sind und die dem Unterhaltsverpflichteten aufgrund dieser Kürzung verbleibenden Mittel ausreichen, seinen notwendigen Lebensbedarf zu decken. Von diesen Voraussetzungen ist das OLG selbst ausgegangen. Dann fehlt es aber an einem Grund, den durch anteilmäßige Herabsetzung geschmälerten Unterhaltsanspruch der Kl. nochmals und dann so rigoros zu beschneiden, daß der Anspruch gänzlich entfällt. Die dafür gegebene Begründung, daß der Bekl. sonst weniger für sich behalte, als die Kl. verdiene, trägt eine solche Entscheidung nicht. Nach § 1581 S. 1 BGB wird die Leistungsfähigkeit des Bekl. erst dadurch begrenzt, daß sein eigener angemessener Unterhalt gefährdet wäre. Im Rahmen dieser Prüfung kann er sich nicht darauf berufen, daß ihm im Verhältnis zur Kl. ebensoviel verbleiben müsse, wie sie verdiene. Denn das Absinken seiner Leistungsfähigkeit beruht auf einer Entwicklung, die nach der Scheidung allein bei ihm durch die Gründung der neuen Familie und die dadurch zusätzlich entstandenen Unterhaltspflichten eingetreten ist.

Der vollständige Ausschluß eines Anspruchs der Kl. auf Ergänzungsunterhalt begünstigt nicht nur den Bekl., sondern auch dessen Ehefrau. Ihren Unterhaltsbedarf, den das OLG mit 940 DM im Monat angenommen hat, könnte der Bekl. ohne Gefährdung seines eigenen angemessenen Unterhalts und desjenigen seiner ehel. Tochter ungekürzt erfüllen, wenn die Entscheidung des OLG bestehen bliebe. Das verstößt gegen die Grundentscheidung des Gesetzes über die Rangfolge der Unterhaltsansprüche eines geschiedenen neben einem neuen Ehegatten. Danach geht ,,im Falle des § 1581" der geschiedene Ehegatte einem neuen Ehegatten unter bestimmten Voraussetzungen vor (§ 1582 BGB); in allen anderen Fällen – auch im vorliegenden – besteht gleicher Rang, der gesetzestechnisch schon als Ausnahme ausgestaltet ist. Ein Vorrang des neuen Ehegatten besteht nach dem Gesetz nicht. Ihn im Wege der Billigkeitsentscheidung anzuordnen, kann daher allenfalls in einem seltenen, hier nicht gegebenen Sonderfall in Betracht kommen.

177. BGH zur 2stufigen Unterhaltsbemessung in Mangelfällen nach §§ 58, 59 EheG FamRZ 79/692, 693, 694 = NJW 79/1985, 1986

§ 58 EheG bildet die Grundlage für die Bemessung der nachehelichen Unterhaltspflicht des aus alleinigem oder überwiegendem Verschulden geschiedenen Ehegatten. Der Ehegatte, der nicht oder nur in geringerem Maße für schuldig erklärt worden ist, hat danach im Rahmen seiner Bedürftigkeit Anspruch auf den nach den Lebensverhältnissen der Ehegatten angemessenen Unterhalt. Damit gibt das Gesetz einen objektiven Bemessungsmaßstab, der von der Leistungsfähigkeit des Verpflichteten unabhängig ist. Der unterhaltsberechtigte Ehegatte soll nach § 58 EheG so gestellt werden, daß er seinen in der Ehe erworbenen Lebensstandard beibehalten kann.

In der Kommentarliteratur wird überwiegend die Auffassung vertreten, daß sich der Betrag des angemessenen Unterhalts i. S. des § 58 EheG von vornherein nach der Leistungsfähigkeit des Verpflichteten richte und § 59 EheG nur den Sonderfall regle, daß die Leistungsfähigkeit des Verpflichteten infolge zusätzlicher Verbindlichkeiten eingeschränkt sei. Der Senat kann sich dieser Auffassung nicht anschließen. Es ist kein Grund ersichtlich, warum die Regelung des § 59 EheG auf den Sonderfall der Leistungsunfähigkeit wegen sonstiger Verpflichtungen beschränkt und die Folgen der eingeschränkten Leistungsfähigkeit damit uneinheitlich geregelt sein sollten. Ebenso wie der hinsichtlich der Berücksichtigung sonstiger Verpflichtungen fast wortgleiche § 1603 BGB ist § 59 EheG vielmehr als umfassende Regelung des Einflusses der eingeschränkten Leistungsfähigkeit auf den Unterhaltsanspruch anzusehen. Die ausdrückliche Erwähnung sonstiger Verpflichtungen dient nur der Klarstellung, daß diese Verpflichtungen bei der Beurteilung der Leistungsfähigkeit nicht unberücksichtigt bleiben dürfen. § 58 EheG bestimmt demgegenüber – vergleichbar der Vorschrift des § 1610 BGB – das Maß des angemessenen Unterhalts objektiv nach dem ehelichen Lebensstandard.

Die Bemessung des Unterhaltsanspruchs nach §§ 58, 59 EheG geht daher stufenweise vor sich. Ausgangspunkt ist der nach den Lebensverhältnissen der Ehegatten angemessene Unterhalt gemäß § 58 EheG. Der Anspruch ist jedoch nach Billigkeitsgrundsätzen zu beschränken, wenn der Verpflichtete nicht voll leistungsfähig i. S. des § 59 EheG ist. Diese Zweistufigkeit der gesetzlichen Regelung muß nicht in allen Fällen dazu führen, daß der Betrag des angemessenen Unterhalts nach § 58 EheG zunächst konkretisiert wird. Er kann offen bleiben, wenn die Leistungsfähigkeit des Verpflichteten offensichtlich unzureichend ist und die Billigkeitsentscheidung nach § 59 EheG ohne Festlegung der Höhe des angemessenen Unterhalts möglich ist, etwa wenn es nach Sachlage nur darum geht, das geringe Einkommen des Verpflichteten unter den geschiedenen Ehegatten nach

Billigkeitsgrundsätzen aufzuteilen. Wenn auch der Unterhaltsbedarf des neuen Ehegatten des Verpflichteten zu berücksichtigen ist, wird es jedoch auch bei offensichtlich unzulänglicher Leistungsfähigkeit des Verpflichteten zumindest erforderlich sein, die Beträge des angemessenen Unterhalts der verschiedenen Berechtigten und den für die Unterhaltszahlungen insgesamt zur Verfügung stehenden Betrag zueinander in Relation zu setzen, um eine Kürzung der Ansprüche nach Billigkeit zu ermöglichen.

Diesen Grundsätzen wird das OLG nicht gerecht.

Das Urteil läßt nicht zweifelsfrei erkennen, ob das OLG die zugesprochenen Beträge als den angemessenen Unterhalt nach § 58 EheG oder als einen nach Billigkeit bemessenen Unterhalt gemäß § 59 EheG angesehen hat. Für ersteres spricht, daß das OLG nur § 58 EheG angeführt und auf die wirtschaftlichen Verhältnisse im Zeitpunkt der Ehescheidung abgestellt hat. Auf eine Bemessung nach § 59 EheG deutet dagegen die Berücksichtigung der Unterhaltspflicht des Bekl. gegenüber seiner neuen Ehefrau hin. Die Ausführungen des OLG würden jedoch nach beiden Bestimmungen nicht ausreichen, um das Urteil zu tragen.

Die Unterhaltsbemessung des OLG kann auch als Billigkeitsentscheidung nach § 59 EheG nicht aufrecht erhalten bleiben. Abgesehen davon, daß nicht zweifelsfrei erkennbar ist, ob das OLG überhaupt den Tatbestand des § 59 EheG als erfüllt angesehen und eine Entscheidung nach Billigkeit – die ihm als Tatsachengericht grundsätzlich vorbehalten bleiben muß – getroffen hat, würden die Ausführungen des OLG nicht ausreichen, um den zugesprochenen Betrag aus Billigkeitsgründen zu rechtfertigen. Das Berufungsurteil erwähnt zwar die Unterhaltspflicht des Bekl. gegenüber seiner neuen Ehefrau. Es beziffert aber deren Unterhaltsbedarf nicht und läßt auch nicht erkennen, in welchem Verhältnis die angemessenen Unterhaltsbeträge für beide Ehefrauen zueinander und zur Leistungsfähigkeit des Bekl. stehen.

(Siehe auch B 170 und B 176)

178. BVerfG zur Verfassungsmäßigkeit des § 1579 I BGB FamRZ 81/745, 748, 749 = NJW 81/1771, 1772

Nach der Entscheidung des BVerfG zum Scheidungsrecht des 1. EheRG war der Gesetzgeber von Verfassungs wegen nicht gehindert, vom Verschuldens- zum Zerrüttungsprinzip überzugehen (FamRZ 1980, 319 [323]). Dem entspricht es im Bereich des Scheidungsfolgenrechts, daß der Ausgleich von Versorgungsanwartschaften grundsätzlich ohne Rücksicht darauf durchzuführen ist, ob der Berechtigte das Scheitern der Ehe verschuldet hat (FamRZ 1980, 326 [333]).

Der Gesetzgeber ist beim Unterhaltsrecht des 1. EheRG – wie beim Scheidungsrecht und beim Versorgungsausgleich – davon ausgegangen, es bestehe die Gefahr, daß häufig bei der Frage nach dem Verschulden nicht die wirklichen Ursachen für das Scheitern der Ehe, sondern mehr zufällig herausgestellte Verhaltensweisen oder Geschehnisse zur Grundlage der gerichtlichen Entscheidungen gemacht würden. Darüber hinaus sollte mit der Schaffung eines verschuldensunabhängigen Unterhaltsrechts die unter der Herrschaft des Schuldprinzips beobachtete besondere Härte und Schärfe und die daraus folgende Verbitterung bei gerichtlichen Auseinandersetzungen zwischen Eheleuten nach Möglichkeit beseitigt oder gemindert werden. Dies wurde für erforderlich gehalten, um die Eheleute nicht über die gerichtliche Auseinandersetzung hinaus noch weiter zu entfremden; es sollte verhindert werden, daß die Aussichten einer Heilung der noch bestehenden Ehe vermindert und die Wahrnehmung der auch nach Trennung und Scheidung der Ehe den Ehegatten obliegenden Verantwortung füreinander und insbesondere gegenüber gemeinsamen Kindern zusätzlich erschwert werde. Diese Erwägungen sind verfassungsrechtlich ebensowenig zu beanstanden wie die weitere zur Abkehr vom Verschuldensprinzip gegebene Begründung des Gesetzgebers, wonach die Verknüpfung von Unterhaltsanspruch und Scheidungsschuld eine Benachteiligung des haushaltsführenden Ehegatten – regelmäßig der Frau – zur Folge habe, die mit der anerkannten Auffassung, daß die Tätigkeit im Haushalt einer Berufstätigkeit gleichzustellen sei, nicht vereinbart werden könne. Die Scheidung der Ehe bleibe auf die Berufstätigkeit des Mannes und damit auf seine wirtschaftliche Sicherheit regelmäßig ohne Einfluß. Dagegen sei die Ehefrau in vielen Fällen nicht in der Lage, sich durch Wiedereingliederung in das Erwerbsleben wirtschaftlich selbst zu sichern. Ihre Bedürfnislage stehe in Verbindung mit der gesch. Ehe. Das Fehlverhalten des haushaltsführenden Ehegatten dürfe daher nicht zum Entzug der wirtschaftlichen Grundlage führen.

Der Gesetzgeber hat beim Übergang zum verschuldensunabhängigen Unterhaltsrecht auch nicht gegen das Gebot verstoßen, ehebeeinträchtigende Wirkungen bei seinen Regelungen zu vermeiden. Er hat in § 1579 I BGB die Möglichkeit vorgesehen, Unterhaltsansprüche aus Gründen grober Unbilligkeit zu versagen. Neben den Ausschlußtatbeständen der kurzen Ehedauer (§ 1579 I Nr. 1 BGB), der Straftaten gegenüber dem Verpflichteten oder einem seiner nahen Angehörigen (§ 1579 I Nr. 2 BGB) und der mutwillig herbeigeführten Bedürftigkeit (§ 1579 I Nr. 3 BGB) ermöglicht es vor allem die allgemeine negative Billigkeitsklausel des § 1579 I Nr. 4 BGB den Gerichten, den Verhältnissen des Einzelfalls Rechnung zu tragen. Allerdings soll über die Anwendung dieser Generalklausel das Schuldprinzip nicht wieder aufleben. Entsprechend diesem gesetzgeberischen Willen wird in Rechtsprechung und Schrifttum überwiegend der Ausnahmecharakter des § 1579 I Nr. 4 BGB betont: Nur ein schwerwiegendes und auch klar bei einem Ehegatten liegendes evidentes Fehlverhalten soll geeignet sein, die Voraussetzungen dieses Ausschlußtatbestandes zu erfüllen (vgl. BGH, FamRZ 1979, 569ff. = NJW 1979, 1348 [1349], mit Rechtsprechungs- und Literaturnachweisen).

Mit dieser Regelung hat der Gesetzgeber zugleich sichergestellt, daß der Eingriff in die Handlungsfreiheit des Verpflichteten die vom Grundsatz der Verhältnismäßigkeit gezogenen Grenzen nicht überschreitet.

Die nach Trennung und Scheidung fortwirkende personale Verantwortung beider Ehegatten füreinander reduziert sich im Unterhaltsbereich auf die einseitige Unterhaltsverpflichtung des wirtschaftlich stärkeren Ehegatten gegenüber dem bedürftigen Partner. Damit ist der im ehel. Unterhaltsrecht allgemein geltende Grundsatz der Gegenseitigkeit der Unterhaltspflicht (§ 1360 BGB) durchbrochen. Hinzu kommt, daß nach der Abkehr vom Verschuldensprinzip im Scheidungs- und Scheidungsfolgenrecht nicht mehr festgestellt werden kann, ob sich die Unterhaltsansprüche des Berechtigten auch mit dem ehezerstörenden Verhalten des Verpflichteten begründen lassen. Andererseits muß sich der Verpflichtet, selbst wenn er an der Ehe festhalten möchte und aus seiner Sicht die Verantwortung für das Scheitern der Ehe bei seinem Partner liegt, bei Erfüllung der Voraussetzungen eines der Unterhaltstatbestände der §§ 1570ff. BGB mit der finanziellen Belastung abfinden. Die Grenze des Zumutbaren eines schuldunabhängigen Unterhaltsanspruchs wäre aber dort überschritten, wo ein getrenntlebender oder gesch. Ehegatte Unterhaltsansprüche seines Partners zu erfüllen hätte, obwohl dieser sich gegen ihn oder einen seiner Angehörigen eines Verbrechens oder vorsätzlichen Vergehens schuldig gemacht und sich damit ganz bewußt von jeglichen ehel. Bindungen gelöst hat. Das gleiche gilt für die übrigen Ausschlußtatbestände des § 1579 I BGB. Im anderen Fall wäre die Beschränkung der Dispositionsfreiheit des Verpflichteten im finanziellen Bereich als Folge der Unterhaltsansprüche des Bedürftigen nicht mehr Bestandteil der verfassungsmäßigen Ordnung und könnte vor dem Grundrecht des Art. 2 I GG nicht bestehen.

179. BVerfG zur Verfassungswidrigkeit des § 1579 II BGB FamRZ 81/745, 749, 750 = NJW 81/1771, 1772, 773

§ 1579 II BGB ist dahin auszulegen, daß ein Unterhaltsanspruch nur dann besteht, wenn der Berechtigte das Kind mit Einverständnis des Verpflichteten oder aufgrund einer gerichtlichen Sorgerechtsentscheidung betreut. Auch in dieser Auslegung ist er mit Art. 2 I GG insoweit nicht vereinbar, als die starre gesetzliche Regelung dem Richter keine Möglichkeit läßt, den individuellen Verhältnissen des Einzelfalls hinreichend gerecht zu werden.

Die Billigkeitsklausel des § 1579 I BGB ist in Abs. II dahin eingeschränkt, daß sie in den Fällen keine Anwendung findet, in denen von dem Unterhaltsberechtigten wegen der Pflege oder Erziehung eines gemeinschaftlichen Kindes eine Erwerbstätigkeit nicht erwartet werden kann. Dies bedeutet: Der Unterhaltsanspruch wegen Kindesbetreuung (§ 1570 BGB) unterliegt keinem Ausschlußtatbestand und bestimmt sich uneingeschränkt nach den ehel. Lebensverhältnissen (§ 1578 I BGB). In dem RegE des 1. EheRG wurde die Regelung damit begründet, daß die noch andauernde Leistung, die der Ehegatte mit der Pflege und Erziehung eines gemeinschaftlichen Kindes für den anderen erbringe, selbst unter den Voraussetzungen des § 1579 I BGB eine Beschränkung des vollen angemessenen Unterhalts nicht sachgemäß erscheinen lasse.

Das Kind, dem eigene Menschenwürde und eigenes Recht auf freie Entfaltung seiner Persönlichkeit zukommt, steht unter dem besonderen Schutz des Staates (FamRZ 1968, 578 [584]). Art. 6 II S. 2 in Verbindung mit Art. 2 I und Art. 1 I GG gebieten es daher, daß der Gesetzgeber auch im Unterhaltsrecht getrennt lebender und gesch. Ehegatten jede Regelung vermeidet, die sich für die Entwicklung der Kinder nachteilig auswirken könnte. Mit der Trennung ihrer Eltern ist für die Kinder ohnehin in der Regel eine Verschlechterung ihrer Lebensverhältnisse verbunden. Einmal ist es die auf den Verlust eines Elternteils folgende seelische Belastung, die sie bewältigen müssen, und zum anderen werden sie zwangsläufig auch von den meist ungünstigen wirtschaftlichen Folgen der Trennung und Scheidung betroffen. Kinder getrennt lebender und gesch. Ehegatten müssen darauf verzichten, mit ihren Eltern in einer Familiengemeinschaft zusammenzuleben. Die abträglichen Folgen dieses gestörten familiären Zustandes würden erheblich verstärkt, wenn sie zudem auch noch weitgehend die Betreuung durch den Elternteil entbehren müßten, dem sie zugeordnet sind, weil dieser auf eine Erwerbstätigkeit angewiesen wäre. Es entspricht vielmehr dem Wohl des Kindes, wenn es sich auch nach der Trennung seiner Eltern in der Obhut eines Elternteils weiß, der hinreichend Zeit hat, auf seine Fragen, Wünsche und Nöte einzugehen (FamRZ 1981, 124 [127] = NJW 1981, 217 [219]). Dabei wird die erforderliche Betreuungsintensität im wesentlichen durch das Alter sowie die körperliche und geistige Entwicklung des Kindes bestimmt.

Indem der Gesetzgeber den Unterhaltstatbestand der Kindesbetreuung (§ 1570 BGB) geschaffen und diesen ausschlußfrei gestaltet hat (§ 1579 II BGB), stellt er den Elternteil, bei dem sich das Kind befindet, von einer Erwerbstätigkeit frei, und zwar solange und soweit das Kind der Pflege oder Erziehung bedarf. Nach dem Willen des Gesetzgebers soll das Kind nicht unter dem Fehlverhalten des ihn betreuenden Elternteils leiden, der im Fall einer wirtschaftlich erzwungenen Tätigkeit seiner Elternaufgabe zeitlich nur noch unzureichend nachkommen könnte. In dieser Sicht dient der Unterhaltsanspruch des bedürftigen Ehegatten zur Sicherung der Wahrnehmung seiner Elternverantwortung, die einen wesensbestimmenden Bestandteil des Elternrechts nach Art. 6 II S. 1 GG bildet (vgl. *BVerfGE* 24, 119 [143] = FamRZ 1968, 578 [584]).

Den Belangen des Kindes kommt gegenüber denen des unterhaltsverpflichteten Elternteils grundsätzlich der Vorrang zu (FamRZ 1974, 579 [588]). Das Kind bedarf des Schutzes und der Hilfe, um sich zu einer eigenverantwortlichen Persönlichkeit innerhalb der sozialen Gemeinschaft zu entwickeln (FamRZ 1968, 578 [584]). Der Gesetzgeber ist daher verpflichtet, die Lebensbedingungen des Kindes zu sichern, die für sein gesundes Aufwachsen erforderlich sind (FamRZ 1981, 429 [433] = NJW 1981, 1201 [1202]). Insoweit ist der verfassungsrechtliche Anspruch des verpflichteten Elternteils, unter den Voraussetzungen des § 1579 I BGB von Unterhaltszahlungen ganz oder teilweise freigestellt zu werden, durch die Interessen des Kindes begrenzt. § 1579 II BGB ist aber nur mit dem Grundgesetz vereinbar, wenn und soweit seine Auslegung und Anwendung auch tatsächlich zu Entscheidungen führt, die allein am Kindeswohl orientiert sind, die keine ehebeeinträchtigenden Wirkungen zeitigen und die dem Grundsatz der Verhältnismäßigkeit Rechnung tragen. Dies setzt voraus, daß seine Anwendung auf Fälle beschränkt wird, in denen die Betreuung des Kindes durch eine Vereinbarung der Eltern oder durch eine staatliche Sorgerechtsentscheidung dem Unterhaltsberechtigten übertragen worden ist.

Wird die Ehe der Eltern geschieden, so ergibt sich aus der fortwirkenden Verantwortung gegenüber dem Kinde die Pflicht der gesch. Eltern, die regelmäßig mit der Scheidung für seine Entwicklung verbundene Schädigung nach Möglichkeit zu mildern und eine vernünftige, dem Interesse des Kindes entsprechende Lösung für seine Pflege und Erziehung zu finden (FamRZ 1971, 421 [424]). Dem entspricht es, daß § 1671 III BGB grundsätzlich von der Bindung des Gerichts an einen übereinstimmenden Vorschlag der Eltern für die Regelung des Sorgerechts ausgeht und eine Abweichung nur vorsieht, wenn dies durch das Kindeswohl geboten ist. Unter Berücksichtigung der von ihnen vereinbarten Arbeitsteilung in der Ehe, der möglicherweise stärkeren gefühlsmäßigen Bindung des Kindes an einen Elternteil und anderer Umstände, die für die Auswahl der Betreuungsperson bestimmend sein können, sind die gesch. Ehegatten am ehesten in der Lage, den Belangen des Kindes gerecht zu werden.

Es ist davon auszugehen, daß auch heute noch die Ehefrau in der Regel ihre Unterhaltsleistungen durch die Führung des Haushalts und die Betreuung der Kinder erbringt, während der Ehemann die notwendigen Barmittel zur Verfügung stellt. Ist aber der Vater bereit, nach der Scheidung die Pflege und Erziehung des Kindes der Mutter anzuvertrauen und entspricht dies ihrem Wunsch, so liegt es im Kindesinteresse, daß die bedürftige gesch. Ehefrau grundsätzlich Unterhalt von ihrem früheren Ehepartner beanspruchen kann, und zwar selbst dann, wenn sie durch ihr Verhalten einen der Tatbestände des § 1579 I BGB erfüllt hat. Da ausgeschlossen werden muß, daß sie vom Unterhalt des Kindes mitlebt oder trotz eines Unterhaltsanspruchs „dem Grunde nach“ auf eine Erwerbstätigkeit angewiesen ist, bestehen keine verfassungsrechtlichen Bedenken dagegen, ihr auch in diesen Fällen den vollen, an den ehel. Lebensverhältnissen ausgerichteten Unterhalt zuzugestehen. Dadurch wird gleichzeitig vermieden, daß der Lebensstandard des Kindes, der vor der Scheidung der Ehe seiner Eltern durch die ehel. Lebensverhältnisse geprägt wurde, nunmehr wegen des Fehlverhaltens seiner Mutter absinkt, das von ihm nicht zu verantworten ist. Schließlich gewinnt die gesetzgeberische Erwägung, nach der ein eheangemessener Kindesbetreuungsunterhalt wegen der Miterfüllung der anteiligen Erziehungsverpflichtungen des anderen Partners leistungsgerecht sei gerade in den Fällen der einverständlichen Kindesbetreuung an Überzeugungskraft.

Diese Überlegungen gelten in gleicher Weise, wenn die Ehe der Eltern nicht geschieden ist, die Eltern aber getrennt leben und die Betreuung des Kindes durch einen Ehegatten im Einverständnis mit dem anderen erfolgt.

Wenn sich gesch. Ehegatten nicht über die Wahrnehmung der ihnen auch nach der Scheidung den gemeinsamen Kindern gegenüber obliegenden Elternverantwortung einigen können, ist der Staat berufen, durch die Gerichte über die widerstreitenden Interessen der Eltern zu entscheiden (FamRZ 1981, 126 = NJW 1981, 218). Nur eine gerichtliche Lösung des Konflikts zwischen den Eltern, die der Gesetzgeber in § 1671 BGB angeordnet und näher geregelt hat, kann hier das Kindeswohl gewährleisten. Wegen des grundsätzlichen Verbunds von Scheidungs- und Folgesachen (§ 623 I ZPO), zu dem auch die Regelung der elterl. Sorge für ein gemeinschaftliches Kind gehört (§ 621 I Nr. 1 ZPO, § 1671 I BGB), kann davon ausgegangen werden, daß der tatsächlichen Betreuung eines Kindes durch einen gesch. Elternteil eine entsprechende gerichtliche Sorgerechtsentscheidung zugrunde liegt. Dadurch wird die Tragweite des § 1579 II BGB eingeschränkt. Wie die Bundesregierung ausgeführt hat, wird der Ehegatte, der sich gegenüber dem anderen krass fehlverhalten hat, in der Regel nicht die Erziehungseignung haben, die für eine Sorgerechtsübertragung erforderlich ist.

Auch bei getrennt lebenden Ehegatten muß für eine Anwendung des § 1579 II BGB von Verfassungs wegen verlangt werden, daß die Kindesbetreuung auf einer richterlichen Entscheidung beruht, sei es auf einer nach Anhängigkeit einer Ehesache zulässigen einstw. Anordnung (§ 620 S. 1 Nr. 1, § 620a ZPO), sei es auf einer isolierten sorgerechtlichen Entscheidung, die nach § 1672 BGB möglich ist, wenn die Eltern nicht nur vorübergehend getrennt leben. Davon geht auch der BGH in seiner Rechtsprechung zur entsprechenden Anwendung von § 1579 I Nr. 4, II BGB während des Getrenntlebens der Eltern grundsätzlich aus. Da die Regelung in § 1579 II BGB letztlich dem Interesse des Kindes und nicht den eigenen Belangen des bedürftigen Ehegatten zu dienen bestimmt sei, könne sie dem Ehegatten, der sich die Betreuung des Kindes unter dessen Herausnahme aus dem bisherigen Lebensbereich sowie unter Verstoß gegen das Elternrecht des verlassenen Ehepartners verschafft habe, nicht auch noch die Möglichkeit geben, aus diesem rechtswidrigen Verhalten wirtschaftliche Vorteile zu ziehen (*BGH,* FamRZ 1980, 665 [668] = NJW 1980, 1686 [1688]). Die Gewährung eines Unterhaltsanspruchs in solchen Fällen würde eine unzulässige Prämiierung der Verletzung des Elternrechts des Verpflichteten darstellen und damit dessen wirtschaftliche Handlungsfreiheit in einer unangemessenen und unzumutbaren Weise einschränken; dies wäre mit Art. 2 I GG nicht zu vereinbaren. Ein Ehegatte, der unter den Voraussetzungen des § 1579 I Nr. 4 BGB den anderen verläßt, darf sich nicht deshalb seines Unterhaltsanspruchs sicher sein, weil er ein gemeinsames Kind eigenmächtig mit sich nimmt, und zwar selbst dann nicht, wenn er meint, es wegen der Berufstätigkeit seines Ehepartners besser versorgen zu können. Es ist zudem häufig zweifelhaft, ob die spontane Herausnahme des Kindes aus seinem bisherigen Lebenskreis in eine neue Umgebung seinem Wohl dient. Es wird vielfach wahrscheinlicher sein, daß gerade in der ersten Phase der räumlichen Trennung der Ehegatten das Kind besser in seiner alten Umgebung aufgehoben ist, jedenfalls dann, wenn der in der ehel. Wohnung verbliebene Ehepartner die Betreuung des Kindes selbst übernehmen will und dazu in der Lage ist. Es kann auch nicht ausgeschlossen werden, daß ein Kind zu diesem Elternteil, selbst wenn er wegen einer ganztätigen Beschäftigung eine geringere Betreuungsleistung erbringen kann als der andere, eine stärkere innere Beziehung entwickelt hat, die berücksichtigt werden muß (NJW 1981, 219).

Die in dieser Weise geregelte Kindesbetreuung als Voraussetzung für die Anwendung des § 1579 II BGB trägt im übrigen dazu bei, verfassungswidrige Ergebnisse zu vermeiden. Wenn ein Ehegatte sicher sein dürfte, seinen Unterhaltsanspruch im Fall der Betreuung eines gemeinsamen Kindes auch bei einem schwerwiegenden, evidenten ehel. Fehlverhalten nicht zu verlieren, könnte er verleitet werden, sich beim Auftreten ehelicher Schwierigkeiten nicht mehr um den Erhalt der Ehe zu bemühen, sondern sich stattdessen – unter Mitnahme des Kindes – einem anderen Partner zuzuwenden. Derartige, ehebeeinträchtigende Wirkungen unterhaltsrechtlicher Regelungen verbietet aber Art. 6 I GG.

Auch bei der hiernach gebotenen Auslegung des § 1579 II BGB, die den Anspruch des unterhaltsbedürftigen Ehegatten von der einverständlichen oder gerichtlich geregelten Kindesbetreuung abhängig macht, sind verfassungswidrige Auswirkungen der beanstandeten Regelung nicht auszuschließen. Die stringente Formulierung des § 1579 II BGB trägt nicht in ausreichendem Maß dem Verfassungsgrundsatz der Verhältnismäßigkeit Rechnung. Es handelt sich hier zwar nicht um einen Eingriff der öffentlichen Gewalt in den Freiheitsbereich Einzelnen zum Schutz öffentlicher Interessen; indessen muß der Staat auch bei der Regelung des Privatrechtsverhältnisses der Ehegatten während ihrer Trennung und nach ihrer Scheidung unverhältnismäßige Belastungen des einen Ehegatten zugunsten des anderen vermeiden (vgl. BVerfGE 35, 202 [221]). Dies gilt auch für die Fälle des § 1579 II BGB, in denen die Auferlegung von Unterhaltsleistungen, die zu einer starken Belastung des Verpflichteten führen können, ihre Rechtfertigung nicht mehr in der eigenen Bedürfnislage des anderen Ehegatten, sondern in dem Anspruch des Kindes auf Pflege und Erziehung durch einen Elternteil findet.

Der Richter ist nicht in der Lage, diesen Mangel zu beheben. Grundrechtswidrige Ergebnisse ließen sich zwar weitgehend durch eine Reduzierung des eheangemessenen Unterhalts auf das zur Kindesbetreuung erforderliche Maß vermeiden. Die Vorschrift des § 1579 II BGB ist jedoch aufgrund ihres eindeutigen Wortlauts einer solchen, einschränkenden Auslegung nicht zugänglich (BGH, FamRZ 1980, 665 [668] = NJW 1980, 1686 [1688]). Auch können unverhältnismäßige Unterhaltsverpflichtungen nicht aufgrund der Generalklausel des § 242 BGB ausgeschlossen werden; der Anwendung allgemeiner Billigkeitsgrundsätze steht auch hier der klare Wortlaut und der Sinn des § 1579 II BGB entgegen (FamRZ 1981, 15 [16] = NJW 1981, 108 [109]), über den sich der Richter nicht hinwegsetzen darf.

Der Gesetzgeber hat daher eine Regelung zu treffen, die dem Verhältnismäßigkeitsgebot Rechnung trägt. Ob er diesem Erfordernis durch eine ergänzende Regelung oder durch eine Umgestaltung des § 1579 II BGB entspricht, liegt dabei in seiner Gestaltungsfreiheit.

180. BGH zur „kurzen Ehedauer" im Sinn von § 1579 I Nr. 1 BGB

180a) FamRZ 80/981, 982 = NJW 81/2247, 2248

(Keine Anwendung der Nr. 1 beim Trennungsunterhalt. Die Ehedauer bemißt sich nicht nach der Zeit des tatsächlichen Zusammenlebens sondern nach der Dauer des rechtlichen Bandes)

Soweit die Kl. Unterhalt für die Zeit vor der Scheidung der Parteien verlangt, findet § 1579 I Nr. 1 BGB keine Anwendung. Denn die in § 1361 III BGB enthaltene Verweisung auf die Vorschrift des § 1579 BGB über die Herabsetzung des Unterhaltsanspruchs aus Billigkeitsgründen nimmt die Bestimmung in § 1579 I Nr. 1 BGB aus (FamRZ 1979, 571 f.).

Auch dem Unterhaltsanspruch für die Zeit seit der Scheidung steht die genannte Vorschrift nicht entgegen. Sie schließt einen Unterhaltsanspruch des geschiedenen Ehegatten aus, soweit die Inanspruchnahme des Verpflichteten grob unbillig wäre, weil die Ehe von kurzer Dauer war.

Der Sinn und Zweck der Vorschrift rechtfertigt es nicht, unter der „Dauer der Ehe" nur die Zeit des tatsächlichen Zusammenlebens der Ehegatten zu verstehen. Die Vorschrift setzt voraus, daß der geschiedene Ehegatte nach den vorhergehenden Bestimmungen der §§ 1569ff. BGB an sich Unterhalt beanspruchen könnte, und will – ebenso wie die weiteren Vorschriften in § 1579 I Nr. 2 bis 4 BGB – besonderen Umständen Rechnung tragen, die die Gewährung eines Unterhaltsanspruches ausnahmsweise als grob unbillig erscheinen lassen. Wenn die Ehegatten während einer Ehe, die bis zu ihrer Scheidung nicht nur „von kurzer Dauer" war, nur kurze Zeit tatsächlich zusammengelebt haben, so ist dies indessen kein Umstand, der regelmäßig oder typischerweise auf grobe Unbilligkeit eines Unterhaltsanspruchs hindeutet. Denn die frühzeitige Beendigung des Zusammenlebens kann von dem einen oder dem anderen Ehegatten, von beiden oder auch von keinem von ihnen zu vertreten sein.

Ihr Charakter als „negative Billigkeitsklausel" unterscheidet die Vorschrift des § 1579 I Nr. 1 BGB ferner jedenfalls soweit von § 1361 II BGB, daß eine übereinstimmende Auslegung des in beiden Vorschriften wiederkehrenden Ausdrucks „Dauer der Ehe" nach ihrem Sinn und Zweck weder geboten noch auch nur vertretbar erscheint. Der Senat verkennt dabei die Zusammenhänge zwischen beiden Vorschriften nicht: § 1361 III verweist auf § 1579 I Nr. 2 bis 4 BGB; auch können die Tatbestände der §§ 1570ff. BGB Maßstäbe für die Anwendung des § 1361 BGB liefern. Gerade die Dauer der Ehe hat aber in beiden Vorschriften eine durchaus unterschiedliche Bedeutung. In § 1361 II BGB ist sie einer von mehreren Umständen, nach denen sich bestimmt, ob der getrenntlebende Ehegatte darauf verwiesen werden kann, eine Erwerbstätigkeit aufzunehmen und sich dadurch selbst zu unterhalten. Die Ehedauer wird hier also im Verein mit den anderen maßgebenden Umständen zur Feststellung der Unterhaltsbedürftigkeit herangezogen. Dabei mag es naturgemäß je nach den Umständen weniger auf die (rechtliche) Dauer der Ehe als solcher als vielmehr auf den Zeitraum ankommen, während dessen der Ehegatte etwa einer früher ausgeübten Erwerbstätigkeit durch die eheliche Lebensgemeinschaft tatsächlich enthoben oder entzogen worden ist.

Der Billigkeitsklausel des § 1579 I Nr. 1 BGB kommt im Zusammenhang dieser Regelung die Rolle eines Korrektivs zu. Diese Betrachtung gebietet auch ihre Gleichstellung mit den in § 1579 I Nr. 2 und 3 BGB genannten Tatbeständen, in denen sich der Geschiedene durch schwer vorwerfbares Verhalten eines Unterhaltsanspruchs als unwürdig erwiesen hat. Für die weitere Bestimmung in Nr. 4 der Vorschrift, wonach ein anderer, ebenso schwerwiegender Grund zum Ausschluß des Unterhaltsanspruchs wegen grober Unbilligkeit führen kann, hat der BGH daher bereits ausgesprochen, daß nur ein schwerwiegendes und klar bei dem Ehegatten liegendes evidentes Fehlverhalten geeignet ist, die Voraussetzungen der Vorschrift zu erfüllen (FamRZ 1979, 569, 570 = NJW 1979, 1348, 1349). Als Korrektiv für Fälle, in denen die Zubilligung eines Unterhaltsanspruchs grob unbillig wäre, ist die Dauer der Ehe jedoch nur geeignet, wenn die Dauer des Bestehens nicht nur der tatsächlichen Lebensgemeinschaft maßgebend ist. § 1579 I Nr. 1 BGB knüpft die Prüfung, ob die Inanspruchnahme des Verpflichteten grob unbillig wäre, allein an die Dauer der Ehe. Das bedeutet freilich nicht, daß eine kurze Ehedauer unbedingt und in allen Fällen zur Folgerung grober Unbilligkeit führen müßte. Immerhin geht das Gesetz aber bei einer „Ehe von kurzer Dauer" von einem Tatbestand aus, der – wie die Tatbestände der beiden folgenden Vorschriften – eine solche Folgerung nahelegt und einen gewichtigen Anhaltspunkt dafür liefert. Kurze Dauer allein des tatsächlichen Zusammenlebens der Ehegatten gibt einen solchen gewichtigen Anhalt indessen für sich allein noch nicht, da die Aufhebung der Lebensgemeinschaft durch Trennung der Ehegatten auf unterschiedlichen Umständen beruhen kann, die ebenso unterschiedliche Rückschlüsse auf die Billigkeit oder Unbilligkeit eines Unterhaltsanspruchs zulassen können. Anders ist es, wenn die Ehe auch ihrem rechtlichen Bande nach nur von kurzer Dauer war. In diesem Fall gibt es zeitliche Grenzen der Ehedauer, die für sich allein einen gewichtigen Anhalt dafür bieten, daß die Zubilligung von Unterhaltsansprüchen aufgrund der Ehe grob unbillig wäre. Das setzt allerdings eine entsprechende Bestimmung dessen voraus, was unter „kurzer Dauer" zu verstehen ist.

180b) FamRZ 81/140, 141 = NJW 81/754, 755

(Ende der Ehedauer mit Rechtshängigkeit des Scheidungsantrages. Kurze Ehedauer bei 19 Monaten bzw. bis zu 2 Jahren. Dauer von 43 Monaten ist nicht mehr kurz)

In aller Regel vollzieht der Antragsteller des zur Scheidung führenden Verfahrens den entscheidenden Schritt zur Beendigung seiner Ehe mit der Rechtshängigmachung seines Antrages. Aus seiner Sicht dient das weitere Verfahren, vor allem wenn es im Verbund mit den Folgesachen abläuft, im allgemeinen nur noch der Abwicklung der ehelichen Beziehungen und der Regelung der Folgesachen. Auch für den Antragsgegner wird mit der Rechtshängigkeit des Antrages zumeist das Scheitern des gemeinsamen Lebensplanes und das Ende der gemeinschaftlichen Lebensgestaltung deutlich. Damit erscheint es auch im Hinblick auf die eheliche Situation, wie sie sich den Ehepartnern darstellt, als sachgerecht, die Zeit des Scheidungsrechtsstreits nicht in die Bemessung der Ehedauer miteinzubeziehen.

Außerdem wäre bei einer dertigen Einbeziehung der Verfahrenszeit die Möglichkeit gegeben, daß der potentiell Unterhaltsberechtigte dadurch veranlaßt würde, mit Hilfe von Rechtsmitteln oder sonstigen Bemühungen den rechtskräftigen Abschluß des Ehescheidungsverfahrens hinauszuschieben und damit gegebenenfalls die Ehedauer über das in § 1579 I Nr. 1 BGB vorgesehene Maß hinaus zu verlängern.

Diese Gründe lassen es geboten erscheinen, mit der überwiegenden Meinung in Rechtsprechung und Schrifttum als Ende der Ehedauer i. S. von § 1579 I Nr. 1 BGB den Zeitpunkt der Rechtshängigkeit des Scheidungsantrages anzunehmen.

Daß das OLG die damit zutreffend auf 19 Monate und 8 Tage berechnete Ehedauer i. S. der genannten Vorschrift als kurz beurteilt hat, ist nicht zu beanstanden.

Die Billigkeitsklausel des § 1579 I Nr. 1 BGB sieht die Möglichkeit des Ausschlusses oder der Minderung des nachehelichen Unterhaltsanspruches im Falle kurzer Ehedauer vor, ohne anzugeben, was unter ,,kurzer Dauer" zu verstehen ist. Sie enthält auch keine Anhaltspunkte für die nähere zeitliche Bestimmung dieses Begriffs. Das legt die Annahme nahe, daß das Gesetz dieses Merkmal nicht im Sinne einer für alle Ehen maßgebenden festen zeitlichen Begrenzung verstanden wissen will. Demgemäß wird auch in Rechtsprechung und Schrifttum ganz überwiegend die Meinung vertreten, daß der Begriff nicht im Sinne einer abstrakten, für alle Anwendungsfälle maßgeblichen, generellen zeitlichen Abgrenzung definiert werden kann.

Im Zusammenhang mit der Vorschrift des § 1579 I Nr. I BGB ergibt sich aus diesen Erwägungen, daß von einer so erwachsenen ehelichen und unterhaltsrechtlichen Situation im allgemeinen erst nach einer gewissen Ehedauer ausgegangen werden kann. Bis zu deren Ablauf hält es das Gesetz für möglich, daß der im Falle einer Scheidung aus den Bestimmungen der §§ 1569ff. BGB an sich folgende Unterhaltsanspruch für den Unterhaltspflichtigen zu einer grob unbilligen Belastung werden kann mit der Folge, daß er der Korrektur des § 1579 I Nr. 1 BGB unterfällt.

Der Bemessung dieser Ehedauer können keine festen abstrakten Maßstäbe zugrunde gelegt werden, die etwa aus einem Vergleich mit der Durchschnittsdauer sei es aller geschiedenen Ehen oder der geschiedenen Ehen der jeweiligen Altersgruppe oder auch mit der Ehedauer, nach der die überwiegende Zahl aller Scheidungen erfolgt, gewonnen werden. Vielmehr kommt es auf die Lebenssituation der Ehegatten, insbesondere des Unterhaltsbedürftigen, im Einzelfall an. Das schließt allerdings nicht aus, im Interesse der praktischen Handhabung der Vorschrift die zeitlichen Bereiche zu konkretisieren, innerhalb deren eine Ehe in aller Regel von kurzer oder von nicht mehr kurzer Dauer ist, so daß sich nur in den Fällen eine Veranlassung zur näheren Prüfung ergibt, die sich entweder in keinen dieser zeitlichen Bereiche einordnen lassen oder die durch besondere, vom Regelfall abweichende Umstände in den Lebensverhältnissen der Ehegatten gekennzeichnet sind. In diesen Fällen ist die Beurteilung davon abhängig zu machen, ob die Ehegatten ihre Lebenspositionen in der Ehe bereits so weit aufeinander eingestellt und in wechselseitiger Abhängigkeit auf ein gemeinschaftliches Lebensziel ausgerichtet haben, daß die unterhaltsrechtliche Verpflichtung des einen Ehegatten gegenüber dem anderen für die Zeit nach der Scheidung nicht mehr dem Billigkeits- und Gerechtigkeitsempfinden in grober Weise widerspricht.

Im vorliegenden Fall die Ehe der Parteien als kurz zu bezeichnen, begegnet keinen Bedenken. Sie wären nur gegeben, wenn die Ehedauer mit der Revision auf 43 Monate zu bemessen wäre, weil eine Ehe dieser Dauer im Regelfall das in § 1579 I Nr. 1 BGB vorausgesetzte Maß überschreiten wird. Hat sie hingegen, wie hier, nicht länger als zwei Jahre bestanden, so wird sie in aller Regel auch dann als kurz zu beurteilen sein, wenn sich die Ehegatten bei der Eheschließung bereits im vorgerückten Alter befunden haben. Irgendwelche sonstigen in den Lebensverhältnissen der Parteien begründeten Besonderheiten, die ein Abweichen von dieser Regel notwendig machen, liegen nicht vor. Beide Ehegatten waren bei Eingehung der Ehe rentenberechtigt und bezogen die ihnen bis dahin zufließenden Altersruhegelder und die Pension weiter. Umstände, die eine wechselseitige Abhängigkeit der Lebenspositionen begründet haben könnten, sind nicht ersichtlich. Sie sind insbesondere auch nicht darin zu sehen, daß die Kl. die Beschäftigung, mit der sie sich nach ihrer Erklärung im amtsgerichtlichen Verhandlungstermin v. 26. 5. 1978 zu ihrer Rente „etwas hinzuverdient" hatte, mit ihrem 69. Geburtstag, der mit der Eheschließung zusammenfiel, aufgegeben hat.

Damit ist das OLG rechtsirrtumsfrei davon ausgegangen, daß der Unterhaltsanspruch der Kl. dem Korrektiv des § 1579 I Nr. 1 BGB unterliegt. Wenn es den Unterhaltsanspruch hiernach herabgesetzt und den monatl. Unterhaltsbetrag aufgrund der gesamten Umstände des Falles, insbesondere der beiderseitigen Einkommenssituationen, in tatrichterlicher Verantwortung auf 280 DM bemessen hat, so ist das aus Rechtsgründen nicht zu beanstanden. Vor allem trifft es nicht zu, daß der Umstand der früheren, zur Aufbesserung der Rente ausgeübten Beschäftigung der Kl. zur Zubilligung der vollen Differenz zwischen ihrem Unterhaltsbedarf und ihrer Altersrente hätte führen müssen. Im übrigen knüpft § 1579 I Nr. 1 BGB entgegen der Meinung der Revision die Prüfung, ob die Inanspruchnahme des Verpflichteten grob unbillig ist, allein an die Dauer der Ehe (FamRZ 1980, 981). Ein Verschulden am Scheitern der Ehe, wie es hier die Kl. dem Bekl. anlastet, hat das OLG daher rechtsirrtumsfrei außer Betracht gelassen.

180c) FamRZ 82/254 = NJW 82/823

(Eine Ehedauer von über 3 Jahren bis Rechtshängigkeit des Scheidungsantrages ist in der Regel nicht mehr als kurz im Sinn der Nr. 1 anzusehen)

Unter Ehedauer i. S. des § 1579 I Nr. 1 BGB ist die Zeit bis zur Rechtshängigkeit des Scheidungsantrages zu verstehen (FamRZ 1981, 140, 141).

Indessen kann die Dauer der Ehe der Parteien, die hiernach rund 3 Jahre und 5 Monate beträgt, nicht mehr als kurz i. S. des § 1579 I Nr. 1 BGB angesehen werden. Die Frage, ob eine Ehe von kurzer Dauer war, läßt sich nicht abstrakt beurteilten (FamRZ 81/140, 141). Vielmehr kommt es auf die Lebenssituation der Ehegatten, insbesondere des Unterhaltsbedürftigen, im Einzelfall an. Das schließt es freilich nicht aus, im Interesse der praktischen Handhabung des § 1579 I Nr. 1 BGB die zeitlichen Bereiche zu konkretisieren, innerhalb deren eine Ehe in der Regel von kurzer oder nicht mehr von kurzer Dauer ist, so daß sich nur in den Fällen eine Veranlassung zu näherer Prüfung ergibt, die sich entweder in keinen dieser zeitlichen Bereiche einordnen lassen oder die durch besondere, vom Regelfall abweichende Umstände in den Lebensverhältnissen der Ehegatten gekennzeichnet sind. In diesen Fällen ist die Beurteilung davon abhängig zu machen, ob die Ehegatten ihre Lebensführung in der Ehe bereits soweit aufeinander eingestellt und in wechselseitiger Abhängigkeit auf ein gemeinschaftliches Lebensziel ausgerichtet haben, daß die unterhaltsrechtliche Verpflichtung des einen Ehegatten gegenüber dem anderen für die Zeit nach der Scheidung nicht mehr dem Billigkeits- und Gerechtigkeitsempfinden in grober Weise widerspricht. Der Senat hat in der genannten Entscheidung eine Ehe von bis zu zwei Jahren als in der Regel kurz und eine solche ab 43 Monaten als im Regelfall nicht mehr kurz i. S. des § 1579 I Nr. 1 BGB eingeordnet.

Ob und wieweit die Inanspruchnahme des Verpflichteten wegen kurzer Dauer der Ehe grob unbillig ist, hat in erster Linie der Tatrichter zu beurteilen. Die Auffassung des OLG, die Ehe der Parteien sei nur von kurzer Dauer gewesen, steht jedoch nicht mehr in Einklang mit den oben dargelegten Grundsätzen, die der erkennende Senat inzwischen entwickelt hat. Mit 41 Monaten hatte die Ehe der Parteien fast die Dauer erreicht, die der Senat im Urteil v. 26. 11. 1980 (FamRZ 82/254), als regelmäßig nicht mehr „kurz" i. S. von § 1579 I Nr. 1 BGB bezeichnet hat. Die dort genannte Dauer von 43 Monaten hatte sich im übrigen aus den zeitlichen Besonderheiten des damaligen Sachverhalts ergeben. Jene Entscheidung bedeutet daher nur, daß jedenfalls eine Ehe von solcher Dauer – im Regelfall – nicht mehr „kurz" i. S. der Härteregelung ist. Die aus Gründen der praktischen Handhabbarkeit zu ziehende zeitliche Grenze, von der an eine Ehedauer im Regelfall nicht mehr als kurz i. S. des § 1579 I Nr. 1 BGB anzusehen ist, müßte deutlich unter dieser Zeit liegen. Der Senat hält sie bei einer Ehedauer von drei Jahren für gegeben. Die vorliegend in Rede stehende Ehedauer kann umso weniger als kurz eingeordnet werden, als sich die Parteien bei der Eheschließung bereits in vorgerücktem Alter (63 und 55 Jahre) befunden haben. Infolgedessen war die mögliche Dauer der Ehe im Vergleich zu einer in jungen Jahren geschlossenen Ehe von vornherein begrenzt. Hinzu kommt, daß die Kl. nach den Feststellungen des OLG im Hinblick auf die Eheschließung auf Wunsch des Bekl. ihre Erwerbstätigkeit als Büro- und Haushaltshilfe bei ihrer Tochter aufgegeben und dadurch dokumentiert hat, daß sie sich unter Aufgabe ihrer bisherigen Lebensbedingungen auf ein gemeinsames Leben mit dem Bekl. einrichtete. Das OLG hat den Unterhaltsanspruch der Kl. somit zu Unrecht nach § 1579 I Nr. 1 BGB herabgesetzt.

180d) FamRZ 82/582, 583 = NJW 82/2064, 2065

(Im Regelfall ist bis zu 2 Jahren eine kurze Ehedauer und ab 3 Jahren keine kurze Ehedauer anzunehmen. Zur groben Unbilligkeit und zu Umständen der Billigkeitsabwägung bei einer Ehedauer von 2 bis 3 Jahren)

Zutreffend legt das OLG der Berechnung der Ehedauer i. S. des § 1579 I Nr. 1 BGB die Zeit zwischen der Eheschließung und der Rechtshängigkeit des Scheidungsantrages (hier: der Scheidungsklage nach früherem Recht) zugrunde. Dies steht im Einklang mit der Rechtsprechung des *Senats* (FamRZ 1981, 140, 141; FamRZ 1982, 254).

Für die Bemessung der Ehedauer als kurz i. S. des § 1579 I Nr. 1 BGB können keine festen abstrakten Maßstäbe zugrundegelegt werden, es kommt vielmehr auf die Lebenssituation der Ehegatten im Einzelfall an; das schließt allerdings nicht aus, im Interesse der praktischen Handhabung der Vorschrift die zeitlichen Bereiche zu konkretisieren, innerhalb deren eine Ehe in aller Regel von kurzer oder nicht mehr kurzer Dauer ist (FamRZ 81/140, 141). Demgemäß hat der Senat eine Ehe, die nicht länger als zwei Jahre bestanden hat, auch dann als in aller Regel kurz beurteilt, wenn sich die Ehegatten bei der Eheschließung bereits im vorgerückten Alter befunden haben. Andererseits hat der *Senat* in der Entscheidung v. 23. 12. 1981 (FamRZ 82, 284) die zeitliche Grenze, von der an eine Ehedauer im Regelfall nicht mehr als kurz anzusehen ist, bei drei Jahren für gegeben gehalten.

Mit einer Dauer von zwei Jahren und 173 Tagen liegt die Ehe der Parteien zwischen den Zeiträumen, für die der *Senat* in seiner bisherigen Rechtsprechung im Interesse einer praktischen Handhabung für Regelfälle eine Ehedauer bis etwa zwei Jahren als eine kurze und ab etwa drei Jahren als eine nicht mehr kurze beurteilt hat. Für eine noch nähere zeitliche Eingrenzung des Begriffs der kurzen Ehedauer lassen sich keine überzeugenden Kritereien aufstellen, die über den Einzelfall hinausreichen. Auch für eine Ehe, die erst in vorgerücktem Lebensalter geschlossen wird, gilt nichts anderes. Zwar können die Beteiligten im Zeitpunkt einer solchen Eheschließung von vornherein nicht mit einer dem Normalfall entsprechenden Ehedauer rechnen. Andererseits werden in einer Altersehe im allgemeinen keine weitgestreckten gemeinsamen Lebensziele mehr geplant und verwirklicht, so daß die Ehe selbst bei längerer Dauer nicht mehr im gleichen Maße wie bei jüngeren Ehegatten die Lebensumstände verändert. Bei Ehen mit einer Dauer zwischen zwei und drei Jahren muß es danach im verstärkten Maße der tatrichterlichen Würdigung überlassen bleiben, ohne Bindung an regelmäßige Gegebenheiten die für die Anwendung des § 1579 I Nr. 1 BGB erforderlichen Voraussetzungen festzustellen. In diesen Fällen ist für die Beurteilung von Bedeutung, inwieweit die Ehegatten ihre Lebensführung in der Ehe bereits aufeinander eingestellt und in wechselseitiger Abhängigkeit auf ein gemeinsames Lebensziel ausgerichtet haben (FamRZ 81/140, 141; FamRZ 82/254).

Gemessen an diesen Grundsätzen kann die Feststellung des OLG, die Ehe der Parteien sei nur von kurzer Dauer gewesen, nicht beanstandet werden. Das OLG hat berücksichtigt, daß die Parteien bereits das Ergebnis ihrer Lebensarbeit erreicht hatten, als sie die Ehe miteinander eingingen, und daß während der Ehe eine wechselseitige Abhängigkeit der Lebensposition beider Parteien nicht entstanden ist.

Eine kurze Ehedauer schließt indessen allein noch nicht den Unterhaltsanspruch des bedürftigen früheren Ehegatten aus. *Zusätzlich* ist die Prüfung erforderlich, inwieweit eine Inanspruchnahme des Verpflichteten grob unbillig wäre. Bei einer Ehedauer bis zu zwei Jahren werden an die Darlegung von Unbilligkeitsgründen zwar im Regelfall geringere Anforderungen gestellt werden können, soweit eine extrem kurze Ehedauer die Inanspruchnahme des Verpflichteten im Einzelfall nicht schon für sich allein grob unbillig macht (FamRZ 1981, 944, 945f.). Je länger aber eine Ehe über zwei Jahre hinaus gedauert hat, umso mehr hängt die Anwendung der Härteklausel von der Feststellung konkreter Umstände ab, die die Inanspruchnahme des Unterhaltspflichtigen als unerträglichen Widerspruch zum Gerechtigkeitsempfinden erscheinen lassen.

Solche konkreten Umstände, die danach im vorliegenden Fall zum Ausschluß eines Unterhaltsanspruchs wegen grober Unbilligkeit führen, hat das OLG bisher nicht festgestellt. Es hat in erster Linie geprüft, ob sich die wirtschaftliche Lage der Kl. durch Eheschließung oder Scheidung geändert hat. Dabei hat es der Überlegung Gewicht beigemessen, daß die gegenwärtige Bedürftigkeit der Kl. in gleicher Weise schon vor der Ehe bestanden habe. Es kommt jedoch nicht darauf an, wie ein Ehegatte stände, wenn er nicht geheiratet hätte (Senatsurteil v. 11. 3. 1981 – IV b ZR 565/80 – nicht veröffentlicht). Außerdem ist es bei Altersehen keine Besonderheit, daß die Parteien bei Eheschließung bereits das Ergebnis ihrer Lebensarbeit erreicht haben und jeweils ihre selbstverdienten Altersruhegelder (weiter-)beziehen.

Das Berufungsurteil trifft keine Feststellungen zu der Frage, warum es für den Bekl. unzumutbar sein soll, der Kl. Unterhalt zu leisten. Gemäß § 1579 I BGB besteht der Unterhaltsanspruch nicht, soweit die „Inanspruchnahme des Verpflichteten“ grob unbillig wäre; es kommt daher bevorzugt darauf an, in welcher Weise die Unterhaltspflicht den Schuldner trifft. Soweit der Bekl. in diesem Zusammenhang behauptet hat, die Kl. habe ihn nur geheiratet, um für den weiteren Lebensabend versorgt zu sein, hat schon das OLG dem zu Recht keine entscheidende Bedeutung beigemessen. Da es jedoch auch andere Gründe, die die Anwendung der Härteklausel tragen, nicht feststellt, kann das angefochtene Urteil keinen Bestand haben.

180e) FamRZ 82/894, 895 = NJW 82/2442

(Maßgeblich ist die Zeit zwischen Eheschließung und Rechtshängigkeit des Scheidungsantrages. Die Zeit des tatsächlichen Zusammenlebens ist nicht entscheidend. Eine Dauer bis zu 2 Jahren ist in der Regel als kurz, eine Dauer von mehr als 3 Jahren als nicht mehr kurz zu bewerten)

Zutreffend legt das OLG der Berechnung der Ehedauer i. S. des § 1579 I Nr. 1 BGB die Zeit zwischen der Eheschließung und der Rechtshängigkeit des Scheidungsantrags zugrunde (FamRZ 1982, 254; FamRZ 1982, 582).

Die Auffassung des OLG, es sei nach den Umständen des Einzelfalles zu entscheiden, ob eine Ehe von kurzer Dauer gewesen ist, stimmt im Ansatzpunkt ebenfalls mit der Rechtsprechung des *Senats* überein. Nach dieser ist es jedoch nicht ausgeschlossen, sondern im Interesse der praktischen Handhabung des § 1579 I Nr. 1 BGB geboten, die zeitlichen Bereiche zu konkretisieren, innerhalb deren eine Ehe in aller Regel von kurzer oder nicht mehr kurzer Dauer ist. Demgemäß hat der Senat (FamRZ 82/254) die zeitliche Grenze, über die hinaus eine Ehedauer im Regelfall nicht mehr als kurz anzusehen ist, bei drei Jahren für gegeben erachtet. Mit einer Dauer von 3 Jahren, 5 Monaten und 19 Tagen liegt die Ehe der Parteien deutlich über dieser regelmäßig zu beachtenden Zeitgrenze.

Die Dauer der Ehe der Parteien könnte nach den Grundsätzen der Senatsrechtsprechung nur dann gleichwohl noch als kurz beurteilt werden und damit die Anwendung des § 1579 I Nr. 1 BGB in Betracht kommen, wenn besondere, vom Regelfall abweichende Lebensverhältnisse dies rechtfertigen. Das ist indessen nicht der Fall.

Keine tatsächliche Besonderheit, die die Anwendung der für Regelfälle entwickelten Grundsätze ausschließt, liegt darin, daß die Parteien die – beiderseits zweite – Ehe erst im vorgerückten Lebensalter geschlossen haben. Es besteht kein durchgreifender Grund, für solche Ehen grundsätzlich andere zeitliche Grenzen zu ziehen als bei Ehen, die im jüngeren Alter geschlossen werden. Ein solcher Versuch würde zudem die kaum überzeugend zu lösende weitere Frage aufwerfen, von welchem bei der Eheschließung erreichten Alter der Ehegatten an eine vom Regelfall abweichende Beurteilung eingreifen sollte (FamRZ 82/582).

Für die Bemessung der Ehedauer als kurz oder nicht mehr kurz fällt auch nicht entscheidend ins Gewicht, daß die Parteien – nur – zehn Monate lang zusammengelebt, danach aber bis zur Rechtshängigkeit des Scheidungsantrages bereits mehrere Jahre getrennt gelebt haben. Der *Senat* hat (FamRZ 1980, 981 = NJW 1980, 2247) dargelegt, daß ein langjähriges Getrenntleben selbst in Fällen, in denen die Ehegatten nur kurz zusammengelebt haben, nicht zu einer Beschränkung des Unterhaltsanspruchs nach § 1579 I Nr. 1 (oder Nr. 4) führen kann.

Eine zur anderweitigen Beurteilung veranlassende abweichende Lebenssituation der Parteien liegt nicht deswegen vor, weil der Ehemann bereits Ende April 1976 eine Scheidungsklage nach altem Recht eingereicht hatte. Da diese Klage rechtskräftig abgewiesen worden ist, kommt es weder für die Bemessung der Ehedauer auf die damalige Rechtshängigkeit an noch können aus diesem Verfahren insoweit sonstige für die Ehefrau nachteilige Folgen abgeleitet werden.

180f) FamRZ 83/150, 151 = NJW 83/683

(Keine kurze Ehedauer bei nahezu 5 Jahren zwischen Eheschließung und Stellung des Scheidungsantrages)

Daß die Parteien nur verhältnismäßig kurze Zeit miteinander verheiratet gewesen seien, kann nur unter dem Aspekt des § 1579 I Nr. 1 BGB von Bedeutung sein, also als ein Grund, den Unterhaltsanspruch ganz oder teilweise wegen grober Unbilligkeit der Inanspruchnahme des Verpflichteten auszuschließen. Insofern ist jedoch bei einer Ehedauer von nahezu fünf Jahren, gerechnet bis zur Rechtshängigkeit des Scheidungsantrages (FamRZ 1981, 140, 141), die tatrichterliche Beurteilung, die Ehe der Parteien sei nicht von kurzer Dauer gewesen, durch das Revisionsgericht nicht zu beanstanden (FamRZ 1982, 28, 30).

181. BGH zum Ausschlußgrund nach § 1579 I Nr. 2 BGB

181a) NJW 82/100, 101

(Ein Härtefall nach Nr. 2 kann bejaht werden bei wiederholten schwerwiegenden Beleidigungen, Verleumdungen und falschen Anschuldigungen, wenn derartige Ehrverletzungen mit nachteiligen Auswirkungen auf die persönliche und berufliche Entfaltung sowie die Stellung des Verpflichteten in der Öffentlichkeit verbunden sind. Voraussetzung ist stets Schuldfähigkeit)

Die Verwirklichung des § 1579 I Nr. 2 BGB setzt, ein schuldhaftes Verhalten und damit Schuldfähigkeit des unterhaltsbedürftigen Ehegatten voraus, die im Zeitpunkt der Begehung der strafbaren

Handlung vorhanden sein muß. Zutreffend ist, daß verminderte Schuldfähigkeit ebenfalls die grobe Unbilligkeit nach § 1579 I BGB beseitigen kann.

Da sich die der Kl. angelasteten Verfehlungen über Jahre hinweg erstreckt haben, muß hiernach die Schuldfähigkeit der Kl. für die jeweils in Betracht kommenden Zeiträume festgestellt werden, bevor über einen Ausschluß oder eine Herabsetzung des Unterhaltsanspruchs nach § 1579 I Nr. 2 BGB entschieden werden kann.

Die Revision rügt mit Grund, daß das BerGer. ohne Ausweis eigener Sachkunde auf sachverständige Beratung bei der Beurteilung der Schuldfähigkeit der Kl. für die Zeit seit 1960/1961 verzichtet und insoweit verminderte Schuldfähigkeit angenommen hat. Das angefochtene Urteil kann daher nicht bestehen bleiben.

Das Berufungsurteil kann auch nicht aus anderen Gründen aufrechterhalten werden, § 563 ZPO. Das wäre etwa der Fall, wenn das der Kl. zur Last gelegte Verhalten entgegen der Auffassung des BerGer. bereits objektiv den Voraussetzungen des § 1579 I Nr. 2 BGB nicht genügen würde. Insoweit ist jedoch der Entscheidung des BerGer. zu folgen, daß Verhaltensweisen und Handlungen, wie sie die Kl. begangen hat, jedenfalls in Ausnahmefällen eine Beschränkung oder den Ausschluß des Unterhaltsanspruchs nach § 1579 I Nr. 2 BGB rechtfertigen können. Die Kl. hat in Abständen eine Vielzahl von Briefen an Bekannte, Kollegen des Bekl. und dritte Personen sowie an Gerichte und Behörden gerichtet, in denen sie – unter anderem – behauptete, der Bekl. habe sie wiederholt geschlagen und dabei eine starke Befriedigung gespürt; er sei geisteskrank und kleptoman und habe häufig gestohlen; er sei sexuell gespalten und habe immer wieder intime Beziehungen zu anderen Frauen unterhalten, die Kollegen möchten ihn deshalb, insbesondere während der Orchesterpausen, beobachten; außerdem bezichtigte sie den Bekl. eines an ihr begangenen Mordversuchs und erstattete deshalb im Jahre 1968 Anzeige bei der StA. Beweis für die Richtigkeit ihrer Behauptungen hat die Kl. nicht angetreten. Mit diesem Vorgehen kann sie über Jahre hinweg gegenüber einer Vielzahl dritter Personen und Behörden die Tatbestände strafrechtlicher Delikte nach § 185, teilweise §§ 186 und 187 sowie nach § 164 StGB verwirklicht haben, ohne daß ihr Verhalten einen – unmittelbaren – Zusammenhang mit dem erst im Juli 1975 eingeleiteten Ehescheidungsverfahren aufwies. Derartige fortgesetzte, schwere Beleidigungen, Verleumdungen und schwerwiegende falsche Anschuldigungen können zum völligen oder teilweisen Ausschluß des Unterhaltsanspruchs führen.

Soweit nach der amtlichen Begründung des Entwurfs zum 1. EheRG Verfehlungen wie Beleidigungen, Verleumdungen, Tätlichkeiten und falsche Anschuldigungen – im Gegensatz zu der früheren Härteregelung des § 66 EheG – nach der Zielsetzung des neuen Rechts generell nicht im Rahmen des § 1579 I Nr. 2 BGB berücksichtigt werden sollten, damit nicht das Schuldprinzip in der unterhaltsrechtlichen Auseinandersetzung wieder auflebe, kann dieser Auffassung nicht uneingeschränkt gefolgt werden. Es mag zwar zutreffen, daß Ehrverletzungen und Tätlichkeiten, die den Rahmen typischer Eheverfehlungen nach § 43 EheG des früheren Rechts nicht übersteigen, in der Regel nicht als „schwere vorsätzliche Vergehen" i. S. von § 1579 I Nr. 2 BGB zu behandeln sein werden. Das schließt jedoch eine andere Beurteilung in Fällen wiederholter, schwerwiegender Beleidigungen und Verleumdungen insbesondere dann nicht aus, wenn derartige Ehrverletzungen mit nachteiligen Auswirkungen auf die persönliche und berufliche Entfaltung sowie die Stellung des Unterhaltsverpflichteten in der Öffentlichkeit verbunden sind. Unter solchen Umständen können auch Beleidigungen und Verleumdungen – je nach der Dauer und der Intensität ihrer Begehung – die Voraussetzungen des § 1579 I Nr. 2 BGB erfüllen. Dasselbe gilt für die vorsätzlich falsche Anzeige wegen eines angeblich begangenen Mordversuchs, die zu einem strafrechtlichen Ermittlungsverfahren gegen den Unterhaltsverpflichteten oder einen seiner nahen Angehörigen führt. Das BerGer. wird sich, je nach dem Ergebnis der weiteren Prüfung zur Schuldfähigkeit der Kl. bei Begehung der ihr vorgeworfenen Handlungen, näher damit auseinanderzusetzen haben, ob die Diffamierungen und Verunglimpfungen des Bekl. durch die Kl. – im einzelnen oder über längere Zeiträume hinweg insgesamt betrachtet – als schwere vorsätzliche Vergehen nach § 1579 I Nr. 2 BGB zu beurteilen sind. Dabei wird gegebenenfalls auch auf die bisher vom Standpunkt des BerGer. aus folgerichtig nicht behandelte Frage einzugehen sein, ob der Bekl. die Verfehlungen der Kl. – unter Umständen teilweise – verziehen hat, und welche Auswirkungen eine Verzeihung auf den Unterhaltsanspruch der Kl. haben könnte.

181b) FamRZ 84/34, 35 = NJW 84/296, 297

(Ausschluß oder Herabsetzung bei Nr. 2 treten nur für die Zukunft ein. Vor der strafbaren Handlung bereits entstandene Unterhaltsansprüche bleiben unberührt)

Die durch das 1. EheRG eingeführte Härteklausel des § 1579 BGB ist in ihrem Abs. I Nr. 2 vergleichbar mit § 66 EheG, wonach der nach früherem Recht unterhaltsberechtigte geschiedene Ehegatte den Unterhaltsanspruch verwirkt, wenn er sich einer schweren Verfehlung gegen den Verpflichteten schuldig macht. Nach der einhelligen Auffassung in Rechtsprechung und Schrifttum tritt eine Verwirkung des Unterhaltsanspruchs nach § 66 EheG nur für die Zukunft ein und läßt bereits entstandene Unterhaltsansprüche unberührt.

Dies wird damit begründet, daß der Zweck des Gesetzes, nach dem ein Ehegatte nicht genötigt sein soll, den anderen zu unterhalten, wenn dieser sich feindselig gegen ihn verhält oder ihm Schaden zufügt, es nicht erfordert, einen fälligen, aber unerfüllt gebliebenen Unterhaltsanspruch rückwirkend zu vernichten. Dem Berechtigten steht der Unterhaltsanspruch solange zu, als er sich nicht in der vom Gesetz bezeichneten Weise gegen den Verpflichteten verfehlt. Es besteht kein Anlaß, den in Verzug geratenen Unterhaltsschuldner zu begünstigen, weil ein späteres Ereignis ihn von der Unterhaltspflicht befreit.

Der Härteklausel des § 1579 I Nr. 2 BGB verwandt ist ferner die Regelung in § 1611 I BGB, die eine Beschränkung oder einen Wegfall der Unterhaltspflicht zwischen Verwandten wegen einer schweren Verfehlung gegenüber dem Unterhaltspflichtigen oder einem nahen Angehörigen des Unterhaltspflichtigen vorsieht. In der Begründung zum Entwurf des 1. EheRG ist zu § 1580 I Nr. 2 BGB – der später als § 1579 I Nr. 2 BGB Gesetz geworden ist – ausdrücklich darauf hingewiesen, daß die Härteklausel insoweit dem § 1611 I BGB entspricht. Auch zu § 1611 I BGB war aber schon bei der Schaffung des 1. EheRG anerkannt, daß die Beschränkung des Unterhaltsanspruchs erst mit der Verfehlung und nicht rückwirkend eintritt.

Der Gesetzgeber des 1. EheRG hat diese Normsituation vorgefunden, als er den Tatbestand des § 1579 I Nr. 2 BGB geschaffen hat. Er hat nicht zu erkennen gegeben, daß in der Frage der zeitlichen Wirkung der Norm für § 1579 I Nr. 2 BGB Abweichendes gelten sollte. Vielmehr spricht die Fassung des Gesetzes, daß ein Unterhaltsanspruch nicht besteht, wenn sich der Berechtigte eines schweren Vergehens gegen den Verpflichteten schuldig gemacht *hat,* für eine unveränderte Beurteilung dieser Frage. Ob Ausnahmefälle denkbar sind, in denen die Verfehlung des Berechtigten so schwerwiegend ist, daß die Inanspruchnahme des Verpflichteten auch wegen bereits entstandener Unterhaltsschulden unzumutbar erscheinen muß, kann hier offenbleiben. Ob ein strafbares vorsätzliches Vergehen gegen den Unterhaltsverpflichteten schwer i. S. dieser Vorschrift ist, hat im wesentlichen der Tatrichter zu entscheiden. Das Revisionsgericht kann nur prüfen, ob er dabei von richtigen Rechtsvorstellungen ausgegangen ist (FamRZ 1960, 110, 111 zu § 66 EheG).

Das ist hier der Fall. Soweit die Revision rügt, das OLG habe nicht erwogen, daß der Anlaß des Streits zwischen den Parteien von einer auf die Erhaltung der Ehe gerichteten Einstellung der Kl. geprägt gewesen sei, wird verkannt, daß es im Urteil nicht des ausdrücklichen Eingehens auf alle Gesichtspunkte bedarf, die für und wider ein bestimmtes Ergebnis sprechen (vgl. *BGHZ*, 162, 175). Daß insgesamt eine sachentsprechende Beurteilung stattgefunden hat, wird durch den Gesamtinhalt der Gründe des angefochtenen Urteils hinreichend deutlich.

182. BGH zur mutwilligen Herbeiführung der Bedürftigkeit nach § 1579 I Nr. 3 BGB

182a) FamRZ 82/463, 464 = NJW 82/1461, 1462

(Leichtfertigkeit kann die Annahme der Mutwilligkeit begründen)

Die Voraussetzungen der Härteklausel des § 1579 I Nr. 3 BGB (mutwillige Herbeiführung der Bedürftigkeit) hat das OLG verneint mit der Erwägung, zwar möge die Kl. bei dem intimen Umgang mit dem Vater ihrer Kinder mit Schwangerschaften gerechnet haben, doch könne nicht davon ausgegangen werden, daß sie diese bewußt herbeigeführt habe, um an einer Erwerbstätigkeit gehindert zu sein.

In seinem Urteil v. 8. 7. 1981 (FamRZ 1981, 1042, 1044f.) hat der Senat entschieden, daß nicht nur ein vorsätzliches, sondern auch ein leichtfertiges Verhalten des Unterhaltsberechtigten die Annahme der Mutwilligkeit i. S. der Vorschrift begründen kann. Zur Frage der Leichtfertigkeit hat das OLG bisher keine Feststellungen getroffen. Es wird dies gegebenenfalls nachzuholen haben.

182b) FamRZ 81/1042, 1043, 1044, 1045 = NJW 81/2805, 2806, 2807, 2808

(Mutwillige Herbeiführung der Erwerbsunfähigkeit durch Alkoholabhängigkeit und leichtfertiges Unterlassen, sich einer erfolgversprechenden Behandlung zur Wiederherstellung der Erwerbsfähigkeit zu unterziehen)

Indessen unterliegt die Beurteilung des OLG insoweit rechtlichen Bedenken, als es die Vorschrift des § 1579 I Nr. 3 BGB betrifft. Danach besteht ein Unterhaltsanspruch nicht, soweit die Inanspruchnahme des Verpflichteten grob unbillig wäre, weil der Berechtigte seine Bedürftigkeit mutwillig herbeigeführt hat.

Daß die Kl. bereits während der ehel. Lebensgemeinschaft nicht erwerbstätig und ohne eigenes Einkommen gewesen ist, steht einer Anwendung der Vorschrift nicht entgegen. Kann der Unterhalt begehrende Ehegatte nach der Trennung darauf verwiesen werden, seinen Unterhalt durch eine Erwerbstätigkeit selbst zu verdienen, so ist er, falls er die mögliche Aufnahme einer zumutbaren Erwerbstätigkeit unterläßt, nicht als unterhaltsbedürftig anzusehen, weil er in der Lage ist, sich selbst zu unterhalten (§ 1602 I BGB). Setzt sich der Ehegatte außerstande, eine solche Erwerbstätigkeit aufzunehmen, so kann darin ein Verhalten liegen, das die Härteregelung des § 1579 I Nr. 3 BGB erfüllt. Entsprechendes muß auch gelten, wenn der Ehegatte zwar zur Aufnahme der Erwerbstätigkeit außerstande ist, aber die notwendigen und zumutbaren Maßnahmen zur Herstellung seiner Erwerbsfähigkeit unterläßt und dadurch seine Bedürftigkeit herbeiführt.

Hiernach kommt es im vorliegenden Fall für die Anwendung des § 1579 I Nr. 3 BGB vor allem darauf an, ob es die Kl. in mutwilliger Weise unterlassen hat, sich rechtzeitig, insbesondere als sich die Trennung der Parteien anbahnte, einer erfolgversprechenden Behandlung zur Wiederherstellung ihrer Arbeitsfähigkeit zu unterziehen.

Der Begriff ,,mutwillig" läßt sich nicht nur in dem einschränkenden Sinne eines zweckgerichteten Verhaltens interpretieren. Dagegen spricht schon das allgemeine sprachliche Verständnis dieses Wortes, dessen Bedeutung nicht nur ein vorsätzliches oder absichtliches, sondern auch ein leichtsinniges, leichtfertiges Handeln umfaßt. Demgemäß wird vertreten, daß es für das Merkmal der Mutwilligkeit in § 1579 I Nr. 3 BGB genüge, wenn der Ehegatte seine Arbeitskraft oder sein Vermögen auf sinnlose Art, die ein Verantwortungsgefühl gegen den potentiell Unterhaltsverpflichteten nicht erkennen läßt, riskiert und einbüßt, und sich damit die Härteklausel auch gegen denjenigen richte, der leichtfertig sein Vermögen verschwendet oder verspielt oder seine Arbeitskraft ruiniert, der seine Arbeitskraft durch Trunk- oder Drogensucht zerstört oder seine Beschäftigung infolge Trunksucht oder Arbeitsscheu verliert oder nicht nachhaltig zu sichern vermag. Ferner wird als ,,mutwillig" jedes leichtfertig von sozialen Standards abweichende Verhalten angesehen, das im Bewußtsein möglicher negativer Folgen für die Erwerbstätigkeit oder -fähigkeit oder das Vermögen des Unterhaltsberechtigten beobachtet wird, und etwa das Verhalten des Trunksüchtigen, des Verschwenders und des Straftäters als ,,mutwillig" bezeichnet. Ähnlich wird es als ausreichend angesehen, wenn sich das Verhalten des Unterhaltsberechtigten nach Grad und Intensität von der Norm deutlich abhebt, wenn es sich nicht mehr im Bereich diskutabler Verhaltensweisen bewegt und der Berechtigte sich der Bedürftigkeit als möglicher Folge seines Verhaltens bewußt war. Dabei werden als typische Beispiele mutwilliger Herbeiführung der Bedürftigkeit die Fälle angeführt, in denen der Ehegatte infolge eigenen Fehlverhaltens von Gewicht, wie Trunksucht, Rauschgiftsucht, Verschwendungssucht oder Spielleidenschaft, sein Einkommen einbüßt und auch eine Erwerbstätigkeit nicht zu finden vermag. In der Rechtsprechung ist eine mutwillige Herbeiführung der Unterhaltsbedürftigkeit angenommen worden, weil der Unterhaltsberechtigte ohne zwingenden Grund seine am Ort des ehel. Aufenthalts ausgeübte Erwerbstätigkeit durch den für eine Trennung von seinem Ehegatten nicht erforderlichen Wegzug selbst unmöglich gemacht hatte. Ferner ist der Unterhaltsanspruch des getrenntlebenden Ehegatten nach §§ 1361 III, 1579 I Nr. 3 BGB in einem Fall versagt worden, in dem sich der Ehegatte nicht ordnungsgemäß krankgemeldet hatte oder wegen Bummelei fristlos gekündigt worden war und – da es sich um einen wiederholten Fall selbst verschuldeter Kündigung handelte – auch keine Arbeitslosenhilfe erhielt.

Ebenso ist ein Fall beurteilt worden, in dem die nach der Vereinbarung der Ehegatten voll berufstätige Ehefrau grundlos weder Arbeitslosengeld noch Krankengeld in Anspruch genommen hat, die ihren angemessenen Lebensbedarf gedeckt hätten.

Mit Urteil v. 8. 4. 1981 (FamRZ 1981, 539) hat der Senat entschieden, daß der unterhaltspflichtige Ehegatte seine Arbeitsfähigkeit so gut wie möglich einsetzen und sich Einkünfte anrechnen lassen muß, die er bei gutem Willen durch zumutbare Erwerbstätigkeit, unter Umständen auch im Wege eines Arbeitsplatz- oder gar Berufswechsels, erreichen könnte. Diese Verpflichtung erlegt ihm nicht nur bei der Wahl des Arbeitsplatzes, sondern auch bei der Aufgabe seiner Stellung Beschränkungen auf. Hat er seinen Arbeitsplatz ohne zureichenden Grund aufgegeben und sich dadurch einkommenslos gemacht, so muß er sich weiterhin als leistungsfähig behandeln lassen. Demgemäß hat der *Senat* (a. a. O.) die Beurteilung eines unterhaltspflichtigen Ehegatten als unverändert leistungsfähig gebilligt, der zu einer Zeit, in der Arbeitsplätze allgemein gefährdet waren, ohne vernünftigen Grund eine gesicherte und einkömmliche Stellung aufgegeben hatte.

Diese für die Beurteilung der Leistungsfähigkeit im Falle freiwilliger Aufgabe eines Arbeitsplatzes durch den Unterhaltspflichtigen entwickelten, aus der gegenseitigen Verantwortung der Ehegatten abgeleiteten Grundsätze können bei der Auslegung der hier betroffenen Vorschrift über die unterhaltsrechtlichen Folgen eines vergleichbaren Verhaltens des Unterhaltsberechtigten, das seine Bedürftigkeit herbeiführt, nicht außer acht gelassen werden, weil eben jene fortwirkende personale Verantwortung der Ehegatten füreinander, die die Unterhaltspflicht des Leistungsfähigen begründet, in gleichem Maße auch den Bedürftigen trifft und ihm die Pflicht zur Minderung seiner Bedürftigkeit auferlegt. Ebensowenig wie nach jenen Grundsätzen auf seiten des Unterhaltspflichtigen ausnahmslos ein gegen den Unterhaltsberechtigten gerichtetes vorsätzliches Verhalten erforderlich ist (vgl. *Senatsurteil,* a. a. O., S. 540), kann die Anwendung von § 1579 I Nr. 3 BGB allein auf Fälle vorsätzlicher Herbeiführung der Bedürftigkeit durch den Unterhaltsberechtigten beschränkt werden. Für eine derartige restriktive Auslegung lassen sich auch aus § 1611 I BGB keine Anhaltspunkte ableiten. Nach dieser den Unterhalt zwischen Verwandten betreffenden Vorschrift kommen eine Beschränkung oder ein Wegfall der Unterhaltsverpflichtung u. a. dann in Betracht, wenn der Unterhaltsberechtigte durch sittliches Verschulden bedürftig geworden ist. Dazu stände es zwar im Widerspruch, wenn im Rahmen von § 1579 I Nr. 3 BGB bereits einfaches Verschulden, das zur Bedürftigkeit führt, als ausreichend angesehen würde; gegen eine Anwendung dieser Härteregelung auf Fälle mindestens leichtfertiger Herbeiführung der Bedürftigkeit lassen sich aus § 1611 BGB jedoch keine Bedenken erheben. Die Vorschrift des § 1579 BGB grenzt den Bereich ehelicher Solidarität gegen grob unbillige Unterhaltsforderungen ab. Diese Grenzen würden auch überschritten, wenn der Unterhaltspflichtige die Folgen einer leichtfertigen Herbeiführung der Bedürftigkeit durch den anderen Ehegatten unterhaltsrechtlich mittragen müßte.

Damit entspricht es nicht nur dem Wortlaut, sondern auch dem Regelungszusammenhang des § 1579 I Nr. 3 BGB, daß diese Vorschrift nicht nur ein vorsätzliches, sondern auch ein leichtfertiges Verhalten des Unterhaltsberechtigten umfaßt.

Das so verstandene Merkmal der mutwilligen Herbeiführung der Bedürftigkeit setzt jedoch eine Beziehung zwischen dem Verhalten des Berechtigten und seiner Unterhaltsbedürftigkeit voraus, die sich nicht in bloßer Ursächlichkeit erschöpft. Erforderlich ist vielmehr eine unterhaltsbezogene Mutwilligkeit. Die Vorstellungen und Antriebe, die dem zu beurteilenden Verhalten zugrunde liegen, müssen sich (auch) auf die Bedürftigkeit als Folge dieses Verhaltens erstrecken. Für den Fall der Leichtfertigkeit, die gewöhnlich bewußte Fahrlässigkeit sein wird, ergibt sich damit das Erfordernis, daß der unterhaltsberechtigte Ehegatte die Möglichkeit des Eintritts der Bedürftigkeit als Folge seines Verhaltens erkennt und im Bewußtsein dieser Möglichkeit, wenn auch im Vertrauen auf den Nichteintritt jener Folge handelt, wobei er sich unter grober Nichtachtung dessen, was jedem einleuchten muß, oder in Verantwortungslosigkeit und Rücksichtslosigkeit gegen den Unterhaltspflichtigen über die erkannte Möglichkeit nachteiliger Folgen für seine Bedürftigkeit hinwegsetzt.

Unter diesen Umständen kann die lediglich unter dem Gesichtspunkt vorsätzlichen oder absichtlichen Verhaltens erfolgte Beurteilung des OLG, daß in der Verhaltensweise der Kl. eine Mutwilligkeit nicht gesehen werden könne, nach den bisherigen Feststellungen keinen Bestand haben.

Wie das OLG festgestellt hat, hat der Alkoholmißbrauch der Kl. schon vor Jahren, vermutlich bereits 1975, das Stadium des chronischen Alkoholismus erreicht. Das Gericht hat ferner als wahr unterstellt, daß die Kl. die in den letzten Jahren unternommenen mannigfaltigen Anstrengungen des Bekl. um ihre Heilung, insbesondere seine Bemühungen um die Durchführung einer erfolgversprechenden Alkoholentziehungskur „unterlaufen" und, wie der Bekl. in diesem Zusammenhang vorgetragen hat, konkrete Anmeldetermine von sich aus grundlos wieder abgesagt hat, obwohl die sie behandelnden Ärzte eine langfristige stationäre Entziehunskur für dringend angezeigt gehalten hatten. Wenn das OLG bei dieser Sachlage nicht hat feststellen können, daß die Verweigerung einer derartigen stationären Behandlung bewußt darauf angelegt war, die Wiedererlangung der Erwerbsfähigkeit für den Fall einer Trennung der Parteien zu verhindern, so ist doch nicht auszuschließen, daß die Kl. damit in leichtfertiger Weise ihre Erwerbsunfähigkeit aufrechterhalten und hierdurch ihre Bedürftigkeit nach der Trennung begründet hat. Dafür spricht, daß ihre Einsichtsfähigkeit nach den Feststellungen des OLG noch nicht eingeschränkt war und sie sich ihres Krankheitszustandes und der dadurch bedingten Erwerbsunfähigkeit sowie der Notwendigkeit einer längeren stationären Entziehungskur bewußt war, die ihr nach dem Vortrag des Bekl. seit 1975 von verschiedenen Ärzten als dringend erforderlich angeraten worden war. Hiernach könnte die Kl. eine derartige Entziehungsbehandlung als einen erfolgversprechenden und notwendigen Schritt zur Wiedererlangung ihrer Erwerbsfähigkeit erkannt und damit als mögliche Folge der Verweigerung einer solchen Behandlung ihre Unfähigkeit vorausgesehen haben, nach der Trennung der Parteien ihren Unterhalt selbst zu verdienen.

Das OLG hat bislang nicht geklärt, aus welchem Grunde die Kl. die ihr gebotene Möglichkeit einer längeren stationären Entziehungskur lange Zeit ausgeschlagen und erst im Februar 1979 in Anspruch genommen hat. Insbesondere läßt sich den Urteilsfeststellungen nicht entnehmen, daß die Kl. – was den Vorwurf der Leichtfertigkeit in Frage stellen würde – in ihrer Fähigkeit, entsprechend ihrer Einsicht in die Notwendigkeit der Entziehungsbehandlung zu handeln und sich der Kur zu unterziehen, infolge ihrer Alkoholsucht wesentlich eingeschränkt war. Die Feststellung des OLG, die Kl. sei krankheitsbedingt zwar nicht in ihrer Einsichtsfähigkeit, wohl aber in der Freiheit der Willensbildung und Willensbetätigung eingeschränkt, steht in Zusammenhang mit den weiteren Ausführungen, daß es ihr trotz Einsicht nicht möglich gewesen sei, aus eigener Kraft das Trinken zu kontrollieren oder auf Alkohol zu verzichten, und bezieht sich ersichtlich auf die Möglichkeit, ohne ärztliche Hilfe von der Alkoholsucht loszukommen. Daß sich eine derartige Einschränkung der Steuerungsfähigkeit gleichermaßen auch auf die Entschlußkraft und die Fähigkeit eines Alkoholsüchtigen auswirkt, sich einer von ihm als notwendig und erfolgversprechend erkannten Entziehungsbehandlung zu unterziehen, erscheint fraglich (vgl. auch *BVerwG*, NJW 1980, 1347, 1348) und kann ohne nähere, von sachverständiger Beratung begleitete Prüfung nicht angenommen werden. Auch im vorliegenden

Fall kann davon nicht ohne weiteres ausgegangen werden, zumal die Kl. sich der ihr angeratenen Entziehungskur schließlich doch freiwillig unterzogen hat.

Hiernach ist bisher nicht auszuschließen, daß die Kl. die ihr gebotenen Möglichkeiten einer Entziehungsbehandlung bis zum Februar 1979 letztlich deshalb ungenutzt gelassen hat, weil sie der Meinung war, auch ohne Entziehungskur ihren Zustand bessern und ihre Erwerbsfähigkeit wiedererlangen zu können. In diesem Fall stände die Leichtfertigkeit ihres Verhaltens in dem erörterten Sinne außer Zweifel, weil sowohl auf Grund des bisherigen Krankheitsverlaufs als auch im Hinblick auf die dringenden Ratschläge der behandelnden Ärzte evident war, daß es der Kl. nicht aus eigener Kraft, sondern nur im Wege einer längeren Entziehungskur möglich sein werde, ihre Erwerbsfähigkeit zurückzuerlangen. Ebensowenig ist ausgeschlossen, daß der Kl. die Möglichkeit bewußt geworden ist, sie werde infolge ihrer ablehnenden Haltung gegenüber einer Entziehungsbehandlung im Falle der Trennung außerstande sein, eine Berufstätigkeit aufzunehmen und ihren Unterhalt selbst zu verdienen.

Da somit nicht ausgeschlossen werden kann, daß die Kl. es durch eigenes leichtfertiges Verhalten unterlassen hat, auf die rechtzeitige Wiederherstellung ihrer Erwerbsfähigkeit hinzuwirken und ihre Unterhaltsbedürftigkeit nach Trennung der Parteien zu verhindern, muß das angefochtene Urteil aufgehoben und zur anderweiten Prüfung der Frage an das OLG zurückverwiesen werden.

Für die neue Verhandlung und Entscheidung der Sache wird auf folgendes hingewiesen:

Eine Schmälerung oder gar der Wegfall des Unterhaltsanspruchs aus Gründen mutwilliger Herbeiführung der aus der Arbeitsunfähigkeit der Kl. folgenden Bedürftigkeit kommen nur in Betracht, wenn die Kl. nach § 1361 II BGB überhaupt darauf verwiesen werden konnte, nach Aufhebung der ehel. Lebensgemeinschaft ihren Unterhalt durch eine Erwerbstätigkeit selbst zu verdienen. Ob das der Fall war, hat das OLG im angefochtenen Urteil nicht erörtert. Diese Frage bedarf jedoch der näheren Prüfung, da die Pflicht zur Aufnahme einer Erwerbstätigkeit im Falle des Getrenntlebens nur unter den in § 1361 II BGB aufgeführten Voraussetzungen besteht und es nicht unzweifelhaft erscheint, ob diese Voraussetzungen im vorliegenden Fall, in dem die Kl. im wesentlichen seit Beginn der 1967 geschlossenen Ehe nicht mehr erwerbstätig gewesen ist und die wirtschaftlichen Verhältnisse günstig sind, bejaht werden können.

182c) FamRZ 84/364, 367, 368

(„Mutwillige Herbeiführung der Bedürftigkeit, wenn der Berechtigte ein vorhandenes Vermögen verbraucht hat. Erforderlich ist eine unterhaltsbezogene Leichtfertigkeit)

Das Gesetz eröffnet in § 1579 I BGB die Möglichkeit, einen Unterhaltsanspruch nur teilweise auszuschließen, wenn der völlige Ausschluß nicht geboten erscheint, um einen groben Widerspruch zu dem Gerechtigkeitsempfinden zu vermeiden (FamRZ 1982, 582, 583 m. w. Nachw.).

Bei der mutwilligen Herbeiführung der Bedürftigkeit i. S. des § 1579 I Nr. 3 BGB braucht es sich, nicht um ein vorsätzliches oder gar absichtliches Verhalten zu handeln, sondern es genügt eine leichtfertige Handlungsweise. Denn der Bereich der ehelichen Solidarität, den § 1579 I BGB gegen grob unbillige Unterhaltsforderungen abgrenzt, würde auch verlassen, wenn der Unterhaltspflichtige die Folgen einer leichtfertigen Herbeiführung der Bedürftigkeit durch den anderen Ehegatten unterhaltsrechtlich mittragen müßte. Allerdings muß das Verhalten zu der Unterhaltsbedürftigkeit in einer Beziehung stehen, die sich nicht in bloßer Ursächlichkeit erschöpft; erforderlich ist eine *„unterhaltsbezogene" Leichtfertigkeit.* Die Vorstellungen und Antriebe, die dem Verhalten zugrundeliegen, müssen sich auf die Bedürftigkeit als Folge dieses Verhaltens erstrecken. Der Unterhaltsberechtigte muß daher die Möglichkeit des Eintritts der Bedürftigkeit als Folge seines Verhaltens erkennen und im Bewußtsein dieser Möglichkeit handeln, wobei er sich unter grober Nichtachtung dessen, was jedem einleuchten muß, oder in Verantwortungs- und Rücksichtslosigkeit gegen den Unterhaltspflichtigen über die erkannte Möglichkeit nachteiliger Folgen für seine Bedürftigkeit hinwegsetzt (FamRZ 1981, 1042).

Der Beurteilung des OLG, der Ehemann habe bei dem Verbrauch seines Vermögens unterhaltsbezogen gehandelt, stehen keine Bedenken entgegen. Da er aus der Substanz seines Vermögens von nicht mehr als 67725 DM gelebt hat, hat er notwendig vorausgesehen, daß er nach der Erschöpfung dieses Vermögens unterhaltsbedürftig sein werde.

Jedoch fehlen tragfähige Feststellungen dazu, daß der Verbrauch der Mittel *leichtfertig* gewesen wäre. Das OLG hat dem Ehemann zugebilligt, daß er aus der Substanz des Vermögens habe leben müssen. Die ihm gemachten Vorwürfe gehen in der Sache dahin, er habe es versäumt, die ihm zugeflossenen Mittel bis zu ihrem Verbrauch noch zinsbringend anzulegen, und ihr Verbrauch sei zu schnell erfolgt.

Damit geht das OLG offenbar davon aus, daß der Ehemann gehalten gewesen sei, sein Vermögen für seinen Lebensunterhalt vollständig auszugeben, ehe er die Ehefrau auf Unterhalt habe in Anspruch nehmen können. Bereits dieser Ansatzpunkt ist nicht frei von rechtlichen Bedenken. Das

OLG hätte vielmehr prüfen müssen, ob und ggfs. bis zu welchem Betrage der Ehemann überhaupt gehalten war, sein Vermögen anzugreifen, ehe er Unterhaltsansprüche erhob. Nach § 1577 III BGB braucht der Berechtigte den Stamm seines Vermögens nicht zu verwerten, soweit dies unter Berücksichtigung der beiderseitigen wirtschaftlichen Verhältnisse unbillig wäre. Insoweit können im vorliegenden Fall einerseits das Alter und der angegriffene Gesundheitszustand des Ehemannes beachtlich sein; diese Umstände legten es möglicherweise nahe, Vorkehrungen für den Fall plötzlich auftretenden erhöhten (Sonder-)Bedarfs zu treffen. Andererseits werden jedoch, weil das Gesetz die Berücksichtigung der beiderseitigen wirtschaftlichen Verhältnisse vorsieht, auch die – bisher ungeklärten – Vermögensverhältnisse der Ehefrau in die Abwägung einzubeziehen sein. Stand nämlich der Ehefrau kein Vermögen zur Verfügung, mit dem sie etwa auf ihrer Seite entstehenden Sonderbedarf decken konnte, so wird es unter Billigkeitsgesichtspunkten nicht gerechtfertigt sein, dem Ehemann zu gestatten, einen Teil seines Vermögens auf Kosten der ihm Unterhalt gewährenden Ehefrau als ,,Notgroschen" unangegriffen zu lassen.

Wenn das OLG bei der erneuten Prüfung zu dem Ergebnis kommt, daß der Ehemann einen bestimmten Teil seines Vermögens nicht anzugreifen brauchte, so wird der Verbrauch dieses Teils nicht als mutwillige Herbeiführung der Bedürftigkeit gewertet werden können, weil dann die unterhaltsrechtlich relevante Bedürftigkeit schon vor dem Verbrauch dieser finanziellen Reserve erreicht war.

Weil dazu noch keine Feststellungen getroffen sind, ist die angefochtene Entscheidung im Rahmen der zulässigen Anschlußrevision des Ehemannes aufzuheben, soweit zu seinem Nachteil erkannt worden ist.

Den Vorwurf, der Ehemann habe die ihm zur Verfügung stehenden Mittel zu schnell verbraucht, hat das OLG mit wechselnden Formulierungen näher zu begründen gesucht. Es hat aber die Art der dem Ehemann angelasteten, für zu aufwendig und gegenüber der potentiell unterhaltspflichtigen Ehefrau für rücksichtslos gehaltenen ,,Lebensweise" und ,,Lebenshaltung" nicht festgestellt. Die Beurteilung, der Ehemann habe seine Bedürftigkeit mutwillig herbeigeführt, beruht letztlich auf der Annahme, daß er mehr als die vom OLG in seiner fiktiven Zins- und Verbrauchsrechnung für erforderlich gehaltenen monatl. Beträge – 900 DM i. J. 1976, 1000 DM in den Jahren 1977 und 1978 sowie 1100 DM in den Jahren 1979 und 1980 – ausgegeben habe. Das OLG hat damit aus der Überschreitung allgemeiner Grenzen eines von ihm als normal angesehenen Verbrauchs, die offenbar dem in der Düsseldorfer Tabelle enthaltenen angemessenen Eigenbedarf (Selbstbehalt) eines Erwachsenen gegenüber dem Unterhaltsverlangen volljähriger Abkömmlinge entlehnt sind, die Folgerung abgeleitet, der Ehemann habe sich mutwillig in die Lage eines Bedürftigen gebracht.

Auch das hält der rechtlichen Überprüfung nicht stand. Nach der bereits genannten *Senats*entscheidung v. 8. 7. 1981 [FamRZ 1981, 1042] führt nur derjenige seine Bedürftigkeit mutwillig herbei, der sich unter grober Mißachtung dessen, was jedem einleuchten muß, oder in Verantwortungs- und Rücksichtslosigkeit qegen den Unterhaltspflichtigen über die erkannte Möglichkeit des Eintritts seiner Bedürftigkeit hinwegsetzt. Das aber ist nicht stets schon dann der Fall, wenn ein Mann, der allein lebt und in erster Linie von der Substanz seines Vermögens zehrt, mehr als die genannten Beträge ausgibt, auch wenn diese im allgemeinen als Grenzen einer sparsamen Lebensführung gelten mögen. Von grober Mißachtung dessen, was jedem einleuchtet, oder von Verantwortungs- und Rücksichtslosigkeit kann erst dann gesprochen werden, wenn wesentlich mehr ausgegeben wird, als es die im Einzelfall vorliegenden Verhältnisse unter Beachtung individuellen, insbesondere trennungs-, alters- und krankheitsbedingten Mehrbedarfs auch angesichts der wirtschaftlichen Verhältnisse des potentiell Unterhaltspflichtigen angemessen erscheinen lassen. Erst dann werden unterhaltsrechtliche Obliegenheiten in einer erheblichen, die Anwendung der negativen Härteklausel des § 1579 I Nr. 3 BGB rechtfertigenden Weise verletzt.

Das OLG hat allerdings bei der Prüfung, ob der Ehemann das Vermögen leichtfertig ausgegeben hat, seinen individuellen Mehrbedarf nicht generell für unerheblich gehalten. Es hat vielmehr ausgeführt, ,,er habe keinen etwa alters- oder krankheitsbedingten Mehrbedarf konkret und mit Einzelheiten vorgetragen". Bereits in der Verhandlung v. 26. 6. 1981 hatte es den Ehemann darauf hingewiesen, daß er darlegungs- und beweispflichtig dafür sei, daß die ihm zugeflossenen Mittel ,,bis zum Zeitpunkt der Unterhaltsforderung notwendig und zwingend für (seine) Bedürfnisse . . . verbraucht werden mußten". Damit hat das OLG indes die Darlegungslast verkannt. Die tatsächlichen Voraussetzungen der rechtsvernichtenden Einwendung des § 1579 I BGB hat der Unterhaltspflichtige darzulegen und erforderlichenfalls zu beweisen (vgl. zu § 1579 I Nr. 4 BGB– FamRZ 1982, 463, 464 m. w. Nachw.). Das gilt auch im Falle des § 1579 I Nr. 3 BGB. Dem Unterhaltsschuldner obliegen der Vortrag und ggfs. der Nachweis, daß der Unterhaltsgläubiger seine Bedürftigkeit mutwillig herbeigeführt habe. Dazu gehört grundsätzlich, daß er Vorbringen der Gegenseite, welches im Falle seiner Richtigkeit gegen die Annahme einer mutwilligen Herbeiführung der Bedürftigkeit sprechen würde, zu widerlegen hat.

Im vorliegenden Fall hatte der Ehemann mit Schriftsatz v. 17. 8. 1981 eine Bedarfsrechnung aufgemacht und diese mit dem weiteren Schriftsatz v. 20. 11. 1981 ergänzt. Sie enthält in den mit rund 900 DM allein für Wohnung und (Gasthaus-)Verpflegung angesetzten Positionen in erheblichem Umfange trennungsbedingte Mehrkosten. Zur Begründung der Höhe des erforderlichen Beköstigungsaufwandes hatte der Ehemann zudem auf seine mehrfach ärztlich bestätigten gesundheitlichen Beschwerden hingewiesen. Neben bezifferten weiteren Ausgaben hatte er – unbeziffert – Kur- und Urlaubskosten sowie Aufwendungen für Bekleidungs- und Wäscheanschaffungen geltend gemacht und außerdem – unwidersprochen – vorgetragen, er habe bis zum Verkauf des Hauses der Parteien im März 1977 monatlich 480 DM an die Bausparkasse gezahlt.

Um darzutun, daß der Ehemann seine Bedürftigkeit mutwillig herbeigeführt habe, obliegt der Ehefrau die Widerlegung dieses Vortrags, soweit sie die geltend gemachten Aufwendungen und deren Angemessenheit bestreitet. Gelingt ihr der Nachweis nicht, daß der Ehemann Ausgaben vorgenommen hat, die den Rahmen des nach der individuellen Bedürfnislage unter Berücksichtigung auch ihrer wirtschaftlichen Verhältnisse Erforderlichen und Angemessenen deutlich überstiegen haben, so muß das zu ihren Lasten gehen; sie dringt dann mit der Einwendung aus § 1579 I Nr. 3 BGB nicht durch.

Die bisherige, rechtsfehlerhafte Sicht der Darlegungs- und Beweislast veranlaßt mithin ebenfalls die Aufhebung der Entscheidung in dem dadurch betroffenen Umfang.

183. BGH zur Berücksichtigung eines schwerwiegenden ehelichen Fehlverhaltens nach §§ 1361 III, 1579 I Nr. 4 BGB beim Trennungsunterhalt

183a) FamRZ 79/571, 573 = NJW 79/1452, 1453

(Beim Trennungsunterhalt kann nach §§ 1361 III, 1579 I Nr. 4 BGB ein schwerwiegendes eheliches Fehlverhalten berücksichtigt werden.)

Die Beseitigung des Verschuldensprinzips in der Regelung des ehelichen und nachehelichen Unterhalts im Falle des Getrenntlebens und der Ehescheidung schließt nicht aus, daß im Rahmen der Billigkeitsklausel des § 1361 III i. V. m. § 1579 I Nr. 4 BGB auch ein ehewidriges Fehlverhalten des Unterhalt beanspruchenden Ehegatten berücksichtigt wird. Aus der in § 1579 I Nr. 4 BGB enthaltenen Bezugnahme auf die Schwere der in Nr. 1 bis 3 der Vorschrift aufgeführten Gründe und aus dem Merkmal der *groben* Unbilligkeit ergibt sich, daß nur ein scherwiegendes Fehlverhalten hierfür ausreichen kann. Die Auffassung des OLG, daß in den behaupteten Äußerungen für sich allein noch kein derart schwerwiegendes Fehlverhalten liegen würde, bewegt sich weitgehend auf tatrichterlichem Gebiet und ist aus Rechtsgründen nicht zu beanstanden. Insbesondere mußte das OLG in Ermangelung eines näher substantiierten Vortrags des Bekl. aus diesen Äußerungen nicht ohne weiteres folgern, daß die Ehefrau des Bekl. von vornherein keine eheliche Gesinnung gehabt und die Ehe nur geschlossen hatte, um vom Bekl. finanzielle Vorteile zu erwirken.

183b) FamRZ 80/665, 666, 667 = NJW 80/1686, 1687

(Eheliches Fehlverhalten und Verschuldensprinzip. Nr. 4 ist erfüllt bei Zusammenleben mit neuem Partner in ehelicher Lebensgemeinschaft)

Wie der BGH bereits mit Urteilen v. 7. 3. 1979 (FamRZ 1979, 569) und 9. 5. 1979 (FamRZ 1979, 571) entschieden hat, schließt die Beseitigung des Verschuldensprinzips in der Regelung des Ehegattenunterhalts im Falle des Getrenntlebens und der Ehescheidung nicht aus, im Rahmen der Billigkeitsregelung des § 1579 I Nr. 4 BGB ein schwerwiegendes Fehlverhalten des Unterhalt beanspruchenden Ehegatten zu berücksichtigen.

Die Kl. zu 1. hat den Bekl. verlassen und sich in unmittelbarem Anschluß daran zu ihrem Freund begeben, mit dem sie eine Wohnung bezogen hat und seitdem in eheähnlicher Gemeinschaft zusammenlebt. Wendet sich ein Ehegatte in solcher Weise gegen den Willen seines Ehepartners einem anderen Partner zu, so kehrt er sich damit in einem Maße von seiner Ehe und dem Ehepartner ab, daß er, der sich von seinen eigenen ehel. Bindungen distanziert und die dem anderen Ehegatten geschuldete Hilfe und Betreuung einem Dritten zuwendet, nicht seinerseits den Ehepartner aus dessen ehel. Mitverantwortlichkeit für sein wirtschaftliches Auskommen in Anspruch nehmen kann. Eine solche Inanspruchnahme liefe dem Grundsatz der Gegenseitigkeit zuwider, der dem ehel. Unterhaltsrecht zugrunde liegt. Deshalb schafft diese Abkehr des Ehegatten von der Ehe in aller Regel einen Grund, der den in § 1579 I Nr. 1 bis 3 BGB angeführten Tatbeständen gleichgestellt werden muß und dazu führt, daß die Inanspruchnahme des anderen Ehegatten, dem die Erfüllung eines derartigen Unterhaltsverlangens als (Mit-)Finanzierung des Zusammenlebens seines Ehepartners mit dem Dritten erscheinen muß, grob unbillig wäre.

Unter diesen Umständen hat das OLG in dem Verhalten der Kl. zu 1. zu Recht einen Grund zum Ausschluß ihres Unterhaltsanspruchs nach § 1361 III i. V. m. § 1579 I Nr. 4 BGB erblickt, ohne noch nähere Feststellungen zur Frage der ehel. Zerrüttung und ihrer Verursachung durch die Ehegatten treffen zu müssen. Es brauchte daher auch nicht den Behauptungen der Kl. zu 1. darüber nachzugeben, daß sie nicht aus einer intakten Ehe ausgebrochen sei, sondern der Bekl. sich seinerseits vor der Trennung durch verständnisloses Verhalten gegenüber ihr und den Kindern sowie Vorfälle anläßlich der Auseinandersetzung während des Sommerurlaubs 1977 ehefeindlich verhalten habe. Auf diese Umstände, denen nur für die Frage Bedeutung zukam, ob die Kl. zu 1. ihren Ehemann grundlos verlassen oder der Bekl. seinerseits Veranlassung für die Trennung gegeben hat, kam es hier nicht mehr an.

183c) FamRZ 79/569, 570, 571 = NJW 79/1348, 1349

(Eheliches Fehlverhalten beim Trennungsunterhalt)

§ 1361 BGB enthält in Abs. III mit der Verweisung auf die entsprechend anzuwendende Vorschrift des § 1579 I Nr. 2 bis 4 BGB eine Härteregelung, die es ermöglicht, den Unterhaltsanspruch aus Gründen grober Unbilligkeit herabzusetzen oder zu versagen und damit ein gerechtes Ergebnis im Einzelfall zu erreichen.

(Siehe ferner hierzu B 143)

184. BGH zum ehelichen Fehlverhalten bei Zusammenleben des Berechtigten mit neuem Partner in eheähnlicher Lebensgemeinschaft oder bei Aufnahme eines nachhaltigen, auf längere Dauer angelegten intimen Verhältnisses zu einem anderen

184a) FamRZ 84/154, 155 = NJW 84/297, 298

(Die Nr. 4 ist auch für den Scheidungsunterhalt erfüllt, wenn das eheähnliche Verhältnis nach der Scheidung andauert)

Der Vortrag des Bekl., die Kl. lebe mit dem Zeugen L. in eheähnlicher Gemeinschaft, war bei verständiger Würdigung dahin zu verstehen, daß die Kl. in Wohn- und Wirtschaftsgemeinschaft mit dem Zeugen lebe. Ein derartiges Verständnis entspricht nicht nur der Interpretation des Begriffes der eheähnlichen Gemeinschaft auf dem Gebiete des Sozialhilferechts, wo dieser Begriff in § 122 BSHG Eingang in den Gesetzestatbestand gefunden hat und allgemein so verstanden wird; vielmehr gilt dieses Verständnis auch für den Bereich des Unterhaltsrechts (FamRZ 1980, 40). Als Beitrag zu dieser vom Bekl. behaupteten Wohn- und Wirtschaftsgemeinschaft zwischen der Kl. und dem Zeugen L. kamen von seiten der Kl. neben der Überlassung der Wohnung an den Zeugen insbesondere die Haushaltsführung und damit die Besorgungen und Verrichtungen in Betracht, die der haushaltführende Partner üblicherweise für den anderen verrichtet.

In diesem Sinne ist der Vortrag des Bekl. auch von den Prozeßbeteiligten verstanden worden. Das ergibt sich vor allem aus den Protokollen des Vorprozesses, die Gegenstand der mündlichen Verhandlung vor dem OLG waren und mit deren Verwertung sich beide Parteien einverstanden erklärt haben.

Zu den Ansprüchen auf Trennungsunterhalt hat der *Senat* bereits mehrfach entschieden, daß ein schwerwiegendes und klar bei einem Ehegatten liegendes Fehlverhalten während der Ehe zur Erfüllung der in § 1579 I Nr. 4 BGB normierten Voraussetzungen geeignet ist und ein solches Fehlverhalten insbesondere in der – gegen den Willen des anderen Ehegatten erfolgten – Begründung einer eheähnlichen Gemeinschaft liegen kann, weil darin eine so schwerwiegende Abkehr von den ehel. Bindungen zu sehen ist, daß die Inanspruchnahme des anderen Ehegatten auf Unterhalt grob unbillig erscheint (FamRZ 1983, 142 m. w. N.).

Ein derartiges schwerwiegendes Fehlverhalten hat das OLG zu Recht darin gesehen, daß sich die Kl. gegen den Willen des Bekl. dem Zeugen L. zugewendet hat und mit ihm *in eheähnlicher Gemeinschaft zusammenlebt.* Das hiergegen erhobene Bedenken der Revision, das OLG habe bei seiner Beurteilung nicht das Verhalten des Bekl. in Betracht gezogen und damit nicht festgestellt, daß es sich um ein einseitiges, klar bei der Kl. liegendes Fehlverhalten handele, greift schon deshalb nicht durch, weil irgendwelche Umstände, welche die Einseitigkeit des Fehlverhaltens der Kl. in Frage stellen könnten, weder dem Vortrag der Kl. zu entnehmen noch sonst ersichtlich sind.

Ohne Erfolg wendet sich die Revision auch gegen die Beurteilung, daß der Tatbestand des § 1579 I Nr. 4 BGB auch für den *nachehelichen Unterhalt erfüllt sei.* Wie der *Senat* entschieden hat, erfüllt der unterhaltsberechtigte Ehegatte, der durch die Aufnahme einer eheähnlichen Gemeinschaft mit einem anderen Partner während der Ehe seinen Anspruch auf Trennungsunterhalt eingebüßt oder verkürzt hat, jedenfalls dann regelmäßig auch für den nachehel. Unterhaltsanspruch die Voraussetzungen der Härteregelung, wenn das Verhältnis nach der Scheidung andauert (FamRZ 1983, 569; FamRZ 1983, 676). Ein derartiger Fall ist auch hier gegeben.

184b) FamRZ 83/142, 143 = NJW 83/451

(Schweres eheliches Fehlverhalten durch Aufnahme einer eheähnlichen Partnerschaft oder eines nachhaltigen, auf längere Dauer angelegten intimen Verhältnisses mit einem anderen. Zur Einseitigkeit eines Fehlverhaltens)

Das OLG ist zutreffend davon ausgegangen, daß die Kl. während der Dauer des Getrenntlebens grundsätzlich einen Unterhaltsanspruch nach § 1361 I S. 1 BGB gegenüber dem Bekl. hatte. Die Unterhaltsberechtigung nach § 1361 BGB steht allerdings gemäß § 1361 III BGB unter dem Vorbehalt der Härteklausel des § 1579 I Nr. 2 bis 4 BGB. Danach kommt ein Unterhaltsanspruch nicht in Betracht, soweit die Inanspruchnahme des Verpflichteten grob unbillig wäre, weil dem Berechtigten ein Fehlverhalten der in § 1579 I Nr. 2 bis Nr. 4 aufgeführten Art zur Last fällt.

Wie der Senat hierzu mehrfach entschieden hat, ist ein schwerwiegendes, klar bei einem der Ehegatten liegendes Fehlverhalten geeignet, die Voraussetzungen der Härteklausel des § 1579 I Nr. 4 BGB zu erfüllen (FamRZ 1982, 463, 464 m. w. N.; FamRZ 1982, 779). Ein schwerwiegendes Fehlverhalten in diesem Sinn kann in der – gegen den Willen des anderen Ehegatten erfolgten – Begründung einer eheähnlichen Gemeinschaft sowie auch in der Aufnahme eines nachhaltigen, auf längere Dauer angelegten intimen Verhältnisses mit einem anderen Partner liegen. In einem derartigen Fehlverhalten ist eine so schwerwiegende Abkehr von den – während des Getrenntlebens weiter bestehenden – ehel. Bindungen zu sehen, daß nach dem Grundsatz der Gegenseitigkeit, der dem ehel. Unterhaltsrecht zugrundeliegt, die Inanspruchnahme des anderen Ehegatten auf Unterhalt unter solchen Umständen grob unbillig erschiene (FamRZ 82/463).

Von diesen Grundsätzen ist das OLG in der angefochtenen Entscheidung zutreffend ausgegangen. Nach den vom OLG getroffenen Feststellungen hat sich die Kl. gegen den Willen des Bekl. ihrem neuen Partner zugewandt; sie hat während ihres Zusammenlebens mit dem Bekl. ehebrecherische Beziehungen zu K. aufgenommen. Als diese bekannt wurden, hat sie mit den Kindern die Ehewohnung verlassen, um zu K. in das Haus seiner Eltern zu ziehen. Dort hat sie bis zur Anmietung einer eigenen Wohnung etwa drei Monate lang mit K. zusammengelebt. In der neuen Wohnung hat sie sodann das Verhältnis zu K. fortgesetzt.

Mit diesem Verhalten hat die Kl., wie das OLG rechtsfehlerfrei ausgeführt hat, in so schwerwiegender Weise gegen ihre ehel. Bindungen und Verpflichtungen gegenüber dem Bekl. verstoßen, daß sie nicht ihrerseits den Bekl. aus seiner ehel. Mitverantwortung für ihr wirtschaftliches Auskommen in Anspruch nehmen kann.

Eine andere Beurteilung könnte lediglich dann in Betracht kommen, wenn das Fehlverhalten der Kl. nicht als einseitiger, klar nur bei ihr liegender Verstoß gegen die ehel. Verpflichtungen zu werten wäre, wenn also auch dem Bekl. seinerseits Verfehlungen von einigem Gewicht anzulasten wären, die der Kl. das Festhalten an der Ehe erheblich erschwert hätten und ihr eigenes Fehlverhalten deshalb in einem milderen Licht erscheinen ließen (FamRZ 82/779). Hierfür bietet der festgestellte Sachverhalt keine Anhaltspunkte.

184c) FamRZ 84/356, 357, 358 = NJW 84/1537, 1538

(Härtefall bei Scheidungsunterhalt, wenn eheähnliche Lebensgemeinschaft nach der Scheidung fortgeführt wird. Besonders gelagerter Härtefall nach § 1579 II BGB und Entscheidung durch das Gericht, wenn ein besonderer Härtefall verneint wird.)

Das OLG hat unterstellt, daß die Bekl. den Kl. grundlos verlassen habe, um mit ihrem jetzigen Partner zusammenzuleben. Es ist davon ausgegangen, daß ein solches Verhalten die Anwendung des § 1579 I Nr. 4 BGB rechtfertige. Dies steht mit der Rechtsprechung des *Senats* im Einklang. Danach ist ein schwerwiegendes und klar bei einem Ehegatten liegendes Fehlverhalten während der Ehe zur Erfüllung der in § 1579 I Nr. 4 BGB normierten Voraussetzungen geeignet; ein solches Fehlverhalten kann insbesondere in der gegen den Willen des anderen Ehegatten erfolgten Begründung einer eheähnlichen Gemeinschaft mit einem anderen Partner liegen, weil darin eine so schwerwiegende Abkehr von den ehel. Bindungen zu sehen ist, daß die Inanspruchnahme des anderen Ehegatten auf Unterhalt grob unbillig erscheint (ständige Rechtsprechung, FamRZ 1984, 154 – m. w. N.). Dauert die eheähnliche Gemeinschaft nach der Scheidung an, erfüllt das Verhalten regelmäßig auch für den nachehelichen Unterhalt die Voraussetzungen der Härteregelung (vgl. FamRZ 1983, 569).

Das OLG hat gemäß § 1579 II BGB die Härteregelung nicht angewendet, weil die Bekl. – legitimiert durch gerichtliche Sorgerechtsentscheidungen – das gemeinschaftliche Kind der Parteien pflege und erziehe und von ihr deshalb eine Erwerbstätigkeit nicht erwartet werden könne. Ein besonders gelagerter Härtefall, in dem die Anwendung des § 1579 II BGB verfassungswidrig wäre (vgl. *BVerfGE* 57, 361 = FamRZ 1981, 745), sei nicht gegeben, denn der Kl. werde durch die ihm auferlegten Unterhaltsleistungen nicht unverhältnismäßig belastet. Zwar verbleibe ihm in der Zeit ab 1. 8. 1981 nicht viel mehr als der Eigenbedarf, den aber andererseits die Bekl. nicht einmal erreiche. Der im Verhältnis zu den Zuwendungen des Partners der Bekl. geringe Beitrag des Kl. zu ihrem Unterhalt erscheine durch den Zweck der Bestimmung, das Kind nicht unter dem Fehlverhalten seiner Mutter leiden zu lassen, gerechtfertigt.

Es entspricht der nach Erlaß des Berufungsurteils entwickelten Rechtsprechung des *Senats,* daß die Gerichte bis zu einer gesetzlichen Neuregelung aufgrund der genannten Entscheidung des *BVerfG* selbst darüber zu befinden haben, ob ein besonderer Härtefall vorliegt; wird diese Frage verneint, ist § 1579 II BGB unverändert anzuwenden mit der Folge, daß die Härteregelung des § 1579 I BGB dann nicht gilt (FamRZ 1983, 572f.).

Zu der Frage, was unter einem besonders gelagerten Härtefall i. S. der angeführten Entscheidung des *BVerfG* v.14. 7. 1981 zu verstehen ist, hat der *Senat* inzwischen mehrfach entschieden, daß Sachverhalte gemeint sind, in denen die auf § 1579 II BGB gestützte unverkürzte Zubilligung des eheangemessenen Unterhalts zu einer mit dem Verfassungsgrundsatz der Verhältnismäßigkeit unvereinbaren Belastung des Unterhaltspflichtigen führen würde; dies kann im Einzelfall insbesondere eintreten, wenn die Auferlegung von Unterhaltsleistungen nicht oder nicht in vollem Umfang durch das vorrangige Interesse des betreuten Kindes erfordert wird, dessen Belange bei der nötigen umfassenden Abwägung der Umstände des Einzelfalles stets besonders zu berücksichtigen sind (FamRZ 1983, 676; FamRZ 1984, 154).

Diesen Grundsätzen tragen die Erwägungen des OLG Rechnung. Insbesondere kommt hier dem Umstand Bedeutung zu, daß es wegen der Zuwendungen, die die Bekl. von ihrem jetzigen Partner erhält, nur noch um ergänzenden Unterhalt für sie geht. Sollte die neue Verhandlung ergeben, daß dem Kl. weniger verbliebe, als er zur Deckung seines eigenen, nach den ehel. Lebensverhältnissen angemessenen Unterhalts benötigt, wird dies bei der tatrichterlichen Würdigung erneut zu berücksichtigen sein.

184d) FamRZ 84/662, 664, 665 = NJW 84/2358, 2359

(Härtefall beim Scheidungsunterhalt, wenn das eheähnliche Verhältnis nach der Scheidung fortgesetzt wird. Zu den Voraussetzungen eines „besonders gelagerten Härtefalles" im Sinn von § 1579 II BGB)

Zur Frage des Ausschlusses oder einer Herabsetzung des Unterhaltsanspruchs der Ehefrau hat das OLG ausgeführt, daß die Ehefrau durch ihr ehel. Fehlverhalten nicht nur hinsichtlich ihres Anspruchs auf Trennungsunterhalt den Tatbestand der unterhaltsrechtlichen Härteregelung erfüllt habe, sondern daß aufgrund dieses Verhaltens auch für den nachehel. Unterhalt die Voraussetzungen des § 1579 I Nr. 4 BGB erfüllt seien.

Diese Beurteilung begegnet keinen rechtlichen Bedenken. Ein unterhaltsberechtigter Ehegatte, der durch die Aufnahme einer eheähnlichen Gemeinschaft mit einem anderen Partner während der Ehe seinen Anspruch auf Trennungsunterhalt eingebüßt oder verkürzt hat, hat jedenfalls dann regelmäßig auch für den nachehel. Unterhaltsanspruch die Härteregelung verwirklicht, wenn das Verhältnis nach der Scheidung andauert (FamRZ 1983, 569; FamRZ 1983, 676; FamRZ 1984, 154, 155).

Ebenso entspricht es der Rechtsprechung des *Senats,* daß auch bereits vor der Novellierung des § 1579 II BGB, die dem Gesetzgeber durch Urteil des *BVerfG* v.14. 7. 1981 (*BVerfGE* 57, 361 = FamRZ 1981, 745) aufgegeben worden ist, zu entscheiden ist, ob im Einzelfall ein besonders gelagerter Härtefall vorliegt, und im Falle der Verneinung dieser Frage die insoweit mit dem Grundgesetz vereinbarte Vorschrift des § 1579 II BGB unverändert anzuwenden, somit die Härteregelung des § 1579 I BGB als suspendiert zu behandeln und dementsprechend in der Sache zu entscheiden ist.

Nicht völlig frei von rechtlichen Bedenken ist indessen die Beurteilung, mit der das OLG hier einen besonders gelagerten Härtefall verneint hat. In den vorgenannten Urteilen (FamRZ 83/676; FamRZ 84/154, 155) hat der *Senat* zu der Frage, was unter einem besonders gelagerten Härtefall im Sinne der Entscheidung des *BVerfG* zu verstehen ist, dargelegt, daß nach dem Sinnzusammenhang der verfassungsgerichtl. Entscheidungsgründe Sachverhalte darunter fallen, in denen die unverkürzte Zubilligung des eheangemessenen Unterhalts aufgrund des § 1579 II BGB zu einer mit dem Verfassungsgrundsatz der Verhältnismäßigkeit unvereinbaren Belastung des Unterhaltspflichtigen führen würde. Die Suspendierung soll vornehmlich verhindern, daß der Lebensstandard des betreuten Kindes wegen des von ihm nicht zu verantwortenden Fehlverhaltens des sorgeberechtigten Elternteils absinkt. Insofern kommt den Belangen des Kindes gegenüber denen des unterhaltspflichtigen Elternteils der Vorrang zu. Im Einzelfall kann die Auferlegung von Unterhaltsleistungen aber zu einer unverhältnismäßigen Belastung des Verpflichteten führen, etwa weil sie nicht oder nicht in vollem Umfang durch das Kindesinteresse erfordert wird (a. a. O., FamRZ 1983, 676 und 1984, 155f.).

Unter diesem Gesichtspunkt bedurfte die Auferlegung der Unterhaltsleistung auch im vorliegenden Fall der näheren Prüfung. Sie erübrigte sich nicht deshalb, weil das OLG die Anspruchsvoraussetzungen des § 1570 BGB bejaht hatte. Hierbei hat das OLG nämlich nicht nur auf die Betreuungsbedürftigkeit der Kinder abgestellt und damit die Kindesinteressen berücksichtigt; vielmehr hat es im Rahmen der besonderen Umstände des vorliegenden Falles auch den für die Zumutbarkeit einer

Erwerbstätigkeit erheblichen persönlichen Verhältnissen der Ehefrau Bedeutung beigemessen und etwa darauf abgestellt, daß die Ehefrau ihre frühere Erwerbstätigkeit schon kurz nach der Eheschließung aufgegeben und aufgrund der hohen Einkünfte des Ehemannes in günstigen wirtschaftlichen Verhältnissen gelebt hat. Derartige in der Person des Unterhaltsbedürftigen liegende besondere Umstände müssen im Rahmen der Frage, inwieweit die Unterhaltsleistungen an ihn durch die Kindesinteressen erfordert werden, außer Betracht bleiben.

Damit bedurfte es hier – über die Beurteilung der Anspruchsvoraussetzungen des § 1570 BGB hinaus – der Prüfung, ob die Betreuung der gemeinsamen Kinder jeglicher Erwerbstätigkeit der Ehefrau im Wege steht oder ob – was bei dem Alter der Kinder nicht von vornherein auszuschließen ist – neben der Kindesbetreuung wenigstens die Aufnahme einer Teilzeitbeschäftigung möglich wäre. Wäre letzteres der Fall und das aus dieser Beschäftigung erzielbare Einkommen höher zu veranschlagen als die anzurechnende Vergütung für die Versorgung des neuen Partners, so käme dem für die Frage, ob hier nach Abwägung aller Umstände ein besonders gelagerter Härtefall zu bejahen ist, erhebliches Gewicht zu.

185. BGH zum „einseitigen" ehelichen Fehlverhalten

185a) FamRZ 82/466, 467, 468 = NJW 82/1216, 1217, 1218

(Eheliches Fehlverhalten bei eheähnlicher Lebensgemeinschaft oder nachhaltigem intimen Verhältnis mit einem anderen. Zur Beurteilung der Einseitigkeit eines Fehlverhaltens. Kein Unterhalt wegen Kinderbetreuung ohne entsprechende Sorgerechtsregelung)

Das OLG hat der Kl. die Regelung des § 1579 II BGB zugutekommen lassen. Dies wäre jedoch nicht ohne weiteres gerechtfertigt, wenn die Kl. das Kind der Parteien gegen den Willen des Bekl. mitgenommen hätte. In einem solchen Fall müßte für die Anwendung des § 1579 II BGB verlangt werden, daß die Betreuung des Kindes, auf die sich der Unterhalt begehrende Ehegatte beruft, auf einer richterlichen Entscheidung beruht. Im einzelnen wird hierzu auf die Urteile des *BVerfG* v. 14. 7. 1981 (FamRZ 1981, 745, 749f.) und des *Senats* v. 23. 4. 1980 (FamRZ 1980, 665, 667f.) Bezug genommen. Ob und gegebenenfalls wann eine Sorgerechtsentscheidung zugunsten der Kl. ergangen ist, ist aber bisher nicht festgestellt.

Soweit sich die Kl. für die Betreuung des Kindes der Parteien nicht auf eine richterliche (Sorgerechts-)Entscheidung stützen kann, wird das OLG zu prüfen haben, ob der Unterhaltsanspruch der Kl. nach § 1579 I Nr. 4 (in Verbindung mit § 1361 III) BGB mit Rücksicht auf die Vorwürfe entfällt oder herabzusetzen ist, welche der Bekl. gegen die Kl. erhebt. Die Voraussetzungen dieser Vorschrift können auch bei einem schwerwiegenden und einseitig bei dem unterhaltsbegehrenden Ehegatten liegenden Fehlverhalten erfüllt sein (FamRZ 1979, 569, 570; FamRZ 1979, 571, 573; FamRZ 1980, 665, 666 = NJW 1980, 1686, 1687; FamRZ 1981, 439, 440f.; FamRZ 1981, 752, 753; FamRZ 1982, 360). Ein solches Fehlverhalten kann insbesondere in der Aufnahme eines nachhaltigen, auf längere Dauer angelegten intimen Verhältnisses mit einem anderen Partner liegen, weil darin eine so schwerwiegende Abkehr von den ehel. Bindungen zu sehen ist, daß nach dem Grundsatz der Gegenseitigkeit, der dem ehel. Unterhaltsrecht zugrundeliegt, die Inanspruchnahme des anderen Ehegatten auf Unterhalt grob unbillig erscheint (FamRZ 81/439, 440; FamRZ 82/360).

Das OLG hat – von seinem Standpunkt aus folgerichtig – dahinstehen lassen und damit für seine rechtliche Beurteilung als wahr unterstellt, daß die Kl. ein ehewidriges Verhältnis mit einem anderen Manne unterhalte und mit diesem eheähnlich zusammenlebe oder zumindest in der Vergangenheit zeitweise zusammengelebt habe. Dem liegt die Behauptung des Bekl. zugrunde, daß sich die Kl. schon zur Zeit des Zusammenlebens der Parteien einem anderen Manne zugewandt und wegen dieses Mannes und mit seiner Hilfe die ehel. Wohnung verlassen habe, um mit ihm eheähnlich zusammenzuleben; andererseits habe er, der Bekl., der Kl. keinerlei Grund gegeben, ihn zu verlassen. Dieses Vorbringen, das der Bekl. unter Beweis gestellt hat, ist geeignet, die Voraussetzungen des § 1579 I Nr. 4 BGB zu erfüllen, und bedarf daher der tatrichterlichen Aufklärung. Im Rahmen des § 1579 I Nr. 4 BGB hat der Bekl. auch die Gegenvorwürfe der Kl. auszuräumen, soweit diese von ihrem Gewicht her geeignet sind, dem etwaigen Fehlverhalten der Kl. den Charakter eines *einseitigen* Fehlverhaltens zu nehmen. Das ist dann der Fall, wenn es sich um Umstände handelt, die der Kl. das Festhalten an der Ehe erheblich erschwert haben und das eigene Verhalten in milderem Licht erscheinen lassen. Die Beurteilung des beiderseitigen Fehlverhaltens einschließlich seiner Abwägung ist wesentlich Sache der tatrichterlichen Würdigung.

185b) FamRZ 82/779, 780 = NJW 82/2664

(Eheliches Fehlverhalten durch Aufnahme eines nachhaltigen intimen Verhältnisses. Darlegungs- und Beweislast für das Vorliegen eines einseitigen, klar bei einem Ehegatten liegenden Fehlverhaltens. Der Unterhaltsverpflichtete muß entsprechende Gegenvorwürfe des anderen widerlegen).

Der Bekl. hat sich auf einen Ausschluß des Unterhaltsanspruchs nach §§ 1361 III, 1579 I Nr. 3 und 4 BGB berufen und geltend gemacht, die Kl. habe ihn wegen eines anderen Mannes verlassen, mit dem sie seit der Trennung in eheähnlicher Gemeinschaft zusammenlebe. Das OLG hat einen Ausschluß oder eine Kürzung des Unterhaltsanspruchs verneint und hierzu ausgeführt:

Nach dem Ergebnis der Beweisaufnahme könne nicht festgestellt werden, daß die Kl. im Klagezeitraum eine eheähnliche Wohn- und Lebensgemeinschaft mit einem neuen Lebensgefährten begründet habe. Nach der Aussage des vom Bekl. benannten Zeugen unterhalte dieser zwar seit geraumer Zeit geschlechtliche Beziehungen zur Kl.; eine Wohngemeinschaft zwischen dem Zeugen und der Kl. habe indessen nur im Oktober 1978 bestanden. Es könne auch nicht davon ausgegangen werden, daß die Kl. den Bekl. grundlos verlassen habe. Die Kl. habe bereits in einem früheren, durch Aussöhnung erledigten Ehescheidungsverfahren geltend gemacht, daß der Bekl. seit Jahren übermäßig dem Alkohol zuspreche und sie dann bedrohe und körperlich mißhandele. Die gleichen Gründe habe sie auch im jetzt anhängigen Ehescheidungsverfahren als Ursache des Scheiterns der Ehe angegeben. Dieses Vorbringen sei nicht widerlegt und vom Bekl. nicht einmal substantiiert bestritten worden.

Diese Ausführungen halten im Ergebnis der von der Revision erbetenen sachlich-rechtlichen Überprüfung stand.

Nach der Rechtsprechung des *BGH* ist ein schwerwiegendes, klar bei einem der Ehegatten liegendes Fehlverhalten geeignet, die Voraussetzungen des § 1579 I Nr. 4 BGB zu erfüllen. Ein schwerwiegendes Fehlverhalten in diesem Sinne kann nicht nur in der (gegen den Willen des anderen Ehegatten erfolgten) Begründung einer eheähnlichen Gemeinschaft, sondern auch schon in der Aufnahme eines nachhaltigen, auf längere Dauer angelegten intimen Verhältnisses mit einem anderen Partner liegen. Der auf Unterhalt in Anspruch genommene Ehegatte trägt jedoch die Darlegungs- und Beweislast dafür, daß ein einseitiges, klar bei dem anderen Ehegatten liegendes Fehlverhalten vorliegt. Insoweit können Verfehlungen des unterhaltspflichtigen Ehegatten von einigem Gewicht Bedeutung erlangen, die dem Unterhalt begehrenden Gatten das Festhalten an der Ehe erheblich erschwert haben und dessen eigenes Fehlverhalten in einem milderen Licht erscheinen lassen. Solche Vorwürfe hat der in Anspruch genommene Ehegatte, der sich auf die rechtsvernichtende Einwendung des § 1579 I Nr. 4 BGB beruft, gegebenenfalls zu widerlegen (FamRZ 1982, 463 m. w. N.).

Nach diesen Grundsätzen ist es nicht zu beanstanden, daß das OLG vom Bekl. verlangt hat, den Vortrag der Kl. über seinen übermäßigen Alkoholkonsum und die damit zusammenhängenden Vorgänge auszuräumen, und daß es angesichts des nicht widerlegten Vortrags die Voraussetzungen des § 1579 I Nr. 4 BGB verneint hat. Die Frage, ob die Anwendung dieser Vorschrift auch deshalb ausscheiden müßte, weil der Bekl. nach den Feststellungen des OLG inzwischen seinerseits eine andere Frau in seinen Haushalt aufgenommen hat, bedarf danach keiner Prüfung mehr.

185c) FamRZ 81/439, 440, 441 = NJW 81/1214, 1215

(Grobe Unbilligkeit bei Aufnahme eines nachhaltigen, auf längere Dauer angelegten intimen Verhältnisses mit anderem Partner unter Trennung vom Ehegatten. Zur Einseitigkeit eines solchen Fehlverhaltens).

Wie der *BGH* bereits wiederholt entschieden hat, schließt es die Beseitigung des Verschuldensprinzips in der Regelung des Ehegattenunterhalts im Falle des Getrenntlebens und der Ehescheidung nicht aus, im Rahmen der Billigkeitsregelung des § 1579 I Nr. 4 BGB ein schwerwiegendes ehewidriges Fehlverhalten des Unterhalt beanspruchenden Ehegatten zu berücksichtigen (FamRZ 1979, 569 = NJW 1979, 1348; FamRZ 1979, 571 = NJW 1979, 1452; FamRZ 1980, 665 = NJW 1980, 1686). In der letztgenannten Entscheidung hat der erkennende Senat ein derartiges Fehlverhalten in einem Fall für gegeben erachtet, in dem sich ein Ehegatte gegen den Willen des anderen einem anderen Partner in der Weise zugewendet hatte, daß er seinen Ehegatten verlassen und in unmittelbarem Anschluß daran mit dem neuen Partner eine eheähnliche Gemeinschaft begründet hatte. Die Begründung einer eheähnlichen Gemeinschaft mit dem neuen Partner, die die Bekl. auch im vorliegenden Fall behauptet hatte, hat das *OLG* rechtsfehlerfrei für nicht erwiesen erachtet. Auch ohne Begründung eines eheähnlichen Zusammenlebens beinhaltet jedoch die Aufnahme eines nachhaltigen, auf längere Dauer angelegten intimen Verhältnisses mit einem anderen Partner unter Trennung vom Ehegatten eine so schwerwiegende Distanzierung von den eigenen ehel. Bindungen, daß nach dem Grundsatz der Gegenseitigkeit, der dem ehel. Unterhaltsrecht zugrunde liegt, die Inanspruchnahme des gegen seinen Willen verlassenen Ehegatten auf Unterhalt grob unbillig sein kann. Dies kann in besonderem Maße gelten, wenn der verlassene Ehegatte in der Ehe – wie hier – mit besonderen finanziellen

Aufwendungen für den anderen Partner einverstanden war, zu denen er ursprünglich rechtlich nicht verpflichtet gewesen wäre und an denen er nunmehr aufgrund der geschaffenen Lebensverhältnisse festgehalten werden soll.

Die Abkehr des Kl. von seinen ehel. Bindungen könnte allerdings dann nicht mehr als schwerwiegender Bruch der ehel. Solidarität angesehen werden, wenn sich die Bekl. bereits vorher ihrerseits von den ehel. Bindungen losgesagt hätte. Hierfür läßt sich jedoch den Feststellungen des OLG nichts entnehmen. Die Aussage des Kl., die Parteien hätten sich weitgehend auseinandergelebt gehabt, besagt insoweit nichts. Sie läßt insbesondere nicht erkennen, daß die Bekl. bereits aus der Ehe fortstrebte und sich vom Kl. i. S. des § 1567 BGB getrennt hatte, bevor sich der Kl. von ihr abgewandt und eine intime Beziehung zu einer anderen Frau aufnahm. Die vom OLG angeführten Bekundungen des Kl., daß die Ehegatten zur fraglichen Zeit noch – wenn auch immer weniger – miteinander ehelich verkehrt und sogar noch einen gemeinsamen Urlaub verbracht hätten, deutet auf das Gegenteil hin.

186. BGH zu Nr. 4 bei ehebrecherischen Beziehungen zu mehreren Partner oder längerem intimen Verhältnis sowie zur Darlegungs- u. Beweislast hinsichtlich der Einseitigkeit des Fehlverhaltens

186a) FamRZ 83/670, 671, 672

(Anspruchskürzung bei ehebrecherischen Beziehungen zu 4 Männer nach 30jähriger Ehe. Darlegungs- und Beweislast des Unterhaltsverpflichteten für „einseitiges Fehlverhalten". Die Gegenvorwürfe müssen gewichtig und hinreichend substantiiert sein. Bei der Billigkeitsabwägung zu berücksichtigende Umstände)

Nach der ständigen Rechtsprechung des *BGH* ist ein schwerwiegendes und einseitig bei einem der Ehegatten liegendes eheliches [ehel.] Fehlverhalten geeignet, die Voraussetzungen des § 1579 I Nr. 4 BGB zu erfüllen. Ein solches Fehlverhalten kann in der Aufnahme eines nachhaltigen, auf längere Dauer angelegten intimen Verhältnisses zu einem anderen Partner liegen, weil darin eine so schwerwiegende Abkehr von den ehel. Bindungen zu sehen ist, daß nach dem Grundsatz der Gegenseitigkeit, der dem ehel. Unterhaltsrecht zugrundeliegt, die Inanspruchnahme des anderen Ehegatten auf Unterhalt grob unbillig erscheint (FamRZ 1982, 463, 464; FamRZ 1982, 466, 468 m. w. N.). Dem gleichzuachten ist der Fall, daß sich ein Ehegatte dergestalt von den ehel. Bindungen abkehrt, daß er intime Beziehungen zu wechselnden Partnern aufnimmt. Es besteht kein Grund, einen solchen Ehegatten unterhaltsrechtlich milder zu behandeln als denjenigen, der sich einem einzelnen anderen Partner zuwendet.

Hiernach ist es aus Rechtsgründen nicht zu beanstanden, daß das OLG ein die Voraussetzungen des § 1579 I Nr. 4 BGB erfüllendes schwerwiegendes ehel. Fehlverhalten der Kl. darin erblickt hat, daß diese in den letzten Jahren vor der Trennung der Parteien zu vier Männern ehebrecherische Beziehungen aufgenommen hat. Mit dem Einwand, daß das in Frage stehende Verhalten der Kl. „mit der Trennung der Parteien nichts zu tun" gehabt habe, hat die Revision keinen Erfolg. Nach den Feststellungen des OLG hat der Bekl. erstmals im August 1979 von einem der Ehebrüche und Ende September/Anfang Oktober 1979 von den weiteren Ehebrüchen erfahren. Danach kam es im November 1979 nach einer tätlichen Auseinandersetzung zur Trennung der Parteien, nachdem der Bekl. in der Zwischenzeit von der Kl. Abbitte für ihr Fehlverhalten verlangt und das Haushaltsgeld mit der Begründung gekürzt hatte, daß sie Geld mit anderen Männern durchgebracht habe. Das OLG hat diesem Hergang entnommen, daß die Ehebrüche der Kl. der auslösende Grund für die Trennung der Parteien gewesen sind. Danach kann nicht davon ausgegangen werden, daß sich der Bekl. unabhängig von dem Verhalten der Kl. seinerseits von der Ehe abgekehrt hat.

Im Ergebnis ist nicht zu beanstanden, daß das OLG von der Regelung des § 1579 I Nr. 4 BGB ungeachtet der Vorwürfe Gebrauch gemacht hat, die die Kl. ihrerseits gegen den Bekl. erhoben hat. Allerdings hat das OLG insoweit zu Unrecht darauf abgestellt, daß die Vorwürfe der Kl. von diesem bestritten worden und nicht beweisbar seien. Die Darlegungs- und Beweislast für die Voraussetzungen des § 1579 I BGB – einer rechtsvernichtenden Einwendung – liegt bei dem Unterhaltspflichtigen. Er hat, wenn er die Herabsetzung des Unterhalts wegen eines schwerwiegenden ehel. Fehlverhaltens des anderen Teils erstrebt, außer dem Fehlverhalten als solchem auch zu beweisen, daß es sich um ein *einseitiges* Fehlverhalten handelt. Er hat daher etwaige Gegenvorwürfe auszuräumen, die dem Fehlverhalten des Unterhaltsberechtigten den Charakter eines einseitigen Fehlverhaltens nehmen könnten (FamRZ 82/463; FamRZ 82/466). Indessen ist aus der grundsätzlichen Abkehr des Gesetzgebers vom Verschuldensprinzip zu folgern, daß im Rahmen der Prüfung der Einseitigkeit des Fehlverhaltens nicht jeglichen Gegenvorwürfen nachzugehen ist, die gegen den unterhaltspflichtigen Ehegatten erhoben werden, sondern daß nur Verfehlungen von einigem Gewicht Bedeutung erlangen können, die dem Unterhalt begehrenden Ehegatten das Festhalten an der Ehe erheblich erschwert haben und sein eigenes Fehlverhalten in einem milderen Lichte erscheinen lassen (*Senats*urteile, a. a. O.).

Die Gegenvorwürfe müssen zudem hinreichend substantiiert sein (FamRZ 82/463). Hierzu reichte das allgemeine – nicht durch die Schilderung bestimmter Vorkommnisse konkretisierte – Vorbringen der Kl., ,,daß der Bekl. seinerseits in erheblichem Maße gegen die ehel. Treuepflicht verstoßen hat" und sie ,,ständig beschimpfte und prügelte", nicht aus. Zu dem weiteren Vorwurf der Kl., daß der Bekl. seit Anfang 1977 kaum noch mit ihr gesprochen, sondern mit ihr über Zettel verkehrt habe, ist zu berücksichtigen, daß die Kl. zu dieser Zeit bereits damit begonnen hatte, mit anderen Männern die Ehe zu brechen. Nach ihren eigenen Angaben bei ihrer Parteivernehmung vor dem OLG hatte sie außerehelichen Geschlechtsverkehr zunächst mit dem Zeugen Ku., und sodann mit dem Zeugen Kä.. Nach diesem zeitlichen Ablauf kann davon ausgegangen werden, daß das hier in Frage stehende Verhalten des Bekl. die Abkehr der Kl. von der Ehe nicht veranlaßt hat und somit nicht geeignet ist, ihr eigenes Fehlverhalten in einem milderen Lichte erscheinen zu lassen. Das gilt um so mehr, als der Bekl. nach dem eigenen Vorbringen der Kl. (,,kaum mehr gesprochen") den Gesprächskontakt nicht vollständig abgebrochen hat; letzteres ergibt sich auch daraus, daß die Parteien – unstreitig – noch im Sommer 1978 einen gemeinsamen Urlaub verbracht haben. Auch die Vorwürfe, die die Kl. gegen den Bekl. wegen Vorfällen im September und Oktober 1979 erhebt, vermögen – ihre Richtigkeit unterstellt – dem ehebrecherischen Umgang der Kl. mit anderen Männern nicht den Charakter eines klar bei ihr liegenden schwerwiegenden Fehlverhaltens zu nehmen. Die Voraussetzungen für eine Herabsetzung des Unterhalts nach § 1579 I Nr. 4 BGB waren zu diesem Zeitpunkt – bis zu dem die Kl. ehebrecherische Beziehungen zu zwei weiteren Männern aufgenommen hatte – bereits gegeben und sind auch für den Fall nicht wieder in Fortfall gekommen, daß sich der Bekl. späterhin seinerseits ehewidrig verhielt.

Anders wäre es dann, wenn der Bekl. durch ein vorangehendes ehewidriges Verhalten dem Fehlverhalten der Kl. den Boden bereitet hätte. So aber liegt der Fall nicht. Nach den Feststellungen des *OLG* ist vielmehr die Ehe der Parteien an den ehebrecherischen Beziehungen der Kl. zu anderen Männern zerbrochen und stellen sich die dem Bekl. vorgeworfenen Ausfälligkeiten im September und Oktober 1979 als Reaktion auf das zu dieser Zeit bekanntwerdende Fehlverhalten der Kl. dar, die den darin liegenden wirklichen Grund für das Scheitern der Ehe nicht mehr berührte.

Das OLG hat in Anwendung des § 1579 I Nr. 4 (i. V. mit § 1361 III) BGB den Unterhaltsanspruch der Kl. nicht völlig entfallen lassen, sondern ihn lediglich um (rund) ⅓ gekürzt. Auch dies ist revisionsrechtlich nicht zu beanstanden. Nach § 1579 I BGB besteht ein Unterhaltsanspruch nicht, *soweit* die Inanspruchnahme des Verpflichteten aus den Gründen der Ziffern 1 bis 4 grob unbillig wäre. Daß einer dieser Gründe vorliegt, genügt deshalb nicht. Vielmehr ist zusätzlich eine Billigkeitsabwägung vorzunehmen. Ergibt sich hiernach, daß der völlige Ausschluß nicht geboten erscheint, um einen groben Widerspruch mit dem Gerechtigkeitsempfinden zu vermeiden, ist der Unterhaltsanspruch nur teilweise auszuschließen (FamRZ 1982, 582f.).

Das OLG hat seine Entscheidung, den Unterhaltsanspruch nicht völlig auszuschließen, sondern nur um (rund) ⅓ herabzusetzen, damit begründet, daß die Parteien mehr als 30 Jahre ehelich zusammengelebt haben, die Kl. in dieser Ehe vier Kinder geboren habe, sich nunmehr in einem vorgerückten Alter (55 Jahre) befinde und die Einkommens- und Vermögensverhältnisse des Bekl. relativ gut seien. Unter diesen Umständen sei es nicht angemessen, die Kl. auf eine ohnehin nur schwer zu findende Erwerbstätigkeit zu verweisen. Vielmehr sei ihr Unterhaltsanspruch wegen ihres ehel. Fehlverhaltens um (rund) ⅓ zu kürzen. Insoweit komme es nicht entscheidend darauf an, ob die Kl. mit vier oder – wie der Bekl. weitgehend behauptet hat – mit sieben Männern die Ehe gebrochen habe.

Gegen diese Erwägungen wendet sich die Revision des Bekl. ohne Erfolg.

Zum einen meint sie, daß die ehebrecherischen Beziehungen der Kl. zu vier Männern, ,,zumindest jedoch die vom Bekl. behaupteten Beziehungen zu sieben anderen Männern (§ 286 ZPO)", ein derartig ehefeindliches Verhalten offenbarten, daß die Zubilligung auch nur teilweiser Unterhaltsleistungen mit dem Rechtsempfinden schlechthin unvereinbar sei. Der *Senat* vermag sich dem in dieser Unbedingtheit nicht anzuschließen. Ob und wieweit der Unterhaltsanspruch aus den in § 1579 I Nr. 1 bis 4 BGB aufgeführten Gründen ausgeschlossen ist, hängt jeweils von einer Würdigung der gesamten Umstände des Einzelfalles ab. Auch die Aufnahme intimer Beziehungen des Unterhaltsberechtigten zu einem oder mehreren anderen Partnern führt nicht gleichsam automatisch zum vollständigen Verlust des Unterhaltsanspruches. Vorliegend kann es auch nicht entscheidend darauf ankommen, ob die Kl. mit vier oder mit sieben Männern die Ehe gebrochen hat. Die innere Rechtfertigung für die Berücksichtigung ehelichen Fehlverhaltens im Rahmen des § 1579 I Nr. 4 BGB liegt in dem Gedanken der Lösung aus der ehel. Solidarität und Abkehr von den ehel. Bindungen. Äußert sich diese, wie hier, in der Bereitschaft zur Aufnahme intimer Kontakte zu wechselnden Partnern, so macht es für die Unterhaltsbemessung keinen greifbaren Unterschied, ob solche Kontakte zu vier oder sieben anderen Partnern aufgenommen worden sind.

Die Revision beanstandet weiter, daß das OLG im Rahmen des § 1579 I BGB berücksichtigt hat, daß sich die Kl. bereits in einem vorgerückten Alter befindet und daher kaum in der Lage sei, eine eigene Erwerbstätigkeit zu finden. Die Revision meint, daß diese Umstände einen Unterhaltsanspruch der Kl. überhaupt erst begründeten und daher nicht nochmals im Rahmen des § 1579 I BGB zu ihren Gunsten herangezogen werden dürften.

Das ist so nicht richtig. Ein Anspruch auf Trennungsunterhalt besteht nach § 1361 I BGB allgemein nach Maßgabe der Lebens-, Erwerbs- und Vermögensverhältnisse der Ehegatten. Der nichterwerbstätige Ehegatte kann gemäß § 1361 II BGB nur dann auf eine eigene Erwerbstätigkeit verwiesen werden, wenn diese von ihm nach seinen persönlichen Verhältnissen erwartet werden kann. Dies läßt Fallgestaltungen offen, in denen dem Unterhaltsberechtigten eine eigene Erwerbstätigkeit nach den Verhältnissen der Eheleute nicht zuzumuten ist, obwohl er an sich arbeitsfähig ist und eine seinen Fähigkeiten entsprechende Berufstätigkeit finden könnte. In einem solchen Falle liegt es nahe, den nach § 1361 BGB an sich anspruchsberechtigten Ehegatten auf diese Möglichkeiten zu verweisen, wenn ein zur Herabsetzung des Unterhaltsanspruches geeigneter Grund i. S. des § 1579 I Nr. 2 bis 4 BGB vorliegt und infolgedessen eine Heranziehung des Verpflichteten grob unbillig wäre. Dann aber läßt § 1579 I BGB auch Raum für die Erwägung, wieweit der unterhaltsberechtigte Teil eine Erwerbstätigkeit überhaupt finden könnte. Das OLG war daher nicht gehindert, bei der Abwägung nach § 1579 I BGB in Betracht zu ziehen, daß die Möglichkeiten der Kl., auf dem Arbeitsmarkt unterzukommen, angesichts ihres vorgerückten Alters begrenzt sind.

Ebensowenig begegnet es Bedenken, daß das OLG bei der Abwägung nach § 1579 I BGB berücksichtigt hat, daß die Einkommens- und Vermögensverhältnisse des Bekl. relativ gut sind. Zwar gehört, wie die Revision zutreffend ausführt, die Leistungsfähigkeit des Verpflichteten zu den Grundvoraussetzungen des Unterhaltsanspruchs. Dies schließt es jedoch nicht aus, im Rahmen des § 1579 I BGB mit zu veranschlagen, ob sich die Inanspruchnahme des Verpflichteten – wie regelmäßig bei beengten wirtschaftlichen Verhältnissen – drückend oder angesichts eines größeren finanziellen Bewegungsspielraums weniger drückend auswirkt.

Auch sonst begegnet die Abwägung des OLG keinen durchgreifenden Bedenken. Es verdient in der Tat Berücksichtigung, daß die Kl. in der Ehe vier Kinder geboren und großgezogen und mehr als 30 Jahre den Haushalt versorgt hat. Es ist nicht zu beanstanden, daß das OLG unter diesen und den vorstehend unter b) erörterten Umständen im Rahmen seiner tatrichterlichen Verantwortung den Unterhaltsanspruch der Kl. trotz ihres schwerwiegenden ehel. Fehlverhaltens nur um (rund) ⅓ gekürzt hat.

186b) FamRZ 82/463, 464 = NJW 82/1461, 1462

(Außereheliche Beziehungen zu anderen Männern als schwerwiegendes eheliches Fehlverhalten. Darlegungs- und Beweislast für Einseitigkeit des Fehlverhaltens. Tatrichterliche Würdigung des beiderseitigen Verhaltens. Zumutbare Substantiierung der Gegenvorwürfe).

Nach Ansicht des OLG kann sich der Bekl. auch nicht auf die Härteklausel des § 1579 I Nr. 4 BGB (grobe Unbilligkeit aus anderen schwerwiegenden Gründen) berufen, weil er insgesamt nicht hinreichend dargelegt und unter Beweis gestellt habe, daß ein schwerwiegendes, klar bei der Kl. liegendes und evidentes Fehlverhalten vorliege.

Zwar treffe die Kl. ein erhebliches ehel. Fehlverhalten, weil sie mit dem Erzeuger ihrer Töchter – wenn auch ohne mit ihm zusammenzuleben – die Ehe gebrochen und weil sie nach der Trennung der Parteien fünf Monate mit einem anderen Manne in häuslicher Gemeinschaft gelebt habe. Ungeklärt sei jedoch, ob die Ehe der Parteien bis zur Trennung „durchschnittlich" verlaufen sei und das Verschulden an dem Scheitern der Ehe nur auf seiten der Kl. liege. Bereits in den drei Jahren vor der Trennung der Parteien sei es nicht mehr zum ehel. Verkehr gekommen, ohne daß der Bekl. Gründe hierfür vorgetragen habe. Aufgrund der Zeugenaussage der Mutter der Kl. stehe fest, daß der Bekl. der Kl. ihren ersten Fehltritt, der zur Geburt der Tochter Petra geführt habe, verziehen habe. Ferner habe die Kl. substantiiert vorgetragen, daß der Bekl. sehr oft völlig betrunken nach Hause gekommen sei und sie dann beschimpft, sich in der Wohnung übergeben und Wasser und Kot ins Bett gelassen habe. Dieses Vorbringen habe der Bekl. nicht ausgeräumt, obwohl er beweispflichtig dafür sei, daß das Verschulden am Scheitern der Ehe klar auf seiten der Kl. liege.

Diese Ausführungen halten nicht in allen Teilen den Angriffen der Revision stand.

Ihr rechtlicher Ausgangspunkt entspricht der Rechtsprechung des *BGH,* daß ein schwerwiegendes und klar bei einem der Ehegatten liegendes Fehlverhalten geeignet ist, die Voraussetzungen des § 1579 I Nr. 4 BGB zu erfüllen (FamRZ 1980, 665, 666 = NJW 1980, 1686, 1687; FamRZ 1981, 439, 440f.). Ein solches Fehlverhalten kann insbesondere in der Aufnahme eines nachhaltigen, auf längere Dauer angelegten intimen Verhältnisses mit einem anderen Partner liegen, weil darin eine so schwerwiegende Abkehr von den ehel. Bindungen zu sehen ist, daß nach dem Grundsatz der Gegenseitigkeit, der dem ehel. Unterhaltsrecht zugrunde liegt, die Inanspruchnahme des anderen Ehegatten auf Unterhalt grob unbillig erscheint.

Es ist aus Rechtsgründen nicht zu beanstanden, daß das OLG in den außerehelichen Beziehungen der Kl. zu anderen Männern ein schwerwiegendes Fehlverhalten in diesem Sinne gesehen hat. Ob bei der Prüfung dieser Frage ins Gewicht fällt, daß aus diesen Beziehungen zwei Kinder hervorgegangen sind, die die Kl. an einer Erwerbstätigkeit hindern und damit ihre Unterhaltsbedürftigkeit begründen, braucht der Senat in diesem Zusammenhang nicht zu entscheiden.

Das Berufungsurteil hält jedoch den Angriffen der Revision nicht stand, soweit es zu dem Ergebnis gelangt, der Bekl. habe insgesamt nicht hinreichend dargelegt und unter Beweis gestellt, daß ein einseitiges, klar bei der Kl. liegendes Fehlverhalten vorliege. Aus der grundsätzlichen Abkehr des Gesetzgebers vom Schuldprinzip ist zu folgern, daß im Rahmen der Prüfung der Einseitigkeit des Fehlverhaltens nicht jeglichen Vorwürfen nachzugehen ist, die gegen den unterhaltspflichtigen Ehegatten erhoben werden, sondern daß nur konkret vorgebrachte Verfehlungen von einigem Gewicht Bedeutung erlangen können, die dem Unterhalt begehrenden Ehegatten das Festhalten an der Ehe erheblich erschwert haben und sein eigenes Fehlverhalten in einem milderen Licht erscheinen lassen. Die Beurteilung des beiderseitigen Verhaltens einschließlich seiner Abwägung ist wesentlich Sache der tatrichterlichen Würdigung. Daher ist aus Rechtsgründen nicht zu beanstanden, daß das OLG vom Bekl. verlangt hat, den Vortrag der Kl. in bezug auf seine oftmalige Trunkenheit und die damit zusammenhängenden Vorgänge auszuräumen.

Das OLG geht hier nicht von einer unzutreffenden Verteilung der Darlegungs- und Beweislast aus. Die tatsächlichen Voraussetzungen des § 1579 I Nr. 4 BGB – einer rechtsvernichtenden Einwendung – hat der Unterhaltspflichtige darzulegen und zu beweisen, wozu grundsätzlich gehört, daß er Vorbringen der Gegenpartei, das im Falle der Richtigkeit gegen die Annahme einer groben Unbilligkeit sprechen würde, zu widerlegen hat. Soweit er ein derartiges Vorbringen lediglich in Abrede stellen kann, sind allerdings an die Substantiierung seiner Darlegungen nach dem auch das Prozeßrecht beherrschenden Grundsatz von Treu und Glauben keine hohen Anforderungen zu stellen, da es sich wesentlich um die Behauptung sog. negativer Tatsachen handelt. Dies hat das OLG verkannt, wenn es hinreichende Darlegungen des Bekl. zur Ausräumung der Vorwürfe der Kl. vermißt hat. Dafür mußte genügen, daß der Bekl. mit Schriftsatz v. 9. 9. 1977 vorgebracht und durch die Zeuginnen R. und S. unter Beweis gestellt hat, die Kl. habe ihn aus Laune und Willkür aus der Wohnung geworfen, obwohl er sich während der Ehe einwandfrei verhalten habe und sich nie etwas habe zuschulden kommen lassen. Das Beweisthema lief darauf hinaus, daß der Bekl. alles leugnete, was die Kl. ihm als Fehlverhalten angelastet hat, ohne daß nach der Art dieser Vorwürfe eine weitere Substantiierung möglich und zumutbar war.

187. BGH zur Ablehnung eines „einseitigen" ehelichen Fehlverhaltens

187a) FamRZ 83/150, 151 = NJW 83/683, 684

(Kein einseitiges Fehlverhalten, wenn der Unterhaltsverpflichtete vorher und als Erster die Trennung gewünscht und Scheidungsabsichten geäußert hatte).

Nach der ständigen Rechtsprechung des *Senats* zum Anspruch auf Trennungsunterhalt, bei dem § 1579 I Nr. 4 BGB über § 1361 III BGB entsprechend anwendbar ist, kann ein schwerwiegendes und klar bei einem der Ehegatten liegendes Fehlverhalten geeignet sein, die Voraussetzungen des § 1579 I Nr. 4 BGB zu erfüllen. Ein solches Fehlverhalten kann darin liegen, daß der Unterhalt begehrende Ehegatte sich gegen den Willen des anderen von der Ehe abkehrt und einem anderen Partner zuwendet, dem er in eheähnlicher Gemeinschaft die seinem Ehegatten geschuldete Hilfe und Betreuung zuteil werden läßt. Die Zuwendung zu einem anderen Partner läßt aber das Verlangen von Unterhalt nur dann als grob unbillig erscheinen, wenn sie als einseitiges evidentes Fehlverhalten gewertet werden kann. Daher bleibt das ehel. Verhalten des anderen Ehegatten auch in solchen Fällen nicht außer Betracht. Wenn der andere Ehegatte sich vorher seinerseits von seinen ehel. Bindungen losgesagt hat, kann auch das Zusammenleben mit einem anderen Partner nicht als ein schwerwiegender, zum Verlust des Unterhaltsanspruchs führender Bruch der ehelichen Solidarität angesehen werden. Eine derartige, gegen eine einseitige Abkehr der Ehefrau von ihrem Ehemann sprechende Lossagung des Mannes von der Ehe hat der *Senat* darin gesehen, daß der Ehemann als erster Scheidungsabsichten geäußert und selbst die Trennung gewünscht hatte (FamRZ 1981, 752, 753; FamRZ 1981, 439, 441; FamRZ 1981, 1042, 1043).

Jedenfalls der zuletzt erörterte Gesichtspunkt, der auch beim Ausschluß des nachehelichen Unterhalts zu beachten wäre, läßt im Streitfall die Entscheidung des KG als zutreffend erscheinen. Wenn es im angefochtenen Urteil heißt, der Ehemann behaupte selbst nicht, daß die Ehefrau mutwillig aus der Ehe ausgebrochen sei oder das Scheitern der Ehe anderweitig durch ein schwerwiegendes Fehlverhalten verschuldet habe, so hat der Tatrichter damit dem nicht bestrittenen Parteivortrag Rechnung getragen, daß es der Ehemann war, der bereits im Sommer 1977 aus der ehel. Wohnung ausgezogen ist, und er hat weiterhin berücksichtigt, daß der Ehemann im Februar 1979 auf Scheidung der Ehe angetragen hat. Bis zu seinem Vortrag vor dem mit dem Scheidungsantrag selbst nicht befaßten Berufungsgericht in dem Schriftsatz v. 16. 10. 1980, er habe kürzlich in Erfahrung gebracht, daß die Ehefrau mindestens seit 1979 mit einem anderen Manne liiert sei, der ständig in ihrer Wohnung wohne, hatte der Ehemann der Ehefrau hinsichtlich ihres ehel. Verhaltens keinerlei Vorwürfe von Gewicht gemacht, die Scheidung vielmehr auf Grund seiner eigenen Abkehr von der Ehe erreicht. In dem Scheidungsurteil des AmtsG ist festgestellt, daß der Ehemann die Wiederaufnahme der Ehe mit der Ehefrau beharrlich ablehnt. Bei dieser Sachlage erscheint die Inanspruchnahme des Ehemannes auf nachehelichen Unterhalt nach den dargelegten, in der *Senats*rechtsprechung zum Ausschluß des Trennungsunterhalts entwickelten Grundsätzen trotz der vom Tatrichter unterstellten Eingehung einer neuen Bindung durch die Ehefrau ab 1979 nicht i. S. des § 1579 I BGB als grob unbillig.

187b) FamRZ 81/1042, 1043 = NJW 81/2805, 2806

(Eine Wohngemeinschaft, die nicht gleichzeitig auch eine Wirtschaftsgemeinschaft beinhaltet, rechtfertigt nicht die Annahme einer ehelichen Lebensgemeinschaft. An einer einseitigen Abkehr fehlt es, wenn die neue Beziehung erst nach einvernehmlicher Trennung aufgenommen worden ist.).

Aus Rechtsgründen nicht zu beanstanden ist die Beurteilung des OLG, daß die Kl. unterhaltsbedürftig und ihr Unterhaltsbegehren nicht schon deshalb nach § 1361 III i. V. mit § 1579 I Nr. 4 BGB grob unbillig sei, weil sie sich im August 1977 einem anderen Partner zugewandt und mit ihm bis zum Antritt der Entziehungskur im Februar 1979 zusammengelebt hat. Hierbei ist das Gericht zutreffend von der Rechtsprechung des *BGH* ausgegangen, wonach es die Beseitigung des Verschuldensprinzips im Recht des Ehegattenunterhalts an sich nicht ausschließt, eheliches Fehlverhalten eines Ehegatten im Rahmen der Härteregelung des § 1579 I Nr. 4 BGB zu berücksichtigen (FamRZ 1979, 569, 570; FamRZ 1979, 571, 573; FamRZ 1980, 665, 666; FamRZ 1981, 439, 440f.; FamRZ 1981, 752ff.). So kann ein den Tatbestand des § 1579 I Nr. 4 BGB erfüllendes Fehlverhalten in Betracht kommen, wenn der Unterhalt begehrende Ehegatte sich gegen den Willen des anderen von der Ehe abkehrt und mit einem anderen Partner eine eheähnliche Gemeinschaft begründet (FamRZ 80/665) Zu einer derartigen Gemeinschaft ist es zwischen der Kl. und dem neuen Partner jedoch nicht gekommen. Wie das OLG festgestellt hat, hat die Kl. mit dem Zeugen K. zwar eine Wohn-, aber keine Wirtschaftsgemeinschaft unterhalten. Es gab keine gemeinsame Haushaltsführung. Die Kl. hat auch für den Partner keine ins Gewicht fallende Betreuungs- und Versorgungsleistungen erbracht. Ein derartiges Verhältnis rechtfertigt nicht die Bezeichnung als eheähnliche Gemeinschaft.

Allerdings können eine Abkehr von der Ehe und Hinwendung zu einem anderen Partner, wie sie im vorliegenden Fall erfolgt sind, auch ohne die Eingehung einer eheähnlichen Gemeinschaft die grobe Unbilligkeit eines Unterhaltabegehrens begründen. Voraussetzung dafür ist indessen, daß das Verhalten des Ehegatten als *einseitiges evidentes Fehlverhalten* gewertet werden kann. Das eheliche Verhalten des anderen Ehegatten kann in solchen Fällen nicht außer Betracht bleiben. So hat der Senat die Aufnahme eines nachhaltigen, auf längere Dauer angelegten intimen Verhältnisses dann nicht als ein die grobe Unbilligkeit des Unterhaltsbegehrens erfüllendes Fehlverhalten angesehen, wenn der andere Ehegatte sich vorher seinerseits von seinen ehel. Bindungen losgesagt hatte (FamRZ 81/439). Desgleichen hat er die Verneinung eines einseitigen evidenten Fehlverhaltens in einem Fall gebilligt, in dem der auf Unterhalt in Anspruch genommene Ehemann als erster Scheidungsbsichten geäußert und selbst die Trennung sowie den Auszug seiner Ehefrau aus dem gemeinsam bewohnten Hause gewünscht hatte (FamRZ 81/752). Im vorliegenden Fall hatten sich die Parteien schon rund vier Monate vor der Hinwendung der Kl. zu dem Zeugen K. einverständlich getrennt. Allerdings hatten sie dabei die Möglichkeit einer Wiederaufnahme ihrer Lebensgemeinschaft und eine Fortsetzung ihrer Ehe nicht völlig ausgeschlossen. Dieser Zustand änderte sich jedoch, als der Bekl. sich zur Scheidung entschloß und die Klage v. 10. 5. 1977 einreichte, die später zur Scheidung der Ehe führte. Unter diesen Umständen, die gegen eine einseitige Abkehr der Kl. von der Ehe sprechen, ist es aus Rechtsgründen nicht zu beanstanden, daß das OLG in tatrichterlicher Würdigung die Beziehungen der Kl. zu dem Zeugen K. nicht als ein die Härteregelung des § 1579 I Nr. 4 BGB erfüllendes Verhalten angesehen hat.

187c) FamRZ 81/752, 753 = NJW 81/1782, 1783

(Gründe für ein schwerwiegendes eheliches Fehlverhalten. Ein solches Verhalten ist nicht einseitig, wenn die Ehe bereits unheilbar gescheitert war).

Das OLG hat die Auffassung vertreten, der sich aus § 1361 BGB ergebende Unterhaltsanspruch der Kl. sei nicht nach §§ 1361 III, 1579 I Nr. 4 BGB ganz oder teilweise als grob unbillig ausgeschlossen. Es hat offengelassen, ob § 1579 I Nr. 4 BGB schon deshalb außer Betracht zu bleiben habe, weil die Kl. das Pflegekind betreue (§ 1579 II BGB), und hat seine Auffassung darauf gestützt, daß der Bekl. keinen Grund dargetan habe, der – wie § 1579 I Nr. 4 BGB verlangt – ebenso schwer wiege wie die in Nrn. 1 bis 3 der Vorschrift genannten Gründe.

Sei somit davon auszugehen, daß die Kl. wenigstens nicht die alleinige oder überwiegende Schuld am Scheitern der Ehe trage, so stehe ihrem Unterhaltsanspruch in dem zuerkannten Umfange nicht entgegen, daß sie nach der Trennung der Parteien Beziehungen zu einem anderen Manne aufgenommen habe. Einem Treubruch erst *nach* dem unheilbaren Scheitern der Ehe komme ein den in § 1579 I Nr. 1 bis 3 BGB genannten Gründen vergleichbares Gewicht nicht zu, selbst wenn die Kl. mit dem anderen Manne inzwischen einen gemeinsamen Haushalt führe. Das dem neuen Ehescheidungsrecht zugrunde liegende Zerrüttungsprinzip verbiete es, Eheverfehlungen von bloß durchschnittlicher Schwere gegeneinander aufzurechnen.

Diese Ausführungen halten den Angriffen der Revision jedenfalls im Ergebnis stand.

Ihr rechtlicher Ausgangspunkt entspricht der Rechtsprechung des *BGH,* daß nur ein schwerwiegendes und klar bei einem der Ehegatten liegendes evidentes Fehlverhalten geeignet ist, die Voraussetzungen des § 1579 I Nr. 4 BGB zu erfüllen (FamRZ 1979, 569, 570 = NJW 1979, 1348, 1349; FamRZ 1979, 571, 573 = NJW 1979, 1452, 1453; FamRZ 1980, 665, 666 = NJW 1980, 1686, 1687; FamRZ 1981, 439, 440f.). Ein solches Fehlverhalten kann insbesondere darin liegen, daß der Unterhalt begehrende Ehegatte sich gegen den Willen des anderen von der Ehe abkehrt und einem anderen Partner zuwendet, dem er die seinem Ehegatten geschuldete Hilfe und Betreuung zuteil werden läßt (FamRZ 80/665). Auch die Zuwendung zu einem anderen Partner läßt das Unterhaltsbegehren aber nur dann als grob unbillig erscheinen, wenn sie im Sinne der angeführten Rechtsprechung als einseitiges evidentes Fehlverhalten gewertet werden kann. Das ehel. Verhalten des anderen Ehegatten kann daher auch in solchen Fällen nicht außer Betracht bleiben. So hat der erkennende Senat (FamRZ 81/439), die Aufnahme eines nachhaltigen, auf längere Dauer angelegten intimen Verhältnisses dann nicht als schwerwiegenden Bruch der ehel. Solidarität angesehen, wenn der andere Ehegatte sich vorher seinerseits von seinen ehel. Bindungen losgesagt hatte. Etwas anderes kann grundsätzlich auch dann nicht gelten, wenn der Unterhalt begehrende Ehegatte – wie es das OLG hier zugunsten des Bekl. unterstellt hat – mit seinem neuen Partner in eheähnlicher Gemeinschaft lebt und diesen zu heiraten gedenkt. Entgegen der Ansicht der Revision kann daher § 1579 I Nr. 4 BGB nicht dahin verstanden werden, daß ein solches Verhalten regelmäßig zur groben Unbilligkeit des Unterhaltsbegehrens führe und der Frage nach der Trennungsschuld, also nach dem Anteil beider Ehegatten an der Trennung nur noch die Bedeutung eines Entschuldigungsgrundes zukomme. Die Begründung einer eheähnlichen Gemeinschaft – mit dem Fall der Wiederheirat gleichzustellen, der nach § 1586 I BGB zum Erlöschen des Unterhaltsanspruches führt, hat der *BGH* (FamRZ 1980, 40, 41 = NJW 1980, 124, 125) bereits abgelehnt.

Nach diesen Grundsätzen ist es aus Rechtsgründen nicht zu beanstanden, daß das OLG sich außerstande gesehen hat, einen zur groben Unbilligkeit des Unterhaltsbegehrens führenden „anderen Grund" i. S. des § 1579 I Nr. 4 BGB festzustellen. Es hat mit Recht darauf verwiesen, daß der Bekl. unstreitig als erster Scheidungsabsichten geäußert hat, noch ehe die Kl. ihrerseits den Scheidungsrechtsstreit anhängig gemacht hatte, und es ihr verwehrt hat, die – ersichtlich von ihm selbst gewünschte – Trennung der Parteien in der Weise vorzunehmen, daß sie eine in seinem Hause leerstehende Wohnung bezog. Erst danach ist die Kl. in ihre jetzige Wohnung nach H. gezogen; daß sie zu ihrem dortigen Vermieter früher als Mitte des Jahres 1977 Beziehungen aufgenommen hat, ist nicht festgestellt. Bei dem zeitlichen Ablauf allein dieser Vorgänge, die gegen eine einseitige Abkehr der Kl. von der Ehe sprechen, sind gegen die tatrichterliche Würdigung des OLG rechtliche Bedenken nicht zu erheben, ohne daß es auf die weiteren Vorwürfe ehewidrigen Verhaltens, die die Kl. gegen den Bekl. erhoben hat, noch ankäme. Den Rügen, die die Revision gegen die Verwertung dieser weiteren Vorwürfe erhebt, braucht daher nicht nachgegangen zu werden. Der Bekl. seinerseits hat der Kl. kein Fehlverhalten vorgeworfen, das über die Zuwendung zu einem anderen Mann hinausginge; jedenfalls hat die Revision solche Vorwürfe nicht als übergangen gerügt. Daß der Bekl. durch eine häusliche Gemeinschaft der Kl. mit einem anderen Mann in ungewöhnlicher Weise betroffen würde, wird nicht geltend gemacht und ist ohne weiteres nicht anzunehmen, zumal sie an einen anderen Ort verzogen ist.

188. BGH zur unbilligen Härte beim Scheidungsunterhalt auf Grund objektiver Umstände, wie z. B. Zusammenleben in ehegleicher ökonomischer Solidarität mit dem neuen Partner ohne zu heiraten

188a) FamRZ 83/569, 571, 572 = NJW 83/1548, 1550

(Unzumutbarkeit beim Scheidungsunterhalt aus objektiven Gegebenheiten und Entwicklungen der beiderseitigen Lebensverhältnisse. Anschlußgründe beim Trennungs- und Scheidungsunterhalt. Möglichkeit eines zeitweiligen Ausschlusses. Kein Anscheinsbeweis bei einer auf einem Willensentschluß beruhenden Verhaltensweise. Bei der Zumutbarkeitsabwägung zu berücksichtigende Umstände)

Zu Ansprüchen auf Trennungsunterhalt hat der *Senat* bereits mehrfach entschieden, daß ein schwerwiegendes und klar bei einem Ehegatten liegendes Fehlverhalten während der Ehe zur Erfüllung der in § 1579 I Nr. 4 BGB normierten Voraussetzungen geeignet ist und ein solches Fehlverhalten insbesondere in der – gegen den Willen des anderen Ehegatten erfolgten – Begründung einer eheähnlichen Gemeinschaft oder auch in der Aufnahme eines nachhaltigen, auf längere Dauer angelegten intimen Verhältnisses mit einem anderen Partner liegen kann, weil darin eine so schwerwiegende Abkehr von den ehelichen Bindungen zu sehen ist, daß die Inanspruchnahme des anderen Ehegatten auf Unterhalt grob unbillig erscheint (FamRZ 1983, 142 m. w. N.). Ein schwerwiegendes Fehlverhalten in diesem Sinne ist auch in den während der Ehe unterhaltenen Beziehungen der Bekl. zu H. zu sehen, mit dem sie jedenfalls seit Mitte 1976 ein ehebrecherisches Verhältnis unterhalten und von dem sie zwei Kinder hat, wobei sie als Beginn dieser Beziehungen zunächst den Jahresanfang 1977 angegeben und damit die Möglichkeit der außerehelichen Zeugung des älteren der beiden Kinder geleugnet hat. Durch dieses Verhalten hat die Bekl. die Voraussetzungen der Härteregelung erfüllt, so daß – von der Frage der Suspendierung der Härteregelung durch § 1579 II BGB abgesehen – nach den dargelegten Grundsätzen ein Ausschluß des Anspruchs auf Trennungsunterhalt nach § 1361 III i. V. mit § 1579 I Nr. 4 BGB in Betracht gekommen wäre.

Dasselbe Verhalten hat auch für den nachehelichen Unterhaltsanspruch der Bekl. jedenfalls deshalb die Voraussetzungen eines Ausschlusses aus Billigkeitsgründen verwirklicht, weil die Bekl. das Verhältnis mit H. fortgesetzt hat.

Ob und inwieweit Gründe, die nach § 1361 III i. V. mit § 1579 I Nr. 4 BGB zum Ausschluß des Anspruchs auf Trennungsunterhalt geführt haben, auch den Anspruch auf nachehelichen Unterhalt entfallen lassen können, hat der *Senat* bislang noch nicht entschieden. In der bisherigen Erörterung dieser Frage wird teilweise die Ansicht vertreten, daß die Aufrechterhaltung eines während des Getrenntlebens begonnenen eheähnlichen Verhältnisses nur dann einen (unterhaltsbezogenen) Versagungsgrund darstelle, wenn eine neue Ehe bewußt nicht geschlossen werde, um den Unterhaltsanspruch nicht zu verlieren. Demgegenüber vertritt die überwiegende Meinung in Rechtsprechung und Schrifttum den Standpunkt, daß ein Fehlverhalten der hier vorliegenden Art, das nach § 1361 III i. V. mit § 1579 I Nr. 4 BGB zum Ausschluß des Anspruchs auf Trennungsunterhalt führt, – jedenfalls regelmäßig – auch den Ausschluß des Anspruchs auf nachehelichen Unterhalt zur Folge hat.

Der letztgenannten Auffassung schließt sich der *Senat* jedenfalls für einen Fall wie den vorliegenden an, in dem die Bekl. das Verhältnis mit dem anderen Partner nach der Scheidung fortgesetzt hat. Er vermag allerdings nicht die verschiedentlich vertretene Ansicht zu teilen, die jene Beurteilung schon daraus ableitet, daß die Unterhaltsansprüche während des Getrenntlebens und nach der Scheidung als einheitlicher und kontinuierlicher Anspruch aufzufassen seien. Eine Identität zwischen dem Unterhaltsanspruch eines getrennt lebenden Ehegatten und dem Unterhaltsanspruch nach der Scheidung hat der *Senat* mit Urteil v. 14. 1. 1981 (FamRZ 1981, 242) abgelehnt. Er sieht andererseits in der rechtlichen Selbständigkeit der Unterhaltsansprüche kein Kriterium, das – bei fortgesetztem Verhalten – einer Fortwirkung der nach § 1361 III i. V. mit § 1579 I Nr. 4 BGB für den Trennungsunterhalt relevanten Ausschlußgründe auf den Unterhaltsanspruch nach der Scheidung entscheidend entgegenstände.

Nach dem Urteil des *BVerfG* v. 14. 7. 1981 (FamRZ 1981, 745) gewährleistet § 1579 I BGB die Verfassungsmäßigkeit des verschuldensunabhängigen Unterhaltsrechts. Mit dieser Vorschrift hat der Gesetzgeber sichergestellt, daß der mit der Auferlegung von Unterhaltsleistungen verbundene Eingriff in die Handlungsfreiheit des Verpflichteten nicht gegen den Grundsatz der Verhältnismäßigkeit verstößt. Wie das *BVerfG* hierzu ausgeführt hat, würde die Grenze der Zumutbarkeit eines schuldunabhängigen Unterhaltsanspruchs dort überschritten, wo ein getrennt lebender oder geschiedener Ehegatte Unterhaltsansprüche seines Partners zu erfüllen hätte, obwohl dieser sich durch eine Verhaltensweise, wie sie in den Ausschlußtatbeständen des § 1579 I Nr. 2 bis 4 BGB normiert ist, ganz bewußt von jeglichen ehelichen Bindungen gelöst hat. In einem solchen Fall wäre die mit der Inanspruchnahme verbundene Beschränkung der Dispositionsfreiheit des Verpflichteten im finanziellen Bereich nicht mehr Bestandteil der verfassungsmäßigen Ordnung und könnte vor dem Grundrecht des Art. 2 I GG nicht bestehen (FamRZ 1981, 748f.).

In Übereinstimmung damit hat der *Senat* entschieden, daß ein Ehegatte, der sich in der oben dargelegten Weise durch die Aufnahme einer eheähnlichen Gemeinschaft oder eines nachhaltigen intimen Verhältnisses mit einem anderen Partner von seinen ehelichen Bindungen distanziert und seine Ehe faktisch als nicht mehr bestehend betrachtet, nicht seinerseits den Ehepartner aus dessen ehelicher Mitverantwortlichkeit für sein wirtschaftliches Auskommen in Anspruch nehmen kann (FamRZ 1980, 665, 666). Diese Unzumutbarkeit der Inanspruchnahme bezieht sich nicht nur auf die Fürsorge bis zur Ehescheidung, sondern auch auf den nachehelichen Unterhalt. Das gilt um so mehr, als das Gesetz während der Ehe, auch für die Zeit des Getrenntlebens, eine gesteigerte Verantwortung der Ehegatten füreinander vorsieht, während es nach der Scheidung grundsätzlich von der Eigenverantwortung jedes Ehegatten für seinen Unterhalt ausgeht (§ 1569 BGB). Demgemäß ist für den Regelfall davon auszugehen, daß Gründe der dargelegten Art, die zum vollständigen oder teilweisen Ausschluß des Anspruchs auf Trennungsunterhalt nach § 1361 III i. V. mit § 1579 I Nr. 4 BGB geführt haben, jedenfalls dann auch für den nachehelichen Unterhaltsanspruch die Voraussetzungen der Härteregelung erfüllen, wenn das Verhältnis mit dem anderen Partner, wie hier, nach der Scheidung fortgesetzt wird.

Allerdings kann der Beklagten die Tatsache, daß sie mit H. weiterhin zusammenlebt, nicht als Fehlverhalten i. S. der Rechtsprechung zu § 1579 I Nr. 4 BGB vorgeworfen werden, da die eheliche Treuepflicht mit der Ehescheidung ihr Ende gefunden hat. Indessen kann sich der in § 1579 I Nr. 4 BGB vorausgesetzte „andere", ebenso schwerwiegende Grund für die grobe Unbilligkeit der Inanspruchnahme des Verpflichteten nicht nur aus einem vorwerfbaren Verhalten des Unterhaltsberechtigten, sondern auch aus Umständen ergeben, die ihm nicht als Fehlverhalten zur Last gelegt werden können. Nach dem im vorstehenden Abschnitt dargelegten Verständnis der Vorschrift kommt es bei ihrer Anwendung entscheidend auf die Prüfung an, ob die aus der Unterhaltspflicht erwachsenden Belastungen für den Verpflichteten die Grenzen des Zumutbaren überschreiten. Eine solche Unzumutbarkeit kann auch aus objektiven Gegebenheiten und Entwicklungen der beiderseitigen Lebensverhältnisse folgen. Das ergibt sich ferner daraus, daß § 1579 I Nr. 4 BGB nicht nur auf die – vorwerfbare Verhaltensweisen voraussetzenden – Tatbestände der Nr. 2 und Nr. 3, sondern auch auf Nr. 1 der Vorschrift verweist und damit auf einen Tatbestand Bezug nimmt, für den es nicht auf ein vorwerfbares Verhalten, sondern auf die Lebenssituation der Ehepartner, auf die Verflechtung und Abhängigkeit der beiderseitigen Lebensdispositionen ankommt (FamRZ 1981, 140). Demgemäß hält es das Gesetz auch in § 1579 I Nr. 4 BGB für möglich, daß nach der Scheidung eintretende Veränderungen in den Lebensverhältnissen der früheren Ehepartner die weitere Inanspruchnahme des Unterhaltspflichtigen ganz oder zum Teil – möglicherweise auch zeitweilig als unzumutbar erscheinen lassen.

Eine solche Beurteilung kommt auch in Betracht, wenn der Unterhaltsberechtigte mit einem neuen Partner in einer festen sozialen Verbindung zusammenlebt. Hier kann das Erscheinungsbild der Verbindung in der Öffentlichkeit dazu führen, daß die Fortdauer der Unterhaltsbelastung und des damit verbundenen Eingriffs in die Handlungsfreiheit und Lebensgestaltung für den Unterhaltspflichtigen unzumutbar wird. Das gilt etwa, wenn kein verständlicher Grund dafür ersichtlich ist, weshalb die Partner, wenn sie auch aus hinzunehmenden Gründen von einer Eheschließung absehen, nicht doch zu einer „ehegleichen ökonomischen Solidarität" gelangen, mithin gemeinsam wirtschaften und der den Haushalt und etwaige gemeinsame Kinder versorgende Partner – wie in einer Ehe – von dem anderen unterhalten wird.

Ob das auch im vorliegenden Fall anzunehmen ist, wird bei der neuen Verhandlung gegebenenfalls tatrichterlich zu prüfen sein. Für eine solche Annahme könnte sprechen, daß die Bekl. nach den Feststellungen des OLG mit H. und den gemeinsamen Kindern „wie eine normale Familie" zusammenlebt, daß beide, wie H. nach den Urteilsausführungen ausgesagt hat, Verlobungsringe tragen, um ihre Beziehungen „etwas zu legalisieren", und daß sie nach dem insoweit unbestrittenen Sachvortrag des Kl. in einem Zeitungsinserat gemeinsam die Eröffnung der von H. betriebenen Gaststätte angezeigt haben.

Das OLG hat im angefochtenen Urteil den Vorwurf des Kl., die Bekl. sehe von einer Eheschließung mit ihrem Lebensgefährten H. ab, um sich den Unterhaltsanspruch aus der Ehe mit dem Kl. zu erhalten, für nicht bewiesen erachtet. Die dagegen erhobene Verfahrensrüge ist nicht begründet.

Der Ansicht der Revision, aufgrund des insoweit vorliegenden äußeren Sachverhalts müßten die Regeln des Anscheinsbeweises zur Anwendung gelangen und dazu führen, daß die Bekl. ihrerseits ernsthafte und einleuchtende Möglichkeiten für ein Unterlassen der Eheschließung aus anderen Gründen darlegen und beweisen müsse, kann nicht gefolgt werden. Der geltend gemachte Ausschlußgrund erfordert die Feststellung einer auf einem Willensentschluß beruhenden individuellen Verhaltensweise in einer bestimmten Lebenslage, die keiner generalisierenden Beurteilung aufgrund allgemeiner Erfahrungsgrundsätze unterworfen werden kann und für die es daher nach der Rechtsprechung des *BGH* keinen Anscheinsbeweis gibt.

188b) FamRZ 83/676, 677 = NJW 83/1552, 1553

(Härtefall bei Fortführung einer eheähnlichen Lebensgemeinschaft nach der Scheidung. Zu § 1579 II BGB)

Nicht zu beanstanden ist allerdings, daß das OLG die Voraussetzungen des § 1579 I Nr. 4 BGB bejaht hat. Hat der unterhaltsberechtigte Ehegatte durch die Aufnahme einer eheähnlichen Gemeinschaft mit einem anderen Partner während der Ehe seinen Anspruch auf Trennungsunterhalt eingebüßt oder verkürzt (§ 1361 III BGB i. V. mit § 1579 I Nr. 4 BGB), erfüllt sein Verhalten jedenfalls dann die Voraussetzungen der Härteregelung auch für den nachehelichen Unterhalt, wenn die eheähnliche Gemeinschaft nach der Scheidung andauert (FamRZ 1983, 569ff.).

Nach § 1579 II BGB gilt die Härteregelung des Abs. I der Vorschrift nicht, solange und soweit von dem Berechtigten wegen der Pflege und Erziehung eines gemeinschaftlichen Kindes eine Erwerbstätigkeit nicht erwartet werden kann. Das OLG hat zwar berücksichtigt, daß die vom Gesetz angeordnete Suspendierung der Härteregelung in Fällen besonderer Härte mit der Verfassung unvereinbar ist, hat daraus aber unzutreffende Folgerungen gezogen.

188c) FamRZ 84/986, 987 = NJW 84/2692, 2693

(Härtefall bei Absehen von Heirat, um den Unterhaltsanspruch nicht zu verlieren. Unbilligkeit aufgrund des Erscheinungsbildes in der Öffentlichkeit bei Zusammenleben mit neuem Partner in fester sozialer Verbindung. Bei der Zumutbarkeitsabwägung zu berücksichtigende Umstände)

Der Unterhaltsanspruch der Kl. ist nicht schon deshalb ausgeschlossen, weil sie noch während bestehender Ehe ein Verhältnis zu *P* aufgenommen hat. Allerdings kann ein solches Verhalten den Anspruch auf Trennungsunterhalt entfallen lassen (NJW 1982, 1461 = FamRZ 1982, 463 [464]; NJW 1982, 1216 = FamRZ 1982, 466 [468]; NJW 1983, 451 = FamRZ 1983, 142; FamRZ 1983, 670 [671]; NJW 1984, 297 = FamRZ 1984, 154 [155]) und zieht solchenfalls, wenn das Verhältnis nach der Scheidung andauert, regelmäßig auch den Verlust des Anspruchs auf nachehelichen Unterhalt nach sich (NJW 1983, 1548 = FamRZ 1983, 569 [571 f.]; NJW 1983, 1552 = FamRZ 1983, 676; NJW 1984, 297). Vorliegend ist jedoch nicht ersichtlich und auch von dem Bekl. nicht geltend gemacht worden, daß es sich bei der – nach der Trennung der Parteien erfolgten – Zuwendung der Kl. zu *P* um ein einseitiges Fehlverhalten gehandelt hat, wie es nach der angeführten Senatsrechtsprechung erforderlich ist, um die Inanspruchnahme des anderen Ehegatten auf Unterhalt als grob unbillig erscheinen zu lassen.

Auch daß die Kl. nach den Feststellungen des BerGer. von einer Eheschließung mit *P* Abstand nimmt, um ihren Unterhaltsanspruch gegen den Bekl. nicht zu verlieren, ist für sich allein kein Härtegrund nach § 1579 I Nr. 4 BGB.

Allerdings hat sich der *BGH* für nach früherem Recht geschiedene Ehen der Auffassung angeschlossen, daß der geschiedene Ehegatte seinen Unterhaltsanspruch nach § 66 EheG verwirkt, wenn er mit einem anderen Partner eine Verbindung eingeht und dabei eine Eheschließung unterläßt, nur um den Unterhaltsanspruch aus der geschiedenen Ehe nicht zu verlieren (NJW 1980, 124 = FamRZ 1980, 40 [41]; NJW 1982, 1983 = FamRZ 1982, 896 [897]). Gegenüber einem Unterhaltsanspruch aus einer nach neuem Recht geschiedenen Ehe kann der Einwand, von einer Wiederheirat werde nur abgesehen, damit der Unterhaltsanspruch gegen den früheren Ehegatten erhalten bleibe, aber nur dann durchgreifen, wenn er den Härtefall des § 1579 I Nr. 4 BGB erfüllt. Daß dies möglich ist, hat der *Senat* nicht ausgeschlossen (NJW 1983, 1548), ohne aber bisher Anlaß gehabt zu haben, zu dieser Frage näher Stellung zu nehmen. Auch der hier zu beurteilende Sachverhalt verlangt keine abschließende Stellungnahme, insbesondere auch nicht dazu, ob das Absehen von einer Wiederheirat, allein um den Unterhaltsanspruch aus der früheren Ehe nicht zu verlieren, nur dann zu Ausschluß oder Herabsetzung dieses Anspruchs führen kann, wenn der geschiedene Ehegatte mit dem neuen Partner in einem eheähnlichen Verhältnis zusammenlebt.

Denn nach dem Sachverhalt, den der *Senat* seiner Entscheidung zugrunde zu legen hat, erfüllt das in Rede stehende Verhalten der Kl. schon deshalb nicht den Tatbestand des § 1579 I Nr. 4 BGB, weil sie einen beachtlichen Grund hat, von einer Eheschließung mit P abzusehen. Sie hat vorgetragen, bei den wirtschaftlichen Verhältnissen, in denen *P* als Arbeitsloser ohne Vor- und Ausbildung, aber mit ca. 15000 DM Schulden lebe, könne sie von ihm eine Sicherung ihres Lebensbedarfs nicht erwarten. Diesen Vortrag hat das BerGer. ihr nicht widerlegt, sondern hat darauf im Gegenteil seinen Vorwurf gegründet, die Kl. sehe nur aus wirtschaftlichen Gründen von einer Eheschließung mit *P* ab. So läßt sich indessen die Anwendung der Härteklausel nicht begründen. Da es in der freien Entscheidung der Kl. steht, ob sie wieder heiraten will oder nicht, müßten ohnehin besondere Umstände hinzutreten, damit in dem Absehen von einer Heirat ein schwerwiegender Grund i. S. des § 1579 I Nr. 4 BGB erblickt werden könnte. Erst recht geht dies nicht an, wenn beachtliche Gründe gegen eine Wiederheirat bestehen, wie sie die von der Kl. vorgetragenen wirtschaftlichen Erwägungen fraglos sind. Bei dem vom *Senat* zugrunde zu legenden Sachverhalt ist ihr Anspruch daher nicht schon deshalb ausgeschlossen, weil sie *P* bisher nicht geheiratet hat.

Damit scheidet freilich ein Ausschluß des Unterhaltsanspruchs der Kl. nach § 1579 I Nr. 4 BGB noch nicht aus. Für die Anwendung dieser Bestimmung kommt es allgemein darauf an, ob die aus der Unterhaltspflicht erwachsende Belastung für den Verpflichteten die Grenzen des Zumutbaren überschreitet. Eine Unzumutbarkeit kann sich unabhängig von der Frage der Vorwerfbarkeit bestimmter Verhaltensweisen auch aus objektiven Gegebenheiten und Entwicklungen der beiderseitigen Lebensverhältnisse ergeben. Insbesondere kann bei Aufnahme eines länger dauernden Verhältnisses zu einem neuen Partner das Erscheinungsbild dieser Verbindung in der Öffentlichkeit dazu führen, daß die Fortdauer der Unterhaltsbelastung und des damit verbundenen Eingriffs in die Handlungsfreiheit und Lebensgestaltung für den Unterhaltspflichtigen unzumutbar wird (NJW 1983, 1548 und NJW 1983, 2243 = FamRZ 1983, 996 [997]). In diesem Zusammenhang wird die Anwendung der Härteklausel im allgemeinen nur gerechtfertigt sein, wenn der Unterhaltsberechtigte mit einem neuen Partner „in einer festen sozialen Verbindung" (NJW 1983, 1548 und NJW 1983, 2243) zusammenlebt. Diese setzt nicht notwendig einen gemeinsamen Haushalt voraus. Auch bei einer anders gestalteten dauerhaften Verbindung kann je nach deren Erscheinungsbild in der Öffentlichkeit ein Grund zur Anwendung der Härteklausel bestehen. Zu einer solchen Prüfung geben die besonderen Umstände des vorliegenden Falles Anlaß.

Nach dem vom BerGer. in Bezug genommenen Parteivorbringen wohnt *P* zwar nicht bei der Kl., sondern in der Wohnung seiner Mutter. Beide Wohnungen befinden sich jedoch in demselben Mietshaus; *P* hält sich weitgehend in der Wohnung der Kl. auf. Für das Erscheinungsbild, das die Verbindung in der Öffentlichkeit bietet, ist es ferner von Bedeutung, daß die Kl. sich mit *P,* von dem sie ein Kind hat, „verlobt" hat, auch wenn das Fehlen einer Heiratsabsicht mit dem Wesen des Verlöbnisses nicht vereinbar ist (vgl. auch den dem Senatsurt., NJW 1983, 1548 zugrunde liegenden Sachverhalt). Sieht die Kl. von einer Eheschließung mit *P* nur deshalb ab, weil seine wirtschaftlichen Verhältnisse eine Sicherung ihres Lebensbedarfs nicht erwarten lassen, so spricht dies nicht nur für eine enge persönliche Verbindung, sondern möglicherweise auch für das Erscheinungsbild einer „festen sozialen Verbindung" in dem hier maßgebenden Sinne. Zu einer abschließenden Entscheidung ist der *Senat* nicht in der Lage, da tatsächliche Feststellungen unter dem maßgebenden rechtlichen Gesichtspunkt fehlen und auch die Beurteilung, ob und inwieweit die Inanspruchnahme des Bekl. hiernach i. S. des § 1579 I Nr. 4 BGB grob unbillig wäre, in erster Linie Sache des Tatrichters ist.

188d) FamRZ 83/996, 997, 998 = NJW 83/2243, 2244

(Härtefall beim Scheidungsunterhalt, wenn Partner in einer festen sozialen Bindung zusammenleben und ohne verständlichen Grund nicht zu einer „ehegleichen ökonomischen Solidarität" gelangen).

Vom rechtlichen Ausgangspunkt her stehen die Ausführungen des OLG in Einklang mit der ständigen Rechtsprechung des *Senats,* wonach nur ein einseitiges, klar bei einem Ehegatten liegendes Fehlverhalten geeignet ist, die Voraussetzungen des § 1579 I Nr. 4 BGB zu erfüllen (FamRZ 1982, 463 = NJW 1982, 1461 m. w. N.). Die Beurteilung des beiderseitigen Verhaltens in diesem Rahmen einschließlich seiner Abwägung ist wesentlich Sache der tatrichterlichen Würdigung. Aus Rechtsgründen ist nicht zu beanstanden, daß das OLG zu dem Ergebnis gelangt ist, ein einseitiges Fehlverhalten der Kl. in diesem Sinne liege nicht vor.

Die angeführte Rechtsprechung des *Senats* ist allerdings zu Ansprüchen auf Trennungsunterhalt entwickelt worden, während es sich im vorliegenden Fall um einen Anspruch auf nachehelichen Unterhalt handelt. Hierzu hat der *Senat* (FamRZ 1983, 569, 572) entschieden, daß ein Ehegatte, der durch die Aufnahme eines eheähnlichen Verhältnisses während der Ehe seinen Anspruch auf Trennungsunterhalt nach § 1361 III i. V. mit § 1579 I Nr. 4 BGB eingebüßt hat, jedenfalls dann regelmäßig auch für den Anspruch auf nachehelichen Unterhalt die Voraussetzungen der Härteregelung (§ 1579 I Nr. 4 BGB) erfüllt, wenn das Verhältnis nach der Scheidung andauert. Dieser Gesichtspunkt scheidet aus, wenn – wie hier – der Anspruch auf Trennungsunterhalt mangels einseitigen Fehlverhaltens nicht eingebüßt worden ist.

Andererseits hat der *Senat* in der genannten Entscheidung weiter dargelegt, daß es für die Anwendung des § 1579 I Nr. 4 BGB wesentlich auf die Prüfung ankommt, ob die aus der Unterhaltspflicht erwachsene Belastung für den Verpflichteten die Grenzen des Zumutbaren überschreitet. Eine solche Unzumutbarkeit kann nicht nur aus einem Fehlverhalten des Berechtigten folgen, sondern auch aus objektiven Gegebenheiten und Veränderungen der Lebensverhältnisse der früheren Ehepartner. Lebt der Unterhaltsberechtigte, wie auch im vorliegenden Fall, mit einem neuen Partner in einer festen sozialen Bindung zusammen, kann etwa das Erscheinungsbild dieser Verbindung in der Öffentlichkeit dazu führen, daß die Fortdauer der nachehelichen Unterhaltsbelastung und des damit verbundenen Eingriffs in die Lebensgestaltung für den Unterhaltspflichtigen unzumutbar wird. Das gilt etwa, wenn kein verständlicher Grund dafür ersichtlich ist, weshalb die Partner, wenn sie auch aus hinzunehmenden Gründen von einer Eheschließung absehen, nicht gleichwohl zu einer ,,ehegleichen ökonomischen Solidarität" gelangen, mithin der den Haushalt und gemeinsame Kinder versorgende Partner – wie in einer Ehe – von dem anderen unterhalten wird.

Nach diesen Grundsätzen wäre nicht auszuschließen, daß jedenfalls nach einer gewissen Dauer des Zusammenlebens der Kl. mit S. die Voraussetzungen des § 1579 I Nr. 4 BGB zu bejahen wären. Für den davor liegenden Zeitraum wäre aber die begehrte Auskunft noch von Bedeutung. Das OLG ist hier zu dem Ergebnis gelangt, es sei unter diesem Gesichtspunkt nach dem gegebenen Stand des Verfahrens ein Unterhaltsanspruch der Kl. für den Klagezeitraum nicht voll auszuschließen. Dies kann aus Rechtsgründen nicht beanstandet werden, zumal in die (endgültige) Billigkeitsabwägung nach § 1579 I Nr. 4 BGB auch die erst zu offenbarenden wirtschaftlichen Verhältnisse des Bekl. einzubeziehen sind.

189. BGH zur groben Unbilligkeit bei Unterschieben eines außerehelichen Kindes oder wenn die Kindesmutter den Verpflichteten von der Ehelichkeitsanfechtung abgehalten hat.

189a) FamRZ 85/267, 268 = NJW 85/2266, 2267

(Härtefall bei Unterschieben eines außerehelichen Kindes. Zur Einseitigkeit des Fehlverhaltens. Darlegungs- und Beweislast sowie Anscheinsbeweis für außereheliche Empfängnis)

Nach der ständigen Rechtsprechung des *Senats* ist ein schwerwiegendes und klar bei dem anspruchstellenden Ehegatten liegendes Fehlverhalten geeignet, die Voraussetzungen der Härteregelung des § 1579 I Nr. 4 BGB zu erfüllen und einen Ausschluß oder eine Kürzung des Unterhalts nach dieser Vorschrift zu rechtfertigen (FamRZ 1979, 569, 570; FamRZ 1979, 571, 573; FamRZ 1980, 665, 666; FamRZ 1981, 439, 440f.; FamRZ 1981, 752, 753; FamRZ 1982, 463, 464; FamRZ 1983, 670, 671).

Es ist aus Rechtsgründen nicht zu beanstanden, daß das *OLG* ein schwerwiegendes Fehlverhalten in diesem Sinne auch für den Fall annimmt, daß eine Frau ihrem Ehemann nach der Empfängnis eines Kindes beteuert, das Kind stamme von ihm, und ihn jahrelang geflissentlich in diesem Glauben beläßt, obwohl sie mindestens damit rechnet, daß ein anderer Mann der Vater ist. Der *Senat* hat unter den nämlichen Voraussetzungen die versorgungsausgleichsrechtliche Härteregelung des § 1587c Nr. 1 BGB als erfüllt angesehen (FamRZ 1983, 32, 34). Durch ein derartiges Verhalten werden in der Regel auch die Voraussetzungen des § 1579 I Nr. 4 BGB erfüllt sein, da die Anforderungen an die Herabsetzung des VersAusgl über die Voraussetzungen der unterhaltsrechtlichen Härteregelung hinausgehen (FamRZ 83/34). Die Auffassung der Revision, daß nicht schon ein bedingt-vorsätzliches, sondern erst ein direkt-vorsätzliches Verhalten den Tatbestand des schwerwiegenden Fehlverhaltens erfüllen könnte, teilt der Senat nicht. Entscheidend ist, daß die Auferlegung von Unterhaltszahlungen für den Verpflichteten die Grenze des Zumutbaren übersteigt (FamRZ 1983, 569, 572; FamRZ 1984, 986, 987). Das ist aber auch dann der Fall, wenn einem Manne Unterhaltszahlungen an seine geschiedene Frau angesonnen werden, nachdem zutage getreten ist, daß sie ihm jahrelang, sei es auch nur mit bedingtem Vorsatz, ein fremdes Kind untergeschoben hat.

Gegen die Annahme des *OLG*, daß die Ehefrau bei der Kindesunterschiebung in der Tat bedingt vorsätzlich gehandelt hat, ergeben sich keine durchgreifenden rechtlichen Bedenken. Das *OLG* hat nicht verkannt, daß die Beweislast insoweit – wie stets bei den Voraussetzungen des § 1579 I BGB (FamRZ 82/463, 464; u. FamRZ 83/670, 671) – an sich den Unterhaltspflichtigen, hier also den Ehemann, trifft. Es hat dem Ehemann jedoch unter Rückgriff auf die Grundsätze des sog. Anscheinsbeweises eine Beweiserleichterung dahin zugebilligt, daß er lediglich, was geschehen sei, den Nachweis der nichtehelichen Abstammung des Kindes zu führen brauche. Daraus sei auf einen empfängnisgeeigneten außerehelichen Geschlechtsverkehr der Ehefrau zu schließen. Diese Herleitung enthält keinen Rechtsfehler. Nach den Grundsätzen des Anscheinsbeweises kann der einem feststehenden Sachverhalt nach der Lebenserfahrung zugrundeliegende Geschehensablauf als bewiesen angesehen werden, sofern er nicht dadurch entkräftet wird, daß der Prozeßgegner Tatsachen behauptet und beweist, aus denen sich die ernsthafte Möglichkeit eines anderen Ablaufs ergibt. Von daher durfte das *OLG* prima facie davon ausgehen, daß die Ehefrau in einer zur Empfängnis geeigneten Art und Weise außerehelichen Umgang gehabt hat. Damit war es Sache der Ehefrau, die ernsthafte Möglichkeit eines anderen – nach der Lebenserfahrung nicht zur Empfängnis eines Kindes führenden – Geschehensablaufs darzutun. Dies ist ihr, wie das *OLG* rechtsfehlerfrei dargelegt hat, nicht gelungen: Sie hat ihre Darstellung, derzufolge der Kontakt mit dem Zeugen B. so verlaufen ist, daß die Empfängnis eines Kindes nach der Lebenserfahrung unwahrscheinlich war, nicht zu beweisen vermocht. Vielmehr hat der Zeuge B. bei seiner Vernehmung ihre Schilderung nicht bestätigt, sondern eine in wesentlichen Punkten abweichende Darstellung gegeben, nach der eine Empfängnis überhaupt ausscheidet. Die Erwägung der Revision, daß die Ehefrau bei Zugrundelegung der Darstellung des Zeugen erst recht entlastet sei, greift nicht durch. Entscheidend ist, daß die Aussage des Zeugen nach der rechtsfehlerfreien Würdigung des *OLG* weder die Behauptungen der Ehefrau zu bestätigen geeignet ist noch eine anderweitige atypische Empfängnissituation dartut, vielmehr eine Empfängnis gerade ausschließt. Damit ist die Erschütterung des dem Ehemann zugutekommenden ersten Anscheins fehlgeschlagen. Das *OLG* ist somit zu Recht davon ausgegangen, daß die Ehefrau in einer zur Empfängnis geeigneten Weise außerehelichen Verkehr gehabt hat. Auch die daraus abgeleitete weitere Feststellung des *OLG,* daß sie infolgedessen mit der nichtehelichen Abstammung des Kindes gerechnet und es dem Ehemann somit bedingt vorsätzlich untergeschoben habe, ist rechtlich nicht zu beanstanden.

Es handelt sich dabei nicht nur um ein schwerwiegendes, sondern auch um ein eindeutig bei ihr liegendes Fehlverhalten i. S. der aufgezeigten Rechtsprechung des *Senats.* Wie der *Senat* in den bereits angeführten Urteilen (FamRZ 82/463, 464 u. FamRZ 83/670, 671) dargelegt hat, können im Rahmen der Prüfung der Einseitigkeit eines Fehlverhaltens nur solche – hinreichend schwerwiegenden – Verfehlungen des anderen Teils Bedeutung erlangen, die dem Unterhalt begehrenden Ehegatten das Festhalten an der Ehe erheblich erschwert haben und sein eigenes Fehlverhalten in einem milderen Lichte erscheinen lassen. In dem *Senats*urteil v. 12. 1. 1983 (FamRZ 83, 672) heißt es, daß ein Fehlverhalten den Charakter eines einseitigen verlieren könne, wenn ihm durch ein vorangehendes ehewidriges Verhalten der anderen Seite der Boden bereitet worden sei. Diese Voraussetzungen sind hier nicht gegeben. Daß die Ehefrau dem Ehemann das nicht von ihm stammende Kind untergeschoben hat, hat mit den Verfehlungen des Ehemannes nichts zu tun und steht mit ihnen nicht in Zusammenhang.

Die von der Revision hilfsweise aufgeworfene Frage, wieweit Gründe, die zum Ausschluß des Anspruchs auf Trennungsunterhalt geeignet sind, auch den Verlust des Anspruchs auf nachehelichen Unterhalt nach sich ziehen, stellt sich hier nicht. Ihr ist dann nachzugehen, wenn ein bestimmtes Verhalten, das während bestehender Ehe ein Fehlverhalten darstellt, diesen Charakter für die Zeit nach der Scheidung verliert, etwa dann, wenn unter Verletzung der ehelichen Treuepflicht ein eheähnliches Verhältnis mit einem anderen Partner aufgenommen und nach der Scheidung, mit welcher die Treupflicht ihr Ende gefunden hat, fortgesetzt wird (FamRZ 1983, 569, 571f.; FamRZ 1983, 676; FamRZ 1984, 154, 155; FamRZ 1984, 986f.).

Um einen solchen Fall handelt es sich hier nicht. Die Beurteilung des Unterschiebens eines fremden Kindes als Fehlverhalten erfährt durch die Scheidung keine Veränderung.

Letztlich ist es revisionrechtlich auch nicht zu beanstanden, daß das *OLG* den in Frage stehenden Anspruch der Ehefrau auf Aufstockungsunterhalt nicht nur herabgesetzt, sondern vollständig aberkannt hat. Das *OLG* hat insoweit die Art des Fehlverhaltens der Ehefrau, die wirtschaftliche Belastung des Ehemanns durch die Unterhaltsgewährung an das ihm untergeschobene Kind und den Umstand in Betracht gezogen, daß die Ehefrau berufstätig ist und daraus ein Einkommen erzielt, das den ,,angemessenen Mindesteigenbedarf" eines unterhaltsberechtigten Ehegatten nach der sog. Düsseldorfer Tabelle deutlich übersteigt. Diese Abwägung hält sich im Rahmen des dem Tatrichter zustehenden Verantwortungsspielraums.

189b) FamRZ 85/51, 52, 53 = NJW 85/428, 429

(Härtefall, wenn die geschiedene Frau den Mann von der Ehelichkeitsanfechtung eines nicht von diesem stammenden Kindes abgehalten hat. Umstände, die bei der Zumutbarkeitsabwägung bedeutsam sein können)

Die Behauptung des Kl., daß ihn die Bekl. durch die wiederholte Erklärung, er brauche für das Kind keinen Unterhalt zu zahlen, von der rechtzeitigen Anfechtung der Ehelichkeit dieses Kindes abgehalten habe, ist im Rahmen der unterhaltsrechtlichen *Härteregelung* des § 1579 I Nr. 4 BGB erheblich. Eine unterhaltsrechtliche Inanspruchnahme durch die geschiedene Ehefrau mit der Begründung, daß ein ehel. Kind zu versorgen sei (§ 1570 BGB), kann sich als grob unbillig i. S. des § 1579 I Nr. 4 BGB darstellen, wenn es eben die geschiedene Ehefrau war, die einer rechtzeitigen Anfechtung der Ehelichkeit des Kindes erfolgreich entgegengewirkt hat. Sie ist dadurch gegebenenfalls mit dafür verantwortlich, daß sich ihr ehemaliger Ehemann nun auf Dauer Ansprüchen auf Kindesunterhalt ausgesetzt sieht, denen er durch rechtzeitige Ehelichkeitsanfechtung hätte entgehen können. Die Lage, in die er auf diese Weise gerät, ist insofern noch belastender als beim Unterschieben eines fremden Kindes (zu § 1587c BGB; FamRZ 1983, 32, 34), als eine Korrektur nach Maßgabe der wahren Abstammungsverhältnisse endgültig verschlossen ist. Die Auffangregelung des § 1579 I Nr. 4 BGB will eine unverhältnismäßige Belastung des Unterhaltspflichtigen vermeiden. Eine solche kann sich ergeben, wenn ein Mann, der schon für ein nicht von ihm stammendes Kind aufzukommen hat, auch dem Unterhaltsanspruch der (geschiedenen) Ehefrau nicht entgegenhalten könnte, daß sie ihn von der rechtzeitigen Anfechtung der Ehelichkeit des Kindes abgehalten hat. Der *Senat* hält daher ein derartiges Verhalten der (geschiedenen) Ehefrau jedenfalls dann für geeignet, die Anwendung der Härteklausel des § 1579 I Nr. 4 BGB zu rechtfertigen, wenn die Abstammung des Kindes von einem anderen Mann, wie im vorliegenden Falle, unstreitig ist. Unter dieser Voraussetzung können die Bedenken, die sich gegen die Berücksichtigung der nichtehel. Abstammung des Kindes aus § 1593 BGB ergeben, im Rahmen der Billigkeitsentscheidung nach § 1579 I Nr. 4 BGB zurückstehen. Der Rechtsprechung des *BGH,* daß § 1593 BGB nicht nur das Kind in der Rechtsstellung als ehel. schützt, sondern auch der Herleitung rechtlicher Folgen aus der Tatsache der nichtehel. Zeugung entgegensteht (FamRZ 1954, 245ff.; FamRZ 1966, 502f.; FamRZ 1981, 538; FamRZ 1983, 267, 268).

Bei der Abwägung kann im Einzelfall auch den Belangen des Scheinvaters der Vorzug gebühren. So hat der *BGH* in einem Fall, in dem ein Rechtsanwalt auf Schadensersatz wegen verspäteter Erhebung der Ehelichkeitsanfechtungsklage in Anspruch genommen wurde, dessen Berufung auf § 1593 BGB nicht durchgreifen lassen (FamRZ 1979, 112). Er hat dabei u. a. darauf abgestellt, daß es unbillig sei, jemandem die Berufung auf § 1593 BGB zu gestatten, der die Versäumung der Ehelichkeitsanfechtungsfrist zu verantworten habe. Dieser Gedanke hat auch bei der Abwägung nach § 1579 I Nr. 4 BGB in Fällen wie dem hier (nach der Behauptung des Kl.) in Frage stehenden seine Berechtigung, in denen die ehemalige Ehefrau darauf hingewirkt hat, daß eine rechtzeitige Ehelichkeitsanfechtung unterblieben ist. Er erlaubt eine Berücksichtigung dieses Umstandes jedenfalls dann, wenn die nichtehel. Abstammung wie hier unstreitig ist und es daher zu dieser Frage keiner Klärung im Wege der Beweisaufnahme bedarf.

190. BGH zu sonstigen Ausschlußgründen im Rahmen der Nr. 4 sowie zum Verhältnis der Nr. 4 zu Nr. 1

190a) FamRZ 80/981, 982, 983 = NJW 80/2247, 2249

(Ein kurzes tatsächliches Zusammenleben der Ehegatten ist weder ein Härtegrund nach Nr. 1 noch nach Nr. 4.)

Grundlage der Rechtsanwendung ist das Gesetz selbst, das im vorliegenden Fall der Kl. einen Unterhaltsanspruch gewährt (§ 1571 Nr. 1 BGB). Soweit es in § 1579 I BGB einen an sich gegebenen Unterhaltsanspruch ausnahmsweise wegen grober Unbilligkeit ausschließt, darf dies nicht dazu führen, die gesetzliche Regelung in ihr Gegenteil zu verkehren. Vielmehr muß der durch das Erfordernis *grober* Unbilligkeit unterstrichene Ausnahmecharakter der Vorschrift gewahrt werden. Insbesondere bei der Anwendung der generalklauselartig gefaßten Vorschrift in § 1579 I Nr. 4 BGB muß zudem beachtet werden, daß die Vorschrift an die zuvor in Nrn. 1 bis 3 aufgeführten Tatbestände anschließt und einen Unbilligkeitsgrund verlangt, der „ebenso schwer wiegt" wie jene Tatbestände. Darum geht es nicht an, einen Sachverhalt, der nach den Nrn. 1 bis 3 gerade nicht ausreichen würde, um den Unterhaltsanspruch wegen grober Unbilligkeit auszuschließen, als „anderen Grund" im Sinne der Nr. 4 gelten zu lassen. Das aber würde im vorliegenden Fall geschehen, wenn der Kl. ein Unterhaltsanspruch nur deshalb versagt würde, weil ihre Ehegemeinschaft mit dem Bekl. tatsächlich nur kurze Zeit gedauert hat.

Zu keinem anderen Ergebnis würde es führen, wenn die kurze Zeit, in der die Parteien zusammengelebt haben, den beruflichen Werdegang der Kl. nicht wesentlich beeinflußt hätte, wie die Revision meint. Das Erfordernis *ehebedingter* Unterhaltsbedürftigkeit wird vom Gesetz nicht in der Weise zur Voraussetzung des Unterhaltsanspruchs erhoben, daß dieser nur bestände, wenn der geschiedene Ehegatte ohne die Ehe nicht ebenfalls bedürftig wäre. Eine solche Regelung wäre zudem mit dem Leitgedanken der fortwirkenden wirtschaftlichen Verantwortung eines Ehegatten für den anderen unvereinbar. Daher geht es nicht an, einen Fall grober Unbilligkeit i. S. des § 1579 I Nr. 4 BGB deshalb zu bejahen, weil die Kl. durch die Ehe nicht gehindert worden sei, sich eine eigene Existenzgrundlage zu schaffen.

190b) FamRZ 82/573, 575 = NJW 82/1460, 1461

(Auf verständlicher Verärgerung beruhende vorwurfsvolle Äußerungen sind kein schwerwiegendes eheliches Fehlverhalten. Eine von Anfang an bestehende Trennung ist weder ein Härtegrund nach Nr. 1 noch nach Nr. 4)

Die Revision macht schließlich geltend, ein Unterhaltsanspruch der Kl. bestehe nach §§ 1361 III, 1579 I Nr. 4 BGB nicht, weil die Inanspruchnahme des Bekl. grob unbillig sei. Dazu verweist sie auf den Umstand, daß es zu keiner ehel. Lebensgemeinschaft der Parteien gekommen ist, sowie auf die der Kl. in diesem Zusammenhang vorgeworfenen Äußerungen und Verhaltensweisen.

Hierzu hat das OLG festgestellt, die Kl. habe geäußert, der Bekl. wolle sich scheiden lassen, sie habe die Nachtbrille des Bekl. in Besitz, diese gebe sie nicht zurück, damit der Bekl. mit dem Auto gegen einen Baum fahre. Wenn sie nachts einmal nicht schlafen könne, werde sie mit dem Auto des Bekl. gegen das Haus fahren, in dem er wohne, damit das Auto ganz kaputt gehe.

Daß das OLG in diesen Umständen keinen „anderen Grund" i. S. von § 1579 I Nr. 4 BGB gesehen hat, der die Inanspruchnahme des Bekl. als grob unbillig erscheinen ließe, kann aus Rechtsgründen nicht beanstandet werden. Wie der *BGH* wiederholt entschieden hat, erlaubt es die Gesetzesregelung, auch ein ehel. Fehlverhalten des Unterhalt beanspruchenden Ehegatten zu berücksichtigen. Aus der Bezugnahme auf die Schwere der Gründe in Abs. I Nr. 1 bis 3 der Vorschrift sowie aus dem Merkmal der *groben* Unbilligkeit ergibt sich jedoch, daß nur ein schwerwiegendes Fehlverhalten hierfür ausreichen kann (FamRZ 1982, 463). Ein solches Fehlverhalten hat das OLG in den Äußerungen nicht gesehen, weil sie im Zusammenhang mit der Weigerung des Bekl., die ehel. Lebensgemeinschaft mit der Kl. herzustellen, sowie mit der Einleitung des Scheidungsverfahrens ständen. Namentlich könne keine Rede davon sein, daß die Kl. dem Bekl. etwa nach dem Leben getrachtet habe. Vielmehr seien die auf verständlicher Verärgerung beruhenden Äußerungen der Kl. nicht ernst gemeint gewesen. Diese weitgehend in tatrichterlicher Verantwortung liegende Beurteilung kann rechtlich nicht beanstandet werden. Gleiches gilt für die Würdigung des OLG, daß auch insgesamt keine schwerwiegenden Umstände vorliegen, welche die Inanspruchnahme des Bekl. als grob unbillig erscheinen lassen.

Soweit die Revision in diesem Zusammenhang erneut auf den Umstand hinweist, daß die Parteien von Anfang an getrennt gelebt haben, und darin zusammen mit der dargelegten Verhaltensweise der Kl. einen Ausschlußgrund nach §§ 1361 III, 1579 I Nr. 4 BGB sehen will, kann dem nicht gefolgt werden. Die von Anfang an bestehende Trennung der Ehegatten stellt ebenso wie eine nur kurze Dauer ihrer ehel. Lebensgemeinschaft einen Sachverhalt dar, der an sich dem Regelungsbereich des § 1579 I Nr. 1 BGB zuzurechnen ist. Wenn aber diese Vorschrift aufgrund von § 1361 III BGB für den Trennungsunterhalt als Ausschlußregelung ausscheidet, so geht es nicht an, jenen Sachverhalt zur Rechtfertigung eines Ausschlusses nach § 1579 I Nr. 4 BGB heranzuziehen. Eine derartige Handhabung liefe auf eine Umgehung des § 1361 III BGB hinaus. Ihre Beurteilung hängt entgegen der Ansicht der Revision auch nicht von der im Senatsurteil v. 9. 7. 1980 (FamRZ 1980, 981, 983) offen gelassenen Frage ab, ob und inwieweit im Rahmen des *nachehelichen* Unterhalts bei einer Ehe von längerer Dauer, die mithin die Voraussetzungen des § 1579 I Nr. 1 BGB nicht erfüllt, der Umstand, daß die Ehegatten nur kurze Zeit zusammengelebt haben, zusammen mit weiteren Umständen einen „anderen Grund" i. S. von § 1579 I Nr. 4 BGB abgeben kann.

190c) FamRZ 83/456, 457 = NJW 83/1427, 1428

(Voreheliche Täuschungshandlungen der in § 33 EheG bezeichneten Art sind jedenfalls dann kein Härtegrund nach Nr. 4, wenn sie bereits erfolglos in einem Eheaufhebungsverfahren geltend gemacht worden sind)

Inwieweit Umstände, die einen Grund zur Aufhebung der Ehe darstellen können, sich auf die vermögensrechtlichen Folgen der Ehe auswirken, ist in § 37 II EheG geregelt. Wenn ein Ehegatte insbesondere zur Eingehung der Ehe durch eine arglistige Täsuchung bestimmt worden ist (§ 33 EheG), kann er binnen 6 Monaten nach Rechtskraft des Aufhebungsurteils erklären, daß die für den Fall der Scheidung vorgesehenen vermögensrechtlichen Folgen für die Zukunft ausgeschlossen sein sollen. Entsprechendes gilt, wenn der andere Ehegatte die Aufhebbarkeit der Ehe aus den Gründen der §§ 30 bis 32 EheG gekannt hat oder wenn eine widerrechtliche Drohung von ihm selbst oder mit seinem Wissen von Dritten verübt worden ist. Die Vorschrift des § 37 II EheG bezweckt, dem Ehegatten, der bei der Eheschließung unlauter gehandelt hat, zu verwehren, hieraus zu Lasten des anderen Ehegatten Vorteile zu ziehen. Im vorliegenden Fall folgt aus der rechtskräftigen Abweisung der Aufhebungsklage zunächst, daß dem Bekl. die Rechte aus § 37 II EheG nicht zustehen.

Sinn und Zweck der Regelung des § 37 II EheG ergeben, daß die dort in Bezug genommenen Eheaufhebungsgründe regelmäßig nicht geeignet sein können, auch die Voraussetzungen eines Ausschlusses des Unterhaltsanspruchs wegen schwerwiegenden Fehlverhaltens nach § 1579 I Nr. 4 BGB zu erfüllen. Unter die letztere Vorschrift fällt grundsätzlich ein ehewidriges Verhalten, von dem zu dem Zeitpunkt, in dem die Aufhebungsgründe gesetzt wurden, mangels ehelicher Bindungen noch nicht gesprochen werden kann. Hat ein Ehegatte mit der Aufhebungsklage Erfolg gehabt, kann er die in § 37 II S. 1 EheG vorgesehene Erklärung nur binnen einer Ausschlußfrist von 6 Monaten ab Rechtskraft des Aufhebungsurteils abgeben. Damit bewirkt er einen Ausschluß der vermögensrechtlichen Folgen der Ehe für die Zukunft. Dem mit dieser Regelung verfolgten Zweck, die Verwirkung von Rechten des vor der Eheschließung unlauter handelnden Ehegatten von einer binnen bestimmter Frist abzugebenden Erklärung des anderen Ehegatten, die in dessen Ermessen steht, abhängig zu machen, würde es zuwiderlaufen, wenn der benachteiligte Ehegatte auch nach Verstreichenlassen dieser Frist und auch für die vergangene Zeit einen Ausschluß des Unterhaltsanspruchs gemäß § 1579 I Nr. 4 BGB herbeiführen könnte.

Hat ein Ehegatte mit der Aufhebungsklage keinen Erfolg gehabt, besteht kein Anlaß, die Frage der Konkurrenz zwischen § 37 II EheG und § 1579 I Nr. 4 BGB anders zu beurteilen. Es muß ihm verwehrt sein, sich für einen Ausschluß des Unterhaltsanspruchs des anderen Ehegatten auf Gründe zu berufen, die ihrer Art nach Eheaufhebungsgründe darstellen könnten. Voreheliche Täuschungshandlungen der in § 33 EheG bezeichneten Art können jedenfalls dann nicht zu einer Beschränkung des Unterhaltsanspruchs nach § 1579 I Nr. 4 BGB führen, wenn diese bereits erfolglos in einem Eheaufhebungsverfahren geltend gemacht worden sind. Es kann dann auch nicht zu der verfahrensrechtlich unerwünschten Folge kommen, daß in zwei aufeinanderfolgenden Prozessen über den gleichen Tatsachenstoff mit möglicherweise abweichenden Ergebnissen gestritten wird.

Soweit die Revision darauf abhebt, die Kl. habe auch im Aufhebungsprozeß – also während des Bestehens der Ehe – unwahre Angaben über ihren Gesundheitszustand gemacht, käme ihrem Verhalten auch dann, wenn der Vorwurf zutreffend wäre, nicht ein solches Gewicht zu, daß daran ein Ausschluß oder eine Herabsetzung ihres Unterhaltsanspruches wegen grober Unbilligkeit gemäß § 1579 I Nr. 4 BGB geknüpft werden könnte (FamRZ 1979, 569, 570; ständige Rechtsprechung des *Senats*). Aus der Abkehr des Gesetzgebers vom Schuldprinzip, aus der in § 1579 I Nr. 4 BGB enthaltenen Bezugnahme auf die Schwere der zu Nrn. 1 bis 3 aufgeführten Gründe und aus dem Merkmal der groben Unbilligkeit ergibt sich eine erhebliche Beschränkung für die Berücksichtigungsfähigkeit persönlicher Verfehlungen. Nur ein schwerwiegendes und evidentes Fehlverhalten ist geeignet, die Voraussetzungen der Härteklausel zu erfüllen.

191. BGH zur Darlegungspflicht für die Behauptung des Nichtvorhandenseins von Tatumständen (= sog. negative Tatsachen) NJW 81/576, 577

Eine Partei, die das Nichtvorhandensein von Tatumständen behauptet, ist nicht von der sie hierfür treffenden Darlegungspflicht befreit. Der Gegner darf sich in einem solchen Falle aber nicht mit einfachem Bestreiten begnügen, sondern muß im einzelnen darlegen, daß die bestrittene Behauptung unrichtig ist, soweit er dazu in der Lage ist.

Zutreffend berücksichtigt das BerGer. zugunsten der Bekl., daß der Darlegungspflichtige negative Tatsachen nur unter Schwierigkeiten oder gar nicht substantiiert vorbringen kann. Daraus folgt indessen keine grundsätzliche Umkehr der Darlegungslast. Auch die Partei, die das Nichtvorhandensein von Tatumständen behauptet, ist nicht von der Darlegungspflicht befreit. Ihren Schwierigkeiten wird nach dem auch das Prozeßrecht beherrschenden Grundsatz von Treu und Glauben Rechnung getragen, wenn sie selbst außerhalb des Geschehensablaufs steht und den Sachverhalt von sich aus nicht ermitteln kann, während die Gegenseite die erforderlichen Informationen hat oder sich leicht beschaffen kann. In diesem Fall darf der Gegner sich nicht mit einfachem Bestreiten begnügen, sondern muß im einzelnen darlegen, daß die von ihm bestrittene Behauptung unrichtig ist (vgl. *BGH,* NJW 1961, 826 [828]; 1962, 2149 [2150]; *Senat,* WM 1965, 917).

192. BGH zur Notwendigkeit einer Sorgerechtsregelung als Voraussetzung für einen Anspruch nach §§ 1361, 1579 I 4, II BGB

192a) FamRZ 83/142, 143 = NJW 83/451, 452

(Wer Kinder eigenmächtig mit sich nimmt, kann einen Unterhaltsanspruch erst ab prozessual wirksamer Sorgerechtsentscheidung haben. Eine im Verbundurteil für die Zeit nach der Scheidung getroffene Sorgerechtsregelung führt nicht zu einem Unterhaltsanspruch für die Zeit des Getrenntlebens)

1. Bei der Anwendung des § 1579 II BGB sind die Grundsätze zu beachten, die das *BVerfG* in seinem Urteil v. 14. 7. 1981 (FamRZ 1981, 745ff.) herausgestellt hat. Danach gebietet es die verfassungskonforme Auslegung der Vorschrift grundsätzlich, den Anspruch des unterhaltsbedürftigen Ehegatten davon abhängig zu machen, daß er die Kindesbetreuung entweder im Einverständnis mit dem anderen Ehegatten oder aber aufgrund einer gerichtlichen Entscheidung wahrnimmt. Die Tatsache der Kindesbetreuung als solche reicht hingegen nicht aus, um einem Ehegatten, der sich die Betreuung des Kindes unter dessen Herausnahme aus dem bisherigen Lebensbereich sowie unter Verstoß gegen das Elternrecht des verlassenen Ehepartners verschafft hat, einen Unterhaltsanspruch – als für ihn vorteilhafte wirtschaftliche Folge seines rechtswidrigen Verhaltens – zukommen zu lassen. Das gilt sowohl für den Unterhaltsanspruch eines geschiedenen Ehegatten als auch für den Anspruch nach § 1361 BGB. Hierzu hat das *BVerfG* ausdrücklich hervorgehoben, auch bei getrennt lebenden Ehegatten müsse für eine Anwendung des § 1579 II BGB von Verfassungs wegen verlangt werden, daß die Kindesbetreuung – wenn nicht auf einem Einverständnis der Ehegatten – auf einer richterlichen Entscheidung beruhe, sei es auf einer nach Anhängigkeit einer Ehesache zulässigen einstweiligen Anordnung, sei es auf einer isolierten sorgerechtlichen Entscheidung, die nach § 1672 BGB möglich sei, wenn die Ehegatten nicht nur vorübergehend getrennt lebten (FamRZ 1981, 745, 750).

Mit diesen Grundsätzen steht die Rechtsprechung des *Senats* in Einklang, daß das Eingreifen des § 1579 II BGB jedenfalls in den Fällen das Vorliegen einer entsprechenden Sorgerechtsregelung voraussetzt, in denen der Unterhalt beanspruchende Ehegatte die Kinder gegen den Willen des anderen Ehegatten bei der Trennung eigenmächtig aus ihrem bisherigen Lebensbereich entfernt und mit sich genommen hat, obwohl auch der andere Ehegatte Anspruch auf die Betreuung der Kinder erhoben hat und hierzu ohne Gefährdung des Kindeswohls in der Lage gewesen wäre (FamRZ 1980, 665). Zumindest bei einer derartigen Sachlage kann dem Ehegatten, dem ein ehel. Fehlverhalten i. S. von § 1579 I Nr. 4 BGB zur Last fällt, ein Unterhaltsanspruch nur – und erst von dem Zeitpunkt an – zuerkannt werden, zu dem die Betreuung der Kinder durch eine wirksame gerichtliche Sorgerechtsentscheidung legitimiert wird (*BVerfG* = FamRZ 1981, 749).

Die Zustimmung des Bekl. zu der Betreuung der Kinder durch die Kl. lag hier nicht vor. Die Kl. hat die Betreuung vielmehr eigenmächtig und gegen den Willen des Bekl. übernommen. Die Betreuung der Kinder durch den Bekl. hätte, wie das OLG aufgrund tatrichterlicher Würdigung im einzelnen dargelegt hat, mit dem Kindeswohl in Einklang gestanden. Danach kommt es darauf an, ob der Betreuung der Kinder durch die Kl. eine entsprechende Regelung der elterlichen Sorge zugrunde lag.

Eine einstweilige Anordnung über die Kinderbetreuung nach §§ 620 S. 1 Nr. 1, 620a ZPO ist während des Getrenntlebens nicht getroffen worden, ebensowenig eine isolierte Sorgerechtsentscheidung nach §§ 1672 S. 1 i. V. m. 1671 BGB. Das FamG hat lediglich in dem Verbundurteil v. 12. 9. 1980 – auf der Grundlage der ausgesprochenen Scheidung – die elterl. Sorge nach § 1671 BGB auf die Kl. übertragen.

Dieser Entscheidung hat das OLG bei der Anwendung des § 1579 II BGB für die Zeit des Getrenntlebens zu Recht keine Bedeutung beigemessen, weil sie nur eine Regelung für die Zeit nach der Ehescheidung enthielt und vor der Rechtskraft des Scheidungsausspruchs nicht wirksam geworden war (§§ 623 I, 629d ZPO). Die Betreuung der Kinder durch den Unterhalt begehrenden Ehegatten ist allerdings durch eine Sorgerechtsentscheidung nicht erst dann legitimiert, wenn diese formell rechtskräftig geworden ist. Eine für die Zeit des Getrenntlebens getroffene Sorgerechtsentscheidung wird nach § 16 I FGG i. V. mit §§ 621 I Nr. 1, 621a I ZPO bereits mit ihrem Erlaß wirksam und kann von diesem Zeitpunkt an, solange sie bestehen bleibt, zu einem Unterhaltsanspruch führen (FamRZ 1980, 668). Für die Zeit vor dem Wirksamwerden der Sorgerechtsentscheidung bleibt jedoch die eigenmächtig unter Verstoß gegen das Elternrecht des anderen Ehegatten übernommene Kindesbetreuung ohne Legitimation. Sinn des Erfordernisses einer Sorgerechtsentscheidung in den Fällen des § 1579 II BGB ist es, zu verhindern, daß der Ehegatte, der die Kinder eigenmächtig mit sich nimmt, aus seinem rechtswidrigen Verhalten wirtschaftliche Vorteile ziehen kann (FamRZ 1980, 668; vgl. auch *BVerfG* = FamRZ 1981, 750). Diesem Ziel entspricht es, einen Unterhaltsanspruch in solchen Fällen grundsätzlich erst vom Wirksamwerden der Übertragung der elterl. Sorge auf den Unterhalt begehrenden Ehegatten zuzubilligen. Danach kann die in einem Verbundurteil für die Zeit nach der Scheidung getroffene Sorgeregelung grundsätzlich nicht zu einem Unterhaltsanspruch schon für die Zeit des Getrenntlebens führen, und zwar auch nicht in der Zeit zwischen dem Erlaß des Verbundurteils und dem Wirksamwerden der Sorgeregelung.

Auch hiermit befindet sich der *Senat* in Übereinstimmung mit der Auslegung des § 1579 II BGB, die das *BVerfG* von Verfassungs wegen für geboten erachtet hat. Das *BVerfG* hat ausgeführt, die Anwendung des § 1579 II BGB müsse auf Fälle beschränkt werden, in denen die Betreuung des Kindes (durch eine Vereinbarung der Eltern oder) durch eine staatliche Sorgerechtsentscheidung dem Unterhaltsberechtigten übertragen worden ist (*BVerfG* = FamRZ 1981, 749); auch bei getrennt lebenden Ehegatten müsse für die Anwendung des § 1579 II BGB von Verfassungs wegen verlangt werden, daß die Kindesbetreuung auf einer richterlichen Entscheidung beruhe (*BVerfG* FamRZ 1981, 750).

Danach greift § 1579 II BGB in diesen Fällen nur ein, wenn die Kindesbetreuung aufgrund einer prozessual wirksamen Sorgerechtsentscheidung erfolgt.

192b) FamRZ 80/665, 666, 667, 668 = NJW 80/1686, 1687, 1688

(Sorgerechtsentscheidung als Voraussetzung für einen Unterhaltsanspruch wegen Kindesbetreuung nach §§ 1361 III, 1579 II BGB)

Falls eine Sorgerechtsregelung (sei es auch erst erstinstanzlich) wirksam getroffen ist, kommt § 1579 II BGB zugunsten des sorgeberechtigten Elternteils – evtl. in Verbindung mit § 1361 III BGB – in Betracht, soweit es um den auf Kindesbetreuung gestützten Unterhaltsanspruch des Ehegatten geht (nicht dagegen etwa bezüglich eines Anspruchs, der sich auf § 1573 BGB stützt).

Falls eine Sorgerechtsregelung noch nicht wirksam getroffen ist – insbesondere also bei Getrenntleben –, genügt die Tatsache der Kindesbetreuung durch den bedürftigen Ehegatten – evtl. nach rechtswidriger Verletzung des Elternrechts des verlassenen Ehepartners durch Mitnahme der Kinder bei Trennung – nicht, um die Vorschrift des § 1579 II BGB (trotz Vorliegens eines Tatbestandes des § 1579 I BGB) zur Anwendung zu bringen; anderenfalls könnte die Möglichkeit erwachsen, aus rechtswidrigem Verhalten wirtschaftliche Vorteile zu ziehen.

Im Schrifttum wird die Ansicht vertreten, der auf die Betreuung eines gemeinschaftlichen Kindes gestützte Unterhaltsanspruch setze voraus, daß dem betreffenden Ehegatten die elterl. Sorge für das

Kind übertragen worden ist oder der Ehepartner ihm die Betreuung aufgetragen hat. Ob dem in dieser Allgemeinheit zugestimmt werden kann, mag zweifelhaft sein. Immerhin erscheint es jedoch bedenklich, in den Fällen (noch) nicht erfolgter Sorgerechtsregelung bei der Anwendung des § 1579 II BGB allein auf die Tatsache der Kindesbetreuung durch den bedürftigen Ehegatten abzustellen und das Sorgerecht seines Ehepartners sowie die Möglichkeit der Kindesbetreuung durch ihn bei der Prüfung der Erwerbsbehinderung und der Zumutbarkeit einer Erwerbstätigkeit für den bedürftigen Ehegatten von vornherein außer Betracht zu lassen. Das gilt jedenfalls dann, wenn dieser Ehegatte die Betreuung des Kindes nicht nur eigenmächtig und gegen den Willen des Ehepartners übernommen, sondern das Kind dazu auch noch aus seinem bisherigen Lebenskreis herausgenommen hat und mit ihm in eine andere Wohnung gezogen ist. In derartigen Fällen muß die Betreuung des Kindes durch den in der ehel. Wohnung verbliebenen Ehepartner in die dem Ehegatten zuzumutenden Möglichkeiten einbezogen werden, falls jener die Betreuung beansprucht und zu ihrer Wahrnehmung ohne Gefährdung des Kindeswohls in der Lage ist. Die Regelung des § 1579 II BGB ist letztlich im Interesse des Kindes und nicht den eigenen Belangen des bedürftigen Ehegatten zu dienen bestimmt. Sie kann dem Ehegatten, der sich die Betreuung des Kindes unter dessen Herausnahme aus dem bisherigen Lebensbereich sowie unter Verstoß gegen das Elternrecht des verlassenen Ehepartners verschafft hat, nicht auch noch die Möglichkeit gewähren, aus diesem rechtswidrigen Verhalten wirtschaftliche Vorteile zu ziehen.

Deshalb kann die von dem Ehegatten unter Berufung auf die Kindesbetreuung geltend gemachte Erwerbsbehinderung in derartigen Fällen nicht anerkannt werden, solange der unterhaltsverpflichtete Ehegatte Anspruch auf die Betreuung erhebt und zu ihrer Wahrnehmung ohne Gefährdung des Kindeswohls in der Lage ist. Etwas anderes gilt erst, wenn das FamG über das Sorgerecht abweichend entscheidet. Bei dieser Entscheidung wird das Gericht allerdings im Rahmen des Kindeswohls auch die Belange des unterhaltspflichtigen Elternteils im Auge behalten dürfen. Denn mit der Übertragung der elterl. Sorge auf den unterhaltsbedürftigen Ehegatten wird diesem das auch im Rahmen von § 1579 II BGB zu beachtende Recht zugestanden, das Kind zu sich zu nehmen und es selbst zu betreuen.

Danach besteht auch im vorliegenden Fall die Möglichkeit, daß die Regelung des § 1579 II BGB nicht, wie das OLG angenommen hat, vom Anfang der Trennung der Ehegatten an, sondern erst zu einem späteren Zeitpunkt zum Zuge gekommen ist und bis dahin einer Anwendung der Härteklausel des § 1361 III i. V. m. § 1579 I Nr. 4 BGB nichts im Wege stand. Hierzu sind indessen noch nähere Feststellungen des OLG darüber notwendig, ob die Kl. zu 1. bei ihrem Auszug aus der ehel. Wohnung die Kinder entsprechend dem Vortrag des Bekl. gegen seinen Willen mitgenommen hat und er verlangt hat, sie selbst zu betreuen, und dazu ohne Gefährdung des Kindeswohls auch in der Lage war. Bei der außerdem zu berücksichtigenden Frage einer Sorgerechtsregelung wird das OLG zu beachten haben, daß eine derartige Entscheidung nicht erst mit dem rechtskräftigen Abschluß des Sorgerechtsverfahrens, sondern nach § 16 I FGG i. V. m. §§ 621 I Nr. 1, 621 a I ZPO bereits mit dem Beschluß des FamG wirksam wird.

193. BGH zu den Voraussetzungen eines besonders gelagerten Härtefalles nach § 1579 II BGB und zu prozessualen Konsequenzen aus der Verfassungswidrigkeit des Abs. II

193a) FamRZ 84/154, 155, 156 = NJW 84/297, 298, 299

(Vorrang des Kindeswohls und sonstige, für die Beurteilung eines „besonders gelagerten Härtefalles" bedeutsame Umstände)

Aus dem Sinnzusammenhang der verfassungsgerichtlichen Entscheidungsgründe ist zu folgern, daß Sachverhalte gemeint sind, in denen die unverkürzte Zubilligung des eheangemessenen Unterhalts aufgrund des § 1579 II BGB zu einer mit dem Verfassungsgrundsatz der Verhältnismäßigkeit unvereinbaren Belastung des Unterhaltspflichtigen führen würde (BVerfG, FamRZ 81/745 = NJW 81/1771). Die Suspendierung der Härteklausel durch § 1579 II BGB soll vornehmlich verhindern, daß der Lebensstandard des betreuten Kindes wegen des von ihm nicht zu verantwortenden Fehlverhaltens des sorgeberechtigten Elternteils absinkt. Insofern kommt den Belangen des Kindes gegenüber denen des unterhaltsverpflichteten Elternteils der Vorrang zu.

Im Einzelfall kann die Auferlegung von Unterhaltsleistungen aber zu einer unverhältnismäßigen Belastung des Verpflichteten führen, etwa weil sie nicht oder nicht in vollem Umfang durch das Kindesinteresse erfordert wird. Darüber hinaus kann sich eine unverhältnismäßige Belastung des Verpflichteten auch daraus ergeben, daß der Unterhalt begehrende Ehegatte die Voraussetzungen des § 1579 I Nr. 4 BGB in besonders krasser Weise verwirklicht hat. Insgesamt kann die Frage, ob ein Fall besonderer Härte vorliegt, nur nach umfassender Abwägung der Umstände des Einzelfalls unter besonderer Berücksichtigung der Belange des Kindeswohls beantwortet werden (FamRZ 1983, 676).

Diesen Grundsätzen wird die Beurteilung des OLG nicht gerecht. Seine Auffassung, daß ein besonders gelagerter Härtefall in Fällen der vorliegenden Art allgemein anzunehmen sei, ist rechtlich nicht haltbar.

Wie der Zusammenhang der Entscheidungsgründe ergibt, sieht das Gericht die maßgeblichen Gründe, welche die Annahme eines derartigen Härtefalles begründen sollen, in dem Fehlverhalten der Kl. sowie darin, daß sie ihren Mindestbedarf durch die Versorgung ihres neuen Partners decken kann, ohne dadurch in der Betreuung der Kinder behindert zu sein. Dagegen bestehen rechtliche Bedenken. Es entspräche nicht der Lebenswirklichkeit und stände auch nicht mit der Rechtsprechung des *Senats* in Einklang, wenn ein Fehlverhalten der vorliegenden Art als eine besonders krasse Verwirklichung der Voraussetzungen des § 1579 I Nr. 4 BGB angesehen würde, die allein schon einen besonders gelagerten Härtefall begründete.

So hat der *Senat* in einem Fehlverhalten wie dem der Kl. allein noch keinen Grund zur Annahme eines derartigen Härtefalles gesehen. Diese Beurteilung kann sich nicht deshalb generell ändern, weil der Unterhaltsbedürftige durch die Versorgungsleistungen, die er im Rahmen des eheähnlichen Verhältnisses seinem neuen Partner erbringt, seinen Mindestbedarf decken kann. Gerade dieser Umstand bewirkt nämlich für den Unterhaltspflichtigen eine Erleichterung der Unterhaltslast, weil es damit für ihn nur noch um die Inanspruchnahme auf Ergänzungs- oder Aufstockungsunterhalt geht. So hat auch das *BVerfG* in einem Fall, in dem die unterhaltsbedürftige Ehefrau eine eheähnliche Verbindung mit einem anderen Mann eingegangen war und das OLG der Ehefrau für die ihrem neuen Partner erbrachten Leistungen ein fiktives Einkommen zugerechnet hatte, mit Beschluß des Vorprüfungsausschusses v. 1. 7. 1982 (FamRZ 1982, 991 = NJW 1982, 2859) entschieden, daß durch die Zurechnung des fiktiven Einkommens der Unterhaltsanspruch gegen den Ehemann reduziert und damit eine mit dem Verfassungsgrundsatz der Verhältnismäßigkeit unvereinbare Belastung des Ehemannes vermieden worden sei.

Danach kann die bisherige Annahme, daß ein besonders gelagerter Härtefall vorliege, nicht bestehen bleiben. Vielmehr muß diese Frage unter umfassender Würdigung aller in Betracht zu ziehenden Umstände erneut beurteilt werden. Dabei werden auch die Einkommensverhältnisse des Unterhaltspflichtigen zu berücksichtigen sein, denen für die Frage, ob die unterhaltsrechtliche Inanspruchnahme zu einer unverhältnismäßigen Belastung führt, stets eine wesentliche Bedeutung zukommt. Insoweit hat der Bekl. vorgetragen, daß sein anzurechnendes monatl. Einkommen von 2500 DM zur Zeit der Trennung auf rund 1590 DM zurückgegangen sei. Danach würden ihm nach Abzug der Unterhaltsrenten für die beiden Kinder monatlich 1080 DM verbleiben, ein Betrag, der den angemessenen Eigenbedarf deutlich unterschreiten dürfte. Ferner kann dem Umstand Bedeutung zukommen, daß der Kl. das hälftige Miteigentum an der den Ehegatten gehörenden Eigentumswohnung zusteht. Insoweit ist bei der gebotenen Abwägung der Interessen zu prüfen, ob es der Kl. möglich und zuzumuten ist, sich durch die Verwertung ihres Miteigentumsanteils die notwendigen Mittel zur Aufstockung ihres Unterhalts zu verschaffen.

Die Kl. beruft sich zur Rechtfertigung ihres Unterhaltsbegehrens weiterhin darauf, daß sie außer den beiden Kindern Ingo und Nina seit dem 2. 8. 1980 auch die Tochter Nadja versorgt und betreut habe, die ebenfalls als ehel. Kind des Bekl. gegolten habe.

Dem ist das OLG nicht gefolgt, weil die Tochter Nadja in dem Unterhaltsrechtsstreit zwischen den Parteien nicht als deren „gemeinschaftliches" Kind i. S. des § 1579 II BGB anzusehen sei. Das in der Ehe geborene Kind gelte zwar nach § 1593 BGB als ehelich, solange seine Ehelichkeit nicht wirksam angefochten sei. Dennoch könne das Kind Nadja nach dem Sinn und Zweck des § 1579 II BGB hier nicht als gemeinschaftliches Kind i. S. dieser Vorschrift behandelt werden. § 1579 II BGB beruhe auf dem Gedanken, daß der bedürftige Ehegatte mit der Pflege und Betreuung eines gemeinsamen Kindes Aufgaben wahrnehme, die ihm und seinem Ehepartner aus der Ehe erwachsen seien und auch nach der Trennung oder Scheidung erfüllt werden müßten. Demgemäß liege die Wahrnehmung dieser Aufgaben zugleich im Interesse des nicht sorgeberechtigten Ehegatten. Es sei daher sowohl unter dem Gesichtspunkt des unterhaltsrechtlichen Gegenseitigkeitsprinzips als auch im Hinblick auf die ehebedingte Bedürftigkeit gerechtfertigt, die Unterhaltsverpflichtung des anderen Ehegatten in den Fällen des § 1579 I BGB wieder herzustellen. Dieser Grundsatz versage aber, wenn es – wie hier – um ein Kind gehe, das ein Jahr nach der Aufhebung der ehel. Lebensgemeinschaft geboren werde und unstreitig von dem Manne stamme, dem sich die Mutter nach der Trennung der Parteien zugewandt habe. Dem stehe auch die – zum Wohle des Kindes und zur Wahrung des Familienfriedens geltende – Sperrwirkung des § 1593 BGB nicht entgegen, da es hier nicht um eine Frage der Ehelichkeit oder Nichtehelichkeit des Kindes gehe, sondern um den Unterhaltsanspruch der Kl. gegenüber dem Bekl.

Hiergegen wendet sich die Revision im Ergebnis ohne Erfolg.

Dabei kann nach den Umständen des hier zu entscheidenden Falles dahingestellt bleiben, welche Bedeutung der Vorschrift des § 1593 BGB im Rahmen von § 1579 II BGB grundsätzlich zukommt, wenn und solange ein Kind als ehel. Kind des auf Unterhaltszahlung in Anspruch genommenen getrenntlebenden oder geschiedenen Ehemanns gilt.

Im vorliegenden Fall greift § 1593 BGB nicht – mehr – ein.

193b) FamRZ 83/676, 677 = NJW 83/1552, 1553

(Umfassende Interessenabwägung zur Beurteilung eines besonders gelagerten Härtefalles. Bei Bejahung ist das Verfahren auszusetzen. Bei Verneinung ist Unterhalt voll zuzusprechen)

Nach der Ehescheidung des *BVerfG* v. 14. 7. 1981 ist § 1579 II BGB mit Art. 2 I GG nicht vereinbar, soweit danach die Anwendung der Härteklausel des § 1579 I BGB auch in besonders gelagerten Härtefällen ausgeschlossen ist (BVerfG, FamRZ 81/745 = NJW 81/1771). Für derartige Fälle hat der Gesetzgeber nach dem Auftrag des Gerichts eine Regelung zu treffen, die dem Verhältnismäßigkeitsgebot Rechnung trägt. Der *Senat* hat sich der Auffassung angeschlossen, wonach die Gerichte bis zu einer gesetzlichen Neuregelung nur dann abschließend entscheiden dürfen, wenn ein besonderer Härtefall in diesem Sinne *nicht* gegeben ist. Andernfalls ist der Rechtsstreit solange auszusetzen. Im einzelnen wird auf die Ausführungen des *Senats* in diesem Urteil Bezug genommen (FamRZ 83/569 = NJW 83/1548). Mit diesen Grundsätzen ist das OLG-Urteil insofern nicht zu vereinbaren, als es zwar einen Fall besonderer Härte angenommen, trotzdem aber eine abschließende Entscheidung unter Außerachtlassung des § 1579 II BGB getroffen hat.

b) Das *BVerfG* hat in den Gründen seines Urteils v. 14. 7. 1981 nicht im einzelnen dargelegt, was unter einem besonders gelagerten Härtefall im Sinne des Leitsatzes dieser Entscheidung zu verstehen ist, so daß diese Frage nicht einheitlich beantwortet wird.

Aus dem Sinnzusammenhang der Gründe ist zu folgern, daß Sachverhalte gemeint sind, in denen die unverkürzte Zubilligung des eheangemessenen Unterhalts aufgrund des § 1579 II BGB zu einer mit dem Verfassungsgrundsatz der Verhältnismäßigkeit unvereinbaren Belastung des Unterhaltspflichtigen führen würde (vgl. auch Nichtannahmebeschluß des *BVerfG* v. 1. 7. 1982 in FamRZ 1982, 991). Die Suspendierung der Härteklausel des § 1579 I BGB durch II der Vorschrift soll vornehmlich verhindern, daß der Lebensstandard des Kindes, der vor der Scheidung der Ehe seiner Eltern durch die ehelichen Lebensverhältnisse geprägt wurde, wegen des Fehlverhaltens des sorgeberechtigten Elternteils absinkt, das von ihm nicht zu verantworten ist. Insofern kommt den Belangen des Kindes gegenüber denen des unterhaltsverpflichteten Elternteils der Vorrang zu. Im Einzelfall kann die Auferlegung von Unterhaltsleistungen aber zu einer unverhältnismäßigen Belastung des Verpflichteten führen, etwa weil sie nicht oder nicht in vollem Umfang durch das Kindesinteresse erfordert wird. Auch das *BVerfG* hat im Zusammenhang mit möglichen Abhilfemaßnahmen des Gesetzgebers erwogen, grundrechtswidrige Ergebnisse ließen sich weitgehend dadurch vermeiden, daß der eheangemessene Unterhalt auf das zur Kindesbetreuung erforderliche Maß reduziert wird. Eine unverhältnismäßige Belastung des Verpflichteten kann sich aber auch daraus ergeben, daß der Unterhalt begehrende Ehegatte die Voraussetzungen des § 1579 I Nr. 4 BGB in besonders krasser Weise verwirklicht hat. Insgesamt kann die Frage, ob ein Fall besonderer Härte vorliegt, nur nach umfassender Abwägung der Umstände des Einzelfalls unter besonderer Berücksichtigung der Belange des Kindeswohls beantwortet werden.

Von der Begründung des angefochtenen Urteils wird danach die Annahme eines besonders gelagerten Härtefalles im Sinne der Entscheidung des *BVerfG* nicht getragen. Ein solcher kann nicht schon dann angenommen werden, wenn dem Unterhalt begehrenden Ehegatten das Sorgerecht für das gemeinschaftliche Kind in einem streitigen Verfahren übertragen worden ist. Wenn er das Kind aufgrund einer gerichtlichen Sorgerechtsentscheidung betreut, ist auch nach der Auslegung des § 1579 II BGB durch das *BVerfG* die Härteregelung des § 1579 I Nr. 4 BGB im Interesse des Kindes grundsätzlich suspendiert. Wie es zu der gerichtlichen Entscheidung gekommen ist, ist hierbei ohne Bedeutung. Die Art des Zustandekommens kann auch kein wesentlicher Gesichtspunkt für die Beantwortung der Frage sein, ob ein Fall besonderer Härte anzunehmen ist.

Die gebotene umfassende Interessenabwägung, die weitgehend auf tatrichterlichem Gebiet liegt, hat das OLG bisher nicht vorgenommen. In diesem Zusammenhang rügt die Revision mit Recht, daß die mit der Berufungserwiderung unter Beweis gestellte Behauptung des Bekl. übergangen worden ist, das Kind der Parteien werde von den Eltern des F. wie ein eigenes Enkelkind aufgezogen und insbesondere an mindestens vier Tagen der Woche mehrere Stunden täglich in einer Weise betreut, daß die Kl. außer Haus sein könne. Denn das Beweisthema ist für die Frage von Bedeutung, inwieweit Unterhaltsleistungen des Bekl., die ihn in Anbetracht seiner Einkommensverhältnisse stark belasten müssen, für das Wohl des Kindes überhaupt erforderlich sind.

Das Berufungsurteil kann nach alledem keinen Bestand haben. Die Sache muß an das OLG zurückverwiesen werden, damit es unter Nachholung der gebotenen Feststellungen erneut prüft, ob ein Fall besonderer Härte für den Bekl. gegeben ist. Gelangt es wiederum zur *Bejahung* dieser Frage, hat es sich einer sachlichen Entscheidung zu enthalten und das Verfahren bis zu einer verfassungskonformen Neuregelung des § 1579 II BGB durch den Gesetzgeber auszusetzen. Es ist nicht auszuschließen, daß diese, die in einer ergänzenden Regelung oder in einer Umgestaltung des § 1579 II BGB bestehen kann (*BVerfGE* 57, 361, 388f. = FamRZ 1981, 745, 750), zu einer weitergehenden Einschränkung des Unterhaltsanspruchs der Kl. führt, als das OLG sie bisher vorgenommen hat. Gelangt es zur

Verneinung der Frage, hat es die Vorschrift des § 1579 II BGB uneingeschränkt anzuwenden und ist daran gehindert, den Unterhaltsanspruch der Kl. in Anwendung des § 1579 I Nr. 4 BGB auf die Gewährung ihres notwendigen Unterhalts zu begrenzen. Allerdings folgt aus dem Verbot der Schlechterstellung des Rechtsmittelführers, daß der Kl. im Endergebnis kein höherer Unterhalt zugesprochen werden kann als im angefochtenen Urteil.

193c) FamRZ 83/996, 998 = NJW 83/2243, 2244

(Prüfung eines besonderen Härtefalles ist ohne Kenntnis der wirtschaftlichen Verhältnisse des Pflichtigen in der Regel nicht möglich)

Auch wenn die Voraussetzungen des § 1579 I Nr. 4 BGB bejaht werden könnten, hätte sich hier die Prüfung anzuschließen, ob in bezug auf den Unterhaltsanspruch der Kl. nach § 1570 BGB die Härteregelung im Kindesinteresse nach § 1579 II BGB suspendiert ist (*BVerfG* FamRZ 1981, 745; BGH, FamRZ 1983, 569ff.; FamRZ 1983, 676ff.). Die Beurteilung dieser Frage ist regelmäßig ohne Kenntnis der wirtschaftlichen Verhältnisse des Unterhaltspflichtigen nicht möglich (vgl. das letztgenannte Senatsurteil). Auch deswegen müßte der Bekl. als verpflichtet angesehen werden, die begehrten Auskünfte zu erteilen.

193d) FamRZ 83/569, 572, 573 = NJW 83/1548, 1551

(Verfahrensaussetzung bei Bejahung eines besonderen Härtefalles; eigene Sachentscheidung des Gerichts bei Verneinung eines besonderen Härtefalles)

Außer der Beurteilung, in welchem Maße die Härteregelung des § 1579 I Nr. 4 BGB im vorliegenden Fall verwirklicht ist, bedarf es erneut der Prüfung, ob die Vorschrift hier durch § 1579 II BGB suspendiert ist. Dabei wird das OLG das bereits angeführte Urteil des *BVerfG* v. 14. 7. 1981 [FamRZ 1981, 745] zu beachten haben.

Nach dessen Entscheidungssatz ist § 1579 II BGB mit Art. 2 I GG nicht vereinbar, soweit danach die Anwendung des § 1579 I BGB auch in besonders gelagerten Härtefällen ausgeschlossen ist. Für derartige Fälle hat der Gesetzgeber nach dem Auftrag des *BVerfG* eine Regelung zu treffen, die dem Verhältnismäßigkeitsgebot Rechnung trägt. Dabei liegt es in seiner Gestaltungsfreiheit, ob er diesem Erfordernis durch eine ergänzende Regelung oder durch eine Umgestaltung des § 1579 II BGB entspricht (*BVerfG* = FamRZ 1981, 745, 750). Da der Gesetzgeber diesem Auftrag bisher nicht nachgekommen ist, erhebt sich die Frage, wie die Vorschrift inzwischen zu handhaben ist.

Stellt das *BVerfG* die Verfassungswidrigkeit oder Unvereinbarkeit einer Norm mit dem Grundgesetz fest, spricht es aber die Nichtigkeitsfolge nicht aus, weil, wie bei der hier in Frage stehenden Regelung, mehrere gesetzliche Möglichkeiten zur Beseitigung des Verfassungsverstoßes bestehen, so hat das zum einen grundsätzlich die Wirkung, daß die Gerichte die Vorschrift ab sofort in dem sich aus dem Tenor der Entscheidung ergebenden Ausmaß nicht mehr anwenden dürfen (so insbesondere *BVerfGE* 37, 217, 261 = FamRZ 1974, 579, 590f.). Zum anderen dürfen die Gerichte aber auch nicht aufgrund der Rechtslage entscheiden, wie sie sich bei ersatzloser Streichung der Norm ergibt. Vielmehr müssen sie die Entscheidung in anhängigen oder neu eingeleiteten Verfahren bis zur verfassungskonformen Neuregelung durch den Gesetzgeber aussetzen (vgl. *BGH,* NJW 1980, 2084, 2085 m. w. N.; FamRZ 1982, 478).

Nach diesen Grundsätzen sind die Gerichte bis zu der Neuregelung, die das *BVerfG* dem Gesetzgeber zu § 1579 II BGB aufgetragen hat, nicht befugt, solche Verfahren, in denen ein besonders gelagerter Härtefall im Sinne der Entscheidung des *BVerfG* vorliegt, zur Entscheidung zu bringen, indem sie § 1579 II BGB als verfassungswidrig außer acht lassen und Abs. I der Vorschrift uneingeschränkt anwenden. Ebensowenig besteht mangels eines entsprechenden Ausspruchs über einen vorläufigen Fortbestand der Vorschrift im Urteil des *BVerfG* die Möglichkeit, § 1579 II BGB in seinem verfassungswidrigen Teil weiter anzuwenden. Vielmehr muß ein derartiges Verfahren ausgesetzt werden, bis der Gesetzgeber die verfassungskonforme Regelung getroffen hat.

Im Interesse einer – gerade auf dem Gebiet des Unterhaltsrechts dringend gebotenen – möglichst zügigen Rechtspflege muß es den Gerichten jedoch vorbehalten bleiben, bereits jetzt zu entscheiden, ob im Einzelfall ein besonderer Härtefall vorliegt. Gelangt das Gericht zur Verneinung der Frage, so hat es die insoweit mit dem Grundgesetz vereinbare Vorschrift des § 1579 II BGB unverändert anzuwenden und in der Sache zu entscheiden.

Demgemäß wird das OLG gegebenenfalls auch im vorliegenden Verfahren unter Abwägung der Interessen beider Parteien prüfen müssen, ob der Unterhaltsanspruch der Bekl. eine unverhältnismäßige Belastung des Kl. bedeutet und deshalb ein besonders gelagerter Härtefall anzunehmen ist.

193e) BVerfG, FamRZ 82/991 = NJW 82/2859

(Zur Anwendung oder Nicht-Anwendung der Härteklausel des § 1579 I (i. Vbdg. m. § 1361 III) BGB in Fällen des § 1579 II BGB.)

Es ist von Verfassungs wegen nicht zu beanstanden, daß das OLG [Stuttgart] trotz des Zusammenlebens der Ehefrau des Beschwerdeführers [Bf.] mit einem anderen Mann von einer Anwendung der Härteklausel des § 1579 I BGB abgesehen hat. Die Berücksichtigung der Vorschrift des § 1579 II BGB war nicht bereits deshalb ausgeschlossen, weil die Ehefrau bei der Trennung das gemeinsame Kind gegen den Willen des Bf. mit sich genommen hatte; abgesehen davon, daß dies dem Willen des Kindes entsprach, hatte sich der Bf. nachträglich außergerichtlich auch mit einem Verbleiben des Kindes bei der Ehefrau einverstanden erklärt.

Im übrigen ist unabhängig davon, ob die Voraussetzungen für einen Ausschluß des Unterhaltsanspruchs wegen grober Unbilligkeit überhaupt vorlagen, dem Umstand Rechnung getragen worden, daß die Ehefrau des Bf. sich einem anderen Mann zugewandt hat und mit diesem eine eheähnliche Verbindung eingegangen ist. Das OLG hat der Ehefrau des Bf. für die ihrem neuen Lebenspartner gegenüber erbrachten Leistungen ein fiktives Einkommen zugerechnet. Auf diese Weise ist der Unterhaltsanspruch gegen den Bf. reduziert und damit eine mit dem Verfassungsgrundsatz der Verhältnismäßigkeit unvereinbare Belastung des Bf. vermieden worden (vgl. *BVerfGE* 57, 361 [387f.] = FamRZ 1981, 745 [750]).

194. BGH zur Verfahrensaussetzung bei besonders gelagertem Härtefall

194a) FamRZ 84/34, 35 = NJW 84/296, 297

(Bei der Abwägung tatrichterlich zu berücksichtigende Umstände und Verfahrensaussetzung)

Das OLG hat weiter angenommen, daß ein besonders gelagerter Härtefall i. S. des Urteils des *BVerfG* v. 14. 7. 1981 (BVerfGE 57, 361 = FamRZ 1981, 745) vorliege, in dem es mit Art. 2 I GG nicht vereinbar sei, daß die Härteregelung des § 1579 I BGB wegen der Betreuung eines Kindes durch Abs. II der Vorschrift suspendiert werde. Es hat hierzu erwogen: Die finanziellen Verhältnisse des Bekl. seien angespannt. Für die Zeit ab 9. 9. 1980 habe schon das AmtsG die Klage abgewiesen, weil der notwendige Selbstbehalt des Bekl. nicht mehr gewahrt sei. In dem entscheidungserheblichen Zeitraum sei er außer mit der Barunterhaltspflicht gegenüber dem bei der Kl. lebenden Kind mit dem Bar- und Betreuungsunterhalt des bei ihm lebenden Kindes belastet gewesen. Unter diesen Umständen stelle es eine unverhältnismäßige Belastung dar, wenn er auch Unterhalt für die Kl. zahlen müsse, die ihn in der dargelegten Weise tätlich angegriffen habe.

Diese Beurteilung entspricht im Ansatz den Grundsätzen, die der *Senat* in seinem Urteil v. 23. 3. 1983 zur Abgrenzung besonders gelagerter Härtefälle aufgestellt hat. Die Abwägung der Umstände des Einzelfalles liegt weitgehend auf tatrichterlichem Gebiet. Durchgreifende rechtliche Bedenken ergeben sich insoweit gegen die Überlegungen des OLG nicht.

Die Revision rügt jedoch zu Recht, daß dann, wenn ein Fall besonderer Härte in diesem Sinne gegeben ist, das Gericht vor einer gesetzlichen Neuregelung für derartige Fälle nicht abschließend entscheiden kann, vielmehr das Verfahren solange auszusetzen hat. Dies hat der *Senat* in seinem Urteil v. 26. 1. 1983 (FamRZ 1983, 569, 572f.), auf dessen Gründe im einzelnen verwiesen wird, näher dargelegt. Im vorliegenden Fall ist nicht auszuschließen, daß die Neuregelung, die der Gesetzgeber nach dem Urteil des *BVerfG* zu treffen hat, zu einem günstigeren Ergebnis für die Kl. führt als zum vollständigen Ausschluß ihres Unterhaltsanspruchs.

194b) FamRZ 84/986, 988 = NJW 84/2693, 2694

(Umfassende tatrichterliche Abwägung aller Umstände des Einzelfalles unter besonderer Berücksichtigung der Belange des Kindes. Verfahrensaussetzung bei Bejahung eines besonders gelagerten Härtefalles)

Kommt das OLG erneut zu dem Ergebnis, daß die Voraussetzungen des § 1579 I Nr. 4 BGB zu bejahen sind, ist nach den Grundsätzen, die der *Senat* im Anschluß an die Entscheidung des *BVerfG* v. 14. 7. 1981 (BVerfGE 57, 361 = FamRZ 1981, 745) zur weiteren Anwendung des § 1579 II BGB bis zu einer gesetzlichen Neuregelung entwickelt hat, eine Entscheidung des Unterhaltsrechtsstreits derzeit nur möglich, wenn kein „besonders gelagerter Härtefall" i. S. der genannten Entscheidung des BVerfG vorliegt. In diesem Falle ist § 1579 II BGB weiter anzuwenden mit der Folge, daß die Härteregelung des § 1579 I BGB nicht gilt. Wird dagegen ein „besonders gelagerter Härtefall" wie bisher vom OLG bejaht, sind die Gerichte zu einer Sachentscheidung über den Unterhaltsanspruch nicht befugt. Sie müssen vielmehr das Verfahren aussetzen, bis der Gesetzgeber eine verfassungskonforme Regelung getroffen hat (FamRZ 83/569, 573).

Das OLG hält aufgrund des Verhaltens, welches es der Kl. im Rahmen des § 1579 I Nr. 4 BGB zum Vorwurf macht, zugleich einen ,,besonders gelagerten Härtefall" i. S. der Entscheidung des BVerfG für gegeben. Dies stößt – unabhängig davon, ob die Voraussetzungen des § 1579 I Nr. 4 BGB überhaupt gegeben sind – schon deshalb auf Bedenken, weil eine Auseinandersetzung mit den besonderen Umständen des Falles fehlt. Wie der *Senat* zu der Frage, was unter einem besonders gelagerten Härtefall i. S. der Entscheidung des BVerfG zu verstehen ist, näher dargelegt hat, ist aus dem Sinnzusammenhang der verfassungsgerichtlichen Entscheidungsgründe zu folgern, daß Sachverhalte gemeint sind, in denen die unverkürzte Zubilligung des eheangemessenen Unterhalts aufgrund § 1579 II BGB zu einer mit dem Verfassungsgrundsatz der Verhältnismäßigkeit unvereinbaren Belastung des Unterhaltspflichtigen führen würde (FamRZ 83/676; FamRZ 84, 154, 155). Um dies beurteilen zu können, bedarf es einer umfassenden Abwägung der Umstände des Einzelfalles. Dabei ist den Belangen des Kindeswohles vorrangige Bedeutung beizumessen. Denn § 1579 II BGB will, in dieser Zielsetzung verfassungsrechtlich unbedenklich, nach Möglichkeit verhindern, daß der betreuende Elternteil zu einer Erwerbstätigkeit gezwungen wird, die zum Nachteil des Kindes dessen geordnete Betreuung und Erziehung erschwert. Ein besonders gelagerter Härtefall kann sich zwar auch daraus ergeben, daß der Unterhalt begehrende Ehegatte die Voraussetzungen des § 1579 I Nr. 4 BGB in besonders krasser Weise verwirklicht hat. Aus dem Vorrang der Belange des Kindes ergibt sich indessen, daß der zuletzt genannte Gesichtspunkt auf (seltene) Ausnahmefälle zu beschränken ist.

Hiernach wird sich das OLG – sofern es die Voraussetzungen des § 1579 I Nr. 4 BGB erneut bejaht – im Rahmen des § 1579 II BGB insbesondere damit auseinanderzusetzen haben, daß die Kl. die Tochter N. der Parteien zu betreuen hat. Auch nach den weiteren Umständen des Falles drängt sich die Annahme, daß es sich um einen in auffälliger Weise aus dem Rahmen des auch sonst Vorkommenden fallenden ,,besonderen Härtefall" handelt, nicht unbedingt auf. Auch diese Frage muß jedoch letztlich dem Tatrichter überlassen werden.

194c) FamRZ 85/51, 53 = NJW 85/428, 429

(Härtefall bei untergeschobenem außerehelichen Kind der Frau. Verfahrensaussetzung, wenn besonders gelagerter Härtefall bejaht wird)

§ 1579 II BGB führt nur dann zur Suspendierung des § 1579 I BGB, wenn kein besonders gelagerter Härtefall i. S. der Entscheidung des *BVerfG* v. 14. 7. 1981 (*BVerfGE* 57, 361 = FamRZ 1981, 745) vorliegt (FamRZ 1983, 569, 573; FamRZ 1983, 676; FamRZ 1984, 154, 155f.; FamRZ 1984, 986, 987f.).

Ob ein derartiger besonderer Härtefall generell gegeben ist, wenn die Ehelichkeit des von dem bedürftigen Ehegatten betreuten Kindes nicht angefochten, seine außerehel. Herkunft aber unstreitig ist mag dahinstehen. Denn die Annahme eines besonderen Härtefalles liegt jedenfalls dann nahe, wenn der in Anspruch genommene Ehemann von der rechtzeitigen Anfechtung der Ehelichkeit des Kindes dadurch abgehalten worden ist, daß ihn die Ehefrau in die falsche Sicherheit gewiegt hat, nicht für das Kind aufkommen zu müssen, wie es der Kl. vorliegend geltend macht. Eine abschließende Beurteilung ist dem *Senat* indessen verwehrt, weil die Bekl. das hier interessierende Vorbringen des Kl. in Abrede gestellt hat und die Frage, ob ein besonderer Härtefall i. S. der genannten Entscheidung des *BVerfG* anzunehmen ist, dem Tatrichter zu überlassen ist.

Gelangt das OLG zu dem Ergebnis, daß kein ,,besonders gelagerter Härtefall" i. S. der Entscheidung des *BVerfG* vorliegt, ist § 1579 II BGB weiter anzuwenden mit der Folge, daß die Härteregelung des § 1579 I BGB nicht gilt. Wird dagegen ein ,,besonders gelagerter Härtefall" bejaht, ist das Gericht zu einer Sachentscheidung über den Unterhaltsanspruch nicht befugt. Vielmehr ist das Verfahren auszusetzen, bis der Gesetzgeber eine verfassungskonforme Regelung getroffen hat (FamRZ 83/569).

195. BGH zur Verwirkung eines Unterhaltsanspruches nach §§ 242 BGB und 66 EheG sowie zum notdürftigen Unterhalt nach § 65 EheG

195a) FamRZ 82/898, 899 = NJW 82/1999, 2000

(Verwirkung von Unterhaltsrückständen. Keine Verwirkung der Unterhaltsansprüche als solcher)

Mit dem Einwand der Verwirkung kann der Bekl. den Anspruch der Kl. auf Trennungsunterhalt (§ 1361 BGB) nicht zu Fall bringen. Eine Verwirkung kommt nach allgemeinen Grundsätzen in Betracht, wenn der Berechtigte ein Recht längere Zeit nicht geltend macht, obwohl er dazu in der Lage wäre, und der Verpflichtete sich mit Rücksicht auf das gesamte Verhalten des Berechtigten darauf einrichten durfte und eingerichtet hat, daß dieser sein Recht auch in Zukunft nicht geltend machen werde (vgl. etwa *BGHZ* 25, 47, 51f.). Bei Unterhaltsansprüchen muß bei dieser Frage unterschieden werden, ob es sich um rückständigen oder laufenden Unterhalt handelt oder ob es darum geht, daß das Unterhaltsrecht als solches „verwirkt" sein soll.

Im Schrifttum wird die Möglichkeit der Verwirkung in bezug auf die Geltendmachung rückständigen Unterhalts bejaht.

In der Tat kann für Unterhaltsrückstände insoweit nichts anderes gelten als für andere in der Vergangenheit fällig gewordene Ansprüche, wenn auch die kurze Verjährungsfrist von vier Jahren (§§ 197, 218 II BGB) dem Anwendungsbereich der Verwirkung enge Grenzen setzt (vgl. dazu auch *BGH,* DB 1969, 569). Im vorliegenden Fall geht es aber nicht um Unterhaltsrückstände, weil das OLG ausschließlich Unterhalt zuerkannt hat, der nach dem Eintritt der Rechtshängigkeit fällig geworden ist.

Die Möglichkeit der Verwirkung des Anspruchs auf laufenden Unterhalt kann nicht schon mit der Begründung verneint werden, daß nach § 1614 I BGB, der gemäß § 1361 IV i. V. mit § 1360a III BGB auf den Trennungsunterhalt der Ehegatten anwendbar ist, für die Zukunft auf Unterhalt nicht verzichtet werden kann. Denn auch unverzichtbare Rechte können verwirkt werden, da die Verwirkung nicht an eine ausdrückliche oder stillschweigende Willenserklärung anknüpft, sondern an eine gesetzliche Wertung anderweitiger Umstände. Für den gerade erst fällig gewordenen und künftig fällig werdenden Anspruch auf Unterhalt fehlt es aber für die Annahme einer Verwirkung schon an der Voraussetzung, daß seit der Möglichkeit, das Recht geltend zu machen, geraume Zeit verstrichen sein muß.

Der Einwand des Bekl. zielt offensichtlich auf eine Verwirkung des Unterhaltsrechts als solchen ab. Er begründet diese damit, daß das jahrzehntelange Stillhalten der Kl., die zudem i.J. 1951 schriftlich erklärt habe, er könnte tun und lassen, was ihm beliebe, bei ihm das Vertrauen erweckt habe, er brauche mit Unterhaltsansprüchen von ihrer Seite für alle Zukunft nicht zu rechnen. Aus derartigen Gründen kann aber ein Verlust des Unterhaltsrechts nicht eintreten, weil das Gesetz für den Wegfall des Unterhaltsrechts aufgrund des Verhaltens des Unterhaltsberechtigten besondere Voraussetzungen aufstellt, die als abschließende Regelung verstanden werden müssen. Für den Unterhaltsanspruch des nach altem Recht geschiedenen Ehegatten hat der *BGH* bereits entschieden, daß die Vorschrift des § 66 EheG, die im Falle grober und den Unterhaltsverpflichteten besonders belastender Verstöße des Unterhaltsberechtigten eine Verwirkung des Unterhaltsanspruchs vorsieht, es verbietet, das Verhalten des Unterhaltsberechtigten im Hinblick auf den Bestand seines Anspruchs anderen rechtlichen Maßstäben zu unterwerfen (FamRZ 1980, 40, 41; FamRZ 1982, 259, 261). Für den Unterhaltsanspruch unter Verwandten findet sich eine entsprechende Regelung in § 1611 I S. 2 BGB, für den unter gesch. Ehegatten in der Vorschrift des § 1579 BGB, für den hier gegebenen Fall des Anspruchs auf Trennungsunterhalt schließlich – über die Verweisung des § 1361 III BGB – ebenfalls in der Vorschrift des § 1579 BGB (unter Ausklammerung des Abs. I Nr. 1). Nach allen diesen Bestimmungen tritt ein Verlust des Unterhaltsrechts aufgrund des Verhaltens des Unterhaltsberechtigten nur ein, wenn sich dieser in besonders schwerwiegender Weise fehlverhalten hat und infolgedessen die Inanspruchnahme des Unterhaltsverpflichteten grob unbillig wäre. Die dem zugrundeliegende Wertung des Gesetzes würde zunichte gemacht, wenn schon die „illoyal verspätete Geltendmachung" des Anspruchs auf Unterhalt (*BGHZ* 25, 47, 52) zum Verlust des Unterhaltsrechts führen könnte. Daher können die allgemeinen Regeln der Verwirkung für das Unterhaltsrecht als Beendigungsgrund keine eigenständige Bedeutung haben.

Dieses Ergebnis wird durch folgende Überlegung bestätigt: Zum unterhaltsrechtlichen Grundverhältnis müssen die Unterhaltsbedürftigkeit des Berechtigten und die Leistungsfähigkeit des Verpflichteten treten, um für einen bestimmten Zeitraum einen konkreten Anspruch zu begründen. Wird ein Unterhaltsanspruch längere Zeit nicht geltend gemacht, wird dies in vielen Fällen darauf beruhen, daß die Unterhaltsbedürftigkeit des Berechtigten in dieser Zeit nicht gegeben war. Daher begründet das Stillhalten des Unterhaltsberechtigten auch über längere Zeit regelmäßig kein schutzwürdiges Vertrauen darauf, daß dieser Zustand anhalten werde. Der eigentliche Grund für das aus § 242 BGB hergeleitete Rechtsinstitut der Verwirkung, der in dem Widerspruch zu eigenem früheren Verhalten besteht, trifft auf Unterhaltsansprüche typischerweise nicht zu.

195b) FamRZ 83/803, 804 = NJW 83/2315 L

(notdürftiger Unterhalt nach § 65 EheG bei Bedürftigkeit infolge sittlichen Verschuldens. Darlegungs- und Beweislast des Verpflichteten)

Hat es der nach altem Recht geschiedene Ehegatte unterlassen, durch zumutbare Arbeit Anwartschaften in der gesetzlichen Rentenversicherung zu begründen, kann sein Unerhaltsanspruch nach § 58 I EheG nicht ohne weiteres um fiktive Rentenbeträge verkürzt werden, sondern sein Verhalten ist nach der Sondervorschrift des § 65 I EheG (Bedürftigkeit infolge sittlichen Verschuldens) zu beurteilen.

An der Bedürftigkeit der Kl. ist nicht zu zweifeln. Inwieweit sich ein vorwerfbares Verhalten des Unterhaltsberechtigten in der Vergangenheit, das seine Bedürftigkeit beeinflußt, auf seinen Unterhaltsanspruch auswirkt, ist in unterhaltsrechtlichen Sondervorschriften geregelt, die in ihrem Regelungsbereich den Rückgriff auf allgemeine Grundsätze ausschließen. Für nach neuem Recht zu beurteilende Fälle ist § 1579 I Nr. 3 BGB zu beachten (mutwillige Herbeiführung der Bedürftigkeit); im vorliegenden Fall greift § 65 I EheG ein, wonach ein Unterhaltsberechtigter, der infolge sittlichen Verschuldens bedürftig ist, nur den notdürftigen Unterhalt verlangen kann. Diese Vorschrift sieht eine bestimmte Sanktion für den Fall vor, daß der Unterhaltsberechtigte seine Bedürftigkeit ganz oder teilweise selbst herbeigeführt hat. Andererseits schützt sie diesen insoweit, als sein Verhalten keine Auswirkung auf den Unterhaltsanspruch haben soll, wenn ihm sittliches Verschulden nicht vorgeworfen werden kann. Daß unterhaltsrechtliche Sondervorschriften die Anwendung allgemeiner Rechtsregeln verdrängen, hat der Senat bereits für die Härteklauseln der §§ 66 EheG, 1579 I, 1611 I BGB im Verhältnis zur Verwirkung – § 242 BGB – entschieden (FamRZ 1982, 898, 899 m. w. N.).

Nicht jede Vernachlässigung der Obliegenheit, die Mittel zum eigenen Unterhalt im Rahmen des Zumutbaren selbst aufzubringen, ist als sittliches Verschulden i. S. des § 65 I EheG anzusehen. Die Bedürftigkeit muß vielmehr durch Verhaltensweisen herbeigeführt worden sein, die bei objektiver Wertung sittlich zu mißbilligen sind, wie Arbeitsscheu, Trunksucht, Verschwendung, Spielleidenschaft u. ä. Derartige Gründe hat im vorliegenden Fall der insoweit darlegungs- und beweispflichtige Bekl. nicht vorgebracht und das OLG nicht festgestellt. Es muß daher dabei verbleiben, daß der Kl. nur die tatsächlich bezogene Altersrente anzurechnen ist.

Soweit das OLG von den Einkünften der Kl. aus Billigkeitsgründen einen Betrag von 200 DM monatlich anrechnungsfrei belassen hat, ist dies entgegen der Auffassung der Revision aus Rechtsgründen nicht zu beanstanden. Bei der Frage der Anrechnung eigener Einkünfte des Unterhaltsberechtigten im Rahmen des § 58 I EheG sind Zumutbarkeitsgesichtspunkte zu berücksichtigen (FamRZ 1980, 771, 772 m. w. N.). Hier durfte das OLG dem Umstand Rechnung tragen, daß der Kl. nach der Scheidung ein sog. trennungsbedingter Mehrbedarf erwachsen ist, der dazu führt, daß zur Aufrechterhaltung des bisherigen Lebensstandards zusätzliche Mittel aufzuwenden sind (FamRZ 1982, 255, 257). Dem kann der Bekl. nicht mit Erfolg entgegenhalten, daß die Parteien schon seit mehr als 30 Jahren keinen gemeinsamen Haushalt geführt haben und Mehrkosten getrennter Haushaltsführung im abzuändernden Urteil v. 25. 6. 1952 nicht zugunsten der Kl. veranschlagt worden sind. Soweit er schon früher seiner Verpflichtung, zum Unterhalt der Kl. entsprechend den ehel. Lebensverhältnissen beizutragen, in höherem Maße hätte nachkommen können, kann daraus keine Beschränkung des Unterhaltsbedarfs der Kl. hergeleitet werden (FamRZ 1980, 876, 877).

195 c) FamRZ 81/539, 540 = NJW 81/1609, 1610

(Zum Begriff der schweren Verfehlung in § 66 EheG)

Das OLG ist in Übereinstimmung mit der Rechtsprechung des *BGH* davon ausgegangen, daß im Hinblick auf die gravierenden, mit dem endgültigen Verlust des Anspruchs verbundenen Folgen nur solche Pflichtwidrigkeiten als Verwirkungsgrund gewertet werden könnten, die den Unterhaltsschuldner ebenso träfen wie der Verlust des Unterhaltsanspruchs den Berechtigten. Insbesondere könnten Verfehlungen, die ihren Grund in einer von dem Verpflichteten selbst geschaffenen Lage hätten, nicht die Verwirkung des Unterhaltsanspruchs zur Folge haben (FamRZ 1960, 110, 112; FamRZ 1960, 186f.; FamRZ 1973, 182, 183). Der Rechtsgedanke des früheren § 43 S. 2 EheG, der die Berufung auf eine schwere Eheverfehlung des anderen Ehegatten verwehre, wenn dies wegen des Zusammenhangs der Verfehlung mit eigenen Verfehlungen sittlich nicht gerechtfertigt sei, sei im Rahmen von § 66 EheG entsprechend heranzuziehen.

Hierzu hat das OLG festgestellt, daß sich die Kl. in einer vom Bekl. verursachten Notsituation befunden habe, als sie die einstw. Verfügung beantragt und – zur Glaubhaftmachung ihrer Bedürftigkeit – die falschen eidesstattlichen Versicherungen abgegeben habe. Denn der Bekl. habe mit Ablauf der im Scheidungsvergleich bestimmten Frist jede Unterhaltszahlung eingestellt und die Kl. darauf verwiesen, sie müsse nunmehr ihren Lebensunterhalt selbst verdienen, obwohl das gerade erst drei Jahre alte Kind wegen seines Alters, aber auch wegen einer Erkrankung der Betreuung der Mutter bedurft und der Scheidungsvergleich die rechtzeitige Vereinbarung eines anderen Unterhaltsbetrages vorgesehen habe. Außerdem habe sich die Kl. im Hinblick auf das Alter des Kindes an sich auf den Standpunkt stellen können, sie sei als nichtschuldig geschiedene Ehefrau berechtigt, von jeder Erwerbstätigkeit abzusehen und sich ganztägig um die Pflege und Betreuung des Kindes zu kümmern. Dann aber sei die Anrechnung des dennoch erzielten Erwerbseinkommens auf den Unterhaltsanspruch fraglich gewesen, zumal die Kl. auch selbst gesundheitlich beeinträchtigt gewesen sei. Angesichts dieser Umstände und der recht günstigen Einkünfte des Bekl. sei die Handlungsweise der Kl. „eher verständlich" gewesen. Der Bekl. habe sich dadurch, daß er ihr jeden Unterhalt verweigert habe, seinerseits einer schweren Verfehlung schuldig gemacht, die die Verfehlung der Kl. entsprechend dem Rechtsgedanken des § 43 S. 2 EheG als nicht so schwerwiegend erscheinen lasse, daß schon eine Verwirkung angenommen werden könne.

Gegen diese Beurteilung wendet sich die Revision ohne Erfolg.

Ihre Auffassung, daß das OLG seine Würdigung auf die Verurteilung wegen Abgabe einer falschen eidesstattlichen Versicherung beschränkt und den Betrug zum Nachteil des Bekl. außer acht gelassen habe, trifft nicht zu. Vielmehr hebt das OLG ausdrücklich hervor, daß das Verhalten der Kl., „soweit sich die falsche eidesstattliche Versicherung und der vom AmtsG festgestellte Betrug gegen den Bekl. gerichtet" habe, im Hinblick auf die vorstehend wiedergegebenen Gesichtspunkte „in erheblich milderem Licht" erscheine. Außerdem befaßt sich das OLG mit der gerade für den Betrug erheblichen Frage, inwieweit die falsche eidesstattliche Versicherung zu einer den tatsächlichen Anspruch der Kl. übersteigenden gerichtlichen Unterhaltsregelung geführt hat und hätte führen können, erörtert hierbei die eingeschränkte Anrechenbarkeit des Verdienstes aus an sich nicht zumutbarer Erwerbstätigkeit und führt aus, daß der im Wege der einstw. Verfügung geltend gemachte Anspruch von monatlich 550 DM (statt des eingeklagten Betrages von 750 DM) letztlich begründet gewesen sei. Daß diese Frage der Auswirkung der Pflichtwidrigkeit, wie die Revision in anderem Zusammenhang meint, für die Beurteilung unerheblich sei, weil die Schwere der Verfehlung nicht dadurch gemindert werden könne, daß sie „an sich gar nicht nötig gewesen wäre", trifft nicht zu. Vielmehr ergibt sich gerade hieraus das Ausmaß der wirtschaftlichen Beeinträchtigung, die dem Bekl. aus der Verfehlung der Kl. drohte. Dieser mögliche Schadensumfang aber war für die Beurteilung der Verfehlung von entscheidender Bedeutung. Daß wegen der Verfehlung eine strafgerichtliche Verurteilung erfolgt ist, ist nicht ausschlaggebend, vielmehr kommt es bei einem Delikt wie dem vorliegenden vor allem auf den wirtschaftlichen Schaden an, den es dem Unterhaltspflichtigen zugefügt hat oder zuzufügen geeignet war. Dieser Schaden muß den Unterhaltsschuldner empfindlich treffen, andernfalls ein derartiges Vermögensdelikt grundsätzlich nicht als schwere Verfehlung angesehen werden kann, es sei denn, daß der Unterhaltsberechtigte aus besonders verwerflicher oder gehässiger Gesinnung gehandelt hat.

Schließlich können auch die Bedenken nicht geteilt werden, welche die Revision gegen die Annahme des OLG hegt, die Kl. habe sich im Zeitpunkt der Verfehlung in einer Notsituation befunden. Daß die Kl. damals durch ihre Aushilfstätigkeit Sach- und Geldleistungen in Höhe von rund 300 DM erhielt, steht einer derartigen Beurteilung ebensowenig entgegen wie der Umstand, daß sie, wie das OLG in anderem Zusammenhang feststellt, wegen ihres mangelnden Auskommens von ihren Eltern durch Sachleistungen und unentgeltliche Wohnungsgewährung unterstützt wurde.

Auch im übrigen kann die – im wesentlichen auf tatrichterlichem Gebiet liegende – Beurteilung des OLG, daß unter den vorliegenden Umständen eine Verwirkung des Unterhaltsanspruchs der Kl. keine angemessene Folge ihrer Handlungsweise wäre, aus Rechtsgründen nicht beanstandet werden.

195d) FamRZ 80/539, 540 = NJW 81/124, 125

(Zum Unterhaltsanspruch eines nach altem Recht Geschiedenen, der mit einem anderen Rentner in eheähnlicher Gemeinschaft lebt)

Bereits in *BGHZ* 31, 210, 216 = FamRZ 1960, 110, 112 hat der Senat in einem Fall, in dem der geschiedene [gesch.] Ehegatte mit einem neuen Partner – allerdings ohne mit ihm zusammenzuleben – ein intimes Verhältnis unterhielt, entschieden, daß die Unterhaltung derartiger, auch länger dauernder Beziehungen die Voraussetzungen des § 66 EheG noch nicht erfüllt. Der Verwirkungsgrund des ehrlosen oder unsittlichen Lebenswandels komme nur in Betracht, wenn der Unterhaltsverpflichtete in seinen rechtlich geschützten Interessen durch den Lebenswandel seines gesch. Ehegatten betroffen werde. Das aber sei nur bei einer Lebensführung der Fall, die einen besonders groben, nach außen in Erscheinung tretenden Verstoß gegen die sittliche Ordnung darstelle und so belastend für den früheren Ehegatten sei, daß die sich aus § 66 EheG ergebenden schwerwiegenden Rechtsfolgen in einem angemessenen Verhältnis zu jenen Belastungen ständen. Daß diese Voraussetzungen allein schon durch die Tatsache des Zusammenlebens des gesch. Ehegatten mit einem anderen Partner erfüllt würden, kann nicht angenommen werden.

Ebensowenig kann in dem Verhalten der Kl. eine schwere Verfehlung gegen den Unterhaltsverpflichteten erblickt werden, wie sie § 66 EheG als weiteren Verwirkungsgrund vorsieht. Zwar hat sich insoweit zu Recht weitgehend die Auffassung durchgesetzt, daß dieser Grund auch dann zum Zuge kommen muß, wenn der gesch. Ehegatte mit einem anderen Partner eine Verbindung eingeht und dabei von einer Eheschließung absieht, um den Unterhaltsanspruch aus seiner gesch. Ehe nicht zu verlieren. Eine derartige Handlungsweise, die zwar vom Bekl. behauptet, aber von der Kl. bestritten worden ist, ist hier nicht festgestellt.

Kein Wegfall des Unterhaltsanspruchs ergibt sich auch aus dem Gesichtspunkt des § 67 EheG, der das Erlöschen der Unterhaltspflicht mit der Wiederheirat des Berechtigten vorsieht. Im Schrifttum ist im Hinblick auf die dieser Vorschrift entsprechende, durch das 1. EheRG eingeführte Bestimmung des § 1586 I BGB die Frage aufgeworfen worden, ob diese Regelung auf den Fall der eheähnlichen Gemeinschaft analog angewendet werden sollte. Einen derartigen Analogieschluß hält der Senat jedoch nicht für zulässig. Abgesehen davon, daß die Wiederheirat den Unterhaltsanspruch des gesch.

Ehegatten aus seiner früheren Ehe endgültig zum Erlöschen bringt (hinsichtlich des neuen Rechtszustandes allerdings mit der Modifizierung des § 1586a I BGB) und eine auf analoger Anwendung des § 67 EheG beruhende Rechtsfolge angesichts der vielfach nur vorübergehenden Dauer oder jedenfalls mit keinerlei Bestandsgarantien ausgestatteten Eigenart eheähnlicher Verhältnisse häufig nicht tragbar erschiene, steht einer derartigen entsprechenden Anwendung auch der Umstand entgegen, daß die Aufnahme eheähnlicher Beziehungen im Gegensatz zur Wiederheirat keinen neuen gesetzlichen Unterhaltsanspruch begründet, der an die Stelle desjenigen aus der früheren Ehe treten könnte. Durch den vorgeschlagenen Analogieschluß würde die eheähnliche Gemeinschaft in die Nähe des Rechtsinstituts der Ehe gerückt und ihr damit eine Position zugewiesen, die dem geltenden Recht fremd ist. Auch das 1. EheRG hat es im Zuge der Neuregelung des Rechts der Scheidungsfolgen in dieser Frage ausdrücklich bei der bisherigen Regelung belassen, obwohl die Bedeutung und Problematik der eheähnlichen Gemeinschaften für das Unterhaltsrecht der gesch. Ehegatten gerade in der heutigen Zeit bekannt waren und in der Reformdiskussion ausdrücklich die Forderung nach Einführung eines Ausschlußtatbestandes erhoben worden war, der die eheähnliche Beziehung hinsichtlich des Erlöschens des Unterhaltsanspruchs einer neuen Ehe gleichstellen sollte. Dieser Umstand steht dem fraglichen Analogieschluß gleichfalls entgegen.

Ebensowenig ist – *jedenfalls für den vorliegenden, dem bisherigen Recht unterliegenden Fall* – die Annahme gerechtfertigt, daß der Unterhaltsanspruch des gesch. Ehegatten für die Dauer seines Zusammenlebens mit dem neuen Partner nach § 242 BGB aus dem Gesichtspunkt unzulässiger Rechtsausübung entfalle. Bei der Rechtsverfolgung der Kl. geht es um die Realisierung eines Unterhaltsrechts, das nicht nur durch die Bedürftigkeit des Unterhaltsgläubigers und die Leistungsfähigkeit des Unterhaltsschuldners bestimmt wird, sondern, im Gegensatz zum Unterhaltsanspruch nach neuem Recht, außerdem darauf beruht, daß die Ehe der Parteien überwiegend durch die Eheverfehlungen des Unterhaltspflichtigen zerrüttet und deswegen aus seinem überwiegenden Verschulden geschieden worden ist. Gerade diesem Umstand mißt das hier zur Anwendung kommende Recht bei der Frage des Verlustes jenes Anspruchs ein wesentliches Gewicht bei und leitet aus ihm, wie die bereits dargelegte Rechtsprechung zu § 66 EheG deutlich macht, die Rechtfertigung ab, nur im Falle grober und für den Unterhaltspflichtigen besonders belastender Verstöße eine Verwirkung anzunehmen. Aus dieser Sicht verbietet es sich, die nach bisherigem Recht abzuwickelnden Unterhaltsrechtsverhältnisse geschiedener Ehegatten in der Frage, wann sich aus dem Verhalten des Unterhaltsberechtigten nachteilige Folgen für den Bestand seines Anspruchs ergeben, anderen als den in § 66 EheG normierten rechtlichen Maßstäben zu unterwerfen.

Entgegen der Ansicht des OLG ist es auch nicht möglich, das Problem der eheähnlichen Verbindungen im Rahmen des Unterhaltsrechts geschiedener Ehegatten durch die entsprechende Anwendung der §§ 122 S. 2, 16 BSHG zu lösen und mit Hilfe einer aus diesen Vorschriften abgeleiteten Rechtsvermutung die Unterhaltsbedürftigkeit des mit einem anderen Partner eheähnlich verbundenen gesch. Ehegatten zu verneinen. Dieser Lösungsweg, der in neuester Zeit in der Rechtsprechung wiederholt beschritten worden ist (NJW 1978, 1331 Nr. 15 = FamRZ 1978, 775 Nr. 539 [LS.]), unterliegt schon deshalb Bedenken, weil er auf einem im Kern unzutreffenden Verständnis der fraglichen Rechtsvorschriften beruht.

196. BGH zu §§ 65, 66 EheG

196a) FamRZ 84/32, 33, 34

(Zur Verwirkung nach § 66 EheG bei schwerer Verfehlung gegen den Verpflichteten oder bei ehrlosem, unsittlichem Lebenswandel)

Die Beurteilung, daß die dem Unterhaltsberechtigten vorgeworfene Verfehlung eine „schwere" i. S. des § 66 EheG sei, obliegt im wesentlichen dem Richter der Tatsacheninstanz. Das Revisionsgericht hat sie nur darauf zu überprüfen, ob der Tatrichter dabei von richtigen Rechtsvorstellungen ausgegangen ist (FamRZ 1960, 110, 111).

Nach der Vorschrift des § 66 EheG verwirkt der Berechtigte den Unterhaltsanspruch, wenn er sich nach der Scheidung einer schweren Verfehlung gegen den Verpflichteten schuldig macht oder gegen dessen Willen einen ehrlosen oder unsittlichen Lebenswandel führt. Die Verwirkung ist endgültig (*BGH* LM, BGB § 826 [Fa] Nr. 3). Diese einschneidende Rechtsfolge veranlaßt eine zurückhaltende Anwendung der Bestimmung. Deshalb hat der *BGH* – zunächst zu den Fällen des ehrlosen oder unsittlichen Lebenswandels – wiederholt entschieden, § 66 EheG greife nur bei besonders groben, nach außen in Erscheinung tretenden Verstößen gegen die Sittenordnung ein (FamRZ 1960, 110, 112).

An einem Falle des ehrlosen oder unsittlichen Lebenswandels hat der *BGH* auch den Gedanken entwickelt, der Verlust des Unterhaltsanspruchs, der der gesch. Ehefrau als einziges geblieben sei, stelle für sie einen nachhaltigen und schweren Nachteil dar; daher könne nur ein Verhalten, das ihren gesch. Ehemann „entsprechend schwer" treffen würde, zu diesen weitreichenden Folgen führen (FamRZ 1960, 110, 112).

In der Folgezeit ist diese Ausprägung des Grundsatzes der Verhältnismäßigkeit in bezug auf die Abgrenzung schwerer von weniger schweren Verfehlungen und dabei insbesondere für Fälle von gegenüber dem Unterhaltspflichtigen begangenen Vermögensdelikten so formuliert worden, daß die Verwirkung des Unterhaltsanspruchs eine Pflichtwidrigkeit des Berechtigten voraussetze, die den Verpflichteten „ebenso" oder „ebenso schwer" treffe wie der Verlust des Unterhaltsanspruchs den Berechtigten (FamRZ 1973, 182, 183; FamRZ 1981, 539).

Indes läßt sich der Verhältnismäßigkeitssatz in dieser Ausprägung, wie das OLG zu Recht annimmt, auf täuschende Angaben zur Erlangung (höheren) Unterhalts durch Angabe zu niedriger Eigeneinkünfte des Unterhaltsberechtigten nicht wörtlich anwenden. Es kann nicht verlangt werden, daß die mit solchen Angaben bewirkten Unterhaltszahlungen den Unterhaltspflichtigen in seiner wirtschaftlichen Lage ebenso schwer träfen wie der auf einer Anwendung des § 66 EheG beruhende Verlust des Unterhaltsanspruchs den Unterhaltsberechtigten. Denn dann wäre eine „schwere Verfehlung" bei solchen Unterhaltsbetrügereien des Berechtigten nur selten anzunehmen, § 66 EheG also in diesem Bereich kaum anwendbar, weil dem Unterhaltspflichtigen auch bei noch so hoch vorgetäuschter Bedürftigkeit des Berechtigten stets ein gewisser Eigenbedarfsbetrag zur Deckung seines Lebensunterhalts belassen wird, wohingegen die Annahme einer Verwirkung des Anspruchs dem Berechtigten die im Unterhalt liegende Lebensgrundlage nimmt, ihn also im Regelfall der Sozialhilfe anheimgibt. Das Fehlen der unterhaltsrechtlichen Sanktion jedoch würde der großen Bedeutung nicht gerecht, die den Angaben des Unterhaltsberechtigten im Rahmen der nachehelichen Verpflichtung, die auf seiner Seite bestehenden Unterhaltsvoraussetzungen wahrheitsgemäß darzulegen, zukommt.

Dieser Erwägung entspricht es, daß der *Senat* (FamRZ 1981, 539), in einem Fall unrichtiger Angaben zur Erlangung von Unterhalt zwar dem Umfang der möglichen wirtschaftlichen Schädigung des Unterhaltspflichtigen für die Beurteilung der Verfehlung eine entscheidende Bedeutung beigemessen, jedoch für die Qualifizierung der Verfehlung als „schwer" nicht verlangt hat, die (mögliche) Schädigung müsse den Verpflichteten „ebenso schwer" treffen, wie der Verlust des Unterhaltsanspruchs den Berechtigten. Vielmehr hat der *Senat* es genügen lassen, daß der Schaden den Unterhaltsverpflichteten „empfindlich" treffe, anderenfalls ein derartiges Vermögensdelikt grundsätzlich nicht als schwere Verfehlung angesehen werden könne, es sei denn, daß der Unterhaltsberechtigte aus besonders verwerflicher oder gehässiger Gesinnung gehandelt habe (a. a. O., FamRZ 1981, 539, 540, m. w. Nachw.). An diesem Rechtsstandpunkt hält der *Senat* fest.

Danach kann der Auffassung des OLG nicht in vollem Umfang gefolgt werden. Das OLG hat ausgeführt, es reiche für den Grundsatz der Verhältnismäßigkeit aus, daß die Unterhaltsbedürftigkeit, zu der der Berechtigte wahrheitsgemäße Angaben machen müsse, und die angestrebte Deckung dieser Bedürftigkeit, also die Unerhaltszahlung, „unterhaltsrechtlich gewissermaßen auf derselben Ebene lägen", wobei lediglich Bagatelldifferenzen in den Einkommensangaben auszuscheiden hätten. Demgegenüber wird mit der Anforderung des *Senats,* aus der im Zusammenhang mit der Unterhaltsforderung begangenen Täuschung müsse dem Unterhaltspflichtigen ein „empfindlicher" wirtschaftlicher Schaden drohen, die Grenze der „schweren Verfehlung" i. S. des § 66 EheG höher angesetzt.

Die von der rechtlichen Vorstellung des OLG abweichende Grenzziehung des *Senats* ändert jedoch am Ergebnis der Beurteilung des Klägervortrages im Streitfalle nichts. Das Vorbringen des Kl. bleibt auch danach schlüssig i. S. des § 66 EheG. Die Vorspiegelung, nur 250 DM im Monat zu verdienen, während es in Wahrheit – geschätzt – 1542 DM gewesen sein sollen, war geeignet, den Kl. empfindlich zu schädigen. Auf die – angebliche – Falschangabe war eine Unterhaltsmehrforderung von monatlich 642,85 DM gestützt, die den Kl., der als Grubensteiger ein Einkommen mittlerer Höhe erzielt, sehr fühlbar getroffen hätte.

Ob die täuschende Angabe strafrechtlich als Betrugsversuch zu qualifizieren wäre, ist für die Anwendung des § 66 EheG nicht entscheidend. Entgegen der Auffassung der Revision kommt es auch nicht darauf an, ob die Bekl. der Ansicht war, die trotz ihres schlechten Gesundheitszustandes erzielten Einkünfte aus Putzarbeiten beeinflußten ihren Unterhaltsanspruch nicht. Wie das OLG zutreffend dargelegt hat, wäre sie vielmehr verpflichtet gewesen, ihren gesamten Verdienst dem Gericht wahrheitsgemäß anzugeben. Sie hätte das mit der Darlegung der Ansicht verbinden können, daß ihr die Einkünfte, weil aus unzumutbarer Arbeit erzielt, nicht angerechnet werden dürften. Die Entscheidung darüber aber hätte sie dem Gericht überlassen müssen, statt von vornherein nur einen kleinen Teilbetrag als erzieltes Einkommen zu nennen.

Es rechtfertigt auch keine andere Beurteilung, daß die Täuschung des Gerichts im Stadium des Versuchs steckengeblieben ist. Mit der – angeblich – unrichtigen Verdienstangabe in der Klageschrift, der ein Armenrechtsgesuch beigegeben war, wurde die Rechtsphäre des Kl. bereits in dem Sinne berührt, daß ihm bei Bewilligung des Armenrechts und Entscheidung aufgrund des Klagevortrages ein empfindlicher Schaden drohte. Der für die Verwirkung des Unterhalts nach § 66 EheG (wie nach

§ 1579 I BGB im neuen Recht) maßgebende Gesichtspunkt der Unzumutbarkeit der Unterhaltsleistung steht bei einer vollendeten wie bei einer versuchten schweren Verfehlung dem weiteren Fortbestand des Unterhaltsanspruchs in gleicher Weise entgegen.

196b) FamRZ 82/896, 897 = NJW 82/1983

(Anspruchsverwirkung nach § 66 EheG, wenn der Geschiedene zwar eine eheähnliche Verbindung mit einem neuen Partner eingeht, aber von einer Eheschließung nur absieht, um den Unterhaltsanspruch aus der geschiedenen Ehe nicht zu verlieren)

Dem OLG ist insoweit nicht zuzustimmen, als es auf dem Weg über §§ 242, 162 BGB (in entsprechender Anwendung) das Verhältnis der Bekl. zu ihrem Verlobten in einer Weise behandelt, die in den rechtlichen Folgen zu einer Gleichstellung mit einer geschlossenen Ehe führen könnte (FamRZ 1980, 40ff.). Wie der *BGH* ausgeführt hat, ist ein Fall der hier vorliegenden Art vielmehr nach der Verwirkungsvorschrift des § 66 EheG zu beurteilen. Diese Vorschrift kommt auch dann zum Zuge, wenn der ges. Unterhaltsanspruch – wie hier – vertraglich näher geregelt worden ist, ohne daß er damit die Eigenschaft eines ges. Anspruchs verloren hat (FamRZ 80/40).

Es entspricht anerkannter Rechtsauffassung, daß sich ein gesch. Ehegatte einer schweren Verfehlung gegen den Unterhaltsverpflichteten i. S. von § 66 EheG schuldig macht, wenn er mit einem anderen Partner eine Verbindung eingeht und dabei von einer Eheschließung – nur – absieht, um den Unterhaltsanspruch aus seiner gesch. Ehe nicht zu verlieren (FamRZ 80/40).

Diese Voraussetzungen liegen hier vor. Nach diesen Feststellungen haben sich die Bekl. und H. spätestens im März 1978 miteinander verlobt, und sie betrachten die Verlobung als gegenseitiges Eheversprechen, mit dem sie den ernstlichen Willen bekundet haben, die Ehe miteinander einzugehen. Sie schieben die von ihnen beabsichtigte Eheschließung nur auf, um mit Hilfe des Unterhaltsanspruchs der Bekl. den Hausbau des Verlobten H. zumindest mitfinanzieren zu können. Einen sonstigen der beabsichtigten Eheschließung entgegenstehenden Grund hat das OLG nicht festgestellt.

Die Revision macht in diesem Zusammenhang allerdings geltend, die Bekl. habe in der Berufungserwiderung vorgetragen, sie wolle nicht wieder heiraten; über diese Erklärung habe das OLG nicht hinweggehen dürfen. Diese Rüge ist jedoch nicht begründet. Die Bekl. hatte zwar durch ihren Prozeßbevollmächtigten vortragen lassen, die Vermögensverhältnisse bei ihr und H. seien derzeit so, daß nicht geheiratet werden könne, sie beabsichtige auch nicht wieder zu heiraten. Bei ihrer persönlichen Anhörung vor dem OLG hat sie diese Erklärung jedoch, wie sich aus dem angefochtenen Urteil ergibt, nicht – auch nicht sinngemäß – wiederholt. Unter diesen Umständen ist es revisionsrechtlich nicht zu beanstanden, daß das OLG den persönlichen Erklärungen der Bekl. den Vorzug gegeben hat gegenüber dem Vortrag des Prozeßbevollmächtigten, der seine Informationen von ihr erhielt.

196c) FamRZ 82/259, 261, 262 = NJW 82/578, 580

(zu §§ 65, 66 EheG)

Wie der *BGH* im Urteil v. 26. 9. 1979 (FamRZ 1980, 40) dargelegt hat, wird ein Unterhaltsanspruch wie der vorliegende, der nach früherem Recht zu beurteilen ist, nicht nur durch die Bedürftigkeit des Unterhaltsgläubigers und Leistungsfähigkeit des Schuldners bestimmt; vielmehr beruht er, im Gegensatz zum Unterhaltsanspruch nach neuem Recht, außerdem darauf, daß die Ehe der Parteien durch die Eheverfehlungen des Unterhaltspflichtigen zerrüttet und deswegen aus seinem Verschulden geschieden worden ist. Diesem Umstand mißt das hier zur Anwendung kommende Recht bei der Frage des Verlustes jenes Anspruchs ein wesentliches Gewicht bei und leitet aus ihm die Rechtfertigung ab, nur im Falle grober und für den Unterhaltspflichtigen besonders belastender Verstöße eine Verwirkung anzunehmen. Aus dieser Sicht verbietet es sich, die nach bisherigem Recht abzuwickelnden Unterhaltsrechtsverhältnisse geschiedener Ehegatten in der Frage, wann sich aus dem Verhalten des Unterhaltsberechtigten nachteilige Folgen für den Bestand seines Anspruchs ergeben, anderen als den in § 66 EheG normierten rechtlichen Maßstäben zu unterwerfen (aaO., S. 41). Soweit es den Anwendungsbereich des § 65 I EheG betrifft, kann nichts anderes gelten.

Die Revision rügt ferner, das OLG habe lediglich geprüft, ob der Unterhaltsanspruch nach „Verschuldensgrundsätzen" einzuschränken sei. Dabei habe es außer acht gelassen, daß bereits die unterhaltsrechtliche Bedürftigkeit der Kl. zu verneinen sei, weil sich diese Erträgnisse aus Erwerbstätigkeit anrechnen lassen müsse, die sie zumutbarerweise hätte erzielen können. Zu diesen Erträgnissen seien nicht nur unmittelbare Lohn- oder Gehaltszahlungen zu rechnen; vielmehr gehörten dazu auch alle gesetzlich geregelten Folgeansprüche aus einer Erwerbstätigkeit, wie Lohnfortzahlung, Krankengeld und Ansprüche aus der gesetzlichen Altersversicherung. Wenn die Kl. von 1948 bis zum Eintritt in das Rentenalter gearbeitet hätte, ständen ihr in Form der Altersrente Erträgnisse aus Erwerbstätigkeit zu, die zu einem angemessenen Lebensunterhalt ausreichten.

Derartige Erwägungen sind nicht geeignet, die Unterhaltsbedürftigkeit der Kl. in Frage zu stellen. Sie gehören vielmehr in den Rahmen der zuvor erörterten Frage einer Einschränkung des Unterhaltsanspruchs aus Gründen des Verhaltens des Unterhaltsberechtigten. Die Unterhaltsbedürftigkeit hängt grundsätzlich von den tatsächlichen wirtschaftlichen Verhältnissen ab, in denen der Unterhaltsgläubiger sich derzeit befindet. Erträgnisse sind dabei insoweit zu berücksichtigen, als sie ihm tatsächlich zugänglich sind. Kann der Unterhalt begehrende Ehegatte darauf verwiesen werden, seinen Unterhalt durch Erwerbstätigkeit selbst zu verdienen, so ist er zwar, solange er die mögliche Aufnahme einer zumutbaren Erwerbstätigkeit unterläßt, als nicht unterhaltsbedürftig anzusehen, weil er während dieser Zeit tatsächlich in der Lage ist, sich selbst zu unterhalten (§ 1602 I BGB). Konsequenzen für seine spätere unterhaltsrechtliche Situation ergeben sich aus der unterbliebenen Erwerbstätigkeit jedoch nur, wenn er sich entgegenhalten lassen muß, dadurch in vorwerfbarer Weise seine spätere Bedürftigkeit herbeigeführt zu haben. Demgemäß konnte auch das Unterlassen einer versicherungspflichtigen Erwerbstätigkeit und des damit verbundenen Aufbaus einer ausreichenden Altersversorgung durch die Kl. nur unter dem Gesichtspunkt selbstverschuldeter Bedürftigkeit geprüft werden. Wie bereits erwähnt, ist diese Prüfung erfolgt und ihr Ergebnis aus Rechtsgründen nicht zu beanstanden.

197. BGH zum Nachrang Volljähriger

197a) FamRZ 80/555, 556, 557 = NJW 80/934, 935

(Auch ein titulierter Anspruch des Volljährigen ist im Mangelfall wegen des Nachranges nicht zu berücksichtigen

Die Unterhaltsverpflichtung des Vaters der Kl. gegenüber der volljährigen Tochter muß in diesem Zusammenhang außer Betracht bleiben. Das volljährige Kind steht mit seinem Unterhaltsanspruch den Ansprüchen des minderjährigen Kindes sowie der geschiedenen und der jetzigen Ehefrau des Vaters der Kl. im Rang nach (§ 1609 BGB). Es hat auch keinen erweiterten Unterhaltsanspruch nach § 1603 II BGB. Es kommt daher erst zum Zuge, wenn nach Befriedigung der vorrangigen Unterhaltsansprüche und Deckung des angemessenen Unterhalts des Vaters der Kl. noch ein freier Betrag verbleibt. Der Unterhaltsanspruch der Kl. gegen ihren Vater wird dabei rechtlich auch nicht dadurch beeinträchtigt, daß die volljährige Tochter ein rechtskräftiges Urteil über eine Unterhaltsrente erwirkt hat und daraus nach Maßgabe des § 850d ZPO vollstrecken kann. Es ist in Rspr. und Literatur anerkannt, daß es nicht zu Lasten des bevorrechtigten Unterhaltsgläubigers gehen kann, wenn ein nachrangig Berechtigter früher einen Titel gegen den bevorrechtigten Unterhaltspflichtigen erwirkt hat. Der Anspruch des bevorrechtigten Unterhaltsgläubigers ist trotz des vom nachrangigen Gläubiger erwirkten rechtskräftigen Urteils so zu beurteilen, wie es im Falle gleichzeitiger Entscheidung über die Ansprüche zu geschehen hätte. Der Unterhaltsverpflichtete ist gegenüber dem nachrangig Berechtigten gegebenenfalls darauf verwiesen, im Wege der Abänderungsklage nach § 323 ZPO Abhilfe zu suchen.

197b) FamRZ 81/541, 543 = NJW 81/2462, 2463

(Nachrang des Volljährigen gegenüber minderjährigen Geschwistern und Eltern)

Zur Berechnung des Unterhaltsbetrages für die Kl. zu 1 hat das OLG von dem Nettoeinkommen des Bekl. neben dessen Aufwendungen für Fahrtkosten zunächst die Unterhaltsbeträge für die Kl. zu 2 und 3 sowie den beim Bekl. lebenden Sohn Achim abgezogen und die Differenz zwischen dem danach verbleibenden Einkommen des Bekl. und dem angenommenen Erwerbseinkommen der Kl. zu 1 in Höhe von $\frac{5}{13}$ der Kl. zu 1 als Unterhalt zugestanden.

Diese Berechnung kann für den Zeitraum nach Eintritt der Volljährigkeit des Kl. zu 2 nicht bestehen bleiben. Von diesem Zeitpunkt an geht die Kl. zu 1 als geschiedener, unterhaltsberechtigter Ehegatte nach § 1609 II S. 2 BGB dem Kl. zu 2 vor. Auch nach § 59 I S. 2 EheG waren dessen Bedürfnisse fortan nicht mehr bei der Berechnung des Unterhalts der Kl. zu 1 zu berücksichtigen. Entsprechendes gilt auch für die Rangordnung zwischen der Kl. zu 1 und dem inzwischen gleichfalls volljährig gewordenen Sohn Achim.

197c) FamRZ 85/357, 358, 359 = NJW 85/909, 910, 911

(Auch ein volljähriges behindertes Kind hat im Mangelfall Nachrang)

Bei der Prüfung, ob der Ehemann zur Erfüllung des Unterhaltsanspruchs der Ehefrau auch unter Berücksichtigung seiner Unterhaltsverpflichtungen gegenüber den Kindern der Parteien in der Lage ist, hat das OLG im Hinblick darauf, daß die Ehefrau gegen das ihr 1288 DM zuzüglich 211 DM (Krankenversicherung) zusprechende Urteil des FamG keine Berufung eingelegt hat, nur diese Beträge in die Gegenüberstellung der Unterhaltsansprüche einerseits und des verfügbaren Einkommens des Ehemannes andererseits aufgenommen. Das stößt auf Bedenken. Die Ehefrau gibt sich mit den genannten Beträgen nur im Ergebnis zufrieden. Das schließt es aus, ihren Unterhaltsanspruch bei der Prüfung, ob das Einkommen des Unterhaltspflichtigen für diesen selbst und konkurrierende Unterhaltsansprüche Dritter ausreicht oder eine anteilsmäßige Kürzung vorzunehmen ist, von vornherein nur noch in dieser Höhe in das Rechenwerk einzustellen. Vielmehr ist für eine etwa erforderliche anteilige Kürzung von dem vollen angemessenen Unterhalt auszugehen. Der mangels Rechtsmitteleinlegung der Ehefrau nurmehr in Frage stehende Unterhalt bildet lediglich die Obergrenze dessen, was ihr zugesprochen werden kann. Im übrigen ist vorliegend bei dem Vergleich der Unterhaltsbedürfnisse einerseits und des verfügbaren Einkommens andererseits entgegen der Berechnungsweise des OLG das behinderte Kind M. der Parteien von vornherein außer Betracht zu lassen, da es volljährig ist und infolgedessen der Ehefrau und den mdj. Kindern P. und G. im Range nachgeht (s. § 1609 I, II S. 2 BGB). Daß es behindert ist, führt nicht zu einer unterhaltsrechtlichen Behandlung als mdj. Kind (FamRZ 1984, 683, 684ff.).

197d) FamRZ 85/471, 472, 473 = NJW 85/1347 L
(Vorrang des Geschiedenen gegenüber Volljährigen. Parteistellung des Volljährigen im Unterhaltsrechtsstreit)

Entgegen der Auffassung der Revision mindert sich die Leistungsfähigkeit des Ehemannes indessen nicht um die Beträge, die er als Unterhalt an seine volljährigen Söhne zahlt; denn ihnen gegenüber kommt dem Unerhalt der geschiedenen Ehefrau Vorrang zu (§ 1609 Abs. 2 Satz 2 BGB).

Hat ein Ehegatte im Verbundverfahren rechtzeitig die Regelung der gesetzlichen Unterhaltspflicht gegenüber einem minderjährigen ehelichen Kind begehrt, dann tritt das Kind selbst als Partei in das Verfahren ein, wenn es volljährig geworden ist und infolgedessen sein Elternteil die Befugnis verloren hat, im eigenen Namen Unterhaltsansprüche des Kindes gegen den anderen Elternteil geltend zu machen.

Der Sohn Matthias ist im Verlaufe des Revisionsverfahrens volljährig geworden. Damit ist hinsichtlich dieses Kindes die Prozeßführungsbefugnis der Ehefrau entfallen. Für ein Verfahren, in dem die Entscheidung über den Kindesunterhalt nicht für den Fall der Scheidung zusammen mit dem Scheidungsantrag begehrt worden war, sondern in einem isolierten Unterhaltsverfahren, hat der *Senat* entschieden, daß das volljährig gewordene Kind selbst in den Rechtsstreit eintritt und ihm nunmehr die verfahrensrechtliche Disposition zusteht (FamRZ 1983, 474, 475). Im vorliegenden Fall, in dem das Verfahren in erster Instanz zusammen mit dem Scheidungsantrag geführt worden ist, kann nichts anderes gelten.

Durch die Regelung des § 1629 III BGB wollte der Gesetzgeber vermeiden, daß ein minderjähriges Kind als Partei am Scheidungsverfahren seiner Eltern beteiligt wird. Daß auch ein volljähriges Kind, dessen Unterhaltsregelung ebenfalls eine Familiensache nach § 621 I Nr. 4 ZPO darstellt, am Scheidungsverfahren seiner Eltern nicht beteiligt sein kann, läßt sich dem Gesetz nicht entnehmen. Die Beteiligung des ehel. Kindes am Scheidungsverfahren seiner Eltern folgt aus der ges. Regelung, nach der über die ges. Unterhaltspflicht gegenüber einem ehel. Kind (§ 621 I Nr. 4 ZPO) zusammen mit einem (erfolgreichen) Scheidungsantrag zu entscheiden ist, wenn dies von einem Ehegatten rechtzeitig begehrt wird, solange das Kind (noch) minderjährig ist (§ 623 I S. 1 ZPO). Endet in einem solchen Fall die Prozeßführungsbefugnis des vertretungsberechtigten Elternteils, weil das Kind das 18. Lebensjahr vollendet hat, müßte ein gleichwohl von dem Elternteil aufrechterhaltenes Unterhaltsbegehren als unzulässig abgewiesen werden. Der bereits bestehenden Beteiligung des Kindes am Rechtsstreit kann daher auf keine andere Weise Rechnung getragen werden als durch die Einräumung einer eigenen Parteistellung.

Ob es aus Gründen des Einzelfalles geboten ist, daß in entsprechender Anwendung des § 628 I S. 2 i. V. mit § 623 I S. 2 ZPO „diese Familiensache abgetrennt" wird, braucht der *Senat* nicht zu entscheiden. Im vorliegenden Fall besteht dazu kein Anlaß; mit dem Scheidungsausspruch sind die Rechtsmittelinstanzen nicht befaßt.

Demgemäß ist in der mündl. Verhandlung vor dem *Senat* das Kind Matthias selbst als Partei – nämlich als Kl. und Revisionsbekl. zu 2) – aufgetreten. Das ändert jedoch nichts am Bestand der Entscheidungen der Vorinstanzen in dem Umfang, in dem sie von der Ehefrau aufgrund ihrer seinerzeit gegebenen Prozeßführungsbefugnis beauftragt worden waren und von dem Rechtsmittel des Ehemannes nicht betroffen sind. Es gibt keinen Grund, der es rechtfertigen könnte, dem volljährig gewordenen Kind die Rechte vorzuenthalten, die es in prozessual zulässiger Weise erlangt hat.

197e) FamRZ 84/378, 379 = NJW 84/1176 L

(Unterhaltsansprüche von Adoptivkindern sind gleichrangig mit denen der leiblichen Kinder des Annehmenden. Dies gilt auch für die Zeit der „vorbereitenden Adoptionspflege" (§ 1751 IV BGB), wenn es später zur Adoption kommt.)

Zwar hat der *Senat* zur unterhaltsrechtlichen Berücksichtigung von sonstigen Verbindlichkeiten des Unterhaltsschuldners im Rahmen seiner Leistungsfähigkeit (§ 1603 I BGB) entschieden, daß es ihm u. U. nach Treu und Glauben verwehrt sein kann, sich auf ohne verständigen Grund eingegangene Verpflichtungen zu berufen (FamRZ 1982, 157 = NJW 1982, 380). Soweit es sich jedoch um die Forderungen anderer Unterhaltsgläubiger handelt, ist die Sondervorschrift des § 1609 BGB zu beachten. Diese Vorschrift bestimmt die Rangfolge mehrerer Unterhaltsberechtigter, wenn der Verpflichtete außerstande ist, allen den vollen Unterhalt zu gewähren. Aus ihr folgt, daß alle minderjährigen unverheirateten Kinder untereinander den gleichen Rang haben. Dieser Gleichrang beruht auf einer generellen Wertung ihrer familienrechtlichen Beziehung zu dem Unterhaltsverpflichteten, ohne daß aus den Umständen des Einzelfalles oder aus Grundsätzen der Billigkeit etwas anderes hergeleitet werden könnte. Mit dieser generalisierenden Wertung des Gesetzes wäre es unvereinbar, bei Adoptivkindern darauf abzustellen, aus welchen Gründen die Annahme als Kind erfolgt ist. Damit würde auch die aus § 1754 I BGB folgende Rechtsstellung des Adoptivkindes ausgehöhlt, wie das OLG zu Recht ausgeführt hat.

Das Adoptionsrecht ist durch das Gesetz v. 2. 7. 1976 (BGBl I 1749) reformiert worden. U. a. ist das frühere Erfordernis der Kinderlosigkeit des Annehmenden entfallen (§ 1741 S. 1 BGB a. F.). Die Kindesannahme erfolgt seither auf den Antrag des Annehmenden durch einen Beschluß des VormG. Dieses darf nach § 1745 S. 1 BGB die Annahme nicht aussprechen, wenn überwiegende Interessen der Kinder des Annehmenden entgegenstehen. Allerdings bestimmt das Gesetz weiterhin in S. 2 der Vorschrift, daß vermögensrechtliche Interessen nicht ausschlaggebend sein sollen. Daraus wird gefolgert, daß die bereits vorhandenen Kinder des Annehmenden die Konkurrenz des Adoptivkindes als Unterhaltsgläubiger wie auch als Erbberechtigter grundsätzlich hinnehmen müssen, wenn ihr Unterhalt nicht gerade in einer Weise gefährdet wird, daß Sozialhilfe in Anspruch genommen werden muß. Von Bedeutung ist auch, ob das Adoptivkind bereits im Haushalt des Annehmenden lebt und von diesem faktisch schon unterhalten wird. Spricht das VormG nach der Überprüfung der materiellen Voraussetzungen die Kindesannahme aus, ist die Entscheidung dem Grundsatz nach unanfechtbar und unabänderbar (§ 56e S. 3 FGG). Das Kind wird rechtlich aus der alten Familie gelöst und in die neue eingegliedert; es soll sich uneingeschränkt als Kind der neuen Familie fühlen können (Grundsatz der Volladoption). Mit diesen Intentionen des neuen Adoptionsrechts würde es nicht im Einklang stehen, wenn im Unterhaltsprozeß der Anspruch des angenommenen Kindes aus Gründen, die in den vermögensrechtlichen Interessen der bei der Adoption bereits vorhandenen Kinder liegen, zurücktreten müßte. Dadurch könnten sich auch schwerwiegende negative Auswirkungen auf die Entwicklung des Adoptivkindes ergeben. Schließlich würde dies nicht dem Grundsatz entsprechen, daß das Prozeßgericht an rechtsgestaltende Entscheidungen der freiwilligen Gerichtsbarkeit, wie sie auch der Ausspruch der Kindesannahme durch das VormG darstellt, gebunden ist (FamRZ 1960, 483 Nr. 212). Das Prozeßgericht würde nämlich mittelbar in Zweifel ziehen, daß die in § 1745 BGB geregelte Voraussetzung für den Ausspruch der Kindesannahme vorgelegen hat. Es darf aber in diesen Fällen lediglich prüfen, ob die Entscheidung des Gerichts der freiwilligen Gerichtsbarkeit verfahrensrechtlich wirksam geworden und nicht nichtig ist. In dieser Beziehung bestehen im vorliegenden Fall jedoch keine Bedenken.

Das OLG hat nach alledem zu Recht die Unterhaltsansprüche der Adoptivkinder nach Maßgabe des § 1609 BGB gleichrangig mit denen der Kl. berücksichtigt. Dies gilt in gleicher Weise für die Ansprüche nach vollzogener Adoption aus §§ 1754 I, 1601 ff. BGB wie für die Ansprüche während der vorbereitenden Adoptionspflege aus § 1751 IV BGB. Jedenfalls dann, wenn es – wie hier – zur Adoption gekommen ist, besteht kein Grund, die letzteren unterhaltsrechtlich anders zu behandeln.

197f) FamRZ 84/683, 684, 685, 686 = NJW 84/1813, 1814

(Volljährige Kinder, die infolge einer körperlichen oder geistigen Behinderung nicht erwerbsfähig sind, können unterhaltsrechtlich nicht minderjährigen Kindern gleichgestellt werden. Dies gilt auch für die Rangfolge.)

Die Revision hält es für geboten, die körperlich und geistig behinderte Bekl. wegen ihrer Behinderung unterhaltsrechtlich einem mdj. unverheirateten Kind gleichzustellen, und führt dazu aus:

Ein wegen einer geistigen Behinderung Geschäftsunfähiger sowie ein wegen Geistesschwäche Entmündigter stünden in Ansehung der Geschäftsfähigkeit einem Minderjährigen gleich. Die Angleichung der Rechtsstellung eines Geschäftsunfähigen oder beschränkt Geschäftsfähigen an diejenige eines Minderjährigen könne sich aber nicht auf den Privatrechtsverkehr beschränken. Sie müsse vielmehr auch im Familienrecht Beachtung finden. Dabei müßten bei der Auslegung der §§ 1603 und

1690 BGB volljährige Kinder, die wegen einer geistigen Behinderung geschäftsunfähig oder beschränkt geschäftsfähig seien, den mdj. Kindern gleichgestellt werden. Das gelte auch im vorliegenden Fall für die Bekl., da diese wegen dauernder krankhafter Störung der Geistestätigkeit geschäftsunfähig sei.

Dem kann nach der bestehenden Rechts- und Gesetzeslage nicht gefolgt werden.

Nach § 1609 II S. 1 Halbs. 1 BGB steht der Ehegatte des Unterhaltspflichtigen den mdj. unverheirateten Kindern gleich; den anderen, also u. a. den volljährigen Kindern, geht er nach § 1609 II S. 1 Halbs. 2 BGB im Rang vor. Die Rangordnung im Verhältnis zwischen Ehegatten und Kindern des Unterhaltsschuldners bestimmt sich also nach dem Wortlaut des Gesetzes ausschließlich nach dem Alter der Kinder (vgl. § 2 BGB).

Es kann dahingestellt bleiben, ob die – volljährige – Bekl., wie die Revision geltend macht, als Folge ihrer Behinderung geschäftsunfähig ist.

Die Geschäftsfähigkeit, d. h. die Fähigkeit, im Rechtsverkehr Rechtsgeschäfte selbständig wirksam vorzunehmen, ist weder von Bedeutung für die Beurteilung der unterhaltsrechtlichen Bedürftigkeit und Schutzwürdigkeit, noch beeinflußt sie die Nähe der Familienbeziehung, auf welcher die Rangfolge des § 1609 II BGB letztlich beruht. Die Regeln über die Geschäftsunfähigkeit und die beschränkte Geschäftsfähigkeit in §§ 104 und 114 BGB geben daher keinen Aufschluß über die Einordnung eines Unterhaltsbedürftigen im Verhältnis zu anderen Unterhaltsgläubigern und die zwischen ihnen bestehende Rangfolge gegenüber dem Unterhaltsverpflichteten. Da im Unterhaltsrecht andere Kriterien den Ausschlag geben, als sie für die Beurteilung der Geschäftsfähigkeit gelten, kann die gesteigerte Eigenverantwortlichkeit im unterhaltsrechtlichen Sinn, die das Gesetz an den Eintritt der Volljährigkeit knüpft, nicht mit der Eigenverantwortlichkeit im rechtsgeschäftlichen Verkehr gleichgesetzt werden. Im übrigen bedingt Geschäftsunfähigkeit nicht notwendig auch Unterhaltsbedürftigkeit. So ist ein Geschäftsunfähiger, der über ausreichendes Vermögen verfügt, nicht außerstande, sich selbst zu unterhalten, und deshalb nicht unterhaltsbedürftig i. S. von § 1602 I BGB; ebenso zieht Geschäftsunfähigkeit nicht ohne weiteres Erwerbsunfähigkeit und damit – bei Vermögenslosigkeit – Unterhaltsbedürftigkeit nach sich.

Die Frage der Rangfolge im Unterhaltsrecht ist auch bei Berücksichtigung der berechtigten Belange volljähriger körperlich und geistig behinderter Kinder nach dem Regelungsinhalt und Zweck der unterhaltsrechtlichen Vorschriften zu beantworten.

Danach ist der gleiche Rang nur für das Verhältnis zwischen Ehegatten und mdj. unverheirateten Kindern vorgesehen, wobei die unterhaltsrechtliche Situation des – gegenwärtigen und früheren – Ehegatten also ebenso schutzwürdig behandelt wird wie die gesteigerte Unterhaltsberechtigung der mdj. unverheirateten Kinder gegenüber ihren Eltern nach § 1603 II BGB. Für den Fall der Konkurrenz mit anderen, also nicht (mehr) mdj. unverheirateten Kindern, ist dementsprechend den unterhaltsrechtlichen Belangen des Ehegatten der Vorrang eingeräumt.

Soweit das Gesetz hierbei (abgesehen von der Frage, ob das Kind verheiratet ist) allein auf das Alter des unterhaltsberechtigten Kindes abstellt und seine körperlichen und geistigen Fähigkeiten zum – dauernden – Erwerb unterhaltsrechtlicher Selbständigkeit nicht berücksichtigt, kann nicht von einer – ursprünglichen oder nachträglichen – Regelungslücke in den gesetzlichen [ges.] Vorschriften ausgegangen werden.

Eine derartige – ursprüngliche – Regelungslücke, die durch analoge Anwendung der für die mdj. unverheirateten Kinder geltenden Vorschriften der §§ 1603 II und 1609 II S. 1 BGB zu schließen wäre, läge etwa dann vor, wenn die unterhaltsrechtliche Situation volljähriger, aber körperlich und geistig behinderter Kinder nach den Wertungsmaßstäben des Gesetzes der Situation der mdj. unverheirateten Kinder in einem solchen Maße gliche, daß für eine unterschiedliche rechtliche Behandlung der beiden Fallgruppen kein sachlich rechtfertigender Grund ersichtlich wäre; in einem solchen Fall wäre es allerdings nach dem jeder Rechtsordnung immanenten Gerechtigkeitsgrundsatz, Gleichartiges gleich zu behandeln, gemessen an der eigenen Absicht des Gesetzes geboten, körperlich und geistig behinderte volljährige Kinder im Hinblick auf ihre Unterhaltsbedürftigkeit ebenso zu behandeln wie die mdj. unverheirateten Kinder.

Das ist indessen nicht der Fall. Der Gesetzgeber des BGB hat vielmehr den Umfang der Unterhaltsverpflichtung von Eltern gegenüber ihren – mdj. und volljährigen – Kindern und die daraus folgende Rangordnung zwischen Kindern und den ebenfalls unterhaltsbedürftigen Ehegatten erschöpfend und abschließend regeln wollen und sich dabei von Gesichtspunkten leiten lassen, die die unterschiedliche Behandlung der mdj. unverheirateten Kinder einerseits und der volljährigen, einschließlich geistig behinderter volljähriger Kinder andererseits, zu rechtfertigen vermögen. Im Gesetzgebungsverfahren ist ausdrücklich erörtert worden, daß die Gründe, auf denen die Anerkennung einer intensiveren Unterhaltspflicht der Eltern gegenüber Kindern beruhten, dahin zu führen schienen, jene intensivere Unterhaltspflicht auch zugunsten volljähriger, aber noch nicht zur Selbständigkeit gelangter Kinder anzuerkennen. Eine solche Ausdehnung wurde jedoch vom Standpunkt einer

Gesetzgebung aus, die mit der Volljährigkeit des Kindes die elterl. Gewalt ohne Rücksicht darauf aufhören lasse, ob dieses im konkreten Fall noch nicht in der Lage sei, einen selbständigen Haushalt zu begründen, nicht als gerechtfertigt erachtet. Dabei wurde maßgeblich darauf abgestellt, daß mit der Volljährigkeit des Kindes die Stellung der Eltern ihm gegenüber eine tiefgreifende Änderung erfahre. So sei das volljährige Kind nicht mehr abhängig von seinen Eltern und könne insbesondere über sein Vermögen beliebig verfügen. Diese Änderung in dem Verhältnis zwischen Eltern und Kind entspreche es, mit der Volljährigkeit die intensivere Unterhaltspflicht der Eltern aufhören zu lassen.

Diese Erwägungen treffen grundsätzlich auch für geistig und körperlich behinderte Kinder zu, bei denen die elterl. Sorge ebenfalls mit Eintritt der Volljährigkeit endet. Dem Kriterium der fortdauernden Unterhaltsbedürftigkeit wurde hingegen im Gesetzgebungsverfahren bewußt keine ausschlaggebende Bedeutung beigemessen. Da auch in der Zeit der Schaffung des BGB geistig und körperlich behinderte Kinder existierten, die trotz Volljährigkeit außerstande waren, sich selbst zu unterhalten, besteht nach den dargelegten gesetzgeberischen Motiven kein begründeter Anlaß zu der Annahme, der Gesetzgeber habe die Fälle von Unterhaltsbedürftigkeit wegen körperlicher oder geistiger Behinderung und daraus folgender Erwerbsunfähigkeit nicht gesehen und hätte sie, falls er sie berücksichtigt hätte, nach den Grundgedanken und dem Regelungsinhalt des Unterhaltsrechts durch Gleichstellung der volljährigen behinderten Unterhaltsberechtigten mit den mdj. unverheirateten Kindern regeln müssen.

Die ges. Regelung der §§ 1603 II, 1609 II BGB ist auch nicht durch die spätere Entwicklung seit Inkrafttreten des BGB in bezug auf die Berücksichtigung der Unterhaltsbelange volljähriger geistig oder körperlich behinderter Kinder lückenhaft geworden. Es mag zwar davon auszugehen sein, daß sich die Situation behinderter Kinder seit der Schaffung des BGB vor allem insofern geändert hat, als die Kinder nicht mehr so häufig wie früher in der Obhut eines – vielfach großen – Familienverbandes unerhalten werden. Außerdem kann durch eine Zunahme der Ehescheidungen das Problem der unterhaltsrechtlichen Rangfolge zwischen unterhaltsbedürftigen behinderten Kindern einerseits und – früherem und gegenwärtigem – Ehegatten andererseits eine größere Bedeutung erlangt haben. Die Auswirkungen solcher in der allgemeinen gesellschaftlichen Situation eingetretener Veränderungen haben aber jedenfalls nicht einen Grad erreicht, der zur Annahme einer Lücke der gegenwärtigen ges. Regelung führen und es daher gebieten könnte, daß der Richter im Wege einer Korrektur der ges. Vorschriften geistig oder körperlich behinderte volljährige Kinder unterhaltsrechtlich den mdj. unverheirateten Kindern gleichzustellen hätte.

Aus diesen Gründen teilt der *Senat* auch nicht die in der Revisionsverhandlung geäußerten verfassungsrechtlichen Bedenken gegen die – fortdauernde – Wirksamkeit der unterhaltsrechtlichen Rangordnung nach Maßgabe des § 1609 I und II BGB.

Das OLG ist nach alledem zu Recht gemäß § 1609 II S. 1 Halbs. 2 BGB von dem Vorrang des Unterhaltsanspruchs der jetzigen Ehefrau des Kl. gegenüber dem Unterhaltsanspruch der Bekl. ausgegangen, und es hat auf dieser Grundlage rechtsfehlerfrei entschieden, daß der Kl. von seiner Pension ohne Gefährdung des eigenen angemessenen Unterhalts (in Höhe von 1100 DM monatlich i.J. 1981 und 1200 DM i.J. 1982) und des Unterhalts seiner Ehefrau (in Höhe von monatlich 505 DM i.J. 1981 und 605 DM i.J. 1982) keine Unterhaltsbeiträge mehr an die Bekl. leisten kann.

197g) FamRZ 81/341, 343

(Einigung der Eltern über eine gleichrangige Behandlung minderjähriger und volljähriger Kinder)

Zwar haben die für die Unterhaltsansprüche der Bekl. maßgeblichen Verhältnisse im Verlauf des Berufungsverfahrens eine Änderung dadurch erfahren, daß die Bekl. zu 2) im August 1978 volljährig geworden ist. Das führt jedoch unter den besonderen Umständen des vorliegenden Falles nicht zu einer Änderung der angefochtenen Entscheidung. Beide Parteien sind nämlich bis zur letzten mündlichen Verhandlung vor dem OLG übereinstimmend davon ausgegangen – und halten hieran nach Erörterung auch weiterhin fest –, daß die Kinder aus der ersten Ehe trotz der zwischenzeitlich eingetretenen Volljährigkeit der Bekl. zu 2) wie bisher gleich – und damit auch gleichrangig – behandelt werden sollen. Demgemäß haben die Bekl. davon abgesehen, eine infolge des gesetzlichen Rangrücktritts der Bekl. zu 2) unter Umständen in Betracht kommende Erhöhung der Unterhaltsansprüche der Bekl. zu 3) und zu 4) geltend zu machen, und der Kl. seinerseits hat keine Beanstandung dagegen erhoben, daß das OLG die Bekl, zu 2) mit Rücksicht auf ihren nach wie vor bestehenden materiellen Unterhaltsbedarf in dem angefochtenen Urteil ebenso behandelt hat wie die Bekl. zu 3) und 4).

198. BVerfG und BGH zum Rangverhältnis mehrerer Ehegatten nach § 1582 BGB

198a) BVerfG FamRZ 84/346, 347, 348, 349, 350 = NJW 84/1523–1526

(BVerfG zur Verfassungsmäßigkeit des § 1582 BGB)

Es ist mit Art. 6 I in Verbindung mit Art. 3 I GG vereinbar, daß der Gesetzgeber in den Fällen, in denen das verfügbare Einkommen des Unterhaltsverpflichteten nicht zur Befriedigung des Mindestbedarfs aller Unterhaltsberechtigten ausreicht (Mangelfall), dem Unterhaltsanspruch des wegen Kindesbetreuung bedürftigen geschiedenen Ehegatten selbst dann den Vorrang einräumt, wenn auch der neue Ehegatte an einer Erwerbstätigkeit durch die Pflege und Erziehung eines Kindes gehindert ist (§ 1582 I S. 2 BGB).

Nicht nur die bestehende Ehe, sondern auch die Folgewirkungen einer geschiedenen Ehe, zu denen die Unterhaltsregelung gehört, werden durch Art. 6 I GG geschützt.

§ 1609 BGB bestimmt die Rangordnung aller Unterhaltsberechtigten, wenn und soweit die Leistungsfähigkeit des Unterhaltspflichtigen begrenzt ist. Nach § 1609 II BGB steht der Unterhaltsanspruch des Ehegatten dem der minderjährigen unverheirateten Kinder gleich. Die Stellung des gesch. Ehegatten im Verhältnis zu den minderjährigen unverheirateten Kindern ist zwar nicht ausdrücklich geregelt; dabei werden aber als Ehegatten alle Ehepartner des Verpflichteten verstanden, weil sich sonst der Vorrang des gesch. Ehegatten vor dem neuen Ehegatten nicht verwirklichen lasse.

Der Gesetzgeber hatte das Rangverhältnis der Unterhaltsansprüche geschiedener und neuer Ehegatten vor Inkrafttreten des 1. EheRG offengelassen. Hatte der Verpflichtete minderjährigen unverheirateten Kindern oder bei Wiederverheiratung dem neuen Ehegatten Unterhalt zu gewähren, so waren gemäß § 59 I S. 2 EheG auch deren Bedürfnisse und ihre wirtschaftlichen Verhältnisse zu berücksichtigen. Die im Schrifttum vertretene herrschende Meinung ging dabei von einem Gleichrang der Unterhaltsansprüche des gesch. und des neuen Ehegatten aus, wobei diese Auffassung u. a. damit begründet wurde, daß sowohl die alte als auch die neue Ehe unter dem Schutz des Art. 6 I GG stehe.

Das OLG hat die Vorlagefrage auf die Anwendung des § 1582 I S. 2 BGB für den Fall beschränkt, in dem der Unterhaltsanspruch des gesch. Ehegatten auf § 1570 BGB beruht, der neue Ehegatte selbst unterhaltsberechtigt wegen Kindesbetreuung wäre und ein sog. Mangelfall vorliegt. Wenn es sich nicht um einen Mangelfall handelt, vermag das Gericht nach seinen Ausführungen die zur Prüfung gestellte Regelung verfassungskonform auszulegen. Da sich die Vorlagefrage auf den hier allein entscheidungserheblichen Tatbestand begrenzen läßt (vgl. *BVerfGE* 36, 41 [44]), ist die Verfassungsmäßigkeit des § 1582 I S. 2 BGB nur insoweit zu prüfen, als er den Unterhaltsvorrang des gesch. Ehegatten selbst dann vorsieht, wenn der neue Ehegatte auch ein Kind betreut und der Unterhaltspflichtige nicht in der Lage ist, den Mindestbedarf aller Unterhaltsberechtigten zu befriedigen.

In diesem Umfang ist § 1582 I S. 2 BGB mit dem Grundgesetz vereinbar.

Die vorgelegte Regelung ist am Maßstab des Art. 6 I in Verbindung mit Art. 3 I GG zu prüfen.

Art. 6 I GG enthält eine Grundsatznorm für den gesamten Bereich des die Ehe betreffenden privaten und öffentlichen Rechts. Dabei ist davon auszugehen, daß jede Ehe vor der Rechtsordnung gleichen Rang hat. Verfassungsrechtlich folgt dies daraus, daß Art. 6 I GG unterschiedslos eine jede Ehe unter den Schutz der staatlichen Gemeinschaft stellt, sei sie von den Partnern als Erstehe oder nach einer Ehescheidung geschlossen (vgl. *BVerfGE* 55, 114 [128f.] = FamRZ 1980, 1093 [1096]).

Das eheliche Pflichtenverhältnis wird durch die Trennung und Scheidung der Ehe zwar verändert, aber nicht beendet (*BVerfGE* 53, 257 [297] = FamRZ 1980, 326 [333]). Daraus ergibt sich, daß nicht nur die bestehende Ehe, sondern auch die Folgewirkungen einer gesch. Ehe, zu denen die Unterhaltsregelung gehört, durch Art. 6 I GG geschützt werden (*BVerfGE* 53, 296 = FamRZ 1980, 333). Es ist daher von zwei auf dieser Gewährleistung beruhenden Grundrechtspositionen auszugehen, so daß sich nicht isoliert am Maßstab des Art. 6 I GG prüfen läßt, ob der Unterhaltsvorrang des gesch. Ehegatten eine verfassungswidrige Benachteiligung der Ehegatten einer neuen Ehe darstellt. Hier ist vielmehr ergänzend der allgemeine Gleichheitssatz (Art. 3 I GG) als Prüfungsmaßstab heranzuziehen.

§ 1582 I S. 2 BGB verletzt – soweit er Gegenstand der verfassungsrechtlichen Prüfung ist – nicht Art. 6 I in Verbindung mit Art. 3 I GG.

Art. 6 I GG verbietet dem Staat, die Ehe zu schädigen oder sonst zu beeinträchtigen. Das gilt auch für ihren materiell-wirtschaftlichen Bereich (vgl. *BVerfGE* 55, 114 [126f.] = FamRZ 1980, 1093 [1095f.]). In diesem Zusammenhang muß der Gesetzgeber nach Möglichkeit Regelungen vermeiden, die geeignet wären, in die freie Entscheidung der Ehegatten über ihre Aufgabenverteilung in der Ehe einzugreifen (vgl. *BVerfGE* 39, 169 [183] = FamRZ 1975, 328 [329]; *BVerfGE* 48, 327 [338] = FamRZ 1978, 667 [669]). Zu der selbstverantwortlichen Lebensführung gehört zum einen der Entschluß der Ehegatten, Kinder zu haben, zum anderen, daß ein Ehepartner allein das Familieneinkommen erwirtschaften und der andere sich der Kinderbetreuung widmen soll (vgl. *BVerfGE* 61, 319 [347] = FamRZ 1982, 1185; 1983, 129 [133]).

Den gesch. Ehegatten stand es in gleicher Weise frei, ihr familiäres Leben in der Weise zu gestalten, daß die Ehefrau den Haushalt führte sowie die Pflege und Erziehung der Kinder übernahm. Dabei waren im Hinblick auf Art. 3 II GG diese Leistungen gleichwertig den Unterhaltsleistungen des gesch. Ehemannes, die dieser durch die Bereitstellung der notwendigen Barmittel erbrachte (vgl. *BVerfGE* 37, 217 [251] = FamRZ 1974, 579 [588], m. w. N.). Der Gesetzgeber hatte nach der Rechtsprechung des *BVerfG* davon auszugehen, daß zum Wesen auch dieser auf Lebenszeit angelegten Ehe im Sinne der Gewährleistung des Art. 6 I GG die gleiche Berechtigung beider Partner gehörte, die nach Scheidung der Ehe auf ihre unterhaltsrechtlichen Beziehungen fortwirkt (vgl. *BVerfGE* 53, 257 [296] = FamRZ 1980, 326 [333], m. w. N.).

Der Gesetzgeber hatte die Aufgabe zu lösen, die Unterhaltsansprüche der gesch. und der neuen Ehefrau in Übereinstimmung mit dem Grundgesetz zu regeln, wobei die Anwendung des Gleichheitsgebots von dem jeweiligen Lebens- und Sachbereich beeinflußt wird (vgl. *BVerfGE* 60, 123 [134] = FamRZ 1982, 774 Nr. 452 [LS.]; st. Rspr.), der hier durch Art. 6 I GG bestimmt wird. Die Ausgangslage ist aber dadurch gekennzeichnet, daß es sich um zwei widerstreitende Rechtspositionen handelt, die beide durch Art. 6 I GG geschützt werden. Wegen dieser Gleichrangigkeit vor dem Grundgesetz lassen sich aus Art. 6 I GG keine besonderen Anforderungen an die Regelungsbefugnis des Gesetzgebers herleiten. Vielmehr ist lediglich zu prüfen, ob es für die vom Gesetzgeber angeordnete Verschiedenbehandlung der gesch. und der neuen Ehefrau hinreichende Gründe gibt. Das *BVerfG* hat nicht zu entscheiden, ob der Gesetzgeber die jeweils gerechteste und zweckmäßigste Regelung getroffen, sondern lediglich, ob er die äußersten Grenzen seiner Gestaltungsfreiheit gewahrt hat (vgl. *BVerfGE* 52, 277 [281]; st. Rspr.).

Diese Grenzen hat der Gesetzgeber mit § 1582 I S. 2 BGB für den Mangelfall nicht überschritten.

Im Gesetzgebungsverfahren wurde davon ausgegangen, daß ein gesch. Ehegatte, der Kinder aus der gesch. Ehe betreut, damit eine Aufgabe erfülle, für die der Unterhaltspflichtige als anderer Elternteil ebenfalls aufzukommen habe. Das gebe seinem Unterhaltsanspruch eine besonders starke Grundlage, so daß die Billigkeit verlange, ihm den Vorrang zu verleihen.

Durch den Unterhaltstatbestand der Kindesbetreuung (§ 1570 BGB), der den Vorrang des Unterhaltsanspruchs des gesch. Ehegatten auslöst, soll der Elternteil, bei dem sich das Kind befindet, von einer Erwerbstätigkeit freigestellt werden, und zwar solange und soweit das Kind der Pflege oder Erziehung bedarf. In dieser Sicht dient der Unterhaltsanspruch des bedürftigen Ehegatten zunächst der Sicherung der Wahrnehmung seiner eigenen Elternverantwortung, die einen wesensbestimmenden Bestandteil des Elternrechts bildet (*BVerfGE* 57, 361 [383] = FamRZ 1981, 745 [749]). Daneben bleibt aber Raum für die gesetzgeberische Erwägung, daß die Unterhaltszahlungen an den gesch. Partner gleichzeitig als finanzielle Ablösung der eigenen Erziehungspflichten des Unterhaltspflichtigen anzusehen seien (vgl. auch *BVerfGE* 57, 382 und 385 = FamRZ 1981, 749–750); dies spreche für eine Lösung des Unterhaltskonflikts zugunsten des gesch. Ehegatten. Dabei ist nach der Rechtsprechung des *BVerfG* davon auszugehen, daß über die Ehescheidung hinaus die gemeinsame Verantwortung der Eltern für ihr Kind fortbesteht (vgl. *BVerfGE* 31, 194 [205] = FamRZ 1971, 421 [424]), selbst wenn das Sorgerecht auf den das Kind betreuenden Elternteil allein übertragen wurde.

Gegen § 1582 I S. 2 BGB ist eingewandt worden, die Sorge des Gesetzgebers um die Gewährleistung der Pflege und Erziehung der Kinder beschränke sich auf die aus der ersten Ehe, gelte aber nicht für die Kinder einer zweiten Ehe. Diesen werde die persönliche Betreuung durch einen Elternteil versagt. Dadurch würden sie ohne sachlichen Grund schlechter gestellt als andere eheliche Kinder.

Es ist nicht auszuschließen, daß wegen des Unterhaltsvorrangs des gesch. Ehegatten Ehepaare ihre Entscheidungsfreiheit über die Aufgabenverteilung in der Ehe nicht nutzen können, weil sie aufgrund des niedrigen Einkommens des Unterhaltspflichtigen beide zur Berufstätigkeit gezwungen sind und ihre Kinder aus diesem Grunde von anderen Personen versorgt werden müssen oder auf sich selbst angewiesen sind. Daraus folgt aber nicht die Verfassungswidrigkeit der beanstandeten Regelung. Einmal werden im Mangelfall, wie das Ausgangsverfahren zeigt, die Leistungen des Unterhaltspflichtigen ohnehin nicht den Unterhaltsbedarf des gesch. Ehegatten decken, so daß dieser grundsätzlich auf eine – wenn auch eingeschränkte – Erwerbstätigkeit angewiesen sein wird, während der er sein Kind ebenfalls nicht selbst betreuen kann. Zum anderen wachsen Kinder in einer bestehenden Ehe in der Regel unter günstigeren Verhältnissen auf als Kinder, die nur noch in Familiengemeinschaft mit einem Elternteil leben (vgl. *BVerfGE* 57, 361 [382] = FamRZ 1981, 745 [749]).

Die Frage der Verfassungsmäßigkeit eines Unterhaltsvorrangs des gesch. Ehegatten wurde im Gesetzgebungsverfahren nicht übersehen. Die Meinung, daß die Regelung gegen Art. 1 I, Art. 2 I, Art. 3 I oder Art. 6 I GG verstoße, wurde nicht geteilt. Jeder Ehegatte könne nur im Rahmen seiner finanziellen Möglichkeiten, die auch durch einmal übernommene Verpflichtungen in einer ersten Ehe beschränkt sein könnten, neue Pflichten übernehmen.

Das vorlegende Gericht hält dieses Argument offensichtlich nicht für überzeugend. Mit seinen Ausführungen über die erhebliche psychische Belastung des neuen Ehegatten durch die Verweisung auf die Inanspruchnahme von Sozialhilfe folgt es dem Diskussionsentwurf des Bundesministeriums der Justiz. Der dort abgelehnte Nachrang des neuen Ehegatten wurde damit begründet, daß dann, wenn sich der neue Ehegatte zugunsten des früheren Ehegatten auf Sozialhilfe verweisen lassen müsse, dieses noch mehr als die gleichrangige Berechtigung des früheren Ehegatten geeignet sei, Unfrieden in die neue Gemeinschaft hineinzutragen und die ehelichen Verhältnisse zu belasten (a. a. O., S. 112). Eine Familie, in der die Frau von vornherein ökonomisch so diskriminiert werde, sei tendenziell der Auflösung geweiht.

Dagegen hat die *Eherechtskommission* der Kenntnis des neuen Ehegatten von den in der Regel ehebedingten Unterhaltsansprüchen mit Recht besondere Bedeutung beigemessen:

Der zweite Ehegatte, den der Unterhaltspflichtige heiratet, weiß von der früheren Ehe. Er weiß insbesondere auch, daß seine Ehe mit einer „wirtschaftlichen Hypothek", nämlich einer Unterhaltspflicht gegenüber dem Ehegatten aus erster Ehe, belastet ist. Er kann und muß sich auf diese Situation einrichten (Eherechtskommission, a. a. O., S. 112).

Die *Eherechtskommission* schlug den Unterhaltsvorrang des gesch. Ehegatten zudem mit der Begründung vor, daß sich ein unterhaltsbedürftiger Ehegatte nach dem Scheidungsrecht des 1. EheRG auf Dauer nicht dem Scheidungsbegehren des anderen mit Erfolg widersetzen könne (a. a. O.). Diesem Gesichtspunkt durfte der Gesetzgeber durch § 1582 I S. 2 BGB Rechnung tragen, so daß die beanstandete Regelung nicht als sachwidrig erachtet werden kann. Es widerspricht daher auch nicht einer am Gerechtigkeitsgedanken orientierten Betrachtungsweise, wenn dem neuen Ehegatten im äußersten Fall zugemutet wird, Sozialhilfe in Anspruch zu nehmen. Durch die Bereitstellung von öffentlichen Mitteln kann dazu beigetragen werden, daß die Eheschließung des Unterhaltsverpflichteten mit einem neuen Partner nicht unterbleiben muß und die neuen Ehegatten nicht gezwungen sind, auf Kinder zu verzichten.

Die beanstandete Regelung ist auch nicht deshalb verfassungswidrig, weil der Unterhaltspflichtige gehalten ist, seinen „Selbstbehalt" mit seiner Ehefrau zu teilen.

Bei bestehender Ehe obliegt beiden Ehegatten gleichermaßen die Verpflichtung, durch ihre Arbeit und mit ihrem Vermögen die Familie angemessen zu unterhalten (§ 1360 S. 1 BGB). Die Unterhaltspflicht der Ehegatten ist mithin eine wechselseitige; jeder Ehegatte ist gegenüber dem anderen zugleich Unterhaltsberechtigter und Unterhaltsverpflichteter (vgl. *BVerfGE* 17, 38 [53] = FamRZ 1963, 505 [507]). Es wäre mit dem Begriff der ehelichen Gemeinschaft unvereinbar, die Unterhaltspflichten der Ehegatten nach Art schuldrechtlicher Verpflichtungen aus zweiseitigen Verträgen als Leistung und Gegenleistung zu behandeln (*BVerfGE* 17, 1 [11] = FamRZ 1963, 496 [498]). Dem Grundgedanken des § 1360 BGB entspricht es vielmehr, daß die Last des Familienunterhalts von den Ehegatten gemeinsam getragen wird (*BGH*, FamRZ 1967, 380 [381]; 1974, 366 [367]). Dabei kann der Verpflichtete im Verhältnis zu seinem Partner seinen Beitrag zum Familienunterhalt nicht unter Hinweis darauf verweigern, er sei ohne Gefährdung seines Eigenbedarfs zur Unterhaltsleistung nicht in der Lage. Ein solches Verhalten wäre dem ehegemeinschaftlichen Prinzip fremd und widerspräche der familienrechtlichen Unterhaltsregelung, nach der Ehegatten unabhängig vom Güterstand einander verpflichtet sind, zum gemeinsamen Unterhalt nach Kräften beizutragen, ohne daß ein Ehegatte einen bestimmten Einkommensanteil für Zwecke des Eigenbedarfs für sich zurückbehalten könnte (vgl. *BVerfGE* 12, 180 [190] = FamRZ 1961, 167 Nr. 56). Dann aber kann ein unterhaltspflichtiger Ehegatte, dessen Ehepartner wegen des Unterhaltsvorrangs des gesch. Ehegatten im Mangelfall unberücksichtigt bleibt, nicht unter Verletzung von Art. 6 I in Verbindung mit Art. 3 I GG unter die „unterhaltsrechtliche Opfergrenze gedrückt" werden, wenn er seinen Selbstbehalt wegen der gegenseitigen unterhaltsrechtlichen Verantwortung der Ehegatten mit seinem Ehepartner teilen muß.

Bei Anwendung des § 1582 I S. 2 BGB im Ausgangsfall ergibt sich ein Unterhaltsanspruch der gesch. Ehefrau von monatlich 494 DM. Unter Einbeziehung des Kindesunterhalts (einschließlich Kindergeld) stehen der Halbfamilie danach zur Deckung ihres Bedarfs monatlich 722 DM und dem Unterhaltspflichtigen für sich und seine neue Familie 1175 DM zur Verfügung. Geht man von dem Gleichrang der Unterhaltsansprüche beider Frauen aus – eine Lösung, die das vorlegende Gericht offensichtlich für verfassungsrechtlich geboten hält –, würde sich der Unterhaltsanspruch jeder Frau auf 291 DM bemessen. Dann müßte die Halbfamilie mit 519 DM auskommen, während der Vollfamilie 1377 DM monatlich verblieben. Dieses Ergebnis belegt, daß die beanstandete Regelung im Mangelfall nicht Auswirkungen hat, die erkennbar mit dem Gerechtigkeitsgedanken unvereinbar wären (vgl. *BVerfGE* 24, 104 [109] = FamRZ 1968, 437 [438]).

198b) BGH FamRZ 83/886, 887 = NJW 83/2321, 2322, 2323

(Nach BGH ist in der Regel nach Ablauf von 15 Jahren eine „Ehe von langer Dauer" im Sinn von § 1582 BGB anzunehmen. Bei kürzerer Ehedauer bedarf es einer besonderen Würdigung der Umstände des Einzelfalles)

Das OLG hat bei der Bestimmung der Höhe des Aufstockungsunterhalts ausgeführt, der Bekl. könne nicht den gesamten Fehlbedarf der Kl. ohne Gefährdung des eigenen angemessenen Unterhalts decken. Es hat deshalb einen Mangelfall i. S. des § 1581 BGB angenommen. Bei der damit veranlaßten Prüfung nach § 1582 BGB hat das OLG dem Unterhaltsanspruch der Kl. gegenüber demjenigen der zweiten Ehefrau des Bekl. den Vorrang eingeräumt: Die zweite Ehefrau hätte zwar im Falle der Scheidung gegen den Bekl. einen Unterhaltsanspruch nach § 1572 BGB. Die Ehe der Kl. mit dem Bekl. sei aber i. S. des § 1582 BGB von langer Dauer gewesen. Sie habe von Mai 1964 bis September 1978 und damit etwa 14 Jahre gedauert.

Sofern die erneute tatrichterliche Befassung trotz der zuletzt von dem Bekl. eingeräumten Teilzeitarbeit seiner jetzigen Ehefrau mit einem Nettoertrag von monatlich 550 DM wiederum ergibt, daß diese im Falle der Scheidung gegen ihn einen Unterhaltsanspruch nach § 1572 BGB hätte, kommt es in der Tat darauf an, ob die Ehe zwischen den Parteien ,,von langer Dauer" war. Der erkennende Senat hatte sich bisher zur Auslegung dieses Tatbestandsmerkmals noch nicht näher zu äußern. Er hat lediglich im Urteil v. 27. 4. 1983 [FamRZ 1983, 678ff.] die tatrichterliche Beurteilung nicht beanstandet, eine kinderlos gebliebene und durch beiderseitige volle Erwerbstätigkeit geprägte Ehe von etwas über acht Jahren sei nicht ,,von langer Dauer".

Es liegt nahe, bei der Prüfung des Merkmals der ,,Ehe von langer Dauer" – ebenso wie bei derjenigen des Merkmals der ,,Ehe von kurzer Dauer" (§ 1579 I Nr. 1 BGB) – die Ehedauer nicht bis zur Scheidung, sondern nur bis zur Rechtshängigkeit des Scheidungsantrages zu verstehen. Für den Fall des § 1579 I Nr. 1 BGB hat der *Senat* das in der Entscheidung v. 26. 11. 1980 (FamRZ 1981, 140) näher begründet. Von den dort genannten Gründen, die für ein Abstellen auf den Zeitpunkt der Rechtshängigkeit des Scheidungsverlangens statt auf den Zeitpunkt der Ehescheidung sprechen, greift zwar derjenige der Praktikabilität bei einer Entscheidung im Verbund hier nicht durch, weil eine neue Ehe nicht vor der Scheidung der alten geschlossen sein kann. Indes behalten die dort weiter genannten Erwägungen für die Maßgeblichkeit des Zeitpunktes schon der Rechtshängigkeit des Scheidungsverlangens ihr Gewicht: In aller Regel vollzieht der Antragsteller des zur Scheidung führenden Verfahrens den entscheidenden Schritt zur Beendigung seiner Ehe damit, daß er das Scheidungsverlangen rechtshängig macht; das ist für den Antragsgegner ersichtlich. Hier wie dort gilt zudem ein weiteres Argument: Wollte man die für die Frage des Unterhaltsvorranges bei einer neuen Eheschließung des Verpflichteten unter Umständen entscheidende Frage der ,,Ehe von langer Dauer" davon abhängig machen, wann das Scheidungsverfahren seinen Abschluß findet, so könnte das dazu führen, daß der potentiell Unterhaltsberechtigte dadurch veranlaßt würde, mit Hilfe von Rechtsmitteln oder sonstigen Bemühungen den rechtskräftigen Abschluß des Ehescheidungsverfahrens hinauszuschieben und damit gegebenenfalls die Ehe als eine solche ,,von langer Dauer" erscheinen zu lassen. Aus diesen Gründen hat der *Senat* auch in dem bereits genannten Urteil v. 27. 4. 1983 [FamRZ 1983, 678ff.] die Ehedauer (von dort etwas über acht Jahren) nach der Zeit zwischen Eheschließung und Zustellung des Scheidungsantrages bemessen.

Im vorliegenden Fall ist der Scheidungsantrag der ersten Ehefrau am 30. 11. 1977 zugestellt worden. Die Ehe währte also i. S. des § 1582 BGB vom 29. 5. 1964 bis 30. 11. 1977; das sind 13½ Jahre. Ob das ausreicht, um eine ,,Ehe von langer Dauer" anzunehmen, wird erforderlichenfalls neu zu prüfen sein.

Der Regierungsentwurf des Gesetzes läßt erkennen, daß im Gesetzgebungsverfahren jedenfalls eine Ehedauer von 20 Jahren als lang angesehen worden ist. Denn es heißt in der Bundestagsdrucksache 7/650, S. 143, der Ehegatte solle ,,nach etwa 20 Jahren Sorge in und für die Ehe nicht in der berechtigten Erwartung getäuscht werden, daß sein Unterhalt durch die Ehe gesichert ist". Dem ist das *OLG Stuttgart* für den Fall einer 20jährigen Ehe gefolgt (FamRZ 1981, 1181). Im Schrifttum wird im allgemeinen bereits eine 15 Jahre bestehende Ehe als eine solche von langer Dauer angesehen; so unter Berücksichtigung des Umstandes, daß mehr als die Hälfte der Ehen, die geschieden werden, in den ersten sieben bis acht Ehejahren aufgelöst werden.

Soweit im Schrifttum der Meinung Raum gegeben wird, auch eine Ehe von 14 Jahren sei bereits ,,von langer Dauer", handelt es sich um die Wiedergabe des Berufungsurteils.

Auch der *Senat* nimmt an, daß nach Ablauf von 15 Jahren eine den Unterhaltsvorrang sichernde lange Ehedauer vorliegt. Für Ehen, die – wie hier – diese Zeit nicht ganz erreichen, schließt das indes nicht notwendig aus, auch sie aufgrund der Umstände des Falles nach dem Zweck der gesetzlichen Regelung bereits als solche von langer Dauer anzusehen. Die Gewährung des Unterhaltsvorranges in § 1582 S. 2, 2. Alternative, BGB beruht – jedenfalls auch – auf dem Gedanken, das Vertrauen desjenigen Ehegatten auf den Erhalt fortwährenden Unterhalts zu schützen, der sich in der Ehe langjährig unter Verzicht auf eine eigene berufliche Entwicklung vorwiegend dem Haushalt und der Pflege und Erziehung von Kindern gewidmet hat. Eine Verfestigung der eigenen Lebensposition im Sinne einer über lange Zeit beiderseits ausgeübten Erwerbstätigkeit hingegen wird im allgemeinen gegen die Annahme einer schon vor dem Ablauf von 15 Jahren erreichten, den Unterhaltsvorrang sichernden ,,Ehe von langer Dauer" sprechen.

198c) BGB FamRZ 85/362, 363 = NJW 85/1029, 1030

(Nach BGH ist § 1582 I 2 BGB mit dem GG auch für den Fall vereinbar, daß der Vorrang des geschiedenen Ehegatten vor einem neuen Ehegatten auf der langen Dauer der geschiedenen Ehe beruht und keiner von beiden wegen der Pflege oder Erziehung eines Kindes [§ 1570] unterhaltsberechtigt ist oder wäre [im Anschluß an BVerfGE 66, 84 = FamRZ 1984, 346]).

Eine Änderung der für den Vergleich maßgeblichen Verhältnisse, die der Kl. nach den Grundsätzen über den Fortfall der Geschäftsgrundlage geltend machen könnte, hat das OLG dem Klagvortrag nicht entnommen. Dabei hat es dahinstehen lassen, ob der eigene angemessene Unterhalt des Kl. durch die Unterhaltsbedürfnisse seiner zweiten Ehefrau beeinträchtigt sei. Selbst wenn das der Fall sei, werde der Unterhaltsanspruch der Bekl. nicht berührt; denn in einem Mangelfall des § 1581 BGB gehe nach § 1582 I S. 2 BGB der Unterhaltsanspruch der Bekl. dem Unterhalt der neuen Ehefrau des Kl. vor, weil die Ehe der Parteien mit einer von der Eheschließung bis zur Rechtshängigkeit der Scheidungsklage vergangenen Zeit von über 20 Jahren „von langer Dauer" gewesen sei.

Dagegen wendet sich die Revision ohne Erfolg.

Aufgrund der Unterstellung des OLG ist für die Revisionsinstanz davon auszugehen, daß der Kl. außerstande ist, neben dem Unterhalt für seine jetzige Ehefrau der Bekl. den im Prozeßvergleich vereinbarten Unterhalt zu leisten (§ 1581 BGB), ohne seinen eigenen angemessenen Unterhalt zu gefährden.

In einem solchen Fall geht nach § 1582 I S. 1 BGB bei Ermittlung des Unterhalts der gesch. Ehegatte einem neuen Ehegatten vor, wenn dieser [nicht] bei entsprechender Anwendung der §§ 1569 bis 1574, 1576 und 1577 I unterhaltsberechtigt wäre. Ob ein solcher Anspruch bestünde, hat das OLG nicht geprüft. Das angefochtene Urteil behält jedoch auch dann Bestand, wenn zugunsten des Kl. davon ausgegangen wird, daß er seiner zweiten Ehefrau im Falle einer Scheidung Unterhalt leisten müßte, weil diese infolge Krankheit einer eigenen Erwerbstätigkeit nicht nachgehen kann (§ 1572 BGB). Die Bekl. geht der jetzigen Ehefrau des Kl. gleichwohl vor, denn die Annahme des OLG, daß die Ehe der Parteien mit einer bis zur Zustellung der Scheidungsklage erreichten Dauer von über 20 Jahren von langer Dauer war (§ 1582 I S. 2 BGB), läßt keinen Rechtsfehler erkennen. Sie steht im Einklang mit der Rechtsprechung des *Senats,* nach der eine den Unterhaltsvorrang sichernde lange Ehedauer jedenfalls nach Ablauf von 15 Jahren vorliegt, gerechnet von der Eheschließung bis zur Rechtshängigkeit im Scheidungsverfahren (FamRZ 1983, 886, 888 = NJW 1983, 2321, 2323).

Gegen diese Auslegung des Tatbestandsmerkmals der langen Dauer einer Ehe wendet sich auch die Revision nicht. Sie ist aber der Auffassung, bei verfassungskonformer Auslegung des § 1582 BGB komme der Bekl. kein absoluter Vorrang vor allen unterhaltsberechtigten Mitgliedern der neuen Familie des Kl. zu; es sei mit Blick auf Art. 6 I GG geboten, allen beteiligten Personen zunächst einen sogenannten Mindestbedarf sicherzustellen und (nur) das dann verbleibende Einkommen des Unterhaltspflichtigen (Kl.) nach Maßgabe der §§ 1581, 1582 BGB aufzuteilen. Diesem in der Rechtsprechung schon vom *OLG Schleswig* (FamRZ 1982, 705) vertretenen Gedanken kann für den gegebenen Fall bereits deshalb keine Bedeutung zukommen, weil – auch nach der Auffassung der Revision – der sogenannte Mindestbedarf des Kl. und seiner jetzigen Ehefrau nicht gefährdet ist, wenn es unverändert bei der im Prozeßvergleich vereinbarten Unterhaltsleistung an die Bekl. verbleibt. Im vorliegenden Fall kann nur in Betracht kommen, daß der eigene angemessene Unterhalt des Kl. gefährdet wäre, wenn er nach dem Hinzutritt seiner jetzigen Ehefrau die im Vergleich gegenüber der Bekl. übernommene Verpflichtung unverändert erfüllen müßte. Es trifft auch nicht zu, daß die Bekl. unterhaltsrechtlich vor allen Mitgliedern einer neuen Familie des Kl. bevorrechtigt wäre; gemäß § 1582 II i. V. mit § 1609 II BGB stehen dem gesch. Ehegatten die minderjährigen unverheirateten Kinder – auch aus einer neuen Ehe des Unterhaltsverpflichteten – gleich. Im vorliegenden Fall geht es indessen allein um den Vorrang der Bekl., weil weder aus der gesch. noch aus der neuen Ehe des Kl. minderjährige Kinder vorhanden sind.

Die von der Revision gegen die Verfassungsmäßigkeit des § 1582 I S. 2 BGB im Anschluß an einen Vorlagebeschluß des *OLG Schleswig* (FamRZ 1983, 282) erhobenen Bedenken teilt der *Senat* nicht.

Der genannte Vorlagebeschluß betraf einen Fall, in dem der Unterhaltsanspruch des gesch. Ehegatten auf § 1570 BGB (Betreuung eines gemeinschaftlichen Kindes) beruhte und das verfügbare Einkommen des Unterhaltspflichtigen nicht zur Befriedigung des Mindestunterhalts aller Unterhaltsberechtigten ausreichte. Hierzu hat das *BVerfG* inzwischen entschieden (*BVerfGE* 66, 84 = FamRZ 1984, 346), daß es mit Art. 6 I i. V. mit Art. 3 I GG vereinbar ist, daß das Gesetz in einem solchen Fall dem bedürftigen gesch. Ehegatten selbst dann den Vorrang einräumt, wenn auch der neue Ehegatte an einer Erwerbstätigkeit durch die Pflege und Erziehung eines Kindes gehindert ist.

Die Regelung des § 1582 I S. 2 BGB ist mit dem Grundgesetz auch für den Fall vereinbar, daß der Vorrang des gesch. Ehegatten auf der langen Dauer der gesch. Ehe beruht und weder er noch der neue Ehegatte nach § 1570 BGB unterhaltsberechtigt ist oder wäre. Das folgt aus den vom *BVerfG* in der Entscheidung vom 10. 1. 1984 (a. a. O.) genannten Gründen. Zunächst gilt auch hier, daß durch Art. 6 I GG nicht nur die bestehende Ehe geschützt wird, sondern auch die Folgewirkung einer gesch. Ehe, zu denen die Unterhaltsregelung gehört. Deshalb muß unter Heranziehung des allgemeinen Gleichheitssatzes (Art. 3 I GG) geprüft werden, ob es hinreichende Gründe dafür gibt, daß der Gesetzgeber die unterhaltsrechtliche Position der gesch. und der neuen Ehefrau unterschiedlich behandelt. Für den unterhaltsrechtlichen Vorrang der gesch. Ehefrau ist in erster Linie bestimmend, daß ihr Anspruch schon besteht und demgemäß das wirtschaftliche Leistungsvermögen des Unterhaltsverpflichteten von vornherein belastet, wenn die neue Ehe geschlossen wird. Hierauf muß sich ein neuer Ehegatte des Unterhaltsverpflichteten ebenso einstellen wie auf dessen möglicherweise aus anderen Rechtsgründen bestehende Verbindlichkeiten. Als weiteren Sachgrund durfte der Gesetzgeber berücksichtigen, daß sich ein unterhaltsbedürftiger Ehegatte nach dem Scheidungsrecht des 1. EheRG auf Dauer nicht dem Scheidungsbegehren des anderen mit Erfolg widersetzen und damit verhindern kann, daß der andere Ehegatte eine neue Ehe eingeht. Demgegenüber wird die Verfassungsmäßigkeit der gesetzlichen Regelung nicht in Frage gestellt, wenn der Vorrang der gesch. Ehefrau bewirkt, daß die dem unterhaltspflichtigen Ehegatten verbleibenden Mittel nicht ausreichen, seine neue Familie gemäß § 1360 BGB angemessen zu unterhalten.

Der *Senat* sieht danach keinen Anlaß, das Verfahren gemäß Art. 100 I GG auszusetzen und zur Verfassungsmäßigkeit des § 1582 I S. 2 BGB eine – weitere – Entscheidung des *BVerfG* auf der Grundlage des hier gegebenen Sachverhalts einzuholen.

199. BGH zum angemessenen Eigenbedarf des Verpflichteten gegenüber volljährigem Kind und zum Vorrang des geschiedenen Ehegatten FamRZ 84/683, 684 = NJW 84/1813, 1814

Die Bekl. war bei Abschluß des Vergleichs im Januar 1975 bereits volljährig. Der Eigenbedarf des Kl. war daher schon für den Zeitpunkt des Vergleichsschlusses nicht nach den im Verhältnis zu einem mdj. Kind geltenden Sätzen der – als Richtlinie anwendbaren – *Düsseldorfer Tabelle* mit monatlich 450 DM anzusetzen, sondern nach dem Maßstab des § 1603 I BGB mit dem Betrag, der dem Unterhaltspflichtigen gegenüber einem volljährigen Kind mindestens zu belassen war. Die Sätze der *Düsseldorfer Tabelle,* nach denen die Bekl. ihren Unterhaltsanspruch in dem Rechtsstreit bemessen hatte, der zu dem Abschluß des Vergleichs am 28. 1. 1975 führte, enthalten hierzu keine Zahlenangaben. Der angemessene Selbstbedarf des Unterhaltspflichtigen gegenüber einem volljährigen Kind war jedenfalls höher anzusehen als der nach § 1603 II BGB maßgebende, mit monatlich 450 DM angenommene Selbstbehaltssatz gegenüber einem mdj. Kind und – nicht unerheblich – niedriger als der von dem OLG für die Zeit ab 1981, also nach Ablauf von sechs Jahren, zugrunde gelegte Selbstbehalt gegenüber volljährigen Kindern mit monatlich 1100 DM. Da in den Selbstbehaltssätzen grundsätzlich auch ein Anteil für die Mietkosten des Unterhaltspflichtigen enthalten ist und der Kl. bei Vergleichsabschluß mietfrei bei seiner geschiedenen Ehefrau wohnte, verringerte sich sein angemessener Unterhaltsbedarf im Verhältnis zu der Bekl. um den entsprechenden Anteil der Mietkosten. Der angemessene Selbstbehalt des Kl. gegenüber dem Unterhaltsanspruch der Bekl. kann sich danach im Januar 1975 nur in einem Bereich bis etwa 600 DM bewegt haben.

Wenn dem Kl. mithin bei einem Nettoeinkommen von 1400 DM nach Abzug der Unterhaltsleistungen für den ne. Sohn in Höhe von 200 DM und für die Bekl. in Höhe von 300 DM sowie, wie die Revision zu Recht für geboten hält, bei Berücksichtigung seiner Schulden mit monatlich 200 DM – d. h. unter Beachtung seiner sämtlichen Verpflichtungen – ein Betrag von rund 700 DM monatlich verblieb, so überstieg dieser Betrag noch den Satz des unterhaltsrechtlich zu berücksichtigenden angemessenen Eigenbedarfs des unterhaltspflichtigen Kl. In diesem Sinn ist daher der Bewertung des am 28. 1. 1975 geschlossenen Prozeßvergleichs durch das OLG zu folgen.

Für die Zeit ab 1981 hat das OLG das Nettoeinkommen des Kl. in rechtlich nicht zu beanstandender Weise mit monatlich 1578 DM (1981) bzw. 1588 DM (1982) angenommen. An unterhaltsrechtlichen Verpflichtungen hat das OLG – nach dem Wegfall der Unterhaltsbedürftigkeit des ne. Sohnes im Mai 1981 – nur die Unterhaltslast des Kl. gegenüber seiner nicht mehr erwerbstätigen jetzigen Ehefrau berücksichtigt, die es für 1981 mit monatlich rund 505 DM und für 1982 mit monatlich 605 DM bewertet hat. Den angemessenen Eigenbedarf für den Kl., der einen Unterhaltsschuldner nach § 1603 I BGB stets zu belassen ist, hat das OLG unter Heranziehung der Sätze der *Hammer Leitlinien* i. Verbdg. m. der *Düsseldorfer Tabelle* ermittelt und danach mit monatlich 1100 DM für 1981 und monatlich 1200 DM für 1982 angesetzt. Hiergegen bestehen revisionsrechtlich keine Bedenken. Insbesondere ist es, entgegen der Auffassung der Revision, nicht zu beanstanden, daß das OLG bei der Bemessung des angemessenen Eigenbedarfs tabellenmäßige Richtlinien als Erfahrungswerte herangezogen hat (FamRZ 1982, 365, 366 m. w. N.).

Auf der so gewonnenen Grundlage ist das OLG rechtsirrtumsfrei zu dem Ergebnis gelangt, daß in den Einkommensverhältnissen des Kl. seit Abschluß des Vergleichs im Januar 1975 eine wesentliche

Veränderung i. S. von § 323 ZPO insofern eingetreten ist, als das Einkommen des Kl. seit Mai 1981 nicht mehr ausreicht, um ihm die Erfüllung aller seiner Unterhaltsverpflichtungen – gegenüber der jetzigen Ehefrau und der Bekl. – bei Wahrung seines angemessenen Eigenbedarfs zu ermöglichen. Schon die für den angemessenen Unterhalt des Kl. selbst und seiner Ehefrau erforderlichen Beträge von 1605 DM i. J. 1981 und 1805 DM i. J. 1982 übersteigen sein gesamtes Einkommen.

Eine anteilsmäßige Aufteilung des über die Selbstbedarfssätze hinausgehenden Renteneinkommens des Kl. auf die Unterhaltsansprüche der jetzigen Ehefrau einerseits und der Bekl. andererseits kommt aus Rechtsgründen nicht in Betracht. Denn die Ehefrau geht – nach der insoweit zutreffenden Auffassung des OLG – mit ihrem Familien-Unterhaltsanspruch nach § 1360 BGB der volljährigen Bekl. im Rang vor (§ 1609 III BGB).

200. BGH zum Sonderbedarf

200a) FamRZ 83/29, 30, 31 = NJW 83/224, 225, 226

(Unterhalt und Sonderbedarf nach altem Recht. Anerkennung eines Bedarfs als Sonderbedarf. Beteiligung des Berechtigten an den Kosten des Sonderbedarfs)

Der Unterhaltsanspruch nach § 58 EheG umfaßt grundsätzlich auch einen Anspruch auf Sonderbedarf (hier entschieden für die Kosten eines Umzugs, den die unterhaltsberechtigte Ehefrau durchgeführt hat, um an dem neuen Wohnort eine Erwerbstätigkeit aufzunehmen).

Sonderbedarf kann auch im Rahmen eines Unterhaltsanspruchs nach § 58 EheG – in entsprechender Anwendung des § 1613 II BGB – ohne vorherige Inverzugsetzung des Unterhaltspflichtigen Ehegatten (§ 64 EheG) bis zu einem Jahr rückwirkend geltend gemacht werden.

Der Unterhaltsanspruch der noch unter der Geltung der früheren Rechtsvorschriften – aus dem Verschulden des Bekl. geschiedenen Kl. richtet sich nach § 58 EheG (Art. 12 Nr. 3 II des 1. EheRG). Danach hat sie Anspruch auf den nach den Lebensverhältnissen der Ehegatten „angemessenen Unterhalt", soweit Einkünfte aus ihrem Vermögen und Erträgnisse einer Erwerbstätigkeit nicht ausreichen. Das Maß des geschuldeten angemessenen Unterhalts bestimmt sich nach den allgemeinen Grundsätzen des Unterhaltsrechts. Der Unterhalt umfaßt daher – ebenso wie im Verwandtenunterhaltsrecht nach § 1610 II und in § 1708 I S. 2 BGB a. F. sowie schon noch der früheren gesetzlichen Regelung für Unterhaltsansprüche geschiedener Ehegatten in §§ 1578, 1580 III a. F. in Verbindung mit § 1610 II BGB a. F. und nach § 66 EheG 1938 – den gesamten Lebensbedarf der Kl.

Hierzu gehört neben dem laufenden Unterhaltsbedarf, der nach § 62 I S. 1 EheG (entsprechend § 1580 I BGB a. F., § 70 I EheG 1938; § 1612 I BGB; § 1710 I BGB a. F.) grundsätzlich in Form einer Geldrente zu erfüllen ist, auch ein unter besonderen Umständen in Ausnahmefällen entstehender Sonderbedarf, der durch die laufende gleichbleibende Unterhaltsrente nicht befriedigt werden kann.

Der Bekl. ist mithin als Unterhaltsschuldner aus § 58 EheG grundsätzlich verpflichtet, der Kl. auch die Mittel für einen derartigen außergewöhnlichen Sonderbedarf zur Verfügung zu stellen.

Sonderbedarf ist nach der Legaldefinition in § 1613 II S. 1 BGB ein „unregelmäßiger außergewöhnlich hoher Bedarf". Mit den hiernach erforderlichen Voraussetzungen für die Anerkennung eines Bedarfs als Sonderbedarf hat sich der erkennende Senat bereits in dem Urteil v. 11. 11. 1981 (FamRZ 1982, 145 m. N.) auseinandergesetzt. Nach den Ausführungen in diesem Urteil muß es sich um einen Bedarf handeln, der überraschend und der Höhe nach nicht abschätzbar auftritt. Dabei ist unregelmäßig ein Bedarf, der nicht mit Wahrscheinlichkeit vorauszusehen war und deshalb bei der Bemessung der laufenden Unterhaltsrente nicht berücksichtigt werden konnte. Wann ein in diesem Sinn unregelmäßiger Bedarf zugleich außergewöhnlich hoch ist, läßt sich hingegen nicht nach allgemein gültigen Maßstäben festlegen; vielmehr kommt es insoweit auf die Umstände des Einzelfalles an, insbesondere auf die Höhe der laufenden Unterhaltsrente und die sonstigen Einkünfte des Berechtigten, auf den Lebenszuschnitt der Beteiligten sowie auf den Anlaß und den Umfang der besonderen Aufwendungen. Letztlich richtet sich die Frage, ob ein Bedarf außergewöhnlich hoch ist, danach, ob und inwieweit dem Berechtigten, wenn der Verpflichtete an sich leistungsfähig ist, bei einer Gesamtbetrachtung zugemutet werden kann, den Bedarf selbst zu bestreiten (*Senats*urteil, a. a. O., S. 146). Das bedeutet zugleich, daß sich grundsätzlich nur von Fall zu Fall für die jeweils in Frage stehende Aufwendung beurteilen läßt, ob sie als Sonderbedarf zu behandeln ist.

So sind bisher – neben unvorhergesehenen Krankheits-, Operations- und ähnlichen Kosten als Sonderbedarf im einzelnen anerkannt worden: die Aufwendungen für die Renovierung einer Wohnung, Aufwendungen, die durch die Wahl eines aus Gesundheitsrücksichten oder aus anderen zwingenden Gründen gebotenen teureren Wohnorts verursacht werden sowie unvorhergesehene Kosten als Folgen eines Stellungs-, Berufs- oder Wohnungswechsels und hierbei auch die erforderlichen Umzugskosten.

Das OLG hat die der Kl. durch den Umzug v. K. nach G. entstandenen Transport- und sonstigen Kosten als unregelmäßige und außergewöhnlich hohe Aufwendungen angesehen. Diese Würdigung des OLG ist revisionsrechtlich nicht zu beanstanden. Das Gericht ist bei seiner Entscheidung – unter Beachtung der gebotenen Zumutbarkeitserwägungen – zutreffend von den für die Beurteilung als Sonderbedarf maßgeblichen Kriterien ausgegangen und hat ohne Rechtsverstoß die Voraussetzungen eines unregelmäßigen, außergewöhnlich hohen Bedarfs bejaht. Dabei kam es nicht entscheidend darauf an, daß die Umzugskosten für die Kl. überraschend, also ohne ihre vorherige Kenntnis und insoweit unvorhersehbar entstanden sein müßten. Maßgebend war in diesem Sinn vielmehr, daß sie als einmaliger, der Höhe nach im vorhinein nicht abschätzbarer Aufwand bei der Bemessung der laufenden Unterhaltsrente nicht hatten berücksichtigt werden können. Bei der Beurteilung der außergewöhnlichen Höhe der Unzugsaufwendungen hat das OLG rechtsfehlerfrei auf das Verhältnis der Aufwendungen (von insgesamt 7820,35 DM) zu der Unterhaltsrente der Kl. (von monatlich 530 DM) sowie insbesondere auf den Anlaß des Umzuges abgestellt. Die Kl. hat nämlich den Wohnungswechsel durchgeführt, um sich – zu einem Zeitpunkt, zu dem sie wegen der Betreuung und Erziehung der damals 11 und 7 Jahre alten Söhne der Parteien nicht zu einer eigenen Erwerbstätigkeit verpflichtet war – durch Wiederaufnahme einer Berufstätigkeit wirtschaftlich unabhängig zu machen und sich zugleich eine eigene Altersversorgung zu schaffen. Dies setzte eine angemessene Betreuung und Pflege der Kinder während der berufsbedingten Abwesenheit der Kl. voraus, die ihre in G. lebenden Eltern gewährleisten konnten.

Soweit die Revision die Umzugsnebenkosten (Kosten für Dekoration, Renovierung und Teppichbodenverlegung) als vorhersehbar, ohnehin in regelmäßigen Zeitabständen anfallende Kosten bezeichnet, die aus diesem Grund nicht unter den Sonderbedarf fallen könnten, läßt sie die Tatsache unberücksichtigt, daß die Kl. die Aufwendungen für die Renovierungs- und Malerarbeiten und für Teppichbodenverlegung nur jeweils zur Hälfte geltend macht. Im Umfang der geltend gemachten Beträge hat das OLG auch bei diesen – unmittelbar durch den Umzug bedingten – Kosten die Voraussetzungen des Sonderbedarfs ohne Rechtsverstoß bejaht.

Wie der Senat in dem bereits erwähnten Urteil v. 11. 11. 1981 (FamRZ 1982, 145, 147) ausgeführt hat, ist in Fällen des Ehegattenunterhalts jeweils auch zu prüfen, inwieweit der Unterhaltsberechtigte an den Aufwendungen zur Deckung des Sonderbedarfs selbst zu beteiligen ist. Es ist nämlich im allgemeinen davon auszugehen, daß bereits durch die laufende Unterhaltsrente eine angemessene Aufteilung derjenigen Mittel herbeigeführt wird, die für den Lebensbedarf beider Beteiligter zur Verfügung stehen; das kann nicht selten dazu führen, daß der Unterhaltsberechtigte einen Teil seines Sonderbedarfs selbst zu tragen hat und nur die Erstattung des Restes wird verlangen können. Ob und gegebenenfalls in welchem Umfang eine solche Beteiligung des Unterhaltsberechtigten an den Kosten des Sonderbedarfs geboten ist, hängt von den Umständen des Einzelfalles ab und muß in erster Linie der Entscheidung des Tatrichters vorbehalten werden.

200b) FamRZ 82/145, 146, 147 = NJW 82/328, 329, 330

(Voraussetzungen des Sonderbedarfs; Kostenbeteiligung des Berechtigten)

Die Entscheidung hängt davon ab, wieweit die in Frage stehenden Aufwendungen der Kl. für ärztliche Behandlung, Arzneimittel und orthopädische Hilfsmittel als Sonderbedarf anzusehen sind. Soweit das der Fall ist, hat der Bekl. gemäß §§ 1361 I S. 1, IV S. 4, 1360a III, 1613 II BGB zu diesen Kosten beizutragen. Mit der Einfügung des Wortes „laufende" in § 1361 IV S. 1 BGB durch das 1. EheRG ist klargestellt worden, daß auch im Rahmen des Getrenntlebensunterhals neben der Rente gegebenenfalls eine einmalige Zahlung wegen Sonderbedarfs verlangt werden kann.

Im Streit stehen noch Aufwendungen der Kl. für ärztliche Behandlung, Arzneimittel und orthopädische Hilfsmittel in der Zeit vom 27. 9. 1977 bis 18. 7. 1978 mit Beträgen von – jeweils nach Abzug der Krankenversicherungserstattung – 28,90 DM, 83,50 DM, 19,65 DM, 1166,40 DM, 183,10 DM und 15,84 DM = insgesamt 1497,39 DM. Das OLG hat diesen Aufwendungen die Anerkennung als zusätzlich auszugleichender Sonderbedarf (§ 1613 II BGB) mit der Begründung versagt, daß nicht auf die einzelnen Posten, sondern auf die durchschnittliche monatliche Belastung abzustellen sei, die sich bei Verteilung der Kosten über einen längeren Zeitraum ergebe. Denn die Kl. habe angesichts der Unfallfolgen mit künftigen Krankheitskosten rechnen und sich hierauf vernünftig wirtschaftend einstellen müssen. Bei den Krankheitskosten, die der Kl. nach der Klageschrift in der Zeit vom 15. 6. 1976 bis 18. 7. 1978 von der Krankenversicherung nicht erstattet worden seien, ergebe sich eine durchschnittliche monatl. Belastung von 81,00 DM. Eine solche Belastung sei für die Kl. angesichts ihrer Einnahmen – Erwerbsunfähigkeitsrente (in der hier interessierenden Zeit von Juni 1976 bis Juli 1978 zwischen 913,30 DM und 1054,30 DM monatlich), Unterhalt und bei stationärer Behandlung Krankenhaustagegeld – tragbar und daher nicht als Sonderbedarf auszugleichen.

Diese Ausführungen halten den Angriffen der Revision nicht stand.

Mit der nachträglichen Umlegung der in Frage stehenden Krankheitskosten auf einen längeren Zeitraum und der Errechnung einer entsprechenden monatl. Durchschnittsbelastung wird das OLG dem Wesen des Sonderbedarfs nicht gerecht. Eine vorausschauende Bedarfsplanung, wie sie das OLG der Kl. im Hinblick auf die so errechnete Durchschnittsbelastung ansinnt, ist bei Sonderbedarf gerade nicht möglich. Sonderbedarf ist nach der Legaldefinition in § 1613 II S. 1 BGB ein „unregelmäßiger außergewöhnlicher hoher Bedarf". Dies bedeutet, daß es sich um Bedarf handelt, der überraschend und der Höhe nach nicht abschätzbar auftritt. Eine vorausschauende Bedarfsplanung unter Zugrundelegung einer monatl. Durchschnittsbelastung scheidet daher zwangsläufig aus. Ob Sonderbedarf vorliegt, läßt sich nur von Fall zu Fall für die jeweilige Aufwendung beurteilen.

Bei der Frage, ob es sich um Sonderbedarf i. S. des § 1613 II S. 1 BGB handelt, ist zu beachten, daß der betreffende Bedarf sowohl „unregelmäßig" als auch „außergewöhnlich hoch" sein muß.

Unregelmäßig ist der Bedarf, der nicht mit Wahrscheinlichkeit vorauszusehen war und deshalb bei der Bemessung der laufenden Unterhaltsrente nicht berücksichtigt werden konnte. Selbst eine im Verhältnis zum laufenden Unterhalt außergewöhnlich hohe Einzelausgabe stellt keinen Sonderbedarf i. S. des Gesetzes dar, wenn sie unter den Verhältnissen der Parteien nach dem gewöhnlichen Lauf der Dinge voraussehbar war. Hier ist der Unterhaltsberechtigte gegebenenfalls darauf zu verweisen, daß er sich beizeiten auf die Ausgabe hätte einstellen können. Aufwendungen, mit denen zu rechnen ist, gehören grundsätzlich zum laufenden Unterhalt. Dieser ist so zu bemessen, daß sämtliche voraussehbaren Ausgaben abgedeckt werden und bei größeren voraussehbaren Ausgaben genügend Spielraum für eine vernünftige Planung verbleibt.

Wann ein nach diesen Maßstäben unregelmäßiger Bedarf zugleich außergewöhnlich hoch ist, wird im Schrifttum nicht einheitlich beantwortet. Nach *Erman/Küchenhoff* (a. a. O.) ist dies allgemein der Fall, wenn der Bedarf nicht aus dem laufenden Unterhalt gedeckt werden kann. Nach *Göppinger/Häberle* (a. a. O., Rz. 359) ist ein Bedarf bei Fehlen sonstiger Einkünfte jedenfalls dann außergewöhnlich hoch, wenn er die laufende Unterhaltsrente übersteigt, jedoch auch schon, wenn er höher ist als die Differenz zwischen dem notwendigen Unterhalt und der Unterhaltsrente. *Brüggemann* (ZBlJugR 1952, 184, 186) hält Krankheitskosten bei nichtehelichen Kindern für ungewöhnlich hoch, die etwa 10% der Unterhaltsrente übersteigen. Tatsächlich wird sich ein allgemeingültiger Maßstab schwerlich finden lassen. Vielmehr kommt es auf die Umstände des Einzelfalles an, insbesondere auf die Höhe der laufenden Unterhaltsrente und der sonstigen Einkünfte des Berechtigten, auf den Lebenszuschnitt der Beteiligten und auf Anlaß und Umfang der besonderen Aufwendung. Unter beengten wirtschaftlichen Verhältnissen wird eine unvorhergesehene Ausgabe eher außergewöhnlich hoch erscheinen als bei gehobenem Lebenszuschnitt. Unbeschadet dessen kommt es ausschlaggebend auf das Verhältnis der in Frage stehenden Aufwendung zu denjenigen Mitteln an, die dem Unterhaltsberechtigten für seinen laufenden Unterhalt zur Verfügung stehen. Dabei ist dem Unterhaltsberechtigten grundsätzlich der Einsatz eines verhältnismäßig großen Anteils seiner laufenden Unterhaltsmittel abzuverlangen. In der Wortwahl des Gesetzes, das nur einen „außergewöhnlich" hohen Bedarf als Sonderbedarf gelten läßt, kommt zum Ausdruck, daß es im Zweifel bei der laufenden Unterhaltsrente sein Bewenden haben und nur in Ausnahmefällen die gesonderte Ausgleichung zusätzlicher unvorhergesehener Ausgaben erfolgen soll. Das liegt auch im Interesse einer Befriedigung und Beruhigung des Verhältnisses von Unterhaltsgläubiger und Unterhaltsschuldner, das durch allzu häufige Einzelanforderungen in unerwünschter Weise belastet werden könnte. Letztlich richtet sich die Frage, ob der Bedarf außergewöhnlich hoch ist, danach, ob und inwieweit dem Berechtigten, wenn der Verpflichtete an sich leistungsfähig ist, bei einer Gesamtbetrachtung zugemutet werden kann, den Bedarf selbst zu bestreiten.

Die Verurteilung des Bekl. zur Zahlung einer Unterhaltsrente von 600 DM knüpft daran an, daß die Kl. infolge eines Verkehrsunfalls auf längere Zeit krank und daher über die ihr schon damals zufließende Erwerbsunfähigkeitsrente hinaus unterhaltsbedürftig sei. Ferner ging es schon in dem damaligen Prozeß um den gesonderten Ausgleich einer von der Krankenversicherung nicht voll erstatteten unfallbedingten Arztrechnung und befaßt sich das Urteil in den Gründen mit der Situation bei künftiger stationärer Behandlung der Kl. Unter solchen Umständen ist davon auszugehen, daß schon bei der Festlegung der Unterhaltsrente von monatlich 600 DM mit der restlosen Übernahme aller künftigen Krankheitskosten durch die Krankenversicherung nicht zu rechnen war. Derartige Kosten sind daher, soweit sie sich im Rahmen des Vorhersehbaren bewegen, als von der laufenden Unterhaltsrente erfaßt zu behandeln und somit nicht als Sonderbedarf auszugleichen.

Unter diesem Gesichtspunkt scheiden von den zwischen den Parteien noch streitigen Posten die Beträge von 28,90 DM, 19,65 DM und 15,84 DM, die von der Krankenversicherung nicht übernommene Anteile aus Rezepten betreffen, als erstattungsfähiger Sonderbedarf aus. Das gleiche gilt für die Beträge von 83,50 DM und 183,10 DM für orthopädische Hilfsmittel. Bei der Art der Erkrankung der Kl. war von vornherein mit Aufwendungen für diesen Zweck und in dieser Höhe zu rechnen. Die genannten Beträge waren für die Kl. aus ihren laufenden Bezügen – der Erwerbsunfähigkeitsrente, die in der hier maßgeblichen Zeit 1054,30 DM monatlich betrug, der von dem Bekl. zu zahlenden Unterhaltsrente und (bei stationärer Behandlung) dem Krankenhaustagegeld – finanzierbar.

Dagegen handelt es sich bei dem verbleibenden Betrag von 1166,40 DM um Sonderbedarf. Dieser Betrag betrifft den von der Krankenversicherung nicht erstatteten Teil einer Arztrechnung. Der Bekl.

kann die Kl. nicht darauf verweisen, daß auch eine derartige Belastung voraussehbar gewesen sei und daher von den laufenden Unterhaltsmitteln umfaßt werde. Hiergegen spricht vor allem, daß ein ähnlicher von der Krankenversicherung nicht übernommener Teil einer Arztrechnung schon in dem damaligen Prozeß als Sonderbedarf eingeklagt, auch von dem Bekl. so angesehen und schließlich teilweise zugesprochen worden ist. Die Ausgabe von 1166,40 DM ist daher als ,,unregelmäßiger" Bedarf i. S. des § 1613 II S. 1 BGB anzusehen. Sie ist ferner ,,außergewöhnlich hoch" i. S. dieser Vorschrift. Sie macht etwa 70% – für Zeiten stationärer Behandlung der Kl. selbst bei ungeschmälerter Berücksichtigung des Krankenhaustagegeldes immer noch etwa 63% – der der Kl. zur Verfügung stehenden Mittel (Erwerbsunfähigkeitsrente, Unterhalt und gegebenenfalls Krankenhaustagegeld) aus. Jedenfalls bei einem solchen Vomhundertsatz ist die Grenze dessen, was dem Unterhaltsberechtigten selbst zugemutet werden kann, überschritten.

Das bedeutet freilich nicht, daß der Bekl. ohne weiteres für den Betrag von 1166,40 DM in voller Höhe aufzukommen hat. Der Sonderbedarfsanspruch darf nicht isoliert betrachtet werden, sondern unterliegt den allgemeinen Regeln des Unterhaltsrechts. Auch insoweit muß daher Unterhaltsbedürftigkeit auf der einen und Leistungsfähigkeit auf der anderen Seite gegeben sein. Darüber hinaus ist in Fällen des Ehegattenunterhalts jeweils zu prüfen, wieweit der Unterhaltsberechtigte an den Aufwendungen zur Deckung des Sonderbedarfs zu beteiligen ist. Generalisierend ist davon auszugehen, daß durch die laufende Unterhaltsrente eine angemessene Aufteilung der Mittel herbeigeführt wird, die für den Lebensbedarf beider Beteiligter zur Verfügung stehen. Dann aber wäre es nicht gerecht, wenn auftretender Sonderbedarf stets allein von dem unterhaltsverpflichteten Ehegatten aufzubringen wäre. Infolgedessen wird der Unterhaltsberechtigte nicht selten einen Teil seines Sonderbedarfs selbst zu tragen haben und nur die Erstattung des Restes verlangen können. Ob und gegebenenfalls in welchem Verhältnis eine solche Aufteilung vorzunehmen ist, hängt von dem Umständen des Einzelfalles ab und muß in erster Linie dem Tatrichter vorbehalten werden.

201. BGH zum Verzug

201a) 81/866, 867

(Kein Unterhalt für die Vergangenheit auf Grund einer Rechtswahrungsanzeige)

Richtig ist zunächst die Auffassung des OLG, daß der Bekl. sich vor dem Erhalt der Überleitungsanzeige nicht im Schuldnerverzug befunden hat. Eine Mahnung durch den Unterhaltsberechtigten Dieter S. wird nicht behauptet. Das Amt für Afö war vor der Überleitung nicht Gläubiger und deshalb nicht zu einer Mahnung berechtigt. Als Vertreter des Dieter S. ist es nicht aufgetreten.

Verzug ohne Mahnung nach § 284 II S. 1 in Verbindung mit § 1612 I S. 1 und III S. 1 BGB ist nicht eingetreten. Wie der Senat in seinem Urteil v. 25. 2. 1981 ausgeführt hat, setzt die Anwendung des § 284 II S. 1 BGB auf familienrechtliche Unterhaltsschulden voraus, daß dem Verpflichteten seine Schuld sowohl nach ihrer Existenz als auch nach ihrem Umfang, also nach der Höhe des geschuldeten Betrages, bekannt ist.

201b) FamRZ 82/887, 890 = NJW 82/1983, 1985

(Zur konkreten Anmahnung einer Unterhaltsschuld. Zuvielforderung ist unschädlich. Zu geringe Forderung begründet keinen Verzug für höheren Betrag)

Die Kl. greift das Berufungsurteil zunächst insoweit an, als ihr für die Zeit vom 1. 8. bis 31. 12. 1979 kein Vorsorgeunterhalt zugebilligt worden ist, weil sie den Bekl. nur in Höhe des bezifferten Betrages von 1263,66 DM in Verzug gesetzt habe. Sie macht dazu geltend, der Berechtigte sei im allgemeinen nicht in der Lage, ohne Kenntnis der Verhältnisse des Verpflichteten die gesetzlich begründete Unterhaltsforderung in ihrer genauen Höhe zu ermitteln. Deshalb sei davon auszugehen, daß der Unterhaltsschuldner wegen der gesamten Unterhaltsforderung in Verzug gesetzt werde, wenn der Gläubiger nur einen Mindestbetrag nenne; hierin sei zugleich die Aufforderung zur Zahlung der gesetzlich geschuldeten Unterhaltsrente zu erblicken.

Dem kann nicht gefolgt werden. Abgesehen davon, daß die Kl. in ihrem Aufforderungsschreiben v. 20. 7. 1979 die begehrte Unterhaltsrente von monatlich 1263,66 DM weder – erkennbar – als Mindestbetrag behandelt noch überhaupt einen außerdem zu zahlenden Vorsorgeunterhalt erwähnt hat, trifft auch die von ihr vertretene Rechtsauffassung nicht zu. Bei familienrechtlichen Unterhaltsschulden tritt, wie der *Senat* in einem Fall des § 284 II BGB entschieden hat, Verzug des Verpflichteten nur ein, wenn ihm seine Schuld nicht nur nach ihrer Existenz, sondern auch nach ihrem Umfang, also nach der Höhe des geschuldeten Betrages, bekannt ist. Im Fall des § 284 I BGB muß dementsprechend die Mahnung des Unterhaltsberechtigten die geschuldete Leistung der Höhe nach genau bezeichnen. Zwar ist eine Zuvielforderung unschädlich. Die Forderung einer geringeren Summe begründet hingegen keinen Verzug auf einen höheren als den begehrten Betrag.

201c) FamRZ 83/352, 354, 355 = NJW 83/2318, 2319

(Zum Erfordernis der Mahnung als Voraussetzung des Unterhaltsanspruchs für die Vergangenheit. Vertretenmüssen nach § 285 BGB bei Rechtsirrtum)

Nach § 1613 I BGB kann für die Vergangenheit Unterhalt nur von der Zeit an gefordert werden, zu welcher der Verpflichtete in Verzug gekommen oder der Unterhaltsanspruch rechtshängig geworden ist. Zur Inverzugsetzung gehört grundsätzlich eine Mahnung nach Eintritt der Fälligkeit (§ 284 I S. 1 BGB). Wenn i.J. 1976 ein Unterhaltsanspruch der Kl. bestanden hat, hat sie ihn nach den Feststellungen des OLG nicht rechtswirksam angemahnt. Ihre letzte Handlung in der Unterhaltssache gegen den Bekl. war die Zurücknahme der Unterhaltsklage im Dezember 1974. Damit hat sie auch die Mahnung zurückgenommen, die nach § 284 I S. 2 BGB in der Erhebung der Klage lag. Auch wenn im allgemeinen eine Mahnung wegen laufenden Unterhalts nicht monatlich wiederholt zu werden braucht, können von einer zurückgenommenen Mahnung keinerlei Rechtswirkungen für künftigen Unterhalt ausgehen.

Ein Verzug ohne Mahnung aufgrund der Vorschrift des § 284 II BGB (Kalenderfälligkeit) setzt bei familienrechtlichen Unterhaltspflichten voraus, daß dem Verpflichteten seine Schuld sowohl nach ihrer Existenz als auch nach ihrem Umfang, also nach der Höhe des geschuldeten Betrages, bekannt ist, wie es insbesondere bei vertraglich vereinbarten Unterhaltsleistungen oder auch nach gerichtlicher Verurteilung der Fall ist (FamRZ 1981, 866, 867; FamRZ 1982, 887, 890). Eine derartige Kenntnis des Bekl. [bezüglich] seiner Unterhaltsschuld für das Jahr 1976 ist nicht festgestellt. Daß die Kl. ihn seinerzeit von dem jetzt vorgetragenen Motiv ihrer Klagerücknahme in Kenntnis gesetzt hätte, hat sie nicht behauptet.

Schließlich kann eine Mahnung entbehrlich sein, wenn der Schuldner Unterhaltsleistungen eindeutig und endgültig verweigert, was auch schon in der unvermittelten Einstellung bisher regelmäßig erbrachter Zahlungen gesehen werden kann. Die Kl. hat jedoch nicht dargetan, daß der Bekl. Unterhaltszahlungen vor dem Jahre 1976 oder in diesem Jahr ausdrücklich verweigert hat. In der bloßen Nichtleistung von Unterhalt kann eine die Mahnung entbehrlich machende Unterhaltsverweigerung nicht gesehen werden.

Die Zustellung des Antrags auf einstw. Anordnung hat das OLG zu Recht als Mahnung gewertet, da insoweit Entsprechendes zu gelten hat wie bei der Zustellung einer Klageschrift oder eines Mahnbescheides nach § 284 I S. 2 BGB. Nicht gefolgt werden kann jedoch dem OLG, soweit es die Auffassung vertreten hat, durch die Abweisung des Antrags auf einstw. Anordnung mit Beschluß v. 29. 8. 1979 sei die Wirkung dieser Mahnung rückwirkend hinfällig geworden, weil die Kl. nicht unverzüglich ihre Rechte weiterverfolgt habe.

Die Wirksamkeit der Mahnung wurde nicht dadurch berührt, daß mit dem Antrag ein Unterhalt von monatlich 3000 DM gefordert wurde, der möglicherweise beträchtlich zu hoch war. Wegen der Schwierigkeiten der Berechnung einer Unterhaltsforderung kann eine Mahnung in der Regel nicht deswegen als unwirksam angesehen werden, weil sie eine Zuvielforderung enthält. Sie ist vielmehr als Aufforderung zur Bewirkung der tatsächlich geschuldeten Leistung zu werten, zumal kein Zweifel daran bestehen kann, daß ein Unterhaltsgläubiger auch zur Annahme von Minderleistungen bereit ist.

Der Verzug des Bekl. hat jedenfalls bis zur Entscheidung über den Antrag der Kl. angedauert, ohne daß es einer weiteren Mahnung bedurfte. Aus dem ablehnenden Beschluß v. 29. 8. 1979 hat das OLG eine – rückwirkende – Beendigung des Verzuges hergeleitet, weil der Bekl. auf dessen Richtigkeit habe vertrauen dürfen und das Unterbleiben seiner Leistung gemäß § 285 BGB nicht zu vertreten gehabt habe.

Diese Beurteilung hält der rechtlichen Nachprüfung nicht stand. Wenn der Beschluß einen Unterhaltsanspruch der Kl. zur Unrecht verneint hätte, könnte der Bekl. das Unterlassen von Unterhaltsleistungen nur mit einem – nicht zu vertretenden – Rechtsirrtum entschuldigen. Grundsätzlich erfordert aber der Geltungsanspruch des Rechts, daß der Verpflichtete das Risiko eines Irrtums über die Rechtslage selbst trägt und nicht dem Gläubiger zuschieben kann. In der Rechtsprechung des *BGH* wird daher der Ausschluß des Schuldnerverzugs wegen unverschuldeten Rechtsirrtums (§ 285 BGB) an strenge Voraussetzungen geknüpft. So entschuldigt nicht einmal das Vertrauen auf eine Rechtsauffassung, die in den Gründen eines zwischen den Parteien ergangenen, rechtskräftigen oberlandesgerichtlichen Urteils zum Ausdruck gekommen ist, wenn mit einer abweichenden Beurteilung anderer Gerichte oder des *BGH* gerechnet werden mußte (NJW 1974, 1903, 1904f.; MDR 1982, 396). Bei dem Beschluß v. 29. 8. 1979 hat es sich sogar nur um eine aufgrund einer summarischen Prüfung gewonnene, vorläufige Entscheidung nach § 620 Nr. 6 ZPO gehandelt, die keiner materiellen Rechtskraft fähig ist (FamRZ 1979, 472, 473). Bei Anwendung der im Verkehr erforderlichen Sorgfalt hätte der Bekl. daher nicht darauf vertrauen dürfen, daß damit die Frage seiner Unterhaltspflicht endgültig und zutreffend beurteilt worden sei. Er mußte vielmehr mit einer abweichenden Entscheidung im ordentlichen Unterhaltsprozeß rechnen, der ohne weiteres noch möglich war.

Einer neuen Mahnung des Bekl. in der Zwischenzeit hat es nach Treu und Glauben (§ 242 BGB) nicht bedurft. Die Kl. hat nicht eine angemessene Überlegungsfrist überschritten, die ihr vor der Erhebung der Unterhaltsklage zuzubilligen war. Wegen der Dauer dieser Frist kann an die gesetzgeberische Wertung angeknüpft werden, die der Vorschrift des § 212 II BGB zugrunde liegt. Danach bleibt die Unterbrechung der Verjährung durch Erhebung der Klage wirksam, wenn nach einer Prozeßabweisung binnen sechs Monaten erneut Klage erhoben wird.

201d) FamRZ 85/155, 157, 158 = NJW 85/486, 488

(Zur Entbehrlichkeit einer Mahnung und zur Auswirkung eines Rechtsirrtums bei § 285 BGB)

Für die Vergangenheit kann Trennungsunterhalt nur von der Zeit an gefordert werden, zu welcher der Verpflichtete in Verzug gekommen oder der Unterhaltsanspruch rechtshängig geworden ist (§§ 1361 IV S. 4, 1360a III, 1613 I BGB). Der Verzug setzt regelmäßig eine Mahnung nach Eintritt der Fälligkeit voraus (§ 284 I S. 1 BGB). Da der Bekl. im vorliegenden Fall nach den getroffenen Feststellungen die im gerichtl. Vergleich festgesetzte Unterhaltsrente von 700 DM regelmäßig gezahlt hat und es zwischen den Parteien nur um eine dem Grunde und der Höhe nach streitige Mehrforderung ging, kommt ein Verzug ohne Mahnung gemäß § 284 II BGB nicht in Betracht. Eine danach grundsätzlich erforderliche Mahnung, die eine der Höhe nach bestimmte und eindeutige Leistungsaufforderung hätte enthalten müssen (FamRZ 1984, 163), hat die Kl. in dem in Frage stehenden Zeitraum nicht ausgesprochen. Allerdings hat das OLG festgestellt, daß die Kl. schon vor dem 1. 9. 1981 wiederholt Auskunft über die Rentenbewilligung verlangt hat. Das stellt indessen nicht die Beurteilung in Frage, eine Mahnung sei nicht erfolgt. Denn das an den Verpflichteten gerichtete Verlangen, über seine Einkommensverhältnisse Auskunft zu erteilen, steht der konkreten Aufforderung zur Leistung von Unterhalt nicht gleich. Die Verzögerung der nach den §§ 1361 IV S. 4, 1605 BGB geschuldeten Auskunft kann lediglich ihrerseits zu einer Schadensersatzpflicht führen (FamRZ 1984, 163).

Zutreffend geht das OLG davon aus, daß die Mahnung entbehrlich ist, wenn der Verpflichtete Unterhaltsleistungen eindeutig und endgültig verweigert hat (FamRZ 1983, 352, 354). Der Schuldner kommt gemäß § 284 I S. 1 BGB „durch die Mahnung" in Verzug, und nach Satz 2 stehen der Mahnung Ereignisse (Zustellung einer Klage oder eines Mahnbescheides) gleich, die zu objektiv bestimmbaren Zeitpunkten eingetreten sind. Die Rückbeziehung des Verzugseintritts auf einen früheren Zeitpunkt sieht das Gericht nicht vor und sie wird – soweit ersichtlich – auch nirgends vertreten. Es besteht aber kein Grund, die bestimmte und endgültige Leistungsverweigerung, die nach Treu und Glauben eine solche Mahnung entbehrlich machen soll, in ihren Wirkungen anders zu beurteilen als die Mahnung selbst und die ihr gleichstehenden Ereignisse. Auch im Falle der endgültigen und ernsthaften Erfüllungsweigerung treten die Verzugsfolgen daher erst vor dem Zeitpunkt an ein, in dem die Weigerung erklärt wird.

Dem kann nicht gefolgt werden. Wie bereits dargelegt, mindert allein die Tatsache, daß ein Unterhalt begehrender Ehegatte nach der Trennung mit einem anderen Partner eheähnliche Beziehungen aufnimmt, seine Unterhaltsbedürftigkeit noch nicht. Einer derartigen Rechtsauffassung war der *BGH* bereits in dem Urteil v. 26. 9. 1979 (FamRZ 1980, 40, 41 = NJW 1980, 124) entgegengetreten; der *Senat* hatte diese Rechtsprechung bestätigt und weiterentwickelt. Der Bekl. kann sich daher allenfalls in einen Irrtum über die Rechtslage befunden haben. Der *Senat* hat aber bereits entschieden, daß der Unterhaltsschuldner das Risiko eines solchen Irrtums nicht dem Unterhaltsgläubiger zuschieben kann und nicht einmal einer Rechtsauffassung vertrauen darf, die in gerichtl. Urteilen zum Ausdruck gekommen ist, wenn mit einer abweichenden Beurteilung anderer Gerichte oder des *BGH* gerechnet werden mußte. Erst recht kann ihn unterhaltsrechtlich nicht entlasten, daß er einer Rechtsauffassung gefolgt ist, die im Widerspruch zu einer bereits in mehreren Entscheidungen veröffentlichten Rechtsprechung des *BGH* stand.

201e) FamRZ 84/163, 164 = NJW 84/868, 869

(Ordnungsgemäße Mahnung; Schadensersatzpflicht bei Verzug mit Auskunftserteilung)

Aus dem Erfordernis der bestimmten und eindeutigen Leistungsaufforderung für den Bereich familienrechtlicher Unterhaltsschulden ergibt sich, daß die Mahnung des Unterhaltsberechtigten die geschuldete Leistung der Höhe nach genau bezeichnen muß (FamRZ 1982, 887, 890; FamRZ 1983, 51, 52; FamRZ 1983, 352, 354).

Allerdings kann das Erfordernis, den beanspruchten Betrag in der dargelegten Weise zu konkretisieren, nicht bedeuten, daß es ausnahmslos einer ziffernmäßigen Angabe bedürfte. Vielmehr kommt es darauf an, daß nach dem Inhalt der Mahnung und den gesamten Umständen des Falles für den Unterhaltsschuldner klar ist, welchen genauen Unterhaltsbetrag der Gläubiger von ihm fordert. Ob es dazu ausreicht, daß dem unterhaltspflichtigen Vater, wie vom *OLG Karlsruhe* (FamRZ 1980, 917, 918) entschieden, mit der Leistungsaufforderung Richtsätze für den Unterhaltsanspruch ehelicher

Kinder mitgeteilt werden, so daß er in der Lage ist, anhand der Richtsätze die Unterhaltsrente zu errechnen, kann hier offenbleiben. Jedenfalls geht es aber zu weit, wenn das *OLG Frankfurt,* dem sich das *OLG Düsseldorf* insoweit ausdrücklich angeschlossen hat, ausführt, es genüge, wenn der unterhaltspflichtige Elternteil, dem das Kindesalter und sein eigenes Nettoeinkommen als für die Unterhaltsbemessung maßgebliche Faktoren bekannt seien, imstande sei, zumindest unter Inanspruchnahme fachkundiger Hilfe oder Beratung den geschuldeten Unterhalt ziffernmäßig zu ermitteln.

Aus demselben Grund kann auch nicht die Ansicht geteilt werden, ein in dem Schreiben v. 27. 6. 1980 enthaltenes Zahlungsverlangen stelle trotz fehlender Bezifferung eine Mahnung dar, weil der Bekl. das Alter der Kl. gekannt habe und es ihm möglich gewesen sei, den in der Regelunterhalt-VO für ein nichtehel. Kind der entsprechenden Altersstufe festgesetzten Regelbedarf als durch § 1610 III BGB festgelegten Mindestbedarf eines ehel. Kindes und damit als den an die Kl. zu zahlenden Unterhaltsbetrag festzustellen. Eine derartige Beurteilung überspannt die Anforderungen, die an den Bekl. gestellt werden können.

Hiernach kann in dem Schreiben des JA v. 27. 6. 1980 keine den Bekl. in Verzug setzende Mahnung gesehen werden. Da die Feststellungen auch sonst nicht ergeben, daß der Bekl. in der Zeit vom 1. 6. bis 14. 11. 1980 mit der Erfüllung seiner Unterhaltspflicht in Verzug gewesen ist, kann das angefochtene Urteil nicht bestehen bleiben.

Der *Senat* ist nicht in der Lage, in der Sache abschließend zu entscheiden. Nach dem Urteilstatbestand, der auf den vorgetragenen Inhalt der Schriftsätze der Parteien Bezug nimmt, hat die Kl. ihren Klageanspruch in der Berufungsinstanz auch darauf gestützt, daß der Bekl. in der fraglichen Zeit trotz Aufforderung und Fristsetzung durch das Schreiben des Jugendamtes vom 27. 6. 1980 seiner Verpflichtung zur Auskunftserteilung über seine Einkünfte (§ 1605 I S. 1 BGB) bewußt nicht nachgekommen sei und sich dadurch schadensersatzpflichtig gemacht habe. Hiernach ist die Sache nicht zur Endentscheidung reif.

Gerät der nach § 1605 I S. 1 BGB Auskunftspflichtige – was hier in Betracht kommt – mit der Erteilung der Auskunft in Verzug, so kann das zur Schadensersatzpflicht führen.

Damit ergibt sich die Möglichkeit, daß der noch im Streit befindliche Klageanspruch, wenn auch vielleicht nur für einen Teil der Zeit, aus dem Gesichtspunkt des Verzugsschadensersatzes begründet ist. Zur Prüfung dieser Frage, zu der das OLG – von seinem Standpunkt aus folgerichtig – bislang keine Feststellungen getroffen hat, ist der Rechtsstreit an die Vorinstanz zurückzuverweisen.

201f) FamRZ 83/51, 52, 53

(Zur Geltendmachung eines übergeleiteten Unterhaltsanspruchs für die Vergangenheit)

In der Überleitungsanzeige allein kann eine Mahnung nicht gesehen werden. Die Überleitungsanzeige bewirkt nach § 140 I S. 3 AFG den Anspruchsübergang und bezweckt darüber hinaus, den Leistungspflichtigen von diesem Rechtsübergang in Kenntnis zu setzen und so zu verhindern, daß dieser trotz des Übergangs nach §§ 412, 407 I BGB weiterhin mit befreiender Wirkung an den bisherigen Gläubiger leisten kann. Daß der Anzeige darüber hinaus auch die Funktion einer Mahnung zugedacht wäre, läßt sich der Vorschrift nicht entnehmen. In diesem Sinne ist die Regelung auch bei ihrer Einführung offensichtlich nicht verstanden worden. Dafür spricht insbesondere der Runderlaß des Präsidenten der Bundesanstalt für Arbeit v. 26. 1. 1960 zur Anwendung und Auslegung des § 149 IV AVAVG, jener Bestimmung, die der Vorläufer des § 140 I AFG war und mit der heutigen Regelung auch im Wortlaut weitestgehend übereinstimmt. In diesem Runderlaß ist zu der Berechtigung und Verpflichtung der Bundesanstalt zur Geltendmachung der Ansprüche ausgeführt, den Anspruch geltend machen heiße, die Leistung anfordern, erforderlichenfalls auch anmahnen, die Verjährung verhindern und notfalls klagen. Eine derartige Mahnung durch die Bundesanstalt wäre überflüssig, wenn bereits die vom Arbeitsamt vorgenommene Überleitungsanzeige als Mahnung wirken würde.

Dieses Ergebnis schließt nicht aus, daß in einer Überleitungsanzeige zugleich eine Mahnung nach § 284 I S. 1 BGB ausgesprochen wird. Dazu erscheint es nicht erforderlich, daß der Leistungsträger zuvor endgültige Klarheit über die wirtschaftlichen Verhältnisse des Leistungspflichtigen und sonst alle Umstände erlangt, die den überzuleitenden Unterhaltsanspruch letztlich bestimmen. Vielmehr steht ihm die Möglichkeit offen, seiner Leistungsaufforderung eine vorläufige Beurteilung des in Betracht kommenden Anspruchs zugrunde zu legen. Notfalls muß er dabei Leistung in Höhe seiner Aufwendungen an den Unterhaltsgläubiger verlangen. Im vorliegenden Fall genügt der vorgetragene Inhalt der Erklärung, die das Arbeitsamt dem Vater des Bekl. unter dem 17. 8. 1976 als Überleitungsanzeige übersandt hat, den Erfordernissen einer Mahnung nicht. Wie der *Senat* mit Urteil v. 25. 2. 1982 (IV b ZR 564/80 – nicht veröffentlicht –) zu § 284 II BGB entschieden hat, tritt bei familienrechtlichen Unterhaltsschulden Verzug des Verpflichteten nur ein, wenn ihm seine Schuld nicht nur nach ihrer Existenz, sondern auch nach ihrem Umfang, also nach der Höhe des geschuldeten Betrages, bekannt ist. Hieran anschließend hat der *Senat* mit Urteil v. 26. 5. 1982 (FamRZ 1982, 887, 890) ausgeführt, daß im Falle des § 284 I BGB Die Mahnung des Unterhaltsberechtigten die geschuldete Leistung der Höhe nach genau bezeichnen müsse. Das hat auch für den vorliegenden Fall des Forderungsübergangs zu gelten, durch den der Charakter des übergegangenen Rechtes nicht verändert wird (FamRZ 1981, 866, 867). Eine solche Bezeichnung der von dem Vater geschuldeten Leistung der Höhe nach fehlt der Überleitungsanzeige v. 17. 8. 1976 indessen völlig.

Das OLG hat der Überleitungsanzeige jedenfalls in Verbindung mit dem Schreiben v. 28. 10. 1976 Mahnungswirkung beigemessen. Die Auslegung dieses Schreibens kann jedoch nicht bestehen bleiben, weil sie dessen Inhalt nicht ausschöpft. Zutreffend weist die Revision darauf hin, daß das Schreiben zwar einerseits neben der Benennung eines Betrages die Erklärung enthielt, daß das Arbeitsamt gehalten sei, den errechneten Betrag von dem Vater, gegebenenfalls auch im Wege der Zwangsvollstreckung zu fordern, daß sich aber andererseits unmittelbar daran die Ankündigung anschloß, das Arbeitsamt werde seine Forderung bei dem Vater anmelden, sobald der Sohn Paul aus dem Leistungsbezug ausgeschieden sei, und daß der Vater darüber hinaus aufgefordert wurde, den eigenen angemessenen Unterhaltsbedarf im einzelnen nachzuweisen, falls durch die angekündigten Maßnahmen der eigene angemessene Unterhalt gefährdet werde. Eine Auseinandersetzung mit diesem Inhalt des Schreibens läßt die Auslegung des OLG vermissen. Dabei hätte es angesichts der Verschiedenartigkeit jener Erklärungen der näheren Prüfung und Feststellung bedurft, ob der Inhalt des Schreibens insgesamt gleichwohl eine bestimmte und unbedingte, eindeutige Leistungsaufforderung enthielt, wie sie die Mahnung nach § 284 I BGB voraussetzt.

Unter diesen Umständen hat die Auslegung des Schreibens durch das OLG keinen Bestand. Vielmehr bedarf es der erneuten, umfassenden Würdigung, ob das Schreiben der Kl. trotz der darin enthaltenen Vorbehalte und Einschränkungen die Erfordernisse der Mahnung erfüllt. Diese Würdigung ist hier dem Tatrichter zu übertragen, der dadurch zugleich die Gelegenheit zur Prüfung erhält, inwieweit (auch) die übrigen Erklärungen der Kl. gegenüber dem Vater die Voraussetzungen des Verzuges erfüllt haben. Damit ist das Urteil aufzuheben und der Rechtsstreit an das OLG zurückzuverweisen.

Für die neue Verhandlung und Entscheidung ist zu der Frage, ob trotz der Differenz zwischen dem im Schreiben v. 28. 10. 1976 bezifferten Betrag und dem Monatsbetrag, welcher der Klagesumme zugrunde liegt, (auch) hinsichtlich der höheren Forderung gegebenenfalls Verzug eingetreten ist, auf das bereits erwähnte Urteil des *Senats* v. 26. 5. 1982 (a. a. O.) hinzuweisen. Dort hat der *Senat* den Standpunkt eingenommen, daß die Forderung einer geringeren Summe grundsätzlich keinen Verzug für einen höheren als den begehrten Betrag begründet. Etwas anderes wird nur gelten können, wenn der Schuldner von vornherein erkannte oder erkennen mußte, daß der ganze Schuldbetrag angemahnt sein sollte.

202. BGH zum familienrechtlichen Ausgleichsanspruch eines Elternteils, der ein eheliches Kind allein unterhalten hat gegen den ebenfalls unterhaltsverpflichteten anderen Elternteil. Ein solcher Anspruch, wie auch Anspruch aus GoA oder Bereicherung unterliegen den Schranken des § 1613 BGB

In der Rechtsprechung des *BGH* ist seit der Entscheidung *BGHZ* 31, 329ff. (= NJW 1960, 957) für Fälle, in denen ein Elternteil allein für den Unterhalt eines gemeinsamen ehelichen Kindes aufgekommen ist, ein Ersatzanspruch gegenüber dem anderen Elternteil anerkannt worden, der die Rechtsnatur eines familienrechtlichen Ausgleichsanspruchs hat. Dieser Anspruch folgt aus der gemeinsamen Unterhaltspflicht der Eltern gegenüber ihren Kindern und ergibt sich, wie der *BGH* in der genannten Entscheidung (*BGHZ* 31, 329 [332] = NJW 1960, 957) ausgeführt hat, aus der Notwendigkeit, die Unterhaltslast im Innenverhältnis zwischen den Eltern entsprechend ihrem Leistungsvermögen gerecht zu verteilen (vgl. auch *BGHZ* 50, 266ff. = NJW 1968, 1780; Senatsurt. NJW 1981, 2348 = FamRZ 1981, 761 [762]).

Der familienrechtliche Ausgleichsanspruch setzt voraus, daß der den Unterhalt leistende Elternteil mit seiner Leistung eine im Innenverhältnis der Eheleute zueinander an sich dem anderen Elternteil obliegende Verpflichtung gegenüber dem Kind erfüllt hat (NJW 1981, 2348). Insoweit ist der Anspruch vergleichbar mit einem Anspruch aus Geschäftsführung ohne Auftrag, aus dem eine Erstattungspflicht des anderen Elternteils in Fällen der behandelten Art zum Teil ebenfalls hergeleitet wird. Darüber hinaus hat der *BGH* den Ausgleichsanspruch in der Entscheidung *BGHZ* 50, 266ff. (= NJW 1968, 1780) für einen getrenntlebenden Elternteil an die weitere Voraussetzung geknüpft, daß der Elternteil zu der Zeit, als er die Unterhaltsleistungen erbrachte, die Absicht gehabt hat, von dem anderen Elternteil Ersatz zu verlangen.

Ob die Bekl. eine derartige Absicht im Zeitpunkt ihrer Zuwendungen an die Tochter *U* – zunächst während der Trennung der Parteien bis zum 13. 12. 1978 – hatte, kann indessen im vorliegenden Fall ebenso dahingestellt bleiben wie die grundsätzliche Frage, ob auch der Ausgleichsanspruch zwischen geschiedenen Ehegatten an die aus dem Grundgedanken des § 1360b BGB hergeleitete Voraussetzung gebunden ist, daß der den überobligationsmäßigen Unterhalt leistende Elternteil bei seinen Leistungen beabsichtigt hat, den anderen Elternteil auf Ersatz seiner Aufwendungen in Anspruch zu nehmen (vgl. Senatsurt., NJW 1981, 2348). Der von der Bekl. geltend gemachte Ausgleichsanspruch scheitert nämlich jedenfalls an der Regelung des § 1613 BGB.

Nach § 1613 I BGB kann Unterhalt für die Vergangenheit (oder Schadensersatz wegen Nichterfüllung) nur ab Verzug des Unterhaltspflichtigen oder Rechtshängigkeit des Unterhaltsanspruchs verlangt werden.

Wie der *BGH* bereits in der Entscheidung *BGHZ* 31, 329 ([334] = NJW 1960, 957) ausgeführt hat, handelt es sich bei den mit Hilfe eines familienrechtlichen Ausgleichsanspruchs geforderten Ersatzbeträgen wirtschaftlich gesehen um ,,rückständige Unterhaltsleistungen", nämlich um Geldleistungen, die anstelle der Unterhaltsleistungen dem Dritten zu erbringen sind, der die Unterhaltslast zunächst auf sich genommen hat. Damit hat der *BGH* schon in der damaligen Entscheidung den Ausgleichsanspruch praktisch einem Unterhaltsanspruch gleichbehandelt. In späteren Entscheidungen, so in *BGHZ* 43, 1 ff. (= NJW 1965, 581) und *BGHZ* 74, 121 ([125] = NJW 1979, 1456) hat der *BGH* sodann für § 1613 I BGB ausdrücklich den Gedanken des Schuldnerschutzes als den tragenden Gesichtspunkt herausgestellt. Er hat dazu ausgeführt: Der nach §§ 1601 ff. BGB Unterhaltspflichtige soll durch die Vorschrift des § 1613 BGB vor Forderungen größeren Umfangs geschützt werden, auf die er sich, weil er vom Berechtigten nicht in Anspruch genommen wurde, nicht – durch seine Lebensführung oder in sonstiger Weise – eingerichtet hat. Das gegen ihn bestehende Recht des Unterhaltsberechtigten soll deshalb, sofern es für eine bestimmte vergangene Zeit nicht ausgeübt worden ist, infolge eben dieser Nichtausübung erlöschen (*BGHZ* 43, 1 [6, 7] = NJW 1965, 581). Daß dies nicht nur für den Unterhaltsanspruch des Berechtigten selbst gilt, sondern auch für den auf einen Träger der Ausbildungsförderung – der den Unterhalt zunächst anstelle des Verpflichteten geleistet hat – übergeleiteten Unterhaltsanspruch, hat der *BGH* in der Entscheidung *BGHZ* 74, 121 ([125] = NJW 1979, 1456) mit folgender Begründung angenommen: Auch im Verhältnis zu einem Dritten, der Unterhalt für vergangene Zeit vorgeschossen hat, greift der dem § 1613 BGB zugrunde liegende Gedanke des Schuldnerschutzes durch; der Verpflichtete soll in die Lage versetzt werden, sich in der Disposition seines Lebenszuschnitts auf die zu leistende Unterhaltszahlung einzurichten, und soll davor geschützt werden, überraschend mit einer zu hohen Rückständen aufgelaufenen Schuld konfrontiert zu werden.

In Fortführung der Grundgedanken dieser Entscheidungen hält es der *Senat* für geboten, die Vorschrift des § 1613 I BGB auch für den hier zur Entscheidung stehenden familienrechtlichen Ausgleichsanspruch – entsprechend – anzuwenden, obwohl dieser Anspruch seiner Rechtsnatur nach kein Unterhalts-, sondern ein Erstattungs-(Ausgleichs)anspruch ist. Auch hier greift – aus den von dem BerGer. zutreffend dargelegten Gründen – der Gedanke des Schuldnerschutzes zugunsten des Kl. durch, nachdem die Bekl. diesen weder – als gesetzliche Vertreterin der Tochter *U* – wegen des Unterhaltsanspruchs des Kindes noch wegen ihres eigenen Ausgleichsanspruchs in Verzug gesetzt hat.

Dies gilt in entsprechender Weise ebenso für etwa in Betracht kommende Ansprüche aus § 683 BGB und § 812 BGB. Auch soweit einem Elternteil, der einem gemeinschaftlichen Kind den vollen Unterhalt geleistet hat, aus diesem Grund ein Ersatz-(Erstattungs-)anspruch aus dem rechtlichen Gesichtspunkt der Geschäftsführung ohne Auftrag oder der ungerechtfertigten Bereicherung zusteht, besteht dieser Anspruch für die Vergangenheit nur in den Grenzen des § 1613 I BGB.

203. BGH zu Bereicherungsansprüchen wegen Überzahlung von Unterhalt

203a) FamRZ 84/767, 768, 769 = NJW 84/2095, 2096
(zum Bereicherungsanspruch)

1. Wenn eine einstweilige Anordnung über Ehegattenunterhalt (§ 620 S. 1 Nr. 6 ZPO) über Bestand oder Höhe des materiellrechtlichen Unterhaltsanspruchs hinausgeht, besteht wegen der Überzahlungen ein Bereicherungsanspruch nach § 812 I S. 1 BGB.

2. Zum Wegfall der Bereicherung (§ 818 III BGB) in diesen Fällen.

3. Ein Schadensersatzanspruch analog §§ 717 II, 945 ZPO wegen der Vollstreckung aus einer ganz oder teilweise ungerechtfertigten einstweiligen Anordnung nach § 620 S. 1 Nr. 6 ZPO besteht nicht (L.S.).

Zutreffend geht das OLG davon aus, daß als Anspruchsgrundlage für das Rückzahlungsbegehren des Kl. § 812 I BGB in Betracht kommt. Zwar kann das durch ein rechtskräftiges Urteil Zugesprochene nicht mit der Bereicherungsklage zurückgefordert werden mit der Begründung, der Rechtsstreit sei unrichtig entschieden worden (= FamRZ 1982, 470 m. w. N.). Dies gilt jedoch nicht für die im Scheidungsverfahren erlassene einstw. Anordnung über Ehegattenunterhalt (§ 620 S. 1 Nr. 6 ZPO). Sie trifft aufgrund einer summarischen Prüfung nur eine vorläufige Regelung, die keine rechtskräftige Entscheidung über den Unterhaltsanspruch darstellt und jederzeit – auch für die zurückliegende Zeit – durch ein im ordentlichen Rechtsstreit ergehendes Urteil abgelöst werden kann (§ 620f S. 1 ZPO; FamRZ 1983, 355, 356 m. w. N.). Geht sie über Bestand oder Höhe des materiellrechtlichen Unterhaltsanspruchs hinaus, leistet der Schuldner insoweit „ohne rechtlichen Grund" i. S. des § 812 I S. 1 BGB, weil § 620 S. 1 Nr. 6 ZPO rein prozessualer Natur ist und nur eine einstw. Vollstreckungsmöglichkeit wegen eines vorläufig als bestehend angenommenen Anspruchs schafft.

(= FamRZ 1957, 316, 317) Der Schuldner kann in diesen Fällen die Bereicherungsklage erheben, ohne daß es auf die förmliche Aufhebung der einstw. Anordnung ankäme. Das zusprechende Urteil auf diese Klage ist zugleich eine „anderweitige Regelung" i. S. von § 620f S. 1 ZPO. Diese Grundsätze entsprechen im wesentlichen allgemeiner Auffassung.

Hat der Bereicherungsschuldner rechtsgrundlos erhaltene Geldbeträge ausgegeben, ist das ursprünglich Erlangte in seinem Vermögen nicht mehr vorhanden. Er ist an sich gemäß § 818 II BGB zum Wertersatz verpflichtet, dies aber nur vorbehaltlich eines Wegfalls der Bereicherung nach § 818 III BGB. In der letzteren Vorschrift hat ein wesentlicher Grundgedanke des Bereicherungsrechts seinen Niederschlag gefunden, daß nämlich die Herausgabepflicht des „gutgläubig" Bereicherten keineswegs zu einer Verminderung seines Vermögens über den Betrag der wirklichen Bereicherung hinaus führen darf (= FamRZ 1971, 247, 249, m. w. N.).

Bei der Überzahlung von Unterhalt kommt es vor allem darauf an, ob der Empfänger die Beträge restlos für seine Lebensbedürfnisse aufgewendet oder sich damit noch vorhandene Vermögensvorteile geschaffen hat, wie etwa durch Bildung von Ersparnissen, durch Anschaffungen oder durch Tilgung von Schulden. Ist das erstere der Fall, wird im allgemeinen ein Wegfall der Bereicherung anzunehmen sein, es sei denn, der Empfänger habe infolge der Unterhaltszahlung anderweitige Mittel erspart, die ihm zur Verfügung standen und die er sonst angegriffen hätte (– FamRZ 1981, 764, 765). Dies wird bei einem Unterhaltsgläubiger, der vermögenslos ist und in beengten Verhältnissen lebt, in aller Regel ausscheiden, vor allem dann, wenn er ohne die Unterhaltszahlungen Sozialhilfe hätte in Anspruch nehmen müssen.

Hier hat sich die in beengten Verhältnissen lebende Bekl. mit den Überzahlungen des Kl. keine noch vorhandenen Vermögensvorteile geschaffen, sondern sämtliche Zahlungen bestimmungsgemäß verbraucht. Sie hat auch außer ihren Unterhaltsansprüchen gegen den Kl. kein Vermögen besessen, das sie hätte angreifen können. Auf den Einsatz ihrer Arbeitskraft braucht sie sich in diesem Zusammenhang nicht verweisen zu lassen, da sie im strittigen Zeitraum tatsächlich daraus keine Einkünfte erzielt hat.

Da somit die Voraussetzungen des § 818 III BGB feststehen, braucht nicht auf die Grundsätze zurückgegriffen zu werden, die in der obergerichtlichen Rechtsprechung – insbesondere auch zur Beweiserleichterung – zur Frage der Entreicherung bei der Überzahlung von Dienst- und Versorgungsbezügen der Beamten entwickelt worden sind (vgl. *RGZ* 83, 159, 163; *RG*, JW 1911, 323; *BGH*, MDR 1959, 109; *BVerwGE*, 270f.; 13, 107, 110f.; 15, 17f.).

Auf die Erwägungen, die das OLG auf dieser Grundlage angestellt hat, kommt es nicht an.

Eine verschärfte Haftung der Bekl. nach § 818 IV BGB scheidet aus, weil die Rechtshängigkeit der vorliegenden Klage erst nach dem 31. 5. 1981 eingetreten ist. Auch eine positive Kenntnis der Beklagten von dem Mangel des rechtlichen Grundes (§ 819 I BGB) hat das OLG nicht festgestellt.

Die Revision verweist auf eine entsprechende Anwendung des § 820 BGB mit der Erwägung, daß eine Unterhaltsregelung im Wege der einstw. Anordnung nur vorläufig sei und der Unterhaltsberechtigte damit rechnen müsse, die Zahlungen würden möglicherweise ohne rechtlichen Grund geleistet. Dem kann nicht gefolgt werden. Die Vorschrift des § 820 BGB ist auf Fälle zugeschnitten, in denen nach dem Inhalt eines Rechtsgeschäfts beiderseits der Eintritt des bezweckten Erfolges als ungewiß oder der Wegfall des Rechtsgrundes als möglich angesehen wird. Es wird dann vom Empfänger der Leistung verlangt, sich darauf einzurichten, daß er diese wieder zurückgeben kann (LM, Nr. 1 zu § 820 BGB). In den Fällen der vorliegenden Art handelt es sich nicht um eine Vermögensverschiebung aufgrund eines Rechtsgeschäfts; dem Leistungsempfänger würde auch Unzumutbares angesonnen, sollte er sich schon auf eine als entfernt angesehene Möglichkeit, daß die erlassene einstw. Anordnung nicht der Rechtslage entspricht, einrichten müssen, zumal wenn ihm anderweitige Mittel zur Bestreitung seines Lebensbedarfs nicht zur Verfügung stehen.

Auf andere Rechtsgrundlagen kann der Kl. sein Rückzahlungsbegehren nicht stützten.

Nach § 1360b BGB ist im Zweifel anzunehmen, daß ein Ehegatte nicht beabsichtigt, von dem anderen Ehegatten Ersatz zu verlangen, wenn er zum Unterhalt der Familie einen höheren Beitrag leistet, als ihm obliegt. Diese Vorschrift ist gemäß § 1361 IV S. 4 BGB auf den Fall der Rückforderung von Trennungsunterhalt entsprechend anzuwenden. Im Schrifttum wird vereinzelt die Auffassung vertreten, „bei Widerlegung der Vermutung des § 1360b BGB" sei diese Norm zugleich Anspruchsgrundlage für einen besonderen familienrechtlichen Ersatzanspruch, der nicht den Beschränkungen des § 818 BGB unterliege.

Bei § 1360b BGB handelt es sich um eine auf dem Wesen der Ehe beruhende Beschränkung von nach allgemeinen Vorschriften bestehenden Ersatzansprüchen (*BGHZ* 50, 266, 270 = FamRZ 1968, 450, 451), nicht aber um die Schaffung eines Ersatzanspruchs, der über die allgemeinen Vorschriften noch hinausgeht.

Wenn aus einer nicht dem materiellen Recht entsprechenden einstw. Anordnung vollstreckt wird, wie es hier teilweise geschehen ist, sieht das Gesetz keine besonderen Erstattungs- oder Schadensersatzansprüche vor. Das OLG hat sich auch zu Recht der herrschenden Auffassung angeschlossen, wonach eine entsprechende Anwendung der §§ 717 II, 945 ZPO nicht in Betracht kommt.

Die §§ 620ff. ZPO enthalten eine geschlossene Sonderregelung des einstw. Rechtsschutzes in Ehesachen. In Kindschaftssachen, in denen durch eine einstw. Anordnung der Unterhalt des nichtehelichen Kindes geregelt werden kann (§ 641 d ZPO), hat der Gesetzgeber durch § 641 g ZPO einen dem § 945 ZPO entsprechenden Schadensersatzanspruch besonders eingeführt. Obwohl die §§ 620ff. ZPO später normiert worden sind (durch das 1. EheRG v. 14. 6. 1976; § 641 g ZPO eingeführt durch das NichtehelG v. 14. 8. 1969), hat der Gesetzgeber in diesem Bereich keine entsprechende Norm geschaffen. Daraus ist zu schließen, daß er das Risiko des Ehegatten, der eine einstw. Anordnung nach § 620 ZPO erwirkt und aus ihr vollstreckt, bewußt kleinhalten und damit den einstw. Rechtsschutz in Ehesachen erleichtern wollte. Mit diesen Intentionen wäre eine entsprechende Anwendung der §§ 717 II, 945 ZPO nicht vereinbar.

Anhaltspunkte dafür, daß im vorliegenden Fall die Bekl. die einstw. Anordnung durch eine unerlaubte Handlung erwirkt (§ 823 II BGB i. V. mit § 263 StGB) oder in sittenwidriger Weise von ihr Gebrauch gemacht hat (§ 826 BGB), bestehen nach dem vom Kl. vorgebrachten und vom OLG festgestellten Sachverhalt nicht. Die Bekl. hat insbesondere schon im ersten Aufhebungsverfahren, das im März 1980 eingeleitet worden ist, das eheähnliche Verhältnis mit L. eingeräumt.

203 b) FamRZ 85/368, 369, 370 = NJW 85/1074, 1075, 1076
(zur verschärften Haftung nach § 818 IV BGB)

Die verschärfte Haftung des Bereicherungsschuldners tritt für den Empfänger von Unterhaltsleistungen, die aufgrund einer nicht dem materiellen Recht entsprechenden einstweiligen Anordnung geleistet worden sind, nicht schon mit der Rechtshängigkeit der Klage auf Feststellung ein, daß die Unterhaltspflicht nicht besteht [im Anschluß an BGH, FamRZ 1984, 767ff.]. (L. S.)

In den bereicherungsrechtlichen Vorschriften des BGB kommt zum Ausdruck, daß die verschärfte Haftung gemäß § 818 IV BGB an die Rechtshängigkeit der Klage auf Herausgabe des Erlangten (§ 812 BGB) oder auf Leistung von Wertersatz (§ 818 II BGB) anknüpft. Zwar wird dies in Abs. IV des § 818 nicht ausdrücklich gesagt; doch ergibt es sich aus dem Sinnzusammenhang mit dem vorausgehenden Abs. III der Vorschrift, wo die Verpflichtung zur Herausgabe oder zum Ersatze des Wertes genannt werden. Weiter wird in den §§ 819 I und 820 I BGB die Haftung mit der Wendung umschrieben: ,,wie wenn der Anspruch *auf Herausgabe* ... rechtshängig geworden wäre". Bei § 818 IV BGB handelt es sich um einen der Fälle, in denen an die prozessuale Rechtshängigkeit materiellrechtliche Wirkungen geknüpft werden (§ 262 S. 1 ZPO). Bei einem anderen dieser Fälle, der Unterbrechung der Verjährung durch Klageerhebung, nennt das Gesetz in § 209 I BGB neben der Leistungsklage ausdrücklich auch die Klage auf Feststellung des Anspruchs. Bei Fällen ohne derartige ausdrückliche Regelung des Gesetzes, in denen sich die Rechtshängigkeit im Sinne einer Haftungssteigerung auswirkt, wird im Schrifttum angenommen, daß die Erhebung einer Feststellungsklage nicht ausreicht: so für die Eigentumsfeststellungsklage in bezug auf die verschärfte Haftung des Besitzers nach § 987 BGB und für die auf Feststellung einer Verbindlichkeit gerichtete Klage in bezug auf die Verzinsungspflicht nach § 291 BGB. Auch bei § 818 IV BGB geht die herrschende Auffassung von dem Erfordernis der Erhebung einer *Leistungsklage* aus, ohne dies allerdings näher zu erörtern.

Das Gesetz hat die Sachverhalte, in denen der Empfänger auf den Bestand der Vermögenslage nicht mehr vertrauen kann, aus Gründen der Rechtssicherheit dahin formalisiert, daß es auf die Zustellung einer auf die Herausgabe der Bereicherung gerichteten Klage abstellt. Danach haben nicht nur außergerichtliche Akte mit Warnfunktion auszuscheiden, wie etwa die Mahnung, sondern auch die Anrufung des Gerichts auf andere Weise als durch Erhebung einer Leistungsklage.

Die unmittelbar auf die rechtskräftige Zuerkennung des Bereicherungsanspruchs gerichtete Leistungsklage ist umfassender als die lediglich den Rechtsgrund der Leistung leugnende Feststellungsklage. Letztere betrifft lediglich ein für den Bereicherungsanspruch vorgreifliches Rechtsverhältnis. Es ist denkbar, daß in Fällen der vorliegenden Art trotz Erfolges der negativen Feststellungsklage der Bereicherungsanspruch letztlich aus sonstigen Gründen scheitert, etwa weil in bezug auf geleisteten Trennungsunterhalt eine Rückforderungsabsicht nicht beweisbar ist (§ 1361 IV S. 4 i. V. mit § 1360 b BGB) oder weil die Leistung einer sittlichen Pflicht entsprochen hat (§ 814 BGB). Daher ist auch die von der Zustellung einer Feststellungsklage ausgehende Warnfunktion schwächer als diejenige, die mit der Zustellung einer Leistungsklage verbunden ist.

Die Vorschrift des § 818 IV BGB hat eine Ausnahme von dem allgemeinen Grundsatz zum Inhalt, daß die Herausgabepflicht des gutgläubig Bereicherten nicht zu einer Verminderung seines Vermögens über den Betrag der wirklichen Bereicherung hinaus führen darf, daß dieser also auf Rückgewähr nur bis zur Grenze einer noch vorhandenen Bereicherung haftet. Wenn die Voraussetzungen des § 818 IV BGB erfüllt sind, nützt es dem Leistungsempfänger nichts, daß er sich in gutem Glauben an den Rechtsgrund der Leistung noch gegen die erhobene Klage zur Wehr setzt, sofern er letztlich unterliegt. Er hat dann auch für finanzielles Unvermögen einzustehen (*BGHZ* 83, 293 = FamRZ 1982, 776ff.). Eine Ausnahmevorschrift ist im allgemeinen für eine erweiternde Auslegung nicht geeignet. Die Auffassung des OLG liefe zudem darauf hinaus, daß der negativen Feststellungsklage in Fällen der vorliegenden Art weitergehende Rechtswirkungen zukämen als einer Leistungsklage. Diese bewirkt nämlich nur, daß der Unterhaltsempfänger sich nicht auf den Wegfall des bei Rechtshängigkeit noch vorhandenen Unterhalt berufen kann. Hingegen würde die negative Feststellungsklage, ließe man sie ausreichen, darüber hinaus dazu führen, daß auch in bezug auf Unterhaltszahlungen für künftige Zeiträume, die der Bereicherungsschuldner also im Zeitpunkt der Rechtshängigkeit noch nicht erhalten hat, die Berufung auf den Wegfall der Bereicherung nicht möglich wäre.

Der *Senat* hat bereits entschieden, daß dann, wenn eine einstw. Anordnung gemäß § 620 S. 1 Nr. 6 ZPO über Bestand und Höhe des materiell-rechtlichen Unterhaltsanspruchs hinausgeht, wegen der Überzahlungen eine verschärfte Bereicherungshaftung nach § 820 BGB sowie ein Schadensersatzanspruch ohne Verschulden in entsprechender Anwendung der §§ 717 II, 945 ZPO nicht in Betracht kommen (FamRZ 1984, 767, 768f.). Danach scheidet auch hier insbesondere ein solcher Schadensersatzanspruch des Kl. aus (die Bekl. ist im gesamten Zeitraum im Wege der Pfändung vorgegangen). In der angeführten *Senats*entscheidung ist dargelegt worden, daß der Gesetzgeber das Risiko des Ehegatten, der eine einstw. Anordnung erwirkt und aus ihr vollstreckt, bewußt kleinhalten und damit den einstw. Rechtsschutz in Ehesachen erleichtern wollte (a. a. O., S. 769). Diese Absicht des Gesetzgebers würde in Frage gestellt, wenn zwar ein Schadensersatzanspruch analog §§ 717 II, 945 ZPO verneint, eine verschärfte Haftung analog § 818 IV BGB in den hier erörterten Fällen aber bejaht würde.

Daß nur eine solche Haftung des Leistungsempfängers den schutzwürdigen Interessen des ohne Rechtsgrund Leistenden oder unabweisbaren Bedürfnissen der Praxis gerecht würde, ist nicht ersichtlich. Wenn – wie im vorliegenden Fall – die Scheidung bereits rechtskräftig ausgesprochen worden ist, die im zugrundeliegenden Rechtsstreit erlassene einstw. Anordnung nach § 620 S. 1 Nr. 6 ZPO aber fortwirkt, kann mit der Erhebung der negativen Feststellungsklage der Antrag auf einstw. Einstellung der Zwangsvollstreckung aus diesem Titel verbunden werden (FamRZ 1983, 355, 357 m. w. N.). Dadurch wird den schutzwürdigen Belangen des Schuldners einer einstw. Anordnung ausreichend Rechnung getragen. Dem Schuldner bleibt es im übrigen unbenommen, ohne Rücksicht auf eine vorherige Aufhebung des Titels alsbald nach der Unterhaltsleistung die Rückforderungsklage zu erheben, wodurch die Wirkungen des § 818 IV BGB allerdings nur insoweit ausgelöst werden, als bereits geleistete Zahlungen bei Eintritt der Rechtshängigkeit der Kl. noch nicht verbraucht worden sind.

Gerade in bezug auf Unterhaltsleistungen aufgrund einer einstw. Anordnung gemäß § 620 S. 1 Nr. 6 ZPO ist es nicht angebracht, eine Ausdehnung der verschärften Haftung nach § 818 IV BGB ab der Zustellung der negativen Feststellungsklage in Betracht zu ziehen. Der Leistungsempfänger würde dadurch gezwungen, den an ihn gezahlten Unterhalt nicht bestimmungsgemäß zu verbrauchen, sondern ihn für eine Rückzahlung bereit zu halten, ohne gegebenenfalls auf andere Mittel zur Bestreitung seines Lebensbedarfs zurückgreifen zu können. Dies zeigt etwa der vorliegende Fall, in dem die Bekl. seit der Einstellung der Zahlungen des Kl. von Sozialhilfe lebt. Einen Anspruch auf Sozialhilfe hätte sie nicht schon ab der Rechtshängigkeit der vom Kl. erhobenen Feststellungsklage geltend machen können, weil die vorerst weiter laufenden Zahlungen des Kl. insoweit ihre Hilfsbedürftigkeit im Sinne des Sozialhilferechts aufgehoben hätten. Nach dem Grundsatz der Subsidiarität prüfen die Sozialhilfeträger nicht, ob einer Person tatsächlich zufließende Beträge ohne Rechtsgrund geleistet werden. Würde die Bekl. aufgrund des § 818 IV BGB ohne Rücksicht auf ihr finanzielles Unvermögen zur Rückzahlung der von ihr verbrauchten Beträge verurteilt, hätte sie auch keine Aussicht, vom Sozialhilfeträger rückwirkend Unterstützung zu erlangen. Denn zu den Grundsätzen des Sozialhilferechts gehört es, daß für vergangene Zeiträume Sozialhilfe nicht gewährt wird. War jemand aufgrund der Hilfeleistung eines Dritten nicht hilfsbedürftig, so ist es ohne Belang, ob ohne Rechtsgrund oder in der irrtümlichen Annahme eines Rechtsgrundes geleistet worden ist. Die vom OLG vertretene Auffassung könnte somit in den in der Praxis nicht seltenen Mangelfällen zu unbefriedigenden Ergebnissen führen.

Nach alledem kann das angefochtene Urteil keinen Bestand haben und muß aufgehoben werden. Einer Zurückverweisung der Sache an die Vorinstanz bedarf es nicht, da der *Senat* zu einer abschließenden Entscheidung in der Lage ist. Zwischen den Parteien ist unstreitig, daß die Bekl. die streitbefangenen Beträge jeweils sogleich für ihren allgemeinen Lebensunterhalt verwendet hat. Sie bliebe damit Bereicherungsschuldnerin gemäß § 818 II BGB nur dann, wenn sie aufgrund der Unterhaltszahlungen des Kl. entsprechende Aufwendungen aus eigenen Einkünften oder eigenem Vermögen erspart hätte (FamRZ 1981, 764, 765 und FamRZ 1984, 768). Einkünfte aus Erwerbstätigkeit oder aus sonstigen Quellen hat sie im fraglichen Zeitraum nicht erzielt. Als Vermögen kommt nur ihr hälftiger Miteigentumsanteil an einem Hausgrundstück in Betracht, das die Parteien gemeinsam angeschafft hatten. Insoweit haben diese übereinstimmend vorgetragen, daß der Kl. die Bekl. auf ersatzlose Auflassung wegen Wegfalls der Geschäftsgrundlage verklagt und daß die Klage in zwei Instanzen Erfolg gehabt hat, ehe der *BGH* auf Aufhebung des OLG-Urteils und Zurückverweisung der Sache erkannt hat. In den Jahren 1979 und 1980 war es der Bekl. wirtschaftlich nicht möglich, den Miteigentumsanteil für ihren Unterhalt zu verwerten, so daß dahinstehen kann, ob sie dies ohne die Unterhaltszahlungen des Kl. getan hätte.

Damit stehen die Voraussetzungen des § 818 III BGB fest, ohne daß es auf weitere Feststellungen ankäme. Die erhobene Klage scheitert daran, daß die Bereicherung der Bekl. schon vor dem Eintritt der Rechtshängigkeit des vorliegenden Rechtsstreit entfallen ist.

204. BGH zur Wirksamkeit einer Unterhaltsverzichtsvereinbarung

204a) FamRZ 85/788, 789, 790 = NJW 85/1833, 1834, 1835

(zur Wirksamkeit eines Verzichts auf nachehelichen Unterhalt)

Nach § 72 S. 1 EheG (1946), der im Zeitpunkt des Vertragsschlusses noch galt, konnten Ehegatten über die Unterhaltspflicht für die Zeit nach der Scheidung Vereinbarungen treffen. Aus dieser Vorschrift – die in das seit dem 1. 7. 1977 geltende Recht inhaltlich unverändert als § 1585c BGB übernommen worden ist – folgt, daß für die Regelung nachehelicher Unterhaltsansprüche – anders als für den künftigen Unterhalt während bestehender Ehe, vgl. §§ 1360a III, 1361 IV, 1614 I BGB – volle Vertragsfreiheit bestand und weiterhin besteht (vgl. *BGH,* NJW 1979, 43 = FamRZ 1978, 873 [874] m. w. Nachw. – insoweit in *BGHZ* 72, 182 nicht abgedruckt).

Der Wirksamkeit des Unterhaltsverzichts steht nicht entgegen, daß die Parteien ihn im unmittelbaren Anschluß an die Eheschließung – am Nachmittag des gleichen Tages – nach einem schon vor der Eheschließung vom Kl. angefertigten und der Bekl. vorgelegten Vertragsentwurf vereinbart haben. Das Gesetz bestimmt nicht, daß die Vereinbarung über die Unterhaltspflicht für die Zeit nach der Scheidung in einem zeitlichen Zusammenhang mit einem – beabsichtigten oder schon anhängigen – Scheidungsverfahren getroffen werden muß. Vielmehr entspricht es der übereinstimmenden Auffassung in Rechtsprechung und Literatur, daß sie als vorsorgende Vereinbarung grundsätzlich schon im Zusammenhang mit der Eheschließung und gegebenenfalls auch schon vorher geschlossen werden kann.

Der Verzicht auf nachehelichen Unterhalt berührt nicht einen Kernbereich der Ehe, in dem von der gesetzlichen Ausgestaltung abweichende Parteivereinbarungen als Verstoß gegen zwingendes Recht (etwa Art. 6 I GG oder § 1353 I BGB) nicht anerkannt werden könnten. Dem zur Zeit des Vertragsschlusses und noch bis zum 30. 6. 1977 geltenden Recht erschien der völlige Ausschluß von nachehelichem Unterhalt keineswegs untragbar, vielmehr versagte es demjenigen Ehegatten einen Unterhaltsanspruch, der allein oder überwiegend für schuldig an der Scheidung erklärt worden war; im übrigen machte es den Unterhaltsanspruch teilweise von Billigkeitserwägungen abhängig (vgl. §§ 59 bis 61 EheG 1946). Für das am 1. 7. 1977 in Kraft getretene Recht gilt nichts anderes. Daraus, daß der nacheheliche Unterhaltsanspruch entsprechend einer veränderten Auffassung durch das 1. EheRG auf eine neue, verschuldensunabhängige Grundlage gestellt worden ist (vgl. §§ 1569ff. BGB), läßt sich keine so weitgehende Wertverschiebung herleiten, daß der Verzicht auf nachehelichen Unterhalt nach gegenwärtigem Verständnis mit dem Wesen der Ehe unvereinbar wäre; folglich kann offenbleiben, ob eine veränderte Auffassung überhaupt den Rechtsbestand einer unter der Geltung des früheren Rechts geschlossenen Vereinbarung beeinflussen könnte. Der nacheheliche Unterhaltsanspruch betrifft eine zwar nicht unwichtige, aber doch erst mit ihrer Auflösung bedeutsam werdende Nachwirkung der Ehe.

Der Verzicht auf nachehelichen Unterhalt ist auch nicht in Fällen grundsätzlich unwirksam, in denen von einem geschiedenen Ehegatten wegen der Pflege und Erziehung eines gemeinschaftlichen Kindes nicht erwartet werden kann, daß er (ganz oder teilweise) selbst für seinen Unterhalt sorgt (§ 1570 BGB).

Von den Tatbeständen, die nach dem seit dem 1. 7. 1977 geltenden Recht einen Anspruch auf nachehelichen Unterhalt gewähren, nimmt derjenige des § 1570 BGB allerdings eine besondere Stellung ein. Weil die staatliche Gemeinschaft zu gewährleisten hat, daß Eltern ihre Kinder pflegen und erziehen können (vgl. Art. 6 II GG), hatte der Gesetzgeber dafür zu sorgen, daß ein Kind unter der Scheidung der Ehe seiner Eltern nicht mehr als unvermeidbar leidet. Dem Wohl des Kindes wäre es aber regelmäßig abträglich, wenn es nach der Trennung von dem einen Elternteil auch noch weitgehend auf die persönliche Betreuung durch den anderen, sorgeberechtigten Elternteil verzichten müßte, weil dieser den eigenen Unterhalt durch eine Erwerbstätigkeit sichern müßte (vgl. *BVerfGE* 57, 361 [381ff.] = NJW 1981, 1771). Der Gesetzgeber hat den Unterhaltsanspruch nach § 1570 BGB deshalb in mehrfacher Hinsicht besonders stark ausgestaltet (vgl. §§ 1577 IV 2, 1579 II und 1586a I 1 BGB).

Diese Gründe reichen aber nicht aus, den Unterhaltstatbestand des § 1570 BGB als unabdingbar anzusehen, wie das in einem Teil des Schrifttums erwogen wird; es kommt daher nicht darauf an, ob eine unter gleichen Voraussetzungen nach früherem Recht geschlossene Vereinbarung ebenfalls insoweit unwirksam wäre. Die Vorschrift des § 1585c BGB stellt den während bestehender Ehe eingeschränkten (§§ 1360a III, 1361 IV, 1614 I BGB) Grundsatz der Vertragsfreiheit wieder her. Die Bestimmung enthält keine Ausnahme für irgendeine Bedürfnislage, auch nicht für den Anspruch nach § 1570 BGB.

Trotz der grundsätzlichen Zulässigkeit eines umfassenden, auch den Fall der Kindesbetreuung einschließenden Verzichts auf nachehelichen Unterhalt in einer vorsorgenden Vereinbarung ist der dadurch begünstigte Ehegatte indessen nicht berechtigt, sich im Falle der Scheidung unter allen Umständen auf den Verzicht zu berufen. Wie jedes andere Recht darf das aus dem Verzicht herzuleitende nicht mißbräuchlich ausgeübt werden. Daher kann es einem auf Unterhalt in Anspruch genommenen Ehegatten im Einzelfall verwehrt sein, sich auf den vereinbarten Verzicht zu berufen, wenn dies – etwa aufgrund der späteren Entwicklung – mit dem auch im Unterhaltsrecht geltenden Grundsatz von Treu und Glauben unvereinbar ist.

Der Vertrag ist nicht nach § 138 BGB nichtig. Ein Verzicht auf nachehelichen Unterhalt kann im Einzelfall den guten Sitten zuwiderlaufen, d. h. gegen das Anstandsgefühl aller billig und gerecht Denkenden verstoßen (vgl. *BGHZ* 69, 295 [297] = NJW 1977, 2356). Ob das der Fall ist, hängt entscheidend von dem aus der Zusammenfassung von Inhalt, Beweggrund und Zweck zu entnehmenden Gesamtcharakter der Vereinbarung ab. Das hat der *Senat* bereits für eine Scheidungsvereinbarung entschieden (*BGHZ* 86, 82 = NJW 1983, 1851); es gilt gleichermaßen für eine vorsorgende Vereinbarung, auch wenn sich wegen des zeitlichen Abstandes zu einer nicht beabsichtigten, sondern nur für denkbar gehaltenen Scheidung dabei zusätzliche Gesichtspunkte ergeben.

Die Revision macht geltend, die Bekl. sei aufgrund des Vertrages wirtschaftlich und damit zugleich persönlich in eine völlige Abhängigkeit vom Kl. geraten, die es ihr als dringend erforderlich habe erscheinen lassen müssen, bei peinlicher Vermeidung eigenen Fehlverhaltens jede etwaige Ehewidrigkeit des Kl. zu tolerieren.

Das BerGer. hat in diesem Zusammenhang erwogen: Zwar sei abzusehen gewesen, daß die von den Parteien getroffene Vereinbarung sich im Falle der Scheidung für die Bekl. nachteiliger auswirken werde als für den Kl. Während sie – ohne abgeschlossene Berufsausbildung – durch die Versorgung des zur Zeit der Eheschließung etwa zwei Jahre alten Kindes auch weiterhin an einer Berufsausbildung oder Erwerbstätigkeit gehindert gewesen sei, habe er als selbständiger Kaufmann damals ein noch höheres Einkommen erzielt als gegenwärtig als Gutsverwalter seiner Mutter. Selbst ein objektiv grobes Mißverhältnis von Leistung und Gegenleistung begründe aber noch keine Sittenwidrigkeit des Vertrages; hinzutreten müsse die bewußte oder grob fahrlässige Ausnutzung dieser Lage. Aus dem Vortrag der darlegungspflichtigen Bekl., die während ihres ersten Scheidungsverfahrens und des Statusverfahrens über die Abstammung des Sohnes hinreichend Zeit zum Überdenken ihrer Situation gehabt habe, könne nicht entnommen werden, daß der Kl. ihre Lage ausgenutzt und sie mit dem Ehevertrag „überfahren" habe. Dies hält den Angriffen der Revision im Ergebnis stand.

Die Bekl., die sich auf die Sittenwidrigkeit der Vereinbarung beruft, muß deren Voraussetzungen darlegen und erforderlichenfalls beweisen (NJW 1983, 1851 = FamRZ 1983, 137 [140] – insoweit in *BGHZ* 86, 82 nicht abgedruckt). Sie hat aber nicht behauptet, daß sie sich zur Zeit des Vertragsschlusses in einer bedrängten Lage befunden habe, die der Kl. zur Durchsetzung ehevertraglicher Regelungen genutzt habe, mit denen sie unter normalen Bedingungen nicht einverstanden gewesen wäre. Der Auffassung der Revision, daß ein solcher Vertrag entbehrlich sei, wenn die objektiven Gegebenheiten einen Rückschluß auf die subjektive Einstellung zuließen, kann für familienrechtliche Vereinbarungen nicht gefolgt werden. Richtig ist zwar, daß es Fälle gibt, in denen bereits ein grobes Mißverhältnis zwischen Leistung und Gegenleistung die Annahme zwingend nahelegt, daß der dadurch begünstigte Vertragspartner dies zum Nachteil des anderen bewußt oder grob fahrlässig ausgenutzt hat. Die insoweit von der Revision genannten Beispiele aus der Rechtsprechung betreffen jedoch einen Mietübernahmevertrag (*BGH,* WM 1969, 1255 [1257]) und einen Teilzahlungs- und Ratenkreditvertrag (*BGHZ* 80, 153 [159f.] = NJW 1981, 1206). Die zu derartigen, auf Austausch von Leistungen oder Gütern gerichteten Verträgen entwickelten Rechtsgrundsätze lassen sich auf familienrechtliche Verträge nicht übertragen.

Der *Senat* teilt nicht die Besorgnis der Revision, ein Ehegatte, dem wie der Bekl. für den Scheidungsfall wegen Verzichts der Verlust von Unterhalt drohe, müsse jegliche Ehewidrigkeiten, auch gröbster Art, des anderen ertragen. Gegen rechtsmißbräuchliche Ausnutzung einer Vertragsposition kann sich mit der Arglisteinrede auch derjenige zur Wehr setzen, der in einer familienrechtlichen Vereinbarung auf nachehelichen Unterhalt verzichtet hat. Daher hätte die Bekl. – auch nach dem bis zum 30. 6. 1977 geltenden Recht – bei grob ehewidrigem Verhalten des Kl. die Scheidung unter

Wahrung eines Unterhaltsanspruchs erreichen können, sofern dessen gesetzliche Voraussetzungen vorlagen. Die Bekl. hat indessen nichts vorgetragen, was irgend einen Vorwurf in dieser Richtung gegen den Kl. begründen könnte, so daß sie ihm einen derart begründeten Arglisteinwand nicht entgegenhalten kann. Daß ihr unabhängig von seinem Verhalten der Entschluß, sich scheiden zu lassen, im Hinblick auf die unterhaltsrechtlichen Folgen schwerer fallen konnte als dem Kl., begründet noch keine Sittenwidrigkeit der Vereinbarung. Die Bekl. war zur Zeit der Eheschließung weder erwerbsunfähig noch durch die Betreuung des damals zwei Jahren alten gesunden Kindes der Parteien auf Dauer an jeglicher Erwerbstätigkeit gehindert.

Der Vertrag ist auch nicht deshalb gem. § 138 I BGB nichtig, weil die Parteien durch den Unterhaltsverzicht unzulässig in wirtschaftliche Belange Dritter eingegriffen hätten.

Der *Senat* hat bereits entschieden, daß ein Unterhaltsverzicht den guten Sitten zuwiderlaufen und damit nichtig sein kann, wenn die Parteien ihre auf der Ehe beruhenden Familienlasten objektiv zum Nachteil der Sozialhilfe geregelt haben, auch wenn insoweit keine Schädigungsabsicht bestand, den Ehegatten aber die Auswirkungen ihres Verzichts bewußt waren (*BGHZ* 86, 82 = NJW 1983, 1851). Das *OLG*, das von diesen Grundsätzen ausgegangen ist, hat ausgeführt, es sei nichts dafür ersichtlich, daß die Parteien im Zeitpunkt der Eheschließung das Bewußtsein gehabt hätten, durch ihre Vereinbarung eine Unterstützungsbedürftigkeit der Bekl. zu Lasten der Sozialhilfe herbeizuführen. Nach dem seinerzeit geltenden Eherecht hätte die Bekl. bei eigenem Wohlverhalten einer Scheidung widersprechen können und wäre als getrennt lebende Ehefrau auf Lebzeiten unterhaltsmäßig sichergestellt gewesen. Es spreche nichts dafür, daß die Parteien seinerzeit bereits in Aussicht genommen hätten, daß sich diese Rechtsstellung der Bekl. nach künftigem Scheidungsrecht verschlechtern würde.

Diesen Ausführungen, gegen die auch die Revision nichts einwendet, ist im Ergebnis zuzustimmen. Zwar bedarf es nicht unbedingt eines Bewußtseins der Parteien, daß durch ihre Vereinbarung der Träger der Sozialhilfe geschädigt werden könne; vielmehr kann es bereits genügen, daß sie sich einer solchen Erkenntnis grob fahrlässig verschlossen haben (vgl. *BGHZ* 86, 82 [89] = NJW 1983, 1851). Dadurch wird die Beurteilung des BerGer. letztlich jedoch nicht in Frage gestellt. Seine an anderer Stelle getroffenen Feststellungen über den tatsächlichen Eheverlauf lassen objektiv den Schluß zu, daß die Parteien trotz des im Vordergrund stehenden Wunsches nach einer Legitimation des gemeinsamen Kindes nicht etwa eine nur kurzfristige Ehe schließen, sondern eine eheliche Lebensgemeinschaft begründen wollten. Es mußte ihnen daher objektiv fern liegen, daß die im Zeitpunkt der Eheschließung erst 26 Jahre alte Bekl. im Falle einer – zwar vorsorglich erwogenen und deshalb in ihren Folgen geregelten, nicht aber bereits beabsichtigten – Scheidung ihren Lebensunterhalt nicht durch eine eigene Erwerbstätigkeit würde verdienen, sondern hieran noch durch die Betreuung des bei Eheschließung bereits zwei Jahre alten Sohnes gehindert sein könnte. Jedenfalls bietet der festgestellte Sachverhalt keinen Anhalt dafür, daß sie sich einer solchen Möglichkeit im Rahmen einer lediglich vorsorgenden Vereinbarung grob fahrlässig verschlossen hätten.

Der vereinbarte Verzicht auf nachehelichen Unterhalt ist auch nicht wegen bewußter oder grob fahrlässiger Mißachtung der berechtigten Belange des gemeinsamen Sohnes der Parteien sittenwidrig.

Ob es – wie das BerGer. annimmt – zur Rechtfertigung eines Unterhaltsverzichtes auch für die Dauer einer notwendigen Betreuung des Kindes bereits ausreicht, daß dieses Kind durch eine „ritterliche Eheschließung" seiner Eltern die Rechtsstellung eines ehelichen Kindes erlangt, ist im Hinblick darauf zweifelhaft, daß ein so legitimiertes Kind der persönlichen Betreuung durch seine sorgeberechtigte Mutter nicht in geringerem Umfang bedarf als ein Kind, das von vornherein ehelichen Status hat. Gleichwohl ist die Beurteilung des BerGer. im Ergebnis nicht zu beanstanden. Nicht jede vorsorgende Verzichtsvereinbarung, die sich irgendwann einmal dahin auswirken kann, daß ein Elternteil nach einer Scheidung erwerbstätig sein muß, obwohl er ein Kind zu betreuen hat, ist deshalb schon sittenwidrig. Ähnlich wie bei Verträgen zum Schaden der Sozialhilfe kommt es auch hier nicht allein auf objektiv ungünstige Auswirkungen des Unterhaltsverzichts auf die schutzwürdigen Belange eines Kindes an, sondern darauf, ob die Vereinbarung nach ihrem Gesamtcharakter – aus der Zusammenfassung von Inhalt, Beweggrund und Zweck – den guten Sitten zuwiderläuft. Eine solche Mißbilligung ist nach den vom BerGer. getroffenen Feststellungen nicht gerechtfertigt. Danach wollten die Parteien bei Vertragsschluß nicht nur eine kurzfristige Ehe. Auch ist nicht ersichtlich, daß ein nach gleichwohl gescheiterter Ehe mit der Rechtskraft der Scheidung wirksam gewordener Unterhaltsverzicht gegenwärtig das Wohl des Kindes beeinträchtigt. Die Bekl. hält sich mit dem im Zeitpunkt der letzten mündlichen Verhandlung vor dem BerGer. 11½ Jahre alten Sohn auf einer spanischen Mittelmeerinsel auf, wo das Kind vor – und nachmittags eine Privatschule besucht, deren Kosten der Kl. trägt. Einer Erwerbstätigkeit kann die Bekl. dort schon wegen des Fehlens der dazu erforderlichen behördlichen Erlaubnis nicht nachgehen. Wovon sie ihren Lebensunterhalt bestreitet, ist nicht vorgetragen. Ob und wielange der Kl. noch nach eingetretener Rechtskraft der Scheidung zum Unterhalt der Bekl. beigetragen hat, ist streitig. Jedenfalls kann danach nicht davon ausgegangen werden, daß die in Rede stehende vorsorgende Vereinbarung die Bekl. in irgendeiner Weise in der Pflege und Erziehung ihres Sohnes hindert.

Die Wirksamkeit des Verzichts auf nachehelichen Unterhalt wird nicht dadurch in Frage gestellt, daß die Parteien in der Vereinbarung auch den gesetzlichen Güterstand der Zugewinngemeinschaft ausgeschlossen und auf alle gesetzlichen Erbrechte einschließlich der Pflichtteilsansprüche verzichtet haben. Entgegen der Auffassung der Revision wird das Wesen der Ehe nicht dadurch mitbestimmt, daß eine ,,wirtschaftliche Lebensgemeinschaft" entsteht oder daß die Ehegatten bei Auflösung der Ehe an den während ihres Bestehens eingetretenen vermögensrechtlichen Veränderungen beteiligt werden. Das Gesetz stellt es Ehegatten frei, durch Ehevertrag den gesetzlichen Güterstand auszuschließen oder aufzuheben, wodurch Gütertrennung eintritt (§§ 1408 I, 1414 S. 1 BGB). Der unter Ehegatten zulässige Verzicht auf ein gesetzliches Erbrecht, der bereits kraft Gesetzes auch den Verlust des Pflichtteilsrechtes zur Folge hat (§ 2346 BGB), kann sich neben dem Verzicht auf nachehelichen Unterhalt nicht auswirken; denn das gesetzliche Erbrecht setzt voraus, daß die Ehe beim Erbfall noch besteht (§ 1931 BGB). Im übrigen fehlt es für Gütertrennung und Erbverzicht nicht an jeglicher innerer Rechtfertigung, wenn die Ehegatten – wie die Bekl. selbst vorträgt – durch eine derartige Gestaltung erreichen wollten, daß ein im Mannesstamm gebildetes und landwirtschaftlich genutztes Grundvermögen diesem ungeschmälert erhalten bleibt.

204b) FamRZ 83/137, 138, 139 = NJW 83/1851, 1852, 1853

(BGH zur Sittenwidrigkeit eines Unterhaltsverzichts zum Nachteil des Sozialhilfeträgers)

Eine Scheidungsvereinbarung, in der ein nicht erwerbsfähiger und nicht vermögender Ehegatte auf nachehelichen Unterhalt verzichtet mit der Folge, daß er zwangsläufig der Sozialhilfe anheimfallen muß, kann den guten Sitten zuwiderlaufen und damit nichtig sein, auch wenn sie nicht auf einer Schädigungsabsicht der Ehegatten zu Lasten des Trägers der Sozialhilfe beruht.

Für die Beurteilung der Sittenwidrigkeit der Verzichtsabrede kommt es insoweit entscheidend auf den aus der Zusammenfassung von Inhalt, Beweggrund und Zweck zu entnehmenden Gesamtcharakter der Vereinbarung an. (L. S.)

Das OLG ist von einer wirksamen Verzichtsvereinbarung – die hier nach früherem Recht zu beurteilen ist (FamRZ 1979, 906, 907) – zwischen dem Bekl. und seiner früheren Ehefrau ausgegangen. Es hat die Vereinbarung nicht für sittenwidrig nach § 72 S. 3, 2. Altern., EheG i. Vbdg. mit § 138 I BGB gehalten, weil die Eheleute die Verzichtsabrede nicht in der Absicht – oder zumindest aus dem wesentlich mitbestimmenden Beweggrund – getroffen hätten, die Unterhaltslast des Bekl. auf den Träger der Sozialhilfe abzuwälzen und von diesem durch den Unterhaltsverzicht ,,Leistungen herauszuholen".

Das OLG ist damit einer während der Geltung des § 72 EheG verbreiteten Auffassung gefolgt, nach der Unterhaltsverzichte, die sich zu Lasten der öffentlichen Fürsorge auswirkten, nur unter engen – subjektiven – Voraussetzungen als sittenwidrig und damit nichtig angesehen wurden. Da § 72 EheG – entgegen dem allgemeinen Grundsatz des § 1614 BGB – im Rahmen von Vereinbarungen über die Unterhaltspflicht für die Zeit nach der Scheidung auch Unterhaltsverzichtsverträge zuließ, hielten es die Vertreter dieser Auffassung nicht für gerechtfertigt, die Regelung des § 1614 BGB für die Fälle einer Inanspruchnahme der öffentlichen Fürsorge auf dem Umweg über § 138 BGB wieder herzustellen. Aus diesem Grund wurden Unterhaltsverzichtsverträge nach § 72 EheG nur dann als gegen die guten Sitten verstoßen angesehen, wenn die Eheleute bei dem Abschluß des Vertrages ,,gewissenlos" im Interesse des eigenen Vorteils handelten und sich ausschließlich – oder jedenfalls wesentlich mitbestimmt – von der Absicht leiten ließen, die Unterhaltslast von dem (an sich) leistungsfähigen Ehepartner auf den Fürsorgeverband (Träger der Sozialhilfe) zu überbürden.

Das Verständnis dieser Auffassung wird wesentlich bestimmt durch die Tatsache, daß sie auf dem Boden des früheren Scheidungsrechts entwickelt wurde, nach dem der Unterhaltsanspruch – abgesehen von der Billigkeitsregelung des § 61 II EheG – dem Schuldausspruch folgte und unter dessen Geltung häufig Vereinbarungen über die Durchführung des Scheidungsrechtsstreits zur Vermeidung umfangreicher, die Parteien belastender Beweisaufnahmen über das Scheidungsverschulden getroffen wurden. Dabei erklärte sich in einer Vielzahl von Fällen der Ehemann bereit, von der Geltendmachung eines Verschuldens (Alleinverschulden oder mindestens Mitverschulden) der Ehefrau abzusehen, während diese als ,,Gegenleistung" auf Unterhalt und Unterhaltsbeiträge verzichtete. In anderen Fällen diente die Vereinbarung zumindest dem Zweck, das Scheidungsverfahren möglichst schnell und ohne Aufsehen zum Abschluß zu bringen. Insgesamt waren die Unterhaltsverzichtsvereinbarungen nach § 72 EheG unabhängig von den Beweggründen und Motiven im Einzelfall jedenfalls in der Regel von dem Bestreben der Eheleute geprägt, die als notwendig erkannte Scheidung auf anständige Weise durchzuführen.

Die hiermit erreichte Regelung führte in vielen Fällen zum Unterhaltsverzicht der Ehefrauen, und zwar auch dann, wenn diese nicht in der Lage waren, ihren Unterhalt aus eigenem Erwerbseinkommen oder Vermögen zu bestreiten und infolgedessen (absehbar) auf Leistungen der Sozialhilfe angewiesen waren. In dem Bestreben, gleichwohl auch diesen nicht vermögenden Ehegatten die Durchführung einer vereinbarten ,,anständigen" Scheidung zu ermöglichen, wurde die Gestaltungs- und

Entschließungsfreiheit im Rahmen des § 72 EheG weit gefaßt mit der Folge, daß Unterhaltsverzichtsverträge, die notwendigerweise auf eine Belastung des Fürsorgeverbandes (jetzt: des Trägers der Sozialhilfe) hinausliefen, aus diesem Grund nicht als sittenwidrig beurteilt wurden. Soweit hiernach eine Scheidungsvereinbarung mit dem Inhalt eines Unterhaltsverzichts auf Überlegungen beruhte, die ihren Kern in der Persönlichkeitssphäre der Ehepartner hatten, standen diese immateriellen, persönlichkeitsbezogenen Beweggründe bei der Beurteilung der Wirksamkeit der Verträge unter dem Gesichtspunkt des § 138 BGB inmitten; den wirtschaftlichen Auswirkungen der Vereinbarung kam demgegenüber nur ein geringeres Gewicht zu. Auf diesem Hintergrund wurden Unterhaltsverzichtsabreden im Rahmen des § 72 EheG nach der dargelegten Auffassung nur dann als sittenwidrig behandelt, wenn die Eheleute bei dem Abschluß gezielt in der Absicht handelten, die öffentliche Fürsorge zu schädigen, d. h. wenn im Grunde nicht der Wunsch nach einer fairen Abwicklung des Scheidungsverfahrens der – zumindest vordringliche – Beweggrund für die Vereinbarung des Unterhaltsverzichts war, sondern die Absicht, sich auf Kosten der Allgemeinheit (Sozialhilfe) finanzielle Vorteile zu verschaffen.

Die Auffassung, daß ein anläßlich der Ehescheidung vereinbarter Verzicht auf nachehelichen Unterhalt nur dann gegen die guten Sitten verstoßen kann, wenn die Vereinbarung in der Absicht oder aus dem wesentlich mitbestimmenden Beweggrund abgeschlossen worden ist, den Ehegatten zu Lasten des Sozialhilfeträgers zu entlasten, ist nach Auffassung des *Senats* zu eng.

Allerdings kann eine Verzichtsvereinbarung nicht stets schon dann als sittenwidrig angesehen werden, wenn sie eine Belastung des Sozialhilfeträgers zur Folge hat. Der Unterhaltsverzicht kann auch in solchen Fällen sittlich anzuerkennen sein. Vor allem bei Verzichtsvereinbarungen, die unter der Geltung des früheren Scheidungsrechts abgeschlossen worden sind, wird dies vielfach der Fall sein. So kann es bei der Scheidung nach früherem Recht insbesondere nicht beanstandet werden, wenn ein Unterhaltsverzicht des ohne (überwiegendes) Verschulden gesch. Ehegatten vereinbart wird, damit der andere Ehegatte, der die Scheidung aus dem (überwiegenden) Verschulden des verzichtenden Ehegatten hätte erreichen können, von der Geltendmachung seiner Scheidungsgründe absieht und diesem eine sog. „ritterliche Scheidung“ ermöglicht. In solchen Fällen hätte der Sozialhilfeträger – bei Unterstützungsbedürftigkeit des dann (überwiegend) schuldig gesch. Ehegatten – auch eintreten müssen, wenn der andere Ehegatte seine Scheidungsgründe geltend gemacht hätte. Aber auch abgesehen von derartigen im Zusammenhang mit der Zerrüttung der Ehe und der Persönlichkeitssphäre der Ehegatten stehenden Umständen sind Gründe denkbar, die dem Verzicht die Anstößigkeit nehmen können, so etwa, wenn der verzichtende Ehegatte auf andere Weise wirtschaftlich ausreichend gesichert erscheint.

Dies rechtfertigt es jedoch nicht, den Anwendungsbereich des § 138 BGB im Rahmen von § 72 EheG – unter Vernachlässigung der objektiven Auswirkungen eines Unterhaltsverzichts – auf diejenigen Fälle zu begrenzen, in denen die Eheleute gezielt in einer subjektiv gegen die guten Sitten verstoßenden Schädigungsabsicht zu Lasten des Trägers der Sozialhilfe handeln. Soweit Eheleute mit einem Unterhaltsverzicht im Rahmen eines Scheidungsverfahrens lediglich ihre finanziellen Verpflichtungen regeln wollen, endet die ihnen eingeräumte Vertragsfreiheit nach allgemeinen Grundsätzen (Art. 2 I GG) dort, wo die Rechte Dritter entgegenstehen. Für die Beurteilung der Wirksamkeit eines Unterhaltsverzichts nach § 72 EheG im Hinblick auf § 138 BGB bedeutet dies, daß die vereinbarte Regelung nicht nur nach den subjektiven Beweggründen, sondern auch nach ihrem objektiven Gehalt – und insoweit auch nach ihren möglichen Auswirkungen auf die Rechtsstellung Dritter – mit den guten Sitten in Einklang stehen muß (JZ 1953, 664, 665). Für den hier betroffenen Bereich des Eingreifens der Sozialhilfe ist dabei zu beachten, daß diese grundsätzlich subsidiär ist und kraft ausdrücklicher gesetzlicher Regelung in § 9 SGBAT Nachrang gegenüber allen privaten Unterhaltsquellen genießt. Dies findet als Ausfluß des Prinzips der Sozialstaatlichkeit seinen Ausdruck in dem Grundsatz, daß derjenige, „der sich aus eigener Kraft zu helfen in der Lage ist, mit seinem Wunsch nach staatlicher Hilfe zurücktreten muß“ (*BVerfGE* 17, 38, 56 = FamRZ 1963, 505, 508). Für das private Unterhaltsrecht ergibt sich hieraus die allgemeine Verpflichtung, daß ein Unterhaltsbedürftiger grundsätzlich, soweit nach den Umständen des Einzelfalles zumutbar, zunächst die ihm zur Verfügung stehenden privaten Erwerbsquellen und Unterhaltsmöglichkeiten – auch durch Geltendmachung der ihm gesetzlich zustehenden Unterhaltsansprüche – ausschöpfen muß, bevor er auf dem Weg über eine Inanspruchnahme der Sozialhilfe die Allgemeinheit belastet.

Ein Vertrag, durch den unter Mißachtung dieser Grundsätze bewußt die Unterstützungsbedürftigkeit eines gesch. Ehegatten zu Lasten der Sozialhilfe herbeigeführt wird, kann demnach den guten Sitten zuwiderlaufen und damit nach § 138 BGB nichtig sein, auch wenn er nicht auf einer Schädigungsabsicht der Ehegatten gegenüber dem Träger der Sozialhilfe beruht. Entscheidend kommt es vielmehr auf den „aus der Zusammenfassung von Inhalt, Beweggrund und Zweck zu entnehmenden Gesamtcharakter“ der Verzichtsvereinbarung an (= LM, § 138 [Ca] BGB Nr. 1).

Hiernach wird das Berufungsurteil von den bisher getroffenen tatsächlichen Feststellungen nicht getragen.

Die Ehefrau des Bekl. war zu dem Zeitpunkt, als die Eheleute den Unterhaltsverzicht vereinbarten, nicht erwerbstätig. Sie bezog seit ihrer Trennung von dem Bekl. am 1. 2. 1977 Sozialhilfe, die sie bereits zuvor beantragt hatte. Sie hatte das i. J. 1972 geborene behinderte Kind zu versorgen und war daher – voraussehbar auf Jahre hinaus – nicht in der Lage, einer Erwerbstätigkeit nachzugehen. Das bedeutete, daß sie ihre Arbeitskraft aus Gründen, die auf einer Nachwirkung der Ehe beruhten, nicht anderweitig durch Ausübung einer Erwerbstätigkeit nutzen konnte, um auf diese Weise ihren Unterhalt sicherzustellen. Sonstige Erwerbsquellen besaß sie nicht. Ihre einzige Einkommensquelle für die Zeit nach der Scheidung hätte danach in einem ihr aufgrund des Schuldausspruchs in dem Scheidungsurteil nach § 58 EheG zustehenden Unterhaltsanspruch gegenüber dem Bekl. bestanden.

Der Bekl. wäre auch in der Lage gewesen, zum Unterhalt seiner gesch. Ehefrau zumindest beizutragen. Er hatte von seinem Nettoeinkommen von seinerzeit 1282 DM monatlich nur den Unterhalt für das gemeinschaftliche Kind zu zahlen, den die Eheleute mit monatlich 225 DM vereinbart hatten. Soweit er sich darauf beruft, daß er die aus der Ehe herrührenden Schulden zu tilgen hatte, berühte das seine Leistungsfähigkeit nicht dem Grunde, sondern nur der Höhe nach.

Wenn die Eheleute bei dieser Sachlage gleichwohl einen Unterhaltsverzicht der Ehefrau vereinbarten, so führte diese Vereinbarung zwangsläufig zu einer Belastung der Sozialhilfe, auf deren Leistungen die Ehefrau im Falle der Bedürftigkeit nach § 9 SGB-AT einen Rechtsanspruch hatte.

Der Bekl. und seine gesch. Ehefrau haben damit ihre auf der Ehe beruhenden Vermögensverhältnisse zum Schaden der Sozialhilfe geregelt und sich auf diese Weise objektiv zum Nachteil eines Dritten über ihre Familienlasten geeinigt. Da ihnen hierbei die Bedürftigkeit der Ehefrau im unterhaltsrechtlichen Sinn einerseits und die jedenfalls grundsätzlich gegebene Leistungsfähigkeit des Bekl. andererseits bewußt war – sie sich dieser Erkenntnis allenfalls grob fahrlässig verschlossen haben (vgl. LG *Braunschweig,* ZfF 1958, 152, 153) –, kann die getroffene Verzichtsvereinbarung nach ihrem objektiven Gehalt, der den (geschiedenen) Eheleuten auch subjektiv zuzurechnen ist, aufgrund einer Gesamtwürdigung von Inhalt, Beweggrund und Zweck als sittenwidrig anzusehen sein. Die Verzichtsabrede könnte insoweit einem – allgemein als ungültig behandelten – Vertrag zu Lasten Dritter nahekommen.

Das OLG hat es zur sittlichen Rechtfertigung des Unterhaltsverzichts für ausreichend erachtet, daß die Ehefrau des Bekl. den Verzicht erklärt habe, weil sie dem Bekl. nicht habe wehtun wollen, daß sie bei der Scheidung den überwiegenden Teil des Hausrats erhalten habe und der Bekl. die aus der Ehe noch vorhandenen Schulden (nach dem Vortrag des Bekl. 4094,88 DM) übernommen habe. Dies würde für sich allein nicht genügen, den in der Verschiebung der Unterhaltslast auf den Sozialhilfeträger liegenden sittlichen Makel auszugleichen. Die Ehefrau erhielt durch die Scheidungsvereinbarung keine Zuwendungen, die ihren Unterhalt sicherstellten. Soweit sie aus persönlichen Gefühlen den Bekl. von Unterhaltszahlungen entlasten wollte, durfte sie dies nicht zu Lasten des Sozialhilfeträgers tun.

Das angefochtene Urteil kann danach nicht bestehen bleiben. Allerdings ist es nicht ausgeschlossen, daß die Verzichtsvereinbarung gleichwohl auf Motiven beruhte, die den Verzicht sittlich rechtfertigen und damit eine Nichtigkeit ausschließen würden. Da es sich um eine Scheidung aus Verschulden nach früherem Recht handelte, konnte insbesondere eine „ritterliche Scheidung" im dargelegten Sinne Grundlage des Unterhaltsverzichts sein. Hierzu hat das OLG – von seinem Rechtsstandpunkt aus folgerichtig – keine Erwägungen angestellt.

Zwar trägt die Kl. die Darlegungs- und Beweislast dafür, daß der Unterhaltsverzicht im vorliegenden Fall gegen die guten Sitten verstoßen hat. Ihr obliegt es danach auch, das Vorliegen von Umständen auszuräumen, die den Verzicht trotz der damit verbundenen Belastung des Trägers der Sozialhilfe rechtfertigen würden. Hierzu muß der Kl. – bei Zugrundelegung der Rechtsauffassung des Senats – Gelegenheit zur Ergänzung ihres Vorbringens gegeben werden. Im übrigen bedarf es insoweit unbeschadet der Beweislast einer tatrichterlichen Würdigung. Es läßt sich nicht von vornherein sagen, daß diese Würdigung zwangsläufig zur Beweisfälligkeit der Kl. führen muß. Danach erfordert die Beurteilung der Gültigkeit der Verzichtsvereinbarung unter den dargelegten rechtlichen Gesichtspunkten eine nochmalige Prüfung in tatsächlicher Hinsicht (FamRZ 1964, 245, 247).

205. BGH zur Wirksamkeit einer Vereinbarung der Eltern, in der der nicht sorgeberechtigte Elternteil die Nichtausübung seines Umgangsrechts gegen Freistellung von seiner Unterhaltspflicht zusagt FamRZ 84/778, 779, 780 = NJW 84/1951, 1952

Das OLG hat die Vereinbarung der Parteien v. 6. 10. 1976 für unwirksam gehalten, weil ein Verzicht auf die Ausübung des Umgangsrechts, wie ihn der Kl. in § 3 der Vereinbarung erklärt habe, nach ganz herrschender Meinung nicht möglich sei. Die hierauf gerichte Vereinbarung sei daher gemäß § 134 BGB nichtig mit der Folge, daß die in § 1 der Vereinbarung niedergelegte Freistellungsverpflichtung der Bekl. über § 139 BGB ebenfalls unwirksam sei. Denn die Freistellungsverpflichtung habe, wie sich aus der Regelung der Gegenseitigkeit in § 4 ergebe, ohne den Verzicht auf die Ausübung des Umgangsrechts keinen Bestand haben sollen. Zu demselben Ergebnis führe im übrigen auch eine Umdeutung der unbedingten Freistellungsverpflichtung und des unbedingten Verzichts auf die Ausübung des Umgangsrechts auflösend bedingte Freistellungsverpflichtung. In diesem Fall läge eine gemäß § 138 I BGB unzulässige Koppelung der Freistellung mit dem Umgangsrecht vor.

Auf die Nichtigkeit der Vereinbarung könne sich die Bekl. ohne Verstoß gegen die Grundsätze von Treu und Glauben und ohne Widerspruch zu ihrem früheren Verhalten berufen, da mit der Nichtigkeit der Freistellungsverpflichtung den Bedürfnissen des Kindes, und nicht dem Interesse der Bekl., Rechnung getragen werde.

Hiergegen wendet sich die Revision im Ergebnis ohne Erfolg.

Allerdings ist der Hauptbegründung des angefochtenen Urteils nicht ohne Einschränkung zu folgen. Es sind vielmehr Fälle denkbar, in denen die Zusage eines Elternteils, sein Recht zum Umgang mit einem ehel. Kind für eine gewisse Zeitdauer nicht auszuüben, jedenfalls unter besonderen tatsächlichen Umständen rechtliche Auswirkungen haben kann.

Das Umgangsrecht (früher Verkehrsrecht) der Eltern mit ihren Kindern erwächst aus dem natürlichen Elternrecht und der damit verbundenen Elternverantwortung und es besteht daher als absolutes subjektives Recht auch nach der Übertragung der elterl. Sorge auf einen Elternteil grundsätzlich bei dem anderen – nicht sorgeberechtigten – Elternteil fort (*BVerfG*, FamRZ 1983, 873; *BGH*, FamRZ 1969, 148ff.). Es hat in erster Linie das Recht zur persönlichen Begegnung mit dem Kind – in der Regel in der Form von Besuchen – zum Inhalt; ergänzend kommen auch andere Kommunikationsmittel wie etwa Briefwechsel und Telefongespräche in Betracht. Das Umgangsrecht dient dem Zweck, dem nicht sorgeberechtigten Elternteil die Möglichkeit zu geben, sich von dem körperlichen und geistigen Befinden, dem Wohlergehen und der Entwicklung des Kindes zu überzeugen, den laufenden Kontakt zu dem Kind zu pflegen und einer gegenseitigen Entfremdung vorzubeugen (FamRZ 1969, 148ff.). Dies entspricht der Wahrung des grundrechtlich geschützten Elternrechts nach Art. 6 II S. 1 GG sowie des Kindesinteresses an einer Aufrechterhaltung seiner Bindung zu beiden Eltern (vgl. *BVerfG*, FamRZ 1983, 872; 873; *BGH*, FamRZ 1980, 131, 132) und erscheint im übrigen auch deshalb geboten, weil der nicht sorgeberechtigte Elternteil unter Umständen später seinerseits zur Übernahme der elterl. Sorge verpflichtet sein kann, sei es, daß der andere Elternteil stirbt, oder daß er aus anderen Gründen an einer weiteren Ausübung der elterl. Sorge gehindert ist. In einem solchen Fall wird ein in der Vergangenheit wahrgenommenes Umgangsrecht die Umstellung des Kindes auf die veränderten Verhältnisse in der Regel erleichtern (*BVerfG*, a. a. O., S. 873, 874).

Als Bestandteil des natürlichen Elternrechts ist das Umgangsrecht als solches unverzichtbar. Eine Verzichtserklärung des nicht sorgeberechtigten Elternteils auf sein Umgangsrecht ist daher unzulässig und rechtlich nicht verbindlich.

Für den Umgangsberechtigten Elternteil besteht jedoch andererseits keine Pflicht, das Umgangsrecht auszuüben.

Er kann vielmehr von einer Geltendmachung seines Umgangsrechts absehen, wobei dies im Einzelfall durchaus dem Wohl des Kindes dienlich oder dazu sogar erforderlich sein kann (vgl. § 1634 II S. 2 BGB).

Unter diesem Gesichtspunkt erscheint es nicht grundsätzlich – ohne Rücksicht auf die Umstände des Einzelfalles – unzulässig, sich zur Nichtausübung des Umgangsrechts zwar nicht unbefristet ohne Rücksicht auf die künftige Entwicklung, aber doch für eine gewisse Zeit, jedenfalls dann zu verpflichten, wenn dies dem Kindeswohl entspricht.

Bei dieser Ausgangslage kann auch einer unbefristeten Zusage, das Umgangsrecht nicht auszuüben, nicht von vornherein jede Rechtswirkung abgesprochen werden. Auch soweit daraus für die Zukunft keine Bindung des umgangsberechtigten Elternteils abzuleiten ist, könnte es unter besonderen Umständen gegen Treu und Glauben verstoßen, wenn sich der sorgeberechtigte Elternteil auf die Unwirksamkeit der Zusage berufen und daraus Rechte herleiten würde. Ein solcher Fall käme hier in Betracht, weil die Zusage nach dem nicht bestrittenen Vorbringen des Kl. auf Drängen der Bekl. zustande gekommen ist und sich der Kl. weiterhin daran hält, ohne daß Umstände festgestellt sind, wonach dies dem Wohl des Kindes widerspräche.

Die Bereitschaft des umgangsberechtigten Elternteils, von der Ausübung seines Besuchsrechts abzusehen, ist jedoch rechtlich unbeachtlich, wenn sie in einer gegen die guten Sitten verstoßenden Weise mit einer Unterhalts-Freistellungsverpflichtung des anderen Elternteils gekoppelt wird, also in Fällen, in denen ein Kind nach einem übereinstimmenden Vorschlag der Eltern über die Regelung des Sorgerechts „zum Gegenstand eines Handels“ gemacht, oder bei Vereinbarungen, durch die das Sorgerecht über ein Kind als „Tauschobjekt“ für die Freistellung von Unterhaltspflichten benutzt wird.

Eine solche Vereinbarung, bei der die zugesagte Unterhaltsfreistellung einen ständigen Anreiz bieten kann, ohne Rücksicht auf das Wohl des Kindes aus finanziellen Gründen von der Ausübung des Umgangsrechts abzusehen, ist als unzulässige „Kommerzialisierung" des elterl. Umgangsrechts (vgl. *Palandt/Heinrichs,* a. a. O., § 138 Anm. 5k) regelmäßig als sittenwidrig und damit nichtig gemäß § 138 I BGB anzusehen. Davon, daß eine in diesem Sinne unzulässige Koppelung zwischen einer Regelung über das elterl. Sorge- und Umgangsrecht und einer Unterhaltsfreistellungsverpflichtung vorliegt, ist in der Regel auszugehen, wenn die beiderseitigen Verpflichtungen als gegenseitige, in ihrer Wirksamkeit voneinander abhängige Vereinbarungen getroffen worden sind.

Daß dies bei der Vereinbarung der Parteien v. 6. 10. 1976 der Fall war, hat das OLG rechtsfehlerfrei angenommen. Es hat dem Gesamtzusammenhang der Entscheidungsgründe des angefochtenen Urteils – unter Einbeziehung der Gegenseitigkeitsklausel in § 4 der Vereinbarung – entnommen, die Bekl. habe die Freistellungserklärung in § 1 der Vereinbarung als Gegenleistung dafür abgegeben, daß sich der Kl. – neben den in § 2 eingegangenen Verpflichtungen – bereit erklärte, sein Recht zum Umgang mit seinem Sohn nicht mehr auszuüben. Diese Auslegung ist aus Rechtsgründen nicht zu beanstanden.

Daß der Kl. hierzu durch besonders schwerwiegende Umstände, etwa im Verhalten der Bekl. während der jahrelangen Auseinandersetzungen über die Ausübung des Besuchsrechts, veranlaßt worden wäre, die der Vereinbarung – für den Einzelfall – den Charakter der Sittenwidrigkeit nehmen könnten (vgl. dazu *OLG Hamm,* FamRZ 1980, 724), ist vom OLG nicht festgestellt worden. Auch die Revision erhebt insoweit keine Angriffe.

Soweit die Revision geltend macht, die Vereinbarung v. 6. 10. 1976 sei auf den ausdrücklichen Wunsch der Bekl. und mit Hilfe des seinerzeit in dem Sorgerechtsverfahren zuständigen Vormundschaftsrichters geschlossen worden, wird die inhaltliche Wertung der Vereinbarung hierdurch nicht berührt. Dieses ist, wie das OLG mit der Hilfsbegründung des angefochtenen Urteils im Ergebnis zutreffend entschieden hat, wegen einer gegen die guten Sitten verstoßenden Koppelung der von der Bekl. erklärten Freistellungsverpflichtung mit der Zusage des Kl., sein Umgangsrecht mit dem Sohn Uwe in Zukunft nicht auszuüben, nach § 138 I BGB nichtig.

Der Berufung der Bekl. auf die Nichtigkeit der Vereinbarung unter diesem Gesichtspunkt stehen für die Zeit, von der ab der Kl. auf Unterhalt in Anspruch genommen worden ist, keine Bedenken aus § 142 BGB entgegen. Das auf § 1 der Vereinbarung gestützte Freistellungsbegehren des Kl. hat daher keinen Erfolg.

206. BGH zur rechtsmißbräuchlichen Berufung auf einen wirksam vereinbarten Unterhaltsverzicht FamRZ 85/787, 788 = NJW 85/1835, 1836

Das *OLG* hat sich gehindert gesehen, die Scheidungsfolgenvereinbarung der Parteien gem. §§ 137, 157 BGB dahin auszulegen, daß die Kl. auf den – bei Abschluß der Vereinbarung von beiden Eheleuten nicht in Erwägung gezogenen – Unterhaltsanspruch aus § 1570 BGB *nicht* verzichtet habe. Dem stehe entgegen, daß die Parteien nicht nur einen begrenzten Kreis von Unterhaltsansprüchen hätten regeln wollen, sondern eine „restlose und endgültige" Vereinbarung über ihre unterhaltsrechtlichen Beziehungen getroffen hätten.

Demgegenüber hält es die Revision für geboten, im Wege ergänzender Vertragsauslegung zu ermitteln, welche Regelung die Parteien bei redlicher Denkweise als einen gerechten Interessenausgleich gewollt oder akzeptiert haben würden, wenn sie den nachträglich eingetretenen Fall der Geburt eines gemeinschaftlichen Kindes bei Abschluß des Vertrages bedacht hätten.

Die Auffassung des BerGer., das durch Auslegung des Vertrages den Willen der Parteien ermittelt hat, ihre Unterhaltsbeziehungen abschließend und endgültig zu regeln, ist indessen revisionsrechtlich nicht zu beanstanden. Wenn eine Vereinbarung eine abschließende Regelung enthalten soll, scheidet die Annahme einer Regelungslücke im allgemeinen aus, und die Vereinbarung ist demgemäß einer ergänzenden Vertragsauslegung nicht zugänglich.

Trotzdem steht der von der Kl. erklärte Verzicht unter den hier gegebenen Umständen ihrem Unterhaltsanspruch nicht entgegen. Obwohl – wie oben unter 1. ausgeführt – auch auf den Unterhaltsanspruch nach § 1570 BGB wirksam verzichtet werden kann, sind Umstände denkbar, unter denen dem auf Unterhalt in Anspruch genommenen geschiedenen Ehegatten die Berufung auf den Unterhaltsverzicht des anderen nach § 242 BGB verwehrt ist, weil sie gegen Treu und Glauben verstößt.

Ein solcher Fall liegt hier vor. Die Kl. hat den Unterhaltsverzicht zu einem Zeitpunkt erklärt, als die – gescheiterte – Ehe der Parteien kinderlos war und beide Eheleute davon ausgingen, daß jeder von ihnen nach der Scheidung in der Lage sein würde, seinen Unterhalt einschließlich der Altersvorsorge und der Vorsorge für Krankheitsfälle durch eigene Erwerbstätigkeit sicherzustellen. Die so geplanten Verhältnisse haben sich durch die Geburt des gemeinschaftlichen Kindes in einer Weise geändert, daß die Kl. ihre beruflichen Vorstellungen – zur Zeit – nicht in vollem Umfang verwirklichen und nicht, wie vorgesehen, voll erwerbstätig sein kann, sondern einen Teil ihrer Zeit der Pflege und Erziehung des Kindes widmen muß. Sie erfüllt damit eine Aufgabe, die als Nachwirkung der geschiedenen Ehe dem Wohl und Interesse des Kindes dient und dazu bestimmt ist, diesem eine von der Zerrüttung der Familie möglichst wenig beeinträchtigte, intensive persönliche Betreuung zu gewähren (vgl. *BVerfGE* 57, 361 [381ff.] = NJW 1981, 1771). Auf eine solche Betreuung und Erziehung hat das Kind auch im Verhältnis zu dem Bekl. als seinem ehelichen Vater einen grundrechtlich geschützten Anspruch (vgl. *BVerfGE* 57, 361 = NJW 1981, 1771). Die Kl., die mit seinem Einverständnis die Betreuung und Erziehung des Kindes übernommen hat, hat dieser Aufgabe ihre eigenen beruflichen Pläne untergeordnet. Solange und soweit die Kl. durch die Pflege und Erziehung des Kindes an einem eigenen Erwerb gehindert ist, verstößt es unter diesen Umständen gegen Treu und Glauben, wenn der Bekl. sich gegenüber ihrem Unterhaltsbegehren auf den unter anderen tatsächlichen Verhältnissen erklärten Verzicht beruft.

207. BGH zum Wegfall der Geschäftsgrundlage bei einer Verzichtsvereinbarung im Hinblick auf das geänderte Scheidungsrecht FamRZ 85/788, 790, 791 = NJW 85/1833, 1835

Die Revision vertritt die Auffassung, selbst wenn der von den Parteien vereinbarte Unterhaltsverzicht unter der Geltung des früheren Rechts rechtswirksam gewesen sei, müsse das nach dem Übergang vom Schuldprinzip auf das Zerrüttungsprinzip in dem seit dem 1. 7. 1977 geltenden Scheidungsrecht anders beurteilt werden. Die Bekl. habe nach dem alten Scheidungsrecht vom Bestand der Ehe und der damit verbundenen Sicherung ihrer materiellen Existenz ausgehen können; sie habe durch eigenes eheliches Wohlverhalten vermeiden können, daß der für den Fall der Scheidung ausgesprochene Verzicht auf Unterhalt jemals aktuell wurde. Es sei ihr aber nicht zuzumuten, an dem vereinbarten Verzicht noch festgehalten zu werden, obwohl sie nach dem neuen Recht eine Scheidung nicht mehr habe vermeiden können.

Auch diese Überlegungen verhelfen der Revision nicht zum Erfolg, denn es ist nicht ersichtlich, daß die Weitergeltung des am 4. 7. 1974 bestehenden Scheidungsrechts Geschäftsgrundlage der an diesem Tage geschlossenen Vereinbarung der Parteien gewesen ist. Die Geschäftsgrundlage eines Vertrages wird nach der ständigen Rechtsprechung der *BGH* gebildet durch die nicht zum eigentlichen Vertragsinhalt erhobenen, bei Vertragsschluß aber zutage getretenen gemeinsamen Vorstellungen beider Vertragsparteien oder die dem Geschäftspartner erkennbaren und von ihm nicht beanstandeten Vorstellungen der einen Vertragspartei von dem Vorhandensein oder dem künftigen Eintritt bestimmter Umstände, auf denen der Geschäftswille der Parteien aufbaut; derartige Umstände können auch in dem Fortbestand der bestehenden Gesetzeslage liegen (vgl. *BGHZ* 89, 226 [231f.] m. w. Nachw.). Die Bekl. hat nicht vorgetragen, daß sich ihr Geschäftswille auf die unveränderte Fortgeltung des bei Vertragsschluß geltenden Scheidungsrechtes (§§ 42ff. EheG 1946) gegründet habe, daß dieses dem Kl. bekannt oder erkennbar gewesen sei und daß er dies nicht beanstandet habe. Dafür reicht nicht aus, daß die Parteien mit einer – damals allerdings bereits seit Jahren öffentlich diskutierten – Änderung des Scheidungsrechtes nicht gerechnet haben. Es kommt vielmehr darauf an, ob der Geschäftswille der Parteien oder wenigstens der Bekl., für den Fall der Scheidung auf Unterhalt zu verzichten, auf dem Fortbestand des im wesentlichen verschuldensabhängigen früheren Scheidungsrechtes aufbaute.

Die Bekl. hat indessen weder zu ihren eigenen Vorstellungen über die Grundlagen der Vereinbarung zur Zeit des Vertragsschlusses vorgetragen noch hat sie die Umstände dargelegt, die zur Scheidung geführt haben, so daß auch nicht beurteilt werden kann, ob es nach früherem Recht nicht zur Scheidung gekommen wäre. Danach kann die Frage offenbleiben, ob einer Anpassung des Vertrages vom 4. 7. 1974 nach den Grundsätzen über den Wegfall der Geschäftsgrundlage Art. 12 Nr. 3 II 2 des 1. EheRG entgegensteht, wonach durch die am 1. 7. 1977 eingetretene Gesetzesänderung die bestehenden Unterhaltsvereinbarungen ,,unberührt" bleiben.

208. BGH zur Wirksamkeit eines Unterhaltsverzichtsvereinbarung nach § 779 BGB FamRZ 85/787 = NJW 85/1835, 1836

Das BerGer. hat den Verzichtsvertrag der Parteien unter dem Gesichtspunkt des § 779 BGB geprüft, die Voraussetzungen dieser Vorschrift als nicht erfüllt angesehen und dazu ausgeführt: Ein Vertrag sei nach § 779 BGB nur unwirksam, wenn die Parteien bei seinem Abschluß irrigerweise vom gegenwärtigen Bestehen eines bestimmten Sachverhalts ausgegangen seien. Hätten sich die Beteiligten hingegen irrigen Vorstellungen über das Eintreten oder Ausbleiben künftiger Ereignisse hingegeben, so könne eine andere Entwicklung, als sie sie erwartet hätten, nicht zur Nichtigkeit des

Vertrages nach § 779 BGB führen. Im vorliegenden Fall habe ein beiderseitiger Motivirrtum der Eheleute über die zur Zeit der Vereinbarung vorhandenen gegenwärtigen oder vergangenen Verhältnisse unstreitig nicht vorgelegen. Die Ehe sei zu jener Zeit kinderlos gewesen. Der Umstand, daß die Parteien trotz des laufenden Scheidungsverfahrens wieder geschlechtlich verkehren und ein gemeinsames Kind haben würden, habe die zukünftige Entwicklung betroffen, die keiner der Eheleute vorhergesehen habe. An eine solche Entwicklung hätten sie bei Abschluß der Unterhaltsverzichtsvereinbarung nicht gedacht. Infolgedessen hätten sie sich insoweit auch nicht in einem – für die Anwendung des § 779 BGB erforderlichen – Irrtum befunden.

Diese Ausführungen sind aus Rechtsgründen nicht zu beanstanden.

2. Hauptteil: Verfahrensrecht in familienrechtlichen Unterhaltssachen

C. Überblick und Grundlagen

Einleitung. Das zivilgerichtliche Verfahren über einen den gesetzlichen Unterhalt betreffenden Anspruch vollzieht sich nach den Regeln der ZPO. Art, Voraussetzungen und Gang des jeweiligen Verfahrens bestimmen sich u. a. danach, ob wegen dieses Anspruchs ein Vollstreckungstitel erst geschaffen, ein vorhandener den geänderten Verhältnissen angepaßt oder seiner Wirkungen beraubt werden oder ein solcher Anspruch nur festgestellt oder verneint werden soll, ob eine endgültige Entscheidung oder eine vorläufige gesucht wird. Seit dem Inkrafttreten des 1. EheRG (1. 7. 1977) entscheiden darüber die Familiengerichte, im Instanzenzug die Familiensenate des OLG und, in bestimmten Fällen, der BGH. Die Familiengerichte sind Spezialgerichte für Ehesachen und ehebezogene Verfahren aus dem Verhältnis der Ehegatten miteinander sowie zu ihren gemeinschaftlichen Kindern (BGH, FamRZ 84/774 = D 15).

I. Verfahrensgegenstand

Gegenstand des familiengerichtlichen Verfahrens im Bereich des Unterhaltsrechts im weiten Sinne sind Streitigkeiten, die die gesetzliche Unterhaltspflicht gegenüber einem ehelichen Kind oder einem Ehegatten betreffen unabhängig davon, ob die Ehe geschieden ist oder nicht (§ 23b I S. 2 Nr. 5 u. 6 GVG). Daraus ergibt sich eine *sachliche* Beschränkung auf die gesetzliche Unterhaltspflicht und eine *persönliche* auf den Bereich der Ehegatten und ihrer ehelichen oder diesen gleichgestellten Kinder. Ob eine Streitigkeit in diesem Sinne vorliegt, richtet sich nach der Begründung des geltend gemachten Anspruchs (st. Rechtspr., z. B. BGH, FamRZ 80/988 = D 1; FamRZ 81/247 u. FamRZ 84/35). Daß bei der Entscheidung aufgrund des Verteidigungsvorbringens familienrechtliche Fragen eine Rolle spielen, ist bedeutungslos (BGH, FamRZ 80/988 = D 1; FamRZ 85/48 = NJW 85/189).

1. Die gesetzliche Unterhaltspflicht „betreffen":

a) die Unterhaltsansprüche des minderjährigen oder volljährigen ehelichen oder gleichgestellten Kindes gemäß §§ 1601 ff. BGB gegenüber seinen Eltern,

b) die Unterhaltsansprüche der in Gemeinschaft lebenden Ehegatten (§ 1360, § 1360a BGB),
des getrennt lebenden Ehegatten (§ 1361 BGB),
des geschiedenen Ehegatten gemäß §§ 1569 ff. BGB oder – bei Scheidung nach altem Recht – gemäß §§ 58 ff. EheG i. V. m. Art. 12 Nr. 3 Satz 2 des 1. EheRG,

c) Vereinbarungen, die die gesetzliche Unterhaltspflicht lediglich ausformen (BGH, FamRZ 78/647 = NJW 78/1924 = D 2; FamRZ 79/220 = NJW 78/551); eine selbständige, vom Gesetz losgelöste Unterhaltsregelung liegt nicht schon deshalb vor, weil der vereinbarte Unterhaltsbetrag höher ist als der, der nach den tatsächlichen Verhältnissen kraft Gesetzes geschuldet wäre (BGH, FamRZ 81/19 = NJW 81/346 = D 22),

d) der Anspruch auf Befreiung von einer in einem Scheidungsvergleich übernommenen Unterhaltsverpflichtung (BGH, FamRZ 79/217 = D 3),

e) der Anspruch auf Erstattung bereits erbrachter Unterhaltsleistungen (BGH, FamRZ 79/217 = D 3),

f) ein Rechtsstreit über die Rückgewähr von Leistungen, die zum Zwecke der Erfüllung einer gesetzlichen Unterhaltspflicht erbracht worden sind (BGH, FamRZ 78/582 = NJW 78/1531 = D 4), *g)* der „Ausgleichsanspruch" eines Elternteils gegen den anderen wegen Unterhaltsleistungen für ein gemeinsames eheliches Kind (BGH, FamRZ 78/770 = D 5), auch wegen des Kindergelds (BGH, FamRZ 80/345),

h) die in einer Scheidungsvereinbarung der Eltern gegenüber einem Elternteil festgelegte Verpflichtung zur Entrichtung gesetzlich begründeter Unterhaltsleistungen für ein gemeinsames eheliches Kind, auch wenn die Vereinbarung ohne Beteiligung des Kindes vor dem 1. 7. 1977 abgeschlossen worden ist (BGH, FamRZ 78/672 = NJW 78/1811 = D 6),

i) unter Umständen die Erstattung von Umzugskosten als Sonderbedarf (BGH, FamRZ 80/45 = D 9),

j) der aus dem gesetzlichen Unterhaltsrechtsverhältnis zwischen den geschiedenen Ehegatten hergeleitete Anspruch auf Zustimmung zum sog. steuerlichen Realsplitting gemäß § 10 I Nr. 1 EStG (vgl. BGH, FamRZ 83/576 = NJW 83/1545 u. FamRZ 84/1211 = NJW 85/195),

k) die Überleitung von gesetzlichen Unterhaltsansprüchen, die an deren Rechtsnatur nichts ändert (BGH, VersR 79/375 = D 20; FamRZ 81/30 = D 28),

l) der wechselseitige Verzicht von Ehegatten auf Unterhalt (BGH, FamRZ 81/19 = NJW 81/346 = D 24),

m) das Verfahren über eine Vollstreckungsabwehrklage, wenn und soweit der Vollstreckungstitel, gegen den sie sich richtet, einen Unterhaltsanspruch nach § 23 b I S. 2 Nr. 5, 6 GVG zum Gegenstand hat (st. Rechtspr., z. B. BGH, FamRZ 78/672 = D 7; BGH, FamRZ 81/19 = NJW 81/346 = D 21), auch dann, wenn Verwirkung des titulierten gesetzlichen Unterhaltsanspruchs geltend gemacht wird (BGH, FamRZ 79/910 = NJW 79/2046 = D 10),

n) die Klage auf Abänderung eines Unterhaltstitels (st. Rechtspr., z. B. BGH, FamRZ 78/672 = D 7; FamRZ 79/421 LS u. 907 = D 19),

o) die den gesetzlichen Unterhaltsanspruch vorbereitenden Auskunftsansprüche (BGH, FamRZ 78/672 = NJW 78/1811 = D 6 und FamRZ 85/367 = D 148),

p) der Antrag auf Ausspruch der Erledigung des Rechtsstreits (BGH, FamRZ 81/19 = NJW 81/346 = D 25),

q) die eng mit einem Unterhaltsprozeß zusammenhängenden Nebenverfahren, z. B. Kosten aus einer Familiensache (BGH, FamRZ 81/19 = NJW 81/346 = D 23),
das Kostenfestsetzungsverfahren (BGH, FamRZ 78/585 = D 16),
das Prozeßkostenhilfeverfahren (vgl. BGH, FamRZ 78/672 = NJW 78/1811 = D 8), soweit es nicht ausschließlich die Zwangsvollstreckung betrifft (vgl. BGH, FamRZ 79/421 = D 14),

r) das Richterablehnungsverfahren, wobei jedoch § 45 II ZPO gilt (BGH, FamRZ 79/220 = NJW 79/551 = D 17 und BGH, FamRZ 79/472 = D 18 zur Beschwerde),

s) das Arrestverfahren, wenn das Hauptsacheverfahren Familiensache ist (BGH, FamRZ 80/46 = D 11);
für das einstweilige Verfügungsverfahren gilt dasselbe,

t) das Verfahren über die Vollstreckbarerklärung eines ausländischen Titels im Hinblick auf die Zulässigkeit von Einwendungen entsprechend § 767 ZPO, wenn der Titel Unterhaltsansprüche i. S. d. § 23 b I S. 2 Nr. 5, 6 GVG betrifft (BGH, NJW 80/2025 LS; vgl. auch BGH, FamRZ 83/1008 = NJW 83/2775 = D 27 und Beschluß vom 10. 7. 1985 – IVb ZB 46/85 = FamRZ 85/1018),

u) die Modifizierung eines nach früherem Scheidungsrecht begründeten Unterhaltsbeitragsanspruchs (§ 60 EheG) durch Vereinbarung des Versorgungsausgleichs nach neuem Recht (BGH, FamRZ 85/367 = D 148),

v) die Widerspruchsklage, mit der eine Teilungsversteigerung verhindert werden soll, wenn das der Versteigerung entgegengehaltene Recht im ehelichen Güterrecht wurzelt (BGH, Urt. v. 5. 6. 1985 – IVb ZR 34/84 = FamRZ 85/903).

2. Die gesetzliche Unterhaltspflicht „betreffen" nicht:

a) rein vertragliche, vom Gesetz losgelöste Unterhaltsansprüche (BGH, FamRZ 78/674 = NJW 78/1924 = D 2; FamRZ 79/220 = NJW 79/551). Eine selbständige, vom Gesetz losgelöste Unterhaltsregelung liegt nicht schon deshalb vor, weil der vereinbarte Unterhaltsbetrag höher ist als der, der nach den tatsächlichen Verhältnissen dem Gesetz gemäß geschuldet wäre (BGH, FamRZ 81/19 = NJW 81/346 = D 22). Für eine solche „Loslösung“ müssen besondere Anhaltspunkte vorliegen (BGH, FamRZ 85/367 = D 148),

b) Unterhaltsklagen von Enkelkindern gegen ihre Großeltern (BGH, FamRZ 78/585 = NJW 78/1633 = D 12),

c) Klagen von Dritten gegen Eltern ehelicher Kinder auf Ersatz ihrer Aufwendungen für den Unterhalt dieser Kinder, etwa aus Geschäftsführung ohne Auftrag (BGH, FamRZ 79/218 = D 13),

d) diejenigen Verrichtungen, die im VIII. Buch der ZPO den Vollstreckungsgerichten zugewiesen sind (BGH, FamRZ 79/421 = D 14),

e) Verfahren wegen der Vergütung eines Rechtsanwalts für geleistete Beratungshilfe, auch dann, wenn ihr Gegenstand bei gerichtlicher Geltendmachung eine Familiensache wäre (BGH, FamRZ 84/774 = D 15).

3. *a)* Nicht geklärt ist, ob der Rückgewährsanspruch eines Scheinvaters nach erfolgreicher Ehelichkeitsanfechtung wegen des geleisteten Unterhalts für das Kind (solange es als ehelich galt) dessen gesetzlichen Unterhalt betrifft oder nicht (verneinend BayObLG, FamRZ 79/315 = D 29; nicht erörtert, aber vom für Unterhaltssachen zuständigen IV b-Zivilsenat des BGH entschieden, FamRZ 81/30).

b) Ob eine Widerspruchsklage nach §§ 771 ff. ZPO dann als Familiensache zu qualifizieren wäre, wenn der Vollstreckungstitel, der Grundlage der Zwangsvollstreckung ist, eine Familiensache beträfe, ist offen (BGH, FamRZ 79/219 = D 30). Für eine Widerspruchsklage gegen eine Teilungsversteigerung vgl. jedoch Nr. 1 v).

c) Wegen weiterer Einzelheiten siehe unter Zuständigkeiten (IV 23).

II. Die Verfahrensarten

1. Gewöhnliche Leistungsklage

a) Sie ist auf Verurteilung zu künftig fällig werdenden Leistungen gerichtet (§ 258 ZPO), meist verbunden mit der Geltendmachung bereits fälliger Unterhaltsbeträge, was jedoch nicht Voraussetzung ist (BGH, FamRZ 82/259 = D 31). Die Verurteilung nach § 258 ZPO setzt voraus, daß der Unterhaltsanspruch als ein einheitliches, bis zum Wegfall einer der Voraussetzungen andauerndes Recht bereits entstanden ist, also gegenwärtig besteht (BGH, FamRZ 82/259 = D 32), und daß nicht nur der Grund, sondern auch die für die Höhe der Leistung wesentlichen Umstände mit ausreichender Sicherheit festzustellen sind (BGH, NJW 83/2197 = D 35).

b) Wenn dem (prozessualen) Anspruch aufgrund der gegenwärtigen Verhältnisse nicht stattgegeben werden kann, ist die Klage insgesamt abzuweisen. Der Abweisung für die Zukunft liegt dabei – anders als im Fall der Verurteilung – keine sachliche Beurteilung nach den voraussichtlich in der Zukunft bestehenden Verhältnissen zugrunde (BGH, FamRZ 82/479 = D 36).

c) Zu beachten ist, daß der nacheheliche Unterhaltsanspruch erst mit der Rechtskraft der Scheidung der Ehe entsteht, vorher also die Voraussetzungen des § 258 ZPO nicht gegeben sind (BGH, FamRZ 81/242 = NJW 81/978 = D 37).

d) Zur Geltendmachung im Verbund siehe IV 19.

e) Bei einer Verurteilung i. S. v. § 258 ZPO hat der Tatrichter auch solche Umstände zu berücksichtigen, die ohne weiteres vorhersehbar sind. Dies ist nicht der Fall hinsichtlich der Entwicklung der allgemeinen wirtschaftlichen Verhältnisse oder anderer Faktoren, die für den individuell nach Bedarf und Leistungsfähigkeit zu bemessenden Unterhalt von Bedeutung sind, wie z. B., ob das Einkommen des Unterhaltspflichtigen in drei Jahren noch mindestens gleich hoch sein oder durch Krankheit, Arbeitslosigkeit u. a. entscheidend vermindert sein wird (BGH, DAVorm 82/263 = D 38).

Aus diesem Grunde ist z. B. eine nach den Altersstufen der Düsseldorfer Tabelle abgestufte Verurteilung unzulässig (BGH, DAVorm 82/263 = D 38). Nach der erwähnten Entscheidung des VI. Zivilsenats des BGH (NJW 83/2197 = D 35) soll eine Verurteilung über das 18. Lebensjahr hinaus wegen der Ungewißheit der Entwicklung der Verhältnisse und eine Verweisung des Verurteilten auf die Abänderungsklage des § 323 ZPO unzulässig sein (die Entscheidung betrifft eine Schadensersatzrente nach § 844 Abs. 2 BGB).

f) Verspricht jemand in einer vollstreckbaren Urkunde (§ 794 I 5 ZPO) mit entsprechendem Bindungswillen einem anderen eine Unterhaltsrente, während sich der Berechtigte auf die Annahme der Erklärung beschränkt, ohne sich zu binden, kann der Berechtigte entweder eine Erhöhung im Wege der Abänderungsklage nach § 323 IV ZPO oder seinen gesetzlichen Unterhaltsanspruch ohne Rücksicht auf die Urkunde und die darin enthaltene Verpflichtungserklärung des Schuldners geltend machen (BGH, FamRZ 80/342; für die nach §§ 49, 50 JWG errichtete Urkunde offengelassen in BGH, FamRZ 84/997).

g) Ist die frühere Klage wegen fehlender Bedürftigkeit abgewiesen worden, so liegt eine „Verurteilung zu künftig fällig werdenden Leistungen" nicht vor (BGH, FamRZ 82/259 = D 33).

Dasselbe gilt, wenn früher nur eine sog. Mehrforderung (z. B. über einen freiwillig gezahlten Betrag hinaus) geltend gemacht und darüber negativ entschieden worden ist (BGH, FamRZ 82/479 = D 74). Dabei steht die Rechtskraft des früheren Urteils jedenfalls insoweit nicht entgegen, als die Klagepartei ihren Anspruch für die Zukunft auf nach der letzten mündlichen Verhandlung des früheren Rechtsstreits eingetretene Tatsachen stützt (BGH, FamRZ 82/479).

h) Eine einstweilige Anordnung steht einer Leistungsklage nicht entgegen (BGH, FamRZ 83/355 = NJW 83/1330 u. FamRZ 83/892 = NJW 83/2200; FamRZ 84/767 = NJW 84/2095 = D 116; FamRZ 84/769 = NJW 84/2355).

2. Zusatz- oder Nachforderungsklage

a) Diese (nicht mit der Nachforderungsklage gemäß § 324 ZPO zu verwechselnde) Klage ist eine gewöhnliche Leistungsklage nach § 258 ZPO und ist nur insoweit zulässig, als keine Abänderungsklage (§ 323 ZPO) zu erheben ist (BGH, FamRZ 85/690 = D 145). Sie kommt in Betracht, wenn der Kläger im ersten Verfahren nur eine Teilklage erhoben hat (BGHZ 34/110 = D 39), wenn er zum Ausdruck gebracht hat, daß er mehr verlangen könne, aber nicht wolle (BGH, NJW 79/720 = D 40), etwa indem er von seinem Unterhalt nur einen Teil beansprucht oder ihn nur für einen kurzen Zeitraum verlangt hat. Ob dies der Fall ist, ergibt sich aus der Urteilsformel, für deren Auslegung Tatbestand und Entscheidungsgründe, insbesondere auch der dort in Bezug genommene Parteivortrag im Prozeß samt Antrag heranzuziehen sind (BGHZ 34/337 = D 41).

In der Regel macht der Unterhaltsgläubiger seinen vollen Unterhaltsanspruch geltend, sofern er nicht ausnahmsweise ausdrücklich etwas anderes erklärt (BGH, FamRZ 84/374 = NJW 84/1458; FamRZ 84/772 = D 46) oder sich erkennbar eine Nachforderung vorbehält. Ein solcher Vorbehalt liegt jedoch nicht in der schlichten Geltendmachung des sog. Quotenunterhalts (BGH, FamRZ 85/690 = D 145).

Ein Urteil, das eine Unterhaltsrente über freiwillig bezahlte Beträge hinaus zuspricht, ergeht auf eine entsprechende Teilklage. Für Mehrforderungen des Unterhaltsgläubigers ist in diesen Fällen die Nachforderungsklage gegeben, nicht die Abänderungsklage, auch dann nicht, wenn er mehr Unterhalt will als die Summe des nicht titulierten Sockelbetrages und des (titulierten) Spitzenbetrages (BGH, FamRZ 85/371 = NJW 85/1340 = D 143).

Die Nachforderungsklage läßt zwar die Mehrforderung auch für die Vergangenheit zu, ist aber mit dem erheblichen Nachteil verbunden, daß der Kläger erneut die Anspruchsgrundlagen behaupten und notfalls beweisen muß (BGHZ 34/110, 117; ebenso BGH, FamRZ 85/371 = NJW 85/1340 = D 143).

b) Mehrere Teilklagen über den Unterhaltsanspruch können zu erheblichen Schwierigkeiten führen (vgl. BGH, FamRZ 84/772 = D 46). Da für jede Verurteilung aufgrund einer Teilklage die Beschränkungen des § 323 II und III ZPO zeitlich verschoben gelten, kann es im Ergebnis zu einer Verzerrung des Gesamtunterhaltsanspruchs kommen. Die Nachteile einer Teilklage werden durch den alleinigen Kostenvorteil nicht aufgewogen. Kosten können meist durch Prozeßkostenhilfe aufgefangen werden.

3. Abänderungsklage

Rechtsgrundlage ist § 323 ZPO. Die Abänderungsklage ist ein außerordentlicher Rechtsbehelf (BGH, VersR 81/280 = D 48) und dient der Berücksichtigung der stets wandelbaren wirtschaftlichen Verhältnisse (st. Rechtspr., z. B. BGH, FamRZ 84/470 = NJW 84/2826 = D 49), um den angemessenen Unterhalt zu bestimmen (BGH, FamRZ 84/997 = D 63). Ihr Anwendungsbereich ist weit gespannt. Ob im Einzelfall eine Rechtskraftwirkung besteht oder der verlangte Mehrbetrag bereits Gegenstand des Vorprozesses gewesen ist, ist nicht entscheidend (BGH, FamRZ 85/690 = D 145).

Praktische Bedeutung hat die Vorschrift des § 323 ZPO hauptsächlich für Urteile. Für Prozeßvergleiche und vollstreckbare Urkunden liefert sie nur das prozessuale Gewand der Abänderungsklage (BGH, FamRZ 83/22 = NJW 83/228 = D 80; FamRZ 83/569 = NJW 83/1548 = D 50).

a) Abänderung eines Urteils. aa) Für die Zulässigkeit der Abänderungsklage ist es erforderlich, daß der Kläger Tatsachen behauptet, die eine wesentliche Änderung der Verhältnisse ergeben. Fehlt deren Behauptung, ist die Klage unzulässig. Erweist sich dagegen die Behauptung als unwahr oder die Änderung als unwesentlich, so ist die Klage unbegründet (BGH, FamRZ 84/353 = D 52).

Zulässigkeitsvoraussetzung der Abänderungsklage ist auch die Identität der Parteien des Abänderungsverfahrens mit denen des abzuändernden Titels. Eine falsche Partei hat keine Prozeßführungsbefugnis, deren Fehlen in jeder Lage des Rechtsstreits von Amts wegen zu beachten ist (BGH, FamRZ 82/587 = D 55). Eine Ausnahme gilt indessen, wenn sich die Rechtskraftwirkung unmittelbar für und gegen einen Dritten erstreckt, wie etwa bei der Prozeßstandschaft des § 1629 III BGB. In einem solchen Falle ist Partei des späteren Abänderungsverfahrens das Kind selbst (BGH, FamRZ 83/806 = NJW 83/1976 = D 56).

Zur Parteistellung bei Umschaffung und Abtretung vgl. BGH, FamRZ 82/587 = D 54).

bb) Wesentliche Änderung der Verhältnisse. Voraussetzung ist eine wesentliche Änderung derjenigen Verhältnisse, die für die Verurteilung zur Entrichtung der Leistungen, für die Bestimmung der Höhe der Leistungen oder der Dauer ihrer Entrichtung maßgebend waren (§ 323 I ZPO). Wesentlich ist eine Änderung der Verhältnisse dann, wenn sie nach Maßgabe des materiellen Rechts zu einer anderen Beurteilung des Bestehens, der Höhe oder der Dauer des Anspruchs führt und zwar in einer nicht unerheblichen Weise (BGH, FamRZ 84/353 = D 51).

In der Praxis hat sich als grobe Faustregel eine etwa 10%ige Änderung des titulierten Unterhaltsanspruchs als wesentlich herausgebildet. Dabei kommt es nicht auf das Ausmaß der Änderung des einzelnen Umstands, z. B. des Gehalts, sondern darauf an, ob die für die Unterhaltsverpflichtung als solche und für die Bemessung der Unterhaltsleistung maßgebenden Verhältnisse insgesamt eine wesentliche Änderung erfahren haben (BGH, FamRZ 85/53 = D 57).

Eine unwesentliche Änderung der Verhältnisse rechtfertigt keine Abänderung (BGH, Urteil vom 30. 9. 1981, zitiert bei Lohmann, Neue Rechtsprechung des Bundesgerichtshofs zum Familienrecht, 4. Aufl., S. 143).

Maßstab für eine wesentliche Änderung der Verhältnisse sind die vom letzten Tatsachenrichter des Vorprozesses zugrunde gelegten wirklichen Verhältnisse der Gegenwart und die voraussichtlichen der Zukunft (BGH, VersR 81/280 = D 48) und zwar bei Schluß der mündlichen Verhandlung vor dem Tatsachenrichter. Die für die Bestimmung der Unterhaltsrente maßgebenden Umstände und das ihnen dabei zukommende Gewicht sind durch Auslegung zu ermitteln. Sodann ist festzustellen, welche Änderung in jenen Punkten eingetreten ist und welche Auswirkungen sich aus dieser Änderung für die Bemessung der Unterhaltsrente ergeben (BGH, FamRZ 79/694 = NJW 79/1656 = D 58; FamRZ 81/

341; FamRZ 83/803). Dabei ist notfalls gemäß § 287 ZPO zu schätzen (BGH, FamRZ 79/694 = NJW 79/1656 = D 58; DAVorm 80/408).

Statt des im abzuändernden Titel zugrunde gelegten Realeinkommens ist – bei unerwarteter Einschränkung oder Aufgabe der Erwerbstätigkeit – das erzielbare Nettoeinkommen zugrunde zu legen (BGH, FamRZ 84/374 = NJW 84/1458 = D 59).

Eine Abänderung kann beispielsweise begründen:

die Erhöhung oder Verminderung des Einkommens oder des Bedarfs (st. Rechtspr., z. B. BGH, FamRZ 85/374 zur Einkommenssteigerung),

die Wiederverheiratung des Verpflichteten (BGH, FamRZ 81/341 = D 61),

die Geburt eines weiteren unterhaltsberechtigten Kindes (BGH, FamRZ 81/341 = D 61),

der Wegfall eines besonderen Bedarfs (BGH, FamRZ 85/582) oder eines Unterhaltsbedürftigen (BGH, FamRZ 85/374),

das Auftreten eines Vorsorgebedarfs nach Eintritt der Rechtshängigkeit der Scheidung (§ 1361 I S. 2 BGB) oder für die Zeit nach der Scheidung (§ 1578 III BGB; BGH, FamRZ 85/690 = D 145).

Eine Abänderung kann beispielsweise nicht begründen:

eine neuerliche abweichende Wertung des alten Sachverhalts (BGH, FamRZ 83/260 = NJW 83/1118 = D 62),

Einwendungen gegen den Grund des Anspruchs, die schon früher erhoben worden sind oder hätten erhoben werden können (BGH, FamRZ 83/260 = NJW 83/1118 = D 62),

Veränderungen in der Rechtsauffassung oder in der Beurteilung bereits bekannter und im früheren Verfahren vorgetragener und gewürdigter tatsächlicher Verhältnisse (BGH, FamRZ 83/260 = NJW 83/1118 = D 62; VersR 81/280 = D 48),

die Ermäßigung des titulierten Unterhaltsanspruchs nach Zahlung einer Rente aufgrund Versorgungsausgleichs (BGH, FamRZ 82/470 = NJW 82/1147 = D 95),

die andere Entwicklung der Lebensführung nach dem Scheitern der Ehe, als bei Feststellung der einzelnen Bedarfsposten während (noch) bestehender Ehe angenommen (BGH, FamRZ 85/582).

cc) Bindungswirkungen. Gegenstand der Abänderungsentscheidung kann nur eine den veränderten Verhältnissen entsprechende Anpassung des bisherigen Unterhaltsurteils sein; denn § 323 ZPO ermöglicht weder eine freie, von der bisherigen Höhe unabhängige Neufestsetzung des Unterhalts noch eine abweichende Beurteilung der früheren Verhältnisse, die bereits in dem abzuändernden Urteil eine Bewertung erfahren haben (BGH, FamRZ 79/694; DAVorm 80/408; FamRZ 81/341; FamRZ 82/684; FamRZ 83/260 = NJW 83/1118 = D 62; FamRZ 83/803; FamRZ 84/374 = NJW 84/1458 = D 43). Eine Bindung besteht jedoch nur an das zugrunde liegende Sachrecht (BGH, FamRZ 83/806 = NJW 83/1976 = IPRax 84/320 = D 79) sowie an unverändert gebliebene tatsächliche Verhältnisse, die der Richter des ersten Verfahrens festgestellt und denen er Bedeutung für die Unterhaltsbemessung beigelegt hat. Das betrifft beispielsweise die Ermittlung der Einkommensverhältnisse und die Bestimmung der dabei zu berücksichtigenden Abzüge oder Zuschläge, die Einbeziehung fiktiver Einkünfte oder besonderer Belastungen, Feststellungen zur Arbeitsfähigkeit, zur Bedürftigkeit oder zur Berücksichtigung weiterer Unterhaltspflichtiger oder Unterhaltsberechtigter. Bei der wertenden Ausfüllung des unbestimmten Rechtsbegriffs des angemessenen Unterhalts hingegen ist das Gericht frei. Deshalb kommt den Unterhaltsrichtlinien, Tabellen oder Verteilungsschlüsseln, die in der unterhaltsrechtlichen Praxis entwickelt worden sind, eine Bindungswirkung nicht zu (BGH, FamRZ 84/374 = NJW 84/1458 = D 43; FamRZ 84/997 = D 63).

Ob die Bestimmung einer anderen Quote beim Ehegattenunterhalt auf eine unerlaubte Korrektur der früheren Beurteilung hinausläuft, wie es für den Regelfall im Anschluß an BGH, DAVorm 80/408 (in FamRZ 84/374 = NJW 84/1458 als „nicht veröffentlicht" bezeichnet) und FamRZ 80/771 allgemein angenommen worden ist, ist durch eine anderweitige Entscheidung des BGH inzwischen wieder offen (BGH, FamRZ 84/374 = NJW 84/1458 = D 43). Beim Prozeßvergleich wurde inzwischen eine Quotenänderung (2/5 in 3/7) gebilligt (BGH, FamRZ 85, 155 = NJW 85/486).

In der bloßen Anwendung einer Unterhaltstabelle liegt keine bindende Feststellung über die Bestimmung der ehelichen Lebensverhältnisse (§ 1578 BGB), die bei der Abänderungsentscheidung zu beachten wäre (BGH, FamRZ 85/374 = D 144). Eine Bindung an die Unterhaltsquote besteht dann nicht.

Bei einer Abänderung geht es immer um die Bestimmung des angemessenen Unterhalts. Dabei ist eine schematische Übernahme des prozentualen Verhältnisses zwischen Einkommen und Unterhaltsrente wegen zwangsläufiger Verzerrungen bei steigendem Einkommen unzulässig (BGH, FamRZ 84/997 = D 63).

Ist in dem abzuändernden Urteil der zugesprochene Unterhalt antragsgemäß (§ 308 I ZPO) begrenzt worden, obwohl nach den vom Gericht herangezogenen Unterhaltsrichtlinien ein höherer Betrag gerechtfertigt gewesen wäre, so kann im Abänderungsverfahren der volle Unterhalt geltend gemacht werden, nicht nur der verhältnismäßige Anteil (BGH, FamRZ 84/374 = NJW 84/1458 = D 44). Dasselbe gilt für den Vorsorgeunterhalt (BGH, FamRZ 85/690 = D 145).

Ist ein Prozeßvergleich vorausgegangen, so ist der dort zum Ausdruck gekommene Parteiwille auch bei einer Abänderungsentscheidung weiterhin verbindlich, gegebenenfalls im Verständnis und in der Ausgestaltung eines vorausgegangenen rechtskräftigen Abänderungsurteils (st. Rechtspr., BGH, FamRZ 79/694; FamRZ 82/684; FamRZ 83/260 = NJW 83/1118 = D 62).

Ist im Vorprozeß der Unterhaltsbetrag mit einem Anteil am Einkommen des Unterhaltsschuldners ohne Berücksichtigung einzelner Bedarfsposten bemessen worden, so kann einem auf die Erhöhung des Einkommens des Schuldners gestützten Abänderungsbegehren regelmäßig nicht entgegengehalten werden, daß sich der Unterhaltsbedarf des Schuldners in einem bestimmten Posten (z. B. Krankenkassenbeitrag) erhöht habe (BGH, FamRZ 83/260 = NJW 83/1118 = D 64).

Die im Unterhaltsprozeß bereits mitgeprüfte Frage der anteiligen Unterhaltsquote kann durch einen familienrechtlichen Ausgleichsanspruch nicht unterlaufen, sondern nur unter den Voraussetzungen des § 323 ZPO erneut zur Entscheidung gestellt werden (BGH, FamRZ 81/761 = NJW 81/2348).

Bindungswirkungen aus früheren Verfahren und Urteilen, überhaupt das Vorliegen der Rechtsschutzvoraussetzungen des § 323 ZPO, sind von Amts wegen zu prüfen, weil es dabei um die für das Verfahren in allen Instanzen maßgebende Grundlegung geht, auf der die Sachprüfung aufbaut und die der Parteidisposition entzogen ist (BGH, FamRZ 82/259 u. FamRZ 82/479; FamRZ 84/772).

dd) Die Berücksichtigung der künftigen Entwicklung. Grundsätzlich sind im Erstprozeß alle Umstände geltend zu machen und aufgrund einer Prognose vom Gericht zu berücksichtigen, die hinreichend sicher vorhersehbar sind (BGH, VersR 81/280 = D 48; FamRZ 82/259 = D 32; DAVorm 82/263 = D 38; FamRZ 82/913 = NJW 82/2491; FamRZ 84/682).

Dies gilt auch bei einer Entscheidung nach § 323 ZPO (BGH, FamRZ 82/792 = NJW 82/1812 = D 65 und FamRZ 85/376 = NJW 85/1345 = D 146). Demgegenüber können nach BGH, FamRZ 81/862 = NJW 81/2193 Änderungsgründe nach § 323 I ZPO immer erst dann geltend gemacht werden, wenn die in Frage stehende Änderung der Verhältnisse bereits eingetreten ist. Selbst eine mit großer Sicherheit zu treffende Prognose soll regelmäßig nicht ausreichen (D 66).

Beide Äußerungen sind nicht unbedingt ein innerer Widerspruch. In BGH, FamRZ 82/792 = NJW 82/1812 war der Änderungsumstand (Strafhaft) bereits eingetreten; eine Prognose war nur hinsichtlich ihrer Dauer anzustellen. In BGH, FamRZ 81/862 = NJW 81/2193 war die Änderung (Steuerlast) noch nicht Tatsache, wenngleich mit größter Wahrscheinlichkeit zu erwarten. Kombiniert läßt sich aus beiden Äußerungen etwa folgender Grundsatz ableiten: Bei einer Entscheidung nach § 323 ZPO muß zwar die neue wesentliche Tatsache im Zeitpunkt der letzten mündlichen Verhandlung bereits eingetreten sein. Über ihre künftige Entwicklung ist jedoch eine Prognose anzustellen und bei hinreichender Sicherheit der Prognose die künftige Entwicklung zu berücksichtigen (vgl. auch BGH, FamRZ 85/376 = NJW 85, 1345 = D 146: Korrektur der ursprünglichen Prognose).

Läßt sich die künftige Entwicklung der maßgebenden Verhältnisse nicht mit hinreichender Sicherheit voraussehen, sind die gegenwärtig bestehenden zugrunde zu legen (BGH, FamRZ 81/1165 = NJW 82/41 = D 68).

Bei Geltendmachung des Unterhalts im Verbund kann für die Beurteilung der im Zeitpunkt der Rechtskraft der Scheidung gegebenen ehelichen Lebensverhältnisse der Parteien auf die Lage zur Zeit der letzten mündlichen Verhandlung vor dem Tatsachenrichter abgestellt werden, wenn die künftige Entwicklung noch nicht vorhersehbar ist (BGH, FamRZ 82/892 = NJW 82/2439; FamRZ 83/144 = NJW 83/1483; FamRZ 84/988 = D 67).

Beispiele: Änderungen in der Steuerbelastung und Steuererstattungen sind erst ab dem Zeitpunkt zu berücksichtigen, in dem sie tatsächlich zufließen (BGH, FamRZ 80/984; FamRZ 83/152 = D 69; FamRZ 84/1211 = NJW 85/195 = D 70).

Nicht zu übersehen ist die Entwicklung der allgemeinen wirtschaftlichen Verhältnisse (BGH, DAVorm 82/263 = D 38),
das Einkommen des Unterhaltspflichtigen zu einem fast drei Jahre vorausliegenden Zeitpunkt (BGH, DAVorm 82/263 = D 38).

Bei Leistungsunfähigkeit infolge Strafhaft ist von der voraussichtlichen Entlassung auszugehen und der Wegfall oder eine Herabsetzung der titulierten Unterhaltspflicht auf die voraussichtliche Dauer der Strafhaft zu beschränken (BGH, FamRZ 82/792 = NJW 82/1812 = D 65).

ee) Reichweite des früheren Titels. Die Abänderung setzt einen Titel über denselben Unterhaltsanspruch voraus. Dies ist der Fall bei einem Urteil über den Unterhalt des minderjährigen Kindes für die Zeit nach Eintritt seiner Volljährigkeit: es handelt sich um einen (= identischen) Unterhaltsanspruch (BGH, FamRZ 83/582; FamRZ 84/682 = D 71).

Ein Urteil über den Unterhaltsanspruch des getrenntlebenden Ehegatten umfaßt nicht den Unterhaltsanspruch nach Scheidung der Ehe. Eine Abänderungsklage dagegen mit dem Ziel einer Abänderungsentscheidung für den nachehelichen Unterhalt ist ausgeschlossen. Der Anspruch auf nachehelichen Unterhalt ist im Wege einer neuen Leistungsklage geltend zu machen. Der Unterhaltsschuldner kann sich mit der Vollstreckungsabwehrklage zur Wehr setzen (BGH, FamRZ 80/1099 zur bis zum 30. 6. 1977 geltenden Rechtslage; FamRZ 81/242 = NJW 81/978 = D 37 u. FamRZ 81/441 = D 72).

Eine Abänderung des titulierten Trennungsunterhalts ist jedoch grundsätzlich möglich, soweit es um die Änderung der Anspruchsbemessung geht (ebenso angedeutet in BGH, FamRZ 81/441).

Bei Verurteilung ,,über freiwillig bezahlte" DM hinaus liegt eine Verurteilung zu wiederkehrenden Leistungen nur in Höhe des Mehrbetrags vor. Wenn sich die Verhältnisse in einer Weise geändert haben, daß sich der Unterhaltsanspruch des Beklagten verringert hat, bedarf es einer Abänderungsklage nur, soweit eine Einschränkung der freiwilligen Zahlungen nicht ausreicht. Im Tenor ist dann zum Ausdruck zu bringen, daß nunmehr der gesamte verbliebene Unterhaltsanspruch des Beklagten tituliert wird (BGH, FamRZ 85/582).

Haben die Parteien durch eine Vereinbarung die Bemessung des Unterhalts unter Aufhebung eines früheren Titels dauerhaft auf eine neue Grundlage gestellt, ist eine Abänderungsklage nicht möglich, sondern nur eine gewöhnliche Leistungsklage (BGH, FamRZ 82/684 = D 73). In der Praxis wird eine solche Aufgabe der Rechte aus einem früheren Titel jedoch selten sein. Die bloße Leistung und Entgegennahme höherer Zahlungen als sie tituliert sind ist gewöhnlich keine solche Vereinbarung über die Aufgabe des Titels.

Ist die frühere Klage wegen fehlender Bedürftigkeit abgewiesen worden, so liegt eine ,,Verurteilung zu künftig fällig werdenden Leistungen" nicht vor (BGH, FamRZ 82/259 = D 33). Dasselbe gilt bei Abweisung wegen Fehlens der Leistungsfähigkeit des Beklagten (BGH, FamRZ 84/1001 = NJW 85/522) oder wenn früher nur eine sog. Mehrforderung (z. B. über einen freiwillig gezahlten Betrag hinaus) geltend gemacht und darüber negativ entschieden worden ist (BGH, FamRZ 82/479 = D 74).

Wird jedoch im Vorurteil die Klage auf künftige Leistung von einem bestimmten Zeitpunkt an abgewiesen, so handelt es sich um eine Verurteilung nach § 323 I, § 258 ZPO. Der klageabweisende Teil der Entscheidung beruht auf der richterlichen Prognose, daß die zukünftige Entwicklung zu einem Erlöschen des Anspruchs führen wird. Mit der Abänderungsklage kann geltend gemacht werden, daß diese Vorausschau fehlgegangen sei, weil die dem Urteil zugrunde gelegten zukünftigen Verhältnisse tatsächlich anders eingetreten seien als angenommen (BGH, FamRZ 84/353; vgl. BGH, FamRZ 81/862 = NJW 81/2193 = D 66).

Die Vorschrift des § 323 ZPO kommt auch dann zur Anwendung, wenn ein Unterhaltsgläubiger, der einen Titel über seinen Unterhalt erlangt hatte, dessen Unterhaltsrente jedoch später im Wege der Abänderung aberkannt worden ist, in der Folge erneut Unterhalt verlangt (BGH, FamRZ 85/376 = NJW 85/1345 = D 146).

Hat ein Ehegatte seinen vollen Unterhalt eingeklagt, kann er wegen seines dabei geltend gemachten Vorsorgebedarfs eine Erhöhung der zugesprochenen Unterhaltsrente allenfalls im Wege der Abänderungsklage erreichen, die erst zulässig ist, wenn sich die im Vorprozeß maßgebenden Verhältnisse wesentlich geändert haben (BGH, FamRZ 85/690 = D 145; vgl. auch unter dem Stichwort Vorsorgeunterhalt IV 22).

Ist der Beklagte und Berufungskläger vom Berufungsgericht zur Zahlung eines Teils der geltend gemachten Unterhaltsrente verurteilt worden, so kann er, wenn das klageabweisende Urteil auf die vom Kläger eingelegte Revision aufgehoben und die Sache an das Berufungsgericht zurückverwiesen worden ist, im Wege der Berufungserweiterung die Herabsetzung der rechtskräftig titulierten Unterhaltsverpflichtung verlangen, soweit die Voraussetzungen des § 323 ZPO vorliegen (BGH, FamRZ 85/691).

Gegen eine einstweilige Unterhaltsanordnung nach § 620 ZPO oder auf Leistung eines Prozeßkostenvorschusses nach § 127a ZPO gibt es keine Abänderungsklage, allenfalls eine Abänderungsmöglichkeit nach § 620b ZPO oder die Feststellungklage oder die Vollstreckungsabwehrklage (vgl. im einzelnen II Nr. 12).

ff) Beschränkungen in der Geltendmachung. Für die Berücksichtigung klagebegründender Tatsachen errichtet Abs. 2 eine zeitliche Schranke so wie Abs. 3 eine solche für die Rechtsfolgen an sich berücksichtigungsfähiger Umstände (BGH, FamRZ 83/22 = NJW 83/228 = D 80; FamRZ 84/997). Diese Schranken gelten jedoch nicht für Prozeßvergleiche und vollstreckbare Urkunden (BGH, FamRZ 83/22 = NJW 83/228 und FamRZ 84/997). Nach Abs. 2 ist die Abänderungsklage nur zulässig, wenn sie auf Gründe gestützt wird, die nach Abschluß der letzten mündlichen Verhandlung im Vorprozeß entstanden sind (BGH, FamRZ 84/772 = D 45; ähnlich FamRZ 81/862 = NJW 81/2193). Daß sie erst später bekannt geworden sind, genügt nicht (BGH, FamRZ 82/687). Nach bisheriger allgemeiner und gefestigter Praxis konnten Änderungen, die vor dem Schluß der letzten mündlichen Verhandlung in der Tatsacheninstanz des Vorprozesses oder dem ihm gleichzusetzenden Zeitpunkt bereits eingetreten waren, nicht berücksichtigt werden, auch dann nicht, wenn eine Abänderungsklage auf spätere wesentliche Veränderungen gestützt war (BGH, LM § 323 Nr. 4; auch FamRZ 84/353). Aufgrund der Schwierigkeiten bei unterhaltsrechtlichen Teilklagen ist diese Praxis ins Wanken geraten (BGH, FamRZ 84/772 = D 47). Ohne Not sollte jedoch eine gefestigte Praxis aus Gründen der Rechtssicherheit und des Vertrauensschutzes (vgl. dazu BGH, FamRZ 83/22 = NJW 83/228) nicht aufgegeben werden. Der Unterhaltsgläubiger braucht die für ihn riskanten Teilklagen nicht zu wählen.

Bei einem Versäumnisurteil müssen die Abänderungsgründe nicht nur nach der mündlichen Verhandlung entstanden sein, auf die das Urteil ergangen ist, sondern auch nach Ablauf der Einspruchsfrist; vorher entstandene Gründe können nur mit dem Einspruch geltend gemacht werden (BGH, FamRZ 82/792 = NJW 82/1812 = D 75).

Nach Abs. 3 darf das Vorurteil erst ab Zustellung der Abänderungsklage abgeändert werden. Wie schon erwähnt ergänzt diese Regelung den Abs. 2 und errichtet eine zeitliche Schranke für die Rechtsfolgen an sich berücksichtigungsfähiger Umstände aus Zweckmäßigkeitserwägungen (Beweisschwierigkeiten) und aus Gründen des Vertrauensschutzes (BGH, FamRZ 82/365 = NJW 82/1050; vgl. auch FamRZ 82, 22 = NJW 83/228; FamRZ 83, 995 = NJW 83/2317 und FamRZ 84/997).

Der Zugang eines Gesuchs auf Prozeßkostenhilfe genügt nicht (BGH, FamRZ 82/365 = NJW 82/1050 = D 76; FamRZ 82/792 = NJW 82/1812; FamRZ 84/374 = NJW 84/1458).

Soweit die Klage der Regelung des § 323 Abs. 3 ZPO widerspricht, ist sie unzulässig (BGH, FamRZ 84/353 und FamRZ 84/374 = NJW 84/1458 = D 42).

Besteht im Zusammenhang mit einem Abänderungsbegehren ein Bedürfnis auf gerichtliche Durchsetzung eines Auskunftsanspruchs, kann der Unterhaltsberechtigte Stufenklage (§ 254 ZPO) erheben und dadurch seine Interessen im Hinblick auf § 323 Abs. 3 ZPO wahren (BGH, FamRZ 84/1211 = NJW 85/195 = D 77).

gg) Verzicht auf Abänderung. Eine Erschwerung der Möglichkeit, eine Erhöhung nach § 323 ZPO zu verlangen, kann einen unzulässigen Verzicht für die Zukunft beinhalten oder darauf hinauslaufen und folglich unwirksam sein (BGH, FamRZ 84/997 = D 78).

hh) Abänderung von Auslandstiteln. Ausländische Unterhaltsurteile unterliegen der Abänderung gemäß § 323 ZPO. Dabei bleibt das vom ausländischen Gericht zugrunde gelegte Sachrecht maßgebend, sei es das inländische oder das ausländische (Grundsatz der Wahrung der Grundlagen des abzuändernden Titels; BGH, FamRZ 83/806 = NJW 83/1976 = IPRax 84/320 = D 79).

Soweit auf das Haager Unterhaltsübereinkommen über das auf die Unterhaltsverpflichtung gegenüber Kindern anzuwendende Recht vom 24. 10. 1956 abzustellen ist, ergibt sich nichts anderes, weil der Fall der Abänderungsklage in dem Abkommen nicht geregelt ist (BGH, FamRZ 83/806 = NJW 83/1976 = IPRax 84/320 = D 79).

ii) Zur Abänderung bei Anschlußberufung vgl. III. 2.

b) Abänderung eines Prozeßvergleichs oder einer vollstreckbaren Urkunde. aa) Seit der Entscheidung des Großen Zivilsenats des BGH vom 4. Oktober 1982 (FamRZ 83/22 = NJW 83/228 = D 80) ist (wieder) eindeutig, daß für die Klage auf Abänderung eines Prozeßvergleichs oder einer vollstreckbaren Urkunde die Vorschrift des § 323 I, II u. III ZPO keine praktische Bedeutung mehr hat. Die Verweisung in § 323 IV ZPO erschöpft sich in der Klarstellung, daß außer Urteilen auch die dort aufgeführten Vollstreckungstitel abgeändert werden können. Prozessual ist das Begehren jedoch weiterhin eine Abänderungsklage (vgl. BGH, FamRZ 83/22 = NJW 83/228 = D 80; auch BGH, FamRZ 79/210 u. FamRZ 83/569 = NJW 83/1548 = D 50; FamRZ 85/155 = NJW 85/486 und FamRZ 85/161 = NJW 85/1026).

bb) Materiell-rechtlich kommen ausschließlich die Grundsätze der Änderung oder des Wegfalls der Geschäftsgrundlage, § 242 BGB, zur Anwendung (BGH, FamRZ 83/22 = NJW 83/228, FamRZ 79/210 = D 81; FamRZ 83/569 = NJW 83/1548 = D 50; FamRZ 84/997). Soweit frühere Entscheidungen des BGH, insbesondere des IV. und IV b-Zivilsenats die Abänderungsgrundsätze des § 323 ZPO wie bei der Abänderung von Urteilen anwenden (z. B. FamRZ 80/771), sind sie überholt.

cc) Verspricht jemand in einer vollstreckbaren Urkunde (§ 794 I Nr. 5 ZPO) mit entsprechendem Bindungswillen einem anderen eine Unterhaltsrente, während sich der Berechtigte auf die Annahme der Erklärung beschränkt, ohne sich seinerseits zu binden, kann der Berechtigte entweder eine Erhöhung im Wege der Abänderungsklage nach § 323 IV ZPO oder seinen gesetzlichen Unterhaltsanspruch ohne Rücksicht auf die Urkunde und die darin enthaltene Verpflichtungserklärung des Schuldners geltend machen (BGH, FamRZ 80/342; für die Urkunde gemäß §§ 49, 50 JWG offengelassen in BGH, FamRZ 84/997).

dd) Parteien des Abänderungsverfahrens sind bei einem Prozeßvergleich die Parteien des Vorprozesses und deren Rechtsnachfolger sowie Dritte, die an dem Prozeßvergleich beteiligt waren. Hat ein Elternteil nach § 1629 III BGB im eigenen Namen einen Titel über den Kindesunterhalt erwirkt, dessen ,,Rechtskraft" sich auch auf das Kind erstreckt, so ist dieses für eine Abänderungsklage des unterhaltspflichtigen Elternteils der richtige Beklagte (BGH, Urteil vom 22. 12. 1982, zitiert nach Lohmann, Neue Rechtsprechung des Bundesgerichtshofs zum Familienrecht, 4. Aufl., S. 179). Wird das Kind im Laufe des Verfahrens volljährig, hat dies zur Folge, daß nunmehr das Kind selbst in den Rechtsstreit eintritt, auch wegen des Unterhalts für die Vergangenheit. Richtige Partei ist dann das Kind (BGH, FamRZ 83/474 = NJW 83/2084 = D 82). Dies gilt auch im Falle des Verbunds (BGH, FamRZ 85/471). Ob die Klage auf Abänderung eines vor dem Inkrafttreten des 1. EheRG anläßlich der Ehescheidung abgeschlossenen Prozeßvergleichs über Unterhaltszahlungen für ein bei dem anderen Ehegatten lebendes gemeinsames Kind bei einem echten Vertrag zu seinen Gunsten (§ 328 BGB) gegen den anderen Ehegatten oder gegen das Kind zu richten ist, ist weiterhin offen (BGH, FamRZ 80/342; FamRZ 82/587 = D 53; vgl. auch BGH, FamRZ 79/787).

Zur Parteistellung bei Umschaffung oder Abtretung vgl. BGH, FamRZ 82/587 = D 54).

ee) Die Nichtanwendbarkeit des § 323 II ZPO bedeutet, daß eine Abänderungsklage auch auf Umstände vor Abschluß des Prozeßvergleichs (oder der Errichtung der vollstreckbaren Urkunde) gestützt werden kann, etwa darauf, die zugrunde gelegten Verhältnisse hätten schon damals den Tatsachen nicht entsprochen (BGH, FamRZ 84/997). Dabei handelt es sich um einen Fall des Fehlens der Geschäftsgrundlage.

ff) Wird hingegen nicht das ursprüngliche Fehlen, sondern die nachträgliche Änderung (oder der Wegfall) der Geschäftsgrundlage geltend gemacht, so führt dies zur entsprechenden Anpassung des Prozeßvergleichs, wenn sich die für die Bemessung des Unterhaltsanspruchs maßgeblichen Verhältnisse wesentlich verändert haben. Die frühere Rechtsprechung des BGH zur Abänderung eines Prozeßvergleichs entsprechend den Grundsätzen des § 323 ZPO, wonach keine freie, von der bisherigen Höhe unabhängige Neufestsetzung oder abweichende Beurteilung der Verhältnisse möglich ist (z. B. BGH, FamRZ 80/771 = D 89; DAVorm 80/408) wird im Prinzip weiterhin zutreffen. Sachlich besteht nämlich zu den materiell-rechtlichen Regeln der Änderung der Geschäftsgrundlage kein großer Unterschied. Nach BGH, FamRZ 83/22 = NJW 83/228 sollen die Grundsätze über den Fortfall der Geschäftsgrundlage zu einer „differenzierteren" Regelung als der in § 323 I ZPO führen. Deshalb kann auch weiterhin davon ausgegangen werden, daß der einem Prozeßvergleich zugrunde liegende Wille der Parteien dafür maßgebend ist, ob Verhältnisse, in denen eine Änderung eingetreten ist, zu den Grundlagen des Prozeßvergleichs gehören (BGH, Urteil vom 23. 12. 1981, zitiert nach Lohmann, Neue Rechtsprechung des Bundesgerichtshofs zum Familienrecht, 4. Aufl., S. 143f; auch BGH, FamRZ 83/569 = NJW 83/1548).

Ist für eine bestimmte Frage kein Parteiwille festzustellen, kann sie im Abänderungsverfahren uneingeschränkt und ohne Bindung geprüft und entschieden werden (BGH, FamRZ 83/569 = NJW 83/1548 = D 83).

Die Parteien können – anders als bei einem Urteil – den Verteilungsmaßstab auch für spätere Anpassungen verbindlich festlegen oder auch die jeweils in der Praxis übliche Verteilungsquote vereinbaren (BGH, FamRZ 85/161 = NJW 85/1026 = D 141).

gg) Sowohl Gesetzesänderungen als auch Änderungen einer gefestigten höchstrichterlichen Rechtsprechung können zu Störungen vertraglicher Vereinbarungen führen, die nach den Grundsätzen über den Wegfall der Geschäftsgrundlage im Wege der Anpassung zu bereinigen sind. Dies gilt erst recht für eine Änderung der Rechtslage, die durch die Nichtigerklärung oder Unvereinbarkeitserklärung einer Norm durch das Bundesverfassungsgericht eintritt (BGH, FamRZ 83/569 = NJW 83/1548 zu § 1579 II BGB = D 83).

hh) Auch die Änderung der Unterhaltsrichtsätze kann eine Abänderung begründen (BGH, FamRZ 78/177 = D 60).

ii) Ist im Rahmen eines Verfahrens auf Erlaß einer einstweiligen Anordnung ein Prozeßvergleich geschlossen worden, so hat dieser im Regelfall keine weiterreichenden Wirkungen als eine entsprechende einstweilige Anordnung sie hätte (BGH, FamRZ 83/892 = NJW 83/2200 = D 84) und kann nicht mit einer Abänderungsklage, jedoch (vom Schuldner) mit einer negativen Feststellungsklage bekämpft werden (BGH, FamRZ 83/892 = NJW 83/2200 = D 86).

Allerdings können die Parteien eines Scheidungsrechtsstreits durch einen im Anordnungsverfahren geschlossenen Prozeßvergleich eine weitergehende Regelung treffen. Dafür müssen jedoch ausreichend sichere Anhaltspunkte vorliegen (BGH, FamRZ 83/892 = NJW 83/2200 = D 85).

jj) Ein Prozeßvergleich über den Trennungsunterhalt gilt nicht ohne weiteres für den nachehelichen Unterhalt (Folge der Nicht-Identität beider Ansprüche, BGH, FamRZ 82/782 = NJW 82/2072 = D 87). Eine Abänderung auf den nachehelichen Unterhalt ist nicht möglich (BGH, FamRZ 85/155 = NJW 85/486). Die Parteien können jedoch in dem

Prozeßvergleich nicht nur den Unterhalt während der Trennung, sondern auch nach der Scheidung regeln (BGH, FamRZ 82/782 = NJW 82/2072 = D 87).

Ein Prozeßvergleich über den Trennungsunterhalt kann nicht durch außergerichtliche Vereinbarung mit prozessualer Wirkung auf den nachehelichen Unterhalt erstreckt werden (BGH, FamRZ 82, 782 = NJW 82/2072 = D 88).

kk) Auch wenn § 323 II u. III ZPO von Gesetzes wegen bei Prozeßvergleichen nicht gilt, kann ihre Anwendung von den Parteien vereinbart werden (BGH, FamRZ 83/22 = NJW 83/228 = D 80). Derlei Vereinbarungen dürfen aber nicht auf einen unzulässigen Unterhaltsverzicht (§ 1614 I BGB) hinauslaufen, sonst sind sie unwirksam (BGH, FamRZ 84/997 = D 78).

ll) Zur Berücksichtigung einer Rentennachzahlung vgl. BGH, FamRZ 85/155 = NJW 85/486.

mm) Ist ein Prozeßvergleich als solcher wegen formeller Mängel unwirksam, so kann die getroffene Vereinbarung als außergerichtlicher materiell-rechtlicher Vergleich Bestand haben, wenn dies dem mutmaßlichen Parteiwillen entspricht (BGH, FamRZ 85/166 = NJW 85/1962).

c) Abänderungsklage und Anpassung im Vereinfachten Verfahren. aa) Liegt für ein minderjähriges eheliches Kind ein Unterhaltstitel vor (Urteil, Prozeßvergleich u. a.), so konkurriert die Möglichkeit einer Abänderungsklage gemäß § 323 ZPO mit der Möglichkeit der Anpassung im Vereinfachten Verfahren zur Abänderung von Unterhaltstiteln (§§ 641 l ff. ZPO). Während das Vereinfachte Verfahren, das keine Familiensache ist (§ 641 l I S. 2 ZPO), lediglich die Berücksichtigung von erheblichen Änderungen der allgemeinen wirtschaftlichen Verhältnisse zuläßt (§ 1612a BGB), kann eine wesentliche Veränderung der individuellen Verhältnisse mit der Abänderungsklage geltend gemacht werden, jedoch nur, wenn ein wesentlich höherer Betrag als durch Anpassung im Vereinfachten Verfahren geltend gemacht wird (§ 323 V ZPO). Dabei ist für die Zulässigkeit der Abänderungsklage ein Vergleich mit demjenigen Betrag anzustellen, auf den zulässigerweise eine Abänderungsklage nach den Kriterien des Abs. 1 gerichtet werden könnte (BGH, FamRZ 84/997 = D 90). Zu vergleichen ist also der im Vereinfachten Verfahren erzielbare Betrag mit dem im Wege der Abänderungsklage begehrten Betrag (Beispiel: Ausgangsbetrag 165 DM. Anpassung im Vereinfachten Verfahren führt zu 182 DM = 10% mehr, die Abänderung zu 315 DM. Der Unterschied ist wesentlich). Der Unterhaltsberechtigte kann zunächst eine Anpassung des Titels im Vereinfachten Verfahren erwirken und anschließend eine Berücksichtigung der Entwicklung der besonderen Verhältnisse der Parteien durch Abänderungsklage begehren. Das vereinfachte Verfahren hat keine Präklusivwirkung gegenüber individuellen Abänderungsgründen. Liegt bereits ein im Vereinfachten Verfahren ergangener Abänderungsbeschluß (§ 641 p ZPO) vor, so ist Gegenstand des Abänderungsverfahrens nur dieser (§ 323 IV ZPO). Die Geltendmachung bereits vor dem Erlaß dieses Abänderungsbeschlusses (§ 641 p ZPO) entstandener individueller Anpassungsgründe durch die Abänderungsklage wird dadurch nicht ausgeschlossen, weil im Vereinfachten Verfahren die Berücksichtigung der Entwicklung der besonderen Verhältnisse der Parteien nicht möglich ist (BGH, FamRZ 82/915).

bb) Nach BGH, FamRZ 1982, 915 ist § 323 II ZPO gemäß § 323 IV ZPO auf die Abänderung von Schuldtiteln des § 641 p ZPO entsprechend anwendbar. Im Gegensatz dazu unterliegt nach BGH, FamRZ 84/997 eine Klage auf Abänderung eines „Schuldtitels i. S. d. § 323 IV ZPO" nicht der Beschränkung des § 323 II ZPO. Dieser Widerspruch ist von der Entscheidung des Großen Zivilsenats in FamRZ 83/22 = NJW 83/228 beeinflußt. Maßgebend ist die neuere letztgenannte Auffassung.

4. Anpassungsklage bei außergerichtlicher Unterhaltsvereinbarung

a) Für die Anpassung einer außergerichtlichen Unterhaltsvereinbarung gilt von vornherein die Regelung des § 323 ZPO nicht (sofern nicht etwa ihre Anwendung vertraglich festgelegt worden ist). Die Anpassung einer außergerichtlichen Unterhaltsvereinbarung vollzieht sich materiell-rechtlich nach den Regeln über das Fehlen oder den Wegfall der Geschäftsgrundlage, § 242 BGB (BGH, FamRZ 80/342 = D 91).

b) Für eine Erhöhung steht die gewöhnliche Leistungsklage (§ 258 ZPO), unter Umständen in Form der Stufenklage (§ 254) ZPO), in Ausnahmefällen die Feststellungsklage (§ 256 ZPO) zur Verfügung, für eine Ermäßigung die Feststellungsklage (§ 256 ZPO) und unter Umständen auch die Bereicherungsklage als Leistungsklage. Fehlen und Wegfall der Geschäftsgrundlage sind im übrigen von Amts wegen zu berücksichtigen (BGHZ 54/145, 155).

c) Verpflichtet sich jemand in einem Prozeßvergleich zur Leistung eines bestimmten Unterhalts „über den bisher freiwillig geleisteten Unterhalt hinaus", so kann darin eine außergerichtliche rechtsgeschäftliche Einigung über den Gesamtunterhalt (freiwilliger + titulierter Betrag) erblickt werden, deren Geschäftsgrundlage im Falle der Anfechtung gegebenenfalls mitzuprüfen ist (BGH, FamRZ 79/ 210 = D 81).

5. Vollstreckungsabwehrklage (§ 767 ZPO)

a) aa) Gegenstand. Bei ihr geht es nicht, wie bei der Abänderungsklage gemäß § 323 ZPO, um die Berücksichtigung des Einflusses der stets wandelbaren wirtschaftlichen Verhältnisse auf die Unterhaltspflicht (BGH, FamRZ 82/470 = NJW 82/1147; FamRZ 84/470 = NJW 84/2826 = D 49), auch nicht um die Beseitigung des materiell-rechtlichen Anspruchs oder um die Feststellung von dessen Fortbestehen, sondern allein darum, dem titulierten Anspruch durch Rechtsgestaltung die Vollstreckbarkeit zu nehmen (BGH, FamRZ 84/878 = D 92). Die Prüfung beschränkt sich auf den Anspruch, der Gegenstand des Urteils war, und auf die Einwendungen des Schuldners gegen diesen Anspruch (BGH, FamRZ 82/782 = NJW 82/2072).

bb) Familiensache ist eine Vollstreckungsabwehrklage dann, wenn und soweit der Vollstreckungstitel, gegen den sie sich richtet, einen sachlich und persönlich beschränkten gesetzlichen Unterhaltsanspruch nach § 23b I Satz 2 Nr. 5, 6 GVG zum Gegenstand hat (vgl. oben I. 1.).

b) aa) Die Vollstreckungsabwehrklage ist nicht lediglich auf den Angriff gegen ein Urteil beschränkt, sondern kommt gemäß § 795 ZPO auch gegen andere Vollstreckungstitel (§ 794 ZPO) in Betracht, darunter Prozeßvergleiche (z. B. BGH, FamRZ 84/470 = NJW 84/2826 = D 49), einstweilige Anordnungen (§§ 127a, 620, 620b u. 621f ZPO; vgl. dazu im einzelnen II 12), Jugendamtsurkunden gemäß §§ 49, 50 JWG, auf die § 794 I Nr. 5 ZPO analog anzuwenden ist (BGH, FamRZ 84/997 = D 93).

bb) Bei vor dem 1. 7. 1977 zwischen Ehegatten abgeschlossenen Scheidungsvergleichen über den Unterhalt der Kinder entstand im Regelfall kein Vollstreckungstitel für die Kinder, auch dann nicht, wenn – entgegen der Regel – gemäß § 328 BGB ein Unterhaltsversprechen gegenüber den Kindern abgegeben worden sein sollte (BGH, FamRZ 79/787; vgl. auch BGH, FamRZ 80/342 u. FamRZ 82/587 = D 53).

cc) Die in einem Prozeßvergleich begründeten Rechte und Pflichten können nicht durch eine außergerichtliche Vereinbarung ausgetauscht und die neuen Vereinbarungen zum Gegenstand der Zwangsvollstreckung gemacht werden. Bei außergerichtlichen Vereinbarungen über die Reduzierung der Pflichten aus dem Prozeßvergleich kann der Schuldner im Wege der Vollstreckungsabwehrklage gegen die weitere Zwangsvollstreckung vorgehen (BGH, FamRZ 82/782 = NJW 82/2072 = D 88).

c) aa) Einwendungen. Unter Einwendungen (§ 767 I ZPO) sind nur die nachträglich entstandenen rechtsvernichtenden (z. B. Erfüllung) oder rechtshemmenden (z. B. Stundung) zu verstehen (BGH, FamRZ 83/355 = NJW 83/1330 = D 94).

Wird aus einem Urteil über den Trennungsunterhalt, das wegen Nicht-Identität den nachehelichen Unterhalt nicht umfaßt, für die Zeit nach der Scheidung der Ehe vollstreckt, kann der Unterhaltsschuldner die (rechtsvernichtende) Einwendung der Ehescheidung erheben (vgl. BGH, FamRZ 80/1099; FamRZ 81/242 = NJW 81/978 u. 441 = D 72).

Der Einwand des Schuldners, für die Dauer der Ferienaufenthalte seiner Kinder bei ihm entfalle seine Barunterhaltspflicht zum Teil, ist ein solcher nach § 767 I ZPO (Teilerlöschen; BGH, FamRZ 84/470 = NJW 84/2826 = D 49).

Die Anrechnung der betragsmäßig feststehenden Rente aus einem Versorgungsausgleich auf einen bestehenden Unterhaltsanspruch kommt einer anderweitigen Erfüllung gleich, wofür die Vollstreckungsabwehrklage eingeräumt ist (BGH, FamRZ 82/470 = NJW 82/1147).

Ist bei einem früheren Prozeßvergleich, etwa vor dem 1. 1. 1975, die später in Kraft getretene Neuregelung über die Zahlung von Kindergeld nicht berücksichtigt, kann dies mit der Vollstreckungsabwehrklage geltend gemacht werden (BGH, FamRZ 77/461; FamRZ 78/177 = D 96).

Im Verfahren nach § 767 ZPO kann *nicht* geltend gemacht werden die Veränderung der stets wandelbaren wirtschaftlichen Verhältnisse der Parteien, z. B. Änderung der Unterhaltsrichtsätze oder Minderung des Einkommens (BGH, FamRZ 78/177 = D 60; FamRZ 83/355 = NJW 83/1330 = D 94).

bb) Unterhaltsleistungen mit Erfüllungscharakter während der Dauer eines Unterhaltsrechtsstreits müssen im Urteil berücksichtigt werden, weil sonst im Falle einer Zwangsvollstreckung der Einwand der Erfüllung nicht mehr zulässig wäre (§ 767 II ZPO; BGH, FamRZ 84/561 = D 97). Leistung unter Vorbehalt ist gewöhnlich Erfüllung (BGH, FamRZ 84/470 = NJW 84/2826 = D 98). Zahlung zur Abwendung der Zwangsvollstreckung aus einem nur vorläufigen vollstreckbaren Urteil ist keine Erfüllung (BGH, FamRZ 84/470 = NJW 84/2826 = D 99; BGHZ 86/267 = NJW 83/1111 = D 100).

Die Präklusionsvorschrift des § 767 II ZPO gilt für Prozeßvergleiche nicht (BGH, FamRZ 83/22 = NJW 83/228 = D 80; FamRZ 84/997). Dasselbe gilt kraft Gesetzes für vollstreckbare Urkunden (§ 797 IV ZPO; BGH, FamRZ 83/22 = NJW 83/228 = D 80 u. FamRZ 84/997).

d) Rechtskraft: Die Rechtskraft eines die Vollstreckungsabwehrklage gegen einen gerichtlichen Vergleich abweisenden Urteils erstreckt sich nicht auf das Bestehen des materiell-rechtlichen Anspruchs. Nur durch Erhebung einer Feststellungsklage ist dies möglich (BGH, FamRZ 84/878 = D 92, 101).

Bei einem der Vollstreckungsabwehrklage stattgebenden Urteil gilt dies gleichfalls mit Ausnahme des Falles der Aufrechnung einer Gegenforderung nach § 322 II ZPO (BGH, FamRZ 84/878 = D 101).

e) aa) Auf die Erhebung der Vollstreckungsabwehrklage kann durch Prozeßvertrag verzichtet werden; jedoch sind an einen derartigen Prozeßvertrag strenge Anforderungen zu stellen (BGH, FamRZ 82/782 = NJW 82/2072 = D 102).

bb) Die Vollstreckungsabwehrklage ist mangels Rechtsschutzbedürfnisses unzulässig, wenn eine Zwangsvollstreckung unzweifelhaft nicht mehr droht. Dazu gehört in der Regel die Herausgabe des Vollstreckungstitels an den Schuldner. Bei Titeln auf wiederkehrende Leistung begründet jedoch die Nicht-Herausgabe des Titels nicht schon für sich allein die Besorgnis weiterer Vollstreckung trotz Erfüllung, wenn der Titel für die erst künftig fällig werdenden Ansprüche noch benötigt wird (BGH, FamRZ 84/470 = NJW 84/2826 = D 103).

cc) Nach Beendigung der Zwangsvollstreckung setzen sich die rechtlichen Möglichkeiten der Vollstreckungsabwehrklage in der materiell-rechtlichen Bereicherungsklage fort (BGH, FamRZ 82/470 = NJW 82/1147 = D 104). Wegen dieser Möglichkeit läßt sich das Rechtsschutzinteresse für eine Vollstreckungsabwehrklage nicht damit begründen, sie diene der Klärung einer zwischen den Parteien streitigen Rechtsfrage wegen des in der Vergangenheit angeblich zu viel geleisteten Unterhalts (BGH, FamRZ 84/470 = NJW 84/2826 = D 105).

f) Verbindung der Vollstreckungsabwehrklage mit einer Abänderungsklage. Vollstreckungsabwehrklage und Abänderungsklage können in der Weise verbunden werden, daß in erster Linie ein Antrag aus § 767 ZPO, hilfsweise ein Anspruch aus § 323 ZPO geltend gemacht wird. Voraussetzung ist allerdings die Zulässigkeit der Klageverbindung gemäß § 260 ZPO (BGH, FamRZ 79/573).

g) Wegen der Zuständigkeiten siehe IV 23, wegen der Vollstreckungsabwehrklage gegen eine einstweilige Anordnung II 12.

6. Feststellungklage (§ 256 ZPO)

a) Sie kommt im Bereich des Unterhaltsrechts hauptsächlich in der Form der negativen Feststellungsklage (Klage auf Nichtbestehen eines Unterhaltsanspruchs) vor und setzt ein besonderes Feststellungsinteresse voraus. Dies ist normalerweise nicht gegeben, wenn eine Klärung auf andere gleichwertige Weise, etwa durch Leistungsklage, herbeigeführt werden kann (z. B. BGH, FamRZ 84/470 = NJW 84/2826 = D 105).

b) Soweit gelegentlich „Feststellung" begehrt wird, daß der bereits titulierte Unterhalt wegfalle, handelt es sich um eine Abänderungsklage gemäß § 323 ZPO, bei Prozeßvergleichen und anderen Schuldtiteln i. S. d. § 323 IV ZPO in der Regel um eine Abänderungsklage nach Maßgabe der für sie geltenden Besonderheiten (vgl. oben Nr. 3b, c). Bei im einstweiligen Anordnungsverfahren geschlossenen Prozeßvergleichen, die einer einstweiligen Anordnung in ihren Wirkungen gleichstehen, gibt es keine Abänderungsklage nach § 323 ZPO, sondern für den Unterhaltsschuldner nur die negative Feststellungsklage, wenn er sich gegen seine Leistungspflicht wendet (BGH, FamRZ 83/892 = NJW 83/2200 = D 86).

c) Da bei Verurteilung zur Leistung von Unterhalt an eheliche Kinder eine Begrenzung bis zur Vollendung des 18. Lebensjahres nicht üblich ist, bedarf es keiner Feststellungsklage für die Zeit danach (vgl. BGH, NJW 83/2197 = D 35 für Schadensersatzrenten gemäß § 844 II BGB).

d) Nur durch Feststellungsklage, nicht allein durch Vollstreckungsabwehrklage, kann die Rechtskraft eines Urteils über die Vollstreckungsabwehrklage auf den materiell-rechtlichen Anspruch eines gerichtlichen Vergleichs erstreckt werden (BGH, FamRZ 84/878 = D 92, 101).

e) Die Feststellungsklage ist ein Weniger gegenüber dem Leistungsbegehren. Entspricht der Erlaß eines Feststellungsurteils statt des begehrten, aber unbegründeten Leistungsurteils dem Interesse des Klägers, kann das Gericht ohne Verstoß gegen § 308 ZPO – auch ohne ausdrückliche hilfsweise Geltendmachung – ein Feststellungsurteil erlassen (BGH, FamRZ 84/556).

f) Im Verfahren, das zum Erlaß eines Feststellungsurteils führt (§ 256 ZPO), ist für eine Prüfung und Entscheidung über die Höhe des festzustellenden Anspruchs kein Raum (BGH, FamRZ 84/556).

g) Die Einstellung der Zwangsvollstreckung aus dem angefochtenen Titel ist analog §§ 707, 719 ZPO oder § 769 ZPO zulässig (BGH, FamRZ 83/355 = NJW 83/1330 = D 106).

h) Wegen der gegen eine einstweilige Anordnung gerichteten Feststellungsklage vgl. II 12.

7. Stufenklage (§ 254 ZPO)

a) Sie ist ein Fall der objektiven Klagenhäufung (§ 260 ZPO) mit der Besonderheit, daß der Leistungsantrag zunächst entgegen § 253 II Nr. 2 ZPO nicht beziffert werden muß.

b) Die Stufenklage kann auch im Verbund erhoben werden. Über das Auskunftsbegehren kann in diesem Falle vor der Entscheidung über den Scheidungsantrag gesondert verhandelt und erkannt werden (BGH, FamRZ 82/151 = NJW 82/1645 = D 107).

c) Sofern die Erhöhung eines Unterhaltsanspruchs im Wege des § 323 ZPO durchgesetzt werden muß, kann im Rahmen einer Stufenklage vorab auf Auskunft über die neuen Einkommensverhältnisse geklagt werden. Mit der Erhebung der Stufenklage ist die Zeitschranke des § 323 III ZPO überwunden (BGH, FamRZ 84/1211 = NJW 85/195 = D 77).

d) Beim Streitwert ist § 18 GKG zu beachten. Danach ist für die Wertberechnung nur einer der verbundenen Ansprüche und zwar der höhere, das ist in der Regel der Leistungsantrag, maßgebend.

e) Unrichtig ist es im allgemeinen, im Teilurteil über eine Stufe (z. B. des Auskunftsanspruchs) eine Kostenentscheidung aufzunehmen. Die Kosten der Stufenklage bilden eine Einheit. Über sie kann in der Regel erst in der Schlußentscheidung erkannt werden.

f) Durch eine unbezifferte, einem zulässigen Antrag in einer Stufenklage entsprechende Mahnung gegenüber dem auskunftspflichtigen Schuldner kommt dieser grundsätzlich in Verzug (BGH, NJW 81/1729).

g) Wegen der notwendigen Bestimmtheit des Klageantrags für den Auskunftsantrag vgl. nachfolgend Nr. 8 (Auskunftsklage).

8. Auskunftsklage

a) Gemäß § 253 II Nr. 2 ZPO muß die Klageschrift die bestimmte Angabe des Gegenstands und des Grundes des erhobenen Anspruchs sowie einen bestimmten Antrag enthalten. Für die Auskunftsklage als Leistungsklage bedeutet dies, daß die verlangten Belege konkret zu bezeichnen sind. Eine Verlagerung der konkreten Bestimmung in das Vollstreckungsverfahren ist unzulässig. Möglich ist jedoch die Auslegung des Klageantrags (BGH, FamRZ 83/454 = NJW 83/1056 = D 108). Danach genügt es beispielsweise nicht, den Klageantrag zu stellen, der Beklagte solle „diejenigen Belege beifügen, aus denen die Richtigkeit des Zahlenmaterials entnommen werden kann" (BGH, a. a. O.).

b) Was für die Belegvorlagepflicht als Nebenpflicht des Auskunftsanspruchs gilt, gilt für diesen ebenfalls. Im Klageantrag (erst recht im Urteil) muß daher genau angegeben werden, über welche Einkünfte oder sonstige Gegenstände Auskunft zu erteilen ist und für welchen Zeitraum.

c) Im Falle der Überleitung des Unterhaltsanspruchs auf den Sozialhilfeträger kann der Unterhaltsberechtigte trotz der Überleitung für die Zukunft Zahlung an sich selbst verlangen und dementsprechend auch den vorbereitenden Auskunftsanspruch für sich geltend machen (BGH, FamRZ 83/674 = NJW 83/1783 = D 109).

d) Die Verurteilung zur Auskunft ist gemäß § 888 I ZPO zu vollstrecken (BGH, FamRZ 83/578 = NJW 83/1859 = D 110).

9. Vollstreckungsklage (§§ 722, 723 ZPO)

a) Sie ermöglicht es, einem ansonsten im Inland nicht vollstreckbaren ausländischen Titel (nicht notwendig ein Urteil im formellen Sinne) im Inland die Vollstreckbarkeit zu verleihen. Dabei ist Streitgegenstand nicht der materiell-rechtliche Anspruch (BGHZ 72/23, 29), sondern die Zulässigkeit der inländischen Zwangsvollstreckung aus dem ausländischen Urteil (Thomas/Putzo, ZPO, 13. Aufl., Anm. 3 zu § 723 ZPO).

b) Häufig kommen aufgrund staatsvertraglicher Regelungen für die Vollstreckbarerklärung einfachere und billigere Verfahren in Betracht, z. B. bei Unterhaltstiteln für Kinder das Haager Übereinkommen über die Anerkennung und Vollstreckung auf dem Gebiet der Unterhaltspflicht gegenüber Kindern vom 15. 4. 1958 i. V. m. dem Ausführungsgesetz vom 18. 7. 1961 oder das EuGÜbk vom 27. 9. 1968 (in der noch nicht in Kraft getretenen Neufassung vom 9. 10. 1978, vgl. im einzelnen Baumbach/Albers, ZPO, 43. Aufl., Schlußanhang V und VIII).

c) Voraussetzung ist Rechtskraft des Titels und seine Anerkennungsfähigkeit (§ 328 ZPO). Nicht geprüft wird der sachlich-rechtliche Anspruch (§ 723 I ZPO).

d) Einwendungen (z. B. Erfüllung) können nur analog § 767 II ZPO erhoben und berücksichtigt werden (vgl. BGH, NJW 80/2025 LS; FamRZ 82/785 = NJW 82/1947 = D 111).

e) Betrifft der Titel Unterhaltsansprüche i. S. d. § 23b I S. 2 Nr. 5, 6 GVG, liegt eine Familiensache vor (vgl. BGH, FamRZ 83/1008 = NJW 83/2775 = D 27).

f) Anstelle der Vollstreckungsklage gemäß §§ 722, 723 ZPO kann auch auf Leistung aus dem durch das ausländische Urteil festgestellten Anspruch geklagt werden (BGH, NJW 79/2477; NJW 64/1626). Dabei ist jedoch wegen der Rechtskraft des ausländischen Urteils und seiner Anerkennung im Inland das deutsche Gericht hinsichtlich des Inhalts seines Sachurteils an den Inhalt des ausländischen Urteils gebunden, BGH, NJW 64/1626).

Die Leistungsklage kann vorteilhafter sein, wenn etwa die Anerkennung des ausländischen Urteils zweifelhaft ist oder das ausländische Urteil auf Fremdwährung lautet, jedoch ein auf DM lautender Titel erstrebt wird (beachte jedoch die Umrechnung in der Zwangsvollstreckung, dazu BGH, NJW 62/109).

Möglich ist auch die Verbindung von Vollstreckungs- und Leistungsklage im Eventualverhältnis unter den Voraussetzungen des § 260 ZPO.

10. Drittschuldnerklage

a) Sie spielt, allerdings im geringen Umfang, in der unterhaltsrechtlichen Praxis eine Rolle bei der Durchsetzung gepfändeter und zur Einziehung überwiesener Unterhaltsforderungen. Prozeßrechtliche Grundlage sind die §§ 829, 835, 836 ZPO. Zwar wird der Vollstreckungsgläubiger durch die Überweisung der Forderung zur Einziehung nicht zum Inhaber der Forderung. Er erhält aber ein eigenes Einziehungsrecht und darf deshalb im eigenen Namen, vor allem auf Leistung an sich, klagen (BGHZ 82/28, 31 = D 112; NJW 78/1914). Beklagter ist der Drittschuldner, dem Hauptschuldner muß grundsätzlich der Streit verkündet werden (§ 841 ZPO).

b) Im Pfändungsbeschluß wird in der Regel die Entscheidung nach § 850b II ZPO getroffen. Diese Entscheidung ermöglicht die Pfändung von gesetzlichen Unterhaltsrenten, die sonst im allgemeinen unpfändbar sind (§ 850b I Nr. 2 ZPO).

c) Zu beachten sind die Pfändungsgrenzen des § 850c ZPO und zwar, soweit sie für den Schuldner gelten. Die für den Drittschuldner (Beklagten) geltenden Pfändungsfreigrenzen sind in diesem Zusammenhang ohne Bedeutung. Denn eine Forderung ist nur insoweit übergegangen, als sie die Pfändungsgrenzen des Schuldners übersteigt (§ 850b II, § 851 ZPO, §§ 400, 412 BGB).

11. „Bedingte Klage"

a) Sie ist die von einer Bedingung, in der Regel von der Bewilligung der Prozeßkostenhilfe, abhängig gemachte Ingangsetzung des Hauptverfahrens. Meist werden Formulierungen gebraucht wie: die Klage werde „unter der Voraussetzung" oder „für den Fall" oder „im Umfang" der Bewilligung von Prozeßkostenhilfe erhoben; PKH werde beantragt für die beabsichtigte Klage; die Klage solle erst nach Bewilligung von Prozeßkostenhilfe zugestellt werden; nach Bewilligung von Prozeßkostenhilfe würden folgende Anträge gestellt werden oder: vorab solle über das PKH-Gesuch entschieden werden usw.

Einziger Sinn und Zweck dieser Bedingung ist der, im Falle der Versagung von Prozeßkostenhilfe keine Kosten tragen zu müssen.

b) Ob das Klageverfahren unter solchen Erklärungen als bereits in Gang gesetzt anzusehen ist, ist Auslegungsfrage im Einzelfall (vgl. BGH, VersR 78/181 für Berufung = D 113). Im Zweifel gilt die Klage als eingereicht. Meist ist jedoch bei solchen Formulierungen, die keine zulässige Rechtsbedingung sind (BGHZ 4/54), die notwendige Klarstellung (BGHZ 4/328) gegeben, daß zunächst lediglich das PKH-Verfahren eingeleitet sein soll, das Verfahren über die Hauptsache (Klage) jedoch nicht (vgl. auch BGH, FamRZ 80/131). Das hat zur Folge, daß eine Einreichung der Klage nicht vorliegt (BGH, VersR 65/155 = D 115). Für den Streitwert bedeutet dies eine Ansammlung der für die Zeit vor Einreichung der Klage geltend gemachten Rückstände (§ 17 IV GKG) und für die Vorschrift des § 323 III ZPO, daß eine Zustellung der Klage nicht in Betracht kommt, da die Einreichung eines PKH-Gesuchs und dessen Mitteilung nicht genügen (vgl. BGH, FamRZ 82/365 = NJW 82/1050 = D 76).

c) Wird Prozeßkostenhilfe in solchen Fällen bewilligt, muß anschließend eine Klage ohne Bedingung eingereicht werden. Geschieht dies nicht, wird in Verkennung der Rechtslage die „Klage" etwa zugestellt und Termin zur mündlichen Verhandlung anberaumt, so liegt die Einreichung einer Klage in der Stellung des Sachantrags aus der sog. Klageschrift in der mündlichen Verhandlung. Mit rügelosem Verhandeln des Beklagten gilt die Klage als erhoben (BGH, NJW 72, 1373 = D 114).

d) Die „bedingte Klage" ist ein nicht auszurottendes Übel in der unterhaltsrechtlichen Praxis und bringt nur Nachteile. Das Kostenrisiko kann dadurch vermieden werden, daß von vorneherein nur ein Prozeßkostenhilfegesuch eingereicht wird. Kommt es auf die baldige Zustellung der Klage an, so kann ein meist zur Verfügung stehender Gerichtskostenzuschuß einbezahlt oder nach § 65 VII Nr. 3 u. 4 GKG verfahren werden (vgl. auch BGH, FamRZ 82/365 = NJW 82/1050 = D 76).

12. Einstweilige Anordnungen und ihre Anfechtung

a) Die einstweilige Anordnung gemäß § 620 Nr. 4 u. 6 ZPO (Unterhalt) oder gemäß § 127a, § 621f ZPO (Prozeßkostenvorschuß) trifft aufgrund einer summarischen Prüfung nur eine vorläufige Regelung, die keine rechtskräftige Entscheidung über den Unterhaltsanspruch darstellt und jederzeit – auch für die zurückliegende Zeit – durch ein im ordentlichen Rechtsstreit ergehendes Urteil abgelöst werden kann (BGH, FamRZ 83/355 = NJW 83/1330; FamRZ 84/767 = NJW 84/2095 = D 116). Die Zulässigkeit einer Klage wird durch die Möglichkeit einer einstweiligen Anordnung nicht in Frage gestellt (BGH, FamRZ 79/472). Auf den „Notunterhalt" ist sie nicht beschränkt (BVerfG, FamRZ 80/872 = D 118). Soweit sie für die Zeit nach Scheidung der Ehe fortgilt (§ 620f ZPO), ist ihr Gegenstand beim Ehegattenunterhalt der nacheheliche Unterhalt. Daß es sich bei dem Unterhaltsanspruch des Ehegatten während bestehender Ehe und dem Unterhaltsanspruch nach der Scheidung sowohl materiell als auch verfahrensrechtlich um verschiedene (= nicht-identische) Ansprüche handelt (BGH, FamRZ 80/1099), steht einer Vollstreckung grundsätzlich nicht entgegen (BGH, FamRZ 83/355 = NJW 83/1330 u. FamRZ 85/51 = NJW 85/428 = D 119).

b) Eine im Eheprozeß gemäß § 620 S. 1 Nr. 4 ZPO ergangene einstweilige Anordnung über den Kindesunterhalt wirkt nicht zugunsten des Kindes, sondern nur im Verhältnis der Ehegatten zueinander (anders ein Urteil oder ein Prozeßvergleich gemäß § 1629 III BGB). Das Kind kann daraus nicht vollstrecken (BGH, FamRZ 83/892 = NJW 83/2200 = D 84, 85).

c) Einem Prozeßvergleich, durch den nichts anderes erreicht werden soll als eine der beantragten einstweiligen Anordnung entsprechende Regelung, kann im Regelfall keine weitergehende Wirkung zugemessen werden, als sie die einstweilige Anordnung gehabt hätte (BGH, FamRZ 83/892 = NJW 83/2200 = D 84). Sofern die Parteien eines Scheidungsrechtsstreits durch einen im Anordnungsverfahren geschlossenen Prozeßvergleich weitergehende Regelungen treffen wollen, etwa ein eigenes Forderungsrecht des Kindes durch Vertrag zu seinen Gunsten begründen, müssen für einen derartigen Willen ausreichend sichere Anhaltspunkte vorliegen (BGH, FamRZ 83/892 = NJW 83/2200 = D 85).

d) Eine einstweilige Unterhaltsanordnung oder eine solche auf Leistung von Prozeßkostenvorschuß kann nicht mit der sofortigen Beschwerde angefochten werden (§ 620c ZPO). Dieser Ausschluß ist verfassungsgemäß (BVerfG, FamRZ 80/232 LS = NJW 80/386 LS je mit Anmerkung).

e) Eine Abänderungklage nach § 323 ZPO kommt bei einstweiligen Anordnungen nicht in Betracht (BGH, FamRZ 83/355 = NJW 83/1330 u. 83/892 = NJW 83/2200 = D 86). Sie kann jedoch unter Umständen in eine Leistungklage umgedeutet werden (BGH, FamRZ 83/892 = NJW 83/2200 = D 122), die der Unterhaltsgläubiger jederzeit erheben kann (BGH, FamRZ 83/355 = NJW 83/1330 und FamRZ 83/892 = NJW 83/2200; FamRZ 84/767 = NJW 84/2095 = D 116; vgl. auch BGH, FamRZ 84/769 = NJW 84/2355).

f) Für die Zeit vor Rechtskraft der Scheidung besteht eine Abänderungsmöglichkeit nach § 620b ZPO (s. auch g).

g) Für die Zeit nach Rechtskraft der Scheidung hat der Verpflichtete die Möglichkeit der negativen Feststellungsklage, wenn er geltend machen will, die wirtschaftlichen Verhältnisse der Parteien hätten sich geändert (BGH, FamRZ 83/355 = NJW 83/1330; vgl. auch FamRZ 83/892 = NJW 83/2200; FamRZ 84/356 = NJW 84/1537 = D 121 u. FamRZ 84/769 = NJW 84/2355).

Schon vor Rechtskraft der Scheidung kann der Schuldner jedoch eine negative Feststellungsklage erheben, wenn er in einem ordentlichen Rechtsstreit geklärt haben will, ob die einstweilige Anordnung gegen ihn und der vorläufig als bestehend angenommene Unterhaltsanspruch (oder Prozeßkostenvorschußanspruch) zu Recht bestehen.

Wird negative Feststellungsklage erhoben, so kann die Zwangsvollstreckung entweder analog §§ 707, 719 ZPO oder § 769 ZPO einstweilen eingestellt werden (BGH, FamRZ 83/355 = NJW 83/1330 = D 106). Näher liegt die analoge Anwendung von § 620e ZPO.

h) Daneben kann der Verpflichtete Vollstreckungsabwehrklage (§ 767 ZPO) erheben, wenn er nachträglich entstandene rechtshemmende oder rechtsvernichtende Einwendungen geltend machen will (BGH, FamRZ 83/355 = NJW 83/1330 = D 94; vgl. auch BGH, FamRZ 84/769 = NJW 84/2355). In analoger Anwendung des § 767 II ZPO können mit der Vollstreckungsabwehrklage jedoch nur Umstände geltend gemacht werden, die nicht schon vor Erlaß der Entscheidung vorgebracht werden konnten (BGH, FamRZ 85/51 = NJW 85/428 = D 120). Bei der entsprechenden Anwendung des § 767 ZPO ist davon auszugehen, daß ein Anspruch in dem titulierten Umfang bestanden hat (BGH, FamRZ 83/355 = NJW 83/1330 = D 94).

i) Hat der Schuldner aufgrund einer einstweiligen Anordnung, die über Bestand oder Höhe des materiell-rechtlichen Unterhaltsanspruchs hinausgeht, geleistet, kann er die Bereicherungsklage erheben, ohne daß es auf die förmliche Aufhebung der einstweiligen Anordnung ankäme. Das zusprechende Urteil ist dann eine „anderweitige Regelung" i. S. v. § 620f ZPO (BGH, FamRZ 84/767 = NJW 84/2095 = D 116).

Die Rechtshängigkeit der negativen Feststellungsklage löst noch nicht die verschärfte Haftung des Empfängers von Unterhaltsleistungen gemäß § 818 IV BGB aus. Diese Folge hat nur die Bereicherungsklage (BGH, FamRZ 85/368 = NJW 85/1074).

j) Wenn aus einer nicht dem materiellen Recht entsprechenden einstweiligen Anordnung vollstreckt wird, sieht das Gesetz keine besonderen Erstattungs- oder Schadensersatzansprüche vor. Insbesondere kommt eine entsprechende Anwendung der §§ 717 II, 945 ZPO nicht in Betracht (BGH, FamRZ 84/767 = NJW 84/2095 = D 117).

Die Vollstreckung einer einstweiligen Anordnung zur Zahlung eines Prozeßkostenvorschusses ist auch nach Beendigung des Prozesses und ungeachtet der Kostenentscheidung möglich. Für den Arglisteinwand (§ 767 I ZPO) genügt nicht das Unterliegen des Empfängers im Rechtsstreit. Die Kostenentscheidung ist keine „anderweitige Regelung" gem. § 620f ZPO (BGH, FamRZ 85/802).

k) Die Zustellung des Antrags auf Erlaß einer einstweiligen Anordnung kann eine (materiell-rechtliche) Mahnung gemäß § 284 I S. 2 BGB sein (BGH, FamRZ 83/352 = NJW 83/2318).

l) Verhältnis zur einstweiligen Verfügung. Die §§ 620ff. ZPO enthalten eine geschlossene Sonderregelung des einstweiligen Rechtsschutzes in Ehesachen, womit die Vorschriften über die einstweilige Verfügung verdrängt werden (BGH, FamRZ 79/472 = D 123; vgl. auch BGH, FamRZ 84/767 = NJW 84/2095 = D 117).

m) Wegen Zuständigkeiten vgl. IV Nr. 23.

13. Einstweilige Verfügung

a) Rechtsgrundlage ist § 940 ZPO. Durch die einstweilige Verfügung soll eine Notlage kurzfristig beseitigt werden. Dadurch unterscheidet sie sich von der einstweiligen Anordnung, durch welche für die Dauer des Scheidungsverfahrens eine beide Seiten befriedigende Regelung getroffen werden soll zwecks Vermeidung zusätzlicher gerichtlicher Auseinandersetzungen (BVerfG, FamRZ 80/872 = D 118).

b) Solange und soweit eine einstweilige Anordnung gemäß § 620ff., § 127a, § 621f ZPO in Betracht kommt, ist eine einstweilige Verfügung unzulässig (vgl. BGH, FamRZ 79/472 = D 123).

c) Neben dem Verfügungsgrund (dringendes Regelungsbedürfnis) muß jeweils auch ein materiell-rechtlicher Unterhaltsanspruch (sog. Verfügungsanspruch) gegeben sein, etwa § 1361, § 1569ff., § 1601ff. BGB. Der Unterhaltsanspruch selbst wird jedoch nicht rechtshängig, über ihn wird auch nicht rechtskräftig entschieden. Deshalb steht eine einstweilige Verfügung einer Hauptsacheklage über den gleichen Zeitraum und Betrag nicht entgegen. Jedoch werden etwaige Leistungen aufgrund der einstweiligen Verfügung bei der Geltendmachung und Entscheidung über den Unterhaltsanspruch im Hauptsacheverfahren berücksichtigt werden müssen, sofern sie Erfüllung (§ 362 I BGB) bedeuten (vgl. D 97).

d) In der Regel ist die einstweilige Verfügung auf sechs Monate zu befristen (Leitlinien der Familiensenate des Oberlandesgerichts Hamm zum Unterhaltsrecht, FamRZ 84/963

V.; Unterhaltsrechtliche Grundsätze der Familiensenate des Hanseatischen Oberlandesgerichts in Hamburg, FamRZ 84/1197 Nr. 7; Leitlinien zum Unterhaltsrecht der Familiensenate des Hanseatischen Oberlandesgerichts in Bremen, FamRZ 85/28 D; Die Düsseldorfer Tabelle nach Frankfurter Praxis, FamRZ 84/1072 D Nr. 2 i. V. m. Weychardt, DAVorm 84/347). Zu beachten ist, daß der Notunterhalt bei knappen Verhältnissen mit dem vollen oder angemessenen Unterhalt identisch sein kann.

e) Gemäß § 929 II ZPO, der gemäß § 936 ZPO analog anzuwenden ist, ist die Vollziehung der einstweiligen Verfügung unstatthaft, wenn seit dem Tage, an dem sie verkündet oder der antragstellenden Partei zugestellt ist, ein Monat verstrichen ist. Diese Frist ist von Amts wegen zu beachten und führt bei Versäumung zur Wirkungslosigkeit und zur Aufhebung der einstweiligen Verfügung (§ 927 ZPO). Die Vollziehung (oder der Vollzug) unterscheidet sich einerseits vom Anordnungsverfahren als solchem und der Vollstreckung. Durch die Vollziehung wird die einstweilige Verfügung dem Schuldner gegenüber wirksam gemacht und zum Ausdruck gebracht, daß der Gläubiger von der einstweiligen Verfügung Gebrauch machen will. Die gewünschte Sicherung wird erst durch die (etwa notwendige) Zwangsvollstreckung erreicht. Die einstweilige Verfügung mit Verurteilung zu wiederkehrenden Leistungen kann allerdings für die künftig fällig werdenden Leistungen nicht innerhalb der Frist des § 929 II ZPO vollzogen werden. Der Gläubiger muß jedoch die einstweilige Verfügung innerhalb der Frist im Parteibetrieb zustellen. Im einzelnen ist die Anwendbarkeit des § 929 II ZPO auf solche Leistungsverfügungen streitig (vgl. z. B. Baumbach/Hartmann, ZPO, 43. Aufl., Anm. 3 A zu § 936 ZPO).

f) Im Verfahren wegen einstweiliger Verfügung finden Revision und sofortige Beschwerde auch dann nicht statt, wenn das Berufungsgericht die Berufung als unzulässig verworfen hat (BGH, FamRZ 84/877 = NJW 84/2368).

14. Arrest (§ 916ff. ZPO)

Der Arrest dient der Sicherung der künftigen Zwangsvollstreckung wegen einer Geldforderung oder eines Anspruchs, der in eine Geldforderung übergehen kann (§ 916 Abs. 1 ZPO). In der unterhaltsrechtlichen Praxis spielt er keine nennenswerte Rolle.

15. Mahnverfahren (§ 688ff. ZPO)

Unterhalt kann auch im Mahnverfahren geltend gemacht werden, aber nur die bis zum Ablauf der Widerspruchsfrist fälligen Beträge, also praktisch nur die Rückstände (§ 688 I i. V. m. § 692 I Nr. 3 ZPO). In der unterhaltsrechtlichen Praxis hat das Mahnverfahren nur ganz geringe Bedeutung.

III. Das Rechtsmittelverfahren (nur Besonderheiten und häufig vorkommende Fragen)

1. Berufung

a) Wird ein Verbundurteil nur hinsichtlich der Entscheidung über Folgesachen (z. B. Unterhalt) angefochten, unterliegt das Rechtsmittelverfahren nicht den Regeln des Verfahrensverbunds (BGH, FamRZ 80/773). Das Rechtsmittelgericht kann grundsätzlich ein Teilurteil erlassen (BGH, FamRZ 80/773; FamRZ 82/358 = NJW 82/1937). Dasselbe gilt für ein Grundurteil (BGH, FamRZ 82/358 = NJW 82/1937). Die Vorschrift des § 628 I ZPO (sog. Abtrennung) kann bei Anfechtung nur von Folgesachen nicht angewandt werden (BGH, FamRZ 80/1108 = NJW 81/55; FamRZ 81/130). Ist gegen ein Verbundurteil „Beschwerde gemäß § 621 e ZPO" eingelegt, so kann das Rechtmittel in der Begründungsschrift zulässigerweise auf andere Teile des Verbundurteils (z. B. Unterhalt) erstreckt werden, gegen die das Rechtsmittel der Berufung gegeben ist (BGH, FamRZ 81/946 = NJW 81/2360), soweit nicht ein wirksamer Rechtsmittelverzicht vorliegt.

Die zulässige Anfechtung einer anderen Folgesache (z. B. Versorgungsausgleich) eröffnet die Möglichkeit, auch eine Mehrforderung an nachehelichem Unterhalt, die über den im Verbundurteil antragsgemäß zuerkannten Betrag hinausgeht, zur Prüfung des OLG zu stellen (BGH, FamRZ 82/1198 = NJW 83/172).

Die Anfechtung einer Folgesache aus dem Verbund bewirkt, daß auch die Rechtskraft der Scheidung aufgeschoben ist (BGH, FamRZ 80/233; FamRZ 81/245 u. 946 = NJW 81/2360).

Durch Teilanfechtung wird die Rechtskraft des angefochtenen Urteils voll gehemmt. Deshalb sind die in der Berufungsbegründung angekündigten Anträge nur vorläufig (BGH, FamRZ 85/631).

b) Auch in einfach liegenden Streitfällen muß die Berufungsbegründung zu erkennen geben, weshalb die Beurteilung durch den Erstrichter unrichtig ist. Eine Verweisung auf den erstinstanzlichen Vortrag, das angefochtene Urteil u. a. reicht nicht aus (BGH, FamRZ 81/534). Sie muß ihrem gesamten Inhalt nach den Umfang der Anfechtung des Ersturteils erkennen lassen. Der Berufungsführer muß dabei bestimmte Gesamtunterhaltsbeträge, die er zu zahlen bereit ist, nicht unbedingt in die Einzelbeträge für Elementarvorsorge- und Krankenversicherungsunterhalt aufschlüsseln (BGH, FamRZ 85/631).

c) Hat der Familienrichter gegen § 308 I ZPO verstoßen, wird dies durch den Antrag des Klägers auf Zurückweisung der Berufung geheilt (BGH, FamRZ 81/944).

d) Eine von der Bewilligung von Prozeßkostenhilfe abhängig gemachte (sog. bedingte) Berufung ist unzulässig (vgl. z. B. BGHZ 4/54 u. VersR 78/181 = D 113). Zulässig hingegen ist eine Berufung mit der Bitte, sie erst nach Bewilligung der Prozeßkostenhilfe in den Geschäftsgang zu nehmen (vgl. BGH, LM § 518 ZPO Nr. 2).

e) Zur Parteiänderung in der Berufung vgl. D 55, zur Berufungserweiterung statt Abänderungsklage BGH, FamRZ 85/691 = NJW 85/2029 (II 3aee a. E.).

f) Wegen Prozeßkostenhilfe vgl, Nr. IV 8.

2. Anschlußberufung

a) Für ihre Wirksamkeit reicht der in der Anschlußschrift zum Ausdruck gekommene klare und bestimmte Wille des Anschlußklägers, eine Abänderung zu seinen Gunsten zu erreichen, aus. Der Antrag, das gegnerische Rechtsmittel zurückzuweisen, genügt jedoch nicht (BGH, FamRZ 84/657 = NJW 84/2351). Sie ist nur zulässig gegen dasselbe Urteil einschließlich der nach § 512 ZPO der Beurteilung des Berufungsgerichts unterliegenden Vorentscheidungen, gegen das sich auch das Hauptrechtsmittel richtet. Das Scheidungsurteil ist keine solche Vorentscheidung der Entscheidung über die abgetrennte Folgesache (BGH, FamRZ 83/461 = NJW 83/1317). Aus der Zusammenfassung des Scheidungsausspruchs mit den Erkenntnissen in Folgesachen ergibt sich die Zulässigkeit von Anschlußrechtsmitteln gegen die verschiedenen Teile des Verbundurteils, auch gegen bisher nicht angegriffene Folgesachenentscheidungen (BGH, FamRZ 82/36 = NJW 82/224; vgl. auch BGH, FamRZ 80/233).

b) Ein Unterhaltsgläubiger, der in der Berufungsinstanz mit seinem Anspruch teilweise abgewiesen worden ist und diese Abweisung rechtskräftig werden läßt, kann nach einer auf die Revision des Gegners erfolgten Zurückverweisung der Sache wegen einer zwischenzeitlichen Veränderung der für die Verurteilung maßgebenden Verhältnisse gemäß § 323 ZPO im Wege der Anschlußberufung seinerseits eine Abänderung des abweisenden Urteils verlangen und eine höhere Unterhaltsrente geltend machen (BGH, FamRZ 84/657 = NJW 84/2351; LM § 323 ZPO Nr. 4).

c) Anspruchserhöhende Umstände, die nach dem Schluß der mündlichen Verhandlung über die Berufung eintreten, können in dem Verfahren über die gegebenenfalls noch anhängige Anschlußberufung nicht mehr berücksichtigt werden. Insoweit steht das Abänderungsverfahren zur Verfügung, in dem für die Präklusion nach Abs. 2 des § 323 ZPO auf den Schluß der mündlichen Verhandlung über die Berufung abzustellen ist (BGH, FamRZ 84/680 = NJW 84/2951).

3. Revision

a) Zulassung. aa) Diese erfolgt durch das Oberlandesgericht nach Maßgabe des § 621 d ZPO. Eine Beschränkung auf einen abtrennbaren Teil des Gegenstands, über den auch ein Teilurteil ergehen könnte (z. B. Grundrente beim Unterhalt), ist zulässig. Sie muß jedoch ziffernmäßig konkretisiert sein. Zumindest muß sich diese Konkretisierung aus den Entscheidungsgründen ergeben (BGH, FamRZ 79/233; FamRZ 82/684 = D 124). Auf einzelne rechtliche Gesichtspunkte, z. B. Vorsorgeunterhalt (BGH, FamRZ 82/255 = NJW 82/1873 u. FamRZ 83/152 = NJW 82/1986), Anwendung inländischen oder ausländischen Rechts (BGH, FamRZ 82/466) oder Tatbestandsmerkmale (z. B. Erwerbsobliegenheit, BGH, FamRZ 82/148 = NJW 82/326), kann die Zulassung nicht beschränkt werden (vgl. auch z. B. BGH, FamRZ 81/340 zur Beschränkung auf die Frage der Verfassungsmäßigkeit des Versorgungsausgleichs). In solchen Fällen gilt die Revision als unbeschränkt zugelassen (BGH, FamRZ 82/148 = NJW 82/326 u. FamRZ 82/255 = NJW 82/1873 = D 138). Dasselbe gilt bei Unklarheiten in der Zulassung (BGH, FamRZ 82/684 = D 124). Für den Umfang der Revisionszulassung ist in erster Linie der Urteilsausspruch maßgebend. Eine Beschränkung kann sich ausnahmsweise auch aus den Entscheidungsgründen ergeben, wenn sie in dieser Hinsicht klar und eindeutig sind (BGH, FamRZ 84/559 = NJW 84/2353; FamRZ 79/285). Aus der Begründung für die Zulassung allein, etwa, eine bestimmte Rechtsfrage habe grundsätzliche Bedeutung, ergibt sich regelmäßig keine Beschränkung der Zulassung auf den Umfang der mitgeteilten Begründung (BGH, FamRZ 82/680 u. 579; FamRZ 83/144; FamRZ 84/156 = NJW 84/297).

Die Zulassung ist für das Revisionsgericht bindend (§ 546 I S. 3 ZPO), auch dann, wenn sie aus Gründen erfolgt, die das Gesetz nicht vorsieht (BGH, FamRZ 84/655 = NJW 84/2935).

Andererseits begründet die Zulassung eines im Gesetz nicht vorgesehenen Rechtsmittels nicht dessen Statthaftigkeit (BGH, FamRZ 79/696 und FamRZ 81/25 = NJW 81/177), jedoch die Anwendung von § 16 KostO (BGH a. a. O.) oder v. § 8 I GKG.

Der BGH kann die vom Berufungsgericht unterlassene Zulassung nicht nachholen (BGH, FamRZ 79/473).

Eine im Berufungsurteil unterbliebene Zulassung kann nicht durch ein Ergänzungsurteil (§ 321 ZPO) nachgeholt werden (BGH, FamRZ 81/445).

Bei versehentlichem Unterlassen der Zulassung kann gegebenenfalls nach Maßgabe des § 319 I ZPO berichtigt werden (Lohmann, Neue Rechtsprechung des BGH zum Familienrecht, 4. Aufl., S. 133f).

bb) Ein bayerisches OLG hat bei der Zulassung zu bestimmen, ob der BGH oder das BayObLG zur Entscheidung über die Revision zuständig ist (§ 7 I EGZPO). Solange dies nicht geschehen ist, kann die Revision sowohl beim BGH als auch beim BayObLG eingelegt werden (BGH, FamRZ 81/28 = NJW 81/172). Bestimmt das OLG nachträglich oder das BayObLG gemäß § 7 II Satz 3 EGZPO den BGH als Revisionsgericht, ist dies bindend (§ 7 I Satz 2 EGZPO; BGH FamRZ 82/585). Einlegung und Begründung der Revision bis dahin nur beim BayObLG bleiben für das weitere Verfahren vor dem BGH dann wirksam (BGH, FamRZ 82/585; 81/28 = NJW 81/172 bei Nachholung durch OLG; BGH, FamRZ 81/140).

cc) Der BGH hat in ständiger Rechtsprechung, zunächst bestärkt vom Bundesverfassungsgericht (FamRZ 82/243), die Revision in Familiensachen für unstatthaft gehalten, wenn ein Nichtfamiliensenat des OLG entschieden und in Verkennung der Eigenschaft als Familiensache keine Entscheidung über die Zulassung der Revision gemäß § 621 d I ZPO getroffen hat (vgl. z. B. BGH, FamRZ 84/35 und FamRZ 84/371 mit einer teilweisen Änderung der ständigen Rechtsprechung). Inzwischen ist diese Rechtsprechung des BGH vom Bundesverfassungsgericht für verfassungswidrig (Verstoß gegen Art. 3 I GG) erklärt worden (BVerfG FamRZ 84/866 = NJW 84/2346).

b) Weitere Revisionsfragen. aa) Keine Revision oder sofortige Beschwerde gibt es gegen eine Entscheidung des Berufungsgericht in Arrest- und einstweiligen Verfügungssachen, auch dann nicht, wenn das Berufungsgericht die Berufung als unzulässig verworfen hat. Die Regelung des § 545 II ZPO geht derjenigen des § 547 ZPO vor (BGH, FamRZ 84/877 = NJW 84/2368).

bb) Hingegen gilt § 621 d II ZPO sinngemäß auch für die Verwerfung der Anschlußberufung (BGH, FamRZ 84/680 = NJW 84/2951).

cc) Die Entwicklung der tatsächlichen Verhältnisse nach Schluß der letzten Tatsachenverhandlung kann im Revisionsverfahren in der Regel nicht berücksichtigt werden (§ 561

ZPO; BGH, FamRZ 84/988). Dieser Grundsatz gilt aus Gründen der Prozeßwirtschaftlichkeit nur dann nicht, wenn die Berücksichtigung neuer Tatsachen zur raschen und endgültigen Streitbereinigung angebracht ist, keine schutzwürdigen Interessen einer Partei entgegenstehen und die neuen Tatsachen ohne eine dem Revisionsverfahren wesensfremde Beweisaufnahme festgestellt werden können (BGH, FamRZ 81/949).

dd) Ein Übergang von dem in den Vorinstanzen verfolgten Abänderungsbegehren zu einem Antrag nach § 767 ZPO ist in der Revisionsinstanz unzulässig (BGH, FamRZ 81/242 = NJW 81/978).

ee) Wegen Prozeßkostenhilfe vgl. Nr. IV 8.

4. Sofortige Beschwerde

a) In Unterhaltssachen (§ 621 I Nr. 4 u. 5 ZPO) findet gegen den Beschluß des OLG, durch den der Einspruch gegen ein Versäumnisurteil als unzulässig verworfen worden ist, die sofortige Beschwerde an den BGH nur statt, wenn das OLG sie zugelassen hat (BGH, FamRZ 82/162 = NJW 82/1104).

b) Gegen einen Beschluß des OLG, der die Vollstreckbarerklärung eines unter das Haager Übereinkommen vom 15. 4. 1958 fallenden ausländischen Unterhaltstitels betrifft, ist ein Rechtsmittel zum BGH nicht gegeben (BGH, B. v. 10. 7. 85 – VIb ZB 46/85).

c) Zur sofortigen Beschwerde im Arrest- oder einstweiligen Verfügungsverfahren vgl. oben 3b) aa).

5. Rechtsmittelverzicht (§ 514 ZPO) und Rechtsmittelrücknahme

a) Der Rechtsmittelverzicht vor dem Prozeßgericht in einer mündlichen Verhandlung ist Prozeßhandlung. Seine Wirksamkeit ist nicht davon abhängig, daß er ordnungsgemäß protokolliert wird (BGH, FamRZ 84/372). Nach BGH, WM 85/739 soll auch der nur dem Gegner gegenüber erklärte Verzicht Prozeßhandlung sein.

Sein Inhalt und seine Tragweite sind danach zu beurteilen, wie die Verzichtserklärung bei objektiver Betrachtung zu verstehen ist. Dies gilt auch dann, wenn die Verfahrensbeteiligten und der die Erklärung entgegennehmende Richter die Verzichtserklärung übereinstimmend in einem anderen Sinne aufgefaßt haben sollten (BGH, FamRZ 81/947 = NJW 81/2816 = D 125).

Er ist grundsätzlich unwiderruflich und nicht wegen Willensmängel anfechtbar (Ausnahme: Vorliegen eines Restitutionsgrundes). Das Gericht muß ihn von Amts wegen beachten (BGH, FamRZ 85/801).

b) In der Beschränkung des Rechtsmittels ist ein Verzicht auf weitergehende Anfechtung in aller Regel nicht zu erblicken (BGH, FamRZ 81/946 = NJW 81/2360).

c) Den Prozeßparteien ist es nicht verwehrt, sich vertraglich zu verpflichten, gegen ein noch zu erlassendes Urteil kein Rechtsmittel einzulegen oder ein Rechtsmittel zurückzunehmen (BGH, FamRZ 82/782 = NJW 82/2072 = D 102). Solche Verträge sind formlos wirksam. Hält sich eine Prozeßpartei nicht an diese Verpflichtung, kann der Vertragspartner dies im Wege der Einrede geltend machen. Im gleichwohl weiterbetriebenen Verfahren ist das Rechtsmittel als unzulässig zu verwerfen (BGH, FamRZ 84/161 = NJW 84/805 = D 126; FamRZ 85/48 = NJW 85/185). Voraussetzung ist, daß es sich bei dem Verzicht um die Übernahme einer Verpflichtung, nicht nur um ein einseitiges unverbindliches In-Aussicht-Stellen handelt (BGH, FamRZ 85/48 = NJW 85/185).

Der außergerichtliche Rechtsmittelverzicht kann mit Zustimmung des Gegners bis zum Eintritt der Rechtskraft der Entscheidung widerrufen werden. Er begründet lediglich eine prozessuale Einrede (BGH, FamRZ 85/801), der der Einwand der Arglist entgegenstehen kann. Liegt ein Restitutionsgrund vor, kann er ebenfalls widerrufen werden. Hingegen unterliegt er nicht der Anfechtung (BGH, WM 85/739).

d) Eine Partei kann auch durch einseitige Erklärung gegenüber der anderen auf ein Rechtsmittel verzichten. Diese Erklärung unterliegt nicht dem Anwaltszwang. Das Wort „Verzicht“ ist nicht erforderlich. Jedoch muß der klare, eindeutige Wille zum Ausdruck kommen, sich ernsthaft und endgültig mit der Entscheidung zufrieden zu geben und sie nicht anfechten zu wollen (vgl. BGH, WM 85/739).

IV. Weitere Verfahrensfragen

1. Anerkenntnis

Das prozessuale Anerkentis nach § 307 ZPO ist (ausschließlich) Prozeßhandlung ohne materiell-rechtliche Komponente. Die Unterwerfung des Anerkennenden hat regelmäßig zur Folge, daß er dem Anerkenntnis gemäß zu verurteilen ist, ohne daß es noch auf die materiell-rechtliche Begründetheit des mit der Klage geltend gemachten prozessualen Anspruchs ankommt (§ 307 Abs. 1 ZPO). Eine Anfechtbarkeit wegen Irrtums scheidet aus, weil das Verfahrensrecht für Prozeßhandlungen keine den § 119ff. BGB entsprechende Vorschriften enthält und sich eine analoge Anwendung verbietet. Das Anerkenntnis unterscheidet sich vom Geständnis, das den tatsächlichen Streitstoff betrifft, grundlegend. Deshalb ist die Vorschrift des § 290 ZPO nicht anwendbar. Der Widerruf eines Anerkenntnisses im anhängigen Rechtsstreit ist zulässig, wenn die Prozeßhandlung von einem Restitutionsgrund i. S. d. § 580 ZPO betroffen ist, aufgrund dessen das Urteil, das auf der Prozeßhandlung beruht, mit der Wiederaufnahmeklage beseitigt werden könnte. In einem solchen Falle kann der Widerruf mit der Berufung gegen das ergangene Anerkenntnisurteil geltend gemacht werden. Die Möglichkeit der Abänderungsklage gemäß § 323 ZPO gilt auch für Anerkenntnisurteile. Die Geltendmachung von Abänderungsgründen gegenüber einem Anerkenntnisurteil im Rechtsmittelverfahren ist jedoch nicht in weitergehendem Umfang möglich als im Falle einer Abänderungsklage nach § 323 ZPO. Unter Umständen kann die Berufung auf das Anerkenntnis gegen Treu und Glauben verstoßen. Grundvoraussetzung dafür ist, daß die Verurteilung der wahren (materiellen) Rechtslage nicht entspricht und die Unrichtigkeit dem sich auf das Anerkenntnis Berufenden bekannt ist (BGH, FamRZ 81/862 = NJW 81/2193).

Das prozessuale Anerkenntnis muß eindeutig und bedingungslos sein, andernfalls ist es unwirksam. Seine Wirksamkeit findet dort ihre Grenze, wo keine Parteiherrschaft über den Streitgegenstand besteht. Das Gericht ist an ein Anerkenntnis bei der Bemessung der einzelnen Unterhaltsbestandteile (z. B. Elementar-, Vorsorge-, Krankenversicherungsunterhalt) nicht gebunden (BGH, FamRZ 85/912).

2. Aussetzung des Verfahrens

Sie ist bis zur gesetzlichen Neuregelung in den Fällen des § 1579 II BGB geboten, wenn ,,ein besonders gelagerter Härtefall" (BVerfG, FamRZ 81/745) vorliegt (BGH, FamRZ 83/569; FamRZ 84/34 = NJW 84/296).

3. Beweisaufnahme (§ 284ff. ZPO)

a) Die Bescheinigung des behandelnden Arztes ist im Wege des Urkundenbeweises verwertbar (BGH, FamRZ 82/779 = NJW 82/2664).

b) Bei substantiierten Einwendungen gegen ein amtsärztliches Gutachten und eine Bescheinigung des behandelnden Arztes ist das Vorbringen, zur Arbeitsfähigkeit müsse ,,notfalls" ein fachärztliches Gutachten eingeholt werden, ein Beweisantrag, nicht lediglich die Anregung einer in das Ermessen des Gerichts gestellten Beweisaufnahme von Amts wegen (BGH, FamRZ 82/779 = NJW 82/2664).

c) Der Tatrichter kann im Rahmen der freien Beweiswürdigung (§ 286 ZPO) auch bloßen Parteibehauptungen Glauben schenken, jedoch aufgrund einer so gewonnenen Überzeugung nicht Beweisanträge ablehnen mit der Begründung, das Gegenteil der behaupteten Tatsache sei bereits erwiesen (BGH, FamRZ 82/779 = NJW 82/2664).

d) Ein Verstoß gegen die prozessuale Wahrheitspflicht durch unvollständige, unwahrhaftige oder widersprüchliche Angaben ist bei der Beweiswürdigung zu berücksichtigen. Zu einer Umkehr der Beweislast führt er nicht (BGH, FamRZ 81/347).

e) Behauptet eine darlegungspflichtige Partei das Nichtvorhandensein von Tatumständen (sog. negative Tatsachen), darf sich der Gegner nicht mit einfachem Bestreiten begnügen, sondern muß nach seinen Möglichkeiten im einzelnen darlegen, daß die bestrittene Behauptung unrichtig ist (BGH, NJW 81/577 = D 127; vgl. auch FamRZ 82/463).

f) Der sog. Freiberufler kann die notwendige Darlegung seiner Einnahmen und Aufwendungen nicht durch den Antrag auf Vernehmung eines Steuerberaters, Steuerbevollmächtigten oder Buchhalters ersetzen (BGH, FamRZ 80/770 = NJW 80/2081 und FamRZ 85/357 = NJW 85/909).

g) Im übrigen vgl. zur Darlegungs- und Beweislast 1. Hauptteil.

4. Feriensache (§ 200 II Nr. 5a GVG)

a) Feriensachen (das heißt solche Sachen, in denen Termine und Entscheidungen auch während der Gerichtsferien abgehalten und erlassen werden) sind auch isolierte Rechtsstreitigkeiten über Unterhaltsrückstände, nach § 82 JWG, § 90ff. BSHG übergeleitete Ansprüche (BGH, DAVorm 81/377) oder nach § 37 n. F. BAföG übergegangene (vgl. BGH, FamRZ 81/657) sowie das Verfahren über eine Vollstreckungsabwehrklage, die sich gegen den Titel über einen Unterhaltsanspruch i. S. d. § 200 II Nr. 5a GVG richtet (BGH, FamRZ 78/672 = D 7; FamRZ 80/671), ferner der Ehegatten-Trennungsunterhalt (BGH, FamRZ 85/578).

Der Katalog dieser Feriensachen ist enger als der der familienrechtlichen Unterhaltsstreitigkeiten gemäß § 23b I GVG (BGH, FamRZ 84/679 = D 128 unter Aufgabe der abweichenden Ansicht in VersR 80/679).

b) Keine Feriensachen sind aa) in den Berufungsrechtszug gelangte Streitigkeiten über eine durch Ehe oder Verwandtschaft begründete gesetzliche Unterhaltspflicht, solange (auch) die Scheidungssache noch zum Gegenstand der Berufungsverhandlung gemacht werden kann (BGH, FamRZ 83/685 unter Aufgabe der gegenteiligen Ansicht in BGH, FamRZ 82/161 = NJW 82/282).

bb) Rechtsstreitigkeiten über das Verlangen eines Elternteils gegenüber dem anderen aufgrund eines Scheidungsvergleichs auf Befreiung von gesetzlichen Unterhaltsansprüchen eines gemeinsamen Kindes oder auf Erstattung von Unterhaltsleistungen, die er dem Kind erbracht hat (BGH, FamRZ 84/679 = D 128).

5. Gesetzliche Vertretung

a) Das vom Vormundschaftsgericht als Beistand bestellte Jugendamt hat nur in den Fällen des § 1690 BGB die Stellung eines gesetzlichen Vertreters des Kindes, nicht auch in den Fällen der §§ 1685, 1686 BGB (BGH, FamRZ 81/865 = D 129; vgl. dort auch zur stillschweigenden Vollmachtserteilung und zur Duldungs- oder Anscheinsvollmacht in einem solchen Fall).

b) Wegen Prozeßstandschaft vgl. Nr. 9.

6. Hinweispflicht (§ 139 ZPO)

Läßt sich das erkennbare Prozeßziel nicht mit dem gestellten Antrag, wohl aber mit einem anderen erreichen (z. B. mit einer Vollstreckungsabwehrklage statt mit einer Abänderungsklage), so darf die Klage nicht abgewiesen werden, ohne auf die Bedenken hinzuweisen und Gelegenheit zu geben, den Antrag umzustellen (BGH, FamRZ 81/242). Entsprechendes gilt für einen Verweisungsantrag gemäß oder analog § 281 ZPO (BGH, FamRZ 84/465 = NJW 84/2040).

7. Kosten

Die Regelung des § 93a ZPO verdrängt als Sonderregelung die allgemeinen Kostenvorschriften in Familiensachen. Soweit das Gesetz nicht in § 97 III ZPO zwingend die Belastung des Rechtsmittelsführers mit den Rechtsmittelkosten anordnet, gilt dieser Grundsatz auch im Rechtsmittelverfahren (BGH, FamRZ 83/683).

Zwingende Gegenvorschrift ist auch § 515 III ZPO und § 269 III ZPO.

8. Prozeßkostenhilfe (§ 114ff. ZPO)

a) Sie kann rückwirkend bis zur Einreichung eines formgerechten Antrags nebst den erforderlichen Unterlagen und noch nach Abschluß des Verfahrens bewilligt werden, wenn der Bewilligungsantrag während des Verfahrens gestellt, aber nicht verbeschieden worden ist (BGH, FamRZ 82/58 = NJW 82/446).

b) Maßgebend ist die Rechtslage zur Zeit der Entscheidung über das PKH-Gesuch, auch dann, wenn eine zunächst zweifelhafte Rechtsfrage erst im Laufe des PKH-Verfahrens durch eine höchstrichterliche Entscheidung hinreichend geklärt worden ist (BGH, FamRZ 82/367).

Für die Sachlage gilt dies nach neuerer Praxis ebenfalls.

c) Hängt die Entscheidung von der Beantwortung schwieriger, ungeklärter Rechtsfragen ab, kann hinreichende Erfolgsaussicht eines Rechtsbegehrens bejaht werden, ohne daß die strittigen Fragen bereits im PKH-Verfahren geklärt werden müßten (BGH, FamRZ 82/367).

d) Der Gegner des Antragstellers hat kein Anhörungsrecht zu den Angaben über persönliche und wirtschaftliche Verhältnisse und insoweit kein Recht auf Einsicht in die diese Angaben enthaltenden Aktenteile (BGH, FamRZ 84/373).

Ein Anhörungs-und Einsichtsrecht aus anderen Gründen schließt dies jedoch nicht aus. So sind im Unterhaltsprozeß die Angaben zu den wirtschaftlichen Verhältnissen, oft auch diejenigen zu den persönlichen Verhältnissen, auch für die Sachentscheidung von Bedeutung. Deshalb muß der Gegner dazu gehört werden und hat auch ein Einsichtsrecht in etwaige Unterlagen z. B. Verdienstbescheinigung (§ 299 ZPO).

e) Für die Rechtsmittelinstanz ist grundsätzlich die erneute Abgabe der Erklärung über die persönlichen und wirtschaftlichen gegenwärtigen Verhältnisse auf dem eingeführten Vordruck notwendig. Eine Bezugnahme auf eine in einem früheren Rechtszug abgegebene Erklärung reicht ausnahmsweise aus, wenn die Verhältnisse seither unverändert geblieben sind und dies bei der Bezugnahme deutlich gemacht wird (BGH, FamRZ 83/579 = NJW 83/2145). Zur Vollständigkeit vgl. BGH, FamRZ 85/1017.

Eine Bezugnahme auf eine Erklärung in anderen Akten, die vom Gericht erst beigezogen werden müßten, ist unzulässig. Die Anforderungen an die Abgabe der Erklärung sind derart minimal, daß sie von jedem, der auf Kosten der Allgemeinheit prozessieren will, ohne weiteres erfüllt werden können, ohne auf andere Akten oder Verfahren Bezug nehmen zu müssen.

f) Ein minderjähriges Kind braucht den amtlichen Vordruck nur dann nicht zu benutzen, wenn es einen Unterhaltsanspruch geltend macht oder vollstrecken will (VO vom 24. 11. 1980, abgedruckt bei Baumbach/Hartmann, ZPO, 43. Aufl., Anm. 5 zu § 117 ZPO). Eine solche Geltendmachung ist auch dann anzunehmen, wenn das Kind einen titulierten Unterhaltsanspruch verteidigt, z. B. bei der gegen es gerichteten Abänderungsklage.

Die Erklärung gemäß § 117 II ZPO muß das Kind allerdings abgeben, weil in der erwähnten Verordnung nur von der Benutzung des amtlichen Vordrucks Befreiung erteilt ist und im übrigen eine Ermächtigung zur Befreiung von der Abgabe der Erklärung gemäß § 117 II ZPO fehlt (§ 117 III ZPO).

g) Prozeßkostenhilfe kommt nicht in Betracht:

aa) für das PKH-Verfahren (BGH, FamRZ 84/977 LS; FamRZ 85/690 LS = NJW 85/2106). Nach allgemeiner Praxis wird für einen Vergleich gemäß § 118 I ZPO Prozeßkostenhilfe bewilligt, sofern die allgemeinen Voraussetzungen vorliegen.
Die Beratung über die Erfolgsaussichten eines PKH-Gesuchs fällt unter das Beratungshilfegesetz (BGH, FamRZ 85/690 LS = NJW 85/2106),

bb) für das Zuständigkeitsbestimmungsverfahren nach § 36 ZPO, weil keine Gerichtsgebühren anfallen und die Tätigkeit des Prozeßbevollmächtigten durch die Instanzgebühren abgegolten wird (§ 37 Nr. 3 BRAGO, BGH, FamRZ 84/36),

cc) wenn im Laufe des PKH-Verfahrens eine schwierige Rechtsfrage durch höchstrichterliche Entscheidung in einem für den Antragsteller ungünstigen Sinne vor der Entscheidung über sein PKH-Gesuch geklärt worden ist (BGH, FamRZ 82/367), dd) in der Regel für den Rechtsmittelbeklagten, solange das Rechtsmittel nicht begründet und möglicherweise gemäß §§ 519b, 554a ZPO zu verwerfen ist (BGH, FamRZ 82/58 = NJW 82/446).

h) aa) Ein Rechtsmittelführer, der innerhalb der Rechtsmittelfrist oder Rechtsmittelbegründungsfrist die Bewilligung der PKH beantragt hat, ist bis zur Entscheidung über den Antrag solange als ohne sein Verschulden an der Einlegung oder Begründung des Rechtsmittels verhindert anzusehen, als er nach den gegebenen Umständen vernünftigerweise nicht mit der Ablehnung seines Antrags wegen fehlender Bedürftigkeit rechnen muß (BGH, FamRZ 84/677). Dies gilt auch für die Beauftragung eines beim OLG zugelassenen Rechtsanwalts (BGH, B. v. 10. 7. 1985 – IVb ZB 129/84 = FamRZ 85/1017).

bb) Die Einreichung eines den gesetzlichen Anforderungen genügenden Antrags auf Bewilligung von PKH innerhalb der Rechtsmittelfrist ist Voraussetzung für eine Wiedereinsetzung (BGH, FamRZ 83/579 = NJW 83/2145).

cc) Wird einer Partei, die die wirtschaftlichen Voraussetzungen des § 114 ZPO für genügend dargetan halten durfte, die für ein Rechtsmittel beantragte PKH vor Ablauf der Rechtsmittelfrist verweigert, so ist sie an der rechtzeitigen Einlegung des Rechtsmittels jedenfalls dann gehindert, wenn der nach dem Tage der Zustellung des verweigernden Beschlusses verbleibende Teil der Frist drei Werktage nicht übersteigt (BGH, NJW 85 Heft 9 S. VI = FamRZ 85/370).

i) Ist dem Beschwerdeführer für eine sofortige Beschwerde nach § 519b II ZPO Prozeßkostenhilfe zu bewilligen, so kann ihm für die Einlegung der Beschwerde und für die Abgabe gerichtlich angeordneter schriftlicher Erklärungen im Beschwerdeverfahren ein bei dem OLG zugelassener Rechtsanwalt beigeordnet werden, wenn eine anwaltliche Vertretung durch einen bei dem Beschwerdegericht zugelassenen Rechtsanwalt nicht mehr erforderlich wird. Die Regelung des § 121 II S. 2 ZPO greift auch ein, soweit nur für Teile des Verfahrens, insbesondere für einzelne Prozeßhandlungen, eine anwaltliche Vertretung nicht vorgeschrieben ist (BGH, FamRZ 84/677).

Diese Entscheidung hat auch Bedeutung für das Verhältnis von OLG zum Familiengericht.

9. Prozeßstandschaft

Sie ist die Geltendmachung eines fremden Rechts in eigenem Namen.

a) Die gesetzliche Prozeßstandschaft nach § 1629 III BGB umfaßt auch die Geltendmachung von Unterhaltsansprüchen des Kindes außerhalb des Scheidungsverfahrens (BGH, FamRZ 83/474 = NJW 83/2084 = D 130; der BGH spricht wiederholt von „Prozeßführungsbefugnis“).

Wird das Kind im Laufe des Verfahrens volljährig, tritt es selbst als Partei in das Verfahren ein (BGH, FamRZ 83/474 = NJW 83/2084). Dies gilt auch, wenn das Verfahren in erster Instanz im Verbund mit der Scheidungssache geführt worden ist (BGH, FamRZ 85/471 = D 147).

b) Das Kind kann das zwischen den Eltern, aber aus praktischen Gründen über den Kindesunterhalt auszugleichende anteilige Kindergeld im Wege der (vom sorgeberechtigten Elternteil abgeleiteten) Prozeßstandschaft einklagen (BGH, FamRZ 82/887 = NJW 82/1983 = D 131).

10. Prozeßvergleich

a) Er ist Prozeßvertrag mit Doppelnatur. Einerseits ist er eine Prozeßhandlung, deren Wirkungen sich nach den Grundsätzen des Verfahrensrechts richten, andererseits auch ein privatrechtlicher Vertrag, für den die Regeln des materiellen Rechts gelten (BGH, FamRZ 82/782 = NJW 82/2072 = D 88; FamRZ 85/166 = NJW 85/1962). Er ist Vollstreckungstitel gemäß § 794 I Nr. 1 ZPO. Danach muß er während eines Rechtsstreits und zu dessen Beilegung geschlossen worden sein. Nach rechtskräftiger Erledigung des Prozesses ist die Schaffung eines derartigen, zur Vollstreckung geeigneten Titels ausgeschlossen BGH, FamRZ 82/782 = NJW 82/2072).

b) Zu seiner Wirksamkeit ist die ordnungsgemäße Protokollierung gemäß § 162 I ZPO notwendig (BGH, FamRZ 84/372).

Im Falle der Unwirksamkeit als Prozeßvergleich wegen formeller Mängel kann er als außergerichtlicher materiell-rechtlicher Vergleich Bestand haben, wenn dies dem mutmaßlichen Parteiwillen entspricht (BGH, FamRZ 85/166 = NJW 85/1962 = D 142). Die Unwirksamkeit kann durch Einwendungen gegen die Zulässigkeit der Vollstreckungsklausel geltend gemacht werden (§ 732 ZPO). Dem Rechtsschutzbedürfnis für die Leistungsklage steht dies nicht entgegen (BGH, FamRZ 85/166 = NJW 85/1962).

c) Die prozeßbeendende Wirkung eines Prozeßvergleichs kann nicht durch einen Abänderungsvertrag der Parteien beseitigt werden. Eine außergerichtliche Übereinkunft der Parteien, die in einem Prozeßvergleich begründeten Pflichten zu reduzieren, hat prozessual keine unmittelbare Bedeutung. Der Schuldner hat lediglich die Möglichkeit, im Wege der Klage nach §§ 795, 767 ZPO dagegen vorzugehen (BGH, FamRZ 82/782 = NJW 82/2072).

d) Seit Inkrafttreten des 1. EheRG (1. 7. 1977) wirkt ein zwischen den Eltern während eines Scheidungsverfahrens im Hauptsacheverfahren geschlossener gerichtlicher Unterhaltsvergleich auch für und gegen das Kind (§ 1629 III BGB). Dies gilt auch dann, wenn der Unterhalt des Kindes außerhalb des Verbunds geltend gemacht wird (BGH, FamRZ 84/474 = NJW 83/2084 = D 130).

e) Vgl. im übrigen wegen Zwangsvollstreckungsabwehrklage gegen einen Prozeßvergleich Nr. II 5, wegen Abänderungsklage Nr. II 3b, wegen der Besonderheiten, wenn der Prozeßvergleich eine einstweilige Anordnung ersetzt, Nr. II 12.

11. Schätzung (§ 287 ZPO)

Sie kommt notfalls in Betracht u. a. zur Feststellung

a) des schädigungsbedingten Mehrbedarfs bei Rentnern durch Zuhilfenahme allgemeiner Erfahrungssätze (BGH, FamRZ 81/338 = D 132),

b) der berufsbedingten Aufwendungen und des Mehrbedarfs eines Auszubildenden mit Hilfe von Richtsätzen, die der Lebenserfahrung entsprechen (BGH, FamRZ 81/541 = NJW 81/2462 = D 133),

c) der angemessenen Vergütung für Versorgungsleistungen in einer eheähnlichen Gemeinschaft, etwa nach Richtlinien und Erfahrungssätzen, die zur Bemessung von Schadensersatzrenten bei Verletzung oder Tötung von Hausfrauen entwickelt worden sind (BGH, FamRZ 84/662 = NJW 84/2358 = D 134),

d) der wesentlichen Grundlagen eines abzuändernden Titels (BGH, FamRZ 79/694 = D 58; DAVorm 80/408),

e) des trennungsbedingten Mehrbedarfs (z. B. BGH, FamRZ 84/153).

12. Streitwert

a) Der Gebührenstreitwert bemißt sich in Unterhaltssachen im Regelfall nach dem höchsten Jahresbetrag der beziffert geltend gemachten monatlichen Unterhaltsrente (§ 17 I GKG; BGH, FamRZ 84/677). Dazu kommen etwaige Rückstände vor Einreichung (nicht Zustellung) der Klage. Die Einreichung eines Prozeßkostenhilfegesuchs reicht nicht. Zum Rückstand zählt auch der gesamte Betrag des Monats, in den die Einreichung fällt. Bei „bedingten Klagen" tritt zum Nachteil der Parteien eine erhebliche Erhöhung des Streitwerts ein, weil die Einreichung in der Regel erst durch Stellung des Sachantrags in der mündlichen Verhandlung geschieht (BGH, VersR 65/155 = D 115 u. NJW 72/1373 = D 114).

b) Für die Stufenklage (§ 254 ZPO, vgl. oben II 7) gilt § 18 GKG. Danach ist nur der höherwertige Anspruch maßgebend; das ist in der Regel der Leistungsanspruch. Wird Unterhaltsrente zum Teil beziffert geltend gemacht und im Wege der Stufenklage ein (unbezifferter) Mehrbetrag, so kommt zum höchsten Jahresbetrag der beziffert geltend gemachten Unterhaltsrente der Jahresbetrag der im Weg der Stufenklage zusätzlich unbeziffert geltend gemachten Mehrforderung hinzu (BGH, FamRZ 84/677, 679).

c) Bei der Abänderungsklage bemißt sich der Wert nach dem Jahresbetrag der begehrten Abänderung (Differenz zwischen dem abzuändernden Titel und dem begehrten Mehr- oder Minderbetrag).

d) Bei Geltendmachung nur des Auskunftanspruchs, der den Leistungsanspruch vorbereiten soll, ist nur ein Bruchteil des Leistungsanspruchs als Wert anzusetzen. Das Interesse des Klägers an der Auskunft ist in aller Regel anders (höher) zu bewerten als das des Beklagten daran, die Auskunft nicht erteilen zu müssen. Dafür ist (beim Bekl.) in erster Linie maßgebend, welche Aufwendungen, Arbeitszeit und allg. Kosten die begehrte Auskunftserteilung für ihn mit sich bringen wird (BGH, WM 85/764).

e) Vom Gebührenstreitwert unbedingt zu unterscheiden ist der Zuständigkeitsstreitwert und die Berufungssumme (§ 511a ZPO). Diese entspricht dem Wert der sog. Beschwer. Die Beschwer bemißt sich jedoch nach den §§ 3ff. ZPO, in Unterhaltssachen hauptsächlich nach § 9 ZPO.

f) Änderungen im Streitwert, etwa durch Klageerweiterung oder Klage (Teil-)Rücknahme, müssen bei der Festsetzung berücksichtigt werden, sofern sie sich auf irgendeine Gerichts- oder Anwaltsgebühr auswirken. In solchen Fällen müssen dann möglicherweise mehrere Streitwerte festgesetzt werden.

g) Unrichtige Streitwertfestsetzungen der Vorinstanz belasten das Rechtsmittelverfahren und führen, vor allem wegen der Begrenzung gemäß § 14 II GKG, immer wieder zu Änderungen von Amts wegen (§ 25 I Satz 3 GKG).

13. Subjektive Klagenhäufung (§ 69ff. ZPO)

Mehrere Unterhaltskläger dürfen ihre Unterhaltsansprüche nicht in einer Summe zusammenfassen, sondern müssen angeben, welcher Betrag auf jeden von ihnen entfallen soll (§ 253 II Nr. 2 ZPO). Die Berechtigten können sich aber – neben der notwendigen Bezeichnung der vorgestellten Höhe ihrer Ansprüche und der entsprechenden Aufgliederung der Klageforderung – mit einer anderen Aufteilung im Rahmen des Gesamtbetrags einverstanden erklären (BGH, FamRZ 81/541 = NJW 81/2462 = D 135).

14. Tod eines Ehegatten während des Verfahrens

a) Durch den Tod erledigt sich die Ehesache (§ 619 ZPO). Die Erledigung der Ehesache erstreckt sich auch auf diejenigen Folgesachen, deren Entscheidung von derjenigen über den Scheidungsantrag abhängt (BGH, FamRZ 81/245). Im unterhaltsrechtlichen Bereich sind dies beispielsweise die nachehelichen Unterhaltsansprüche, weil diese erst mit der Scheidung der Ehe entstehen, wegen des Todes eines Ehegatten eine Scheidung aber nicht mehr möglich ist.

Ob sich die Erledigung auch auf diejenigen Folgesachen erstreckt, die unter Umständen entsprechend § 626 II ZPO als selbständige Familiensache fortgeführt werden können (beispielsweise die bis zum Tode aufgelaufenen Rückstände des Kindesunterhalts, § 1615 I BGB), ist offen (BGH, FamRZ 81/245). Die Erledigung hat zur Folge, daß das Urteil des Familiengerichts mit Ausnahme der Kostenentscheidung wirkungslos ist. Dagegen ist ein Rechtsmittel nicht zulässig. Bei Tod „zwischen den Instanzen" wird die verstorbene Partei noch durch den Rechtsanwalt der Vorinstanz vertreten (BGH, FamRZ 81/245).

b) Bei Tod nach Rechtskraft der Scheidung gilt § 619 ZPO nicht (BGH, FamRZ 84 467).

15. Überleitung

Im unterhaltsrechtlichen Bereich sind hauptsächlich die Überleitungen gem. §§ 90ff. BSHG (Sozialhilfe), § 140 I AFG (Arbeitslosenhilfe; vgl. dazu BGH, FamRZ 83/51) und der Übergang nach § 37 IV n. F. BAföG von Bedeutung.

a) Die Überleitung steht für die künftigen Unterhaltsansprüche unter der aufschiebenden Bedingung, daß Unterstützungsleistungen der Sozialhilfe tatsächlich erbracht werden. Der Unterhaltsberechtigte kann, da seine Aktivlegitimation für die künftigen Unterhaltsraten unberührt bleibt, für die Zukunft Leistung an sich selbst fordern (BGH, FamRZ

82/23). Das gilt auch für den vorbereitenden Auskunftsanspruch (BGH, FamRZ 83/674 = NJW 83/1783 = D 109).

b) Die Unterhaltsansprüche für die Vergangenheit klagt der Unterhaltsberechtigte in der Regel in Prozeßstandschaft ein. Ob er Leistung an die Behörde, auf die der Anspruch übergegangen ist, beantragen muß oder Leistung an sich selbst verlangen kann, hängt davon ab, ob der Verpflichtete mit befreiender Wirkung an den Kläger leisten darf oder nicht (§ 362 II, § 185 BGB; vgl. Thomas/Putzo, ZPO, 13. Aufl., Anm. IV 4b, aa zu § 51 ZPO). Zur Inanspruchnahme des Unterhaltspflichtigen für die Vergangenheit vgl. auch BGH, FamRZ 85/793.

16. Umdeutung

Die Umdeutung einer fehlerhaften prozessualen Erklärung oder Handlung kommt in Betracht, wenn sie wegen ihrer Eindeutigkeit und Klarheit einer berichtigenden Auslegung nicht zugänglich ist, aber den Voraussetzungen einer anderen, den gleichen Zwekken dienenden entspricht, die prozessual wirksam ist. Die Umdeutung darf erfolgen, wenn ein entsprechender Parteiwille genügend deutlich erkennbar ist und kein schutzwürdiges Interesse des Gegners entgegensteht, z. B. Umdeutung einer Abänderungsklage in eine Leistungsklage oder einer Widerklage in einen Klageabweisungsantrag (BGH, FamRZ 83/892 = NJW 83/2200 = D 122; FamRZ 82/156). Zulässig ist ohne Verstoß gegen § 308 ZPO die „Umdeutung" eines unbegründeten Leistungsantrags in einen „begründeten" Feststellungsantrag („weniger"; BGH, FamRZ 84/556).

Vorsicht ist geboten bei der Umdeutung einer Leistungsklage in eine Abänderungsklage (vgl. BGH, FamRZ 85/376 = NJW 85/1345 = D 146).

17. Urteil

a) Darlegung. Kommt ein Gericht trotz gewichtiger Gegengründe zur Auffassung, eine Partei könne Aushilfs- oder Gelegenheitsarbeiten ausüben und regelmäßig monatlich einen bestimmten Betrag verdienen, so muß es die tatsächlichen Gründe für diese Annahme in nachprüfbarer Weise darlegen (BGH, FamRZ 84/683; vgl. auch BGH, FamRZ 85/158 = NJW 85/732). Der Vortrag einer Partei über die Höhe ihres Monatslohns muß im Unterhaltsprozeß vom Gericht zur Kenntnis genommen, erwogen und in den Entscheidungsgründen verarbeitet werden. Andernfalls ist der Anspruch auf rechtliches Gehör verletzt (Art. 103 I GG, BVerfG, FamRZ 80/547).

b) Fassung. Die Beschränkung des Unterhaltsanspruchs auf die Zeit bis zur Ehescheidung braucht nicht in die Urteilsformel aufgenommen zu werden (BGH, FamRZ 81/755).

In den Tenor eines Feststellungsurteils gehören keine Begrenzungen der Höhe des zuzuerkennenden Unterhaltsanspruchs (vgl. BGH, FamRZ 84/556).

c) Rechtskraft. Die Rechtskraft hat die Bedeutung, daß unter den Parteien über das Bestehen oder Nichtbestehen der aus dem vorgetragenen Sachverhalt im Urteil hergeleiteten Rechtsfolge eine nochmalige Verhandlung und Entscheidung unzulässig ist und zwar auch dann, wenn es sich zwar um einen anderen Anspruch handelt, für diesen aber die bereits rechtskräftig festgestellte Rechtsfolge vorgreiflich ist (z. B. die früher festgestellte Fortwirkung eines Unterhaltsvergleichs über die Rechtskraft der Scheidung hinaus wird jetzt unter Berufung auf die spätere Rechtsprechung des BGH zur Nicht-Identität des Trennungsunterhalts und des nachehelichen Unterhalts angefochten).

Die Rechtskraftregeln gelten auch bei bloßen Prozeßurteilen mit Wirkung für die behandelte Verfahrensfrage (BGH, FamRZ 85/580).

18. Verbindung (§ 147 ZPO)

Die Verbindung einer Nichtfamiliensache mit einer Familiensache ist, ausgenommen im Verbund, entsprechend § 260 ZPO seit 1. Juli 1977 unzulässig wegen der Regelung des § 621 ZPO und der Verschiedenartigkeit der Rechtsmittelzüge. Dies gilt auch für die Verbindung eines Haupt- mit einem Hilfsanspruch (BGH, FamRZ 79/215 u. 217; FamRZ 81/1047).

19. Verbund (§ 623, § 629 ZPO)

a) Er ist eine besondere Art der Verfahrensverbindung (BGH, FamRZ 83/366) und bedeutet die gemeinsame Verhandlung und Entscheidung (nur) einer Ehescheidungssache mit ihren sog. Folgesachen (BGH, FamRZ 80/773). Ziel des durch das 1. EheRG eingeführten Entscheidungsverbunds ist es, den Ehegatten durch die Konfrontation mit den Scheidungsfolgen bereits während des Scheidungsverfahrens in stärkerem Maße als nach früherem Recht vor Augen zu führen, welche Auswirkungen die Scheidung ihrer Ehe hat. Auf diese Weise soll übereilten Entscheidungen in einer sinnvollen und den tatsächlichen Lebensverhältnissen angemessenen Weise vorgebeugt werden (BGH, FamRZ 83/461; 80/773).

b) Die einzelnen Verfahrensgegenstände bleiben verschieden. Die Sperrwirkung der Rechtshängigkeit greift grundsätzlich jeweils nur hinsichtlich derjenigen Verfahrensgegenstände ein, die in beiden Verfahren identisch sind (BGH, FamRZ 83/366).

c) Keinen Verbund gibt es bei der Ehenichtigkeitsklage (BGH, FamRZ 82/586). Dasselbe gilt für die Eheaufhebungsklage (BGH, aaO).

d) Wird eine Unterhaltsklage in einem isolierten Verfahren und nicht zusammen mit dem Scheidungsantrag anhängig gemacht, so tritt nicht schon deshalb der Verbund ein, weil Unterhaltsklage und Scheidungsantrag zusammen am gleichen Tage bei Gericht eingereicht wurden (BGH, FamRZ 85/578).

e) Wenn ein Verbundurteil nur hinsichtlich der Entscheidungen über Folgesachen angefochten wird, unterliegt das Rechtsmittelverfahren nicht den Regeln des Verfahrensverbunds mit dem Gebot gleichzeitiger und einheitlicher Entscheidung (BGH, FamRZ 80/773; auch BGH, FamRZ 83/461). Teilurteil ist grundsätzlich möglich (BGH, FamRZ 82/358 u. 85/357), auch Grundurteil (BGH, FamRZ 82/358).

f) Über den Trennungsunterhalt kann im Verbundverfahren nicht sachlich entschieden werden (Abtrennung notwendig; BGH, FamRZ 82/892; vgl. auch BGH, FamRZ 85/578). Dasselbe gilt für den Kinderunterhalt vor Rechtskraft der Scheidung, obwohl materiellrechtlich die Scheidung der Ehe der Eltern keine Zäsur bedeutet.

Ein Rechtsstreit über den ab Rechtshängigkeit des Scheidungsantrags bestehenden Anspruch des getrenntlebenden Ehegatten auf Vorsorgungsunterhalt ist keine Folgesache (BGH, FamRZ 82/781).

g) Der erst mit Rechtskraft der Scheidung der Ehe entstehende nacheheliche Unterhaltsanspruch kann ausnahmsweise schon vorher als Folgesache nach Maßgabe des § 623 ZPO geltend gemacht werden (BGH, FamRZ 81/242 = NJW 81/978 = D 37).

h) Eine Stufenklage (§ 254 ZPO) ist möglich. Über das Auskunftsbegehren kann vor der Entscheidung über den Scheidungsantrag erkannt und auch gesondert darüber verhandelt werden (BGH, FamRZ 82/151 = NJW 82/1645 = D 107).

i) Die Entscheidung über die Auflösung des Verbunds nach § 628 I ZPO ist verfahrensmäßig dem Urteil über den Scheidungsantrag zugeordnet (BGH, FamRZ 83 461). Die Lösung einer Folgesache aus dem Verbund durch Abtrennung (§ 628 ZPO) bewirkt nicht, daß das Verfahren seine Eigenschaft als Folgesache verliert (BGH, FamRZ 79/232 und 908; FamRZ 81/24; 81/253), auch dann, wenn das vorab ergangene Scheidungsurteil rechtskräftig wird (BGH, FamRZ 81/24). Der Anwaltszwang bleibt für die „abgetrennte" Folgesache bestehen (BGH, FamRZ 81/24).

j) Der Vorbehalt, das Verfahren über die Folgesache selbständig fortzusetzen (§ 629 III S. 2 ZPO) ist auch dann zulässig, wenn der Scheidungsantrag abgewiesen wird, weil die Ehe bereits in einem anderen (auch ausländischen) Verfahren geschieden worden ist (BGH, FamRZ 84/256).

k) Der Tod eines Ehegatten während eines Scheidungsverfahrens erledigt nicht nur die Ehesache, sondern auch diejenigen Folgesachen, die nicht u. U. entsprechend § 626 II ZPO als selbständige Familiensache fortgeführt werden können (BGH, FamRZ 81/245). Vgl. auch Nr. 14.

l) Für die Beurteilung der maßgebenden Verhältnisse kann auf die Lage zur Zeit der letzten mündlichen Verhandlung vor dem Tatsachenrichter abgestellt werden, wenn die künftige Entwicklung noch nicht vorhersehbar ist (BGH, FamRZ 82/892; FamRZ 83/144; FamRZ 84/988 = D 67).

m) Vgl. auch unter „Berufung" (III 1) und Anschlußberufung (III 2) sowie Prozeßstandschaft (IV 9).

20. Verfahrensmängel (§ 539 ZPO)

a) Das Übergehen des Kerns des klägerischen Vorbringens ist als ein verfahrensrechtlicher Mangel so schwerwiegend, daß das Verfahren des ersten Rechtszugs keine ordnungsgemäße Grundlage für eine Entscheidung bietet. Der Mangel ist damit wesentlich i. S. d. § 539 ZPO (BGH, FamRZ 84/32 = NJW 84/306).

b) Bei behebbaren Verfahrensmängeln (z. B. Geltendmachung des Unterhalts mehrerer Kläger in einer Summe oder Abänderungsklage gegen die falsche Partei) ist es auch bei Teilanfechtung zulässig, das ganze von dem Mangel betroffene Urteil aufzuheben, um den Prozeß „in die richtige Lage" zu bringen. Das Gericht, an das die Sache zur anderweitigen Verhandlung zurückverwiesen wird, darf in der von ihm zu treffenden sachlichen Entscheidung jedoch nicht zu Ungunsten derjenigen Partei, die das Urteil allein angefochten hat, von seiner früheren Entscheidung abweichen (BGH, FamRZ 81/541 = NJW 81/2462; FamRZ 82/587).

Vgl. auch BGH, FamRZ 85/158 = NJW 85/732 (Urteilsneufassung neben Zurückverweisung).

21. Vorläufige Vollstreckbarkeit

a) In Unterhaltssachen ist in der ersten Instanz insbesondere die Vorschrift des § 708 Nr. 8 ZPO zu beachten und die sich daraus ergebende Notwendigkeit der Differenzierung bei der Bestimmung der sicherheitsleistungspflichtigen Partei (§§ 709, 711 ZPO). So gilt für den laufenden Unterhalt und den dreimonatigen Rückstand vor Klageerhebung § 708 Nr. 8 ZPO. Diese Vorschrift ist lex specialis gegenüber § 708 Nr. 11 ZPO. Für weitere Rückstände gilt nicht § 708 Nr. 11 ZPO i. V. m. § 711 ZPO, sondern § 709 ZPO i. V. m. § 710 ZPO. Sicherheitsleistungspflichtig ist im letztgenannten Falle der Gläubiger (zum Verhältnis von § 708 Nr. 8 u. § 708 Nr. 11 ZPO vgl. Stein/Jonas/Münzberg, ZPO, 20. Aufl., § 708 Rdnr. 20: § 708 Nr. 11 gilt nur, wenn der Betrag des gesamten zur Entscheidung stehenden Unterhalts 1500 DM nicht übersteigt).

b) In isolierten Unterhaltssachen ist das Urteil des OLG auch dann für vorläufig vollstreckbar zu erklären, wenn die Revision nicht zugelassen wird (streitig, aber überwiegende Praxis, vor allem der süddeutschen OLGe). In diese Richtung deutet auch die Entscheidung des Gemeinsamen Senats der obersten Gerichtshöfe des Bundes vom 24. 10. 1983 (FamRZ 84/975). Danach tritt die Rechtskraft des Urteils i. S. v. § 705 ZPO mit der Rechtskraft der Verwerfungsentscheidung ein, wenn ein an sich statthaftes und rechtzeitig eingelegtes Rechtsmittel gegen ein Urteil nach Ablauf der Rechtsmittelfrist verworfen wird.

c) Ob Unterhaltsregelungen im Verbund für vorläufig vollstreckbar erklärt werden dürfen, ist streitig und ungeklärt. In der Praxis der Familiengerichte wird dies teilweise bejaht. Bedenken dagegen bestehen im Grunde nicht, weil der nacheheliche Unterhalt erst ab Rechtskraft der Scheidung tituliert ist. Jene kann u. U. schon vor Rechtskraft der Unterhaltsentscheidung eintreten. Die Regelung des § 704 II ZPO (Urteile in Ehesachen dürfen nicht für vorläufig vollstreckbar erklärt werden) und § 629d ZPO (keine Wirksamkeit der Folgesachenentscheidung vor Rechtskraft des Scheidungsausspruchs) stehen nicht zwingend entgegen.

d) aa) Bei einer Vorwegentscheidung gemäß § 628 ZPO tritt eine Verselbständigung der „abgetrennten" Verfahrensgegenstände ein. In diesem Falle sind die §§ 708ff. ZPO auf den nachehelichen Unterhaltsanspruch ohne weiteres anzuwenden.

bb) Wird vorab durch Teilurteil über den Auskunftsanspruch entschieden, so ist das Teilurteil für vorläufig vollstreckbar zu erklären.

e) Die gebotene Ausschöpfung der Möglichkeiten des Vollstreckungsschutzes hat Auswirkungen für die einstweilige Einstellung der Zwangsvollstreckung in der höheren Instanz (BGH, NJW 83/455 = D 136; WM 83/377). Vgl. unten Nr. 24d) cc.

22. Vorsorgeunterhalt (§ 1361 I, § 1578 III BGB)

a) Er ist unselbständiger Teil des einheitlichen, den gesamten Lebensbedarf betreffenden Unterhaltsanspruchs (st. Rechtspr., BGH, FamRZ 82/255 u. 1187; NJW 82/1986). Dies steht zwar einer Teilklage nicht entgegen (BGH, FamRZ 82/1187 = NJW 83/1547 = D 137), wohl aber einer Beschränkung der Zulassung der Revision ,,bezüglich der Berechnung des Vorsorgeunterhalts" (BGH, FamRZ 82/255 = NJW 82/1873 = D 138 u. NJW 82/1986 = FamRZ 83/152). Das Gericht ist im Falle teilweiser Zurückverweisung bei der neuen Entscheidung nicht gehindert klarzustellen, wie weit der bisher schon zugesprochene Unterhaltsbetrag auf den Vorsorgeunterhalt entfällt (BGH, FamRZ 82/890; FamRZ 82/465 = NJW 82/1875).

b) Im Hinblick auf seine Zweckbindung ist der Vorsorgeunterhalt in der Entscheidung besonders auszuweisen (st. Rechtspr., z. B. BGH, FamRZ 82/890). Dies gilt auch bei einem Abänderungsurteil, in dem Vorsorgeunterhalt erstmals zuerkannt wird (BGH, FamRZ 85/690 = D 145).

c) Der Unterhaltsberechtigte muß nicht schon im Prozeß eine bestimmte Form der Vorsorgeversicherung und die hierfür erforderlichen Beiträge angeben (BGH, FamRZ 82/887). Das Gericht muß in der Regel auf Zahlung einer Geldrente an den Unterhaltsberechtigten erkennen. Zur Zahlung an den Versicherungsträger darf es nur verurteilen, wenn der Berechtigte es beantragt oder damit einverstanden ist, sofern die Gewähr dafür besteht, daß die Zahlungen versicherungsrechtlich zu dem gewünschten Erfolg führen, oder wenn besondere Umstände vorliegen, die das Verlangen des Unterhaltsberechtigten auf Zahlung an sich selbst als Verstoß gegen Treu und Glauben (§ 242 BGB) erscheinen lassen (BGH, FamRZ 82/1187).

Durch die Art der Antragstellung kann nicht beeinflußt werden, welcher Teil des Gesamtunterhalts für den laufenden Bedarf und welcher zweckbestimmt für Vorsorgekosten zu verwenden ist (BGH, FamRZ 85/690 = D 145).

d) Ein Rechtsstreit über den ab Rechtshängigkeit des Scheidungsantrags bestehenden Anspruch des getrenntlebenden Ehegatten auf Vorsorgeunterhalt ist keine Folgesache (BGH, FamRZ 82/781). Besteht bereits ein Titel über Trennungsunterhalt, ist zur Geltendmachung jenes Anspruchs die Abänderungsklage zulässig (BGH, FamRZ 82/465).

e) Hat ein Ehegatte seinen vollen Unterhalt eingeklagt – was regelmäßig der Fall ist und wofür eine Vermutung spricht –, kann er wegen seines dabei nicht geltend gemachten Vorsorgebedarfs eine Erhöhung der zugesprochenen Unterhaltsrente allenfalls im Wege der Abänderungsklage erreichen. Dies ist jedoch mit Wirkung für die Zukunft (§ 323 III ZPO) erst möglich, wenn sich die seinerzeit maßgebenden Verhältnisse wesentlich geändert haben. Dies gilt bei Trennungsunterhalt und nachehelichem Unterhalt sowie auch dann (Billigkeit!), wenn zwar früher im wesentlichen die Voraussetzungen für den Vorsorgeunterhalt vorgelegen haben, jedoch nur der Entschluß zur Altersvorsorge gefehlt hat (BGH, FamRZ 85/690 = D 145).

f) Ob ein Unterhaltsgläubiger Vorsorgeunterhalt fordern will, steht in seinem freien Ermessen; von Amts wegen wird er nicht zugesprochen (BGH, FamRZ 85/690 = D 145).

g) Die schlichte Geltendmachung von Quotenunterhalt schließt die Annahme eines erkennbaren Vorbehalt der Nachforderung von Vorsorgeunterhalt aus, auch dann, wenn sich der Unterhaltsgläubiger eines möglichen Vorsorgeunterhaltsanspruchs nicht bewußt war (BGH, FamRZ 85/690 = D 145).

23. Zuständigkeiten (ohne sog. Übergangsfälle zum 1. 7. 1977)

a) aa) Grundvorschrift ist § 23b I Satz 2 Nr. 5 u. 6 GVG. Zweck des § 23b I ist es, eine Zuständigkeitskonzentration für alle ehebezogenen Verfahren zu schaffen und den Parteien hierfür einen Richter mit der als notwendig erachteten besonderen Sachkunde zur Verfügung zu stellen (BGH, FamRZ 78/582 und FamRZ 80/46). Diese Vorschrift regelt die Zuständigkeit der Familiengerichte gerichtsintern, nicht sachlich. Der fast gleichlautende § 621 I ZPO besagt nur, daß die sachliche Zuständigkeit der Amtsgerichte für die aufgeführten Familiensachen ausschließlich und die gerichtsinterne Regelung des § 23b I GVG zwingend ist (BGH, FamRZ 78/582). Ob eine Familiensache vorliegt, richtet sich nach der Begründung des geltend gemachten Anspruchs (st. Rechtspr.; vgl. im einzelnen oben I), bei Auslandsberührung nach deutschem Recht als der lex fori (BGH, FamRZ 83/155).

bb) Die Ablehnung eines Familienrichters ist zwar Familiensache, jedoch entscheidet darüber das Landgericht (§ 45 II ZPO), nicht das OLG (BGH, FamRZ 79/220 = NJW 79/551 = D 17). Die sofortige Beschwerde dagegen hat der Familiensenat zu behandeln (BGH, FamRZ 79/472 = D 18).

cc) Bei einem einheitlichen prozessualen Begehren mit verschiedenen sachlich-rechtlichen Begründungen, darunter einer familienrechtlichen, hat das Familiengericht Vorrang (BGH, FamRZ 83/155).

dd) Steht eine Familiensache mit einer Nichtfamiliensache im Verhältnis von Haupt- und Hilfsanspruch, so ist zunächst das Gericht (Abteilung) für den Hauptanspruch zuständig. Nach dessen Abweisung kommt Verweisung an das für den Hilfsanspruch zuständige Gericht in Betracht (BGH, FamRZ 80/45, 554; FamRZ 81/1047).

ee) Die Regelung von gesetzlichem Unterhalt gemäß § 23b I Satz 2 GVG in einer Vereinbarung macht eine zugleich mitgeregelte Nichtfamiliensache nicht zur Familiensache (BGH, FamRZ 80/671; FamRZ 81/247).

ff) Werden in einem Scheidungsfolgenvergleich Ansprüche zur einheitlichen Auseinandersetzung sowohl familienrechtlicher als auch allgemeiner vermögensrechtlicher Beziehungen der Ehegatten begründet und ist keine Zuordnung bestimmter Ansprüche nur zu einem der beiden Regelungsbereiche möglich, dann ist der Rechtsstreit wegen aller Ansprüche Familiensache (BGH, FamRZ 80/878; 81/19).

gg) Die Zuständigkeit des Gerichts der Ehesache (§ 621 II S. 1 ZPO) für weitere Familiensachen entfällt mit rechtskräftigem Abschluß des Scheidungsverfahrens, auch wenn das Verfahren über eine Folgesache anhängig geblieben ist (BGH, FamRZ 82/43; vgl. auch BGH, FamRZ 81/23).

hh) Ob über den Rückforderungsanspruch des Scheinvaters das Prozeßgericht oder das Familiengericht zu entscheiden hat, ist ungeklärt (vgl. oben I 3a).

b) Rechtsmittelzuständigkeit. aa) Maßgebend für die Zuständigkeit des Familiensenats oder des allgemeinen Zivilsenats des OLG oder des Landgerichts ist der sachliche Gegenstand des Verfahrens, nicht, ob das Prozeßgericht (Amtsgericht oder Landgericht) oder das Familiengericht entschieden hat (sog. materiell-rechtliche Anknüpfung, st. Rechtspr., z. B. BGH, FamRZ 81/758).

bb) Hat das Familiengericht eine Nichtfamiliensache entschieden oder umgekehrt das Amtsgericht eine Nichtfamiliensache, so kann die betroffene Partei diese Entscheidung wahlweise mit dem zulässigen Rechtsmittel zum LG oder zum OLG anfechten. Zur Entscheidung in der Sache selbst ist – nach Verweisung – das nach dem (materiell-rechtlichen) Verfahrensgegenstand berufene Rechtsmittelgericht zuständig (st. Rechtspr.; BGH, FamRZ 78/873; FamRZ 81/758; FamRZ 84/465).

cc) Die Zuständigkeit des Familiengerichts ist keine sachliche Zuständigkeit i. S. d. § 549 Abs. 2 ZPO (gilt nur für das Revisionsgericht; BGH, FamRZ 84/465).

c) Internationale Zuständigkeit. aa) Sie betrifft die Frage, ob eine Sache von einem deutschen oder ausländischen Gericht zu entscheiden ist und folgt aus dem inländischen Gerichtsstand (§ 13 ZPO) vorbehaltlich anders lautender Regelungen, insbesondere zwischenstaatlicher Abkommen (BGH, FamRZ 83/806; FamRZ 84/465 = NJW 84/2040 = D 139).

bb) Scheidungsfolgen, (z. B. Unterhalt), können bei Auslandsscheidung im Inland geregelt werden, wenn es nicht aus anderen Gründen an der internationalen Zuständigkeit mangelt (BGH, FamRZ 83/366; BGH, FamRZ 84/256).

cc) Die internationale Zuständigkeit ist in jeder Lage des Verfahrens von Amts wegen zu prüfen (st. Rechtspr.; BGH, FamRZ 83/1215; FamRZ 84/465 = NJW 84/2040 = D 139).

dd) Auch wegen der internationalen Zuständigkeit gilt § 549 Abs. 2 ZPO nicht (wichtig nur für das Revisionsgericht; BGH, FamRZ 83/1215).

ee) In der Regel folgt die internationale Zuständigkeit für Folgesachen derjenigen für die Scheidungssache, sofern keine vorrangige staatsvertragliche Regelung eingreift (BGH, FamRZ 80/29; FamRZ 84/350 und 674).

ff) Ein Flüchtling im Sinne des Genfer Flüchtlingsabkommens, der seinen gewöhnlichen Aufenthalt in der Bundesrepublik Deutschland hat, steht in bezug auf die internationale Zuständigkeit einem deutschen Staatsangehörigen gleich (BGH, FamRZ 82/996).

d) Interlokale Zuständigkeit. aa) Sie regelt die Zuständigkeit im Verhältnis zwischen der Bundesrepublik Deutschland und der DDR. Auf sie sind die für die internationale Zuständigkeit geltenden Grundsätze entsprechend anzuwenden, wenn besondere Regelungen fehlen und soweit nicht das besondere Verhältnis, in dem die beiden deutschen Staaten zueinander stehen, Abweichungen bedingt (BGH, FamRZ 82/785 und FamRZ 84/674).

bb) Für die Vollstreckungsabwehrklage eines in der Bundesrepublik Deutschland einschließlich Berlin lebenden Schuldners gegen das Urteil eines Gerichts der DDR sind die Gerichte der Bundesrepublik Deutschland interlokal zuständig (BGH, FamRZ 82/785).

cc) Die Regelung des § 767 I ZPO betrifft unmittelbar nur die örtliche und sachliche Zuständigkeit innerhalb der Gerichtsbarkeit der Bundesrepublik Deutschland. Wurde der Vorprozeß nicht vor einem Gericht der Bundesrepublik Deutschland geführt, so gilt für die Zuständigkeit innerhalb der Bundesrepublik Deutschland § 722 II ZPO analog (BGH, FamRZ 82/785).

dd) Die Schranken der §§ 512a (Berufungsgericht) und 549 I (Revisionsgericht) ZPO gelten nicht für die interlokale Zuständigkeit (BGH, FamRZ 82/785; IPRax 85/162). Diese ist vielmehr in jeder Lage von Amts wegen zu prüfen.

e) Zuständigkeit bei einstweiliger Anordnung. aa) Bei Anfechtung einer Folgesache aus dem Verbund ist für eine einstweilige Anordnung (§ 620 ZPO) und für die Abänderung einer vom Familiengericht erlassenen einstweiligen Anordnung das Familiengericht, nicht das OLG zuständig (BGH, FamRZ 79/1004), auch dann, wenn der Gegenstand der einstweiligen Anordnung dem der Folgesache entspricht, die in der Berufungsinstanz schwebt oder damit zusammenhängt (BGH, FamRZ 80/48). Bei Anfechtung (auch) der Ehesache gilt § 620a IV ZPO oder § 620b III ZPO.

bb) Für den Antrag auf Zahlung eines Prozeßkostenvorschusses ist jedoch das OLG zuständig, wenn und soweit das Rechtsmittelverfahren über die Folgesache bei ihm anhängig ist, für die der Prozeßkostenvorschuß begehrt wird (BGH, FamRZ 81/759).

cc) Während der Anhängigkeit einer Familiensache in der Revisionsinstanz ist für die einstweilige Anordnung nicht der BGH, sondern das Familiengericht zuständig, ggf. dasjenige, bei dem die Ehesache (inzwischen) rechtshängig ist (BGH, FamRZ 80/444 = NJW 80/1392).

dd) Der Grundsatz der perpetuatio fori gilt auch hier. Er bedeutet, daß das OLG für das weitere Verfahren auf Erlaß einer einstweiligen Anordnung zuständig bleibt, wenn der Antrag mitgeteilt oder zugestellt worden ist, auch dann, wenn später gemäß der Berufungsbegründung die Ehesache als nicht angefochten gilt. Umgekehrt bleibt – nach Mitteilung oder Zustellung des Antrags – das Amtsgericht zuständig, wenn nachher durch ein Rechtsmittel die Ehesache beim Berufungsgericht anhängig wird (BGH, FamRZ 80/670). War jedoch die Anfechtung der Ehesache von vornherein unterblieben, so begründet auch die Mitteilung oder Zustellung eines fälschlich an das OLG gerichteten Antrags auf Erlaß einer einstw. Anordnung nicht dessen Zuständigkeit aus dem Gesichtspunkt der Perpetuation. Entsprechendes gilt für das Familiengericht, wenn die Ehesache beim OLG anhängig war.

f) Zuständigkeit bei Vollstreckungsabwehrklage. aa) Für eine Vollstreckungsabwehrklage, die eine Familiensache ist, mit der jedoch keine Regelung für den Fall der Scheidung begehrt wird, ist auch dann das Prozeßgericht des ersten Rechtszugs i. S. d. § 767 I ZPO zuständig, wenn eine Ehesache anhängig ist oder während des Verfahrens anhängig wird. Die Regelungen des § 621 II S. 1 u. III ZPO haben keinen Vorrang (BGH, FamRZ 80/346 = NJW 80/1393).

bb) Richtet sich die Vollstreckungsabwehrklage gegen einen vor dem LG vor dem 1. 7.

1977 geschlossenen Unterhaltsvergleich, ist das Familiengericht zuständig (BGH, FamRZ 78/672 u. FamRZ 79/573) und zwar örtlich das Amtsgericht, in dessen Bezirk das LG, bei dem das Verfahren im ersten Rechtszug anhängig war, seinen Sitz hat (BGH, FamRZ 80/47).

g) Bestimmung des zuständigen Gerichts (Kompetenzkonflikt). aa) Wichtigste Vorschrift ist § 36 Nr. 6 ZPO. Sinn und Zweck des Verfahrens ist es in erster Linie, im Interesse der Parteien und der Rechtssicherheit den mißlichen Streit darüber, welches Gericht für die Sachentscheidung zuständig ist, schnell zu beenden (BGH, FamRZ 78/402 u. 582; FamRZ 80/557 = NJW 80/1282 u. 670).

bb) § 36 Nr. 6 ZPO ist nicht nur im Erkenntnisverfahren, sondern auch im Vollstreckungsverfahren anwendbar (BGH, FamRZ 83/578 = NJW 83/1859). Für dessen Anwendbarkeit reicht es aus, wenn nicht die Frage der örtlichen oder sachlichen Zuständigkeit, sondern allein die Zuständigkeit für die Entscheidung über ein Rechtsmittel streitig ist (BGH, FamRZ 78/330; FamRZ 84/774). Eine Zuständigkeitsbestimmung ist schon im PKH-Verfahren möglich (BGH, FamRZ 82/43 = NJW 82/1000).

cc) Die Zuständigkeitsbestimmung setzt einen negativen Zuständigkeitsstreit in einem rechtshängigen Verfahren voraus (BGH, FamRZ 80/562; FamRZ 81/23). Ein „Antrag" ist nicht erforderlich, vielmehr genügt die Vorlage eines der beteiligten Gerichte (BGH, FamRZ 79/421; FamRZ 84/774).

Notwendig ist eine rechtskräftige Unzuständigkeitserklärung. Diese setzt die Zustellung der Klage oder – falls nach den verfahrensrechtlichen Vorschriften ausreichend – die Mitteilung der das Verfahren in Gang setzenden Antragsschrift voraus (BGH, FamRZ 80/562; FamRZ 81/23; FamRZ 82/43 = NJW 82/1000 u. FamRZ 83/578 = NJW 83/1859). Gegebenenfalls kann die Anhörung des Gegners unterbleiben (z. B. bei einer Pfändung gemäß § 834 ZPO, BGH, FamRZ 83/578). Daß die Unzuständigkeitserklärung eines Gerichts unzulässig ist, steht nicht entgegen (BGH, FamRZ 78/232).

Eine rechtskräftige Unzuständigkeitserklärung liegt nicht in der formlosen „Abgabe" an ein anderes Amtsgericht, ohne den Parteien, insbesondere dem Beklagten, davon Mitteilung zu machen (BGH, FamRZ 79/790; FamRZ 81/23 = NJW 81/126), auch nicht in einer gerichtsinternen, nicht hinausgegebenen „Begleitverfügung" (BGH, FamRZ 82/43 = NJW 82/1000).

dd) Die Zuständigkeitsbestimmung ist nicht nach freiem Ermessen, sondern unter Beachtung der gesetzlichen Zuständigkeitsnormen zu treffen. Sie ist auch dann wirksam und bindend, wenn sie im Einzelfall den gesetzlichen Zuständigkeitsnormen nicht entspricht (BGH, FamRZ 80/670). Allerdings ist auch für Zweckmäßigkeitserwägungen Raum (BGH, FamRZ 83/155; FamRZ 84/575).

ee) Eine Gerichtsstandsbestimmung findet nicht statt, wenn nur ein Gericht sich für unzuständig erklärt und ein anderes den Rechtsstreit an dieses Gericht verwiesen hat, weil die Streitsache dort bereits anhängig sei (BGH, FamRZ 80/45).

ff) Eine Trennung gemäß § 145 ZPO ist im Rahmen einer Zuständigkeitsbestimmung nicht zulässig. Das Kompetenzkonfliktgericht ist nicht „Prozeßgericht" (BGH, FamRZ 79/217).

gg) Einen Kompetenzkonflikt zwischen einem Familiensenat und einem anderen Zivilsenat eines OLG darüber, ob es sich um eine Familiensache handelt, entscheidet der BGH, in Bayern das BayObLG, in entsprechender Anwendung des § 36 Nr. 6 ZPO (BGH, FamRZ 78/582; FamRZ 79/911). Das BayObLG ist in Familiensachen, in denen der Rechtszug zum BGH führt, auch zur Entscheidung eines Zuständigkeitsstreits bayer. Gerichte berufen, wenn es nach dem allgemeinen Gerichtsaufbau das gemeinsame nächsthöhere Gericht ist (BGH, FamRZ 79/911 unter Aufgabe von BGH, FamRZ 79/219).

hh) Der Streit eines OLG wegen der Rechtsmittelzuständigkeit aufgrund Verweisung in erster Instanz ist analog § 36 Nr. 6 ZPO zu entscheiden. Gegebenenfalls ist unmittelbar ein anderes, ausschließlich zuständiges Gericht zu bestimmen und an es zu verweisen, wenn rechtliches Gehör gewährt und Verweisungsantrag gestellt worden ist (BGH, FamRZ 78/402; FamRZ 80/557 = NJW 80/1282; FamRZ 84/465). Die Zuständigkeitsbestimmung ersetzt dann die Verweisung des Verfahrens nach § 281 ZPO, eventuell analog (BGH, FamRZ 80/557 = NJW 80/1282).

Der Verweisungsantrag kann auch beim Kompetenzkonfliktgericht eingereicht werden (BGH, FamRZ 78/402).

ii) Einer mündlichen Verhandlung bedarf es nicht (§ 37 I ZPO; BGH, FamRZ 80/557 = NJW 80/1282).

jj) Präsidium. Dem Präsidium des Gerichts, das als richterliches Selbstverwaltungsorgan gemäß § 21e GVG bei einer den Geschäftsverteilungsplan betreffenden Meinungsverschiedenheit mehrerer Spruchkörper grundsätzlich eingreifen kann, ist es verwehrt, einen Kompetenzstreit durch Anwendung einer gesetzlichen Zuständigkeitsnorm verbindlich zu entscheiden (BGH, FamRZ 78/582; FamRZ 80/557 = NJW 80/1282).

kk) Bestimmung nach § 36 Nr. 3 ZPO. Nach § 36 Nr. 3 ZPO kann das zuständige Gericht auch dann bestimmt werden, wenn für die zu verklagenden Streitgenossen verschiedene sachliche Zuständigkeiten begründet sind. Eine örtlich oder sachlich ausschließliche Zuständigkeit hindert die Bestimmung nicht (BGH, WM 84/1350).

Eine Gerichtsstandsbestimmung kann auch nach Rechtshängigkeit der Sache nachgeholt werden, ist aber nicht mehr zulässig, wenn der Rechtsstreit bereits weit fortgeschritten, insbesondere bereits sachlich gegen einen oder mehrere Beklagte entschieden worden ist (BGH, FamRZ 80/47).

Die Bestimmung des örtlich zuständigen Gerichts setzt voraus, daß die deutschen Gerichte in der Sache nach deutschem Recht international zuständig sind (BGH, FamRZ 81/23). Für die Zuständigkeit und das Bestimmungsverfahren ist das deutsche Recht als lex fori maßgebend (BGH, FamRZ 81/23).

h) Verweisung nach § 281 ZPO. aa) § 281 ZPO setzt die Beteiligung zweier verschiedener Gerichte voraus (BGH, FamRZ 78/582). Notwendig ist Rechtshängigkeit (BGH, FamRZ 80/562; FamRZ 81/23 = NJW 81/126); vor Rechtshängigkeit kann nur abgegeben werden. Der Verweisungsantrag kann in der Revisions- oder Beschwerdeinstanz nachgeholt werden (BGH, FamRZ 78/873; FamRZ 84/465). Die Verweisung ändert die Rechtsnatur der Streitigkeit nicht (BGH, FamRZ 80/557). Bei Verweisung vom Familiengericht an das LG hat bei Berufung das OLG die Rechtsnatur des Streitgegenstands selbst zu prüfen (BGH, FamRZ 79/1005). Bei etwaiger Zurückverweisung wegen Verfahrensmängel muß das OLG jedoch die Bindung der Verweisung an das LG beachten, auch wenn eine Familiensache vorliegt. Steht eine Nichtfamiliensache mit einer Familiensache im Verhältnis von Haupt- und Hilfsanspruch, so ist eine Verweisung an das Familiengericht erst nach Abweisung des Hauptanspruchs zulässig (BGH, FamRZ 80/554; FamRZ 81/1047), aber auch notwendig, weil das Prozeßgericht sachlich nicht über einen familienrechtlichen (Hilfs-)Anspruch entscheiden kann.

bb) Die (Abtrennung und) Verweisung des eine Familiensache betreffenden Verfahrens oder eines Teiles davon von einem Rechtsmittelgericht zum andern ist analog § 281 ZPO aus prozeßökonomischen Gründen ausnahmsweise zulässig (BGH, FamRZ 78/873; FamRZ 79/217; FamRZ 81/247; FamRZ 84/465).

cc) Die Bindungswirkung nach § 281 II S. 2 ZPO entfällt nicht bei jedem, sondern nur bei einem besonders schwerwiegenden Verfahrensverstoß, z. B. Unterlassung des rechtlichen Gehörs (BGH, FamRZ 78/402; FamRZ 80/45 Nr. 9; FamRZ 82/43; FamRZ 83/578 = NJW 83/1859 u. FamRZ 84/774) oder Willkür (BGH, FamRZ 78/402; FamRZ 84/774). Auf die gerichtsinterne Zuständigkeitsregelung hat sie keinen Einfluß (BGH, FamRZ 78/582; FamRZ 79/1005).

Der Verweisung von einem Rechtsmittelgericht zum andern kommt in der Regel keine Bindungswirkung zu (BGH, FamRZ 84/36 u. 84/774). Eine Ausnahme gilt aus prozeßökonomischen Gründen für das Verhältnis von Familiensache und Nichtfamiliensache (vgl. BGH, FamRZ 78/873; FamRZ 79/217; FamRZ 81/247; FamRZ 84/465 = NJW 84/2040).

Verweist das Landgericht an das Familiengericht, so ist nur das Amtsgericht gebunden, nicht das Familiengericht (BGH, FamRZ 80/557 = NJW 80/1282) und auch nicht das Rechtsmittelgericht (BGH, FamRZ 81/247).

„Abgaben" oder „Verweisungen" unter Abteilungen oder Senaten desselben Gerichts sind nicht bindend; § 281 ZPO ist nicht anwendbar (BGH, FamRZ 78/582; FamRZ 80/557 = NJW 80/1282).

Eine Verweisung wegen anderweitiger Rechtshängigkeit sieht das Gesetz nicht vor. Sie hat keine Bindungswirkung (BGH, FamRZ 80/45).

i) Eine Verweisung an das Gericht der Ehesache gem. § 621 III S. 1 ZPO ist nicht mehr zulässig, wenn im 1. Rechtszug eine abschließende Entscheidung ergangen ist (BGH, FamRZ 85/800). Auf deren Rechtskraft kommt es nicht an.

j) Fortdauer der Zuständigkeit (perpetuatio fori). aa) Für eine Klage ist sie ausdrücklich in § 261 III Nr. 2 ZPO geregelt. Diese Vorschrift enthält einen allgemeinen Rechtsgedanken, der auch für die Zuständigkeit des Gerichts der Ehesache nach § 621 II S. 1 ZPO (BGH, FamRZ 81/23) und eine einstweilige Anordnung nach §§ 620ff. ZPO (BGH, FamRZ 80/670) gilt (vgl. e) dd).

bb) § 261 III Nr. 2 ZPO greift nicht nur bei einer Veränderung der tatsächlichen Umstände, sondern auch bei einer Rechtsänderung, insbesondere Gesetzesänderung ein (BGH, FamRZ 78/402), wobei die Aufgabe einer höchstrichterlichen Rechtsprechung wie eine Gesetzesänderung unbeachtlich ist (BGH, FamRZ 78/403 = D 140). Die Streitsache muß aber beim örtlich und sachlich zuständigen Gericht rechtshängig geworden sein (BGH, FamRZ 78/227; FamRZ 78/402). Entsprechendes gilt für andere Verfahrensarten (BGH, FamRZ 78/402).

cc) Der Grundsatz gilt nicht
für den bevorstehenden Instanzenzug (BGH, FamRZ 78/227),
für die Abteilungen und Spruchkörper eines Gerichts (BGH, FamRZ 81/758 = NJW 81/2464).

24. Zwangsvollstreckung und vorläufige Einstellung

a) Die Zwangsvollstreckung aus einem Urteil kann gegen die guten Sitten verstoßen, wenn der kraft übergeleiteten Rechts vollstreckende Sozialhilfeträger weiß, daß der Titel wegen nachträglicher Leistungsunfähigkeit des Schuldners unrichtig geworden ist und dem Schuldner kein Vorwurf wegen der Nichterhebung der Abänderungsklage gemacht werden kann (BGH, FamRZ 83/995 = NJW 83/2317, strenge DDR-Haft).

b) Die Verurteilung zur Auskunft ist gemäß § 888 I ZPO zu vollstrecken (Zwangsgeld). Vollstreckung und Beitreibung des Zwangsgeld erfolgen auf Antrag des Gläubigers nach den allgemeinen Regeln des Vollstreckungsrechts. Das Zwangsgeld ist an die Staatskasse abzuführen (BGH, FamRZ 83/578 = NJW 83/1859 = D 110).

c) Auf gesetzlicher Vorschrift beruhende Unterhaltsrenten sind unpfändbar (§ 850b I Nr. 2 ZPO); die Pfändung kann jedoch gemäß § 850b II ZPO durch konstitutiven Ausspruch zugelassen werden. Zweck der Sondervorschrift des § 850b I Nr. 2 ZPO ist es, Dritten den Zugriff auf die Forderung zu verwehren, um dem Unterhaltsberechtigten die Lebensgrundlage zu erhalten. Der Pfändungsschutz ist daher an die Person des ursprünglichen Gläubigers gebunden; er entfällt bei ges. Forderungsübergang auf einen Dritten, der den Berechtigten unterhalten hat (BGH, FamRZ 82/50). Der Anspruch auf Zahlung eines Prozeßkostenvorschusses ist jedenfalls gem. § 851 I ZPO unpfändbar (BGH, FamRZ 85/802).

d) Einstellung. aa) Bei Abänderungsklage kann nach allgemeiner Praxis die Zwangsvollstreckung aus dem abzuändernden Titel entsprechend § 769 ZPO eingestellt werden.

bb) Bei der Feststellungsklage gilt § 769 ZPO analog ebenfalls oder § 707, § 719 ZPO analog (BGH, FamRZ 83/355 = NJW 83/1330 = D 106) oder § 620e ZPO analog.

cc) In der Rechtsmittelinstanz ist die Einstellung der Zwangsvollstreckung aus dem angefochtenen Urteil nur zulässig, wenn in der Vorinstanz die Vollstreckungsschutzanträge gestellt worden sind und notfalls die Ergänzung des Urteils gemäß § 321 ZPO begehrt worden ist (st. Rechtspr., BGH, NJW 83/455 = D 136; WM 83/377).

Zur einstweiligen Einstellung der Zwangsvollstreckung aus Unterhaltstiteln durch das Bundesverfassungsgericht vgl. FamRZ 80/337 und 338.

D. Rechtsprechungsteil mit Originaltexten
(soweit nicht anders angegeben: BGH)

1. FamRZ 80/988, 989

Nach diesem Klagevortrag sind der Antragsgegnerin die fraglichen Krankenhaustagegelder nicht im Rahmen und als Teil des vom Antragsteller zu leistenden, in der Scheidungsvereinbarung näher geregelten Unterhalts zugeflossen, so daß auch der geltend gemachte Anspruch auf Erstattung dieser Beträge nicht die gesetzliche Unterhaltspflicht im dargelegten Sinne betrifft. Auf diese Anspruchsbegründung des Antragstellers kommt es für die Einordnung der Rechtsverfolgung als Familiensache jedoch an. Daß bei der Entscheidung aufgrund des Verteidigungsvorbringens der Antragsgegnerin familienrechtliche Fragen eine Rolle spielen oder spielen können, macht das Verfahren nicht zu einer Familiensache (vgl. BGH, Beschluß vom 9. 5. 1979 – IV ARZ 15/79 –).

2. FamRZ 78/674 = NJW 78/1924

Die vom Kläger der Beklagten gegenüber übernommene Unterhaltsverpflichtung würde eine Familiensache sein, wenn es sich dabei um eine ,,durch Ehe begründete gesetzliche Unterhaltspflicht" (§ 23b Abs. 1 Nr. 6 GVG) handeln würde. Das ist jedoch nicht der Fall. Die Parteien haben den Vergleich vom 19. 10. 1971 für den Fall der Scheidung aus Verschulden der Beklagten geschlossen. Für diesen Fall bestand eine gesetzlich begründete Unterhaltspflicht des Klägers gegenüber der Beklagten nach der Unterhaltsregelung, die zur Zeit des Vergleichsabschlusses galt (§§ 58ff. EheG) und weiter gilt, wenn die Ehe – wie hier – vor Inkrafttreten des neuen Scheidungsrechts geschieden worden ist (Art. 12 Nr. 3 II des 1. EheRG), nicht. Unterhaltsvergleiche und andere vertragliche Unterhaltsregelungen können zwar auch dann eine durch Ehe begründete gesetzliche Unterhaltspflicht betreffen, wenn sie eine nähere Regelung oder Änderung der gesetzlichen Unterhaltspflicht zum Inhalt haben. Das ist jedoch nicht der Fall bei vertraglicher Übernahme von Unterhaltspflichten, denen eine gesetzliche Unterhaltspflicht nicht zugrunde liegt."

3. FamRZ 79/217, 218

Auch wenn der Erstattungs- und Befreiungsanspruch der Klägerin nur darauf gerichtet sein sollte, *ihre eigene* Unterhaltspflicht gegenüber den Kindern und die darauf erbrachten Leistungen für die Kosten der Heimunterbringung im Ergebnis auf den Beklagten abzuwälzen, liegt hier eine Familiensache i. S. v. § 23b Abs. 1 Satz 2 Nr. 5 GVG vor. Dieses Begehren kann die Klägerin allerdings auf die ihr gegenüber in dem Scheidungsvergleich eingegangene vertragliche Verpflichtung des Beklagten stützen, die Kinder allein zu unterhalten und die Klägerin von Unterhaltsansprüchen der Kinder freizustellen. Der Beklagte hat der Klägerin damit ihre gesetzliche Unterhaltspflicht gegenüber den Kindern im Verhältnis der Parteien zueinander durch Vertrag abgenommen. Die Rechtsstreitigkeit ,,betrifft" aber auch insoweit diese Unterhaltspflicht der Klägerin. Der Umstand allein, daß dem Klageanspruch ein Vertrag zwischen den Parteien, nämlich der Scheidungsvergleich, zugrunde liegt, steht dem nicht entgegen.

4. FamRZ 78/582, 584 = NJW 78/1531

Der im Berufungsrechtszug allein anhängig gewordene Bereicherungsanspruch des Klägers ist eine Familiensache gemäß § 23b Abs. 1 Satz 2 Nr. 5 GVG. Obwohl es sich nicht unmittelbar um einen Unterhaltsanspruch der ehelichen Kinder handelt und obwohl sich der Rückzahlungsanspruch des Klägers gegen seine geschiedene Ehefrau und nicht gegen seine Kinder richtet, ,,betrifft" dieser Anspruch die ,,gesetzliche Unterhaltspflicht" gegenüber seinen Kindern. Hierfür ist entscheidend, daß der Kläger die zurückverlangten Beträge von insgesamt 2113,70 DM (auch) zur Erfüllung seiner gesetzlichen Unterhaltspflicht gegenüber seinen ehelichen Kindern gezahlt hat und es zu den wesentlichen Anspruchsvoraussetzungen seiner Bereicherungsklage gehört, daß insoweit kein Unterhaltsanspruch seiner Kinder bestand.

5. FamRZ 78/770

Ob die Klägerin beim Amtsgericht – wie der Familienrichter in dem angefochtenen Urteil ausgeführt hat – im eigenen Namen einen Unterhaltsanspruch des Kindes oder – wie der Familiensenat meint – bereits einen sog. familienrechtlichen Ausgleichsanspruch geltend gemacht hat, kann dahinstehen.

1. Im ersten Fall liegt eine Familiensache nach § 23b Abs. 1 Satz 2 Nr. 5 GVG vor. Die Streitigkeit „betrifft" die gesetzliche Unterhaltspflicht der Eltern gegenüber ihrem ehelichen Kind, auch wenn es nicht selbst als Partei aufgetreten ist; hinsichtlich des Personenkreises wird durch diese Gesetzesauslegung der Bereich der ehebezogenen Verfahren, der dem FamG grundsätzlich zugewiesen ist, nicht überschritten (vgl. hierzu BGH, FamRZ 78/582 und FamRZ 78/672).
2. Eine solche Familiensache ist aber auch der genannte Ausgleichsanspruch. Die Klägerin stützt ihn in tatsächlicher Hinsicht darauf, daß sie dem Beklagten als Vater obliegende Unterhaltsleistungen für das Kind in entsprechender Höhe erbracht habe, und hält ihn unter dem rechtlichen Gesichtspunkt des Auftrags, der Geschäftsführung ohne Auftrag oder der ungerechtfertigten Bereicherung für begründet ... Er hängt nach seinem tatsächlichen Grund eng mit der gesetzlichen Unterhaltspflicht der Eltern gegenüber dem Kind zusammen. Es ist auch ein unmittelbarer rechtlicher Zusammenhang insofern gegeben, als das Bestehen und die Höhe des Ausgleichsanspruchs davon abhängen, ob und inwieweit im Einzelfall eine gesetzliche Unterhaltspflicht des einen und des anderen Elternteils besteht und erfüllt worden ist oder nicht. Das gilt unter den von der Klägerin angeführten rechtlichen Gesichtspunkten ebenso wie im Hinblick auf § 1606 Abs. 3 BGB.

6. FamRZ 78/672, 673 = NJW 78/1811 (teilweise)

Die Angelegenheit „betraf" die Unterhaltspflicht des Antragstellers gegenüber seinen Kindern. Wie in dem Senatsbeschluß vom 3. 5. 1978 (FamRZ 78/582 = NJW 78/1531) unter Hinweis auf die Begründung der Bundesregierung zum Entwurf eines 1. EheRG dargelegt ist, hat der Gesetzgeber mit den §§ 23a Nr. 2 und 23b Abs. 1 Satz 2 Nr. 5 GVG n. F. die Zuständigkeit des Amtsgerichts hinsichtlich der auf Ehe oder Verwandtschaft beruhenden gesetzlichen Unterhaltsansprüche erweitert und damit dem Amtsgericht aus Gründen des Sachzusammenhangs auch Streitigkeiten zuweisen wollen, die nicht die Zahlungspflicht selbst, sondern Nebenpflichten (z. B. Auskunftsansprüche des materiellen Unterhaltsrechts, §§ 1580, 1605 BGB) zum Gegenstand haben. Da sich das Gesetz nicht damit begnügt hat, abschließend die Auskunfts- und etwaige sonstige Nebenansprüche aufzuzählen, sondern allgemein von „Streitigkeiten, die die gesetzliche Unterhaltspflicht ... *betreffen*" spricht, ist die Auslegung der §§ 23a Nr. 2, 23b Abs. 1 Satz 2 Nr. 5 GVG nicht von vornherein auf den in der Gesetzesbegründung ausdrücklich angesprochenen Bereich beschränkt. Sie hat vielmehr auch alle diejenigen Ansprüche zu erfassen, deren Einordnung in die Zuständigkeit des Amtsgerichts (FamG) nach Sinn und Zweck der genannten Normen geboten erscheint (vgl. den o. a. Senatsbeschluß vom 3. 5. 1978).

Hierzu gehören auch die in einer Scheidungsvereinbarung der Eltern gegenüber einem von ihnen festgelegten Ansprüche auf Entrichtung gesetzlich begründeter Unterhaltsleistungen für die gemeinschaftlichen ehel. Kinder. Auch eine solche Regelung „betrifft" i. S. des Gesetzes die ges. Unterhaltspflicht des jeweiligen Elternteils. Das kann bei gerichtlichen Vergleichen insoweit, als § 1629 Abs. 3 Satz 2 BGB n. F. anwendbar ist, nicht zweifelhaft sein. Es gilt aber ebenso für Scheidungsvergleiche der hier vorliegenden Art, die ohne Beteiligung der Kinder vor dem 1. 7. 1977 abgeschlossen worden sind.

7. War somit eine Familiensache i. S. des jetzigen § 23b Abs. 1 Satz 2 Nr. 5 GVG Gegenstand des Vergleichs zwischen den Parteien, so ist die gegen den Vergleich gerichtete Vollstreckungsabwehrklage (§§ 794 Abs. 1 Nr. 1, 795, 767 ZPO) gleichfalls als eine solche Familiensache anzusehen. Entsprechendes gilt, soweit mit der Klage auch eine etwaige Vollstreckung aus dem Abänderungsurteil des LG vom 25. 8. 1976 abgewehrt werden soll; denn dieses Urteil war ebenfalls in einem Rechtsstreit ergangen, der seiner Natur nach die gesetzliche Unterhaltspflicht des Antragstellers gegenüber seinen ehelichen Kindern i. S. des jetzigen § 23b Abs. 1 Satz 2 Nr. 5 GVG betraf.

Auch mit der Vollstreckungsabwehrklage wird in Fällen der vorliegenden Art eine Streitigkeit zur Entscheidung gestellt, die die gesetzliche Unterhaltspflicht des Vaters oder (und) der Mutter gegenüber ehelichen Kindern „betrifft" i. S. von § 23b Abs. 1 Satz 2 Nr. 5 GVG. Die Klage zielt darauf ab, die Vollstreckung des Titels über einen in einer solchen Familiensache zuerkannten Anspruch – hier: den im Scheidungsvergleich der Parteien festgelegten Anspruch gegen den Antragsteller auf Zahlung von Unterhalt für die Kinder – für unzulässig erklären zu lassen. Sie wird begründet mit Einwendungen gegen diesen Anspruch selbst (§ 767 Abs. 1 ZPO). Damit betrifft sie diesen Anspruch und ... zugleich die gesetzliche Unterhaltspflicht gegenüber den ehelichen Kindern, mag auch das Bestehen oder Fortbestehen des titulierten Anspruchs selbst nicht unmittelbar Streitgegenstand der Vollstreckungsabwehrklage sein (...). Entsprechend hat der Senat auch im Falle des § 200 Abs. 2 Nr. 5a GVG die Vollstreckungsabwehrklage als eine „Streitigkeit über" eine gesetzliche Unterhaltspflicht im Sinne dieser Bestimmung angesehen (VersR 76/664, 665). Es gilt insoweit nichts anderes als für die Abänderungsklage nach § 323 ZPO, die schon in der Begründung des Entwurfs eines 1. EheRG-BT-Drucksache 7/650 S. 188 – als Familiensache i. S. von § 23b Abs. 1 Satz 2 Nr. 5 GVG erwähnt ist. ... Der abweichenden Ansicht des OLG München (FamRZ 78/50 u. 51), das die Vollstreckungsabwehrklage nur dann als Familiensache ansehen will, wenn die gegen den Anspruch erhobenen Einwendungen selbst „familienrechtliche Natur" haben, vermag der Senat nicht zu folgen.

8. Eine Familiensache ist auch das Verfahren über die Bewilligung des Armenrechts in einer Familiensache.

9. FamRZ 80/45

Soweit die Klägerin den Beklagten auf Erstattung der Umzugskosten in Anspruch nimmt, handelt es sich um eine Streitigkeit, die die durch Ehe begründete gesetzliche Unterhaltspflicht betrifft und damit nach § 23b Abs. 1 Satz 2 Nr. 6 GVG eine Familiensache darstellt. Diese Unterhaltspflicht, die sich im Hinblick auf das Getrenntleben der Parteien nach § 1361 BGB regelt, umfaßt nicht nur den laufenden Unterhalt in Form einer Rente, sondern schließt auch einmalige Zahlungen wegen Sonderbedarfs (§ 1613 Abs. 2 BGB) ein.

10. FamRZ 79/910, 911 = NJW 79/2046

Die Klage zielt nach wie vor darauf ab, die Vollstreckung aus dem Titel, der über den gesetzlichen Unterhaltsanspruch errichtet ist, für unzulässig erklären zu lassen. Sie betrifft damit den titulierten Anspruch und wird vom Kläger auch weiterhin mit dem gegen diesen Anspruch gerichteten Einwand der Verwirkung begründet. Die Rechtsnatur des titulierten Anspruchs ändert sich nicht, wenn es dem Kläger – wie das OLG angenommen hat – infolge einer nachträglich getroffenen Vereinbarung über das Fortbestehen des Unterhaltsanspruchs verwehrt sein sollte, sich auf die eingetretene Verwirkung des titulierten Anspruchs zu berufen. Dadurch wäre der Vollstreckungstitel über den ursprünglichen Anspruch nicht in einen solchen über den nachträglich begründeten vertraglichen Anspruch umgestaltet worden. Das Verfahren wäre danach selbst dann Familiensache geblieben, wenn der Eintritt der Verwirkung außer Streit stünde und nur noch darüber zu entscheiden wäre, ob sich der Kläger auf die Verwirkung berufen kann.

11. FamRZ 80/46

Es trifft allerdings zu, daß der Anspruch, der durch den Arrest gesichert werden soll, nicht selbst im prozessualen Sinne Streitgegenstand des Arrestverfahrens ist. Der Anspruch bildet jedoch – neben dem Arrestgrund nach §§ 917ff. ZPO – die Grundlage für den Erlaß des Arrests (§ 916 Abs. 1 ZPO). Der Antragsteller muß den Anspruch im Verfahren bezeichnen und grundsätzlich glaubhaft machen (§§ 920 Abs. 1 u. Abs. 2, 921 Abs. 2 ZPO). Nach Maßgabe dieser Anforderungen muß bei der Entscheidung über das Arrestgesuch über den Anspruch befunden werden. Der Gegenstand des Arrestverfahrens weist danach einen so engen sachlichen Bezug zum Hauptsacheanspruch auf, daß das Arrestverfahren als Familiensache einzuordnen ist, wenn das Hauptsacheverfahren Familiensache ist.

12. FamRZ 78/585 = NJW 78/1633

Im übrigen ist die Rechtsansicht des OLG, es handele sich bei Unterhaltsklagen von Kindern gegen ihre Großeltern nicht um Familiensachen, zutreffend. Das ergibt sich aus einem Vergleich der Vorschrift des § 23a Nr. 2 mit der des § 23b Nr. 5 GVG. Nach ersterer sind die Amtsgerichte für alle Streitigkeiten zuständig, die eine durch Ehe oder Verwandtschaft begründete gesetzliche Unterhaltspflicht betreffen; nach letzterer sind dagegen Familiensachen nur Streitigkeiten, die die gesetzliche Unterhaltspflicht gegenüber einem ehelichen Kind betreffen. Dabei ist, wie die Gesetzesbegründung erkennen läßt (BT-Drucksache 7/650 S. 188), nicht nur allgemein gemeint, daß es sich um eine Unterhaltspflicht gegenüber einem „ehelichen" Kind zum Unterschied von einem „nichtehelichen" Kind handeln muß, sondern auch, daß es um eine Unterhaltspflicht des in Anspruch Genommenen gegenüber seinem „Kind" geht.

13. FamRZ 79/218, 219

Die gesetzlichen Unterhaltsansprüche der ehelichen Kinder sind daher nicht unmittelbar im Streit. Die weite Fassung des Gesetzes setzt dies allerdings auch nicht voraus, sondern läßt es genügen, wenn die Streitigkeit die gesetzliche Unterhaltspflicht „betrifft". Hierfür könnte es an sich ausreichen, daß es nach § 679 BGB für das Bestehen und die Höhe des Ersatzanspruchs des Klägers auf die gesetzliche Unterhaltspflicht des Beklagten wesentlich ankommt (vgl. BGHZ 71/264, 273ff. = FamRZ 78/582, 584 und BGH, FamRZ 78/770). Eine Einordnung des Rechtsstreits als Familiensache scheidet jedoch deshalb aus, weil der Bereich der ehe-bezogenen Verfahren, der dem Familiengericht zugewiesen ist, grundsätzlich auf den Personenkreis der Ehegatten und ihrer ehelichen Kinder beschränkt ist (vgl. hierzu die vorgenannten Senatsbeschlüsse; ferner Senatsbeschluß FamRZ 78/672).

14. FamRZ 79/421

Nach § 23b Abs. 1 Satz 2 Nr. 5 GVG sind lediglich *Streitigkeiten,* die die gesetzliche Unterhaltspflicht gegenüber einem ehelichen Kind betreffen, Familiensachen, nicht aber auch die Vollstreckung aus Urteilen, die in diesen Streitigkeiten ergehen. Entsprechendes gilt für die durch Ehe begründete gesetzliche Unterhaltspflicht (§ 23b Abs. 1 Satz 2 Nr. 6) ... Das 1. EheRG hat demnach an der Verteilung der funktionellen Zuständigkeit in Zwangsvollstreckungsverfahren zwischen dem Vollstreckungs- und dem Prozeßgericht nichts geändert. Dies wäre auch wenig sinnvoll gewesen. Die rechtlichen Probleme, die bei der Vollstreckung von Unterhaltsurteilen auftreten, sind im wesentlichen die gleichen wie in anderen Zwangsvollstreckungssachen. Ihre Bearbeitung verlangt daher in erster Linie Kenntnisse auf dem Gebiet des Zwangsvollstreckungsrechts und nicht so sehr eine besondere Vertrautheit mit familienrechtlichen Problemen.

15. FamRZ 84/774

Die Zuständigkeit zur Festsetzung der Vergütungsansprüche für die geleistete Beratungshilfe hat der Gesetzgeber ohne Rücksicht auf die Rechtsnatur der Streitsache dem Amtsgericht zugewiesen, das den Berechtigungsschein ausgestellt hat, und in Fällen, in denen der Rechtssuchende unmittelbar einen Rechtsanwalt aufgesucht hatte, dem Amtsgericht, in dessen Bezirk dieser Rechtsanwalt seine Kanzlei hat (§ 133 Satz 3 BRAGO). ... Die Funktion des Familiengerichts als eines Spezialgerichts für Ehesachen und Ehe bezogene Verfahren aus dem Verhältnis der Ehegatten untereinander sowie zu ihren gemeinschaftlichen Kindern ... rechtfertigt es nicht, ihm generell die Zuständigkeit für die Entscheidung über Vergütungsansprüche eines Rechtsanwalts zuzuweisen, die diesem wegen der einem getrenntlebenden Ehegatten geleisteten Beratungshilfe außerhalb eines gerichtlichen Verfahrens zustehen. Denn für die Beurteilung derartiger Honorar- oder Vergütungsansprüche sind keine speziellen familienrechtlichen Kenntnisse erforderlich.

16. FamRZ 78/585, 586

Zuständig zur Entscheidung über die Kostenbeschwerde ist der 1. FamS des OLG, weil die Hauptsache (Unterhaltspflicht gegenüber ehelichen Kindern) nach § 23b Abs. 1 S. 2 Nr. 5 GVG eine Familiensache ist und für das zur Hauptsache gehörige Kostenverfahren nichts anderes gelten kann ... Würden Beschwerden gegen Kostenentscheidungen in Familiensachen an das LG gehen, so würde das also zu einem mißlichen Auseinanderfallen des Rechtsmittelzuges führen, indem das LG zur Entscheidung über die Kostensachen eines Rechtsstreits berufen wäre, mit dessen Hauptsache es nicht befaßt ist und nicht befaßt werden kann, der vielmehr bei anderen Instanzen anhängig ist oder war. Der Kostensenat des OLG kann in keinem Fall für die Beschwerde gegen die Kostenentscheidung des AG zuständig werden, da die Beschwerde nur entweder an das LG oder an den FamS des OLG gelangen kann. Die Zusammengehörigkeit von Hauptsache und Kostensache und die gebotene Einheitlichkeit des Rechtsmittelzuges erfordern, auch das Kostenverfahren einer Familiensache als Familiensache anzusehen.

17. FamRZ 79/220 = NJW 79/551

Nach § 45 Abs. 2 ZPO entscheidet über die Ablehnung eines Amtsrichters das LG. Diese Vorschrift gilt auch für Familienrichter; denn die „Familiengerichte“ sind keine selbständigen Gerichte, sondern lediglich Abteilungen der Amtsgerichte (§ 23b Abs. 1 S. 1 GVG). An der in § 45 Abs. 2 ZPO getroffenen Regelung hat das 1. EheRG nichts geändert; insbesondere ergibt sich etwas Gegenteiliges auch nicht aus § 119 Abs. 1 Ziff. 1 u. 2 GVG. Dort wird das OLG lediglich zum *Rechtsmittel*gericht in Familiensachen bestimmt. Die Entscheidung über ein Ablehnungsgesuch ist aber ihrem Wesen nach keine Rechtsmittelentscheidung; sie wird demgemäß auch in der Regel von dem Gericht getroffen, dem der abgelehnte Richter angehört (vgl. § 45 Abs. 1 ZPO; § 27 StPO – dort auch bei Ablehnung eines Amtsrichters, § 27 Abs. 3 S. 1 StPO –).

18. FamRZ 79/472

Die Entscheidung über die Beschwerde obliegt dem nach der Geschäftsverteilung des OLG Karlsruhe für 1979 zuständigen Familiensenat, da es sich um eine Familiensache i. S. v. § 23b Abs. 1 S. 2 Nr. 5 GVG handelt. Der Rechtsstreit betrifft in der Hauptsache die gesetzliche Unterhaltspflicht gegenüber ehelichen Kindern. Der Streit über die Begründetheit des Ablehnungsgesuchs gegen den

Familienrichter folgt in seiner rechtlichen Qualifikation der Einordnung der Hauptsache als Familiensache. Daß hier gemäß § 45 Abs. 2 ZPO das LG über das Ablehnungsgesuch – das kein Rechtsmittel darstellt – zu entscheiden hatte (BGH, FamRZ 79/220 = NJW 79/551), ändert nichts daran, daß es sich um eine Familiensache handelt, in der bei dem OLG der Familiensenat zu entscheiden hat.

19. FamRZ 79/907

An dem Charakter als Familiensache ändert sich nichts, auch wenn die gesetzliche Unterhaltspflicht – wie hier – in einem gerichtlichen Vergleich geregelt wurde (BGHZ 24/269, 276 = FamRZ 57/316, 318; BGHZ 31/210, 218 = FamRZ 60/110, 112f; vgl. zur Abgrenzung BGH, NJW 78/1924 = FamRZ 78/674) und wenn dessen Abänderung gemäß § 323 ZPO begehrt wird (Senatsbeschluß vom 25. 10. 1978 – IV ZB 65/78 – = FamRZ 79/421 Nr. 272 LS), weil in beiden Fällen die gesetzlichen Unterhaltsansprüche unmittelbar im Streit sind.

20. VersR 79/375

Für das Berufungsverfahren ist nicht das LG (§ 72 GVG), sondern das OLG zuständig (§ 119 Abs. 1 Nr. 1 GVG). Streitigkeiten, welche die gesetzliche Unterhaltspflicht gegenüber einem ehelichen Kind betreffen, sind Familiensachen (§ 23b Abs. 1 S. 2 Nr. 5 GVG). Das gilt auch dann, wenn das Kind bereits volljährig ist. Davon ist der erkennende Senat bereits in dem Urteil vom 29. 6. 1977 – IV ZR 48/76 – BGHZ 69/190 ausgegangen (vgl. hierzu Diederichsen, NJW 77/1776). Daß hier nicht der Sohn der Beklagten, sondern das klagende Land die Beklagte auf Zahlung in Anspruch nimmt, ändert an der Rechtsnatur des Rechtsstreits als Familiensache nichts. Aufgrund der Leistungen des Klägers an den Sohn der Beklagten ist dessen gesetzlicher Unterhaltsanspruch gegen die Beklagte für die fragliche Zeit, sofern der Anspruch bestand, gemäß § 37 BAFöG auf den Kläger übergeleitet worden. Der gesetzliche Unterhaltsanspruch des Sohnes der Beklagten gegen diese ist nach wie vor unmittelbar im Streit (vgl. zur Abgrenzung den zur Veröffentlichung bestimmten Senatsbeschluß vom 20. 12. 1978 – IV ARZ 106/78 –: Anspruch eines Dritten gegen den Unterhaltsverpflichteten auf Erstattung aus Geschäftsführung ohne Auftrag = FamRZ 79/218).

21. FamRZ 81/19 = NJW 81/346

Gegenstand des Berufungsurteils ist insoweit eine Vollstreckungsabwehrklage nach § 767 ZPO. Der Kläger hat sein Rechtsbegehren bewußt auf diesem Wege verfolgt, wie insbesondere der unter Hinweis auf BGHZ 26/391, 394 = FamRZ 68/169ff. vorsorglich gestellte Hilfsantrag zeigt. Davon ist auch das OLG ausgegangen. Die gewählte Art der Klage ist für die Beurteilung der Frage, ob eine Familiensache vorliegt, maßgebend, ohne daß es in diesem Zusammenhang darauf ankommt, ob die Vollstreckungsabwehrklage in zulässiger Weise auf die Anfechtung des Vergleichs wegen arglistiger Täuschung gestützt werden konnte (vgl. dazu BGH, LM, ZPO § 767 Nr. 37 = NJW 71/467 m. w. N.; LM, BGB § 826 (Fa) Nr. 3 u. 19; LM, ZPO § 794 Abs. 1 Ziff. 1 Nr. 21 u. 22/23; OLG Köln, MDR 71/671). Das Verfahren über eine Vollstreckungsabwehrklage ist Familiensache, wenn und soweit der Vollstreckungstitel, gegen den sie sich richtet, eine Familiensache zum Gegenstand hat. Dies hat der BGH bereits wiederholt für den Fall entschieden, daß sich die Klage gegen den Titel über einen Unterhaltsanspruch nach § 23b Abs. 1 S. 2 Nr. 5, 6 GVG, § 621 Abs. 1 Nr. 4, 5 ZPO richtet (BGH, FamRZ 78/672 = NJW 78/1811; FamRZ 79/220 = NJW 79/550; FamRZ 79/910 = NJW 79/2046; vgl. auch BGH, FamRZ 80/671 = NJW 80/1695).

22. Die Nr. 10 des Vergleichs, aus der die Beklagte die Zwangsvollstreckung betrieben hat, betrifft die gesetzliche Unterhaltspflicht des Klägers gegenüber seiner ehelichen Tochter i. S. v. § 23b S. 2 Nr. 5 GVG, § 621 Abs. 1 Nr. 4 ZPO. Der Umstand, daß sich der Kläger nicht gegenüber seiner Tochter, sondern gegenüber der Beklagten verpflichtet hat, an diese den für die Tochter bestimmten Unterhaltsbetrag zu zahlen, steht dem nicht entgegen (BGH, FamRZ 78/672 = NJW 78/1811; vgl. auch BGHZ 71/264, 275 = FamRZ 78/582, 585). Der Kläger war seiner Tochter kraft Gesetzes unterhaltspflichtig und zwar, wenn die Pflege und Erziehung des Kindes, wie im Vergleich vorgesehen, allein von der Mutter übernommen wurde, in Form einer Geldrente (§§ 1601 ff., 1606 Abs. 3, 1612 BGB). Danach ist davon auszugehen, daß sich die Vergleichsregelung auf den gesetzlichen Unterhaltsanspruch des Kindes beziehen und lediglich im Verhältnis der Parteien zueinander dessen Höhe festlegen und seine Erfüllung regeln sollte (BGH, FamRZ 79/910 m. w. N.). Selbst wenn der vereinbarte Betrag von monatlich 400 DM, wie der Kläger im Rechtsstreit geltend gemacht hat, höher gewesen wäre als der Betrag, den der Kläger nach den tatsächlichen Verhältnissen kraft Gesetzes geschuldet hätte, könnte für sich allein noch keine selbständige, vom gesetzlichen Anspruch losgelöste Unterhaltsregelung entnommen werden (vgl. hierzu Brühl/Göppinger/Mutschler, Unterhaltsrecht, 3. Aufl., Teil 1 Rz. 910, 915).

23. Die Nr. 12 des Vergleichs, hinsichtlich deren das OLG der Vollstreckungsabwehrklage ebenfalls stattgegeben hat, enthält eine den Kläger belastende Kostenregelung, die einheitlich den Ehescheidungsrechtsstreit und den gesamten Scheidungsfolgenausgleich umfaßt. Ein Verfahren über Kosten aus einer Familiensache ist wie das Hauptsacheverfahren Familiensache (vgl. BGH, FamRZ 78/585; Baumbach/Lauterbach/Albers, ZPO, 38. Aufl., § 621 Anm. 1). Selbst dann, wenn die Hauptsache sowohl eine Familiensache als auch eine Nichtfamiliensache zum Gegenstand hat, ist das Verfahren über die Kosten insgesamt Familiensache, wenn die Kosten einheitlich die gesamte Hauptsache betreffen und eine Zuordnung bestimmter Teile der im Streit befindlichen Kosten zu dem Teil der Hauptsache, der Nichtfamiliensache ist, nicht möglich ist.

24. Das OLG hat auch die Nr. 1 des Vergleichs, in der die Parteien wechselseitig auf Unterhalt verzichtet haben, als Teil der vermögensrechtlichen Gesamtauseinandersetzung der Parteien angesehen und in dem der Klage stattgebenden Teil des Urteilsspruchs mit aufgeführt. Die Regelung in Nr. 1 des Vergleichs hätte auch dann, wenn sie nicht als Teil der vermögens- und güterrechtlichen Auseinandersetzung anzusehen wäre, eine Familiensache zum Gegenstand (§ 23b Abs. 1 S. 2 Nr. 6 GVG; § 621 Abs. 1 Nr. 5 ZPO).

25. ... Sein (des Klägers) Revisionsantrag ist vielmehr dem sachlichen Gehalt nach darauf beschränkt, die in bezug auf diese Vergleichsbestimmung ausgesprochene Abweisung der Klage ohne ersetzende Entscheidung zu beseitigen.

Für die Frage, ob eine Familiensache vorliegt, kommt es auch in einem solchen Fall auf das Rechtsbegehren an, dessen Abweisung die Revision – wenn auch in erster Linie aus formell-rechtlichen Gründen und ohne positiven Antrag in der Sache – bekämpft. Der Gegenstand des Rechtsmittelverfahrens und dessen Rechtsnatur werden insoweit durch das angefochtene Urteil bestimmt. Die Problematik weist eine gewisse Parallele zu dem Fall auf, daß eine vom Kläger einseitig für erledigt erklärte Klage als von Anfang an unbegründet abgewiesen wird und der Kläger mit einem Rechtsmittel den Antrag, den Rechtsstreit in der Hauptsache für erledigt zu erklären, weiterverfolgt (vgl. BGH, NJW 72/112). In einem solchen Fall kann nicht zweifelhaft sein, daß das Rechtsmittelverfahren Familiensache ist, obwohl der im Rechtsmittelzug verfolgte Antrag nicht mehr ein familienrechtliches Begehren verfolgt, sondern nur noch den formell-rechtlichen Ausspruch der Erledigung des Rechtsstreits erstrebt. Im hier vorliegenden Fall kann nichts anderes gelten.

26. Die in Nr. 2 und 11 des Vergleichs zugunsten der Tochter der Parteien getroffenen Vereinbarungen könnten allerdings für sich allein betrachtet nicht in den Katalog der Familiensachen nach § 23b Abs. 1 S. 2 GVG, § 621 Abs. 1 ZPO eingeordnet werden. Das OLG hat angenommen, daß diese Vereinbarungen der langfristigen Ausbildungs- und Unterhaltssicherung dienen sollten. Diese Auffassung findet hinsichtlich der Regelung in Nr. 11 des Vergleichs eine gewisse Stütze in der dort angeführten Zweckbestimmung des für die Tochter der Parteien vorgesehenen Geldbetrags. Nach Art, Umfang und Modalitäten der Zuwendungen handelte es sich jedoch ersichtlich nicht um die Ausgestaltung und Erfüllung der gesetzlichen Unterhaltspflicht gegenüber dem Kind (vgl. BGH, Beschluß vom 4. 10. 1978 – IV ARZ 84/77 = FamRZ 78/873, insoweit in BGHZ 72/182 nicht mit abgedruckt).

Die zugunsten der Tochter der Parteien in Nr. 2 und 11 des Vergleichs getroffenen Regelungen können jedoch für die Beurteilung der Frage, ob sie *im Verhältnis der Parteien zueinander* eine Familiensache zum Gegenstand haben, nicht isoliert betrachtet werden.

27. FamRZ 83/1008, 1009 = NJW 83/2775

Für die Einordnung eines Verfahrens als Familiensache ist jedoch nicht allein der Verfahrensgegenstand im formell-rechtlichen Sinne entscheidend. Auch Verfahren, die nur die Durchsetzbarkeit des Titels in einer Familiensache im Vollstreckungswege zum Gegenstand haben, können Familiensache sein. So hat der Senat bereits entschieden, daß das Verfahren über eine Vollstreckungsabwehrklage Familiensache ist, wenn und soweit der Vollstreckungstitel, gegen den sie sich richtet, eine Familiensache zum Gegenstand hat (Senatsbeschluß vom 15. 10. 1980 – IVb ZR 503/80 – FamRZ 81/19 = NJW 81/346). Ebenso hat der Senat das Verfahren über die Vollstreckbarkeit eines ausländischen Titels in Übereinstimmung mit der auch sonst überwiegend vertretenen Auffassung (vgl. etwa OLG Bamberg, FamRZ 80/66 m. w. N.) im Hinblick auf die Zulässigkeit von Einwendungen entsprechend § 767 ZPO als Familiensache beurteilt, wenn der Titel Unterhaltsansprüche i. S. d. § 23b Abs. 1 S. 2 Nr. 5, 6 GVG (= § 621 Abs. 1 Nrn, 4, 5 ZPO) zum Gegenstand hat (Senatsbeschluß vom 9. 7. 1980 – IVb ARZ 533/80 = NJW 80/2025 – LS).

28. FamRZ 81/30

Für den Anspruch des Sozialhilfeträgers gegen den Unterhaltsschuldner auf Erfüllung des übergeleiteten Anspruchs, der durch die Überleitung nach § 90 BSHG seinem Wesen nach nicht verändert wird (...), ist nach allgemeiner und zutreffender Ansicht der ordentliche Rechtsweg eröffnet.

29. BayObLG, FamRZ 79/315

Der Rückgewährsanspruch, den der Scheinvater nach erfolgreicher Ehelichkeitsanfechtung wegen des geleisteten Unterhalts für das während der Ehe geborene Kind geltend macht, ist keine Familiensache.

30. FamRZ 79/219

Es handelt sich bei der von der Klägerin erhobenen Widerspruchsklage nach § 774 ZPO um eine prozessuale Gestaltungsklage, deren Gegenstand die (Un-)Zulässigkeit der Zwangsvollstreckung der Beklagten in das in Frage stehende Objekt ist, nicht dagegen eine materielle Rechtsposition der Klägerin (...). Ob eine Widerspruchsklage nach §§ 771 ff. ZPO dann als Familiensache zu qualifizieren wäre, wenn der Vollstreckungstitel, der Grundlage der Zwangsvollstreckung ist, eine Familiensache beträfe, bedarf keiner Entscheidung, weil ein solcher Fall nicht vorliegt.

31. FamRZ 82/259, 260

Der Senat erachtet es in Fällen der vorliegenden Art, in denen im Vorprozeß eine Unterhaltsklage wegen fehlender Bedürftigkeit des Klägers abgewiesen worden ist, weder aus Gründen der Rechtskraft dieses Urteils für geboten noch aus sonstigen Gründen für gerechtfertigt, den Unterhaltsanspruch nach Eintritt der vormals fehlenden Voraussetzung im Wege der Abänderungsklage geltend zu machen; vielmehr bedarf es dazu einer neuen Leistungsklage, die nicht an die Voraussetzungen des § 323 ZPO gebunden ist.

Um Titel über künftig fällig werdende, wiederkehrende Leistungen nachträglich eingetretenen Veränderungen der Verhältnisse anpassen zu können, erlaubt die Vorschrift des § 323 ZPO bei Rentenurteilen ggf. eine Durchbrechung der Rechtskraft. Darin liegt ihre Hauptbedeutung. Aus der Sicht dieser Funktion ergibt sich jedoch keine Veranlassung, § 323 ZPO auf den Fall der im Vorprozeß abgewiesenen Unterhaltsklage anzuwenden, weil dem neuen Unterhaltsbegehren entgegen der Ansicht des KG (FamRZ 80/892, 893) eine Rechtskraftwirkung nicht entgegensteht.

32. Allerdings stellt ein (stattgebendes) Urteil über die Entrichtung einer Unterhaltsrente nicht nur den Rechtszustand zur Zeit der letzten mündlichen Tatsachenverhandlung fest; vielmehr ergreift die Rechtskraft auch die erst künftig zu entrichtenden Unterhaltsleistungen, deren Festsetzung lediglich auf einer Prognose der zukünftigen Entwicklung beruht. Dabei werden die Unterhaltsansprüche, die an sich – im Gegensatz zu sonstigen Rentenansprüchen – in jedem Zeitpunkt, in dem ihre Voraussetzungen vorliegen, neu entstehen, vom Verfahrensrecht (§ 258 ZPO), sobald sie einmal entstanden sind, als einheitliche Rechte auf wiederkehrende Leistungen behandelt und vom Augenblick ihres Entstehens an als durch den Wegfall ihrer Voraussetzungen auflösend bedingt angesehen (vgl. etwa Stein/Jonas/Schumann/Leipold, ZPO, 19. Aufl., § 258 Anm. I 1, § 323 Anm. I 1; Göppinger, Unterhaltsrecht, 4. Aufl., Rz. 15). In diesen Fällen einer in die Zukunft greifenden Rechtskraft stellt die Geltendmachung einer von der Prognose des Gerichts abweichenden tatsächlichen Entwicklung der Verhältnisse nicht das Vorbringen einer neuen Tatsachenlage dar, über die das Gericht noch nicht zu entscheiden hatte, sondern einen Angriff gegen die Richtigkeit des (ersten) Urteils (Stein/Jonas/Schumann/Leipold, a. a. O.). Hier greift § 323 ZPO ein, mit dessen Hilfe die Rechtskraftwirkung des Urteils durchbrochen und die Entscheidung den veränderten Urteilsgrundlagen angepaßt werden kann.

33. Diese Erwägungen treffen indessen auf den Fall des Urteils, in dem die Unterhaltsklage wegen fehlender Bedürftigkeit des Klägers oder mangelnder Leistungsfähigkeit des Beklagten abgewiesen worden ist, nicht zu. Tritt hier die vormals fehlende Anspruchsvoraussetzung später ein, so gelangt der Unterhaltsanspruch in diesem Zeitpunkt erstmals zur Entstehung. Es ist anerkannt, daß der Unterhaltsanspruch nicht schon durch die persönlichen Beziehungen der Parteien – die Ehe oder das Verwandtschaftsverhältnis – als ein in seinen Leistungen bedingter Anspruch erzeugt wird. Diese Umstände bilden vielmehr – ebenso wie der im vorliegenden Fall vorhandene Schuldausspruch des Scheidungsurteils (...) – nur die Grundlage, auf der erst bei Hinzutreten der sachlichen Voraussetzungen, der Unterhaltsbedürftigkeit und der Leistungsfähigkeit, der Unterhaltsanspruch entsteht. Solange eine dieser Voraussetzungen fehlt, besteht nur eine Aussicht, eine rechtliche Möglichkeit für die Entstehung eines Unterhaltsanspruchs (Staudinger/Gotthardt, BGB, 10./11. Aufl., Vorbem. 46f vor § 1601; Göppinger, a. a. O., Rz. 14). Hieraus ergeben sich verfahrensrechtliche Konsequenzen. Wie bereits dargelegt, wird der Unterhaltsanspruch in § 258 ZPO als einheitliches, bis zum Wegfall einer der Voraussetzungen andauerndes Recht angesehen und behandelt. Erforderlich ist indessen, daß der Anspruch überhaupt entstanden ist. Zwar setzt § 258 ZPO nicht voraus, daß mit den künftigen Leistungen zugleich eine fällige Rate eingeklagt wird; das ändert jedoch nichts daran, daß der Anspruch gegenwärtig bestehen muß (vgl. Baumbach/Lauterbach/Albers/Hartmann, ZPO, 40. Aufl., § 258 Anm. 1; Stein/Jonas/Schumann/Leipold, a. a. O., § 258 Anm. II). Ist das nicht der Fall, so liegen die Voraussetzungen der Vorschrift nicht vor (vgl. auch Urteil des Senats vom 14. 1. 1981 – IVb ZR 575/80 – FamRZ 81/242, 243). Unter diesen Umständen kann aber auch dem Urteil, mit dem eine Unterhaltsklage wegen fehlender Bedürftigkeit des Klägers abgewiesen worden ist, keine in die Zukunft reichende Rechtskraft beigemessen werden. Tritt die Unterhaltsbedürftigkeit später ein, so ist der Unterhaltsanspruch erst nach der letzten Tatsachenverhandlung des Vorprozesses entstanden und damit die Rechtskraft des klageabweisenden Urteils einer neuen Klage ebensowenig im Wege wie in sonstigen Klageabweisungsfällen, in denen eine neue Tatsache eintritt, die einen anderen, vom rechtskräftigen Urteil nicht erfaßten Lebensvorgang schafft (im Ergebnis ebenso Brox, FamRZ 54/237, 240; vgl. auch Nikisch, Zivilprozeßrecht, 2. Aufl., S. 422).

34. In BGHZ 34/110 = FamRZ 61/263 hat der BGH ausgeführt, daß die Abänderungsklage nicht auf Fälle beschränkt sei, in denen eine Rechtskraftwirkung beseitigt werden muß. Vielmehr sei jedes Verlangen nach Änderung eines Rentenurteils im Sinne einer Anpassung an veränderte Verhältnisse ohne Rücksicht darauf, ob im Einzelfall eine Rechtskraftwirkung bestehe, nach § 323 ZPO zu beurteilen (BGHZ 34/116 = FamRZ 61/265). Aus diesem Grunde hat der BGH entschieden, daß der im Vorprozeß siegreiche Kläger einen durch die Veränderung der Verhältnisse bedingten höheren Rentenbetrag nicht mit einer Nachforderungs- oder Zusatzklage nach § 258 ZPO, sondern nur unter den Voraussetzungen des § 323 verlangen kann. Aus dieser Rechtsprechung können entgegen der Ansicht des KG (aaO) keine Gründe abgeleitet werden, die für eine Einbeziehung klageabweisender Unterhaltsurteile in den Anwendungsbereich des § 323 ZPO sprechen. Prozeßökonomische Gründe, die Bindungen an das klageabweisende Urteil zugunsten des Klägers zu erhalten, fallen in unterhaltsrechtlichen Streitigkeiten kaum ins Gewicht. Die unter a) erörterte Grundlage des Unterhaltsanspruchs, das unterhaltsrechtliche Grundverhältnis, auf das sich eine aus dem Ersturteil resultierende Bindung im prozeßökonomischen Interesse beziehen könnte, wird hier nur selten zweifelhaft und umstritten sein.

35. NJW 83/2197

Es entspricht einhelliger Meinung (siehe BGHZ 76/259 = NJW 80/1452; für viele Stein/Jonas/Schumann/Leipold, ZPO, 19. Aufl., § 258 Abs. 1 Nr. 3; Wussow, UHR, 12. Aufl., TZ 1113–1115 m. w. N.), daß Schadensersatzrenten von Kindern im Alter des Klägers wegen entgangenen Unterhalts in der Regel auf das 18. Lebensjahr zu begrenzen und etwaige weitere Ansprüche durch eine Feststellungsklage abzusichern sind. Denn Voraussetzung für die Verurteilung zu künftigen Rentenzahlungen im Sinne des hier maßgeblichen § 258 ZPO (vgl. dazu BGHZ 82/246 = NJW 82/578) ist, daß nicht nur der Grund, sondern auch die für die Höhe der Leistung wesentlichen Umstände mit ausreichender Sicherheit festzustellen sind. Daran fehlt es im Streitfall. Da erfahrungsgemäß die Ausbildung oder Anlernzeit Minderjähriger vielfach mit dem 18. Lebensjahr abgeschlossen ist, kann ohne konkrete Anhaltspunkte (etwa eine Arbeitsunfähigkeit des Anspruchsberechtigten) nicht davon ausgegangen werden, daß über diesen Zeitpunkt hinaus Unterhaltsbedürftigkeit gegeben sein wird. Eine Verurteilung des Schädigers trotz dieser Ungewißheit unter Verweisung des Verurteilten auf die Abänderungsklage des § 323 ZPO ist entgegen der Meinung des Berufungsgerichts unzulässig (so schon Senat, VersR 55/36). Der vom Berufungsgericht beschrittene Weg würde die Beklagte in unzumutbarer Weise mit der ständigen Nachforschung belasten, ob die Ausbildung des Klägers abgeschlossen ist. Die Verurteilung der Beklagten zur Rentenleistung an den Kläger war daher auf die Vollendung seines 18. Lebensjahres zu begrenzen. Der weitergehende Rentenanspruch war jedoch nicht abzuweisen, vielmehr mußte die Sache auch insoweit an das Berufungsgericht zurückverwiesen werden, um dem Kläger Gelegenheit zu geben, ggf. den Rentenantrag in eine Feststellungsklage umzustellen.

36. FamRZ 82/479

Die Frage, ob und inwieweit der Geltendmachung des Klageanspruchs das frühere, klageabweisende Urteil entgegensteht, beurteilt sich nach den allgemeinen Grundsätzen der Rechtskraftwirkung. Danach ist die Klägerin an der Geltendmachung des Unterhalts für die hier in Frage stehende Zeit nicht gehindert.

Wie der Senat in dem genannten Urteil vom 2. 12. 1981 (FamRZ 82/259 = D 31 ff.) im einzelnen dargelegt hat, setzt eine Verurteilung zu wiederkehrenden Leistungen nach § 258 ZPO voraus, daß der geltend gemachte Anspruch bereits entstanden ist. Wenn dem (prozessualen) Anspruch aufgrund der gegenwärtigen Verhältnisse nicht stattgegeben werden kann, ist die Klage insgesamt abzuweisen. Der Abweisung für die Zukunft liegt dabei – anders als im Fall der Verurteilung – keine sachliche Beurteilung nach den voraussichtlich in der Zukunft bestehenden Verhältnissen zugrunde. Insoweit kann daher ein solches abweisendes Urteil auch keine in die Zukunft reichende Rechtskraftwirkung entfalten.

Es kann dahingestellt bleiben, ob die Klageabweisung für die Zukunft danach in solchen Fällen ausschließlich prozessualer Natur ist und ob daraus weiter abzuleiten ist, daß das Bestehen des Anspruchs für die Zukunft in einem neuen Prozeß völlig unabhängig von der früheren Entscheidung beurteilt werden kann.

37. FamRZ 81/242, 243 = NJW 81/978

Der während des Getrenntlebens in der Ehe bestehende Unterhaltsanspruch erlischt nach alledem auch unter der Geltung des neuen Rechts mit der Scheidung der Ehe.

Dies hat in prozessualer Hinsicht zur Folge, daß ein Urteil über den Unterhaltsanspruch des getrenntlebenden Ehegatten nach § 1361 BGB (alter wie neuer Fassung) regelmäßig nicht auch den Unterhaltsanspruch nach Scheidung der Ehe umfaßt. Zwar kann der prozessuale Anspruch, der Gegenstand eines Urteils ist, auf mehreren aus demselben Lebenssachverhalt sich ergebenden materiell-rechtlichen Ansprüchen beruhen, die auf dasselbe Ziel gerichtet sind (BGHZ 9/22, 27; Baumbach/Lauterbach/Hartmann, ZPO, 39. Aufl., § 2 Anm. 2 m. w. N.). Die Scheidung der Ehe, durch die die unterhaltsrechtlichen Beziehungen der Parteien neu gestaltet werden, stellt jedoch . . . einen neuen Lebenssachverhalt dar. Ein daraus abgeleitetes Begehren nachehelichen Unterhalts könnte im übrigen nicht in zulässiger Weise in einen Rechtsstreit einbezogen werden, in dem vor rechtskräftiger Scheidung der Ehe und unabhängig von einem Ehescheidungsverfahren Unterhalt nach § 1361 BGB verlangt wird. Der nacheheliche Unterhaltsanspruch entsteht erst mit der Rechtskraft der Scheidung der Ehe, so daß die Voraussetzungen für eine Verurteilung nach § 258 ZPO insoweit nicht vorliegen (so schon RG, JW 14/356 = WarnRspr 14 Nr. 293). Vor erfolgter Ehescheidung kann der nacheheliche Unterhaltsanspruch nur als Folgesache einer Scheidungssache nach Maßgabe des § 623 ZPO anhängig gemacht werden.

38. DAVorm 82/263, 266

Die Revision bekämpft schließlich ohne Erfolg, daß es das KG im Anschluß an das OLG Bremen (NJW 78/2249) abgelehnt hat, ab bestimmten in der Zukunft liegenden Zeitpunkten, nämlich ab Vollendung des 12. Lebensjahres durch die Kläger, auf erhöhte Unterhaltsrenten nach Maßgabe der Unterhaltsstufen der Düsseldorfer Tabelle zu erkennen. Zwar handelt es sich, soweit das Berufungsurteil den Klägern Unterhaltsrenten ab 1. 1. 1979 zuerkannt hat, um Ansprüche auf künftig fällig werdende wiederkehrende Leistungen i. S. v. § 258 ZPO, wobei der Tatrichter auch solche Umstände zu berücksichtigen hat, die ohne weiteres voraussehbar sind. Diese Vorausschau versagt aber, soweit künftige Verhältnisse, die für Grund oder Höhe des Anspruchs bestimmend sind, nach der Lebenserfahrung nicht zu übersehen sind (vgl. Wieczorek, ZPO, 2. Aufl., § 258 Anm. B Ib). Dies gilt z. B. für die Entwicklung der allgemeinen wirtschaftlichen Verhältnisse, für die der Gesetzgeber durch die §§ 1612a BGB, 6411f. ZPO ein besonderes Anpassungsverfahren geschaffen hat, das auch für die Unterhaltsansprüche der Kläger in Betracht kommt. Dies gilt weiterhin für andere Faktoren, die für den individuell nach Unterhaltsbedarf und Leistungsfähigkeit zu bemessenden Unterhalt ehelicher Kinder erheblich sind. Es war insbesondere im vorliegenden Fall für das Berufungsgericht nicht sicher abzuschätzen, ob das Einkommen des Beklagten zu einem fast drei Jahre vorausliegenden Zeitpunkt mindestens gleich hoch sein würde oder sich nicht durch unvorhergesehene Umstände, etwa Krankheit oder Arbeitslosigkeit, entscheidend vermindern würde. Angesichts der Unberechenbarkeit wesentlicher anspruchsbegründender Umstände ist es hier aus Rechtsgründen nicht zu beanstanden, daß der Tatrichter sich mangels einer hinreichend sicheren Prognose bezüglich der Entwicklung der nächsten Jahre nicht in der Lage gesehen hat, erhöhte Unterhaltsbeträge für die Zukunft zuzusprechen. Die Kläger sind darauf verwiesen, zu gegebener Zeit notfalls die Abänderungsklage nach § 323 ZPO zu erheben.

39. BGHZ 34/110, 118

Die Nachforderungsklage ist allerdings zulässig, wenn der Kläger im ersten Verfahren nur eine Teilklage erhoben, also z. B. von seinem Verdienstausfall zuerst nur einen Teil beansprucht oder die Rente zunächst nur für einen kurzen Zeitraum verlangt hat. Dann handelt es sich bei der Geltendmachung der weiteren Anspruchsteile nicht um den in § 323 ZPO geregelten Fall der Anpassung des früheren Urteils an die veränderten Verhältnisse, sondern, wie allgemein anerkannt ist, um eine echte Nachforderung, die mit der Klage aus § 258 ZPO geltend zu machen ist. Dieser Weg ist aber einem Kläger verschlossen, dem im Vorprozeß entsprechend seinem Antrag die ihm zustehende volle Rente zugebilligt worden ist.

40. NJW 79/720

Demgegenüber hat der Kläger hier im Vorprozeß mit seiner Erklärung, er habe während der ganzen Zeit des Verzugs für Bankkredit „mindestens 9%" Zinsen zahlen müssen und verlange vom Beklagten deren Ersatz, zum Ausdruck gebracht, daß sein durch Bankkredit entstehender Schaden höher sei, er aber nur den nach dem Mindestsatz zu berechnenden Schaden ersetzt verlange. Diese Erklärung kann nicht dahin verstanden werden, daß er wegen des Bankkredits „nur" die eingeklagten Zinsen und nicht mehr verlangen *könne,* sondern daß er zwar mehr verlangen könne, aber nicht *wolle.* Damit hat er einen Teilanspruch und nicht einen Gesamtanspruch geltend gemacht (vgl. Lent, NJW 55/1866; Baumbach/Lauterbach, § 322 Anm. 5).

41. BGHZ 34/337, 339

Der Umfang der Rechtskraft ergibt sich aus der Urteilsformel, für deren Auslegung Tatbestand und Entscheidungsgründe, insbesondere auch der dort in Bezug genommene Parteivortrag im Prozeß samt Antrag heranzuziehen sind. Daraus ergibt sich, ob der Kläger einen Teilanspruch geltend gemacht und das Gericht ein Teilurteil erlassen oder ob es über den ganzen Anspruch entschieden hat.

42. FamRZ 84/374, 375f = NJW 84/1458

Das Berufungsurteil hat – auf die Revision des Beklagten – keinen Bestand, soweit es der Abänderungsklage für die Zeit vom 1. 1. 1979 bis zum 9. 9. 1980 in einer den monatlichen Betrag von 206 DM für jede der Klägerinnen übersteigenden Höhe stattgegeben hat. In diesem Umfang ist die Klage unzulässig, denn die zugunsten der Kl. bestehenden Unterhaltstitel dürfen gemäß § 323 Abs. 3 ZPO nur auf die Zeit nach Erhebung der Klage abgeändert werden. Die Kl. haben einen den monatlichen Betrag von je 206 DM übersteigenden Unterhaltsanspruch indessen erst im Wege der Klageerweiterung durch den Berufungsschriftsatz geltend gemacht, der dem Beklagten am 10. 9. 1980 zugestellt worden ist. Erst dadurch ist für die über monatlich je 206 DM für jede der Kl. hinausgehenden Unterhaltsforderungen die Rechtshängigkeit eingetreten (§ 261 Abs. 2 ZPO). Da dem Abänderungsbegehren nicht bereits für die Zeit ab Zugang eines Gesuchs auf Armenrechtsbewilligung oder Prozeßkostenhilfe für eine beabsichtigte Klage oder Klageerweiterung entsprochen werden kann (vgl. Senatsurteil vom 20. 1. 1982 – IVb ZR 651/80 – FamRZ 82/365), kommt es auf diesbezügliche Feststellungen nicht an.

43. Es trifft allerdings zu, daß auf eine Abänderungsklage nach § 323 ZPO weder eine freie, von der bisherigen Höhe unabhängige Neufestsetzung des Unterhalts noch eine abweichende Beurteilung der Verhältnisse möglich ist, die bereits im ersten Urteil eine Bewertung erfahren haben. Es entspricht der ständigen, im Anschluß an das Urteil des BGH vom 16. 5. 1979 (IV ZR 57/78 – FamRZ 79/694) entwickelten Rechtsprechung des Senats, daß die Abänderungsentscheidung nur in einer unter Wahrung der Grundlagen des abzuändernden Titels vorzunehmenden Anpassung des Unterhalts an die veränderten Verhältnisse bestehen kann (vgl. zuletzt die Senatsurteile vom 21. 4. 1982 – IVb ZR 741/80 – FamRZ 82/684, vom 8. 12. 1982 – IVb ZR 338/81 – FamRZ 83/260 und vom 18. 5. 1983 – IVb ZR 375/81 – FamRZ 83/803).

Die rechtliche Bindung des über die Abänderung entscheidenden Gerichts an die Grundlagen des früheren Urteils kann indessen nur solche unverändert gebliebenen tatsächlichen Verhältnisse erfassen, die der Richter des ersten Verfahrens – nach dem Vortrag der Parteien und einer etwa durchgeführten Beweisaufnahme – festgestellt und denen er Bedeutung für die Unterhaltsbemessung beigelegt hat. Das betrifft beispielsweise die Ermittlung der Einkommensverhältnisse und die Bestimmung der dabei zu berücksichtigenden Abzüge oder Zuschläge, die Einbeziehung fiktiver Einkünfte oder besonderer Belastungen, ferner Feststellungen zur Arbeitsfähigkeit, zur Bedürftigkeit oder zur Berücksichtigung weiterer Unterhaltspflichtiger oder -berechtigter. Dagegen kann den Unterhaltsrichtlinien, Tabellen oder Verteilungsschlüsseln, die in der unterhaltsrechtlichen Praxis entwickelt worden sind, eine ähnliche Bindungswirkung nicht beigemessen werden. Bei ihnen handelt es sich um Hilfsmittel, die der Richter zur Ausfüllung des unbestimmten Rechtsbegriffs „angemessener Unterhalt" verwendet, um eine möglichst gleichmäßige Behandlung gleichartiger Lebenssachverhalte zu erreichen. Sie stellen für den zur Entscheidung stehenden Einzelfall daher keine Urteilselemente dar, die im Falle einer Abänderung wegen wesentlich veränderter tatsächlicher Verhältnisse beibehalten werden müssen. Der IV. Zivilsenat des BGH hat bereits in einem nicht veröffentlichten Urteil vom 30. 1. 1980 – IV ZR 76/78 (Anm.: veröffentlicht in DAVorm 80/408), in dem es um die Abänderung des Unterhalts für einen geschiedenen Ehegatten ging, Fallgestaltungen erörtert, die ein Abweichen von der im abzuändernden Urteil angewendeten Verteilungsquote rechtfertigen. Allerdings wurde in dem damals entschiedenen Fall die Auffassung vertreten, daß die im abzuändernden Urteil angewendete Verteilungsquote beizubehalten sei, weil kein hinreichender Grund für eine Abweichung vorliege und die Bestimmung einer anderen Quote auf eine Korrektur der früheren Beurteilung hinauslaufe, die das Abänderungverfahren nicht gestatte.

Ob dem noch gefolgt werden könnte, braucht nicht entschieden zu werden. Im vorliegenden Fall handelt es sich nicht um die Beteiligung der Kl. am Einkommen des Beklagten mit einer bestimmten Quote, sondern um Kindesunterhalt, dessen Bemessung im abzuändernden Urteil mittels einer bestimmten Methode vorgenommen worden ist. Hieraus läßt sich kein Urteilselement entnehmen, dem eine Bindungswirkung für das Abänderungsverfahren zukommen kann. Über die Höhe des angemessenen Unterhalts ist im Abänderungsverfahren unter Berücksichtigung der nach dem früheren Titel maßgebenden Umstände und der eingetretenen Veränderungen neu zu entscheiden. Dabei ist das Gericht nicht an Unterhaltsrichtlinien oder Tabellen gebunden, die bei der früheren Beurteilung verwendet worden sind.

44. In dem abzuändernden Urteil ist der den Kl. zugesprochene Unterhalt auf den Betrag begrenzt worden, den sie damals beantragt hatten (§ 308 Abs. 1 ZPO), obgleich nach den vom Amtsrichter zur Beurteilung der „Angemessenheit“ herangezogenen Unterhaltsrichtlinien ein höherer Betrag gerechtfertigt gewesen wäre. Dadurch sind die Kl. indessen nicht gehalten, im Abänderungsverfahren statt des vollen Unterhalts nur den Anteil geltend zu machen, der dem Verhältnis des seinerzeit von ihnen verlangten zu dem damals nach den Hamburger Richtlinien möglichen (höheren) Unterhalt entspricht. Die Kl. haben im früheren Verfahren ihren Unterhalt nicht nur teilweise eingeklagt. Sie haben vielmehr – wie das im Unterhaltsrechtsstreit regelmäßig anzunehmen ist, wenn nicht ausnahmsweise etwas anderes erklärt wird – ihren vollen Unterhaltsanspruch erhoben. Das hatte zur Folge, daß ihnen nach erfolgreicher Beendigung des Verfahrens die Möglichkeit verwehrt war, einen weiteren „Teil“ des Unterhalts durch eine zusätzliche Leistungsklage gemäß § 258 ZPO einzufordern. Die Kl. konnten – wie im vorliegenden Verfahren geschehen – erst nach Eintritt der Voraussetzungen des § 323 ZPO eine Korrektur der früheren Entscheidung begehren (vgl. BGHZ 34/110 = FamRZ 61/263ff., mit Anm. Johannsen bei LM, ZPO § 323 Nr. 8). Unter diesen Umständen erschiene es jedoch grob unbillig, die Kl. auch noch im Rahmen der Abänderungsklage daran festzuhalten, daß sie im ersten Verfahren weniger Unterhalt beansprucht hatten, als der Amtsrichter ihnen – auf entsprechenden Antrag – nach der seinerzeit von ihm angewendeten Methode zur Ermittlung des angemessenen Betrages hätte zusprechen können. Im Unterhaltsverfahren ist die Höhe des Anspruchs für den Kl. vielfach nur schwer vorauszuberechnen, weil sie von der Ausfüllung unbestimmter Rechtsbegriffe wie der Angemessenheit oder Zumutbarkeit durch den Tatrichter abhängt. Es müßte auf Unverständnis stoßen, einen Kl. für das spätere Abänderungsverfahren daran zu binden, wie genau er im Erstverfahren mit seinem Antrag das Ergebnis der nachfolgenden gerichtlichen Beurteilung getroffen hat. Eine derartige Bindung müßte den Kl. veranlassen, im Erstverfahren selbst auf die Gefahr der teilweisen Kostenbelastung einen überhöhten Klagantrag zu stellen, um keine Rechtsnachteile zu erleiden.

45. FamRZ 84/772, 773f.

Hätte die Klägerin in dem 3. Vorprozeß nur einen Teil ihres Unterhaltsanspruchs geltend gemacht, so könnte ihr jetziges Verlangen nach erhöhtem Unterhalt allerdings gegenüber dem in jenem Rechtsstreit ergangenen Urteil vom 30. 1. 1980 als eine Nachforderung anzusehen sein, deren Zulässigkeit insoweit nicht an die Voraussetzungen des § 323 ZPO gebunden wäre (vgl. BGHZ 34/110, 118f. = FamRZ 61, 263, 265f. = LM, ZPO § 323 Nr. 8 mit Anm. Johannsen; Stein/Jonas/Schumann/Leipold, ZPO, 19. Aufl., § 323 Anm. I 2; Wieczorek, ZPO, 2. Aufl., § 323 Anm. A IV; Zöller/Vollkommer, ZPO, 13. Aufl., § 323 Anm. II 4b).

Die Zulässigkeit der vorliegenden Klage hinge dann in der Tat, wie das OLG angenommen hat, nicht davon ab, daß sie auf Gründe gestützt wird, die nach dem Schluß der mündlichen Verhandlung entstanden sind, auf die das Urteil vom 30. 1. 1980 ergangen ist (§ 323 II ZPO).

Die Ansicht des OLG, die Klägerin habe in dem 3. Vorprozeß nur eine Teilklage verfolgt, trifft indessen nicht zu. Vielmehr ergeben das Urteil vom 30. 1. 1980 und der darin wiedergegebene Antrag und Sachvortrag der Klägerin (vgl. BGH, Urteil vom 25. 9. 1978 – VII ZR 281/77 = NJW 79/720), die das Revisionsgericht insoweit von Amts wegen frei auszulegen hat (vgl. Senatsurteil, BGHZ 82/246, 247f. = FamRZ 82/259f.), daß die Klägerin ihren Unterhaltsanspruch im 3. Vorprozeß nicht nur zu einem Teil, sondern in vollem Umfang geltend gemacht hat.

Daß die Klägerin in dem 3. Vorprozeß die bereits titulierten Anspruchsteile von monatlich 50 DM und 85 DM bei ihrem Hilfsantrag ausgeklammert hat, macht ihre Klage nicht zu einer Teilklage. Mit dieser Fassung ihres Antrags wollte sie lediglich verfahrensrechtlichen Bedenken Rechnung tragen, die ihrem Hauptantrag entgegenstehen konnten und die das FamG dann auch veranlaßt haben, der Klage nur nach dem Hilfsantrag stattzugeben. Der Sache nach verfolgt die Kl. mit dem Haupt- und dem Hilfsantrag das Ziel, Titel über ihren gesamten Unterhaltsanspruch zu erhalten.

46. Um eine Teilklage hätte es sich nur dann gehandelt, wenn die Kl. neben den Teilbeträgen von monatlich 50 DM und 85 DM einen weiteren Anspruchsteil uneingeklagt gelassen hätte. Das ist jedoch nicht der Fall. Im Unterhaltsrechtsstreit macht der kl. Gläubiger seinen vollen Unterhaltsanspruch geltend, sofern er nicht ausnahmsweise ausdrücklich etwas anderes erklärt (Senatsurteil vom 11. 1. 1984 – IVb ZR 10/82 – FamRZ 84/374; OLG Düsseldorf, FamRZ 81/59; Baumbach/Lauterbach/Hartmann, ZPO, 42. Aufl., § 322 Anm. 4 Stichwort „Nachforderung"; Klauser, MDR 81/711, 714). Eine solche Erklärung hat die Klägerin in dem 3. Vorprozeß nicht abgegeben. Sie hat vielmehr schon in der Klageschrift jenes Verfahrens ausgeführt, es bestehe ein Bedürfnis, „den gesamten Unterhaltsanspruch" zu titulieren, und eine „Titulierung des Gesamtanspruchs" erbeten. Auf eine Beschränkung des Inhalts, daß sie mehr verlangen könne, aber nicht wolle (vgl. BGH, Urteil vom 25. 9. 1978 = D 40), deutete nichts. Auch daraus, daß die Klägerin einen Titel über den vorher vom Beklagten freiwillig gezahlten Betrag von monatlich 320 DM begehrt hat und in ihrer Klagebegründung vom Fortbestehen der Einkommensverhältnisse ausgegangen ist, die dem vorhergehenden Urteil vom 18. 6. 1975 zugrunde gelegen hatten, ergibt sich entgegen der Ansicht des OLG nicht, daß sie ihren Unterhaltsanspruch im 3. Vorprozeß nur teilweise eingeklagt hat.

Wenn die Klägerin einen Titel über den zuvor freiwillig erfüllten Teil ihres Unterhaltsanspruchs begehrte, schloß dies nicht aus, daß dieser Teil zusammen mit den in den beiden ersten Vorprozessen ausgeurteilten Teilbeträgen ihren gesamten Anspruch umfaßte. Dasselbe gilt für den Umstand, daß die Klagebegründung vom Fortbestand der dem früheren Urteil zugrunde liegenden Einkommensverhältnisse ausging. Diese Besonderheiten rechtfertigen es daher nicht, von dem vorgenannten Grundsatz abzuweichen, daß im Unterhaltsrechtsstreit der volle Anspruch als geltend gemacht anzusehen ist, sofern der klagende Gläubiger nicht etwas anderes erklärt.

Nach alledem hängt die Zulässigkeit der vorliegenden Klage gemäß § 323 Abs. 2 ZPO davon ab, daß sie auf Gründe gestützt wird, die nach Schluß der letzten mündlichen Verhandlung im 3. Vorprozeß entstanden sind. Dem steht nicht entgegen, daß der Klägerin der Unterhaltsanspruch damals – wie auch in den beiden früheren Verfahren – nach ihrem Antrag zuerkannt worden ist, ohne daß das Gericht einen Teil der Klage abgewiesen hat. Wie der BGH in BGHZ 34/110, 115 ff. = FamRZ 61/264 ff. entschieden hat, ist die Vorschrift auf ein Verlangen nach Erhöhung wiederkehrender Leistungen auch in einem solchen Fall anzuwenden.

47. Für den Fall, daß das OLG bei erneuter Prüfung wiederum zur Zulässigkeit der Abänderungsklage gelangt, weist der Senat auf folgendes hin:

Das OLG wird sich die Frage vorlegen müssen, ob bei der Entscheidung über die Begründetheit der Klage auch Veränderungen der wirtschaftlichen Verhältnisse des Beklagten zu berücksichtigen sind, die vor der mündlichen Verhandlung im 3. Vorprozeß eingetreten sind, insbesondere der Fortfall der Unterhaltspflicht gegenüber dem Sohn und die Gewährung der Bergmannsrente. Ob das der Fall ist, hängt von der Tragweite des § 323 Abs. 2 ZPO ab. Die Vorschrift könnte so zu verstehen sein, daß sie allein die Zulässigkeit der Abänderungsklage davon abhängig macht, daß diese auf nach Schluß der mündlichen Verhandlung im Vorprozeß eingetretene Gründe gestützt wird. Ein solches Verständnis der Vorschrift würde es nicht ausschließen, bei der Entscheidung über eine Änderungsklage, die zulässigerweise auf später eingetretene wesentliche Änderungen der Verhältnisse gestützt wird, auch solche früheren Änderungen zu berücksichtigen, die noch nicht Gegenstand der bisherigen gerichtlichen Beurteilung gewesen sind. Der VI. ZS des BGH hat allerdings in einem Urteil vom 14. 7. 1954 (VI ZR 64/54 – LM, ZPO § 323 Nr. 4 – VersR 54/497) den gegenteiligen Standpunkt eingenommen. Er hat damals die Ansicht vertreten, Lohnerhöhungen, hinsichtlich deren Präklusion eingetreten sei, könnten auch dann nicht berücksichtigt werden, wenn eine Abänderungsklage zulässigerweise auf spätere (weitere) Lohnerhöhungen, gestützt werde (Leitsatz b in: LM a. a. O., Leitsatz 2 in: VersR a. a. O.; die Rechtsausführungen dazu sind bei LM nicht abgedruckt; sie sind Teil der damals durch den BGH erteilten Hinweise; siehe VersR a. a. O., S. 498). Der Senat hält es nicht für angezeigt, zu der damit aufgeworfenen Rechtsfrage, die bisher nicht Gegenstand der Erörterung im Rechtsstreit war, in den Hinweisen dieses Urteils Stellung zu nehmen.

48. VersR 81/280, 281

Das Berufungsgericht geht zunächst in Übereinstimmung mit der herrschenden Auffassung davon aus, daß ein bloßer Wechsel in der tatsächlichen oder rechtlichen Beurteilung der entscheidungserheblichen Umstände, auf der eine rechtskräftige Verurteilung beruht, eine Abänderung im Wege des

§ 323 ZPO nicht rechtfertigt, weil in solchen Fällen sich die Verhältnisse, d. h. die festgestellten Tatsachen als die maßgeblichen Grundlagen dieser Entscheidung, nicht geändert haben (vgl. RGZ 126/239, 241 f.; 129, 316, 320; RG JW 30/3315, 3316 und HRR 34/Nr. 1066; Senatsurteil vom 19. 11. 1968 – VI ZR 21/67 – VersR 69/236, 237; OLG München FamRZ 79/237; Stein/Jonas/Schumann/Leipold, ZPO, 19. Aufl., § 323 Anm. II 3 a; Baumbach/Lauterbach/Albers/Hartmann, ZPO, 38. Aufl., Anm. 2 C; Rosenberg/Schwab, Zivilprozeßrecht, 12. Aufl., S. 904 Fn. 27; Blomeyer, Zivilprozeßrecht 63 S. 434). Das Berufungsgericht geht wohl auch davon aus, daß der Tatrichter im Zuge seiner Entscheidungsfindung die künftige Entwicklung festgestellter Umstände berücksichtigen soll, soweit sie erkennbar ist, also insbesondere nicht außerhalb jeder Erwartung liegt. Dies hat der Senat bereits in seinem Urteil vom 19. 11. 1968 (a. a. O.) in Anlehnung an RGZ 126/239, 241 zum Ausdruck gebracht und ausgesprochen, daß die maßgebenden Verhältnisse des § 323 ZPO die *wirklichen* Verhältnisse der Gegenwart und die *voraussichtlichen* der Zukunft sind. Dieser Grundsatz gilt vor allem bei der Entscheidung über einen Rentenanspruch, der sich aus einer zum Schadensersatz verpflichtenden Körperverletzung und darauf beruhender Einschränkung der Erwerbsfähigkeit ableitet. Wird eine in diesem Zusammenhang zu treffende Prognose auf fehlerhafte oder unvollständige Bewertung der Verletzungen gestützt, verkennt der Richter insbesondere die Grenze, bis zu welcher ein verursachter Erfolg der Verletzungshandlung als noch „adäquat" zugerechnet werden darf, so kann diesem Fehler nur – soweit dies prozeßrechtlich zulässig ist – mit einem Rechtsmittel begegnet werden. Der außerordentliche Rechtsbehelf der Abänderungsklage ist jedoch versperrt.

Auch nach der kaum näher begründeten Meinung von Schwab ist Voraussetzung für die Abänderungsklage, daß eine Änderung der maßgeblichen Verhältnisse tatsächlich eingetreten ist. Das Berufungsgericht stellt eine solche Veränderung nicht fest, trifft insbesondere keine Feststellungen darüber, daß sich an der Arbeitsfähigkeit oder den Einkommensverhältnissen des Verletzten seit der Entscheidung im Vorprozeß etwas Wesentliches geändert habe; dagegen hat auch der Kl. als Revisionsbeklagter nichts erinnert.

Eine bloße Änderung der Rechtsmeinung des Gerichts kann aber nie zur Änderung eines rechtskräftigen Urteils führen. Insoweit haben auch Urteile auf künftige wiederkehrende Leistungen keine Sonderstellung, die es rechtfertigen könnte, von der Rechtskraft wegen der Ungewißheit der künftigen Entwicklung Abstriche zu machen.

49. FamRZ 84/470, 471 = NJW 84/2826

Der Kl. wendet sich mit der Klage gemäß § 767 ZPO gegen einen Titel, der in § 794 Abs. 1 Nr. 1 ZPO bezeichneten Art (§ 795 S. 1 ZPO). Er macht geltend, für Ferienaufenthalte der Kinder bei ihm, die mindestens 14 Tage dauern, entfalle seine Barunterhaltspflicht zu ⅔, weil er insoweit den Kindern Naturalunterhalt gewähre. Damit erhebt er Einwendungen, die den durch den Prozeßvergleich festgestellten Anspruch selbst betreffen (§ 767 Abs. 1 ZPO). Aus den vorgetragenen Vorgängen, die nach seiner Ansicht als Anspruchserfüllung wirken, leitet er das Teilerlöschen der Barunterhaltsansprüche für diese Zeiträume ab. Es handelt sich mithin nicht um die Berücksichtigung der stets wandelbaren wirtschaftlichen Verhältnisse, die bei titulierten Unterhaltsansprüchen typischerweise unter dem Gesichtspunkt des Wegfalls der Geschäftsgrundlage Bedeutung erlangt und nicht im Wege der Vollstreckungsabwehrklage, sondern durch eine Abänderungsklage nach § 323 ZPO geltend zu machen wäre (vgl. BGHZ 70/151, 157 = FamRZ 78/177, 179; BGHZ 83/278, 282 = FamRZ 82/470 f.).

50. FamRZ 83/569, 574 = NJW 83/1548

Der Senat hat keine Bedenken, daß die Anpassung an die Veränderungen, die sich seit dem Abschluß des Prozeßvergleichs in den unterhaltsrechtlichen Beziehungen der Parteien ergeben haben, insgesamt im Wege der Abänderungsklage nach § 323 Abs. 4 ZPO, bei der sich anerkanntermaßen Voraussetzung und Umfang der Abänderung nach materiellem Recht richten (vgl. zuletzt Beschluß des Großen Senats vom 4. 10. 1982 – GSZ 1/82 – FamRZ 83/22, 24), durchgesetzt werden kann.

51. FamRZ 84/353, 355

Tritt im Falle der Verurteilung zu künftig fällig werdenden wiederkehrenden Leistungen eine wesentliche Veränderung derjenigen Verhältnisse ein, die für die Verurteilung zur Entrichtung der Leistungen, für die Bestimmung der Höhe der Leistungen oder der Dauer ihrer Entrichtung maßgebend waren, so ist jeder Teil berechtigt, eine entsprechende Abänderung des Urteils zu verlangen (§ 323 Abs. 1 ZPO). Die Änderung der Verhältnisse muß in der Zeit nach dem Schluß der Tatsachenverhandlung eingetreten sein, auf die das Urteil im Vorprozeß ergangen ist (§ 323 Abs. 2 ZPO). Sie muß wesentlich sein. Das ist sie dann, wenn sie nach Maßgabe des materiellen Rechts zu einer anderen Beurteilung des Bestehens, der Höhe oder der Dauer des Anspruchs führt, und zwar in einer nicht unerheblichen Weise (Rosenberg/Schwab, Zivilprozeßrecht, 13. Aufl., § 159 VI 2; allgemeine Meinung).

52. Für die Zulässigkeit der Abänderungsklage ist es erforderlich, daß der Kl. Tatsachen behauptet, die eine derartige Änderung ergeben. Fehlt deren Behauptung, so wird die Klage als unzulässig abgewiesen. Erweist sich dagegen die Behauptung als unwahr oder die Änderung als unwesentlich, so ist die Klage unbegründet (vgl. OLG München, BayJMBl 56/57; Rosenberg/Schwab, a. a. O., § 159 VI 2 a. E.; Wieczorek, ZPO, 2. Aufl., § 323 Anm. B; Zöller/Vollkommer, ZPO, 13. Aufl., § 323 Anm. III 2c).

53. FamRZ 82/587

Parteien des Abänderungsverfahrens nach § 323 ZPO können grundsätzlich nur diejenigen sein, zwischen denen die abzuändernde Entscheidung ergangen ist oder auf die sich die Rechtskraft erstreckt. Betrifft das Verfahren die Abänderung eines Prozeßvergleichs, so kommen außer den Parteien des Vorprozesses und deren Rechtsnachfolgern auch Dritte in Betracht, die an dem Prozeßvergleich beteiligt waren. Ist das, wie hier bei den Beklagten, nicht der Fall, so wird die Parteistellung eines Dritten nach einer Auffassung von vornherein für ausgeschlossen, nach anderer Meinung in dem Fall für möglich gehalten, daß dem Dritten in dem Prozeßvergleich eigene Rechte verschafft worden sind und der abzuändernde Titel somit einen echten Vertrag zugunsten (zu Rechten) des Dritten darstellt (für die letztgenannte Ansicht OLG Bamberg, FamRZ 79/1059, 1060; Baumbach/Lauterbach/Albers/Hartmann, ZPO, 39. Aufl., § 323 Anm. 3 B; Heil, NJW 69/1909, 1910; a. A.: OLG Celle, NJW 74/504; OLG Hamm, FamRZ 81/589, 590; Palandt/Diederichsen, BGB, 35. Aufl., § 72 EheG Anm. 2; Hanisch, NJW 71/1016, 1019; Wächter, FamRZ 76/253, 254 – vgl. ferner die im Urteil des BGH vom 16. 1. 1980 – IV ZR 115/80 – FamRZ 80/342 angeführten Nachweise zur Frage, ob der Prozeßvergleich für den Dritten einen Vollstreckungstitel darstellt). Welcher dieser Auffassungen zu folgen ist, kann hier dahinstehen, da in dem Prozeßvergleich, dessen Abänderung der Kl. erstrebt, kein echter Vertrag zugunsten der Beklagten zu sehen ist und diese daher nach beiden Ansichten als Partei des Abänderungsverfahrens ausscheiden.

54. Ob es die Möglichkeit der Parteistellung der Beklagten begründen könnte, wenn die Vereinbarung des Kl. mit der Mutter der Beklagten durch eine spätere einvernehmliche Abänderung zu einem echten Vertrag zugunsten der Beklagten umgeschaffen worden wäre, kann dahinstehen, weil es an dahingehenden, für eine solche Umschaffung sprechenden Feststellungen fehlt. Das gleiche gilt für die Frage, ob bei einer Abtretung der Forderung aus der Vereinbarung die Passivlegitimation für das Abänderungsverfahren entsprechend den Grundsätzen von der Mutter auf die Beklagte übergegangen sein könnte, nach denen in Fällen des gesetzlichen Forderungsübergangs mit der Forderung auch das materielle Recht auf Abänderung der Vereinbarung sowie die prozessuale Befugnis aus § 323 ZPO zur Geltendmachung des Abänderungsrechts auf den neuen Gläubiger übergehen (vgl. BGH, Urteile vom 9. 7. 1963 = VI ZR 197/62 – FamRZ 63/558f. = NJW 63/2076, 2078 und vom 28. 4. 1970 – VI ZR 211/68 – FamRZ 70/383ff. = MDR 70/670, sowie Bötticher, MDR 50/490). Hierzu bedarf es keiner näheren Erörterungen, weil Feststellungen über eine Abtretung der Forderung an die Beklagten fehlen. Schließlich ist auch nicht ersichtlich, daß die Beklagten den Rechtsstreit als Prozeßführungsermächtigte der Mutter geführt haben, so daß es der Prüfung, ob eine gewillkürte Prozeßstandschaft auf seiten der beklagten Partei überhaupt möglich ist (gegen eine derartige Möglichkeit von Brunn, Die gewillkürte Prozeßstandschaft, in: Studien zur Erläuterung des bürgerlichen Rechts, Heft 50, S. 74ff.; vgl. auch J. Goldschmidt, Der Prozeß als Rechtslage, S. 329 N. 1681; Stein/Jonas/Leipold, ZPO, 20. Aufl., Vorbem. vor § 50 Rz. 41), nicht bedarf.

55. Damit ergibt sich, daß der Kl. die Abänderungsklage nunmehr gegen die falsche Partei richtet. Darin ist ein Verfahrensmangel zu erblicken, weil die Identität der Parteien des Abänderungsverfahrens mit denen des abzuändernden Titels Zulässigkeitsvoraussetzung der Abänderungsklage ist (ebenso Zöller/Vollkommer, ZPO, 12. Aufl., § 323 Anm. III 2b). Wird die Klage gegen eine andere Partei gerichtet, so mangelt es dieser an der Prozeßführungsbefugnis (zum Fall fehlender Prozeßführungsbefugnis der Beklagtenseite vgl. BGH, Urteil vom 29. 11. 1961 – V ZR 181/60 = NJW 62/633, 635f., vgl. auch Grunsky, ZZP 76/49, 71f.). Da die Prozeßführungsbefugnis zu den Prozeßvoraussetzungen gehört (BGHZ 31/279, 280; Urteil vom 29. 11. 1961 a. a. O.), ist ihr Fehlen in jeder Lage des Rechtsstreits von Amts wegen zu berücksichtigen. Es führt grundsätzlich ohne Prüfung der sachlichen Begründetheit zur Abweisung der Klage als unzulässig (BGH, Urteil vom 29. 11. 1961 a. a. O.). Im vorliegenden Fall macht dieser Mangel die Klage indessen ausnahmsweise nicht schlechthin abweisungsreif, weil er aus Gründen der Prozeßökonomie noch behoben werden kann (vgl. BGHZ 11/181, 184; 18/98, 106; Senatsurteil vom 8. 4. 1981 – IVb ZR 559/80 – FamRZ 81/541, 542). So läßt sich absehen, daß der Kl. in der neuen Verhandlung vor dem OLG, an das die Sache auch wegen materieller Mängel des Urteils zurückverwiesen werden müßte, die Möglichkeit haben wird, auf der Beklagtenseite erneut einen Parteiwechsel herbeizuführen oder jedenfalls die Klage auf die Mutter der Beklagten zu erstrecken. Eine derartige Parteiänderung auf der Beklagtenseite wird in der Berufungsinstanz nach der Rechtsprechung des BGH für zulässig gehalten, wenn der neue Beklagte zustimmt oder eine Verweigerung der Zustimmung rechtsmißbräuchlich wäre (vgl. BGHZ 21/285, 287ff.; Urteile vom 29. 11. 1961 a. a. O. und vom 13. 11. 1975 – VII ZR 186/73 = NJW 76/239, 240). Dabei hängt die Frage des Rechtsmißbrauchs der Verweigerung davon ab, ob dem neuen Beklagten nach Treu und Glauben zugemutet werden kann, der Parteiänderung zuzustimmen. Sie ist zu bejahen, wenn es ersichtlich an jedem schutzwürdigen Interesse für die Weigerung fehlt, etwa weil der neue Beklagte dadurch, daß er nicht bereits in erster Instanz am Verfahren beteiligt war, keine irgendwie geartete Schlechterstellung zu befürchten hätte (vgl. BGH, Urteil vom 29. 11. 1961 a. a. O.).

56. FamRZ 83/806 = NJW 83/1976 = JPRax 84/320:

Der Kl. steht für die Abänderungsklage, als die das OLG ihr Klagebegehren zutreffend eingeordnet hat, die Prozeßführungsbefugnis zu, obwohl sie nicht Partei des zu dem Titel vom 13. 5. 1976 führenden Rechtsstreits (Scheidungsverfahrens) gewesen ist. Die Abänderungsklage findet im Regelfall zwischen den Parteien des abzuändernden Titels statt. Es handelt sich um eine Frage der Prozeßführungsbefugnis und damit der Zulässigkeit der Abänderungsklage (Senatsurteil vom 17. 3. 1982 – IVb ZR 646/80 – FamRZ 82/587, 588). Vorliegend ergibt sich indes eine Ausnahme von dem Grundsatz der Parteiidentität. Nach jugoslawischem Recht entfaltet die in dem Scheidungsurteil enthaltene Regelung des Kindesunterhalts, wie das OLG – für das Revisionsverfahren bindend (§§ 562, 549 Abs. 1 ZPO) – festgestellt hat, Rechtskraftwirkung unmittelbar für und gegen das Kind. Der Elternteil, der in dem Scheidungsverfahren eine das Kind betreffende Unterhaltsregelung erwirkt, handelt demnach in dessen Prozeßstandschaft. Die Rechtslage ist insofern derjenigen in § 1629 Abs. 3 BGB vergleichbar, wonach bei Anhängigkeit der Ehesache Unterhaltsansprüche des Kindes von dem hierzu befugten Elternteil im eigenen Namen geltend zu machen sind (siehe hierzu Senatsurteil vom 23. 2. 1983 – IVb ZR 359/81 – FamRZ 83/474). Auch in diesem Falle ist, soweit ein Elternteil eine Entscheidung über den Unterhaltsanspruch des Kindes herbeigeführt hat, Partei eines späteren Abänderungsverfahrens das Kind selbst (OLG Karlsruhe, FamRZ 80/1059f. und 1149; OLG Frankfurt, FamRZ 80/1059; OLG Hamm, FamRZ 80/1060 und 81/589; Göppinger/Wax, Unterhaltsrecht, 4. Aufl., Rz. 3143; Soergel/Siebert/Lange, BGB, 11. Aufl., § 1629 Rz. 44; MünchKomm/Hinz, BGB, Erg. Bd. § 1629 Rz. 39).

57. FamRZ 85/53, 56 = NJW 85/430

Die Revision vertritt den Standpunkt, daß die Steigerung des Gehalts des Beklagten im Rahmen des Abänderungsbegehrens nicht zu berücksichtigen sei, weil die Gehaltssteigerung nur 200 DM pro Monat, somit 5,88% betrage und damit eine wesentliche Änderung i. S. d. § 323 Abs. 1 ZPO ausscheide.

Dem kann nicht zugestimmt werden. Abgesehen davon, daß es sich vorliegend um einen Prozeßvergleich, mithin um einen Unterhaltstitel handelt, bei dem sich die Voraussetzungen und Umfang einer Abänderung allein nach materiellem Recht und nicht nach § 323 Abs. 1 ZPO richten (vgl. BGHZ 85/64, 73 = FamRZ 83/22, 24), kann es bei der Frage, ob Änderungen der maßgebenden Verhältnisse als wesentlich anzusehen sind, nicht auf das Ausmaß der Änderung des einzelnen Umstands, sondern nur darauf ankommen, ob die für die Unterhaltsverpflichtung als solche und für die Bemessung der Unterhaltsleistung maßgebenden Verhältnisse insgesamt eine wesentliche Änderung erfahren haben.

58. FamRZ 79/694, 696 = NJW 79/1656

Damit kommt es für den Umfang der Abänderung nach § 323 darauf an, welche Umstände in dem abzuändernden Urteil oder Vergleich für die Bestimmung der Rente maßgebend waren und welches Gewicht ihnen dabei zugekommen ist. Auf dieser, im Wege der Auslegung zu ermittelnden Grundlage hat der Abänderungsrichter sodann unter Berücksichtigung der gesamten neuen Verhältnisse festzustellen, welche Änderung in jenen Umständen eingetreten ist und welche Auswirkungen sich damit aus dieser Änderung für die Bemessung der Rente ergeben. Hierbei hat er notfalls, insbesondere wenn das abzuändernde Urteil oder der Vergleich seine maßgeblichen Erwägungen nicht hinreichend erkennen läßt, nach § 287 ZPO zu verfahren.

59. FamRZ 84/374, 377 = NJW 84/1458

Durch die Berücksichtigung eines jedenfalls teilweise nicht tatsächlich erzielten Einkommens für die Unterhaltsbemessung der Kl. hat das OLG nicht in unzulässiger Weise die Bemessungsgrundlage in dem abzuändernden Unterhaltstitel verlassen. Da der Beklagte im Zeitpunkt der früheren Beurteilung seinen Lehrerberuf mit voller Stundenzahl ausübte, stellte sich damals nicht die Frage, ob ihm unterhaltsrechtlich zuzumuten sei, weiteres Einkommen zu erzielen. Demgemäß konnte seinerzeit unbedenklich von dem real erzielten Einkommen ausgegangen werden. Das bedeutet indessen nicht, daß die tatsächlich erzielten Einkünfte des Beklagten auch dann verbindliche Urteilsgrundlage zu bleiben hätten, wenn er den Umfang seiner Erwerbstätigkeit in einer nicht zu erwartenden Weise einschränken oder diese sogar ganz aufgeben würde. Die weitere Anknüpfung allein an das real erzielte Einkommen würde in diesem Fall zu einem unangemessenen Ergebnis führen. Auch aus der Sicht des Gerichts, das die abzuändernde Entscheidung erlassen hat, wäre dem Umstand Bedeutung beigemessen worden, daß der Umfang der ausgeübten Erwerbstätigkeit nicht (mehr) einer unterhaltsrechtlichen Obliegenheit entspricht. Es erscheint daher unbedenklich, statt des Realeinkommens das bei der Erfüllung der bestehenden Erwerbsobliegenheit erzielbare Nettoeinkommen den Verhältnissen i. S. d. § 323 I ZPO zuzurechnen, deren wesentliche Änderung eine Abänderung des Unterhaltstitels rechtfertigt.

60. FamRZ 78/177, 179

Soweit die Beklagte geltend macht, die Unterhaltsrichtsätze hätten sich gegenüber den im Vergleich vereinbarten so wesentlich geändert, daß eine Neufestsetzung der vom Kl. geleisteten Unterhaltsbeiträge erforderlich wäre, muß sie dies im Wege der Abänderungsklage des § 323 ZPO geltend machen. In dem Verfahren nach § 767 ZPO kann das Vorbringen nicht berücksichtigt werden. Dasselbe gilt für die Einkommensminderung, auf die sich der Kl. berufen hat.

61. FamRZ 81/341, 342

Gegenüber den für die Unterhaltsfestsetzung im Urteil von 1975 maßgebenden Umständen ist eine wesentliche Änderung in den Verhältnissen des Kl. dadurch eingetreten, daß er eine zweite Ehe eingegangen ist und aus dieser Ehe inzwischen noch ein zweites Kind zu unterhalten hat. Die Auswirkungen der hierdurch begründeten zusätzlichen Unterhaltsverpflichtung des Kl. hat das OLG zutreffend dahin gewertet, daß sie zu einer – nach der wirtschaftlichen Leistungsfähigkeit des Kl. angemessenen – Herabsetzung der der Beklagten zu 1) gemäß § 58 EheG zustehenden Unterhaltsrente führen muß.

62. FamRZ 83/260, 262 = NJW 83/1118

Auch insoweit hält das Urteil dem Angriff der Revision stand. Ihrer Ansicht, daß keine Bindungswirkung bestehe, weil (allein) maßgebend bleibe, was die Parteien bei Abschluß des Prozeßvergleichs gewollt hätten, kann nicht gefolgt werden. § 323 ZPO eröffnet – wie der BGH im Urteil vom 16. 5. 1979 (FamRZ 79/694, 695) bereits ausgesprochen hat – nicht den Weg zu einer neuerlichen Wertung des alten Sachverhalts mit der Möglichkeit, diesen abweichend zu beurteilen. Die Bestimmung soll auch nicht Gelegenheit bieten, gegen den Grund des Anspruchs erneut die Einwendungen zu erheben, die schon früher geltend gemacht worden sind oder hätten geltend gemacht werden können. Veränderungen in der Rechtsauffassung oder in der Beurteilung bereits bekannter und im früheren Verfahren vorgetragener und gewürdigter tatsächlicher Verhältnisse vermögen eine Abänderung nicht zu begründen. Das folgt aus dem Gebot, den Einbruch in die Rechtskraft der früheren Entscheidungen so gering wie möglich zu halten.

Nach den Grundsätzen, die der BGH zur Anwendung des § 323 ZPO auf Unterhaltstitel entwickelt hat, ermöglicht diese Bestimmung weder eine freie, von der bisherigen Höhe unabhängige Neufestsetzung des Unterhalts noch eine abweichende Beurteilung der Verhältnisse, die bereits in einem abändernden Urteil eine Bewertung erfahren haben (vgl. Urteile vom 16. 5. 1979 – IV ZR 57/78 – FamRZ 79/694 = NJW 79/1656, vom 21. 5. 1980 – IV b ZR 522/80 – FamRZ 80/771 und vom 3. 12. 1980 – IV b ZR 532/80 – FamRZ 81/341, 342; seitdem st. Rechtspr., vgl. zuletzt Senatsurteil vom 21. 4. 1982 – IV b ZR 741/80, FamRZ 82/684). Ist die in einem gerichtlichen Vergleich vereinbarte und titulierte Unterhaltsleistung in einem späteren Verfahren abgeändert worden, so ist für eine zeitlich nachfolgende Neubemessung des Unterhalts nunmehr der ursprüngliche Parteiwille im Verständnis und in der Ausgestaltung des vorausgegangenen rechtskräftigen Abänderungsurteils maßgebend (BGH, Urteil vom 16. 5. 1979, a. a. O., S. 695; Senatsurteil vom 21. 4. 1982, a. a. O., S. 685). Entsprechende Grundsätze haben zu gelten, wenn der in Form eines Prozeßvergleichs geschaffene Unterhaltstitel bereits mehrfach den Veränderungen der ihm zugrunde liegenden Verhältnisse angepaßt worden ist. Für den Umfang einer erneuten Abänderung kommt es dann darauf an, wie der Parteiwille in den bisherigen Abänderungsurteilen verstanden und welchen Umständen für die Neubemessung der Unterhaltsrente Bedeutung beigemessen worden ist.

63. FamRZ 84/997, 999

Nicht zu billigen ist indessen, daß das OLG – sei es auch nur, um einen Ausgangswert zu gewinnen – das prozentuale Verhältnis zwischen dem vom Jugendamt im Jahre 1978 angenommenen Einkommen des Beklagten von 1300 DM monatlich netto und der damals titulierten Unterhaltsrente von 165 DM monatlich auf das jetzt zugrunde liegende Einkommen des Beklagten übertragen hat. Dies begegnet auch für den Fall Bedenken, daß die Anpassung auch bei vollstreckbaren Urkunden unter Wahrung der Grundlagen des Titels zu erfolgen hat. Denn eine schematische Übernahme des prozentualen Verhältnisses zwischen Einkommen und Unterhaltsrente führt bei steigendem Einkommen zwangsläufig zu Verzerrungen. Auch im Abänderungsverfahren geht es aber immer um die Bestimmung des angemessenen Unterhalts. Bei der wertenden Ausfüllung dieses unbestimmten Rechtsbegriffes ist das Gericht des Abänderungsprozesses frei; eine Bindung kann nur an unverändert gebliebene tatsächliche Verhältnisse bestehen (Senatsurteil vom 11. 1. 1984 – IV b ZR 10/82 – FamRZ 84/374, 375).

64. FamRZ 83/260, 261 = NJW 83/1118

Es ist rechtlich nicht zu beanstanden, daß das OLG die vom Beklagten für seine Krankenversicherung geleisteten Beiträge bei der Abänderung der Unterhaltsleistung außer Betracht gelassen hat. Der vom Beklagten für seine Krankenversicherung aufgewendete Beitrag war in dem vorangegangenen Abänderungsverfahren nicht maßgebend für die Ermittlung seines Nettoeinkommens und der davon abhängigen Bemessung des Unterhalts für die Kl.; das Einkommen des Beklagten war vielmehr im Vorprozeß – in Übereinstimmung mit den vorangegangenen Verfahren – ohne Berücksichtigung einzelner Bedarfsposten ermittelt worden. Die – nach den unangefochtenen Feststellungen des OLG – schon 1974 in Höhe von 169 DM bestehende Beitragspflicht des Beklagten für seine Krankenversicherung gehörte daher nicht zu den Verhältnissen i. S. d. § 323 I ZPO, deren wesentliche Änderung eine Abänderung des Unterhaltsbetrages rechtfertigen würde. Eine andere Beurteilung könnte allenfalls in Betracht kommen, wenn aufgrund einer ganz ungewöhnlichen Entwicklung der früher außer acht gelassene Aufwand für die Krankenversicherung ein solches Gewicht gewonnen hätte, daß seine (weitere) Nichtberücksichtigung zu einem untragbaren Ergebnis führen würde, so daß auch aus der Sicht des Gerichts, das die abzuändernde Entscheidung erlassen hat, diesem Umstand Bedeutung eingeräumt werden müßte.

65. FamRZ 82/792, 794 = NJW 82/1812

Zu beanstanden ist jedoch, daß das OLG für die Zukunft zeitlich unbegrenzt den Wegfall der Unterhaltspflicht des Kl. ausgesprochen hat, obwohl der Abänderungsgrund, die Strafhaft, von vornherein zeitlich begrenzt war. Auch bei einer Entscheidung nach § 323 ZPO ist die künftige Entwicklung der Verhältnisse vorausschauend zu berücksichtigen (vgl. Wieczorek, ZPO, 2. Aufl., § 323 Anm. E II a 2; Göppinger/Wax, Unterhaltsrecht, 4. Aufl., Rz. 3241). Eine Prognose hinsichtlich der voraussichtlichen Entlassung des Kl. hätte schon deshalb nahegelegen, weil aus der vom OLG eingeholten Auskunft der Justizvollzugsanstalt L. vom 25. 3. 1980 hervorging, daß dieser in naher Zukunft (13. 8. 1980) ⅔ seiner Strafhaft verbüßt haben würde. In Fällen der vorliegenden Art kommt allgemein eine Aufhebung oder Herabsetzung des Unterhaltstitels nur für die voraussichtliche Dauer der Strafhaft in Betracht.

66. FamRZ 81/862, 863 = NJW 81/2193

Nach Abs. I des § 323 ZPO können aber Abänderungsgründe immer erst dann geltend gemacht werden, wenn die in Frage stehende Änderung der Verhältnisse bereits eingetreten ist. Für die Abänderung der Verurteilung zu künftig fällig werdenden wiederkehrenden Leistungen reicht es nicht aus, daß die Prognose der künftigen Verhältnisse, die der Verurteilung zugrunde liegt, aus nachträglicher Sicht anders zu treffen wäre. Vielmehr müssen die dem Urteil zugrunde gelegten künftigen Verhältnisse tatsächlich anders eingetreten sein als angenommen. Diese Voraussetzung liegt hier nicht vor. Das Anerkenntnisurteil betrifft den Unterhalt ab Rechtskraft der Ehescheidung. Diese war im Zeitpunkt der Berufungsverhandlung noch nicht eingetreten, da das Verbundurteil des Amtsgerichts in der Unterhaltssache angefochten war (BGH, Beschluß vom 5. 12. 1979 – IV ZB 75/79 – FamRZ 80/233) und ein Fall des Art. 5 Nr. 4 des Prozeßkostenhilfegesetzes nicht vorliegt. Eine Änderung der Verhältnisse, auf die es danach ankommt, gegenüber denjenigen, die für das Anerkenntnisurteil maßgebend waren, kann daher noch nicht eingetreten sein und festgestellt werden. Daß mit einer solchen Änderung lediglich zu rechnen ist, kann nach § 323 Abs. 1 ZPO regelmäßig selbst dann nicht ausreichen, wenn die Prognose nach Sachlage mit großer Sicherheit getroffen werden könnte.

67. FamRZ 84/988, 989

In Fällen, in denen sich die künftige Entwicklung der maßgebenden Verhältnisse nicht mit hinreichender Sicherheit voraussehen läßt, wird es in Rechtsprechung und Literatur für angemessen erachtet, der Entscheidung die gegenwärtig bestehenden Verhältnisse zugrunde zu legen und es den Parteien zu überlassen, bei anderweitiger Entwicklung der Verhältnisse Abänderungsklage nach § 323 ZPO zu erheben (RGZ 145/196, 199; Rosenberg/Schwab, Zivilprozeßrecht, 13. Aufl., § 159 I = S. 964; vgl. auch RG, JW 06/236). Als Alternative wird erwogen, eine endgültige Sachentscheidung für den Zeitraum, für den sich die Entwicklung noch nicht vorhersehen läßt, zu unterlassen (RGZ a. a. O.). Wenn über den nachehelichen Unterhalt im Scheidungsverbundverfahren zu entscheiden ist, kommt nur die erstere Lösung in Frage, da nach Wortlaut und Sinn des Gesetzes die Regelung der Folgesachen zusammen mit der Scheidung vorzunehmen ist, ohne Rücksicht darauf, wie sicher sich die künftige Entwicklung im Einzelfall absehen läßt (§§ 623, 629 ZPO). Dementsprechend hat der Senat bereits mehrfach entschieden, daß für die Beurteilung der im Zeitpunkt der Rechtskraft der Scheidung gegebenen ehelichen Verhältnisse einschließlich der Einkommensverhältnisse der Parteien auf die Lage zur Zeit der letzten mündlichen Verhandlung vor dem Tatrichter abgestellt werden kann, wenn die künftige Entwicklung noch nicht vorhersehbar ist (Senatsurteile vom 9. 6. 1982 IVb ZR 698/80 – FamRZ 82/892, und vom 24. 11. 1982 – IVb ZR 326/81 – FamRZ 83/144, 145). Das OLG hat nach alledem zu Recht die im Zeitpunkt der letzten mündlichen Verhandlung gegebenen Einkommensverhältnisse der Parteien der Beurteilung des Unterhaltsanspruchs zugrunde gelegt. Der Vortrag der Ehefrau über die inzwischen eingetretene Entwicklung kann im Revisionsverfahren nicht berücksichtigt werden (§ 561 ZPO).

68. FamRZ 81/1165, 1166 = NJW 82/41

Hierzu hat das OLG festgestellt, daß der Beklagte (noch) nicht pflegebedürftig ist, und die Pflegezulage im vollen Umfang als Einkommen berücksichtigt. Das ist aus Rechtsgründen nicht zu beanstanden. Daß die weitere Entwicklung des Pflegebedürfnisses und der gegebenenfalls notwendige Kostenaufwand ganz unübersehbar waren, berechtigte das OLG entgegen der Ansicht des Beklagten nicht, die Pflegezulage von vornherein bei der Unterhaltsbemessung außer Ansatz zu lassen. Vielmehr war es im Hinblick auf diese Unübersehbarkeit der weiteren Entwicklung der Verhältnisse gehindert, in der Frage der Pflegebedürftigkeit des Beklagten seiner Entscheidung einen anderen als den von ihm festgestellten Zustand zugrunde zu legen. Etwaige Verschlechterungen im Befinden des Beklagten, vor allem einen späteren Eintritt des Pflegefalles zu berücksichtigen, mußte das Gericht dem Abänderungsverfahren nach § 323 ZPO überlassen.

69. FamRZ 83/152, 153

Zur künftigen Steuerbelastung der Haupteinkünfte des Ehemannes hat das OLG erwogen, trotz des Eintritts einer ungünstigeren Steuerklasse infolge der Scheidung könne die nachträgliche Veranlagung zur Einkommenssteuer zu einer erheblichen Erstattung einbehaltener Lohn- und Kirchensteuer führen, wenn der Einfluß verschiedener Freibeträge, der Werbungskosten und der Sonderausgaben sowie der schwankenden Nebeneinkünfte in Betracht gezogen werde. Eine auch nur einigermaßen exakte Berechnung des künftigen Nettoeinkommens sei nicht möglich. Es sei daher sachgerecht, von dem jetzigen durchschnittlichen Nettogehalt des Ehemannes auszugehen und diesen auf die Möglichkeit der Abänderungsklage (§ 323 ZPO) zu verweisen, sofern sich dieses tatsächlich erheblich vermindern sollte.

Diese Ausführungen sind aus Rechtsgründen nicht zu beanstanden. Steuern sind unterhaltsrechtlich grundsätzlich in der gegenwärtig entrichteten Höhe zu berücksichtigen. Wegen der erheblichen Unsicherheiten, mit der eine Prognose behaftet ist, können spätere Veränderungen in der Regel erst dann beachtet werden, wenn sie tatsächlich eingetreten sind (vgl. dazu Senatsurteil vom 25. 6. 1980 – IVb ZR 530/80 – FamRZ 80/984, 985; Göppinger/Wenz, Unterhaltsrecht, 4. Aufl., Rz. 1173). Diesen Grundsätzen entspricht es, wenn sich das OLG hier im Hinblick auf eine Reihe von Unsicherheitsfaktoren außerstande gesehen hat, für die Zeit nach der Ehescheidung von einer im Endergebnis wesentlich höheren Steuerbelastung des Ehemannes auszugehen.

70. FamRZ 84/1211, 1212

Handelt es sich hingegen – wie im vorliegenden Fall – um die Veranlagung zur Einkommenssteuer nach Ablauf des Jahres, in dem die als Sonderausgaben geltend zu machenden Unterhaltsleistungen erbracht worden sind, kann eine Anhebung der Leistungsfähigkeit des Unterhaltsschuldners erst ab dem Zeitpunkt angenommen werden, in dem es tatsächlich zu einer Steuererstattung gekommen ist. Diese ist sodann als einmalige Einnahme in die Berechnung des für die Unterhaltsbemessung maßgebenden durchschnittlichen Nettoeinkommens einzubeziehen und auf einen längeren Zeitraum zu verteilen (vgl. dazu Senatsurteil vom 23. 12. 1981 – IVb ZR 604/80 – FamRZ 82/250, 252 m. w. N.).

71. FamRZ 84/682

Die Unterhaltspflicht des Beklagten beruht darauf, daß die Kl. als seine Tochter mit ihm in gerader Linie verwandt ist, § 1601 BGB. Die gesetzliche Unterhaltspflicht zwischen Eltern und Kindern, die sich allein aus dem Verwandtschaftsverhältnis herleitet, ist weder auf seiten des Berechtigten noch auf seiten des Verpflichteten an Altersgrenzen gebunden. Sie besteht daher – unter den allgemeinen Voraussetzungen einerseits der Bedürftigkeit und andererseits der Leistungsfähigkeit – dem Grunde nach lebenslang fort.

Ebensowenig wie der Grund des Unterhaltsanspruchs wird seine Höhe allein durch den Eintritt der Volljährigkeit des unterhaltsberechtigten Kindes beeinflußt.

Die unveränderte Fortdauer des die Unterhaltspflicht begründenden Rechtsverhältnisses über den Eintritt der Volljährigkeit hinaus unterscheidet den Verwandtenunterhalt auch grundsätzlich von dem Unterhaltsanspruch zwischen Ehegatten, den für die Zeit vor und nach der Scheidung der Ehe als einen einheitlichen Anspruch aufzufassen der Senat vor allem wegen der durch die Auflösung des Ehebandes veränderten Anspruchsgrundlagen abgelehnt hat.

72. FamRZ 81/441

Ein Urteil über den Unterhaltsanspruch des getrenntlebenden Ehegatten umfaßt nicht den Unterhaltsanspruch nach Scheidung der Ehe; der unterhaltsberechtigte Ehegatte ist für den nachehelichen Unterhalt auf eine neue Klage verwiesen. Dies hat der Senat im Urteil vom 24. 9. 1980 – IV b ZR 545/80 – (BGHZ 1978/130 = FamRZ 80/1099) für die bis zum 30. 6. 1977 bestehende Rechtslage entschieden. In seinem Urteil vom 14. 1. 1981 – IVb ZR 575/80 – FamRZ 81/242 hat er an dieser Beurteilung für die durch das 1. EheRG geschaffene Rechtslage festgehalten, und zwar auch für den hier gegebenen Fall, daß das Urteil über den ehelichen Unterhalt auf § 1361 BGB a. F. beruht, während sich der nacheheliche Unterhaltsanspruch nach den Vorschriften des 1. EheRG bestimmt. Der Schuldner kann sich, wie der Senat in dem letztgenannten Urteil ebenfalls ausgeführt hat, gegen die Inanspruchnahme aus dem Titel für die Zeit nach der Scheidung mit der Vollstreckungsabwehrklage zur Wehr setzen.

73. FamRZ 82/684, 685

Die Abänderungsklage (§ 323 ZPO) ist entgegen der Ansicht der Revision zulässig.

Sie wäre es nicht, es wäre vielmehr eine Leistungsklage geboten, wenn die Parteien mit der im Februar/März 1978 durch Schriftwechsel zwischen ihren Bevollmächtigten zustande gekommenen Vereinbarung über eine Erhöhung der Unterhaltsrente von 400 DM auf 520 DM die Bemessung des der Klägerin zustehenden Unterhalts auf Dauer unter Aufhebung des früheren Titels auf eine neue Grundlage gestellt hätten. Denn dann läge ein Unterhaltstitel, auf dessen Abänderung die Klage gemäß § 323 ZPO sich richtet, nicht vor.

So aber hat das OLG die Vereinbarung aus den Monaten Februar/März 1978 nicht verstanden, vielmehr dem Inhalt des Angebots des Bevollmächtigten des Beklagten vom 17. 2. 1978 entnommen, daß auf die Forderung nach einer Zahlungserhöhung wegen gestiegener Lebenshaltungskosten nur eine einstweilige und bis zur nahe bevorstehenden Pensionierung des Beklagten zeitlich begrenzte Zahlungszusage gemacht worden ist, ohne daß insoweit eine neue, von dem früheren Titel abweichende Grundlage der Zahlungspflicht vereinbart worden wäre. Darin ist die tatrichterliche Auslegung einer Individualvereinbarung zu sehen, die weder Verstöße gegen Denk- oder Erfahrungssätze enthält noch wesentliche Gesichtspunkte unberücksichtigt läßt. Sie erscheint zudem überzeugend.

74. FamRZ 82/479

Die Abweisung der Klage wurde in dem früheren Urteil im wesentlichen darauf gestützt, daß die Kl. aus zumutbarer Erwerbstätigkeit zu ihrer Rente monatlich 450 DM hinzuverdienen könne und daher insoweit nicht unterhaltsbedürftig sei. Die in Rechtsprechung und Literatur umstrittene Frage, ob nach Abweisung einer Unterhaltsklage wegen fehlender Bedürftigkeit der Anspruch nach Eintritt der vormals fehlenden Voraussetzung nur nach Maßgabe des § 323 ZPO oder im Wege einer neuen Leistungsklage, die nicht an die Voraussetzungen dieser Vorschrift gebunden ist, erneut geltend gemacht werden kann, ist vom Senat in dem bereits genannten Urteil vom 2. 12. 1982 (FamRZ 82/259) im letzteren Sinne entschieden worden. Im einzelnen wird auf die Gründe dieser Entscheidung, die den Parteien bekannt gemacht wird, Bezug genommen. Ihr lag allerdings ein Fall zugrunde, in dem der Unterhaltsanspruch ohne Einschränkung eingeklagt und abgewiesen worden war, während hier in dem früheren Unterhaltsrechtsstreit nur die über eine freiwillige Zahlung hinausgehende Unterhaltsmehrforderung Gegenstand des Rechtsstreits und des klagabweisenden Urteils war. Auch für einen solchen Fall gelten jedoch die in dem genannten Urteil dargelegten Grundsätze. Maßgebend für die prozessuale Tragweite, insbesondere für die Rechtskraftwirkung eines Urteils, ist der prozessuale Anspruch, über den entschieden worden ist. Wenn nur die über einen freiwillig gezahlten Betrag hinausgehende Mehrforderung Gegenstand des Rechtsstreits ist, wird die prozessuale Wirkung des klageabweisenden Urteils nicht dadurch beeinflußt, daß in dem Urteil das Bestehen eines materiell-rechtlichen Anspruchs bis zur Höhe der freiwilligen Leistung – der nicht Streitgegenstand ist – bejaht oder unterstellt wird.

75. FamRZ 82/792, 793 = NJW 82/1812

Unbegründet ist die Rüge, die Abänderungsklage habe insgesamt als unzulässig abgewiesen werden müssen, weil der Kl. die Gründe, auf die er seine Klage stütze, schon mit dem Einspruch gegen das Versäumnisurteil hätte geltend machen können (§ 323 Abs. 2 ZPO). Für diese Präklusionsvorschrift, für die im wesentlichen die gleichen Grundsätze gelten wie für die fast gleichlautende Bestimmung des § 767 II ZPO, kommt es in erster Linie darauf an, ob die geltend gemachten Abänderungsgründe nach der letzten Tatsachenverhandlung entstanden sind. Ist der abzuändernde Titel ein Versäumnisurteil, ist zusätzlich erforderlich, daß die Abänderungsgründe durch Einspruch nicht mehr geltend gemacht werden können. Nach der herrschenden Auffassung, der sich der Senat anschließt, bedeutet dies, daß die Abänderungsgründe nicht nur nach der mündlichen Verhandlung entstanden sein müssen, in der das Versäumnisurteil ergangen ist, sondern auch nach dem Ablauf der Einspruchsfrist (vgl. RGZ 104/228, 229f.; Baumbach/Lauterbach/Hartmann, ZPO, 40. Aufl., § 323 Anm. 3 C und § 767 Anm. 4 C; Wieczorek, ZPO, 2. Aufl., § 323 Anm. C III; Thomas/Putzo, ZPO, 11. Aufl., § 767 Anm. 6a; a. A.: Stein/Jonas/Münzberg, ZPO, 20. Aufl., § 767 Rz. 40, wonach es genügt, daß im Zeitpunkt der Entscheidung über die Abänderungsklage der Einspruch nicht mehr möglich ist). Der durch ein Versäumnisurteil Beschwerte ist danach gehalten, alle vor Ablauf der Einspruchsfrist entstandenen Abänderungstatsachen schon mit dem Einspruch geltend zu machen.

Ob der Kläger während des Laufs der Einspruchsfrist schon absehen konnte, ob und zu welcher Strafe er verurteilt werden würde, ist unerheblich; denn für die Ausschlußtatbestände der §§ 323 Abs. 2, 767 II ZPO kommt es allein darauf an, wann der Abänderungsgrund entstanden ist, nicht darauf, wann sein Entstehen vorausgesehen werden konnte.

76. FamRZ 82/365 = NJW 82/1050

Entscheidendes Gewicht kommt hierbei dem Wortlaut des Gesetzes zu, der auf die unbedingte Erhebung der Klage abstellt. Ein Armenrechtsgesuch erfüllt das Erfordernis der Klageerhebung nicht, selbst wenn es – wie hier – in einer Klageschrift verbunden mit der Erklärung besteht, die Klage werde nur für den Fall der Bewilligung des Armenrechts erhoben (§ 253 I ZPO). Über den klaren Wortlaut des Gesetzes könnte nur hinweggegangen werden, wenn dies nach dem Sinn und Zweck der Regelung oder nach höherrangigem Verfassungsrecht geboten wäre. Dies ist jedoch nicht der Fall.

Daß die Abänderung von Urteilen auf die Zeit nach Erhebung der Abänderungsklage beschränkt ist, ist eine prozessuale Einschränkung des Abänderungsbegehrens (Johannsen, LM, § 323 ZPO Nr. 8), die im Gesetzgebungsverfahren mit der Zweckmäßigkeitserwägung begründet worden ist, daß die Ermittlung des Zeitpunkts, in dem die Änderung der maßgebenden Verhältnisse in der Vergangenheit eingetreten ist, meist mit erheblichen Schwierigkeiten verbunden wäre (Materialien zur ZPO – 1898 – Begründung zum Entwurf des § 293a = S. 151).

Daneben kommt nach heutigem Rechtsverständnis dem Gesichtspunkt des Vertrauensschutzes Bedeutung zu. Diesem wäre nicht Rechnung getragen, wenn Gläubiger wie Schuldner eines Unterhaltstitels ohne Vorwarnung mit der Abänderung dieses Titels für die zurückliegende Zeit rechnen müßten (vgl. LG Freiburg, FamRZ 72/397, 398). Durch die Klageerhebung wird der Gegner darauf hingewiesen, daß er mit einer Abänderung des Titels für die Zukunft rechnen muß. Der Zugang eines ordnungsgemäß begründeten Armenrechtsgesuchs könnte dieser Warnfunktion allenfalls genügen, auch wenn dieses den Entschluß zur Rechtsverfolgung schwächer zum Ausdruck bringt als die Klageerhebung. Dem Normzweck der Bestimmung eines eindeutigen Zeitpunkts, ab dem die Abänderung prozessual möglich sein soll, wäre hingegen nicht genügt. Ein Armenrechtsgesuch kann nämlich dem Prozeßgegner formlos mitgeteilt werden, wie das auch in der Regel geschieht, so daß der Zeitpunkt des Zugangs erst besonders ermittelt werden müßte.

Die für eine Abkehr vom Wortlaut des Gesetzes ins Feld geführten verfassungsrechtlichen Gründe, die von der Gegenmeinung als ausschlaggebend angesehen werden, hält der Senat letztlich nicht für durchgreifend. Der allgemeine Gleichheitssatz und das Sozialstaatsprinzip des Grundgesetzes gebieten, den Rechtsschutz von Bemittelten und Unbemittelten weitgehend anzugleichen, wobei dieser Forderung genügt ist, wenn der Gesetzgeber einem Unbemittelten denjenigen Bemittelten gleichstellt, der bei gleichen Prozeßchancen vernünftigerweise den Rechtsweg beschreiten würde, also den verständig rechnenden Bemittelten, der auch die Tragweite des Kostenrisikos mitberücksichtigt (BVerfGE 10/264, 270f.; 51/295, 302). Es ist danach nicht erforderlich, dem Unbemittelten deshalb jedes Prozeßrisiko zu nehmen, weil eine etwaige Kostenlast ihn ungleich hart treffen würde. Die Verfassung verlangt nur, daß auch er tatsächlich gegebene Prozeßchancen wahrnehmen kann.

Dies ist aber durch die geltenden Vorschriften des Prozeß- und des Kostenrechts gewährleistet. Die rechtliche Möglichkeit, die sofortige Zustellung der Klage ohne die sonst notwendige Zahlung der gerichtlichen Verfahrensgebühr zu bewirken, bietet § 65 VII Nr. 3 GKG, wonach die Vorschußpflicht entfällt, wenn glaubhaft gemacht wird, daß die alsbaldige Zahlung mit Rücksicht auf die Vermögenslage Schwierigkeiten bereiten würde. Zur Fertigung der Klageschrift kann sich der Mittellose der Rechtsantragsstelle des Familiengerichts bedienen, da das Verfahren erster Instanz nicht dem Anwaltszwang unterliegt. Danach ist der Unbemittelte bei gleichen Prozeßchancen durch seine Armut nicht gehindert, das Abänderungsbegehren zum gleichen Zeitpunkt durchzusetzen wie ein Bemittelter. Daß es genügt, wenn die Verfahrensordnung in ihrer Gesamtkonstruktion auf die Belange des Unbemittelten ausreichend Rücksicht nimmt, ist anerkannt (BVerfGE 9/124, 131).

77. FamRZ 84/1211, 1212 = NJW 85/195

Sofern die Erhöhung des Unterhaltsanspruchs im Wege des § 323 ZPO durchgesetzt werden muß, kann im Rahmen einer Stufenklage (§ 254 ZPO) vorab auf Auskunft über die neuen Einkommensverhältnisse geklagt werden (§ 1580 BGB). Dadurch werden die schutzwürdigen Interessen des Unterhaltsberechtigten auch im Hinblick auf die Zeitschranke des § 323 Abs. 3 ZPO hinreichend gewahrt.

78. FamRZ 84/997, 999

Daß sich die Parteien im Jahre 1980 in einem außergerichtlichen Vergleich auf einen Unterhaltsbetrag von 200 DM monatlich geeinigt haben, steht der Erhöhung auf 315 DM monatlich nicht entgegen. Denn eine Unterhaltsvereinbarung darf zufolge § 1614 I BGB keinen – auch nur teilweisen – Verzicht auf den Unterhalt für die Zukunft beinhalten oder auf einen solchen Verzicht hinauslaufen. Dies gilt auch für eine etwaige Erschwerung der Möglichkeit, eine Erhöhung nach § 323 ZPO zu verlangen (s. Göppinger, Unterhaltsrecht, 4. Aufl., Rz. 3252 a. E.; Köhler, Handbuch des Unterhaltsrechts, 6. Aufl., Rz. 791; Wieczorek, ZPO, 2. Aufl., § 323 Anm. G I a 2). Auch ein Vergleich ist gegebenenfalls in diesem Umfange unwirksam. Ob die Parteien einen Verzicht gewollt haben, ist unbeachtlich. Es kommt allein darauf an, ob der dem Unterhaltsberechtigten von Gesetzes wegen zustehende Unterhalt objektiv verkürzt wird (RG, WarnRspr 19 Nr. 68; Göppinger, a. a. O. Rz. 1324; MünchKomm/Köhler, BGB, § 1614 Rz. 2; Soergel/Hermann Lange, BGB, 11. Aufl., § 1614 Rz. 2; Staudinger/Gotthardt, BGB, 10./11. Aufl., § 1614 Rz. 5, 10, 12).

Zwar besteht für die Bemessung des Unterhalts nach Maßgabe des § 1610 BGB ein Angemessenheitsrahmen, der auch von den Parteien ausgeschöpft werden kann (RG, a. a. O., sowie WarnRspr 19 Nr. 69; OLG Hamm, FamRZ 81/869; OLG Köln, FamRZ 83/750, 752; Göppinger, a. a. O., und Rz. 1615; Köhler, a. a. O., Rz. 589; Lüderitz, FamRZ 74/605, 612; MünchKomm/Köhler, a. a. O.; Soergel/Hermann Lange, a. a. O.; Staudinger/Gotthardt, a. a. O. Rz. 10).

Soweit die Vereinbarung zu einer Unterhaltsrente unterhalb dieses Rahmens führt, hat sie jedoch keinen Bestand. In der Rechtsprechung ist etwa eine Unterschreitung der gebräuchlichen Tabellensätze bis zu 20% als hinnehmbar erwogen, eine Unterschreitung um ⅓ dagegen als im Regelfall mit § 1614 I BGB unvereinbar angesehen worden (OLG Köln, a. a. O.). Der vorliegende Fall nötigt insoweit nicht zu einer näheren Festlegung. Denn gemessen daran, daß dem Kl. ein Unterhalt von 315 DM monatlich zusteht, liegt der Betrag von 200 DM monatlich, wie ihn die Parteien i. J. 1980 vereinbart haben, jedenfalls nunmehr eindeutig unterhalb der Toleranzgrenze.

79. FamRZ 83/806, 807, 808 = NJW 83/1976 = IPRax 84/320

Aus der Erkenntnis, daß der ausländische Titel Wirkungen im Inland nur vermöge seiner Anerkennung entfaltet, ergibt sich, daß die inländische Rechtsordnung auch die Grenzen der Anerkennung bestimmt. Hierhin gehört auch die Frage, wie weit die Abänderung des ausländischen Titels wegen veränderter Verhältnisse möglich sein soll (Georgiades, in: Festschrift für Zepos, II. Band, Athen-Freiburg/Br.-Köln 1973, S. 195, 202; Soergel/Siebert/Kegel, BGB, 10. Aufl., vor Art. 7 EGBGB Rz. 406, 494). Mithin müssen sich die Voraussetzungen der Abänderung aus dem innerstaatlichen Recht ergeben, und zwar im Sinne der beiden anderen mitgeteilten Auffassungen entweder aus dem innerstaatlichen Prozeßrecht als der lex fori oder, wenn man die Frage der Abänderbarkeit dem Unterhaltsstatut zurechnet, aus dem innerstaatlichen materiellen Kollisionsrecht. Zu einer Entscheidung in dem einen oder anderen Sinne nötigt der Streitfall nicht, weil beide Auffassungen hier zu demselben Ergebnis, nämlich zur Anwendbarkeit des § 323 ZPO, führen. Denn auch wenn man die Frage der Abänderbarkeit als eine solche des Unterhaltsstatuts ansieht, ist deutsches Recht berufen und damit § 323 ZPO anzuwenden. Da die Kl. ihren gewöhnlichen Aufenthalt in der Bundesrepublik Deutschland hat, ist für ihren Unterhaltsanspruch aufgrund Art. 1 I des von der Bundesrepublik Deutschland ratifizierten Haager Übereinkommens über das auf Unterhaltsverpflichtungen gegenüber Kindern anzuwendende Recht vom 24. 10. 1956 (BGBl 1961 II 1012, 1013; 1962 II 16) aus der Sicht des deutschen Kollisionsrechts deutsches Recht maßgeblich. Daß Jugoslawien dem genannten Haager Übereinkommen nicht beigetreten ist und die Kl. somit ihrer Staatsbürgerschaft nach keinem Vertragsstaat angehört, bleibt insoweit ohne Bedeutung (BGH, Urteil vom 31. 1. 1973 – IV ZR 67/71 – FamRZ 73/185; MünchKomm/Siehr, BGB, nach Art. 19 EGBGB Anh. I Rz. 10, 259, 265, 266; Müller, NJW 67/141).

Nach der ständigen Rechtsprechung des BGH ermöglicht § 323 ZPO weder eine von der bisherigen Unterhaltsbemessung unabhängige Beurteilung der Verhältnisse, die bereits in dem abzuändernden Titel eine Bewertung erfahren haben. Die Abänderungsentscheidung kann vielmehr nur zu einer den veränderten Verhältnissen entsprechenden Anpassung des Unterhaltstitels führen (BGH, Urteile vom 16. 5. 1979 – IV ZR 57/78 – FamRZ 79/694 und 30. 1. 1980 – IV ZR 76/78 – DAVorm 80/408; Senatsurteil vom 21. 5. 1980 – IVb ZR 522/80 – FamRZ 80/771). Dann aber ist im Rahmen einer Abänderungsklage, wenn diese – wie hier – nach § 323 ZPO zu beurteilen ist, auch das dem abzuändernden Titel zugrunde liegende Sachrecht – sei es das inländische oder ein ausländisches – nicht austauschbar, sondern bleibt auch für Art und Höhe der anzupassenden Unterhaltsleistung weiterhin maßgeblich. Die Abänderung vollzieht sich mithin im Rahmen dieses Sachrechts entsprechend der Änderung der tatsächlichen Verhältnisse. Das liegt im übrigen auch im Interesse des internationalen Entscheidungsgleichklangs.

Etwas anderes folgt hier – entgegen der Auffassung des OLG – auch nicht aus dem Haager Unterhaltsübereinkommen. Insbesondere ergibt sich aus Art. 1 I und II des Übereinkommens, demzufolge für den Unterhaltsanspruch des Kindes beweglich an seinen jeweiligen gewöhnlichen Aufenthalt anzuknüpfen ist, nicht, daß auch im Rahmen einer Abänderungsklage das nach dem Übereinkommen berufene Unterhaltsstatut durchschlagen müßte. Der Fall der Abänderungsklage ist vielmehr in dem Übereinkommen nicht geregelt (insoweit auch MünchKomm/Siehr, a. a. O., Rz. 165). Demzufolge bestimmt sich der Umfang der Abänderbarkeit nach der anwendbaren Abänderungsregelung. Ist diese, wie vorliegend, § 323 ZPO, so bleibt nach den dargelegten Grundsätzen die Rechtsgrundlage des abzuändernden Titels maßgeblich und kommt daher nur eine Anpassung auf dem Boden dieser Rechtsgrundlage entsprechend den eingetretenen Veränderungen in Frage. Ob das Abänderungsgericht bei zwischenzeitlichem Statutenwechsel nunmehr zur Anwendung des nach dem Unterhaltsübereinkommen berufenen Sachrechts befugt wäre (es folgen Nachweise) und in dem Statutenwechsel selbst ein Abänderungsgrund gesehen werden könnte (es folgen Nachweise), bedarf für den vorliegenden Fall keiner Entscheidung, da ein Statutenwechsel nicht stattgefunden hat, sondern wegen des Wohnsitzes und gewöhnlichen Aufenthalts der Kl. in Deutschland aus deutscher Sicht von Anfang an deutsches Recht anzuwenden gewesen wäre. Von daher liegt der Fall nicht anders als bei (irriger) Zugrundelegung ausländischen Rechts in einem abzuändernden Urteil eines deutschen Gerichts. Auch das könnte im Abänderungsverfahren nicht korrigiert werden, da in diesem, wie ausgeführt, die Grundlagen des abzuändernden Titels zu wahren sind.

80. FamRZ 83/22, 24 = NJW 83/228

Was die – begrifflich vorrangige – „entsprechende Anwendung" des § 323 Abs. 1 ZPO angeht, so besteht schon seit den frühesten einschlägigen Urteilen des Reichsgerichts kein Zweifel darüber, daß die Verweisung im Abs. IV keinerlei praktische Bedeutung mehr hat: Voraussetzungen und Umfang einer etwaigen Abänderung des Titels richten sich allein nach materiellem Recht; § 323 IV ZPO stellt insoweit nur noch klar, daß die Eigenschaft eines gerichtlichen Vergleichs (oder einer sonstigen vollstreckbaren Urkunde) der Abänderbarkeit aus materiell-rechtlichen Gründen nicht entgegensteht (vgl. RGZ 106/233, 234; 110/100, 101; RG, JW 21/1080, 1081; RGZ 165/26, 31; BGH, Urteil vom 9. 7. 1962 – VI ZR 197/62 = FamRZ 63/558 = NJW 63/2076, 2079). Die Parteien können die Abänderung gerichtlicher Vergleiche und vollstreckbarer Urkunden ganz ausschließen oder erschweren; sie können sie aber gegenüber § 323 I ZPO auch erleichtern. Treffen sie keine solche Vereinbarungen, so gelten von Rechts wegen die Grundsätze über den Fortfall der Geschäftsgrundlage, die zu einer differenzierteren Regelung als der in § 323 I ZPO vorgesehenen führen.

Nach alledem fand schon bald nach Schaffung des § 323 IV ZPO und findet auch heute eine entsprechende Anwendung des Abs. I nicht mehr statt. Vielmehr wurde gegenüber der starren gesetzlichen Regelung dem Gedanken der Privatautonomie auch prozessual Rechnung getragen. Da

Geltungsgrund von gerichtlichen Vergleichen und vollstreckbaren Verträgen allein der *Parteiwille* ist, hat die höchstrichterliche Rechtsprechung mit Recht keine Veranlassung gesehen, diesen Parteiwillen von Prozeßrechts wegen zu korrigieren.

Die Abänderungsklage nach § 323 und die Vollstreckungsabwehrklage nach § 767 ZPO decken sich zwar in ihren Anwendungsbereichen nicht, dienen aber verwandten Zwecken und sind in der Praxis nur schwer voneinander abgrenzbar (vgl. BGH, Urteil vom 14. 3. 1979 – IV ZR 80/78 = FamRZ 79/573, 575). Wenn bei Vollstreckungsabwehrklagen gegen gerichtliche Vergleiche und vollstreckbare Urkunden die zeitliche Beschränkung des § 767 II ZPO nicht (mehr) entsprechend angewandt wird – und zwar gegenüber vollstreckbaren Urkunden kraft gesetzlicher Anordnung, gegenüber gerichtlichen Vergleichen kraft richterlicher Rechtsfortbildung –, so liegt es nahe, bei Abänderungsklagen gegenüber den gleichen Vollstreckungstiteln entsprechend zu verfahren und auch der Verweisung des § 323 IV ZPO auf Abs. II keine praktische Bedeutung (mehr) beizumessen, zumal die Grundlage des Vergleichs hier wie dort allein der Wille der Parteien ist.

§ 323 III ZPO ist eine Ergänzung des Abs. II. Beide Bestimmungen errichten zeitliche Schranken für die Abänderung von Urteilen: Abs. II für die Berücksichtigung von klagebegründenden Tatsachen, Abs. III für die Rechtsfolgen an sich berücksichtigungsfähiger Umstände. Schon dieser innere Zusammenhang läßt eine unterschiedliche Behandlung im Rahmen des Abs. IV als wenig naheliegend erscheinen, weil sie zu weiteren Wertungswidersprüchen führen würde.

81. FamRZ 79/210

Das OLG ist davon ausgegangen, daß die Parteien in dem Vergleich vom 9. 11. 1973 den Unterhaltsanspruch der Kl. nur zum Teil geregelt haben, nämlich in Höhe von monatlich 178 DM. Soweit der Vollstreckungstitel in der Form des Prozeßvergleichs in Frage steht, kann die Formulierung des Vergleichstextes in der Tat so verstanden werden, daß die Parteien einen Titel nur in Höhe des Betrages schaffen wollten, der nicht freiwillig gezahlt wurde. Eine derartige Beschränkung des Titels lag auch aus Kostengründen nahe. Der Text des Vergleiches ergibt aber eindeutig, daß darüber hinaus mindestens eine außergerichtliche rechtsgeschäftliche Einigung der Parteien darüber vorlag, daß der vom Beklagten zu zahlende Unterhalt monatlich insgesamt 1000 DM betragen sollte. Erst aufgrund dieser Einigung wurde der titulierte Betrag, wie Ziff. 1a des Vergleiches ergibt, ermittelt. Unter diesen Umständen kann aber die Höhe des Unterhaltsanspruchs der Kl. und die Anrechenbarkeit ihres Einkommens nicht mehr unmittelbar nach den gesetzlichen Vorschriften beurteilt werden. Maßgebend ist vielmehr die vertragliche Vereinbarung der Parteien, die nur nach den Grundsätzen der Änderung bzw. des Wegfalls der Geschäftsgrundlage der Anpassung an (wesentlich) veränderte Verhältnisse unterliegt (BGH, NJW 62/2147; RGZ 145/119). Für die Frage, welche tatsächlichen Umstände Geschäftsgrundlage der Unterhaltsvereinbarung waren und welche Veränderungen deshalb zu einer Anpassung des Vertrages führen können, kommt es dabei auf die Vorstellungen an, die für die Parteien bei der vertraglichen Bemessung des Unterhalts bestimmend waren.

Damit hat das Berufungsurteil Bestand, auch wenn das OLG den Umfang der vertraglichen Unterhaltsregelung nicht erkannt und deshalb die Geschäftsgrundlage des Vergleichs nur für den titulierten Teil des Unterhaltsanspruchs geprüft hat. Die vertragliche Unterhaltsregelung wurde – unabhängig davon, zu welchem Teil sie als Vollstreckungstitel ausgestaltet wurde – von den Parteien einheitlich getroffen. Die Vorstellungen, von denen die Parteien dabei ausgegangen sind, müssen daher zwangsläufig für die gesamte Unterhaltsregelung dieselben gewesen sein.

Anm.:

Der Vergleichstext lautet auszugsweise:

1. Der Beklagte verpflichtet sich folgenden Unterhalt ab 1. 2. 1973 an die Kl. zu zahlen:
   a) an die Kl. zu 1) (geschiedene Ehefrau) über die bisher freiwillig geleisteten 822 DM hinaus weitere 178 DM monatlich (= also insgesamt 1000 DM),
   b) an die Kl. zu 2) (Adoptivtochter der Parteien) über die bisher freiwillig gezahlten 185 DM hinaus weitere 95 DM.

82. FamRZ 83/474, 475 = NJW 83/2084

Das Kind Christopher der Parteien ist im Verlaufe des Revisionsverfahrens volljährig geworden. Damit ist hinsichtlich dieses Kindes die Prozeßführungsbefugnis des Kl., und zwar auch wegen des Unterhalts für die Vergangenheit, entfallen (s. Erman/Ronke, BGB, 7. Aufl., § 1629 Rz. 19). Das hat zur Folge, daß nunmehr das Kind selbst in den Rechtsstreit eintritt; die verfahrensrechtliche Disposition steht nunmehr ihm zu. Die Lage ist, soweit die Beendigung der Prozeßführungsbefugnis in Frage steht, derjenigen in einem Prozeß des Konkursverwalters bei Beendigung des Konkursverfahrens während der Revisionsinstanz vergleichbar. Auch hier tritt der Gemeinschuldner anstelle des Konkursverwalters in den Rechtsstreit ein (BGHZ 28/13, 16; RGZ 58/369, 371; 128/66; 135/347, 349). Dementsprechend ist in der mündlichen Verhandlung vor dem Senat insoweit zu Recht das

Kind Christopher selbst als Partei – nämlich als Kl. und Revisionsbeklagter zu 2. – aufgetreten. Dies erfordert jedoch keine Änderung des Tenors des vom OLG gebilligten Urteils des Familiengerichts, da die Entscheidungen der Vorinstanzen kraft der damals gegebenen Prozeßführungsbefugnis der Kl. zu 1) ohnehin auch für und gegen den jetzigen Kl. zu 2) wirken.

83. FamRZ 83/569, 570 = NJW 83/1548

Allerdings ist für die Neubemessung des Unterhalts im Rahmen der Abänderungsentscheidung der in dem abzuändernden gerichtlichen Vergleich zum Ausdruck kommende Wille der Parteien weiterhin verbindlich (vgl. BGH, Urteil vom 16. 5. 1969 – IV ZR 57/78 – FamRZ 79/694, 695 sowie – zuletzt – Senatsurteil vom 8. 12. 1982 – IV b ZR 338/81 – FamRZ 83/260). Im vorliegenden Fall läßt sich indessen ein Parteiwille, der die uneingeschränkte Anrechnung des Erwerbseinkommens des Kl. generell vorsähe, weder dem Inhalt des Vergleichs noch den sonstigen bisherigen Feststellungen des OLG entnehmen. ... Damit kann nach dem bisher feststehenden Sachverhalt nicht ausgeschlossen werden, daß die Frage, ob und inwieweit es sich bei den Einkünften des Kl. um solche aus unzumutbarer Erwerbstätigkeit handelt, im vorliegenden Abänderungsverfahren uneingeschränkt und ohne eine Bindung durch den Prozeßvergleich zur Prüfung steht.

Wenn hiernach schon eine Änderung der höchstrichterlichen Rechtsprechung die Anpassung einer Unterhaltsvereinbarung ermöglichen kann, so gilt das erst recht für eine Änderung der Rechtslage, die durch die Nichtigerklärung oder Unvereinbarkeitserklärung einer Norm durch das BVerfG eintritt (§ 31 II S. 1 BVerfGG). Dem steht § 79 II BVerfGG nicht entgegen.

84. FamRZ 83/892, 893 = NJW 83/2200

Dem (Prozeß-)Vergleich vom 20. 10. 1977 kommt eine Rechtswirkung zugunsten des Kl. nicht gemäß § 1629 III BGB zu. Nach dieser Vorschrift kann, wenn ein Scheidungsverfahren anhängig ist, ein Elternteil im eigenen Namen den Unterhaltsanspruch des Kindes gegen den anderen Elternteil geltend machen; ein zwischen den Eltern geschlossener gerichtlicher Vergleich wirkt auch für und gegen das Kind. Die Anwendung dieser Vorschrift setzt indessen – wie der Zusammenhang der beiden Sätze des § 1629 III BGB ergibt – voraus, daß der Vergleich den Unterhaltsanspruch des Kindes regelt, den es während der Anhängigkeit der Scheidungssache seiner Eltern weder für die Zeit nach der Scheidung noch für die davorliegende Zeit selbst geltend machen kann (Senatsurteil vom 23. 2. 1983 – IV b ZR 359/81 – FamRZ 83/474). Ein eigener Unterhaltsanspruch des Kl. war jedoch nicht Gegenstand des Vergleichs vom 20. 10. 1977. Dieser wurde zur Erledigung eines Verfahrens über den Erlaß einer einstweiligen Anordnung geschlossen, die die Ehefrau des Beklagten im Scheidungsverfahren gemäß § 620 S. 1 Nr. 4 ZPO beantragt hatte. Ohne diesen Vergleich hätte das Familiengericht über den Antrag entscheiden müssen. Durch eine einstweilige Anordnung hätte es indessen nur die Unterhaltspflicht gegenüber dem Kl. „im Verhältnis der Ehegatten zueinander" regeln können, nicht aber im Verhältnis des Beklagten zum Kl. Nach überwiegender, auch vom Senat geteilter Auffassung wirkt eine einstweilige Anordnung über den Kindesunterhalt gemäß § 620 S. 1 Nr. 4 ZPO nicht zugunsten des Kindes (vgl. OLG Hamburg, FamRZ 82/425; OLG Hamm, FamRZ 81/589, 590 a. E.; OLG Stuttgart, FamRZ 82/945 LS; Zöller/Philippi, ZPO, 13. Aufl., § 620 Anm. III 5a; Thomas/Putzo, ZPO, 12. Aufl., § 620 Anm. 2a dd; Stein/Jonas/Schlosser, ZPO, 20. Aufl., Rz. 6 zu § 620; Baumbach/Lauterbach/Albers, ZPO, 41. Aufl., Anm. 6 A zu § 620).

Einen Prozeßvergleich, durch den nichts anderes erreicht werden soll als eine der beantragten einstweiligen Anordnung entsprechende Regelung, kann im Regelfall keine weitergehende Wirkung zugemessen werden, als sie die einstweilige Anordnung gehabt hätte (ebenso OLG Hamburg, FamRZ 80/904, 905; 82/412; Klauser, MDR 81/711, 715). Auch er entfaltet Rechtswirkung daher nur im Verhältnis der Ehegatten zueinander.

85. Allerdings ist denkbar, daß die Parteien eines Scheidungsrechtsstreits durch einen im Anordnungsverfahren geschlossenen Prozeßvergleich eine weitergehende Regelung treffen. Das setzt voraus, daß sie sich im Vergleich nicht nur über den Kindesunterhalt im Verhältnis zueinander verständigen, sondern dem Kind durch Vertrag zu seinen Gunsten ein eigenes Forderungsrecht verschaffen wollen. Für einen derartigen Willen der Vertragsschließenden müssen jedoch ausreichend sichere Anhaltspunkte vorliegen (vgl. Senatsurteil vom 17. 3. 1982 – IV b ZR 646/80 – FamRZ 82/587 m. w. N.). Daran fehlt es hier.

Aus der einstweiligen Anordnung vom 28. 9. 1978 kann der Kl. aus den gleichen Erwägungen nicht selbst vollstrecken. Auch dieser Titel wirkt nur zwischen den am Scheidungsverfahren beteiligten Ehegatten.

86. Selbst wenn jedoch die in dem Verfahren der einstweiligen Anordnung geschaffenen Titel für und gegen den Kl. des vorliegenden Verfahrens wirken würden, käme eine Abänderungsklage nach

§ 323 ZPO nicht in Betracht. Eine Regelung nach § 620 S. 1 Nr. 4 ZPO unterliegt nicht der Abänderungsklage (vgl. Senatsurteil vom 9. 2. 1983 – IVb ZR 343/81 – FamRZ 83/355, 356). Das gilt auch für einen im Anordnungsverfahren geschlossenen Prozeßvergleich, jedenfalls wenn dessen Wirkungen – wie im vorliegenden Fall – nicht weitergehen als die der einstweiligen Anordnung, die andernfalls erlassen worden wäre.

87. FamRZ 82/782, 783 = NJW 82/2072

Die Verschiedenheit der Ansprüche hat zur Folge, daß ein Titel über den Anspruch auf Trennungsunterhalt den Anspruch auf nachehelichen Unterhalt nicht umfaßt. Das gilt sowohl für den Fall, daß der Unterhaltstitel in einem Urteil besteht, als auch dann, wenn die Eheleute über den Trennungsunterhalt einen Prozeßvergleich abgeschlossen haben. Die Ansicht der Revision, daß im Falle der Unterhaltsregelung durch Prozeßvergleich andere Grundsätze gelten müßten, kann nicht geteilt werden. Die Umgestaltung der unterhaltsrechtlichen Beziehungen durch die Ehescheidung läßt den während des Getrenntlebens bestehenden gesetzlichen Unterhaltsanspruch auch dann mit der Scheidung entfallen, wenn die Eheleute über ihn einen Prozeßvergleich abgeschlossen haben. Etwas anderes kann nur gelten, wenn die Parteien in dem Prozeßvergleich nicht nur den Unterhalt während der Trennung, sondern auch ihre unterhaltsrechtlichen Beziehungen nach der Scheidung geregelt haben.

88. Der Prozeßvergleich ist ein Prozeßvertrag, der eine rechtliche Doppelnatur hat. Er ist sowohl eine Prozeßhandlung, deren Wirkungen sich nach den Grundsätzen des Verfahrensrechts richten, als auch ein privat-rechtlicher Vertrag, für den die Regeln des materiellen Rechts gelten (BGHZ 16/388, 390; 28/171, 172; 41/310, 311; NJW 80/1753). Anerkannt ist, daß die Parteien durch einen außergerichtlichen Abänderungsvertrag die materiell-rechtlichen Wirkungen des Prozeßvergleichs abändern oder beseitigen können. Für die prozessualen Wirkungen, die in der unmittelbaren Verfahrensbeendigung und in der Vollstreckbarkeit übernommener Leistungspflichten bestehen, kann jedoch nicht das gleiche gelten. So hat der BGH in BGHZ 41/310, 312f. entschieden, daß die prozeßbeendende Wirkung eines Prozeßvergleichs nicht durch einen Abänderungsvertrag der Parteien beseitigt werden könne. Es sei entscheidend darauf abzustellen, daß eine außerhalb des beendeten Rechtsstreits getroffene Vereinbarung der Parteien die Sache nicht von neuem rechtshängig machen könne (a. a. O., S. 313). Ferner kommt der mangelnde Einfluß außergerichtlicher Erklärungen auf die prozeßrechtliche Wirksamkeit des Prozeßvergleichs auch darin zum Ausdruck, daß dieser, wie anerkannt ist, im Falle seines rechtswirksamen Widerrufs durch die Rücknahme des Widerrufs auch dann nicht wieder hergestellt wird, wenn die Gegenseite mit der Rücknahme einverstanden ist. Die Erklärungen der Parteien haben nur die Bedeutung, daß eine erneute Einigung des Inhalts zustandekommt, wie er in dem hinfällig gewordenen Vergleich niedergelegt ist. Diese Einigung ist indessen außergerichtlicher Natur und vermag dem früheren Vergleich seine prozeßrechtliche Wirksamkeit nicht zurückzugeben (BGH, Urteil vom 25. 3. 1953 – VI ZR 13/52 – LM Nr. 5 zu § 1572 RVO). Kommen die Parteien außergerichtlich überein, die in einem Prozeßvergleich begründeten Pflichten zu reduzieren, so kommt dem im Hinblick auf die Vollstreckbarkeit keine unmittelbare prozessuale Wirkung zu. Vielmehr hat der Schuldner, falls die Zwangsvollstreckung aus dem Prozeßvergleich im früheren Umfang weiterbetrieben wird, lediglich die Möglichkeit, im Wege der Klage nach §§ 795, 767 ZPO dagegen vorzugehen (BGHZ 41/310, 313).

89. FamRZ 80/771 = NJW 80/2081

Diese Unterhaltsbemessung kann nicht bestehen bleiben: Sie begegnet bereits deshalb Bedenken, weil sie mit den im Urteil des BGH vom 16. 5. 1979 (FamRZ 79/694 = NJW 79/1656; Anm.: Diese Entscheidung betrifft ein Abänderungsurteil nach einem Prozeßvergleich) dargelegten Grundsätzen über die Abänderung titulierter Unterhaltsrenten nicht in Einklang steht. Danach ermöglicht die Abänderung eines Unterhaltstitels keine freie, von der bisherigen Höhe unabhängige Neufestsetzung des Unterhalts oder eine abweichende Beurteilung der Verhältnisse. Vielmehr kann die Abänderungsentscheidung nur in einer unter Wahrung der Grundlagen des Prozeßvergleichs vorzunehmenden Anpassung des Unterhalts an die veränderten Verhältnisse bestehen.

90. FamRZ 84/997

Die Anpassung des in der JA-Urkunde titulierten Betrages von 165 DM monatlich im Vereinfachten Verfahren – linear um 10% (Art. 1 der Verordnung über die Anpassung und Erhöhung von Unterhaltsrenten für Minderjährige vom 10. 8. 1981 BGBl I 835) – würde zu einem Unterhaltsbetrag führen, der i. S. d. § 323 V ZPO wesentlich von dem Betrag abweicht, der der Entwicklung der besonderen Verhältnisse der Parteien Rechnung trägt. Insoweit ist im Rahmen von § 323 V ZPO für die Zulässigkeit der Abänderungsklage unter Zurückstellung von Fragen der Begründetheit ein Vergleich mit demjenigen Betrag anzustellen, auf den zulässigerweise eine Abänderungsklage nach den Kriterien des § 323 I ZPO gerichtet werden könnte.

91. FamRZ 80/342, 344

Außerdem wird das OLG zu prüfen haben, ob im Anschluß an die Scheidungsvereinbarung und/ oder den Prozeßvergleich vom 23. 10. 1975 im Hinblick auf die fortlaufende Entgegennahme der zuvor festgelegten, für die Kinder bestimmten Unterhaltsleistungen durch die Kl. zu 1) als den sorgeberechtigten Elternteil nachträglich etwa entsprechende Unterhaltsvereinbarungen zwischen dem Beklagten einerseits und den Kl. zu 2) bis 4), vertreten durch die Kl. zu 1), andererseits zustandegekommen sind. Voraussetzung für die Wirksamkeit derartiger außergerichtlicher Vereinbarungen, zu deren Abschluß die Kl. zu 1) einer vormundschaftsgerichtlichen Genehmigung nicht bedurfte (§ 1643 I BGB), war indessen noch, daß die Unterhaltsbeträge nicht niedriger waren, als den Kl. zu 2) bis 4) jeweils kraft Gesetzes zustand (§ 1614 I BGB). Lassen sich entsprechende wirksame Vereinbarungen feststellen, so sind sie auch im Rahmen der vorliegenden Rechtsverfolgung der Kl. zu 2) bis 4) zu berücksichtigen. Sie führen dazu, daß eine Verurteilung zu höheren Unterhaltsleistungen nur im Wege der Abänderung der Vereinbarungen – nicht nach § 323 ZPO, sondern allein nach materiellrechtlichen Grundsätzen – möglich ist (vgl. BGH, FamRZ 60/60).

92. FamRZ 84/878, 879

Geltend gemachte Rechtsfolge einer Vollstreckungsgegenklage ist der Wegfall der Vollstreckbarkeit eines titulierten Anspruchs. Die Feststellung über das Fortbestehen dieses Anspruchs ist nicht Gegenstand der Vollstreckungsgegenklage (es folgen zahlreiche Nachweise). Für die weit überwiegend vertretene Auffassung spricht, daß die Vollstreckbarkeit bei Titulierung von Ansprüchen im Regelfall schon dann besteht, wenn die Ansprüche im Verhältnis der Parteien noch gar nicht bindend festgestellt sind.

Eine solche Feststellung trifft unter den Titeln überhaupt nur das rechtskräftige Urteil. Die Titel des § 794 I Nr. 1 und Nr. 5 ZPO sind materieller Rechtskraft nicht fähig. Setzt aber die bei Titulierung eines Anspruchs entstehende Vollstreckbarkeit die unangreifbare Feststellung des Anspruchs nicht voraus, so kann die Vollstreckbarkeit auch wieder beseitigt werden, ohne daß dadurch bindende Feststellungen zum Bestehen des Anspruchs getroffen werden.

Bei einer Abweisung der Klage nach § 767 ZPO wird es somit lediglich abgelehnt, einem titulierten Anspruch durch Rechtsgestaltung die Vollstreckbarkeit zu nehmen (BGH, Urteil vom 30. 5. 1960 – II ZR 207/58 = LM, ZPO § 322 Nr. 27). Es wird aber nicht gleichzeitig bindend entschieden, daß dieser titulierte Anspruch materiell-rechtlich besteht. Andernfalls fiele der aus § 767 ZPO verklagten Partei, die – wie hier die Kl. – einen Titel gemäß § 794 I Nr. 1 ZPO hat, der den Anspruch gar nicht materiell rechtskräftig feststellt, durch die Abweisung der gegen sie gerichteten Klage aus § 767 ZPO mehr zu, als sie vor dieser Klage hatte.

93. FamRZ 84/997

Bei dieser Urkunde handelt es sich um eine vom JA nach §§ 49 I S. 1 Ziff. 2, 50 I S. 1 JWG aufgenommene vollstreckbare Urkunde. Der Senat teilt die Auffassung des OLG, daß ein solcher Titel der Abänderungsklage unterliegt. Diese ist gemäß § 323 IV ZPO u. a. für die Schuldtitel des § 794 I Ziff. 5 ZPO eröffnet. Den darin genannten (auf Zahlung einer bestimmten Geldsumme gerichteten vollstreckbaren) Urkunden, ,,die von einem deutschen Gericht oder von einem deutschen Notar innerhalb der Grenzen seiner Amtsbefugnisse in der vorgeschriebenen Form aufgenommen sind", ist eine JA-Urkunde der hier in Frage stehenden Art gleichzuachten. Hier wie dort handelt es sich um eine im Rahmen amtlicher Befugnisse errichtete vollstreckbare Urkunde, in der der Verpflichtete mit entsprechendem Bindungswillen in vollstreckbarer Form Zahlung verspricht. Angesichts dieser weitgehenden Übereinstimmung ist § 323 IV i. V. m. § 794 I Ziff. 5 ZPO auch auf JA-Urkunden nach §§ 49, 50 JWG anwendbar (es folgen mehrere Nachweise).

94. FamRZ 83/355, 356 = NJW 83/1330

Bei der entsprechenden Anwendung des § 767 ZPO auf einstweilige Anordnungen über den Ehegattenunterhalt ist davon auszugehen, daß ein Anspruch in dem titulierten Umfang bestanden hat (BGHZ 24/269, 274 = FamRZ 57/316, 317). Mit der Klage können nachträglich entstandene rechtshemmende und rechtsvernichtende Einwendungen geltend gemacht werden, die diesen Anspruch betreffen.

Auf das Vorbringen des Kl. zur Veränderung der wirtschaftlichen Verhältnisse der Parteien kann die Vollstreckungsabwehrklage nicht gestützt werden. Die wirtschaftlichen Verhältnisse der Parteien sind für Grund und Höhe des Unterhaltsanspruchs von Bedeutung. Im Falle einer Verurteilung im Hauptsacheverfahren kann ihre Änderung nach Maßgabe des § 323 ZPO eine Abänderungsklage begründen. Dagegen lassen sich aus der Änderung der wirtschaftlichen Verhältnisse nach anerkannter Rechtsauffassung keine Einwendungen i. S. d. § 767 ZPO herleiten (BGHZ 70/151, 156f. = FamRZ 78/177, 179).

95. FamRZ 82/470, 471 = NJW 82/1147

Indessen handelt es sich bei der Anrechnung einer betragsmäßig feststehenden Rente aus dem Versorgungsausgleich auf einen bestehenden Unterhaltsanspruch um einen der anderweitigen Erfüllung gleichkommenden Vorgang; im Ergebnis ermäßigt sich der Unterhaltsanspruch auf den Unterschiedsbetrag zwischen der zuerkannten Rente und dem angemessenen Unterhalt (vgl. Palandt/Diederichsen, BGB, 41. Aufl., Einf. § 1587 Anm. 1). Der Versorgungsausgleich soll das nacheheliche Unterhaltsrecht ergänzen, eine Lücke im geltenden Recht schließen und die bisherigen Mängel der sozialen Sicherung der geschiedenen Frau beseitigen oder wenigstens vermindern (BGHZ 74/38, 42 = FamRZ 79/477, 478). Es geht daher nicht um die Berücksichtigung des Einflusses der stets wandelbaren wirtschaftlichen Verhältnisse auf die Unterhaltspflicht, die nur im Wege der Abänderungsklage geltend gemacht werden kann, sondern um die Verrechnung mit einem Unterhaltssurrogat (vgl. BGHZ 70/151, 156f. = FamRZ 78/177ff., 179 für den vergleichbaren Fall der Anrechnung von Kindergeld). War aber die Vollstreckungsabwehrklage eingeräumt, so ist, wie dargelegt, das rechtsgrundlos auf den Unterhaltstitel Geleistete nach § 812 I S. 1 BGB (Erfüllung einer Nichtschuld) rückforderbar.

96. FamRZ 78/177, 179

Die Zahlung des Kindergeldes beruht auf einer Gesetzesänderung, die eine ergänzende Auslegung des vollstreckbaren Vergleichs bedingt. Diese Auslegung führt zu dem Ergebnis, daß das an die Beklagte gezahlte Kindergeld von monatlich zusammen 240 DM dem Kl. und der Beklagten je zur Hälfte zugute kommen soll. Der Kl. kann diese Hälfte, also monatlich 120 DM, auf die Unterhaltszahlungen, die er an die Beklagte als seinen Unterhaltsbeitrag für die Kinder leistet, verrechnen. Dieser Vorgang der Anrechnung betragsmäßig festgelegter Geldbeträge ist einer Erfüllung gleichzusetzen, die eine Einwendung i. S. d. § 767 ZPO begründet.

Demgemäß hat der Senat in einem ähnlichen Fall bereits die Anrechnung des Kindergeldes auf vergleichsweise vereinbarte Zahlungen als einen Umstand angesehen, der im Wege der Vollstreckungsabwehrklage des § 767 ZPO geltend gemacht werden kann (Urteil vom 15. 4. 1977 – IV ZR 125/76, FamRZ 77/461, 462).

97. FamRZ 84/561, 563

Das OLG hat abweichend vom erstinstanzlichen Urteil die vom Ehemann erbrachten Teilleistungen auf den zuerkennten Unterhalt nicht berücksichtigt. Das erscheint nicht nur im Hinblick auf § 308 I ZPO, sondern auch deshalb bedenklich, weil im Falle einer Vollstreckung aus einem solchen Titel der Einwand der Erfüllung insoweit nicht mehr zulässig wäre, als bereits bis zum Schluß der (letzten) mündlichen Verhandlung im vorliegenden Verfahren erfüllt worden ist (vgl. § 767 II ZPO).

98. FamRZ 84/470, 471 = NJW 84/2826

Wenn ein Schuldner unter Vorbehalt leistet, so kann der Vorbehalt zwei unterschiedliche Bedeutungen haben: Im allgemeinen will der Schuldner lediglich dem Verständnis seiner Leistung als Anerkenntnis (§ 208 BGB) entgegentreten und die Wirkung des § 814 BGB ausschließen, sich also die Möglichkeit offenhalten, das Geleistete gemäß § 812 BGB zurückzufordern. Ein Vorbehalt dieser Art stellt die Ordnungsmäßigkeit der Erfüllung nicht in Frage (Senatsurteil BGHZ 83/278, 282 = FamRZ 82/470f.; BGH, Urteil vom 6. 5. 1982 – VII ZR 208/81 – NJW 82/2301, 2302; MünchKomm/Heinrichs, BGB, § 362 Rz. 4; Palandt/Heinrichs, BGB, 43. Aufl., § 362 Anm. 2; BGB – RGRK/Weber, 12. Aufl., § 362 Rz. 35).

Anders ist es, wenn der Schuldner in der Weise unter Vorbehalt leistet, daß dem Leistungsempfänger für einen späteren Rückforderungsstreit die Beweislast für das Bestehen des Anspruchs auferlegt werden soll. Ein Vorbehalt dieser Art läßt die Schuldtilgung in der Schwebe und ist keine Erfüllung i. S. v. § 362 BGB.

99. (BGHZ 86/267, 269, 271).

Weder den Feststellungen des OLG noch dem Sachverhalt der Parteien sind Anhaltspunkte dafür zu entnehmen, daß der Vorbehalt, unter dem der Kläger den vollen Unterhalt für die Urlaubszeit der

Jahre 1979 und 1981 gezahlt hat, den letztgenannten, weitgehenden und – außer im Falle der Zahlung zur Abwendung der Zwangsvollstreckung aus einem nur vorläufig vollstreckbaren oder aus einem Vorbehaltsurteil – ungewöhnlichen Inhalt gehabt hätte.

100. BGHZ 86/267, 269 = NJW 83/1111

Ein Schuldverhältnis erlischt grundsätzlich, wenn die geschuldete Leistung – endgültig – an den Gläubiger bewirkt wird (§ 362 BGB). Diese Folge tritt deshalb dann nicht ein, wenn der Schuldner ohne Anerkennung seiner Schuld unter Vorbehalt einer Rückforderung ohne Veränderung der den Gläubiger treffenden Beweislast seine Leistung erbringt (Soergel/Schmidt, BGB, 10. Aufl., § 362 Rdn. 12; MünchKomm/Heinrichs, § 362 Rdn. 4). Ein so verstandener Vorbehalt ist immer dann anzunehmen, wenn die Zahlung des Schuldners an den Gläubiger nur aufgrund eines vorläufig vollstreckbaren Urteils zur Abwendung der Zwangsvollstreckung erfolgt (vgl. Weber in RGRK, 12. Aufl., § 362 Rdn. 36; Palandt/Heinrichs, BGB, 42. Aufl., § 362 Anm. 2; Soergel/Schmidt, a. a. O. Rdn. 9).

101. FamRZ 84/878, 879, 880

Bei den Feststellungen des Urteils des 16. ZS zu dem Bestehen eines solchen Anspruchs handelt es sich lediglich um das der entschiedenen Rechtsfolge zugrunde liegende vorgreifliche Rechtsverhältnis, also um eine bloße Voraussetzung für die entschiedene Rechtsfolge, welche nur dann an der Rechtskraft teilhaben kann, wenn sie von den Parteien durch Feststellungsklage ebenfalls zum Streitgegenstand erhoben wird (BGHZ 43/144, 145ff.; BGH, Urteil vom 20. 2. 1969 – VII ZR 101/67 = NJW 69/880 m. N.).

Auch bei erfolgreicher Vollstreckungsgegenklage bezieht sich somit die Rechtskraft grundsätzlich nicht auf die der Abwehr dienenden Gegenrechte (...). Eine Ausnahme ist nur bei der Aufrechnung durch analoge Anwendung des § 322 II ZPO anerkannt worden (BGHZ 48/356, 358).

102. FamRZ 82/782, 784 = NJW 82/2072

Wie die Rechtsprechung anerkennt, ist es den Prozeßparteien nicht verwehrt, sich vertraglich zu einem bestimmten prozessualen Verhalten zu verpflichten, sofern dieses Verhalten möglich ist und weder gegen ein gesetzliches Verbot noch gegen die guten Sitten verstößt (vgl. BGHZ 28/45, 48f. = FamRZ 58/368f.; BGHZ 38/254, 258; BGH, Urteil vom 30. 11. 1972 – II ZR 135/70 – DB 73/1451). Demgemäß sind neben den Fällen der Verpflichtung zur Klage – oder Rechtsmittelrücknahme etwa auch Vereinbarungen für zulässig erachtet worden, gegen ein noch zu erlassendes Urteil kein Rechtsmittel einzulegen (BGHZ 28/45, 49 = FamRZ 58/368f.). Hiernach erscheint es im Grundsatz auch für Fälle der vorliegenden Art zulässig, daß ein Ehegatte, gegen den ein Titel auf Zahlung von Trennungsunterhalt besteht, sich durch einen entsprechenden Prozeßvertrag verpflichtet, wegen des Wegfalls des titulierten Anspruches durch die Ehescheidung keine Vollstreckungsabwehrklage gegen seine nacheheliche Inanspruchnahme aufgrund des bisherigen Titels zu erheben. Allerdings können sich bei der Abwicklung eines derartigen Prozeßvertrages Probleme ergeben, wenn der nacheheliche Unterhaltsanspruch des Berechtigten dem titulierten Betrag des Trennungsunterhalts nicht mehr entspricht. Wie diese Schwierigkeiten zu bewältigen sind und ob sich daraus letztlich Einschränkungen für die Zulassung derartiger Prozeßverträge ergeben können, braucht hier indessen nicht erörtert zu werden, weil das OLG festgestellt hat, daß die Abmachungen der Parteien keinen solchen Verzicht auf die Geltendmachung der Vollstreckungsabwehrklage durch den Kläger enthalten. Diese Auslegung des Übereinkommens der Parteien, gegen die von der Revision keine Rügen erhoben werden, ist aus Rechtsgründen nicht zu beanstanden, zumal an einen derartigen Prozeßvertrag mit den erheblichen Auswirkungen eines Klageverzichts strenge Anforderungen zu stellen sind.

103. FamRZ 84/470 = NJW 84/2826

Jedoch ist die Vollstreckungsabwehrklage gegen einen Titel auf wiederkehrende Unterhaltsleistungen dann mangels Rechtsschutzbedürfnisses unzulässig, wenn nach erfolgter Erfüllung für den in Betracht kommenden, zurückliegenden Zeitraum unzweifelhaft keine Vollstreckung mehr droht.

Bei Titeln, die auf eine nur einmalige Leistung gerichtet sind, wird allerdings angenommen, daß die Vollstreckungsabwehrklage nur dann unzulässig ist, wenn eine Vollstreckung gar nicht mehr drohen kann (Wieczorek, ZPO, 2. Aufl., § 767 Anm. A II). Dieser Fall tritt erst mit der Herausgabe des Titels an den Schuldner ein. Solange sich der Titel noch in der Hand des Gläubigers befindet, vermag deshalb selbst ein Verzicht des Gläubigers auf die Zwangsvollstreckung oder eine Einigung von Gläubiger und Schuldner darüber, daß eine Zwangsvollstreckung nicht mehr in Betracht komme, das Rechtsschutzinteresse für eine Vollstreckungsabwehrklage des Schuldners nicht zu beseitigen (es folgen zahlreiche Nachweise). Dem Schutz des Gläubigers dagegen, überflüssigerweise einer Vollstreckungsabwehrklage ausgesetzt zu werden, dient in derartigen Fällen das sofortige Anerkenntnis mit der Kostenfolge des § 93 ZPO (es folgen Nachweise).

Diese Grundsätze können jedoch nicht ohne weiteres auf den Fall übertragen werden, daß sich die Vollstreckungsabwehrklage – wie hier – gegen einen Titel auf wiederkehrende Unterhaltsleistungen richtet. Einen derartigen Titel gibt der Gläubiger nicht an den Schuldner heraus, wenn dieser die Unterhaltsrente für einen bestimmten Zeitraum gezahlt hat. Er benötigt den Titel vielmehr noch für die erst künftig fällig werdenden Ansprüche. Daß der Gläubiger den Titel in der Hand behält, begründet daher hier – anders als bei Titeln auf einmalige Leistungen – nicht schon für sich allein die Besorgnis, er werde daraus trotz bereits eingetretener Erfüllung noch einmal gegen den Schuldner vollstrecken.

Deshalb erscheint es sachgerecht, gegenüber einem Titel auf wiederkehrende Unterhaltsleistungen, solange der Gläubiger diesen für erst künftig fällig werdende Leistungen noch benötigt, das Rechtsschutzinteresse für die Klage nach § 767 ZPO bereits dann zu verneinen, wenn eine Zwangsvollstreckung nach den Umständen des Falles unzweifelhaft nicht mehr droht. Das sofortige Anerkenntnis mit der Kostenfolge des § 93 vermöchte den schutzwürdigen Interessen des Gläubigers nicht stets in hinreichendem Maße Rechnung zu tragen. Das zeigt der vorliegende Fall, in dem sich die Beklagte erst in der mündlichen Verhandlung vor dem OLG nach einer Klageänderung der Vollstreckungsabwehrklage ausgesetzt gesehen hat.

104. FamRZ 82/470 = NJW 82/1147

Der Schuldner, der versäumt hat, die Erfüllung im Wege der Vollstreckungsabwehrklage (§ 767 ZPO) geltend zu machen, geht nicht etwa seiner Rechte deswegen verlustig, weil diese Klage nach der Beendigung der Zwangsvollstreckung nicht mehr erhoben werden kann. Nach allgemeiner Ansicht setzen sich vielmehr die rechtlichen Möglichkeiten der Vollstreckungsabwehrklage nach der Beendigung der Zwangsvollstreckung in der materiell-rechtlichen Bereicherungsklage fort (vgl. OLG Frankfurt, NJW 61/1479, 1480; BAG, NJW 80/141 f.; Stein/Jonas/Münzberg, ZPO, 20. Aufl., § 767 Rz. 56; Zöller/Scherübl, ZPO, 13. Aufl., § 767 Anm. III 1 a; Baumbach/Lauterbach/Hartmann, ZPO, 40. Aufl., § 767 Anm. 1 Be; Gaul, Jus 62/1 m. w. N. in Fn. 8).

105. FamRZ 84/470, 472 = NJW 84/2826

In der Revisionsverhandlung hat der Kläger die Ansicht geäußert, die Vollstreckungsabwehrklage diene für die Urlaubszeiträume der Jahre 1979 und 1981 immerhin der Klärung der zwischen den Parteien streitigen Rechtsfrage, ob er in Fällen längeren Aufenthalts der Kinder bei ihm zu einer Kürzung des Barunterhalts berechtigt sei. Indes kann ein solcher Zweck der Klage nicht zur Zulässigkeit verhelfen. Das Rechtsschutzinteresse an einer Klage bestimmt sich danach, ob der Kläger ihrer zur Erreichung seines Prozeßzieles bedarf. Die Klärung der genannten Rechtsfrage hätte er im Rahmen eines zulässigen Rückzahlungsbegehrens mit der dazu zur Verfügung stehenden Bereicherungsklage (vgl. BGHZ 83/278, 280 = FamRZ 82/470 f.) erreichen können.

Soweit der Rechtsstreit die Unterhaltsforderung für die Urlaubszeiten in den Monaten August/September 1979 und Juli/August 1981 betrifft, ist die Klage auch insoweit unzulässig, als es sich um die in erster Instanz gestellten Hilfsanträge handelt. Mit der Abänderungsklage (§ 323 ZPO) kann die geltend gemachte Einwendung nicht verfolgt werden (. . .); die Feststellungsklage ist unzulässig, weil dem Kläger die Leistungsklage zur Durchsetzung seines – angeblichen – Bereicherungsanspruchs zur Verfügung steht.

106. FamRZ 83/355 = NJW 83/1330

Es ist inzwischen in Rechtsprechung und Literatur einhellig anerkannt, daß nach Rechtskraft des Scheidungsurteils bei Erhebung einer negativen Feststellungsklage die Zwangsvollstreckung aus der einstweiligen Anordnung einstweilen eingestellt werden kann (u. a.: OLG Hamburg, FamRZ 80/904; OLG Düsseldorf, FamRZ 80/1046; OLG Frankfurt, FamRZ 80/1139; OLG Karlsruhe, FamRZ 81/295 LS; OLG Hamm, FamRZ 81/693; OLG Stuttgart, FamRZ 81/694; OLG Bremen, FamRZ 81/981; Baumbach/Lauterbach/Hartmann, ZPO, 41. Aufl., § 707 Anm. 5 A; Griesche, FamRZ 81/1025, 1035; Klauser, MDR 81/711, 717). Im Rahmen der vorliegenden Entscheidung bedarf es keiner Auseinandersetzung mit der Frage, welche der in Betracht kommenden Vorschriften (§§ 707, 719, 769 ZPO) insoweit entsprechend anzuwenden sind.

107. FamRZ 82/151 = NJW 82/1645

Das Amtsgericht hat die erhobene Stufenklage (bisher) nicht in das Scheidungsverfahren einbezogen, sondern über den Auskunftsanspruch gesondert verhandelt und entschieden. Das OLG (OLG

Düsseldorf: Berufungsurteil veröffentlicht in FamRZ 1980, 260) hat darin zutreffend keinen Grund gesehen, das erstinstanzliche Urteil aufzuheben. Zwar muß der mit der Stufenklage geltend gemachte nacheheliche Unterhaltsanspruch in den Verfahrensverbund mit der Scheidungssache einbezogen werden (§§ 623 I und II, 629 ZPO). Das Gebot gleichzeitiger und einheitlicher Entscheidung über Scheidungsausspruch und Folgeregelungen erfaßt jedoch nur den Unterhaltsanspruch als solchen. Über das Auskunftsbegehren, das die Bezifferung des Unterhaltsanspruchs erst ermöglichen oder erleichtern soll, kann, auch wenn es Teil einer in das Verbundverfahren einzubeziehenden Stufenklage ist, vor der Entscheidung über den Scheidungsantrag erkannt werden. Die Lage entspricht insoweit derjenigen bei einer Stufenklage auf Ausgleich des Zugewinns (vgl. dazu BGH, Urteil vom 30. 5. 1979 – IV ZR 160/78 = FamRZ 79/690). Wenn aber über das Auskunftsbegehren gesondert entschieden werden kann, ist es auch unschädlich, wenn darüber gesondert verhandelt wird.

108. FamRZ 83/454 = NJW 83/1056

Das OLG ist zutreffend davon ausgegangen, daß der Beklagte seine Auskünfte belegen muß. Es hat indessen beanstandet, daß die Kl. entgegen § 253 II Nr. 2 ZPO die von ihr verlangten Belege nicht hinreichend bestimmt, sondern es unzulässigerweise dem Gericht überlassen habe herauszufinden, welche Art Beleg für eine bestimmte Einnahmen- oder Ausgabenposition in Betracht komme. Demgemäß hat das OLG der Klage nur entsprochen, soweit es im Wege der Auslegung des Klagantrags die Belege, deren Vorlage die Kl. begehrt, hat bestimmen können, nämlich über Telefonkosten, Versicherungsbeiträge und Rechts- und Beratungskosten, weil diese in Form von Rechnungen erteilt zu werden pflegten. Für die anderen Posten, die Gegenstand der Verurteilung zur Auskunft sind, hat das OLG eine Bestimmbarkeit durch Antragsauslegung verneint, weil jeweils mehrere Arten von Belegen in Betracht kämen. Diese Beurteilung hält der rechtlichen Prüfung stand. Gemäß § 253 II Nr. 2 ZPO muß die Klageschrift die bestimmte Angabe des Gegenstandes und des Grundes des erhobenen Anspruchs sowie einen bestimmten Antrag enthalten. Daraus ergibt sich verfahrensrechtlich die Pflicht zur genügenden Konkretisierung des Leistungsinhalts. Die Geltendmachung des Anspruchs auf Vorlage von Belegen erfolgt im Wege der Leistungsklage. Bei einer solchen muß u. a. mit Rücksicht auf die Zwangsvollstreckung genau bezeichnet werden, welche Leistung der Beklagte erbringen soll; der Klagantrag muß einen vollstreckungsfähigen Inhalt haben (Zöller/Stephan, ZPO, 13. Aufl., § 253 Anm. II, 2b, dd). Der Beklagte muß dem Klagantrag auch entnehmen können, welches Risiko für ihn besteht, und er muß sich umfassend verteidigen können (vgl. BGH, Urteil vom 24. 2. 1978 – V ZR 95/75 – NJW 78/1584 m. w. N.). Nur eine genaue Bezeichnung der von ihm erwartenden Leistung eröffnet dem Beklagten die Möglichkeit zu prüfen, ob er den Anspruch anerkennen oder sich gegen ihn zur Wehr setzen will. Die klagende Partei kann dem Risiko, mit ihrer Auffassung im Prozeß (ganz oder teilweise) mit entsprechender Kostenlast zu unterliegen, wenn sie den Anspruch auf die Belegung von Einkünften überzieht, nicht dadurch entgehen, daß sie einen (unbestimmten) Rahmenantrag stellt (vgl. Rosenberg/Schwab, Zivilprozeßrecht, 13. Aufl., § 98 II, 3b beta). Schließlich darf, wenn – wie im vorliegenden Fall bei der Ermittlung von Einkünften eines selbständigen Gewerbetreibenden – im Einzelfall schwierige Abgrenzungsfragen zur Reichweite einer Mitwirkungs- oder Vorlegungspflicht auftreten können, die Auseinandersetzung darüber nicht durch eine unbestimmte Antrags- und Urteilsformel in das Vollstreckungsverfahren verlagert werden; dieses ist auf die Entscheidung solcher Streitfragen nicht zugeschnitten und bietet dafür nicht die nötigen Rechtsgarantien (vgl. BGH, Urteil vom 24. 11. 1980 II ZR 194/79 – DB 81/366 m. w. N.).

Der von der Kl. gestellte Klageantrag, den Beklagten zu verurteilen, „diejenigen Belege beizufügen, aus denen die Richtigkeit des Zahlenmaterials entnommen werden kann", genügt diesen Anforderungen nicht. Das OLG hat ihn daher – soweit es nicht im Wege der Auslegung teilweise zu einer Bestimmbarkeit der Leistung gelangt ist – zutreffend als nicht hinreichend bestimmt und damit unzulässig angesehen.

109. FamRZ 83/674 = NJW 83/1783

Es steht der Sachbefugnis der Kl. für den auf §§ 1580, 1605 BGB gestützten Auskunftsanspruch nicht entgegen, daß ihr Unterhaltsanspruch gegen den Beklagten auf die Stadt Köln als den Träger der Sozialhilfe übergeleitet worden ist. Der Unterhaltsberechtigte kann trotz der Überleitung für die Zukunft Zahlung an sich verlangen (Senatsurteil vom 7. 10. 1981 – IVb ZR 598/80 – FamRZ 82/23 = NJW 82/232). Ihm steht somit auch der Auskunftsanspruch zu, der die Geltendmachung des Anspruchs auf Zahlung von Unterhalt vorbereitet.

110. FamRZ 83/578 = NJW 83/1859

Die Vollstreckung und Beitreibung eines nach § 888 I ZPO verhängten Zwangsgeldes erfolgt nach überwiegender Ansicht, der sich der Senat anschließt, nicht von Amts wegen und nach Maßgabe der

Vorschriften der Justizbeitreibungsordnung, sondern auf Antrag des Gläubigers nach den allgemeinen Regeln des Vollstreckungsrechts (Stein/Jonas/Münzberg, ZPO, 19. Aufl., § 888 Anm. II 4; Zöller/Scherübl, ZPO, 13. Aufl., § 888 Anm. 3c; Wieczorek, ZPO, 2. Aufl., § 888 Anm. F II; KG, Rpfleger 80/199; OLG Hamm, FamRZ 82/185, 186; LG Essen, Rpfleger 73/185; LG Berlin, Rpfleger 79/255; a. A.: Baumbach/Lauterbach/Hartmann, ZPO, 41. Aufl., § 888 Anm. 3 Bc; Thomas/Putzo, ZPO, 12. Aufl., § 888 Anm. 3c aa i. V. m. § 890 Anm. 4; Schönke/Baur, Zwangsvollstreckungs-, Konkurs- und Vergleichsrecht, 9. Aufl., 1974, S. 178). Das Zwangsgeld ist allerdings an die Staatskasse abzuführen und steht nicht dem Gläubiger zu (LG Essen, a. a. O.; LG Berlin, a. a. O., KG, a. a. O.; OLG Hamm, a. a. O.).

111. FamRZ 82/785 = NJW 82/1947

Insoweit ist jedoch schon in der Rechtsprechung des Reichsgerichts der Grundsatz entwickelt worden, daß – im Rahmen des Vollstreckbarkeitsverfahrens nach §§ 722, 723 ZPO und gegebenenfalls auch noch später mit einer gesonderten Klage – im Inland Einwendungen nach § 767 II ZPO geltend gemacht werden können (RGZ 13/347; 114/171, 173; 165/374, 379f.; RG, JW 04/41; Gruchot 48/829). Es handelt sich dabei um einen heute allgemein – auch in der Rechtsprechung des Senats (Beschluß vom 9. 7. 1980 – IVb ARZ 533/80 – NJW 80/2025) – anerkannten Grundsatz, der auch in die Ausführungsregelungen zu den Abkommen über die Anerkennung und Vollstreckung ausländischer Entscheidungen übernommen worden ist (vgl. etwa § 4 des Ausführungsgesetzes vom 18. 7. 1961 zum Haager Übereinkommen über die Anerkennung und Vollstreckung von Entscheidungen auf dem Gebiet der Unterhaltspflicht gegenüber Kindern, BGBl 1961 I 1033, und die Begründung zum Entwurf dieser Vorschrift, BT-Drucksache III/2584 S. 7).

112. BGHZ 82/28

Zwar wird der Vollstreckungsgläubiger durch die Überweisung der Forderung zur Einziehung nicht zum Inhaber der Forderung, diese bleibt vielmehr im Vermögen des Vollstreckungsschuldners. Der Vermögensgläubiger erhält aber ein *eigenes* Einziehungsrecht. Die Überweisung ermächtigt ihn zu allen im Recht des Schuldners begründeten, der Befriedigung dienenden Maßnahmen. Er darf deshalb in *eigenem* Namen die Forderung kündigen, einziehen, mit ihr aufrechnen und vor allem auf Leistung *an sich* klagen (NJW 78/1914).

113. VersR 78/181

Richtig ist der Ausgangspunkt des angefochtenen Beschlusses, daß eine an eine Bedingung geknüpfte Berufung unzulässig ist (BGHZ 4/54 = NJW 52/102). Ob ein Rechtsmittel als unbedingt oder als bedingt eingelegt anzusehen ist, kann im Einzelfall eine Frage der Auslegung sein. Bei der Auslegung von Prozeßhandlungen sind die für die Auslegung von Willenserklärungen des bürgerlichen Rechts entwickelten Rechtsgrundsätze entsprechend anwendbar (BGH, VersR 74/194). Dem Revisionsgericht oder Beschwerdegericht obliegt es ob, die vom Vorderrichter einer Prozeßhandlung beigelegte Deutung nachzuprüfen oder die Auslegung selbst vorzunehmen (BGHZ 4/328, 334).

Nach diesen Grundsätzen hat der BGH einen Schriftsatz als bedingte Berufung angesehen, der „Gesuch um Bewilligung des Armenrechts, mit von der Bewilligung abhängiger Berufung“ überschrieben war und in dem es weiter hieß, daß für den Fall der Bewilligung des Armenrechts Berufung eingelegt werde (BGHZ 4/54 = NJW 52/102). In einem anderen Fall hatte die Partei in dem Schriftsatz, der „Berufungseinlegung und Armenrechtsgesuch“ überschrieben war, zunächst erklärt, daß sie das Rechtsmittel der Berufung einlege, sodann das Armenrecht beantragt und schließlich ausgeführt, „sollte bei der Prüfung des Armenrechtsgesuchs das Gericht zu der Überzeugung gelangen, daß die Berufung keine Aussicht auf Erfolg verspricht, bitte ich, die Berufung als nicht eingelegt zu behandeln und lediglich über das Armenrechtsgesuch zu entscheiden“; diesen Schriftsatz hat der BGH als unbedingt eingelegte Berufung angesehen und die folgenden Sätze nur als Ankündigung verstanden, daß die Partei die eingelegte Berufung nicht durchführen werde, wenn das Armenrecht versagt werde (Beschluß vom 14. 7. 1952 – IV ZB 62/52).

114. NJW 72/1373

Dem Berufungsgericht ist darin zuzustimmen, daß der Kl. zunächst nur ein Armenrechtsgesuch und nicht eine Klageschrift eingereicht hat. Der dem Armenrechtsgesuch vom 30. 7. 1970 beigefügte Schriftsatz war als „Klage im Entwurf“ bezeichnet worden. Damit war klargestellt, daß eine Klage noch nicht eingereicht werden sollte, der Klageentwurf vielmehr zunächst nur der Begründung des Armenrechtsgesuchs dienen sollte. In der von dem Amtsrichter am 31. 7. 1971 verfügten Zustellung des Armenrechtsgesuchs nebst Klageentwurf vom 30. 7. 1970 an den Beklagten zwecks Stellungnahme zu dem Armenrechtsantrag lag somit keine Klageerhebung. Die Klage kann auch nicht als bedingt erhoben gelten für den Fall der Armenrechtsbewilligung, da es eine bedingte Begründung des Prozeßrechtsverhältnisses nicht gibt, mithin, wie das Berufungsgericht zutreffend ausgeführt hat, eine bedingte Klageerhebung prozeßrechtlich nicht zulässig ist (Stein-Jonas, ZPO, 19. Aufl., Anm. I 3 zu § 118 und XI 3g vor 128; Baumbach-Lauterbach, ZPO, 30. Aufl., Grundzüge vor § 128 Anm. 5 D; vgl. auch die Entscheidung des erkennenden Senats über die Unzulässigkeit eines bedingten Rechtsmittels in VersR 72/490).

Demgemäß war der Kl., wenn er nach der Bewilligung des Armenrechts die Klage erheben wollte, gehalten, eine den Erfordernissen des § 253 Abs. 2 ZPO entsprechende Klageschrift einzureichen (§§ 495, 496 Abs. 2 ZPO). Erst diese stellte eine ausreichende Grundlage für das weitere Tätigwerden des Gerichts dar (Terminsbestimmung, Terminsladung und Zustellung der Klage gemäß den §§ 216, 496 Abs. 1, 497 ZPO). Der Amtsrichter hat offenbar angenommen, die Beifügung des Klageentwurfs zu dem Armenrechtsgesuch sei als Einreichung der Klage für den Fall der Bewilligung des Armenrechts anzusehen; denn er hat sogleich nach Bewilligung des Armenrechts den Verhandlungstermin angesetzt. Eine nach den §§ 253 Abs. 1, 498 Abs. 1 ZPO erforderliche Zustellung der Klage an den Beklagten ist unterblieben.

In der mündlichen Verhandlung vom 12. 10. 1970 hat der Kl. ausweislich der Terminsniederschrift „den Antrag aus der Klageschrift" gestellt. Damit hat er eindeutig zu erkennen gegeben, daß er den Klageentwurf nunmehr als Klageschrift angesehen wissen wolle. Der Vertreter des Beklagten kannte den Inhalt der Klage, da ihm der Klageentwurf zusammen mit dem Armenrechtsgesuch zugegangen war. Der Klageentwurf enthielt ausreichende Angaben über den Gegenstand und den Grund des Klageanspruchs und einen bestimmten Antrag. Für die Parteien stand damit außer Frage, welche Klage den Gegenstand der Verhandlung bilden sollte. Bei dieser Sachlage muß die Klage als in der Verhandlung vom 12. 10. 1970 eingereicht gelten. Das Verlangen, dem Gericht nochmals eine nicht als Entwurf bezeichnete Klageschrift einzureichen, würde auf einen überflüssigen Formalismus hinauslaufen (es folgen Nachweise). Die Ansicht des Berufungsgerichts, der Verhandlung habe es wegen Fehlens einer Klage an jeglicher Grundlage für eine gerichtliche Entscheidung ermangelt, kann daher nicht gebilligt werden.

Allerdings fehlte es noch an der für eine Klageerhebung erforderlichen Zustellung der Klage. Doch gehört das Fehlen der Klagezustellung zu den nach § 295 Abs. 1 ZPO heilbaren Verfahrensmängeln (BGHZ 4/328, 335 = NJW 52/545; BGHZ 25/66, 72 = NJW 57/1517).

115. VersR 65/155, 156

Das Berufungsgericht hat nicht verkannt, daß bei gleichzeitiger Einreichung einer Klageschrift und eines Armenrechtsgesuchs die Klage selbständige Bedeutung hat und die Klageschrift als bei Gericht eingereicht gilt, wenn nicht deutlich zum Ausdruck gebracht wird, daß Klageerhebung nur für den Fall der Armenrechtsbewilligung gewollt war (BGHZ 4/328, 333; 7/268, 270). Hier war in dem Schriftsatz, der sich als „Armenrechtsgesuch und Klage" bezeichnete, aber ausdrücklich gesagt, daß die Kl. *beabsichtigten*, Klage zu erheben, und daß sie beantragen, ihnen für die *beabsichtigte* Klage das Armenrecht zu bewilligen. Mit unmißverständlicher Deutlichkeit haben die Kl. hierdurch zu erkennen gegeben, daß sie zunächst noch keine Klage erheben, ihren Schriftsatz vielmehr lediglich als Armenrechtsgesuch für eine in Zukunft erst beabsichtigte Klage behandelt wissen wollten. Obwohl der Schriftsatz in seiner Überschrift von „Klage" sprach und die Parteien als „Kläger" und „Beklagte" bezeichnete, stellte er daher keine Klageschrift dar, sondern nur ein Armenrechtsgesuch mit dem eingebauten Entwurf der geplanten Klageschrift. Einreichung und Zustellung dieses Schriftsatzes haben die Verjährung daher nicht unterbrechen können, gleichviel mit welchem Aktenzeichen der Schriftsatz beim LG versehen und wie er weiterbehandelt worden ist.

116. FamRZ 84/767, 768 = NJW 84/2095

Zwar kann das durch ein rechtskräftiges Urteil Zugesprochene nicht mit der Bereicherungsklage zurückgefordert werden mit der Begründung, der Rechtsstreit sei unrichtig entschieden worden (vgl. Senatsurteil BGHZ 83/278, 280 = FamRZ 82/470 m. w. N.). Dies gilt jedoch nicht für die im Scheidungsverfahren erlassene einstweilige Anordnung über Ehegattenunterhalt (§ 620 S. 1 Nr. 6 ZPO). Sie trifft aufgrund einer summarischen Prüfung nur eine vorläufige Regelung, die keine rechtskräftige Entscheidung über den Unterhaltsanspruch darstellt und jederzeit – auch für die zurückliegende Zeit – durch ein im ordentlichen Rechtsstreit ergehendes Urteil abgelöst werden kann (§ 620f S. 1 ZPO; vgl. i. einzelnen Senatsurteil vom 9. 2. 1983 – IVb ZR 343/81 – FamRZ 83/355, 356 m. w. N.). Geht sie über Bestand oder Höhe des materiell-rechtlichen Unterhaltsanspruchs hinaus, leistet der Schuldner insoweit „ohne rechtlichen Grund" i. S. d. § 812 I S. 1 BGB, weil § 620 S. 1 Nr. 6 ZPO rein prozessualer Natur ist und nur eine einstweilige Vollstreckungsmöglichkeit wegen eines vorläufig als bestehend angenommenen Anspruchs schafft (vgl. BGHZ 24/269, 272 = FamRZ

57/315, 317; s. a. RG, JW 28/712, m. Anm. Philippi S. 1055; Stein/Jonas/Schlosser, ZPO, 20. Aufl., § 620 Rz. 8; Köhler, Handbuch des Unterhaltsrechts, 6. Aufl., Rz. 256).

Der Schuldner kann in diesen Fällen die Bereicherungsklage erheben, ohne daß es auf die förmliche Aufhebung der einstweiligen Anordnung ankäme. Das zusprechende Urteil auf diese Klage ist zugleich eine „anderweitige Regelung" i. S. v. § 620f S. 1 ZPO. Diese Grundsätze entsprechen im wesentlichen allgemeiner Auffassung (OLG Celle, FamRZ 80/610, 612; OLG Koblenz, FamRZ 81/1092, 1094; OLG München, FamRZ 83/1043, 1044; Stein/Jonas/Schlosser, a. a. O., § 620f Rz. 18; Zöller/Philippi, ZPO, 13. Aufl., § 620f Anm. III 5g; Baumbach/Lauterbach/Albers, ZPO, 42. Aufl., § 620f Anm. 4; Rolland, 1. EheRG, 2. Aufl., § 620f ZPO Rz. 7; Göppinger/Wax, Unterhaltsrecht, 4. Aufl., Rz. 3194; Klauser, MDR 81/711, 718; Hassold, FamRZ 81/1036, 1037).

117. Wenn aus einer nicht dem materiellen Recht entsprechenden einstweiligen Anordnung vollstreckt wird, wie es hier teilweise geschehen ist, sieht das Gesetz keine besonderen Erstattungs- oder Schadensersatzansprüche vor. Das OLG hat sich auch zu Recht der herrschenden Auffassung angeschlossen, wonach eine entsprechende Anwendung der §§ 717 II, 945 ZPO nicht in Betracht kommt (vgl. Stein/Jonas/Schlosser, a. a. O., § 620f Rz. 17; Zöller/Philippi, a. a. O., § 620f Anm. III 5g; Baumbach/Lauterbach/Albers, a. a. O., § 620f Anm. 4; Thomas/Putzo, ZPO, 12. Aufl., § 945 Anm. 1g; Rolland, a. a. O., § 620f ZPO Rz. 7; Göppinger/Wax, a. a. O., Rz. 3194; Hassold, FamRZ 81/1036, 1037; a. A.: Wieczorek, ZPO, 2. Aufl., § 620f Anm. D IIb; vgl. auch RGZ 63/38 – aufgegeben in RGZ 104/246 – sowie BGHZ 24/269, 273 = FamRZ 57/316, 317 für § 627b ZPO a. F.).

Die §§ 620ff. ZPO enthalten eine geschlossene Sonderregelung des einstweiligen Rechtsschutzes in Ehesachen. In Kindschaftssachen, in denen durch eine einstweilige Anordnung der Unterhalt des nichtehelichen Kindes geregelt werden kann (§ 641d ZPO), hat der Gesetzgeber durch § 641g ZPO einen dem § 945 ZPO entsprechenden Schadensersatzanspruch besonders eingeführt. Obwohl die §§ 620ff. ZPO später normiert worden sind (durch das 1. EheRG vom 14. 6. 1976; § 641g ZPO eingeführt durch das NichtEheLG vom 14. 8. 1969), hat der Gesetzgeber in diesem Bereich keine entsprechende Norm geschaffen. Daraus ist zu schließen, daß er das Risiko des Ehegatten, der eine einstweilige Anordnung nach § 620 ZPO erwirkt und aus ihr vollstreckt, bewußt kleinhalten und damit den einstweiligen Rechtsschutz in Ehesachen erleichtern wollte. Mit diesen Intentionen wäre eine entsprechende Anwendung der §§ 717 II, 945 ZPO nicht vereinbar.

118. FamRZ 80/872, BVerfG

Die angefochtene Entscheidung verletzt die Beschwerdeführerin nicht in ihren Grundrechten. Die hier zugrunde liegende Auffassung, wonach – anders als bei einer während einer anhängigen Ehesache in Betracht kommenden einstweiligen Anordnung (§§ 620ff. ZPO) – einem getrenntlebenden Ehegatten im einstweiligen Verfügungs-Verfahren (§§ 935, 940 ZPO) lediglich Unterhalt in Höhe des notwendigen Bedarfs zuzusprechen ist, begegnet keinen verfassungsrechtlichen Bedenken. Die insoweit unterschiedliche Ausgestaltung des einstweiligen Rechtsschutzes beruht auf sachgerechten Erwägungen. Bei Anwendung der genannten prozeßrechtlichen Bestimmungen ist der besonderen Situation getrenntlebender Ehegatten Rechnung zu tragen. Im Hinblick auf die unterschiedliche tatsächliche und prozessuale Lage von Eheleuten vor Anhängigkeit einer Ehesache einerseits und *während* eines Scheidungsverfahrens andererseits ergeben sich unterschiedliche Verfahrensziele: Bei einem anhängigen Scheidungsverfahren soll für dessen Dauer im Wege einer einstweiligen Anordnung eine beide Seiten befriedigende, jederzeit abänderbare Regelung getroffen werden, um zusätzliche gerichtliche Auseinandersetzungen und damit verbundene weitere Belastungen der Verfahrensbeteiligten nach Möglichkeit zu vermeiden. Das einstweilige Verfügungs-Verfahren hingegen dient lediglich der kurzfristigen Beseitigung einer Notlage bis zu einer Entscheidung in dem regelmäßig nachfolgenden Hauptverfahren; die Differenz zwischen dem dort festgestellten Unterhaltsanspruch und dem zunächst zuerkannten Notunterhalt hat der Unterhaltsschuldner auszugleichen. Unter Berücksichtigung dieser abweichenden Zielsetzung erscheint eine unterschiedliche Bemessung des vorläufig zuzuerkennenden Unterhalts gerechtfertigt.

119. FamRZ 85/51 = NJW 85/428

Allerdings geht das OLG zu Recht davon aus, daß auch gegen eine einstweilige Anordnung nach § 620 S. 1 Nr. 6 ZPO die Vollstreckungsgegenklage an sich in Frage kommt. Dies steht in Einklang mit der Rechtsprechung des Senats (Urteil vom 9. 2. 1983 – IVb ZR 343/81 – FamRZ 83/355f.).

Dagegen ist dem OLG nicht zu folgen, soweit es aus der Nicht-Identität zwischen Trennungs- und Geschiedenenunterhalt (s. insoweit Senatsurteil vom 14. 1. 1981 – IVb ZR 575/80 – FamRZ 81/242, 243 im Anschluß an BGHZ 78/130 = FamRZ 80/1099) herleitet, daß auch im Falle einer einstweiligen Anordnung nach § 620 S. 1 Nr. 6 ZPO der darin titulierte Anspruch mit der Scheidung entfalle und folglich die Vollstreckungsgegenklage schon aus diesem Grunde Erfolg haben müsse. Wie der

Senat – nach Erlaß des Berufungsurteils – durch das bereits angeführte Urteil vom 9. 2. 1983 entschieden hat, ergibt sich aus § 620f ZPO, daß die einstweilige Anordnung nach § 620 S. 1 Nr. 6 ZPO bis zum Wirksamwerden einer anderweitigen Entscheidung auch den nachehelichen Unterhalt umfaßt. Der Gesetzgeber hat insoweit aus Zweckmäßigkeitsgründen die Fortgeltung der einstweiligen Anordnung über den Scheidungszeitpunkt hinaus bestimmt, um einen vorübergehenden regelungslosen Zustand zu vermeiden (a. a. O., S. 356; s. auch Senatsurteil vom 14. 1. 1981 a. a. O., S. 243). Aufgrund dieser besonderen gesetzlichen Bestimmung ist daher auch für die Zeit nach Rechtskraft des Scheidungsurteils die Vollstreckung aus der einstweiligen Anordnung grundsätzlich zulässig. Daß der Anspruch auf Trennungsunterhalt mit der Scheidung der Ehe erloschen ist, vermag somit der Vollstreckungsgegenklage gegen eine einstweilige Anordnung nach § 620 S. 1 Nr. 6 ZPO nicht zum Erfolg zu verhelfen.

120. Der Kl. kann hier die Vollstreckungsgegenklage auch nicht darauf stützen, daß das Unterhaltsbegehren der Beklagten im Sinne des § 1579 I Nr. 4 BGB grob unbillig sei, weil das Kind B. von einem anderen Manne abstamme und es die Beklagte verstanden habe, ihn von der rechtzeitigen Anfechtung der Ehelichkeit des Kindes abzuhalten. In analoger Anwendung des § 767 II ZPO (§§ 795, 794 I Nr. 3a ZPO) können mit der Vollstreckungsgegenklage gegen eine einstweilige Anordnung nach § 620 ZPO nur Umstände geltend gemacht werden, die nicht schon vor Erlaß der Entscheidung vorgebracht werden konnten (BGHZ 24/269, 274f. = FamRZ 57/316, 317f.; Stein/Jonas/Münzberg, ZPO, 20. Aufl., § 795 Rz. 14; abw.: Wieczorek, ZPO, 2. Aufl., § 795 Anm. A I e 3). Die hier in Rede stehenden Umstände sind von dem Kl. aber bereits in dem Verfahren der einstweiligen Anordnung angeführt worden. Danach kann die Vollstreckungsklage auch unter diesem Gesichtspunkt keinen Erfolg haben.

121. FamRZ 84/356 = NJW 84/1537

Gegen die Zulässigkeit der negativen Feststellungsklage bestehen keine Bedenken. Die Parteien einer einstweiligen Anordnung über den Eheunterhalt haben jederzeit die Möglichkeit, den Bestand des Unterhaltsanspruchs in einem ordentlichen Rechtsstreit klären zu lassen. Für die Zeit nach dem Eintritt der Rechtskraft des Scheidungsurteils, in der die einstweilige Anordnung nach § 620f ZPO fortgilt, aber nicht mehr abgeändert werden kann, ist der Verpflichtete sogar auf die negative Feststellungsklage als einzige Möglichkeit verwiesen, wenn er geltend machen will, daß dem geschiedenen Ehegatten ein Unterhaltsanspruch nicht oder nicht in der durch die einstweilige Anordnung zugesprochenen Höhe zusteht (vgl. zu allem Senatsurteil vom 9. 2. 1983 – IVb ZR 343/81 – FamRZ 83/355).

122. FamRZ 83/892 = NJW 83/2200

Der Kl. kann sein Begehren danach nicht im Wege der Abänderungsklage, sondern allein mit der Leistungsklage durchsetzen. In eine solche Leistungsklage läßt sich sein Begehren jedoch umdeuten.

Die Umdeutung einer fehlerhaften prozessualen Erklärung oder Handlung kommt in Betracht, wenn sie wegen ihrer Eindeutigkeit und Klarheit einer berichtigenden Auslegung nicht zugänglich ist, aber den Voraussetzungen einer anderen, den gleichen Zwecken dienenden entspricht, die prozessual wirksam ist; die Umdeutung darf erfolgen, wenn ein entsprechender Parteiwille genügend deutlich erkennbar ist und kein schutzwürdiges Interesse des Gegners entgegensteht (es folgen Nachweise).

123. FamRZ 79/472

Mit der Möglichkeit, nach Anhängigwerden der Ehesache oder Einreichung eines Armenrechtsgesuchs (§ 620 II S. 1 ZPO) eine einstweilige Anordnung über den Unterhalt zu erwirken, gewährt das Gesetz hinsichtlich des im materiellen Recht begründeten Unterhaltsanspruchs (§ 1361 oder §§ 1360, 1360a BGB) lediglich einen einstweiligen Rechtsschutz und verdrängt mit dieser Sonderregelung die Vorschriften über die einstweilige Verfügung (vgl. Thomas/Putzo, ZPO, 10. Aufl., § 620 Anm. 1b; Stein/Jonas/Schlosser, ZPO, 20. Aufl., § 620a Rz. 13f.).

124. FamRZ 82/684

Aus dem Urteilsausspruch ergibt sich keine Einschränkung der Rechtsmittelzulassung. Daraus allein folgt indes noch nicht notwendig, daß die Revision unbeschränkt zugelassen ist (vgl. BGHZ 48/134, 136). Die Entscheidungsgründe des Berufungsurteils könnten hier dafür sprechen, daß das OLG die Revision nur teilweise zulassen wollte. Es hat seine Entscheidung zur Vollstreckbarkeit damit begründet, ,,daß die Revisionszulassung nur wegen der Frage der Bedeutung einer Beförderung für die Unterhaltsberechnung zuzulassen war". Wenn das OLG damit nicht nur den Grund für die Eröffnung der Revisionsinstanz angeben, sondern den Umfang der Anfechtung eingrenzen wollte, so bleibt diese Zulassungsbeschränkung gleichwohl unwirksam. Denn die Beschränkung der Rechtsmittelzulassung ist in ihrem Umfang nicht hinreichend bestimmt. Nach der Rechtsprechung des BGH ist die Beschränkung der Revision auf einen Teil des Klageanspruchs zwar unbedenklich, wenn dieser Teil – wie hier – Gegenstand eines Teilurteils sein kann (BGH, Beschluß vom 10. 1. 1979 – IV ZR 76/78 – FamRZ 79/233 m. w. N. = NJW 79/767). Es ist auch unschädlich, wenn das Berufungsgericht den Teil des Urteils, hinsichtlich dessen es die Revision zulassen wollte, ziffernmäßig nicht näher konkretisiert hat, sofern sich dieser Teil aus den Entscheidungsgründen unschwer betragsmäßig feststellen läßt (BGH, a. a. O.).

125. FamRZ 81/947 = NJW 81/2816

Prozeßhandlungen, insbesondere prozessuale Willenserklärungen der Verfahrensbeteiligten, sind so zu beurteilen, wie sie bei objektiver Betrachtung zu verstehen sind; ein davon abweichender innerer Wille des Handelnden ist unbeachtlich. Selbst wenn die Verfahrensbevollmächtigten und der Richter am Amtsgericht, wie vom Beschwerdeführer behauptet, die Verzichtserklärung subjektiv jeweils so aufgefaßt hätten, daß sie auf den Scheidungsausspruch beschränkt sei, wäre die Tragweite der Verzichtserklärung nach deren objektivem Inhalt zu bemessen. Die im Bürgerlichen Recht geltende Regel, daß für den Inhalt eines Rechtsgeschäfts der übereinstimmende Wille der Beteiligten maßgebend ist, selbst wenn die in Frage stehenden Erklärungen objektiv eine andere Bedeutung hätten, d. h. ein unbefangener Dritter ihnen einen anderen Sinn beilegen würde (BGH, WM 72/1422; BGHZ 71/243, 247 m. w. N.), könnte in dem vom Bf unter Beweis gestellten Fall schon deshalb nicht entsprechend angewandt werden, weil der Inhalt der Rechtsmittelverzichtserklärung auf seiten des Gerichts nicht nur der Beurteilung des Richters am Amtsgericht unterlag, der ihn entgegennahm. Im Fall der Einlegung eines Rechtsmittels mußte der Inhalt der Verzichtserklärung vielmehr vom Rechtsmittelgericht selbständig beurteilt werden. Die Auffassung des Richters der ersten Instanz konnte daher für die Tragweite des Verzichts nicht bestimmend sein.

126. FamRZ 84/161 = NJW 84/805

Es entspricht einer gefestigten, bereits vom RG entwickelten und vom BGH fortgeführten Rechtsprechung, daß die Parteien eines dem Anwaltszwang unterliegenden Rechtsstreits materiell-rechtlich bindende Vereinbarungen über die Zurücknahme von Klagen oder Rechtsmitteln und über einen Rechtsmittelverzicht auch persönlich treffen können. Der für Prozeßhandlungen bestehende Anwaltszwang beschneidet eine geschäftsfähige Person nicht in ihren Möglichkeiten, durch Vertrag mit dem Prozeßgegner Verpflichtungen über ihr Prozeßverhalten einzugehen. Hält sie sich nicht an eine in dieser Hinsicht wirksam eingegangene Verpflichtung, kann der Vertragspartner das im Wege der Einrede geltend machen; denn mit seinem vorangegangenen rechtsgeschäftlichen Verhalten darf sich auch prozessual niemand in Widerspruch setzen (es folgen zahlreiche Nachweise). Beruft sich der Prozeßgegner in begründeter Weise darauf, daß sich eine Partei zur Zurücknahme des von ihr eingelegten Rechtsmittels verpflichtet habe, so ist im gleichwohl weiterbetriebenen Verfahren das Rechtsmittel als unzulässig zu verwerfen.

127. NJW 81/577

Zutreffend berücksichtigt das Berufungsgericht zugunsten der Beklagten, daß der Darlegungspflichtige negative Tatsachen nur unter Schwierigkeiten oder gar nicht substantiiert vorbringen kann. Daraus folgt indessen keine grundsätzliche Umkehr der Darlegungslast (vgl. Rosenberg, Die Beweislast, 5. Aufl., S. 332). Auch die Partei, die das Nichtvorhandensein von Tatumständen behauptet, ist nicht von der Darlegungspflicht befreit. Ihren Schwierigkeiten wird nach dem auch das Prozeßrecht beherrschenden Grundsatz von Treu und Glauben Rechnung getragen, wenn sie selbst außerhalb des Geschehensablaufs steht und den Sachverhalt von sich aus nicht ermitteln kann, während die Gegenseite die erforderlichen Informationen hat oder sich leicht beschaffen kann. In diesem Fall darf der Gegner sich nicht mit einfachem Bestreiten begnügen, sondern muß im einzelnen darlegen, daß die von ihm bestrittene Behauptung unrichtig ist (vgl. BGH, NJW 61/826, 828; 62, 2149, 2150; Senat, WM 65/917).

128. FamRZ 84/679

Feriensachen sind gemäß § 200 II Nr. 5a GVG Streitigkeiten „über" eine durch Ehe oder Verwandtschaft begründete gesetzliche Unterhaltspflicht, soweit sie nicht mit einer Scheidungssache zu verhandeln sind. Im vorliegenden Fall streiten die Parteien nicht darüber, daß sie beide ihrem Sohn gesetzlich unterhaltspflichtig sind. Es geht allein um die Frage, ob die Kl. aufgrund des Scheidungsvergleichs von dem Beklagten als anderem Elternteil die Befreiung von den gesetzlichen Unterhaltsansprüchen des gemeinsamen Sohnes Markus und die Erstattung des diesem Kinde erbrachten Unterhalts verlangen kann. Eine derartige Streitigkeit – über den Wortlaut des Gesetzes hinaus – als Feriensache zu behandeln, besteht kein Grund.

Der BGH hat allerdings einen Rechtsstreit, in dem ein Elternteil vom anderen die Befreiung von gesetzlichen Unterhaltsansprüchen oder die Erstattung von Unterhaltsleistungen verlangt, als Familiensache i. S. d. § 23b I S. 2 Nr. 5 GVG eingeordnet (es folgen Nachweise). Das beruht indessen darauf, daß der Gesetzgeber den Katalog der Familiensachen weiter als den der Feriensachen gefaßt und alle Streitigkeiten einbezogen hat, die die gesetzliche Unterhaltspflicht gegenüber einem ehelichen Kind „betreffen" (es folgen Nachweise).

Die unterschiedliche Fassung der Vorschriften ist nicht zufällig, denn es liegt nahe, daß der Gesetzgeber des 1. EheRG bei Einfügung des § 23b GVG die anderslautende Formulierung in § 200 II Nr. 5a GVG sonst nicht unverändert gelassen hätte. Soweit in dem Beschluß vom 26. 3. 1980 (IVb ZB 506/80 – VersR 80/679) beiläufig die Ansicht geäußert worden ist, in § 200 II Nr. 5a GVG seien die gleichen Streitigkeiten wie die in § 23b I GVG als Familiensachen bezeichneten Unterhaltsstreitigkeiten gemeint, hält der Senat daran nicht fest.

129. FamRZ 81/865

Der Beistand, den das Vormundschaftsgericht nach § 1685 I BGB einem sorgeberechtigten Elternteil auf dessen Antrag bestellt, hat innerhalb seines Wirkungskreises diesen Elternteil bei der Ausübung der elterlichen Sorge zu unterstützen (§ 1686 BGB). Er ist nicht Vertreter des Kindes; dessen gesetzliche Vertretung durch den sorgeberechtigten Elternteil bleibt unberührt (Palandt/Diederichsen, BGB, 40. Aufl., § 1685 Anm. 1; § 1686 Anm. 1). Anders ist es, wenn das VormG dem Beistand gemäß § 1690 I BGB die Geltendmachung von Unterhaltsansprüchen (und die Vermögenssorge) „überträgt". Im Umfang einer solchen Übertragung hat der Beistand gemäß Abs. II S. 1 der Vorschrift die Rechte und Pflichten eines Pflegers, ist also nach § 1915 I i. V. m. § 1793 BGB zur Vertretung des Kindes berechtigt und verpflichtet, während die elterliche Sorge entsprechend eingeschränkt ist (§ 1630 I BGB).

130. FamRZ 83/474 = NJW 83/2084

Das Gesetz bedient sich zur Bezeichnung der erfaßten Ansprüche derselben Formulierung wie bei der Regelung der Vertretungsbefugnis in § 1629 II S. 2 BGB („Unterhaltsansprüche des Kindes gegen den anderen Elternteil"). Auch diese Regelung gilt für die Unterhaltsansprüche des Kindes gegen den anderen Elternteil unabhängig davon, ob sie innerhalb oder außerhalb des Scheidungsverbundes einzuklagen sind. Eine den Anwendungsbereich des § 1629 III S. 1 BGB auf das Verbundverfahren beschränkende Auslegung ist auch nicht nach dem Zweck und der Entstehungsgeschichte der Vorschrift geboten. Allerdings heißt es in der Gesetzesbegründung, mit Hilfe der Prozeßstandschaft werde verhindert, daß das Kind „in einer Folgesache" förmlich als Partei im Scheidungsverfahren seiner Eltern beteiligt werde; sie sei ein geeignetes Mittel, „das Kind aus dem Ehescheidungsverfahren herauszuhalten" (BT-Drucksache 7/650 S. 176). Diese Erwägungen in der Gesetzesbegründung ergeben jedoch nicht, daß die Vorschrift nur im Rahmen des Verbundverfahrens Platz greifen sollte. Die nämlichen Gründe, die eine Parteistellung des Kindes im Scheidungsverbundverfahren als untunlich erscheinen lassen, sprechen vielmehr auch gegen einen eigenen Unterhaltsprozeß des Kindes während des Scheidungsverfahrens. In dieser Phase der Auseinandersetzungen der Eltern um Scheidung und Scheidungsfolgen besteht das Bedürfnis, eine prozessuale „Voranstellung" des Kindes gegen den einen oder anderen Elternteil zu vermeiden, auch außerhalb des Verbundverfahrens. In der amtlichen Begründung wird im übrigen darauf hingewiesen, daß es dem zur Geltendmachung des Kindesunterhalts befugten Elternteil nach dem rechtspolitisch angestrebten Zweck bei Anhängigkeit der Scheidungssache verwehrt sein müsse, den Unterhaltsanspruch des Kindes wahlweise im eigenen oder im Namen des Kindes geltend zu machen (BT-Drucksache a. a. O.). Dem würde es zu widerlaufen, wenn trotz Anhängigkeit der Scheidungssache Unterhaltsansprüche je nachdem, ob sie innerhalb oder außerhalb des Verbundverfahrens erhoben werden, von dem befugten Elternteil in dem einen Fall im eigenen Namen und in dem anderen im Namen des Kindes eingeklagt werden könnten.

131. FamRZ 82/887 = NJW 82/1983

Auch wenn der Anspruch auf das anteilige Kindergeld nicht dem Kind, sondern dem unterhaltspflichtigen Elternteil zusteht, ist es aus Gründen einfacher und reibungsloser Abwicklung zweckmäßig, den Ausgleich des Kindergeldes über den Anspruch des Kindes durchzuführen (vgl. Senatsurteil vom 8. 10. 1980 – IV b ZR 533/80 – FamRZ 81/26; vom 28. 1. 1981 – IVb ZR 573/80 – FamRZ 81/

347/349). In den Fällen, in denen das Kindergeld an den barunterhaltspflichtigen Elternteil ausgezahlt wird, ist es daher nicht ausgeschlossen, daß das anteilige Kindergeld von dem Kind selbst, etwa wenn nur dieses einen Unterhaltsanspruch gerichtlich geltend macht, im Wege der Prozeßstandschaft mit eingeklagt werden kann. Andererseits bestehen auch keine rechtlichen Bedenken dagegen, daß der sorgeberechtigte Elternteil seinen Anspruch auf Gewährung des Kindergeldanteils im Einzelfall an das Kind abtreten kann, ohne daß § 181 BGB dem entgegenstände (vgl. BGHZ 59/236, 240 = FamRZ 72/630, 631; Palandt/Heinrichs, BGB, 41. Aufl., § 181 Anm. 2c u. bb).

132. FamRZ 81/338, 339

Die Feststellung des konkreten Mehrbedarfs muß vielmehr in jedem Einzelfall den besonderen Verhältnissen des Betroffenen entsprechen. Das schließt nicht aus, daß das Gericht unter Zuhilfenahme allgemeiner Erfahrungssätze den Aufwand, der mit bestimmten vermehrten Bedürfnissen eines Beschädigten üblicherweise verbunden ist (vgl. z. B. die Zusammenstellung bei Vorberg, VersorgBl 66/26/33), nach Maßgabe des § 287 ZPO schätzt. Hierbei wird – je nach den Umständen des Einzelfalles – eine großzügigere Beurteilung geboten sein, wenn und soweit es dem Beschädigten nicht zumutbar ist, seine besonderen Mehraufwendungen in allen Einzelheiten spezifiziert darzulegen. Im Rahmen der Schätzung nach § 287 ZPO wird der Tatrichter auch jeweils zu erwägen haben, ob und inwieweit bei der Anerkennung eines schädigungsbedingten Mehraufwandes dem ideellen Zweck der Grundrente in billiger Weise besonders Rechnung zu tragen ist.

133. FamRZ 81/541 = NJW 81/2462

Das führt dazu, daß die Ausbildungsvergütung grundsätzlich voll bedarfsmindernd anzurechnen ist. Allerdings sind dabei vorweg die berufsbedingten Aufwendungen sowie auch die Kosten eines etwaigen sonstigen, im Verhältnis zu gleichaltrigen Schülern gegebenen erhöhten Bedarfs abzuziehen. Diese Abzüge können jedoch nicht, wie es vertreten wird (es folgen Nachweise), pauschal mit der Hälfte der Vergütung angenommen werden; vielmehr sind sie grundsätzlich den besonderen Verhältnissen des Einzelfalls entsprechend vom Gericht festzustellen. Dabei können ihm jedoch Richtsätze, die auf die gegebenen Verhältnisse abgestellt sind und der Lebenserfahrung entsprechen, als Anhalt dienen, soweit nicht im Einzelfall besondere Umstände eine Abweichung bedingen.

134. FamRZ 84/662, 663 = NJW 84/2358

Zur Frage der Anrechnung einer angemessenen Vergütung für Versorgungsleistungen, die in einer eheähnlichen Gemeinschaft von dem haushaltführenden Partner für den anderen erbracht werden, hat der Senat bereits in früheren Entscheidungen darauf hingewiesen, daß dem Tatrichter Richtsätze, die auf die gegebenen Verhältnisse abgestellt sind und der Lebenserfahrung entsprechen, als Anhalt dienen können, soweit sich nicht besondere, eine Abweichung bedingende Umstände ergeben (vgl. etwa Senatsurteil vom 23. 4. 1980 – IVb ZR 527/80 – FamRZ 80/665, 666f.). Das gilt etwa für Richtlinien und Erfahrungssätze, die zur Bemessung von Schadensersatzrenten bei Verletzung oder Tötung von Hausfrauen entwickelt worden sind (vgl. etwa Schulz-Borck/Hofmann, Schadensersatz bei Ausfall von Hausfrauen und Müttern im Haushalt mit Berechnungstabellen, 1978) und Eingang in die Rechtsprechung gefunden haben (vgl. Urteile vom 10. 4. 1979 – VI ZR 151/75 = FamRZ 79/687 = NJW 79/1501 und vom 8. 6. 1982 – VI ZR 314/80 – VersR 82/951 = FamRZ 82/1067 LS; BGHZ 86/372 = FamRZ 83/452 sowie die in diesen Entscheidungen angeführten Nachweise).

135. FamRZ 81/541 = NJW 81/2462

Die Kl. haben ihre Unterhaltsansprüche gegen den Beklagten in einer Summe geltend gemacht, ohne diese aufzuteilen und anzugeben, welcher Betrag auf jeden von ihnen entfallen soll. Das widerspricht dem Erfordernis der Bestimmtheit der Klage nach § 253 II Nr. 2 ZPO. Die darin vorgeschriebene Angabe von Gegenstand und Grund des Anspruchs gilt auch bei der gleichzeitigen Geltendmachung mehrerer selbständiger Ansprüche.

Ebenso wie es bei Ansprüchen, die richterlicher Schätzung unterliegen, aus Gründen der Bestimmtheit des Klageantrages mindestens einer Angabe der Größenordnung des Anspruchs oder der zu seiner Fixierung nötigen tatsächlichen Grundlagen bedarf (BGHZ 45/91, 93), ist es auch bei der hier gegebenen Häufung mehrerer Unterhaltsansprüche notwendig, daß die Berechtigten die vorgestellte Höhe ihrer Ansprüche bezeichnen, die Klageforderung entsprechend aufgliedern und allenfalls daneben sich mit einer anderen Aufteilung im Rahmen des Gesamtbetrages einverstanden erklären. Diese Anforderungen sind kein bloßer Formalismus. Vielmehr dienen sie einmal der Verwirklichung des zivilprozessualen Grundsatzes, daß keinem der Kl. mehr als der von ihm begehrte Betrag zugesprochen werden darf. Zum anderen tragen sie dem Umstand Rechnung, daß bei unterlassener

Aufgliederung der Ansprüche der Umfang der Rechtskraft häufig unklar bleibt oder überhaupt nicht zu ermitteln ist (vgl. Pagendarm, Anm. zu BGH, LN, ZPO, § 253 Nr. 9 m. N.).

136. NJW 83/455, 456

Wie der BGH wiederholt dargelegt hat, kann einem Gesuch um Vollstreckungsschutz gemäß § 719 II ZPO nicht stattgegeben werden, wenn der Vollstreckungsschuldner es versäumt hat, im Berufungsrechtszuge einen Antrag nach § 712 ZPO zu stellen, obwohl ihm ein solcher Antrag möglich und zuzumuten gewesen wäre (es folgen Nachweise). Von der Möglichkeit und Zumutbarkeit der Antragstellung ist regelmäßig dann auszugehen, wenn die Gründe, die eine Einstellung oder Beschränkung der Zwangsvollstreckung rechtfertigen können, im Zeitpunkt der letzten mündlichen Verhandlung vor dem Berufungsgericht bereits erkennbar und nachweisbar waren. Nichts anderes kann gelten für den Fall, daß zwar – wie hier – ein Vollstreckungsschutzantrag gemäß § 712 ZPO gestellt worden ist, die ihn rechtfertigenden Gründe aber, trotz Erkennbarkeit und Nachweisbarkeit, nicht vorgebracht worden sind und der Antrag aus diesem Grunde keinen Erfolg haben konnte.

137. FamRZ 82/1187 = NJW 83/1547

Entgegen der Rüge der Revision ist nicht zu beanstanden, daß die Ehefrau den Unterhalt für ihren laufenden Lebensbedarf und den Vorsorgeunterhalt in getrennten Verfahren geltend gemacht hat. Zwar handelt es sich bei dem Anspruch auf Vorsorgeunterhalt nicht um einen eigenständigen Anspruch, sondern um einen unselbständigen Teil des einheitlichen, den gesamten Lebensbedarf betreffenden Unterhaltsanspruchs (Senatsurteil vom 4. 11. 1981 – IVb ZR 625/80 – FamRZ 82/255). Dies bedeutet jedoch nicht, daß der Berechtigte gehalten ist, beide Unterhaltsteile in einem Verfahren geltend zu machen; denn Teilklagen sind auch sonst zulässig (vgl. Rolland, 1. EheRG, 2. Aufl., § 1361 Rz. 23a).

138. FamRZ 82/255 = NJW 82/1873

Wird der Unterhalt, wie es in der Praxis einem vor allem in Fällen beschränkter Leistungsfähigkeit verbreiteten Verfahren entspricht und auch im vorliegenden Fall erfolgt ist, nach Quoten des Einkommens bemessen, so ergibt sich, wie der Senat im Urteil vom 25. 2. 1981 (IVb ZR 543/80 – FamRZ 81/442) dargelegt hat, eine Abhängigkeit zwischen Elementarunterhalt und Vorsorgeunterhalt, die eine Trennung des hierauf bezogenen Streitstoffes ausschließt. Insbesondere hat die Zubilligung des Vorsorgeunterhalts Einfluß auf die Höhe des Elementarunterhalts, so daß sich aus einer Abänderung der Bemessung des Vorsorgeunterhalts Auswirkungen auf die Bemessung des Elementarunterhalts ergeben.

Unter diesen Umständen kann die Beschränkung der Revisionszulassung nicht als wirksam angesehen werden, so daß das Urteil im vollen Umfang nachprüfbar ist.

139. FamRZ 84/465 = NJW 84/2040

Die internationale Zuständigkeit der deutschen Gerichte, die auch in der Revisionsinstanz zu prüfen ist (Senatsurteil vom 21. 9. 1983 – IVb ZR 360/81 – FamRZ 83/1215), ist unbeschadet der österreichischen Staatsangehörigkeit des Beklagten gegeben. Sie folgt aus seinem inländischen Gerichtsstand, der durch seinen in der Bundesrepublik Deutschland gelegenen Wohnsitz bestimmt wird (§ 13 ZPO). Soweit nach den Bestimmungen über den Gerichtsstand die örtliche Zuständigkeit des deutschen Gerichts gegeben ist, ist dieses – vorbehaltlich anders lautender Regelungen, insbesondere in zwischenstaatlichen Abkommen – auch international zuständig (Senatsurteil vom 1. 6. 1983 – IVb ZR 386/81 – FamRZ 83/806).

140. FamRZ 78/403

Die Vorschrift des § 261 III Nr. 2 ZPO bezweckt, vor unrationeller Justiztätigkeit und im besonderen die Rechtssuchenden vor einer Verzögerung und Verteuerung des Rechtsstreits zu bewahren, die eintreten würden, wenn das angegangene Gericht jeweils in Verfolg einer Veränderung von Umständen, die die Zuständigkeit oder den Rechtsweg betreffen, gewechselt werden müßte. Die Vorschrift ist daher anerkanntermaßen nicht nur auf die Fälle einer Veränderung tatsächlicher Umstände, sondern auch auf den Fall einer *Rechtsänderung* (Änderung von Gesetzen) angewendet worden (es folgen Nachweise). Sie kann, berücksichtigt man den genannten Zweck der Vorschrift, auch eine *Änderung der höchstrichterlichen Rechtsprechung* erfassen. Zwar hat eine sich neubildende Rechtsprechung dem Grundsatz nach nicht den Charakter der Schaffung neuen Rechts, sondern den der Feststellung einer bereits bestehenden Rechtslage (BGH, NJW 70/141, 142 zu 3). Doch kann sie dann, wenn sie in der

Aufgabe einer höchstrichterlichen Rechtsprechung besteht, in ihrer praktischen Auswirkung einer Gesetzesänderung gleichkommen.

141. FamRZ 85/161, 164 = NJW 85/1026

Der erkennende Senat hat nach Erlaß des angefochtenen Urteils entschieden, daß der Richter im Abänderungsverfahren – soweit es sich um die Abänderung eines Urteils handelt – nicht an bestimmte in der unterhaltsrechtlichen Praxis entwickelte Verteilungsschlüssel gebunden ist, mit deren Hilfe der „angemessene Unterhalt" in dem abzuändernden Urteil ermittelt worden war (Senatsurteil vom 11. 1. 1984 – IV b ZR 10/82 = FamRZ 84/374, 375 = D 43). Für die Abänderung eines Vergleichs können allerdings andere Grundsätze eingreifen. So können die Parteien in einem Vergleich einen Verteilungsmaßstab für die Unterhaltsbemessung in der Weise verbindlich festlegen, daß er auch für spätere Anpassungen der vereinbarten Unterhaltsrente maßgeblich sein soll. Ob das im Einzelfall gewollt ist, bedarf allerdings der Feststellung, die das OLG hier nicht getroffen hat. Ebenso besteht die Möglichkeit, daß einer vertraglichen Vereinbarung nach dem Willen der Parteien die Bedeutung zukommen soll, daß die jeweils in der Praxis übliche Verteilungsquote für die Unterhaltsbemessung herangezogen wird.

142. FamRZ 85/166, 167

Der Prozeßvergleich hat eine rechtliche Doppelnatur: Er ist einerseits Prozeßhandlung, deren Wirksamkeit sich nach den Grundsätzen des Verfahrensrechts bestimmt, und andererseits privates Rechtsgeschäft, für das die Regeln des materiellen Rechts gelten (BGHZ 79/71, 74 m. N. – herrschende Meinung; vgl. auch Senatsbeschluß vom 18. 1. 1984 – IVb ZB 53/83 – FamRZ 84/372, 373). Als Folge der Doppelnatur beeinflussen sich der prozessuale und der materiell-rechtliche „Vergleich" in ihrer Wirksamkeit wechselseitig, allerdings in unterschiedlicher Weise. Da die Prozeßhandlung nur die „Begleitform" für einen materiell-rechtlichen Vergleich ist, verliert sie ihre Wirksamkeit, wenn der materielle Vergleich seinerseits unwirksam ist oder wird (BAGE 8/228, 235, 236; 9/172, 174; Zöller/Stöber, ZPO, 14. Aufl., § 794 Rz. 15); dem Vergleich wird die verfahrensrechtliche Wirkung der Prozeßbeendigung entzogen, wenn er aus sachlich-rechtlichen Gründen unwirksam ist (BGHZ 79/a. a. O.). Kommt hingegen wegen formeller Mängel ein wirksamer Prozeßvergleich nicht zustande, so führt das nicht ohne weiteres zur Ungültigkeit der materiell-rechtlichen Vereinbarung (BGB-RGRK/Steffen, 12. Aufl., § 779 Rz. 57; BAGE 8/a. a. O.; 9 a. a. O.). Diese kann vielmehr als außergerichtlicher materiell-rechtlicher Vergleich i. S. v. § 779 BGB Bestand haben, wenn das dem hypothetischen Parteiwillen entspricht (BGB-RGRK/Steffen, a. a. O.; BAGE 9 a. a. O.). Es ist daher in einem solchen Fall durch Auslegung zu ermitteln, ob ein Verfahrensmangel auch zur Nichtigkeit der materiell-rechtlichen Abrede führen sollte, oder ob die Parteien den Vergleich – wenn ihnen seine formelle Unwirksamkeit bekannt gewesen wäre – jedenfalls als außergerichtlichen Vergleich hätten gelten lassen wollen (§ 140 BGB; vgl. Stein/Jonas/Münzberg, ZPO, 20. Aufl., § 794 Rz. 51). Dabei kann die Erwägung eine Rolle spielen, daß der Beklagte häufig nicht ohne den Vorteil der Beendigung des Prozesses und der Kläger nicht ohne den Erwerb eines Vollstreckungstitels im Vergleichsweg „nachgegeben" hätten (Stein/Jonas/Münzberg, a. a. O.); andererseits kann der Abschluß eines Prozeßvergleichs auch von Gründen bestimmt gewesen sein, die im Fall seiner formellen Unwirksamkeit jedenfalls zur Aufrechterhaltung der materiell-rechtlichen Vereinbarung führen sollten, weil den Parteien entscheidend an einer verbindlichen materiell-rechtlichen Regelung ihrer Rechtsbeziehungen gelegen war.

143. FamRZ 85/371, 372f. = NJW 85/1340

Ein Urteil, das eine Unterhaltsrente über freiwillig bezahlte Beträge hinaus zuspricht, ergeht auf eine entsprechende Teilklage des Unterhaltsberechtigten. Dieser gibt durch seinen Klageantrag zu erkennen, daß er lediglich die Titulierung eines Teils seines Unterhaltsanspruchs begehrt, nämlich des sog. Spitzenbetrages, während er hinsichtlich des sog. Grund- oder Sockelbetrages voraussetzt, daß dieser nicht nur derzeit, sondern auch künftig freiwillig bezahlt wird, so daß es einer gerichtlichen Entscheidung darüber nicht bedarf. Ein derartiges prozessuales Vorgehen des Unterhaltsberechtigten bietet wegen der damit verbundenen Kostenersparnis Vorteile, hat aber andererseits auch Nachteile. So unterbricht etwa die Erhebung einer Teilklage nicht die Verjährung des weiteren Anspruchs (vgl. BGHZ 85/367, 370ff.). Auch ist die Rechtswirkung des zusprechenden Urteils geringer als diejenige eines Urteils, das den gesamten Unterhaltsanspruch tituliert.

Allgemein reicht nach § 322 I ZPO die Rechtskraft eines Urteils nur soweit, als es über den erhobenen Anspruch entschieden hat. Bei der Geltendmachung von Teilansprüchen ergreift die Rechtskraft nur diesen Teil, so daß das Urteil, das einen Teilanspruch zuspricht oder aberkennt, nicht darüber Rechtskraft bewirkt, ob dem Kläger mehr als der geltend gemachte Teil oder noch andere

Ansprüche aus dem Sachverhalt zustehen, selbst wenn sich das Urteil darüber ausläßt (es folgen Nachweise). Dieser Grundsatz war bereits in der Rechtsprechung des Reichsgerichts anerkannt (Nachweise) und entspricht auch der herrschenden Meinung im Schrifttum (es folgen Nachweise). Gegenüber § 322 I ZPO versagen logische Erwägungen, wie etwa, daß die Zuerkennung des Restbetrages einer Forderung die Bejahung der Gesamtforderung voraussetzt. Die Rechtskraft reicht in diesen Fällen nicht soweit wie die Folgerichtigkeit der Entscheidungsgründe; diese nehmen an der Rechtskraft nicht teil (es folgen Nachweise).

Daraus folgt für Unterhaltsurteile der hier in Rede stehenden Art, daß sie den Unterhaltsanspruch nur in Höhe des titulierten Teiles rechtskräftig feststellen. Zwar setzt die Verurteilung zur Zahlung des Spitzenbetrages materiell-rechtlich voraus, daß der Kläger außer diesem auch den freiwillig bezahlten Betrag beanspruchen kann. Bis zur Höhe dieses Betrages ist der Unterhaltsanspruch aber nicht Streitgegenstand des Verfahrens (so schon Senatsurteil vom 3. 2. 1982 – IVb ZR 601/80 – FamRZ 82/479, 480), sondern nur ein für die zutreffende Entscheidung vorgreifliches Rechtsverhältnis, das als bloßes Urteilselement an der Rechtskraft nicht teilnimmt (vgl. dazu auch BGHZ-GSZ-13/265, 278; BGHZ 42/340, 350; 83/391, 394f.). Danach geht das OLG zu Unrecht davon aus, daß die in den Vorprozessen ausgeurteilten Unterhaltsbeträge rechtskräftig „als Spitzenbeträge" feststünden. Die Bindung für nachfolgende Prozesse ist nicht anders zu beurteilen, als wenn es sich um entsprechende Grund- oder Sockelbeträge gehandelt hätte.

Im Ergebnis zutreffend meint das OLG, daß die Kläger den hier streitbefangenen Teil ihrer Ansprüche durch die nicht den Bindungen des § 323 ZPO unterworfene Leistungs-(Nachforderungs-)-Klage geltend machen müssen, wie es auch geschehen ist. In seinem Urteil vom 16. 1. 1985 (IVb ZR 62/83) hat der Senat dargelegt, daß der Unterhaltsschuldner, der in Fällen der vorliegenden Art aufgrund veränderter Verhältnisse nicht nur die freiwilligen Zahlungen einstellen, sondern auch eine Herabsetzung des titulierten Unterhaltsanspruchs erreichen will, die Abänderungsklage nach § 323 ZPO erheben muß, da er anders die Rechtskraft des Urteils nicht durchbrechen kann. Im vorliegenden Fall geht es indessen um die prozessualen Möglichkeiten des Unterhalts*gläubigers*. Wie bereits ausgeführt, ist sein Unterhaltsanspruch nur im Umfang des titulierten Teils rechtskräftig zuerkannt; Rechtskraftwirkungen darüber hinaus bestehen nicht. Zwar hat der BGH entschieden, daß die Abänderungsklage nicht auf die Fälle beschränkt ist, in denen eine Rechtskraftwirkung beseitigt werden muß (BGHZ 34/110, 116). In der gleichen Entscheidung ist aber auch ausgeführt, daß die Nachforderungsklage zu erheben ist, wenn der Kläger im ersten Verfahren nur eine Teilklage erhoben hat (a. a. O., Seite 118f.). Dem hat sich der Senat bereits in seinem Urteil vom 18. 4. 1984 (IVb ZR 59/82 – FamRZ 84/772, 773) angeschlossen. In dem zugrunde liegenden Fall hatte der Unterhaltsgläubiger zunächst Titel der hier in Rede stehenden Art erwirkt, in einem dritten Vorprozeß aber die Titulierung des Gesamtanspruchs erbeten. Nachdem dies geschehen war, war er, wie der Senat ausgesprochen hat, wegen weiterer Erhöhungen seines Unterhalts auf die Abänderungsklage verwiesen, die nur auf Gründe gestützt werden konnte, die nach dem Schluß der mündlichen Verhandlung im dritten Vorprozeß entstanden waren.

Für die Frage, ob in diesen Fällen die Abänderungs- oder die Leistungsklage zulässig ist, kommt es danach entscheidend darauf an, ob der Unterhaltsgläubiger sich zuvor auf eine oder mehrere Teilklagen beschränkt oder ob er bereits seinen gesamten Unterhaltsanspruch eingeklagt und das Gericht darüber entschieden hat. Im ersten Fall ist für die Mehrforderungen die Leistungsklage gegeben und nur diese, im zweiten die Abänderungsklage mit ihren besonderen Zulässigkeitsvoraussetzungen. Wenn – wie hier – ausschließlich Urteile vorliegen, die eine Unterhaltsrente für freiwillig bezahlte Beträge hinaus zusprechen, handelt es sich eindeutig nur um solche über Teilklagen, die keine Entscheidung über den Unterhaltsanspruch insgesamt getroffen haben. Die Titulierungslücke, die im Umfang des freiwillig bezahlten Betrags besteht, ist nur durch eine Leistungsklage zu schließen. Für eine Anpassung nach § 323 ZPO ist dann kein Raum, entgegen der vom OLG beiläufig geäußerten Auffassung auch nicht, wenn der Unterhaltsgläubiger mehr Unterhalt will als die Summe des nicht titulierten Sockelbetrags und des Spitzenbetrags (a. A. offenbar auch OLG Schleswig, SchlHA 81/67 – LS).

Die Beschränkung des Unterhaltsgläubigers auf die Leistungsklage vor der gerichtlichen Entscheidung über seinen Gesamtanspruch ist für ihn nicht nur von Vorteil: Mit dieser Klage hat er ohne Rücksicht auf das Ergebnis des Vorprozesses sämtliche Anspruchsgrundlagen neu vorzutragen und notfalls zu beweisen; er ist wiederum allen Einwendungen des Beklagten ausgesetzt, auch solchen, die im Vorprozeß bereits abschlägig verbeschieden worden sind (BGHZ 34/110, 117). Diese Folgen muß er in Kauf nehmen, weil er sich im Vorprozeß auf eine Teilklage beschränkt hat.

144. FamRZ 84/374, 375

In dem mit der vorliegenden Abänderungsklage angegriffenen Verbundurteil vom 28. 11. 1979 hat das Amtsgericht – ohne nähere Erläuterung – entschieden, der Anspruch der Klägerin auf den Aufstockungsunterhalt nach § 1573 II BGB belaufe sich auf ⅓ des Unterschiedsbetrags zwischen dem damaligen Erwerbseinkommen des Beklagten und den fiktiven, als erzielbar angenommenen Nettoeinkünften der Klägerin. Dabei hat sich das Amtsgericht erkennbar nach den seinerzeit geltenden Hammer Leitlinien – Stand 1978 (FamRZ 78/850) – ausgerichtet, die bei der Bemessung des angemessenen Ehegattenunterhalts nach §§ 1569 ff. BGB (a. a. O., Nr. 27) davon ausgingen, daß ein Berechtigter, der eigenes Einkommen hat, ⅓ des Unterschiedsbetrags der anrechenbaren Einkünfte beider Ehegatten beanspruchen könne (a. a. O., Nr. 30).

Die Entscheidung vom 28. 11. 1979 beruht mithin auf der Anwendung eines zur Zeit ihres Erlasses in der Praxis verwendeten Tabellenwerks, ohne daß das Gericht zunächst die ehelichen Lebensverhältnisse der Parteien i. S. v. § 1578 BGB bestimmt hätte, die nach der gesetzlichen Regelung der §§ 1569 ff. BGB die Grundlage für die Bemessung jedes nachehelichen Unterhaltsanspruchs bilden. Insbesondere hat das Amtsgericht in dem Urteil vom 28. 11. 1979 keine Feststellung dahin getroffen, daß die der Klägerin zugerechneten fiktiven Einkünfte in Höhe von monatlich 600 DM Bestandteil der ehelichen Lebensverhältnisse der Parteien im Zeitpunkt der Scheidung gewesen wären und diese mitgeprägt hätten. Es liegt daher keine bindende Feststellung über die Bestimmung der ehelichen Lebensverhältnisse der Parteien gemäß § 1578 BGB vor, die bei der Entscheidung in dem vorliegenden Abänderungsverfahren nach § 323 ZPO zu beachten wäre (vgl. Senatsurteil vom 11. 1. 1984 – IVb ZR 10/82 = FamRZ 84/374, 375).

Unter diesen Umständen ist für die Bemessung des Aufstockungsunterhalts der Klägerin von der gegebenen Rechtslage auszugehen.

145. BGH, FamRZ 85/690 (Revisionsurteil zu OLG Hamm, FamRZ 84/393)

Wenn einem Unterhaltsgläubiger rechtskräftig Unterhalt zugesprochen worden ist, ist eine Leistungsklage auf zusätzlichen Unterhalt (Zusatz- oder Nachforderungsklage) nur insoweit zulässig, als keine Abänderungsklage (§ 323 ZPO) zu erheben ist. Dies entspricht im Anschluß an die Entscheidung des VI. Zivilsenats des Bundesgerichtshofs in BGHZ 34/110, 113 ff. der herrschenden Auffassung (vgl. Stein/Jonas/Schumann/Leipold, ZPO, 19. Aufl., § 323 Anm. I 2; Wieczorek, ZPO, 2. Aufl., § 323 Anm. A IV a; Zöller/Vollkommer, ZPO, 14. Aufl., § 323 Rdnr. 19; Rosenberg/Schwab, Zivilprozeß, 13. Aufl., § 159 IV). Der Anwendungsbereich der Abänderungsklage ist weit gespannt. Es kommt weder entscheidend darauf an, ob im Einzelfall eine Rechtskraftwirkung besteht oder nicht besteht, noch ist zu fordern, daß der verlangte Mehrbetrag bereits Gegenstand des Vorprozesses gewesen ist. Der Weg der Leistungsklage ist auch dann verschlossen, wenn dem Kläger im Vorprozeß entsprechend seinem Antrag die ihm nach seiner Vorstellung zustehende volle Unterhaltsrente zugebilligt worden ist. Es verbleiben für sie im wesentlichen die Fälle, in denen im ersten Verfahren lediglich eine Teilklage erhoben worden ist (es folgen Nachweise).

Unterhalt wird regelmäßig in voller Höhe eingeklagt, so daß die Vermutung gegen eine Teilklage spricht (BGH, FamRZ 84/374, 376 und FamRZ 84/772, 773 m. w. N.). Der allgemeine Satz, daß ein Kläger, der einen bezifferten Anspruch geltend macht, nicht zu erklären braucht, er behalte sich die darüber hinausgehenden Ansprüche vor, weil sich dies schon aus der Beschränkung der Rechtskraft auf den Anspruch in der eingeklagten Höhe ergibt (BGHZ 34/337, 340), gilt wegen dieser Vermutung und auch im Hinblick auf die Sonderregelung des § 323 ZPO im Unterhaltsprozeß nicht. Vielmehr ist hier für die Annahme einer Teilklage zu fordern, daß der Kläger entweder ausdrücklich einen Teilanspruch geltend macht oder sich wenigstens erkennbar eine Nachforderung vorbehält (es folgen Nachweise).

Ob ein Unterhaltsgläubiger neben dem laufenden Unterhalt (Elementarunterhalt) Vorsorgeunterhalt fordern will, steht in seinem freien Ermessen; von Amts wegen wird er nicht zugesprochen (vgl. Hampel, FamRZ 79/249, 255). Dies gilt gerade in den Fällen, in denen der Elementarunterhalt nach einer Quote des Einkommens des Unterhaltsverpflichteten berechnet wird und die Forderung von Vorsorgeunterhalt zu einer Verkürzung des sonst erreichbaren laufenden Unterhalts führt, ohne daß durch die Art der Antragstellung beeinflußt werden kann, welcher Teil des Gesamtunterhalts für den laufenden Verbrauch und welcher zweckbestimmt für Vorsorgekosten zu verwenden ist (vgl. dazu BGH, FamRZ 82/887). Motiv für die unterlassene Geltendmachung von Vorsorgeunterhalt kann daher die fehlende Bereitschaft sein, unter Konsumverzicht Altersvorsorge zu betreiben. Dies schließt bei der Geltendmachung von Quotenunterhalt die Annahme eines erkennbaren Vorbehalts der Nachforderung von Vorsorgeunterhalt aus. Auch in den Fällen, in denen sich der Unterhaltsgläubiger hierbei nicht bewußt war, Vorsorgeunterhalt verlangen zu können, kann ein solcher Vorbehalt nicht bejaht werden. Aus der Sicht des Klägers ist nämlich der gesamte Unterhalt geltend gemacht worden, während die Annahme eines Vorbehalts voraussetzt, daß dieser sich des Bestehens einer weiteren Forderung bewußt war.

Hat somit die Klägerin im Vorprozeß ihren Gesamtunterhalt eingeklagt, kann sie wegen ihres dabei nicht geltend gemachten Vorsorgebedarfs nach § 1578 III BGB allenfalls im Wege der Abänderungsklage eine Erhöhung der zugesprochenen Unterhaltsrente erreichen (ebenso Hampel, a. a. O. S. 258 f; a. A. Göppinger/Wax, Unterhaltsrecht, 4. Aufl. Rdnr. 3227 a. E.). Soweit der Senat in seinem Urteil vom 24. November 1982 (IVb ZR 327/81) eine abweichende Behandlung gebilligt hat, hält er daran nicht mehr fest. Für den Sonderfall, daß ein bestehender Titel über Trennungsunterhalt nach Rechtshängigkeit des Scheidungsverfahrens und Eintritt der Voraussetzungen des § 1361 I S. 2 BGB um die Kosten der Altersvorsorge erhöht werden sollte, ist er in seinem Urteil vom 17. Februar 1982 (FamRZ 82/465) schon von der Zulässigkeit der Abänderungsklage ausgegangen. Wie bereits eingangs ausgeführt, steht dem nicht entgegen, daß der Vorsorgeunterhalt, der zwar ein unselbständiger Unterhaltsbestandteil (BGH, FamRZ 82/255), aber im Hinblick auf seine Zweckbindung besonders geltend zu machen ist, noch nicht Gegenstand des Vorprozesses war und demgemäß keine Rechtskraftwirkung des dort ergangenen Urteils zu beseitigen ist (es folgen Nachweise). Daher ist in den Fällen, in denen erst nach der Titulierung des Gesamtunterhalts die Voraussetzungen des § 1361 I S. 2 BGB oder diejenigen des § 1578 III BGB eintreten, die Abänderungsklage der allein mögliche Rechtsbehelf. In Fällen der vorliegenden Art haben allerdings die Voraussetzungen des § 1578 III BGB im wesentlichen bereits im Vorprozeß vorgelegen; gefehlt hat lediglich der Entschluß des Unterhaltsgläubigers, Altersvorsorge zu betreiben, ggf. unter Einschränkung des laufenden Verbrauchs. Es entspricht dem Sinn des § 323 ZPO, den Gläubiger bei ansonsten gleichgebliebenen Verhältnissen zunächst an der von ihm im Vorprozeß getroffenen Wahl festzuhalten. Erst wenn eine Unterhaltsanpassung dadurch eröffnet wird, daß sich die seinerzeit maßgebend gewesenen Verhältnisse wesentlich geändert haben, kann auch Vorsorgeunterhalt mit Wirkung für die Zukunft (§ 323 III ZPO) verlangt werden. Ein weiteres Festhalten an der Nichtforderung von Vorsorgeunterhalt wäre dann ebensowenig mit den Grundsätzen der Billigkeit zu vereinbaren, wie die Bindung an das Urteil eines Vorprozesses, in dem der Kläger weniger Unterhalt gefordert hat, als das Gericht nach den von ihm allgemein verwendeten Richtlinien als angemessen erachtet hat (vgl. dazu BGH, FamRZ 84/374). Kommt es bei einer derartigen Nachforderung von Vorsorgeunterhalt zu einer zweistufigen Berechnung des Elementarunterhalts (vgl. dazu BGH, FamRZ 81/442, 444f.), kann das Abänderungsverfahren zwar zu einem höheren Gesamtunterhalt führen, aber zu einem gegenüber dem Urteil des Vorprozesses verringerten laufenden Unterhalt. Auch das Abänderungsurteil hat den Anteil des Gesamtunterhalts, der auf den Vorsorgeunterhalt entfällt, im Hinblick auf dessen Zweckbindung im Entscheidungssatz besonders auszuweisen.

146. FamRZ 85/376, 377 = NJW 85/1345

Hat ein Unterhaltsgläubiger ein Urteil erstritten, das ihm eine Unterhaltsrente zuerkennt, und kommt es wegen Rückgangs oder Fortfalls von Leistungsfähigkeit oder Bedürftigkeit zur Abänderung des Titels nach § 323 ZPO, so ist im Falle einer späteren abermaligen wesentlichen Änderung der für die (abgeänderte) Rente maßgebenden Verhältnisse erneut die Abänderungsklage nach § 323 ZPO gegeben. Das leuchtet ohne weiteres ein, wenn das abändernde Urteil die Unterhaltsrente nur reduziert. Es hat aber auch zu gelten, wenn das Urteil die Unterhaltsrente ganz entfallen läßt, denn auch hier geht es immer noch um die Modifikation des ersten Urteils (Seuffert/Walsmann, ZPO, Band I, 12. Aufl., § 323 Anm. 2). Kommt es zu einer Entscheidung nach § 323 ZPO, so hat das Gericht – im Zuge der Korrektur der ursprünglichen Prognose – seinerseits die künftige Entwicklung der Verhältnisse vorausschauend zu berücksichtigen (vgl. auch BGH, FamRZ 82/792, 794 m. w. N.; zustimmend Thomas/Putzo, ZPO, 12. Aufl., § 323 Anm. 4d).

Demgemäß beruht das abändernde Urteil sowohl im Falle der Reduzierung als auch bei völliger Streichung der Unterhaltsrente weiterhin auf einer Prognose der zukünftigen Entwicklung und stellt den Rechtszustand auch für die Zukunft fest. Eine spätere Klage auf Wiedergewährung oder Erhöhung der Unterhaltsrente stellt daher abermals die Geltendmachung einer von der Prognose abweichenden tatsächlichen Entwicklung der Verhältnisse dar, für die das Gesetz die Abänderungsklage vorsieht, um die (erneute) Anpassung der Entscheidung an die veränderten Urteilsgrundlagen zu ermöglichen. Insoweit gilt nichts anderes als im Falle eines Urteils, durch das der Unterhaltsanspruch für eine bestimmte Zeit zugesprochen und – etwa wegen der Annahme künftigen Wegfalls der Bedürftigkeit – ab einem in der Zukunft liegenden Zeitpunkt aberkannt worden ist. Hier beruht die Aberkennung auf der richterlichen Prognose, daß die zukünftige Entwicklung zu einem Wegfall des Anspruchs führen wird.

Demgemäß hat der Senat entschieden, daß bei einer von dieser Prognose abweichenden tatsächlichen Entwicklung die Abänderung des Urteils nach § 323 ZPO in Frage kommt (FamRZ 84/353, 354f; ebenso OLG Hamm, FamRZ 82/920, 921). Ebenso kommt § 323 ZPO auch dann zur Anwendung, wenn ein Unterhaltsgläubiger, der seinen Unterhalt erfolgreich eingeklagt hatte, dessen Unterhaltsrente jedoch später – etwa wegen Wegfalls der Bedürftigkeit – im Wege der Abänderung aberkannt worden ist, in der Folge erneut Unterhalt verlangt, weil sein Unterhaltsbedarf nicht mehr gedeckt sei (vgl. auch Seuffert/Walsmann, a. a. O.).

Hiernach kann auch die Klägerin ihr Begehren nicht im Wege der Leistungsklage, sondern nur im Wege der Abänderungsklage geltend machen. Daß ihre frühere Unterhaltsrente nicht durch Urteil zuerkannt war, sondern der ursprüngliche Unterhaltstitel in einem Prozeßvergleich bestand, rechtfertigt keine abweichende Behandlung. Hier bleibt der in dem Vergleich zum Ausdruck gekommene Parteiwille im Verständnis und in der Ausgestaltung, die er durch die späteren abändernden Entscheidungen des Amtsgerichts und des LG erfahren hat, bei weiteren Abänderungsentscheidungen zu berücksichtigen (vgl. BGH, FamRZ 79/694, 695; FamRZ 83/260, 261). Damit ist die von der Klägerin erhobene Klage unzulässig, weil ihr die Rechtskraft der früheren Abänderungsentscheidungen entgegensteht. Die Umdeutung des Begehrens in eine Abänderungsklage scheidet aus. Zwar hat der Senat im umgekehrten Fall, in dem die Durchsetzung eines Unterhaltsbegehrens im Wege der Abänderungsklage unzulässig und nur durch eine Leistungsklage möglich war, ein Abänderungsbegehren in eine Leistungsklage umgedeutet (BGH, FamRZ 83/892, 893f.). Die dort aufgestellten Grundsätze lassen die Umdeutung im vorliegenden Fall jedoch nicht zu. Vor allem erfüllt der bisherige Klagevortrag nicht die Erfordernisse, die an die Begründung der Abänderungsklage nach § 323 ZPO zu stellen sind. Er verhält sich im wesentlichen lediglich über die derzeitigen Einkommens- und Lebensverhältnisse der Parteien sowie über den daraus abzuleitenden Unterhaltsanspruch der Klägerin, zeigt aber nicht auf, daß in dem für die Aberkennung der Unterhaltsrente maßgebenden Verhältnisse zur Zeit der damaligen Tatsachenverhandlung eine wesentliche Änderung eingetreten ist. Dieses für die Zulässigkeit der Abänderungsklage erforderliche Vorbingen (vgl. BGH, FamRZ 84/355) läßt sich auch nicht dem Gesamtzusammenhang des Parteivortrags entnehmen; vielmehr hat der Beklagte eine Änderung der maßgebenden Verhältnisse seit der landgerichtlichen Entscheidung vom 28. 11. 1957 ausdrücklich und mit näherer Begründung in Abrede gestellt. Bei dieser Sachlage ist eine Umdeutung des Klagebegehrens in eine Abänderungsklage nicht statthaft (vgl. auch BGH, NJW 62/1820f.).

147. FamRZ 85/471, 473

Durch die Regelung des § 1629 III BGB wollte der Gesetzgeber vermeiden, daß ein minderjähriges Kind als Partei am Scheidungsverfahren seiner Eltern beteiligt wird (BT-Drucksache 7/650, S. 176). Daß auch ein volljähriges Kind, dessen Unterhaltsregelung ebenfalls eine Familiensache nach § 621 I Nr. 4 ZPO darstellt, am Scheidungsverfahren seiner Eltern nicht beteiligt sein kann, läßt sich dem Gesetz nicht entnehmen. Die Beteiligung des ehelichen Kindes am Scheidungsverfahren seiner Eltern folgt aus der gesetzlichen Regelung, nach der über die gesetzliche Unterhaltspflicht gegenüber einem ehelichen Kind (§ 621 I Nr. 4 ZPO) zusammen mit einem (erfolgreichen) Scheidungsantrag zu entscheiden ist, wenn dies von einem Ehegatten rechtzeitig begehrt wird, solange das Kind (noch) minderjährig ist (§ 623 I S. 1 ZPO). Endet in einem solchen Fall die Prozeßführungsbefugnis des vertretungsberechtigten Elternteils, weil das Kind das 18. Lebensjahr vollendet hat, müßte ein gleichwohl von dem Elternteil aufrecht erhaltenes Unterhaltsbegehren als unzulässig abgewiesen werden (vgl. OLG München, FamRZ 83/925). Der bereits bestehenden Beteiligung des Kindes am Rechtsstreit kann daher auf keine andere Weise Rechnung getragen werden als durch Einräumung einer eigenen Parteistellung (es folgen Nachweise).

Ob es aus Gründen des Einzelfalls geboten ist, daß in entsprechender Anwendung des § 628 I S. 2 i. V. m. § 623 I S. 2 ZPO „diese Familiensache abgetrennt" wird (vgl. Bergerfurth, FamRZ 82/563, 564), braucht der Senat nicht zu entscheiden. Im vorliegenden Fall besteht dazu kein Anlaß; mit dem Scheidungsausspruch sind die Rechtsmittelinstanzen nicht befaßt.

Demgemäß ist in der mündlichen Verhandlung vor dem Senat das Kind Matthias selbst als Partei – nämlich als Kläger und Revisionsbeklagter zu 2) – aufgetreten. Das ändert jedoch nichts am Bestand der Entscheidungen der Vorinstanzen in dem Umfang, in dem sie von der Ehefrau aufgrund ihrer seinerzeit gegebenen Prozeßführungsbefugnis beantragt worden waren und von dem Rechtsmittel des Ehemannes nicht betroffen sind. Es gibt keinen Grund, der es rechtfertigen könnte, dem volljährig gewordenen Kind die Rechte vorzuenthalten, die es in prozessual zulässiger Weise erlangt hat.

148. FamRZ 85/367, 368

Indessen betrifft der Rechtsstreit die gesetzliche Unterhaltspflicht des Beklagten gegenüber der Klägerin als seiner geschiedenen Ehefrau, so daß eine Familiensache nach § 23b I S. 2 Nr. 6 GVG gegeben ist. Aufgrund der Scheidung aus beiderseitigem Verschulden entstand für die Klägerin der Anspruch auf einen Unterhaltsbeitrag nach § 60 EheG. Diesen Anspruch haben die Parteien durch Ziff. 1 und 2 der Scheidungsvereinbarung vertraglich geregelt und modifiziert: Ziff. 2 ergänzt die Ziff. 1, durch die eine monatliche Unterhaltsrente von 1360 DM vereinbart wurde, durch eine Absprache über die Art und Weise, wie der Unterhaltsbeitrag im Rentenalter der Klägerin zu erbringen ist, nämlich in Form des Versorgungsausgleichs nach dem neuen Scheidungsrecht. Ob diese Absprache rechtswirksam getroffen werden konnte (es folgen Nachweise), ist für die Einordnung als Familiensache unerheblich. Entscheidend ist, daß der Anspruch der Klägerin aus Ziff. 2 der Scheidungsvereinbarung nicht als ein von dem gesetzlichen Unterhaltsanspruch völlig losgelöster, rein vertraglicher Anspruch angesehen werden kann, für den die Familiengerichte nicht zuständig wären.

Nach der Lebenserfahrung kann der Wille der Parteien, den Unterhaltsanspruch völlig auf eine vertragliche Grundlage zu stellen und ihn damit des Wesens eines gesetzlichen Unterhaltsanspruchs zu entkleiden, nur bei Vorliegen besonderer dafür sprechender Anhaltspunkte angenommen werden (vgl. BGH, FamRZ 84/874, 875). Solche Anhaltspunkte sind hier nicht ersichtlich. Der frühere IV. Zivilsenat des BGH hat eine Modifizierung des Anspruchs aus § 60 EheG angenommen in einem Fall, in dem sich der geschiedene Ehemann zusätzlich zur Zahlung eines Betrages an die Bundesversicherungsanstalt für Angestellte zugunsten der Ehefrau verpflichtet hatte (vgl. BGH, FamRZ 79/1005), ferner eine solche des Anspruchs aus § 58 EheG in einem Fall, in dem in ähnlicher Weise wie in dem vorliegenden Fall ein Versorgungsausgleichsanspruch der Ehefrau vereinbart worden war (Beschluß vom 9. 1. 1980 – IV ARZ 70/79). Auch der vorbereitende von der Klägerin erhobene Auskunftsanspruch nimmt an dem Charakter als Familiensache teil, so daß für das Berufungsverfahren der Senat für Familiensachen als zuständig zu bestimmen ist.

Sachverzeichnis

Zahlen ohne Zusatz verweisen auf Seiten in den Hauptteilen A und C.
Mit B oder D versehene Zahlen verweisen auf die Nummern der Entscheidungen in den Hauptteilen B und D.

Nachtrag

zu Wendl/Staudigl
Das Unterhaltsrecht in der familienrichterlichen Praxis

C. H. Beck'sche Verlagsbuchhandlung München 1986

ISBN 3 406 32036 8

Vorwort

Der Nachtrag enthält nach dem Stand vom 1. 9. 1986 die Änderungen des materiellen Unterhaltsrechts und des einschlägigen Verfahrensrechts sowie des Internationalen Privatrechts.

Das Werk wird damit auf den neuesten Rechtsstand gebracht, was ihm nach seinem – durch äußere Umstände verzögerten – Erscheinen im Februar 1986 leider nur allzu kurze Zeit vergönnt war.

Es haben bearbeitet: RiOLG Philipp Wendl: Seite 2 bis Seite 7.

RiOLG Siegfried Staudigl: Seite 8 bis Seite 16.

München/Augsburg, November 1986

Die Verfasser

1. Hauptteil

Zu Seite 20 (e, Ausbildungsbedingte Aufwendungen)

bb) Die Senate des OLG München erkennen seit 1. 1. 1986 einen pauschalen Abzug von DM 130,– bzw. DM 145,– für ausbildungsbedingte Aufwendungen nicht mehr an. Solche Aufwendungen sind bei Minderjährigen und Volljährigen (M.R. 2.2.) konkret darzulegen und gegebenenfalls nachzuweisen.

Zu Seite 180 (Trennungsunterhalt und Härteklausel)

Beim Trennungsunterhalt hat sich, von der Anwendbarkeit der neuen Härtegründe des § 1579 Nr. 2 mit 7 BGB und dem Wegfall des früheren § 1579 Abs. II BGB abgesehen, nichts geändert.

Wie bisher ist § 1579 Nr. 1 BGB (kurze Ehedauer) nicht anwendbar.

Nach dem neuen § 1361 b BGB kann ein Ehegatte schon bei Trennung oder Absicht der Trennung verlangen, daß ihm der andere die Ehewohnung oder einen Teil zur Benutzung überläßt, soweit dies notwendig ist, um eine schwere Härte zu vermeiden. Der andere kann eine Vergütung für die Benutzung verlangen, soweit dies der Billigkeit entspricht. Eine entsprechende Regelung kann Auswirkungen auf die Bemessung des Trennungsunterhaltes haben.

Zu Seite 195 (Erwerbslosigkeits- und Aufstockungsunterhalt nach § 1573 BGB)

Neu: 7. Zeitliche Begrenzung des Erwerbslosigkeitsunterhalts (§ 1573 I BGB) und des Aufstockungsunterhalts (§ 1573 II BGB) nach § 1573 V BGB.

a) Nach § 1573 V BGB (neu) können Ansprüche nach § 1573 I bis IV BGB zeitlich begrenzt werden, soweit insbesondere unter Berücksichtigung der Dauer der Ehe sowie der Gestaltung von Haushaltsführung und Erwerbstätigkeit ein zeitlich unbegrenzter Unterhaltsanspruch unbillig wäre. Dies gilt in der Regel nicht, wenn der Unterhaltsberechtigte nicht nur vorübergehend ein gemeinschaftliches Kind allein oder überwiegend betreut hat oder betreut. Die Zeit der Kindesbetreuung steht der Ehedauer gleich.

b) Die Voraussetzungen für die Begrenzung nach § 1573 V BGB sind inhaltsgleich mit den Voraussetzungen für eine Herabsetzung nach § 1578 I BGB. Es wird insoweit auf die Ausführungen zu § 1578 I BGB verwiesen (= Seite 218)

c) Als Rechtsfolge entfällt der Unterhaltsanspruch nach Ablauf einer vom Gericht festzusetzenden Schonfrist. Diese Schonfrist ist ebenfalls individuell nach den Umständen des Falles festzusetzen und nicht schematisch an die Ehedauer anzubinden. Maßgeblich ist auch hier die Zeit, die der Berechtigte braucht, um sich wirtschaftlich und psychisch auf den Wegfall des Unterhalts und die neue berufliche Situation nach der Scheidung einzustellen. Vgl. auch Giesing, FamRZ 86/937.

Zu Seite 218 (Unterhaltsbemessung nach den ehelichen Lebensverhältnissen gemäß § 1578 BGB)

Neu: VII. Zeitliche Begrenzung und Herabsetzung des eheangemessenen Unterhalts nach § 1578 I S. 2 und 3 BGB auf den angemessenen Bedarf.

1. Die neue gesetzliche Regelung

a) Nach § 1 1578 I S. 1 BGB bemißt sich wie bisher der Scheidungsunterhalt grundsätzlich nach den ehelichen Lebensverhältnissen im Zeitpunkt der Scheidung (= zeitlich unbeschränkte Lebensstandardgarantie).

b) Nach § 1578 I S. 2 und 3 BGB kann diese Bemessung des Unterhaltsanspruchs nach den ehelichen Lebensverhältnissen zeitlich begrenzt und danach auf den angemessenen Lebensbedarf abgestellt werden, soweit insbesondere unter Berücksichtigung der Dauer der Ehe sowie der Gestaltung von Haushaltsführung und Erwerbstätigkeit eine zeitlich unbegrenzte Bemessung nach Satz 1 unbillig wäre; dies gilt in der Regel nicht, wenn der Unterhaltsberechtigte nicht nur vorübergehend ein gemeinschaftliches Kind allein oder überwiegend betreut hat oder betreut. Die Zeit der Kindesbetreuung steht der Ehedauer gleich.

c) § 1578 BGB gilt für alle Unterhaltstatbestände. § 1578 I S. 2 und 3 BGB verlangen eine umfassende Billigkeitsabwägung unter Einbeziehung der Umstände des Einzelfalles, wobei die Dauer der Ehe, die Gestaltung von Haushaltsführung und Erwerbstätigkeit sowie die Betreuung eines gemeinsamen Kindes besonders hervorgehoben sind (BGH, FamRZ 86/886, 888 = NJW 86/2832f). Aus dem Wort „insbesondere" ergibt sich, daß bei der Billigkeitsabwägung auch noch andere Umstände berücksichtigt werden können. Eine zeitliche Begrenzung kommt um so weniger in Betracht, je mehr die Bedürftigkeit des Berechtigten auf ehebedingte Nachteile zurückzuführen ist (BGH, FamRZ 86/886, 888 = NJW 86/2832, 2834).

d) § 1578 I BGB ist neben § 1573 BGB und § 1579 BGB anzuwenden (BGH, FamRZ 86/886, 888 = NJW 86/2832ff).

2. Kriterien der Billigkeitsabwägung im einzelnen

a) Ehedauer. Formelle Anknüpfung an die Zeit zwischen Eheschließung und Rechtshängigkeit des zur Scheidung führenden Antrags wie bei § 1579 Nr. 1 BGB und 1582 BGB (BGH, FamRZ 86/886, 888 = NJW 86/2832ff). Materiell besteht eine Tendenz, die Herabsetzungsmöglichkeit bis zu einer Ehedauer von ca 10 Jahren zu bejahen, also bei Ehen von kurzer mittlerer Dauer (OLG Frankfurt, FamRZ 86/683, 684; Hahne, FamRZ 86/305, 307; Jaeger, FamRZ 86/737, 742; Eyrich, FamRZ 84/941, 944; a. A. Diederichsen, NJW 86/1287).

Eine Herabsetzungsmöglichkeit kommt nach der Tendenz des Gesetzes sicher nicht mehr in Frage bei Ehen von langer Dauer (nach BGH ab ca 15 Jahren).

Der BGH hat bisher eine Herabsetzungsmöglichkeit bejaht bei 2 Jahren und 10 Monaten (BGH, FamRZ 86/886 = NJW 86/2832), das OLG Hamm bei 3 Jahren und 3 Monaten (OLG Hamm, FamRZ 86/908, 909). Nach dieser Entscheidung des OLG Hamm bedarf es keiner näheren Bestimmung der Ehedauer, wenn die Ehe deutlich kürzer als 10 Jahre gedauert hat.

Nach § 1578 I S. 3 BGB stehen der Ehedauer Zeiten der Kinderbetreuung gleich. Es verlängert sich dann die Ehedauer um Betreuungszeiten nach Rechtshängigkeit des Scheidungsantrages. Außerdem ist die Kinderbetreuung als zusätzliches Billigkeitskriterium zu berücksichtigen (siehe 2c).

b) Gestaltung von Haushaltsführung und Erwerbstätigkeit. Dieses Merkmal bezieht sich auf den häufigsten Fall einer ehebedingten Unterhaltsbedürftigkeit, die Hausfrauenehe. Eine solche ehebedingte Bedürftigkeit kann bejaht werden, wenn z. B. der Berechtigte eigene Berufs- und Erwerbsaussichten zurückgestellt hat, um durch die Übernahme der Haushaltsführung dem anderen eine volle berufliche Entfaltung zu ermöglichen (BGH, FamRZ 86/886, 888 = NJW 86/2832, 2834). Ehebedingte Nachteile müssen fortbestehen. Sie entfallen, wenn der Berechtigte z. B. nach vorübergehender Beurlaubung oder nur halbtags ausgeübter Erwerbstätigkeit wieder voll in sein altes Beschäftigungsverhältnis ohne Einkommenseinbußen zurückkehren kann (Hahne, FamRZ 86/307). Dementsprechend ist eine zeitliche Begrenzung möglich, wenn der Berechtigte weder durch eheliche Nachwirkung noch durch ehebedingte Nachteile an der Fortführung einer angemessenen Erwerbstätigkeit gehindert ist (OLG Hamm, FamRZ 86/908, 910).

Nicht ehebedingt ist der Verlust eines Arbeitsplatzes aus konjunkturellen Gründen oder die Aufgabe einer Erwerbstätigkeit ohne Notwendigkeit und gegen den Willen des Verpflichteten (Hahne, FamRZ 86/307).

c) Betreuung gemeinsamer Kinder. Dies ist der wichtigste Fall eines ehebedingten Nachteils. Die Betreuung muß tatsächlich erfolgen und darf nicht nur vorübergehend sein

(§ 1578 I S. 2 BGB). Die Ehedauer verlängert sich um die Zeit der Kinderbetreuung ab Rechtshängigkeit des Scheidungsantrages (§ 1578 I S. 3 BGB).

Bei Kindesbetreuung kann der Unterhalt in der Regel nicht herabgesetzt werden (§ 1578 I S. 2 BGB). Dies gilt vor allem, so lange und soweit ein Anspruch auf Betreuungsunterhalt nach § 1570 BGB besteht.

Eine Herabsetzung kann trotz Kindesbetreuung ausnahmsweise in Frage kommen:

Wenn der Berechtigte das Kind entgegen einer Sorgerechtsregelung oder ohne Einverständnis des anderen Elternteils betreut,

wenn der Berechtigte durch die Betreuung keine beruflichen Nachteile oder Einkommenseinbußen erlitten hat,

wenn der Berechtigte seine Betreuungspflichten nachhaltig verletzt hat (z. B. Verwahrlosung des Kindes),

wenn und soweit der Berechtigte bei einer Teilzeitbeschäftigung neben dem Anspruch auf Betreuungsunterhalt auch einen sonstigen Unterhaltsanspruch (z. B. auf Aufstockungsunterhalt) hat (Hahne, FamRZ 86/307).

d) Sonstige Umstände zugunsten des Berechtigten. Beispiele: Alter, Gesundheitszustand, überobligationsmäßiger Einsatz zugunsten des Verpflichteten u. ä.

Nach BGH auch Nachteile durch Vermögensverwertung während der Ehe (z. B. Kündigung eines Kommanditanteils, aus dem der Berechtigte Einkünfte bezogen hatte); ferner wenn sich der Berechtigte auf Grund der Mithilfe beim Bau eines Familienheimes ein schweres Rückenleiden zugezogen hat (BGH, FamRZ 86/888 = NJW 86/2832, 2834).

e) Zu berücksichtigende Verhältnisse beim Verpflichteten. Alle Umstände, die bei einer Zumutbarkeitsabwägung im Rahmen des § 1581 BGB zu beachten sind, vor allem persönliche und wirtschaftliche Verhältnisse. Ferner sonstige Umstände, wie z. B. Alter, Gesundheitszustand, berechtigter Wunsch nach Orts- und Berufswechsel, besonderer Einsatz für den Berechtigten u. ä.

f) Nicht zu berücksichtigen sind Verschuldensgründe am Scheitern der Ehe. Insoweit beinhaltet § 1579 BGB eine abschließende Regelung.

3. Unterhaltsherabsetzung auf den angemessenen Lebensbedarf

a) „Angemessener Lebensbedarf" bedeutet, daß der Bedarf oberhalb des Existenzminimums und des notwendigen Unterhalts liegen soll (BGH, FamRZ 86/886, 889 = NJW 86/2832, 2834). Anzuknüpfen ist an die Lebensstellung des Berechtigten vor der Eheschließung, oder die Lebensstellung, die der Berechtigte ohne die Ehe voraussichtlich hätte. Abzustellen ist deshalb auf die Zeit kurz vor der Eheschließung und darauf, wie sich der damalige Lebensstandard ohne die Eheschließung voraussichtlich fortentwickelt hätte. Zur Orientierung dient in der Regel das voreheliche Einkommen (BGH, FamRZ 86/886, 889 = NJW 86/2832, 2834; OLG Hamm, FamRZ 86/908, 910).

b) Oberste Grenze ist der nach den ehelichen Lebensverhältnissen bemessene Unterhalt, wenn die vorehelichen Verhältnisse wirtschaftlich besser waren als die ehelichen Verhältnisse.

4. Herabsetzung erst nach einer Übergangszeit

Für die Bemessung der Zwischenzeit kann es eine Rolle spielen, welche Zeit der Berechtigte brauchte, um sich auf die anschließende Kürzung des Unterhalts einzustellen. Diese Zeit ist nicht schematisch an die Ehezeit anzubinden (BGH, FamRZ 86/886, 889 = NJW 86/2832, 2834). Das OLG Hamm hat in einem Fall eine Schonfrist von ca. 15 Monaten eingeräumt (OLG Hamm, FamRZ 86/908, 910).

5. Kombinationen des § 1578 I mit § 1573 V BGB

Die §§ 1578 I und 1573 V BGB können unabhängig voneinander und auch kombiniert angewendet werden. Dabei gibt es folgende Kombinationen:

a) Der Erwerbslosen- oder Aufstockungsunterhalt nach den ehelichen Lebensverhältnissen wird zeitlich begrenzt (§ 1573 I, II und V BGB).

b) Der Unterhalt nach § 1573 BGB wird nach einer Übergangszeit herabgesetzt und läuft dann in verringerter Höhe unbegrenzt weiter (§§ 1578 I 2, 1573 BGB).

c) Der Unterhalt nach § 1573 wird nach einer Übergangszeit herabgesetzt und nach einer weiteren Zeit völlig versagt (§§ 1578 I 2, 1573 V BGB).

6. Sonstiges

a) Bei erstmaliger Unterhaltsfestsetzung nach § 1578 I 2 BGB hat eine Doppelberechnung zu erfolgen. Der Anspruch ist zeitlich und höhenmäßig gestaffelt geltend zu machen und zu tenorieren.

b) Die Darlegungs- und Beweislast für Tatsachen, die eine Herabsetzung nach § 1578 I 2 BGB rechtfertigen, hat der Verpflichtete.

Zu Seite 244 (I. Allgemeines zur unterhaltsrechtlichen Härteklausel des § 1579 BGB)

Zur neuen gesetzlichen Regelung

a) Die Neufassung des § 1579 BGB entspricht der bisherigen Rechtsprechung des BVerfG und des BGH, weshalb diese Rechtsprechung auch für die Auslegung des neuen § 1579 BGB bedeutsam bleibt. Weggefallen ist das frühere Kinderbetreuungsprivileg des § 1579 II BGB (alt). Statt dessen ist die Berücksichtigung der Belange eines dem Berechtigten zur Pflege oder Erziehung anvertrauten gemeinschaftlichen Kindes als Kindesinteressenwahrungsvorbehalt ausdrücklich in den Billigkeitstatbestand der Härteklauseln aufgenommen worden. Außerdem wurden, ebenfalls unter Berücksichtigung der bisherigen Rechtsprechung des BGH, die früheren vier Unbilligkeitsgründe auf sieben (neu) Unbilligkeitsgründe erweitert.

b) Als Rechtsfolge kann der Unterhalt herabgesetzt, zeitlich begrenzt und versagt werden. Möglich ist auch eine Kombination dieser Reaktionsmöglichkeiten. So kann z. B. der Unterhaltsanspruch zunächst zeitlich begrenzt gewährt werden, dann herabgesetzt und nach einer weiteren Übergangszeit ganz versagt werden. Dies kann aus dem Wort „soweit" entnommen werden. Eine Unterhaltsherabsetzung kann in der Regel erfolgen auf den eheneutralen angemessenen Unterhalt (wie nach den §§ 1578 I und 1573 V BGB) oder in Mangelfällen auch auf den notwendigen Mindestbedarf. Am wenigsten geschützt ist ein Aufstockungsunterhalt.

c) § 1579 BGB ist als Einwendung von Amts wegen zu beachten, wenn von den Parteien entsprechende Tatsachen vorgetragen wurden. Er gilt auch für den Trennungsunterhalt (§ 1361 III BGB) mit Ausnahme der Nr. 1 (kurze Ehedauer).

Zu Seite 245 (2. Zur groben Unbilligkeit in § 1579 BGB)

Im Rahmen der Prüfung, ob eine große Unbilligkeit vorliegt, ist bei allen Härtegründen stets besonders zu prüfen, ob und inwieweit die Inanspruchnahme des Verpflichteten auch unter Wahrung der Belange eines dem Berechtigten zur Pflege oder Erziehung anvertrauten gemeinschaftlichen Kindes grob unbillig ist.

Voraussetzung ist entsprechend der früheren Rechtsprechung zu § 1579 II BGB, daß der Berechtigte das Kind entweder mit Einverständnis des Verpflichteten oder aufgrund einer gerichtlichen Sorgerechtsentscheidung betreut (BVerfG, FamRZ 81/745ff = NJW 81/1771ff = B 179; BGH, FamRZ 83/142, 143 = NJW 83/451, 452 = B 192a; FamRZ 80/665ff = NJW 80/1686ff = B 192b).

Die wichtigsten Beurteilungsmaßstäbe sind Erfordernisse des Kindeswohls und der Grundsatz der Verhältnismäßigkeit mit Vorrang des Kindeswohls. Der Lebensstandard des Kindes soll nicht wegen des Fehlverhaltens des Berechtigten absinken. Der Ehegattenunterhalt muß im Interesse des Kindes notwendig sein. Die erforderliche Betreuungsintensität und Freistellung des Berechtigten von eigener Erwerbstätigkeit richtet sich nach Alter, Entwicklungsstand und Betreuungsbedürftigkeit des Kindes. Nach dem Verhältnismäßigkeitsgrundsatz ist stets zu prüfen, ob eine Herabsetzung des eheangemessenen Unterhalts auf das zur Kindesbetreuung erforderliche Maß vertretbar ist. Ferner, ob angemessene anderweitige Betreuungsmöglichkeiten für das Kind bestehen. Berücksichtigt kann auch werden, wenn der Berechtigte seinen Mindestbedarf durch Versorgung des neuen Partners decken kann, ohne in der Betreuung des Kindes behindert zu sein.

Nach Beendigung der Kindesbetreuung greift der jeweilige Härtegrund uneingeschränkt durch.

Zu Seite 246 (§ 1579 Nr. 1 BGB) keine Änderung.

Zu Seite 249 (§ 1579 Nr. 2 BGB) keine Änderung.

Zu Seite 250 (§ 1579 Nr. 3 BGB) keine Änderung.

Zu Seite 253

Neu: V. Mutwilliges Hinwegsetzen des Berechtigten über schwerwiegende Vermögensinteressen des Verpflichteten (§ 1579 Nr. 4 BGB).

1. Fälle aus früherer Rechtsprechung

Anschwärzen des Verpflichteten bei dessen Arbeitgeber (OLG Zweibrücken, FamRZ 80/1010; OLG München, FamRZ 82/270).

Geschäftliche Schädigung durch Mitwirkung an der Kündigung von Geschäftsbeziehungen (AG Darmstadt, FamRZ 79/507).

Strafanzeigen gegen den Verpflichteten ohne berechtigtes Interesse, wenn wirtschaftlich nachteilige Folgen nicht ausgeschlossen werden können (OLG München, FamRZ 81/154; OLG Stuttgart, FamRZ 79/40). Es ist ohne Bedeutung, ob durch solche Anzeigen ein meßbarer dienstlicher oder wirtschaftlicher Nachteil tatsächlich eintritt (BGH, FamRZ 79/569).

2. Sonstiges

a) Wie bei Nr. 3 kann ein unterhaltsbezogenes leichtfertiges Verhalten des Berechtigten das Tatbestandsmerkmal der Mutwilligkeit erfüllen.

b) Da Nr. 4 keine zeitliche Begrenzung enthält, kann ein entsprechendes Fehlverhalten sowohl vor als auch nach der Scheidung entstehen und berücksichtigt werden.

c) Wie bei Nr. 2 treten die Rechtsfolgen des Fehlverhaltens nur für die Zukunft ein, während der Unterhaltsanspruch für die Zeit bis zum Fehlverhalten unverändert bleibt.

Zu Seite 253

Neu: VI. Gröbliche Unterhaltspflichtverletzung des Berechtigten vor der Trennung (§ 1579 Nr. 5 BGB).

1. Zur Unterhaltspflichtverletzung

Vor der Trennung muß der Berechtigte seine Pflicht zum Familienunterhalt beizutragen längere Zeit gröblich verletzt haben.

Fälle:

Der Berechtigte hat das Wirtschaftsgeld für den Familienunterhalt nicht zur Verfügung gestellt.

Er hat gegen den Willen des Verpflichteten nicht gearbeitet und sich auch nicht ausreichend um Arbeit bemüht.

Er hat seinen Verdienst oder das Haushaltsgeld vertrunken.

Er ist wegen Trunksucht (oder Drogen-/Tablettensucht) arbeitslos geworden und geblieben und hat deshalb nichts zum Familienunterhalt beigetragen.

Wenn ein Ehegatte wegen übermäßigen Alkoholgenusses jahrelang den Haushalt vernachlässigt und dann auf die suchtbedingte Arbeitsunfähigkeit den Unterhaltsanspruch stützt (OLG Düsseldorf, FamRZ 81/1177, 1179).

2. Schuldhaftes Fehlverhalten

Wie bei Nr. 2 und Nr. 3 muß die gröbliche Unterhaltspflichtverletzung schuldhaft sein, was Schuldfähigkeit im Zeitraum der Unterhaltspflichtverletzung voraussetzt. Verminderte Schuldfähigkeit kann eine grobe Unbilligkeit beseitigen (BGH, NJW 82/100, 101 = B 181a). Zur Alkoholabhängigkeit siehe auch BGH, FamRZ 81/1042ff = NJW 81/2805ff = B 182b).

Zu Seite 253

Neu: VII. Offensichtlich schwerwiegendes, eindeutig beim Berechtigten liegendes Fehlverhalten gegenüber dem Verpflichteten (§ 1579 Nr. 6 BGB).

Mit der Formulierung ,,dem Berechtigten ein offensichtlich schwerwiegendes, eindeutig bei ihm liegendes Fehlverhalten gegen den Verpflichteten zur Last fällt" sollte im wesentlichen die bisherige Rechtsprechung des BGH zum einseitigen Fehlverhalten im Rahmen des alten Auffangtatbestandes Nr. 4 kodifiziert werden (BT-Drucksache 10/4514 S. 20).

Die sprachliche Abweichung gegenüber den Formulierungen des BGH ,,schwerwiegendes, eindeutig beim Berechtigten liegendes Fehlverhalten" verbietet es nicht, die bisherige Rechtsprechung des BGH zu Auslegungszwecken heranzuziehen. Gemeint ist – wie früher –, daß bei Abwägung des Verhaltens beider Ehegatten der Unterhaltspflichtige durch sein eigenes Verhalten für dasjenige des Unterhaltsberechtigten keinen ihm selbst vorwerfbaren Anlaß gegeben haben darf (Diederichsen, NJW 86/1289).

Deshalb treffen die Ausführungen im Buch zu V 1 mit 4 (Seite 253 bis 257) und V 6 mit 9 (Seite 259 bis 261) unverändert auf die neue Nr. 6 zu.

Aus dem Fehlen einer zeitlichen Begrenzung ist zu schließen, daß ein entsprechendes Fehlverhalten auch dann zu berücksichtigen ist, wenn es erst nach der Scheidung zum Tragen kommt (BT-Drucksache 10/2888).

Zu Seite 253

Neu: VIII. Andere Gründe, die ebenso schwer wiegen, wie die Gründe zu Nr. 1 mit Nr. 6 (§ 1579 Nr. 7 BGB)

Formell ist die neue Nr. 7 ein Auffangtatbestand wie die frühere Nr. 4. Es erfolgte lediglich eine Ausweitung auf die neuen Härtegründe Nr. 4, 5 und 6.

Sachlich sind gegenüber der früheren Nr. 4 die Fälle der neuen Härtegründe Nr. 4, 5 und 6 als Sonderregelungen ausgeschieden, so daß als Anwendungsfälle für Nr. 7 im wesentlichen solche Fälle in Betracht kommen werden, bei denen sich für den Verpflichteten aus unverschuldeten objektiven Gegebenheiten und Veränderungen der Lebensverhältnisse der früheren Ehepartner eine grobe Unbilligkeit ergeben kann. Der BGH hat dies bisher bejaht bei Zusammenleben des Berechtigten mit einem neuen Partner nach der Scheidung in ,,fester sozialer Bindung" oder bei dem Splittingvorteil aus neuer Ehe im Mangelfall (BGH, FamRZ 83/569ff = NJW 83/1548ff = B 188a; FamRZ 84/986, 987 = NJW 84/2692, 2693 = B 188c; FamRZ 85/911, 912 = NJW 85/2268, 2269; FamRZ 86/443, 444 = NJW 86/722, 723). Insoweit treffen die Ausführungen im Buch zu V 5 (Seite 257 bis 259) jetzt auf den Härtegrund der Nr. 7 zu.

Zu Seite 261 bis 265

In Wegfall kommen die Ausführungen im Buch zu VI. (Seite 261 bis 265), weil der frühere § 1579 II BGB aufgehoben wurde. Die dort zitierten Entscheidungen sind allerdings noch insoweit von Interesse, als sie Ausführungen zur Berücksichtigung des Kindeswohls im Rahmen der Zumutbarkeitsabwägung zur groben Unbilligkeit enthalten.

Zu Seite 306

Neu: V. Internationales Privatrecht

1. Überblick

a) Mit Wirkung ab 1. 9. 1986 ist das Internationale Privatrecht (IPR) auch im Bereich des Unterhaltsrechts geändert worden. Der Unterhalt ist nunmehr umfassend in Art. 18 EGBGB n. F. geregelt. Davon werden alle Unterhaltsansprüche auf dem Gebiet des Familienrechts erfaßt, also diejenigen von Ehegatten untereinander und von Kindern gegen ihre Eltern.

Auf Rückstände vor dem 1. 9. 1986 ist das frühere Recht anzuwenden (Art. 220 I, II EGBGB, vgl. BT-Drucksache 10/504 S. 63).

Gem. Art. 3 II EGBGB n. F. gehen staatsvertragliche Regelungen vor. Solche sind – bis auf weiteres, s. unten b) – z. B. das Haager Unterhaltsabkommen vom 24. 10. 1956, das den Unterhalt von Kindern bis zum 21. Lebensjahr regelt, und im Verhältnis zu Italien das Haager Ehewirkungsabkommen vom 17. 7. 1905 (Ehegattenunterhalt), das zum 23. 8. 1987 gekündigt ist (Jayme, IPRax 86/361).

b) Gleichzeitig mit dem neuen IPR-Gesetz hat der Bundestag zwei einschlägige Abkommen ratifiziert, nämlich das Haager Unterhaltsstatutabkommen vom 2. 10. 1973 und das Haager Unterhaltsvollstreckungsabkommen vom gleichen Tage. Für die Familiengerichte besonders wichtig ist das Unterhaltsstatutabkommen (nachfolgend: Abkommen). Sobald die Ratifikationsurkunde für dieses Abkommen hinterlegt und das Abkommen am 1. Tag des 3. Kalendermonats danach in Kraft tritt, gilt nur noch dieses Abkommen für alle Unterhaltstatbestände (Art. 3 II EGBGB n. F.). Art. 18 EGBGB n. F. ist dann nur noch „Hinweisnorm“ (Jayme, IPRax 86/265).

In absehbarer Zeit wird daher in der familiengerichtlichen Praxis bei Auslandsberührung dieses Abkommen im Vordergrund stehen. Seine Art. 4–10 und 11 Abs. 2 sind jedoch bis auf redaktionelle Abweichungen in den Art. 18 EGBGB n. F. übernommen worden.

Der Tag der Hinterlegung der Ratifikationsurkunde wird im Bundesgesetzblatt II bekanntgemacht. Es empfiehlt sich, in den kommenden Monaten das BGBl. und die Fachpresse daraufhin zu verfolgen.

2. Einzelheiten

a) Anwendungsbereich des Abkommens. Das Abkommen ist auf alle Unterhaltsansprüche anzuwenden (Art. 1) und gilt auch im Verhältnis zu Nicht-Vertragsstaaten (Art. 3, sog. weltweite Anwendung). Es verdrängt das Haager Unterhaltsabkommen vom 24. 10. 1956 (Kinderunterhalt) ausdrücklich (Art. 18).

Für Rückstände vor seinem Inkrafttreten gilt das Abkommen nicht (Art. 12).

b) Für die materielle Rechtsanwendung ist eine abgestufte Regelung vereinbart:

(aa) In erster Linie ist das Recht des gewöhnlichen Aufenthalts des Unterhalts**berechtigten** anzuwenden (Art. 4 I = Art. 18 I S. 1 EGBGB, sog. Aufenthaltsprinzip), bei Aufenthaltswechsel das Recht des neuen gewöhnlichen Aufenthalts (Art. 4 II, in Art. 18 I S. 1 EGBGB ausgedrückt durch das Wort „jeweiligen“, Grundsatz der Wandelbarkeit des Statuts);

(bb) Besteht danach kein Unterhaltsanspruch, gilt hilfsweise das gemeinsame Heimatrecht des U-berechtigten und des U-verpflichteten (Art. 5 = Art. 18 I S. 2 EGBGB, sog. Staatsangehörigkeitsprinzip;

(cc) Ergibt sich danach immer noch kein Unterhaltsanspruch, so kommt subsidiär deutsches Recht zum Zuge (Art. 6 = Art. 18 II EGBGB, sog. Lex-fori-Prinzip);

(dd) Für deutsche Unterhaltsberechtigte im Ausland ist immer deutsches Recht anzuwenden, wenn der U-berechtigte und der U-verpflichtete Deutsche sind und der U-verpflichtete seinen gewöhnlichen Aufenthalt im Inland hat (Art. 15 = Art. 18 V EGBGB);

(ee) Wichtige Sonderregelung für den Ehegattenunterhalt: Ist im Inland die Ehe geschieden, für nichtig oder für ungültig erklärt oder eine solche Entscheidung anerkannt worden, so ist das Eheauflösungsstatut auch für den nachehelichen Unterhalt und ferner für die **Abänderung** einer solchen Unterhaltsentscheidung maßgebend (Art. 8 I, II = Art. 18 IV EGBGB). Sinngemäß läßt sich diese Regelung auch auf gerichtliche Unterhalts**vereinbarungen** anwenden.

Das Unterhaltsstatut folgt dem besonderen Trennungsstatut auch dann, wenn die Trennung ohne Auflösung des Ehebandes durch eine besondere Entscheidung ausgesprochen oder anerkannt worden ist (etwa nach italienischem Recht), Art. 8 II = Art. 18 IV S. 2 EGBGB. Dies darf nicht dazu verleiten, den gewöhnlichen Trennungsunterhalt, dem keine Trennungsentscheidung vorausging, ebenfalls danach anzuknüpfen. Für ihn gilt vielmehr die allgemeine Regelung (vgl. Jayme, IPRax 86/265, 268; Henrich, FamRZ 86/841, 844).

3. Gerichtsstand

Um die Anwendung der für den U-berechtigten günstigen Rechtsordnung zu erreichen, kann er zwischen seinem eigenen Gerichtsstand (Art. 5 Nr. 2 EuGVÜ und § 13, § 23a ZPO) und dem des U-verpflichteten (Art. 2 EuGVÜ und §§ 12, 13 ZPO) wählen (BT-Drucksache 10/504 Seite 63).

4. Durchsetzung

Zur Erleichterung der Durchsetzung des Unterhaltsanspruchs tritt neben das – gegenüber bestimmten Staaten und wegen fälliger Rückstände weitergeltende – Haager Unterhaltsabkommen vom 15. 4. 1958 das Haager Unterhaltsvollstreckungsabkommen vom 2. 10. 1973. Da in 1. Instanz das Landgericht zuständig ist, werden die Familiengerichte nicht unmittelbar damit befaßt.

Neue Literatur: Gesetzentwurf der Bundesregierung BT-Drucksache 10/504; Beschlußempfehlung und Bericht des Rechtsausschusses BT-Drucksache 10/5632; Henrich, Das Internationale Eherecht in der Reform, FamRZ 86/841 (auch zur Höhe des Unterhalts); Klinkhardt, Neues IPR-Gesetz und neue Unterhaltsabkommen, DAVorm. 86/675 (zu beiden Abkommen); Jayme, Das neue IPR-Gesetz – Brennpunkte der Reform, IPRax 86/265 (mit Beispielen).

Text des Art. 18 EGBGB

Art. 18. Unterhalt. (1) Auf Unterhaltspflichten sind die Sachvorschriften des am jeweiligen gewöhnlichen Aufenthalt des Unterhaltsberechtigten geltenden Rechts anzuwenden. Kann der Berechtigte nach diesem Recht vom Verpflichteten keinen Unterhalt erhalten, so sind die Sachvorschriften des Rechts des Staates anzuwenden, dem sie gemeinsam angehören.

(2) Kann der Berechtigte nach dem gemäß Absatz 1 Satz 1 oder 2 anzuwendenden Recht vom Verpflichteten keinen Unterhalt erhalten, so ist deutsches Recht anzuwenden.

(3) Bei Unterhaltspflichten zwischen Verwandten in der Seitenlinie oder Verschwägerten kann der Verpflichtete dem Anspruch des Berechtigten entgegenhalten, daß nach den Sachvorschriften des Rechts des Staates, dem sie gemeinsam angehören, oder, mangels einer gemeinsamen Staatsangehörigkeit, des am gewöhnlichen Aufenthalt des Verpflichteten geltenden Rechts eine solche Pflicht nicht besteht.

(4) Wenn eine Ehescheidung hier ausgesprochen oder anerkannt worden ist, so ist für die Unterhaltspflichten zwischen den geschiedenen Ehegatten und die Änderung von Entscheidungen über diese Pflichten das auf die Ehescheidung angewandte Recht maßgebend. Dies gilt auch im Fall einer Trennung ohne Auflösung des Ehebandes und im Fall einer für nichtig oder als ungültig erklärten Ehe.

(5) Deutsches Recht ist anzuwenden, wenn sowohl der Berechtigte als auch der Verpflichtete Deutsche sind und der Verpflichtete seinen gewöhnlichen Aufenthalt im Inland hat.

(6) Das auf eine Unterhaltspflicht anzuwendende Recht bestimmt insbesondere,

1. ob, in welchem Ausmaß und von wem der Berechtigte Unterhalt verlangen kann,
2. wer zur Einleitung des Unterhaltsverfahrens berechtigt ist und welche Fristen für die Einleitung gelten,

3. das Ausmaß der Erstattungspflicht des Unterhaltsverpflichteten, wenn eine öffentliche Aufgaben wahrnehmende Einrichtung den ihr nach dem Recht, dem sie untersteht, zustehenden Erstattungsanspruch für die Leistungen geltend macht, die sie dem Berechtigten erbracht hat.

(7) Bei der Bemessung des Unterhaltsbetrags sind die Bedürfnisse des Berechtigten und die wirtschaftlichen Verhältnisse des Unterhaltsverpflichteten zu berücksichtigen, selbst wenn das anzuwendende Recht etwas anderes bestimmt.

Text des Haager Übereinkommen über das auf Unterhaltspflichten anzuwendende Recht vom 2. 10. 1973

Abschnitt I. Anwendungsbereich des Übereinkommens

Art. 1 [Sachlicher Anwendungsbereich] Dieses Übereinkommen ist auf Unterhaltspflichten anzuwenden, die sich aus Beziehungen der Familie, Verwandtschaft, Ehe oder Schwägerschaft ergeben, einschließlich der Unterhaltspflicht gegenüber einem nichtehelichen Kind.

Art. 2 [Ausgeschlossene Fragen] (1) Dieses Übereinkommen regelt das Kollisionsrecht nur auf dem Gebiet der Unterhaltspflicht.

(2) Die in Anwendung diese Übereinkommens ergangenen Entscheidungen greifen dem Bestehen einer der in Artikel 1 genannten Beziehungen nicht vor.

Art. 3 [Unabhängigkeit von Gegenseitigkeit] Das von diesem Übereinkommen bestimmte Recht ist unabhängig vom Erfordernis der Gegenseitigkeit anzuwenden, auch wenn es das Recht eines Nichtvertragsstaates ist.

Abschnitt II. Anzuwendendes Recht

Art. 4. [Aufenthaltsrecht] (1) Für die in Artikel 1 genannten Unterhaltspflichtigen ist das am gewöhnlichen Aufenthalt des Unterhaltsberechtigten geltende innerstaatliche Recht maßgebend.

(2) Wechselt der Unterhaltsberechtigte seinen gewöhnlichen Aufenthalt, so ist vom Zeitpunkt des Aufenthaltswechsels an das innerstaatliche Recht am neuen gewöhnlichen Aufenthalt anzuwenden.

Art. 5. [Heimatrecht] Kann der Berechtigte nach dem in Artikel 4 vorgesehenen Recht vom Verpflichteten keinen Unterhalt erhalten, so ist das Recht des Staates, dem sie gemeinsam angehören, anzuwenden.

Art. 6. [Lex fori] Kann der Berechtigte in den in den Artikeln 4 und 5 vorgesehenen Rechten vom Verpflichteten keinen Unterhalt erhalten, so ist das innerstaatliche Recht der angerufenen Behörde anzuwenden.

Art. 7. [Verwandte in der Seitenlinie; Verschwägerte] Bei Unterhaltspflichten zwischen Verwandten in der Seitenlinie oder Verschwägerten kann der Verpflichtete dem Anspruch des Berechtigten entgegenhalten, daß nach dem Recht des Staates, dem sie angehören, oder, mangels einer gemeinsamen Staatsangehörigkeit, nach dem innerstaatlichen Recht am gewöhnlichen Aufenthalt des Verpflichteten, eine solche Pflicht nicht besteht.

Art. 8. [Ehegatten nach Scheidung] (1) Abweichend von den Artikeln 4 bis 6 ist in einem Vertragsstaat, in dem eine Ehescheidung ausgesprochen oder anerkannt worden ist, für die Unterhaltspflichten zwischen den geschiedenen Ehegatten und die Änderung von Entscheidungen über die Pflichten das auf die Ehescheidung angewandte Recht maßgebend.

(2) Der vorstehende Absatz ist auch im Fall einer Trennung ohne Auflösung des Ehebandes und im Fall einer für nichtig oder als ungültig erklärten Ehe anzuwenden.

Art. 9. [Erstattungsanspruch öffentlicher Einrichtungen] Für das Recht einer öffentliche Aufgaben wahrnehmenden Einrichtung auf Erstattung der dem Unterhaltsberechtigten erbrachten Leistungen ist das Recht maßgebend, dem die Einrichtung untersteht.

Art. 10. [Anwendungsbereich des Unterhaltsstatuts] Das auf eine Unterhaltspflicht anzuwendende Recht bestimmt insbesondere,

1. ob, in welchem Ausmaß und von wem der Berechtigte Unterhalt verlangen kann;
2. wer zur Einleitung des Unterhaltsverfahrens berechtigt ist und welche Fristen für die Einleitung gelten;
3. das Ausmaß der Erstattungspflicht des Unterhaltsverpflichteten, wenn eine öffentliche Aufgaben wahrnehmende Einrichtung die Erstattung der dem Berechtigten erbrachten Leistungen verlangt.

Art. 11. [Ordre public] (1) Von der Anwendung des durch dieses Übereinkommen bestimmten Rechtes darf nur abgesehen werden, wenn sie mit der öffentlichen Ordnung offensichtlich unvereinbar ist.

(2) Jedoch sind bei der Bemessung des Unterhaltsbetrages die Bedürfnisse des Berechtigten und die wirtschaftlichen Verhältnisse des Unterhaltsverpflichteten zu berücksichtigen, selbst wenn das anzuwendende Recht etwas anderes bestimmt.

Abschnitt III. Verschiedene Bestimmungen

Art. 12. [Zeitlicher Anwendungsbereich] Dieses Übereinkommen ist nicht auf Unterhalt anzuwenden, der in einem Vertragsstaat für die vor dem Inkrafttreten des Übereinkommens in diesem Staat liegende Zeit verlangt wird.

Art. 13. [Vorbehalte: Ehegatten; Kinder] Jeder Vertragsstaat kann sich gemäß Artikel 24 das Recht vorbehalten, dieses Übereinkommen nur anzuwenden auf Unterhaltspflichten

1. zwischen Ehegatten und zwischen früheren Ehegatten;
2. gegenüber einer Person, die das einundzwanzigste Lebensjahr noch nicht vollendet hat und unverheiratet ist.

Art. 14. [Vorbehalte: Verwandte in der Seitenlinie; Verschwägerte; geschiedene Ehegatten] Jeder Vertragsstaat kann sich gemäß Artikel 24 das Recht vorbehalten, dieses Übereinkommen nicht anzuwenden auf Unterhaltspflichten

1. zwischen Verwandten in der Seitenlinie;
2. zwischen Verschwägerten;
3. zwischen geschiedenen oder ohne Auflösung des Ehebandes getrennten Ehegatten oder zwischen Ehegatten, deren Ehe für nichtig oder als ungültig erklärt worden ist, wenn das Erkenntnis auf Scheidung, Trennung, Nichtigkeit oder Ungültigkeit der Ehe in einem Versäumnisverfahren in einem Staat ergangen ist, in dem die säumige Partei nicht ihren gewöhnlichen Aufenthalt hatte.

Art. 15. [Vorbehalt: Lex fori als gemeinames Heimatrecht] Jeder Vertragsstaat kann gemäß Artikel 24 einen Vorbehalt anbringen, daß seine Behörde sein innerstaatliches Recht anwenden werden, wenn sowohl der Berechtigte als auch der Verpflichtete Staatsangehörige dieses Staates sind und der Verpflichtete dort seinen gewöhnlichen Aufenthalt hat.

Art. 16. [Mehrrechtsstaaten] Kommt das Recht eines Staates mit zwei oder mehr Rechtsordnungen mit räumlicher oder personeller Anwendung auf dem Gebiet der Unterhaltspflicht in Betracht – beispielsweise, wenn auf das Recht des gewöhnlichen Aufenthalts des Berechtigten oder des Verpflichteten oder auf das Recht des Staates, dem sie gemeinsam angehören, verwiesen wird – so ist die Rechtsordnung anzuwenden, die durch die in diesem Staat geltenden Vorschriften bestimmt wird, oder mangels solcher Vorschriften die Rechtsordnung, zu der die Beteiligten die engsten Bindungen haben.

Art. 17. [Interlokale Kollisionsfälle] Ein Vertragsstaat, in dem verschiedene Gebietseinheiten ihre eigenen Rechtsvorschriften über die Unterhaltspflicht haben, ist nicht verpflichtet, dieses Übereinkommen auf Kollisionsfälle anzuwenden, die nur seine Gebietseinheiten betreffen.

Art. 18. [Verhältnis zum Haager Übk. v. 24. 10. 1956] (1) Dieses Übereinkommen ersetzt in den Beziehungen zwischen den Staaten, die Vertragsparteien sind, das Haager Übereinkommen vom 24. Oktober 1956 über das auf Unterhaltsverpflichtungen gegenüber Kindern anzuwendende Recht.

(2) Jedoch ist der vorstehende Absatz nicht auf Staaten anzuwenden, die durch einen Vorbehalt nach Artikel 13 die Anwendung dieses Übereinkommens auf Unterhaltspflichten gegenüber Personen ausgeschlossen haben, die das einundzwanzigste Lebensjahr noch nicht vollendet haben und unverheiratet sind.

Art. 19. [Verhältnis zu anderen Staatsverträgen] Dieses Übereinkommen berührt nicht andere internationale Übereinkünfte, deren Vertragspartei ein Vertragsstaat des Übereinkommens ist oder wird und die Bestimmungen über die durch diese Übereinkommen geregelten Angelegenheiten enthalten.

Abschnitt IV. Schlußbestimmungen

Art. 20–23. *(nicht abgedruckt)*

Art. 24. [Vorbehalte] (1) Jeder Staat kann spätestens bei der Ratifikation, der Annahme, der Genehmigung oder dem Beitritt einen oder mehrere der in Art. 13 bis 15 vorgesehenen Vorbehalte anbringen. Andere Vorbehalte sind nicht zulässig.

Art. 24. (2) – **27.** *(nicht abgedruckt)*

2. Hauptteil

Zu Seite 596 (Die gesetzliche Unterhaltspflicht „betreffen"): Nr. 1r)

§ 45 II ZPO ist dahin geändert, daß bei Ablehnung eines Familienrichters das OLG entscheidet. Zuständig ist der Familiensenat, weil es sich nach wie vor um eine Familiensache handelt. Eine Beschwerde ist ausgeschlossen (§ 567 III ZPO; BGH, B. v. 17. 9. 1986 – IVb ZB 106/86).

Zu Seite 599ff (Abänderungsklage) und Seite 606f (Anpassungsklage bei außergerichtlicher Vereinbarung)

Artikel 6 Nr. 1 UÄndG enthält eine Sonderregelung für die Anpassung von am 1. 4. 1986 bestehenden gerichtlichen Unterhaltstiteln und außergerichtlichen Unterhaltsvereinbarungen an die neuen materiellen Vorschriften.

Von vornherein nicht möglich ist die Sonderanpassung bei

a) Unterhaltsregelungen, denen das alte Recht vor dem Inkrafttreten des 1. EheRG (1. 7. 1977) zugrunde liegt (§§ 58ff EheG i. V. m. Art. 12 Nr. 3 Abs. 2 des 1. EheRG),

b) Unterhaltsregelungen, die bereits auf das seit 1. 7. 1977 geltende Unterhaltsrecht gestützt sind, jedoch nur, soweit es sich um Rückstände (fällige Unterhaltsraten) für die Zeit vor dem 1. 4. 1986 handelt.

In den Fällen zu a) und b) verbleibt es bei den allgemeinen Voraussetzungen für eine Anpassung.

Soweit demnach eine besondere Anpassung nach der Übergangsregelung in Betracht kommt, muß sie durch Klage geltend gemacht werden (sofern sich die Parteien nicht außergerichtlich einigen).

Dabei ist § 323 I, III und IV ZPO entsprechend anzuwenden (Art. 6 Nr. 1 Satz 2 UÄndG). Aus dieser Verweisung läßt sich jedoch nicht zwingend herleiten, der Gesetzgeber habe in jedem Falle die Abänderungsklage vorschreiben und damit das bisherige Klagesystem ändern wollen. So ist beispielsweise die gegen eine außergerichtliche Vereinbarung gerichtete Klage entweder eine Leistungsklage (des Unterhaltsgläubigers) oder eine (negative) Feststellungsklage (des Unterhaltsschuldners), aber keine Abänderungsklage gemäß § 323 ZPO in mittelbarer oder unmittelbarer Anwendung. Dabei verbleibt es auch im Anwendungsbereich des Art. 6 Nr. 1 UÄndG. Dasselbe gilt für die bisherige Auslegung des § 323 ZPO bei Prozeßvergleichen und vollstreckbaren Urkunden (vgl. BGH, FamRZ 83/22 = NJW 83/228).

Die auf Art. 6 Nr. 1 UÄndG gestützte Klage ist nur zulässig, wenn Umstände vorgetragen werden, die

a) vor dem 1. 4. 1986 bereits vorhanden waren und bei Anwendung des neuen materiellen Rechts oder der ihm zugrunde liegenden Rechtsprechung des BGH (§ 1579 BGB) zu einer wesentlich anderen Regelung geführt hätten *und*

b) die Unzumutbarkeit der Regelung für den Unterhaltsverpflichteten ergeben, wobei auch das Vertrauen des Berechtigten zu berücksichtigen ist.

Für die Abänderung einer Unterhaltsregelung im Rahmen einer Scheidungsvereinbarung gilt eine weitere Sonderregelung (Art. 6 Nr. 1 Satz 3 UÄndG).

Weitere Einzelheiten der vielfältigen Problematik können im Rahmen dieses Nachtrages nicht erörtert werden. Hingewiesen wird auf die informative Darstellung bei Jaeger, FamRZ 86/737.

Zu Seite 612 (Einstweilige Anordnungen und ihre Anfechtung): Nr. 12b) und 12c)

Die Textstelle gilt nur noch für alte, d. h. nach dem bis zum 1. 4. 1986 geltenden Verfahrensrecht erlassene einstweilige Anordnungen. Dazu zählen auch solche, deren zugrundeliegendes Verfahren vor dem 1. 4. 1986 begonnen hat, aber am 1. 4. 1986 im anhängigen Rechtszug noch nicht abgeschlossen war (Art. 6 Nr. 5 UÄndG).

Seit dem 1. 4. 1986 wirken nach neuem Recht erlassene einstweilige Anordnungen oder ein ihnen entsprechender Prozeßvergleich unmittelbar für und gegen das Kind („gegenüber", § 1629 III BGB). Das Kind muß minderjährig sein (§ 620 Nr. 4 ZPO). Maßgebend dafür ist der Zeitpunkt des Erlasses der Entscheidung. Volljährige Kinder sind, was den einstweiligen Rechtsschutz betrifft, auf die Vorschriften über den Erlaß einer einstweiligen Verfügung verwiesen.

Bei der Beurteilung der Wirkungen einer einstweiligen Anordnung ist aufgrund dieser Rechtslage jeweils zu prüfen, ob sie nach altem oder neuem Recht erlassen worden ist.

Zu Seite 614 (Berufung): Nr. 1a)

Seit 1. 4. 1986 gilt der Verbund in der Rechtsmittelinstanz auch unter Folgesachen (§ 629a II S. 3 ZPO), und zwar über den etwaigen Eintritt der Rechtskraft der Scheidung hinaus. Eine Teilentscheidung über eine Folgesache ist unzulässig. Nach wie vor möglich ist aber eine vorherige Teilentscheidung über einen gleichzeitig geltend gemachten vorbereitenden Anspruch, etwa einen Auskunftsanspruch, und auch ein Grundurteil, weil beide den Verbund für die Schlußentscheidung nicht berühren.

Der Verbund mehrerer Folgesachen kann nur unter den Voraussetzungen der §§ 627, 628 I ZPO gelöst werden.

Die Anfechtung einer Folgesache aus dem Verbund schiebt zwar weiterhin den Eintritt der Rechtskraft des Scheidungsausspruchs zunächst auf, sofern nicht wirksam auf dessen Anfechtung verzichtet worden ist, jedoch nur noch befristet nach Maßgabe des neuen § 629a III ZPO (für die Revision oder weitere Beschwerde gilt zusätzlich § 629c ZPO n. F.). Übergangsweise ist Art. 6 Nr. 9 UÄndG zu beachten (Beginn der Rechtskraftfrist am 1. 4. 1986).

Zu Seite 616 (Revision): Nr. 3a) cc)

Das Problem ist dadurch entschärft, daß das Revisionsgericht nicht mehr prüfen darf, ob eine Familiensache vorliegt oder nicht, auch nicht auf Rüge, § 549 II ZPO n. F. (anders als das Berufungsgericht, § 529 II ZPO n. F.). Läßt also ein allg. Zivilsenat des OLG in einer Familienunterhaltssache die Revision nicht zu, gelten für die Anfechtung die allgemeinen Regeln (z. B. § 546 ZPO).

Zu Seite 619 (Feriensachen): Nr. 4b)

Seit 1. 4. 1986 sind nur isolierte Unterhaltssachen kraft Gesetzes Feriensache. Ist die Unterhaltssache Folgesache, was sie nach einer Teilanfechtung aus dem Verbund oder nach Abtrennung bleibt, so ist sie keine Feriensache (§ 200 II Nr. 5 a GVG n. F.).

Zu Seite 621 (Prozeßstandschaft): Nr. 9a)

Die gesetzliche Prozeßstandschaft gilt gem. § 1629 III BGB jetzt auch

a) während der bloßen Trennung der Eltern, auch wenn kein Scheidungsverfahren anhängig ist,
b) bei Anhängigkeit einer anderen Ehesache als Scheidung,
c) für das einstweilige Anordnungs-Verfahren und seine Entscheidung oder seinen Prozeßvergleich.

Im Übergang muß gegebenenfalls ein Parteiwechsel vorgenommen werden, z. B. während der Trennung bei Geltendmachung des Kindesunterhalts durch das Kind als Partei, vertreten durch seine Mutter (Umstellung nötig von Kind auf Mutter als Partei).

Zu Seite 625 (Verbund): Nr. 19e)

Zur schnelleren Herbeiführung des Eintritts der Rechtskraft von nicht angefochtenen Teilen einer Verbundentscheidung, vor allem des Scheidungsausspruchs, wurde eine Fristenregelung geschaffen (§ 629a III ZPO n. F.). Danach beginnt mit der (letzten) Zustellung der Rechtsmittelbegründung eine Monatsfrist zu laufen, die sich bei Einlegung eines Anschlußrechtsmittels um einen Monat (weiteren) verlängert. Nach Ablauf der (u. U. mehrmals verlängerten) Frist tritt Rechtskraft der nicht angefochtenen Verfahrensgegenstände der Verbundentscheidung ein. Vgl. im übrigen Nachtrag zu S. 614 Nr. 1a und Sedemund-Treiber, FamRZ 86/209; Bergerfurth, FamRZ 86/940.

Zu Seite 626 (Vorläufige Vollstreckbarkeit): Nr. 21c)

Das Bedürfnis, Unterhaltsentscheidungen auch im Verbund für vorläufig vollstreckbar zu erklären, ist wegen des nunmehr in aller Regel vorzeitigen Eintritts der Rechtskraft der Scheidung wesentlich verstärkt (vgl. Kemnade, FamRZ 86/625, 627 und Gießler, FamRZ 86/958).

Zu Seite 628 (Zuständigkeiten): Nr. 23a) bb)

Über die Ablehnung eines Familienrichters entscheidet nunmehr das OLG (Familiensenat). Eine Beschwerde dagegen gibt es nicht (§ 567 III ZPO; BGH, B. v. 17. 9. 1986 – IVb ZB 106/86).

Zu Seite 628 (Zuständigkeiten): Nr. 23b) aa) und bb)

Seit 1. 4. 1986 ist die Rechtsmittelzuständigkeit im Sinne der formellen Anknüpfung geregelt. Maßgebend ist nunmehr, ob ein Familiengericht entschieden hat oder das allgemeine Prozeßgericht. Über ein Rechtsmittel gegen eine Entscheidung des Familiengerichts befindet der Familiensenat des OLG, auch wenn es sich um eine Nicht-Familiensache handelt. Umgekehrt geht ein Rechtsmittel gegen eine Entscheidung des allgemeinen Prozeßgerichts (Amtsgericht oder Landgericht) zum Landgericht als Berufungsgericht oder zum allgemeinen Zivilsenat des OLG (§ 72, § 119 I Nr. 1 GVG).

Nur auf (eingeschränkt zulässige) Rüge (§ 529 III ZPO n. F.) prüft das Berufungsgericht, ob eine Familiensache vorliegt. Liegt keine Familiensache vor, hebt der Familiensenat die Erstentscheidung auf und verweist an das Erstgericht zurück (§§ 539, 540 ZPO). Handelt es sich um eine Familiensache, so verhält sich das allgemeine Berufungsgericht genauso. Das Erstgericht hat dann seinerseits an die zuständige Abteilung abzugeben oder an das zuständige Gericht zu verweisen. Dieser Umweg läßt sich in geeigneten Fällen vermeiden, wenn man unter „Gericht des ersten Rechtszugs" in § 539 ZPO das „zuständige" Gericht versteht und – ähnlich wie bei der Zuständigkeitsbestimmung nach § 36 Nr. 6 ZPO, vgl. Anm. IV Nr. 23g) hh – die Zurückverweisung unmittelbar an das – bisher noch nicht befaßte – zuständige Gericht zuläßt, falls es ohne weiteres bestimmt werden kann, rechtliches Gehör gewährt und Verweisungsantrag gestellt worden ist. In der Zurückverweisung liegt dann zugleich die Verweisung nach § 281 ZPO.

Da weitgehend geklärt ist, welche Streitigkeiten familienrechtliche Unterhaltssachen sind, hat die Neuregelung insoweit nur geringe praktische Bedeutung. An dem Katalog der familienrechtlichen Unterhaltssachen (Nr. I 1 und 2) hat sich nichts geändert.

Übergangsweise bleibt die bisherige Rechtsmittelzuständigkeit erhalten, wenn das Rechtsmittel vor dem 1. 4. 1986 eingelegt worden ist, bis zum Abschluß des anhängigen Rechtszugs (Art. 6 Nr. 5 UÄndG). Zur Rüge vgl. Art. 6 Nr. 4 UÄndG.

Zu Seite 629 (Internationale Zuständigkeit): Nr. 23 c) ee)

Ergänzend ist auf die seit 1. 9. 1986 geltende Neufassung der § 606a und § 621 II S. 1 ZPO durch das IPR-Gesetz hinzuweisen.

Die Neufassung des § 621 II S. 1 soll klarstellen, daß sich aus der dort und in 621 III enthaltenen Verbundzuständigkeit keine **ausschließliche** internationale Zuständigkeit ergibt (BT-Drucksache 10/504 Seite 90).

Zu Seite 629 (Zuständigkeit bei einstweiliger Anordnung): Nr. 23e) aa–cc)

Die Zuständigkeit ist wesentlich geändert.

Grundsatz: Zuständig ist das Gericht der Ehesache (1. oder 2. Instanz), nie der BGH (§ 620a IV S 1 ZPO). Ausnahmen: Ist eine Unterhaltssache als Folgesache (ohne die Ehesache) beim OLG oder BGH anhängig, so ist für den Erlaß einer einstweiligen Anordnung auf Leistung von Unterhalt immer das OLG zuständig, nie der BGH.

Dasselbe gilt, wenn ein Prozeßkostenvorschuß für die Unterhaltsfolgesache begehrt wird (§ 620a IV S. 3 und 4 ZPO).

Das OLG ist gem. § 620b III ZPO ferner zuständig, solange bei ihm oder beim BGH eine Unterhaltsfolgesache isoliert anhängig ist,

a) für die Aufhebung oder Abänderung der eigenen einstweiligen Anordnung,
b) für die Aufhebung oder Abänderung einer einstweiligen Anordnung des Amtsgerichts,
c) für die mündliche Verhandlung (und nachfolgende Entscheidung) über eine e. A. in den Fällen zu a) und b) sowie über eine eigene erstmalige e. A. oder eine solche des Amtsgerichts.

Übergangsweise gilt die bisherige Regelung bis zum Ende des anhängigen Rechtszugs, wenn das Verfahren vor dem 1. 4. 1986 anhängig wurde (Art. 6 Nr. 5 UÄndG).

Zu Seite 631 (Verweisung nach § 281 ZPO): Nr. 23h) cc) 2. Abs.

Die dort erwähnte Ausnahme ist durch die neue Rechtslage überholt, weil für eine Verweisung von einem Rechtsmittelgericht zum anderen wegen des Verhältnisses von Familiensache und Nicht-Familiensache kein Bedürfnis mehr besteht.